# DICTIONNAIRE USUEL DE DROIT

PAR MAX LEGRAND

Avocat

Prix : 7 fr. 50

LIBRAIRIE LAROUSSE. PARIS

# DICTIONNAIRE
## USUEL
# DE DROIT





SEPTIÈME MILLE.

# DICTIONNAIRE USUEL DE DROIT

PAR MAX LEGRAND

AVOCAT



JE SÈME À TOUT VENT

LIBRAIRIE LAROUSSE. — PARIS

17, RUE MONTPARNASSE. — Succursale : RUE DES ÉCOLES, 58.

# PRÉFACE

On trouvera dans ce *Dictionnaire*, outre les définitions de tous les faits et actes juridiques : 1° l'exposé des principes de la législation administrative, civile, commerciale et criminelle; 2° le résumé et parfois le texte *in extenso* des dispositions essentielles qui régissent les rapports des particuliers soit entre eux. soit avec l'État.

L'activité législative est devenue si intense qu'il est impossible aux profanes — et parfois difficile aux professionnels eux-mêmes — de se reconnaître dans les innombrables dispositions dont les lois, décrets, arrêtés et circulaires ministérielles viennent chaque jour prescrire l'observation. L'auteur de ce *Dictionnaire* s'est efforcé de procéder à un choix judicieux parmi ces documents complexes. Il a proportionné le développement de ses articles à leur importance pratique et courante, limitant la théorie aux indications fondamentales et complétant le texte par la formule des actes les plus usuels. Il ne destine donc ce guide élémentaire ni aux hommes de loi, ni même aux étudiants : il s'adresse au grand public, à ceux qui, ayant à intenter ou à soutenir un procès, à passer un contrat, à remplir quelque formalité judiciaire ou administrative, veulent au préalable s'éclairer sur la portée de leurs obligations ou sur l'étendue de leurs droits.

Le Palais de Justice, à Paris.

# DICTIONNAIRE USUEL DE DROIT FRANÇAIS

## A

**Abandon.** — Renonciation à un droit; action de délaisser une personne, un animal, une chose.

Notre législation prévoit un certain nombre de cas d'abandon, dont les conséquences seront indiquées en temps et lieu. V. BÉNÉFICE D'INVENTAIRE, ENFANT, MITOYENNETÉ, etc.

Une chose mobilière abandonnée par son propriétaire devient la propriété du premier qui s'en empare, en vertu du droit d'occupation; c'est sur ce droit qu'est fondée l'industrie des chiffonniers.

**Abattoirs.** — Établissements où les bouchers sont tenus d'abattre et de préparer les animaux destinés à la consommation.

*Autorisation.* — Il appartient aux préfets de statuer sur les propositions d'établir des abattoirs. (Décret du 1er août 1864, art. 1er.)

La mise en activité d'un abattoir public est précédée d'une enquête *de commodo et incommodo.*

L'arrêté préfectoral qui en autorise l'ouverture fixe le périmètre dans lequel les tueries particulières devront être supprimées. Ce périmètre pourra comprendre soit tout le territoire de la commune dans laquelle l'abattoir sera établi, soit une partie de ce territoire, soit plusieurs communes ou fractions de commune; toutefois, l'extension du périmètre au delà des limites d'une commune sera subordonnée à une entente entre les conseils municipaux intéressés, sur l'établissement ou l'usage commun de l'abattoir. Si le périmètre doit s'étendre sur le territoire de départements différents, chaque préfet déterminera, après entente entre les conseils municipaux, la fraction du périmètre correspondant à son département. Le périmètre primitivement fixé pourra être étendu ultérieurement. Il sera procédé, dans ce cas, comme en matière d'ouverture d'abattoirs. (Loi du 8 janvier 1905, art. 2 à 5.)

Les habitants conservent le droit d'abattre chez eux les porcs qu'ils élèvent pour leur propre consommation, pourvu que l'abatage se fasse dans un lieu clos et séparé de la voie publique.

*Taxes d'abatage.* — Les taxes d'abatage constituent pour les communes une recette du budget ordinaire. (Loi du 5 avril 1884, art. 133.) Elles ne doivent pas dépasser les sommes nécessaires pour couvrir les frais annuels d'entretien et de gestion et pour tenir compte à la commune de l'intérêt du capital dépensé pour leur construction, ainsi que de la somme affectée à l'amortissement du capital. (Décret du 1er avril 1864, art. 2.)

Les taxes d'abatage sont perçues dans les limites fixées par la loi du 8 janvier 1905, savoir :

Les communes soumises ou non à l'octroi, mais possédant un abattoir public, auront le droit de taxer, au maximum, à 2 centimes par kilogramme de viande nette, les viandes de toute nature abattues dans l'établissement. (Art. 1er.)

Dans les communes dépourvues d'un abattoir communal ou intercommunal, et dans les fractions de communes situées en dehors du périmètre d'extension, une taxe de 1 centime au plus par kilogramme de viande nette qui y sera abattue pourra être établie pour droit de poinçonnage. (Art. 5.)

Si un abattoir intercommunal est établi dans l'intérieur du rayon d'un octroi, le tarif de cet octroi devra, s'il y a lieu, être préalablement revisé, de manière que les viandes soient imposées au poids net. (Art. 6.)

Les taxes d'abatage ne doivent pas être perçues par tête de bétail, mais assises sur le poids de la viande nette.

*Droits de place dans les abattoirs.* — La taxe d'abatage, dont le décret du 1er août 1864 a fixé les limites de manière à ce qu'elle ne puisse être une source de revenus pour les communes, ne doit pas être confondue avec les *droits de places*, calculés à raison de la superficie occupée dans les abattoirs. Ces droits, prévus par l'article 133, 6°, de la loi du 5 avril 1884, représentent la rémunération du service rendu par la mise à la disposition des bouchers de locaux destinés à recevoir les animaux, pour un séjour qui ne serait pas justifié par les opérations de l'abatage proprement dit. (Cass., 1er avril 1901.) — Les conventions entre la commune et les bouchers pour location de droits de places doivent être enregistrées. (Instr. Enreg., 26 nov. 1901.)

*Taxe de cheville.* — La taxe d'abatage et la taxe dite *de cheville* sont distinctes l'une de l'autre par leur nature et leur objet : la première porte, à raison de leur abatage seul, sur les animaux tués dans les abattoirs municipaux et emportés ensuite au dehors; la seconde constitue un droit de marché sur les animaux qui, après avoir été tués, restent dans les abattoirs pour y être exposés en vente et vendus au détail dans les locaux affectés à cet effet aux bouchers en gros. Cette dernière taxe est légale et peut être établie par une délibération municipale soumise à l'approbation du préfet. (Cass., 2 avril 1900.)

*Mesures sanitaires.* — Les abattoirs sont rangés dans la première classe des « Etablissements dangereux, incommodes et insalubres » (V. ÉTABLISSEMENTS), c'est-à-dire qu'ils doivent être éloignés de la voie publique.

Les locaux qui, dans les abattoirs ou les tueries particulières, ont contenu des animaux atteints de maladies contagieuses, sont nettoyés et désinfectés. Les hommes employés dans les abattoirs doivent se soumettre aux mesures de désinfection jugées nécessaires. Les abattoirs publics et les tueries particulières sont placés d'une manière permanente sous la surveillance d'un vétérinaire délégué à cet effet. Lorsque l'ouverture de l'animal fait connaître les lésions propres à une maladie contagieuse, le maire de la commune d'où provient cet animal en est immédiatement avisé, afin qu'il prenne les dispositions utiles. (Décret du 22 juin 1882.)

*Droit d'inspection sanitaire des animaux introduits de l'extérieur.* — Les communes dans lesquelles il existe des foires et marchés aux chevaux et aux bestiaux, des abattoirs ou des clos d'équarrissage, sont tenues de préposer à leurs frais, et sauf à se rembourser par l'établissement d'une taxe sur les animaux amenés, un ou plusieurs vétérinaires pour l'inspection sanitaire des animaux qui y sont conduits. Cette dépense est obligatoire pour les communes. (Loi du 21 juin 1898, art. 63.)

La jurisprudence considérait naguère comme illégale la perception de taxes d'inspection et de vérification sur des viandes abattues introduites de l'extérieur. La loi du 8 janvier 1905 a disposé qu'il pourrait être perçu par les communes une taxe de 1 centime au maximum par kilogramme de viande nette sur lesdites viandes, à la main ou foraines, pour frais de visite et de poinçonnage (art. 1er), et que, dans les communes dépourvues d'abattoir, cette même taxe pourrait être établie sur les viandes importées du dehors ou abattues hors de la commune. (Art. 5.)

Il a été jugé que, si le maire peut prescrire, dans un intérêt de salubrité, l'examen préalable des denrées introduites en ville pour y être vendues, sa décision serait illégale au cas où elle aurait pour but d'obliger les producteurs ou marchands forains à venir sur les marchés pour y acquitter des droits de places. (Cons. d'Etat, 5 févr. 1892.)

## Abeilles.

L'établissement de ruches d'abeilles n'est pas soumis à l'autorisation préalable de l'administration départementale ou municipale.

Mais le préfet, après avis du conseil général (et, à défaut, le maire), détermine la distance à observer entre les ruches et les propriétés voisines ou la voie publique. Les ruches isolées des propriétés et chemins par un mur ou une palissade en planches jointes à hauteur de clôture ne sont assujetties à aucune prescription de distance. (Lois du 4 avril 1889, art. 8, et du 21 juin 1898, art. 17.) Les maires prescrivent aux propriétaires de ruches toutes les mesures propres à assurer la sécurité des personnes et des animaux, ainsi que la préservation des récoltes et des fruits. (Loi du 21 juin 1898, art. 17.) — Les ruches sont considérées comme meubles lorsqu' elles ne sont encore la propriété de personne. Elles sont immeubles par destination lorsqu'elles ont été placées sur un fonds par le propriétaire dans un but d'exploitation. (Code civ., art. 524.) — Le propriétaire d'un essaim a le droit de le réclamer et de s'en ressaisir tant qu'il n'a pas cessé de le suivre; mais l'essaim appartient au propriétaire du terrain sur lequel il s'est abattu et fixé. (Loi des 28 sept.-6 octobre 1791, titre Ier, section III, art. 5, et loi du 4 avril 1889, art. 9.). — Le droit de saisir les ruches indépendamment du fonds où elles sont placées n'appartient qu'à celui qui les a vendues et au propriétaire qui a une créance contre son fermier. Mais la loi stipule que les ruches saisies indépendamment du fonds ne pourront être déplacées que pendant les mois de décembre, janvier et février. (Loi du 4 avril 1889, art. 10.)

**Ab intestat** (du lat. *ab*, de la part de quelqu'un, et de *intestat*, sans testament). — Se dit de celui qui meurt sans avoir testé et de la succession qui s'ouvre en l'absence d'un testament, auquel cas la loi règle la dévolution des biens. V. SUCCESSION.

**Ab irato** (du latin *ab*, de, et *irato*, sous-entendu *homine*, un homme irrité). — Locution qui s'applique aux actes inspirés par la haine et la colère.

Les testaments peuvent être attaqués s'ils ont été faits *ab irato*, c'est-à-dire dans un moment où la colère et la haine altéraient provisoirement la lucidité du testateur. (Code civ., art. 901.)

**Abonnement.** — Convention entre l'administration et le contribuable, qui a pour objet de substituer à l'acquittement successif des droits le payement d'une somme à forfait pour un temps déterminé. C'est ainsi que les brasseurs d'une même ville sont admis à acquitter les droits d'octroi au moyen d'un abonnement.

**Abonnement** (*Taxe d'*). — Taxe représentative des droits de mutation à titre gratuit, perçue sur la valeur des biens de certaines associations.

Cette taxe frappe les congrégations, communautés et associations religieuses, ainsi que les sociétés civiles dont l'objet n'est pas de distribuer leurs produits en tout ou en partie entre leurs membres.

Lorsque des membres de ces associations se retirent ou viennent à décéder, la part des biens sociaux s'accroît ou est censée s'accroître : la loi du 28 décembre 1880, modifiée par celle du 24 février 1885, article 9, assujettit donc ces accroissements aux droits de mutation par décès ou de donation, suivant qu'ils se réaliseraient par décès ou de toute autre manière. Cette taxe, dite *droit d'accroissement*, fut convertie par la loi du 16 avril 1895 en une taxe annuelle et obligatoire, dite *taxe d'abonnement*, et assise sur la valeur brute des biens meubles et immeubles possédés.

Ne sont pas soumis à la taxe les biens acquis avec l'autorisation du gouvernement en tant qu'ils ont été affectés et continuent d'être réellement employés soit à des œuvres d'assistance gratuite en faveur des infirmes, des malades, des indigents, des orphelins ou des enfants abandonnés, soit aux œuvres des missions françaises à l'étranger. L'exemption est accordée ou retirée par décret en Conseil d'Etat.

La taxe est fixée à 0 fr. 30 pour 100 de la valeur brute; le taux en est porté à 0 fr. 40 pour 100 pour les immeubles possédés par celles des congrégations, communautés et associations qui ne sont pas assujetties à la taxe de mainmorte; elle n'est pas soumise aux décimes. Le payement en est effectué, pour l'année écoulée, dans les trois premiers mois de l'année suivante, au bureau de l'enregistrement du siège social désigné à cet effet, sur la remise d'une déclaration détaillée faisant connaître la consistance et la valeur des biens. Le défaut de payement dans le délai fixé est puni d'un demi-droit en sus, qui ne pourra être inférieur à 100 francs.

Un droit en sus est exigible en cas d'omission ou d'insuffisance d'évaluation dans la déclaration souscrite pour l'assiette de l'impôt. L'insuffisance d'évaluation peut être établie, pour les biens meubles comme pour les biens immeubles, par expertise dans le délai d'un an à dater de la déclaration. (Loi du 22 frimaire an VII, art. 17 et 18, et loi du 23 août 1871, art. 15.)

Le privilège accordé au Trésor (Loi du 22 frimaire an VII, art. 32) pour le recouvrement des droits de mutation par décès s'applique à la taxe d'abonnement et aux amendes prononcées. (V. MUTATION.) Pour les associations religieuses, l'action en recouvrement de la taxe est valablement dirigée contre le supérieur ou la supérieure.

**Abordage.** — On donne le nom d'*abordage* ou de *collision* au choc accidentel de deux navires qui se heurtent par cause fortuite, ou faute de précautions ou de surveillance.

On distingue l'abordage *maritime* et l'abordage *fluvial*. Dans le premier, l'accident a lieu en mer ou dans les limites de l'inscription maritime; dans le second, il a lieu dans les eaux intérieures.

*Abordage maritime.* — Les marins sont assujettis au règlement du 21 février 1897 « ayant pour objet de prévenir les abordages en mer ».

Ce règlement reproduit les dispositions arrêtées, à la fin de 1889, par la Conférence maritime internationale de Washington, ou du moins celles de ces dispositions sur lesquelles l'entente a pu s'établir entre les gouvernements. Il détermine les manœuvres à faire pour éviter l'abordage, les feux que doivent porter les navires, les règles de barre et de route, les signaux phoniques, et spécialement les signaux de détresse.

Comme principe de manœuvre, le vapeur doit toujours se déranger pour un voilier. Entre deux voiliers recevant le vent du même bord, celui qui est au vent doit s'écarter de la route de celui qui est sous le vent. Entre deux voiliers au plus près sous des amures différentes, le navire bâbord amures s'écarte. Enfin, le voilier vent arrière se dérange pour tous les autres voiliers.

Le choc de deux navires fait l'objet de prescriptions différentes suivant qu'il a lieu en mer ou dans des eaux intérieures : dans le le premier cas, on applique les règles du Code de commerce; dans le second, le droit commun.

Si l'abordage résulte d'un cas fortuit, il n'entraîne aucun droit de répétition pour le navire qui l'a éprouvé; s'il a lieu par la faute d'un des capitaines, la réparation du dommage incombe à ce dernier; s'il y a incertitude sur les causes de l'abordage, le dommage est réparé à frais communs et par égale portion par les deux navires. (Code comm., art. 407.)

L'abordage peut donner naissance à une action en dommages-intérêts contre le navire abordeur. Cette action n'est pas subordonnée à la rédaction d'un protêt, et le capitaine a un délai d'un an pour introduire sa demande en justice. (Loi du 24 mars 1891.)

Le demandeur pourra, à son choix, assigner devant le tribunal du domicile du défendeur ou devant celui du port français dans lequel, en premier lieu, soit l'un, soit l'autre des deux navires s'est réfugié. Si l'abordage est survenu dans la limite des eaux soumises à la juridiction française, l'assignation pourra également être donnée devant le tribunal dans le ressort duquel la collision s'est produite. (Loi du 14 déc. 1897.)

La loi du 10 mars 1891 sur les *accidents et collisions en mer* détermine l'assistance, les formalités à remplir après l'abordage, les engins de sauvetage dont les navires doivent être pourvus, et les pénalités. Cette loi punit d'une amende de 10 à 300 francs et d'un emprisonnement de 3 jours à 1 mois les infractions aux règlements sur les feux et sur les signaux en temps de brume (art. 1er). L'amende peut être portée à 500 francs et l'emprisonnement à 3 mois si ces infractions ou l'inobservation des règles sur la route à suivre et les manœuvres à exécuter ont été la cause d'un abordage (art. 2). Ces règles sont déterminées par le règlement du 21 février 1897, modifié par décret du 9 novembre 1905 ; mais ce règlement (art. 30) laisse toute leur force aux règlements locaux relatifs à la navigation dans une rade, une rivière ou une étendue d'eau quelconque. L'assistance est un devoir positif, auquel on ne se dérobe qu'en se rendant coupable d'un délit ; le capitaine doit porter secours aux bâtiments en péril aussitôt qu'il peut le faire sans danger pour son propre navire; sinon, il est puni de 200 à 300 francs d'amende, d'un emprisonnement de 1 mois à 1 an (qui peut aller à 2 ans si des passagers ont péri dans le naufrage) et du retrait temporaire ou définitif de son commandement. Les tribunaux compétents sont les tribunaux maritimes commerciaux, créés par le décret-loi du 24 mars 1852. V. SAUVETAGE.

Sont aux risques des assureurs toutes pertes et dommages qui arrivent aux objets assurés par tempête, naufrage, échouement, abordage fortuit, changements forcés de route, de voyage ou de vaisseau, par jet, feu, prise, pillage, arrêt par ordre de puissance, déclaration de guerre, représailles, et généralement par toutes les autres fortunes de mer. (Code comm., art. 350.)

*Abordage fluvial.* — On n'applique plus ici les règles de l'article 407 du Code de commerce, mais les principes de responsabilité en matière de droit commun. (Code civ., art. 1382.) V. RESPONSABILITÉ.

**Abornement.** — V. BORNAGE.

**Abreuvoir.** — Lieu où l'on mène boire et se baigner les bestiaux, et particulièrement les chevaux.

C'est à l'autorité municipale qu'appartient la police des abreuvoirs, en vertu de la loi des 16-24 août 1790 : le maire a le devoir de veiller à ce que les pentes ne soient pas trop rapides, de faire entourer de clôtures les abreuvoirs établis dans les cours d'eau, de prescrire les mesures commandées par l'hygiène publique. — A Paris, un conducteur ne peut mener plus de trois chevaux à la fois à l'abreuvoir, et jamais pendant la nuit. Les femmes et les mineurs de moins de 18 ans ne sont pas autorisés à les y conduire. (Ord. de police du 26 déc. 1823.) — Défense est faite de laver du linge dans les abreuvoirs et d'y conduire des animaux malades. (Arr. du 3 messidor an VII.) Le maire désigne un abreuvoir spécial pendant les épizooties, et il est interdit de conduire à l'abreuvoir commun les animaux contaminés ou exposés à la contagion. (Décret du 22 juin 1882, art. 6.) — Il n'est pas permis de faire rouir dans les abreuvoirs du chanvre, du lin et autres plantes textiles. (Loi du 21 juin 1898, art. 25.) — Les servitudes de puisage et de lavage (et par suite le droit d'abreuvoir) ne peuvent s'acquérir que par titre, et non par prescription, parce qu'elles sont discontinues. (Cour de Paris, 12 janvier 1890.)

**Abréviations.**

La loi, pour prévenir les fraudes, proscrit les *abréviations* dans la rédaction de certains actes. Il ne doit être rien écrit par abréviation sur les *registres de l'état civil* (Code civ., art. 42), ni sur les livres des *agents de change* et des *courtiers* de commerce (Code comm., art. 84), ni sur les actes dressés par les *notaires* (Loi du 25 ventôse an XI, art. 13), ni sur les exploits des *huissiers*. (Code proc. civ., art. 227).

**Abrogation.** — Abolition d'une disposition législative ou réglementaire.

L'abrogation est *expresse* ou *tacite* : *expresse*, si la loi déclare d'une manière formelle et positive que la loi antérieure est abrogée; *tacite*, si la loi nouvelle, sans déclarer expressément que la précédente est abrogée, contient un ensemble de dispositions incompatibles avec les anciennes. L'abrogation ne peut résulter de la désuétude ou de la persistance d'usages contraires.

**Absence.** — L'absence n'est pas un simple éloignement, mais une disparition : l'absent est celui qui a abandonné son domicile ou sa résidence, dont on n'a plus de nouvelles, et dont les biens, les intérêts, sont par suite en souffrance. (Code civ., art. 112-143.)

La loi distingue dans l'absence trois périodes ou degrés :

**1° Présomption d'absence.**

Tout d'abord l'absence ne peut être que présumée, et les mesures conservatoires qu'autorise le Code civil sont exclusivement dictées par l'intérêt du présumé absent. Le droit de demander au tribunal de première instance d'ordonner des mesures conservatoires appartient : 1° à ceux qui ont un intérêt à la conservation des biens du présumé absent, c'est-à-dire au conjoint, aux héritiers présomptifs, aux créanciers; ils adressent dans ce but une requête au président du tribunal (Code proc., art. 859); 2° au ministère public.

Si le présumé absent a laissé un procureur fondé, le tribunal n'intervient que dans un cas : pour commettre un notaire qui aura mission de représenter le présumé absent dans les inventaires, partages et liquidations, etc.

Lorsque quatre ans se sont écoulés depuis la disparition ou les dernières nouvelles, les intéressés peuvent se pourvoir devant le tribunal du domicile (ou, à défaut, de la résidence), afin que l'absence soit *déclarée*. Que si l'absent a laissé une procuration, le délai de quatre ans est porté à dix, même si la procuration n'a d'effet que pour une durée moindre.

**2° Déclaration d'absence.**

Seuls les héritiers dont les droits sont subordonnés au décès de l'absent ont qualité pour demander la *déclaration d'absence*.

Le tribunal ordonne d'abord une enquête; le jugement de déclaration d'absence ne peut être rendu qu'*un an après* ; il a pour effet de permettre aux intéressés de demander l'ouverture du testament (s'il y a lieu) et l'*envoi en possession provisoire* des biens de l'absent. Si l'époux absent n'a pas laissé de parents au degré successible, l'autre époux peut demander l'envoi en possession provisoire. Les envoyés en possession provisoire sont des dépositaires tenus, le cas échéant, de restituer les biens à leur véritable propriétaire. On exige donc d'eux certaines garanties : un inventaire, une caution, la vente du mobilier et le remploi du prix. Les envoyés, en d'autres termes, ne deviennent pas propriétaires : simples détenteurs précaires et administrateurs, ils ne peuvent ni vendre ni hypothéquer les immeubles, et ils auront, en cas de restitution, à rendre compte de leur administration; si l'absent reparaît avant quinze ans révolus depuis sa disparition, ils lui devront le cinquième des revenus, et, après quinze ans, le dixième : la totalité des revenus ne leur appartiendra qu'après trente ans. Les actions qu'ont les tiers contre l'absent peuvent être exercées contre les envoyés en possession.

Si le régime matrimonial des époux est le régime de la communauté, le conjoint de l'absent qui a opté pour la continuation de la communauté peut empêcher l'envoi en possession provisoire et prendre de préférence l'administration des biens. En cas d'option pour la dissolution provisoire de la communauté, il exerce ses reprises et droits, à charge de donner caution pour les choses susceptibles de restitution. La femme, en optant pour la continuation, conserve toujours le droit d'y renoncer dans la suite.

**3° Envoi en possession définitif.**

Si l'absence a continué pendant trente ans depuis l'envoi en possession provisoire, ou depuis l'époque à laquelle l'époux commun aura pris l'administration des biens de l'absent, si encore il s'est écoulé cent ans révolus depuis la naissance de l'absent, il y a lieu à l'*envoi en possession définitif*. Les cautions sont déchargées et les envoyés en possession définitive sont désormais considérés comme propriétaires des biens; et, si l'absent reparaît, les envoyés ne sont tenus de restituer que les biens dans l'état où ils se trouvent et le produit de ceux qu'ils ont aliénés. Dans le cas où ceux qui ont obtenu l'envoi en possession en qualité d'héritiers présomptifs au jour de la disparition ne seraient plus les héritiers les plus proches au jour du décès prouvé de l'absent, la restitution auxdits héritiers s'effectuerait comme à l'absent lui-même.

Les enfants de l'absent peuvent-ils succéder par *représentation* (V. ce mot)? Il y a controverse.

*Effets de l'absence quant au mariage.* — Le conjoint de l'absent ne peut contracter une nouvelle union tant que le décès n'est pas prouvé. Si cependant, au mépris de la loi, il y a réussi, la nullité de ce second mariage ne peut être demandée que par l'absent de retour ou par son fondé de pouvoir, muni d'une procuration spéciale à cet effet. La loi ne prévoit pas le cas où l'absent de retour n'attaquerait pas l'union contractée par son conjoint.

La femme de l'absent peut être autorisée par le tribunal à ester en justice ou à contracter. (Code civ., art. 222, et Code proc. civ., art. 863.)

*Enfants mineurs de l'absent.* — Si le père a disparu laissant des enfants mineurs issus d'un commun mariage, la mère en a la surveillance et exerce tous les droits du mari quant à leur éducation et à l'administration de leurs biens.

Six mois après la disparition du père, si la mère était décédée lors de cette disparition, ou si elle vient à décéder avant que l'absence du père ait été déclarée, la surveillance des enfants est déférée, par le conseil de famille, aux ascendants les plus proches, et, à leur défaut, à un tuteur provisoire. Il en est de même dans le cas où l'époux absent laisse des enfants mineurs issus d'un mariage précédent.

*Déclaration à l'enregistrement.* — Les héritiers, légataires et tous autres appelés à exercer des droits subordonnés au décès d'un individu dont l'absence est déclarée sont tenus de faire, dans les six mois du jour de l'envoi en possession provisoire, la déclaration à laquelle ils seraient tenus s'ils étaient appelés par effet de la mort, et d'acquitter les droits sur la valeur entière des biens ou droits qu'ils recueillent. En cas de retour de l'absent, les droits payés sont restitués sous la seule déduction à laquelle aura donné lieu la jouissance des héritiers. (Loi du 28 avril 1816, art. 40.)

**Absolution.** — Le Code d'instruction criminelle distingue l'*absolution* de l'*acquittement*. Un inculpé ne peut être *acquitté* que lorsqu'il a été *déclaré non coupable;* il est *absous* lorsque le fait dont il a été *déclaré convaincu* ne donne lieu à l'application d'aucune peine.

*Absolution.* — Les cas d'absolution sont au nombre de trois : 1° le jury admet en faveur du coupable l'existence d'une excuse absolutoire (v. EXCUSE) ; 2° le fait incriminé n'est pas prévu par la loi pénale (Code instr. crim., art. 364) ; 3° l'action publique se trouve éteinte ou impuissante (chose jugée, amnistie, prescription). L'absolution diffère donc profondément de l'acquittement, qui suppose la non-culpabilité. — Lorsqu'il ne s'agit plus d'un crime, et que le fait incriminé ne réunit les éléments ni d'un délit correctionnel ni d'une contravention de police, le tribunal annule la procédure, *renvoie* le prévenu et statue sur les dommages-intérêts. (Code instr. crim., art. 191.)

*Acquittement.* — Pour l'acquittement, voici ses caractères propres, opposés à ceux de l'absolution : 1° il n'est jamais prononcé qu'en faveur d'un individu déclaré non coupable par les réponses du jury ; 2° il résulte non d'un arrêt, mais d'une simple ordonnance du président de la Cour d'assises. (Code instr. crim., art. 358.) La Cour ne saurait avoir à délibérer, puisque les réponses du jury ont pour conséquence de faire tomber l'accusation ; lorsque, au contraire, un mineur de 16 ans est acquitté pour avoir agi sans discernement, comme il peut être renvoyé jusqu'à 20 ans dans une maison de correction, un arrêt est nécessaire.

**Abstention de juge.** — C'est l'acte d'un membre du tribunal qui estime que des considérations personnelles peuvent influer sur son impartialité dans une affaire.

« Tout juge qui saura cause de récusation en sa personne sera tenu de la déclarer à la chambre, qui décidera s'il doit s'abstenir. » (Code proc. civ., art. 380.) Si le tribunal n'admet pas son abstention, il appartient aux parties de le récuser. V. RÉCUSATION.

**Abus d'autorité.** — Les abus d'autorité sont divisés par le Code pénal (art. 184-198) en deux classes, selon qu'ils ont été commis contre les particuliers ou contre la chose publique. Parmi les premiers on distingue : la *violation du domicile* (v. DOMICILE), le *déni de justice* (v. DÉNI), les *violences des fonctionnaires* (v. FONCTIONNAIRE), la *suppression* ou la *violation du secret des lettres* (v. LETTRE) ; parmi les seconds : l'emploi de la *force publique contre l'exécution des lois* (v. FONCTIONNAIRE), la *perception illégale des impôts* (v. IMPÔT).

**Abus de citation.** — V. DÉPENS.

**Abus de confiance.**

Le Code pénal qualifie ainsi diverses infractions punies par ses articles 406 à 409.

I. *Abus de confiance, de la part des prêteurs d'argent, contre les mineurs.* — Art. 406. « Quiconque aura abusé des *besoins*, des *faiblesses* ou des *passions d'un mineur* pour lui faire souscrire, à son préjudice, des obligations, quittances ou décharges, pour prêt d'argent ou de choses mobilières, ou d'effets de commerce, ou de tous autres effets obligatoires, sous quelque forme que cette négociation ait été faite ou déguisée, sera puni d'un emprisonnement de deux mois au moins, de deux ans au plus, et d'une amende qui ne pourra excéder le quart des restitutions et des dommages-intérêts qui seront dus aux parties lésées, ni être moindre de 25 francs. — Le coupable pourra être, en outre, à compter du jour où il aura subi sa peine, interdit, pendant cinq ans au moins et dix ans au plus, des droits civiques, civils et de famille. » V. DROITS CIVILS ET CIVIQUES.

II. *Abus de blanc-seing.* — Art. 407. « Quiconque, abusant d'un *blanc-seing* qui lui aura été confié, aura frauduleusement écrit au-dessus une obligation ou décharge, ou tout autre acte pouvant compromettre la personne ou la fortune du signataire, sera puni d'un emprisonnement d'un an au moins et de cinq ans au plus, et d'une amende de 50 francs au moins et de 3 000 francs au plus, sans compter, si le tribunal le juge à propos, l'interdiction des droits civiques, civils et de famille (art. 405). — Dans le cas où le blanc-seing ne lui aurait pas été confié, il sera poursuivi comme faussaire et puni comme tel. » V. FAUX.

III. *Détournements d'objets confiés.* — Art. 408. « Quiconque aura détourné ou dissipé, au préjudice des propriétaires, possesseurs ou détenteurs, des effets, deniers, marchandises, billets, quittances ou tous autres écrits contenant ou opérant obligation ou décharge qui ne lui auraient été remis qu'à titre de *louage*, de *dépôt*, de *mandat*, de *nantissement*, de *prêt à usage*, ou *pour un travail salarié* ou *non salarié*, à la charge de les rendre ou représenter, ou d'en faire un usage ou un emploi déterminé, sera puni des peines portées en l'art. 406. — Si l'abus de confiance prévu et puni par le précédent paragraphe a été commis par un officier public ou ministériel, ou par un domestique, homme de service à gages, élève, clerc, commis, ouvrier, compagnon ou apprenti, au préjudice de son maître, la peine sera celle de la réclusion. » C'est l'infraction punie par l'art. 408 qui constitue spécialement l'*abus de confiance*. Les art. 254, 255 et 256 punissent les soustractions de deniers, effets ou pièces des dépôts publics.

IV. *Soustraction de pièces produites en justice*. — Art. 409. « Quiconque, après avoir produit, dans une *contestation judiciaire*, quelque *titre*, *pièce* ou *mémoire*, l'aura distrait de quelque manière que ce soit, sera puni d'une amende de 25 francs à 300 francs. — Cette peine sera prononcée par le tribunal saisi de la contestation. »

V. *La prescription et l'abus de confiance*.— Quant aux droits de la partie lésée, ils se règlent suivant les principes du droit civil. Celui-ci pose en principe que, « en fait de meubles, possession vaut titre » (V. PRESCRIPTION), mais permet au propriétaire, s'il a perdu ou si on lui a volé une chose mobilière, de la revendiquer pendant trois ans contre celui dans les mains duquel elle se trouve (art. 2279). La jurisprudence admet, en général, que cette exception n'est pas applicable à l'abus de confiance et que le propriétaire n'a qu'un recours personnel contre celui à qui il a imprudemment accordé sa confiance.

**Abus de jouissance.** — Exercice d'un droit au delà des limites fixées par la loi ou les conventions.

Lorsqu'un usufruitier abuse de sa jouissance en dégradant le fonds dont il a l'usufruit ou en le laissant dépérir faute d'entretien, le tribunal a la faculté de prononcer l'extinction absolue de l'usufruit, mais aussi d'imposer seulement au propriétaire le payement d'une somme à titre d'indemnité, si la faute de l'usufruitier est légère. (Code civ., art. 618.)

Lorsque le preneur ou le locataire n'use pas de la chose louée en bon père de famille et suivant la destination naturelle ou conventionnelle de cette chose, ou bien lorsqu'il ne paye pas le prix du bail au terme convenu, cet *abus de jouissance* autorise le bailleur à demander la résiliation du bail. (*Id.*, art. 1728 et 1729.)

Le gage est un contrat par lequel un débiteur remet à son créancier une chose mobilière comme garantie de sa créance. Si le créancier gagiste abuse du gage, le tribunal peut lui en imposer la restitution. (*Id.*, art. 2082.)

**Abus** (*Appel comme d'*). — V. APPEL.

**Académie.** — Division administrative de la France au point de vue de l'instruction publique. — V. INSTRUCTION PUBLIQUE.

**Accaparement.** — Spéculation qui consiste à s'approprier, par des achats considérables, les marchandises qui se trouvent dans un lieu ou une région plus ou moins étendue pour en fixer le prix en écartant toute concurrence.

Le but de l'accapareur, dont le crime était puni de mort par les lois révolutionnaires (Décret du 28 juill. 1793), c'est de s'attribuer le monopole des objets accaparés, c'est-à-dire d'en fixer lui-même le prix à sa guise.

L'article 419 du Code pénal qualifie *accapareurs* « tous ceux qui, par des faits faux ou calomnieux semés à dessein dans le public, par des suroffres faites au prix que demandaient les vendeurs eux-mêmes, par réunion ou coalition des principaux détenteurs d'une même marchandise ou denrée, tendant à ne pas la vendre ou à ne la vendre qu'un certain prix, ou qui, par des voies ou des moyens frauduleux quelconques, auront opéré la hausse ou la baisse du prix des denrées ou marchandises ou des papiers et effets publics au-dessus ou au-dessous des prix qu'aurait déterminés la concurrence naturelle et libre du commerce. »

Cette manœuvre, particulièrement odieuse quand elle porte sur le blé et autres denrées de première nécessité, est punie par les articles 419 et 420 du Code pénal. L'accapareur est puni d'un emprisonnement de un mois à un an et d'une amende de 500 à 10 000 francs, et, si le tribunal le juge à propos, de deux ans à cinq ans d'interdiction de séjour (art. 419). La peine est d'un emprisonnement de deux mois à deux ans, d'une amende de 1 000 à 20 000 francs et, s'il est nécessaire, de cinq ans à dix ans d'interdiction de séjour, lorsque l'accaparement a été pratiqué sur des grains et farines, du pain ou des boissons (art. 420).

La loi punit l'accaparement non seulement des marchandises proprement dites, mais encore de tout ce qui est objet de commerce et de concurrence, par exemple l'accaparement des moyens de transport. Mais l'infraction n'existe que si la hausse ou la baisse s'est effectivement produite. (Cass., 9 avr. 1863.)

La loi du 3 février 1893 punit des peines prévues par l'article 420 « quiconque, par des faits faux ou calomnieux semés à dessein dans le public ou par des voies ou moyens frauduleux quelconques, aura provoqué ou tenté de provoquer des retraits de fonds des caisses publiques ou des établissements obligés par la loi à effectuer leurs versements dans les caisses publiques ».

**Acceptation.** — V. BÉNÉFICE D'INVENTAIRE, COMMUNAUTÉ, DONATION, LEGS, LETTRE DE CHANGE, MANDAT, SUCCESSION, TRANSPORT DE CRÉANCE, etc.

**Accepteur.**—V. LETTRE DE CHANGE.

**Accession.** — Extension du droit de propriété par suite de l'union, de l'adjonction d'une chose accessoire à une chose principale.

L'union de l'accessoire au principal rend le propriétaire du principal propriétaire de l'accessoire, d'où l'aphorisme : *l'accessoire suit le principal*. Le Code civil fait de l'accession un mode d'acquérir la propriété et pose en principe que « la propriété d'une chose, soit mobilière, soit immobilière, donne droit sur tout ce qu'elle *produit* et sur ce qui s'y *unit accessoirement,* soit naturellement, soit artificiellement » (art. 546).

*Produits accessoires de la chose.* — Ce sont les fruits naturels ou industriels de la terre, les fruits civils et le croît des animaux. V. FRUITS, ANIMAUX.

*Union et incorporation.* — En ce qui concerne les immeubles, le droit d'accession par union et incorporation peut porter : 1° sur les plantations, constructions et autres ouvrages (V. PLANTATIONS, CONSTRUCTIONS) ; 2° sur les accroissements résultant du voisinage d'un cours d'eau (V. ALLUVION, LAIS ET RELAIS, AVULSION, ATTERRISSEMENT, LIT [d'un cours d'eau]); 3° sur certains animaux qui deviennent accessoires du fonds sur lequel ils se fixent. V. ANIMAL.

Pour l'accession relativement aux choses mobilières, V. MEUBLES.

**Accident.** — Événement fortuit et malheureux qui ouvre à la victime, soit par suite de l'imprévoyance ou de la négligence d'une personne, soit en vertu du « risque professionnel », droit à une réparation pécuniaire.

### Des accidents en général.

Tout délit civil ou quasi-délit entraîne pour son auteur l'obligation d'en donner réparation, chacun étant responsable du dommage qu'il a causé par sa faute directe, son imprudence ou sa négligence. (Code civ., art. 1382 et suiv.) Ainsi, en cas d'accident, il y a responsabilité à la condition que l'auteur du dommage soit en faute ; mais aucune poursuite ne saurait être intentée par la victime si le dommage résulte d'un cas fortuit ou de force majeure. V. DÉLIT, QUASI-DÉLIT, RESPONSABILITÉ.

Le refus de secours en cas d'accident tombe sous le coup de l'article 475 § 12 du Code pénal, qui punit d'une amende de 6 francs à 10 francs inclusivement « ceux qui, le pouvant, auront refusé ou négligé de faire les travaux, le service, ou de prêter le secours dont ils auront été requis, dans les circonstances d'accidents, tumulte, naufrage, inondation, incendie ou autres calamités, ainsi que dans les cas de brigandages, pillages, flagrant délit, clameur publique ou d'exécution judiciaire ».

### Des accidents du travail.

Depuis la loi du 9 avril 1898, les chefs d'industrie sont responsables de plein droit des accidents dont sont victimes leurs ouvriers : il n'y a pas à considérer si le propriétaire est en faute, si l'ouvrier a été imprudent, si l'accident résulte d'un cas fortuit ou de la force majeure ; le « risque professionnel » qu'encourt le travailleur par l'exercice même ou à l'occasion de l'exercice de sa profession lui donne, en cas d'accident, droit à une indemnité, fixée à forfait par la loi, selon l'importance du salaire. Cette indemnité est à la charge de l'employeur, mais l'Etat en garantit le recouvrement.

*Domaine d'application de la loi.* — Le bénéfice de ces dispositions n'est acquis qu'autant qu'il y a accident (et non maladie professionnelle), que la victime a la qualité d'ouvrier ou celle d'employé, que l'accident a entraîné une interruption de travail ayant duré plus de quatre jours, ou une incapacité de travail permanente, ou enfin la mort. Les ouvriers ou employés désignés par la loi du 9 avril 1898 ne peuvent se prévaloir, à raison des accidents dont ils sont victimes dans leur travail, d'aucune autre disposition.

La loi du 9 avril 1898 est applicable aux ouvriers et employés occupés dans l'industrie du bâtiment, les usines, manufactures, chantiers, les entreprises de transport par terre et par eau, de chargement et de déchargement, les magasins publics, mines, minières, carrières et, en outre, dans toute exploitation ou partie d'exploitation dans laquelle sont fabriquées ou mises en œuvre des matières explosives, ou dans laquelle il est fait usage d'une machine mue par une force autre que celle de l'homme ou des animaux.

La loi du 30 juin 1899 a étendu le bénéfice du risque professionnel aux ouvriers agricoles, lorsque l'accident est occasionné par l'emploi de machines mues par des moteurs inanimés, notamment de batteuses mécaniques.

Cette loi considère comme exploitant l'individu ou la collectivité qui dirige le moteur ou le fait diriger par ses préposés. Si la victime n'est pas salariée ou n'a pas un salaire fixe, l'indemnité due est calculée, selon les tarifs de la loi du 9 avril 1898, d'après le salaire moyen des ouvriers agricoles de la commune. En dehors du cas ci-dessus déterminé, la loi du 9 avril 1898 n'est pas applicable à l'agriculture.

La loi du 9 avril 1898 n'a apporté aucune modification aux lois et règlements concernant les pensions des ouvriers des ateliers de la marine et celles des ouvriers immatriculés des manufactures d'armes dépendant du ministère de la Guerre.

Mais elle est applicable aux ouvriers commissionnés, auxiliaires ou temporaires, de l'administration des Postes et télégraphes qui participent à des travaux d'équipe ou d'atelier, dans les conditions précisées par la circulaire (Postes et télégraphes) du 1er février 1901.

Les exploitations non visées par la loi du 9 avril 1898, y compris les cirques, théâtres et autres établissements où il est fait usage d'appareils mécaniques, sont soumises à la loi du 12 juin 1893 sur l'hygiène et la sécurité des travailleurs dans les établissements industriels. En cas d'accident ayant entraîné une blessure, le chef de l'entreprise est tenu de faire à la mairie, dans les quarante-huit heures, une déclaration accompagnée d'un certificat médical relatant les circonstances de l'accident, ses suites connues ou probables, les nom, prénoms, âge et sexe de la victime. Récépissé de la déclaration et du certificat est remis au déclarant, et le maire donne avis de l'accident à l'inspecteur divisionnaire ou départemental du travail. Sont seuls considérés comme *accidents* ceux qui paraissent devoir entraîner une incapacité de travail de trois jours au moins. Les ouvriers et employés non visés par la loi du 9 avril 1898 et du 30 juin 1899 n'ont de recours qu'en cas de faute de l'employeur, conformément au principe général posé par les art. 1382 et suiv. du Code civil. V. RESPONSABILITÉ.

La loi du 9 avril 1898 a été modifiée par celles du 22 mars 1902 et du 31 mars 1905, et des décrets en date des 28 févr. 1899, 23 mars 1902 et 27 déc. 1906 ont réglé les détails d'application.

*Indemnités et frais accessoires.* — Les personnes qui travaillent seules d'ordinaire ne peuvent être assujetties aux conséquences de la loi du 9 avril 1898. Les ouvriers dont le salaire annuel dépasse 2 400 francs ne bénéficient de ses dispositions que jusqu'à concurrence de cette somme ; pour le surplus, ils n'ont droit, sauf convention contraire quant au chiffre de la quotité, qu'au quart des rentes fixées par l'article 3, aux termes duquel l'ouvrier ou l'employé a droit : pour l'incapacité absolue et permanente, à une rente égale aux deux tiers de son salaire annuel ; pour l'incapacité partielle et permanente, à une rente égale à la moitié de la réduction que l'accident aura fait subir au salaire ; pour l'incapacité temporaire, à une indemnité journalière égale à la moitié du salaire touché au moment de l'accident, si l'incapacité de travail a duré plus de quatre jours et à partir du cinquième jour. Lorsque l'accident est suivi de mort, une pension est servie aux personnes ci-après désignées, à partir du décès, dans les conditions suivantes : A. Une rente viagère égale à 20 p. 100 du salaire annuel de la victime pour le conjoint survivant non divorcé ou séparé de corps, à la condition que le mariage ait été contracté antérieurement à l'accident. En cas de nouveau mariage, le conjoint cesse d'avoir droit à la rente mentionnée ci-dessus ; il lui sera alloué, dans ce cas, le triple de cette rente à titre d'indemnité totale. — B. Pour les enfants, légitimes ou naturels, reconnus avant l'accident, orphelins de père ou de mère, âgés de moins de seize ans, une rente calculée sur le salaire annuel de la victime à raison de 15 p. 100 de ce salaire s'il n'y a qu'un enfant, de 25 p. 100 s'il y en a deux, de 35 p. 100 s'il y en a trois, et 40 p. 100 s'il y en a quatre ou un plus grand nombre. Pour les enfants orphelins de père et de mère, la rente est portée pour chacun d'eux à 20 p. 100 du salaire. L'ensemble de ces rentes ne peut dépasser 40 p. 100 du salaire dans le premier cas, ni 60 p. 100 dans le second. — C. Si la victime n'a ni conjoint ni enfant dans les termes des paragraphes A et B, chacun des ascendants et descendants qui était à sa charge recevra une rente, viagère pour les ascendants et payable jusqu'à seize ans pour les descendants. Cette rente sera égale à 10 p. 100 du salaire annuel de la victime, sans que le montant total des rentes ainsi allouées puisse dépasser 30 p. 100. Chacune des rentes prévues par le paragraphe C est, le cas échéant, réduite proportionnellement.

Les rentes constituées en vertu de la loi du 9 avril 1898 sont payables par trimestre ; elles sont incessibles et insaisissables. — Les ouvriers étrangers victimes d'accidents qui cesseront de résider sur le territoire français recevront, pour toute indemnité, un capital égal à trois fois la rente qui leur avait été allouée. Les représentants d'un ouvrier étranger ne recevront aucune indemnité si au moment de l'accident ils ne résidaient pas sur le territoire français.

Le chef d'entreprise supporte en outre les frais médicaux et pharmaceutiques et les frais funéraires. Ces derniers sont évalués à la somme de 100 francs au maximum. Quant aux frais médicaux et pharmaceutiques, si la victime a fait choix elle-même de son médecin, le chef d'entreprise ne peut être tenu que jusqu'à concurrence de la somme fixée par le juge de paix du canton, conformément à un tarif établi par arrêté du ministre du Commerce. (V. décret du 30 septembre 1905.)

Le chef d'entreprise peut se décharger, pendant les trente, soixante ou quatre-vingt-dix premiers jours à partir de l'accident, de l'obligation de payer aux victimes les frais de maladie et l'indemnité temporaire, ou une partie seulement de cette indemnité, s'il justifie : 1° qu'il a affilié ses ouvriers à des sociétés de secours mutuels et pris à sa charge le tiers au moins de la cotisation ; — 2° que ces sociétés assurent à leurs membres, en cas de blessures, pendant trente, soixante ou quatre-vingt-dix jours, les soins médicaux et pharmaceutiques et une indemnité journalière. — Si l'indemnité journalière servie par la société est inférieure à la moitié du salaire quotidien de la victime, le chef d'entreprise est tenu de lui verser la différence.

Les exploitants de mines, minières et carrières peuvent se décharger des frais et indemnités moyennant une subvention annuelle versée aux caisses ou sociétés de secours constituées dans ces entreprises en vertu de la loi du 29 juin 1894. Cette disposition est applicable à tous autres chefs d'industrie qui auront créé en faveur de leurs ouvriers des caisses particulières de secours en conformité du titre III de la loi du 30 juin 1894. (V. CAISSE.) Le montant de la subvention doit recevoir l'approbation ministérielle.

*Recours contre les tiers en faute.* — Indépendamment de l'action résultant de la loi du 9 avril 1898, la victime ou ses représentants conservent contre les auteurs de l'accident, autres que le patron ou ses ouvriers et préposés, le droit de réclamer la réparation du préjudice causé, conformément aux règles du droit commun. L'indemnité qui leur sera allouée exonérera jusqu'à due concurrence le chef de l'entreprise des obligations mises à sa charge. Dans le cas où l'accident a entraîné une incapacité permanente ou la mort, cette indemnité devra être attribuée sous forme de rentes servies par la Caisse nationale des retraites. En outre de cette allocation sous forme de rente, le tiers reconnu responsable pourra être condamné, soit envers la victime, soit envers le chef de l'entreprise, si celui-ci intervient dans l'instance, au payement des autres indemnités et frais. Cette action contre les tiers responsables pourra même être exercée par le chef d'entreprise, à ses risques et périls, aux lieu et place de la victime ou de ses ayants droit si ceux-ci négligent d'en faire usage.

*Règlement de l'indemnité.* — Le salaire qui servira de base à la fixation de l'indemnité allouée à l'ouvrier âgé de moins de seize ans ou à l'apprenti victime d'un accident ne sera pas inférieur au salaire le plus bas des ouvriers valides de la même catégorie occupés dans l'entreprise. Toutefois, dans le cas d'incapacité temporaire, l'indemnité de l'ouvrier âgé de moins de seize ans ne pourra pas dépasser le montant de son salaire.

Lors du règlement définitif de la rente viagère, la victime peut demander que le quart au plus du capital nécessaire à l'établissement de cette rente lui soit attribué en espèces. Elle peut aussi demander que ce capital, ou ce capital réduit du quart au plus comme il vient d'être dit, serve à constituer sur sa tête une rente viagère réversible, pour moitié au plus, sur la tête de son conjoint; dans ce cas, la rente viagère sera diminuée de façon qu'il ne résulte de la réversibilité aucune augmentation de charges pour le chef d'entreprise. Le tribunal statue sur ces demandes en chambre du conseil.

Le salaire servant de base à la fixation des rentes s'entend pour l'ouvrier occupé dans l'entreprise durant les douze mois avant l'accident, de la rémunération qui lui a été allouée pendant ce temps, soit en argent, soit en nature. Pour les ouvriers occupés pendant moins de douze mois avant l'accident, il s'entend de la rémunération qu'ils ont reçue depuis leur entrée dans l'entreprise, augmentée de la rémunération qu'ils auraient pu recevoir pendant la période nécessaire pour compléter les douze mois d'après la rémunération moyenne des ouvriers de même catégorie. Si le travail n'est pas continu, le salaire annuel est calculé d'après la rémunération reçue pendant la période d'activité et d'après le gain de l'ouvrier pendant le reste de l'année.

*Déclaration des accidents et enquête.* — Tout accident ayant occasionné une incapacité de travail doit être déclaré dans les quarante-huit heures, non compris les dimanches et jours fériés, par le chef d'entreprise ou ses préposés, au maire de la commune, qui en dresse procès-verbal et en délivre immédiatement récépissé. La déclaration et le procès-verbal doivent indiquer les nom, qualité et adresse du chef d'entreprise, le lieu précis, l'heure et la nature de l'accident, les circonstances dans lesquelles il s'est produit, la nature des blessures, les noms et adresses des témoins. Dans les quatre jours qui suivent l'accident, si la victime n'a pas repris son travail, le chef d'entreprise doit déposer à la mairie, qui lui en délivre immédiatement récépissé, un certificat de médecin indiquant l'état de la victime, les suites probables de l'accident et l'époque à laquelle il sera possible d'en connaître le résultat définitif. La déclaration d'accident pourra être faite dans les mêmes conditions par la victime ou ses représentants jusqu'à l'expiration de l'année qui suit l'accident. Avis de l'accident est donné immédiatement par le maire à l'inspecteur départemental du travail ou à l'ingénieur ordinaire des mines chargé de la surveillance de l'entreprise.

Dans les vingt-quatre heures qui suivent le dépôt du certificat et au plus tard dans les cinq jours qui suivent la déclaration de l'accident, le maire transmet au juge de paix du canton où l'accident s'est produit la déclaration et soit le certificat médical, soit l'attestation qu'il n'a pas été produit de certificat. Lorsque la blessure paraît devoir entraîner la mort ou une incapacité permanente, absolue ou partielle de travail, ou lorsque la victime est décédée, le juge de paix, dans les vingt-quatre heures, procède à une enquête contradictoire en présence des parties intéressées ou celles-ci convoquées d'urgence par lettre recommandée. Le juge de paix doit se transporter auprès de la victime qui se trouve dans l'impossibilité d'assister à l'enquête. Sauf les cas d'impossibilité matérielle, l'enquête doit être close au plus tard dans les dix jours à partir de l'accident. Le juge de paix avertit les parties de la clôture de l'enquête et du dépôt de la minute au greffe, où elles peuvent, pendant un délai de cinq jours, en prendre connaissance et s'en faire délivrer une expédition, affranchie du timbre et de l'enregistrement. A l'expiration de ce délai de cinq jours, le dossier de l'enquête est transmis au président du tribunal civil de l'arrondissement.

Sont punis d'une amende de 1 à 15 francs les chefs d'industrie qui ont omis de faire la déclaration légale. En cas de récidive dans l'année, l'amende peut être élevée de 16 à 300 francs.

Le décret du 23 mars 1902 (*Journal officiel* du 27 mars) a donné les modèles conformément auxquels doivent être établis, pour chaque victime, la déclaration de l'accident, le récépissé de cette déclaration, le procès-verbal du maire, le dépôt du certificat médical, le récépissé de ce dépôt, la transmission de pièces à la justice de paix, l'avis au service de l'inspection du travail.

*Compétence.* — Les contestations relatives aux frais funéraires ou aux indemnités temporaires sont jugées en dernier ressort par le juge de paix du canton où l'accident s'est produit, à quelque chiffre que la demande puisse s'élever; celles relatives aux frais de maladie ne sont jugées en dernier ressort, par le même magistrat, que jusqu'à 300 francs. En ce qui concerne les autres indemnités prévues, le président du tribunal de l'arrondissement convoque, dans un délai de cinq jours (à point de départ variant selon les cas), la victime ou ses ayants droit et le chef d'entreprise. S'il y a accord des parties intéressées, l'indemnité est définitivement fixée par l'ordonnance du président. Si l'accord n'a pas lieu, l'affaire est renvoyée devant le tribunal, qui statue comme en matière sommaire. (V. MATIÈRE SOMMAIRE.) Le chef d'entreprise peut être condamné à payer une provision, par le président du tribunal, soit dans son ordonnance de renvoi devant le tribunal, soit, l'instance étant liée, dans une ordonnance de référé.

Les jugements rendus en vertu de la loi sur les accidents du travail sont susceptibles d'appel selon les règles du droit commun. Toutefois, l'appel devra être interjeté dans les trente jours de la date du jugement s'il est contradictoire, et, s'il est par défaut, dans la quinzaine à partir du jour où l'opposition ne sera plus recevable. L'opposition ne sera plus recevable en cas de jugement par défaut contre partie lorsque le jugement aura été signifié à personne, passé le délai de quinze jours à partir de cette signification.

La cour statuera d'urgence dans le mois de l'acte d'appel. Les parties pourront se pourvoir en cassation.

Toutes les fois qu'une expertise médicale sera ordonnée, l'expert ne pourra être le médecin qui a soigné le blessé, ni un médecin attaché à l'entreprise ou à la société d'assurance à laquelle le chef d'entreprise est affilié.

*Prescription, revision, fautes.* — L'action en indemnité prévue par la loi du 9 avril 1898 se prescrit par un an à partir du jour de l'accident ou de la clôture de l'enquête du juge de paix, ou de la cessation du payement de l'indemnité temporaire.

La demande en revision de l'indemnité fondée sur une aggravation ou une atténuation de l'infirmité de la victime, ou son décès par suite des conséquences de l'accident, est ouverte pendant trois ans, à dater soit du jour où cesse d'être due l'indemnité journalière, s'il n'y a point eu attribution de rente, soit de l'accord intervenu entre les parties ou de la décision définitive.

Aucune des indemnités déterminées par la loi du 9 avril 1898 ne peut être attribuée à la victime qui a intentionnellement provoqué l'accident. Le tribunal a le droit, s'il est prouvé que l'accident est dû à une faute inexcusable de l'ouvrier, de diminuer le taux de la pension. Lorsqu'il est prouvé que l'accident est dû à la faute inexcusable du patron ou de ceux qu'il s'est substitués dans la direction, l'indemnité pourra être majorée, mais sans que la rente ou le total des rentes allouées puisse dépasser le montant du salaire annuel. En cas de poursuites criminelles, les pièces de procédure seront communiquées à la victime ou à ses ayants droit. La même communication sera faite au patron ou à ses ayants droit.

Les parties peuvent toujours, après détermination du chiffre de l'indemnité due à la victime de l'accident, décider que le service de la pension sera suspendu et remplacé, tant que l'accord subsistera, par tout autre mode de réparation. Sauf dans les cas prévus à l'article 3 (v. page 9), la pension ne pourra être remplacée par le payement d'un capital que si elle n'est pas supérieure à 100 francs et si le titulaire est majeur.

*Assistance judiciaire et dispense des droits de timbre et d'enregistrement.* — Le bénéfice de l'assistance judiciaire est accordé de plein droit, sur le visa du procureur de la République, à la victime de l'accident ou à ses ayants droit tant en première instance qu'en appel de plein droit à l'acte d'appel. Le premier président de la cour, sur la demande qui lui sera adressée à cet effet, désignera l'avoué près la cour dont la constitution figurera dans l'acte d'appel, et commettra un huissier pour le signifier. — Si la victime de l'accident se pourvoit devant le bureau d'assistance judiciaire pour en obtenir le bénéfice en vue de toute la procédure d'appel, elle est dispensée de fournir les pièces justificatives de son indigence. — Le bénéfice de l'assistance s'étend aux instances devant le juge de paix, à tous les actes d'exécution mobilière et immobilière et à toute contestation incidente à l'exécution des décisions judiciaires.

Sont nulles de plein droit et de nul effet les obligations contractées, pour rémunérations de leurs services, envers les intermédiaires qui se chargent, moyennant émoluments convenus à l'avance, d'assurer aux victimes d'accidents ou à leurs ayants droit le bénéfice des instances ou accords prévus aux articles 15, 16, 17 et 19 de la loi du 9 avril 1898.

Les procès-verbaux, certificats de notoriété, significations, jugements et autres actes faits ou rendus en vertu et pour l'exécution de la loi du 9 avril 1898 sont délivrés gratuitement, visés pour timbre et enregistrés gratis lorsqu'il y a lieu à la formalité de l'enregistrement.

Une décision du ministre des Finances du 20 novembre 1900, prise par application de l'article 29 de la loi du 9 avril 1898, exempte du timbre et de l'enregistrement les polices d'assurances contractées en vue des risques relatifs aux accidents du travail. L'exemption du timbre s'applique aux quittances de primes se rapportant à ces assurances. (Instr. Enregistr., 31 déc. 1901.)

*Garanties.* — La créance de la victime de l'accident ou de ses ayants droit relative aux frais médicaux, pharmaceutiques et funéraires, ainsi qu'aux indemnités allouées à la suite de l'incapacité temporaire de travail, est garantie par le privilège de l'article 2101 du Code civil, n° 6. V. PRIVILÈGE.

A défaut, soit par les chefs d'entreprise débiteurs, soit par les sociétés d'assurances à primes fixes ou mutuelles, ou les syndicats de garantie liant solidairement tous leurs adhérents, de s'acquitter des indemnités mises à leur charge, le payement en sera assuré aux intéressés par les soins de la Caisse nationale des retraites pour la vieillesse, au moyen d'un fonds spécial de garantie, constitué par des centimes additionnels au principal des patentes. (V. PATENTE.) Les chefs d'entreprise sont tenus, sous peine d'une amende de 1 à 15 francs (16 à 100 fr. en cas de récidive), de faire afficher dans chaque atelier la loi du 9 avril 1898 et les règlements d'administration publique relatifs à son exécution.

Le versement du capital représentatif des pensions allouées en vertu de la loi de 1898 ne peut être exigé des débiteurs. Toutefois, les débiteurs qui désirent se libérer en une fois peuvent verser le capital à la Caisse nationale des retraites pour la vieillesse. Lorsqu'un chef d'entreprise cesse son industrie, soit volontairement, soit par décès, liquidation judiciaire ou faillite, soit par cession d'établissement, le capital représentatif des pensions à sa charge devient exigible de plein droit et est versé à la Caisse nationale des retraites. Toutefois, le chef d'entreprise ou ses ayants droit peuvent être exonérés du versement de ce capital s'ils justifient : 1° soit du versement de ce capital à une des compagnies d'assurances soumises au contrôle de l'Etat par la loi du 9 avril 1898 et dont la liste est arrêtée chaque année par le ministre du Commerce ; 2° soit de l'immatriculation d'un titre de rente pour l'usufruit au nom des titulaires de pensions, le montant de la rente devant être au moins égal à celui de la pension ; 3° soit du dépôt à la Caisse des dépôts et consignations, avec affectation à la garantie des pensions, de titres spécifiés par le décret du 28 février 1889, articles 3 et 8 (valeurs de l'Etat ou garanties par l'Etat, obligations négociables entièrement libérées, etc.) ; 4° soit de l'affiliation du chef de l'entreprise à un syndicat de garantie liant solidairement tous ses membres et garantissant le payement des pensions ; 5° soit, en cas de cession d'établissement, de l'engagement pris par le cessionnaire, vis-à-vis du directeur général de la Caisse des dépôts et consignations, d'acquitter les pensions dues et de rester solidairement responsable avec le chef d'entreprise.

Tout bénéficiaire d'une indemnité régulièrement liquidée à la suite d'un accident ayant entraîné la mort ou une incapacité permanente de travail, qui n'aura pu obtenir le payement, lors de leur exigibilité, des sommes qui lui sont dues, doit en faire la déclaration au maire de la commune de sa résidence. La déclaration faite par le bénéficiaire ou son mandataire, et exempte de tous frais, doit indiquer : 1° les nom, prénoms, âge, nationalité, état civil, profession, domicile du bénéficiaire de l'indemnité ; 2° les nom et domicile du chef d'entreprise débiteur ou la désignation et l'indication du siège de la société d'assurances ou du syndicat de garantie qui aurait dû acquitter la dette à ses lieu et place ; 3° la nature de l'indemnité et le montant de la créance réclamée ; 4° l'ordonnance ou le jugement en vertu duquel agit le bénéficiaire ; 5° le cas échéant, les nom, prénoms, profession et domicile du représentant légal du bénéficiaire ou du mandataire.

La déclaration, rédigée par le maire, est signée par le déclarant, qui en reçoit récépissé, ainsi que des pièces produites, lesquelles sont transmises par le maire dans les vingt-quatre heures au directeur général de la Caisse des dépôts et consignations. Celui-ci adresse, dans les quarante-huit heures, le dossier au juge de paix du domicile du débiteur, en l'invitant à convoquer celui-ci d'urgence par lettre recommandée. Il lui est donné connaissance de la réclamation, et procès-verbal est dressé par le juge de paix des déclarations faites par le comparant.

Le comparant qui ne conteste ni la réalité ni le montant de la créance est invité par le juge de paix soit à s'acquitter par-devant lui, soit à expédier au réclamant au moyen d'un mandat-carte la somme due et à communiquer au greffe le récépissé de cet envoi. Cette communication doit être effectuée au plus tard le deuxième jour qui suit la comparution devant le juge de paix.

Le juge de paix statue sur le payement des frais de convocation.

Dans le cas où le comparant, tout en reconnaissant la réalité et le montant de sa dette, déclare ne pas être en état de s'acquitter immédiatement, le juge de paix est autorisé à lui accorder un délai qui ne peut excéder un mois.

Si le comparant déclare ne pas être débiteur du réclamant ou n'être que partiellement son débiteur, le juge de paix constate dans son procès-verbal le refus total ou partiel de payement et les motifs. Il est procédé à l'acquittement de la somme non contestée, tous droits restant réservés pour le surplus.

Au cas où le débiteur convoqué ne comparaît pas au jour fixé, le juge de paix procède dans la huitaine à une enquête.

Dans les deux jours qui suivent soit la libération immédiate du débiteur, soit sa comparution devant le juge de paix au cas où il a refusé le payement ou obtenu un délai, soit la clôture de l'enquête, le juge de paix adresse au directeur général de la Caisse des dépôts et consignations le dossier et le procès-verbal par lui dressé.

Dès la réception du dossier, s'il résulte du procès-verbal que le débiteur n'a pas contesté sa dette, mais ne s'en est pas libéré, ou si les motifs invoqués pour refuser le payement ne paraissent pas légitimes, le directeur général de la Caisse des dépôts et consignations remet au réclamant ou lui adresse, par mandat-carte, la somme à laquelle il a droit. Il est procédé de même si le débiteur ne s'est pas présenté devant le juge de paix et si la réclamation au bénéficiaire de l'indemnité paraît justifiée.

Dans le cas où les motifs invoqués par le comparant pour refuser le payement paraissent fondés ou, en cas de non-comparution, si la réclamation formulée par le bénéficiaire ne semble pas suffisamment justifiée, le directeur général de la Caisse des dépôts et consignations renvoie, par l'intermédiaire du maire, au réclamant le dossier par lui produit, en lui laissant le soin d'agir contre la personne dont il se prétend le créancier conformément aux règles du droit commun.

Le recours de la Caisse nationale des retraites pour le recouvrement de ses avances et l'encaissement des capitaux exigibles est exercé aux requête et diligence du directeur général de la Caisse des dépôts et consignations.

**Accommodement.** — Arrangement d'un différend, d'un procès soit au moyen d'une transaction, soit au moyen d'un arbitrage. V. TRANSACTION, ARBITRAGE.

**Accouchement.**

Nul ne peut, sans s'exposer aux peines portées contre ceux qui exercent illégalement la médecine, procéder à un accouchement s'il n'est muni du diplôme de docteur en médecine, d'officier de santé ou de sage-femme. V. MÉDECINE.

Lorsqu'un enfant naît d'un père mort, inconnu, absent ou fou, la charge de déclarer la naissance incombe à toute personne qui a participé ou assisté à l'accouchement : médecin, chirurgien, sage-femme, officier de santé, etc. Si la mère a accouché hors de son domicile, la déclaration incombe à la personne chez qui a eu lieu l'accouchement. (Code civ., art. 56.)

**Accroissement.** — Droit en vertu duquel des héritiers ou des légataires recueillent, comme venant se réunir aux leurs, les parts de ceux de leurs colégataires qui ne peuvent les recueillir ou qui y renoncent. (Code civ., art. 786, 787 et 1044.) V. SUCCESSION, TESTAMENT.

**Accroissement** (*Droit d'*). — Taxe sur les biens de certaines associations. — V. ABONNEMENT (*Taxe d'*).

**Accusation.** — Action de déférer à la justice la connaissance d'un crime pour en provoquer la répression.

*Mise en accusation.* — V. INSTRUCTION PRÉPARATOIRE.

*Acte d'accusation.* — L'un des actes qui précèdent les débats devant une cour d'assises.

Dans tous les cas où un prévenu est renvoyé devant la cour d'assises, le procureur général est tenu de rédiger un acte d'accusation.

L'acte d'accusation expose : 1° la nature du délit qui forme la base de l'accusation ; 2° le fait et toutes les circonstances qui peuvent aggraver ou diminuer la peine ; le prévenu y est dénommé et clairement désigné.

L'acte d'accusation se termine par le résumé suivant : *En conséquence, N... est accusé d'avoir commis tel meurtre, tel vol, ou tel autre crime, avec telle et telle circonstance.* (Code instr. crim., art. 241.) V. COUR D'ASSISES.

La publication d'un acte d'accusation avant sa lecture en audience publique est punie d'une amende de 50 à 1 000 francs. (Loi du 29 juillet 1881, art. 38.)

**Accusé.** — V. INCULPÉ.

**Achat.** — V. VENTE.

**Acompte.** — Payement à valoir sur une somme due.

Le débiteur ne peut obliger son créancier à ne recevoir qu'un acompte : seuls les tribunaux, considérant sa situation malheureuse, peuvent lui accorder un délai (terme de grâce), ou plusieurs délais successifs pour se libérer. Quand il obtient un délai, toute poursuite est interrompue. (Code civ., art. 1244.)

En cas de contestation entre employeurs et employés, le maître n'est pas cru sur sa simple affirmation quant aux acomptes donnés sur l'année courante. (Loi du 2 août 1868.)

Le timbre-quittance est dû pour les payements supérieurs à 10 francs. Il est même dû pour les payements de 10 francs et au-dessous quand il s'agit d'un acompte ou d'une quittance finale sur une plus forte somme. (Loi du 23 août 1871, art. 20.) — V. QUITTANCE.

**Acquêts.** — Nom donné dans l'ancien droit aux biens acquis avant le mariage.

On désignait sous le nom de *conquêts* les biens acquis pendant la communauté. Acquêts et conquêts s'acquéraient par achat ou donation, tandis que l'on réservait le nom de *propres* aux biens de famille provenant de successions. Aujourd'hui on dit indifféremment « acquêts » ou « conquêts ». — La communauté conjugale peut être réduite aux acquêts. — V. COMMUNAUTÉ.

**Acquiescement.** — Adhésion donnée par une personne à un acte ou à un jugement, alors qu'elle a encore qualité pour en demander la réformation.

L'acquiescement est une renonciation pure et simple à tout recours possible, par voie d'opposition, d'appel, de cassation ou de requête civile. Ceux-là seuls peuvent donner un acquiescement qui ont pouvoir de contracter ; il faut être capable, puisqu'il s'agit de l'aliénation d'un droit. Le mineur non émancipé, le mineur émancipé sans l'assistance de son curateur, l'interdit, le prodigue sans l'assistance de son conseil judiciaire, la femme mariée sans l'autorisation du mari ou de justice, le failli ne peuvent acquiescer valablement. L'acquiescement donné par un tiers ne serait pas opposable à la partie au nom de qui il aurait été donné, à moins que le tiers ne fût muni d'un mandat spécial. D'où il suit que ni l'avoué, ni l'avocat, ni l'agréé, ni l'huissier n'ont qualité pour donner un acquiescement sans un pouvoir de leur client ; le tuteur ne l'a pas davantage sans l'autorisation du conseil de famille et l'homologation du tribunal, ni le curateur à une succession vacante sans autorisation de la justice, ni des envoyés en possession provisoire des biens d'un absent sans cette même autorisation. Il a même été jugé que, lorsqu'il s'agit d'une contestation relative aux biens personnels d'une femme, l'acquiescement donné au jugement par le mari, et en dehors d'elle, ne pourrait lui être opposé. Seuls, les syndics de faillite peuvent, au nom de la masse qu'ils représentent, acquiescer à un jugement rendu contre eux en leur qualité de syndics.

Les délibérations des conseils municipaux portant acquiescement à certains actes, par exemple à une transaction, ne sont exécutoires qu'après approbation du préfet.

L'acquiescement peut être exprès ou tacite.

L'acquiescement *exprès* peut être donné soit par acte authentique, soit par acte sous seing privé, soit même par simple lettre ; il faut, et il suffit, qu'il y ait un écrit. L'acquiescement donné dans ces conditions, sitôt qu'il est donné, devient irrévocable et produit ses effets ; c'est une acceptation intégrale du dispositif du jugement, en même temps qu'un engagement de payer les frais de l'instance.

L'exécution d'un jugement, avant même qu'il ait été signifié, emporte acquiescement tacite. On considérerait de même comme un acquiescement le fait de laisser passer les délais fixés par la loi pour interjeter appel, ou de payer les frais de l'instance, ou de demander des délais pour le règlement des condamnations, etc. Il est, en outre, bien évident que, si l'exécution a été entachée de dol, de violence ou d'erreur, ou si elle a été accompagnée de protestations ou de réserves, on ne saurait conclure à un acquiescement.

Il est également admis, aux termes d'une jurisprudence constante, qu'on ne pourrait acquiescer à un jugement rendu par un tribunal incompétent.

En matière criminelle, l'acquiescement ne se présume jamais, et il doit toujours être donné par écrit dans un acte formel, sans quoi, même après l'exécution du jugement ou de l'arrêt, le condamné est toujours recevable à attaquer la décision de ses juges, soit par voie d'opposition ou d'appel, soit par un pourvoi en cassation, si ces moyens lui sont permis.

**Acquisition.** — Le Code civil (art. 711) distingue, comme mode d'acquisition de la propriété et autres droits réels : 1° la succession *ab intestat;* 2° la donation entre vifs; 3° la donation testamentaire; 4° l'effet des contrats (vente, échange, etc.); 5° l'accession ou incorporation; 6° la prescription. Il faut y ajouter : 7° la loi (par exemple, c'est en vertu de la loi que le conjoint survivant a un droit d'usufruit sur la succession du conjoint prédécédé); 8° la tradition; 9° l'occupation.

Dans la doctrine, on distingue les modes d'acquérir :

1° En modes *primitifs* et en modes *dérivés* ou secondaires. Les premiers se rapportent exclusivement aux objets qui se trouvent sans maître au moment de la prise de possession et qui sont saisis par droit de premier occupant. Les seconds se rapportent aux mutations résultant de ventes à titre gratuit ou onéreux, cessions par voie testamentaire ou tout autre moyen de transmission indiquant que la chose cédée était possédée avant l'époque de la cession;

2° En modes d'acquérir à titre *gratuit* (par donation entre vifs ou testamentaire) et à titre *onéreux,* c'est-à-dire contre payement (vente, échange, etc.);

3° En modes d'acquérir à titre *universel* (quand un héritier acquiert l'universalité ou une quote-part de l'universalité d'un patrimoine), et à titre *particulier* (quand l'acquisition est d'une chose isolée, comme une maison, un champ, etc.).

Les biens vacants et sans maître appartiennent à l'Etat. (Code civ., art. 713.)

Les choses dont l'usage commun à tous est l'objet de lois et règlements de police ne sont pas susceptibles d'appropriation. — V. TRÉSOR, OBJETS TROUVÉS, BIENS.

**Acquit.** — Acte par lequel le créancier (ou son mandataire), en apposant sa signature au bas d'un mémoire, d'une facture, d'un effet de commerce, donne au débiteur libération, reçu ou décharge de son engagement.

Sauf les exceptions spécifiées par la loi pour les quittances d'ordre, pour les quittances de secours donnés aux indigents, etc., les acquits sont soumis à un droit de timbre. — V. QUITTANCE.

**Acquit-à-caution.** — Bulletin extrait d'un registre à souche qui permet au commerçant de mettre en mouvement des marchandises soumises aux droits de douanes ou aux contributions indirectes et de ne payer ces droits qu'après livraison, c'est-à-dire lorsqu'il est rentré dans ses fonds.

Le payement ultérieur des sommes qui reviennent au fisc est garanti par une caution solvable ou par un dépôt d'argent. L'acquit-à-caution a donc pour effet de suspendre l'exigibilité des droits.

La loi exige que le soumissionnaire d'un acquit présente une caution solvable qui s'oblige solidairement avec lui à payer, à défaut de justification de la décharge du titre de mouvement, le double du droit que l'acquit a eu pour objet de garantir.

L'engagement de la caution peut être spécial à chaque envoi ou s'appliquer, d'une manière générale, à tous les acquits qu'un redevable soumissionne durant l'année, auquel cas l'acte est révocable à toute époque, au gré de l'une ou de l'autre des parties contractantes. En cas d'insolvabilité, l'administration décerne une contrainte contre le principal obligé et contre sa caution. (Décrets des 6 et 22 août 1791; Ordonnance du 4 juin 1816.)

**Acquittement.** — V. ABSOLUTION.

**Acte ou titre.** — Écrit rédigé pour constituer une preuve en justice.

« Il doit être passé acte, devant notaires ou sous signature privée, de toutes choses excédant la somme ou valeur de 150 francs, même pour dépôts volontaires; et il n'est reçu aucune preuve par témoins contre et outre le contenu aux actes, ni sur ce qui serait allégué avoir été dit avant, lors ou depuis les actes, encore qu'il s'agisse d'une somme ou valeur moindre de 150 francs. Le tout sans préjudice de ce qui est prescrit dans les lois relatives au commerce. » (Code civ., art. 1341.) Le Code de commerce (art. 109) porte, en effet, que les achats et ventes constatent « par la preuve testimoniale, dans tous les cas où le tribunal croira devoir l'admettre ». Même en matière civile, les règles posées par les articles 1341 à 1346 pour la preuve testimoniale (V. PREUVE) ne sont pas applicables lorsqu'il existe un commencement de preuve par écrit, c'est-à-dire un écrit quelconque émané de celui contre qui la demande est formée ou de son mandant et qui rend vraisemblable le fait allégué (art. 1347).

De quelque contrat qu'il s'agisse et quelle que soit la forme adoptée pour la rédaction d'un acte, celui-ci n'a de valeur que s'il engage des personnes *capables*. — V. CAPACITÉ.

### Acte synallagmatique ou bilatéral, acte unilatéral.

L'acte *synallagmatique* est le contrat par lequel deux ou plusieurs personnes s'obligent réciproquement les unes envers les autres, par opposition au contrat *unilatéral*, dans lequel une ou plusieurs personnes sont engagées vis-à-vis d'une ou plusieurs autres, sans qu'il y ait engagement de la part de ces dernières. (Code civ., art. 1102-1103.) La vente est un acte synallagmatique; le contrat de prêt est un acte unilatéral.

### Acte authentique.

L'*acte authentique* est celui qui a été reçu par un officier public (notaire, greffier, huissier, officier de l'état civil) compétent pour instrumenter dans le lieu où l'acte a été rédigé et avec les solennités requises (Code civ., art. 1317-1321). Il fait pleine foi de la convention qu'il renferme entre les parties contractantes et leurs héritiers ou ayants cause (*id.*, art. 1319). Il serait nul, en tant qu'acte authentique, s'il avait été dressé par un officier public suspendu, destitué ou révoqué; cette nullité serait également de droit si l'officier public qui a instrumenté était parent ou allié au degré prohibé des parties intéressées.

L'acte authentique nul pour incompétence ou défaut de forme vaut comme écriture privée s'il a été signé des parties (*id.*, art. 1831).

Il faut distinguer dans un acte authentique le fait matériel constaté par l'officier public, et qui s'est passé sous ses yeux, des déclarations mêmes qu'il contient. Les faits matériels, comme la date du contrat, l'apposition des signatures, le fait brutal de la déclaration, sont considérés comme vrais, jusqu'à inscription de faux (V. FAUX); mais il en est autrement de la sincérité intrinsèque des déclarations faites à l'officier public : l'acte authentique prouve que ces faits ont eu lieu et que les déclarations mentionnées ont été faites en sa présence; il ne prouve pas qu'elles soient sincères.

Les tiers à qui l'acte authentique est opposé sont admis à en établir la simulation par tous les moyens de preuve, pour tout ce qui ne s'est pas passé sous les yeux de l'officier public.

Les actes authentiques dont l'usage est le plus universel et l'importance la plus capitale, dans la sphère des intérêts privés, sont ceux qui dépendent du ministère des notaires. V. NOTAIRE. Ces actes doivent en général être rédigés en un original unique ou *minute*, qui reste entre les mains des officiers ministériels, et il en est délivré aux parties des copies en forme, connues sous le nom d'*expéditions* ou de *grosses*.

Un certain nombre de contrats doivent nécessairement être passés sous forme d'actes authentiques. Tels sont : les consentements écrits des ascendants au mariage de leurs descendants, les actes respectueux, les reconnaissances d'enfants naturels, les donations entre vifs, les révocations de donations ou de testaments, les contrats de mariage, les constitutions d'hypothèques.

Les actes passés en France sont exécutoires par eux-mêmes (Code proc., art. 547). Les actes passés à l'étranger ne sont susceptibles d'exécution en France que s'ils sont déclarés exécutoires par un tribunal français, et ils ne peuvent donner hypothèque sur les biens situés en France, à moins de convention diplomatique. (Code proc., art. 546, et Code civ., art. 2123 et 2128.) V. FORMULE EXÉCUTOIRE.

### Acte sous seing privé.

Acte que les parties rédigent elles-mêmes, sans l'intervention d'un officier public, et qui est simplement revêtu de leurs signatures. (Code civ., art. 1322-1332.)

Il n'est point nécessaire que l'acte privé soit écrit de la main des parties ou de l'une d'elles; leur signature seule doit, de rigueur, être autographe. La forme de ces actes est libre : il suffit qu'ils énoncent avec clarté l'objet de la convention, l'obligation contractée ou la libération que l'écrit a pour but de constater. Toutefois, une condition est prescrite, à peine de nullité de l'acte privé, dans le cas où le contrat comporte non point une obligation unilatérale, c'est-à-dire du côté d'une seule partie, mais des engagements multiples et mutuels : l'acte doit alors être rédigé en autant d'originaux qu'il y a de parties ayant un intérêt distinct à s'en prévaloir; chaque intéressé doit être mis en possession d'un original, et chaque original doit porter la mention que l'acte a été fait en double, en triple ou en quadruple, etc., selon qu'il y a deux parties ou un plus grand nombre ayant des intérêts séparés. Il suffit d'un original pour toutes les personnes ayant le même intérêt. L'acte privé fait, du reste, entre les souscripteurs ou leurs héritiers et ayants cause, la même foi que l'acte authentique, pourvu qu'il soit reconnu par la partie à laquelle on l'oppose, ou qu'il soit, en cas de dénégation de la partie, vérifié et tenu pour avéré en justice. Celui auquel on oppose un acte sous seing privé est obligé d'avouer ou de désavouer formellement son écriture ou sa signature. Ses héritiers ou ayants cause peuvent se contenter de déclarer qu'ils ne connaissent point l'écriture ou la signature de leur auteur. Dans le cas où la partie désavoue son écriture ou sa signature, et dans le cas où ses héritiers ou ayants cause déclarent ne les point connaître, la vérification en est ordonnée en justice. Le trait saillant qui sépare l'acte *privé* de l'acte *authentique* est que ce dernier fait foi par lui-même et que c'est à la partie qui le dénie à en prouver la fausseté par la voie de l'inscription de faux, tandis que si l'acte sous seing privé est dénié, c'est à la partie qui en est porteur et qui entend s'en prévaloir qu'incombe la charge de le faire vérifier en justice et d'en établir la sincérité.

Entre les parties, l'acte privé fait foi de sa date, comme de tout le surplus de son contenu. Vis-à-vis des ayants cause à titre particulier, sa date n'acquiert de certitude légale que dans trois cas : « Les actes sous seing privé, dit l'article 1328, n'ont de date contre les tiers que du jour où ils ont été enregistrés, du jour de la mort de celui ou de l'un de ceux qui les ont souscrits, ou du jour où leur substance est constatée dans les actes dressés par des officiers publics, tels que procès-verbaux de scellé ou d'inventaire. »

Les actes sous seing privé ne constatant qu'une obligation unilatérale par laquelle l'une des parties s'oblige simplement à payer une somme d'argent ou à livrer une chose appréciable sont soumis à une condition particulière : le corps entier de l'acte doit être écrit et signé de la main de la partie qui s'oblige ; ou bien, si c'est une tierce personne qui a écrit l'acte, la partie débitrice doit, outre sa signature, y apposer un « bon ». ou « approuvé », écrit de sa main et énonciatif de la somme ou de la quantité formant l'objet de l'obligation. Les artisans, laboureurs, vignerons et gens de journée ou de service, qui souvent ne savent que signer leur nom, sont dispensés de la formalité du « bon » ou « approuvé » (Code civ., art. 1326). Cette disposition a pour but d'éviter aux illettrés les frais d'établissement d'un acte en due forme.

Lorsque l'écriture ou la signature d'un acte sous seing privé n'est pas reconnue par ceux à qui on l'oppose, il y a lieu à un incident de procédure dit « de vérification des écritures ». Lorsque la somme exprimée dans le corps de l'acte n'est pas la même que celle indiquée par le « bon » ou « approuvé », la somme la moins élevée est présumée exacte si l'erreur ne peut être établie.

En matière commerciale, les actes sous seing privé ne sont pas soumis à toutes les prescriptions du Code civil. C'est ainsi que la rédaction des contrats synallagmatiques en autant d'originaux qu'il y a de parties n'est pas obligatoire ; que l'acte sous seing privé constatant une obligation unilatérale de somme ou de quantité n'a pas nécessairement à être écrit en entier de la main du débiteur ; que les conditions exigées en droit civil, pour qu'un acte ait date certaine à l'égard des tiers, ne sont pas exigées. Ces dérogations au droit civil résultent de ce qu'en principe tous les moyens de preuve sont admis devant les tribunaux de commerce.

Les livres des commerçants ne font point, contre les personnes non marchandes, preuve des fournitures qui y sont portées ; ils font preuve contre les marchands eux-mêmes ; mais celui qui en veut tirer avantage doit accepter en bloc leur contenu, y compris ce qu'ils contiennent de contraire à sa prétention. Le serment *supplétoire* (v. SERMENT) peut être déféré au commerçant en cas de contestation, mais à la condition que les livres ne soient pas irrégulièrement tenus.

Les registres et papiers domestiques ne font point preuve pour celui qui les a écrits. Ils font foi contre lui : 1° dans tous les cas où ils énoncent formellement un payement reçu ; 2° lorsqu'ils contiennent la mention expresse que la note a été faite pour suppléer le défaut du titre en faveur de celui au profit duquel ils énoncent une obligation.

L'écriture mise par le créancier à la suite, en marge ou au dos d'un titre qui est toujours resté en sa possession, fait foi, quoique non signée ni datée par lui, lorsqu'elle tend à établir la libération du débiteur.

Il en est de même de l'écriture mise par le créancier au dos ou en marge, ou à la suite du double d'un titre ou d'une quittance, pourvu que ce titre soit entre les mains du débiteur. V. TAILLE.

Parmi les actes sous seing privé, les uns doivent être enregistrés dans un délai déterminé, les autres ne sont soumis à la formalité qu'autant qu'il en est fait usage par acte public, en justice ou devant une autorité constituée. (Loi du 22 frimaire an VII, art. 23.) Tous ceux qui sont susceptibles d'être produits en justice doivent, sauf les quittances, être écrits sur papier timbré. (Loi du 13 brumaire an VII, art. 12.)

Les actes authentiques sont bien plus avantageux que les actes sous seing privé, qui par eux-mêmes ne font pas preuve et ne sont pas exécutoires. V. BAIL. Il est toutefois permis d'y recourir pour toutes sortes de conventions, excepté celles pour lesquelles la loi exige la forme authentique. V. ci-dessus *Acte authentique*.

## Acte confirmatif.

Acte par lequel on valide, on ratifie une obligation entachée d'un vice qui pourrait motiver une action en *nullité* ou en *rescision*. (V. NULLITÉ, RESCISION.) Cet acte, pour être valable, doit contenir la substance de l'obligation primitive, la mention du vice et l'intention de le faire disparaître, et il ne doit être rédigé que lorsque a pris fin la situation d'où provient le vice de l'obligation : par exemple, un acte nul parce que le consentement du débiteur est vicié par la violence ne peut être confirmé que lorsque le débiteur a repris son libre arbitre.

La confirmation, dont la preuve incombe au créancier, engage irrévocablement les parties ; mais les droits que les tiers de bonne foi tiennent du premier acte sont respectés.

La confirmation s'appliquant exclusivement aux obligations annulables ou rescindables, il en résulte que « le donateur ne peut réparer par aucun acte confirmatif les vices d'une donation entre vifs : nulle en la forme, il faut qu'elle soit refaite en la forme légale ». (Code civ., art. 1339.) Mais, contrairement au principe, le Code civil accorde aux héritiers ou ayants cause la faculté de confirmer, après le décès du donateur, une donation inexistante pour vice de forme : cette confirmation, de même que l'exécution volontaire de la donation, implique la renonciation des héritiers ou ayants cause à opposer soit les vices de forme, soit toute autre exception. (Code civ., art. 1338-1340.)

## Acte récognitif.

Acte par lequel on reconnaît de nouveau son obligation, soit parce que le *titre primordial* est perdu, soit pour interrompre la prescription (par ex., le débiteur d'une rente peut être contraint de fournir à ses frais un titre nouveau au créancier, après vingt-huit ans de la date du dernier titre [Code civ., art. 2263]), soit pour toute autre cause.

L'acte récognitif doit reproduire *in extenso* ou en substance l'acte primordial, mais ce qu'il contient de plus ou de différent n'a aucune valeur. L'acte nouveau qui relate spécialement la teneur de l'acte primordial peut dispenser de la production de ce dernier; si cette condition n'est pas expressément remplie, il n'a aucune force probante quant à l'existence de l'obligation. Néanmoins, le créancier peut être dispensé de représenter l'acte primordial, lorsqu'il produit plusieurs actes récognitifs conformes, et dont l'un a trente ans de date. (Code civ., art. 1337.)

**Acte conservatoire.**

Acte qui, comme l'inventaire ou l'inscription d'hypothèque, a pour objet de conserver la jouissance d'un droit et d'en assurer l'exercice, s'il y a lieu. — Pendant une instance en divorce ou en séparation de corps, chacun des époux peut prendre pour la garantie de ses droits des mesures conservatoires, notamment requérir l'apposition des scellés sur les biens de la communauté. (Code civ., art. 242.) — Sous le régime de la communauté légale, le mari doit prendre toutes les mesures conservatoires destinées à empêcher le dépérissement des biens personnels de la femme. (Code civ., art. 1428.) — Lorsque s'ouvre une succession, les actes purement conservatoires n'emportent pas l'acceptation de la qualité d'héritier, si l'on n'y prend expressément cette qualité. (Code civ., art. 799.)

**Acte frustratoire.**

Acte d'un officier ministériel inutile aux parties et dont le seul but est d'augmenter frauduleusement ses émoluments. « Les procédures et les actes nuls ou frustratoires, et les actes qui auront donné lieu à une condamnation d'amende, seront à la charge des officiers ministériels qui les auront faits, lesquels, suivant l'exigence des cas, seront en outre passibles des dommages et intérêts de la partie, et pourront même être suspendus de leurs fonctions. » (Code proc. civ., art. 1031.)

**Acte administratif.**

Acte fait ou passé par un agent de la puissance publique dans un but de gestion, de protection ou de réglementation : un arrêté préfectoral ou municipal, un procès-verbal d'adjudication de travaux publics sont des actes administratifs.

**Acte dressé aux armées ou en mer.**

Les lois des 8 juin 1893 et 17 mai 1900 ont édicté des dispositions spéciales relativement aux actes de procuration, de consentement et d'autorisation dressés aux armées ou dans le cours d'un voyage maritime. Ces actes sont dressés par les fonctionnaires de l'intendance ou les officiers du commissariat, dont la compétence est absolue hors de France, mais limitée en France au cas où les intéressés ne peuvent s'adresser à un notaire, et mention de cette impossibilité est consignée dans l'acte.

Les actes dressés dans les conditions prévues par la loi du 8 juin 1893 peuvent être écrits sans contravention sur papier non timbré, et ils ne sont pas assujettis à la formalité de l'enregistrement dans un délai déterminé; mais il ne pourra en être fait usage par acte public, en justice ou devant une autorité constituée, sans qu'ils aient été préalablement timbrés et enregistrés. (Lois des 13 brumaire an VII, art. 13, et 22 frimaire an VII, art. 23, et Instr. de l'enreg. du 3 juill. 1893.)

**Acte d'avoué à avoué.** — V. AVOUÉ.

**Acte signifié par huissier.** — V. ASSIGNATION.

**Actes d'accusation, de commerce, de décès, de notoriété, respectueux.** — V. ACCUSATION, COMMERCE, ÉTAT CIVIL, NOTORIÉTÉ, MARIAGE, etc.

**Actif.** — V. PASSIF.

**Action.** — Recours en justice pour obtenir, conserver ou recouvrer la jouissance d'un droit.

On divise les actions : 1° en personnelles, réelles et mixtes; 2° en mobilières et immobilières.

*Actions personnelles et réelles.* — L'action *personnelle* est celle par laquelle on poursuit une personne comme individuellement obligée, par opposition à l'action *réelle* (de *res*, chose), qui est la revendication d'un droit sur une chose : le droit personnel atteint une personne déterminée, et elle seule (ou ses héritiers); le droit réel atteint directement une chose, et le propriétaire de ce droit peut poursuivre sa chose dans n'importe quelles mains. Contre celui qui me doit une somme d'argent, j'ai une action personnelle. Si je prétends que mon champ a sur le champ voisin un droit de servitude, j'ai la faculté d'actionner celui qui détient le champ voisin au moment même de l'introduction de l'instance, sans considérer si c'est lui qui, originairement, m'a donné ou vendu le droit de servitude que je revendique. — En matière personnelle, le tribunal compétent est le tribunal du domicile du défendeur; en matière réelle, celui de la situation de l'immeuble litigieux. L'action personnelle se prescrit par trente ans; l'exercice de l'action réelle est soumis à une prescription abrégée. (Code civ., art. 2262-2265.)

*Action mixte.* — L'action *mixte* est celle qui a pour objet de faire valoir *ad libitum* soit un droit réel, soit un droit personnel. J'achète un immeuble : comme le vendeur s'est obligé à me livrer l'immeuble, je suis son créancier en vertu du contrat de vente, et, à ce titre, j'ai contre lui une action personnelle : en ce cas, le tribunal compétent est celui du domicile du vendeur. Mais, comme la vente est translative de propriété et que, par le seul effet de la convention, je suis devenu propriétaire de l'immeuble, j'ai contre le vendeur une action en revendication et je puis m'adresser au tribunal de la situation de l'immeuble litigieux.

Dans l'espèce que nous avons choisie, il y a donc deux tribunaux compétents; mais en matière mobilière, que l'action soit personnelle, réelle ou mixte, le tribunal compétent est toujours celui du domicile du défendeur.

D'ailleurs, même en matière immobilière le choix du demandeur n'est pas toujours libre : les actions relatives aux successions sont toujours portées devant le tribunal de l'arrondissement où la succession s'est ouverte; les actions en bornage, devant le juge de paix ou le tribunal d'arrondissement, selon que la propriété est ou non contestée, mais c'est toujours devant le tribunal de la situation. (Code proc. civ., art. 59.)

*Actions mobilière et immobilière.* — L'action *mobilière* est celle où l'on demande un bien meuble, et l'action *immobilière* est celle où l'on demande un immeuble. Et, suivant qu'on fait valoir un droit de créance ou un droit de propriété, on conçoit qu'il y ait des actions : *personnelles mobilières; — personnelles immobilières ; — réelles mobilières ; — réelles immobilières.*

La distinction des actions mobilières et des actions immobilières est très importante au point de vue pratique. Le tuteur a tout pouvoir d'intenter les actions mobilières du mineur et d'y défendre, tandis que pour les actions immobilières l'autorisation du conseil de famille est indispensable. (Code civ., art. 464.) Le mineur émancipé doit être assisté de son curateur pour intenter une action immobilière ou y défendre; au contraire, ce concours ne lui est nécessaire en matière mobilière que si l'action est relative à un capital en argent. (Code civ., art. 482.) Sous le régime de la communauté légale, le mari peut exercer seul toutes les actions mobilières qui appartiennent à la femme, dont il administre les biens personnels; pour les actions immobilières, sauf les possessoires, il a besoin du consentement de la femme. (Code civ., art. 1428.)

Les actions réelles immobilières sont *pétitoires* ou *possessoires,* selon qu'elles protègent la propriété ou la simple possession des droits réels. V. PÉTITOIRE, POSSESSOIRE.

*Action publique et action civile.* — Parmi les lois auxquelles tous sont tenus de se soumettre, les unes sont relatives à des intérêts purement privés, les autres s'inspirent de l'intérêt collectif de la société et du souci de la morale publique. Ces dernières forment le droit pénal. Toutes les infractions qui sont commises à leur égard mettent en mouvement un corps de magistrats spéciaux : le ministère public. Un assassinat est commis ; aussitôt le ministère public a le devoir de requérir, au nom de la société, la punition du coupable, et alors s'ouvre l'*action publique.* (Code instr. cr., art. 1er.) Mais, en même temps que l'ordre social a été troublé par ce crime, des particuliers — les parents de la victime — ont subi un préjudice personnel : en même temps que s'ouvre l'action publique, ils ont le droit de se porter *partie civile,* d'introduire une *action civile,* c'est-à-dire de demander réparation du dommage causé. (Code instr. cr., art. 1er.) Ainsi, l'action publique est un devoir, l'action civile un droit accessoire qu'on est libre de faire valoir ou de ne pas faire valoir. (Code instr. cr., art. 3.) Mais la renonciation à l'action civile ne peut arrêter ni suspendre l'exercice de l'action publique (Code inst. cr.. art. 4), et l'article 2046 du Code civil porte : « On peut transiger sur l'intérêt civil qui résulte d'un délit. La transaction n'empêche pas la poursuite du ministère public. »

L'action civile peut être intentée devant les mêmes juges que l'action publique ; elle peut, au gré de la partie lésée, l'être isolément devant les tribunaux civils, mais alors elle est suspendue tant que les tribunaux de répression n'ont pas statué. (Code instr. cr., art. 3.)

L'action publique est quelquefois *subordonnée* à certaines conditions préalables. C'est ainsi qu'un Français qui a commis à l'étranger un crime attentatoire à la sûreté de l'Etat ne peut être poursuivi en France qu'autant qu'il y est revenu volontairement ou que si le gouvernement a obtenu son extradition. (Code instr. cr., art. 7.) Elle peut être *suspendue,* en cas de démence de l'inculpé, du prévenu ou de l'accusé, ou bien si l'auteur de l'infraction est député ou sénateur; dans ce dernier cas, sauf pour les flagrants délits, l'autorisation préalable de l'assemblée où siège l'inculpé est nécessaire pendant la durée des sessions. Elle *s'éteint* par la mort du coupable, par la prescription, par la remise ou l'abandon. La prescription est de dix ans pour les crimes, trois ans pour les délits, un an pour les contraventions. (Code instr. cr., art. 2, 37, 637, 638, 640.) Des lois spéciales ont fixé un délai de prescription plus court : en matière de *chasse,* trois mois (loi du 3 mai 1844, art. 29); — en matière de *pêche fluviale,* un mois ou trois mois à compter du jour de la constatation du délit, selon que les prévenus sont ou ne sont pas désignés dans les procès-verbaux (loi du 15 avril 1829, art. 62); — en matière *forestière,* trois mois ou six mois, selon la même distinction (Code forestier, art. 185). La remise du droit d'action résulte d'une amnistie, d'une transaction (en matière de contributions indirectes, de douanes, de postes, de forêts), d'un désistement (par ex., lorque, le ravisseur ayant épousé la mineure qu'il a ravie, la famille lésée n'a pas porté plainte).

**Action, Actionnaire.** — V. SOCIÉTÉ, VALEURS MOBILIÈRES.

**Action paulienne.** — V. PAULIENNE.

**Actuaire.** — Spécialiste qui s'occupe de l'application des mathématiques aux assurances sur la vie, et plus généralement aux questions financières.

**Adjoint.** — Membre du conseil municipal qui est adjoint, associé au maire pour l'assister dans l'exercice de ses fonctions.

Les *adjoints,* comme le maire, sont élus par le conseil municipal, parmi ses membres. Leur nombre est de *un* dans les communes de 2 500 habitants et au-dessous, de *deux* dans celles de 2 501 à 10 000; dans les communes d'une population supérieure, il y a un adjoint de plus par chaque excédent de 25 000 habitants, sans que le nombre puisse dépasser douze (sauf à Lyon, où il est de *dix-sept*). Le maire peut leur déléguer une partie de ses fonctions et ils le remplacent en cas d'empêchement, de suspension ou de révocation. Ils peuvent, comme le maire, être suspendus par arrêté du préfet pour un mois au plus, et pour trois mois par le ministre de l'Intérieur; ils sont révoqués par décret, et la révocation emporte de plein droit l'inéligibilité aux fonctions d'adjoint pendant une année, à moins qu'il ne soit procédé auparavant au renouvellement des conseils municipaux. A Paris, il y a dans chaque arrondissement trois adjoints nommés par décret. « Lorsqu'un obstacle quelconque ou l'éloignement rend difficiles, dangereuses ou momentanément impossibles les communications entre le chef-lieu et une fraction de commune, un poste d'*adjoint spécial* peut être institué, sur la demande du conseil municipal, par décret rendu en conseil d'Etat. Cet adjoint, élu par le conseil, est pris parmi les conseillers, et, à défaut d'un conseiller résidant dans cette fraction de commune, parmi les habitants de la fraction : il remplit les attributions d'officier de l'état civil et peut être chargé de l'exécution des lois et règlements de police dans cette partie de la commune. Il n'a pas d'autres attributions. » (Loi du 5 avr. 1884, art. 75, et d'autre part, art. 73, 76, 82, 84, 86, etc.) V. MAIRE.

**Adjudication.** — Acte par lequel une personne, soit volontairement, soit par autorité de justice, procède à l'aliénation de ses biens. C'est une forme spéciale de la vente, distincte absolument de l'*adjudication administrative :* celle-ci est un marché entre un particulier et l'Etat, le département, la commune ou toute autre personne civile, et elle a lieu soit avec concurrence, soit de gré à gré.

*De ceux qui ne peuvent se porter adjudicataires.* Ne peuvent se porter adjudicataires, sous peine de nullité, ni par eux-mêmes, ni par personnes interposées : 1° les *tuteurs,* des biens des mineurs dont ils ont la tutelle ; 2° les *mandataires,* des biens qu'ils sont chargés de vendre ; 3° les *administrateurs,* de ceux des communes ou des établissements publics confiés à leurs soins ; 4° les *officiers publics,* des biens nationaux dont les ventes se font par leur ministère (Code civ., art. 1596); 5° les *agents de l'administration forestière,* des coupes de bois de l'Etat (Code for., art. 21) ; 6° les *maires, adjoints* et *receveurs des communes,* des coupes de bois de leur commune. (Code for., art. 101.) Il est interdit aux *comptables* de prendre intérêt dans les adjudications, marchés, fournitures et travaux concernant les services de recette ou de dépense qu'ils effectuent. (Décret du 31 mai 1862, art. 19).

### Adjudications proprement dites.

Ces adjudications peuvent être soit *volontaires,* soit *judiciaires* (ou *forcées*).

L'*adjudication volontaire* est une vente qu'un individu fait, sans y être contraint par ses créanciers, de ses biens meubles et immeubles. Les ventes de meubles sont faites aux enchères par le ministère d'un officier public ou ministériel : notaire, huissier, courtier de commerce, etc., selon le cas. Lorsqu'il s'agit d'immeubles, la vente a lieu aux enchères, par le ministère d'un notaire, soit à la criée, soit par voie d'extinction des feux.

Les *adjudications judiciaires* sont ordonnées par le tribunal dans l'intérêt des mineurs, des interdits, des absents et dans quelques autres cas particuliers. S'il s'agit de *meubles,* la vente est faite dans les formes prescrites au titre des saisies-exécutions. (Code proc. civ., art. 945.)

L'adjudication des *immeubles* a lieu : 1° lorsqu'un héritage est commun à plusieurs personnes et que les ayants droit ne peuvent ou ne veulent s'entendre pour le partager en nature, ou bien lorsqu'il y a parmi eux des absents, des mineurs même émancipés ou des interdits : dans ce dernier cas, la licitation (vente aux enchères) est faite en justice avec les formalités prescrites pour l'aliénation des biens de mineurs ; autrement, le partage peut être fait par tous les héritiers, présents et majeurs, dans la forme qui leur conviendra (Code civ., art. 1686, 1688); 2° lorsque les immeubles appartiennent à des mineurs, à des interdits, à des absents. La mise en adjudication d'un immeuble appartenant à un mineur doit être autorisée par le conseil de famille et par le tribunal; la vente aux enchères a lieu en présence du subrogé tuteur (Code civ., art. 459), après une seule affiche apposée quinze jours au moins, trente jours au plus, et suivant les formes indiquées par les articles 953 et suivants du Code de procédure, et plus souvent par-devant un notaire que le tribunal commet à cet effet.

Les *adjudications forcées* ont lieu par suite de saisie immobilière. V. SAISIE IMMOBILIÈRE.

### Adjudications et marchés administratifs.

Les marchés de *travaux publics* ont pour objet l'exécution d'un certain travail public et sont assimilables à un louage d'industrie. Les marchés de *fournitures,* dont l'objet est de fournir aux services publics les objets de consommation qui leur sont nécessaires, doivent être considérés comme une vente de choses mobilières. Au point de vue des difficultés qui peuvent s'élever au sujet de l'exécution des marchés, cette distinction est très importante. V. plus bas, *Règles de juridiction.*

Les marchés au compte de l'*Etat* sont passés par les ministres ou par les fonctionnaires délégués à cet effet. Les marchés au compte des *départements* sont passés par les préfets, sur avis conforme de la commission départementale. Les marchés au compte des *communes* sont passés par les maires, selon les délibérations des conseils municipaux.

Les marchés de travaux publics et les marchés de fournitures peuvent avoir lieu, suivant les cas, soit par adjudication, soit de gré à gré.

*Adjudications et marchés au compte de l'Etat.* — Les règles relatives aux adjudications et marchés passés au nom de l'Etat sont tracés dans le décret du 18 novembre 1882 : « Les marchés de travaux, fournitures ou transports au compte de l'Etat sont faits *avec concurrence et publicité* », dit l'article 1er, qui ajoute : « Sauf les exceptions mentionnées à l'article 18 ci-après. » V. plus bas.

*Procédure d'adjudication.* L'avis des adjudications à passer est publié, sauf les cas d'urgence, au moins vingt jours à l'avance, par affiches et tous moyens ordinaires de publicité. Cet avis fait connaître : 1° le lieu où l'on peut prendre connaissance du cahier des charges ; 2° les autorités chargées de procéder à l'adjudication ; 3° le lieu, le jour et l'heure fixés pour l'adjudication. Il est procédé à l'adjudication en séance publique.

Les adjudications publiques relatives à des fournitures, travaux, transports, exploitations ou fabrications qui ne peuvent être sans inconvénient livrées à une concurrence illimitée sont soumises à des restrictions permettant de n'admettre à soumissionner que des personnes reconnues capables par l'administration. — Les plis renfermant les soumissions sont ouvertes en présence du public ; il en est donné lecture à haute voix.

Dans le cas où plusieurs soumissionnaires offriraient le même prix et où ce prix serait le plus bas de ceux portés dans les soumissions, il serait procédé à une réadjudication, soit sur de nouvelles soumissions, soit à l'extinction des feux, entre ces soumissionnaires seulement. Si les soumissionnaires se refusaient à faire de nouvelles offres ou si les prix demandés ne différaient pas encore, le sort en déciderait.

Les résultats de chaque adjudication sont constatés par un *procès-verbal* relatant toutes les circonstances de l'opération.

Il peut être fixé par le cahier des charges un délai pour recevoir les offres de rabais sur le prix de l'adjudication. Si, pendant ce délai, qui ne doit pas dépasser vingt jours, il est fait une ou plusieurs offres de rabais d'au moins 10 p. 100, il est procédé à une réadjudication entre le premier adjudicataire et l'auteur ou les auteurs des offres de rabais, pourvu qu'ils aient, préalablement à leurs offres, satisfait aux conditions imposées par le cahier des charges pour pouvoir se présenter aux adjudications.

Sauf les exceptions spécialement autorisées ou résultant des dispositions particulières à certains services, les adjudications et réadjudications sont subordonnées à l'approbation du ministre compétent, et ne sont valables et définitives qu'après cette approbation. (Décret du 18 nov. 1882, art. 2 et 13 à 17.)

*Marchés de gré à gré.* Il peut être passé des marchés de gré à gré : 1° Pour les fournitures, transports et travaux dont la dépense totale n'excède pas 20 000 francs ou, s'il s'agit d'un marché passé pour plusieurs années, dont la dépense annuelle n'excède pas 5 000 francs ; — 2° Pour toute espèce de fournitures, de transports ou de travaux, lorsque les circonstances exigent que les opérations du gouvernement soient tenues secrètes ; ces marchés doivent préalablement avoir été autorisés par le président de la République, sur rapport du ministre compétent ; — 3° Pour les objets dont la fabrication est exclusivement attribuée à des porteurs de brevet d'invention ; — 4° Pour les objets qui n'auraient qu'un possesseur unique ; — 5° Pour les ouvrages et objets d'art et de précision dont l'exécution ne peut être confiée qu'à des artistes ou industriels éprouvés ; — 6° Pour les travaux, exploitations, fabrications et fournitures qui ne sont faits qu'à titre d'essai ou d'étude ; — 7° Pour les travaux que des nécessités de sécurité publique empêchent de faire exécuter par voie d'adjudication ; — 8° Pour les objets, matières et denrées qui, à raison de leur nature particulière et de la spécialité de l'emploi auquel ils sont destinés, doivent être achetés et choisis aux lieux de production ; — 9° Pour les fournitures, transports ou travaux qui n'ont été l'objet d'aucune offre aux adjudications ou à l'égard desquels il n'a été proposé que des prix inacceptables ; toutefois, lorsque l'administration a cru devoir arrêter et faire connaître un maximum de prix, elle ne doit pas dépasser ce maximum ; — 10° Pour les fournitures, transports ou travaux qui, dans les cas d'urgence évidente amenée par des circonstances imprévues, ne peuvent pas subir les délais des adjudications ; — 11° Pour les fournitures, transports ou travaux que l'administration doit faire exécuter aux lieu et place des adjudicataires défaillants et à leurs risques et périls ; — 12° Pour les affrètements et pour les assurances sur les chargements qui s'ensuivent ; — 13° Pour les transports confiés aux administrations de chemins de fer ; — 14° Pour les achats de tabac et de salpêtre indigènes, dont le mode est réglé par une législation spéciale ; — 15° Pour les transports de fonds du Trésor.

Les marchés de gré à gré sont passés par les ministres ou par les fonctionnaires qu'ils ont délégués à cet effet. Ils ont lieu : 1° soit par un engagement souscrit à la suite du cahier des charges ; — 2° soit sur une soumission souscrite par celui qui propose de traiter ; — 3° soit sur correspondance, suivant les usages du commerce. — Les marchés passés par les délégués du ministre sont subordonnés à son approbation, si ce n'est en cas de force majeure, ou sauf les dispositions particulières à certains services et les expéditions spécialement autorisées.

A l'égard des ouvrages d'art et de précision dont le prix ne peut être fixé qu'après l'entière exécution du travail, une clause spéciale du marché détermine les bases d'après lesquelles le prix sera liquidé ultérieurement. (Décret du 18 nov. 1882, art. 18 et 19.)

*Cautionnements des soumissionnaires et des adjudicataires.* Les cahiers des charges déterminent l'importance des garanties pécuniaires à produire : par les soumissionnaires, à titre de cautionnements provisoires, pour être admis aux adjudications ; par les adjudicataires, à titre de cautionnements définitifs, pour répondre de leurs engagements. Ils peuvent dispenser de l'obligation de déposer un cautionnement provisoire ou définitif, et disposer que le cautionnement réalisé avant l'adjudication, à titre provisoire, servira de cautionnement définitif. Ils déterminent les autres garanties (cautions personnelles et solidaires, affectations hypothécaires, etc.) qui peuvent être demandées aux fournisseurs et entrepreneurs pour assurer l'exécution de leurs engagements, ainsi que l'action que l'administration peut exercer sur ces garanties.

Les garanties pécuniaires peuvent consister,

au choix des soumissionnaires et adjudicataires : 1° en numéraire ; 2° en rentes sur l'Etat et valeurs du Trésor au porteur ; 3° en rentes sur l'Etat, nominatives ou mixtes. Les valeurs du Trésor transmissibles par voie d'endossement, endossées en blanc, sont considérées comme valeurs au porteur. Après la réalisation du cautionnement, aucun changement ne peut être apporté à sa composition. S'il arrive que les rentes ou valeurs affectées à un cautionnement définitif donnent lieu à un remboursement sur le Trésor, la somme est remboursée à la Caisse des dépôts et consignations, et reste affectée au cautionnement jusqu'à due concurrence, à moins que le cautionnement ne soit reconstitué en valeurs semblables.

Les cautionnements, quelle qu'en soit la nature, sont reçus par la Caisse des dépôts et consignations ou par ses préposés ; ils sont soumis aux règlements spéciaux à cet établissement. Les oppositions sur les cautionnements provisoires ou définitifs doivent avoir lieu entre les mains du comptable qui les a reçus.

Lorsque le cautionnement consiste en rente nominative, le titulaire de l'inscription de rente souscrit une déclaration d'affectation de la rente et donne à la Caisse des dépôts et consignations un pouvoir irrévocable à l'effet de l'aliéner, s'il y a lieu.

La Caisse des dépôts et consignations restitue les cautionnements provisoires au vu de la mainlevée donnée par le fonctionnaire chargé de l'adjudication, ou d'office aussitôt après la réalisation du cautionnement définitif de l'adjudicataire. Les cautionnements définitifs ne peuvent être restitués, en totalité ou en partie, qu'en vertu d'une mainlevée donnée par le ministre ou le fonctionnaire délégué à cet effet.

Sont acquis à l'Etat les cautionnements provisoires des soumissionnaires qui, déclarés adjudicataires, n'ont pas réalisé leurs cautionnements définitifs dans les délais fixés.

L'application des cautionnements définitifs à l'extinction des débets liquidés par les ministres compétents a lieu aux poursuites et diligences de l'agent judiciaire du Trésor public, en vertu d'une contrainte délivrée par le ministre des Finances. (Décret du 18 nov. 1882, art. 4 à 12.)

Les intérêts des cautionnements sont servis par la Caisse des dépôts à partir du 61e jour de la date du versement à titre de consignation, conformément à l'article 2 de la loi du 18 janvier 1805 (28 nivôse an XIII) et de l'ordonnance royale du 3 juillet 1816, et réglés au 31 décembre de chaque année.

*Travaux en régie.* Ils doivent être autorisés par le ministre ou par son délégué. Les dispositions du décret du 18 novembre 1882 ne leur sont pas applicables, sauf en ce qui concerne les fournitures de matériaux. Les travaux neufs concernant les bâtiments de l'Etat ne peuvent être exécutés qu'après approbation d'un devis qui en détermine la nature et l'importance. (Décret du 18 nov. 1882, art. 23 et 24.)

Dans le mode d'exécution par voie de régie, l'administration fait exécuter les travaux ou fournitures directement et sur sa propre responsabilité. En ce cas, il est généralement nommé par l'administration un *régisseur*, à qui des avances peuvent être faites, à charge d'en justifier l'emploi dans un délai déterminé et de reverser, à l'expiration du délai, les sommes non employées. La justification d'emploi se fait au moyen de la production, par le régisseur, des quittances des créanciers et autres pièces exigées par les règlements.

*Achats sur facture.* Il peut être suppléé aux marchés écrits par des achats sur simple facture pour les objets qui doivent être livrés immédiatement et pour les travaux ou transports, lorsque la valeur desdits objets, travaux ou transports n'excède pas 1 500 francs. (Décret du 18 nov. 1882, art. 22.)

*Travaux à forfait.* L'administration peut recourir au système forfaitaire ; mais le système de l'adjudication est toujours préférable et plus conforme au vœu de la loi.

*Adjudications et marchés au compte des départements.* — Ils sont passés par le préfet, sur avis conforme de la commission départementale, et soumis aux dispositions du décret du 18 novembre 1882. (Décret du 12 juill. 1893, art. 98.)

*Adjudications et marchés pour le compte des communes et établissements publics.* — *Forme de l'adjudication.* « Toutes les entreprises pour travaux et fournitures au nom des communes sont faites avec concurrence et publicité, sauf les exceptions ci-après : » (Instr. gén., art. 1021.)

« Les administrations locales peuvent faire exécuter, sans autorisation préalable, les travaux de réparation ordinaire et de simple entretien dont la dépense n'excède pas 300 francs ; il peut être traité de gré à gré, sauf approbation par le préfet, pour les autres travaux et fournitures dont la valeur n'excède pas 3 000 francs, et, à quelque somme que s'élèvent les travaux et fournitures : 1° pour les objets dont la fabrication est exclusivement attribuée à des porteurs de brevets d'invention ou d'importation ; 2° pour les objets qui n'ont qu'un possesseur unique ; 3° pour les ouvrages et les objets d'art et de précision ; 4° pour fabrications et fournitures faites à titre d'essai ; 5° pour les matières et denrées qui, à raison de leur nature particulière et de la spécialité de l'emploi auquel elles sont destinées, doivent être achetées et choisies sur les lieux de production, ou livrées, sans intermédiaire, par les producteurs ; 6° pour les fournitures ou travaux qui n'auraient été l'objet d'aucune offre aux adjudications, ou à l'égard desquels il n'aurait été proposé que des prix inacceptables, sans toutefois que l'administration puisse jamais dépasser le maximum arrêté conformément à l'article 1025 ci-après (v. plus bas) ; 7° pour les fournitures et travaux qui, dans les cas imprévus et d'une urgence absolue, ne pourraient subir les délais de l'adjudication sans qu'il en résultât un préjudice pour la commune. » — Les adjudications publiques relatives à des fournitures et travaux qui ne pourraient être sans inconvénient livrés à la concurrence illimitée peuvent être restreintes à des personnes préalablement reconnues capables par l'administration. » (Instr. gén., art. 1022.)

Les cahiers des charges déterminent la nature et l'importance des garanties que les fournisseurs ou entrepreneurs ont à produire, soit pour être admis aux adjudications, soit pour répondre à l'exécution de leurs engagements. Ils règlent aussi l'action que l'administration pourra exercer sur ces garanties en cas d'inexécution de ces engagements. Il est toujours stipulé que tous les ouvrages exécutés par les entrepreneurs en dehors des autorisations régulières demeurent à la charge personnelle de ces derniers, sans répétition contre les communes. Les receveurs municipaux seraient responsables des payements qu'ils effectueraient pour des travaux non autorisés. (Instr. gén., art. 1023.)

L'avis des adjudications à passer est publié, sauf les cas d'urgence, un mois à l'avance, par la voie des affiches et par tous les moyens ordinaires de publicité. Les adjudications et marchés à faire pour le compte des communes doivent être passés par les maires, assistés de deux membres du conseil municipal, et le receveur de la commune doit y assister; les adjudications peuvent avoir lieu au chef-lieu de préfecture ou de sous-préfecture, à la charge par le maire de s'y transporter pour procéder à l'opération, accompagné de deux conseillers municipaux. (Instr. gén., art. 1024.)

Les soumissions doivent toujours être remises cachetées en séance publique. Un *maximum* de prix ou un *minimum* de rabais, arrêté d'avance par l'autorité qui procède à l'adjudication, doit être déposé, cacheté, sur le bureau, à l'ouverture de la séance. — Dans le cas où plusieurs soumissionnaires ont offert le même prix, il est procédé, séance tenante, à une adjudication entre ces soumissionnaires seulement, soit sur de nouvelles soumissions, soit à extinction des feux. — Les résultats de chaque adjudication sont constatés par un procès-verbal relatant toutes les circonstances de l'opération. (Instr. gén., art. 1025.)

Lorsqu'il y a adjudication, le procès-verbal d'adjudication doit être approuvé par le préfet. (Ordonnance du 14 nov. 1837, art. 10.)

Lorsqu'il est traité de gré à gré, le marché doit être approuvé par le préfet dans les villes dont le préfet approuve le budget et par décret dans les villes où le budget est réglé par décret, lorsque le marché de fournitures se rattache à l'exécution de travaux publics. Quant aux marchés de fournitures non relatifs à l'exécution de travaux publics, ils sont soumis seulement à l'approbation préfectorale, conformément à l'ordonnance de 1837 et au décret du 25 mars 1852, § 48 du tableau A. (Morgand, *Loi municipale*, t. II.)

Lorsque le maire procède à une adjudication publique, il est assisté de deux membres du conseil municipal et du receveur municipal.

L'exécution en régie n'est licite que lorsqu'il s'agit de simples travaux d'entretien ou de réparations n'excédant pas 300 francs.

*Cautionnements.* Les cautionnements à fournir par les adjudicataires doivent être réalisés à la diligence des receveurs des communes, auxquels il est remis, à cet effet, une copie et, s'il est nécessaire, une expédition en forme du procès-verbal d'adjudication et du cahier des charges.

Les cautionnements peuvent être faits en *numéraire,* en *immeubles,* en *inscriptions de rentes sur l'Etat,* ou en *obligations de la commune* intéressée dans l'adjudication.

Les cautionnements en *numéraire* sont versés à la Caisse des dépôts et consignations. Toutefois, les fonds sont remis provisoirement au receveur municipal, qui en délivre quittance à souche, les porte à un compte d'ordre aux services hors budget (Instr. gén., art. 1480) et en fait le versement dans le plus court délai possible au receveur des finances, comme préposé de la Caisse des dépôts et consignations. Il lui en est remis un récépissé au nom de l'adjudicataire, avec mention que ce récépissé est destiné à remplacer la quittance à souche. Une déclaration, tenant lieu de duplicata du récépissé, sert au receveur municipal de justification de son versement.

Lorsque les cautionnements sont réalisés en *immeubles,* l'inscription doit être prise au nom des communes intéressées; il doit être stipulé que les immeubles sont libres de tous privilèges et hypothèques, et le receveur veille à ce qu'il en soit régulièrement justifié.

Indépendamment des cautionnements définitifs que doivent fournir les *adjudicataires,* les *soumissionnaires* peuvent être astreints, par les cahiers des charges, au versement d'un dépôt provisoire, qui leur est rendu après l'adjudication s'ils ne sont pas déclarés adjudicataires; les receveurs des communes et établissements de bienfaisance reçoivent ces dépôts, les constatent au compte d'ordre dont il est parlé plus haut, en opèrent le remboursement, ou font convertir en cautionnements définitifs ceux qui ont été versés par les soumissionnaires devenus adjudicataires, d'après la marche indiquée pour les dépôts provisoires relatifs aux fournitures et travaux entrepris au compte de l'Etat. Les actes de dépôt sont passés avec les maires des communes. (Instr. gén., art. 1027.)

Lorsque les adjudications doivent être passées au chef-lieu d'arrondissement de sous-préfecture, le cahier des charges stipule que les dépôts de garantie et les cautionnements seront versés directement, pour le compte des communes, à la caisse du receveur des finances; dans ce cas, les receveurs des finances constatent les dépôts suivant le mode prescrit pour les dépôts des soumissionnaires de fournitures ou travaux intéressant l'Etat ou les départements. Ils restituent les dépôts sur l'attestation, qu'ils se font remettre par l'autorité qui a présidé à l'adjudication, que les soumissionnaires qui les avaient faits ne sont pas devenus adjudicataires; quant aux dépôts à convertir en cautionnements, s'il s'agit de dépôts en *numéraire,* ils en font l'application au compte de la Caisse des dépôts et consignations, et, pour les *inscriptions de rentes,* ils les remettent aux receveurs municipaux, qui leur en donnent une reconnaissance, et qui restent chargés de provoquer l'acte définitif de cautionnement, comme si les dépôts eussent été primitivement effectués entre leurs mains. (Instr. gén., art. 1028.)

Les remboursements des dépôts provisoires sont constatés par un reçu des parties souscrit au verso des quittances à souche qui leur ont été délivrées et qu'elles doivent rendre au receveur municipal. (Instr. gén., art. 1104.)

Pour les établissements de bienfaisance, bien que l'adjudication soit la règle en matière de travaux et fournitures, la commission administrative règle toutefois, par ses délibérations, les objets, le mode et les conditions des marchés pour fournitures et entretien dont la durée n'excède pas une année. (Loi du 7 août 1851, art. 8.) En ce qui concerne spécialement les *aliments* et *objets de consommation*, « la commission, d'accord avec le conseil municipal et sous l'approbation du préfet, pourra traiter de gré à gré ou par voie d'abonnement. » (Loi du 8 août 1851, art. 15.) Si la durée du marché excède une année, les commissions sont tenues de passer des marchés écrits. (Décis. du min. de l'Intérieur du 26 juin 1868.)

*Dispositions diverses. — Droits de timbre et d'enregistrement.* Les droits de timbre et d'enregistrement auxquels donnent lieu les marchés, soit par adjudication, soit de gré à gré, sont à la charge de ceux qui contractent avec l'Etat. Les frais de publicité restent à la charge de l'administration. (Décret du 18 novembre 1882, art. 21.)

Lorsque l'offre écrite d'un fournisseur a été acceptée par une lettre de l'administration, ces deux documents constituent un contrat synallagmatique assujetti à l'enregistrement dans les vingt jours de l'acceptation.

*Allocation d'intérêts aux entrepreneurs.* Aucune stipulation d'intérêts ou de commissions de banque ne peut être consentie au profit d'un entrepreneur, fournisseur ou régisseur, en raison d'emprunts temporaires ou d'avances de fonds pour l'exécution et le payement des services publics. (Décret du 31 mai 1862, art. 12.) Il ne saurait y avoir d'exception à cette règle, si ce n'est pour les affaires déférées aux tribunaux : alors, le payement ne peut avoir lieu qu'après décision de la justice, et c'est aux tribunaux seuls qu'il appartient de déterminer si des intérêts sont dus pour des dettes qui n'en étaient pas productives. (Code civ., art. 1153.)

*Acomptes.* Aucun marché, aucune convention pour travaux et fournitures ne doit stipuler d'acompte que pour un service fait. — Les acomptes ne doivent pas excéder les cinq sixièmes des droits constatés par pièces régulières présentant le décompte du service fait, à moins que des règlements spéciaux n'aient exceptionnellement déterminé une autre limite. (Décret du 31 mai 1862, art. 13.) C'est ainsi que les acomptes aux savants et artistes peuvent atteindre les neuf dixièmes. (Décret du 23 mars 1896.)

*Travaux ou fournitures stipulés payables à terme.* Il faut leur appliquer les règles applicables aux emprunts, parce que les travaux payables à terme seraient, sans cela, de véritables emprunts déguisés.

*Admission des sociétés ouvrières aux adjudications publiques.* Le décret du 4 juin 1888 a fixé les conditions exigées des associations ouvrières françaises pour qu'elles puissent soumissionner les travaux ou fournitures faisant l'objet des adjudications de l'*Etat*. Les mêmes sociétés peuvent concourir aux adjudications et marchés passés au nom des *départements* (avis du Conseil d'Etat, 27 juin 1889) et des *communes* (loi du 29 juillet 1893).

*Clauses des cahiers des charges relatives aux conditions du travail.* Trois décrets du Conseil d'Etat, portant la date du 10 août 1899, ont déterminé les clauses relatives aux conditions de travail qui doivent, en ce qui concerne l'Etat, et qui peuvent, en ce qui concerne les départements et les communes, être insérées dans les cahiers des charges des marchés de travaux ou de fournitures passés par adjudication ou de gré à gré. Ces clauses concernent : l'assurance d'un jour de repos par semaine, la limitation de l'emploi des ouvriers étrangers, le payement d'un salaire normal (c'est-à-dire égal au taux couramment appliqué dans la ville ou la région) et la durée de la journée de travail, les heures supplémentaires donnant lieu à une majoration de salaire.

*Résiliation et clauses pénales.* — Conformément aux principes du droit commun, l'Etat, le département, etc., peuvent résilier un marché, mais moyennant les réparations prévues par l'article 1794 du Code civil. Il faut également appliquer les articles 1226 et suivants lorsque le fournisseur ou l'entrepreneur n'exécute pas en tout ou partie la convention, ou l'exécute simplement avec retard. Le ministre compétent a le droit de relever les intéressés des retenues stipulées.

Pour les dispositions destinées à empêcher la liberté des enchères dans les adjudications, v. ENCHÈRES.

Tous les jugements portant condamnation à la prison pour fraudes commises dans les fournitures faites à l'Etat au titre des budgets de la Guerre, de la Marine ou des Colonies, seront insérés par extraits au *Journal officiel* aux frais des personnes ayant encouru lesdites condamnations. (Loi du 16 avril 1895, art. 68.)

*Règles de juridiction.* — Il faut distinguer, au point de vue de la compétence, entre les marchés de *fournitures* et les marchés de *travaux publics*. Sur les difficultés qui peuvent s'élever entre les entrepreneurs de *travaux publics* et l'administration, concernant le sens ou l'exécution des clauses, il est statué par le conseil de préfecture (loi du 28 pluviôse an VII, art. 4), qu'il s'agisse de marchés passés au compte de l'Etat ou de marchés passés au compte du département, de la commune ou des établissements publics. C'est le conseil d'Etat qui est compétent (décret du 11 juin 1806) quant aux marchés de *fournitures* passés pour le compte de l'Etat, et les tribunaux de droit commun quant aux marchés de fournitures passés pour le compte des départements, communes et établissements publics.

**Administration.** — Ensemble des organes qui ont mission d'appliquer le droit administratif, c'est-à-dire les règles qui régissent, conformément aux principes fondamentaux de notre droit constitutionnel, les rapports des particuliers avec l'Etat, et les relations réciproques des diverses autorités publiques.

*Lois et unités administratives.* — Les *lois administratives*, considérées par opposition aux *lois civiles*, ont un caractère d'utilité générale et collective.

Les unités administratives sont : l'Etat, le département, la commune, les établissements publics.

*Organisation administrative.* — On distingue : l'administration *active*, généralement confiée à un agent unique ; l'administration *consultative* ou *délibérative*, auxiliaire de la précédente, qu'elle éclaire ou contrôle ; l'administration *contentieuse*, chargée d'assurer aux particuliers, par ses jugements ou ses arrêts, le respect des lois administratives.

L'*administration active* prend des décisions de nature diverse : 1° des *actes généraux et réglementaires*, qui complètent les lois (décrets du chef de l'Etat, arrêtés des ministres, des préfets ou des maires) ; 2° *actes administratifs* proprement dits, émanant des mêmes autorités et ayant pour caractéristique d'être *spéciaux* et *individuels* ; 3° *actes de gestion*, émanant des mêmes autorités, sauf du chef de l'Etat, et ayant pour objet l'administration des biens de l'Etat, du département, de la commune. V. DÉCRET.

*Juridictions administratives.* — Les tribunaux auxquels incombe la mission de statuer sur les conflits d'ordre administratif sont *généraux* ou *spéciaux*. La compétence des premiers s'étend à toutes les matières administratives, sauf à celles dont la loi attribue la connaissance aux seconds, qui ne statuent que sur des matières spéciales. Juridictions générales : *Conseil d'Etat* et *conseils de préfecture*. Juridictions spéciales : *Cour des comptes, conseils de revision, Conseil supérieur de l'Instruction publique*, etc.

En dehors de tout texte attributif de compétence, quelle est la juridiction administrative de droit commun : le conseil de préfecture ? le Conseil d'Etat ? les ministres ? — La jurisprudence tend à reconnaître cette qualité au Conseil d'Etat.

On distingue notamment, en matière de juridiction administrative :

1° le contentieux de *pleine juridiction*, à l'occasion duquel le juge statue au fond sur les actes administratifs qui ont violé un droit individuel et spécial, mais non sur les actes gouvernementaux ou réglementaires, ni sur les actes de gestion non exceptionnellement visés par la loi ;

2° le *contentieux de l'annulation*, où le Conseil d'Etat est appelé à annuler pour incompétence, vice de forme, violation de la loi, abus, en un mot pour excès de pouvoir, l'acte d'une autorité administrative, ou à casser une décision, en dernier ressort, d'un tribunal administratif.

*Inspections générales administratives.* — Le ministère de l'Intérieur comporte un service dit « des inspections générales administratives ». Ce service est assuré par : 1° des inspecteurs généraux, des inspecteurs généraux adjoints et une inspectrice générale des *établissements de bienfaisance et des établissements pénitentiaires* ; 2° des inspectrices générales des *services de l'enfance* ; 3° un inspecteur général et un inspecteur général adjoint des *services sanitaires* ; 4° un architecte inspecteur des services extérieurs de l'*hygiène publique*.

Le décret du 24 février 1901, modifié par celui du 5 juin 1906, a réorganisé l'inspection générale des services administratifs et fixé les traitements du personnel. L'arrêté ministériel du 1er mars 1901 a réglementé le fonctionnement du service et déterminé le chiffre et les conditions d'allocation des indemnités pour frais de tournées.

**Administration légale.** — Administration par le père, durant le mariage, des biens personnels de ses enfants mineurs.

Attribut de la puissance paternelle (v. PUISSANCE PATERNELLE), l'administration *légale* est ainsi appelée parce qu'elle est conférée de plein droit par la loi.

**Admission temporaire.** — Importation en franchise des droits de douane de certains produits étrangers destinés à être réexportés après avoir subi en France un complément de fabrication ou de main-d'œuvre.

Le bénéfice de l'admission temporaire ne peut être accordé à une industrie qu'en vertu d'une loi, après avis du Comité consultatif des arts et manufactures, sauf les exceptions déterminées par l'art. 13 de la loi du 11 janvier 1892. V. DOUANES.

**Adoption.** — Contrat solennel qui, tout en n'excluant pas l'adopté de sa famille naturelle, établit entre lui et l'adoptant un lien juridique de paternité et de filiation.

I. *De l'adoption et de ses effets.* — L'adoption n'est permise qu'aux personnes de l'un ou de l'autre sexe, âgées de plus de cinquante ans qui n'auront à l'époque de l'adoption ni enfants ni descendants légitimes, et qui auront au moins quinze ans de plus que les individus qu'elles se proposent d'adopter (Code civ., art. 343). — Nul ne peut être adopté par plusieurs, si ce n'est par deux époux. Hors le cas de l'article 366, nul époux ne peut adopter qu'avec le consentement de l'autre conjoint. (Code civ., art. 344). — La faculté d'adopter ne pourra être exercée qu'en faveur de l'individu à qui l'on aura, dans sa minorité, et pendant six ans au moins, fourni des secours et donné des soins non interrompus, ou envers celui qui aurait sauvé la vie à l'adoptant, soit dans un combat, soit en le retirant des flammes ou des flots. Il suffira, dans ce deuxième cas, que l'adoptant soit majeur, plus âgé que l'adopté, sans enfants ni descendants légitimes ; et, s'il est marié, que son conjoint consente à l'adoption (Code civ., art. 345). [Cette forme particulière d'adoption est qualifiée d'*adoption rémunératoire*.] — L'adoption ne pourra, en aucun cas, avoir lieu avant la majorité de l'adopté. Si l'adopté, ayant encore ses père et mère ou l'un des deux, n'a point accompli sa vingt-cinquième année, il sera tenu de rapporter le consentement donné à l'adoption par ses père et mère ou par le survivant; et, s'il est majeur de vingt-cinq ans, de requérir leur conseil (Code civ., art. 346). — L'adoption confère le nom de l'adoptant à l'adopté en l'ajoutant au nom propre de ce dernier (Code civ., art. 347). — L'adopté reste dans sa famille naturelle et y conserve tous ses droits; néanmoins, le mariage est prohibé : entre l'adoptant, l'adopté et ses descendants; entre les enfants adoptifs du même individu; entre l'adopté et les enfants qui pourraient survenir à l'adoptant; entre l'adopté et le conjoint de l'adoptant, et réciproquement entre l'adoptant et le conjoint de l'adopté (Code civ., art. 348). — L'obligation naturelle, qui continue d'exister entre l'adopté et ses père et mère, de se fournir des aliments dans les cas déterminés par la loi, est considérée comme commune à l'adoptant et à l'adopté, l'un envers l'autre (Code civ., art. 349). — L'adopté n'acquiert aucun droit de successibilité sur les biens des parents de l'adoptant, mais il a sur la succession de l'adoptant les mêmes droits que ceux qu'y aurait l'enfant né en mariage, même quand il y aurait d'autres enfants de cette dernière qualité nés depuis l'adoption (Code civ., art. 350). — Si l'adopté meurt sans descendants légitimes, les choses données par l'adoptant ou recueillies dans la succession de l'adopté et qui existeront en nature lors du décès de celui-ci, retournent à l'adoptant ou à ses descendants, à la charge de contribuer aux dettes, et sans préjudice des droits des tiers. Le surplus des biens de l'adopté appartient à ses propres parents, et ceux-ci excluent toujours, pour les objets même spécifiés au présent article, tous héritiers de l'adoptant autres que ses descendants (Code civ., art. 351). — Si, du vivant de l'adoptant, et après le décès de l'adopté, les enfants ou descendants laissés par celui-ci viennent à mourir eux-mêmes sans postérité, l'adoptant succède aux choses par lui données, comme il est dit en l'article précédent; mais ce droit est inhérent à la personne de l'adoptant, et non transmissible à ses héritiers, même en ligne descendante. (Code civ., art. 352.)

II. *Des formes de l'adoption.* — La personne qui se proposera d'adopter et celle qui veut être adoptée se présentent devant le juge de paix du domicile de l'adoptant, pour y passer acte de leurs consentements respectifs. Une expédition de cet acte est remise, dans les dix jours suivants, par la partie la plus diligente, au procureur de la République près le tribunal de première instance dans le ressort duquel se trouve le domicile de l'adoptant, pour être soumise à l'homologation de ce tribunal. Le tribunal, réuni en chambre du conseil vérifie : 1° si les conditions de la loi sont remplies; 2° si la personne qui se propose d'adopter jouit d'une bonne réputation. Après avoir entendu le procureur de la République, et sans aucune autre forme de procédure, le tribunal prononce, sans énoncer de motifs en ces termes : « Il y a lieu, *ou* Il n'y a pas lieu à l'adoption. » (Code civ., art. 353-356.) — Dans le mois qui suit le jugement du tribunal de première instance, ce jugement est, sur les poursuites de la partie la plus diligente, soumis à la Cour d'appel, qui instruit dans les mêmes formes que le tribunal de première instance et prononce, sans énoncer de motifs : « Le jugement est confirmé, » *ou* « Le jugement est réformé; en conséquence », il y a lieu, *ou* il n'y a pas lieu à l'adoption. » (Code civ., art. 357.) — Tout arrêt de la Cour d'appel qui admet une adoption est prononcé à l'audience et affiché en tels lieux et en tel nombre d'exemplaires que la cour juge convenables (Code civ., art. 358). — Dans les trois mois qui suivent cet arrêt, l'adoption est inscrite, à la réquisition de l'une et de l'autre des parties, sur les registres de l'état civil du lieu où l'adoptant est domicilié. Cette inscription ne peut avoir lieu que sur le vu d'une expédition en forme de jugement de la Cour d'appel, et l'adoption reste sans effet si elle n'a été inscrite dans ce délai (Code civ., art. 359). — Si l'adoptant venait à mourir après que l'acte constatant la volonté de former le contrat d'adoption a été reçu par le juge de paix et porté devant les tribunaux, et avant que ceux-ci eussent définitivement prononcé, l'instruction serait continuée et l'adoption admise s'il y a lieu. Les héritiers de l'adoptant peuvent, s'ils croient l'adoption inadmissible, remettre au procureur de la République tous les mémoires et observations à ce sujet (Code civ., art. 360).

III. *De l'adoption par le tuteur officieux ou adoption testamentaire.* — Si le tuteur officieux (v. TUTEUR), après cinq ans révolus depuis la tutelle, et dans la prévoyance de son décès avant la majorité du pupille, lui confère l'adoption par acte testamentaire, cette disposition est valable, pourvu que le tuteur officieux ne laisse point d'enfants légitimes (Code civ., art. 366). — Si, à la majorité du pupille, son tuteur officieux veut l'adopter, et que le premier y consente, il est procédé à l'adoption selon les formes ordinaires, et les effets en sont, en tous points les mêmes (Code civ., art. 368).

**Adultère.** — Violation de la foi conjugale.

L'adultère, tant du mari que de la femme, peut servir de base à une demande en divorce ou en séparation de corps (Code civ., art. 229, 230 et 306. L'époux coupable peut se remarier avec son complice (*Id.*, art. 298). Invoqué comme cause de divorce ou de séparation de corps, l'adultère sera prouvé par témoins, simples préventions, lettres missives, procès-verbal de constat dressé par un commissaire de police à la requête de l'époux plaignant. L'adultère peut servir de base à une action en désaveu de paternité, à la condition que la naissance de l'enfant ait été cachée au mari, et en ce cas l'action en désaveu devra être intentée dans les deux mois de la découverte de la fraude (Code civ., art. 316).

Au point de vue pénal, l'adultère de la femme ne peut être dénoncé que par le mari, et réciproquement. Cette faculté lui est retirée s'il est convaincu d'avoir entretenu une concubine dans la maison conjugale (Code pén., art. 336 et 339); mais la femme la conserve, même si elle est convaincue des mêmes torts (Cass., 23 mars 1865).

La femme adultère subit la peine de l'emprisonnement (trois mois à deux ans), à moins que le mari, en consentant à la reprendre, n'arrête l'effet de la condamnation (Code pén., art. 337). Le complice de la femme est puni de la même peine et en outre d'une amende de 100 à 2 000 francs, mais sa complicité ne peut être prouvée que par lettres ou autres pièces écrites de sa main et par flagrant délit (*Id.*, art. 338).

Le mari qui, sur la plainte de sa femme, est convaincu d'entretenir une concubine dans la maison conjugale est puni d'une amende de 100 à 2 000 francs (*Id.*, art. 339).

Le meurtre commis par le mari sur sa femme ou réciproquement est excusable si la vie du meurtrier était en danger dans le moment même du meurtre, ou bien si le meurtre commis par l'époux sur la femme et sur son complice l'a été à l'instant où il les surprend en flagrant délit dans la maison conjugale (*Id.*, art. 324).

**Affaires étrangeres** (*Ministère des*). — Administration chargée de diriger notre politique extérieure, de négocier avec les puissances et de sauvegarder à l'étranger les droits et les intérêts de la France et de ses nationaux. V. AGENTS DIPLOMATIQUES, CONSUL.

L'administration centrale du ministère des Affaires étrangères comprend les services ci-après : 1° *cabinet du ministre, personnel et secrétariat;* le service du *protocole* y est rattaché; 2° *direction politique;* 3° *direction des consulats et des affaires commerciales.* Le service des *archives* et celui des *fonds et comptabilité* constituent chacun une division.

L'administration centrale a été organisée par le décret du 12 mai 1891, modifié par ceux des 8 novembre 1892, 10 mars 1894, 29 juin 1895 et 25 juillet 1896.

Les services extérieurs sont assurés par les agents diplomatiques et consulaires. Le service *diplomatique* comprend des ambassadeurs, des ministres plénipotentiaires, des secrétaires et des attachés d'ambassade. Les négociations sur lesquelles il n'est pas indispensable de garder le secret sont parfois portées à la connaissance du Parlement et du public au moyen de recueils appelés *Livres jaunes.* Le service *consulaire* comprend des consuls généraux, consuls, consuls suppléants, élèves consuls. Enfin, les agents diplomatiques et consulaires sont secondés, pour l'expédition des affaires, par des vice-consuls, élèves vice-consuls, commis, interprètes et élèves interprètes.

Les agents diplomatiques reçoivent, indépendamment du traitement de leur grade, une allocation fixe pour dépenses de loyer, de maison et de réception (frais dits *de représentation*). Ils doivent employer entièrement cette allocation ou reverser le reliquat. (Décret du 17 juill. 1882.) Ils reçoivent aussi des frais d'établissement et d'installation. (Décret du 8 févr. 1896.)

Le budget des Affaires étrangères, dans l'intérêt du maintien ou du développement de notre influence à l'extérieur, subventionne des établissements français de bienfaisance ou d'enseignement en Orient, en extrême Orient, etc. V. AGENTS DIPLOMATIQUES, CONSULS, CHANCELLERIES DIPLOMATIQUES ET CONSULAIRES.

**Affectation.** — Décision administrative portant qu'un immeuble sera désormais à l'usage d'un service public.

Les décrets qui ont pour objet d'affecter un immeuble à un service public de l'Etat ne peuvent être rendus qu'après accord préalable du ministre qui demande l'affectation et du ministre des Finances. (Ord. du 14 juin 1833.) Ces décrets sont publiés au *Journal officiel.* (Loi du 28 déc. 1895, art. 57.)

Les conseils municipaux statuent sur l'affectation à un service public communal d'immeubles non encore affectés à cet usage; mais les changements d'affectation sont soumis à l'approbation préfectorale. En ce qui concerne les établissements publics communaux (hospices, bureaux de bienfaisance, etc.), « les délibérations par lesquelles les commissions administratives, chargées de la gestion des établissements publics communaux, changeraient en totalité ou en partie l'affectation des locaux ou objets immobiliers ou mobiliers appartenant à ces établissements, dans l'intérêt d'un service public ou privé quelconque, ou mettraient à la disposition soit d'un autre établissement public ou privé, soit d'un particulier, lesdits locaux et objets, ne sont exécutoires qu'après avis du conseil municipal et en vertu d'un décret rendu sur la proposition du ministre de l'Intérieur. » (Loi du 5 avril 1884, art. 120.) V. DÉSAFFECTATION.

**Affectation hypothécaire.** — Acte par lequel on hypothèque un ou plusieurs immeubles à la garantie d'une obligation.

**Affermage.** — Action de donner ou de prendre à ferme un immeuble; bail à ferme; prix de ce bail. — Dans l'industrie de la publicité, location pendant un temps déterminé et pour une somme fixe de la partie d'un journal réservée aux annonces.

**Affichage, Affiches.**

On distingue : 1° les affiches *judiciaires*, apposées en vertu de jugements, par exemple pour les ventes de biens sur saisie, les envois en possession, certaines condamnations, etc.; 2° les affiches *légales,* prescrites par la loi pour porter à la connaissance du public certains actes de la vie publique ou civile (recrutement, listes électorales, publications de mariage, etc.); 3° les affiches *industrielles.*

La loi du 29 juillet 1881 sur la liberté de la presse a complètement abrogé les dispositions restrictives de la liberté de l'affichage.

Aux termes de l'article 15 de cette loi, le maire, dans chaque commune, désigne par arrêté les lieux exclusivement destinés à recevoir les affiches des lois, décrets ou autres actes émanant de l'autorité publique; les affiches des actes émanés de l'autorité publique seules sont *sur papier blanc*. Les contraventions aux dispositions qui précèdent sont, aux termes de l'article 2 de la même loi, punies d'une amende de 5 à 15 francs; en cas de récidive dans la même année, la peine de l'emprisonnement peut être prononcée. Les afficheurs ne sont plus soumis à l'obligation de faire une déclaration préalable. Les affiches électorales peuvent être placardées sur tous les édifices publics à l'exception de ceux qui sont consacrés aux cultes ou qui ont un caractère artistique. Les contrevenants sont punis d'une amende de 5 à 15 francs par contravention. (Lois du 29 juillet 1881, art. 15, et du 27 janvier 1902.) Les affiches électorales sur papier aux couleurs nationales sont interdites sous peine, pour l'imprimeur, de 50 francs d'amende par contravention. (Loi du 30 mars 1902, art. 44.)

La lacération ou l'altération des affiches administratives ou électorales est punie de 5 à 15 francs d'amende. Si le fait émane d'un fonctionnaire ou agent de l'autorité, la peine est d'une amende de 16 à 100 francs et d'un emprisonnement de six jours à un mois, ou de l'une de ces deux peines seulement. (Loi du 20 juillet 1881, art. 17.)

*Droit de timbre sur les affiches.* — Un droit de timbre frappe les affiches qui ont trait à des intérêts privés et celles qui sont apposées par les particuliers.

Aux termes de la loi du 26 décembre 1890 (art. 5), le droit édicté par l'article 30 de la loi du 8 juillet 1852 (pour toute affiche sur une matière *autre que le papier* inscrite dans un lieu public, sur les murs, une construction quelconque, ou même sur toile, au moyen de la peinture ou de tout autre procédé) fut remplacé par une *taxe annuelle de timbre*. Mais, aux termes de l'article 19 de la loi de finances du 26 juillet 1893, cette taxe *cessa d'être annuelle*, et la quotité en fut fixée, *par mètre carré pour toute la durée de l'affiche*, à :

| | | |
|---|---|---|
| 1 fr. » | dans les comm. de | 5 000 h. et au-dessous. |
| 1 fr. 50 | — | 5 001 h. à 50 000. |
| 2 fr. » | — | 50 000 h. et au-dessus. |
| 2 fr. 50 à Paris. | | |

Pour la liquidation du droit, toute fraction de mètre carré est comptée pour 1 mètre carré.

Il est accordé à titre d'indemnité aux gendarmes, gardes champêtres et autres agents de la force publique qui ont constaté les contraventions un quart des amendes payées par les contrevenants. (Décret du 18 février 1891.)

L'article 18 de la loi de finances du 26 juillet 1893 exempte du droit de timbre les affiches manuscrites contenant exclusivement des demandes et offres d'emploi.

En ce qui concerne les affiches *sur papier*, sous l'empire de la loi du 27 juillet 1870 (art. 6) et du décret du 21 décembre 1872, les timbres mobiles destinés à ces affiches devaient être apposés préalablement à l'impression. La loi du 28 décembre 1895 (art. 9) a autorisé les auteurs des affiches sur papier à les timbrer eux-mêmes après l'impression, par l'apposition de timbres mobiles créés en exécution de l'article 6 de la loi du 27 juillet 1870, et le décret du 2 janvier 1896 dit à ce sujet :

« Les timbres mobiles dont il est fait emploi dans les conditions spécifiées par l'article 9 de la loi du 28 décembre 1895 sont collés, avant l'affichage, aux risques et périls de l'auteur de l'affiche, et oblitérés soit par l'inscription, en travers du timbre, de la date de l'oblitération et de la signature de l'auteur de l'affiche, soit par l'apposition, en travers du timbre, d'une griffe à l'encre grasse faisant connaître le nom de l'auteur de l'affiche ou la raison sociale de sa maison de commerce, ainsi que la date de l'oblitération. » Les affiches sans indication d'adresse (par exemple, *Dictionnaire Larousse*) peuvent être apposées sans timbre à l'intérieur comme à l'extérieur des magasins où se vend le produit annoncé; si, au contraire, l'affiche porte en outre l'adresse (*Dictionnaire Larousse, rue Montparnasse, 17*), elle ne peut être affichée sans timbre qu'à l'intérieur.

Les contraventions aux dispositions fiscales relatives au droit de timbre sont punies d'une amende de 100 à 500 francs et des peines portées à l'article 464 du Code pénal. Cette amende frappe solidairement l'afficheur et celui qui a ordonné l'affichage.

**Affinité** ou **alliance**. — Lien qui existe entre un époux et les parents de l'autre.

L'affinité constitue une parenté civile, et peut produire des effets semblables à ceux de la parenté naturelle. Nous disons *peut produire*, parce que dans certains cas ces effets ne se produisent point : c'est ainsi que l'alliance ne confère pas, comme la parenté, un droit de succession.

Le Code civil (art. 161-164) interdit le mariage entre tous les ascendants et descendants et les alliés dans la même ligne, entre les frères et sœurs et les alliés au même degré, sauf les dispenses qu'il est loisible au chef de l'Etat d'accorder pour des causes graves; aux alliés collatéraux, c'est-à-dire aux beaux-frères et belles-sœurs. Les gendres et les belles-filles doivent des aliments à leurs beau-père et belle-mère dans le besoin (Code civ., art. 206).

En matière civile, nul ne peut être assigné comme témoin s'il est allié en ligne directe de l'une des parties (Code proc. civ., art. 268). En matière criminelle, les dépositions des alliés de l'accusé ne peuvent pas plus être reçues à titre de témoignages que celles de parents au même degré; elles ne sont accueillies qu'à titre de renseignements. Les notaires ne peuvent recevoir des actes dans lesquels leurs alliés en ligne directe à tous les degrés et en ligne collatérale jusqu'à celui d'oncle ou de neveu inclusivement seraient parties, ou qui contiendraient quelque disposition en leur faveur. (Loi du 25 ventôse an XI, art. 8.)

Un huissier ne peut instrumenter pour ses alliés en ligne directe à l'infini, et en ligne collatérale jusqu'au degré de cousin issu de germain inclusivement. (Code proc. civ., art. 4 et 66.)

Dans les communes de 501 habitants et au-dessus, les ascendants et les descendants, les frères et les alliés au même degré ne peuvent être en même temps membres du même conseil municipal. (Loi du 5 avril 1884, art. 35.)

**Affirmation.** — Attestation de la sincérité d'un acte : inventaire, créance, procès-verbal, compte, etc.

**Affouage.** — Droit de prendre des bois de chauffage et de construction dans une forêt communale.

L'*affouage* donne droit aux habitants d'une commune de prendre du bois dans les forêts de cette commune. Les coupes affouagères sont déterminées par l'administration forestière et abattues par un entrepreneur spécial.

Le mode de distribution et de partage de l'affouage est régi par la loi du 19 avril 1901, qui a modifié ainsi l'article 105 du Code forestier : « S'il n'y a titre contraire, le partage de l'affouage, qu'il s'agisse des bois de chauffage ou des bois de construction, se fera de l'une des trois manières suivantes : 1° ou bien par feu, c'est-à-dire par chef de famille ou de ménage ayant domicile réel et fixe dans la commune avant la publication du rôle; 2° ou bien moitié par chef de famille ou de ménage et moitié par tête d'habitant remplissant les mêmes conditions de domicile. Sera, dans les deux cas précédents, seul considéré comme chef de famille ou de ménage l'individu ayant effectivement la charge et la direction d'une famille ou possédant un ménage distinct où il demeure et où il prend sa nourriture; 3° ou bien par tête d'habitant ayant domicile réel et fixe dans la commune avant publication du rôle.

Les étrangers qui rempliront les conditions ci-dessus indiquées ne pourront être appelés au partage qu'après avoir été autorisés, conformément à l'article 13 du Code civil, à établir leur domicile en France.

Chaque année, dans sa session de mai, le conseil municipal détermine lequel de ces trois modes de partage sera appliqué. Il peut aussi décider la vente de tout ou partie de l'affouage au profit de la caisse communale. Dans ce dernier cas, la vente a lieu par voie d'adjudication publique et par les soins de l'administration forestière. Les usages contraires à ces modes de partage sont abolis.

Les droits qui reposeraient sur d'anciens titres non prescrits sont seuls respectés, et les seuls titres dont il s'agisse ici sont des actes légaux, tels que les édits, ordonnances ou arrêtés de règlement émanant des autorités qui, sous l'ancienne monarchie, avaient qualité pour régler la distribution de l'affouage.

C'est l'administration forestière qui procède à la délivrance de l'affouage, mais c'est le conseil municipal qui en opère la répartition. Les bois doivent être délivrés sans autre rétribution que celle des frais occasionnés par les coupes elles-mêmes, sauf les cas d'extrême nécessité. La répartition des *taxes d'affouage* est faite au moyen de rôles sur timbre (Instr. gén., art. 871) dressés par le maire et rendus exécutoires par le préfet.

L'habitant qui veut participer au partage de l'affouage de sa commune demande au maire son inscription sur le rôle des ayants droit. Les réclamations sont du ressort du conseil de préfecture. Nul ne peut enlever sa portion d'affouage s'il ne représente la quittance timbrée (Instr. gén., art. 871) du receveur municipal constatant le payement de la taxe et le permis du maire au dos de cette quittance.

Le produit estimatif de l'affouage distribué gratuitement ne constitue pas un revenu communal; il est porté, sur un certificat estimatif et détaillé du maire, aux comptes hors budget, ainsi que la dépense équivalente. (Instr. gén., art. 1103.)

Les dépenses comme les recettes relatives aux coupes de bois d'affouage doivent toujours faire l'objet d'un article distinct dans les budgets et les comptes des communes. Elles se composent ordinairement : 1° des frais de façonnage à payer à l'entrepreneur de la coupe; 2° des frais de transport des lots au domicile des ayants droit; 3° du droit du vingtième à payer au Trésor sur l'estimation des bois distribués. (Instr. gén., 1030.)

**Affrètement ou nolissement.** — Contrat par lequel le propriétaire d'un navire le loue en tout ou en partie pour le transport des marchandises (louage de choses), ou bien s'engage à transporter des marchandises sur son bâtiment (louage d'ouvrage).

Le contrat de louage des navires est appelé *affrètement* dans l'Océan, *nolissement* dans la Méditerranée. Le prix du loyer s'appelle *fret* ou *nolis*. Le *fréteur* est celui qui donne le navire à loyer; l'*affréteur*, celui qui le loue. L'écrit obligatoire rédigé pour constater la convention s'appelle *charte-partie*. Le nom de *connaissement* est donné à la reconnaissance que le fréteur doit remettre à l'affréteur des marchandises dont le capitaine s'engage à assurer le transport.

*Charte-partie.* — (Code comm., art. 273-280). Elle énonce le nom et le tonnage du navire, les noms du capitaine, du fréteur et de l'affréteur, le lieu et le temps convenus pour le chargement et le déchargement, le fret, l'indemnité convenue en cas de retard; elle indique si l'affrètement est total ou partiel.

*Connaissement.* — (Code comm., art. 281-285.) Il doit faire connaître la nature, la quantité, les espèces, les qualités, les marques et numéros des objets à transporter; le nom du chargeur; le nom et l'adresse du destinataire; le nom et le domicile du capitaine; le nom et le tonnage du navire; le lieu du départ et le lieu de destination; le prix du fret. Il peut être à ordre, au porteur ou nominatif. Il est fait en quatre originaux au moins (pour le chargeur, le destinataire, l'armateur, le capitaine), signés par le chargeur et le capitaine dans les vingt-quatre heures après le chargement. Dans le même délai, le chargeur est tenu de fournir au capitaine les acquits des marchandises chargées. Le connaissement régulier fait foi entre les parties et est opposable aux assureurs; en cas de diversité dans les mentions des divers connaissements, celui qui se trouve entre les mains du capitaine fait foi s'il est rempli de la main du chargeur, et celui qui se trouve entre les mains du chargeur fait foi s'il est rempli de la main du capitaine. Il doit, comme la charte-partie, être timbré de dimension. (Décret du 3 janvier 1809.)

*Fret ou nolis.* — (Code comm., art. 286-310.) Le prix du fret, réglé par les conventions des parties, est constaté par la charte-partie ou par le connaissement.

Il a lieu pour la totalité ou pour partie du bâtiment, pour un voyage entier ou pour un temps limité, au tonneau, au quintal, à forfait, ou à la cueillette, avec désignation du tonnage du vaisseau. L'affrètement est dit *à cueillette* lorsque le capitaine s'engage à partir quand son chargement sera complet, après qu'il l'aura en quelque sorte recueilli au moyen d'affrètements successifs.

Le décret du 25 août 1861 a fixé pour tous les ports la composition du tonneau, selon la catégorie de marchandises.

*Obligations du fréteur.* — En retour du prix qu'il reçoit pour sa location, le fréteur, comme tout propriétaire, est obligé de faire jouir l'affréteur du navire même désigné sur la charte-partie (Cass., 1er août 1887); de prendre sous sa responsabilité les marchandises chargées sur le navire et d'en délivrer aux chargeurs un connaissement (v. plus haut); de transporter le chargement au lieu de destination en mettant à la voile dans le temps fixé par les conventions ou par l'usage, et de le remettre au destinataire dans l'état même où il l'a reçu, sauf les détériorations provenant de fortune de mer; de donner ses soins à la garde et à la conservation des marchandises. Des dommages-intérêts, réglés par expert, sont dus à l'affréteur dans tous les cas où, par le fait du fréteur, le navire a été arrêté ou retardé au départ, pendant la route ou au lieu de déchargement.

*Droits et obligations de l'affréteur.* — En retour du payement du fret, l'affréteur a le droit de jouir du navire pendant le temps indiqué et de la manière déterminée par la convention.

Si le navire est loué en totalité, et que l'affréteur ne lui donne pas toute sa charge, le capitaine ne peut prendre d'autres marchandises sans le consentement de l'affréteur. L'affréteur profite du fret des marchandises qui complètent le chargement du navire qu'il a entièrement affrété.

L'affréteur qui n'a pas chargé la quantité de marchandises portée par la charte-partie est tenu de payer le fret en entier, et pour le chargement complet auquel il s'est engagé. S'il en charge davantage, il paye le fret de l'excédent sur le prix réglé par la charte-partie. Si cependant l'affréteur, sans avoir rien chargé, rompt le voyage avant le départ, il payera en indemnité, au capitaine, la moitié du fret convenu par la charte-partie pour la totalité du chargement qu'il devait faire. Si le navire n'a reçu qu'une partie de son chargement, le fret entier n'en est pas moins dû.

Le capitaine qui a déclaré le navire d'un plus grand tonnage qu'il n'est est tenu à des dommages-intérêts envers l'affréteur. Toutefois, pour que le capitaine soit responsable de l'erreur, il faut qu'elle excède un quarantième ou que la déclaration ne soit pas conforme au certificat de jauge.

Le capitaine peut faire mettre à terre, dans le lieu du chargement, les marchandises trouvées dans son navire, si elles ne lui ont point été déclarées, ou en prendre le fret au plus haut prix qui sera payé dans le même lieu pour les marchandises de même nature.

Le chargeur qui retire ses marchandises pendant le voyage est tenu de payer le fret en entier et tous les frais de déplacement occasionnés par le déchargement : si les marchandises sont retirées par la faute du capitaine, celui-ci est responsable de tous les frais.

Si le navire est chargé à cueillette, le chargeur peut retirer ses marchandises avant le départ du navire en payant le demi-fret. Il supporte les frais de charge, ainsi que ceux de déchargement et de rechargement des autres marchandises qu'il faudrait déplacer, et ceux du retard.

En aucun cas l'affréteur ne peut demander de diminution sur le prix du fret; si le navire frété pour l'aller et le retour fait son retour sans chargement ou avec un chargement incomplet, le fret entier est dû au capitaine, ainsi que l'intérêt du retard; mais il n'en est pas de même lorsqu'il s'agit de futailles contenant vin, huile, miel et autres liquides, et qui ont tellement coulé qu'elles sont vides ou à peu près. Ces futailles peuvent être abandonnées pour le fret; car on ne peut pas dire que les marchandises aient été transportées, puisque les futailles n'en étaient que l'accessoire. Si le coulage des futailles a eu lieu par la faute ou la négligence du capitaine, le chargeur peut, en outre, obtenir des dommages-intérêts contre lui; mais si le coulage provenait du mauvais état des futailles ou d'un vice particulier, le chargeur ne pourrait les abandonner pour le fret, car il serait en faute.

En l'absence de convention sur le délai de chargement et de déchargement, celui-ci est réglé selon l'usage des lieux. Sauf convention contraire, le fret court du jour où le navire a fait voile si le navire est frété au mois.

Les délais de chargement et de déchargement sont appelés *staries* ou *jours de planche*. A leur expiration, l'affréteur ou le destinataire en retard de charge ou de décharge est tenu de dommages-intérêts dits *surestaries*, et qui constituent un supplément de fret.

Parfois la charte-partie stipule qu'il sera payé par l'affréteur tant pour cent du fret : c'est le *droit de chapeau*, le *chapeau du capitaine*.

*Modifications du fret.* — Quand les marchandises ont totalement péri par suite de naufrage ou autre accident de mer, l'affréteur est complètement déchargé du fret, et celui qu'il aurait avancé doit même, sauf conven tion contraire, lui être restitué. Si une partie seulement des marchandises a péri, l'affréteur ne doit le fret que de celles qui ont été sauvées : sans réduction si le lieu de destination a été atteint; sinon, à proportion de la partie effectuée du voyage. Il peut arriver que, pour satisfaire à une nécessité pressante, par exemple pour radoub, pour achat de provisions, etc., le capitaine soit contraint de vendre des marchandises; comme les chargeurs ont le droit de s'en faire tenir compte sur le prix qu'elles auraient valu au lieu de leur décharge, il est juste qu'ils en payent le fret. Si depuis la vente le navire a péri, le capitaine n'est pas pour cela déchargé de l'obligation de restituer aux propriétaires des marchandises vendues le prix qu'il en a retiré et, par conséquent, ceux-ci ne sont pas déchargés de l'obligation de payer le fret. L'affréteur unique ou les chargeurs divers, qui seront tous d'accord, pourront s'opposer à la vente ou à la mise en gage de leurs marchandises en les déchargeant et en payant le fret en proportion de l'avancement du voyage. A défaut du consentement d'une partie des chargeurs, celui qui voudra user de la faculté de déchargement sera tenu du fret entier sur ses marchandises. Si le navire a besoin d'être radoubé, les chargeurs sont tenus de subir le retard, sinon de payer le fret en entier. Si le navire n'est pas susceptible d'être radoubé, le capitaine, comme mandataire des chargeurs, est tenu de s'en procurer un autre à l'effet de transporter les marchandises au lieu de leur destination, et s'il y parvient, le fret entier lui est dû; mais s'il ne peut louer un autre navire, il n'a droit au fret qu'à proportion de l'avancement du voyage. Toutefois, si l'affréteur prouve qu'au moment même du départ le navire était hors d'état d'accomplir le voyage projeté, non seulement le capitaine perdra son fret, mais encore il sera passible de dommages-intérêts envers l'affréteur. D'autres circonstances ont encore de l'influence sur le fret : ainsi, il peut arriver que le port qui est le but du voyage se trouve bloqué; dans ce cas, à moins d'ordres contraires de la part des chargeurs, le capitaine doit se rendre dans un des ports de la même puissance voisin du port de la destination, et où il lui sera permis d'aborder; mais, dans ce cas, il aura droit à une augmentation de fret proportionnée à la prolongation du voyage. D'un autre côté, s'il survient une interdiction de commerce avec le pays pour lequel est destiné le navire, si cette interdiction survient avant le départ, le contrat est résolu sans indemnité de part ni d'autre, et les frais de chargement et de déchargement sont supportés par l'affréteur. Si cette interdiction est survenue pendant le voyage, le capitaine est obligé de ramener les marchandises au lieu du départ et ne peut réclamer que le fret de l'aller, quand même l'affrètement aurait été fait pour l'aller et le retour; il perd ainsi le fret de retour; mais, de son côté, l'affréteur perd le fret de l'aller, puisque le transport de ses marchandises n'a réellement pas été effectué; l'un et l'autre subissent donc, dans une proportion équitable, les conséquences de la force majeure.

*Retard.* — Le capitaine est responsable vis-à-vis de l'affréteur lorsque le retard provient de son fait. Si le navire est arrêté au départ, pendant la route, ou au lieu de la décharge, par le fait de l'affréteur, les frais de retard sont dus par lui. Dans ce cas, l'arrêt du navire peut avoir lieu : au départ, si le chargeur a voulu embarquer des marchandises prohibées; pendant la route, si, en temps de guerre, il a chargé des objets dits *de contrebande de guerre* à la destination d'un lieu appartenant à l'une des puissances belligérantes; enfin, à la décharge, s'il a chargé des marchandises dont l'entrée est prohibée dans le pays pour lequel le navire est destiné. Le retard peut provenir aussi de force majeure, par exemple, si le navire est arrêté par ordre d'une puissance : dans ce cas, si le voyage n'est pas commencé, les parties doivent attendre, sans aucune indemnité de part et d'autre; est-il commencé, il n'y a lieu à aucune augmentation de fret, si l'affrètement est au voyage; s'il est au mois, le fret n'est pas dû pendant le temps de détention. Cependant, comme pendant ce temps les chargeurs profitent des services de l'équipage, qui ne leur sont pas dus, puisque le capitaine ne reçoit pas de fret, on décide qu'ils sont tenus de contribuer au payement de la nourriture et des loyers des matelots. Le chargeur peut, pendant l'arrêt du navire, faire décharger ses marchandises à ses frais, à condition de les recharger ou d'indemniser le capitaine.

*Exécution, privilège, prescription.* — A l'arrivée, le capitaine doit décharger les marchandises et ne peut les retenir; car le destinataire n'est tenu d'en payer le fret qu'après avoir vérifié qu'elles sont en bon état. Le commissionnaire ou le consignataire ne peut refuser au capitaine un reçu des marchandises, sous peine de dommages-intérêts, et même d'intérêts de retard. Si le consignataire refuse de recevoir les marchandises, le capitaine peut, par autorité de justice, les faire vendre jusqu'à concurrence de son fret et faire ordonner le dépôt du surplus. S'il y a insuffisance, il conserve son recours contre le chargeur. Cependant, s'il faisait vendre les marchandises, non par autorité de justice, mais à l'amiable, il n'aurait, en cas d'insuffisance de la somme produite par la vente, aucun recours contre le chargeur. Du reste, le capitaine ne peut retenir les marchandises dans son navire, faute de payement de son fret : il peut seulement, dans le temps de la décharge, demander le dépôt en mains tierces jusqu'à ce qu'il soit payé.

Si, avant d'être payé, le capitaine consent à remettre les marchandises au destinataire, il a sur les marchandises un privilège pendant quinzaine, à moins qu'avant l'expiration de ce délai elles n'aient passé entre les mains d'un tiers. En cas de faillite des chargeurs ou réclamateurs avant l'expiration de la quinzaine, le capitaine est privilégié sur les créanciers pour le payement de son fret et des avances qui lui sont dues.

Toute action en payement pour fret de navire est prescrite un an après la fin du voyage, à moins qu'il n'existe une reconnaissance de dette, authentique ou sous seing privé (Cass., 19 mars 1888). D'un autre côté, toute action contre le capitaine pour dommage arrivé à la marchandise est non recevable si la marchandise a été reçue sans protestation. Sont aussi non recevables toutes actions contre l'affréteur pour avaries, si le capitaine a livré les marchandises et reçu son fret sans avoir protesté. Du reste, dans ces deux cas les protestations sont nulles si elles ne sont faites et signifiées dans les vingt-quatre heures, et si dans le mois de leur date elles ne sont suivies d'une demande en justice. Enfin, toute demande en délivrance de marchandises est prescrite un an après l'arrivée du navire.

Le navire, les agrès et apparaux, le fret et les marchandises chargées sont respectivement affectés à l'exécution des conventions des parties. V. ARRÊT *de prince,* ASSURANCE, CAPITAINE, MARINE MARCHANDE.

## Affréteur. — V. AFFRÈTEMENT.

## Afrique occidentale française (*Gouvernement général de l'*).

Les possessions françaises de l'Afrique occidentale se divisent en deux groupes distincts : 1° *Gouvernement général de l'Afrique occidentale française;* 2° *Congo français.* (V. CONGO). Le *Gouvernement de l'Afrique occidentale française* comprend : 1° la colonie du Sénégal; 2° la colonie du Haut-Sénégal et Niger, à laquelle est rattaché le territoire militaire du Niger; un commissaire du gouvernement général administre la *Mauritanie;* 3° la colonie de la Guinée française; 4° la colonie de la Côte d'Ivoire; 5° la colonie du Dahomey.

*Gouvernement et administration.* — Le *gouverneur général de l'Afrique occidentale française,* nommé par décret du président de la République, a seul le droit de correspondre avec le gouvernement. Il est le dépositaire des pouvoirs de la République dans les territoires qui constituent le gouvernement général. Il est assisté d'un *secrétaire général,* ainsi que d'un *conseil de gouvernement.* (Décrets du 1er oct. 1902 et du 18 oct. 1904.)

Il organise les services, à l'exception de ceux qui régissent les actes de l'autorité métropolitaine, et règle leurs attributions. Il nomme à toutes les fonctions civiles, à l'exception des emplois de lieutenants-gouverneurs, de secrétaires généraux, de magistrats, de directeur du contrôle, de directeurs généraux, de chefs des principaux services, d'administrateurs, et de ceux dont la nomination est réservée à l'autorité métropolitaine par des actes organiques. Pour ces divers emplois, sauf en ce qui concerne les lieutenants-gouverneurs, les secrétaires généraux et les magistrats, les nominations se font sur sa présentation, et les fonctionnaires sont mis à sa disposition et répartis par lui entre les colonies et territoires de l'Afrique occidentale. Il peut déléguer, par décision spéciale et limitative, et sous sa responsabilité, son droit de nomination aux lieutenants-gouverneurs du Sénégal, du Haut-Sénégal et Niger, de la Guinée française, de la Côte d'Ivoire et du Dahomey. Il a sa résidence officielle à Dakar.

Les colonies et territoires composant le gouvernement général de l'Afrique occidentale française possèdent leur autonomie administrative et financière dans les conditions déterminées ci-après : les colonies du Sénégal, du Haut-Sénégal et Niger, de la Guinée française, de la Côte d'Ivoire et du Dahomey sont administrées chacune, sous la haute autorité du gouverneur général, par un gouverneur des colonies portant le titre de *lieutenant-gouverneur* et assisté par un *secrétaire général.*

Le gouverneur général n'administre directement aucune colonie. Il n'a que des attributions de contrôle et de direction supérieure. Il est assisté d'un conseil général et d'un *conseil de gouvernement de l'Afrique occidentale française.*

*Régime financier.* — Les règles générales de l'organisation financière du Sénégal ont été tout d'abord tracées, comme pour l'ensemble de nos possessions d'outre-mer, par le décret du 20 novembre 1882, modificatif, en l'espèce, de l'ordonnance du 7 septembre 1840, et, en dernier lieu, par les décrets du 1er octobre 1902 et du 18 octobre 1904.

Par le décret du 18 octobre 1904, le gouvernement général a été doté d'un organe financier propre, c'est-à-dire d'un *budget général,* afin de pourvoir aux dépenses d'intérêt commun et de représenter réellement la personnalité civile de l'Afrique occidentale française.

*Budget général.* Les dépenses d'intérêt commun à l'Afrique occidentale française sont inscrites à un budget général arrêté en conseil de gouvernement par le gouverneur général et approuvé par décret rendu sur la proposition du ministre des Colonies.

Ce budget pourvoit aux dépenses :

1° Du gouvernement général et des services généraux;

2° Du service de la dette;

3° De l'inspection mobile des colonies;

4° Des contributions à verser à la métropole;

5° Du service de la justice française;

6° Des travaux publics d'intérêt général dont la nomenclature est arrêtée chaque année par le gouverneur général en conseil de gouvernement et approuvée par le ministre des Colonies;

Et 7° aux frais de perception des recettes attribuées au budget général.

Il est alimenté : 1° par les recettes propres aux services mis à sa charge; 2° par le produit des droits de toute nature, à l'exception des droits d'octroi communaux, perçus à l'entrée et à la sortie, dans toute l'Afrique continentale, sur les marchandises et sur les navires. Le mode d'assiette, la quotité et les règles de perception de ces droits sont établis par le conseil de gouvernement et approuvés par décret en conseil d'Etat.

Le budget général peut, en outre, recevoir des contributions des budgets des diverses colonies de l'Afrique occidentale française ou leur attribuer des subventions.

*Budgets locaux.* Les budgets locaux des colonies de l'Afrique occidentale française sont alimentés par les recettes perçues sur les territoires de ces colonies, à l'exception de celles attribuées au budget général ou aux communes; ils pourvoient à toutes les dépenses autres que celles inscrites à ce budget ou à celles des communes. Ces budgets locaux sont arrêtés par le gouverneur général en conseil de gouvernement et approuvés par décret rendu sur la proposition du ministre des Colonies.

*Armée.* — Un officier général ou supérieur remplit, auprès du gouverneur général, les fonctions de commandant supérieur des troupes de l'Afrique occidentale. Son autorité s'exerce, au point de vue militaire et sous la haute surveillance du gouverneur général, dans toutes les colonies et territoires de l'Afrique occidentale, y compris le Congo.

Les troupes placées sous son commandement sont, selon les nécessités politiques, réparties entre ces diverses colonies. (Décret du 17 oct. 1899, art. 3.)

## Age légal. — Age fixé par la loi pour l'exercice de certains droits civils ou politiques.

Il y a un âge fixé pour contracter mariage, pour adopter, pour tester, pour refuser la tutelle ou s'en faire décharger; un âge pour la majorité, pour l'émancipation, pour l'enrôlement volontaire; un âge pour être appelé sous les drapeaux, pour être reçu en témoignage, pour être électeur, éligible, juré; enfin, un âge pour encourir certaines peines : à soixante-dix ans, le débiteur non stellionnataire est affranchi de la contrainte par corps; le prévenu qui n'a pas atteint sa seizième année ne peut être condamné qu'à une peine correctionnelle; la peine des travaux forcés est remplacée par la réclusion quand le condamné a soixante-dix ans. L'âge se prouve en général par l'acte de naissance, régulièrement inscrit sur les registres de l'état civil, ou à son défaut par d'autres actes authentiques ou de notoriété publique.

## Agents d'affaires et de renseignements.

L'agent d'affaires, dont la profession est libre, accepte les missions les plus variées : recouvrement de créances litigieuses, consultations juridiques, accomplissement de mandats, etc. Mais on ne saurait donner la qualité d'agent d'affaires à celui qui, sans avoir aucun bureau ouvert pour recevoir le public, se charge d'encaisser sur place des effets de commerce à lui remis par un banquier. (Cons. d'Etat, 13 août 1874.) L'agent d'affaires est un véritable commerçant; comme tel, il paye patente, il est justiciable du tribunal de commerce, et il peut être déclaré en faillite. (C. cass., 1er juin 1821 et 9 juillet 1827.) Il ne peut exercer les fonctions d'avocat. (Ordonnance du 20 nov. 1822, art. 24.) Il conserve pendant trente ans le droit de réclamer ses honoraires.

On peut rapprocher des agences d'affaires les agences dites « de renseignements », qui, moyennant rémunération, donnent des indications confidentielles sur la solvabilité et la moralité des personnes. D'après les principes généraux du droit et la jurisprudence, l'agence de renseignements est passible de dommages-intérêts envers le commerçant sur lequel elle fournit des renseignements erronés, de nature à porter atteinte à son crédit. Par contre, dans le cas qui précède, l'agence n'a aucun recours contre celui qui lui a fourni les renseignements. Il n'y a pas lieu à dommages-intérêts si les renseignements fournis sans intention de nuire sont exacts quoique défavorables. La divulgation des protêts est un quasi-délit qui peut entraîner contre ses auteurs une sévère condamnation à des dommages-intérêts. Celui qui, consulté sur la solvabilité d'un négociant, a donné sciemment des renseignements erronés, de nature à engager le consultant à se lier d'affaires avec ce négociant, peut être condamné à garantir, à titre de dommages-intérêts, celui par qui il a été consulté, de toute perte résultant des rapports d'affaires qui se sont établis entre les deux maisons.

## Agents de change. — Officiers ministériels institués près les bourses de commerce et qui ont le droit de négocier les effets publics et autres susceptibles d'être cotés; de réaliser pour le compte d'autrui les négociations de lettres de change, billets et autres papiers de commerce; d'en constater le cours.

*Nomination et organisation.* — Les agents de change sont nommés par décret du président de la République, sur la proposition du ministre des Finances ou du ministre du Commerce, suivant qu'ils exercent leur ministère près d'une bourse de commerce pourvue ou non d'un parquet. Nul ne peut être nommé agent de change s'il n'est âgé de vingt-cinq ans, Français et jouissant de ses droits de citoyen, s'il est failli non réhabilité, s'il n'a satisfait aux obligations de la loi sur le recrutement, s'il n'a travaillé pendant quatre ans au moins dans une maison de banque ou de commerce ou chez un notaire. Il ne peut entrer en fonctions avant d'avoir justifié du versement d'un cautionnement et prêté le serment professionnel devant le tribunal de commerce (à défaut, devant le tribunal civil).

L'agent de change est un commerçant. Il doit tenir des livres et coter sur un carnet chacune de ses opérations. Destitué, il ne peut être réintégré.

Dans les bourses comportant au moins six offices d'agent de change, il peut être créé un *parquet* en vertu d'un décret. Les agents de change qui exercent leur ministère auprès d'une bourse pourvue d'un parquet élisent chaque année, en assemblée générale, une *chambre syndicale* composée d'un *syndic* et d'un nombre d'adjoints variant suivant le nombre des agents de change. La chambre syndicale est présidée par le syndic. Ses attributions générales sont : 1° de prononcer ou provoquer, suivant les cas, l'application des mesures disciplinaires (blâme, censure, interdiction temporaire, suspension, destitution); 2° de prévenir ou concilier les différends que les agents de change peuvent avoir à raison de leurs fonctions, soit entre eux, soit avec des tiers; 3° de représenter collectivement tous les membres de la compagnie pour faire valoir leurs droits, privilèges et intérêts communs, et d'administrer la caisse commune. La chambre syndicale peut mander devant elle tout agent de change, lui ordonner la production de son carnet et de ses livres, et lui prescrire toutes mesures de précaution qu'elle juge utile.

Le syndic exécute les délibérations de la chambre syndicale et de la compagnie, représente celle-ci en justice et dans les actes de la vie civile.

Les agents de change près les bourses pourvues d'un parquet peuvent s'adjoindre des bailleurs de fonds intéressés, participant aux bénéfices et aux pertes résultant de l'exploitation de l'office et de la liquidation de sa valeur. Ces bailleurs de fonds ne sont passibles des pertes que jusqu'à concurrence des capitaux qu'ils ont engagés.

Le titulaire de l'office doit toujours être propriétaire en son nom personnel du quart (de là la qualification de *quart d'agent de change*) au moins de la somme représentant le prix de l'office et le montant du cautionnement.

Outre les attributions qui leur sont particulières, les agents de change peuvent faire, concurremment avec les courtiers de marchandises, les négociations et le courtage des ventes ou achats de matières métalliques, dont ils ont seuls le droit de constater le cours.

Les notaires ont néanmoins qualité pour procéder, soit en vertu d'une désignation de justice, soit sur la réquisition amiable des parties, à la vente aux enchères des valeurs mobilières, même susceptibles d'être cotées (Cass., 7 déc. 1853; Circ. Justice, 19 déc. 1902), mais le ministère des agents de change est moins onéreux.

*Négociations.* — Les agents de change se font verbalement leurs offres et demandes réciproques dans un espace vide, circulaire ou ovale, réservé au centre du parquet : c'est la *corbeille*. Les négociations sont effectuées par les agents de change moyennant un courtage dont le taux est déterminé, pour chaque place, par la chambre syndicale ou, s'il n'y a pas de chambre syndicale, par le tribunal de commerce dans les limites d'un tarif maximum fixé par décret d'administration publique. Le décret du 12 juillet 1901 a fixé, pour Paris, ce tarif maximum. D'autre part, le décret du 17 novembre 1894 a fixé les droits de courtage à percevoir par les agents de change en exercice près les bourses de commerce non pourvues d'un parquet.

Les agents de change sont tenus, lorsqu'ils en sont requis par les parties, de délivrer récépissé des sommes qui leur sont versées et des valeurs qu'ils reçoivent en dépôt. (Décret du 1er oct. 1862, art. 6.) Ils sont responsables sur leur cautionnement de la livraison et du payement de ce qu'ils ont vendu et acheté. (Loi du 28 mars 1885, art. 4.)

Les agents de change délivrent les certifications exigées pour le transfert des inscriptions au Grand-Livre de la dette publique. V. TRANSFERT.

L'agent de change ne peut faire des opérations de commerce ou de banque pour son compte, ni s'intéresser, même indirectement ou sous un nom interposé, dans aucune entreprise commerciale. (Code comm., art. 85.)

*Courtage des marchandises.* — Les agents de change peuvent, s'ils y sont autorisés par le décret d'institution, cumuler avec leurs fonctions celles de courtier de marchandises ou d'assurances, de courtier interprète et conducteur de navire, mais non de courtier de transport. V. BOURSE, MARCHÉS À TERME.

**Agents consulaires.** — V. CONSUL.

**Agents diplomatiques.** — Fonctionnaires qui ont pour mission de négocier avec les puissances, conformément aux instructions de leur gouvernement, et de défendre à l'étranger les intérêts de leurs nationaux. V. AFFAIRES ÉTRANGÈRES.

On réunit sous cette dénomination : 1° les *ministres publics* ou *agents diplomatiques* qui représentent leurs gouvernements près des gouvernements étrangers; 2° les *commissaires délégués* pour régler certaines affaires particulières (délimitation de frontières, etc.); 3° les *consuls*; 4° le *personnel des ambassades et des légations*; 5° le *personnel des consulats*. On réserve plus spécialement le titre d'agents diplomatiques aux agents de la première catégorie.

La France est représentée par des *ambassadeurs* à Londres, Berlin, Vienne, Rome (Italie), Rome (Saint-Siège), Madrid, Berne, Constantinople, Saint-Pétersbourg, Washington.

Le droit de *représentation*, d'*ambassade* ou de *légation* est une conséquence du droit de souveraineté des Etats. Il est d'usage de demander aux gouvernements étrangers d'agréer le choix des agents envoyés près d'eux. On divise les agents diplomatiques en quatre classes : 1° *ambassadeurs, légats* ou *nonces*; 2° *ministres* et *envoyés*; 3° *ministres résidents*; 4° *chargés d'affaires*, accrédités auprès du ministre des Affaires étrangères. Les agents diplomatiques sont munis de *lettres de créance*, qu'ils remettent en audience au chef de l'Etat (s'il s'agit d'un ambassadeur ou d'un ministre), ou au ministre des Affaires étrangères (s'il s'agit d'un chargé d'affaires).

En ce qui concerne la préséance, les agents de même classe sont placés suivant l'ordre de la date de présentation de leurs lettres de créance. Dans les pays catholiques, les nonces du pape jouissent de la préséance.

On reconnaît aux agents diplomatiques les *privilèges* et *immunités* nécessaires pour qu'ils puissent remplir leurs fonctions sans entraves, à savoir : 1° l'inviolabilité, et, par suite, la liberté de correspondre par courriers, par les postes locales, par télégrammes, en chiffres ou en clair; les outrages commis contre eux sont prévus par les lois pénales de divers pays; 2° l'exemption de toute juridiction civile ou criminelle de l'Etat où ils sont accrédités; 3° l'exemption des impôts; à titre de courtoisie, on leur accorde aussi l'exemption des droits de douane et, souvent, des contributions municipales; 4° l'inviolabilité de l'hôtel de l'ambassade.

Quand il est appelé à d'autres fonctions, ou révoqué, ou démissionnaire, l'agent diplomatique présente ses *lettres de rappel*.

Le gouvernement qui a à se plaindre d'un agent accrédité près de lui peut en demander le rappel. Il faut des circonstances exceptionnelles pour qu'il lui envoie ses passeports; l'Etat dont l'agent est ainsi renvoyé peut considérer cette mesure comme une injure grave.

Le personnel officiel des missions diplomatiques peut comprendre des secrétaires et attachés d'ambassade; un chancelier et ses secrétaires, commis, etc.; des attachés militaires ou navals, chargés de rapports techniques; des courriers de cabinet; des aumôniers. Ce personnel jouit de l'inviolabilité, de l'exemption des impôts et de la juridiction locale. Le personnel non officiel comprend la famille de l'agent et celles de son personnel officiel, les secrétaires, médecins, domestiques, etc. Les femmes des agents et des membres du personnel officiel ont les mêmes immunités que leurs maris. Quant au personnel non officiel, l'immunité de juridiction lui est généralement accordée.

**Agent judiciaire du Trésor.** — Fonctionnaire qui représente le Trésor dans toutes les actions où celui-ci figure comme demandeur ou défendeur, et qui a particulièrement mission de poursuivre les comptables en débet et autres débiteurs du Trésor.

Dans les départements, un avoué est chargé, sous la direction de l'agent judiciaire du Trésor, de la poursuite des débiteurs.

L'agent judiciaire du Trésor, dont les attributions sont fixées par le décret des 27-31 août 1791, ne doit procéder qu'avec l'autorisation du ministre des Finances, sauf en ce qui concerne les actes purement conservatoires. En matière de contentieux administratif, le ministre agit directement, sans l'intermédiaire de l'agent judiciaire.

Le décret du 5 août 1882 prescrit les mesures destinées à garantir les intérêts du Trésor en ce qui concerne les débets et créances litigieuses.

**Agents de police.**

Ces agents sont nommés et révoqués, à Paris par le préfet de police, en province par l'autorité municipale. Leurs *rapports* ne sont pas de vrais procès-verbaux faisant foi en justice jusqu'à preuve contraire ou jusqu'à inscription de faux; ce sont de simples documents dont les tribunaux tiennent tel compte qu'il leur plaît et que l'on est admis à combattre par tous les moyens de preuve. Les injures adressées aux agents de police sont des délits passibles de peines correctionnelles. L'agent de police qui use de violences dans l'exercice ou à l'occasion de l'exercice de ses fonctions est puni « selon la nature et la gravité de ces violences ». S'il s'agit d'un délit, il encourt le maximum de la peine; s'il s'agit d'un crime, il encourt : la peine de la réclusion dans le cas où le crime emporterait pour tout autre coupable la peine du bannissement ou de la dégradation civique; celle des travaux forcés à temps quand le crime emporte la peine de la réclusion ou de la détention; celle des travaux forcés à perpétuité lorsque le crime emporte la peine de la déportation ou des travaux forcés à temps. (Code pén., art. 186 et 198.)

**Agents voyers.** — Agents spécialement chargés de la construction, de la réparation, de l'entretien et de la police des chemins vicinaux.

Ils sont nommés par le préfet et leur traitement, payable sur les fonds des travaux, est fixé par le conseil général. Ils prêtent serment; ils ont le droit de constater les infractions commises sur les chemins vicinaux qu'ils sont spécialement chargés de surveiller, et d'en dresser procès-verbal. (Loi du 21 mai 1836, art. 11.) Il y a dans chaque département un agent voyer en chef résidant au chef-lieu et des agents voyers de canton. V. VOIRIE.

**Aggravation des peines.** — V. CIRCONSTANCES ATTÉNUANTES.

**Agiotage.** — Spéculation aléatoire sur les fonds publics, les actions industrielles, etc.

La loi du 28 mars 1885 sur les marchés à terme a abrogé les articles 421 et 422 du Code pénal, qui punissaient les paris sur la hausse ou la baisse des effets publics, ainsi que la convention de vendre ou de livrer des effets publics qui n'étaient pas à la disposition du vendeur lors de la convention, ou qui ne devaient pas y être à l'époque de la livraison.

**Agréés.** — Praticiens qui postulent devant un tribunal de commerce avec l'*agrément* de ce tribunal.

Les agréés cumulent devant les tribunaux de commerce les fonctions que les avoués et les avocats exercent devant les tribunaux civils; mais leur ministère n'est pas, comme celui des avoués, obligatoire pour les parties, qui peuvent présenter elles-mêmes leur défense. Les agréés sont de simples mandataires, sans caractère public, qui ne peuvent plaider qu'en vertu d'un pouvoir spécial de la personne intéressée, à moins que celle-ci ne préfère donner son autorisation à l'audience même. (Code comm., art. 627.)

**Agriculture**

Le *ministère de l'Agriculture*, érigé par décret du 14 novembre 1881 en département spécial, comporte les services ci-après : cabinet du ministre; *direction du Secrétariat, du Personnel central et de la Comptabilité; direction de l'Agriculture*, à laquelle est rattaché un « office de renseignements agricoles »; *direction des Haras; direction générale des Eaux et forêts; direction de l'Hydraulique et des Améliorations agricoles*. Le ministre est assisté d'un *conseil supérieur de l'agriculture* de plusieurs *commissions* consultatives et de la *Société nationale d'Agriculture de France*.

Le *Conseil supérieur de l'agriculture*, institué par décrets des 11 janvier et 25 juillet 1882, réorganisé par décrets des 4 mars 1893 et 19 janvier 1904, comprend des membres de droit et des membres nommés par le président de la République. Il se réunit au moins une fois par an, sous la présidence du ministre. Dans l'intervalle des sessions, une commission consultative permanente, prise dans le sein du conseil, donne son avis sur toutes les questions renvoyées à son examen par le ministre

L'*Inspection de l'agriculture*, établie par l'arrêté ministériel du 24 janvier 1841 et réorganisée par celui du 1er décembre 1883, comprend des inspecteurs généraux et plusieurs inspecteurs. Ils sont chargés spécialement de l'organisation des différents concours agricoles, de la présidence des jurys pour l'attribution des primes d'honneur, des rapports entre le ministère et les sociétés d'agriculture, du contrôle de l'enseignement agricole. Les inspecteurs généraux forment un conseil chargé de l'étude des questions techniques ressortissant à la direction de l'Agriculture.

Il y a dans chaque arrondissement une *chambre consultative d'agriculture*, composée d'autant de membres qu'il y a de cantons dans l'arrondissement, sans que le nombre de ces membres puisse être inférieur à six. Les membres de la chambre d'agriculture sont nommés pour trois ans. Ils sont toujours rééligibles. Le préfet désigne dans chaque canton, pour faire partie de la chambre d'agriculture, un agriculteur notable, ayant son domicile ou des propriétés dans le canton. Le préfet, au chef-lieu, et les sous-préfets, dans les arrondissements, président la chambre consultative d'agriculture. Les chambres consultatives d'agriculture présentent au gouvernement leurs vues sur les questions qui intéressent l'agriculture. Leur avis peut être demandé sur les changements à opérer dans la législation, en ce qui touche les intérêts agricoles, l'établissement des foires et marchés, la destination à donner aux subventions de l'Etat et du département, l'établissement des écoles régionales et des fermes-écoles. Elles sont chargées de la statistique agricole de l'arrondissement. Elles sont reconnues comme établissements d'utilité publique et peuvent, en cette qualité, acquérir, recevoir, posséder et aliéner après y avoir été dûment autorisées. Le budget des chambres consultatives d'agriculture est visé par le préfet et présenté au conseil général. Il fait partie des dépenses départementales ordinaires. (Décret du 25 mars 1852.)

*Enseignement de l'agriculture.* — L'enseignement de l'agriculture est donné dans les établissements ci-après :

*Institut national agronomique*, avec ses deux écoles d'application : l'*Ecole nationale des eaux et forêts* (Nancy) et l'*Ecole nationale des haras* (Le Pin).

*Ecoles nationales vétérinaires* (Alfort, Lyon, Toulouse).

*Ecole pratique de sylviculture* (Domaine des Barres-Vilmorin, près Nogent-sur-Vernisson, Loiret).

*Ecoles nationales d'agriculture* (Grignon, Montpellier, Rennes) ; *Ecole nationale d'horticulture* (Versailles) ; *Ecole nationale des industries agricoles* (Douai) ; *Ecole nationale d'industrie laitière* (Mamirolle, Doubs).

*Ecoles pratiques d'agriculture*, auxquelles il faut rattacher l'*Ecole de laiterie et de fromagerie* de Poligny (Jura), l'*Ecole professionnelle d'agriculture* de Sartilly (Manche), l'*Ecole d'aviculture* de Gambais (Seine-et-Oise), les *Ecoles ménagères, agricoles et de laiterie* pour jeunes filles de Coëtlogon (Ille-et-Vilaine) et de Kerliver, à Hanvec (Finistère).

*Fermes-écoles ; Fruitières-écoles ; Magnanerie-école* (Aubenas) ; *Ecole de pisciculture.*

Les *professeurs départementaux d'agriculture* (un par département) font des cours aux élèves instituteurs des écoles normales primaires, des conférences aux agriculteurs, et organisent des champs de démonstration. Les *professeurs spéciaux d'agriculture* (dans les arrondissements) font des conférences aux agriculteurs et des cours réguliers dans un établissement d'enseignement secondaire ou primaire. La chimie agricole est enseignée dans certaines Universités. Les *stations agronomiques*, dont quelques-unes sont annexées à diverses facultés, procèdent à des recherches scientifiques, et les *laboratoires agricoles* se livrent à des recherches pour le compte des particuliers.

Dans les établissements d'enseignement secondaire, les professeurs départementaux ou spéciaux traitent de la production végétale et animale. Enfin, une place est faite à l'enseignement élémentaire agricole dans les écoles primaires. (Loi du 28 mars 1882, art. 1er.)

L'enseignement libre agricole est donné : à l'*Institut agricole* de Beauvais ; dans les écoles ouvertes par les Frères des écoles chrétiennes pour recevoir les élèves sortis des écoles primaires (notamment à l'école d'horticulture d'Igny, Seine-et-Oise) ; à l'Ecole d'agriculture de Ducey (Manche).

*Mesures préventives contre les insectes et végétaux parasites.* — La loi du 24 décembre 1888 a pour objet d'arrêter et même de prévenir les ravages causés par les insectes et les végétaux parasites ; en conséquence, à en rendre la destruction obligatoire et même à armer, au besoin, l'administration d'un pouvoir suffisant pour la faire opérer elle-même aux frais des habitants. De plus, comme l'invasion de certaines espèces — les sauterelles, par exemple — a lieu avec une rapidité foudroyante, il fallait que l'action administrative se fît sentir parfois presque instantanément. L'article 1er de la loi a donc laissé aux préfets l'initiative des mesures de défense à prendre, ainsi que la fixation des délais d'exécution et les procédés de destruction à employer. Toutefois, l'exercice du droit du préfet a été subordonné à plusieurs conditions : il faut que les dommages causés ou prévus aient un caractère *calamiteux* ou *envahissant ;* de plus, et à moins qu'il ne s'agisse de mesures urgentes et temporaires, l'arrêté ne peut être pris qu'après l'avis du conseil général ; enfin, cet arrêté ne peut être rendu exécutoire qu'après l'approbation du ministre de l'Agriculture, lequel le soumet à l'examen d'une commission technique instituée par le décret du 8 février 1889.

La loi du 24 décembre 1888 étant une loi d'intérêt général, tous les terrains, publics aussi bien que particuliers, y sont soumis et assujettis à la visite des agents. Toutefois, dans les bois et forêts, où les insectes nuisibles s'enfoncent peu, où d'ailleurs les frais d'exécution seraient hors de proportion avec les avantages cherchés, l'arrêté préfectoral n'est applicable que sur une lisière de 30 mètres.

L'article 3 détermine la procédure à suivre en cas d'inexécution des mesures dans les délais fixés par l'arrêté préfectoral : un procès-verbal de constat peut être dressé par tout agent de l'administration (maire, garde forestier, garde champêtre, etc.). Mais le législateur a voulu que la destruction des insectes résultât non de cet acte administratif, mais d'une décision judiciaire. Le contrevenant est donc cité devant le juge de paix, qui pourra ordonner l'exécution provisoire de son jugement, nonobstant opposition ou appel sur minute et avant l'enregistrement. Les autorités administratives ont d'ailleurs le droit de faire exécuter d'office, aux frais des contrevenants, les travaux que ceux-ci n'auront pas effectués dans le délai imposé par le juge ; les dépenses en résultant font l'objet d'un arrêté spécial du préfet et sont recouvrées par les percepteurs, dans les formes établies pour la perception des contributions directes.

Les pénalités établies par la loi du 24 décembre 1888 consistent dans une amende de 6 à 15 francs, qui en cas de récidive est doublée et peut s'accompagner de prison. Les circonstances atténuantes sont admises, par application de l'article 463 du Code pénal.

La loi du 24 décembre 1888 a abrogé explicitement la loi du 26 ventôse, en ce sens que la destruction des chenilles rentre dans l'application de la loi de 1888, qui vise la destruction de tous les insectes nuisibles. V. INSECTES NUISIBLES.

Quant à la destruction du phylloxera et du doryphora, elle est réglementée par une loi spéciale, celle du 15 juillet 1878-2 août 1879.

*Abandon d'instruments agricoles.* — L'abandon dans un lieu public, et même dans une cour non close, d'instruments ou machines agricoles dont les malfaiteurs peuvent abuser est puni de 1 à 5 francs d'amende, sans préjudice de la confiscation desdits instruments ou machines. (Code pén., art. 471 et 472.)

*Destruction d'instruments agricoles, cabanes de gardiens, parcs de bestiaux.* — Elle est punie d'un mois à un an d'emprisonnement. (Code pén., art. 451.)

*Crédit agricole.* — V. CRÉDIT.

*Enquêtes agricoles.* — V. ENQUÊTE.

## Ajournement. — V. ASSIGNATION.

## Alambics. — V. BOUILLEURS DE CRU.

## Alcool. — *Alcool de consommation.* V. BOISSONS.

*Alcool dénaturé.* — Il est alloué à forfait aux préparateurs d'alcools dénaturés selon la formule officielle et destinés au chauffage, à l'éclairage ou à la production de la force motrice, une somme de 9 francs par hectolitre d'alcool pur soumis à la dénaturation, dans le but de leur tenir compte du coût du dénaturant. (Loi du 30 mars 1902, art. 16.) Pour couvrir le Trésor de cette dépense, les distillateurs d'alcools d'industrie sont tenus d'acquitter une taxe de fabrication de 2 fr. 07 par hectolitre d'alcool pur qu'ils font sortir de leurs usines, sous certaines déductions. (Décret du 27 mars 1907.) Cette taxe n'est applicable ni aux rhums, ni aux tafias naturels, ni aux genièvres qui, dans les établissements spéciaux ne produisant pas de trois-six, sont obtenus par la distillation simple du seigle, du blé, de l'orge et de l'avoine, et sont susceptibles d'être livrés sans coupage à la consommation. (Loi du 30 mars 1902, art. 15.) Dans le cas où le produit de cette taxe ne suffirait pas à couvrir la dépense, son taux serait relevé par un décret qui devrait être soumis à la sanction des Chambres. Si le produit de la taxe était supérieur à la dépense, il serait abaissé dans les mêmes conditions.

Les sommes payées aux dénaturateurs sont portées, dans la comptabilité des receveurs des contributions indirectes, au débit d'un compte ouvert parmi les *Services spéciaux* du Trésor. La dépense est justifiée mensuellement par les quittances des parties prenantes et par un bordereau récapitulatif arrêté par le sous-directeur ou le directeur de la circonscription et présentant le décompte des sommes revenant à chaque dénaturateur. Au crédit du même compte est inscrit le produit de la taxe de fabrication perçue sur les alcools d'industrie. La recette est justifiée, en fin d'année seulement, par un état de produit ou décompte des recouvrements effectués pendant l'année. (Lois des 25 févr. 1901, art. 59, et 30 mars 1902, art. 15 et 16 ; Circ. compt. publ. du 26 juill. 1901.)

Le régime fiscal des alcools dénaturés est particulièrement fixé par la loi du 16 décembre 1897 et les décrets des 1er juin et 29 novembre 1898.

Aucune taxe d'octroi ne peut être perçue sur l'alcool dénaturé ni sur aucun des éléments qui le constituent. (Loi du 31 mars 1903, art. 28.)

## Alcoolisme. — V. IVRESSE PUBLIQUE.

## Alcoomètre et Densimètre.

Il ne peut, soit dans les opérations de l'administration, soit dans les transactions privées, être fait usage que de l'alcoomètre centésimal de Gay-Lussac pour la constatation du degré des alcools et eaux-de-vie. Les alcoomètres centésimaux et les thermomètres nécessaires à leur usage ne peuvent être mis en vente ni employés s'ils n'ont été soumis à une vérification préalable et s'ils ne sont munis d'un signe constatant l'accomplissement de cette formalité. C'est à Paris, au laboratoire d'essais du Conservatoire national des arts et métiers, que ces instruments sont vérifiés et, s'il y a lieu, revêtus des marques de vérification. — Aux termes de l'article 5 du décret du 15 janvier 1904, les droits à percevoir sont de 1 franc pour la vérification d'un alcoomètre et de 50 centimes pour celle d'un thermomètre; ces droits sont réduits de moitié pour les instruments reconnus défectueux après vérification. L'établissement et le recouvrement des taxes ont lieu, d'après le décret précité, comme en matière de droits de vérification des poids et mesures. Tout patenté faisant le commerce des alcools en gros et en demi-gros est tenu d'avoir un alcoomètre de Gay-Lussac et un thermomètre vérifiés. (Loi du 7 juill. 1881 ; décret du 27 déc. 1884.)

La loi soumet également au contrôle de l'État les densimètres employés soit dans les fabriques et distilleries pour constater la richesse de la betterave, soit dans les brasseries pour déterminer la densité originelle des bières ou des moûts, ainsi que les thermomètres utilisés dans ces opérations. Ces instruments (décret du 15 janv. 1904) sont, moyennant les mêmes droits que pour les alcoomètres, vérifiés et poinçonnés par le laboratoire d'essais du Conservatoire des arts et métiers. (Lois des 7 juill. 1881, 28 juill. 1883, 6 juin 1889 ; décrets des 27 déc. 1884, 2 août 1889, 29 mars 1907.)

## Aléatoire (Contrat).

—Convention réciproque dont les effets, quant aux avantages et aux pertes, soit pour toutes les parties, soit pour l'une ou plusieurs d'entre elles, dépendent d'un événement incertain. (Code civ., art. 1964.)

Les principaux contrats aléatoires sont le jeu et le pari, le contrat de rente viagère, le contrat d'assurance, le prêt à la grosse. V. JEU, RENTE VIAGÈRE, ASSURANCE, GROSSE.

## Algérie et Territoires du Sud.

### Algérie.

*Représentation au Parlement.* — L'Algérie est représentée au Parlement par trois sénateurs et par des députés au nombre de deux par département. Les indigènes sont exclus du suffrage politique.

*Gouverneur général.* — Nommé par décret rendu en conseil des ministres, il réside à Alger et y centralise les pouvoirs les plus étendus en matière administrative, sous la tutelle de moins en moins étroite de la métropole. Il est le chef de tous les services civils, y compris les forêts et les douanes, et les autorités militaires lui sont subordonnées; seuls, les services non musulmans de la justice, des cultes, de l'instruction publique et de la trésorerie demeurent sous l'autorité des ministres compétents. (Décret du 23 août 1898.)

Il prépare le budget spécial de la colonie ; il est l'ordonnateur principal des dépenses; il concède les travaux ; il contracte les emprunts. Il est assisté d'un *secrétaire général.*

*Conseil de gouvernement et conseil supérieur.* — Auprès du gouverneur général sont placés deux conseils consultatifs : l'un permanent, le *conseil de gouvernement;* l'autre, siégeant une fois l'an, le *conseil supérieur.*

Le *conseil de gouvernement* est composé des hauts fonctionnaires et de trois conseillers rapporteurs, lesquels peuvent être suppléés en cas d'empêchement par des conseillers rapporteurs adjoints; ceux-ci ont particulièrement pour mission de surveiller sur place l'administration des indigènes et la colonisation.

Le *conseil supérieur* (31 membres élus et 29 membres nommés par le gouverneur général) est chargé essentiellement de l'examen du budget de l'Algérie, de l'assiette et de la répartition des impôts.

Les *délégations financières* délibèrent et votent le budget avant que celui-ci soit soumis au conseil supérieur; elles comprennent : une délégation des colons (24 membres), une délégation des contribuables non colons (24 membres), une délégation des indigènes musulmans (21 membres, dont 6 Kabyles).

*Administration départementale.*— Au point de vue de l'administration départementale, on distingue l'administration civile et l'administration militaire.

L'administration civile ou préfectorale est limitée principalement au Tell, et l'Algérie est divisée en trois *départements :* Alger, Constantine et Oran.

Dans chaque préfecture il y a un secrétaire général *pour l'administration* et un secrétaire général *pour les affaires indigènes et la police générale.* La juridiction des *conseils de préfecture* s'étend au territoire militaire. Dans les *conseils généraux* de chaque département, les musulmans sont représentés par des *assesseurs* à la nomination du gouverneur général. Un administrateur de commune mixte (v. plus bas) est détaché, sous le titre d'*administrateur inspecteur,* auprès de chacun des préfets pour les affaires intéressant l'administration des indigènes musulmans. Il y a dix-sept *arrondissements,* mais pas de conseils d'arrondissement; les *sous-préfets* sont de véritables inspecteurs, se transportant dans les communes pour y exercer sur place un contrôle effectif. Des administrateurs de communes mixtes, ayant le titre de *secrétaires,* sont détachés dans les communes mixtes et chargés de tout ce qui concerne la police et la sûreté de l'arrondissement. Le canton n'existe qu'au point de vue judiciaire et correspond au ressort d'une justice de paix.

En territoire militaire, chaque division (qui a à sa tête un général de division) est partagée en deux subdivisions, comprenant plusieurs cercles.

L'administration militaire est constituée par les officiers investis du commandement militaire local avec le concours des *bureaux arabes.* Les bureaux arabes, composés d'un petit nombre d'officiers et d'un interprète militaire, sont chargés de l'administration supérieure, tandis que les détails sont laissés aux chefs indigènes. Une direction des affaires arabes est placée à Alger auprès du gouverneur, et des bureaux divisionnaires sont institués au chef-lieu de chaque division.

Le territoire militaire est divisé en caïdats ou tribus, obéissant à un caïd. Chaque caïdat se compose de plusieurs *ferkas* ou réunion de *douars* (groupes de familles), sous l'autorité d'un *cheikh* qu'assiste une *djemâa* ou assemblée des notables des douars.

Plusieurs caïdats forment un *grand caïdat* sous l'autorité d'un *caïd el kied,* ou bien un *aghalik* sous l'autorité d'un *agha.* Enfin, plusieurs aghaliks forment une circonscription politique relevant d'un *bach-agha* ou *khalifa.* Tous ces chefs indigènes sont des agents de l'autorité militaire, nommés et revoqués par le gouverneur général. Avec leur assistance, les bureaux arabes surveillent et administrent les tribus.

*Administration communale.* — Il y a en Algérie quatre sortes de communes : les communes de plein exercice, les communes mixtes civiles, les communes mixtes militaires et les communes indigènes.

Les *communes de plein exercice* ont une organisation très semblable à celle de nos communes de France. Le maire et le conseil municipal sont élus. Les indigènes, s'ils ont une certaine importance numérique, peuvent être représentés au conseil municipal. Le nombre des conseillers indigènes ne peut dépasser six, ni excéder le quart de l'effectif total du conseil; les élus ne peuvent participer ni aux élections sénatoriales, ni à celles des maires et des adjoints.

Les *communes mixtes civiles,* surtout peuplées d'indigènes, sont régies par des administrateurs qui y ont remplacé les anciens bureaux arabes et sont assistés d'une commission municipale, composée des présidents ou caïds des tribus, nommés par le gouvernement, et de délégués européens élus.

Les *communes mixtes militaires* et les *communes indigènes* ne se rencontrent qu'en territoire militaire; les premières sont celles où habitent un petit nombre d'Européens, les secondes celles où n'habite aucun Européen. Les unes et les autres sont administrées par le commandant militaire, assisté d'une *commission municipale* de composition exclusivement militaire.

*Instruction publique.* — L'académie d'Alger a été instituée en 1840. Le recteur, assisté d'un conseil académique et de trois *conseils départementaux* de l'instruction publique, dirige le service de l'enseignement européen et a sous son autorité les *médersas,* écoles supérieures indigènes.

L'enseignement supérieur est donné par les trois écoles de droit, des lettres et des sciences, et par l'école préparatoire de médecine et de pharmacie.

Outre les matières qui font en France l'objet ordinaire de l'enseignement supérieur, ces établissements donnent un enseignement spécial à l'Algérie : l'école de droit délivre un brevet (25 francs) et un diplôme (50 francs) de langue arabe, un brevet de langue kabyle (25 francs), un diplôme des dialectes berbères (50 francs); l'école de droit, un certificat d'études de législation algérienne, de droit musulman et de coutumes indigènes, et un certificat supérieur pour les mêmes études (mêmes droits que pour le certificat de capacité en droit); l'école de médecine et de pharmacie, un certificat d'aptitude permettant d'exercer la médecine en territoire indigène (60 francs).

L'enseignement secondaire est donné aux garçons dans trois lycées et sept collèges communaux, et aux filles dans un collège communal et trois cours secondaires.

L'enseignement primaire est, comme en France, gratuit et obligatoire. Les écoles destinées aux indigènes sont créées et organisées par décret.

*Cultes.* — Le *culte catholique,* en Algérie, est soumis au Concordat et aux articles organiques de la loi du 18 germinal an X. Une ordonnance de 1838 a créé à Alger un évêché suffragant de la métropole d'Aix; un décret de 1867 l'a érigé lui-même en métropole, et a institué en même temps, à Constantine et à Oran, deux évêchés suffragants de l'archevêché d'Alger. Les trois diocèses comprennent deux cent quatre-vingt-trois paroisses.

Les *cultes protestants,* qui sont soumis à la loi du 18 germinal an X, comprennent quatorze paroisses groupées en trois consistoires départementaux, lesquels forment, d'après le décret du 29 novembre 1871, la 21e circonscription synodale et envoient deux délégués au synode général des Eglises réformées de France.

Dans chaque arrondissement existe un *consistoire israélite.* L'ensemble des consistoires de chaque département est représenté au consistoire central des israélites de France par un membre laïque. Les grands rabbins sont présentés par le consistoire central des israélites de France et nommés par décret; les rabbins sont nommés par le consistoire central sous réserve de l'approbation ministérielle. Le gouverneur général donne son avis préalable.

Le personnel officiant du *culte musulman* est nommé par le gouvernement. Le culte est célébré dans les *mosquées,* monuments consacrés à la prière, où se dit la prière publique solennelle du vendredi, et dans les *zaouias,* monuments élevés sur le tombeau de saints personnages, servant d'asile aux indigents et d'école pour les enfants.

*Justice.* — *Justice civile.* Elle est assurée par la cour d'appel d'Alger, qui comprend trois chambres civiles et une chambre des mises en accusation, seize tribunaux de première instance, quatre tribunaux de commerce électifs, plus de cent justices de paix, dont la plupart à compétence étendue. Nos règles de compétence s'appliquent à la cour d'appel et aux tribunaux de première instance; ceux-ci connaissent en outre des appels entre musulmans, et la cour d'appel statue sur les pourvois en revision en matière musulmane. La magistrature algérienne, qui comprend des assesseurs musulmans et kabyles et des interprètes indigènes, ne jouit pas du bénéfice de l'inamovibilité.

Les justices de paix sont, hors des chefs-lieux d'arrondissement, à compétence étendue.

Les musulmans, non admis à l'exercice des droits de citoyen français, sont régis par leurs coutumes en ce qui concerne leur statut personnel, leurs successions et ceux de leurs immeubles dont la propriété n'est pas établie par un titre français. Les contestations relatives au statut personnel et aux successions sont portées devant les tribunaux de cadis (*mahakmas*). Pour tout le reste, les indigènes sont régis par la loi française, et c'est à nos juges de paix qu'est confié le soin de juger leurs différends.

*Justice répressive.* Il existe en *territoire civil* quatre *cours d'assises* siégeant, avec l'assistance de jurés, à Alger, Oran, Constantine et Bône ; elles connaissent des crimes dont les auteurs principaux ou les complices sont français, étrangers non musulmans ou indigènes musulmans naturalisés. Quant aux crimes exclusivement imputables à des indigènes ou étrangers musulmans non naturalisés, ils sont jugés en dernier ressort par les *cours criminelles* instituées au chef-lieu judiciaire de chaque arrondissement. Viennent ensuite les *tribunaux correctionnels,* dont sont justiciables les non musulmans; puis les *tribunaux répressifs indigènes,* créés au chef-lieu de chaque justice de paix pour juger les délits commis dans leur ressort par les indigènes ou étrangers musulmans non naturalisés. La procédure est sommaire; appel peut être interjeté devant le tribunal correctionnel en cas de condamnation à plus de six mois de prison ou de 500 francs d'amende ; les demandes en revision sont portées devant la cour d'Alger. Enfin, les contraventions de simple police des Français, étrangers non musulmans ou indigènes naturalisés sont réservées aux *juges de paix;* dans les communes mixtes, celles des indigènes musulmans sont jugées par les *administrateurs* dans les mêmes formes que les infractions à l'indigénat.

Régime financier. — La loi du 19 décembre 1900 a doté l'Algérie de la personnalité civile et d'un budget spécial distinct de celui de la métropole.

Etabli par le gouverneur général sous le contrôle du ministre de l'Intérieur, délibéré et voté par l'assemblée plénière des délégations financières, le budget, soumis au conseil supérieur du gouvernement, devient exécutoire et est définitivement réglé par décret du président de la République sur le rapport du ministre de l'Intérieur.

La perception des droits, produits et revenus applicables au budget spécial de l'Algérie est autorisée annuellement par les lois de finances.

Le compte administratif de chaque exercice est successivement présenté aux délégations financières et au conseil supérieur, qui statuent par voie de déclarations; il est ensuite réglé par décret.

Le personnel de la trésorerie se compose d'un trésorier général à Alger; de trois payeurs principaux, à Oran, Constantine et Bône ; de payeurs particuliers; de payeurs adjoints et de commis de trésorerie. Le trésorier général est le comptable de la colonie ; il est, en cette qualité, justiciable de la Cour des comptes.

On a étendu à la région où se sont installés les Européens, au territoire civil, la plupart des impôts français; dans le sud, où l'élément indigène est prédominant, on a maintenu les mœurs et coutumes locales. Les contributions rangées sous le titre de *contributions arabes* frappent exclusivement les indigènes ; elles sont au nombre de quatre, savoir : *hockor,* loyer des terres ; *achour,* impôt sur les grains ; *zekkat,* impôt sur le bétail; *lezma,* impôt de capitation, impôt sur les palmiers, etc.

Armée. — Les forces stationnées sur le territoire algérien forment le XIX$^e$ corps d'armée, de constitution identique à celle des corps d'armée métropolitains.

Les troupes d'occupation de la Tunisie, pays de protectorat, sont groupées en une division relevant du commandant du XIX$^e$ corps.

Les troupes spéciales à l'Algérie sont : les *zouaves* (4 régiments à 4 bataillons de 4 compagnies); les *chasseurs d'Afrique* (6 régiments [à 6 escadrons] de 830 hommes et de 736 chevaux); la *légion étrangère* (2 régiments à 6 bataillons de 4 compagnies, avec une compagnie de dépôt par régiment); les *tirailleurs algériens* (4 régiments); les *spahis* (4 régiments).

Acquisition d'immeubles. — Avant 1873 la propriété en Algérie était régie par la loi française (immeubles appartenant à des Français ou des étrangers) et par la loi musulmane (immeubles appartenant à des indigènes musulmans). La loi du 26 juillet 1873 posa en principe que la propriété immobilière indigène serait soumise à la loi française, quel que fût le propriétaire. Celle du 16 février 1897 sur la constitution de la propriété individuelle en Algérie détermina dans quelles conditions il pourrait être procédé aux opérations d'acquisition ou d'échange et décida que des titres seraient délivrés par l'administration des domaines, à la suite de procédures édictées par les articles 5 et 8, afin d'assurer à l'égard de tous la propriété entre les mains des bénéficiaires de ces titres. Tous les droits réels non légalement maintenus à la suite de ces procédures sont définitivement abolis, quelles que soient la nature et la date de l'acte constatant ces droits.

Il ne peut être procédé que dans les formes de la loi française aux cessions, licitations et partages de droits successifs portant sur des immeubles soumis à la loi du 26 juillet 1873. L'acquéreur d'immeubles pour lesquels il n'existe pas encore de titres de propriété doit consigner le montant des frais présumés des opérations relatives à la constatation de la propriété.

Si les immeubles acquis appartiennent à des *Français* ou à des *étrangers,* la purge des hypothèques est faite d'après le droit commun français. (Code civ. et loi du 23 mars 1855.)

Concessions de terres. — 1° *Aux particuliers.* Nul ne peut obtenir une concession territoriale en Algérie s'il n'est Français d'origine européenne ou Européen naturalisé et jouissant de leurs droits civils. L'aliénation a lieu suivant décision du gouverneur général, après avis du Conseil de gouvernement, par vente à prix fixe ou par vente aux enchères, et, exceptionnellement, de gré à gré. Dans l'intérêt de la colonisation, il peut même être procédé par voie de concessions gratuites. (Décret du 13 septembre 1904.)

La vente a lieu au bureau des Domaines du chef-lieu du département. L'acte de vente établi par le receveur des Domaines est signé séance tenante par l'acquéreur ou son mandataire. Si deux ou plusieurs personnes se présentent simultanément pour acquérir le même lot, des enchères sont ouvertes entre elles et le lot est adjugé au plus offrant. Chaque acquéreur ne peut acheter qu'un lot. La vente devient définitive par l'approbation du gouverneur général dans un délai de deux mois.

L'acquéreur doit transporter son domicile sur la terre acquise, dans un délai de six mois, à dater du jour de l'achat. Il doit y résider avec sa famille d'une façon effective et permanente, et l'exploiter personnellement pendant les dix années qui suivent sa mise en possession, ou bien se substituer une famille de nationalité française ou d'origine européenne. En cas de décès, l'obligation de résidence peut être remplie par l'un des héritiers.

En cas de déchéance ou de vente poursuivie à la requête des créanciers, l'Etat renonce à se prévaloir de tout privilège ou action résolutoire vis-à-vis des personnes qui auront consenti à l'acquéreur des prêts hypothécaires destinés aux travaux de construction et aux travaux agricoles.

L'acquéreur qui a satisfait pendant trois ans au moins aux obligations énoncées ci-dessus peut céder ses terrains à tout Français d'origine européenne ou Européen naturalisé qui jouit de ses droits civils et n'a jamais été acquéreur, concessionnaire ou cessionnaire, à quelque titre que ce soit, de terres de colonisation. Le concessionnaire se trouve alors substitué au cédant pour l'accomplissement des clauses du contrat.

L'acquéreur qui réside personnellement et a effectué des améliorations déterminées peut bénéficier d'une remise sur le prix de vente et d'une réduction de la durée de résidence.

2° *Aux communes.* Le décret du 28 décembre 1900 autorise la concession aux communes d'immeubles domaniaux gratuitement ou à prix réduit. Ces concessions sont prononcées par décret (art. 1er).

Les biens concédés par l'Etat aux communes se répartissent en quatre catégories : 1° immeubles affectés à des services ou usages publics ; 2° immeubles dont les habitants ont la jouissance en nature ; 3° immeubles amodiés au profit du budget communal ; 4° terrains formant le sol des rues, boulevards, chemins et autres voies publiques communales (art. 3).

Pour les immeubles de la première catégorie, toute aliénation et tout changement d'affectation doivent être autorisés par un décret. Toutefois, le gouverneur général est compétent pour prononcer, après avis du préfet en conseil de préfecture, l'affectation de ces immeubles à d'autres services ou usages publics, réserve faite des dispositions qui régissent les immeubles affectés aux cultes (art. 4).

Les immeubles concédés aux communes pour être laissés à la jouissance en nature des des habitants ou amodiés au profit du budget communal sont soumis à la législation municipale de droit commun, telle qu'elle résulte des textes respectivement applicables aux communes de plein exercice, aux communes mixtes et aux communes indigènes d'Algérie, pour ce qui concerne la détermination du mode de jouissance ou la fixation des conditions des baux ; toutefois, les baux passés par les communes de plein exercice sont toujours, quelle qu'en soit la durée, assujettis à l'approbation du préfet. L'autorisation du préfet est nécessaire, dans tous les cas, pour le passage des immeubles de l'une des deux catégories dans l'autre, c'est-à-dire la substitution du régime de l'affermage à celui de la jouissance en nature, et réciproquement. Les immeubles de ces catégories peuvent recevoir une affectation rentrant dans la première par un arrêté du gouverneur général ; ils ne peuvent être aliénés qu'en vertu d'un décret (art. 5).

Les terrains concédés aux communes pour être incorporés à la voirie communale doivent, sous peine de résolution de la concession, recevoir cette destination. Mais s'ils sont ultérieurement déclassés en tout ou en partie, la commune dispose des parcelles déclassées conformément à la législation en matière de voirie (art. 6).

Les dispositions des articles 4, 5 et 6 sont applicables aux immeubles antérieurement concédés aux communes avec affectation déterminée, nonobstant les stipulations contraires des décrets de concession, sauf en ce qui concerne les prix ou indemnités dont le payement pourrait avoir été imposé aux communes, comme condition de l'autorisation d'aliéner des biens concédés ou d'en changer l'affectation. Mais le ministre des Finances peut accorder des dégrèvements, à titre gracieux, sur les sommes non échues et non versées au Trésor (art. 7).

*Taux de l'intérêt.* — L'intérêt conventionnel en Algérie ne peut excéder huit pour cent (8 p. 100) en matière civile et commerciale. L'intérêt légal en matière civile et commerciale, fixé à six pour cent (6 p. 100) par la loi du 27 août 1881, a été abaissé à cinq pour cent (5 p. 100) par la loi du 13 avril 1898, art. 61. La loi du 19 décembre 1850 sur l'usure est applicable en Algérie. (Loi du 13 avril 1898, art. 63.)

## Territoires du Sud.

Les quatre territoires d'Aïn-Sefra, des Oasis, de Ghardaïa, de Touggourt constituent un groupement spécial dénommé *Territoires du Sud*, dont l'administration et le budget sont distincts de ceux de l'Algérie. (Loi du 24 déc. 1902 et décret du 14 août 1905.)

Les *Territoires du Sud* sont dotés de la personnalité civile ; ils peuvent posséder des biens, concéder des chemins de fer, entreprendre de grands travaux publics, contracter des emprunts. Le gouverneur général de l'Algérie représente les *Territoires du Sud* dans les actes de la vie civile ; il ne peut contracter d'emprunts ni concéder des chemins de fer ou autres grands travaux publics sans y être autorisé par une loi. (*Id.*, art. 2.) A la tête de chacun des territoires est placé un commandant militaire, qui dirige tous les services sous l'autorité du gouverneur général. Celui-ci est chargé d'assurer la défense des *Territoires du Sud*, d'y maintenir l'ordre, de prescrire les mouvements de troupes. (Décret du 14 août 1905, art. 7.)

*Budget.* — Le budget autonome des *Territoires du Sud* est transmis au ministre de l'Intérieur, avant le 1er juillet, et réglé par décret du président de la République, sur le rapport des ministres de l'Intérieur, de la Guerre et des Finances. (*Id.*, art. 4.)

Il est accordé aux *Territoires du Sud*, sur le budget de la métropole, une subvention dont le montant est fixé, chaque année, par la loi de finances. (*Id.*, art. 5.)

*Compagnies des oasis sahariennes.* — L'article 65 de la loi du 30 mars 1902 a décidé la formation dans les *Territoires du Sud*, à l'aide d'éléments indigènes, de corps spéciaux dits *Compagnies des oasis sahariennes*, et comprenant des troupes de différentes armes avec de la cavalerie montée à cheval et à méhara. Les cadres officiers sont fournis par le personnel du service des affaires indigènes. Les cadres (troupes françaises) sont pris dans les corps de troupes de toutes armes, où ils sont remplacés numériquement.

Le décret du 1er août 1905 a organisé les troupes sahariennes.

**Alibi** (mot latin qui signifie *ailleurs*). — Présence d'une personne dans un lieu autre que celui où on la croyait au moment où un fait déterminé se produit en ce dernier lieu.

Tous les modes de preuve sont admis pour établir un alibi.

**Aliénation.** — Action de transférer à une autre personne la propriété d'une chose, mobilière ou immobilière.

On distingue l'aliénation *à titre gratuit* (donation, legs), et l'aliénation *à titre onéreux*, c'est-à-dire faite moyennant un équivalent (vente, échange, prêt de consommation). Le droit d'aliéner suppose la qualité de propriétaire; mais la loi spécifie des cas où l'aliénation est soumise à des règles particulières. Ainsi, les mineurs ne peuvent aliéner que par l'intermédiaire de leurs tuteurs dûment autorisés; la femme mariée, pour aliéner, a besoin de l'autorisation de son mari ou de celle de la justice. En raison de leur destination, les routes, les rues, les places, les monuments sont regardés comme inaliénables; mais l'inaliénabilité ne dure qu'autant que cette destination.

**Aliénés.**

La loi distingue deux catégories d'aliénés: 1° ceux dont la folie n'est pas de nature à porter atteinte à la sûreté et à l'ordre publics, et qui peuvent être placés volontairement dans un établissement spécial; 2° ceux dont la folie est dangereuse et qui doivent être internés d'office.

La condition des aliénés est régie par la loi du 30 juin 1838 et l'ordonnance du 18 décembre 1839.

*Établissements d'aliénés.* — Les aliénés sont recueillis dans des établissements dits *asiles*, dont les uns sont *publics*, c'est-à-dire dirigés par l'autorité publique, et les autres *privés*, c'est-à-dire surveillés par elle. Dans certains hospices, un quartier est spécialement réservé aux aliénés.

On distingue parmi les établissements publics : 1° les asiles *départementaux*; 2° les établissements *autonomes*, administrés sous l'autorité directe du ministre de l'Intérieur, et ayant une personnalité civile propre, alors que les asiles départementaux n'ont pas une personnalité distincte de celle du département : établissement national de Charenton et asiles d'Aix, Marseille (Bouches-du-Rhône), Armentières et Bailleul (Nord), Bassens (Savoie), Bordeaux et Cadillac (Gironde).

Chaque département est tenu d'avoir un établissement public spécialement destiné à recevoir et soigner les aliénés ou de traiter, à cet effet, avec un établissement public ou privé, soit de ce département, soit d'un autre département. Les traités doivent être approuvés par le ministre de l'Intérieur.

Le préfet et les personnes déléguées à cet effet par lui ou par le ministre, le président du tribunal, le procureur de la République, le juge de paix, le maire de la commune, sont chargés de visiter les établissements publics ou privés consacrés aux aliénés; ils reçoivent les réclamations des aliénés et prennent à leur égard tous les renseignements utiles. Les établissements privés sont visités, à des jours indéterminés, une fois au moins chaque trimestre, par le procureur de la République de l'arrondissement; les établissements publics le sont de la même manière une fois au moins par semestre.

Nul ne peut diriger ou fonder un établissement privé sans l'autorisation du gouvernement.

Les règlements intérieurs des établissements publics consacrés, en tout ou en partie, au service des aliénés sont, en ce qui concerne ce service, soumis à l'approbation du ministre.

Les établissements publics consacrés aux aliénés sont administrés, sous l'autorité du ministre de l'Intérieur et des préfets, et sous la surveillance de commissions gratuites, par un directeur responsable.

Le directeur est chargé de l'administration intérieure de l'établissement et de la gestion de ses biens et revenus. Un receveur effectue les recettes et les dépenses.

Les directeurs et les médecins en chef et adjoints sont nommés par le ministre de l'Intérieur, directement pour la première fois, et pour les vacances suivantes, sur une liste de trois candidats présentée par les préfets. Peuvent aussi être appelés aux places vacantes, concurremment avec les candidats présentés par les préfets, les directeurs et les médecins en chef ou adjoints qui ont exercé leurs fonctions pendant trois ans dans d'autres établissements d'aliénés. Les directeurs, médecins en chef et médecins adjoints ne peuvent être révoqués que par le ministre de l'Intérieur, sur le rapport des préfets.

Les commissions instituées par l'ordonnance du 18 décembre 1839 ayant seulement des attributions consultatives et de contrôle, leurs membres n'ont pas qualité pour signer les certificats libératoires des receveurs sortant de fonctions; ces certificats doivent être délivrés par les directeurs des asiles.

Les commissions de surveillance sont appelées à donner leur avis sur le régime intérieur, sur les budgets et les comptes, sur les actes relatifs à l'administration, tels que le mode de gestion des biens, les projets de travaux, les procès à intenter ou à soutenir, les transactions, les emplois de capitaux, les acquisitions, les emprunts, les ventes ou échanges d'immeubles, les acceptations de legs ou donations, les pensions à accorder s'il y a lieu, les traités à conclure pour le service des malades. Le directeur de l'établissement et le médecin en chef assistent aux séances, mais leur voix est seulement consultative; ils se retirent de la séance au moment où la commission délibère sur les comptes d'administration et sur les rapports qu'elle pourrait avoir à adresser directement au préfet. (Ordonn. du 18 déc. 1839, art. 4 et 5.)

Les contraventions aux principales dispositions de la loi du 30 juin 1838 commises par les chefs, directeurs ou préposés responsables des établissements publics ou privés d'aliénés, et par les médecins employés dans ces établissements, sont punies d'un emprisonnement de cinq jours à un an et d'une amende de 50 francs à 3 000 francs, ou de l'une ou l'autre de ces peines.

*Placement volontaire des aliénés.* — Les établissements publics ou privés d'aliénés ne peuvent recevoir une personne atteinte d'aliénation mentale s'il ne leur est remis : 1° une demande d'admission sur papier timbré contenant les noms, profession, âge et domicile, tant de la personne qui la forme que de celle dont le placement est réclamé et l'indication du degré de parenté ou, à défaut, de la nature des relations qui existent entre elles; si la demande est formée par le tuteur d'un interdit, il devra fournir à l'appui un extrait du jugement d'interdiction; 2° un certificat du médecin constatant l'état mental de la personne à placer et indiquant les particularités de sa maladie et la nécessité de faire traiter la personne désignée dans un établissement d'aliénés et de l'y tenir enfermée; en cas d'urgence, les chefs des établissements publics pourront se dispenser d'exiger le certificat du médecin; 3° toute pièce propre à constater l'individualité de la personne à placer. Il est fait mention de toutes les pièces produites dans un bulletin d'entrée qui est renvoyé dans les vingt-quatre heures avec un certificat du médecin de l'établissement et la copie du certificat ci-dessus mentionné au préfet de police à Paris, au préfet ou au sous-préfet dans les chefs-lieux de département ou d'arrondissement et aux maires dans les autres communes. Le sous-préfet ou le maire en fait immédiatement l'envoi au préfet.

Si le placement est fait dans un établissement privé, le préfet, dans les trois jours de la réception du bulletin, charge un ou plusieurs médecins de constater l'état mental de la personne désignée au bulletin et d'en faire un rapport sur-le-champ.

Dans le même délai, le préfet notifie administrativement les noms, profession et domicile, tant de la personne placée que de celle qui aura demandé le placement, et les causes du placement : 1° au procureur de la République de l'arrondissement du domicile de la personne placée; 2° au procureur de la République de l'arrondissement de la situation de l'établissement; ces dispositions sont communes aux établissements publics et privés.

Quinze jours après le placement, il est adressé au préfet un nouveau certificat du médecin de l'établissement, confirmant ou rectifiant les observations contenues dans le premier et indiquant le retour plus ou moins fréquent des accès de démence.

Toute personne placée dans un établissement d'aliénés cesse d'y être retenue aussitôt que les médecins de l'établissement ont déclaré que la guérison est obtenue. Avant même que les médecins aient déclaré la guérison, tout aliéné cesse d'être retenu dès que la sortie a été requise par le curateur nommé, l'époux, les ascendants, les descendants, la personne qui aura signé la demande d'admission, à moins qu'un parent n'ait déclaré s'opposer à ce qu'elle use de cette faculté sans l'assentiment du conseil de famille, toute personne à ce autorisée par le conseil de famille. S'il résulte d'une opposition notifiée au chef de l'établissement par un ayant droit qu'il y a dissentiment, soit entre les ascendants, soit entre les descendants, le conseil de famille prononcera. Néanmoins, si le médecin de l'établissement est d'avis que l'état mental du malade pourrait compromettre l'ordre public ou la sûreté des personnes, il en est donné préalablement connaissance au maire, qui peut ordonner immédiatement un sursis provisoire à la sortie, à la charge d'en référer dans les vingt-quatre heures au préfet. Ce sursis provisoire cesse de plein droit à l'expiration de la quinzaine si le préfet n'a pas, dans ce délai, donné d'ordres contraires. En cas de minorité ou d'interdiction, le tuteur peut seul requérir la sortie.

En aucun cas l'interdit ne peut être remis qu'à son tuteur, et le mineur qu'à ceux sous l'autorité desquels il est placé par la loi.

Le préfet peut toujours ordonner la sortie immédiate des personnes placées volontairement dans les établissements d'aliénés.

A l'égard des personnes dont le placement a été volontaire, et dans le cas où leur état mental pourrait compromettre l'ordre public ou la sûreté des personnes, le préfet peut décerner un ordre spécial à l'effet d'empêcher qu'elles ne sortent de l'établissement sans son autorisation si ce n'est pour être placées dans un autre établissement.

*Placement d'office des aliénés.* — A Paris, le préfet de police, et dans les départements, les préfets ordonnent d'office le placement de toute personne, interdite ou non interdite, dont l'état d'aliénation compromettrait l'ordre public ou la sûreté des personnes. Les ordres des préfets sont motivés et énoncent les circonstances qui les ont rendus nécessaires. En cas de danger imminent, attesté par le certificat d'un médecin ou par la notoriété publique, les commissaires de police à Paris et les maires dans les autres communes ordonnent à l'égard des personnes atteintes d'aliénation mentale toutes les mesures provisoires nécessaires, à la charge d'en référer dans les vingt-quatre heures au préfet, qui statue sans délai. Sinon, le maire adresse au préfet une demande d'admission, un certificat médical, un rapport administratif (à Paris, ce rapport est établi par le commissaire de police), un procès-verbal de l'enquête faite sur place par la gendarmerie à la requête du maire.

Les chefs des établissements sont tenus d'adresser aux préfets, dans le premier mois de chaque semestre, un rapport rédigé par le médecin de l'établissement sur l'état de chaque personne, sur la nature de sa maladie et les résultats du traitement. Le préfet prononce sur chacune individuellement; il ordonne son maintien ou sa sortie.

Les aliénés dont le placement a été ordonné et dont les familles n'ont pas demandé l'admission dans un établissement privé, sont conduits dans l'établissement appartenant au département ou avec lequel il a traité. Les aliénés dont l'état mental ne compromettrait point l'ordre public ou la sûreté des personnes y sont également admis dans les formes, dans les circonstances et aux conditions réglées par le conseil général sur la proposition du préfet et approuvées par le ministre.

*Régime des aliénés.* — Toute personne placée ou retenue dans un établissement d'aliénés, son tuteur, si elle est mineure, son curateur, tout parent ou ami, peuvent, à quelque époque que ce soit, se pourvoir devant le tribunal du lieu de la situation de l'établissement, qui, après les vérifications nécessaires, ordonne, s'il y a lieu, la sortie immédiate. Les personnes qui ont demandé le placement et le procureur de la République d'office, peuvent se pourvoir aux mêmes fins. Dans le cas d'interdiction, cette demande ne peut être formée que par le tuteur de l'interdit.

La décision est rendue, sur simple requête, en chambre du conseil et sans délai ; elle n'est point motivée. La requête, le jugement et les autres actes auxquels la réclamation peut donner lieu sont visés pour timbre et enregistrés en débet. Aucune requête, aucune réclamation adressée soit à l'autorité judiciaire, soit à l'autorité administrative, ne peuvent être supprimées ou retenues par les chefs d'établissements, lesquels ne peuvent davantage, sous les peines portées par l'article 120 du Code pénal, retenir une personne placée dans un établissement d'aliénés dès que sa sortie aura été ordonnée par le préfet ou par le tribunal, ni lorsque cette personne aura été déclarée guérie ou régulièrement réclamée par les ayants droit.

Les *commissions administratives* ou *de surveillance* des hospices ou établissements publics d'aliénés exercent, à l'égard des personnes non interdites qui y sont placées, les fonctions d'*administrateurs provisoires.* Elles désignent un de leurs membres pour les remplir : l'administrateur ainsi désigné procède au recouvrement des sommes dues à la personne placée dans l'établissement et à l'acquittement de ses dettes, passe les baux qui n'excèdent pas trois ans, et pourrait même, en vertu d'une autorisation spéciale accordée par le président du tribunal civil, faire vendre le mobilier. Les sommes sont versées directement dans la caisse de l'établissement et employées, s'il y a lieu, au profit de la personne placée dans l'établissement. Le cautionnement du receveur est affecté à la garantie desdits deniers, par privilège aux créances de toute autre nature.

Les parents, le conjoint, les commissions administratives elles-mêmes, ainsi que le procureur de la République peuvent toujours demander au tribunal civil du lieu du domicile (Code civ., art. 497) la nomination en chambre du conseil d'un administrateur provisoire aux biens de toute personne non interdite. Cette nomination n'a lieu qu'après délibération du conseil de famille et sur les conclusions du procureur de la République. Elle n'est pas susceptible d'appel.

Le tribunal, sur la demande de l'administrateur provisoire, ou à la diligence du procureur de la République, désigne un *mandataire spécial* à l'effet de représenter en justice tout individu non interdit et placé ou retenu dans une maison d'aliénés, qui se serait engagé dans une contestation judiciaire au moment du placement, ou contre lequel une action serait intentée postérieurement. Le tribunal pourra aussi, dans le cas d'urgence, désigner un mandataire spécial à l'effet d'intenter, au nom des mêmes individus, une action mobilière ou immobilière. L'administrateur provisoire pourra, dans les deux cas, être désigné pour mandataire spécial.

Sur la demande des mêmes personnes ou sur celle de l'intéressé ou d'un ami, le tribunal peut nommer dans la même forme un *curateur* à la personne de l'aliéné non interdit, pour veiller à ce que les revenus soient employés à adoucir son sort et à accélérer sa guérison, ainsi qu'à provoquer sa mise en liberté aussitôt que possible.

A défaut d'administrateur provisoire, le président du tribunal commet un notaire pour représenter les aliénés non interdits dans les inventaires, comptes, partages et liquidations.

On voit que la loi donne aux individus non interdits placés dans les établissements d'aliénés trois sortes de protecteurs : 1° un *administrateur provisoire,* pour veiller à la conservation de leurs biens ; 2° un *mandataire spécial,* pour les représenter en justice ; 3° un *curateur,* pour prendre soin de leur personne.

Aux aliénés placés dans un établissement privé, il est nommé un administrateur judiciaire à la requête des parents et après délibération du conseil de famille ; le jugement de nomination peut constituer sur les biens de cet administrateur une hypothèque, dont le procureur de la République doit requérir l'inscription.

Les actes faits par une personne placée dans un établissement d'aliénés, pendant le temps qu'elle y aura été retenue, sans que son interdiction ait été prononcée ni provoquée, pourront être attaqués pour cause de démence par l'aliéné ou ses représentants. L'action en nullité se prescrit par dix ans : 1° à l'égard de l'aliéné, à dater de la signification qui lui a été faite ou de la connaissance qu'il en a après sa sortie définitive de la maison d'aliénés; 2° à l'égard de ses héritiers, à dater de la signification qui leur en a été faite ou de la connaissance qu'ils en ont eue depuis la mort de leur auteur. Lorsque les dix ans ont commencé de courir contre celui-ci, ils continueront de courir contre les héritiers.

Le ministère public est entendu dans toutes les affaires qui intéressent les personnes placées dans un établissement d'aliénés, lors même qu'elles ne seraient pas interdites.

L'aliénation des valeurs mobilières appartenant aux aliénés est soumise aux mêmes dispositions que celle des mineurs : la commission de surveillance remplit alors les fonctions dévolues au conseil de famille. V. TUTELLE.

En vue d'assurer l'uniformité dans le mode d'évaluation des valeurs mobilières appartenant aux pensionnaires des asiles d'aliénés, les receveurs de ces établissements ouvrent dans leurs écritures deux comptes : le premier, pour les fonds d'Etat; le second, pour toutes les autres valeurs mobilières. Les valeurs de la première catégorie (rentes françaises et étrangères) sont inscrites pour le chiffre de la rente énoncé au titre même. Quant aux titres de la seconde catégorie (actions et obligations de sociétés diverses), ils figurent au compte les concernant pour leur capital nominal, à moins qu'il ne s'agisse de valeurs improductives de revenus ou ne jouissant d'aucun revenu fixe, telles que : actions de jouissance, parts d'intérêts, etc., qui sont portées pour une valeur fictive de 1 franc.

Les effets de commerce, billets à ordre, reconnaissances, coupons détachés du titre et toutes autres valeurs sont inscrits au même compte pour la somme qu'ils comportent, si toutefois cette somme est connue; dans le cas contraire, il leur est attribué une valeur fictive de 1 franc. (Circ. compt. publ. du 30 mai 1901.)

Le droit de vote est suspendu pour les personnes non interdites placées dans un asile public, en vertu de la loi du 30 juin 1838.

*Dépenses des aliénés.* — La dépense du transport d'office des personnes dirigées par l'administration sur les établissements d'aliénés est arrêtée par le préfet sur le mémoire des agents préposés à ce transport. La dépense de l'entretien, du séjour et du traitement des personnes placées dans les hospices ou établissements publics d'aliénés est réglée d'après un tarif arrêté par le conseil général. La dépense de l'entretien, du séjour et du traitement des personnes placées par les départements dans les établissements privés est fixée par les traités passés par le département. (Loi du 30 juin 1838, art. 26.)

Ces dépenses sont à la charge des personnes placées; à défaut, à la charge de ceux auxquels il peut être demandé des aliments, aux termes des articles 205 et suivants du Code civil. S'il y a contestation sur l'obligation de fournir des aliments ou sur leur quotité, il est statué par le tribunal compétent à la diligence de l'administrateur. Le recouvrement des sommes dues est poursuivi et opéré à la diligence de l'administration de l'enregistrement et des domaines. (*Id.*, art. 27, et décret du 11 juill. 1893, art. 52.)

A défaut ou en cas d'insuffisance des ressources énoncées en l'alinéa précédent, il y est pourvu sur les centimes affectés par la loi de finances aux dépenses ordinaires du département auquel l'aliéné appartient, sans préjudice du concours de la commune du domicile de l'aliéné, d'après les bases proposées par le conseil général sur l'avis du préfet et approuvées par le gouvernement. Les hospices sont tenus à une indemnité proportionnée au nombre des aliénés dont le traitement ou l'entretien était à leur charge et qui seraient placés dans un établissement spécial d'aliénés; en cas de contestation, il est statué par le conseil de préfecture. (Loi du 30 juin 1838, art. 28.)

La loi du 10 août 1871, art. 46, porte : « Le conseil général statue sur les objets ci-après désignés, savoir : recettes de toute nature et dépenses des établissements d'aliénés appartenant au département; approbation des traités passés avec des établissements privés ou publics pour le traitement des aliénés du département. »

Les honoraires de médecins pour les visites qu'ils sont chargés de faire dans les asiles privés en exécution de l'article 9 de la loi du 30 juin 1838 sont réglés d'après les tarifs approuvés par le conseil général.

Les aliénés traités dans les asiles publics ou privés forment deux catégories : l'une comprend les aliénés placés volontairement par leurs familles et dont le prix de pension est réglé amiablement entre elles et l'administration de l'asile; l'autre se compose des aliénés dont le placement est ordonné par l'autorité publique. Le recouvrement des pensions et autres dépenses des aliénés de la première catégorie est opéré directement par les receveurs des asiles. La portion des dépenses qui est supportée par les départements est mandatée sur la caisse des trésoriers-payeurs généraux au profit des receveurs des asiles. Quant aux sommes qui sont mises à la charge des communes ou des hospices, et à celles qui restent à la charge des aliénés ou de leurs familles, elles sont centralisées aux caisses des trésoriers-payeurs généraux, à titre de *cotisations*, pour être ensuite mandatées par les préfets au profit des asiles. (Instr. gén., 617.) Les contingents des communes et des hospices sont recouvrés par les receveurs des finances sur des états que fait dresser le préfet, d'après les bases de répartition fixées par le conseil général.

Les charges incombant au département sont atténuées jusqu'à concurrence : 1° du concours de l'aliéné ou de sa famille (loi du 30 juin 1838, art. 27); 2° du contingent de la commune du domicile de l'aliéné d'après les bases fixées par le conseil général (loi du 10 août 1871, art. 46); 3° des indemnités à fournir par les hospices (loi du 30 juin 1838, art. 28); 4° de la subvention de l'Etat pour les aliénés sans domicile de secours (v. DOMICILE) ou de nationalité étrangère. Les dépenses de transport, d'entretien, de séjour et de traitement des aliénés à la charge du département s'appliquent exclusivement aux personnes dont le placement dans les hospices, les établissements publics ou privés d'aliénés a été ordonné par l'autorité publique (loi du 30 juin 1838, art. 26). La commune ne peut se refuser à acquitter son contingent; mais elle a recours contre l'aliéné et sa famille, même lorsque le conseil général a fait remise des sommes dues à l'asile départemental.

*Pensions payées par les familles.* — Lorsqu'une demande d'admission est formée par les représentants ou la famille de l'aliéné, cette demande, sur papier timbré, doit contenir l'engagement de payer la pension : cette demande constitue un acte sous seing privé qui n'entre pas dans la catégorie des actes visés par l'art. 23 de la loi du 22 frimaire an VII, c'est-à-dire qu'elle n'est pas soumise à l'enregistrement dans un délai déterminé. (Instr. Enreg. du 22 mai 1845.)

Les versements effectués par les familles pour prix de pensions des aliénés sont imputés au crédit d'un compte hors budget intitulé : « Pensions payées par anticipation » ; chaque mois, sur un état de recettes établi par le directeur de l'asile ou par l'ordonnateur de l'hospice ou hôpital, ce compte doit être débité par le receveur, qui applique aux produits budgétaires le montant de la mensualité de la pension suivant la catégorie dont fait partie le malade. En cas de sortie de l'établissement ou de décès, l'excédent resté disponible au compte hors budget est remboursé sur mandat au malade ou à ses ayants droit. (Circ. Intérieur du 21 août 1899.)

Les receveurs de l'enregistrement sont chargés des poursuites exercées pour le recouvrement des frais d'entretien, de séjour et de traitement concernant : 1° les aliénés placés d'office dans les asiles *départementaux* (loi du 30 juin 1838, art. 27); 2° les aliénés placés volontairement par leurs familles dans les mêmes asiles; 3° les aliénés placés dans les asiles publics *autonomes*, c'est-à-dire ayant une personnalité civile propre (par ex., Charenton). Les sommes recouvrées à ces différents titres doivent être versées par les receveurs de l'enregistrement aux receveurs des finances à la fin de chaque mois; le versement donne lieu à la délivrance d'un récépissé au titre du *service départemental* s'il s'agit d'aliénés placés d'office dans les asiles départementaux, et au titre *Receveurs d'établissements de bienfaisance, L/C de recouvrements de rentes et créances*, dans les autres cas. Les frais de visites des médecins chargés de constater l'état mental des personnes placées dans les établissements privés d'aliénés (lois du 30 juin 1838, art. 9, et du 25 juin 1841, art. 29) sont recouvrés par les receveurs de l'enregistrement dans les mêmes conditions que le prix des pensions des personnes placées dans les asiles départementaux ou dans les asiles publics autonomes. Le versement de ces frais est effectué par les receveurs de l'enregistrement aux établissements créanciers et justifié par la quittance du directeur ou de la personne autorisée à recevoir pour le compte de l'établissement. (Circ. compt. publ. du 30 déc. 1900.)

*Fonds appartenant aux aliénés.* — Les établissements d'aliénés n'ont pas le droit de verser en compte courant au Trésor les fonds qui leur sont déposés par les aliénés, parce que ces fonds sont des deniers privés. Les placements au Trésor sont exclusivement réservés aux deniers publics, c'est-à-dire aux fonds libres appartenant en propre aux communes ou aux établissements compris dans l'énumération limitative consacrée par l'Instr. gén. du 20 juin 1859, art. 756. (Circ. Intérieur du 30 avr. 1888.)

Le receveur est, à l'exclusion de l'économe, chargé du maniement des deniers provenant du travail des aliénés. Les économes ont seulement à constater la durée du travail, constatation qui permet d'établir la rémunération due : c'est en ce sens qu'il faut interpréter les articles 155 et suivants de l'arrêté du ministre de l'Intérieur du 19 décembre 1892, modifiant le règlement du 20 mars 1877. (Solut. Intérieur du 3 mai 1899.)

Ces fonds peuvent être placés, à la Caisse des dépôts et consignations, à un compte courant collectif ouvert à chacun des divers asiles publics, ou bien, au nom de chaque malade individuellement, à la Caisse d'épargne postale.

*Pécule des aliénés.* — Le pécule, n'étant remis aux aliénés qu'au moment de leur sortie de l'asile par suite de guérison, doit, jusqu'au moment de cette remise, rester confondu avec les fonds de l'établissement. En conséquence, les sommes représentant le montant de ce pécule doivent être placées en compte courant au Trésor avec les fonds appartenant aux asiles, qui profitent de l'intérêt.

L'arrêté du ministre de l'Intérieur du 19 décembre 1892, modifiant le règlement du 20 mars 1857, détermine les règles à suivre pour le recouvrement et l'attribution du produit du travail des aliénés, ainsi que pour la fixation de l'emploi du pécule éventuel de sortie. Il porte notamment que tout aliéné sortant pour cause de guérison et dont le pécule n'a pas atteint le taux réglementaire a droit au payement d'une somme complémentaire, imputable sur le crédit ouvert au budget de l'établissement pour la rémunération du travail.

## Alignement. — V. VOIRIE.

## Aliments.

La loi entend par *aliments* les moyens de subsistance, c'est-à-dire la nourriture, le logement, les vêtements. L'obligation alimentaire résulte de la parenté ou de l'alliance. Elle ressort, pour les époux, de l'article 212 du Code civil, d'après lequel ils se doivent mutuellement secours et assistance. D'après les articles 205-207, les enfants doivent des aliments à leurs père et mère et autres ascendants qui sont dans le besoin. Les gendres et belles-filles doivent également et dans les mêmes circonstances des aliments à leurs beau-père et belle-mère ; mais cette obligation cesse : 1° lorsque la belle-mère a convolé en secondes noces, car alors c'est son nouveau mari qui lui doit les aliments; 2° lorsque celui des époux qui produisait l'affinité et les enfants issus de son union avec l'autre époux sont décédés. Les obligations résultant de ces dispositions sont réciproques. Les aïeuls doivent des aliments à leurs petits-enfants dans le besoin, et réciproquement.

L'obligation naturelle qui continue d'exister entre un enfant adopté et ses père et mère de se fournir des aliments dans les cas déterminés par la loi est considérée comme commune à l'adoptant et à l'adopté l'un envers l'autre; l'adopté et ses descendants peuvent demander et doivent des aliments à l'adoptant, mais ce droit et cette charge ne s'étendent pas aux ascendants de l'adoptant (art. 349 et 350). Les père et mère d'enfants naturels leur doivent des aliments, et réciproquement. Cette même obligation existe pour les parents envers leurs enfants incestueux ou adultérins, bien qu'ils ne puissent les reconnaître légalement : les aliments sont réglés eu égard aux facultés du père et de la mère, au nombre et à la qualité des héritiers légitimes (art. 762, 763).

Lorsque le donateur est dans le besoin et que le donataire lui refuse des aliments, ce refus est une cause de révocation pour cause d'ingratitude (art. 953).

Les fournitures d'aliments faites à un débiteur et à sa famille, pendant les six derniers mois, par les marchands en détail (bouchers, boulangers, etc.), et pendant la dernière année par les maîtres de pension et marchands en gros, donnent à ces fournisseurs un privilège sur la généralité des meubles, lequel privilège s'exerce en cinquième rang (art. 2101). L'action des hôteliers à raison du logement et de la nourriture fournie se prescrit par six mois (art. 2271).

Lorsque celui qui fournit ou qui reçoit des aliments est replacé dans un état tel que l'un ne puisse plus en donner ou que l'autre n'en ait plus besoin en tout ou en partie, la décharge ou réduction peut être demandée (art. 209). Par contre, si la fortune de celui qui doit des aliments s'est accrue, ou si les ressources de celui qui les reçoit ont sensiblement diminué, il y a lieu de demander au tribunal un supplément d'aliments.

Les demandes en *pension alimentaire* sont toujours jugées comme matières sommaires, c'est-à-dire avec la plus grande célérité et les formalités les moins nombreuses. Le tribunal peut, d'ailleurs, attribuer une *provision alimentaire*, jusqu'à l'issue du procès, à celle des parties qui réclame des aliments. Les pensions alimentaires sont de leur nature incessibles et insaisissables, si ce n'est toutefois pour cause d'une autre dette alimentaire.

**Alliance.** — V. AFFINITÉ.

**Allonge.** — Bande de papier collée à une lettre de change lorsqu'il ne reste plus de place pour de nouveaux endos.

L'allonge doit faire corps avec la feuille principale, parce que l'endossement des effets de commerce doit être opéré sur un titre unique. Il est prudent de reporter sur l'allonge, du côté du recto de l'effet, les mentions essentielles de celui-ci et de rédiger le premier endos tant sur l'effet que sur l'allonge.

**Allumettes.**

Depuis le 1er janvier 1890, l'Etat exploite le monopole de la fabrication et de la vente des allumettes chimiques, qui ne peuvent circuler ou être mises en vente qu'en boîtes ou paquets fermés et revêtus d'une vignette timbrée. (Décret du 30 déc. 1889; Circ. Contr. ind. du 30 déc. 1889.)

Le transport pour le compte des fraudeurs et contrebandiers est puni d'une amende de 100 à 1 000 francs, de la confiscation des allumettes et des moyens de transport. Sont considérés comme coauteurs directs de l'infraction et punis comme tels les parents ou surveillants naturels du mineur âgé de moins de seize ans, s'il est établi qu'ils ont incité celui-ci à commettre une contravention en matière d'allumettes chimiques. Tout individu convaincu de fabrication frauduleuse d'allumettes chimiques sera immédiatement arrêté, constitué prisonnier et puni d'une amende de 300 à 1 000 francs et d'un emprisonnement de six jours à six mois; en cas de récidive, l'amende ne pourra être inférieure à 500 francs. Les allumettes, ainsi que les instruments et ustensiles servant à la fabrication, seront saisis et confisqués. La simple détention des pâtes phosphorées propres à la fabrication des allumettes chimiques est punie des mêmes peines que la fabrication frauduleuse. La simple détention, sans déclaration préalable au bureau de la régie, des ustensiles, instruments ou mécaniques affectés à la fabrication des allumettes, des bois d'allumettes blanches ou soufrées ayant moins de 10 centimètres de longueur, de mèches d'allumettes de cire ou de stéarine, de matières propres à la préparation de pâtes chimiques, de boîtes vides et cartonnages destinés à contenir des allumettes, est punie d'une amende de 100 à 1 000 francs, indépendamment de la confiscation des objets saisis. (Loi du 16 avril 1895, art. 19 et 20.)

La fabrication, la circulation, la vente et l'emploi du phosphore sont soumis à la surveillance de l'administration des contributions indirectes. Les contraventions sont passibles des mêmes pénalités que les contraventions en matière d'allumettes. (*Id.*, art. 21.)

Une prime de 10 francs est allouée aux préposés qui arrêtent les individus fabriquant ou vendant frauduleusement des allumettes chimiques. (Décrets des 10 août 1875 et 6 août 1895.)

**Alluvion.** — Dépôt argileux ou sableux formé par les eaux; accroissement de terrain qui en résulte lorsque celles-ci se retirent.

L'alluvion est un mode d'*acquisition* de la propriété par voie d'accession. (V. ce mot.) Un fleuve, par exemple, entraîne avec lui des détritus et des terres arrachés aux rives contre lesquelles il se heurte, et il dépose ces détritus et ces terres sur certains points de son parcours, accroissant tel ou tel point de la rive. Or, ces détritus charriés, comme aussi les parcelles de terre enlevées sur les rives et portées souvent à de grandes distances, ne sauraient être réclamés par personne. Si donc ils viennent s'ajouter au terrain d'un propriétaire riverain, ils deviennent sa propriété et lui appartiennent, qu'il s'agisse d'un fleuve ou d'un cours d'eau, flottable ou non, mais à la condition que, dans le premier cas, le propriétaire réserve le chemin de halage et le marchepied ou contre-halage. (Code civ., art. 556.) L'usufruitier, le créancier privilégié, le créancier hypothécaire jouissent de l'accroissement par alluvion. V. ATTERRISSEMENT, LAIS ET RELAIS.

**Ambassadeur.** — V. AFFAIRES ÉTRANGÈRES, AGENTS DIPLOMATIQUES.

**Aménagement.** — V. FORÊTS.

**Amende.** — Peine commune aux matières criminelles, correctionnelles et de simple police et qui consiste dans l'obligation de payer une somme d'argent.

Les juridictions qui ont qualité pour prononcer des condamnations pécuniaires sont : les *tribunaux de police* pour les contraventions de simple police ; les *tribunaux correctionnels* pour les délits ; les *cours d'assises* pour les crimes ; les *cours d'appel,* lorsque les décisions antérieures sont revisées par ces juridictions ; la *Cour de cassation ;* la *Cour des comptes* pour retard dans la production des comptes ; les *conseils de préfecture* pour les contraventions aux règlements à la grande voirie et pour certaines infractions à la loi sur le roulage, et le *conseil d'Etat* comme juridiction d'appel en ces mêmes matières ; les *conseils de guerre* des armées de terre et de mer pour les crimes et délits militaires et maritimes ; les *tribunaux consulaires* dans le Levant, la Chine, le Japon et le royaume de Siam ; les *tribunaux commerciaux maritimes* pour les délits de navigation ; les *tribunaux de commerce ;* les *conseils de prud'hommes.* Les *juges d'instruction* peuvent infliger des amendes aux témoins défaillants lorsqu'il s'agit d'instances autres que les procès civils.

*Caractères de l'amende.* — L'amende est une peine tantôt principale et tantôt accessoire en matière de simple police et en matière correctionnelle, toujours accessoire en matière criminelle. Toute amende pénale est de droit soumise à 2 décimes et demi, qui s'ajoutent au principal de l'amende, que celle-ci résulte du jugement de condamnation ou d'une substitution de peine accordée par voie gracieuse. (Lois des 6 prairial an VII, 23 août 1871 et 30 déc. 1873.) Les amendes pour *contraventions de police* peuvent s'élever de 1 à 15 francs inclusivement (Code pén., art 466), mais les jugements sont susceptibles d'appel, dans les dix jours de la signification, lorsque l'amende excède 5 francs, outre les dépens. (Code instr. crim., art. 172.) Les délits dont la peine excède 15 francs d'amende sont de la compétence des tribunaux correctionnels. (Code instr. crim., art. 179.) Dans tous les cas où l'amende est substituée à l'emprisonnement aux termes du décret du 27 nov. 1870, si la peine de l'emprisonnement est seule prononcée par l'article dont il est fait application, le maximum de cette amende est de 3 000 francs. (Code pén., art. 463.)

L'amende est une peine essentiellement personnelle. Aussi les personnes qui ne sont que civilement responsables ne peuvent-elles être soumises à la contrainte par corps, maintenue, en matière d'amende, par la loi du 22 juillet 1867.

L'article 10 de la loi du 29 juillet 1881 sur la liberté de la presse interdit d'ouvrir ou d'annoncer publiquement des souscriptions ayant pour objet d'indemniser des amendes et condamnations pécuniaires, en matière criminelle et correctionnelle, sous peine d'un emprisonnement de huit jours à six mois et d'une amende de 100 à 1 000 francs ou de l'une de ces deux peines seulement.

Le caractère répressif doit être reconnu aux amendes qui ont pour objet d'assurer l'obéissance à certaines lois civiles ; telles sont celles qui peuvent être prononcées contre les parents qui se dérobent à une réunion du conseil de famille, à une citation en conciliation devant le juge de paix, etc.

Les amendes en matière fiscale (contributions indirectes, douanes, enregistrement, timbre) sont régies par des règles particulières.

*Recouvrement des amendes.* — Le service des amendes et des condamnations pécuniaires est réglementé par l'instruction du 5 juillet 1895. Le recouvrement en est opéré par les percepteurs pour le compte des trésoriers-payeurs généraux (loi du 29 déc. 1873, art. 25) ; mais les diverses régies financières (enregistrement, douanes, postes, contributions indirectes) conservent le droit de recouvrer celles qui sont afférentes aux contraventions relevées dans leur propre service (loi du 29 déc. 1873, art. 58.) Ces dernières sont dites *amendes fiscales, de contravention* ou *de réparation.*

En vue du recouvrement, il est établi, par les greffiers pour chaque jugement ou arrêt définitif, et sous leur responsabilité, des extraits dont il est passé écriture par le percepteur dans la circonscription duquel se trouve le tribunal qui a rendu la sentence. Les extraits des jugements rendus par les tribunaux consulaires, les arrêts des conseils de guerre dans les colonies et dans les pays de protectorat, ainsi que les condamnations prononcées par les juridictions maritimes, sont centralisés à Paris par le receveur central de la Seine.

Le produit des amendes comprend les éléments ci-après : l'amende (principal et décimes) ; la valeur des armes et engins confisqués en matière de délits de chasse ou de pêche ; les restitutions et dommages-intérêts au profit de l'Etat ; les frais de justice ; les droits de poste ; les frais de réparations attribués aux départements et aux communes.

Toutes les condamnations d'une même année sont recouvrées au titre de l'exercice pendant lequel ces jugements ont été prononcés.

En matière d'amendes et de condamnations pécuniaires, l'exercice est clos, pour le recouvrement, au 28 février de la seconde année. A cette date, les percepteurs établissent (instr. du 5 juill. 1895, art. 534) des états de restes présentant, par jugement et par condamné, toutes les sommes qui n'ont pu être recouvrées sur l'exercice expiré. Ces états, accompagnés des pièces justificatives réglementaires (certificats d'indigence, certificats de transaction, de carence, de dépôts d'armes au greffe, etc.), sont soumis au jugement du préfet pour l'ensemble de son département. Cet ordonnateur détermine et désigne dans les colonnes spéciales et dans l'arrêté qui y fait suite : 1° la portion de l'arriéré qu'il y a lieu de reporter à l'exercice suivant; 2° la portion à admettre en non-valeur, soit qu'on annule définitivement les condamnations, suivant qu'elles sont comprises dans des lois d'amnistie, des décrets de grâce, des transactions, etc., soit qu'on les porte aux *surséances*, c'est-à-dire sur des carnets spéciaux d'où on les retire pour les mettre de nouveau en recouvrement au titre de l'exercice en cours, si le débiteur est devenu solvable avant que sa condamnation soit couverte par la prescription.

Il est sursis au recouvrement des condamnations pécuniaires, soit provisoirement, soit définitivement, en cas de recours en grâce, transaction, amnistie, prescription, erreur judiciaire, insolvabilité. V. AMNISTIE, GRÂCE.

Les biens présents et à venir du condamné garantissent le payement des amendes, restitutions, dommages-intérêts et frais de justice. C'est pour cela que toute condamnation pécuniaire emporte une hypothèque sur lesdits biens. (Code civ., art. 2123.) V. HYPOTHÈQUE. L'État a un privilège sur les immeubles et meubles des condamnés pour le recouvrement des frais. Si les biens du condamné sont insuffisants pour payer à la fois les restitutions et les dommages-intérêts, la partie civile a la préférence. (Code pén., art. 54.)

Le produit *en principal* des amendes et condamnations pécuniaires dont le recouvrement est confié aux percepteurs est annuellement réparti dans chaque département de la manière suivante : 20 p. 100 à l'État et 80 p. 100 à un fonds commun dont le montant est versé au compte des cotisations municipales et qui, déduction faite de certains prélèvements, est attribué pour 1/4 aux enfants assistés et pour 3/4 aux communes ou aux bureaux de bienfaisance qui éprouveront le plus de besoins, selon la répartition faite par la commission départementale, sur les propositions du préfet. (Loi du 26 déc. 1890, art. 2, modifiée par les lois du 28 avril 1893, art. 45, et du 13 avril 1898, art. 84.)

*Prescription.* — Les amendes se prescrivent comme les peines corporelles, c'est-à-dire par vingt ans s'il s'agit d'un crime, par cinq ans s'il s'agit d'un délit, et par deux ans s'il s'agit d'une contravention. (Code instr. crim., art. 635, 636, 639.) V. PRESCRIPTION.

*Débiteurs de l'amende.* — Sont débiteurs de l'amende, outre le condamné : 1° la *partie civile* ou les personnes *civilement* responsables; 2° les *débiteurs solidaires;* 3° les *héritiers* du condamné. Tout jugement de condamnation rendu contre le prévenu et contre les personnes civilement responsables du délit, ou contre la partie civile, doit les condamner aux frais, même envers la partie publique. (Code instr. crim., art. 194.) Tous les individus condamnés pour un même délit sont solidairement responsables des amendes, restitutions, dommages-intérêts et frais (Code pén., art. 55); cette solidarité s'étend aux frais de justice prononcés par les tribunaux de police (décret du 18 juin 1811, art. 156), mais non aux amendes, restitutions et dommages-intérêts. Lorsque le condamné décède après un jugement ayant acquis force de chose jugée, les héritiers qui ont accepté sa succession sont tenus au payement de sa condamnation ; mais les amendes dues à titre successoral prennent le caractère de dette civile, et elles se prescrivent alors par trente ans.

Le mari n'est pas civilement responsable des amendes encourues par sa femme, sauf disposition expresse de la loi et à moins que la femme ne soit censée le représenter. Le recouvrement des amendes encourues par une femme ne peut même (Code civ., art. 1424) être poursuivi que sur la nue propriété de ses biens personnels, tant que dure la communauté. Les condamnations prononcées contre le mari peuvent être poursuivies sur les biens de la communauté, mais la communauté a droit à récompense. (Code civ., art. 1425.)

*Restitution.* — Lorsqu'une erreur est constatée dans le versement d'une condamnation pécuniaire ou dans les extraits de jugements (extraits qui constituent les titres de perception), il y a lieu à restitution.

Les mandats pour restitution ne doivent être délivrés qu'au profit soit des véritables créanciers, soit de leurs mandataires ou ayants cause justifiant de leurs qualités. Par véritables créanciers, il faut entendre les débiteurs des droits originairement perçus, lesquels deviennent créanciers de tout ou partie de ces mêmes droits par l'effet de la décision qui en autorise le remboursement total ou partiel.

**Amendement.** — Modification à une proposition de loi soumise par un membre du Parlement à l'approbation de ses collègues.

Un amendement ne doit jamais avoir le caractère d'une proposition principale. S'il en était ainsi, ou bien s'il ne présentait aucune relation avec le texte en discussion, il subirait les formalités prescrites par le règlement sur les propositions d'initiative parlementaire. Il ne peut être tel que le résultat de son adoption soit de remettre en question un vote de l'Assemblée. A la différence des propositions rejetées, il peut être reproduit sans conditions de délai, et en cas de rejet rien n'empêche de le représenter, pourvu que sa rédaction soit modifiée. Le paragraphe d'un amendement rejeté dans son ensemble peut être reproduit comme amendement nouveau; mais on n'a pas le droit de dire que l'on « reprend une partie de l'amendement écarté par le Sénat ou la Chambre ». Il est, enfin, interdit d'introduire dans un projet d'intérêt local des dispositions d'intérêt général.

Tout ministre, sénateur ou député, peut soumettre au Sénat ou à la Chambre des amendements, non comme membre du gouvernement, mais comme membre du Sénat ou de la Chambre; en tant que ministre, il ne saurait que déposer des *dispositions additionnelles.* Quand le gouvernement abandonne un projet, il peut être repris à titre d'amendement par un membre du Parlement. Si un amendement est en concurrence avec le texte de la commission et celui du gouvernement, et s'il a le caractère d'un contre-projet, l'Assemblée est consultée sur la question de priorité.

**Ameublissement.** — Clause de communauté conventionnelle par laquelle les époux (ou l'un d'eux) font passer un immeuble à l'état de meuble pour le faire entrer dans la communauté. V. COMMUNAUTÉ.

**Amiral.** — Officier général le plus élevé en grade dans la marine militaire.

Louis-Philippe décida en 1841 que trois officiers supérieurs de la marine recevraient la dignité d'amiral, qui correspond à celle de maréchal de France dans l'armée de terre. Cette dignité n'a été conférée depuis qu'au vice-amiral Hamelin (1854). Les grades de *vice-amiral* et de *contre-amiral* correspondent à ceux de général de division et de général de brigade. V. MARINE.

**Amnistie.** — Loi qui a pour but d'effacer certaines catégories d'infractions spécialement désignées et qui a pour effet soit d'empêcher ou d'arrêter les poursuites, soit d'anéantir les condamnations.

Alors que le président de la République a le droit de faire grâce (loi du 25 février 1875, art. 3), l'amnistie ne peut résulter que d'un acte du Parlement. Elle s'applique à une ou plusieurs catégories de faits délictueux; elle est collective et vise les faits plus que les personnes, tandis que la grâce reste une mesure individuelle, même lorsque le chef de l'Etat prononce des grâces collectives, par exemple à l'occasion du nouvel an ou de la fête nationale. Elle fait disparaître l'infraction elle-même, et, par conséquent, elle éteint l'action publique aussi bien que les condamnations : la grâce laisse subsister, non seulement la flétrissure morale, mais encore les incapacités juridiques, et seules les condamnations amnistiées n'entrent pas en ligne de compte au point de vue de la récidive.

L'amnistie étant un acte d'indulgence et de pardon, en cas de doute sur les faits auxquels elle s'applique et sur les conditions de leur application, l'interprétation doit avoir lieu en faveur des délinquants. Comme la grâce, l'amnistie peut être totale ou partielle.

L'amnistie ne s'étend ni aux sommes recouvrées, attendu qu'elle n'a pas d'effet rétroactif, ni aux frais de justice, lesquels représentent des avances faites par le Trésor, dont les droits doivent être respectés, à moins d'une disposition expresse de la loi.

**Amortissement.** — Remboursement progressif d'une dette publique.

L'amortissement des dettes de l'Etat doit s'effectuer soit au moyen d'annuités toujours égales, soit par la constitution d'un fonds dit d'amortissement; cette dotation fixe se grossit chaque année de la somme que l'Etat continue de payer pour les rentes précédemment rachetées, et il peut ainsi racheter les rentes qui s'offrent sur la place.

La *Caisse d'amortissement*, fondée par la loi du 28 avril 1816 et dont la constitution a été plusieurs fois modifiée, est un établissement distinct de la *Caisse des dépôts et consignations*, quoique soumise à un même directeur général. (V. CAISSE.) Les deux caisses sont placées sous la surveillance d'une commission. (Loi du 6 avril 1876.) Le caissier rend un compte annuel à la Cour des comptes.

**Anarchistes.**

A la suite de l'attentat de l'anarchiste Vaillant (1894) contre la Chambre des députés, le Parlement vota diverses lois dont voici les titres : Loi portant modification des articles 24, § 1er, 25 et 49 de la loi du 29 juillet 1881 sur la presse (12 décembre 1893). [V. PRESSE.] — Loi portant modification et addition à l'article 3 de la loi du 19 juin 1871 sur les explosifs (18 décembre 1893). [V. EXPLOSIFS.] — Loi sur les associations de malfaiteurs (18 décembre 1893). [V. ASSOCIATION.] — Loi ouvrant au ministre de l'Intérieur un crédit supplémentaire destiné au service des commissaires de police (19 décembre 1893).

Au lendemain de l'assassinat du président Carnot, une nouvelle loi fut votée portant la date du 28 juillet 1894 et créant un nouveau délit, celui de propagande anarchiste. V. PRESSE.

**Anatocisme.** — Intérêts produits par les intérêts échus et capitalisés d'une somme prêtée.

L'anatocisme est licite lorsqu'il résulte d'une convention spéciale ou d'une demande en justice, et qu'il s'agit d'intérêts dus au moins pour une année entière. On ne pourrait donc pas convenir à l'avance que les intérêts seront capitalisés à l'échéance; la convention ou la décision de justice ne peut intervenir que lorsque les intérêts sont échus, et que le débiteur les doit pour une année entière (Code civ., art. 1154) ; mais s'il s'agit de fermages, loyers, arrérages de rentes perpétuelles ou viagères, restitutions de fruits, intérêts payés par un tiers au créancier en acquit du débiteur, la restriction n'est pas applicable, et les revenus échus produisent intérêt du jour de la demande ou de la convention : là il n'y a pas de capital à rembourser, et les conséquences, redoutables pour le débiteur, de l'accumulation du capital et des intérêts ne sont plus à craindre. (*Id.*, art. 1155.) Enfin, en matière de compte courant (V. COMPTE COURANT), les conditions restrictives de l'article 1154 ne sont pas observées : sans égard au laps de temps, le solde reporté à nouveau est productif d'intérêts, non seulement quant aux capitaux, mais aussi quant aux intérêts qui y sont compris.

**Ancrage.** — Droit payé par un navire pour avoir le droit de mouiller l'ancre et de séjourner dans certains ports ou rades.

Le droit d'ancrage est fixé par les règlements locaux d'après des tarifs basés sur le tonnage des bâtiments. Le Code de commerce (art. 406) considère les autres droits de navigation (et par conséquent le droit d'ancrage) non comme avarie (v. ce mot), mais comme simples frais du navire.

## Angarie. — V. ARRÊT DE PRINCE.

## Animaux.

Au point de vue juridique, on distingue : les animaux sauvages ; les animaux qui ne sont pas absolument sauvages sans être absolument domestiques ; les animaux domestiques.

*Droit de propriété sur les animaux.* — Les animaux dits sauvages, comme le gibier, deviennent la propriété de l'homme par droit d'occupation, et la fin de l'occupation met fin à ce droit.

Les animaux de la seconde catégorie appartiennent par droit d'accession (v. ce mot) au propriétaire du fonds sur lequel ils se fixent : ainsi les pigeons, lapins et poissons qui passent, sans y avoir été attirés frauduleusement, dans un autre colombier, garenne ou étang, appartiennent au propriétaire de ces colombier, garenne ou étang. (Code civ., art. 564.)

Les animaux domestiques sont l'objet d'un droit de propriété, au sens général et ordinaire du mot.

*Immobilisation par destination.* — De leur nature, les animaux sont *meubles,* mais la loi range certains d'entre eux parmi les *immeubles par destination,* et l'intérêt de cette distinction apparaît en matière de saisie. Les animaux que le propriétaire d'un fonds livre au fermier ou au métayer pour la culture, ou qu'il emploie lui-même pour l'exploitation de son fonds, sont considérés comme immeubles tant qu'ils demeurent attachés au fonds par l'effet de la convention. Ceux qu'il donne à cheptel (v. CHEPTEL), à d'autres qu'au fermier ou au métayer, ne sont pas immobilisés. (Code civ., art. 524.) Sont également immeubles par destination les ustensiles aratoires, les semences données aux fermiers ou colons partiaires ou mises en réserve par le fermier pour les prochaines semailles, les pigeons des colombiers, les lapins des garennes, les poissons des étangs, les ruches d'abeilles. (*Id.*, art. 524.)

*Usufruit.* — Le produit et le croît des animaux appartiennent à l'usufruitier. (Code civ., art. 583.)

L'usufruitier est tenu de restituer la chose dans l'état où il l'a reçue, sauf si elle a été perdue ou détériorée par cas fortuit. Il n'a donc pas à restituer un autre animal ni même à en payer le prix, si l'animal reçu en usufruit a péri par cas fortuit ; le propriétaire ne peut réclamer que la dépouille. Lorsqu'un troupeau périt tout entier par accident ou maladie, l'usufruitier, s'il n'est pas en faute, n'est tenu de rendre compte que des peaux ou de leur valeur. Lorsque le troupeau ne périt que partiellement, l'usufruit demeure établi sur les têtes qui subsistent, mais l'usufruitier doit remplacer les animaux qui ont péri « jusqu'à concurrence du croît ». (Code civ., art. 615 et 616.) La loi entend-elle parler du croît précédemment perçu par l'usufruitier ou du croît à venir ? Controverse.

*Protection des animaux domestiques.* — Aux termes de la loi Grammont du 2 juillet 1850, sont punis d'une amende de 5 à 15 francs et peuvent l'être de un à cinq jours de prison, ceux qui ont exercé abusivement et publiquement des mauvais traitements envers les animaux domestiques. La peine de la prison est toujours appliquée en cas de récidive.

La Cour de cassation définit comme passibles de la loi (arrêts des 22 août 1857 et 13 août 1858) « tous mauvais traitements, qu'ils résultent soit d'actes directs de violence ou de brutalité, soit de tous autres actes volontaires de la part des coupables, quand ces actes ont pour résultat d'occasionner aux animaux des souffrances que la nécessité ne justifie pas. » Principaux actes tombant sous l'application de la loi : les blessures faites volontairement ; les coups violents ; le travail des animaux blessés ; la surcharge ; l'entassement des animaux conduits dans les voitures de transport ; les jeux cruels où les animaux sont employés ; etc.

La loi Grammont n'a en vue que les mauvais traitements exercés dans les lieux publics. La loi du 21 juin 1898, article 1er, interdit d'une manière générale « d'exercer abusivement des mauvais traitements envers les animaux domestiques ».

Tout entrepreneur de transport par terre ou par eau doit pourvoir, toutes les douze heures au moins, à l'abreuvement et à l'alimentation des animaux confiés à sa garde. Si les animaux transportés sont accompagnés d'un gardien, l'entrepreneur est tenu de fournir gratuitement les seaux, auges et autres ustensiles pour permettre l'alimentation et l'abreuvement, et aussi l'eau nécessaire. Les transports par chemins de fer restent soumis aux règlements arrêtés par le ministre des Travaux publics, après avis du ministre de l'Agriculture. (Loi du 21 juin 1898, art. 66.)

Quiconque a empoisonné des chevaux ou autres bêtes de voiture, de monture ou de charge, des bestiaux à cornes, des moutons, chèvres ou porcs, ou des poissons dans des étangs, viviers ou réservoirs, est puni d'un emprisonnement d'un an à cinq ans, et d'une amende de 16 francs à 300 francs. Les coupables peuvent être en outre frappés d'interdiction de séjour pendant deux ans au moins et cinq ans au plus. (Code pén., art. 452.) Ceux qui, sans nécessité, ont tué l'un des animaux mentionnés ci-dessus sont punis ainsi qu'il suit : si le délit a été commis dans les bâtiments, enclos et dépendances, ou sur les terres dont le maître de l'animal tué était propriétaire, locataire, colon ou fermier, la peine sera un emprisonnement de deux mois à six mois ; s'il a été commis dans les lieux dont le coupable était propriétaire, locataire, colon ou fermier, l'emprisonnement sera de six jours à un mois ; s'il a été commis dans tout autre lieu, l'emprisonnement sera de quinze jours à six semaines. Le maximum de la peine sera toujours prononcé en cas de violation de clôture. (*Id.*, art. 453.) Quiconque a, sans nécessité, tué un animal domestique dans un lieu dont celui à qui cet animal appartient est propriétaire, locataire, colon ou fermier, est puni d'un emprisonnement de six jours au moins et de six mois au plus. S'il y a eu violation de clôture, le maximum de la peine sera prononcé. (*Id.*, art. 454.) Dans tous les cas, le coupable est frappé d'une amende qui ne peut excéder le quart des restitutions et dommages-intérêts, ni être inférieure à 16 francs. (*Id.*, art. 455.)

*Vol d'animaux.* — Quiconque vole ou tente de voler dans les champs des chevaux ou bêtes de charge, de voiture ou de monture, gros et menus bestiaux, ou des instruments d'agriculture, est passible d'un emprisonnement d'un an à cinq ans et d'une amende de 16 francs à 500 francs. (Code pén., art. 388.)

*Dommages causés par les animaux.* — Le propriétaire d'un animal ou celui qui s'en sert est responsable du dommage causé par cet animal, que celui-ci soit sous sa garde ou qu'il soit égaré ou échappé. (Code civ., art. 1385.)

Le fait de laisser passer des bestiaux ou bêtes de travail, de charge ou de monture sur le terrain d'autrui avant l'enlèvement de la récolte est puni d'une amende de 1 franc à 5 francs. (Code pén., art. 471.) Si le terrain est ensemencé ou chargé de récolte en quelque saison que ce soit, ou planté en bois taillis, la peine est de 6 francs à 10 francs inclusivement. (*Id.*, art. 475.) « Ceux qui auront occasionné la mort ou la blessure des animaux ou bestiaux appartenant à autrui, par l'effet de la divagation des fous ou furieux, ou d'animaux malfaisants ou féroces, ou par la rapidité ou la mauvaise direction ou le chargement excessif des voitures, chevaux, bêtes de trait, de charge ou de monture » sont punis d'une amende de 11 francs à 15 francs. (*Id.*, art. 479.)

Les animaux dangereux doivent être tenus enfermés, attachés et enchaînés de manière à ne causer aucun accident aux personnes ou aux animaux domestiques. (Loi du 21 juin 1898, art. 14.)

Lorsque des animaux errants sans gardien, ou dont le gardien refuse de se faire connaître, sont trouvés pacageant sur des terrains appartenant à autrui, sur des accotements ou dépendances des routes, canaux, chemins ou sur des terrains communaux, le propriétaire lésé ou son représentant a le droit de les conduire ou de les faire conduire immédiatement au lieu de dépôt désigné par l'autorité municipale. Le maire, s'il connaît le propriétaire responsable du dommage, lui en donne avis. Dans le cas contraire, et si le dommage n'est pas payé dans la huitaine, il est procédé à la vente sur ordonnance du juge de paix, qui évalue les dommages; cette ordonnance est affichée, sur papier libre et sans frais, à la porte de la mairie. Le montant des frais et des dommages est prélevé sur le produit de la vente. Le propriétaire peut faire opposition, par simple avertissement, à l'ordonnance dans la huitaine de la vente, et même après ce délai si le juge de paix estime que les circonstances lui permettent de tempérer la rigueur de la loi. Il est procédé à la vente de ces animaux conformément aux dispositions de l'article 1er du titre VI, livre Ier, du Code rural. Lorsque les animaux errants qui causent le dommage sont des volailles, des oiseaux de basse-cour de quelque espèce que ce soit, ou des pigeons, le propriétaire, fermier ou métayer du champ envahi pourra les tuer, mais seulement sur le lieu, au moment où ils auront causé le dégât et sans pouvoir se les approprier. Si, dans un délai de vingt-quatre heures, celui auquel appartiennent les volailles tuées ne les a pas enlevées, le propriétaire, fermier ou métayer du champ envahi est tenu de les enfouir sur place. (Lois du 4 avril 1889, art. 1er, et du 21 juin 1898, art. 15.) Le propriétaire de l'animal est d'ailleurs tenu de réparer le dommage.

Les préfets peuvent, après avoir pris l'avis des conseils généraux et des conseils d'arrondissement, déterminer par des arrêtés les conditions sous lesquelles les chèvres peuvent être conduites et tenues au pâturage. Les propriétaires de chèvres conduites en commun sont solidairement responsables des dommages qu'elles causent.

Ceux dont les voitures, bestiaux ou animaux de charge ou de monture sont trouvés dans les forêts, hors des routes et chemins ordinaires, sont passibles, sans préjudice des dommages-intérêts : par chaque voiture, d'une amende de 10 francs pour les bois de dix ans et au-dessus, et de 20 francs pour les bois au-dessous de cet âge; par chaque tête ou espèce de bestiaux non attelés, aux amendes fixées pour délit de pâturage. (Code forest., art. 147.) Dans les bois de dix ans et au-dessus, ce délit est puni de 1 franc d'amende pour un cochon; 2 francs pour une bête à laine; 3 francs pour un cheval ou toute bête de somme; 4 francs pour une chèvre; 5 francs pour un bœuf, une vache ou veau. Dans les bois de moins de dix ans, l'amende sera double, sans préjudice des dommages-intérêts. (*Id.*, art. 199.)

*Destruction des animaux nuisibles.* — Le maire est chargé de prendre, de concert avec les propriétaires ou détenteurs du droit de chasse dans les buissons, bois et forêts, toutes les mesures nécessaires à la destruction des animaux désignés par arrêté préfectoral comme malfaisants ou nuisibles. (Lois du 22 janv. 1874 et du 5 avr. 1884, art. 90.) V. LOUPS.

*Certificats généalogiques d'animaux.* (Loi du 25 nov. 1887.) — L'arrêté du ministre de l'Agriculture du 9 mars 1887 autorise le secrétaire de la commission du *Herd-Book* français à délivrer aux éleveurs d'animaux de race Durham pure inscrits audit *Herd-Book* des certificats généalogiques complets, dits *pedigree*, moyennant la perception au profit du Trésor d'une redevance de 5 francs par pedigree. L'imputation des produits de cette taxe au budget a été autorisée par la loi de finances du 26 décembre 1890.

*Police sanitaire des animaux.* — V. ÉPIZOOTIE.

**Annonce.** — Avis écrit ou verbal donné au public d'un fait ou acte public ou privé.

Les principaux modes d'*annonces* sont l'affichage (v. ce mot); la distribution dans les lieux publics ou à domicile (V. PROSPECTUS); la publicité dans les journaux et écrits.

*Annonces administratives et judiciaires.* — La loi exige l'insertion dans les journaux du département d'un grand nombre d'actes. Sauf à Paris, où il appartient au préfet, le choix des journaux est laissé aux parties, sauf dispositions contraires; c'est ainsi que toutes les annonces judiciaires relatives à la même saisie doivent être insérées dans le même journal.

*Annonces des journaux et écrits sur la voie publique.* — Les journaux et tous les écrits ou imprimés distribués ou vendus dans les rues et lieux publics ne peuvent être annoncés que par leur titre, leur prix, l'indication de leur opinion et les noms de leurs auteurs ou rédacteurs. Aucun titre obscène ou contenant des imputations, diffamations ou expressions injurieuses pour une ou plusieurs personnes ne doit être annoncé sur la voie publique. Les infractions à ces dispositions sont punies de 1 franc à 15 francs d'amende et, en cas de récidive, d'un emprisonnement d'un jour à cinq jours.

**Annuité.** — Payement annuel au moyen duquel le débiteur éteint en capital et intérêts, au bout d'un certain nombre d'années, un emprunt contracté à un taux déterminé.

Il y a à considérer, dans le calcul des annuités : le capital emprunté, le taux de l'intérêt, la rente à payer (c'est proprement l'annuité), le temps pendant lequel l'annuité doit être payée. Ce mode de remboursement est adopté en matière d'emprunt au Crédit foncier et souvent en matière d'emprunts publics.

**Antichrèse** (du grec *anti-chrêsis*, contre-jouissance). — Contrat par lequel un débiteur abandonne à son créancier, à titre de *nantissement* (v. ce mot), l'usufruit d'un immeuble pour assurer l'acquittement d'une dette.

L'antichrèse ne s'établit que par écrit (papier timbré de dimension), c'est-à-dire qu'elle ne peut en aucun cas être prouvée par témoins, et cet écrit doit être transcrit. (Loi du 23 mars 1855, art. 2.) Le créancier antichrésiste perçoit les fruits de l'immeuble à la charge de les imputer annuellement sur les intérêts, s'il lui en est dû, puis sur le capital de sa créance. Il ne peut être obligé, avant d'être complètement désintéressé, de restituer l'immeuble, mais il n'en devient pas propriétaire *ipso facto* par le seul défaut de payement au terme convenu : il peut seulement, en ce cas, faire saisir et vendre. Il n'est pas davantage licite de déguiser, sous la forme d'un contrat d'antichrèse, une convention usuraire : par exemple, de donner un immeuble en nantissement d'un prêt, étant entendu que le revenu de l'immeuble sera intégralement conservé par le créancier, même s'il représente un intérêt plus élevé que l'intérêt légal ; un tel contrat pignoratif (v. ce mot) cache en effet une convention usuraire, et ne serait pas plus valable ; la loi n'autorise la compensation des fruits avec les intérêts que s'ils sont d'égale importance. Ne le serait pas davantage un contrat pignoratif cachant le pacte commissoire. V. PACTE COMMISSOIRE.

Le créancier antichrésiste paye, à moins de convention contraire, les contributions et charges annuelles de l'immeuble, ainsi que les dépenses de réparations et d'entretien, sauf à se rembourser par voie de précompte sur les fruits. Mais il peut, s'il n'en a été autrement convenu, se décharger de ces obligations en restituant au débiteur l'usufruit de l'immeuble. L'antichrèse ne lui confère pas comme le gage (v. ce mot) un privilège; il peut seulement exercer à son ordre les privilèges ou hypothèques légalement établis et conservés. L'antichrèse ne peut être hypothéquée comme l'usufruit d'un immeuble. La mort de l'antichrésiste n'entraîne pas l'extinction du contrat comme en matière d'usufruit. (Code civ., art. 2085.)

**Antidate.** — Apposition sur un acte d'une date antérieure à celle où cet acte a été passé.

Dans un acte authentique ou dans les écritures de commerce, l'antidate ayant pour objet de porter préjudice à autrui peut constituer le crime de faux (V. FAUX.) Le code de commerce, pour prévenir les fraudes, porte que les livres de commerce seront cotés, parafés, visés soit par un juge au tribunal de commerce, soit par le maire ou son adjoint, tenus sans blancs, lacunes, ni transports en marge.

Lorsque l'antidate ne réunit pas les éléments constitutifs du crime de faux, mais vise néanmoins à porter préjudice aux tiers, elle peut se prouver par témoins ou par simples présomptions. V. PREUVE.

**Antilles françaises.**

La France possède aux Antilles : 1° la Guadeloupe et ses dépendances (Marie-Galante, Saint-Martin, Saint-Barthélemy, les Saintes, la Désirade); 2° la Martinique.

Tel qu'il a été constitué par les lois et décrets organiques (sén.-consulte du 3 mai 1854 et du 4 juillet 1866; décrets du 11 août 1866 et du 3 décembre 1870), le régime légal des Antilles est une reproduction fidèle du régime métropolitain.

Chacune des Antilles envoie au Parlement deux députés et un sénateur.

Le gouverneur de la Guadeloupe et celui de la Martinique, nommés par le président de la République, sont responsables devant le ministre des Colonies de leur administration générale et devant le conseil général de leur gestion administrative et financière. Ils sont assistés d'un *conseil privé,* qui comprend le secrétaire général, le procureur général, le chef du service administratif, deux conseillers privés et un secrétaire archiviste.

Le conseil privé est transformé en *conseil de contentieux* par l'adjonction de deux magistrats nommés chaque année par arrêté du gouverneur.

Les *conseils généraux* des Antilles sont organisés sur le modèle des conseils généraux de la métropole.

Le *régime municipal* est également, depuis la loi du 5 avril 1884, calqué sur celui de la métropole, sauf quelques modifications rendues nécessaires par certaines particularités de l'organisation administrative de la Guadeloupe et de la Martinique et par leur éloignement de la métropole.

Le Code civil est en vigueur aux Antilles, sous certaines réserves, dont la principale a trait au régime des successions vacantes, et les lois civiles postérieures au Code ont été rendues applicables aux Antilles. Les autres codes y ont été promulgués.

## Appareils à vapeur.

Dans le but de concilier les nécessités de la sécurité publique avec les exigences de l'industrie, le décret du 9 octobre 1907 soumet à une réglementation spéciale les appareils à vapeur.

*Machines et appareils fonctionnant à terre.* — Sont soumis à l'application de ce décret :

1° Les générateurs de vapeur, autres que ceux qui sont placés à bord des bateaux, à l'exception des générateurs dont la capacité est inférieure à 25 litres, et ceux d'une capacité quelconque où des dispositions matérielles efficaces empêchent la pression effective de la vapeur de dépasser 300 grammes par centimètre carré, à la condition que ces générateurs soient munis d'une plaque portant les mots : « non soumis au décret du 9 octobre 1907 » et indiquant la pression maximum pour laquelle ces dispositions sont prises ; le constructeur doit adresser à l'ingénieur des mines, au plus tard à la fin du mois, un état des générateurs remplissant les conditions prévues, qu'il a livrés, avec la désignation des acquéreurs ;

2° Les récipients de formes diverses, d'une capacité de plus de 100 litres, qui reçoivent de la vapeur d'eau empruntée à un générateur distinct, excepté toutefois ceux dans lesquels des dispositions matérielles efficaces empêchent la pression effective de cette vapeur de dépasser 300 grammes par centimètre carré ; les cylindres de machines, avec ou sans enveloppes, les enveloppes de turbines, les tuyauteries.

Aucune chaudière neuve ne peut être mise en service qu'après une épreuve réglementaire faite par le service des mines chez le constructeur et sur sa demande, ou bien sur le lieu d'emploi dans les circonstances et sous les conditions fixées par le ministre des Travaux publics. Toute chaudière venant de l'étranger est éprouvée avant sa mise en service, sur le point du territoire français désigné par le destinataire dans sa demande.

Le renouvellement de l'épreuve peut être exigé : 1° Lorsque la chaudière, ayant déjà servi, est l'objet d'une nouvelle installation et, quand il s'agit d'une chaudière locomobile, lorsqu'elle change de propriétaire ;

2° Lorsqu'elle a subi une réparation notable ;

3° Lorsqu'elle est remise en service après un chômage de plus d'un an ;

4° Enfin lorsque, à raison des conditions dans lesquelles elle fonctionne, il y a lieu d'en suspecter la solidité.

L'intervalle entre deux épreuves consécutives ne doit pas être supérieur à dix années pour les appareils à demeure et à cinq pour les chaudières locomobiles. Avant l'expiration de ce délai, celui qui fait usage d'une chaudière à vapeur doit lui-même demander le renouvellement de l'épreuve.

L'épreuve consiste à soumettre la chaudière à une pression hydraulique supérieure à la pression effective qui ne doit point être dépassée dans le service.

Après qu'une chaudière ou partie de chaudière a été éprouvée avec succès, il est apposé un ou plusieurs timbres indiquant, en kilogrammes par centimètre carré, la pression effective que la vapeur ne doit pas dépasser.

Toute chaudière neuve présentée à l'épreuve doit porter une plaque d'identité indiquant le nom du constructeur et la date de la fabrication.

Des dispositions spéciales doivent être données aux chaudières qui seront munies d'un manomètre et de divers autres appareils.

Toute chaudière destinée à être employée à demeure ne peut être mise en service qu'après une déclaration adressée par celui qui fait usage du générateur au préfet du département. Cette déclaration est enregistrée à sa date. Il en est donné acte, et elle est communiquée sans délai à l'ingénieur en chef des mines.

*Machines et appareils placés à bord des bateaux.* — Des mesures de sûreté analogues sont prescrites, en ce qui concerne les appareils placés à bord des bateaux, par les décrets du 9 avril 1883 (navigation fluviale) et du 1er février 1893 (navigation maritime). En ce qui concerne la navigation fluviale, l'intervalle entre deux épreuves ne peut excéder deux ans si le bateau fait le service des voyageurs, quatre ans s'il ne fait que le service des marchandises ou s'il est remorqueur. L'intervalle est d'un an pour les bâtiments de mer.

*Contraventions.* — Les contraventions commises par les fabricants des appareils ou ceux qui en font usage sont réprimées par les lois des 21 juillet 1856 et 18 avril 1900.

*Gaz liquéfiés ou comprimés.* — Des arrêtés du ministre des Travaux publics des 15 décembre 1897 et 18 avril 1898 ont déterminé les conditions dans lesquelles sont faites par les ingénieurs des mines les vérifications et épreuves préalables des récipients devant contenir pour le transport par chemin de fer des gaz comprimés ou liquéfiés.

*Droits.* — Les épreuves réglementaires des appareils à vapeur, autres que ceux situés dans l'enceinte des chemins de fer d'intérêt général, donnent lieu, en exécution des articles 6 et 7 de la loi du 18 juillet 1892, et pour chaque épreuve, à la perception d'un droit de 10 francs par chaudière, ou de 5 francs par récipient de vapeur. En outre, la loi du 13 avril 1898 (art. 9) a soumis les épreuves et vérifications des récipients de gaz comprimés ou liquéfiés à un droit fixé, pour chaque opération, à 5 francs par récipient d'une capacité de plus de 100 litres, ou de 50 centimes par récipient d'une capacité égale ou inférieure à 100 litres. Il est ajouté au montant des sommes à recouvrer : 5 centimes par franc pour fonds de non-valeurs; 3 centimes pour frais de perception.

Les droits d'épreuve sont recouvrés au moyen de rôles *trimestriels* établis par l'administration des contributions directes, d'après des états-matrices dressés par l'ingénieur des mines ou par le président de la commission de surveillance des bateaux à vapeur et arrêtés par le préfet. Il est délivré des avertissements aux contribuables, à raison de 5 centimes par article.

**Appartement.** — V. BAIL.

**Appel.** — Voie de recours contre un jugement rendu en premier ressort, formé devant une juridiction supérieure en vue de le faire réformer.

### De l'appel en matière civile.

L'appel *principal* est le premier appel porté par l'une des parties devant la juridiction supérieure. L'appel *incident* est interjeté durant le cours du procès. Le demandeur est qualifié *appelant;* le défendeur, *intimé*.

Toute personne peut interjeter appel qui a été, à un degré et sous une forme quelconque, partie à une instance, y compris le ministère public, et les tiers indirectement lésés peuvent former tierce opposition. V. OPPOSITION.

Les tribunaux de première instance sont juges d'appel des sentences des juges de paix; les tribunaux de commerce sont juges d'appel des décisions des conseils de prud'hommes. L'appel des jugements rendus par les tribunaux de première instance et de commerce est porté devant les cours d'appel.

L'appel produit deux effets : il est *dévolutif*, c'est-à-dire que le jugement de la cause est dévolu, attribué à la juridiction d'appel, et que la juridiction du premier degré est irrévocablement dessaisie.

L'effet *suspensif* de l'acte d'appel a pour conséquence d'arrêter l'exécution du premier jugement; mais, sauf exception, le délai d'appel n'est pas à lui seul suspensif, et la partie qui a obtenu gain de cause peut faire exécuter le jugement tant que l'acte d'appel ne lui a pas été notifié. Il est à noter toutefois qu'il ne peut être procédé à l'exécution d'un jugement avant l'expiration d'un délai de huit jours.

Est susceptible d'appel tout jugement rendu en premier ressort et auquel il n'a pas été acquiescé. V. ACQUIESCEMENT.

La juridiction d'appel ne peut réformer le premier jugement que sur les chefs attaqués. Si une demande nouvelle était en effet formée devant elle, l'adversaire perdrait le bénéfice du premier degré de juridiction, et la loi prohibe, en principe, cette procédure. Cependant les parties peuvent demander les intérêts, loyers, etc., échus depuis le jugement de dernière instance, et les dommages-intérêts pour préjudice souffert pendant le même temps. Il se peut aussi que l'une des parties, se prétendant créancière de l'autre, oppose la *compensation judiciaire*, c'est-à-dire un jugement rendu depuis qu'il a été statué sur la cause dont appel et qui a reconnu l'existence et le montant de la créance litigieuse : c'est là une demande nouvelle que la loi permet exceptionnellement d'introduire.

La juridiction du second degré a, dans certains cas, le droit d'*évocation* (v. ce mot).

D'autre part, la juridiction d'appel ne réforme la première décision qu'à l'avantage du demandeur, s'il est seul à se plaindre : l'intimé peut donc avoir intérêt à faire appel incident, s'il estime qu'il obtiendra plus en appel qu'en première instance.

*Justices de paix.* — Les juges de paix, d'une manière générale, connaissent de toutes les actions purement personnelles ou mobilières, *en dernier ressort* jusqu'à la valeur de 100 francs, et *à charge d'appel* jusqu'à la valeur de 200 francs. Mais diverses lois et le Code lui-même ont, dans des cas fort nombreux, étendu bien au delà cette compétence des juges de paix *à charge d'appel.* (V. JUGE DE PAIX.) L'appel n'est recevable ni avant les trois jours qui suivent la prononciation du jugement, ni après les trente jours qui suivent la signification du jugement, sauf la prolongation accordée en raison des distances.

*Tribunaux de première instance.* — Ils jugent *en premier et en dernier ressort* les affaires mobilières et personnelles jusqu'à 1 500 francs en principal et les affaires immobilières dont l'objet ne dépasse pas 60 francs de revenu ; au delà de ces chiffres, leurs décisions sont jugées en premier ressort et peuvent être susceptibles d'appel. V. COUR D'APPEL.

L'appel principal est formé par une *assignation* (v. ce mot) contenant constitution d'avoué à la cour et signifié à personne ou à domicile. Dans la huitaine de la constitution d'avoué par l'intimé, l'appelant signifie ses griefs contre le jugement, et, dans la huitaine suivante, l'intimé fait connaître ses réponses. En matière sommaire, la procédure est simplifiée. V. MATIÈRE SOMMAIRE.

L'appel incident est formé, non par assignation comme l'appel principal, mais par requête (v. ce mot).

Le délai pour interjeter appel des jugements des *tribunaux de première instance* est de deux mois et court : pour les jugements contradictoires, du jour de la signification à personne et à domicile; pour les jugements par défaut, du jour où l'opposition n'est plus recevable. Ces délais emportent déchéance, mais ils sont augmentés suivant les distances, et ils sont suspendus par la mort de la partie condamnée, sauf à reprendre leur cours après la signification du jugement faite aux héritiers. L'intimé peut interjeter appel incident tant que l'appel principal n'est pas jugé. — L'appel contre un incapable pourra donc lui être signifié en même temps qu'à son représentant.

L'appel d'un jugement préparatoire ne peut être interjeté qu'après le jugement définitif et conjointement avec l'appel de ce

## FRANCE JUDICIAIRE

### Cours d'appel et départements qui y ressortissent.

*Agen.* — Gers, Lot, Lot-et-Garonne.
*Aix.* — Basses-Alpes, Alpes-Maritimes, Bouches-du-Rhône, Var.
*Amiens.* — Aisne, Oise, Somme.
*Angers.* — Maine-et-Loire, Mayenne, Sarthe.
*Bastia.* — Corse.
*Besançon.* — Doubs, Jura, Haute-Saône, Territoire de Belfort.
*Bordeaux.* — Charente, Dordogne, Gironde.
*Bourges.* — Cher, Indre, Nièvre.
*Caen.* — Calvados, Manche, Orne.
*Chambéry.* — Savoie, Haute-Savoie.
*Dijon.* — Côte-d'Or, Haute-Marne, Saône-et-Loire.
*Douai.* — Nord, Pas-de-Calais.
*Grenoble.* — Hautes-Alpes, Drôme, Isère.
*Limoges.* — Corrèze, Creuse, Haute-Vienne.
*Lyon.* — Ain, Loire, Rhône.
*Montpellier.* — Aude, Aveyron, Hérault, Pyrénées-Orientales.
*Nancy.* — Ardennes, Meurthe-et-Moselle, Meuse, Vosges.
*Nîmes.* — Ardèche, Gard, Lozère, Vaucluse.
*Orléans.* — Indre-et-Loire, Loir-et-Cher, Loiret.
*Paris.* — Aube, Eure-et-Loir, Marne, Seine, Seine-et-Marne, Seine-et-Oise, Yonne.
*Pau.* — Landes, Basses-Pyrénées, Hautes-Pyrénées.
*Poitiers.* — Charente-Inférieure, Deux-Sèvres, Vendée, Vienne.
*Rennes.* — Côtes-du-Nord, Finistère, Ille-et-Vilaine, Loire-Inférieure, Morbihan.
*Riom.* — Allier, Cantal, Haute-Loire, Puy-de-Dôme.
*Rouen.* — Eure, Seine-Inférieure.
*Toulouse.* — Ariège, Haute-Garonne, Tarn, Tarn-et-Garonne.

dernier; l'appel d'un jugement interlocutoire (v. JUGEMENT) peut être interjeté avant le jugement définitif. (C. proc. civ., art. 443-473.)

Pour les jugements de justice de paix, aussi bien que pour ceux des tribunaux de première instance, l'appel des jugements définitifs ou interlocutoires est suspensif, à moins que le jugement n'ait été déclaré exécutoire par provision. Les appels des jugements susceptibles d'opposition ne sont pas recevables pendant la durée des délais d'opposition. Enfin, on peut appeler immédiatement d'un jugement exécutoire par provision; car les jugements de l'espèce sont exécutoires malgré l'appel. Pour les jugements de première instance contradictoires et non exécutoires par provision, l'appel n'est pas recevable dans la huitaine à dater du jour du jugement, et l'exécution est suspendue pendant ladite huitaine.

Dans le cas où le jugement aurait été rendu sur une pièce fausse, ou si la partie avait été condamnée faute de représenter une pièce décisive retenue par son adversaire, les délais d'appel ne courent que du jour où le faux aura été reconnu ou juridiquement constaté, ou que la pièce aura été recouvrée, pourvu que, dans ce dernier cas, il y ait preuve par écrit du jour où la pièce a été recouvrée.

Lorsqu'il s'agit d'une décision rendue par une juridiction incompétente ou sur une exception de litispendance (v. ce mot et EXCEPTION), l'appel est recevable, encore que le jugement ait été qualifié en dernier ressort.

Aux termes de l'article 1033 du Code de procédure civile, modifié par la loi du 3 mai 1862, le jour de la signification (*dies a quo*) et celui de l'échéance (*dies ad quem*) ne sont point comptés dans le délai général fixé pour les ajournements, les citations, sommations et autres actes faits à personne ou à domicile. Cet article a été jugé applicable aux délais fixés par l'article 5 de l'ordonnance du 28 décembre 1830 et l'article 535 du décret du 31 mai 1862 pour les appels contre les arrêtés de comptes. L'article 1033 du Code de procédure civile a été complété ainsi par la loi du 15 avril 1895 : « Toutes les fois que le dernier jour d'un délai quelconque de procédure, franc ou non, est un jour férié, ce délai sera prorogé jusqu'au lendemain. » Cette disposition s'applique aux délais fixés par des lois spéciales. (Cass., 22 juill. 1902.)

La péremption (v. INSTANCE) en cause d'appel a pour effet de donner au jugement dont est appel la force de chose jugée.

L'appelant qui succombe est condamné à une amende dite de *fol appel* et qui est de 5 francs s'il s'agit du jugement d'un juge de paix, de 10 francs sur l'appel d'un jugement de tribunal de première instance ou de commerce.

Si le jugement est confirmé, l'exécution appartient au tribunal dont est appel ; si le jugement est infirmé, l'exécution, entre les mêmes parties, appartient à la cour qui a prononcé, ou à un autre tribunal de premier ressort qu'elle aura indiqué par le même arrêt ; sauf les cas (demande en nullité d'emprisonnement, en expropriation forcée, etc.) dans lesquels la loi attribue juridiction.

Les ordonnances de *référé* (v. ce mot) sont, en principe, susceptibles d'appel, au même titre que les jugements, dans la quinzaine de la signification.

*Tribunaux de commerce.* — Les appels des jugements des *tribunaux de commerce* sont portés devant les cours d'appel, selon les mêmes règles de procédure que lorsqu'il s'agit de l'appel des jugements des tribunaux d'arrondissement. Ces tribunaux jugent *en dernier ressort* toutes les demandes dont le principal n'excède pas 1 500 francs, et les demandes reconventionnelles ou en compensation, lors même que, réunies à la demande principale, elles excéderaient 1 500 francs. Mais, comme les jugements en matière commerciale sont de plein droit exécutoires par provision, l'appel peut être interjeté le jour même du jugement.

*Conseils de prud'hommes.* — Les sentences en premier ressort des conseils de prud'hommes peuvent être attaquées par la voie d'appel devant les tribunaux de commerce. Les sentences des prud'hommes pêcheurs étant purement verbales, ne sont attaquables par aucune voie de recours. V. PRUD'HOMMES.

*Sentences arbitrales.* — Les sentences arbitrales (v. ARBITRAGE) sont toujours susceptibles d'appel, dans les délais et formes du droit commun, à moins que les parties n'aient préalablement renoncé à cette voie de recours.

*Conseils de préfecture.* — Les arrêtés des conseils de préfecture doivent être notifiés au contrevenant dans la forme administrative dix jours au moins avant toute exécution. Quand l'arrêté a été contradictoire, le condamné a deux mois, à dater de la notification, pour le déférer au conseil d'Etat (Loi du 22 juill. 1889, art. 17); s'il s'agit d'un arrêté par défaut, on peut y faire opposition pendant quarante jours, à dater de la notification, et les poursuites sont suspendues pendant ce temps. L'appel devant le conseil d'Etat n'est pas suspensif, mais le conseil peut ordonner sursis à l'exécution jusqu'à l'arrêt à intervenir ou pendant un délai déterminé.

Les arrêtés définitifs par lesquels les conseils de préfecture statuent sur les comptes des receveurs municipaux et hospitaliers peuvent être attaqués par la voie de l'appel devant la Cour des comptes dans un délai de trois mois à dater de la notification. Ces pourvois en appel ne sont pas suspensifs, mais la Cour a le droit, si elle le juge équitable, de décider qu'il sera sursis à l'exécution de la première décision.

*Conseils de revision.* — Leurs décisions ne sont susceptibles d'appel devant aucune juridiction. V. SERVICE MILITAIRE.

*Conseils de l'Instruction publique.* — Les décisions du *conseil départemental* peuvent être attaquées devant le *Conseil supérieur de l'Instruction publique*, dans les dix jours de la notification : 1° en matière d'ouverture d'établissement d'enseignement privé ; 2° dans le cas où la décision prononce l'interdiction d'enseigner. L'appel est suspensif. Toutes les décisions des *conseils académiques* peuvent être portées en appel devant le conseil supérieur L'appel est suspensif, sauf exécution par provision

### De l'appel en matière pénale.

Le ministère public peut, dans tous les cas, en appeler, devant la chambre des mises en accusation de la cour d'appel, des ordonnances du juge d'instruction. Le même droit est reconnu à la partie civile, si ses intérêts particuliers sont lésés (par exemple si l'inculpé est mis en liberté), et même au prévenu, si on lui refuse sa mise en liberté provisoire ou s'il excipe de l'incompétence du tribunal ou du juge d'instruction. Le délai est de vingt-quatre heures. (Code d'instr. crim., art. 114, 128, 129, 131, 135 et 539.)

Les jugements rendus par le juge de paix en matière de *simple police* sont susceptibles d'appel, lorsqu'ils prononcent un emprisonnement ou lorsque les amendes, restitutions et autres réparations civiles excèdent la somme de 5 francs, outre les dépens. Le délai est de dix jours à partir de la prononciation si la sentence est contradictoire, et de dix jours à partir de la signification si la sentence est par défaut (Loi du 6 avril 1897), et l'appel est porté par acte d'huissier devant le tribunal de police correctionnelle. (*Id.*, art. 172-178.)

Le droit d'appeler devant la cour d'appel (chambre des appels) des jugements rendus par un tribunal de *police correctionnelle* est l'objet des articles 199 à 216 du Code d'instruction criminelle. L'appel doit être fait au greffe dans les dix jours de la prononciation du jugement; si celui-ci est par défaut, dans les dix jours de la signification, outre les délais de distance. En matière criminelle, l'appel et même le délai d'appel sont toujours suspensifs, mais le prévenu qui a été acquitté doit être mis en liberté nonobstant l'appel.

Le droit de faire appel appartient : au prévenu; à la partie civile en ce qui concerne uniquement l'action civile; au procureur de la République dans le cas d'appel *à minimâ*, c'est-à-dire lorsqu'il estime que la peine prononcée est trop faible. Des délais plus longs sont accordés au procureur général.

Il n'y a jamais lieu à appel, mais seulement à pourvoi en cassation, contre les arrêts de la cour d'assises, sauf en matière de presse.

Lorsqu'un jugement en premier ressort comprend plusieurs débiteurs solidaires, dont quelques-uns seulement font appel, et que l'appel fait tomber l'amende, tous les condamnés bénéficient de cette faveur, la condamnation solidaire n'étant qu'un moyen d'exécution. Mais, si une amende plus forte est prononcée, ceux des condamnés solidaires qui n'ont pas appelé ne sont tenus que dans la limite du premier jugement. (Instr. amendes, 88.)

Ceux des débiteurs solidaires qui n'auraient pas formé appel en temps utile sont relevés de cette déchéance par la demande régulière des autres.

**Appel à minimâ.** — Appel interjeté par le ministère public, lorsque la peine prononcée par la juridiction correctionnelle lui paraît trop légère.

**Appel comme d'abus.** — Recours contre les abus de pouvoir de l'autorité ecclésiastique dans ses rapports avec l'autorité civile, et réciproquement.

Sous l'ancien régime, l'*appel comme d'abus* fut, dès le XIVe siècle, la formule de la résistance du pouvoir royal aux empiétements du clergé. Avant la loi de séparation du 9 décembre 1905 (V. CULTES), la matière était régie par le Concordat, les articles organiques et les articles 6 et 7 de la loi du 18 germinal an X (8 avril 1802), ainsi conçus :

Art. 6. « Il y aura recours au Conseil d'Etat dans tous les cas d'abus de la part des supérieurs et autres personnes ecclésiastiques. — Les cas d'abus sont : l'usurpation ou l'excès de pouvoir, la contravention aux lois et règlements de la République, l'infraction aux règles consacrées par les canons reçus en France, l'attentat aux libertés, franchises et coutumes de l'Eglise gallicane, et toute entreprise ou tout procédé qui, dans l'exercice du culte, peut compromettre l'honneur des citoyens, troubler arbitrairement leur conscience, dégénérer contre eux en oppression ou en injure, ou en scandale public. »

Art. 7. « Il y aura pareillement recours au Conseil d'Etat s'il est porté atteinte à l'exercice public du culte, et à la liberté que les lois et règlements garantissent à ses ministres. »

L'article 6 prévoyait les cas d'abus de la part de l'autorité ecclésiastique; l'article 7, les cas d'abus de la part de l'autorité laïque. Ces dispositions étaient applicables aux cultes protestants (art. 6 des articles organiques) et au culte israélite (ord. du 25 mars 1844, art. 55).

L'appel comme d'abus pouvait être formé par tout particulier intéressé, par les préfets (d'office), par les ministres des divers cultes. Un mémoire était adressé au ministre chargé de l'administration des cultes, lequel avait qualité pour introduire l'instance, et le Conseil d'Etat rendait un avis, une décision qui, signée par le président de la République, et contresignée par les ministres de la Justice et des Cultes, devenait un « décret en conseil d'Etat ». (V. DÉCRET.) C'était donc, en somme, le chef de l'Etat qui agissait ici comme véritable juge (justice *retenue*), alors que d'ordinaire la justice est rendue par les magistrats au nom du président (justice *déléguée*).

Le décret déclarait qu'il n'y avait pas abus, qu'il y avait abus (et, subsidiairement, que l'acte incriminé serait supprimé), ou qu'il y avait lieu à renvoi devant les juridictions de droit commun. V. CONCORDAT.

**Apport.**—V. COMMUNAUTÉ, SOCIÉTÉ.

**Apprentissage.** — V. TRAVAIL.

**Aqueduc.** — V. SERVITUDE.

**Arbitrage.** —Juridiction conférée à de simples particuliers nommés *arbitres* par la volonté des parties ou par la loi, pour juger les différends sur lesquels il n'est pas interdit de compromettre.

*Arbitres.* — Il ne faut pas confondre deux classes bien tranchées d'arbitres : les *arbitres juges*, dont nous allons parler, et les *arbitres rapporteurs* ou *donneurs d'avis*, nommés dans certaines affaires par les tribunaux de commerce, et dont la mission est de concilier les parties, si possible, ou, dans le cas contraire, de faire connaître leur opinion sur l'affaire, après examen des livres de comptabilité et autres pièces produites. En ce cas, il est nommé un ou trois arbitres pour entendre les parties et les concilier, si faire se peut, sinon donner leur avis. Les arbitres sont nommés d'office par le tribunal, à moins que les parties ne se mettent d'accord à l'audience pour les désigner. Le jugement rendu sur le rapport des arbitres — rapport dont le tribunal est libre de ne pas accepter les conclusions — alloue les honoraires que les parties auront à payer pour arbitrage. (Code proc. civ., art. 429.)

*Compromis.* — L'acte par lequel des parties décident de recourir à l'arbitrage d'un particulier s'appelle *compromis*. Les parties y indiquent l'objet du différend (point de fait et point de droit).

L'arbitrage (Code proc. civ., art. 1003-1028) ne peut s'exercer que sur les droits dont on a la libre disposition; par suite, les mineurs, les interdits, les femmes mariées ne peuvent recourir à cette juridiction.

On ne peut compromettre sur les dons et legs d'aliments, logement et vêtements; sur les séparations, divorces, questions d'état; ni sur aucune des contestations sujettes à communication au ministère public. V. MINISTÈRE PUBLIC.

Le compromis peut être fait soit par procès-verbal devant les arbitres choisis, soit par acte devant notaire, soit sous signature privée. Il doit désigner les objets en litige et les noms des arbitres, à peine de nullité. Mais cette nullité est couverte par une désignation ultérieure. (Cass., 26 juillet 1893.) Si le compromis ne fixe pas le délai dans lequel sera rendue la sentence, la mission des arbitres ne dure que trois mois, du jour du compromis; mais les parties peuvent prolonger le délai, expressément ou tout simplement en se présentant devant les arbitres.

Pendant le délai de l'arbitrage, les arbitres ne peuvent être révoqués que du consentement unanime des parties.

Le compromis prend fin : 1° par le refus, démission ou empêchement d'un des arbitres, si cette éventualité n'a pas été prévue avec toutes ses conséquences; 2° par l'expiration du délai; 3° par le partage, si les arbitres n'ont pas le pouvoir de prendre un *tiers arbitre*. Le décès de l'un des arbitres, lorsque tous les héritiers sont majeurs, ne met pas fin au compromis, mais les délais sont suspendus tant que les héritiers ont le droit de faire inventaire et de délibérer. V. SUCCESSION. Les arbitres ne peuvent démissionner si leurs opérations sont commencées, ni être récusés, si ce n'est pour cause survenue depuis le compromis.

*Sentence arbitrale.* — Chacune des parties produit ses défenses et pièces quinze jours au moins avant l'expiration du délai du compromis.

La sentence arbitrale doit se conformer aux règles de la procédure; toutefois, cette obligation n'a d'effet que si les arbitres ne sont pas autorisés par le compromis à statuer comme *amiables compositeurs :* en ce cas, en effet, les arbitres jugent en équité, et il ne peut être appelé de la sentence.

Lorsqu'il y a partage, les arbitres désignent ou, s'ils ne se mettent pas d'accord, font désigner par le président du tribunal un *tiers arbitre* ou *sur-arbitre,* qui doit, dans le mois qui suit son acceptation, juger le différend, en adoptant l'avis de l'un des arbitres.

Les sentences arbitrales ont, quant à leurs effets, la même force que si elles émanaient des tribunaux réguliers. Elles ne peuvent être exécutées qu'après avoir été déposées en minute au greffe du tribunal civil, et revêtues d'une ordonnance d'*exequatur* délivrée par le président. Elles sont toujours rendues en premier ressort, à moins que, dans ou depuis le compromis, les parties ne se soient interdit d'appeler, ou que la sentence ne soit intervenue sur appel ou sur requête civile. V. REQUÊTE.

La sentence est signée par chacun des arbitres; dans le cas où il y aurait plus de deux arbitres, et où la minorité refuserait de signer, les autres en feraient mention, moyennant quoi la sentence aurait le même effet que si elle avait été signée par chacun des arbitres.

Les sentences arbitrales, même préparatoires, sont rendues exécutoires par une ordonnance du président du tribunal de première instance dans le ressort duquel elles ont été rendues; à cet effet, la minute du jugement est déposée dans les trois jours, par l'un des arbitres, au greffe du tribunal.

Les jugements arbitraux ne peuvent, en aucun cas, être opposés à des tiers.

Les sentences arbitrales n'emportent hypothèque qu'autant qu'elles sont revêtues de l'ordonnance du président du tribunal. (Code civ., art. 2123.)

*Recours.* — L'appel des jugements arbitraux est porté, savoir : devant les tribunaux de première instance, pour les matières qui, s'il n'y eût point eu d'arbitrage, eussent été, soit en premier, soit en dernier ressort, de la compétence des juges de paix; et devant les cours d'appel pour les matières qui eussent été, soit en premier, soit en dernier ressort, de la compétence des tribunaux de première instance. Si l'appel est rejeté, l'appelant est condamné à la même amende que s'il s'agissait d'un jugement ordinaire.

La requête civile (v. REQUÊTE) prise contre les jugements arbitraux est portée devant le tribunal qui eût été compétent pour connaître de l'appel.

Si le jugement a été rendu sans compromis préalable ou hors des termes du compromis, sur compromis nul ou expiré, par quelques arbitres non autorisés à juger en l'absence des autres, par un tiers arbitre qui n'aurait pas conféré avec les arbitres partagés, dans tous ces cas les parties font opposition à l'ordonnance d'exécution devant le tribunal qui l'a rendue, et demandent la nullité de l'acte qualifié jugement arbitral.

Il ne peut y avoir recours en cassation que contre les jugements des tribunaux rendus soit sur requête civile, soit sur appel d'un jugement arbitral.

L'arbitrage ne doit pas être confondu avec la *transaction*. V. ce mot.

*Arbitrage et conciliation facultatifs en matière de différends collectifs entre pa-*

*trons et ouvriers ou employés.* — Cette forme spéciale d'arbitrage a été instituée par la loi du 27 décembre 1892.

Les patrons, ouvriers ou employés entre lesquels s'est produit un différend d'ordre collectif, portant sur les conditions du travail, peuvent soumettre les questions qui les divisent à un *comité de conciliation* et, à défaut d'entente dans ce comité, à un *conseil d'arbitrage.*

Les patrons, ouvriers ou employés adressent, soit ensemble, soit séparément, en personne ou par mandataires, au juge de paix du canton ou de l'un des cantons où existe le différend, une déclaration écrite contenant : 1° les noms, qualités et domiciles des demandeurs ou de ceux qui les représentent; 2° l'objet du différend, avec l'exposé succinct des motifs allégués par la partie; 3° les noms, qualités et domiciles des personnes auxquelles la proposition de conciliation ou d'arbitrage doit être notifiée; 4° les noms, qualités et domiciles des délégués choisis parmi les intéressés par les demandeurs pour les assister ou les représenter, sans que le nombre des personnes désignées puisse être supérieur à cinq. Le juge de paix délivre récépissé de cette déclaration et la notifie sans frais, dans les vingt-quatre heures, à la partie adverse ou à ses représentants, par lettre recommandée ou au besoin par affiches apposées aux portes de la justice de paix des cantons et à celles de la mairie des communes sur le territoire desquelles s'est produit le différend.

Au reçu de cette notification, et au plus tard dans les trois jours, les intéressés doivent faire parvenir leur réponse au juge de paix. Passé ce délai, leur silence est tenu pour refus.

S'ils acceptent, ils désignent dans leur réponse les noms, qualités et domiciles des délégués choisis pour les assister ou les représenter, sans que le nombre des personnes désignées puisse être supérieur à cinq. Si l'éloignement ou l'absence des personnes auxquelles la proposition est notifiée, ou la nécessité de consulter des mandants, des associés ou un conseil d'administration, ne permettent pas de donner une réponse dans les trois jours, les représentants desdites personnes doivent, dans ce délai de trois jours, déclarer quel est le délai nécessaire pour donner cette réponse. Cette déclaration est transmise par le juge de paix aux demandeurs dans les vingt-quatre heures.

Si la proposition est acceptée, le juge de paix invite d'urgence les parties ou les délégués désignés par elles à se réunir en comité de conciliation. Les réunions ont lieu en présence du juge de paix, qui est à la disposition du comité pour diriger les débats.

Si l'accord s'établit dans ce comité sur les conditions de la conciliation, ces conditions sont consignées dans un procès-verbal dressé par le juge de paix et signé par les parties ou leurs délégués. Dans le cas contraire, le juge de paix invite les parties à désigner soit chacune un ou plusieurs arbitres, soit un arbitre commun, et, au besoin, un tiers arbitre. Celui-ci, en cas de désaccord entre les premiers arbitres, est nommé par le président du tribunal civil.

La décision sur le fond, prise, rédigée et signée par les arbitres, est remise au juge de paix.

En cas de grève, à défaut d'initiative de la part des intéressés, le juge de paix invite d'office les patrons, ouvriers ou employés, ou leurs représentants, à lui faire connaître dans les trois jours : 1° l'objet du différend avec l'exposé succinct des motifs allégués; 2° leur acceptation ou refus de recourir à la conciliation et à l'arbitrage; 4° les noms, qualités et domiciles des délégués choisis, le cas échéant, par les parties, sans que le nombre des personnes désignées de chaque côté puisse être supérieur à cinq.

Les procès-verbaux et décisions sont conservés en minute au greffe de la justice de paix, qui en délivre gratuitement une expédition à chacune des parties et en adresse une autre au ministère du Commerce et de l'Industrie par l'entremise du préfet. La demande de conciliation et d'arbitrage, le refus ou l'absence de réponse de la partie adverse, la décision du comité de conciliation ou celle des arbitres, notifiés par le juge de paix au maire de chacune des communes où s'étendait le différend, sont, par chacun de ces maires, rendus publics par affichage à la place réservée aux publications officielles. L'affichage de ces décisions peut en outre se faire par les parties intéressées. Les affiches seront dispensées du timbre.

Sont à la charge des communes (dépense obligatoire) les locaux nécessaires à la tenue des comités de conciliation et aux réunions des arbitres, ainsi que le chauffage et l'éclairage de ces locaux. (Loi du 27 déc. 1892, art. 13.)

Sont obligatoirement à la charge du département les dépenses des comités (affiches, ports de lettres, etc.), lesquelles doivent être fixées par arrêté préfectoral. (*Id.*, même art. 13.) Ces dépenses sont énumérées dans la circulaire (Justice) du 11 juin 1894.

Tous actes faits en exécution de la loi du 27 décembre 1892 sont dispensés du timbre et enregistrés gratis. (Loi du 27 déc. 1892, art. 14.)

Les arbitres et les délégués doivent être français. Dans les professions où les femmes sont employées, celles-ci peuvent être désignées comme déléguées, à la condition d'être également de nationalité française.

**Arbitrage international.** — Procédure pacifique employée pour le règlement des litiges internationaux et qui consiste dans la désignation par des Etats en conflit, d'une puissance tierce, d'un corps constitué ou même d'un simple particulier chargé de les départager.

L'entremise d'une puissance tierce peut éviter une rupture entre deux Etats : la *médiation* ou les *bons offices* sont de simples conseils, sans force obligatoire. Au contraire, l'arbitrage lie les parties, qui se sont engagées d'avance, par un compromis, à exécuter la sentence.

On choisit comme arbitre, le plus souvent, le souverain d'une puissance amie; parfois, une commission d'arbitres désignés par les parties; parfois aussi, un corps constitué, un tribunal ou même un jurisconsulte éminent.

En 1899 se réunit à La Haye, sur l'initiative du tsar Nicolas II, une « Conférence de la Paix ». Ses travaux, qui prirent fin le 29 juillet 1899, furent résumés dans un acte final de même date, qui comprend trois conventions, une résolution et six vœux. La première convention, la plus importante, concerne *le règlement pacifique des conflits internationaux*. Les puissances signataires conviennent d'avoir recours, en tant que les circonstances le permettront, aux bons offices ou à la médiation d'une ou de plusieurs puissances amies. Elles jugent utile la création de commissions internationales d'enquête. Elles reconnaissent que l'arbitrage est le moyen le plus efficace et le plus équitable de régler les litiges. Elles s'engagent à organiser une cour permanente d'arbitrage, siégeant d'ordinaire à La Haye, et un bureau international à La Haye. La procédure arbitrale est déterminée. Il est rappelé que la convention d'arbitrage implique l'engagement de se soumettre de bonne foi à la sentence arbitrale. (N'ont pas signé cette convention : l'Allemagne, l'Autriche, l'Angleterre, l'Italie, la Serbie, la Turquie, la Chine, le Japon.) — La seconde convention concerne *les lois et coutumes de la guerre sur terre*. — La troisième, *l'adaptation à la guerre maritime des principes de la convention de Genève du 22 août 1864*.

**Arbitrage.** — Opération par laquelle un spéculateur, commerçant ou banquier, cherche à tirer un bénéfice des écarts de prix existant au même moment pour une même valeur sur différents marchés.

Les arbitrages peuvent porter sur des marchandises, des valeurs de Bourse, des effets de commerce, et même sur les monnaies et métaux précieux. Ils demandent une très grande habileté et la notion précise des tendances à la hausse ou à la baisse des diverses places.

Lorsqu'une même valeur n'est pas *à la parité*, c'est-à-dire à un prix équivalent sur deux places différentes, je l'achète sur la place où elle est cotée au plus bas prix et je la vends sur celle où elle est cotée le plus haut : l'écart constitue mon bénéfice.

Supposons qu'à Berlin le papier sur Londres soit relativement bon marché, le papier sur Paris cher, alors qu'en même temps à Londres le papier sur Paris est bon marché : le banquier berlinois pourra acheter des effets sur Londres, les y envoyer, et acheter en retour du papier sur Paris qu'il revendra à Berlin même : cette opération entraînera le relèvement du prix du papier sur Londres et fera baisser à Berlin le papier sur Paris.

Les arbitrages peuvent encore prendre la forme d'opérations à terme. Le commerce international y recourt quotidiennement sur les céréales, les cafés, les cotons, les métaux, les pétroles.

**Arbitrage** ou **Expertise.** — Opération par laquelle les courtiers de commerce constatent la conformité ou la non-conformité des marchandises livrées avec les types ou échantillons et stipulent, s'il y a lieu, une diminution du prix d'achat, dite *réfaction*.

L'arbitrage ou expertise, aussi bien que le *contre-arbitrage* ou *contre-expertise*, est sans valeur au regard des tribunaux de commerce, qui ne sont pas engagés par les dires des courtiers.

## Arbres.

Les arbres *sur pied* sont immeubles comme la terre qui les porte ; c'est seulement au moment où ils en sont séparés et que la cause de leur immobilisation a pris fin qu'ils deviennent meubles. Les coupes ordinaires des bois taillis ou de futaies mises en coupes réglées ne deviennent meubles qu'au fur et à mesure de l'abatage des arbres. (Code civ., art. 521.)

*Propriété.* — La propriété du sol emportant celle du dessus, le propriétaire d'un fonds a le droit de faire toutes plantations. Elles sont présumées établies par lui, à ses frais, et lui appartenir. Si elles ont été faites par un propriétaire sur son propre fonds avec les plants d'autrui, il doit payer la valeur de ces plants et peut même être condamné à des dommages-intérêts ; mais l'autre propriétaire n'a pas le droit de détruire les plantations. Inversement, si les plantations ont été faites par un tiers sur le fonds d'autrui, le propriétaire de ce fonds peut faire enlever les plantations sans aucune indemnité, ou bien les conserver, mais en rembourser la valeur, ainsi que celle de la main-d'œuvre, et même, dans le cas où la bonne foi du tiers évincé aurait été constatée, lui verser une indemnité pour l'augmentation de valeur donnée au fonds. (*Id.*, art. 552-555.)

*Usufruit.* — En ce qui concerne l'usufruit des arbres, la loi distingue entre les bois taillis, c'est-à-dire coupés, *taillés* périodiquement, et les hautes futaies. L'usufruitier a le droit d'exploiter les bois taillis et de jouir des baliveaux. Mais il est tenu d'observer l'*ordre* des coupes et leur *quotité*, c'est-à-dire leur nombre et leur étendue, conformément à l'aménagement établi par les anciens propriétaires. Quant aux arbres de haute futaie (qu'on n'abat qu'à de longs intervalles), l'usufruitier ne peut, sauf le cas où la haute futaie était en coupe réglée au moment de l'ouverture de l'usufruit, s'en servir que pour l'entretien du fonds. Il peut prendre dans les bois des échalas pour les vignes. (*Id.*, art. 590-594.) Enfin, il peut jouir des arbres fruitiers détruits par accident, mais il est tenu de les remplacer.

*Servitudes.* — La loi du 20 août 1881, modifiant les articles 670 et suivants du Code civil, déclare mitoyens : 1° les arbres d'une haie mitoyenne ; 2° les arbres plantés sur la ligne séparative de deux héritages. S'ils tombent d'une façon quelconque, ils sont partagés par moitié entre les deux voisins ; de même pour leurs fruits. Chaque propriétaire garde d'ailleurs le droit imprescriptible d'exiger l'arrachage des arbres mitoyens. Le propriétaire d'un fonds ne peut avoir des arbres qu'à une certaine distance du fonds voisin. Cette distance est fixée par les règlements particuliers et usages existants. C'est seulement à leur défaut que le Code intervient. La distance légale n'est pas la même pour tous les arbres : elle est de 2 mètres pour ceux dont la hauteur dépasse 2 mètres, et de 0m,50 pour les autres. Les arbres en espalier peuvent être plantés sans obligation de distance, à la condition de ne pas dépasser la crête du mur mitoyen; mais si le mur n'est pas mitoyen, seul le propriétaire y peut planter en espalier. — Le voisin peut exiger que les arbres irrégulièrement plantés soient arrachés ou étêtés, c'est-à-dire réduits à la hauteur légale, sauf dans trois cas : 1° s'il y a titre, c'est-à-dire convention, donation, etc.; 2° s'il y a *destination du père de famille*, c'est-à-dire un certain arrangement qu'un propriétaire de deux héritages fait chez lui et d'où résulterait l'établissement d'une servitude si ces héritages appartenaient à des propriétaires différents; 3° s'il y a prescription trentenaire.

C'est devant le juge de paix de la situation des plantations litigieuses que les réclamations doivent être portées, pourvu toutefois que la propriété et les titres qui l'établissent ne soient pas contestés.

*Destruction ou mutilation.* — Le Code pénal (art. 445, 446 et 448) punit l'abatage ou la mutilation des arbres d'autrui d'un emprisonnement de six jours à six mois pour chaque arbre abattu; si les arbres étaient plantés sur la voie publique, le minimum de la peine est de vingt jours. Enfin, d'après l'article 456, le déplacement ou la suppression des arbres servant de limite entre les héritages est puni d'un mois de prison au moins, d'un an au plus, avec amende minima de 50 francs.

*Arbres des routes et chemins.* — V. VOIRIE.

## Archevêque.

Avant la loi du 9 décembre 1905 concernant la séparation des Eglises et de l'Etat, voici quelle était l'organisation administrative du culte catholique :

La France était partagée en 84 circonscriptions ecclésiastiques ou *diocèses*, administrées par 17 archevêques et 67 évêques, savoir :

*Archevêchés et évêchés suffragants.* — AIX. Ajaccio, Digne, Fréjus, Gap, Marseille, Nice. — ALBI. Cahors, Mende, Perpignan, Rodez. — AUCH. Aire, Bayonne, Tarbes. — AVIGNON. Montpellier, Nîmes, Valence, Viviers. — BESANÇON. Belley, Nancy, Saint-Dié, Verdun. — BORDEAUX. Agen, Angoulême, La Rochelle, Luçon, Périgueux, Poitiers. — BOURGES. Clermont, Le Puy, Limoges, Saint-Flour, Tulle. — CAMBRAI. Arras. — CHAMBÉRY. Annecy, Saint-Jean-de-Maurienne, Tarentaise. — LYON. Autun, Dijon, Grenoble, Langres, Saint-Claude. — PARIS. Blois, Chartres, Meaux, Orléans, Versailles. — REIMS. Amiens, Beauvais, Châlons-sur-Marne, Soissons. — RENNES. Quimper, Saint-Brieuc, Vannes. — ROUEN. Bayeux, Coutances, Evreux, Séez. — SENS. Moulins, Nevers, Troyes. — TOULOUSE. Carcassonne, Montauban, Pamiers. — TOURS. Angers, Laval, Le Mans, Nantes.

Les diocèses étaient divisés en *paroisses* (cures ou succursales). Le chef de l'Etat nommait les archevêques et évêques, chargés, avec l'assistance de vicaires généraux, de l'administration des diocèses, le pape leur conférant l'institution canonique. Les *curés* chargés de l'administration des paroisses ayant le titre de *cures*, et nommés par les évêques, devaient au préalable être agréés par le gouvernement; les *desservants*, chargés de l'administration des paroisses dites *succursales*, n'avaient pas besoin de cet agrément.

On appelait *fabriques* les établissements publics chargés de veiller à l'entretien des églises, d'administrer leurs biens, de pourvoir aux dépenses du culte. Leur organisation était régie par le décret du 30 décembre 1809. L'administration des fabriques était placée sous l'autorité d'un *conseil de fabrique*, assemblée délibérante, et d'un *bureau de marguilliers*, comité d'exécution.

Les membres du conseil de fabrique étaient choisis pour la première fois par l'évêque et le préfet, et devaient ensuite se renouveler partiellement tous les trois ans, les membres nouveaux étant élus par les conseillers restants.

Par suite de la loi de séparation du 9 décembre 1905, l'Etat n'intervient plus dans la nomination des archevêques et des évêques. Il ne donne plus son agrément à la nomination des curés. Les fabriques ont fait place aux associations cultuelles. (V. CULTES.) L'Eglise catholique ne relève plus que de Rome.

Les théologiens distinguent dans la puissance épiscopale : 1° le pouvoir *d'ordre*, purement spirituel, conféré à l'évêque par son sacre; 2° le pouvoir de *juridiction*, conséquence de l'institution canonique donnée par Rome et en vertu duquel il gouverne son diocèse.

L'archevêque est à la fois évêque d'un diocèse et chef d'une province ecclésiastique, dite *métropole* ou *archevêché*, et dont les autres évêchés sont suffragants.

Les canons apostoliques enjoignent aux évêques d'obéir à leur archevêque ou *métropolitain* et de n'entreprendre aucune affaire importante sans avoir demandé son avis; c'est l'archevêque, d'après le droit canon, qui confirme l'élection de ses suffragants et veille à ce qu'ils fassent leur devoir dans l'administration de leur diocèse. En cas de résistance, il peut les interdire et les excommunier. Aujourd'hui, en France, il n'a conservé pratiquement, de ses droits particuliers, que celui de consacrer ses suffragants, de visiter leur diocèse, droit qu'il exerce rarement, de leur notifier les bulles pontificales, et de casser leurs jugements lorsqu'on en appelle devant lui, ce qui n'a pas lieu souvent, les intéressés s'adressant directement à Rome. Il a pour insignes propres le *pallium*, dont il se revêt, et la croix à double traverse, qu'il fait porter devant lui.

On appelle *mense* les biens et revenus formant la dotation d'un évêché.

## Architecte

*Obligations et responsabilité.* — Le contrat liant l'architecte au propriétaire qui fait faire une construction n'est autre que le louage d'industrie prévu et réglé par les articles 1787 et suivants du Code civil. L'architecte doit se conformer aux obligations qui résultent de ce contrat et, de plus, se soumettre à de nombreuses mesures administratives; il doit garantie au propriétaire de toutes les suites qui résultent pour celui-ci de l'inobservation des lois ou règles sur le voisinage et la voirie. La responsabilité de l'architecte est celle qui résulte du droit commun; elle a sa base dans le contrat lui-même et dans l'article 1383 du Code civil. Mais, à un autre point de vue, cette responsabilité s'aggrave considérablement. D'après le droit commun, la réception d'un ouvrage décharge, en principe, l'ouvrier de tout risque et de toute garantie, même pour malfaçon. (Code civ., art. 1789 et 1790.) Au contraire, l'architecte est responsable pendant dix ans, si l'édifice qu'il a construit périt, en tout ou en partie, par le vice de la construction, et même par le vice du sol. Après dix ans, à dater de la réception définitive des travaux, il est déchargé de toute responsabilité, tant au point de vue de l'action en garantie que de la constatation des vices de construction. (*Id.*, art. 1792.)

En cas de mort de l'architecte, la convention tombe de plein droit. (Code civ., art. 1795.)

*Honoraires des architectes.* — Pour le payement de ses honoraires, l'architecte est muni : 1° du droit de rétention jusqu'à complet payement des pièces, plans et devis qui sont entre ses mains; 2° d'un privilège (Code civil, art. 2103, 2104) sur la plus-value acquise par l'immeuble à la suite des travaux.

Les honoraires des architectes sont généralement fixés à 5 p. 100 du montant des travaux. A moins de conventions contraires, les honoraires doivent être calculés sur le chiffre de la dépense réelle, c'est-à-dire sur la somme nette restant à payer aux entrepreneurs après déduction des rabais par eux consentis. (Tribunal de la Seine, 29 novembre 1881; Cour de Paris, 6 décembre 1883.) D'autre part, il ne doit être accordé aucun honoraire ni indemnité aux architectes chargés de travaux au compte de l'Etat ou des départements pour les dépenses qui excéderaient les devis. (Décret du 18 nov. 1882, art. 25.) Les honoraires et frais d'agence alloués aux architectes de Paris et du département de la Seine pour travaux neufs sont réglés par une instruction préfectorale du 27 février 1877.

*Architectes diocésains.* — Il leur est alloué des honoraires fixés à 7 fr. 50 p. 100 du montant des travaux, et cette allocation doit pourvoir à la rétribution des inspecteurs et du personnel de leurs agences (Circ. du min. des Cultes, 10 janvier 1885).

Les frais de voyage et de séjour des architectes et inspecteurs généraux des édifices diocésains sont attribués à titre d'*indemnités forfaitaires*, ainsi fixées : inspecteurs généraux, 3 francs par myriamètre et 25 francs par jour d'absence; architectes diocésains, 2 francs par myriamètre et 10 francs par jour d'absence, chiffre porté en Algérie à 15 francs par jour à partir du port d'embarquement pour les architectes non résidents. (Arrêté du min. des Cultes du 21 juin 1899.)

## Archives.

*Archives nationales.* — L'Assemblée constituante créa, sous le nom d'*archives nationales*, un dépôt où seraient centralisés tous les titres de l'ancien régime, tant historiques qu'administratifs, existant à Paris. La Convention décida que les titres de même nature placés aux chefs-lieux des départements et districts seraient soumis à un même régime. En 1808, les archives nationales furent, sous le nom d'*archives centrales de l'Empire français*, établies dans l'ancien hôtel de Soubise.

Les *archives nationales* ressortissent au ministère de l'Instruction publique. Le service est confié à un garde général ayant le titre de directeur, nommé par décret.

Les décrets des 23 février 1897 et 8 avril 1903 ont classé les archives en quatre sections : 1° section du secrétariat, auquel ressortit le service des archives départementales, communales et hospitalières; 2° archives législatives et administratives modernes; 3° archives des juridictions et administrations de l'ancien régime; 4° trésor des chartes, collections de la section historique, titres domaniaux et fonds ecclésiastiques antérieurs à 1790.

Une salle, dite *salle du public*, est ouverte au palais des archives chaque jour, dimanches et fêtes exceptés, de 10 heures à 5 heures, pour les communications de documents sans déplacement. Nul papier ne sort des archives que par autorisation ou ordre du ministre.

Les principales administrations publiques possèdent des archives spéciales.

Les dossiers, registres et pièces reconnus inutiles pour le service courant des bureaux sont livrés, par les ministères et administrations, aux archives nationales pendant le premier semestre de chaque année. Les documents ayant moins de cinquante ans de date ne sont communiqués que sur l'autorisation des ministères et administrations qui les auront versés. Les pièces confidentielles intéressant la personnalité et le rôle des hommes publics ne pourront être consultées qu'après leur mort. La suppression des papiers reconnus inutiles et dont les lois n'ordonnent pas la destruction est concertée entre les administrations centrales et les archives nationales. (Décret du 12 janv. 1898.)

Des expéditions authentiques de tous les titres relatifs à l'état des personnes et des biens qui sont déposés dans les archives nationales et départementales peuvent être délivrées aux intéressés. Elles sont taxées à 2 francs par rôle pour les documents de l'ancien régime et à 75 centimes par rôle pour les pièces postérieures au 6 novembre 1789.

Les copies de plans, exécutées à la même échelle que les originaux par les hommes de l'art, peuvent être authentiques, quelle que soit leur date, moyennant un droit de visa proportionnel à la dimension du papier timbré. (Loi du 29 déc. 1888, art. 2.) Le produit est versé à la caisse centrale du Trésor public par l'administration des Archives. Les expéditions sont signées *pour copie conforme* par le garde général et *pour collation* par le chef de la section à laquelle appartient l'original. Elles sont scellées du sceau des Archives. (Décret du 14 mai 1897.)

*Archives départementales, communales et hospitalières.* — Les *archives départementales* (loi du 5 brumaire an V [26 oct. 1796]) sont distinguées en archives antérieures à 1790 et en archives postérieures à cette date. La circulaire ministérielle du 25 août 1857 a prescrit l'inventaire des *archives municipales,* et celle du 2 novembre 1879 en a déterminé la classification ; elles forment entre les mains du maire un dépôt qu'il doit remettre intégralement à son successeur. Une circulaire du 10 juin 1854 a prescrit des mesures pour le classement et l'inventaire sommaire des documents des *archives hospitalières,* qui sont sous la garde du secrétaire de chaque établissement.

Le règlement général des archives départementales du 6 mars 1843 et une circulaire ministérielle du 20 janvier 1848 ont exempté des droits d'expédition les copies de pièces appartenant aux archives départementales délivrées dans l'intérêt des divers services de l'Etat et des départements. Les communes n'ont pas non plus à acquitter des droits pour les expéditions délivrées par les archives départementales : l'article 37 de la loi du 7 messidor an II, en autorisant la perception de ces droits, ne considère que les demandes formées par les citoyens, ce qui semble exclure celles qui proviennent des administrations publiques. (Circ. Instr. publ., 15 déc. 1903.)

*Inspection.* — Trois *inspecteurs généraux des bibliothèques et des archives* (décret du 31 mars 1884) vérifient les dépôts et formulent leurs vues d'amélioration, qui sont examinées par une *commission supérieure des archives* siégeant au ministère de l'Instruction publique. (Arrêté du 7 nov. 1884.)

*Archivistes.* — Le titre d'*archiviste* est réservé : 1° aux *archivistes des archives nationales,* choisis parmi les élèves de l'Ecole des chartes munis du diplôme d'*archiviste-paléographe,* et les archivistes départementaux ayant au moins trois ans d'exercice (décret du 22 décemb. 1855) ; 2° aux *archivistes départementaux,* nommés par le préfet, à qui il est recommandé de choisir surtout des élèves diplômés de l'Ecole des chartes ou munis d'un certificat d'aptitude (décret du 4 févr. 1850, loi du 10 août 1871) délivré par la commission supérieure des archives ; 3° aux *archivistes de bureaux d'état-major,* créés par la loi du 8 mai 1880.

**Armateur.** — Celui qui prend à son compte des navires pour le transport des passagers et des marchandises ou pour l'exercice de l'industrie de la pêche.

L'armateur est un commerçant patenté et justiciable des tribunaux de commerce. Il est le plus souvent propriétaire du navire. Il arrive aussi qu'un navire a plusieurs propriétaires communs, dont chacun est appelé *quirataire,* la part de propriété étant désignée sous le nom de *quirat ;* en ce cas, les copropriétaires peuvent choisir l'un d'entre eux pour être armateur gérant ou titulaire.

L'armateur choisit le capitaine et il est civilement responsable de ses actes. Le capitaine est aussi le mandataire de l'armateur, et celui-ci est responsable, pour tout ce qui concerne le navire et le voyage, des engagements contractés par le capitaine ; seulement il n'est tenu que sur ses biens en tant qu'armateur, non sur l'ensemble de son patrimoine, et il peut même se libérer par l'abandon du navire et du fret : la faculté de faire abandon est refusée à celui qui, étant à la fois propriétaire et capitaine, a contracté et est responsable personnellement. S'il est à la fois copropriétaire et capitaine, il n'est responsable de ses engagements que jusqu'à concurrence de son intérêt.

En cas de copropriété, l'avis de la majorité est obligatoire pour tout ce qui concerne le navire, tandis que lorsqu'il s'agit simplement d'une décision à prendre, ce sont, en cas de désaccord, les partisans de l'abstention dont l'avis doit l'emporter. La majorité est déterminée par une portion d'intérêt dans le navire excédant la moitié de sa valeur. La licitation du navire ne peut avoir lieu qu'à la demande de propriétaires ayant ensemble la moitié de l'intérêt total dans le navire.

Le capitaine copropriétaire congédié par l'armateur titulaire peut renoncer à la copropriété et exiger sa part du capital, déterminé par experts convenus ou nommés d'office soit par le tribunal de commerce, soit (à défaut) par le juge de paix.

En cas de naufrage dans un port ou dans les eaux d'accès, en cas d'avaries causées par le navire aux ouvrages d'un port, le propriétaire peut se libérer de toute dépense d'extraction, de réparation et de tous dommages-intérêts par l'abandon du navire et du fret. Même faculté est laissée au capitaine propriétaire ou copropriétaire, à moins que l'accident n'ait été occasionné par sa faute. (Code comm., art. 215-220 et 414.)

Sur la responsabilité des armateurs et capitaines, voir la loi du 17 avril 1907 concernant la sécurité de la navigation et la réglementation du travail à bord des navires de commerce.

## Armée de terre.

C'est le président de la République qui, aux termes de la Constitution, dispose de la force armée et nomme à tous les grades ; mais, en fait, tout corps organisé est soumis aux lois militaires et relève du ministre de la Guerre.

Les forces militaires organisées se divisent en troupes et services de l'*armée active,* troupes et services de l'*armée territoriale,* et troupes *coloniales.*

L'autorité du ministre s'exerce par l'intermédiaire de l'*administration centrale,* qui comprend : le cabinet du ministre, l'état-major de l'armée et plusieurs *directions,* le *conseil supérieur de la Guerre,* ainsi que les *comités* et *commissions* chargés de l'étude des questions concernant les diverses armes ou services.

*Armée active.* — La constitution de l'armée de terre fait l'objet de la loi du 13 mars 1875, dite *loi des cadres,* et dont l'article 1er porte que l'armée active se compose :

1° Des corps de troupe de toutes armes, savoir : l'infanterie, la cavalerie, l'artillerie, le génie, le train des équipages militaires ;

2° Du personnel de l'état-major général et des services généraux de l'armée, savoir : l'état-major général de l'armée, le service d'état-major, le corps du contrôle de l'administration de l'armée ;

3° Du personnel des états-majors et des services particuliers, savoir : les états-majors particuliers de l'artillerie et du génie, le corps de l'intendance militaire, le corps de santé militaire, les officiers d'administration, les sections de secrétaires d'état-major et du recrutement, les sections de commis et ouvriers militaires d'administration, les sections d'infirmiers militaires, les aumôniers militaires, les vétérinaires militaires, les interprètes militaires, le service du recrutement et de la mobilisation, le service de la trésorerie et des postes, le service de la télégraphie militaire, le service des chemins de fer, les écoles militaires, la justice militaire, les dépôts de remonte, les affaires indigènes en Algérie ;

4° De la gendarmerie ;

5° Du régiment de sapeurs-pompiers de la ville de Paris.

Les troupes coloniales, rattachées au ministère de la Guerre en 1900, ont une organisation particulière.

L'*effectif* de l'armée, c'est le nombre d'hommes et de chevaux portés sur les contrôles. Sa formation est assurée par la loi sur le recrutement.

L'*état-major général* comprend dans sa première section les maréchaux de France, les généraux de division et de brigade en activité ou disponibilité, enfin, les généraux maintenus sans limite d'âge dans cette première section. La deuxième section comprend les généraux placés dans le cadre de réserve.

Le *personnel du service d'état-major* est constitué par les officiers placés hors cadre et dont le nombre, en temps de paix, est fixé à un maximum de 640.

Le corps du *contrôle* de l'administration de l'armée, institué par la loi du 16 mars 1882, a été organisé par le décret du 28 octobre suivant.

L'*infanterie* comprend : 163 régiments, dont 145 dits *subdivisionnaires* parce qu'ils correspondent chacun, au point de vue de leurs réservistes, à une subdivision de région, et 18 dits *régionaux* parce qu'ils correspondent chacun pour le recrutement à une région de corps d'armée ; 30 bataillons de chasseurs à pied, dont 12 alpins ; 4 régiments de zouaves ; 4 régiments de tirailleurs algériens ; 2 régiments étrangers ; 5 bataillons d'infanterie légère d'Afrique ; 4 compagnies de fusiliers de discipline. Les 145 régiments subdivisionnaires, à l'exception de celui stationné en Corse, sont embrigadés et endivisionnés à raison de 2 par brigade et de 4 par division, ce qui donne 72 brigades et 36 divisions. En outre, il est formé, au moyen de régiments régionaux et de bataillons de chasseurs, 8 brigades qui, groupées deux par deux, donnent quatre divisions nouvelles, soit au total 40 divisions pour les 19 corps d'armée de la France continentale.

La *cavalerie* comprend : 13 régiments de cuirassiers ; 31 régiments de dragons ; 21 régiments de chasseurs ; 14 régiments de hussards ; 6 de chasseurs d'Afrique et 4 de spahis, plus 8 compagnies de cavaliers de remonte. Des régiments de cavalerie, les uns, groupés en 19 brigades de 2 régiments à raison d'une par corps d'armée de la France continentale, constituent la *cavalerie de corps ;* les autres forment en principe 7 divisions à 3 brigades, placées en dehors des corps d'armée.

L'*artillerie* comprend un état-major particulier, destiné au service de ses établissements, et des troupes qui se composent de : 40 régiments d'artillerie de campagne groupés en 20 brigades, destinées aux 20 corps d'armée et comprenant un total de 508 batteries de campagne ou de montagne, 112 batteries à pied, formant 18 bataillons, plus 10 compagnies d'ouvriers et 3 compagnies d'artificiers.

Le *génie* comporte, comme l'artillerie, un état-major particulier et des troupes qui se composent de 7 régiments, dont un, dit « des chemins de fer », porte le n° 5.

Le *train des équipages militaires* comprend 20 escadrons stationnés en France, plus, en Afrique, *12 compagnies mixtes.*

A tout cet ensemble de corps représentant les différentes armes viennent s'ajouter, comme *troupes d'administration :* 21 sections de secrétaires d'état-major et du recrutement, 25 sections de commis et ouvriers militaires d'administration et 25 sections d'infirmiers militaires.

La *gendarmerie* comprend : la *gendarmerie départementale,* la *garde républicaine de Paris,* la *gendarmerie d'Afrique* et la *gendarmerie coloniale.*

Le régiment des sapeurs-pompiers de la ville de Paris est constitué à 2 bataillons de 6 compagnies, et tout son personnel fait partie intégrante de l'arme de l'infanterie.

**Armée territoriale.** — L'*armée territoriale* comprend : 145 régiments d'infanterie ; 7 bataillons de chasseurs à pied, 10 bataillons de zouaves en Algérie ; un nombre d'escadrons de dragons et de cavalerie légère, variable suivant les ressources de chaque région, plus 6 escadrons de chasseurs d'Afrique en Algérie ; un nombre de batteries variable suivant les régions, plus le bataillon de canonniers sédentaires de Lille ; un bataillon du génie par région, plus des bataillons de sapeurs de chemins de fer, dans certaines régions déterminées ; un escadron du train des équipages par région ; enfin, 18 sections de commis et ouvriers militaires et 18 sections d'infirmiers.

A l'armée territoriale se rattachent encore : les *bataillons des douanes* et le corps des *chasseurs forestiers.*

**Troupes coloniales.** — Les *troupes coloniales* comportent : un état-major général, un service d'état-major, des troupes recrutées en France et au moyen des contingents coloniaux soumis à la loi de recrutement et des troupes indigènes. V. COLONIES.

**Recrutement. Service militaire.** — Le service militaire est obligatoire pour tous les Français reconnus aptes à servir et qui, sauf *dispenses,* doivent passer successivement dans l'armée active, dans la réserve, dans l'armée territoriale et dans la réserve de l'armée territoriale.

Tous les ans a lieu l'appel sous les drapeaux des jeunes gens ayant atteint l'âge de vingt ans révolus avant le 1er janvier de l'année et qui constituent une « classe ».

On distingue la *classe de recrutement* et la *classe de mobilisation*. Une classe de recrutement est composée de tous les jeunes gens qui ont eu 20 ans dans la même année. Ainsi, la classe 1904 est composée de tous les jeunes gens qui ont eu 20 ans en 1904, du 1er janvier au 31 décembre. Elle tire au sort au commencement de l'année suivante (1905) et sert à partir du 1er novembre. — Une classe de mobilisation se compose de tous les hommes qui ont commencé leur service militaire la même année, qu'ils aient ou non tiré au sort cette année-là; ainsi, la classe de mobilisation de 1903 comprend tous ceux qui ont commencé en 1904 leur service militaire, soit parce qu'ils ont tiré au sort en 1903, soit parce qu'ils ont devancé l'appel. Pour un appelé, la classe de recrutement et la classe de mobilisation sont les mêmes.

La législation sur le recrutement, la durée et les conditions du service dans l'armée active, dans l'armée territoriale et dans les réserves, sera exposée notamment à l'article SERVICE MILITAIRE (Loi militaire du 21 mars 1905).

*Organisation de l'armée* (Loi du 24 juillet 1873). — Une pensée dominante a guidé le législateur : c'est que les conditions de la guerre sont telles aujourd'hui qu'il est indispensable que le pays soit toujours préparé à la soutenir. On a donc considéré une préparation permanente et la rapidité de la mobilisation comme les conditions essentielles de l'organisation actuelle.

Actuellement le territoire de la France et de l'Algérie (sauf les départements de la Seine, de Seine-et-Oise et du Rhône) est divisé pour l'organisation de l'armée active et de sa réserve, de l'armée territoriale et de sa réserve, en 20 régions et 145 subdivisions de région. — Aux 20 régions correspondent 20 corps d'armée, dont les chefs-lieux sont :

1re RÉGION : *Lille*. — Nord, Pas-de-Calais.

2e RÉGION : *Amiens*. — Aisne, Oise, Somme, Seine-et-Oise (arr. de Pontoise), Seine (cant. de Saint-Denis, Saint-Ouen, Aubervilliers, Noisy-le-Sec et Pantin); 10e, 19e et 20e arr. de Paris.

3e RÉGION : *Rouen*. — Calvados, Eure, Seine-Inférieure, Seine-et-Oise (arr. de Mantes et de Versailles), Seine (cant. de Courbevoie et de Neuilly); 1er, 7e, 15e et 16e arr. de Paris.

4e RÉGION : *Le Mans*. — Eure-et-Loir, Mayenne, Orne, Sarthe, Seine-et-Oise (arr. de Rambouillet) et Seine (cant. de Villejuif et de Sceaux); 4e, 5e, 6e, 13e et 14e arr. de Paris.

5e RÉGION : *Orléans*. — Loiret, Loir-et-Cher, Seine-et-Marne, Yonne, Seine-et-Oise (arr. d'Etampes et de Corbeil), Seine (cant. de Charenton et de Vincennes); 2e, 3e, 11e et 12e arr. de Paris.

6e RÉGION : *Châlons-sur-Marne*. — Ardennes, Marne, Meurthe-et-Moselle (arr. de Briey), Meuse, Seine (8e, 9e, 17e et 18e arr. de Paris).

7e RÉGION : *Besançon*. — Ain, Doubs, Jura, Haute-Marne, Haute-Saône, Territoire de Belfort, Rhône (arr. de Villefranche, cant. de l'Arbresle, Condrieu, Limonest, Mornant, Neuville, Saint-Symphorien et Vaugneray); 4e et 5e arr. de Lyon.

8e RÉGION : *Bourges*. — Cher, Côte-d'Or, Nièvre, Saône-et-Loire.

9e RÉGION : *Tours*. — Indre, Indre-et-Loire, Maine-et-Loire, Deux-Sèvres, Vienne.

10e RÉGION : *Rennes*. — Côtes-du-Nord, Ille-et-Vilaine, Manche.

11e RÉGION : *Nantes*. — Finistère, Loire-Inférieure, Morbihan, Vendée.

12e RÉGION : *Limoges*. — Charente, Corrèze, Creuse, Dordogne, Haute-Vienne.

13e RÉGION : *Clermont-Ferrand*. — Allier, Loire, Puy-de-Dôme, Haute-Loire, Cantal.

14e RÉGION : *Grenoble* (quartier général à Lyon). — Drôme, Hautes-Alpes, Isère, Savoie, Haute-Savoie, Rhône (cant. de Givors, Saint-Genis-Laval, Villeurbanne); 1er, 2e, 3e et 6e arr. de Lyon.

15e RÉGION : *Marseille*. — Alpes-Maritimes, Basses-Alpes, Ardèche, Bouches-du-Rhône, Corse, Gard, Var, Vaucluse.

16e RÉGION : *Montpellier*. — Aude, Aveyron, Hérault, Lozère, Tarn, Pyrénées-Orientales.

17e RÉGION : *Toulouse*. — Ariège, Gers, Haute-Garonne, Lot, Lot-et-Garonne, Tarn-et-Garonne.

18e RÉGION : *Bordeaux*. — Basses-Pyrénées, Hautes-Pyrénées, Landes, Gironde, Charente-Inférieure.

20e RÉGION : *Nancy*. — Aube, Meurthe-et-Moselle (moins l'arr. de Briey), Vosges, Seine (8e 9e, 17e et 18e arr. de Paris).

Les troupes d'Algérie forment la 19e région; il y a en outre une division d'occupation en Tunisie.

Les places de Paris et de Lyon sont en outre le siège de *gouvernements militaires* spéciaux.

Chaque région possède des magasins généraux d'approvisionnements dans lesquels se trouvent les armes, munitions et effets nécessaires aux diverses armes et qui alimentent les magasins des subdivisions de région.

Dans chaque subdivision de région, il y a un ou plusieurs bureaux de recrutement.

Chacun des corps d'armée des dix-huit régions comprend deux divisions d'infanterie, une brigade de cavalerie, une brigade d'artillerie, un bataillon du génie, un escadron du train des équipages militaires, ainsi que les états-majors et les divers services nécessaires.

Dans chaque région, le général commandant le corps d'armée a sous son commandement le territoire, les forces de l'armée active, de la réserve, de l'armée territoriale et de sa réserve, ainsi que tous les services et établissements militaires exclusivement affectés à ces forces. Les établissements spéciaux destinés à assurer la défense générale du pays ou à pourvoir aux services généraux des armées restent sous la direction immédiate du ministre de la Guerre, dans les conditions de fonctionnement qui leur sont afférentes; toutefois, le commandant du corps d'armée exerce une surveillance permanente sur ces établissements et transmet ses observations au ministre de la Guerre.

Le général commandant un corps d'armée a sous ses ordres un service d'état-major placé sous la direction de son chef d'état-major général et divisé en deux sections : 1° Section active marchant avec les troupes, en cas de mobilisation ; 2° Section territoriale attachée à la région d'une manière permanente, chargée d'assurer en tout temps le fonctionnement du recrutement, des hôpitaux, de la remonte, et en général de tous les services territoriaux. Les états-majors de l'artillerie, du génie, et les divers services administratifs et sanitaires du corps d'armée sont également divisés en partie active et en partie territoriale.

Outre les états-majors dont il est parlé en l'article précédent, le commandant du corps d'armée a auprès de lui et sous ses ordres les fonctionnaires et les agents chargés d'assurer la direction et la gestion des services administratifs et du service de santé.

*Hiérarchie.* — Dans l'ordre hiérarchique, les grades sont (avec leur correspondance dans l'armée de mer) :

1° Caporal (brigadier dans la cavalerie et dans l'artillerie. = Quartier-maître.

2° Sergent ou maréchal des logis. = Second maître.

3° Sergent-major ou maréchal des logis chef. = Maître.

4° Adjudant. = Premier-maître.

5° Sous-lieutenant. = Aspirant de 1re classe (élève sortant de l'Ecole navale).

6° Lieutenant. = Enseigne de vaisseau.

7° Capitaine. = Lieutenant de vaisseau.

8° Chef de bataillon ou chef d'escadron. = Pas de correspondance de grade.

9° Lieutenant-colonel. = Capitaine de frégate.

10° Colonel. = Capitaine de vaisseau.

11° Général de brigade. = Contre-amiral.

12° Général de division. = Vice-amiral.

Il faut y ajouter les dignités de *maréchal de France* (armée de terre) et d'*amiral* (armée de mer).

Les sous-lieutenants, lieutenants et capitaines sont des *officiers subalternes*. Les chefs de bataillon, lieutenants-colonels et colonels sont des *officiers supérieurs;* les généraux de brigade et de division, des *officiers généraux*.

Le commandant (chef de bataillon ou d'escadron) chargé, dans chaque régiment, de fonctions administratives spéciales, porte le titre de *major*.

*Avancement. Grades.* (Loi du 19 mai 1834.) — Le grade constitue l'état de l'officier ; il est sa propriété ; il est conféré par le chef de l'Etat. L'officier ne peut le perdre que par l'une des causes ci-après : 1° démission acceptée ; 2° perte de la qualité de Français prononcée par jugement; 3° condamnation à une peine afflictive ou infamante et certaines condamnations à une peine correctionnelle ; 4° destitution prononcée par jugement d'un conseil de guerre.

Les positions de l'officier sont : l'activité et la disponibilité ; la non-activité ; la réforme ; la retraite. — L'*activité* est la position de l'officier appartenant à l'un des cadres constitutifs de l'armée, pourvu d'emploi, et de l'officier hors cadre employé temporairement à un service spécial ou à une mission. — La *disponibilité* est la position spéciale de l'officier général appartenant au cadre constitutif et momentanément sans emploi. — Les officiers peuvent aussi, quand ils ont droit à leur retraite, être placés dans le *cadre de réserve* et restent dès lors soumis à quelques obligations militaires, en même temps qu'ils conservent quelques avantages. — La *non-activité* est la position de l'officier hors cadre et sans emploi. L'officier en activité ne peut être mis en non-activité que par l'une des causes ci-après : licenciement de corps ; suppression d'emploi ; rentrée de captivité à l'ennemi lorsque l'officier prisonnier de guerre a été remplacé dans son emploi ; infirmités temporaires; retrait ou suspension d'emploi. — La *réforme* est la position de l'officier sans emploi qui, n'étant plus susceptible d'être rappelé à l'activité, n'a pas de droits acquis à la pension de retraite. Elle peut être prononcée : 1° pour infirmités incurables ; 2° par mesure de discipline. — La *retraite* est la position définitive de l'officier rendu à la vie civile et admis à la jouissance d'une pension.

Nul ne peut être nommé à un *grade sans emploi*, et l'emploi est distinct du grade. D'autre part, certains grades comportent plusieurs emplois, dont quelques-uns confèrent la même autorité qu'une supériorité de grade. Toutes les promotions aux grades d'officier ont lieu par décret du président de la République, sur la proposition du ministre de la Guerre. Les changements d'emploi, dans un même grade, sont prononcés simplement par le ministre.

Le grade de sous-lieutenant est conféré aux élèves des écoles militaires, et, dans la proportion d'un dixième, aux adjudants ayant dix ans de service au moins. De sous-lieutenant à lieutenant, le passage n'a lieu qu'à l'ancienneté et aussitôt après l'accomplissement de deux années de grade ; de lieutenant à capitaine, un tiers de l'avancement est donné au choix et deux tiers à l'ancienneté ; de capitaine à chef de bataillon, moitié à l'ancienneté, moitié au choix; au-dessus de chef de bataillon, l'avancement n'a plus lieu qu'au choix. Les officiers brevetés du service d'état-major n'en continuent pas moins d'appartenir à leurs armes respectives et d'y concourir pour l'avancement. D'une façon générale, l'ancienneté est déterminée par la date du brevet de grade ou, à date semblable, par celle du brevet du grade inférieur. Les caporaux, brigadiers et sous-officiers sont, en principe, nommés par le chef de corps.

La loi a fixé des conditions d'ancienneté minimum dans chaque grade pour passer au grade suivant : deux ans pour les sous-lieutenants et lieutenants; quatre ans pour les capitaines; trois ans pour les chefs de bataillon ; deux ans pour les lieutenants-colonels ; trois ans pour les colonels et les généraux. En temps de guerre, le minimum d'ancienneté est réduit de moitié, et, pour action d'éclat, mise à l'ordre de l'armée, l'avancement peut être conféré, si faible que soit l'ancienneté. Toutefois, nul ne peut être jamais promu qu'au grade immédiatement supérieur.

*Discipline.* — La subordination et l'observation des lois et règlements sont assurés dans l'armée : 1° par la répression disciplinaire ; 2° par le fonctionnement de juridictions exceptionnelles constituées par les conseils de guerre et les conseils de revision.

Les officiers coupables de fautes contre la discipline sont passibles : des arrêts simples, de la réprimande du colonel, des arrêts de rigueur, des arrêts de forteresse, de la réprimande des généraux. La mise en non-activité par retrait ou suspension d'emploi (exclusion temporaire) et la mise en réforme (exclusion définitive) sont des peines disciplinaires infligées aux officiers qui ont commis des fautes graves, sans toutefois avoir encouru la perte du grade ou la comparution devant le conseil de guerre. Elles sont prononcées par décret, sur le rapport du ministre de la Guerre, mais la mise en réforme doit être précédée de l'avis d'un conseil d'enquête.

Les punitions infligées aux sous-officiers sont : la privation de sortir du quartier après l'appel du soir, la consigne au quartier ou à la la chambre, la réprimande du capitaine, la prison, la réprimande du colonel, la rétrogradation, la cassation et, pour les commissionnés, la suspension de la commission, la révocation et la mise à la retraite d'office.

Les punitions à infliger aux caporaux sont : la consigne au quartier, la salle de police, la prison, la cassation et, pour les commissionnés, la suspension de la commission, la révocation et la mise à la retraite d'office.

Les punitions à infliger aux soldats sont : les corvées supplémentaires, l'inspection avec la garde, la consigne au quartier, la salle de police, la prison, la cellule, la cellule de correction, le renvoi de la 1re à la 2e classe, et la suspension de la commission, la révocation et la mise à la retraite d'office pour les commissionnés, l'envoi aux compagnies et aux sections de discipline.

La subordination doit avoir lieu rigoureusement de grade à grade.

*Justice militaire.* — V. JUSTICE.

*Pensions militaires.* — V. PENSIONS.

*Administration de l'armée.* — Les principaux services administratifs de l'armée sont les suivants : Subsistances (vivres, fourrages, chauffage et éclairage) ; Habillement et campement, armement ; Harnachement ; Lits militaires (logement) ; Marche (indemnité de route, convois, transports) ; Remonte (v. REMONTE) ; Service de santé (v. SANTÉ) ; Service de la solde (v. plus bas) ; Administration intérieure des corps de troupes.

Dans chaque corps de troupes (régiment, ou bataillon, ou escadron formant corps), la gestion de la comptabilité en deniers et en matières est confiée à un *conseil d'administration* composé de cinq membres : le chef de corps, président ; le major, rapporteur ; le trésorier, secrétaire ; l'officier d'habillement ; un commandant d'unité administrative (à défaut, un capitaine, lieutenant ou sous-lieutenant) désigné par rang d'ancienneté, pour un an, le 1er janvier de chaque année. Le conseil est pécuniairement responsable des actes de gestion qu'il a autorisés ou approuvés. Le service de l'intendance militaire a sur lui un droit de surveillance et de contrôle.

Les allocations en argent qui sont attribuées aux corps de troupes sous forme d'abonnement, pour subvenir à diverses dépenses, portent le nom de *masses* et sont administrées par les conseils : *masse d'habillement et d'entretien, masse de harnachement, masse des écoles, masse de chauffage et d'éclairage, masse de casernement*, etc. Ce qui caractérise le système des masses, c'est que les économies réalisées restent à la disposition du corps et ne font pas retour au Trésor en fin d'exercice comme les autres allocations.

Sous l'autorité du conseil d'administration et la surveillance du major, le commandant d'unité administrative est chargé de la garde et de l'emploi du matériel, des payements et distributions, des écritures. Il est assisté, pour l'administration et la comptabilité, d'un *sergent-major* qui a sous ses ordres immédiats, pour la tenue des écritures, un *sergent fourrier* ou un *caporal fourrier*.

*Solde et revues.* — Le service de la *solde* a pour objet de pourvoir à toutes les prestations qui entrent dans la composition du traitement en deniers, soit des militaires considérés individuellement, soit des corps de troupes et autres réunions considérées comme parties prenantes collectives du département de la Guerre. Il a également pour objet la régularisation des prestations en nature ou des indemnités qui en tiennent lieu.

Les prestations qui ressortissent au service de la solde sont : la solde ; les indemnités ; les hautes payes ; les masses.

Les droits aux prestations de solde varient en raison des positions dans lesquelles peuvent se trouver les officiers sans troupe et employés militaires, les corps de troupes et autres réunions considérées comme corps.

Les diverses positions sont : l'activité, pour les militaires de tout grade ; le cadre de réserve et la disponibilité, pour les généraux de division, les généraux de brigade et les fonctionnaires auxquels ces positions sont attribuées ; la non-activité et la réforme, pour tous les officiers et les employés militaires ayant rang d'officier ou traités comme tels.

Pour tous les militaires de l'activité et de la disponibilité, les positions se subdivisent en position de présence et en position d'absence. La position de présence est celle de tout militaire : présent au corps ou au poste qui lui est assigné, ou en route pour s'y rendre ; en mission.

La position d'absence est celle du militaire : en permission ou en congé ; à l'hôpital ; en jugement ou en détention ; absent de son corps ou de son poste sans autorisation ; en captivité à l'ennemi.

En conséquence, on distingue cinq espèces de solde : la solde d'activité, qui se subdivise en solde de présence et en solde d'absence ; la solde de disponibilité ; la solde de réserve ; la solde de non-activité ; la solde de réforme.

Aucun militaire ne peut jouir d'une solde

quelconque d'activité ou de disponibilité s'il n'est en activité de service ou dans la position de disponibilité.

Pour régulariser les perceptions faites par les corps de troupes et établissements considérés comme tels, il est établi des *revues trimestrielles de liquidation* des dépenses de la solde.

Ces revues sont divisées en deux parties : la première présente les droits du corps obtenus au moyen de la totalisation des journées et des décomptes qui en résultent, ainsi que les augmentations ou les diminutions que le corps a été autorisé à porter à son crédit. La deuxième, qui constitue le décompte de libération, donne le détail des perceptions en deniers et en nature imputables au corps, ainsi que les augmentations ou les diminutions provenant d'erreurs constatées dans les décomptes de libération et des moins-perçus en vivres-pain. Elle présente la balance du crédit avec le débit et fait ressortir les trop ou les moins-perçus.

La première partie est établie par les conseils d'administration ou les commandants de corps sans conseil; la deuxième, par le fonctionnaire de l'intendance chargé de la surveillance administrative du corps ou de la portion centrale du corps.

La solde et les accessoires de solde des hommes de troupe sont payables, sous le titre de prêt, par le trésorier, entre les mains du commandant de l'unité administrative, les 1er, 6, 11, 16, 21 et 26 de chaque mois. Le prêt est perçu à terme échu.

## Armée de mer. — V. MARINE.

## Armes.

Au point de vue pénal, certains instruments sont considérés comme *armes* indépendamment de l'usage qui en est fait, tandis que d'autres (couteaux, ciseaux de poche, cannes simples, bâtons) ne sont ainsi qualifiés qu'autant qu'ils ont servi à tuer, à blesser ou à frapper. (Code pén., art. 101.)

Le port des armes apparentes et défensives est licite; par exception, il est interdit dans les salles d'élections, les églises, marchés, foires et autres lieux de rassemblement, et les tribunaux correctionnels peuvent le défendre à titre de peine accessoire. (Code pén., art. 42.) Les armes prohibées sont celles qui, à raison de leur dimension et de leur nature, peuvent être dissimulées.

Aux termes de la loi du 24 mai 1834, tout individu qui aura fabriqué, débité ou distribué des armes prohibées sera puni d'un emprisonnement d'un mois à un an et d'une amende de 16 francs à 500 francs, et celui qui en sera porteur, d'un emprisonnement de six jours à six mois et d'une amende de 16 francs à 200 francs. Le détenteur non autorisé d'armes de guerre ou d'un dépôt d'armes quelconques est passible d'un emprisonnement d'un mois à deux ans et d'une amende de 16 francs à 1 000 francs : cette disposition n'est pas applicable aux armuriers et fabricants d'armes de commerce, assujettis aux lois et règlements particuliers qui les concernent. Les infractions ci-dessus sont jugées par les tribunaux correctionnels. La prohibition prononcée par l'ordonnance du 23 février 1837 ne s'applique pas aux pistolets de poche, revolvers ou autres, fabriqués pour l'exportation. (Décret du 26 août 1865.)

Le port ou l'emploi des armes est considéré comme une circonstance aggravante ou même constitutive des infractions. En cas de vol, le port d'armes apparentes ou cachées est une circonstance aggravante, et la peine est plus ou moins forte selon qu'il en a été ou non fait usage. (Code pén., art. 381 et 385.) V. VOL.

Sont punis d'une amende de 1 franc à 5 francs et, en cas de récidive, d'un emprisonnement de trois jours au plus ceux qui ont abandonné dans un lieu public des armes dont puissent abuser les malfaiteurs, et ces armes sont confisquées. (Code pén., art. 471, 7°, 472 et 474.)

La peine de mort frappe tout Français qui a porté les armes contre la France, toute personne qui a entretenu des intelligences avec l'ennemi pour lui faciliter l'accès du territoire national, lui livrer des villes, lui fournir des secours en hommes, en armes ou en argent (Code pén., art. 75 et 77), toute personne aussi qui a procuré des armes à des bandes armées soit en vue du pillage des propriétés publiques et privées, soit en vue de résister à la force publique ou de l'attaquer. (*Id.*, art. 96.)

Ceux qui ont occasionné la mort ou la blessure des animaux d'autrui par l'usage imprudent ou maladroit d'armes, pierres et autres corps durs sont passibles de peines de police : amende de 11 à 15 francs, et, si le tribunal le juge à propos, emprisonnement de cinq jours au plus; en cas de récidive, emprisonnement de cinq jours. (Code pén., art. 479, 3°, 480 et 482.)

La fabrication et le commerce en France (loi du 14 août 1885) des armes de toutes espèces non réglementaires, y compris les armes d'affût (canons, mitrailleuses, etc.), et des munitions non chargées, employées pour ces armes (douilles de cartouches, projectiles, fusées, etc.) sont entièrement libres. La fabrication et le commerce des armes des modèles en service dans les armées de terre et de mer et des munitions non chargées employées pour ces armes sont libres, sous réserve, pour toute personne qui veut s'y livrer, d'adresser préalablement au préfet une déclaration dans laquelle elle indique ses nom, prénoms et domicile; la commune et l'emplacement où elle se propose de former son établissement; la nature du matériel qu'elle a l'intention de fabriquer ou dont elle veut faire le commerce; il lui est délivré récépissé de cette déclaration. Elle est tenue d'avoir un registre coté et parafé à chaque feuille par le préfet ou le sous-préfet, sur lequel sont inscrits, jour par jour, dans des colonnes distinctes, l'espèce et le nombre des armes, pièces d'armes ou munitions non chargées des modèles réglementaires en France, qu'il fabrique, achète ou vend, avec indication de leur destination et des noms et domiciles des vendeurs ou acheteurs. Le préfet ou le sous-préfet arrête et vise ce registre toutes les fois qu'il le juge convenable; en cas d'absence ou d'empêchement, ils peuvent se faire suppléer par le maire ou le commissaire de police. Tout fabricant ou commerçant qui ferme son établissement ou qui veut le déplacer et le transférer sur un autre point doit en faire la déclaration à la préfecture, où il lui en est donné récépissé. Les dispositions indiquées ci-dessus ne sont pas applicables aux armes blanches ni aux revolvers, dont la fabrication et le commerce sont complètement libres. Le ministre de l'Intérieur et, en cas d'urgence, les préfets sont autorisés à prescrire ou à requérir auprès de l'autorité militaire, relativement aux armes et aux munitions qui existent dans les magasins des fabricants ou commerçants ou chez les personnes qui en sont détenteurs, les mesures qu'ils estiment nécessaires dans l'intérêt de la sécurité publique.

L'importation, l'exportation et le travail des armes de toutes espèces, y compris les armes d'affût et les munitions non chargées correspondantes, sont libres, sous réserve de l'application des droits de douane. Il n'est fait d'exception que pour l'importation et l'exportation des armes réglementaires en France et leurs munitions. Cette exception ne s'applique pas aux armes blanches et aux revolvers des modèles réglementaires en France. L'importation des armes des modèles réglementaires et des munitions correspondantes non chargées a lieu sur la déclaration qui en est faite, par le fabricant ou le commerçant, à la préfecture à laquelle ressortit la localité où ces objets doivent parvenir après importation.

Des décrets rendus sur la proposition du ministre de la Guerre et sur l'avis conforme des ministres du Commerce et des Finances peuvent interdire l'exportation des armes, pièces d'armes et munitions de toute espèce. Des exceptions à la prohibition de sortie peuvent être accordées par le ministre de la Guerre, mais l'arrivée des marchandises à destination est garantie par des acquits-à-caution. (Loi du 13 avril 1895.)

**Armistice.** — Interruption des hostilités par suite d'un accord entre les belligérants.

L'armistice proprement dit est conclu par les gouvernements, tandis que la *suspension d'armes* ou armistice local est conclue par les autorités militaires. L'armistice est ou général, ou restreint à une partie du théâtre de la guerre. Ses effets juridiques sont très controversés, et, en principe, on refuse aux belligérants le droit de faire les opérations militaires auxquelles, dans l'armistice, l'ennemi eût pu s'opposer. Malgré l'armistice, les belligérants conservent l'administration des pays qu'ils occupent respectivement.

L'armistice peut être fait pour une durée indéterminée, auquel cas il prend fin par suite d'une dénonciation, ou pour une période fixée à l'avance.

Tout chef militaire qui prolonge les hostilités après avis officiel d'un armistice encourt la peine de mort (Code de just. militaire, art. 227), ou, en cas d'admission de circonstances atténuantes, celle de la détention. (Loi du 15 juillet 1889, art. 80.)

**Arraisonnement.** — V. NAVIRE : *Régime sanitaire.*

**Arrérages.** — Ce qui est échu d'une rente perpétuelle ou viagère, par opposition aux intérêts d'un revenu, d'un loyer. Les arrérages s'acquièrent jour par jour (Code civ., art. 586) et se prescrivent par cinq ans. (*Id.*, art. 2277.) V. RENTE, PENSION.

**Arrestation.** — Action de se saisir d'une personne par autorité de justice ou de police.

Les gardes champêtres et forestiers, considérés comme officiers de police judiciaire, ont qualité pour arrêter et conduire devant le juge de paix ou devant le maire tout individu qu'ils auront surpris en flagrant délit ou qui sera dénoncé par la clameur publique, lorsque ce délit emportera la peine de l'emprisonnement ou une peine plus grave. (C. instr. crim., art. 16.)

L'arrestation d'un inculpé a lieu en vertu d'un *mandat d'amener* (v. MANDAT) du procureur de la République (C. instr. crim., art. 91 et suiv.); mais il est édicté une exception à cette règle par l'art. 106 du même code, ainsi conçu : « Tout dépositaire de la force publique, et même toute personne, sera tenu de saisir le prévenu surpris en flagrant délit, ou poursuivi, soit par la clameur publique, soit dans les cas assimilés au flagrant délit, et de le conduire devant le procureur de la République, sans qu'il soit besoin de mandat d'amener, si le crime ou le délit emporte peine afflictive ou infamante. »

*Arrestation d'un témoin.* — Si, d'après les débats, la déposition d'un témoin paraît fausse, le président de la cour d'assises peut, sur la réquisition soit du procureur général, soit de la partie civile, soit de l'accusé, et même d'office, faire sur-le-champ mettre le témoin en état d'arrestation. (C. instr. crim., art. 330.)

*Arrestation en droit maritime.* — En matière de droit maritime, le capitaine et les gens de l'équipage qui sont à bord pour faire voile ne peuvent être arrêtés pour dettes civiles, si ce n'est à raison de celles qu'ils auraient contractées pour le voyage, et même en ce cas ils ne peuvent être arrêtés s'ils donnent caution. (C. comm., art. 231.)

*Arrestations arbitraires.* — Pour que l'acte qui ordonne l'arrestation d'une personne puisse être exécuté, il faut : 1° qu'il exprime formellement le motif de l'arrestation et la loi en exécution de laquelle elle est ordonnée; 2° qu'il émane d'un fonctionnaire à qui la loi ait donné formellement ce pouvoir; 3° qu'il soit notifié à la personne arrêtée, et qu'il lui en soit laissé copie. Un gardien ou un geôlier ne peut recevoir ou détenir aucune personne qu'après avoir transcrit sur son registre l'acte qui ordonne l'arrestation; cet acte doit être un mandat donné dans les formes prescrites, ou une ordonnance de prise de corps, ou un décret d'accusation, ou un jugement (Constitution du 22 frimaire an VIII, art. 77 et 78). Toute arrestation faite en dehors de ces conditions, ainsi que le fait pour un geôlier de tenir au secret un prisonnier, sans en avoir reçu l'ordre formel, constitue le crime de *détention arbitraire*. (*Id.*, art. 81, et Cod. pén., art. 120.) Sont qualifiés crimes toutes rigueurs employées dans les arrestations, détentions ou exécutions autres que celles autorisées par les lois. (*Id.*, art. 82.) L'arrestation d'une personne sans ordre des autorités constituées et hors les cas où la loi prévoit cette atteinte à la liberté individuelle entraîne pour son auteur, comme pour celui qui a prêté main-forte, la peine des travaux forcés : travaux forcés à temps si la détention arbitraire a duré moins d'un mois, à perpétuité si elle a duré davantage. Néanmoins, cette peine est réduite à celle de l'emprisonnement (de deux à cinq ans) si le coupable a, avant dix jours, rendu la liberté à la personne arrêtée, sans préjudice de la peine d'interdiction de séjour, qui peut être prononcée pour une durée de cinq à dix ans. Le fait d'avoir procédé à l'arrestation avec un faux costume, sous un faux nom ou sous un faux ordre de l'autorité publique, est une circonstance aggravante, qui, de toute manière, entraîne la peine des travaux forcés à perpétuité. Cette même peine est applicable si l'individu arrêté a été menacé de mort, et la peine de mort est prononcée s'il y a eu des tortures corporelles. (C. pén., art. 341-344.) V. FONCTIONNAIRE.

**Arrêt.** — Décision rendue par un tribunal supérieur.

Les décisions des juges de paix portent le nom de *sentences;* celles des tribunaux de première instance sont dites *jugements;* on qualifie *arrêts* celles du conseil d'Etat, de la Cour de cassation, de la Cour des comptes, des cours d'appel.

**Arrêt.** — Opposition mise sur un traitement. V. SAISIE-ARRÊT.

**Arrêt** (*Maison d'*). — V. PRISON.

**Arrêt de prince.** — Défense faite aux navires marchands ancrés dans un port bloqué, ou placés par suite de circonstances politiques dans une position exceptionnelle, de quitter momentanément leur mouillage.

Cette défense a pour but d'empêcher les navires de porter aux adversaires de l'autorité qui commande dans le port bloqué un secours direct ou des nouvelles; elle peut aussi avoir un motif d'ordre sanitaire. L'arrêt de prince s'applique à tous les navires qui sont dans le port, nationaux ou étrangers. On appelle *angarie* la réquisition des navires pour le service de l'Etat qui a prononcé l'arrêt de prince, et *embargo* l'acte par lequel un Etat retient, à titre de gage ou de représailles, ou en vue de produire un effet d'intimidation, les navires marchands d'un pays ennemi, ou ceux d'une nation avec laquelle il a des difficultés et se trouve sur le point d'être en guerre.

**Arrêté.** — Nom donné : 1° aux décisions prises par les ministres, préfets, sous-préfets, maires, dans les limites de leurs attributions légales; 2° aux décisions des conseils de préfecture en matière contentieuse.

**Arrhes.** — Somme d'argent ou valeur mobilière quelconque que l'une des parties remet à l'autre, lors de la conclusion d'un contrat, soit comme moyen de dédit, soit avec la signification que le contrat est définitif.

Les arrhes ne doivent être confondus ni avec l'*acompte*, ni avec la *clause pénale*. L'acompte est une somme à valoir sur le prix convenu. La *clause pénale* est l'engagement de payer une somme déterminée en cas de non-exécution ou de retard dans l'exécution d'un marché : la stipulation d'une clause pénale n'entraîne pas nécessairement la résiliation du marché, tandis que la stipulation d'un dédit dispense définitivement celui qui ne veut pas exécuter la convention (à moins qu'il n'y ait commencement d'exécution) de remplir son obligation en perdant les arrhes.

C'est surtout en matière de vente et de louage que des arrhes sont données et reçues. La règle de l'article 1590 du Code civil est ainsi formulée : « Si la promesse de vendre a été faite avec des arrhes, chacun des contractants est maître de s'en départir : celui qui les a données, en les perdant, et celui qui les a reçues, en restituant le double. » Cette règle s'applique, sauf convention contraire, à la vente comme à la promesse de vente.

Les sommes données sous le nom de *denier à Dieu* ne doivent pas être confondues avec les *arrhes*. V. DENIER À DIEU.

**Arrimage.** — Arrangement méthodique des objets qui composent le chargement d'un navire.

L'arrimage des marchandises dangereuses dans les bateaux circulant sur les voies navigables intérieures doit être conforme aux prescriptions du décret du 31 juillet 1875, et la réglementation de l'arrimage des marchandises à bord des navires de commerce fait l'objet du décret du 1er décembre 1893.

**Arrondissement.** — Circonscription administrative qui est la subdivision du département.

L'*arrondissement* n'est pas, comme le département et la commune, une personne civile. Il n'a pas, comme ces circonscriptions, qualité pour acquérir et posséder. Comme personne civile, il se confond avec le département, d'où suit que les legs faits avec des dispositions qui les rendent exclusivement profitables à des individus compris dans les limites de l'arrondissement doivent être considérés, pour l'acceptation, comme faits au département sous condition d'une affectation spéciale.

Dans chaque arrondissement, l'administration active est aux mains d'un *sous-préfet;*

l'administration délibérative et consultative y est représentée par un *conseil d'arrondissement*, se réunissant au chef-lieu, où le sous-préfet a sa résidence, et où se trouvent également un *tribunal de première instance, un receveur particulier des finances, un conservateur des hypothèques*. V. SOUS-PRÉFET, CONSEIL D'ARRONDISSEMENT.

L'arrondissement est une circonscription électorale. V. DÉPUTÉS.

*Arrondissements de Paris*. V. PARIS.

*Arrondissements forestiers*. V. FORÊTS.

*Arrondissement maritime*. La France est divisée en cinq arrondissements maritimes : Cherbourg, Brest, Lorient, Rochefort, Toulon. Chaque arrondissement est sous les ordres d'un vice-amiral, commandant en chef, *préfet maritime*, correspondant directement avec le ministre de la Marine. Le préfet maritime dirige tous les services (troupes, arsenal, etc.) soumis d'autre part à la surveillance constante du corps du contrôle, et, en cas de guerre, prend le commandement de la place, dont il devient gouverneur ; il est assimilé à un général commandant en chef un corps d'armée. Il est aidé dans son service par un contre-amiral, chef d'état-major ; un contre-amiral major général, chargé de l'arsenal ; un général de brigade d'infanterie coloniale et les directeurs des différents services : artillerie, génie maritime, travaux hydrauliques, défenses sous-marines, commissariat général, service de santé. Dans les arrondissements très importants, comme Cherbourg, Brest, Toulon, où la défense consiste en troupes de terre et de mer, un général de brigade de l'armée de terre est aussi adjoint au préfet maritime, pour centraliser et unifier la défense. Les arrondissements sont divisés en secteurs de défense, sous les ordres d'officiers de la marine ou de l'armée de terre, et aussi en sous-arrondissements, quartiers et syndicats, au point de vue administratif. V. INSCRIPTION MARITIME.

**Arsenaux**. — V. MARINE.

**Articles organiques**. — Nom donné aux dispositions annexées au concordat de 1801 et destinées à en régler l'exécution. V. CONCORDAT.

**Artisan**. — V. TRAVAIL.

**Arts et manufactures** (*Comité consultatif des*). — Comité chargé de l'étude et de l'examen de toutes les questions intéressant le commerce et l'industrie qui lui sont renvoyées par le ministre, notamment en ce qui concerne les établissements insalubres ou incommodes, les brevets d'invention, l'application ou la modification, au point de vue technique, des tarifs et des lois fiscales.

Il est composé de seize membres, nommés par décret et pris dans le Conseil d'Etat, l'Académie des sciences, le corps des ponts et chaussées et des mines, le commerce et l'industrie.

Il se réunit au moins une fois par semaine. Les membres présents ont droit, pour chaque séance, à des jetons dont la valeur est fixée par arrêté ministériel.

Sont, en outre, membres de droit : les directeurs généraux des douanes et des contributions indirectes, un directeur de l'enseignement technique au ministère du Commerce, le directeur du travail au ministère du Commerce ; le directeur du commerce et de l'industrie, au ministère du Commerce ; un directeur du ministère de l'Agriculture ; un fonctionnaire de la direction des Poudres et salpêtres. (Décrets du 18 octobre 1880 et du 26 juin 1903.)

**Arts et manufactures** (*Chambres consultatives des*). — Chambres dont la mission est de faire connaître les besoins des industries manufacturières et les améliorations dont ces industries sont susceptibles.

Ces chambres sont établies partout où le gouvernement le juge à propos. Les chambres de commerce remplissent les mêmes fonctions dans les communes où il n'a pas été établi de chambre consultative des arts et manufactures. (Arrêté du 10 thermidor an XI, art. 3.)

Les maires doivent fournir un local convenable pour la tenue des séances. Les menus frais de bureau auxquels cette tenue donne lieu sont à la charge des communes. (*Id.*, art. 8 et 9.)

Les membres des chambres consultatives des arts et manufactures restent en fonctions pendant six années ; le renouvellement a lieu par tiers tous les deux ans. Pour les deux premiers renouvellements partiels qui suivent une élection générale, l'ordre de sortie est réglé par le sort. Les vacances accidentelles seront remplies à la prochaine élection, mais seulement pour le temps qui reste à courir sur l'exercice du membre remplacé. Les membres sortants sont rééligibles. (Décret du 24 oct. 1863.)

L'élection est faite par les électeurs domiciliés dans la circonscription de chacune des chambres, et inscrits sur des listes dressées à cet effet. Les conditions d'éligibilité déterminées en ce qui concerne les juges des tribunaux de commerce sont applicables aux élections des membres des chambres consultatives des arts et manufactures. (Décret du 22 janvier 1872.)

**Arts et métiers** (*Conservatoire des*). — Institution qui est à la fois un « dépôt de machines, modèles, outils, dessins, descriptions et livres dans tous les genres d'arts et métiers » (Loi du 19 vendémiaire an III), et un établissement « d'enseignement public et gratuit pour l'application des sciences aux arts industriels ». (Ordonnance du 25 novembre 1819.)

Aux termes de l'article 32 de la loi de finances du 13 avril 1900, « le Conservatoire national des arts et métiers est investi de la personnalité civile ». Il est régi, sous l'autorité du ministre du Commerce, par un *conseil d'administration* et un *directeur*, assistés par un *conseil de perfectionnement* pour l'enseignement et par trois *commissions techniques* pour le laboratoire d'essais, l'office national de la propriété industrielle, le musée de prévention des accidents du travail et d'hygiène industrielle.

Le *conseil d'administration* est composé de dix-neuf membres, y compris le directeur du Conservatoire (décret du 19 février 1907, article 2). Il *statue* sur l'administration des biens du Conservatoire, sur l'exercice des actions en justice, etc. Il *délibère :* 1° sur les acquisitions, aliénations et échanges des biens du Conservatoire ; 2° sur les emprunts ; 3° sur l'acceptation des libéralités grevées de charges, conditions ou affectations permanentes ; 4° sur l'emploi des crédits incorporés dans le budget propre du Conservatoire, et sur leur répartition entre les différents services de l'établissement.

*Le conseil de perfectionnement entendu :* 5° sur les offres de subventions pour l'enseignement ; 6° sur l'organisation générale des cours et sur les programmes des cours ; 7° sur les acquisitions de machines et de modèles à faire pour les collections.

*La commission technique du laboratoire d'essais entendue :* 8° sur les acquisitions de machines et d'appareils à faire pour le laboratoire ; 9° sur le taux des taxes à fixer pour les divers genres d'essais. (Décret du 19 février 1907, article 10.)

*La commission technique de l'office national de la propriété industrielle entendue :* 10° Sur le taux des taxes à percevoir pour les opérations que l'office national de la propriété industrielle sera autorisé à faire pour le public.

Les délibérations prises par le conseil d'administration en vertu de l'article précédent ne sont exécutoires qu'après approbation du ministre (art. 11).

Le conseil d'administration donne son avis sur le budget du personnel du Conservatoire (art. 12) ; etc.

Le directeur est nommé par décret, sur la présentation du ministre du Commerce, pour une période de huit ans (art. 24).

Par délégation du conseil d'administration, le directeur représente le Conservatoire en justice et dans les actes de la vie civile. Il a qualité en ce qui concerne les biens du Conservatoire, pour intenter, après autorisation du conseil d'administration, toute action possessoire, ou y défendre, agir en référé et faire tous actes conservatoires (art. 27).

Les professeurs, le directeur et le chefs de section du laboratoire, rétribués ou non sur les fonds de l'Etat, sont nommés par décret, sur la proposition du ministre du Commerce (art. 28).

Les professeurs peuvent être autorisés à se faire suppléer, soit en cas de maladie, soit pour toute autre cause, sans que la durée de la suppléance puisse excéder une année. Les suppléants sont nommés par le ministre (art. 30).

Les chefs de section du laboratoire d'essais, les employés et agents des services du Conservatoire sont nommés par le ministre du Commerce. La composition et l'effectif du personnel de ces services sont fixés par arrêté ministériel, d'après les propositions du conseil d'administration (art. 31).

Les fonctions de membre du conseil d'administration, du conseil de perfectionnement et des diverses commissions sont gratuites (art. 33).

Le décret du 31 juillet 1901 porte règlement d'administration publique sur la comptabilité du Conservatoire national des arts et métiers. L'agent comptable du Conservatoire est justiciable de la Cour des comptes.

Les crédits ouverts au ministère du Commerce pour le matériel du Conservatoire seront versés à son budget sous forme de subvention. (Loi du 13 avril 1900, art. 32.)

Trois services importants sont assurés par le Conservatoire des arts et métiers : 1° essais industriels ; 2° propriété industrielle ; 3° musée de prévention des accidents du travail et d'hygiène industrielle.

Le but du *Laboratoire d'essais mécaniques, physiques et de machines* (décret du 19 mai 1900, loi et décret du 9 juillet 1901, décret du 19 décembre 1905) est de permettre aux industriels, commerçants et particuliers de soumettre, moyennant une rétribution, des produits bruts ou manufacturés de toute nature, des machines et des appareils aux essais, études et recherches nécessaires : physique (moins l'électricité), métaux de construction, machines (autres que les machines électriques), matières premières végétales.

Aux termes de l'article 12 de la convention internationale du 20 mars 1883 pour la protection de la propriété industrielle, chacun des Etats contractants s'est engagé à établir un service spécial de la propriété industrielle et un dépôt central pour la communication au public des brevets d'invention, des dessins ou modèles industriels et des marques de fabrique ou de commerce. L'*Office national de la propriété industrielle,* institué par la même loi du 9 juillet 1901, publie le texte des brevets d'invention.

## Arts et métiers (*Ecoles nationales d'*). — V. COMMERCE.

## Ascendants ou auteurs. —

Noms sous lesquels on désigne la série des parents dont une personne descend (père, mère, aïeuls, aïeules, etc.), par opposition à la série des parents qui constituent sa postérité et qu'on appelle *descendants.* V. PARENTÉ.

Consentement des ascendants et leur droit de former opposition à la célébration du mariage, V. MARIAGE. — Surveillance des enfants mineurs de l'absent, V. ABSENCE : *Enfants mineurs de l'absent.* — Mariage entre ascendants et descendants, prohibé, V. MARIAGE. — Dette alimentaire, V. ALIMENTS. — Tutelle des ascendants, V. TUTELLE. — Tutelle de l'interdit, V. INTERDICTION. — Droits successoraux des ascendants, V. SUCCESSION. — Ascendants et quotité disponible, v. QUOTITÉ. — Partage d'ascendants, v. PARTAGE. — Communauté (clause de séparation des dettes); responsabilité des ascendants, v. COMMUNAUTÉ. — En matière pénale, la qualité d'ascendant peut être une circonstance aggravante de l'infraction, qu'elle ait été commise par ou sur l'ascendant.

**Asile d'aliénés.** — V. ALIÉNÉS.

**Assassinat.** — Meurtre commis avec préméditation ou guet-apens. (Cod. pén., art. 296.)

Ce crime est puni de mort. (*Id.*, art. 302.) Les malfaiteurs de toute espèce qui, pour l'exécution de leurs crimes, ont recours à des actes de torture ou de barbarie, sont punis comme coupables d'assassinat. (*Id.*, art. 303.)

**Assemblée nationale.** — Réunion du Sénat et de la Chambre des députés.

L'Assemblée nationale tient ses séances à Versailles, sous la présidence du président du Sénat, pour élire le président de la République ou reviser la Constitution. V. PRÉSIDENT DE LA RÉPUBLIQUE, LOIS CONSTITUTIONNELLES.

**Assignation.** — Acte d'huissier par lequel une personne en appelle une autre en justice, après l'échec d'une tentative de conciliation.

En matière criminelle, correctionnelle et de simple police, l'assignation à prévenu et à témoins porte le nom de *citation;* elle porte le même nom en matière civile devant le juge de paix; elle se nomme *ajournement* devant un tribunal de première instance ou de commerce, *acte d'appel* devant une cour d'appel, *acte de pourvoi* devant la Cour de cassation.

L'assignation, premier acte d'un procès, est donnée par *exploit* d'huissier. L'exploit a pour but de faire connaître à la personne assignée le nom du demandeur, la qualité en laquelle il agit, l'objet de la demande, l'exposé sommaire des moyens, le tribunal compétent, le jour où l'affaire sera évoquée, et le nom de l'avoué constitué. Toutes ces indications sont indispensables au défendeur : aussi la loi a-t-elle exigé que l'exploit les contînt; dans l'intérêt des parties, elle exige de plus que cet acte soit signifié par un huissier, officier ministériel assermenté, qu'il soit daté, signé, et porte la mention du coût, le tout à peine de nullité ou d'amende contre l'huissier : celui-ci ne peut instrumenter pour aucun de ses parents ou alliés en ligne directe à l'infini, et en ligne collatérale jusqu'au degré de cousin germain.

Aucun exploit ne peut être délivré un jour de fête légale, si ce n'est en vertu d'une permission du président du tribunal civil. L'assignation, pour être valable, doit être remise à la personne assignée ou à son domicile, ou, s'il n'y a personne au domicile, à un voisin, au maire ou à son adjoint, qui viseront l'original; l'huissier doit faire mention de la remise de l'exploit sur l'original et sur la copie : c'est ce qu'on appelle *remplir le parlant à.* Si le domicile et la résidence sont inconnus, l'exploit est affiché à la porte du tribunal compétent, et copie en est adressée au procureur de la République.

En matière personnelle, l'assignation est donnée devant le tribunal du domicile du défendeur ou de l'un des défendeurs; en matière réelle, devant le tribunal de la situation de l'immeuble litigieux; en matière mixte, devant le tribunal du domicile ou devant celui de la situation de l'immeuble; en matière de succession, devant le tribunal où la succession s'est ouverte. V. ACTION.

On doit assigner : 1° l'*Etat,* en la personne et au domicile du préfet du département où siège le tribunal compétent; 2° le *Trésor public,* au bureau de l'agent judiciaire du Trésor; 3° les *communes*, en la personne du maire (du préfet de la Seine, à Paris); 4° les *administrations publiques*, au bureau de leur siège ou à celui de leurs préposés; 5° les *sociétés de commerce*, au siège de la société ou au domicile de l'un de ses associés; 6° les *unions de créanciers*, en la personne des syndics; 7° les *personnes* qui habitent l'étranger ou les colonies françaises sont assignées personnellement par l'intermédiaire du ministre des Affaires étrangères ou de celui des Colonies.

Le délai des ajournements est de huitaine, augmenté d'autant de jours qu'il y a de fois trois myriamètres entre le domicile du défendeur et le siège du tribunal saisi de l'affaire. Si le défendeur est domicilié à l'étranger, ces délais varient de deux à six mois, à moins que l'exploit n'ait été remis à sa personne en France. En cas d'urgence, et en vertu d'une autorisation du président du tribunal, on peut assigner *à bref délai*, c'est-à-dire sans observer les délais prescrits par l'article 72 du Code de procédure civile. Lorsqu'il y a opposition à un jugement par défaut, cette opposition, dûment signifiée, doit contenir assignation dans le délai de la loi.

L'ajournement interrompt la prescription et fait courir les intérêts de retard.

En matière commerciale, le délai d'assignation est au moins d'un jour. Dans les cas requérant célérité, le président du tribunal peut, s'il y a urgence, permettre d'assigner, même de jour à jour et d'heure à heure, et même cette permission est inutile dans les affaires maritimes où il existe des parties non domiciliées, et dans celles où il s'agit d'agrès, victuailles, équipages et radoubs de vaisseaux prêts à mettre à la voile. Toutes assignations données à bord à la personne assignée sont valables. Le demandeur peut assigner à son choix devant le tribunal du domicile du défendeur, devant celui dans l'arrondissement duquel la promesse a été faite et la marchandise livrée, devant celui dans l'arrondissement duquel le payement devait être effectué.

Devant la Cour de cassation, lorsque la chambre des requêtes a rendu un arrêt d'admission, la requête et cet arrêt sont signifiés aux défendeurs, dans la forme ordinaire des exploits : la copie emporte assignation à comparaître. — Code de proc. civ., 1-7 (citations devant les juges de paix), 59-74 (ajournements); 415-420 (ajournement devant les tribunaux de commerce); 456 (acte d'appel); Régl. du 28 juin 1738 (cassation).

Lorsqu'un ajournement est remis à toute autre personne que la partie elle-même ou le procureur de la République, elle doit être délivrée sous enveloppe fermée, ne porter d'autre indication, d'un côté, que les nom et demeure de la partie, et de l'autre, que le cachet de l'étude de l'huissier, apposé sur la fermeture du pli, à peine de nullité de la signification.

L'obligation de l'enveloppe fermée vise tous les *exploits*, que leur objet soit judiciaire ou extrajudiciaire, qu'il s'agisse de sommations, de commandements, aussi bien que d'exploits d'ajournement. (Loi du 15 février 1899.) Elle s'applique aux employés des contributions indirectes et des octrois ayant qualité pour signifier des actes à domicile. (Loi du 31 mars 1903, art. 27.)

**Assises** (*Cour d'*). — V. COUR D'ASSISES.

**Assistance entre époux.** — V. MARIAGE.

**Assistance judiciaire.** — Institution dont l'objet est de faciliter ou même de procurer gratuitement aux indigents la poursuite et la défense de leurs intérêts devant les tribunaux.

La loi du 30 janvier 1851, qui a constitué et organisé l'assistance judiciaire, a été revisée et élargie par celle du 10 juillet 1901.

*Droit éventuel à l'assistance.* — L'assistance judiciaire peut être accordée, en tout état de cause, à toutes personnes, ainsi qu'à tous établissements publics ou d'utilité publique, et aux associations privées ayant pour objet une œuvre d'assistance et jouissant de la personnalité civile, lorsque, à raison de l'insuffisance de leurs ressources, ces personnes, établissements et associations se trouvent dans l'impossibilité d'exercer leurs droits en justice, soit en demandant, soit en défendant.

Elle est applicable : 1° à tous les litiges portés devant les tribunaux civils, les juges des référés, la chambre du conseil, les tribunaux de commerce (mais non les conseils de prudhommes), les juges de paix, les cours d'appel, la Cour de cassation, les conseils de préfecture, le conseil d'Etat, le tribunal des conflits, ainsi qu'aux parties civiles devant les juridictions d'instruction et de répression; 2° en dehors de tout litige, aux actes de juridiction gracieuse et aux actes conservatoires (saisie-arrêt, par exemple). Elle s'étend de plein droit aux actes et procédures d'exécution à opérer en vertu des décisions en vue desquelles elle a été accordée; elle peut en outre être accordée pour tous actes et procédures d'exécution à opérer en vertu de décisions obtenues sans le bénéfice de cette assistance ou de tout acte exécutoire par lui-même, si les ressources de la partie qui poursuit l'exécution sont insuffisantes.

*Admission à l'assistance.* — L'admission à l'assistance judiciaire est prononcée : 1° pour les instances qui doivent être portées devant les justices de paix, les tribunaux de simple police, les tribunaux civils et correctionnels, les tribunaux de commerce, les conseils de préfecture, les cours d'assises, par un bureau établi au chef-lieu judiciaire de l'arrondissement où siège la juridiction compétente; 2° pour les instances qui doivent être portées devant une cour d'appel, par un bureau établi au siège de la cour; 3° pour les pourvois devant la Cour de cassation, le conseil d'Etat et le tribunal des conflits, par des bureaux spéciaux établis respectivement près la Cour de cassation et près le conseil d'Etat.

Dans le cas où l'assistance s'étend de plein droit aux actes et procédures d'exécution, le bureau qui l'a précédemment accordée doit cependant, sur la demande de l'assisté, déterminer la nature des actes et procédures d'exécution auxquels elle s'appliquera. Dans le cas d'actes de juridiction gracieuse ou d'actes conservatoires, l'assistance est prononcée par le bureau établi près le tribunal civil de première instance du domicile de la partie qui la sollicite, lequel détermine également la nature des actes et procédures d'exécution pour lesquels l'assistance est donnée.

Toute personne qui réclame l'assistance judiciaire adresse sa demande, écrite sur papier libre ou verbale, au procureur de la République du tribunal de son domicile. Elle peut également adresser cette demande, verbale ou écrite sur papier libre, au maire de son domicile, qui la transmet immédiatement, en ce cas, au procureur de la République ci-dessus indiqué, avec les pièces justificatives. Ce magistrat en fait la remise au bureau établi près ce tribunal, lequel bureau doit statuer dans le plus bref délai possible. Si ce bureau n'est pas en même temps celui établi près la juridiction compétente pour statuer sur le litige, il se borne à recueillir des renseignements, tant sur l'insuffisance des ressources que sur le fond de l'affaire. Il peut entendre les parties. Si elles ne sont pas accordées, il transmet, par l'intermédiaire du procureur de la République, la demande, le résultat de ses informations et les pièces au bureau établi près de la juridiction compétente. Si la juridiction devant laquelle l'assistance judiciaire a été admise se déclare incompétente et que, par suite de cette décision, l'affaire soit portée devant une autre juridiction de même nature et de même ordre, le bénéfice de l'assistance subsiste devant cette dernière juridiction. Celui qui a été admis à l'assistance judiciaire devant une première juridiction continue à en jouir sur l'appel interjeté contre lui, dans le cas même où il se rendrait incidemment appelant. Il continue pareillement à en jouir sur le pourvoi formé contre lui en cassation, devant le conseil d'Etat ou le tribunal des conflits. Lorsque c'est l'assisté qui émet un appel principal, ou qui forme un pourvoi, il ne peut, sur cet appel ou sur ce pourvoi, jouir de l'assistance judiciaire qu'autant qu'il y est admis par une décision nouvelle. Pour y parvenir, il doit adresser sa demande accompagnée de la copie signifiée, ou d'une expédition délivrée avec le bénéfice de l'assistance judiciaire, de la décision contre laquelle il entend former appel ou pourvoi, savoir : s'il s'agit d'un appel à porter devant le tribunal civil, au procureur de la République près ce tribunal ; s'il s'agit d'un appel à porter devant la cour d'appel, au procureur général près cette cour ; s'il s'agit de pourvois, savoir : en cassation, au procureur général près la Cour de cassation ; devant le conseil d'Etat, au secrétaire général du conseil ; devant le tribunal des conflits, au secrétaire du tribunal. Le magistrat auquel la demande est adressée en fait la remise au bureau compétent.

Quiconque demande à être admis à l'assistance judiciaire doit fournir : 1° un extrait du rôle de ses contributions ou un certificat du percepteur de son domicile constatant qu'il n'est pas imposé ; 2° une déclaration attestant qu'il est, à cause de l'insuffisance de ses ressources, dans l'impossibilité d'exercer ses droits en justice, et contenant l'énumération détaillée de ses moyens d'existence, quels qu'ils soient. Le réclamant affirme la sincérité de sa déclaration devant le maire de la commune de son domicile ; le maire lui en donne acte au bas de la déclaration.

Le bureau donne avis à la partie adverse qu'elle peut se présenter devant lui, soit pour contester l'insuffisance des ressources, soit pour fournir des explications sur le fond. Si elle comparaît, le bureau emploie ses bons offices pour opérer un arrangement amiable.

Les décisions du bureau ne sont susceptibles d'aucun recours. Néanmoins le procureur général peut les déférer au bureau établi près la cour d'appel, pour y être réformées s'il y a lieu.

*Effets de l'assistance judiciaire.* — Sur l'envoi à qui de droit de la décision du bureau portant admission à l'assistance judiciaire, il est désigné à l'assisté, suivant les circonstances et la juridiction, un huissier, un avoué, un avocat chargés de lui prêter leur ministère.

Aux termes de l'art. 14 de la loi du 10 juillet 1901, l'assisté est dispensé provisoirement du payement des sommes dues au Trésor pour droits de timbre, d'enregistrement et de greffe, ainsi que de toute consignation d'amende. Il est aussi dispensé provisoirement du payement des sommes dues aux greffiers, aux officiers ministériels et aux avocats pour droits, émoluments et honoraires. Les actes de la procédure faits à la requête de l'assisté sont visés pour timbre et enregistrés en débet. Le visa pour timbre est donné sur l'original au moment de son enregistrement. Les actes et titres produits par l'assisté, pour justifier de ses droits et qualités, sont pareillement visés pour timbre et enregistrés en débet.

Si ces actes et titres sont du nombre de ceux dont les lois ordonnent l'enregistrement dans un délai déterminé, les droits d'enregistrement deviennent exigibles immédiatement après le jugement définitif ; il en est de même des sommes dues pour contravention aux lois sur le timbre.

Si ces actes et titres ne sont pas du nombre de ceux dont les lois ordonnent l'enregistrement dans un délai déterminé, les droits d'enregistrement de ces actes et titres sont assimilés à ceux des actes de la procédure.

Le visa pour timbre et l'enregistrement en débet doivent mentionner la date de la décision qui admet au bénéfice de l'assistance judiciaire ; ils n'ont d'effet, quant aux actes et titres produits par l'assisté, que pour le procès dans lequel la production a eu lieu.

Les frais de transport des juges, des officiers ministériels et des experts, les honoraires de ces derniers, les taxes des témoins dont l'audition a été autorisée par le tribunal ou le juge, et en général tous les frais dus à des tiers non officiers ministériels, sont avancés par le Trésor, conformément à l'article 118 du décret du 18 juin 1811. Le paragraphe 6 du présent article s'applique au recouvrement de ces avances.

Les notaires, greffiers et tous autres dépositaires publics ne sont tenus à la délivrance gratuite des actes et expéditions réclamés par l'assisté que sur une ordonnance du juge de paix ou du président.

En cas de condamnation aux dépens prononcée contre l'adversaire de l'assisté, la taxe comprend tous les droits, frais de toute nature, honoraires et émoluments auxquels l'assisté aurait été tenu s'il n'y avait pas eu assistance judiciaire. Si cet adversaire est insolvable, ou si le procès est perdu par l'assisté, celui-ci est pendant dix ans soumis à l'action de l'Etat pour le recouvrement des frais avancés, et s'il revient à meilleure fortune il est tenu de les rembourser.

*Règles de recouvrement.* — Les percepteurs des contributions directes sont substitués à l'administration de l'Enregistrement pour le recouvrement des dépens devant les juridictions d'instruction et de répression et pour ceux afférents aux actes d'exécution faits en vertu de décisions émanées de ces juridictions lorsqu'il y aura en cause une partie civile admise au bénéfice de l'assistance judiciaire. Les porteurs de contrainte pourront remplacer les huissiers pour l'exercice des poursuites. Les jugements, extraits de jugements ou exécutoires et les commandements, pourront être notifiés par la poste, conformément à l'article 49 de la loi du 25 février 1901, même quand l'assisté concourra aux actes de poursuites conjointement avec les percepteurs. Les percepteurs font entre les divers ayants droit la distribution des sommes recouvrées, conformément à l'article 18 de la loi du 10 juillet 1901. (Loi du 31 mars 1903, art. 60.)

*Retrait de l'assistance judiciaire.* — Le bénéfice de l'assistance judiciaire peut être retiré en tout état de cause, même après la fin des instances et procédures pour lesquelles elle a été accordée : 1° s'il survient à l'assisté des ressources reconnues suffisantes ; 2° s'il a surpris la décision du bureau par une déclaration frauduleuse (sans préjudice en ce dernier cas de poursuites correctionnelles).

Le retrait rend immédiatement exigibles les frais de toute nature dont l'assisté avait été dispensé.

**Assistance publique.** — Ensemble des mesures et des services par lesquels l'Etat, les départements et les communes viennent en aide aux personnes nécessiteuses ou indigentes.

*Assistance nationale.* — L'Etat a diverses attributions générales en matière d'assistance publique. La création des établissements publics d'assistance ne peut être autorisée que par décret, sur l'avis du préfet et le rapport du ministre de l'Intérieur. S'il s'agit d'un établissement hospitalier ou d'un bureau de bienfaisance, le décret doit être précédé d'un avis du conseil municipal.

L'Etat s'est réservé le droit de nommer, soit directement, soit par l'intermédiaire du ministre de l'Intérieur ou des préfets, une partie des administrateurs des établissements de bienfaisance.

Il existe au ministère de l'Intérieur une *direction de l'assistance* et de l'*hygiène publique*, et le ministre de l'Intérieur a sous son autorité directe des *inspecteurs des services administratifs*. V. ADMINISTRATION.

La plupart des actes de la vie civile et administrative ne peuvent être accomplis par un établissement d'assistance publique qu'avec l'autorisation de l'Etat (loi, décret, arrêté du préfet ou du sous-préfet).

Les établissements d'assistance nationale sont :

L'hospice national des Quinze-Vingts (aveugles), l'institution nationale des Jeunes Aveugles, les institutions nationales des sourds-muets de Paris et de Chambéry et des sourdes-muettes de Bordeaux, l'asile national de Charenton (aliénés), les asiles nationaux de Vincennes et du Vésinet, l'asile national de Vacassy (à Saint-Maurice, Seine), l'orphelinat agricole de Quessigny (Eure).

L'Etat intervient en outre sous la forme de subventions, allocations et contributions, savoir :

1° Subventions aux sociétés de secours mutuels; — majoration des pensions de retraite des membres de celles de ces sociétés qui constituent des retraites et subventions spéciales à celles qui n'en constituent pas; — bonification d'intérêts aux sociétés de secours mutuels (loi 1er avril 1898);

2° Subventions aux communes pour l'organisation et l'entretien des corps de sapeurs-pompiers, le matériel d'incendie, les pensions et indemnités ;

3° Subvention aux communes pour secours aux familles nécessiteuses des réservistes et territoriaux ;

4° Participation au service des enfants assistés ou moralement abandonnés et frais d'inspection et de surveillance de ce service ; — frais de protection des enfants du premier âge ; — secours aux sociétés de charité maternelle et aux crèches ;

5° Participation aux dépenses de l'assistance médicale gratuite ;

6° Contribution aux pensions constituées par les départements ou les communes en faveur des vieillards, infirmes et incurables (V. PENSIONS) ;

7° Subvention à des institutions de bienfaisance et d'assistance par le travail. — Secours d'extrême urgence à des collectivités en cas de sinistre.

En ce qui concerne les secours d'extrême urgence, la circulaire du ministre de l'Intérieur, en date du 14 avril 1897, spécifie que les allocations de l'espèce ne sont accordées que pour des collectivités d'indigents ou de sinistrés et à l'occasion d'événements ayant un caractère de calamité publique, non aux particuliers victimes d'un accident ou d'un événement malheureux, tels que pertes de bestiaux, de récoltes, etc., écroulement de maisons, éboulements, incendies. En pareille occurrence, l'assistance s'impose moralement à la commune.

*Retenues au profit des asiles nationaux.* — Le décret du 8 mars 1855, relatif à l'établissement des asiles du Vésinet et de Vincennes, a affecté à la dotation de ces asiles un prélèvement de 1 p. 100 sur le montant de tous les marchés de travaux passés dans la ville de Paris ou sa banlieue, quel que soit le mode adopté pour la passation des marchés et même en cas de travaux exécutés à la suite d'une simple convention verbale.

*Assistance départementale.* — La protection des enfants assistés ou moralement abandonnés, les asiles d'aliénés, l'assistance médicale gratuite sont des services départementaux, auxquels contribuent obligatoirement les communes, qui en outre accordent des subventions aux établissements hospitaliers et aux bureaux de bienfaisance. V. ENFANT, ALIÉNÉS, ASSISTANCE MÉDICALE.

*Assistance communale.* — On se reportera aux articles BUREAU DE BIENFAISANCE, HOPITAUX, HOSPICES.

Les communes qui n'ont pas d'hôpitaux peuvent faire admettre leurs malades et incurables indigents dans les établissements départementaux désignés par le conseil général sur la proposition du préfet. Celui-ci détermine un prix de journée d'accord avec les commissions administratives. Les communes supportent la dépense, mais elles ont un recours contre les membres des familles désignées par l'art. 205 et 206 du Code civil comme tenues à l'obligation alimentaire.

Les fonds sont centralisés par les trésoriers-payeurs généraux, comptables du département, et délivrés à leur nom. (Instr. gén., 977 et 995.)

A Paris, l'assistance publique est régie : 1° en ce qui concerne l'assistance à domicile, par le décret du 15 novembre 1895 sur les bureaux de bienfaisance; 2° en ce qui concerne les hôpitaux et hospices, par la loi du 10 janvier 1849 et le décret du 24 avril suivant.

L'administration générale de l'assistance publique à Paris comprend le service des secours à domicile et le service des hôpitaux et hospices civils. Elle est placée sous l'autorité du préfet de la Seine et du ministre de l'Intérieur ; elle est confiée à un directeur responsable, sous la surveillance d'un conseil dit « conseil de surveillance ». Le directeur, nommé par le ministre de l'Intérieur sur la proposition du préfet de la Seine, exerce son autorité sur les services intérieurs et extérieurs. Il prépare les budgets, ordonnance toutes les dépenses, et présente le compte de son administration. Il représente les établissements hospitaliers et de secours à domicile en justice, soit en demandant, soit en défendant. Il a la tutelle des enfants trouvés, abandonnés et orphelins, et a aussi celle des aliénés. (Loi du 10 janvier 1849.)

L'administration comprend un personnel administratif et un personnel du service de santé (médecins, chirurgiens, accoucheurs, sages-femmes, pharmaciens, internes et externes, infirmiers et infirmières). Elle possède de nombreux hôpitaux généraux et spéciaux, répartis en circonscriptions hospitalières et où sont organisés des services pour l'instruction professionnelle du corps médical (cliniques, etc.).

*Écoles primaires annexées aux établissements de bienfaisance et d'assistance.* — Les écoles primaires annexées aux établissements de bienfaisance et d'assistance publique fondés et entretenus par l'Etat, les départements ou les communes, sont créées par décision du ministre de l'Instruction publique, sur l'avis conforme du ministre de l'Intérieur. Elles sont soumises au même régime que toutes les autres écoles publiques.

Si l'établissement constitue un service de l'Etat, la création de l'école ne peut être décidée qu'après avis du conseil supérieur de l'assistance publique et du conseil supérieur de l'instruction publique.

Si l'établissement constitue un service départemental ou communal, l'école ne peut être créée que sur la demande du conseil général ou du conseil municipal. La délibération du conseil général ou du conseil municipal est soumise par le préfet au conseil départemental de l'instruction publique, qui donne son avis.

La décision ministérielle portant création de l'école détermine, s'il y a lieu, les conditions spéciales de son organisation et de son fonctionnement.

Toutes les dépenses qu'entraînent l'installation et le fonctionnement de l'école incombent à l'Etat, au département ou à la commune, suivant que l'école est annexée à un établissement national, départemental ou communal. Si l'établissement est départemental ou communal, le montant des traitements et suppléments de traitement légaux dus aux instituteurs et institutrices est versé au Trésor, au commencement de chaque trimestre, à titre de fonds de concours pour dépenses publiques. (Décret du 4 nov. 1894.)

## Assistance médicale gratuite.

La loi du 15 juillet 1893 a organisé dans tous les départements et dans toutes les communes un service d'assistance médicale gratuite. L'application de cettte loi a été l'objet de diverses instructions du ministre de l'Intérieur, dont les premières portent les dates des 18 mai et 31 juillet 1894.

*Qui a droit à l'assistance médicale gratuite ?* « Tout Français malade, privé de ressources, reçoit gratuitement de la commune, du département ou de l'Etat, suivant son domicile de secours, l'assistance médicale à domicile, ou, s'il y a impossibilité de le soigner utilement à domicile, dans un établissement hospitalier. Les femmes en couches sont assimilées à des malades. Les étrangers malades, privés de ressources, seront assimilés aux Français toutes les fois que le gouvernement aura passé un traité d'assistance réciproque avec leur nation d'origine. » (Loi du 15 juillet 1893, art. 1er.)

Les conditions dans lesquelles s'acquiert ou se perd le domicile de secours sont déterminées par les articles 6 à 9 de la loi.

*Domicile de secours.* C'est le lieu où l'homme nécessiteux a droit aux secours publics. (Décret du 24 vendémiaire an II, titre V, art. 1er.)

Le lieu de la naissance est le lieu naturel du domicile de secours. (Loi du 15 juill. 1893, art. 2.)

Le domicile de secours s'acquiert :

1° Par une *résidence habituelle d'un an* dans une commune, postérieurement à la majorité ou à l'émancipation ;

2° Par la *filiation*. (L'enfant a le domicile de secours de son père. Si la mère a survécu au père, ou si l'enfant est un enfant naturel reconnu seulement par sa mère, il a le domicile de secours de sa mère. En cas de divorce ou de séparation de corps, l'enfant légitime partage le domicile de secours de l'époux à qui a été confié le soin de son éducation);

3° Par le *mariage*, qui fait acquérir de plein droit à la femme mariée le domicile de secours de son mari et qui le conserve à la femme veuve, divorcée ou séparée. (Loi du 15 juillet 1893, art. 6.)

Hors les cas ci-dessus spécifiés, le domicile de secours est le lieu de la naissance jusqu'à la majorité ou à l'émancipation. (*Id.*, art. 6.)

Les enfants assistés ont leur domicile de secours dans le département au service duquel ils appartiennent jusqu'à ce qu'ils en aient acquis un autre personnellement. (*Id.*, art. 9.)

Le domicile de secours se perd :

1° Par une absence ininterrompue d'une année postérieurement à la majorité ou à l'émancipation ;

2° Par l'acquisition d'un autre domicile de secours.

Si le domicilié est absent par suite de circonstances « excluant toute liberté de choix de séjour » ou par suite d'un traitement dans un établissement hospitalier situé hors du lieu habituel de résidence du malade, le délai d'un an ne court que du jour où ces circonstances n'existent plus ou du jour de la guérison. (*Id.*, art. 7.)

Il ressort d'un avis du conseil d'Etat, en date du 12 février 1897, que le titre V de la loi du 24 vendémiaire an II s'est trouvé abrogé par la loi du 15 juillet 1893 sur l'assistance médicale et que, par suite, les règles tracées par le titre II de cette dernière loi, relativement à l'acquisition et à la perte du domicile de secours, sont seules applicables aussi bien aux aliénés qu'aux malades indigents. (Bulletin Intérieur, 1897, p. 105.)

L'article 25, § 2, de la loi du 15 juillet 1893, ayant expressément maintenu l'article 1er de la loi du 7 août 1851, il en résulte que les *indigents qui tombent malades sur le territoire d'une commune siège d'un hôpital* doivent être admis et traités sans conditions de domicile de secours, c'est-à-dire sans possibilité de recours éventuel, alors même qu'ils sont étrangers à la commune. (Circ. Intérieur, 17 août 1895; Bulletin, 1895, p. 213.)

*Attributions du conseil général.* — Le conseil général délibère dans les conditions prévues par l'article 48 de la loi du 10 août 1871 :

1° Sur l'organisation du service, la détermination et la création des hôpitaux auxquels est rattachée chaque commune ou syndicat de communes;

2° Sur la part de la dépense incombant aux communes et au département.

A défaut ou en cas de suspension de la délibération, il peut être pourvu à l'organisation du service par un règlement d'administration publique. (Loi du 15 juill. 1893, art. 3 et 4.)

*Bureau d'assistance.* — Le service de l'assistance médicale est assuré, dans chaque commune, par un *bureau d'assistance* composé des commissions administratives réunies de l'hospice et du bureau de bienfaisance, ou bien par cette dernière seulement quand il n'existe pas d'hospice dans la commune. A défaut d'hospice ou de bureau de bienfaisance, le bureau d'assistance est formé d'après les règles applicables à la composition des commissions administratives des hospices et bureaux de bienfaisance. (Loi du 21 mai 1873, art. 1er à 5, modifiée par la loi du 5 août 1879.) Le bureau constitue un établissement public et jouit de la personnalité civile (instr. du 18 mai 1894); il est représenté en justice et dans tous les actes de la vie civile par un de ses membres, que ses collègues élisent à cet effet au commencement de chaque année (loi du 15 juillet 1893, art. 11); il possède, outre les attributions qui lui sont dévolues par la loi du 15 juillet 1893, tous les droits et attributions qui appartiennent au bureau de bienfaisance (*id.*, art. 10); il administre les fondations, dons et legs qui ont été faits aux pauvres ou aux communes en vue d'assurer l'assistance médicale. (*Id.*, art. 11.)

Les bureaux d'assistance sont soumis aux règles qui régissent l'administration et la comptabilité des hospices, en ce qu'elles n'ont rien de contraire à la loi du 15 juillet 1893. (*Id.*, art. 11.)

Le président du bureau a le droit d'accepter à titre conservatoire les dons et legs et de former avant l'autorisation toute demande en délivrance, le décret présidentiel ou l'arrêté préfectoral d'autorisation devant avoir effet du jour de cette acceptation. (*Id.*, art. 11.)

Bien que la loi du 15 juillet 1893 ait confié aux commissions administratives réunies de l'hospice et du bureau de bienfaisance l'administration du bureau d'assistance médicale, les établissements n'en doivent pas moins rester distincts. (Circ. Intérieur du 10 févr. 1896; Bull., p. 64.)

Dans les communes où il existe un bureau de bienfaisance, le bureau d'assistance n'est qu'un bureau d'assistance médicale, doté ou non d'un budget, suivant qu'il a ou qu'il n'a point de ressources spéciales à l'assistance médicale.

Dans celles où il n'existe pas de bureau de bienfaisance, le bureau d'assistance, sous un nom nouveau, en tient véritablement lieu. Il peut donc avoir un budget, divisé en deux parties afférentes l'une à l'assistance médicale, l'autre aux autres services, chacune de ces parties pouvant d'ailleurs exister seule si elle est seule alimentée. Si, par exemple, la commune vote une subvention pour secours aux indigents valides, la somme figurera au budget du bureau d'assistance, qui en fera la distribution comme font les bureaux de bienfaisance. (Circ. Intérieur du 17 août 1895.)

Dans une commune où il n'y a pas de bureau de bienfaisance, mais pourvue d'un hospice, le bureau d'assistance, créé par la loi du 15 juillet 1893, a qualité pour accepter les libéralités faites en faveur des pauvres; l'acceptation par le bureau d'assistance d'une libéralité faite en faveur des pauvres ne fait pas obstacle à la création d'un bureau de bienfaisance dans une commune où il n'en existe pas, lorsque la libéralité est d'une importance suffisante pour justifier cette création. (Avis du conseil d'Etat du 9 mai 1895.)

La gestion financière des bureaux d'assistance dont les revenus n'excèdent pas 30 000 francs est confiée de droit au receveur municipal; — s'il existe dans la commune un hospice, au receveur de l'hospice; — s'il n'existe pas d'hospice, au receveur du bureau de bienfaisance. Les bureaux d'assistance qui ont plus de 30 000 francs de revenus peuvent avoir un receveur spécial nommé par le préfet sur la présentation de la commission administrative. (Décret du 8 oct. 1899.)

*Communes jouissant d'une organisation spéciale.* — Les communes ou syndicats de communes qui justifient remplir d'une manière complète leur devoir d'assistance envers leurs malades peuvent être autorisées, par décision ministérielle rendue après avis du conseil supérieur de l'assistance publique, à avoir une organisation spéciale. (Loi du 15 juill. 1893, art. 35.) Leur situation est réglée dans chaque cas particulier par la décision ministérielle d'autorisation.

Elles ont à acquitter les frais de traitements des malades étrangers en cas d'accident ou de maladie aiguë, mais la portion de ces frais occasionnés postérieurement au onzième jour de traitement leur est remboursée par le département. (Circ. Intérieur du 27 juill. 1895; Bull., 1895, p. 172.)

Ces communes n'ont pas droit aux subventions du département ni de l'Etat. (Instruction du 18 mai 1894.)

*Caractère des hôpitaux.* — Les hôpitaux nouveaux spécialement construits pour le service de l'assistance médicale pourront être des *établissements publics* administrés, comme les asiles d'aliénés, sous l'autorité directe des préfets.

Mais si le nouvel établissement ne possède pas le minimum de dotation indispensable pour pouvoir être investi de la personnalité civile et placé sous le régime de la loi du 7 août 1851, il ne pourra être créé que comme *établissement départemental* ou comme *dispensaire communal*. (Circ. Intérieur du 28 décembre 1896. (Bull. Intérieur, 1896, p. 478.)

*Assistance médicale à domicile à Paris.* — Elle est organisée par le décret du 15 novembre 1895.

L'organisation et la direction de l'assistance médicale et des services qui en dépendent sont confiées au directeur de l'assistance publique, secondé par les bureaux de bienfaisance. Les malades inscrits sur la liste des indigents ou reconnus nécessiteux par la délégation permanente (V. BUREAU DE BIENFAISANCE) ont seuls droit, sauf le cas d'urgence, à l'assistance médicale, qui assure aux malades soit la visite et le traitement à domicile, soit la consultation et le traitement au dispensaire.

Un ou plusieurs dispensaires sont affectés aux malades de chacun des arrondissements. Les dispensaires peuvent être installés dans les bâtiments affectés aux hôpitaux, mais à la condition d'être absolument distincts des services hospitaliers.

Les malades choisissent parmi les médecins chargés du traitement à domicile dans leur quartier; de même, les femmes enceintes ont la faculté de choisir une sage-femme parmi celles qui sont préposées au service médical de l'arrondissement.

Sauf les cas d'urgence, les médicaments sont délivrés exclusivement aux indigents ou nécessiteux par les pharmacies des dispensaires.

*Centralisation des opérations au budget des départements.* — L'assistance médicale étant un service départemental, toutes les recettes et les dépenses de ce service sont centralisées au budget des départements. (Instruction du 13 mai 1894.)

*Recettes.* — Tous les recouvrements relatifs au service de l'assistance médicale s'effectuent comme en matière de contributions directes. Toutes les recettes que les lois et règlements ne soumettent pas à un mode spécial de recouvrement sont effectuées sur des états dressés par le président du bureau et rendus exécutoires par le préfet. (Loi du 15 juill. 1893, art. 31.) Les recettes se composent : 1° des contingents communaux; 2° des subventions de l'Etat; 3° des centimes additionnels départementaux, s'il y a lieu. Ces recettes sont classées au chapitre des subventions pour les dépenses du budget ordinaire du département. (Instr. du 31 juill. 1894.)

*Contingents communaux.* Les ressources dont se compose le contingent communal comprennent :

A. La part des recettes attribuées aux pauvres qui est affectée au soin des malades;

B. Le produit des dons et legs recueillis par le bureau d'assistance ou administrés par lui;

C. Le revenu des fondations possédées par les hospices ou les bureaux de bienfaisance par l'assistance médicale à domicile;

D. Un prélèvement sur les revenus ordinaires de la commune, et, en cas d'insuffisance, des centimes additionnels ou des taxes spéciales d'octroi (art. 27).

L'approbation des taxes d'octroi est soumise aux prescriptions de l'article 137 de la loi du 5 avril 1884.

La part que les communes seront obligées de demander aux centimes additionnels ou aux taxes d'octroi ne pourra être moindre de 20 p. 100 ni supérieure à 90 p. 100 de la dépense à couvrir.

Les communes seules qui s'imposent ainsi des centimes additionnels ou des taxes d'octroi ont droit à une subvention du département.

Les communes qui désirent demander ce concours doivent donc, à défaut de taxes d'octroi, ouvrir en recette sous le titre de *centimes* pour le service de l'assistance médicale gratuite un article spécial dont le produit devra être égal au chiffre du crédit prévu en dépense pour assurer ce service, sauf s'il y a lieu à réduire d'une somme équivalente le produit de l'imposition pour insuffisance de revenus.

*Subventions de l'Etat.* L'Etat concourt aux dépenses départementales au moyen de *subventions* allouées aux départements qui ont eu recours à des centimes additionnels et calculées conformément au tableau B annexé à la loi du 15 juillet 1893 (art. 29).

Il est en outre chargé : A. des dépenses occasionnées par le traitement des malades n'ayant pas de domicile communal ni départemental de secours; B. des frais d'administration relatifs à l'exécution de la loi.

Enfin, il contribue aux dépenses extraordinaires par des subventions accordées dans la limite des crédits votés (art. 26).

Deux circulaires (Intérieur), en date des 9 mars et 28 décembre 1896, contiennent divers renseignements relatifs au mode de calcul du contingent de l'Etat, soit pour les dépenses ordinaires, soit pour les dépenses extraordinaires du service de l'assistance médicale gratuite. (Bull. Intérieur, 1896, p. 121 et 478.)

*Centimes additionnels départementaux.* En cas d'insuffisance des ressources spéciales de l'assistance médicale et des ressources ordinaires de leur budget, les départements sont autorisés à voter des centimes additionnels aux quatre contributions directes dans la mesure nécessitée par l'exécution de la loi.

*Dépenses.* — Les dépenses sont ordinaires ou extraordinaires. Les dépenses ordinaires sont obligatoires et supportées par les communes, le département et l'Etat, suivant les règles établies par les articles 27, 28 et 29 de la loi.

*Dépenses ordinaires.* A. Honoraires des médecins, chirurgiens et sages-femmes du service d'assistance à domicile.

B. Médicaments et appareils.

C. Frais de séjour des malades dans les hôpitaux.

*Dépenses extraordinaires.* A. Frais d'agrandissement et de construction des hôpitaux.

Les dépenses font l'objet de crédits distincts selon qu'elles s'appliquent à des malades ayant un domicile de secours départemental, communal, ou n'ayant pas de domicile de secours; dans ces derniers cas, elles figurent au budget au chapitre de l'assistance et de l'hygiène publiques. (Instr. du 31 juillet 1894.)

*Dépenses à la charge de l'Etat.* V., plus haut, RECETTES : *Subventions de l'Etat.*

*Dépenses à la charge du département.* 1° Frais de traitement des malades ayant un domicile de secours départemental ;

2° Subventions aux communes qui ont dû recourir à des centimes additionnels ou à des taxes d'octroi.

L'article 28 porte que les départements sont tenus d'accorder aux communes qui auront été obligées de recourir à des centimes additionnels ou à des taxes d'octroi des subventions d'autant plus fortes que leur centime sera plus faible, mais qui ne pourront dépasser 80 p. 100 ni être inférieures à 10 p. 100 du produit de ces centimes additionnels ou taxes d'octroi.

*Dépenses à la charge des communes.* Le devoir d'assistance incombe à la commune toutes les fois que le malade a un domicile de secours communal. (Loi du 15 juillet 1893, art. 8.)

En cas d'accident ou de maladie aiguë, les frais de traitement d'un malade frappé hors de son domicile de secours sont — s'il n'existe pas d'hôpital — payés par la commune où le malade a sa résidence momentanée ; la commune est remboursée par le département, selon le tarif fixé par le conseil général ; toutefois, la dépense de traitement des dix premiers jours reste à la charge de la commune (art. 20 et 21).

S'il existe un hôpital dans la commune, il n'est pas dérogé, dit l'article 25 de la loi du 15 juillet 1893, à l'article 1er de la loi du 7 août 1851, ainsi conçu : « Lorsqu'un individu privé de ressources tombe malade dans une commune, aucune condition de domicile ne peut être exigée pour son admission dans l'hôpital existant dans la commune. »

*Transport des malades par voie ferrée.* — Le transport par voie ferrée des malades hospitalisés s'effectue sur réquisition et bénéficie du demi-tarif.

Les mémoires ne sont exempts du timbre que si les réquisitions mentionnent expressément qu'il s'agit du service de l'assistance. (Circ. Intérieur du 27 août 1895 ; Bull., 1895, p. 219.)

*Prix de journée des malades dans les établissements hospitaliers.* — Il est réglé par arrêté du préfet, sur la proposition des commissions administratives et après avis du conseil général.

Un prix de journée doit être fixé pour chaque hôpital séparément. (Instr. du 18 mai 1894.)

*Attribution sur le produit des concessions dans les cimetières.* — Les communes ne peuvent conserver l'intégralité du produit des concessions de terrains dans les cimetières pour affecter aux dépenses de l'assistance médicale gratuite, dont la charge leur est imposée par la loi du 15 juillet 1893, le tiers de ce produit attribué aux pauvres et aux établissements de bienfaisance par l'article 3 de l'ordonnance du 6 décembre 1843. Ce mode de procéder est contraire à la jurisprudence du département de l'Intérieur.

Aux termes d'une décision ministérielle du 22 octobre 1874 (Bull. Intérieur, 1874, p. 234), c'est au préfet qu'appartient exclusivement le droit de répartir le tiers du produit des concessions funéraires entre les établissements charitables de la commune, parmi lesquels figure désormais le bureau d'assistance créé par la loi du 15 juillet 1893 et possédant la personnalité civile. Le préfet peut, sans porter atteinte à aucun droit, accorder en totalité le tiers du produit des concessions à l'un ou à l'autre de ces établissements, notamment au bureau d'assistance. Quant à l'intervention des conseils municipaux en la matière, elle ne saurait jamais être que consultative.

Lorsque le tiers revenant aux établissements de bienfaisance est affecté au service de l'assistance médicale et compris, à ce titre, dans les comptes communaux, la totalité doit être employée intégralement au profit des pauvres. Sur le produit des concessions de terrains dans les cimetières et sa répartition, V. CIMETIÈRE.

*Droits de timbre et d'enregistrement.* — Les certificats, significations, jugements, contrats, quittances et autres actes faits en vertu de la loi du 15 juillet 1893 et exclusivement relatifs au service de l'assistance médicale sont dispensés du timbre et enregistrés gratis, lorsqu'il y a lieu à la formalité de l'enregistrement. (Loi du 15 juillet 1893, art. 32.)

Par décision du 24 août 1894, le ministre des Finances a reconnu que, l'énumération de l'article 32 de la loi du 15 juillet 1893 n'étant pas limitative, l'exemption du timbre s'applique aux mémoires produits *dans la comptabilité de l'assistance médicale gratuite* par les médecins, chirurgiens et sages-femmes du service à domicile pour leurs honoraires ; par les pharmaciens et autres fournisseurs pour prix des médicaments et appareils ; enfin, par les hôpitaux, pour frais de séjour des malades hospitalisés.

Cette exemption n'est pas applicable aux actes produits *dans les comptabilités hospitalières*, même dans le cas où les hôpitaux reçoivent des assistés, attendu que la production des mémoires aux hôpitaux n'intéresse pas la gestion du bureau d'assistance médicale, qui n'est redevable envers les hôpitaux que du prix de journée des malades.

D'autre part, la loi précitée laisse en dehors de ses dispositions le service des vieillards ou incurables, des militaires, des enfants assistés, des maternités, des aliénés et des malades admis dans les hospices en conformité de la loi du 7 août 1851. (Inst. Enregistrement, n° 2887, du 8 juillet 1895, § 5. V. Circ. C. P. du 15 déc. 1896, § 9.)

Lorsqu'une commune a été autorisée à avoir une organisation spéciale pour le service de l'assistance médicale gratuite, les actes faits en vertu de la loi du 15 juillet 1893 par le bureau de bienfaisance chargé de ce service bénéficient de l'immunité des droits de timbre et d'enregistrement prévue par l'article 32.

**Association.** — Convention par laquelle deux ou plusieurs personnes mettent en commun d'une façon permanente leurs connaissances ou leur activité dans un but ou dans un intérêt spécial.

Les *associations* se répartissent en deux classes, selon que les individus qui s'associent ont pour objet la satisfaction d'un besoin immatériel (tel est le cas des associations religieuses, scientifiques, littéraires, philanthropiques, etc.) ou qu'ils ont uniquement en vue un profit, un avantage matériel (sociétés civiles ou commerciales, assurances, etc.).

L'article 1er de la loi du 1er juillet 1901 contient la définition suivante : « L'association est la convention par laquelle deux ou plusieurs personnes mettent en commun d'une façon permanente leurs connaissances ou leur activité dans un but autre que de partager des bénéfices. » Les sociétés civiles ou commerciales, les syndicats professionnels, certaines autres associations économiques, ne rentrent pas dans cette définition, et la loi de 1901 fait aux congrégations religieuses un régime particulier. Les mesures d'exécution de la loi ont fait l'objet de décrets en date du 16 août 1901.

*Associations civiles.* — Le contrat défini par la nouvelle loi est régi, quant à sa validité, par les principes généraux du droit applicables aux contrats et obligations ; notamment, l'objet de l'association doit être licite, conforme aux lois générales du pays, aux bonnes mœurs, ne pas menacer l'intégrité du territoire ni la forme du gouvernement. L'association peut se former librement, sans autorisation ni déclaration préalable ; mais elle n'a de capacité juridique que sous certaines conditions lui conférant une capacité restreinte, ou si elle est reconnue d'utilité publique. La dissolution des associations est volontaire, statutaire ou judiciaire ; elle ne peut être administrative. Pour certaines associations spécifiées, il peut y avoir lieu à dissolution par décret en conseil des ministres. Tout membre d'une association à durée indéterminée peut toujours se retirer, après payement des cotisations échues et de l'année courante, nonobstant toute clause contraire.

Les fondateurs, directeurs ou administrateurs de l'association qui se serait maintenue ou reconstituée illégalement après jugement de dissolution pour objet illicite, seront punis d'une amende de 16 francs à 5 000 francs et d'un emprisonnement de six jours à un an ; seront punies de la même peine toutes les personnes qui auront favorisé la réunion des membres de l'association dissoute. L'infraction aux dispositions de l'article 5 ci-dessous est punie d'une amende de 16 francs à 200 francs, doublée en cas de récidive.

Pour acquérir la capacité restreinte, l'association doit, d'après l'article 5, être rendue publique par les soins de ses fondateurs et être l'objet d'une déclaration à la préfecture ou à la sous-préfecture du siège social. Elle fera connaître le titre et l'objet de l'association, le siège de ses établissements et les noms, professions et domiciles de ceux qui, à un titre quelconque, sont chargés de son administration ou de sa direction. Il en sera donné récépissé. Deux exemplaires des statuts seront joints à la déclaration.

L'association à capacité restreinte doit déclarer dans les trois mois, et consigner sur un registre dont communication pourra être requise par les autorités administratives ou judiciaires tous changements dans son administration ou sa direction et toute modification à ses statuts ; ces modifications et changements ne sont opposables aux tiers que du jour où ils ont été déclarés. Les contrevenants sont punis d'une amende de 16 à 200 francs, et, en cas de récidive, d'une amende double, et la dissolution judiciaire peut même être prononcée. L'association à capacité restreinte peut, sans aucune autorisation spéciale, ester en justice, contracter à titre onéreux, posséder et administrer, en dehors des subventions de l'Etat, des départements et des communes : 1° les cotisations de ses membres, quel qu'en soit le chiffre, et le prix de leur rachat ne pouvant être supérieur à 500 francs ; 2° le local destiné à son administration et à ses réunions ; 3° les immeubles strictement nécessaires à son objet. Sa capacité ne va pas au delà.

Les unions d'associations ayant une administration ou une direction centrale sont soumises aux formes et conditions fixées pour les associations déclarées. Elles déclarent, dans les trois mois, les nouvelles associations adhérentes.

La reconnaissance d'utilité publique a lieu par décret. L'association qui la sollicite doit avoir rempli au préalable les formalités imposées aux associations déclarées. Les associations reconnues ont, quant aux changements dans l'administration ou la direction et aux modifications de statuts, les mêmes obligations que les associations déclarées (décret du 16 août 1901). La sanction est ici l'amende de 5 francs de l'art. 471-15° du Code pénal. Les unions peuvent aussi être reconnues d'utilité publique. Les associations et unions reconnues d'utilité publique peuvent faire tous les actes de la vie civile qui ne sont pas interdits par leurs statuts, mais elles ne peuvent posséder ou acquérir d'autres immeubles que ceux nécessaires au but qu'elles se proposent. Elles ne peuvent accepter définitivement des dons ou des legs sans une autorisation administrative. Elles ne peuvent accepter une donation avec réserve d'usufruit au profit du donateur. Les immeubles donnés ou légués qui ne seraient pas nécessaires au fonctionnement de l'association doivent être aliénés. Toutes les valeurs mobilières d'une association doivent être placées en titres nominatifs.

En cas de dissolution des associations déclarées, ou reconnues d'utilité publique, leurs biens sont dévolus conformément aux statuts ou à la décision de l'assemblée générale qui prononce la dissolution volontaire ; les statuts, produits à l'appui des demandes de reconnaissance d'utilité publique, doivent s'expliquer sur la dévolution, mais sont, d'ailleurs, modifiables. A défaut, la dévolution a lieu, suivant les règles déterminées en une assemblée générale, réunie à cette seule fin ; cette assemblée ne peut attribuer aux associés, en dehors de la reprise des apports, une part quelconque des biens de l'association. (Loi de 1901, art. 9, et décret, art. 11, 14 et 15.)

**Congrégations religieuses.** (Loi du 1er juillet 1901, art. 13-21.) — Au point de vue canonique, les *ordres religieux* diffèrent des *congrégations :* les membres des premiers font des vœux solennels d'obéissance, de pauvreté et de chasteté; les membres des secondes ne sont liés que par des vœux simples, qui peuvent n'être que temporaires, ou même seulement par une promesse d'obéissance, qui ne va pas jusqu'au vœu. Mais l'usage courant et la jurisprudence confondent, sous le nom de *congrégations*, les associations auxquelles ce nom appartient véritablement et les anciens *ordres*, rétablis en France depuis la Révolution.

Aucune congrégation religieuse ne peut se former sans autorisation donnée par une loi qui détermine les conditions de son fonctionnement. Elle ne peut fonder aucun nouvel établissement qu'en vertu d'un décret rendu en conseil d'Etat. La dissolution de la congrégation ou la fermeture de tout établissement pourront être prononcées par décret rendu en conseil des ministres.

Des poursuites correctionnelles sont exercées contre ceux qui ont ouvert ou dirigé un établissement congréganiste, même si cet établissement n'appartient pas à la congrégation et ne se compose que d'un seul congréganiste; — contre ceux qui continuent de faire partie d'un établissement fermé; — contre ceux qui ont, en prêtant un local, favorisé l'organisation ou le fonctionnement d'un établissement illicite. (Loi du 4 déc. 1902.)

Toute congrégation religieuse tient un état de ses recettes et dépenses; elle dresse chaque année le compte financier de l'année écoulée et l'état inventorié de ses biens meubles et immeubles. La liste complète de ses membres, mentionnant leur nom patronymique, ainsi que le nom sous lequel ils sont désignés dans la congrégation, leurs nationalité, âge et lieu de naissance, la date de leur entrée, doit se trouver au siège de la congrégation. Celle-ci est tenue de représenter sans déplacement, sur toute réquisition du préfet, à lui-même ou à son délégué, les comptes, états et listes ci-dessus indiqués.

Toute congrégation formée sans autorisation est déclarée illicite.

Sont nuls tous actes entre vifs ou testamentaires, à titre onéreux ou gratuit, accomplis soit directement, soit par personne interposée, ou toute autre voie indirecte, ayant pour objet de permettre aux associations légalement ou illégalement formées de se soustraire aux dispositions de la loi de 1901. Sont légalement présumées personnes interposées, sous réserve de la preuve contraire : 1° les associés à qui ont été consenties des ventes ou fait des dons ou legs, à moins, s'il s'agit de dons ou legs, que le bénéficiaire ne soit l'héritier en ligne directe du disposant; 2° l'associé ou la société civile ou commerciale composée en tout ou partie de membres de la congrégation, propriétaire de tout immeuble occupé par l'association; 3° le propriétaire de tout immeuble occupé par l'association, après qu'elle aura été déclarée illicite. — La nullité pourra être prononcée soit à la diligence du ministère public, soit à la requête de tout intéressé.

La liquidation des biens détenus par les congrégations dissoutes a lieu en justice. Le tribunal, à la requête du ministère public, nomme, pour y procéder, un liquidateur qui a pendant toute la durée de la liquidation tous les pouvoirs d'un administrateur séquestre. Les biens et valeurs appartenant aux membres de la congrégation antérieurement à leur entrée dans la congrégation, ou qui leur seraient échus depuis, soit par succession *ab intestat* en ligne directe ou collatérale, soit par donation ou legs en ligne directe, leur sont restitués. Les dons et legs qui leur auraient été faits autrement qu'en ligne directe pourront être également revendiqués, mais à charge par les bénéficiaires de faire la preuve qu'ils n'ont pas été personnes interposées. Les biens et valeurs acquis à titre gratuit et qui n'auraient pas été spécialement affectés par l'acte de libéralité à une œuvre d'assistance pourront être revendiqués par le donateur, ses héritiers ou ayants droit, ou par les héritiers ou ayants droit du testateur, sans qu'il puisse leur être opposé aucune prescription pour le temps écoulé avant le jugement prononçant la liquidation. Si les biens et valeurs ont été donnés ou légués en vue non de gratifier les congréganistes, mais de pourvoir à une œuvre d'assistance, ils ne pourront être revendiqués qu'à charge de pourvoir à l'accomplissement du but assigné à la libéralité.

Toute action en reprise ou revendication devra, à peine de forclusion, être formée contre le liquidateur dans le délai de six mois à partir de la publication du jugement. Les jugements rendus contradictoirement avec le liquidateur, et ayant acquis l'autorité de la chose jugée, sont opposables à tous les intérêts. Passé le délai de six mois, le liquidateur procédera à la vente en justice de tous les immeubles qui n'auraient pas été revendiqués, ou qui ne seraient pas affectés à une œuvre d'assistance. L'entretien des pauvres hospitalisés sera, jusqu'à l'achèvement de la liquidation, considéré comme frais privilégiés de liquidation. S'il n'y a pas de contestation ou lorsque toutes les actions formées dans le délai prescrit auront été jugées, l'actif net est réparti entre les ayants droit. Sur l'actif resté libre, une allocation, en capital ou sous forme de rente viagère, est attribuée aux membres de la congrégation dissoute qui n'auraient pas de moyens d'existence assurés ou qui justifieraient avoir contribué à l'acquisition des valeurs mises en distribution par le produit de leur travail personnel.

Les valeurs mobilières, les produits de vente d'immeubles et autres éléments de la fortune des associations dissoutes doivent être déposés à la Caisse des dépôts et consignations.

Le tribunal qui a nommé le liquidateur est seul compétent pour connaître en matière civile de toute action formée par le liquidateur ou contre lui. Le liquidateur fait procéder à la vente des immeubles suivant les formes prescrites pour les ventes de biens de mineurs. (Loi du 17 juillet 1903.)

Comme congréganistes appartenant à une congrégation non autorisée, les membres des associations dissoutes ne peuvent enseigner en France, ni directement ni par personne interposée, sous peine de poursuites correctionnelles et de fermeture de l'établissement, mais leur incapacité est limitée à leur qualité; dès qu'ils en sont dépouillés, ils rentrent en possession de tous leurs droits.

La sécularisation résulte de la rupture de tout lien avec la congrégation dissoute.

La Cour de cassation a décidé que l'acte épiscopal accordant l'incorporation dans le clergé du diocèse d'un membre d'une congrégation dissoute ne suffit pas pour écarter le délit de « congrégation illicite » si d'autres faits semblent établir que les anciens congréganistes, malgré cette sécularisation, sont demeurés unis par les liens d'autrefois. La cour a posé ce principe que les vœux ne constituent pas un élément essentiel des congrégations religieuses, dont l'existence peut résulter d'autres faits, comme de la persistance de la vie en commun et de l'exercice des mêmes fonctions en vue de perpétuer la même œuvre. (Cassation, 1er mai 1903.) V. CULTES.

## Association de malfaiteurs.

Le Code pénal de 1810 avait voulu réprimer les crimes des bandes de voleurs et de pillards qui s'associaient pour mettre en commun le produit de leurs méfaits. A la suite des attentats commis par les anarchistes, la loi du 18 décembre 1893 modifia les dispositions du Code pénal, dont les art. 265-268 ne pouvaient être étendus aux crimes des anarchistes, lesquels n'ont pas une organisation hiérarchique et définie, mais obéissent, cependant, à une idée commune et constituent une association de fait ayant pour programme la destruction violente de l'ordre social. La loi du 18 décembre 1893 qualifie crime contre la paix publique « *toute association* formée, quelle que soit sa durée ou le nombre de ses membres, *toute entente* établie dans le but de préparer ou de commettre des crimes contre les personnes ou les propriétés ». Quiconque se sera affilié à une association ou aura participé à une entente de ce genre sera puni de travaux forcés à temps, et même les juges pourront en outre prononcer la peine de la relégation, sans préjudice de l'application des dispositions de la loi du 31 mai 1854 sur l'exécution de la peine des travaux forcés. Le malfaiteur a un moyen d'échapper aux rigueurs de la loi : c'est, avant toute poursuite, de révéler aux autorités constituées l'existence de l'association, ou l'entente établie (art. 266, modif.). Ainsi, au lieu que sous l'empire du code de 1810, les simples membres de l'association de malfaiteurs étaient passibles de la réclusion, ils sont punis de travaux forcés à temps sous l'empire de la loi de 1893. La réclusion continue de frapper ceux qui auront sciemment et volontairement favorisé les auteurs des crimes en leur fournissant des instruments, moyens de correspondance, logement ou lieu de réunion. En outre, les coupables pourront aussi être condamnés à l'interdiction de séjour établie par la loi du 27 mai 1885; la révélation avant les poursuites les exempte toutefois de la peine édictée, au même titre que les auteurs directs du crime. Les menées anarchistes ne tombent pas sous le coup de la définition légale du complot. Il y a complot, aux termes de l'art. 89 du Code pénal, « dès que la résolution d'agir est concertée et arrêtée entre deux ou plusieurs personnes »; mais le complot suppose un attentat précis, qu'il s'agit de préparer, et les attentats anarchistes sont pour ainsi dire individuels : l'excitation seule est collective.

## Association syndicale. —

**Groupe de propriétaires qui s'associent pour exécuter et entretenir des travaux d'amélioration agricole d'intérêt collectif.**

Peuvent être l'objet d'une association syndicale, entre propriétaires intéressés, l'exécution et l'entretien des travaux : 1° de défense contre la mer, les fleuves, les torrents et les rivières navigables ou non navigables; 2° de curage, approfondissement, redressement et régularisation des canaux et cours d'eau non navigables ni flottables et des canaux de dessèchement et d'irrigation; 3° de dessèchement des marais; 4° des étiers et ouvrages nécessaires à l'exploitation des marais salants; 5° d'assainissement des terres humides et insalubres; 6° d'irrigation ou de colmatage; 7° de drainage; 8° de chemins d'exploitation et de toute autre amélioration agricole ayant un caractère d'intérêt collectif.

*Organisation*. — Les associations syndicales sont libres ou autorisées. Elles peuvent plaider par leurs syndics, acquérir, vendre, échanger, transiger, emprunter et hypothéquer.

Les associations syndicales autorisées sont seules soumises aux règles de la comptabilité publique. Elles sont créées, à la suite d'une enquête, en vertu d'arrêtés préfectoraux, après accomplissement des formalités prescrites par les articles 5 à 12 du décret du 9 mars 1894. Elles doivent remplir quatre conditions : 1° la demande des intéressés; 2° une enquête administrative; 3° un arrêté d'autorisation pris par le préfet; 4° la publication, dans la commune où sont situées les propriétés, de l'acte d'association et de l'arrêté préfectoral. Les associations déjà créées en vertu des lois des 21 juin 1865 et 22 décembre 1888 sont soumises au règlement de 1894 en tout ce qui n'est pas contraire aux dispositions de leurs actes constitutifs.

Les associations syndicales libres se forment sans l'intervention de l'administration. Le consentement unanime des associés doit être constaté par écrit. L'acte d'association spécifie le but de l'entreprise, règle le mode d'administration de la société, fixe les limites du mandat confié aux administrateurs ou syndics; il détermine les voies et moyens nécessaires pour subvenir à la dépense, ainsi que le mode de recouvrement des cotisations. (Loi du 21 juin 1865, art. 5.)

Un extrait de l'acte d'association devra, dans le délai d'un mois à partir de sa date, être publié dans un journal d'annonces judiciaires de l'arrondissement, ou, s'il n'en existe aucun, dans l'un des journaux du département. (*Id.*, art. 6.) Les associations libres peuvent être converties en associations autorisées par arrêté préfectoral, en vertu d'une délibération prise par l'assemblée générale. (*Id.*, art. 7.)

Les propriétaires intéressés à certains travaux spécifiés par la loi peuvent être réunis en associations syndicales autorisées, soit en vertu d'un simple arrêté préfectoral, soit, en certains cas, après que les travaux ont été reconnus d'utilité publique par un décret du conseil d'Etat.

Des syndicats forcés peuvent être constitués, malgré les propriétaires, en exécution de la loi du 16 septembre 1807 sur le dessèchement des marais et de la loi du 14 floréal an IX sur le curage.

L'association syndicale autorisée a pour organes administratifs : 1° l'assemblée générale ; 2° le syndicat ; 3° le directeur.

1° L'assemblée générale nomme, conformément aux statuts, les syndics titulaires et suppléants de l'association. (Décret du 9 mars 1894, art. 30.) Elle délibère sur les *emprunts* qui, soit par eux-mêmes, soit réunis aux emprunts non remboursés, dépassent le maximum de ceux qui peuvent être votés par le syndicat. (*Id.*, art. 31, § 1er.) Elle se prononce sur la gestion du syndicat, qui lui doit compte des opérations accomplies et de la situation financière. (*Id.*, art. 31, § 2.)

2° Le *syndicat*, ou réunion des personnes désignées pour administrer l'association, nomme les agents de l'association, sauf le receveur, et fixe leur traitement, approuve les marchés et adjudications, vote le budget annuel, dresse le rôle des taxes à imposer aux membres de l'association, délibère sur les emprunts qui peuvent être nécessaires à l'association, contrôle les comptes présentés annuellement par le directeur et par le receveur de l'association, autorise toutes actions devant les tribunaux judiciaires et administratifs. — Ses délibérations sont exécutoires par elles-mêmes, sauf celles portant sur des objets pour lesquels l'approbation de l'assemblée générale ou de l'administration sont exigées par le décret du 9 mars 1894. (Décret du 9 mars 1894, art. 36.) Les délibérations relatives à des emprunts excédant le maximum prévu par les statuts ne sont exécutoires qu'après avoir été approuvées par l'assemblée générale. Les emprunts doivent, dans tous les cas, être autorisés par le ministre compétent ou par le préfet, suivant que ces emprunts portent, ou non, à plus de 50 000 francs la totalité des emprunts de l'association. (*Id.*, art. 37.)

Les délibérations relatives aux projets de travaux neufs et de grosses réparations ou aux bases de répartition des dépenses doivent être également approuvées.

3° Le *directeur* préside les réunions de l'assemblée générale et du syndicat. Il représente l'association en justice et vis-à-vis des tiers dans tous les actes intéressant la personnalité civile de l'association. Il fait exécuter les décisions du syndicat et exerce une surveillance générale sur les intérêts de l'association et sur les travaux. Il veille à la conservation des plans, registres et autres papiers relatifs à l'administration de l'association et qui sont déposés au siège social. Il prépare le budget, présente au syndicat le compte administratif des opérations de l'association et assure le payement des dépenses. Il passe les marchés et procède aux adjudications au nom de l'association. (*Id.*, art. 40.) Lorsqu'il procède aux adjudications, il est assisté de deux syndics délégués à cet effet par le syndicat. (*Id.*, art. 50.)

Le préfet peut mettre en demeure le syndicat de faire recommencer les ouvrages qui n'auraient pas été exécutés conformément aux plans approuvés, si cette réfection est commandée par un intérêt public. (*Id.*, art. 51.) Après achèvement des travaux, il est procédé à la réception par le directeur de l'association assisté des syndics délégués par le syndicat, en présence du directeur des travaux. Le préfet est informé du jour où il sera procédé à la réception et peut s'y faire représenter. Le même avis est adressé au maire, dans le cas où les ouvrages sont exécutés sur le domaine public municipal. (*Id.*, art. 52.)

*Budget.* — Aussitôt après la constitution de l'association et ensuite avant le 1er janvier de chaque année, le directeur rédige un projet de budget qui est déposé pendant quinze jours à la mairie de chacune des communes intéressées. Ce dépôt est annoncé par affiches et publications ou à son de trompe ou de caisse, et chaque intéressé est admis à présenter ses observations. — Le projet de budget, accompagné d'un rapport explicatif du directeur et des observations du préfet, est ensuite voté par le syndicat et transmis à la préfecture. (Décret du 9 mars 1894, art. 57.)

Si le préfet constate qu'on a omis d'inscrire au budget un crédit à l'effet de pourvoir à l'acquittement des dettes exigibles, ainsi qu'aux dépenses nécessaires pour empêcher la destruction des ouvrages et pour prévenir les conséquences nuisibles à l'intérêt public que pourrait avoir l'interruption ou le défaut d'entretien des travaux, il peut, après mise en demeure, inscrire d'office au budget le crédit nécessaire pour faire face à ces dépenses. Il a le même droit s'il estime que les crédits inscrits pour les dépenses ci-dessus spécifiées sont insuffisantes. (*Id.*, art. 58.)

*Recouvrement des taxes; Receveur du syndicat.* — Les fonctions de *receveur* de l'association sont confiées soit à un *receveur spécial* désigné par le syndicat et agréé par le préfet, soit à un *percepteur* des contributions directes de l'une des communes de la situation des lieux, nommé par le préfet, sur la proposition du syndicat, le trésorier-payeur général entendu. — S'il y a un receveur spécial, le montant de son cautionnement et la quotité de ses émoluments sont déterminés par le préfet, sur la proposition du syndicat. — Si le receveur est percepteur des contributions directes, son cautionnement et ses émoluments ne peuvent être fixés qu'avec l'assentiment du trésorier-payeur général et, en cas de désaccord, par le ministre des Finances. (*Id.*, art. 59.)

Le receveur est chargé seul et sous sa responsabilité de poursuivre la rentrée des revenus et des taxes de l'association, ainsi que de toutes les sommes qui lui seraient dues. (*Id.*, art. 60.)

Les rôles sont préparés par le receveur, d'après les états de répartition établis par le syndicat. Ils sont arrêtés par le syndicat, rendus exécutoires par le préfet et publiés dans les formes prescrites pour les contributions directes. — Si le syndicat refuse de faire procéder à la confection des rôles, il y est pourvu par un agent spécial désigné par le préfet. — Le préfet peut, dans le cas où il a pris un arrêté d'inscription d'office et si le syndicat ne tient pas compte de cette décision dans les rôles dressés par lui, modifier le montant des taxes de façon à assurer, en tenant compte des états de répartition précités, le payement total de toutes les dépenses inscrites au budget. (*Id.*, art. 61.)

Les taxes portées aux rôles sont payables en une seule fois, sauf décision contraire du préfet. Cette décision est publiée en même temps que les rôles et fixe les époques auxquelles les payements doivent avoir lieu. (*Id.*, art. 62.)

Les règles établies pour les maires et les receveurs des communes, en ce qui concerne l'ordonnancement et l'acquittement des dépenses, ainsi que la gestion, la présentation et l'examen des comptes, sont applicables aux directeurs et aux agents comptables des associations syndicales. Toutefois, ces règles peuvent être simplifiées par des instructions ministérielles concertées entre le ministre compétent et le ministre des Finances. Les agents comptables sont, pour l'exercice des attributions définies au § 1er du présent article, soumis aux conditions de surveillance et de responsabilité imposées aux comptables communaux. (*Id.*, art. 64.)

Chaque année, avant le vote du budget, le directeur soumet à l'approbation du syndicat le compte de l'exercice clos. Une copie du compte ainsi approuvé est transmise au préfet. (*Id.*, art. 64.)

Le directeur ou l'agent désigné par le préfet dans le cas où celui-ci ordonne, après mise en demeure inutile, l'exécution d'office de travaux interrompus ou de travaux d'entretien (art. 56), peuvent seuls délivrer des mandats. En cas de refus d'ordonnancer une dépense régulièrement inscrite et liquide, il est statué par le préfet, en conseil de préfecture. Dans ce cas, l'arrêté du préfet tient lieu de mandat. (*Id.*, art. 66.)

Les comptes annuels du receveur sont, après vérification du receveur des finances, soumis au syndicat qui les arrête, sauf règlement définitif par le conseil de préfecture ou la Cour des comptes. Une copie conforme du compte d'administration du directeur, approuvé par le syndicat, est transmise par le comptable à la juridiction compétente, comme élément du contrôle de sa gestion. (*Id.*, art. 66.)

Les percepteurs qui exercent les fonctions de receveurs des *associations syndicales autorisées* régies par la loi du 21 juin 1865, n'ont droit qu'à un traitement fixe dans les conditions du décret du 27 juin 1876, à moins qu'un autre mode de rémunération ne résulte de délibérations syndicales homologuées par le ministre des Finances conformément à l'article 636 de l'Instruction générale de 1859 (aux termes duquel les remises des percepteurs sont réglées par le ministre des Finances sur la proposition du syndicat et l'avis du préfet). — Même solution si le syndicat a pour trésorier ou caissier un receveur municipal ou hospitalier. Les receveurs municipaux sont notamment chargés du service des syndicats relatifs aux chemins ruraux. (Loi du 20 août 1881, art. 27.)

Si l'association autorisée a choisi un receveur spécial, les émoluments de celui-ci doivent être réglés par les actes constitutifs ou par des délibérations spéciales du syndicat; aucun texte n'autorise à préférer un mode de rémunération à un autre.

Les syndicats de biens et droits indivis entre plusieurs communes étant soumis à la loi du 5 avril 1884, les receveurs desdits syndicats sont de véritables comptables municipaux : le décret du 27 juin 1876 leur est formellement applicable, et ils n'ont droit qu'à un traitement fixe.

***Associations syndicales spéciales.*** — Des lois spéciales autorisent et régissent les associations syndicales ayant pour objet : l'exécution et l'entretien des chemins ruraux reconnus (loi du 20 août 1881); — la restauration et la conservation des terrains en montagne (loi du 4 avril 1882); — la défense des vignes contre le phylloxera (loi du 15 décembre 1888 et décret du 19 février 1890).

***Enregistrement et timbre.*** — Les associations syndicales ne constituant pas des établissements publics, même lorsqu'elles sont autorisées, les actes passés par elles ne sont pas régis par l'article 78 de la loi du 15 mai 1818; sauf le cas où ils constatent une transmission de propriété, d'usufruit ou de jouissance immobilière, ou une cession à titre onéreux de fonds de commerce, la formalité de l'enregistrement n'est obligatoire pour ces actes qu'autant qu'il en est fait usage par acte public, en justice ou devant une autorité constituée. L'administration admet, d'ailleurs, qu'on ne saurait considérer comme constitutif de l'usage devant une autorité le visa donné par les préfets à certains marchés passés par les associations syndicales. (Instr. Enr. du 5 juin 1892, § 15.)

Les rôles de journées d'ouvriers employés par les syndicats d'assainissement, certifiés par un ingénieur des ponts et chaussées, et émargés par les ouvriers, doivent être rédigés sur papier timbré. Ces rôles ne sauraient être considérés comme des pièces d'ordre intérieur; ils sont établis au nom et dans l'intérêt des ouvriers auxquels ils servent de titre pour obtenir le payement de leurs salaires ; ils constituent ainsi de véritables mémoires et tombent, par suite, sous l'application de la disposition générale de l'article 12 de la loi du 13 brumaire an VII. (Instr. Enreg. du 20 juin 1890, § 8.)

En vertu d'une décision ministérielle du 29 octobre 1857, et par application de l'article 16 de la loi du 13 brumaire an VII, l'exemption de timbre des rôles, registres et quittances concernant les contributions établies pour le curage des canaux et rivières non navigables et pour l'entretien des digues, doit être étendue aux rôles, registres et quittances relatifs aux taxes à percevoir pour travaux de dessèchement des marais. (Instr. Enreg. du 11 décembre 1857, § 5.)

**Assurance.** — Contrat par lequel une personne (l'*assureur*) s'engage envers une autre personne (l'*assuré*) à l'indemniser, moyennant le versement d'une somme convenue (*prime*), des effets dommageables que certains risques déterminés peuvent lui faire subir.

*Assurances maritimes; assurances terrestres.* — Le Code civil (art. 1964) cite le contrat d'assurance au nombre des contrats aléatoires (v. ALÉATOIRE). La division fondamentale des assurances est celle-ci : assurances *maritimes*, ayant pour objet de garantir contre les fortunes de mer; assurances *terrestres*, ayant pour objet de garantir contre les risques ou sinistres de terre. Aucun texte spécial ne règle la matière des assurances terrestres ; on applique, par analogie, à cette catégorie d'assurances les principes édictés par le Code de commerce en ce qui concerne les assurances maritimes. Les assurances terrestres ont les objets les plus variés : on assure, par exemple, contre l'incendie, la grêle, l'inondation, la mortalité des bestiaux, les faillites, les procès, la maladie ; il y a des assurances sur la vie humaine; il y a aussi des assurances spéciales au travail.

*Assurances à primes.* — Qu'il s'agisse d'assurances maritimes ou terrestres, il existe deux modes distincts d'assurances : les assurances à *primes* et les assurances *mutuelles*. (Loi du 22 janvier 1868.) Habituellement, l'assureur stipule, pour prix du risque qu'il prend à sa charge, une somme fixe et à forfait, que l'assuré s'engage à lui payer quoi qu'il arrive, c'est-à-dire qu'il y ait ou qu'il n'y ait pas de sinistre. Cette somme, qui est le coût de l'assurance, s'appelle *prime;* et c'est en ces circonstances que l'assurance est dite « assurance à primes ». Les opérations d'assurance à primes sont faites, en général, par de grandes compagnies constituées en sociétés anonymes ou en commandite par actions.

Les sociétés anonymes d'assurances à primes sont soumises aux dispositions des lois relatives à cette forme de société et, en outre, aux conditions déterminées par la loi du 22 janvier 1868. Elles ne sont valablement constituées qu'après le versement d'un capital de garantie qui ne pourra, en aucun cas et alors même que le capital social serait moindre de 200 000 francs, être inférieur à 50 000 francs. L'article 3 de la loi du 24 juillet 1867, relatif à la conversion des actions au porteur, ne leur est applicable que si le fonds de réserve est égal au moins à la partie du capital social non encore versée, et s'il a été intégralement constitué.

La société est tenue de faire annuellement sur les bénéfices nets, pour former un fonds de réserve, un prélèvement de 20 p. 100 au moins, qui ne devient facultatif que lorsque le fonds de réserve est égal au cinquième du capital.

Les fonds de la société, à l'exception des sommes nécessaires aux besoins du service courant, doivent être employés en acquisitions d'immeubles, en rentes sur l'Etat, bons du Trésor ou autres valeurs créées ou garanties par l'Etat, en actions de la Banque de France, en obligations des départements et des communes, du Crédit foncier de France ou des compagnies françaises de chemins de fer qui ont un minimum d'intérêt garanti par l'Etat.

Toute police doit faire connaître : 1° le montant du capital social ; 2° la portion de ce capital déjà versée ou appelée, et, s'il y a lieu, la délibération par laquelle les actions auraient été converties en actions au porteur ; 3° le maximum que la Compagnie peut, aux termes de ses statuts, assurer sur un seul risque, sans réassurance ; 4° et, dans le cas où un même capital couvrirait, aux termes des statuts, des risques de nature différente, le montant de ce capital et l'énumération de tous ces risques.

*Assurances mutuelles.* — Les *assurances mutuelles* sont celles dans lesquelles plusieurs personnes, exposées aux mêmes risques, s'associent pour se garantir réciproquement ces risques ; en ce cas, chaque associé, étant en même temps assureur et assuré, n'a aucune prime à payer ; il n'est débiteur que s'il y a sinistre, et alors, c'est proportionnellement à la valeur de l'objet qu'il a fait assurer, qu'il contribue à la réparation des dommages éprouvés par ses coassurés.

Les sociétés d'*assurances mutuelles* ne sont pas de véritables sociétés, parce que l'ensemble des primes n'est pas destiné à une exploitation en vue de réaliser des bénéfices (v. SOCIÉTÉ) et que le but des contractants est de se garantir réciproquement des risques et dangers auxquels sont exposés leurs personnes ou leurs biens. Chaque mutualiste paye une cotisation annuelle, et lorsque l'un d'eux éprouve le dommage prévu au contrat il est indemnisé au moyen des fonds mis en commun. Cependant, si, outre la répartition des pertes, l'association faisait des opérations de commerce, elle constituerait une société commerciale, et il en serait ainsi de l'association d'assurances mutuelles entre commerçants dont le but serait de prémunir les mutualistes contre les pertes d'argent ou les risques des marchandises.

Les conditions exigées par la loi du 22 janvier 1868 pour la constitution des sociétés d'assurances mutuelles présentent d'ailleurs beaucoup d'analogie avec celles que la loi de 1867 impose à la formation des sociétés anonymes. Certaines de ces conditions sont prescrites à peine de nullité : la société, notamment, ne peut être valablement formée à défaut de fixation du nombre des adhérents, du minimum des valeurs assurées, du maximum de la contribution annuelle à verser par chaque sociétaire.

Les sociétés d'assurances mutuelles peuvent se former soit par un acte authentique, soit par un acte sous seing privé fait en double original, quel que soit le nombre des signataires de l'acte. Les projets de statuts doivent : 1° indiquer l'objet, la durée, le siège, la dénomination de la société et la circonscription territoriale de ses opérations; 2° comprendre le tableau de classification des risques, les tarifs applicables à chacun d'eux, et déterminer les formes suivant lesquelles ce tableau et ces tarifs peuvent être modifiés; 3° fixer le nombre d'adhérents et le minimum des valeurs assurées au-dessous desquels la société ne peut être valablement constituée, ainsi que la somme à valoir sur la contribution de la première année, qui devra être versée avant la constitution de la société.

Le texte entier des projets de statuts doit être inscrit sur toute liste destinée à recevoir les adhésions.

Les signataires de l'acte primitif ou leurs fondés de pouvoir le constatent devant notaire par une déclaration à laquelle sont annexés : 1° la liste nominative dûment certifiée des adhérents, contenant leurs noms, prénoms, qualités et domiciles, et le montant des valeurs assurées par chacun d'eux; 2° l'un des doubles de l'acte de société s'il est sous seing privé, ou une expédition s'il est notarié et s'il a été passé devant un notaire autre que celui qui reçoit la déclaration; 3° l'état des versements effectués.

Dans le mois de la constitution de toute société d'assurances mutuelles, une expédition de l'acte notarié et de ses annexes est déposée au greffe de la justice de paix et, s'il en existe, du tribunal civil du lieu où est établie la société. A cette expédition est annexée une copie certifiée des délibérations prises par l'assemblée générale, dans les cas prévus par la loi. Dans le même délai d'un mois, un extrait de l'acte constitutif et des pièces annexées est publié dans l'un des journaux désignés pour recevoir les annonces légales.

L'administration peut être confiée à un conseil d'administration dont les statuts déterminent les pouvoirs. Les membres de ce conseil peuvent choisir parmi eux un directeur, ou, si les statuts le permettent, se substituer un mandataire étranger à la société et dont ils sont responsables envers elle. L'administration peut également être confiée par les statuts à un directeur nommé par l'assemblée générale et assisté d'un conseil d'administration. Les statuts déterminent, dans ce cas, les attributions respectives du directeur et du conseil. Les membres du conseil d'administration doivent être pris parmi les sociétaires ayant la somme de valeurs assurées déterminée par les statuts.

Des *commissaires de surveillance* font tous les ans un rapport sur la situation financière, et des *assemblées générales* représentent l'universalité des associés; elles approuvent les comptes de chaque exercice.

L'ensemble des cotisations annuelles destinées au payement des sinistres forme le *fonds de garantie*. Une partie peut en être versée, par anticipation, au début de l'exercice, pour pourvoir aux besoins urgents : c'est le *fonds de prévoyance*. Le *fonds de réserve*, constitué avec les ressources non employées, permet, dans les années malheureuses, d'augmenter le chiffre des indemnités : il ne peut, au cours d'un même exercice, être amoindri de plus de moitié. La cotisation sert au règlement des indemnités et au payement des frais de gestion. La quotité en est déterminée chaque année par l'assemblée générale.

La durée de l'engagement des mutualistes est fixée par les statuts, mais ils ont toujours le droit de se retirer au bout de cinq ans.

Les associations d'assurances mutuelles ont-elles la personnalité civile ? Les partisans de l'affirmative font valoir qu'elles sont soumises à des formalités de publicité destinées à les faire connaître au public, qu'elles ont un siège social et qu'elles sont représentées par une raison sociale au nom et pour le compte de laquelle se font tous les actes.

*Polices.* — On nomme *police d'assurance* l'acte qui constate le contrat d'assurance et qui est la preuve du contrat. Il y a autant de sortes de polices que de genres d'assurance (incendie, vie, accidents, risques maritimes, etc.). Toute police doit clairement énoncer et indiquer : 1° la chose assurée; 2° la nature des risques garantis; 3° le coût de l'assurance ou *prime;* 4° le temps et le lieu de ces risques.

La police doit être rédigée sur papier timbré et signée par l'assureur et l'assuré; elle peut être dressée soit directement, soit par l'intermédiaire des courtiers d'assurances, qui doivent inscrire sur leur *registre des polices* toutes les polices qu'ils ont rédigées. Ce livre peut servir de preuve du contrat.

L'acte modifiant ultérieurement la police ou l'annulant, par la volonté des parties, porte le nom d'*avenant*.

*Timbre et enregistrement.* — En examinant les contrats d'assurances maritimes, agricoles, sur la vie, contre l'incendie, contre les accidents, nous résumerons les dispositions fiscales qui concernent chacun d'eux. Pour les assurances autres que celles-là, le droit de timbre est dû au comptant, selon la dimension du papier employé pour chaque double de la police. Le contrat qui contient une clause de *tacite réconduction* (V. BAIL) est passible d'un second droit de timbre perçu au moyen d'un visa dans les cinq jours de la date de la souscription de la police, sous peine d'une amende de 50 francs contre l'assureur. (Loi du 5 juin 1850, art. 33.)

Le droit d'enregistrement (1 p. 100 de la valeur de la prime) n'est exigible que lors de la présentation à la formalité. Seuls, les contrats d'assurances maritimes et contre l'incendie sont assujettis à une taxe obligatoire (V. plus bas).

*Dispositions diverses.* — Si un immeuble donné en avancement d'hoirie vient à périr par suite d'incendie et sans que le donataire soit en faute, celui-ci n'est pas tenu de rapporter (V. PARTAGE ET RAPPORTS) à la succession un immeuble qui n'existe plus en nature (Code civ., art. 855).

— Le preneur d'un immeuble est responsable vis-à-vis du bailleur de l'incendie de cet immeuble (*risque locatif*), à moins qu'il ne prouve 1° que l'incendie résulte d'un cas fortuit ou de force majeure, par exemple qu'il a été allumé par la foudre, 2° ou qu'il résulte d'un vice de construction, 3° ou que le feu a été communiqué par une maison voisine. (Code civ., art. 1735.) S'il y a plusieurs locataires, chacun est responsable proportionnellement à la valeur locative de la partie de l'immeuble qu'il occupe, sauf à prouver 1° que l'incendie a commencé dans un appartement déterminé, auquel cas le locataire de cet appartement est seul en faute; 2° que l'incendie n'a pas commencé chez lui, auquel cas il n'est tenu à aucune réparation. (*Id.*, art. 1734.)

— Les indemnités dues par suite d'assurances contre l'incendie, contre la grêle, contre la mortalité des bestiaux ou les autres risques, ainsi que les indemnités dues au cas de sinistre par le locataire ou le voisin (Code civ., art. 1733 et 1382; v. plus bas, *Assurances contre l'incendie*), sont attribuées, sans qu'il y ait besoin de délégation expresse, aux créanciers privilégiés ou hypothécaires suivant leur rang. Néanmoins, les payements faits de bonne foi avant opposition sont valables. Ces dispositions, qui sont édictées par la loi du 19 février 1889, ne préjudicient pas aux droits des intéressés dans le cas où l'indemnité aurait fait l'objet d'une cession éventuelle à un tiers, par acte ayant date certaine au jour où ladite loi est devenue exécutoire, à la condition toutefois que le transport, s'il n'avait pas été notifié antérieurement, en conformité de l'article 1690 du Code civil, l'ait été au plus tard dans le mois qui a suivi la promulgation. V. TRANSPORT.

« En cas d'assurance du risque locatif ou du recours du voisin, l'assuré ou ses ayants droit ne pourront toucher tout ou partie de l'indemnité sans que le propriétaire de l'objet loué, le voisin ou le tiers subrogé à leurs droits aient été désintéressés des conséquences du sinistre. » (Loi du 19 février 1889, art. 2-4.)

— Privilège du bailleur sur l'indemnité d'assurance. V. BAIL.

*Règles de compétence.* — En matière de contrats d'assurances et lorsque l'instance est relative au règlement des indemnités dues, le défendeur sera assigné : 1° devant la juridiction compétente dans le ressort de laquelle se trouve le domicile de l'assuré; 2° s'il s'agit d'immeubles ou meubles par nature, devant la juridiction dans le ressort duquel ils sont situés; 3° s'il s'agit d'assurances contre les accidents dont sont victimes les personnes ou les animaux, devant la juridiction du lieu où s'est produit l'accident. (Loi du 2 janvier 1902.) Les assurances maritimes sont soumises aux règles générales de compétence en matière de juridiction commerciale.

## Assurances maritimes.

*Conditions et formes du contrat.* — Le dommage, considéré dans l'incertitude des événements, est la matière du contrat d'assurance maritime. Ce contrat est bilatéral, puisque les contractants s'obligent réciproquement; conditionnel, puisqu'il s'évanouit si, avant le commencement du risque, le voyage est rompu; aléatoire, car le prix que l'une des parties reçoit a pour objet des risques dont elle se charge. L'assurance, pacte d'indemnité, ne peut être pour l'assuré un objet de lucre.

Le contrat d'assurance est rédigé par écrit et daté; il y est énoncé s'il a été signé avant ou après midi; il ne peut contenir aucun blanc; il indique le nom et le domicile de celui qui fait assurer, sa qualité de propriétaire ou de commissionnaire, le nom et la désignation du navire, le nom du capitaine, le lieu où les marchandises ont été ou doivent être chargées, le port d'où ce navire a dû ou doit partir, les ports ou rades dans lesquels il doit charger ou décharger, ceux dans lesquels il doit entrer, la nature et la valeur ou l'estimation des marchandises ou objets que l'on fait assurer, les temps auxquels les risques doivent commencer et finir, la somme assurée, la prime ou le coût de l'assurance, la soumission des parties à des arbitres en cas de contestation, si elle a été convenue, et toutes les autres conditions auxquelles les parties ont consenti.

La même police peut contenir plusieurs assurances, soit à raison des marchandises, soit à raison du taux de la prime, soit à raison de différents assureurs. Les assureurs qui signent individuellement une police d'assurance ne se trouvent point obligés solidairement.

On distingue la *police sur corps* et la *police sur facultés*. La police sur corps est celle qui porte sur le navire lui-même; la police sur facultés est celle qui intéresse le chargement. Les *polices d'abonnement* garantissent l'assuré contre tous les risques d'une nature déterminée et pendant un temps également déterminé, sans contrat spécialement établi, mais à la charge par l'assuré d'en aviser l'assureur dans un délai très court, au moyen d'une déclaration dite *d'aliment*.

*Objet du contrat.* — L'assurance peut avoir pour objet, aux termes de la loi du 12 août 1885, modifiant l'article 334 du Code de commerce, le navire et ses accessoires, les frais d'armement, les victuailles, les loyers des gens de l'équipage, le fret net, les sommes prêtées (mais non empruntées) à la grosse et le profit maritime, les marchandises du chargement et le profit espéré de ces marchandises, le coût de l'assurance, et généralement toutes choses estimables à prix d'argent, sujettes aux risques de la navigation. L'assurance peut être faite sur le tout ou sur partie desdits objets, en temps de paix ou en temps de guerre, avant ou pendant le voyage du vaisseau, pour l'aller et le retour, ou seulement pour l'un des deux, pour le voyage entier ou pour un temps limité.

S'il existe plusieurs contrats d'assurance faits sans fraude sur le même chargement, et que le premier contrat assure l'entière valeur des effets chargés, il subsistera seul. Si l'entière valeur des effets chargés n'est pas assurée par le premier contrat, les assureurs qui ont signé les contrats subséquents répondent de l'excédent en suivant l'ordre de la date des contrats. La prohibition de faire assurer deux fois la même chose (*assurance cumulative*) pour le même risque ne concerne point la pluralité des polices : il suffit que, réunies ensemble, elles n'excèdent pas la valeur de la chose assurée.

*Obligations de l'assureur.* — Sont aux risques des assureurs toutes pertes et dommages qui arrivent aux objets assurés par tempête, naufrage, échouement, abordage fortuit, changements forcés de route, de voyage ou de vaisseau, par jet, feu, prise, pillage, arrêt par ordre supérieur, déclaration de guerre, représailles, et généralement par toutes les autres fortunes de mer; l'énumération n'est qu'énonciative et nullement limitative. L'assureur ne répond ni du fait de l'assuré, nonobstant toute convention contraire, ni des dommages causés par le fait et faute des propriétaires, affréteurs ou chargeurs, ni des prévarications et fautes du capitaine et de l'équipage, connues sous le nom de *baraterie de patron*, s'il n'y a convention contraire, ni des déchets, diminutions et pertes qui arrivent par le vice propre de la chose, ni des dépenses ordinaires de navigation, ni d'aucune espèce de droits imposés sur le navire et les marchandises. On désigne dans la police les marchandises sujettes, par leur nature, à détérioration particulière; sinon, les assureurs n'en sont plus responsables.

L'assureur doit payer les sommes assurées; l'assuré a le droit de réclamer une indemnité calculée sur le dommage éprouvé.

*Obligations de l'assuré.* — Le dol et la fraude sont rigoureusement prohibés en matière d'assurance maritime. Toute réticence, toute fausse déclaration de la part de l'assuré, toute différence entre le contrat d'assurance et le connaissement, qui pourraient modifier l'estimation du risque, annulent l'assurance, même dans le cas où elles n'auraient pas influé sur le dommage ou la perte de l'objet assuré. La principale obligation de l'assuré est de payer la prime. Le non-payement entraîne la résolution du contrat. L'assuré doit aussi faire tout ce qui dépend de lui pour éviter le dommage ou en restreindre l'importance.

*Action en délaissement et action d'avarie.* — Dans certains cas, l'assuré a le droit de renoncer à la propriété de ce qui a survécu au sinistre, et d'exiger le payement de la valeur entière de la chose assurée, comme s'il y avait eu perte totale; c'est ce qu'on appelle *délaissement*. Il peut être exercé dans les cas suivants : prise du navire, naufrage, échouement avec bris, innavigabilité par fortune de mer, arrêt par ordre de puissance, perte ou détérioration des objets assurés, si elle est au moins des trois quarts.

Tous les dommages qui ne donnent point matière à délaissement sont réputés avaries (v. ce mot) et se règlent entre les assureurs et les assurés, à raison de leurs intérêts. Le délaissement ne peut être partiel ni conditionnel, ni fait avant le voyage commencé. Il ne s'étend qu'aux effets qui sont l'objet de l'assurance et du risque. Il doit être fait dans les délais prescrits par les articles 373 à 381 du Code de commerce. Le délaissement signifié, accepté du juge compétent, transporte aux assureurs, à partir de sa date, la propriété des objets assurés, et l'assureur ne peut, sous prétexte du retour du navire, se dispenser de payer la somme assurée.

L'assuré a l'option entre l'action en délaissement et l'action d'avarie, aussi bien dans le cas de simple innavigabilité que dans celui de perte totale. Il n'est pas impossible que l'intérêt de l'assuré lui commande de recourir à l'action d'avarie. Des prescriptions et des fins de non-recevoir sont édictées contre l'action en délaissement, par les articles 373, 431, 432, 435 et 436 du Code de commerce.

*Timbre et enregistrement.* — Les polices et les avenants doivent être rédigés sur timbre de dimension. Les conventions postérieures contenant prolongation de l'assurance, augmentation dans la prime ou dans le capital assuré, etc., peuvent être inscrites à la suite de la police, mais doivent être visés et timbrés dans les deux jours. Les avenants de réduction ou d'annulation doivent être rédigés sur une feuille de papier timbré séparée. (Loi du 5 mai 1850, art. 42 à 48.)

Une taxe annuelle et obligatoire d'enregistrement de 0 fr. 52 p. 100 est due sur le montant des primes et accessoires. Les assureurs ou les courtiers et notaires rédacteurs des polices doivent verser au bureau d'enregistrement de leur domicile dans les dix premiers jours de chaque trimestre la taxe perçue par eux pour le compte du Trésor, sur le vu d'un relevé des polices inscrites sur leur répertoire. (Loi du 23 août 1871, art. 6; décrets des 25 nov. 1871, art. 1 à 4, et 27 juillet 1906.)

*Preuve.* — La preuve testimoniale (v. PREUVE), même lorsque la valeur de l'objet du litige n'est pas supérieure à 150 francs, n'est pas recevable en matière d'assurances maritimes. (Code comm., art. 332.)

## Assurances sur la vie.

*Types principaux.* — Les assurances sur la vie se prêtent aux combinaisons les plus variées; cependant, elles présentent deux types principaux : l'assureur s'engage : 1° ou bien à verser telle somme à une personne déterminée si, à l'époque fixée par la convention, cette personne est encore en vie; cette assurance est dite *assurance en cas de vie;* 2° ou bien à remettre, au décès de telle personne, une certaine somme à un bénéficiaire désigné; cette assurance, dénommée *assurance en cas de décès*, est nulle si elle repose sur la tête d'un enfant de moins de douze ans. (Loi du 8 déc. 1904.) Dans l'assurance pour la *vie entière*, le capital est payable aux héritiers ou autres ayants droit dès le décès de l'assuré, à quelque époque qu'il survienne. La prime est viagère, c'est-à-dire payable jusqu'au décès de l'assuré, ou temporaire.

Dans l'assurance *mixte*, le capital est payable soit à l'assuré lui-même s'il vit au terme convenu, soit aux personnes qu'il a désignées si son décès survient avant ce terme.

Dans l'assurance de *survie*, le capital est payable au décès de l'assuré à la personne désignée qui lui survit.

Dans l'assurance à *terme fixe*, le capital est payable au terme convenu, que l'assuré soit ou ne soit pas vivant; les primes ne sont plus dues à partir du décès.

Dans l'assurance *dotale*, le capital est payable au terme convenu si l'enfant vit, et l'on peut stipuler que, moyennant une légère augmentation de prime, s'il décède auparavant, le montant des primes sera remboursé.

Dans l'assurance à *capital différé*, l'assureur s'engage à verser à l'assuré un capital déterminé à une date fixée, s'il est vivant; s'il est décédé, les primes restent acquises à l'assureur.

Les déclarations (surtout d'ordre physiologique et médical) du contractant ou du tiers assuré servent de base au contrat : toute réticence ou fausse déclaration de nature à dissimuler aux yeux de l'assureur la portée du risque entraîne l'annulation de l'assurance et la perte des primes payées.

Généralement, la police n'a d'effet qu'après le payement de la première prime, et, à défaut de payement régulier, le contrat, après mise en demeure par l'assureur, peut être résilié.

Les assurances sur la vie doivent être comprises dans l'actif des successions et être déclarées à l'enregistrement. V. SUCCESSION.

*Compagnies d'assurances sur la vie.* — A la différence de toutes les autres sociétés d'assurance qui, en vertu des articles 66 et 67 de la loi du 24 juillet 1867 sur les sociétés, peuvent se former sans l'autorisation du gouvernement et sont simplement soumises, pour leur constitution, aux conditions déterminées par le règlement du 22 janvier 1868, les sociétés d'assurances sur la vie, qu'elles soient mutuelles ou à primes, doivent être autorisées par décret et subir la surveillance du gouvernement. (Loi du 17 mars 1905.) La loi de 1867, en leur imposant les mêmes obligations, assimile aux sociétés d'assurances sur la vie les *tontines* ou *associations tontinières*, associations basées sur la durée de la vie humaine, où plusieurs personnes mettent en commun un fonds destiné à être réparti, à une époque déterminée, entre les survivants, avec la part des décédés et les intérêts accumulés.

Dans les assurances en cas de décès, la prime payée chaque année devrait être plus élevée, puisque le risque augmente à mesure que l'assuré avance en âge ; mais ce système logique a l'inconvénient de charger l'assuré d'autant plus lourdement que ses facultés de travail et ses ressources diminuent; aussi lui préfère-t-on le système des primes *nivelées*. La somme à payer est fixe; pendant les premières années du contrat, l'assuré paye annuellement une somme plus élevée que le montant de la prime « naturelle », et pendant les dernières années, une prime plus faible. L'assureur calcule chaque année la somme versée en trop par l'assuré pendant la première partie du contrat et la met en réserve jusqu'à ce que l'assuré arrive à l'époque où les primes fixes qu'il versera annuellement seront inférieures aux primes naturelles; à partir de ce moment, il reprend sur ses réserves les sommes nécessaires pour combler les différences des risques : c'est la *réserve mathématique*.

Les tarifs des compagnies d'assurances sur la vie sont examinés en conseil d'Etat et approuvés par décrets.

*Timbre.* — Les compagnies d'assurances sur la vie acquittent, sous forme d'abonnement obligatoire, un droit de timbre de 2 fr. 40 p. 100 du total des versements faits chaque année à leur caisse. (Lois des 5 juin 1850, art. 37, § 3, et 29 décembre 1884, art. 8.)

L'abonnement a été étendu, par la loi du 13 avril 1898, art. 16, aux contrats de rente viagère passés par les sociétés, compagnies d'assurances et tous autres assureurs sur la vie; mais il est fait déduction, pour le calcul de la taxe, des sommes reçues par les compagnies d'assurances sur la vie, dans les agences établies à l'étranger, pour les assurances et autres contrats viagers souscrits dans lesdites agences par des personnes domiciliées à l'étranger.

## Assurances contre l'incendie.

*Ce qu'on peut assurer contre l'incendie.* — Contre l'incendie, ou plutôt contre tout dommage ou perte qui est le résultat de l'action directe du feu, on peut assurer non seulement les maisons, le mobilier, les moissons en grange ou sur pied, les arbres des forêts, mais aussi le *risque locatif*, c'est-à-dire l'obligation où peut se trouver un locataire (Code civ., art. 1733 et 1734) de payer une indemnité au propriétaire pour réparer les pertes causées par un incendie qui se serait déclaré dans le local loué (V. page 87). On peut également assurer le *recours des voisins*, c'est-à-dire l'obligation qui peut incomber à la personne chez laquelle éclate un incendie, de payer une indemnité à ses voisins à l'occasion du dommage qu'ils auraient souffert par la communication du feu (*Id.*, art. 1382 et suiv.), et le *recours des locataires contre les propriétaires*, c'est-à-dire les effets de la responsabilité encourue par ces derniers pour dommages causés aux mobiliers et marchandises des premiers dans les cas prévus par les art. 1386 et 1721 du Code civil (vices ou défaut d'entretien de la construction). Si l'incendie est la conséquence d'une faute, non pas simplement légère, mais grave et lourde, commise par l'assuré, l'assureur n'est tenu à aucun payement d'indemnité.

*Règlement de l'indemnité.* — L'assurance ne peut jamais être une cause de bénéfice pour l'assuré. Elle ne lui garantit que l'indemnité des pertes réelles qu'il a éprouvées.

S'il survient un sinistre, l'assuré doit, sous peine d'être déchu de tous ses droits : 1° aviser immédiatement le directeur de la compagnie; 2° faire à ses frais, si la police le stipule, la déclaration du sinistre devant le juge de paix du canton, ou sur timbre au maire de la commune si l'indemnité réclamée n'est pas supérieure à 200 francs; 3° envoyer une expédition de cette déclaration, ainsi qu'un état détaillé estimatif certifié par lui, des objets incendiés ou sauvés.

Les dommages sont évalués de gré à gré, par deux experts ou par deux arbitres amiables compositeurs choisis par les parties.

L'assuré est tenu de justifier par tous les moyens et documents en son pouvoir, même sous serment dans les formes légales, de l'existence ou de la valeur des objets assurés et du dommage. Celui qui exagère sciemment le montant des dommages, celui qui suppose détruit par le feu ou l'explosion des objets qui n'existaient pas au moment du sinistre, celui qui dissimule ou soustrait tout ou partie des objets sauvés, celui qui emploie comme justification des moyens ou documents mensongers ou frauduleux, celui enfin qui a causé volontairement le sinistre des objets assurés, est entièrement déchu de tous droits à une indemnité, et les compagnies d'assurances ont la faculté de résilier toutes les polices qu'elles ont contractées avec ce même assuré. La déchéance est indivisible, quelle qu'en soit la cause, et elle s'applique à l'ensemble des risques garantis par une même police.

Par le seul fait de la police, la Compagnie est en général subrogée par préférence à l'assuré lui-même, dans ses droits et actions contre toutes personnes garantes ou responsables du sinistre. L'assuré est souvent tenu de réitérer, si la Compagnie le demande, la subrogation dans la quittance du dommage.

*Timbre et enregistrement.* — Les polices d'assurances contre l'incendie, ainsi que tous les actes ayant exclusivement pour objet leur modification ou leur résiliation amiables, sont assujettis à une taxe de timbre annuelle et obligatoire fixée à 0 fr. 04 p. 1000 des sommes assurées pour les assurances à primes fixes et à 0 fr. 03 p. 1000 pour les assurances mutuelles. La taxe se calcule sur le montant des capitaux de l'année courante, sous déduction des polices passées à l'étranger pour garantir des risques étrangers et des assurances annulées au cours de l'exercice.

Les polices et avenants sont en outre soumis à une taxe obligatoire et annuelle de 10 p. 100 (décimes compris) exigible sur l'intégralité des primes ou (assurances mutuelles) des cotisations. Les contrats passés à l'étranger pour des biens situés en France et ceux passés en France pour des biens situés à l'étranger doivent être enregistrés avant toute publicité ou usage en France, sous peine d'un droit en sus d'un minimum de 50 francs. (Loi du 29 déc. 1884, art. 8 ; Décret du 25 nov. 1871, art. 5-10 ; Loi du 30 déc. 1876.)

Le droit d'enregistrement établi par la loi du 23 août 1871 doit (loi du 22 frimaire, an VII, art. 4 et 14) être liquidé non seulement sur la prime principale, mais aussi sur les accessoires de primes que les compagnies font payer à leurs assurés pour frais de recouvrement de l'impôt. (Sol. de l'Enregistr., 4 déc. 1871, 6 sept. 1872, 29 août 1873.) D'autre part, la Cour de cassation a décidé (29 déc. 1875) que, lorsque les compagnies stipulent, dans leurs polices, que les assurés payeront annuellement une somme déterminée pour frais de perception des droits de timbre et d'enregistrement établis sur les contrats, cette clause a pour effet de faire supporter aux assurés une dépense personnelle aux compagnies : elle constitue un supplément de prime, et l'impôt est exigible sur tout ce qui excède le montant réel des droits de timbre et d'enregistrement. Ainsi, la prime est non seulement la somme résultant de l'application des tarifs, mais encore des sommes accessoires que les compagnies font payer aux assurés.

*Taxe sur le capital assuré des compagnies d'assurances.* — Enfin, l'article 17 de la loi du 13 avril 1898 a établi, à la charge des compagnies et sociétés d'assurances françaises et étrangères sur l'incendie, à l'exception des caisses départementales organisées par les conseils généraux, une taxe fixe annuelle de 6 francs par million du capital qu'elles assurent en France. Les opérations de réassurances ne doivent pas entrer en ligne de compte pour le calcul de cette taxe lorsqu'elle est payée par l'assureur principal. La taxe est recouvrée et les instances sont introduites et jugées comme en matière d'enregistrement. Les contraventions sont punies d'une amende de 100 à 1 000 francs. Les sociétés d'assurances étrangères contre l'incendie doivent, avant toute opération en France, faire agréer par l'administration de l'Enregistrement un représentant français personnellement responsable du payement de la taxe et des amendes.

Les décrets des 12 juillet 1898 et 27 juillet 1906 ont fixé les conditions d'acquittement de la taxe, qui est perçue par le service de l'Enregistrement. (Instr. Enregistr., 27 août 1898.)

Cette taxe a été créée pour permettre à l'Etat de subventionner plus largement les corps de sapeurs-pompiers : elle est à la charge personnelle des sociétés, à la différence des droits de timbre et d'enregistrement, dont le payement incombe légalement aux assurés, et elle doit être liquidée et perçue d'après les mêmes règles que la taxe de timbre.

## Assurances industrielles ou ouvrières.

Les assurances qui concernent spécialement le travail sont dites assurances *industrielles* ou *ouvrières* : assurances contre le chômage et surtout contre les accidents du travail (mort, infirmité permanente, incapacité temporaire de travail). Les assurances contre les accidents du travail peuvent être organisées : 1° soit par des sociétés ou compagnies spéciales, auquel cas l'assurance est *individuelle*, c'est-à-dire souscrite par l'ouvrier traitant directement avec la compagnie, ou bien (ce qui est plus fréquent en pratique) *collective*, c'est-à-dire contractée par le patron pour le personnel qu'il emploie ; 2° soit par les intéressés eux-mêmes, à l'aide de caisses de secours spéciales ; 3° soit par l'Etat. Il existe une *Caisse nationale d'assurance en cas d'accident*, v. CAISSE.

On distingue aussi l'assurance qui garantit directement l'ouvrier (*assurance-réparation*) et celle qui garantit le patron à raison des responsabilités qu'il encourt par suite des accidents dont ses ouvriers sont victimes (*assurance de responsabilité*).

Pour l'application de la loi du 9 avril 1898 sur les accidents du travail (v. ACCIDENT), il a été institué auprès du ministre du Commerce un *comité consultatif des assurances contre les accidents.* Les sociétés qui pratiquent, dans les termes de ladite loi, l'assurance mutuelle ou à primes fixes contre le risque des accidents ayant entraîné la mort ou une incapacité permanente de travail sont soumises aux dispositions du décret du 28 février 1899, complété par les arrêtés des 29 et 30 mars, et 5 mai 1899.

Les compagnies d'assurances mutuelles ou à primes fixes contre les accidents, françaises ou étrangères, sont soumises à la surveillance et au contrôle de l'Etat et astreintes à constituer des réserves ou cautionnements dont le montant est affecté par privilège au payement des pensions et indemnités. Les syndicats de garantie sont soumis à la même surveillance. Les frais de toute nature résultant de la surveillance et du contrôle sont couverts au moyen de contributions proportionnelles au montant des réserves ou cautionnements, et fixés annuellement, pour chaque compagnie ou association, par arrêté du ministre du Commerce (Loi du 9 avril 1898, art. 27), qui en adresse les titres de perception à l'administration des Finances.

L'abonnement au droit de timbre (2 fr. 40 par 1000) est facultatif pour les polices et les avenants de prolongation ou d'augmentation. Il est assis pour l'année courante sur les versements effectués par les assurés l'année précédente, déduction faite des polices souscrites à l'étranger ; la compagnie non abonnée doit rédiger ses polices sur timbre.

Les polices d'assurances contre les accidents prévus par la loi du 9 avril 1898 sont exemptes de tout impôt. V. ACCIDENT.

### Assurances agricoles.

Contre les risques agricoles (grêle, gelées, inondations, etc.), on peut assurer toutes les propriétés mobilières et immobilières que ces fléaux peuvent détruire ou endommager (céréales, prairies naturelles ou artificielles, plantes tuberculeuses, colzas et plantes oléagineuses, arbres à fruits et bois de tout âge et de toute essence, vignes, houblons, tabacs). Contre les épizooties, on peut assurer les animaux de l'espèce chevaline, bovine, ovine, caprine et porcine. La plupart des sociétés d'assurances contre les épizooties sont des sociétés d'assurance mutuelle. Un droit de timbre de 36 millimes par 1000 est dû sur le total des opérations en capital de l'année précédente. Il est payé par abonnement en janvier et en juillet.

**Atelier.** — V. TRAVAIL.

**Atermoiement.** — Contrat par lequel un créancier accorde à son débiteur, qui n'a pu payer à l'échéance, des délais pour se libérer.

Le délai accordé non plus par le créancier, mais par le tribunal, porte le nom de *terme* ou *délai de grâce.*

**Attentat et complot.** — V. COMPLOTS.

**Attentat aux mœurs.** — V. PUDEUR (*Attentat à la*), VIOL, PROSTITUTION, MŒURS, etc.

**Atténuation et aggravation des peines.** — V. CIRCONSTANCES ATTÉNUANTES.

**Atterrissement.** — Accroissement de terre qui se forme sur les propriétés riveraines d'un fleuve ou d'une rivière et qui résulte de l'accumulation des matières que l'eau dépose insensiblement. V. ALLUVION.

L'article 556 du Code civil réserve à ces sortes d'atterrissements le nom d'*alluvion*, et c'est au mot *alluvion* qu'il en est traité. Les articles 560 et 561 donnent aussi le nom d'*atterrissement* aux îles et îlots qui émergent du lit des cours d'eau. Lorsque l'atterrissement se forme dans les fleuves ou rivières navigables et flottables, il fait partie du domaine de l'Etat ; lorsqu'il se forme dans une rivière non navigable et non flottable, les propriétaires voisins deviennent respectivement propriétaires d'une partie de l'atterrissement, de chaque côté d'une ligne idéale passant par le milieu du cours d'eau. L'article 562 prévoit le cas où un cours d'eau, par suite de la formation d'un bras nouveau, entoure une parcelle et en fait un îlot : le propriétaire de la parcelle devient propriétaire de l'îlot.

**Attroupement.** — Rassemblement séditieux de personnes s'opposant à l'exécution d'une loi, d'un jugement, d'un acte exécutoire.

Le décret-loi du 3 août 1791 fixait à quinze le nombre de personnes nécessaire pour constituer un rassemblement, mais la loi du 7 juin 1848 est muette sur ce point, qui est laissé à l'appréciation des tribunaux.

Tout attroupement armé sur la voie publique est interdit, et la même prohibition frappe tout attroupement non armé qui pourrait troubler la tranquillité publique. (Loi du 7 juin 1848, art. 1er.)

L'attroupement est armé : 1° quand plusieurs des individus qui le composent sont porteurs d'armes apparentes ou cachées ; 2° lorsqu'un seul individu, porteur d'armes apparentes, n'est pas immédiatement expulsé de l'attroupement par ceux-là mêmes qui en font partie. (*Id.*, art. 2.)

Lorsqu'un attroupement, armé ou non, s'est formé sur la voie publique, le maire ou l'un de ses adjoints (à leur défaut le commissaire de police ou tout autre agent ou dépositaire de la force publique ou du pouvoir exécutif), portant l'écharpe tricolore, se rend sur le lieu de l'attroupement. Un roulement de tambour annonce son arrivée. Si l'attroupement est armé, le magistrat lui fait sommation de se dissoudre et de se retirer ; si cette première sommation reste sans effet, il est procédé à une seconde sommation précédée d'un roulement de tambour : en cas de résistance, l'attroupement est dissipé par la force. — Si l'attroupement est sans armes, le magistrat, après le premier roulement de tambour, exhorte les citoyens à se disperser. S'ils ne se retirent pas, trois sommations sont successivement faites, et, en cas de résistance, l'attroupement est dissipé par la force. (*Id.*, art. 3.)

Les peines sont graduées, suivant que l'attroupement était ou non armé, suivant qu'il s'était formé de jour ou de nuit, qu'il a fait ou non usage de ses armes. (*Id.*, art. 4 et 5.)

Toute provocation directe à un attroupement armé ou non armé par des discours proférés publiquement et par des écrits ou des imprimés, affichés ou distribués, est punie de diverses peines, ainsi que les imprimeurs, afficheurs et distributeurs, considérés (*id.*, art. 6) comme complices lorsqu'ils ont agi sciemment.

Les poursuites pour attroupement sont portées devant les tribunaux correctionnels. (Décret des 25 février et 5 mars 1852.)

**Aubaine ou droit d'aubaine.** — Droit en vertu duquel la succession des étrangers ou *aubains* décédés sans enfants était attribuée à l'Etat.

Le droit d'aubaine, aboli par l'Assemblée constituante, rétabli par le Code civil au regard des étrangers chez qui ce droit était en vigueur, fut définitivement aboli par la loi du 14 juillet 1819. V. ÉTRANGERS.

**Aubergiste.** — V. HÔTELIER.

**Audience.** — Séance dans laquelle les membres d'un tribunal ou d'une cour prononcent leurs arrêts, jugements ou sentences, après avoir *entendu* les débats.

Lorsqu'une affaire est en état d'être jugée, elle entre au rôle pour en sortir à son rang au jour fixé pour les plaidoiries des avocats et les conclusions du ministère public.

*Audiences des cours et tribunaux.* — Elles sont publiques. C'est une garantie pour les justiciables, et le jugement est nul si l'audience n'a pas été publique.

Le tribunal peut cependant ordonner qu'elles se tiendront à huis clos, si les débats doivent entraîner du scandale ou présenter des inconvénients graves; mais dans ce cas le tribunal doit délibérer et rendre compte de sa délibération au procureur général près la cour d'appel, et, si la cause est pendante dans une cour d'appel, au ministre de la Justice; mais le jugement est toujours rendu publiquement. (Code proc. civ., art. 87.)

La police de l'audience appartient au président. « Ceux qui assisteront aux audiences se tiendront découverts, dans le respect et le silence; tout ce que le président ordonnera pour le maintien de l'ordre sera exécuté ponctuellement et à l'instant. » (*Id.*, art. 88.)

Si un ou plusieurs des assistants interrompent, donnent des signes d'approbation ou d'improbation, causent ou excitent du tumulte et, après l'avertissement des huissiers, ne rentrent pas dans l'ordre sur-le-champ, il leur est enjoint de se retirer; les résistants sont immédiatement conduits dans la maison d'arrêt pour vingt-quatre heures. (*Id.*, art. 89, et Code instr. crim., art. 504.) Si le perturbateur remplit une fonction près le tribunal, il peut, en outre, être suspendu de ses fonctions.

Ceux qui outragent ou menacent les juges ou les officiers de justice dans l'exercice de leurs fonctions sont conduits à la maison d'arrêt, interrogés dans les vingt-quatre heures, et condamnés par le tribunal, sur le vu du procès-verbal qui constate le délit, à une détention qui ne peut excéder un mois et à une amende de 25 à 300 francs. Si le délinquant ne peut être saisi, le tribunal prononce contre lui, dans les vingt-quatre heures, les peines encourues, sauf l'opposition que le condamné peut former dans les dix jours du jugement, en se mettant en état de détention. (*Id.*, art. 91.)

Si le tumulte a été accompagné d'injures ou de voies de fait donnant lieu à l'application ultérieure de peines correctionnelles ou de police, ces peines peuvent être immédiatement prononcées, savoir : celles de simple police, sans appel; celles de police correctionnelle, à charge d'appel quand la condamnation a été portée par un tribunal sujet à appel ou par un juge seul. (Code Instr. crim., art. 505.) Lorsque le délinquant s'est rendu coupable d'un crime à l'audience d'un juge seul ou d'un tribunal sujet à appel, le juge ou le tribunal le fait arrêter et le renvoie devant la juridiction compétente. (*Id.*, art. 505.)

La Cour de cassation, les cours d'appel et les cours d'assises statuent sans désemparer sur les voies de fait qui auraient dégénéré en crime, ou sur les crimes flagrants commis à leurs audiences respectives. (*Id.*, art. 506.)

Devant les cours et tribunaux, l'outrage verbal aux magistrats ou aux jurés, lorsqu'il tend à inculper leur honneur et leur équité, est puni de deux à cinq ans; l'outrage par gestes ou menaces, d'un emprisonnement d'un mois à deux ans. (Code pén., art. 222-223.)

L'audience est dite *solennelle* lorsqu'elle est tenue par un plus grand nombre de magistrats que ceux qui la tiennent habituellement. Ainsi, la Cour de cassation se réunit tout entière en audience solennelle pour juger les affaires qui lui reviennent après une première cassation.

Les greffiers des cours et tribunaux tiennent un registre mentionnant, pour chaque audience, l'indication sommaire des arrêts ou jugements rendus, avec les noms des magistrats y ayant participé. Ce registre constitue un document authentique comme la feuille d'audience elle-même; il est visé tous les jours par le président de l'audience et par le magistrat du ministère public y ayant assisté. (Décret du 28 novembre 1900.)

*Audiences des juges de paix* (Code proc. civ., art. 8-12). — Les juges de paix tiennent au moins deux audiences par semaine; ils peuvent donner audience chez eux en tenant les portes ouvertes. Les parties doivent s'expliquer avec modération et respect; après un premier avertissement, elles peuvent être condamnées à une amende de 10 francs au plus avec affichage du jugement dans les communes du canton; en cas d'insulte ou d'irrévérence grave, la peine de l'emprisonnement (3 jours au plus) peut être prononcée séance tenante.

Le juge de paix doit tenir ses audiences au chef-lieu du canton ; toutefois, un décret en conseil d'Etat peut l'autoriser à tenir des audiences supplémentaires (*audiences foraines*) en des communes autres que le chef-lieu du canton. Le juge de paix et son greffier reçoivent, lorsqu'il y a lieu à déplacement de leur part, une indemnité supportée par les communes intéressées. (Loi du 21 mars 1895.)

**Auditeur.** — V. CONSEIL D'ÉTAT, COUR DES COMPTES.

**Auteur** (*Droits d'*). — V. PROPRIÉTÉ LITTÉRAIRE ET ARTISTIQUE.

## Automobiles.

*Circulation.* — La circulation des automobiles est réglementée par le décret du 10 mars 1899, modifié par celui du 10 septembre 1901 et divisé en trois sections : 1° automobiles avec ou sans avant-train moteur, à bogie ou non, circulant isolément; 2° automobiles remorquant d'autres véhicules; 3° dispositions générales.

1° *Automobiles circulant isolément.* — *Mesures de sûreté* (art. 2 à 7 du décret du 10 mars 1899). Les réservoirs et tuyaux destinés à contenir des produits explosifs ou inflammables doivent être construits de façon à ne laisser échapper ni tomber aucune matière pouvant causer une explosion ou un incendie, et les appareils seront disposés de telle manière que leur emploi ne présente aucune cause particulière de danger et ne puisse ni effrayer les chevaux ni répandre d'odeurs incommodes. — Les organes de manœuvre seront groupés de façon que le conducteur puisse les actionner sans cesser de surveiller sa route. Rien ne masquera la vue du conducteur vers l'avant, et les appareils indicateurs qu'il doit consulter seront placés bien en vue et éclairés la nuit. — Le véhicule devra être disposé de manière à obéir sûrement à l'appareil de direction et à tourner avec facilité dans les courbes de petit rayon. Les organes de commande de la direction offriront toutes les garanties de solidité désirables. Les automobiles dont le poids à vide excède 350 kilogrammes seront munis de dispositifs permettant la marche en arrière. — Le véhicule devra être pourvu de deux systèmes de freinage distincts, suffisamment efficaces, dont chacun sera capable de supprimer automatiquement l'action motrice du moteur ou de la maîtriser. L'un au moins de ces systèmes agira directement sur les roues ou sur des couronnes immédiatement solidaires de celles-ci et sera capable de caler instantanément les roues. L'un de ces systèmes ou un dispositif spécial permettra d'arrêter toute dérive en arrière. Dans le cas d'un véhicule à avant-train moteur à bogie, l'un des systèmes de freinage à la disposition du mécanicien devra pouvoir agir sur les roues arrière du véhicule.

La constatation que les voitures automobiles satisfont aux diverses prescriptions ci-dessus est faite par le service des mines, sur la demande du constructeur ou du propriétaire. Pour les voitures construites en France, le fabricant doit demander la vérification de tous les types d'automobiles qu'il a établis ou établira. Pour les voitures de provenance étrangère, l'examen est fait avant la mise en service en France, sur le point du territoire désigné par le propriétaire de la voiture. Le fonctionnaire des mines dresse un procès-verbal, dont une expédition est remise soit au constructeur, soit au propriétaire, suivant le cas. Le constructeur doit remettre à l'acheteur une copie du procès-verbal, ainsi qu'un certificat attestant que la voiture livrée est absolument conforme au type et spécifiant le maximum de la vitesse que l'automobile est capable d'atteindre en palier. Chaque voiture porte en caractères bien apparents : 1° le nom du constructeur, l'indication du type et le numéro d'ordre dans la série du type; 2° le nom et le domicile du propriétaire. — En cas de refus par les ingénieurs des mines de dresser un procès-verbal constatant que le véhicule présenté satisfait aux prescriptions réglementaires, les intéressés peuvent faire appel au ministre des Travaux publics, qui statue après avis de la commission centrale des machines à vapeur (art. 7).

Si l'automobile est capable de marcher en palier à une vitesse supérieure à 30 kilomètres à l'heure, elle doit être pourvue de deux plaques d'identité portant un numéro d'ordre et placées en évidence à l'avant et à l'arrière du véhicule. Des arrêtés du ministre des Travaux publics fixent le modèle de ces plaques, leur mode de pose et leur mode d'éclairage pendant la nuit et les conditions d'attribution aux intéressés des numéros d'ordre.

Tout propriétaire d'une automobile devra, avant de la mettre en circulation sur les voies publiques, adresser au préfet du département où il réside une déclaration (sur papier timbré à 0 fr. 60) dont il lui sera remis récépissé. Cette déclaration sera communiquée sans délai au service des mines. La déclaration fera connaître le nom et le domicile du propriétaire; elle sera accompagnée d'une copie du procès-verbal de vérification, du certificat du constructeur et de la description du véhicule. — La déclaration faite dans un département suffira pour toute la France.

*Conduite.* Nul ne peut conduire une automobile s'il n'est porteur d'un certificat de capacité délivré par le préfet du département de sa résidence, sur l'avis favorable du service des mines, devant lequel est subi un examen surtout pratique. Un certificat de capacité spéciale est institué pour les conducteurs de motocycles d'un poids inférieur à 150 kilogrammes.

Le conducteur d'une automobile est tenu de présenter à toute réquisition de l'autorité compétente : 1° son certificat de capacité; 2° le récépissé de déclaration du véhicule.

Les divers organes du mécanisme moteur, les appareils de sûreté, la commande de la direction, les freins et leurs systèmes de commande, ainsi que les transmissions de mouvement et les essieux, devront être contamment entretenus en bon état de fonctionnement.

Le conducteur ne quittera jamais le véhicule sans avoir pris les précautions utiles pour prévenir tout accident, toute mise en route intempestive, et pour supprimer tout bruit du moteur. Il restera constamment maître de sa vitesse. Il ralentira ou même arrêtera le mouvement toutes les fois que le véhicule pourrait être une cause d'accident, de désordre ou de gêne pour la circulation. La vitesse sera ramenée à celle d'un homme au pas dans les passages étroits ou encombrés. En aucun cas elle n'excédera celle de 30 kilomètres à l'heure en rase campagne et de 20 kilomètres à l'heure dans les agglomérations, sauf en cas de courses autorisées.

L'approche du véhicule devra être signalée en cas de besoin au moyen d'une trompe. Toute automobile sera munie à l'avant d'un feu blanc et d'un feu vert.

Ces dispositions sont applicables aux automobiles remorquant une voiturette dont le poids, voyageur compris, ne dépasse pas 200 kilogrammes, pourvu que les freins soient capables de servir efficacement pour l'ensemble.

2° *Automobiles remorquant d'autres véhicules.* — Les automobiles remorquant d'autres véhicules ne pourront circuler sur les voies publiques qu'autant qu'elles satisferont aux prescriptions des articles 2, 3, 4, 5, 6 du décret. (V. plus haut.)

Indépendamment des freins prévus pour les automobiles circulant isolément, chaque véhicule remorqué sera muni d'un système de freins suffisamment efficace et rapide, susceptible d'être actionné soit par le mécanicien à son poste sur l'automobile, soit par un conducteur spécial. Des dispositions efficaces seront prises pour empêcher toute dérive en arrière des véhicules remorqués, lesquels portent en caractères bien apparents le nom et le domicile du propriétaire.

Aucune automobile destinée à remorquer d'autres véhicules ne pourra être mise en service qu'en vertu d'une autorisation du préfet, délivrée après vérification par le service des mines. L'autorisation délivrée sera valable pour tous les départements; mais il n'est pas permis de faire circuler dans un département des automobiles remorquant d'autres véhicules sans une seconde autorisation délivrée par le préfet de ce département, après avis soit de l'ingénieur en chef des ponts et chaussées, soit de l'agent voyer en chef, ou de ces deux chefs de service, suivant la nature des routes et chemins empruntés. La demande (sur papier timbré à 0 fr. 60) devra indiquer : 1° les routes et chemins que le pétitionnaire a l'intention de suivre; 2° le poids de l'automobile, celui de chacun des véhicules chargés et la charge maxima par essieu; 3° la composition habituelle des trains et leur longueur totale.

L'autorisation (joindre 1 fr. 80 pour expédition sur timbre de ladite autorisation) déterminera les conditions particulières de sécurité auxquelles le permissionnaire sera soumis indépendamment des prescriptions générales du règlement du 10 mars 1899. Les intéressés pourront faire appel de la décision du préfet devant le ministre des Travaux publics, qui statuera après avis de la commission centrale des machines à vapeur.

Tout train portera, la nuit, un feu rouge à l'arrière, sans préjudice du feu blanc et du feu vert prévus pour les automobiles circulant isolément.

La vitesse des trains en marche ne dépassera pas 20 kilomètres à l'heure en rase campagne et 10 kilomètres à l'heure dans les agglomérations.

Lorsque les freins des véhicules remorqués ne seront pas actionnés par le mécanicien, la manœuvre de ces freins sera confiée à des conducteurs spéciaux dont le nombre sera proportionné à l'importance du convoi, eu égard aux déclivités du parcours et à la vitesse de marche. Dans tous les cas, des dispositions efficaces seront prises pour empêcher toute dérive en arrière des véhicules remorqués.

Le stationnement de trains sur la voie publique ne devra en aucun cas gêner la circulation ni entraver l'accès des propriétés. Pour les services publics de voyageurs, les points de stationnement seront désignés par l'arrêté préfectoral d'autorisation.

3° *Dispositions générales* (art. 29 à 34 du décret du 10 mars 1899). — Les automobiles sont soumises aux dispositions des règlements sur la police du roulage.

Les courses d'automobiles dont le parcours ne comprendra qu'un seul département ne pourront avoir lieu sur la voie publique sans une autorisation spéciale du préfet, sur l'avis des chefs de service de voirie et avec l'agrément des maires des communes traversées. Lorsque le parcours d'une course comprendra plusieurs départements, l'autorisation sera délivrée par le ministre de l'Intérieur, sur l'avis des préfets des départements traversés, donnée avec les mêmes formalités que ci-dessus. La vitesse pourra excéder celle de 30 kilomètres à l'heure en rase campagne; elle ne pourra, en aucun cas, dépasser celle de 20 kilomètres à l'heure dans les agglomérations. Les frais de surveillance et autres occasionnés à l'administration par la course seront supportés par les organisateurs de celle-ci, qui devront déposer à cet effet une consignation préalable.

*Contraventions.* — Après deux contraventions dans l'année, les certificats de capacité délivrés pourront être retirés par arrêté préfectoral, le titulaire entendu et sur l'avis du service des mines.

Les contraventions sont constatées par les procès-verbaux des officiers de police judiciaire (maires, adjoints, agents de police, gardes champêtres, etc.) et déférées aux tribunaux compétents, conformément aux dispositions des lois et règlements en vigueur ou à intervenir.

Les attributions conférées aux préfets des départements par le présent décret sont exercées par le préfet de police dans toute l'étendue de son ressort.

*Taxe.* — Le tarif de la contribution sur les voitures, chevaux, mules et mulets, rendu applicable aux voitures automobiles par la loi du 13 avril 1898 (art. 3), est fixé comme suit par la loi du 13 juillet 1900, article 5 :

| VILLES, COMMUNES OU LOCALITÉS dans lesquelles le tarif est applicable. | SOMMES A PAYER NON COMPRIS les centimes de non-valeurs. pour chaque voiture automobile | | pour chaque cheval-vapeur ou fraction de cheval-vapeur. |
|---|---|---|---|
| | à 1 ou 2 places. | à plus de 2 places. | |
| | fr. | fr. | fr. |
| Paris. . . . . . . . . . . . | 50 | 90 | 5 |
| Les communes autres que Paris ayant plus de 40 000 âmes de population . . . . . . . . . . | 40 | 75 | 5 |
| Les communes | | | |
| de 20 001 à 40 000 âmes. | 30 | 60 | 5 |
| de 10 001 à 20 000 âmes. | 25 | 50 | 5 |
| de 10 000 âmes et au-dessous. . . . . . . . | 20 | 40 | 5 |

Sont passibles de la contribution les voitures automobiles non suspendues, si d'ailleurs elles sont destinées au transport des personnes.

Les possesseurs de voitures automobiles sont tenus d'en faire la déclaration à la mairie de l'une des communes où ils ont leur résidence au plus tard le 1er janvier, sous peine de doublement de la taxe; ils doivent indiquer la force en chevaux-vapeur du moteur.

La loi du 10 juillet 1901 (art. 7) a rendu passibles de la taxe des prestations, dans les conditions prévues par la loi du 21 mai 1836, les voitures automobiles ainsi que les tracteurs et les voitures attelées à ces tracteurs. Le tarif de conversion en argent des voitures automobiles et des tracteurs, arrêté chaque année par le conseil général, ne peut dépasser celui que comportent les voitures à traction animale dont la taxe est la plus élevée. Ce tarif peut être majoré à raison du nombre des chevaux-vapeur, la taxe correspondante à chaque cheval-vapeur ou fraction de cheval-vapeur ne devant pas être toutefois supérieure au tiers de la taxe afférente à la bête de trait la plus imposée.

**Autorisation.** — Permission donnée à un incapable d'exercer un droit.

L'*autorisation maritale* est l'acte par lequel le mari habilite sa femme dans les cas où la loi ne donne pas à celle-ci capacité pour agir seule. L'*autorisation de justice* est donnée par les tribunaux aux femmes mariées, à défaut par les maris de pouvoir ou de vouloir les autoriser là où elles ne peuvent agir seules. L'*autorisation du tuteur* est l'assistance du tuteur à certains actes que le pupille ne pouvait légalement faire seul. L'*autorisation administrative* émane du chef de l'Etat, des ministres, des préfets, des sous-préfets, des maires, etc. V. TUTELLE, FEMME, etc.

**Autorité de la chose jugée.** — V. CHOSE JUGÉE.

**Aval.** — Garantie donnée, sur une lettre de change ou sur un billet à ordre négociable, par un tiers qui s'oblige à en payer le montant s'il n'est pas acquitté par le souscripteur primitif ou par un de ceux qui ont accepté l'effet.

L'*aval* se donne sur le billet lui-même ou par acte séparé (art. 141, 142, 187 du C. de comm.). Le donneur d'aval doit avoir la capacité légale requise pour souscrire une lettre de change ; il est tenu par les mêmes voies que les tireurs ou les endosseurs, et, par conséquent, soumis à la juridiction commerciale. Le donneur d'aval est obligé, *solidairement* avec tous les signataires, au payement de la lettre de change; il contracte envers le créancier du cautionné les obligations dont ce dernier est tenu à l'égard dudit créancier. Ces règles peuvent être modifiées par des conventions particulières ; ainsi, celui qui donne un aval est en droit de stipuler qu'il ne sera pas tenu solidairement.

La souscription d'un aval n'est soumise à aucune forme spéciale : les mots *bon pour aval* et la signature du souscripteur sont la formule ordinaire, lorsque l'aval est donné sur le billet même. Lorsqu'il est souscrit par acte séparé, il peut être donné devant notaire, sous seing privé et même par lettre missive. L'aval étant une garantie nouvelle donnée aux intéressés, le tireur, les endosseurs et l'accepteur, tenus à un autre titre au payement de la lettre de change, ne peuvent le donner.

**Avancement d'hoirie.** — V. PARTAGE ET RAPPORTS.

**Avarie.** — « Tout dommage qui arrive au navire et aux marchandises depuis leur chargement et départ jusqu'à leur retour et déchargement, toutes dépenses extraordinaires faites pour le navire et les marchandises, conjointement ou séparément. » (Code de comm., art. 397.)

L'avarie ne réside pas seulement dans une dépréciation accidentelle ; elle comprend aussi les frais imprévus nécessités pour prévenir ou réparer le dommage.

On peut classer les avaries en deux catégories : les avaries proprement dites, ou avaries *matérielles*, et les *avaries-frais*. Tout ce qui a été prévu ou a dû être prévu par le capitaine n'entre point dans les avaries. L'article 406 du Code de commerce dit expressément : « Les lamanages, touages, pilotages pour entrer dans les havres ou rivières, ou pour en sortir, les droits de congé, visites, rapports, tonnes, balises, ancrages et autres droits de navigation ne sont point avaries, mais ils sont de simples frais à la charge du navire. »

Quatre causes principales peuvent donner

naissance aux avaries : 1° les fortunes de mer (tempêtes, incendies, bris du navire, etc.); 2° les vices propres (vétusté pour le navire, fermentation pour les blés, coulage pour les liquides); 3° les fautes du capitaine et de l'équipage; 4° les fautes du propriétaire ou chargeur, qui sont le plus souvent, comme celles du capitaine, le résultat de l'incurie ou de la négligence.

Les avaries se divisent elles-mêmes en deux catégories : avaries *grosses* ou *communes*, avaries *simples* ou *particulières*. (C. de comm., art. 399.)

1° Les premières, ainsi appelées parce qu'elles sont supportées par le *gros* du navire et qu'elles sont faites pour le *salut commun*, sont tout dommage souffert volontairement pour le bien et le salut commun du navire et de la cargaison, et toute dépense extraordinaire faite dans le même but. Ainsi, les choses données par composition et à titre de rachat du bâtiment et des marchandises, celles qui sont jetées à la mer (v. JET), les câbles ou mâts rompus ou coupés, les ancres et autres effets abandonnés pour le salut commun, le pansement et la nourriture des matelots blessés en défendant le navire, le loyer et la nourriture des matelots pendant la détention, quand le navire est arrêté par ordre d'une puissance, et pendant les réparations des dommages volontairement soufferts pour le salut commun (quand le navire est affrété *au mois*), et d'autres du même genre (C. de comm., art. 300 et 400), rentrent dans cette catégorie; elles sont supportées proportionnellement par le navire et le fret pour moitié de leur valeur, et par les marchandises pour toute leur valeur au lieu du déchargement.

2° Les *avaries simples* ou *particulières* sont les dommages involontaires et les dépenses extraordinaires faites pour le navire seul ou pour les marchandises seules; tels sont : le dommage arrivé aux marchandises par leur vice propre, par tempête, prise, naufrage ou échouement; les frais faits pour les sauver; la perte des câbles, ancres, mâts, voiles, cordages, causée par fortune de mer; les dépenses résultant des relâches occasionnées par la perte fortuite de ces objets, ou par le besoin d'avitaillement, ou par voie d'eau à réparer; le loyer et la nourriture des matelots pendant la détention, l'arrêt par ordre d'une puissance ou pour cause de réparation (quand le navire est affrété *au voyage*), etc. (C. de comm., art. 403, 405); ces avaries sont supportées ou payées par le propriétaire de la chose qui a éprouvé le dommage ou occasionné la dépense.

Ces règles peuvent être modifiées par les parties, qui sont libres de faire, au sujet des avaries, telles stipulations qu'elles veulent.

Les avaries qui sont le résultat d'un *abordage* sont l'objet de règles spéciales.

Le commissionnaire de transport est garant des avaries ou pertes de marchandises et effets, à moins de stipulations contraires (C. de comm., art. 98). Le voiturier répond des avaries survenues pendant le transport, sauf de celles qui proviennent du vice propre de la chose ou de force majeure (C. de comm., art. 103). L'action pour avaries s'éteint au profit du voiturier par la réception des objets transportés; en cas de contestation pour cette réception, l'état des objets est vérifié par des experts nommés par le président du tribunal de commerce ou par le juge de paix, et par ordonnance au pied d'une requête. Le maire du lieu d'arrivée, s'il n'y a ni tribunal de commerce ni juge de paix, a qualité pour faire lui-même la constatation et en dresser procès-verbal. L'action pour avaries contre le commissionnaire et le voiturier se prescrit par six mois, à partir de la remise des marchandises. (C. de comm., art. 108.)

L'assureur supporte d'ordinaire, de plein droit, les avaries-*frais* (dépenses extraordinaires pour le navire ou les marchandises); mais, par la clause dite *franc d'avaries*, il peut s'affranchir de toutes avaries matérielles (dommages éprouvés par les marchandises entre le chargement et le déchargement). La clause franc d'avaries n'est pas applicable dans les cas qui donnent ouverture à *délaissement* (naufrage, arrêt de prince et tous sinistres majeurs) : l'assuré a alors le choix entre l'action d'avarie et l'action en délaissement, par laquelle il a droit à l'indemnité stipulée moyennant l'abandon des marchandises assurées dans l'état où elles se trouvent. V. ASSURANCES MARITIMES, ARRÊT DE PRINCE, ABORDAGE.

Lorsqu'à l'entrée d'un port un navire subit des avaries par suite de la présence non signalée sous le plan d'eau navigable de saillies de pierre, il y a là une exécution défectueuse de l'ouvrage public : la responsabilité de l'Etat est donc engagée dès l'instant que le capitaine n'a ni exécuté de fausses manœuvres ni contrevenu aux lois et règlements maritimes.

**Avenant.** — Acte par lequel on modifie les clauses d'une police d'assurances déjà souscrite.

**Avertissement.** — V. JUGE DE PAIX, CONTRIBUTIONS.

**Aveu.** — V. PREUVE.

**Aveugle.**

L'aveugle est incapable d'être témoin, mais sous cette réserve, il a la pleine capacité de ses droits civils.

**Avocat.** — Celui qui fait profession d'assister les personnes en justice.

Nul ne peut être reçu avocat près une cour ou un tribunal s'il n'a préalablement obtenu le diplôme de licencié en droit et s'il n'a prêté devant une cour d'appel, sur la présentation d'un membre du conseil de l'ordre, le serment professionnel. Après cette formalité, le conseil de l'ordre du barreau auquel le récipiendaire veut être attaché statue sur l'admission au stage.

Une fois le serment prêté, le titre d'avocat est pour toujours acquis, mais il n'est possible de plaider que si l'on fait partie d'un barreau. C'est après un stage de trois ans que l'avocat *stagiaire* peut demander au conseil de l'ordre son inscription au tableau. Le conseil de l'ordre ou de discipline est élu par tous les avocats inscrits ; présidé par un *bâtonnier,* également élu (v. BÂTONNIER), il prononce contre les avocats en faute l'avertissement, la réprimande, l'interdiction temporaire (un an au plus), la radiation. Le recours contre ses décisions est porté dans les dix jours devant la cour d'appel, qui statue en assemblée générale et en chambre du conseil. Les avocats peuvent en outre être frappés disciplinairement, pour faute commise à l'audience, par les tribunaux devant lesquels ils plaident.

Dans les tribunaux où le nombre des avocats est inférieur à six, le tribunal tient lieu de conseil de discipline.

L'avocat nommé d'office pour la défense d'un accusé ne peut refuser son ministère sans faire approuver ses motifs d'excuse ou d'empêchement par les cours d'assises, qui prononcent, s'il y a lieu, l'une des quatre peines que le conseil de l'ordre a qualité pour prononcer.

La profession d'avocat est incompatible avec toutes les fonctions de l'ordre judiciaire, à l'exception de celle de juge suppléant ; avec les fonctions de préfet, de sous-préfet et de secrétaire général de la préfecture ; avec celles de greffier, de notaire et d'avoué ; avec les emplois à gages et ceux d'agent comptable ; avec toute espèce de négoce. En sont exclues toutes personnes exerçant la profession d'agent d'affaires. Les avocats sont soumis à la patente.

Le monopole de la plaidoirie accordé aux avocats ne fait pas obstacle au droit des parties, assistées de leurs avoués, de se défendre elles-mêmes. Le tribunal peut cependant leur interdire ce droit s'il reconnaît que la passion ou l'inexpérience les empêche de discuter avec décence ou clarté. (Code proc. civ., art. 85.)

En matière pénale, il est désigné à l'accusé un avocat d'office. Au civil, les parties peuvent se borner à soumettre au tribunal des mémoires en défense ; elles peuvent ne pas plaider et s'en tenir aux conclusions de leur avoué.

Les honoraires payés aux avocats par les parties ne sont fixés par aucun tarif.

La loi du 1er décembre 1900 admet les femmes munies du diplôme de licencié en droit à prêter serment et à exercer la profession d'avocat, mais ni les articles 30 de la loi du 22 ventôse an XII et 35, § 3, du décret du 14 décembre 1810, ni les articles 84, 118 et 468 du Code de procédure civile ne leur sont applicables : elles ne peuvent donc suppléer les juges ou les officiers du ministère public.

**Avocat général.** — Officier du ministère public qui remplace le procureur général, principalement pour le service des audiences.

Il y a des avocats généraux à la Cour de cassation, à la Cour des comptes et dans les cours d'appel.

**Avocats au conseil d'État et à la Cour de cassation.** — Officiers ministériels institués pour représenter les parties devant le conseil d'État et la Cour de cassation, et jouissant du droit exclusif de plaider et de faire tous les actes de procédure devant ces juridictions.

Ils sont nommés par décret et sont au nombre de soixante. Outre leur mission essentielle, à savoir représenter les parties et plaider pour elles, la loi leur donne le droit exclusif de signer, à défaut des parties, les mémoires adressés aux administrations publiques en matière contentieuse. Le conseil de l'ordre ou de discipline compte dix membres, dont un *président* nommé par le garde des sceaux et deux *syndics ;* il se renouvelle par tiers chaque année ; les membres sortants ne sont rééligibles qu'après un intervalle d'un an. En matière d'élections, leur ministère n'est pas obligatoire.

Les avocats au conseil d'État et à la Cour de cassation sont également avocats au tribunal des conflits et au conseil des prises, et ils ont le droit de plaider devant toute juridiction.

Pour acheter une charge d'avocat au conseil d'Etat et à la Cour de cassation, il faut être âgé de vingt-six ans, avoir été avocat pendant deux ans et agréé après examen par le conseil de l'ordre. La nomination est faite par décret. L'avertissement, la réprimande, l'interdiction sont prononcés par le conseil de l'ordre ; la radiation, par le président de la République.

**Avortement.** — Accouchement prématuré provoqué par des manœuvres criminelles.

La peine de la réclusion frappe l'auteur de manœuvres abortives quelconques, ainsi que la femme qui les a pratiquées ou laissé pratiquer. Si l'avortement a eu lieu, les médecins et pharmaciens coupables de l'avoir facilité ou provoqué sont punis des travaux forcés à temps. (Code pén., art. 317.)

**Avoué.** — Officier ministériel établi près les tribunaux civils pour représenter les parties et faire les actes de procédure pendant toute la durée d'un procès.

Nul ne peut être nommé avoué s'il n'est âgé de vingt-cinq ans au moins, muni du diplôme de licencié en droit (*avoué licencié*) ou du brevet de capacité, d'un certificat constatant plusieurs années de cléricature (cinq ans ou trois ans selon que l'on n'est pas ou que l'on est licencié en droit), d'un certificat d'aptitude délivré après examen par la chambre des avoués. Les fonctions des avoués étaient jadis remplies par les procureurs. Supprimées un moment pendant la Révolution, elles furent rétablies par la loi du 27 ventôse an VIII (18 mars 1800), et la loi du 28 avril 1816 donna aux avoués le privilège de présenter leurs successeurs. L'avoué cédant est tenu de soumettre au ministre de la Justice le contrat de cession. La nomination est faite par décret, sur la présentation de la cour ou du tribunal près lequel l'avoué doit exercer, après avoir versé au Trésor un cautionnement et prêté serment devant ladite cour ou tribunal.

Il y a des avoués de première instance et des avoués d'appel.

Les avoués jouissent du droit exclusif de *postulation*, c'est-à-dire qu'ils sont seuls représentants légaux des parties devant le tribunal. Leur ministère est obligatoire devant les cours d'appel et les tribunaux de première instance. Tout plaideur qui ne constitue pas avoué est considéré comme faisant défaut, alors même qu'il est présent à l'audience. Par contre, tout ce qui est fait par l'avoué est aussi fait par le client, et les actes signifiés à l'avoué sont censés signifiés au client, sauf lorsque la loi exige la signification à la partie elle-même.

On appelle *actes d'avoué à avoué* les actes par lesquels l'avoué de l'une des parties fait une signification à l'avoué de l'autre partie. Tels sont : 1° la *constitution d'avoué*, acte par lequel l'avoué choisi par l'une des parties signifie ce choix à l'avoué de la partie adverse par l'intermédiaire d'un huissier audiencier; 2° l'*avenir*, acte par lequel l'un des avoués somme l'autre de se rendre au tribunal, un jour déterminé, pour y prendre ses conclusions et les soutenir.

Devant les juridictions commerciales et les justices de paix, le ministère des avoués n'est pas obligatoire : là ils ne sont plus que de simples mandataires, tenus de justifier d'une procuration spéciale.

Dans les ventes judiciaires d'immeubles, les avoués ont seuls le droit d'enchérir, sauf, au cas où l'immeuble leur est adjugé, à déclarer le nom du client pour lequel ils ont acheté ou à se réserver de le déclarer dans les délais de la loi.

Les avoués sont placés sous l'autorité du ministère public et sous la surveillance de la *chambre des avoués*, conseil de discipline composé de membres élus à l'élection par leurs confrères, ou même de tous les avoués du siège quand ils sont moins de cinq.

Les frais de procédure et émoluments auxquels les avoués ont droit en vertu des tarifs sont recouvrés par eux sur mémoires taxés par le président du tribunal ou de la cour; ils peuvent les recouvrer directement à leur profit sur la partie adverse quand ils en ont fait l'avance et que le jugement qui condamne cette partie aux dépens en accorde « distraction » à l'avoué de l'autre partie.

Les avoués près les tribunaux chefs-lieux de cours d'assises ou de départements peuvent être autorisés par la cour d'appel du ressort à plaider les causes dans lesquelles ils occupent, lorsque le nombre des avocats inscrits ou stagiaires exerçant ou résidant dans le chef-lieu est jugé insuffisant pour la plaidoirie et l'expédition des affaires. Ils ont toujours la faculté de plaider lorsque s'élèvent, au cours d'une instance, des incidents de procédure.

**Avulsion.** — Arrachement d'une portion de terrain par les eaux d'un fleuve ou d'une rivière.

Lorsqu'un cours d'eau, navigable ou non, arrache une partie notable et reconnaissable d'un champ riverain pour la porter soit vers la rive opposée, soit vers un champ inférieur, le propriétaire lésé peut la reprendre pendant un an. Passé ce délai, il est censé avoir renoncé à son droit, à moins que l'autre propriétaire n'ait pas encore pris possession du terrain arraché. (Cod. civ., art. 559.) Le propriétaire du fonds auquel le terrain arraché est venu s'unir n'a pas de dommages-intérêts à réclamer dans le cas où ce fonds subirait quelque dégradation, parce qu'il s'agit là d'un cas fortuit.

**Ayant cause.** — Celui qui tient son droit d'une autre personne qu'on appelle *son auteur*.

L'*ayant cause* a cela de commun avec son *auteur* qu'il supporte, comme celui-ci, les conséquences de l'acte auquel il n'a pas concouru.

L'héritier est l'ayant cause de la personne dont il hérite. Le créancier est l'ayant cause de son débiteur, dont le patrimoine est le gage de la créance, et il peut exercer les actions qui appartiennent au débiteur lorsque celui-ci néglige ou refuse de les exercer. (Code civ., art. 1166.)

On distingue l'ayant cause à titre *particulier* et l'ayant cause à titre *universel* : le premier succède à un droit spécial et particulier; le second, à l'ensemble des droits qui appartiennent à son auteur, sauf à ceux qui, comme l'usufruit, sont exclusivement attachés à la personne.

Dans toute convention, on est censé avoir stipulé pour ses héritiers et ayants cause, à moins que le contraire n'ait été convenu ou ne résulte de la nature de la convention. (Code civ., art. 1122.) En matière de preuve, l'*acte authentique* fait pleine foi de la convention entre les contractants et leurs héritiers ou ayants cause (Code civ., art. 1319.) L'*acte sous seing privé*, reconnu par celui à qui on l'oppose ou légalement tenu pour reconnu, a la même foi que l'acte authentique entre les contractants et leurs héritiers ou ayants cause. (*Id.*, art. 1322.) Le *serment décisoire* (V. SERMENT) ne forme preuve qu'au profit de celui qui l'a déféré ou contre lui et au profit de ses héritiers ou ayants cause, ou contre eux. (*Id.*, art. 1365.) La femme et ses héritiers ou ayants cause ont, après la dissolution de la communauté légale, la faculté de l'accepter ou d'y renoncer; toute convention contraire est nulle. (*Id.*, art. 1453.) En matière de société, les règles relatives à l'arbitrage, en cas de contestation pour raison de la société (C. de comm., art. 51-61), sont communes aux veuves, héritiers ou ayants cause des associés. (Code civ., art. 62.)

**Ayant droit.** — Celui auquel sa qualité ou son titre donne le droit d'exercer une action ou de prendre part à une opération où ses intérêts sont en jeu.

L'*ayant droit* diffère de l'*ayant cause* en ce que le premier peut n'agir qu'en son nom, tandis que le second agit en son nom et au nom de la personne qu'il représente.

# B

## Bac et passage d'eau.

Le service des bacs et passages d'eau administrés par l'Etat ressortit au ministère des Travaux publics. (Décret du 12 juillet 1896.)

La loi du 6 frimaire an VII réglemente le régime, la police et l'administration des bacs et bateaux sur les fleuves, rivières et canaux navigables. L'article 10 de la loi du 14 floréal an X confère au gouvernement le soin de fixer le tarif de chaque bac dans la forme arrêtée pour les règlements d'administration publique, et l'arrêté du gouvernement du 8 floréal an XII prescrit la mise en adjudication de la perception des droits de bacs et passages d'eau. Cette perception est assurée par le ministre des Finances. (Décret du 12 juillet 1896.)

Les départements ont également le droit d'établir un service public de communications au moyen de bacs. Les bacs à usage de particuliers sont soumis à l'autorisation administrative.

Les fermiers des bacs sont responsables des choses qui leur sont confiées, sauf cas fortuit ou force majeure. (Code civ., art. 1784.)

Les bacs sont des biens meubles (Code civ., art. 531), dont la vente sur saisie est soumise aux formes de l'article 620 du Code de procédure civile.

**Baccalauréat.** — Premier des grades délivrés par les diverses facultés des universités. V. INSTRUCTION PUBLIQUE.

**Bagages.** — V. TRANSPORT.

**Bail.** — Convention aux termes de laquelle le propriétaire ou le détenteur légal d'un bien meuble ou immeuble en cède la jouissance à certaines conditions et pour un temps déterminé.

Le bail est un contrat de louage de choses : on trouvera au mot LOUAGE la définition des diverses sortes de baux.

### Dispositions communes aux baux des maisons et des biens ruraux.

*Bail verbal, bail écrit.* — Le contrat de louage peut être verbal ou écrit, à la volonté des parties. S'il est constaté par acte authentique ou sous seing privé, la preuve en est faite selon les règles générales. Si le bail est verbal, deux cas peuvent se présenter : 1° le bail n'a encore reçu aucun commencement d'exécution et il est nié par l'une des parties ; 2° l'exécution du bail a commencé et il y a contestation sur le prix seulement.

Dans le premier cas (Code civ., art. 1715), le droit commun en matière de preuve est applicable sous cette réserve que la preuve testimoniale n'est jamais admise, le prix du bail fût-il inférieur à 150 francs, et alors même qu'il existerait un commencement de preuve par écrit. (Sur ce dernier point, toutefois, la jurisprudence n'est pas uniforme.) Les mêmes règles s'appliqueraient si le commencement d'exécution était nié.

Dans le second cas (Code civ., art. 1716), à défaut de quittance, le bailleur est cru sur son serment, mais le preneur peut demander l'estimation par experts. Les frais de l'expertise resteront à sa charge si l'estimation excède le prix qu'il a déclaré, à moins que le tribunal ne comprenne les frais dans la masse des dépens partagés entre les parties.

*Obligations du bailleur.* — Le bailleur est obligé, par la nature du contrat, et sans qu'il soit besoin d'aucune stipulation particulière : 1° de délivrer au preneur la chose louée ; 2° d'entretenir cette chose en état de servir à l'usage pour lequel elle a été louée ; 3° d'en faire jouir paisiblement le preneur pendant la durée du bail. (Code civ., art. 1719.)

*Obligation de délivrer la chose.* Le bailleur est tenu de délivrer la chose en bon état de réparations de toute espèce, même locatives (V. RÉPARATIONS). (*Id.*, art. 1720.)

Il doit garantie au preneur pour tous les vices ou défauts de la chose louée qui en empêchent l'usage, quand même le bailleur ne les aurait pas connus lors du bail. S'il résulte de ces vices ou défauts quelque perte pour le preneur, le bailleur est tenu de l'indemniser. (*Id.*, art. 1721.)

*Obligation d'entretenir la chose.* Pendant la durée du bail, le bailleur doit faire toutes les réparations qui peuvent devenir nécessaires, autres que les locatives. (*Id.*, art. 1720).

Si la chose louée est détruite par cas fortuit, le bail est résilié de plein droit ; si elle n'est détruite qu'en partie, le preneur peut à son gré demander la résiliation ou une diminution du prix. Il n'y a jamais lieu à payement de dommages-intérêts. (*Id.*, art. 1722.)

*Jouissance paisible.* Le bailleur ne peut modifier la forme de la chose louée ni, par suite, en cours de bail, les conditions de la jouissance. Il a, par contre, le droit de faire les réparations qui ne pourraient être différées jusqu'à la fin du bail, même si elles ont pour conséquence de priver *partiellement* le preneur de sa jouissance ; mais le bail est résiliable si la maison devient inhabitable, et le prix est réduit proportionnellement si les réparations durent plus de quarante jours. (Code civ., art. 1724.)

Il a été jugé que le bailleur ne peut démolir et reconstruire les étages supérieurs d'une maison dont les étages inférieurs ont été loués, la chute des matériaux apportant un trouble grave à la jouissance du locataire et gênant sa clientèle, s'il exerce une profession commerciale.

Les troubles de *fait* (par ex., l'empoisonnement d'un étang affermé) dont se rendent coupables des tiers ne sont pas garantis par le bailleur : c'est l'auteur des troubles que le preneur poursuivra. (Code civ., art. 1725.) Les faits qui peuvent troubler la jouissance du locataire sont infiniment nombreux, et il appartient aux tribunaux d'apprécier si ces faits ont assez de gravité pour motiver résiliation ou diminution du prix. C'est, on le conçoit, une question d'espèces. Par exemple, les bruits violents et continus peuvent être une cause de résiliation. Par troubles de *droit*, on entend toute action dirigée contre le preneur par un tiers qui prétendrait avoir un droit de propriété ou de servitude sur la chose louée : en ce cas, le preneur n'a qu'à indiquer le nom du bailleur pour être mis hors de cause, et les poursuites à fin de délaissement ou d'exercice de servitude sont exercées contre le bailleur. L'action engagée se termine-t-elle par l'éviction totale du bailleur? Le bail est résilié *ipso facto*. Se termine-t-elle par l'éviction partielle ou par la reconnaissance d'une servitude, mais sans que ce résultat soit assez grave pour entraîner la résiliation (ce qui est une question de fait laissée à l'appréciation du juge), le preneur a contre le bailleur une action en garantie : il a droit à une diminution proportionnelle sur le prix du bail, et même à des dommages-intérêts, mais à la condition d'avoir dénoncé au bailleur le trouble de jouissance dont il a eu à souffrir. (Code civ., art. 1727 et 1728.)

*Obligations du preneur.* — Le preneur est tenu de trois obligations principales :

1° User de la chose louée en bon père de famille, c'est-à-dire en prendre soin comme de son bien propre, et suivant la destination qui lui a été donnée par le bail ou qui, à défaut de convention, est présumée d'après les circonstances; l'emploi de la chose louée à une autre destination ou à un usage dont le bailleur puisse éprouver un dommage donne au bailleur le droit de demander la résiliation. (Code civ., art. 1728-1729.)

2° Tenir le prix du bail à la disposition du bailleur au terme fixé par le contrat ou par les usages locaux. (*Id.*, art. 1728.)

3° Restituer la chose telle qu'elle a été reçue d'après l'état des lieux. A défaut d'état des lieux, le preneur est censé avoir reçu la chose en bon état de réparations locatives, sauf à prouver que la dégradation ou la destruction ne résulte pas de sa négligence (force majeure, vétusté, etc.). En tout état de cause, il est responsable des dégradations et pertes imputables à ses cohabitants ou sous-locataires, contre lesquels il peut, du reste, exercer son recours. (*Id.*, art. 1730-1732 et 1735.) Sur la responsabilité du preneur en cas d'incendie, v. ASSURANCE, p. 89.

*Sous-location et cession de bail.* — Le preneur a le droit de *sous-louer* et celui de *céder* son bail, si le contrat ne le lui interdit pas. (Code civ., art. 1717.)

Dans le premier cas, il conserve la qualité de preneur vis-à-vis du propriétaire et il acquiert celle de *sous-bailleur* vis-à-vis du sous-preneur ou *sous-locataire*. Dans le second cas, une tierce personne lui est substituée dans l'exercice des droits et dans l'accomplissement des charges résultant du contrat.

La sous-location est une *location nouvelle;* la cession de bail, un transport de créance, d'où suit : 1° que le sous-bailleur jouit par rapport au sous-locataire, pour le payement du prix, du privilège de l'article 2102, n° 1 (v. le paragr. *Privilège du bailleur*), tandis que le cédant, qui est un vendeur, n'a pas la jouissance de ce privilège; 2° que le sous-locataire, preneur vis-à-vis du sous-bailleur, peut l'obliger à livrer la chose en bon état de réparations, droit refusé au cessionnaire, qui doit recevoir la chose en l'état où elle se trouve au moment de la cession (Code civ., art. 1614); 3° que le sous-locataire ne peut exercer aucune action contre le propriétaire, qui l'ignore, tandis que le cessionnaire a directement action contre le propriétaire. Mais, sauf novation expresse (v. NOVATION), le preneur originaire continue d'être responsable vis-à-vis du bailleur, qu'il y ait sous-location ou cession (d'Hooghe, *Bail à loyer*, pp. 37-38).

La clause d'interdiction de sous-louer emporte, en principe, interdiction de céder le bail.

*Fin du bail. Tacite réconduction.* — Si le bail a été fait sans écrit, l'une des parties ne pourra donner congé à l'autre qu'en observant les délais fixés par l'usage des lieux. (Code civ., art. 1736.) S'il a été fait par écrit, il cesse de plein droit à l'expiration du terme sans qu'il soit nécessaire de donner congé (*Id.*, art. 1737), mais un nouveau contrat de bail se forme lorsque à l'expiration de la période convenue le preneur continue de jouir de la chose et le bailleur ne s'y est pas opposé : c'est la *tacite réconduction*. On distingue en effet : 1° la *réconduction expresse*, renouvellement du bail par écrit ou verbalement, par paroles expresses entre les parties; 2° la *tacite réconduction*, renouvellement du bail s'opérant par le fait de la continuation de jouissance du preneur, sans opposition du bailleur. En principe, lorsque le bail est fait pour une durée déterminée, il cesse par le seul fait de l'échéance du terme; toutefois, si, à l'expiration du temps convenu, le preneur reste et est laissé en possession, pendant un temps suffisant pour faire présumer, de la part des parties, l'intention de prolonger les effets du contrat, il s'opère, par cet accord tacite, un nouveau bail (*Id.*, art. 1738 et 1776), et c'est ce nouveau bail qu'on nomme *tacite réconduction*. Le nouveau bail est censé fait au même prix et, en général, aux mêmes conditions que le bail primitif. Cependant, il en diffère sur deux points : 1° il est fait pour une durée non déterminée, et il ne prend fin qu'en vertu d'un congé donné suivant l'usage des lieux; 2° le cautionnement et les hypothèques consentis pour assurer l'exécution du bail primitif ne s'étendent pas à la prolongation. (*Id.*, art. 1740.)

Lorsqu'il y a un congé signifié, le preneur, même s'il a continué sa jouissance, ne peut invoquer la *tacite réconduction*. (*Id.*, art. 1739.)

Accidentellement, le bail prend fin : 1° quand la chose louée périt en totalité; 2° quand les deux parties n'exécutent pas leurs obligations respectives; 3° quand il vient à être établi que le bailleur n'était pas le véritable propriétaire.

Le locataire qui a donné congé est tenu de laisser visiter les lieux, sous peine de dommages-intérêts, aux heures fixées par l'usage. On ne peut le contraindre à recevoir les visites à tout instant de la journée.

*Mort du bailleur ou du preneur.* — Le bail n'est résolu ni par la mort du bailleur ni par celle du preneur. (Code civ., art. 1742.)

*Vente de la chose louée.* — Si le bailleur vend la chose louée, l'acquéreur ne peut expulser le fermier ou le locataire dont le bail a date certaine, à moins de s'être réservé ce droit par le contrat: en ce cas, le locataire doit recevoir un congé dans les délais fixés par l'usage des lieux, et le fermier de biens ruraux, un an au moins à l'avance. (Code civ., art. 1748.)

S'il a été convenu, lors du bail, qu'en cas de vente l'acquéreur pourrait expulser le fermier ou locataire, et qu'il n'ait été fait aucune stipulation sur les dommages et intérêts, le bailleur est tenu d'indemniser le fermier ou le locataire de la manière suivante: (*Id.*, art. 1744.) S'il s'agit d'une maison, appartement ou boutique, le bailleur paye, à titre de dommages et intérêts, au locataire évincé, une somme égale au prix du loyer, pendant le temps qui, suivant l'usage des lieux, est accordé entre le congé et la sortie. (*Id.*, art. 1745.) S'il s'agit de biens ruraux, l'indemnité que le bailleur doit payer au fermier est du tiers du prix du bail pour tout le temps qui reste à courir. (*Id.*, art. 1746.) — L'indemnité se règle par experts lorsque l'immeuble loué est une manufacture, usine ou autre établissement exigeant de grandes avances. (*Id.*, art. 1747.)

Les fermiers ou les locataires ne peuvent être expulsés avant d'avoir reçu du bailleur, ou, à son défaut, du nouvel acquéreur, les dommages et intérêts qui leur reviennent. (*Id.*, art. 1749.)

Si le bail n'est pas fait par acte authentique ou n'a point de date certaine, l'acquéreur n'est tenu d'aucuns dommages et intérêts. (*Id.*, art. 1750.)

En cas de vente à réméré, l'acquéreur ne peut user de la faculté d'expulser le preneur, jusqu'à ce que, par l'expiration du délai fixé pour le réméré, il devienne propriétaire incommutable; de son côté, le vendeur qui rentre dans son héritage doit respecter les baux faits sans fraude par l'acquéreur. (*Id.*, art. 1751 et 1673.)

*Coût du bail et contributions.* — 1° Sauf stipulation contraire, le coût du bail est à la charge du preneur; 2° le preneur est tenu du payement de la contribution des portes et fenêtres (Loi du 3 frimaire an VII, art. 12), mais non de la contribution foncière; si, pour satisfaire à l'obligation que lui impose la loi du 3 frimaire an VII, art. 147, il paye l'impôt foncier à la place du propriétaire, il en retient le montant sur le prix du bail.

En remplacement des droits d'octroi sur les boissons hygiéniques supprimés par la loi du 29 décembre 1897, les communes peuvent être autorisées à établir des taxes de remplacement dont les unes frappent le propriétaire, les autres le locataire. A Paris, la taxe foncière est à la charge du propriétaire; la *taxe locative sur les locaux d'habitation,* la *taxe locative sur les locaux commerciaux et industriels,* la *taxe d'enlèvement des ordures ménagères* sont supportées par le preneur. V. CONTRIBUTIONS.

*Privilège du bailleur.* — Le bailleur d'immeubles, mais non le bailleur de meubles, a un privilège (v. ce mot) pour le payement des loyers et fermages: 1° sur les fruits de la récolte de l'année; 2° sur le prix de tout ce qui garnit la maison louée ou la ferme et de tout ce qui sert à l'exploitation de la ferme. Récolte, meubles meublants, matériel rural sont en effet le gage du bailleur, que celui-ci soit propriétaire ou simplement locataire principal ou usufruitier. « Le même privilège a lieu pour les réparations locatives et pour tout ce qui concerne l'exécution du bail. » (Code civ., art. 2102.)

S'il existe un bail ayant date certaine, le bailleur peut exercer son privilège sur tous les termes échus ou à échoir, mais alors les autres créanciers peuvent relouer la maison ou la ferme pour le restant du bail et bénéficier de l'opération, à la condition de payer au propriétaire la différence entre le montant de la créance et le produit de la vente, au cas où celui-ci aurait été insuffisant.

S'il n'existe pas de bail ayant date certaine, le bailleur ne peut payer, exercer son privilège que pour une année à partir de l'expiration de l'année courante: il n'est donc pas privilégié pour l'année courante.

Aux termes de la loi du 19 février 1889, le privilège du bailleur d'un fonds rural ne peut être exercé, même quand le bail a acquis date certaine, que pour les fermages des deux dernières années échues, de l'année courante et d'une année à partir de l'expiration de l'année courante, ainsi que pour tout ce qui concerne l'exécution du bail et pour les dommages-intérêts qui pourraient lui être accordés par les tribunaux.

Les indemnités dues par suite d'assurance contre l'incendie, la grêle, la mortalité des bestiaux et les autres risques sont attribuées, sans qu'il soit besoin de délégation expresse, aux créanciers privilégiés ou hypothécaires suivant leur rang. Néanmoins, les payements faits de bonne foi avant opposition sont valables. (Loi du 19 février 1889, art. 2.)

Les art. 450 et 550 du code de commerce, modifiés par la loi du 12 février 1872, contiennent des règles spéciales aux baux passés par les faillis.

« Les propriétaires et principaux locataires de maisons ou biens ruraux, soit qu'il y ait bail, soit qu'il n'y en ait pas, peuvent un jour après le commandement, et sans permission du juge, faire saisir-gager, pour loyers et fermages échus, les effets et fruits étant dans lesdites maisons ou bâtiments ruraux, et sur les terres. Ils peuvent même faire saisir-gager, à l'instant, en vertu de la permission qu'ils en auront obtenue, sur requête, du président du tribunal de première instance.

Ils peuvent aussi saisir les meubles qui garnissaient la maison ou la ferme, lorsqu'ils ont été déplacés sans leur consentement ; et ils conservent sur eux leur privilège, pourvu qu'ils en aient fait la revendication, » (Code proc. civ., art. 819), dans les quarante jours, s'il s'agit du mobilier garnissant une ferme, dans les quinze jours s'il s'agit du mobilier garnissant une maison. (Code civ., art. 2102.)

Toutefois, si ces meubles sont entre les mains d'un possesseur qui les a achetés dans une foire ou un marché, ou dans une vente publique, ou d'un marchand vendant des choses pareilles, le bailleur doit rembourser au possesseur le prix qu'ils lui ont coûté. (Loi du 11 mai 1892.)

« Peuvent les effets des sous-fermiers et sous-locataires, garnissant les lieux par eux occupés, et les fruits des terres qu'ils sous-louent, être saisis-gagés pour les loyers et fermages dus par le locataire ou fermier de qui ils tiennent ; mais ils obtiendront mainlevée en justifiant qu'ils ont payé sans fraude, et sans qu'ils puissent opposer des payements faits par anticipation. (Code proc. civ., art. 820.)

Par exception, les sommes dues pour les semences ou frais de la récolte de l'année sont payées sur le prix de la récolte, et les sommes dues pour instruments aratoires sur le prix de ces instruments, par préférence au bailleur. (Code civ., art. 2102.)

## Dispositions particulières aux baux à loyer.

*Garnir la maison de meubles.* — Le locataire qui ne garnit pas la maison de meubles suffisants peut être expulsé, à moins qu'il ne donne des sûretés capables de répondre du loyer. (Code civ., art. 1752.)

*Bail de meubles.* — Le bail des meubles fournis pour garnir une maison entière, un corps de logis entier, une boutique, ou tous autres appartements, est censé fait pour la durée ordinaire des baux de maison, corps de logis, boutiques ou autres appartements, selon l'usage des lieux. (*Id.*, art. 1757.)

*Sous-locataire.* — Le sous-locataire n'est tenu envers le propriétaire que jusqu'à concurrence du prix de sa sous-location dont il est débiteur au moment de la saisie, mais il ne peut opposer des payements faits par anticipation, à moins qu'il n'ait été obligé à des payements d'avance soit en vertu d'une stipulation du bail, soit en conséquence de l'usage des lieux. (*Id.*, art. 1753.)

*Réparations locatives.* — Les réparations locatives ou de menu entretien dont le locataire est tenu, s'il n'y a clause contraire, sont celles désignées comme telles par l'usage des lieux, et, entre autres, les réparations à faire : aux âtres, contre-cœurs, chambranles et tablettes des cheminées ; au recrépiment du bas des murailles des appartements et autres lieux d'habitation, à la hauteur d'un mètre ; aux pavés et carreaux des chambres, lorsqu'il y en a seulement quelques-uns de cassés ; aux vitres, à moins qu'elles ne soient cassées par la grêle ou autres accidents extraordinaires et de force majeure, dont le locataire ne peut être tenu ; aux portes, croisées, planches de cloison ou de fermeture de boutiques, gonds, targettes et serrures (*Id.*, art. 1754). Aucune des réparations réputées locatives n'est à la charge des locataires quand elles ne sont occasionnées que par vétusté ou force majeure. (*Id.*, art. 1775.) Le curage des puits et celui des fosses d'aisances sont à la charge du bailleur, s'il n'y a clause contraire. (*Id.*, art. 1756.) V. RÉPARATIONS.

*Bail d'appartement.* — Le bail d'un apparment meublé est censé fait à l'année, quand il a été fait à tant par an ; au mois, quand il a été fait à tant par mois ; au jour, quand il a été fait à tant par jour.

Si rien ne constate que le bail soit fait à tant par an, par mois ou par jour, la location est censée faite suivant l'usage des lieux. (*Id.*, art. 1758.)

*Résiliation.* — En cas de résiliation par la faute du locataire, celui-ci doit le prix du bail tant que la maison n'est pas louée à nouveau. (*Id.*, art. 1759.)

*Améliorations.* — Si le preneur a réalisé des améliorations, ou celles-ci ont le caractère de dépenses nécessaires, et le bailleur doit indemniser le preneur à la fin du bail, ou bien elles constituent des dépenses d'agrément, et le preneur peut les reprendre si elles peuvent être enlevées sans dommage pour le propriétaire, mais, dans le cas contraire, il ne lui est dû aucune indemnité. V. CONSTRUCTIONS.

*Concierge.* — Le concierge, au point de vue de la loi, est un simple domestique du propriétaire mis à la disposition des locataires. Il a même été jugé que le concierge qui a loué dans la maison dont il a la garde doit vider les lieux du jour où il est congédié, sans égard aux clauses du bail. Il a le devoir de tenir la maison en état de propreté, de faire visiter les appartements vides, d'en référer au propriétaire s'il constate que les conditions des baux ne sont pas observées par les locataires, de ne pas laisser sa loge sans y mettre quelqu'un pour le remplacer, sous peine, pour le propriétaire, d'être rendu responsable des vols et soustractions commis pendant l'absence du concierge.

Le concierge n'est pas tenu, s'il n'a pas reçu d'ordres, de recevoir livraison des colis apportés par une compagnie de transports, car le reçu donné par le concierge engage sa responsabilité et prive le locataire du droit de réclamation contre l'expéditeur ou le voiturier.

## Dispositions particulières aux baux à ferme.

Le bail à ferme comprend deux modes principaux : 1° le *bail à ferme ordinaire*, dont le prix, payable en argent ou en nature, est toujours d'une somme ou d'une quantité fixe ; 2° le *bail à colonat partiaire* ou *colonage partiaire*, dans lequel le preneur cultive le fonds affermé sous condition du partage des fruits avec le bailleur. Quand ce partage a lieu par moitié, le colon partiaire est dit *métayer*.

*Obligations du bailleur.* — Si le fonds délivré a une contenance supérieure ou inférieure à celle qui est indiquée sur le bail, on applique, pour l'augmentation ou la diminution du prix du bail, les règles des articles 1617 à 1623 sur la vente. (Code civ., art. 1765.) V. VENTE.

Les articles 1769 à 1773 du Code civil posent les règles applicables au cas où le preneur peut demander une remise du prix en cas de perte de récolte par cas fortuit :

Art. 1769. Si le bail est fait pour plusieurs années, et que, pendant la durée du bail, la totalité ou la moitié d'une récolte au moins soit enlevée par des cas fortuits, le fermier peut demander une remise du prix de sa location, à moins qu'il ne soit indemnisé par les récoltes précédentes. S'il n'est pas indemnisé, l'estimation de la remise ne peut avoir lieu qu'à la fin du bail, auquel temps il se fait une compensation de toutes les années de jouissance; et cependant le juge peut provisoirement dispenser le preneur de payer une partie du prix en raison de la perte soufferte.

Art. 1770. Si le bail n'est que d'une année et que la perte soit de la totalité des fruits, ou au moins de la moitié, le preneur sera déchargé d'une partie proportionnelle du prix de la location. Il ne pourra prétendre aucune remise si la perte est moindre de moitié.

Art. 1771. Le fermier ne peut obtenir de remise lorsque la perte des fruits arrive après qu'ils sont séparés de la terre, à moins que le bail ne donne au propriétaire une quotité de la récolte en nature; auquel cas le propriétaire doit supporter sa part de la perte, pourvu que le preneur ne fût pas en demeure de lui délivrer sa portion de récolte. Le fermier ne peut également demander une remise lorsque la cause du dommage était existante et connue à l'époque où le bail a été passé.

Art. 1772. Le preneur peut être chargé des cas fortuits par une stipulation expresse.

Art. 1773. Cette stipulation ne s'entend que des cas fortuits ordinaires, tels que grêle, feu du ciel, gelée ou coulure. Elle ne s'entend pas des cas fortuits extraordinaires, tels que les ravages de la guerre ou une inondation, auxquels le pays n'est pas ordinairement sujet, à moins que le preneur n'ait été chargé de tous les cas fortuits prévus ou imprévus.

Le preneur, sauf convention expresse, ne jouit ni du droit de chasse ni du droit d'exploiter les carrières, ni, en un mot, de ce qui n'est pas périodiquement produit par la culture.

*Obligations du preneur.* — Le preneur d'un fonds rural doit principalement : 1° le garnir des bestiaux et ustensiles nécessaires à son exploitation ; 2° ne pas abandonner la culture, mais au contraire la pratiquer en bon père de famille, c'est-à-dire se comporter comme le ferait le propriétaire lui-même, notamment en ce qui concerne les assolements; 3° ne pas détourner le fonds de sa destination; 4° engranger dans les locaux spécifiés par le bail; 5° aviser le propriétaire des usurpations qui pourraient être commises sur le fonds, et ce, dans le délai fixé pour les assignations (v. ce mot) [Code civ., art. 1766-1768]; d'une manière générale, observer toutes les clauses du bail sous peine de résiliation et même de dommages-intérêts.

*Fin du bail.* — A défaut de convention, le bail d'un fonds rural est censé fait « pour le temps qui est nécessaire afin que le preneur recueille tous les fruits de l'héritage affermé : ainsi le bail à ferme d'un pré, d'une vigne et de tout autre fonds dont les fruits se recueillent en entier dans le cours de l'année, est censé fait pour un an; celui des terres labourables, lorsqu'elles se divisent par *soles* ou *saisons*, est censé fait pour autant d'années qu'il y a de soles ». (Code civ., art. 1774.) Le bail, même verbal, cesse de plein droit à l'expiration du temps pour lequel il est censé fait. (*Id.*, art. 1775.) Lorsqu'il se continue par tacite réconduction, il s'opère un nouveau bail régi par les dispositions de l'article 1774 précité.

*Obligations du fermier sortant.* — Le fermier sortant doit laisser à celui qui lui succède dans la culture les logements convenables et autres facilités pour les travaux de l'année suivante; et, réciproquement, le fermier entrant doit procurer à celui qui sort les logements convenables et autres facilités pour la consommation des fourrages et pour les récoltes restant à faire. Dans l'un et l'autre cas, on doit se conformer à l'usage des lieux. (Code civ., art. 1777.)

Le fermier sortant doit aussi laisser les pailles et engrais de l'année. (*Id.*, art. 1778.)

*Bail à colonage partiaire, métayage.* — V. COLONAGE.

### Biens de l'État.

Les baux sont en principe passés par adjudication devant le sous-préfet de l'arrondissement par les soins de l'administration des domaines. Les baux amiables font l'objet de l'art. 7 de la loi du 6 décembre 1897, ainsi conçu :

« Les baux amiables des biens de l'État peuvent être consentis pour une durée maxima de dix-huit années, par une ou plusieurs périodes. Les directeurs des domaines sont autorisés à consentir ceux de ces baux n'excédant pas une durée de neuf années et dont le prix annuel ne dépasse pas 1 000 fr. Le directeur général des domaines consent ceux de ces baux n'excédant pas une durée de neuf années et dont le prix annuel, excédant 1 000 fr., ne dépasse pas 5 000 fr. Sont soumis à l'approbation du ministre des Finances les baux d'une durée moindre dont le prix annuel est supérieur à 5 000 fr. »

Les actes sont soumis à la formalité de l'enregistrement (Loi des 28 oct. — 5 nov. 1790, titre II, art. 14); l'adjudicataire est tenu des frais de l'adjudication (*Id.*, art. 20) et doit fournir caution. (*Id.*, art. 21.)

### Biens des départements.

Les clauses et conditions des baux et locations verbales des biens du département, quelle qu'en soit la durée, sont fixées par le conseil général. Les baux sont passés par le préfet, sur avis conforme de la commission départementale. (Loi du 10 nov. 1871, art. 46.)

### Biens des communes.

Les maisons, usines, prés et autres biens ruraux possédés par les communes doivent, autant que possible, être affermés. (Instr. gén., 854.)

Le conseil municipal règle, par ses délibérations, les conditions des baux dont la durée n'excède pas dix-huit ans ; la délibération est exécutoire si, dans les trente jours qui suivent l'accusé de réception, le préfet ne l'a pas annulée (Loi du 5 avril 1884, art. 61 et 68). L'approbation du préfet n'est donc pas exigée. (Circul. Intérieur du 15 mai 1884.)

Si la durée du bail excède dix-huit ans, la délibération est assujettie à l'approbation préfectorale donnée en conseil de préfecture (Loi du 5 avril 1884, art. 68) ; mais la commune peut être autorisée à louer à l'amiable, la mise en adjudication n'étant pas au nombre des prescriptions légales. (Avis du conseil d'Etat du 24 oct. 1895 ; Cour de Caen, 5 février 1902.)

Après que les publications ont été faites, il est procédé à l'adjudication par le maire assisté de deux membres du conseil municipal, en présence du receveur (Instr. gén.. 857), sur les bases du cahier des charges dressé par le maire. Le cahier des charges doit être communiqué au receveur municipal avant l'adjudication. (*Id.*, art. 855.)

Lorsque le bail confère l'hypothèque, le receveur municipal qui, *à raison de la solvabilité des fermiers et de leurs cautions*, néglige de prendre inscription, engage sa responsabilité personnelle. (Cour des comptes, 16 février 1837.)

L'hypothèque consentie par un fermier dans un procès-verbal d'adjudication ou un acte administratif est-elle valable *ipso facto*, et n'est-il pas nécessaire d'observer les prescriptions de l'art. 2127 du Code civil (v. HYPOTHÈQUE) ? Controverse.

### Biens des établissements de bienfaisance.

L'adjudication n'est définitive qu'après l'approbation du préfet. (Décret du 12 août 1807, art. 5.)

Les commissions administratives des hospices règlent les conditions des baux dont la durée n'excède pas dix-huit ans pour les biens ruraux et neuf ans pour les autres ; les délibérations sont exécutoires si, trente jours après la notification officielle, elles n'ont pas été annulées par le préfet. (Loi du 7 août 1851, art. 7.)

Il peut être stipulé que le prix de l'adjudication sera payable en grains ou denrées, mais que les administrateurs se réservent la faculté de recevoir le payement en argent. Le receveur doit en ce cas se procurer et produire les mercuriales des marchés justifiant le taux de la conversion. (Instr. gén., art. 1078.)

Le sous-préfet statue sur les conditions des baux des biens des bureaux de bienfaisance, lorsque leur durée n'excède pas dix-huit ans (Décret du 13 avril 1861, art. 6 et 15), ainsi que sur les adjudications de ces baux. Les modérations et résiliations sont réservées à l'approbation préfectorale. (Circ. Intérieur, 18 mai 1861.)

Les conditions des baux des biens des hospices d'une durée de plus de dix-huit ans pour les biens ruraux et neuf ans pour les autres sont réglées par les préfets, sur la proposition des commissions administratives. (Décret du 25 mars 1852.)

Il en est de même des conditions des baux passés par les bureaux de bienfaisance, quand la durée desdits baux excède dix-huit ans. (Décret du 13 avril 1851, art. 6.)

Les préfets assurent les résiliations et modérations du prix des baux des hospices et bureaux de bienfaisance. (Décret du 25 mars 1852.)

Les baux à ferme des établissements de bienfaisance doivent être faits aux enchères par-devant un notaire, et le droit d'hypothèque sur tous les biens du preneur doit y être stipulé, mais cette prescription du décret du 12 août 1807 n'est pas applicable quand, par application de la loi du 13 août 1851, art. 81, les délibérations des hospices sont exécutoires par elles-mêmes.

### Biens des fabriques.

Les maisons et biens ruraux appartenant aux fabriques des églises sont affermés, régis et administrés par le bureau des marguilliers dans la même forme que les biens communaux. (Décret du 30 déc. 1809, art. 60.) Les baux ordinaires sont consentis par le bureau des marguilliers. Les baux emphytéotiques ou à long terme doivent être soumis à la délibération du conseil de fabrique, à l'avis de l'évêque diocésain et à l'autorisation du gouvernement. (*Id.*, art. 12 et 62.)

Ces dispositions sont applicables aux conseils presbytéraux et aux communautés israélites.

### Enregistrement et transcription.

*Baux écrits.* — Les baux écrits sous seing privé doivent être établis sur papier timbré (Loi du 13 brumaire an VII, art. 12 et 26), et enregistrés *dans les trois mois* de la date de l'acte, à moins que l'entrée en jouissance ne soit antérieure à la rédaction du bail, auquel cas le délai court de cette entrée en jouissance. Le droit est de 25 centimes par 100 francs, décimes compris, sur le prix cumulé de toutes les années du bail (Loi du 16 juin 1824, art. 1er) ; mais le preneur peut fractionner le payement en périodes triennales. Le propriétaire et le locataire sont responsables du payement. A défaut d'enregistrement ou de déclaration, il est dû un droit en sus qui ne peut être inférieur à 62 fr. 50, décimes compris.

Les baux des biens de l'Etat, des départements, des communes et des établissements publics sont soumis au droit de timbre et assujettis à la formalité de l'enregistrement dans le délai de vingt jours. (Loi du 15 mai 1818, art. 78.) Les baux des biens des hospices, lorsqu'ils sont faits aux enchères par-devant notaire, doivent être enregistrés dans la quinzaine qui suit l'approbation du préfet. (Décret du 12 août 1807, art. 5.)

*Locations verbales.* — Aux termes de l'art. 11 de la loi du 23 août 1871, « lorsqu'il n'existe pas de conventions écrites constatant une mutation de jouissance de biens immeubles, il y est suppléé par des déclarations détaillées et estimatives, dans les trois mois de l'entrée en jouissance. — Si la location est faite suivant l'usage des lieux, la déclaration en contiendra la mention. — Les droits d'enregistrement deviendront exigibles dans les vingt jours qui suivront l'échéance de chaque terme, et la perception en sera continuée jusqu'à ce qu'il ait été déclaré que le bail a cessé ou qu'il a été résilié. — En cas de déclaration insuffisante, il sera fait application des dispositions des articles 19 et 39 de la loi du 22 frimaire an VII (demi-droit en sus et frais d'expertise). — Ne sont pas assujetties à la déclaration les locations verbales ne dépassant pas trois ans et dont le prix annuel n'excède pas cent francs. Toutefois, si le même bailleur a consenti plusieurs locations verbales de cette catégorie, mais dont le prix cumulé excède cent francs annuellement, il sera tenu d'en faire la déclaration et d'acquitter personnellement et sans recours les droits d'enregistrement. [Au point de vue de l'exigibilité des droits, le chiffre total des locations est la seule condition requise, et il n'y a pas à considérer si les propriétés affermées verbalement sont ou non situées dans le ressort du même bureau d'enregistrement. (Sol. de l'Enregistrem. du 26 janvier 1882.)] — Si le prix de la location verbale est supérieur à cent francs sans excéder trois cents francs annuellement, le bailleur sera également tenu d'en faire la déclaration et d'acquitter les droits exigibles, sauf son recours contre le preneur, qui sera dispensé, dans ce cas, de la formalité de la déclaration. — Le droit sera exigible lors de l'enregistrement ou de la déclaration. Toutefois, si le bail est de plus de trois ans et si les parties le requièrent, le montant du droit pourra être fractionné en autant de payements égaux qu'il y aura de périodes triennales dans la durée du bail. Le payement des droits afférent à la première période sera seul acquitté lors de l'enregistrement ou de la déclaration, et celui des périodes subséquentes aura lieu dans le premier mois de l'année qui commencera chaque période. »

L'obligation de la déclaration, dans le cas de location verbale, incombe au bailleur, qui est tenu du payement des droits, sauf son recours contre le preneur. — Les parties sont solidaires pour le recouvrement du droit simple. (Loi du 28 février 1872, art. 6.)

L'art. 14 de la loi du 23 août 1871 porte, de son côté : « A défaut d'enregistrement ou de déclaration dans les délais fixés par les lois des 22 frimaire an VII, 27 ventôse an IX et par l'article 11 de la loi du 23 août 1871, l'ancien et le nouveau possesseur, le bailleur et le preneur sont tenus personnellement et sans recours, nonobstant toute stipulation contraire, d'un droit en sus, lequel ne peut être inférieur à cinquante francs. — L'ancien possesseur et le bailleur peuvent s'affranchir du droit en sus qui leur est personnellement imposé ainsi que du versement immédiat des droits simples, en déposant dans un bureau d'enregistrement l'acte constatant la mutation ou, à défaut d'actes, en faisant les déclarations prescrites par l'article 4 de la loi du 27 ventôse an IX et par l'article 11 de la loi du 23 août 1871. — Outre les délais fixés pour l'enregistrement des actes ou déclarations, un délai d'un mois est accordé à l'ancien possesseur et au bailleur pour faire le dépôt ou les déclarations autorisés par le paragraphe qui précède.

Par suite du droit en sus prévu par l'art. 14, § 1er, de la loi du 23 août 1871, les receveurs municipaux et hospitaliers doivent fournir à l'appui de leurs comptes la preuve que la commune ou l'établissement s'est mis en règle vis-à-vis de l'enregistrement, même lorsqu'il s'agit de locations verbales. L'obligation de la déclaration ne se prescrit que par trente ans, la prescription triennale de la loi du 22 frimaire an VII, art. 61, ne s'appliquant qu'à la perception de droits concernant des actes dûment notifiés à l'administration.

*Transcription.* — Lorsque la durée du bail excède dix-huit ans, il doit être transcrit (loi du 23 mars 1855, art. 2). (V. TRANSCRIPTION). Le défaut de transcription peut être invoqué par celui qui, ayant acquis des droits réels sur l'immeuble, les a conservés en faisant transcrire les titres constitutifs (Cour de Caen, 5 février 1902).

**Bailleur de fonds.** — Personne qui fournit des fonds à une société ou à un particulier.

Le bailleur de fonds est un prêteur dont la situation est régie par les principes du contrat de prêt. Celui qui prête aux comptables publics, aux officiers ministériels, etc., les sommes nécessaires pour la constitution de leur cautionnement a un privilège de second ordre sur ledit cautionnement, mais les créanciers pour faits de charge viennent en première ligne. (Code civ., art. 2102, 7°.) V. CAUTIONNEMENT.

Dans les sociétés en commandite, le bailleur de fonds est dit *commanditaire,* mais il est un associé, tandis que le bailleur de fonds ordinaire est un simple créancier.

## Bains.

C'est l'autorité municipale qui a qualité pour réglementer les établissements de bains et écoles de natation au point de vue de la sécurité, de l'hygiène et des bonnes mœurs; mais, s'il lui appartient d'imposer les travaux propres à sauvegarder la sécurité des baigneurs, elle n'a pas le droit de déterminer la nature des travaux, ni de s'immiscer dans leur exécution. (Conseil d'Etat, 25 mars 1887.)

Le Code civil considère les *bains sur bateaux* comme biens meubles (art. 531), de même que les navires (Code comm., art. 190). En cas de saisie-exécution, la vente a lieu par adjudication dans les formes prescrites par l'article 620 du Code de procédure civile.

## Bal public.

Les bals publics sont surveillés et réglementés, dans les villes du département de la

Seine, par le préfet de police; dans les autres villes, par l'autorité municipale (Loi du 5 avril 1884, art. 97); mais, dans un intérêt de tranquillité, sûreté et salubrité générales, le préfet peut prendre des arrêtés exécutoires dans toutes les communes du département (*id.*, art. 99), et cette disposition s'applique aux bals publics, cabarets, etc.

## Balances.

Les balances des marchands, surveillées par la police, sont soumises à la vérification et au poinçonnage. Pour être présentées à cette formalité, les romaines oscillantes doivent satisfaire aux dispositions de l'ordonnance du 16 juin 1839 et du décret du 21 mars 1885. Toute romaine à deux côtés doit comprendre la division zéro sur le côté faible de l'instrument; en outre, les indications du côté fort doivent faire suite sans solution de continuité à celles du côté faible. Chacune des deux parties de la graduation doit s'étendre jusqu'à l'extrémité du fléau. Dans toute romaine à un seul côté, dont la portée ne dépasse pas 40 kilogrammes, la graduation doit commencer à zéro. Si la portée est supérieure à 40 kilogrammes, la graduation doit commencer à un degré quelconque, selon les charges au pesage desquelles l'instrument est plus spécialement destiné. La graduation doit d'ailleurs s'étendre toujours jusqu'à l'extrémité du fléau. Dans tous les cas où la romaine est munie de trois organes de suspension, le point d'attache de la charge doit seul avoir la forme d'un crochet ouvert; les deux autres organes de suspension, destinées à porter l'instrument, doivent être des anneaux complètement fermés. Si la romaine n'a que deux organes de suspension, l'un et l'autre peuvent indistinctement affecter la forme d'un crochet ouvert. V. POIDS ET MESURES.

## Balayage.

Le maire peut imposer aux habitants, chacun au droit de sa maison, le balayage des rues (Loi du 5 avril 1884, art. 97) et des cours communes. La charge incombe au propriétaire, même s'il n'habite qu'une partie de sa maison; elle incombe aux locataires si ceux-ci habitent seuls l'immeuble. Le maire est tenu, afin de protéger la santé publique, de prendre des arrêtés destinés à assurer la salubrité des maisons et voies privées (Loi du 15 fév. 1902), et le préfet peut, après mise en demeure, édicter les mesures qu'il juge nécessaires (Loi du 5 avril 1884, art. 99).

Les contraventions sont punies d'une amende de 1 à 5 francs. (C. pén., art. 471, § 3.)

La loi du 26 mars 1873 a converti en une taxe municipale l'obligation imposée aux riverains des voies publiques de Paris de balayer le sol livré à la circulation, chacun au droit de sa façade, sur une largeur égale à la moitié desdites voies et ne pouvant toutefois excéder 6 mètres. Cette taxe obligatoire est payable suivant un tarif délibéré en conseil municipal, approuvé par décret d'administration publique et revisable tous les cinq ans. Il n'est pas tenu compte, dans l'établissement de la taxe, de la valeur des propriétés, mais seulement des nécessités de la circulation, de la salubrité et de la propreté de la voie publique. La taxe totale ne peut d'ailleurs dépasser les dépenses occasionnées à la ville de Paris par le balayage de la superficie mise à la charge des habitants, et le recouvrement a lieu comme en matière de contributions directes.

Le payement de ladite taxe n'exempte pas les riverains des obligations qui leur sont imposées par les règlements de police en temps de neige et de glace.

La taxe de balayage peut être établie dans toutes les communes de France et d'Algérie, en vertu d'un décret d'administration publique. (Loi du 5 avril 1884, art. 133, et Circ. Int. du 15 mai 1884.)

## Balcon.

Les articles 678 et 680 du Code civil prescrivent l'observation d'une distance de 1m,90 entre la ligne extérieure des balcons et la propriété voisine (close ou non).

La réglementation du droit de placer sur les balcons des pots, vases ou caisses de fleurs est du ressort de l'autorité municipale; mais le jet ou la chute des objets placés sur les balcons tombe sous le coup des dispositions générales de l'article 471 du Code pénal, §§ 6 et 12, et est puni d'une amende de 1 à 5 francs (de l'emprisonnement, en cas de récidive). La même peine de simple police est applicable à celui qui, arrosant les fleurs de son balcon, laisse l'eau déborder et dégoutter dans la rue.

Les règles de distance posées par les articles 678 et 680 ne sont pas applicables aux balcons donnant sur les voies publiques : c'est alors une question d'alignement.

## Balisage. — Opération qui consiste à marquer au moyen de bouées, de balises, etc., les dangers que doit éviter le navigateur.

La loi du 27 mars 1882, qui protège le balisage dans les eaux maritimes, édicte des pénalités sévères contre les contrevenants.

## Balivage. — Opération qui consiste à choisir pour les réserves, avant de procéder à la coupe d'un taillis, des arbres de l'âge du taillis, dits *baliveaux*.

*Lato sensu*, le mot « baliveaux » désigne tous les arbres conservés pour croître en futaie.

Il doit être réservé par hectare 50 baliveaux de l'âge de la coupe du taillis. (Ordonn. du 1er août 1827, art. 70.)

## Ballottage. — Scrutin définitif, après un premier tour qui n'a pas donné de résultats.

Les élections législatives, départementales et municipales donnent lieu à ballottage lorsque au premier tour de scrutin aucun des candidats n'a réuni la majorité absolue des suffrages exprimés et un nombre de suffrages égal au quart de celui des électeurs inscrits. Le scrutin de ballottage a lieu, pour les élections législatives, le deuxième dimanche qui suit le jour de la proclamation du résultat du premier scrutin, et, pour les élections départementales et municipales, le dimanche qui suit celui du premier tour de scrutin. Alors l'élection a lieu à la majorité relative, et, en cas d'égalité du nombre de suffrages entre plusieurs candidats, elle est acquise au plus âgé. (Décret organique et règlementaire du 2 fév. 1852 ; lois des 30 nov. 1875 et 5 avril 1884.)

**Ban de mariage.** — Publication à l'église des promesses de mariage.

Cette publication doit se faire à l'église pendant trois dimanches consécutifs. Il faut distinguer les bans des *publications légales*. Les premiers ne peuvent avoir de valeur qu'à l'égard du mariage religieux. En principe, *trois* bans sont exigés par l'Eglise, mais elle accorde la dispense des deuxième et troisième bans, moyennant le payement d'une certaine rétribution.

**Ban de vendange.** — V. VENDANGE.

**Ban** (*Rupture de*). — V. RUPTURE.

**Bannissement.** — Peine qui consiste dans l'expulsion du territoire national.

Le Code pénal de 1810 a fait du bannissement une peine criminelle, mais non afflictive, et purement infamante. Cette peine, temporaire, ne peut durer moins de cinq ans ni plus de dix ans ; elle emporte la dégradation civique. La loi frappe du bannissement : les crimes contre la patrie (Code pén., art. 84 et 85) ; les attentats des ministres contre la liberté individuelle (*id.*, art. 115) ; les coalitions de fonctionnaires pour résister à l'exécution des lois (*id.*, art. 124) ; les provocations à la révolte de la part d'ecclésiastiques (*id.*, art. 205) ; la censure du gouvernement dans un écrit pastoral (*id.*, art. 204) ; la correspondance d'un ministre du culte avec un prince étranger sur des matières religieuses (*id.*, art. 208). On prononce aussi le bannissement contre celui qui, ayant été condamné à une peine afflictive et infamante, a commis un second crime emportant comme peine principale la dégradation civique. (*Id.*, art. 56.)

En vertu de l'ordonnance du 2 avril 1817, le bannissement emporte défense de rentrer sur le territoire ; la contravention à cette défense s'appelle *infraction* ou *rupture de ban* (v. RUPTURE). La peine du bannissement entraîne également l'interdiction de résider dans les lieux désignés par le gouvernement pendant un temps égal à la durée de la peine subie, à moins qu'il n'en ait été disposé autrement par l'arrêt ou le jugement de condamnation (Code pén., art. 48, modifié par la loi du 27 mai 1885).

Le bannissement peut aussi résulter d'une décision du Parlement. C'est ainsi que la loi du 22 juin 1886 bannit les chefs des familles ayant régné en France, ainsi que leurs héritiers directs dans l'ordre de primogéniture, autorise le gouvernement à expulser, par décret en conseil des ministres, les autres membres des mêmes familles, et leur interdit l'exercice tant des emplois civils ou militaires que des mandats électifs.

**Banque.** — Établissement commercial qui fait des opérations de dépôt, d'escompte, de spéculation et parfois d'émission.

*Opérations des banques.* — On a pu dire que la fonction des banques c'est le commerce du crédit. Les opérations des banques sont en effet les suivantes :

1° Recevoir des capitaux avec ou sans intérêt, prêter ces capitaux à des industriels, à des commerçants, à des particuliers ; 2° Escompter des effets de commerce, c'est-à-dire faire crédit à des commerçants sur leur signature ; 3° Faire des placements en valeurs mobilières et immobilières ; acheter et vendre les titres de rentes, actions et obligations ; 4° Payer les coupons de ces diverses valeurs, soit par anticipation, soit au moment de leur échéance ; 5° Prêter des fonds contre dépôts de titres ; recevoir des titres en garde et en dépôt ; 6° Constituer des sociétés pour l'exploitation de telle ou telle industrie ; 7° Négocier les lettres de change françaises et étrangères ; recevoir et payer pour le compte des commerçants, soit en espèces, soit au moyen de virements (v. VIREMENT, COMPENSATION) ; 8° Avancer des capitaux contre marchandises consignées en gage ; 9° Transporter des capitaux de place à place ; recevoir les souscriptions du public à toutes les émissions de valeurs.

*Diverses espèces de banques.* — Suivant la spécialité de leurs opérations, on distingue : les *banques de dépôt et de virement*, dont les opérations se bornent à l'acceptation de dépôts et au virement de comptes ; les *banques d'escompte*, dont les opérations se bornent à escompter les effets de commerce avec du numéraire ; les *banques de circulation*, dont les billets payables à vue sont, moyennant un intérêt, remis aux commerçants contre des effets de commerce ; les *banques d'émission*, banques commerciales qui joignent à l'acceptation des dépôts et à l'escompte l'émission de billets de banque, en vertu du droit commun ou d'un privilège légal ; les *banques territoriales* ou *hypothécaires*, faisant des avances sur hypothèque de biens-fonds ; les *banques agricoles*, faisant des prêts ou des avances à l'agriculture ; les *banques de spéculation*, dont la principale opération consiste en achat et vente de titres, tels que : inscriptions de rente, actions et obligations ; les *banques populaires* ou *d'avances*, banques fondées par des sociétés coopératives, en vue d'ouvrir des crédits à découvert aux membres de ces sociétés.

Souvent une même banque fait à la fois tout ou partie de ces opérations, au lieu de se spécialiser.

*Ordres de banque.* — L'ordre de banque est une opération par laquelle un banquier (*donneur d'ordre*) demande des valeurs à un autre banquier (*exécuteur d'ordre*) en lui fixant le cours (*limite*) auquel l'ordre devra être exécuté.

*Compétence.* — La loi répute acte de commerce toute opération de change, banque et courtage (Code comm., art. 632). Les tribunaux de commerce connaissent des contestations relatives aux engagements et transactions entre négociants, marchands et banquiers (*Id.*, art. 631). Le banquier est assujetti à l'impôt des patentes.

En cas de séparation de biens ou de divorce, lorsque le mari est banquier, le jugement doit, à peine de nullité, être affiché au tribunal de première instance et au tribunal de commerce. (Code civ., art. 1445.)

Le mineur banquier n'est pas restituable contre les engagements qu'il a pris à raison de son commerce (Code civ., art. 1306), alors que la simple lésion donne lieu en principe à rescision en faveur du mineur. (*Id.*, art 1308).

## Banque de France.

**La** Banque de France a été fondée le 24 pluviôse an VIII (13 fév. 1800), au capital de 30 millions de francs, porté, dès 1803, à 45 millions, divisé en actions de 1 000 francs. La loi du 24 germinal an XI (14 avril 1803) l'a investie du privilège exclusif de l'émission des billets de banque, privilège qu'elle a conservé et consolidé à chaque renouvellement de son traité avec l'Etat. (Loi du 22 avril 1806, décret du 16 janv. 1808, loi du 17 nov. 1897, etc.)

La direction de la Banque est confiée à un *gouverneur*, assisté de deux *sous-gouverneurs* nommés par décret. Un *conseil général* de quinze *régents* et trois *censeurs*, nommés par l'*assemblée générale* des actionnaires, complète l'administration. Régents et censeurs sont répartis en *comités* pour surveiller le détail des opérations. L'organisation des *succursales* dans les départements est calquée sur celle du siège central de Paris ; le directeur est nommé par décret. La Banque a aussi des bureaux annexes dans Paris ou dans certains centres voisins d'une succursale, et aussi des *villes rattachées*, où un agent de la Banque se transporte aux jours d'échéances habituelles, pour y faire les encaissements.

Le gouverneur nomme, destitue et révoque les agents de la Banque, qui doivent être Français. Il signe au nom de la Banque les traités et conventions, et, à sa diligence, les actions judiciaires sont exercées par les régents.

Cinq des quinze régents et les trois censeurs sont pris parmi les commerçants actionnaires de la Banque ; trois parmi les trésoriers-payeurs généraux.

La Banque publie chaque semaine un bilan de ses opérations, qui est affiché à la Bourse et publié au *Journal Officiel*. Elle fait son inventaire tous les six mois. Le Trésor public a à la Banque un compte courant auquel il verse les disponibilités, productives d'intérêts, provenant des encaissements de ses comptables. En outre, la Banque doit faire à l'Etat une avance permanente de 180 millions qui n'est productive d'intérêts que si le compte courant du Trésor est à découvert, et pour le montant de ce découvert seulement.

*Redevances annuelles versées à l'Etat.* — La Banque de France, conformément aux dispositions de la loi du 17 novembre 1897, portant prorogation de son privilège, doit verser à l'Etat, à partir du 1er janvier 1897, jusqu'au 31 décembre 1920, chaque année et par semestre, « une redevance égale au produit du huitième du taux de l'escompte par le chiffre de la circulation productive », sans que cette redevance puisse jamais être inférieure à deux millions de francs. Les versements acquis au Trésor sont effectués le 15 janvier et le 15 juillet de chaque année, et portés au crédit d'un compte spécial, qui est débité du montant des sommes attribuées, à titre d'avances sans intérêt, aux caisses régionales de crédit agricole mutuel constituées d'après les dispositions de la loi du 5 novembre 1894. (Loi du 31 mars 1899, art. 1er, du 13 avril 1900, art. 18, et décis. min. du 27 déc. 1897.)

La Banque de France, dont la faculté d'émission s'étend jusqu'à 4 milliards et l'encaisse à 3 milliards, est dans notre pays le régulateur du taux de l'escompte.

*Droit d'émission. Billets de banque.* — La Banque de France a le droit exclusif d'émettre des billets de banque payables à vue et au porteur jusqu'à concurrence de 4 milliards.

Les billets de la Banque de France sont reçus comme monnaie légale par les caisses publiques et par les particuliers. (Loi du 12 août 1870.)

Le cours légal d'un type déterminé de billets peut être supprimé soit par une loi, soit par simple décret, mais en ce dernier cas sur la demande de la Banque, tenue d'opérer le remboursement à vue et en espèces. (Loi du 17 novembre 1897, art. 14.) V. BILLET DE BANQUE.

*Opérations de la Banque de France.* — Les opérations de la Banque consistent :

1° A *escompter* à toute personne ayant compte courant avec faculté d'escompte, des lettres de change, warrants commerciaux et agricoles et autres effets de commerce à ordre, revêtus de trois signatures, à des échéances déterminées qui ne peuvent excéder trois mois, tirés, acceptés ou souscrits par des commerçants, des syndicats agricoles ou autres et autres personnes notoirement solvables.

Les effets et les warrants à deux signatures sont également admis, sous certaines conditions : les effets, avec une garantie supplémentaire en valeurs françaises ; les warrants, lorsque les marchandises qu'ils représentent font partie de la catégorie de celles admises par le conseil général, qui règle le quantum du prêt à consentir sur ces nantissements ; les warrants agricoles, lorsque les produits pour lesquels ils ont été créés sont énumérés à l'article 1er de la loi du 18 juillet 1898 et à raison de 60 pour 100 de la valeur attribuée au gage ;

2° A se charger moyennant commission, pour le compte des particuliers et des établissements publics ou privés ayant compte courant, du *recouvrement des effets qui lui sont remis à l'encaissement ;*

3° A recevoir en *compte courant* ou en *compte de dépôts*, sans intérêt, les sommes qui lui sont versées par des particuliers ou des établissements publics et privés;

4° A payer les *dispositions faites sur elle et les engagements personnels pris à son domicile* par les comptes courants, jusqu'à concurrence des sommes figurant à leur crédit;

5° A consentir des *avances sur titres* français qui lui sont déposés ou transférés en garantie; à ouvrir des comptes courants d'avances sur les mêmes titres;

6° A faire des *avances sur lingots et monnaies* étrangères d'or;

7° A délivrer des *billets à ordre* — à Paris sur Paris et sur les succursales et bureaux auxiliaires — dans les succursales et bureaux auxiliaires, sur Paris et sur les autres succursales et bureaux auxiliaires;

8° A opérer, par voie de *virement*, le transport des sommes versées à Paris au profit des comptes courants, des comptes de dépôts de fonds et des emprunteurs de toutes les succursales et bureaux auxiliaires, et dans les succursales et bureaux auxiliaires, le virement de sommes versées au profit des comptes courants, des comptes de dépôts de fonds et des emprunteurs de Paris ou des autres succursales et bureaux auxiliaires;

9° A délivrer, dans ses comptoirs, des *lettres de crédit* payables à vue en France, soit à Paris, soit dans les succursales et bureaux auxiliaires;

10° A conserver en *dépôt les titres* français et étrangers, en se chargeant de toutes les opérations que comporte ce service; — et à capitaliser pour le compte de ses déposants les arrérages de fonds publics français;

11° A se charger de faire exécuter, aux Bourses de Paris ou des départements et par l'intermédiaire des agents de change, *tous les ordres de Bourse* de ses clients; — et généralement toutes les opérations concernant les titres;

12° A payer ou à escompter les coupons au porteur des rentes et autres valeurs du Trésor français;

13° A concourir à l'émission des rentes françaises et des valeurs du Trésor; — à placer des bons du Trésor à échéance maximum d'un an;

14° A recevoir des personnes n'ayant ni compte courant, ni compte de dépôts, des sommes qui leur seront rendues sur la simple remise du récépissé acquitté par le déposant;

15° A conserver en dépôt à Paris et dans quelques succursales les diamants et les bijoux;

16° A acheter et vendre des lingots d'or et des monnaies d'or étrangères.

*Actions de la Banque de France.* — Les propriétaires d'actions de la Banque peuvent les immobiliser à la condition d'en faire la déclaration dans la forme prescrite pour les transferts; on dit alors qu'elles sont immeubles « par la destination de la loi », et elles sont soumises aux mêmes règles que les autres immeubles en ce qui concerne l'aliénation, les privilèges et les hypothèques. (Décret du 16 janv. 1808, art. 5.)

Les propriétaires qui veulent rendre aux actions immobilisées leur caractère mobilier en font la déclaration à la Banque. Cette déclaration est transcrite et, s'il y a lieu, soumise aux formalités de purge légale auxquelles les contrats de vente d'immeubles sont assujettis. (Loi du 17 mai 1834, art. 5.)

Le transfert des actions ne peut être opéré qu'après justification des formalités de purge et d'un certificat de non-inscription. (*Id.*, même art. 5.)

Les formalités de transcription et de purge doivent être accomplies à Paris.

**Banqueroute** (Code comm., art. 584-603). — Faillite d'un commerçant causée par sa faute et punie, selon les cas, de peines criminelles ou correctionnelles.

*Banqueroute simple.* — On distingue deux sortes de *banqueroutes* : la *banqueroute simple* et la *banqueroute frauduleuse*.

Il y a *banqueroute simple* : 1° Si le failli s'est livré à des dépenses excessives pour sa position; 2° S'il a perdu de fortes sommes dans des opérations fictives ou fondées sur le pur hasard; 3° Si, pour continuer plus longtemps son commerce, il a fait des emprunts ruineux ou acheté des marchandises pour les revendre au-dessous du cours; 4° Si, après avoir suspendu ses payements, il a voulu favoriser un de ses créanciers au préjudice de tous les autres. Dans les quatre cas qui précèdent, on dit que la banqueroute est *impérative*, parce que les tribunaux sont obligés de la déclarer.

Les tribunaux ont encore la faculté de déclarer qu'il y a banqueroute simple (banqueroute dite *facultative*) dans six autres cas, qui peuvent leur paraître quelquefois excusables : 1° Si des engagements trop considérables ont été contractés pour le compte d'autrui; 2° Si, dans une faillite précédente, les obligations du concordat n'ont pas été exécutées; 3° Si le failli est marié sous le régime dotal ou séparé de biens, et s'il a tenu cette circonstance secrète, contrairement aux articles 69 et 70 du Code de commerce; 4° S'il n'a pas rempli l'obligation de déclarer sa faillite au greffe dans les délais et dans les formes exigées par la loi; 5° Si, sans empêchement légitime, il ne s'est pas, dans les cas et délais fixés, présenté en personne aux syndics; ou si, ayant obtenu un sauf-conduit, il ne s'est pas présenté devant la justice; 6° Si ses écritures sont tenues d'une manière irrégulière ou incomplète, quoiqu'on n'y trouve aucune trace de fraude proprement dite.

La banqueroute simple constitue un *délit* puni d'un emprisonnement de un mois à deux ans; en cas de circonstances atténuantes, cet emprisonnement peut être réduit même au-dessous de six jours. Elle ne fait obstacle ni au concordat, ni à la réhabilitation.

*Banqueroute frauduleuse.* — Il y a *banqueroute frauduleuse* lorsque le failli a soustrait ses livres, détourné ou dissimulé une partie de l'actif, ou s'est reconnu débiteur de sommes qu'il ne devait pas. Le Code pénal prononce contre ce *crime* la peine des travaux forcés, depuis cinq jusqu'à vingt ans, ou, s'il y a des circonstances atténuantes, la réclusion ou l'emprisonnement de deux à cinq ans.

La tentative de banqueroute simple n'est soumise à aucune peine; celle de la banqueroute frauduleuse est punie comme l'acte même. Le failli, condamné pour banqueroute frauduleuse, ne peut obtenir un concordat, et celui qu'il aurait obtenu avant sa condamnation est annulé. La réhabilitation ne lui est jamais ouverte (Code com., art. 584). V. FAILLITE.

*Poursuites.* — Les frais de poursuite en banqueroute simple intentée par le ministère public ne sont, en aucun cas, à la charge de la masse. En cas de concordat, le recours du Trésor contre le failli pour ses frais ne peut être exercé qu'après l'expiration des termes accordés par ce traité. Les frais de poursuites intentées par les syndics, au nom des créanciers, sont supportés, s'il y a acquittement, par la masse, et s'il y a condamnation, par le Trésor, sauf recours contre le failli. Les syndics ne peuvent intenter de poursuite en banqueroute simple, ni se porter partie civile au nom de la masse, qu'après y avoir été autorisés par une délibération prise à la majorité individuelle des créanciers présents. Les frais de poursuite intentée par un créancier sont supportés, s'il y a condamnation, par le Trésor; s'il y a acquittement, par le créancier poursuivant.

Les frais de poursuite en banqueroute frauduleuse ne sont, en aucun cas, à la charge de la masse. Si un ou plusieurs créanciers se sont portés parties civiles en leur nom personnel, les frais, en cas d'acquittement, demeurent à leur charge.

*Complices.* — Sont condamnés aux peines de la banqueroute frauduleuse : 1° les individus convaincus d'avoir, dans l'intérêt du failli, soustrait, recélé ou dissimulé tout ou partie de ses biens, meubles ou immeubles; 2° les individus convaincus d'avoir frauduleusement présenté dans la faillite et affirmé, soit en leur nom, soit par interposition de personnes, des créances supposées.

**Baraterie de patron.** — Préjudice causé volontairement par le capitaine d'un navire, ou par toute personne faisant partie de l'équipage, aux armateurs, chargeurs, propriétaires ou assureurs.

Les faits de *baraterie simple*, qui n'ont aucun caractère criminel, ne peuvent motiver qu'une action en responsabilité civile.

Les faits de *baraterie criminelle*, punis notamment par la loi du 10 avril 1825 et le décret du 24 mars 1852, sont de la compétence des cours d'assises. L'échouement ou la perte du navire par la faute volontaire du capitaine est un cas de baraterie criminelle.

**Barrage.** — V. EAUX.

**Barreau.** — Espace réservé aux avocats, dans un prétoire, et qui était autrefois isolé de l'audience par une barre de bois ou de fer. Ce mot désigne aussi l'ordre des avocats. V. AVOCAT.

**Barricade.** — V. INSURRECTION.

**Barrière de dégel.**

Le ministre des Travaux publics a le droit, en cas de dégel, de désigner les départements où, pour prévenir la dégradation des routes et chemins de grande communication, il peut être établi des barrières dites *de dégel*. Celles-ci ont pour objet de restreindre la circulation. Les préfets des départements intéressés désignent les voies sur lesquelles il peut être établi des barrières, et déterminent, d'accord avec l'administration des Ponts et chaussées, les mesures de police à imposer au roulage. (Décret du 29 août 1863.)

**Bateau, Batelier.** — V. NAVIGATION.

**Bâtiments.** — V. BIENS.

**Bâtonnier.** — Chef de l'ordre des avocats.

La dénomination de *bâtonnier* vient de ce qu'on portait chez le doyen choisi par la confrérie religieuse et juridique de Saint-Nicolas la bannière ou bâton du saint. La mention de bâtonnier se rencontre pour la première fois en 1602. Dans quelques provinces ce titre était remplacé par celui de « syndic ».

Sous le décret du 14 décembre 1810, le bâtonnier était nommé par le procureur général. De cette époque à nos jours, la loi a varié plusieurs fois, et le décret des 10-25 mars 1870 a rendu aux avocats le droit d'élire directement le bâtonnier. Le bâtonnier est élu à la majorité absolue. Il est élu légalement pour un an, mais l'usage est d'élire le même bâtonnier deux années de suite.

Le bâtonnier est chef de l'ordre, dépositaire du tableau, président du conseil de discipline, qu'il est chargé de convoquer, et dont il est tenu de faire exécuter les décisions; il représente l'ordre vis-à-vis de ses confrères, sur lesquels il a un droit de surveillance, et vis-à-vis des corps judiciaires.

**Battue.** — V. LOUVETERIE.

**Beau-fils, belle-fille.** — Fils ou fille que la personne qu'on a épousée a eu d'un précédent mariage; gendre ou bru. V. ALIMENTS, MARIAGE, AFFINITÉ.

**Beau-frère, belle-sœur.** — Celui qui a épousé la sœur, celle qui a épousé le frère d'une personne. V. MARIAGE.

**Beau-père, belle-mère.** — Celui, celle dont on a épousé le fils ou la fille; second mari (parâtre) de la mère ou seconde femme (marâtre) du père. V. ALIMENTS, MARIAGE.

**Beaux-Arts.**

L'administration des Beaux-Arts constitue un service spécial du ministère de l'Instruction publique et des Beaux-Arts. Elle a à sa tête un *directeur général*. L'inspection de l'enseignement du dessin et des musées, Académie de France à Rome, écoles d'arts, Conservatoire de musique et de déclamation, théâtres nationaux, manufactures nationales, musées, bâtiments civils, palais nationaux, monuments historiques, achat d'œuvres d'artistes vivants, tels sont les principales institutions ou services qui ressortissent à l'administration des Beaux-Arts.

Toutes les questions intéressant l'enseignement artistique sont examinées par un *conseil* de l'enseignement des Beaux-Arts créé par décret du 23 janvier 1903.

*Acomptes aux savants et aux artistes.* — Les acomptes attribués aux savants et aux artistes sur les travaux et commandes dont ils sont chargés pour le compte de l'Etat ne doivent pas excéder les *neuf dixièmes* des droits constatés par pièces régulières présentant le décompte du service fait. (Décret du 23 mars 1896, art. unique.)

**Bénéfice de discussion, de division.** — V. CAUTIONNEMENT.

**Bénéfice d'inventaire.** — Mode d'acceptation des successions qui permet à l'héritier de ne supporter les charges de la succession que jusqu'à concurrence de l'actif. (Code civ., art. 793-810.) V. SUCCESSION.

L'acceptation pure et simple d'une hérédité oblige l'héritier *ultra vires*, c'est-à-dire que, la confusion des deux patrimoines s'opérant alors de plein droit, l'héritier est tenu personnellement de toutes les dettes de celui dont il hérite, lors même qu'il devrait les acquitter sur ses propres biens. Au contraire, l'héritier bénéficiaire jouit de l'avantage de ne pas confondre ses biens personnels avec ceux de la succession, contre laquelle il conserve le droit de faire valoir ses propres créances. Il peut même se décharger du payement des dettes, en abandonnant tous les biens aux créanciers et aux légataires. S'il ne s'est pas rendu coupable de recel, ou s'il n'a pas omis sciemment et de mauvaise foi de comprendre dans l'inventaire quelques effets de la succession, il ne peut être déchu du bénéfice de la loi ; toutefois, il est constitué de droit administrateur de ces biens et comptable de leur valeur et de son administration aux créanciers et légataires ; il n'est tenu que de ses fautes graves. Les meubles et les immeubles ne peuvent être vendus que dans les formes prescrites par le code de procédure. Le prix doit en être distribué aux ayants droit (créanciers ou légataires) soit à mesure qu'ils se présentent, soit, s'il y a lieu, par voie d'ordre ou de contribution. (V. ORDRE, CONTRIBUTION.) Les créanciers qui ne se sont fait connaître qu'après ces payements en justice ont, pendant trois ans, à dater de l'apurement du compte, un recours contre les légataires. Les frais de scellés, d'inventaire et de compte sont à la charge de la succession.

La déclaration d'un héritier, qu'il entend ne prendre cette qualité que sous bénéfice d'inventaire, doit être faite au greffe du tribunal de première instance dans l'arrondissement duquel la succession s'est ouverte : elle doit être inscrite sur le registre destiné à recevoir les actes de renonciation. Elle n'a d'effet qu'autant qu'elle est précédée ou suivie d'un inventaire fidèle, exact et régulier des biens de la succession.

L'héritier a trois mois pour faire inventaire, à compter du jour de l'ouverture de la succession. Il a de plus, pour délibérer sur son acceptation ou sur sa renonciation, un délai de quarante jours, qui commencent à courir du jour de l'expiration des trois mois donnés pour l'inventaire, ou du jour de la clôture de l'inventaire s'il a été terminé avant les trois mois.

L'héritier bénéficiaire ne peut faire que des actes conservatoires. Cependant, s'il existe dans la succession des objets susceptibles de dépérir ou dispendieux à conserver, il a le droit, en sa qualité d'habile à succéder, et sans qu'on puisse en induire de sa part une acceptation, de se faire autoriser par justice à procéder à la vente de ces effets. La vente a lieu dans les formes prescrites par les articles 986 à 996 du code de procédure.

Pendant la durée des délais pour faire inventaire et pour délibérer, l'héritier ne peut être contraint à prendre qualité, et il ne peut être obtenu contre lui de condamnation : s'il renonce lorsque les délais sont expirés ou avant, les frais par lui faits légitimement jusqu'à cette époque sont à la charge de la succession. Après l'expiration des délais, l'héritier, en cas de poursuite dirigée contre lui, peut demander un nouveau délai, que le tribunal saisi de la contestation accorde ou refuse suivant les circonstances.

D'ailleurs, l'héritier, même après tous ces délais, peut encore faire inventaire et accepter bénéficiairement, pourvu qu'il n'ait fait aucun acte duquel on puisse induire son acceptation pure et simple, ou qu'un jugement définitif prononcé à la requête d'un créancier ne l'ait pas condamné en qualité d'héritier pur et simple. (Code civ., art. 800, et code proc. civ., art. 174.) En d'autres termes, tant qu'il n'est pas poursuivi, l'héritier conserve pendant 30 ans la faculté d'accepter, de répudier ou d'accepter bénéficiairement la succession.

Le droit d'acceptation sous bénéfice d'inventaire appartient à ceux qui, autrement, pourraient être tenus personnellement des dettes du défunt, tels que les légataires universels ou à titre universel et les successeurs irréguliers. L'acceptation bénéficiaire a lieu de plein droit au profit des mineurs ainsi que des interdits (Code civ., art. 461 et 509) et des héritiers d'un successible qui n'a ni accepté ni renoncé et qui sont eux-mêmes en désaccord sur la décision à prendre. (*Id.*, art. 782.) L'héritier bénéficiaire est tenu, comme l'héritier pur et simple, de rapporter à ses cohéritiers tout ce qu'il a reçu du défunt par donation entre vifs, directement ou indirectement. (*Id.*, art. 843.)

La femme commune en biens et ses héritiers jouissent d'un avantage qui a de grands rapports avec le bénéfice d'inventaire : s'ils acceptent la communauté, ils ne peuvent être tenus des dettes communes au delà de leur émolument, c'est-à-dire de leur part dans l'actif. (*Id.*, art. 1483.) Cet avantage est subordonné à la confection d'un inventaire dans un délai fixé généralement à trois mois.

**Bérenger (Loi).** V. — CIRCONSTANCES ATTÉNUANTES.

**Besoin.** — V. LETTRE DE CHANGE.

**Bestiaux.** — V. ANIMAUX.

**Bétail.** — V. ANIMAUX.

**Beurre.** — V. MARGARINE.

## Bibliothèques publiques.

*Bibliothèques de l'État.* — Elles comprennent, outre les bibliothèques spéciales des administrations et établissements de l'Etat (bibliothèques *administratives*) les bibliothèques *publiques* de Paris (Bibliothèques nationale, Mazarine, de l'Institut, de l'Arsenal et Sainte-Geneviève). Leur administration ressortit au ministère de l'Instruction publique. Chacune d'elles a à sa tête un administrateur, secondé par des conservateurs, conservateurs adjoints, bibliothécaires, sous-bibliothécaires et attachés.

*Bibliothèques départementales.* — Elles ne comprennent que les bibliothèques des services administratifs départementaux.

*Bibliothèques des communes et des établissements publics.* — Elles appartiennent aux villes et établissements, mais sont soumises néanmoins à la surveillance de l'Etat. Dans beaucoup de villes il existe des *bibliothèques populaires,* les unes municipales, les autres fondées et entretenues par des particuliers.

Tous les livres acquis ou donnés doivent être inscrits au catalogue de la bibliothèque.

Un comité d'inspection et d'achats de livres est établi par le ministre de l'Instruction publique et des Beaux-Arts dans toutes les villes qui possèdent une bibliothèque publique municipale. — Ce comité est nommé sur la proposition du préfet, après avis du maire. Il est renouvelable en entier tous les sept ans. Les membres sortants peuvent être nommés de nouveau. Présidé par le maire, il se réunit obligatoirement au moins une fois par trimestre, exerce son contrôle sur l'état de la bibliothèque, fixe l'emploi des fonds affectés tant à la conservation et à l'entretien des collections qu'aux acquisitions, donne son avis sur les propositions d'échanges. Le bibliothécaire, sous la surveillance du comité, procède à la confection des catalogues, exécute tous les travaux d'ordre et les prescriptions réglementaires. — Le ministre s'assure, par des inspections, de la situation et de la tenue des bibliothèques. (Décret du 6 mars 1903.)

Toute aliénation des livres, manuscrits, chartes, diplômes, médailles, estampes et objets quelconques contenus dans les bibliothèques publiques des villes est interdite. S'il se produit des incendies, sinistres, soustractions, détournements dans une bibliothèque, la ville doit, sous sa responsabilité, en prévenir immédiatement le ministre. — Pour les fonds d'Etat, c'est-à-dire les fonds déposés dans les bibliothèques à la suite des lois et décrets de la Révolution ou ajoutés depuis par des concessions ministérielles, il ne peut être opéré d'échanges entre les diverses bibliothèques qu'en vertu d'arrêtés du ministre. Une simple autorisation de ce dernier suffit pour les échanges que les villes pourraient faire des objets leur appartenant. (Décret du 1<sup>er</sup> juillet 1897, art. 4.)

Les communications au dehors des manuscrits et des imprimés sont consenties par le maire, sous la responsabilité des villes. Le ministre peut ordonner ces communications en ce qui concerne les fonds d'Etat. (*Id.*, art. 5.)

Les bibliothèques sont confiées à un bibliothécaire et, suivant leur importance, à plusieurs sous-bibliothécaires, employés ou surnuméraires. — Pour les bibliothèques municipales classées, dont l'importance aura été signalée au ministre par une délibération de la commission des bibliothèques nationales et municipales, les maires doivent choisir les conservateurs ou bibliothécaires parmi les élèves diplômés de l'école des chartes ou les candidats dont l'aptitude à ces fonctions aura été constatée après examen. — Le classement des bibliothèques municipales est établi par arrêté ministériel. — Les dépenses de personnel et de matériel sont à la charge des villes. (*Id.*, art. 6.)

Tous règlements des autorités locales sur le service public, l'établissement du service de nuit et les fonds affectés aux dépenses du personnel, du matériel et des acquisitions, sont adressés au ministère de l'Instruction publique et y restent déposés. (*Id.*, art. 7.)

*Bibliothèques scolaires.* — Il est établi dans chaque école primaire publique, sous la surveillance de l'instituteur, une *bibliothèque scolaire,* comprenant des livres de classe et des livres de lecture; ces derniers peuvent être prêtés aux familles (arrêté ministériel du 1<sup>er</sup> juin 1862). Les articles 20 à 23 de l'arrêté du 18 janvier 1887 déterminent les conditions d'établissement de la liste des livres reconnus propres à être mis en usage dans les écoles.

*Prêts de manuscrits et de livres, de bibliothèque à bibliothèque.* — (Arrêté ministériel du 24 décembre 1901). La Bibliothèque nationale, les bibliothèques Sainte-Geneviève, Mazarine et de l'Arsenal, la bibliothèque de l'Institut, les bibliothèques des universités sont autorisées à se prêter directement, de bibliothèque à bibliothèque : 1° les manuscrits que les règlements de chaque établissement permettent de communiquer au dehors; 2° les livres imprimés qui existent en double exemplaire dans l'établissement prêteur.

Ne sont pas considérés comme doubles, susceptibles d'être prêtés, les exemplaires auxquels des différences d'état, des reliures artistiques, ou toute autre circonstance, donnent une valeur exceptionnelle. Sont également exclus du prêt les ouvrages de vulgarisation ou de lecture courante.

Les frais de transport sont à la charge de l'établissement emprunteur.

Les dispositions qui précèdent peuvent être étendues aux bibliothèques municipales, par décision du ministre de l'Instruction publique, sur la demande des maires, après avis de la commission des bibliothèques nationales et municipales.

**Bienfaisance** (*Bureau de*). — V. BUREAU DE BIENFAISANCE.

**Biens.** — Toutes choses susceptibles d'appropriation individuelle et capables par suite d'augmenter notre patrimoine.

On peut considérer les biens sous deux points de vue principaux : 1° dans leur nature, c'est-à-dire objectivement; 2° relativement au sujet qui les possède. Le titre Ier du livre II du Code civ. traite de la *Distinction des biens* à ce double point de vue.

La grande distinction des biens considérés dans leur nature ou objectivement est celle que donne l'article 516 du Code civ. : *Les biens sont meubles ou immeubles*. Les immeubles sont, en général, les choses non susceptibles de déplacement; les meubles sont les choses qui peuvent se déplacer. Cette distinction a une grande importance pratique au point de vue de la compétence, des hypothèques, de la saisie, des éléments constitutifs de la communauté conjugale, etc. Par suite du développement de la fortune mobilière, les différences établies par le Code entre le régime des meubles et celui des immeubles ne correspondent plus à une idée exacte.

### Biens immeubles.

En droit français, les biens sont immeubles : 1° par leur nature; 2° par destination; 3° par l'objet auquel ils s'appliquent; 4° par la détermination de la loi.

Dans la première catégorie se placent d'abord les *biens-fonds*, c'est-à-dire les fonds de terre et les bâtiments (C. civ., art. 518); puis les moulins à vent ou à eau, fixés sur piliers ou faisant partie du bâtiment (art. 519); enfin, les récoltes pendantes par racines, les fruits des arbres non encore recueillis, les coupes de bois taillis ou de futaies quand les arbres ne sont pas encore abattus, les tuyaux servant à la conduite des eaux dans une maison ou autre héritage (art. 520, 521 et 523).

« Sont immeubles *par destination*, dit l'article 524, les objets que le propriétaire d'un fonds y a placés pour le service et l'exploitation de ce fonds ; par exemple, les animaux attachés à la culture, les ustensiles aratoires, les semences données aux fermiers ou colons partiaires, les pigeons des colombiers, les lapins des garennes, les ruches à miel, les poissons des étangs, les pressoirs, chaudières, alambics, cuves et tonnes, les ustensiles nécessaires à l'exploitation des forges, papeteries et autres usines, les pailles et les engrais. » Ces exemples sont des applications particulières de la règle générale qui donne au propriétaire d'un fonds le pouvoir de transformer en immeubles les objets qu'il y a placés et qu'il a destinés au service et à l'exploitation de la terre. « Sont aussi immeubles *par destination*, ajoute l'article 524, tous objets mobiliers que le propriétaire a attachés au fonds *à perpétuelle demeure* », c'est-à-dire les objets scellés à plâtre, ou à chaux, ou à ciment, ou ceux qui ne peuvent être détachés sans être fracturés et détériorés ou sans briser et détériorer la partie du fonds à laquelle ils sont attachés. Les glaces d'un appartement sont censées mises à perpétuelle demeure lorsque le parquet sur lequel elles sont attachées fait corps avec la boiserie. Quant aux statues, elles sont immeubles lorsqu'elles sont placées dans une niche pratiquée exprès pour les recevoir, encore qu'elles puissent être enlevées sans fracture ou détérioration.

Nous arrivons à la troisième catégorie d'immeubles, c'est-à-dire aux immeubles qui sont tels *par l'objet auquel ils s'appliquent*. « Sont immeubles, dit l'article 526, par l'objet auquel ils s'appliquent l'usufruit des choses immobilières, les servitudes ou services fonciers, les actions qui tendent à revendiquer un immeuble. » L'usufruit ne s'entend ici que du droit réel de jouir d'un immeuble dont la propriété appartient à une autre personne, et non des revenus que l'usufruit procure à celui qui a droit à cette jouissance. Les actions qui tendent à revendiquer des immeubles prennent naturellement le caractère des biens qu'ils représentent, dont ils tiennent la place, suivant la maxime : *Qui habet actionem ad rem recuperandam, ipsam rem habere videtur*. On s'accorde à reconnaître que, par ces mots « actions qui tendent à revendiquer un immeuble », il faut entendre non seulement l'action réelle, mais encore toute action, même personnelle, qui tend à faire rentrer un immeuble dans le patrimoine.

A ces trois catégories d'immeubles prévues par l'article 517, il faut ajouter les immeubles *par la détermination de la loi*. Ce sont des biens qui, meubles par leur nature d'après le Code civil, ont été immobilisés par des dispositions de loi postérieures et spéciales. Cette catégorie ne comprend aujourd'hui que les rentes sur l'Etat acquises pour servir d'emploi ou de remploi (loi du 3 juill. 1862) et les actions de la Banque de France, lorsque les actionnaires veulent user de cette faculté. V. BANQUE DE FRANCE.

### Biens meubles.

Le Code distingue les meubles *par leur nature*, et les meubles *par la détermination de la loi* (art. 527). Dans la première catégorie se placent les corps qui peuvent se transporter d'un lieu à un autre, soit qu'ils se meuvent par eux-mêmes, comme les animaux, soit qu'ils ne puissent changer de place que par l'effet d'une force étrangère, comme les choses inanimées (art. 528).

Les articles 531 et 532 complètent l'article 528 en attribuant expressément la qualité de « meubles » à certains objets qui pourraient donner lieu à quelques doutes. C'est ainsi que les bateaux, bacs, navires, moulins et bains sur bateaux, et toutes usines non fixées par des piliers, sont déclarés « meubles » par l'article 551; toutefois, le même article stipule que la saisie de quelques-uns de ces meubles pourra être soumise à des formes particulières. Les matériaux provenant de la démolition d'un édifice, et ceux qui, assemblés pour en construire un nouveau, n'ont pas encore été employés dans la construction, sont aussi réputés « meubles » (art. 532).

La seconde catégorie comprend les obligations et actions qui ont pour objet des sommes exigées ou des effets mobiliers; les actions ou intérêts dans les compagnies de finance, de commerce ou d'industrie, encore que des immeubles dépendants de ces entreprises appartiennent aux compagnies; enfin, les rentes perpétuelles ou viagères, soit sur l'Etat, soit sur des particuliers (art. 529).

A l'énumération de l'article 529 il faut ajouter l'usufruit des choses mobilières, les actions tendant à obtenir la propriété ou l'usufruit d'une chose mobilière, les offices, les droits de propriété littéraire, artistique et industrielle, les fonds de commerce.

## Biens corporels et biens incorporels.

On définit généralement *biens corporels* ceux qui ont une existence matérielle, et *biens incorporels* ceux qui ne tombent pas sous les sens, qui consistent dans un rapport juridique. Tous les droits sont des biens incorporels; par exemple, le droit d'usufruit, le droit de servitude. Cette règle devrait s'appliquer au droit de propriété comme aux autres droits; mais le législateur, identifiant la chose, objet du droit de propriété, avec le droit de propriété lui-même, a considéré ce droit comme étant corporel; en sorte que les biens corporels sont les choses sur lesquelles on peut avoir un droit de propriété.

## Biens considérés relativement au sujet qui les possède.

Les biens considérés dans leurs rapports avec ceux qui les possèdent se divisent en biens appartenant à des personnes publiques (Etat, départements, communes, établissements publics) et biens appartenant à des personnes privées. Les *biens publics* sont ou non susceptibles de propriété privée. Ceux qui ne sont pas susceptibles de propriété privée, tels que les chemins, routes et rues à la charge de l'Etat, les fleuves et rivières navigables ou flottables, les rivages, les ports, les havres, les rades, etc., sont considérés comme des dépendances du domaine public (V. DOMAINE); ils sont inaliénables et imprescriptibles (Code civ., art. 538). Ceux qui sont susceptibles de propriété privée, comme les terrains des fortifications et remparts des places qui ne sont plus places de guerre, appartiennent à l'Etat; de ce nombre sont aussi les lais et relais de la mer, mis à tort par l'article 538 parmi les « biens du domaine public ». L'Etat peut aliéner ces biens dans les formes et suivant les règles établies par les lois, et la propriété peut en être prescrite contre lui (art. 541).

Les biens appartenant à des personnes publiques sont régis par les lois administratives. Les biens privés sont régis par les lois civiles. « Les particuliers, dit l'article 547, ont la libre disposition des *biens* qui leur appartiennent, sous les modifications établies par les lois. »

## Biens vacants et sans maîtres.

Ce sont les biens abandonnés par celui qui en a été propriétaire, ou dont le propriétaire est inconnu, ainsi que les successions abandonnées (art. 539 et 713). Sur le droit de l'Etat en matière de succession, V. SUCCESSION.

Les biens vacants et sans maître appartiennent au domaine privé de l'Etat, et non au domaine public, comme le dit à tort l'article 539.

Les biens meubles abandonnés sont, en général, désignés sous le nom d'*épaves*. (V. ce mot.) Quant aux biens immeubles, lorsque l'administration des Domaines a des raisons de croire qu'un immeuble est vacant, elle s'informe auprès du maire de la commune où sont situés ces biens; et, si l'immeuble semble appartenir à un particulier connu, celui-ci est mis en demeure de justifier de ses titres de propriété au préfet du département. Une enquête est ordonnée, et, s'il en ressort que l'immeuble peut être considéré comme vacant, le préfet, sur la proposition du directeur des Domaines, prend un arrêté autorisant cette administration à régir la propriété. A moins que les biens vacants ne soient sujets à détérioration, leur aliénation n'est pas effectuée tant que l'Etat n'en a pas prescrit la propriété par une possession trentenaire. Si un bien réputé vacant est revendiqué dans les trente ans et que le droit de propriété du revendiquant soit établi, la restitution est ordonnée par le préfet, dont l'arrêté est soumis à l'approbation du ministre des Finances. En cas de restitution de l'immeuble, le Domaine rend compte, sous déduction de 5 p. 100 pour frais de régie, des fruits qu'il a perçus depuis la demande en restitution. Quant aux sommes qu'il a encaissées antérieurement, elles sont réputées avoir été perçues par lui de bonne foi et à titre de propriétaire, et restent acquises à l'Etat.

La loi française nie donc le droit du premier occupant; exceptionnellement elle admet ce droit primitif par les lois sur la chasse et la pêche, par l'art. 716 du Code civ. sur les trésors, et par l'article 717 sur les épaves.

## Biens dotaux, Biens paraphernaux.

Au point de vue de l'association conjugale, les biens peuvent être *propres* ou *acquêts* (V. ACQUÊT), *dotaux* ou *paraphernaux* (V. DOT).

# Biens (*Cession de*). — V. CESSION.

# Bière.

La bière ne peut être fabriquée que dans les usines assujetties aux formalités de l'*exercice* et portant obligatoirement l'enseigne de *brasserie*. L'ouverture d'une brasserie pour la fabrication de la bière, qu'il faut distinguer du lieu où la bière est librement vendue au public, ne comporte que la simple déclaration du brasseur indiquant la situation exacte de l'usine et la contenance des appareils. Le brasseur est assujetti au payement annuel de la *licence* ou patente spéciale des débitants ou fabricants de boissons.

La loi du 30 mai 1899 (art. 6 à 17) a assujetti les bières à un droit de *fabrication* de 0 fr. 25 par hectolitre de moût, perçu non sur le volume, mais sur le produit du volume par le degré. Il ne s'agit pas du degré alcoolique, mais du degré du densimètre au-dessus de 100 (densité de l'eau) reconnu à la température de 15 degrés centigrades. Les fractions au-dessous de 1/10 de degré sont négligées. Le degré en question est mesuré sur le moût qui sert à la fabrication de la bière.

Les brasseurs sont soumis, tant de jour que de nuit, même en cas d'inactivité de leurs établissements, aux visites et vérifications des employés de la régie et de l'octroi, et tenus de leur ouvrir, à toute réquisition, leurs maisons, brasseries, ateliers, magasins, caves et celliers. Toutefois, quand les usines ne sont pas en activité, les employés ne peuvent pénétrer pendant la nuit chez les brasseurs qui ont fait apposer des scellés sur leurs appareils.

L'emploi d'appareils clandestins et de tuyaux non déclarés est puni d'une amende de 3 000 à 10 000 francs. Les autres contraventions sont en général punies d'une amende de 1 000 francs.

Les excédents de plus de 1/10 sont soumis à des droits en sus très élevés. Au-dessus de 20 pour 100, la fabrication frauduleuse est soupçonnée et le droit est de 5 francs par degré hectolitre.

Sont exempts du droit, *pour leur consommation familiale*, les propriétaires et fermiers, à la condition de n'employer que leurs récoltes, de déclarer leurs brassins et de ne se servir que de chaudières de moins de 5 hectolitres. Ils ne peuvent rien expédier au dehors.

Sont également exemptées du droit les bières prises en charge pour être transformées en vinaigre. (Loi du 17 juillet 1880, art. 6.)

**Bigamie.** — Crime de celui qui contracte un nouveau mariage avant la dissolution du premier.

« Quiconque étant engagé dans les liens du mariage en aura contracté un autre avant la dissolution du précédent sera puni de la peine des travaux forcés à temps. L'officier public qui aura prêté son ministère à ce mariage, connaissant l'existence du précédent, sera condamné à la même peine. » (Code civ., art. 340). La tentative est punie comme le crime même, c'est-à-dire que la peine est applicable même si le mariage n'a pas été célébré, dès l'instant que l'intention du coupable s'est manifestée par un commencement d'exécution (*Id.*, art. 2), par exemple si l'homme et la femme se trouvaient déjà en présence de l'officier de l'état civil au moment de la découverte d'un premier mariage. L'action publique se prescrivant par dix ans (Code Instr. crim., art. 637), le bigame ne peut plus être poursuivi au criminel après ce laps de temps, mais le procureur de la République a la faculté de requérir la nullité du mariage illégalement contracté; cette nullité peut même être proposée par toute personne qui y a un intérêt, et elle ne se couvre jamais.

Si les époux taxés de bigamie opposent la nullité du premier mariage, le tribunal doit statuer préalablement sur ce premier point (Code civ., art. 189). Il est clair que l'action en nullité tombe *ipso facto* si le mariage antérieur est reconnu inexistant ou déclaré nul. V. MARIAGE.

Lorsque la nullité est prononcée, le mariage contracté de bonne foi peut produire des effets civils, tant à l'égard des époux qu'à l'égard des enfants. (V. MARIAGE : *Mariage putatif.*) L'époux de bonne foi est fondé à réclamer des dommages-intérêts au bigame de mauvaise foi selon les règles du droit commun, mais l'action civile, comme l'action publique, se prescrit ici par dix ans.

**Bilan.** — Acte contenant l'énumération et l'évaluation des valeurs composant l'actif d'un commerçant, ainsi que l'état exact de ses dettes.

Sous peine d'être déclaré banqueroutier simple et incarcéré, tout commerçant qui cesse ses payements doit, dans les quinze jours de la cessation, en faire la déclaration au greffe du tribunal de commerce et y déposer son bilan (Code comm., art. 439). V. FAILLITE.

**Bilatéral.** — Se dit d'un contrat qui oblige les deux parties réciproquement. V. CONTRAT.

**Billard.**

L'article 8 de la loi du 16 septembre 1871 a établi une taxe sur les billards. Le montant de cette taxe varie suivant la population des communes ; elle est de 60 francs pour Paris, de 30 francs pour les villes au-dessus de 50 000 âmes, de 15 francs pour celles de 10 000 à 50 000 âmes, et de 6 francs pour les autres communes.

Les fabricants et marchands de billards ne sont pas imposables à raison des billards qu'ils possèdent pour la vente ou la location, et qu'ils n'emploient pas personnellement comme objet de distraction.

Les rôles sont établis par l'administration des Contributions directes d'après la déclaration des intéressés, déclaration qui doit être faite à la mairie avant le 31 janvier de chaque année, sous peine de voir porter au double le montant de la taxe ; la même pénalité est encourue par ceux qui font des déclarations inexactes. Les demandes tendant à la non-inscription dans les rôles doivent être faites, comme les déclarations proprement dites, avant le 31 janvier de chaque année. (Loi du 18 décembre 1871.)

Les billards *publics* sont transférables, comme la patente, au moment de la cession du café ou de l'hôtel qui les renferme. Ce transfert de taxe du vendeur au successeur doit être l'objet d'une demande spéciale au préfet du département, dans les trois mois de la cession.

C'est le détenteur et non le propriétaire du billard qui doit être inscrit au rôle.

Les billards anglais, hollandais, etc., qui n'ont de commun que le nom avec les billards proprement dits, sont exempts de toute taxe.

Les billards publics sont soumis à la surveillance de la police, en vue d'empêcher les paris, combinaisons de hasard, etc. La jurisprudence applique au jeu de billard l'article 1965 du Code civil. V. JEU.

**Billet à ordre.** — Écrit par lequel une personne (*souscripteur*) s'engage envers une autre (*bénéficiaire*) à payer à une époque donnée une somme d'argent soit au *bénéficiaire* lui-même, soit à son *ordre*. V. LETTRE DE CHANGE.

**Billet à domicile.** — Billet à ordre payable dans un autre lieu que celui où il est souscrit.

**Billet au porteur.** — Billet à ordre payable « au porteur », c'est-à-dire à quiconque, sans que le nom du bénéficiaire y soit désigné.

Ce billet se fait rarement de nos jours, parce que sa perte est presque toujours irréparable.

**Billet simple.** — Acte sous seing privé, contenant reconnaissance d'une dette et promesse de l'acquitter à une époque déterminée. Pour les différences entre le billet à ordre et le billet simple, V. LETTRE DE CHANGE.

**Billet de banque.** — Billet souscrit par une société de banquiers.

C'est une sorte de billet au porteur, mais qui n'énonce aucune époque à laquelle il doive être payé ; aucune date, si ce n'est celle de sa création, et qui ne mentionne aucune valeur reçue en marchandise ou en compte. Il ne s'endosse point ; il se transmet, comme l'argent, de main en main. Il a cours *légal* lorsqu'il possède la puissance libératoire au même titre que la monnaie, en vertu de la loi. Il a cours *forcé* lorsque la banque qui l'a émis n'est pas tenue de le rembourser à vue et en espèces. Le cours forcé fait du billet de banque un véritable papier-monnaie. V. BANQUE DE FRANCE.

*Contrefaçon des billets de banque.* — Ceux qui ont contrefait ou falsifié des billets de banque autorisés par la loi, ou qui ont fait usage de ces effets et billets contrefaits ou falsifiés, ou qui les ont introduits sur le territoire français, sont passibles de la peine des travaux forcés à perpétuité. (Code pén., art. 139.)

*Imprimés simulant des billets de banque.* — La loi du 11 juillet 1885 interdit de fabriquer, vendre, colporter ou distribuer tous imprimés ou formules qui, par leur forme extérieure, présenteraient avec les billets de banque, les titres de rentes, vignettes et timbres du service des postes et télégraphes ou des régies de l'Etat, actions, obligations, parts d'intérêts, coupons de dividende ou intérêts y afférents, et généralement avec les valeurs fiduciaires émises par l'Etat, les départements, les communes ou établissements publics, ainsi que par des sociétés, compagnies ou entreprises privées, une ressemblance de nature à faciliter l'acceptation desdits imprimés ou formules aux lieu et place des valeurs imitées. Toute infraction est punie d'un emprisonnement de cinq jours à six mois et d'une amende de 16 francs à 2 000 francs ; les imprimés, ainsi que les planches ou matrices ayant servi à leur confection sont confisqués.

**Billon.** — Nom donné en France à la monnaie divisionnaire de bronze.

L'emploi de la monnaie de bronze dans les payements n'est légal que jusqu'à concurrence de 5 francs (Décret du 18 août 1810). La monnaie de billon étrangère n'est pas admise dans nos caisses publiques ; son importation et sa mise en circulation sont prohibées (Décret-loi du 11 mai 1807 et loi du 30 novembre 1896.)

**Bimétallisme.** — Doctrine qui préconise, pour la monnaie, l'adoption de deux étalons : l'étalon d'or et l'étalon d'argent. V. MONNAIE.

**Binage.** — Service accompli par un prêtre qui dit la messe dans deux succursales différentes dont l'une est vacante.

Le binage doit être autorisé par l'évêque, et les desservants, vicaires et curés sont seuls autorisés à biner.

Une indemnité de 200 francs est payée à chaque desservant pour binage. (Ordonn. du 6 nov. 1814.)

Un même ecclésiastique autorisé à biner ne peut avoir droit à une double indemnité, même s'il fait ce service dans une double succursale vacante. (Règl. du 31 déc. 1841, art. 192 ; Circ. Cultes, 27 juin 1826 et 2 avril 1833.)

Les mandats de payement doivent être accompagnés : 1° du certificat sur la durée et la réalité du binage, délivré par le curé ou desservant du canton que l'évêque a chargé spécialement de ce soin ; ce certificat est remis aux préfets par les évêques pour être joint aux mandats de payement (art. 191 du règlement du 31 décembre 1841) ; 2° d'un certificat d'exécution du service de binage délivré par le maire de la commune où le service a été fait, et, à défaut, par le préfet ou sous-préfet. — Les vicaires des desservants comme ceux des curés ont droit à l'indemnité. (Circ. Cultes, 31 janv. 1884 ; Circ. Compt. publ., 17 févr. 1884, § 2.)

**Blanc.** — Espace laissé dans l'écriture d'un acte et susceptible d'être rempli plus tard.

La loi défend expressivement de laisser des blancs dans certains actes qu'elle réglemente. Les actes de l'état civil doivent être inscrits sur les registres « de suite, sans aucun blanc » (Code civ., art. 42). Il en est de même des inscriptions hypothécaires et des transcriptions (*Id.*, art. 2203), des actes notariés (Loi du 25 ventôse an XI, art. 13) ; des livres de commerce (Code comm., art. 10), etc.

**Blanc-seing.** — Signature apposée d'avance sur une feuille de papier laissée blanche en tout ou en partie, à l'effet de recevoir une convention ou une déclaration. V. ABUS DE CONFIANCE.

**Blés en vert.**

Une loi du 6 messidor an III prohibait la vente des blés en vert pour empêcher les cultivateurs besogneux de vendre prématurément leur récolte. Cette restriction au droit de propriété a été abrogée par la loi du 7 juillet 1889, article 11.

## Blessés militaires.

Les principaux Etats ont signé le 22 août 1864 la *Convention internationale de Genève pour l'amélioration du sort des militaires blessés dans les armées en campagne*, complétée par la déclaration de Saint-Pétersbourg du 11 décembre 1868. Les ambulances et hôpitaux militaires, ainsi que leur personnel, sont déclarés neutres aussi longtemps qu'il s'y trouve des malades ou des blessés.

## Blessures et coups.

Il faut distinguer entre les blessures et coups volontaires et les blessures et coups involontaires. La matière est réglée par les articles ci-après du Code pénal :

1° *Blessures et coups volontaires non qualifiés meurtre.*

Art. 309. Tout individu qui, volontairement, aura fait des blessures ou porté des coups, ou commis toute autre violence ou voie de fait, s'il est résulté de ces sortes de violences une maladie ou incapacité de travail personnel pendant plus de vingt jours, sera puni d'un emprisonnement de deux ans à cinq ans, et d'une amende de 16 francs à 2 000 francs.

Il pourra, en outre, être privé des droits mentionnés en l'article 42 du présent Code (droits civiques, civils et de famille) pendant cinq ans au moins et dix ans au plus, à compter du jour où il aura subi sa peine.

Quand les violences ci-dessus exprimées auront été suivies de mutilation, amputation ou privation de l'usage d'un membre, cécité, perte d'un œil, ou autres infirmités permanentes, le coupable sera puni de la réclusion.

Si les coups portés ou les blessures faites volontairement, mais sans intention de donner la mort, l'ont pourtant occasionnée, le coupable sera puni de la peine des travaux forcés à temps.

Art. 310. Lorsqu'il y aura eu préméditation ou guet-apens, la peine sera, si la mort s'en est suivie, celle des travaux forcés à perpétuité; si les violences ont été suivies de mutilation, amputation ou privation de l'usage d'un membre, cécité, perte d'un œil, ou autres infirmités permanentes, la peine sera celle des travaux forcés à temps; dans le cas prévu par le premier paragraphe de l'article 309, la peine sera celle de la réclusion.

Art. 311. Lorsque les blessures ou les coups, ou autres violences ou voies de fait, n'auront occasionné aucune maladie ou incapacité de travail personnel de l'espèce mentionnée en l'article 309, le coupable sera puni d'un emprisonnement de six jours à deux ans, et d'une amende de 16 francs à 200 francs, ou de l'une de ces deux peines seulement.

S'il y a eu préméditation ou guet-apens, l'emprisonnement sera de deux ans à cinq ans, et l'amende de 50 francs à 500 francs.

Art. 312. L'individu qui aura volontairement fait des blessures ou porté des coups à ses père ou mère légitimes, naturels ou adoptifs, ou autres ascendants légitimes, sera puni ainsi qu'il suit :

De la réclusion, si les blessures ou les coups n'ont occasionné aucune maladie ou incapacité de travail personnel de l'espèce mentionnée en l'article 309;

Du *maximum* de la réclusion, s'il y a eu incapacité de travail pendant plus de vingt jours, ou préméditation ou guet-apens;

Des travaux forcés à temps, lorsque l'article auquel le cas se référera prononcera la peine de la réclusion ;

Des travaux forcés à perpétuité, si l'article prononce la peine des travaux forcés à temps.

Quiconque aura volontairement fait des blessures ou porté des coups à un enfant au-dessous de l'âge de quinze ans accomplis, ou qui l'aura volontairement privé d'aliments ou de soins au point de compromettre sa santé, sera puni d'un emprisonnement de un an à trois ans et d'une amende de 16 à 1 000 francs.

S'il est résulté des blessures, des coups ou de la privation d'aliments ou de soins une maladie ou incapacité de travail de plus de vingt jours, ou s'il y a eu préméditation ou guet-apens, la peine sera de deux à cinq ans d'emprisonnement, et de 16 à 2 000 francs d'amende, et le coupable pourra être privé des droits mentionnés en l'article 42 du présent Code pendant cinq ans au moins et dix ans au plus à compter du jour où il aura subi sa peine.

Si les coupables sont les père et mère légitimes, naturels ou adoptifs, ou autres ascendants légitimes ou toutes autres personnes ayant autorité sur l'enfant ou ayant sa garde, les peines seront celles portées au paragraphe précédent, s'il n'y a eu ni maladie ou incapacité de travail de plus de vingt jours ni préméditation ou guet-apens, et celle de la réclusion dans le cas contraire.

Si les blessures, les coups ou la privation d'aliments ou de soins ont été suivis de mutilation, d'amputation ou de privation de l'usage d'un membre, de cécité, perte d'un œil ou autres infirmités permanentes, ou s'ils ont occasionné la mort sans intention de la donner, la peine sera celle des travaux forcés à temps, et si les coupables sont les personnes désignées dans le paragraphe précédent, celles des travaux forcés à perpétuité.

Si des sévices ont été habituellement pratiqués avec l'intention de provoquer la mort, les auteurs seront punis comme coupables d'assassinat ou de tentative de ce crime.

Art. 313. Les crimes et les délits prévus dans la présente section et dans la section précédente, s'il sont commis en réunion séditieuse, avec rébellion ou pillage, sont imputables aux chefs, auteurs, instigateurs et provocateurs de ces réunions, rébellions ou pillages, qui sont punis comme coupables de ces crimes ou de ces délits et condamnés aux mêmes peines que ceux qui les auront personnellement commis.

Art. 315, et loi du 27 mai 1885, art. 19. Outre des peines correctionnelles mentionnées dans les articles précédents, les tribunaux pourront prononcer celle de l'interdition de séjour depuis deux ans jusqu'à cinq ans.

2° *Blessures involontaires.* Celui qui par maladresse ou imprévoyance a blessé involontairement autrui est puni de six jours à deux mois d'emprisonnement et d'une amende de 16 francs à 100 francs, ou de l'une de ces deux peines seulement.(Code pén., art. 320.) V. HOMICIDE

**Blocus.** — Investissement d'une ville, d'un port ou de toute position occupée par l'ennemi, en vue d'intercepter toute communication entre le lieu bloqué et le dehors.

**Bois.** — V. FORÊTS.

## Boissons.

Les droits sur les boissons, recouvrés par l'administration des Contributions indirectes, sont perçus sur les vins, cidres, poirés et hydromels, sur les alcools, spiritueux et vins de liqueur, sur les bières. (Loi du 29 déc. 1900.)

Les boissons sont soumises aux droits ci-après :

*Vins, cidres, poirés, hydromels.* Droit de circulation.

*Vins de raisins secs.* Droit de fabrication et droit de consommation.

*Bières.* Droit de fabrication.

*Alcools.* Droit général de consommation ; droit d'entrée.

*Vins de liqueur.* Droit de consommation et droit d'entrée sur l'alcool qu'ils contiennent avec minimum d'imposition de 15°, porté à 16° pour les vermouts et quinquinas.

*Vins alcoolisés.* Droit de circulation sur le vin ; double droit de consommation et d'entrée sur l'alcool de surforce (au-dessus de 15°).

Droit de 0 fr. 40 par *expédition* et de 0 fr. 60 par *acquit* recommandé.

### Vins, cidres, poirés, hydromels.

La loi du 29 décembre 1900 a supprimé : 1° les droits d'*entrée* sur les boissons introduites dans les villes ayant 4000 habitants au moins ; 2° les droits de *détail*, c'est-à-dire sur les ventes au détail faites par les débitants soumis à la surveillance de la régie ou *exercice,* sauf abonnement les en affranchissant. Dans certaines villes, dites *rédimées,* l'exercice sur les habitants était remplacé par une *taxe unique* aux entrées.

Elle a maintenu le droit de *circulation* (1 fr. 50 par hectolitre de vin, 0 fr. 80 par hectolitre de cidre, poiré, hydromel).

Tout déplacement donne lieu en principe au payement du droit de circulation et à la délivrance d'un *congé* par le receveur buraliste des contributions indirectes.

Les vins de liqueur ou d'imitation sont exclus du régime des vins. (V., plus loin, *Alcools et spiritueux.*) Toutefois, les vins doux naturels, c'est-à-dire les vins possédant *naturellement* une richesse alcoolique totale, acquise ou en puissance, d'au moins 14°, peuvent, à la demande des producteurs et sur justification de leur nature, être maintenus sous le régime ordinaire des vins.

*Expéditions.* — Toute déclaration doit indiquer exactement le nombre des fûts, bouteilles, caisses ou paniers, leur marque, la quantité d'hectolitres et de litres qu'ils contiennent, l'espèce et la qualité des boissons, la couleur du vin, l'année de la récolte, l'espèce et la jauge des futailles, l'époque et le lieu de l'enlèvement, la commune, l'arrondissement et le département de la destination, les nom, prénoms, profession et demeure du vendeur ou de l'expéditeur ; le nom du conducteur ou voiturier ; les nom, prénoms, profession ou qualité de l'acheteur ou du destinataire ; enfin, généralement tout ce qui peut servir à faire connaître aux employés, soit en route, soit au lieu de la destination, si la boisson est bien celle à laquelle s applique le congé qui l'accompagne.

Les expéditions à délivrer pour le transport des vins et cidres sont : 1° un *acquit-à-caution* pour les envois à destination des marchands en gros et pour les boissons exportées ; 2° dans tous les autres cas, un *congé.*

*Acquits-à-caution.* — Pour obtenir, en vue du déplacement de vin de raisin frais, cidre, poiré et hydromel, un *acquit-à-caution*, l'expéditeur ou l'acheteur fait une déclaration à la recette buraliste ; le déclarant doit présenter une caution notoirement solvable, qui s'engage, conjointement et solidairement avec lui, à faire rendre la boisson à destination dans le délai fixé pour le transport et à rapporter un certificat de décharge délivré par la régie dans le délai spécifié à l'acquit-à-caution. A défaut de caution, le déclarant consigne le double du droit de circulation.

Les *boissons invendues* que l'on veut reconduire dans les magasins, caves ou celliers d'où l'enlèvement a eu lieu doivent être accompagnées d'un nouvel acquit-à-caution.

Dans le cas de vente des boissons par un consommateur qui *change de domicile*, ou par des héritiers, les droits doivent, suivant la qualité du destinataire, être payés à l'enlèvement ou assurés par un acquit-à-caution. Si les héritiers partagent les boissons et les font transporter chez eux, la régie peut les dispenser du payement des droits au cas où le *de cujus* en était lui-même exempt comme propriétaire de cru.

Le consommateur qui change de domicile emporte généralement des boissons avec lui : le cas de vente, prévu ci-dessus, est l'exception, le déménagement est la règle. — Bien que le droit d'entrée ait été supprimé sur les vins, l'administration applique toujours aux vins, aussi bien qu'aux alcools, les dispositions de l'article 84 de la loi du 15 mai 1818 : « Les boissons expédiées par un détenteur non entrepositaire, d'une de ses caves situées dans des lieux sujets aux droits d'entrée dans un autre domicile, seront accompagnées d'un acquit-à-caution en franchise de droit. » Si le lieu d'enlèvement n'est pas une ville sujette, la délivrance d'un acquit-à-caution en franchise est alors subordonnée à l'autorisation du directeur ou du sous-directeur. A cet effet, l'intéressé remet au chef local de service (contrôleur, chef de poste ou receveur) une demande sur timbre (0 fr. 60), appuyée de la justification antérieure de l'acquittement des droits (congés, quittances, etc.). — Dans tous les cas où l'immunité est admise au profit d'un détenteur de boissons, les héritiers directs ou collatéraux peuvent réclamer l'affranchissement; mais il n'en est pas de même des légataires, les boissons reçues à titre de succession, de même que celles reçues à titre de don, n'ayant pas droit à franchise. Toutefois, l'administration admet une exception en faveur des légataires universels, lorsqu'il n'y a pas d'héritiers à réserve.

*Congé.* — Le *congé* comporte le payement des droits au comptant entre les mains du receveur buraliste au moment où la déclaration d'expédition est souscrite et, par conséquent, avant l'enlèvement des boissons.

On est donc dispensé de fournir caution.

Mais le congé doit, comme l'acquit-à-caution, contenir toutes les indications qui permettront au service des Contributions indirectes d'opérer les vérifications au départ, en cours de route et à l'arrivée.

Outre les noms, prénoms, domiciles et professions du destinataire et de l'expéditeur, l'indication de l'heure du départ du voiturier employé, du mode de transport, du délai accordé par le transport (il est calculé par le receveur buraliste d'après un barème applicable à chaque genre de transport), il faut encore apporter la plus grande exactitude dans les indications relatives à la boisson elle-même (*contenant* et *contenu*).

En effet, il n'est accordé aux expéditeurs qu'une tolérance de 1 pour 100 sur les quantités déclarées, et encore cette tolérance n'est-elle pas un droit strict.

*Règles communes aux acquits-à-caution et aux congés.* — *Coulage.* S'il y a coulage, on devra demander aux employés de la régie, chargés des reconnaissances à l'arrivée, de régler le déchet d'après la distance parcourue, l'espèce de boisson, les moyens et la durée du transport, les accidents légalement constatés, et en se conformant aux usages du commerce.

*Cas où il y a contravention.* Toute déclaration de quantité qui n'est pas exacte cesse d'être la déclaration prescrite par la loi. Tout le chargement est saisissable s'il existe entre les quantités vérifiées et celles portées aux acquits-à-caution des différences sur l'ensemble. Elles ne peuvent être excusées ni par la bonne foi du contrevenant, ni par l'usage des lieux. Lorsque les boissons sont transportées en vertu d'un acquit-à-caution et qu'à leur arrivée dans l'endroit indiqué par l'acquit le conducteur se trouve obligé de les transporter dans un autre lieu, il encourt la confiscation et l'amende s'il se borne à faire viser son acquit-à-caution aux différents bureaux de la régie jusqu'à la nouvelle destination des boissons, au lieu de prendre un nouvel acquit-à-caution.

Lorsque le congé représenté indique pour conducteur un autre nom que celui du voiturier, il n'est pas valable.

*Erreur du buraliste.* S'il arrive au receveur buraliste qui délivre une expédition d'y énoncer une quantité autre que celle qui a été déclarée, c'est au déclarant à faire rectifier l'erreur sur-le-champ. En cours de transport, tout défaut d'identité entre la quantité réelle de boissons et la quantité indiquée par l'expédition légitime des poursuites, et le contrevenant exerce, s'il y a lieu, son recours contre le buraliste.

*Petites expéditions.* — Chaque fois que la quantité de boisson expédiée dépasse le minimum de tolérance réglé selon les localités, les boissons que les consommateurs achètent chez les débitants et qui sont extraites des fûts en vente doivent être accompagnés d'expéditions, sous peine de saisie.

Le simple consommateur ne peut transporter des boissons que « de chez lui à chez lui »; autrement il ferait un véritable commerce, qui le rendrait sujet à la déclaration et à la licence.

*Expéditions exceptionnelles. (Passavants, laissez-passer, passe-debout, etc.)* — *Passavants.* Les articles 15 de la loi du 25 juin 1841 et 20 du décret du 17 mars 1852 exemptent du droit de circulation :

*Propriétaires récoltants.* 1° Les vins, cidres et poirés qu'un récoltant fera transporter de son pressoir ou d'un pressoir public à ses caves et celliers ou de l'une à l'autre de ses caves dans l'étendue du canton où la récolte aura été faite, ou des communes limitrophes de ce canton, qu'elles soient ou non dans le même département;

2° Les boissons de même espèce qu'un colon partiaire, fermier ou preneur à bail emphytéotique à rente remettra au propriétaire ou recevra de lui, dans les mêmes limites, en vertu de baux authentiques ou d'usages notoires.

Pour avoir droit à l'exemption prononcée par l'article 15 de la loi précitée, il faut que le récoltant qui la réclame jouisse de la cave dans laquelle il dépose d'abord ses vins, et de celle où il les fait conduire ensuite, soit comme propriétaire, soit comme locataire, et qu'il en justifie légalement. Lorsque cette justification est faite de toute autre manière que par titre de propriété ou par bail authentique, elle ne doit être admise qu'autant qu'elle est confirmée par la notoriété; dans le cas contraire, les buralistes doivent refuser les passavants.

Toute déclaration tendant à obtenir un passavant devait autrefois être faite et signée par l'expéditeur lui-même ou par quelqu'un muni de ses pouvoirs. — Aujourd'hui on ne délivre plus de passavants aux récoltants. Les laissez-passer dont il est question au paragraphe suivant les ont remplacés dans tous les cas.

*Laissez-passer.* Aux termes du 2ᵉ paragraphe de l'article 2 de la loi du 29 décembre 1900, les récoltants sont admis à détacher eux-mêmes d'un registre à souche, mis à leur disposition et contrôlé par les agents de la régie, des laissez-passer dont le coût est fixé à 0 fr. 10 pour les transports de vins, cidres et poirés qu'ils effectuent de leur pressoir public à leurs caves et celliers ou de l'une à l'autre de leurs caves, dans le canton de récolte et les communes limitrophes de ce canton; les petites quantités transportées à bras ou à dos d'homme peuvent circuler librement.

Il va de soi que les récoltants qui ne demanderont pas la remise d'un registre de laissez-passer auront à faire toutes leurs déclarations d'enlèvement à la recette buraliste et qu'il leur sera délivré des expéditions de l'espèce, moyennant la seule perception du prix du timbre, dans tous les cas où la loi les autorise à en faire usage. (Circulaire n° 423, du 29 décembre 1900.)

Il est expressément défendu aux récoltants d'énoncer, dans les expéditions qu'ils se délivrent, que l'on aura la faculté de conduire et d'emmagasiner les boissons, dans le cours du trajet, chez telle ou telle autre personne désignée. Les employés n'auront, au surplus, aucun égard aux indications de cette espèce. Rien ne s'oppose, au contraire, à ce que les récoltants fassent mention des lieux principaux par où la boisson devra passer pour se rendre à sa destination.

Tout laissez-passer détaché de la souche sera considéré comme ayant été délivré.

*Passavants pour détail d'un fût.* Lorsqu'un consommateur reçoit une pièce, une caisse ou un panier de vin pour le partager avec d'autres personnes, la régie délivre des *passavants* pour des transports partiels à la condition que l'expéditeur ait énoncé dans sa déclaration, outre le nom et le domicile du destinataire, ceux des copartageants et la quantité destinée à chacun d'eux.

*Passe-debout.* Le conducteur d'objets soumis à l'octroi qui veut traverser seulement un lieu sujet ou y séjourner moins de vingt-quatre heures est tenu d'en faire la déclaration au bureau d'entrée. Cette formalité est obligatoire pour l'introduction passagère des objets dans l'intérieur du périmètre de l'octroi, bien que le lieu de dépôt puisse être soumis à une surveillance facile. Il est délivré un permis de passe-debout sur le cautionnement ou la consignation des droits.

Lorsqu'il sera possible de faire escorter les chargements, le conducteur sera dispensé de consigner ou de faire cautionner les droits.

L'escorte est l'exception et le passe-debout la règle.

Du reste, l'escorte ne dispense pas du passe-debout. Elle affranchit seulement l'introducteur de l'obligation de consigner ou de faire cautionner les droits. Elle ne doit, d'ailleurs, avoir lieu que dans le cas où les introducteurs ne peuvent consigner, ni faire cautionner l'impôt. Les passe-debout et l'escorte ne sont pas exigés dans les octrois où la perception s'opère à bureau central, lorsque les porteurs ou conducteurs de marchandises imposées ne font que traverser et ne veulent pas rester vingt-quatre heures dans la commune et y remiser leurs chargements.

Quand il est impossible au service de l'octroi d'accorder une escorte; par exemple, lorsqu'un employé se trouve seul au bureau, celui qui veut traverser le lieu sujet doit consigner les droits ou fournir caution. S'il passe outre, nonobstant la défense de l'employé, le tribunal, saisi de l'affaire par un procès-verbal constatant l'impossiblilité d'accorder l'escorte, ne peut se dispenser de prononcer la condamnation encourue sans violer la foi due à cet acte.

*Sucrage.* — Par suite de la réduction considérable du droit sur les sucres, le législateur s'est cru obligé de réglementer le sucrage des vins d'une manière très sévère, afin d'empêcher la surproduction des vins de deuxième cuvée. V. SUCRE.

*Vins de raisins secs.* — La loi du 6 avril 1897 crée un régime spécial pour les piquettes et raisins secs : « La fabrication industrielle, la circulation et la vente des raisins secs ou autres vins artificiels, à l'exception des vins de liqueur et mousseux et des vins de marc et de sucre, sont exclues du régime fiscal des vins et soumises aux droits et régime de l'alcool pour leur richesse alcoolique totale, acquise ou en puissance. Quant aux vins de marc et sucre, la fabrication et la circulation *en vue de la vente* en est interdite. »

Il en est de même pour les cidres et poirés obtenus autrement que par la fermentation de pommes ou poires fraîches, avec ou sans sucrage.

La détention, à un titre quelconque, de ces vins, cidres et poirés est interdite à tout négociant, entrepositaire ou débitant de liquide (à moins qu'ils ne soient pas destinés à la vente).

Les boissons de cidre titrant moins de 3 degrés ne sont pas soumises à cette interdiction.

*Piquettes.* — La circulation en vue de la vente des piquettes provenant de l'épuisement des marcs par l'eau, sans addition de sucre ou de matières sucrées, est interdite. Les récoltants ne peuvent expédier de piquettes qu'à eux-mêmes et, si celles-ci sortent du rayon de franchise, elles supportent le même droit de circulation que les vins.

## Alcools et spiritueux.

Les eaux-de-vie et liqueurs circulent sous le lien des mêmes titres de mouvement que les vins (acquits et congés); mais tandis que pour les vins le congé est la règle, pour les spiritueux un acquit-à-caution est la plupart du temps exigible : indépendamment des envois aux marchands en gros et débitants de boissons, les expéditions de spiritueux aux simples consommateurs habitant une localité sujette au droit d'entrée ou au droit d'octroi sont obligatoirement faites avec des acquits-à-caution. La perception peut avoir lieu à la sortie des *entrepôts*. (V. *Marchands en gros.*)

Les eaux-de-vie, liqueurs, etc., ne sont pas assujetties au droit de circulation, mais seulement à un droit d'entrée et, dans certains cas, à un droit de consommation.

Le droit d'*entrée*, taxe de consommation locale qui s'ajoute aux droits d'octroi et est perçue en même temps, n'existe que dans les villes de plus de 4 000 âmes.

L'entrepôt est *réel* quand il existe des magasins déterminés ayant seuls le privilège de recevoir les alcools et soumis à une surveillance constante ; il est *fictif* quand les marchandises sont laissées, sous caution, au domicile de l'entrepositaire.

Le droit de *consommation* est perçu à raison de 220 francs, en principal et décimes, par hectolitre d'alcool pur contenu dans les eaux-de-vie et esprits, liqueurs, fruits à l'eau-de-vie et absinthes, tant en cercles qu'en bouteilles.

*Vins de liqueur.* — En exécution de l'article 21 de la loi du 13 avril 1898, les vermouts et vins de liqueur ou d'imitation sont imposés pour leur force alcoolique totale, avec un minimum de perception de 16 degrés pour les vermouts et de 15 degrés pour les vins de liqueur ou d'imitation ; ils sont passibles des demi-droits de consommation, d'entrée et d'octroi jusqu'à 15 degrés et des droits pleins au-dessus de 15 degrés. Dans l'application des tarifs, toute fraction de centime est considérée comme un centime entier.

Le calcul du demi-droit jusqu'à 15 degrés est établi au taux de 110 francs. Au produit que l'on obtient ainsi on ajoute, le cas échéant, le produit de l'application du plein tarif au-dessus de 15 degrés, et on ne force que sur le total, s'il y a lieu, la fraction de centime.

Les droits de consommation à l'arrivée sur les spiritueux, vermouts, etc., expédiés sous acquits-à-caution sont exigibles : (*a*) dans les localités ayant une population agglomérée de 4 000 habitants et au-dessus ou pourvues d'un octroi, au moment de l'introduction ; (*b*) partout ailleurs, dans les quinze jours qui suivent l'expiration du délai fixé pour le transport.

Le droit de consommation est payé en même temps que le droit d'entrée, dans les villes où il existe un service aux entrées. Pour la perception dans les autres communes, voir, ci-après, *Marchands en gros*, et *Débitants*.

## Marchands en gros.

Les marchands en gros restent, après la loi du 29 décembre 1900, soumis au régime antérieur de la loi de 1816, sauf que leurs licences sont modifiées et rendues plus ou moins proportionnelles à la vente. (V. LICENCE.)

Les marchands en gros sont ceux qui vendent, par quantités de 25 litres et au-dessus, des boissons autres que celles produites par leurs récoltes.

Ils reçoivent leurs boissons par acquit-à-caution.

Ils jouissent du crédit des droits, qui ne sont acquittés qu'à la sortie de leurs magasins (si les boissons sont livrées à la consommation). Si les boissons sont expédiées à un autre marchand en gros, le crédit est scrupuleusement transféré.

Ils ont un compte avec l'administration des Contributions indirectes, dont les agents reconnaissent les boissons à l'arrivée dans leurs magasins (c'est ce qui s'appelle « la décharge des acquits-à-caution »), et font des inventaires des quantités restant en cave. Les manquants, représentant la différence entre les sorties représentées par des expéditions régulières et les sorties réelles, sont soumis aux droits (plus les droits d'entrée et d'octroi si le marchand habite une ville sujette à ces droits). Il peut y avoir, en outre, procès-verbal s'il y a fraude. Les excédents sont saisissables.

Le marchand en gros doit avoir, indépendamment de la caution nécessaire pour lever des acquits-à-caution, une caution solvable pour garantir ses manquants de magasin.

Il doit déclarer à l'avance, au moment des opérations de recensement, les espèces et quantités de boissons, la capacité des fûts, ainsi que le degré des spiritueux.

Il lui est accordé, à titre de déchet, une déduction de tant pour 100 sur les quantités de boissons en magasin.

## Débitants.

L'article 5 de la loi du 25 décembre 1900 a supprimé l'exercice, tout en maintenant certaines vérifications :

« L'exercice des débits de boissons est supprimé. Dans les communes où il n'existe pas de surveillance effective et permanente aux entrées, toute personne qui vend en détail des boissons reste seulement assujettie, dans ses caves, magasins et autres locaux affectés au commerce, aux visites des employés de la régie, qui pourront effectuer les vérifications et prélèvements nécessaires pour l'application des lois concernant les fraudes commerciales et les fraudes fiscales. »

Les employés ne doivent pas pénétrer, en principe, dans les locaux affectés au commerce. Mais, s'il y a présomption de fraude, ils pourront se faire autoriser à effectuer une visite complète, avec l'assistance d'un officier de police. Ils devront être porteurs d'un ordre de visite.

La loi du 30 mars 1902 exige que les débitants ne reçoivent plus leurs vins et cidres que par congé, c'est-à-dire après le payement des droits, quelle que soit leur résidence. Il n'y a donc pas de compte avec la régie pour les vins et cidres, à l'exception des vins alcoolisés, qui sont soumis à un régime spécial.

Quant aux spiritueux, ils arrivent chez les débitants sous acquit-à-caution, et il y a pour les droits un compte analogue à celui des marchands en gros. Les manquants sont vérifiés et les excédents sont saisissables.

Le droit de consommation est acquitté dans les quinze jours de l'arrivée pour les communes de moins de 4 000 âmes ; les droits de consommation, d'entrée et d'octroi sont payables immédiatement dans les villes de plus de 4 000 habitants.

Les employés peuvent vérifier les boissons à l'arrivée dans le délai de vingt-quatre heures s'il y a un poste de la régie dans la localité, ou, sinon, dans les soixante-douze heures. Passé ce délai, les débitants peuvent user de leurs réceptions comme ils l'entendent.

Les vins alcoolisés : vermout, madère, byrrh, malaga, etc., ont un compte spécial pour le demi-droit de consommation qu'ils acquittent jusqu'à 15° et le droit entier payable sur les degrés au-dessus de 15°.

Aucune fabrication de liqueurs (ni même de fruits à l'eau-de-vie) n'est permise au débitant, sauf pour sa consommation de famille. Il ne lui est accordé aucune détaxe pour les boissons perdues ou gâtées. S'il fait une expédition de gros, il paye de nouveau le droit de circulation.

Les refus d'exercice ou de vérification, de la part du débitant, sont l'objet de procès-verbaux des employés et de poursuites judiciaires, à moins de transaction devant le directeur départemental.

On peut circuler librement dans les villes porteur de dix litres de vin ou cidre, de deux litres de spiritueux, de trois litres de vinaigre, de trois bouteilles de vin fin ou alcoolisé. Dans les campagnes, la tolérance n'existe que pour les vins (4 litres) et les cidres (6 litres). Les voyageurs peuvent transporter en tous lieux trois bouteilles de vin par personne pour leur consommation de route.

### Bières. V. BIÈRE.

### Licences. V. LICENCE.

### Contentieux.

Les contraventions et délits commis par les assujettis aux contributions indirectes sont constatés par des procès-verbaux des employés de la régie. Ces procès-verbaux font foi en justice jusqu'à preuve contraire.

Les contestations qui peuvent s'élever sur l'application des *tarifs* sont portées devant les tribunaux de première instance, qui prononcent en chambre du conseil comme en matière d'enregistrement (loi du 5 ventôse an XII, art. 88), c'est-à-dire sans plaidoiries et en dernier ressort, après conclusion du ministère public. Au contraire, les contraventions emportant une pénalité sont du ressort des tribunaux correctionnels. (*Id.*, art. 90.)

*Transactions.* — La plupart des affaires contentieuses, en matière de contributions indirectes, se règlent par voie de *transactions.* On appelle ainsi un arrangement amiable débattu entre la direction départementale et l'assujetti, et consenti soit par le directeur, soit par le directeur général, soit enfin par le ministre.

En principe, la transaction ne peut pas porter sur le droit simple, mais sur les amendes et confiscations.

Les amendes et confiscations sont, le plus souvent, inapplicables en pratique, à cause de leur exagération manifeste. La confiscation s'étend, par exemple, à la totalité d'un chargement, alors que la différence, objet de la contestation ou de la fraude, ne porte que sur une fraction minime de ce chargement.

En matière de contributions indirectes, la transaction peut avoir lieu avant l'instance, en cours d'instance et même après le jugement condamnant le contrevenant.

L'*assujetti* (c'est le nom du contribuable indirect) aura d'autant plus de chances d'obtenir une bonne transaction qu'il n'aura pas laissé prendre de jugement contre lui.

La transaction n'est jamais obligatoire pour l'administration; c'est une sorte de faveur que l'assujetti doit solliciter, en donnant toutes garanties et en se soumettant aux conditions librement débattues.

### Débits de boissons.

Considérés comme maisons de commerce, les cabarets, cafés et débits de boissons sont soumis aux règles ordinaires du droit. Considérés comme lieux publics où l'on consomme sur place, ils sont soumis à une réglementation particulière par la loi du 17 juillet 1880.

*Police des débits.* — Les maires peuvent, les conseils municipaux entendus, prendre des arrêtés pour déterminer, sans préjudice des droits acquis, les *distances* auxquelles les cafés et débits de boissons ne peuvent être établis autour des édifices consacrés à un culte quelconque, des cimetières, des hospices, des écoles primaires, collèges ou autres établissements d'instruction publique. (Loi du 17 juillet 1880, art. 1er.)

La police des cabarets (notamment la fixation des heures d'ouverture et de fermeture) appartient à l'autorité municipale.

*Autorisation.* — Toute personne qui voudra ouvrir un café, cabaret ou autre débit de boissons à consommer sur place, sera tenue de faire, quinze jours au moins par avance et par écrit, une déclaration indiquant : 1° les nom, prénoms, lieu de naissance, profession et domicile; 2° la situation du débit; 3° à quel titre elle doit gérer le débit, et les nom, prénoms, profession et domicile du propriétaire, s'il y a lieu. Cette déclaration sera faite à la mairie de la commune où le débit doit être établi. A Paris, elle sera faite à la préfecture de police. Il en sera donné immédiatement récépissé. Dans les trois jours de cette déclaration, le maire de la commune où elle aura été faite en transmettra copie intégrale au procureur de la République de l'arrondissement. (Loi du 17 juillet 1880, art. 2.)

Les individus qui, à l'occasion d'une *foire,* d'une *vente* ou d'une *fête publique*, établissent des cafés ou débits de boissons ne sont pas tenus à la déclaration ; mais ils doivent obtenir l'autorisation de l'autorité municipale; sinon, le débit sera immédiatement fermé et le contrevenant puni d'une amende de 16 francs à 100 francs. (*Id.*, art. 10.)

*Mutations. Translations.* — Toute mutation dans la personne du propriétaire ou du gérant doit être déclarée dans les quinze jours qui suivront. La translation du débit d'un lieu à un autre doit être déclarée au moins huit jours à l'avance. La transmission de ces déclarations est faite aussi au procureur de la République de l'arrondissement, conformément aux dispositions édictées pour l'ouverture. (*Id.*, art. 3.)

*Incapacités.* — Les mineurs non émancipés et les interdits ne peuvent exercer par eux-mêmes la profession de débitant de boissons. (*Id.*, art. 5.)

Ne peuvent non plus exploiter des débits de boissons à consommer sur place : 1° tous les individus condamnés pour crimes de droit commun; 2° ceux qui auront été condamnés à un emprisonnement d'un mois au moins pour vol, recel, escroquerie, filouterie, abus de confiance, recel de malfaiteur, outrage public à la pudeur, excitation de mineurs à la débauche, tenue d'une maison de jeu, vente de marchandises falsifiées et nuisibles à la santé. L'incapacité est perpétuelle à l'égard des individus condamnés pour *crime,* et de cinq ans à l'égard des condamnés pour *délit,* sauf le cas de condamnation correctionnelle à l'emprisonnement pendant ces cinq ans. (*Id.*, art. 6.)

Les mêmes condamnations prononcées contre un débitant de boissons entraînent de plein droit et pour le même laps de temps l'incapacité d'exploiter son débit, à partir du jour où les condamnations sont devenues définitives. Il en est de même lorsque le débitant à été condamné à un emprisonnement d'un mois au moins en vertu des articles 1 et 2 de la loi du 23 janvier 1873 pour la répression de l'ivresse publique. (V. IVRESSE.) « Le débitant interdit ne pourra être employé, à quelque titre que ce soit, dans l'établissement qu'il exploitait, comme attaché au service de celui auquel il aurait vendu ou loué, ou par qui il ferait gérer ledit établissement, ni dans l'établissement qui serait exploité par son conjoint, même séparé. » (*Id.*, art. 7.)

*Contraventions.* — Les infractions aux prescriptions concernant les déclarations, mutations et translations sont punies d'une amende de 16 francs à 100 francs. (*Id.*, art. 4.) Les infractions aux dispositions édictant l'incapacité de certains individus sont punies d'une amende de 16 francs à 200 francs [en cas de récidive, d'une amende pouvant aller jusqu'au double et d'un emprisonnement de six jours à un mois]. (*Id.*, art. 8.)

**Bons du Trésor.** — Obligations souscrites par le ministre des Finances, remboursables à échéance fixe et portant intérêt.

Ces bons forment, avec les fonds versés au Trésor en compte courant par ses correspondants, la *dette flottante* (V. DETTE). C'est la loi de finances qui autorise annuellement le ministre des Finances à créer pour le service de la trésorerie et les négociations avec la Banque de France des bons du Trésor, fixe le délai maximum dans lequel ils doivent être payés et détermine la somme que les bons en circulation ne peuvent excéder. Des décisions du ministre des Finances fixent l'intérêt des bons du Trésor. Ces bons sont délivrés : à Paris, à la caisse centrale du Trésor, au ministère des Finances ; dans les départements, à la caisse des trésoriers-payeurs généraux et receveurs particuliers des Finances, ainsi que dans les succursales et bureaux auxiliaires de la Banque de France.

Les bons du Trésor sont saisissables ; les rentes sur l'Etat ne le sont pas.

La Ville de Paris a été autorisée à émettre des *bons de caisse municipale* analogues aux bons du Trésor.

**Bornage.** — Opération qui consiste à fixer, après arpentage, au moyen de *bornes*, la ligne séparative de deux terrains contigus.

Le bornage comprend deux opérations : 1° la *délimitation*, qui a pour objet de fixer la ligne séparative de deux terrains ; 2° l'*abornement* ou établissement de bornes, qui a pour objet la constatation légale de ces lignes. Tout propriétaire, usufruitier ou usager peut obliger son voisin au bornage à frais communs de leurs propriétés respectives (Code civ., art. 646). L'*action en bornage*, qui n'est jamais atteinte par la prescription, est du ressort du tribunal civil si la propriété ou les titres qui l'établissent sont contestés (Code proc. civ., art. 59), car il s'agit surtout de la revendication d'une partie de propriété ; dans le cas contraire, elle est portée devant le le juge de paix de la situation des immeubles (loi du 25 mai 1838, art. 6), qui nomme un expert et statue à charge d'appel devant le tribunal civil.

Le déplacement ou la suppression des bornes donne lieu à une action possessoire (Code proc. civ., art. 3) et, en outre, à une action correctionnelle (Code pén., art. 456) ; car il y a là un délit passible d'un emprisonnement d'un mois à un an, et d'une amende égale au quart des restitutions et dommages-intérêts, sans que cette amende puisse être inférieure à 50 francs.

**Bornage des bois et forêts.** — V. FORÊTS.

**Bornage.** (Marine marchande.) — Navigation faite par une embarcation jaugeant 25 tonneaux au plus, avec faculté d'escales intermédiaires entre son port d'attache et un autre point déterminé, mais qui ne doit pas être distant de plus de 15 lieues marines.

Tout marin âgé de vingt-quatre ans au moins et réunissant soixante mois de navigation, dont douze sur les bâtiments de l'Etat, peut commander au bornage. Les chiffres de tonnage et de limite de parcours donnés dans la définition peuvent être élevés, pour les chalands, allèges, pénelles et autres bâtiments naviguant sur les fleuves et rivières au moyen du remorquage ou du halage. Les bâtiments armés au bornage sont assimilés à ceux qui sont armés au cabotage, relativement au décompte des services, aux infractions en matière de rôle d'équipage, etc. Tout individu non autorisé qui a exercé le commandement d'une embarcation au bornage est puni d'une amende de 100 francs. La même peine frappe le patron au bornage qui a exercé le commandement d'une embarcation de plus de 25 tonneaux, ou qui a franchi la limite de parcours indiquée sur le rôle d'équipage. Ce rôle est renouvelé chaque année. Le commandement d'une embarcation armée à la petite pêche ne peut être exercé que par un marin définitivement inscrit. Est puni d'une amende de 100 francs tout patron pêcheur qui a effectué un transport de marchandises ou de passagers. (Décret du 20 mars 1852.)

Les patrons propriétaires de bateaux se livrant à la petite navigation (petite pêche, bornage et pilotage) et montant eux-mêmes lesdits bateaux, sont exonérés de la taxe de 3 francs et 4 francs par homme et par an, imposée par la loi du 24 avril 1898, et ne sont astreints qu'à leur cotisation individuelle d'inscrits. Le montant des retenues opérées, en vertu de la loi sur la marine marchande, sur les primes à la navigation et à la construction, pour allocation de secours aux marins français victimes de naufrages et autres accidents ou à leurs familles, qui est attribué à la caisse de prévoyance des marins, viendra en déduction du produit des cotisations individuelles. (Loi du 30 mars 1902, art. 81.)

## Boucherie.

Le commerce de la boucherie est libre, mais les maires ont le devoir (loi du 5 avril 1884, art. 97, 5°) de veiller à la fidélité du débit et à la salubrité des viandes, d'où le fonctionnement dans la plupart des villes d'un service d'inspection de la boucherie. Les maires tiennent aussi de l'article 30 de la loi des 19-22 juillet 1791 le pouvoir de taxer le prix de la viande.

L'action des bouchers pour le payement de leurs fournitures se prescrit par un an (Code civ., art. 2272). L'article 2101 du Code civil donne aux bouchers une créance privilégiée, en cinquième rang, sur la généralité des meubles de leurs débiteurs pour les fournitures faites à ceux-ci et à leur famille pendant les six derniers mois.

Les délits et les peines auxquels peut donner lieu l'exercice de la profession de boucher sont : 1° vente de viandes avariées ou tromperie sur le poids (trois mois à un an de prison ; loi des 27 mars-1er avril 1851) ; 2° vente de viande d'animaux atteints ou suspects de maladies contagieuses (six mois à trois ans de prison et amende de 100 à 200 fr.; loi du 21 juill. 1881 et décret du 22 juin 1882) ; 3° vente de la viande au-dessus de la taxe (amende de 11 à 15 francs et, selon les circonstances, un à cinq jours de prison ; Code pén., art. 479, §§ 6 et 480) ; 4° fait de répandre devant la boutique des matières à exhalaisons insalubres (1 à 5 francs d'amende) [Code pén., art. 471, § 6].

*Boucherie à Paris.* — La boucherie parisienne est réglementée par le décret du 24 février 1858 et l'arrêté du préfet de la Seine en date du 20 avril 1887. Quiconque veut s'établir boucher doit faire une déclaration préalable à la préfecture de la Seine. Une autre ordonnance de police, du 13 octobre 1879, règle l'entrée des viandes dans Paris. Elles sont inspectées aux abattoirs, aux portes de Paris et aux Halles.

Parmi les modes de vente de la viande usités à Paris, il faut citer le *commerce à la cheville*, nom donné à la vente en gros ou demi-gros, à l'abattoir, des animaux divisés en quartiers et suspendus aux chevilles de fer des échaudoirs. Elle est pratiquée par des bouchers qui achètent des animaux sur pied, puis les revendent aux bouchers qui ne fréquentent pas les marchés de bestiaux. La vente à la cheville a été jadis prohibée, même punie des galères, comme constituant un accaparement. Il existe à Paris et dans toutes les grandes villes des services d'inspection des viandes de boucherie.

## Bougie.

Les bougies, cierges et stéarines sont soumis à une taxe intérieure de consommation de 25 francs (plus le double décime) par 100 kilogrammes. (Loi du 30 décemb. 1873 et décret du 8 janv. 1874.) Les fabricants sont tenus de se munir d'une licence (même décret, art. 1er).

## Bouilleurs de cru.

**Bouilleurs de cru.** (Lois du 29 décembre 1900 et du 31 mars 1903, art. 11 et suiv.; Circ. des contr. indir. du 4 avril 1903 ; Décret du 19 août 1903 ; Loi du 22 avril 1905, art. 12 à 19.) — Propriétaire qui distille uniquement les vins, marcs, cidres, poirés, prunes, prunelles et cerises provenant exclusivement de sa récolte.

Sans être soumis à toutes les obligations des fabricants d'alcool, les propriétaires bouilleurs de cru n'en sont pas moins assujettis à des obligations très strictes, compensées par une allocation en franchise de 20 litres d'alcool pur, par producteur et par an, pour consommation de famille. Cette franchise représente environ un demi-hectolitre d'eau-de-vie moyenne.

Il y a, d'après les lois des 31 mars 1903 et 22 avril 1905, trois catégories de bouilleurs de cru :

1° Les *petits bouilleurs*, qui sont l'objet d'un régime de faveur. — Pour faire partie de cette catégorie, il est nécessaire de ne pas cultiver une superficie plus considérable de vignes ou un plus grand nombre d'arbres fruitiers à l'état de rapport normal qu'il n'est nécessaire pour la production moyenne de 50 litres d'alcool pur. La superficie des vignes, le nombre et la dimension des arbres correspondant à ce maximum sont déterminés dans chaque département par un arrêté ministériel sur la proposition du directeur des Contributions indirectes et avis du conseil général. Ces bouilleurs doivent distiller *chez eux* ou sur un emplacement désigné par l'administration des Contributions indirectes, après avis du conseil municipal, les vins, cidres, lies, marcs, prunes, prunelles et cerises provenant *exclusivement* de leurs récoltes. Ils ne sont astreints, en dehors des déclarations et formalités relatives aux alambics (v., plus loin, *Alambics*), qu'à la déclaration préalable au bureau de la régie. La déclaration indique la nature et la provenance des produits mis en œuvre ; elle est complétée au fur et à mesure de l'introduction de nouveaux produits dans la distillerie. — Les petits bouilleurs sont dispensés de toute vérification et prise en charge. Toutefois, l'écart entre les 20 litres d'alcool pur dont ils ont la franchise et les 50 litres maximum qu'ils peuvent produire reste passible des droits, au moment des enlèvements, sur expéditions régulières, à moins qu'il ne s'agisse du transport effectué de l'atelier de distillation au domicile du bouilleur.

2° Les *propriétaires, fermiers et métayers réunis en syndicats professionnels ou en associations coopératives de distillation*, qui déposent leurs appareils et leurs alcools et qui effectuent la distillation des produits de leurs récoltes dans les locaux agréés par la régie et gérés par le syndicat.

Ces bouilleurs sont dispensés de toute déclaration préalable et de tout exercice. S'ils payent les droits au comptant, ils peuvent réclamer une déduction de 10 pour 100 (avec minimum de 20 litres d'alcool pur). S'ils demandent le crédit des droits pour la durée de la campagne de fabrication, ils n'ont droit qu'à la déduction ordinaire des marchands en gros (pour ouillage, coulage et déchets de magasin), indépendamment du minimum de 20 litres. Dans les deux cas, ils peuvent retirer leur alcool, à tout instant, de la distillerie commune. Mais, s'ils ont le crédit du droit, il est fait chez eux un récolement, indépendamment du premier inventaire.

Ce régime de faveur pour les syndicats est entouré de deux sortes de garanties : 1° responsabilité solidaire de tous les membres ou de deux membres présentés par le syndicat et agréés par la régie ; 2° application des règlements sur les distilleries à l'agencement des locaux du syndicat.

3° Les *bouilleurs de cru ordinaires*, c'est-à-dire les bouilleurs qui peuvent produire plus de 50 litres d'alcool pur et ne distillent pas sous le régime syndical.

Indépendamment de la police spéciale des alambics (v., ci-dessous, *Alambics*), ils sont astreints : 1° à une déclaration de fabrication ; 2° à la visite des employés de la régie, mais seulement aux *heures de jour* et seulement aussi dans le *local de la distillerie;* 3° à un inventaire après la fabrication ; 4° à un récolement qui ne pourra avoir lieu qu'au moment de la campagne suivante de distillation.

Au cours des inventaires et récolements, le bouilleur de cru peut se faire assister de deux témoins majeurs.

Les bouilleurs de cru doivent le droit de consommation sur l'alcool qu'ils produisent. Ils ont la faculté d'acquitter immédiatement la taxe ou de réclamer l'ouverture d'un compte qui se règle par campagne. (La campagne des distilleries s'ouvre le 1er octobre et finit le 30 septembre.) Dans le premier cas, ils bénéficient d'une allocation en franchise de 10 pour 100, sans que cette allocation puisse être inférieure à 20 litres d'alcool pur. Dans le second cas, ils jouissent de la déduction ordinaire accordée aux entrepositaires pour ouillage, coulage et déchets de magasin (7 ou 3 pour 100, selon que les alcools sont logés dans des fûts en bois ou dans des récipients en verre, en fer, etc.), indépendamment, pour la campagne pendant laquelle les eaux-de-vie ont été fabriquées, d'une allocation en franchise de 20 litres d'alcool pur à titre de consommation de famille.

*Alambics.* — Pour atteindre les distillations frauduleuses d'alcool, la loi du 31 mars 1903 a astreint les alambics à une surveillance plus étroite peut-être que celle de l'alcool lui-même.

La loi saisit l'alambic dès son origine chez un fabricant. Il est déjà *suspect*. On lui crée, par la déclaration du fabricant (et du marchand), une sorte d'état civil; on le suit dorénavant en tous lieux, car il ne circule que sous acquit-à-caution. Si même il doit passer à l'étranger, on le suit jusqu'à la frontière, où l'on décharge l'acquit-à-caution. Une fois arrivé chez le destinataire, la loi impose au détenteur l'obligation de faire, au bureau de la régie, dans les cinq jours de l'entrée en possession, une déclaration énonçant le nombre, la nature et la capacité des *appareils* ou *portions d'appareils*. En outre, le poinçonnage des appareils par les employés des Contributions indirectes est obligatoire. Coût du poinçonnage : 1 franc.

Le détenteur n'a le droit de se servir de ses appareils que pendant les fabrications déclarées. Hors le temps des fabrications, les appareils doivent être et demeurent scellés. Ils peuvent d'ailleurs être conservés ou déposés dans un local agréé par l'administration.

Les détenteurs d'appareils doivent les présenter à toute réquisition des employés de la régie. Mais chez les bouilleurs de cru les visites ne peuvent avoir lieu que de jour et dans le local de la distillerie.

A Paris, toute détention d'alambic est prohibée, à moins d'autorisation exceptionnelle (essayeurs, pharmaciens, établissements scientifiques) donnée après avis du comité des arts et manufactures. Cette autorisation est personnelle et toujours révocable.

Les loueurs d'alambics ambulants dont se servent souvent les petits bouilleurs doivent faire la déclaration de leurs clients, des opérations qu'ils font pour leur compte, et ils sont tenus d'avoir un cahier journal, contresigné par le bouilleur et représenté à toute réquisition des employés des Contributions indirectes.

Les appareils à repassage d'eau-de-vie sont considérés comme alambics à distiller.

Sont considérés comme alambics d'essai les appareils à chargement intermittent dépourvus de tout organe de rectification ou de rétrogradation, dont la capacité n'excède pas 1 litre. (Arrêté ministériel du 2 avril 1903.)

## Boulangerie.

Les règles qui ont été rappelées concernant le commerce de la boucherie sont applicables au commerce de la boulangerie. On se reportera à l'article BOUCHERIE, et nous n'ajouterons que quelques considérations spéciales au commerce du pain.

Les municipalités n'ont pas le droit de faire dériver de leur pouvoir de taxation le droit de réglementer la profession de boulanger ; cette prétention serait contraire au principe de la liberté du commerce et de l'industrie.

La jurisprudence admet le droit pour les boulangers de vendre du *pain de luxe*, de qualité et de prix supérieurs au pain taxé. Elle refuse aux municipalités celui d'obliger les boulangers à avoir toujours un approvisionnement de pain de chacune des catégories taxées.

C'est un décret du 22 juin 1863 qui a proclamé la liberté du commerce de la boulangerie.

Les arrêtés municipaux sur la taxe du pain sont soumis au contrôle préfectoral et les décisions des préfets sont elles-mêmes subordonnées à l'autorité du ministre de l'Agriculture. Il appartient, en conséquence, au ministre de l'Agriculture, dans les attributions duquel rentrent les questions relatives aux subsistances, de prononcer sur les recours formés devant lui en cette matière.

La loi du 27 mars-1er avril 1851 sur la répression de la fraude dans la vente des marchandises et celle du 23 mai 1863, qui a complété l'article 423 du Code pénal, punissent de trois mois à un an de prison et d'une amende ceux qui falsifient les substances alimentaires et vendent des denrées corrompues, ou trompent sur la quantité de la marchandise livrée. Les infractions aux arrêtés municipaux, ainsi que la négligence dans la réparation et le nettoyage des fours, sont passibles d'une amende de 1 à 5 francs (art. 471), et l'article 479, § 6, du Code pénal, complété par l'article 100 de la loi du 28 avril 1832, punit d'une amende de 11 à 15 francs la vente du pain à un prix supérieur à la taxe légalement faite et publiée.

**Bourse.** — Lieu où sont effectuées les négociations des effets publics par l'intermédiaire obligatoire des agents de change et celles des marchandises par l'intermédiaire facultatif des courtiers de commerce.

L'article 71 du Code de commerce définit la Bourse de commerce « la réunion, sous l'autorité du gouvernement, des commerçants, capitaines de navires, agents de change et courtiers ». Les Bourses entretenues par les Chambres de commerce ne sont pas des établissements privés que les intéressés peuvent créer à leur gré. Au gouvernement seul appartient le droit de les établir là où le développement du commerce les rend utiles, de les supprimer s'il y a lieu, comme aussi d'exercer à leur égard un certain droit de police et de surveillance, confié : à Paris, au préfet de police ; en province, aux municipalités. Les Bourses sont en principe ouvertes à tous les citoyens, *même aux étrangers* (arrêté du 27 prairial an X, art. 1er). L'entrée en est interdite aux faillis non réhabilités et aux femmes.

*Opérations de Bourse.* — Les opérations qui s'effectuent dans les Bourses de commerce sont des plus variées, savoir : 1° ventes de matières métalliques ; 2° ventes de toutes sortes de marchandises ; 3° assurances maritimes ; 4° affrètement des navires ; 5° négociations des effets publics et de tous ceux dont le cours est susceptible d'être coté. Ces diverses négociations peuvent se diviser en deux grandes catégories : les négociations sur les marchandises et les négociations sur les effets publics. Réunies en province, où il y a peu de négociations sur les effets publics, où l'on ne négocie guère que les valeurs locales, elles sont séparées, à Paris et dans toutes les capitales d'Europe, quant au local où elles s'effectuent. D'ailleurs, les deux grandes catégories d'opérations effectuées dans les Bourses de commerce ne sont pas soumises aux mêmes règles et accomplies par les mêmes intermédiaires, suivant qu'il s'agit de transactions de marchandises ou de négociations de valeurs mobilières. Il convient donc de distinguer les *Bourses de marchandises* et les *Bourses d'effets publics* : les unes et les autres légalement dénommées *Bourses de commerce*, tandis que dans le langage usuel, à Paris notamment, l'appellation de *Bourse* proprement dite est réservée à la Bourse des effets publics, et celle de *Bourse de commerce* à la Bourse des marchandises.

Consulter, sur les opérations de Bourse, *Pour gérer sa fortune*, par Pierre des Essars (Librairie Larousse).

**Bourses des marchandises.** — La tenue des *Bourses de marchandises* est bien différente de la tenue des Bourses d'effets publics. Il n'y a pas de négociations publiques criées à haute voix, mais des conversations particulières, des marchés traités avec ou sans l'entremise d'intermédiaires. Les commerçants y vont pour se rencontrer, se renseigner. Mais les transactions peuvent s'opérer aussi bien en dehors que dans l'enceinte de la Bourse, contrairement à la règle établie pour les négociations d'effets publics. Les intermédiaires qui servent à la conclusion des opérations sont les *courtiers*. Ils jouent un rôle analogue à celui des agents de change, mais ils n'agissent pas pour le compte et au nom de leurs clients, se bornant à prêter leur entremise pour rapprocher les vendeurs des acheteurs, les assureurs des assurés, les fréteurs des affréteurs. Le rapprochement opéré, les courtiers disparaissent. Les résultats des opérations faites dans la Bourse déterminent le cours des marchandises, publié dans un bulletin. A Paris, la loi du 27 janvier 1886 a autorisé l'établissement d'une Bourse spéciale des marchandises, appelée par la loi elle-même *Bourse de commerce*, administrée et entretenue par la Chambre de commerce de Paris.

*Bourse d'effets publics.* — La *Bourse d'effets publics*, ou plus simplement la *Bourse*, est le lieu où se rencontrent, à des heures limitativement déterminées, d'une part les spéculateurs appartenant à toutes les professions et souvent sans autre profession que celle de spéculateur, et d'autre part les agents de change, intermédiaires obligés des transactions. Constitués en compagnie fermée, comprenant 60 membres à Paris, 30 à Lyon, 20 à Marseille, 10 à Lille et à Nantes, et 8 à Toulouse, les agents de change se tiennent pendant la durée de la bourse quotidienne en un point central, un peu élevé, appelé *Parquet*, en vue du public, dont il est séparé par une balustrade ; ils forment ainsi le cercle autour d'un petit espace circulaire absolument fermé, dit *Corbeille*, de manière à pouvoir se voir mutuellement et être vus du public. Les cours sont donnés au *crieur* qui les annonce au public. Toutes les négociations ne sont pas criées. On ne crie que celles portant sur les rentes sur l'Etat et les actions de la Banque de France, alors qu'elles sont faites au comptant. Les particuliers, acheteurs ou vendeurs, n'apparaissent pas dans la conclusion du marché ; leurs ordres parviennent soit avant, soit pendant la séance, aux agents, qui doivent le secret à leurs clients, et qui, à la fin de la séance, se réunissent pour établir le bulletin officiel des cours, aussitôt transmis au gouvernement et rendu public.

*Cours de la Bourse.* — Le résultat des négociations et des transactions qui s'opèrent dans la Bourse détermine le cours du change, des marchandises, des assurances, du fret ou nolis, du prix des transports par terre ou par eau, des effets publics et autres dont le cours est susceptible d'être coté. (Code comm., art. 72.) Ces divers cours sont constatés par les agents de change et courtiers (*Id.*, art. 73), reconnus par la loi comme intermédiaires (*Id.*, art. 74). V. AGENTS DE CHANGE, COURTIER.

*Cote officielle.* — Les valeurs qui sont l'objet d'un trafic à la Bourse sont ou non admises à la *cote officielle*, c'est-à-dire inscrites sur le Bulletin des cours par la Chambre syndicale des agents dans des conditions qui varient suivant qu'il s'agit de titres français ou de titres étrangers. Les valeurs *cotées* ne peuvent être légalement négociées, *à peine de nullité*, que par l'intermédiaire des agents de change; les opérations portant sur les autres valeurs ne sont l'objet d'aucune réglementation, d'où l'existence de fait, à côté du *marché officiel* ou du *Parquet*, d'un *marché libre* tenu par la *Coulisse* ou tous autres intermédiaires officieux, banquiers ou changeurs.

*Hausse et baisse.* — Le prix des valeurs de Bourse est, comme pour toutes les marchandises, soumis à la loi économique de l'offre et de la demande. Des causes multiples, politiques, financières ou autres, font varier le rapport entre les offres et les demandes et déterminent; soit la *hausse* quand la valeur est très demandée, soit la *baisse* quand elle est très offerte.

*Opérations au comptant.* — Les opérations de Bourse se divisent en opérations *au comptant* et en opérations *à terme*, c'est-à-dire avec ou sans stipulation de délai, tant pour le payement que pour la livraison des titres.

Les opérations au comptant sont faites soit au *cours moyen*, qui est la demi-somme du plus haut et du plus bas cours de la journée, soit à un *cours déterminé* par le client lui-même qui ne veut pas s'engager, soit *au mieux*, c'est-à-dire en laissant l'agent de change juge, et alors c'est le *cours moyen* que ce dernier généralement applique d'office.

*Marchés à prime.* — A côté de ces diverses négociations à terme, qui constituent des *marchés fermes*, il existe une catégorie d'opérations dites *marchés à prime*, où l'une des parties conserve le droit de se dégager moyennant un prix convenu appelé *prime*. Dans les marchés fermes, la perte de l'acheteur peut être illimitée; il évite cette éventualité en renonçant à l'opération engagée, sous réserve du payement d'un *dédit* appelé « prime ». Ce droit n'appartient qu'à l'acheteur : le vendeur ne peut en aucune façon limiter sa perte, à moins de se faire parallèlement acheteur de prime de la même valeur. Dans le langage de Bourse, une prime *dont 5*, une prime *dont 10* signifie que le marché peut se résoudre par l'abandon au vendeur de 5 ou 10 francs par titre. Une prime est d'autant plus élevée que la date de réalisation du contrat est d'autant plus éloignée.

Les cours à prime sont toujours plus élevés que les cours du ferme, et le montant de la prime est d'autant plus élevé que le cours des primes se rapproche davantage de celui du ferme. L'*écart des primes* est la différence entre les cours du ferme et des primes et entre les cours des primes entre elles. L'opération d'un achat ferme couvert par une vente à prime s'appelle *ferme contre prime*, tandis que *prime contre ferme* correspond à l'opération inverse consistant en une vente ferme et un achat à prime, ce dernier achat ayant pour bur de garantir contre la hausse. La spéculation à prime ne s'en tient pas là, et il suffira de signaler l'opération dite *prime contre prime*, qui consiste par exemple à acheter une prime dont 10 et à vendre une prime dont 5, et celle dénommée *échelle de primes*, qui n'est que l'extension de l'opération sur plusieurs ventes et achats à primes. La veille de la liquidation a lieu la *réponse des primes*, c'est-à-dire la notification par les acheteurs de leur volonté de maintenir ou de résilier leur marché.

*Opérations à terme. Report, déport.* — Les opérations à terme ne sont réalisées qu'à une époque ultérieure, fixée d'avance. Cette réalisation s'appelle *liquidation* et s'effectue, pour la rente française, la Banque de France et les chemins de fer français, le 1er et le 2 de chaque mois; pour toutes les autres valeurs, la liquidation est bimensuelle (le 2 et le 16). Aux échéances fixées, qui à Paris ne peuvent dépasser la troisième liquidation, acheteurs et vendeurs doivent réciproquement accomplir leur obligation, ou obtenir un nouveau délai en reportant l'échéance de leur engagement à une date ultérieure; ce nouveau délai s'obtient au moyen d'une nouvelle convention appelée *report*. Le report coûte ordinairement plus ou moins à l'une des parties, aux acheteurs ou aux vendeurs, suivant l'état du marché. Lorque le prix du report est payé par l'acheteur, il conserve le nom de l'opération elle-même; s'il est payé par le vendeur, c'est un *déport*. Le premier cas se présente lorsque les acheteurs ne pouvant payer les titres achetés sont plus nombreux que les vendeurs ne pouvant livrer les titres vendus; le second, lorsque c'est l'inverse qui se produit. De la sorte, acheteurs et vendeurs se font la contre-partie pour le plus grand nombre des transactions engagées, et il ne reste qu'un solde plus ou moins restreint pour lequel les intermédiaires officiels ou officieux s'adressent à des tiers qui s'adonnent à ce mode de placement temporaire, lequel constitue une sorte de prêt sur titres. Aussi peut-on dire que le bon marché ou la cherté des reports constitue le plus souvent le baromètre de la situation de la place. Pour les diverses opérations à réaliser le jour de la liquidation, *reports* ou règlements des *différences* quand il n'y a pas report, le cours moyen uniformément adopté est celui coté à la première heure ce jour-là, et prend le nom de *cours de compensation*.

Les marchés à terme ont été reconnus légaux par la loi du 28 mars 1885. V. AGIOTAGE.

*Vente à crédit des valeurs de Bourse.* — Dans le but de réprimer les abus commis en matière de vente à crédit des valeurs de Bourse, la loi du 12 mars 1900, qui a eu surtout en vue la petite épargne, a prescrit, sous peine de nullité, l'accomplissement d'un certain nombre de formalités protectrices.

Des payements fractionnés ne peuvent être

échelonnés sur une durée de plus de deux ans. Le vendeur est tenu de conserver le titre vendu. Il ne peut ni s'en dessaisir ni le mettre en gage. Il doit le représenter à toute réquisition de l'acheteur. Toute stipulation contraire est nulle. Il en est de même de toute clause ou de toute mention dérogeant directement ou indirectement aux règles générales de la compétence.

*Taxe sur les opérations de Bourse.* — L'achat ou la vente des actions et obligations donne lieu à la perception d'une taxe de 0 fr. 05 par 1 000 francs, dite *Taxe sur les opérations de Bourse*, et supportée moitié par l'acheteur, moitié par le vendeur.

*Contribution spéciale pour frais de Bourses et de Chambres de commerce.* — Les contributions spéciales destinées à subvenir aux dépenses des Bourses et des Chambres de commerce sont réparties : 1° sur les patentables des trois premières classes du tableau A annexé à la loi des patentes du 15 juillet 1880 ; 2° sur les patentables des tableaux B et C pour lesquels le droit fixe est égal ou supérieur au droit fixe dont sont passibles les patentables de la 3e classe du tableau A. (V. PATENTES.)

Le montant de l'imposition est fixé, chaque année, par un décret; la répartition, entre les patentables visés par le paragraphe précédent, des sommes à imposer a lieu *au prorata* des droits en principal auxquels ils sont assujettis : 1° dans la ville où est établie la Bourse, en ce qui concerne l'imposition affectée aux frais de cet établissement; 2° dans les communes comprises dans la circonscription de la Chambre de commerce, s'il s'agit de la contribution spéciale autorisée au profit de cet établissement. Il est ajouté à la taxe 5 centimes par franc pour couvrir les non-valeurs et les frais de confection des rôles, et 3 centimes par franc pour frais de perception.

## Bourse du travail.

— Institution dont l'objet est : 1° de faciliter les transactions relatives à la main-d'œuvre ouvrière ; 2° de concourir à l'éducation technique des syndicats ouvriers.

La Bourse du travail de Paris est réglementée notamment par les décrets des 17 juillet 1900 et 11 août 1905.

Elle facilite les transactions relatives à la main-d'œuvre, au moyen de bureaux de placement gratuit, de salles d'embauchage publiques, et par la publication de tous renseignements intéressant l'offre et la demande de travail. Elle concourt à l'éducation technique et économique des syndicats professionnels ouvriers. Il y est annexé des bureaux mis à la disposition des syndicats ouvriers et des salles pour les réunions corporatives.

Les syndicats professionnels d'ouvriers ou d'employés, légalement constitués, fonctionnant suivant les prescriptions de la loi du 21 mars 1884 et remplissant certaines conditions, sont admis à occuper un local dans la Bourse du travail ; ils peuvent y établir un bureau de placement gratuit soit pour tous les membres de leur profession, soit pour leurs seuls adhérents.

Le décret du 11 août 1905 confère au préfet de la Seine un droit de police dans l'intérieur de la Bourse du travail de Paris. Il peut être fait appel devant le conseil municipal des décisions prises par la commission administrative élue par les délégués des syndicats, ainsi que de l'examen de toutes les questions relatives à son fonctionnement.

## Braconnage.

La loi du 3 mai 1844 sur la chasse ne prononce pas de peine spéciale au braconnage, mais elle porte que les délinquants peuvent, en cas de récidive, être punis de l'emprisonnement, indépendamment d'une amende, laquelle peut être portée à 1 000 francs et la prison à deux ans si le délit a été commis pendant la nuit. Les tribunaux peuvent aussi priver le délinquant du droit d'obtenir un permis de chasse pour un temps qui ne doit pas excéder cinq ans. V. CHASSE.

## Brasseur.

— V. BIÈRE.

## Brevet (*Acte en*).

— Acte dont le notaire ne conserve pas la minute et qu'il délivre aux parties sans le revêtir de la formule exécutoire.

Les certificats de vie, les procurations, les quittances notariées, les actes de notoriété sont établis en brevet.

## Brevet d'invention.

— Titre délivré par le gouvernement pour constater le droit exclusif d'un inventeur d'exploiter pendant un certain temps la découverte ou invention dont il est l'auteur.

La loi du 9 juillet 1901 a créé un *Office national des brevets d'invention et des marques de fabrique*, appelé depuis *Office national de la propriété industrielle* et rattaché au Conservatoire des arts et métiers. V. ARTS ET MÉTIERS.

D'autre part, la conférence de l'Union internationale pour la protection de la propriété industrielle, tenue à Bruxelles, a abouti, le 14 décembre 1900, à la signature de deux actes additionnels destinés à amender :

1° La convention conclue à Paris, le 20 mars 1883, pour la protection de la propriété industrielle;

2° L'arrangement conclu à Madrid, le 14 avril 1891, pour l'enregistrement international des marques de fabrique ou de commerce.

La convention de Paris de 1883 constitue l'acte diplomatique le plus important qui ait été signé en vue d'assurer la protection internationale des diverses manifestations de la propriété industrielle (brevets d'invention, marques de fabrique ou de commerce, dessins ou modèles industriels, nom commercial, fausses indications de provenance, etc.).

Elle a groupé les principaux Etats industriels des deux mondes en une union qui comprend aujourd'hui la France, avec l'Algérie et les colonies, l'Allemagne, la Belgique, le Brésil, le Danemark, la république Dominicaine, l'Espagne, les Etats-Unis d'Amérique, la Grande-Bretagne, avec la Nouvelle-Zélande et le Queensland, l'Italie, le Japon, le Mexique, la Norvège, les Pays-Bas, avec les Indes néerlandaises, Surinam et Curaçao, le Portugal, la Serbie, la Suède, la Suisse et la Tunisie.

L'arrangement conclu à Madrid, en 1891, pour l'enregistrement international des marques de fabrique ou de commerce, bien que moins large, présente une réelle importance et une utilité pratique certaine par ses effets sur la vie commerciale et industrielle. Les Etats qui l'ont signé ou qui y ont adhéré postérieurement sont : la France (Algérie et colonies), la Belgique, le Brésil, l'Espagne, l'Italie, les Pays-Bas (Indes néerlandaises, Surinam et Curaçao), le Portugal (Açores et Madère), la Suisse et la Tunisie.

Ces actes ont fait l'objet d'une circulaire (Commerce) du 20 août 1903.

*Durée et taxe des brevets.* — La durée des brevets est de cinq, dix ou quinze années, au choix des inventeurs.

Chaque brevet donne lieu au payement d'une taxe qui est fixée ainsi qu'il suit, savoir : 500 francs pour un brevet de cinq ans ; 1 000 francs pour un brevet de dix ans ; 1 500 francs pour un brevet de quinze ans. (Loi du 5 juillet 1844, art. 4.)

La durée du brevet court du jour du départ de la demande ; elle ne peut être prolongée que par une loi.

La taxe doit être payée par annuités de 100 francs avant le commencement de chaque année, sous peine de déchéance. Le breveté a toutefois (loi du 7 avril 1902) un délai supplémentaire de trois mois, mais il est tenu en ce cas de verser une taxe supplémentaire de 5 francs s'il effectue le payement dans le premier mois, de 10 francs s'il l'effectue dans le second mois, de 15 francs s'il l'effectue dans le troisième mois. Cette taxe supplémentaire doit être acquittée en même temps que l'annuité en retard. (Circ. Compt. publ. du 10 mai 1902, § 1er.)

La première expédition des brevets est délivrée sans frais. Toute expédition ultérieure demandée par le breveté ou ses ayants cause donne lieu au payement d'une taxe de 25 francs. Les frais de dessin, s'il y a lieu, demeurent à la charge de l'impétrant.

*Formalités à remplir.* (Arrêté ministériel du 11 août 1903.) — Toute personne peut prendre un brevet en remplissant les formalités ci-après :

On doit d'abord, à Paris, verser une somme de 100 fr. 25 (timbre de quittance compris) chez le receveur central des finances de la Seine, et dans les départements, à la trésorerie générale ou chez les receveurs particuliers. Ce versement, qui forme la première annuité de la taxe, est constaté par la délivrance d'un récépissé détaché d'un carnet à souche.

On se rend ensuite au secrétariat général de la préfecture du département où l'on est domicilié (ou d'un autre département, en y élisant domicile) et l'on dépose, avec le récépissé de la première annuité, une enveloppe cachetée renfermant (format minimum : $0^m,355 \times 0^m,275$, qui est celui des pièces de l'administration, et afin d'éviter des faux plis aux dessins) :

1° *Lettre au ministre du Commerce*, réclamant la délivrance d'un brevet d'invention.

2° *Mémoire descriptif*, rédigé avec le plus grand soin, ne contenant ni grattage ni mots interlignés, et exposant d'une manière claire, complète et loyale, les véritables moyens de l'inventeur. Les mots rayés comme nuls seront comptés et constatés, les pages et les renvois paraphés. Un espace blanc sera réservé à la fin pour les cachets et écritures de l'administration ($0^m,10$ de hauteur de blanc environ). Ce mémoire portera en tête le mot : *Original*.

3° Un mémoire, exactement semblable au premier, et portant en tête le mot : *Duplicata*.

4° *Dessins*. Les dessins seront exécutés, selon les règles du dessin linéaire, sans grattage ni surcharge, sur des feuilles de papier ayant les dimensions suivantes : 33 centimètres de hauteur sur 21 centimètres ou 42 centimètres de largeur, avec une marge intérieure de 2 centimètres, de sorte que le dessin soit compris dans un cadre de 29 centimètres sur 17 centimètres, ou 29 centimètres sur 38 centimètres.

Dans le cas où il serait impossible de représenter l'objet de l'invention par des figures pouvant tenir dans un cadre de 29 centimètres sur 38 centimètres, le demandeur aura la faculté de subdiviser une même figure en plusieurs parties dont chacune sera dessinée sur une feuille ayant les dimensions ci-dessus déterminées. Un cadre de dimensions réglementaires donnera une figure d'ensemble de l'objet de l'invention où seront tracées les lignes de raccordement des figures partielles.

Les figures seront numérotées à l'aide de chiffres arabes ; les planches, en chiffres romains, placés en dehors du cadre.

La ou les planches de dessins porteront le mot : *Original*.

5° Des dessins exactement semblables aux précédents, portant en tête le mot : *Duplicata*.

6° *Bordereau des pièces*.

Les deux mémoires, le bordereau et chaque feuille de dessin seront signés. Un certificat de dépôt sera remis lors du dépôt de la demande. Le titre de l'invention doit être reproduit sur la requête, la description, le récépissé et le procès-verbal.

Le demandeur indique dans quels groupe et classe du catalogue il estime que l'invention doit être classée, et fait connaître : si l'invention pour laquelle le brevet est demandé n'a fait l'objet d'aucune demande de brevet déposée en pays étranger, antérieurement au jour du dépôt ; si elle a déjà fait l'objet d'une première demande de brevet déposée au même nom, et, dans le cas où plusieurs demandes de brevet auraient été antérieurement déposées en pays étranger, indiquer la plus ancienne.

L'inventeur peut faire formuler sa demande par un mandataire, à qui il remet une procuration sur papier libre et signée par lui, mais dispensée de la légalisation.

L'original et le duplicata de la description et des dessins seront signés par le demandeur ou son mandataire. En ce qui concerne les dessins, la signature sera placée au dos des planches. Il en sera de même des désignations « Original » et « Duplicata ». Le nom du demandeur, ainsi que celui de son mandataire, s'il y a lieu, devra y être mentionné d'une façon très lisible après la signature. Le duplicata sera, en outre, sous la responsabilité du signataire, certifié conforme à l'original. La description et les dessins ne porteront aucune date. Le mandataire fera précéder sa signature de l'indication « Par procuration de M..... » ou « Par procuration de la Société..... »

*Forme des demandes.* — La demande de brevet d'invention ou de certificat d'addition devra être datée et indiquer, outre leurs noms et prénoms, la nationalité des demandeurs et le pays dans lequel ils résident au moment du dépôt, si ce pays est différent de celui de la nationalité. Le demandeur devra indiquer son adresse exacte; s'il a constitué un mandataire, il fera élection de domicile chez son mandataire; toutefois, l'adresse exacte du demandeur sera indiquée dans la demande. Elle devra indiquer la date du premier dépôt fait à l'étranger et le pays dans lequel il a eu lieu, lorsque le demandeur voudra être admis au bénéfice de ce dépôt. Le bordereau des pièces annexées à la demande devra mentionner le nombre des pages de la description et le nombre des planches de dessin déposées. La demande et le bordereau seront établis sur une feuille de papier de 33 centimètres sur 21 centimètres, conformément à un tableau B annexé à l'arrêté du 11 août 1903. La description, les dessins annexés, la demande et le bordereau des pièces seront déposés dans une enveloppe fermée; une copie du bordereau sera reproduite sur l'enveloppe.

*Demande avec délai de délivrance.* — Quand le demandeur voudra que la délivrance de son brevet d'invention ou de son certificat d'addition n'ait lieu qu'un an après le jour du dépôt de sa demande, conformément au paragraphe 7 de l'article 11 de la loi du 5 juillet 1844, modifiée par la loi du 7 avril 1902, cette réquisition devra être formulée d'une façon expresse et formelle et à l'encre rouge dans la demande; elle devra, en outre, être reproduite sur la face et au dos de l'enveloppe et signée par le demandeur ou son mandataire.

*Retrait.* — Avant la délivrance, toute demande de brevet ou de certificat d'addition pourra être retirée par son auteur, s'il le réclame par écrit. Les pièces déposées lui seront restituées. S'il présente cette requête dans un délai de deux mois à partir du dépôt, la taxe versée lui sera remboursée. Ce délai expiré, la taxe restera acquise au Trésor. Toutefois, celui qui aura réclamé une copie officielle des pièces déposées à l'appui de sa demande ne pourra plus retirer celle-ci.

*Délivrance du brevet.* — Les brevets dont la demande aura été régulièrement formée seront délivrés sans examen préalable, aux risques et périls des demandeurs, et sans garantie soit de la réalité, de la nouveauté ou du mérite de l'invention, soit de la fidélité ou de l'exactitude de la description; d'où la formule S. G. D. G.

Un arrêté du ministre, constatant la régularité de la demande, sera délivré au demandeur et constituera le brevet d'invention.

A cet arrêté sera joint un exemplaire imprimé de la description et des dessins mentionnés dans l'article 24, après que la conformité avec l'expédition originale en aura été reconnue et établie au besoin.

Le brevet est délivré par un arrêté du ministre du Commerce et de l'Industrie, constatant la régularité de ladite demande. Dès que l'arrêté aura été rendu, il en sera donné avis au demandeur ou à son mandataire, par l'Office national de la propriété industrielle, qui transmettra en même temps les pièces à l'Imprimerie nationale, pour qu'elles soient imprimées conformément à l'article 24 de la loi du 5 juillet 1844, modifié par la loi du 7 avril 1902. Cet avis contiendra l'indication de la date de l'arrêté, du numéro donné au brevet, et du titre de l'invention. Il sera procédé de même pour les certificats d'addition. Lorsque la description et les dessins du brevet ou certificat d'addition seront imprimés, une ampliation de l'arrêté ministériel précité, à laquelle sera annexé un exemplaire imprimé de la description et des dessins déposés, sera expédiée au demandeur; à partir du jour de cette expédition, la description et les dessins imprimés pourront être consultés sans frais à l'Office national de la propriété industrielle et dans les préfectures. Le titulaire du brevet aura un délai de trois mois, à dater de la remise de cette ampliation, pour signaler à l'Office national de la propriété industrielle les erreurs ou inexactitudes qui auraient pu se produire dans l'impression de sa description ou de ses dessins; passé ce délai, aucune réclamation ne sera admise.

*Délivrance préalable de copies.* — Si, avant l'impression de son brevet ou certificat d'addition, le demandeur désire obtenir une copie officielle de la description déposée par lui, il devra en faire la demande et produire en même temps un récépissé constatant le versement dans une recette des finances d'une taxe de 25 francs s'il s'agit d'un brevet d'invention, et de 20 francs s'il s'agit d'un certificat d'addition. Les frais de dessin, s'il y a lieu, seront à la charge de l'impétrant. Les descriptions et les dessins qui ne seraient point exécutés dans les conditions prescrites par le présent arrêté seront renvoyés au demandeur avec invitation d'avoir à fournir de nouvelles pièces régulières dans le délai d'un mois. Il ne pourra être apporté aux descriptions et dessins, sous peine de rejet, aucune modification qui serait de nature à augmenter l'étendue et la portée des inventions. Un exemplaire conservé par l'Office national de la propriété industrielle servira à vérifier la concordance entre les documents successivement produits. Dans le cas où le déposant ne répondrait pas audit avis dans le délai imparti, la demande de brevet d'invention ou de certificat d'addition sera rejetée conformément à l'article 12 de la loi du 5 juillet 1844. En cas de nécessité justifiée, le délai accordé au déposant pourra être augmenté sur sa demande.

*Rejet.* — Aucune demande de brevet d'invention ou de certificat d'addition ne pourra être rejetée comme irrégulière pour infraction aux prescriptions du présent arrêté, notamment au point de vue de la rédaction de la description et de l'établissement des dessins, qu'après un avis conforme de la commission technique de l'Office national de la propriété industrielle, le demandeur ou son mandataire préalablement entendu en ses explications ou dûment appelé devant ladite commission.

*Changements, perfectionnements ou additions.* — Le breveté ou les ayants droit au brevet peuvent, pendant la durée assignée au brevet, apporter des changements, perfectionnements ou additions au brevet, en se faisant délivrer un certificat dit *d'addition*. Les formalités sont les mêmes que pour les demandes de brevet, excepté que chaque certificat d'addition n'est soumis qu'au payement d'une taxe unique de 20 francs. Chaque certificat d'addition produit ses effets à partir du jour du dépôt et prend fin avec le brevet. Les certificats d'addition pris par un des ayants droit profitent à tous les autres.

Tout breveté peut d'ailleurs prendre, au lieu d'un certificat d'addition expirant avec le brevet primitif, un second brevet principal de cinq, dix ou quinze ans, pour un changement, perfectionnement ou addition. Les formalités et la taxe sont les mêmes que pour le brevet ordinaire.

Toute autre personne peut également prendre un brevet pour un changement, perfectionnement ou addition à l'invention déjà brevetée. Mais le breveté primitif a, pendant le cours d'une année et à dater du dépôt de sa demande de brevet, un droit de préférence pour les changements ou perfectionnements qu'il voudrait apporter à son invention.

En conséquence, si pendant le cours de ladite année, un tiers veut obtenir un brevet pour un perfectionnement qu'il a découvert concernant une invention déjà brevetée, il doit avoir soin de le signaler en opérant le dépôt de sa demande de brevet, afin que ladite demande reste déposée *sous cachet* dans les bureaux de l'Office, jusqu'à l'expiration du délai accordé par la loi à l'inventeur primitif pour perfectionner, s'il le juge à propos, sa propre invention.

*Droit des étrangers.* — Les étrangers peuvent prendre des brevets en France. De plus, l'auteur d'une invention ou découverte déjà brevetée à l'étranger peut, à la condition qu'elle n'ait pas été déjà publiée ou exploitée publiquement dans le pays d'origine, prendre en France un brevet pour la même invention.

Exceptionnellement, les sujets ou citoyens des Etats qui ont adhéré, comme la France, à la convention internationale du 20 mars 1883 pour la protection de la propriété industrielle, telle qu'elle a été complétée par l'acte additionnel de Bruxelles du 14 décembre 1900, jouissent d'un délai de priorité de douze mois pour prendre valablement en France un brevet d'invention, et le dépôt qu'ils effectuent en France ne saurait être invalidé par des faits accomplis pendant la période précitée, soit, notamment, par un autre dépôt, par la publication de l'invention ou par son exploitation.

*Transmission et cession des brevets.* — Tout breveté peut céder la totalité ou une partie de la propriété de son brevet.

La cession totale ou partielle d'un brevet, soit à titre gratuit, soit à titre onéreux, ne peut être faite que par acte notarié, et après le payement de la totalité des taxes restant à courir.

Aucune cession n'est valable, à l'égard des tiers, qu'après avoir été enregistrée au secrétariat de la préfecture du département dans lequel l'acte a été passé. L'enregistrement des cessions et de tous autres actes emportant mutation est fait sur la production et le dépôt d'un extrait authentique de l'acte de cession ou de mutation. (Loi du 5 juillet 1844, art. 20.)

Lorsqu'un brevet pris en France est cédé dans un pays étranger, l'acte de cession doit être *authentique* (v. ACTE) suivant la loi de ce pays. Les intéressés, après acquittement des taxes restant à courir, déposent l'acte chez un notaire du département où sera enregistrée la cession et présentent à la préfecture : 1° expédition de l'acte authentique passé à l'étranger et déposé chez le notaire; 2° récépissé constatant le versement des taxes restant dues.

*Licence.* — La licence est l'autorisation donnée par le breveté à un tiers d'exploiter son brevet, mais sans lui transférer la propriété de l'invention. Elle peut être faite sous seing privé. Elle ne donne pas lieu au payement des taxes restant dues.

*Inventions susceptibles d'être brevetées.* — Sont considérées comme inventions ou découvertes nouvelles : l'invention de nouveaux produits industriels; l'invention de nouveaux moyens ou l'application nouvelle de moyens connus, pour l'obtention d'un résultat ou d'un produit industriel.

Ne sont pas susceptibles d'être brevetés : 1° les compositions pharmaceutiques ou remèdes de toute espèce, lesdits objets demeurant soumis aux lois et règlements spéciaux sur la matière, et notamment au décret du 18 août 1810, relatifs aux remèdes secrets (loi du 5 juillet 1884, art. 2 et 3); 2° les plans et combinaisons de crédit ou de finances.

*Nullités.* — Sont nuls les brevets délivrés dans les cas suivants, savoir :

1° Si la découverte, invention ou application n'est pas nouvelle;

2° Si la découverte, invention ou application n'est pas, aux termes de l'article 3, susceptible d'être brevetée;

3° Si les brevets portent sur des principes, méthodes, systèmes, découvertes et conceptions théoriques ou purement scientifiques, dont on n'a pas indiqué les applications industrielles;

4° Si la découverte, invention ou application est reconnue contraire à l'ordre ou à la sûreté publique, aux bonnes mœurs ou aux lois de l'Etat, sans préjudice, dans ce cas et dans celui du paragraphe précédent, des peines qui pourraient être encourues pour la fabrication ou le débit d'objets prohibés ;

5° Si le titre sous lequel le brevet a été demandé indique frauduleusement un objet autre que le véritable objet de l'invention ;

6° Si la description jointe au brevet n'est pas suffisante pour l'exécution de l'invention, ou si elle n'indique pas, d'une manière complète et loyale, les véritables moyens de l'inventeur ;

7° Si le brevet a été pris dans l'année pour un changement, perfectionnement ou addition à un brevet pris par une autre personne, et si cette dernière a usé en temps utile de la préférence qui lui est accordée par l'article 18 de la loi du 5 juillet 1844.

Sont également nuls les certificats comprenant des changements, perfectionnements ou additions qui ne se rattacheraient pas au brevet principal. (Loi du 5 juillet 1844, art. 30.)

Ne sera pas réputée nouvelle toute découverte, invention ou application qui, en France ou à l'étranger, et antérieurement à la date du dépôt de la demande, aura reçu une publicité suffisante pour pouvoir être exécutée.

*Déchéance* (loi du 7 avril 1902). — Sera déchu de tous ses droits :

1° Le breveté qui n'aura pas acquitté son annuité avant le commencement de chacune des années de la durée de son brevet, à moins qu'il n'opère le versement d'une surtaxe (v., plus haut, *Taxe*) ;

2° Le breveté qui n'aura pas mis en exploitation sa découverte ou invention en France dans le délai de deux ans, à dater du jour de la signature du brevet, ou qui aura cessé de l'exploiter pendant deux années consécutives, à moins que, dans l'un ou l'autre cas, il ne justifie des causes de son inaction. Ce délai est de trois ans pour les sujets des Etats faisant partie de l'Union internationale pour la protection de la propriété industrielle (Convention du 20 mars 1883) ;

3° Le breveté qui aura introduit en France des objets fabriqués en pays étranger et semblables à ceux qui sont garantis par son brevet.

Néanmoins, le ministre du Commerce et de l'Industrie peut autoriser l'introduction :

1° Des modèles de machines ;

2° Des objets fabriqués à l'étranger, destinés à des expositions publiques ou à des essais faits avec l'assentiment du gouvernement. Cette autorisation n'est pas exigée des sujets des Etats adhérant à la convention du 20 mars 1883, mais ceux-ci doivent exploiter leurs brevets conformément aux lois de l'Etat où ils ont introduit les objets brevetés.

*Actions en nullité ou en déchéance.* — L'action en nullité et l'action en déchéance pourront être exercées par toute personne y ayant intérêt. Ces actions, ainsi que toutes contestations relatives à la propriété des brevets, seront portées devant les tribunaux civils de première instance.

Si la demande est dirigée en même temps contre le titulaire du brevet et contre un ou plusieurs concessionnaires partiels, elle sera portée devant le tribunal du domicile du titulaire du brevet.

L'affaire sera instruite et jugée dans la forme prescrite pour les matières sommaires (V. MATIÈRE SOMMAIRE). Elle sera communiquée au procureur de la République. (Loi du 5 juillet 1844, art. 33.)

*Contrefaçon.* — Toute atteinte portée aux droits du breveté soit par la fabrication de produits, soit par l'emploi de moyens faisant l'objet de son brevet, constitue le délit de contrefaçon. Ce délit est puni d'une amende de 100 à 2 000 francs. (Loi du 5 juillet 1844, art. 40.)

Ceux qui ont sciemment recélé, vendu ou exposé en vente, ou introduit sur le territoire français un ou plusieurs objets contrefaits sont punis des mêmes peines que les contrefacteurs. (*Id.*, art. 41.)

Les peines établies par la présente loi ne pourront être cumulées. La peine la plus forte sera seule prononcée pour tous les faits antérieurs au premier acte de poursuite. (*Id.*, art. 42.)

Dans le cas de récidive, il est prononcé, outre l'amende, un emprisonnement d'un mois à six mois. Il y a récidive lorsqu'il a été rendu contre le prévenu, dans les cinq années antérieures, une première condamnation pour un des délits prévus par la loi. Un emprisonnement d'un mois à six mois peut aussi être prononcé si le contrefacteur est un ouvrier ou un employé ayant travaillé dans les ateliers ou dans l'établissement du breveté, ou si le contrefacteur, s'étant associé avec un ouvrier ou un employé du breveté, a eu connaissance, par ce dernier, des procédés décrits au brevet. Dans ce dernier cas, l'ouvrier ou l'employé pourra être poursuivi comme complice. (*Id.*, art. 43.)

Les propriétaires du brevet peuvent, en vertu d'une ordonnance du président du tribunal de première instance, faire procéder, par tous huissiers, à la désignation et description détaillées, avec ou sans saisie, des objets prétendus contrefaits. (*Id.*, art. 47.)

La confiscation des objets reconnus contrefaits, et, le cas échéant, celle des instruments ou ustensiles destinés spécialement à leur fabrication sont, même en cas d'acquittement, prononcées contre le contrefacteur, le recéleur, l'introducteur ou le débitant. Les objets confisqués sont remis au propriétaire du brevet, sans préjudice de plus amples dommages-intérêts et de l'affichage du jugement, s'il y a lieu. (*Id.*, art. 49.)

Quiconque dans des enseignes, annonces, prospectus, affiches, marques ou estampilles, prend la qualité de breveté sans posséder un brevet délivré conformément aux lois, ou après l'expiration d'un brevet antérieur, ou qui, étant breveté, mentionne sa qualité de breveté ou son brevet sans y ajouter ces mots : *sans garantie du gouvernement*, est puni d'une amende de 50 francs à 1 000 francs. En cas de récidive, l'amende peut être portée au double. (*Id.*, art. 33.)

*Copies officielles, communications et publications.* — Si, avant la publication de leur brevet ou certificat d'addition et avant la délivrance du titre français, les inventeurs veulent obtenir copie officielle des documents afférents à leur demande en France, ils doivent adresser une requête établie sur une feuille de papier timbré à 60 centimes et produire, en même temps, un récépissé d'une taxe de 25 francs par brevet et de 20 francs par certificat d'addition. Les descriptions sont copiées par les soins de l'Office national de la propriété industrielle. Quant aux copies des dessins, les intéressés doivent venir à l'Office national les faire établir à leurs frais ou les y établir eux-mêmes. L'administration fait ces copies moyennant 6 francs pour un calque de dessin format 1/4 grand-aigle.

Les descriptions, dessins, échantillons ou modèles des brevets délivrés restent déposés à l'Office national de la propriété industrielle, au *Conservatoire national des Arts et Métiers* (V. ARTS ET MÉTIERS), et y sont communiqués sans frais, ainsi que les descriptions et dessins des brevets expirés.

L'Office national délivre également des copies de descriptions de brevets périmés, à raison de un franc le rôle de deux pages.

Le catalogue des brevets d'invention et certificats d'addition est publié au *Bulletin officiel de la Propriété industrielle et commerciale.*

Les descriptions et dessins de tous les brevets d'invention et certificats d'addition délivrés depuis le 1er janvier 1902 sont publiés *in extenso*, par fascicules séparés, par les soins de l'Imprimerie nationale. Les fascicules imprimés de chaque brevet et certificat d'addition sont en vente au prix de 1 franc l'exemplaire.

## Bris. — V. CLÔTURE, PRISON, SCELLÉ.

## Brocanteur.

Tout brocanteur, revendeur de vieux meubles, linges, hardes, bijoux, livres, vaisselles, armes, métaux, ferraille et autres objets et marchandises de hasard, ou qui achète les mêmes marchandises neuves de personnes autres que celles qui les fabriquent ou en font le commerce, est tenu : 1° de se faire préalablement inscrire sur les registres ouverts à cet effet à la préfecture de police, s'il habite Paris ou dans le ressort de la préfecture de police, ou à la préfecture du département qu'il habite. A cet effet, il présente sa patente ou un certificat de décharge et un certificat d'individualité ; il lui est remis un bulletin d'inscription qu'il devra présenter à toute réquisition ; 2° d'avoir un registre coté et paraphé par le commissaire de police ou, à son défaut, par le maire, et sur lequel il inscrit, jour par jour et sans blanc ni rature, les noms, surnoms, qualités et demeures de ceux avec qui il contracte, ainsi que la nature, la qualité et le prix desdites marchandises ; il devra présenter ce registre, tenu en état, à toute réquisition ; 3° en cas de changement de domicile, de faire une déclaration au commissariat de police ou, à défaut, à la mairie, tant du lieu qu'il quitte qu'au commissariat et à la mairie du lieu où il va s'établir.

Toute contravention aux prescriptions ci-dessus énoncées est punie d'une amende de un franc à cinq francs et, en cas de récidive, d'un emprisonnement de un à cinq jours et d'une amende de dix francs à quinze francs ou de l'une de ces deux peines seulement. (Loi du 15 février 1898, art. 1er.)

Il est spécialement défendu aux brocanteurs d'acheter aucun objet mobilier d'enfants mineurs sans le consentement exprès et écrit des père, mère et tuteurs, ni d'acheter d'aucune personne dont le nom et la demeure ne leur seraient pas connus, à moins que leur indentité ne soit certifiée par deux témoins connus qui devront signer au registre, sous peine d'un emprisonnement de cinq jours à un mois et d'une amende de cinq francs à deux cents francs. (*Id.*, art. 2.)

## Budget. — Acte par lequel sont prévues et autorisées les recettes et les dépenses annuelles de l'Etat ou des autres services que les lois assujettissent aux mêmes règles. (Décret du 31 mai 1862, art. 5.)

### Budget de l'État.

Le budget traverse quatre phases : préparation, vote, exécution et contrôle.

*Préparation du budget.* — Chaque année, les différents ministres préparent le budget de leur département respectif. Le ministre des Finances centralise ces budgets et y ajoute celui des recettes pour compléter le budget général de l'Etat. (Décret du 31 mai 1862, art. 31.)

C'est donc le pouvoir exécutif seul qui prépare le budget ; à cet égard, l'initiative budgétaire lui appartient en propre. Le projet de budget de recettes est préparé — ou doit l'être, du moins — suivant le système d'évaluation dit « de l'*antépénultième* année », qui consiste à inscrire comme produits probables de l'exercice futur les résultats effectifs du dernier exercice connu. C'est la réunion de ces divers projets de dépenses et de l'unique projet de recettes qui constitue (avec son commentaire, l'*exposé des motifs*) le projet de budget général. Du rapprochement des dépenses et des recettes résulte ce qu'on nomme l'*équilibre du budget.*

*Vote du budget.* — Le budget est présenté en premier lieu à la Chambre des députés.

Une commission spéciale, dite *commission du budget,* élue à cet effet, se saisit aussitôt du projet du gouvernement, qu'elle étudie en subdivisant le travail entre un certain nombre de *rapporteurs* particuliers. Un *rapport général* résume l'ensemble des opérations budgétaires et propose à la Chambre le texte du projet de loi qui est sorti de ses délibérations, ainsi que de sa collaboration plus ou moins active avec le gouvernement. La discussion publique intervient peu après, portant d'abord sur l'ensemble du projet (*discussion générale*), puis la *discussion par article* du projet de loi ou *par chapitre* des tableaux de dépenses. Des réformes fiscales et même politiques sont *incorporées* au budget. Quand on élimine ces réformes pour en faire l'objet de lois spéciales, on dit qu'on vote leur *disjonction.*

Au cours de la discussion interviennent les *amendements* déposés par les membres de la Chambre, tant pour l'augmentation ou la diminution d'un crédit que pour la modification des ressources fiscales. Une fois voté à la Chambre, le budget passe au Sénat, où la même procédure est suivie. Le budget, souverainement voté par les deux Chambres, devient, par sa promulgation au *Journal officiel*, la *loi de finances* de l'année à laquelle il se rapporte.

La loi annuelle de finances ouvre les crédits nécessaires aux dépenses présumées de chaque exercice, et il est pourvu au payement de ces dépenses par les voies et moyens compris dans le budget des recettes. (Décret du 31 mai 1862, art. 53.) Chaque chapitre ne contient que des services corrélatifs ou de même nature. (*Id.*, art. 56.)

*Crédits supplémentaires et extraordinaires.* — Le gouvernement peut avoir à faire face à des dépenses imprévues, et par suite à demander aux Chambres des crédits *additionnels* (supplémentaires ou extraordinaires).

Il ne peut être accordé de crédits *supplémentaires* et *extraordinaires* qu'en vertu d'une loi. (Loi du 14 décembre 1879, art. 1er.)

Les crédits supplémentaires sont ceux qui doivent pourvoir à l'insuffisance dûment justifiée d'un service porté au budget, et qui ont pour objet l'exécution d'un service déjà voté, sans modification dans la nature de ce service. La nomenclature en est annexée à la loi de finances. Les crédits extraordinaires sont ceux qui sont commandés par des circonstances urgentes et imprévues, et qui ont pour objet ou la création d'un service nouveau ou l'extension d'un service inscrit dans la loi de finances au delà des bornes déterminées par cette loi. (Art. 2.)

Tout crédit extraordinaire forme un chapitre particulier du budget de l'exercice pour lequel il a été ouvert, à moins, en ce qui concerne les départements de la Guerre et de la Marine, que le service ne se rattache d'une manière indivisible à un chapitre déjà existant. (Art. 3.)

Dans le cas de prorogation des Chambres, des crédits supplémentaires et extraordinaires peuvent être ouverts provisoirement par des décrets rendus en conseil d'Etat, après avoir été délibérés et approuvés en conseil des ministres; ces décrets indiquent les voies et moyens qui seront affectés aux crédits demandés. Ils doivent être soumis à la sanction des Chambres dans la première quinzaine de leur plus prochaine réunion. (Art. 4.)

Les crédits extraordinaires qui ont pour objet la création d'un service nouveau ne peuvent être ouverts par décret. (Art. 5.)

*Annulations de crédits.* — Le surplus de charges résultant des crédits additionnels vient rompre l'équilibre du budget dans des proportions souvent inquiétantes. Heureusement, on a, pour faire la contre-partie, la ressource, d'ailleurs insuffisante, des *annulations de crédit*, qui ont pour but d'effacer du budget des allocations non employées, soit pour les reporter à l'exercice suivant (c'est alors une *annulation d'ordre*), soit pour les faire totalement disparaître à titre d'économie effective (c'est alors une *annulation définitive*).

Deux règles principales (annualité et unité) président à l'élaboration du budget de l'Etat : 1° Le budget est *annuel*, en ce sens que les recettes et dépenses ne s'appliquent que dans le cours d'une année. Bien que portant sur une année, les recettes et les dépenses ont, en fait, besoin d'un plus long délai pour la liquidation; de là l'*exercice financier*, qui prolonge l'exécution des services. (V. plus loin, *Exécution du budget*.) Au compte par exercice, on oppose le compte par *gestion annuelle*, en usage en Angleterre et en Italie, de même que chez les commerçants de tous pays.

2° Le budget n'est pas pas seulement annuel, il est *un*, forme un tout réunissant dans un chiffre unique toutes les dépenses d'une part, toutes les recettes de l'autre. C'est là le principe de l'*unité* ou de l'*universalité* de budget. Il a été, dans le passé, porté atteinte à ce principe par la création de *budgets extraordinaires* avec leurs recettes propres et leurs dépenses spéciales. Mais au budget général, qualifié de *budget ordinaire*, par opposition à l'ancien budget extraordinaire, se rattachent divers budgets dont l'existence parallèle semble violer le principe de l'unité budgétaire ; ce sont *les budgets annexes rattachés pour ordre au budget général*, véritables budgets autonomes de services considérés et traités en exploitations industrielles : Administration des monnaies et médailles, Caisse nationale d'épargne, Imprimerie nationale, Légion d'honneur, Invalides de la marine, Ecole centrale des arts et manufactures, Chemins de fer de l'Etat, etc.

*Douzièmes provisoires.* — L'année financière s'ouvre parfois avant que les Chambres aient terminé le vote des recettes et des dépenses afférentes à l'année qui commence. On a recours alors au vote de *douzièmes provisoires*, c'est-à-dire d'acomptes mensuels en cours d'exercice, tant pour les recettes que pour les dépenses, suivant une répartition purement provisoire.

*Exécution du budget.* — Votée et promulguée, la loi de finances revient des mains du Parlement dans celles de l'administration, qui assure son exécution. Cette opération comprend d'une part la perception des recettes autorisées par la loi, et, d'autre part, le payement des dépenses prévues par la loi et dans la mesure des crédits qui y sont ouverts.

Les règles d'après lesquelles sont exécutées les opérations prévues et autorisées par le budget forment la matière de la comptabilité publique.

Les ressources qui alimentent le budget sont les suivantes :

1° *Impôts et revenus :* contributions directes et centimes d'Etat, taxes spéciales assimilées aux contributions directes ; produits de l'enregistrement, produits du timbre, impôt sur les opérations de Bourse, taxe sur le revenu des valeurs mobilières, etc.; produits des douanes et des contributions indirectes;

2° *Produits de monopoles et exploitations industrielles de l'Etat :* produits recouvrés par les receveurs des contributions indirectes, produits des postes, des télégraphes et des téléphones; produits de diverses exploitations;

3° *Produits et revenus du domaine de l'Etat :* produits du domaine autre que le domaine forestier; produits des forêts;

4° *Produits divers du budget ;*

5° *Ressources exceptionnelles;*

6° *Recettes d'ordre :* recettes en atténuation de dépenses (produits universitaires, produits des amendes et condamnations pécuniaires, retenues et autres produits perçus en exécution de la loi du 9 juin 1853 sur les pensions civiles, etc.); recettes d'ordre proprement dites.

Les dépenses générales du budget pour lesquelles des crédits sont ouverts aux ministres sont comprises dans les cinq catégories suivantes : 1° dette publique ; 2° pouvoirs publics; 3° services généraux des ministères; 4° frais de régie, de perception et d'exploitation des impôts et revenus publics; 5° remboursements et restitutions; non-valeurs et primes.

Aucun service à la charge du budget ne peut être fait ou consenti que sous la responsabilité des ministres et d'après leur autorisation, soit que cette autorisation ait lieu spécialement, soit qu'elle résulte de l'exécution des lois et décrets ou de l'application des règlements.

Aucune dépense ne peut être acquittée si elle n'a été préalablement *ordonnancée* directement par le ministre compétent, ou *mandatée* en vertu de sa délégation par un ordonnateur secondaire. (V. ORDONNANCE, MANDAT). Des *comptables* responsables sont préposés à la réalisation des payements, et les fonctions de comptable sont incompatibles avec celle d'ordonnateur. La *gestion* embrasse l'ensemble des actes d'un comptable soit pendant l'année, soit pendant la durée de ses fonctions.

Le vote des dépenses par chapitre entraîne la *spécialité par chapitre*, c'est-à-dire l'obligation de rester, quant au chiffre et à la nature de la dépense, dans les limites du chapitre. De là, pour les ministres, la liberté de se mouvoir dans les crédits d'un chapitre, lequel se subdivise en articles et paragraphes.

*Accroissements irréguliers.* — Les ministres ne peuvent, sous leur responsabilité, dépenser au delà des crédits ouverts à chacun d'eux, ni engager aucune dépense nouvelle avant qu'il ait été pourvu au moyen de la payer par un supplément de crédit, ni accroître, par aucune ressource particulière, le montant des crédits affectés aux dépenses de leurs services respectifs. (Décret du 31 mai 1862, art. 41 et 43).

*Exercice financier.* — On donne le nom d'*exercice* à la période d'exécution des services d'un budget.

Les droits acquis et les services faits du 1er janvier au 31 décembre de l'année qui donne son nom à un budget sont seuls considérés comme appartenant à l'exercice de ce budget. (Loi du 25 janvier 1889, art. 1er.)

Toutefois l'administration peut, dans la limite des crédits ouverts au budget d'une année, et jusqu'au 31 janvier de l'année suivante, achever les services du matériel dont l'exécution commencée n'a pu être terminée avant le 31 décembre pour des causes de force majeure ou d'intérêt public qui doivent être énoncées dans une déclaration de l'ordonnateur. (*Id.*, art. 2.)

La période d'exécution des services d'un budget embrasse, outre l'année même à laquelle il s'applique, des délais complémentaires accordés sur l'année suivante, pour achever les opérations relatives au recouvrement des produits, à la constatation des droits acquis, à la liquidation, à l'ordonnancement et au payement des dépenses. A l'expiration de ces délais, l'exercice est clos. (*Id.*, art. 3.)

En ce qui concerne le budget de l'Etat, ces délais s'étendent pendant la seconde année : 1° Jusqu'au 31 mars, pour la liquidation et l'ordonnancement des sommes dues aux créanciers ; 2° Jusqu'au 30 avril, pour le payement des dépenses, la liquidation et le recouvrement des droits acquis à l'Etat pendant l'année du budget; 3° Jusqu'au 30 juin, pour l'autorisation et la régularisation, par des crédits supplémentaires, de dépenses afférentes aux charges publiques rendues obligatoires par la loi de finances, et dont le montant ne peut être définitivement connu qu'après l'exécution des services; 4° Jusqu'au 31 juillet, pour les opérations de régularisation nécessitées par les erreurs d'imputation, par le remboursement des avances ou cessions que les ministères se font réciproquement, par les reversements de fonds à rétablir aux crédits des ministres ordonnateurs, par la régularisation des traites de la marine et des colonies, et par le versement à la caisse des gens de mer ou à la caisse d'épargne postale du parfait payement des allocations des états-majors et équipages embarqués hors des mers d'Europe. (*Id.*, art. 4.)

*Exercices clos* (lois des 23 mai 1834, 29 janvier 1831, 10 mai 1838, 3 mai 1842). — Les sommes non payées sur les crédits ouverts, après l'expiration des délais règlementaires, retombent, comme dépenses d'*exercice clos*, à la charge des exercices suivants. Faute par le créancier de réclamer le payement de sa créance avant la clôture de l'exercice, les ordonnances et mandats délivrés à son profit sont annulés et retombent comme dépenses d'*exercices clos* à la charge des exercices suivants. Le réordonnancement peut être demandé jusqu'au terme de déchéance (cinq ans).

Les sommes réalisées sur les restes à recouvrer des exercices clos et sur les créances restant à liquider sont portées en recettes au compte de l'exercice courant. (Loi du 25 janvier 1889, art. 5.)

*Exercices périmés. Déchéance quinquennale.* — Sont prescrites et définitivement éteintes, au profit de l'Etat, sans préjudice des déchéances prononcées par les lois antérieures ou consenties par des marchés ou conventions, toutes les créances qui, n'ayant pas été acquittées avant la clôture des crédits de l'exercice auquel elles appartiennent, n'auraient pu, à défaut de justifications suffisantes, être liquidées, ordonnancées et payées dans un délai de cinq années, à partir de l'ouverture de l'exercice pour les créanciers domiciliés en Europe, et de six années pour les créanciers résidant hors du territoire européen. (Décret du 31 mai 1862, art. 136.)

Les dispositions de l'article précédent ne sont pas applicables aux créances dont l'ordonnancement et le payement n'ont pu être effectués, dans les délais déterminés, par le fait de l'administration ou par suite de pourvois formés devant le conseil d'Etat. Tout créancier a le droit de se faire délivrer, par le ministre compétent, un bulletin énonçant la date de sa demande et les pièces produites à l'appui. (*Id.*, art. 137.)

Après l'apurement définitif des exercices clos (cinq ans), les dépenses d'anciens exercices que les ministres ont à solder, et provenant soit de créances d'individus résidant hors du territoire européen, pour lesquels une année de plus est accordée (loi du 29 janvier 1831), soit de créances affranchies de la déchéance (responsabilité de l'administration ou pourvoi devant le conseil d'Etat), ou soumises à des prescriptions spéciales, ne seront ordonnancées que sur des crédits extraordinaires spéciaux. Ces créances sont imputées sur le budget courant, à un chapitre spécial intitulé *Dépenses des exercices périmés*. Si elles n'ont pas été payées à l'époque de la clôture de l'exercice sur lequel le crédit spécial aura été ouvert, ce crédit sera annulé, et le réordonnancement des mêmes créances ne devra avoir lieu qu'en vertu d'un nouveau crédit également applicable au chapitre des dépenses des exercices périmés. (Loi du 10 mai 1838, art. 8.) Sauf en ce qui concerne les arrérages des rentes consolidées et des rentes viagères, ces crédits extraordinaires ne peuvent être ouverts que par une loi. (Loi du 3 mai 1842, art. 13.)

D'après la jurisprudence du conseil d'Etat, c'est au ministre seul qu'il peut appartenir d'opposer à un créancier de l'Etat la déchéance quinquennale, qui ne peut être opposée d'office par les tribunaux administratifs.

*Spécialité des crédits.* — Sont interdites les *interversions de crédits* : d'un exercice à un autre (décret du 31 mai 1862, art. 6 et 8); d'un chapitre à un autre (décret du 31 mai 1862, art. 30, et loi du 16 avril 1871, art. 30); d'un ministère à un autre (lois du 25 janvier 1831, art. 12, et 16 sept. 1871, art. 30).

En d'autres termes, les crédits ouverts pour les dépenses d'un exercice, d'un chapitre, d'un ministère ne peuvent être employés à l'acquittement des dépenses d'un autre exercice, d'un autre chapitre, d'un autre ministère. L'infraction à ces dispositions porte le nom de *virement*.

*Comptabilité des dépenses engagées.* — Pour prévenir les irrégularités, l'article 59 de la loi de finances du 26 décembre 1890 a prescrit la tenue, dans chaque ministère, d'une comptabilité des dépenses engagées, confiée à un *contrôleur* nommé par décret.

*Contrôle du budget.* — Un fois le budget exécuté, intervient le contrôle administratif, judiciaire et législatif des opérations.

Les comptables du Trésor sont justiciables de la Cour des comptes, et, de leur côté, les ministres établissent des comptes d'administration qui sont soumis à une commission de vérification. Le *compte général des finances* résume à la fois les comptes des ministres et les comptes individuels des comptables; il forme la base authentique sur laquelle repose le règlement législatif des budgets, et comprend : le compte définitif des *recettes* de l'exercice expiré rendu par le ministre des Finances; les comptes définitifs des *dépenses* du même exercice rendus par les ministres ordonnateurs; le *rapport public* et les *déclarations générales* de la Cour des comptes (v. COUR DES COMPTES); le rapport et le procès-verbal de la commission de vérification des comptes des ministres.

Le règlement définitif des budgets est l'objet d'une loi particulière. Les comptes des ministres sont joints au projet de loi (décret du 31 mai 1862, art. 107), présenté avec ses subdivisions par chapitres (*Id.*, art. 109).

La présentation du projet de loi de règlement définitif du budget du dernier exercice clos et la production des comptes des ministres à l'appui doivent avoir lieu au plus tard à l'ouverture de la session ordinaire des Chambres qui suit la clôture de l'exercice. (Loi du 25 janvier 1889, art. 6.)

Avant le 1er mai de l'année qui suit la clôture de l'exercice expiré, la Cour des comptes remet au ministre des Finances la *déclaration générale de conformité* (V. COUR DES COMPTES) relative à cet exercice, pour qu'elle soit imprimée et distribuée au Sénat et à la Chambre des députés (*id.*, art. 7). La distribution de cette déclaration, avec le rapport qui l'accompagne, doit être faite avant le 1er avril suivant. (Loi du 14 avril 1896, art. 21.)

Ainsi éclairé, le Parlement statue définitivement sur le règlement de l'exercice, et, par le vote de la *loi des comptes* ou *loi de règlement*, le budget se trouve ainsi parvenu au terme de son existence.

## Budget départemental.

*Préparation, vote et règlement.* — Le projet du budget du département est préparé et présenté par le préfet, qui est tenu de le communiquer à la commission départementale, avec les pièces à l'appui, dix jours au moins avant l'ouverture de la session d'août. Le budget, présenté par chapitres et articles, délibéré par le conseil général, est définitivement réglé par décret. Il se divise en budget ordinaire et budget extraordinaire. (Loi du 10 août 1871, art. 57.)

Les recettes et les dépenses du budget départemental sont énumérées dans les articles 58 à 62 de la loi du 10 août 1871.

Le conseil général délibère et un décret approuve les virements de crédits (ils ne peuvent avoir lieu du budget ordinaire au budget extraordinaire et réciproquement), ainsi que l'emploi en cours d'exercice des recettes éventuelles non prévues au budget primitif.

Le préfet constate et liquide les droits du département; il dresse et rend exécutoires les rôles et états de produits.

Les fonds libres de l'exercice antérieur et de l'exercice courant provenant d'emprunts, de centimes ordinaires et extraordinaires recouvrés ou à recouvrer dans le cours de l'exercice, ou de toute autre recette, sont cumulés, suivant la nature de leur origine, avec les ressources de l'exercice en cours d'exécution, pour recevoir l'affectation nouvelle qui pourra leur être donnée par le Conseil général dans le budget supplémentaire de l'exercice courant, sous réserve toutefois du maintien des crédits nécessaires à l'acquittement des restes à payer de l'exercice précédent (Loi du 29 juin 1899.) Le budget supplémentaire est définitivement réglé par décret. (Décret du 20 janvier 1900.)

*Durée de l'exercice.* — La période complémentaire de l'exercice s'étend pendant la seconde année jusqu'au 31 janvier pour la liquidation et le mandatement des sommes dues, jusqu'au dernier jour de février pour les recouvrements et pour les payements. (Décret du 20 janvier 1900.)

*Ordonnancement, payement et apurement.* — Le préfet est ordonnateur des dépenses. Il ne peut : 1° en engager aucune avant qu'il ait été pourvu au moyen de la payer par un crédit régulier ; 2° employer les crédits affectés aux dépenses de chaque exercice à l'acquittement des dépenses d'un autre exercice ; 3° faire emploi des crédits dont la répartition est réservée au conseil général ou à la commission départementale, sans se conformer aux décisions prises par le conseil ou la commission, et le trésorier-payeur général remplit les fonctions de comptable du département. Les comptes sont apurés par la Cour des comptes.

## Budget communal.

*Préparation, vote et règlement.* — Le budget de chaque commune est proposé par le maire, voté par le conseil municipal et réglé par le préfet. (Loi du 5 avril 1884, art. 145, § 1er.) Lorsqu'il pourvoit à toutes les dépenses obligatoires et qu'il n'applique aucune recette extraordinaire aux dépenses soit obligatoires, soit facultatives, ordinaires ou extraordinaires, les allocations portées audit budget pour les dépenses facultatives ne peuvent être modifiées par l'autorité supérieure. (*Id.*, § 2.) Le budget des villes dont le revenu est de 3 millions de francs au moins est toujours soumis à l'approbation du président de la République, sur la proposition du ministre de l'Intérieur. (*Id.*, § 3.) Le revenu d'une ville est réputé atteindre 3 millions de francs lorsque les recettes ordinaires constatées dans les comptes se sont élevées à cette somme pendant les trois dernières années. (*Id.*, § 4.) Il n'est réputé être descendu au-dessous de 3 millions de francs que lorsque, pendant les trois dernières années, les recettes ordinaires sont restées inférieures à cette somme. (*Id.*, § 5.)

Le budget communal se divise en budget ordinaire et en budget extraordinaire. Les articles ci-après de la loi du 5 avril 1884 énumèrent : article 133, les recettes ordinaires ; article 134, les recettes extraordinaires ; article 135, les dépenses ordinaires et extraordinaires ; article 136, les dépenses obligatoires. V. EMPRUNT, CENTIMES, OCTROI.

*Durée de l'exercice.* — La période complémentaire de l'exercice s'étend jusqu'au 15 mars pour l'ordonnancement et jusqu'au 31 mars de l'année suivante pour les recouvrements et les payements.

*Budget tardif ou absence de budget.* — Dans le cas où, pour une cause quelconque, le budget d'une commune n'aurait pas été définitivement réglé avant le commencement de l'exercice, les recettes et les dépenses ordinaires continuent, jusqu'à l'approbation de ce budget, à être faites conformément à celui de l'année précédente. Dans le cas où il n'y aurait eu aucun budget antérieurement voté, le budget serait établi par le préfet en conseil de préfecture. (*Id.*, art. 150.)

*Crédits additionnels.* — Les crédits reconnus nécessaires après le règlement du budget sont votés et autorisés dans les mêmes formes que le budget ordinaire. (*Id.*, art. 146.)

*Etat exécutoire.* — Les états de recouvrements dressés par les maires pour les recettes à l'égard desquelles la loi n'a pas prévu un mode spécial de perception sont exécutoires après qu'ils ont été visés par le préfet ou le sous-préfet. Ce visa tient lieu du mandement prescrit par l'article 545 du Code de procédure civile et permet à l'huissier de procéder régulièrement à des voies d'exécution contre le débiteur.

*Dépenses imprévues.* — Les conseils municipaux peuvent porter au budget un crédit pour les dépenses imprévues. (Loi du 5 avril 1884, art. 147, § 1er.) La somme inscrite pour ce crédit ne peut être réduite ou rejetée qu'autant que les revenus ordinaires, après avoir satisfait à toutes les dépenses obligatoires, ne permettraient pas d'y faire face. (*Id.*, § 2.) Le crédit pour dépenses imprévues est employé par le maire. Dans la première session qui suit l'ordonnancement de chaque dépense, le maire rend compte au conseil municipal, avec pièces justificatives à l'appui, de l'emploi de ce crédit. Ces pièces demeurent annexées à la délibération. (*Id.*, § 3.)

Le crédit ouvert pour dépenses imprévues doit être exclusivement réservé à l'acquittement de dépenses intéressant les services communaux. L'imputation sur ce crédit de dépenses étrangères à ces services, telles que l'allocation de secours à des associations ouvrières ou à des ouvriers victimes d'un chômage par suite de grève, constitue un virement, qui ne peut s'opérer régulièrement qu'en vertu d'une délibération municipale approuvée par le préfet.

Le fonds des dépenses imprévues ne peut être employé à payer des dépenses qui auraient été faites pendant un exercice autre que celui pour lequel le crédit a été alloué, non plus que des dépenses rejetées du projet du budget. En général, aucune dépense dont l'objet sort de la classe de celles qui s'effectuent habituellement en vertu des lois et règlements généraux ne doit avoir lieu sur ce fonds, à moins d'une autorisation spéciale de l'autorité qui règle le budget. (Instr. gén., 819.)

La responsabilité du receveur est couverte par la production au juge des comptes de mandats réguliers dans la limite du crédit ouvert par application de l'article 147. Le défaut de délibération engage la responsabilité du maire, non celle du comptable.

Celui-ci n'est pas obligé de produire les délibérations relatives aux imputations faites par le maire sur le crédit des dépenses imprévues. (C. des comptes, commune de Bourg-d'Iré, 2 août 1898.) Mais le receveur *hospitalier* doit produire ces délibérations, dûment approuvées, la loi du 18 juillet 1837, art. 7, étant ici applicable. (C. des comptes, hospice de Saint-Mihiel, 7 mai 1895.)

L'article 147 de la loi du 5 avril 1884 a modifié sur deux points les dispositions antérieures relatives aux dépenses imprévues : 1° la somme inscrite de ce chef au budget n'est plus limitée au dixième des recettes ordinaires ; 2° le maire n'a plus à obtenir l'approbation du préfet ou du sous-préfet pour faire emploi du crédit. (Circ. Intérieur, 15 mai 1884.)

*Inscription d'office.* — Si un conseil municipal n'allouait pas les fonds exigés pour une dépense obligatoire, ou n'allouait qu'une somme insuffisante, l'allocation serait inscrite au budget par décret du président de la République, pour les communes dont le revenu est de 3 millions et au-dessus, et par arrêté du préfet en conseil de préfecture pour celles dont le revenu est inférieur. Aucune inscription d'office ne peut être opérée sans que le conseil municipal ait été, au préalable, appelé à prendre une délibération spéciale à ce sujet. S'il s'agit d'une dépense annuelle et variable, le chiffre en est fixé sur sa quotité moyenne pendant les trois dernières années. S'il s'agit d'une dépense annuelle et fixe de sa nature ou d'une dépense extraordinaire, elle est inscrite pour sa quotité réelle. Si les ressources de la commune sont insuffisantes pour subvenir aux dépenses obligatoires inscrites d'office, en vertu du présent article, il y est pourvu par le conseil municipal, ou, en cas de refus de sa part, au moyen d'une contribution extraordinaire. Celle-ci est établie d'office par un décret lorsque la contribution extraordinaire n'excède pas le maximum à fixer annuellement par la loi de finances, et par une loi spéciale lorsque la contribution doit excéder ce maximum. (Loi du 5 avril 1884, art. 149.)

Le préfet n'a pas le droit d'inscrire d'office au budget communal le montant d'une dette lorsque cette dette est contestée, qu'aucun jugement n'est intervenu, et que dès lors la dette n'est ni liquide ni exigible. (Arrêt du conseil d'Etat du 15 février 1889.)

Le receveur municipal doit, sous peine d'engager sa responsabilité, s'assurer que le crédit inscrit d'office au budget communal a été régulièrement ouvert dans les conditions ci-dessus rappelées ; sinon, le juge des comptes peut rejeter la dépense comme ayant été payée sans crédit régulier. (C. des comptes, 28 avril 1873, commune de Billom.)

*Rejet ou réduction de dépenses.* — Le décret du président de la République ou l'arrêté du préfet qui règle le budget d'une commune peut rejeter ou réduire les dépenses qui y sont portées, sauf dans les cas prévus par le paragraphe 2 de l'article 145 et par le paragraphe 2 de l'article 147 (v. ci-dessus) ; mais il ne peut les augmenter ni en introduire de nouvelles qu'autant qu'elles sont obligatoires. (Loi du 5 avril 1884, art. 148.)

Une dépense n'a le caractère obligatoire, au sens de l'article 136 de la loi du 5 avril 1884, qu'autant qu'elle résulte d'une loi ou d'un jugement exécutoire qui l'assimile à une dette liquide et exigible.

*Spécialité des crédits.* — Chaque crédit doit servir exclusivement à la dépense pour laquelle il a été ouvert. La destination n'en peut être changée que par une décision de l'autorité qui a compétence pour régler le budget. D'autre part, les crédits ouverts pour les dépenses de chaque exercice ne peuvent être employés à l'acquittement des dépenses d'un autre exercice, et cette règle impose au receveur municipal l'obligation de refuser le payement d'un mandat émis sur les crédits de l'exercice en cours lorsque, d'après le mémoire joint au mandat, les fournitures ou travaux ont été effectués l'année précédente.

*Ordonnancement, payement et apurement.* — Le maire est seul ordonnateur des dépenses municipales. Ses mandats doivent énoncer l'exercice et le crédit auxquels ils s'appliquent. Ils sont délivrés au profit et au nom des créanciers directs des communes. Si les maires refusaient d'ordonnancer une dépense régulièrement autorisée et liquidée, il serait prononcé par le préfet en conseil de préfecture. L'arrêté du préfet tiendrait lieu du mandat du maire. (Instr. gén., art. 987 et loi du 5 avril 1884, art. 152.)

Un *receveur municipal*, qui est tantôt receveur spécial, tantôt en même temps percepteur (v. RECEVEUR), est seul chargé du maniement des deniers communaux. V. COMPTABILITÉ OCCULTE.

Les comptes des communes sont apurés par le conseil de préfecture ou par la Cour des comptes, suivant que les revenus ordinaires n'excèdent pas ou excèdent 30 000 francs. (Loi du 5 avril 1884, art. 156.)

## Budget des établissements de bienfaisance.

Le budget des établissements de bienfaisance est délibéré par les commissions administratives, dans leur session annuelle du mois d'avril, afin que les budgets des établissements auxquels les communes fournissent des subventions puissent être soumis aux conseils municipaux, dont la session a lieu du 1er au 15 mai, et que ces conseils puissent délibérer sur les subventions à accorder par les communes. (Décret du 31 mai 1862, art. 551.)

Le conseil municipal est toujours appelé à donner son avis sur les budgets et les comptes des établissements de bienfaisance. (*Id.*, art. 552.)

Les budgets des hospices sont fixés par les préfets, quelle que soit la quotité des revenus de ces établissements. Les budgets des bureaux de bienfaisance sont fixés par les sous-préfets pour leur arrondissement respectif. (*Id.*, art. 553.)

Lorsque les crédits ouverts par le budget d'un exercice sont reconnus insuffisants, ou s'il doit être pourvu à des dépenses non prévues lors de la formation de ce budget, des crédits supplémentaires peuvent être ouverts, après délibération de la commission administrative, par des décisions spéciales de l'autorité investie du droit de régler le budget. (*Id.*, art. 554.)

Dans les villes où il y a plusieurs hospices, le budget doit être rédigé de manière que les dépenses tant ordinaires qu'extraordinaires de chaque établissement soient présentées séparément et additionnées ensuite pour ne former qu'un seul total.

Quant aux recettes, elles doivent être portées en masse, sans distinction des établissements, à moins toutefois que l'un d'eux ne possède en propre des revenus provenant d'une dotation qui leur ait assigné un emploi spécial; alors ces revenus seraient distingués dans le budget, au moyen d'une annotation particulière. (Instr. gén., art. 1049.)

Les frais généraux afférents aux divers établissements, les frais de régie des biens, les charges de dotation, la capitalisation des arrérages de rentes sur l'Etat, les dépenses des services extérieurs, des services annexés et des exploitations industrielles forment des paragraphes spéciaux. (Circ. Intérieur, 10 mai 1876.)

Les règles de la comptabilité des communes s'appliquent aux établissements de bienfaisance en ce qui concerne la division et la durée des exercices, la spécialité et la clôture des crédits, la perception des revenus, l'ordonnancement et le payement des dépenses, le mode d'écritures et de comptes, ainsi que la formation et le règlement des budgets. Néanmoins, en ce qui concerne les budgets et les comptes des bureaux de bienfaisance, les sous-préfets statuent directement pour les établissements de leur arrondissement respectif. (Décret du 31 mai 1862, art. 547.)

*Ordonnancement, payement, apurement.* — Les commissions administratives des établissements de bienfaisance désignent un de leurs membres, lequel, sous le titre d'ordonnateur, est exclusivement chargé de la délivrance des mandats aux créanciers de l'établissement pour les dépenses régulièrement autorisées. (Décret du 31 mai 1862, art. 555.)

Un receveur — qui est tantôt en même temps percepteur, tantôt receveur spécial — est seul chargé des opérations de recette et de dépense. V. RECEVEUR, BUREAU DE BIENFAISANCE.

*Principe de l'unité budgétaire des établissements hospitaliers d'une même commune.* Le texte fondamental, en matière d'administration hospitalière, est un arrêté du Directoire exécutif en date du 23 brumaire an V, rendu pour l'exécution de la loi du 16 vendémiaire précédent « sur la manière dont seront administrés les biens des hospices civils » et ainsi conçu : « Les administrations municipales auront la surveillance immédiate des hospices civils établis dans leur arrondissement. Elles nommeront une commission composée de 5 citoyens résidant dans le canton, qui éliront entre eux et choisiront un secrétaire. »

Les recettes doivent être portées en masse dans les budgets, sans distinction des établissements, à moins toutefois que l'un de ces établissements ne possède en propre des revenus provenant d'une fondation leur ayant assigné un emploi spécial : en pareil cas, ce revenu doit être « distingué dans le budget au moyen d'une annotation particulière ».

Sous cette réserve, le chapitre des recettes confond tous les établissements hospitaliers; mais le chapitre des dépenses est divisé en autant de sections qu'il y a d'établissements, de telle sorte que des crédits partiels sont affectés aux dépenses de chaque maison, sauf certaines dépenses générales et communes qui sont centralisées en une seule section.

La circulaire (Intérieur) du 10 mai 1876, par laquelle le ministre notifie de nouveaux modèles de budgets hospitaliers, a maintenu les dispositions précédentes. Elle prescrit la confusion des recettes, mais non celle des dépenses. Elle énumère d'abord les dépenses ordinaires en argent, communes à tous les établissements (frais généraux et dépenses concernant plusieurs services, frais de régie des biens et charges de la dotation, capitalisation des revenus, services extérieurs, dépenses des exploitations industrielles); puis, les dépenses particulières à chaque établissement, et elle spécifie que, lorsqu'une administration s'étend à plusieurs hospices, « un sous-paragraphe sera affecté à chacun d'eux »; enfin, les dépenses spéciales aux services hospitaliers proprement dits.

*Inscription d'office.* — Le créancier d'un être moral administratif (département, commune, établissement public), même porteur d'un titre exécutoire, ne peut être payé que si un crédit figure au budget, et, si ce crédit n'est pas voté, il n'a d'autre ressource que de demander à l'autorité supérieure l'inscription d'office.

Il a été jugé par le Conseil d'Etat (1904) que les textes qui établissent le droit de l'administration sur les budgets des communes et des départements ne sont que des applications d'un principe général préexistant, celui de la tutelle administrative; que, en matière hospitalière, ce principe général est confirmé par des textes spéciaux (loi du 7 août 1851; décret du 31 mai 1862, art. 547) qui soumettent la comptabilité des hospices aux règles de la comptabilité communale; — que l'autorité supérieure peut inscrire d'office au budget d'un établissement de bienfaisance une dépense obligatoire; — que le gouvernement, en vertu des droits de tutelle qui lui appartiennent sur l'administration d'un hospice et sur le règlement de son budget, peut régulièrement, après une mise en demeure préalable, procéder à l'inscription d'office du crédit nécessaire au payement d'une dette.

## Bulletin des lois.

Décrété sous sa forme périodique le 14 frimaire an II (4 novembre 1793), le *Bulletin des lois,* recueil des actes du gouvernement français, commença de paraître le 22 prairial an II. Il concourt, avec le *Journal officiel,* à la promulgation des lois, décrets et actes de l'autorité, mais il contient un certain nombre d'actes que ne publie pas le *Journal officiel.*

**Bureau de bienfaisance.** — Etablissement communal institué pour distribuer des secours aux indigents.

*Création.* — Les bureaux de bienfaisance sont créés par décret, sur l'avis du préfet et le rapport du ministre de l'Intérieur. Le conseil municipal donne un avis (loi du 5 avril 1884, art. 70), qui ne lie pas l'autorité supérieure.

*Commission administrative.* — Les bureaux de bienfaisance sont administrés par des commissions administratives dont la composition est, comme celle des hospices, déterminée par les lois des 21 mai 1873 et 5 août 1879. (V. HOSPICES.) La loi du 7 août 1851 est spéciale aux commissions administratives des hospices.

Les délibérations relatives aux réparations et travaux dont la dépense n'excède pas 2 000 francs sont exécutoires par elles-mêmes, ainsi que les délibérations nommant les agents du bureau de bienfaisance. Toutes les autres doivent être approuvées, selon les cas, par le préfet ou le sous-préfet.

Les délibérations relatives aux *aliénations*, *acquisitions*, *échanges* et *partages* de biens mobiliers appartenant aux bureaux de bienfaisance sont soumises à l'approbation du préfet. (Ord. du 6 juillet 1846; avis du Conseil d'Etat du 2 juin 1885.)

Pour l'acceptation des *dons* et *legs*, V. DONS, LEGS.

Les délibérations auxquelles n'ont pas pris part la moitié au moins des membres de la commission ne sont pas valables. L'article 50 de la loi de 5 avril 1884, sur les conseils municipaux, leur est inapplicable. (Conseil d'Etat, 2 août 1889.)

*Comptabilité. Receveurs.* — Les receveurs des bureaux de bienfaisance sont régis par les mêmes dispositions que les receveurs des hospices, et la comptabilité est soumise à des règles analogues. (V. HOSPICES.) Toutefois, les comptes sont arrêtés non par le préfet, mais par le sous-préfet (Décret du 31 mai 1862, art. 557). V. BUDGET.

Les receveurs municipaux sont de droit receveurs des autres établissements de bienfaisance de leur commune lorsque les revenus ordinaires de ces établissements ne dépassent pas le chiffre de 30 000 francs; dans le cas contraire, la recette des établissements doit être confiée à un receveur spécial. Toutefois, s'il existe dans la commune un hospice et un bureau de bienfaisance, le receveur de l'hospice est de droit receveur de ce dernier établissement, sans préjudice de la faculté pour les bureaux de bienfaisance dont le revenu excède 30 000 francs d'avoir un receveur spécial. Les bureaux d'assistance (V. ASSISTANCE MÉDICALE) ont de droit pour comptable le receveur de l'hospice et, s'il n'existe pas d'hospice dans la commune, le receveur du bureau de bienfaisance. Les bureaux d'assistance qui ont plus de 30 000 francs de revenus peuvent avoir un receveur spécial. Les receveurs spéciaux des établissements charitables sont nommés par les préfets, sur la présentation des commissions administratives. Dans tous les cas de vacance de la recette spéciale d'un hospice, le service doit être remis de droit au receveur municipal, sans qu'il y ait lieu de réclamer l'intervention de l'autorité administrative.

En cas de vacance, la gestion financière du bureau de bienfaisance est rattachée à la recette hospitalière, et à défaut, à la recette municipale; quant à la recette du bureau d'assistance, elle est provisoirement gérée, s'il n'y a pas de receveur hospitalier, par le receveur du bureau de bienfaisance et, subsidiairement, par le receveur municipal. (Instr. gén., art. 1220, mod. par deux décrets du 8 oct. 1899.)

*Ressources des bureaux de bienfaisance.* — Les recettes des bureaux de bienfaisance sont :

1° Les biens qui leur ont été restitués ou attribués par le décret du 12 juillet 1807 et ceux qu'ils ont acquis postérieurement à titre onéreux;

2° Le produit des dons et legs;

3° Le droit sur les spectacles, bals et concerts (V. SPECTACLES);

4° Le produit des quêtes faites et des troncs placés dans les églises (avis du Conseil d'Etat du 29 nov. 1906), des souscriptions et collectes. V. QUÊTES.

5° D'une part du produit des concessions dans les cimetières (V. CIMETIÈRE);

6° Du produit des attributions sur amendes. Aux termes de l'article 45 de la loi du 28 avril 1893, le reliquat du fonds commun des amendes de répression (V. AMENDE), après déduction des charges, est attribué aux communes jusqu'à concurrence des trois quarts suivant la répartition faite par la commission départementale. La loi du 13 avril 1898, article 84, porte que les bureaux de bienfaisance pourront participer à cette répartition, mais la recette ainsi attribuée a un caractère extraordinaire et doit être exclusivement affectée à des dépenses extraordinaires. (Circ. Intérieur du 21 juillet 1898.)

*Service intérieur et secours.* — Les règlements du service intérieur et le mode de distribution des secours sont soumis à l'approbation préfectorale. Pour la distribution, les bureaux peuvent s'adjoindre des commissaires et dames de charité.

Les secours sont annuels, temporaires (l'hiver) ou accidentels. La commission administrative établit une liste des indigents ayant droit aux secours permanents, et ceux-ci doivent avoir depuis un an dans la commune leur *domicile de secours*. (V. ASSISTANCE MÉDICALE.)

**Organisation spéciale à Paris.**
(Décret du 15 novembre 1895).

Dans chacun des arrondissements, un bureau de bienfaisance est chargé, sous l'autorité du directeur de l'administration générale de l'assistance publique, du service des secours à domicile.

*Composition des bureaux et fonctionnement.* — Chaque bureau se compose : 1° du maire de l'arrondissement; 2° des adjoints; 3° des conseillers municipaux de l'arrondissement; 4° d'administrateurs, au nombre de quatre au moins par quartier; 5° d'un secrétaire-trésorier ayant voix consultative. Le maire préside le bureau; en son absence, la présidence appartient à l'un des adjoints.

Les bureaux de bienfaisance désignent au scrutin, parmi les administrateurs, un administrateur-contrôleur. Les administrateurs sont nommés pour quatre ans par le préfet de la Seine et choisis sur une liste double de candidats proposés par une commission spéciale comprenant le maire, les adjoints, les conseillers municipaux de l'arrondissement et quatre habitants désignés par le directeur de l'assistance publique. Les fonctions d'administrateur sont gratuites. Le nombre des administrateurs peut être augmenté, s'il y a lieu, en raison des circonstances locales, par arrêté du préfet de la Seine, sur la proposition du directeur. Les femmes peuvent être nommées administratrices du bureau de bienfaisance. Les administrateurs sont répartis en quatre séries, par voie de tirage au sort; chaque année il est procédé au renouvellement d'une série; les administrateurs peuvent être réinvestis. Lorsqu'il y a lieu de remplacer un administrateur avant l'expiration de son mandat, le nouvel administrateur ne reste en exercice que jusqu'à l'époque où il y aurait eu lieu au renouvellement du mandat de celui qu'il remplace.

Les administrateurs ne peuvent être révoqués que par le ministre de l'Intérieur, sur la proposition du préfet de la Seine, après avis du conseil de surveillance et du directeur. Dans les cas urgents, la suspension provisoire est prononcée par le préfet.

Le bureau de bienfaisance se réunit au moins deux fois par mois sur la convocation du maire. Ses délibérations ne sont valables que si la majorité de ses membres est présente.

Une délégation du bureau de bienfaisance se réunit chaque jour à la mairie, à une heure déterminée, sous la présidence du maire ou d'un adjoint désigné par lui. Cette délégation se compose de quatre administrateurs, à raison d'un par quartier, désignés chaque semaine à tour de rôle. En cas d'empêchement, les membres de la délégation se font remplacer par leurs collègues.

Il est attaché à chaque bureau, pour le service des enquêtes, des visites et des quêtes, des commissaires et des dames patronnesses dont les fonctions sont gratuites, et, au besoin, des agents salariés. Les cadres du personnel administratif sont fixés, pour chaque bureau, par arrêté du directeur, approuvé par le préfet de la Seine. Le secrétaire-trésorier, les commissaires, les dames patronnesses et les employés de tout grade ayant droit à une pension de retraite sont nommés par le préfet de la Seine sur une liste de trois candidats présentés par le directeur de l'Assistance publique. Le directeur nomme les surveillants et gens de service. Les révocations sont prononcées par l'autorité qui a nommé aux emplois.

*Attributions.* — Les bureaux de bienfaisance font emploi des ressources de toute nature dont ils ont la disposition. Ils donnent leur avis sur les comptes et budgets spéciaux à chacun d'eux. Ils préparent la liste des indigents.

Les administrateurs assurent la distribution des secours, chacun dans la circonscription qui lui est spécialement confiée. Ils portent au domicile des indigents et nécessiteux les titres de secours de toute sorte. Les commissaires et les dames patronnesses leur prêtent leur concours.

L'administrateur-contrôleur est chargé, sous l'autorité du maire, de suivre l'exécution des décisions du bureau; il a la surveillance des procès-verbaux, des registres et de la comptabilité; il vise les pièces de recettes et de dépenses et, à la fin de chaque mois, le journal général.

La délégation permanente est spécialement chargée de l'attribution des secours aux nécessiteux et des secours extraordinaires aux indigents.

Les membres du bureau, les commissaires et dames patronnesses doivent rester étrangers à tout maniement de deniers.

*Régime financier.* — Les recettes de chaque bureau de bienfaisance comprennent : 1° le produit des dons, donations ou legs qui lui ont été faits ; 2° la part proportionnelle à la population indigente de l'arrondissement, qui est attribuée au bureau dans le produit du bien des pauvres centralisé au budget de l'Assistance publique ; 3° la part attribuée au bureau dans la subvention votée par le conseil municipal et inscrite au budget général de l'Assistance publique; 4° le produit des troncs, quêtes, collectes et fêtes de bienfaisance ; 5° le produit de tous les dons recueillis par les maires, adjoints, administrateurs, commissaires et dames patronnesses. Le montant des recettes mentionnées aux paragraphes 4 et 5 est intégralement versé dans la caisse du secrétaire-trésorier, pour être reversé par lui à la caisse de l'administration centrale, au compte spécial du bureau de bienfaisance destinataire.

Le budget et les comptes de chaque bureau de bienfaisance forment respectivement un sous-chapitre spécial dans les budgets et les comptes de l'administration générale de l'Assistance publique. Le receveur de l'Assistance publique est seul justiciable de la Cour des comptes; il centralise toutes les recettes et pourvoit à toutes les dépenses. Il est autorisé à faire des avances aux secrétaires-trésoriers, sur mandat du directeur de l'Assistance publique. Les secrétaires-trésoriers sont astreints au dépôt d'un cautionnement.

*Personnes à secourir.* — Ne peuvent être admis à recevoir des secours annuels que les *indigents* inscrits sur la liste générale préparée chaque année par le bureau de bienfaisance et arrêtée par le directeur de l'Assistance publique. Les radiations en cours d'année sont opérées dans les mêmes formes que les inscriptions.

La liste des indigents comprend les personnes de nationalité française domiciliées à Paris depuis trois ans au moins, incapables par leur âge ou leur invalidité de pourvoir à leur subsistance par le travail, ainsi que les femmes veuves, séparées, divorcées ou abandonnées ayant des charges exceptionnelles de famille et qui remplissent les conditions ci-dessus de nationalité et de domicile.

Les indigents sont tenus de faire connaître au secrétariat du bureau de bienfaisance la quotité des secours permanents qu'ils reçoivent d'institutions charitables étrangères à l'administration de l'Assistance publique. En cas de fausse déclaration, les secours annuels sont supprimés. La liste des indigents peut être communiquée, avec l'autorisation du maire, aux représentants des œuvres qui prennent l'engagement de communiquer au bureau de bienfaisance la liste des personnes qu'elles secourent.

Sont secourus temporairement comme *nécessiteux* les individus valides ou malades : 1° qui ne peuvent momentanément pourvoir à leur subsistance; 2° qui, étant inscrits comme indigents, ont besoin de secours exceptionnels.

*Nature des secours.* — Les bureaux de bienfaisance accordent des secours en argent et exceptionnellement des secours en nature; ils peuvent voter des allocations de tout genre destinées à soutenir des misères spéciales, telles que : prêts d'objets usuels, secours de route et de rapatriement, avances pour loyers.

Les secours annuels aux indigents sont payés sur cartes nominatives et sur l'acquit de la partie prenante. Les cartes sont visées chaque mois et avant payement par l'administrateur. Les objets en nature sont délivrés contre reçu. Lors du payement mensuel, les cartes de secours restent entre les mains du secrétaire-trésorier; sur le vu de ces cartes, l'administrateur-contrôleur établit un procès-verbal constatant leur rentrée régulière au bureau. Ce procès-verbal, qui constitue un certificat de vie et un certificat de vu-payer collectifs, est produit à l'appui des mandats de régularisation. Les cartes sont ensuite remises aux administrateurs divisionnaires, qui demeurent chargés de les faire parvenir aux indigents après les avoir visées à nouveau.

Les secours accordés aux nécessiteux par la délégation permanente sont payés sur bons numérotés détachés de livrets à souche et signés par le maire ou son délégué. Ces bons ne sont valables que pendant un mois à partir de leur délivrance et ne peuvent être payés que sur l'acquit des parties prenantes.

Le directeur peut accorder d'urgence un secours aux personnes nécessiteuses dont la demande lui paraît fondée. La dépense est imputée sur le crédit ouvert annuellement à cet effet au budget de l'Assistance publique et qui ne pourra dépasser 3 pour 100 du total des crédits affectés annuellement aux nécessiteux. Sur le montant des allocations inscrites au budget pour secours à domicile, une somme qui ne pourra excéder 30 000 francs sera mise à la disposition du préfet de la Seine pour être distribuée à titre de secours exceptionnels.

Les bureaux de bienfaisance sont autorisés à s'entendre avec les sociétés d'assistance par le travail à l'effet de substituer, autant que possible, les secours en travail aux secours en argent.

**Bureau de placement.** — V. PLACEMENT.

**Bureau de tabac.** — V. TABAC.

**Bureau du Sénat, de la Chambre des députés.** — V. SÉNAT, DÉPUTÉS (Chambre des).

# C

**Cabarets.** — V. BOISSONS : *Débit de boissons.*

**Cabotage.**—Navigation marchande qui se fait entre les ports d'un même pays ou dans une zone peu éloignée du port d'origine.

La loi du 30 janvier 1893 (art. 1er) divise la marine marchande en navigation au long cours, au cabotage international et au cabotage français. Elle répute voyages au *cabotage international* ceux qui se font en deçà des limites assignées aux voyages au long cours (V. LONG COURS) s'ils ont lieu entre les ports français, y compris l'Algérie, et les ports étrangers, ainsi qu'entre les ports étrangers. Elle répute voyages au *cabotage français* ceux qui se font de ports français à ports français, y compris ceux de l'Algérie, et distingue : le *petit cabotage* (entre ports français de la même mer) et le *grand cabotage* (entre ports de l'Océan et ports de la Méditerranée). V. NAVIGATION.

Les capitaines qui naviguent au cabotage sont appelés *maîtres au cabotage*. Ce titre s'acquiert à la suite de deux examens d'admission (l'un théorique, l'autre pratique), auquel peuvent prendre part les Français âgés de vingt-quatre ans et justifiant de 60 mois de navigation sous pavillon français.

**Cadastre.** — Registre public sur lequel sont portés le relevé général, la mesure et l'évaluation des propriétés foncières d'un Etat.

Les diverses opérations du cadastre sont les suivantes :

*Opérations d'art.* — Il faut *délimiter* le territoire de la commune, la *diviser en sections* et établir un système de *triangulation* pour donner au géomètre les moyens de se diriger avec certitude dans le lever du plan et de faciliter la vérification du travail tant dans les détails que dans l'ensemble. On procède ensuite à l'*arpentage* et au *lever du plan* de chaque parcelle, c'est-à-dire de chaque portion de terre distincte de sa voisine, soit par la différence de culture, soit par la différence de propriétaire.

*Expertise.* — Les plans étant levés et vérifiés, ou mieux la configuration et la contenance de toutes les parcelles de la commune étant connues, il reste à déterminer l'*évaluation du revenu net* de chacune d'elles, résultat que l'on obtient au moyen d'opérations successives dont l'ensemble constitue l'*expertise* et qui sont : la *classification*, le *classement* des terres, leur *évaluation* et la *répartition individuelle*.

*Classification.* — Les diverses opérations auxquelles les géomètres se sont livrés étant consignées sur un document appelé *bulletin*, et la communication de ce bulletin ayant eu lieu, le conseil municipal, assisté d'un certain nombre de commissaires classificateurs choisis parmi les propriétaires possesseurs de cultures dominantes, procède, en présence d'un contrôleur des Contributions directes, à la reconnaissance générale du territoire, au choix et à la désignation des fonds devant servir de *types* pour chaque classe et chaque nature de propriétés. On adopte pour chaque classe deux parcelles devant servir de type. La première, prise dans les meilleures propriétés de la classe, prend le nom de *type supérieur;* la deuxième, choisie dans les plus mauvais fonds, constitue le *type inférieur*. Quelque variété que puissent présenter les propriétés de même espèce, le nombre des classes, en ce qui concerne la propriété non bâtie, ne peut jamais excéder celui de cinq.

*Classement.* — Après la classification vient le *classement*, c'est-à-dire la distribution entre les diverses classes des parcelles appartenant à chaque propriétaire. Cette opération doit être faite par trois classificateurs au moins. Les propriétaires, leurs fermiers ou leurs représentants autorisés peuvent y assister et présenter leurs observations.

*Evaluation.* — Quand le classement est effectué, le contrôleur et les classificateurs choisissent un certain nombre de domaines affermés et dont la valeur est connue au moyen de baux authentiques. Ils font le relevé des parcelles dont ces domaines sont composés, ils appliquent à chaque parcelle le tarif provisoire, et s'assurent, pour chaque domaine, de l'exactitude de la proportion existant entre le revenu constaté par le bail, ou par la déclaration des classificateurs, et le revenu résultant des évaluations provisoires. Le tarif, arrêté par le conseil municipal, est déposé au secrétariat de la mairie, où, pendant quinze jours, les propriétaires peuvent en prendre connaissance et présenter, s'il y a lieu, leurs observations. Les réclamations sont examinées par le conseil municipal, qui, s'il le juge convenable, propose des modifications au tarif. Les agents des Contributions directes fournissent à l'administration tous les renseignements de nature à l'éclairer sur la valeur de l'expertise. Le tarif, ainsi préparé, est soumis à l'approbation du préfet, qui statue en conseil de préfecture. Dans le cas où des modifications sont reconnues nécessaires, le conseil municipal est appelé à en délibérer.

*Répartition individuelle.* — Le tarif, définitivement arrêté, est envoyé au directeur des Contributions directes, qui détermine, au moyen de ce document, le revenu de chaque parcelle. C'est alors que sont rédigés les *états de section* comprenant les propriétés bâties et non bâties, et indiquant : 1° le nom du propriétaire ; 2° les numéros du plan ; 3° les lieuxdits ; 4° la nature des propriétés ; 5° la contenance de chaque parcelle ; 6° l'indication des classes ; 7° le revenu de chaque parcelle ; 8° la matière imposable.

Ces états de section servent à rédiger les *matrices cadastrales*, registres ainsi appelés parce que les rôles n'en sont qu'une copie. On y trouve ouvert, au nom de chaque contribuable, un compte dans lequel figurent, par ordre de section et de numéro du plan, toutes les parcelles qu'il possède dans une commune.

Une copie de la matrice est adressée dans la commune où a été préalablement déposée la copie du plan. Le directeur des Contributions transmet au maire, en même temps que la matrice, le premier *rôle cadastral*, c'est-à-dire un état indiquant le montant de la contribution foncière que la commune doit payer, le total de son revenu *cadastral* et la proportion dans laquelle chaque propriétaire doit acquitter l'impôt.

*Mutations.* — Ainsi établi, le cadastre est tenu à jour par l'indication sur les matrices des changements de propriétaires et des translations de propriétés. Ce travail, appelé *mutation*, est fait par les percepteurs, sous la surveillance des contrôleurs, et d'après les extraits d'actes translatifs de propriété relevés par ces derniers dans les bureaux d'enregistrement.

*Revision.* — Les lois des 17 mars 1898 et 13 avril 1900 ont édicté des mesures tendant à rendre plus rapide et plus économique la revision du cadastre.

Il est alloué aux communes cadastrées depuis trente ans au moins, qui demanderont le renouvellement ou la revision de leur cadastre, des subventions.

La part de l'Etat ne pourra dépasser 40 pour 100 de la dépense totale. Le département contribuera au moins dans la même proportion que l'Etat, et la commune ou les particuliers intéressés fourniront le surplus.

A cet effet, les conseils généraux peuvent voter des centimes additionnels à la contribution foncière des propriétés non bâties jusqu'à concurrence d'un centime, et les conseils municipaux jusqu'à concurrence de cinq centimes. (Loi du 17 mars 1898, art. 1 et 2.)

Dans ces communes, les opérations de délimitation (obligatoires) et celles de bornage (facultatives) sont accomplies par une commission ou un syndicat institué à cet effet.

La désignation des immeubles d'après les

données du cadastre est exigée dans tous les actes ou jugements translatifs de propriété ou droits réels immobiliers.

**Café.** — V. BOISSONS : *Débits de boissons.*

**Cahier des charges.** — Document administratif qui fait connaître par avance les clauses imposées aux entrepreneurs en matière de travaux, de fournitures, de fermages, etc. V. ADJUDICATION.

**Caisse centrale du Trésor public.** — V. TRÉSOR PUBLIC.

**Caisse d'amortissement.** — V. AMORTISSEMENT.

**Caisse d'assurance en cas d'accidents.**

La Caisse d'assurance en cas d'accidents résultant de travaux agricoles ou industriels, a pour objet de constituer des pensions viagères aux personnes assurées qui, dans l'exécution de travaux agricoles ou industriels, sont atteintes de blessures entraînant une incapacité permanente de travail, et de donner des indemnités aux veuves et aux enfants mineurs ou, à leur défaut, au père ou à la mère sexagénaire des assurés qui ont péri par suite d'accidents survenus dans l'exécution desdits travaux. (Loi du 11 juillet 1868 ; décret des 10 août 1868 et 13 août 1877.) Les caisses d'assurance en cas de décès et en cas d'accidents sont gérées l'une et l'autre par la Caisse des dépôts et consignations.

Ces assurances ont lieu par année. L'assuré verse pour chaque année, à son choix, 8 francs, 5 francs ou 3 francs. Il doit être âgé de douze ans au moins.

La pension viagère due aux assurés est constituée à la Caisse nationale des retraites pour la vieillesse et calculée sur un capital égal à 640 fois la cotisation annuelle pour les accidents ayant occasionné une incapacité absolue de travail, sans pouvoir être inférieure à 200 francs pour les cotisations de 5 francs et à 150 francs pour les cotisations de 3 francs.

Les pensions allouées pour des accidents entraînant une incapacité permanente du travail de la profession sont moitié de celles ci-dessus.

Le secours à allouer, en cas de mort par suite d'accident, à la veuve de l'assuré, et, s'il est célibataire ou veuf sans enfants, à son père ou à sa mère sexagénaire, est égal à deux années de la pension de la première catégorie. L'enfant ou les enfants mineurs reçoivent un secours égal à celui qui est attribué à la veuve. Les secours sont payés en deux annuités.

Les administrations publiques, les établissements industriels, les sociétés de secours mutuels peuvent assurer collectivement leurs ouvriers ou leurs membres. Les communes peuvent assurer de la même manière les corps de sapeurs-pompiers contre les risques inhérents à leur service, ou même aux professions individuelles de chacun des membres qui composent ces corps. Il peut être stipulé dans ces assurances qu'il sera tenu compte des changements survenus pendant le cours de l'année dans le personnel assuré.

Les modifications à apporter aux tarifs de la Caisse d'assurance en cas de décès, en exécution de l'article 16 de la loi du 11 juillet 1868, sont, en ce qui concerne le taux de l'intérêt et les chances de mortalité, déterminées par un décret rendu sur la proposition des ministres du Commerce et des Finances, après avis de la commission supérieure des caisses d'assurance.

La loi du 24 mai 1899 a autorisé la Caisse d'assurance en cas d'accidents, créée par la loi du 11 juillet 1868, à étendre ses opérations aux risques prévus par la loi du 9 avril 1898 concernant les responsabilités des accidents dont les ouvriers sont victimes dans leur travail, pour les accidents ayant entraîné la mort ou une incapacité de travail permanente (absolue ou partielle).

La Caisse n'assure, dans aucun cas, le risque des accidents entraînant une incapacité de travail temporaire.

La Caisse tient compte dans une large mesure, pour la fixation de ses primes, des précautions prises individuellement par chacun des assurés contre les accidents qui peuvent survenir au personnel employé et de l'organisation spéciale de chaque établissement. Elle n'oppose aucune déchéance aux ouvriers victimes d'accidents.

L'assurance peut, au choix du souscripteur :

1° Etre limitée aux rentes prévues par la loi du 9 avril 1898, savoir : *En cas de mort,* à partir du décès, rente au conjoint survivant, aux enfants, et, le cas échéant, aux ascendants ou descendants qui étaient à la charge de la victime ; — *En cas d'incapacité absolue et permanente de travail,* rente égale aux deux tiers du salaire annuel de la victime ; — *En cas d'incapacité partielle et permanente de travail,* rente égale à la moitié de la réduction que l'accident aura fait subir au salaire de la victime ;

2° Ou garantir à la fois les rentes et le payement des frais funéraires, des indemnités journalières et des frais médicaux et pharmaceutiques dus jusqu'à la constitution des rentes.

Des conditions spéciales sont faites pour les assurances concernant les accidents occasionnés par les batteuses agricoles.

Aux termes de l'article 28 de la loi du 9 avril 1898, les débiteurs de pensions allouées en exécution de ladite loi peuvent, pour se libérer en une fois, verser à la Caisse nationale des retraites pour la vieillesse le capital représentatif de ces pensions. Cette Caisse accepte aussi des contrats d'assurance temporaire de rentes de survie au profit des ayants droit des invalides, en cas de décès de ceux-ci avant l'expiration du délai de revision de trois ans prévu à l'article 19 de la loi précitée.

Les décrets des 26 mai 1899, 14 août 1900, 4 déc. 1901, 8 déc. 1904, 22 nov. 1906, 17 janvier 1907 ont approuvé, en conformité de la loi du 24 mai 1899, les tarifs établis par la Caisse nationale d'assurances en cas d'accident.

## Caisse d'assurance en cas de décès.

Elle a pour objet de payer au décès de l'assuré, à ses héritiers ou ayants droit, une somme déterminée par le versement d'une prime unique ou de primes annuelles. Elle a été créée par la loi du 11 juillet 1868 et régie, en outre, par les décrets du 10 août 1868, 13 août 1877, et la loi du 26 juillet 1893, art. 58 et 59.

*Assurances individuelles.* — La participation à l'assurance est acquise par le versement de primes uniques ou de primes annuelles.

La somme à payer au décès de l'assuré est fixée conformément à des tarifs tenant compte : 1° de l'intérêt composé à 4 p. 100 par an des versements effectués ; 2° des chances de mortalité, à raison de l'âge des déposants, calculées d'après la table dite de *Deparcieux*. Les primes établies d'après les tarifs susénoncés sont augmentées de 6 p. 100.

Toute assurance faite moins de deux ans avant le décès de l'assuré demeure sans effet. Dans ce cas, les versements effectués sont restitués aux ayants droit, avec les intérêts simples à 4 p. 100.

Il en est de même lorsque le décès de l'assuré, quelle qu'en soit l'époque, résulte de causes exceptionnelles qui seront définies dans les polices d'assurances.

L'assurance en cas de décès peut être contractée par toute personne âgée de seize ans au moins et de soixante ans au plus.

Les sommes assurées sur une même tête ne peuvent excéder 3 000 francs. Celles inférieures à 600 francs sont incessibles et insaisissables en totalité ; celles supérieures à ce chiffre sont incessibles et insaisissables jusqu'à concurrence de la moitié, sans toutefois que la partie incessible et insaisissable puisse descendre au-dessous de 600 francs.

Nul ne peut s'assurer s'il n'est âgé de seize ans au moins et de soixante au plus.

A défaut de payement de la prime annuelle dans l'année qui suivra l'échéance, le contrat est résolu de plein droit. Dans ce cas, les versements effectués, déduction faite de la part afférente aux risques courus, sont ramenés à un versement unique donnant lieu, au profit de l'assuré, à la liquidation d'un capital au décès. La déduction est calculée d'après les bases du tarif.

Les sociétés de secours mutuels approuvées conformément au décret du 26 mars 1852 sont admises à contracter des assurances collectives sur une liste indiquant le nom et l'âge de tous les membres qui les composent, pour assurer au décès de chacun d'eux une somme fixe qui, dans aucun cas, ne peut excéder 1 000 francs. Ces assurances sont faites pour une année seulement, d'après des tarifs spéciaux, et peuvent se cumuler avec les assurances individuelles.

Toute personne qui veut contracter ou modifier une assurance doit souscrire une proposition à cet effet. Lorsque la proposition est signée par un mandataire, celui-ci doit produire une procuration faite sous seing privé ou passée devant notaire et indiquant le montant et les conditions de l'assurance. La procuration doit être rédigée sur papier timbré et, si elle est passée devant notaire, enregistrée. L'assuré peut aussi, dans la proposition même, charger un tiers d'effectuer le versement de la première prime et de retirer son livret-police.

La signature de l'assuré et, s'il y a lieu, celle de son mandataire, tant sur la proposition d'assurance que sur la procuration, si elle est sous seing privé, doivent être légalisées par le maire de leur résidence. Cette légalisation, qui n'est pas nécessaire pour les signatures déjà produites à la Caisse d'assurance, peut, même dans le cas d'un premier versement, ne pas être exigée par le comptable, lorsqu'il connaît le déposant ou que celui-ci justifie suffisamment de son identité.

A l'appui de toute proposition d'assurance nouvelle, on doit produire l'acte de naissance de l'assuré ou, à défaut, un acte de notoriété en tenant lieu.

Ces actes peuvent être en extrait ; il n'est pas nécessaire qu'ils soient légalisés, pourvu qu'ils portent le timbre de la mairie s'ils sont délivrés par un maire, ou celui du tribunal s'ils sont délivrés par un greffier.

On doit en outre :

S'il s'agit d'un mineur, justifier de l'autorisation du père, de la mère ou du tuteur, et, à défaut, d'une autorisation judiciaire ;

S'il s'agit d'une femme mariée non séparée de biens, produire l'autorisation du mari ou une autorisation judiciaire, sauf le cas où les primes annuelles correspondant aux assurances souscrites ne dépasseraient pas 50 francs ;

S'il s'agit d'une femme mariée séparée de biens par contrat ou judiciairement, apporter la preuve de cette séparation et, en cas de séparation judiciaire, de son exécution.

Toutes les pièces dont la production à la Caisse d'assurance est obligatoire peuvent être délivrées sur papier libre et sont dispensées des droits d'enregistrement. Les actes émanant des mairies et des greffes sont délivrés gratuitement.

Les propositions d'assurance et les versements de primes ultérieures sont reçus : A Paris et dans le département de la Seine, à la Caisse des dépôts et consignations, chez les percepteurs et les receveurs des postes ; dans les autres départements, chez les trésoriers-payeurs généraux, les receveurs particuliers des finances, les percepteurs et les receveurs des postes ; en Algérie, chez les trésoriers-payeurs et payeurs particuliers.

La Caisse d'assurance en cas de décès et la Caisse nationale des retraites se complètent l'une l'autre. En effet, si l'ouvrier ou employé peut, en s'adressant à la Caisse d'assurance en cas de décès, mettre sa famille à l'abri du besoin en cas de décès prématuré, la Caisse nationale des retraites lui permet, par le versement de minimes économies à capital aliéné, de se constituer à lui-même une pension viagère pour ses vieux jours.

Il y a donc avantage, dans bien des cas, à s'assurer simultanément aux deux caisses, plutôt que de faire seulement des versements à la Caisse nationale des retraites à capital réservé. Ainsi, une personne âgée de vingt ans qui verserait annuellement, pendant quarante ans, 31 francs à la Caisse nationale des retraites, à capital aliéné, et 19 fr. 35 à la Caisse d'assurance en cas de décès, soit un versement total de 50 fr. 35, se constituerait à elle-même une rente viagère de 355 francs et assurerait, après un délai de deux ans, c'est-à-dire après avoir effectué son troisième versement, un capital de 1 000 francs à ses héritiers ou ayants droit.

Un versement de 50 francs effectué annuellement de vingt à soixante ans, à capital réservé, à la Caisse nationale des retraites constituerait à soixante ans une rente viagère de 363 francs, mais le capital de 1 000 francs remboursable au décès du déposant ne serait assuré qu'après le vingtième versement.

*Assurances collectives en cas de décès.* — Les sociétés de secours mutuels sont admises à contracter des assurances collectives à l'effet de s'assurer au décès de chacun de leurs sociétaires une somme fixe qui ne peut excéder 1 000 francs.

Ces assurances peuvent se cumuler avec les assurances individuelles; elles sont faites pour une année et ont leur effet à partir du premier jour du mois qui suit celui où elles sont contractées. Elles doivent comprendre tous les membres de la société âgés de trois à quatre-vingt-quatorze ans et être d'une somme égale pour tous.

Elles sont établies d'après des tarifs spéciaux augmentés ou diminués conformément à un coefficient de mortalité déduit pour chaque société de sa mortalité moyenne constatée au cours des cinq dernières années d'assurance, qu'elles soient consécutives ou non.

Le payement des sommes dues à la société, après le décès d'un de ses membres, est effectué entre les mains du trésorier, dûment autorisé, et après production de l'acte de décès du sociétaire décédé.

*Assurances mixtes.* — La loi du 17 juillet 1897 a autorisé la Caisse d'assurance en cas de décès à passer, soit avec les sociétés de secours mutuels au profit de leurs membres participants, soit avec des contractants individuels faisant ou non partie des sociétés de secours mutuels, soit avec les chefs d'industrie au profit de leurs ouvriers, des contrats d'assurances mixtes, ayant pour but le payement d'un capital déterminé, soit aux assurés eux-mêmes s'ils sont vivants à une époque fixée d'avance, soit à leurs ayants droit, et aussitôt après le décès si les assurés meurent avant cette époque. Ces assurances ne peuvent se cumuler avec d'autres assurances individuelles, en cas de décès, que jusqu'à concurrence de 3 000 francs, et la durée du contrat doit être fixée de manière à ne pas reporter le terme de l'assurance après l'âge de soixante-cinq ans. L'assuré peut stipuler que moitié seulement de la somme assurée sera payable à ses ayants droit s'il décède au cours du contrat. L'assurance produira son effet dès la signature de la police.

La Caisse nationale des retraites pour la vieillesse est autorisée à recevoir en un seul versement le capital, à quelque somme qu'il s'élève, qui proviendrait d'une assurance mixte contractée dans les conditions qui précèdent. Ce capital sert à la constitution d'une rente viagère immédiate ou différée sur la tête de l'assuré et de son conjoint, ou, en cas de décès au cours de l'assurance, sur la tête du conjoint survivant.

Toute personne qui veut contracter une assurance mixte fait une proposition au directeur général de la Caisse des dépôts et consignations. Cette proposition contient les nom et prénoms du proposant, sa profession, son domicile, le lieu et la date de sa naissance, la somme qu'il veut assurer. Elle indique à quel âge cette somme sera payée à l'assuré lui-même s'il est vivant à cet âge. Elle énonce, s'il y a lieu, que la moitié seulement du capital sera payable aux ayants droit de l'assuré s'il décède au cours du contrat; elle mentionne si l'assurance sera contractée moyennant le payement d'une prime unique ou de primes annuelles payables chaque année en une seule fois, ou par fractions semestrielles, trimestrielles ou mensuelles, pendant la durée de l'assurance ou pendant une durée moindre. Elle contient l'engagement du proposant de répondre aux questions qui lui seront posées par le médecin visiteur, de se soumettre à l'examen de celui-ci et d'acquitter les frais de cet examen; elle est datée et signée par le proposant ou par son mandataire verbal. Cette signature est légalisée par le maire de la résidence du signataire. La proposition doit être accompagnée d'un extrait sur papier libre de l'acte de naissance du proposant.

Le proposant, s'il n'est pas personnellement connu du médecin visiteur, doit justifier de son identité, soit par l'attestation de deux témoins imposés au rôle des contributions directes de la commune, soit par la présentation de pièces d'identité.

Après l'examen médical, le directeur général décide s'il y a lieu de refuser l'assurance ou de l'accepter. Dans le premier cas, il informe le proposant de son refus, qui ne doit jamais être motivé. Dans le second cas, il transmet un livret-police au comptable qui a reçu la proposition d'assurance. Celui-ci, après avoir fait opérer le versement de la prime unique ou de la première prime, mentionne ce versement sur le livret-police, qu'il remet ensuite à l'assuré. Le contrat d'assurance produit son effet à partir de ce versement.

Les sommes dues par la caisse d'assurances, soit à l'assuré lui-même, soit à ses ayants droit, sont payables sur la production des pièces ci-après: 1° en cas de payement à l'assuré, le livret-police et le certificat de vie de l'assuré; le payement est fait en présence du bénéficiaire de l'assurance si un bénéficiaire a été désigné; 2° en cas de payement aux ayants droit, le livret-police et l'acte de décès de l'assuré, ainsi qu'un certificat de propriété délivré dans les formes et suivant les règles prescrites par la loi du 28 floréal an VII, constatant les droits des réclamants. (Décrets des 27 avril 1900 et 23 août 1906.)

*Assurances temporaires relatives aux habitations à bon marché.* — La Caisse d'assurance en cas de décès reçoit, indépendamment des assurances indiquées plus haut, des assurances temporaires ayant pour objet de garantir le payement des annuités à échoir restant dues par l'acheteur ou le constructeur d'une habitation à bon marché qui viendrait à décéder avant l'échéance de la dernière annuité. V. HABITATION.

## Caisse nationale des retraites pour la vieillesse.

Créée par la loi du 18 juin 1850, elle est actuellement régie par la loi du 20 juillet 1886. Elle a pour objet de recueillir et faire fructifier, par l'accumulation des intérêts, l'épargne réalisée par le déposant en vue de s'assurer une pension de retraite pour ses vieux jours. Son but étant de favoriser l'épargne populaire, elle reçoit les plus modestes économies et permet ainsi : à l'ouvrier, de s'assurer une retraite par les plus petites épargnes capitalisées; au père de famille, par un léger sacrifice, de mettre ses enfants à l'abri du besoin pour la fin de leur carrière ; aux communes, comices agricoles, caisses scolaires, aux particuliers bienfaisants, aux chefs d'industrie, par la distribution de livrets à titre de récompense, de répandre les habitudes d'ordre et d'économie et les idées de prévoyance. — Dans le but de faciliter cette distribution, la Caisse émet des promesses de livrets sur lesquelles la somme versée est seule mentionnée. Chaque promesse est échangée contre un livret définitif, après que le donateur y a inscrit le nom du bénéficiaire et les conditions du contrat de rente viagère.

*Garanties.* — La Caisse nationale est gérée par la Caisse des dépôts et consignations sous la garantie de l'Etat et le contrôle d'une commission supérieure instituée auprès du ministère du Commerce.

Elle ne réalise aucun bénéfice. Les rentes qu'elle délivre représentent intégralement ce que les fonds déposés ont produit par l'accumulation des intérêts combinés avec les chances de mortalité. Le tarif d'après lequel elles sont calculées est fixé chaque année par décret du président de la République.

La Caisse est obligée de faire emploi de tous ses fonds en rentes ou valeurs de l'Etat français, en obligations de chemins de fer ou en obligations départementales et communales. Son portefeuille, toujours facilement réalisable, représente donc un capital équivalant au montant de ses engagements. Ainsi les rentes viagères jouissent de la même sécurité que les rentes sur l'Etat.

Depuis le 1er janvier 1891, les frais de gestion de la Caisse nationale des retraites pour la vieillesse sont remboursés par cette Caisse à la Caisse des dépôts et consignations. (Art. 58 de la loi du 26 déc. 1890.)

Le décret du 10 novembre 1891 a institué un agent comptable des rentes viagères de la Caisse des retraites.

*Constitution du capital. Versements.* — Le capital des rentes viagères servies par la Caisse est formé par les versements volontaires des déposants. Les versements sont reçus et liquidés à partir d'un franc et sans fraction de franc ; toutefois, lorsque le déposant est marié, aucun versement n'est reçu s'il n'est de 2 francs ou multiple de 2 francs. Les versements peuvent être faits soit à capital aliéné, soit à capital réservé.

Les sommes versées à la Caisse nationale des retraites pour la vieillesse dans une année, au compte de la même personne, ne pourront jamais dépasser cinq cents francs.

Ne sont pas astreints à cette limite :

1° Les versements effectués en vertu d'une décision judiciaire ;

2° Les versements effectués par les administrations publiques avec les fonds provenant des cotisations annuelles des agents non admis au bénéfice de la loi du 9 juin 1853 sur les pensions civiles ;

3° Les versements effectués par les sociétés de secours mutuels avec les fonds de retraite inaliénables déposés par elles à la Caisse des dépôts et consignations.

Les versements opérés en vertu de l'article 28 de la loi du 29 juin 1894 sur les retraites des ouvriers mineurs, ceux effectués dans les conditions prévues à l'article 4 de la loi du 17 juillet 1897 sur les assurances mixtes, enfin ceux opérés par application du § 2 de l'article 8 du décret du 14 octobre 1897 (caisses de retraites au profit des ouvriers et employés) ne sont pas soumis au maximum annuel. Mais en aucun cas lesdits versements ne peuvent donner lieu à l'ouverture d'une pension supérieure à 1 200 francs.

*Timbre et enregistrement.* — Les certificats de vie, actes de l'état civil ou de notoriété, actes émanant des mairies et des greffes, et autres pièces exclusivement relatives à l'exécution de la loi sur la Caisse des retraites, seront délivrés gratuitement et dispensés des droits de timbre et d'enregistrement. (Loi du 20 juillet 1886, art. 24.) Cette immunité s'applique aux quittances délivrées pour remboursement de capitaux réservés et payement d'arrérages de rentes viagères et de pensions de retraite. (Loi du 30 mai 1899, art. 3.)

L'exemption doit être appliquée non seulement aux versements inscrits sur les livrets, mais encore aux reçus des titres de rente pour la vieillesse et aux quittances données à l'occasion de remboursements de capitaux.

Les procurations notariées ou sous seing privé à produire pour les remboursements sont dispensés des droits de timbre et d'enregistrement. (Inst. Enregistr., 26 février 1902.)

*Versements.* — Les versements à la Caisse nationale des retraites sont reçus : à Paris et dans le département de la Seine, à la Caisse des dépôts et consignations et chez les percepteurs et les receveurs des postes ; dans les départements, par les trésoriers-payeurs généraux, les receveurs particuliers des finances, les percepteurs et les receveurs des postes.

Les versements pour promesses de livrets sont reçus : à Paris, à la Caisse des dépôts et consignations ; dans les départements, par les trésoriers-payeurs généraux et les receveurs particuliers des finances.

Des bulletins-retraites, délivrés sans frais chez tous les préposés de la Caisse, permettent de réaliser cette somme au moyen de timbres-poste ; on peut donc commencer l'épargne pour la vieillesse avec 5, 10, 15 centimes.

Les bulletins, sur lesquels il suffit de coller les timbres-poste, doivent indiquer les nom et prénoms du titulaire. Ils sont reçus comme argent par tout préposé de la Caisse des retraites, pourvu que les timbres-poste ne soient ni altérés, ni maculés, ni déchirés. Les timbres-poste apposés sur chaque bulletin doivent représenter exactement la somme de 1 franc. Si leur valeur dépasse cette somme, les timbres en excédent sont détachés du bulletin et remis au déposant; si elle est inférieure, le bulletin ne peut être accepté qu'après avoir été complété par l'apposition du nombre de timbres nécessaire.

Les déposants aux caisses d'épargne peuvent demander que la totalité ou une partie de leurs fonds soit transférée sans frais à la Caisse des retraites, dans la limite du maximum annuel susvisé.

La seule pièce à produire à l'appui du premier versement est un extrait de l'acte de naissance du nouveau titulaire. Cet extrait est délivré sans frais, et comme toutes les autres pièces exclusivement relatives à la Caisse nationale des retraites, il est établi sur papier libre. Le déposant reçoit un livret sur lequel seront pris en charge tous les versements ultérieurs.

Celui qui opère un versement a la faculté ou d'aliéner le capital, c'est-à-dire de l'abandonner à la Caisse nationale des retraites en échange d'une augmentation de la rente, ou de réserver le capital au décès du rentier, et dans ce cas le capital est remboursé soit aux ayants droit de ce dernier, soit au donateur ou à ses ayants droit.

Tout capital réservé peut être abandonné ultérieurement en vue d'augmenter la rente primitive.

Le déposant est toujours libre de déclarer qu'il soumet ses nouveaux versements à des conditions autres que celles qui régissaient les versements antérieurs.

Les versements sont constatés sur un livret individuel délivré gratuitement au nom du futur rentier.

Des versements successifs peuvent être effectués; ils sont interrompus ou continués au gré des parties intéressées. Commencés dans un lieu, ils peuvent être continués dans un autre.

Les versements sont reçus au nom de toute personne âgée de trois ans au moins ou devant atteindre l'âge de trois ans dans le trimestre du dépôt.

Les étrangers résidant en France ou dans les colonies soumises au régime monétaire métropolitain et qui ont fait la déclaration prescrite par le décret du 2 octobre 1888 ou par la loi du 8 août 1893 (v. ÉTRANGERS) sont autorisés à faire des versements aux mêmes conditions que les nationaux; mais ils n'ont pas droit aux bonifications dont il est parlé à l'article 40 de la présente instruction, ni aux majorations et bonifications spéciales, prévues par la loi du 31 décembre 1895, relative à la majoration des rentes viagères.

*Par qui peuvent être opérés les versements.* Les versements peuvent être faits par le titulaire lui-même, par un tiers de ses deniers ou par un mandataire verbal agissant pour le compte d'un ou de plusieurs déposants.

Les mineurs peuvent effectuer des versements de leurs deniers; mais, s'ils sont âgés de moins de seize ans, ils doivent être autorisés à les opérer par leur père, mère ou tuteur et, à leur défaut ou en cas d'empêchement, par le juge de paix.

L'autorisation n'est pas nécessaire si le versement est effectué au profit du mineur des deniers d'un tiers ou s'il est opéré au compte du mineur par une société scolaire de secours mutuels conformément à ses statuts.

Les femmes mariées sont admises à faire des versements sans l'assistance de leur mari.

*Application des versements par moitié à chacun des conjoints.* Tout dépôt fait pendant le mariage par l'un des conjoints profite séparément à chacun d'eux par moitié, alors même que l'un des conjoints est entré en jouissance de sa rente. Non seulement un déposant ne peut priver son conjoint du bénéfice de la division des versements, mais il n'a pas le droit d'y renoncer pour son propre compte.

La rente s'éteint avec le titulaire et ne peut en aucun cas être reportée sur l'époux survivant.

Les conjoints peuvent d'ailleurs, lorsque le versement profite à chacun d'eux par moitié, stipuler des conditions différentes d'aliénation ou de réserve du capital ou d'âge d'entrée en jouissance. Cependant, peuvent profiter exclusivement à l'un des conjoints :

1° Les versements provenant des deniers d'un tiers; mais si le versement profite à une femme mariée, l'autorisation du mari ou, à son défaut, celle de justice doit être produite ;

2° Ceux effectués sous le régime de la séparation de biens contractuelle ou judiciaire ;

3° Ceux effectués par un conjoint en cas d'absence ou d'éloignement de l'autre époux depuis plus d'une année ; ces versements doivent être autorisés par le juge de paix; sa décision peut être frappée d'appel devant la chambre du conseil du tribunal de première instance ;

4° Ceux opérés après que l'autre conjoint a atteint le maximum de la rente (1 200 fr.) ou que les versements faits dans l'année au profit exclusif de ce conjoint soit antérieurement au mariage, soit par donation, ont atteint le maximum des versements annuels (500 fr.).

Les sommes versées antérieurement au mariage restent propres au titulaire et ne tombent pas dans la communauté. Il en est de même des sommes inscrites à chacun des comptes des deux conjoints pendant le mariage ; ces sommes restent propres au titulaire du compte auquel elles ont été attribuées.

Le montant de chaque versement autre que le premier est constaté par un enregistrement porté au livret et signé par le comptable qui reçoit le versement.

Cet enregistrement ne forme titre envers l'État qu'à la charge par le déposant de le faire viser dans les vingt-quatre heures : 1° à Paris, pour les versements faits à la Caisse des dépôts et consignations, par le contrôleur près cette caisse ; 2° dans les départements, pour les versements faits chez les trésoriers-payeurs généraux et receveurs particuliers des finances, par le préfet ou le sous-préfet ; 3° en Algérie, pour les versements faits chez les trésoriers-payeurs et payeurs particuliers, par le fonctionnaire civil ou militaire chargé du contrôle des récépissés à talon.

Quant aux versements faits à Paris ou dans les départements entre les mains des percepteurs et des receveurs des postes, leur enregistrement sur le livret est contrôlé par la Caisse des dépôts et consignations, dans le délai de dix jours pour les versements effectués directement, et dans le délai de deux mois pour les versements faits par des intermédiaires au nom de plusieurs déposants. Pour les versements faits en Algérie, ces délais sont augmentés en raison des distances.

Les livrets sont transmis immédiatement, à cet effet, à la Caisse des dépôts et consignations.

Le comptable délivre un reçu provisoire non soumis au visa, au dos duquel le déposant ou son représentant donne décharge au moment où le livret lui est rendu.

*Rentes viagères.* — Les rentes auxquelles donne droit chaque versement, à l'âge fixé au moment du versement, sont inscrites sur le livret individuel.

Le maximum de la rente totale inscrite sur une tête est de douze cents francs.

Les rentes sont incessibles et insaisissables jusqu'à concurrence de 360 francs. En cas de donation, elles peuvent être déclarées incessibles et insaisissables en totalité.

*Calcul de l'époque d'entrée en jouissance.* La rente viagère commence à courir du premier jour du trimestre qui suit celui dans lequel le déposant accomplit l'année d'âge à laquelle il a déclaré vouloir entrer en jouissance de sa rente.

En conséquence, si la jouissance était fixé à cinquante ans dans les trois exemples ci-dessous, l'entrée en jouissance de la rente aurait lieu :

Pour le déposant né le 25 mars 1870, au 1er avril 1920 ;

Pour le déposant né le 7 avril 1862, au 1er juillet 1912 ;

Pour le déposant né le 15 novembre 1849, au 1er janvier 1900.

L'entrée en jouissance de la pension est fixée, au choix du déposant, à partir de chaque année d'âge accomplie de cinquante ans à soixante-cinq ans. Dans le trimestre qui précède l'entrée en jouissance de sa rente, le titulaire peut reporter cette jouissance à une autre année, ce qui augmente le chiffre de sa rente.

Le déposant qui veut obtenir la délivrance de sa rente à un âge antérieur à celui indiqué par un ajournement provisoire doit en faire la demande dans les trois mois à partir de la date à laquelle il atteint l'âge définitivement choisi pour l'entrée en jouissance, c'est-à-dire conformément aux paragraphes 1, 2 et 4 de l'article 31 du décret du 28 décembre 1886, à partir du 1er janvier, du 1er avril, du 1er juillet ou du 1er octobre qui suivra la date anniversaire de sa naissance. L'ajournement est fait pour cinq ans, sans toutefois que l'entrée en jouissance puisse être reportée au delà de soixante-cinq ans. Il est provisoire et la délivrance de la rente peut toujours être obtenue à une année d'âge accomplie antérieure à l'âge fixé.

Les rentes viagères au profit des personnes âgées de plus de soixante-cinq ans sont liquidées suivant les tarifs déterminés pour l'âge de soixante-cinq ans.

Dans le cas de blessures graves ou d'infirmités prématurées régulièrement constatées et entraînant incapacité absolue de travail, la pension peut être liquidée même avant cinquante ans et en proportion des versements faits avant cette époque.

Les pensions ainsi liquidées sont bonifiées à l'aide d'un crédit ouvert chaque année au ministère de l'Intérieur. Dans aucun cas le montant des pensions bonifiées ne peut être supérieur au triple du produit de la liquidation, ni dépasser un maximum de 360 francs, bonification comprise.

A l'époque fixée par le déposant, le droit à la pension est constaté par la remise d'une inscription de rente viagère.

Les arrérages en sont payables chaque trimestre à la Caisse des dépôts et consignations ; dans toute la France, chez les receveurs des finances et percepteurs.

*Remboursement du capital.* Les remboursements de versements à capital réservé sont effectués sans délai, après le décès du titulaire, soit aux héritiers ou ayants droit du titulaire, soit au donateur ou à ses ayants droit.

*Majoration des rentes viagères.* Aux termes de la loi du 31 décembre 1895, des majorations de rentes viagères et des bonifications spéciales peuvent être accordées, sur des crédits inscrits annuellement au budget, aux pensionnaires de la Caisse nationale des retraites pour la vieillesse âgés d'au moins soixante-cinq ans.

Les conditions à remplir pour bénéficier des dispositions de ladite loi sont portées chaque année à la connaissance du public par le moyen d'affiches apposées dans toutes les communes.

Une dotation spéciale formée du revenu de la moitié du produit de la vente des diamants de la couronne est affectée à la bonification des pensions liquidées par anticipation. (Loi du 31 décembre 1895, art. 4.)

*Tarifs.* — Le montant de la rente viagère à servir est calculé conformément à des tarifs tenant compte pour chaque versement : 1° de l'intérêt composé du capital, fixé conformément à l'article 12 de la présente loi ; 2° des chances de mortalité, en raison de l'âge des déposants et de l'âge auquel commence la retraite, calculées d'après les tables dressées à cet effet (décret du 21 déc. 1887) ; 3° du remboursement, au décès, du capital versé, si le déposant en a fait la demande au moment du versement.

Au mois de décembre de chaque année, un décret du président de la République, rendu sur la proposition du ministre des Finances après avis de la commission supérieure, fixe le tarif qui sera appliqué l'année suivante, en tenant compte du taux moyen des placements de fonds en rentes sur l'Etat effectuées par la Caisse pendant l'année.

## Caisses d'épargne.

*Autorisation.* — Les caisses d'épargne sont des établissements d'utilité publique autorisés par des décrets rendus dans la forme des règlements d'administration publique. L'initiative de leur création appartient aux conseils municipaux. (Loi du 5 juin 1835, art. 1er.) L'existence d'une caisse d'épargne ordinaire ou d'une succursale dans une commune fait obstacle à l'ouverture dans cette même commune d'une autre caisse d'épargne ou d'une succursale relevant d'une autre caisse. (Loi du 20 juillet 1895, art. 22.)

*Emploi des dépôts.* — Les caisses d'épargne sont tenues de verser à la Caisse des dépôts et consignations toutes les sommes qu'elles reçoivent des déposants ; ces sommes sont employées par la Caisse des dépôts, sous la réserve des fonds jugés nécessaires pour assurer le service des remboursements : 1° en valeurs de l'Etat ou jouissant d'une garantie de l'Etat; 2° en obligations négociables et entièrement libérées des départements, des communes, des chambres de commerce, en obligations foncières et communales du Crédit foncier.— Les achats et les ventes de valeurs sont effectués avec publicité et concurrence, sur la désignation de la commission de surveillance, et avec l'approbation du ministre des Finances. Les achats et ventes de valeurs autres que les rentes pourront être opérés sans publicité ni concurrence. Les sommes non employées ne peuvent excéder 10 pour 100 du montant des dépôts au 1er janvier. Elles sont placées soit en compte courant au Trésor dans les mêmes conditions que les autres éléments de la dette flottante portant intérêt, soit en dépôt à la Banque de France. La partie déposée en compte courant au Trésor ne peut dépasser 100 000 000 de francs. (Loi du 20 juillet 1895, art. 1er.)

Tout déposant dont le crédit sera de somme suffisante pour acheter 10 francs de rente au moins peut faire opérer cet achat en titres nominatifs, sans frais, par les soins de l'administration de la Caisse d'épargne. La rente pourra également lui être attribuée au cours moyen du jour de l'opération, par un prélèvement sur le portefeuille représentant les fonds des caisses d'épargne. Dans le cas où le déposant ne retire pas les titres achetés pour son compte, l'administration de la Caisse d'épargne en reste dépositaire et reçoit les arrérages et primes de remboursement, au crédit du titulaire. Elle peut également les faire vendre sur la demande du déposant. Le capital provenant de cette vente, déduction faite des frais de négociation, est porté au nom du déposant à un compte spécial et sans intérêts. (*Id.*, art. 2.)

*Remboursements.* — Les conseils d'administration des caisses d'épargne peuvent rembourser à vue les fonds déposés ; mais les remboursements ne sont exigibles que dans un délai de quinzaine. Toutefois, en cas de force majeure, un décret rendu sur la proposition des ministres des Finances et du Commerce, le conseil d'Etat entendu, peut limiter les remboursements à la somme de 50 fr. par quinzaine. Des délais supplémentaires seront fixés par décret pour les opérations nécessitant l'intervention d'un bureau ou d'une caisse situés en dehors de la France continentale. (*Id.*, art. 3.)

*Maximum des dépôts.* — Le compte ouvert à chaque déposant ne peut pas dépasser le chiffre de 1 500 francs. L'article 9 de la loi du 9 avril 1881 sera applicable aux comptes qui dépasseront ce maximum. Le montant total des versements opérés du 1er janvier au 31 décembre ne peut dépasser 1 500 francs. Ces dispositions ne sont pas applicables aux opérations faites par les sociétés de secours mutuels et par les institutions spécialement autorisées à déposer aux caisses d'épargne ordinaires. Le maximum des dépôts faits par ces sociétés et institutions peut s'élever à 15 000 francs. (*Id.*, art. 4.)

*Intérêt.* — L'intérêt à servir aux caisses d'épargne ordinaires par la Caisse des dépôts et consignations est déterminé en tenant compte du revenu des valeurs du portefeuille et du compte courant avec le Trésor représentant les fonds provenant des caisses d'épargne. Lorsqu'il y a lieu de modifier le taux, le nouvel intérêt à servir aux caisses d'épargne est fixé, par décret, avant le 1er novembre, pour l'exercice suivant. (*Id.*, art. 5.)

*Dons et legs.* — Les caisses d'épargne peuvent, dans la même forme que les établissements d'utilité publique, recevoir les dons et legs faits en leur faveur. (Loi du 5 juin 1835, art. 10.)

*Surveillance.* — Les opérations de chaque caisse d'épargne sont dirigées et surveillées par un conseil de directeurs ou d'administrateurs. Les statuts déterminent la composition et les fonctions de ce conseil. (Décret du 15 avril 1852, art. 1er.)

Les caissiers et les sous-caissiers préposés aux succursales des caisses d'épargne sont soumis à l'obligation de fournir un cautionnement, qui ne peut être inférieur à 2 p. 100 de la recette d'une année moyenne. (*Id.*, art. 22 et 23.)

La loi du 20 juillet 1895 a prévu (art. 12) qu'une annuité serait prélevée sur les fonds de réserve des caisses d'épargne pour assurer le contrôle opéré sur ces caisses par les receveurs particuliers et trésoriers-payeurs généraux et par les inspecteurs des finances. Conformément à ces dispositions, une recette de pareille somme est inscrite parmi les recettes d'ordre du budget de chaque exercice.

Les indemnités aux receveurs particuliers sont passibles pour les trois quarts des retenues pour pensions civiles. Tout ou partie de l'indemnité peut être retenue par mesure disciplinaire. Inversement, une allocation spéciale non passible de la retenue peut être allouée aux receveurs pour améliorations dans le service ou travaux extraordinaires, par exemple, recherche et apurement des déficits. (Circ. Compt. publ., 31 mars 1898.)

*Timbre et enregistrement.* — Les registres et livrets à l'usage des caisses d'épargne sont exemptés des droits de timbre. (Loi du 5 juin 1835, art. 9.) Les certificats de propriété et actes de notoriété exigés par les caisses d'épargne pour effectuer le remboursement, le transfert ou le renouvellement des livrets appartenant aux titulaires décédés ou déclarés absents sont visés pour timbre et enregistrés gratis. (Loi du 20 juillet 1895, art. 23.)

*Faculté de transfert, de versement et de retraite.* — Tout déposant peut faire transférer ses fonds d'une caisse à une autre (loi du 5 juin 1835, art. 8), même à une des succursales de la Caisse nationale d'épargne à l'étranger. (Loi du 29 oct. 1885, art. 4.)

*Prélèvements irréguliers sur les bénéfices des caisses d'épargne.* — Sont irréguliers les versements, dans les caisses des communes ou des établissements de bienfaisance, de sommes allouées par les caisses d'épargne à titre de dons, subventions, etc.

Les seules libéralités permises à ces établissements ne peuvent être consenties qu'en faveur des déposants.

L'irrégularité de ces allocations, déjà reconnue par le conseil d'Etat, résulte également de la discussion de la loi du 20 juillet 1895 : le Parlement a supprimé une disposition ajoutée à l'article 10 en vue d'autoriser les caisses d'épargne à employer une partie de leurs bénéfices à subventionner des œuvres locales d'assistance ou de bienfaisance.

Les instructions du ministre du Commerce, en date du 14 mars 1893, § 47, et du 20 décembre 1895, article 18, ont en conséquence formellement interdit les libéralités des caisses d'épargne. De nouvelles mesures ont été prises en 1899 pour y mettre obstacle : le ministre des Finances a fait défense aux comptables communaux ou hospitaliers d'encaisser le montant des libéralités qui seraient allouées aux communes ou établissements dont ils sont receveurs ; le ministre du Commerce a rappelé les prescriptions réglementaires aux administrations des caisses d'épargne, et il a invité les préfets à prendre des dispositions pour en assurer l'effet, notamment à refuser les autorisations qu'il y aurait lieu de leur demander pour l'acceptation des libéralités. Il résulte toutefois des instructions et circulaires que l'interdiction ne s'applique pas aux sommes de faible importance que des caisses d'épargne répartiraient en livrets à distribuer aux enfants des écoles ou affecteraient à d'autres emplois dans le but de stimuler l'épargne et d'accroître le nombre des déposants. (Circ. Compt. publ. du 30 oct. 1899 ; Circ. Commerc. du 8 décembre 1899.)

## Caisse nationale d'épargne.

La Caisse nationale d'épargne, placée, par l'article 1er de la loi du 9 avril 1881, sous la garantie immédiate et absolue de l'Etat, a son siège à Paris.

Les conditions d'exécution de cette loi ont été réglementées par les décrets des 31 août et 3 décembre 1881.

Tous les bureaux de poste français désignés par des arrêtés ministériels sont appelés à participer, en qualité de correspondants de la Caisse nationale d'épargne, à l'encaissement des sommes versées par les déposants et au remboursement, en capital et intérêts, des sommes déposées. Ceux qui, en vertu du décret du 23 août 1875, prêtaient leur concours aux caisses d'épargne privées ne sont plus autorisés à faire aucune opération pour le compte de ces caisses.

Les fonds de la Caisse d'épargne postale sont versés à la Caisse des dépôts et consignations. Ils produisent un intérêt de 2 fr. 50 p. 100 par an.

Les frais d'administration sont acquittés au moyen d'ordres de payement délivrés par le ministre des Postes et des Télégraphes sur la caisse des receveurs municipaux. Ils doivent être prélevés sur les sommes dont la caisse bénéficie par suite de la différence : 1° entre l'intérêt servi par le Trésor et l'intérêt dont il est tenu compte aux déposants ; 2° entre l'intérêt produit par l'arrérage des valeurs de l'Etat français acquises par la Caisse des dépôts en emploi des sommes déposées et le taux de 2 francs p. 100 servi à la caisse postale. Ils sont fixés au maximum à 0 fr. 60 p. 100. (Loi du 17 avril 1906, art. 27.)

*Agent comptable de la caisse d'épargne postale.* — Les opérations effectuées par les receveurs des postes et des télégraphes et classées par ceux-ci parmi les opérations de trésorerie sont centralisées par un agent justiciable de la Cour des comptes et astreint au versement d'un cautionnement. L'*agent comptable de la caisse d'épargne postale* est nommé par décret. Il prête serment devant la Cour des comptes.

Dans le cas où le service se trouve confié à un gérant intermédiaire, la gestion de cet agent reste distincte de celle de l'ancien et du nouveau titulaires.

Comme tous les comptables directs, l'agent comptable de la caisse d'épargne postale est responsable, sauf son recours contre qui de droit, des opérations effectuées pour son compte par les receveurs des postes. Il n'a pas de maniement d'espèces.

*Emoluments de l'agent comptable.* — Les émoluments de l'agent comptable de la Caisse d'épargne postale se composent : 1° d'un traitement fixe ; 2° d'une indemnité de responsabilité. Le traitement fixe subit les retenues exercées en vertu de la loi du 9 juin 1853 et du décret du 9 novembre suivant sur le service des pensions civiles.

*Remises aux receveurs.* — La nature et le taux des indemnités allouées aux receveurs chargés du service de la Caisse d'épargne postale sont fixés ainsi qu'il suit :

1° Une rétribution fixe de 10 centimes est accordée, pour chaque livret de la Caisse d'épargne postale, au receveur des postes qui l'aura délivré dans le cours de l'année ;

2° Il est alloué en outre, à chaque receveur, sur le montant des versements effectués entre ses mains pendant cette même année, à titre de dépôts à la Caisse d'épargne, une remise proportionnelle réglée comme il suit : 50 centimes par 1 000 francs sur les premiers 100 000 francs déposés ; 25 centimes par 1 000 francs sur les sommes déposées au delà de 100 000 francs. (*Bulletin Postes et Télégraphes*, 1881, p. 1569.)

*Timbre et enregistrement.* — Les imprimés, écrits et actes de toute espèce nécessaires pour le service de la Caisse d'épargne postale sont exempts des formalités du timbre et de l'enregistrement.

*Livrets.* — La Caisse nationale d'épargne ouvre un compte à toute personne pour laquelle *ou au nom de laquelle* des fonds sont versés à titre d'épargne dans un bureau de poste quelconque. Il est délivré à chaque déposant un livret.

Sur ce livret sont enregistrés tous les versements et remboursements. (Loi du 5 juin 1835, art. 7.) Les livrets remplis ou égarés sont remplacés gratuitement.

Aucune opération faite dans les caisses d'épargne ordinaires par les déposants et nécessitant un mouvement de fonds et de valeurs n'est valable et ne forme titre contre la Caisse d'épargne que si le reçu délivré sur le livret porte, outre la signature du caissier, le visa et la signature de l'administrateur ou de l'agent chargé du contrôle. (Loi du 20 juillet 1895, art. 14.)

La délivrance des livrets est opérée gratuitement par l'intermédiaire de tous les bureaux de poste, ouverts tous les jours au service de la Caisse d'épargne, en France, en Algérie, à Tunis, à Port-Saïd, à Tanger (Maroc), à Constantinople, à Smyrne, à Salonique, à Beyrouth (Turquie) et à La Canée (Crète).

Les mineurs sont admis à se faire ouvrir des livrets sans l'intervention de leur représentant légal. Ils peuvent également retirer, sans cette intervention, mais seulement après l'âge de 16 ans révolus, les sommes figurant sur les livrets ainsi ouverts, sauf opposition de la part de leur représentant légal.

Les femmes mariées, quel que soit le régime de leur contrat de mariage, sont admises à se faire ouvrir des livrets sans l'assistance de leur mari, et elles peuvent retirer, sans cette assistance, les sommes inscrites aux livrets ainsi ouverts, sauf opposition de la part de leur mari. Dans ce cas, il est sursis au retrait du dépôt et ce, pendant un mois, à partir de la dénonciation qui en est faite à la femme, par lettre recommandée, à la diligence de la Caisse nationale d'épargne. Passé ce délai, et faute par la femme de s'être pourvue contre ladite opposition par les voies de droit, le mari peut toucher seul le montant du livret si le régime sous lequel il est marié lui en donne le droit.

Nul ne peut être titulaire, à la fois, de deux livrets de la Caisse nationale ou d'un livret de cette Caisse et d'un livret de caisse d'épargne ordinaire, sous peine de perdre l'intérêt des sommes déposées.

L'interdiction d'avoir plusieurs livrets ne concerne *qu'un même déposant.* En conséquence, il peut être délivré autant de livrets individuels qu'il y a de personnes composant une même famille.

Toute personne qui effectue un *premier* versement pour le compte d'un tiers signe la demande de livret; toutefois la signature d'un bienfaiteur qui désire rester inconnu n'est pas requise.

Les livrets délivrés par suite de versements faits par un tiers à titre de libéralité ou en vertu d'un testament peuvent être soumis à certaines conditions. Les seules conditions admises sont les suivantes : 1° le livret est déclaré incessible, c'est-à-dire qu'il ne peut être cédé; 2° le remboursement est différé; s'il s'agit d'un majeur, le terme du délai doit être une date fixe; s'il s'agit d'un mineur, on peut indiquer soit le jour de sa majorité, soit une époque quelconque plus éloignée, soit enfin la célébration du mariage.

*Sociétés.* — Toute association ou société régulièrement constituée peut se faire ouvrir un compte à la Caisse nationale d'épargne jusqu'à concurrence de 1 500 francs, comme les déposants ordinaires. Les sociétés de secours mutuels et les syndicats ou associations professionnelles constitués en vertu de la loi du 21 mars 1884 peuvent de plein droit élever leurs dépôts jusqu'à 15 000 francs. Peuvent également élever leurs dépôts jusqu'à 15 000 fr. les institutions de coopération, de bienfaisance et autres sociétés de même nature, mais seulement lorsqu'elles ont été autorisées par l'administration. Chacun des membres d'une société peut d'ailleurs posséder un livret à son nom personnel, sans préjudice de sa part dans le livret collectif au nom de la société.

*Versements.* — Chaque versement ne peut être inférieur à un franc, mais il peut comporter des centimes.

Toute personne qui, sans être en mesure d'opérer le versement minimum de un franc, désire se créer des épargnes, peut coller des timbres-poste ordinaires à 5 ou à 10 centimes, jusqu'à concurrence d'une somme de un franc, sur des formules dites *bulletins d'épargne.*

Les bulletins d'épargne, ainsi revêtus de timbres-poste d'une valeur de un franc, sont reçus comme numéraire, soit séparément, soit comme appoint d'un versement en espèces.

Les formules de bulletins d'épargne sont mises gratuitement à la disposition du public dans les bureaux de poste.

Le compte ouvert à chaque déposant ne peut pas dépasser le chiffre de 1 500 francs, versés en une ou plusieurs fois. Le premier versement peut, dès lors, varier entre 1 franc et 1 500 francs. Le montant total des versements opérés du 1<sup>er</sup> janvier au 31 décembre ne peut excéder le chiffre de 1 500 francs.

Ces dispositions ne sont pas applicables aux opérations faites par les sociétés de secours mutuels et par les institutions spécialement autorisées à verser jusqu'à 15 000 francs.

Toute somme versée à un receveur des postes à titre de premier versement donne lieu à la délivrance immédiate d'une quittance à souche.

Le livret est remis au déposant contre la restitution de cette quittance, dans un délai de trois jours (non compris le jour du versement et les dimanches). Si le déposant le demande, son livret lui est remis à domicile, sans frais, par l'entremise du facteur.

Tout versement ultérieur peut être effectué, dans un bureau de poste quelconque, par le titulaire d'un livret de la Caisse nationale d'épargne ou par un tiers quelconque porteur de ce livret. Le livret est rendu séance tenante à la partie versante.

*Remboursements.* — Tout déposant peut se faire rembourser, dans un bureau de poste quelconque, soit la totalité, soit seulement une portion de son compte courant. A cet effet, il adresse directement, et sans affranchir, à la direction qui tient le compte courant une demande de remboursement rédigée sur une des formules spéciales qui sont mises, *gratuitement,* à la disposition du public dans tous les bureaux de poste. Le remboursement est autorisé, autant que possible, par le retour du courrier; mais les remboursements ne sont exigibles que dans un délai de quinze jours. En cas de force majeure, un décret rendu, le conseil d'Etat entendu, peut limiter les remboursements à la somme de 50 francs par quinzaine. Le payement n'est effectué que sur production d'une des pièces d'identité exigées pour les mandats-poste. Les certificats de propriété et actes de notoriété exigés pour effectuer le remboursement des livrets appartenant aux titulaires décédés ou déclarés absents doivent être visés pour timbre et enregistrés gratis.

*Remboursements par voie télégraphique.* Tout déposant peut demander et obtenir par télégraphe un remboursement de 300 francs au maximum à valoir sur son compte d'épargne, à condition de payer la taxe des télégrammes de demande et de réponse. Il peut également demander par poste et obtenir par télégraphe le remboursement d'une somme quelconque; la taxe du télégramme est à sa charge.

*Remboursements par la voie des tubes pneumatiques, à Paris.* Tout déposant titulaire d'un compte tenu à Paris peut demander et obtenir à Paris, par la voie des tubes pneumatiques, le remboursement de tout ou partie de son compte d'épargne, au moyen de cartes-télégrammes spéciales, du prix de soixante centimes, mises en vente dans tous les bureaux télégraphiques de Paris. Le déposant doit, au moment de l'envoi de la carte-télégramme, produire son livret.

*Remboursements à vue, à Paris.* A Paris, un service de remboursements à vue est établi au bureau de poste situé rue Saint-Romain. Ces remboursements peuvent être demandés par tout titulaire d'un compte tenu à Paris; ils sont effectués dans le délai d'une heure environ. Le même bureau délivre et paye les mandats-poste.

*Remboursements par mandats-poste.* Tout déposant peut demander que le remboursement d'une somme à valoir sur son compte soit effectué au moyen d'un mandat-poste émis à son profit ou au profit d'une autre personne résidant en France, en Algérie, en Tunisie ou dans un pays étranger avec lequel la France a conclu une convention pour l'échange des mandats-poste.

*Intérêts.* — Un intérêt de 2 fr. 50 p. 100 est servi aux déposants par la Caisse nationale d'épargne. Cet intérêt part du 1er ou du 16 de chaque mois, après le jour du versement. Il cesse de courir à partir du 1er ou du 16 qui a précédé le jour du remboursement. Au 31 décembre de chaque année, l'intérêt acquis s'ajoute au capital et devient lui-même productif d'intérêts.

*Achat et vente de rentes.* — Tout déposant dont le crédit est suffisant pour acheter 10 francs de rente au minimum peut faire opérer cet achat sans frais par la Caisse nationale d'épargne. L'achat de rentes peut être supérieur à 10 francs, si la situation du crédit du déposant le comporte; mais le capital à employer ne peut dépasser, pour chaque achat, le maximum de 1 500 francs.

Les demandes d'achat de rentes sont adressées directement par le titulaire du livret, et sans affranchir, à la direction qui tient le compte courant, sur des formules qui sont mises gratuitement à la disposition du public dans les bureaux de poste. Il n'est donné suite qu'aux demandes d'achat de titres de rente nominatifs.

La Caisse nationale d'épargne se charge de conserver, à titre gratuit, les inscriptions de rente achetées en leur nom par ceux des déposants qui en font la demande. Le montant des arrérages est inscrit sur les livrets, lorsque ceux-ci sont transmis pour être réglés.

Lorsqu'un déposant n'a pas pris livraison d'un titre de rente acheté par l'intermédiaire de la Caisse nationale d'épargne, il a la faculté d'en demander la vente, mais non à titre gratuit comme pour les achats.

Le capital provenant de cette vente, déduction faite des frais de négociation, est porté au nom du déposant à un compte spécial sans intérêts.

## Caisses publiques (Manœuvres contre les). V. ACCAPAREMENT.

## Caisses de secours et de retraites des ouvriers mineurs.

Les exploitants de mines sont tenus de verser chaque mois, soit à la Caisse nationale des retraites pour la vieillesse, soit dans une caisse syndicale ou patronale (v. ci-dessous), pour la formation du capital constitutif des pensions de retraite, une somme égale à 4 pour 100 du salaire des ouvriers ou employés, dont moitié à prélever sur le salaire et moitié à fournir par l'exploitant lui-même. Les versements peuvent être augmentés par l'accord des deux parties intéressées. Ils sont inscrits sur un livret individuel au nom de chaque ouvrier ou employé et faits en principe à capital aliéné. Toutefois, si le titulaire du livret le demande, le versement de la part prélevée sur son salaire est fait à capital réservé. — L'exploitant peut prendre à sa charge une fraction supérieure à la moitié du versement ou sa totalité.

Les pensions sont acquises et liquidées dans les mêmes conditions que les pensions servies par la Caisse nationale des retraites pour la vieillesse. — L'entrée en jouissance, fixée à cinquante-cinq ans, pourra être différée sur la demande de l'ayant droit; mais les versements cesseront, à partir de cet âge, d'être obligatoires.

Les exploitants de mines peuvent obtenir l'autorisation de créer des caisses syndicales ou patronales de retraite pour les ouvriers ou employés occupés dans leurs exploitations. L'autorisation est donnée par décret d'administration publique, fixant les limites du district, les conditions du fonctionnement de la caisse, son mode de liquidation. Les fonds versés par les exploitants dans la caisse syndicale ou patronale doivent être employés en rentes sur l'Etat, en valeurs du Trésor ou garanties par le Trésor, en obligations départementales ou communales; les titres sont nominatifs. La gestion des caisses syndicales ou patronales est soumise à la vérification de l'inspection des finances et au contrôle du receveur particulier de l'arrondissement du siège de la caisse. (Loi du 30 juin 1894, art. 1er-5.)

La loi du 30 juin 1894 (art. 6-20) a établi en outre, près de chaque société, une caisse de secours alimentée par : 1° un prélèvement sur le salaire de chaque ouvrier ou employé, dont le montant est fixé par le conseil d'administration de la société, sans pouvoir dépasser 2 pour 100 du salaire; 2° un versement de l'exploitant égal à la moitié de celui des ouvriers ou employés; 3° les sommes allouées par l'Etat sur les fonds de subventions aux sociétés de secours mutuels; 4° les dons et legs; 5° le produit des amendes encourues pour infractions aux statuts et de celles infligées aux membres participants par application du règlement intérieur de l'entreprise.

En cas de maladie entraînant une incapacité de travail de plus de quatre jours, avec suppression de salaire, la caisse de la société de secours verse, à la fin de chaque semestre, au compte individuel du sociétaire participant à une caisse de retraites, une somme au moins égale à 5 pour 100 de l'indemnité de maladie prévue par les statuts. L'obligation de ce versement cesse avec l'indemnité de maladie elle-même.

La société est administrée par un conseil composé de neuf membres au moins. Un tiers des membres est désigné par l'exploitant; les deux autres tiers sont élus par les ouvriers ou employés parmi les membres participants.

Sont électeurs tous les ouvriers et employés, du fond et du jour, Français, jouissant de leurs droits politiques, inscrits sur la feuille de la dernière paye. Sont éligibles, à la condition de savoir lire et écrire, et, en outre, de n'avoir jamais encouru de condamnations aux termes des dispositions soit de la loi du 30 juin 1894, soit de la loi du 21 avril 1810 sur les mines et du décret du 3 janvier 1813, soit des articles 414 et 415 du Code pénal, les électeurs âgés de vingt-cinq ans accomplis occupés depuis plus de cinq ans dans l'exploitation.

La loi prévoit en outre la dissolution des conseils et les pénalités que peuvent encourir les conseillers (art. 21-31).

Pour les différends qui naîtraient de l'exécution de la loi, et qui seraient déférés aux tribunaux civils, il est statué comme en matière sommaire et jugé d'urgence. Les intéressés bénéficient de l'assistance judiciaire. Tous actes, documents et pièces quelconques à produire sont dispensés du timbre et enregistrés gratis. Les intéressés agissant en nom collectif sont représentés par un mandataire nommé par eux à la majorité des voix, sous la présidence du juge de paix, sans préjudice, pour chacun d'eux, du droit d'intervention individuelle.

Les décrets des 25 juillet et 14 août 1894 et 28 déc. 1906 déterminent les mesures d'exécution. (V. Circulaire de la Caisse des dépôts et consignations du 18 déc. 1894.)

Une somme de 1 000 000 de francs est affectée chaque année, dans les conditions déterminées par les lois des 31 mars 1903 (art. 84 à 98) et 21 juillet 1903 : 1° pour un tiers, à la majoration de la pension d'âge ou d'invalidité de plus de 50 francs, acquise ou en instance de liquidation au 1er janvier 1903, en faveur de tout ouvrier ou employé des mines de nationalité française, par application de la loi du 29 juin 1894 sur les caisses de secours et de retraites des ouvriers mineurs; 2° pour les deux autres tiers, à des allocations en faveur de tous autres ouvriers ou employés des mines, de nationalité française, âgés de cinquante-cinq ans au moins au 1er janvier 1903 et justifiant, à cette date, de trente années de travail salarié dans les mines françaises.

## Caisse des dépôts et consignations.

Cet établissement, créé par la loi du 28 avril 1816, est chargé : 1° de recevoir, sous sa responsabilité et avec la garantie de l'Etat, les dépôts et consignations obligatoires ou volontaires qui lui sont confiés; 2° de gérer la fortune de divers services dont les ressources spéciales doivent être distinguées des fonds du Trésor, tels que la Caisse nationale des retraites pour la vieillesse.

### Organisation.

Il n'y a qu'une seule administration pour la caisse d'amortissement et pour celle des dépôts et consignations.

Les deux établissements, quoique placés dans le même local, soumis à un même *directeur général* sont cependant dictincts. Il est tenu, pour chacun, des livres et registres séparés; leurs écritures et leurs caisses ne sont jamais confondues.

Le directeur général, assisté de *sous-directeurs*, ordonne toutes les opérations et règle les diverses parties du service des deux établissements; il prescrit les mesures nécessaires pour la tenue régulière des livres et des caisses; il veille à ce que les écritures, qui sont tenues en partie double, en soient distinctes; il ordonnance les payements; il vise et arrête les divers états de toute nature.

Il est responsable de la gestion des deniers de la caisse, et le maniement desdits deniers appartient : à Paris, à un *caissier*, justiciable de la Cour des comptes; dans les départements, aux trésoriers-payeurs généraux, aux percepteurs des chefs-lieux d'arrondissement, aux receveurs de l'enregistrement et des domaines; en Algérie et aux colonies, aux trésoriers-payeurs; à l'étranger, aux consuls.

Aucun payement ne peut être fait par le caissier que sur pièces justificatives régulières et en vertu des mandats du directeur général.

La *commission de surveillance* créée près la Caisse d'amortissement est également chargée de surveiller la Caisse des dépôts et consignations.

### Dépôts.

La Caisse reçoit les dépôts volontaires des particuliers, des établissements publics non soumis à la surveillance des receveurs des finances, des associations. Le taux de l'intérêt est fixé par le directeur général sur avis de la commission de surveillance. Les dépôts doivent être effectués à Paris et sans numéraire ; ils sont remboursés après deux jours de préavis.

Les dépôts des séquestres, liquidateurs et autres mandataires de justice, et les dépôts obligatoires des notaires (décret du 30 janvier 1890) sont soumis à des conditions particulières.

*Prescription des sommes déposées.* — Les sommes déposées, à quelque titre que ce soit, à la Caisse des dépôts, sont acquises à l'Etat lorsqu'il s'est écoulé un délai de trente ans sans que le compte auquel ces sommes ont été portées ait donné lieu à une opération de versement ou de remboursement, ou sans qu'il ait été signifié à la Caisse des dépôts soit la réquisition du payement prévue par l'article 15 de l'ordonnance du 3 juillet 1816, soit l'un des actes visés par l'article 2244 du code civil. Six mois au plus tard avant l'échéance de ce délai, la Caisse des dépôts et consignations avise, par lettre recommandée, les ayants droit connus de la déchéance encourue par eux. Cet avis est adressé au domicile indiqué dans les actes et pièces qui se trouvent en la possession de la caisse ou, à défaut de domicile connu, au procureur de la République du lieu de dépôt. En outre, la date et le lieu de la consignation, les noms, prénoms et adresses des intéressés qui n'auront pas fait notifier de réquisition de payement dans un délai de deux mois après cet avis, seront immédiatement publiés au *Journal officiel*. Les sommes atteintes par la déchéance sont versées annuellement au trésor public avec les intérêts y afférents. En aucun cas la Caisse des dépôts et consignations ne peut être tenue de payer plus de trente années d'intérêts, à moins qu'avant l'expiration des trente ans il n'ait été formé contre la Caisse une demande en justice reconnue fondée. (Loi du 25 avril 1895, art. 43.)

*Emploi des fonds.* — Les fonds déposés à la Caisse des dépôts sont employés en achats de rentes sur l'État, en prêts aux départements, communes et établissements publics, etc.

*Gestions déléguées.* — La Caisse des dépôts administre, par délégation, divers services (tels que la Caisse nationale des retraites pour la vieillesse, la Caisse nationale d'épargne, la Caisse d'assurance en cas d'accidents, etc.), auxquels des notices spéciales sont consacrées dans ce *Dictionnaire*.

*Timbre et enregistrement.* — *Récépissés.* L'article 18 de la loi du 23 août 1871 n'est pas applicable aux récépissés délivrés par les préposés de la Caisse des dépôts et consignations, qui doivent être considérés comme comptables de deniers publics ; lesdits récépissés sont soumis au timbre de 25 centimes, conformément aux articles 4 de la loi du 8 juillet 1865 et 20 de la loi du 23 août 1871. (Circulaire Caisse des dépôts du 30 juillet 1887.) Ces récépissés ne sont pas soumis à la formalité de l'enregistrement, à l'exception des récépissés relatifs aux consignations judiciaires. (Ord. du 3 juillet 1816, article 12, et Instr. du 1er décembre 1877, art. 37.)

*Remboursements.* La circulaire de la Caisse des dépôts du 24 avril 1896 a élevé de 50 francs à 150 francs la limite au-dessous de laquelle l'administration admet pour les payements à faire par elle, en matière de consignation ou à tout autre titre, les certificats de propriété délivrés par le maire de la résidence des héritiers ou de l'un d'eux.

*Acquits donnés par un héritier se portant fort pour ses cohéritiers absents.* Les sommes ne dépassant 50 francs peuvent être payées sur l'acquit d'un ou plusieurs cohéritiers se portant fort pour ses cohéritiers absents. Il est ainsi procédé en matière de payement d'arrérages de rentes viagères ou pensions. (Circ. Caisse des dépôts du 20 juillet 1895.)

*Certificats de propriété.* Les certificats de propriété produits pour obtenir le remboursement des reliquats de solde et de toutes sommes dues ou appartenant à des officiers et soldats décédés à leur corps, aux armées ou dans les hôpitaux, sont dispensés de l'enregistrement. (Sol. de l'Enregistrement du 12 septembre 1873.)

*Forme et frais des quittances.* A la circulaire (Caisse des dépôts) du 15 mars 1900 est annexé le nouveau texte qui doit être substitué à celui des articles 132, 133, 134, 137 et 180 de l'instruction générale du 1er décembre 1877 sur les consignations. Les articles ainsi modifiés précisent les cas dans lesquels les quittances de remboursement de consignations doivent être passées devant notaire, à la charge des parties prenantes. (Circulaire Caisse des dépôts du 15 mars 1900, § 2.)

*Certificats de dépôts et états d'oppositions.* Les certificats, délivrés sur la demande des saisissants, des sommes consignées, ainsi que les états d'oppositions et significations grevant les sommes consignées, sont établis sur papier timbré, à moins qu'ils ne soient délivrés à une admininistration publique. (Instr. du 1er décembre 1877, art. 44.)

*Intérêts servis par la Caisse des dépôts et consignations.* — *Taux.* En vertu d'un décret du 26 juillet 1889, l'intérêt et les conditions des dépôts que la Caisse des dépôts et consignations reçoit des établissements publics ou autres établissements assimilés sont, à défaut d'une disposition légale, fixés par des arrêtés du directeur général pris sur l'avis de la commission de surveillance et revêtus de l'approbation du ministre des Finances. Ces dispositions sont applicables aux dépôts effectués par les séquestres, liquidateurs, administrateurs ou autres mandataires de justice.

*Réduction du taux de l'intérêt des fonds payés par la Caisse des dépôts et consignations.* En vertu d'une décision du directeur général, du 28 novembre 1898, approuvée par le ministre des Finances, le taux de l'intérêt alloué aux sommes versées par les établissements publics à la Caisse des dépôts et consignations, a été réduit à 1,50 pour 100 à partir du 1er janvier 1899. (Circulaire Intérieur du 7 mars 1899.)

*Consignations*. La loi de finances du 26 juillet 1893, article 60, a fixé à 2 pour 100 l'intérêt que, conformément à la loi du 28 nivôse an XIII, la Caisse des dépôts est tenue de servir aux ayants droit de chaque somme consignée.

*Séquestres*. L'intérêt servi aux comptes des séquestres mandataires de justice est de 1,50 pour 100. (Décision du directeur général du 16 novembre 1893.)

### Consignations.

La Caisse reçoit comme *unique dépositaire légale* les consignations de toute nature. Les consignations sont *judiciaires* ou *administratives*, selon qu'elles sont prescrites dans un intérêt privé ou effectuées par les administrations publiques. Parmi les versements qui doivent être effectués à titre de consignations, on peut citer : les deniers, titres ou valeurs offerts réellement, conformément aux articles 1257 et suivants du Code civil (V. OFFRES RÉELLES) ; le montant des effets de commerce lorsque le porteur ne se présente pas à l'échéance et que le débiteur veut se libérer ; les valeurs dont les tribunaux ou autorités administratives ont ordonné la consignation et celles détenues par les séquestres ou les administrateurs judiciaires en cas de prétentions opposées ; les sommes ou valeurs saisies ou arrêtées entre les mains de dépositaires ou débiteurs ; les retenues par suite d'opposition sur les traitements ; les prix d'immeubles expropriés lorsqu'il existe des inscriptions sur l'immeuble ou un autre obstacle au versement des deniers entre les mains des ayants droit ; les cautionnements des adjudicataires de fournitures et travaux pour le compte de l'Etat, des communes, des établissements publics.

Les titres et valeurs mobilières, sous forme nominative ou au porteur, dont la consignation serait prescrite soit par une disposition de loi ou par un règlement, soit par une décision judiciaire ou administrative, doivent être déposés à la Caisse des dépôts et consignations. Il en est de même des titres et valeurs trouvés dans les successions, lorsque les parties intéressées ou l'une d'elles en feront la demande. (Loi du 28 juillet 1875.)

La consignation est effectuée, dans les départements, aux caisses des trésoriers-payeurs généraux et des receveurs particuliers des finances, préposés de la caisse.

Les valeurs consignées donnent lieu à la délivrance de récépissés, qui sont libératoires et forment titre envers la Caisse des dépôts. (Décret du 15 décembre 1875, art. 1 et 2.)

Les titres consignés sont soumis à un droit de garde, moyennant quoi la caisse effectue les opérations de versement et de recouvrement nécessaires.

Le droit de garde annuel à percevoir par la Caisse des dépôts et consignations est fixé par arrêté du directeur général ; il ne peut, en aucun cas, s'élever au delà de 25 centimes pour 100 de la valeur de chaque titre déposé. (*Id.*, art. 11.)

Chaque consignation donne lieu à la délivrance d'un récépissé, non soumis à la formalité de l'enregistrement. La Caisse a droit de contrainte contre toute personne tenue à consignation. Comme elle est responsable de la remise aux ayants droit des sommes consignées, chaque consignation donne lieu à une déclaration du consignateur en raison des justifications à produire lors du remboursement.

Celui-ci s'effectue dans le lieu même du dépôt à ceux qui justifient de leurs droits, dix jours après une demande de payement faite sur papier timbré et sans qu'il soit besoin d'aucune autorisation préalable. Les articles 73 et 126 de l'instruction du 1er décembre 1877 prescrivent les opérations à effectuer et les pièces à produire à l'appui de chaque espèce de remboursement.

Les sommes consignées portent intérêt. Les intérêts sont calculés à compter du soixante et unième jour de la date de la consignation, jusques et non compris celui du remboursement.

Les quittances excédant 150 francs doivent en principe être passées par-devant notaire ; mais dans un grand nombre de cas (Instruction du 1er décembre 1877, art. 132) les remboursements peuvent être constatés par quittances sous signatures privées.

## Caisses de retraites, de secours et de prévoyance fondées au profit des employés et ouvriers.

La gestion de ces caisses, fondées par l'initiative privée au profit des employés et ouvriers, est réglementée par la loi du 27 décembre 1895 et le décret du 14 octobre 1897. Elles sont alimentées par des retenues sur les salaires, ainsi que par les versements reçus par le chef de l'entreprise ou fournis par lui en vue d'assurer des retraites.

Toutes les sommes qui, à l'avenir, seront retenues sur les salaires des ouvriers et toutes celles que les chefs d'entreprise ont reçues ou se sont engagés à fournir en vue d'assurer des retraites, sont versées soit à la Caisse nationale des retraites pour la vieillesse, au compte individuel de chaque ayant droit, soit à la Caisse des dépôts et consignations, soit à des caisses syndicales ou patronales spécialement autorisées à cet effet.

Les sommes ainsi reçues portent intérêt à un taux égal au taux d'intérêt du compte des caisses d'épargne.

L'autorisation est donnée par décret. Le décret fixe les limites du district, les conditions de fonctionnement de la caisse et son mode de liquidation. Il prescrit les mesures à prendre pour assurer le transfert, soit à une autre caisse syndicale ou patronale, soit à la Caisse nationale des retraites pour la vieillesse, des sommes inscrites au livret de chaque intéressé.

Les sommes versées par les chefs d'entreprise dans la caisse syndicale ou patronale doivent être employées, soit en rentes sur l'Etat, en valeurs du Trésor ou garanties par le Trésor, soit en obligations des départements, des communes, des chambres de commerce, en obligations foncières et communales du Crédit foncier, soit en prêts hypothécaires, soit enfin en valeurs locales, bons de mont-de-piété ou d'autres établissements reconnus d'utilité publique déterminées, à la condition que ces valeurs émanent d'institutions existant dans les départements où elles fonctionnent. Les titres sont nominatifs.

Si des conventions spéciales interviennent entre les chefs d'entreprise et les ouvriers ou employés, en vue d'assurer à ceux-ci, à leurs veuves ou à leurs enfants, soit un supplément de rente viagère, soit des rentes temporaires ou des indemnités d'avance, le capital formant la garantie des engagements résultant desdites conventions doit être versé ou représenté à la Caisse des dépôts et consignations ou dans une des caisses syndicales ou patronales.

Le seul fait du dépôt, opéré soit à la Caisse des dépôts et consignations, soit à toute autre caisse, des sommes ou valeurs affectées aux institutions de prévoyance, quelles qu'elles soient, confère aux bénéficiaires de ces institutions un droit de gage, dans les termes de l'article 2073 du Code civil, sur ces sommes et valeurs. Le droit de gage s'exerce dans la mesure des droits acquis et des droits éventuels.

En cas de faillite, de liquidation judiciaire ou de déconfiture, lorsque pour une institution de prévoyance il aura été opéré des retenues sur les salaires, ou que des versements auront été reçus par le chef de l'entreprise, ou que lui-même se sera engagé à fournir des sommes déterminées, les ouvriers, employés ou bénéficiaires sont admis de plein droit à réclamer la restitution de toutes les sommes non utilisées, conformément aux statuts. Cette restitution s'étend, dans tous les cas, aux intérêts convenus des sommes ainsi retenues, reçues ou promises par le chef de l'entreprise. A défaut de convention, les intérêts sont calculés d'après les taux fixés annuellement pour la Caisse nationale des retraites pour la vieillesse. Les sommes ainsi déterminées et non utilisées conformément aux statuts deviennent exigibles en cas de fermeture de l'établissement industriel ou commercial. Il en est de même en cas de cession volontaire, à moins que le cessionnaire ne consente à prendre les lieu et place du cédant.

La restitution des retenues ou autres sommes affectées aux institutions de prévoyance qui, lors de la faillite ou de la liquidation, n'auraient pas été effectivement versées, est garantie, pour la dernière année et pour ce qui sera dû sur l'année courante, par un privilège sur tous les biens meubles et immeubles du chef de l'entreprise. Ce privilège prend rang concurremment avec le privilège des salaires des gens de service établi par l'article 2101 du Code civil.

Pour toutes les contestations relatives à leurs droits dans les caisses de prévoyance, de secours et de retraite, les ouvriers et employés peuvent charger, à leur majorité, un mandataire d'ester pour eux en justice, soit en demandant, soit en défendant.

## Caisse des offrandes nationales en faveur des armées de terre et de mer.

Cette caisse a été instituée par décret du 18 juin 1860 au lendemain de la guerre d'Italie et réorganisée par la loi du 27 novembre 1872 et le décret du 9 janvier 1873.

Elle concède aux militaires et marins retraités pour blessures reçues à l'ennemi ou infirmités contractées en campagne, etc., ainsi qu'à leurs veuves, enfants et ascendants, des secours et compléments de pension.

Ses opérations sont dirigées par un comité que préside le ministre de la Guerre. Elle tire ses ressources de dons particuliers et, s'il y a lieu, de crédits budgétaires.

Par une décision en date du 20 juin 1901, le ministre des Finances a reconnu que le droit de timbre à 0 fr. 10 est seul exigible, à l'exclusion de celui de 0 fr. 25, sur les récépissés délivrés par les préposés de la Caisse des dépôts et consignations au titre de la Caisse des offrandes nationales en faveur des armées de terre et de mer, ces préposés ne pouvant être considérés dans ce cas comme agissant en qualité de comptables publics. (Instr. Enregistrement du 31 déc. 1901, § 2.)

## Caisse des invalides de la marine. — V. INVALIDES.

## Caisse de prévoyance des marins français.

La *Caisse nationale de prévoyance des marins contre les risques et accidents de leur profession* est gérée par l'établissement des Invalides de la Marine (V. INVALIDES), mais jouit d'une existence autonome et de la personnalité civile. Elle a été créée par la loi du 21 avril 1898. Font obligatoirement et exclusivement partie de cet établissement tous les inscrits maritimes à partir de l'âge de dix ans.

La caisse est alimentée : — 1° par la cotisation des participants ; — 2° par les apports des propriétaires ou armateurs de navires ou bateaux ; — 3° par les dons ou legs des particuliers et par les subsides éventuels des départements, des communes, des établissements publics et des associations ; — 4° lorsqu'il y a lieu, par des avances de l'Etat non productives d'intérêts ; — 5° par des prélèvements sur les primes à la marine marchande.

Les cotisations à verser par les inscrits maritimes avaient été fixées par la loi du 20 décembre 1898 à la moitié des taxes perçues sur leurs gains et salaires en faveur de la Caisse des Invalides de la marine, sans toutefois que ces cotisations pussent excéder deux francs par mois pour les inscrits appartenant aux deux dernières catégories du tarif faisant suite à la loi. Le décret du 8 décembre 1902 a réduit d'un tiers les cotisations et fixé le minimum à 1 fr. 33.

Les propriétaires ou armateurs de bateaux armés pour le long cours, le cabotage, la grande et la petite pêche, le pilotage et le bornage, ainsi que les propriétaires de bâtiments de plaisance munis de rôles d'équipage, sont assujettis au versement d'une cotisation égale au montant de celle acquittée par leurs équipages. L'article 81 de la loi de finances du 30 mars 1902 a exonéré les petits propriétaires embarqués sur leurs bateaux et se livrant à la petite navigation, de la taxe de 3 francs et de 4 francs qu'ils versaient en tant qu'armateurs. Ils ne sont astreints qu'à leur cotisation individuelle d'inscrits.

D'autre part, la loi du 7 avril 1902 sur la marine marchande alloue, par ses articles 4 et 21, de nouvelles ressources à la caisse de prévoyance au moyen de prélèvements sur les primes accordées à la construction, à la navigation et pour compensation d'armement.

La Caisse de prévoyance a été créée en vue de compléter l'œuvre de tutelle et d'assistance vis-à-vis des inscrits maritimes, par l'allocation de pensions reversibles sur les veuves, ou d'indemnités temporaires, aux marins du commerce qui se trouvent dans l'impossibilité définitive ou provisoire de continuer à naviguer en raison de blessures ou de maladies ayant leur cause directe dans un accident ou risque de leur profession, survenu au cours du dernier embarquement sur un navire français. La même caisse sert des pensions viagères aux veuves ou des secours aux orphelins âgés de moins de seize ans, ou aux ascendants âgés de plus de soixante ans, des marins qui sont tués ou périssent par suite des causes et dans les conditions énoncées ci-dessus.

Tous les actes relatifs à l'exécution de la loi du 21 avril 1898 sont dispensés des droits de timbre et d'enregistrement.

Cette immunité s'applique aux reçus relatifs au versement des cotisations, aux certificats de vie produits par les pensionnaires, aux quittances d'indemnités, de secours ou d'arrérages de pensions viagères et aux justifications déterminées par le règlement du 20 décembre 1898.

Sur l'application de la loi et du règlement du 20 décembre 1898, V. les circulaires (Marine) des 24 janvier, 21 avril et 27 juin 1899.

## Caisse des écoles.

L'article 15 de la loi du 10 avril 1867 sur l'enseignement primaire porte qu'une délibération du conseil municipal, approuvée par le préfet, peut créer, dans toute commune, une caisse des écoles destinée à encourager la fréquentation de l'école par des récompenses aux élèves assidus et des secours aux indigents. Plusieurs communes peuvent être autorisées à se réunir pour la formation et l'entretien de cette caisse, dont le service est fait gratuitement par le percepteur.

L'article 17 de la loi du 28 mars 1882 sur l'enseignement primaire obligatoire a décidé qu'une caisse des écoles serait établie dans toutes les communes. La caisse a droit à une subvention, sur le crédit ouvert pour cet objet au ministère de l'Instruction publique; elle reçoit aussi des subventions du département, de la commune et des particuliers, ainsi que des dons et legs avec l'autorisation du préfet.

Le maire est président de la commission administrative de la caisse, mais l'administration de celle-ci n'en est pas moins distincte de celle de la commune.

Les *fonds libres appartenant aux écoles* peuvent être placés (arrêté du ministre des Finances du 27 juin 1890) au Trésor, en compte courant avec intérêts, dans les mêmes conditions que les fonds des communes et établissements publics. Ils ne sont donc pas reçus par la Caisse des dépôts.

Les caisses des écoles sont des établissements publics créés dans le but unique d'encourager et de faciliter la fréquentation des écoles primaires au moyen de distribution de récompenses ou de secours aux élèves indigents. Elles sont donc, non des établissements de bienfaisance, mais des établissements scolaires annexes.

La loi du 30 octobre 1886 ayant exclu du service public de l'enseignement primaire les écoles fondées et entretenues par des particuliers ou des associations, les caisses des écoles ne peuvent, comme établissements publics scolaires, concourir qu'au service de l'enseignement primaire public, et, d'après la jurisprudence du conseil d'Etat, il n'est pas permis de tenir compte de celles des dispositions de leurs statuts qui, bien que régulièrement approuvés sous la législation antérieure, sont inconciliables avec le régime établi en 1886. Si avant la loi du 30 octobre 1886 les caisses pouvaient employer leurs ressources en faveur de toutes les écoles indistinctement, il faut aujourd'hui considérer comme non avenues les dispositions statutaires permettant des distributions aux enfants des écoles libres, mais sous réserve des droits auxquels pourraient donner ouverture des fondations autorisées dans des conditions particulières antérieurement à la loi de 1886. Quant aux souscripteurs, s'ils se croient fondés à demander le remboursement de leurs cotisations ou à en refuser le payement, il leur appartient de faire reconnaître que les conditions mises à leurs engagements ne sont pas remplies.

L'organisation des caisses des écoles étant soumise à l'approbation du préfet, c'est à ce dernier qu'il appartient de statuer sur les difficultés auxquelles cette organisation peut donner lieu, notamment sur les contestations relatives à la nomination des administrateurs des caisses.

## Caisse des recherches scientifiques.

Cet établissement a été créé par la loi du 14 juillet 1901 « pour faciliter par des subventions les progrès de la science ». La loi du 14 juillet 1901 a investi la caisse de la personnalité civile et fixé la composition du conseil d'administration, qui prépare et arrête le budget (lequel est approuvé par le ministre de l'Instruction publique), dresse et arrête les comptes de chaque exercice et nomme un trésorier comptable judiciable de la Cour des comptes. L'organisation et le fonctionnement de la caisse font l'objet du décret d'administration publique du 3 juillet 1902.

Un règlement de 11 mars 1903 détermine les mesures de comptabilité nécessaires à l'exécution du décret.

La caisse est divisée en deux sections : la première a pour but les recherches biologiques, les études poursuivies pour combattre les maladies non seulement des hommes, mais encore des animaux et des végétaux. La seconde encourage les autres recherches scientifiques de toute nature.

Les ressources de la caisse comprennent, outre les revenus des fonds placés définitivement ou temporairement, avec ou sans affectation spéciale : 1° une allocation annuelle de 125 000 francs au minimum, sur les fonds du pari mutuel, destinée à subventionner les recherches biologiques (loi du 14 juill. 1901, art. 5); 2° une allocation annuelle, pouvant s'élever jusqu'à 100 000 francs, prélevée également sur les fonds du pari mutuel, affectée à des recherches sur l'épuration des eaux résiduaires (loi du 31 mars 1903, art. 102); 3° les subventions soit de l'Etat, des départements, des communes, soit des particuliers.

Ce sont des savants qui, dans chaque section, répartissent entre les différents demandeurs les ressources dont la caisse peut disposer.

**Calendrier.** — Tableau indiquant les divisions de l'année en saisons, mois, semaines et jours.

*Calendrier julien* (russe ou vieux style). — Utilisé de nos jours chez les Russes, les Grecs et les chrétiens d'Orient, ce calendrier doit son nom à Jules César, qui l'établit 43 ans av. J.-C. Malgré son origine païenne, il fut adopté par les chrétiens et conservé intact, dans son arrangement général, jusqu'à la fin du XVI$^{e}$ siècle. César, admettant que le soleil emploie exactement 365 jours 1/4 pour sa révolution complète, prescrivit l'emploi de *trois* années *communes* consécutives de 365 jours, suivies de *une* année *bissextile* dans laquelle on ajoute un jour au mois de février, qui en a alors vingt-neuf. Une année est alors ou n'est pas bissextile, suivant que la partie non séculaire de son millésime est, ou non, divisible par 4, et le siècle, période de 100 années, comprend 36 525 jours.

L'année commence le 14 janvier et se trouve en retard de treize jours sur l'année grégorienne pour le XX$^{e}$ siècle.

*Calendrier grégorien* (nouveau style). — L'année tropique n'est pas de 365 jours 25, mais bien de 365 jours 2422166. L'année civile adoptée était donc trop longue ; il en résulta un retard qui atteignit dix jours et, sur l'avis de l'astronome Louis Lilio, le pape Grégoire XIII décida de rattraper ce retard : il fut ordonné que le lendemain du 4 octobre 1581 s'appellerait 15 octobre. On convint aussi, pour éviter ce retard de trois jours en 400 ans, de supprimer le jour supplémentaire destiné à rendre bissextiles les années 1700, 1800, 1900, et désormais trois années séculaires *communes* seront suivies par une seule année séculaire bissextile.

Ce calendrier porte le nom du pape Grégoire, et est aujourd'hui en avance de 13 jours sur le calendrier julien, à cause des années séculaires comptées toujours pour bissextiles en 1700, 1800 et 1900.

La même réforme fut ordonnée par lettres patentes du roi Henri III, et le lundi 20 décembre 1582 succéda au dimanche 9; il en fut ainsi chez tous les peuples catholiques, mais les protestants rejetèrent cette modification pontificale. Enfin, les Anglais s'y conformèrent en 1752, faisant succéder le 14 septembre au 2 de ce mois, et il ne reste que les Russes et les Grecs à utiliser le calendrier julien.

Dans le calendrier grégorien, les saisons reviennent aux mêmes époques de l'année ; mais il n'en est pas de même pour les *fêtes mobiles*, séparées du jour de Pâques par des intervalles fixes. La fête de Pâques est célébrée le premier dimanche après la pleine lune, qui arrive le jour de l'équinoxe de printemps, ou qui le suit; d'ailleurs, l'équinoxe ayant été fixé au 21 mars, il en résulte que le jour de Pâques peut tomber du 22 mars au 25 avril inclusivement.

Comme pour le calendrier julien, l'année se divise ici en douze mois : Janvier 31 jours, février 28 ou 29, mars 31, avril 30, mai 31, juin 30, juillet 31, août 31, septembre 30, octobre 31, novembre 30, décembre 31.

La subdivision en 52 semaines correspond approximativement au nombre de quarts de lunaison (une semaine) compris dans l'année, et la fixation du 1$^{er}$ janvier pour commencement de l'année n'a d'autre raison d'être que son adoption par les Romains.

*Calendrier républicain.* — Le 22 septembre de l'année 1792, jour de la proclamation de la République, le soleil arrivait à l'équinoxe vrai d'automne, et c'est beaucoup moins pour corriger les défauts du calendrier grégorien que pour marquer davantage l'ère nouvelle dans laquelle allait entrer la France que Romme se fit le principal instigateur d'une réforme dans le calendrier, réforme adoptée par la Convention le 5 octobre 1793. L'année républicaine commence à minuit, avec le jour civil où tombe l'équinoxe vrai d'automne pour Paris; employé pendant 13 ans jusqu'au 1$^{er}$ janvier 1806, ce calendrier comporte 12 mois de 30 jours, nommés *vendémiaire, brumaire, frimaire, nivôse, pluviôse, ventôse, germinal, floréal, prairial, messidor, thermidor, fructidor*, et 5 ou 6 jours épagomènes ou *surajoutés*, nommés aussi *sans-culottides*. Chaque mois a trois *décades* où les 10 jours sont nommés *primidi, duodi, tridi, quartidi, quintidi, sextidi, septidi, octidi, nonidi, décadi* ; tous ces noms sont dus au poète Fabre d'Eglantine.

Le principal inconvénient de ce calendrier est d'exiger un calcul astronomique précis pour fixer le commencement de l'année. La commission du Sénat, sur le rapport de Laplace, fit ratifier sans discussion le projet du gouvernement impérial tendant à reprendre le calendrier grégorien (22 fructidor an XIII — 9 sept. 1805), qui fut officiellement rétabli le 1$^{er}$ janvier 1806.

Le 1$^{er}$ vendémiaire des ans I, II, III, V, VI et VII de la République répond au 22 septembre des années 1792, 93, 94, 96, 97 et 98 ; le 1$^{er}$ vendémiaire des ans IV, VIII, IX, X, XI, XIII et XIV, au 23 septembre des années 1795, 1799, 1800, 1801, 1802, 1804 et

1805; enfin, le 1er vendémiaire de l'an XII, au 24 septembre 1803.

*Calendrier musulman.* — L'année est rigoureusement lunaire et divisée en 12 mois, qui se présentent à toutes les époques de l'année pour revenir à la même place en 33 ans; les cycles employés sont de 30 ans, comprenant 19 années communes (354 j.) et 11 années abondantes (355 j.). Les 12 mois lunaires sont appelés : *Moharrem; Safar; Rebi Ier; Rebi IIe; Djoumadi Ier; Djoumadi IIe; Redjeb; Châban; Ramadan; Choual; Dou-el-cada; Dou-el-hadja.* Les mois sont alternativement de 30 et de 29 jours, en commençant par Moharrem. Pour chaque période de 30 années, on intercale 11 jours complémentaires dans les années *kébices*, qui sont les 2e, 5e, 7e, 10e, 13e, 16e, 18e, 21e, 24e, 26e et 29e de chaque cycle trentenaire, à partir du jeudi 16 juillet 622, date de l'*Hégire*, suivant l'ère julienne, et point de départ de l'ère arabe. Le jour complémentaire des années kébices s'ajoute aux 29 jours du mois ordinaire de Dou-el-hadja.

*Calendrier israélite.* — Ce calendrier, en usage pour la fixation des fêtes et cérémonies, n'a été fixé d'une façon définitive qu'au IVe siècle apr. J.-C. Bien que le cycle de 10 ans ramène le commencement de l'année à la même époque de l'année solaire, il est presque exclusivement lunaire, puisque les mois de 29 et 30 jours dépendent de notre satellite. L'année commune peut être de 353, 354 ou 355 jours, *défective, régulière* ou *abondante*, tandis que l'année *embolismique*, avec son treizième mois, sera de 383, 384 ou 385 jours avec les mêmes noms respectifs. Le cycle lunaire des Juifs, de 19 ans, fut imité des Grecs et possède 7 années embolismiques, qui sont les numéros 3, 6, 8, 11, 14, 17, 19 du cycle. Le jour commence à 6 heures du soir, et la semaine, de sept jours, débute le samedi à cette même heure; le jour est divisé en 24 heures se comptant de 1 à 24, et l'heure est divisée en 1 080 *parties*, chaque partie étant elle-même formée de 76 *instants*. L'année 1904 de la période julienne correspond aux années 5664 et 5665 de l'ère des Juifs.

## Calomnie.

Le Code pénal de 1810 réputait calomniateur quiconque ne pouvait fournir la preuve légale, par actes authentiques, des faits par lui attribués à autrui. Le délit spécial de calomnie a disparu de notre législation : la calomnie est enveloppée dans la répression de la *diffamation* et de l'*injure* (v. ces mots), mais l'article 373 du Code pénal punit d'un emprisonnement d'un mois à un an et d'une amende de 100 à 3 000 francs toute *dénonciation calomnieuse*. On entend par là l'acte de celui qui, dans son intérêt particulier, dénonce quelqu'un aux autorités compétentes comme auteur de faits répressibles, sachant que cette dénonciation est fausse.

Le délit de *dénonciation calomnieuse* résulte de la réunion de cinq éléments; il faut : 1° que la dénonciation ait été faite par écrit; 2° que les faits imputés soient faux; 3° que ces faits soient de nature à motiver une répression, même simplement administrative et disciplinaire; 4° que la dénonciation ait été faite de mauvaise foi et dans l'intention de nuire; 5° qu'elle ait été portée devant un officier de justice ou de police administrative et judiciaire.

Si les faits dénoncés ont le caractère d'un crime ou d'un délit, leur fausseté ne peut être établie que par un jugement, s'ils ont un caractère purement administratif, c'est à l'autorité dans les attributions de laquelle rentre la connaissance de ces faits qu'il appartient de déclarer qu'ils sont vrais ou qu'ils sont faux.

## Canaux.

On distingue, au point de vue juridique, les canaux de *navigation*, de *dérivation*, d'*irrigation*, de *desséchement*.

*Canaux de navigation.* — Les canaux de navigation forment une dépendance du domaine public et sont, par suite, imprescriptibles et inaliénables. Surveillés par l'administration des ponts et chaussées, ils font partie de la grande voirie et sont soumis à toutes les prescriptions de police relatives aux fleuves et rivières navigables. Leur creusement est autorisé par une loi précédée d'une enquête, mais il suffit d'un décret en conseil d'Etat précédé d'une enquête quand il s'agit d'un canal d'embranchement de moins de 20 kilom.

Les canaux de navigation, qu'ils soient construits aux frais de l'Etat ou aux frais des particuliers, sont imposés à la contribution foncière. (Lois du 11 frimaire an VII, art. 122, et du 5 floréal an XI, art. 1er.)

*Canaux de dérivation.* — Les canaux de dérivation destinés à conduire les eaux d'une rivière jusqu'à une usine sont soumis aux mêmes formalités d'ouverture que les usines elles-mêmes.

*Canaux d'irrigation.* — Ils sont soumis aux mêmes conditions d'ouverture que les canaux de navigation; mais, destinés à l'usage des particuliers, ils constituent des propriétés privées; ils ne font partie ni du domaine public ni de la grande voirie.

*Canaux de desséchement.* — L'Etat peut ordonner les travaux de desséchement qu'il juge utiles. (Loi du 16 sept. 1807.)

L'autorisation de l'administration est nécessaire pour le desséchement des propriétés communales ou publiques. Les travaux peuvent être entrepris librement s'ils ne s'appliquent qu'à une propriété particulière.

## Candidatures multiples.

Aux termes de la loi du 17 juillet 1889, nul ne peut être candidat dans plus d'une circonscription.

Tout candidat doit, par une déclaration signée ou visée par lui et dûment légalisée, faire connaître dans quelle circonscription il entend se présenter. Cette déclaration est déposée contre reçu provisoire à la préfecture du département intéressé le cinquième jour au plus tard avant le jour du scrutin. Il en est délivré récépissé définitif dans les vingt-quatre heures.

Si des déclarations sont déposées par le même candidat dans plus d'une circonscription, la première en date est seule valable. Si elles portent la même date, toutes sont nulles.

Il est interdit, sous peine d'une amende de 1000 francs à 5000 francs, de signer ou d'apposer des affiches, d'envoyer ou de distribuer des bulletins, circulaires ou professions de foi dans l'intérêt d'un candidat qui ne se serait pas conformé à ces prescriptions.

Les bulletins au nom d'un citoyen dont la candidature est posée en violation de la loi du 17 juillet 1889 n'entrent pas en compte dans le résultat du dépouillement. Les affiches, placards, professions de foi, bulletins de vote apposés ou distribués pour appuyer une candidature dans une circonscription où elle ne peut légalement être produite sont enlevés ou saisis.

Est puni d'une amende de 10000 francs le candidat contrevenant aux dispositions de la loi du 17 juillet 1889.

**Canton.** — Circonscription territoriale constituant une subdivision de l'arrondissement et comprenant en général plusieurs communes.

Le canton est une subdivision judiciaire qui forme le ressort d'une *justice de paix*. C'est au chef-lieu de canton qu'ont lieu les opérations du recrutement de l'armée, ainsi que les élections au conseil général et au conseil d'arrondissement. Au point de vue de l'exercice du culte catholique, il y a au moins une paroisse par canton.

Le canton comprend plusieurs communes, sauf dans quelques grandes villes qui, au contraire, comprennent plusieurs cantons.

**Cantonnement** (Adm. milit.). — Mode de logement des troupes chez l'habitant. V. RÉQUISITIONS.

**Cantonnement** (Droit forestier). — Attribution faite en toute propriété aux usagers d'une portion de forêt pour affranchir le surplus des droits d'usage qu'ils avaient sur cette forêt.

**Cantonnement de pâturage** (Droit rural). — Isolement d'un troupeau malade dans un enclos où il doit exclusivement pâturer.

**Cantonnement de pêche.** — Nom donné à chacun des lots mis en adju ication par l'Etat, en vue de la pêche fluviale.

**Cantonnier.** — Ouvrier employé à l'entretien journalier des routes et des chemins vicinaux.

Les *cantonniers* des routes nationales ou départementales sont nommés par le préfet sur la proposition de l'ingénieur en chef du département; ils sont, au point de vue du salaire, répartis en trois classes, outre les *chefs cantonniers*. Les cantonniers des chemins vicinaux ordinaires et des chemins ruraux sont nommés par le maire sur la proposition de l'agent voyer cantonal; ceux des chemins vicinaux de grande communication et d'intérêt commun sont nommés par le préfet sur la proposition de l'agent voyer en chef. La partie de route confiée aux soins d'un cantonnier s'appelle *canton*.

Les cantonniers chefs, commissionnés ou assermentés, peuvent constater les contraventions relatives à la police du roulage et à la circulation des boissons. (Lois du 28 février 1872, art. 5, et du 5 avril 1884, art. 88.)

Les cantonniers attachés au service des chemins vicinaux ordinaires de la commune sont inéligibles au conseil municipal, comme agents salariés de la commune.

**Capacité.** — Aptitude à faire tel ou tel acte de la vie civile ou politique.

Toute personne majeure, sans distinction de sexe, est capable, si la loi n'a pas formellement décidé le contraire.

La femme mariée, le mineur, l'interdit, le failli, l'aliéné, le prodigue sont frappés d'une incapacité *générale*. La loi édicte en outre, dans certains cas, des incapacités *spéciales*.

La capacité des contractants est régie par la loi du pays dont ils sont citoyens. Lorsqu'ils sont de nationalité différente, chacun d'eux reste soumis à sa loi nationale.

La capacité politique consiste dans la faculté d'exercer les droits de citoyen : droit de vote, droit d'éligibilité, droit d'être juré, etc.

**Capitaine.** — Chef à qui sont confiés la conduite et le commandement d'un bâtiment de commerce naviguant au long cours. (Code comm., art. 221-249.)

Le capitaine d'un bâtiment de commerce est appelé aussi *maître* ou *patron*, lorsqu'il est préposé au commandement d'un navire affecté au cabotage.

Le capitaine est choisi par l'armateur, qui peut le congédier sans indemnité, sauf convention contraire. Le capitaine peut être en même temps propriétaire ou copropriétaire, mais en ce cas la loi édicte des règles spéciales de responsabilité.

Tout capitaine est, dans l'exercice de ses fonctions, responsable de ses fautes, même légères. Toute faute peut, en effet, compromettre non seulement la fortune du propriétaire et des chargeurs, mais encore la vie de l'équipage.

*Obligations avant le voyage.* — Avant de prendre la mer, le capitaine est chargé de composer l'équipage, de faire visiter le navire dont le commandement lui est confié, de délivrer reconnaissance des marchandises dont il se charge (v. SUBRÉCARGUE), de se munir de l'acte de propriété du navire, de l'acte de *francisation* et de diverses pièces telles que rôle d'équipage, connaissements, chartes-parties. En l'absence de l'armateur, il peut faire exécuter lui-même les réparations nécessaires.

*Obligations pendant le voyage.* — Pendant le voyage, il est obligé de tenir un registre, ou *livre de bord*, destiné à mentionner les résolutions prises pendant le voyage, la recette et la dépense du navire, et généralement tous les faits pouvant donner lieu à un compte à rendre ou à une demande à former. En cas de contravention aux obligations qui lui sont imposées, il est responsable, vis-à-vis des intéressés au chargement et au navire, de tous les événements, même de ceux qui proviennent de force majeure.

Il est tenu d'être en personne dans son navire à l'entrée et à la sortie des ports, havres ou rivières.

Il a l'obligation de pourvoir au service et aux besoins du navire, de tenir l'armateur au courant, d'appuyer de pièces justificatives tous les articles de dépense de son compte, afin de constater sa bonne gestion.

Il peut vendre le navire sans un pouvoir spécial, quand des experts, nommés en France par l'autorité judiciaire, à l'étranger par la même autorité à défaut du consul de France, ont déclaré le vaisseau innavigable, c'est-à-dire tellement endommagé qu'il n'est plus possible, même à l'aide de réparations, de le mettre en état de tenir la mer. Il en est ainsi lorsque les réparations jugées nécessaires exigent des dépenses aussi considérables que celles qu'occasionnerait la construction d'un navire neuf.

Le capitaine qui s'est engagé pour un voyage est tenu de l'achever, c'est-à-dire d'aller à destination et de ramener le navire au port de départ, sauf stipulation contraire ou force majeure.

Le capitaine ne peut abandonner son navire pendant le voyage, pour quelque danger que ce soit, sans l'avis des officiers et des principaux de l'équipage; en ce cas, il est tenu de sauver avec lui l'argent, la plus grande quantité possible de marchandises et les papiers du navire.

En cas de relâche dans un port français ou dans un port étranger, les causes de cette relâche doivent être, dans les vingt-quatre heures, portées à la connaissance des autorités, qui, après présentation du manifeste, des chartes-parties, connaissements, etc., font vérifier le navire et l'état du chargement.

En abordant dans un port étranger, le capitaine doit se présenter au consul de France ou devant les magistrats, faire son rapport et prendre un certificat constatant l'époque de son arrivée et de son départ, l'état et la nature de la cargaison.

Le capitaine qui a fait naufrage, et qui s'est sauvé seul ou avec une partie de son équipage, doit se présenter devant les autorités du lieu, faire son rapport, faire attester ce rapport par les gens de son équipage qui se sont sauvés avec lui, et en lever expédition. Le rapport vérifié fait seul foi en justice. La preuve des faits contraires est cependant réservée aux parties intéressées.

Le capitaine est investi du pouvoir de punir les désordres commis à bord par les gens de l'équipage. A ce titre, il remplit les fonctions d'officier de police judiciaire, lorsque les délits commis à bord peuvent donner lieu à des condamnations judiciaires. Il rédige les procès-verbaux, recueille les informations, fait arrêter les prévenus, et, à leur arrivée dans les ports français, les livre aux autorités. Il remplit également pour les naissances et les décès les fonctions d'officier de l'état civil. Il reçoit les testaments.

*Obligations à l'arrivée.* — A son arrivée à destination, le capitaine doit, dans les vingt-quatre heures, faire viser son registre et rédiger son rapport, qui est ensuite déposé au greffe du tribunal de commerce. Hors le cas de péril imminent, il ne peut décharger aucune marchandise avant d'avoir fait son rapport.

Le décret du 7 mars 1898 a substitué aux titres de capitaines de la marine marchande de 2e et de 1re classe ceux de capitaine au long cours et de capitaine au long cours avec brevet supérieur. Nul n'est admis à subir les examens de capitaine au long cours ou de maître au cabotage s'il n'est Français ou naturalisé Français. V. AFFRÈTEMENT, ÉQUIPAGE, MARINE MARCHANDE.

**Capitulation.** — Reddition, après convention conclue avec l'ennemi, d'une place forte ou d'une troupe qui met bas les armes en rase campagne.

Le commandant d'une place forte qui capitule sans avoir épuisé tous les moyens de défense est puni de mort avec dégradation militaire. Le commandant d'une troupe armée qui capitule en rase campagne est puni de la même peine s'il n'a pas fait tout ce que lui prescrivaient le devoir et l'honneur; — de la destitution dans les autres cas.

**Capitulations.** — Conventions conclues avec l'empire ottoman par les puissances chrétiennes pour garantir la personne et les intérêts de leurs nationaux, en rendant ces derniers justiciables de la juridiction de leurs consuls respectifs.

**Captation.** — Emploi de moyens artificieux pour obtenir d'une personne une libéralité par donation ou testament. V. TESTAMENT.

**Capture.** — Prise d'un bâtiment ennemi, soit que celui-ci amène son pavillon, soit qu'il cède à la force.

Il appartient au *conseil des prises* de statuer sur la validité de toutes les captures.

Les bateaux destinés à la pêche côtière ou à des missions scientifiques, les bâteaux-hôpitaux, les navires parlementaires, les bateaux naufragés échappent au droit de capture.

**Cardinaux.** — Les soixante-dix prélats qui sont les électeurs et les conseillers du pape.

Ce sont les cardinaux qui, réunis en *conclave*, élisent le chef de l'Eglise catholique.

C'est le pape qui nomme les cardinaux ; ils sont, en France, au nombre de sept. Avant la loi de séparation (9 déc. 1905), le chef de l'Etat remettait la barrette à chaque nouveau cardinal.

## Carence (Procès-verbal de).

— Acte par lequel le juge de paix qui a apposé les scellés après décès constate qu'il n'y a au domicile du défunt aucun objet mobilier. — Acte par lequel un huissier qui veut procéder à une saisie-exécution constate que le débiteur n'a pas de meubles en quantité suffisante pour être solvable.

## Carrière.

Les mines, minières et carrières sont régies par les lois du 21 avril 1810 et du 27 juillet 1880.

L'article 4 de la loi du 21 avril 1810 définit ainsi les *carrières* : « Les *carrières* renferment les ardoises, les grès, pierres à bâtir et autres, les marbres, granits, pierres à chaux, pierres à plâtre, les pouzzolanes, le strass, les basaltes, les laves, les marnes, craies, kaolin, sables, pierres à fusil, argile, terres à foulon, terres à poterie, les substances terreuses et les cailloux de toute nature, les terres pyriteuses regardées comme engrais, le tout exploité à ciel ouvert ou avec des galeries souterraines. » Cette énumération n'est pas limitative.

Aux termes de l'art. 552 du Code civil, « la propriété du sol emporte la propriété du dessus et du dessous ». Tant qu'une carrière n'est pas en exploitation, elle fait partie du fonds : l'usufruitier n'a sur elle aucun droit et les produits d'une carrière ouverte pendant le mariage ne tombent en communauté que sauf indemnité à l'époux propriétaire. — Mais, quand une carrière est exploitée, elle constitue un revenu du sol : par suite, l'usufruitier jouit des carrières en exploitation à l'ouverture de l'usufruit, et les produits des carrières en exploitation avant le mariage tombent en communauté.

L'exploitation des carrières *à ciel ouvert* a lieu en vertu d'une simple déclaration faite au maire de la commune et transmise au préfet. Elle est soumise à la surveillance de l'administration et à l'observation des lois. Les règlements locaux sont rendus, pour chaque département, par décrets en conseil d'Etat. L'abandon d'une carrière ouverte doit être déclaré. — Quand l'exploitation a lieu par *galeries souterraines*, elle est soumise à la surveillance de l'administration des Mines. (Loi du 27 juil. 1880, art. 81 et 82.)

Dans l'intérieur de Paris, toute exploitation de carrières souterraines est interdite.

On ne peut ouvrir de carrières sur les bords des grandes routes à moins de 58m,47 de distance du bord de ces chemins ou des arbres qui les bordent.

L'article 338 du Code pénal frappe de peines correctionnelles le vol de pierres dans les carrières.

Les tribunaux civils connaissent des contestations qui s'élèvent au sujet des dommages causés aux propriétés par les travaux ; les contraventions sont du ressort des tribunaux correctionnels ou de simple police.

## Cartes à jouer.

La fabrication des cartes à jouer est soumise à une taxe dont l'article 23 de la loi du 28 décembre 1895 a fixé comme suit le tarif :

| | Cartes ordinaires. | Cartes de cercles. |
|---|---|---|
| 1° Jeux au portrait français : | | |
| jeu de 36 cartes et au-dessous. | 0 fr. 75 | 1 fr. 50 |
| jeu de plus de 36 cartes. . . . | 1 fr. 25 | 2 fr. 50 |
| 2° Jeux au portrait étranger, quel que soit le nombre de cartes. . . . . . . . . . . . | 1 fr. 25 | 2 fr. 50 |

Les fabricants sont soumis à l'exercice de la régie, payent une licence, fournissent caution, ne peuvent s'établir que dans les villes où existe une direction ou une sous-direction des Contributions indirectes.

La vente n'est pas libre. Tout marchand doit être commissionné par la Régie.

Les jeux sont présentés par les fabricants au bureau du timbre ; ils y sont vérifiés et revêtus d'une bande de contrôle sur laquelle est apposé le timbre de la Régie.

Nul ne peut vendre des cartes, même frappées du filigrane de la Régie, que sous la bande timbrée. (Arrêté du 3 pluviôse an VI, art. 5 et 8.)

Des mesures de surveillance sont spécialement prescrites en ce qui concerne les maisons de jeu, cercles, clubs, casinos qui, n'ayant pas le droit de faire commerce des cartes ayant servi, ne peuvent, sauf autorisation spéciale de la Régie, obtenir livraison de nouveaux jeux qu'en rapportant les as de trèfle et les valets de trèfle des jeux précédemment livrés. Les as de trèfle et les valets de trèfle ainsi rapportés sont conservés par les fabricants jusqu'à la plus prochaine vérification des employés de la Régie, auxquels lesdits as et valets de trèfle doivent être représentés pour être ensuite détruits en leur présence. (Décret du 20 juin 1900.)

Les fraudes sont prévenues par des visites faites chez les fabricants par les agents de la Régie et au moyen des timbres et marques distinctives dont sont revêtues les cartes de diverse nature. En outre, les cartes au portrait français étant tirées sur papier filigrané vendu par la Régie, l'absence des feuilles non employées est constatée ; et, de ce chef, le fabricant est frappé d'une amende ; d'autre part, les cartes au portrait étranger, exportées en franchise de droits, sont expédiées dans des caisses plombées par la Régie.

Tout individu qui fabrique des cartes à jouer, en introduit de l'étranger, en distribue, en vend ou en colporte sans y être autorisé, est puni de confiscation des objets de fraude, d'une amende de 1 000 à 3 000 francs et d'un mois d'emprisonnement ; en cas de récidive, l'amende est toujours de 3 000 francs. (Loi du 28 avril 1816, art. 166.)

Ceux qui ont contrefait ou imité les moules, timbres ou marques employés par l'administration pour distinguer les cartes légalement fabriquées, et ceux qui se servent des véritables moules, timbres ou marques, en les employant d'une manière nuisible aux intérêts de l'Etat, sont punis, indépendamment de l'amende, des peines portées par les articles 142 et 143 du Code pénal sur la contrefaçon des sceaux, poinçons, timbres et marques de l'Etat. (*Id.*, art. 168.)

Les formes, dimensions, figures et dessins des cartes à jouer que les fabricants voudraient confectionner avec des moulages autres que les moulages officiels doivent être préalablement agréés par la Régie. A cet effet, il est interdit aux graveurs et à tous autres de graver ou confectionner aucun moule ou aucune planche propre à imprimer des cartes à jouer, avant d'avoir soumis à l'administration des Contributions indirectes les dessins et figures des cartes et obtenu d'elle l'autorisation de les reproduire. Il est également interdit aux fabricants, aux imprimeurs et à tous autres de fabriquer des cartes avec des moules non autorisés. (Décret du 26 mars 1889.)

Sont exemptes de droits les *cartes-jouets* qui ne dépassent pas certaines dimensions et ne sont ni cylindrées, ni polies, ni cartonnées.

## Casernement.

Les communes qui ont un octroi sont tenues de payer une redevance (7 francs par homme, 3 francs par cheval au maximum, annuellement) en retour de laquelle l'Etat pourvoit aux dépenses d'entretien, réparations et loyer des casernes et autres bâtiments militaires. (Loi du 15 mai 1818, art. 46, et Ordonn. du 5 août 1818.)

La loi du 29 décembre 1897, article 9, relative au dégrèvement des droits d'octroi sur les boissons hygiéniques, dispose que les communes qui supprimeront leurs droits d'octroi sur ces boissons obtiendront, pour le payement des frais de casernement, une réduction égale, pour chaque homme de troupe, au montant des droits dégrevés.

Le ministre des Finances a décidé que, seules, les communes qui suppriment intégralement les droits d'octroi sur les boissons hygiéniques peuvent se prévaloir de l'article 9 de la loi du 29 décembre 1897 pour exiger la réduction de leurs frais de carsernement. (Circ. Contrib. indir., 6 juill. 1900.)

Le montant de l'abonnement annuel consenti aux communes pour frais de casernement, en vertu de l'article 46 de la loi du 15 mai 1818 et de l'ordonnance royale du 5 août 1818, peut être abandonné en tout ou en partie à celles qui ont pris à leur charge les dépenses nécessitées par l'extension ou l'amélioration du casernement. (Loi du 30 déc. 1903, art. 25.)

**Casier judiciaire.** — Casier par compartiments selon l'ordre alphabétique qui existe au greffe de chaque tribunal civil pour recevoir les bulletins constatant les antécédents judiciaires des personnes nées dans l'arrondissement.

La matière est régie par les lois des 5 août 1899 et 11 juillet 1900 et les décrets des 12 décembre 1899, 7 juin et 13 novembre 1900.

Le fonctionnement du casier judiciaire repose essentiellement sur la rédaction de bulletins de trois catégories distinctes : 1° le *bulletin n° 1* est rédigé par le greffier du tribunal qui a prononcé la condamnation et transmis au greffier de l'arrondissement natal; 2° le *bulletin n° 2* est la copie du bulletin n° 1 que les autorités administratives et judiciaires peuvent se faire délivrer dans un intérêt de service; 3° le *bulletin n° 3* est l'extrait qui peut être réclamé par l'intéressé lui-même et par lui seul.

Les bulletins n° 1 constatent : 1° les condamnations contradictoires ou par contumace et les condamnations par défaut non frappées d'opposition prononcées, pour crime ou délit, par toute juridiction répressive; — 2° les décisions prononcées par application de l'article 66 du Code pénal; — 3° les décisions disciplinaires prononcées par l'autorité judiciaire ou par une autorité administrative, lorsqu'elles entraînent ou édictent des incapacités; — 4° les jugements déclaratifs de faillite ou de liquidation judiciaire; — 5° les arrêtés d'expulsion pris contre les étrangers.

Les bulletins concernant les étrangers ou les personnes d'origine inconnue sont centralisés au ministère de la Justice (*Casier central*).

Ne sont pas mentionnées au *bulletin n° 3* les décisions prononcées par application de l'article 66 du Code pénal (mineur de seize ans acquitté comme ayant agi sans discernement); les condamnations effacées par la réhabilitation ou par application de l'article 4 de la loi Bérenger (V. CIRCONSTANCES ATTÉNUANTES); les condamnations prononcées en pays étranger pour des faits non prévus par les lois pénales françaises; les condamnations pour délits prévus par les lois sur la presse, à l'exception de celles qui ont été prononcées pour diffamation ou pour outrages aux bonnes mœurs; les déclarations de faillite, si le failli a été déclaré excusable par le tribunal ou a obtenu un concordat homologué; les déclarations de liquidation judiciaire, etc.

Le législateur, voulant même que le casier judiciaire ne porte pas indéfiniment préjudice au libéré et ne nuise pas à son relèvement, considère comme prescrite, au point de vue de la mention sur le bulletin n° 3, toute condamnation non suivie pendant un certain temps d'épreuve d'une seconde condamnation corporelle. Il admet même la réhabilitation de droit après un certain temps. Le tableau ci-contre, établi par Maurice Yvernès, fait ressortir les délais fixés pour parvenir : 1° à la suppression de la mention du casier judiciaire sur le bulletin n° 3 (1er délai); 2° à la réhabilitation de droit (2e délai).

Toute demande d'extrait du casier judiciaire concernant les personnes qui sont nées en France, en Corse, en Algérie ou en Tunisie doit être adressée au Procureur de la République de leur arrondissement d'origine avec un mandat de 1 fr. 40, payable au greffier de ce tribunal. Quant aux personnes qui sont nées à l'étranger ou dans les colonies, c'est au garde des sceaux, ministre de la Justice (service du casier central) qu'elles doivent transmettre leur demande (avec un mandat

| CONDAMNATION UNIQUE. | DÉLAI POUR PARVENIR à la suppression de la mention du casier judiciaire sur le bulletin n° 3. | DÉLAI POUR PARVENIR à la réhabilitation de droit. |
|---|---|---|
| A UNE PEINE CORPORELLE | | |
| de 5 jours au plus. . . . . | 2 ans. | 10 ans. |
| de 6 jours à 6 mois . . . . | 5 ans. | 10 ans. |
| de 6 mois et 1 jour à 2 ans. | 10 ans. | 15 ans. |
| de plus de deux ans. . . . | 15 ans. | 20 ans. |
| A UNE AMENDE | | |
| de 50 francs au plus. . . . | 2 ans. | 10 ans. |
| de plus de 50 francs. . . . | 5 ans. | 10 ans. |
| A UNE PEINE CORPORELLE ET A L'AMENDE | | |
| de 5 jours au plus et amende de 25 fr. au plus. | 2 ans. | 10 ans. |
| de 5 jours au plus et amende supérre à 25 fr. | 5 ans. | 10 ans. |
| de 6 jours à 6 mois et amende quelconque. . . | 5 ans. | 10 ans. |
| de 6 mois et 1 jour à 2 ans et amende quelconque. | 10 ans. | 15 ans. |
| de 2 ans et 1 jour et plus et amende quelconque. | 15 ans. | 20 ans. |

NOTA. Le point de départ des délais est, pour les peines corporelles, la date de l'expiration de la peine, ou de sa remise par voie de grâce, ou de sa prescription; pour les peines pécuniaires, le jour où la condamnation est devenue définitive, si l'amende a été payée; sinon, le jour où la peine est prescrite.

| CONDAMNATIONS MULTIPLES. | DÉLAI POUR PARVENIR à la suppression de la mention du casier judiciaire sur le bulletin n° 3. | DÉLAI POUR PARVENIR à la réhabilitation de droit. |
|---|---|---|
| A des peines corporelles (avec ou sans amende) n'excédant pas un an dans leur ensemble. . . | 10 ans. | 15 ans. |
| A des amendes, quel qu'en soit le montant . . . . . | 5 ans. | 10 ans. |
| Les unes à des peines corporelles (avec ou sans amende) n'excédant pas 1 an dans leur ensemble et les autres à des amendes, quel qu'en soit le montant . . . . . . . . . | 10 ans. | 15 ans. |

NOTA. Le point de départ des délais est, dans le premier cas, le jour où les peines corporelles ont été subies, ou remises par voie de grâce, ou prescrites; dans le deuxième cas, le jour où toutes les condamnations sont devenues définitives; dans le troisième cas, le jour où la peine ou les peines corporelles ont été subies, ou remises par voie de grâce, ou prescrites, et où la ou les condamnations pécuniaires sont devenues définitives.

de 1 fr. 40, payable au nom du greffier du tribunal de leur *domicile*).

Cette demande doit contenir : 1° le nom du pétitionnaire; 2° ses prénoms; 3° le lieu de sa naissance; 4° la date de sa naissance; 5° les prénoms de son père; 6° les nom et prénoms de sa mère; 7° le domicile du pétitionnaire; 8° son état civil et de famille (célibataire, marié ou veuf, s'il a ou non des enfants); 9° sa profession; 10° l'usage auquel est destiné l'extrait. Elle doit être signée par le pétitionnaire lui-même et accompagnée, autant que possible, d'une pièce constatant son identité.

**Cassation.** — Annulation, par la Cour de cassation, d'une décision judiciaire rendue en dernier ressort. V. COUR DE CASSATION.

**Castration.** — Crime puni de la peine des travaux forcés à perpétuité, et même de la peine de mort si le patient est décédé avant l'expiration des quarante jours qui auront suivi le crime. (Code pén., art. 316.)

**Caution judicatum solvi.** — Caution qu'on peut obliger un étranger à fournir, lorsqu'il intente une action contre un Français devant les tribunaux de France.

L'expression *caution judicatum solvi* signifie littéralement : *Caution que ce qui sera jugé sera payé.* Le versement de la caution a pour objet d'assurer d'avance l'acquittement des frais et dommages-intérêts que l'étranger pourrait être condamné à payer.

La caution *judicatum solvi* est due en toutes matières, même commerciales. Sont dispensés toutefois de la fournir : 1° les étrangers autorisés à établir leur domicil en France; — 2° les sujets des Etats qui, par suite d'une convention de réciprocité, dispensent les Français établis dans lesdits Etats de fournir la caution; — 3° ceux qui ont consigné une somme suffisante ou possèdent en France des immeubles suffisants pour répondre. (Code civ., art. 16; Code proc. civ., art. 166 et 167.)

**Caution juratoire.** — Serment fait par l'usufruitier, à défaut de caution, de jouir en bon père de famille des meubles nécessaires pour son usage et que lui laisse le propriétaire. V. USUFRUIT.

**Cautionnement.** — Contrat accessoire destiné à garantir l'exécution d'une obligation : celui qui se rend caution d'une obligation s'engage envers le créancier à satisfaire à cette obligation si le débiteur n'y satisfait pas lui-même. (Code civ., art. 2011-2043.)

*Nature du cautionnement.* — Le cautionnement est, de sa nature, un contrat accessoire, unilatéral, de bienfaisance et purement consensuel. De ce qu'il est accessoire, il résulte qu'il ne peut exister que sur une obligation valable. Il ne peut excéder ce qui est dû par le débiteur, ni être contracté sous des conditions plus onéreuses; mais il est, en ce cas, réductible à la mesure de l'obligation principale. Il peut être contracté pour une partie de la dette seulement et sous des conditions moins onéreuses.

Si l'obligation cautionnée est nulle pour cause d'incapacité du débiteur, l'annulation de l'obligation principale n'entraîne pas la nullité de l'obligation de la caution.

On peut aussi se rendre caution, non seulement du débiteur principal, mais encore de celui qui l'a cautionné, et à l'insu de l'un ou de l'autre.

Le cautionnement indéfini d'une obligation principale s'étend à tous les accessoires de la dette, même aux frais de la première demande.

Les engagements des cautions passent à leurs héritiers.

Les acomptes payés par le débiteur principal s'imputent d'abord sur la portion de la dette non cautionnée, d'où suit que le cautionnement garantissant une partie de la dette engage la caution tant que le payement intégral n'a pas été effectué. (Cass. civ., 12 nov. 1890.)

On appelle *certificateur de caution* celui qui garantit en sous-ordre la solvabilité d'une première caution, laquelle est à son égard le débiteur principal.

Le débiteur obligé à fournir une caution doit en présenter une qui ait la capacité de contracter, qui ait des biens suffisants pour répondre de l'objet de l'obligation, et dont le domicile soit dans le ressort de la cour d'appel où la caution doit être donnée.

La solvabilité d'une caution ne s'estime qu'eu égard à ses propriétés foncières, excepté en matière de commerce, ou lorsque la dette est modique.

On n'a point égard aux immeubles litigieux, ou dont la discussion deviendrait trop difficile par suite de l'éloignement.

Lorsque la caution reçue par le créancier, volontairement ou en justice, est ensuite devenue insolvable, il doit en être fourni une autre, sauf dans le cas où le créancier a exigé pour caution une personne déterminée.

*Effets du cautionnement. — Bénéfices de discussion et de division : 1° Entre la caution et le créancier.* La caution est tenue de payer la dette contractée par le débiteur, mais elle jouit du *bénéfice de discussion* si elle n'y a pas expressément renoncé : elle a, en d'autres termes, le droit, dès les premières poursuites et à la condition d'avancer les frais, de faire saisir et vendre les biens que possède le débiteur et qui lui paraissent suffisants pour éteindre la dette. Lorsque la caution a indiqué des biens à discuter et que le débiteur devient postérieurement insolvable, elle est déchargée jusqu'à concurrence des biens indiqués au cas de défaut ou de retard dans les poursuites. Le certificateur de caution peut demander la discussion du débiteur principal, du chef de la première caution.

Lorsque plusieurs personnes se sont rendues caution d'un même débiteur pour une même dette, elles sont obligées chacune à toute la dette. Néanmoins, chacune peut, à moins de renonciation expresse, exiger que le créancier divise préalablement son action, et la réduise à la part de chaque caution : c'est le *bénéfice de division.*

La caution qui a fait prononcer la division ne peut plus être recherchée à raison des insolvabilités survenues depuis la division.

Si le créancier a divisé volontairement son action, il ne peut revenir contre la division qu'il a lui-même établie. Le bénéfice de division n'existe pas si les cautions se sont engagées solidairement.

La caution peut opposer au créancier toutes les exceptions qui appartiennent au débiteur principal, et qui sont inhérentes à la dette. Mais elle ne peut opposer les exceptions qui sont purement personnelles au débiteur.

Elle peut opposer la *compensation* de ce que le créancier doit au débiteur principal; mais le débiteur principal ne peut opposer la compensation de ce que le créancier doit à la caution. (Code civ., art. 1294.)

2° *Entre le débiteur et la caution.* La caution *qui a payé* a son recours contre le débiteur principal, tant pour le principal que pour les intérêts et les frais; néanmoins la caution n'a de recours que pour les frais par elle faits depuis qu'elle a dénoncé au débiteur principal les poursuites dirigées contre elle. Elle a aussi recours pour les dommages et intérêts, s'il y a lieu.

La caution qui a payé la dette est subrogée à tous les droits qu'avait le créancier contre le débiteur.

Lorsqu'il y a plusieurs débiteurs principaux solidaires d'une même dette, la caution qui les a tous cautionnés, a contre chacun d'eux le recours pour la répétition de ce qu'elle a payé.

La caution qui a payé une première fois n'a point de recours contre le débiteur principal qui a payé une seconde fois, lorsqu'elle ne l'a point averti du payement : c'est contre le créancier qu'elle doit agir. C'est également le créancier qu'elle doit poursuivre lorsque, la caution ayant payé sans être poursuivie et sans avoir averti le débiteur principal, le débiteur, au moment du payement, aurait eu les moyens de faire déclarer la dette éteinte.

Aux termes de l'article 2032, la caution, même *avant d'avoir payé*, peut agir contre le débiteur, pour être par lui indemnisée : 1° lorsqu'elle est poursuivie en justice pour le payement ; 2° lorsque le débiteur a fait faillite ou est en déconfiture ; 3° lorsque le débiteur s'est obligé à lui rapporter sa décharge dans un certain temps ; 4° lorsque la dette est devenue exigible par l'échéance du terme sous lequel elle avait été contractée ; 5° au bout de dix années, lorsque l'obligation principale n'a point de terme fixe d'échéance, et qu'elle n'est pas de nature à pouvoir être éteinte avant un temps déterminé, par exemple en cas de tutelle.

3° *Entre les cofidéjusseurs.* Lorsque plusieurs personnes ont cautionné un même débiteur pour une même dette (on les appelle *cofidéjusseurs*), la caution qui a acquitté la dette a recours contre les autres cautions, chacune pour sa part et portion. Mais ce recours n'a lieu que lorsque la caution a payé dans l'un des cas énoncés en l'article 2032, cité plus haut.

*Extinction du cautionnement.* — L'obligation qui résulte du cautionnement s'éteint par les mêmes causes que les autres obligations. Elle s'éteint par toute cause d'extinction de la dette principale, sauf le cas de nullité ayant pour fondement l'incapacité du débiteur.

La confusion qui s'opère dans la personne du débiteur principal et de sa caution, lorsqu'ils deviennent héritiers l'un de l'autre, n'éteint point l'action du créancier contre celui qui s'est rendu caution de la caution.

La caution est déchargée lorsque la subrogation aux droits, hypothèques et privilèges du créancier ne peut plus, par le fait de ce créancier, s'opérer en faveur de la caution.

L'acceptation volontaire que le créancier a faite d'un immeuble ou d'un effet quelconque en payement de la dette principale décharge la caution, encore que le créancier vienne à en être évincé.

La simple prorogation de terme, accordée par le créancier au débiteur principal, ne décharge point la caution, qui peut, en ce cas, poursuivre le débiteur pour le forcer au payement.

*Caution légale et caution judiciaire.* — On distingue le *cautionnement conventionnel*, dont nous venons de nous occuper ; le *cautionnement légal*, et le *cautionnement judiciaire*. Toutes les fois qu'une personne est obligée, par la loi (caution légale) ou par une décision de justice (caution judiciaire), à fournir une caution, la caution offerte doit remplir les conditions prescrites pour les cautions ordinaires.

Celui qui ne peut trouver une caution est reçu à donner à sa place un gage suffisant.

La caution judiciaire ne peut demander la discussion du débiteur principal, et celui qui a simplement cautionné la caution judiciaire ne peut demander la discussion du débiteur principal et de la caution.

*Liberté provisoire sous caution.* — La mise en liberté provisoire des individus poursuivis devant les juridictions de répression peut, dans tous les cas où elle n'est pas de droit, être subordonnée à l'obligation de fournir un cautionnement. V. LIBERTÉ PROVISOIRE.

**Cautionnement administratif.** — Garantie exigée : 1° des comptables de deniers publics et de divers agents non comptables pour garantir la sûreté de leur gestion ; 2° des officiers publics pour répondre des faits de leur ministère.

La loi du 5 septembre 1807 règle les droits du Trésor relativement aux biens des comptables sur lesquels les articles 2098 et 2121 du Code civil ont établi un privilège et une hypothèque à son profit, pour ajouter aux garanties de leur cautionnement.

*Réalisation du cautionnement.* — Les cautionnements, dont le montant est versé au Trésor avant l'entrée en fonctions, doivent être, en principe, constitués en numéraire ; mais les comptables et autres fonctionnaires sont admis à les constituer pour la totalité soit en numéraire, soit en rentes sur l'État (Loi du 13 avril 1898, art. 56 ; décret du 2 juill. 1898 ; arrêté du 6 juillet 1898). Peuvent constituer leur cautionnement en immeubles : les conservateurs des hypothèques (en ce qui concerne le cautionnement spécial auquel ils sont assujettis envers des tiers) ; les receveurs principaux des douanes remplissant les fonctions de conservateur des hypothèques maritimes ; les comptables du Trésor justiciables de la Cour des comptes qui, ayant obtenu, par anticipation, le remboursement des deux tiers de leur cautionnement en numéraire, convertissent le dernier tiers en immeubles jusqu'à leur libération définitive ; les receveurs spéciaux des établissements de bienfaisance ; etc.

*Certificats d'inscription et de privilège.* — Les titulaires des cautionnements reçoivent un *certificat d'inscription* qui énonce le point de départ des intérêts. Lorsque les fonds des cautionnements n'appartiennent pas aux titulaires d'emplois ou d'offices, il est délivré aux bailleurs de fonds un certificat de privilège de deuxième ordre. Ce privilège ne peut être concédé par le titulaire qu'au bailleur de fonds réel, c'est-à-dire à celui qui a fourni les fonds mêmes du cautionnement et pour toute la durée de la gestion (Loi des 25 nivôse et 6 ventôse an XIII ; décrets des 28 août 1803 et 21 décembre 1812).

*Application du cautionnement.* — Les comptables appelés à de nouvelles fonctions peuvent obtenir l'application du cautionnement déjà fourni par eux à la garantie de leur gestion nouvelle, lorsqu'ils produisent des justifications constatant leur libération des faits de leur ancienne gestion, sauf toutefois le consentement du bailleur de fonds, s'il y en a un, et pourvu qu'il n'existe point d'opposition (Ord. du 22 mai 1825).

Les cautionnements fournis par les préposés des régies financières servent de garantie pour tous les faits résultant des diverses gestions dont ils peuvent être chargés par la même administration, quel que soit le lieu où ils exercent ou ont exercé leurs fonctions (Ord. du 25 juin 1835).

*Perte de certificat.* — En cas de perte d'un *certificat d'inscription*, le titulaire adresse au ministère des Finances (Direction de la dette inscrite) une déclaration sur papier timbré, légalisée par le maire, dont la signature est elle-même légalisée par le préfet ou le sous-préfet. En cas de perte du *certificat de privilège*, le bailleur de fonds adresse une déclaration dans la même forme au ministère des Finances. Sur cette déclaration, il est délivré un duplicata du titre adiré.

*Intérêts.* — Les capitaux versés au Trésor à titre de cautionnement produisent, au profit des titulaires ou ayants cause, un intérêt soumis à la prescription quinquennale de l'article 2277 du Code civil (Avis du Conseil d'Etat du 24 mars 1809), ainsi qu'à la déchéance établie par la loi du 29 janvier 1831, article 9. V. BUDGET, § *Exercices périmés.*

Les intérêts sont payables annuellement sur présentation du certificat d'inscription ou du certificat de privilège. Le taux en a été abaissé à 2 fr. 50 pour 100 par la loi du 13 avril 1898.

*Remboursements.* — Les capitaux de cautionnement sont remboursés aux titulaires d'emploi qui ont cessé leurs fonctions, ou aux bailleurs de fonds, sur la demande qu'ils adressent au ministère des Finances. La demande, rédigée sur papier timbré, est appuyée de toutes les pièces établissant la disponibilité du cautionnement, selon les prescriptions des lois et règlements.

Les comptables du Trésor, justiciables de la Cour des comptes, peuvent obtenir le remboursement des deux tiers de leur cautionnement avant leur libération définitive. Le remboursement du dernier tiers peut être obtenu en même temps au moyen d'un remplacement en rentes ou en immeubles.

*Cautionnements des adjudicataires.* — Des cautionnements sont encore exigés des adjudicataires de fournitures et travaux entrepris au compte de l'Etat, des départements, des communes, des établissements publics, pour garantir l'exécution des marchés. V. ADJUDICATION.

**Cédule.** — Acte par lequel le juge de paix permet, dans les cas urgents, de citer à bref délai (sans avertissement ni tentative de conciliation) ou autorise à citer les experts désignés. — Ordonnance du juge d'instruction transmise au procureur de la République et indiquant les témoins à entendre, afin que ce dernier les fasse citer.

**Cellulaire (Régime).** — V. PRISON.

**Censure.** — Peine qui peut frapper un membre du Parlement au cours des débats. V. DÉPUTÉS (Chambre des).

**Censure.** — Examen préalable des écrits, journaux, pièces de théâtre par des agents de l'Etat commis à cet effet, et qui est suivi de l'autorisation ou du refus de publier ou de représenter.

La censure théâtrale a été rétablie par décret du 2 février 1874. V. THÉÂTRE.

**Centime le franc.**

Pour les trois impôts de répartition (impôt foncier des propriétés non bâties, contributions des portes et fenêtres, contribution mobilière), la loi fixe la part de chaque département, le département la part de chaque arrondissement, l'arrondissement la part de chaque commune, les répartiteurs communaux la part de chaque contribuable, d'après le montant de la valeur imposable qui lui est attribuée. Soit un principal de 100 000 francs pour la commune à répartir sur 1 000 000 de valeur imposable (revenu cadastral s'il s'agit de l'impôt foncier, loyer matriciel s'il s'agit de la contribution mobilière) : la proportion sera de 10 centimes. Cette proportion constituera ce que l'on appelle le centime le franc en *principal;* si le centime le franc en principal est de 10 centimes et qu'il y ait 50 centimes additionnels de toute nature, le centime le franc total sera de 0 fr. 15 pour 100.

**Centimes additionnels.** — Supplément d'impôt d'un centime par franc ajouté au principal des contributions pour subvenir à certaines dépenses spéciales.

Indépendamment du montant du principal de chaque contribution, la loi de finances ordonne ou confirme, chaque année, l'imposition de centimes additionnels dont elle détermine la quotité.

### Centimes généraux.

Les uns, désignés sous le nom de *centimes additionnels généraux*, n'ont point d'affectation spéciale, et, comme le principal des contributions, font partie des fonds généraux du budget de l'Etat. Les autres centimes additionnels sont affectés à diverses dépenses, telles que : secours en cas de grêle, incendie, dégrèvements et non-valeurs, réimpositions, etc.

Les centimes additionnels se divisent en centimes *généraux*, perçus par l'Etat, en centimes *départementaux* et en centimes *communaux*. On distingue parmi les uns et les autres les centimes *généraux* (sans affectation spéciale) et les centimes *spéciaux*, en sorte que parmi les centimes d'Etat ou *généraux* il en est de généraux et de spéciaux.

A ces centimes d'Etat viennent s'ajouter des centimes établis au profit des *départements* et des *communes*, des *bourses* et *chambres de commerce*, et du fonds de *garantie* pour les accidents du travail.

### Centimes départementaux.

*Centimes additionnels ordinaires.* Le maximum des centimes portant exclusivement sur les contributions foncière et personnelle-mobilière est fixé à 25. D'autre part, à raison de l'augmentation de certains autres maxima et pour qu'il ne soit pas loisible aux conseils généraux, par suite de cette augmentation, de modifier par des déplacements d'impôts l'assiette des contributions directes, l'article 14 de la loi du 13 juillet 1900 stipule que les conseils généraux ne peuvent recourir aux centimes de toute nature portant sur les quatre contributions directes qu'autant qu'il aura été fait emploi des 25 centimes portant sur les contributions foncière et personnelle-mobilière.

Le maximum des centimes *ordinaires* additionnels aux quatre contributions que les conseils généraux peuvent voter est de 1 à 8 pour les centimes ordinaires et de 7 à 10 pour les centimes spéciaux de la vicinalité. (Loi du 13 juillet 1900.)

Les conseils généraux peuvent voter en addition à la contribution foncière des propriétés bâties une imposition d'un centime au maximum pour le cadastre. (Loi du 17 mars 1898.) Cette imposition doit être considérée comme comprise dans les centimes départementaux ordinaires dont la perception est autorisée par la loi annuelle de finances, au même titre que l'imposition de cinq centimes au maximum prévue, également pour le cadastre, par la loi du 2 août 1829. Le vote du conseil général est donc exécutoire par lui-même. Le produit de chacune de ces impositions est présenté distinctement au budget départemental, en raison de la nature différente des opérations cadastrales auxquelles elles sont destinées. (Circ. Intér., 20 juill. 1898.)

*Centimes extraordinaires.* Le budget départemental comprend en outre des centimes extraordinaires, soit votés annuellement par le conseil général dans les limites déterminées par la loi de finances, soit perçus en vertu d'autorisations spéciales.

Le maximum des centimes *extraordinaires* est fixé à 12. Les conseils généraux doivent d'abord assurer les dépenses avec les ressources générales dont la loi de finances leur permet de disposer. Ils n'ont la faculté de voter des impositions extraordinaires autorisées par des lois ou des décrets spéciaux qu'autant qu'ils auront fait emploi des centimes, tant ordinaires qu'extraordinaires, mis à leur disposition par la loi du 13 juillet 1900. (Loi du 13 juillet 1900 sur les contributions directes de l'exercice 1901, art. 10 à 16; Circ. Contr. directes, n° 973, du 25 juillet 1900; Circ. Intér., 23 juil. 1900.)

### Centimes communaux.

La loi du 5 avril 1884, art. 133, 3°, range parmi les recettes ordinaires du budget communal le « produit des centimes ordinaires et spéciaux affectés aux communes par les lois de finances », savoir :

— 5 centimes ordinaires sans affectation spéciale (loi du 15 mai 1818, art. 31) et qui doivent être votés annuellement par les conseils municipaux (loi du 18 juillet 1892, art. 14). Ils ne portent que sur les contributions foncière et personnelle-mobilière, tandis que les autres centimes spéciaux s'ajoutent au principal des quatre contributions directes.

— 5 centimes ordinaires pour dépenses des chemins vicinaux (loi du 21 mai 1836, art. 2); ils peuvent, après mise en demeure, être inscrits d'office par le préfet (*Id.*, art. 5).

— Centimes extraordinaires pour salaires des gardes champêtres (décret du 23 fructidor an XIII; lois des 21 avril 1832, art. 19, et 31 juillet 1867, art. 16).

— 3 centimes extraordinaires pour secours aux familles nécessiteuses des réservistes et des territoriaux (loi du 21 décembre 1882).

— 3 centimes extraordinaires pour travaux des chemins vicinaux ordinaires (loi du 24 juillet 1867, art. 3, et loi du 5 avril 1884, art. 141). Si ces centimes, au lieu de faire face aux dépenses ordinaires des chemins, étaient imposés en vue de dépenses extraordinaires (construction, redressement, grosses réparations), ils devraient être inscrits au budget extraordinaire. Les conseils municipaux n'ont la faculté de voter d'autres centimes (outre les 5 centimes spéciaux et les 3 centimes extraordinaires) qu'après qu'il a été fait emploi des trois journées de prestations de la loi du 21 mai 1836, art. 2.

— 3 centimes extraordinaires pour les chemins ruraux (lois du 20 août 1881, art. 10, et du 5 avril 1884, art. 141, modifié par la loi du 7 avril 1902).

— 5 centimes spéciaux pour dépenses des syndicats de communes (loi du 5 avril 1884, art. 177, modifié par la loi du 22 mars 1890).

— Centimes pour l'assistance médicale gratuite (loi du 15 juillet 1893, art. 27).

— 5 centimes additionnels à la contribution foncière des propriétés non bâties pour frais de renouvellement et de conservation du cadastre. (Loi du 17 mars 1898, art. 2).

Les cinq centimes spéciaux ordinaires des chemins vicinaux, les centimes des chemins ruraux, les centimes pour salaires des gardes champêtres, pour secours aux familles des réservistes et pour l'assistance médicale ne peuvent être imposés qu'en cas d'insuffisance des revenus ordinaires de la commune, c'est-à-dire lorsque les recettes ordinaires ne peuvent pas faire face à toutes les dépenses ordinaires, même facultatives, et aux dépenses extraordinaires obligatoires (Morgand, *Loi municipale*, n° 1463).

Aux termes de la loi du 7 avril 1902, les conseils municipaux peuvent voter, sauf approbation du préfet, des *centimes pour insuffisance de revenus* appliqués à des dépenses ordinaires ou des *centimes destinés à des dépenses extraordinaires* dans la limite du maximum fixé chaque année par le conseil général. L'approbation du gouvernement (décret) n'est nécessaire que si la durée des contributions pour insuffisance de revenus ou pour dépenses extraordinaires excède trente ans.

## Cercles, sociétés et lieux de réunion (Taxe sur les).

La loi du 16 septembre 1871 (art. 9) a soumis à une taxe spéciale les abonnés des cercles, sociétés et lieux de réunion où se payent des cotisations. Cette taxe est établie (loi du 8 août 1890, art. 33) à la fois sur le montant des cotisations, y compris les droits d'entrée, et sur le montant de la valeur locative des bâtiments, locaux et emplacements affectés à l'usage de ces établissements. Elle est réglée d'après les catégories suivantes :

1re *catégorie*. Cercles dont les cotisations s'élèvent à 8000 francs et au-dessus, ou la valeur locative à 4000 francs et au-dessus : 20 pour 100 du montant des cotisations et 8 pour 100 du montant de la valeur locative.

2e *catégorie*. Cercles dont les cotisations sont de 3000 francs et au-dessus, mais inférieures à 8000 francs, ou la valeur locative de 2000 francs et au-dessus, sans atteindre 4000 francs : 10 pour 100 du montant des cotisations et 4 pour 100 du montant de la valeur locative.

3e *catégorie*. Cercles dont les cotisations sont inférieures à 3000 francs ou la valeur locative inférieure à 2000 francs : 5 pour 100 du montant des cotisations et 2 pour 100 du montant de la valeur locative.

On ne peut considérer comme cercles, comme sociétés passibles de la taxe, que les seules associations qui ont à la disposition exclusive de leurs membres un local où le public ne peut pas pénétrer.

*Exemptions*. Les réunions qui donnent lieu à des abonnements ou payements d'un prix fixé par soirée, par représentation, où tout le monde a le droit d'entrer, *sans distinction* (cafés-concerts, casinos, théâtres), ne sont pas atteints par la taxe. La loi du 16 septembre 1871 a dispensé de la taxe les sociétés de bienfaisance ou de secours mutuels, ainsi que celles exclusivement scientifiques, littéraires, agricoles, musicales, dont les réunions ne sont pas quotidiennes; cette dernière condition n'est même plus exigée des associations d'étudiants des facultés de l'Etat, lorsque ces associations, exclusivement scientifiques et littéraires, sont, en outre, reconnues par les autorités préfectorale et universitaire (loi du 30 mars 1888, art. 13).

Elle est payable en une seule fois, dans le mois qui suit la publication du rôle. Elle est acquittée par les gérants, secrétaires ou trésoriers.

Ceux-ci doivent faire chaque année, du 1er au 31 janvier, à la mairie des communes où se trouvent ces établissements, une déclaration valable pour toute la durée des faits qui y ont donné lieu ; elle doit être modifiée dans les cas de changements survenus dans le montant des cotisations ou dans la composition des locaux affectés à l'usage du cercle.

Dans le cas de dissolution ou de fermeture d'un cercle en cours d'exercice, une déclaration spéciale doit être faite par le gérant, secrétaire ou trésorier *dans les dix jours* de la dissolution ou de la fermeture. Il est établi un rôle supplémentaire, et il en est de même lorsque des faits pouvant donner lieu à des doubles taxes n'ont pas été constatés en temps utile pour entrer dans la formation du rôle primitif.

Si une imposition supplémentaire est établie, en cours d'exercice, par suite de la dissolution ou de la fermeture d'un cercle, le payement doit être effectué dans un délai de *dix jours*, à partir du moment où le redevable a été avisé par le directeur des Contributions directes du montant de la somme à acquitter.

## Certificat d'addition. — V.

BREVET D'INVENTION.

## Certificat de bonne vie et mœurs.

— Certificat délivré par le maire de la résidence (à Paris, par les commissaires de police) et attestant que la personne qui requiert la délivrance de ce certificat jouit d'une bonne réputation.

Le certificat de bonne vie et mœurs est principalement exigé des candidats à une fonction publique.

## Certificat de maladie.

Sont exceptés du droit et de la formalité du timbre les certificats de maladie délivrés par les médecins non assermentés, quand ces documents concernent des agents accomplissant un service actif de l'Etat. (Loi du 29 mars 1897, art. 4).

## Certificat de propriété.

— Certificat attestant aux yeux d'un comptable les droits de la partie prenante lorsque celle-ci n'est pas le créancier réel.

En cas de décès du titulaire d'une créance, la somme due est payée aux héritiers sur la production soit d'un certificat de propriété (loi du 28 floréal an VII et décret du 18 septembre 1806), soit des pièces d'hérédité d'après les règles du droit commun.

Sont appelés à délivrer des certificats de propriété (loi du 28 floréal an VII) : 1° en France, les notaires (détenteurs de la minute des inventaires après décès, partages, donations entre vifs ou testamentaires et autres actes translatifs ou attributifs de propriété), les juges de paix (en l'absence de tout acte attributif ou translatif de propriété), les greffiers des tribunaux de première instance et des cours d'appel (lorsque les droits et la qualité des héritiers ont été constatés par un jugement) ; 2° à l'étranger, les magistrats, officiers publics, fonctionnaires désignés par la loi.

Les certificats de propriété délivrés par les juges de paix doivent toujours l'être en brevet (note ministér. d'août 1874) ; ils sont donc assujettis au timbre, la loi du 26 janvier 1892, article 12, ne dispensant de cette formalité que les *expéditions* délivrées par les greffiers, expéditions qui, en l'espèce, ne sont pas admises comme justification comptable (même note, § 11).

Pour les sommes de 150 francs et au-dessous, il suffit d'un certificat du maire de la résidence du défunt. (Décision min. Finances du 30 nov. 1896; Circ. Compt. publ., 31 déc. 1896, § 2.)

Les certificats de propriété délivrés par les maires pour le payement des sommes de 150 francs et au-dessous dues aux héritiers des créanciers de l'Etat, des départements, des communes et des établissements publics sont passibles du timbre de dimension (Circ. Compt. publ. du 31 mars 1868, § 4), mais non soumis à l'enregistrement. (Circ. Compt. publ., 17 juil. 1897, § 2, et Circ. Intér., 16 oct. 1897.) Les certificats de propriété dressés par les notaires, juges de paix ou greffiers doivent être enregistrés avant d'être produits aux comptables de l'État, des départements, des communes ou des établissements publics, *excepté lorsqu'ils ont pour objet le payement des sommes dues par l'État*, à titre de pension, rémunération, secours, prorata de traitement ou solde d'activité (Instr. génér., art. 702; Règlem. min. Finances, p. 99); mais, même dans ces divers cas, ils doivent être enregistrés lorsqu'il en est fait usage soit devant les tribunaux ou devant une autorité constituée, soit dans un acte authentique (Circ. Comp. publ., 27 mars 1880, § 2; 4 mars 1881, § 4, et 17 juillet 1897, § 2).

Le payement fait à un légataire universel, en vertu d'un testament olographe ou mystique, doit être appuyé de la preuve de l'envoi en possession, par ordonnance du président. Si en effet l'art. 1006 du Code civil veut que le légataire universel soit saisi de plein droit, sans être tenu de demander la délivrance, lorsqu'il n'y a pas d'héritiers à réserve, l'article 1008 fait une exception lorsque le testament est olographe ou mystique. Jusqu'à l'ordonnance d'envoi en possession, le droit du légataire ne peut être exercé, et le certificat de propriété sans l'indication de l'envoi serait insuffisant, à moins qu'il ne s'agisse de rentes, auquel cas le certificat du notaire est suffisant. (Loi du 28 floréal an VII, art. 6.)

Le payement des créances inférieures à 50 francs peut être effectué sur production des pièces ordinaires entre les mains de celui des ayants droit qui se porte fort pour ses cohéritiers (Décision du min. des Finances, 30 nov. 1896; Circ. Compt. publ., 31 déc. 1896, § 2).

**Certificat de vie.** — V. PENSIONS.

**Cession de bail.** — V. BAIL.

**Cession de biens.** — Abandon qu'un débiteur fait de tous ses biens à ses créanciers lorsqu'il se trouve hors d'état de payer ses dettes. (Code civ., art. 1265-1270; Code proc. civ., 898-906.)

La cession de biens est volontaire ou judiciaire.

*Cession volontaire.* — La cession de biens *volontaire*, ou *abandonnement*, est celle que les créanciers acceptent volontairement, et qui n'a d'autre effet que celui résultant des stipulations mêmes du contrat passé entre eux et le débiteur. Elle est donc inopérante au regard des créanciers qui y ont été étrangers. Le débiteur abandonne au créancier la *possession de ses biens* avec mandat de les vendre pour se payer sur le prix. Sinon, il y aurait dation en payement et abandon de la *propriété même*.

*Cession judiciaire.* — La cession *judiciaire* est un bénéfice que la loi accorde au débiteur malheureux et de bonne foi. Celui à qui ce bénéfice est accordé fait en justice l'abandon de tous ses biens à ses créanciers, nonobstant toute stipulation contraire.

La cession judiciaire ne confère point la propriété aux créanciers; elle leur donne seulement le droit de faire vendre les biens à leur profit, et d'en percevoir les revenus jusqu'à la vente.

Elle avait autrefois l'avantage d'opérer décharge de la contrainte par corps; mais, la contrainte par corps ayant été abolie en matière civile et commerciale, la cession de biens judiciaire n'a plus que de très rares applications.

Le dépositaire infidèle, n'étant pas de bonne foi, n'est pas admis au bénéfice de cession judiciaire (Code civ., art. 1945).

**Cession de droits litigieux.** — V. VENTE.

**Cession de droits successifs.** — Vente par un héritier de ses droits dans une succession ouverte.

On ne peut transmettre la qualité d'héritier, mais on peut vendre ses droits dans une succession, à la condition que celle-ci soit ouverte. Le cessionnaire bénéficie de tous les mêmes avantages que l'héritier cédant, même des profits que celui-ci a pu réaliser depuis l'ouverture de la succession, mais il est tenu de toutes les charges : droits de mutation, remboursement des sommes avancées par l'héritier et dettes quelconques (Code civ., art. 1696-1698).

Celui qui vend son hérédité accepte par cela même la succession (*Id.*, 780). Il ne garantit que la qualité d'héritier. Les cohéritiers de l'acquéreur qui n'est pas un successible peuvent l'écarter du partage en lui remboursant le prix de la cession. V. RETRAIT SUCCESSORAL, PARTAGE.

**Cession-transport.** — Aliénation de créances et autres droits incorporels. V. TRANSPORT.

**Chambre** (d'un tribunal, d'une cour). — Section d'une juridiction formant un tribunal spécial et jugeant néanmoins au nom de la juridiction tout entière.

**Chambre des appels de police correctionnelle.**

La chambre des appels de police correctionnelle est l'une des sections de la Cour d'appel; elle statue au nombre de cinq conseillers au moins. Elle a mission de statuer : 1° sur l'appel des jugements rendus en premier ressort par les tribunaux de police correctionnelle; 2° en premier et dernier ressort, sur les délits commis par les magistrats de l'ordre judiciaire (Code inst. crim., art. 479) et par certaines autres personnes privilégiées à raison de leur grade ou de leurs fonctions, telles que les grands officiers de la Légion d'honneur, les préfets, les évêques (loi du 20 avril 1810, art. 10). V. CHAMBRE DES MISES EN ACCUSATION.

**Chambre des mises en accusation.**

La chambre des mises en accusation est l'une des sections de la Cour d'appel ; elle ne peut statuer qu'au nombre de cinq conseillers au moins. Elle fonctionne : 1° comme juridiction d'appel contre certaines décisions du juge d'instruction, si l'inculpé d'un crime doit être renvoyé en état d'accusation devant la cour d'assises (Code inst. crim., art. 918) ; 2° comme juridiction chargée de décider, sur le renvoi qui lui est fait par le juge d'instruction, si l'inculpé d'un crime doit être renvoyé en état d'accusation devant la cour d'assises. (Code instr. crim., art. 218.) Il peut se faire, du reste, dans les affaires exceptionnellement graves, que la chambre des appels de police correctionnelle soit réunie à la chambre des mises en accusation, ou même que toutes les chambres de la cour soient réunies, pour délibérer sur la mise en accusation.

**Chambre de commerce.** — V. COMMERCE.

**Chambre du conseil.**

C'est le lieu où les juges se retirent pour délibérer, à huis clos, sur les causes qui ont été plaidées à l'audience (C. procéd. civ., art. 116), ou que la loi a déclarées comme devant être instruites de cette manière. — On désigne aussi par cette expression la réunion des magistrats qui délibèrent dans cette forme. C'est en chambre du conseil, notamment, que sont prises toutes les mesures relatives au service intérieur ou à la discipline judiciaire, et expédiés tous les actes de juridiction non contentieuse.

**Chambres consultatives d'agriculture.** — V. AGRICULTURE.

**Chambres consultatives des arts et manufactures.** — V. ARTS ET MANUFACTURES.

**Chambre des députés.** — V. DÉPUTÉ.

**Chancellerie** (lieu où l'on scelle des actes.) — Nom donné à l'administration centrale de la justice, dont le ministre est appelé aussi « garde des sceaux », mais ne porte plus, comme autrefois, le titre de *chancelier*.

**Chancellerie (Grande).** — V. LÉGION D'HONNEUR.

**Chancellerie diplomatique ou consulaire.** — Bureaux d'un poste diplomatique ou consulaire.

La chancellerie est proprement le lieu où l'on conserve les sceaux et les registres et où l'on délivre expédition des actes reçus par nos agents à l'étranger. Le chancelier porte depuis 1902 le nom de *vice-consul*. Chargé de seconder le chef du poste dans ses fonctions, il est officier public. Il remplit les fonctions de notaire, d'huissier, de greffier du consul en matière judiciaire, de secrétaire de mairie lorsque le consul fait fonctions d'officier de l'état civil. Les opérations de comptabilité de tous les postes sont centralisées par un *agent comptable des chancelleries diplomatiques et consulaires*, justiciable de la Cour des comptes.

**Change.** — Opération qui consiste soit à échanger une monnaie contre une autre monnaie, soit à acheter sur une place des valeurs (lettres de change, fonds publics) pour acquitter une dette contractée sur une autre place.

Le *change* dépend du mouvement des affaires entre les diverses places commerciales, c'est-à-dire de l'offre et de la demande du papier. Ses variations ont pour limite le prix du transport des espèces de la ville où la traite est payable à celle d'où elle est tirée ; car, si l'écart des variations est trop grand, il est avantageux, au lieu de prendre du papier, de faire venir des espèces. Les variations des cours du change entre les diverses places donnent naissance à l'*arbitrage* (V. ce mot).

Le commerçant qui fait spécialement profession d'échanger les valeurs et espèces porte le nom de *changeur*. Le changeur réalise sur l'échange un bénéfice déterminé par le *cours* de la place.

Le change des matières métalliques (or et argent) s'appelle change *manuel* ou *local*, parce qu'il se fait de la main à la main en un même lieu. Le change des lettres de change est appelé change *tiré*.

On appelle *cote des changes* un tableau, publié chaque jour par les agents de change, indiquant en monnaie française le prix des monnaies étrangères.

Il existe auprès de l'administration des Monnaies un *bureau du change*, où sont remis en vue du monnayage les lingots, monnaies étrangères inscrites au tarif, les ouvrages d'or et d'argent marqués des poinçons de titre français.

**Change (Lettre de).** — V. LETTRE.

**Chanoine.** — Prêtre qui fait partie du chapitre ou conseil de l'évêque.

Les canonicats (9 par archevêché, 8 par évêché) ont été constitués par arrêté consulaire des 14-25 ventôse an XI faisant application de l'article 35 de la loi du 18 germinal an X. Il y avait lors de la promulgation de la loi de séparation du 9 déc. 1905 (v. CULTES) : 15 chanoines à Paris, 144 dans les 16 archevêchés, 536 dans les 67 évêchés.

**Chantage.** — Action d'extorquer de l'argent à une personne en exerçant sur elle une contrainte morale.

Quiconque, à l'aide de la menace écrite ou verbale de révélation ou d'imputation diffamatoire, aura extorqué ou tenté d'extorquer soit la remise de fonds ou valeurs, soit la signature ou la remise d'écrit, acte, titre, pièce quelconque opérant obligation ou décharge, sera puni d'un emprisonnement de un à cinq ans et d'une amende de 50 à 3 000 fr. (Code pén., art. 400.)

Trois éléments constituent donc le délit de chantage :

1° Une menace écrite ou verbale de révélations ou d'imputations diffamatoires;

2° L'intention, de la part de l'auteur de la menace, de réaliser un gain illégitime;

3° La mauvaise foi.

**Chapitre.** — Conseil de chanoines placé près d'un évêque pour lui donner ses avis et le seconder dans la célébration du culte diocésain.

**Charivari.** — Bruit confus résultant du choc d'objets résonnants, mêlé de huées et de sifflets.

Le charivari, tapage injurieux, constitue une contravention de police, dont les auteurs et complices sont punis d'une amende de 11 à 15 francs et, selon les circonstances de fait, à un emprisonnement de cinq jours au plus. La peine de l'emprisonnement pendant cinq jours est nécessairement prononcée en cas de récidive. (Code pén., art. 479, 480 et 482.)

**Charte-partie.** — V. AFFRÈTEMENT, § *Charte-partie*.

## Chasse.

*Exercice du droit de chasse.* — Nul ne peut chasser si la chasse n'est pas ouverte, et s'il ne lui a été délivré un *permis de chasse* par l'autorité compétente. Nul n'a la facilité de chasser sur la propriété d'autrui sans le consentement du propriétaire ou des ayants droit. (Loi du 3 mai 1844, art. 1er.)

Le propriétaire ou possesseur peut chasser ou faire chasser en tout temps, sans permis de chasse, dans ses possessions attenantes à une habitation et entourées d'une clôture continue (*Id.*, art. 2), sauf l'emploi des engins prohibés, dont la loi punit la simple détention. (Cass., 16 juin 1866.)

Les préfets déterminent, par arrêtés publiés au moins dix jours à l'avance, les époques des ouvertures et celles des clôtures des chasses, à tir, à cor et à cri, dans chaque département. (Loi du 22 janvier 1874.)

Dans chaque département, il est interdit de mettre en vente, de vendre, d'acheter, de transporter et de colporter du gibier pendant le temps où la chasse n'y est pas permise. En cas d'infraction à cette disposition, le gibier est saisi et immédiatement livré à l'établissement de bienfaisance le plus voisin, en vertu soit d'une ordonnance du juge de paix si la saisie a eu lieu au chef-lieu de canton, soit d'une autorisation du maire si le juge de paix est absent ou si la saisie a été faite dans une commune autre que celle du chef-lieu. Cette ordonnance ou cette autorisation est délivrée sur la requête des agents ou gardes qui ont opéré la saisie, et sur la présentation du procès-verbal régulièrement dressé. La recherche du gibier ne peut être faite à domicile que chez les aubergistes, chez les marchands de comestibles et dans les lieux ouverts au public.

Il est interdit de prendre ou de détruire sur le terrain d'autrui des œufs et des couvées de faisans, de perdrix et de cailles. (Loi du 3 mai 1844, art. 44.)

Les permis de chasse sont délivrés à Paris par le préfet de police; dans les départements, par les préfets ou les sous-préfets. La demande doit être adressée sur papier timbré à 0 fr. 60.

Les permis de chasse sont personnels; ils sont valables par toute la France et pour un an seulement. (*Id.*, art. 5.) La délivrance des permis donne lieu au payement d'un droit de 28 francs : 18 francs au profit de l'Etat et 10 au profit de la commune de la résidence ou du domicile. La part de la commune est recouvrée par le percepteur en même temps que celle du Trésor. (Loi du 2 juin 1875, art. 2.)

Le préfet peut refuser le permis de chasse : 1° à tout individu majeur qui n'est point personnellement inscrit, ou dont le père ou la mère n'est pas inscrit au rôle des contributions; 2° à tout individu qui, par une condamnation judiciaire, a été privé de l'un ou de plusieurs des droits énumérés dans l'article 42 du Code pénal autres que le droit de port d'armes; 3° à tout condamné à un emprisonnement de plus de six mois pour rébellion ou violence envers les agents de l'autorité publique; 4° à tout condamné pour délit d'association illicite, de fabrication, débit, distribution de poudre, armes ou autres munitions de guerre; de menaces écrites ou de menaces verbales avec ordre ou sous condition; d'entraves à la circulation des grains; de dévastation d'arbres ou de récoltes sur pied, de plants venus naturellement ou faits de main d'homme; 5° à ceux qui ont été condamnés pour vagabondage, mendicité, vol, escroquerie ou abus de confiance. La faculté de refuser le permis de chasse aux condamnés dont il est question dans les paragraphes 3, 4 et 5 cesse cinq ans après l'expiration de la peine. (Loi du 3 mai 1844, art. 6.)

Le permis de chasse ne peut être délivré : aux mineurs qui n'auront pas seize ans accomplis; aux mineurs de seize à vingt et un ans, à moins que le permis ne soit demandé pour eux par leur père, mère ou curateur, porté au rôle des contributions; aux interdits; aux gardes champêtres ou forestiers des communes et établissements publics, ainsi qu'aux gardes forestiers de l'Etat et aux gardes-pêche (*Id.*, art. 7); à ceux qui, par suite de condamnations, sont privés du droit de port d'armes; à ceux qui n'ont pas exécuté les condamnations prononcées contre eux pour l'un des délits prévus par la loi de 1844; à tout condamné placé sous le régime de l'interdiction de séjour (*Id.*, art. 8); pour une durée de cinq ans au maximum, à tout individu condamné pour délit de chasse, mais en ce cas les tribunaux sont libres de prononcer ou non l'interdiction (*Id.*, art. 18).

Dans le temps où la chasse est ouverte, le permis donne à celui qui l'a obtenu le droit de chasser de jour, soit à tir, soit à courre, à cor et à cri, suivant les distinctions établies par les arrêtés préfectoraux, sur les propres terres d'autrui avec le consentement de celui à qui le droit de chasse appartient. Tous les autres moyens de chasse, à l'exception des furets et des bourses destinés à prendre les lapins, sont formellement prohibés. Néanmoins, les préfets des départements, sur l'avis des conseils généraux, prennent des arrêtés pour déterminer : 1° l'époque de la chasse des oiseaux de passage autres que la caille, la nomenclature des oiseaux et les modes et procédés de chaque chasse pour les diverses espèces ; 2° le temps pendant lequel il sera permis de chasser le gibier d'eau dans les marais, sur les étangs, fleuves et rivières ; 3° les espèces d'animaux malfaisants et nuisibles que le propriétaire, possesseur ou fermier pourra en tout temps détruire sur ses terres, et les conditions de l'exercice de ce droit, sans préjudice du droit appartenant au propriétaire ou au fermier de repousser et de détruire même avec des armes à feu les bêtes fauves qui porteraient dommage à ses propriétés. Ils peuvent prendre également des arrêtés tendant : 1° à prévenir la destruction des oiseaux ou à favoriser leur repeuplement ; 2° à autoriser l'emploi des chiens lévriers pour la destruction des animaux malfaisants et nuisibles ; 3° à interdire la chasse pendant les temps de neige. (*Id.*, art. 9, modifié par la loi du 22 janv. 1874.)

*Pénalités.* — La répression des infractions à la loi du 3 mai 1844 fait l'objet des articles 11 à 18 de ladite loi. — Art. 11. « Seront punis d'une amende de 16 à 100 francs : 1° ceux qui auront chassé sans permis de chasse ; 2° ceux qui auront chassé sur le terrain d'autrui sans le consentement du propriétaire. L'amende pourra être portée au double, si le délit a été commis sur des terres non dépouillées de leurs fruits, ou s'il a été commis sur un terrain entouré d'une clôture continue formant obstacle à toute communication avec les héritages voisins, mais non attenant à une habitation. Pourra ne pas être considéré comme délit de chasse le fait du passage des chiens courants sur l'héritage d'autrui, lorsque ces chiens seront à la suite d'un gibier lancé sur la propriété de leurs maîtres, sauf l'action civile, s'il y a lieu, en cas de dommage ; 3° ceux qui auront contrevenu aux arrêtés des préfets concernant les oiseaux de passage, le gibier d'eau, la chasse en temps de neige, l'emploi des chiens lévriers, ou aux arrêtés concernant la destruction des oiseaux, et celles des animaux nuisibles ou malfaisants ; 4° ceux qui auront pris ou détruit, sur le terrain d'autrui, des œufs ou couvées de faisans, de perdrix ou de cailles ; 5° les fermiers de la chasse soit dans les bois soumis au régime forestier, soit sur les propriétés dont la chasse est louée au profit des communes ou établissements publics, qui auront contrevenu aux clauses et conditions de leurs cahiers de charges relatives à la chasse. »

Art. 12. « Seront punis d'une amende de 50 à 200 francs, et pourront en outre l'être d'un emprisonnement de six jours à deux mois : 1° ceux qui auront chassé en temps prohibé ; 2° ceux qui auront chassé pendant la nuit ou à l'aide d'engins et instruments prohibés, ou par d'autres moyens que ceux qui sont autorisés par l'article 9 (v. ci-dessus) ; 3° ceux qui seront détenteurs ou ceux qui seront trouvés munis ou porteurs, hors de leur domicile, de filets, engins ou autres instruments de chasse prohibés ; 4° ceux qui, en temps où la chasse est prohibée, auront mis en vente, vendu, acheté, transporté ou colporté du gibier ; 5° ceux qui auront employé des drogues ou appâts qui sont de nature à enivrer le gibier ou à le détruire ; 6° ceux qui auront chassé avec appeaux, appelants ou chanterelles. Les peines déterminées par le présent article pourront être portées au double contre ceux qui auront chassé pendant la nuit sur le terrain d'autrui et par l'un des moyens spécifiés au paragraphe 2, si les chasseurs étaient munis d'une arme apparente ou cachée. Les peines déterminées par l'article 11 et par le présent article seront toujours portées au maximum lorsque les délits auront été commis par les gardes champêtres ou forestiers des communes, ainsi que par les gardes forestiers de l'Etat et des établissements publics. »

Art. 13. « Celui qui aura chassé sur le terrain d'autrui sans son consentement, si ce terrain est attenant à une maison habitée ou servant à l'habitation, et s'il est entouré d'une clôture continue faisant obstacle à toute communication avec les héritages voisins, sera puni d'une amende de 50 à 300 francs, et pourra l'être d'un emprisonnement de six jours à trois mois. Si le délit a été commis pendant la nuit, le délinquant sera puni d'une amende de 100 francs à 1 000 francs, et pourra l'être d'un emprisonnement de trois mois à deux ans, sans préjudice, dans l'un ou l'autre cas, s'il y a lieu, de plus fortes peines prononcées par le Code pénal. »

Art. 14. « Les peines déterminées par les trois articles qui précèdent pourront être portées au double, si le délinquant était en état de récidive, s'il était déguisé ou masqué, s'il a pris un faux nom, s'il a usé de violence envers les personnes ou s'il a fait des menaces, sans préjudice, s'il y a lieu, de plus fortes peines prononcées par la loi. Lorsqu'il y aura récidive, dans les cas prévus en l'article 11, la peine de l'emprisonnement de six jours à trois mois pourra être appliquée si le délinquant n'a pas satisfait aux condamnations précédentes. »

Art. 15. « Il y a récidive lorsque, dans les douze mois qui auront précédé l'infraction, le délinquant a été condamné en vertu de la présente loi. »

Art. 16. « Tout jugement de condamnation prononcera la confiscation des filets, engins et autres instruments de chasse. Il ordonnera en outre la destruction des instruments de chasse prohibés. Il prononcera également la confiscation des armes, excepté dans le cas où le délit aura été commis par un individu muni d'un permis de chasse, dans le temps où la chasse est autorisée. Si les armes, filets, engins ou autres instruments de chasse n'ont pas été saisis, le délinquant sera condamné à les représenter ou à en payer la valeur, suivant la fixation qui en sera faite par le jugement, sans qu'elle puisse être au-dessous de 50 francs. Les armes, engins ou autres instruments de chasse abandonnés par les délinquants restés inconnus seront saisis et déposés au greffe du tribunal compétent. La confiscation, et, s'il y a lieu, la destruction, en seront ordonnées sur le vu du procès-verbal. Dans tous les cas, la quotité des dommages-intérêts est laissée à l'appréciation des tribunaux. »

Si les condamnés se libèrent par le dépôt au greffe de leur fusil, la valeur représentative prise en charge par le percepteur est annulée en fin d'exercice sur la production d'un certificat de dépôt (T) délivré par le greffier. (Instruct. sur le service des amendes, du 15 juill. 1895, art. 6 et 435.)

Art. 17. « En cas de conviction de plusieurs délits prévus par la présente loi, par le Code pénal ordinaire ou par les lois spéciales, la peine la plus forte sera seule prononcée. Les peines encourues pour des faits postérieurs à la déclaration du procès-verbal de contravention pourront être cumulées, s'il y a lieu, sans préjudice des peines de la récidive. »

Art. 18. « En cas de condamnation pour délits prévus par la présente loi, les tribunaux pourront priver le délinquant du droit d'obtenir un permis de chasse pour un temps qui n'excédera pas cinq ans. »

*Poursuites et jugements.* — Les délits de chasse sont prouvés soit par procès-verbaux ou rapports, soit par témoins à défaut de rapports et procès-verbaux, ou à leur appui. (Cass., 12 avril 1845; Loi du 3 mai 1844, art. 21.) Le délit de chasse ne peut être excusé par la bonne foi.

Les procès-verbaux des maires et adjoints, commissaires de police, officiers, maréchaux des logis ou brigadiers de gendarmerie, gendarmes, gardes forestiers, gardes-pêche, gardes champêtres ou gardes assermentés des particuliers font foi jusqu'à preuve contraire. (Loi du 3 mai 1844, art. 22.)

Ceux qui ont commis conjointement les délits de chasse sont condamnés solidairement aux amendes, dommages-intérêts et frais. (*Id.*, art. 27.)

Le père, la mère, le tuteur, les maîtres et commettants sont civilement responsables des délits de chasse commis par leurs enfants mineurs non mariés, pupilles demeurant avec eux, domestiques ou préposés, sauf tout recours de droit. Cette responsabilité est réglée conformément à l'article 1384 du Code civil, et ne s'applique qu'aux dommages-intérêts et frais, sans pouvoir toutefois donner lieu à la contrainte par corps. (*Id.*, art. 28.)

Toute action relative aux délits de chasse est prescrite par le laps de trois mois à compter du jour du délit. (*Id.*, art. 29.)

Le passage des chiens courants sur le terrain d'autrui, lorsqu'ils sont à la suite d'un gibier lancé sur la propriété de leur maître, peut ne pas être considéré comme délit de chasse, sauf l'action civile en cas de dommage. V. BRACONNAGE.

## Chaudière à vapeur. — V. APPAREILS A VAPEUR.

## Chaussées. — V. PONTS ET CHAUSSÉES.

## Chemin de halage. — V. HALAGE.

## Chemins de fer.

Il existe en France des chemins de fer d'intérêt général, des chemins de fer d'intérêt local, des chemins de fer industriels, des tramways sur routes (V. TRAMWAYS). Une loi détermine le classement, c'est-à-dire la catégorie à laquelle appartient un chemin de fer.

### Chemins de fer d'intérêt général.

Les textes fondamentaux sont la loi du 15 juillet 1845 et l'ordonnance du 15 novembre 1846, modifiée par le décret du 1er mars 1901.

Il n'y a pas lieu d'exposer ici la législation spéciale relative à l'établissement des chemins de fer. Il suffira de dire que l'exécution des travaux peut être faite sous l'une des trois formes ci-après : 1° l'Etat exécute seul les travaux, soit pour exploiter lui-même, soit pour faire exploiter par une compagnie; 2° l'Etat acquiert les terrains et fait les travaux d'infrastructure, laissant à une compagnie le soin d'établir la voie et les travaux de superstructure; 3° une compagnie concessionnaire exécute tous les travaux et exploite elle-même, avec le concours financier de l'Etat. En France, le système d'exploitation directe est appliqué en ce qui concerne le réseau de l'Etat: le système de la concession est en vigueur en ce qui concerne les réseaux du Nord, d'Orléans, etc.

*Conventions de 1883.* — Aux termes des conventions passées en 1883 avec les compagnies de chemins de fer, les payements que l'Etat fait à ces compagnies, à titre de garantie d'intérêt et en retour des travaux qui leur sont imposés, sont des *avances* dont il doit être remboursé avec les intérêts simples à 4 pour 100 sur les produits nets des lignes auxquelles s'applique la garantie, dès que ces produits nets dépassent l'intérêt garanti. L'Etat tient dès lors un compte courant présentant, d'une part, le montant des avances faites par lui provisoirement ou définitivement, augmentées des intérêts; de l'autre, le montant des sommes versées par les compagnies, soit à titre de remboursements quand les produits nets ont dépassé le revenu garanti, soit à titre de reversements quand les avances provisoirement faites par l'Etat ont été reconnues trop fortes.

*Domanialité.* — Les compagnies n'ont pas la propriété, mais seulement la jouissance de la voie. A l'expiration de la concession, les chemins de fer font retour à l'Etat, tenu seulement de payer alors le prix du matériel fixé à dire d'experts. Les chemins de fer font, en effet, partie du domaine public de l'Etat, et, comme les routes, ils sont inaliénables et imprescriptibles. Il en est de même des gares et autres bâtiments d'exploitation, considérés comme accessoires du sol.

Une compagnie ne peut donc céder la mitoyenneté du mur de clôture d'une gare ou station (Avis du Conseil d'Etat, du 13 avril 1880).

*Servitudes.* — Les chemins de fer construits ou concédés par l'Etat font partie de la grande voirie, et la loi du 15 juillet 1845 leur déclare applicables les lois et règlements sur la grande voirie qui ont pour objet d'assurer la conservation des fossés, talus, levées et ouvrages d'art dépendant des routes, et d'interdire, sur toute leur étendue, le pacage des bestiaux et les dépôts de terre et autres objets quelconques.

Des servitudes sont imposées tant aux compagnies qu'aux riverains.

En ce qui concerne les compagnies, tout chemin de fer doit être clos des deux côtés sur toute l'étendue de la voie, et, partout où il croise de niveau les routes de terre, des barrières doivent être établies et tenues fermées (sauf dispenses accordées par le ministre des Travaux publics).

En ce qui concerne les propriétés riveraines, la loi du 15 juillet 1845 leur déclare applicables les servitudes imposées par les lois et règlements sur la grande voirie, et qui concernent : l'alignement, l'écoulement des eaux, l'occupation temporaire des terrains en cas de réparation, la distance à observer pour les plantations, et l'élagage des arbres plantés, le mode d'exploitation des mines, minières, tourbières et sablières, dans la zone déterminée à cet effet. Sont également applicables à la confection et à l'entretien des chemins de fer, les lois et règlements sur l'extraction des matériaux nécessaires aux travaux publics.

Aucune construction autre qu'un mur de clôture ne peut être établie à une distance de 2 mètres du chemin de fer.

Dans les localités où le chemin de fer se trouve en remblai de plus de 3 mètres au-dessus du terrain naturel, il est interdit aux riverains de pratiquer, sans autorisation préalable, des excavations dans une zone de largeur égale à la hauteur verticale du remblai, mesurée à partir du pied du talus.

Il est défendu d'établir, à une distance de moins de 20 mètres, des couvertures en chaume, meules de paille, de foin, et aucun dépôt de matières inflammables. (Cette prohibition ne s'étend pas aux dépôts de récoltes faits seulement pour le temps de la moisson.)

A une distance de moins de 5 mètres, aucun dépôt de pierres, ou objets non inflammables, ne peut être établi sans l'autorisation préalable du préfet, et cette autorisation est toujours révocable. Elle n'est pas nécessaire : 1° pour former, dans les localités où le chemin de fer est en remblai, des dépôts de matières non inflammables, dont la hauteur n'excède pas celle du remblai du chemin; 2° pour former des dépôts temporaires d'engrais et autres objets nécessaires à la culture des terres.

L'administration peut, dans l'intérêt de la sécurité publique ou dans celui de l'exploitation, faire enlever les constructions, plantations, dépôts existants lors de la construction de la ligne; l'indemnité est réglée par le Conseil de préfecture, ou (pour les constructions) par le jury.

**Administration.** — Les compagnies, sociétés commerciales anonymes, ont à leur tête un conseil d'administration dont les pouvoirs sont délégués à un directeur. Elles sont contrôlées par le ministre des Travaux publics au triple point de vue : *technique* (comité de l'exploitation technique, ingénieurs des ponts et chaussées et des mines, etc.); *financier* (commission de vérification des comptes, nécessité de l'autorisation ministérielle pour l'émission d'obligations, contrôle par la Cour des comptes du compte d'ordre des opérations annuelles, etc.); *commercial* (comité consultatif des chemins de fer, fixation des horaires, détermination des tarifs).

L'administration des Chemins de fer de l'Etat a à sa tête un directeur, nommé par décret sur la proposition du ministre des Travaux publics et assisté à titre consultatif par un *Conseil du réseau de l'Etat.*

Les chemins de fer exploités par l'Etat sont soumis, en ce qui concerne les droits, taxes et contributions de toute nature, au même régime que les chemins de fer concédés. (Loi de finances du 22 déc. 1878, art. 9.)

Le décret du 25 mai 1878 a déterminé l'organisation financière et le mode d'exploitation du service des chemins de fer de l'Etat, établi en vertu de la loi du 18 mai 1878, art. 4.

Le *caissser général des chemins de fer de l'Etat* centralise les recettes et acquitte les dépenses; il est justiciable de la Cour des comptes.

Les actes de toute nature passés par l'administration des Chemins de fer de l'Etat, pour la construction et l'exploitation des voies dont il s'agit sont assujettis à toutes les dispositions des lois sur le timbre, l'enregistrement, les droits de greffe et d'hypothèque et la taxe sur le revenu, qui s'appliquent aux actes semblables concernant les chemins de fer concédés à des compagnies. (Instr. Enregistrement, 28 déc. 1878.)

Les immeubles acquis par l'Etat pour l'établissement des chemins de fer sont, pendant la période de construction, soumis à la contribution foncière, mais non à la contribution des portes et fenêtres, ni à la taxe des biens de mainmorte. (Circ. Trav. publ., 28 juin 1881.)

**Police et surveillance.** — Les *commissaires de surveillance administrative*, fonctionnaires publics, reçoivent dans les principales gares les réclamations du public et constatent les contraventions.

Il est défendu à toute personne étrangère au service du chemin de fer : de pénétrer, sans y être autorisée régulièrement, dans l'enceinte du chemin de fer, d'y circuler ou stationner; d'y jeter ou déposer aucuns matériaux ni objets quelconques; d'y introduire des chevaux, bestiaux ou animaux d'aucune espèce ou de laisser s'y introduire ceux dont elle a la garde; d'y faire circuler ou stationner aucuns véhicules étrangers au service; de manœuvrer les appareils qui ne sont pas à la disposition du public, de les déranger ou d'en empêcher le fonctionnement; de dégrader les clôtures, barrières, talus, bâtiments et ouvrages d'art; d'entrer dans les voitures sans avoir pris un billet, de se placer dans une voiture d'une classe supérieure à celle qui est indiquée par le billet et de prendre une place déjà régulièrement retenue par un autre voyageur; d'entrer dans les voitures ou d'en sortir autrement que par la portière qui se trouve du côté où se fait le service du train ; de passer d'une voiture dans une autre autrement que par les passages disposés à cet effet, de se pencher au dehors, d'occuper une place non destinée aux voyageurs ou de se placer indûment dans les compartiments ayant une destination spéciale ; de se servir sans motif plausible du signal d'alarme mis à la disposition des voyageurs pour faire appel aux agents de la compagnie. Les voyageurs ne doivent monter dans les voitures ou en descendre qu'aux gares et lorsque le train est complètement arrêté. Il est défendu de fumer dans les salles d'attente, ainsi que dans les voitures (exception faite des compartiments portant la plaque indicative : *fumeurs*) et de cracher ailleurs que dans les crachoirs.

Les compagnies ne doivent pas admettre dans les voitures plus de voyageurs que ne le comporte le nombre de places indiqué.

L'entrée des voitures est interdite : à toute personne en état d'ivresse; à tous individus porteurs d'armes à feu chargées ou d'objets qui, par leur nature, leur volume ou leur odeur, pourraient gêner ou incommoder les voyageurs. Tout individu porteur d'une arme à feu doit, avant son admission sur les quais d'embarquement, faire constater que son arme n'est point chargée. Toutefois, lorsqu'ils y sont obligés par leur service, les agents de la force publique peuvent conserver avec eux, dans les voitures, des armes à feu chargées, à condition de prendre place dans des compartiments réservés. Les personnes atteintes visiblement ou notoirement de maladies dont la contagion serait à redouter pour les voyageurs peuvent être exclues des compartiments affectés au public.

Aucun animal n'est admis dans les voitures servant au transport des voyageurs. Toutefois, la compagnie peut placer dans des compartiments spéciaux les voyageurs qui ne voudraient pas se séparer de leurs chiens, pourvu que ces animaux soient muselés, en quelque saison que ce soit. En outre, des exceptions peuvent être autorisées pour les animaux de petite taille convenablement enfermés.

Les cantonniers, gardes-barrières et autres agents du chemin de fer doivent faire sortir immédiatement toute personne qui se serait introduite dans l'enceinte du chemin ou dans quelque portion que ce soit de ses dépendances où elle n'aurait pas le droit d'entrer. En cas de résistance des contrevenants, tout employé du chemin de fer peut requérir l'assistance des agents de la force publique. Les animaux abandonnés trouvés dans l'enceinte du chemin de fer sont saisis et mis en fourrière.

Toute attaque, toute résistance avec violences et voies de fait envers les agents des chemins de fer, dans l'exercice de leurs fonctions, sera punie des peines appliquées à la rébellion, suivant les distinctions faites par le Code pénal.

*Accidents.* — Quiconque a volontairement détruit ou dérangé la voie de fer, placé sur la voie un objet faisant obstacle à la circulation, ou employé un moyen quelconque pour entraver la marche des convois ou les faire sortir des rails, est puni de la réclusion. S'il y a eu homicide ou blessures, le coupable est, dans le premier cas, puni de mort, et, dans le second, de la peine des travaux forcés à temps.

Si le crime a été commis en réunion séditieuse, avec rébellion ou pillage, il est imputable aux chefs, auteurs, instigateurs et provocateurs de ces réunions, qui sont punis comme coupables du crime et condamnés aux mêmes peines que ceux qui l'ont personnellement commis, lors même que la réunion séditieuse n'aurait pas eu pour but direct et principal la destruction de la voie de fer. Toutefois, dans ce dernier cas, lorsque la peine de mort sera applicable aux auteurs du crime, elle sera remplacée, à l'égard des chefs, auteurs, instigateurs et provocateurs de ces réunions, par la peine des travaux forcés à perpétuité.

Quiconque, par maladresse, imprudence, inattention, négligence ou inobservation des lois ou règlements, a involontairement causé sur un chemin de fer, ou dans les gares ou stations, un accident qui aura occasionné des blessures, est puni de huit jours à six mois d'emprisonnement, et d'une amende de 50 à 1 000 francs d'amende. Si l'accident a occasionné la mort d'une ou plusieurs personnes, l'emprisonnement est de six mois à cinq ans et l'amende de 300 à 3 000 francs.

Est puni d'un emprisonnement de six mois à deux ans tout mécanicien ou conducteur garde-frein qui a abandonné son poste pendant la marche du convoi.

Toute contravention aux décrets sur la police, la sûreté et l'exploitation des chemins de fer, et aux arrêtés pris par les préfets, sous l'approbation du ministre des Travaux publics, pour l'exécution desdits décrets est puni d'une amende de 16 à 3 000 francs. En cas de récidive dans l'année, l'amende sera portée au double, et le tribunal pourra, selon les circonstances, prononcer, en outre, un emprisonnement de trois jours à un mois.

Les compagnies sont tenues de prendre les précautions nécessaires pour éviter que les trains puissent causer, à un passage à niveau, des accidents aux personnes qui traversent ce passage. Spécialement la responsabilité d'une compagnie est engagée si, à un passage à niveau où la circulation des convois et des trains est très fréquente, le garde-barrière, non averti, contrairement aux règlements, du passage d'un train express extraordinaire, n'a pas signalé à une personne s'engageant sur la voie par le portillon latéral, le danger qu'elle courait. La responsabilité de la compagnie est également engagée si le mécanicien ne fait pas fonctionner le sifflet de sa machine avant de traverser un passage à niveau. (Cour de Douai, 13 février 1903.)

Toutes les fois qu'il arrive un accident de chemin de fer, il en est fait immédiatement déclaration par la compagnie ou par ses agents au commissaire de surveillance administrative de la circonscription. Lorsque l'accident a une certaine gravité, la compagnie exploitante avise en outre, par la voie la plus rapide, le ministre des Travaux publics, le directeur du service de contrôle, le préfet du département, les ingénieurs ordinaires du contrôle de la voie et de l'exploitation. Lorsqu'il se produit un fait de nature à donner ouverture à l'action publique, et, en tout cas, s'il y a mort ou blessure, cet avis doit être également transmis au procureur de la République.

*Voitures.* — Tout train ordinaire de voyageurs doit contenir en nombre suffisant des voitures de chaque classe, à moins d'une autorisation spéciale du ministre des Travaux publics.

Les voitures doivent être commodes et présenter les dispositions que le ministre des Travaux publics juge nécessaires pour assurer la sécurité des voyageurs. Le ministre détermine, la compagnie entendue, quelles devront être les dimensions minima de la place affectée à chaque voyageur. Toute voiture à voyageurs porte dans l'intérieur l'indication en chiffres apparents du nombre des places.

Pendant la nuit et pendant le jour, au passage des souterrains désignés par le ministre des Travaux publics, les fanaux des trains doivent être allumés, et les voitures destinées aux voyageurs éclairées intérieurement. Ces voitures sont chauffées pendant la saison froide dans les conditions approuvées par le ministre. Tout train transportant des voyageurs est muni, sauf exception autorisée par le ministre, d'une boite de secours dont la composition est approuvée par le ministre.

*Train manqué.* — La responsabilité d'une compagnie est engagée lorsqu'un de ses agents ne fait pas, avant le départ des trains, l'appel des voyageurs stationnant au buffet, alors, d'une part, que c'est un usage constant sur lequel les voyageurs ont le droit de compter, et que, d'autre part, une affiche mise en évidence dans le buffet informe ceux-ci que « l'appel les invitant à monter en voiture est fait à la dernière minute et qu'ils sont priés de s'y conformer sans retard »; pareil avis n'a pu être ainsi porté à la connaissance du public sans l'assentiment du chef de gare, sous la surveillance duquel est placé le gérant du buffet pour tout ce qui concerne son service. Par suite, la Compagnie doit des dommages-intérêts au voyageur qui, faute d'avoir été prévenu, a manqué le train et de ce fait a éprouvé un préjudice. (Tribunal de commerce de Beaune, 21 avril 1903.)

*Réclamations.* — Il est tenu dans chaque gare un registre destiné à recevoir les réclamations des voyageurs, expéditeurs ou destinataires qui auraient des plaintes à former soit contre la compagnie, soit contre ses agents. Ce registre sera présenté à toute réquisition des voyageurs, expéditeurs ou destinataires, et communiqué sur place aux fonctionnaires et agents du contrôle. Dès qu'une plainte a été inscrite sur le registre, le chef de gare doit en envoyer copie au commissaire de surveillance administrative de la circonscription.

*Permis de circulation. — Droit de timbre.* Aux termes de l'article 5 de la loi du 29 mars 1897, les cartes, bons et permis de circulation, soit entièrement gratuits, soit avec réduction du prix des places, délivrés par les compagnies de chemins de fer subventionnées et par l'administration des chemins de fer de l'Etat, en dehors des cas prévus par les cahiers des charges et les tarifs homologués ou lorsque la gratuité ou la réduction de prix n'est pas le résultat d'une mesure d'ordre général préalablement approuvée par le ministre des Travaux publics, sont assujettis à un droit de timbre, savoir : pour un seul voyage direct ou d'aller et retour : 1re classe, 0 fr. 20; 2e classe, 0 fr. 10; 3e classe, 0 fr. 05; valables pour un temps ou permanents : 1re classe, 1 fr.; 2e classe, 0 fr. 50; 3e classe, 0 fr. 25. Le droit est acquitté au moyen de timbres mobiles. (Décret du 31 juill. 1897.)

Toute contravention est punie d'une amende de 20 francs en principal.

*Convention internationale de Berne sur le transport des marchandises par chemin de fer.* — Une convention relative à l'unification de la législation en matière d'exploitation des chemins de fer a été signée à Berne le 14 octobre 1890 par la France, l'Italie, la Suisse, le Luxembourg, la Belgique, les Pays-Bas, l'Allemagne, l'Autriche-Hongrie et la Russie. Le but de cette convention est d'assurer le transport par chemin de fer des marchandises à travers les Etats contractants, d'une façon non interrompue, comme il s'effectuerait sur le réseau d'une compagnie unique. Pour atteindre ce résultat, la convention de Berne a organisé un système de lettre de voiture directe, supprimant les complications résultant du passage d'un pays dans un autre. La convention a décidé qu'il serait créé à Berne, par les soins du Conseil fédéral suisse, un *Office central des transports*. Cet office reçoit les renseignements de nature à intéresser le service des transports internationaux, fait paraître une publication périodique rédigée en français et en allemand, et enfin prononce, à la demande des parties, des sentences sur les litiges qui pourraient s'élever entre les chemins de fer.

*Tarifs.* — L'Etat intervient dans la fixation des tarifs par l'*homologation*. Un tarif maximum limite les droits des compagnies, qui ne peuvent faire sans homologation ministérielle une modification quelconque des tarifs.

*Tarifs des chemins de fer.* Les tarifs des chemins de fer indiquent les prix des transports par tonne kilométrique (c'est-à-dire le transport de 1 tonne de marchandises à 1 kilomètre de distance). Cependant, pour les animaux le prix est fixé par tête et par kilomètre. On distingue trois sortes de tarifs, savoir :

1° Le *tarif légal* ou *maximum*, que la compagnie ne peut dépasser. Il résulte du cahier des charges.

2° Le *tarif général* appliqué, en fait, par la compagnie. Ses prix sont presque tous inférieurs à ceux du *tarif légal*.

3° Les *tarifs spéciaux*, comportant des réductions variables sur les prix du tarif général; ils sont nombreux.

Les principales sortes de tarifs spéciaux sont les suivants :

a) *Tarifs internationaux* ou *communs*, concernant les marchandises voyageant sur plusieurs réseaux ou passant par plusieurs pays;

*b*) *Tarifs de détournement*, dans lesquels la compagnie se réserve le droit de faire parcourir aux marchandises un itinéraire plus long, mais plus commode pour elle;

*c*) *Tarifs différentiels*, différents suivant le sens dans lequel s'effectue le trajet ou suivant l'importance de l'expédition;

*d*) *Tarifs de pénétration*, diminuant à mesure que les marchandises pénètrent plus loin vers le centre ou l'intérieur du pays;

*e*) *Tarifs d'application*, dans lesquels on compte certaines distances pour une longueur plus grande ou plus courte que le trajet réel;

*f*) *Tarifs de transit*, appliqués aux produits qui ne font que traverser un pays et dont les compagnies désirent obtenir le transport en appliquant un tarif inférieur à celui des compagnies étrangères concurrentes.

### Chemins de fer d'intérêt local.

La matière est réglementée par la loi du 11 juin 1880 et le décret du 16 juillet 1907.

Le cahier des charges type est donné par le décret du 6 août 1881, modifié par ceux des 31 juillet 1898, 13 février 1900 et 16 juillet 1907.

Les chemins de fer d'intérêt local sont établis par les départements ou par les communes, avec ou sans le concours des propriétaires intéressés.

S'il s'agit de chemins à établir par un département sur le territoire d'une ou de plusieurs communes, le conseil général arrête, après instruction préalable par le préfet et après enquête, la direction de ces chemins, le mode et les conditions de leur construction, ainsi que les traités et les dispositions nécessaires pour en assurer l'exploitation, en se conformant aux clauses et conditions du cahier des charges type approuvé par le conseil d'Etat, sauf les modifications qui seraient apportées par la convention et la loi d'approbation. Si la ligne doit s'étendre sur plusieurs départements, il y aura lieu à l'application des articles 89 et 90 de la loi du 10 août 1871. S'il s'agit de chemins de fer d'intérêt local à établir par une commune sur son territoire, les attributions confiées au conseil général par le paragraphe 1er du présent article seront exercées par le conseil municipal, dans les mêmes conditions et sans qu'il soit besoin de l'approbation du préfet. Les projets de chemins de fer d'intérêt local départementaux ou communaux, ainsi arrêtés, sont soumis à l'examen du conseil général des ponts et chaussées et du conseil d'Etat. Si le projet a été arrêté par un conseil municipal, il est accompagné de l'avis du conseil général.

L'utilité publique est déclarée et l'exécution est autorisée par une loi.

Aucune concession ne peut faire obstacle à ce qu'il soit accordé des concessions concurrentes, à moins de stipulation contraire dans l'acte de concession.

A toute époque, une voie ferrée peut être distraite du domaine public départemental ou communal et classée par une loi dans le domaine de l'Etat. Dans ce cas, l'Etat est substitué aux droits et obligations du département ou de la commune, à l'égard des entrepreneurs ou concessionnaires.

Les ressources créées en vertu de la loi du 21 mai 1836 sur les chemins vicinaux peuvent êre appliquées, en partie, à la dépense des voies ferrées par les communes qui ont assuré l'exécution de leur réseau subventionné et l'entretien de tous les chemins classés.

Lors de l'établissement d'un chemin de fer d'intérêt local, l'Etat peut s'engager, en cas d'insuffisance du produit brut pour couvrir les dépenses de l'exploitation et 5 p. 100 par an du capital de premier établissement, augmenté des insuffisances constatées pendant la période assignée à la construction par ledit acte, à subvenir partiellement au payement de cette insuffisance, à la condition qu'une partie au moins équivalente sera payée par le département ou par la commune, avec ou sans le concours des intéressés. La participation de l'Etat est suspendue quand la recette brute annuelle atteint certaines limites fixées par l'article 13 de ladite loi.

Dans le cas où le produit brut de la ligne pour laquelle une subvention a été payée devient suffisant pour couvrir les dépenses, la moitié du surplus de la recette est partagée entre l'Etat et les autres intéressés, dans la proportion des avances faites par chacun d'eux, jusqu'à concurrence du complet remboursement de ces avances.

La construction, l'entretien et les réparations des voies ferrées avec leurs dépendances, l'entretien du matériel et le service de l'exploitation sont soumis au contrôle et à la surveillance des préfets, sous l'autorité du ministre des Travaux publics.

### Chemins de fer industriels.

Ils sont établis spécialement pour desservir des exploitations d'usines, mines, carrières, etc.; concédés par une loi, s'ils ont plus de 20 kilomètres, par un décret s'ils ont moins de 20 kilomètres; ils font partie du domaine public. Au point de vue commercial, ils ne sont soumis à aucune réglementation; mais à tout autre point de vue, la loi du 15 juillet 1845, l'ord. du 15 novembre 1846 et le décret du 1er mars 1901 leur sont applicables.

## Chemins vicinaux, ruraux.

V. VOIRIE.

## Cheminée.

Si les cheminées fument au point de rendre une pièce inhabitable, le preneur peut demander la résiliation de son bail. (Cour de Paris, 4 juillet 1895.)

— Tout copropriétaire peut faire bâtir contre un mur mitoyen, et y faire placer des poutres ou solives dans toute l'épaisseur du mur, à 54 millimètres (2 pouces) près, sans préjudice du droit qu'a le voisin de faire réduire à l'ébauchoir la poutre jusqu'à la moitié du mur, dans le cas où il voudrait lui-même asseoir des poutres dans le même lieu, ou y adosser une cheminée. » (*Id.*, art. 657.)

— Le propriétaire qui se propose de construire une cheminée près d'un mur, mitoyen ou non, est obligé « à laisser la distance prescrite par les règlements et usages particuliers... ou à faire les ouvrages prescrits par mêmes règlements et usages, pour éviter de nuire aux voisins ». (Cod. civ., art. 674.)

— Les réparations à faire aux cheminées, âtres, contre-cœurs, chambranles, tablettes, ainsi que le ramonage, sont considérées comme locatives, et par suite à la charge du preneur. (*Id.*, art. 1754.)

— « L'incendie des propriétés mobilières ou immobilières d'autrui, qui aura été causé par la vétusté ou le défaut soit de réparation, soit de nettoyage des fours, cheminées, forges, maisons ou usines prochaines... sera puni d'une amende de 50 francs au moins et de 500 francs au plus » (Code pén., art. 458). D'autre part, l'art. 471 du même code punit d'une amende de 1 à 5 francs « ceux qui auront négligé d'entretenir, réparer ou nettoyer les fours, cheminées et usines où l'on fait usage du feu », et la peine de l'emprisonnement (3 jours au plus) est toujours appliquée en cas de récidive. (*Id.*, art. 474.)

## Chenilles.

Celui qui ne procède pas à l'échenillage des arbres dans les conditions prescrites par les lois ou règlements locaux se rend coupable d'une contravention punie de 1 à 5 francs d'amende, et, en cas de récidive, d'un emprisonnement de 3 jours au plus. (Code pén., art. 471 et 474.)

L'échenillage doit être fait avant le 20 février de chaque année ; sinon, l'autorité municipale y fait procéder aux frais des contrevenants, sur exécutoire du juge de paix, et sans préjudice de l'amende encourue (loi du 26 ventôse an IV). Sur les biens de l'État, des départements et des communes, l'échenillage d'office est ordonné par le préfet. (Loi du 21 juin 1898, art. 80.)

## Cheptel.

— Contrat par lequel l'une des deux parties donne à l'autre un fonds de bétail pour le garder, le nourrir et le soigner, sous les conditions convenues entre elles. (Code civ., art. 1800-1831.)

*Diverses espèces de cheptel.* — Il y a plusieurs sortes de cheptels : le cheptel simple ou ordinaire, le cheptel à moitié, le cheptel donné au fermier (cheptel de fer) ou au colon partiaire.

On peut donner à cheptel toute espèce d'animaux susceptibles de croît ou de profit pour l'agriculture ou le commerce.

A défaut de conventions particulières (acte authentique ou sous seing privé, convention verbale), ces contrats se règlent par les principes qui suivent.

*Cheptel simple.* — Le *bail à cheptel simple* est un contrat par lequel on donne à un autre des bestiaux à garder, nourrir et soigner, à condition que le preneur profitera de la moitié du croît, et qu'il supportera aussi la moitié de la perte.

L'estimation donnée au cheptel dans le bail n'en transporte pas la propriété au preneur; elle n'a d'autre objet que de fixer la perte ou le profit qui pourra se trouver à l'expiration du bail.

Le preneur doit les soins d'un bon père de famille à la conservation du cheptel. Il n'est tenu du cas fortuit que lorsque celui-ci a été précédé de quelque faute de la part du preneur sans laquelle la perte ne serait pas arrivée. En cas de contestation, le preneur est tenu de prouver le cas fortuit; le bailleur, la faute qu'il impute au preneur. Le preneur déchargé par cas fortuit est toujours tenu de rendre compte des peaux des bêtes.

Si le cheptel périt en entier sans la faute du preneur, la perte en est pour le bailleur. S'il n'en périt qu'une partie, la perte est supportée en commun, d'après le prix de l'estimation originaire, et celui de l'estimation à l'expiration du cheptel.

On ne peut stipuler (sous peine de nullité) que le preneur supportera la perte totale du cheptel, quoique arrivée par cas fortuit et sans sa faute, ou qu'il supportera, dans la perte, une part plus grande que dans le profit, ou que le bailleur prélèvera, à la fin du bail, quelque chose de plus que le cheptel qu'il a fourni.

Le preneur profite seul des laitages, du fumier et du travail des animaux donnés à cheptel. La laine et le croît se partagent. (Code civ., 6, 583, 1804, 1817, 1819, 1828, 1855.)

Le preneur ne peut disposer d'aucune bête du troupeau, soit du fonds, soit du croît, sans le consentement du bailleur, qui ne peut lui-même en disposer sans le consentement du preneur.

Lorsque le cheptel est donné au fermier d'autrui, il doit être notifié au propriétaire de qui ce fermier tient; sans quoi il peut le saisir et le faire vendre pour ce que son fermier lui doit.

Le preneur ne pourra tondre sans en prévenir le bailleur.

S'il n'y a pas de temps fixé par la convention pour la durée du cheptel, il est censé fait pour trois ans.

Le bailleur peut en demander plus tôt la résolution, si le preneur ne remplit pas ses obligations.

A la fin du bail, ou lors de sa résolution, il se fait une nouvelle estimation du cheptel. Le bailleur peut prélever des bêtes de chaque espèce, jusqu'à concurrence de la première estimation : l'excédent se partage. S'il n'existe pas assez de bêtes pour remplir la première estimation, le bailleur prend ce qui reste, et les parties se font raison de la perte.

*Cheptel à moitié.* — Le *cheptel à moitié* est une société dans laquelle chacun des contractants fournit la moitié des bestiaux, qui demeurent communs pour le profit ou pour la perte.

Le preneur profite seul, comme dans le cheptel simple, des laitages, du fumier et des travaux des bêtes. Le bailleur n'a droit qu'à la moitié des laines et du croît. Toute convention contraire est nulle, à moins que le bailleur ne soit propriétaire de la métairie dont le preneur est fermier ou colon partiaire.

Toutes les autres règles du cheptel simple s'appliquent au cheptel à moitié.

*Cheptel donné par le propriétaire à son fermier ou colon partiaire.* — 1. *Du cheptel donné au fermier.* Ce cheptel (aussi appelé *cheptel de fer*) est un accessoire du bail à ferme (V. BAIL), celui par lequel le propriétaire d'une métairie la donne à ferme, à la charge qu'à l'expiration du bail le fermier laissera des bestiaux d'une valeur égale au prix de l'estimation de ceux qu'il aura reçus.

L'estimation du cheptel donné au fermier ne lui en transfère pas la propriété, mais néanmoins le met à ses risques.

Tous les profits appartiennent au fermier pendant la durée de son bail, s'il n'y a convention contraire.

Dans les cheptels donnés au fermier, le fumier n'est point dans les profits personnels des preneurs, mais appartient à la métair e, à l'exploitation de laquelle il doit être uniquement employé.

La perte, même totale et par cas fortuit, est en entier pour le fermier, s'il n'y a convention contraire.

A la fin du bail, le fermier ne peut retenir le cheptel en en payant l'estimation originaire; il doit en laisser un de valeur pareille à celui qu'il a reçu. S'il y a du déficit, il doit le payer; et c'est seulement l'excédent qui lui appartient.

2. *Cheptel donné au colon partiaire.* Ce cheptel est un accessoire du bail à métairie ou colonage partiaire. V. COLONAGE. Les produits du troupeau se partagent.

Si le cheptel périt en entier sans la faute du colon, la perte est pour le bailleur.

On peut stipuler que le colon délaissera au bailleur sa part de la toison à un prix inférieur à la valeur ordinaire; que le bailleur aura une plus grande part du profit; qu'il aura la moitié des laitages; mais on ne peut pas stipuler que le colon sera tenu de toute la perte. Ce cheptel finit avec le bail à métairie. (Code civ., 1787 s.) Sous cette réserve, il est soumis à toutes les règles du cheptel simple.

*Contrat improprement appelé cheptel.* — Lorsqu'une ou plusieurs vaches sont données à bail pour être logées et nourries, le bailleur en conserve la propriété : il a seulement le profit des veaux qui en naissent.

**Chèque** (de l'anglais *to check*, vérifier.) — Ecrit qui, sous la forme d'un mandat de payement, sert au tireur à effectuer le retrait, à son profit ou au profit d'un tiers, de tout ou partie des fonds disponibles portés au crédit de son compte chez le tiré.

Le chèque (appelé aussi *chèque-mandat*), détaché d'un carnet à souche, est signé par le tireur; il indique le lieu d'où il est émis, la date du jour où il est tiré, s'il est au porteur ou à ordre. Cette date est inscrite en toutes lettres et de la main de celui qui a écrit le chèque. Il porte aussi la mention *à vue*, les noms de celui qui touchera le chèque et du tiré, la somme à payer. — Même au

porteur, le chèque est acquitté par celui qui le touche; l'acquit est daté.

Toutes stipulations entre le tireur, le bénéficiaire ou le tiré, ayant pour objet de rendre le chèque payable autrement qu'à vue et à la première réquisition, sont nulles de plein droit.

Le chèque est un moyen de liquidation, de payement, de virement, ou simplement de retrait de fonds.

Toute personne qui dépose ses fonds chez un banquier peut en recevoir un carnet de chèques ou *chéquier* composé de feuillets divisibles en deux parties : l'une reste adhérente au chéquier, c'est le *talon*; l'autre se détache et est mise en circulation sous le nom de *chèque*. Sur la souche ou *talon*, on doit inscrire la date, le nom du bénéficiaire, le montant et le numéro d'ordre du chèque.

Le chèque sur place doit être timbré à 0 fr. 10; le chèque de place à place, à 0 fr. 20; le chèque émis à l'étranger est revêtu de deux timbres à 0 fr. 10, oblitérés par l'acquit de la partie prenante.

*Chèque et lettre de change.* — Comme la lettre de change, le chèque peut être tiré sur la même place ou d'une place sur une autre; mais plusieurs différences le distinguent de cet effet de commerce :

1° Le chèque suppose une *provision préalable et disponible* chez le tiré, qui doit en payer le montant ; 2° il est toujours payable *à vue ;* 3° il ne contient pas nécessairement mention de la *valeur* fournie ; 4° il ne constitue pas, par sa nature, un acte de commerce, à moins qu'il ne soit souscrit par un commerçant et pour une cause commerciale ; 5° il doit être *daté en toutes lettres ;* 6° il doit être acquitté lors du payement et l'*acquit doit être daté ;* 7° il peut être souscrit non seulement à ordre, mais à personne dénommée ou même au porteur ; 8° s'il est *à ordre*, la propriété s'en transfère par endossement en blanc, c'est-à-dire par la simple signature du cédant ; 9° il est payable dans les *cinq jours* ou *huit jours*, y compris celui de la date, suivant qu'il est tiré sur la même place ou d'une place sur une autre, sous peine pour le porteur de perdre son recours contre les endosseurs et même contre le tireur si la provision a péri par le fait du tiré, après lesdits délais ; 10° les chèques sur la même place sont soumis au timbre de quittance de 10 centimes ; les chèques de place à place, au timbre de 20 centimes, quel qu'en soit le montant ; 11° enfin, le chèque n'est pas un effet de commerce au sens ordinaire du mot, mais un instrument de payement ou de virement. Toutefois, les dispositions du Code de commerce relatives à la garantie solidaire du tireur et des endosseurs, au protêt et à l'exercice de l'action en garantie en matière de lettres de change sont applicables aux chèques.

*Chèques tirés de France ou hors de France.* — Toutes les dispositions législatives relatives aux chèques tirés de France sont applicables aux chèques tirés hors de France et payables en France.

Si le chèque tiré hors de France n'a pas été timbré, le bénéficiaire, le premier endosseur, le porteur ou le tiré sont tenus, sous peine d'une amende de 6 pour 100, de le faire timbrer, avant tout usage en France.

Si le chèque tiré hors de France n'est pas souscrit conformément aux prescriptions des lois du 14 juin 1865 et du 19 février 1874, il est assujetti aux droits de timbre des effets de commerce. En ce cas, le bénéficiaire, le premier endosseur, le porteur ou le tiré sont tenus de le faire timbrer avant tout usage en France, sous peine de l'amende de 6 pour 100.

*Pénalités.* — « Le tireur qui émet un chèque sans date, ou non daté en toutes lettres, s'il s'agit d'un chèque de place à place ; celui qui remet un chèque d'une fausse date ou d'une fausse énonciation du lieu d'où il est tiré, est passible d'une amende de 6 pour 100 de la somme pour laquelle le chèque est tiré, sans que cette amende puisse être inférieure à 100 francs. La même amende est due personnellement, et sans recours, par le premier endosseur ou le porteur d'un chèque sans date ou non daté en toutes lettres, s'il est tiré de place à place, ou portant une date postérieure à l'époque à laquelle il est endossé ou présenté. Cette amende est due, en outre, par celui qui paye ou reçoit en compensation un chèque sans date, ou présenté au payement avant la date d'émission. Celui qui émet un chèque sans provision préalable et disponible est passible de la même amende, sans préjudice des peines correctionnelles, s'il y a lieu. » (Loi du 14 juin 1865, art. 6.)

Celui qui paye un chèque sans exiger qu'il soit acquitté est passible personnellement, et sans recours, d'une amende de 50 francs. (*Id.*, art. 7.)

*Solidarité fiscale.* — Toutes les parties sont solidaires pour le recouvrement des droits et amendes. (*Id.*, art. 9.)

*Chèque barré.* — En Angleterre, où le système des chèques est très répandu, pour éviter les fraudes et les vols, on se sert beaucoup d'un chèque spécial dit *chèque barré* ou *crossé* qui, dès lors, n'est plus payable au premier venu, mais seulement à un banquier faisant partie du *Clearing-House*. Ce chèque est caractérisé par deux *barres* transversales entre lesquelles on écrit les mots *and Co.*, ou le nom du banquier auquel le chèque est payable.

## Cheval.

— V. ABREUVOIR, ANIMAUX, ÉPIZOOTIE, VENTE, VOITURES et CHEVAUX (*Contribution sur les*).

## Chèvres.

« Les préfets peuvent, après avoir pris l'avis des conseils généraux et des conseils d'arrondissement, déterminer par des arrêtés les conditions sous lesquelles les chèvres peuvent être conduites et tenues au pâturage. Les propriétaires de chèvres conduites en commun sont solidairement responsables des dommages qu'elles causent. » (Loi du 4 avril 1889, art. 2 et 3.)

## Chiens.

*Chiens errants ou non retenus.* — Les maires prennent toutes les mesures propres à empêcher la divagation des chiens ; ils peuvent ordonner que les chiens seront tenus en laisse ou muselés. Même tenus en laisse, ils doivent être munis d'un collier portant, gravés sur une plaque de métal, les nom et demeure du propriétaire. (Sont exceptés de cette prescription les chiens courants portant la marque de leur maître.) Les chiens errants et tous ceux qui seraient trouvés sur la voie publique ou dans les champs non munis d'un collier portant le nom et le domicile de leur maître seront conduits à la fourrière, abattus après un délai de quarante-huit heures s'ils n'ont point été réclamés et si le propriétaire reste inconnu. Le délai est porté à huit jours francs pour les chiens avec collier ou portant la marque de leur maître. Les propriétaires, fermiers ou métayers ont le droit de saisir ou de faire saisir par le garde champêtre ou tout autre agent de la force publique les chiens que leurs maîtres laissent divaguer dans les bois, les vignes ou les récoltes. Les chiens saisis sont conduits au lieu de dépôt désigné par l'autorité communale, et si, dans les délais ci-dessus fixés, ces chiens n'ont point été réclamés et si les dommages et les autres frais ne sont point payés, ils peuvent être abattus sur l'ordre du maire. (Loi du 21 juin 1898, art. 16, et décret du 22 juin 1882, art. 51-52.)

Le propriétaire d'un chien qui l'excite ou néglige de le retenir lorsqu'il attaque ou poursuit les passants — et alors même qu'il n'en résulte aucun dommage — commet une contravention punie d'une amende de 6 à 10 francs, et, en cas de récidive, d'un emprisonnement de cinq jours au plus. (Code pén., art. 475 et 478.)

*Chiens enragés.* — « La rage, lorsqu'elle est constatée chez les animaux, de quelque espèce qu'ils soient, entraîne l'abatage, qui ne peut être différé sous aucun prétexte. Les chiens et les chats suspects de rage doivent être immédiatement abattus. Le propriétaire de l'animal suspect est tenu, même en l'absence d'un ordre des agents de l'administration, de pourvoir à l'accomplissement de cette prescription. » (Loi du 21 juillet 1881, art. 10.)

## Chiens (Taxe sur les).

Etablie par la loi du 2 mai 1855, la taxe sur les chiens, outre son but fiscal, se rattache à certaines considérations de police municipale, et elle a eu pour résultat de créer une sorte d'état civil à la race canine. (Loi du 2 mai 1855; décrets des 4 août 1855, 3 août 1861, 29 décembre 1886.)

La police des chiens et la taxe qui nous occupe sont si étroitement liées que, dans beaucoup de communes, la fourrière ne restitue les chiens arrêtés que sur le vu de la quittance du receveur municipal.

*Déclaration.* — La taxe est perçue sur une déclaration à la mairie, qui doit être faite du 1er octobre au 15 janvier. Elle n'est renouvelée que s'il y a des changements dans la matière imposable. Il en est délivré récépissé. Elle comprend tous les chiens qui ne sont plus en âge d'être allaités par leur mère, à la date du 1er janvier. Des décrets, rendus en conseil d'Etat, règlent, sur la proposition des conseils municipaux, et après avis des conseils généraux, les tarifs à appliquer dans chaque commune. A défaut de présentation de tarifs par la commune, ou d'avis émis par le conseil général, il est statué d'office, sur la proposition du préfet. (Loi du 2 mai 1855, art. 1er.)

Les tarifs établis pourront être revisés à la fin de chaque période de trois ans. (Loi du 2 mai 1855, art. 4.)

*Assiette de la taxe.* — La taxe est variable d'une commune à l'autre entre les deux limites légales de 1 franc et de 10 francs; mais ce qui ne varie pas, c'est la classification en deux catégories : chiens d'agrément ou de chasse et chiens de garde, ceux-ci taxés à la cote inférieure.

Lorsque le propriétaire du chien (c'est le propriétaire et non le détenteur qui est imposable) aura bien effectué ses déclarations en temps utile, il n'aura guère de contestation à soulever que pour la classification de ses chiens; on va essayer de la préciser par quelques décisions d'espèce :

Le chien de chasse est le type commun du chien d'agrément ou de première catégorie, *même s'il est attaché pendant les mois où la chasse est prohibée.* De même, le chien dressé à chercher les truffes.

Le chien d'appartement et le chien qui accompagne son maître à la promenade sont aussi des chiens d'agrément, « même celui qui est renfermé habituellement dans l'appartement d'une personne sourde, dans le but de l'avertir de la présence des étrangers ».

Mais si l'on habite en dehors de l'agglomération urbaine, ou si l'on a une boutique ou un magasin, le chien habituellement enfermé dans la maison peut être considéré comme chien de garde. Le type du chien de garde est le chien de berger ou de ferme; mais il est admis qu'il peut garder également un magasin, une usine, un bureau, une maison placée hors de l'agglomération, un médecin ou un fonctionnaire *en tournée*, etc.

Il n'est pas nécessaire que le chien de garde soit constamment tenu à l'attache. D'ailleurs, deux principes dominent toute cette classification : Lorsque la destination d'un chien n'est pas bien déterminée, ou qu'il est affecté à la fois à la garde et à la chasse, il est taxable *dans la catégorie supérieure.* En second lieu, les chiens sont classés d'après leur destination, *et non d'après leur race.*

La perte d'un chien après le 1er janvier ne peut donner lieu à un dégrèvement; cette perte doit être déclarée avant le 15 janvier de l'année suivante, si l'on veut éviter le renouvellement de l'imposition.

*Rôles.* — Le maire et les répartiteurs arrêtent du 15 au 31 janvier, au vu des déclarations de l'année et des années précédentes, le rôle, qui est ainsi établi en l'absence du contrôleur des contributions indirectes. En matière de taxe sur les chiens, cet agent n'est compétent que pour l'instruction des réclamations.

Recouvrés comme en matière de contributions directes, les rôles sont divisés en autant de termes qu'il reste de mois à courir entre leur publication et le 1er janvier. Il peut être dressé en cours d'année des rôles supplémentaires.

*Payement de la taxe.* — La taxe sur les chiens est payable par portions égales en autant de termes qu'il reste de mois à courir, à dater de la publication du rôle. En cas de déménagement du contribuable en dehors du ressort de la perception, la taxe ou portion de taxe à acquitter est immédiatement exigible.

Les contribuables sont invités à représenter leur avertissement au percepteur à chaque payement qu'ils effectuent. Toute quittance, pour être valable, doit être délivrée sur un coupon que le percepteur détache de son livre à souche.

En cas de décès du propriétaire du chien, la taxe est due pour l'année entière.

*Pénalités.* — Il y a *triple taxe* pour les propriétaires de chiens qui n'ont pas fait de déclaration et *double taxe* pour les déclarations fausses ou inexactes; l'une et l'autre pénalité ne sont applicables qu'aux chiens non déclarés ou mal déclarés.

Il n'est tenu compte, pour l'application des pénalités, ni de l'absence du propriétaire, ni de son ignorance, ni de sa bonne foi.

*Réclamations.* — Les demandes en décharge ou réduction doivent être adressées au préfet, dans les *trois mois* de la publication des rôles, sauf dans le cas de faux ou double emploi, où le délai ne prend fin que *trois mois* après que le contribuable a eu connaissance officielle des poursuites dirigées contre lui par le percepteur pour le recouvrement de la cote indûment imposée. Ces délais sont de rigueur.

Les demandes en décharge ou réduction doivent, si elles ont pour objet une cote égale ou supérieure à 30 francs, être écrites sur papier timbré. Les contribuables sont invités, d'autre part, à y joindre l'avertissement ou un extrait du rôle. Les droits de timbre des demandes en décharge ou réduction reconnues fondées sont remboursés au réclamant.

## Chirographaire. — V. CRÉANCE.

## Chirurgie. — V. MÉDECINE.

## Chose jugée.

Au point de vue de l'intérêt général, il importe que les procès aient une fin et que la chose, bien ou mal jugée, ne puisse être indéfiniment débattue. Ce principe, qui a donné naissance à la théorie de la « chose jugée », constitue la base des législations modernes.

En *matière civile*, l'autorité de la chose jugée (Code civil. art. 1350) peut se définir, avec Garsonnet : une présomption absolue de vérité, qui a, par conséquent, force probante, et en vertu de laquelle les faits contestés et les droits reconnus par un jugement ne pourront être contestés de nouveau, ni devant le tribunal qui a rendu ce jugement, ni même devant une autre juridiction. Trois conditions sont requises pour qu'un jugement ait l'autorité de la chose jugée (*Id.*, art. 1351) : 1° identité de parties agissant en la même qualité ; 2° identité d'objet ; 3° identité de cause. Il faut encore qu'il soit un véritable jugement rendu en matière contentieuse, qu'il soit définitif et émane d'un tribunal français, quelle que soit d'ailleurs la juridiction qui ait statué.

En *matière criminelle*, le principe de l'autorité de la chose jugée est d'ordre public et doit être suppléé d'office par les juges. « Toute personne acquittée légalement ne pourra plus être reprise ni accusée à raison du même fait. » (Code Instr. crim., art. 360.) Mais il ne résulte que des jugements proprement dits, et ne s'attache pas aux ordonnances de non-lieu des juges d'instruction, ni aux arrêts de non-lieu des chambres de mise en accusation.

Les questions préjudicielles de propriété ou d'état, tranchées par la juridiction civile, peuvent influer sur le sort des poursuites criminelles. Inversement, les tribunaux civils sont liés par le dispositif des jugements correctionnels ou de simple police quant à l'existence du fait et à la culpabilité du prévenu. Au grand criminel, le verdict d'acquittement n'a pas d'autorité au civil. Il en est de même de l'action disciplinaire. V. REVISION.

## Cidre. — V. BOISSONS.

## Cimetière.

*Etablissement et translation.* — Les cimetières ne peuvent être établis qu'à une distance de 35 à 40 mètres des villes et bourgs. (Décret du 23 prairial an XII.)

Nul ne peut, sans autorisation, élever aucune habitation, ni creuser un puits, à moins de 100 mètres des nouveaux cimetières transférés hors des communes. Les bâtiments existants ne doivent pas être restaurés ni augmentés sans autorisation, et les puits peuvent, après visite contradictoire d'experts, être comblés par ordre du préfet du département, sur la demande de la municipalité. (Décret du 7 mars 1808.) Ces servitudes ne s'appliquent pas aux cimetières établis dans l'enceinte des agglomérations.

La translation des cimetières hors des villes et bourgs, lorsqu'elle devient nécessaire, est ordonnée par arrêté du préfet, le conseil municipal entendu. Le préfet détermine également le nouvel emplacement du cimetière, sur l'avis du conseil municipal, et après enquête *de commodo et incommodo*. (Ord. du 6 déc. 1843.)

En cas de translation du cimetière, les concessionnaires ont droit d'obtenir dans le nouveau cimetière un emplacement égal en superficie au terrain qui leur avait été concédé, et les restes qui y avaient été inhumés sont transportés aux frais de la commune.

*Propriété et police des cimetières.* — Les cimetières appartiennent aux communes, et la police en est faite par l'autorité municipale. (Décret du 23 prairial an XII, art. 2.)

Aucune inscription ne peut être placée sur les pierres tumulaires ou monuments funèbres sans avoir été préalablement soumise à l'approbation du maire, mais les concessionnaires supportent les dépenses de reconstruction des tombes et monuments.

Une fois désaffectés, les cimetières restent clos et en l'état pendant cinq ans, après quoi ils peuvent être affermés, mais sans qu'on puisse y faire des fouilles ou fondations jusqu'à ce que l'autorité administrative en ait autrement ordonné : seuls, les plantations et ensemencements sont permis pendant cette période transitoire.

Le maire règle avec l'approbation du préfet le mode de transport des corps, délivre les permis d'inhumer, désigne les endroits du cimetière où doit avoir lieu l'inhumation, mais sans se préoccuper des distinctions confessionnelles.

Si un cimetière est commun à plusieurs communes, la police appartient au maire de la commune sur le territoire de laquelle le cimetière est situé.

L'entretien, la clôture, la translation des cimetières sont obligatoirement à la charge des communes.

*Produits spontanés des cimetières.* — Les produits spontanés des cimetières appartiennent à la commune. (Loi du 5 avril 1884, art. 133.)

*Concessions de terrains. — Droit des pauvres.* Les concessions de terrains dans les cimetières communaux pour fondation de sépultures privées sont divisées en trois classes : 1° Concessions perpétuelles ; 2° Concessions trentenaires ; 3° Concessions temporaires. Les concessions trentenaires seront renouvelables indéfiniment à l'expiration de chaque période de trente ans, moyennant une nouvelle redevance qui ne pourra dépasser le taux de la première. A défaut du payement de cette nouvelle redevance, le terrain concédé fait retour à la commune, mais il ne peut cependant être repris par elle que deux années révolues après l'expiration de la période pour laquelle il avait été concédé, et dans l'intervalle de ces deux années les concessionnaires ou leurs ayants cause pourront user de leur droit de renouvellement. Les concessions temporaires sont faites pour quinze ans au plus.

Les actes de concession doivent être sur timbre et enregistrés. Ils sont remis au concessionnaire, sur présentation de la quittance du receveur municipal constatant le versement du prix.

Aux termes de l'article 3 de l'ordonnance du 6 décembre 1843, le prix des concessions est attribué : 2/3 à la commune, 1/3 aux pauvres ou aux établissements de bienfaisance. Des tarifs présentant des prix gradués pour les trois classes de concessions sont délibérés par les conseils municipaux, arrêtés par les maires, et approuvés par les préfets. Les tarifs proposés pour les communes dont les revenus dépassent cent mille francs sont approuvés par décret. (*Id.*, art. 7.)

Le tiers *au moins* de la recette doit donc figurer en dépense au budget communal, à titre de secours aux indigents, soit sous la forme d'une allocation à l'hospice ou au bureau de bienfaisance, soit, s'il n'existe pas dans la commune d'établissement de cette nature, sous la forme de secours directs en argent, aliments, médicaments, etc. Les secours en argent doivent être payés au moyen de mandats individuels délivrés au nom des indigents secourus, conformément à l'article 5 du règlement annexé à la circulaire ministérielle du 10 février 1876.

L'attribution faite aux pauvres, par l'article 3, § 5, de l'ordonnance du 6 décembre 1843, du tiers du produit des concessions de terrains dans les cimetières est une règle générale et absolue, à laquelle un conseil municipal ne saurait apporter ni exception ni restriction dans aucun cas, même lorsque la commune ne possède ni hospice ni bureau de bienfaisance.

L'ordonnance du 6 décembre 1843 a eu pour but d'établir une règle uniforme et pour conséquence nécessaire d'abroger les règlements particuliers qui l'ont précédée. Par suite, la répartition du produit des concessions de terrains dans les cimetières entre la commune et les pauvres doit toujours être faite dans les proportions déterminées par l'article 3 de l'ordonnance, même pour les communes où cette répartition est réglée par des tarifs antérieurs à ladite ordonnance. (Avis du Conseil d'Etat, 29 avril 1902.)

Il faut appliquer aux taxes perçues pour seconde et ultérieures inhumations dans des caveaux de famille le mode de répartition déterminé par l'ordonnance du 6 décembre 1843 et l'article 133 de la loi du 5 avril 1884.

*Droits d'inhumation.* — Les droits proprement dits d'inhumation appartiennent intégralement aux communes, à la différence des droits de concession de terrain ou d'ultérieures inhumations, qui doivent être répartis entre les communes et les pauvres. (Sol. Intérieur, 29 octobre 1901.)

Les redevances payées par les concessionnaires de terrains dans les cimetières, pour chaque inhumation nouvelle faite dans ces terrains, doivent être considérées comme un complément du prix de la concession et le produit doit, en conséquence, être réparti entre la commune et les pauvres, dans la proportion indiquée par l'ordonnance du 6 décembre 1843.

Il ne saurait en être de même du droit d'*inhumation* proprement dit, autorisé distinctement par les lois annuelles de finances et qui n'est autre chose que la taxe fixe du transport des corps, prévue par l'article 11 du décret du 18 mai 1806 et par le décret du 18 août 1811. Le droit d'inhumation est dû, non seulement pour les inhumations faites dans les concessions, mais encore pour celles qui ont lieu dans les fosses communes, à la seule exception de celles des indigents. Il ne se confond pas avec la redevance pour seconde ou ultérieures inhumations dans les terrains concédés, et les établissements de bienfaisance n'y ont aucune part.

Le droit d'*exhumation*, qui représente le remboursement à la commune de la dépense occasionnée par l'exhumation des corps, ne peut être non plus assimilé au produit des concessions, ni attribué, pour aucune part, aux établissements charitables.

*Compétence.* — Les droits d'inhumation établis par un arrêté municipal sont, par leur nature, des taxes assimilées aux contributions indirectes, et les contestations auxquelles donne lieu leur perception doivent être jugées en dernier ressort par les tribunaux civils. (Cassation, 14 mai 1902.)

*Taxe d'entrée des corps.* — Est illégale une taxe municipale perçue pour chaque entrée dans le cimetière communal, de corps de personnes domiciliées hors de la commune, lorsque ces personnes sont concessionnaires de terrains dans le cimetière. (Avis du Conseil d'Etat, 10 février 1835.)

*Dépôt et incinération des corps. — Droits à percevoir.* Les communes où sont installées des chambres funéraires ou des appareils crématoires peuvent percevoir, pour le dépôt et incinération des corps, des droits dont les tarifs sont délibérés par les conseils municipaux et soumis à l'approbation du préfet. (Loi du 17 juillet 1889, art. 29.)

## Circonstances atténuantes ou aggravantes.

*Circonstances atténuantes.* — Les circonstances atténuantes ne sont pas un accessoire du fait principal, comme les circonstances aggravantes, et il ne faut pas les confondre avec les *excuses*, prévues spécialement par la loi. Elles font partie de ce fait principal, et en déterminent le degré d'immoralité. La matière est régie par l'art. 463 du Code pénal, ainsi conçu :

« Les peines prononcées par la loi contre celui ou ceux des accusés reconnus coupables, en faveur de qui le jury aura déclaré les circonstances atténuantes, seront modifiées ainsi qu'il suit : Si la peine prononcée par la loi est la mort, la cour appliquera la peine des travaux forcés à perpétuité ou celle des travaux forcés à temps; — si la peine est celle des travaux forcés à perpétuité, la Cour appliquera la peine des travaux forcés à temps ou celle de la réclusion; — si la peine est celle de la déportation dans une enceinte fortifiée, la Cour appliquera celle de la déportation simple ou celle de la détention; mais, dans les cas prévus par les articles 96 et 97 (*ces articles punissent certains crimes tendant à troubler l'Etat*), la peine de la déportation simple sera seule appliquée; — si la peine est celle de la déportation, la Cour appliquera la peine de la détention ou celle du bannissement; — si la peine est celle des travaux forcés à temps, la Cour appliquera la peine de la réclusion ou les dispositions de l'article 401 (*emprisonnement de un à cinq ans, amende de 16 à 500 francs*), sans toutefois pouvoir réduire la durée de l'emprisonnement au-dessous de deux ans; — si la peine est celle de la réclusion, de la détention, du bannissement, ou de la dégradation civique, la Cour appliquera les dispositions de l'art. 401, sans toutefois pouvoir réduire la durée de l'emprisonnement au-dessous de 1 an. Dans le cas où le Code prononce le maximum d'une peine afflictive, s'il existe des circonstances atténuantes, la Cour appliquera le minimum de la peine ou même la peine inférieure. Dans tous les cas où la peine de l'emprisonnement et celle de l'amende sont prononcées par le Code pénal, si les circonstances paraissent atténuantes, les tribunaux correctionnels sont autorisés, même en cas de récidive, à réduire l'emprisonnement même au-dessous de six jours et l'amende même au-dessous de 16 francs. Ils pourront aussi prononcer séparément l'une ou l'autre de ces peines et même substituer l'amende à l'emprisonnement, sans qu'en aucun cas elle puisse être au-dessous des peines de simple police. »

Dans le cas où l'amende est substituée à l'emprisonnement, si la peine de l'emprisonnement est seule prononcée par l'article dont il est fait application, le maximum de cette amende sera de 3 000 francs.

L'admission des circonstances atténuantes est applicable à tous les crimes et rend obligatoire la réduction de la peine. En matière correctionnelle et de simple police, l'art. 463 du Code pénal n'est applicable que lorsqu'il s'agit de contraventions ou de délits prévus soit par le Code pénal, soit par des lois spéciales donnant expressément aux juges le droit d'y recourir : la réduction n'est plus que facultative, et les tribunaux sont libres de ne pas abaisser la peine au-dessous du minimum de la disposition applicable au délit ou à la contravention.

Les circonstances atténuantes peuvent être accordées au prévenu qui fait défaut.

La loi du 19 juillet 1901 a rendu applicable l'article 463 du Code pénal à tous les crimes et délits réprimés par les Codes de justice militaire de l'armée de terre et de l'armée de mer.

*Circonstances aggravantes.* — Ce sont des faits accessoires qui exercent une influence sur la pénalité d'un acte principal. Ainsi le vol consécutif à un meurtre devient une circonstance aggravante de ce meurtre et substitue la peine de mort à celle des travaux forcés. (Code pén., art. 304.) Une question spéciale doit être posée au jury pour chaque circonstance aggravante.

La déclaration des circonstances aggravantes, dépendances matérielles de l'acte constitutif de l'infraction, n'est pas un obstacle à l'admission des circonstances atténuantes, faits d'ordre moral qui modifient la criminalité de l'agent.

Lorsque l'on se trouve en présence à la fois de circonstances aggravantes et de circonstances atténuantes, on aggrave d'abord la peine, qu'on fait ensuite bénéficier de la réduction légale.

*Loi sur l'atténuation et l'aggravation des peines* ou *Loi Bérenger* (26 mars 1891). — *Atténuation.* « En cas de condamnation à l'emprisonnement ou à l'amende, si l'inculpé n'a pas subi de condamnation antérieure à la prison pour crime ou délit de droit commun, les cours ou tribunaux peuvent ordonner, par le même jugement et par décision motivée, qu'il *sera sursis* à l'exécution de la peine. Si, pendant le délai de cinq ans à dater du jugement ou de l'arrêt, le condamné n'a encouru aucune poursuite suivie de condamnation à l'emprisonnement ou à une peine plus grave pour crime ou délit de droit commun, la condamnation sera comme *non avenue.* Dans le cas contraire, la première condamnation sera d'abord exécutée sans qu'elle puisse se confondre avec la seconde. » (Art. 1er.)

Le recouvrement des amendes peut être suspendu lorsque les juges ordonnent qu'il sera sursis à l'exécution de la peine, mais la suspension de la peine ne comprend ni le payement des frais du procès et des dommages-intérêts, ni les peines accessoires et les incapacités résultant de la condamnation. Toutefois, ces peines accessoires et ces incapacités cesseront d'avoir effet du jour où la condamnation sera réputée non avenue. (Art. 2.)

La Chancellerie a émis l'avis que le condamné dont la peine était suspendue, par application de la loi Bérenger, ne pouvait pas être poursuivi pour l'acquittement des amendes prononcées solidairement contre ses codamnés et que ces derniers, de leur côté, ne pouvaient être contraints, à raison de la solidarité, au payement de l'amende de celui qui a obtenu le bénéfice de la loi de sursis. La solidarité reprend tous ses effets en cas de révocation du sursis. (Instr. du 5 juillet 1895; Circulaire Compt. publ. du 20 mars 1899.) — Si le condamné est convaincu de récidive avant l'expiration du délai de cinq ans, à dater du jugement ou de l'arrêt qui lui a accordé le bénéfice de la suspension de la peine, il est poursuivi pour le recouvrement des deux peines, mais la récidive n'entraîne la déchéance du sursis qu'en cas de condamnation à l'emprisonnement ou à une peine plus grave.

*Aggravation.* « Quiconque, ayant été condamné pour crime à une peine supérieure à une année d'emprisonnement, aura, dans un délai de cinq années après l'expiration de cette peine ou sa prescription, commis un délit ou un crime qui devra être puni de la peine de l'emprisonnement, sera condamné au maximum de la peine portée par la loi, et cette peine pourra être élevée jusqu'au double. Défense pourra être faite, en outre, au condamné de paraître, pendant cinq ans au moins, et dix ans au plus, dans les lieux dont l'interdiction lui sera signifiée par le gouvernement avant sa libération. Il en sera de même pour les condamnés à un emprisonnement de plus d'une année pour délit qui, dans le même délai, seraient reconnus coupables du même délit ou d'un crime devant être puni de l'emprisonnement. Ceux qui, ayant été antérieurement condamnés à une peine d'emprisonnement de moindre durée, commettraient le même délit dans les mêmes conditions de temps, seront condamnés à une peine d'emprisonnement qui ne pourra être inférieure au double de celle précédemment prononcée, sans toutefois qu'elle puisse dépasser le double du maximum de la peine encourue. Les délits de vol, escroquerie et abus de confiance seront considérés comme étant, au point de vue de la récidive, un même délit. Il en sera de même des délits de vagabondage et de mendicité. » (Art. 5.)

Le président de la cour ou du tribunal doit, après avoir prononcé la suspension, avertir le condamné qu'en cas de nouvelle condamnation dans les conditions de l'art. Ier, la première peine sera exécutée, sans confusion possible avec la seconde, et que les peines de la *récidive* seront encourues.

La condamnation est inscrite au casier judiciaire, mais avec la mention expresse de la suspension accordée. Si aucune poursuite suivie de condamnation dans les termes de l'art. 1er, § 2, n'est intervenue dans le délai de cinq ans, elle ne doit plus être inscrite dans les extraits délivrés aux parties. (Art. 4.)

**Citation.** — Sommation à comparaître, soit comme prévenu, soit comme témoin, devant les tribunaux de simple police ou de police correctionnelle, ou, en matière civile, devant le juge de paix. — Exploit, acte par lequel est faite cette sommation. V. CONCILIATION, JUSTICE DE PAIX.

**Civils, Civiques (Droits).** — V. DROITS CIVILS.

**Classe.** — V. ARMÉE.

**Clause.** — Disposition spéciale d'un contrat, d'un traité, d'un testament.

Les codes se sont expliqués sur un très grand nombre de *clauses* spéciales. On peut citer, parmi les plus importantes : la clause *codicillaire*, v. TESTAMENT ; la clause *résolutoire*, v. CONDITION, etc.; la clause *pénale*, qui prévoit une pénalité au cas d'inexécution de la convention ; la clause à *ordre*, qui est un mode abrégé de transmission, etc. Les clauses n'étant qu'une variété de conventions, ou, si l'on veut, des conventions insérées dans une autre convention, tout ce qui est vrai pour la validité des conventions, leur interprétation, est vrai pour la validité des clauses, leur interprétation.

*Clause pénale* (Code civ., art. 1226-1233). — La clause pénale est celle par laquelle une personne, pour assurer l'exécution d'une convention, s'engage, en cas d'inexécution, à payer des dommages-intérêts fixés d'avance.

En principe, la nullité de l'obligation principale entraîne celle de la clause pénale, mais la réciproque n'est pas vraie.

Le créancier n'est pas obligé d'exiger l'exécution de la clause pénale : il peut, s'il le préfère, poursuivre l'exécution de l'obligation principale, mais il ne peut demander en même temps le principal et la peine, à moins qu'elle n'ait été stipulée pour le simple retard.

La peine n'est encourue que lorsque celui qui s'est obligé a été mis en demeure. V. DEMEURE.

La peine peut être modifiée par le juge lorsque l'obligation principale a été exécutée en partie.

**Clef.**

*Usage de fausses clefs.* — L'usage des fausses clefs n'est incriminé, par l'art. 381 du Code pénal, que comme acte tendant à faciliter un vol ; il devient alors, au même titre que l'effraction et l'escalade, une circonstance aggravante, entraînant la compétence de la cour d'assises. Mais encore faut-il, pour cela, que l'usage en ait eu lieu dans des édifices, parcs ou enclos, et le jury doit être mis à même de s'expliquer sur ce point.

Dans l'article 398, la loi répute fausses clefs « tous crochets, rossignols, passe-partout, clefs imitées, contrefaites, altérées ou qui n'ont pas été destinées, par le propriétaire, locataire, aubergiste ou logeur, aux serrures, cadenas, ou autres fermetures quelconques auxquelles le coupable les aura employées ». La Cour de cassation, interprétant ce texte, a décidé, en outre, que la destination originaire d'une clef ne peut être réputée avoir continué d'exister lorsque cette clef a été égarée, perdue ou soustraite pendant un temps plus ou moins long. Exemple : sont fausses clefs, en cas de vol, la clef dérobée au propriétaire par un domestique, la clef perdue et trouvée, la double clef que l'associé conserve secrètement, etc.

*Fabrication de fausses clefs.* — C'est là un délit *sui generis*, puni par l'article 399 du Code pénal et la loi du 13 mai 1863 d'un emprisonnement de trois mois à deux ans, et d'une amende de 25 à 150 francs. Mais il y a une circonstance aggravante de ce délit dans le fait que le coupable est serrurier de profession. Pour l'existence de ce délit, il faut d'abord le fait matériel de la contrefaçon ou de l'altération d'une clef, mais en outre la prévision que ces clefs serviraient à commettre des vols. S'il y avait fabrication de clefs en vue d'un vol déterminé, il n'y aurait plus délit de l'article 399, mais complicité du délit de l'article 381.

**Clientèle.** — V. COMMERCE.

## Clocher, cloches.

Les cloches des églises sont spécialement affectées aux cérémonies du culte. Néanmoins, elles peuvent être employées dans les cas de péril commun (incendie, inondation, invasion) qui exigent un prompt secours et dans les circonstances où cet emploi est prescrit par des dispositions de lois ou règlements (visite du chef de l'Etat), ou autorisé par les usages locaux. Les sonneries religieuses comme les sonneries civiles feront l'objet d'un règlement concerté entre l'évêque et le préfet, entre le préfet et les consistoires, et arrêté, en cas de désaccord, par le ministre des Cultes. (Loi du 5 avril 1884, art. 100.)

Une *clef du clocher* est déposée entre les mains des titulaires ecclésiastiques, une autre entre les mains du maire, qui ne peut en faire usage que dans les circonstances prévues par les lois ou règlements. Si l'entrée du clocher n'est pas indépendante de celle de l'église, une clef de la porte de l'église est déposée entre les mains du maire. (*Id.*, art. 101.)

L'avis du Conseil d'Etat du 12 décembre 1895 porte que, pour accéder au clocher, le maire a le droit d'avoir la clef de l'église, mais non celle de la sacristie ou du presbytère : lorsque la disposition des lieux oblige de pénétrer dans ces bâtiments pour accéder au clocher, les autorités locales doivent faire les travaux nécessaires pour rendre indépendante l'entrée du clocher.

## Clôture (Droit civil).

L'article 647 du Code civil, reproduisant une disposition du décret des 28 septembre-6 octobre 1791, déclare que tout propriétaire peut à son gré clore ou non son héritage. La renonciation à ce droit imprescriptible ne peut s'induire que d'une stipulation formelle ou d'une servitude inconciliable avec la faculté de se clore.

Le propriétaire d'un mur ne peut se refuser à en céder la mitoyenneté.

La clôture confère, à de certaines conditions, le droit de chasse en tout temps et sans permis sur les terrains clos. Les gardes champêtres et les gardes forestiers ne peuvent pénétrer sur un terrain clos sans l'assistance du commissaire de police, du juge de paix, ou du maire ou de son adjoint.

Le principe de la liberté de se clore comporte des restrictions, notamment du chef des servitudes légales : servitude de halage, servitudes militaires, servitudes résultant d'un plan général d'alignement, servitudes de passage ou pour l'écoulement des eaux.

L'article 663 du Code civil oblige les propriétaires de deux fonds contigus, situés dans une ville ou un faubourg, à contribuer aux dépenses d'entretien ou de construction d'une clôture commune. L'article 663 ne vise, du reste, que les clôtures séparatives entre maisons, cours et jardins. Les dépenses entre propriétaires voisins se répartissent en principe par moitié. En général, on décide qu'on peut se soustraire aux obligations de l'article 663 en abandonnant son droit de mitoyenneté. Le droit conféré par cet article est imprescriptible, mais la jurisprudence décide qu'on peut y renoncer.

Au point de vue pénal, le fait de destruction de clôture est prévu et puni par l'article 456. Le bris ou la violation de clôture devient aussi une circonstance aggravante du vol. La loi pénale entend le mot « clôture » dans le sens le plus large et même quand il n'y aurait pas de portes fermant à clef ou quand la porte serait à claire-voie et ouverte habituellement.

## Clôture (Droit parlementaire).

On distingue : 1° la clôture d'une *discussion*, prononcée d'office par le président de l'Assemblée lorsque personne ne réclame la parole, ou par l'Assemblée elle-même, lorsqu'il reste des orateurs inscrits qui ne renoncent pas à la parole (La clôture ne peut être mise aux voix quand un ministre ou un commissaire du gouvernement demande la parole, et le droit qu'on a de toujours répondre à un ministre fait obstacle à ce que l'Assemblée soit consultée sur la clôture si un membre a manifesté le désir d'en user); 2° la clôture des *scrutins*, prononcée par le président, qui prend les convenances de l'Assemblée ; 3° la clôture des *séances*, dont le prononcé appartient au président seul (A partir de ce moment, nul ne peut prendre la parole et les comptes rendus cessent d'enregistrer les explications échangées); 4° la clôture des *sessions*, ordinaires ou extraordinaires, prononcée par le président après la lecture, par lui-même ou par un ministre, du décret qui l'ordonne.

## Coaccusé.

— Personne accusée en même temps qu'une ou plusieurs autres et traduite simultanément devant une juridiction criminelle qui doit statuer à l'égard de tous par le même arrêt.

Cette comparution simultanée de plusieurs personnes à l'audience a lieu, tout d'abord, quand les diverses personnes ont commis ensemble le même crime, soit en qualité de coauteurs, soit, les unes en qualité d'auteurs principaux, les autres en qualité de complices : on dit, en ce cas, qu'il y a *indivisibilité*. Elle se produit encore lorsque plusieurs individus ont commis des crimes différents, mais unis entre eux par la connexité. Les articles 226 et 227 du Code d'instruction criminelle contiennent la théorie de la connexité. L'article 227, qui énumère trois cas de connexité, n'est pas considéré limitatif. Toutefois, la jonction d'instances criminelles différentes ne saurait être arbitraire; elle ne peut se fonder que sur la constatation de rapports étroits entre les affaires ainsi groupées; elle tend à éclairer plus complètement le juge sur la situation respective des coaccusés traduits ensemble devant lui ; et c'est la considération de ce résultat essentiel qui justifie la mesure prise, car la jonction des instances limite, à certains égards, les moyens de défense de chacun des coaccusés.

Quand un acte d'accusation comprend plusieurs infractions, la disjonction des affaires peut être prononcée, si l'on reconnaît que la connexité fait défaut (C. instr. crim., art. 308). Le texte de la loi a été élargi, et la disjonction est admise dans certains cas, malgré la connexité ou l'indivisibilité, notamment quand il faut procéder à de plus amples recherches à l'égard d'un ou de quelques-uns des coaccusés.

**Coalition.** — Concert de patrons ou d'ouvriers qui exercent une pression tendant soit à l'abaissement ou à la hausse des salaires, soit à entraver la liberté de l'industrie et du travail.

L'article 414 du Code pénal punit « d'un emprisonnement de six jours à trois ans et d'une amende de 16 francs à 3 000 francs ou de l'une de ces deux peines seulement, quiconque, à l'aide de violences, voies de fait, menaces ou manœuvres frauduleuses, aura amené ou maintenu, tenté d'amener ou de maintenir une cessation concertée de travail dans le but de forcer la hausse ou la baisse des salaires, ou de porter atteinte au libre exercice de l'industrie ou du travail ». La peine est appliquée par les tribunaux correctionnels, même lorsque le délit a été commis par la voie de la presse.

Lorsque ces faits sont la conséquence d'un plan concerté, les coupables peuvent être, par l'arrêt ou le jugement, condamnés à l'interdiction de séjour pendant deux ans au moins et cinq ans au plus. (Code pén., art. 415.)

L'article 416 punissait d'un emprisonnement de six jours à trois mois, et d'une amende de 16 à 300 francs tous ouvriers, patrons et entrepreneurs d'ouvrages qui, à l'aide d'amendes, défenses, proscriptions, interdictions prononcées à la suite d'un plan concerté avaient porté atteinte à la liberté de l'industrie et du travail. Cet article a été abrogé par la loi du 21 mars 1884 sur les syndicats professionnels; mais ceux qui auraient encouru les peines prévues jadis par cet article peuvent être condamnés à des dommages-intérêts en vertu de l'article 1382 du Code civil.

**Cochinchine.** — V. INDO-CHINE.

**Code.** — Recueil dans un ordre logique des lois qui régissent un ensemble de matières analogues : code civil, code pénal, code forestier.

Avant la Révolution, la législation française ne comptait pas moins de 50 coutumes générales et 225 coutumes locales, sans parler des provinces soumises au droit écrit. Le travail de codification de nos lois est aujourd'hui fort avancé : nous avons un *Code civil*, un *Code de procédure civile*, un *Code de commerce*, un *Code d'instruction criminelle*, un *Code pénal*, un *Code forestier*, etc. Les lois administratives, qui sont l'objet de modifications fréquentes par suite de leur intime relation avec la politique, n'ont encore été l'objet d'aucun travail officiel de codification.

*Code civil.* — Le Code civil a été rédigé de 1800 à 1804 par une commission de quatre membres (Tronchet, Portalis, Bigot-Préameneu, Maleville). Il se compose de 36 lois que la loi du 30 ventôse an XII (21 mars 1804) réunit en un seul corps sous le nom de *Code civil*. En 1807, puis de nouveau en 1852, il fut appelé *Code Napoléon*.

Après avoir, dans un titre préliminaire, traité de la *publication, des effets et de l'application des lois en général*, le Code civil traite des *Personnes*, c'est-à dire de tout ce qui concerne l'état civil des Français (Livre Ier), des *Biens* meubles et immeubles (Livre II), et des *différentes manières dont on acquiert la propriété*, c'est-à-dire des successions, des donations, des testaments, des divers contrats et de la prescription (Livre III). Ces trois livres se divisent en 36 titres.

Depuis sa mise en vigueur, le Code civil a été l'objet de diverses modifications. La plus importante est relative au divorce, aboli par la loi du 18 mai 1816 et rétabli par la loi des 27-29 juillet 1884. Citons aussi les lois du 9 mars 1891, modifiant les droits de l'époux sur la succession de son conjoint prédécédé ; du 17 juin 1893, sur les créances privilégiées ; du 16 mars 1893, relative à la publicité à donner à la décision qui pourvoit un individu d'un conseil judiciaire, et enfin la loi du 25 mars 1896, qui fixe les droits des enfants naturels dans la succession de leurs père et mère, et qui peut être considérée, divorce à part, comme la plus sérieuse retouche qu'on ait encore faite au Code civil.

*Code de procédure civile.* — Le Code civil détermine les droits de chacun : le Code de procédure civile trace les règles à suivre pour faire valoir ces droits devant les tribunaux.

Le *Code de procédure civile* (1806), divisé en deux livres, règle les moyens d'engager un procès, indique le tribunal compétent, les formalités de l'audience, du jugement et de l'exécution.

*Code de commerce.* — Il se divise en quatre livres. Le premier traite du *commerce en général* (commerçant, livres de commerce, sociétés, bourses de commerce, agents de change, lettre de change, etc.) ; le second, du commerce maritime ; le troisième, de la faillite et de la banqueroute ; le quatrième, des tribunaux de commerce. Voté en 1807, il est obligatoire depuis 1808. Il a été modifié ou complété en ce qui concerne les sociétés, la faillite, la lettre de change, etc.

*Code pénal.* — Le Code pénal date de 1810, mais il a été profondément remanié dans la suite et augmenté de dispositions sur la relégation et la transportation, la libération conditionnelle, le sursis à l'exécution des peines, etc.

Le Code pénal se divise en quatre livres. Les cinq premiers articles contiennent, sous le titre de *Dispositions préliminaires*, une définition des diverses infractions. Le livre Ier contient la liste des peines applicables en matière de crimes et de délits, et de leurs effets ; le livre II s'occupe des personnes punissables et des personnes non punissables ; le livre III comprend la nomenclature et la classification des crimes et délits punis par les peines édictées au livre Ier ; le livre IV traite des peines applicables aux contraventions.

*Code d'instruction criminelle.* — Voté en 1809 et exécutoire depuis 1811, il est au Code pénal ce qu'est au Code civil le Code de procédure civile.

Le *Code d'instruction criminelle* est divisé en deux livres. Les sept premiers articles (Dispositions préliminaires) établissent dans quels cas, par qui et contre qui l'action publique est mise en mouvement. Le livre Ier contient les règles de la police judiciaire et l'énumération des magistrats qui en sont chargés; le livre II s'occupe : des tribunaux de police; des cours d'assises; des moyens de se pourvoir contre les arrêts ou jugements; des crimes commis par des fonctionnaires de l'ordre judiciaire en dehors de leurs fonctions; des règlements de juges et des renvois d'un tribunal à un autre; enfin, de l'organisation, de la discipline et de la surveillance des maisons d'arrêt, ainsi que de divers autres objets d'intérêt public et de sûreté générale.

*Code de justice militaire.* — Il y en a deux, en réalité : le *Code de justice militaire pour l'armée de terre* (1857); le *Code de justice militaire pour l'armée de mer* (1858).

Ces codes traitent de l'organisation des tribunaux militaires (ou maritimes); de la compétence de ces tribunaux; de la procédure à suivre devant eux; des crimes et délits militaires et des peines qui doivent en assurer la répression.

*Code forestier.* — Ce Code n'appartient pas, comme les autres, à la période consulaire ou impériale. Il fut voté en 1827.

Le *Code forestier*, divisé en quinze titres, règle les droits de l'Etat, des départements, des communes et des particuliers sur les forêts. Il organise les droits d'affouage, de pâturage, pacage, etc.; la poursuite et l'instruction des délits en matière forestière, etc. Parmi les lois, ordonnances ou décrets qui l'ont modifié, il convient de citer surtout la loi du 18 juin 1859 et le décret complémentaire du 22 novembre de la même année.

*Code rural.* — C'est l'ensemble des lois votées depuis l'année 1881 qui constitue le *Code rural*, encore en voie de formation.

Les dispositions générales ne sont pas encore votées. Le livre Ier (Du régime du sol), le livre II (Du régime des eaux) et le livre III (De la police rurale) le sont presque entièrement.

**Codex.** — Recueil contenant la nomenclature et la formule ou composition des médicaments et remèdes divers, adoptés par la Faculté de Paris et l'Académie de médecine.

Le *codex*, qui est obligatoire, diffère du *formulaire*, tout en étant cependant lui-même un formulaire : mais il ne renferme que les préparations *officinales*, tandis que le formulaire contient de préférence les préparations *magistrales* — c'est-à-dire celles que la médecine établit elle-même, suivant les circonstances — les plus usuelles.

**Codicille.** — V. TESTAMENT.

**Cohéritier.** — Celui qui est, en même temps que d'autres héritiers, appelé à recueillir une succession. V. SUCCESSION, INDIVISION, etc.

**Colis postal.** — V. POSTES.

**Collatéral.** — Le mot *collatéral* désigne la nature particulière de parenté existant entre personnes ne descendant pas les unes des autres, mais se reliant entre elles par suite de leur descendance d'auteurs communs.

Les collatéraux sont d'abord les frères et sœurs, qui peuvent être *germains, consanguins* ou *utérins*. Les autres collatéraux sont les oncles et tantes, les neveux et nièces, et les cousins. Pour calculer le degré de parenté entre deux collatéraux, on remonte de l'un d'eux à l'auteur commun, et on redescend de là à l'autre collatéral, en comptant le nombre de générations ou de degrés qui les séparent. Ainsi, deux frères sont au deuxième degré, deux cousins germains au quatrième.

L'utilité de connaître le degré de parenté en ligne collatérale se présente principalement en matière de mariage (V. MARIAGE) et en matière de succession. Les collatéraux ne succèdent pas au delà du douzième degré. (Code civ., art. 755.) Les parents collatéraux sont *reprochables* comme témoins. (C. proc. civ., art. 283.) Au criminel, les frères et sœurs des inculpés sont les seuls collatéraux qui ne peuvent être entendus comme témoins. (C. instr. crim., art. 156.) La parenté collatérale exerce aussi de l'influence sur l'aptitude à exercer certaines fonctions (magistrature, conseil de famille); de même, un notaire ne peut recevoir des actes dans lesquels seraient parties ses collatéraux jusqu'au degré d'oncle et de neveu inclusivement; ces mêmes collatéraux sont écartés comme témoins instrumentaires.

**Collèges communaux.** — Établissements d'enseignement secondaire fondés et entretenus par les communes.

Toute commune qui veut établir un collège doit fournir un local, ainsi que le mobilier nécessaire, même au pensionnat, subvenir aux frais d'entretien et garantir pour cinq ans au moins le traitement du principal et des professeurs. Chaque collège est pourvu d'un *bureau administratif*, composé du préfet ou sous-préfet, du maire, du principal, de quatre membres, dont deux conseillers municipaux nommés par le ministre de l'Instruction publique. A la différence des lycées, qui appartiennent à l'Etat, les collèges sont soumis, au point de vue de la gestion du pensionnat, à l'un des deux modes ci-après : les uns sont en *régie*, c'est-à-dire au compte des villes, qui perçoivent les rétributions payées par les élèves, profitent des bénéfices ou comblent le déficit, le cas échéant; les autres sont au compte des principaux, qui gèrent le pensionnat à leurs risques et périls, moyennant, le plus souvent, une subvention fixe ou variable. Ceux-ci sont de beaucoup les plus nombreux. La plupart des collèges sont de plein exercice; les élèves peuvent y faire les études nécessaires à l'obtention des baccalauréats.

Les collèges communaux peuvent recevoir des subventions de l'Etat, fixées d'après le déficit d'exploitation de l'externat.

Les recettes et les dépenses des collèges communaux sont effectuées par les receveurs municipaux et comprises dans leur comptabilité.

Les budgets des collèges, préparés par les principaux et examinés par les bureaux d'administration, sont votés par les conseils municipaux en même temps que les budgets des communes. Ils sont soumis, par les recteurs, à l'approbation du ministre de l'Instruction publique, après avis des préfets et des conseils académiques.

Les maires exercent, à l'égard des revenus, recettes et dépenses des collèges, les attributions qui leur sont conférées en matière communale. Ils délivrent les titres de recettes et ordonnancent les dépenses sur la proposition des principaux.

Il y a des collèges communaux de *garçons* et des collèges communaux de *jeunes filles*, destinés à donner l'instruction secondaire, telle qu'elle a été fixée par les programmes. Les attributions du principal sont, dans ces derniers, dévolues à une *directrice*, et le bureau d'administration compte deux dames, nommées par le ministre de l'Instruction publique. Les collèges de jeunes filles et les *internats municipaux* annexés aux collèges et aux lycées de jeunes filles sont assujettis au même régime que les collèges de garçons.

**Collocation.** — Classement, effectué par le juge-commissaire, des créanciers qui se présentent pour toucher ce qui leur est dû sur une somme à distribuer dans un *ordre* ou une *contribution*. V. ces mots.

La collocation, réglée provisoirement par le juge, ne devient définitive que lorsque le tribunal a statué sur les critiques élevées par les créanciers, ou que le délai accordé par la loi pour élever cette critique est expiré. Le jugement du tribunal est susceptible d'appel.

**Collusion.** — Entente secrète entre deux ou plusieurs personnes pour agir frauduleusement au préjudice des droits d'un tiers.

Les cas de collusion sont assez nombreux. Le débiteur qui vend ses immeubles à un tiers pour dissimuler son actif et frustrer ses créanciers, les époux qui se font une donation sous le nom d'une personne interposée dans le but de frauder la réserve, etc., se rendent coupables de collusion. Cette manœuvre, sauf disposition expresse de la loi, doit être prouvée par la personne lésée. Les moyens de la réprimer sont l'action en dommages-intérêts, la révocation ou la nullité des actes entachés de collusion.

**Colombiers.** — V. PIGEONS.

Les préfets, après avis des conseils généraux, déterminent chaque année, pour tout le département, ou séparément pour chaque commune, s'il y a lieu, l'époque de l'ouverture et de la clôture des colombiers. (Loi du 4 avril 1889, art. 6.)

Pendant le temps de la clôture des colombiers, les propriétaires et les fermiers peuvent tuer et s'approprier les pigeons qui seraient trouvés sur leurs fonds, indépendamment des dommages-intérêts et des peines de police encourues par les propriétaires des pigeons. En tout autre temps, les propriétaires et fermiers peuvent tuer les pigeons trouvés sur leurs fonds, mais seulement sur le lieu et au moment du dégât; ils n'ont pas la faculté de se les approprier, mais ils ont droit en tout état de cause à des dommages-intérêts.

**Colonage** ou **Colonat partiaire (Bail à).** — Contrat par lequel le propriétaire d'un héritage rural le remet pour un certain temps à un preneur, qui s'engage à le cultiver sous condition d'en partager les fruits avec le bailleur.

Ce bail diffère du *bail à ferme* en ce que le propriétaire, au lieu de toucher un prix fixe en argent, reçoit une redevance aléatoire. Le propriétaire est, par suite, associé aux risques de la culture et directement intéressé à son succès. Si les fruits se partagent par moitié, le contrat prend le nom de *métayage*, et le colon celui de *métayer*. Le *bail à colonat partiaire* ou à *métayage* est régi par la loi du 18 juillet 1889 (liv. Ier, titre IV du Code rural) et par les articles 1718, 1730, 1731, 1736-1741, 1743, 1749-1751, 1776, 1777, 1778 et 2102 du Code civil. Les obligations principales du bailleur sont : la délivrance de la chose louée au terme convenu et la garantie des objets compris au bail, la réparation des bâtiments et les réparations locatives occasionnées par la vétusté ou la force majeure. Il a la direction générale de l'exploitation, soit pour le mode de culture, soit pour l'achat ou la vente des bestiaux. Le droit de chasse et de pêche lui est réservé. Les obligations essentielles du preneur sont : de cultiver lui-même et en bon père de famille; d'habiter la métairie, de la garnir de bestiaux et de se servir des bâtiments d'exploitation. Il répond de l'incendie, des dégradations et des pertes, sauf à prouver qu'il a veillé à la conservation de la chose louée. Le bailleur et le preneur supportent, chacun par moitié, la perte totale ou partielle des récoltes survenue par cas fortuit. En cas de difficulté dans le règlement des comptes, le juge de paix statue sur le vu des registres des parties. Toute action se prescrit par cinq ans à dater de la sortie du colon. La résiliation du bail à colonat partiaire est de plein droit par la mort du preneur, ou à la suite de la destruction fortuite de la totalité des objets compris dans le bail. Elle est facultative dans les autres cas.

**Colonies agricoles.** — Etablissements particuliers de bienfaisance destinés à recevoir soit des orphelins pauvres, des enfants abandonnés ou acquittés, après jugement, comme ayant agi sans discernement, soit des ouvriers malheureux qu'on emploie au défrichement des terres incultes.

## Colonies françaises.

La France possède (*colonies* proprement dites) ou protège (*pays de protectorat*) les territoires ci-après :

| | Superficie en kilom. carr. | Population. |
|---|---|---|
| Algérie | 300 000 | 4 739 331 |
| Tunisie | 132 000 | 1 800 000 |
| Sahara (zone d'influence française) | 75 000 000 | 374 183 |
| Sénégal | 820 000 | 1 954 675 |
| Haut-Sénégal | 1 000 000 | 1 800 000 |
| Guinée française | 225 000 | 1 505 500 |
| Côte d'Ivoire | 309 975 | 1 949 707 |
| Dahomey | 175 000 | 700 550 |
| Congo français | 2 500 000 | 8 000 730 |
| Madagascar | 590 000 | 2 507 836 |
| Comores | 2 077 | 88 000 |
| Réunion | 2 512 | 173 192 |
| Côte française des Somalis | 30 000 | 50 000 |
| Inde française | 5 126 | 274 125 |
| Indo-Chine 697 000 km² 17 131 019 h. — Cochinchine | 70 800 | 2 958 529 |
| Cambodge | 105 000 | 1 102 250 |
| Annam | 130 000 | 6 124 240 |
| Tonkin | 125 000 | 6 446 000 |
| Laos | 267 000 | 500 000 |
| Saint-Pierre et Miquelon | 21 023 | 6 352 |
| Antilles françaises | 2 767 | 383 781 |
| Guyane | 113 000 | 32 908 |
| Nouvelle-Calédonie | 19 823 | 54 415 |
| Etablissements de l'Océanie | 4 230 | 30 000 |

L'économie politique distingue les *colonies de peuplement* et les *colonies d'exploitation*. Les premières comprennent celles dont les conditions de climat et de nature permettent l'établissement à demeure des immigrants, leur acclimatation et la fondation d'une famille ; les *colonies d'exploitation*, au contraire, sont celles où le climat interdit de s'y fixer sans esprit de retour aux immigrants, qui doivent se borner à exploiter par le commerce, et encore temporairement, les produits du pays.

*Régime légal.* — Tandis que, pour la France, la loi est toujours l'œuvre du Parlement, pour les colonies quatre pouvoirs distincts se partagent l'exercice de la puissance législative : les Chambres, le pouvoir exécutif, les conseils généraux, les gouverneurs. L'intervention du Parlement en matière législative est devenue presque l'exception ; la part prépondérante appartient à l'autorité exécutive. Quant aux conseils généraux et aux gouverneurs, leur rôle se trouve limité pour les premiers au vote de l'impôt, perçu du reste, non pas au profit de l'Etat, mais au profit des budgets locaux, et pour les seconds à la promulgation des actes législatifs. Les lois et les décrets applicables aux colonies, pour y être régulièrement exécutoires, doivent être l'objet de deux promulgations successives, l'une en France, l'autre sur le territoire même des possessions où ils doivent être mis en vigueur. La promulgation qui intervient en France est soumise aux règles ordinaires ; celle qui se produit dans la colonie et dont le gouverneur a la stricte obligation offre, par contre, un caractère tout particulier. Depuis un décret du 15 janvier 1853, la promulgation a lieu par une insertion au journal officiel de la colonie. D'après la jurisprudence de la Cour de cassation, ce qui doit être inséré, c'est l'arrêté de promulgation ; il n'est pas obligatoire de reproduire en même temps *in extenso* la loi ou le décret promulgué. Enfin, dans certains cas — ainsi pour la Cochinchine, en vertu d'un décret du 14 janvier 1865 — l'insertion au journal officiel de la colonie peut être remplacée par une publication à son de trompe ou par affiches.

Comment se partage pour les colonies, entre le Parlement et le pouvoir exécutif, l'exercice de la puissance législative ? Il faut distinguer à cet égard, comme le fait le sénatus-consulte du 3 mai 1854, deux groupes de colonies : le premier comprenant la Martinique, la Guadeloupe et la Réunion, le second toutes nos autres possessions.

Pour les colonies du premier groupe, celles que le sénatus-consulte de 1854, « réglant la constitution de la Martinique, de la Guadeloupe et de la Réunion », a plus particulièrement visées, la puissance législative peut se manifester par quatre sortes d'actes. Elle peut, selon les cas, donner lieu à l'intervention d'une loi, d'un sénatus-consulte, d'un décret en conseil d'Etat et d'un décret simple. C'est par la loi tout d'abord (article 4) que devait être déterminé le « régime commercial » des Antilles et de la Réunion, c'est-à-dire, d'après l'interprétation du conseil d'Etat (avis du 1er juillet 1873), l'ensemble des dispositions concernant « les conditions économiques et fiscales des échanges entre les colonies et les autres pays ». Il faut, du reste, rapprocher ici du sénatus-consulte de 1854 l'article 2 du sénatus-consulte du 4 juillet 1866, qui donne au conseil général le droit de statuer sur les tarifs de douane et d'octroi de mer, et la loi du 11 janvier 1892 qui, en principe, étend aux Antilles françaises et à la Réunion l'application du tarif général des douanes. La loi est encore nécessaire, d'autre part, lorsqu'il s'agit de statuer sur les matières énumérées à l'article 3 du sénatus-consulte, c'est-à-dire l'exercice des droits politiques, l'état civil, la propriété, les contrats, le jury et la législation criminelle, l'application du principe de recrutement des armées de terre et de mer. La loi, pour ces matières, remplace le sénatus-consulte, qui devait intervenir dans les différents cas prévus par l'article 3 et qui a disparu de nos institutions. Sur toutes autres questions, c'est le pouvoir exécutif qui statue lui-même, soit par des règlements d'administration publique dans les cas déterminés par l'article 6 du sénatus-consulte de 1854, soit par des décrets simples (article 7). On peut même ajouter que le décret simple constitue la règle, car il intervient sur toutes les matières qui ne rentrent pas dans les exceptions limitativement prévues.

Mais le décret simple devient la règle de manière beaucoup plus absolue encore lorsqu'il s'agit des colonies du second groupe.

Pour celles-ci, le sénatus-consulte, dans l'unique article de son titre III, l'article 18, ne conçoit pas d'autre forme en laquelle doive se manifester la puissance législative. Il est vrai qu'en fait, même pour les colonies du second groupe, l'intervention du conseil d'Etat est parfois nécessaire, ainsi lorsqu'il s'agit d'emprunts (décret du 20 novembre 1882) ou de tarifs de douane (loi du 11 janvier 1892). En outre, le rôle du pouvoir exécutif comme législateur colonial ne pouvant s'expliquer que par une délégation faite en sa faveur par le pouvoir législatif, on est d'accord pour reconnaître que ce dernier pouvoir peut toujours, sur un point particulier, faire cesser la délégation qu'il a consentie en se prononçant lui-même sur l'une des matières où il aurait été statué par voie de décret. Si une loi intervient dans ce cas, elle ne peut désormais à son tour être modifiée que par une loi. Enfin, l'avis du Parlement est indispensable lorsqu'il s'agit d'engager, directement ou indirectement, les finances de l'Etat.

Il est possible aussi d'étendre par décret aux colonies l'application de lois rendues pour la métropole. Cette extension, qui ne soulève aucune difficulté pour les colonies régies par l'article 18 du sénatus-consulte de 1854, est autorisée par l'article 8 pour les Antilles et la Réunion quant aux matières énumérées à l'article 6.

*Représentation coloniale.* — La représentation des colonies en France s'exerce : 1° par l'élection de membres du *Parlement* ; 2° par la désignation de délégués au *Conseil supérieur des colonies*.

La représentation parlementaire des colonies fut rétablie, dès 1870, par le gouvernement de la Défense nationale. Le nombre des représentants des colonies au Parlement est de quatorze : pour la Martinique, deux députés et un sénateur; pour la Guadeloupe, deux députés et un sénateur; pour la Réunion, deux députés et un sénateur; pour la Guyane, un député; pour le Sénégal, un député; pour l'Inde, un député et un sénateur ; pour la Cochinchine, un député.

Nos colonies d'acquisition récente ou d'importance secondaire ne sont pas représentées au Parlement, mais élisent des délégués au *Conseil supérieur des colonies*, comprenant des membres de droit, sénateurs et députés des colonies ou hauts fonctionnaires représentant le conseil d'Etat et les divers ministères, des membres nommés par arrêté ministériel, et des délégués élus pour trois ans par les colonies, élus par les citoyens français. Au sein du conseil supérieur, purement consultatif, a été instituée une *commission permanente*. Le conseil se réunit quand le ministre le convoque.

*Ministère des Colonies.* — Le ministère des Colonies a été créé par une loi du 20 mars 1894.

Outre un secrétariat général, auquel sont rattachés le cabinet du ministre et le service du personnel, l'administration centrale comprend d'abord deux grandes directions : 1° *Afrique* ; 2° *Asie, Amérique, Océanie* et service pénitentiaire. On trouve ensuite la direction de la comptabilité et la direction du contrôle, l'inspection des colonies, l'inspection générale du service de santé (dont dépend le *conseil supérieur de santé*), l'inspection générale des travaux publics, sans parler d'un nombre considérable de comités et de commissions prêtant au ministre un concours qui complète celui des bureaux.

*Personnel colonial.* — Le ministère des Colonies assume à l'égard de nos possessions, au point de vue politique, administratif et financier, un rôle de surveillance et de direction. Mais il est pour le pouvoir central un autre moyen d'influence, c'est l'action qu'il exerce sur le territoire même des colonies par l'intermédiaire de ses fonctionnaires et de ses agents. Un corps spécial est, en particulier, chargé de contrôler dans nos possessions le fonctionnement régulier des divers services, en conformité des décisions du pouvoir central : c'est le corps de l'*inspection des colonies*.

Il faut citer en outre, indépendamment du personnel militaire, du commissariat des troupes coloniales et du corps de santé des colonies, dont les attributions sont toutes spéciales, les gouverneurs, les secrétaires généraux, les trésoriers-payeurs, les administrateurs coloniaux, les magistrats, le personnel spécial de l'administration pénitentiaire, etc.

Ces divers fonctionnaires doivent être recrutés avec le plus grand soin, et en vue de leur recrutement a été fondée l'*Ecole coloniale* de Paris.

Aux colonies, l'action appartient au gouverneur et aux chefs de service ; la délibération appartient à un conseil privé et à un conseil général.

Les *gouverneurs*, nommés par décret, sont directement secondés par le personnel des *administrateurs coloniaux* et des *secrétariats généraux*.

*Conseils privés. Conseils d'administration.* — Les principaux chefs de service siègent, sous la présidence du gouverneur, au *conseil privé*, analogue au conseil de préfecture métropolitain. Deux habitants notables, nommés par décret, leur sont adjoints. Cette assemblée est purement consultative ; elle donne seulement, sur les affaires qui lui sont soumises, un avis qui ne lie jamais le gouverneur.

Elle se transforme en *conseil du contentieux administratif* par l'adjonction de deux magistrats nommés par le gouverneur. Elle devient alors un véritable tribunal administratif.

Dans certaines possessions d'organisation récente, le gouverneur est assisté non d'un conseil privé, mais d'un *conseil d'administration*. Là où existe un conseil d'administration il n'est pas institué de conseil général, et c'est pourquoi le gouverneur est tenu de prendre l'avis de cette assemblée dans certains cas, lorsqu'il s'agit notamment d'arrêter le budget annuel de la colonie.

*Conseils généraux.* — Il y a des conseils généraux à la Martinique, à la Guadeloupe, à la Guyane, à la Réunion, dans l'Inde française, au Sénégal, en Cochinchine, à la Nouvelle-Calédonie, à Saint-Pierre et Miquelon. Ces conseils, élus au suffrage universel, ont une organisation analogue à celle des conseils généraux de la métropole. Ce qui les distingue particulièrement des conseils généraux de la France, c'est l'étendue de leurs attributions, surtout en matière d'impôts.

Auprès des conseils généraux de la plupart de nos possessions a été instituée une *commission coloniale*, correspondant à ce qu'est en France la commission départementale.

*Communes.* — Il n'y a d'organisation municipale aux colonies que là où il se rencontre une agglomération suffisante de citoyens français. Aux Antilles et à la Réunion, le territoire entier est divisé en *communes*, et la loi municipale du 5 avril 1884 est applicable, sauf certaines modifications de détail imposées par l'éloignement ou par l'organisation administrative particulière aux colonies. Cette division du territoire en communes se retrouve également à Saint-Pierre et Miquelon, en Guyane et dans l'Inde française. Ailleurs, il n'y a guère de municipalités organisées qu'au chef-lieu de la colonie, ou dans les villes les plus importantes. Saint-Louis du Sénégal, Dakar, Gorée, Rufisque, Nouméa, Papeete, Saïgon ont été ainsi érigées en communes par décret du chef de l'Etat. Des arrêtés pris par les gouverneurs ont aussi créé des commissions municipales dans certains centres : en Indo-Chine, en Nouvelle-Calédonie et à Madagascar.

*Instruction publique.* — Les colonies n'ont pas, en ce qui concerne l'instruction publique, d'organisation uniforme. La Martinique seule possède des établissements de tous les degrés; d'autres n'ont que l'enseignement primaire et secondaire, ou même l'enseignement primaire seulement.

Les proviseurs des lycées de la Martinique, de la Guadeloupe et de la Réunion, et le principal du collège de la Guyane sont chefs du service de l'instruction publique dans ces trois colonies.

Les lois qui ont organisé l'enseignement primaire en France sont applicables à la Guadeloupe, à la Martinique, à la Réunion. Dans les autres colonies, l'enseignement primaire a fait l'objet d'organisations spéciales.

*Justice.* — Rudimentaire dans les colonies où l'élément européen est faiblement représenté, l'organisation judiciaire aux colonies tend à se rapprocher de l'organisation métropolitaine à mesure que se développent les intérêts français et que la fusion s'opère avec l'élément indigène.

Dans certaines de nos possessions la justice est rendue aux indigènes par des fonctionnaires d'ordre administratif.

Les colonies assimilées, telles que la Martinique, la Guadeloupe, la Réunion, ont à tous les degrés les mêmes institutions judiciaires que la métropole.

Les nominations dans la magistrature coloniale sont faites par décrets contresignés à la fois par le garde des sceaux et par le ministre des Colonies, qui les prépare. Les juges de paix à compétence étendue sont nommés par décrets, sur la présentation exclusive du ministre des Colonies. Les juges de paix ordinaires sont nommés par arrêtés du ministre des Colonies.

Il existe dans la magistrature coloniale des fonctions qui n'ont pas leur équivalent dans la magistrature métropolitaine : ce sont celles de *conseiller auditeur* et de *lieutenant de juge*. Il est admis aussi dans la magistrature coloniale qu'un tribunal peut être constitué par un juge unique, quel que soit le degré de juridiction.

Les magistrats coloniaux (et en ce sens ils sont avant tout des représentants de l'autorité centrale) n'ont pas le bénéfice de l'inamovibilité.

*Cultes.* — Les Antilles et la Réunion ont, au point de vue du culte catholique, une organisation à peu près identique à celle qui a été réglée pour la France par le Concordat. Des évêchés y ont été créés.

Les évêques sont nommés dans les mêmes conditions que les évêques de France.

Le clergé colonial ne comprend pas de curés; il n'y a que des desservants, nommés par le ministre des Colonies.

Au Sénégal, en Guinée française, au Congo, etc., le culte catholique est dirigé par un ecclésiastique qui porte le titre de préfet ou de vicaire apostolique et qui a d'ordinaire le titre d'archevêque ou d'évêque *in partibus*.

Le culte protestant est assuré par la métropole à la Guadeloupe, à la Nouvelle-Calédonie, dans les établissements français de l'Océanie.

Les autres cultes (musulman, brahmanique, bouddhiste) jouissent, aux colonies où ils ont des adeptes, d'une absolue liberté.

*Régime financier.* — Des relations réciproques de l'Etat et de la colonie résulte la distinction des services financiers en deux catégories : les services *coloniaux* ou *métropolitains* et les services *locaux*.

Les services coloniaux ou métropolitains sont les services dont l'Etat a la charge aux colonies. En France, la charge des services généraux, tels que la justice, les finances, l'agriculture, etc., incombe à l'Etat, qui, en retour, bénéficie de la plupart des produits; tandis que le département n'effectue que des services acccessoires; dans les colonies, au contraire, les services métropolitains sont peu considérables, et toutes les dépenses d'administration intérieure, de police, de travaux publics, etc., sont payés par la colonie; en compensation, celle-ci perçoit à son profit tous les impôts établis.

Les dépenses acquittées aux colonies à la charge de l'Etat se réduisent donc exclusivement aux dépenses militaires. La loi de finances de 1893 a même établi le principe d'une *contribution* des colonies aux dépenses civiles et militaires qu'elles occasionnent à l'Etat et aux charges générales de l'Etat; des subventions peuvent toutefois être accordées aux colonies sur le budget de l'Etat.

Les opérations du service *local* constituent le véritable budget de la colonie. Ce budget est préparé par le gouverneur, délibéré par le conseil général et arrêté par le gouverneur en conseil privé. Si le conseil général ne l'a pas voté, il est établi d'office par le ministre des Colonies, sur la proposition du gouverneur en conseil privé.

Les recettes ordinaires comprennent les taxes et contributions votées par le conseil général, les droits de douane, le revenu des propriétés coloniales, les produits divers dévolus au service local et les subventions de la métropole.

Les recettes extraordinaires se composent : des contributions extraordinaires; des prélèvements sur le fonds de réserve constitué, par mesure de prudence, avec les excédents budgétaires, jusqu'à concurrence d'une somme fixée pour chaque colonie; du produit des emprunts.

Le conseil général vote les contributions et taxes nécessaires à la colonie, et ce pouvoir le distingue essentiellement d'un conseil général de département; il statue sur le mode d'assiette, la quotité des tarifs et les règles de perception, sauf en ce qui concerne les droits de douane, par des délibérations qui doivent être approuvées par décrets en conseil d'Etat.

La loi du 11 janvier 1892 a placé les colonies sous le régime métropolitain au point de vue douanier; les tarifs généraux leur sont, en principe, applicables, sauf modifications délibérées par le conseil général et approuvées par décret en conseil d'Etat.

Les emprunts votés par le conseil général sont approuvés par décrets rendus dans la forme des règlements d'administration publique.

A l'exception des dépenses de souveraineté supportées par la métropole, le budget local comprend toutes les dépenses effectuées dans la colonie. Elles se divisent en *dépenses obligatoires* et *dépenses facultatives.*

Un trésorier-payeur, comptable principal, centralise les recettes et paye les dépenses. A côté de lui, des comptables spéciaux sont préposés au recouvrement des contributions indirectes, des droits d'enregistrement, etc. Ils sont, comme en France, responsables des produits dont ils ont pris charge et qui, en général, sont liquidés par un service administratif distinct. L'exercice se clôture pour le budget local plus tard que pour le budget de l'Etat; les dernières opérations se terminent au 30 juin.

Le budget exécuté, les opérations en sont décrites dans un compte administratif dressé par le gouverneur et soumis, suivant les règles ordinaires, aux observations de l'autorité budgétaire, c'est-à-dire du conseil général. De son côté, le trésorier-payeur présente son compte de gestion, comprenant à la fois les services métropolitains et les services locaux à la Cour des comptes dont, seul, il est justiciable; les autres comptables relèvent du conseil privé, sauf appel devant la Cour des comptes.

*Régime commercial.* — V. DOUANES.

*Troupes coloniales.* — La loi du 7 juillet 1900 a constitué l'armée coloniale et l'a rattachée au ministère de la Guerre.

Le groupe algérien-tunisien est sous l'administration exclusive, au point de vue militaire, du ministre de la Guerre, sans intervention aucune du ministre des Colonies.

En principe, les troupes coloniales sont placées sous le commandement du ministre de la Guerre, mais les lois et décrets devant régler la composition des états-majors particuliers, celle de cadres et effectifs en officiers et en troupes des corps de formation permanente ou temporaire, les conditions d'engagement et de rengagement dans l'armée coloniale, sont présentés aux Chambres ou soumis à la signature présidentielle sur rapport du ministre de la Guerre, après entente avec son collègue des Colonies.

L'ensemble des troupes coloniales comprend : l'*infanterie coloniale,* l'*artillerie coloniale,* le *corps de santé colonial,* le *commissariat des troupes coloniales,* des *corps indigènes* organisés dans plusieurs de nos possessions.

Les lois de recrutement, de nomination aux grades et emplois, d'avancement sont, pour les troupes coloniales, infanterie et artillerie, les mêmes que celles qui régissent l'état des officiers de l'armée métropolitaine.

Le recrutement des *troupes indigènes* s'effectue d'après des règles et des usages variables suivant les colonies. Les cadres sont mixtes : le personnel des officiers est européen.

Les troupes coloniales conservent leur autonomie, sont distinctes des troupes métropolitaines et ont leur régime propre, ainsi qu'un budget spécial.

L'esprit de ces dispositions est d'empêcher une pénétration réciproque des personnels métropolitain et colonial, d'assurer aux troupes coloniales l'homogénéité nécessaire au point de vue de l'esprit de corps et au point de vue de l'instruction, et de faciliter le contrôle financier des dépenses engagées pour la défense des colonies.

On ne s'est pas contenté d'un groupement en divisions des unités de l'infanterie et de l'artillerie coloniales. Un décret du 11 juin 1901 a constitué un corps d'armée avec tous les éléments des troupes coloniales stationnées dans la métropole. Celles-ci peuvent ainsi recevoir, dans de meilleures conditions, une impulsion uniforme et sont placées dès le temps de paix sous les ordres de l'officier général qui doit en commander la partie principale en temps de guerre.

Toutes les forces et tous les services militaires se trouvent groupés, dans chaque colonie, sous les ordres directs du commandant des troupes. D'autre part, celui-ci est placé sous l'entière autorité du gouverneur (décret du 9 novembre 1901), responsable de la défense intérieure et extérieure.

A Paris, un *comité consultatif de défense des colonies* est chargé de la préparation des plans de défense. Un *conseil de défense,* organisé sur des bases analogues, est chargé, dans un certain nombre de colonies : d'une part, d'étudier sur place les questions d'organisation militaire et défensive et d'émettre des avis, lorsque le gouverneur le lui demande, sur les mesures que celui-ci juge utile de prendre d'urgence et sans attendre l'assentiment du ministre. (Décret du 31 octobre 1902.)

**Colonies pénitentiaires.** — Nom donné aux établissements qui, en dehors du territoire continental français, servent à l'exécution des peines privatives de liberté entraînant l'expatriation.

Trois peines, d'après notre législation criminelle, doivent s'exécuter aux colonies : la déportation, la transportation et la relégation. La première frappe les condamnés politiques; la seconde, les grands criminels, condamnés aux travaux forcés ; la troisième, les malfaiteurs d'habitude. V. DÉPORTATION, TRANSPORTATION, RELÉGATION.

**Colonies pénitentiaires.** — Etablissements correctionnels créés par la loi du 5 août 1850, à l'usage des mineurs de seize ans, et qui comprennent quatre catégories : 1° les maisons d'arrêt et de justice ; 2° les colonies pénitentiaires ; 3° les colonies correctionnelles; 4° les maisons pénitentiaires.

## Colportage.

On distingue le *colportage des marchandises* et le *colportage des livres ou imprimés.*

*Colportage de marchandises.* — Tout individu transportant des marchandises de commune en commune est, d'après la loi du 15 juillet 1880, un colporteur; il est soumis à la patente, qui est réduite de moitié quand il opère dans un rayon de moins de 20 kilomètres du lieu de son domicile. La taxe est encore réduite de moitié quand la voiture est attelée avec des ânes; de même encore pour certains commerces : balais, fonte ouvragée, etc. Ces colporteurs sont imposés dans la commune où ils résident le plus habituellement.

Le colportage est interdit pour le tabac, les allumettes, les cartes à jouer. Il faut noter, à ce sujet, la distinction d'avec la contrebande, qui n'existe que : 1° quand les marchandises ont été saisies et capturées dans un rayon de 2 myriamètres de la frontière ; 2° quand les marchandises capturées en dehors dudit rayon ont été, depuis ce rayon, l'objet d'une poursuite à vue non interrompue jusqu'au lieu de la saisie.

Le colportage des boissons, du sel, des sucres est interdit, sous certaines réserves, à raison de l'impôt. Est encore interdit le colportage des matières d'or et d'argent; de même, le colportage du gibier et du poisson en temps prohibé, de la poudre, de la dynamite et des substances explosibles ; enfin, des objets déclarés par le gouvernement ou l'autorité municipale dangereux à transporter pour la salubrité publique.

*Colportage des livres ou imprimés.* — Les livres colportés étaient soumis naguère à la formalité de l'estampille, et une commission de colportage dressait la liste ou catalogue des écrits dont le colportage pouvait être autorisé.

La loi du 29 juillet 1881 sur la presse (art. 18 à 22) supprima la nécessité du catalogue visé par le sous-préfet. Elle supprima également l'obligation pour le colporteur de justifier de la qualité de Français et de la jouissance de ses droits civils et politiques; elle astreignit seulement à la déclaration préalable toute personne qui voudrait « exercer la profession de colporteur ou de distributeur de livres, écrits, brochures, journaux, dessins, gravures, lithographies et photographies sur la voie publique ou en tout autre lieu public ou privé ». Cette déclaration doit être faite à la préfecture du domicile et, pour les périodiques, si on le préfère, à la mairie ou à la sous-préfecture.

Sont assimilés aux colporteurs les bibliothécaires des gares, les marchands de journaux installés dans les kiosques et les libraires forains. Il y a doute en ce qui concerne les libraires étalagistes.

La loi de 1881 porte formellement que la distribution et le colportage accidentels ne sont soumis à aucune déclaration. Exemples: la distribution de bulletins électoraux, fait accidentel ; la distribution des bulletins de l'armée du Salut, fait non accidentel.

Les contraventions sur l'omission de la déclaration, sa fausseté, la non-représentation du récépissé sont de la compétence du tribunal de simple police (amende de 5 à 15 francs et emprisonnement de 5 jours; emprisonnement nécessairement prononcé en cas de récidive). Les circonstances atténuantes sont admises. Le colporteur peut, en outre et suivant les cas, être recherché comme auteur ou complice des différents délits relevés par la loi sur la presse. Il peut encore être poursuivi, conformément au droit commun, pour le colportage d'écrits ou dessins obscènes.

**Comices agricoles.** — Associations formées par des propriétaires ruraux ou cultivateurs, pour favoriser le développement de l'agriculture par l'organisation de concours et la distribution de récompenses (médailles ou primes en argent).

Les comices agricoles sont des associations sans caractère officiel, ayant des assemblées, une caisse, et contractant librement avec les tiers ; ils fonctionnent en vertu de statuts autorisés, qu'ils sont tenus de respecter dans leurs rapports avec l'autorité administrative.

**Command.** — Acquéreur réel d'un bien dont l'acte de transmission porte un nom d'acquéreur fictif. — *Déclaration de command,* Celle par laquelle on fait connaître le nom du véritable acquéreur.

Un acheteur peut se réserver, par une clause expresse du contrat, la faculté de désigner après coup au vendeur la personne pour laquelle il a fait l'acquisition, cette personne lui ayant *commandé* d'acheter. Le Code est muet sur cette matière ; mais on doit considérer comme étant encore en vigueur sur ce point les lois du 22 frimaire et du 28 avril 1816, qui autorisent la *déclaration de command.* Outre la réserve expresse dans l'acte d'adjudication ou le contrat de vente, il faut que le command accepte; sinon, l'acquéreur reste personnellement obligé. Enfin, la déclaration de command doit être enregistrée dans les vingt-quatre heures. La déclaration de command régulièrement faite n'entraîne qu'un seul droit de mutation.

On appelle aussi *déclaration de command* celle qui est spéciale à l'avoué dernier enchérisseur, dans une vente judiciaire d'immeubles; l'avoué doit déclarer le nom de l'adjudicataire au greffe, dans les trois jours.

**Commandement.** — Acte par lequel un huissier enjoint à un débiteur d'exécuter les obligations qui découlent pour lui d'un titre exécutoire, avant de procéder aux voies d'exécution forcée.

Le commandement est soumis aux mêmes conditions que tous les exploits. Il doit, en outre, contenir : 1° la copie intégrale du titre en vertu duquel agit le créancier; 2° l'avis formel que, faute de payement, il y aura saisie; 3° une élection de domicile par le créancier dans le lieu où la saisie sera pratiquée.

Le principal effet du commandement est d'autoriser l'emploi des voies d'exécution, à l'expiration des délais légaux. De plus, il interrompt la prescription, mais il ne fait pas courir les intérêts des sommes réclamées.

Le débiteur peut faire opposition au commandement, s'il estime qu'on a mal procédé; mais cette opposition n'arrête pas les poursuites ; il faut, pour obtenir ce résultat, une décision du juge des référés.

Un certain nombre de saisies peuvent, il est vrai, s'effectuer sans commandement préalable; mais elles ont un caractère conservatoire, au lieu d'être des voies d'exécution forcée (saisie-arrêt, saisie-gagerie, etc.).

**Commandite.** — V. SOCIÉTÉ.

**Commerce.**

*Du commerce.* — Au point de vue économique, on distingue le commerce de *gros*, de *demi-gros* et de *détail*. Le commerce de *gros* consiste à acheter au producteur de grandes quantités de marchandises pour les revendre soit en gros, soit à des commerçants de demi-gros, quelquefois, mais plus rarement à des commerçants en détail. Le commerce de *demi-gros* consiste à acheter de grosses quantités de marchandises pour les revendre au commerce de détail et même directement aux consommateurs. Le commerce de *détail* a pour objet d'approvisionner les consommateurs; il se divise en commerce de *grand détail*, fait par les grands magasins et bazars, et commerce de *petit détail*, fait par les petits boutiquiers.

Au point de vue légal et réglementaire, on distingue : 1° le commerce *monopolisé*, comme celui des tabacs, des allumettes, des poudres, des postes et télégraphes, que l'État s'est réservé; 2° le commerce *réglementé*, comme celui des métaux précieux, des ouvrages d'or et d'argent, de la pharmacie, des cartes à jouer, des armes de guerre.

Au point de vue de la statistique officielle, on distingue : le commerce *général*, qui comprend l'importation, l'exportation et le transit; et le commerce *spécial*, qui comprend seulement l'importation et l'exportation.

Le commerce se divise en commerce *intérieur*, qui se limite aux échanges dans un même pays, et qui ne peut s'apprécier qu'approximativement par l'intensité du trafic des chemins de fer, des canaux et des routes; et en commerce *extérieur* ou *international*, qui embrasse les échanges entre des nations différentes, importation et exportation, et qui se mesure assez exactement par le contrôle des douanes, au moment du passage des marchandises aux frontières terrestres ou maritimes. Ce dernier est le plus souvent contrarié dans son expansion naturelle, par le jeu combiné des droits de douane, qui frappent plus ou moins lourdement certaines marchandises à l'importation. Les droits de douane sont destinés soit à protéger les productions similaires du pays importateur, soit à procurer simplement des ressources au Trésor public. A ce régime, dit *protecteur*, on oppose celui du *libre-échange*, qui consiste à laisser le commerce absolument libre.

La législation commerciale fait l'objet du Code de commerce (1807), modifié par de nombreuses lois commerciales.

Accessoirement, les tribunaux de commerce se fondent sur le Code civil et les usages commerciaux.

*Actes de commerce.* — Est *acte de commerce* tout acte de spéculation, lorsque la pensée de spéculation (c'est-à-dire de réalisation d'un bénéfice) forme le but principal de la personne qui accomplit l'acte. Le Code de commerce énumère, dans ses articles 632 (modifié par la loi du 7 juin 1894) et 633, les différents actes qui doivent être réputés actes de commerce, savoir : achats de denrées et marchandises soit pour les revendre en nature ou manufacturées, soit pour en louer l'usage; entreprises de manufactures, de commission, de transport par terre ou par eau, de fournitures, de spectacles, de ventes à l'encan, d'agences et bureaux d'affaires; opérations de change, banque, courtage; conventions entre commerçants, et, entre toutes personnes, lettres de change; entreprises de constructions; achats, ventes et reventes de navires et toutes opérations concernant le commerce maritime (affrètement, contrat à la grosse, assurances maritimes, engagement de gens de mer, etc.).

Le principal effet des actes de commerce est de soumettre celui qui s'y est livré à la juridiction des tribunaux de commere.

*Des commerçants.* — D'après le Code de commerce (art. 1 à 7), « sont *commerçants* ceux qui exercent des actes de commerce et en font leur profession habituelle ». Il ne suffit pas, pour être commerçant, de se livrer à quelques actes commerciaux; il faut faire de ces actes un exercice assez suivi pour constituer une existence commerciale. L'expression « commerçant » comprend les négociants, les marchands en gros et en détail, les fabricants, les banquiers, mais non les simples artisans. La qualité de commerçant s'établit par toute espèce de preuves; la patente n'est pas, par elle-même, une preuve de cette qualité.

L'intérêt de distinguer les commerçants

des non-commerçants se présente à divers points de vue. Les actes faits par eux sont présumés commerciaux et sont, dès lors, de la compétence des tribunaux de commerce (Code comm., art. 638). Ils peuvent, en cas de cessation de payements, être soumis au régime de la liquidation judiciaire ou de la faillite; ils jouissent aussi du droit d'élire les membres des tribunaux de commerce dont ils peuvent faire partie.

Tous ceux qui ont la capacité nécessaire pour contracter peuvent, en général, devenir commerçants. Les mineurs et les femmes mariées sont même aptes à faire le commerce sous certaines conditions.

Le mineur peut être commerçant s'il réunit les conditions suivantes. Il doit être : 1° émancipé (v. ÉMANCIPATION); 2° âgé de dix-huit ans accomplis; 3° autorisé par son père ou, à défaut de celui-ci, par sa mère, ou a défaut du père et de la mère, par une délibération du conseil de famille, homologuée par le tribunal civil. D'autre part, l'acte d'autorisation doit être enregistré et affiché au tribunal de commerce. Lorsque ces conditions sont remplies, le mineur est « réputé majeur pour les faits relatifs à son commerce ». Le mineur commerçant peut, pour les besoins de son commerce, aliéner son mobilier, mais il ne peut aliéner ses immeubles qu'en remplissant les formalités indiquées par les articles 457 et suivants du Code civil.

La seule condition imposée à la femme mariée pour être commerçante, c'est d'être autorisée par son mari. Les femmes mariées commerçantes ont la capacité d'aliéner leurs immeubles, autres que ceux stipulés dotaux, pour les nécessités de leur négoce. Lorsque les époux sont mariés sous le régime de la communauté, les actes de la femme commerçante l'obligent, non seulement elle-même, mais encore la communauté et le mari.

L'exercice de toute espèce de commerce est incompatible avec certaines professions, telles que celles d'avoué, notaire, et avec la plupart des fonctions publiques. Cette incompatibilité a uniquement pour effet de rendre ceux qui ne s'y conforment point passibles de peines applicables, selon les différents cas, par leurs supérieurs ou par les tribunaux; elles laissent, en général, subsister les engagements contractés par eux.

Les commerçants sont assujettis à l'obligation de payer patente et de tenir des livres de commerce. (V. PATENTE, LIVRES DE COMMERCE.) Ils doivent aussi rendre publics leur régime matrimonial et les jugements soit de séparation de biens ou de corps, soit de divorce (Code comm., art. 65-70).

*Ventes commerciales.* — V. VENTE.

*Noms commerciaux.* — « Quiconque aura soit apposé, soit fait apparaître, par addition, retranchement, ou par une altération quelconque, sur des objets fabriqués, le nom d'un fabricant autre que celui qui en est l'auteur, ou la raison commerciale d'une fabrique autre que celle où lesdits objets auront été fabriqués, ou enfin le nom d'un lieu autre que celui de la fabrication, sera puni des peines portées en l'article 423 du Code pénal, sans préjudice des dommages-intérêts, s'il y a lieu. Tout marchand, commissionnaire ou débitant quelconque sera passible des effets de la poursuite, lorsqu'il aura sciemment exposé en vente ou mis en circulation les objets marqués de noms supposés ou altérés. » (Loi du 28 juillet 1824.)

*Fonds de commerce. Clientèle.* — On désigne sous la qualification de « fonds de commerce » l'ensemble des choses dont se compose un établissement commercial. Un fonds de commerce comprend ordinairement trois éléments distincts: 1° l'achalandage ou clientèle qui en dépend; 2° le droit au bail des lieux occupés; 3° les marchandises existant en magasin. Mais ce qui constitue plus spécialement le fonds de commerce, c'est l'achalandage ou clientèle. Sont considérés comme faisant partie intégrante de l'achalandage les nom, titre, enseigne, marques, sous lesquels l'établissement commercial est connu du public.

Dans l'usage, les conventions relatives à un fonds de commerce s'établissent d'une manière distincte sur la clientèle et sur les marchandises; mais, à défaut de stipulation expresse, la vente d'un fonds comprend tout à la fois la clientèle, le droit au bail et les marchandises garnissant les magasins; l'acquéreur a le droit de prendre l'enseigne, les attributs de son vendeur et de s'annoncer comme son successeur. Le vendeur ne peut, à moins d'une clause formelle, continuer à se servir des mêmes enseignes.

Les ventes de fonds de commerce peuvent être soit verbales, soit faites par acte notarié ou sous seing privé. Il est d'usage de faire annoncer ces ventes dans les journaux, dans l'intérêt des créanciers qui auraient des oppositions à former entre les mains de l'acquéreur. Dans un délai de trois mois, par les soins de l'acquéreur, les ventes de fonds de commerce doivent, toutes sans exception, être enregistrées si elles sont écrites, ou déclarées à l'enregistrement si elles sont verbales.

La jurisprudence considère les fonds de commerce comme meubles par la détermination de la loi.

Le tuteur ne peut aliéner sans l'autorisation du conseil de famille le fonds de commerce appartenant à son pupille.

Le vendeur au comptant d'un fonds de commerce peut, en sa qualité de créancier, revendiquer ce fonds dans la huitaine de la livraison, en cas de non-payement (Code civ., art. 2102), sans préjudice du privilège que la loi lui accorde.

Tout nantissement d'un fonds de commerce doit, à peine de nullité, être inscrit sur un registre public tenu au greffe du tribunal de commerce dans le ressort duquel le fonds est exploité. (Code civ., art. 2075.)

*Tribunaux de commerce.* — V. TRIBUNAL DE COMMERCE.

*Ministère du Commerce et de l'Industrie.* — Créé le 4 janvier 1828, le *ministère du Commerce* fut rattaché tour à tour à ceux des Travaux publics, de l'Intérieur et de l'Agriculture. Le décret du 14 novembre 1881 l'érigea en département spécial, et celui du 24 mars 1894 lui donna le titre de *ministère du Commerce, de l'industrie, des postes et télégraphes.* L'administration centrale comprend les quatre directions *de l'enseignement technique, de l'assurance et de la prévoyance sociales, du travail, du commerce et de l'industrie,* et la division *du personnel et de la comptabilité.*

Les attributions du ministre du Commerce et de l'Industrie sont nombreuses et variées. La législation du travail (conseils du travail, conditions du travail, associations professionnelles, associations ouvrières de production, inspection, hygiène et sécurité des travailleurs; v. TRAVAIL); l'assurance et la prévoyance sociales (retraites ouvrières, caisses de retraites, habitations à bon marché, régime général des assurances, tutelle des caisses d'épargne, accidents du travail); la législation administrative des poids, mesures et monnaies; celle de la propriété industrielle; les encouragements à la marine marchande, aux pêches maritimes, etc., forment autant de chapitres du budget de ce département, auquel est rattachée l'administration des Postes, télégraphes et téléphones.

*Conseil supérieur du commerce et de l'industrie.* — Il a été établi par l'ordonnance du 29 avril 1831 et le décret du 2 février 1853, et réorganisé par les décrets des 13 octobre 1882, 29 mai 1890, 3 juillet 1894, 1er décembre 1894, 16 juillet 1898, 17 janvier 1900. Il est divisé en deux sections (commerce et industrie), composées chacune de trente membres, dont quinze choisis parmi les présidents des chambres de commerce, et les autres parmi les membres du Parlement et les hommes notoirement les plus versés dans les matières commerciales et financières. Le conseil émet des avis sur les projets de loi relatifs au tarif des douanes, sur l'application de ce tarif, sur les projets de traités de commerce et de navigation, sur le système des encouragements à la marine marchande et aux grandes pêches maritimes, et, en général, sur toutes les affaires commerciales. La *commission consultative* permanente du conseil supérieur du commerce et de l'industrie (25 membres) est appelée à donner son avis au ministre, toutes les fois que celui-ci ne juge pas nécessaire de consulter le conseil lui-même.

*Conseil supérieur du travail.* — V. TRAVAIL.

*Office national du commerce extérieur.* — Créé par une loi du 4 mars 1898, qui l'a rattaché au ministère du Commerce et de l'industrie, en le déclarant d'utilité publique, il a pour mission de fournir aux industriels et négociants français tous les renseignements commerciaux relatifs au développement du commerce extérieur et à l'extension de ses débouchés dans les pays étrangers, les colonies françaises et les pays de protectorat.

Il donne gratuitement aux intéressés des renseignements sur les produits que la France doit tirer du dehors pour son industrie, sa consommation, son commerce de transit; sur les produits susceptibles de trouver un débouché sur les marchés étrangers, les colonies françaises, les pays de protectorat; sur les entreprises à créer ou affaires à suivre au dehors; sur les tarifs douaniers français et étrangers, droits de port, autres taxes intéressant le commerce et la navigation; sur les questions de transports (renseignements sur les tarifs de chemins de fer et sur les transports maritimes et fluviaux); sur les conditions de payement; sur les emballages; sur la situation des marchés, et, dans la mesure du possible, sur la notoriété des maisons établies à l'étranger, les colonies françaises, les pays de protectorat.

L'Office publie : un *Moniteur officiel du commerce,* journal hebdomadaire de renseignements; les rapports commerciaux des agents diplomatiques et consulaires de France; une feuille d'informations et de renseignements; des monographies industrielles et commerciales; des notices commerciales. Il est autorisé à recevoir les subventions, dons et legs de toute nature.

Un décret du 25 avril 1898 a réglé son fonctionnement. Le conseil d'administration, siégeant sous la présidence du ministre du Commerce et de l'Industrie, et le comité de direction, présidé par le président de la chambre de commerce de Paris, ont été constitués par un décret du 21 mai 1898.

*Conseillers du commerce extérieur.* — Un autre décret de même date (21 mai 1898), complété par ceux du 22 avril 1900 et du 7 août 1903, a institué des correspondants de l'Office, portant le titre de *conseillers du commerce extérieur de la France;* ces correspondants, dont les fonctions sont gratuites, sont nommés par décret et choisis parmi les industriels et négociants français jouissant d'une grande notoriété dans les affaires d'importation et ayant personnellement contribué au développement du commerce extérieur.

Les conseillers du commerce extérieur sont nommés pour une période de cinq années; le ministre a la faculté de les maintenir dans leurs fonctions pour de nouvelles périodes de cinq ans. L'honorariat peut être conféré à ceux qui auront été en fonctions pendant deux périodes de cinq années. (Décret du 7 août 1903.)

*Chambres de commerce.* — Les chambres de commerce sont, auprès des pouvoirs publics, les organes des intérêts commerciaux et industriels de leur circonscription. Elles sont des établissements publics. Il y en a au moins une par département. (Loi du 9 avril 1898, art. 1er.)

Les chambres de commerce sont instituées par décrets d'administration publique, sur la proposition du ministre du Commerce. L'avis du conseil municipal de la commune désignée pour être le siège de la nouvelle chambre, celui du conseil général et des chambres de commerce du département devront être préalablement demandés. Le décret d'institution détermine la circonscription de chaque chambre. (*Id.*, art. 2.)

Le nombre des membres des chambres de commerce est déterminé par le décret qui les institue. Il peut être modifié par des décrets ultérieurs. Ce nombre ne peut être inférieur à neuf, ni excéder vingt et un, sauf à Paris, où il peut s'élever jusqu'à trente-six. (*Id.*, art. 3.)

Les membres des chambres de commerce sont élus pour six ans; ils sont indéfiniment rééligibles; le renouvellement a lieu par tiers tous les deux ans, dans le courant de décembre. Lors de la constitution d'une chambre de commerce, la répartition des membres entre les séries et l'ordre de renouvellement desdites séries sont réglés par le sort. (*Id.*, art. 5.)

Il est procédé à l'élection des membres des chambres de commerce d'après les listes dressées pour ces tribunaux.

A défaut de tribunal de commerce dans les arrondissements ou cantons compris dans la circonscription d'une chambre, il est dressé pour lesdits arrondissements des listes d'électeurs d'après les bases déterminées par le code de commerce pour les élections consulaires. (Décret du 22 janvier 1872, art. 1er.)

Les fonctions sont gratuites. Les chambres élisent leur président et leur vice-président, mais le préfet du département est président permanent et peut assister à toutes les séances.

Les chambres de commerce ont pour attributions : 1° de donner au gouvernement les avis et les renseignements qui leur sont demandés sur les questions industrielles et commerciales; 2° de présenter leurs vues sur les moyens d'accroître la prospérité de l'industrie et du commerce; 3° d'assurer l'exécution des travaux et l'administration des services nécessaires dont elles ont la garde. (Loi du 9 avril 1898, art. 11.)

Leur avis doit être demandé : 1° sur les règlements relatifs aux usages commerciaux; 2° sur la création, dans leur circonscription, de nouvelles chambres de commerce, de bourses de commerce, d'offices d'agents de change et de courtiers maritimes, de tribunaux de commerce, de conseils de prud'hommes, de succursales de la Banque de France, de magasins généraux et de salles de ventes publiques de marchandises neuves aux enchères et en gros; 3° sur les taxes destinées à rémunérer les services de transport concédés, dans leur circonscription, par l'autorité publique; 4° sur toutes matières déterminées par des lois ou des règlements spéciaux, notamment sur l'utilité des travaux publics à exécuter dans leur circonscription et sur les taxes ou péages à percevoir pour faire face aux dépenses de ces travaux; 5° sur les tarifs de main-d'œuvre pour le travail dans les prisons. (*Id.*, art. 12.)

Les chambres de commerce peuvent, de leur propre initiative, émettre des avis sur les changements projetés dans la législation commerciale, douanière et économique; sur les tarifs de douane; sur les tarifs et règlements des services de transport concédés par l'autorité publique hors de leur ressort, mais intéressant leur circonscription; sur les tarifs et règlements des établissements à l'usage du commerce ouverts dans leur circonscription, en vertu d'autorisations administratives. (*Id.*, art. 13.)

Les chambres de commerce peuvent être autorisées à fonder et administrer des établissements à l'usage du commerce, tels que magasins généraux, salles de ventes publiques, entrepôts, bans d'épreuves pour les armes, bureaux de conditionnement et titrage, expositions permanentes et musées commerciaux, écoles de commerce, écoles professionnelles, cours pour la propagation des connaissances commerciales et industrielles. (*Id.*, art. 14.)

Il est pourvu aux dépenses ordinaires des chambres de commerce et des bourses de commerce au moyen d'une imposition additionnelle au principal de la contribution des patentes. (*Id.*, art. 21.) (V. BOURSES DE COMMERCE et CONTRIBUTION.)

Elles peuvent être autorisées, par décret, à contracter des emprunts en vue de subvenir ou de concourir aux dépenses de construction de bourses, de palais consulaires, de lignes téléphoniques, et aux dépenses de fondation de magasins généraux, musées commerciaux, etc. (*Id.*, art. 22.)

*Enseignement commercial et industriel.* — A côté des écoles supérieures de commerce reconnues par l'Etat et au premier rang desquelles il faut citer l'*Ecole supérieure de commerce de Paris*, l'Etat donne l'enseignement commercial et industriel dans divers établissements : *Conservatoire des arts et métiers* (V. ARTS ET MÉTIERS); *Ecole centrale des arts et manufactures*, destinée à former des ingénieurs civils, comme l'*Institut national agronomique* forme des ingénieurs agronomes; *Ecoles nationales des arts et métiers* établies à Aix, Angers, Châlons, Lille et Paris; *Ecole nationale pratique d'ouvriers et de contremaîtres* de Cluny (1891); *Ecoles nationales d'horlogerie* de Besançon et de Cluny; *Ecoles pratiques de commerce et d'industrie* (décrets des 30 novembre 1863 et 8 février 1890; loi du 26 janvier 1892); *Ecoles nationales d'enseignement professionnel* de Paris, Armentières, Nantes, Vierzon, Voiron.

L'Etat subventionne et encourage, en outre, plus de trois cents écoles et cours privés.

**Commis d'académie.** — V. INSTRUCTION PUBLIQUE.

**Commis de marine.** — V. COMMISSAIRES DE LA MARINE.

**Commis voyageurs.**

Sont dispensées du timbre les cartes de légitimation exigées des commis voyageurs à l'étranger, qui sont délivrées par les chambres de commerce, en exécution de l'art. 16 de la loi du 9 avril 1898. (Loi du 25 février 1901, art. 23.)

**Commissaire des comptes ou Censeur.** — Celui qui, dans les sociétés anonymes, veille à l'observation des statuts, vérifie la comptabilité et présente un rapport à l'assemblée des actionnaires.

**Commissaire aux délégations judiciaires.** — Commissaire de police ayant reçu, par commission rogatoire, délégation de substituer le juge d'instruction et le procureur de la République dans l'œuvre de l'instruction.

A Paris, il a été créé par le règlement du 30 avril 1887 trois postes de commissaires de police chargés exclusivement de délégations judiciaires ou spéciales. Ils sont attachés au parquet de la Seine.

**Commissaire du gouvernement** (Droit parlement.). — Fonctionnaire désigné par décret, préalablement notifié aux présidents des Chambres, pour soutenir devant celles-ci la discussion des projets du gouvernement, en exécution de l'article 6 de la loi constitutionnelle du 16 juillet 1875.

Le commissaire est choisi généralement parmi les conseillers d'Etat et les directeurs généraux des ministères. Aux termes des règlements de l'une et de l'autre Chambre, il obtient, comme le ministre qu'il représente, la parole quand il la demande, sans être assujetti au tour d'inscription.

**Commissaire du gouvernement** (Droit admin.). — Membre du conseil d'Etat remplissant auprès de la section du contentieux les fonctions de ministère public.

Les commissaires du gouvernement sont choisis parmi les maîtres des requêtes et désignés par décret. Ils assistent aux délibérations de la section du contentieux et donnent leurs conclusions dans chaque affaire.

**Commissaires de la marine.** — Corps civil chargé à terre des écritures des différents services confiés au commissariat.

Les *commissaires* de la marine, officiers d'administration, vérifient, ordonnancent, enregistrent toutes les pièces intéressant la comptabilité de la marine, et veillent à l'exécution stricte des règlements. Dans les ports de commerce, ils sont chargés de l'inscription maritime et de ses multiples rouages; dans les grands postes, un commissaire général ou un commissaire prend le titre de « chef de service ». Le service des bureaux est assuré à terre par des *commis du commissariat*. Il y a deux classes de commis principaux et quatre classes de commis. Les grades sont ceux de commissaire général (deux classes), commissaire en chef (deux classes), commissaires principaux, commissaires (trois classes).

Les commissaires de la marine ont dans l'armée de mer un rôle analogue à celui des intendants dans l'armée de terre.

Le mode de recrutement du corps du commissariat de la marine est fixé par le décret du 6 juin 1903, sa composition et ses cadres par le décret du 5 juin suivant.

**Commissaires de police.** — Fonctionnaires chargés de veiller préventivement à l'observance de la loi, des arrêtés de l'autorité, au maintien du bon ordre, à la sécurité des personnes et des biens. V. POLICE.

**Commissaires-priseurs.** — Officiers publics chargés de procéder à la *prisée* ou estimation des meubles et effets mobiliers et de les vendre aux enchères publiques.

Les commissaires-priseurs, les officiers publics, dont la charge est vénale, présentent leurs successeurs à l'agrément du ministre de la Justice, sur la proposition de qui ils sont nommés par décret.

A Paris, les commissaires-priseurs sont au nombre de quatre-vingts. Il peut en être établi dans les villes qui sont chefs-lieux d'arrondissement ou qui sont le siège d'un tribunal de première instance et dans celles qui, n'ayant ni sous-préfecture ni tribunal, ont une population de 5 000 âmes au moins. (Lois du 27 ventôse an IX et du 28 avril 1816, art. 89; Ord. du 26 juin 1816.)

La loi du 18 juin 1843 détermine les perceptions autorisées au profit des commissaires-priseurs en sus du prix principal de l'enchère à titre de droits de prisée, de droits de vente ou de vacation.

Dans la ville où ils sont établis, les commissaires-priseurs procèdent exclusivement aux ventes mobilières; dans les autres villes de l'arrondissement, les notaires, greffiers et huissiers ont qualité pour y procéder concurremment avec eux.

**Commissaires de surveillance administrative.** — Agents assermentés, placés par le ministre des Travaux publics dans les gares de chemins de fer pour veiller à l'exécution des lois et règlements régissant les compagnies, sous la direction des ingénieurs du contrôle, dans une circonscription déterminée du réseau.

Nommés à la suite d'un concours, les commissaires de surveillance administrative doivent, en cas d'accident, prévenir leurs supérieurs et les préfets, faire une enquête, sans pouvoir donner aucun ordre direct aux agents des compagnies. Ils reçoivent et inscrivent les plaintes des voyageurs. Ils ont, pour la constatation des crimes, délits et contraventions commis dans l'enceinte des chemins de fer, les pouvoirs d'officiers de police judiciaire. Ils relèvent, sous ce rapport, du procureur de la République du ressort, auxquels ils transmettent directement leurs procès-verbaux.

Les *commissaires spéciaux* installés dans certaines gares frontières et à Paris n'ont rien de commun avec les commissaires de surveillance. Ce sont des agents du ministère de l'Intérieur, chargés de la surveillance répressive sur la ligne à laquelle ils sont attachés. Ils veillent plus particulièrement à ce qui intéresse la sûreté de l'Etat.

**Commission.** — Rétribution demandée par un commissionnaire à son commettant, ou par un banquier à son client, et, d'une manière générale, par tous les intermédiaires à titre onéreux. V. COMMISSIONNAIRE.

**Commission** (Admin.). — Titre ou brevet conférant un grade ou un emploi.

L'agent qui bénéficie d'une commission de l'autorité n'est admis à prêter serment que sur la production de sa commission. Il peut être requis de l'exhiber, lorsqu'il instrumente, comme le font les agents des contributions indirectes qui veulent pénétrer chez un débitant. Enfin s'il est appelé à relever des contraventions, il doit, à peine de nullité de ses procès-verbaux, mentionner en ceux-ci la date de sa commission et le nom du fonctionnaire qui l'a délivrée. (V. COMMISSIONNÉ.)

**Commission départementale.** — V. DÉPARTEMENT.

**Commission syndicale.** — V. SYNDICAT DE COMMUNES.

**Commission rogatoire.** — Invitation faite à un juge ou à un tribunal de procéder à quelque acte de justice, pour le compte d'un autre juge ou d'un autre tribunal.

L'objet des commissions rogatoires est ainsi défini par l'art. 1035 du Code d'Instr. criminelle : « Quand il s'agira de recevoir un serment, une caution, de procéder à une enquête, à un interrogatoire sur faits et articles, de nommer des experts, et généralement de faire une opération quelconque en vertu d'un jugement, et que les parties, ou les lieux contentieux, seront trop éloignés, les juges pourront commettre un tribunal voisin, un juge, ou même un juge de paix, suivant l'exigence des cas; ils pourront même autoriser un tribunal à nommer, soit un de ses membres, soit un juge de paix, pour procéder aux opérations ordonnées. »

**Commission scolaire.** — V. INSTRUCTION PUBLIQUE.

**Commissionnaire.** — Commerçant qui fait des opérations pour le compte d'autrui.

*Du commissionnaire.* — Le commissionnaire, dont la profession est libre, agit : 1° soit pour le compte et au nom d'un commettant, qui doit seul profiter du bénéfice de l'opération ou en supporter les conséquences onéreuses; son rôle est identique à celui du mandataire; 2° soit pour le compte du commettant, mais en son nom propre, et alors il s'oblige personnellement vis-à-vis des tiers; par là sa situation se sépare de celle d'un mandataire ordinaire qui agit tout à la fois pour le compte et au nom de son mandant, le mandant seul s'obligeant envers les tiers par l'organe du mandataire. Le commissionnaire, au contraire, couvre son commettant, qui reste innomé dans l'opération et vis-à-vis duquel les tiers qui traitent avec le commissionnaire n'acquièrent directement aucune action.

*Obligations du commissionnaire.* — Le commissionnaire est comptable et responsable vis-à-vis de son commettant comme l'est un mandataire ordinaire. Sa responsabilité est même plus rigoureuse, par la raison que, à la différence du mandat qui est gratuit, sauf clause contraire, la commission comporte de plein droit un émolument ou salaire sous-entendu par l'usage, quand bien même il n'aurait pas été l'objet d'une stipulation expresse. Le commissionnaire répond donc envers son commettant de ses négligences et de ses fautes, même légères. Il est responsable de toute avarie et de toute dépréciation qu'ont éprouvées par sa faute ou celle de ses employés les marchandises consignées entre ses mains par son commettant. Il engage sa responsabilité en n'exécutant point dans le délai convenu, ou en exécutant en temps inopportun les ordres qui lui ont été donnés.

*Contrat de commission.* — Le contrat de commission n'est assujetti par la loi à aucune forme déterminée. Les parties peuvent rédiger un acte écrit, authentique ou privé; mais la preuve peut également résulter soit de leur correspondance, soit des énonciations des livres de commerce, soit même de déclarations de témoins, les juges de commerce ayant la faculté d'admettre la preuve testimoniale dans tous les cas où les circontances leur paraissent permettre de l'accueillir avec sécurité. Le contrat de commerce peut donc se former sans écrit et d'une manière purement verbale; il peut même se former tacitement, et il arrive fréquemment que l'acceptation du mandat est un effet purement tacite.

Le contrat de commission est, en somme, un mandat *sui generis* approprié aux nécessités du commerce. Le secret est, dans un grand nombre de circonstances, une condition de succès pour les spéculations commerciales : l'usage du contrat de commission, qui permet au commettant de garder l'anonyme et ne met en évidence que l'agent de l'opération, assure cette précieuse garantie du secret. La commission favorise, en outre, bien mieux que ne pourrait le faire le mandat ordinaire, la promptitude dans les transactions commerciales. Les tiers, en effet, traitant personnellement avec le commissionnaire qui s'engage directement avec eux, n'ont nullement à s'enquérir de la solvabilité du commettant. Les tiers suivent la foi du commissionnaire, ce qui les dispense de recourir à des informations devant entraîner une perte de temps.

*Droit de commission.* — Tandis que le mandat est gratuit de sa nature et ne peut devenir salarié qu'en vertu d'une clause expresse, la commission, au contraire, comporte de plein droit un émolument pour le commissionnaire, et il faudrait une clause formelle dérogeant au droit commun pour la rendre gratuite. A défaut de convention spéciale, la quotité du salaire est déterminée par les usages de la place relativement à la nature d'opérations dont il s'agit. Cette quotité ne représente, en général, que la remise pour la simple commission, c'est-à-dire la rémunération pure et simple de l'entremise du commissionnaire. Lorsque ce dernier prend à sa charge les risques de l'insolvabilité des acheteurs, une autre remise dite *ducroire* (de l'italien *del credere*) ou prime de confiance, est allouée en raison des risques qu'il assure. Le commissionnaire cumule dans ce dernier cas le double rôle de mandataire et d'assureur : c'est à ce dernier titre, et comme prime d'assurance, qu'il reçoit une seconde remise. Le mandat ordinaire est classé par les jurisconsultes au nombre des contrats *de bienfaisance;* dans le contrat de commission, au contraire, chacune des deux parties recherche un lucre ; la commission, à la différence du mandat, est un *contrat commutatif.* V. CONTRAT.

*Privilège du commissionnaire.* — Le simple mandataire qui a fait des avances à raison de l'exécution de son mandat n'a contre son mandant qu'une créance ordinaire pour se faire rembourser les sommes dont il s'est mis à découvert pour le compte de celui-ci. La loi ne lui attribue, relativement aux autres créanciers, aucun droit de préférence ou de privilège pour se faire payer sur les choses ou valeurs quelconques dont la gestion lui a été confiée et dont il se trouve détenteur par l'effet de son mandat ; il a droit simplement et strictement au remboursement de ses dépenses purement conservatoires. Les avances qu'il a pu faire à son mandant pour un tout autre objet ne sont garanties par aucun privilège. La loi commerciale a fait au commissionnaire une situation plus avantageuse : elle lui donne, à raison de ses avances, un privilège sur les marchandises qu'il est chargé d'acheter ou de vendre, ainsi que sur les deniers provenant des ventes effectuées par sa médiation. En effet, quand il expose des frais ou quand il remet à son commettant des acomptes ou anticipations sur le prix à provenir d'une vente non encore réalisée, le commissionnaire ne prête point à la personne, il prête à la marchandise ou aux valeurs de nature quelconque sur lesquelles il est chargé d'opérer et qui forment naturellement le gage sur lequel il a dû compter.

Tout commissionnaire a privilège sur la valeur des marchandises à lui expédiées, déposées ou consignées, par le fait seul de l'expédition, du dépôt ou de la consignation, pour tous les prêts, avances ou payements faits par lui, soit avant la réception des marchandises, soit pendant le temps qu'elles sont en sa possession. Dans la créance privilégiée du commissionnaire sont compris, avec le principal, les intérêts, commissions et frais.

Si les marchandises ont été vendues et livrées pour le compte du commettant, le commissionnaire se rembourse, sur le produit de la vente, du montant de sa créance, par préférence aux créanciers du commettant. (Code comm., art. 95.)

Le commissionnaire « est réputé avoir les marchandises en sa possession, lorsqu'elles sont à sa disposition dans ses magasins ou navires, à la douane ou dans un dépôt public, ou si, avant qu'elles soient arrivées, il en est saisi par un connaissement ou par une lettre de voiture ». (*Id.*, art. 92.) V. GAGE COMMERCIAL.

*Commissionnaire pour les transports.* — V. TRANSPORTS.

**Commissionnaire public.** — Individu qui fait, moyennant salaire, les commissions d'autrui.

Les commissionnaires publics ne peuvent exercer leur industrie qu'avec l'autorisation du maire (à Paris, du préfet de police). Ils sont munis d'une plaque numérotée.

**Commissionné.** — Militaire maintenu ou réadmis au service en vertu d'une commission. — Employé investi de son emploi par la remise du titre ou *commission* qui le fait entrer dans les cadres du personnel.

Peuvent être maintenus au service en vertu d'une commission : les sous-officiers ayant quinze ans de service effectif et ne pouvant plus, dès lors, contracter de rengagement, ou ceux qui, ayant dix ans de service au moins, font, à l'expiration de leur engagement, la demande de servir en qualité de commissionnés ; enfin, les gendarmes, sapeurs-pompiers de Paris, militaires employés dans les écoles ou affectés dans les corps de troupes à divers emplois déterminés par la note ministérielle du 18 novembre 1889. Peuvent être réadmis dans l'armée, à titre de commissionnés, les militaires de ces mêmes catégories ayant quitté le service depuis moins de trois ans, ainsi que les sous-officiers, sortis de l'armée après dix ans de service et même déjà admis à une pension de retraite, qui ont été titulaires de certains emplois déterminés par les lois des 13 mars et 25 décembre 1875.

Les commissionnés ont droit à la haute paye de leur grade, à une pension proportionnelle après quinze ans, et à une retraite après vingt-cinq ans de service. Ils sont soumis aux lois et règlements militaires, mais peuvent quitter leur emploi et sortir de l'armée en donnant leur démission, sauf en cas de guerre.

C'est surtout en ce point que leur situation diffère de celle des *rengagés*, et aussi par le temps pendant lequel ils peuvent être maintenus au service, temps qui n'est limité que par l'âge : quarante-sept ans pour les sous-officiers, cinquante ans pour les militaires titulaires de certains emplois. Les gendarmes et employés de la justice militaire peuvent même être maintenus au delà de cet âge.

**Commissoire (Pacte).** — V. CONDITIONS.

**Commodat** (du latin *commodare*, prêter). — Nom donné par les Romains au prêt à usage. (V. PRÊT).

**Commodo** : Enquête *de commodo et incommodo*. — V. ENQUÊTE.

**Communauté.** — Régime d'association conjugale en vertu duquel certains biens des époux sont communs entre eux.

La communauté dite *légale* est établie par la loi; c'est le régime des époux mariés sans contrat, de ceux qui l'ont stipulé dans leur contrat, et de ceux qui ont fait un contrat nul (par ex., pour vice de forme). La communauté *conventionnelle* est la communauté légale plus ou moins modifiée par la convention des parties (C. civ., art. 1497). Le régime de la communauté est caractérisé par la juxtaposition de trois masses de biens : les biens communs ou la communauté, ceux propres au mari, ceux propres à la femme. La composition de chacune d'elles est réglée par la loi ou par le contrat de mariage. Chaque fois que l'une de ces masses de biens s'enrichit au détriment d'une autre, elle lui doit *récompense.* (V. plus loin, § *Récompenses.*)

La communauté, soit légale, soit conventionnelle, commence du jour du mariage contracté devant l'officier de l'état civil; on ne peut stipuler qu'elle commencera à une autre époque. (Cod. civ., art. 1399.)

## Communauté légale.

*Actif de la communauté*. (Code civ., art. 1401.)

La communauté se compose activement : 1° de tout le mobilier que les époux possédaient au jour de la célébration du mariage, ensemble de tout le mobilier qui leur échoit pendant le mariage à titre de succession ou même de donation, si le donateur n'a exprimé le contraire; 2° de tous les fruits, revenus, intérêts et arrérages, de quelque nature qu'ils soient, échus ou perçus pendant le mariage, et provenant des biens qui appartenaient aux époux lors de la célébration, ou de ceux qui leur sont échus pendant le mariage, à quelque titre que ce soit; en d'autres termes, la communauté est usufruitière des biens propres des époux; 3° de tous les immeubles acquis à prix d'argent pendant le mariage. Aux termes de l'article 1402, tout immeuble est réputé acquêt de communauté s'il n'est prouvé que l'un des époux en avait avant le mariage la propriété ou la possession légale (V. PRESCRIPTION), ou qu'il lui est échu dans la suite à titre de succession ou donation. Mais tout immeuble acquis entre le contrat et la célébration du mariage au moyen de deniers qui devaient tomber en communauté est commun au même titre que ces deniers eux-mêmes. (*Id.*, art. 1404.)

*Biens propres des époux.* — Les biens qui n'entrent pas en communauté forment le patrimoine particulier de chacun des époux, leurs biens propres ou, plus simplement, leurs *propres.*

Les *propres immobiliers* comprennent : 1° les immeubles acquis avant le mariage; 2° les immeubles acquis par succession, donation ou accession (V. ce mot) pendant le mariage; 3° certains immeubles visés par les articles 1406, 1407, 1408, 1434 et 1435 du Code civil, savoir :

Art. 1406. « L'immeuble abandonné ou cédé par père, mère ou autre ascendant, à l'un des deux époux, soit pour le remplir de ce qu'il lui doit, soit à la charge de payer les dettes du donateur à des étrangers, n'entre point en communauté; sauf récompense ou indemnité. » (V. plus loin, § *Récompense.*)

Art. 1407. « L'immeuble acquis pendant le mariage à titre d'échange contre l'immeuble appartenant à l'un des époux, n'entre point en communauté, et est subrogé aux lieu et place de celui qui a été aliéné; sauf la récompense s'il y a soulte. »

Art. 1408. « L'acquisition faite pendant le mariage, à titre de licitation ou autrement, de portion d'un immeuble dont l'un des époux était propriétaire par indivis, ne forme point un conquêt; sauf à indemniser la communauté de la somme qu'elle a fournie pour cette acquisition. Dans le cas où le mari deviendrait seul, et en son nom personnel, acquéreur ou adjudicataire de portion ou de la totalité d'un immeuble appartenant par indivis à la femme, celle-ci, lors de la dissolution de la communauté, a le choix ou d'abandonner l'effet à la communauté, laquelle devient alors débitrice envers la femme de la portion appartenant à celle-ci dans le prix, ou de retirer l'immeuble (*retrait d'indivision*) en remboursant à la communauté le prix de l'acquisition. »

Art. 1434 et 1435. V. REMPLOI.

Les *propres mobiliers* sont ceux qui sont déclarés tels par le contrat de mariage, les objets mobiliers donnés ou légués à la condition qu'ils resteront propres à l'époux donataire ou légataire, etc.

*Passif de la communauté.* — Le passif de la communauté comprend : 1° les dettes mobilières des époux au jour du mariage, sauf récompense pour celles relatives aux immeubles propres. (Celles de la femme doivent résulter d'un acte authentique antérieur au mariage); 2° les dettes contractées par le mari ou par la femme autorisée du mari ou mandataire de celui-ci ; 3° les intérêts des dettes personnelles aux époux; 4° les réparations usufructuaires des immeubles qui n'entrent pas en communauté; 5° les charges du mariage (art. 1409).

*Contribution aux dettes.* Le passif des successions ou des donations échues aux époux pendant le mariage se répartit entre eux et la communauté dans la même proportion que leur actif.

*Obligation aux dettes.* Les créanciers peuvent agir toujours contre les biens de la succession et l'époux héritier, et aussi contre la communauté, si l'héritier est le mari, ou si c'est la femme, à la condition que celle-ci ait accepté avec l'autorisation du mari (art. 1411-1418).

*Administration de la communauté* (Code civ., art. 1421-1440). — *Pouvoirs du mari.* Le mari, chef de la communauté, en administre seul les biens. De plus, quoique copropriétaire avec la femme, il en dispose librement. Il peut les vendre et hypothéquer sans le concours de la femme.

Il n'y a de réserve que pour les aliénations à titre gratuit; le mari ne peut disposer entre vifs à titre gratuit des immeubles de la communauté, ni de l'universalité ou d'une quotité du mobilier, si ce n'est pour l'établissement des enfants communs. Il ne peut disposer des effets mobiliers à titre gratuit et particulier, au profit de toutes personnes, que s'il ne s'en réserve pas l'usufruit.

Par testament, il ne peut disposer au delà de sa part dans la communauté. S'il a légué un objet déterminé et que la femme accepte la communauté, de deux choses l'une : ou l'objet, par suite du partage, tombe au lot des héritiers du mari, le donataire peut le réclamer en nature ; dans le cas contraire, il a droit à la valeur en argent de l'objet, sur la part des héritiers du mari dans la communauté et sur les biens personnels de ce dernier.

Les amendes encourues par le mari peuvent se poursuivre sur les biens de la communauté, sauf récompense à la femme ; celles encourues par la femme ne peuvent s'exécuter que sur la nue propriété de ses biens personnels, tant que dure la communauté.

*Pouvoirs de la femme.* Les actes faits par la femme sans le consentement du mari, et même avec l'autorisation de la justice, n'engagent point les biens de la communauté, si ce n'est lorsqu'elle contracte comme marchande publique et pour le fait de son commerce.

La femme ne peut s'obliger ni engager les biens de la communauté, même pour tirer son mari de prison, ou pour l'établissement de ses enfants en cas d'absence du mari, qu'après y avoir été autorisée par justice.

*Biens personnels de la femme.* Le mari a l'administration de tous les biens personnels de la femme. Il peut exercer seul toutes les actions mobilières et possessoires qui lui appartiennent, mais il ne peut aliéner les immeubles personnels de sa femme sans le consentement de celle-ci ; c'est la femme qui les aliène avec l'autorisation du mari ou de la justice.

Le mari est responsable de tout dépérissement des biens personnels de sa femme, causé par défaut d'actes conservatoires.

Il donne à bail les biens de la femme. Les baux qu'il passe pour un temps excédant neuf ans ne sont, en cas de dissolution de la communauté, obligatoires vis-à-vis de la femme ou de ses héritiers que pour le temps qui reste à courir soit de la première période de neuf ans, si les parties s'y trouvent encore, soit de la seconde, et ainsi de suite, de manière que le fermier n'ait que le droit d'achever la jouissance de la période de neuf ans où il se trouve.

Les baux de neuf ans ou au-dessous que le mari seul a passés ou renouvelés des biens de sa femme, plus de trois ans avant l'expiration du bail courant s'il s'agit de biens ruraux, et plus de deux ans avant la même époque s'il s'agit de maisons, sont sans effet, à moins que leur exécution n'ait commencé avant la dissolution de la communauté.

**Récompense.** — Une *récompense* est, dans le régime de la *communauté*, une indemnité due à l'un des époux par la communauté ou réciproquement, ou aussi par l'un des époux à l'autre. La communauté doit une récompense à l'un des époux lorsque, un immeuble propre à l'un des époux ayant été vendu, le prix en a été versé dans la communauté sans remploi ; il en est de même si la communauté a touché le prix versé par un propriétaire pour se rédimer de services fonciers dus à un héritage propre. (Code civ., art. 1433.) L'article n'est pas limitatif, et chacun des époux est créancier de tout ce dont il a enrichi la communauté. La récompense s'exerce sur les biens de la communauté ; si la récompense est due à la femme, elle peut, en cas d'insuffisance, l'exercer sur les biens personnels du mari. Il est dû récompense à la communauté par l'un des époux toutes les fois qu'il a été pris sur la communauté une somme soit pour acquitter des dettes ou des charges personnelles à l'un des époux (comme pour payer tout ou partie d'un immeuble propre), soit pour le recouvrement, la conservation ou l'amélioration de ses biens personnels, et généralement toutes les fois qu'il a tiré un profit personnel des biens de la communauté. (*Id.*, art. 1437.) La récompense n'excède jamais ce que la communauté a déboursé ; d'autre part, elle n'est due que jusqu'à concurrence de ce dont l'époux a profité. Il est dû récompense par l'un des époux à l'autre chaque fois qu'un propre de l'un des époux a servi à acquitter une dette personnelle de l'autre, par exemple si la dette d'un époux a été éteinte par la dation en payement d'un immeuble propre de l'autre. Toute récompense se liquide et se paye à la dissolution de la communauté.

**Constitution de dot.** — V. DOT.

**Dispositions entre époux.** — V. MARIAGE.

**Dissolution de la communauté** (Code civ., art. 1441-1466). — La communauté se dissout par la mort, par le divorce, par la séparation de corps, par la séparation de biens, par l'annulation d'un mariage putatif. L'absence peut entraîner une dissolution provisoire de la communauté.

L'époux survivant doit faire inventaire.

**Acceptation et renonciation** (Code civ., art. 1453-1466 et 1492-1496). — Après la dissolution de la communauté, la femme (ou ses héritiers et ayants cause) a la faculté de l'accepter ou d'y renoncer, à moins qu'elle ne se soit immiscée dans les biens de la communauté, n'ait recelé ou diverti des objets.

Les actes purement administratifs ou conservatoires n'emportent point immixtion.

La renonciation est l'acte par lequel la femme mariée sous le régime de la communauté ou ses héritiers renoncent, après la dissolution de la communauté, à leur part dans les biens dont elle se compose, pour n'avoir pas à supporter ses dettes.

Par la renonciation à la communauté, la femme est déchargée de toute contribution au passif de la communauté ; mais elle perd tout droit à son actif : elle peut retirer seulement les linges et hardes à son usage (art. 1492 et 1494).

Pour pouvoir renoncer, la femme doit faire dresser, dans le délai de trois mois, un inventaire fidèle et exact, et, dans un nouveau délai de quarante jours, déclarer (au greffe du tribunal de première instance de l'arrondissement où son mari était domicilié) son intention de renoncer. Pendant les délais en question, la veuve a droit de prendre sa nourriture et celle de ses domestiques sur les provisions existantes et même sur la masse commune, et elle ne doit aucun loyer pendant le même temps.

C'est sous les mêmes conditions que les héritiers de la femme prédécédée ont la faculté de renoncer eux-mêmes à la communauté.

L'acceptation est toujours présumée, la renonciation toujours expresse. Toutefois, la femme divorcée ou séparée de corps, qui n'a point, dans les trois mois et quarante jours après le divorce ou la séparation définitivement prononcés, accepté la communauté, est censée y avoir renoncé, à moins qu'étant encore dans le délai elle n'en ait obtenu la prorogation en justice, contradictoirement avec le mari, ou lui dûment appelé. (Code civ., art. 1463.)

Les renonciations à communauté ou à succession sont faites au greffe du tribunal dans l'arrondissement duquel la communauté se sera opérée, sans qu'il soit besoin d'autre formalité. (Code proc. civ., art. 997.)

*Partage après acceptation.* (Code civ., art. 1467-1491.) — La liquidation comprend le partage de l'actif, la répartition du passif. Chaque époux ajoute aux biens existants par le moyen de *rapports* ce qu'il doit à la communauté, et *prélève* ce qui lui est dû. Le partage se fait par moitié, tant pour l'actif que pour le passif, sauf les clauses contraires de communauté conventionnelle. Le deuil de la femme, même renonçante, est à la charge des héritiers du mari.

Tandis que le mari peut être poursuivi, sauf son recours, pour la totalité des dettes, le *bénéfice d'émolument* permet au contraire à la femme de ne payer les dettes que jusqu'à concurrence de ce qu'elle retire de la communauté, pourvu qu'il y ait eu bon et fidèle inventaire (art. 1483) et qu'elle ne se soit pas engagée solidairement (art. 1487).

### Communauté conventionnelle.

La communauté conventionnelle, c'est la communauté légale, modifiée par les conventions des parties.

Les époux peuvent en effet modifier la communauté légale par toute espèce de conventions non contraires à l'ordre public, aux bonnes mœurs, aux lois sur la puissance maritale ou paternelle, ou sur l'ordre successoral.

Les principales modifications sont celles qui ont lieu en stipulant :

1° Que la communauté sera réduite aux acquêts ;

2° Que le mobilier présent ou futur n'entrera point en communauté, ou n'y entrera que pour une partie ;

3° Qu'on y comprendra tout ou partie des immeubles présents ou futurs, par la voie de l'ameublissement ;

4° Que les époux payeront séparément leurs dettes antérieures au mariage (clause de séparation de dettes) ;

5° Qu'en cas de renonciation la femme pourra reprendre ses apports francs et quittes ;

6° Que le survivant aura un préciput ;

7° Que les époux auront des parts inégales ;

8° Qu'il y aura entre eux communauté à titre universel.

Les époux peuvent faire toutes autres conventions. Néanmoins, dans le cas où il y aurait des enfants d'un précédent mariage, toute convention qui tendrait dans ses effets à donner à l'un des époux au delà de la portion réglée par les dispositions sur la quotité disponible, sera sans effet pour l'excédent de cette portion ; mais les simples bénéfices résultant des travaux communs et des économies faites sur les revenus respectifs, quoique inégaux, des deux époux, ne sont pas considérés comme un avantage fait au préjudice des enfants du premier lit.

La communauté conventionnelle reste soumise aux règles de la communauté légale, pour tous les cas auxquels il n'y a pas été dérogé implicitement ou explicitement par le contrat.

*Communauté réduite aux acquêts.* (Code civ., art. 1498-1499). On appelle ainsi un régime de communauté conventionnelle qui restreint l'actif et le passif de la communauté légale. On en exclut le mobilier présent des époux et, parmi le mobilier futur, celui qui est acquis à titre lucratif. La communauté comprend alors les fruits et revenus des propres, les produits du travail ou de l'industrie des époux, les acquêts, c'est-à-dire les biens acquis à titre onéreux pendant le mariage.

Le passif ne comprend ni les dettes présentes, ni les dettes futures provenant de successions ou donations échues aux époux.

Si le mobilier existant lors du mariage, ou échu depuis, n'a pas été constaté par inventaire ou état en bonne forme, il est réputé acquêt.

*Clause exclusive du mobilier.* (Code civ., art. 1500-1504.) Les époux peuvent exclure de leur communauté tout leur mobilier présent et futur. On donne à cette clause le nom de « clause de *réalisation* (de *res*, chose) », parce que les meubles exclus sont comme assimilés à des immeubles.

La *réalisation* est expresse ou tacite ; dans ce dernier cas, elle résulte : 1° ou de la *clause d'emploi*, réalisation d'une somme dont il est stipulé qu'elle sera employée en immeubles ; 2° ou de la *clause d'apport*, par laquelle les époux stipulent qu'ils mettront réciproquement du mobilier dans la communauté jusqu'à concurrence d'une valeur ou d'une somme déterminée.

La clause d'apport rend l'époux débiteur envers la communauté de la somme qu'il a promis d'y mettre, et l'oblige à justifier de cet apport.

L'apport est suffisamment justifié, quant au mari, par la déclaration portée au contrat de mariage que son mobilier est de telle valeur. Il est suffisamment justifié, à l'égard de la femme, par la quittance que le mari lui donne, ou à ceux qui l'ont dotée.

Chaque époux a le droit de reprendre et de prélever, lors de la dissolution de la communauté, la valeur de ce dont le mobilier qu'il a apporté lors du mariage, ou qui lui est échu depuis, excédait sa mise en communauté.

Le mobilier qui échoit à chacun des époux

pendant le mariage doit être constaté par un inventaire.

A défaut d'inventaire du mobilier échu au mari, ou d'un titre propre à justifier de sa consistance et valeur, déduction faite des dettes, le mari ne peut en exercer la reprise.

Si le défaut d'inventaire porte sur un mobilier échu à la femme, celle-ci ou ses héritiers sont admis à faire preuve, soit par titres, soit par témoins, soit même par commune renommée, de la valeur de ce mobilier.

*Clause d'ameublissement.* (Cod. civ., art. 1505-1509.) On donne le nom d'*ameublissement* à la clause de communauté conventionnelle par laquelle les époux, ou l'un d'eux, font passer un immeuble à l'état de meuble, pour le faire entrer dans la communauté. Cette fiction n'a d'effet qu'entre les époux; car, à l'égard des tiers, l'immeuble conserve toujours sa nature propre. La cause d'ameublissement a pour effet d'étendre la communauté légale; elle est l'opposé de la *stipulation de propre,* qui la restreint.

L'ameublissement est *général* ou *particulier, déterminé* ou *indéterminé.* On le dit *général* quand il comprend tous les immeubles; *particulier,* quand il ne s'applique qu'à certains immeubles spécialement désignés; *déterminé,* quand il fait passer à la communauté la propriété des immeubles qui en forment l'objet, et les assimile, d'une manière absolue, aux meubles; *indéterminé,* quand il donne à la communauté un droit de créance en vertu duquel l'époux qui a consenti l'ameublissement est tenu, lors de la dissolution de la communauté, de comprendre dans la masse commune, jusqu'à concurrence de la somme pour laquelle l'ameublissement a eu lieu, les immeubles ameublis.

*Clause de séparation de dettes.* (Code civ., art. 1510-1513.) C'est une clause par laquelle des époux, adoptant le régime de la communauté, y apportent la modification suivante : ils conviennent que la communauté ne sera pas chargée des dettes que chacun d'eux a contractées avant le mariage et qu'ils payeront séparément leurs dettes personnelles.

Pour que cette clause soit opposable aux créanciers et limite ainsi leur action aux frais personnels de l'époux débiteur, il faut que le mobilier propre à chacun des conjoints ait été inventorié.

La clause de séparation des dettes n'empêche point que la communauté ne soit chargée des intérêts et arrérages qui ont couru depuis le mariage.

Lorsque les époux apportent dans la communauté (*clause d'apport*) une somme certaine ou un corps certain, un tel apport emporte la convention tacite qu'il n'est point grevé de dettes antérieures au mariage; et il doit être fait raison par l'époux débiteur à l'autre de toutes celles qui diminueraient l'apport promis.

Lorsque la communauté est poursuivie pour les dettes de l'un des époux, déclaré, par contrat, franc et quitte de toutes dettes antérieures au mariage (*clause de franc et quitte*), le conjoint a droit à une indemnité qui se prend soit sur la part de communauté revenant à l'époux débiteur, soit sur les biens personnels dudit époux. En cas d'insuffisance, cette indemnité peut être poursuivie par voie de garantie contre le père, la mère, l'ascendant ou le tuteur qui l'auraient déclaré franc et quitte. Elle peut même être exercée par le mari durant la communauté, si la dette provient du chef de la femme; sauf, en ce cas, le remboursement dû par la femme ou ses héritiers aux garants, après la dissolution de la communauté.

*Reprise d'apport franc et quitte.* (Code civ., art. 1514). — La femme peut stipuler qu'en cas de renonciation à la communauté elle reprendra tout ou partie de ce qu'elle y aura apporté, soit hors du mariage, soit depuis; mais cette stipulation ne peut s'étendre au delà des choses formellement exprimées, ni au profit des personnes autres que celles désignées.

Ainsi, la faculté de reprendre le mobilier que la femme a apporté lors du mariage ne s'étend point à celui qui serait échu pendant le mariage. Ainsi encore, la faculté accordée à la femme ne s'étend point aux enfants; celle accordée à la femme et aux enfants ne s'étend point aux héritiers ascendants ou collatéraux.

Dans tous les cas, les apports ne peuvent être repris que déduction faite des dettes personnelles à la femme, et que la communauté aurait acquittées.

*Préciput conventionnel.* (Code civ., art. 1515-1519.) Le préciput est un prélèvement opéré avant un partage sur la masse des biens de la communauté.

Le préciput conventionnel peut être stipulé en faveur de l'un ou de l'autre des conjoints, ou de tous les deux. Mais la clause par laquelle l'époux survivant est autorisé à prélever, avant tout partage, une certaine somme ou une certaine quantité d'effets mobiliers en nature, ne donne droit à ce prélèvement, au profit de la femme survivante, que lorsqu'elle accepte la communauté, à moins que le contrat de mariage ne lui ait réservé ce droit, même en renonçant. Hors ce cas, le préciput ne s'exerce que sur la masse partageable, et non sur les biens personnels de l'époux prédécédé.

Le préciput ne rend pas l'époux créancier de la communauté; c'est un copartageant, qui a un droit plus fort. Le préciput ne pouvant s'exercer que sur les biens de communauté devient caduc pour ce qui manque, quand les biens sont insuffisants. Le préciput est une convention de mariage: il n'est une donation ni quant à la forme, ni quant au fond. L'avantage qui en résulte pour l'époux préciputaire n'est pas réductible au profit de tous les héritiers réservataires de son conjoint, mais il le serait aux enfants du premier de celui-ci (art. 1098).

Lorsque la dissolution de la communauté s'opère par le divorce ou par la séparation de corps, il n'y a pas lieu à la délivrance actuelle du préciput; mais l'époux qui a obtenu soit le divorce, soit la séparation de corps, conserve ses droits au préciput en cas de survie. Si c'est la femme, la somme ou la chose qui constitue le préciput reste toujours provisoirement au mari, à la charge de donner caution.

*Parts inégales assignées à chacun des époux dans la communauté.* (Code civ., art. 1520-1525.) Les époux peuvent déroger au partage égal établi par la loi, soit en ne donnant à l'époux survivant ou à ses héritiers, dans la communauté, qu'une part moindre que la moitié, soit en ne lui donnant qu'une somme fixe pour tout droit de communauté, soit en stipulant que la communauté entière, en certains cas, appartiendra à l'époux survivant, ou à l'un d'eux seulement.

Le mari ou ses héritiers qui retiennent, en vertu de la clause énoncée en l'article 1520, la totalité de la communauté, sont obligés d'en acquitter toutes les dettes. Les créanciers n'ont, en ce cas, aucune action contre la femme ni contre ses héritiers.

Si c'est la femme survivante qui a, moyennant une somme convenue, le droit de retenir toute la communauté contre les héritiers du mari, elle a le choix ou de leur payer cette somme, en demeurant obligée à toutes les dettes, ou de renoncer à la communauté, et d'en abandonner aux héritiers du mari les biens et les charges.

Lorsqu'il a été stipulé que l'époux ou ses héritiers n'auront qu'une certaine part dans la communauté, comme le tiers ou le quart, l'époux ainsi réduit ou ses héritiers ne supportent les dettes de la communauté que proportionnellement à la part qu'ils prennent dans l'actif.

La convention est nulle si elle oblige l'époux ainsi réduit ou ses héritiers à supporter une plus forte part, ou si elle les dispense de supporter une part dans les dettes égale à celle qu'ils prennent dans l'actif.

Lorsqu'il est stipulé que l'un des époux ou ses héritiers ne pourront prétendre qu'une certaine somme pour tout droit de communauté (*forfait de communauté*), la clause est un forfait qui oblige l'autre époux ou ses héritiers à payer la somme convenue, que la communauté soit bonne ou mauvaise, suffisante ou non pour acquitter la somme. Si la clause n'établit le forfait qu'à l'égard des héritiers de l'époux, celui-ci, dans le cas où il survit, a droit au partage égal par moitié.

Il est permis aux époux de stipuler que la totalité de la communauté appartiendra au survivant ou à l'un d'eux seulement, sauf aux héritiers de l'autre à faire la reprise des apports ou capitaux tombés dans la communauté, du chef de leur auteur. Cette stipulation n'est point réputée un avantage sujet aux règles relatives aux donations, soit quant au fond, soit quant à la forme, mais simplement une convention de mariage et entre associés.

*Communauté à titre universel.* (Code civ., art. 1526.) Les époux peuvent établir par leur contrat de mariage une communauté universelle : 1° de leurs biens, tant meubles qu'immeubles, présents ou à venir; 2° ou de tous leurs biens présents seulement; 3° ou de tous leurs biens à venir seulement.

### Régimes exclusifs de communauté.

Trois régimes matrimoniaux sont exclusifs de communauté :

Régime d'exclusion de communauté;
Régime de séparation de biens;
Régime dotal.

1° *Exclusion de communauté.* (Code civ., art. 1530-1535.) Sous ce régime, chaque époux conserve la propriété de ses biens et supporte ses dettes. Le mari administre tous les biens de la femme : il en perçoit tous les fruits, en assume toutes les charges. Il peut être convenu que la femme touchera annuellement une certaine portion de ses revenus pour son entretien et ses besoins personnels. Les immeubles constitués en dot à la femme ne sont aliénables qu'avec le consentement du mari ou de la justice.

2° *Régime de séparation de biens.* V. SÉPARATION.

3° *Régime dotal.* V. DOT.

## Communauté. — Usage commun d'une chose indivise. V. INDIVISION.

## Communauté religieuse. — V. ASSOCIATION.

## Commune. — Circonscription territoriale administrée par un maire assisté d'un conseil municipal.

L'organisation communale est régie par la loi du 5 avril 1884, qui a remplacé celle du 18 juillet 1837 et qu'a complétée celle du 22 mars 1890 sur les syndicats de communes. Elle comprend 8 titres :

Titre Ier : des communes (art. 1-9). — Titre II : des conseils municipaux (art. 10-72). — Titre III : des maires et des adjoints (art. 73-109). — Titre IV : de l'administration des communes (art. 110-160). — Titre V : des biens et droits indivis entre les communes (art. 161-163). — Titre VI : dispositions relatives à l'Algérie et aux colonies (art. 164-166). — Titre VII : dispositions générales et transitoires (art. 167-168). — Titre VIII (loi du 22 mars 1890): des syndicats de communes (art. 169-180).

La commune est à la fois une circonscription administrative et, bien que placée sous la tutelle de l'Etat, elle constitue une personne morale comme l'Etat et le département. Elle a sa représentation propre et son administration, le *corps municipal*, qui se compose : 1° d'un *conseil municipal*, pouvoir délibérant; 2° d'un *maire* et de ses *adjoints*, pouvoir exécutif. (Loi du 5 avril 1884, art 1er.)

### Création des communes. Modifications.

*Commune nouvelle.* — Il ne peut être procédé à l'érection d'une commune nouvelle qu'en vertu d'une loi, après avis du conseil général et le conseil d'Etat entendu.

*Changement de nom, de chef-lieu, de circonscription.* — Le changement de nom d'une commune est décidé par décret du président de la République, sur la demande du conseil municipal, le conseil général consulté et le conseil d'Etat entendu. (Loi du 5 avril 1884, art. 2.)

Toutes les fois qu'il s'agit de transférer le chef-lieu d'une commune, de réunir plusieurs communes en une seule, ou de distraire une section d'une commune, soit pour la réunir à une autre, soit pour l'ériger en commune séparée, le préfet prescrit dans les communes intéressées une enquête sur le projet en lui-même et sur ses conditions. Le préfet devra ordonner cette enquête lorsqu'il aura été saisi d'une demande à cet effet, soit par le conseil municipal de l'une des communes intéressées, soit par le tiers des électeurs inscrits de la commune ou de la section en question. Il pourra aussi l'ordonner d'office. Après cette enquête, les conseils municipaux et les conseils d'arrondissement donnent leur avis, et la proposition est soumise au conseil général. (*Id.*, art. 3.)

Si le projet concerne une section de commune, un arrêté du préfet décidera la création d'une *commission syndicale* pour cette section, ou pour la section du chef-lieu, si les représentants de la première sont en majorité dans le conseil municipal, et déterminera le nombre des membres de cette commission. — Ils seront élus par les électeurs domiciliés dans la section. — La commission nomme son président. Elle donne son avis sur le projet. (*Id.*, art. 4.)

Les autres modifications à la circonscription territoriale des communes, les suppressions et les réunions de deux ou de plusieurs communes, la désignation des nouveaux chefs-lieux sont régléesde la manière suivante : Si les changements proposés modifient la circonscription du département, d'un arrondissement ou d'un canton, il est statué par une loi, les conseils généraux et le conseil d'Etat entendus. Dans tous les autres cas, il est statué par un décret en conseil d'Etat, les conseils généraux entendus. — Néanmoins, le conseil général statue définitivement s'il approuve le projet, lorsque les communes ou sections sont situées dans le même canton et que la modification projetée réunit, quant au fond et quant aux conditions de la réalisation, l'adhésion des conseils municipaux et des commissions syndicales intéressées. (*Id.*, art. 6.)

La commune réunie à une autre commune conserve la propriété des biens qui lui appartenaient. — Les habitants de cette commune conservent la jouissance de ceux de ces mêmes biens dont les fruits sont perçus en nature. — Il en est de même de la section réunie à une autre commune pour les biens qui lui appartenaient exclusivement. Les édifices et autres immeubles servant à un usage public et situés sur le territoire de la commune ou de la section de commune réunie à une autre commune, ou de la section érigée en commune séparée, deviennent la propriété de la commune à laquelle est faite la réunion ou de la nouvelle commune. — Les actes qui prononcent des réunions ou des distractions de communes en déterminent expressément toutes les autres conditions. — En cas de division, la commune ou section de commune réunie à une autre commune ou érigée en commune séparée reprend la pleine propriété de tous les biens qu'elle avait apportés. (*Id.*, art. 7.)

Les dénominations nouvelles qui résultent soit d'un changement de chef-lieu, soit de la création d'une commune nouvelle, sont fixées par les autorités compétentes pour prendre ces décisions. (*Id.*, art. 8.)

Dans tous les cas de réunion ou de fractionnement de communes, les conseils municipaux sont dissous de plein droit. Il est procédé immédiatement à des élections nouvelles. (*Id.*, art. 9.)

## Élections municipales.

*Nombre des conseillers municipaux.* — Le conseil municipal se compose de 10 membres dans les communes de 500 habitants et au-dessous.

| | | Habitants. | |
|---|---|---|---|
| De 12 dans celles de. . . | | 501 à | 1 500 |
| De 16 | — . . . | 1 501 | 2 500 |
| De 21 | — . . . | 2 501 | 3 500 |
| De 23 | — . . . | 3 501 | 10 000 |
| De 27 | — . . . | 10 001 | 30 000 |
| De 30 | — . . . | 30 001 | 40 000 |
| De 32 | — . . . | 40 001 | 50 000 |
| De 34 | — . . . | 50 001 | 60 000 |
| De 36 | — . . . | 61 001 | et au-dess[s]. |

Dans les villes divisées en plusieurs mairies, le nombre des conseillers sera augmenté de trois par mairie. (Loi du 5 avril 1884, art. 10.)

*Élections.* — L'élection des membres du conseil municipal a lieu au scrutin de liste pour toute la commune. Néanmoins, la commune peut être divisée en sections électorales, dont chacune élit un nombre de conseillers proportionné au chiffre des électeurs inscrits, mais seulement dans les deux cas suivants : 1° quand elle se compose de plusieurs agglomérations d'habitants distinctes et séparées ; dans ce cas, aucune section ne peut avoir moins de deux conseillers à élire ; 2° quand la population agglomérée de la commune est supérieure à 10 000 habitants ; dans ce cas, la section ne peut être formée de fractions de territoire appartenant à des cantons ou à des arrondissements municipaux différents. Les fractions de territoire ayant des biens propres ne peuvent être divisées entre plusieurs sections électorales. — Aucune de ces sections ne peut avoir moins de quatre conseillers à élire. Dans tous les cas où le sectionnement est autorisé, chaque section doit être composée de territoires contigus. (*Id.*, art. 11.)

Le sectionnement est fait par le conseil général, sur l'initiative soit d'un de ses membres, soit du préfet, soit du conseil municipal ou d'électeurs de la commune intéressée. (*Id.*, art. 12.)

*Cartes électorales.* — Le préfet peut, par arrêté spécial publié dix jours au moins à l'avance, diviser la commune en plusieurs bureaux de vote, et il est délivré à chaque électeur une carte électorale, indiquant le lieu où doit siéger le bureau où il devra voter. (*Id.*, art. 13.)

*Liste électorale.* — Les conseillers municipaux sont élus par le suffrage universel. Sont électeurs tous les Français âgés de vingt et un ans accomplis, qui ne sont dans aucun cas d'incapacité prévu par la loi. La liste électorale comprend : tous les électeurs qui ont leur domicile réel dans la commune ou y habitent depuis six mois au moins ; ceux qui y ont été inscrits au rôle d'une des quatre contributions directes ou au rôle des prestations en nature, et, s'ils ne résident pas dans la commune, ont déclaré vouloir y exercer leurs droits électoraux. Sont également inscrits les membres de la famille des mêmes électeurs compris dans la cote de la prestation en nature, alors même qu'ils n'y sont pas personnellement portés, et les habitants qui, en raison de leur âge ou de leur santé, ont cessé d'être soumis à cet impôt; ceux qui sont assujettis à une résidence obligatoire dans la commune en qualité soit de ministre des cultes, soit de fonctionnaire public. Sont inscrits les citoyens qui, ne remplissant pas les conditions d'âge et de résidence lors de la formation des listes, les remplissent avant la clôture définitive. L'absence de la commune résultant du service militaire ne porte aucune atteinte aux règles édictées pour l'inscription sur les listes. — Les dispositions concernant l'affichage, la libre distribution des bulletins, circulaires et professions de foi, les réunions publiques électorales, la communication des listes d'émargement, les pénalités et poursuites en matière législative, sont applicables aux élections municipales. Sont également applicables aux élections municipales les paragraphes 3 et 4 de l'article 3 de la loi organique du 30 novembre 1875 sur les élections des députés. (*Id.*, art. 14.)

*Scrutin.* — L'assemblée des électeurs est convoquée par arrêté du préfet. L'arrêté de convocation est publié dans la commune, quinze jours au moins avant l'élection, qui doit toujours avoir lieu un dimanche. Il fixe le local où le scrutin sera ouvert, ainsi que les heures auxquelles il doit être ouvert et fermé. (*Id.*, art. 15.)

Lorsqu'il y a lieu de remplacer des conseillers municipaux élus par des sections, conformément à l'article 11 (v. ci-dessus), ces remplacements sont faits par les sections auxquelles appartiennent les conseillers à remplacer. (*Id.*, art. 16.)

Les bureaux de vote sont présidés par le maire, les adjoints, les conseillers municipaux, dans l'ordre du tableau, et, en cas d'empêchement, par les électeurs désignés par le maire. (*Id.*, art. 17.)

Le président a seul la police de l'assemblée. Cette assemblée ne peut s'occuper d'autres objets que de l'élection qui lui est attribuée. Toute discussion, toute délibération lui sont interdites. (*Id.*, art. 18.)

Les deux plus âgés et les deux plus jeunes des électeurs présents à l'ouverture de la séance, sachant lire et écrire, remplissent les fonctions d'assesseurs. Le secrétaire est désigné par le président et par les assesseurs. Dans les délibérations du bureau, il n'a que voix consultative. Trois membres du bureau, au moins, doivent être présents pendant tout le cours des opérations. (*Id.*, art. 19.).

Le scrutin ne dure qu'un jour. (*Id.*, art. 20.)

Le bureau juge provisoirement les difficultés qui s'élèvent sur les opérations de l'assemblée. Ses décisions sont motivées. Toutes les réclamations et décisions sont insérées au procès-verbal; les pièces et les bulletins qui s'y rapportent y sont annexés, après avoir été parafés par le bureau. (*Id.*, art. 21.)

Pendant toute la durée des opérations, une copie de la liste des électeurs, certifiée par le maire, contenant les nom, domicile, qualification de chacun des inscrits, reste déposée sur la table autour de laquelle siège le bureau. (*Id.*, art. 22.)

Nul ne peut être admis à voter s'il n'est inscrit sur cette liste, à moins qu'il ne soit porteur d'une décision du juge de paix ordonnant leur inscription, ou d'un arrêt de la Cour de cassation annulant un jugement qui aurait prononcé leur radiation. (*Id.*, art. 23.)

Nul électeur ne peut entrer dans l'assemblée porteur d'armes quelconques. (*Id.*, art. 24.)

Les électeurs apportent leurs bulletins préparés en dehors de l'assemblée. Le papier du bulletin doit être blanc et sans signe extérieur. L'électeur remet au président son bulletin fermé. Le président le dépose dans la boîte du scrutin, laquelle doit, avant le commencement du vote, avoir été fermée à deux serrures, dont les clefs restent, l'une entre les mains du président, l'autre entre les mains de l'assesseur le plus âgé. Le vote de chaque électeur est constaté sur la liste, en marge de son nom, par la signature, ou le parafe avec initiales, de l'un des membres du bureau. (*Id.*, art. 25.)

Le président doit constater, au commencement de l'opération, l'heure à laquelle le scrutin est ouvert. Le scrutin ne peut être fermé qu'après avoir été ouvert pendant six heures au moins. Le président constate l'heure à laquelle il déclare le scrutin clos; après cette déclaration, aucun vote ne peut être reçu. (*Id.*, art. 26.)

Après la clôture du scrutin, il est procédé au dépouillement de la manière suivante : la boîte du scrutin est ouverte, et le nombre de bulletins vérifié. Si ce nombre est plus grand ou moindre que celui des votants, il en est fait mention au procès-verbal. Le bureau désigne parmi les électeurs présents un certain nombre de scrutateurs. Le président et les membres du bureau surveillent l'opération du dépouillement. Ils peuvent y procéder eux-mêmes, s'il y a moins de 300 votants. (*Id.*, art. 27.)

Les bulletins sont valables bien qu'ils portent plus ou moins de noms qu'il n'y a de conseillers à élire. Les derniers noms inscrits au delà de ce nombre ne sont pas comptés. Les bulletins blancs ou illisibles, ceux qui ne contiennent pas une désignation suffisante, ou dans lesquels les votants se font connaître, n'entrent pas en compte dans le résultat du dépouillement, mais ils sont annexés au procès-verbal. (*Id.*, art. 28.)

Immédiatement après le dépouillement, le président proclame le résultat du scrutin. Le procès-verbal des opérations est dressé par le secrétaire; il est signé par lui et les autres membres du bureau. Une copie, également signée du secrétaire et des membres du bureau, en est aussitôt envoyée, par l'intermédiaire du sous-préfet, au préfet qui en constate la réception sur un registre et en donne récépissé. Extrait en est immédiatement affiché par les soins du maire. Les bulletins autres que ceux qui doivent être annexés au procès-verbal sont brûlés en présence des électeurs. (*Id.*, art. 29.)

Nul n'est élu au premier tour de scrutin s'il n'a réuni : 1° la majorité absolue des suffrages exprimés ; 2° un nombre de suffrages égal au quart de celui des électeurs inscrits. Au deuxième tour de scrutin, l'élection a lieu à la majorité relative, quel que soit le nombre des votants. Si plusieurs candidats obtiennent le même nombre de suffrages, l'élection est acquise au plus âgé. En cas de deuxième tour de scrutin, l'assemblée est de droit convoquée pour le dimanche suivant. Le maire fait les publications nécessaires. (*Id.*, art. 30.)

*Cas d'inéligibilité.* — Sont éligibles au conseil municipal tous les électeurs de la commune et les citoyens inscrits au rôle des contributions directes ou justifiant qu'ils devaient y être inscrits au 1er janvier de l'année de l'élection, âgés de vingt-cinq ans accomplis. Toutefois, le nombre des conseillers qui ne résident pas dans la commune au moment de l'élection ne peut excéder le quart des membres du conseil. S'il dépasse ce chiffre, la préférence est déterminée : 1° par la date la plus ancienne des nominations ; 2° entre conseillers élus le même jour par le plus grand nombre des suffrages : 3° à l'égalité de voix par la priorité d'âge. Ne sont pas éligibles, les militaires et employés des armées de terre et de mer en activité de service. (*Id.*, art. 31 et 49.)

Ne peuvent être conseillers municipaux : 1° les individus privés du droit électoral ; 2° ceux qui sont pourvus d'un conseil judiciaire ; 3° ceux qui sont dispensés de subvenir aux charges communales et ceux qui sont secourus par les bureaux de bienfaisance ; 4° les domestiques attachés exclusivement à la personne. (*Id.*, art. 32.)

Ne sont pas éligibles dans le ressort où ils exercent leurs fonctions : 1° les préfets, sous-préfets, secrétaires généraux, conseillers de préfecture ; et, dans les colonies régies par la présente loi, les gouverneurs, directeurs de l'intérieur et les membres du conseil privé ; 2° les commissaires et les agents de police ; 3° les magistrats des cours d'appel et des tribunaux de première instance, à l'exception des juges suppléants auxquels l'instruction n'est pas confiée ; 4° les juges de paix titulaires ; 5° les comptables des deniers communaux et les entrepreneurs de services municipaux ; 6° les instituteurs publics ; 7° les employés de préfecture et de sous-préfecture ; 8° les ingénieurs et les conducteurs des ponts et chaussées chargés du service de la voie urbaine et vicinale, et les agents voyers ; 9° *avant la loi du 9 décembre 1905*, les ministres des cultes en exercice ; 10° les agents salariés de la commune, parmi lesquels ne sont pas compris ceux qui, fonctionnaires publics ou exerçant une profession indépendante, ne reçoivent une indemnité qu'à raison des services rendus dans l'exercice de cette profession. (*Id.*, art. 33.)

Les fonctions de conseiller municipal sont incompatibles avec celles : 1° de préfet, de sous-préfet et de secrétaire général de préfecture ; 2° de commissaire et d'agent de police ; 3° de gouverneur, directeur de l'intérieur et de membre du conseil privé dans les colonies. Les fonctionnaires désignés au présent article qui seraient élus membres d'un conseil municipal auront, à partir de la proclamation du résultat du scrutin, un délai de dix jours pour opter entre l'acceptation du mandat et la conservation de leur emploi. A défaut de déclaration adressée dans ce délai à leurs supérieurs hiérarchiques, ils seront réputés avoir opté pour la conservation dudit emploi. (*Id.*, art. 34.)

*Élection multiple. Option.* — Nul ne peut être membre de plusieurs conseils municipaux. Un délai de dix jours, à partir de la proclamation du résultat du scrutin, est accordé au conseiller municipal nommé dans plusieurs communes pour faire sa déclaration d'option. Cette déclaration est adressée aux préfets des départements intéressés. Si, dans ce délai, le conseiller élu n'a pas fait connaître son option, il fait partie de droit du conseil de la commune où le nombre des électeurs est le moins élevé. Dans les communes de 501 habitants et au-dessus, les ascendants et les descendants, les frères et les alliés au même degré ne peuvent être simultanément membres du même conseil municipal. L'article 49 est applicable aux cas prévus par le paragraphe précédent. (*Id.*, art. 35.)

*Exclusion ou incompatibilité.* — Tout conseiller municipal qui, pour une cause survenue postérieurement à sa nomination, se trouve dans un des cas d'exclusion ou d'incompatibilité prévus, est immédiatement déclaré démissionnaire par le préfet, sauf réclamation au conseil de préfecture dans les dix jours de la notification, et sauf recours au conseil d'Etat. (*Id.*, art. 36.)

*Réclamations contre les opérations électorales. Introduction de la demande.* — Tout électeur et tout éligible a le droit d'arguer de nullité les opérations électorales de la commune. Les réclamations doivent être consignées au procès-verbal, sinon être déposées, à peine de nullité, dans les cinq jours qui suivent le jour de l'élection, au secrétariat de la mairie, ou à la sous-préfecture ou à la préfecture. Elles sont immédiatement adressées au préfet, et enregistrées par ses soins au greffe du conseil de préfecture. Le préfet, s'il estime que les conditions et les formes légalement prescrites n'ont pas été remplies, peut également, dans le délai de quinzaine à dater de la réception du procès-verbal, déférer les opérations électorales au conseil de préfecture. Dans l'un et l'autre cas, le préfet donne immédiatement connaissance de la réclamation, par la voie administrative, aux conseillers dont l'élection est contestée, les prévenant qu'ils ont cinq jours, pour tout délai, à l'effet de déposer leurs défenses au secrétariat de la mairie, de la sous-préfecture, de la préfecture, et de faire connaître s'ils entendent user du droit de présenter des observations orales. Il est donné récépissé soit des réclamations, soit des défenses.

*Délais.* — Le conseil de préfecture statue, sauf recours au conseil d'Etat. Il prononce sa décision dans le délai d'un mois à compter de l'enregistrement des pièces au greffe de la préfecture, et le préfet la fait notifier dans la huitaine de sa date. En cas de renouvellement général, le délai est porté à deux mois. S'il intervient une décision ordonnant une preuve, le conseil de préfecture doit statuer définitivement dans le mois à partir de cette décision. Faute par le conseil d'avoir statué dans les délais fixés, la réclamation est considérée comme rejetée. Le conseil de préfecture est dessaisi; le préfet en informe la partie intéressée, qui peut porter sa réclamation devant le conseil d'Etat. Le recours est notifié dans les cinq jours au secrétariat de la préfecture par le requérant.

Dans tous les cas où une réclamation, formée en vertu de la présente loi, implique la solution préjudicielle d'une question d'Etat, le conseil de préfecture renvoie les parties à se pourvoir devant les juges compétents, et la partie doit justifier de ses diligences dans le délai de quinzaine; à défaut de cette justification, il sera passé outre, et la décision du conseil de préfecture devra intervenir dans le mois à partir de l'expiration de ce délai de quinzaine. (*Id.*, art. 39.)

Les délais pour statuer ne commencent à courir, en ce cas, que du jour où le jugement sur la question préjudicielle est devenu définitif. (*Id.*, art. 38.)

*Recours au conseil d'État.* — Le recours au conseil d'Etat contre la décision du conseil de préfecture est ouvert soit au préfet, soit aux parties intéressées. Il doit, à peine de nullité, être déposé au secrétariat de la sous-préfecture, ou de la préfecture, dans le délai d'un mois qui court, à l'encontre du préfet, à partir de la décision, et à l'encontre des parties à partir de la notification qui leur est faite. Le préfet donne immédiatement, par la voie administrative, connaissance du recours aux parties intéressées, en les prévenant qu'elles ont quinze jours, pour tout délai, à l'effet de déposer leurs défenses au secrétariat de la sous-préfecture ou de la préfecture. Aussitôt ce nouveau délai expiré, le préfet transmet au ministre de l'Intérieur, qui les adresse au conseil d'Etat, le recours, les défenses, s'il y a lieu, le procès-verbal des opérations électorales, la liste qui a servi aux émargements, une expédition de l'arrêté attaqué et toutes les autres pièces visées dans ledit arrêté : il y joint son avis motivé. Les délais pour la constitution d'un avocat et pour la communication au ministre de l'Intérieur sont d'un mois pour chacune de ces opérations, et de trois mois en ce qui concerne les colonies. Le pourvoi est jugé comme affaire urgente et sans frais, et dispensé du timbre et du ministère de l'avocat. Les conseillers municipaux proclamés restent en fonctions jusqu'à ce qu'il ait été définitivement statué sur les réclamations. Dans le cas où l'annulation de tout ou partie des élections est devenue définitive, l'assemblée des électeurs est convoquée dans un délai qui ne peut excéder deux mois. (*Id.*, art. 40.)

*Durée des pouvoirs des conseils municipaux.* — Les conseils municipaux sont nommés pour quatre ans. Ils sont renouvelés intégralement, le premier dimanche de mai, dans toute la France, lors même qu'ils ont été élus dans l'intervalle. (*Id.*, art. 41.)

Lorsque le conseil municipal se trouve, par l'effet des vacances survenues, réduit aux trois quarts de ses membres, il est, dans le délai de deux mois, à dater de la dernière vacance, procédé à des élections complémentaires. Toutefois, dans les six mois qui précèdent le renouvellement intégral, les élections complémentaires ne sont obligatoires qu'au cas où le conseil municipal aurait perdu plus de la moitié de ses membres. Dans les communes divisées en sections, il y a toujours lieu à faire des élections partielles, quand la section a perdu la moitié de ses conseillers. (*Id.*, art. 42.)

*Dissolution. Suspension.* — Un conseil municipal ne peut être dissous que par décret motivé du président de la République, rendu en conseil des ministres et publié au *Journal officiel.* S'il y a urgence, il peut être provisoirement suspendu par arrêté motivé du préfet, qui doit en rendre compte immédiatement au ministre de l'Intérieur. La durée de la suspension ne peut excéder un mois. (*Id.*, art. 43.)

*Démissions d'office.* — Tout membre du conseil municipal qui, sans motifs reconnus légitimes par le conseil, a manqué à trois convocations successives, peut être, après avoir été admis à fournir ses explications, déclaré démissionnaire par le préfet, sauf recours, dans les dix jours de la notification, devant le conseil de préfecture.

Les démissions sont adressées au sous-préfet; elles sont définitives à partir de l'accusé de réception par le préfet, et, à défaut de cet accusé de réception, un mois après un nouvel envoi de la démission constaté par lettre recommandée. (*Id.*, art. 60.)

Toutes les fois qu'un conseil municipal a été dissous ou qu'une *délégation spéciale* (v. plus loin) a été nommée, il est procédé à la réélection du conseil dans les deux mois à dater de la dissolution ou de la dernière démission. (*Id.*, art. 45.)

## Conseil municipal.

*Sessions.* — Les conseils municipaux se réunissent en session ordinaire quatre fois l'année : en février, mai, août et novembre. La durée de chaque session est de quinze jours; elle peut être prolongée avec l'autorisation du sous-préfet. La session pendant laquelle le budget est discuté peut durer six semaines. Pendant les sessions ordinaires, le conseil municipal peut s'occuper de toutes les matières qui rentrent dans ses attributions. (*Id.*, art. 46.)

Le préfet ou le sous-préfet peut prescrire la convocation extraordinaire du conseil municipal. Le maire peut également réunir le conseil municipal chaque fois qu'il le juge utile. Il est tenu de le convoquer quand une demande motivée lui en est faite par la majorité en exercice du conseil municipal. Dans l'un et l'autre cas, en même temps qu'il convoque le conseil, il donne avis au préfet ou au sous-préfet de cette réunion et des motifs qui la rendent nécessaire. La convocation contient alors l'indication des objets spéciaux et déterminés pour lesquels le conseil doit s'assembler, et le conseil ne peut s'occuper que de ces objets. (*Id.*, art. 47.)

Toute convocation est faite par le maire. Elle est mentionnée au registre des délibérations, affichée à la porte de la mairie et adressée par écrit et à domicile, trois jours francs au moins avant celui de la réunion. En cas d'urgence, le délai peut être abrégé par le préfet ou le sous-préfet. (*Id.*, art. 48.)

*Séances et délibérations.* — Les conseillers municipaux prennent rang dans l'ordre du tableau. L'ordre du tableau est déterminé, même quand il y a des sections électorales : 1° par la date la plus ancienne des nominations; 2° entre conseillers élus le même jour, par le plus grand nombre de suffrages obtenus; 3° et à égalité de voix, par la priorité d'âge. Un double du tableau reste déposé dans les bureaux de la mairie, de la sous-préfecture et de la préfecture, où chacun peut en prendre communication ou copie. (*Id.*, art. 49.)

Le conseil municipal ne peut délibérer que lorsque la majorité de ses membres en exercice assiste à la séance. Quand, après deux convocations successives, à trois jours au moins d'intervalle et dûment constatées, le conseil municipal ne s'est pas réuni en nombre suffisant, la délibération prise après la troisième convocation est valable, quel que soit le nombre des membres présents. (*Id.*, art. 50.)

Les délibérations sont prises à la majorité absolue des votants. En cas de partage, sauf le cas de scrutin secret, la voix du président est prépondérante. Le vote a lieu au scrutin public sur la demande du quart des membres présents; les noms des votants, avec la désignation de leurs votes, sont insérés au procès-verbal. Il est voté au scrutin secret toutes les fois que le tiers des membres présents le réclame, ou qu'il s'agit de procéder à une nomination ou présentation. Dans ces derniers cas, après deux tours de scrutin secret, si aucun des candidats n'a obtenu la majorité absolue, il est procédé à un troisième tour de scrutin, et l'élection a lieu à la majorité relative; à égalité de voix, l'élection est acquise au plus âgé. (*Id.*, art. 51.)

Le maire, et à défaut celui qui le remplace, préside le conseil municipal. Dans les séances où les comptes d'administration du maire sont débattus, le conseil municipal élit son président. Dans ce cas, le maire peut, même quand il ne serait plus en fonctions, assister à la discussion; mais il doit se retirer au moment du vote. Le président adresse directement la délibération au sous-préfet. (*Id.*, art. 52.)

Au début de chaque session et pour sa durée, le conseil municipal nomme un ou plusieurs de ses membres pour remplir les fonctions de secrétaire. Il peut leur adjoindre des auxiliaires pris en dehors de ses membres qui assisteront aux séances, mais sans participer aux délibérations. (*Id.*, art. 53.)

Les séances des conseils municipaux sont publiques. Néanmoins, sur la demande de trois membres ou du maire, le conseil municipal, par assis et levé, sans débats, décide s'il se formera en comité secret. (*Id.*, art. 54.)

Le maire a seul la police de l'assemblée. Il peut faire expulser de l'auditoire ou arrêter tout individu qui trouble l'ordre. En cas de crime ou de délit, il en dresse un procès-verbal et le procureur de la République en est immédiatement saisi. (*Id.*, art. 55.)

Le compte rendu de la séance est, dans la huitaine, affiché par extrait à la porte de la mairie. (*Id.*, art. 56.)

Les délibérations sont inscrites par ordre de date sur un registre coté et paraphé par le préfet ou le sous-préfet. Elles sont signées par tous les membres présents à la séance, ou mention est faite de la cause qui les a empêchés de signer. (*Id.*, art. 57.)

Tout habitant ou contribuable a le droit de demander communication sans déplacement, de prendre copie totale ou partielle des procès-verbaux du conseil municipal, des budgets et des comptes de la commune, des arrêtés municipaux. Chacun peut les publier sous sa responsabilité. (*Id.*, art. 58.)

*Commissions.* — Le conseil municipal peut former, au cours de chaque session, des commissions chargées d'étudier les questions soumises au conseil soit par l'administration, soit par l'initiative d'un de ses membres. Les commissions peuvent tenir leurs séances dans l'intervalle des sessions. Elles sont convoquées par le maire, qui en est le président de droit, dans les huit jours qui suivent leur nomination, ou à plus bref délai sur la demande de la majorité des membres qui les composent. Dans cette première réunion, les commissions désignent un vice-président qui peut les convoquer et les présider, si le maire est absent ou empêché. (*Id.*, art. 59.)

*Délibérations.* — Les délibérations des conseils municipaux sont : 1° ou exécutoires par elles-mêmes; 2° ou exécutoires après approbation de l'autorité supérieure. Les conseils municipaux peuvent en outre formuler des *avis*, des *vœux* et des *réclamations*.

*Délibérations exécutoires par elles-mêmes.* —Le conseil municipal règle, par ses délibérations, les affaires de la commune (loi du 5 avril 1884, art. 61); en d'autres termes, toutes ses délibérations sont exécutoires par elles-mêmes (sauf les exceptions prévues par la loi), un mois après le dépôt qui en a été fait à la préfecture ou à la sous-préfecture, et le préfet peut même abréger ce délai. (*Id.*, art. 68.)

*Délibérations exécutoires après approbation.* — « Ne sont exécutoires qu'après avoir été approuvées par l'autorité supérieure les délibérations portant sur les objets suivants : 1° les conditions des baux dont la durée dépasse dix-huit ans; 2° les aliénations et échanges de propriétés communales ; 3° les acquisitions d'immeubles, les constructions nouvelles, les reconstructions entières ou partielles, les projets, plans et devis des grosses réparations et d'entretien, quand la dépense totalisée avec les dépenses de même nature pendant l'exercice courant dépasse les limites des ressources ordinaires et extraordinaires que les communes peuvent se créer sans autorisation spéciale ; 4° les transactions;

5° le changement d'affectation d'une propriété communale déjà affectée à un service public ; 6° la vaine pâture (V. PÂTURE) ; 7° le classement, le déclassement, le redressement ou le prolongement, l'élargissement, la suppression, la dénomination des rues et places publiques ; la création et la suppression des promenades, squares ou jardins publics, champs de foire, de tir ou de course ; l'établissement des plans d'alignement et de nivellement des voies publiques municipales, les modifications à des plans d'alignement adoptés ; le tarif des droits de voirie, le tarif des droits de stationnement et de location sur les dépendances de la grande voirie, et, généralement, les tarifs des droits divers à percevoir au profit des communes ; 8° l'acceptation des dons et legs faits à la commune lorsqu'il y a des charges ou conditions, ou lorsqu'ils donnent lieu à des réclamations des familles ; 9° le budget communal ; 10° les crédits supplémentaires ; 11° les contributions extraordinaires et les emprunts, sauf dans le cas prévu par l'art. 141, modifié par la loi du 7 avril 1902 (V. EMPRUNT) ; 12° les octrois dans les cas prévus aux articles 137 et 138 (V. OCTROI) ; 13° l'établissement, la suppression ou les changements des foires et marchés autres que les simples marchés d'approvisionnement. (*Id.*, art. 68.) Il faut ajouter à cette énumération : les actions judiciaires, qui doivent être autorisées par le conseil de préfecture. (*Id.*, art. 121.)

Les délibérations des conseils municipaux sur les objets énoncés à l'article 68 sont exécutoires, sur l'approbation du préfet, sauf les cas où l'approbation par le ministre compétent, par le conseil général, par la commission départementale, par un décret ou par une loi, est prescrite par les lois et règlements. Le préfet statue en conseil de préfecture dans les cas prévus aux n^os^ 1, 2, 4, 6 de l'article 68 (Baux de plus de dix-huit ans ; aliénation et échanges de propriétés communales ; transactions ; vaine pâture). — Lorsque le préfet refuse son approbation ou qu'il n'a pas fait connaître sa décision dans un délai d'un mois à partir de la date du récépissé, le conseil municipal peut se pourvoir devant le ministre de l'Intérieur.

*Avis, vœux, réclamations.* — Le conseil municipal donne son avis toutes les fois que cet avis est requis par les lois et règlements, ou demandé par l'administration supérieure. (*Id.*, art. 61.) Il est toujours appelé à le donner sur les objets suivants : 1° les circonscriptions relatives aux cultes ; 2° les circonscriptions relatives à la distribution des secours publics ; 3° les projets d'alignement et de nivellement de grande voirie dans l'intérieur des villes, bourgs et villages ; 4° la création des bureaux de bienfaisance ; 5° les budgets et les comptes des hospices, hôpitaux et autres établissements de charité et de bienfaisance, des fabriques et autres administrations préposées aux cultes dont les ministres sont salariés par l'Etat ; les autorisations d'acquérir, d'aliéner, d'emprunter, d'échanger, de plaider ou de transiger, demandées par les mêmes établissements ; l'acceptation des dons et legs qui leur sont faits ; 6° enfin tous les objets sur lesquels les conseils municipaux sont appelés par les lois et règlements à donner leur avis, et ceux sur lesquels ils seront consultés par le préfet. Lorsque le conseil municipal, à ce régulièrement requis et convoqué, refuse ou néglige de donner son avis, il peut être passé outre. (*Id.*, art. 70.)

Le conseil municipal émet des vœux sur tous les objets d'intérêt local (*id.*, art. 61) ; mais il lui est interdit soit de publier des proclamations et adresses, soit d'émettre de vœux politiques, soit, hors les cas prévus par la loi, de se mettre en communication avec un ou plusieurs conseils municipaux. Les actes et délibérations prises en violation de cette disposition sont annulés. (*Id.*, art. 72.) Le conseil réclame, s'il y a lieu, contre le contingent assigné à la commune dans l'établissement des impôts de répartition. (*Id.*, art. 61.)

*Délibérations nulles ou annulables.* — Expédition de toute délibération est adressée, dans la huitaine, par le maire au sous-préfet, qui en constate la réception sur un registre et en délivre immédiatement récépissé. (Loi du 5 avril 1884, art. 62.)

Sont nulles de plein droit : 1° les délibérations d'un conseil municipal portant sur un objet étranger à ses attributions ou prises hors de sa réunion légale ; 2° les délibérations prises en violation d'une loi ou d'un règlement d'administration publique. (*Id.*, art. 63.)

Sont annulables les délibérations auxquelles auraient pris part des membres du conseil intéressés, soit en leur nom personnel, soit comme mandataires, à l'affaire qui en a fait l'objet. (*Id.*, art. 64.)

La nullité de droit est déclarée par le préfet en conseil de préfecture. Elle peut être prononcée par le préfet, et proposée ou opposée par les parties intéressées, à toute époque. (*Id.*, art. 65.)

L'annulation est prononcée par le préfet en conseil de préfecture. Elle peut être provoquée d'office par le préfet dans un délai de trente jours à partir du dépôt du procès-verbal de la délibération à la sous-préfecture ou à la préfecture. Elle peut être aussi demandée par toute personne intéressée et par tout contribuable de la commune. Dans ce dernier cas, la demande en annulation doit être déposée, à peine de déchéance, à la sous-préfecture ou à la préfecture, dans un délai de quinze jours à partir de l'affichage à la porte de la mairie. Il en est donné récépissé. Le préfet statue dans le délai d'un mois. Si dans les quinze jours aucune demande n'a été introduite, le préfet peut déclarer qu'il ne s'oppose pas à la délibération. (*Id.*, art. 66.)

Le conseil municipal et, en dehors du conseil, toute partie intéressée, peut se pourvoir contre l'arrêté du préfet devant le conseil d'Etat. Le pourvoi est introduit et jugé dans les formes du recours pour excès de pouvoir. (*Id.*, art. 67.)

### Délégation spéciale.

En cas de dissolution d'un conseil municipal ou de démission de tous ses membres en exercice, et lorsqu'un conseil municipal ne peut être constitué, une délégation spéciale en remplit les fonctions. Dans les huit jours qui suivent la dissolution ou l'acceptation de la démission, cette délégation spéciale est nommée par décret du président de la République. Le nombre des membres qui la composent est fixé à trois dans les communes où la population ne dépasse pas 35 000 habitants. Ce nombre peut être porté jusqu'à sept dans les villes d'une population supérieure. Le décret qui institue la délégation en nomme le président, et, au besoin, le vice-président. Les pouvoirs de cette délégation spéciale sont limités aux actes de pure administration conservatoire et urgente. En aucun cas il ne lui est permis d'engager les finances municipales au delà des ressources disponibles de l'exercice courant. Elle ne peut ni préparer le budget communal, ni recevoir les comptes du maire ou du receveur, ni modifier le personnel ou le régime de l'enseignement public. (*Id.*, art. 44.)

Les fonctions de la délégation spéciale expirent de plein droit dès que le conseil municipal est reconstitué. (*Id.*, art. 45.)

Toutes les fois que le conseil municipal a été dissous, ou qu'une délégation spéciale a été nommée, il est procédé à la réélection du conseil municipal dans les deux mois à dater de la dissolution ou de la dernière démission.

### Conférences intercommunales.

Deux ou plusieurs conseils municipaux peuvent provoquer entre eux, par l'entremise de leurs présidents, et après en avoir averti les préfets, une entente sur les objets d'utilité communale compris dans leurs attributions et qui intéressent à la fois leurs communes respectives. Ils peuvent faire des conventions à l'effet d'entreprendre ou de conserver à frais communs des ouvrages ou des institutions d'utilité commune. (*Id.*, art. 116 et 118.)

Les questions d'intérêt commun sont débattues dans des conférences où chaque conseil municipal est représenté par une commission spéciale nommée à cet effet et composée de trois membres nommés au scrutin secret. Les préfets et les sous-préfets des départements et arrondissements comprenant les communes intéressées peuvent toujours assister à ces conférences. Les décisions qui y sont prises ne sont exécutoires qu'après avoir été ratifiées par tous les conseils municipaux intéressés; elles sont soumises aux mêmes règles que les délibérations ordinaires des conseils municipaux. (*Id.*, art. 117.)

### Maire, adjoints et agents communaux.

Les conditions de nomination et les attributions des maires, adjoints et agents communaux sont exposées aux mots MAIRE et ADJOINT.

*Gratuité des fonctions municipales.* — Les fonctions municipales sont gratuites. La loi interdit formellement l'allocation aux membres des conseils municipaux de tout traitement ou indemnité, mais elle a entendu réserver aux conseils municipaux la faculté de mettre à la disposition des maires certaines dépenses de représentation; ces allocations ne sont pas inconciliables avec le principe de la gratuité des fonctions, en ce qu'elles ne tournent pas au profit du maire, mais sont une dépense de la commune faite dans son intérêt, et dont elle seule doit supporter la charge.

« Les fonctions des maires, adjoints, conseillers municipaux sont gratuites. Elles donnent seulement droit au *remboursement des frais* que nécessite l'exécution des mandats spéciaux. Les conseils municipaux peuvent voter, sur les ressources ordinaires de la commune, des *indemnités aux maires pour frais de représentation.* » (Loi du 5 avril 1884, art. 74.) Le remboursement des frais de mandat doit être justifié, mais non celui des frais de représentation. (Avis du conseil d'Etat, 30 avril 1896.)

L'emploi des sommes mises à la disposition des maires pour l'accomplissement de mandats spéciaux doit être soumis au contrôle de la Cour des comptes ou des conseils de préfecture. Les fonctions des magistrats municipaux étant gratuites, l'exécution desdits mandats ne donne droit au remboursement que sur des états des frais exposés, et le conseil municipal n'a pas le droit, se substituant à l'autorité judiciaire, de dispenser les membres des municipalités de rapporter les justifications d'emploi. (V. décret du 31 mai 1862, art. 10 et 503.)

Le comptable doit se refuser au payement sous peine d'engager sa responsabilité. Le droit direct de réquisition n'appartient pas aux maires. (Circ. Intér. du 22 février 1870.) En matière de comptabilité communale, ce droit appartient au ministre de l'Intérieur, après accord avec le ministre des Finances, signataire de l'instruction générale. (V. Règlement Ville de Paris du 28 décembre 1878, art. 51.)

Les conseillers municipaux de Paris qui, sous le nom de remboursements d'avances, perçoivent une véritable indemnité fixe et mensuelle, violent les dispositions des lois des 21 mars 1831, 5 mai 1855 et 14 avril 1871. Cette pratique, condamnée par la Cour des comptes, a été reconnue illégale par le conseil d'État. (Avis du 29 juin 1900.)

Il est contraire aux prescriptions légales, et notamment à l'article 175 du Code pénal, que les magistrats municipaux restent ou deviennent, malgré leurs fonctions, fournisseurs ou entrepreneurs d'établissements communaux ou de bienfaisance. (Circ. Intér., 30 sept. 1895, et loi du 5 avril 1884., art. 33.)

### Biens communaux.

Les biens de la commune comprennent :

1° le *domaine public communal,* imprescriptible et inaliénable (chemins vicinaux et ruraux reconnus, rues, canaux, églises, etc.)

2° les *biens patrimoniaux,* dont la commune dispose au même titre qu'un particulier.

3° les *biens communaux,* c'est-à-dire ceux dont les habitants ont la jouissance en nature. V. AFFOUAGE, PÂTURAGE, etc.

Le maire, en conformité des décisions du conseil municipal, gère les biens de la commune et passe les actes nécessaires; l'autorité supérieure intervient, du reste, pour approuver les actes les plus importants de cette gestion (baux à longue durée et aliénations, acceptation de dons et legs, emprunts, etc.).

**Responsabilité civile des communes.**

Les communes sont civilement responsables des dégâts et dommages résultant des crimes ou délits commis sur leur territoire par des attroupements ou rassemblements armés ou non armés, soit envers les personnes, soit contre les propriétés. — Les dommages-intérêts sont répartis entre tous les habitants domiciliés dans ladite commune, en vertu d'un rôle spécial comprenant les quatre contributions directes. (Loi du 5 avril 1884, art. 106.) Si les attroupements ont été formés d'habitants de plusieurs communes, chacune d'elles est responsable des dommages, dans la proportion fixée par les tribunaux. (*Id.*, art. 107.)

Ces dispositions ne sont pas applicables : 1° lorsque la commune peut prouver que toutes les mesures ont été prises à l'effet de prévenir les attroupements, et d'en faire connaître les auteurs ; 2° dans les communes où la municipalité n'a pas la disposition de la police locale ni de la force armée ; 3° lorsque les dommages sont le résultat d'un fait de guerre. (*Id.*, art. 108.)

La commune déclarée responsable peut exercer son recours contre les auteurs et complices du désordre. (*Id.*, art. 109.)

Aux termes de l'article 97, 6°, de la loi du 5 avril 1884, le maire a le droit de « prévenir par des précautions convenables et de faire cesser, par la distribution des secours nécessaires, les accidents et fléaux calamiteux, tels que les incendies... ». Le maire n'a pas le droit de faire payer aux propriétaires des maisons incendiées ou aux compagnies d'assurances, quand ces propriétaires sont assurés, les frais occasionnés par la lutte contre l'incendie. (Cass., 3 mars 1880 ; 4 décembre 1894.)

**Actions judiciaires.**

La commune peut être créancière ou débitrice et déclarée civilement responsable.

Le conseil municipal délibère sur les actions à intenter ou à soutenir au nom de la commune ou d'une section de commune. (Loi du 5 avril 1884, art. 121.)

En vertu de la délibération du conseil municipal, le maire représente en justice la commune ou section de commune. Il peut toujours, sans autorisation préalable du conseil municipal, faire tous actes conservatoires ou interruptifs des déchéances. (*Id.*, art. 122.)

Aucune action judiciaire autre que les actions possessoires ne peut, à peine de nullité, être intentée contre une commune qu'autant que le demandeur a préalablement adressé au préfet ou au sous-préfet un mémoire exposant l'objet et les motifs de sa réclamation. Il lui en est donné récépissé. L'action ne peut être portée devant les tribunaux qu'un mois après la date du récépissé, sans préjudice des actes conservatoires. La présentation du mémoire interrompt toute prescription ou déchéance, si elle est suivie d'une demande en justice dans le délai de trois mois. (*Id.*, art. 124.)

Le préfet ou sous-préfet adresse immédiatement le mémoire au maire, avec l'invitation de convoquer le conseil municipal dans le plus bref délai, pour en délibérer. (*Id.*, art. 125.)

Tout contribuable inscrit au rôle de la commune a le droit d'exercer, tant en demandant qu'en défendant, à ses frais et risques, avec l'autorisation du conseil de préfecture, les actions qu'il croit appartenir à la commune ou section, et que celle-ci, préalablement appelée à en délibérer, a refusé ou négligé d'exercer.

Le contribuable adresse au conseil de préfecture un mémoire détaillé dont il lui est délivré récépissé. Le préfet transmet immédiatement ce mémoire au maire, en l'invitant à le soumettre au conseil municipal, spécialement convoqué à cet effet ; le délai de convocation peut être abrégé.

La décision du conseil de préfecture doit être rendue dans le délai de deux mois, à dater du dépôt de la demande en autorisation. Toute décision portant refus d'autorisation doit être motivée.

Si le conseil de préfecture ne statue pas dans le délai de deux mois, ou si l'autorisation est refusée, le contribuable peut se pourvoir devant le Conseil d'Etat.

Le pourvoi est introduit et jugé selon la forme administrative. Il doit, à peine de déchéance, être formé dans le mois qui suit soit l'expiration du délai imparti au conseil de préfecture pour statuer, soit la notification de l'arrêté portant refus.

Il doit être statué sur le pourvoi dans le délai de deux mois à partir du jour de son enregistrement au secrétariat général du Conseil d'Etat.

Le conseil de préfecture ou le Conseil d'Etat peuvent, s'ils accordent l'autorisation, en subordonner l'effet à la consignation préalable des frais d'instance, et ils fixent, en ce cas, la somme à consigner.

La commune ou section est mise en cause et la décision qui intervient a effet à son égard.

Après tout jugement intervenu, le contribuable ne peut se pourvoir en appel ou en cassation qu'en vertu d'une nouvelle autorisation. (Loi du 8 janvier 1905, art. 123.)

Lorsqu'une section se propose d'intenter ou de soutenir une action judiciaire soit contre la commune dont elle dépend, soit contre une autre section de la même commune, il est formé, pour la section et pour chacune des sections intéressées, une commission syndicale distincte. (*Id.*, art. 128.)

Les membres de la commission syndicale sont choisis parmi les éligibles de la commune et nommés par les électeurs de la section qui l'habitent et par les personnes qui, sans être portées sur la liste électorale, y sont propriétaires fonciers. Le préfet est tenu de convoquer les électeurs dans le délai d'un mois pour nommer une commission syndicale, toutes les fois qu'un tiers des habitants ou propriétaires de la section lui adresse à cet effet une demande motivée sur l'existence d'un droit litigieux à exercer au profit de la section contre la commune ou une autre section de la commune. Le nombre des membres de la commission est fixé par l'arrêté qui convoque les électeurs. Ils élisent parmi eux un président chargé de suivre l'action. (*Id.*, art. 129.)

Lorsqu'un conseil municipal se trouve réduit à moins du tiers de ses membres, par suite de l'abstention obligatoire des conseillers intéressés dans le procès, le préfet convoque les électeurs de la commune, déduction faite de ceux qui habitent ou sont propriétaires sur le territoire de la section, à l'effet d'élire ceux d'entre eux qui doivent prendre part aux délibérations aux lieu et place des conseillers municipaux obligés de s'abstenir. (*Id.*, art. 130.)

La section qui a obtenu une condamnation contre la commune ou une autre section n'est point passible des charges ou contributions imposées pour l'acquittement des frais et dommages-intérêts qui résultent du procès. Il en est de même à l'égard de toute partie qui plaide contre une commune ou section de commune. (*Id.*, art. 131.)

### Budget et comptabilité.

Les ressources de la commune (loi du 5 avril 1884, art. 133) se composent principalement du revenu des biens patrimoniaux, des centimes additionnels, du produit des octrois ou taxes de remplacement, des droits de place dans les halles, foires et marchés, du produit des dons, legs, emprunts, aliénations, etc. Les dépenses sont obligatoires ou facultatives.

Le budget communal se divise en budget ordinaire et budget extraordinaire (*id.*, art. 132). Les règles relatives à sa préparation, à son vote et à son règlement sont exposées au mot BUDGET.

Le maire constate et liquide les droits de la commune, dresse et rend exécutoires les rôles et états de produits, mandate les dépenses. Il est chargé, sous le contrôle du conseil municipal et sous la surveillance de l'administration supérieure, d'administrer les propriétés de la commune, de gérer ses revenus, de souscrire les marchés, etc.

La gestion des deniers communaux est confiée, selon l'importance des recettes ordinaires, soit au percepteur, soit à un receveur spécial. V. RECEVEUR municipal.

Le conseil municipal délibère sur les comptes d'administration qui lui sont annuellement présentés par le maire, conformément à l'article 151 de la loi municipale. Il entend, débat et arrête les comptes de deniers des receveurs, sauf règlement définitif par la Cour des comptes ou le conseil de préfecture. (Loi du 5 avril 1884, art. 71.)

Les communes sont soumises pour le recouvrement de leurs revenus aux règles ordinaires de la procédure, sauf les limitations prévues par la loi. (Instr. gén., 848.)

Toutes les recettes municipales pour lesquelles les lois et règlements n'ont pas prescrit un mode spécial de recouvrement s'effectuent sur des états dressés par le maire et exécutoires après qu'ils ont été visés par le sous-préfet. L'établissement d'états est inutile lorsque la créance est constatée par un titre exécutoire, jugement ou acte notarié, en vertu duquel se font alors les poursuites. (*Id.*, art. 852.)

Les maires sont chargés de la conservation et de l'administration des propriétés communales, et il leur appartient de faire, en conséquence, tous actes conservatoires de leurs droits. Néanmoins, les receveurs municipaux assistent à toutes les adjudications qui ont lieu pour le compte des communes. Ils sont tenus de faire, sous leur responsabilité personnelle, toutes les diligences nécessaires pour la perception des revenus, legs et donations et autres ressources ; de faire faire contre les débiteurs en retard de payer, et à la requête des maires, les exploits, significations, poursuites et commandements nécessaires ; d'avertir les administrateurs de l'expiration des baux ; d'empêcher les prescriptions ; de requérir à cet effet l'inscription au bureau des hypothèques de tous les titres qui en sont susceptibles ; enfin, de tenir registre de ces inscriptions et autres poursuites et diligences. (*Id.*, art. 849.) V. BUDGET, CENTIMES ADDITIONNELS, DONS ET LEGS, EMPRUNT, OCTROI, TAXES COMMUNALES, etc.

### Syndicats de communes.

V. SYNDICATS.

## Commune renommée. — V. RENOMMÉE.

## Communication au ministère public. — V. MINISTÈRE PUBLIC.

## Communication de pièces.

Chaque partie doit à son adversaire la communication des pièces et titres dont elle entend se servir contre lui, et ces pièces, une fois produites, ne peuvent plus être retirées du débat. En principe, on ne doit communiquer que les pièces employées ; cependant, certaines décisions judiciaires ont même ordonné la communication de pièces ni signifiées ni employées. Dans certains cas, on peut exiger la communication des livres de commerce. En principe encore, on ne peut obtenir communication de pièces appartenant à un tiers, surtout lorsqu'il s'agit de lettres missives ou de pièces confidentielles appartenant à une administration.

La communication de pièces peut être demandée, en tout état de cause, dans les trois jours du moment où les pièces ont été employées ou signifiées; ce délai peut, du reste, être prorogé. Elle est demandée, par un simple acte d'avoué à avoué. Elle se fait au greffe, ou sur récépissé, entre avoués. Entre avocats, la communication de pièces se fait sans sommation et sans récépissé. (Code proc. civ., art. 188-192.)

Le Code de procédure n'a, du reste, jamais interdit aux parties de faire usage de pièces non communiquées, et une partie ne peut se plaindre de se voir opposer une pièce qu'elle n'a pu examiner. Elle n'avait qu'à la réclamer.

**Commutatif** (Contrat). — Convention à titre onéreux, par laquelle chacune des parties s'engage à donner ou à faire une chose regardée comme l'équivalent de ce qu'on lui donne ou de ce qu'on fait pour elle (Code civ., art. 1104).

Le contrat *commutatif* est l'opposé du contrat *aléatoire*.

**Commutation de peine.** — Substitution d'une peine à une peine plus grave, à laquelle un accusé avait été condamné.

**Comparution personnelle.** — Mesure d'instruction ordonnée par jugement d'un tribunal à l'effet de faire venir les parties, ou l'une d'elles, à l'audience, pour obtenir des explications ou des aveux.

Ce mode d'instruction diffère de l'*interrogatoire sur faits et articles*, quoiqu'il tende au même but. La comparution a lieu devant le tribunal tout entier, soit en chambre du conseil, soit à l'audience; les questions ne sont pas indiquées à l'avance; les deux parties sont interrogées tour à tour, en présence l'une de l'autre.

*Mandat de comparution.* — V. INSTRUCTION en matière criminelle, et MANDAT.

**Compensation des dépens.** — Décision du tribunal qui condamne chacune des deux parties à payer les frais qu'elle a faits.

Les dépens, qui sont généralement mis à la charge de la partie qui succombe, peuvent être exceptionnellement répartis par le tribunal entre les deux plaideurs : c'est ce qu'on appelle *compensation des dépens*. Elle a lieu lorsque les parties sont parentes à un certain degré (conjoints, ascendants, descendants, frères et sœurs, ou alliées au même degré), ou si elles ont succombé respectivement sur certains chefs. (C. proc., art. 131.)

**Compensation** (Droit civil). — Extinction de deux dettes qui se produit lorsque deux personnes sont réciproquement créancières et débitrices l'une de l'autre. (Code civil, art. 1289-1299.)

La compensation, mode d'extinction des obligations, est un payement fictif qui libère le débiteur, comme le libérerait un payement réel ou en espèces. Elle s'opère lorsque deux personnes se trouvent simultanément débitrices l'une de l'autre d'une certaine somme d'argent ou d'une certaine quantité de choses fongibles, c'est-à-dire d'objets de consommation de même nature. (Code civil, art. 1289 et 1290.) Dans cette situation, un payement effectif réalisé des deux côtés serait sans utilité et donnerait lieu, en pure perte, à des frais de déplacement d'espèces monétaires ou de marchandises ou denrées. Celle des deux parties qui se libérerait la première serait d'autre part victime de sa ponctualité à remplir son engagement, car elle pourrait avoir à subir les chances ultérieures d'insolvabilité ou de faillite de l'autre débiteur. La loi est allée au-devant de ces éventualités, en disposant qu'entre deux personnes respectivement débitrices l'une de l'autre les deux dettes s'éteignent de plein droit, et que chacun des débiteurs se trouve libéré, soit intégralement si les dettes sont égales, soit jusqu'à concurrence de la plus faible des deux si elles sont de sommes ou de quantités inégales. (Code civ., art. 1290.)

La compensation n'a lieu qu'entre deux dettes qui ont également pour objet une somme d'argent, ou une certaine quantité de choses fongibles de la même espèce. Les prestations en grains ou denrées, non contestées, et dont le prix est réglé par les mercuriales, peuvent se compenser avec des sommes liquides et exigibles.

Les dettes à compenser doivent être liquides et exigibles, c'est-à-dire qu'une dette conditionnelle ou non encore échue ne pourrait être opposée en compensation. (*Id.*, art. 1291.) Si l'un des débiteurs avait obtenu précédemment un délai de grâce, cette bienveillante décision du juge n'aurait plus d'application, et la compensation se ferait sans attendre l'expiration du délai. (*Id.*, art. 1292.)

La compensation a lieu, quelles que soient les causes de l'une ou l'autre des dettes, excepté dans le cas :

1° De la demande en restitution d'une chose dont le propriétaire a été injustement dépouillé (si j'ai pris à mon débiteur récalcitrant un objet pour me payer, celui-ci peut en exiger la restitution : la compensation ne saurait couvrir un acte de spoliation);

2° De la demande en restitution d'un dépôt et du prêt à usage (le dépositaire doit restituer toujours le dépôt qui lui a été confié) ;

3° D'une dette alimentaire. V. ALIMENTS. (*Id.*, art. 1293.)

La *caution* (v. ce mot) peut opposer la compensation de ce que le créancier doit au débiteur principal, mais le débiteur principal ne peut opposer la compensation de ce que le créancier doit à la caution (Code civ., art. 1294); autrement la caution serait obligée d'avancer le montant de la somme due par le débiteur principal.

Le *débiteur solidaire* ne peut opposer la compensation de ce que le créancier doit à son codébiteur. (*Id.*, art. 1294.) V. SOLIDARITÉ.

La compensation *facultative* est celle qui s'accomplit par la volonté de l'une des parties, en l'absence d'une des conditions ordinaires. La compensation *judiciaire* est celle qui peut être opérée par le juge sur la demande reconventionnelle de la partie dont la créance ne réunit pas encore les conditions de la compensation légale.

**Compensation** (Bourse). — Opération par laquelle les achats et les ventes se règlent au moyen de virements réciproques, sans déplacement de titres ni d'argent.

On appelle *chambre de compensation* (en angl., *clearing house*) l'endroit où les banquiers échangent les chèques et effets qu'ils se doivent réciproquement et où ils règlent leurs comptes.

**Compétence.** — Aptitude d'un tribunal à connaître d'une action ou d'une défense.

*Compétence administrative.* — On entend par *compétence administrative* l'étendue des pouvoirs de juridiction conférés à certains fonctionnaires de l'ordre administratif. Les règles de cette compétence reposent sur le principe de la séparation des fonctions judiciaires et administratives : il est défendu à chacune des deux autorités de s'immiscer dans les attributions de l'autre. Les juges civils ne peuvent pas entraver l'exécution de mesures prescrites par l'administration, et ils doivent se déclarer incompétents lorsque l'action engagée devant eux contre un fonctionnaire les conduirait à apprécier un acte d'administration ; ils ne sont compétents que pour juger des faits personnels. L'ensemble des difficultés et des contestations dont la connaissance appartient aux tribunaux administratifs forme le *contentieux administratif.*

*Compétence civile.* — On distingue : 1° la compétence *ratione materiæ* ou absolue, qui est l'aptitude, pour les tribunaux d'un certain ordre, de connaître de certaines catégories d'affaires ; 2° la compétence *ratione personæ* ou relative, qui est l'aptitude, pour l'un des tribunaux d'un certain ordre, de connaître d'une affaire, à l'exclusion des autres tribunaux du même ordre. Lorsque les règles de compétence n'ont pas été observées, on dit que le tribunal saisi est « incompétent ». Les règles de la compétence *ratione materiæ* sont d'ordre public ; celles de la compétence *ratione personæ* n'ont été établies qu'en vue d'intérêts privés.

*Ratione materiæ*, les juridictions de droit commun (tribunaux d'arrondissement, cours d'appel) sont compétentes pour toutes les affaires que la loi ne leur a pas enlevées, tandis que les juridictions d'exception ne peuvent juger que les procès qui leur sont directement attribués.

En ce qui concerne la compétence *ratione personæ*, V. ACTION.

*Compétence commerciale.* — V. TRIBUNAL DE COMMERCE.

*Compétence criminelle.* — La compétence en matière criminelle est la détermination des attributions de chacune des juridictions au point de vue de la poursuite, de l'instruction, du jugement et de l'exécution du jugement. La compétence que soulève toute infraction est déterminée par la nature du fait (*ratione materiæ*), la qualité des personnes (*ratione personæ*), les circonstances de lieu (*ratione loci*). A raison des personnes, il peut y avoir des juridictions d'exception, ou des formalités préalables. A raison du lieu, un même délit est susceptible d'être déféré à trois juridictions : lieu où il a été accompli, lieu où réside le prévenu, lieu où il a été trouvé. Si, pour ce motif, plusieurs tribunaux étaient saisis en même temps, on ferait un *règlement de juges.* Certaines circonstances modifient aussi les règles ordinaires de compétence : nationalité, connexité, complicité.

*Compétence des tribunaux militaires.* — V. JUSTICE MILITAIRE.

**Complainte.** — Action possessoire tendant à faire cesser un trouble de possession. V. POSSESSOIRE.

**Complant (Bail à).** — Bail en vertu duquel le propriétaire de vignes cède, sans limite de durée, son terrain à un cultivateur, dit *complanteur*, *colon* ou *vigneron à complant*, moyennant deux conditions caractéristiques : 1° d'y planter ou entretenir des vignes ; 2° de verser au bailleur une redevance de la moitié, du tiers ou du quart de la récolte.

Il existe dans les cantons de l'arrondissement de Nantes, situés sur la rive gauche de la basse Loire, deux sortes de vignes qui se distinguent par leur mode d'exploitation : les vignes *franches* et les vignes à *complant*. Les premières sont, comme dans tous les pays vignobles, entièrement dans la main de leurs propriétaires. Les vignes à *complant* sont soumises à un régime spécial défini ci-dessus. Le bail à complant est toujours fait « à perpétuité », et dès lors ne prend fin que par la perte de la vigne.

Le colon d'une vigne à complant phylloxérée dont la moitié des ceps est devenue improductive peut reconstituer cette vigne sans que le contrat soit modifié, et il a quatre ans pour faire cette reconstitution en plants américains greffés. Avant comme après la reconstitution, il peut céder son droit à un tiers, après avoir prévenu le propriétaire. Si ce tiers n'est ni l'ascendant ni le descendant du complanteur, le propriétaire peut, à prix égal, user du droit de préemption. (Loi du 8 mars 1898.)

**Complicité.** — Participation indirecte ou accessoire à un crime ou à un délit.

Pour qu'il y ait complicité punissable, il faut : 1° que la coopération au crime ou au délit résulte d'un fait positif ; 2° qu'elle ait été volontaire et consciente ; 3° qu'elle se soit réalisée par l'un des modes limitativement déterminés par la loi.

Les faits constitutifs de la complicité sont énumérés et caractérisés par les articles 60, 61 et 62 du Code pénal. Ces textes considèrent comme complices : 1° « ceux qui, par dons, promesses, menaces, abus d'autorité ou de pouvoir, machinations ou artifices coupables, auront provoqué » à l'action qualifiée crime ou délit ; 2° ceux qui auront « donné des instructions pour la commettre » ; 3° « ceux qui auront procuré des armes, des instruments, ou tout autre moyen qui aura servi à l'action, sachant qu'ils devaient y servir » ; 4° « ceux qui auront, avec connaissance, aidé ou assisté l'auteur ou les auteurs de l'action, dans les faits qui l'auront préparée ou facilitée, ou dans ceux qui l'auront consommée » ; 5° « ceux qui, connaissant la conduite criminelle des malfaiteurs exerçant des brigandages ou des violences contre la sûreté de l'Etat, la paix publique, les personnes ou les propriétés, leur fournissent, habituellement, logement, lieu de retraite ou de réunion » ; 6° « ceux qui, sciemment, auront recélé, en tout ou en partie, des choses enlevées, détournées ou obtenues à l'aide d'un crime ou d'un délit ».

Aux termes de l'article 59 du même Code, les complices d'un crime ou d'un délit encourent, en principe, « la même peine » que l'auteur principal, c'est-à-dire une peine du même genre, et non point une peine égale en durée.

**Complot.** — Résolution ayant pour but de détruire ou de changer la forme du gouvernement, d'exciter les habitants à s'armer contre l'autorité du chef de l'Etat ou les uns contre les autres, à se livrer à la dévastation, au massacre et au pillage.

Le complot n'est que la préparation du crime, tandis que l'*attentat* en est l'exécution ou la tentative. Il y a complot dès que la résolution d'agir est concertée et arrêtée. La loi punit le complot alors même qu'il n'y a pas de commencement d'exécution ; c'est une dérogation au droit commun.

La proposition, faite et non agréée de former un complot, simple délit, est punie d'un emprisonnement de un à cinq ans. Si la proposition est agréée, il y a complot, et la peine est la détention. Si le complot est suivi d'un acte préparatoire de l'exécution, la peine est la déportation. Enfin, l'exécution ou la tentative constituent l'*attentat*, qui est puni de la déportation dans une enceinte fortifiée. (Code pén., art. 87-91.) V. HAUTE COUR DE JUSTICE.

**Compromis.** — Contrat par lequel deux personnes qui sont en désaccord décident de soumettre leur différend à des arbitres, au lieu de s'en rapporter à la décision d'un arbitre.

Le *compromis* est une variété de contrat judiciaire ; il est aussi, dans une certaine mesure, une sorte de transaction, puisqu'il est destiné à mettre fin à un procès ; mais à la différence de la *transaction* qui le termine de suite par des concessions réciproques, il ne fait qu'organiser un moyen de le terminer, en désignant un juge autre que celui du droit commun, sans que les parties aient rien abandonné de leurs prétentions. Ce n'est pas au Code civil, à côté des autres contrats, que le législateur a donné les règles du compromis, mais dans le Code de procédure (art. 1003 et suiv.), au titre des *Arbitrages*. (V. ARBITRAGE.) Il ne faut pas confondre le *compromis* avec la *clause compromissoire*. V. COMPROMISSOIRE (*Clause*).

On ne peut compromettre sur les dons et legs d'aliments, logement et vêtements ; sur les séparations d'entre mari et femme, divorces, questions d'état, ni sur aucune des contestations qui seraient sujettes à communication au ministère public.

Le compromis peut être fait par procès-verbal devant les arbitres choisis, ou par acte devant notaire, ou sous signature privée. Il désigne les objets en litige et les noms des arbitres, à peine de nullité.

**Compromissoire (Clause).** — Clause par laquelle des contractants stipulent que les difficultés qui pourront surgir sur l'exécution de leur contrat seront tranchées par des arbitres qu'ils se réservent de nommer.

La jurisprudence se prononce aujourd'hui pour la nullité de cette clause, contraire à l'article 1006 du Code de procédure, qui exige à peine de nullité, dans le compromis, la désignation des noms des arbitres et des objets du litige. Toutefois, en matière d'assurances maritimes, la doctrine tend à considérer comme licite la clause compromissoire.

**Compromissoire (Peine).** — Peine prononcée par un arbitre.

**Comptabilité publique.** — Ensemble des règles applicables à la gestion des deniers publics.

La comptabilité publique est régie notamment par l'ordonnance du 14 septembre 1822, l'instruction générale du 20 juin 1859, le décret du 31 mai 1862.

Aucune recette, aucune dépense ne peut être faite que dans les limites déterminées par le budget ou des décisions postérieures légalement prises.

L'accomplissement des services d'un budget s'effectue dans une période dite *exercice*. V. BUDGET.

Deux sortes d'agents concourent aux opérations budgétaires : l'*ordonnateur* et le *comptable*.

Le premier, administrateur (ministre, préfet, maire, etc.), délivre des ordres de recette, engage, liquide, ordonnance les dépenses (ordonnances directes ou de délégation, mandats), sous sa responsabilité morale.

Le comptable, chargé de l'acte matériel de recette ou de payement, est responsable sur ses biens personnels (cautionnement, hypothèque) des recouvrements à faire et de la validité des payements. Conséquemment, il doit refuser de payer une dépense qui n'est pas appuyée des pièces justificatives réglementaires, ou qui dépasse les crédits. Toutefois, l'ordonnateur peut briser la résistance du comptable par un ordre formel (droit de réquisition), qui dégage la responsabilité de ce dernier. En revanche, il est interdit à l'ordonnateur de s'ingérer dans le maniement des deniers, sous peine d'être déclaré *comptable occulte*. (V. COMPTABILITÉ OCCULTE.) L'ordonnateur et le comptable tiennent des écritures qui se contrôlent réciproquement.

Les comptes des ordonnateurs, essentiellement budgétaires, embrassent la période de l'exercice avec sa prolongation au delà du 31 décembre. Les comptes des comptables — outre les opérations budgétaires qu'ils présentent par exercice pour en faciliter le rapprochement avec les comptes des ordonnateurs — contiennent des opérations de trésorerie et s'arrêtent au 31 décembre ; leur résultat doit correspondre à la situation de caisse à cette dernière date. Les comptes de l'ordonnateur sont vérifiés administrativement et ont pour sanction l'approbation de l'autorité administrative ou le vote des Chambres s'il s'agit du budget de l'Etat (*loi de règlement*). La gestion du comptable est soumise au contrôle permanent de ses supérieurs et de l'inspecteur des finances. Ses comptes, appuyés des pièces au vu desquelles il a effectué les recettes ou les payements, sont jugés par le conseil de préfecture ou la Cour des comptes et aboutissent à un quitus ou à un reversement d'espèces. En ce qui concerne les finances de l'Etat, les opérations des ordonnateurs sont centralisées dans les divers ministères, où elles servent à former les comptes ministériels (comptes d'exercice).

D'autre part, toutes les opérations des comptables du Trésor (trésoriers-payeurs généraux, caissier payeur central, comptables spéciaux et des régies financières, payeurs d'armées, etc.) sont relevées au ministère des Finances par la *direction générale de la comptabilité publique,* qui surveille la gestion des deniers publics et prescrit dans ses circulaires les règles de comptabilité, et par la *direction générale du mouvement des fonds,* qui répartit les sommes nécessaires sur tous les points du territoire. Ces opérations sont résumées dans le *compte général de l'administration des finances* (compte de gestion). La Cour des comptes, qui a vérifié sur pièce les comptes des comptables du Trésor, en affirme la conformité avec le compte général des finances et les comptes des ministres.

*Responsabilité des comptables.* — Tout comptable public est responsable des deniers publics déposés dans sa caisse. En cas de vol ou de perte de fonds résultant de force majeure, il est statué sur sa demande en décharge par décision ministérielle, sauf recours au conseil d'Etat. (Décret du 31 mai 1862, art. 21.)

*Unité de caisse.* — Chaque comptable ne doit avoir qu'une seule caisse dans laquelle sont réunis tous les fonds appartenant à ses divers services. (Décret du 31 mai 1862, art. 21.)

*Situation en fin d'année.* — Les écritures et les livres des comptables des deniers publics sont arrêtés le 31 décembre de chaque année, ou à l'époque de la cessation des fonctions, par les agents administratifs désignés à cet effet. — La situation de leur caisse et de leur portefeuille est vérifiée aux mêmes époques et constatée par un procès-verbal. (*Id.*, art. 22.)

*Jugement des comptes.* — Les comptes sont rendus et jugés (v. COUR DES COMPTES) par gestion, avec la distinction, pour les opérations budgétaires, des exercices auxquels ces opérations se rattachent. — Ils présentent : 1° la situation des comptables au commencement de la gestion ; — 2° les recettes et dépenses de toute nature effectuées dans le cours de cette gestion ; — 3° la situation des comptables à la fin de la gestion avec l'indication des valeurs en caisse et en portefeuille composant leur reliquat. — Lorsque les comptes de gestion sont présentés en plusieurs parties, la dernière doit résumer l'ensemble de la gestion. (*Id.*, art. 23.)

Chaque comptable n'est responsable que de sa gestion personnelle. — En cas de mutation, le compte de l'année est divisé suivant la durée de la gestion des différents titulaires, et chacun d'eux rend séparément, à l'autorité chargée de le juger, le compte des opérations qui le concernent. — Toutefois, lorsqu'il y a lieu, soit de la part des comptables inférieurs, soit pour des gestions intérimaires, de rendre des comptes de clerc à maître, ces comptes engagent la responsabilité des comptables qui les ont reçus. (*Id.*, art. 24.)

Nul ne peut compter pour autrui, si ce n'est à titre d'héritier ou d'ayant cause, de mandataire ou de commis d'office nommé par l'administration. — Le compte est toujours rendu au nom du titulaire de l'emploi. (*Id.*, art. 26.)

Les comptes affirmés sincères et véritables, sous les peines de droit, datés et signés par les comptables, sont présentés à l'autorité chargée du jugement, dans les formes et dans les délais prescrits par les règlements. — Ces comptes doivent être en état d'examen et appuyés de pièces justificatives classées dans l'ordre méthodique des opérations. Après la présentation d'un compte, il ne peut y être fait aucun changement. (*Id.*, art. 27.)

Les comptables en retard de fournir leurs comptes sont passibles des peines prononcées par les lois et règlements. — Les mêmes peines sont applicables aux retards apportés par les comptables dans la production des justifications complémentaires exigées par l'autorité chargée du jugement des comptes [Cour des comptes, Conseil de préfecture]. (*Id.*, art. 28.)

*Installation.* — Aucun titulaire d'un emploi de comptable de deniers publics ne peut être installé, ni entrer en exercice, qu'après avoir justifié, dans les formes et devant les autorités déterminées par les lois et règlements, de l'acte de sa nomination, de sa prestation de serment et de la réalisation de son cautionnement. (Décret du 31 mai 1862, art. 20.)

*Incompatibilités.* — Les fonctions de comptable public sont incompatibles avec l'exercice d'une profession, d'un commerce ou d'une industrie quelconque. (Décret du 31 mai 1862, art. 18.) Cette prohibition ne souffre aucune exception.

*Hypothèque légale sur les biens des comptables.* — La loi confère une hypothèque légale à l'Etat, aux communes et aux établissements publics, sur les biens des comptables pour la conservation des droits et créances à exercer contre eux.

**Comptabilité occulte ou de fait.** — Ingérence dans le maniement des deniers publics en dehors du comptable régulier et sans autorisation légale.

Toute personne autre que le comptable qui, sans autorisation légale, s'ingère dans le maniement des deniers publics est, de ce seul fait, constituée comptable. (Décr. du 31 mai 1862, art. 25.) Ainsi l'ordonnateur qui, se substituant au comptable, opère une recette au nom de l'Etat, d'un département, d'une commune, d'un établissement de bienfaisance, etc., qu'il en conserve le montant ou en fasse emploi, est de ce seul fait constitué *comptable occulte.* Il en est de même de toute personne qui, au moyen de mandats fictifs, se rend maîtresse d'une somme supérieure à celle qui est réellement due. Pour qu'il y ait comptabilité occulte, il faut un *maniement* réel de deniers publics. Le comptable occulte est tenu aux mêmes obligations que le comptable régulier; il est appelé à rendre compte devant la juridiction financière qui juge les comptes du comptable régulier (Cour des comptes, conseil de préfecture); hypothèque légale peut être prise sur ses biens. Son compte est soumis à l'approbation de l'assemblée qui vote le budget et à celle de l'autorité administrative; l'une ou l'autre peuvent rejeter la dépense. Il est finalement déclaré quitte ou en débet par le juge du compte.

**Comptabilité-matières.** V. MATIÈRES.

**Compte (Reddition de).** — Production, à fin de vérification, d'un état de la recette et de la dépense des biens que l'on a administrés pour autrui.

Le *rendant* est celui qui rend compte et l'on appelle *oyant* celui à qui il est rendu. Le tuteur, le curateur à succession vacante, le mandataire, etc., doivent compte de leur administration. (Code civ., art. 469, 803, 814, 1372, 1956, 1993.) V. TUTELLE, etc. Lorsque la justice a à intervenir, à défaut de règlement amiable, le Code de procédure civile (art. 527-542) prescrit la forme des redditions de compte.

**Compte courant.** — Compte entre deux négociants, contenant une suite d'opérations qui doivent se régler par compensation à l'expiration d'une certaine période.

On distingue le *compte courant simple* et le *compte courant et d'intérêts.*

Le compte courant simple est l'état dressé par *doit* et *avoir* des opérations exprimées en monnaie de compte, qui se poursuivent entre deux individus durant une certaine période, dont la durée est déterminée par la volonté des parties, et au bout de laquelle l'arrêté du compte fixe la somme dont l'une des parties est redevable à l'autre, quant aux capitaux.

Dans le compte courant et d'intérêts l'arrêté de compte fixe la somme dont l'une des parties est redevable à l'autre, non seulement quant aux capitaux, mais encore quant aux intérêts de ces capitaux, changes, commissions, etc.

**Compulsoire.** — Procédure employée pour obtenir communication d'un acte dans lequel on n'a pas été partie, et qui se trouve chez un dépositaire public.

Les articles 846 et suivants du Code de procédure civile règlent la façon dont un tiers peut être autorisé, au cours d'une instance, à prendre connaissance d'un acte chez un dépositaire public, et à s'en faire délivrer une copie ou un extrait. C'est une dérogation à la loi du 25 ventôse an XI sur le notariat. Il faut, pour la justifier, un lien direct et sérieux entre la pièce dont on demande communication et l'objet du litige.

**Concession.**

*Concession domaniale.* — C'est l'abandon fait par l'Etat à un particulier, une commune, un département ou un établissement public, pour en jouir temporairement ou pour en disposer à titre de propriétaire incommutable, de choses dépendant du domaine public.

*Concession administrative.* — C'est l'autorisation donnée par l'Etat, les départements ou les communes, d'exploiter certaines industries (eaux minérales, mines, gaz, électricité, etc.) ou services publics (voitures publiques, eaux potables, marchés d'approvisionnement, etc.).

*Concession de travaux publics.* — Celle par laquelle l'Etat confie à des particuliers, ou à des sociétés, le soin d'exécuter à sa place certains travaux d'utilité publique, comme les ponts, les canaux et les chemins de fer.

*Concession coloniale.* — Acte autorisant l'exploitation, par des particuliers ou des sociétés, de territoires inoccupés, dans les colonies françaises.

**Concile.** — Assemblée d'évêques et de théologiens, réunis pour décider des questions de doctrine et de discipline ecclésiastique.

On distingue : 1° le *concile général, plénier* ou *œcuménique,* auquel tous les évêques sont convoqués; 2° le *concile national,* auquel sont appelés tous les évêques d'un Etat; 3° le *concile provincial,* auquel on appelle les évêques d'une province ecclésiastique; 4° le *concile diocésain.*

Les décisions des conciles nationaux en matière de foi sont irréformables. Les lois que portent ces mêmes conciles obligent tous les fidèles et tous les pasteurs sans exception; le pape seul, pour des raisons très graves, pourrait les modifier ou dispenser de s'y soumettre.

Les conciles particuliers, *nationaux* et *provinciaux,* sont convoqués soit par le pape lui-même, soit avec son assentiment. Le pape, après examen, confirme ou infirme leurs décisions. Leurs décrets en matière de foi ne deviennent irréformables que si le pape leur donne ce caractère.

**Conciliation.** — Formalité imposée aux parties de se présenter devant le juge de paix conciliateur, pour tenter un arrangement avant de commencer un procès.

*Tribunaux de première instance.* — Toute demande est en principe soumise à la tentative de conciliation; cependant, trois conditions sont exigées. Il faut que la demande soit: 1° introductive d'instance; 2° susceptible de transaction; 3° en première instance devant les tribunaux d'arrondissement. C'est ce qui résulte de l'article 48 du Code de procédure civile, ainsi conçu :

« Aucune demande principale introductive d'instance entre parties capables de transiger, et sur des objets qui peuvent être la matière d'une transaction, ne sera reçue dans les tribunaux de première instance que le défendeur n'ait été préalablement appelé en conciliation devant le juge de paix, ou que les parties n'y aient volontairement comparu. »

Sont toutefois dispensées du préliminaire de la conciliation :

1° Les demandes qui intéressent l'Etat et le domaine, les communes, les établissements publics, les mineurs, les interdits, les curateurs aux successions vacantes ;

2° Les demandes qui requièrent célérité ;

3° Les demandes en intervention ou en garantie ;

4° Les demandes en matière de commerce ;

5° Les demandes de mise en liberté, celles en mainlevée de saisie ou opposition, en payement de loyers, fermages ou arrérages de rentes ou pensions, celles des avoués en payement de frais ;

6° Les demandes formées contre plus de deux parties, encore qu'elles aient le même intérêt ;

7° Les demandes en vérification d'écritures, en désaveu, en règlement de juges, en renvoi, en prise à partie ; les demandes contre un tiers saisi, et en général sur les saisies, sur les offres réelles, sur la remise des titres, sur leur communication, sur les séparations de biens, sur les tutelles et curatelles ; et enfin toutes les causes exceptées par les lois. (Code proc. civ., art. 49.)

Le défendeur est cité en conciliation :

1° En matière personnelle et réelle, devant le juge de paix de son domicile ; s'il y a deux défendeurs, devant le juge de l'un d'eux, au choix du demandeur ;

2° En matière de société autre que celle de commerce, tant qu'elle existe, devant le juge du lieu où elle est établie ;

3° En matière de succession, sur les demandes entre héritiers, jusqu'au partage inclusivement ; sur les demandes qui seraient intentées par les créanciers du défunt, avant le partage ; sur les demandes relatives à l'exécution des dispositions à cause de mort, jusqu'au jugement définitif, devant le juge de paix du lieu où la succession est ouverte. (*Id.*, art. 50.)

Le délai de la citation est de trois jours au moins. (*Id.*, art. 51.)

La citation (v. ce mot) est donnée par un huissier de la justice de paix du défendeur ; elle énonce sommairement l'objet de la conciliation. (*Id.*, art. 52.)

Les parties doivent comparaître en personne ; en cas d'empêchement, par un mandataire. (*Id.*, art. 53.)

Lors de la comparution, le demandeur peut expliquer, même augmenter sa demande, et le défendeur former celles qu'il jugera convenables : il en est dressé un procès-verbal contenant les conditions de l'arrangement, s'il y a lieu ; dans le cas contraire, il est fait sommairement mention que les parties n'ont pu s'accorder.

Les conventions des parties, insérées au procès-verbal, sont obligatoires pour les parties. (*Id.*, art. 54.)

Si l'une des parties défère le serment à l'autre, le juge de paix reçoit ou fait mention du refus de le prêter. (*Id.*, art. 55.)

Celle des parties qui ne comparaît pas est condamnée à une amende de 10 francs, et toute audience lui est refusée jusqu'à ce qu'elle ait justifié de la quittance. (*Id.*, art. 56.)

La citation en conciliation interrompt la prescription et fait courir les intérêts, pourvu que la demande soit formée dans le mois, à dater du jour de la non-comparution ou de la non-conciliation. (*Id.*, art. 57.)

*Justices de paix.* — Dans toutes les causes, excepté celles qui requièrent célérité et dans lesquelles le défendeur serait domicilié hors du canton ou des cantons de la même ville, il est interdit aux huissiers de donner aucune citation en justice sans qu'au préalable le juge de paix n'ait appelé les parties devant lui, au moyen d'un avertissement sur papier non timbré, rédigé et délivré par le greffier, au nom et sous la surveillance du juge de paix, et expédié par la poste, sous bande simple et scellée du sceau de la justice de paix, avec affranchissement.

A cet effet, il est tenu par le greffier un registre constatant l'envoi et le résultat des avertissements. Le greffier reçoit pour tout droit, et par chaque avertissement sur papier timbré, une rétribution de 85 centimes, y compris l'affranchissement.

S'il y a conciliation, le juge de paix, sur la demande de l'une des parties, peut dresser procès-verbal des conditions de l'arrangement ; ce procès a force d'obligation privée.

Dans les cas qui requièrent célérité, il n'est remis de citation non précédée d'avertissement qu'en vertu d'une permission donnée sans frais, par le juge de paix, sur l'original de l'exploit.

En cas d'infraction aux dispositions ci-dessus de la part de l'huissier, celui-ci supportera les frais de l'exploit. (Lois du 2 mai 1855 et du 23 août 1871, art. 21.)

*Conciliation entre patrons et ouvriers.* — V. ARBITRAGE.

**Conclave.** — Assemblée de cardinaux réunis pour élire un pape.

Le mot *conclave* vient du latin *cum*, avec, et *clavis*, clef. Les cardinaux ne peuvent, en effet, sortir du *conclave* (non donné aussi au lieu où ils se réunissent) avant l'élection.

L'élection doit avoir lieu par le *scrutin*, complété quelquefois par l'*accession*. Les cardinaux déposent dans un calice un billet plusieurs fois replié sur lui-même et contenant, dans un premier pli le nom de l'élu, dans un second pli le nom de l'électeur. Les premiers plis sont décachetés d'abord ; si aucun candidat n'a obtenu les deux tiers des voix, les billets sont aussitôt brûlés. Si un cardinal a réuni la majorité exigée, on décachette les seconds plis, et, après vérification des votes émis, le nouveau pape est proclamé. Quand l'élection traîne en longueur, on peut recourir à l'*accession*, c'est-à-dire que, le scrutin n'ayant pas donné de résultat, chaque cardinal rédige un second billet. Là, ou bien il déclare n'accéder à personne (*accedo nemini*), ou bien il se rallie à un candidat différent de celui pour qui il a voté d'abord, et qui a obtenu au scrutin un certain nombre de suffrages. On additionne les voix recueillies de cette façon avec celles que le scrutin a réunies, et si un cardinal en a les deux tiers il est proclamé pape.

La présence au moins de la moitié plus un de tous les cardinaux vivants et les deux tiers des voix des votants sont exigés pour la validité de l'élection.

**Conclusions.** — Demandes qu'on forme contre une partie ou objections que le défendeur oppose en réponse.

Les conclusions, partie essentielle de la procédure, sont *principales* ou *subsidiaires*. Les principales contiennent les prétentions qu'elles désirent voir admettre en premier lieu par le tribunal. Les subsidiaires comprennent les prétentions plus modestes, pour le cas où le tribunal n'accorderait pas les principales.

Les conclusions sont *exceptionnelles* lorsqu'elles ne touchent pas au fond même du litige, et *au fond*, lorsqu'elles entrent dans le vif du débat.

Enfin, on nomme *conclusions reconventionnelles* celles prises par le défendeur contre le demandeur.

On appelle aussi *conclusions* l'opinion émise à l'audience par le ministère public, en matière civile.

**Concordat** (Comm.). — Convention entre un failli et la majorité de ses créanciers et dont l'effet est de le remettre à la tête de ses affaires. V. FAILLITE.

**Concordat** (Cultes). — Traité passé entre le pape et un souverain pour régler les intérêts de la religion catholique dans les Etats de ce dernier.

Le concordat entre Pie VII et le Premier Consul a été signé le 15 juillet 1801, converti en loi le 8 avril 1802 (18 germinal an X) et solennellement publié le 18 avril, jour de Pâques. Ce traité célèbre a été dénoncé par suite du vote de la loi qui, en décembre 1905, a séparé les Eglises de l'Etat. Il contient dix-sept articles. Le premier reconnaît la religion « catholique, apostolique et romaine » comme « la religion de la grande majorité des Français », assure son libre exercice et la publicité de son culte, sous la seule réserve des « règlements de police » nécessaires pour la tranquillité publique. Les articles 2 et 3 décident qu'une nouvelle circonscription des sièges épiscopaux sera faite, et que les anciens titulaires seront, de bon gré ou non, remplacés par de nouveaux. Les articles 4 et 5 transfèrent au Premier Consul le droit de nommer les évêques, réservant, comme dans le concordat de 1516, l'institution canonique au pape. D'après les articles 6 et 7, les évêques et les ecclésiastiques du second ordre devront prêter serment au gouvernement. Les articles 9, 10 et 11 reconnaissent aux évêques le droit d'établir la circonscription des paroisses, de nommer les curés et les chanoines de leur chapitre avec l'approbation du gouvernement. Un séminaire est établi dans chaque diocèse. L'article 12 rend aux évêques les églises non aliénées et nécessaires au culte. L'article 13 ratifie la vente des biens du clergé et déclare que leurs possesseurs ne pourront être inquiétés. L'article 14 assure, en retour, un traitement convenable aux évêques et aux curés ; l'article 15 annonce pour l'avenir des dispositions légales devant permettre aux fidèles de faire des donations en faveur des églises. Les articles 16 et 17 reconnaissent au Premier Consul et à ses successeurs les mêmes droits et prérogatives dont jouissaient autrefois les anciens rois, à condition, toutefois, qu'ils soient catholiques. Dans le cas contraire, un nouveau traité serait nécessaire.

En ce qui concerne les biens ecclésiastiques, le concordat prévoit le droit des catholiques français de « faire en faveur des églises des fondations ». L'Etat a constitué, pour recevoir et administrer ces biens, des établissements publics : fabriques, cures, chapitres, séminaires, évêchés, etc. Toutefois ils ne peuvent accepter de dons et legs que ceux qui répondent à leur but légal. Le concordat prescrit également la mise à la disposition des évêques des « édifices anciennement destinés au culte catholique ». Les églises ont en effet été rendues à la jouissance du clergé; mais elles restent, quant au droit de propriété, dans le domaine public.

L'Etat, sans y être tenu par le concordat, muet sur ce point, a autorisé la formation de congrégations catholiques, qualifiées juridiquement établissements d'utilité publique et aptes à posséder. Il est maître d'en exiger la dissolution.

Des *articles organiques*, également en date du 18 germinal an X, furent annexés au traité conclu avec le Saint-Siège et publiés en même temps que lui. Ils sont relatifs tant au régime du culte catholique qu'au régime des cultes protestants. V. CULTES.

**Concours agricoles.**

L'arrêté du ministre de l'Agriculture du 18 janvier 1904, qui a supprimé les concours *régionaux* agricoles, a décidé qu'il serait organisé chaque année trois concours *nationaux* agricoles, dans l'Ouest, le Sud-ouest et l'Est. En outre, des fonds sont affectés par le budget de l'agriculture : 1° au développement des *concours spéciaux* s'étendant à tous objets intéressant l'agriculture ; 2° aux concours de primes d'honneur de la grande et de la petite culture ; 3° aux prix culturaux et de spécialités, et aux récompenses réservées aux journaliers ruraux et serviteurs à gages.

**Concours (Fonds de).** — Versements faits par des départements, des communes et des particuliers intéressés à l'exécution de travaux publics pour concourir à la dépense desdits travaux.

**Concurrence déloyale.** — Tout acte fait de mauvaise foi par un commerçant, dans le but d'amener une confusion, à son profit, entre ses produits et ceux d'un établissement rival, ou de détourner la clientèle de ce rival en dépréciant ses produits ou en lui dérobant ses secrets commerciaux ou industriels.

Plusieurs lois punissent comme délits correctionnels les faits les plus graves de concurrence déloyale : la loi du 28 juillet 1824, relative au nom industriel ; la loi du 5 juillet 1844, sur les brevets d'invention ; la loi du 23 juin 1857, sur les marques de fabrique ; celle du 30 avril 1886, qui vise les fraudes concernant les récompenses obtenues dans les expositions industrielles. Les faits non prévus par la loi pénale constituent spécialement les faits de concurrence déloyale. Ils sont très variables et engendrent une action en dommages-intérêts, fondée sur l'article 1382 du Code civil. La concurrence déloyale suppose la fraude. S'il y a eu préjudice sans intention mauvaise, il peut bien y avoir lieu à dommages-intérêts, mais c'est seulement un quasi-délit (art. 1383).

**Concussion.** — Malversation dans l'exercice d'une fonction publique, et plus particulièrement dans le maniement des deniers publics.

La concussion, dont la tentative est punie comme l'acte lui-même, est aujourd'hui prévue par l'article 174 du Code pénal, modifié et complété par la loi du 13 mai 1863. Trois éléments constituent l'infraction : abus d'autorité, illégalité de perception, mauvaise foi de l'agent. La concussion est tantôt un crime, tantôt un délit. La pénalité est graduée d'après la qualité du coupable et l'importance des sommes indûment perçues. Si la perception illégale a été supérieure à 300 francs, et que l'inculpé soit un fonctionnaire ou un officier public, le fait est un crime puni de la réclusion ; si l'inculpé n'est qu'un commis ou préposé, il y a délit, puni de deux à cinq ans d'emprisonnement. Pour une perception inférieure à 300 francs, le fait est toujours un délit, puni d'un emprisonnement de deux à cinq ans si l'inculpé est un fonctionnaire ou officier public, d'un an à quatre s'il est commis ou préposé.

Chaque année la loi de finances reproduit la disposition ci-après :

Toutes contributions directes et indirectes autres que celles qui sont autorisées par les lois de finances, à quelque titre et sous quelque dénomination qu'elles se perçoivent, sont formellement interdites, à peine, contre les autorités qui les ordonneraient, contre les employés qui confectionneraient les rôles et tarifs et ceux qui en feraient le recouvrement, d'être poursuivis comme concussionnaires, sans préjudice de l'action en répétition pendant trois années contre tous receveurs, percepteurs ou individus qui en auraient fait la perception, et sans que pour exercer cette action devant les tribunaux il soit besoin d'une autorisation préalable.

**Condition.** — Événement futur et incertain, de l'existence ou de la non-existence duquel on fait dépendre soit l'accomplissement, soit la résolution d'une disposition ou d'une obligation. — Se dit aussi de la clause elle-même, qui fait de l'événement une cause de suspension ou de résolution.

La *condition* (Code civ., art. 1168-1184) est une modalité des obligations ; elle consiste dans un événement futur et incertain, à l'arrivée duquel les parties ont subordonné soit la naissance, soit l'extinction d'un droit. La condition est *suspensive* lorsque c'est la naissance d'un droit qui dépend de l'arrivée de l'événement ; *résolutoire* lorsque l'événement, s'il arrive, amène la perte ou la résolution d'un droit.

« L'obligation contractée sous une condition suspensive est celle qui dépend ou d'un événement futur et incertain, ou d'un événement actuellement arrivé, mais encore inconnu des parties. Dans le premier cas, l'obligation ne peut être exécutée qu'après l'événement. Dans le second cas, l'obligation a son effet du jour où elle a été contractée. » (*Id.*, art. 1181.)

On rencontre cette modalité dans les contrats, dans les legs, dans les institutions d'héritier. La reconnaissance d'enfants naturels, l'acceptation d'une succession, ne peuvent recevoir aucune condition.

Un effet toujours attaché à la condition est la rétroactivité. Si la condition est suspensive et se réalise, c'est du jour du contrat que les parties sont liées ; si elle vient à défaillir, elles n'auront jamais été tenues. Si la condition résolutoire se réalise, les choses seront remises au même état que si l'obligation n'avait jamais existé ; si elle vient à défaillir, l'obligation aura produit son plein effet. Au cas de condition suspensive, l'obligation n'existe pas encore ; cependant, le contrat produit déjà quelques effets : le droit qui est l'objet du contrat est inaliénable et transmissible, mais sous condition. Les aliénations et constitutions de droits réels, consenties par un acquéreur sous condition suspensive, sont validées ou anéanties rétroactivement, selon que la condition arrive ou vient à défaillir. Des effets analogues, mais inverses, se produisent au cas de condition résolutoire.

L'obligation suspensive laisse la chose qui en est l'objet aux risques du débiteur tant que cette condition n'est point accomplie. Le débiteur, en effet, est, pendant ce temps, seul propriétaire de la chose qui fait l'objet de son obligation.

La condition résolutoire prend le nom de *pacte commissoire* lorsqu'il est convenu, expressément ou tacitement, que le contrat sera résolu si l'une des parties ne remplit pas son obligation. Ce pacte, indépendamment de toute stipulation formelle, est virtuellement sous-entendu par la loi dans tous les contrats synallagmatiques, pour le cas où l'une des parties manque à remplir ses engagements. Toutefois, la condition résolutoire tacite établie par l'article 1184 du Code civil n'agit point avec la même énergie et surtout avec la même instantanéité qu'une condition résolutoire expresse et qui serait produite par un événement casuel. Celle-ci résout le contrat définitivement et irréparablement. Au contraire, quand il s'agit de la condition résolutoire tacite résultant de l'inexécution des obligations de l'un des contractants, le contrat ne peut être résolu que par une décision émanée du tribunal. Les juges, appréciateurs des circonstances, peuvent accorder un délai de grâce (v. TERME) à la partie qui ne s'est point encore exécutée. En cas de résolution, ils peuvent allouer au demandeur une indemnité, à moins que les contractants n'aient stipulé que la résolution aurait lieu de plein droit en cas d'inexécution, ou que la loi l'ait stipulé à leur place : il en est ainsi, en matière de vente de denrées et effets mobiliers, dès l'expiration du délai fixé pour prendre livraison des objets vendus.

Quand une obligation est contractée sous la condition que tel événement se réalisera dans un délai déterminé, la condition est réputée avoir défailli si le délai préfix s'écoule sans que l'événement se soit accompli. Si nul délai n'a été déterminé par la convention, la condition peut utilement se réaliser dans un temps quelconque, et elle ne sera réputée défaillie qu'au moment où il sera devenu certain que l'événement ne se réalisera pas. La condition, quoique non matériellement réalisée, est censée accomplie, et l'obligation devient parfaite, quand c'est le débiteur qui en a par son propre fait empêché l'accomplissement.

**Conditionnement.** — Opération que l'on fait subir au coton, à la laine et à la soie, dans des établissements appelés *conditions* ou *conditionnements*, pour les amener à un état de dessiccation complète, dans le but de déterminer les quantités d'eau qu'on a ajoutées artificiellement, ou que ces matières textiles ont absorbées au contact de l'air humide.

Il est interdit de créer une « condition privée », en vue de la mettre à la disposition du public, sur les territoires des communes et dans les circonscriptions des chambres de commerce où existe déjà un bureau public de conditionnement autorisé par décret. Les procédés employés par les établissements de conditionnement qui fonctionnent en vertu d'un décret d'autorisation sont soumis au contrôle de l'Etat. Les tarifs ne sont exécutoires qu'après avoir été approuvés par le ministre du Commerce. (Loi du 21 août 1900.)

**Conducteur.**

Les *conducteurs* sont, dans l'administration des Ponts et chaussées, les fonctionnaires placés immédiatement sous les ordres des ingénieurs des ponts et chaussées, et qui sont chargés de diriger l'exécution des travaux de toute sorte, terrassements et constructions, dont l'entreprise appartient à l'Etat, tels que routes, ponts, aqueducs, viaducs, canaux, etc. Ils ont sous leurs ordres les piqueurs et autres agents subalternes de la même administration. Les conducteurs des ponts et chaussées peuvent acquérir le grade d'ingénieur, après avoir subi des examens théoriques et pratiques.

**Conférence.** — Réunion de représentants d'Etats chargés d'examiner, de débattre, de trancher, par un traité à soumettre ensuite à la ratification de leurs gouvernements, une question dont la solution intéresse ces Etats.

Les gouvernements sont portés à donner le nom de « conférences » aux réunions diplomatiques où sont traitées des affaires d'un intérêt secondaire, spéciales ou techniques ; ils réservent plutôt le terme « congrès » pour celles qui ont une grande importance, une grande solennité, soit en raison des questions à discuter, de la présence des souverains, du nombre des Etats représentés, soit encore en raison du rang élevé des plénipotentiaires : ministres des Affaires étrangères, ambassadeurs.

**Confirmatif (Acte).** — Acte par lequel une personne valide une obligation entachée d'un vice qui pourrait motiver à son profit une action en nullité ou en rescision.

La confirmation suppose donc un acte simplement annulable ou rescindable (Code civ., art. 1338) ; elle ne pourrait donner aucune valeur à un acte inexistant. La confirmation n'est valable que si elle a eu lieu avec connaissance du vice dont l'obligation était entachée et avec l'intention de le réparer. Enfin, elle n'intervient utilement qu'après la cessation de l'état de choses d'où procède le vice. La confirmation peut être expresse ou tacite. — La loi appelle aussi cet acte *ratification*, mais il vaut mieux réserver cette expression pour l'approbation donnée après coup aux actes d'un gérant d'affaires. La confirmation est soumise à quelques règles spéciales en matière de mariage. V. MARIAGE.

**Confiscation.** — Attribution au Trésor, et, dans quelques cas, aux parties lésées, de tout ou partie des biens d'un individu condamné pour certaines infractions à la loi.

La confiscation ne frappe que certains biens, et dans des circonstances formellement prévues par le législateur (art. 11 du Code pénal pour les crimes ; art. 470 du Code pénal pour les contraventions). Elle s'applique soit au corps du délit, soit aux choses produites par le délit, soit à celles qui ont servi ou qui ont été destinées à le commettre. Elle suppose que le prévenu n'est pas dessaisi des objets, et, sauf les exceptions spécifiées en matière de chasse, de pêche et de contributions indirectes, les tribunaux n'ont pas le droit d'exiger le payement de la valeur des objets confisqués. Lorsque la confiscation profite au Trésor, le recouvrement en est opéré par la direction de l'enregistrement et des domaines, ou par l'administration poursuivante. Lorsqu'elle profite à la partie lésée (contrefaçon, etc.), c'est à celle-ci à en faire le recouvrement.

L'art. 16 de la loi du 3 mai 1844 porte que tout jugement de condamnation prononcera la confiscation des armes, lorsque le délit aura été commis dans des conditions déterminées.

L'art. 41 de la loi du 15 avril 1829 sur la pêche fluviale porte, de son côté, que les filets et engins qui auront été saisis comme prohibés ne pourront dans aucun cas être remis sous caution. Ils seront déposés au greffe et détruits après le jugement.

Les bateaux, filets et autres engins, aussi bien que les poissons et coquillages saisis pour contravention aux lois et règlements maritimes, sont vendus aux enchères publiques par l'Inscription maritime. (Ord. du 13 mai 1818, art. 17.) En ce qui concerne la pêche du hareng, la vente des bateaux, filets et cargaisons est effectuée par l'administration des Domaines. (Décret du 28 mars 1852, art. 6.)

**Conflit.** — Lutte qui s'élève entre deux tribunaux revendiquant ou repoussant tous les deux la même affaire. Le conflit est dit *positif* dans le premier cas, *négatif* dans le second.

Considérés quant à leur origine, les conflits sont de deux sortes : *conflits de juridiction* et *conflits d'attribution.*

Il y a conflit de juridiction lorsque la lutte s'élève entre deux tribunaux appartenant l'un et l'autre à l'ordre judiciaire ou à l'ordre administratif. Il y a conflit d'attribution lorsque la lutte s'établit entre un tribunal de l'ordre judiciaire et un tribunal de l'ordre administratif.

Les conflits de juridiction de l'ordre judiciaire prennent fin par un *règlement de juges* (v. RÈGLEMENT DE JUGES) qui est fait par un tribunal supérieur à celui duquel relèvent les deux juridictions en lutte, tribunal de 1re instance, cour d'appel ou cour de cassation. (Code proc. civ., art. 363.) Les conflits de juridiction de l'ordre administratif sont jugés par le conseil d'Etat, jouant le rôle de tribunal de cassation. Quant aux conflits d'attribution, ils sont jugés par le tribunal des conflits, tribunal spécial organisé par les lois des 3-8 mars 1849 et du 4 février 1850. La constitution de 1852 rendit le jugement des conflits au chef du pouvoir exécutif en conseil d'Etat; mais la loi du 24 mai 1872 consacra de nouveau l'institution du tribunal des conflits.

Ce tribunal est composé du garde des sceaux, président, de trois conseillers d'Etat en service ordinaire, élus par leurs collègues, de trois conseillers à la Cour de cassation, nommés par leurs collègues, de deux membres et de deux suppléants, élus par la majorité des juges précédents. Tous sont élus pour trois ans et rééligibles.

Le droit d'élever le conflit n'appartient qu'à l'autorité administrative ; c'est le moyen, pour elle, de faire respecter le principe de la séparation des pouvoirs. Il ne peut être élevé en matière criminelle. En matière correctionnelle, il faut que la connaissance du délit ait été attribuée par une loi à l'autorité administrative, ou que la décision à rendre par l'autorité judiciaire dépende d'une question préjudicielle devant être tranchée par l'autorité administrative. En matière civile, le conflit peut être élevé devant les tribunaux civils de 1re instance et les cours d'appel, mais non devant les tribunaux de commerce ou les justices de paix. Le préfet invite le tribunal, au moyen d'un *déclinatoire d'incompétence,* à se dessaisir de l'affaire. Si le tribunal ne rend pas un jugement conforme au déclinatoire, le préfet prend un *arrêté de conflit* à la suite duquel le ministre de la Justice saisit le tribunal des conflits. Le jugement motivé du tribunal des conflits confirme ou annule l'arrêté de conflit. V. DÉCLINATOIRE.

**Confusion** (Dr. civ.). — Réunion dans la même personne des qualités de créancier et de débiteur.

La réunion, aux mains d'une même personne, de deux droits réels dont l'un implique l'autre entraîne extinction de ce dernier. Il en est ainsi de l'usufruit, quand les qualités d'usufruitier et de propriétaire sont réunies sur la même tête ; dans ce cas, on dit plutôt *consolidation.* Il en est de même de toute servitude foncière, lorsque le fonds à qui elle est due et celui qui la doit sont dans la même main. (Code civ., art. 705.)

La réunion en la même personne de la qualité de créancier et de celle de débiteur, appelée aussi *confusion,* a pour effet d'éteindre la dette et la créance (Code civ., art. 1300). La confusion se produit lorsque le créancier succède, à titre universel, au débiteur, ou inversement. Quand un codébiteur solidaire hérite d'un créancier, ou réciproquement, la créance et la dette ne sont éteintes que jusqu'à concurrence de la part du codébiteur qui a hérité du créancier ou auquel le créancier a succédé. (*Id.*, 1301.)

La confusion qui s'opère dans la personne du débiteur principal libère la caution ; mais la libération de celle-ci par la confusion n'entraîne pas l'extinction de l'obligation principale. (*Id.*, 1301.)

La confusion n'éteint que les droits dont elle rend l'exercice impossible. Ainsi elle empêche le payement effectif de la dette ; mais la créance éteinte par confusion doit être comptée dans le calcul de la réserve et de la quotité disponible. L'acceptation sous bénéfice d'inventaire empêche la confusion de se produire.

*Confusion des patrimoines.* — Lorsqu'un héritier a accepté *purement et simplement* une succession, ses biens et ceux du défunt se confondent, ainsi que leurs dettes respectives, de telle sorte que l'héritier est tenu, même sur ses propres biens, d'acquitter les obligations du défunt, et que les créanciers du défunt subissent le concours de ceux de l'héritier. La confusion cesse au cas d'acceptation sous bénéfice d'inventaire et de séparation de patrimoines.

**Confusion** (Dr. civ.). — Union de diverses matières appartenant à des propriétaires différents. V. MEUBLES.

**Confusion de part.** — Impossibilité de reconnaître le père d'un enfant né plus de six mois après que la mère a contracté un second mariage et moins de neuf mois après la mort du premier époux.

Pour ce motif, la femme ne peut se remarier que dix mois révolus après la dissolution du mariage précédent.

**Congé** (Armée). — Cessation du service militaire actif, soit définitive, soit momentanée, mais dépassant trente jours.

Au-dessous de trente jours, c'est une *permission*. On appelle aussi *congé* le titre qui atteste la suspension ou la cessation du service. Les conditions des congés sont déterminées par les articles 16 et 17 du décret du 9 novembre 1853. On distingue le *congé définitif* ou *absolu*, libération définitive du service militaire; le *congé renouvelable*, que l'on peut faire prolonger, mais qui expire s'il n'a été renouvelé en temps utile; le *congé d'ancienneté*, libération définitive acquise de droit par le temps que l'on a passé au service; le *congé de réforme* ou *de renvoi*, renvoi du service pour incapacité reconnue; le *congé de libération*, renvoi du service après que le temps du service légal est expiré; le *congé de passe*, autorisation de passer d'un corps dans un autre corps; le *congé de convalescence*, congé accordé par l'autorité militaire, et sur la demande des chirurgiens d'un hôpital, à un homme qui relève de maladie.

**Congé** (Contr. indir. et douanes).

On donne le nom de *congé*, en matière de contributions indirectes, à l'une des expéditions de la régie qui doivent être levées à chaque déplacement de boissons. (V. BOISSONS.) Le congé accompagne les boissons dont le droit a été payé au départ, à la différence de l'*acquit-à-caution*, délivré lorsque le droit n'est payable qu'à la destination, sous la garantie d'une caution. La loi du 28 avril 1816 laisse aux expéditeurs le choix entre les deux procédés. En matière de douanes, on emploie aussi tantôt le congé, tantôt l'acquit-à-caution, d'après la distinction ci-dessus dans le rayon des douanes appelé *rayon-frontière*.

**Congé** (Dr. civ.). — Acte par lequel le propriétaire signifie à son locataire son intention de ne pas renouveler le bail ou de ne pas continuer la location verbale — et réciproquement. V. BAIL.

**Congé ou défaut-congé** (Proc. civ.). — Défaut du demandeur.

Le jugement par défaut-congé est celui par lequel l'avoué du défendeur obtient défaut contre celui du demandeur et peut obtenir pour son client un congé, c'est-à-dire l'extinction de l'instance, sans que le procès ait été jugé au fond. Mais le défendeur peut-il, ne se contentant pas d'un simple renvoi, exiger que le tribunal juge le fond du procès? La question est controversée, mais on décide généralement qu'il en a le droit. Si le défendeur préfère prendre ce parti, le demandeur étant un défaillant, aura le droit de faire opposition au jugement qui a statué sur le fond par défaut, toutes les fois qu'il lui a fait perdre le procès en tout ou en partie. (Code proc. civ., art. 154.)

**Congé de navigation.** — Certificat d'identité délivré par l'administration des Douanes aux bâtiments qui vont prendre la mer.

Le congé, droit de sortie, est obligatoire, sauf pour les bâtiments de l'Etat. Il est délivré chaque année (ou pour la durée des voyages de plus d'une année), moyennant le payement d'un droit fixé d'après le tonnage, savoir :

Bâtiments de 50 tonneaux et au-dessus, 7 fr. 20; de 50 tonneaux exclusivement à 30 tonneaux inclusivement, 3 fr. 60 s'ils font la pêche sur les côtes de France et 7 fr. 20 pour les autres.

Bâtiments au-dessous de 30 tonneaux: pontés ou non pontés, 1 fr. 20.

Les bâtiments étrangers payent, sous le nom de *passeport*, un droit de sortie de 1 fr. 20.

Le congé fait partie des papiers de bord et contient les renseignements qui permettent de reconnaître l'identité du navire.

**Congéable** (**Bail à domaine**) **ou Convenant.** — Convention par laquelle le bailleur (*foncier*) cède au preneur (*domanier*), moyennant un fermage annuel (*vente convenancière*), avec la jouissance du fonds, la propriété de la superficie (des *édifices et superfices*, selon l'expression consacrée), à la condition que, lors du congé ou *congément*, il pourra reprendre la propriété superficiaire, moyennant indemnité.

Ce contrat, essentiellement breton, puisque la loi du 6 août 1791 en a limité l'usage aux départements du Finistère, du Morbihan et des Côtes-du-Nord (encore n'est-il point usité dans toute leur étendue), ce contrat, d'origine immémoriale, a été l'objet d'une loi du 8 février 1897. Cette loi permet au « domanier *exploitant par lui-même* » — restriction diversement appréciée — « s'il a renoncé au droit de provoquer le congément » (art. 1er), de faire *exponse payante*, c'est-à-dire abandon au foncier, moyennant indemnité, de ses droits édificiers. Il lui est interdit d'y renoncer par avance pour une période plus longue que la durée totale du bail; une telle renonciation serait nulle. La nouvelle exponse doit être faite dans les formes et aux époques prescrites pour le congément »; ainsi, elle doit être notifiée, au plus tard, le 28 mars, l'époque de sortie étant uniformément fixée au 29 septembre.

**Congo français.**

Les « possessions du Congo français et dépendances » comprennent: 1° la colonie du *Gabon*; 2° le *Moyen-Congo*; 3° le territoire de l'*Oubangui-Chari*; 4° le territoire du *Tchad*.

Toutes les possessions du Congo français et dépendances sont placées sous la haute autorité d'un *commissaire général*, dont la résidence est à Brazzaville (Décret du 29 décembre 1903, art. 1er) et qui est assisté d'un *Conseil de gouvernement*.

Le Gabon est une colonie ayant son autonomie administrative et financière sous l'autorité immédiate d'un lieutenant-gouverneur et sous la haute direction du commissaire général. Le lieutenant-gouverneur a sa résidence à Libreville; il est assisté d'un secrétaire général et d'un conseil d'administration.

Le Moyen-Congo embrasse exclusivement des pays soumis au régime commercial de l'acte de Berlin. C'est une colonie ayant son autonomie administrative et financière, sous l'autorité directe du commissaire général, qui a sa résidence à Brazzaville. Celui-ci est assisté d'un secrétaire général et d'un conseil d'administration.

Le commissaire général est représenté, à Bangui, par un délégué permanent chargé de l'administration du territoire de l'Oubangui-Chari, et, dans le territoire du Tchad, par l'officier commandant les troupes stationnées dans ce territoire.

L'Oubangui-Chari et le Tchad font donc partie de la colonie du Moyen-Congo, dotée d'un conseil d'administration spécial.

*Sociétés concessionnaires.* — Un « commissaire spécial du gouvernement près les sociétés concessionnaires » a été institué par décret du 5 juillet 1902, pour suivre particulièrement l'étude des questions économiques et représenter l'administration dans ses relations auprès desdites sociétés qui ont obtenu des concessions territoriales pour les mettre en valeur et les exploiter.

La justice (décret du 17 mars 1903) est administrée par un tribunal supérieur (Libreville), une cour criminelle (Libreville), deux tribunaux de première instance, des justices de paix à compétence étendue. Les administrateurs rendent la justice aux indigènes sous réserve, en certains cas, de l'homologation de leurs décisions par un tribunal spécial.

Le Gabon et le Moyen-Congo ont respectivement leur autonomie budgétaire. Le budget local au Moyen-Congo supporte les charges communes intéressant toutes nos possessions congolaises, ainsi que les dépenses de l'Oubangui-Chari et du Tchad.

**Congrégation.** — Association religieuse dont les membres, hommes ou femmes, ne font pas de vœux solennels, mais des vœux simples, soit temporaires, soit perpétuels, ou même ne sont liés que par un engagement ou une promesse d'obéissance, qui ne va pas jusqu'au vœu.

Canoniquement, pour qu'une nouvelle congrégation soit régulièrement fondée, il faut que ses statuts soient approuvés par l'évêque du diocèse. Quand la congrégation commence à prendre de l'importance, l'approbation du pape est demandée. Aucun nouvel établissement d'une congrégation déjà existante ne peut être fait sans l'autorisation de l'évêque du lieu.

Au point de vue de l'autorité civile, la situation des congrégations est, légalement, la suivante : la loi organique du 18 germinal an X et le décret du 3 messidor an XII ont imposé à toute congrégation religieuse s'établissant en France une autorisation préalable de l'autorité civile.

La loi du 1er juillet 1901, relative au contrat d'association (complétée, au point de vue de son exécution, par des décrets en date des 1er juillet et 16 août 1901), est intervenue et a posé des règles nouvelles (V. ASSOCIATION) : 1° aucune congrégation religieuse ne peut se former sans autorisation, donnée par une loi; 2° aux congrégations existantes au moment de la promulgation de la loi du 1er juillet 1901, non antérieurement autorisées ou reconnues, a été imparti un délai de trois mois pour solliciter leur autorisation par une loi; 3° celles qui, dans ce délai, n'avaient pas fait toutes diligences pour régulariser leur situation, ont été considérées comme dissoutes et, réputées illicites, sont tombées sous le coup de dispositions pénales, si elles ne s'étaient pas dispersées; en outre, qu'elles se fussent ou non dispersées, il a été procédé, dans les conditions prévues par la loi de 1901, à la liquidation des biens détenus par elles.

En ce qui regarde le fisc, les congrégations payent : 1° les impôts ordinaires; 2° l'impôt spécial dit de *mainmorte;* 3° l'impôt de 4 p. 100 sur leurs revenus, tous leurs biens, meubles et immeubles, étant réputés leur rapporter 5 p. 100; 4° l'impôt dit *droit d'accroissement*. V. MAINMORTE, ACCROISSEMENT, VALEURS MOBILIÈRES.

**Congrès.** — Réunion de plénipotentiaires plus considérable qu'une simple *conférence* (V. ce mot) et qui doit son importance spéciale soit aux questions à discuter, soit à la présence de souverains ou personnages de marque.

Dans les congrès diplomatiques, on traite des questions de territoires ou de rapports d'Etat à Etat. Dans les congrès dits *internationaux*, dont l'initiative revient aux puissances, on s'occupe plus spécialement de fixer certaines règles du droit des gens. Tels : le congrès de *Genève* (1863), d'où sortit la convention internationale du même nom, neutralisant en temps de guerre les blessés, les ambulances et les services sanitaires; — le congrès tenu en 1874, à *Bruxelles*, sur l'initiative du gouvernement russe, dans le but d'établir un code de la guerre qui en rendît les coutumes plus humaines; — le congrès de *Saint-Pétersbourg*, qui, en 1878, prononça notamment l'interdiction des balles explosibles.

**Congrès ou Assemblée nationale.** — Réunion du Sénat et de la Chambre des députés en Assemblée nationale, pour procéder à l'élection du président de la République ou à la revision de la Constitution.

Les séances du Congrès ont lieu à Versailles, dans la salle des séances de la Chambre des députés. (Art. 3 de la loi du 22 juillet 1879.) Elles sont publiques. Comme toutes les assemblées délibérantes, le Congrès a besoin d'un règlement pour fixer la procédure de ses délibérations et la discipline de ses séances. N'ayant pas le temps d'en arrêter un, le Congrès de 1879 adopta celui de l'Assemblée nationale de 1871. Il va de soi que sa décision n'engageait que lui et qu'à chacune de ses réunions le Congrès a le droit d'adopter tel autre règlement qui lui convient. Le Sénat a une dotation, la Chambre des députés en a une, et toutes deux sont annuellement prévues au budget. Les assemblées de revision n'en ont pas.

**Conjoint.** — Syn. du mot *époux*. — V. DÉPENS, MARIAGE, SUCCESSION, TÉMOIN, etc.

**Conjoint (Legs).** — Legs commun à plusieurs héritiers.

**Connaissement.** — V. AFFRÈTEMENT.

**Connexité.** — Relation qui existe entre plusieurs causes, et qui exige qu'elles soient soumises aux mêmes juges et décidées par un même jugement.

En matière civile, l'article 171 du Code de procédure dispose : « S'il a été formé précédemment, en un autre tribunal, une demande pour le même objet, ou si la contestation est connexe à une cause déjà pendante en un autre tribunal, le renvoi au tribunal premier saisi pourra être demandé et ordonné. » D'autre part, la doctrine et la jurisprudence admettent que, notamment, il y a connexité : 1° lorsque l'instance formée en dernier lieu se rattache à une instance précédemment engagée, en ce sens qu'elle n'est qu'un accessoire de celle-ci; 2° lorsque la solution du procès déjà pendant doit nécessairement réagir sur la décision de la seconde instance.

Lorsque l'exception de connexité (v. EXCEPTION) est opposée, la demande ne peut être réservée ni jointe au principal, c'est-à-dire qu'elle doit être jugée préalablement, sans attendre le jugement sur le fond.

En matière criminelle, l'article 227 du Code d'instruction criminelle indique, à titre énonciatif, les principaux cas de connexité, dans les termes suivants : « Les délits sont connexes, soit lorsqu'ils ont été commis en même temps par plusieurs personnes réunies; soit lorsqu'ils ont été commis par différentes personnes, même en différents temps ou divers lieux, mais par suite d'un concert formé à l'avance entre elles; soit lorsque les coupables ont commis les uns pour se procurer les moyens de commettre les autres, pour en faciliter, pour en consommer l'exécution, ou pour en assurer l'impunité. » La connexité a pour effet d'entraîner la jonction des procédures auxquelles les diverses infractions ont donné lieu.

**Conquêts.**

Dans notre ancien droit, on appelait *conquêts* les biens acquis pendant la communauté existant entre le mari et la femme, tandis que les *acquêts* étaient ceux acquis avant le mariage. D'où l'adage : *Conquêts se font par deux, acquêts se font par un.* Aujourd'hui, on dit indifféremment *conquêts* ou *acquêts* de communauté pour désigner les biens qui entrent en communauté durant le mariage, et les distinguer des propres. V. ACQUÊTS.

**Consanguinité.** — Parenté du côté du père.

Les frères *consanguins* ont le même père; les frères *utérins*, la même mère; les frères *germains*, le même père et la même mère.

**Conscription.** — Mode de recrutement de l'armée qui consiste à appeler chaque année au service les jeunes gens inscrits sur les listes de recensement, comme ayant atteint un âge déterminé. Ces jeunes gens sont dits *conscrits*.

**Conseil d'arrondissement.**

Le conseil d'arrondissement (v. ce mot) se compose, dans chaque arrondissement de sous-préfecture, d'autant de membres qu'il y a de cantons dans l'arrondissement et, en tout cas, de 9 au minimum. Sont éligibles, au suffrage universel, les électeurs âgés de vingt-cinq ans au moins, domiciliés dans le département ou qui y payent une contribution directe (décr. du 3 juill. 1848). Les cas d'incapacité ou incompatibilité sont énumérés dans la loi de 1833, le décret de 1848, la loi du 23 juillet 1891 (préfet, employés de préfecture, conseillers généraux, officiers en activité, etc.). Les conseillers, élus pour six ans, sont renouvelés par moitié tous les trois ans. Le conseil est réuni chaque année, par décret, en session ordinaire divisée en deux parties. Dans la première, qui précède la session du conseil général, il délibère sur les réclamations relatives à la fixation du contingent de l'arrondissement dans les contributions directes et sur les demandes en réduction formées par les communes. Dans la seconde qui suit la session du conseil général, il répartit les contributions directes entre les communes, selon les décisions du conseil général, sur les réclamations soulevées. Il donne son avis souvent obligatoire (loi du 10 mai 1838, art. 41) et émet des vœux sur les affaires concernant l'arrondissement. Ses membres peuvent remplacer le sous-préfet et faire partie du conseil de revision. Ils sont électeurs sénatoriaux. Les décisions des conseils peuvent être suspendues par le préfet ou par décret. (Lois des 22 juin 1833, 20 mai 1838, 7 juillet 1852, 23 juillet 1870.)

Les conseils d'arrondissement sont dissous par décret; il est procédé, en ce cas, à leur renouvellement avant la session annuelle, au plus tard dans un délai de trois mois à dater du décret de dissolution.

**Conseil des ministres.** — Réunion des ministres sous la présidence du chef de l'Etat.

La loi organique des 31 août-3 septembre 1871, celles des 16 septembre-2 octobre 1871, 13-19 mars 1873 et la constitution des 25-28 février 1875 ont consacré l'existence légale du conseil des ministres. Cette dernière a, en outre, proclamé sa responsabilité politique. Le conseil des ministres tient ses réunions sous la présidence du président du conseil et en présence du président de la République. Les délibérations sont secrètes, et il n'est pas fait de procès-verbal. Le conseil des ministres délibère sur toutes les questions importantes de politique intérieure ou extérieure. Le ministre compétent exécute ses décisions. Certains décrets doivent, par exception, porter : « décret délibéré en conseil des ministres ». En cas de vacance de la présidence de la République, le conseil des ministres est investi du pouvoir exécutif. En dehors des *conseils des ministres*, tenus sous la présidence du chef de l'Etat, les ministres tiennent, hors de sa présence, des *conseils de cabinet*, sortes de conférences préparatoires, sans caractère officiel.

**Conseil d'État.** — L'un des grands corps de l'Etat, qui donne au gouvernement des avis et qui constitue le tribunal suprême de la juridiction administrative.

Placé à côté du chef de l'Etat, des ministres et, dans une certaine mesure, des Chambres elles-mêmes pour préparer ou éclairer les décisions ; destiné d'autre part à être la clef de voûte du contentieux administratif dans sa plus large acception, le conseil d'Etat occupe, dans l'organisation et la marche des pouvoirs publics, une place prépondérante. Son rôle est double, car il est à la fois le grand conseil du gouvernement et le tribunal suprême de la juridiction administrative.

*Avis.* — Comme conseil de gouvernement, le conseil d'Etat n'a pas de pouvoir propre, pas plus qu'il n'a d'initiative. Il n'est saisi que par le chef de l'Etat ou par les ministres, et cette consultation est nécessaire pour lui permettre de donner son avis. Il ne peut se saisir lui-même. Soit que sa consultation soit *obligatoire* en vertu des lois ou règlements, soit au contraire que le gouvernement use de la faculté de le consulter sur des matières où il peut se passer de son intervention, les délibérations ont le caractère d'*avis*, en ce sens qu'elles ne sauraient lier les pouvoirs publics qui les ont sollicitées. Mais, dans la pratique administrative, et en ce qui concerne un certain nombre de matières délicates où le gouvernement tient à s'éclairer comme à couvrir sa responsabilité, il est admis que les avis du conseil d'Etat doivent être suivis, et ils le sont généralement.

*Juridiction.* — Comme tribunal suprême de la juridiction administrative, le conseil d'Etat jouit pleinement d'un pouvoir propre. Il n'agit plus comme conseil, mais comme juge, et il est à la fois juge en premier et dernier ressort, juge d'appel et juge de cassation. En ces diverses qualités, le rôle du conseil d'Etat est considérable. Il est impossible d'énumérer ses attributions multiples. Il suffira d'indiquer quelques espèces, à titre d'exemple : comme *juge en premier et dernier ressort*, il statue sur les élections aux conseils généraux, ainsi que sur les recours pour excès de pouvoir ; comme *juge d'appel*, il statue sur les décisions des conseils de préfecture et des conseils du contentieux des colonies ; comme *juge de cassation*, il statue sur toutes les décisions des tribunaux administratifs, qui ne relèvent pas de lui par l'appel, et qui peuvent être attaquées par le recours en cassation.

Que le conseil d'Etat statue comme juge d'appel ou bien en premier et dernier ressort, les affaires s'introduisent, en principe, par l'intermédiaire d'un avocat au conseil d'Etat (v. AVOCAT), mais les particuliers peuvent directement exercer leurs droits dans un certain nombre de cas, par exemple en matière de contributions directes et taxes assimilées et d'élections, de recours contre les décisions présidentielles ou ministérielles relatives aux pensions, contre les actes administratifs entachés d'excès de pouvoir. La requête peut être déposée soit au secrétariat général du conseil d'Etat, soit à la préfecture ou à la sous-préfecture. V. ADMINISTRATION.

Les arrêts rendus en matière contentieuse par le conseil d'Etat n'ont aucun force réglementaire.

*Composition et sections.* — Le conseil d'Etat est présidé par le garde des sceaux, ministre de la Justice, et, en fait, par un vice-président. Il est divisé en cinq sections : une section du contentieux et quatre sections dites administratives, où les affaires sont réparties par ministères, plus une section « temporaire » du contentieux. Le conseil d'Etat ne se réunit en *assemblée générale*, c'est-à-dire toutes sections réunies, que pour les affaires exigeant cette formalité. Le personnel du conseil d'Etat comprend, en outre du vice-président, des présidents de section, du secrétaire général et du secrétaire du contentieux, 25 conseillers d'Etat en service ordinaire, 19 conseillers d'Etat en service extraordinaire, qui ne sont autres que les directeurs généraux et directeurs des divers ministères, 32 maîtres des requêtes, 18 auditeurs de 1re classe et 22 de 2e classe.

Avant chaque arrêt que le conseil d'Etat est appelé à rendre, le commissaire du gouvernement doit poser ses conclusions, non pas au point de vue de l'Etat intéressé, mais au point de vue du droit et de la légalité. Les décisions juridiques du conseil d'Etat sont aujourd'hui exécutoires par elles-mêmes, et non point promulguées, comme autrefois, sous forme de décret du chef de l'Etat.

**Conseil de préfecture.**

*Conseil de préfecture.* — Institué pour jouer plus particulièrement auprès du préfet le rôle de tribunal administratif, le conseil de préfecture joint à ses attributions contentieuses, spécialement déterminées par les lois, des attributions consultatives et de tutelle administrative. Il est, de plus, chargé de la répression de certains délits, et ses membres sont revêtus d'attributions individuelles.

*Organisation.* — Il se compose de 9 membres dans le département de la Seine, de 4 dans vingt-neuf départements, de 3 dans les autres ; de 5 à Alger, de 4 à Constantine et à

Oran. Les conseillers sont nommés par décret; ils doivent avoir vingt-cinq ans au moins, être licenciés en droit ou réunir certaines conditions d'aptitude (loi du 21 juin 1865, art. 2). Le conseil est présidé en principe par le préfet, généralement remplacé par un conseiller; à Paris, par un vice-président en titre. En cas d'insuffisance du nombre des membres pour délibérer (3 au minimum), il est complété par des membres du conseil général. Le secrétaire de préfecture joue le rôle de ministère public.

*Attributions contentieuses et répressives.* — Le conseil est juge du contentieux en matière de *contributions directes* et *taxes assimilées*, et, dans de rares exceptions, de contributions indirectes (contestations entre la régie et les débitants de boissons [loi du 28 avr. 1816, etc.]); en matière de *travaux publics* et en certaines matières assimilées (desséchement des marais, associations syndicales autorisées, mines, pompes funèbres, etc.); en matière de *grande* et *petite voirie*. En ce qui touche la *grande voirie*, ses attributions sont en outre répressives (amendes pour contraventions); il en est de même relativement à la police des chemins de fer, des ports de commerce, du roulage, etc. Le conseil statue sur les contestations entre l'État et les acquéreurs de *biens domaniaux;* sur le contentieux des *opérations électorales* des conseils municipaux et d'arrondissement; sur certains recours relatifs à la création d'*établissements incommodes* ou *insalubres,* etc. Il juge en premier ressort la comptabilité des communes, établissements de bienfaisance, fabriques d'églises, dont les revenus ordinaires n'excèdent pas 30 000 francs.

*Attributions de tutelle administrative.* — Il donne l'autorisation d'ester en justice aux communes, établissements de bienfaisance, fabriques, etc.

*Attributions consultatives.* — Le préfet peut demander l'avis du conseil; il le doit dans certains cas (arrêtés pris en conseil de préfecture).

*Attributions individuelles.* — Les conseillers peuvent, s'il y a lieu, remplacer le préfet, le sous-préfet, le secrétaire général de préfecture, être membres du conseil de revision.

*Procédure.* — Les séances du conseil sont publiques et les débats oraux (décr. du 30 décembre 1862), excepté en ce qui concerne la juridiction financière. La procédure est réglementée par la loi du 22 juin 1889.

Les requêtes introductives d'instance concernant les affaires sur lesquelles le conseil de préfecture est appelé à statuer par la voie contentieuse doivent être déposées au greffe du conseil, sauf disposition contraire contenue dans une loi spéciale. Le secrétaire greffier délivre aux parties qui en font la demande un certificat constatant l'arrivée au greffe de la réclamation et des mémoires produits.

Les parties peuvent faire signifier leur demande par exploit d'huissier.

Les parties ou leurs mandataires peuvent prendre connaissance au greffe, mais sans déplacement, des pièces de l'affaire. Toutefois, le président du conseil peut autoriser le déplacement des pièces, pendant un délai qu'il détermine, sur la demande des avocats ou des avoués chargés de défendre les parties.

Les différents moyens de vérification sont : l'expertise, les visites des lieux, les enquêtes et interrogatoires, les vérifications d'écritures.

Dans le cas de demande en inscription en faux contre une pièce produite, le conseil peut, soit surseoir à statuer sur l'instance principale jusqu'après le jugement du faux par le tribunal compétent, soit statuer au fond, s'il reconnaît que la décision ne dépend pas de la pièce arguée de faux.

L'intervention est admise de la part de ceux qui ont intérêt à la décision du litige engagé devant le conseil de préfecture. Les dispositions du Code de procédure civile sur la récusation des juges sont applicables devant les conseils de préfecture.

Le désistement peut être fait et accepté par des actes signés des parties ou de leur mandataire et déposés au greffe. Les frais du procès sont à la charge de la partie qui se désiste.

Le rôle de chaque séance publique est arrêté par le président du conseil; il est communiqué au commissaire du gouvernement et affiché à la porte de la salle d'audience.

Toute partie doit être avertie, par une notification faite du jour où l'affaire sera portée en séance publique.

Après le rapport fait sur chaque affaire par un des conseillers, les parties peuvent présenter, soit en personne, soit par mandataire, des observations orales à l'appui de leurs conclusions écrites. Le conseil de préfecture peut également entendre les agents de l'administration compétente ou les appeler devant lui pour fournir des explications. Si les parties présentent des conclusions nouvelles ou des moyens nouveaux, le conseil ne peut les adopter sans ordonner un supplément d'instruction.

Le commissaire du gouvernement donne ses conclusions sur toutes les affaires.

En toute matière les arrêtés des conseils de préfecture sont rendus par des conseillers délibérant en nombre impair. Ils sont rendus par trois conseillers au moins, président compris. La décision est prononcée à l'audience publique, après délibéré hors la présence des parties.

L'expédition des décisions est délivrée par le secrétaire greffier dès qu'il en est requis. Toute décision est notifiée aux parties à leur domicile réel dans la forme administrative, par les soins du préfet, lorsque l'instance a été engagée par l'État ou contre lui, et lorsque le conseil de préfecture a prononcé en matière répressive, sans préjudice pour le droit de la partie de faire la notification par exploit d'huissier. Dans les autres cas, la notification est faite par exploit d'huissier. Des règles spéciales sont établies pour la notification des décisions en matière de contributions directes et de taxes assimilées à ces contributions, ainsi qu'en matière électorale.

Les arrêtés non contradictoires des conseils de préfecture en matière contentieuse peuvent être attaqués par voie d'opposition dans le délai d'un mois, à dater de la notification qui en est faite à la partie.

L'opposition suspend l'exécution, à moins qu'il n'en ait été autrement ordonné par la décision qui a statué par défaut.

Toute partie peut former tierce opposition à une décision qui préjudicie à ses droits, et lors de laquelle ni elle ni ceux qu'elle représente n'ont été appelés.

Les arrêtés des conseils de préfecture peuvent être attaqués devant le conseil d'Etat dans le délai de deux mois à dater de la notification lorsqu'ils sont contradictoires, et à dater de l'expiration du délai d'opposition lorsqu'ils ont été rendus par défaut.

Le délai de pourvoi court contre l'Etat ou les administrations représentés par le préfet, soit à dater du jour où la notification de l'arrêté a été faite par les parties au préfet, soit à dater du jour où la notification a été faite aux parties par les soins du préfet. Lorsque le conseil de préfecture a statué en matière répressive, le délai court contre l'administration à partir de la date de l'arrêté.

Le recours au conseil d'Etat contre les arrêtés des conseils de préfecture peut avoir lieu sans frais et sans l'intervention d'un avocat au conseil d'Etat en matière : 1° de contributions directes ou de taxes assimilées à ces contributions pour le recouvrement; 2° d'élections; 3° de contraventions aux lois et règlements sur la grande voirie et autres contraventions dont la répression appartient au conseil de préfecture, ainsi que d'anticipation sur les chemins vicinaux. Toutefois l'exemption du droit de timbre n'est applicable aux recours en matière de contributions directes et de taxes assimilées à ces contributions, sauf les prestations en nature pour les chemins vicinaux, que lorsque la cote est moindre de 30 francs. Le recours peut être déposé, dans les cas ci-dessus visés, soit au secrétariat général du conseil d'Etat, soit à la préfecture, soit à la sous-préfecture. Dans ces deux derniers cas, il est marqué d'un timbre qui indique la date de l'arrivée, et il est transmis par le préfet au secrétariat général du conseil d'Etat. Il en est délivré récépissé à la partie qui le demande.

Toute partie qui succombe est condamnée aux dépens. Les dépens peuvent, en raison des circonstances de l'affaire, être compensés en tout ou en partie.

L'article qui précède est applicable à l'administration dans les contestations relatives soit au domaine de l'Etat, soit à l'exécution des marchés passés pour un service public, soit à la réparation des dommages sur lesquels les conseils de préfecture sont appelés à prononcer. En matière répressive, la partie acquittée est relaxée sans dépens. Il n'y a lieu, en matière électorale, à aucune condamnation aux dépens.

Les dépens ne peuvent comprendre que les frais de timbre ou d'enregistrement, les frais de copie des requêtes ou mémoires, les frais d'expertise, d'enquêtes et autres mesures d'instruction, et les frais de signification de la décision.

**Conseil supérieur de la guerre.** — V. GUERRE.

**Conseil de guerre.** — Nom donné soit à un tribunal institué pour juger les militaires (V. JUSTICE MILITAIRE), soit, dans une armée en campagne, une réunion des principaux lieutenants du commandant en chef, appelés par celui-ci à donner leur avis sur la situation et les mesures à prendre.

**Conseil de revision.** — V. JUSTICE MILITAIRE, SERVICE MILITAIRE.

**Conseils d'enquête.** — Conseils chargés d'examiner les faits pouvant entraîner la mise en réforme ou la révocation des officiers, des sous-officiers ou assimilés qui leur sont déférés. Leur composition varie suivant le grade des coupables.

**Conseil d'administration.** — V. ARMÉE, SOCIÉTÉ.

**Conseil des prises.** — V. PRISES.

**Conseil supérieur de la magistrature.** — V. JUSTICE.

**Conseil académique.** — V. INSTRUCTION PUBLIQUE.

**Conseil supérieur de l'instruction publique.** — V. INSTRUCTION PUBLIQUE.

**Conseil de l'ordre des avocats.** — V. AVOCAT.

**Conseil de prud'hommes.** — V. PRUD'HOMMES.

**Conseil général.** — Assemblée chargée de régler par ses délibérations les affaires du département. V. DÉPARTEMENT.

**Conseil municipal.** — Assemblée chargée de régler par ses délibérations les affaires de la commune. Elle est présidée par le maire et, à son défaut, par l'adjoint ou le conseiller municipal qui le remplace.

**Conseil judiciaire.** — Personne désignée par le tribunal civil pour assister les faibles d'esprit et les prodigues.

Les personnes auxquelles il peut être nommé un *conseil judiciaire* sont les faibles d'esprit et les prodigues. Les faibles d'esprit sont ceux dont les facultés mentales sont troublées par l'imbécillité, la démence ou la fureur, mais pas assez gravement pour faire prononcer leur interdiction. Les prodigues sont ceux qui consomment en dépenses improductives, non seulement leurs revenus, mais une portion de leur capital. Les personnes pourvues d'un conseil judiciaire ne peuvent sans son assistance plaider, transiger, emprunter, recevoir un capital mobilier ou en donner décharge, aliéner leurs biens ni les grever d'hypothèques. (Cod. civ., art. 499 et 513.) Ils sont inéligibles au conseil général. (Loi du 10 août 1871, art. 7.) Les personnes qui peuvent demander la nomination d'un conseil judiciaire sont les mêmes que celles qui peuvent demander l'interdiction ; la demande est instruite et jugée de la même manière, et il en est de même des demandes de levée d'interdiction.

Le conseil judiciaire, nommé par le tribunal, peut être déclaré responsable, bien qu'il ne rende point de comptes.

Aucun jugement, en matière d'interdiction ou de nomination de conseil judiciaire, ne peut être rendu, soit en première instance, soit en cause d'appel, que sur les conclusions du ministère public.

Le décret du 9 mai 1893 porte règlement en exécution de l'article 4 de la loi du 16 mars 1893, qui prescrit la publicité des décisions prononçant interdiction ou nommant un conseil judiciaire. V. INTERDICTION.

**Conseil de famille.** — V. TUTELLE.

**Conseiller-maître, Conseiller référendaire.** — V. COUR DES COMPTES.

**Consensuel.** — Se dit d'un contrat formé par le seul consentement des parties, sans que la manifestation de ce consentement soit soumise à aucune forme.

Aux contrats *consensuels* on oppose les contrats *solennels ;* mais ces derniers sont des exceptions, les contrats étant, en règle générale, *consensuels*.

**Conservateur des forêts.** — V. FORÊTS.

**Conservateur des hypothèques.** — V. HYPOTHÈQUE.

**Consignataire.** — Personne à qui l'on confie des marchandises, soit pour les garder en dépôt, soit pour en opérer le placement.

En droit maritime, le destinataire qui ne reçoit pas les marchandises pour son compte, mais pour les répartir entre diverses personnes dénommées, est appelé aussi *consignataire*. Le *consignataire de la cargaison* ne doit pas être confondu avec le *consignataire de la coque*, chargé, au nom du propriétaire, de remplir les formalités administratives, de s'occuper du déchargement et de la remise des marchandises, et de payer le fret.

**Consignation.** — Dépôt préalable fait par un débiteur dans un lieu ou dans une caisse publique que la loi détermine, soit à titre de garantie, soit à titre libératoire. — Dépôt de marchandises chez un consignataire. (V. ce mot).

Le dépôt fait par le débiteur, dans un lieu ou dans une caisse que la loi détermine, de ce qu'il doit au créancier, lorsque celui-ci refuse de recevoir le payement, doit être précédé d'*offres réelles*. V. OFFRES.

La Caisse des dépôts et consignations est l'unique dépositaire légale des consignations de toute nature. V., sur son fonctionnement à ce point de vue, CAISSE DES DÉPÔTS ET CONSIGNATIONS.

**Consolidation.** — Substitution d'un titre de rente, et particulièrement de rente perpétuelle, à une dette d'autre nature.

Dans le budget français, la dette *consolidée* s'oppose à la dette *flottante*, bien qu'une partie seulement de la rente française provienne de consolidations. V. DETTE.

**Constitution.** — V. LOIS CONSTITUTIONNELLES.

**Constructions.**

*Propriété des constructions par droit d'accession.* — Les constructions, plantations et ouvrages constituent l'une des formes de l'accession en matière immobilière. V. ACCESSION.

« La propriété du sol emporte la propriété du dessus et du dessous », dit l'article 552 du Code civil. Le propriétaire peut donc faire sur le sol et au-dessous du sol toutes les constructions et plantations qui lui conviennent, sous réserve des prescriptions à observer en ce qui concerne les servitudes légales et les lois spéciales telles que la loi du 21 avril 1810 sur les mines. V. MINES.

Les constructions et plantations faites sur un terrain ou « dans l'intérieur » de ce terrain sont présumées faites par le propriétaire à ses frais et lui appartenir, à moins qu'un tiers n'en ait acquis la propriété par prescription. (Code civ., art. 553.)

Le propriétaire du sol qui a fait des constructions ou plantations au moyen de matériaux qui ne lui appartenaient pas en conserve la propriété, mais il en doit la valeur et peut en outre être condamné à payer des dommages-intérêts au propriétaire des matériaux, qui n'a pas le droit de les enlever. (Code civ., art. 554.)

« Lorsque les plantations, contructions et ouvrages ont été faits par un tiers et avec ses matériaux, le propriétaire du fonds a droit ou de les retenir, ou d'obliger ce tiers à les enlever. Si le propriétaire du fonds demande la suppression des plantations et des constructions, elle est aux frais de celui qui les a faites, sans aucune indemnité pour lui ; il peut même être condamné à des dommages-intérêts, s'il y a lieu, pour le préjudice que peut avoir éprouvé le propriétaire du fonds. Si le propriétaire préfère conserver ses plantations et constructions, il doit le remboursement de la valeur des matériaux et du prix de la main-d'œuvre, sans égard à la plus ou moins grande augmentation de valeur que le fonds a pu recevoir. Néanmoins, si les plantations, constructions et ouvrages ont été faits par un *tiers* évincé, qui n'aurait pas été condamné à la restitution des fruits, attendu sa *bonne foi*, le propriétaire ne pourra demander la suppression desdits ouvrages, plantations et constructions; mais il aura le choix ou de rembourser la valeur des matériaux et du prix de la main-d'œuvre, ou de rembourser une somme égale à celle dont le fonds a augmenté de valeur. » (Code civ., art. 555.) En d'autres termes, si le constructeur est de mauvaise foi, le propriétaire peut, soit garder la construction moyennant indemnité, soit obliger le constructeur à démolir sans indemnité, et même lui réclamer des dommages-intérêts. Si le constructeur se croyait de bonne foi propriétaire du sol, il peut exiger du propriétaire le remboursement de ses dépenses (matériaux et main-d'œuvre), ou le prix de la plus-value dont la construction a fait bénéficier le terrain.

— Si, pendant le mariage, les *propres* s'accroissent par accession ou incorporation, la communauté (v. ce mot) ne bénéficie pas de cet accroissement.

— Le preneur à bail d'un terrain ne peut hypothéquer les constructions qu'il élève sur ce terrain, puisqu'il n'en est pas propriétaire et qu'il faut être propriétaire pour constituer une hypothèque.

— Si une personne détient à bail un immeuble vendu à la poursuite des créanciers hypothécaires, cette personne, dite tiers détenteur, est remboursée de ses améliorations jusqu'à concurrence de la plus-value qui en est résultée pour l'immeuble, mais elle est responsable des détériorations provenant de son fait ou de sa négligence. (Code civ., art. 2175.)

*Responsabilité des architectes et entrepreneurs.* — V. DEVIS ET MARCHÉS.

*Distances, vues et jours, égout.* — V. DISTANCES, VUES, ÉGOUT.

*Responsabilité des propriétaires en cas de ruine d'une construction.* — Le propriétaire d'un bâtiment est responsable du dommage causé par sa ruine, lorsqu'elle est arrivée par suite du défaut d'entretien ou par le vice de sa construction. (Code civ., art. 1386.)

*Matériaux de construction.* — Les matériaux provenant de la démolition d'un édifice ou assemblés pour en construire un nouveau sont considérés comme meubles jusqu'à ce qu'ils soient employés dans une construction. (Code civ., art. 532.)

**Consul.** — Fonctionnaire en résidence à l'étranger, chargé principalement de la protection générale du commerce français, et investi, en outre, d'attributions administratives.

Le corps consulaire se compose de consuls généraux, de consuls de première et de seconde classe, de consuls suppléants, d'élèves-consuls, de vice-consuls de première et de deuxième classe. Au corps consulaire se rattachent aussi trois classes de vice-consuls (appelés autrefois chanceliers) et d'élèves-vice-consuls, ainsi que trois classes d'interprètes et d'élèves-interprètes. En outre, la France, ainsi que les autres gouvernements, choisit dans certains pays, pour la représenter, des négociants ou notables indigènes.

Les attributions des consuls ne sont pas les mêmes dans tous les pays. L'autorité en vertu de laquelle ils les exercent s'appelle *provision*. Cette autorité doit être autorisée par un *exequatur*, acte émanant de la souveraineté territoriale. Les consuls sont chargés de la protection générale du commerce français et de la navigation nationale.

Ils ont diverses fonctions administratives et remplissent celles attribuées en France aux officiers de l'état civil. Ils reçoivent des testaments authentiques. Ils peuvent avoir, selon les cas, une juridiction plus ou moins étendue. Ils sont spécialement chargés de donner au gouvernement toutes les informations politiques ou commerciales de nature à intéresser leur pays. Les consuls jouissent, comme les agents diplomatiques, d'un certain nombre de privilèges et d'immunités.

**Consultation.** — Avis écrit et motivé que fournit un juriconsulte ou un avocat sur une question de droit ou de procédure. — Mémoire adressé à un avocat pour lui exposer une affaire et lui demander ses conseils.

Toute personne, sauf les magistrats et greffiers, peut donner des avis sur une affaire. Dans la pratique, ce sont les avocats qui donnent des consultations. La plupart cumulent la consultation avec la plaidoirie; on appelle *avocats consultants* ceux qui s'occupent plus exclusivement de consultations.

Les consultations n'ont qu'une valeur doctrinale et ne sauraient lier la décision du juge. Dans deux cas la loi exige une consultation écrite d'un avocat: la requête civile est non recevable s'il n'est signifié en tête une consultation de trois avocats exerçant depuis dix ans au moins près un des tribunaux du ressort de la cour dans lequel le jugement a été rendu (Code proc. civ., art. 495); de même, le tuteur ne peut transiger au nom du mineur ou de l'interdit qu'avec l'autorisation du conseil de famille, et l'avis de trois jurisconsultes désignés par le procureur de la République. (Code civ., art. 467, 2045).

**Contentieux.** — Se dit de toutes les affaires de nature à être mises en discussion devant des juges.

La *juridiction contentieuse* est le pouvoir d'un magistrat ou d'un tribunal de juger une affaire qui suppose une contestation, par opposition à *juridiction gracieuse*.

On appelle *contentieux administratif* l'ensemble des difficultés que soulève l'application d'un acte d'une autorité quelconque. Le contentieux administratif est confié à des juridictions administratives distinctes des tribunaux de l'ordre judiciaire. Certaines affaires relèvent du contentieux administratif par leur nature propre; d'autres, qui seraient naturellement de la compétence de l'autorité judiciaire, ne relèvent du contentieux administratif qu'en vertu de textes de loi.

Au point de vue de l'étendue des pouvoirs

conférés aux juridictions administratives, on distingue le *contentieux de pleine juridiction*, le *contentieux de l'annulation* (V. ADMINISTRATION), le *contentieux de l'interprétation*, qui confère à la juridiction le droit de déterminer le sens et la portée d'un acte administratif; le *contentieux de la répression*, qui permet aux tribunaux administratifs de prononcer des peines dans certains cas.

Les principaux organes du contentieux administratif sont : le conseil d'Etat, les conseils de préfecture, la Cour des comptes, les conseils de revision, les conseils de l'instruction publique, les ministres dans des cas spéciaux.

**Contingent.** — Part qui incombe à chacun dans la répartition d'un impôt ou d'une charge quelconque.

En matière de contributions directes, le contingent de chaque département, fixé par la loi de finances, est ensuite réparti entre les arrondissements et les communes par le conseil général ou d'arrondissement. En matière de travaux publics intéressant à la fois l'Etat, les départements ou les communes, on entend par « contingent » la part proportionnelle à fournir par chacun d'eux dans ces travaux.

**Contradictoire.** — Se dit des jugements, des arrêts rendus sur les plaidoiries ou les productions de pièces des parties, après débat ou conclusions, par opposition à ceux qui sont rendus par défaut ou par contumace.

**Contrainte par corps.** — Voie d'exécution qui consiste à priver de la liberté la personne du débiteur, pour le contraindre à remplir ses engagements.

*Condamnations donnant lieu à contrainte par corps.* — Le mode de poursuites par voie de contrainte par corps est régi par les lois des 22 juillet 1867 et 19 décembre 1871.

La loi du 22 juillet 1867 a supprimé la contrainte par corps en matière commerciale, civile et contre les étrangers. Elle l'a conservée : 1° au profit de l'Etat pour le recouvrement des *amendes* (en principal et décimes), *restitutions* et *dommages-intérêts* envers la partie civile en matière criminelle, correctionnelle et de simple police, ainsi que pour les délits en matière forestière et de pêche fluviale. La loi du 19 décembre a rétabli l'exercice de la contrainte par corps pour le recouvrement des *frais de justice;* 2° au profit des particuliers, soit lorsque ceux-ci se sont portés partie civile dans une instance criminelle, soit lorsqu'un tribunal civil a prononcé en leur faveur une condamnation pour réparation d'une infraction précédemment reconnue par la juridiction pénale. (*Id.*, art. 4 et 5.)

La contrainte par corps ne peut être exercée qu'en vertu d'une condamnation définitive ayant acquis force de chose jugée; elle est indépendante de la peine de l'emprisonnement.

On ne peut donc recourir à ce mode de poursuites pour le recouvrement des sommes dues en vertu de transactions forestières consenties avant jugement, une décision judiciaire emportant seule le droit d'exercer la coercition personnelle. Les condamnations prononcées par les arrêtés des conseils de préfecture en matière de roulage et de grande voirie ne donnent pas lieu à l'exercice de la contrainte par corps: il en est autrement des condamnations sur la même matière émanant des tribunaux ordinaires.

La contrainte par corps ne peut être requise contre l'héritier du débiteur ni contre le débiteur par son conjoint, ses ascendants, descendants, ses frères et sœurs, ses oncles et tantes, ses grands-oncles et grand-tantes, ses neveux et nièces, ses petits-neveux et petites-nièces, ni de ses alliés au même degré. (*Id.*, art. 15.)

Les individus qui ont obtenu leur élargissement ne peuvent plus être détenus ou arrêtés pour condamnations pécuniaires antérieures, à moins que ces condamnations n'entraînent, par leur quotité, une contrainte plus longue que celle qu'ils ont subie et qui, dans ce dernier cas, leur est toujours comptée pour la durée de la nouvelle incarcération. (Loi du 22 juillet 1867, art. 12.)

*Durée.* — La durée de la contrainte par corps, variable suivant la consistance de la dette, est de deux jours à vingt jours lorsque l'amende et les autres condamnations n'excèdent pas 50 francs; de vingt jours à quarante jours, lorsqu'elles sont supérieures à 50 francs et qu'elles n'excèdent pas 100 francs; de quarante jours à soixante jours, lorsqu'elles sont supérieures à 100 francs et qu'elles n'excèdent pas 200 francs; de deux mois à quatre mois, lorsqu'elles sont supérieures à 200 francs et qu'elles n'excèdent pas 500 francs; de quatre mois à huit mois, lorsqu'elles sont supérieures à 500 francs et qu'elles n'excèdent pas 2 000 francs; d'un an à deux ans, lorsqu'elles s'élèvent à plus de 2 000 francs. En matière de simple police, la durée de la contrainte par corps ne pourra excéder cinq jours, c'est-à-dire le maximum de la durée de l'emprisonnement pour contraventions. (Loi du 22 juillet 1867, art. 9.) En matière forestière et de pêche fluviale, elle ne peut excéder six mois (art. 18.)

Les journées de contrainte par corps prononcées par plusieurs jugements contre un même individu doivent être cumulées, à la condition que la réunion des diverses contraintes ne puisse excéder le délai fixé par la loi elle-même comme le maximum de durée par rapport au total des condamnations prononcées. (Circ. compt. publ., 20 mars 1899, § 7.)

*Caution.* — Le débiteur peut prévenir ou faire cesser l'effet de la contrainte par corps en fournissant une caution admise pour l'Etat par le receveur des domaines, pour les particuliers par la partie intéressée, et, en cas de contestation, par le tribunal de l'arrondissement. La caution doit s'exécuter dans le mois, sous peine de poursuites (*id.*, art. 11); mais elle n'est pas contraignable par corps.

Le débiteur peut arriver au même but par la cession de biens judiciaire. (Code civ., art. 1265.) V. CESSION.

*Consignation d'aliments par les particuliers poursuivants.* — Lorsque la contrainte a lieu à la requête et dans l'intérêt des particuliers, ils sont obligés de pourvoir aux aliments des détenus ; faute de provision, le condamné est mis en liberté. La consignation d'aliments doit être effectuée d'avance pour trente jours au moins ; elle ne vaut que pour des périodes entières de trente jours. Elle est, pour chaque période, de 45 francs à Paris, de 40 francs dans les villes de cent mille âmes et de 35 francs dans les autres villes. (Loi du 22 juillet 1867, art. 6.)

Lorsqu'il y a lieu à élargissement faute de consignation d'aliments, il suffit que la requête présentée au président du tribunal civil soit signée par le débiteur détenu et par le gardien de la maison d'arrêt pour dettes, ou même certifiée véritable par le gardien si le détenu ne sait pas signer. Cette requête est présentée en duplicata : l'ordonnance du président, ainsi rendue par duplicata, est exécutée sur l'une des minutes, qui reste entre les mains du gardien ; l'autre minute est déposée au greffe du tribunal et enregistrée gratis. (*Id.*, art. 7.)

Le débiteur élargi faute de consignation d'aliments ne peut plus être incarcéré pour la même dette. (*Id.*, art. 8.)

*Exemptions, réductions et sursis.* — Dans un sentiment d'humanité ou pour des motifs de convenance, la loi a fait fléchir la rigueur de ses prescriptions en faveur de certaines catégories de condamnés :

*Débiteurs insolvables.* Ils sont mis en liberté après avoir subi la moitié de leur peine. L'insolvabilité doit être justifiée selon les formes prescrites par l'article 420 du Code d'Instruction criminelle, c'est-à-dire que le débiteur insolvable doit produire : 1° un extrait du rôle des contributions constatant qu'il paye moins de 6 francs, ou un certificat du percepteur de sa commune constatant qu'il n'est pas imposé ; 2° un certificat d'indigence délivré par le maire de la commune du domicile, approuvé par le préfet ou le sous-préfet. (Loi du 22 juillet 1867, art. 10.)

*Epoux.* La contrainte par corps ne peut être exercée simultanément contre le mari et la femme, même pour des dettes différentes. (*Id.*, art. 16.)

*Mineurs.* Les tribunaux ne peuvent prononcer la contrainte contre les individus âgés de moins de seize ans accomplis à l'époque des faits qui ont motivé la poursuite. (*Id.*, art. 13.)

*Personnes civilement responsables.* Elles ne sont pas contraignables par corps. (Cass. crim., 15 avril 1884.)

*Sexagénaires.* Le débiteur qui a commencé sa soixantième année ne fait que la moitié de la peine, sans préjudice de la disposition qui prononce la réduction de moitié en faveur des insolvables. (*Id.*, art. 14.)

*Soutien de famille.* Le jugement peut, dans l'intérêt des enfants mineurs du débiteur, surseoir à l'exécution de la contrainte par corps pendant une année au plus. (*Id.*, art. 17.)

*Exécution.* — La mise à exécution de la contrainte par corps comporte trois formalités préalables :

1° le *commandement* de payer, signifié par huissier et valable pour un an (Code proc. civ., art. 784) ; la contrainte ne peut être exercée que cinq jours après la signification (Loi du 22 juillet 1867, art. 3) ; 2° la *réquisition d'incarcération* adressée au procureur de la République ; 3° le *réquisitoire d'arrestation*, adressé par le procureur de la République aux agents de la force publique et autres fonctionnaires chargés de l'exécution des mandements de justice.

L'incarcération ne libère pas le débiteur, qui peut être poursuivi par toute autre voie.

**Contrainte** (Droit fiscal). — Mandement décerné contre un redevable de deniers publics ou de droits fiscaux pour le mettre en demeure de payer, et, à défaut de payement, donner ouverture aux poursuites. — V. CONTRIBUTIONS.

**Contrariété de jugements.** — Opposition existant entre deux jugements rendus en dernier ressort sur la même cause.

La contrariété de jugements donne lieu à *requête civile* ou ouverture à *cassation*, selon que lesdits jugements contradictoires ont été rendus par le même tribunal ou par des tribunaux différents (v. REQUÊTE CIVILE, CASSATION). La contradiction de deux condamnations peut être la preuve de l'innocence d'un condamné et motiver une demande en revision. V. REVISION.

**Contrat ou Convention.** — Acte par lequel une ou plusieurs personnes contractent, envers une ou plusieurs autres personnes, l'*obligation* soit de donner, soit de faire ou de ne pas faire quelque chose. (Code civ., art. 1101).

Une *convention* est l'accord des volontés de deux personnes, ou d'un plus grand nombre, en vue de produire un effet juridique, c'est-à-dire en vue soit d'opérer une translation de propriété, soit de créer des obligations, soit au contraire de délier les parties d'obligations antérieurement contractées, soit simplement de modifier des engagements déjà existants. La *convention* prend plus spécialement le nom de *contrat* quand elle est translative de propriété ou génératrice d'obligations (Code civ., art. 1101) ; ainsi une vente, un louage sont des contrats. Dans tous les autres cas, elle retient plutôt le nom générique de *convention*. Le mot *convention* a donc une acception juridique plus étendue et plus compréhensive que le mot *contrat* ; cependant, dans le langage courant on dit indifféremment *contrat* ou *convention*.

*Diverses variétés de contrats.* — On distingue plusieurs sortes de contrats, désignés par des dénominations spéciales (contrats *nommés*). Toutes les autres conventions sont dites contrats *innomés*.

*Contrats principaux* et *contrats accessoires*. Les contrats accessoires sont ceux qui supposent l'existence d'un autre contrat dont ils ont pour objet d'assurer l'exécution des seconds; ainsi, l'hypothèque est un contrat accessoire qui assure l'exécution d'un autre contrat précédemment conclu.

*Contrat synallagmatique* et *contrat unilatéral.* Le contrat est synallagmatique ou bilatéral lorsque les contractants s'obligent réciproquement les uns envers les autres. (Code civ., art. 1102.) Il est unilatéral lorsqu'une ou plusieurs personnes sont obligées envers une ou plusieurs autres, sans que de la part de ces dernières il y ait d'engagement. (*Id.*, art. 1103.) Le contrat unilatéral ne suppose d'engagement que d'un seul côté.

La condition résolutoire (v. CONDITION) est toujours sous-entendue dans les contrats *synallagmatiques,* pour le cas où l'une des deux parties ne satisferait point à son engagement (*Id.*, art. 1184), et le contrat *synallagmatique sous seing privé* doit être dressé en autant d'originaux qu'il y a de parties ayant un intérêt distinct. (*Id.*, art. 1325.)

La vente est un contrat synallagmatique; le prêt est un contrat unilatéral.

*Contrat commutatif* et *contrat aléatoire.* Le contrat est *commutatif* lorsque chacune des parties s'engage à donner ou à faire une chose qui est regardée comme l'équivalent de ce qu'on lui donne, ou de ce qu'on fait pour elle.

Lorsque l'équivalent consiste dans la chance de gain ou de perte pour chacune des parties d'après un événement incertain, le contrat est dit *aléatoire.* (Code civ., art. 1104.)

Le louage est un contrat commutatif; le contrat de rente viagère est un contrat aléatoire.

*Contrat de bienfaisance* et *contrat à titre onéreux.* Le contrat de *bienfaisance* est celui dans lequel l'une des parties procure à l'autre un avantage purement gratuit. Le contrat *à titre onéreux* est celui qui assujettit chacune des parties à donner ou à faire quelque chose. (Code civ., art. 1105 et 1106.)

La donation est un contrat de bienfaisance; le prêt est un contrat à titre onéreux.

*Contrat personnel* et *contrat réel.* Le contrat personnel n'a besoin pour se former que du consentement des parties contractantes. Le contrat *réel* (de *res,* chose) ne se forme qu'après livraison de la chose (prêt à usage, gage).

*Contrat consensuel* et *contrat solennel.* Le contrat consensuel est celui qui se forme par le seul consentement des parties, tandis que le contrat solennel (mariage, adoption, etc.) est soumis à l'observation de certaines formes.

*Conditions essentielles pour la validité des conventions.* — Quatre conditions sont essentielles pour la validité d'une convention : le consentement de la partie qui s'oblige; sa capacité de contracter; un objet certain qui forme la matière de l'engagement; une cause licite dans l'obligation. (Code civ., art. 1108.)

*Consentement.* (Code civ., art. 1109-1122.) Le consentement n'est pas valable s'il a été donné par erreur, extorqué par violence ou surpris par dol.

L'*erreur* n'est une cause de nullité de la convention que lorsqu'elle tombe sur la substance même de la chose qui en est l'objet. Elle n'est point une cause de nullité lorsqu'elle ne tombe que sur la personne avec laquelle on a l'intention de contracter, à moins que la considération de cette personne ne soit la cause principale de la convention.

La *violence* est une cause de nullité du contrat, même si elle a été exercée par un tiers, non seulement lorsqu'elle a été exercée sur la partie contractante, mais encore lorsqu'elle l'a été sur son conjoint, sur ses descendants ou ses ascendants. Un contrat ne peut être attaqué pour cause de violence si, depuis que la violence a cessé, ce contrat a été approuvé, soit expressément, soit tacitement, soit en laissant passer le temps de la restitution fixé par la loi.

Le *dol* sur l'objet du contrat est une cause de nullité de la convention lorsque les manœuvres pratiquées par l'une des parties sont telles, qu'il est évident que sans ces manœuvres l'autre partie n'aurait pas contracté. Il doit être prouvé.

La convention contractée par erreur, violence ou dol, n'est point nulle de plein droit; elle donne seulement lieu à une action en nullité ou en rescision. V. NULLITÉ.

On est censé avoir stipulé pour soi et pour ses héritiers et ayants cause, à moins que le contraire ne soit exprimé ou ne résulte de la nature de la convention.

On ne peut s'engager que pour soi-même. Néanmoins, on peut se porter fort pour un tiers, sauf indemnité si le tiers refuse de tenir l'engagement.

On peut pareillement stipuler au profit d'un tiers, lorsque telle est la condition d'une stipulation que l'on fait pour soi-même ou d'une donation que l'on fait à un autre; celui qui a fait cette stipulation ne peut la révoquer, si le tiers a déclaré vouloir en profiter. (Art. 1121.)

*Capacité des parties contractantes.* Toute personne peut contracter si elle n'en est pas déclarée incapable par la loi. V. INCAPABLE.

*Objet du contrat.* (Code civ., art. 1126-1130.) Le contrat doit avoir pour objet une chose dont l'espèce soit nettement déterminée. La quotité de la chose, objet du contrat, peut être incertaine, mais il faut qu'elle soit appréciable. Si un marchand de denrées s'oblige à fournir ce qui sera nécessaire aux besoins d'un hospice, le marché sera valable : il en serait autrement si ce marchand s'engageait simplement à fournir des denrées à l'établissement, car il serait impossible de déterminer la portée de l'engagement contracté.

Les choses futures peuvent être l'objet d'une obligation. On ne peut cependant renoncer à une succession non ouverte, ni faire aucune stipulation sur une pareille succession (*pacte sur succession future*), même avec le consentement de celui de la succession duquel il s'agit.

*Cause.* (Cod. civ., art. 1131-1133.) La cause est essentielle à l'obligation : l'obligation sans cause ou sur fausse cause ne peut avoir aucun effet (Cod. civ., art. 1131); le contrat est alors inexistant. Il en est de même de l'obligation qui a une cause illicite, c'est-à-dire prohibée par la loi ou contraire aux bonnes mœurs ou à l'ordre public. Le Code civil dit, dans son article 1132, que la convention n'en est pas moins valable quoique la cause n'en soit pas exprimée : un billet non causé a donc la même valeur qu'un billet causé, et la loi présume toujours l'existence de la cause. Aussi décide-t-on que c'est au débiteur s'il veut échapper à la nécessité d'exécuter l'obligation, à prouver qu'il n'a pas une cause valable. Par dérogation à l'article 1132, le Code de commerce (art. 110) exige que l'on énonce dans la lettre de change qu'une valeur a été fournie et que l'on indique en quoi elle consiste.

La cause, nécessaire dans tous les cas, est le but immédiat qu'on poursuit en contractant. Dans les contrats synallagmatiques, l'obligation de chacune des parties a pour cause l'obligation de l'autre. Dans les contrats unilatéraux, la cause varie selon les contrats : dans le prêt, l'obligation de restituer a pour cause la livraison qui a été faite ; dans la donation, l'obligation du donateur a pour cause l'intention libérale.

*De l'effet des obligations.* (Cod. civ., art. 1134-1137.) — Les conventions légalement formées tiennent lieu de loi à ceux qui les ont faites. Elles ne peuvent être révoquées que de leur consentement mutuel, ou pour les causes que la loi autorise. Elles doivent être exécutées de bonne foi.

Les conventions obligent non seulement à ce qui y est exprimé, mais encore à toutes les suites que l'équité, l'usage ou la loi donnent à l'obligation d'après sa nature.

Les contrats ne produisent pas seulement des obligations ; ils transfèrent par eux-mêmes les droits réels, au moins dans les rapports des parties contractantes. A l'égard des tiers, s'il s'agit d'immeubles, la *transcription* (v. ce mot) sera nécessaire.

La liberté des conventions est fort étendue. Les parties intéressées peuvent former entre elles toutes sortes de pactes et déroger même par leurs accords aux lois qui n'ont qu'*un caractère facultatif*. Non seulement elles peuvent conclure les différents contrats que le législateur a définis et dont il a tracé les règles, mais elles peuvent encore créer à leur gré des contrats nouveaux et innomés. La liberté des conventions n'a qu'une limite marquée par l'article 6 du Code civil : elle ne peut aller jusqu'à déroger aux lois qui intéressent l'ordre public et les bonnes mœurs.

*De l'obligation de donner.* L'obligation de donner emporte celle de livrer la chose et de la conserver jusqu'à la livraison, à peine de dommages et intérêts envers le créancier.

L'obligation de veiller à la conservation de la chose, soit que la convention n'ait pour objet que l'utilité de l'une des parties, soit qu'elle ait pour objet leur utilité commune, soumet celui qui en est chargé à y apporter tous les soins d'un bon père de famille.

L'obligation de livrer la chose est parfaite par le seul consentement des parties contractantes. Elle rend le créancier propriétaire et met la chose à ses risques dès l'instant où elle a dû être livrée, encore que la tradition n'en ait point été faite, à moins que le débiteur ne soit en demeure de la livrer ; auquel cas la chose reste aux risques de ce dernier.

Si la chose qu'on s'est obligé de donner ou de livrer à deux personnes successivement est purement mobilière, celle des deux qui en a été mise en possession réelle est préférée et en demeure propriétaire, encore que son titre soit postérieur en date, pourvu toutefois que la possession soit de bonne foi. Pour les immeubles, v. VENTE.

*De l'obligation de faire ou de ne pas faire.* Toute obligation de faire ou de ne pas faire se résout en dommages et intérêts en cas d'inexécution de la part du débiteur. Néanmoins le créancier a le droit de demander que ce qui aurait été fait par contravention à l'engagement soit détruit ; et il peut se faire autoriser à le détruire aux dépens du débiteur, sans préjudice des dommages et intérêts, s'il y a lieu.

Le créancier peut aussi, en cas d'inexécution, être autorisé à faire exécuter lui-même l'obligation aux dépens du débiteur.

Si l'obligation est de ne pas faire, celui qui y contrevient doit des dommages et intérêts par le seul fait de la contravention.

*Dommages-intérêts.* V. DOMMAGES-INTÉRÊTS.

*Effet des conventions à l'égard des tiers.* — Les conventions n'ont d'effet qu'entre les parties contractantes ; elles ne nuisent point au tiers, et elles ne lui profitent que dans le cas prévu par l'article 1121.

Néanmoins les créanciers peuvent exercer tous les droits et actions de leur débiteur, à l'exception de ceux qui sont exclusivement attachés à la personne. Ils peuvent aussi, en leur nom personnel, attaquer les actes faits par leur débiteur en fraude de leurs droits, tout en se conformant, en matière de succession et de contrat de mariage, aux règles prescrites par le droit civil.

*De l'interprétation des conventions.* Les règles relatives à l'interprétation des conventions formulées par le Code civil sont plutôt des conseils donnés aux juges que des dispositions impératives. Ainsi, dans l'interprétation, les juges doivent rechercher quelle a été la commune intention des parties, plutôt que de s'attacher au sens littéral des termes. Toutes les clauses s'interprètent les unes par les autres en donnant à chacune le sens qui résulte de l'acte entier. Dans le doute, une clause particulière doit être entendue dans le sens où elle a un effet et une portée plutôt que dans celui où elle serait oiseuse et sans résultat. Dans le doute encore, la clause équivoque doit être interprétée en faveur de celui qui s'oblige plutôt qu'en faveur de celui envers qui l'on s'oblige, c'est-à-dire dans le sens de la libération plutôt que dans le sens de l'engagement. Les juges doivent suppléer d'office les clauses qui sont d'usage, quand bien même elles n'y seraient pas formellement exprimées, et pourvu qu'il n'y ait pas été clairement dérogé.

**Contrat à la grosse.** — Prêt dans lequel le prêteur court le risque soit de perdre le capital prêté en cas de perte du navire, soit dans le cas d'heureuse arrivée de recevoir, outre le capital, un intérêt, dit *profit maritime*, dont le taux n'est pas limité.

*Formalités.* — Le contrat à la grosse ou *à la grosse aventure* (Cod. comm., art. 311-331) est fait, au gré des parties, devant notaire, ou sous signature privée ; il peut même être fait verbalement, l'écrit n'étant exigé qu'en vue de la preuve.

Il énonce : le capital prêté et la somme convenue pour le profit maritime ; — les objets sur lesquels le prêt est affecté ; — les noms du navire et du capitaine ; — ceux du prêteur et de l'emprunteur ; — si le prêt a lieu pour un voyage ; — pour quel voyage, et pour quel temps ; — l'époque du remboursement. (Cod. comm., art. 311.)

Les lois du 10 décembre 1874 et du 10 juillet 1885 sur l'hypothèque maritime ont supprimé le privilège du prêteur à la grosse sur corps et sur quille avant le départ.

Le prêteur à la grosse, en France, est tenu de faire enregistrer son contrat (établi sur timbre) au greffe du tribunal de commerce, dans les dix jours de la date, à peine de perdre son privilège. (*Id.*, art. 312.)

*Endossement.* — Tout acte de prêt à la grosse peut être négocié par la voie de l'endossement, s'il est à ordre. En ce cas, la négociation a les mêmes effets et produit les mêmes actions en garantie que celle des autres effets de commerce (*Id.*, art. 313.)

*Objet du contrat à la grosse.* — Les emprunts à la grosse peuvent être affectés : sur le navire et ses accessoires, sur l'armement et ses victuailles, sur le fret, sur le chargement, sur le profit espéré du chargement, sur la totalité de ces objets conjointement ou sur une partie déterminée de chacun d'eux. (*Id.*, art. 315.) Tout emprunt à la grosse, fait pour une somme excédant la somme des objets sur lesquels il est affecté, peut être déclaré nul, à la demande du prêteur, s'il est prouvé qu'il y a fraude de la part de l'emprunteur. (*Id.*, art. 316.) S'il n'y a fraude, le contrat est valable jusqu'à concurrence de la valeur des effets affectés à l'emprunt, d'après l'estimation qui en est faite ou convenue ; le surplus de la somme empruntée est remboursé avec intérêt au cours de la place. (*Id.*, art. 317.)

Les prêts à la grosse sur les loyers ou voyages des gens de mer est prohibée. (*Id.*, art. 319.)

Un emprunt à la grosse fait par le capitaine hors du lieu de la demeure des propriétaires du navire, sans leur autorisation authentique ou leur intervention dans l'acte, ne donne action et privilège que sur la portion que le capitaine peut avoir au navire et au fret. (*Id.*, art. 321.) Sont affectées cependant aux sommes empruntées, même dans le lieu de la demeure des intéressés, pour radoub et victuailles, les parts et portions des propriétaires qui n'auraient pas fourni leur contingent pour mettre le bâtiment en état, dans les vingt-quatre heures de la sommation qui leur en sera faite. (*Id.*, art. 322.)

*Privilège.* — Le privilège sur corps et sur quille avant le départ a été supprimé par la loi de 1874 sur l'hypothèque maritime. Les emprunts faits après le départ pour le dernier voyage sont remboursés par préférence aux sommes prêtées pour un précédent voyage. Les sommes empruntées pendant le voyage sont préférées à celles qui auraient été empruntées avant le départ du navire, et si plusieurs emprunts ont été faits pendant le même voyage, le dernier emprunt est toujours préféré à celui qui l'a précédé. (*Id.*, art. 323.)

Si les effets sur lesquels le prêt à la grosse a eu lieu sont entièrement perdus, et que la perte soit arrivée par cas fortuit, dans le temps et dans le lieu des risques, la somme prêtée ne peut être réclamée. (*Id.*, art. 325.) Les déchets, diminutions et pertes qui arrivent par le vice propre de la chose, et les dommages causés par le fait de l'emprunteur, ne sont point à la charge du prêteur. (*Id.*, art. 326.)

En cas de naufrage, le payement des sommes empruntées à la grosse est réduit à la valeur des effets sauvés et affectés au contrat, déduction faite des frais de sauvetage. (*Id.*, art. 327.)

*Prêt à la grosse et assurance.* — S'il y a contrat à la grosse et assurance sur le même navire ou sur le même chargement, le produit des effets sauvés du naufrage est partagé entre le prêteur à la grosse, pour son capital seulement, et l'assureur, pour les sommes assurées, au marc le franc de leur intérêt respectif, sans préjudice du privilège établi.

**Contrat de mariage.** — V. MARIAGE.

**Contrat (Quasi-).** — V. QUASI-CONTRAT.

**Contravention.** — Infraction punie des peines de simple police.

L'article 1er du Code pénal est ainsi conçu : « L'infraction que les lois punissent de peines de police est une *contravention ;* l'infraction que les lois punissent de peines correctionnelles est un *délit ;* l'infraction que les lois punissent de peines afflictives ou infamantes est un *crime.* » Cette définition se réfère aux trois ordres de compétence qui attribuent les contraventions aux tribunaux de police, les délits aux tribunaux correctionnels, et les crimes aux cours d'assises. Elle est incomplète, car il existe un grand nombre de contraventions prévues par des lois spéciales et qui sont punies de peines correctionnelles (douanes, presse, etc.), voire de peines criminelles. (Cod. pén., art. 119, 199, 200.) Les contraventions forment donc la troisième classe des faits punissables. Ce qui les distingue nettement des délits proprement dits, c'est qu'elles existent par le seul fait de la désobéissance aux prescriptions de la loi et des règlements, abstraction faite de tout caractère volontaire ou involontaire de l'acte ; la matérialité du fait suffit pour motiver l'application de la peine, sans qu'il y ait lieu de se préoccuper de l'intention, de la bonne ou de la mauvaise foi de ses auteurs. Les matières de police sont définies par l'article 4, titre XI, de la loi des 16-24 août 1790; les contraventions de police sont établies par la loi et par des arrêtés que les maires, auxquels la loi a délégué ce pouvoir, peuvent prendre sur les matières qui constituent cette police. Ainsi, le quatrième livre du Code pénal prévoit les infractions de police générale, et l'article 11 de la loi du 18 juillet 1837 délègue aux maires le droit de prendre des arrêtés sur les objets confiés à leur vigilance et à leur autorité.

Les peines de police sont: 1° un emprisonnement de 1 à 5 jours; 2° une amende de 1 à 15 francs; 3° la confiscation des choses saisies en contravention. Il n'y a récidive, en cette matière, que lorsqu'un premier jugement a été rendu par le même tribunal dans les douze mois précédents; la récidive aggrave la peine dans les limites des peines de police.

L'emprisonnement pour contravention de police ne pourra être moindre d'un jour, ni excéder cinq jours, selon les classes, distinctions et cas ci-après spécifiés. Les jours d'emprisonnement sont des jours complets de vingt-quatre heures.

Les amendes pour contravention peuvent être prononcées depuis 1 franc jusqu'à 15 francs inclusivement, selon les distinctions spécifiées par la loi, et sont appliquées au profit de la commune où la contravention a été commise.

La contrainte par corps a lieu pour le payement de l'amende. Néanmoins le condamné ne pourra être, pour cet objet, détenu plus de quinze jours, s'il justifie de son insolvabilité. En cas d'insuffisance des biens, les restitutions et les indemnités dues à la partie lésée sont préférées à l'amende.

Les restitutions, indemnités et frais entraînent la contrainte par corps, et le condamné reste en prison jusqu'à parfait payement: néanmoins, si ces condamnations sont prononcées au profit de l'Etat, les condamnés pourront, dans le cas d'insolvabilité justifiée, ne pas être détenus plus de quinze jours.

Les tribunaux de police pourront aussi, dans des cas déterminés par la loi, prononcer la confiscation, soit des choses saisies en contravention, soit des choses produites par la contravention, soit des matières ou des instruments qui ont servi ou qui étaient destinés à la commettre.

Les contraventions sont divisées en trois classes. (Code pén., art. 471, 475, 479); elles sont passibles d'une amende de 1 à 5 francs, 6 à 10 francs et 11 à 15 francs, avec emprisonnement en cas de récidive.

**Contre-amiral.** — Officier général de marine, d'un grade immédiatement inférieur à celui de vice-amiral.

Les contre-amiraux remplissent les fonctions de commandants d'escadres lointaines ou de divisions des escadres de France; ils sont chefs d'état-major et majors généraux des arsenaux, présidents de commissions à Paris. Ils sont promus au choix parmi les capitaines de vaisseau ayant trois ans de commandement d'une unité de combat, ou deux ans de commandement d'une division de trois navires.

**Contrebande.** — Introduction clandestine de marchandises prohibées ou soumises à des droits dont on fraude le Trésor.

Le mot *contrebande* désigne, dans son acception la plus étendue, tout commerce fait au mépris de lois fiscales; mais il s'entend aussi plus particulièrement des contraventions aux lois de douanes. Dans ce sens, il y a contrebande, par exemple, quand on importe ou qu'on exporte clandestinement, par les frontières, des marchandises prohibées ou soumises à des droits, ou qu'on fait circuler dans le rayon des frontières, sans expédition délivrée par un bureau de douanes, des marchandises qui doivent en être accompagnées. La répression de la contrebande est réglementée par la loi du 28 avril 1816 sur les douanes, à laquelle il faut ajouter celles du 13 floréal an XI et du 21 avril 1818. Les peines ordinaires sont l'emprisonnement, l'amende et la confiscation. Les deux premières sont graduées d'après la gravité des faits. S'il s'ajoute des circonstances aggravantes d'attroupement et de port d'armes, il y a lieu à appliquer les articles 209 et suivants du Code pénal.

**Contrebande de guerre.** — Marchandises propres à être utiles aux belligérants, et qu'il est interdit aux neutres d'introduire dans les Etats entre lesquels existe l'état de guerre.

En principe, les objets de contrebande sont: les armes, les canons, les projectiles, les munitions, la poudre, le salpêtre, le soufre, la dynamite, les objets d'équipement et de campement, et tous les instruments fabriqués à l'usage de la guerre. On y ajoute les vivres, en ce qui concerne les places investies. Le fait de contrebande entraîne la saisie et la confiscation des marchandises prohibées, et même des autres, si l'on y est autorisé par traité.

**Contredit.** — Affirmation contraire, contestation qu'un plaideur fait aux productions de ses adversaires, dans certaines procédures.

Les parties appelées à faire valoir leurs droits dans un ordre, une contribution, ou une liquidation, peuvent, en observant certains délais, rédiger des *contredits*, pour formuler leurs prétentions et leurs griefs. Il faut y indiquer avec précision l'objet de la contestation.

**Contrefaçon.** — Délit commis par celui qui porte une atteinte frauduleuse aux droits d'un auteur sur son invention.

On distingue les contrefaçons littéraires et artistiques, les contrefaçons industrielles et commerciales. V. PROPRIÉTÉ.

*Contrefaçon des sceaux de l'État, billets de banque, effets publics, poinçons, timbres et marques.* — La contrefaçon du sceau de l'Etat ou l'usage du sceau contrefait, la contrefaçon ou la falsification des bons du Trésor et des billets de banque, ou l'usage comme l'introduction en France des bons et billets contrefaits ou falsifiés, sont punis des travaux forcés à perpétuité (Code pén., art. 139). Si la contrefaçon ou la falsification porte sur les poinçons servant à marquer les matières d'or et d'argent, sur les papiers timbrés, sur les marteaux servant aux marques forestières, la peine encourue est celle des travaux forcés à temps (*Id.*, art. 140). Celle de la réclusion frappe l'usage illégal des mêmes poinçons, timbres et marques (*Id.*, art. 141); celle de l'emprisonnement (deux à cinq ans) et, au gré du tribunal, la perte des droits civiques, civils et de famille et l'interdiction de séjour, sont applicables à la contrefaçon (ainsi qu'à l'usage après la contrefaçon) des marques à apposer au nom du gouvernement sur les marchandises, des timbres ou sceaux des autorités publiques, des timbres-poste. (*Id.*, art. 142.) L'usage illégal des mêmes marques et timbres est puni de six mois à trois ans d'emprisonnement et des mêmes peines accessoires. (*Id.*, art. 143.)

L'usage, la vente ou tentative de vente de timbres-poste ayant déjà servi est punie de 50 à 1 000 francs d'amende, et, en cas de récidive, de cinq jours à un mois d'emprisonnement, outre le double de l'amende. (Loi du 16 octobre 1849.) Les mêmes infractions portant sur des timbres mobiles sont frappées des mêmes peines. (Loi du 11 juin 1859, art. 21.)

**Contre-lettre.** — Acte secret par lequel on déroge à ce qui est stipulé dans un acte ostensible.

Les *contre-lettres,* destinées à rester secrètes entre les parties, ont pour but de modifier les dispositions d'un acte ostensible. Elles n'ont d'effet qu'entre les parties et ne sont pas opposables aux tiers. (Code civ., art. 1321.) Cet article ne vise pas les actes modifiant, après coup, une convention sérieuse et sincère au moment où elle a été passée; on suppose donc, ici, un premier acte mensonger ou simulé. La contre-lettre peut avoir pour objet de frauder le fisc par des déclarations fictives; elle est passible, en ce cas, d'une amende égale au triple du droit qui aurait dû être perçu par l'enregistrement. (Loi du 22 frimaire an VII, art. 40.) La jurisprudence déclare nulles les contre-lettres faites à l'occasion de cession d'offices; des peines disciplinaires peuvent être prononcées contre l'officier public qui les a signées, et le nouveau titulaire peut répéter les sommes versées par lui au-dessus du prix agréé par le gouvernement.

On appelle aussi, mais inexactement, *contre-lettres* les changements apportés avant le mariage à des conventions matrimoniales. Ces changements sont permis, à condition que toutes les personnes qui ont été parties au contrat primitif soient présentes et y consentent. Ils doivent, de plus, pour être opposables aux tiers, être rédigés à la suite de la minute du contrat de mariage, et transcrits sur toutes les copies de ce contrat. (Code civ., art. 1396 et 1397.)

**Contreseing.** — Signature que les ministres ont le devoir d'apposer au bas des actes émanés du chef de l'Etat, dont ils légalisent en quelque sorte la signature.

**Contribution ou Distribution par contribution** (Proc. civ.). — Distribution entre créanciers des deniers provenant d'une saisie-arrêt pratiquée sur leur débiteur ou d'une vente d'objets mobiliers lui appartenant.

Cette distribution se fait proportionnellement aux créances, selon les règles édictées par le Code de procédure civile (art. 656 à 672).

Lorsque les deniers arrêtés ou le prix des ventes ne suffisent pas, les créanciers et le saisi sont tenus, dans le mois, de convenir de la distribution par contribution (art. 656). Après l'expiration de ce délai d'un mois, si la contribution ne s'est pas opérée amiablement, les deniers à distribuer doivent être déposés à la Caisse des dépôts et consignations (art. 659); c'est alors que commence la période judiciaire.

Un juge est commis pour diriger la distribution (art. 658). Les créanciers sont sommés de produire, et la partie saisie de prendre communication des pièces produites, et, s'il y a lieu, de contredire (art. 659). Lorsque le délai pour produire est expiré, le juge commissaire doit dresser l'état provisoire de distribution, d'après les pièces; la clôture de ce procès-verbal est ensuite dénoncée, par l'avoué poursuivant, au saisi et aux créanciers produisants, auxquels un délai de quinze jours est accordé pour contester l'état des collocations (art. 663). S'il n'y a pas de contestations, le juge commissaire clôt définitivement son procès-verbal, arrête la distribution des deniers et ordonne au greffier de délivrer des bordereaux ou mandements aux créanciers, à la charge par eux d'affirmer avec serment la sincérité de leurs créances (art. 665). S'il s'élève des difficultés, le juge commissaire renvoie à l'audience (art. 666), et c'est après décision définitive qu'il dresse l'état définitif des distributions (art. 670).

**Contribution de guerre.** — Somme d'argent dont le payement est imposé par le vainqueur au vaincu, soit à la fin d'une guerre, auquel cas elle prend plutôt le nom d'*indemnité*, soit au cours même des hostilités, à titre de représailles ou pour tenir lieu de *réquisitions* en nature.

**Contribution (Jet et).** — V. JET A LA MER.

**Contributions directes.** — Impositions assises directement sur les personnes et sur les propriétés, qui se perçoivent en vertu de rôles nominatifs de cotisation et qui passent immédiatement du contribuable à l'agent chargé de la perception.

*Impôt de répartition et impôt de quotité.* — Les contributions directes se distinguent en impôts de répartition et en impôts de quotité.

L'impôt de *répartition* est celui dont la somme totale, fixée d'avance par la loi annuelle de finances, est répartie de degrés en degrés entre les départements, les arrondissements, les communes et les contribuables.

L'impôt de *quotité* est celui dont les taxes résultent de l'application à des éléments variables de tarifs ou de quotités déterminées et dont, par suite, les produits ne peuvent être évalués que d'une manière approximative.

Les contributions *personnelle-mobilière, des portes et fenêtres, foncière sur les propriétés non bâties,* sont des impôts de répartition. La contribution *foncière sur les propriétés bâties,* celle des *patentes,* ainsi que les diverses *taxes assimilées* aux contributions directes, sont des impôts de quotité.

Dans le premier mode, les cotes des contribuables résultent du montant de l'imposition; dans le second, au contraire, le montant de l'imposition résulte des cotes des contribuables.

Dans l'impôt de répartition, les contribuables doivent fournir entre eux et solidairement la somme à laquelle la commune a été imposée, et se cotiser entre eux de manière à parfaire cette somme. Dans l'impôt de quotité, nulle solidarité n'existe entre les contribuables; chaque cote est indépendante, chacun est entièrement libéré dès qu'il a payé la quotité d'imposition fixée par la loi.

Les décharges ou réductions des impôts de répartition demeurent à la charge de la commune, c'est-à-dire qu'elles sont l'objet, l'année suivante, de *réimpositions.* Les décharges ou réductions des impôts de quotité tombent en *non-valeurs,* c'est-à-dire demeurent à la charge de l'Etat.

*Rôles. Avertissements.* — Les contributions directes ne sont exigibles qu'après publication du *rôle* ou titre exécutoire, rendu tel par le préfet, ainsi qu'après l'envoi d'*avertissements* ou notifications individuelles du rôle envoyées à chaque contribuable; double formalité essentielle qui peut, à défaut de payement total ou fractionné suivant les exigences de la loi, donner ouverture aux poursuites.

*Poursuites.* — Les poursuites administratives (*sommations sans frais* et *avec frais*) sont suivies de poursuites judiciaires (*commandement, saisie* et *vente des meubles et récoltes*), exécutées par des *porteurs de contrainte* ou *par les huissiers ordinaires.*

*Répartition.* — La *répartition* se fait à quatre degrés: entre les départements par la loi annuelle de finances, qui fixe avec le produit total de l'impôt le contingent départemental; entre les arrondissements par le conseil général; entre les communes par le conseil d'arrondissement; entre les contribuables de chaque commune par une commission de *répartiteurs.* V. RÉPARTITEUR.

*Matrices.* — Le soin de déterminer exactement et de taxer la matière imposable appartient à une administration distincte, l'*administration des Contributions directes,* qui centralise à Paris et assure dans les départements le service de l'assiette de l'impôt, établissant les *matrices générales* ou registre permanent tenu par commune avec indication nominative de chaque contribuable, les tenant au courant par le travail des *mutations,* au moyen de *tournées* générales ou spéciales, et dressant ensuite, pour être rendus exécutoires par le préfet, les *rôles* qui sont la copie des matrices et qui sont dits, suivant le cas, *primitifs, supplémentaires* ou *spéciaux.* Là s'arrête la mission des agents de l'administration des Contributions directes, et le recouvrement, effectué par les *percepteurs,* leur échappe entièrement.

Les contestations relatives aux contributions directes sont de la compétence administrative, tandis que les contestations relatives aux contributions indirectes sont de la compétence des tribunaux judiciaires.

*Lois annuelles.* — Aux termes des lois constitutionnelles, tout impôt doit être autorisé, dans son principe et dans son tarif, par la loi annuelle de finances. Mais les impôts directs font l'objet d'une loi spéciale, publiée chaque année en juillet ou en août, obligatoirement avant la session d'août des conseils généraux. C'est dans cette loi spéciale que l'on trouve indiquées les modifications qui peuvent affecter d'une année à l'autre les contributions directes. La loi de finances, c'est-à-dire le budget, ne fait généralement que s'y référer pour autoriser l'application, à partir du 1er janvier de l'année suivante, des prescriptions de cette loi spéciale. La loi annuelle des contributions directes doit donc être consultée avant toute vérification (car elle peut justifier les différences entre la feuille de l'année et celle de l'année précédente), la loi de finances également. Si la taxe à vérifier n'est pas modifiée par la loi annuelle, on passe immédiatement à l'examen du premier avertissement (signé du directeur des contributions directes et portant l'indication du bureau du percepteur) que l'on aura reçu pour chaque article des rôles nominatifs.

On y trouve distinctement indiqués un principal et des centimes additionnels; l'ensemble de ces centimes perçus au profit de l'Etat, des départements, des communes, est parfois supérieur au principal lui-même. Mais quelle que soit leur importance, le principal, qui est toujours porté à part sur chaque feuille d'avertissement, doit toujours être la base de la vérification de cette feuille. C'est dans le calcul du principal que l'administration a dû faire l'application à chaque contribuable des règles propres à chaque impôt; les centimes additionnels sont ensuite obtenus par une simple opération de multiplication dans laquelle il ne pourrait se produire que des erreurs matérielles, excessivement rares.

*Extraits de rôle.* — Les percepteurs délivrent sans frais des duplicata de leurs quittances. Ils délivrent, moyennant 25 centimes, un extrait du rôle à tout intéressé, ou s'il n'est pas inscrit au rôle un certificat négatif.

Les extraits et certificats relatifs à l'assistance judiciaire ou au mariage des indigents sont gratuits.

En cas de demande de dégrèvement, le percepteur doit remettre autant d'extraits qu'il y a, *sur un même article,* de natures de contributions donnant lieu à réclamation; la rémunération reste fixée à 0 fr. 25 par article.

La date de la publication des rôles doit figurer sur les extraits.

*Payement.* — Par un arrêté du 20 octobre 1900, le ministre des Finances a accordé aux contribuables la faculté d'acquitter leurs contributions directes et taxes assimilées à la caisse d'un percepteur autre que celui de la commune de l'imposition. Leurs versements sont admis sur la présentation d'un avertissement, d'un extrait de rôle, d'un acte de poursuite ou d'une autre pièce officielle constatant la dette du contribuable. Ils ne peuvent être effectués après le 1er juillet de l'année de l'imposition pour les rôles publiés pendant le premier trimestre, et après un délai de trois mois, à partir de la publication des rôles publiés pendant les trois derniers trimestres.

Les règles spéciales au payement des diverses contributions et taxes assimilées sont exposées à l'article consacré à chacune d'elles.

*Réclamations.* — Les réclamations sur contributions directes comprennent : 1° les réclamations à titre *gracieux,* que l'on pourrait appeler, en langue ordinaire, les réclamations « amiables » ; 2° les réclamations *contentieuses.*

*Demandes gracieuses.* Le caractère commun de ces réclamations gracieuses est : 1° de ne pas motiver l'intervention d'un tribunal administratif (conseil de préfecture et en appel conseil d'Etat); 2° de ne pas suspendre le recouvrement de l'impôt.

On citera, parmi les réclamations gracieuses: les réclamations que les contribuables sont autorisés à effectuer sur le registre des mairies dans le premier mois de la publication des rôles; les demandes en remise pour vacance d'immeubles; les demandes en transfert de patente. Toutes ces catégories de demandes gracieuses sont de la compétence du préfet. On a le droit d'en appeler auprès du ministre des Finances.

*Demandes contentieuses.* Ces demandes ont le caractère commun : 1° d'être portées devant un tribunal administratif (conseil de préfecture et, en appel, conseil d'Etat); 2° de suspendre dans une certaine mesure et à certaines conditions le recouvrement de l'impôt. Telles sont les demandes en mutation de cotes foncières.

Les demandes en *décharge* ou *réduction* doivent être adressées au préfet ou au sous-préfet dans les trois mois de la publication des rôles, sans préjudice des délais accordés par les lois pour des cas spéciaux. Ainsi, dans le cas de faux ou double emploi, où le délai ne prend fin que trois mois après que le contribuable a eu connaissance officielle des poursuites dirigées contre lui par le percepteur pour le recouvrement de la cote indûment imposée.

*Frais d'expertise.* — Ils ne doivent être avancés sur les fonds des communes, ainsi que le prescrit l'article 139 de l'instruction générale du 20 juin 1859, que lorsqu'il s'agit d'impôts de répartition et de taxes locales.

Lorsque la réclamation qui motive l'expertise porte sur un impôt de quotité ou sur une taxe assimilée perçue au profit de l'Etat, ou bien, si elle se réfère à la fois à des impôts de répartition et à des impôts de quotité, l'avance des frais incombe au Trésor. (Circ. compt. publ. du 10 juin 1896, § 5.)

*Remboursement des droits de timbre.* — « Lorsque, à la suite d'une réclamation reconnue fondée, il y aura lieu de rembourser des contributions, droits ou taxes quelconques indûment perçues, le Trésor, le département, la commune ou l'établissement public pour le compte duquel la perception aura été faite remboursera au pétitionnaire, en même temps que le principal, le montant des droits de timbre auxquels aura été assujettie la pétition conformément à l'article 12 de la loi du 13 brumaire an VII. » (Loi du 29 mars 1897, art. 42.)

Mais seules les restitutions de droits indûment perçus par suite d'erreurs de l'administration bénéficient de l'exemption du timbre de 0 fr. 60; toutes les fois que l'erreur est imputable aux parties, le droit de timbre est dû. V. PERSONNELLE-MOBILIÈRE, PORTES ET FENÊTRES, FONCIÈRE, PATENTES, TAXES ASSIMILÉES.

## Contributions indirectes. — Catégorie spéciale d'impôts indirects.

Les *impôts indirects* sont ainsi nommés parce que, au lieu d'être établis directement et nominativement sur les personnes comme les impôts directs, ils reposent en général sur des objets de consommation ou sur des services rendus et ne sont, dès lors, qu'indirectement payés par celui qui veut consommer des choses ou user des services frappés de l'impôt.

Les impôts indirects sont des impôts de quotité, dont le contentieux est de la compétence des tribunaux judiciaires. Comme pour les contributions directes, il faut distinguer, pour les contributions indirectes les plus importantes, le *principal* et les *décimes,* lesquels, s'ajoutant à la taxe initiale, constituent une élévation pure et simple de l'impôt, sans en modifier l'assiette.

Suivant l'administration chargée de les recouvrer, on divise les contributions indirectes en trois groupes, savoir : 1° *droits d'enregistrement, de timbre, d'hypothèque,* et *droits divers* établis sur les *valeurs mobilières;* 2° *contributions indirectes* proprement dites ; 3° *droits de douane.*

Les contributions indirectes proprement dites sont donc une catégorie spéciale d'impôts indirects.

L'administration des Contributions indirectes est chargée de la perception des droits ci-après : Droits sur les *boissons* (vins, cidres poirés et hydromels ; bières ; alcools et surtaxe des vins alcoolisés).

Taxe de consommation sur les *sels* hors du rayon des douanes.

Droit de fabrication des *stéarines* et *bougies*.

Droit de consommation des *vinaigres* et *acides acétiques*. — Impôt sur le *prix des places* et *transport* par chemins de fer. — Droit de transport par autres *voitures* que les chemins de fer.

*Licences* pour les boissons, voitures publiques. — *Garantie* des matières d'or et d'argent. — Droit de *dénaturation* des alcools. — Prélèvement sur les communes, pour frais de *casernement*. — *Cartes* à jouer, etc.

Il faut y ajouter les recettes résultant du monopole de la vente des tabacs, des allumettes, des poudres à feu.

**Contentieux.** — Sur les *contraventions* et les *transactions*, V. BOISSONS.

*Visites domiciliaires.* Les visites que le service est autorisé à pratiquer, en cas de soupçon de fraude, pour assurer la rentrée de l'impôt doivent être classées en trois catégories :

1° Visites pratiquées librement chez les assujettis.

2° Visites chez les non-assujettis, dans les locaux qui ne servent pas exclusivement à l'habitation, ou visites chez les assujettis dans les locaux servant exclusivement à l'habitation. — Les employés peuvent faire des visites dans l'intérieur des habitations, en se faisant assister du juge de paix, du maire, de son adjoint ou du commissaire de police (du canton ou de l'arrondissement). Ces visites ont lieu sur l'ordre d'un employé supérieur du grade de contrôleur au moins, et doivent, à peine de nullité, indiquer sommairement les motifs sur lesquels la Régie base son soupçon de fraude.

Une dénonciation anonyme ne saurait servir de base à un soupçon de fraude. L'ordre de visite doit être, avant toute visite, visé par l'officier de police judiciaire qui accompagnera les agents ; il est, avant toute perquisition, lu à l'intéressé ou son représentant, qui est invité à le viser. En cas de refus, il est passé outre, mais mention du refus est faite au procès-verbal. Sur la demande de l'intéressé ou de son représentant, copie de l'ordre de visite lui est remise dans les trois jours.

3° Visites chez les non-assujettis dans les locaux servant exclusivement à leur habitation. (Lois du 28 avril 1816, art. 237 ; du 22 avril 1905, art. 19 ; du 6 août 1905, art. 14.)

Dans ce troisième cas, la visite devra être préalablement autorisée par ordonnance du président du tribunal civil ou du juge de paix. (Loi du 6 août 1905, art. 14.)

*Saisies.* Si le tribunal juge la saisie mal fondée, il pourra condamner la Régie, non seulement aux frais du procès et à ceux de fourrière le cas échéant, mais encore à une indemnité représentant le préjudice que la saisie indûment pratiquée a pu causer. (Loi du 6 août 1905, art. 22.)

*Circonstances atténuantes.* Par application de l'article 463 du Code pénal, si les circonstances paraissent atténuantes, les tribunaux sont autorisés, lorsque la bonne foi du contrevenant sera dûment établie, à modérer le montant des amendes et à libérer le contrevenant de la confiscation, sauf pour les objets prohibés, par le payement d'une somme que le tribunal arbitrera et qui ne pourra en aucun cas être inférieure au montant des droits fraudés. Cette disposition cessera d'être applicable en cas de récidive dans le délai d'un an. (Loi du 6 août 1905, art. 23.)

*Application de la loi de sursis.* En cas de condamnation pour infraction aux lois et règlements régissant les contributions indirectes, si l'inculpé n'a jamais été l'objet d'un procès-verbal suivi de condamnation ou de transaction pour une infraction punie par la loi d'une amende supérieure à 600 francs, les tribunaux pourront, dans les conditions établies par la loi du 26 mars 1891, décider qu'il sera sursis à l'exécution de la peine. (Loi du 6 août 1905, art. 24.)

*Appel.* L'appel des jugements de police correctionnelle est soumis à la procédure de droit commun. (Loi du 6 août 1905, art. 27.)

**Privilège.** — V. BOISSONS, SEL, BOUGIE, VINAIGRE, VOITURES, CARTES A JOUER, etc.

**Contumace.** — Etat de celui qui, mis en accusation pour un crime comportant une peine afflictive et infamante, ne se présente pas devant la cour d'assises dans les délais qui lui sont fixés, ou qui, après s'être présenté ou avoir été saisi, s'évade avant le verdict. On appelle *contumace* ou *contumax* celui qui se trouve dans cet état.

L'absence du prévenu pendant l'instruction préparatoire ne motive aucune mesure extraordinaire ; l'état de contumace et la procédure particulière à laquelle cet état donne lieu ne commencent qu'après la mise en accusation. Cette procédure est réglée par les articles 465 à 478 du Code d'instruction criminelle.

Lorsque, après l'arrêt de mise en accusation, l'accusé ne se présente pas dans les dix jours de la notification qui en est faite à son domicile, le président de la cour d'assises, ou le magistrat qui le remplace, rend une ordonnance, dite *ordonnance de contumace*, portant que l'accusé sera tenu de se représenter dans un nouveau délai de dix jours : faute, par l'accusé, de se présenter dans ce nouveau délai, il est déclaré contumace.

La contumace produit trois effets principaux : la suspension de l'exercice des droits de citoyen ; l'interdiction de toute action en justice ; le séquestre des biens, lesquels sont régis, comme les biens d'un absent, par l'administration des Domaines. Cette sorte de mise hors le droit a pour but de contraindre indirectement l'accusé à obéir à la justice.

L'accusé contumace est jugé sans le concours du jury, sans défenseur, sur lecture de l'instruction écrite.

L'arrestation du contumace ou sa constitution volontaire comme prisonnier, avant la prescription de la peine, anéantissent, de plein droit, la condamnation portée contre lui, et il est procédé, dans les formes ordinaires, à de nouveaux débats. Du jour de son arrestation ou de sa comparution devant les magistrats chargés d'instruire contre lui, le contumace recouvre l'administration et la jouissance de ses biens.

**Conversion.** — Substitution d'un titre de rente d'un certain type à un titre d'un type différent avec réduction du taux de l'intérêt.

La réduction du taux de l'intérêt servi aux porteurs des titres de la dette publique se légitime par le droit reconnu à tout débiteur de se libérer de sa dette, et se justifie par la nécessité de restreindre les charges des contribuables. Pour qu'une conversion soit loyale, il faut, sous peine d'être une banqueroute, qu'elle soit facultative, et que le crédirentier l'accepte de son plein gré: cette condition n'est réalisée que lorsque le cours de la rente sur le marché libre a dépassé le pair. Un titre de rente, 3 1/2 pour 100 par exemple, n'est convertible que lorsque son cours en Bourse s'élève à 101, 102, 105, etc., parce qu'à ce moment l'Etat débiteur peut se libérer valablement envers son créancier en lui remboursant 100 francs de capital. Au lieu de rembourser le capital, il propose une réduction de l'intérêt, à 3 pour 100 par exemple: les rentiers acceptent parce que le taux courant des placements n'est pas alors supérieur à ce taux et qu'ils ne pourraient faire d'autres placements plus avantageux.

Mais toute conversion suppose évidemment que le rentier sera incité à l'accepter dans son intégralité par un léger bénéfice qui lui sera laissé s'il y consent, au lieu de réclamer le remboursement au pair; ce qui revient à dire que le nouveau placement que lui propose l'Etat devra être encore un peu plus avantageux que celui qu'il pourrait faire de ses capitaux sur d'autres titres offrant la même sécurité aux conditions actuelles de la Bourse, sinon au moins égal, sans conteste possible.

Il y a plusieurs modes de conversion:

1° L'Etat propose aux rentiers d'opter entre le remboursement du capital et l'acceptation d'un nouveau titre de rente, avec diminution du taux de l'intérêt: c'est le mode le plus répandu;

2° L'Etat, au moment de l'emprunt, prévoit une ou plusieurs conversions successives: c'est la *conversion différée;*

3° L'Etat offre ou de rembourser le capital ou de continuer à servir le même intérêt moyennant le versement d'un capital supplémentaire représentant le bénéfice éventuel de la conversion: c'est la *conversion avec soulte;*

4° Le titre de rente perpétuelle est échangé contre un titre de rente amortissable: c'est un mode d'*amortissement*.

Les conversions qui ont eu lieu en France, depuis 1825, sont les suivantes:

Loi du 1er mai 1825, conversion des rentes 5 pour 100 en rentes 3 pour 100 et 4 1/2 pour 100. — Décret du 14 mars 1852, conversion des rentes 5 pour 100 en rentes 4 1/2 pour 100. — Loi du 12 février 1862, conversion des rentes 4 1/2 pour 100 et 4 pour 100 en rentes 3 pour 100. — Loi du 27 novembre 1883, conversion des rentes 5 pour 100 en rentes 4 1/2 pour 100. — Loi du 7 novembre 1887, conversion des rentes 4 1/2 pour 100 et 4 pour 100 en rentes 3 pour 100. — Loi du 17 janvier 1894, conversion des rentes 4 1/2 pour 100 en rentes 3 1/2 pour 100. — Loi du 9 juillet 1902, conversion des rentes 3 1/2 pour 100 en rentes 3 pour 100.

**Conversion de saisie.** — V. SAISIE.

**Copie.** — Transcription littérale d'un acte écrit, appelé *original* ou *minute*.

Tant que l'original subsiste, les copies ne font foi que de ce qui est contenu dans cet original, dont la production peut toujours être exigée. (Code civ., art. 1334.) Si la copie diffère de l'original, c'est celui-ci qui prévaut.

Lorsque l'original n'existe plus, il faut distinguer trois catégories de copies, quant au degré de foi qui leur est dû (Code civ., art. 1135): 1° Les grosses ou premières expéditions, les copies tirées par l'officier public détenteur de l'original, en présence et du consentement des parties ou sur l'ordonnance du magistrat, parties fréquentes ou dûment appelées, font la même foi que l'original lui-même. 2° Les copies délivrées postérieurement aux premières grosses ou expéditions, en dehors de la présence des parties et sans ordonnance du juge, par l'officier dépositaire de la minute, par son successeur ou par quelqu'un ayant qualité à cet effet, font foi comme l'original quand elles sont anciennes, c'est-à-dire quand elles datent de plus de trente ans. Elles ne valent que comme commencement de preuve par écrit dans le cas contraire. Toutes les autres copies ne valent que comme commencement de preuve par écrit. 3° Enfin, les copies de copies ne peuvent servir que comme renseignements.

Le droit de prendre communication d'actes notariés est limité aux parties intéressées ou à leurs ayants cause. Les tiers n'en peuvent réclamer d'expédition qu'en vertu d'une décision ordonnant le compulsoire. Les actes de l'état civil, les inscriptions hypothécaires, les jugements ou arrêts sont publiés. (Art. 853 Code de proc. civ., et 2106 Code civ.)

Les actes d'huissier sont rédigés aussi en original et en copie. L'original reste au requérant; la copie, identique à l'original, est remise à l'adversaire. La régularité de l'original ne réparerait pas les omissions ou les vices de la copie.

**Copropriété.** — V. INDIVISION.

**Copyright.** — V. PROPRIÉTÉ.

**Correction (Maison de).** — V. MAISON.

**Correctionnalisation.** — Transformation par le parquet d'une affaire criminelle en affaire correctionnelle.

Lorsque, dans une affaire criminelle, les faits relevés à la charge de l'inculpé ne sont pas très graves, ou bien lorsque le préjudice est très minime, ou bien encore lorsque les circonstances aggravantes ne sont pas parfaitement établies, les magistrats du parquet font généralement abstraction des circonstances caractéristiques du crime, et renvoient l'inculpé devant la juridiction correctionnelle : par exemple, est poursuivi non point en cour d'assises, mais en police correctionnelle, un enfant de seize ou dix-sept ans, qui force un meuble pour y prendre quelques objets sans valeur.

**Correctionnel (Tribunal).** — V. TRIBUNAL.

**Corrélative (Obligation).** — Obligation dépendant de l'accomplissement d'une autre obligation.

**Corruption de fonctionnaires.** — V. FONCTIONNAIRE.

**Corruption électorale.** — V. ÉLECTION.

**Cote officielle de la Bourse.** — Tableau publié par les agents de change, indiquant quotidiennement les cours des diverses valeurs négociées sur le marché officiel.

**Cote des valeurs en banque.** — Tableau publié par les coulissiers, donnant les cours des valeurs qui ne se négocient pas sur le marché officiel.

**Cotisations municipales et particulières.** — Sommes fournies par les communes, les établissements de bienfaisance et les particuliers, pour l'acquittement de certaines dépenses d'intérêt commun, aux trésoriers-payeurs généraux qui les versent aux ayants droit, au moyen de mandats sur leurs caisses délivrés par les préfets.

Il est des dépenses supportées par toutes les communes, comme les frais de registres de l'état civil, de confection de matrices, rôles, avertissements, d'impressions, de timbres, ou assez générales pour en intéresser un grand nombre dans un même département, dont le règlement serait onéreux pour les créanciers si elles ne pouvaient s'acquitter qu'au bureau de chacun de leurs receveurs. Pour supprimer la multiplicité des démarches et faire bénéficier les communes des réductions qu'une commande collective administrative peut leur procurer, le trésorier-payeur général centralise toutes les sommes dues, et paye directement les fournisseurs ou créanciers.

Les dépenses qui peuvent être acquittées par voie de cotisation sont déterminées. La nomenclature en est arrêtée entre les ministres de l'Intérieur et des Finances. Aucune autre ne peut y être ajoutée sans leur accord.

**Cotuteur.** — Personne chargée de la tutelle conjointement avec une autre.

Le cotuteur est le second mari de la mère tutrice lorsque celle-ci est maintenue dans la tutelle par le conseil de famille. Il est soumis à toutes les règles de la tutelle ordinaire et solidairement responsable, avec sa femme, de la gestion des biens du mineur postérieure à son mariage. (Code civ., art. 396.)

Quand la mère tutrice a négligé de convoquer le conseil de famille avant de se remarier, elle perd la tutelle de plein droit, et son nouveau mari est solidairement responsable de toutes les suites de la tutelle indûment conservée. (*Id.*, art. 395.) En ce cas, on ne peut dire du mari qu'il est cotuteur, puisque la mère n'est pas tutrice.

**Coulisse.** — Ensemble des intermédiaires, sans qualité officielle, qui font des opérations de bourse.

La *coulisse* est définie par la loi du 13 avril 1898 : « La réunion des intermédiaires qui, à Paris, négocient directement la rente 3 p. 100 à terme, et, soit au comptant, soit à terme, les valeurs mobilières non inscrites au cours authentique et pour lesquelles l'intervention des agents de change n'est pas obligatoire. »

**Coupon.** — Titre d'intérêt, de dividende ou d'arrérages, joint à une valeur mobilière, et que l'on en détache à l'échéance dont il porte l'indication.

Les *coupons* (ou étiquettes) joints aux titres et mentionnant l'échéance et le montant des arrérages et intérêts pour les rentes et obligations, le numéro de la répartition des dividendes pour les actions, servent de titre de créance entre les mains des porteurs et d'acquit à l'Etat, aux communes et aux sociétés. Ils doivent, pour les valeurs françaises et la plupart des valeurs étrangères, être présentés à l'encaissement dans un délai de cinq ans, sous peine d'être atteints par la prescription quinquennale, édictée par les articles 2277 et 2278 du Code civil. Les trimestres arriérés des rentes françaises ne sont pas, comme les autres créances sur l'Etat, prescrits au jour de la clôture des crédits, mais seulement et successivement à leurs échéances.

En Bourse, le détachement des coupons s'opère : 1° pour les rentes françaises, quinze jours avant leur échéance ; 2° pour les valeurs ne se négociant qu'au comptant, le jour de leur échéance ; 3° pour celles se négociant à terme, à la cinquième bourse suivant l'échéance.

Les coupons des rentes françaises sont payés au porteur, sans aucune justification de propriété. L'administration ne peut surseoir à leur payement, même en présence d'une opposition. Cependant, en cas de soustraction, de perte ou de destruction accidentelle, les propriétaires peuvent en obtenir le payement, à la condition de fournir un cautionnement d'égale somme en rentes nominatives, pour une durée de cinq ans. La direction de la dette inscrite est seule juge des conditions du payement des coupons détériorés, lacérés ou incomplets. Les coupons des valeurs autres que les rentes françaises, volés, ou perdus, ou détériorés, peuvent être payés aux propriétaires, en se conformant aux conditions imposées par la loi du 15 juin 1872 sur les titres adirés, loi qui n'est pas opposable aux sociétés étrangères.

**Coups et blessures.** — V. BLESSURES.

**Coupure.** — Division d'une action ou obligation en plusieurs titres affectés du même numéro. En matière d'obligations à lots, la coupure bénéficie, proportionnellement à son importance, des avantages obtenus par le titre favorisé par le sort.

**Cour d'appel.** — Juridiction devant laquelle sont portés les appels des jugements des tribunaux de première instance et des tribunaux de commerce, ainsi que des appels des ordonnances de référé.

Le territoire français est partagé en vingt-six ressorts de cours d'appel, chaque ressort (sauf celui de Bastia) comprenant un ou plusieurs départements. Le siège de la cour est en général au chef-lieu du département: par exception, les cours de Douai, Riom, Aix, siègent au chef-lieu d'arrondissement. L'Algérie a une cour d'appel; il y en a six aux colonies.

Chaque cour d'appel a à sa tête un premier président, des présidents de chambre et des conseillers dont le nombre varie selon l'importance du ressort. Nul ne peut être conseiller s'il n'a vingt-cinq ans révolus, premier président ou président s'il n'est âgé de trente ans.

Il y a près de chaque cour un procureur général, des avocats généraux et des substituts du procureur général, un greffier en chef et des commis-greffiers.

Le premier président a des fonctions identiques à celles du président d'un tribunal de première instance, mais les appels de référés sont directement portés devant la cour.

Les cours d'appel se divisent en sections, appelées *chambres;* chacune d'elles a ses attributions spéciales.

*Attributions.* — La *chambre civile* connaît de toutes les affaires ordinaires en matière civile. La *chambre correctionnelle* statue sur tous les appels des jugements rendus par les tribunaux correctionnels, dans toute l'étendue du ressort. Une troisième chambre, dite *chambre des mises en accusation,* est chargée de connaître de toutes les affaires renvoyées devant elle par les juges d'instruction à l'occasion de faits réputés crimes.

Les cours d'appel statuent en dernier ressort sur les appels des jugements des tribunaux de première instance, tant en matière civile qu'en matière correctionnelle, et sur ceux des tribunaux de commerce; sur les appels des décisions des juges civils et de commerce d'un autre ressort, lorsqu'il y a renvoi de la Cour de cassation; sur les sentences arbitrales, lorsque la contestation était de nature à être soumise aux tribunaux civils; sur les ordonnances de référés.

Les cours connaissent en outre de certaines affaires qui, sans avoir subi l'épreuve d'un premier degré de juridiction, sont portées directement devant elles (demandes en payement de frais par les avoués près la cour; demandes en réhabilitation, en règlement de juges, prises à partie, etc.)

Elles connaissent encore, comme premier et comme deuxième degré de juridiction, des procès pendants devant les tribunaux de première instance, et dans lesquels elles ont exercé le droit d'évocation.

Ce sont les chambres civiles des cours d'appel qui connaissent des poursuites correctionnelles vis-à-vis de certaines personnes (magistrats, grands dignitaires de la Légion d'honneur, généraux, préfets, archevêques, évêques, présidents de consistoires, etc.), à raison du privilège de juridiction.

*Fonctionnement.* — Les cours d'appel jugent les affaires de leur compétence, tantôt en *audience ordinaire,* tantôt en *audience solennelle* (deux chambres réunies en robe rouge). Les questions d'état et les affaires renvoyées après cassation relèvent de la juridiction des chambres réunies.

Les cours d'appel se réunissent en chambre du conseil pour les décisions gracieuses, et en assemblée générale pour le règlement des affaires qui ne comportent pas la publicité de l'audience (questions d'administration intérieure, autorisations de plaider donnée aux avoués du ressort, etc.).

Les décisions des cours d'appel portent le nom d'*arrêts.*

Les arrêts des cours d'appel sont *définitifs* lorsqu'ils jugent le fond du procès; *provisoires,* lorsqu'ils statuent sur un point qui ne préjuge pas le fond; *interlocutoires,* lorsqu'ils ordonnent un errement d'instruction, tel qu'une enquête, une expertise qui, bien que ne liant pas le juge, préjuge jusqu'à un certain point sa décision; *contradictoires,* lorsqu'ils sont rendus en présence de toutes les parties; *par défaut,* lorsqu'une ou plusieurs parties n'ont pas constitué avoué, ou n'ont pas conclu; *d'expédient* ou *d'accord,* lorsque toutes les parties s'entendent pour faire rendre une décision conformément à leurs désirs; *sur requête,* lorsqu'ils statuent sur une requête présentée dans les matières où ce mode de procéder est admis par la loi; *d'entérinement,* lorsque la cour entérine des lettres de grâce et autres actes de l'autorité gouvernementale, etc.

Les arrêts doivent être motivés et prononcés en audience publique. Ils sont d'ailleurs soumis à toutes les formalités prescrites pour la validité des jugements. V. APPEL.

**Cour d'assises.** — Juridiction chargée de juger définitivement et sans appel les infractions à la loi pénale qualifiées *crimes* et punies de peines afflictives et infamantes, depuis la réclusion jusqu'à la peine de mort.

Le titre II du livre II du Code d'instruction criminelle (art. 217-406), intitulé *Des affaires qui doivent être soumises au jury,* traite successivement des mises en accusation, de la formation des cours d'assises, des fonctions du président et du ministère public, de la procédure devant la cour d'assises, de l'examen de l'affaire, du jugement et de l'exécution du jury.

Il faut distinguer ici entre le *fait,* c'est-à-dire la culpabilité ou la non-culpabilité de l'accusé, et le *droit,* c'est-à-dire l'application de la loi et de la peine. L'appréciation du fait appartient au *jury,* l'application de la loi et de la peine à la *cour.*

La formation, la composition et les attributions du jury font l'objet d'un grand nombre de dispositions du Code d'instruction criminelle (titre II) et de la loi du 21 novembre 1872.

*Mise en accusation.* — V. CHAMBRE DES MISES EN ACCUSATION et INSTRUCTION PRÉPARATOIRE. Dans tous les cas où le prévenu est renvoyé devant la cour d'assises, le procureur général est tenu de rédiger un acte d'accusation. V. ACCUSATION.

*Cour d'assises.* — La cour d'assises forme un tribunal composé à la fois de magistrats et de simples citoyens, siégeant non d'une manière permanente, mais par assises, à des époques périodiques appelées *sessions* (en général tous les trois mois, à Paris tous les quinze jours). Elle ne forme pas un tribunal à part. Juridiction essentiellement temporaire, elle n'existe qu'à partir du jour fixé pour son ouverture, et cesse d'exister dès qu'elle a prononcé sur toutes les affaires que la cour d'appel lui a renvoyées. Ses décisions, sans appel, ne peuvent être attaquées que par le pourvoi en cassation.

Il y a une cour d'assises par département, et la session se tient d'ordinaire au chef-lieu. Par exception, elle siège à Aix (Bouches-du-Rhône), Bastia (Corse), Carpentras (Vaucluse), Chalon-sur-Saône (Saône-et-Loire), Coutances (Manche), Douai (Nord), Montbrison (Loire), Reims (Marne), Riom (Puy-de-Dôme), Saintes (Charente-Inférieure), Saint-Flour (Cantal), Saint-Mihiel (Meuse), Saint-Omer (Pas-de-Calais).

Elle se compose: 1° de *juges;* 2° d'un *jury.*

Dans tous les départements les assises sont tenues par un conseiller de la cour d'appel délégué à cet effet pour les présider, et par deux juges pris soit parmi les conseillers à la cour d'appel, soit parmi les présidents ou juges du tribunal de première instance du lieu de la tenue des assises, faisant fonctions d'*assesseurs.* Les présidents ou juges du tribunal de première instance du lieu de la tenue des assises, appelés à faire partie de la cour d'assises, sont désignés par le premier président, qui prendra préalablement l'avis du procureur général.

A partir du jour de l'ouverture de la session, le président des assises pourvoit au remplacement des assesseurs régulièrement empêchés et désigne, s'il y a lieu, les assesseurs supplémentaires. (Loi du 25 février 1901, art. 38.)

Dans les départements où siègent les cours d'appel, les fonctions du ministère public auprès de la cour d'assises sont remplies soit par le procureur général, soit par un des avocats généraux, soit par un des substituts du procureur général. Dans les autres départements, les fonctions du ministère public auprès de la cour d'assises sont remplies par le procureur de la République près le tribunal ou par l'un de ses substituts.

La cour, à qui est réservée la solution des questions de droit, relativement à l'application de la loi et de la peine d'après le verdict du jury, a une juridiction générale pour statuer sur tous les incidents. Le président des assises a la police des audiences, la direction des débats; il est, en outre, investi d'un pouvoir discrétionnaire, en vertu duquel il peut prendre sur lui tout ce qu'il croit utile pour découvrir la vérité.

La loi détermine la cour d'assises compétente, soit d'après le lieu du crime, soit d'après la résidence de l'accusé, soit encore d'après le lieu d'arrestation. En principe, les cours d'assises sont compétentes à l'égard de toutes personnes; il est pourtant fait exception à cette règle pour le président de la République et les ministres, dans les cas prévus par la loi du 24 février 1875, ainsi que pour les militaires ou marins, et pour les mineurs de seize ans, à moins qu'ils n'aient des complices majeurs, ou que la gravité du crime n'entraîne la peine de mort, les travaux forcés à perpétuité, la déportation ou la détention. Etablies spécialement pour juger les crimes, les cours d'assises connaissent encore des délits et contraventions connexes et des délits de presse, à l'exception de ceux dont la connaissance leur est formellement enlevée par les lois du 29 juillet 1881 et du 16 mars 1893.

*Jury.* — *Formation et composition.* La composition du jury est déterminée par la loi du 21 novembre 1872, ainsi conçue :

*Titre Ier. Des conditions requises pour être juré.* — Art. 1er. Nul ne peut remplir les fonctions de juré, à peine de nullité de déclarations de culpabilité auxquelles il aurait concouru, s'il n'est âgé de trente ans accomplis, s'il ne jouit des droits politiques, civils et de famille, ou s'il est dans un des cas d'incapacité ou d'incompatibilité établis par les deux articles suivants.

Art. 2. — Sont incapables d'être jurés : — 1° Les individus qui ont été condamnés soit à des peines afflictives et infamantes, soit à des peines infamantes seulement; — 2° Ceux qui ont été condamnés à des peines correctionnelles pour faits qualifiés crimes par la loi; — 3° Les militaires condamnés au boulet ou aux travaux publics; — 4° Les condamnés à un emprisonnement de trois mois au moins; toutefois, les condamnations pour délits politiques ou de presse n'entraîneront que l'incapacité temporaire dont il est parlé au paragraphe 11 du présent article ; — 5° Les condamnés à l'amende ou à l'emprisonnement, quelle qu'en soit la durée, pour vol, escroquerie, abus de confiance, soustraction commise par des dépositaires publics, attentats aux mœurs prévus par les articles 330 et 334 du Code pénal, délit d'usure; les condamnés à l'emprisonnement pour outrage à la morale publique et religieuse, attaque contre le principe de la propriété et les droits de famille, délits commis contre les mœurs par l'un des moyens énoncés dans l'article 1er de la loi du 17 mai 1819, pour vagabondage ou mendicité, pour infraction aux dispositions des articles 60, 63 et 65 de la loi sur le recrutement de l'armée et aux dispositions de l'article 423 du Code pénal, de l'article 1er de la loi du 27 mars 1851 et de l'article 1er de la loi des 5-9 mai 1855; pour les délits prévus par les articles 134, 142, 143, 174, 251, 305, 345, 362, 363, 364, § 3, 365, 366, 387, 389, 399, § 2, 400, § 2, 418 du Code pénal; — 6° Ceux qui sont en état d'accusation ou de contumace; — 7° Les notaires, greffiers et officiers ministériels destitués; — 8° Les faillis non réhabilités dont la faillite a été déclarée soit par les tribunaux français, soit par jugement rendu à l'étranger, mais exécutoire en France; — 9° Ceux auxquels les fonctions de juré ont été interdites en vertu de l'article 396 du Code d'instruction criminelle ou de l'article 42 du Code pénal; — 10° Ceux qui sont sous mandat d'arrêt ou de dépôt; — 11° Sont incapables, pour cinq ans seulement, à dater de l'expiration de leur peine, les condamnés à un emprisonnement de moins de trois mois pour quelque délit que ce soit, même pour les délits politiques ou de presse; — 2° Sont également incapables les interdits, les individus pourvus de conseils judiciaires, ceux qui sont placés dans un établissement public d'aliénés, en vertu de la loi du 30 juin 1838.

Art. 3. — Les fonctions de juré sont incompatibles avec celles de député, de ministre, membre du conseil d'Etat, membre de la Cour des comptes, sous-secrétaire d'Etat ou secrétaire général d'un ministère, préfet et sous-préfet, secrétaire général de préfecture, conseiller de préfecture, membre de la Cour de cassation ou des cours d'appel, juge titulaire ou suppléant des tribunaux civils et des tribunaux de commerce, officier du ministère public près les tribunaux de première instance, juge de paix, commissaire de police, ministre d'un culte reconnu par l'Etat, militaire de l'armée de terre ou de mer en activité de service et pourvu d'emploi, fonctionnaire ou préposé du service actif des douanes, des contributions indirectes, des forêts de l'Etat et de l'administration des télégraphes, instituteur primaire communal.

Art. 4. — Ne peuvent être jurés les domestiques et serviteurs à gages, ceux qui ne savent pas lire et écrire en français.

Art. 5. — Sont dispensés des fonctions de juré : 1° les septuagénaires ; 2° ceux qui ont besoin pour vivre de leur travail manuel et journalier; ceux qui ont rempli lesdites fonctions pendant l'année courante ou l'année précédente.

*Titre II. De la composition de la liste annuelle.* — Art. 6. La liste annuelle du jury comprend : pour le département de la Seine, trois mille jurés; pour les autres départements, un juré par cinq cents habitants, sans toutefois que le nombre des jurés puisse être inférieur à quatre cents et supérieur à six cents. La liste ne peut comprendre que des citoyens ayant leur domicile dans le département.

Art. 7. — Le nombre des jurés pour la liste annuelle est réparti, par arrondissement et par canton, proportionnellement au tableau officiel de la population. Cette répartition est faite par arrêté du préfet pris sur l'avis conforme de la commission départementale, et, pour le département de la Seine, sur l'avis conforme du bureau du conseil général, au mois de juillet de chaque année. A Paris, la répartition est faite entre les arrondissements et les quartiers. En adressant au juge de paix l'arrêté de répartition, le préfet lui fait connaître les noms des jurés du canton désignés par le sort pendant l'année courante et pendant l'année précédente.

Art. 8. — Une commission composée dans chaque canton du juge de paix, président, des suppléants du juge de paix et des maires de toutes les communes du canton, dresse une liste préparatoire de la liste annuelle. Cette liste contient un nombre de noms double de celui fixé pour le contingent du canton. Dans les cantons formés d'une seule commune, la commission est composée, indépendamment du juge de paix et de ses suppléants, du maire de la commune et de deux conseillers désignés par le conseil municipal. Dans les communes divisées en plusieurs cantons, il y a autant de commissions que de cantons. Chacune de ces commissions est composée, indépendamment du juge de paix et de ses suppléants, du maire de la ville ou d'un adjoint délégué par lui, de deux conseillers municipaux désignés par le conseil et des maires des communes rurales comprises dans le canton.

Art. 9. — A Paris, les listes préparatoires sont dressées pour chaque quartier par une commission composée du juge de paix de l'arrondissement ou d'un suppléant du juge de paix, président, du maire de l'arrondissement ou d'un adjoint, du conseiller municipal nommé dans le quartier et, en outre, de quatre personnes désignées par ces trois premiers membres parmi les jurés qui ont été portés l'année précédente sur la liste de l'arrondissement et qui ont leur domicile dans le quartier.

Art. 10. — Les commissions chargées de dresser les listes préparatoires se réunissent dans la première quinzaine du mois d'août, au chef-lieu de leur circonscription, sur la convocation spéciale du juge de paix délivrée dans la forme administrative. Les listes sont dressées en deux originaux, dont l'un reste déposé au greffe de la justice de paix et l'autre est transmis au greffe du tribunal civil de l'arrondissement. Dans le département de la Seine, le second original des listes dressées par les commissions de canton ou de quartier est envoyé au greffe du tribunal de la Seine. Le public est admis à prendre connaissance des listes préparatoires dans les quinze jours qui suivent le dépôt de ces listes au greffe de la justice de paix.

Art. 11. — La liste annuelle est dressée, pour chaque arrondissement, par une commission composée du président du tribunal civil ou du magistrat qui en remplit les fonctions, président, des juges de paix et des conseillers généraux. En cas d'empêchement, le conseiller général d'un canton sera remplacé par le conseiller d'arrondissement ou, s'il y a deux conseillers d'arrondissement dans le canton, par le plus âgé des deux. A Paris, la commission est composée, pour chaque arrondissement, du président du tribunal civil de la Seine ou d'un juge délégué par lui, président, du juge de paix de l'arrondissement et de ses suppléants, du maire, des quatre conseillers municipaux de l'arrondissement. Les commissions de Saint-Denis et de Sceaux (arrondissements aujourd'hui supprimés) sont présidées par un juge du tribunal civil de la Seine délégué par le président de ce tribunal.

Art. 12. — Dans tous les cas prévus par la présente loi, le maire, s'il est empêché, sera remplacé par un adjoint expressément délégué.

Art. 13. — La commission chargée de dresser la liste annuelle des jurés se réunit au chef-lieu judiciaire de l'arrondissement, au plus tard dans le courant de septembre, sur la convocation faite par le président du tribunal civil. Elle peut porter sur cette liste des noms de personnes qui n'ont point été inscrites sur les listes préparatoires des commissions cantonales, sans toutefois que le nombre de ces noms puisse excéder le quart de ceux qui sont portés pour le canton. Elle a également la faculté d'élever ou d'abaisser, pour chaque canton, le contingent proportionnel fixé par le préfet, sans toutefois que la réduction ou l'augmentation puisse excéder le quart du contingent du canton, ni modifier le contingent de l'arrondissement. Les décisions sont prises à la majorité; en cas de partage, la voix du président est prépondérante.

Art. 14. — La liste de l'arrondissement, définitivement arrêtée, est signée séance tenante. Elle est transmise, avant le 1er décembre, au greffe de la cour ou du tribunal chargé de la tenue des assises.

Art. 15. — Une liste spéciale des jurés suppléants, pris parmi les jurés de la ville où se tiennent les assises, est aussi formée chaque année en dehors de la liste annuelle du jury. Elle comprend trois cents jurés pour Paris, cinquante pour les autres départements. Cette liste est dressée par la commission de l'arrondissement où se tiennent les assises. A Paris, chaque commission d'arrondissement arrête une liste de quinze jurés suppléants.

Art. 16. — Le premier président de la cour d'appel ou le président du tribunal chef-lieu d'assises dresse, dans la première quinzaine de décembre, la liste annuelle du département par ordre alphabétique, conformément aux listes d'arrondissement. Il dresse également la liste spéciale des jurés suppléants.

Art. 17. — Le juge de paix de chaque canton est tenu d'instruire immédiatement le premier président de la cour ou le président du tribunal chef-lieu d'assises, des décès, des incapacités ou des incompatibilités légales qui frapperaient les membres dont les noms sont portés sur la liste annuelle. Dans ce cas, il est statué conformément à l'article 390 du Code d'instruction criminelle.

*Titre III. De la composition de la liste du jury pour chaque session.* — Dix jours au moins avant l'ouverture des assises, le premier président de la cour d'appel ou le président du tribunal chef-lieu d'assises, dans les villes où il n'y a pas de cour d'appel, tire au sort, en audience publique, sur la liste annuelle, les noms des trente-six jurés qui forment la liste de la session. Il tire, en outre, quatre jurés suppléants sur la liste spéciale. (Loi du 31 juill. 1875.) Si les noms d'un ou de plusieurs jurés ayant rempli lesdites fonctions pendant l'année courante ou pendant l'année précédente venaient à sortir de l'urne, ils seraient immédiatement remplacés sur la liste de session par les noms d'un ou de plusieurs autres jurés tirés au sort.

Art. 19. — Si, au jour indiqué pour le jugement, le nombre des jurés est réduit à moins de trente par suite d'absence ou pour toute autre cause, ce nombre est complété par les jurés suppléants, suivant l'ordre de leur inscription; en cas d'insuffisance, par des jurés tirés au sort, en audience publique, parmi les jurés inscrits sur la liste spéciale; subsidiairement, parmi les jurés de la ville inscrits sur la liste annuelle. Dans le cas prévu par l'article 90 du décret du 6 juillet 1810 le nombre des jurés titulaires est complété par un tirage au sort fait, en audience publique, parmi les jurés de la ville inscrits sur la liste annuelle.

Art. 20. — L'amende de 500 francs prononcée par le deuxième paragraphe de l'article 396 du Code d'instruction criminelle peut être réduite par la cour à 200 francs, sans préjudice des autres dispositions de cet article.

**Procédure. Débats.** — Le jour de l'audience, le jury se constitue tout d'abord en chambre du conseil, en présence de l'accusé, de son conseil et du procureur général. (Code Instr. crim., art. 399.) Le juré qui, sans excuses, qu'il appartient à la cour d'admettre (*id.*, art. 397), ne se présente pas sur la citation qui lui a été notifiée, est condamné par la cour à une amende de 200 à 500 francs pour la première fois, de 1 000 francs pour la seconde, de 1 500 francs pour la troisième; après quoi il est déclaré incapable d'exercer dans l'avenir les fonctions de juré; l'arrêt est imprimé et affiché à ses frais. (*Id.*, art. 396.) Les mêmes peines sont applicables au juré qui se retire avant l'expiration de ses fonctions. (*Id.*, art. 398.) L'accusé ou son conseil, puis le procureur général, peuvent récuser, sans donner leurs motifs, tels jurés qu'ils jugent à propos, tant qu'il en reste encore douze. (*Id.*, art. 399.) Le jury est formé dès qu'il est sorti de l'urne douze noms de jurés non récusés. (*Id.*, art. 400.)

L'accusé comparaît libre, accompagné seulement de gardes pour l'empêcher de s'évader. Le président lui demande ses nom, prénoms, domicile, etc. (*id.*, art. 310), puis dit aux jurés, debout et découverts : « Vous jurez et promettez, devant Dieu et devant les hommes, d'examiner avec l'attention la plus scrupuleuse les charges qui seront portées contre N...; de ne trahir ni les intérêts de l'accusé, ni ceux de la société qui l'accuse; de ne communiquer avec personne jusqu'après votre déclaration; de n'écouter ni la haine ou la méchanceté, ni la crainte ou l'affection; de vous décider d'après les charges et les moyens de défense, suivant votre conscience et votre intime conviction, avec l'impartialité et la fermeté qui conviennent à un homme probe et libre. » Chacun des jurés, appelé individuellement par le président, répond en levant la main : *Je le jure*, à peine de nullité. (*Id.*, art. 312.)

Immédiatement après, le président avertit l'accusé d'être attentif à ce qu'il va entendre; il ordonne au greffier de lire à haute voix l'arrêt de la cour d'appel portant renvoi à la cour d'assises, ainsi que l'acte d'accusation (*id.*, art. 313); puis il rappelle à l'accusé les charges produites contre lui. (*Id.*, art. 314.) Le procureur général, après un exposé du « sujet de l'accusation », fait présenter la liste des témoins qui ont dû être notifiés à l'accusé au moins vingt-quatre heures à l'avance. (*Id.*, art. 315.) Les témoins se retirent de la salle d'audience (*id.*, art. 316) pendant l'interrogatoire de l'accusé, puis ils sont entendus individuellement (*id.*, art. 317), et il est procédé, en tant que de besoin, aux confrontations, à la représentation à l'accusé et aux témoins des pièces à conviction (*id.*, art. 329), etc. A la suite des dépositions des témoins et des dires respectifs auxquels elles ont donné lieu, la partie civile ou son conseil et le procureur général développent les moyens de l'accusation, qui peut répondre; l'accusé a toujours la parole le dernier. (*Id.*, art. 335.)

Après la clôture des débats, le président rappelle aux jurés leur devoir, mais sans « résumer les moyens de l'accusation et de la défense », sous peine de nullité. (Loi du 19 juin 1881.) Il pose ensuite les questions (en premier lieu celle qui résulte de l'acte d'accusation [*id.*, art. 337]), puis les jurés se retirent pour délibérer.

*Verdict.* — Les questions étant posées et remises aux jurés, ceux-ci se rendent dans leur chambre pour y délibérer.

Leur chef est le premier désigné par le sort, ou celui qui est désigné par les jurés et du consentement de ce dernier. Avant de commencer la délibération, le chef des jurés leur fait lecture de l'instruction suivante, qui est en outre affichée en gros caractères dans le lieu le plus apparent de leur chambre :

« La loi ne demande pas compte aux jurés des moyens par lesquels ils se sont convaincus; elle ne leur prescrit point de règles desquelles ils doivent faire particulièrement dépendre la plénitude et la suffisance d'une preuve; elle leur prescrit de s'interroger eux-mêmes dans le silence et le recueillement, et de chercher dans la sincérité de leur conscience quelle impression ont faite sur leur raison les preuves rapportées contre l'accusé, et les moyens de sa défense. La loi ne leur dit point : *Vous tiendrez pour vrai tout fait attesté par tel ou tel nombre de témoins.* Elle ne leur dit pas non plus : *Vous ne regarderez pas comme suffisamment établie toute preuve qui ne sera pas formée de tel procès-verbal, de telles pièces, de tant de témoins ou de tant d'indices;* elle ne leur fait que cette seule question, qui renferme toute la mesure de leurs devoirs : *Avez-vous une intime conviction?* Ce qu'il est bien essentiel de ne pas perdre de vue, c'est que toute la délibération du jury porte sur l'acte d'accusation; c'est aux faits qui le constituent et qui en dépendent qu'ils doivent uniquement s'attacher; et ils manquent à leur premier devoir lorsque, pensant aux dispositions des lois pénales, ils considèrent les suites que pourra avoir, par rapport à l'accusé, la déclaration qu'ils ont à faire. Leur mission n'a pas pour objet la poursuite ni la punition des délits; ils ne sont appelés que pour décider si l'accusé est, ou non, coupable du crime qu'on lui impute. » (*Id.*, art. 342.)

Les jurés ne peuvent sortir de la chambre de leurs délibérations qu'après avoir formulé leur déclaration; sinon, la cour peut condamner le contrevenant à une amende de 500 francs au plus. (*Id.*, art. 343.)

Les jurés délibèrent d'abord sur le fait principal, puis sur chacune des circonstances. (*Id.*, art. 344.)

La décision du jury, tant sur le fait principal que sur les circonstances atténuantes, se prend à la majorité; la déclaration constate cette majorité sans que le nombre des voix puisse y être exprimé, à peine de nullité. (*Id.*, art. 347.)

Si l'accusé est *déclaré coupable*, soit du fait principal, soit d'une ou plusieurs circonstances aggravantes, par une majorité de sept voix au moins le jury répond sur chaque question : *oui*, à la majorité.

Si une majorité de sept voix ou plus admet l'existence des *circonstances atténuantes*, le jury l'énonce ainsi : « A la majorité, il y a des circonstances atténuantes en faveur de l'accusé »; s'il n'y a que six voix ou moins, les circonstances atténuantes ne sont pas accordées. Si deux ou plusieurs accusés en obtiennent, il faut pour chacun d'eux une mention séparée.

L'égalité des voix pour ou contre l'accusé emporte une déclaration de *non-culpabilité*. Si l'accusé déclaré coupable sur le fait principal ne l'est pas sur une ou plusieurs circonstances, la réponse du jury sera néanmoins *non* sur chacune de ces circonstances.

Les jurés reprennent ensuite leur place dans l'auditoire et le président leur demande le résultat de la délibération. Le chef du jury se lève et, la main sur le cœur, dit : « *Sur mon honneur et sur ma conscience, devant Dieu et devant les hommes, la déclaration du jury est :* oui, *l'accusé*, etc.; non, *l'accusé*, etc. » (*Id.*, art. 348.) La déclaration est remise au président signée par le chef du jury et en présence des jurés (*id.*, art. 349). Elle n'est susceptible d'aucun recours (*id.*, art. 350); mais, si les jurés se sont trompés au fond, la cour, et la cour seule, surseoit au jugement et renvoie l'affaire à la session suivante. Après la déclaration du second jury, la cour ne peut en aucun cas prononcer un nouveau renvoi. (*Id.*, art. 352.)

*Jugement et exécution.* — Le verdict est lu par le greffier en présence de l'accusé (*id.*, art. 357), qui est aussitôt, en cas d'*acquittement,* mis en liberté, s'il n'est retenu pour autre cause.

La cour peut, par arrêt, prononcer l'*absolution* de l'accusé si le fait dont il est déclaré coupable ne tombe pas sous le coup de la loi pénale. (*Id.*, art. 365.)

Enfin, en cas de *condamnation,* l'arrêt de la cour ne peut que prononcer la peine dont la loi frappe le fait retenu par le jury (*id.*, art. 365); ce fait peut, après les débats, être reconnu comme n'étant pas de la compétence de la cour d'assises, mais du tribunal correctionnel. Néanmoins, la cour statue. Si l'accusé est convaincu de plusieurs crimes ou délits, la peine la plus forte est seule prononcée. (*Id.*, art. 365.)

La cour, dans tous les cas, statue sur les demandes en dommages-intérêts formées soit par l'accusé contre ses dénonciateurs ou la partie civile, soit par la partie civile contre l'accusé ou le condamné. (Code Instr. crim., art. 359.)

L'accusé ou la partie civile qui succombe est condamné aux frais envers l'Etat ou envers l'autre partie. (*Id.*, art. 368.) La partie civile qui ne succombe pas n'est jamais tenue des frais et elle a droit à la restitution des sommes qu'elle aurait consignées. (Loi du 28 avril 1832.)

Le condamné et le ministère public ont trois jours francs pour se pourvoir en cassation, et ce pourvoi suspend l'effet de la condamnation. (Code Instr. crim., art. 372.)

**Cour de cassation.** — Tribunal suprême dont la mission est d'annuler ou de confirmer la légalité des décisions judiciaires rendues en dernier ressort.

Instituée sous le nom de « tribunal de cassation » par le décret des 27 novembre-1er décembre 1790, la plus haute jurididiction de notre pays a reçu du décret du 28 floréal an XII le nom de *Cour de cassation.*

*Organisation.* — La Cour de cassation comprend aujourd'hui 49 membres : un premier président, 3 présidents de chambre et 45 conseillers, dont le plus ancien est appelé doyen. Le parquet de la Cour de cassation se compose du procureur général de la République et de 6 avocats généraux; un secrétaire général est en outre chargé du service administratif et de la correspondance. Un greffier en chef et 4 commis greffiers sont attachés à la Cour de cassation. Des avocats, véritables officiers ministériels, pourvus de charges, dont le nombre est fixé à 60, exercent devant la Cour de cassation les doubles fonctions d'avoué et d'avocat.

La Cour de cassation se recrute généralement parmi les premiers présidents et procureurs généraux des cours d'appel, les présidents de chambre à Paris, les professeurs des facultés de droit, les hauts fonctionnaires du ministère de la Justice et enfin les avocats à la Cour de cassation.

Les magistrats de la cour portent, aux audiences solennelles, la robe rouge, la simarre de soie noire, une ceinture de moire rouge à franges d'or, une toque de velours noir bordée de galons d'or ; aux audiences ordinaires, une robe noire avec la simarre de même couleur. Le premier président, le procureur général et les présidents de chambre ont en plus, aux audiences solennelles, l'épitoge et la garniture d'hermine.

La Cour de cassation siège à Paris, au Palais de justice ; elle tient des audiences ordinaires, des audiences solennelles (toutes chambres réunies) et, à huis clos, des assemblées générales (notamment pour l'examen des affaires disciplinaires).

*Attributions.* — La Cour de cassation se divise en trois chambres, dont deux sont spécialement consacrées aux affaires civiles : la *Chambre des requêtes,* qui examine les pourvois qu'on lui présente à fin d'obtenir la cassation d'une décision judiciaire en matière civile ; si la demande lui paraît fondée, elle admet la requête, qui est alors soumise à la *Chambre civile,* laquelle prononce après un nouvel examen le rejet définitif du pourvoi ou la cassation. Exceptionnellement, les pourvois en matière d'expropriation pour cause d'utilité publique et en matière électorale ne passent pas par la chambre des requêtes.

Les affaires criminelles sont directement portées devant la chambre criminelle.

Lorsqu'une décision, soit civile, soit criminelle, a été cassée et que, sur le renvoi qui lui en est fait, le second tribunal ou la seconde cour juge de la même manière, la Cour de cassation, saisie d'un nouveau pourvoi, tient une audience solennelle, c'est-à-dire que les trois chambres se réunissent, et l'arrêt qui intervient est obligatoire, quant à l'application de la loi, pour le troisième tribunal ou la troisième cour devant qui l'affaire est renvoyée, sans néanmoins que cet arrêt ait force réglementaire pour l'avenir et pour les autres tribunaux.

C'est aussi en audience solennelle que la Cour de cassation se réunit pour remplir les fonctions de *Conseil supérieur de la magistrature* qui lui ont été attribuées par la loi du 30 août 1883, laquelle l'a investie du droit de censure et de discipline sur tous les magistrats des cours et tribunaux.

La Cour de cassation, ne formant pas un troisième degré de juridiction, n'a pas à statuer sur le fond du litige : elle a seulement à rechercher si les moyens de cassation proposés devant elle sont bien fondés. Ils se réduisent à la violation de la loi, l'incompétence ou l'excès de pouvoir, l'inobservation de certaines formes prescrites à peine de nullité et à la contrariété de jugements rendus en dernier ressort dans la même affaire entre les mêmes parties.

L'incompétence *ratione personæ* doit avoir

été invoquée devant la première juridiction. L'incompétence *ratione personæ* peut l'être pour la première fois devant la Cour de cassation.

Outre les pourvois qui lui sont soumis par les parties et qui constituent sa principale fonction, la Cour de cassation connaît encore, sur la demande formée par son procureur général : des excès de pouvoir des juges, des règlements de juges, des prises à partie des demandes en renvoi pour suspicion légitime ou sûreté publique, récusation ou abstention de juges, des demandes en revision, et enfin des affaires disciplinaires déférées au conseil supérieur de la magistrature. V. JUSTICE, REVISION, etc.

La Cour de cassation ne se préoccupe pas des faits, mais du droit; elle n'est pas un degré de juridiction ; en un mot, elle juge les jugements au point de vue de la légalité, et quand elle annule une décision, adoptant les *moyens* de cassation qui lui sont proposés, elle renvoie devant un autre tribunal de même ordre pour qu'il soit statué à nouveau. Toutefois, en cas de contrariété de jugements, la cassation est prononcée sans renvoi.

Le pourvoi en cassation est une voie extraordinaire de recours ; il n'est ni *dévolutif,* c'est-à-dire déterminatif de compétence, ni *suspensif,* c'est-à-dire que, sauf en matière de divorce et de faux incident civil, le jugement est exécuté malgré le recours en cassation. Le pourvoi peut être formé soit par les parties, leurs héritiers ou ayants cause, soit par le procureur général spontanément ou d'ordre du ministre de la Justice.

Le *pourvoi en cassation* est une voie extraordinaire ouverte par la loi pour attaquer les décisions judiciaires qui ne sont plus susceptibles d'une autre voie de recours.

*Pourvois en matière civile.* — Pour qu'il y ait lieu à cassation, la violation de la loi doit porter sur le dispositif du jugement, et non sur les motifs, parce qu'il importe peu que les considérants soient plus ou moins exacts si la décision est conforme au droit. Peut se pourvoir en cassation quiconque a été partie dans un jugement. Le procureur général près la Cour de cassation, dans l'intérêt de la loi et sur l'ordre exprès du garde des sceaux, peut aussi se pourvoir contre les actes par lesquels les juges excèdent leurs pouvoirs. Il a le même droit pour se pourvoir spontanément et sans ordre contre les jugements en dernier ressort pour violation de la loi ou inobservation des formes dans l'intérêt de la loi.

Le pourvoi peut être formé contre les arrêts ou jugements rendus en dernier ressort, mais il ne peut l'être contre les jugements en premier ressort passés en force de chose jugée et contre lesquels les parties ont négligé d'interjeter appel.

Le pourvoi en cassation est interdit contre les jugements des juges de paix rendus en dernier ressort, sauf pour excès de pouvoirs, la loi ayant voulu que le juge de paix, « libre des entraves qui enchaînent les autres juges, n'eût d'autre législateur que sa sagesse ». Il n'y a pas non plus de pourvois possibles contre les sentences arbitrales ; les arrêts de la Cour de cassation échappent également à la voie du pourvoi en cassation.

Les chambres ne rendent d'arrêt qu'au nombre de onze conseillers au moins.

La loi a prescrit des formalités minutieuses, dont l'inobservation entraîne le rejet du pourvoi. Devant la chambre des requêtes, le pourvoi se forme dans le délai de deux mois, par une requête déposée au greffe après consignation de l'amende. Sur le rapport d'un conseiller et après la conclusion du ministère public, la chambre des requêtes examine préalablement les moyens de cassation ; si le pourvoi est rejeté, elle rend un arrêt de rejet motivé, condamne le demandeur à l'amende, et tout est terminé. Si le moyen de cassation paraît grave et sérieux, elle admet le pourvoi et prononce le renvoi à la chambre civile par un arrêt qui n'est ni motivé ni définitif, puisqu'il ne tranche pas la question. Après l'arrêt d'admission, l'affaire est portée, dans les deux mois, devant la chambre civile, pour être statué sur la cassation ; le défendeur, à l'inverse de ce qui se passe devant la chambre des requêtes, doit constituer avocat, et l'affaire s'engage entre les parties ; les mémoires sont déposés au greffe, un nouveau rapporteur est désigné, et le ministère public donne ses conclusions. Si le pourvoi est rejeté, le demandeur est condamné à une amende de 300 francs envers l'Etat et à 150 francs de dommages-intérêts envers la partie, lorsqu'il s'agit d'une décision contradictoire ; — à 150 francs d'amende et 75 francs de dommages-intérêts lorsqu'il s'agit d'une décision par défaut. Le demandeur doit consigner la moitié de l'amende avant de déposer son pourvoi au greffe de la Cour.

L'effet du rejet d'un pourvoi est de rendre définitives la décision attaquée et les condamnations qu'elle a prononcées. Par suite du rejet de pourvoi par la chambre civile, tout est terminé.

En cas de cassation, elle ne juge pas l'affaire, n'étant pas juge du fond, mais la renvoie à un autre tribunal de même ordre ; il n'y a pas de renvoi si la cassation a lieu dans l'intérêt de la loi ; si l'arrêt attaqué est cassé, l'amende consignée est restituée.

*Pourvois en matière criminelle.* — Le Code d'instruction criminelle a ouvert le recours en cassation en matière criminelle, correctionnelle et de simple police, contre les arrêts et jugements définitifs en dernier ressort; toutefois, il peut être formé contre les arrêts et jugements d'incidents qui ne sont pas purement préparatoires et d'instruction, comme les jugements et arrêts de compétence ; le recours en cassation s'applique également aux arrêts de la chambre de cassation et aux arrêts de liberté provisoire. Les prévenus ou accusés peuvent se pourvoir contre les jugements ou arrêts portant des condamnations contre eux : il est fait exception pour les contumax ; quant aux parties responsables, elles ne peuvent se pourvoir que lorsqu'il y a condamnation contre elles. Le droit de recours appartient, dans tous les cas, au ministère public, et il ne peut être exercé par les parties civiles qu'en ce qui concerne leurs intérêts pécuniaires.

Dans l'intérêt supérieur de la justice, le garde des sceaux a le droit de déférer toutes les décisions contraires à la loi; le même droit est reconnu au procureur général, dans l'intérêt de la loi. Toutes les ouvertures à cassation consistent dans une violation ou dans une fausse application de la loi, mais la cour n'est jamais saisie du bien ou du mal jugé du fond. En matière de police correctionnelle, aucun moyen de nullité ne peut être proposé en cassation s'il n'a déjà été soumis devant le juge du fond.

Le délai ordinaire du pourvoi est de trois jours, sauf contre l'arrêt de la chambre des mises en accusation, où il est de cinq jours; le pourvoi se forme par une déclaration au greffe et doit être jugé dans le mois. En matière criminelle, le pourvoi en cassation est suspensif. A peine de déchéance, le condamné qui se pourvoit doit se mettre en état, c'est-à-dire se constituer prisonnier, sauf en cas de liberté provisoire ou de peine inférieure à six mois d'emprisonnement ou en matière de presse.

Le condamné est dispensé du ministère d'un avocat; il en est autrement de la partie civile.

Les affaires sont jugées sur le rapport d'un conseiller, le ministère public entendu.

L'arrêt de rejet donne à la décision attaquée la force de chose jugée et la rend exécutoire; l'effet de la cassation est de remettre les parties dans l'état où elles étaient avant cette décision; elles sont renvoyées devant une autre cour; la cassation a lieu sans renvoi dans des cas exceptionnels (prescription de l'action publique, défaut de qualité de la partie poursuivante, etc.)

*Pourvois en matière de conseils de guerre.* — Les *pourvois* en cassation contre les jugements des conseils de guerre ne sont admis que pour cause d'incompétence, et seulement de la part des accusés ou condamnés non compris expressément dans les catégories énumérées à l'article 80 du Code de justice militaire. Ces pourvois doivent être formés soit avant l'expiration du délai fixé pour le recours en *revision*, soit après qu'il a été statué sur ce recours. En temps de guerre, lorsque le recours en revision a été temporairement suspendu (art. 71), les pourvois en cassation sont interdits pour tous les condamnés sans exception (art. 81). Mais, d'après l'article 82, la Cour de cassation peut intervenir dans tous les cas où son intervention est prévue par les articles 441 à 447, 527 et 542 du Code d'instruction criminelle.

**Cour des comptes.** — Haut tribunal administratif chargé de vérifier, apurer, juger la gestion des comptables publics, de signaler au pouvoir exécutif et de relever pour le pouvoir législatif les infractions des ordonnateurs et des administrateurs à notre législation financière.

La Cour des comptes a été créée et organisée par une loi du 16 septembre 1807.

Elle se compose : 1° d'un premier président, qui a la haute direction des travaux et la surveillance générale de la Cour; 2° de trois présidents, dirigeant le travail de chacune des trois chambres que comprend la Cour; 3° de dix-huit conseillers maîtres, qui discutent les propositions formulées par les conseillers référendaires ou auditeurs rapporteurs; 4° de vingt-six conseillers référendaires de première classe et de soixante conseillers référendaires de deuxième classe, chargés de l'instruction et de la vérification des comptes, de l'examen détaillé des pièces à l'appui. Ils formulent leurs propositions dans des rapports qu'ils discutent devant les chambres, rédigent et signent les projets d'arrêts; 6° de quinze auditeurs de première classe; 7° de dix auditeurs de deuxième classe, choisis au concours parmi les licenciés en droit. Les auditeurs sont adjoints par le premier président à certains conseillers référendaires pour concourir, sous leur direction, à l'instruction et à la vérification des comptabilités les plus importantes.

Les magistrats du parquet sont au nombre de deux : un procureur général et un avocat général choisi parmi les conseillers référendaires de première classe. Le procureur général envoie aux ministres l'expédition des arrêts, veille à ce que les comptables présentent leurs comptes dans les délais, et requiert l'application des pénalités contre les retardataires.

Les membres de la Cour sont inamovibles. Ils portent un costume réglé par l'article 66 du décret de 1807. La Cour prend rang immédiatement après la Cour de cassation et jouit des mêmes honneurs et prérogatives.

La Cour a juridiction sur les comptables en deniers, contrôle sur les comptables en matières. A l'égard des ordonnateurs, elle fait des déclarations et des observations destinées à faciliter le contrôle du pouvoir législatif.

Elle statue comme juridiction d'appel lorsqu'elle juge les pourvois contre les arrêtés des conseils de préfecture, formés par les receveurs des communes, hospices et établissements de bienfaisance dont le revenu est inférieur à 30 000 francs. Elle statue directement et en dernier ressort sur les comptes des autres comptables publics, et aussi sur les opérations des comptables de fait. (V. COMPTABILITÉ OCCULTE.) Ses arrêts sont susceptibles d'un recours au conseil d'Etat, mais seulement pour excès de pouvoir ou violation de la loi.

Chaque année la Cour constate, par deux *déclarations générales*, le résultat de la comparaison entre les comptes publiés par les ministres pour l'année précédente et pour l'exercice expiré et les arrêts sur les comptes individuels des comptables, sous le double rapport de l'exactitude des résultats et de la légalité des recettes et dépenses publiques. Elle exerce sa mission réformatrice en consignant chaque année dans un Rapport public au président de la République les vues de réformes et d'améliorations que lui ont inspirées ses travaux.

**Cour (Haute).** — Nom que prend le Sénat lorsqu'il est réuni en Cour de justice pour juger soit le président de la

République, soit les ministres, et pour connaître des attentats contre la sûreté de l'Etat (loi du 24 février 1875). V. HAUTE COUR.

## Cours d'eau — V. EAUX.

## Courses de chevaux.

La loi du 2 juin 1891, modifiée par celle du 1er avril 1900, réglemente l'autorisation et le fonctionnement des courses de chevaux en France.

Aucun champ de courses ne peut être ouvert sans l'autorisation préalable du ministre de l'Agriculture. (Art. 1er.)

Sont seules autorisées les courses de chevaux ayant pour but exclusif l'amélioration de la race chevaline et organisées par des sociétés dont les statuts sociaux ont été approuvés par le ministre de l'Agriculture, après avis du conseil supérieur des haras. (Art. 2.)

Le budget annuel et les comptes de toute société de courses sont soumis à l'approbation et au contrôle des ministres de l'Agriculture et des Finances. (Art. 3.)

Quiconque aura, en quelque lieu et sous quelque forme que ce soit, exploité le pari sur les courses de chevaux, en offrant à tous venants de parier ou en pariant avec tous venants, soit directement, soit par intermédiaire, sera passible des peines portées à l'article 410 du Code pénal. Seront réputés complices du délit ci-dessus déterminé et punis comme tels :

1° Quiconque aura servi d'intermédiaire pour les paris dont il s'agit, ou aura reçu le dépôt préalable des enjeux;

2° Quiconque aura, en vue des paris à faire, vendu des renseignements sur les chances de succès des chevaux engagés ou qui, par des avis, circulaires, prospectus, cartes, annonces ou par tout autre moyen, aura fait connaître l'existence, soit en France, soit à l'étranger, d'établissements, d'agences ou de personnes vendant ces renseignements;

3° Tout propriétaire ou gérant d'établissement public qui aura laissé exploiter le pari dans son établissement.

Les dispositions de l'article 463 du Code pénal seront, dans tous les cas, applicables aux délits prévus par la présente loi. (*Id.*, art. 4.)

Toutefois les sociétés remplissant les conditions prescrites par l'article 2 pourront, en vertu d'une autorisation spéciale et toujours révocable du ministre de l'Agriculture, et moyennant un prélèvement fixe en faveur des œuvres locales de bienfaisance et de l'élevage, organiser le pari mutuel sur leurs champs de courses exclusivement, mais sans que cette autorisation puisse infirmer les autres dispositions de l'article 4. (*Id.*, art. 5.)

Le décret du 7 juillet 1891 a réglementé la quotité des prélèvements ci-dessus visés, les formes et les conditions de fonctionnement du pari mutuel. V. PARI MUTUEL.

Les décrets des 24 novembre 1896 et 18 août 1905 ont réglementé la comptabilité des sociétés de courses.

**Courtage.** — Profession de courtier de commerce. — *Droit de courtage*, ou simplement *courtage*, prime à laquelle a droit le courtier ou l'agent de change pour les affaires qu'il engage, lorsqu'elles se terminent.

Le décret du 29 juin 1898 a déterminé les bases du *courtage des agents de change* pour la négociation des valeurs mobilières.

Les courtages se perçoivent sur la somme à payer ou à recevoir à la suite de la négociation, et non sur le capital nominal des titres. Le courtage *minimum* est de 0 fr. 50 par bordereau. Les négociations *au comptant* sont ainsi taxées : 0 fr. 25 p. 100 de la valeur négociée sur pièces contentieuses, c'est-à-dire d'une valeur appartenant à des femmes dotales, des mineurs, des interdits, des héritiers ou légataires. Toute négociation dont le bordereau portant quittance de prix ne peut être signé par le titulaire de la valeur est considérée comme contentieuse. Pour toutes les autres négociations au comptant, le droit est de 0 fr. 10 par 100 francs.

Le courtage des négociations *à terme* est de 0 fr. 10 par 100 francs de la valeur négociée, sauf en ce qui concerne la rente française, où le courtage est de 12 fr. 50 par 1 500 francs de rente 3 p. 100, perpétuel ou amortissable, et par 1 750 francs de 3 1/2, multiples minima de spéculation.

Le courtage des *reports* est, pour les valeurs autres que la rente française, de 1 fr. 25 c. p. 100 par an du montant de la valeur reportée, calculée d'après le cours de compensation. Pour le report des rentes, le courtage est le même que celui des opérations à terme.

Lorsque deux opérations en sens contraire ont été effectuées dans la même bourse et en vertu du même ordre, il n'est perçu qu'un courtage sur l'opération dont le prix est le plus élevé. L'application de cette immunité est dénommée *franco*.

A la *coulisse*, où il n'est pas opéré de négociations sur pièces contentieuses, le tarif est le suivant : *au comptant*, le courtage est de 1 franc par 1 000 francs, avec minimum de 0 fr. 50 par bordereau; *à terme*, 0 fr. 50 par titre au-dessous de 400 francs de cote; 1 fr. 25 par 1 000 francs pour toute valeur cotée au-dessus de 400 francs l'unité. Même tarif pour les *reports*. Pour la *rente* 3 p. 100, la seule négociée en coulisse, le courtage est de 12 fr. 50 par unité de spéculation de 1 500 francs de rente et pour report. Enfin, l'application du *franco* a lieu comme il est dit ci-dessus pour les valeurs négociées au parquet.

La coulisse étant libre, clients et coulissiers peuvent faire, pour les courtages, des conditions particulières, qui sont interdites aux agents de change. En fait, le demi-courtage est très couramment appliqué sur la rente, et pour les valeurs de 200 francs et au-dessous il est abaissé à 0 fr. 25.

**Courtier.** — Personne qui s'entremet entre l'offre et la demande pour la conclusion des marchés commerciaux.

Les courtiers, qui se distinguent en ceci des commissionnaires (v. ce mot), ne contractent jamais en leur nom personnel. Ce sont des commerçants, dont l'intermédiaire est facultatif.

On distingue : les courtiers *de marchandises* ou *de commerce;* les courtiers d'*assurances;* les courtiers *interprètes et conducteurs de navires;* les courtiers de *transports par terre et par eau;* les courtiers *gourmets piqueurs de vins.*

Le même individu peut, si le décret qui l'institue l'y autorise, cumuler les fonctions d'agent de change, de courtier de marchandises ou d'assurances, et de courtier interprète et conducteur de navires. (Cod. comm., art. 81.)

*Courtiers de marchandises.* — Le Code de commerce avait consacré le monopole de quatre catégories de courtiers : en premier lieu, des *courtiers de marchandises.* La loi du 18 juillet 1866 a supprimé le privilège de ces derniers : tout le monde peut en exercer la profession, tandis que les autres catégories de courtiers continuent de jouir d'un monopole et conservent le caractère d'officiers publics. Mais certaines prérogatives sont demeurées attachées aux *courtiers inscrits* sur la liste dressée par le tribunal de commerce. Ceux qui ont prêté serment et payent un droit *d'inscription* sont chargés de la constatation du cours des marchandises, de l'estimation des marchandises déposées dans un magasin général, à titre exclusif des ventes publiques de marchandises aux enchères et en gros, autorisées ou ordonnées par la justice. Leurs droits de courtage sont fixés par le ministre du Commerce.

Là où il n'y a pas d'agents de change, c'est par l'intermédiaire des courtiers de commerce que doivent se faire l'achat et la vente des matières métalliques. Ils concourent avec les huissiers et les commissaires-priseurs : 1° à la vente des marchandises et effets des faillis; 2° à la vente des marchandises avariées par suite d'événements de mer; 3° à celle des marchandises neuves après cessation de commerce et suivant autorisation des tribunaux de commerce. (Loi du 18 juillet 1866 et décret du 22 déc. suivant.) A Lyon, il existe une catégorie de courtiers toute spéciale, celle des courtiers de soie. V. AGENTS DE CHANGE.

*Courtiers d'assurances.* — Les *courtiers d'assurances* rédigent les contrats ou les polices d'assurances concurremment avec les notaires; ils en attestent la vérité par leur signature, certifient le taux des primes pour tous les voyages de mer ou de rivière. (Cod. comm., art. 79.)

*Courtiers maritimes.* — Les *courtiers interprètes et conducteurs de navires,* appelés aussi *courtiers maritimes,* font le courtage des affrètements; ils ont, en outre, seuls le droit de traduire, en cas de contestations portées devant les tribunaux, les déclarations, chartes-parties, connaissements, contrats, et tous actes de commerce dont la traduction serait nécessaire; enfin, de constater le cours du fret ou du nolis. Dans les affaires contentieuses de commerce, et pour le service des douanes, ils servent de truchement à tous étrangers, maîtres de navire, marchands, équipages de vaisseau et autres personnes de mer. (Cod. comm., art. 80.)

La jurisprudence leur conteste la qualité de commerçants (trib. de comm. de Marseille, 27 février 1902), bien qu'ils fassent leur profession habituelle des opérations de courtage rangées parmi les actes de commerce. (Cod. comm., art. 632.)

*Courtiers de transport par terre et par eau.* — L'article 82 du Code de commerce conférait aux courtiers de transport par terre et par eau le droit exclusif de faire le courtage des transports, et ils ne pouvaient cumuler sous aucun prétexte les fonctions de courtiers de marchandises, d'assurances, ou de courtiers conducteurs de navires; mais cet article n'a plus guère d'application, des commissionnaires de transport existant dans toutes les places de commerce. V. TRANSPORT.

*Courtiers gourmets piqueurs de vins.* — Ces *courtiers,* créés par la loi du 11 décembre 1813, n'existent qu'à l'entrepôt des vins de Paris. Ils sont institués : 1° pour y servir exclusivement d'intermédiaires, lorsqu'ils en sont requis, entre les vendeurs et les acheteurs; 2° pour déguster les boissons, en indiquer le cru et la qualité; 3° pour servir d'experts en cas de contestation sur la qualité des vins et lorsque les voituriers et les bateliers arrivant sur les ports ou à l'entrepôt sont accusés d'avoir altéré ou falsifié les vins. Ils sont nommés par le ministre du Commerce, sur la présentation du préfet de police et la production d'un certificat d'aptitude délivré par les syndics des marchands de vins de Paris. Ils fournissent un cautionnement.

**Cousin.** — Personne née ou descendant de l'oncle ou de la tante d'une autre personne.

Le *cousin germain,* la *cousine germaine* sont immédiatement issus de l'oncle ou de la tante.

**Couverture.** — Provision en espèces ou en titres garantissant l'agent de change ou le coulissier contre le non-payement des pertes subies par leurs clients dans les opérations à terme.

Lorsque la couverture est fournie en titres, elle est accompagnée de l'autorisation de les vendre.

**Créance.** — Droit d'exiger l'exécution d'une obligation et particulièrement le payement d'une somme d'argent.

On distingue :

1° Les créances *chirographaires* (du grec *cheir,* main, et *graphein,* écrire), qui résultent d'un acte généralement sous-seing privé (quelquefois authentique), n'emportant pas hypothèque. Le prix des biens du débiteur est partagé proportionnellement au montant de chaque créance. (Cod. civ., art. 2093.)

2° Les créances *hypothécaires,* qui résultent d'un titre emportant hypothèque, c'est-à-dire un droit de suite sur les immeubles du créancier et un droit de préférence sur les créanciers chirographaires. (*Id.,* art. 2166.) V. HYPOTHÈQUE.

3° Les créances *privilégiées,* auxquelles la loi accorde un droit de préférence sur toutes les autres, même hypothécaires, dans l'ordre des payements. (Cod. civ., art. 2095.) V. PRIVILÈGE.

Dans la langue juridique, la créance, corrélative de l'obligation, n'est pas seulement le droit d'exiger le payement d'une somme, mais aussi celui d'exiger du débiteur par les moyens coercitifs légaux la tradition d'une chose quelconque, l'exécution d'un acte ou même l'abstention. Les créances sont des droits *personnels* (v. DROITS PERSONNELS) qui s'exercent seulement sur les personnes liées par les obligations qui y correspondent.

Le créancier a un droit de gage général sur tous les biens du débiteur dont il peut exercer les droits et les actions qui n'ont pas un caractère absolument personnel (par exemple, une demande en divorce), et la loi lui accorde l'action *paulienne* ou *révocatoire,* qui lui permet de faire révoquer les actes faits en fraude et qui auraient compromis la solvabilité du débiteur. (Code civ., art. 1166, 1167, 2093.)

## Crèche. — Etablissement de bienfaisance qui a pour objet de garder et de soigner les enfants en bas âge pendant les heures de travail de leur mère.

Les enfants y reçoivent jusqu'à ce qu'ils puissent entrer à l'école maternelle, ou jusqu'à ce qu'ils aient accompli leur troisième année, les soins hygiéniques et moraux qu'exige leur âge.

Nulle crèche n'est ouverte sans l'autorisation du préfet : cette autorisation n'est refusée que lorsque les locaux destinés à la crèche ne satisfont pas aux conditions indispensables d'hygiène ou lorsque les personnes qui doivent être préposées à l'établissement ne présentent pas des garanties suffisantes. L'arrêté préfectoral fixe le nombre des enfants qui pourront être réunis.

Les personnes ou les sociétés qui possèdent une crèche désignent au préfet un représentant auquel sont adressées les notifications prévues par les règlements.

Le ministre de l'Intérieur et le préfet ont le droit de faire inspecter les crèches par leurs délégués.

Si le préfet juge que, par une installation défectueuse ou par défaut de soins, une crèche met en danger la vie ou la santé des enfants, il ordonne la fermeture provisoire de cette crèche. Le représentant de l'établissement est mis en demeure de remédier aux défectuosités signalées. Après trois mises en demeure restées sans effet, et sur avis conforme du conseil départemental d'hygiène, l'autorisation accordée à la crèche est retirée.

En cas d'épidémie survenue dans une crèche, cette crèche est fermée soit par les personnes ou les sociétés qui la possèdent, soit d'office par le préfet; elle n'est réouverte qu'après que le préfet a fait constater qu'elle a été désinfectée.

Le décret du 2 mai 1897, qui a édicté ces dispositions, a laissé au ministre de l'Intérieur le soin de déterminer par un règlement: 1° les conditions d'hygiène que doit remplir tout local affecté à une crèche, ainsi que celles qui doivent être observées dans la tenue de l'établissement; 2° les garanties exigées des directrices de crèches et des personnes qui, dans les crèches, donnent des soins aux enfants; 3° les registres que les directrices de crèches doivent tenir.

## Crédit imaginaire.

« Quiconque, soit en faisant usage de faux noms ou de fausses qualités, soit en employant des manœuvres frauduleuses pour persuader l'existence de fausses entreprises, d'un pouvoir ou d'un crédit imaginaire, ou pour faire naître l'espérance ou la crainte d'un succès, d'un accident ou de tout autre événement chimérique, se sera fait remettre ou délivrer, ou aura tenté de se faire remettre ou délivrer des fonds, des meubles ou des obligations, dispositions, billets, promesses, quittances ou décharges, et aura, par un de ces moyens, escroqué ou tenté d'escroquer la totalité ou partie de la fortune d'autrui, sera puni d'un emprisonnement d'un an au moins et de cinq ans au plus, et d'une amende de 50 francs au moins et de 3 000 francs au plus. Le coupable pourra être, en outre, à compter du jour où il aura subi sa peine, interdit, pendant cinq ans au moins et dix ans au plus, des droits mentionnés en l'article 42 du présent Code; le tout, sauf les peines plus graves, s'il y a crime de faux. » (Cod. pén., art. 405.)

## Crédit agricole.

La loi du 5 novembre 1894, relative à la constitution de *sociétés de crédit agricole,* a consacré deux principes nouveaux dans notre législation : elle a fait une situation particulière et distincte aux syndicats agricoles, en les séparant nettement des syndicats professionnels ouvriers et patronaux de l'industrie, créés cependant sous le régime unique de la loi du 21 mars 1884, et, en même temps, elle a créé le crédit agricole mobilier, en essayant de le favoriser le plus possible. D'autre part, la loi du 31 mars 1899, modifiée par celle du 25 décembre 1900, a institué dès *caisses régionales de crédit agricole mutuel.*

Enfin, la loi du 18 juillet 1898 a réglementé l'usage des *warrants agricoles.*

*Sociétés de crédit agricole.* — Des sociétés de crédit agricole peuvent être constituées, soit par la totalité des membres d'un ou plusieurs syndicats professionnels agricoles, soit par une partie des membres de ces syndicats; elles ont exclusivement pour objet de faciliter et même de garantir les opérations concernant l'industrie agricole et effectuées par ces syndicats ou par des membres de ces syndicats. Ces sociétés peuvent recevoir des dépôts de fonds en comptes courants avec ou sans intérêts, se charger, relativement aux opérations concernant l'industrie agricole, des recouvrements et des payements à faire pour les syndicats ou pour les membres de syndicats. Elles peuvent, notamment, contracter les emprunts nécessaires pour constituer ou augmenter leur fonds de roulement. Le capital social ne peut être formé par des souscriptions d'actions. Il pourra être constitué à l'aide de souscriptions des membres de la société. Ces souscriptions formeront des parts qui pourront être de valeur inégale; elles seront nominatives et ne seront transmissibles que par voie de cession aux membres des syndicats et avec l'agrément de la société. La société ne pourra être constituée qu'après versement du quart du capital souscrit. Dans le cas où la société serait constituée sous la forme de société à capital variable, le capital ne pourra être réduit par les reprises des apports des sociétaires sortants au-dessous du montant du capital de fondation. (Loi du 5 novembre 1894, art. 1er.)

Les statuts déterminent le siège et le mode d'administration de la société de crédit, les conditions nécessaires à la modification de ces statuts et à la dissolution de la société, la composition du capital, la proportion dans laquelle chacun de ses membres contribuera à sa constitution, le maximum des dépôts à recevoir en comptes courants, l'étendue et les conditions de la responsabilité qui incombe à chacun des sociétaires dans les engagements pris par la société. Les sociétaires ne pourront être libérés de leurs engagements qu'après la liquidation des opérations contractées par la société antérieurement à leur sortie. (*Id.*, art. 2.)

Les statuts déterminent aussi les prélèvements opérés au profit de la société sur les opérations faites par elle. Les sommes résultant de ces prélèvements, après acquittement des frais généraux et payement des intérêts des emprunts et du capital social, sont d'abord affectées, jusqu'à concurrence des trois quarts au moins, à la constitution d'un fonds de réserve, jusqu'à ce qu'il ait atteint au moins la moitié de ce capital. Le surplus peut être réparti, à la fin de chaque exercice, entre les syndicats et entre les membres des syndicats au prorata des prélèvements faits sur leurs opérations. Il ne pourra, en aucun cas, être partagé, sous forme de dividende, entre les membres de la société. A la dissolution de la société, ce fonds de réserve et le reste de l'actif seront partagés entre les sociétaires, proportionnellement à leur souscription, à moins que les statuts n'en aient affecté l'emploi à une œuvre d'intérêt agricole.

Les sociétés de crédit autorisées par la loi du 5 novembre 1894 sont des sociétés commerciales, dont les livres doivent être tenus conformément aux prescriptions du Code de commerce. Elles sont exemptes du droit de patente, ainsi que de l'impôt sur les valeurs mobilières. (*Id.*, art. 4.)

Les conditions de publicité prescrites pour les sociétés commerciales ordinaires sont remplacées par les dispositions suivantes: Avant toute opération, les statuts, avec la liste complète des administrateurs ou directeurs et des sociétaires, indiquant leurs nom, profession, domicile, et le montant de chaque souscription, sont déposés, en double exemplaire, au greffe de la justice de paix du canton où la société a son siège principal. (Il en est donné récépissé.) Un des exemplaires des statuts et de la liste des membres de la société est, par les soins du juge de paix, déposé au greffe du tribunal de commerce de l'arrondissement. Chaque année, dans la première quinzaine de février, le directeur ou un administrateur de la société dépose, en double exemplaire, au greffe de la justice de paix du canton, avec la liste des membres faisant partie de la société à cette date, le tableau sommaire des recettes et des dépenses, ainsi que des opérations effectuées dans l'année précédente. (*Id.*, art. 5.)

Les membres chargés de l'administration de la société sont personnellement responsables, en cas de violation des statuts ou des dispositions de la loi, du préjudice résultant de cette violation. En outre, au cas de fausse déclaration relative aux statuts ou aux noms et qualités des administrateurs, des directeurs ou des sociétaires, ils pourront être poursuivis et punis d'une amende de 16 francs à 500 francs. (Loi du 20 juillet 1901.)

*Caisses régionales de crédit agricole mutuel.* — Une avance de 40 millions de francs et la redevance annuelle à verser au Trésor par la Banque de France, en vertu de la convention du 31 octobre 1896, approuvée par la loi du 17 novembre 1897, ont été mises à la disposition du gouvernement, pour être attribuées à titre d'avances sans intérêts aux *caisses régionales de crédit agricole* mutuel, constituées d'après les dispositions de la loi du 5 novembre 1894 pour faciliter les opérations concernant l'industrie agricole effectuées par les membres des sociétés locales de crédit agricole mutuel de leur circonscription et garanties par ces sociétés. Ces caisses escomptent les effets souscrits par les membres des sociétés locales et endossés par ces sociétés. Elles peuvent faire à ces sociétés les avances nécessaires pour la constitution de leur fonds de roulement. Toutes autres opérations leur sont interdites. (Loi du 31 mars 1899, art. 1 et 2.)

Le montant des avances faites aux caisses régionales ne pourra excéder le quadruple du montant du capital versé en espèces faites pour une durée de cinq ans au plus; elles peuvent être renouvelées. Elles deviennent immédiatement remboursables en cas de violation des statuts ou de modifications à ces statuts qui diminueraient les garanties de remboursement. (Loi du 25 décembre 1900.)

La répartition des avances est faite par le ministre de l'Agriculture, sur l'avis d'une commission spéciale nommée par décret. (Loi du 31 mars 1899, art. 4.)

Les caisses régionales ne peuvent faire des opérations qu'avec des caisses locales exclusivement agricoles, organisées et fonctionnant légalement, ne donnant pas plus de 5 pour 100 d'intérêt à leurs porteurs de parts et régulièrement affiliées. L'importance des avances directes pour fonds de roulement consenties par une caisse régionale à ses caisses locales affiliées ne peut dépasser, pour chacune d'elles, le montant du capital versé à la caisse régionale sous forme de souscription de parts. (Décret 11 avril 1905.)

Le décret du 9 février 1904 a constitué au ministère de l'Agriculture un service autonome d'administration et de contrôle des caisses régionales de crédit agricole.

*Warrants agricoles.* — V. WARRANT.

**Crédit foncier.** — Crédit fait à la propriété immobilière, terres et constructions, moyennant le consentement, par l'emprunteur, d'une hypothèque en faveur du prêteur.

Pour faciliter, en France, les opérations d'emprunts sur immeubles, le décret du 28 février 1852 a créé une banque spéciale dite *Crédit foncier,* qui jouit de larges privilèges et qui a des succursales dans les départements. Le *gouverneur* et les deux *sous-gouverneurs* en sont nommés par décret. Les vingt *administrateurs* (renouvelables annuellement par cinquième et rééligibles) et les trois *censeurs* (renouvelables par tiers et rééligibles) sont élus par l'assemblée générale des actionnaires (les deux cents plus forts actionnaires), qui se réunit une fois par an. Le capital social est de 170 500 000 francs, divisés en 341 000 actions de 500 francs, et il pourra s'élever jusqu'à 200 millions de francs. Cette banque fait deux sortes de prêts bien distincts, amortissables par annuités : 1° les prêts fonciers, pour lesquels elle émet dans le public des *obligations foncières ;* 2° les prêts aux départements, communes et établissements publics, pour lesquels elle émet des *obligations communales.* Elle est donc l'intermédiaire entre les prêteurs capitalistes, qui souscrivent ses obligations d'une part, et les emprunteurs hypothécaires et les communes d'autre part. Les obligations foncières et communales sont insaisissables, comme les rentes sur l'Etat.

*Prêts aux particuliers.* — Le Crédit foncier ne prête que sur première hypothèque. Sont considérés comme faits sur première hypothèque les prêts au moyen desquels tous les créanciers antérieurs doivent être remboursés en capital et intérêts ; dans ce cas, la société conserve entre ses mains valeur suffisante pour opérer ce remboursement. (Décret du 28 février 1852, art. 6.)

Le prêt ne peut, en aucun cas, excéder la moitié de la valeur de la propriété, le tiers s'il s'agit de vignes ou de bois ; le minimum du prêt est fixé par les statuts. (*Id.*, art. 7.)

Nul prêt ne peut être réalisé qu'après l'accomplissement des formalités prescrites pour purger : 1° les hypothèques légales, sauf le cas de subrogation par la femme à cette hypothèque ; 2° les actions résolutoires ou rescisoires et les privilèges non inscrits. S'il survient une inscription pendant les délais de la purge, l'acte conditionnel du prêt est nul et non avenu. (*Id.*, art. 8.)

Lorsque l'hypothèque légale est inscrite, le prêt ne peut être réalisé qu'après la mainlevée donnée, soit par la femme non mariée sous le régime dotal, soit par le subrogé tuteur du mineur ou de l'interdit, en vertu d'une délibération du conseil de famille. (*Id.*, art. 9.)

L'emprunteur acquitte sa dette par annuités. Il a toujours le droit de se libérer par anticipation, soit en totalité, soit en partie. (*Id.*, art. 10.)

L'annuité comprend nécessairement : 1° l'intérêt stipulé, qui ne peut excéder 5 pour 100 ; 2° la somme affectée à l'amortissement, laquelle ne peut être supérieure à 2 pour 100, ni inférieure à 1 pour 100 du montant du prêt ; 3° les frais d'administration, ainsi que les taxes déterminées par les statuts. (*Id.*, art. 11.)

En cas de non-payement des indemnités, la société, indépendamment des droits qui appartiennent à tout créancier, peut recourir à une procédure d'expropriation forcée, plus rapide que la procédure ordinaire. (*Id.*, art. 12.)

Des prêts dits « à court terme » sans amortissement sont consentis pour une durée de un à cinq ans ; l'emprunteur ne peut se libérer par anticipation.

Tout propriétaire qui veut emprunter envoie sa demande à l'administration du Crédit foncier, à Paris, ou à l'une de ses succursales.

A l'appui de sa demande, il produit : un état de sa propriété, les titres de propriété, les baux ou état des locations, le contrat de mariage ou l'acte de célébration, la déclaration des revenus et charges, la copie certifiée de la matrice cadastrale, la cote des contributions, la police d'assurances contre l'incendie.

Il consigne le montant des frais d'estimation de la propriété.

*Prêts aux départements, communes et associations syndicales.* — La loi du 6 juillet 1860 a autorisé la société du Crédit foncier de France à prêter aux départements, aux communes et aux associations syndicales, les sommes qu'ils auraient obtenu la faculté d'emprunter.

Les prêts, réalisables en numéraire, sont consentis avec ou sans affectation hypothécaire, et remboursables, soit à long terme par annuités, soit à court terme avec ou sans amortissement. (*Id.*, art. 2 et 3.)

La commission allouée au Crédit foncier, pour frais d'administration, ne peut excéder 45 centimes pour 100 francs par an. (*Id.*, art. 4.)

En représentation des prêts, et jusqu'à concurrence de leur montant, le Crédit foncier est autorisé à créer et à négocier des obligations. (*Id.*, art. 5.)

Les créances provenant des prêts aux communes, aux départements et aux associations syndicales, sont affectées, par privilège, au payement des obligations créées en vertu de la loi du 6 juillet 1860. Les créances provenant des prêts hypothécaires demeurent affectées, par privilège, au payement des obligations créées en représentation de ces prêts. (*Id.*, art. 6.)

En cas de remboursement par anticipation, l'indemnité à payer par le débiteur est fixée à 50 centimes par 100 francs, soit 1/2 p. 100 du capital remboursé. Cette règle est applicable à toutes les opérations faites par le Crédit foncier. (*Id.*, art. 9.)

**Crime.** — Infraction à la loi pénale réprimée par la cour d'assises.

Les peines en matière criminelle sont ou afflictives et infamantes, ou seulement infamantes.

Les peines afflictives et infamantes sont : 1° la mort ; 2° les travaux forcés à perpétuité ;

3° la déportation; 4° les travaux forcés à temps; 5° la détention; 6° la réclusion.

Les peines infamantes sont : 1° le bannissement; 2° la dégradation civique.

La tentative de crime est punissable comme le crime même, tandis que la tentative de délit échappe à la répression.

L'action publique est prescrite par dix ans après le crime ou l'enquête; la peine, par vingt ans à partir de l'arrêt.

## Cris séditieux et chants.

Tous cris séditieux proférés dans les lieux ou réunions publics sont punis d'un emprisonnement de six jours à un mois et d'une amende de 16 francs à 500 francs, ou de l'une de ces deux peines. (Loi du 12 déc. 1893.) Les tribunaux correctionnels sont compétents lorsque les cris et chants ont pour but un acte de propagande anarchiste. (Loi du 28 juill. 1894.)

## Cultes.

La loi du 9 décembre 1905 a dissous les liens qui jusqu'alors avaient rattaché les Eglises à l'Etat et supprimé les établissements publics du culte. Elle a substitué aux anciens établissements publics du culte des associations cultuelles. Les ministres des cultes ne sont plus salariés par l'Etat, qui se désintéresse de leur nomination. Le Pape peut nommer à son gré les archevêques et évêques, en supprimer ou en créer de nouveaux, et les archevêques et évêques peuvent également à leur gré pourvoir aux cures et en modifier le nombre, suivant les besoins du culte. Les édifices et autres établissements dont la jouissance est sous certaines conditions assurée par la loi aux Eglises sont laissés gratuitement à la disposition des associations cultuelles.

*Principe de la loi du 9 décembre 1905.* — « La République assure la liberté de conscience. Elle garantit le libre exercice des cultes, sous les seules restrictions édictées ci-après dans l'intérêt de l'ordre public » (art. 1er).

« La République ne reconnaît, ne salarie ni ne subventionne aucun culte » (art. 2). Peuvent seules être inscrites aux budgets de l'Etat, des départements ou des communes les dépenses relatives à des services d'aumônerie et destinées à assurer l'exercice des cultes dans les établissements publics (lycées, collèges, écoles, hospices, prisons).

*Attribution des biens.* — Les établissements publics du culte avaient soit la propriété, soit la jouissance des biens mobiliers ou immobiliers nécessaires à leur fonctionnement.

La loi de séparation répartit comme suit l'attribution des biens :

*Biens appartenant aux menses, fabriques, conseils presbytéraux, consistoires, etc.* Ils sont transférés, avec toutes leurs charges et obligations et avec leur affectation spéciale, aux associations légalement formées pour l'exercice du culte (*associations cultuelles*) dans les anciennes circonscriptions de ces établissements (art. 4).

*Biens provenant de l'Etat.* Les biens provenant de l'Etat non grevés d'une fondation pieuse créée postérieurement à la loi du 18 germinal an X font retour à l'Etat (art. 5).

*Biens grevés d'une affectation.* Les biens mobiliers ou immobiliers grevés d'une affectation charitable ou de toute autre affectation étrangère à l'exercice du culte sont attribués aux services ou établissements publics ou d'utilité publique dont la destination est conforme à celle desdits biens. Cette attribution doit être approuvée par le préfet, ou, en cas de non-approbation, par décret en conseil d'Etat (art. 7).

*Dévolution des biens à défaut d'association cultuelle ou en cas de dissolution.* A défaut d'association pour recueillir les biens d'un établissement public du culte, ces biens sont attribués par décret aux établissements communaux d'assistance ou de bienfaisance.

En cas de dissolution d'une association, les biens qui lui ont été dévolus sont attribués par décret en conseil d'Etat soit à des associations analogues dans la même circonscription, ou, à leur défaut, dans les circonscriptions les plus voisines, soit aux établissements communaux d'assistance ou de bienfaisance.

Toute action en reprise ou en revendication doit être exercée dans un délai de six mois à partir du jour où le décret a été inséré au *Journal officiel;* elle ne peut être intentée qu'en raison de donations ou de legs et seulement par les auteurs et leurs héritiers en ligne directe (art. 9).

*Obligation aux dettes des établissements dissous.* Les associations attributaires des biens des établissements ecclésiastiques supprimés sont tenues des dettes de ces établissements, ainsi que de leurs emprunts; tant qu'elles ne sont pas libérées de ce passif, elles ont droit à la jouissance des biens productifs de revenus qui doivent faire retour à l'Etat. Le revenu global desdits biens reste affecté au payement du reliquat des dettes de l'établissement supprimé, lorsqu'il ne s'est formé aucune association cultuelle apte à en recueillir le patrimoine. — Les annuités des emprunts contractés pour dépenses relatives aux édifices religieux sont supportées par les associations en proportion du temps pendant lequel elles ont l'usage de ces édifices. — Dans le cas où l'Etat, les départements ou les communes rentrent en possession de ceux des édifices dont ils sont propriétaires, ils sont responsables des dettes afférentes auxdits édifices (art. 6.)

*Edifices des cultes.* — *Cathédrales, églises, chapelles, temples, synagogues.* Les édifices servant à l'exercice public du culte, ainsi que les objets mobiliers les garnissant, sont laissés gratuitement à la disposition des associations auxquelles les biens des établissements dissous ont été attribués.

La cessation de cette jouissance et, s'il y a lieu, son transfert, sont prononcés par décret, sauf recours au Conseil d'Etat statuant au contentieux : 1° si l'association bénéficiaire est dissoute; 2°, si, en dehors des cas de force majeure, le culte cesse d'être célébré pendant plus de six mois consécutifs; 3° si la conservation de l'édifice ou celle des objets mobiliers classés est compromise par insuffisance d'entretien, et après mise en demeure dûment notifiée du Conseil municipal, ou, à son défaut, du préfet; 4° si l'association cesse de remplir son objet ou si les édifices sont détournés de leur destination; 5° si elle ne fait pas face soit aux obligations passives (dettes, emprunts, réparations et autres charges des biens, etc.), soit aux prescriptions relatives aux monuments historiques.

La désaffectation de ces immeubles peut, dans les cas ci-dessus, être prononcée par décret rendu en conseil d'Etat; en dehors de ces cas, elle ne peut l'être que par une loi.

Les associations bénéficiaires sont tenues des réparations de toute nature, ainsi que des frais d'assurance et autres charges afférentes aux édifices et aux meubles les garnissant (art. 13).

*Edifices servant au logement des ministres des cultes.* Les archevêchés, évêchés, les presbytères et dépendances, les grands séminaires et facultés de théologie protestante sont laissés gratuitement à la disposition des associations, savoir : les archevêchés et les évêchés pendant une période de deux années; les presbytères dans les communes où résidera le ministre du culte, les grands séminaires ou facultés de théologie protestante pendant cinq années à partir de la promulgation de la loi de séparation. — Les établissements et associations ne sont pas tenus des grosses réparations, mais de toutes les autres charges des biens. — La cessation de la jouissance est prononcée dans les conditions et suivant les formes déterminées pour les édifices consacrés aux cultes. — A l'expiration des délais de jouissance gratuite, la libre disposition des édifices sera rendue à l'Etat, aux départements ou aux communes.

**Des associations cultuelles.** — *Constitution.* Les associations cultuelles doivent être constituées conformément aux articles 5 et suivants du titre premier de la loi du 1er juillet 1901 (art. 18). V. ASSOCIATION.

*Objet.* Ces associations doivent avoir exclusivement pour objet l'exercice d'un culte et être composées au moins : dans les communes de moins de 1 000 habitants, de sept personnes; — dans les communes de 1 000 à 20 000 habitants, de quinze personnes; — dans les communes dont le nombre des habitants est supérieur à 20 000, de vingt-cinq personnes majeures domiciliées ou résidant dans la circonscription religieuse. — Chacun de leurs membres peut s'en retirer en tout temps, après payement des cotisations échues et de celles de l'année courante (art. 19).

*Unions d'associations.* Les associations cultuelles peuvent, dans les formes déterminées par le décret du 16 août 1901 (v. ASSOCIATION), constituer des unions ayant une administration ou une direction centrale (art. 20).

*Gestion des associations et des unions.* Les actes de gestion financière et d'administration légale des biens accomplis par les directeurs ou administrateurs sont, chaque année au moins, présentés au contrôle de l'assemblée générale des membres de l'association et soumis à son approbation. — Les associations peuvent recevoir, outre les cotisations de leurs membres, le produit des quêtes et collectes pour les frais du culte, percevoir des rétributions : pour les cérémonies et services religieux même par fondation; pour la location des bancs et sièges; pour la fourniture des objets destinés au service des funérailles dans les édifices religieux et à la décoration de ces édifices. — Elles peuvent verser, sans donner lieu à perception de droits, le surplus de leurs recettes à d'autres associations constituées pour le même objet. — Elles ne peuvent, sous quelque forme que ce soit, recevoir des subventions de l'Etat, des départements ou des communes; mais ne sont pas considérées comme subventions les sommes allouées pour réparations aux monuments classés (art. 19).

Les associations et les unions tiennent un état de leurs recettes et de leurs dépenses; elles dressent chaque année le compte financier de l'année écoulée et l'état inventorié de leurs biens, meubles et immeubles. Le contrôle financier est exercé par l'administration de l'Enregistrement et par l'inspection générale des finances (art. 21).

Les associations et unions peuvent employer leurs ressources disponibles à la constitution d'un fonds de réserve suffisant pour assurer les frais et l'entretien du culte et ne pouvant en aucun cas recevoir une autre destination; le montant de cette réserve ne pourra jamais dépasser une somme égale, pour les unions et associations ayant plus de 5 000 francs de revenu, à trois fois et, pour les autres associations, à six fois la moyenne annuelle des sommes dépensées par chacune d'elles pour les frais du culte pendant les cinq derniers exercices (art. 22).

Indépendamment de cette réserve, qui doit être placée en valeurs nominatives, elles peuvent constituer une réserve spéciale dont les fonds devront être déposés, en argent ou en titres nominatifs, à la Caisse des dépôts et consignations pour être exclusivement affectés, y compris les intérêts, à l'achat, à la construction, à la décoration ou à la réparation d'immeubles ou meubles destinés aux besoins de l'association ou de l'union (art. 22).

*Pénalités.* Sont punis d'une amende de 16 francs à 200 francs et, en cas de récidive, d'une amende double les directeurs ou administrateurs d'une association ou d'une union qui ont contrevenu aux dispositions sur les associations cultuelles. Les tribunaux peuvent, dans tous les cas prévus aux articles 18, 19, 20, 21 et 22 précités, prononcer la dissolution de l'association ou de l'union (art. 22).

**Police des cultes.** — *Réunions.* Les réunions tenues dans les locaux appartenant à une association ou mis à sa disposition sont publiques. Elles sont placées sous la surveillance des autorités dans l'intérêt de l'ordre public. Elles ne peuvent avoir lieu qu'après une déclaration préalable (v. RÉUNION PUBLIQUE). Une seule déclaration suffit pour l'ensemble des réunions permanentes, périodiques ou accidentelles qui auront lieu dans l'année (art. 25). — Il est interdit de tenir des réunions politiques dans les locaux servant habituellement à l'exercice du culte (art. 26).

*Processions, cloches.* V. ces mots.

*Emblèmes religieux.* Il est interdit d'apposer aucun signe ou emblème religieux sur les monuments publics ou en quelque emplacement public que ce soit, à l'exception des édifices servant au culte, des terrains de sépulture dans les cimetières, des monuments funéraires, ainsi que des musées ou expositions (art. 28).

*Troubles, menaces, provocations à la rébellion, outrages aux fonctionnaires.* Sont punis d'une amende de 16 francs à 200 francs et d'un emprisonnement de 6 jours à 2 mois ou de l'une de ces deux peines seulement, à moins que, d'après les dispositions générales du Code pénal, il n'y ait lieu à plus forte peine : 1° ceux qui, soit par voies de fait, violences ou menaces contre un individu, soit en lui faisant craindre de perdre son emploi ou d'exposer à un dommage sa personne, sa famille ou sa fortune, l'ont déterminé à exercer ou à s'abstenir d'exercer un culte, à faire partie ou à cesser de faire partie d'une association cultuelle, etc. ; 2° ceux qui ont empêché, retardé ou interrompu les exercices d'un culte par des troubles ou désordres (art. 31 à 33).

Tout ministre d'un culte qui, dans les lieux où s'exerce ce culte, aura par des discours, des lectures, des écrits distribués ou des affiches, outragé ou diffamé un citoyen chargé d'un service public sera puni d'une amende de 500 francs à 3 000 francs et d'un emprisonnement de 1 mois à 1 an, ou de l'une de ces deux peines seulement. La vérité du fait diffamatoire, mais seulement s'il est relatif aux fonctions, pourra être établie devant le tribunal correctionnel (art. 34). En cas de provocation directe, par les mêmes moyens, à résister à l'exécution des lois ou aux actes légaux de l'autorité publique, ou si le discours, l'écrit, l'affiche, tend à soulever ou à armer une partie des citoyens contre les autres, le ministre coupable sera puni d'un emprisonnement de 3 mois à 2 ans, sans préjudice des peines de la complicité, dans le cas où la provocation aurait été suivie d'une sédition, révolte ou guerre civile (art. 35). L'association est civilement responsable (art. 36).

**Cumul.** — Exercice par une même personne de plusieurs fonctions publiques.

Les savants, les gens de lettres et les artistes ne peuvent occuper plus de deux fonctions ou chaires rétribuées sur les fonds du Trésor public. (Loi du 12 décembre 1848, art. 5.) Le montant des traitements cumulés, tant fixes qu'éventuels, ne pourra pas dépasser 20 000 francs. (Loi du 8 juillet 1852.) N'est pas considérée comme traitement l'indemnité allouée aux membres de l'Institut. (Loi du 12 décembre 1848, art. 5.)

Le fonctionnaire député (loi du 16 février 1872) ou le fonctionnaire sénateur (loi du 31 mars 1903, art. 103) qui jouit d'un traitement inférieur à l'indemnité ne touche pas ce traitement, qui est ordonnancé au profit du Trésor, et si le traitement excède l'indemnité, le député ou le sénateur ne touche que la partie de ce traitement supérieure à ladite indemnité.

Pour les règles du cumul en matière de pensions, v. PENSIONS.

**Cumul des peines.** — V. PEINE.

**Curage.**

L'Etat supporte la dépense résultant des travaux de curage et de conservation des canaux et cours d'eau navigables et flottables. La dépense concernant les canaux et cours d'eau non navigables ni flottables est payée par les cotisations des riverains dans les conditions prescrites par la loi du 8 avril 1898. Les rôles, rendus exécutoires par le préfet, sont recouvrés comme en matière de contributions directes, et les contestations sont portées devant le conseil de préfecture, sauf recours au conseil d'Etat.

L'autorité supérieure peut constituer des syndicats forcés pour les travaux de curage, en l'absence d'associations syndicales autorisées. (Loi du 21 juin 1865.) V. ASSOCIATION SYNDICALE.

**Curatelle.** — Mandat conféré à un curateur. V. CURATEUR.

**Curateur.** — Personne à qui est confié le mandat de gérer les biens et de veiller aux intérêts d'un incapable.

La nature de la curatelle varie suivant le but en vue duquel elle est établie. Le curateur du mineur émancipé est chargé de l'assister, à la différence du tuteur, qui agit seul et personnellement. D'autres curateurs sont nommés tantôt pour agir au nom de l'incapable, tantôt pour veiller à ses intérêts, sous divers rapports déterminés par la loi. Les curateurs sont nommés, suivant les cas, soit par les conseils de famille, soit par les tribunaux. La loi n'admet, en général, ni curatelle légale, ni curatelle testamentaire ; il n'y a jamais de subrogée curatelle. La curatelle est une charge publique, qu'on est tenu d'accepter, quand le curateur est nommé par le conseil de famille, ou établi dans un but d'ordre public.

Il y a lieu à curatelle dans un certain nombre de circonstances, et l'on distingue : le *curateur au mineur émancipé* (v. ÉMANCIPATION) ; le *curateur à une succession vacante* (v. SUCCESSION) ; le *curateur au bénéfice d'inventaire*, nommé comme le curateur à une succession vacante et contre lequel l'héritier bénéficiaire intente les actions qui lui appartiennent contre la succession (Code proc. civ., art. 996) ; le *curateur aux biens de l'absent*, que peut nommer le tribunal du domicile d'une personne présumée absente, et qui n'a pas de procureur fondé, pour administrer ses biens, s'il y a lieu ; le *curateur au ventre*, nommé par le conseil de famille en vertu de la déclaration de grossesse faite par la veuve, ou même malgré la dénégation de celle-ci, à la demande des héritiers du mari (la mission du curateur au ventre est double : d'une part, il doit veiller à la conservation de l'état et à la défense du patrimoine de l'enfant à naître; d'autre part, il doit prendre les mesures nécessaires pour empêcher, dans l'intérêt des héritiers du mari, toute supposition de part; à la naissance de l'enfant, la mère en devient tutrice, et le curateur de plein droit subrogé tuteur (Code civ., art. 393); pour cette raison, le curateur ne peut être pris que dans la famille du mari); le *curateur au sourd-muet*, nommé à un sourd-muet qui ne sait pas écrire, pour l'acceptation d'une donation (Code civ., art. 936); le *curateur à l'individu placé dans une maison d'aliénés,* qui peut être nommé (loi du 30 juin 1838) pour veiller à ce que les revenus de l'aliéné soient employés à adoucir son sort et à hâter sa guérison, et à ce que l'exercice de ses droits lui soit rendu, dès que sa situation le permettra; le *curateur à un immeuble délaissé par hypothèque* (V. DÉLAISSEMENT); le *curateur à la mémoire d'un mort,* nommé pour exercer les droits d'un condamné décédé, lorsqu'il y a lieu de procéder à la revision du procès. (Code Instr. crim., art. 447.)

*Curateur au mineur émancipé.* — L'émancipation ne confère pas au mineur la plénitude de la capacité civile; elle appelle, pour surveiller certains de ses actes, le contrôle et l'assistance d'une tierce personne. Cette assistance est l'office du curateur. Le curateur doit être nommé par le conseil de famille, et par la même délibération qui concède le bénéfice de l'émancipation au mineur (Code civ., art. 480). Le mineur émancipé peut procéder seul aux actes de pure administration, toucher ses revenus, souscrire des baux n'excédant pas une période de neuf années, etc. L'assistance de son curateur lui est, au contraire, indispensable pour toucher un capital et en donner quittance, pour intenter une action immobilière, de même que pour y défendre, etc. Quant aux actes d'une importance plus grande, tels qu'emprunts de sommes d'argent, aliénation ou hypothèque d'immeubles, le concours même du curateur serait insuffisant pour les valider; le mineur émancipé est sur ce point dans la même condition que le mineur en tutelle; il ne peut aliéner, hypothéquer ou emprunter qu'en observant les conditions et les formalités imposées à cet égard par la loi à tous les mineurs en général. (V. ÉMANCIPATION.) Le mineur émancipé qui a été en outre autorisé à faire le commerce est en possession d'une capacité plus large. V. COMMERCE, page 198.

# D

**Dahomey.** — V. AFRIQUE OCCIDENTALE FRANÇAISE.

## Date certaine.

L'indication du millésime, du mois et du quantième suffisent en général pour fixer la date d'un acte juridique. Exceptionnellement, par exemple en matière d'assurances maritimes, il est énoncé au contrat s'il a été rédigé avant ou après midi. (Cod. comm., art. 332.)

Les actes *authentiques* sont assujettis au point de vue de la date à des règles particulières. Ils font foi de leur date, dont l'exactitude est garantie par l'officier public qui les reçoit. V. ACTE.

Entre les parties, les actes *sous seing privé* font foi des dénonciations qu'ils contiennent; mais, même reconnus, ils n'ont de date contre les tiers que du jour où ils ont été enregistrés, du jour de la mort de l'un de ceux qui les ont souscrits, ou du jour où leur substance est consacrée dans des actes dressés par les officiers publics, tels que procès-verbaux de scellés ou d'inventaires. (Cod. civ., art. 1328.) La jurisprudence admet que les quittances font, par elles-mêmes, preuve de leur date à l'encontre des tiers et que les actes commerciaux échappent à la règle générale de l'article 1328.

**Débauche (Excitation à la).** — V. PROSTITUTION.

**Débet.** — Somme dont un comptable public est déclaré débiteur.

Un comptable peut être déclaré en débet tant à raison des sommes qu'il était chargé de recouvrer qu'à raison de celles qu'il a détournées ou employées à des payements irréguliers.

Aucune remise totale ou partielle de débet ne peut être accordée à titre gracieux que par un décret, sur le rapport du ministre liquidateur et sur l'avis du ministre des Finances. (Loi du 29 juin 1852, art. 13, et décret du 31 mai 1862, art. 370.)

**Débiteur.** — Personne qui est tenue d'une obligation vis-à-vis d'une autre personne, appelée « créancier ». V. CONTRAINTE PAR CORPS, CONTRAT, ATERMOIEMENT, etc.

**Débit de boissons.** — V. BOISSONS.

**Débit de tabac.** — V. TABAC.

**Débouter.** — Déclarer un demandeur, par jugement ou arrêt déchu de la demande qu'il a introduite en justice.

**Décès (Acte de).** — V. ÉTAT CIVIL.

**Décharge.** — Acte (quittance, mainlevée, etc.) constatant l'extinction d'une obligation. V. QUITTANCE.

**Déchéance.** — Perte d'un droit résultant de l'inexécution d'une obligation ou de l'inaccomplissement d'une formalité.

*Déchéance quinquennale.* — V. BUDGET.

**Décisoire ou litis-décisoire** (du latin *lis*, *litis*, procès, et *decidere*, décider). — Se dit du serment qu'une partie défère à l'autre, au cours d'une instance, pour en faire dépendre le jugement de la cause. V. SERMENT.

**Déclaration de command.** — V. COMMAND.

**Déclinatoire.** — Acte par lequel l'autorité administrative conteste la compétence des tribunaux ordinaires.

Le déclinatoire, préliminaire du *conflit*, a pour objet d'assurer l'observation du principe de la séparation des pouvoirs. C'est au préfet qu'il appartient d'introduire le déclinatoire en envoyant au procureur de la République un mémoire que ce magistrat doit communiquer au tribunal. Le procureur de la République a le droit de conclure pour ou contre la compétence du tribunal. Aucun délai n'est imposé aux juges pour statuer sur la question soulevée; dans la pratique, ils prennent d'urgence la décision. Le procureur de la République a cinq jours pour envoyer au préfet l'expédition du jugement et ses propres conclusions. Si le déclinatoire est rejeté dans la quinzaine de cet envoi pour tout délai, le préfet du département, s'il estime qu'il y ait lieu, peut élever le conflit. (Ord. du 1er juin 1828.) V. CONFLIT.

**Déconfiture.** — Situation de fait de tout débiteur non commerçant qui se trouve, par l'accumulation des condamnations ou des poursuites, hors d'état de payer ce qu'il doit.

La déconfiture, contrairement à l'état de faillite, n'est pas réglementée d'une manière spéciale par le législateur; il en est seulement question dans quelques articles du Code civil, qui peuvent se résumer ainsi : la déconfiture ne dessaisit point le débiteur de l'administration de ses biens et ne frappe d'aucune présomption légale de nullité les emprunts, ventes, hypothèques et autres dispositions qu'il a faites à quelque époque que ce soit, mais elle donne aux associés du débiteur déconfit le droit de provoquer la dissolution de la société; elle met fin au mandat; elle enlève au débiteur le bénéfice du terme; elle prive l'acheteur du droit d'exiger la délivrance de ce qui lui a été vendu, s'il ne donne caution; elle rend exigibles les créances de la femme commune en biens, etc. Elle ne modifie en rien les autres principes du droit et n'impose aucune formalité. Chaque créancier exerce donc ses droits d'après les obligations souscrites à son profit, et ceux qui, vigilants et actifs, auront pu rentrer dans l'intégralité de leur créance n'auront rien à restituer aux autres. Lorsque tous ceux-ci seront payés ou auront accordé une remise totale ou partielle, le débiteur cessera d'être en état de déconfiture; cet état n'entraîne au surplus aucune incapacité légale, aucune privation de droits civiques et politiques. (Cod. civ., art. 1188, 1613, 1685, 1913 2003, 2032.)

**Décorations.**

Les décorations françaises sont au nombre de trois : la Légion d'honneur, les palmes académiques, le Mérite agricole (v. ces mots) et les diverses médailles.

Les décorations et médailles françaises et étrangères se portent sur le côté gauche de la poitrine, le ruban ou la rosette posés : 1° sur l'uniforme militaire (tunique, dolman, veste, capote, habit ou redingote), à la hauteur de la deuxième rangée de boutons; 2° sur le costume officiel civil (frac, robe, soutane, etc.), à la hauteur du sein gauche; 3° sur l'habit ou la redingote de ville, à la première boutonnière. (Décret du 10 mars 1891, art. 1er.)

Les décorations françaises sont placées les premières et dans l'ordre suivant, de droite à gauche, sur le côté gauche de la poitrine : Légion d'honneur, médaille militaire, médailles commémoratives, décorations universitaires, décoration du Mérite agricole, médailles d'honneur. (*Id.*, art. 3.)

Les décorations étrangères viennent à la suite, et à la gauche des décorations et médailles françaises. (*Id.*, art. 4.)

Sur l'uniforme, en costume officiel, militaire ou civil, dans la petite tenue en armes, toutes les décorations et médailles, françaises et étrangères, doivent être portées avec leurs insignes réglementaires; le port des rubans ou rosettes, seuls, à la boutonnière est formellement interdit. (*Id.*, art. 5.)

Les personnes en tenue de ville sont seules autorisées à porter à la boutonnière des rubans ou des rosettes sans insignes, excepté s'il s'agit des décorations étrangères qui contiennent du rouge en quantité plus ou moins notable. (*Id.*, art. 6.) Le port de ces dernières a été réglementé par les décisions présidentielles des 11 avril 1882, 8 juin 1885 et 10 juin 1887 : le titulaire doit suspendre au ruban ou à la rosette une croix de l'ordre d'un diamètre au moins égal à celui de la rosette ou à la largeur du ruban.

Toute demande d'autorisation d'accepter et de porter les insignes d'un ordre ou d'une décoration étrangère est adressée hiérarchiquement au grand chancelier, par l'intermédiaire du ministre dont relève le demandeur à raison de ses fonctions ou de son emploi. Si le demandeur en autorisation n'exerce aucune fonction publique, ou n'a que des fonctions gratuites, il adresse sa demande par l'intermédiaire du préfet de sa résidence actuelle. Les ministres, les hauts dignitaires de l'Etat, les membres du Sénat, de la Chambre des députés, du conseil d'Etat et du conseil de l'ordre de la Légion d'honneur sont autorisés à adresser leur demande directement au grand chancelier. (Décr. du 13 juin 1853, art. 4.)

Toute demande d'autorisation formée par un Français ne faisant pas partie de la Légion d'honneur doit être accompagnée d'un extrait régulier de son acte de naissance. (*Id.*, art. 6.)

Les dispositions disciplinaires des lois, décrets et ordonnances sur la Légion d'honneur sont applicables aux Français décorés d'ordres coloniaux étrangers; en conséquence, le droit de porter les insignes de ces ordres peut être suspendu ou retiré dans les cas et selon les formes déterminés pour les membres de la Légion d'honneur. (Décr. du 13 juin 1853, art. 6, et du 23 mai 1896, art. 3.)

Aux termes du décret du 22 mars 1875, il est perçu par la Grande Chancellerie, à titre de droits de chancellerie, savoir : 1° En ce qui concerne les brevets de la Légion d'honneur : par brevet de chevalier, 25 francs; par brevet d'officier, 50 francs; par brevet de commandeur, 80 francs; par brevet de grand officier, 120 francs; par brevet de grand-croix, 200 francs; — 2° En ce qui concerne les décorations étrangères, pour une décoration portée : à la boutonnière, 100 francs; en sautoir, 150 francs; avec plaque, 200 francs; en écharpe, 300 francs. Le total des versements successifs opérés par le titulaire pour les divers grades d'un même ordre ou pour les différents ordres d'un même pays ne peut dépasser : dans le premier cas, le droit du grade le plus élevé pour lequel il est autorisé; dans le second, le droit maximum de trois cents francs. (Décr. du 16 janv. 1897, art. 1er.)

Les soldats, sous-officiers et officiers en activité de service, jusques et y compris le grade de capitaine dans l'armée de terre et de lieutenant de vaisseau dans l'armée de mer, bénéficient de l'exemption des droits de chancellerie. (Décr. des 14 mars et 10 juin 1853, et 22 mars 1875.)

Les nominations dans les ordres coloniaux sont soumises pour avis au conseil de l'ordre de la Légion d'honneur avant d'être proposées à la signature du président de la République. Les lettres de service sont ensuite enregistrées à la Grande Chancellerie et délivrées moyennant le payement d'un droit de chancellerie de 10 francs pour les brevets de chevalier, de 20 francs pour ceux d'officier, de 30 francs pour ceux de commandeur, de 40 francs pour ceux de grand-officier, et de 50 francs pour ceux de grand-croix. Les militaires non officiers et les agents en service aux colonies qui n'ont pas rang d'officier sont exempts de tout droit. (Décr. du 16 mai 1907.)

Le port illégal des décorations est puni de six mois à deux ans de prison. Celui qui prend un titre ou falsifie son nom en vue de s'attribuer une distinction honorifique est passible de 500 francs à 10 000 francs d'amende. (Code pénal, art. 259.)

**Découvert (Vente a).** — Vente de titres que l'on ne possède pas au moment de la vente et dont on espère se couvrir, c'est-à-dire se rendre acquéreur pour le moment où on devra les livrer.

**Décret.** — Acte du pouvoir exécutif dont l'objet est d'assurer le fonctionnement des services publics ou l'exécution des lois.

On distingue les décrets *généraux* ou *réglementaires* et les décrets *spéciaux* ou *individuels*.

Les premiers complètent la loi. Tantôt ils sont rendus par le président de la République en vertu du droit propre qu'il tient de la Constitution (*décrets gouvernementaux*); en ce cas, le président est libre de consulter ou de ne pas consulter le conseil d'Etat. Tantôt ils sont rendus par délégation spéciale du Parlement, lorsque la loi laisse à un *décret portant règlement d'administration publique* le soin de pourvoir à l'exécution de certaines dispositions; en ce cas, le conseil d'Etat doit toujours délibérer en assemblée générale. Ils ont la même force que la loi elle-même.

Les décrets *spéciaux* ou *individuels* sont : ou des décrets simples, par exemple ceux qui nomment à une fonction ou accordent une pension, — ou des décrets rendus dans la forme des règlements d'administration publique, c'est-à-dire après que le conseil d'Etat a été entendu en assemblée générale (par exemple, les décrets de concessions de mines).

Les décrets du président de la République sont toujours contresignés par un ministre. (Loi du 25 févr. 1875, art. 3.)

**De cujus.** — Premiers mots de la locution juridique *De cujus successione agitur* (celui de la succession de qui il s'agit).

**Défaut.** — V. JUGEMENT.

**Défendeur.** — Personne contre laquelle est intentée une action en justice. Le *défendeur* est, en appel, appelé *intimé*.

Le défendeur doit être assigné devant le tribunal de son domicile, mais cette règle générale comporte de nombreuses exceptions. V. ACTION, COMPÉTENCE.

Il n'y a pas lieu au préliminaire de conciliation lorsqu'il y a plus de deux défendeurs.

**Défense.** — Ensemble des moyens que le défendeur oppose à la demande formée contre lui pour la faire déclarer mal fondée.

Au civil, la défense peut être présentée par la partie elle-même ou par son avocat, mais toujours avec l'assistance d'un avoué. L'assistance d'un défenseur est obligatoire devant les cours d'assises et les conseils de guerre, est facultative devant les tribunaux correctionnels, sauf le cas où est engagée une poursuite de nature à entraîner la relégation. (Loi du 27 mai 1885, art. 11.)

La loi du 8 décembre 1897 a permis à l'inculpé, en matière de crimes ou de délits, de participer avec le concours de son conseil aux actes de l'instruction. V. INSTRUCTION.

Sauf certaines restrictions déterminées par l'article 41 de la loi du 29 juillet 1881, la défense est libre : les discours prononcés ou les écrits produits devant les tribunaux ne donnent pas lieu à l'action en diffamation, injure ou outrages.

*Légitime défense.* — « Il n'y a ni crime ni délit lorsque l'homicide, les blessures et les coups étaient commandés par la nécessité actuelle de légitime défense de soi-même ou d'autrui. (Code pén., art. 328.) Sont compris dans les cas de nécessité actuelle de défense les deux cas suivants : 1° si l'homicide a été commis, si les blessures ont été faites, ou si les coups ont été portés en repoussant pendant la nuit l'escalade ou l'effraction des clôtures, murs ou entrée d'une maison ou d'un appartement habité ou de leurs dépendances; 2° si le fait a eu lieu en se défendant contre les auteurs de vols ou de pillages exécutés avec violence. » (*Id.*, art. 329.)

Selon l'état des poursuites, ou le juge d'instruction rend une ordonnance de non-lieu, ou le tribunal prononce l'acquittement, ou le jury déclare la non-culpabilité. Il n'y a lieu à réparations civiles.

## Défrichement des bois.

La nécessité de conserver les bois et forêts pour assurer l'équilibre des agents atmosphériques, entretenir les sources et cours d'eau, opposer un obstacle aux inondations torrentielles, a amené le législateur à restreindre les droits des propriétaires, communes et particuliers. Aucun particulier ne peut arracher ou défricher ses bois qu'après en avoir fait la déclaration à la sous-préfecture, au moins quatre mois à l'avance, et si l'administration n'y fait point opposition. Cette opposition ne peut être formée que pour les bois dont la conservation est reconnue nécessaire au maintien des terres sur les montagnes ou sur les pentes; à la défense du sol contre les érosions et les envahissements des fleuves, rivières ou torrents; à l'existence des sources et cours d'eau, la protection des dunes et des côtes, à la défense du territoire et à la salubrité publique. En cas de contravention, le propriétaire est passible d'une amende calculée à raison de 500 francs au moins et de 1500 francs au plus par hectare défriché. Les jeunes bois, pendant les vingt premières années de leur semis, les parcs clos ou attenants à l'habitation, les bois non clos de moins de 10 hectares situés hors les sommets ou pentes d'une montagne ne sont pas soumis à ces dispositions prohibitives. L'autorisation expresse du gouvernement est nécessaire pour le défrichement des bois appartenant aux communes ou aux établissements publics. (Code forest., art. 91, 219, 220 et 224.)

## Dégradation civique.

La dégradation civique est une peine infamante, qui constitue un ensemble de déchéances. C'est, selon l'article 34 du Code pénal, la privation, à titre de peine: 1° de tous droits politiques, c'est-à-dire des droits en vertu desquels chaque citoyen contribue au gouvernement du pays; 2° d'un certain nombre de droits publics, droits qui sont: soit des facultés assurées à tous, comme le droit de port d'armes; soit des distinctions accordées ou autorisées par le chef de l'Etat, comme le droit de porter des décorations; soit une participation à la puissance publique, comme le droit d'occuper une fonction, un emploi ou un office publics, le droit de servir dans les armées, d'être expert, juré, témoin, membre d'un conseil de famille, professeur ou surveillant dans une maison d'enseignement; 3° de certains droits de famille.

La peine de la dégradation civique est tantôt principale, tantôt accessoire.

## Dégradation militaire.

La dégradation a pour effet de priver le militaire de son grade et du droit de porter aucun insigne ou décoration; elle supprime tous ses droits à la pension pour les services passés, et lui interdit de servir à aucun titre dans l'armée. Elle entraîne de plus les mêmes incapacités que la dégradation civique.

Le condamné qui doit subir la dégradation est conduit en grande tenue devant la troupe commandée pour la *parade d'exécution*. Après lecture du jugement, le commandant de la troupe prononce la formule: « X..., vous êtes indigne de porter les armes; au nom du peuple français, nous vous dégradons! » Puis, tous les insignes de grade et décorations du condamné lui sont arrachés; si c'est un officier, son sabre est brisé et jeté à terre. On le fait ensuite passer devant le front des troupes.

## Dégradation de monuments.

La dégradation ou la destruction des monuments, statues, etc., destinés à l'utilité ou à la décoration publiques, et élevés par l'autorité publique ou avec son autorisation, est punie d'un emprisonnement d'un mois à deux ans et d'une amende de 100 francs à 500 francs. (Code pén., art. 257.)

Les mêmes peines s'appliquent à la destruction, détérioration ou déplacement des bornes ou signaux placés au cours des travaux de triangulation, arpentage ou nivellement faits pour le compte de l'Etat, des départements ou des communes. (Loi du 13 avril 1900, art. 22.)

Quiconque aura volontairement détruit, par quelque moyen que ce soit, en tout ou en partie, des édifices, des ponts, digues ou chaussées, ou autres constructions qu'il savait appartenir à autrui, sera puni de la réclusion et d'une amende qui ne pourra excéder le quart des restitutions ou indemnités, ni être au-dessous de 100 francs. — S'il y a eu homicide ou blessure, le coupable sera, dans le premier cas, puni de mort, et, dans le second, puni de la peine des travaux forcés à temps. (Code pén., art. 437.)

**Dégrèvement.** — Diminution d'impôt ou de taxe.

Le dégrèvement est *général* lorsqu'il s'applique à la masse des contribuables (par exemple, l'abaissement du prix du port des lettres); — *individuel* lorsqu'il bénéficie à un contribuable imposé à tort ou surtaxé.

**Déguerpissement.** — Acte par lequel le détenteur d'un immeuble grevé d'une rente ou d'une charge foncière déclare, pour s'exonérer de ses obligations, se désister de la propriété et de la possession de cet immeuble.

Le déguerpissement constituant une véritable aliénation, il faut pour déguerpir être capable d'aliéner. Le déguerpissement n'est donc permis qu'aux personnes majeures et maîtresses de leurs droits. Ainsi: 1° les *gens de mainmorte* ne peuvent pas être admis au déguerpissement, s'ils n'ont rempli toutes les formalités sans lesquelles toute aliénation leur est interdite; 2° ni le mineur ni son tuteur ne peuvent déguerpir qu'en vertu de l'autorisation du conseil de famille, homologuée en justice; 3° une femme mariée ne peut déguerpir sans le consentement de son mari. Le preneur doit, en outre, avant de déguerpir, remplir tous ses engagements envers le bailleur; sinon, son déguerpissement est considéré comme nul.

La loi ni les coutumes n'ayant point indiqué de règles à suivre pour le déguerpissement, il peut avoir lieu soit en justice, soit par acte notarié, soit par un simple acte sous seing privé. V. DÉLAISSEMENT.

**Délai.** — Temps reconnu nécessaire et accordé par la loi, le juge ou les parties, pour accomplir une obligation, produire un acte, comparaître devant le juge.

L'inobservation des *délais* a pour sanction la déchéance ou la nullité, quelquefois même des dommages-intérêts ou le rejet de la taxe, lorsqu'il s'agit d'un acte tardivement signifié. Les délais se comptent quelquefois d'heure à heure, et ordinairement par jours, par mois et par années. Le point de départ (*dies a quo*) n'est pas compris dans le délai, à moins que le législateur n'en ait disposé autrement. Il est *franc* lorsqu'il ne comprend aucun des jours termes; si le dernier jour est un jour férié, le délai est prorogé au lendemain. Aux termes du § 2 de l'article 1033 du Code de procédure civile, modifié par la loi des 3 mai-3 juin 1862, le délai *général* fixé pour les ajournements, citations, sommations et autres actes à personne ou domicile est augmenté d'un jour à raison de 5 myriamètres de distance. Dans les cas qui requièrent célérité, le président du tribunal peut autoriser le demandeur, par ordonnance sur requête, à assigner à bref délai.

**Délai de grâce.** — Délai que le juge, en considération de la position du débiteur, peut, dans certains cas, accorder pour l'exécution de l'obligation, ou pour le payement.

Le délai de grâce doit être prononcé par le jugement même qui statue sur la contestation. L'article 124 du Code de procédure civile refuse ce bénéfice au débiteur dont les biens sont vendus par un autre créancier, s'il est en état de faillite, de contumace, ou s'il s'est constitué prisonnier, ou enfin lorsqu'il a, par son fait, diminué les sûretés de son créancier.

**Délaissement** (Dr. civ.). — Abandon que fait un tiers détenteur d'un immeuble hypothéqué, pour se libérer des poursuites d'un créancier envers lequel il n'est pas personnellement obligé.

Lorsque l'acquéreur d'un immeuble veut s'affranchir des dettes hypothécaires ou privilégiées qui affectent cet immeuble, deux voies lui sont ouvertes: il peut ou *purger*, ou *délaisser* sans réserve. S'il se refuse à payer, à purger ou à délaisser, chaque créancier hypothécaire peut faire vendre l'immeuble après commandement au débiteur originaire et sommation au tiers détenteur. Le tiers détenteur peut s'opposer à la vente s'il existe d'autres immeubles hypothéqués à la même dette dont il puisse requérir la *discussion*. Ce privilège cesse si le créancier a un privilège ou une hypothèque spéciale sur l'immeuble.

Tout tiers détenteur qui n'est pas personnellement obligé, comme celui qui s'est porté caution, par exemple, peut faire le *délaissement*.

Le délaissement n'est qu'un simple abandon de la détention matérielle de l'immeuble. Après adjudication de l'immeuble et payement des créanciers, l'excédent libre du prix devra profiter à l'acquéreur qui a délaissé l'immeuble.

**Délaissement** (Dr. marit.). — Acte d'un assuré qui abandonne à l'assureur la chose assurée, en réclamant de celui-ci, et par avance, le payement de ses droits.

En droit maritime, le *délaissement* ne peut avoir lieu que quand les risques de mer ont été connus. Il a pour effet de transporter à l'assureur, qu'il l'accepte ou non, la propriété des objets assurés ou de ce qu'il en reste, de le subroger entièrement aux droits de l'assuré, et, en même temps, de l'obliger à payer à ce dernier le montant intégral de son assurance.

Ce principe est restreint aux conditions énumérées par la loi: 1° *prise du navire;* 2° *naufrage*, c'est-à-dire perte totale du navire par submersion; 3° *bris du navire;* 4° *innavigabilité par fortune de mer*, c'est-à-dire l'impossibilité où se trouvent le navire de continuer sa route et le capitaine d'en affréter un autre pour continuer le trajet; 5° *arrêt de puissance* (embargo); 6° *perte ou détérioration des trois quarts des objets assurés;* 7° *cas où il s'est écoulé un temps déterminé sans que l'assuré ait reçu des nouvelles du navire.* (C. comm., art. 373 et 374.)

**Délégation.** — Commission en vertu de laquelle on agit pour un autre, dans une affaire déterminée. — Acte par lequel un débiteur indique son propre débiteur pour effectuer le payement. V. NOVATION. — Acte par lequel le dépositaire direct d'un pouvoir public transmet l'exercice de tout ou partie de ce pouvoir à un autre fonctionnaire. (Un juge d'instruction peut *déléguer* un autre juge pour recueillir certains témoignages ou renseignements. Le maire peut *déléguer* par arrêté une partie de ses fonctions à un ou plusieurs de ses adjoints.)

**Délégation de contributions.** — Acte par lequel un propriétaire délègue à son fermier les cotes foncières des biens qu'il possède dans une même commune.

**Délégation spéciale.**—V. COMMUNE.

**Délégués cantonaux.** — Personnes désignées dans chaque canton, pour trois ans, par le conseil départemental de l'instruction publique, et se réunissant au moins une fois par trimestre au chef-lieu de canton, pour surveiller les écoles primaires publiques et privées du canton au point de vue de l'état des locaux et du matériel, de l'hygiène et de la tenue des élèves.

L'inspection du délégué cantonal ne peut à aucun titre porter sur l'enseignement. Son inspection est matérielle et morale, mais non pédagogique.

Pour être délégué cantonal, il faut être Français et âgé de vingt-cinq ans au moins. (Décret du 18 janvier 1887, art. 136.) Les fonctions sont gratuites.

**Délégués mineurs.** — Délégués chargés de visiter les travaux souterrains des mines, minières ou carrières, dans le but d'en examiner les conditions de sécurité pour le personnel qui y est occupé. (Lois des 8 juill. 1890 et 9 mai 1905.)

Ils sont élus par les ouvriers français travaillant au fond. Ils doivent, deux fois par mois au moins, visiter toutes les galeries de leur circonscription, s'assurer que la sécurité des mineurs est garantie et dresser dans les vingt-quatre heures un rapport, que les compagnies peuvent contredire, mis à la disposition des ouvriers et dont une expédition est transmise aux préfet et ingénieurs. Les visites des délégués mineurs leur sont payées par le Trésor et les frais ainsi avancés sont recouvrés sur les exploitants comme en matière de contributions directes.

**Délégués sénatoriaux.**

On nomme ainsi des *délégués* nommés sans débat par les conseils municipaux pour former, avec les électeurs de droit (députés, conseillers généraux et d'arrondissements), le collège électoral sénatorial. Le nombre en est, avec celui des suppléants, déterminé par le nombre des membres du conseil municipal. Ils sont tenus de prendre part à tous les scrutins, sous peine d'une amende de 50 francs, sauf excuse légitime; auquel cas, ils sont remplacés par un suppléant. V. SÉNAT.

*Indemnité aux délégués sénatoriaux.*—Les délégués qui ont pris part à tous les scrutins peuvent requérir le payement sur les fonds de l'Etat d'une indemnité de déplacement de 2 fr. 50 par myriamètre parcouru, tant à l'aller qu'au retour.

Aux termes de l'article 17 de la loi du 2 août 1875, l'indemnité de déplacement est payée « sur les mêmes bases et de la même manière que celle accordée aux jurés par les articles 35, 90 et suivants du décret du 18 juin 1811 ». La taxation faite par le président du collège électoral en vertu de l'article 5 du décret du 26 décembre 1875 est donc exécutoire au même titre que les taxes judiciaires, et, par suite, les agents de payement ne peuvent être rendus responsables des erreurs commises dans l'attribution ou le décompte de l'indemnité.

Les délégués qui veulent obtenir l'indemnité doivent en faire la demande expresse au président du collège électoral. Ils lui présentent la lettre de convocation au dos de laquelle ils déclarent requérir la taxation. Le président certifie sur la même feuille qu'ils ont participé à tous les scrutins et la revêt d'un exécutoire établissant le décompte de la somme due; un bordereau des sommes ainsi mises en payement, dressé par un assesseur et certifié par le président, est remis au préfet avec le procès-verbal de l'élection. (Décret du 26 décembre 1875, art. 5.) La demande de taxation doit être soumise au président avant la clôture de la séance sous peine de forclusion. (Circ. Justice, 24 février 1899.)

Les réquisitions des indemnités et les quittances données par les parties prenantes sont affranchies du timbre par décision ministérielle du 19 janvier 1876. (Circ. Compt. publ., 22 janvier 1876, § 5; Instr. Enreg., 20 janvier 1876.)

V. les circ. Compt. publ. des 10 janvier, 22 janvier et 10 mars 1876, 19 décembre 1878, 14 janvier 1885.

**Délibéré.** — Délibération entre les juges d'un tribunal avant le prononcé de la sentence. — *Délibéré sur rapport.* Mode d'instruction dans lequel, sur l'ordre du tribunal, les pièces sont déposées et soumises à l'examen d'un juge, qui fait un rapport public le jour de l'audience.

« Le tribunal pourra ordonner que les pièces seront mises sur le bureau, pour en être délibéré au rapport d'un juge nommé par le jugement, avec indication du jour auquel le rapport sera fait. » (Code proc. civ., art. 93.)

« Les parties et leurs défenseurs seront tenus d'exécuter le jugement qui ordonnera le délibéré, sans qu'il soit besoin de le lever ni signifier, et sans sommation : si l'une des parties ne remet point ses pièces, la cause sera jugée sur les pièces de l'autre. » (*Id.*, art. 94.)

**Délit.** — Acte illicite, violation quelconque d'un droit.

Droit civil. — En droit civil, on appelle *délit* tout fait illicite portant préjudice à autrui. Si ce fait dommageable a été commis par dol ou malignité, il garde le nom de *délit;* s'il implique une faute non intentionnelle, il prend le nom de *quasi-délit.* Le délit ou le quasi-délit de droit civil n'existant que par le préjudice causé, la loi n'intervient que pour fixer une réparation au profit de la personne lésée. « Tout fait quelconque de l'homme qui cause à autrui un dommage oblige celui par la faute duquel il est arrivé à le réparer. » (Code civ., art. 1382.) L'art. 1383 du même Code ajoute : « Chacun est responsable du dommage qu'il a causé non seulement par son fait, mais encore par sa négligence ou par son imprudence. » La responsabilité juridique de l'auteur d'un acte dommageable n'est en cause que s'il y a faute (v. RESPONSABILITÉ); le dommage résultant du hasard ou de la force majeure n'ouvre, au contraire, aucun droit à indemnité, sauf lorsque le principe du « risque professionnel » reçoit son application. V. ACCIDENT.

Droit pénal. — En droit pénal, le mot *délit* désigne dans un sens général toute infraction à la loi pénale, tout acte punissable. Dans un sens plus étroit, le mot *délit*, pris par opposition au mot *contravention*, signifie le fait qui implique l'intention d'enfreindre la loi pénale et qui est puni en raison de cette intention, — la contravention désignant le fait puni même pour une faute non intentionnelle. Tels sont les délits et contraventions de presse, les délits et contraventions en matière forestière.

Dans un sens plus restreint encore, déterminé par l'article 1er du Code pénal, l'expression *délit* s'applique à toute infraction punie de peines correctionnelles. Dans ce sens, on oppose le délit ou délit de police correctionnelle soit au *crime*, c'est-à-dire à l'infraction punie de peines afflictives ou simplement infamantes et jugées par la cour d'assises, soit à la *contravention*, c'est-à-dire à l'infraction punie de peines de simple police.

*Flagrant délit.* — C'est un délit « qui se commet actuellement ou qui vient de se commettre » (Code Instr. crim., art. 41). « Sont aussi, d'après le même article, réputé *flagrant délit* le cas où le prévenu est poursuivi par la clameur publique, et celui où le prévenu est trouvé saisi d'effets, armes, instruments ou papiers faisant présumer qu'il est auteur ou complice, pourvu que ce soit dans un temps voisin du délit ».

En cas de flagrant délit, par dérogation au principe fondamental de la séparation des pouvoirs du procureur de la République et du juge d'instruction, le procureur de la République et ses auxiliaires ont le droit d'exercer les attributions du juge d'instruction en procédant aux premiers actes d'instruction et à l'arrestation de l'inculpé, et, de son côté, le juge d'instruction a la faculté de le saisir sans être requis par le procureur de la République. (Code Instr. crim., art. 32, 54, 59 et 60.)

La loi du 20 mai 1863 a créé une procédure spéciale, dite « de flagrant délit », qui permet de faire juger les délits correctionnels flagrants sans qu'il soit nécessaire de recourir à une information préalable. Tout inculpé arrêté en état de flagrant délit pour un fait puni de peines correctionnelles est immédiatement conduit devant le procureur de la République, qui l'interroge, et, s'il y a lieu, le traduit sur-le-champ à l'audience du tribunal.

S'il n'y a pas d'audience, le procureur de la République est tenu de faire citer l'inculpé pour l'audience du lendemain. Le tribunal est, au besoin, spécialement convoqué.

Les témoins peuvent être verbalement requis par tout officier de police judiciaire ou agent de la force publique. Ils sont tenus de comparaître sous les peines portées par l'article 157 du Code d'instruction criminelle. V. TÉMOIN.

Si l'inculpé le demande, le tribunal lui accorde un délai de trois jours au moins pour préparer sa défense.

Si l'affaire n'est pas en état de recevoir jugement, le tribunal en ordonne le renvoi, pour plus ample information, à l'une des plus prochaines audiences, et, s'il y a lieu, met l'inculpé provisoirement en liberté, avec ou sans caution.

L'inculpé, s'il est acquitté, est immédiatement, nonobstant appel, mis en liberté.

Tout dépositaire de la force publique et même toute personne est tenu de saisir le prévenu surpris en cas de flagrant délit et de le conduire devant le procureur de la République (sans qu'il soit besoin de mandat d'amener), si le délit emporte une peine afflictive ou infamante. (*Id.*, art. 106.)

Le flagrant délit commis à l'audience (par ex. : outrages aux magistrats ou aux témoins) d'un tribunal civil ou répressif saisit immédiatement ce tribunal. (*Id.*, art. 504 et suiv., Code proc. civ., art. 91.)

*Corps du délit.* C'est l'ensemble des éléments matériels dont se compose le délit et qui l'ont préparé ou consommé.

Dans la pratique judiciaire, on applique exclusivement la dénomination de *corps du délit* aux traces physiques du délit, aux résidus corporels qu'il a laissés après lui : dans un assassinat ou un meurtre, le corps du délit est le cadavre de la personne homicidée; dans un incendie, il est constitué par les débris fumants ou calcinés de la maison incendiée.

*Prescription.* — En matière de délit, l'action publique se prescrit par trois ans (Code Instr. crim., art. 638); la peine, par cinq ans. (*Id.*, 636.)

**Demandeur.** — Partie qui formule une demande en justice, par opposition au *défendeur*, contre qui la demande est faite.

Parmi les demandes en justice formées pour obtenir une chose à laquelle on a ou l'on croit avoir droit, on distingue : la *demande préparatoire*, qui tend à faire prononcer un jugement préparatoire; la *demande principale*, qui sert d'élément, de base à un procès, qui introduit l'instance; la *demande accessoire*, qui se rattache à la demande principale; la *demande incidente*, qui est formée dans le cours de l'instance; la *demande nouvelle*, qui se produit seulement en appel; la *demande préjudicielle*, qui doit être jugée avant le fond; la *demande reconventionnelle* (v. RECONVENTION), qui est opposée à l'action judiciaire principale; la *demande subsidiaire*, qui se présente à juger seulement lorsque la demande principale est repoussée; la *demande provisoire*, qui tend à faire prononcer un jugement provisoire; la *demande sur le barreau*, que la partie ou son avocat fait au tribunal, sans l'avoir préalablement formulée par écrit; la *demande en intervention*, que forme un tiers pour prendre part aux intérêts de la demande.

**Déménagement.**

Le propriétaire qui n'a pas reçu le payement de ses loyers peut s'opposer au déménagement du locataire. Il peut, en outre, lorsqu'il existe un bail, empêcher le locataire de quitter les lieux avant l'expiration de ce bail, à moins que le locataire ne paye, en partant, le prix de tous les loyers à courir.

Lorsque le locataire veut déménager sans avoir rempli les obligations qui lui sont imposées, le propriétaire peut demander l'assistance du commissaire de police. Si le locataire a opéré furtivement son déménagement, le propriétaire doit, assisté de deux témoins, en faire la déclaration au commissaire de police.

A Paris, ordinairement, les quittances de loyer, rappelant aux locataires leurs obligations, énoncent et expliquent qu'un locataire ne peut déménager : 1° sans avoir, au préalable, reçu ou donné congé par écrit, dans les délais prescrits; 2° sans avoir fait les réparations locatives qui sont à sa charge, suivant l'usage ou d'après l'état des lieux; 3° avant d'avoir prouvé, par une quittance du percepteur, qu'il a acquitté toutes ses contributions.

## Démence.

Nos codes font reposer les actions humaines et la responsabilité qui en découle sur l'intention et la libre volonté : les personnes privées de l'usage de leur raison ne doivent donc pas conserver l'exercice de leurs droits et la liberté de leurs actions. Inhabiles aux actes de la vie civile, elles compromettraient leurs intérêts si la loi ne les prenait sous sa protection et ne les déclarait en état d'*interdiction* (v. ce mot). Elles sont alors assimilées aux mineurs, pourvues, comme eux, d'un tuteur qui prend soin d'elles et les représente dans les actes de la vie civile; l'incapacité est même plus absolue encore, puisqu'elles ne peuvent, comme les mineurs, ni se marier, ni disposer par testament. Dès lors, les actes passés par l'interdit sont nuls de droit; quant à ceux passés antérieurement à l'interdiction, ils sont annulables si l'état de démence était notoire. Lorsque l'aliéné recouvre la raison, il est relevé de son état d'interdiction en observant la même procédure que pour la faire prononcer, et il rentre dans la jouissance et le plein exercice de ses droits. (Code civ., art. 489-512.)

En matière criminelle, la démence, exclusive d'intention et de libre volonté, suspend l'action publique comme l'action pénale : l'auteur d'un crime n'est pas poursuivi s'il l'a commis en état de démence (Code pén., art. 64); les poursuites s'arrêtent si la démence se déclare au cours de l'instruction; enfin, si elle survient après la condamnation prononcée, la peine est suspendue, et l'aliéné interné dans un asile spécial.

**Demeure** (du latin *demorari*, demeurer, rester; dér. de *mora*, retard). — Retard apporté par le débiteur dans l'exécution de son obligation, et constaté par une interpellation du créancier. — *Demeure du créancier*, Refus par le créancier d'accepter le payement. — *Mise en demeure*, Sommation de remplir une obligation.

Le débiteur est constitué en *demeure* par une sommation ou par un acte équivalent, comme la citation en conciliation, le commandement, etc. Par exception, il faut une demande en justice lorsque la dette a pour objet une somme d'argent. Le débiteur est mis en demeure par la seule arrivée du terme, quand telle a été la convention des parties ou lorsque l'obligation est telle que l'exécution tardive ne serait d'aucune utilité pour le créancier. (Code civ., art. 1139.) Le voleur est en demeure par le seul fait du vol. — Les effets de la demeure du débiteur sont : 1° de mettre à sa charge les risques de la chose due (Code civ., art. 1138), en exceptant le cas où la chose aurait péri chez le créancier (art. 1302); 2° de le rendre comptable des fruits perçus depuis la mise en demeure, ou des intérêts de la somme due.

La demeure est purgée quand le créancier renonce à s'en prévaloir, ou quand le débiteur fait au créancier des offres réelles suivies de consignation.

Le créancier est en demeure lorsqu'il refuse d'accepter le payement et que le débiteur a fait des offres réelles, suivies de consignation. La demeure du créancier a pour effet : 1° de purger la demeure du débiteur, si celui-ci était en demeure; 2° de mettre la chose aux risques du créancier; 3° d'arrêter le cours des intérêts.

**Dénaturation.** — Opération consistant à ajouter à un produit une substance qui le rende impropre à toute autre destination que celle en vue de laquelle il a été dénaturé.

Les alcools, sucres, saindoux, sels, etc., lorsqu'ils sont dénaturés en vue d'usages industriels ou agricoles, bénéficient d'un régime fiscal de faveur.

**Déni de justice.** — Acte d'un juge qui refuse ou néglige de remplir les devoirs de sa charge.

Le déni de justice est un abus d'autorité. Les juges ne peuvent, en effet, refuser de rendre la justice, même sous prétexte du silence, de l'obscurité ou de l'insuffisance de la loi. (Code civ., art. 4.) Ils se rendent coupables de déni de justice simplement en négligeant de juger les affaires en état et en tour d'être jugées, ou en refusant de « répondre les requêtes ». (Code proc. civ., art. 506.)

« Tout juge ou tribunal, tout administrateur ou autorité administrative, qui, sous quelque prétexte que ce soit, même du silence ou de l'obscurité de la loi, aura dénié de rendre la justice qu'il doit aux parties, après en avoir été requis, et qui aura persévéré dans son déni, après avertissement ou injonction de ses supérieurs, pourra être poursuivi, et sera puni d'une amende de 200 francs au moins et de 500 francs au plus, et de l'interdiction des fonctions publiques depuis cinq ans jusqu'à vingt. » (Code pén., art. 185.)

Le déni de justice est constaté par deux réquisitions à la suite desquelles le juge peut être « pris à partie ». V. PRISE A PARTIE.

**Denier à Dieu.** — Somme d'argent que l'on remet au concierge, à titre de gratification, lorsqu'on arrête un appartement.

Le denier à Dieu ne doit pas être confondu avec les *arrhes*. Celles-ci, lorsque le contrat est exécuté, s'imputent sur le prix, tandis que le denier à Dieu est une libéralité faite par le preneur au représentant du bailleur, à l'occasion d'un engagement de location. Bailleur et preneur ont respectivement, pendant vingt-quatre heures, le droit de se dédire, le premier en restituant, le second en abandonnant le denier à Dieu, mais c'est là un usage, et, en cas de contestation, la remise du denier à Dieu ne saurait être invoquée comme moyen de preuve.

**Dénombrement.** — V. RECENSEMENT.

**Dénonciation.** — Révélation aux autorités compétentes d'une infraction à la loi.

*Dénonciation calomnieuse.* — Lorsque, de mauvaise foi, pour servir non les intérêts de la justice, mais ceux de la haine, une personne dénonce un de ses concitoyens comme auteur de faits répréhensibles, sachant que la dénonciation est fausse, il y a *dénonciation calomnieuse*. Le fait est puni par l'article 373 du Code pénal : « Quiconque aura fait par écrit une dénonciation calomnieuse contre un ou plusieurs individus, aux officiers de justice ou de police administrative ou judiciaire, sera puni d'un emprisonnement d'un mois à un an et d'une amende de 100 à 3 000 francs. Pour que le délit existe, il faut : 1° qu'il y ait eu dénonciation par écrit; 2° que les faits imputés soient faux; 3° que ces faits soient assez graves pour exposer la personne dénoncée à une répression, tout au moins administrative ou disciplinaire; 4° que la dénonciation ait été remise aux officiers de justice ou de police administrative ou judiciaire; 5° que cette dénonciation ait été portée de mauvaise foi et dans le dessein de nuire.

Si les faits dénoncés ont le caractère d'un crime ou d'un délit, leur fausseté ne peut résulter que d'une décision judiciaire définitive; s'ils ont un caractère purement administratif, c'est à l'autorité dans les attributions de laquelle rentre la connaissance de ces faits qu'il appartient de déclarer s'ils sont vrais ou faux.

L'accusé acquitté peut, outre les dommages-intérêts auxquels il a droit, requérir le procureur général de lui révéler le nom de ses dénonciateurs. (Code instr. crim., art. 358.) Dans le cas où il n'aurait connu son dénonciateur que depuis le jugement, mais avant la fin de la session, il serait tenu, sous peine de déchéance, de porter sa demande à la cour d'assises; s'il ne l'a connu qu'après la clôture de la session, sa demande sera portée devant le tribunal civil. (*Id.*, 359.)

« Sont indignes de succéder, et, comme tels, exclus des successions : .....; — 2° celui qui a porté contre le défunt une accusation capitale jugée calomnieuse; — 3° l'héritier majeur qui, instruit du meurtre du défunt, ne l'aura pas dénoncé à la justice. » (Code civ., art. 727.) Le défaut de dénonciation ne peut être opposé aux ascendants et descendants du meurtrier, ni à ses alliés au même degré, ni à son époux ou à son épouse, ni à ses frères ou sœurs, ni à ses oncles et tantes, ni à ses neveux et nièces. (*Id.*, art. 728.)

**Dénonciation de protêt.** — Acte extrajudiciaire par lequel on signifie aux tireurs et aux endosseurs d'un effet de commerce que le porteur a fait dresser un protêt pour constater le défaut de payement ou d'acceptation de l'effet.

**Dénonciation** (Dr. intern.). — Acte par lequel un gouvernement annonce à la puissance avec laquelle il a conclu une convention ou un traité qu'il n'entend pas proroger ledit traité après son expiration.

**Dénonciation de nouvel œuvre.** — V. PÉTITOIRE.

**Densimètre.** — V. ALCOOMÈTRE.

**Département.** — Division, unité administrative de la France, administrée par un *préfet* assisté d'un *conseil de préfecture* et d'un *conseil général*.

### Administration active.

L'administration active dans chaque département appartient au *préfet*, qui doit résider au chef-lieu. Le préfet est le représentant et l'agent du pouvoir central; il représente le département; il procède à l'instruction des affaires départementales; il exécute les délibérations du conseil général. V. PRÉFET, CONSEIL DE PRÉFECTURE.

### Conseil général.

On appelle ainsi le conseil administratif du département (lois du 29 pluviôse an VIII et du 10 août 1871), composé d'autant de membres élus au suffrage universel qu'il y a de cantons dans le département.

*Formation des conseils généraux.* — Chaque canton du département élit un membre du conseil général. (Loi du 10 août 1871, art. 4.)

L'élection se fait au suffrage universel, dans chaque commune, sur les listes dressées pour les élections municipales. (*Id.*, art. 5.)

*Éligibilité.* « Sont éligibles au conseil général tous les citoyens inscrits sur une liste d'électeurs ou justifiant qu'ils devaient y être inscrits avant le jour de l'élection, âgés de vingt-cinq ans accomplis, qui sont domiciliés dans le département, et ceux qui, sans y être domiciliés, y sont inscrits au rôle d'une des contributions directes au 1er janvier de l'année dans laquelle se fait l'élection, ou justifient qu'ils devaient y être inscrits à ce jour, ou ont hérité depuis la même époque d'une propriété foncière dans le département. — Toutefois, le nombre des conseillers généraux non domiciliés ne pourra dépasser le quart du nombre total dont le conseil doit être composé. » (*Id.*, art. 6.)

*Incapacités.* Ne peuvent être élus au conseil général les citoyens qui sont pourvus d'un conseil judiciaire. (*Id.*, art. 7.)

*Incompatibilités.* Ne peuvent être élus membres du conseil général : 1° les préfets, sous-préfets, secrétaires généraux et conseillers de préfecture, dans le département où ils exercent leurs fonctions ; — 2° les premiers présidents, présidents de chambre, conseillers à la cour d'appel, procureurs généraux, avocats généraux et substituts des procureurs généraux, dans l'étendue du ressort de la cour ; — 3° les présidents, vice-présidents, juges titulaires, juges d'instruction et membres du parquet des tribunaux de première instance, dans l'arrondissement du tribunal ; — 4° les juges de paix, dans leurs cantons ; — 5° et 6° (Loi du 23 juillet 1891) les militaires des armées de terre et de mer en activité de service. Cette disposition n'est applicable ni à la réserve de l'armée active, ni à l'armée territoriale, ni aux officiers maintenus dans la première section du cadre de l'état-major général comme ayant commandé en chef devant l'ennemi ; — 7° les commissaires et agents de police, dans les cantons de leur ressort ; — 8° les ingénieurs en chef de département et les ingénieurs ordinaires d'arrondissement, dans le département où ils exercent leurs fonctions ; — 9° les ingénieurs du service ordinaire des mines, dans les cantons de leur ressort ; — 10° les recteurs d'académie, dans le ressort de l'académie ; — 11° les inspecteurs d'académie et les inspecteurs des écoles primaires, dans le département où ils exercent leurs fonctions ; — 12° les ministres des différents cultes, dans les cantons de leur ressort ; — 13° les agents et comptables de tout ordre, employés à l'assiette, à la perception et au recouvrement des contributions directes ou indirectes, et au payement des dépenses publiques de toute nature, dans le département où ils exercent leurs fonctions ; — 14° les directeurs et inspecteurs des postes, des télégraphes et des manufactures de tabac, dans le département où ils exercent leurs fonctions ; — 15° les conservateurs, inspecteurs et autres agents des eaux et forêts, dans les cantons de leur ressort ; — 16° les vérificateurs des poids et mesures, dans les cantons de leur ressort. (*Id.*, art. 8.)

Le mandat de conseiller général est incompatible, dans toute la France, avec les fonctions énumérées aux n$^{os}$ 1 et 7 de l'article 8. (*Id.*, art. 9.)

Le mandat de conseiller général est incompatible, dans le département, avec les fonctions d'architecte départemental, d'agent voyer, d'employé des bureaux de la préfecture ou d'une sous-préfecture, et généralement de tous les agents salariés ou subventionnés sur les fonds départementaux. — La même incompatibilité existe à l'égard des entrepreneurs des services départementaux. (*Id.*, art. 10.)

*Opérations électorales.* Les collèges électoraux sont convoqués par le pouvoir exécutif. — Il doit y avoir un intervalle de quinze jours francs, au moins. Le scrutin, qui aura toujours lieu un dimanche, est ouvert à sept heures du matin et clos le même jour à six heures. Le dépouillement a lieu immédiatement. Lorsqu'un second tour de scrutin est nécessaire, il y est procédé le dimanche suivant. (*Id.*, art. 12.)

Immédiatement après le dépouillement du scrutin, les procès-verbaux de chaque commune, arrêtés et signés, sont portés au chef-lieu du canton par deux membres du bureau. Le recensement général des votes est fait par le bureau du chef-lieu, et le résultat est proclamé par son président, qui adresse tous les procès-verbaux et les pièces au préfet. (*Id.*, art. 13.)

Nul n'est élu membre du conseil général au premier tour de scrutin s'il n'a réuni : 1° la majorité absolue des suffrages exprimés ; — 2° un nombre de suffrages égal au quart de celui des électeurs inscrits. — Au second tour de scrutin, l'élection a lieu à la majorité relative, quel que soit le nombre des votants. Si plusieurs candidats obtiennent le même nombre de suffrages, l'élection est acquise au plus âgé. (*Id.*, art. 14.)

Nul ne peut être membre de plusieurs conseils généraux. (Loi du 10 août 1871, art. 11.)

*Réclamations.* Les élections pourront être arguées de nullité par tout électeur du canton, par les candidats et par les membres du conseil général. — Si la réclamation n'a pas été consignée dans le procès-verbal, elle doit être déposée dans les dix jours qui suivent l'élection, soit au secrétariat de la section du contentieux du conseil d'Etat, soit au secrétariat général de la préfecture du département où l'élection a eu lieu. — Il en sera donné récépissé. — La réclamation sera, dans tous les cas, notifiée à la partie intéressée dans le délai d'un mois, à compter du jour de l'élection. — Le préfet transmettra au conseil d'Etat, dans les dix jours qui suivront leur réception, les réclamations consignées au procès-verbal ou déposées au secrétariat général de la préfecture. — Le préfet aura, pour réclamer contre les élections, un délai de vingt jours, à partir du jour où il aura reçu les procès-verbaux des opérations électorales. Il enverra sa réclamation au conseil d'Etat ; elle ne pourra être fondée que sur l'inobservation des conditions et formalités prescrites par les lois. (Loi du 31 juillet 1875.)

Les réclamations seront examinées au conseil d'Etat, suivant les formes adoptées pour le jugement des affaires contentieuses. Elles seront jugées sans frais, dispensées du timbre et du ministère des avocats, au conseil d'Etat ; elles seront jugées dans le délai de trois mois, à partir de l'arrivée des pièces au secrétariat du conseil d'Etat. — Lorsqu'il y aura lieu à renvoi devant les tribunaux, le délai de trois mois ne courra que du jour où la décision judiciaire sera devenue définitive. — Le débat ne pourra porter que sur les griefs relevés dans les réclamations, à l'exception des moyens d'ordre public, qui pourront être produits en tout état de cause. — Lorsque la réclamation est fondée sur l'incapacité légale de l'élu, le conseil d'Etat sursoit à statuer jusqu'à ce que la question préjudicielle ait été jugée par les tribunaux compétents, et fixe un bref délai dans lequel la partie qui aura élevé la question préjudicielle doit justifier de ses diligences. — S'il y a appel, l'acte d'appel doit, sous peine de nullité, être notifié à la partie dans les dix jours du jugement, quelle que soit la distance des lieux. Les questions préjudicielles seront jugées sommairement par les tribunaux. (Loi du 31 juill. 1875.)

*Elections multiples. Options.* Le conseiller général élu dans plusieurs cantons est tenu de déclarer son option au président du conseil général dans les trois jours qui suivront l'ouverture de la session, et, en cas de contestation, à partir de la notification de la décision du conseil d'Etat. — A défaut d'option dans ce délai, le conseil général déterminera, en séance publique et par la voie du sort, à quel canton le conseiller appartiendra. — Lorsque le nombre des conseillers non domiciliés dans le département dépasse le quart du conseil, le conseil général procède de la même façon pour désigner celui ou ceux dont l'élection doit être annulée. Si une question préjudicielle s'élève sur le domicile, le conseil général sursoit et le tirage au sort est fait par la commission départementale pendant l'intervalle des sessions. (Loi du 31 juillet 1875.)

*Démission.* Tout conseiller général qui, par une cause survenue postérieurement à son élection, se trouve dans un des cas prévus par les articles 7, 8, 9 et 10, ou se trouve frappé de l'une des incapacités qui font perdre la qualité d'électeur, est déclaré démissionnaire par le conseil général, soit d'office, soit sur les réclamations de tout électeur. (Loi du 10 août 1871, art. 18.)

Lorsqu'un conseiller général aura manqué à une session ordinaire sans excuse légitime admise par le conseil, il sera déclaré démissionnaire par le conseil général, dans la dernière séance de la session. (*Id.*, art. 19.)

Lorsqu'un conseiller général donne sa démission, il l'adresse au président du conseil général ou au président de la commission départementale, qui en donne immédiatement avis au préfet. (*Id.*, art. 20.)

*Renouvellement.* Les conseillers généraux sont nommés pour six ans; ils sont renouvelés par moitié tous les trois ans, et indéfiniment rééligibles. En cas de renouvellement intégral, à la session qui suit ce renouvellement, le conseil général divise les cantons du département en deux séries, en répartissant, autant que possible, dans une proportion égale, les cantons de chaque arrondissement dans chacune des séries, et il procède ensuite à un tirage au sort pour régler l'ordre du renouvellement des séries. (*Id.*, art. 21.)

*Elections partielles.* En cas de vacance par décès, option, démission, par une des causes énumérées aux articles 17, 18 et 19, ou par toute autre cause, les électeurs devront être réunis dans le délai de trois mois. — Toutefois, si le renouvellement légal de la série à laquelle appartient le siège vacant doit avoir lieu avant la prochaine session du conseil général, l'élection partielle se fera à la même époque. — La commission départementale est chargée de veiller à l'exécution du présent article. Elle adresse ses réquisitions au préfet et, s'il y a lieu, au ministre de l'Intérieur. (*Id.*, art. 22.)

Des sessions des conseils généraux. — Les conseils généraux ont chaque année deux sessions ordinaires. L'ouverture de la première a lieu de plein droit le second lundi qui suit le jour de Pâques; sa durée ne peut excéder quinze jours. La loi du 10 août 1871 (art. 23) porte que la session dans laquelle sont délibérés le budget et les comptes commence de plein droit le premier lundi qui suit le 15 août et ne peut être retardée que par une loi. La loi du 9 juillet 1907 (art. 1er) donne toutefois aux conseils généraux la faculté de fixer, dans leur première session annuelle, l'ouverture de la deuxième session à une date postérieure, sans dépasser le 1er octobre. La durée de la session d'août ne peut excéder un mois; celle de la session ajournée peut avoir la même durée, mais doit être terminée le 8 octobre.

Les conseils généraux peuvent être réunis extraordinairement pour huit jours au plus : 1° par décret; 2° si les deux tiers des membres en adressent la demande écrite au président. Dans ce cas, le président est tenu d'en donner avis immédiatement au préfet, qui doit convoquer d'urgence. (Loi du 10 août 1871, art. 24.)

A l'ouverture de la session d'août, le conseil général, sous la présidence du doyen d'âge, le plus jeune membre faisant fonctions de secrétaire, nomme au scrutin secret et à la majorité absolue son président, un ou plusieurs vice-présidents et ses secrétaires. Leurs fonctions durent jusqu'à la session d'août de l'année suivante. (*Id.*, art. 25.) — Le conseil fait son règlement intérieur. (*Id.*, art. 26.)

Le préfet a entrée au conseil général; il est entendu quand il le demande et assiste aux délibérations, excepté lorsqu'il s'agit de l'apurement de ses comptes. (*Id.*, art. 27.)

Les séances sont publiques. Néanmoins, sur la demande de cinq membres, du président ou du préfet, le conseil, par assis et levé, sans débats, décide s'il se formera en comité secret. (*Id.*, art. 28.)

Le président a seul la police de l'assemblée. — Il peut faire expulser de l'auditoire ou arrêter tout individu qui trouble l'ordre. — En cas de crime ou de délit, il en dresse procès-verbal, et le procureur de la République en est immédiatement saisi. (*Id.*, art. 29.)

Le conseil général ne peut délibérer si la moitié plus un des membres dont il doit être composé n'est présente. — Toutefois, si le conseil général ne se réunit pas au jour fixé par la loi ou par le décret de convocation en nombre suffisant pour délibérer, la session est renvoyée de plein droit au lundi suivant; une convocation spéciale est faite d'urgence par le préfet. Les délibérations alors sont valables quel que soit le nombre des membres présents. La durée légale de la session court à partir du jour fixé pour la seconde réunion. — Lorsqu'en cours de session les membres présents ne forment pas la majorité du conseil, les délibérations sont renvoyées au surlendemain, et alors elles sont valables, quel que soit le nombre des votants. — Dans les deux cas, les noms des absents sont inscrits au procès-verbal. — Les votes sont recueillis au scrutin public toutes les fois que le sixième des membres présents le demande. En cas de partage, la voix du président est prépondérante. — Néanmoins, les votes sur les nominations et sur les validations d'élections contestées ont toujours lieu au scrutin secret. — Le résultat des scrutins publics, énonçant les noms des votants, est reproduit au procès-verbal. (*Id.*, art. 30, et loi du 31 mars 1886.)

Les conseils généraux doivent établir jour par jour un compte rendu sommaire et officiel de leurs séances, qui sera tenu à la disposition de tous les journaux du département, dans les quarante-huit heures qui suivront la séance. (Loi du 10 août 1871, art. 31.)

Les procès-verbaux des séances, rédigés par un des secrétaires, sont arrêtés au commencement de chaque séance, et signés par le président et le secrétaire. — Ils contiennent les rapports, les noms des membres qui ont pris part à la discussion et l'analyse de leurs opinions. — Tout électeur ou contribuable du département a le droit de demander la communication sans déplacement et de prendre copie de toutes les délibérations du conseil général, ainsi que des procès-verbaux des séances publiques, et de les reproduire par la voie de la presse. (*Id.*, art. 32.)

Tout acte et toute délibération du conseil général relatifs à des objets qui ne sont pas légalement compris dans ses attributions sont nuls et de nul effet. — La nullité est prononcée par un décret rendu dans la forme des règlements d'administration publique. (*Id.*, art. 33.)

Toute délibération prise hors des réunions du conseil, prévues ou autorisées par la loi, est nulle et de nul effet. — Le préfet, par un arrêté motivé, déclare la réunion illégale, prononce la nullité des actes, prend toutes les mesures nécessaires pour que l'assemblée se sépare immédiatement et transmet son arrêté au procureur général du ressort pour l'exécution des lois et l'application, s'il y a lieu, des peines déterminées par l'article 258 du Code pénal. (V. au mot FONCTIONNAIRE.) En cas de condamnation, les membres condamnés sont déclarés par le jugement exclus du conseil et inéligibles pendant les trois années qui suivront la condamnation. (*Id.*, art. 34.)

Pendant les sessions de la Chambre des députés et du Sénat, la dissolution d'un conseil général ne peut être prononcée par le chef du pouvoir exécutif que sous l'obligation expresse d'en rendre compte à l'Assemblée dans le plus bref délai possible. En ce cas, une loi fixe la date de la nouvelle élection, et décide si la commission départementale doit conserver son mandat jusqu'à la réunion du nouveau conseil général, ou autorise le pouvoir exécutif à en nommer provisoirement une autre. (*Id.*, art. 35.)

Dans l'intervalle des sessions du Parlement, le chef du pouvoir exécutif peut prononcer la dissolution d'un conseil général pour des causes spéciales à ce conseil. — Le décret de dissolution doit être motivé. Il ne peut jamais être rendu par voie de mesure générale. — Il convoque en même temps les électeurs du département pour le quatrième dimanche qui suivra sa date. Le nouveau conseil général se réunit de plein droit le deuxième lundi après l'élection et nomme sa commission départementale. (*Id.*, art. 36.)

*Délibérations exécutoires par elles-mêmes.* — Le conseil général répartit chaque année, à sa session d'août, les contributions directes, conformément aux règles établies par les lois. — Avant d'effectuer cette répartition, il statue sur les demandes délibérées par les conseils compétents en réduction de contingent. (*Id.*, art. 37.)

Le conseil général prononce définitivement sur les demandes en réduction de contingent formées par les communes et préalablement soumises au conseil compétent. (*Id.*, art. 38.)

Si le conseil général ne se réunissait pas, ou s'il se séparait sans avoir arrêté la répartition des contributions directes, les mandements des contingents seront délivrés par le préfet, d'après les bases de la répartition précédente, sauf les modifications à porter dans le contingent en exécution des lois. (*Id.*, art. 39.)

Le conseil général vote les centimes additionnels dont la perception est autorisée par les lois. — Il peut voter, en outre, des centimes pour insuffisance de revenus ordinaires et des centimes extraordinaires, dans la limite du maximum fixé annuellement par la loi de finances. — Il vote les emprunts départementaux remboursables dans un délai qui ne pourra excéder trente années, sur les ressources ordinaires et extraordinaires. (Loi du 30 juin 1907.)

Le conseil général arrête, chaque année, à sa session d'août, dans les limites fixées annuellement par la loi de finances, le maximum du nombre des centimes extraordinaires que les conseils municipaux sont autorisés à voter, pour en affecter le produit à des dépenses extraordinaires d'utilité communale. — Si le conseil général se sépare sans l'avoir arrêté, le maximum fixé pour l'année précédente est maintenu jusqu'à la session d'août de l'année suivante. (Loi du 10 août 1871, art. 42.)

Chaque année, dans sa session d'août, le conseil général, par un travail d'ensemble comprenant toutes les communes du département, procède à la revision des sections électorales et en dresse le tableau. (*Id.*, art. 43.)

Le conseil général opère la reconnaissance, détermine la largeur et prescrit l'ouverture et le redressement des chemins vicinaux de grande communication et d'intérêt commun. — Les délibérations qu'il prend à cet égard produisent les effets spécifiés aux articles 15 et 16 de la loi du 21 mai 1836. (*Id.*, art. 44.) V. VOIRIE, CHEMINS VICINAUX.

Le conseil général, sur l'avis motivé du directeur et de la commission de surveillance, pour les écoles normales; du proviseur ou du principal et du bureau d'administration, pour les lycées ou collèges; du chef d'institution, pour les institutions d'enseignement libre, nomme et révoque les titulaires des bourses entretenues sur les fonds départementaux. — L'autorité universitaire, ou le chef d'institution libre, peut prononcer la révocation dans les cas d'urgence; ils en donnent avis immédiatement au président de la commission départementale et en font connaître les motifs. — Le conseil général détermine les conditions auxquelles seront tenus de satisfaire les candidats aux fonctions rétribuées exclusivement sur les fonds départementaux et les règles des concours d'après lesquels les nominations devront être faites. — Sont maintenus, néanmoins, les droits des archivistes paléographes, tels qu'ils sont réglés par le décret du 4 février 1850. (*Id.*, art. 45.) V. ARCHIVES.

Le conseil général statue définitivement sur les objets ci-après désignés, savoir : — 1° Acquisition, aliénation et échange des propriétés départementales, mobilières ou immobilières, quand ces propriétés ne sont pas affectées à l'un des services énumérés au n° 4 ; — 2° Mode de gestion des propriétés départementales ; — 3° Baux de biens donnés ou pris à ferme ou à loyer, quelle qu'en soit la durée ; — 4° Changement de destination des propriétés et des édifices départementaux autres que les hôtels de préfecture et de sous-préfecture, et des locaux affectés aux cours d'assises, aux tribunaux, aux écoles normales, au casernement de la gendarmerie et aux prisons ; — 5° Acceptation de dons et legs faits au département, quand ils ne donnent pas lieu à réclamation, et refus de ces libéralités dans tous les cas (Loi du 4 févr. 1901) ; — 6° Classement et direction des routes départementales ; — Projets, plans et devis des travaux à exécuter pour la construction, la rectification ou l'entretien desdites routes ; — Désignation des services qui seront chargés de leur construction ou de leur entretien ; — 7° Classement et direction des chemins vicinaux de grande communication et d'intérêt commun ; désignation des communes qui doivent concourir à la construction et à l'entretien desdits chemins, et fixation du contingent annuel de chaque commune ; le tout sur l'avis des conseils municipaux compétents ; — Répartition des subventions accordées, sur les fonds de l'Etat ou du département, aux chemins vicinaux de toute catégorie , — Désignation des services auxquels sera confiée l'exécution des travaux sur les chemins vicinaux de grande communication et d'intérêt commun, et mode d'exécution des travaux à la charge du département ; — Taux de la conversion en argent des journées de prestation ; — 8° Déclassement des routes départementales, des chemins vicinaux de grande communication et d'intérêt commun ; — 9° Projets, plans et devis de tous autres travaux à exécuter sur les fonds départementaux et désignation des services auxquels ces travaux seront confiés ; — 10° Offres faites par les communes, les associations ou les particuliers pour concourir à des dépenses quelconques d'intérêt départemental ; — 11° Concessions à des associations, à des compagnies ou à des particuliers de travaux d'intérêt départemental ; — 12° Direction des chemins de fer d'intérêt local, mode et conditions de leur construction, traités et dispositions nécessaires pour en assurer l'exploitation ; — 13° Etablissement et entretien des bacs et passages d'eau sur les routes et chemins à la charge du département ; fixation des tarifs de péage ; — 14° Assurances des bâtiments départementaux ; — 15° Actions à intenter ou à soutenir au nom du département, sauf les cas d'urgence, dans lesquels la commission départementale pourra statuer ; — 16° Transactions concernant les droits des départements ; — 17° Recettes de toute nature et dépenses des établissements d'aliénés appartenant au département ; approbation des traités passés avec des établissements privés ou publics pour le traitement des aliénés du département ; — 18° Service des enfants assistés ; — 19° Part de la dépense des aliénés et des enfants assistés qui sera mise à la charge des communes, et bases de la répartition à faire entre elles ; — 20° Créations d'institutions départementales d'assistance publique, et service de l'assistance publique dans les établissements départementaux ; — 21° Etablissement et organisation des caisses de retraites ou tout autre mode de rémunération en faveur des employés des préfectures et des sous-préfectures et des agents salariés sur les fonds départementaux ; — 22° Part contributive du département aux dépenses des travaux qui intéressent à la fois le département et les communes ; — 23° Difficultés élevées relativement à la répartition de la dépense des travaux qui intéressent plusieurs communes du département ; — 24° Délibérations des conseils municipaux ayant pour but l'établissement, la suppression ou les changements de foires et marchés ; — 25° Changements à la circonscription des communes d'un même canton et à la désignation de leurs chefs-lieux, lorsqu'il y a accord entre les conseils municipaux. (*Id.*, art. 46.)

Les délibérations par lesquelles les conseils généraux statuent définitivement sont exécutoires si, dans un délai de vingt jours, à partir de la clôture de la session, le préfet n'en a pas demandé l'annulation pour excès de pouvoir ou pour violation d'une disposition de la loi ou d'un règlement d'administration publique. — Le recours formé par le préfet doit être notifié au président du conseil général et au président de la commission départementale. Si, dans le délai de deux mois, à partir de la notification, l'annulation n'a pas été prononcée, la délibération est exécutoire. — Cette annulation ne peut être prononcée que par un décret rendu dans la forme des règlements d'administration publique. (*Id.*, art. 47.)

Le conseil général délibère : — 1° sur l'acquisition, l'aliénation et l'échange des propriétés départementales affectées aux hôtels de préfecture et de sous-préfectures, aux écoles normales, aux cours d'assises et tribunaux, au casernement de la gendarmerie et aux prisons ; — 2° sur le changement de destination des propriétés départementales affectées à l'un des services ci-dessus énumérés ; — 3° sur la part contributive à imposer au département dans les travaux exécutés par l'Etat qui intéressent le département ; — 5° sur tous les autres objets sur lesquels il est appelé à délibérer par les lois et règlements, et généralement sur tous les objets d'intérêt départemental dont il est saisi, soit par une proposition du préfet, soit sur l'initiative d'un de ses membres. (*Id.*, art. 48.)

Les délibérations prises par le conseil général, sur les matières énumérées à l'article 48, sont exécutoires si, dans le délai de trois mois à partir de la clôture de la session, un décret motivé n'en a pas suspendu l'exécution. (*Id.*, art. 49.)

*Délibérations exécutoires après approbation.* — Dans le cas où le conseil général voterait une contribution extraordinaire excédant le maximum fixé par la loi de finances, ou un emprunt remboursable dans un délai supérieur à trente ans, cette contribution ou cet emprunt devrait être autorisé par décret en conseil d'Etat. (Loi du 10 juillet 1898.)

Les délibérations arrêtant le compte administratif du préfet ne sont que provisoires : le compte est définitivement arrêté par décret.

*Recours contre les délibérations illégales des conseils généraux.* — L'assemblée départementale a-t-elle pris une délibération sur un objet qui n'est point légalement compris dans ses attributions, le gouvernement peut, en vertu de l'article 33, en déclarer la nullité par un décret motivé.

Lorsqu'une délibération, tout en portant sur une question rentrant dans les attributions des conseils généraux, est entachée d'excès de pouvoir ou viole une disposition de la loi ou d'un règlement d'administration publique, le préfet doit se pourvoir dans les vingt jours qui suivent la clôture de la session, notifier son recours dans le même délai aux présidents du conseil général et de la commission départementale, et un décret, rendu sur l'avis du conseil d'Etat, annule la délibération. Les parties intéressées peuvent, elles aussi, attaquer devant le conseil d'Etat, statuant au contentieux, les délibérations contenant un excès de pouvoir et qui les lèsent dans leurs droits.

*Avis, vœux, réclamations.* — Le conseil général donne son avis sur tous les objets sur lesquels il est appelé à donner son avis en vertu des lois et règlements, ou sur lesquels il est consulté par les ministres. (*Id.*, art. 50.)

Il peut adresser directement au ministre compétent, par l'intermédiaire de son président, les réclamations qu'il aurait à présenter dans l'intérêt spécial du département, ainsi que son opinion sur l'état et les besoins des différents services publics, en ce qui touche le département. — Tous vœux politiques lui sont interdits. Néanmoins, il peut émettre des vœux sur toutes les questions économiques et d'administration générale. (*Id.*, art. 51.)

Les chefs de service des administrations publiques dans le département sont tenus de fournir verbalement ou par écrit tous les renseignements qui leur seraient réclamés par le conseil général, sur les questions intéressant le département. (*Id.*, art. 52.)

*Rapports du préfet.* — A la session d'août, le préfet rend compte au conseil général, par un rapport spécial et détaillé, de la situation du département et de l'état des différents services publics. — A l'autre session ordinaire, il présente au conseil général un rapport sur les affaires qui doivent lui être soumises pendant cette session. — Ces rapports sont imprimés et distribués à tous les membres du conseil général huit jours au moins avant l'ouverture de la session. (*Id.*, art. 56.)

### Commission départementale.

La *commission départementale* est une délégation de quatre membres au moins, et de sept au plus, du conseil général. Elle est recrutée dans son sein par voie d'élection et chargée de surveiller, en l'absence de ce conseil, l'action du préfet et l'exécution des décisions du conseil général. Elle peut, dans certains cas, prendre des délibérations exécutoires. En cas de dissolution du conseil général, si la commission est également dissoute, la nouvelle est nommée par le pouvoir exécutif.

La commission départementale communique directement avec certains chefs de service (désignés par un décret du 23 juin 1874), mais elle ne peut communiquer avec les autres agents et le public que par l'intermédiaire du préfet.

La commission départementale a d'abord les attributions que lui délègue le conseil général. Cette délégation doit être expresse, spéciale et temporaire. Certaines attributions ne peuvent être déléguées. Ex. : les attributions budgétaires du conseil général, l'apurement des comptes des établissements d'aliénés, etc.

Elle a, en outre, des attributions légales qui lui appartiennent en propre, à l'exclusion du conseil général, en ce qui concerne la répartition des subventions inscrites au budget départemental, les travaux départementaux, les emprunts départementaux, les chemins vicinaux, le conseil de revision, l'approbation du tarif des évaluations cadastrales, la nomination de syndics en cas d'entreprises subventionnées, la comptabilité communale, les contrats à passer au nom du département, etc.

Les décisions de cette commission peuvent être l'objet de trois sortes de recours : 1° recours administratif en annulation pour violation de la loi ; 2° recours au conseil général ; 3° recours au conseil d'Etat pour excès de pouvoir ou incompétence.

Voici maintenant les articles de la loi du 10 août 1871, qui régissent le fonctionnement et les attributions de la commission départementale :

La commission départementale est élue, chaque année, à la fin de la session d'août. — Elle se compose de quatre membres au moins et de sept au plus, et elle comprend un membre choisi, autant que possible, parmi les conseillers élus ou domiciliés dans chaque arrondissement. — Les membres de la commission sont indéfiniment rééligibles. (Loi du 10 août 1871, art. 69.)

Les fonctions de membre de la commission départementale sont incompatibles avec celles de maire du chef-lieu du département et avec le mandat de député ou de sénateur. (Loi du 19 déc. 1876.)

La commission départementale est présidée par le plus âgé de ses membres. Elle élit elle-même son secrétaire. Elle siège à la préfecture et prend, sous l'approbation du conseil général et avec le concours du préfet, toutes les mesures nécessaires pour assurer son service. (Loi du 10 août 1871, art. 71.)

La commission départementale ne peut délibérer si la majorité de ses membres n'est présente. — Les décisions sont prises à la majorité absolue des voix. — En cas de partage, la voix du président est prépondérante.

— Il est tenu procès-verbal des délibérations. Les procès-verbaux font mention du nom des membres présents. (*Id.*, art. 72.)

La commission départementale se réunit au moins une fois par mois, aux époques et pour le nombre de jours qu'elle détermine elle-même, sans préjudice du droit qui appartient à son président et au préfet de la convoquer extraordinairement. (*Id.*, art. 73.)

Tout membre de la commission départementale qui s'absente des séances pendant deux mois consécutifs, sans excuse légitime admise par la commission, est réputé démissionnaire. — Il est pourvu à son remplacement à la plus prochaine session du conseil général. (*Id.*, art. 74.)

Les membres de la commission départementale ne reçoivent pas de traitement. (*Id.*, art. 75.)

Le préfet ou son représentant assiste aux séances de la commission; ils sont entendus quand ils le demandent. — Les chefs de service des administrations publiques dans le département sont tenus de fournir, verbalement ou par écrit, tous les renseignements qui leur seraient réclamés par la commission départementale sur les affaires placées dans ses attributions. (*Id.*, art. 76.)

La commission départementale règle les affaires qui lui sont renvoyées par le conseil général, dans les limites de la délégation qui lui est faite. — Elle délibère sur toutes questions qui lui sont déférées par la loi, et elle donne son avis au préfet sur toutes les questions qu'il lui soumet ou sur lesquelles elle croit devoir appeler son attention dans l'intérêt du département. (*Id.*, art. 77.)

Le préfet est tenu d'adresser à la commission départementale, au commencement de chaque mois, l'état détaillé des ordonnances de délégation qu'il a reçues et des mandats de payement qu'il a délivrés pendant le mois précédent, concernant le budget départemental. — La même obligation existe pour les ingénieurs en chef, sous-ordonnateurs délégués. (*Id.*, art. 78.)

A l'ouverture de chaque session ordinaire du conseil général, la commission départementale lui fait un rapport sur l'ensemble des travaux et lui soumet toutes les propositions qu'elle croit utile. — A l'ouverture de la session d'août, elle lui présente dans un rapport sommaire ses observations sur le budget proposé par le préfet. — Ces rapports sont imprimés et distribués, à moins que la commission n'en décide autrement. (*Id.*, art. 79.)

Chaque année, à la session d'août, la commission départementale présente au conseil général le relevé de tous les emprunts communaux et de toutes les contributions extraordinaires communales qui ont été votés depuis la précédente session d'août, avec indication du chiffre total des centimes extraordinaires et des dettes dont chaque commune est grevée. (*Id.*, art. 80.)

La commission départementale, après avoir entendu l'avis ou les propositions du préfet : — 1° répartit les subventions diverses portées au budget départemental, et dont le conseil général ne s'est pas réservé la distribution, les fonds provenant des amendes de police correctionnelle et les fonds provenant du rachat des prestations en nature sur les lignes que ces prestations concernent; — 2° détermine l'ordre de priorité des travaux à la charge du département, lorsque cet ordre n'a pas été fixé par le conseil général; — 3° fixe l'époque et le mode d'adjudication et de réalisation des emprunts départementaux, lorsqu'ils n'ont pas été fixés par le conseil général; — 4° fixe l'époque de l'adjudication des travaux d'utilité départementale. (*Id.*, art. 81.)

La commission départementale assigne à chaque membre du conseil général et aux membres des autres conseils électifs le canton pour lequel ils devront siéger dans le conseil de revision. (*Id.*, art. 82.)

La commission départementale vérifie l'état des archives et celui du mobilier appartenant au département. (*Id.*, art. 83.)

La commission départementale peut charger un ou plusieurs de ses membres d'une mission relative à des objets compris dans ses attributions. (*Id.*, art. 84.)

En cas de désaccord entre la commission départementale et le préfet, l'affaire peut être renvoyée à la plus prochaine session du conseil général, qui statuera définitivement. — En cas de conflit entre la commission départementale et le préfet, comme aussi dans le cas où la commission aurait outrepassé ses attributions, le conseil général est immédiatement convoqué, et statue sur les faits qui lui auront été soumis. — Le conseil général peut, s'il le juge convenable, procéder dès lors à la nomination d'une nouvelle commission départementale. (*Id.*, art. 85.)

La commission départementale prononce, sur l'avis des conseils municipaux, la déclaration de vicinalité, le classement, l'ouverture et le redressement des chemins vicinaux ordinaires, la fixation de la largeur et de la limite desdits chemins. — Elle exerce à cet égard les pouvoirs conférés au préfet par les articles 15 et 16 de la loi du 21 mai 1836. — Elle approuve les abonnements relatifs aux subventions spéciales pour la dégradation des chemins vicinaux, conformément au dernier paragraphe de l'article 14 de la même loi. (*Id.*, art. 86.) V. VOIRIE.

La commission départementale approuve le tarif des évaluations cadastrales, et elle exerce à cet égard les pouvoirs attribués au préfet en conseil de préfecture par la loi du 15 septembre 1807 et le règlement du 15 mars 1827. — Elle nomme les membres des commissions syndicales, dans le cas où il s'agit d'entreprises subventionnées par le département, conformément à l'article 23 de la loi du 21 juin 1865. (*Id.*, art. 87.)

Les décisions prises par la commission départementale, sur les matières énumérées aux articles 86 et 87 de la présente loi, seront communiquées aux préfets en même temps qu'aux conseils municipaux et aux autres parties intéressées. — Elles pourront être frappées d'appel devant le conseil général, pour cause d'inopportunité ou de fausse appréciation des faits, soit par le préfet, soit par les conseils municipaux ou par toute autre partie intéressée. L'appel doit être notifié au président de la commission, dans le délai d'un mois, à partir de la communication de la décision. Le conseil général statue définitivement à sa plus prochaine session. — Elles peuvent aussi être déférées au conseil d'Etat, statuant au contentieux, pour cause d'excès de pouvoir ou de violation de la loi ou d'un règlement d'administration publique. — Le recours au conseil d'Etat doit avoir lieu dans le délai de deux mois, à partir de la communication de la décision attaquée. Il peut être formé sans frais, et il est suspensif dans tous les cas. (*Id.*, art. 88.)

### Budget départemental.

Le projet de budget du département est préparé et présenté par le préfet, qui est tenu de le communiquer à la commission départementale, avec les pièces à l'appui, dix jours au moins avant l'ouverture de la session d'août. Le budget, présenté par chapitres et par articles, délibéré par le conseil général, est définitivement réglé par décret.

Il se divise en budget *ordinaire* et budget *extraordinaire*. (Loi du 10 août 1871, et décret du 12 juillet 1893; loi du 30 juin 1907.)

Les principales recettes du budget ordinaire sont les suivantes : produit des centimes ordinaires additionnels sans affectation spéciale, dont le maximum est fixé annuellement par la loi de finances; produit des centimes pour insuffisance de revenus ordinaires; produit des centimes autorisés pour les dépenses des chemins vicinaux; produit des centimes spéciaux autorisés pour la confection, le renouvellement, la revision et la conservation du cadastre; revenus et produits des propriétés; produits des droits de péage des bacs et passages d'eau sur les routes et chemins à la charge du département, des autres droits de péage et de tous autres droits concédés au département par les lois; part allouée au département sur le fonds de subvention inscrit annuellement au budget du ministère de l'Intérieur et réparti entre les départements qui, en raison de leur situation financière, doivent recevoir une allocation sur les fonds généraux du budget; contingents de l'Etat et des communes pour le service des aliénés, des enfants assistés, de l'assistance médicale, et de toute autre subvention applicable au budget ordinaire; contingent des communes et autres ressources éventuelles pour le service vicinal et pour les chemins de fer d'intérêt local; etc.

Les recettes du budget extraordinaire se composent : 1° du produit des centimes extraordinaires votés annuellement par le conseil général dans les limites déterminées par la loi de finances; — 2° du produit des centimes extraordinaires à percevoir en vertu d'autorisations spéciales; — 3° des produits éventuels extraordinaires : emprunts, dons et legs, produit des biens aliénés, remboursement des capitaux exigibles et des rentes rachetées, et toutes autres recettes accidentelles.

Les dépenses du budget ordinaire sont obligatoires ou facultatives.

Les dépenses obligatoires sont énumérées dans l'art. 61 de la loi du 10 avril 1871, modifié par la loi du 30 juin 1907.

Si un conseil général omet ou refuse d'inscrire au budget un crédit suffisant pour l'acquittement des dépenses obligatoires ou des dettes exigibles, le crédit nécessaire est inscrit d'office au budget par un décret d'administration publique. Il est pourvu au payement des dépenses inscrites d'office au moyen de prélèvements effectués soit sur les excédents de recettes, soit sur le crédit pour dépenses imprévues, et, à défaut, au moyen d'une contribution spéciale portant sur les quatre contributions directes, et établie par le décret d'inscription d'office si elle est dans les limites du maximum fixé annuellement par la loi de finances, ou par une loi si elle doit excéder ce maximum. — Aucune autre dépense ne peut être inscrite d'office dans le budget, et les allocations qui y sont portées par le conseil général, ne peuvent être, en principe, ni changées ni modifiées par le décret qui règle le budget. (Loi du 29 juin 1899.)

Le préfet dresse, pour chaque exercice, le compte des recettes et des dépenses du département. Ce *compte d'administration*, communiqué à la commission départementale avec les pièces à l'appui dix jours au moins avant l'ouverture de la session d'août, est débattu par le conseil général hors la présence du préfet. Les observations du conseil général sont adressées directement par son président au ministre de l'Intérieur. Le compte administratif du préfet, provisoirement arrêté par le conseil général, est définitivement réglé par décret. (Loi du 10 août 1871, art. 27, 66 et 67.)

Le trésorier-payeur général est comptable départemental. Les comptes qu'il rend à ce titre sont distincts de ceux qu'il soumet au jugement de la Cour des comptes en sa qualité de comptable du Trésor.

### Biens départementaux.

Les départements jouissent de la personnalité civile; ils peuvent donc acquérir, posséder, aliéner, échanger, emprunter.

Le mode d'administration des immeubles départementaux est déterminé par le conseil général. V. BAIL, DONS ET LEGS, EMPRUNT, etc.

### Actions judiciaires.

Le préfet intente les actions en vertu de la décision du conseil général, et il peut, sur l'avis conforme de la commission départementale, défendre à toute action intentée contre le département. — Il fait tous actes conservatoires et interruptifs de déchéance. — En cas de litige entre l'Etat et le département, l'action est intentée ou soutenue, au nom du département, par un membre de la commission départementale désigné par elle. — Le préfet, sur l'avis conforme de la commission départementale, passe les contrats au nom du département. (Loi du 10 août 1871, art. 54.)

Aucune action judiciaire, autre que les actions possessoires, ne peut, à peine de nullité, être intentée contre un département qu'autant que le demandeur a préalablement adressé au préfet un mémoire exposant l'objet et les motifs de sa réclamation. — Il lui en est donné récépissé. — L'action ne peut être portée devant les tribunaux que deux mois après la date du récépissé, sans préjudice des actes conservatoires. — La remise du mémoire interrompra la prescription, si elle est suivie d'une demande en justice dans le délai de trois mois. (*Id.*, art. 55.)

**Conférences interdépartementales.**

Les conseils généraux de plusieurs départements ont le droit de se concerter et de débattre, dans des conférences où ils sont représentés par des commissions, les intérêts qui leur sont communs.

Aux termes de l'article 89 de la loi du 10 août 1871, deux ou plusieurs conseils généraux peuvent provoquer entre eux, par l'entremise de leurs présidents et après en avoir averti les préfets, une entente sur les objets d'utilité départementale compris dans leurs attributions et qui intéressent à la fois leurs départements respectifs. Ils peuvent faire des conventions à l'effet d'entreprendre ou de conserver à frais communs des ouvrages ou des institutions d'utilité commune.

D'après l'article 90, les questions d'intérêt commun doivent être débattues dans des conférences où chaque conseil général est représenté soit par sa commission départementale, soit par une commission spéciale nommée à cet effet. Les préfets des départements intéressés peuvent toujours assister à ces conférences. Les décisions ne sont exécutoires qu'après avoir été ratifiées par tous les conseils généraux intéressés.

Si des questions autres que celles que prévoit l'article 89 étaient mises en discussion, le préfet du département où la conférence a lieu déclarerait la réunion dissoute. Toute délibération prise après cette déclaration donnerait lieu à l'application des dispositions et pénalités énoncées à l'article 34 de la loi du 10 août 1871. (V. plus haut, p. 275.)

Les commissions départementales ne peuvent, sans excéder leurs attributions et sans sortir de la légalité, correspondre entre elles et établir une entente pour agir de concert dans un but déterminé. (Avis du conseil d'Etat, 10 avril 1872.)

**Dépens.** — Frais auxquels un procès a donné lieu : émoluments aux officiers ministériels, droits perçus par le Trésor dans les divers actes de l'instance, droits de timbre et d'enregistrement.

*En matière civile.* Aux termes de l'article 130 du Code de procédure civile, la partie qui succombe est condamnée aux dépens, sauf, pourtant, le ministère public. Elle doit supporter non seulement les frais faits par elle, mais encore ceux qui ont été faits par son adversaire, à la condition, toutefois, que celui-ci l'ait formellement demandé. L'article 131 du Code de procédure civile autorise la *compensation* des dépens, dans les deux cas suivants : 1° entre conjoints, ascendants, descendants, frères et sœurs ou alliés au même degré ; 2° entre parties succombant respectivement sur quelques chefs. La compensation est totale ou partielle ; le tribunal assigne la proportion attribuée à chacune des parties.

Ni les honoraires des avocats ni les frais de déplacement ne sont compris dans les dépens.

L'avoué peut demander qu'on lui accorde les dépens (*distraction des dépens*) en affirmant, lors de la prononciation du jugement, qu'il a fait la plus grande partie des avances; la distraction des dépens ne peut être prononcée que par le jugement qui en porte condamnation. (Code proc. civ., art. 133.)

*En matière administrative.* Dans les affaires contentieuses du ressort de l'*autorité administrative* (conseils de préfecture, conseil d'Etat), les dépens ne peuvent pas être prononcés contre une administration publique ou en sa faveur. Le plaideur qui a obtenu gain de cause est responsable des frais qu'il a avancés; mais, s'il succombe, il n'a pas à craindre une charge plus lourde.

*En matière criminelle, correctionnelle et de police.* Le prévenu ou l'accusé acquitté est renvoyé des fins de la poursuite sans dépens, et les frais restent à la charge du Trésor, mais il supporte les frais s'il est condamné, voire absous ou excusé.

*Abus de citation.* Si le demandeur qui succombe est manifestement de mauvaise foi (*abus de citation*), le tribunal le condamne au payement des frais faits par son adversaire, mais à la condition que celui-ci ait pris des conclusions en ce sens.

**Déport.** — V. Bourse.

**Déportation.** — Peine afflictive et infamante, perpétuelle, réservée pour la répression des crimes politiques. Elle consiste à être interné hors du territoire continental, dans une colonie pénitentiaire déterminée.

La déportation est de deux espèces : la déportation *simple* (déportation mineure), et la déportation *dans une enceinte fortifiée* (déportation majeure ou aggravée).

La création de la déportation dans une enceinte fortifiée (loi du 8 juin 1850) eut pour but de remplacer la peine de mort en matière politique, abolie depuis 1848. Les lois des 23 mars 1872 et 25 mars 1873, ainsi qu'un décret du 31 mai 1872, forment le dernier état de la législation sur la matière.

Les deux espèces de déportations diffèrent par leur régime : le condamné à la déportation simple jouit d'une certaine liberté; la déportation dans une enceinte fortifiée restreint davantage la liberté du condamné (décret du 31 mai 1872) ; les condamnés à la déportation simple peuvent, dès leur arrivée à la colonie pénitentiaire, recevoir une concession provisoire de terrains ; les condamnés à la déportation dans une enceinte fortifiée n'en peuvent recevoir qu'après cinq ans d'une conduite irréprochable ; les condamnés à la déportation simple ont, de plein droit, l'exercice des droits civils dans le lieu de déportation ; les condamnés à la déportation dans une enceinte fortifiée ne peuvent exercer tout ou partie de leurs droits civils que par suite d'une faveur spéciale accordée, à titre individuel, par le gouvernement.

Il ne faut pas confondre la déportation avec la transportation, à laquelle sont soumis les condamnés aux travaux forcés. V. TRANSPORTATION.

La peine de la déportation dans une enceinte fortifiée est subie dans la presqu'île Ducos (Nouvelle-Calédonie) et aux îles du Salut (Guyane). L'île des Pins et l'île Maré ont été désignées comme lieux de déportation simple.

**Déposition.** — Témoignage fourni en justice.

**Dépôt.** — Acte par lequel on reçoit la chose d'autrui à la charge de la restituer en nature. (Code civ., art. 1915.)

Il y a deux espèces de dépôts : le dépôt proprement dit et le séquestre (v. SÉQUESTRE. Code civ., art. 1916), et, d'autre part, on distingue le dépôt *volontaire* et le dépôt *nécessaire*.

Le dépôt proprement dit, contrat essentiellement gratuit (*id.*, art. 1917), ne peut avoir pour objet que des choses mobilières. (*Id.*, art. 1918.)

*Dépôt volontaire.* — Le dépôt volontaire se forme par le consentement réciproque de la personne qui fait le dépôt et de celle qui le reçoit. (*Id.*, art. 1921.) Il ne peut être fait régulièrement que par le propriétaire de la chose déposée, ou de son consentement exprès ou tacite. (*Id.*, art. 1922.) Il doit être prouvé par écrit ; la preuve testimoniale n'en est point reçue pour valeur excédant 150 francs. (*Id.*, art. 1923.)

Lorsque le dépôt, étant supérieur à cette somme, n'est pas prouvé par écrit, le dépositaire est cru sur sa déclaration, soit pour le fait même du dépôt, soit pour la chose qui en faisait l'objet, soit pour le fait de sa restitution. (*Id.*, art. 1924.)

Le dépositaire doit apporter dans la garde de la chose déposée les mêmes soins qu'il apporte dans la garde des choses qui lui appartiennent. (*Id.*, art. 1927.) Cette disposition doit être appliquée avec plus de rigueur : 1° si le dépositaire s'est offert lui-même pour recevoir le dépôt ; 2° s'il a stipulé un salaire pour la garde du dépôt ; 3° si le dépôt a été fait uniquement pour l'intérêt du dépositaire ; 4° s'il a été convenu expressément que le dépositaire répondrait de toute espèce de faute. (*Id.*, art. 1928.)

Il ne peut se servir de la chose déposée sans la permission expresse ou présumée du déposant. (*Id.*, art. 1930.)

Il ne doit point chercher à connaître quelles sont les choses qui lui ont été déposées, lorsqu'elles lui ont été confiées dans un coffre fermé ou sous une enveloppe cachetée. (*Id.*, art. 1931.) Il est tenu de rendre identiquement la chose même qu'il a reçue (*id.*, art. 1932) ; il ne devrait pas restituer, par exemple, des valeurs industrielles s'il avait reçu de l'or en dépôt.

Le dépositaire n'est tenu de rendre la chose déposée que dans l'état où elle se trouve au moment de la restitution. Les détériorations qui ne sont pas survenues par son fait sont à la charge du déposant (*id.*, art. 1933), et il n'est, en aucun cas, responsable des accidents de force majeure, à moins qu'il n'ait été mis en demeure de restituer la chose déposée. (*Id.*, art. 1929.) Mais, si la chose lui a été enlevée par une force majeure, et s'il a reçu un prix ou quelque chose à la place, il doit restituer ce qu'il a reçu en échange. (*Id.*, art. 1934.)

L'héritier du dépositaire, qui a vendu de bonne foi la chose dont il ignorait le dépôt, n'est tenu que de rendre le prix qu'il a reçu, ou de céder son action contre l'acheteur, s'il n'a pas touché le prix. (*Id.*, art. 1935.)

S'il découvre que la chose a été volée, et quel en est le véritable propriétaire, il doit dénoncer à celui-ci le dépôt qui lui a été fait, avec sommation de le réclamer dans un délai déterminé et suffisant. Si celui auquel la dénonciation a été faite néglige de réclamer le dépôt, le dépositaire est valablement déchargé par la remise qu'il en a faite à celui duquel il l'a reçu. (*Id.*, art. 1938.)

Le dépositaire ne peut demander aucun salaire (autrement, on se trouverait en présence d'un contrat de louage), mais il a le droit de se faire rembourser les dépenses qu'il a faites pour la conservation de la chose déposée, et indemniser des pertes que le dépôt peut lui avoir occasionnées. (*Id.*, art. 1947.)

Le dépositaire peut retenir le dépôt jusqu'à l'entier payement de ce qui lui est dû à raison du dépôt. (*Id.*, art. 1948.)

Le déposant ne peut demander au dépositaire les intérêts de la somme déposée ; ce ne serait plus en effet un dépôt, mais un prêt.

*Dépôt nécessaire.* — Le dépôt *nécessaire* ou *misérable* est celui qui a été forcé par suite de quelque accident, tel que naufrage, incendie, inondation ; le déposant peut prouver le dépôt, à quelque valeur qu'il atteigne, par la preuve testimoniale. (Code civ., art. 1949-1950.) Le dépôt dans les hôtelleries des effets apportés par les voyageurs est considéré comme un dépôt nécessaire. (*Id.*, art. 1952.) La loi du 18 avril 1889 a limité à 1 000 francs la responsabilité des hôteliers et aubergistes pour les espèces monnayées ou les valeurs au porteur non déposées réellement entre leurs mains ; cette responsabilité n'est pas en cause dans le cas de vol à main armée ou de force majeure. (*Id.*, art. 1953 et 1954.)

*Violation de dépôt.* — La violation d'un dépôt est un délit spécial, soumis aux dispositions de l'art. 408 du Code pénal, qui prévoit et réprime tous détournements d'objets confiés. V. ABUS DE CONFIANCE, p. 6.

La violation des dépôts publics est réprimée plus sévèrement que celle d'un dépôt privé. (Code pén., art. 254 et 255.)

*Dépôts d'argent non réclamés aux caisses des agents des Postes.* — La loi du 4 avril 1898 a fixé à trois années le délai de prescription des mandats d'articles d'argent et des valeurs de toute nature confiés à l'administration des Postes ou trouvés dans le service.

**Dépôt de la préfecture de police.** — Lieu de détention provisoire où l'on amène tout d'abord les personnes arrêtées dans Paris ou le département de la Seine.

La détention au dépôt ne doit pas dépasser

et, depuis la loi du 8 décembre 1897, ne dépasse plus, en fait, le délai de vingt-quatre heures.

## Dépôt légal.

L'article 3 de la loi du 29 juillet 1881 sur la presse exige, sous peine d'une amende de 16 à 300 francs, que, au moment de la publication de tout imprimé, il en soit fait, par l'imprimeur, un dépôt de deux exemplaires, destinés aux collections nationales. Ce dépôt a lieu : au ministère de l'Intérieur, pour Paris ; à la préfecture ou à la sous-préfecture, pour les chefs-lieux d'arrondissement; à la mairie, pour les autres villes. — Sont exceptés de cette disposition les bulletins de vote, les circulaires commerciales ou industrielles, ainsi que les ouvrages dits « de ville » ou « bilboquets ».

## Dépôts et consignations (Caisse des). — V. CAISSE.

## Dépôt de mendicité. — V. MENDICITÉ.

## Députés (Chambre des). — Assemblée politique qui partage avec le Sénat l'exercice du pouvoir législatif.

*Pouvoir législatif.* — Le pouvoir législatif s'exerce par deux assemblées : la Chambre des députés et le Sénat (Loi du 25 février 1875, art. 1er), qui siègent à Paris (Loi du 22 juillet 1879, art. 4).

*Listes électorales.* — V. ÉLECTIONS.

*Eligibilité.* — Tout électeur est éligible, sans condition de cens, à l'âge de vingt-cinq ans accomplis. (Loi du 30 novembre 1875, art. 6.)

Nul ne peut être membre du Parlement s'il n'a satisfait définitivement aux prescriptions de la loi militaire concernant le service actif. (Loi du 20 juillet 1895, art. 1er.)

Sont inéligibles les individus désignés par l'article 15 du décret du 2 février 1852 et par l'article 16 du même décret, comme ne devant pas être inscrits sur les listes électorales. (V. ÉLECTIONS.) Sont également inéligibles les membres des familles qui ont régné sur la France. (Loi du 16 juin 1885, art. 4.)

« Aucun militaire ou marin faisant partie des armées actives de terre ou de mer ne pourra, quels que soient son grade ou ses fonctions, être élu membre de la Chambre des députés. — Cette disposition s'applique aux militaires et marins en disponibilité ou en non-activité, mais elle ne s'étend ni aux officiers placés dans la seconde section du cadre de l'état-major général, ni à ceux qui, maintenus dans la première section comme ayant commandé en chef devant l'ennemi, ont cessé d'être employés activement, ni aux officiers qui, ayant des droits acquis à la retraite, sont envoyés ou maintenus dans leurs foyers en attendant la liquidation de leur pension. — La décision par laquelle l'officier aura été admis à faire valoir ses droits à la retraite deviendra, dans ce cas, irrévocable. — La disposition contenue dans le premier paragraphe du présent article ne s'applique pas à la réserve de l'armée active ni à l'armée territoriale. » (Loi du 30 novembre 1875, article 7.)

L'exercice des fonctions publiques rétribuées sur les fonds de l'Etat est incompatible avec le mandat de député. — En conséquence, tout fonctionnaire élu député sera remplacé dans ses fonctions si, dans les huit jours qui suivront la vérification des pouvoirs, il n'a pas fait connaître qu'il n'accepte pas le mandat de député. — Sont exceptées des dispositions qui précèdent : les fonctions de ministre, sous-secrétaire d'Etat, ambassadeur, ministre plénipotentiaire, préfet de la Seine, préfet de police, premier président de la Cour de cassation, premier président de la Cour des comptes, premier président de la cour d'appel de Paris, procureur général près la Cour de cassation, procureur général près la Cour des comptes, procureur général près la cour d'appel de Paris, archevêque et évêque, pasteur président de consistoire dans les circonscriptions consistoriales dont le chef-lieu compte deux pasteurs et au-dessus, grand rabbin du consistoire central, grand rabbin du consistoire de Paris. (*Id.*, art. 8.)

Sont également exceptés des dispositions de l'article 8 : les professeurs titulaires de chaires qui sont données au concours ou sur la présentation des corps où la vacance s'est produite ; les personnes qui ont été chargées d'une mission temporaire. Toute mission qui a duré plus de six mois cesse d'être temporaire et est régie par l'article 8 ci-dessus. (*Id.*, art. 9.)

Le fonctionnaire conserve les droits qu'il a acquis à une pension de retraite et peut, après l'expiration de son mandat, être remis en activité.

Le fonctionnaire civil qui, ayant eu vingt ans de services à la date de l'acceptation de son mandat de député, justifiera de cinquante ans d'âge à l'époque de la cessation de ce mandat, pourra faire valoir ses droits à une pension de retraite exceptionnelle. (*Id.*, art. 10.)

Tout député nommé ou promu à une fonction publique salariée cesse d'appartenir à la Chambre par le fait même de son acceptation ; mais il peut être réélu, si la fonction qu'il occupe est compatible avec le mandat de député. Les députés nommés ministres ou sous-secrétaires d'Etat ne sont pas soumis à la réélection. (*Id.*, art. 11.)

Ne peuvent être élus par l'arrondissement ou la colonie compris en tout ou en partie dans leur ressort, pendant l'exercice de leurs fonctions et pendant les six mois qui suivent la cessation de leurs fonctions par démission, destitution, changement de résidence ou de toute autre manière : 1° les premiers présidents, les présidents et les membres des parquets des cours d'appel ; 2° les présidents, vice-présidents, juges titulaires, juges d'instruction et membres du parquet des tribunaux de première instance, ainsi que les juges de paix titulaires ; 3° le préfet de police, les préfets et les secrétaires généraux des préfectures, les gouverneurs, directeurs de l'intérieur et secrétaires généraux des colonies ; 4° les ingénieurs en chef et d'arrondissement ; les agents voyers en chef et d'arrondissement ; 5° les recteurs et inspecteurs d'académie ; 6° les inspecteurs des écoles primaires ; 7° les archevêques, évêques et vicaires généraux ; 8° les trésoriers-payeurs généraux et les receveurs particuliers des finances ; 9° les directeurs des contributions directes et indirectes, de l'enregistrement et des domaines, et des postes; 10° les conservateurs et inspecteurs des forêts.

Les sous-préfets et les conseillers de préfecture ne peuvent être élus dans aucun des arrondissements du département où ils exercent leurs fonctions. (*Id.*, art. 12, et loi du 30 mars 1902.)

Aux termes de la loi du 17 juillet 1889 sur les candidatures multiples, nul ne peut être candidat dans plus d'une circonscription. (Art. 1er.) Tout citoyen qui se présente ou est présenté aux élections générales ou partielles doit, par une déclaration signée ou visée par lui, et dûment légalisée, faire connaître dans quelle circonscription il entend être candidat. Cette déclaration est déposée, contre reçu provisoire, à la préfecture du département intéressé, le cinquième jour au plus tard avant le jour du scrutin. Il en est délivré récépissé définitif dans les vingt-quatre heures. (Art. 2.) Toute déclaration faite en violation de l'article 1er est nulle et irrecevable. Si les déclarations sont déposées par le même citoyen dans plus d'une circonscription, la première en date est seule valable. Si elles portent la même date, toutes sont nulles. (Art. 3.) Il est interdit de signer ou d'apposer des affiches, d'envoyer ou de distribuer des bulletins, circulaires ou professions de foi dans l'intérêt d'un candidat qui ne s'est pas conformé aux prescriptions de la présente loi. (Art. 4.) Les bulletins au nom d'un citoyen dont la candidature est posée en violation de la présente loi n'entrent pas en compte dans le résultat du dépouillement. Les affiches, placards, professions de foi, bulletins de vote, apposés ou distribués pour appuyer une candidature dans une circonscription où elle ne peut légalement être produite, sont enlevés ou saisis. (Art. 5.) Sont punis d'une amende de 10 000 francs le candidat contrevenant aux dispositions de la loi, et d'une amende de 1 000 francs à 5 000 francs toute personne qui agit en violation de l'article 4.

*Mandat impératif.* — « Tout mandat impératif est nul et de nul effet. » (Loi du 30 novembre 1875, art. 15.)

*Elections législatives.* — La Chambre des députés est élue au suffrage universel. (Loi du 25 février 1875, art. 1er.) Les députés sont élus pour quatre ans. (Loi du 30 novembre 1875, art. 15.) Cette période de quatre ans porte le nom de *législature*. — Les élections à la Chambre des députés sont dites *élections législatives*.

La Chambre se renouvelle intégralement.

En cas de vacance par décès, démission ou autrement, l'élection devra être faite dans le délai de trois mois, à partir du jour où la vacance se sera produite. En cas d'option, il est pourvu à la vacance dans le délai d'un mois. (Loi du 30 novembre 1875, art. 16.)

*Scrutin d'arrondissement.* Les membres de la Chambre des députés sont élus au scrutin individuel. Chaque arrondissement administratif dans les départements et chaque arrondissement municipal à Paris et à Lyon nomme un député. Les arrondissements dont la population dépasse 100 000 habitants nomment un député de plus par 100 000 ou fraction de 100 000 habitants. Les arrondissements, dans ce cas, sont divisés en circonscriptions dont le tableau est annexé à la loi du 30 mars 1902 et ne peut être modifié que par une loi.

Il est attribué un député au territoire de Belfort, six à l'Algérie et dix aux colonies. La Chambre se compose de 591 membres.

Les collèges électoraux sont convoqués par décret du président de la République. L'intervalle entre la promulgation du décret et l'ouverture des collèges électoraux est de vingt jours au moins. (Décret du 2 février 1852, art. 4.)

En cas de vacance par décès, démission ou autrement, l'élection doit être faite dans le délai de trois mois à partir du jour où la vacance se sera produite. En cas d'option, il est pourvu à la vacance dans le délai d'un mois. (Loi du 30 nov. 1875, art. 16.)

*Opérations électorales.* Les électeurs votent au chef-lieu de la commune; s'il y a lieu, la commune peut être divisée en sections de vote pour la commodité des électeurs.

Le président du collège ou de la section a seul la police de l'assemblée. Nulle force armée ne peut, sans autorisation, être placée dans la salle des séances, ni aux abords du lieu où se tient l'assemblée. Les autorités civiles et les commandants militaires sont tenus de déférer à ses réquisitions. (Décret du 2 févr. 1852, art. 11.)

Le *bureau* de chaque collège ou section est composé d'un président, de quatre assesseurs et d'un secrétaire choisi par eux parmi les électeurs. Dans les délibérations du bureau, le secrétaire n'a que voix consultative. (*Id.*, 2 févr. 1852, art. 12.)

Les collèges et sections sont présidés par les maires, adjoints et conseillers municipaux de la commune. A leur défaut, les présidents sont désignés, par le maire, parmi les électeurs sachant lire et écrire. A Paris, les sections sont présidées, dans chaque arrondissement, par le maire, les adjoints ou les électeurs désignés par eux. (*Id.*, art. 13.)

Les assesseurs sont pris, suivant l'ordre du tableau, parmi les conseillers municipaux sachant lire et écrire. A leur défaut, les assesseurs sont les deux plus âgés et les plus jeunes électeurs sachant lire et écrire. A Paris, les fonctions d'assesseurs sont remplies dans chaque session par les deux plus âgés et les deux plus jeunes électeurs sachant lire et écrire. (*Id.*, art. 14.)

Trois membres du bureau au moins doivent être présents pendant tout le cours des opérations. (*Id.*, art. 15.)

Le bureau prononce provisoirement sur les difficultés qui s'élèvent touchant les opérations du collège et de la section. Ses décisions sont motivées. Toutes les réclamations et décisions sont inscrites au procès-verbal. Les pièces et bulletins qui s'y rapportent y sont annexés après avoir été paraphés par le bureau. (*Id.*, art. 16.)

Pendant toute la durée des opérations électorales, une copie officielle de la liste des électeurs contenant les nom, domicile et qualité de chacun des inscrits, reste déposée sur la table autour de laquelle siège le bureau. (*Id.*, art. 17.)

Tout électeur inscrit sur la liste a le droit de prendre part au vote; néanmoins ce droit est suspendu pour les accusés contumaces et pour les personnes non interdites, mais retenues, en vertu de la loi du 30 juin 1838, dans un établissement public d'aliénés. (*Id.*, art. 18.)

Sont admis au vote, quoique non inscrits, les citoyens porteurs d'une décision du juge de paix ordonnant leur inscription, ou d'un arrêt de la Cour de cassation annulant un jugement qui avait prononcé une radiation. (*Id.*, art. 19.)

Les militaires et assimilés de tous grades et de toutes armes des armées de terre et de mer ne prennent part à aucun vote quand ils sont présents à leurs corps, à leur poste ou dans l'exercice de leurs fonctions. Ceux qui, au moment de l'élection, se trouvent en résidence libre, en non-activité ou en possession d'un congé régulier, peuvent voter dans la commune sur les listes de laquelle ils sont régulièrement inscrits. Cette dernière disposition s'applique également aux officiers et assimilés qui sont en disponibilité ou dans le cadre de réserve. (Loi du 21 mars 1905, art. 9.) C'est assez dire qu'elle s'applique aux officiers généraux dudit cadre, comme à tous les officiers retraités, même pendant les cinq années qu'ils doivent rester à la disposition du ministre de la Guerre et compter, à ce titre, dans la réserve ou l'armée territoriale. De même, le droit de vote est étendu aux jeunes gens du contingent et aux engagés volontaires tant qu'ils n'ont pas encore paru sous les drapeaux, et aux hommes de troupe qui ne sont pas encore passés dans la réserve, mais se trouvent dans la situation de disponibilité et en résidence dans la commune où ils sont inscrits comme électeurs.

Nul électeur ne peut entrer dans un collège électoral s'il est porteur d'armes quelconques. (Décret du 2 févr. 1852, art. 20.)

Le vote est secret. (Loi du 30 nov. 1875, art. 5.)

Les électeurs apportent leur bulletin préparé en dehors de l'assemblée. Le papier du bulletin doit être blanc et sans signes extérieurs. (*Id.*, art. 21.)

A l'appel de son nom, l'électeur remet au président son bulletin fermé (mais non pas sous enveloppe).

Le président le dépose dans la boîte du scrutin, laquelle doit, avant le commencement du vote, avoir été fermée à deux serrures, dont les clefs restent, l'une entre les mains du président, l'autre entre les mains du scrutateur le plus âgé. (*Id.*, art. 22.)

Le vote de chaque électeur est constaté par la signature ou le paraphe de l'un des membres du bureau, apposé sur la liste, en marge du nom du votant. (*Id.*, art. 23.)

Le scrutin ne dure qu'un seul jour. (Loi du 30 nov. 1875, art. 4.)

*Dépouillement du scrutin.* Le dépouillement du scrutin doit se faire en présence de l'assemblée. Après la clôture du scrutin il est procédé au dépouillement, de la manière suivante. La boîte du scrutin est ouverte, et le nombre des bulletins vérifié. Si ce nombre est plus grand que celui des votants, il en est fait mention au procès-verbal. — Le bureau désigne parmi les électeurs présents un certain nombre de scrutateurs sachant lire et écrire, lesquels se divisent par tables de quatre au moins. Le président répartit entre les diverses tables les bulletins à vérifier. A chaque table l'un des scrutateurs lit chaque bulletin à haute voix et le passe à un autre scrutateur. Les noms portés sur les bulletins sont relevés sur des listes préparées à cet effet. (*Id.*, art. 27.)

Le président et les membres du bureau surveillent l'opération du dépouillement. Néanmoins, dans les collèges ou sections où il se sera présenté moins de 300 votants, le bureau pourra procéder lui-même, et sans l'intervention de scrutateurs supplémentaires, au dépouillement du scrutin. (*Id.*, art. 28.)

Les bulletins blancs, ceux ne contenant pas une désignation suffisante ou dans lesquels les votants se font connaître, n'entrent point en compte dans le résultat du dépouillement, mais ils sont annexés au procès-verbal. (*Id*, art. 30.)

Immédiatement après le dépouillement, le résultat du scrutin est rendu public. Les bulletins autres que ceux qui doivent être annexés au procès-verbal (c'est-à-dire ceux sur lesquels il y a quelque difficulté, les bulletins blancs, ceux qui ne désignent pas suffisamment ou ceux dans lesquels les votants se sont fait connaître) sont brûlés en présence des électeurs. (*Id.*, art. 31.)

*Procès-verbaux.* Les procès-verbaux des opérations électorales de chaque commune sont rédigés en double. L'un de ces doubles reste déposé au secrétariat de la mairie; l'autre double est transmis au sous-préfet de l'arrondissement, qui le fait parvenir au préfet du département. (*Id.*, art. 33.)

Les listes d'émargement de chaque section demeurent déposées pendant la huitaine au secrétariat de la mairie, où elles sont communiquées à tout électeur requérant. (Loi du 30 nov. 1875, art. 5.)

Le recensement général des votes, pour chaque circonscription électorale, se fait au chef-lieu du département, en séance publique. Il est opéré par une commission de trois membres du conseil général. A Paris, le recensement est fait par une commission de cinq membres du conseil général, désignés par le préfet de la Seine. (*Id.*, art. 34.)

Le recensement général des votes étant terminé, le président de la commission en fait connaître le résultat. (*Id.*, art. 35.)

*1er et 2e tour de scrutin.* Nul n'est élu au premier tour de scrutin s'il n'a réuni : — 1° la majorité absolue des suffrages exprimés; 2° un nombre de suffrages égal au quart du nombre des électeurs inscrits. Au deuxième tour, la majorité relative suffit. En cas d'égalité de suffrages, le plus âgé des candidats est élu. (Loi du 16 juin 1885, art. 5.)

Le second tour de scrutin a lieu le deuxième dimanche qui suit le jour de la proclamation du résultat du premier scrutin. (Loi du 30 nov. 1875, art. 4.)

Pourront seuls prendre part au deuxième tour de scrutin, les électeurs inscrits sur la liste électorale qui aura servi au premier tour. (Loi du 2 avril 1903.)

Sauf le cas de dissolution prévu et réglé par la Constitution, les élections générales ont lieu dans les soixante jours qui précèdent l'expiration des pouvoirs de la Chambre des députés. (*Id.*, art. 6.)

Il n'est pas pourvu aux vacances survenues dans les six mois qui précèdent le renouvellement de la Chambre. (*Id.*, art. 7.)

*Validation.* — La Chambre est juge de l'éligibilité de ses membres et de la régularité de leur élection ; elle peut seule recevoir leur démission. Dans l'examen soit du droit, soit du fait, sa décision est souveraine. (Loi du 16 juill. 1875, art. 10.)

*Dissolution.* — Le président de la République peut, sur l'avis conforme du Sénat, dissoudre la Chambre des députés avant l'expiration de son mandat. (Loi du 25 févr. 1875, art. 5.) En ce cas, les collèges électoraux sont convoqués pour de nouvelles élections dans le délai de deux mois et la Chambre est réunie dans les dix jours qui suivent la clôture des opérations électorales. (Loi du 14 août 1884, art. 1er.)

*Bureau.* — Le bureau de la Chambre des députés se compose du président, de quatre vice-présidents, de huit secrétaires et de trois questeurs. Les *vice-présidents* remplacent le président empêché. Les *secrétaires* surveillent la rédaction du procès-verbal, en donnent lecture, le signent, inscrivent les orateurs qui demandent la parole, constatent le résultat des scrutins, etc. Les *questeurs* dirigent et contrôlent les services administratifs de la Chambre.

Le bureau de la Chambre est élu chaque année pour la durée de la session et pour toute session extraordinaire qui aurait lieu avant la session ordinaire de l'année suivante. (Loi du 16 juill. 1875, art. 11.)

*Mécanisme législatif.* — La Chambre des députés partage avec le Sénat l'exercice du pouvoir législatif. L'initiative des lois est ouverte aux députés et au gouvernement : les *propositions de loi* du pouvoir exécutif sont dites *projets*. Les projets de loi doivent être accompagnés d'un *décret* du président de la République. Toute proposition doit être formulée par écrit, rédigée en *articles* et précédée d'un *exposé des motifs*. La présentation à une Chambre d'une proposition votée par l'autre s'appelle *transmission ;* elle est opérée de président à président. Les projets de loi votés par la Chambre sont transmis par le président aux ministres qui les ont déposés ; ceux-ci en font la présentation au Sénat dans un délai de trois jours (urgence) à un mois. Les propositions ou projets adoptés par le Sénat et votés sans modifications par la Chambre sont transmis au président de la République par l'intermédiaire du ministre compétent.

Le président ordonne le renvoi aux *bureaux,* pour la nomination d'une *commission*, ou à une commission déjà existante, des *projets* et des *propositions transmises,* et le renvoi à la *commission d'initiative* des *propositions d'initiative parlementaire,* à moins qu'un vote d'*urgence* n'en autorise la discussion immédiate, dispensant cette proposition de l'examen de la commission d'initiative, ou bien que le renvoi à une commission déjà existante ne soit réclamé et voté.

La Chambre est divisée en *onze bureaux* tirés mensuellement au sort. Les bureaux nomment un président, un secrétaire ; ils délibèrent séparément sur les projets et les propositions qui leur sont soumis, entendent les candidats et élisent un ou plusieurs *commissaires*. La nomination de la *commission du budget* est élue dans des conditions spéciales, en raison de son importance.

Les propositions de loi sont soumises à deux délibérations (1re et 2e *lecture*) ; la *déclaration d'urgence* dispense de la seconde délibération et de l'examen par la *commission d'initiative parlementaire*, chargée de donner son avis sur la prise en considération sans statuer sur le fond. Les lois de finances et d'intérêt local ne comportent qu'une délibération.

L'examen des propositions s'ouvre par une discussion d'ensemble (*discussion générale*). Lorsque celle-ci est close, la Chambre passe à la *discussion des articles*. Le refus de la poursuivre entraîne le rejet définitif de la proposition. La délibération porte sur chaque article et sur les *amendements*. (V. ce mot.)

Les députés, dont la principale fonction est de voter les lois, contrôlent aussi les actes du gouvernement au moyen de *questions* et d'*interpellations*. « La *question* est posée verbalement par un seul membre à l'un des ministres : l'usage veut que le ministre l'ait préalablement acceptée. Elle n'est pas inscrite à l'ordre du jour. Le député qui a posé la question a *seul* le droit de *répliquer sommairement ;* mais la Chambre peut, sur la proposition d'un de ses membres, décider que la question sera *transformée en interpellation*, ce qui entraîne le droit pour tous les députés de discuter à leur tour le sujet de la question. La transformation inverse peut être demandée ; mais comme elle aurait pour résultat d'enlever aux contradicteurs le droit de répliquer, tout député a la latitude de *reprendre* l'interpellation abandonnée. Toute demande d'interpellation doit être écrite et remise au président. La date de la discussion est fixée par l'Assemblée sans débat sur le fond ; l'avis du gouvernement est *essentiel ;* s'il ne peut intervenir, la date n'est fixée qu'à une séance ultérieure. Les interpellations sur la politique intérieure ne peuvent être *renvoyées* à plus d'*un mois* (décision qui équivaut à un rejet). Celles qui visent la politique extérieure peuvent être, au contraire, indéfiniment ajournées. Ou bien encore la Chambre écarte l'interpellation par le vote de la *question préalable*. Les interpellations de collègue à collègue sont interdites. Si l'*ordre du jour pur et simple* ou *motivé* ne sont ni réclamés, ni déposés, le président déclare l'*incident clos*. L'ordre du jour pur et simple, s'il est réclamé, a toujours la priorité. L'ordre du jour motivé peut être, au cours de la discussion qui précède le vote, *amendé* et *divisé*, faculté dont on abuse.

La présence de 296 députés, majorité absolue de leur nombre légal (591), est nécessaire pour la validité des votes : c'est le *quorum* nécessaire pour voter, mais non pour discuter.

La Chambre des députés vote par *assis et levé*; les membres qui sont d'avis d'adopter la mesure proposée se lèvent ou simplement lèvent la main; le bureau apprécie leur nombre. Si la majorité n'apparaît pas nettement, même après une contre-épreuve, on recourt au vote *au scrutin public*. Chaque député remet dans l'urne, que lui présente un huissier, un bulletin portant son nom, bleu (ce qui signifie rejet) ou blanc (adoption); les secrétaires dépouillent les bulletins et le président proclame le résultat. Le scrutin public est de droit sur les projets fiscaux et sur toutes questions (sauf quelques applications disciplinaires du règlement) si vingt députés au moins en ont remis au président la demande écrite. Pour élire les membres des bureaux et de certaines commissions extraparlementaires, les députés votent *au scrutin secret* : ils déposent chacun dans une urne placée à la tribune une enveloppe ouverte contenant un bulletin au nom du candidat choisi et jettent dans une seconde urne une boule de contrôle.

Tout orateur qui trouble les débats parlementaires peut être *rappelé à l'ordre*, et, en cas de récidive dans la même séance, rappelé à l'ordre *avec inscription au procès-verbal*. Si cette peine est insuffisante, la Chambre vote la *censure* contre : 1° tout député qui, déjà rappelé à l'ordre avec inscription au procès-verbal, ne sera pas rentré dans le devoir ; 2° tout député qui, dans l'espace de trente jours, a encouru trois fois le rappel à l'ordre ; 3° tout député qui, dans la Chambre, a donné le signal d'une scène tumultueuse ou d'une abstention collective de prendre part aux travaux législatifs; tout député qui a adressé à un ou plusieurs de ses collègues des injures, provocations et menaces. Enfin, la censure avec *exclusion temporaire* frappe les écarts de langage et les provocations les plus graves. La censure emporte privation de l'indemnité législative.

*Indemnité législative.* — Les députés reçoivent une indemnité annuelle de 15 000 fr. (Loi du 23 novembre 1906.) V. CUMUL.

*Inviolabilité.* — Aucun membre de l'une ou de l'autre Chambre ne peut être poursuivi ou recherché à l'occasion des opinions ou votes émis par lui dans l'exercice de ses fonctions. (Loi du 16 juillet 1875, art. 13.)

Aucun membre de l'une ou de l'autre Chambre ne peut, pendant la durée de la session, être poursuivi ou arrêté en matière criminelle ou correctionnelle qu'avec l'autorisation de la Chambre dont il fait partie, sauf le cas de flagrant délit. La détention ou la poursuite d'un membre de l'une ou de l'autre Chambre est suspendue, pendant la session, et pour toute sa durée, si la Chambre le requiert. (*Id.*, art. 14.)

Les insignes des députés comprennent une *décoration* (dite plaisamment *baromètre*) ornée de faisceaux de la République surmontés de la main de justice; une *écharpe* tricolore à franges d'or, portée en sautoir, et une *médaille*.

Le président de la Chambre des députés est chargé de veiller à la sûreté intérieure et extérieure de l'Assemblée qu'il préside. A cet effet, il a le droit de requérir la force armée et toutes les autorités dont il juge le concours nécessaire. Les réquisitions peuvent être adressées directement à tous officiers, commandants ou fonctionnaires, qui sont tenus d'y obtempérer immédiatement sous les peines portées par les lois. Le président de la Chambre des députés peut déléguer son droit de réquisition aux questeurs ou à l'un d'eux. (Loi du 22 juillet 1879, art. 4.)

En temps de paix, les membres du Parlement ne peuvent faire aucun service militaire pendant les sessions, si ce n'est sur la demande du ministre de la Guerre, de leur propre consentement et après décision favorable de l'Assemblée à laquelle ils appartiennent. (*Id.*, art. 2.)

Les membres du Parlement faisant un service militaire ne peuvent participer aux délibérations ni aux votes de l'Assemblée à laquelle ils appartiennent. En cas de convocation de l'Assemblée nationale, leur service militaire est suspendu de plein droit pendant la durée de la session de cette Assemblée. (*Id.*, art. 3.)

Ces dispositions ne s'appliquent pas aux officiers généraux maintenus sans limite d'âge dans la première section du cadre de l'état-major général, ni aux officiers généraux ou assimilés placés dans la deuxième section du cadre de l'état-major général. (*Id.*, art. 5.)

*Déchéance.* — Est déchu de la qualité de membre de la Chambre tout député qui, pendant la durée de son mandat, est frappé d'une condamnation emportant l'incapacité d'être élu. (Décr. du 2 février 1852, art. 27.) — V. ÉLECTIONS, LOIS CONSTITUTIONNELLES, PÉTITION, PRÉSIDENT DE LA RÉPUBLIQUE, MINISTRE, SÉNAT, etc.

**Dernier ressort.** — V. RESSORT.

**Désaffectation.** — Décision administrative portant qu'un immeuble cessera d'être affecté à l'usage d'un service public.

« Les conseils municipaux pourront prononcer la désaffectation totale ou partielle d'immeubles consacrés, en dehors des prescriptions de la loi organique des cultes du 18 germinal an X et des dispositions relatives au culte israélite, soit aux cultes, soit à des services religieux ou à des établissements quelconques ecclésiastiques et civils. Les désaffectations seront prononcées dans la même forme que les affectations. » (Loi du 5 avril 1884, art. 167.) V. AFFECTATION.

Cette disposition ne vise ni les immeubles concordataires affectés au culte catholique, ni ceux consacrés aux cultes protestants ou au culte israélite, en vertu des dispositions relatives à ces cultes, ni les immeubles qui, postérieurement au Concordat et à la loi du 18 germinal an X, ont été affectés aux cultes par suite des obligations résultant du Concordat et des lois organiques. Les conseils municipaux ne sauraient, dès lors, se prévaloir de l'article 167 pour poursuivre la désaffectation des immeubles compris dans ces diverses catégories. (Loi du 5 avril 1884, art. 167; Circ. Int., 15 mai 1884.)

**Désaveu.** — Acte par lequel on déclare n'avoir point autorisé un mandataire à agir comme il l'a fait. V. OFFICIER MINISTÉRIEL.

**Désaveu de paternité.** — Action exercée par un mari dans le but de faire déclarer adultérin, et par conséquent illégitime, un enfant né de sa femme. V. PATERNITÉ.

**Descente sur lieux** (Dr. civ.). — Transport d'un juge à l'endroit où est situé l'objet litigieux, pour recueillir et fournir au tribunal des renseignements utiles à la cause.

Le transport du juge est ordonné par le tribunal, soit d'office, soit sur la réquisition de l'une ou l'autre des parties; mais, si la matière n'exige qu'un simple rapport d'expert, la descente sur les lieux ne peut être ordonnée que sur la réquisition des parties.

Le juge désigné par le tribunal procède à l'examen, assisté de son greffier et en présence des parties intéressées, ou celles-ci dûment appelées. Procès-verbal de la visite est dressé sur les lieux mêmes, puis déposé au greffe. L'une des parties en signifie copie à son adversaire et, trois jours après la signification, elle peut poursuivre l'audience sur un simple acte d'avoué. La partie qui requiert la descente doit faire l'avance des frais de transport et les consigner au greffe. (Code proc. civ., art. 295-301.)

**Descente sur lieux** (Dr. pén.). — Transport du magistrat sur le lieu du crime, lorsque la connaissance lui en est nécessaire.

Quand le juge d'instruction se transporte sur les lieux, il doit être accompagné du procureur de la République (Code instr. crim., art. 62); mais, au cas de flagrant délit, le procureur de la République se transporte seul sur les lieux (art. 32). C'est dans ses articles 32 à 39, 43 et 44, que le Code d'instruction criminelle trace les règles à suivre pour les constatations sur les lieux. Le transport sur les lieux, lorsqu'il est motivé par une infraction flagrante, constitue l'une des rares circonstances où, par exception, le magistrat instructeur a le droit de s'affranchir des limitations de pouvoir que, à l'occasion de la première comparution de l'inculpé devant lui, lui impose l'article 3 de la loi du 8 décembre 1897 sur l'instruction judiciaire.

**Désertion.** — Action de déserter son poste, de passer à l'ennemi ou de se soustraire au service militaire.

Le soldat qui abandonne, en temps de guerre, l'armée, ou, en temps de paix, le corps de troupes dont il fait partie, qui s'absente sans autorisation, ou qui, à la suite d'une permission régulière, ne rentre pas à la date prescrite, est *déserteur*.

C'est *six jours* après celui où l'absence a été constatée qu'un homme de troupe, sous-officier, caporal ou soldat, est déclaré déserteur: toutefois, si le militaire n'a pas encore trois mois de service, ce délai est porté à *un mois*. Un homme en congé ou en permission régulière, ou voyageant isolément pour un motif quelconque, n'est déclaré déserteur que *quinze jours* après la date à laquelle il devait rejoindre son corps. Un officier n'est considéré comme déserteur qu'au bout de quinze jours, et s'il a abandonné son corps ou son poste sur un territoire en état de guerre ou de siège. Ces délais ne sont applicables qu'aux militaires qui sont restés en France et qui sont dits, pour cette raison, *déserteurs à l'intérieur*. Celui qui passe la frontière est dit *déserteur à l'étranger*, et, dans ce cas, il est déclaré déserteur *trois jours* après celui de l'absence constatée. Enfin, ces délais, en temps de guerre, sont tous réduits *des deux tiers*, c'est-à-dire de 15 jours à 5 jours, de 6 jours à 2 jours et de 3 jours à 1 jour, après celui de l'absence constatée. Le soldat qui passe à l'ennemi est dit *déserteur à l'ennemi*.

La *désertion à l'intérieur* d'un homme de troupe est punie, en temps de paix, de deux à cinq ans d'*emprisonnement* et, en temps de guerre, de deux à cinq ans de *travaux publics*. La peine est d'au moins trois ans pour la désertion avec *emport d'armes* ou *d'effets* d'habillement ou d'équipement, ou s'il y a récidive, ou si le militaire a déserté étant de service. Pour l'officier, la désertion entraîne, outre l'emprisonnement, la *destitution*. La *désertion à l'étranger* de l'homme de troupe est punie des travaux publics : deux à cinq ans en temps de paix, cinq à dix ans en temps de guerre ou sur un territoire en état de guerre ou de siège. La peine est toujours d'au moins trois ou sept ans, s'il y a eu emport d'armes ou d'effets, ou récidive, ou si l'homme a déserté étant de service. Pour l'officier, c'est la destitution avec *emprisonnement* de un à cinq ans en temps de paix, et avec *détention* de même durée en temps de guerre. La *désertion à l'ennemi* est punie de *mort*. La *désertion en présence de l'ennemi* est punie de la *détention*. La *désertion avec complot* — et il y a complot lorsque plus de deux militaires désertent de concert — entraîne la *peine de mort* pour tous les coupables si elle a lieu *en présence de l'ennemi*, et pour le chef du complot seulement s'il ne s'agit que de *désertion à l'étranger*. En cas de *désertion à l'intérieur*, le chef du complot est passible de *cinq à dix ans de travaux publics* si c'est un homme de troupe, et de la *détention* s'il est officier. Les coupables sont punis du maximum de la peine que comporte la nature (à l'intérieur ou à l'étranger) de leur désertion. Celui qui provoque ou favorise la désertion est puni, s'il est militaire, de la même peine que le déserteur, et s'il n'est pas militaire, de deux mois à cinq ans de prison.

**Déshérence.** — Absence d'héritiers naturels.

Une succession est en *déshérence* lorsqu'il est constant que le défunt n'a laissé pour la recueillir ni héritier testamentaire, ni parents connus au degré successible, et qu'en outre l'envoi en possession n'est réclamé par aucun héritier irrégulier, c'est-à-dire ni par un enfant naturel, ni par le conjoint survivant du défunt. Dans ces conditions, la succession est dévolue à l'Etat. (Code civ., art. 723.)

L'administration des Domaines, après avoir fait apposer les scellés et fait procéder à un inventaire pour établir la consistance de l'actif mobilier, doit demander l'envoi en possession au tribunal civil du lieu où la succession s'est ouverte. Les héritiers qui, à l'origine, ne se sont pas révélés, peuvent par la suite exercer utilement, pendant trente ans, leur action en pétition d'hérédité contre l'administration des Domaines. Le droit attribué à l'Etat peut s'exercer également sur la succession d'un étranger décédé en France sans héritiers réguliers ni irréguliers.

**Désistement.** — Action de se désister ; acte par lequel on renonce à une procédure commencée.

Le *désistement* (Code proc. civ., art. 402 et 403) constitue une faveur accordée au demandeur de retirer son action, tout en conservant le droit de la renouveler; mais il ne dépend pas du demandeur seul : il doit être accepté par le défendeur, qui peut, s'il le préfère, suivre le procès. Le désistement se fait généralement par acte d'avoué; il peut résulter aussi d'une déclaration faite à l'audience, dont le tribunal donne acte. Une fois accepté, le désistement a pour effets : 1° de remettre les choses au même état qu'avant la demande; 2° de mettre tous les frais à la charge de celui qui s'est désisté. Les parties peuvent ou renoncer simplement à la *procédure* engagée, ou se désister de l'*action* même; cela dépend de leurs intentions.

En procédure criminelle, les principes qui régissent le désistement peuvent se résumer ainsi : 1° tout prévenu condamné peut se désister du recours par lui formé contre la sentence de condamnation ; 2° le ministère public ne peut jamais se désister, ni de l'action par lui introduite, ni du recours par lui exercé contre la décision du tribunal; 3° le désistement de la partie civile est sans effet au point de vue de l'exercice de l'action publique; il n'y a d'exception à cette règle qu'en matière d'adultère et de diffamation.

**Dessins de fabrique.** — V. PROPRIÉTÉ INDUSTRIELLE.

**Dessèchement.** — V. MARAIS.

**Détenteur (Tiers).** — Personne qui détient, à titre non précaire, tout ou partie d'un fonds grevé d'un privilège ou d'une hypothèque, sans être obligée personnellement au payement de la dette. V. HYPOTHÈQUE.

**Détention.** — Peine afflictive et infamante, destinée particulièrement à la répression des crimes politiques, et qui consiste à être détenu dans une forteresse.

Le législateur a placé la détention entre les travaux forcés à temps et la réclusion. Il a réservé cette peine à la répression des crimes qui intéressent gravement la chose publique.

Le Code pénal punit principalement de la *détention* quiconque aura entretenu des correspondances avec l'étranger, si ces correspondances ont eu pour résultat de fournir aux ennemis des instructions nuisibles à la situation militaire ou politique de la France (art. 78); tout fonctionnaire public, agent ou préposé du gouvernement, qui, dépositaire, en raison de ses fonctions, des plans des fortifications, arsenaux, ports, etc., aura communiqué ces plans à une puissance neutre ou alliée (art. 81); tout complot ayant pour but de détruire ou changer le gouvernement, mais sous la condition que le complot n'aura été suivi d'aucun acte commis ou commencé pour en préparer l'exécution (art. 89); tout complot ayant pour but d'exciter à la guerre civile en armant ou en portant les citoyens à s'armer les uns contre les autres, ou de porter la dévastation, le massacre ou le pillage dans une ou plusieurs communes, mais sous la condition que le complot n'aura été suivi d'aucun acte commis ou commencé pour en préparer l'exécution (art. 91).

La détention (Code pén., art. 7, 20) consiste à être enfermé, pendant cinq ans au moins et vingt ans au plus, avec dispense de travail et liberté des communications, dans l'une des forteresses situées sur le territoire continental de la France : Doullens, Belle-Isle-en-Mer, Corte, Thouars, le fort de l'île Sainte-Marguerite. Le régime auquel sont soumis ces condamnés a été réglé notamment par les décrets du 25 et du 26 mai 1872.

La condamnation à la peine de la détention emporte la dégradation civique du jour où elle est devenue irrévocable, et, en cas de condamnation par contumace, du jour de l'exécution par effigie. (Code pén., art. 28.) Pendant la durée de sa peine, le condamné est en état d'interdiction légale (*id.*, art. 29), et il ne peut lui être remis aucune somme, aucune portion de ses revenus. (*Id.*, art. 31.)

**Détention préventive.** — Emprisonnement de garde que subit un inculpé avant le jugement.

La détention préventive est de droit en matière criminelle; mais elle n'est permise en matière correctionnelle que lorsque le délit peut être puni de l'emprisonnement. (C. instr. crim., art. 131.)

La détention préventive est subie en exécution : 1° des mandats de dépôt ou d'arrêt décernés par les juges d'instruction; 2° des ordonnances de prise de corps décernées par les chambres de mise en accusation; 3° en cas de flagrants délits, des mandats de dépôt émanés du procureur de la République.

La détention préventive a pour tempérament la liberté provisoire. V. LIBERTÉ PROVISOIRE.

La durée de toute peine préventive de la liberté compte du jour où le condamné est détenu en vertu de la condamnation devenue irrévocable qui prononce la peine.

« Quand il y aura eu exécution préventive, cette détention sera intégralement déduite de la durée de la peine qu'aura prononcée le jugement ou l'arrêt de condamnation, à moins que le juge n'ait ordonné, par disposition spéciale et motivée, que cette imputation n'aura pas lieu ou qu'elle n'aura lieu que par partie. « En ce qui concerne la détention préventive comprise entre la date du jugement ou de l'arrêt et le moment où la condamnation devient irrévocable, elle sera toujours imputée dans les deux cas suivants : 1° si le condamné n'a point exercé de recours contre le jugement ou l'arrêt; 2° si, ayant exercé un recours, sa peine a été réduite sur son appel ou à la suite de son pourvoi. »

**Détenus (Jeunes).** — V. ENFANT.

**Détournement de mineur.** — V. MINEUR.

**Dette.** — Ce dont on est tenu envers quelqu'un, particulièrement de payer une somme d'argent.

On emploie parfois l'expression *dettes actives* pour désigner les créances, les sommes dont on est créancier, par opposition aux *dettes passives* ou dettes proprement dites, sommes dont on est débiteur.

Les *dettes civiles*, qui ne résultent ni d'une opération commerciale, ni d'une condamnation en matière criminelle, s'opposent aux *dettes commerciales* ou *consulaires*, qui ont pour origine une opération de commerce. Les *dettes personnelles* donnent action contre la personne du débiteur; les *dettes réelles* n'obligent qu'en raison d'un immeuble que l'on détient.

*Remise de la dette* (Code civ., art. 1282-1288). — Par la remise de sa dette, le créancier renonce à ses droits. Elle peut avoir lieu à titre onéreux, c'est-à-dire moyennant certains avantages faits par le débiteur, ou à titre gratuit; même dans ce dernier cas elle peut être faite par acte sous seing privé, contrairement à la règle que les donations doivent se faire par acte notarié. Si elle est à titre gratuit, elle est soumise au rapport au décès du créancier, et elle peut être réduite quand elle excède la quotité disponible. Elle ne peut être faite, en ce cas, que par celui qui a la capacité de faire une donation ; elle est donc interdite au mineur même émancipé et à la femme séparée de biens.

La remise de dette doit être prouvée par écrit toutes les fois qu'elle porte sur une somme supérieure à 150 francs, conformément aux règles générales de la preuve. Mais la loi présume la remise de dette dans deux cas : lorsque le créancier a remis volontairement au débiteur le titre sous seing privé, ou la grosse du titre lorsque celui-ci est un acte authentique, et cette présomption n'admet la preuve contraire que dans le second cas. On s'est demandé si, dans ces deux hypothèses, la remise de dette présumée par la loi devait être censée faite à titre onéreux ou à titre gratuit : dans le silence de la loi, celui qui prétend que la remise de dette a eu lieu de telle ou telle façon doit en établir la preuve.

La remise de la chose donnée en nantissement ne suffit point pour faire présumer la remise de la dette.

La remise ou décharge conventionnelle accordée au débiteur principal libère les cautions; accordée à la caution, elle ne libère pas le débiteur principal; accordée à l'une des cautions, elle ne libère pas les autres.

Faite à un codébiteur solidaire, elle libère tous les autres, à moins que le créancier n'ait expressément réservé ses droits contre eux.

*Reconnaissance de dette.* — V. RECONNAISSANCE.

*Séparation de dettes.* — V. COMMUNAUTÉ, p. 107.

*Dette alimentaire.* — V. ALIMENTS.

**Dette publique.** — Ensemble des engagements à la charge d'un Etat.

La *dette publique* comprend : 1° la *dette consolidée*, appelée encore *perpétuelle* ou *inscrite ;* 2° la *dette remboursable à terme* ou *par annuités*, englobant la *dette flottante ;* 3° la *dette viagère*.

La *dette consolidée* est l'ensemble, en capital inexigible, des engagements perpétuels dont l'Etat emprunteur s'acquitte par le payement trimestriel de coupons de rentes dont les types ont été ramenés, par suite d'une série de conversions, à un seul : le 3 pour 100. V. AMORTISSEMENT, CONVERSION.

La dette *remboursable à terme*, ou *par annuités*, comprend notamment : les rentes 3 pour 100 amortissables par annuités (Loi du 16 juin 1878 et décret du 16 juillet suivant); les annuités aux compagnies de chemins de fer; les remboursements des cautionnements en numéraire; les obligations du Trésor à court terme ; la *dette flottante*. — La *dette flottante* se compose des effets à payer émis par le Trésor et des fonds versés en compte courant par ses correspondants. La loi de finances qui détermine les voies et moyens de chaque exercice autorise le ministre des Finances à créer, pour le service de la trésorerie, des *bons du Trésor*. (V. BONS.) La limite de ce crédit ne peut être dépassée que dans le cas d'insuffisance des ressources affectées aux besoins du service, et en vertu de décrets insérés au *Bulletin des lois* et soumis à la sanction législative lors de la plus prochaine session. (Décret du 31 mai 1862, art. 293 et 294.)

La *dette viagère* se compose : 1° des *rentes viagères* dites « d'ancienne origine », restes d'emprunts contractés au XVIIIe siècle ; 2° des *pensions* inscrites au Trésor. V. PENSIONS.

Le service de la dette publique est assuré par la direction de la dette inscrite et de la dette viagère ; celui de la dette flottante, par la direction du mouvement général des fonds. (Ministère des Finances.)

**Deuil de la femme.**

« Le deuil de la femme, même renonçante à la communauté, est aux frais des héritiers du mari prédécédé. La valeur de ce deuil est réglée selon la fortune du mari. » (Code civ., art. 1481.)

Sous le régime dotal, la femme, à la mort du mari, a le choix d'exiger les intérêts de sa dot pendant l'an du deuil ou de se faire fournir des aliments pendant ledit temps aux frais de la succession du mari ; mais, dans les deux cas, l'habitation durant cette année et les vêtements de deuil sont à la charge de la succession, sans imputation sur les intérêts dus à la femme. (*Id.*, art. 1570.)

## Devin.

« Les gens qui font métier de deviner et pronostiquer ou d'expliquer les songes » commettent une contravention punie d'une amende de 11 à 15 francs (Code pén., art. 479, 7°) et d'un emprisonnement de cinq jours en cas de récidive (*id.*, art. 482). « Seront, de plus, saisis et confisqués les instruments, ustensiles et costumes servant ou destinés à l'exercice du métier de devin, pronostiqueur ou interprète de songes. » (*Id.*, art. 481, 2°.)

**Devis et marchés.** — On appelle *devis* l'état estimatif des ouvrages qu'un architecte, maçon, ou tout autre entrepreneur s'oblige à faire, et des matériaux qui doivent y entrer. Le *marché* est la convention par laquelle une personne charge une autre personne de faire un ouvrage, tel qu'une construction, moyennant un prix.

Lorsqu'on charge quelqu'un de faire un ouvrage, on peut convenir qu'il fournira seulement son travail ou son industrie, ou bien qu'il fournira aussi la matière. (Code civ., art. 1787.) La loi désigne sous le nom de *maître* celui qui passe un marché avec un entrepreneur.

Dans le cas où l'ouvrier fournit la matière, le contrat qui intervient est une vente sous condition. La chose vient-elle à périr, de quelque manière que ce soit, avant d'être livrée, la perte en est pour l'ouvrier, à moins que le maître n'ait été mis en demeure de recevoir la chose. (*Id.*, art. 1788.)

Dans le cas où l'ouvrier fournit seulement son travail ou son industrie, c'est alors un simple contrat de louage. Si la chose vient à périr, l'ouvrier n'est tenu que de sa faute. (*Id.*, art. 1789.)

Si la chose vient à périr fortuitement avant que l'ouvrage ait été reçu et sans que le maître ait été mis en demeure de le vérifier, l'ouvrier n'a rien à réclamer, à moins que la chose n'ait péri par le vice de la matière. (*Id.*, art. 1790.)

S'il s'agit d'un ouvrage à plusieurs pièces ou à la mesure, la vérification peut s'en faire par parties : elle est censée faite pour toutes les parties payées, si le maître paye l'ouvrier en proportion de l'ouvrage fait. (*Id.*, art. 1791.)

Si l'édifice construit à prix fait périt en tout ou en partie par le vice de la construction, même par le vice du sol, les architecte et entrepreneur en sont responsables pendant dix ans. (*Id.*, art. 1792.) V. ARCHITECTE.

Lorsqu'un architecte ou un entrepreneur s'est chargé de la construction à forfait d'un bâtiment, d'après un plan arrêté et convenu avec le propriétaire du sol, il ne peut demander aucune augmentation de prix, ni sous le prétexte de l'augmentation de la main-d'œuvre ou des matériaux, ni sous celui de changements ou d'augmentations faits sur ce plan, si ces changements ou augmentations n'ont pas été autorisés par écrit, et le prix convenu avec le propriétaire. (*Id.*, art. 1793.)

Le maître peut résilier, par sa simple volonté, le marché à forfait, quoique l'ouvrage soit déjà commencé, en dédommageant l'entrepreneur de toutes ses dépenses, de tous ses travaux, et de tout ce qu'il aurait pu gagner dans cette entreprise. (*Id.*, art. 1794.)

Le contrat de louage d'ouvrage est dissous par la mort de l'ouvrier, de l'architecte ou entrepreneur. (*Id.*, art. 1795.)

Mais le propriétaire est tenu de payer en proportion du prix porté par la convention, à leur succession, la valeur des ouvrages faits et celle des matériaux préparés, lors seulement que ces travaux ou ces matériaux peuvent lui être utiles. (*Id.*, art 1796.)

L'entrepreneur répond du fait des personnes qu'il emploie. (*Id.*, art. 1797.)

Les maçons, charpentiers et autres ouvriers qui ont été employés à la construction d'un bâtiment ou d'autres ouvrages faits à l'entreprise, n'ont d'action contre celui pour lequel les ouvrages ont été faits que jusqu'à concurrence de ce dont il se trouve débiteur envers l'entrepreneur, au moment où leur action est intentée. (*Id.*, art. 1798.)

Les maçons, charpentiers, serruriers et autres ouvriers qui font directement des marchés à prix fait, sont astreints aux mêmes règles que les entrepreneurs dans la partie qu'ils traitent. (*Id.*, art. 1799.)

Les devis doivent être établis sur papier timbré de dimension et enregistrés.

**Dévolution.** — Transmission, par succession, d'un bien de la ligne paternelle à la ligne maternelle et *vice versa*. V. SUCCESSION.

**Diffamation.** — Toute allégation ou imputation d'un fait qui porte atteinte à l'honneur, à la considération d'une personne ou du corps auquel le fait est imputé. (Loi du 29 juillet 1881, art. 29.)

*Diffamation envers les fonctionnaires, l'armée, etc.* — Toute expression outrageante, terme de mépris ou invective qui ne renferme l'imputation d'aucun fait précis est une *injure*. V. ce mot. — La diffamation envers les cours, les tribunaux, les armées de terre ou de mer, les corps constitués et les administrations publiques est punie d'un emprisonnement de huit jours à un an, et d'une amende de 100 francs à 3 000 francs, ou de l'une de ces deux peines seulement, si la diffamation a été commise par discours, cris ou menaces proférés dans les lieux ou réunions publics, écrits ou imprimés vendus ou distribués, mis en vente ou exposés dans les lieux publics; placards ou affiches exposés aux regards du public; mise en vente, distribution ou exposition de dessins, gravures, peintures, emblèmes ou images obscènes. (Loi du 29 juill. 1881, art. 23 et 28.) Est punie de la même peine la diffamation commise par les mêmes moyens, à raison de leurs fonctions ou de leur qualité, envers un ou plusieurs membres du ministère ou du Parlement, un dépositaire ou agent de l'autorité publique, un ministre de l'un des cultes salariés par l'Etat, un citoyen chargé d'un service ou d'un mandat public, temporaire ou permanent, un juré ou un témoin à raison de sa déposition.

*Diffamation envers les particuliers.* — La diffamation commise par les mêmes moyens envers les particuliers est punie d'un emprisonnement de cinq jours à six mois et d'une amende de 25 francs à 2 000 francs, ou de l'une de ces deux peines seulement.

*Diffamation envers les morts.* — Les dispositions ci-dessus ne sont applicables aux diffamations commises envers la mémoire des morts que dans les cas où les auteurs de ces diffamations auraient eu l'intention de porter atteinte à l'honneur ou à la considération des héritiers vivants. Ceux-ci, d'ailleurs, peuvent toujours user du droit de réponse.

*Preuve. Compétence.* — La vérité du fait diffamatoire, mais seulement quand il est relatif aux fonctions, peut être établie par les voies ordinaires, dans les cas d'imputation contre les corps constitués, les armées de terre ou de mer, les administrations publiques, etc. Elle peut être également établie contre les directeurs ou administrateurs de toute entreprise industrielle, commerciale ou financière faisant publiquement appel à l'épargne ou au crédit. (Loi du 29 juill. 1881, art. 23, 28, 30, 31, 32, 34 et 35.)

Pour la diffamation publique envers les particuliers, la juridiction compétente est le tribunal de police correctionnelle. Pour la diffamation publique envers les corps constitués et les fonctionnaires publics, la compétence appartient à la cour d'assises. La preuve des imputations diffamatoires envers de simples particuliers ne peut en principe être faite ; au contraire, la vérité du fait diffamatoire, quand il est relatif aux fonctions, peut être établie, comme on l'a vu ci-dessus, dans le cas d'imputation contre les corps constitués ou les fonctionnaires publics.

*Diffamation par carte postale.* — Quiconque a expédié, par l'administration des Postes et télégraphes, une correspondance à découvert, notamment par carte postale, contenant une diffamation envers les corps constitués, les fonctionnaires publics, les agents diplomatiques étrangers accrédités en France ou les simples particuliers, est puni d'un emprisonnement de cinq à six mois, et d'une amende de 25 francs à 3 000 francs, ou de l'une de ces deux peines seulement. Si la correspondance contient une injure, la peine est d'un emprisonnement de cinq jours à deux mois, et d'une amende de 16 francs à 300 francs, ou de l'une de ces deux peines seulement. Les délits sont de la compétence des tribunaux correctionnels. (Loi du 11 juin 1887.)

*Diffamation non publique.* — Lorsqu'elle n'est pas publique, la diffamation est considérée comme une injure simple : en ce cas, suivant la qualité de la personne diffamée et suivant les circonstances, l'infraction est considérée comme contravention de simple police (Code pén., art. 471, § 11) ou comme délit (*Id.*, art. 222 et 224).

**Diocèse.** — Circonscription territoriale ecclésiastique administrée par un évêque ou par un archevêque. V. ARCHEVÊQUE.

**Dispense.** — V. MARIAGE, SERVICE MILITAIRE, etc.

**Disponibilité.** — Position d'un fonctionnaire qui, sur sa demande ou d'office, est provisoirement écarté de l'exercice de sa fonction, mais sans perdre son grade ni ses droits à l'avancement.

**Dispositif.** — Partie d'un jugement, d'une loi, d'un décret, d'un arrêté, etc., qui fait connaître la décision du juge ou du législateur. V. JUGEMENT.

Le dispositif est précédé des *motifs* (*Considérant que...*) et des *visas* (*Vu la loi du...*).

**Dissolution.** — Acte par lequel le pouvoir exécutif met fin à l'existence d'une assemblée législative, départementale ou communale.

La Chambre des députés peut être dissoute par le président de la République sur l'avis conforme du Sénat. Celui-ci ne peut être dissous.

Les conseils généraux sont dissous par décret, et il appartient aux Chambres de fixer la date des nouvelles élections. Dans l'intervalle des sessions législatives, le décret de dissolution doit être motivé.

Les conseils municipaux sont dissous par décret motivé, pris en conseil des ministres et publié au *Journal Officiel*. Une délégation spéciale gère les affaires de la commune jusqu'au renouvellement de l'assemblée. V. COMMUNE.

**Distances.**

Aux termes de l'article 674 du Code civil, ceux qui font exécuter des ouvrages de nature à gêner les constructions voisines : puits, fosses d'aisances, cheminées, fourneaux, forges, étables, dépôts de sel ou autres matières corrosives, etc., doivent laisser la distance prescrite par les règlements administratifs ou les usages locaux, ou faire les ouvrages prescrits par les mêmes règlements et usages pour éviter de nuire aux voisins. V. PLANTATIONS, CONSTRUCTIONS, VUES.

**Distraction (Demande en).** — Revendication par un tiers d'un objet indûment compris dans une saisie.

**Distraction des dépens.** — Jugement qui alloue à l'avoué, à titre d'honoraires, les dépens accordés à son client. V. DÉPENS.

**Distribution par contribution.** — V. CONTRIBUTION, p. 242.

**Divertissement.** — Détournement frauduleux d'un effet d'une succession par un héritier, ou d'un effet de la communauté par l'un des époux.

L'héritier coupable de divertissement ou de recel (dissimulation frauduleuse) est déclaré héritier pur et simple, exclu du bénéfice d'inventaire, et ne peut prétendre à aucune part dans les objets divertis ou recélés. (Code civ., art. 792 et 801.)

Sous le régime de la communauté conjugale, l'époux qui a diverti des objets de la communauté est privé de sa portion dans lesdits effets. (Code civ., art. 1477.) La veuve coupable de divertissement est obligée d'accepter la communauté ; il en est de même de ses héritiers. (*Id.*, art. 1460.)

**Dividende.** — Bénéfice à partager entre les actionnaires d'une société.

Est assimilé au délit d'escroquerie et puni comme tel (Code pén., art. 405) le fait, par les administrateurs de sociétés par actions, d'avoir, en l'absence d'inventaire ou au moyen d'inventaires frauduleux, opéré entre les actionnaires la répartition de dividendes fictifs. (Loi du 24 juill. 1867, art. 15 et 45.)

**Divisible (Obligation).** — Obligation dont certaines parties peuvent être accomplies isolément des autres.

**Division (Bénéfice de).** — V. CAUTIONNEMENT, p. 166.

**Divorce.** — Dissolution légale du mariage effectuée du vivant des époux.

Le divorce, introduit dans notre législation par le Code civil et aboli en 1816, a été rétabli par la loi du 27 juillet 1884, complétée elle-même par les lois des 30 avril 1885, 18 avril 1886 et 6 février 1893.

*Causes du divorce.* — Le Code civil prévoit trois causes de divorce : 1° l'adultère de l'un des époux ; 2° les excès, sévices ou injures graves de l'un d'eux envers l'autre ; 3° la condamnation de l'un des époux à une peine afflictive et infamante. (Code civ., art. 229 à 232.)

Les maladies, infirmités, même la démence entraînant des excès, ne peuvent motiver une demande en divorce ou séparation : la jurisprudence considère que ce serait violer le devoir d'assistance auquel les époux sont tenus réciproquement vis-à-vis l'un de l'autre.

*Procédure du divorce. — Introduction de la demande.* Le droit de demander le divorce est un droit personnel, qui ne peut être exercé que par les époux eux-mêmes. Le premier acte de la procédure est une requête rédigée par un avoué dans laquelle sont exposés les faits servant de base à la demande.

L'époux qui veut former une demande en divorce présente, en personne, sa requête au président du tribunal ou au juge qui en fait fonction. En cas d'empêchement dûment constaté, le magistrat se transporte, assisté de son greffier, au domicile de l'époux demandeur. En cas d'interdiction légale résultant d'une condamnation, la requête à fin de divorce ne peut être présentée, par le tuteur, que sur la réquisition ou avec l'autorisation de l'interdit. (Code civ., art. 234.)

*Tentative de conciliation.* Le juge, après avoir entendu le demandeur et lui avoir fait les observations qu'il croit convenables, ordonne au bas de la requête que les parties comparaîtront devant lui au jour et à l'heure qu'il indique, et commet un huissier pour notifier la citation. (*Id.*, 235.) Le juge peut, par l'ordonnance permettant de citer, autoriser l'époux demandeur à résider séparément en indiquant, s'il s'agit de la femme, le lieu de la résidence provisoire. (*Id.*, 236.)

La requête et l'ordonnance sont signifiées, en tête de la citation donnée à l'époux défendeur, trois jours au moins avant le jour fixé pour la comparution, outre les délais de distance, le tout à peine de nullité. Cette citation est délivrée par huissier commis et sous pli fermé. (*Id.*, 237.)

Au jour indiqué, le juge entend les parties en personne ; si l'une d'elles se trouve dans l'impossibilité de se rendre auprès du juge, ce magistrat détermine le lieu où sera tentée la conciliation, ou donne commission pour entendre le défendeur ; en cas de non-conciliation ou de défaut, il rend une ordonnance qui constate la non-conciliation ou le défaut, et autorise le demandeur à assigner devant le tribunal compétent, qui est celui du défendeur. (*Id.*, 238.)

*Mesures provisoires et conservatoires.* Le juge statue à nouveau, s'il y a lieu, sur la résidence de l'époux demandeur, sur la garde provisoire des enfants, sur la remise des effets personnels, et, s'il y a lieu, sur la demande d'aliments. Par le fait de cette ordonnance, exécutoire par provision et susceptible d'appel, la femme est autorisée à faire toutes procédures pour la conservation de ses droits, et à ester en justice jusqu'à la fin de l'instance et des opérations qui en sont la suite. Lorsque le tribunal est saisi, les mesures provisoires prescrites par le juge peuvent être modifiées ou complétées au cours de l'instance, par jugement du tribunal, sans préjudice du droit qu'a toujours le juge de statuer, en tout état de cause, en référé, sur la résidence de la femme. Le juge, suivant les circonstances, avant d'autoriser le demandeur à citer, peut ajourner les parties à un délai qui n'excède pas vingt jours, sauf à ordonner les mesures provisoires nécessaires. L'époux demandeur en divorce devra user de la permission de citer qui lui a été accordée par l'ordonnance du président, dans un délai de vingt jours à partir de cette ordonnance : sinon, les mesures provisoires ordonnées à son profit cessent de plein droit. (Code civ., art. 238.)

Le tribunal peut, soit sur la demande de l'une des parties intéressées, soit sur celle de l'un des membres de la famille, soit sur les réquisitions du ministère public, soit même d'office, ordonner toutes les mesures provisoires qui lui paraissent nécessaires dans l'intérêt des enfants. Il statue aussi sur les demandes relatives aux aliments pour la durée de l'instance, sur les provisions et sur toutes les autres mesures urgentes. (*Id.*, 240.)

La femme est tenue de justifier de sa résidence dans la maison indiquée, toutes les fois qu'elle en est requise ; à défaut de cette justification, le mari peut refuser la provision alimentaire, et, si la femme est demanderesse en divorce, la faire déclarer non recevable à continuer ses poursuites. (*Id.*, 241.)

L'un ou l'autre des époux peut, dès la première ordonnance, et sur l'autorisation du juge, donnée à la charge d'en référer, prendre pour la garantie de ses droits des mesures conservatoires, notamment requérir l'apposition des scellés sur les biens de la communauté. Le même droit appartient à la femme, même non mariée sous le régime de la communauté, pour la conservation de ceux de ses biens dont le mari a l'administration ou la jouissance. Les scellés sont levés à la requête de la partie la plus diligente; les objets et valeurs sont inventoriés et prisés; l'époux qui est en possession en est constitué gardien judiciaire, à moins qu'il n'en soit décidé autrement. (*Id.*, 242.)

Toute obligation contractée par le mari à la charge de la communauté, toute aliénation par lui faite des immeubles qui en dépendent, postérieurement à la date de l'ordonnance qui a permis de citer, sera déclarée nulle, s'il est prouvé d'ailleurs qu'elle a été faite ou contractée en fraude des droits de la femme. (*Id.*, 243.)

*Instruction et jugement.* La cause est instruite et jugée dans la forme ordinaire, le ministère public entendu. Le demandeur peut, en tout état de cause, transformer sa demande en divorce en demande en séparation de corps. Les demandes reconventionnelles en divorce peuvent être introduites par un simple acte de conclusions. Les débats sont publics, mais leur reproduction par la voie de la presse est interdite, sous peine d'une amende de 100 francs à 2 000 francs; d'ailleurs le huis clos peut être ordonné. (Code civ., art. 239.)

Lorsqu'il y a lieu à enquête, elle est faite conformément aux dispositions des articles 252 et suivants du Code de procédure civile. Les parents, à l'exception des descendants, et les domestiques des époux peuvent être entendus comme témoins. (*Id.*, 245.)

Lorsque la demande en divorce est fondée sur la condamnation de l'un des époux à une peine afflictive et infamante, le tribunal est tenu de prononcer immédiatement le divorce; en dehors de ce cas, il peut, encore que la demande soit bien établie, soumettre les époux à un certain temps d'épreuve. Il maintient alors ou prescrit l'habitation séparée et les mesures provisoires, pendant un délai qui ne peut excéder six mois. Après quoi, si les époux ne se sont pas réconciliés, chacun d'eux peut faire citer l'autre à comparaître dans le délai de la loi pour entendre prononcer le jugement de divorce. (*Id.*, 246.)

Le tribunal, s'il prononce le divorce, statue définitivement sur la garde des enfants et la pension alimentaire; il commet un notaire pour procéder à la liquidation de la communauté conjugale et des reprises.

**Voies de recours.** — Les jugements (ou en cas d'appel, les arrêts) en matière de divorce peuvent être attaqués par l'*opposition* si le jugement a été rendu par défaut; par l'*appel* si le jugement est contradictoire; par le pourvoi en *cassation*; par la *requête civile*.

*Opposition.* Lorsque l'assignation n'a pas été délivrée à la partie défenderesse en personne et que cette partie fait défaut, le tribunal peut, avant de prononcer le jugement sur le fond, ordonner l'insertion dans les journaux d'un avis destiné à faire connaître à cette partie la demande dont elle a été l'objet. Le jugement ou l'arrêt qui prononce le divorce par défaut est signifié par huissier commis. Si cette signification n'a pas été faite à personne, le président ordonne, sur simple requête, la publication du jugement par extrait dans les journaux qu'il désigne. L'opposition est recevable dans le mois de la signification si elle a été faite à personne, et dans le cas contraire, dans les huit mois qui suivront le dernier acte de publicité. (Code civ., art. 247.)

*Appel.* L'appel est recevable pour les jugements contradictoires dans les délais ordinaires impartis pour interjeter appel. (V. APPEL.) En cas d'appel, la cause s'instruit à l'audience ordinaire et comme affaire urgente. Les demandes reconventionnelles peuvent se produire en appel, sans être considérées comme demandes nouvelles.

*Pourvoi en cassation.* Le délai pour se pourvoir en cassation court du jour de la signification à partie pour les arrêts contradictoires, et pour les arrêts par défaut, du jour où l'opposition n'est plus recevable. (*Id.*, art. 248.) Le pourvoi est suspensif en matière de divorce et en matière de séparation de corps. (Loi du 6 février 1893.)

*Requête civile.* Il est procédé selon les règles du droit commun. V. REQUÊTE CIVILE.

**Exécution du jugement.** — Extrait du jugement ou de l'arrêt qui prononce le divorce est inséré aux tableaux exposés tant dans l'auditoire des tribunaux civils et de commerce, que dans les chambres des avoués et des notaires. Pareil extrait est inséré dans l'un des journaux qui se publient dans le lieu où siège le tribunal, ou, s'il n'y en a pas, dans l'un de ceux publiés dans le département. (Code civ., art. 250.)

Le dispositif du jugement ou de l'arrêt est transcrit sur les registres de l'état civil du lieu où le mariage a été célébré. Mention est faite de ce jugement ou arrêt en marge de l'acte de mariage. Si le mariage a été célébré à l'étranger, la transcription est faite sur les registres de l'état civil du lieu où les époux avaient leur dernier domicile, et mention est faite en marge de l'acte de mariage, s'il a été transcrit en France. (*Id.*, art. 251.)

La transcription est faite à la diligence de la partie qui a obtenu le divorce; à cet effet, la décision est signifiée, dans un délai de deux mois, à partir du jour où elle est devenue définitive, à l'officier de l'état civil compétent, pour être transcrite sur les registres. A cette signification doivent être joints: 1° un certificat de l'avoué de la partie poursuivante contenant la date de la signification du jugement; 2° un certificat du greffier constatant qu'il n'existe ni opposition ni appel contre le jugement (Code de procédure civile, art. 548), et, en outre, s'il y a eu arrêt, un certificat de non-pourvoi. Cette transcription est faite par les soins de l'officier de l'état civil, le cinquième jour de la réquisition, non compris les jours fériés, sous peine d'amende (100 francs au plus). A défaut, par la partie qui a obtenu le divorce, de faire la signification dans le premier mois, l'autre partie a le droit, concurremment avec elle, de faire cette signification dans le mois suivant. A défaut par les parties d'avoir requis la transcription dans le délai de deux mois, le divorce est considéré comme nul et non avenu. Le jugement dûment transcrit remonte, quant à ses effets entre époux, au jour de la demande. (*Id.*, art. 252.)

Mais il n'a effet qu'à partir de la transcription. Jusque-là, l'adultère des époux est punissable (trib. de la Seine, 9 janvier 1889) et les incapacités qui frappent la femme mariée subsistent entièrement. (Cass., 18 avril 1893.)

*Extinction de l'action en divorce.* — L'action en divorce s'éteint par la réconciliation des époux survenue, soit depuis les faits allégués dans la demande, soit depuis cette demande. Dans l'un et l'autre cas, le demandeur est déclaré non recevable dans son action ; il peut néanmoins en intenter une nouvelle pour cause survenue ou découverte depuis la réconciliation, et se prévaloir des anciennes causes à l'appui de sa nouvelle demande. — L'action en divorce s'éteint également par le décès de l'un des époux survenu avant que le jugement soit devenu irrévocable par la transcription sur les registres de l'état civil. (Code civ., art. 253.)

*Effets du divorce : 1° Pour les époux divorcés.* — Les époux divorcés ne pourront plus se réunir si l'un ou l'autre a, postérieurement au divorce, contracté un nouveau mariage suivi d'un second divorce. Au cas de réunion des époux, une nouvelle célébration du mariage est nécessaire. Les époux ne pourront adopter un régime matrimonial autre que celui qui réglait originairement leur union. Après la réunion des époux, il ne sera reçu de leur part aucune nouvelle demande de divorce, pour quelque cause que ce soit, autre que celle d'une condamnation à une peine afflictive et infamante prononcée contre l'un d'eux depuis leur réunion. (Code civ., art. 295.)

La femme divorcée ne pourra se remarier que dix mois après que le divorce sera devenu définitif (*Id.*, art. 296), c'est-à-dire après la transcription.

Dans le cas de divorce admis en justice pour cause d'adultère, l'époux coupable ne pouvait jamais se marier avec son complice. (*Id.*, art. 297.) La loi du 15 décembre 1904 a abrogé cette disposition, dont l'infraction n'entraînait d'ailleurs pas la nullité du nouveau mariage.

L'époux contre lequel le divorce aura été prononcé perdra tous les avantages que l'autre époux lui avait faits, soit par contrat de mariage, soit depuis le mariage. (*Id.*, art. 298.)

Par l'effet du divorce, chacun des époux reprend l'usage de son nom. (Loi du 6 février 1893.)

L'époux qui a obtenu le divorce conserve les avantages à lui faits par l'autre époux, encore qu'ils aient été stipulés réciproques et que la réciprocité n'ait pas lieu. (Code civ., art. 300.)

Si les époux ne s'étaient fait aucun avantage, ou si ceux stipulés ne paraissent pas suffisants pour assurer la subsistance de l'époux qui a obtenu le divorce, le tribunal peut lui accorder, sur les biens de l'autre époux, une pension alimentaire du tiers au maximum des revenus de cet autre époux, révocable dans le cas où elle cesserait d'être nécessaire. (*Id.*, 301.)

*2° Pour les enfants.* Les enfants sont confiés à l'époux qui a obtenu le divorce, à moins que le tribunal, sur la demande de la famille ou du ministère public, n'ordonne, pour le plus grand avantage des enfants, que tous ou quelques-uns d'eux seront confiés aux soins soit de l'autre époux, soit d'une tierce personne. (*Id.*, art. 302.) Le père ou la mère qui détourneraient l'enfant des mains de ceux auxquels la garde a été confiée seraient punis d'un mois à un an d'emprisonnement et de 16 francs à 5 000 francs d'amende. (Loi du 5 déc. 1901.)

Quelle que soit la personne à laquelle les enfants sont confiés, les père et mère conservent respectivement le droit de surveiller l'entretien et l'éducation de leurs enfants, et seront tenus d'y contribuer à proportion de leurs facultés. (Code civ., art. 303.) En somme, sous réserve du droit de garde, qui peut être attribué à la mère, la puissance paternelle est maintenue dans ses autres prérogatives (émancipation des enfants, consentement à leur mariage, etc.).

La dissolution du mariage par le divorce admis en justice ne prive les enfants nés de ce mariage d'aucun des avantages qui leur étaient assurés par les lois, ou par les conventions matrimoniales de leurs père et mère ; « mais il n'y aura d'ouverture aux droits des enfants que de la même manière et dans les mêmes circonstances où ils se seraient ouverts s'il n'y avait pas eu divorce. » (*Id.*, art. 304.)

*Conversion de la séparation de corps en divorce.* — Lorsque la séparation de corps a duré trois ans, le jugement pourra être converti en jugement de divorce sur la demande de l'un des époux. V. SÉPARATION DE CORPS.

**Dock.** — V. MAGASINS GÉNÉRAUX.

**Dol.** — Manœuvre frauduleuse destinée à induire en erreur celui avec qui on contracte, de façon à l'amener à donner son consentement.

Il n'y a point de consentement valable si le consentement a été surpris par dol (Code civ., art. 1109). Mais le dol n'est une cause de nullité de la convention qu'autant que les manœuvres pratiquées par l'une des parties ont été telles qu'il est évident que sans ces manœuvres l'autre partie n'aurait point contracté ; du reste, le dol ne se présume pas : il doit être prouvé (*Id.*, art. 1116). Le dol n'annule pas de plein droit les conventions ; il donne seulement lieu à une action en rescision (*Id.*, art. 1117).

A part le *dol principal,* c'est-à-dire le dol qui fait naître chez l'une des parties l'idée de contracter, le dol qui est le mobile déterminant du contrat, on distingue le *dol incident,* lequel, intervenu au cours d'une négociation déjà entamée, n'est relatif qu'à des accessoires de la convention : par exemple, à la qualité de la chose, au prix plus ou moins élevé, etc. Cette dernière espèce de dol donne simplement ouverture à une action en dommages-intérêts ou en diminution de prix.

**Domaine.** — Ensemble des biens qui appartiennent à l'Etat, aux départements, aux communes.

Le *domaine public* comprend tous les biens qui, par leur nature ou leur affectation à l'usage public, ne sont pas susceptibles de propriété privée. Il est national, départemental ou communal.

Le *domaine public national* comprend : les rivages de la mer, les ports, havres et rades (*domaine maritime*); les fleuves et rivières navigables et flottables, les canaux (*domaine fluvial*); les forts, remparts et autres dépendances des places de guerre (*domaine militaire*); les routes, ponts et rues, les chemins de fer (*domaine terrestre*); les églises, musées, monuments et édifices publics. — L'ordonnance du 14 juin 1833 règle la procédure à suivre pour affecter un immeuble domanial à un service public.

Le *domaine public départemental* se compose des routes départementales, palais de justice, prisons, casernes de gendarmerie, hôtels des préfectures et sous-préfectures.

Le *domaine public communal* comprend les chemins vicinaux, les rues et promenades, les hôtels de ville, les églises paroissiales, les cimetières.

Les biens du domaine public sont *inaliénables* et *imprescriptibles*, c'est-à-dire qu'ils ne peuvent être vendus ni acquis par prescription.

*Domaine privé.* — Tous les meubles et immeubles qui, pouvant être soumis à l'appropriation de l'homme, ne sont pas affectés à l'usage du public, forment le *domaine privé*. L'Etat, les départements, les communes ont leur domaine privé ; ils en perçoivent les revenus et peuvent vendre, échanger, louer les différents biens qui les constituent, comme le ferait un simple particulier de son propre patrimoine.

Font partie du *domaine privé de l'Etat* : les lais et relais de mer ; les biens vacants et sans maître ; les biens du domaine public désaffectés ; les bois et forêts (*domaine forestier*); les palais, châteaux, établissements nationaux ; le mobilier des ministères, des évêchés ; les objets contenus dans l'hôtel du garde-meuble, etc.

Le *domaine privé du département* comprend les immeubles de différentes natures non affectés à un service public, et dont le département tire des revenus ; le mobilier des préfectures, sous-préfectures, palais de justice, etc.

Le *domaine privé de la commune* comprend les *biens communaux* proprement dits, c'est-à-dire ceux dont la jouissance en nature est laissée aux habitants de la commune, tels que les pâturages, les forêts affouagères, et les *biens patrimoniaux*, loués et exploités au profit de la commune.

*Administration des domaines.* — La régie des biens du *domaine de l'Etat* est confiée à la direction générale de l'enregistrement, des domaines et du timbre, qui ressortit au ministère des Finances ; toutefois, la conservation, l'entretien et l'exploitation des forêts domaniales et des biens affectés à des services publics appartiennent exclusivement aux départements ministériels dans les attributions desquels ces biens sont placés ; mais c'est toujours à l'administration des Domaines qu'incombe le soin d'instruire les affaires et de suivre les instances concernant la propriété des biens de l'Etat, d'en percevoir les produits.

**Domaine congéable.** — V. CONGÉABLE (Domaine).

**Domestique.** — V. LOUAGE.

**Domicile.** — Lieu où une personne réside ou est censée résider au point de vue de la loi.

*Domicile et résidence.* — A un point de vue pratique, le *domicile* est le siège juridique d'une personne, le lieu où elle est censée se trouver toujours, aux yeux de la loi, pour l'exercice de certains droits. Le domicile consiste dans un droit et se conserve par l'intention, malgré l'absence et les voyages ; il diffère de la *résidence*, qui est toute de fait, et se perd dans un lieu dès que l'on va dans un autre. Si une personne a plusieurs établissements, plusieurs habitations, c'est au plus important que se trouve son domicile.

*Domicile politique.* Le domicile *politique* s'acquiert par une résidence d'une certaine durée dans une même commune.

*Domicile civil.* Le domicile *civil* est celui où une personne exerce ses droits civils. Sa détermination a grande importance, à divers points de vue de compétence et de procédure. Il se subdivise en domicile *réel* et domicile *élu* ou *d'élection*.

Le domicile *réel* est le domicile général et ordinaire, celui de droit commun, où l'on est censé se trouver toujours et où doivent être adressées toutes les notifications d'actes qui se font à personne ou à domicile. Le domicile réel est « au lieu où la personne a son principal établissement ». (Code civ., art. 102.) Le domicile *d'élection*, au contraire, est un domicile exceptionnel, généralement fictif, choisi spécialement pour l'exécution d'un acte ou pour recevoir telle notification déterminée. (Code civ., art. 111.) L'*élection de domicile* est la déclaration légale du domicile élu.

*Changement de domicile.* — « Le changement de domicile s'opérera par le fait d'une habitation réelle dans un autre lieu, joint à l'intention d'y fixer son principal établissement. » (Code civ., art. 104.) La preuve de l'intention résultera d'une déclaration expresse faite à la mairie du lieu que l'on quitte et à la mairie du lieu où l'on transfère son domicile. (*Id.*, art. 104.) A défaut de déclaration expresse, la preuve de l'intention « dépendra des circonstances ». (*Id.*, art. 105.)

*Domicile d'origine.* — Le domicile *d'origine* ou *de naissance* se conserve jusqu'à ce qu'il y ait preuve de changement. (Code civ., art. 103 et suiv.)

*Domicile de secours.* — Le *domicile de secours* est le lieu où, d'après les règlements, les personnes nécessiteuses ont droit à être secourues. (V. ASSISTANCE MÉDICALE, page 76.)

*Domicile acquis par l'effet de la loi.* — Un certain nombre de personnes (art. 107 et suiv. du Code civ.) acquièrent un domicile par l'effet de la loi. L'acceptation de fonctions conférées à vie emportera translation immédiate du domicile du fonctionnaire dans le lieu où il doit exercer ces fonctions. (Code civ., art. 107.)

La femme mariée n'a point d'autre domicile que celui de son mari. Le mineur non émancipé aura son domicile chez ses père et mère ou tuteur : le majeur interdit aura le sien chez son tuteur. (*Id.*, art. 108.)

La femme séparée de corps cesse d'avoir pour domicile légal le domicile de son mari. Néanmoins, toute signification faite à la femme séparée, en matière de questions d'état, devra également être adressée au mari, à peine de nullité. (Loi du 6 février 1893.)

Les majeurs qui servent ou travaillent habituellement chez autrui auront le même domicile que la personne qu'ils servent ou chez laquelle ils travaillent, lorsqu'ils demeureront avec elle dans la même maison. (Code civ., art. 109.)

Le lieu où s'ouvre une succession est déterminé par le domicile. (*Id.*, art. 110.)

Le mariage est célébré dans la commune où l'un des deux époux a son domicile. Le domicile, quant au mariage, s'établit par six mois d'habitation continue dans la même commune. (*Id.*, art. 74.)

*Élection de domicile.* — Lorsqu'un acte contiendra, de la part des parties ou de l'une d'elles, élection de domicile pour l'exécution de ce même acte dans un autre lieu que celui du domicile réel, les significations, demandes et poursuites relatives à cet acte, pourront être faites au domicile convenu, et devant le juge de ce domicile. (*Id.*, art. 111.) V. ACTIONS.

*Violation du domicile.* — La violation du domicile est un délit puni par l'article 184 du Code pénal. Elle n'est permise aux officiers de police, munis de mandats réguliers, que dans les cas expressément prévus par la loi.

« Tout fonctionnaire de l'ordre administratif ou judiciaire, tout officier de justice ou de police, tout commandant ou agent de la force publique, qui, agissant en sadite qualité, se sera introduit dans le domicile d'un citoyen, contre le gré de celui-ci, hors les cas prévus par la loi, et sans les formalités qu'elle a prescrites, sera puni d'un emprisonnement de six jours à un an, et d'une amende de 16 francs à 500 francs. » (Code pén., art. 184, § 1er.)

« Si néanmoins il justifie qu'il a agi par ordre de ses supérieurs pour des objets du ressort de ceux-ci, sur lesquels il leur était dû l'obéissance hiérarchique, il sera exempt de la peine, laquelle sera, dans ce cas, appliquée seulement aux supérieurs qui auront donné l'ordre. » (*Id.*, art. 114, § 2.)

« Tout individu qui se sera introduit à l'aide de menaces ou de violences dans le domicile d'un citoyen sera puni d'un emprisonnement de six jours à trois mois, et d'une amende de 16 francs à 200 francs. » (*Id.*, art. 184, § 2.)

**Domiciliataire.** — Tierce personne au domicile de laquelle est payable une lettre de change fournie sur une autre personne.

Le *domiciliataire* paye à l'échéance, pour le compte du tiré, la traite précédemment acceptée par celui-ci. Le domiciliataire peut résider dans la même ville que le tiré, ou dans un lieu différent. Le nom du domiciliataire peut être indiqué par le tireur lors de l'émission de la traite ; le plus souvent, il l'est par le tiré au moment de l'acceptation.

**Dominant (Fonds).** — Fonds en faveur duquel est établie une servitude, par opposition au *fonds servant*, qui est soumis à la servitude.

**Dommage.** — Tout préjudice causé à autrui.

Aux termes de l'article 1382 du Code civil, « tout fait quelconque de l'homme qui cause à autrui un dommage oblige celui par la faute duquel il est arrivé, à le réparer ». Mais on n'est pas responsable seulement du dommage que l'on cause par son propre fait : l'article 1384 du même code édicte que l'on est responsable, en outre, du dommage qui est causé par le fait des personnes dont on doit répondre (enfants mineurs, domestiques et préposés, élèves et apprentis), ou par le fait des choses que l'on a sous sa garde. Quant au dommage volontairement causé aux propriétés mobilières ou immobilières d'autrui, les articles 434 et suivants et 479 du Code pénal le frappent de peines plus ou moins sévères. V. RESPONSABILITÉ.

**Dommages-intérêts.** — Indemnité en argent destinée à réparer un préjudice et qui comprend : 1° le montant de la perte éprouvée par suite de l'inexécution d'une obligation ; 2° les intérêts accumulés depuis que le préjudice a été subi.

Les dommages et intérêts dus au créancier sont, en général, de la perte qu'il a faite et du gain dont il a été privé, sauf les exceptions et modifications ci-après. (Code civ., art. 1149.)

Les dommages et intérêts ne sont dus que lorsque le débiteur est en demeure de remplir son obligation, excepté néanmoins lorsque la chose que le débiteur s'était obligé de donner ou de faire ne pouvait être donnée ou faite que dans un certain temps qu'il a laissé passer. (*Id.*, art. 1146.)

Le débiteur est condamné, s'il y a lieu, au payement de dommages et intérêts, soit à raison de l'inexécution de l'obligation, soit à raison du retard dans l'exécution, toutes les fois qu'il ne justifie pas que l'inexécution provient d'une cause étrangère qui ne peut lui être imputée, encore qu'il n'y ait aucune mauvaise foi de sa part. (*Id.*, art. 1147.)

Il n'y a lieu à aucuns dommages et intérêts lorsque, par suite d'une force majeure ou d'un cas fortuit, le débiteur a été empêché de donner ou de faire ce à quoi il était obligé, ou a fait ce qui lui était interdit. (*Id.*, art. 1148.)

Lorsque la convention porte que celui qui manquera de l'exécuter payera une certaine somme à titre de dommages-intérêts, il ne peut être alloué à l'autre partie une somme plus forte, ni moindre. (*Id.*, art. 1152.)

Dans les obligations qui se bornent au payement d'une certaine somme, les dommages et intérêts résultant du retard dans l'exécution ne consistent jamais que dans la condamnation aux intérêts fixés par la loi; sauf les règles particulières au commerce et au cautionnement. Ces dommages et intérêts sont dus sans que le créancier soit tenu de justifier d'aucune perte. Ils ne sont dus que du jour de la sommation de payer, excepté dans les cas où la loi les fait courir de plein droit. Le créancier auquel son débiteur en retard a causé, par sa mauvaise foi, un préjudice indépendant de ce retard peut obtenir des dommages et intérêts distincts des intérêts moratoires de la créance. (*Id.*, art. 1153, mod. par la loi du 7 avril 1900.) V. ANATOCISME.

En matière criminelle ou correctionnelle, tous les condamnés sont tenus solidairement des dommages-intérêts prononcés. (Code pén., art. 55.)

**Don manuel.** — Donation faite de la main à la main.

On désigne sous le nom de *don manuel* la donation faite de la main à la main d'une chose susceptible d'être transmise par voie de simple tradition. Cette libéralité n'est assujettie à aucune condition de forme; elle se consomme, sans qu'il soit rédigé d'acte, par le seul consentement des parties et la remise réelle de l'objet donné.

Mais si le don manuel échappe aux règles *de forme*, il reste soumis à toutes les règles *de fond* qui régissent les donations. Il suppose d'abord, chez le donateur, l'intention de gratifier le donataire, en se dépouillant actuellement et irrévocablement de la chose donnée et, de la part du donataire, la volonté d'accepter la libéralité. Les conditions de *capacité* de disposer et de recevoir sont les mêmes qu'en matière de donation. Les dons manuels sont *rapportables* à la succession du donateur s'ils n'ont pas été faits à titre de préciput; ils sont *sujets à réduction* s'ils dépassent la quotité disponible; ils sont *révocables* pour cause d'inexécution des charges, d'ingratitude et de survenance d'enfant.

Mais les dons minimes, qui peuvent être considérés comme de simples présents d'usage, ne constituent pas, en droit, des donations et échappent à l'application des règles susvisées. Les *meubles* corporels, tels que le mobilier, l'argent, les bijoux, les denrées, ainsi que les billets et valeurs *au porteur*, peuvent seuls faire l'objet d'un don manuel. Les meubles incorporels, comme les rentes, les créances, les effets négociables, dont le mode de transmission est régi par des règles spéciales, ne sont pas susceptibles d'être acquis à titre de don manuel.

**Don mutuel.** — Donation réciproque faite entre mari et femme par un seul et même acte, révocable, et devant s'exécuter au profit de l'époux survivant sur les biens du prémourant.

**Donation entre vifs.** — Acte par lequel le donateur se dépouille actuellement et irrévocablement de la chose donnée, en faveur du donataire qui l'accepte. (Code civ., art. 894.)

*Principes généraux.* — La donation est *gratuite* de sa nature; toutefois, elle peut être faite sous certaines charges (*donation onéreuse*), sans perdre son caractère, pourvu que ces charges ne puissent être considérées comme l'équivalent ou le prix de l'objet donné. Elle ne peut comprendre que des biens appartenant au donateur au moment même du contrat, la donation transférant un droit *actuel* et certain.

Elle doit être *irrévocable;* mais une donation peut être faite sous une condition casuelle, c'est-à-dire sous une condition ne dépendant pas de la seule volonté du donateur (*donation conditionnelle*).

La *donation mutuelle;* est celle que deux personnes se font réciproquement par le même acte. — La *donation alternative* a pour objet une chose ou une autre, au choix du donateur ou du donataire. — La *donation rémunératrice* est celle qui est faite en récompense de services rendus.

Le législateur, en écrivant les règles relatives aux donations, a dû sauvegarder: 1° l'intérêt du donateur; 2° l'intérêt des membres de la famille légitime du disposant; 3° l'intérêt de la société. — 1° *L'intérêt du donateur.* Les dispositions gratuites constituent un bénéfice sans équivalent; aussi éveillent-elles la cupidité et sont-elles à craindre, surtout lorsque l'approche de la mort engourdit les facultés de l'homme. Il fallait donc prémunir le donateur contre sa propre faiblesse et contre les captations dont il pourrait être l'objet. — 2° *L'intérêt des membres de la famille légitime du disposant.* La disposition que fait une personne de ses biens, au profit de celui qui, par ses services ou son affection, s'est rendu digne de sa bienfaisance, est un des plus nobles attributs du droit de propriété; mais, pour qu'il en soit ainsi, il ne faut pas sacrifier sans motif les espérances légitimes de la famille. Il serait inique que des libéralités faites sans intelligence ou sans liberté vinssent dépouiller ceux à qui la nature a donné des droits imprescriptibles. — 3° *L'intérêt de la société.* Le législateur devait empêcher de violer les principes politiques sur lesquels repose la constitution de l'Etat, en ressuscitant, par exemple, le droit d'aînesse à l'aide des substitutions, ou en imposant des conditions contraires à l'ordre public et aux bonnes mœurs. La condition illicite ou immorale seule est réputée non écrite; la donation ou le testament subsiste. (Code civ., art. 900.) V. SUBSTITUTION.

**Principes communs aux donations entre vifs et aux testaments.**

« On ne pourra disposer de ses biens à titre gratuit que par donations entre vifs et par testaments, dans les formes ci-après établies. » Cette disposition du Code civil (art. 893) est très nette. Aucune libéralité n'est valable si elle n'est revêtue de la forme de la *donation* ou de celle du *testament*.

*Caractères généraux de la donation.* — 1° La donation doit dessaisir le donateur actuellement et irrévocablement ; 2° elle doit être acceptée par le donataire.

En premier lieu, il faut que le donateur se dépouille actuellement de la propriété des objets donnés. Si la donation avait été faite soit sous la condition expresse que la propriété des objets donnés ne serait transférée au donataire qu'autant que le donateur n'en aurait pas disposé avant son décès, soit avec des réserves qui auraient le même effet qu'une pareille condition, la donation devrait être considérée comme non avenue. (Code civ., art. 946.) Mais rien n'empêche que l'exécution de la donation, ou, en d'autres termes, que la délivrance des objets donnés ne soit ajournée jusqu'au décès du donateur. (*Id.*, art. 949.) Il faut que la donation soit irrévocable. Toutefois, elle peut être subordonnée à une condition suspensive ou résolutoire, pourvu que l'accomplissement de la condition ne dépende pas de la seule volonté du donateur. Dans l'hypothèse contraire, la donation est nulle. (*Id.*, art. 944.) Tel est le sens de la maxime : *Donner et retenir ne vaut.*

En second lieu, la donation doit être acceptée par le donataire, et encore faut-il que cette acceptation soit expresse et solennelle.

*Personnes qui peuvent disposer et recevoir à titre gratuit.* — Sont incapables de disposer à titre gratuit : 1° Tous ceux qui ne sont pas sains d'esprit, c'est-à-dire ceux qui se trouvent dans un état habituel de fureur, de démence ou d'imbécillité, et ceux qui, par une cause quelconque, par exemple par suite d'ivresse ou de maladie, sont momentanément privés de leurs facultés morales. (Code civ., art. 901.) 2° Les individus condamnés à des peines afflictives perpétuelles. (Loi du 31 mai 1854, art. 3.) 3° Le mineur âgé de moins de seize ans ; toutefois, le mineur de seize ans accomplis ne peut pas faire de donation et il ne peut disposer par testament que de la moitié de ses biens. (Code civ., art. 903-904.) 4° Les femmes mariées. Elles ne peuvent faire aucune donation entre vifs, soit immobilière, soit mobilière, sans l'autorisation de leur mari ou de la justice ; mais elles n'ont pas besoin d'autorisation pour disposer par testament. (*Id.*, art. 905.) 5° Les individus pourvus d'un conseil judiciaire pour cause de prodigalité ou de faiblesse d'esprit. Ils ne peuvent disposer entre vifs sans l'assistance de leur conseil, mais ils n'ont pas besoin de cette assistance pour disposer par testament. 6° Les individus qui se trouvent en état d'interdiction légale par suite d'une condamnation à une peine afflictive temporaire ; ces individus sont, pendant la durée de l'interdiction, incapables de disposer entre vifs ; mais ils peuvent valablement tester.

Sont incapables de recevoir par donation entre vifs ou testament : 1° Les individus condamnés à des peines afflictives perpétuelles. L'incapacité dont ils sont frappés est absolue, en ce sens qu'ils sont inhabiles à recevoir à titre gratuit de quelque personne que ce soit. Ils peuvent cependant recevoir pour cause d'aliments. (Loi du 31 mai 1854, art. 3.) 2° Les femmes mariées, sans l'autorisation du mari ou de la justice. 3° Les tuteurs des mineurs âgés de plus de seize ans : même après la majorité, le tuteur ne pourra recevoir entre vifs ou par testament qu'après avoir rendu le compte définitif de la tutelle. (Code civ., art. 907.) 4° Les médecins et chirurgiens qui ont traité le testateur pendant la maladie dont il est mort. Cette prohibition est soumise aux deux exceptions suivantes : A. Les médecins peuvent recevoir, à titre particulier et pour cause de rémunération, des sommes d'argent et autres menus objets ; les dispositions ainsi faites à leur profit doivent être proportionnées aux facultés du disposant et à l'importance des soins qu'ils lui ont donnés. B. Les médecins peuvent recevoir, même à titre universel, lorsqu'ils sont parents du disposant jusqu'au quatrième degré inclusivement ; à moins toutefois que celui-ci n'ait des parents en ligne directe, et même cette dernière circonstance ne ferait point obstacle à la validité des dispositions faites en leur faveur, s'ils étaient eux-mêmes au nombre de ces parents. (*Id.*, art. 909.) 5° Les ministres du culte qui ont assisté le défunt à ses derniers moments. 6° Les officiers de navire, à moins qu'ils ne soient parents ou alliés du testateur, en vertu d'un testament fait en mer, sur le vaisseau auquel ils sont attachés. (*Id.*, art. 995.) 7° Les congrégations religieuses de femmes et les personnes qui en font partie. (Loi du 24 mai 1825, art. 4 et 5.) 8° Les départements, les communes, les établissements publics et d'utilité publique, à moins que les donations n'aient été autorisées. (Code civ., art. 910, et loi du 4 févr. 1901.) V. DONS ET LEGS.

Les enfants naturels légalement reconnus ne peuvent rien recevoir par donation entre vifs au delà de ce qui leur est accordé au titre *Des successions*. Cette incapacité ne pourra être invoquée que par les descendants du donateur, par ses ascendants, par ses frères et sœurs et les descendants légitimes de ses frères et sœurs. Le père ou la mère qui les ont reconnus pourront leur léguer tout ou partie de la quotité disponible, sans toutefois qu'en aucun cas, lorsqu'ils se trouvent en concours avec des descendants légitimes, un enfant naturel puisse recevoir plus qu'une part d'enfant légitime le moins prenant. Les enfants adultérins ou incestueux ne pourront rien recevoir par donation entre vifs ou par testament au delà de ce qui leur est accordé par les articles 762, 763 et 764 du Code civil, c'est-à-dire des aliments. V. ENFANTS.

Les enfants conçus au moment de la donation sont capables de recevoir entre vifs ; les enfants conçus au moment du décès du testateur peuvent recevoir par testament, mais la donation ou le testament n'ont d'effet qu'autant que l'enfant est né viable. (Code civ., art. 906.)

Toute disposition au profit d'un incapable sera nulle, soit qu'on la déguise sous forme d'un contrat onéreux, soit qu'on la fasse sous le nom de personnes interposées (*id.*, art. 911), c'est-à-dire des père et mère, enfants, descendants, époux de l'incapable.

*Biens dont on peut disposer.* — Deux points sont à examiner : 1° la quotité des biens disponibles; 2° la réduction des donations et des legs.

1° *De la quotité disponible*. V. QUOTITÉ.

2° *De la réduction des donations et des legs*. Les dispositions, soit entre vifs, soit à cause de mort, qui excèdent la quotité des biens dont le testateur ou le donateur peut disposer à titre gratuit, sont réduites à cette quotité lors de la succession. C'est donc à l'époque de l'ouverture de la succession que l'action en réduction prend naissance, et c'est à partir de ce moment qu'elle peut être exercée. Ceux-là peuvent exercer l'action en réduction au profit desquels la loi a établi une réserve; leurs héritiers ou ayants cause ont le même droit. Les donataires, légataires et créanciers du défunt ne peuvent demander la réduction ni en profiter. (Code civ., art. 920 et 921.)

L'action en réduction prend naissance lorsque la donation dépasse les limites de la quotité disponible, ou, autrement dit, attaque la réserve. Pour connaître la réserve et en déterminer le chiffre, il faut supposer que le donateur n'a fait aucune libéralité, considérer comme n'étant pas sortis de son patrimoine les biens qu'il a donnés, et calculer quel serait dans cette hypothèse le quantum de sa fortune, déduction faite de ses dettes. C'est d'après ce chiffre et eu égard au nombre et à la qualité de ses héritiers réservataires que se calcule la quotité disponible, et, par suite, la réserve : la valeur des biens dont il n'a pas disposé est-elle supérieure ou au moins égale à la réserve ainsi déterminée, toutes les libéralités sont maintenues; est-elle inférieure, l'action en réduction peut être exercée. (*Id.*, art. 922-927.)

*Effets de l'action en réduction*. Le donataire n'est pas tenu de restituer les *fruits* qu'il a perçus dans l'intervalle de la donation au jour du décès. Les fruits recueillis après l'ouverture de la succession peuvent être restitués; si la demande en réduction a été formée dans l'année qui suit l'ouverture de la succession, les fruits sont dus à compter de la mort du donateur; si elle a été formée après ce délai, les fruits ne sont dus que du jour de la demande. (*Id.*, art. 928.)

« Les immeubles à recouvrer par l'effet de la réduction le seront *sans charges* de dettes ou hypothèques créées par le donataire. » (*Id.*, art. 929.) L'effet de la réduction est d'anéantir les hypothèques et les autres charges réelles consenties par le donataire. C'est une application pure et simple des principes généraux.

« L'action en revendication ou en réduction pourra être exercée par les héritiers contre les tiers détenteurs des *immeubles* faisant partie des donations, et aliénés par les donataires, de la même manière et dans le même ordre que contre les donataires eux-mêmes, et discussion préalablement faite de leurs biens. » (*Id.*, art. 930.) Lorsque les immeubles se trouvent entre les mains des donataires, on commence par réduire les donations faites en dernier lieu par le donateur; puis on réduit celles qui précèdent immédiatement, et ainsi de suite. Lorsque les immeubles sont entre les mains de tiers détenteurs, la même marche doit être suivie; l'action est exercée suivant l'ordre des dates des aliénations, en commençant par la plus récente. La loi suppose que plusieurs aliénations ont été faites, non par le même donataire, mais par des donataires différents; dans cette hypothèse, l'héritier réservataire doit poursuivre d'abord les biens qui ont été aliénés par le donataire le plus récent, et, en cas d'insuffisance, ceux qu'a aliénés le donataire qui le précède immédiatement, et ainsi de suite. Que les immeubles soient entre les mains des donataires ou des tiers détenteurs, la réduction ne s'opère que si le donataire ne peut pas, avec ses biens personnels, fournir ou parfaire la réserve.

### Règles spéciales aux donations entre vifs.

*Forme des donations entre vifs*. — Le mot *forme* est pris ici dans un sens très large; il s'applique : 1° aux formes extrinsèques de la donation, c'est-à-dire aux formes nécessaires à l'existence matérielle de la donation; 2° aux formes intrinsèques, c'est-à-dire aux clauses et aux conditions qui ne peuvent se trouver dans une donation.

La donation entre vifs doit être faite par acte passé devant notaire dans la forme ordinaire des contrats et avec minute; le tout sous peine de nullité.

Les actes notariés contenant donation entre vifs ou donation entre époux, autres que celles insérées dans le contrat de mariage, acceptation de donation, révocation de donation, et les procuration ou autorisation pour consentir ces divers actes, doivent, à peine de nullité, être reçus par deux notaires ou par un notaire assisté de deux témoins. La présence du second notaire ou des deux témoins n'est requise qu'au moment de la lecture de l'acte par le notaire et de la signature des parties ou de leur déclaration de ne savoir ou de ne pouvoir signer, et la mention en sera faite dans l'acte, à peine de nullité. (Code civ., art. 931; Loi du 12 août 1902, art. 9.)

Ainsi le donateur n'est pas enchaîné par la donation constatée dans un acte sous seing privé. Il peut, sans nier sa signature, sans prétendre que son consentement a été surpris par dol, erreur ou violence, reprendre les biens qu'il a donnés. La procuration donnée pour faire ou accepter une donation doit, à peine de nullité, être passée dans la même forme que la donation ou l'acceptation elle-même. (Code civ., art. 933; Loi du 21 juin 1843, art. 2.) La règle que les donations entre vifs doivent, à peine de nullité être constatées au moyen d'un acte notarié est soumise à certaines restrictions. Elle ne s'applique pas aux renonciations gratuites à des droits quelconques, notamment à la remise d'une dette par le créancier au débiteur. Les meubles corporels peuvent être valablement donnés sous la forme de don manuel, c'est-à-dire par la simple tradition. (V. DON MANUEL.) Les actes portant donation d'objets mobiliers ne sont valables que pour les objets décrits et estimés article par article, soit dans ces actes mêmes ou dans un état estimatif signé des parties et annexé à la minute de ces actes, soit dans un acte antérieur, auquel les parties se sont expressément référées. (Code civ., art. 948.)

*Clauses entraînant la nullité de la donation.* — Les articles 943 à 946 du Code civil prévoient quatre clauses dont l'effet est d'entraîner la nullité de la donation : ce sont les clauses portant donation de biens à venir; celles qui affectent la libéralité soit d'une condition potestative de la part du donateur, soit de la charge pour le donataire d'acquitter les dettes du donateur autres que celles qui existaient à l'époque de la donation; enfin la clause par laquelle le donateur se réservait la faculté de disposer d'une partie des biens compris dans la donation.

1° La donation qui ne comprend que des biens à venir est nulle; celle qui comprend des biens présents et à venir est nulle quant aux biens à venir et valable quant aux biens présents. Les biens présents sont ceux qui, au moment de la donation, font partie du patrimoine du donateur ou ceux qu'il pourra acquérir en vertu d'un droit qui lui appartient dès à présent. Les biens à venir sont ceux sur lesquels le donateur n'a aucun droit actuel, pas même de droit conditionnel.

2° Est pareillement nulle la donation faite sous la condition d'acquitter des dettes ou charges autres que les dettes ou charges actuelles. Deux cas sont prévus : 1er cas. Donation avec charge de payer les dettes présentes du donateur : cette donation est valable, car tout est irrévocablement réglé par la convention. Les charges que le donataire doit acquitter font qu'il reçoit moins, mais qu'il reçoit irrévocablement l'excédent de la libéralité sur les charges. 2e cas. Donation avec charge de payer les dettes, « exprimées soit dans l'acte de donation, soit dans l'état qui y est annexé ». L'unanimité des auteurs admet que la donation faite à la charge de payer les dettes futures est nulle pour le tout.

3° La donation est également nulle lorsque le donateur s'est réservé le droit de disposer des objets donnés. Si la réserve ne porte que sur quelques-uns des objets donnés, la donation est nulle seulement quant à ceux-là. Que si le donateur s'est réservé la faculté de disposer des choses données jusqu'à concurrence d'une certaine somme, la donation est nulle jusqu'à concurrence de cette somme.

4° Enfin la donation est encore frappée de nullité lorsqu'elle est faite sous une condition potestative de la part du donateur. C'est l'application des principes généraux.

*Exceptions à la règle de l'irrévocabilité des donations.* — Ces exceptions sont au nombre de trois. Les donations peuvent être révoquées : 1° pour inexécution des charges; 2° pour ingratitude; 3° pour survenance d'enfants. (Code civ., art. 953.)

*Révocation pour inexécution des charges.* (Code civ., art. 954.) La révocation opère comme une condition résolutoire; elle ne produit jamais son effet de plein droit. Ces mots *de plein droit* ne signifient pas que le donateur pourra considérer la donation comme révoquée sans qu'il ait besoin de s'adresser aux tribunaux pour en faire prononcer la révocation; ils veulent dire que les juges n'ont aucun pouvoir d'appréciation pour rechercher si le contrat doit être ou non annulé. Dans l'espèce, puisque la donation n'est pas révoquée de plein droit, les juges ont toute faculté d'appréciation. Une fois la révocation prononcée, le donataire doit-il restituer les fruits perçus soit intégralement, soit seulement à partir du jour de la demande en révocation? (Controverse.)

*Révocation pour cause d'ingratitude.* (Code civ., art. 955, 957, 958.) La donation entre vifs peut être révoquée pour cause d'ingratitude, dans les trois cas suivants : 1° lorsque le donataire a attenté à la vie du donateur; 2° lorsqu'il s'est rendu coupable envers lui de sévices, délits ou injures graves; 3° lorsqu'il lui refuse des aliments. Le donataire peut être considéré comme ayant attenté à la vie du donateur, quoiqu'il n'ait pas été condamné pour ce fait. Il suffit qu'il ait manifesté, d'une manière non douteuse, l'intention de donner la mort au donateur. Les sévices consistent dans une série de mauvais traitements, de vexations, qui rendent la vie insupportable. Les délits sont des faits punis par une loi pénale et commis par le donataire sur la personne ou sur les biens du donateur. Les injures sont tout fait, écrit ou toutes paroles portant atteinte à l'honorabilité du donateur. Les sévices, délits ou injures doivent avoir un certain caractère de gravité; ainsi, tout le monde convient qu'un délit de chasse commis par le donataire sur les biens du donateur n'est pas une cause de révocation; tout dépend des circonstances; les juges ont, à cet égard, un pouvoir discrétionnaire. La troisième cause de révocation pour ingratitude consiste dans le refus d'aliments; le donataire est tenu de fournir des aliments au donateur; c'est une obligation que la loi elle-même lui impose; mais il est bien entendu que cette obligation ne commence qu'à partir du moment où le donateur est dans le besoin et sans ressources. La révocation d'une donation pour cause d'ingratitude ne peut être demandée que par le donateur lui-même ou ses héritiers. Les successeurs universels seraient sans qualité pour intenter une pareille demande. Cette demande ne peut être intentée que contre le donataire lui-même ou contre ses héritiers ou successeurs universels. Elle doit, à peine de déchéance, être introduite dans l'année, à compter du jour où les faits imputés au donataire ont eu lieu, ou du jour où ces faits ont pu être connus du donateur. Les donations en faveur de mariage ne sont pas révocables pour cause d'ingratitude.

*De la révocation pour cause de survenance d'enfants.* (Code civ., art. 960-966.) Toute donation émanée d'une personne qui n'avait pas d'enfants ou de descendants actuellement vivants à l'époque où elle a été faite demeure révoquée de plein droit lorsqu'il survient des enfants au donateur. La révocation pour cause de survenance d'enfants a lieu en tout état de cause, même si la donation a été faite en faveur de mariage par d'autres que par les ascendants aux conjoints ou par les conjoints l'un à l'autre. La loi présume en effet que le donateur ne se serait pas dépouillé s'il avait pensé qu'il dût avoir des enfants. Cette présomption est tellement absolue, qu'elle ne céderait pas devant une déclaration contraire du donateur, et que la révocation s'opérerait malgré toute clause ou convention par laquelle il y aurait renoncé. L'existence, au temps de la donation, d'un seul enfant ou descendant légitime ou légitimé fait obstacle à la révocation. Mais l'enfant simplement conçu à l'époque de la donation ne doit pas, au point de vue dont il s'agit, être considéré comme ayant existé dès cette époque. La naissance d'un enfant n'opère révocation qu'autant qu'il est né vivant et viable. La révocation a lieu de plein droit, sans qu'il soit nécessaire de la faire prononcer en justice. Les donations ainsi révoquées ne peuvent revivre, ni par la mort de l'enfant dont la naissance en avait opéré la révocation, ni par aucun acte de confirmation expresse ou tacite de la part du donateur. Si ce dernier veut disposer des mêmes biens au profit du même donataire, il ne peut le faire qu'au moyen d'un nouvel acte de disposition.

*Donations de biens susceptibles d'hypothèques.* — Lorsqu'il y aura donation de biens susceptibles d'hypothèques, la transcription des actes contenant la donation et l'acceptation, ainsi que la notification de l'acceptation qui aurait eu lieu par acte séparé, devra être faite aux bureaux des hypothèques dans l'arrondissement desquels les biens sont situés. (Code civ., art. 939.)

*Exceptions à la règle « Donner et retenir ne vaut ».* — Il est permis au donateur de faire la réserve à son profit, ou de disposer au profit d'un autre, de la jouissance ou de l'usufruit des biens meubles ou immeubles donnés. (*Id.*, art. 949.) Lorsque la donation d'effets mobiliers aura été faite avec réserve d'usufruit, le donataire sera tenu, à l'expiration de l'usufruit, de prendre les effets donnés qui se trouveront en nature, dans l'état où ils seront; et il aura action contre le donateur ou ses héritiers, pour raison des objets non existants, jusqu'à concurrence de la valeur qui leur aura été donnée dans l'état estimatif. (*Id.*, art. 950.)

Le donateur pourra stipuler le droit de retour (*retour conventionnel*) des objets donnés, soit pour le cas du prédécès du donataire seul, soit pour le cas du prédécès du donataire et de ses descendants. Ce droit ne pourra être stipulé qu'au profit du donateur seul. (*Id.*, art. 951.)

L'effet du droit de retour sera de résoudre toutes les aliénations des biens donnés, et de faire revenir ces biens au donateur, francs et quittes de toutes charges et hypothèques, sauf néanmoins l'hypothèque de la dot et des conventions matrimoniales, si les autres biens de l'époux donataire ne suffisent pas, et dans le cas seulement où la donation lui aura été faite par le même contrat de mariage duquel résultent ces droits et hypothèques. (*Id.*, art. 952.)

## Dons et legs à l'Etat, aux départements, communes et établissements publics.

La loi du 4 février 1901 a réglementé la tutelle administrative en matière de dons et legs.

*État* (art. 1er). — Les dons et legs faits à l'Etat ou aux services nationaux qui ne sont pas pourvus de la personnalité civile sont autorisés par décret du président de la République.

*Département* (art. 2). — Le conseil général statue définitivement sur l'acceptation des dons et legs faits au département, quand ils ne donnent pas lieu à réclamation des familles, et sur le refus de ces libéralités, qu'il y ait ou non réclamation.

*Communes* (art. 3). — Ne sont exécutoires qu'après avoir été approuvées par l'autorité supérieure les délibérations du conseil municipal portant sur l'acceptation des dons et legs faits à la commune, lorsqu'ils donnent lieu à des réclamations des familles.

Le conseil municipal statue définitivement sur l'acceptation des dons et legs faits à la commune, quand ils ne donnent pas lieu à réclamations. Toutefois, si la donation ou le legs a été fait à un hameau ou quartier d'une commune qui n'est pas encore à l'état de section ayant la personnalité civile, les habitants du hameau ou quartier seront appelés à élire une commission syndicale, conformément à l'article 129 de la loi du 5 avril 1884. La commission syndicale délibère sur l'acceptation de la libéralité et, dans aucun cas, l'autorisation d'accepter ne pourra être accordée que par décret d'administration publique.

Lorsque la délibération porte refus de dons ou legs, le préfet peut, par un arrêté motivé, inviter le conseil municipal à revenir sur sa première délibération. Le refus n'est définitif que si, par une seconde délibération, le conseil municipal déclare y persister ou si le préfet n'a pas requis de nouvelle délibération dans le mois de la réception de la délibération portant refus. Si le don ou le legs a été fait à une section de commune et que le conseil municipal soit d'avis de refuser la libéralité, la commission syndicale délibère, et un décret intervient comme il est dit plus haut.

L'autorisation préfectorale n'est pas nécessaire lorsque les dons et legs sont faits avec charges et conditions.

*Établissements publics* (art. 4). — Les établissements publics (hôpitaux, hospices, bureaux de bienfaisance, etc.) acceptent et refusent, sans autorisation de l'administration supérieure, les dons et legs qui leur sont faits sans charges, conditions ni affectation immobilière.

Lorsque ces dons ou legs sont grevés de charges, de conditions ou d'affectation immobilière, l'acceptation ou le refus est autorisé par arrêté du préfet si l'établissement bénéficiaire a le caractère communal ou départemental, ou par décret en conseil d'Etat, s'il a le caractère national. Toutefois, les conseils municipaux donnent leur avis sur les dons et legs faits aux hospices et bureaux de bienfaisance qui ont le caractère communal et, en cas de désaccord entre la commune et l'hospice ou bureau de bienfaisance sur l'acceptation ou le refus des libéralités, le préfet statue définitivement par arrêté motivé.

Depuis la loi du 4 février 1901, les sous-préfets n'ont plus le droit qu'ils tenaient du décret du 13 avril 1861 d'autoriser l'acceptation par les bureaux de bienfaisance des dons et legs d'une valeur n'excédant pas 3 000 francs et ne donnant pas lieu à réclamation des héritiers. (Circ. Intérieur, 22 octobre 1901.)

*Établissements d'utilité publique* (Loi du 4 février 1901, art. 5). — L'acceptation est autorisée par le préfet du département où est le siège de l'établissement, ou par décret en conseil d'Etat, si la libéralité consiste en immeubles d'une valeur supérieure à 3 000 francs.

*Dispositions générales.* — Dans tous les cas où les dons et legs donnent lieu à des réclamations des familles, l'autorisation de les accepter est donnée par décret en conseil d'Etat. (Loi du 4 février 1901, art. 7.)

Tous les établissements peuvent, sans autorisation préalable, accepter provisoirement ou à titre conservatoire les dons et legs qui leur sont faits. (*Id.*, art. 8.)

Les conditions d'application de la loi du 4 février 1901 font l'objet d'une instruction adressée aux préfets par le ministre de l'Intérieur, à la date du 10 juin 1901.

*Donations faites par contrat de mariage aux époux et aux enfants à naître du mariage.* — V. MARIAGE.

*Dispositions entre époux, soit par contrat de mariage, soit pendant le mariage.* — V. MARIAGE.

*Dispositions en faveur des enfants, petits-enfants et neveux.* — V. SUBSTITUTION.

**Donneur d'aval.** — V. AVAL.

**Donneur d'ordre.** — Celui qui tire une traite pour le compte d'autrui prend le nom de *tireur pour compte*, de même que celui qui fait tirer pour son compte prend celui de *donneur d'ordre.*

Le donneur d'ordre doit prévenir le tiré qu'il ait à accepter la traite pour son compte, et il est tenu vis-à-vis de ce tiré d'en faire la provision à l'échéance.

**Doryphora.** — V. INSECTES NUISIBLES A L'AGRICULTURE.

**Dot.** — Biens que possède une femme au moment de son mariage, et plus particulièrement ceux dont le mari prend l'administration, quoique la conjointe en conserve la propriété.

L'article 1540 du Code civil définit la *dot :* « Le bien que la femme apporte au mari pour supporter les charges du mariage. » Cette notion s'adapte à tous les régimes ; car sous chacun d'eux il peut y avoir un apport de la femme au mari, pour l'aider à subvenir aux charges de la vie commune. Ce qui distingue le *régime dotal* proprement dit, ce sont les garanties qui assurent la conservation et la restitution de la dot.

*Régime dotal.* — Le régime dotal préserve le patrimoine de la femme, mais il sépare trop les intérêts des époux, et il offre cet inconvénient de placer la dot hors du commerce.

Le Code civil ne l'a admis que comme un régime exceptionnel et facultatif : il doit être l'objet d'une déclaration expresse. (Code civ., art. 1392.)

Sous ce régime, tout ce que la femme se constitue ou qui lui est donné en contrat de mariage est dotal, sauf stipulation contraire. (*Id.*, art. 1541.)

Les biens compris dans la dot sont qualifiés de *dotaux;* les biens restés en dehors de la dot sont dits *paraphernaux.*

*Constitution de dot.* — La constitution de dot est la libéralité faite à une personne en vue de son établissement, soit par mariage, soit autrement.

« L'enfant n'a pas d'action contre ses père et mère pour un établissement par mariage » (Code civ., art. 204), c'est-à-dire qu'il ne peut les obliger à lui fournir une dot.

La constitution de dot peut frapper tous les biens présents et à venir de la femme, ou tous ses biens présents seulement, ou une partie de ses biens présents et à venir, ou même un objet individuel. La constitution, en termes généraux, de tous les biens de la femme ne comprend pas les biens à venir. (*Id.*, art. 1542.) La dot ne peut être constituée ni même augmentée pendant le mariage. (*Id.*, art. 1543.)

*Dot constituée par le père et la mère conjointement.* Si le père et la mère ont doté conjointement l'enfant commun, sans exprimer la portion pour laquelle ils entendaient y contribuer, ils sont censés avoir doté chacun pour moitié, soit que la dot ait été fournie ou promise en effets de la communauté, soit qu'elle l'ait été en biens personnels à l'un des deux époux. — « Au second cas, l'époux dont l'immeuble ou l'effet personnel a été constitué en dot a, sur les biens de l'autre, une action en indemnité pour la moitié de ladite dot, eu égard à la valeur de l'effet donné, au temps de la donation. » (*Id.*, art. 1438.)

*Dot constituée par le père seul.* La dot constituée par le mari seul à l'enfant commun, en effets de la communauté, est à la charge de la communauté. Dans le cas où la communauté est acceptée par la femme, celle-ci doit supporter la moitié de la dot, à moins que le mari n'ait déclaré expressément qu'il s'en chargeait pour le tout, ou pour une portion plus forte que la moitié. (*Id.*, art. 1439.)

*Dot constituée par la mère seule.* Elle est exclusivement à la charge de la femme.

*Dot constituée en faveur d'un enfant d'un autre lit.* Elle est exclusivement à la charge du père ou de la mère de l'enfant doté.

*Garantie de la dot.* La garantie de la dot est due par toute personne qui l'a constituée ; sauf stipulation contraire, ses intérêts courent du jour du mariage, même si le payement n'est pas immédiat. (*Id.*, art. 1440.)

*Des droits du mari sur les biens dotaux.* — Le mari seul a l'administration des biens dotaux pendant le mariage. Il a seul le droit d'en poursuivre les débiteurs et détenteurs, d'en percevoir les fruits et les intérêts, et de recevoir le remboursement des capitaux. Cependant il peut être convenu, par le contrat de mariage, que la femme touchera annuellement, sur ses seules quittances, une partie de ses revenus pour son entretien et ses besoins personnels. (Code civ., art. 1549.)

Le mari est tenu, à l'égard des biens dotaux, de toutes les obligations de l'usufruitier. Il est responsable de toutes les prescriptions acquises et de toutes les détériorations survenues par sa négligence. (*Id.*, art. 1562.)

Si la dot est mise en péril, la femme peut poursuivre la séparation de biens. (*Id.*, art. 1563.)

Le mari n'est pas tenu de fournir caution pour la réception de la dot, s'il n'y a pas été assujetti par le contrat de mariage. (*Id.*, art. 1550.)

Si la dot ou partie de la dot consiste en objets mobiliers mis à prix par le contrat, le mari en devient propriétaire et n'est débiteur que du prix donné au mobilier. (*Id.*, art. 1551.) Au contraire, l'estimation donnée à l'immeuble constitué en dot n'en transporte point la propriété au mari, s'il n'y en a déclaration expresse. (*Id.*, art. 1552.)

L'immeuble acquis des deniers dotaux n'est pas dotal, si la condition de l'emploi n'a été stipulée par le contrat de mariage. Il en est de même de l'immeuble donné en payement de la dot constituée en argent. (*Id.*, art. 1553.)

*Inaliénabilité du fonds dotal.* — Les immeubles constitués en dot ne peuvent être aliénés ou hypothéqués pendant le mariage, ni par le mari, ni par la femme, ni par les deux conjointement, sauf les exceptions qui suivent. (Code civ., art. 1554.)

La femme peut, avec l'autorisation de son mari, ou, sur son refus, avec permission de justice, donner ses biens dotaux pour l'établissement des enfants qu'elle aurait d'un mariage antérieur; mais, si elle n'est autorisée que par justice, elle doit réserver la jouissance à son mari. (*Id.*, art. 1555.)

Elle peut aussi, avec l'autorisation de son mari, donner ses biens dotaux pour l'établissement de leurs enfants communs. (*Id.*, art. 1556.)

L'immeuble dotal peut être aliéné lorsque l'aliénation en a été permise par le contrat de mariage. (*Id.*, art. 1557.)

L'immeuble dotal peut encore être aliéné avec permission de justice, et aux enchères, après trois affiches : pour tirer de prison le mari ou la femme ; pour fournir des aliments à la famille, dans les cas prévus par les articles 203, 205 et 206 du Code civil (V. ALIMENTS) ; pour payer les dettes de la femme ou de ceux qui ont constitué la dot, lorsque ces dettes ont une date certaine antérieure au contrat de mariage ; pour faire de grosses réparations indispensables pour la conservation de l'immeuble dotal ; enfin, lorsque cet immeuble se trouve indivis avec des tiers, et qu'il est reconnu impartageable. Dans tous ces cas, l'excédent du prix de la vente au-dessus des besoins reconnus reste dotal, et il en est fait emploi comme tel au profit de la femme. (*Id.*, art. 1558.)

L'immeuble dotal peut être échangé, mais avec le consentement de la femme, contre un autre immeuble de même valeur, pour les quatre cinquièmes au moins, en justifiant de l'utilité de l'échange, en obtenant l'autorisation en justice, et d'après une estimation par experts nommés d'office par le tribunal. Dans ce cas, l'immeuble reçu en échange sera dotal; l'excédent du prix, s'il y en a, le sera aussi, et il en sera fait emploi comme tel au profit de la femme. (*Id.*, art. 1559.)

Si, hors les cas d'exception qui viennent d'être expliqués, la femme ou le mari, ou tous les deux conjointement, aliènent le fonds dotal, la femme ou ses héritiers pourront faire révoquer l'aliénation après la dissolution du mariage, sans qu'on puisse leur opposer aucune prescription pendant sa durée : la femme aura le même droit après la séparation de biens. Le mari lui-même pourra faire révoquer l'aliénation pendant le mariage, en demeurant néanmoins sujet aux dommages et intérêts de l'acheteur, s'il n'a pas déclaré dans le contrat que le bien vendu était dotal. (*Id.*, art. 1560.)

*Imprescriptibilité.* — Les immeubles dotaux non déclarés aliénables par le contrat de mariage sont imprescriptibles pendant le mariage, à moins que la prescription n'ait commencé auparavant. Ils deviennent néanmoins prescriptibles après la séparation de biens, quelle que soit l'époque à laquelle la prescription a commencé. (Code civ., art. 1561.)

*Insaisissabilité.* — La femme mariée sous le régime dotal peut-elle opposer le principe de l'insaisissabilité des immeubles dotaux au vendeur, au copartageant et à l'architecte avec qui elle a traité, lorsque ceux-ci veulent faire valoir leur privilège? D'après la jurisprudence de la Cour de cassation (Cass., Req., 18 novembre 1895 et 31 juillet 1900; Ch. civ., 10 février 1903), ces créanciers peuvent saisir et vendre le bien dotal.

L'insaisissabilité ne peut être invoquée contre les poursuites des créanciers antérieures au contrat de mariage : les biens dotaux sont en ce cas aliénables, ou volontairement avec l'autorisation du tribunal, ou en vertu d'une saisie.

De même, les créanciers héréditaires conservent leurs droits quand une succession est échue à une femme qui s'est constitué en dot ses biens présents et à venir.

*Dot mobilière.* — En ce qui concerne la dot mobilière, la jurisprudence admet que la dot mobilière est aliénable vis-à-vis du mari, inaliénable vis-à-vis de la femme. Ainsi, la femme ne pourrait renoncer à l'hypothèque légale qui garantit sa dot.

*Restitution de la dot.* — La dot est restituable à la dissolution du mariage : immédiatement s'il s'agit d'immeubles; après un an, relativement à la dot en argent (Code civ., art. 1564-1565). La femme survivante ou ses héritiers ont droit à l'intérêt de la dot, du jour de la dissolution du mariage. La femme a le droit, en outre, de se faire fournir des vêtements de deuil par la succession du mari, et elle a droit à l'habitation dans la maison conjugale durant un an.

Si la dot consiste en immeubles, ou en meubles non estimés par le contrat de mariage, ou bien mis à prix, avec déclaration que l'estimation n'en ôte pas la propriété à la femme, le mari ou ses héritiers peuvent être contraints de la restituer sans délai, après la dissolution du mariage. (*Id.*, art. 1564.)

Si elle consiste en une somme d'argent, ou en meubles mis à prix par le contrat, sans déclaration que l'estimation ne rend pas le mari propriétaire, la restitution n'en peut être exigée qu'un an après la dissolution. (*Id.*, art. 1565.)

Si les meubles dont la propriété reste à la femme ont dépéri par l'usage et sans la faute du mari, il ne sera tenu de rendre que ceux qui resteront et dans l'état où ils se trouveront. Néanmoins, la femme pourra, dans tous les cas, retirer les linges et hardes à son usage actuel, sauf à précompter leur valeur, lorsque ces linges et hardes auront été primitivement constitués avec estimation. (*Id.*, art. 1566.)

Si la dot comprend des obligations ou constitutions de rente qui ont péri, ou souffert de diminutions qu'on ne puisse imputer à la négligence du mari, il ne sera tenu à aucune réparation et n'aura qu'à restituer les contrats. (*Id.*, art. 1567.)

Si un usufruit a été constitué en dot, le mari ou ses héritiers ne sont obligés, à la dissolution du mariage, que de restituer le droit d'usufruit, et non les fruits échus durant le mariage. (*Id.*, art. 1568.)

Si le mariage a duré dix ans depuis l'échéance des termes pris pour le payement de la dot, la femme ou ses héritiers pourront la répéter contre le mari après la dissolution du mariage, sans être tenus de prouver qu'il l'a reçue, à moins qu'il ne justifiât de diligences inutilement par lui faites pour s'en procurer le payement. (*Id.*, art. 1569.)

Si le mariage est dissous par la mort de la femme, l'intérêt et les fruits de la dot à restituer courent de plein droit au profit de ses héritiers depuis le jour de la dissolution. Si c'est par la mort du mari, la femme a le choix d'exiger les intérêts de sa dot pendant l'an du deuil, ou de se faire fournir des aliments pendant ledit temps aux dépens de la succession du mari; mais, dans les deux cas, l'habitation durant cette année, et les habits de deuil, doivent lui être fournis sur la succession, et sans imputation sur les intérêts à elle dus. (*Id.*, art. 1570.)

A la dissolution du mariage, les fruits des immeubles dotaux se partagent entre le mari et la femme ou leurs héritiers, à proportion du temps qu'il a duré. (*Id.*, art. 1571.)

La femme et ses héritiers n'ont point de privilège pour la répétition de la dot sur les créanciers antérieurs à elle en hypothèque. (*Id.*, art. 1572.)

Le mari était-il insolvable, et sans profession lorsque le père a constitué une dot à sa fille? Celle-ci ne sera tenue de rapporter à la succession de son père que l'action qu'elle a contre celle de son mari décédé : elle ne rapportera rien si son mari est mort insolvable. Mais si le mari n'est devenu insolvable que depuis le mariage, ou s'il avait un métier ou une profession qui lui tenait lieu de bien, la perte de la dot retombera uniquement sur la femme. (*Id.*, art. 1573.)

*Biens paraphernaux.* — Les biens de la femme restés en dehors de la dot sont *paraphernaux :* elle en a l'administration et la jouissance; mais elle ne peut les aliéner ni paraître en jugement à raison desdits biens, sans l'autorisation du mari, ou, à son refus, sans la permission de la justice.

Lorsque la femme donne sa procuration au mari pour administrer ses biens paraphernaux, avec charge de lui rendre compte des fruits, il est tenu vis-à-vis d'elle comme tout mandataire.

Le mari qui jouit des biens paraphernaux est tenu de toutes les obligations de l'usufruitier. S'il en a joui sans mandat, et néanmoins sans opposition de sa part, il n'est tenu, à la dissolution du mariage, ou à la première demande de la femme, qu'à la représentation des fruits existants, et il n'est point comptable de ceux qui ont été consommés jusqu'alors.

Mais s'il a joui des biens paraphernaux malgré l'opposition constatée de la femme, il est comptable envers elle de tous les fruits tant existants que consommés.

*Société d'acquêts.* — En se soumettant au régime dotal, les époux peuvent néanmoins stipuler une société d'acquêts (Code civ., art. 1581), dans les conditions prévues par les articles 1498 et 1499 du Code civil. V. COMMUNAUTÉ.

*Dot des futures des officiers.* — Les officiers et assimilés ne pouvaient autrefois obtenir l'autorisation de se marier qu'en justifiant de l'apport, par leur future, d'une *dot* représentant un revenu non viager d'au moins 1 200 francs. Depuis 1888, cette obligation n'existe plus pour ceux dont la solde atteint 5 000 francs. De plus, quand la future est fille d'un officier membre de la Légion d'honneur et le futur officier supérieur ou capitaine, le mariage peut être autorisé par le ministre, même s'il n'y a pas apport de la dot réglementairement exigible. L'apport dotal peut être constitué de façon quelconque, l'autorité militaire étant seule juge. Mais la déclaration d'apport doit être faite par acte notarié. La dot peut être constituée par des donateurs et non par la future elle-même : celle-ci et ses assistants doivent affirmer sur l'honneur que les valeurs affectées à la constitution de la dot n'ont pas été empruntées. La valeur attribuée aux effets, bijoux, etc., composant le trousseau de la future, ne peut entrer en ligne de compte pour parfaire la dot exigée.

Les sous-officiers rengagés ou commissionnés qui désirent se marier doivent justifier de l'apport, par leur future, d'un capital de 5 000 francs au moins, ou d'une rente non viagère de 250 francs. Il en est de même pour les employés militaires qui n'ont pas rang d'officier.

Quant aux sous-officiers élèves des écoles militaires ou autres hommes de troupe appelés à devenir officiers ou assimilés, ils doivent justifier du même apport dotal que les officiers, et dans les mêmes conditions.

**Douane.** — Administration chargée de percevoir les taxes imposées sur certaines marchandises à l'entrée ou à la sortie d'un territoire. — Droits perçus par l'administration des Douanes. — Edifice où les droits sont perçus, les marchandises et les bagages visités.

*Droits de douane. Tarifs douaniers.* — Les taxes douanières peuvent être fiscales, protectrices ou prohibitives. *Fiscales,* elles n'ont en vue que de procurer des ressources au trésor de l'Etat. *Protectrices,* elles sont établies, non plus dans l'intérêt du Trésor public, mais pour favoriser la production nationale sur le marché intérieur dans sa lutte avec la concurrence étrangère. Enfin, elles sont dites *prohibitives* lorsque le taux de la taxe perçue est si élevé qu'en fait elle a pour résultat la prohibition des produits étrangers.

Les droits de douane, envisagés au point de vue du mode de leur perception, se subdivisent en droits *ad valorem* et en droits *spécifiques.* Les premiers sont perçus en proportion de la valeur des articles importés et à raison de tant pour cent. Les seconds sont fixés d'après la nature et la quantité des produits.

Le règlement des rapports internationaux, en matière douanière, se conçoit suivant deux systèmes différents : par chaque Etat isolément, en vertu d'actes législatifs (tarifs généraux, autonomes ou légaux) ; par conventions diplomatiques (tarifs conventionnels ou traités de commerce).

*Tarif général.* La loi du 11 janvier 1892 a fait consacrer le système de *double* tarif : le *tarif général maximum* est un tarif « applicable en l'absence de tout autre régime » ; le *tarif minimum* est le régime de faveur accordé aux Etats qui font à la France des avantages corrélatifs. C'est la limite inférieure des concessions qui peuvent être accordées, tandis que le tarif général peut être majoré vis-à-vis de pays qui frapperaient nos produits de surtaxes ou de droits prohibitifs. Le système du double tarif est compatible avec les traités de commerce restreints à quelques articles, le tarif minimum demeurant la base des conditions d'échange.

Le Parlement établit les deux tarifs et peut toujours les modifier. Dans certains cas particulièrement graves, au cas de disette, de guerre de tarifs, par exemple, le gouvernement est autorisé à établir des surtaxes ou même le régime de la prohibition, par mesure de représailles, mais il doit soumettre ces mesures à la ratification des Chambres, immédiatement si elles sont réunies ; sinon, dès l'ouverture de la session suivante. (Loi du 11 janv. 1892, art. 8.)

La loi du 13 décembre 1897 autorise le gouvernement à rendre provisoirement officiels par décrets les projets de loi portant relèvement des droits de douane dès que ces projets ont été déposés. Aux termes de l'article 1er, « tout projet de loi présenté par le gouvernement et tendant à un relèvement des droits de douane sur les céréales ou leurs dérivés, les vins, les bestiaux ou viandes fraîches de boucherie, sera suivi d'un décret dont une disposition spéciale ordonnera l'exécution immédiate. Le gouvernement prendra les mesures nécessaires pour que ce décret, dès le lendemain de la présentation du projet de loi, soit inséré au *Journal officiel* et affiché avant l'ouverture des bureaux de la douane. Aussitôt après la publication et l'affichage ci-dessus prescrits, les nouveaux droits seront applicables à titre provisoire. »

*Régime douanier des colonies.* La loi du 11 janvier 1892 divise nos colonies en deux groupes : les unes sont assimilées en principe à la métropole, les autres (et c'est le plus grand nombre) sont exclues de cette assimilation, soit en raison de leur peu d'importance, soit par suite de considérations d'ordre économique ou même diplomatique. Le premier groupe (*colonies assimilées*) comprend : les Antilles, la Guyane, Saint-Pierre et Miquelon, le Gabon, la Réunion, Madagascar, les Comores, l'Indo-Chine, la Nouvelle-Calédonie. Les produits étrangers importés dans ces colonies sont soumis en principe aux mêmes droits que s'ils étaient importés en France ; cependant des décrets d'administration publique déterminent les produits qui, par exception, font l'objet d'une tarification spéciale. Les conseils généraux ou d'administration sont appelés à donner leur avis sur les exceptions projetées ; ils peuvent par des délibérations en solliciter d'autres. (Loi du 11 janvier 1892, art. 4 et 5.) Les produits originaires d'une colonie française assimilée importés dans une autre colonie française ne payent, de même que les produits métropolitains, aucun droit de douane. Quant aux produits étrangers importés d'une colonie française dans une autre colonie française, ils sont simplement assujettis, dans cette dernière, au payement de la différence entre les droits du tarif local et ceux du tarif de la colonie d'exportation. (Loi du 11 janvier 1892, art. 6.) En compensation des charges qu'on leur impose, on accorde, en principe, aux colonies l'exemption des droits d'entrée, mais on exclut du bénéfice de la franchise : 1° les denrées coloniales (café, cacao, poivre, piment), qui payent encore la moitié des droits imposés sur les marchandises étrangères de même nature ; 2° le sucre et ses dérivés (mélasses, sirops, etc.), qui, exception faite de quelques droits différentiels, portant sur les sucres raffinés, sont soumis aux mêmes droits que les produits étrangers. Les produits d'origine étrangère importés des colonies payent les droits du tarif métropolitain, bien qu'ils aient été frappés déjà des taxes spéciales à leur arrivée dans les colonies ; les prohibitions ou restrictions établies dans un intérêt d'ordre public ou comme conséquence de monopoles s'appliquent aux produits importés des colonies, quelle que soit leur origine.

Les droits d'importation sont établis dans les *colonies non assimilées* en vertu de décrets rendus sur la demande des assemblées locales. (Loi du 7 mai 1881.) Les produits originaires des mêmes colonies sont, en principe, traités, à leur entrée en France, comme les produits d'origine étrangère. Quant aux produits d'origine étrangère réexpédiés des colonies en France, ils acquittent les droits du tarif métropolitain, même s'ils ont été frappés de taxes spéciales à leur arrivée dans la colonie.

*Droits de douane.* — Les droits perçus par l'administration des Douanes se subdivisent comme suit :

*Droits de douane.* A l'importation (marchandises diverses), droit de statistique.

*Droits de navigation.* Francisation des navires ; droits de quai ; sortie des navires : congés des bâtiments français ; passeports des bâtiments étrangers ; droits d'acquits, permis et certificats relatifs aux cargaisons des navires.

*Droits et produits accessoires.* Recouvrement du prix des brevets de francisation des navires ; fonds reçus des communes pour subvenir aux frais d'exercice des entrepôts ; droits de magasinage et de garde ; intérêts à 3 pour 100 pour crédits de droits ; remises afférentes à la perception des taxes de péage ; taxes de plombage et d'estampillage ; revenus des lazarets et établissements sanitaires ; droit de visite du bétail importé en France ; droit d'inspection sanitaire des viandes à la frontière, etc.

Taxe de consommation des sels.

Sucres coloniaux et étrangers.

*Amendes et confiscations.* Vente des marchandises et des moyens de transport saisis ; sommes recouvrées en vertu de condamnations pécuniaires ou de transactions.

*Opérations douanières.* — L'administration des Douanes, en premier lieu et comme principale fonction, applique le tarif douanier, surveille les diverses opérations de manutention par lesquelles peuvent passer les marchandises importées. Ces marchandises peuvent être mises en consommation : elles acquittent alors immédiatement les droits de douane. Elles peuvent aussi être placées, soit en *entrepôt réel,* dans des locaux dont la douane a la clef, soit en *entrepôt fictif,* dans des locaux appartenant à des particuliers dont la douane n'a pas la clef, mais où elle peut demander à pénétrer à tout moment. Dans ces deux cas, les marchandises entreposées n'acquittent les droits de douane que lorsqu'elles sortent de l'entrepôt pour entrer dans la consommation. Il y a aussi les marchandises qui *transitent* ou qui sont *transbordées* ou *réexportées,* les unes et les autres n'acquittant pas de droits d'entrée ; puis les marchandises *admises temporairement,* pour recevoir un complément de main-d'œuvre, exemptes des droits à condition d'être réexportées ou réintégrées en entrepôt dans les limites de certains délais ; enfin, les marchandises auxquelles, à leur sortie, on restitue les droits qu'elles avaient payés à leur entrée. (V. ADMISSION TEMPORAIRE, ACQUIT-A-CAUTION.) La surveillance de toutes ces opérations incombe à l'administration des Douanes.

Cette administration concourt aussi à la surveillance exercée par celle des Contributions indirectes sur les tabacs, les boissons, les cartes à jouer, les ouvrages d'or et d'argent ; elle contrôle tout ce qui concerne les primes accordées à la pêche maritime ; elle perçoit, à la frontière, les timbres de récépissés et de connaissements, les droits de patente imposés aux mariniers étrangers naviguant sur les canaux français, etc. Enfin, organisées militairement, les brigades de douane font la police de la frontière.

La visite des personnes suspectes de fraude est faite par les préposés des douanes (pour les femmes, par des *visiteuses*). Il peut être procédé, de jour, à des visites domiciliaires, même sans le concours d'un officier de police judiciaire si le particulier a accepté la visite.

Le rayon des côtes soumis à la surveillance de la douane s'étend sur une distance de 2 myriamètres en mer, d'un myriamètre en deçà des côtes et des rives des fleuves et canaux qui aboutissent à la mer. Le rayon des frontières de terre s'étend sur une distance d'un myriamètre, jusqu'à une ligne qui serait tirée parallèlement à la frontière même ; dans ce rayon, les marchandises ne peuvent, sauf exceptions, être mises en circulation sans être accompagnées d'un titre de mouvement dit *passavant,* et l'établissement de magasins ou dépôts de marchandises est sévèrement réglementé. V. DRAWBACK, TRANSIT, PLOMBAGE, etc.

Aucune opération de douane ne peut être effectuée sans une déclaration préalable. Les marchandises importées par mer sont inscrites sur un *manifeste* ou état général, et en outre indiquées dans une *déclaration de détail,* sur le vu de laquelle l'administration délivre un *permis* de débarquer. Les marchandises importées par terre sont conduites directement au bureau de douane le plus voisin.

Les marchandises non déclarées en détail dans le délai légal, celles abandonnées par leurs propriétaires, ou arrivées dans un port non ouvert à leur importation, et non réexportées dans le délai de quatre mois, ou non réclamées après la vérification, sont constituées en dépôt dans des magasins dont l'administration a seule la clef, à la différence des entrepôts réels fermant à deux clefs, dont l'une laissée au commerce. Ces marchandises non réclamées ou non réexportées sont, après un an de dépôt, vendues aux enchères, et le prix déposé à la Caisse des dépôts et consignations, pour être, pendant une année, à la disposition des propriétaires.

*Contentieux.* — Les infractions aux règlements douaniers relatives à l'application du tarif sont portées devant le juge de paix, qui statue sans appel jusqu'à 100 francs. Il en est de même des contraventions pouvant donner lieu à l'amende. La contrainte, décernée par le receveur des douanes, visée par le juge de paix, emporte hypothèque et est immédiatement exécutoire. L'opposition aux contraintes est portée devant le juge de paix, dont la sentence peut être frappée d'appel devant le tribunal de première instance. Les infractions pouvant entraîner l'emprisonnement sont réputées délits et, par conséquent, de la compétence des tribunaux correctionnels, sauf transaction avant jugement. Les marchandises qu'on a tenté de passer en fraude des droits sont toujours confisquées. Lorsque la fraude est connexe à un crime de droit commun, la cour d'assises est appelée à en connaître. En dehors de certains cas déterminés limitativement, tels que la saisie non justifiée, le recours des particuliers contre les agents des douanes ne peut s'exercer devant les tribunaux judiciaires et doit être soumis à l'examen de l'administration des Douanes. Enfin, près du ministère du Commerce est institué un *comité d'expertise légale*, qui tranche les différends survenus entre les particuliers et l'administration des Douanes au sujet de l'espèce, de l'origine, de la qualité des produits.

Les délits et contraventions prévus par les lois sur les douanes et les sels peuvent être prouvés par toutes les voies de droit.

Le payement des droits de douane est garanti : 1° par une hypothèque résultant de la contrainte; 2° par un droit de gage sur les objets saisis; 3° par un privilège sur les meubles du redevable.

La prescription en matière de recouvrement des droits de douane est d'un an. Les redevables ont un délai de deux ans pour formuler leur réclamation.

En cas de fausse déclaration dans la qualité de l'espèce des marchandises importées, si ces marchandises sont soumises à des taxes de consommation intérieure, ces taxes sont ajoutées aux droits de douane pour l'application des pénalités. (Loi du 13 août 1898, art. 20.)

Les restitutions de droits indûment perçus *par suite d'erreurs de l'administration* bénéficient de l'exemption du timbre à 0 fr. 10. (Circ. Compt. publ., 30 décembre 1897.) Si donc des droits de douane ont été indûment perçus, c'est-à-dire s'il y a eu erreur commise par les agents du service dans l'application de la taxe ou le calcul des droits, la quittance de remboursement est exempte du timbre. S'ils s'agit d'un simple excédent de versement, pouvant être considéré comme une avance du contribuable, la quittance reste soumise au timbre. (*Id.*, 22 octobre 1900, § 6.)

Le droit de transiger conféré à l'administration des Douanes par l'arrêté du 14 fructidor an X et l'ordonnance du 30 janvier 1822 est exercé suivant les cas par le ministre, le directeur général ou le directeur local. Les transactions ne deviennent définitives que par l'approbation du ministre lorsque le montant des pénalités encourues excède 3 000 francs ou en cas de désaccord entre le directeur général et le conseil d'administration. (Loi du 8 août 1890.)

*Administration des Douanes.* — L'administration des Douanes, qui ressortit au ministère des Finances, a à sa tête un *directeur général*, assisté de deux *administrateurs*. Ces trois hauts fonctionnaires forment le *conseil d'administration*.

Dans les départements, on distingue le service *sédentaire*, chargé de tout ce qui concerne la perception des droits, et le *service actif*, chargé de réprimer la fraude.

Le service *sédentaire* ou des bureaux est assuré par vingt-quatre directeurs (dont un pour l'Algérie), qui sont secondés par des *inspecteurs* et *sous-inspecteurs* divisionnaires ou sédentaires : les premiers contrôlent le personnel des brigades, vérifient les écritures, etc.; les seconds demeurent auprès des directeurs. Quant à la perception même des droits, elle est effectuée par des *receveurs* principaux et particuliers.

Les directeurs, inspecteurs, sous-inspecteurs, premiers commis et receveurs principaux forment le cadre supérieur. Le cadre inférieur comprend les receveurs particuliers, contrôleurs, commis de direction, vérificateurs, commis principaux et commis.

Les brigades du service actif, qui relèvent directement des inspecteurs et sous-inspecteurs divisionnaires, sont commandées par des capitaines, lieutenants, sous-lieutenants, brigadiers et sous-brigadiers.

La surveillance des navires est exercée par des *matelots* des douanes, commandés par des *patrons* (brigadiers) et *sous-patrons* (sous-brigadiers).

Au point de vue militaire, les *douaniers* forment un corps constitué en deux parties distinctes. Ceux qui sont stationnés auprès des places fortes et ouvrages fortifiés sont organisés en compagnies ou sections de *forteresse* qui concourraient, en cas de guerre, à la défense de ces ouvrages. Le reste du personnel est formé en sections, compagnies ou bataillons *actifs*. La loi du 13 mars 1875 a établi une assimilation complète entre les grades attribués au personnel de ce corps : sous-brigadier, brigadier, lieutenant, capitaine, sous-inspecteur ou inspecteur, et ceux de : caporal, sous-officier, lieutenant, capitaine, chef de bataillon, dans l'armée. Les officiers sont nommés par décret, sur la présentation du ministre de la Guerre, après proposition du ministre des Finances.

En cas de mobilisation, toutes les unités formées par les douaniers sont à la disposition du ministre de la Guerre et assimilées à celles de l'armée active, tant au point de vue de la législation militaire que des droits qui leur sont ouverts en cas de blessures, infirmités, pensions éventuelles pour eux et leurs veuves, etc.

En exécution de la loi de finances du 30 mai 1899, il est accordé un subside de 30 francs par enfant au-dessus de trois à la charge des agents des brigades, du grade de préposé à celui de garde-magasin inclusivement. Cette allocation est payée en une fois, à l'entrée de l'hiver, au moyen d'états spéciaux, établis par capitaineries et émargés par les ayants droit. — Des indemnités de résidence sont allouées dans certaines localités. (Circ. Douanes du 6 juin 1899.)

## Drainage.

Tout propriétaire qui veut assainir son fonds par le drainage, ou un autre mode d'assèchement, peut, moyennant une juste et préalable indemnité, en conduire les eaux souterrainement ou à ciel ouvert, à travers les propriétés qui séparent ce fonds d'un cours d'eau ou de toute autre voie d'écoulement. Sont exceptés de cette servitude les maisons, cours, jardins, parcs et enclos attenant aux habitations. (Loi du 10 juin 1854, art. 1er.)

Les propriétaires des fonds voisins ou traversés ont la faculté de se servir des travaux faits, pour l'écoulement des eaux de leurs fonds. — Ils supportent dans ce cas : 1° une part proportionnelle dans la valeur des travaux dont ils profitent, 2° les dépenses résultant des modifications que l'exercice de cette faculté peut rendre nécessaires; et 3°, pour l'avenir, une part contributive dans l'entretien des travaux devenus communs. (*Id.*, art. 2.)

Les associations de propriétaires qui veulent, au moyen de travaux d'ensemble, assainir leurs héritages par le drainage ou tout autre mode d'assèchement, jouissent des mêmes droits et supportent les mêmes obligations. Ces associations peuvent, sur leur demande, être constituées en syndicats, par arrêtés préfectoraux. (*Id.*, art. 3.)

Les travaux que voudraient exécuter les associations syndicales, les communes ou les départements, pour faciliter le drainage ou tout autre mode d'assèchement, peuvent être déclarés d'utilité publique par décret en conseil d'Etat. — Le règlement des indemnités dues pour expropriation est fait conformément aux paragraphes 2 et suivants de l'article 16 de la loi du 21 mai 1836 sur les chemins vicinaux. (*Id.*, art. 4.) V. VOIRIE.

Les contestations auxquelles peuvent donner lieu l'établissement et l'exercice de la servitude, la fixation du parcours des eaux, l'exécution des travaux de drainage ou d'assèchement, les indemnités et les frais d'entretien, sont portées en premier ressort devant le juge de paix du canton. S'il y a lieu à expertise, il pourra n'être nommé qu'un seul expert. (*Id.*, art. 5.)

Une somme de 100 millions a été affectée par la loi du 17 juillet 1856 à des prêts destinés à faciliter les opérations de drainage. Un article de la loi de finances fixe, chaque année, le crédit dont le ministre de l'Agriculture peut disposer pour cet emploi. Les prêts sont remboursables en vingt-cinq ans, par annuités comprenant l'amortissement du capital et l'intérêt calculé à 4 pour 100. L'emprunteur a toujours le droit de se libérer par anticipation, soit en totalité, soit en partie. (Loi du 17 juillet 1856, art. 2.) La loi du 28 mai 1858 a substitué la société du Crédit foncier à l'Etat pour les prêts à faire. Le Crédit foncier a, pour le recouvrement de l'annuité échue et de l'annuité courante sur les récoltes ou revenus des terrains drainés, un privilège qui prend rang immédiatement après celui des contributions publiques. Néanmoins, les sommes dues pour les semences ou pour les frais de la récolte de l'année sont payées sur le prix de la récolte avant la créance du Trésor public. Le Crédit foncier a également, pour le recouvrement de ses prêts, un privilège qui prend rang avant tout autre sur les terrains drainés. (Loi du 17 juillet 1856, art. 3.)

Le décret du 23 septembre 1858 a réglé l'exécution des lois des 17 juillet 1856 et 28 mai 1858. Tout propriétaire qui veut obtenir un prêt adresse sa demande au ministre de l'Agriculture. Cette demande énonce : — 1° la somme qu'il veut emprunter, et, s'il y a lieu, celle pour laquelle il entend concourir à la dépense; 2° les noms et prénoms des fermiers ou colons partiaires. — Il y est joint un extrait de la matrice et du plan cadastral, avec indication de la situation et de l'étendue des terrains à drainer.

L'arrêté du ministre qui, après enquête, autorise le prêt en détermine les conditions générales, et notamment les délais dans lesquels les travaux devront être commencés et achevés.

Si la demande de prêt est formée par un syndicat, la demande doit contenir en outre la délibération des intéressés qui donne au syndicat pouvoir de contracter un emprunt.

Les fonds prêtés ne peuvent être employés qu'aux travaux de drainage exécutés par l'emprunteur, sous la surveillance de l'administration. Le montant du prêt est remis à l'emprunteur par acomptes successifs, aux époques fixées, et proportionnellement au degré d'avancement des travaux, constaté par l'ingénieur chargé de la surveillance, de manière que le solde ne soit versé qu'après leur exécution complète.

L'ingénieur doit refuser le certificat nécessaire à l'emprunteur pour toucher tout ou partie du prêt, si les travaux sont mal exécutés. En cas de réclamation contre le refus de l'ingénieur, il est statué par le préfet, qui suspend provisoirement, s'il y a lieu, le payement des termes de l'emprunt. Si les travaux sont interrompus sans que l'emprunteur ait remboursé, le préfet peut autoriser la société du Crédit foncier à faire exécuter, en son lieu et place, les travaux nécessaires pour rendre productive la dépense déjà faite, jusqu'à concurrence des sommes à verser pour compléter le prêt. Le tout sans préjudice des actions à intenter par la société du Crédit foncier devant les tribunaux civils, à raison de l'inexécution du contrat.

**Drawback.** — Remboursement fait, à la sortie de certains produits fabriqués, d'une somme équivalente au droit de douane perçu sur la matière première avec laquelle le produit exporté a été fabriqué.

## Droguistes.

Des visites sont opérées chaque année chez les pharmaciens, épiciers, droguistes et herboristes, en vertu de la loi du 22 germinal an XI, de l'arrêté du gouvernement du 25 thermidor de la même année et du décret du 23 mars 1859. Les droits de visite font l'objet de rôles spéciaux dressés par les directeurs des contributions directes et rendus exécutoires par les préfets. Le recouvrement en est opéré par les percepteurs, suivant les règles relatives aux contributions directes; toutefois, ces droits sont exigibles en un seul payement, dans la quinzaine de la publication des rôles, suivant le mode de recouvrement prescrit pour les droits de vérification des poids et mesures (ordonnance du 17 avril 1839, art. 53), et il n'est pas adressé d'avertissements particuliers aux redevables. Les recettes de l'espèce sont classées parmi les *Taxes assimilées aux contributions directes*. (Loi du 31 juillet 1857.) Le service est dans les attributions du ministère de l'Intérieur. (Décret du 5 janvier 1889.)

**Droit.** — Le *droit* est un ensemble de règles auxquelles tous sont tenus d'obéir, parce qu'elles ont été établies par le législateur et que des tribunaux ont été institués pour en assurer la rigoureuse observation. Ces règles portent le nom de *lois*.

L'ensemble des lois relatives à une même matière s'appelle *code*. Il y a le Code *civil*, le Code *pénal*, le Code de *procédure civile*, le Code d'*instruction criminelle*, le Code de *commerce*, le Code *forestier*, etc.

Le droit est *écrit* ou *non écrit* ou *coutumier*, selon qu'il a été formellement établi par le législateur ou qu'il s'est peu à peu introduit par l'usage.

Selon la nature des rapports que les lois ont pour objet de réglementer, le droit comporte un certain nombre de subdivisions : Le *droit* se divise d'abord en droit *national* et droit *international* ou *droit des gens*, selon qu'il régit les droits et les rapports des particuliers dans un même Etat ou qu'il règle les rapports entre Etats à l'occasion d'intérêts généraux ou privés. Le droit national se subdivise, ainsi d'ailleurs que le droit international, en droit *public* et droit *privé*.

Le droit public national comprend le droit *constitutionnel*, le droit *administratif* et le droit *pénal*. — Le *droit constitutionnel* détermine l'organisation de l'Etat, les attributions et les rapports des pouvoirs publics. — Le *droit administratif* règle particulièrement le fonctionnement du pouvoir exécutif, à tous les degrés ; son but est l'étude des lois qui ont pour objet la mise à exécution des principes posés par le droit public, qui organisent les services publics et règlent leurs rapports, soit entre eux, soit avec les particuliers. L'organisation du personnel administratif, la protection des personnes administratives, l'administration de la fortune publique (domaine public et privé de l'Etat, impôts, comptabilité publique), les mesures de police et de prévoyance, les déclarations d'utilité publique, les travaux publics, la voirie, l'assistance publique, les différentes propriétés privées dont la réglementation touche à l'intérêt public (forêts, usines, mines, brevets d'invention) sont aussi du ressort du droit administratif. Le *droit pénal* rentre dans le droit public, parce que le droit de punir est exercé par l'Etat, au nom de la nation.

Le droit privé national comprend le droit *civil*, le droit *commercial* et la *procédure*. Le *droit civil* comprend les lois qui constituent la famille et règlent tout ce qui s'y rattache (mariage, puissance paternelle, adoption, tutelle, etc.); il règle les moyens d'acquérir et perdre la nationalité, la condition civile des étrangers et les différentes manières d'acquérir la propriété. Les éléments du droit civil codifiés dans le *Code civil* ont leurs sources dans le droit romain, dans les coutumes et les anciennes ordonnances.

Le *droit commercial* confine au droit civil sur beaucoup de points; on en a fait une branche à part, parce qu'il contient de nombreuses règles qui dérogent au droit commun.

La *procédure* n'est pas, en réalité, une branche distincte du droit privé; on ne l'en a séparée que parce qu'on l'a codifiée à part.

A ces trois branches du droit privé se sont ajoutés plus tard : le droit *industriel ;* le droit *forestier ;* le droit *rural*, qui se rattache à la fois au droit civil et au droit administratif; le droit *colonial*, qui a pris naissance par la nécessité de donner aux colonies une législation appropriée aux besoins des populations diverses qui les habitent.

Le droit international, divisé en public et privé, n'est pas, comme le droit national, réglé par des lois proprement dites; les conflits entre Etats sont réglés par les coutumes et les traités. Le droit international public n'a qu'une sanction imparfaite, et le conflit ne prend fin quelquefois que par la guerre. Le droit international privé a, au contraire, une véritable sanction, car il appartient aux tribunaux de chaque Etat d'en appliquer et d'en faire respecter les règles.

## Droits de l'homme et du citoyen (Déclaration des).

Cette déclaration, votée par l'Assemblée constituante de 1789, et qui forma le préambule de la Constitution du 3 septembre 1791, sert de base à notre droit public. En voici le texte :

Article premier. — Les hommes naissent et demeurent libres et égaux en droits. Les distinctions sociales ne peuvent être fondées que sur l'utilité commune.

Art. 2. — Le but de toute association politique est la conservation des droits naturels et imprescriptibles de l'homme. Ces droits sont : la liberté, la propriété, la sûreté et la résistance à l'oppression.

Art. 3. — Le principe de toute souveraineté réside essentiellement dans la nation. Nul corps, nul individu ne peut exercer d'autorité qui n'en émane expressément.

Art. 4. — La liberté consiste à pouvoir faire tout ce qui ne nuit pas à autrui. Ainsi, l'exercice des droits naturels de chaque homme n'a de bornes que celles qui assurent aux autres membres de la société la jouissance de ces mêmes droits. Ces bornes ne peuvent être déterminées que par la loi.

Art. 5. — La loi n'a le droit de défendre que les actions nuisibles à la société. Tout ce qui n'est pas défendu par la loi ne peut être empêché, et nul ne peut être contraint à faire ce qu'elle n'ordonne pas.

Art. 6. — La loi est l'expression de la volonté générale. Tous les citoyens ont le droit de concourir personnellement, ou par leurs représentants, à sa formation. Elle doit être la même pour tous, soit qu'elle protège, soit qu'elle punisse. Tous les citoyens, étant égaux à ses yeux, sont également admissibles à toutes dignités, places et emplois publics, selon leur capacité et sans autre distinction que celle de leurs vertus et de leurs talents.

Art. 7. — Nul homme ne peut être accusé, arrêté, ni détenu que dans les cas déterminés par la loi, et selon les formes qu'elle a prescrites. Ceux qui sollicitent, expédient, exécutent ou font exécuter des ordres arbitraires, doivent être punis; mais tout citoyen appelé ou saisi en vertu de la loi doit obéir à l'instant : il se rend coupable par la résistance.

Art. 8. — La loi ne doit établir que des peines strictement et évidemment nécessaires ; et nul ne peut être puni qu'en vertu d'une loi établie et promulguée antérieurement au délit et légalement appliquée.

Art. 9. — Tout homme étant présumé innocent jusqu'à ce qu'il ait été déclaré coupable, s'il est jugé indispensable de l'arrêter, toute rigueur qui ne serait pas nécessaire pour s'assurer de sa personne doit être sévèrement réprimée par la loi.

Art. 10. — Nul ne doit être inquiété pour ses opinions, même religieuses, pourvu que leur manifestation ne trouble pas l'ordre public établi par la loi.

Art. 11. — La libre communication des pensées et des opinions est un des droits les plus précieux de l'homme ; tout citoyen peut donc parler, écrire, imprimer librement, sauf à répondre de l'abus de cette liberté dans les cas déterminés par la loi.

Art. 12. — La garantie des droits de l'homme et du citoyen nécessite une force publique ; cette force est donc instituée pour l'avantage de tous, et non pour l'utilité particulière de ceux auxquels elle est confiée.

Art. 13. — Pour l'entretien de la force publique et pour les dépenses d'administration, une contribution commune est indispensable ; elle doit être également répartie entre tous les citoyens, en raison de leurs facultés.

Art. 14. — Tous les citoyens ont le droit de constater, par eux-mêmes ou par leurs représentants, la nécessité de la contribution publique, de la consentir librement, d'en suivre l'emploi et d'en déterminer la quotité, l'assiette, le recouvrement et la durée.

Art. 15. — La société a le droit de demander compte à tout agent public de son administration.

Art. 16. — Toute société dans laquelle la garantie des droits n'est pas assurée, ni la séparation des pouvoirs déterminée, n'a pas de constitution.

Art. 17. — La propriété étant un droit inviolable et sacré, nul ne peut en être privé, si ce n'est quand la nécessité publique, légalement constatée, l'exige évidemment et sous la condition d'une juste et préalable indemnité.

## Droits personnels, droits réels.

Les droits que nous pouvons faire valoir en justice sont de deux sortes : Tantôt nous avons sur une chose même un droit direct et immédiat, un droit *réel* (de *res*, chose), et nous pouvons poursuivre cette chose dans n'importe quelles mains, partout où elle se trouve ; tel est le droit de propriété. Tantôt c'est une personne déterminée qui est individuellement obligée vis-à-vis de nous, par exemple le débiteur d'une somme d'argent. Du jour où le contrat de prêt a été réalisé, le créancier a acquis sur l'emprunteur un droit *personnel*.

Le droit *personnel* ou *de créance* comporte donc trois éléments : 1° le créancier ; 2° le débiteur ; 3° une chose, objet du droit. Il y a, en d'autres termes, un intermédiaire (le débiteur) entre le titulaire du droit et l'objet de ce droit.

Le droit *réel* exclut cet intermédiaire ; il ne comporte que deux éléments : le titulaire du droit et l'objet de ce droit.

Un droit *réel* peut être l'accessoire d'un droit *personnel* : quand je prête une somme d'argent, j'ai un droit personnel contre le débiteur ; mais le prêt peut être garanti par une hypothèque, qui me donne un droit *réel*. V. ACTION.

## Droits civils, civiques et politiques. — Facultés conférées ou reconnues par les lois à la qualité de citoyen d'un Etat.

Les *droits civils* sont ceux des droits privés dont la jouissance est réservée aux nationaux. Ainsi tous les Français jouissent des droits civils, et cette jouissance s'acquiert et se perd avec la qualité de Français. Certaines personnes ont la *jouissance* de ces droits, mais sont privées de la faculté de les *exercer*, à raison de leur état d'incapacité légale : mineur, interdit, femme mariée.

Les *droits politiques* ou *civiques* sont ceux qui font participer à l'exercice des fonctions publiques (jurés, élections) ; ils n'appartiennent qu'aux citoyens français.

La qualité de citoyen s'acquiert pour les étrangers par la naturalisation.

L'exercice des droits civils est indépendant de l'exercice des droits politiques, lesquels s'acquièrent et se conservent conformément aux lois constitutionnelles et électorales (Code civ., art. 7), ce qui revient à dire que la jouissance des droits civils appartient à tout Français, tandis que celle des droits politiques est subordonnée à la qualité de citoyen.

Le Français peut, par certaines condamnations, être privé des droits civils, civiques et de famille.

« Les tribunaux jugeant correctionnellement pourront, dans certains cas, interdire, en tout ou en partie, l'exercice des droits civiques, civils et de famille suivants : 1° de vote et d'élection ; 2° d'éligibilité ; 3° d'être appelé ou nommé aux fonctions de juré ou autres fonctions publiques, ou aux emplois de l'administration, ou d'exercer ces fonctions ou emplois ; 4° du port d'armes ; 5° de vote et de suffrage dans les délibérations de famille ; 6° d'être tuteur, curateur, si ce n'est de ses enfants et sur l'avis seulement de la famille ; 7° d'être expert ou employé comme témoin dans les actes ; 8° de témoignage en justice, autrement que pour y faire de simples déclarations ». (Code pén., art. 42.) Les tribunaux ne peuvent appliquer cet article que lorsqu'ils y sont tenus ou autorisés par une disposition particulière de la loi. (*Id.*, art. 43.) V. DÉGRADATION CIVIQUE.

## Ducroire. — Convention par laquelle le commissionnaire en marchandises répond de la solvabilité des personnes avec lesquelles il traite.

Le commettant trouve dans la convention « ducroire » un gage de sécurité, mais le commissionnaire peut exiger un droit de commission double. Cette convention est une sorte de contrat d'assurance différant du cautionnement : ayant en effet son objet propre et n'étant pas, par suite, l'accessoire de l'obligation principale, elle peut renfermer des conditions distinctes de celles qui existent dans le contrat intervenu avec le tiers débiteur dont la solvabilité est garantie.

## Duel.

Quiconque, dans un duel, a causé des blessures graves à son adversaire, peut être poursuivi, traduit devant la cour d'assises pour blessures volontaires et condamné à la réclusion, aux travaux forcés à temps ou à perpétuité, selon les circonstances. Le plus souvent la peine appliquée est d'un emprisonnement de six jours à deux ans et d'une amende de 16 à 200 francs, avec attribution de dommages-intérêts à la partie civile, dans le cas de décès d'un des adversaires. Les témoins sont passibles des mêmes peines que les adversaires. En fait, les parquets ne poursuivent que si la rencontre a été marquée par des incorrections graves ou une fin tragique. Les tribunaux, en cas de poursuites, peuvent appliquer les pénalités prévues par les articles 304 (la mort en duel est assimilée au meurtre ou homicide volontaire) et 309-311 du Code pénal. V. BLESSURES ET COUPS.

Le fameux arrêt de la Cour de cassation du 22 juin 1837, rendu sur les réquisitions du procureur général Dupin, et assimilant les duellistes à de vulgaires assassins, n'a eu, à cause de son extrême rigueur, aucune action sur les duels.

## Dunes.

Les travaux de fixation, d'entretien, de conservation et d'exploitation des dunes sur le littoral maritime sont dans les attributions de l'administration des Eaux et forêts.

Le décret du 14 décembre 1810 détermine les mesures à prendre pour l'ensemencement, la plantation et la culture des végétaux reconnus les plus favorables à la fixation des dunes. Après qu'a été établi le plan des dunes susceptibles d'être fixées, les mesures d'exécution sont déterminées par le préfet (art. 2 à 4).

« Dans le cas où les dunes seraient la propriété de particuliers ou de communes, les plans devront être publiés et affichés dans les formes prescrites par la loi du 3 mai 1841, et si lesdits particuliers ou communes se trouvaient hors d'état d'exécuter les travaux commandés, ou s'y refusaient, l'administration publique pourra être autorisée à pourvoir à la plantation à ses frais. Alors, elle conservera la jouissance des dunes et recueillera les fruits des coupes qui pourront y être faites jusqu'à l'entier recouvrement des dépenses qu'elle aura été dans le cas de faire et des intérêts; après quoi, lesdites dunes retourneront aux propriétaires, à charge d'entretenir convenablement les plantations ». (Décret du 14 décembre 1810, art. 5.) Tant que dure la jouissance de l'Etat, ces dunes sont soumises au régime forestier.

Aucune coupe de plantes aréneuses conservatrices des dunes ne peut être exécutée que d'après une autorisation spéciale du directeur général des Eaux et forêts, et sur l'avis des préfets. (*Id.*, art. 6, et décret du 29 avril 1862.) De même, l'interdiction de défricher sans autorisation préalable, édictée par l'article 219 du Code forestier, s'applique aux plantations de bois sur les dunes. Ces plantations sont exemptes de tout impôt pendant trente ans. (Loi du 18 juin 1859.)

Des règlements spéciaux sont applicables aux dunes de Gascogne (Ord. du 5 février 1817) et du Pas-de-Calais (15 juillet 1818).

Des *gardes de dunes*, assimilés aux gardes forestiers domaniaux, sont chargés de la surveillance des dunes, concurremment avec la gendarmerie.

## Dynamite.

Par dérogation à la loi du 13 fructidor an V, qui réserve à l'Etat la vente de la poudre et de ses succédanés, la dynamite et les explosifs à base de nitroglycérine peuvent être fabriqués dans des établissements privés, spécialement autorisés, moyennant le payement d'un impôt dont la perception est assurée par exercice d'employés des contributions indirectes. (Loi du 8 mars 1875, art. 1er et 3.)

Le droit à percevoir ne pourra être supérieur à 2 francs par kilogramme de dynamite, quelles que soient la nature et la proportion des absorbants employés dans la composition. (*Id.*, art. 2.) Le droit perçu sur la nitroglycérine est de 4 francs par kilogramme. Les fabriques de dynamite sont assujetties aux lois et règlements qui régissent les établissements dangereux et insalubres de première classe. (*Id.*, art. 3.)

Tout fabricant doit déposer entre les mains de l'Etat, avant de commencer son exploitation, un cautionnement de 50 000 francs, productif d'intérêts à 3 pour 100, ou fourni en rentes sur l'Etat. Le même fabricant verse pour chaque établissement distinct un nouveau cautionnement de même somme. (*Id.*, art. 3.)

Les fabricants ou débitants de dynamite sont assimilés aux débitants de poudre.

L'importation des poudres dynamites ne s'effectue qu'avec l'autorisation du gouvernement. Elles supportent, à leur introduction en France, un droit de 2 fr. 50 et sont soumises aux mêmes formalités que les dynamites fabriquées à l'intérieur. — Les poudres dynamites fabriquées en France et destinées à l'exportation sont déchargées de l'impôt. (*Id.*, art. 5.)

Tout contrevenant aux dispositions de la loi du 8 mars 1875 et aux règlements rendus pour son exécution est passible d'un emprisonnement d'un mois à un an et d'une amende de 100 francs à 10 000 francs, sous la réserve des effets de l'article 463 du Code pénal (circonstances atténuantes) en ce qui touche la peine de l'emprisonnement. (*Id.*, art. 8.)

Le gouvernement, pour des motifs de sécurité publique, a la faculté d'interdire la fabrication, de supprimer des dépôts ou des débits sur un avis rendu par le conseil d'Etat, après avoir entendu les parties; les fabricants, dépositaires ou débitants n'ont droit à aucune indemnité pour les dommages directs ou indirects que ces mesures pourront leur causer. (*Id.*, art. 9.)

Les décrets des 24 août 1875 et 19 mai 1905 réglementent l'exécution de la loi du 8 mars 1875. L'usage, la vente et le transport de la dynamite sont réglementés par le décret du 28 oct. 1882, modifié par celui du 14 fév. 1906, et le décr. du 23 déc. 1901 règle la conservation des explosifs dans les exploitations souterraines.

Les demandes d'autorisation d'établir une fabrique ou un dépôt de dynamite sont adressées au préfet (à Paris, au préfet de police), sur papier timbré à 60 centimes. Les acheteurs de dynamite adressent au préfet une déclaration l'informant de l'importance des quantités achetées et de leur destination.

La dynamite est interdite comme procédé de pêche. (Décret du 5 novembre 1891.)

# E

## Eaux.

Le régime légal des cours d'eau repose sur la distinction fondamentale entre les *fleuves et rivières navigables ou flottables* et les *rivières qui ne sont ni navigables ni flottables*. Suivant qu'un cours d'eau appartient à l'une ou à l'autre de ces catégories, il est soumis à des règles très différentes. La loi du 8 avril 1898 a réglementé dans son ensemble toute cette matière.

*Fleuves et rivières navigables ou flottables.* — Est *navigable* le cours d'eau susceptible de servir à une navigation continue par bateaux. Est *flottable* le cours d'eau capable de porter des radeaux ou des trains de bois. La navigabilité et la flottabilité sont reconnues par un décret qui fixe en même temps le point où elles commencent, d'après l'état matériel de la rivière. Quant à la limite de la rive des cours d'eau navigables ou flottables, elle est déterminée par des arrêtés préfectoraux, sauf approbation du ministre des Travaux publics; cette limite est, d'après la loi de 1898, réglée sur la hauteur des eaux coulant à pleins bords avant de déborder.

Les fleuves et rivières de cette première catégorie font partie du domaine public de l'Etat, et, comme tels, ils sont imprescriptibles et inaliénables ; mais les îles qui se forment dans le cours d'eau ou le lit abandonné font partie du domaine privé et, à ce titre, sont aliénables et prescriptibles; les riverains ont un droit de préemption sur le lit abandonné. Ils ne peuvent ni utiliser ni capter les eaux de la rivière dépendant du domaine public, mais l'administration leur accorde, à charge de redevance, des concessions toujours révocables. Les préfets statuent, sur l'avis des ingénieurs et sauf recours au ministre des Travaux publics, sur les demandes ayant pour objet de faire des prises d'eau au moyen de machines lorsque, eu égard au volume des cours d'eau, elles n'auront pas pour effet d'en altérer le régime. Toutes autres autorisations ne peuvent être accordées que par décrets rendus, après enquête, sur l'avis du conseil d'Etat. (Loi du 8 avril 1898, art. 41 et 43 ; Décret du 1er août 1905.)

Les riverains sont dans l'obligation de laisser sur les bords des rivières un *marchepied* ou un *chemin de halage* pour les besoins de la navigation, obligation qui entraîne celle de laisser le long des fleuves et rivières, ainsi que sur les îles où il en est besoin, un espace libre de 7m,80 de largeur. Ils ne peuvent planter d'arbres ni se clore qu'à une distance de 9m,75 du côté où les bateaux se tirent et de 3m,25 sur le bord où il n'existe pas de chemin de halage.

Les propriétaires riverains qui veulent faire des constructions, plantations ou clôtures le long des fleuves ou rivières navigables ou flottables peuvent, au préalable, demander à l'administration de reconnaître la limite de la servitude. Si, dans les trois mois à compter de la demande, l'administration n'a pas fixé la limite, les constructions, plantations ou clôtures faites par les riverains ne peuvent plus être supprimées que moyennant indemnité.

Lorsqu'une rivière ou partie de rivière est rendue navigable ou flottable et que ce fait a été déclaré par un décret, les propriétaires riverains sont soumis aux servitudes établies par l'article 46 ; mais il leur est dû une indemnité proportionnée au dommage qu'ils éprouvent, en tenant compte des avantages que l'établissement de la navigation ou du flottage peut leur procurer. — Les propriétaires riverains d'une rivière navigable ou flottable auront également droit à indemnité lorsque, pour les besoins de la navigation, la servitude de halage sera établie sur une rive où cette servitude n'existait pas.

Les contestations relatives à l'indemnité due aux propriétaires, à raison de l'établissement de la servitude de halage, sont jugées en premier ressort par le juge de paix du canton. S'il y a expertise, il peut n'être nommé qu'un seul expert.

Dans le cas où l'administration juge que la servitude de halage est insuffisante et veut établir le long du fleuve ou de la rivière un chemin dans des conditions constantes de viabilité, elle doit, à défaut du consentement exprès des riverains, acquérir le terrain nécessaire à l'établissement du chemin, en se conformant aux lois sur l'expropriation pour cause d'utilité publique.

Il est interdit d'extraire, sans autorisation spéciale, des terres, sables et autres matières à une distance moindre de 11m,70 de la limite des fleuves et rivières navigables ou flottables.

Le curage des cours d'eau navigables ou flottables et de leurs dépendances faisant partie du domaine public est à la charge de l'Etat; néanmoins, un règlement d'administration publique peut, les parties intéressées entendues, appeler à contribuer au curage les communes, les usiniers, les concessionnaires des prises d'eau et les propriétaires voisins, qui, par l'usage exceptionnel et spécial qu'ils font des eaux, rendent les frais du curage plus considérables.

Les contraventions commises sur ces cours d'eau (à l'exception des délits de pêche), ainsi que toutes contestations les concernant, sont de la compétence des conseils de préfecture, comme en matière de grande voirie.

Les îles et îlots qui viennent à se former appartiennent à l'Etat, qui a à sa charge les travaux de curage.

C'est à l'Etat qu'appartient le droit de pêche.

*Rivières non navigables ni flottables.* — Ce sont les cours d'eau qui ne présentent pas les caractères de navigabilité ou de flottabilité ci-dessus précisés. Sont compris dans cette catégorie les cours d'eau *flottables à bûches perdues*, c'est-à-dire par pièces de bois isolées et abandonnées au courant. Les rivières non navigables ni flottables ne font point partie du domaine public. Quant à leur lit, la loi l'attribue aux propriétaires des deux rives et, s'ils sont différents pour chaque rive, par moitié entre eux, suivant une ligne supposée tracée au milieu de la rivière.

Les riverains des cours d'eau non navigables ni flottables peuvent sans autorisation les utiliser pour l'irrigation de leurs propriétés, pour des usages domestiques ou industriels, mais ils n'ont pas le droit d'absorber, d'altérer l'eau ou d'en disposer au préjudice des autres riverains; ils doivent obtenir l'autorisation du préfet : 1° pour l'établissement d'ouvrages intéressant le régime ou le mode d'écoulement des eaux; 2° pour la régularisation de l'existence des usines et ouvrages établis sans permission et n'ayant pas de titre légal (loi du 8 avril 1898, art. 12, et décret du 1er août 1905). Cette autorisation est donnée après enquête. Le curage des petites rivières est à la charge des propriétaires intéressés, à qui appartient le droit de pêche.

Les îles et îlots qui pourraient survenir appartiennent aux riverains. (Code civ., art. 561.)

Chaque riverain a le droit de prendre, dans la partie du lit qui lui appartient, tous les produits naturels et d'en extraire de la vase, du sable et des pierres, à la condition de ne pas modifier le régime des eaux et d'en exécuter le curage. Sont réservés les droits acquis par les riverains ou autres intéressés sur les parties des cours d'eau qui servent de voie d'exploitation pour la desserte de leurs fonds. (Loi du 8 avril 1898, art. 3, § 3.)

*Barrages.* — L'autorisation d'établir des barrages sur les cours d'eau navigables ou flottables est donnée, suivant les cas, par décret en conseil d'Etat ou par arrêté préfectoral, sous peine de contravention de grande voirie.

Dans les cours d'eau non navigables ni flottables susceptibles de propriété privée, les riverains, à qui le Code civil (art. 644) reconnaît un droit d'usage, ont la faculté d'établir des barrages dans le lit même des cours d'eau; toutefois, le préfet, qui a la police générale des eaux (loi des 12-20 août 1790), doit autoriser les travaux.

La loi du 15 avril 1829, article 24, prohibe, dans les rivières navigables ou flottables, canaux et ruisseaux, l'établissement de barrages ayant pour objet d'empêcher complètement le passage du poisson, sous peine de 50 à 500 francs d'amende et de destruction des ouvrages exécutés.

*Ecoulement des eaux sur les fonds inférieurs.* — Les fonds inférieurs sont assujettis envers ceux qui sont plus élevés à recevoir les eaux qui en découlent naturellement sans que la main de l'homme y ait contribué. Le propriétaire inférieur ne peut point élever de digue qui empêche cet écoulement. Le propriétaire supérieur ne peut rien faire qui aggrave la servitude du fonds inférieur (Code civ., art. 640); mais cette servitude ne s'étend pas aux eaux ménagères, sauf s'il y a titre ou prescription.

Les propriétaires riverains peuvent laisser écouler les eaux ménagères sur la voie publique; mais l'article 471 du Code pénal (défense de jeter au-devant des maisons des choses nuisibles) renferme implicitement la défense de laisser couler les eaux ménagères qui pourraient nuire par leurs exhalaisons. D'ailleurs, l'administration peut prendre des mesures pour réglementer cet écoulement : c'est ainsi que le décret du 26 mars 1852, sur les rues de Paris, impose l'écoulement des eaux ménagères dans les égouts.

*Eaux pluviales et sources.* — *Eaux pluviales.* Tout propriétaire a le droit d'user et de disposer des eaux pluviales qui tombent sur son fonds. Si l'usage de ces eaux ou la direction qui leur est donnée aggrave la servitude naturelle d'écoulement établie par l'article 640, une indemnité est due au propriétaire du fonds inférieur. La même disposition est applicable aux eaux de sources nées sur un fonds.

*Sources artificielles.* Lorsque, par des sondages ou des travaux souterrains, un propriétaire fait surgir des eaux dans son fonds, les propriétaires des fonds inférieurs doivent les recevoir; mais ils ont droit à une indemnité en cas de dommages résultant de leur écoulement. Les maisons, cours, jardins, parcs et enclos attenant aux habitations ne peuvent être assujettis à aucune aggravation de la servitude d'écoulement dans les cas prévus par les paragraphes précédents. Les contestations auxquelles peuvent donner lieu l'établissement et l'exercice des servitudes prévues par ces paragraphes et le règlement, s'il y a lieu, des indemnités dues aux propriétaires des fonds inférieurs sont portées, en premier ressort, devant le juge de paix du canton, qui, en prononçant, doit concilier les intérêts de l'agriculture et de l'industrie avec le respect dû à la propriété. S'il y a lieu à expertise, il peut n'être nommé qu'un seul expert. (Code civ., art. 641.)

*Sources naturelles.* Celui qui a une source dans son fonds peut toujours user des eaux à sa volonté dans les limites et pour les besoins de son héritage. Le propriétaire d'une source ne peut plus en user au préjudice des propriétaires des fonds inférieurs qui, depuis plus de trente ans, ont fait et terminé, sur le fonds où jaillit la source, des ouvrages apparents et permanents destinés à utiliser les eaux ou à en faciliter le passage dans leur propriété. Il ne peut pas non plus en user de manière à enlever aux habitants d'une commune, village ou hameau l'eau qui leur est nécessaire; mais si les habitants n'en ont pas acquis ou prescrit l'usage, le propriétaire peut réclamer une indemnité, laquelle est réglée par experts. (*Id.*, art. 642.)

Si, dès la sortie du fonds où elles surgissent, les eaux de sources forment un cours d'eau offrant le caractère d'eaux publiques et courantes, le propriétaire ne peut les détourner de leur cours naturel au préjudice des usagers inférieurs. (*Id.*, art. 643.)

*Eaux courantes.* — Celui dont la propriété borde une eau courante qui ne dépend pas du domaine public peut se servir de cette eau à son passage pour l'irrigation de ses propriétés. Lorsque l'héritage est traversé par un cours d'eau, le propriétaire peut en disposer pour tous usages pendant la traversée, mais il doit le rendre, à la sortie du fonds, à son cours ordinaire. (Code civ., art. 644.)

## Eaux minérales.

L'importance des eaux minérales au point de vue de la santé publique a nécessairement attiré l'attention du législateur. Un principe domine toute la réglementation établie par l'ordonnance du 18 juin 1823, le décret du 8 mars 1848, la loi du 14 juillet 1856, le décret du 8 septembre suivant, le décret du 28 janvier 1860 : aucun établissement d'eaux minérales ne peut être ouvert au public sans une autorisation délivrée après qu'il a été dûment constaté que les eaux que l'on veut exploiter possèdent, à raison de leur composition chimique, des propriétés thérapeutiques spéciales. C'est l'Académie de médecine qui a mission d'éclairer l'administration supérieure sur ce point. En outre, toute entreprise ayant pour effet de livrer ou d'administrer au public des eaux minérales naturelles est soumise à une inspection qui est confiée à des docteurs en médecine et a pour objet tout ce qui, dans chaque établissement, importe à la santé publique. Enfin, la vente et le dépôt des eaux minérales ont été réglementés.

*Déclaration d'intérêt public des sources.* — Les sources d'eaux minérales sont déclarées d'intérêt public, après enquête, par un décret en conseil d'État. (Loi du 14 juillet 1856, art. 1er.)

La demande tendant à faire déclarer d'intérêt public une source d'eau minérale est adressée au préfet du département, en deux expéditions, dont une sur papier timbré. (Décret du 8 septembre 1856, art. 1er.)

Un périmètre de protection, modifiable, peut être assigné dans la même forme à une source déclarée d'intérêt public. (Loi du 14 juillet 1856, art. 2.)

*Travaux. Servitudes.* — Aucun sondage, aucun travail souterrain ne peuvent être pratiqués dans le périmètre de protection (Loi du 14 juillet 1856, art. 3) sans autorisation préalable. Le décret fixant le périmètre peut même imposer aux propriétaires l'obligation de faire au moins un mois à l'avance une déclaration au préfet quand ils veulent procéder à des extractions de matériaux, fondations de maisons, caves ou autres travaux à ciel ouvert. (Loi du 14 juillet 1856, art. 3.) Le préfet peut, sur la demande du propriétaire de la source, interdire les travaux régulièrement entrepris, si la source doit en être altérée ou diminuée ; son arrêté est exécutoire par provision, sauf recours au conseil d'État. (*Id.*, art. 4.)

La demande en autorisation préalable est adressée au préfet du département. La demande est faite sur papier timbré ; elle énonce les nom, prénoms et domicile du demandeur; elle est accompagnée d'un plan indiquant les dispositions des ouvrages projetés et d'un mémoire explicatif des conditions dans lesquelles ils doivent s'exécuter. (Décret du 8 septembre 1856, art. 14.)

Même en dehors du périmètre, les travaux souterrains et sondages peuvent être suspendus, mais il doit être statué dans un délai de six mois sur l'extension du périmètre (*Id.*, art. 5); ces dispositions s'appliquent aux sources minérales déclarées d'intérêt public auxquelles aucun périmètre n'a été assigné. (*Id.*, art. 6.)

Cet arrêté ne peut être pris que sur le vu du procès-verbal dressé par le service des mines. (Décret du 8 septembre 1856, art. 16 et 17.)

Dans l'intérieur du périmètre de protection, le propriétaire d'une source déclarée d'intérêt public a le droit de faire, dans le terrain d'autrui, à l'exception des maisons d'habitation et des cours attenantes, tous les travaux de captage et d'aménagement nécessaires pour la conservation, la conduite et la distribution de cette source, lorsque ces travaux ont été autorisés par un arrêté du ministre des Travaux publics. Le propriétaire du terrain est entendu. (Loi du 14 juillet 1856, art. 7.)

Le propriétaire d'une source déclarée d'intérêt public peut exécuter, sur son terrain, tous les travaux de captage et d'aménagement nécessaires pour la conservation, la conduite et la distribution de cette source, un mois après la communication faite de ses projets au préfet. En cas d'opposition par le préfet, le propriétaire ne peut commencer ou continuer les travaux qu'après autorisation du ministre de l'Agriculture, du Commerce et des Travaux publics. A défaut de décision dans le délai de trois mois, le propriétaire peut exécuter les travaux. (*Id.*, art. 8.)

L'occupation d'un terrain compris dans le périmètre de protection pour l'exécution des travaux prévus par l'article 7 ne peut avoir lieu qu'en vertu d'un arrêté du préfet qui en fixe la durée. Lorsque l'occupation d'un terrain compris dans le périmètre prive le propriétaire de la jouissance du revenu au delà du temps d'une année, ou lorsque après les travaux le terrain n'est plus propre à l'usage auquel il était employé, le propriétaire dudit terrain peut exiger du propriétaire de la source l'acquisition du terrain occupé ou dénaturé. Dans ce cas, l'indemnité est réglée suivant les formes prescrites par la loi du 3 mai 1841. Dans aucun cas l'expropriation ne peut être provoquée par le propriétaire de la source. (*Id.*, art. 9.)

Les dommages dus par suite de suspension, interdiction, destruction de travaux, occupation de terrains, sont à la charge du propriétaire de la source. L'indemnité due pour suspension, interdiction, destruction, ne peut excéder le montant des pertes matérielles et des travaux devenus inutiles, augmenté de la somme nécessaire pour rétablir les lieux en leur état primitif. (Loi du 14 juillet 1856, art. 10.)

Si une source d'eau minérale, déclarée d'intérêt public, est exploitée d'une manière qui en compromette la conservation, ou si l'exploitation ne satisfait pas aux besoins de la santé publique, un décret en conseil d'Etat peut autoriser l'expropriation de la source et de ses dépendances nécessaires à l'exploitation, dans les formes réglées par la loi du 3 mai 1841. (*Id.*, art. 12.)

*Pénalités.* — L'exécution, sans autorisation ou sans déclaration préalable, dans le périmètre de protection, de l'un des travaux mentionnés en l'article 3, la reprise des travaux interdits ou suspendus administrativement, en vertu des articles 4, 5 et 6, est punie d'une amende de 50 francs à 500 francs. (*Id.*, art. 13.) Les infractions aux règlements d'administration publique pris pour l'exécution de la loi du 14 juillet 1856 sont passibles d'une amende de 16 francs à 100 francs. (*Id.*, art. 11.)

*Droits d'inspection des fabriques et dépôts d'eaux minérales.* — Les fabriques et dépôts d'eaux minérales sont soumis à une inspection spéciale, qui est confiée, dans le département de la Seine à un service particulier, et dans les autres départements aux commissions d'inspection des pharmacies et magasins de droguerie. (Ord. du 8 juin 1823 ; loi du 19 juillet 1886, art. 3 ; décret du 9 mai 1887.)

Les droits sont de 10 francs par fabrique et de 3 francs par dépôt pour les départements autres que celui de la Seine ; ils sont, dans ce dernier département, de 30 francs par fabrique et de 25, 10 ou 4 francs par dépôt, suivant que la vente annuelle dépasse 20 000 bouteilles ou siphons, est de 5 000 à 20 000 bouteilles ou siphons, ou est inférieure à 5 000. Le recouvrement en est opéré, à l'aide de rôles nominatifs, dans les formes et suivant les règles prescrites pour les droits de visite des pharmacies et magasins de droguerie.

**Échange.** — Contrat par lequel les parties se donnent respectivement une chose pour une autre. (Code civ., art. 1702.)

L'échange s'opère par le seul consentement, de la même manière que la vente. (Code civ., art. 1703.) « Si l'un des copermutants a déjà reçu la chose à lui donnée en échange, et prouve ensuite que l'autre contractant n'est pas propriétaire de cette chose, il ne peut pas être forcé à livrer celle qu'il a promise en contre-échange, mais seulement à rendre celle qu'il a reçue. » (*Id.*, art. 1704.)

Le copermutant évincé a le choix de conclure à des dommages et intérêts, ou de réclamer sa chose. (*Id.*, art. 1705.)

La rescision pour cause de lésion admise dans la vente (v. VENTE) n'a pas lieu dans le contrat d'échange (*Id.*, art. 1706), mais toutes les autres règles prescrites pour le contrat de vente s'appliquent d'ailleurs à l'échange. (*Id.*, art. 1707.)

Quelquefois il arrive que les objets échangés ne sont pas d'égale valeur ; alors l'un des échangistes paye à l'autre, pour les égaliser, une certaine somme qui est appelée *soulte*, et vulgairement *retour*.

*Échange des immeubles dotaux.* — Un immeuble dotal peut être échangé, avec le consentement de la femme, contre un autre immeuble de même valeur. V., au mot DOT, l'article 1559 du Code civil.

**Échange (Libre).** — V. LIBRE ÉCHANGE.

**Échéance.** — V. LETTRE DE CHANGE.

**Échelle (Tour d') ou Échelage.** — Droit de poser une échelle sur la propriété d'autrui pour construire ou réparer un bâtiment ou un mur.

Il ne faut pas confondre le *tour d'échelle* ou *échelage*, consistant dans un espace laissé par le propriétaire lui-même sur son propre terrain, mais en dehors du mur construit par lui sur son héritage, avec le droit de tour d'échelle, servitude consistant dans le droit acquis à un propriétaire de dresser ses échelles sur le terrain de son voisin, d'y faire passer ses ouvriers, d'y élever des échafaudages et de déposer des matériaux. En ce cas, la largeur de l'échelage, fixée par les usages, est d'au moins 1 mètre.

**Échenillage.** — V. CHENILLES.

**Éclairage.**

« Sont punis d'amende, depuis 1 franc jusqu'à 5 francs inclusivement, les aubergistes et autres qui, obligés à l'éclairage, l'ont négligé. » (Code pén., art. 471.)

En cas de récidive, la peine de l'emprisonnement est toujours prononcée, pour trois jours au plus. (*Id.*, art 474.) Le défaut d'éclairage des matériaux déposés sur la voie publique et des excavations faites dans les rues et places est puni des mêmes peines. (*Id.*, art. 475.)

**Écriture (Vérification d').** — Examen juridique qui a pour but de rechercher si un écrit ou une signature privée est de la main de la personne à laquelle on l'attribue et qui la conteste.

La procédure à suivre pour faire vérifier la pièce dont l'écriture est méconnue (Code de proc. civ., art. 193 à 213) est spéciale aux écrits sous signature privée qui, à la différence des actes authentiques, ne font pas foi par eux-mêmes ; on peut être admis également à prouver la fausseté d'un acte authentique, mais les règles à observer dans ce but sont toutes différentes et constituent la procédure du *faux incident civil* ou *inscription de faux*. (*Id.*, art. 214 à 251.)

La demande en vérification d'écriture est

introduite devant le tribunal civil par exploit d'huissier contenant assignation à trois jours, ou par acte d'avoué lorsqu'elle est formée incidemment. Si le défendeur ne comparaît pas, il est donné défaut et l'écrit est tenu pour reconnu ; si le défendeur reconnaît l'écrit, le tribunal donne acte de cette reconnaissance au demandeur et le procès est terminé. Dans cette dernière hypothèse, le demandeur doit supporter tous les frais, même les droits dus sur l'écrit dont la production en justice a rendu l'enregistrement nécessaire; il est juste, en effet, qu'il subisse les conséquences d'une instance qu'il a engagée dans le but de prévenir des dénégations possibles et de faire consacrer judiciairement la sincérité de son titre. Si, au contraire, le défendeur dénie la signature ou l'écriture de l'acte, le tribunal en ordonne la vérification soit par titres, soit par experts, soit par témoins :

1° *Vérification par titres.* Elle a lieu lorsqu'on produit un acte authentique dans lequel l'écrit contesté se trouve relaté.

2° *Vérification par experts.* Elle est faite par trois hommes de l'art désignés par les parties, ou d'office par le tribunal, qui nomme en même temps le juge chargé de diriger les opérations. La pièce à vérifier est déposée au greffe après que son état a été constaté ; elle est signée et paraphée par le demandeur ou son avoué et par le greffier, lequel dresse du tout un procès-verbal; le défendeur est appelé, dans les trois jours, à en prendre communication. Les parties comparaissent ensuite devant le juge commissaire pour convenir des *pièces de comparaison* à soumettre aux experts; si elles ne s'accordent pas, le juge ne peut admettre que les signatures apposées sur des actes notariés ou judiciaires par la personne dont l'écriture est déniée, ou bien les pièces écrites et signées par elle en qualité de personne publique. Les personnes dépositaires des pièces de comparaison sont tenues de les apporter au greffe aux jour et heure indiqués, à peine d'y être contraintes par les voies ordinaires. Si ces pièces ne peuvent être déplacées, le tribunal ordonne que la vérification se fera sur place. A défaut d'éléments suffisants de comparaison, le défendeur peut être mis en demeure de fournir un spécimen de son écriture sous la dictée d'un expert, en présence du demandeur. Après avoir prêté serment, les trois experts examinent conjointement les documents qui leur ont été communiqués et dressent un rapport commun et motivé, contenant leurs observations et l'avis exprimé à la majorité des voix. Les garanties que présente ce mode de preuve sont des plus contestables, et des erreurs commises dans certaines causes célèbres ont gravement déprécié l'art des experts en écriture.

3° *Vérification par témoins.* Peuvent être entendus comme témoins, ceux qui ont vu écrire ou signer l'écrit litigieux ou qui ont connaissance de faits pouvant servir à découvrir la vérité; les pièces contestées leur sont représentées et par eux paraphées ; pour le surplus, on observe les règles relatives aux enquêtes.

Lorsque l'instruction de l'affaire est terminée, le tribunal rend son jugement, et, s'il est prouvé que la pièce a été réellement écrite ou signée par celui qui l'a déniée, il est condamné à une amende de 150 francs au profit de l'Etat, ainsi qu'aux dépens et à des dommages-intérêts.

**Écritures privées.** — Dénomination par laquelle on désigne les livres de commerce, ainsi que les registres et papiers domestiques.

Les livres de commerce, dont la tenue est obligatoire (v. LIVRES DE COMMERCE), ne font pas preuve, contre les personnes non marchandes, des fournitures qui y sont portées, mais le juge peut déférer le serment supplétoire (v. SERMENT) à l'une ou à l'autre des parties. (Code civ., art. 1367.) A l'égard des commerçants, les livres font foi, mais le demandeur ne peut écarter ce qu'ils contiendraient de contraire à ses prétentions et ne maintenir que ce qui leur est favorable. (*Id.*, art. 1330.)

Les registres et papiers domestiques ne constituent pas titre *pour* celui qui les a écrits, mais ils font foi *contre* lui : 1° lorsqu'ils énoncent formellement un payement reçu; 2° lorsqu'ils mentionnent expressément, à défaut de l'existence d'un titre, l'obligation contractée envers le créancier. (*Id.*, art. 1331.)

**Écrou.** — Acte par lequel le directeur d'une prison reconnaît prendre à sa charge un prisonnier.

L'officier de police qui a remis le prisonnier doit faire inscrire sur un registre spécial l'acte dont il est porteur et qui ordonne l'incarcération (arrêt, jugement, mandat d'arrêt, etc.). Il reçoit copie de l'acte de remise ou écrou, rédigé en sa présence, signé par lui et par le directeur de la prison ou son représentant légal. Cette pièce constitue sa décharge.

**Effectif.** — Nombre de militaires de tout grade entrant dans la composition d'une armée ou d'une fraction constituée de cette armée, soit en temps de paix, soit en temps de guerre.

**Effets de commerce.** — Titres donnant à ceux qui en sont légalement possesseurs le droit de percevoir à l'échéance les sommes y portées.

Les principaux effets de commerce sont la *lettre de change*, le *billet à ordre*, le *mandat*, le *chèque* et le *warrant*. V. ces mots.

**Effets publics.** — Titre ou valeurs émis par les Etats (rentes, bons du trésor, etc.) et négociables sans garantie de la part du cédant. — V. BOURSE, AGENTS DE CHANGE.

**Effigie (Exécution par).** — Mode d'exécution des condamnations prononcées contre les contumax.

Autrefois l'exécution d'effigie se faisait, le plus généralement, en suspendant à une potence un mannequin ou toute autre représentation du condamné : la honte du supplice semblait, aux yeux de tous, atteindre le condamné absent.

Sous le régime du Code d'instruction criminelle de 1808, l'exécution par effigie consistait, aux termes de l'article 472, à faire afficher par l'exécuteur des hautes œuvres, à un poteau dressé sur une place publique, l'extrait du jugement de condamnation prononcé, en matière criminelle, contre un individu contumax.

Depuis la loi du 2 janvier 1850, l'exécution par effigie se réduit à l'insertion dans les journaux et à l'affichage en certains lieux déterminés (notamment à la porte du dernier domicile du condamné) de l'extrait du jugement de condamnation par contumace.

## Effraction. — Bris de clôture fait dans une intention criminelle.

L'*effraction* est une circonstance aggravante du vol dont elle a aidé la perpétration ; cependant, il n'en est ainsi que lorsque l'effraction a eu lieu dans une maison habitée, édifice, parc ou enclos. (Code pén., art. 381-384.) Comme circonstance aggravante du vol, l'effraction a pour effet d'entraîner la transformation des peines du vol simple en travaux forcés à temps ou en travaux forcés à perpétuité, suivant que l'effraction est isolée ou qu'elle est en concours avec d'autres circonstances aggravantes du vol (mêmes articles).

Est de droit qualifié « effraction » tout forcement, rupture, dégradation, démolition, enlèvement de murs, toits, planchers, portes, fenêtres, serrures, cadenas ou autres ustensiles et instruments servant à fermer ou à empêcher le passage, et de toute espèce de clôture, quelle qu'elle soit; l'effraction est extérieure ou intérieure.

La violation du domicile à l'aide d'effraction *pendant le jour* est considérée par la loi comme un fait de provocation qui rend excusables, de la part de celui dont on viole le domicile, le meurtre, les blessures et les coups, et qui, par suite, a pour effet de diminuer la culpabilité de l'auteur du meurtre, des blessures ou des coups. (*Id.*, art. 322.)

La violation du domicile à l'aide d'effraction *pendant la nuit* est comprise dans les cas de légitime défense : il n'y a pas de culpabilité « si l'homicide a été commis, si les blessures ont été faites, ou si les coups ont été portés en repoussant pendant la nuit l'effraction des clôtures, murs ou entrée d'une maison ou d'un appartement habité, ou de leurs dépendances ». (*Id.*, art. 329.)

## Égout des toits.

« Tout propriétaire doit établir ses toits de manière que les eaux pluviales s'écoulent sur son terrain ou sur la voie publique; il ne peut les faire verser sur le fonds du voisin. » (Code civ., art. 681.) V. EAUX.

## Élagage.

Celui sur la propriété duquel avancent les branches des arbres du voisin peut contraindre celui-ci à couper ces branches. (Code civ., art. 672, et Code for., art. 150.) Les juges de paix connaissent des actions relatives à l'élagage des arbres ou haies sans appel jusqu'à la valeur de 100 francs et, à charge d'appel, quelle que soit la valeur de la demande, lorsque les droits de propriété ou de servitude ne sont pas contestés. (Loi du 12 juillet 1905, art. 5.)

Les particuliers ne peuvent procéder à l'élagage des arbres qu'ils posséderaient sur les grandes routes qu'aux époques et selon le mode déterminé par un arrêté préfectoral, et sous la surveillance des agents des ponts et chaussées, sous peine de poursuites pour dommages causés aux plantations des routes. (Décr. du 16 déc. 1811, art. 105.)

Les préfets peuvent ordonner l'élagage des arbres plantés le long des chemins vicinaux dans l'intérêt de la viabilité. (Loi du 21 mai 1836, art. 21.)

## Élections.

On trouvera aux mots COMMUNE, DÉPARTEMENT, DÉPUTÉS (Chambre des), SÉNAT, l'exposé des règles auxquelles sont soumises les élections législatives, départementales et communales. Il reste à faire connaître ici le mode de formation des listes et les pénalités en matière d'infractions électorales.

*Listes électorales.* — Tous les Français de naissance ou naturalisés, âgés de vingt et un ans accomplis et jouissant de leurs droits civils et politiques, sont électeurs, sans condition de cens. (Décret du 2 février 1852, art. 12.)

La liste électorale, dressée pour chaque commune par le maire, comprend, par ordre alphabétique : 1° tous les électeurs habitant dans la commune depuis six mois au moins; 2° ceux qui n'ayant pas atteint, lors de la formation de la liste, les conditions d'âge et d'habitation, doivent les acquérir avant la clôture définitive. (*Id.*, art. 13.) L'énumération donnée par l'art. 14 de la loi du 5 avril 1884, en vue des élections municipales, est ici de tout point applicable. (V. COMMUNE, p. 209.)

*Incapacités électorales.* Ne doivent pas être inscrits sur les listes électorales : les individus privés de leurs droits civils et politiques par suite de condamnation, soit à des peines afflictives et infamantes, soit à des peines infamantes seulement ; — ceux auxquels les tribunaux correctionnels ont interdit le droit de vote par application des lois qui autorisent cette interdiction; — les condamnés pour crime à l'emprisonnement par application de l'article 463 du Code pénal (admission de circonstances atténuantes); — les condamnés pour vol, escroquerie, abus de confiance, soustraction commise par les dépositaires de deniers publics, ou attentats aux mœurs prévus par les articles 330 et 334 du Code pénal, quelle que soit la durée de l'emprisonnement auquel ils ont été condamnés ; — les condamnés pour vagabondage ou mendicité; — ceux qui ont été condamnés à trois mois de prison, par application de l'article 423 du Code pénal et de l'article 1er de la loi du 27 mars 1851 ; — ceux qui ont été condamnés pour délit d'usure ; — les interdits pourvus d'un conseil judiciaire; — les faillis non réhabilités, etc. (Décret du 2 février 1852, art. 15); — les condamnés à plus d'un mois d'emprisonnement pour rébellion, outrages et violences envers les dépositaires de l'autorité ou de la force publique, pour outrages publics envers un juré à raison de ses fonctions ou envers un témoin à raison de sa déposition, pour délits prévus par la loi sur des attroupements. (*Id.*, art. 16.)

*Revision des listes électorales.* La liste électorale est permanente, mais elle est revisée tous les ans par une commission administrative de trois membres: 1° le maire; 2° deux délégués choisis l'un par le préfet, l'autre par le conseil municipal.

« La revision annuelle des listes électorales s'opère conformément aux règles qui suivent: Du 1er au 10 janvier de chaque année, le maire de chaque commune ajoute à la liste les citoyens qu'il reconnaît avoir acquis les qualités exigées par la loi, ceux qui acquerront les conditions d'âge et d'habitation avant le 1er avril, et ceux qui auraient été précédemment omis. — Il en retranche : 1° les individus décédés ; 2° ceux dont la radiation a été ordonnée par l'autorité compétente; 3° ceux qui ont perdu les qualités requises par la loi; 4° ceux qu'il reconnaît avoir été indûment inscrits, quoique leur inscription n'ait point été attaquée. — Il tient un registre de toutes ces décisions et y mentionne les motifs et pièces à l'appui. » (Décret du 2 février 1852, art. 2.)

La liste électorale est close le 31 mars.

Tout électeur a qualité pour demander l'inscription d'un électeur omis ou la radiation d'un individu indûment inscrit. Le même droit appartient aux préfets et aux sous-préfets. (*Id.*, art. 19.)

« Le tableau contenant les additions et retranchements faits par le maire à la liste électorale est déposé au plus tard le 15 janvier au secrétariat de la commune. — Ce tableau sera communiqué à tout requérant, qui pourra le recopier et le reproduire par la voie de l'impression. Le jour même de ce dépôt, avis en sera donné par affiches. » (*Id.*, art. 2.)

Les demandes en inscription ou en radiation doivent être formées dans les vingt jours, à partir de la publication des listes. (Décret du 13 janvier 1866.) Elles sont soumises à la commission qui a préparé la liste, augmentée de deux autres délégués du conseil municipal. Notification de la décision de la commission est, dans les trois jours, faite aux parties intéressées, par écrit et à domicile, par les soins de l'administration municipale; elles pourront interjeter appel dans les cinq jours de la notification. L'appel des décisions de ces commissions est porté devant le juge de paix; il est formé par simple déclaration au greffe. Le juge de paix statue dans les dix jours, sans frais ni forme de procédure, et sur simple avertissement donné trois jours à l'avance à tous les intéressés. (Loi du 7 juillet 1874, art. 2, 4, 5.)

La décision du juge de paix est en dernier ressort, mais elle peut être déférée à la Cour de cassation. Le pourvoi n'est recevable que s'il est formé dans les dix jours de la notification de la décision. (Décret du 2 février 1852, art. 23.)

Il n'est pas suspensif. Il se forme par simple requête, dénoncée aux défendeurs dans les dix jours qui suivent; il est dispensé de l'intermédiaire d'un avocat à la Cour, et jugé d'urgence, sans frais ni consignation d'amende. Les pièces et mémoires fournis par les parties sont transmis, sans frais, par le greffier de la justice de paix au greffier de la Cour de cassation. La chambre des requêtes statue définitivement sur le pourvoi.

Tous les actes judiciaires sont, en matière électorale, dispensés du timbre et enregistrés gratis. Les extraits des actes de naissance nécessaires pour établir l'âge des électeurs sont délivrés gratuitement, sur papier libre, à tout réclamant. Ils portent en tête de leur texte l'énonciation de leur destination spéciale et ne peuvent servir à aucune autre. (*Id.*, art. 24.)

L'élection est faite sur la liste revisée pendant toute l'année qui suit la clôture de la liste. (*Id.*, art. 25.)

*Délits électoraux.* — Les articles 31 à 51 du décret du 2 février 1852 édictent les pénalités (emprisonnement et amende) auxquelles s'exposent ceux qui se font inscrire indûment sur les listes électorales, votent alors qu'ils sont inéligibles, faussent les opérations du scrutin ou les troublent, entrent armés dans l'assemblée électorale, achètent ou vendent des voix, violentent les électeurs.

Toute irruption consommée ou tentée avec violence, en vue d'empêcher un choix, sera punie d'un emprisonnement d'un an à cinq ans, et d'une amende de 1 000 fr. à 5 000 francs. Si les coupables étaient porteurs d'armes, ou si le scrutin a été violé, la peine sera la réclusion. Elle est des travaux forcés à temps si le crime a été commis par suite d'un plan concerté pour être exécuté soit dans toute la République, soit dans un ou plusieurs départements, soit dans un ou plusieurs arrondissements.

Les membres d'un collège électoral qui, pendant la réunion, se sont rendus coupables d'outrages ou de violences soit envers le bureau, soit envers l'un de ses membres, ou qui, par voies de fait ou menaces ont retardé ou empêché les opérations électorales, sont punis d'un emprisonnement d'un mois à un an, et d'une amende de 100 francs à 2 000 francs. Si le scrutin même a été violé, l'emprisonnement est d'un an à cinq ans et l'amende de 1 000 francs à 5 000 francs. La violation du scrutin, faite soit par les membres du bureau, soit par les agents de l'autorité préposés à la garde des bulletins non encore dépouillés, sera punie de la réclusion. Enfin, la loi du 30 mars 1902 édicte des pénalités contre ceux qui, par fraude, ont changé ou tenté de changer le résultat du scrutin.

L'enlèvement de l'urne contenant les suffrages émis et non encore dépouillés sera puni d'un emprisonnement d'un an à cinq ans et d'une amende de 1 000 francs à 5 000 francs. Si cet enlèvement a été effectué en réunion et avec violence, la peine sera la réclusion.

En cas de conviction de plusieurs crimes ou délits électoraux commis antérieurement au premier acte de poursuite, la peine la plus forte est seule appliquée.

L'action publique et l'action civile sont prescrites par trois mois à dater du jour de la proclamation du résultat de l'élection. D'ailleurs, la condamnation n'a pas pour effet d'annuler l'élection déclarée valide par les pouvoirs compétents ou devenue définitive par l'absence de protestation régulière dans les délais légaux.

Le délit de *corruption électorale* est l'action de fausser, par des dons et des promesses, l'exercice du droit de suffrage. Ce délit est prévu et puni par l'article 38 du décret du 2 février 1852, applicable à toutes les élections émanant du suffrage universel et qui frappe de la même peine les deux auteurs du pacte de corruption : celui qui corrompt et celui qui se laisse corrompre. Il est ainsi conçu : « Quiconque aura donné, promis ou reçu des deniers, effets ou valeurs quelconques, sous la condition soit de donner ou de procurer un suffrage, soit de s'abstenir de voter, sera puni d'un emprisonnement de trois mois à deux ans et d'une amende de 500 francs à 5 000 francs. — Seront punis des mêmes peines ceux qui, sous les mêmes conditions, auront fait ou accepté l'offre ou la promesse d'emplois publics ou privés. — Si le coupable est fonctionnaire public, la peine sera double. »

## Élection de domicile. — V. DOMICILE.

## Électricité.

*Système d'unités électriques.* — Dans tous les marchés et contrats passés pour le compte de l'État, dans toutes les communications faites aux services publics et dans les cahiers des charges dressés par eux, le système international d'unités électriques, tel qu'il est défini ci-après, sera seul et obligatoirement employé. — L'unité électrique de résistance, ou *ohm*, est la résistance offerte à un courant invariable par une colonne de mercure à la température de la glace fondante, ayant une masse de 14,4521 grammes, une section constante et une longueur de 106,3 centimètres. — L'unité électrique d'intensité, ou *ampère*, est le dixième de l'unité électromagnétique de courant : elle est suffisamment représentée pour les besoins de la pratique par le courant invariable qui dépose en une seconde 0,001118 gramme d'argent. — L'unité de force électromotrice, ou *volt*, est la force électromotrice qui soutient le courant d'un ampère dans un conducteur dont la résistance est un ohm. Elle est suffisamment représentée pour les besoins de la pratique par les 0,6974 ou $\frac{1000}{1434}$ de la force électromotrice d'un élément Latimer Clarck. (Décret du 24 avril 1896.)

*Conducteurs d'énergie électrique.* — La loi du 25 juin 1895 détermine les conditions d'établissement des conducteurs d'énergie électrique (autres que les conducteurs télégraphiques et téléphoniques).

## Émancipation. — Acte légal qui confère à un mineur le droit de faire des actes d'administration.

*Émancipation tacite.* — Le mineur est émancipé de plein droit par le mariage. (Code civ., art. 476.) Le mari majeur est, de plein droit, curateur de sa femme mineure.

*Émancipation expresse.* — Le mineur, même non marié, peut être émancipé par son père, ou, à défaut de père, par sa mère, lorsqu'il a atteint l'âge de quinze ans révolus. Cette émancipation s'opère par la seule déclaration du père ou de la mère, reçue par le juge de paix du canton, assisté de son greffier. (*Id.*, art. 477.)

Le mineur resté sans père ni mère peut aussi, mais seulement à l'âge de dix-huit ans accomplis, être émancipé, si le conseil de famille l'en juge capable. En ce cas, l'émancipation résulte de la délibération qui l'a autorisée et de la déclaration que le juge de paix, comme président du conseil de famille, fait dans le même acte, *que le mineur est émancipé*. (*Id.*, art. 478.)

Lorsque le tuteur n'a fait aucune diligence pour l'émancipation du mineur, et qu'un ou plusieurs parents ou alliés de ce mineur, au degré de cousin germain ou à des degrés plus proches, le jugent capable d'être émancipé, ils peuvent requérir le juge de paix de convoquer le conseil de famille pour délibérer à ce sujet. (*Id.*, art. 479.)

Le compte de tutelle est rendu au mineur émancipé, assisté d'un *curateur* qui lui est nommé par le conseil de famille. (*Id.*, art. 480.)

*Capacité du mineur émancipé.* — Le mineur émancipé passe les baux dont la durée n'excède pas neuf ans ; il reçoit ses revenus, en donne décharge, fait tous les actes qui ne sont que de pure administration. (*Id.*, art. 481.) Mais le mineur émancipé est assisté du curateur dans tous les actes qui ne sont pas de pure administration. C'est ainsi qu'il ne peut intenter une action immobilière, ni y défendre, ni même recevoir et donner décharge d'un capital mobilier sans l'assistance de son curateur, qui, au dernier cas, surveille l'emploi du capital reçu. (*Id.*, art. 482.)

Il ne peut faire d'emprunts, sous aucun prétexte, sans une délibération du conseil de famille, homologuée par le tribunal de première instance. (*Id.*, art. 483.)

Il ne peut non plus vendre ni aliéner ses immeubles, ni faire aucun acte autre que ceux de pure administration, sans observer les formes prescrites au mineur non émancipé. (*Id.*, art. 484.) Les obligations qu'il aurait contractées par voie d'achat ou autrement sont réductibles en cas d'excès : les tribunaux prennent, à ce sujet, en considération la fortune du mineur, la bonne ou mauvaise foi des personnes qui ont contracté avec lui, l'utilité ou l'inutilité des dépenses. (*Id.*, art. 484.)

Le mineur émancipé qui fait un commerce est réputé majeur pour les faits relatifs à ce commerce. (*Id.*, art. 487.) V. COMMERCE, p. 198.

*Révocation.* — Tout mineur émancipé dont les engagements auraient été réduits pourra être privé du bénéfice de l'émancipation, laquelle lui sera retirée en suivant les mêmes formes que celles qui auront eu lieu pour la lui conférer. (*Id.*, art. 485.)

Dès le jour où l'émancipation aura été révoquée, le mineur rentrera en tutelle, et y restera jusqu'à sa majorité accomplie. (*Id.*, art. 486.)

*Mineur stipulant par contrat de mariage.* — Le mineur assisté par ceux qui ont qualité pour consentir à son mariage peut valablement stipuler par contrat de mariage ; il est, en ce cas, réputé majeur.

**Embargo.** — Fait, par un Etat, d'empêcher de sortir de ses ports les navires étrangers qui s'y trouvent.

Pendant longtemps, après une déclaration de guerre, un Etat saisissait les navires ennemis qui se trouvaient dans ses ports ou ses rades. Cet embargo était dit *embargo international.* Maintenant on accorde un délai à ces navires pour quitter les ports et rades.

Sous le nom d'*embargo civil*, on désigne l'embargo employé comme acte préliminaire d'une guerre imminente, ou comme mesure sanitaire afin d'éviter la contagion d'une maladie, ou comme mesure de police pour empêcher les révélations d'un événement qu'on veut tenir secret. Ici encore, l'embargo n'est plus, aujourd'hui, suivi dans la pratique.

L'embargo n'est désormais employé que comme un mode particulier de *représailles*, pour obtenir la répression d'une violation de droit ou d'un déni de justice commis à l'étranger.

L'embargo se distingue de l'*angarie* (v. ARRÊT DE PRINCE) en ce que celle-ci suppose la réquisition des navires pour un service public.

**Embauchage.** — Action de faire passer des ouvriers à l'étranger. — Action d'inciter des militaires à passer à l'ennemi ou à un parti de rebelles.

« Quiconque, dans la vue de nuire à l'industrie française, aura fait passer en pays étranger des directeurs, commis ou des ouvriers d'un établissement, sera puni d'un emprisonnement de six mois à deux ans et d'une amende de 50 francs à 3 000 francs. » (Code pén., art. 417.)

L'embauchage militaire est passible d'un châtiment qui peut aller jusqu'à la peine de mort; accessoirement, la dégradation est prononcée si le coupable appartient à l'armée. (Code de justice militaire, art. 208; Code de justice maritime, art. 265.)

**Émeutes.** — V. TROUBLES.

**Émission.** — Mise en circulation sur un marché public de fonds d'Etat et autres valeurs.

**Émission (d'actions et d'obligations).** — V. SOCIÉTÉ.

**Émolument (Bénéfice d').**

Après la dissolution de la communauté, la femme a la faculté de l'accepter ou d'y renoncer. Si elle l'accepte, le partage de la communauté a lieu par moitié entre les époux ou leurs représentants ; mais si la femme a fait inventaire, elle n'est tenue que jusqu'à concurrence de l'émolument ou part d'actif qu'elle recueille : ce privilège est dit « bénéfice d'émolument ».

**Emphytéose ou bail emphytéotique.** — Bail à long terme, différant du bail ordinaire en ce qu'il confère au preneur un droit réel susceptible d'hypothèque, cessible et saisissable.

Le bail emphytéotique est régi par la loi du 25 juin 1902 sur le Code rural.

« Le bail emphytéotique de biens immeubles confère au preneur un droit réel susceptible d'hypothèque ; ce droit peut être cédé et saisi dans les formes prescrites pour la saisie immobilière. Le bail emphytéotique doit être consenti pour plus de dix-huit années et ne peut dépasser quatre-vingt-dix-neuf ans ; il ne peut se prolonger par tacite réconduction. (Art. 1er.)

Le preneur à bail emphytéotique est dénommé *emphytéote.*

Le bail emphytéotique ne peut être valablement consenti que par ceux qui ont le droit d'aliéner, et sous les mêmes conditions comme dans les mêmes formes. Les immeubles appartenant aux mineurs ou interdits sont donnés à bail emphytéotique en vertu d'une délibération du conseil de famille homologuée par le tribunal. Le mari peut aussi donner à bail emphytéotique les immeubles dotaux avec le consentement de la femme et l'autorisation de justice. (Art. 2.)

Le preneur ne peut demander la réduction de la redevance pour cause de perte partielle du fonds, ni pour cause de stérilité ou de privation de toute récolte à la suite de cas fortuits. (Art. 4.)

A défaut de payement de deux années consécutives, le bailleur est autorisé, après une sommation restée sans effet, à faire prononcer en justice la résolution de l'emphytéose. La résolution peut également être demandée par le bailleur en cas d'inexécution des conditions du contrat ou si le preneur a commis sur le fonds des détériorations graves. Néanmoins les tribunaux peuvent accorder un délai, suivant les circonstances. (Art. 5.)

Le preneur ne peut se libérer de la redevance, ni se soustraire à l'exécution des conditions du bail emphytéotique en délaissant le fonds. (Art. 6.)

Le preneur ne peut opérer dans le fonds aucun changement qui en diminue la valeur. Si le preneur a fait des améliorations ou des constructions qui augmentent la valeur du fonds, il ne peut les détruire, ni réclamer à cet égard aucune indemnité. (Art. 7.)

Le preneur est tenu de toutes les contributions et charges de l'héritage. En ce qui concerne les constructions existant au moment du bail et celles qui auront été élevées en exécution de la convention, il est tenu des réparations de toute nature; mais il n'est pas obligé de reconstruire les bâtiments s'il prouve qu'ils ont été détruits par cas fortuit, par force majeure, ou qu'ils ont péri par le vice de la construction antérieure au bail. Il répond de l'incendie, conformément à l'article 1733 du Code civil. (Art. 8.)

L'emphytéote peut acquérir au profit du fonds des servitudes actives, et le grever, par titre, de servitudes passives, pour un temps qui n'excédera pas la durée du bail et à charge d'avertir le propriétaire. (Art. 9.) Il profite du droit d'accession pendant la durée de l'emphytéose. (Art 10.)

Le preneur a seul les droits de chasse et de pêche et exerce à l'égard des mines, minières, carrières et tourbières tous les droits de l'usufruitier. (Art. 12.)

L'acte constitutif de l'emphytéose n'est assujetti qu'aux droits d'enregistrement et de transcription établis pour les baux à ferme ou à loyer d'une durée limitée. Les mutations de toute nature ayant pour objet soit le droit du bailleur, soit le droit du preneur, sont soumises aux dispositions de la loi du 22 frimaire an VII et des lois subséquentes concernant les transmissions de propriété d'immeubles. Le droit est liquidé sur la valeur vénale déterminée par une déclaration estimative des parties. (Art. 14.)

## Empoisonnement.

L'article 301 du Code pénal définit l'homicide par empoisonnement : « tout attentat à la vie d'une personne, par l'effet de substances qui peuvent donner la mort plus ou moins promptement, de quelque manière que ces substances aient été employées ou administrées, et quelles qu'en aient été les suites. » La peine de mort est applicable, quelles qu'aient été les suites de l'attentat.

L'article 301 a comme suite et complément les dispositions finales de l'article 317, spéciales aux maladies et accidents causés par l'administration volontaire, « de quelque manière que ce soit, de substances, qui, sans être de nature à donner la mort, sont nuisibles à la santé ». Ici, la pénalité est graduée selon que la maladie ou incapacité de travail a duré moins ou plus de vingt jours, et aussi selon que la victime est, ou non, l'un des ascendants du coupable.

L'article 452 réprime l'empoisonnement volontaire des animaux domestiques, des bestiaux, et, en outre, des poissons placés dans des « étangs, viviers ou réservoirs ». Quant aux poissons des fleuves, rivières et cours d'eau quelconques, ils sont, à ce même point de vue, protégés par l'article 25 de la loi du 15 avril 1829 sur la pêche fluviale, qui frappe d'amende et d'emprisonnement quiconque jette dans les eaux des drogues ou appâts « de nature à enivrer le poisson ou à le détruire ». V. ANIMAUX.

La vente des substances vénéneuses est réglementée. (Décret du 8 juillet 1850.)

## Emprisonnement.

Considéré comme peine, l'*emprisonnement* est un châtiment commun aux délits et aux contraventions; il est donc prononcé à la fois par les tribunaux correctionnels et par ceux de simple police. Il constitue une peine de simple police lorsque sa durée a pour minimum un jour et pour maximum cinq jours. (Code pén., art. 465.) Il rentre dans les peines correctionnelles lorsqu'il est prononcé pour plus de cinq jours, et, en ce cas, sa durée ne peut dépasser cinq ans que dans quelques circonstances exceptionnelles, notamment s'il y a récidive. (Code pén., art. 40.)

L'emprisonnement correctionnel consiste dans la privation de la liberté, avec assujettissement au travail. Il doit être subi dans une « maison de correction » (Code pén., art. 40); mais, en fait, quand il s'élève à plus d'un an et un jour, il s'exécute, en principe, dans les maisons centrales, et quand il est inférieur à un an et un jour, dans les prisons dites « départementales ». La loi du 5 juin 1875 a, pour l'emprisonnement correctionnel, ordonné ou rendu facultatif, suivant les cas qu'elle détermine, le régime de la séparation individuelle, c'est-à-dire le régime appelé « cellulaire »; d'ailleurs, cette même loi réduit, de plein droit, d'un quart la durée des peines subies sous le régime de l'emprisonnement individuel, pourvu, toutefois, qu'il s'agisse de peines dépassant trois mois.

L'emprisonnement de simple police consiste dans une simple privation de liberté, sans assujettissement au travail. Il est subi soit dans les prisons départementales, soit dans les prisons, dites « cantonales », établies dans les chefs-lieux de canton, soit dans les prisons municipales, établies dans les communes importantes.

## Emprunt. — Acte d'un Etat, d'un département, d'une commune, d'une société ou d'un individu, qui demande de l'argent, à charge de payement d'intérêts, et, en principe, à charge de remboursement.

*Etat.* — Les emprunts contractés par l'Etat sont autorisés par une loi. V. DETTE, CONVERSION.

*Départements.* — Le conseil général vote les emprunts départementaux remboursables, dans un délai qui n'excède pas trente ans, sur les ressources ordinaires et extraordinaires — Quand l'emprunt est remboursable dans un délai excédant trente ans ou quand le service de l'emprunt nécessite la création d'une imposition extraordinaire, il est statué par décret en conseil d'Etat. (Loi du 12 juillet 1898.)

*Emprunts municipaux.* — Aux termes de la loi du 7 avril 1902, qui a modifié les articles 141, 142 et 143 de la loi du 5 avril 1884, les emprunts communaux sont, en ce qui concerne les règles d'autorisation, divisés en deux catégories, d'après leur durée.

Les emprunts dont la période de remboursement n'excède pas trente ans sont autorisés, savoir :

*Par le conseil municipal*, lorsqu'ils sont remboursables soit au moyen des revenus ordinaires, soit sur le produit d'une imposition extraordinaire n'excédant pas le maximum fixé par le conseil général ;

*Par le préfet*, s'ils sont remboursables au moyen d'une imposition extraordinaire dépassant ce maximum.

Les emprunts dont la période de remboursement excède trente ans ne peuvent être autorisés que par un *décret en conseil d'Etat*.

Un décret rendu dans la même forme est nécessaire si la somme à emprunter dépasse un million ou si, réunie au chiffre d'autres emprunts non encore remboursés, elle dépasse un million.

Un décret en conseil d'Etat devrait également intervenir : 1° dans le cas où le délai de remboursement serait indirectement prolongé au delà du délai de trente ans, soit par une prorogation pure et simple, soit par une conversion ; 2° dans le cas d'un emprunt à durée indéterminée, par exemple un emprunt à charge de rente viagère au profit du prêteur ou remboursable au moyen d'un capital légué en nue propriété à la commune et dont celle-ci ne pourrait disposer qu'à la mort de l'usufruitier. (Circ. Int., 31 mai 1902.)

*Emprunts des établissements publics.* — Les délibérations des commissions administratives concernant un emprunt sont exécutoires en vertu d'un arrêté du préfet, sur avis du conseil municipal, lorsque la somme à emprunter ne dépasse pas le chiffre des revenus ordinaires de l'établissement et que le remboursement doit être effectué dans un délai de douze années. Si la somme à emprunter dépasse ledit chiffre ou si le délai de remboursement excède douze années, l'emprunt ne peut être autorisé que par décret. Ce décret est rendu en conseil d'État si l'avis du conseil municipal est contraire ou s'il s'agit d'un établissement ayant plus de 100 000 francs de revenus. Lorsque la somme à emprunter dépasse 500 000 francs ou que ladite somme réunie aux chiffres d'autres emprunts non encore remboursés dépasse 500 000 francs, l'emprunt ne peut être autorisé que par une loi. (Loi du 5 avril 1884, art. 119.)

Un établissement de bienfaisance ne peut, sans observer les mêmes règles d'autorisation, faire un emprunt sur gage, par exemple recevoir de la Banque de France à titre d'avances et sur dépôt d'une inscription.

*Emprunts sur les navires.* — V. GROSSE (Contrat à la), HYPOTHÈQUE.

**Encaisse.** — Somme disponible en monnaies pour les opérations journalières.

**Encan.** — Vente publique, aux enchères, de meubles et objets mobiliers.

En règle générale, toutes espèces de meubles sont susceptibles d'être vendues à l'*encan ;* cette règle souffre, cependant, quelques exceptions : ainsi, les marchandises neuves appartenant à un marchand et faisant l'objet de son commerce ne peuvent être vendues à l'encan que sous certaines restrictions, nécessitées par l'intérêt public et la sûreté du négoce. (Loi du 25 juin 1841.)

Sur le point de savoir qui peut procéder aux ventes à l'encan, les dispositions légales se résument ainsi : 1° il est interdit aux particuliers d'y procéder; 2° les commissaires-priseurs en ont le monopole dans les communes où ils ont leur résidence, et dans les autres communes concurrence existe entre les commissaires-priseurs, les notaires, les huissiers et les greffiers.

Les ventes dont il s'agit peuvent être soit des ventes forcées, c'est-à-dire ayant lieu par autorité de justice (par ex., sur saisie), soit des ventes volontaires. Suivant cette distinction, les règles en sont différentes, notamment au point de vue des formalités, du payement du prix et des oppositions.

Aucun officier public ne peut procéder à une vente publique par enchères d'objets mobiliers sans en avoir, préalablement, fait la déclaration au bureau de l'enregistrement, afin que les préposés de l'administration puissent veiller aux intérêts du fisc. (Loi du 22 pluviôse an VII, art. 2.)

L'officier public chargé d'une vente à l'encan ne peut se rendre adjudicataire pour son propre compte.

**Enchère.** — Offre supérieure à la mise à prix ou excédant une offre précédemment faite, à l'occasion d'une chose qui se vend ou s'afferme par justice ou devant un officier public.

Le dernier enchérisseur est seul obligé. (Code de proc. civ., art. 705.)

Les enchères se font toujours de vive voix; mais celles qui ont lieu en justice ne peuvent se produire que par le ministère d'avoués. (Code de proc. civ., art. 705.)

Lorsqu'il s'agit de ventes mobilières, le formalisme de l'enchère est simple : l'article 624 du Code de procédure civile se borne à disposer que l'adjudication sera faite au plus offrant et dernier enchérisseur.

Au contraire, lorsqu'il s'agit d'immeubles à adjuger, des précautions plus sérieuses ont dû être prises en vue de ne pas précipiter l'opération et de laisser à des offres supérieures un intervalle suffisant pour se produire : à cet effet, les articles 705 et 706 du Code de procédure civile prescrivent et réglementent l'emploi, dès le moment de l'ouverture des enchères, de bougies préparées de manière que chacune ait une durée d'environ une minute : c'est seulement après l'extinction de trois bougies, successivement allumées, que l'adjudication peut être faite. V. ADJUDICATION.

*Entraves à la liberté des enchères.* — Aux termes de l'article 412 du Code pénal, « ceux qui, dans les adjudications de la propriété, de l'usufruit ou de la location des choses mobilières et immobilières, d'une entreprise, d'une fourniture, d'une exploitation ou d'un service quelconque, auront entravé ou troublé la liberté des enchères ou des soumissions, par voie de fait, violences ou menaces, soit avant, soit pendant les enchères ou les soumissions, seront punis d'un emprisonnement de quinze jours au moins, de trois mois au plus, et d'une amende de 100 francs au moins et de 5 000 francs au plus. — La même peine aura lieu contre ceux qui, par dons ou promesses, auront écarté les enchérisseurs. »

Plusieurs personnes peuvent s'entendre pour acquérir dans les ventes publiques, mais non pour acquérir à vil prix en se concertant et en limitant par ce concert le jeu naturel des enchères.

Les dispositions de l'article 412 sont générales et s'appliquent à toutes les espèces d'adjudications.

*Folle enchère.* — C'est l'acte imprévoyant de celui qui, lors d'une adjudication sur saisie immobilière, a pris des engagements qu'il est incapable de tenir.

Après l'adjudication, si l'adjudicataire n'accomplit pas les conditions que lui impose le cahier des charges, notamment s'il ne paye pas le prix au terme convenu, le but de la saisie, c'est-à-dire la distribution du prix entre les créanciers hypothécaires, n'est pas atteint. Mais il serait injuste d'obliger ces créanciers à recommencer une nouvelle saisie immobilière. Aussi la loi décide-t-elle que l'adjudicataire, en pareil cas, sera réputé *fol enchérisseur* et que, après une procédure très courte, l'immeuble sera revendu sur folle enchère.

La procédure spéciale à la folle enchère est réglée par les articles 733 et suivants du Code de procédure civile.

Par suite de la revente sur folle enchère, l'adjudication primitive est résolue, quant à l'acquisition de la propriété, par le fol enchérisseur. Mais si le prix de la revente sur folle enchère est inférieur à celui de l'adjudication primitive, le fol enchérisseur doit solder la différence entre ces deux prix et, d'autre part, si le prix de l'adjudication sur folle enchère se trouve être supérieur à celui de la première adjudication, l'excédent ne peut être réclamé par le fol enchérisseur : cet excédent revient aux créanciers ou, s'ils sont désintéressés, à la partie saisie. (Art. 740.)

**Enclave.** — Fonds entouré de tous côtés par d'autres fonds appartenant à un autre propriétaire. — V. PASSAGE.

**Endos.** — Mention que l'on écrit au dos d'un effet à ordre pour en transmettre la propriété à une autre personne.

**Endossement.** — Transmission de la propriété d'un effet à ordre au moyen d'un endos.

L'*endossement* ou *endos* est la déclaration inscrite sur un effet de commerce à ordre, et ordinairement au dos (d'où son nom), par laquelle le porteur de cet effet mande à la personne qui l'a souscrit ou sur qui il est tiré d'en payer le montant à l'individu qu'il indique, ou à son ordre. Celui qui consent un endossement se nomme *endosseur*.

On distingue, d'après le but de l'endossement, les trois espèces suivantes d'endossement :

1° L'*endossement régulier*. C'est celui qui réunit les diverses conditions exigées par l'article 137 du Code commercial, c'est-à-dire celui qui est daté, qui exprime la valeur fournie, qui énonce le nom de la personne au profit de qui l'effet est passé et qui est signé par l'endosseur. Il est, par exemple, ainsi libellé : « Payez à l'ordre de Jacques, valeur reçue en marchandises — 10 juillet 1899. — (*Signé*) Pierre. » Cet endossement a deux effets : il est translatif de la propriété de l'effet, et, en même temps, il rend l'endosseur garant solidaire du payement de l'effet à l'échéance ;

2° L'*endossement irrégulier*. C'est celui qui n'est pas conforme aux dispositions de l'article 137. Il ne transfère pas la propriété du titre sur lequel il est apposé, mais il vaut procuration de la part de l'endosseur au profit de celui qui y est dénommé (Code comm., art. 138) ;

3° L'*endossement de garantie* ou *pignoratif*. C'est celui qui a pour but de transférer l'effet à titre de gage et pour garantie d'une dette de l'endosseur. Il contient la mention expresse de son but spécial. — Il est défendu, « à peine de faux », d'antidater les endossements. (*Id.*, art. 139.) V. LETTRE DE CHANGE.

**Endosseur.** — Celui qui endosse un effet de commerce.

**Enfants.**

Le Code civil distingue trois espèces de filiations : la *filiation légitime* ou *légitimée*, la *filiation naturelle*, qui est ou proprement naturelle, ou adultérine, ou incestueuse ; enfin la *filiation adoptive*. V. FILIATION, PUISSANCE PATERNELLE, TUTELLE, MINEUR.

*Enfants légitimes*. — L'enfant est *légitime* lorsqu'il a été conçu ou est né pendant le mariage de ses père et mère. Cette filiation se prouve par l'acte de naissance régulièrement inscrit sur les registres de l'état civil et par une possession d'état conforme à ce titre. (Code civ., art. 319 et suivants.) Aux termes de l'article 371, l'enfant doit, à tout âge, honneur et respect à ses père et mère et à ses autres ascendants. Par suite, il ne peut se marier sans avoir obtenu le consentement de ses parents ou ascendants, ou, s'il a dépassé l'âge fixé par la loi, sans les avoir consultés dans les formes légales. (Code civ., art. 148.) Il doit des aliments à ses père et mère et autres ascendants. (*Id.*, art. 205.) Il ne peut, avant l'âge de vingt-cinq ans accomplis, se donner en adoption sans le consentement de ses père et mère, et, passé cet âge, sans avoir requis leurs conseils. — A ces obligations correspondent des droits : les père et mère et autres ascendants doivent des aliments à leurs enfants ou descendants, même majeurs, qui sont dans le besoin. (*Id.*, art. 205.) Les enfants et descendants succèdent à leurs père et mère et autres ascendants ; ils jouissent même sur le patrimoine de ceux-ci d'un droit de *réserve* (v. ce mot). (*Id.*, art. 913 et suivants.) V. FILIATION.

*Enfants légitimés*. — Ce sont les enfants qui, d'abord enfants naturels, ont été légitimés par le mariage subséquent de leurs père et mère. (V. LÉGITIMATION.) Ils ont, après la légitimation, les mêmes droits et les mêmes devoirs que les enfants légitimes.

*Enfants naturels*. — La loi distingue les enfants naturels simples, les enfants adultérins et les enfants incestueux. Ils ont tous ce caractère commun d'être nés hors mariage.

Les enfants nés hors mariage peuvent être légitimés (v. LÉGITIMATION) ou reconnus.

La *reconnaissance* des enfants naturels est réglementée par les articles 334 à 342 du Code civil. La loi du 7 novembre 1907 l'a admise en faveur des enfants adultérins. Elle est soit *volontaire*, soit *judiciaire* ou *forcée*.

La reconnaissance volontaire peut être contenue dans l'acte de naissance, ou bien elle peut avoir lieu postérieurement, par un acte séparé, établi en la forme authentique, c'est-à-dire par un notaire ou par un officier de l'état civil. (Art. 334 et 62.) La reconnaissance peut être faite par les père et mère, ou par l'un d'eux seulement, soit personnellement, soit par un mandataire muni d'une procuration spéciale et authentique. La reconnaissance du père sans l'indication et l'aveu de la mère n'a d'effet qu'à l'égard du père. (Art. 336.) Un époux peut reconnaître pendant le mariage un enfant naturel qu'il aurait eu, précédemment, d'une autre personne que son conjoint; mais cette reconnaissance ne peut nuire ni au conjoint ni aux enfants légitimes issus du mariage : elle produit son effet après la dissolution du mariage, s'il n'en reste pas d'enfants. (Art. 337.)

A défaut de reconnaissance volontaire, peut, à la requête de l'enfant, intervenir, par voie de jugement, une reconnaissance forcée. Mais une telle reconnaissance n'est, en principe, admise que par rapport à la mère, et s'il y a un commencement de preuve par écrit. A l'égard du père, la recherche de la paternité ne peut avoir lieu qu'en un seul cas : celui d'enlèvement de la mère, lorsque l'époque de l'enlèvement coïncide avec celle de la conception. (Art. 340-341.)

Toute reconnaissance de la part du père ou de la mère, de même que toute réclamation de la part de l'enfant, peut être contestée par tous ceux qui y ont intérêt. (Art. 339.)

Les principaux effets de la reconnaissance, soit volontaire, soit forcée, consistent : 1° à établir un lien civil de parenté entre l'enfant et la personne qui l'a reconnu, sans que, cependant, ce lien rattache l'enfant aux parents de son père ou de sa mère; 2° à permettre à l'enfant de porter le nom de son père, ou celui de sa mère, s'il n'a été reconnu que par celle-ci; 3° à faire naître entre l'enfant et ses père et mère des obligations d'aliments et des droits de succession. (Art. 338.)

Les reconnaissances d'enfants naturels, quelle qu'en soit la forme, sont exemptes du droit d'enregistrement. (Loi du 31 mars 1903, art. 9.)

*Droits successoraux des enfants naturels.* V. SUCCESSION.

L'enfant *adultérin* est celui qui est issu du commerce de deux personnes dont l'une ou toutes les deux étaient engagées dans les liens du mariage. Il ne succède pas à ses père et mère (Code civ., art. 762), qui n'ont pu le légitimer ou le reconnaître. La loi ne lui accorde que des aliments, réglés eu égard aux facultés du père et de la mère, au nombre et à la qualité des héritiers légitimes. (*Id.*, art. 763.) — Lorsque le père ou la mère de l'enfant adultérin lui ont fait apprendre un art mécanique, ou lorsque l'un d'eux lui a assuré des aliments de son vivant, l'enfant ne peut élever aucune réclamation contre leur succession. (*Id.*, art. 763.)

Ces dispositions s'appliquent aux enfants *incestueux*, c'est-à-dire issus du commerce de deux personnes entre lesquelles le mariage est prohibé à raison de la parenté ou de l'alliance.

*Enfants adoptifs.* — V. ADOPTION.

*Enfants mineurs de l'absent.* — V. ABSENCE.

*Révocation des donations pour survenance d'enfants.* — V. DONATION.

### Crimes et délits envers l'enfant.

Les crimes et délits qui peuvent être commis envers les enfants sont prévus et punis par les articles 345 à 353 du Code pénal, modifiés par les lois des 13 mai 1863 et 19 avril 1898, savoir :

*Enlèvement, substitution, suppression.* — Art. 345. Les coupables d'enlèvement, de recel ou de suppression d'un enfant, de substitution d'un enfant à un autre, ou de supposition d'un enfant à une femme qui ne sera pas accouchée, seront punis de la réclusion. — S'il n'est pas établi que l'enfant ait vécu, la peine sera d'un mois à cinq ans d'emprisonnement. — S'il est établi que l'enfant n'a pas vécu, la peine sera de six jours à deux mois d'emprisonnement. — Seront punis de la réclusion ceux qui, étant chargés d'un enfant, ne le représenteront point aux personnes qui ont droit de le réclamer.

*Défaut de déclaration.* — Art. 346. Toute personne qui, ayant assisté à un accouchement, n'aura pas fait la déclaration à elle prescrite par l'article 56 du Code civil (v. ÉTAT CIVIL) et dans les délais fixés par l'article 55 du même Code, sera punie d'un emprisonnement de six jours à six mois, et d'une amende de 16 francs à 300 francs.

*Enfant trouvé.* — Art. 347. Toute personne qui, ayant trouvé un enfant nouveau-né, ne l'aura pas remis à l'officier de l'état civil, ainsi qu'il est prescrit par l'article 58 du Code civil, sera punie des peines portées au précédent article. — La présente disposition n'est point applicable à celui qui aurait consenti à se charger de l'enfant, et qui aurait fait sa déclaration à cet égard devant la municipalité du lieu où l'enfant a été trouvé.

*Abandon d'enfant.* — Art. 348. Ceux qui auront porté à un hospice un enfant au-dessous de l'âge de sept ans accomplis, qui leur aurait été confié afin qu'ils en prissent soin ou pour toute autre cause, seront punis d'un emprisonnement de six semaines à six mois, et d'une amende de 16 francs à 50 francs. Toutefois, aucune peine ne sera prononcée s'ils n'étaient pas tenus ou ne s'étaient pas obligés de pourvoir gratuitement à la nourriture et à l'entretien de l'enfant et si personne n'y avait pourvu.

Art. 349. Ceux qui auront exposé ou fait exposer, délaissé ou fait délaisser en un lieu solitaire un enfant ou un incapable, hors d'état de se protéger eux-mêmes à raison de leur état physique ou mental, seront, pour ce seul fait, condamnés à un emprisonnement de un an à trois ans, et à une amende de 16 francs à 1 000 francs.

Art. 350. La peine sera de deux ans à cinq ans et l'amende de 50 francs à 2 000 francs contre les ascendants ou toutes autres personnes ayant autorité sur l'enfant ou l'incapable, ou en ayant la garde.

Art. 351. S'il est résulté de l'exposition ou du délaissement une maladie ou incapacité de plus de vingt jours, le maximum de la peine sera appliqué. Si l'enfant ou l'incapable est demeuré mutilé ou estropié, ou s'il est resté atteint d'une infirmité permanente, les coupables subiront la peine de la réclusion. Si les coupables sont les personnes mentionnées à l'article 350, la peine sera celle de la réclusion dans le cas prévu de maladie ou incapacité de plus de vingt jours, et celle des travaux forcés à temps au cas de mutilation ou infirmité permanente. Lorsque l'exposition ou le délaissement dans un lieu solitaire aura occasionné la mort, l'action sera considérée comme meurtre.

Art. 352. Ceux qui auront exposé ou fait exposer, délaissé ou fait délaisser en un lieu non solitaire un enfant ou incapable, hors d'état de se protéger eux-mêmes à raison de leur état physique ou mental, seront, pour ce seul fait, condamnés à un emprisonnement de trois mois à un an, et à une amende de 16 francs à 1 000 francs. Si les coupables sont les personnes mentionnées à l'article 350, la peine sera de six mois à deux ans d'emprisonnement, et de 25 francs à 200 francs d'amende.

Art. 353. S'il est résulté de l'exposition ou du délaissement une maladie ou incapacité de plus de vingt jours ou une des infirmités prévues par l'article 309, paragraphe 3 (v. BLESSURES ET COUPS volontaires), les coupables subiront un emprisonnement de un à cinq ans et une amende de 16 francs à 2 000 francs. Si la mort a été occasionnée sans intention de la donner, la peine sera celle des travaux forcés à temps. Si les coupables sont les personnes mentionnées à l'article 350, la peine sera, dans le premier cas, celle de la réclusion, et, dans le second, celle des travaux forcés à perpétuité.

## Protection de l'enfance.

*Enfants du premier âge et nourrissons.* — La protection des enfants du premier âge, et en particulier des nourrissons, est assurée et réglementée par la loi du 23 décembre 1874 et le décret du 27 février 1877.

*Surveillance.* « Tout enfant âgé de moins de deux ans, qui est placé, moyennant salaire, en nourrice, en sevrage ou en garde hors du domicile de ses parents, devient, par ce fait, l'objet d'une surveillance de l'autorité publique, ayant pour but de protéger sa vie et sa santé. » Cette surveillance est exercée sous l'autorité du préfet (à Paris, du préfet de police), assisté par un comité départemental ayant pour mission d'étudier et de proposer les mesures à prendre, par des commissions locales, par les maires, par des médecins inspecteurs et l'inspecteur des enfants assistés du département. Au ministère de l'Intérieur, un comité supérieur de protection des enfants du premier âge a pour mission de réunir et coordonner les documents transmis par les comités départementaux.

Sont soumis à la surveillance : toute personne ayant un nourrisson ou un ou plusieurs enfants en sevrage ou en garde, placés chez elle moyennant salaire; les bureaux de placement et tous les intermédiaires qui s'emploient au placement des enfants en nourrice, en sevrage ou en garde. Le refus de recevoir la visite du médecin inspecteur, du maire de la commune ou de toutes autres personnes déléguées ou autorisées est puni d'une amende de 5 francs à 15 francs. Un emprisonnement de un à cinq jours peut être prononcé si le refus est accompagné d'injures ou de violences. (Loi du 23 décembre 1874, art. 6.)

*Déclaration imposée à toute personne qui place un enfant en nourrice moyennant salaire.* Toute personne qui place un enfant en nourrice, en sevrage ou en garde, moyennant salaire, est tenue d'en faire la déclaration à la mairie de la commune où a été faite la déclaration de naissance de l'enfant ou à la mairie de la résidence actuelle du déclarant, en indiquant, dans ce cas, le lieu de la naissance de l'enfant, et de remettre à la nourrice ou à la gardeuse un bulletin contenant un extrait de l'acte de naissance de l'enfant qui lui est confié. (*Id.*, art. 7.)

*Obligations imposées aux nourrices, sevreuses et gardeuses.* Toute personne qui veut se placer comme nourrice sur lieu est tenue de se munir d'un certificat du maire de sa résidence, indiquant si son dernier enfant est vivant et constatant qu'il est âgé de sept mois révolus, ou, s'il n'a pas atteint cet âge, qu'il est allaité par une autre femme remplissant les conditions réglementaires. (*Id.*, art. 8.)

Toute femme qui veut prendre chez elle un enfant en nourrice doit préalablement obtenir un certificat du maire de sa commune et un certificat médical, et se munir d'un carnet où sont mentionnés l'extrait de l'acte de naissance de l'enfant, la date et le lieu de son baptême, les noms, profession et demeure des parents ou des ayants droit, la composition de la layette, les dates de payement des salaires, les dates des visites du médecin inspecteur et des membres de la commission locale, avec leurs observations, etc.

Toute personne qui a reçu chez elle, moyennant salaire, un nourrisson ou un enfant en sevrage ou en garde est tenue : 1° d'en faire la déclaration à la mairie de la commune de son domicile dans les trois jours de l'arrivée de l'enfant, et de remettre le bulletin mentionné en l'article 7; 2° de faire, en cas de changement de résidence, la même déclaration à la mairie de sa nouvelle résidence; 3° de déclarer, dans le même délai, le retrait de l'enfant par ses parents ou la remise de cet enfant à une autre personne, pour quelque cause que cette remise ait lieu; 4° en cas de décès de l'enfant, de déclarer ce décès dans les vingt-quatre heures.

Il est interdit à toute nourrice d'allaiter un autre enfant que son nourrisson, à moins d'une autorisation spéciale et écrite donnée par le médecin inspecteur, ou, s'il n'existe pas de médecin inspecteur dans le canton, par un docteur en médecine ou un officier de santé.

Nulle sevreuse ou gardeuse ne peut se charger de plus de deux enfants à la fois, à moins d'une autorisation spéciale et écrite donnée par la commission locale et, à défaut de commission locale, par le maire.

La nourrice, sevreuse ou gardeuse ne peut, sous aucun prétexte, se décharger, même temporairement, du soin d'élever l'enfant qui lui a été confié, en le remettant à une autre nourrice, sevreuse ou gardeuse, à moins d'une autorisation écrite donnée par les parents ou par le maire, après avis du médecin inspecteur. Si elle veut rendre l'enfant confié à ses soins avant qu'il lui ait été réclamé, elle doit en prévenir le maire.

*Mois de nourrice. Privilège.* Les mois de nourrice dus par les parents ou par toute autre personne font partie des créances privilégiées par l'article 2101 du Code civil. (Loi du 23 décembre 1874, art. 14.)

*Bureaux de nourrices.* La demande en autorisation d'ouvrir un *bureau de nourrices* ou d'exercer la profession de placer des enfants en nourrice, en sevrage ou en garde, est adressée au préfet du département où le pétitionnaire est domicilié.

Les directeurs de bureaux et les logeurs de nourrices sont tenus d'avoir un registre coté et paraphé, à Paris et à Lyon, par le commissaire de police de leur quartier, et dans les autres communes, par le maire. Sur ce registre doivent être inscrits les nom et prénoms, le lieu et la date de naissance, la profession et le domicile de la nourrice, le nom et la profession de son mari.

Aucun établissement destiné à recevoir en nourrice ou en garde des enfants au-dessous de deux ans ne peut subsister ni s'ouvrir sans l'autorisation du préfet de police dans le département de la Seine, et des préfets dans les autres départements. L'autorisation peut toujours être retirée. Les nourrices employées dans ces établissements sont assimilées aux nourrices sur lieu.

*Enfants assistés.* — La loi du 27 juin 1904 a codifié les dispositions antérieures sur le service des *enfants assistés.* Elle a laissé subsister la loi du 24 juillet 1889 sur la protection des enfants maltraités ou moralement abandonnés.

Les mineurs de l'un ou l'autre sexe placés sous la protection ou sous la tutelle de l'assistance publique sont répartis, par la loi du 27 juin 1904, en deux catégories : 1° Enfants sous la protection de l'autorité publique (enfants secourus, en dépôt ou en garde); 2° Pupilles de l'assistance (enfants trouvés, enfants abandonnés, orphelins pauvres; enfants maltraités, délaissés ou moralement abandonnés).

*Enfants secourus.* — L'enfant secouru est celui que son père, sa mère ou ses ascendants ne peuvent nourrir ni élever, faute de ressources, et pour lequel est accordé un secours temporaire, en vue de prévenir son abandon. Le secours est accordé pour que l'enfant soit gardé et nourri ou placé en nourrice ; dans ce dernier cas, il peut être mandaté au nom de la nourrice. Le mode, la quotité, la périodicité et la durée en sont réglés par le conseil général.

Le secours est réduit, suspendu ou supprimé si le père, la mère ou les ascendants cessent d'être indigents ou de donner ou de faire donner les soins nécessaires à l'enfant. En cas de légitimation de l'enfant secouru, la mère peut recevoir une prime fixée par le conseil général et le secours temporaire est continué, s'il y a lieu. (Loi du 22 avril 1905, art. 44.)

*Enfants en dépôt.* — C'est l'enfant qui, laissé sans protection ni moyens d'existence, par suite de l'hospitalisation ou de la détention de ses père, mère ou ascendants, est recueilli, temporairement, dans le service des enfants assistés.

*Enfants en garde.* — Est dit enfant *en garde* l'enfant dont la garde a été confiée par les tribunaux à l'assistance publique, en exécution des articles 4 et 5 de la loi du 19 avril 1898. Cette loi vise la répression des violences, voies de fait, actes de cruauté et attentats commis envers les enfants. Après avoir, dans ses premiers articles, renforcé les pénalités existantes, elle dispose :

« Dans tous les cas de délits ou de crimes commis par enfants ou sur des enfants, le juge d'instruction pourra, en tout état de cause, ordonner, le ministère public entendu, que la garde de l'enfant soit provisoirement confiée, jusqu'à ce qu'il soit intervenu une décision définitive, à un parent, à une personne ou à une institution charitable qu'il désignera, ou enfin à l'assistance publique. » (Art. 4.)

« Dans les mêmes cas, les cours ou tribunaux saisis du crime ou du délit pourront, le ministère public entendu, statuer définitivement sur la garde de l'enfant. » (Art. 5.)

La première situation que prévoit l'article 4 de la loi du 19 avril 1898, crimes et délits commis par des enfants, était auparavant uniquement réglée par le Code pénal et la loi du 5 août 1850. Aux termes de l'article 66 du Code pénal : « Lorsque l'accusé aura moins de seize ans, s'il est décidé qu'il a agi sans discernement, il sera acquitté ; mais il sera, selon les circonstances, remis à ses parents ou conduit dans une maison de correction pour y être élevé et détenu pendant tel nombre d'années que le jugement déterminera et qui, toutefois, ne pourra excéder l'époque où il aura accompli sa vingtième année. » Les conditions d'application de ces dispositions du Code pénal ont été réglées par la loi du 5 août 1850, sur l'instruction et le patronage des jeunes détenus, qui détermine le mode d'éducation des enfants envoyés en correction et le fonctionnement des colonies pénitentiaires. V. JEUNES DÉTENUS.

*Enfants trouvés.* — Ce sont les enfants qui, nés de père et mère inconnus, ont été trouvés dans un lieu quelconque ou portés dans un établissement dépositaire.

*Enfants abandonnés.* — Ce sont les enfants qui, nés de père ou de mère connus, en sont délaissés sans qu'on puisse recourir à eux ou à leurs ascendants.

*Orphelins pauvres.* — Ce sont les enfants qui, n'ayant ni père, ni mère, ni ascendants auxquels on puisse recourir, n'ont aucun moyen d'existence.

*Enfants maltraités, délaissés ou moralement abandonnés.* — Ce sont les enfants dont les parents ont été déclarés déchus de la puissance paternelle, en vertu de la loi du 24 juillet 1889.

Aux termes de cette loi, la déchéance paternelle est prononcée contre les parents qui ont encouru certaines condamnations, soit comme auteurs, co-auteurs ou complices de crimes ou de délits commis sur la personne d'un ou plusieurs de leurs enfants ou par un ou plusieurs de leurs enfants, soit pour certains crimes ou délits limitativement désignés, et contre ceux « qui par leur ivrognerie habituelle, leur inconduite notoire et scandaleuse ou par de mauvais traitements compromettent soit la santé, soit la sécurité, soit la moralité de leurs enfants ». (Loi du 24 juillet 1889, art. 1 et 2.)

Le tribunal, en prononçant la déchéance paternelle, décide si la tutelle sera constituée dans les termes de droit commun ou si elle sera exercée par l'assistance publique, qui peut, « tout en gardant la tutelle, remettre le mineur à d'autres établissements et même à des particuliers ». (Art. 11.)

La catégorie nouvelle d'enfants protégés, créée par la loi du 24 juillet 1889, a été étendue par la « loi du 19 avril 1898 pour la répression des violences, voies de fait, actes de cruauté et attentats commis *envers* les enfants ».

*Admission à l'assistance.* — Dans chaque département, le préfet désigne, après avis conforme du conseil général, l'établissement ou les établissements où peuvent être présentés les enfants dont l'admission est demandée en qualité de pupilles de l'assistance.

La présentation a lieu dans un local ouvert le jour et la nuit et sans autre témoin que la personne préposée au service d'admission.

L'admission peut avoir lieu sur demande écrite adressée au préfet. La personne qui est de service déclare à celle qui présente l'enfant que la mère, si elle garde l'enfant, peut recevoir des secours, et, notamment, un secours de premier besoin, alloué immédiatement. Elle signale les conséquences de l'abandon. (Loi du 27 juin 1904, art. 8.) La loi de 1904, sans rétablir l'institution du « tour », a adopté le système de l'admission à bureau ouvert pour les enfants de moins de sept mois ; toute personne qui présente un enfant en vue de l'abandon est libre de répondre ou non aux questions posées. Il n'y a pas d'enquête administrative, comme dans le système de « l'admission réglementée ». Le secret est donc ainsi gardé, et l'on espère ainsi prévenir les infanticides.

Pour les enfants au-dessus de sept mois, l'administration peut procéder à une enquête, et il appartient aux conseils généraux de réglementer les conditions de l'admission.

*Tutelle.* (Lois des 27 juin 1904 et 18 décembre 1906.) — La protection des enfants de toute catégorie et la tutelle des pupilles de l'assistance sont exercées par le préfet ou par son délégué, l'inspecteur départemental ; dans le département de la Seine, par le directeur de l'administration générale de l'Assistance publique à Paris.

Le tuteur est assisté d'un conseil de famille, formé par une commission de sept membres, élus par le conseil général et renouvelés tous les quatre ans.

Les revenus des biens et capitaux appartenant au pupille, à l'exception de ceux provenant de son travail et de ses économies, sont perçus au profit du département, jusqu'à l'âge de dix-huit ans, à titre d'indemnité des frais d'entretien. Toutefois, sur l'avis du conseil de famille, le préfet peut faire à cet égard, au moment de la reddition des comptes, toute remise qu'il jugera équitable. (*Id.*, art. 16.)

L'enfant réclamé par ses parents peut leur être remis, si le tuteur estime, après avis du conseil de famille, que la remise est dans l'intérêt de l'enfant. L'administration peut, en outre, autoriser des remises d'essai durant lesquelles sa surveillance continue à s'exercer pendant un an au moins ; à l'expiration de ce délai, la remise devient définitive. Toutefois, pour les enfants maltraités ou moralement abandonnés, cette remise ne peut être faite, aux parents déchus de la puissance paternelle, qu'après l'accomplissement de certaines formalités prescrites par les articles 15 et 16 de la loi du 24 juillet 1889.

*Administration.* — Le service des enfants assistés est réglé par le conseil général ; il est administré par le préfet et, sous l'autorité du préfet, par l'inspecteur départemental de l'assistance publique (dans le département de la Seine, sous l'autorité du préfet, par le directeur de l'assistance publique).

Le personnel de l'inspection départementale de l'assistance publique se compose d'un inspecteur, d'un ou de plusieurs sous-inspecteurs, d'un ou de plusieurs commis d'inspection. Il est nommé par le ministre de l'Intérieur.

*Dépenses.* — Le père, la mère et les ascendants d'un pupille de l'assistance ou d'un enfant dont l'administration a la garde restent tenus, envers lui, de la dette alimentaire. Toute stipulation contraire est nulle. (Loi du 27 juin 1904, art. 38.)

Les recettes et les dépenses du service font l'objet d'articles spéciaux dans le budget départemental ; elles sont votées, annuellement, par le conseil général. (*Id.*, art. 43.)

Les dépenses se divisent en dépenses du service et dépenses d'inspection et de surveillance. (*Id.*, art. 44.)

Les dépenses du service, déduction faite des frais occasionnés par des pupilles sans domicile de secours, lesquels sont intégralement à la charge de l'Etat, ainsi que des recettes provenant du remboursement des départements ou des familles, du produit des amendes de police correctionnelle, du produit et des revenus des dons et legs applicables au service, sont payées pour deux cinquièmes par le département, pour deux cinquièmes par l'Etat, pour un cinquième par les communes. (*Id.*, art. 45.)

Les dépenses d'inspection et de surveillance sont à la charge de l'Etat ; elles comprennent les traitements et les indemnités de tournées et de déplacement du personnel et, généralement, les frais occasionnés par la surveillance du service. (*Id.*, art. 48.)

Les certificats, significations, jugements, contrats, quittances et autres actes faits en vertu de la présente loi et des lois du 24 juillet 1889 et du 19 avril 1898, et exclusivement relatifs au service des enfants assistés, sont dispensés du timbre et enregistrés gratis, lorsqu'il y a lieu à la formalité de l'enregistrement, sans préjudice du bénéfice de la loi du 10 juillet 1901, sur l'assistance judiciaire. (*Id.*, art. 54.)

*Pupilles de l'assistance publique difficiles ou vicieux.* (Loi du 28 juin 1904.) — Les pupilles de l'assistance publique qui, à raison de leur indiscipline ou de leurs défauts de caractère, ne peuvent pas être confiés à des familles, sont placés, par décision du préfet, sur le rapport de l'inspecteur départemental, dans une école professionnelle.

Les écoles professionnelles, agricoles ou industrielles, sont des établissements départementaux ou des établissements privés.

Les associations de bienfaisance et les établissements privés, qui veulent être autorisés à recevoir et à élever des pupilles de l'assistance, doivent en faire la demande au ministre de l'Intérieur et soumettre à son approbation leurs statuts, règlements et locaux.

La loi du 28 juin 1904 attribue aux inspecteurs de l'assistance publique un droit de correction plus étendu que celui qui appartient au père de famille. Par une dérogation aux principes du Code civil sur la puissance paternelle, elle aggrave, dans son article 2, les moyens de correction pour les enfants assistés qui ont commis des actes d'immoralité, de violence ou de cruauté, lorsque ces actes ne sont pas toutefois susceptibles d'une répression pénale. Dans ces cas, ce n'est plus le président du tribunal qui fixe le temps de la détention, c'est le tribunal tout entier, qui peut ordonner l'internement du pupille jusqu'à sa vingt et unième année, quel que soit son âge, dans un établissement pénitentiaire. Le pupille qui donne des sujets de mécontentement graves hors les cas d'immoralité, de violence et de cruauté, ne peut être détenu par mesure de correction que conformément aux règles du Code civil sur l'exercice de la puissance paternelle.

*Travail des enfants.* — V. TRAVAIL.

## Enfants de troupe.

Cette situation peut être accordée : 1° aux fils des militaires en activité, depuis le simple soldat jusqu'au capitaine, ou assimilé, inclus, ainsi qu'aux fils d'anciens militaires des mêmes grades, jouissant d'une pension de retraite ou de réforme pour blessures ou infirmités, ou réformés avec gratification permanente, ou ayant contracté un engagement d'au moins cinq ans; 2° aux fils des officiers supérieurs ou assimilés décédés; 3° aux fils de tout militaire mort au service; 4° aux fils de tout militaire de la réserve ou de l'armée territoriale tué à l'ennemi ou mort de ses blessures.

Les enfants proposés doivent être âgés, au 1er août, d'au moins 2 ans.

Les enfants admis, qui jadis étaient directement incorporés et élevés dans les corps de troupes, sont maintenant laissés dans leurs familles, et immatriculés seulement dans un corps par les soins duquel sont payées des allocations annuelles : de 100 francs, pour les enfants de 2 à 5 ans; de 150 francs, pour ceux de 5 à 8 ans, et de 180 francs, pour ceux au-dessus de 8 ans. Quand l'enfant a atteint 13 ans, il peut être admis dans une école militaire préparatoire et son allocation lui est payée jusqu'au jour de sa mise en route pour cette école.

## Enfouissement.

L'enfouissement des cadavres ou débris d'animaux morts de maladies contagieuses fait l'objet d'un certain nombre de dispositions de la loi du 21 juillet 1881 et du décret du 22 juin 1882, relatifs à la police sanitaire des animaux. Lorsque succombe un animal atteint ou soupçonné d'être atteint de l'une des maladies énumérées par l'article 1er de la loi de 1881, il est interdit, tant qu'il n'a pas été examiné par le vétérinaire désigné par l'administration, d'enfouir son cadavre, sauf si le maire, en cas d'urgence, en a donné l'autorisation spéciale. (Loi du 21 juillet 1881, art. 3.) Les mesures à prendre pour procéder à l'enfouissement sont déterminées par l'article 4 du décret de 1882, qui prescrit, notamment, que les fosses d'enfouissement aient une profondeur suffisante pour qu'il y ait au-dessus du corps une couche de terre de 1m, 50 au moins. En outre, s'il s'agit d'animaux morts de la peste bovine ou du charbon, ou abattus comme atteints de ces maladies, leurs cadavres ou débris doivent être enfouis avec la peau tailladée, à moins qu'ils ne soient envoyés à un atelier d'équarrissage régulièrement autorisé. (*Id.*, art. 4.) Enfin, en ce qui concerne les animaux morts du charbon, il est défendu d'utiliser pour la nourriture des animaux l'herbe et la paille provenant des endroits où ils ont été enfouis. (Décret du 22 juin 1882, art. 58.) V. ÉPIZOOTIES.

## Engagements. — V. SERVICE MILITAIRE.

## Engrais.

La loi du 4 février 1888 édicte des mesures rigoureuses en vue de réprimer les fraudes dans le commerce des engrais. L'article 1er punit d'un emprisonnement de six jours à un mois et d'une amende de 50 francs à 2 000 francs, ou de l'une de ces deux peines seulement : « ceux qui, en vendant ou en mettant en vente des engrais ou amendements, auront trompé ou tenté de tromper l'acheteur, soit sur leur nature, leur composition ou le dosage des éléments utiles qu'ils contiennent, soit sur leur provenance, soit par l'emploi, pour les désigner ou les qualifier, d'un nom qui, d'après l'usage, est donné à d'autres substances fertilisantes. » En cas de récidive dans les trois ans, la peine peut être élevée à deux mois de prison et 4 000 francs d'amende.

« Les tribunaux peuvent en outre ordonner que les jugements de condamnation seront, par extraits ou intégralement, publiés dans les journaux qu'ils détermineront, et affichés sur les portes de la maison et des ateliers ou magasins du vendeur, et sur celle des mairies de son domicile et de celui de l'acheteur. En cas de récidive dans les cinq ans, ces publications et affichages seront toujours prescrits. » (Art. 2.)

L'article 3 punit d'une amende de 11 francs à 15 francs (et, en cas de récidive dans les trois ans, d'un emprisonnement de cinq jours au plus) ceux qui, au moment de la livraison, n'auront pas fait connaître à l'acheteur la provenance naturelle ou industrielle de l'engrais ou de l'amendement vendu et sa teneur en principes fertilisants.

Le décret du 10 mai 1889 contient les mesures d'application de la loi du 4 février 1888.

**Enlèvement de mineur.** — V. MINEUR.

**Enquête.**—Moyen de procédure qui consiste à recueillir des témoignages et des informations dans l'intérêt de la vérité.

*Enquêtes en matière civile.* — Les règles de l'enquête sont déterminées par les articles 252 à 294 du Code de procédure civile.

Il y a deux sortes d'enquêtes : 1° l'enquête est dite *sommaire* (ou *publique*) lorsqu'elle se fait à l'audience, devant le tribunal entier; procès-verbal n'est dressé de la déposition des témoins que si l'affaire est susceptible d'appel; 2° l'enquête est dite *ordinaire* (ou *secrète*) lorsqu'elle se fait en la chambre du conseil, devant un juge; il est toujours, en ce cas, dressé procès-verbal des dépositions. Devant les tribunaux d'arrondissement, l'enquête est ordinaire dans les affaires ordinaires, et sommaire dans les affaires sommaires. Devant les tribunaux de commerce et de paix, elle est toujours sommaire.

L'enquête est le plus souvent *incidente,* c'est-à-dire qu'elle a lieu dans le cours d'un procès; quelquefois, cependant, elle est *principale :* par exemple, lorsqu'un créancier à terme veut, avant l'échéance, prouver sa dette, dans la crainte que les témoins utiles ne disparaissent.

L'enquête doit être autorisée par jugement; mais elle n'est possible qu'aux trois conditions suivantes : 1° si la loi ne défend pas la preuve testimoniale des faits : elle la défend, sauf quelques exceptions, lorsque l'intérêt est au-dessus de 150 francs; 2° si les faits sont déniés ou si, étant reconnus, l'aveu n'en est pas admis; 3° si les faits sont admissibles, c'est-à-dire pertinents et concluants.

L'enquête faite par le défendeur pour combattre celle du demandeur se nomme *contre-enquête.* Celle-ci n'a pas besoin d'être autorisée; elle est de droit.

Toute personne peut être entendue comme témoin, à l'exception des *incapables* et des *reprochables.*

Les *incapables* sont les condamnés, les parents et alliés en ligne directe, les conjoints; les *reprochables* sont les parents ou alliés en ligne collatérale, les héritiers, les donataires, les domestiques.

L'enquête doit, à peine de nullité, être commencée dans la huitaine du jugement qui l'autorise et terminée dans la huitaine à partir du jour où elle a été commencée.

*Enquêtes en matière criminelle.* — L'enquête prend ici le titre d'*information.* Hors le cas de flagrant délit et celui où ils ont reçu une commission rogatoire d'un juge compétent, le Code d'instruction criminelle ne donne pas aux officiers de police judiciaire le droit de procéder à des enquêtes; mais l'usage s'est introduit d'enquêtes dites *officieuses.* En France, il est procédé à ces enquêtes lorsque, le procureur de la République ayant reçu une plainte, il charge un officier de police judiciaire d'entendre les témoins, d'interroger l'inculpé; les résultats de ces enquêtes ne valent que comme simples renseignements.

*Enquêtes administratives.* — Elles ont principalement pour objet de se conformer à une prescription légale : telles sont les enquêtes *de commodo et incommodo,* c'est-à-dire sur l'avantage et les inconvénients des mesures projetées.

Cette enquête se fait principalement quand il s'agit d'entreprendre des travaux publics. Le principe en a été établi par l'Assemblée constituante (décret des 2-17 mars 1791). L'enquête *de commodo et incommodo* était déjà pratiquée sous l'ancien régime, et on en trouve maintes traces dans les registres des parlements. Les travaux de voirie, les concessions de mines, les créations de manufactures qui pourraient être considérées comme dangereuses ou insalubres, les travaux de chemins de fer, de drainage, d'irrigation, donnent lieu à des enquêtes de ce genre; ou bien encore, quand il s'agit de partager ou vendre des biens communaux, d'établir des cimetières, de transférer une école, de réunir deux communes. L'enquête reste ouverte plus ou moins longtemps, selon l'importance et le caractère de l'objet. Quand elle est close, intervient un arrêté préfectoral, qui accorde ou refuse l'autorisation demandée. Cette décision n'est pas sans appel. Les tiers opposants dont les réclamations ont été écartées peuvent se pourvoir contre l'arrêté du préfet. Le recours est porté au conseil de préfecture, dont la décision peut elle-même être attaquée par un nouveau et dernier recours au conseil d'Etat.

*Enquêtes agricoles.* — Elles ont pour objet : 1° les statistiques agricoles *annuelles,* dont les éléments sont réunis par des commissions communales et centralisés par des commissions cantonales; 2° les statistiques agricoles *spéciales,* périodiques ou non périodiques; 3° *les enquêtes économiques agricoles,* prescrites par le ministère de l'Agriculture et portant sur l'économie rurale, les industries agricoles, etc. Elles s'effectuent conformément aux dispositions du décret du 4 septembre 1902.

**Enregistrement.** — Formalité qui consiste soit dans la reproduction textuelle ou l'analyse d'un acte sur un registre public, soit dans l'inscription sur un registre d'une déclaration de mutation. — *Droit d'enregistrement,* impôt perçu à l'occasion de cette formalité.

L'enregistrement a pour objet principal de procurer des ressources à l'État, mais il a aussi un but d'utilité publique : il confère date certaine aux actes sous seing privé (C. civ., art. 1328), assure l'existence des mutations non constatées par écrit et peut servir de commencement de preuve pour établir celle des actes authentiques. La loi du 22 frimaire an VII (12 déc. 1798) est restée la loi organique de l'enregistrement.

Les droits d'enregistrement sont *fixes ou proportionnels,* suivant la nature des actes et mutations qui y sont assujettis.

*Droit fixe.* — Le droit fixe s'applique aux actes soit civils, soit judiciaires ou extrajudiciaires, qui ne contiennent ni obligation, ni libération, ni condamnation, collocation ou liquidation de sommes et valeurs, ni transmission de propriété, d'usufruit ou de jouissance de biens meubles ou immeubles. (Loi du 2 frimaire an VII, art. 3.)

*Droit proportionnel.* — Le droit proportionnel est établi pour les obligations, libérations, condamnations, collocations ou liquidations de sommes et valeurs et pour toute transmission de propriété, d'usufruit ou de jouissance de meubles et d'immeubles, soit entre vifs, soit par décès. (*Id.*, art. 4.)

Il est assis sur les valeurs et se calcule sur les sommes de 20 francs en 20 francs, inclusivement et sans fraction; il ne peut être perçu moins de 25 centimes.

La valeur de la propriété, de l'usufruit et de la jouissance des biens est déterminée pour la liquidation du droit proportionnel ainsi qu'il suit :

Pour les baux à ferme ou à loyer, par le prix annuel augmenté des charges imposées au preneur ;

Pour les baux à rentes perpétuelles et ceux dont la durée est illimitée, par un capital formé de vingt fois la rente ou le prix annuel et les charges ;

Pour les baux à vie, par un capital formé de dix fois le prix et les charges annuels ;

Pour les échanges, d'après le revenu multiplié par vingt ou vingt-cinq, selon qu'il s'agit d'immeubles urbains ou ruraux ;

Pour les ventes, marchés ou traités et autres actes portant transmission de propriété ou d'usufruit à titre onéreux, par le prix exprimé en y ajoutant toutes les charges en capital ;

Pour les donations, successions et legs d'immeubles, d'après le revenu ou le prix des baux courants multiplié par vingt pour les biens urbains et par vingt-cinq pour les biens ruraux ;

Pour les transmissions de même nature concernant des meubles, par la déclaration des parties et relativement aux valeurs cotées à la Bourse d'après le cours moyen au jour de la transmission ;

Pour les cessions et transports de créances à terme, par le capital de créance exprimé dans l'acte ;

Pour les quittances et tous autres actes de libération, par le total des sommes dont le débiteur se trouve libéré ;

Pour les constitutions de rentes soit perpétuelles, soit viagères à titre onéreux, les cessions, transports et délégations qui en sont faits, par le capital constitué et aliéné, quel que soit le prix stipulé pour le transport ou l'amortissement; pour les constitutions à titre gratuit, par un capital formé de vingt fois la rente perpétuelle et de dix fois la rente viagère ;

Pour les actes et jugements portant condamnation, collocation et liquidation ou transmission, par le capital des sommes et les intérêts.

Si les sommes ou valeurs sujettes au droit proportionnel ne sont pas déterminées, les parties sont tenues d'y suppléer par une déclaration estimative, certifiée et signée au pied de l'acte.

Lorsqu'une insuffisance de prix ou de revenu a été constatée et que la partie a refusé d'en reconnaître la réalité par voie de soumission, l'administration peut requérir une expertise.

Tous les actes notariés, sous seing privé, judiciaires, extrajudiciaires et administratifs, sont enregistrés sur les minutes, brevets ou originaux ; il n'est dû aucun droit pour les extraits, copies ou expéditions.

Lorsque, dans un acte, il y a plusieurs dispositions indépendantes ou ne dérivant pas nécessairement les unes des autres, il est dû, pour chacune d'elles et selon son espèce, un droit particulier.

*Délais.* — Les délais pour l'enregistrement sont :

De quatre jours pour les actes extrajudiciaires (actes des huissiers et autres ayants pouvoir de faire des exploits ou procès-verbaux) ;

De dix jours pour les actes des notaires qui résident dans la commune où le bureau d'enregistrement est établi ; de quinze jours pour ceux des notaires qui n'y résident pas ;

De vingt jours pour les actes judiciaires (jugements, arrêts, etc.) et pour les actes administratifs ;

De trois mois du jour du décès du testateur pour les testaments déposés chez les notaires ou par eux reçus ;

De six mois du jour du décès pour les déclarations des successions ouvertes en France ;

De trois mois du jour de leur date, pour les actes sous seing privé portant transmission de propriété ou d'usufruit de biens immeubles, — pour les cessions de fonds de commerce et les baux à ferme ou à loyer.

Les mutations entre vifs de propriété ou d'usufruit, d'immeubles et de fonds de commerce non constatées par écrit doivent être déclarées dans les trois mois de l'entrée en possession, et les locations verbales dans les trois mois de l'entrée en jouissance.

Il n'y a point de délai de rigueur pour l'enregistrement des autres actes sous seing privé ou passés en pays étranger, mais il ne peut en être fait usage soit par acte public, soit en justice, qu'ils n'aient été préalablement enregistrés.

*Droits et demi-droits en sus.* — Lorsqu'un acte sous seing privé ou passé en pays étranger, contenant vente ou location d'immeubles ou cession de fonds de commerce, n'a pas été enregistré dans les délais, l'ancien et le nouveau possesseur, le bailleur et le preneur sont tenus, chacun personnellement, d'un droit en sus, lequel ne peut être inférieur à 50 francs. Les mêmes pénalités sont applicables aux mutations de ces espèces consenties verbalement et non déclarées ; en matière de locations verbales, le propriétaire seul encourt l'amende à défaut de déclaration dans le délai. La peine est d'un demi-droit en sus du droit simple pour les successions et legs déclarés hors délai et d'un droit en sus pour les omissions et insuffisances d'évaluation. Toute dissimulation dans le prix de vente d'immeuble ou fonds de commerce est passible d'une amende égale au quart de la somme dissimulée.

*Décimes.* — Tous les droits et amendes d'enregistrement ont été augmentés, par les lois postérieures à celle du 22 frimaire an VII, d'une surtaxe du dixième, qu'on appelle *décime*. Instituée, à l'origine, à titre de subvention de guerre extraordinaire, cette surtaxe est actuellement de 2 décimes 1/2; elle représente donc un quart du principal de l'impôt (250 francs sur 1 000 francs; — 25 francs sur 100 francs; — 12 fr. 50 sur 50 francs; — 6 fr. 25 sur 25 francs; — 1 fr. 25 sur 5 francs, etc.). Le droit de transfert sur les actions et obligations et la taxe d'abonnement sont les seuls droits qui ne soient pas sujets aux décimes.

*Poursuites.* — Le premier acte de poursuites pour le recouvrement des droits et amendes est une contrainte décernée par le receveur, rendue exécutoire par le juge de paix et signifiée par acte d'huissier. L'exécution ne peut en être interrompue que par une opposition formée par le redevable, avec assignation devant le tribunal civil dans le ressort duquel est situé le bureau où les droits sont dus. L'opposant est tenu d'élire domicile dans la commune où siège le tribunal, mais il n'est pas obligé de constituer avoué. L'instruction des instances se fait par simples mémoires respectivement signifiés, sans plaidoiries. Les jugements rendus sur le rapport d'un juge fait en audience publique et sur les conclusions du ministère public sont sans appel et ne peuvent être attaqués que par voie de cassation; le pourvoi doit être formé dans les deux mois de la signification du jugement.

*Administration.* — La perception des droits d'enregistrement est confiée à la direction générale de l'enregistrement, des domaines et du timbre.

Indépendamment du recouvrement de l'impôt de l'enregistrement, elle est chargée de l'accomplissement des formalités hypothécaires; de la régie des biens du domaine de l'Etat; de la débite des papiers timbrés; de la perception des droits de timbre, de sceau et de chancellerie; de la taxe sur le revenu des valeurs mobilières; de la taxe de transmission sur les actions et obligations; de l'impôt sur les opérations de Bourse; de la taxe d'abonnement sur les biens des congrégations et associations religieuses, etc.

Son personnel comprend : 1° au ministère des Finances, un service central composé d'un directeur général, de trois administrateurs, de dix chefs de bureau, quinze sous-chefs et dix-neuf rédacteurs; 2° dans chaque département, un directeur, un inspecteur; un sous-inspecteur et un conservateur des hypothèques par arrondissement; un receveur par canton; des surnuméraires.

## Enseigne.

L'*enseigne*, signe distinctif des établissements de commerce, fait corps avec le fonds de commerce qu'elle désigne et, à moins de stipulation contraire, se transmet avec lui en cas de cession du fonds.

Elle est la propriété exclusive de celui qui l'a le premier adoptée. Une simple imitation ou analogie donne ouverture à une action, à la seule condition qu'une confusion soit possible.

Il y a des enseignes qui sont obligatoires pour certaines professions. A Paris, les marchands de vin, les pharmaciens, sont tenus de mettre sur l'enseigne ou la devanture de leur établissement le nom de celui qui en est propriétaire, et diverses ordonnances de police ont réglementé la forme, la dimension et la saillie des écriteaux et des enseignes.

**Enseigne de vaisseau.** — Grade de la hiérarchie maritime assimilé à celui de lieutenant en premier dans l'armée. Les enseignes viennent immédiatement avant les aspirants de 1re classe et après les lieutenants de vaisseau.

**Enseignement.** — V. INSTRUCTION PUBLIQUE.

**Entérinement** (de *entériner*, dérivé de l'anc. fr. *entérin*, juste, parfait). — Ratification par jugement d'un acte dont la validité dépend de cette formalité.

Autrefois l'*entérinement* était le jugement qui ordonnait l'exécution soit de lettres de chancellerie, soit d'actes de justice soumis à cette formalité. L'entérinement ne pouvait être prononcé qu'après assignation à comparaître, adressée aux personnes intéressées. Le rôle du juge était de vérifier si les causes sur lesquelles les lettres étaient fondées étaient vraies; si elles ne l'étaient pas, il refusait d'entériner. Aujourd'hui certains actes sont encore soumis à une formalité du même nom.

Les lettres de grâce ou de commutation de peine accordées par le chef du pouvoir exécutif sont entérinées par les cours d'appel, mais c'est une simple formalité et la cour ne peut modifier en rien la mesure dont le condamné est l'objet. Le Code de procédure ordonne aussi l'entérinement des procès-verbaux des experts; lorsque ces procès-verbaux ont été entérinés contradictoirement, les faits qu'ils renferment ne peuvent plus être contestés.

**Entrepôt.** — Lieu, soit public, soit privé, où sont déposées provisoirement des marchandises pour lesquelles on n'a pas encore acquitté les droits de douane ou d'octroi.

L'existence des entrepôts permet aux commerçants de réexporter leurs marchandises sans payer les droits de douane ou d'octroi, ou de n'acquitter ces taxes qu'au fur et à mesure des besoins de la vente, sans avoir à immobiliser un gros capital.

Il existe deux formes d'entrepôt : l'*entrepôt réel* et l'*entrepôt fictif*. L'entrepôt réel est constitué dans des magasins, tandis que l'entrepôt fictif est à domicile. Dans le premier cas, les préposés tiennent un compte d'entrée et de sortie des objets entreposés ; dans le second, ils font à domicile les vérifications nécessaires pour constater les quantités restantes et établir le décompte des droits sur celles pour lesquelles il n'est pas justifié de la sortie de la commune. En résumé, l'entrepôt *fictif* est le magasin même du commerçant. Comme garantie, la douane exige qu'il soit répondu de la totalité des droits à l'entrée en entrepôt *fictif* par une caution. Les mouvements d'entrée et de sortie sont notés sur des registres spéciaux. De temps en temps la douane fait un inventaire, afin de vérifier si les sorties ont bien été déclarées. La durée maximum de l'entrepôt réel est de trois ans pour une marchandise, celle de l'entrepôt fictif d'une année.

## Entrepreneur.

Dans le langage du droit, le mot *entrepreneur* désigne celui qui fait profession d'exécuter une catégorie de contrats de louage de service. Le Code de commerce range parmi les actes commerciaux : les entreprises de manufacture, de commission, de transports par terre et par eau, de fournitures, d'agences et bureaux d'affaires, d'établissements de vente à l'encan, de spectacles publics, et aussi l'entreprise des constructions et autres travaux.

L'article 1792 du Code civil établit contre l'entrepreneur une présomption légale de faute et décide qu'il est, ainsi que l'architecte chargé avec lui d'une construction ou d'un travail, responsable de plein droit de la perte totale ou partielle de la construction. Cette responsabilité dure dix ans. Les entrepreneurs tombent encore sous le coup des articles 1382 et 1383 du Code civil. Ils restent comptables, tant envers le propriétaire qu'envers ses voisins, du dommage résultant pour ceux-ci de l'inobservation des règlements qui régissent les constructions.

Le contrat de louage est dissous par la mort de l'entrepreneur. (Code civ., art. 1795.) Les entrepreneurs ont un privilège sur les immeubles pour la plus-value résultant des travaux qu'ils ont faits. (*Id.*, art. 2103.)

Les entrepreneurs de travaux publics sont astreints à l'observation d'un cahier des charges, dit *des clauses et des conditions générales*, applicables à toutes les entreprises, complétées par des dispositions techniques et spéciales à l'entreprise dont il s'agit. Toute difficulté entre l'administration et l'entrepreneur, concernant le sens ou l'exécution des clauses du marché, est portée devant le conseil de préfecture, avec recours au conseil d'Etat.

## Envoi en possession.

— Mesure judiciaire par laquelle un tribunal donne à certaines personnes l'investiture nécessaire pour disposer efficacement soit de droits ou de biens qui leur sont acquis juridiquement déjà, mais pour la jouissance desquels cette formalité est requise, soit de biens qui ne leur sont acquis que sous la réserve de certaines éventualités.

Il y a lieu à cette mesure dans le cas d'absence. (V. ABSENCE.) Il y a encore lieu à envoi judiciaire en possession dans le cas où une succession est dévolue à ce que l'on appelle des « successeurs irréguliers ». Ces successeurs sont : 1° les enfants naturels succédant à la totalité des biens à défaut de parents légitimes ; 2° le conjoint survivant ; 3° l'Etat. Ces personnes n'ont pas la saisine de plein droit, qui n'appartient qu'aux héritiers légitimes. Le tribunal ne peut statuer sur la demande qu'après trois publications et affiches. (Code civ., art. 770.) Si, au contraire, des enfants naturels viennent en concours avec des héritiers légitimes, c'est à eux qu'ils s'adressent pour obtenir la délivrance.

Le légataire universel doit aussi demander l'envoi en possession au tribunal lorsque le testament est olographe ou mystique. (*Id.*, art. 1008.) Les testaments en cette forme ne sont, en somme, que des actes privés. L'envoi en possession se fait par une ordonnance du président, mise au bas d'une requête à lui présentée après qu'il a ouvert le testament et a dressé procès-verbal de son état, conformément à l'article 1007. Cette ordonnance n'est susceptible ni d'opposition, ni d'appel.

## Épargne (Caisse d'). — V. CAISSE.

## Épave.

— Tout objet mobilier perdu par son maître et dont le propriétaire est pour le moment inconnu.

L'épave se distingue des choses qui n'ont absolument pas de propriétaire (*res nullius*) et qui peuvent être acquises par occupation.

Il faut distinguer aussi l'*épave* du trésor, objet caché et abandonné depuis un laps de temps tel qu'il est impossible d'en retrouver le propriétaire. (V. TRÉSOR.) Les droits sur les épaves sont réglés par des lois particulières. (Code civ., art. 717.)

*Épaves terrestres.* — A défaut de lois spéciales, on pourrait penser qu'on doit attribuer les épaves à l'Etat comme biens vacants et sans maître, en vertu des articles 539 et 713 du Code civil. On reconnaît plus généralement à l'*inventeur* seul le droit de se l'approprier, sauf à être exposé pendant trois ans à la revendication du propriétaire (art. 2279). Une circulaire du 3 août 1825 ordonne à l'inventeur de déposer l'objet trouvé au greffe du tribunal civil ; si trois ans s'écoulent sans réclamation, l'objet lui est restitué. Si, de mauvaise foi ou par fraude, le dépôt prescrit n'est pas effectué, les peines du vol sont encourues. Les lois qui attribuent certaines épaves à l'Etat sont relatives : aux objets abandonnés à la douane (décret des 6-22 août 1791), à ceux déposés dans les greffes des tribunaux et prisons (loi du 11 germinal an IV, et ordonnance du 22 février 1829), à ceux confiés aux entrepreneurs de transport (loi du 13 août 1810), à ceux abandonnés dans les lazarets (loi du 3 mars 1822), aux épaves postales (loi du 15 mai 1855).

*Épaves maritimes.* — Cette matière est toujours régie par l'ordonnance de 1681, modifiée et complétée par divers règlements.

Les objets provenant de jet à la mer ou de naufrage sont partagés entre le sauveteur et l'Etat, dans la proportion de un tiers pour le premier, de deux tiers pour le second. Les épaves trouvées sur le rivage sont attribuées au fisc après un an et un jour, et l'inventeur ne peut réclamer qu'un droit de sauvetage. Que la découverte ait lieu en mer ou sur le rivage, l'inventeur doit faire une déclaration au commissariat de l'inscription maritime, sous peine de poursuites correctionnelles.

Les choses du cru de la mer, comme l'ambre et le corail, appartiennent au premier occupant, s'ils ont été recueillis sur les flots. S'ils ont été recueillis sur les grèves, un tiers est dévolu à l'inventeur et deux tiers à l'Etat.

Les varechs, charriés par la mer ou jetés sur ses grèves, sont la propriété du premier occupant. La récolte de ceux qui croissent sur les rochers appartient aux habitants des communes riveraines. V. HERBES MARINES.

*Épaves fluviales.* — Les épaves recueillies dans les cours d'eau navigables ou flottables sont vendues après un mois au profit exclusif du Trésor, sous réserve du droit pour le propriétaire d'en répéter le prix, dans le délai d'un mois. Les épaves trouvées sur les petits cours d'eau sont assimilées aux épaves terrestres.

## Épizooties.

Les *épizooties* ont été l'objet de lois et règlements dont l'ensemble constitue la *police sanitaire des animaux domestiques,* que les vétérinaires inspecteurs et les autorités départementales sont chargés de mettre en pratique. (Lois du 21 juillet 1881 et du 31 juillet 1895; décrets des 22 juin 1882, 28 juillet 1888, 29 mars 1889, 14 mars 1896; lois du 21 juin 1898, du 3 mai 1899, art. 41, du 30 mars 1902, art. 82; décret du 2 décembre 1902; loi du 30 décembre 1903, art. 26; décret du 6 octobre 1904).

*Aperçu général.* — La *législation* et la *police sanitaire des épizooties* s'inspirent des théories scientifiques relatives à la contagion et à l'inoculation préventive des maladies. Les dispositions s'appliquant à la généralité des maladies contagieuses consistent : 1° dans l'obligation pour toute personne chargée des soins ou de la garde d'un animal atteint ou soupçonné de l'une de ces maladies d'en faire la *déclaration* au maire; 2° dans le droit conféré au préfet de prendre, en cas de constatation de la maladie, un arrêté portant *déclaration d'infection* d'un certain périmètre autour du foyer contagieux et de prescrire l'exécution dans ce périmètre des mesures à appliquer suivant la nature de la maladie. Ces mesures, édictées par les décrets d'administration publique des 22 juin 1882 et 6 octobre 1904, comprennent l'isolement, la séquestration, la visite, le recensement et la marque des animaux, la désinfection des locaux, enfin l'interdiction temporaire ou la réglementation des foires et des marchés et de la circulation. Le ministre de l'Agriculture peut ordonner l'abatage des animaux atteints de morve, farcin, rage, peste bovine, péripneumonie contagieuse. Mais dans ces deux dernières maladies il alloue une indemnité au propriétaire (art. 45 à 51); une indemnité est également due dans le cas de saisie de viandes pour cause de tuberculose (art. 52). Un service des épizooties fonctionne dans chaque département, aux frais du département; un comité consultatif des épizooties, institué auprès du ministre de l'Agriculture, statue sur toutes les questions se rattachant aux épizooties.

Les maires assurent l'exécution des dispositions légales et réglementaires qui ont pour but de prévenir les maladies contagieuses ou épizootiques. Ils doivent donner avis d'urgence au préfet de tout cas d'épidémie, de tout cas d'épizootie qui leur seraient signalés dans le territoire de la commune. Ils peuvent prendre les mesures provisoires qu'ils jugent utiles pour arrêter la propagation du mal. (Loi du 21 juin 1898, art. 18.)

*Maladies réputées contagieuses.* — Les maladies réputées contagieuses et qui donnent lieu à déclaration et à l'application des mesures de police sanitaire ci-après sont, aux termes de l'art. 29 de la loi du 21 juin 1898 :

La rage dans toutes les espèces;

La peste bovine dans toutes les espèces de ruminants;

La péripneumonie contagieuse, le charbon emphysémateux ou symptomatique et la tuberculose dans l'espèce bovine;

La clavelée et la gale dans les espèces ovine et caprine;

La fièvre aphteuse dans les espèces bovine, ovine, caprine et porcine;

La morve et le farcin, la dourine dans les espèces chevaline, asine et leurs croisements;

La fièvre charbonneuse ou sang de rate dans les espèces chevaline, bovine, ovine et caprine;

Le rouget et la pneumo-entérite infectieuse dans l'espèce porcine.

Cette nomenclature peut être augmentée par décret. (*Id.*, art. 30.)

*Déclarations obligatoires.* — Tout propriétaire, toute personne ayant, à quelque titre que ce soit, la charge des soins ou la garde d'un animal atteint ou soupçonné d'être atteint de l'une des maladies réputées contagieuses, est tenu d'en faire immédiatement la déclaration au maire de la commune où se trouve l'animal. Celui-ci doit être immédiatement, et avant même que l'autorité administrative ait répondu à l'avertissement, séquestré, séparé et maintenu isolé autant que possible des autres animaux susceptibles de contracter cette maladie. La déclaration et l'isolement sont obligatoires pour tout animal mort d'une maladie contagieuse ou soupçonnée contagieuse, ainsi que pour tout animal abattu, en dehors des cas prévus par le présent article, qui, à l'ouverture du cadavre, est reconnu atteint ou suspect d'une maladie contagieuse. Sont également tenus de faire la déclaration tous vétérinaires appelés à visiter l'animal vivant ou mort. Il est interdit de transporter l'animal ou le cadavre avant que le vétérinaire sanitaire l'ait examiné. La même interdiction est applicable à l'enfouissement (v. ce mot), à moins que le maire, en cas d'urgence, n'en ait donné l'autorisation spéciale. (Loi du 21 juin 1898, art. 31.)

*Viandes abattues.* — La chair des animaux morts de maladies contagieuses quelles qu'elles soient, ou abattus comme atteints de la peste bovine, de la morve ou farcin, des maladies charbonneuses, du rouget et de la rage, ne peut être livrée à la consommation. Les cadavres des animaux morts ou abattus comme atteints de maladies contagieuses doivent, au plus tard dans les vingt-quatre heures, être détruits par un procédé chimique ou par combustion, ou enfouis préalablement recouverts de chaux vive, et de telle sorte que la couche de terre au-dessus du cadavre ait au moins 1 mètre d'épaisseur. Les cadavres des animaux morts de maladies charbonneuses, ceux des animaux morts ou ayant été abattus comme atteints de peste bovine, ne peuvent être enfouis qu'avec la peau tailladée. (Loi du 21 juin 1898, art. 42.)

Lorsque des animaux ont été abattus pour cause de péripneumonie contagieuse, tuberculose et pneumo-entérite infectieuse, la chair ne pourra être livrée à la consommation qu'en vertu d'une autorisation spéciale du maire, sur l'avis conforme, écrit et motivé, délivré par le vétérinaire sanitaire. Toutefois les poumons et autres viscères de ces animaux doivent être détruits ou enfouis. Le maire adresse immédiatement au préfet copie de l'autorisation accordée avec un duplicata de l'avis formulé par le vétérinaire sanitaire et l'attestation que les poumons et autres viscères ont été détruits et enfouis en présence du maire ou en présence de son délégué. (*Id.*, art. 43.)

La chair des animaux abattus comme ayant été en contact avec des animaux atteints de la peste bovine ne peut être livrée à la consommation que sur l'avis du vétérinaire sanitaire. Dans tous les cas, leurs peaux, abats et issues ne sont enlevés du lieu de l'abatage qu'après avoir été désinfectés dans certaines conditions spéciales. (*Id.*, art. 44.)

*Ventes d'animaux contaminés.* — L'exposition, la vente ou la mise en vente des animaux atteints ou soupçonnés d'être atteints de maladie contagieuse sont interdites. (*Id.*, art. 41.)

Si la vente a eu lieu, elle est nulle de droit, que le vendeur ait connu ou ignoré l'existence de la maladie dont son animal était atteint ou suspect. Néanmoins, aucune réclamation de la part de l'acheteur, pour raison de ladite nullité, ne sera recevable, lorsqu'il se sera écoulé plus de trente jours (tuberculose) ou quarante-cinq jours (autres maladies) depuis le jour de la livraison, s'il n'y a poursuite du ministère public.

Si l'animal a été abattu, le délai est réduit à dix jours à partir de celui de l'abatage, sans que toutefois l'action puisse jamais être introduite après l'expiration des délais ci-dessus. Toutefois, en ce qui concerne la tuberculose dans l'espèce bovine, la vente ne sera nulle qu'autant qu'il s'agira d'un animal soumis à la séquestration. (Loi du 31 juillet 1895.)

L'article 31 de la loi du 21 juillet 1881 punit d'un emprisonnement de deux mois à six mois et d'une amende de 100 francs à 1 000 francs ceux qui auraient mis en vente ou vendu des animaux qu'ils savaient atteints ou simplement soupçonnés de maladies contagieuses.

*Indemnité aux propriétaires des animaux abattus.* — Elle est des trois quarts de la valeur de l'animal abattu avant la maladie pour cause de peste bovine. Dans le cas de mort par suite de péripneumonie contagieuse ou d'inoculation de cette maladie, l'indemnité est des trois quarts si les animaux ont été contaminés, de la totalité s'ils sont morts des suites de l'inoculation. L'indemnité à accorder ne peut dépasser 400 francs pour la moitié de la valeur de l'animal, 600 francs pour les trois quarts et 800 francs pour la totalité. (Loi du 21 juin 1898, art. 46.)

Les indemnités allouées, en cas de saisie de viandes ou d'abatage d'animaux par mesure administrative pour cause de tuberculose, aux propriétaires qui se sont conformés aux lois et règlements sur la police sanitaire, sont déterminées par l'article 41 de la loi de finances du 30 mai 1899, modifié par l'art. 62 de la loi du 17 avril 1906. Ces indemnités sont basées sur la valeur des viandes au moment de l'abatage. Elles sont fixées : au tiers de cette valeur lorsque la tuberculose est généralisée ; — aux trois quarts, lorsque la maladie est localisée ; — à la totalité, lorsque l'animal a été abattu par mesure administrative, s'il est reconnu qu'il n'était pas atteint de tuberculose. Dans tous les cas, sauf celui de saisie totale, la valeur de la viande et des dépouilles vendues par les soins du propriétaire sous le contrôle du maire sera déduite de l'indemnité, qui ne pourra être supéreure à 200 francs pour le tiers de la valeur, ni à 460 francs pour les trois quarts.

Les indemnités ne peuvent être accordées que sur la demande des intéressés, et c'est auprès du préfet que ceux-ci ont à se pourvoir dans le délai maximum de trois mois.

Les indemnités prévues par la loi de finances du 30 mai 1899, dans le cas de saisie de viande et d'abatage d'animaux pour cause de tuberculose, sont allouées : 1° aux propriétaires qui se sont conformés aux lois et règlements sur la police sanitaire ; 2° aux propriétaires qui ont, soit directement, soit par l'entremise d'intermédiaires, envoyé leurs animaux dans un abattoir public ou dans un abattoir privé placé sous la surveillance permanente d'un vétérinaire agréé par le préfet du département et qui ont à supporter le préjudice résultant de la saisie ; 3° aux propriétaires qui ont envoyé leurs animaux dans une tuerie quelconque s'ils ont requis, avant l'abatage, la visite d'un vétérinaire agréé par le préfet du département. (Lois du 30 déc. 1903, art. 26, et du 17 avril 1906, art. 63.)

## Équipage. (Droit maritime.)

Les conditions d'engagement du capitaine et des hommes d'équipage d'un navire sont constatées par le rôle d'équipage, ou par les conventions des parties. (Code comm., art. 250.)

Les matelots peuvent être engagés soit au *voyage* ou au *mois*, soit au *profit* (part dans les bénéfices), soit au *fret* (part dans le prix payé pour le transport).

Le capitaine et les gens de l'équipage ne peuvent, sous aucun prétexte, charger dans le navire aucune marchandise pour leur compte sans la permission des propriétaires, et sans en payer le fret, s'ils n'y sont autorisés par l'engagement. (*Id.*, art. 251.)

Si le voyage est rompu par le fait des propriétaires, capitaine ou affréteurs avant le départ du navire, les matelots loués au voyage ou au mois sont payés des journées par eux employées à l'équipement du navire. Ils retiennent pour indemnités les avances reçues. Si les avances ne sont pas encore payées, ils reçoivent, pour indemnité, un mois de leurs gages convenus. Si la rupture arrive après le voyage commencé, les matelots loués au voyage sont payés intégralement. Les matelots loués au mois reçoivent le loyer stipulé pour le temps qu'ils ont servi, et, en outre, à titre d'indemnité, la moitié de leurs gages pour le reste de la durée présumée du voyage. Les matelots loués au voyage ou au mois reçoivent, de plus, le prix de leur retour jusqu'au lieu du départ du navire, à moins que le capitaine, les propriétaires ou affréteurs, ou le commissaire de la marine, ne leur procurent leur embarquement. (*Id.*, art. 252.)

Les articles 253 et 254 prévoient le cas où il y a interdiction de commerce avec le lieu de la destination du navire.

Si le voyage est prolongé, le prix des loyers des matelots engagés au voyage est augmenté à proportion de la prolongation. (*Id.*, art. 255.)

Si les matelots sont engagés au profit ou au fret, il ne leur est dû aucun dédommagement ni journées pour la rupture, le retard ou la prolongation de voyage occasionnés par force majeure. Si la rupture, le retard ou la prolongation arrivent par le fait des chargeurs, les gens de l'équipage ont part aux indemnités adjugées au navire. Ces indemnités sont partagées entre les propriétaires du navire et les gens de l'équipage dans la même proportion que l'aurait été le fret. Si l'empêchement arrive par le fait du capitaine ou des propriétaires, ils sont tenus des indemnités dues aux gens de l'équipage. (*Id.*, art. 257.)

En cas de prise, naufrage ou déclaration d'innavigabilité, les matelots engagés au voyage ou au mois sont payés de leurs loyers jusqu'au jour de la cessation de leurs services, à moins qu'il ne soit prouvé soit que la perte du navire est le résultat de leur faute ou de leur négligence, soit qu'ils n'ont pas fait tout ce qui était en leur pouvoir pour sauver le navire, les passagers et les marchandises, ou pour recueillir les débris. Ils ne sont jamais tenus de rembourser ce qui leur a été avancé. — En cas de perte sans nouvelles, les héritiers ou représentants des matelots engagés au mois ont droit aux loyers échus jusqu'aux dernières nouvelles et à un mois en sus. Dans le cas d'engagement au voyage, il est dû à la succession des matelots moitié des loyers du voyage. Si l'engagement avait pour objet un voyage d'aller et retour, il est payé un quart de l'engagement total lorsque le navire a péri en allant, trois quarts lorsqu'il a péri dans le retour. Le rapatriement des gens de l'équipage est à la charge de l'armement, mais seulement jusqu'à concurrence de la valeur du navire ou de ses débris, et du montant du fret des marchandises sauvées, sans préjudice du droit de préférence, qui appartient à l'équipage pour le payement de ses loyers (*id.*, art. 258), car le navire et le fret sont spécialement affectés aux « loyers » des matelots (*id.*, art. 271). Ces loyers sont donc privilégiés.

Les matelots sont payés des journées par eux employées à sauver les débris et les effets naufragés. (*Id.*, art. 261.)

Le matelot est payé de ses loyers, traité et pansé aux frais du navire, s'il tombe malade pendant le voyage, ou s'il est blessé au service du navire. Si le matelot a dû être laissé à terre, il est rapatrié aux dépens du navire ; toutefois, le capitaine peut se libérer de tous frais de traitement ou de rapatriement en versant entre les mains de l'autorité française une somme à déterminer par tarif. Les loyers du matelot laissé à terre lui sont payés jusqu'à ce qu'il ait contracté un engagement nouveau ou qu'il ait été rapatrié. S'il a été rapatrié avant son rétablissement, il est payé de ses loyers jusqu'à ce qu'il soit rétabli. Toutefois, la période durant laquelle les loyers du matelot lui sont alloués ne pourra dépasser, en aucun cas, quatre mois à dater du jour où il a été laissé à terre. (*Id.*, art. 262.)

En cas de mort d'un matelot pendant le voyage, si le matelot est engagé au mois, ses loyers sont dus à sa succession jusqu'au jour de son décès. Si le matelot est engagé au voyage, au profit ou au fret et pour un voyage d'aller seulement, le total de ses loyers ou de sa part est dû, s'il meurt après le voyage commencé ; si l'engagement avait pour objet un voyage d'aller et retour, la moitié des loyers et de la part du matelot est due s'il meurt en allant ou au port d'arrivée ; la totalité est due s'il meurt en revenant. Pour les opérations de la grande pêche, la moitié de ses loyers ou de sa part est due s'il meurt pendant la première moitié de la campagne ; la totalité est due s'il meurt pendant la seconde moitié. Les loyers du matelot tué en défendant le navire sont dus en entier pour tout le voyage si le navire arrive à bon port, et, en cas de prise, naufrage ou déclaration d'innavigabilité, jusqu'au jour de la cessation des services de l'équipage. (*Id.*, art. 265.)

Tout matelot qui justifie qu'il est congédié sans cause valable a droit à une indemnité contre le capitaine. L'indemnité est fixée : au tiers des loyers, si le congé a lieu avant le voyage commencé ; à la totalité des loyers et aux frais de retour, si le congé a lieu pendant le cours du voyage. Le capitaine ne peut en répéter le montant contre les propriétaires du navire.

Il n'y a pas lieu à indemnité si le matelot est congédié avant la clôture du rôle d'équipage.

Le capitaine, en aucun cas, ne peut congédier un matelot dans les pays étrangers. (*Id.*, art. 270.) V. CAPITAINE.

## Erreur.

En matière d'obligations conventionnelles, l'erreur est l'une des causes qui peuvent vicier le consentement. (Code civ., art. 1109.) Mais il y a plusieurs degrés dans l'erreur.

1° Lorsqu'elle porte sur la nature de la convention ou sur son objet, l'erreur rend le contrat radicalement nul. Il en est ainsi, par exemple, lorsque celui qui reçoit une chose la reçoit comme chose donnée, alors qu'elle lui est livrée comme chose vendue.

2° L'erreur rend le contrat simplement annulable, notamment lorsqu'elle porte sur la substance de la chose, c'est-à-dire sur la qualité que les contractants ont eue principalement en vue. (Code civ., art. 1110.) Il en est ainsi lorsqu'on achète des chandeliers qu'on croit en argent et qui sont du cuivre argenté.

3° Au contraire, est indifférente, au point de vue de la loi, c'est-à-dire n'affecte point la validité du contrat, l'erreur qui porte notamment sur les motifs de la convention. Il en est ainsi, par exemple, lorsqu'on achète une maison croyant à tort que la sienne a péri.

A un autre point de vue, il y a lieu de distinguer l'*erreur de droit* et l'*erreur de fait*. Il y a erreur de droit quand on se trompe sur ce que la loi ordonne, permet ou défend ; toute autre erreur est une erreur de fait. Le Code civil s'occupe de l'erreur de droit et de l'erreur de fait, en déterminant leurs effets respectifs, dans ses articles 1356, 2052 et 2053.

En matière de mariage, lorsqu'il y a eu erreur sur la personne, le mariage peut être attaqué par celui des deux époux qui a été induit en erreur. (Code civ., art. 180.)

En matière de payement, celui qui reçoit par erreur ou sciemment ce qui ne lui est pas dû s'oblige à le restituer à celui de qui il l'a indûment reçu. (*Id.*, art. 1376.)

**Erreurs judiciaires.** — V. REVISION.

**Escalade.** — Toute entrée dans les maisons, bâtiments, cours, basses-cours, édifices quelconques, jardins, parcs et enclos, exécutée par-dessus les murs, portes, toitures ou toute autre clôture. (Code pén., art. 397.)

Par respect pour l'étymologie, le législateur n'a pas qualifié *escalade* « l'entrée par une ouverture souterraine, autre que celle qui a été établie pour servir d'entrée », mais il en a fait « une circonstance de même gravité que l'escalade ». (Code pén., art. 397.) Dans un sens large, la circonstance aggravante d'*escalade* s'entend de tout moyen extraordinaire par lequel on s'introduit du dehors au dedans d'un bâtiment ou d'un enclos.

Le seul fait de l'escalade, s'il ne se lie pas à un vol commis ou tenté, et s'il n'est pas, d'autre part, accompagné des circonstances constitutives de la violation de domicile, n'est pas punissable ; mais il suffit à fournir une excuse à celui qui accomplirait un homicide, porterait des coups ou ferait des blessures en repoussant l'escalade.

Le meurtre, ainsi que les blessures et les coups, sont excusables « s'ils ont été commis en repoussant pendant le jour l'escalade ou l'effraction des clôtures, murs ou entrée d'une maison ou d'un appartement habité ou de leurs dépendances ». (*Id.*, art. 322.) La peine encourue par le coupable est alors atténuée légalement.

D'un autre côté, l'article 329 comprend dans le cas de légitime défense l'action de repousser, « pendant la nuit, l'escalade ou l'effraction des clôtures ». Dans cette hypothèse, l'homicide, les coups et les blessures cessent d'être punissables.

**Escompte.** — Retenue opérée par un banquier sur un effet de commerce acheté avant son échéance.

L'*escompte* est l'intérêt d'un prêt fait par le banquier et garanti par un effet ou titre représentant une opération de commerce et laissé au banquier : traites, billets à ordre, etc. Le banquier déduit du montant total d'une traite qui lui est portée l'escompte ou intérêt du capital jusqu'à l'échéance, un droit de commission et un droit de change si le titre est payable sur une autre place ou dans un autre pays. En général, on n'admet à l'escompte que le papier revêtu de deux signatures ; la Banque de France en exige trois.

**Escroquerie.** — Délit qui consiste à obtenir la remise du bien d'autrui par des moyens frauduleux.

« Quiconque, soit en faisant usage de faux noms ou de fausses qualités, soit en employant des manœuvres frauduleuses pour persuader l'existence de fausses entreprises, d'un pouvoir ou d'un crédit imaginaires, ou pour faire naître l'espérance ou la crainte d'un succès, d'un accident ou de tout autre événement chimérique, se sera fait remettre ou délivrer, ou aura tenté de se faire remettre ou délivrer des fonds, des meubles ou des obligations, dispositions, billets, promesses, quittances ou décharges, et aura, par un de ces moyens, escroqué ou tenté d'escroquer la totalité ou partie de la fortune d'autrui, sera puni d'un emprisonnement de un an au moins et de cinq ans au plus, et d'une amende de 50 francs au moins à 3 000 francs au plus. Le coupable pourra être, en outre, à compter du jour où il aura subi sa peine, interdit, pendant cinq ans au moins et dix ans au plus, des droits civiques, civils et de famille (v. DROITS). Ces peines seront aggravées s'il y a crime de faux ».

Le délit d'escroquerie n'existe que par la réunion de trois éléments : 1° l'emploi de moyens frauduleux, consistant dans l'usage d'un faux nom ou d'une fausse qualité, ou bien dans des manœuvres tendant à tromper la victime choisie ; le mensonge pur et simple ne suffit pas ; 2° l'obtention de valeurs grâce à l'usage de ces moyens ; 3° le détournement ou la dissipation de ces valeurs.

La tentative d'escroquerie punissable se produit dans deux cas : d'abord, quand l'inculpé, par les moyens indiqués dans l'article 405, a obtenu la remise des valeurs convoitées, sans que, cependant, il en soit résulté un préjudice pour autrui ; ensuite, quand l'inculpé s'est efforcé d'obtenir quelques valeurs par un des procédés spécifiés par la loi, bien que la remise de ces valeurs ne lui ait pas été faite.

**Espionnage.** — Ensemble du service au moyen duquel on cherche à se rendre compte des ressources et des projets d'une armée ennemie en temps de guerre, ou d'une nation étrangère en temps de paix.

En temps de paix, l'espionnage constitue un délit de la compétence des tribunaux ordinaires, et il est puni de peines variant selon la législation des divers pays. La loi française sur l'espionnage est du 18 avril 1886. La pénalité la plus sévère qu'elle édicte est un emprisonnement de deux à cinq ans et une amende de 1 000 à 5 000 francs.

En temps de guerre, l'espionnage est puni de la peine de mort et soumis aux conseils de guerre ou aux cours martiales. On considère comme espion l'individu qui, *d'une manière dissimulée*, secrètement, sous un déguisement ou sous un faux prétexte, cherche à obtenir des renseignements au profit de l'ennemi. Les espions doivent être régulièrement jugés. L'espion ne peut être poursuivi que s'il est pris en flagrant délit; mais alors que le fait d'espionnage est terminé, il ne peut être frappé, à moins qu'il ne soit un sujet de l'Etat qui le capture : en ce cas, comme traître à la patrie, il reste sous le coup de la loi pénale de son pays. La tentative d'espionnage et souvent le recel des espions sont punis comme l'espionnage.

**Ester en justice.** (*Ester* vient du latin *stare*, se tenir debout, devant le magistrat ou le tribunal.) — Poursuivre une action comme demandeur ou la soutenir comme défendeur. *Ester en jugement*, se présenter devant le juge sur assignation.

**Etablissements dangereux, incommodes ou insalubres.**

Les établissements, manufactures et ateliers qui répandent une odeur insalubre ou incommode, ou dont le voisinage est dangereux, ont motivé, dans un intérêt public, une législation spéciale, qui fixe les conditions de leur création et de leur fonctionnement.

Un décret du 15 octobre 1810 forme le texte fondamental de la matière; mais la nomenclature des établissements réglementés a été souvent modifiée et complétée par des décrets, notamment ceux des 3 mai 1886 et 5 mai 1888.

Les établissements dont il s'agit sont divisés en trois classes, suivant la gravité de leurs inconvénients : 1° ceux qui doivent être éloignés des habitations (abattoirs, fabriques de poudre, etc.); 2° ceux qui peuvent être rapprochés des habitations, sous réserve de certaines précautions (fabriques de chlore, tanneries et corroiries, etc.); 3° ceux qui peuvent être établis sans inconvénient près des habitations, mais doivent être soumis à la surveillance de la police (brasseries, teintureries, etc.).

L'intérêt de distinguer ces trois classes d'établissements se présente aux points de vue suivants :

1° Au point de vue des diverses autorités chargées de donner l'autorisation. Les établissements de la première et de la deuxième classe sont autorisés par le préfet; ceux de la troisième, par le sous-préfet. A Paris, pour tous les établissements, c'est le préfet de police qui donne les autorisations.

2° Au point de vue des règles de procédure à suivre pour l'autorisation. Les principales formalités préalables sont : pour la première classe, une demande au préfet; l'affichage de cette demande pendant un mois, dans toutes les communes, à 5 kilomètres de rayon; une enquête *de commodo et incommodo* par les soins du maire de chaque commune; pour la deuxième classe, une demande au sous-préfet et, sans nécessité d'affiches, une enquête analogue, restreinte à la commune de la situation de l'établissement; pour la troisième classe, un simple avis du maire et de la police locale. Les demandes sont établies sur papier timbré.

3° Au point de vue des réclamations auxquelles peut donner lieu la décision de l'autorité administrative. Pour la première et la deuxième classe, les réclamations des tiers contre l'autorisation accordée sont portées devant le conseil de préfecture, et celles de l'industriel contre le refus d'autorisation, devant le conseil d'Etat; pour la troisième classe, toutes les réclamations sont jugées par le conseil de préfecture.

**Établissements publics et d'utilité publique.** — Institutions qui jouissent de la personnalité civile et qui doivent être reconnues et autorisées par l'Etat.

Les établissements d'*utilité publique* sont étrangers à l'organisation administrative de la France, et, si l'Etat leur concède la personnalité civile parce qu'ils peuvent rendre des services, ils n'en conservent pas moins un caractère privé. Au contraire, la mission de l'établissement *public*, véritable rouage administratif, est d'assurer un service public; tels sont les hôpitaux, hospices, bureaux de bienfaisance, fabriques paroissiales, consistoires, communautés israélites, chambres de commerce.

Les établissements publics et les établissements d'utilité publique n'ont d'autre caractère commun que la personnalité civile; mais les actes des seconds sont rigoureusement limités par leurs statuts, tandis que les établissements publics peuvent faire tout ce que la loi ne leur interdit pas expressément.

*Actions judiciaires.* — Les établissements publics peuvent ester en justice sans autorisation du conseil de préfecture; mais les conseils municipaux donnent leur avis sur les actions judiciaires, autres que les actions possessoires, que les établissements publics visés à l'art. 70 de la loi du 5 avril 1884 se proposeront d'intenter ou de soutenir.

En cas de désaccord entre le conseil municipal et l'établissement, celui-ci ne peut ester en justice qu'avec l'autorisation du conseil de préfecture, et, après tout jugement intervenu, il ne peut se pourvoir devant un autre degré de juridiction qu'en vertu d'une nouvelle autorisation du conseil de préfecture. La décision du conseil de préfecture doit être rendue dans les deux mois. (Loi du 5 janvier 1905, art. 3.)

**Établissement de propriété.** — Analyse des titres en vertu desquels on revendique un droit réel; partie d'un acte qui contient cette analyse.

**Étalages.**

On distingue deux sortes d'*étalages :* 1° celui qui est fait par les marchands en boutique; 2° celui des marchands colporteurs qui exposent des objets sur la voie publique.

Le premier ne peut empiéter sur la voie publique, à moins d'autorisation spéciale de l'administration municipale; le second est soumis aux mesures que l'autorité municipale croit devoir prendre pour sa réglementation.

A Paris, l'ordonnance du préfet de police du 20 janvier 1832 oblige quiconque veut stationner sur la voie publique, pour y étaler des marchandises ou y exercer une industrie, à en faire la demande à ce fonctionnaire.

Au point de vue de la contribution des patentes, tout marchand sous échoppe ou en étalage paye seulement la moitié des droits exigés des marchands vendant en boutique les mêmes objets. Mais cette disposition n'est pas applicable aux bouchers, épiciers et autres marchands ayant un étal permanent et occupant des places fixes dans les halles et marchés. (Loi du 15 juillet 1880, art. 18.)

**Étalons.**

L'administration des haras achète et entretient des étalons dits *étalons nationaux.* On appelle *étalons approuvés* ceux pour lesquels les propriétaires reçoivent, avec prime ou sans prime, un brevet spécial de l'administration désignant leurs animaux à l'attention des éleveurs. Les *étalons autorisés* sont ceux dont les propriétaires ne reçoivent qu'un brevet constatant que l'animal est « susceptible de reproduire sans détériorer l'espèce ». L'arrêté du ministre de l'Agriculture du 22 décembre 1894 détermine les conditions d'approbation et d'autorisation, ainsi que le taux des primes.

La loi du 14 août 1885 a eu pour but l'amélioration de la race chevaline en France. Aux termes de cette loi, tout étalon qui n'est ni approuvé ni autorisé par l'administration des haras ne peut être employé à la monte des juments appartenant à d'autres qu'à son propriétaire, sans être muni d'un certificat attestant qu'il n'est atteint ni de cornage ni de fluxion périodique. Ce certificat, valable pour une durée d'un an, est délivré gratuitement, après examen de l'étalon, par une commission nommée par le ministre de l'Agriculture. Tout étalon employé à la monte, qu'il soit approuvé, autorisé ou muni du certificat indiqué ci-dessus, doit être marqué au feu sous la crinière. En cas de retrait de l'approbation, de l'autorisation ou du certificat, la lettre R doit être inscrite de la même manière au-dessus de la marque primitive. La loi du 14 août 1885 édicte des peines, variant de 50 francs à 500 francs d'amende, et, en cas de récidive, de 100 francs à 1 000 francs, envers les propriétaires ou conducteurs d'étalons qui enfreindraient ces dispositions. Cette même loi frappe d'une amende de 16 francs à 50 francs les propriétaires de juments qui les auraient fait saillir par un étalon non approuvé, non autorisé ou non muni de certificat.

**Étangs.**

Les étangs font partie du domaine public s'il s'agit d'étangs salés communiquant directement avec la mer. Les étangs particuliers sont naturels ou artificiels. Les étangs naturels sont soumis aux lois générales de la propriété et de la salubrité publique; les étangs artificiels, lorsqu'ils sont formés à l'aide d'infiltrations ou de sources situées dans le fonds même de celui qui a construit l'étang, sont régis par les principes généraux du Code civil en matière de servitudes, ou bien, s'ils sont formés à l'aide de barrages établis sur des ruisseaux, se trouvent, au point de vue de leur police et des conditions de leur existence, sous l'empire des lois spéciales aux cours d'eau non navigables.

Lorsque les eaux d'un étang restent en contre-bas de la crête du déversoir, par suite d'une diminution dans leur volume, le propriétaire de l'étang conserve néanmoins ses droits sur les terrains qui se trouvent à sec; mais, d'un autre côté, il n'acquiert aucun droit sur les terres riveraines momentanément couvertes par les crues extraordinaires. (Code civ., art. 558.) Il n'y a donc pas, en matière d'étangs, application du droit d'alluvion.

« Seront punis d'une amende qui ne pourra excéder le quart des restitutions et des dommages-intérêts, ni être au-dessous de 50 francs, les propriétaires ou fermiers, ou toute personne jouissant de moulins, usines ou étangs, qui par l'élévation du déversoir de leurs eaux au-dessus de la hauteur déterminée par l'autorité compétente auront inondé les chemins ou les propriétés d'autrui. — S'il est résulté du fait quelques dégradations, la peine sera, outre l'amende, un emprisonnement de six jours à un mois. » (Code pén., art. 457.)

Les poissons forment un accessoire des étangs et sont, à ce titre, rangés dans la classe des immeubles par destination. (Code civ., art. 524.) Ceux qui passent d'un étang dans un autre deviennent la propriété de celui à qui appartient ce dernier, pourvu qu'ils n'y aient point été attirés par fraude ou artifice. (*Id.*, art. 564.)

Le vol de poissons dans les étangs et leur empoisonnement constituent des délits prévus par les articles 388 et 452 du Code pénal.

**État civil.** — Condition légale des individus en ce qui concerne les relations de famille, la naissance, la filiation, le mariage, la séparation, le divorce, le décès. — *Actes de l'état civil*, actes qui constatent l'état civil des personnes. — *Registres de l'état civil*, registres sur lesquels ces actes sont établis et d'où l'on en tire des copies ou expéditions.

L'état civil est l'ensemble des droits privés de chaque personne, en tant que ces droits déterminent sa condition dans la société et la famille, comme majeur ou mineur, père ou enfant, époux, veuf, divorcé, etc. Ces droits sont consignés dans des actes transcrits sur les registres de l'état civil, et dans la pratique ces *actes* ou leur extrait authentique constituent l'état civil des personnes.

En France, la constatation de principaux actes de l'état civil fut inaugurée par l'ordonnance de François Ier de 1539, dite de « Villers-Cotterets », qui confia aux curés de paroisses la fonction de constater les naissances et les décès.

L'uniformité dans cette matière a été établie par le décret du 20 septembre 1792, et la loi du 28 pluviôse an III a mis les actes de l'état civil et leur conservation dans les attributions des maires, qualifiés de ce fait *officiers de l'état civil.* (Loi du 5 avril 1884, art. 82-84.)

*Règles générales.* (Code civ., art. 34-54.) — Les actes doivent être inscrits sur un double registre, dont l'un reste aux archives de la commune, et l'autre envoyé à la fin de l'année au greffe du tribunal d'arrondissement. Ces registres doivent être cotés et parafés par le président du tribunal de l'arrondissement. Les actes doivent y être inscrits de suite et sans blanc entre eux. Les ratures et les renvois sont approuvés et signés de la même manière que le corps de l'acte. Il n'y est rien écrit par abréviation, et aucune date n'est mise en chiffres. Une marge doit être, cependant, réservée pour recevoir certaines indications prescrites par la loi. Toute personne peut se faire délivrer, par les dépositaires des registres de l'état civil, des extraits de ces registres en acquittant les frais d'expédition. Les articles 59-61 et 86-92, modifiés par la loi du 8 juin 1893, ont prévu le cas d'une naissance ou d'une mort survenue pendant une traversée. Les témoins qui doivent figurer aux actes de l'état civil doivent être âgés de vingt et un ans, parents ou autres, sans distinction de sexe. Toutefois, le mari et la femme ne peuvent être témoins dans le même acte. (Loi du 7 déc. 1897.)

Tous les actes doivent mentionner le lieu, le jour et l'heure où ils ont été rédigés, les noms, prénoms, professions et domicile de toutes les parties comparaissant dans l'acte.

Les registres sont clos et arrêtés par l'officier de l'état civil, à la fin de chaque année; et dans le mois, l'un des doubles est déposé aux archives de la commune, l'autre au greffe du tribunal de première instance.

*Registres perdus.* — Lorsqu'il n'aura pas existé de registres ou qu'ils seront perdus, la preuve en sera reçue tant par titres que par témoins; les naissances, mariages, décès pourront être prouvés tant par les papiers domestiques des père et mère décédés que par témoins (Code civ., art. 46), et même par présomption. (Trib. civ. de la Seine, 25 juill. 1896.)

*Acte de naissance.* (Code civ., art. 55-62.) C'est à la municipalité du lieu où l'enfant est né que la naissance est déclarée et sa présentation faite ; dans la pratique, c'est un médecin de l'état civil qui va constater à domicile la naissance et le sexe du nouveau-né. Ces deux formalités doivent être remplies en présence de deux témoins, dans les trois jours, non compris celui de l'accouchement, à peine d'une amende de 16 à 300 francs et d'un emprisonnement de six jours à six mois, par : 1° le père; 2° à son défaut, le médecin ou la sage-femme; 3° à défaut, ceux qui ont assisté à l'accouchement et sous peine d'un emprisonnement de six jours à six mois et d'une amende de 16 francs à 300 francs. (Code pén., art. 346.)

L'article 62 du Code civil, modifié par la loi du 8 juin 1893, a prescrit que l'acte de reconnaissance d'un enfant naturel serait inscrit sur les registres à sa date et qu'il en serait fait mention en marge de l'acte de naissance.

Toute personne qui trouve un enfant nouveau-né est tenue de le remettre à l'officier de l'état civil, ainsi que les vêtements et autres effets trouvés avec l'enfant, et de déclarer toutes les circonstances du temps et du lieu où il aurait été trouvé. Il en est dressé un procès-verbal détaillé, qui énonce en outre l'âge apparent de l'enfant, son sexe, les noms qui lui sont donnés, l'autorité civile à laquelle il sera remis. Ce procès-verbal est inscrit sur les registres.

*Acte de mariage.* (Code civ., art. 63-76.) — L'acte de mariage énonce : les consentements des père et mère, aïeuls ou aïeules, et celui de la famille dans les cas où ils sont requis; l'accomplissement de toutes les formalités exigées; la déclaration des contractants qu'ils ont l'intention de se prendre pour époux et le prononcé de leur union par l'officier public. V. MARIAGE.

*Actes de décès.* (Code civ., art. 77-92.) — Aucune inhumation ne peut être faite sans une autorisation, sur papier libre et sans frais, de l'officier de l'état civil, qui ne la délivre que vingt-quatre heures après le décès, hors les cas prévus par les règlements de police.

L'acte de décès est dressé par l'officier de l'état civil, sur la déclaration de deux témoins. Ces témoins sont, s'il est possible, les deux plus proches parents ou voisins. Lorsqu'une personne est décédée hors de son domicile, la personne chez laquelle elle est décédée doit nécessairement être témoin.

L'article 79 du Code civil ne prescrit pas l'énonciation dans l'acte du jour et de l'heure du décès, comme le fait l'article 57 relatif aux actes de naissance. L'acte ne fait foi que de sa propre date et, quant au moment exact du décès, les tribunaux le fixent en cas de contestation.

Le maire doit s'assurer du décès; mais, dans la pratique, au moins dans les villes, il confie à un médecin le soin de le constater. En cas de décès d'une personne hors de son domicile, la déclaration doit être faite par celui chez qui la mort a eu lieu, assisté, s'il est possible, d'un parent du défunt.

Les articles 86 et suivants du Code civil, modifiés par la loi du 8 juin 1893, prévoient le cas de décès survenus pendant un voyage maritime, ainsi que le cas de disparition pendant un naufrage ou autrement.

*Actes reçus à l'étranger.* — A l'étranger, les Français peuvent faire établir les actes de l'état civil dans les formes de l'Etat où ils résident, ou, suivant les formes de la loi française, par nos agents diplomatiques ou consulaires. « Tout acte de l'état civil des Français et des étrangers fait en pays étranger fera foi, s'il a été rédigé dans les formes usitées dans ledit pays. (Code civ., art. 47.)

Lorsqu'un acte concernant des Français est transmis au ministère des Affaires étrangères, il y reste déposé pour qu'il puisse en être délivré des expéditions. (Loi du 8 juin 1893.)

Les déclarations de naissance aux agents diplomatiques ou aux consuls sont faites dans les dix jours de l'accouchement. Toutefois, ce délai peut être prolongé dans certaines circonscriptions consulaires en vertu d'un décret du président de la République fixant la mesure et les conditions de cette prolongation. (Code civ., art. 55, mod. par la loi du 21 juin 1903.)

*Rectification des actes de l'état civil.* (Code civ., art. 99-101.) — Il ne peut être procédé à la rectification des registres de l'état civil qu'en vertu de jugements rendus à cet effet. Cependant, dans le cas où le nom d'un des futurs ne serait pas orthographié dans son acte de naissance comme celui de son père, et dans celui où l'on aurait omis quelqu'un des prénoms de ses parents, le témoignage des pères et mères ou aïeux assistant au mariage et attestant l'identité doit suffire pour procéder à la célébration du mariage. Il en est de même dans le cas d'absence des pères et mères ou aïeux, s'ils attestent l'identité dans leur consentement donné en la forme légale. En cas de décès des pères, mères ou aïeux, l'identité est valablement attestée, pour les mineurs, par le conseil de famille ou par le tuteur *ad hoc*, et pour les majeurs, par les quatre témoins de l'acte de mariage. (Avis du conseil d'Etat du 30 mars 1808.)

Lorsque la rectification d'un acte de l'état civil est demandée, il est statué, sauf appel, par le tribunal du lieu où l'acte a été reçu et au greffe duquel le registre est ou doit être déposé. La demande est introduite par ministère d'avoué.

Le jugement de rectification ne peut jamais être opposé aux parties intéressées qui ne l'auraient point requis, ou qui n'auraient pas été appelées devant le tribunal.

Les jugements de rectification sont transmis par le procureur de la République à l'officier de l'état civil du lieu où se trouve inscrit l'acte réformé. Ils sont transcrits sur les registres, et mention en est faite en marge.

Les actes omis ne peuvent être inscrits sur les registres qu'en vertu de jugements rendus en connaissance de cause de l'omission, contradictoirement avec les parties intéressées, ou elles appelées, et sur les conclusions du ministère public. (Avis du conseil d'Etat du 12 brumaire an XI.)

*Expéditions des actes de l'état civil.* — Le tarif des droits à percevoir, non compris le droit de timbre (1 fr. 80), est fixé par le décret du 12 juillet 1807, savoir : 1° *Communes au-dessous de 50 000 âmes :* acte de naissance, de décès ou de publication de mariage, 0 fr. 30 ; acte de mariage, de divorce ou d'adoption, 0 fr. 60. — 2° *Communes de 50 000 âmes et au-dessus :* selon les mêmes distinctions, 0 fr. 50 ou 1 fr. — 3° *Paris :* 0 fr. 75 ou 1 fr. 50.

**État (Possession d').** — Situation d'une personne qui jouit, en fait, de telle qualité ou état, par exemple l'état d'enfant légitime.

La filiation de l'enfant légitime se prouve par son acte de naissance ; à défaut de ce titre, la possession constante de l'état d'enfant légitime suffit. (Code civ., art. 320.) L'enfant qui veut prouver sa possession d'état d'enfant légitime contre ceux qui la lui contestent introduit une *action en réclamation d'état.*

Les « questions d'état » sont portées devant les tribunaux civils. (Code civ., art. 326.) Si un tribunal criminel est saisi d'un délit de suppression d'état, il ne statue que lorsque la juridiction civile a définitivement prononcé. (*Id.*, art. 327.) V. FILIATION.

**État.** — Territoire organisé et soumis à une même loi politique.

*États et nations.* — Les Etats doivent être soigneusement distingués des *nations.* La nation est une réunion de personnes, unies par l'identité de l'origine, du langage et de la conformation physique, par une longue communauté d'intérêts et de sentiments. L'Etat est une communauté indépendante, organisée d'une manière permanente sur un territoire. Un Etat peut donc comprendre plusieurs nations : ainsi l'Autriche-Hongrie ; une nation peut, d'autre part, être répartie en plusieurs Etats : ainsi la nation polonaise est fractionnée entre la Russie, la Prusse et l'Autriche.

Un Etat, dès qu'il est né, jouit de la souveraineté, mais il n'en a l'exercice que s'il est reconnu par les autres Etats. La reconnaissance est pour ces derniers un acte absolument libre.

*Classement des États.* — On distingue les Etats *simples* et les Etats *composés.* Les premiers sont ceux qui, formant un tout indivisible, jouissent, à l'intérieur comme à l'extérieur, d'une souveraineté complète et permanente : la France est un Etat simple. Les Etats composés supposent la réunion de deux ou plusieurs Etats sous un gouvernement commun ; il y en a de différentes espèces : 1° l'*union personnelle,* réunion sous la main d'un seul prince d'Etats ayant chacun une organisation distincte et se gouvernant par ses propres lois (ex. : Etat indépendant du Congo, uni personnellement à la Belgique) ; 2° l'*union réelle,* réunion des Etats, non seulement par la personne de leur chef commun, mais par une disposition expresse de leurs constitutions, en vertu d'un accord international intervenu entre eux (ex. : union entre l'Autriche et la Hongrie) ; 3° la *Confédération d'Etats,* association d'Etats indépendants qui ne reconnaissent pas une autorité commune, à la fois supérieure et suprême (ex. : Confédération germanique avant 1866, Confédération suisse avant 1848) ; 4° l'*Etat fédéral,* organisme central, indépendant et complet, ayant ses organes propres et distincts, et qui absorbe, au point de vue international, tous les Etats particuliers, qui cessent d'être individuellement souverains (ex. : Suisse, Etats-Unis de l'Amérique du Nord).

Les Etats peuvent encore être classés, au

point de vue de la souveraineté, en Etats *souverains, protégés* et *vassaux*. Les Etats souverains sont ceux qui ont l'entière autonomie intérieure et l'entière indépendance extérieure (ex. : France, Allemagne, Russie, etc.). Les Etats protégés sont ceux qui se sont ou ont été placés sous la tutelle d'un Etat plus puissant et plus fort : l'énergie de cette tutelle varie suivant les différents cas (ex. : Tunisie, Annam, sous le protectorat de la France). Les Etats vassaux sont ceux qui n'ont qu'une souveraineté amoindrie, dérivant d'un autre Etat, suzerain, avec lequel ils sont dans un rapport de subordination (ex. : Bulgarie vis-à-vis de la Turquie).

On divise encore les Etats, d'après leur forme de gouvernement, en *monarchies* et en *républiques*, et, d'après leur puissance, en *grandes puissances* et en *Etats secondaires*.

*Crimes et délits contre la sûreté de l'État. Sûreté extérieure.* — Tout Français qui porte les armes contre la France est puni de mort. (Code pén., art. 75.)

« Quiconque aura pratiqué des machinations ou entretenu des intelligences avec les puissances étrangères ou leurs agents, pour les engager à commettre des hostilités ou à entreprendre la guerre contre la France, ou pour leur en procurer les moyens, sera puni de mort. Cette disposition aura lieu dans le cas même où lesdites machinations ou intelligences n'auraient pas été suivies d'hostilités. » (*Id.*, art. 76.)

« Sera également puni de mort quiconque aura pratiqué des manœuvres ou entretenu des intelligences avec les ennemis de l'Etat, à l'effet de faciliter leur entrée sur le territoire et dépendances de la République, ou de leur livrer des villes, forteresses, places, postes, ports, magasins, arsenaux, vaisseaux ou bâtiments appartenant à la France, ou de fournir aux ennemis des secours en soldats, hommes, argent, vivres, armes ou munitions, ou de seconder les progrès de leurs armes sur les possessions ou contre les forces françaises de terre ou de mer, soit en ébranlant la fidélité des officiers, soldats, matelots ou autres, envers l'Etat, soit de toute autre manière. » (*Id.*, art. 77.)

« Si la correspondance avec les sujets d'une puissance ennemie, sans avoir pour objet l'un des crimes énoncés en l'article précédent, a néanmoins eu pour résultat de fournir aux ennemis des instructions nuisibles à la situation militaire ou politique de la France ou de ses alliés, ceux qui auront entretenu cette correspondance seront punis de la détention, sans préjudice de plus forte peine, dans le cas où ces instructions auraient été la suite d'un concert constituant un fait d'espionnage. » (*Id.*, art. 78.)

« Les peines exprimées aux articles 76 et 77 seront les mêmes soit que les machinations ou manœuvres énoncées en ces articles aient été commises envers la France, soit qu'elles l'aient été envers les alliés de la France, agissant contre l'ennemi commun. » (*Id.*, art. 79.)

« Sera puni des peines exprimées en l'article 76, tout fonctionnaire public, tout agent du gouvernement, ou toute autre personne qui, chargée ou instruite officiellement, ou à raison de son état, du secret d'une négociation ou d'une expédition, l'aura livré aux agents d'une puissance etrangère ou de l'ennemi. » (*Id.*, art. 80.)

« Tout fonctionnaire public, tout agent, tout préposé du gouvernement, chargé, à raison de ses fonctions, du dépôt des plans de fortifications, arsenaux, ports ou rades, qui aura livré ces plans ou l'un de ces plans à l'ennemi ou aux agents de l'ennemi, sera puni de mort. — Il sera puni de la détention s'il a livré ces plans aux agents d'une puissance étrangère neutre ou alliée. » (*Id.*, art. 81.)

« Toute autre personne qui, étant parvenue, par corruption, fraude ou violence, à soustraire lesdits plans, les aura livrés ou à l'ennemi ou aux agents d'une puissance étrangère, sera punie comme le fonctionnaire ou agent mentionné dans l'article précédent, et selon les distinctions qui y sont établies. Si lesdits plans se trouvaient, sans le préalable emploi de mauvaises voies, entre les mains de la personne qui les a livrés, la peine sera, au premier cas mentionné dans l'article 81, la déportation ; et au second cas du même article, un emprisonnement de deux à cinq ans. » (*Id.*, art. 82.)

« Quiconque aura recélé ou aura fait recéler les espions ou les soldats ennemis envoyés à la découverte, et qu'il aura connus pour tels, sera condamné à la peine de mort. » (*Id.*, art. 83.)

« Quiconque aura, par des actions hostiles, non approuvées par le gouvernement, exposé l'Etat à une déclaration de guerre, sera puni du bannissement ; et si la guerre s'en est suivie, de la déportation. » (*Id.*, art. 84.)

« Quiconque aura, par des actes non approuvés par le gouvernement, exposé des Français à éprouver des représailles sera puni du bannissement. » (*Id.*, art. 85.)

*Contrefaçon des sceaux de l'État, billets de banque, effets publics, poinçons, timbres et marques.* — V. CONTREFAÇON.

*Sûreté intérieure.* V. COMPLOT.

**État (Conseil d').** — V. CONSEIL.

**État de lieux.** — Acte intervenu entre le propriétaire et le locataire d'une maison ou d'un appartement, à l'effet de constater l'état des lieux lors de l'entrée en jouissance du locataire.

Lorsqu'il n'a point été dressé d'état des lieux, comme le bailleur est obligé (Code civ., art. 1720) de délivrer la chose au preneur en bon état de réparations de toute espèce, la loi suppose que ce dernier a exigé l'accomplissement de cette obligation, au moins en ce qui concerne les réparations qui sont à sa charge tant que dure le bail. Le locataire ou preneur est donc présumé avoir reçu les lieux en bon état de réparations locatives et autres ; il doit, par conséquent, les rendre tels, sauf la preuve contraire. Cette preuve peut être faite par tous les moyens possibles, même par témoins ; en effet, il s'agit là de prouver un fait et non une convention. A défaut de conventions spéciales, les frais de l'état de lieux sont à la charge du locataire. V. BAIL.

**État-major.** — Corps d'officiers mis à la disposition d'un général chargé d'un commandement pour transmettre ses ordres et en assurer l'exécution.

**État de siège.** — Mesure de sûreté publique qui substitue momentanément l'autorité militaire à l'autorité civile pour le maintien de l'ordre.

L'état de siège, réglementé par la loi du 3 avril 1878, ne peut être déclaré qu'en cas de péril imminent, résultant d'une guerre étrangère ou d'une insurrection à main armée. Une loi peut seule déclarer l'état de siège, qui suspend l'empire des lois ordinaires. Cette loi désigne les communes, les arrondissements ou départements auxquels s'applique l'état de siège; elle fixe aussi le temps de sa durée.

L'autorité militaire a, dès lors, entre autres droits, celui de faire des perquisitions, de jour et de nuit, dans le domicile des citoyens, et celui d'interdire les publications et les réunions qu'elle juge de nature à exciter ou à entretenir le désordre.

Un autre effet de la déclaration d'état de siège est d'étendre la compétence des tribunaux militaires aux individus non militaires : en effet, par exception aux règles ordinaires de la compétence, lorsque l'état de siège est déclaré, les tribunaux militaires peuvent être saisis de la connaissance des crimes et délits contre la sûreté de l'Etat, contre la constitution, contre l'ordre et la paix publique, quelle que soit la qualité des auteurs principaux et des complices.

**Étrangers.**

Le droit d'indépendance et le droit de souveraineté reconnus aux Etats leur permettent de fermer leur territoire aux étrangers ; mais l'idée de communauté internationale, qui se répand chaque jour davantage parmi les États, est contraire à la fermeture complète du territoire. Les Etats se contentent, pour sauvegarder leur intérêt général, de subordonner l'admission des étrangers à certaines justifications d'origine, de moralité et de ressources ; ils peuvent également exiger des passeports à l'entrée du territoire.

L'étranger est soumis à toutes les lois d'ordre public en vigueur dans le pays où il se trouve ; il doit en respecter la constitution. Il est assujetti à la juridiction criminelle de l'Etat, à raison des infractions qu'il commet dans les limites du territoire : cette dernière règle ne subit d'exception qu'au profit des souverains étrangers, des agents diplomatiques et des navires de guerre. Au point de vue civil et commercial, les étrangers sont passibles, quant aux actions réelles immobilières, des tribunaux locaux ; quant aux actions personnelles, si le procès a lieu entre un étranger et un regnicole, le juge du domicile du défendeur est compétent ; si le procès s'élève entre deux étrangers, il y a désaccord sur la solution à suivre : certains pays, comme la France, refusent l'accès des tribunaux locaux ; d'autres, et ce sont les plus nombreux, accordent aux étrangers la protection de la justice locale. Les étrangers sont, en général, admis à se livrer librement au commerce. Ils contractent valablement, mais demeurent régis, au point de vue de la capacité, par la loi de leur pays. Ils peuvent aussi être propriétaires d'objets mobiliers et immobiliers. V. CAUTION JUDICATUM SOLVI.

La fortune composant la succession d'un étranger peut librement sortir du territoire : les droits d'aubaine et de détraction ont disparu. Le droit régalien d'*aubaine* (*aubain* signifie *étranger*) ayant été aboli dès avant 1789 par des conventions diplomatiques nombreuses, on avait laissé subsister un droit de *détraction*, en vertu duquel le roi distrayait à son profit une certaine quotité des successions *ab intestat* ou testamentaires qu'il permettait aux étrangers de recueillir dans le royaume. La loi des 6-18 août 1790 abolit le droit de détraction, en même temps que le droit d'aubaine. La Restauration n'admit d'abord les étrangers à succéder et à transmettre leurs biens qu'autant que les Français jouissaient du droit de réciprocité. La loi du 17 juillet 1819 supprima cette restriction, mais favorisa les Français en concours avec les étrangers.

Les droits politiques qui supposent la qualité de citoyen sont refusés aux étrangers. Il en est autrement, en principe et sauf certaines limitations motivées par l'intérêt général, des droits publics, tels que les libertés de pensée, de conscience, d'association. Les étrangers sont astreints, dans le pays où ils se trouvent, au payement des impôts ; mais ils ne peuvent être assujettis au service militaire.

Le ministre de l'Intérieur peut, par un arrêté d'expulsion, enjoindre à tout étranger voyageant ou résidant en France de sortir immédiatement du territoire de la République et le faire reconduire à la frontière. V. NATURALISATION.

*Immatriculation des étrangers.* — La loi du 8 août 1893 prescrit à tout étranger arrivant dans une commune de France pour y exercer une profession, un commerce ou une industrie, de faire à la mairie une déclaration de résidence dans les huit jours de son arrivée. Il est tenu à cet effet un registre d'immatriculation. Un extrait de ce registre est délivré au déclarant, moyennant un droit de délivrance de *0 fr. 30* ou de *0 fr. 50*, selon qu'il s'agit d'une ville ayant moins ou plus de 50 000 habitants. L'amende pour défaut de déclaration, fausse déclaration ou refus de produire le certificat d'immatriculation, est attribuée à la commune.

Les extraits sont délivrés dans la forme des actes de l'état civil. Ils sont frappés d'un droit fixe de timbre de 1 fr. 80, indépendamment du droit de délivrance de 0 fr. 30 ou de 0 fr. 50.

Les municipalités peuvent accorder des délais de quelques jours aux indigents, mais non les dispenser du payement des droits. La délivrance gratuite d'extraits du registre d'immatriculation est une infraction aux dispositions de la loi du 8 août 1893.

**Évasion.**

L'évasion des détenus fait l'objet des articles 237 à 247 du Code pénal. Considérée au point de vue du détenu, l'évasion simple, c'est-à-dire accomplie sans violence et sans effraction, ne constitue, en principe, aucun délit. Le détenu n'encourt de châtiment qu'autant que son évasion a été consommée, ou tentée, par bris de prison ou avec violences envers les préposés à sa garde ou à sa conduite ; il est alors, pour ce seul fait, puni de six mois à un an de prison, et doit subir cette peine après l'expiration de celle qu'il avait encourue pour l'infraction à raison de laquelle il était détenu.

Au point de vue des fauteurs et complices de l'évasion, il suffit de l'évasion simple pour constituer le délit ; mais le délit prend une gravité différente suivant qu'il a été commis par les préposés à la garde ou à la conduite du détenu, ou par toutes autres personnes étrangères à cette garde ou à cette conduite. Lesdits préposés sont responsables aussi bien lorsque leur simple négligence a amené l'évasion que lorsqu'ils ont procuré ou facilité cette évasion par connivence avec le détenu ; les tiers ne sont responsables que s'ils ont procuré ou facilité l'évasion. Le taux des peines est gradué selon les cas ; celui applicable aux gardiens est, en principe, plus élevé que celui applicable aux tiers.

Le fait de recel des prisonniers évadés tombe sous le coup de l'article 248 du Code pénal, ainsi conçu : « Ceux qui auront recélé ou fait recéler des personnes qu'ils savaient avoir commis des crimes emportant peine afflictive seront punis de trois mois d'emprisonnement au moins et de deux ans au plus. — Sont exceptés de la présente disposition les ascendants ou descendants, époux ou épouses même divorcés, frères ou sœurs des criminels recélés, ou leurs alliés au même degré. »

**Éviction.**—Dépossession judiciaire d'un bien que l'on a acquis de bonne foi. V. VENTE.

**Évocation.** — Faculté donnée à un tribunal supérieur de se saisir d'une affaire de la compétence d'un tribunal inférieur et de statuer en premier et en dernier ressort.

Le pouvoir d'évoquer appartient exclusivement aux cours d'appel et aux autres tribunaux d'appel, c'est-à-dire à tout tribunal prononçant sur l'appel d'un jugement rendu par un tribunal inférieur. L'évocation a pour but de parvenir plus rapidement à une décision définitive. Aux termes de l'article 473 du Code de procédure, « lorsqu'il y aura appel d'un jugement interlocutoire, si le jugement est infirmé et que la matière soit disposée à recevoir une décision définitive, les cours et autres tribunaux d'appel pourront statuer en même temps sur le fond, définitivement, par un seul et même jugement. Il en sera de même dans le cas où les cours ou autres tribunaux d'appel infirmeraient, soit pour vice de forme, soit pour toute autre cause, des jugements définitifs ». Deux conditions sont requises pour que le tribunal d'appel puisse exercer ce droit : 1° qu'il y ait infirmation d'un jugement rendu au cours du procès par le tribunal du premier degré ; 2° que l'affaire soit en état d'être jugée.

Le juge d'appel ne peut faire que ce que le premier juge aurait dû faire et n'a pas fait. Il ne peut donc recevoir une demande nouvelle, puisque cette demande ne subirait l'épreuve que d'un seul degré ; mais, toutes les fois que le premier juge a pu juger le fond d'une contestation et ne l'a pas fait, s'arrêtant mal à propos à des moyens d'incompétence ou de nullité, le premier degré de juridiction est rempli, et le juge d'appel a la faculté d'évocation.

L'évocation est simplement facultative pour le juge d'appel. Est-ce par la faute des parties que le premier degré de juridiction n'a pas été épuisé, à cause d'une procédure irrégulière de leur part ? Les juges supérieurs doivent les renvoyer à se pourvoir régulièrement. Si, au contraire, c'est par la faute des premiers juges que la sentence n'a point statué au fond, les parties ne doivent pas souffrir de cette erreur.

En matière criminelle, l'évocation existe dans deux cas. C'est d'abord le droit conféré aux cours d'appel de se substituer aux juges et aux magistrats saisis dans les poursuites commencées par eux, ou même de s'attribuer la connaissance des poursuites non encore entamées. (Code instr. crim., art. 235.) En second lieu, les juges d'appel statuent, dans certaines circonstances, sur le fond, quoique les juges du premier degré n'en aient pas pris connaissance. Ainsi, lorsqu'un tribunal d'appel annule un jugement pour omission de formes, il doit, en matière correctionnelle, statuer sur le fond. (*Id.*, art. 215.)

**Examens (Fraudes dans les).**

Toute fraude commise dans les examens et les concours publics qui ont pour objet l'entrée dans une administration publique ou l'acquisition d'un diplôme délivré par l'État constitue un délit. (Loi du 23 déc. 1901, art. 1er.)

« Quiconque se sera rendu coupable d'un délit de cette nature, notamment en livrant à un tiers ou en communiquant sciemment, avant l'examen ou le concours, à quelqu'une des parties intéressées, le texte ou le sujet de l'épreuve, ou bien en faisant usage de pièces fausses, telles que diplômes, certificats, extraits de naissance ou autres, ou bien en substitant une tierce personne au véritable candidat, sera condamné à un emprisonnement de un mois à trois ans et à une amende de 100 francs à 10 000 francs ou à l'une de ces peines seulement. » (*Id.*, art. 2.) Les mêmes peines sont prononcées contre les complices du délit. (*Id.*, art. 3.)

L'article 463 du Code pénal (circonstances atténuantes) est applicable. (*Id.*, art. 4.)

L'action publique ne fait pas obstacle à l'action disciplinaire dans tous les cas où la loi a prévu cette dernière. (*Id.*, art. 5.)

**Exception.** — Moyen de défense qui, sans combattre directement l'action du demandeur et sans en discuter le mérite au fond, tend simplement soit à faire différer l'examen et la solution du procès jusqu'à l'accomplissement de certaines mesures, soit à critiquer la forme dans laquelle il a été procédé.

Les deux sortes de moyens à faire valoir en

justice contre une demande sont : 1° les *défenses*, qui portent sur le fond même et la déclarent non fondée, et 2° les *exceptions*, dites aussi *fins de non-recevoir*.

Une personne est actionnée en payement d'une somme : refuse-t-elle de répondre, quant à présent, sous le prétexte, par exemple, qu'elle est appelée devant un tribunal incompétent ou que l'exploit introductif de la demande n'est point conforme aux prescriptions de la loi ? Les moyens qu'elle invoque ainsi pour justifier son refus d'entrer en lice et de se défendre sont des *exceptions*. Parmi les exceptions, les unes ont pour effet d'entraîner indirectement un retard, les autres ont pour objet direct d'obtenir un délai : ces dernières prennent la qualification de *dilatoires*. Le Code de procédure civile énumère cinq exceptions : 1° l'exception tirée de l'obligation imposée à l'étranger demandeur de donner la caution spéciale, ordinairement désignée sous le nom de *caution judicatum solvi* (art. 166 et 167) ; 2° les *renvois* ou les exceptions *déclinatoires* pour incompétence, litispendance (s'il a été formé précédemment, en un autre tribunal, une demande pour le même objet, ou si la contestation est connexe à une cause déjà pendante en un autre tribunal) [art. 168-172] ; 3° les nullités de procédure ou les exceptions *péremptoires quant à la forme* (art. 173) ; 4° les exceptions *dilatoires* (art. 174-187) : (délais accordés à l'héritier ou à la femme commune en biens pour délibérer après l'ouverture de la succession ou la dissolution de la communauté ; délais pour appeler en garantie) ; 5° l'exception de *communication de pièces* (art. 188 et suiv.).

**Excuses.** — Faits déterminés par la loi qui, en matière de crimes ou de délits, lorsqu'ils sont déclarés constants, entraînent une exemption totale ou une atténuation de la peine.

Les excuses supposent et laissent subsister la culpabilité, et ainsi elles se différencient à la fois des causes de non-imputabilité (démence, contrainte) et des causes de justification (légitime défense, ordre de la loi), qui constituent des cas de non-culpabilité. — Les circonstances atténuantes sont laissées à l'appréciation des juges ou du jury : la loi prévoit spécialement les excuses (d'où la qualification d'*excuses légales*), qui se distinguent en excuses *absolutoires* et en excuses *atténuantes* :

1° *Excuses absolutoires* (Code pén., art. 100, 108, 138, 144, 213, 247, 248 et 380). Exemples : au cas de recel d'un coupable de crime emportant peine afflictive, la circonstance que le recel a eu lieu de la part de certains parents ou alliés du criminel recelé (art. 248) ; au cas de vol, la circonstance que le vol a été commis entre époux, entre parents ou alliés en ligne directe (art. 380) ; enlèvement de mineure suivi de mariage ; émission de fausse monnaie suivie de dénonciation. V. ABSOLUTION.

2° *Excuses atténuantes* (Code pén., art. 67, 69, 135, 284, 285, 288, 321, 322, 324, 325, 343 et 541). La plus saillante de ces excuses réside dans la provocation par coups, violences graves ou autres offenses énumérées dans la loi (Code pén., art. 321, 322, 324 et 325). Les excuses atténuantes abaissent le niveau de la peine jusqu'aux proportions fort modérées que détermine l'article 326 du Code pénal ; leur effet général est de correctionnaliser les peines criminelles.

**Exécuteur des hautes œuvres.** — Fonctionnaire vulgairement appelé *bourreau*, rétribué sur les crédits du ministère de la Justice, et qui exécute les sentences emportant peine capitale.

**Exécuteur testamentaire.** — Personne qu'un testateur charge de l'exécution de son testament. V. TESTAMENT.

**Exécution capitale.**

Aux termes de l'article 12 du Code pénal, le mode d'exécution ordinaire de la peine de mort est la décapitation. Si la condamnation émane d'un conseil de guerre, le condamné est fusillé.

L'exécution n'a lieu qu'après une décision du président de la République l'autorisant. Elle est faite, sur une place publique, par l'exécuteur des arrêts criminels, nommé et commissionné par le ministre de la Justice. Elle est constatée par un greffier, qui y assiste et en dresse procès-verbal. (Code instr. crim., art. 378.)

La mort n'est jamais aggravée par des tortures ; mais, pour le crime de parricide, l'article 13 du Code pénal ajoute au dernier supplice un certain appareil.

Il est défendu d'exécuter les condamnations à mort les jours de fête et les dimanches. (Code pén., art. 25.)

Il est sursis à l'exécution lorsqu'une femme est enceinte. (Code pén., art. 27.)

Lorsque, au dernier moment, le condamné demande à faire des révélations, sa déclaration est reçue par un juge, assisté d'un greffier. (Code instr. crim., art. 377.)

Le corps du supplicié, autrefois jeté à la voirie, est aujourd'hui rendu à la famille, si elle le réclame, à la charge par elle de le faire inhumer sans aucun appareil. (Code pén., art. 14.)

**Exécution militaire.** — (Décret du 25 octobre 1874).

L'*exécution* de tout jugement d'un tribunal militaire portant condamnation à la peine des travaux forcés, de la déportation, du bannissement, de la réclusion, de la détention ou des travaux publics, donne lieu à une parade où sont représentés, par un détachement, tous les corps de la garnison. Tous les jeunes soldats ayant moins de trois mois de service doivent, en outre, y assister, ainsi que le corps tout entier dont le condamné fait partie. Ce dernier est amené par un détachement. (Pour le cas où ce jugement prononce la peine de la dégradation militaire, V. DÉGRADATION.) Les condamnés à la peine des travaux publics sont amenés à la parade, revêtus de l'habillement des détenus : dans cette tenue ils entendent la lecture de leur jugement et passent devant le front des troupes.

L'exécution à mort doit avoir lieu en présence de toutes les troupes de la garnison. Le piquet d'exécution, commandé par un adjudant, est composé de quatre sergents, quatre caporaux et quatre soldats désignés par le major de la garnison, d'après un tour de service régulier, en commençant par les plus anciens. Un cinquième soldat est désigné pour bander les yeux du condamné, et un cinquième sergent pour lui donner le coup de grâce, qui doit être tiré dans la tête à bout portant, un peu au- dessus de l'oreille.

Un des membres du conseil de guerre qui a prononcé le jugement doit assister à l'exécution, ainsi que le greffier, chargé d'en dresser procès-verbal. On bande les yeux au condamné et on le fait mettre à genoux pendant la lecture du jugement par le greffier; puis le piquet, formé sur deux rangs, se place à 6 mètres, les armes ayant été chargées d'avance, et met en joue, visant à la poitrine, au signal que donne, en élevant son sabre, l'adjudant, qui l'abaisse ensuite en commandant : *feu!* Le coup de grâce est donné immédiatement. Après l'exécution, les troupes défilent devant le corps.

**Exécution des jugements.** — V. JUGEMENT.

**Exécutoire de dépens.** — Dans un procès, l'avoué qui a obtenu gain de cause peut demander à son profit la distraction des dépens auxquels l'adversaire a été condamné en affirmant, lors du prononcé du jugement, qu'il a fait l'avance de la plus grande partie des frais.

La taxe des dépens est poursuivie par cet avoué; il lui est délivré par le juge un mandement, revêtu de la formule permettant l'exécution, ou *exécutoire*, en vertu duquel il peut poursuivre en son nom le recouvrement des dépens.

**Exequatur** (mot lat., qu'il soit exécuté; de *exequi*, exécuter). — 1° Ordonnance qui rend exécutoire une sentence arbitrale; 2° formule par laquelle un tribunal français consent à rendre exécutoire en France un jugement rendu à l'étranger; 3° autorisation accordée à l'agent d'un gouvernement étranger d'exercer ses fonctions dans le pays où son gouvernement l'a envoyé.

Suivant les pays l'exequatur (permission qu'un gouvernement délivre au consul d'un Etat étranger pour qu'il puisse exercer ses fonctions) est demandé au ministre des Affaires étrangères par l'agent diplomatique du pays qui a nommé le consul ou, à défaut d'agent diplomatique, par le consul général : il est, en général, conféré par une ordonnance du chef de l'Etat ; il consiste soit en une mention mise sur la lettre de provision, c'est-à-dire sur l'acte de nomination du consul, soit en un avis informant le consul que l'exequatur lui est accordé. Les règles varient suivant les pays pour l'entérinement des lettres d'exequatur : en France, ces lettres sont lues à une audience publique du tribunal du lieu de la résidence du consul. Le refus de l'exequatur doit être motivé et prouvé. L'exequatur peut être retiré au consul, à raison de sa conduite. Si le gouvernement local et celui du consul viennent à changer, un nouvel exequatur doit être délivré.

**Exercice.** — Vérifications accomplies par les employés de l'administration des Contributions indirectes, chez certains industriels et commerçants, pour garantir, au point de vue fiscal, l'exécution des obligations et formalités imposées par les lois et règlements.

**Exercice.** — Période d'exécution des services du budget, c'est-à-dire de l'acte par lequel sont prévues et autorisées les recettes et les dépenses annuelles de l'État, du département, de la commune, etc. V. BUDGET.

**Exhumation.**

Lorsqu'une famille a l'intention de faire exhumer le cadavre de l'un des siens, pour le faire transporter dans un autre lieu, elle doit, à Paris, en demander l'autorisation au préfet de police, ou, dans les départements, aux maires.

L'administration peut faire procéder à l'*exhumation* : lorsque l'inhumation a été opérée sans l'autorisation exigée par l'article 77 du Code civil; lorsqu'elle n'a pas été effectuée suivant les règles de salubrité prescrites ; lorsque le cadavre a été inhumé dans un lieu non destiné aux ensevelissements ; ou bien encore, dans le cas de translation d'un cimetière, pour faire inhumer les cadavres dans le nouveau lieu de sépulture.

Lorsqu'il s'agit de rechercher les traces d'un crime, le procureur de la République, le juge d'instruction et tous les officiers de police judiciaire ont le droit d'ordonner une exhumation.

Suivant les circonstances (notamment suivant l'intention et le but de leurs auteurs), les exhumations non autorisées peuvent tomber sous l'application de l'article 360 du Code pénal, qui prévoit et réprime toute violation de tombeaux ou de sépultures, ou constituer simplement une contravention à l'article 17 du décret du 23 prairial an XII, en vertu duquel (sous la sanction d'amende édictée par le Code pén., art. 471) les autorités locales sont spécialement chargées de maintenir l'exécution des lois et règlements qui prohibent les exhumations non autorisées.

Les commissaires de police et, dans les communes qui n'en ont point, les gardes champêtres pourront seuls être délégués par l'autorité compétente pour assister aux opérations d'exhumation, de réinhumation et translation de corps, pour assurer l'exécution des mesures de police prescrites par les lois et règlements. Ces fonctionnaires ont droit, sauf dans les opérations qui constituent des actes d'instruction criminelle, dans celles qui sont faites aux frais du ministère de la Guerre pour le transport des corps de militaires et de marins décédés sous les drapeaux, sauf encore dans le cas où un billet d'indigent serait délivré par le maire, dans les conditions prévues à l'article 6 de la loi du 10 décembre 1850, à perception de vacations fixées par le maire, après avis du conseil municipal, mais dont un règlement d'administration publique détermine le minimum et le mode de perception. (Loi du 30 mars 1902, art. 62.)

**Expédition.** — Copie conforme à l'original.

**Expéditionnaire.**—Commis qui, dans une administration, est chargé de faire l'expédition ou copie des actes et documents administratifs.

**Expert.** — Délégué nommé d'office pour donner son avis sur une question qui lui est particulièrement connue, et sur laquelle le juge a besoin de renseignements qu'il ne peut se procurer personnellement.

*Expertise devant les tribunaux civils.* — (Code proc. civ., art. 302-323.) L'expertise doit être ordonnée par le tribunal ; elle peut l'être tant d'office que sur la demande des parties. Le jugement qui l'ordonne désigne les objets à examiner, les experts nommés et un juge commissaire, pour recevoir le serment des experts. Il y a toujours trois experts, à moins que les parties ne consentent qu'il soit procédé par un seul. Aux opérations des experts les parties assistent, avec droit de faire leurs observations. Les experts rédigent ensuite un rapport, où ils ne doivent formuler qu'un seul avis, à la pluralité des voix. Ce rapport est déposé au greffe, puis lu à l'audience ; mais il ne lie pas les juges.

*Expertise devant les tribunaux de commerce.* — L'expertise y a ceci de particulier que le tribunal peut toujours, et sans le consentement des parties, nommer un seul expert ; en outre, lorsqu'il y a lieu d'examiner des comptes, pièces et registres, il a à sa disposition un moyen analogue à l'expertise, la nomination d'un ou trois arbitres. (Code proc. civ., art. 429 et suiv.)

*Expertise en justice de paix.* — Le droit pour le juge de paix d'ordonner une expertise résulte notamment de l'article 42 du Code de procédure civile.

*Expertise en matière administrative.* — Les tribunaux administratifs jouissent de la plus grande latitude pour prescrire une expertise, sauf, toutefois, dans quelques matières spéciales. Devant les conseils de préfecture, l'expertise est réglée par les articles 13 et suivants de la loi du 22 juillet 1889. En matière de contributions directes et taxes assimilées, les règles à suivre sont tracées par la loi du 17 juillet 1895.

*Expertise en matière criminelle.* — Le Code d'instruction criminelle ne s'est occupé des expertises qu'à l'occasion du flagrant délit (art. 43, 44 et 59). Mais, en fait, le magistrat chargé de l'instruction d'une affaire a le droit de recourir à une expertise toutes les fois qu'il la juge utile, et l'expertise est également un moyen de preuve commun à toutes les juridictions de répression (cours d'assises, tribunaux correctionnels ou de simple police).

*Expertise légale en matière de douanes.* — Les contestations qui peuvent s'élever entre la douane et le commerce relativement à l'espèce, à la qualité ou à l'origine des marchandises doivent être déférées à un comité spécial d'expertise (formé de fonctionnaires et de négociants ou fabricants), institué par la loi du 27 juillet 1822.

**Exploit.** — Acte de procédure signifié par un officier public, le plus ordinairement par un huissier.

Les exploits peuvent intervenir dans des circonstances très diverses, notamment pour assigner la partie, à laquelle on les notifie à comparaître, dans un certain délai, devant telle ou telle juridiction, pour répondre à une demande judiciaire formée contre elle ; ou bien pour la mettre en demeure de remplir une obligation, en lui intimant l'ordre de réaliser un fait déterminé ; ou bien encore pour exécuter à son encontre les décisions ou mandements de l'autorité soit judiciaire, soit même administrative.

On considère comme communes aux exploits de toute nature les règles que le Code de procédure civile (art. 61 à 68) formule à propos des exploits d'ajournement ou d'assignation.

Tout exploit est rédigé en original et en copie. L'original reste aux mains de la partie agissante ou requérante, pour faire foi de l'injonction qu'elle a fait adresser au défendeur ; la copie, reproduction exacte et textuelle de l'original, est remise au défendeur.

Depuis une loi du 15 février 1899, modifiant l'article 68 du Code de procédure civile, « Tous exploits seront faits à personne ou domicile ; mais, si l'huissier ne trouve au domicile ni la partie, ni aucun de ses parents ou serviteurs, il remettra de suite la copie à un voisin, qui signera l'original ; si ce voisin ne veut ou ne peut signer, l'huissier remettra la copie au maire ou adjoint de la commune, lequel visera l'original sans frais. Lorsque la copie sera remise à toute autre personne que la partie elle-même ou le procureur de la République, elle sera délivrée sous enveloppe fermée, ne portant d'autre indication, d'un côté, que les nom et demeure de la partie, et, de l'autre, que le cachet de l'étude de l'huissier apposé sur la fermeture du pli. » Il est dû à l'huissier pour chaque copie remise sous enveloppe 0 fr. 15 (Décret du 13 nov. 1899), 0 fr. 05 en matière pénale. (Décret du 25 juill. 1903.)

**Explosifs.**

L'article 3 de la loi du 19 juin 1871 sur la fabrication des armes de guerre punit d'un emprisonnement de six mois à cinq ans et d'une amende de 50 à 3 000 francs, sans préjudice de l'application de l'article 463 du Code pénal, la fabrication ou la détention non autorisées « de machines ou engins meurtriers ou incendiaires, agissant par explosion ou autrement, ou de poudre fulminante, quelle qu'en soit la composition ».

La loi du 18 décembre 1893 généralise cette énumération et punit : 1° la fabrication ou la détention, sans autorisation et sans motifs légitimes, de machines ou engins meurtriers ou incendiaires agissant par explosion ou autrement, ou d'un explosif quelconque ; 2° la fabrication ou la détention, sans motifs légitimes, de toute autre substance destinée à entrer dans la composition d'un explosif. La loi de 1871 ne visait que le fait : la loi de 1893, par l'addition des mots *sans motifs légitimes*, donne aux juges l'appréciation du fait.

La destruction et la dégradation par substances explosibles sont punies des peines portées par la loi du 2 avril 1892, qui a modifié les articles 435 et 436 du Code pénal.

**Expropriation forcée.** — Vente par autorité de justice des biens immobiliers d'un débiteur à la requête des créanciers.

Toute poursuite en expropriation d'immeubles doit être précédée d'un commandement de payer, fait, à la diligence et requête du créancier, à la personne du débiteur ou à son domicile, par le ministère d'un huissier. (Code civ., art. 2217.)

Les formes du commandement et celles de la poursuite sur l'expropriation sont réglées par le Code de proc. civ. (art. 548 et suiv., 551, 583, 673 et suiv., 718 et suiv.), qui règle également l'ordre de la distribution du prix des immeubles et la manière d'y procéder. V. SAISIE, ORDRE.

**Expropriation pour cause d'utilité publique.** — Dérogation au principe de la propriété en vertu de laquelle un propriétaire peut être dépossédé de son bien pour cause d'utilité publique et moyennant une juste et préalable indemnité.

Pour qu'il y ait lieu à l'exercice du droit d'expropriation, il faut : 1° que l'utilité publique soit déclarée et constatée ; 2° que le propriétaire reçoive une indemnité préalablement à sa dépossession.

*Déclaration d'utilité publique.* — L'expropriation pour cause d'utilité publique, étant une grave atteinte portée à la propriété, ne peut s'opérer que par autorité de justice. (Loi du 3 mai 1841, art. 1er.)

Les tribunaux ne peuvent prononcer l'expropration qu'autant que l'utilité en a été constatée et déclarée dans les formes prescrites par la loi. — Ces formes consistent : 1° dans la loi ou le décret qui autorise l'exécution des travaux pour lesquels l'expropriation est requise ; 2° dans l'acte du préfet qui désigne les localités ou territoires sur lesquels les travaux doivent avoir lieu, lorsque cette désignation ne résulte pas de la loi ou du décret ; 3° dans l'arrêté ultérieur par lequel le préfet détermine les propriétés particulières auxquelles l'expropriation sera applicable, après que les parties intéressées auront été mises en état de fournir leurs contredits (*Id.*, art. 2.)

Tous les grands travaux publics, routes nationales, canaux, chemins de fer, canalisation de rivières, bassins et docks, entrepris par l'État, les départements, les communes ou par des sociétés, compagnies particulières, sont exécutés en vertu d'une loi, rendue après enquête administrative. — Un décret suffit pour autoriser l'exécution des routes départementales, celle des canaux et chemins de fer d'embranchement de moins de 20 000 mètres de longueur, des ponts et de tous autres travaux de moindre importance. (*Id.*, art. 3.)

*Arrêté de cessibilité.* — On donne ce nom à l'arrêté motivé que prend le préfet pour déterminer les propriétés à exproprier et l'époque à laquelle il conviendra d'en prendre possession. (*Id.*, art. 11.) Il est précédé d'une instruction destinée à protéger les intérêts privés. Un *plan parcellaire* est déposé à la mairie de chaque commune, où les intéressés ont huit jours pour présenter leurs observations. Ce délai ne court qu'à dater de l'avertissement donné collectivement aux intéressés par publication à son de caisse, par affichage à la porte de la mairie et par insertion dans un journal de l'arrondissement. (*Id.*, art. 6.) Une commission d'arrondissement donne son avis et peut proposer la modification du tracé des travaux, auquel cas les intéressés ont à nouveau huit jours pour faire leurs observations. (Loi du 3 mai 1841, art. 4 à 10.)

L'arrêté de cessibilité n'est susceptible de recours que pour excès de pouvoir. (Conseil d'Etat, 13 février 1874.)

*Règles d'expropriation.* — L'expropriation une fois déclarée, la propriété peut être transmise soit par *cession amiable*, soit par suite d'un *jugement d'expropriation*. En cas de cession amiable, la loi édicte des mesures spéciales en ce qui concerne les biens des incapables, mineurs, interdits. Les tuteurs, les envoyés en possession provisoire et tous les représentants des incapables peuvent, après autorisation du tribunal, donnée sur simple requête en la chambre du conseil, le ministère public entendu, consentir amiablement à l'aliénation desdits biens. Le tribunal ordonne les mesures de conservation ou de remploi qu'il juge nécessaires. — Ces dispositions sont applicables aux immeubles dotaux. (*Id.*, art. 13.)

A défaut de conventions amiables, soit avec les propriétaires des terrains ou bâtiments dont la cession est reconnue nécessaire, soit avec ceux qui les représentent, le préfet transmet au procureur de la République dans le ressort duquel les biens sont situés la loi ou le décret qui autorise l'exécution des travaux, et l'arrêté de cessibilité. (*Id.*, art. 13.)

Dans les trois jours, le procureur de la République requiert et le tribunal prononce l'expropriation pour cause d'utilité publique des terrains ou bâtiments indiqués dans l'arrêté du préfet. Si dans l'année de l'arrêté de cessibilité l'administration n'a pas poursuivi l'expropriation, tout propriétaire peut demander au tribunal de statuer.

Dans le cas où les propriétaires à exproprier consentent à la cession, mais où il n'y a point accord sur le prix, le tribunal donne acte du consentement, et désigne le magistrat *directeur du jury*, sans qu'il soit besoin de rendre le jugement d'expropriation. (*Id.*, art. 14.)

Le jugement est publié et affiché, par extrait, dans la commune de la situation des biens. Il est en outre inséré dans l'un des journaux publiés dans l'arrondissement, ou, s'il n'en existe aucun, dans l'un de ceux du département. — Cet extrait, contenant les noms des propriétaires, les motifs et le dispositif du jugement, leur est notifié au domicile qu'ils ont élu dans l'arrondissement de la situation des biens, par une déclaration faite à la mairie de la commune où les biens sont situés; et, dans le cas où cette élection de domicile n'aurait pas eu lieu, la notification de l'extrait sera faite en double copie au maire et au fermier, locataire, gardien ou régisseur de la propriété. (*Id.*, art. 15.)

Le jugement prononce ou refuse l'expropriation. S'il la prononce, c'est le propriétaire qui seul peut se pourvoir contre le jugement; dans le cas contraire, c'est l'administration dont cette décision entrave les travaux qui qui l'attaque. Toutefois il n'existe qu'une seule voie de recours : c'est le pourvoi en cassation, qui lui-même n'est autorisé (art. 20, § 1er) que pour incompétence, excès de pouvoir ou vices de forme du jugement; il faut y ajouter la violation expresse de la loi.

Le pourvoi en cassation se forme par déclaration au greffe du tribunal et non à celui de la Cour de cassation.

Le jugement doit contenir l'indication exacte des parcelles dont il prononce l'expropriation, ainsi que les noms des propriétaires, tels que les donne la matrice des rôles. Ces désignations sont nécessaires, et elles doivent être complètes et rigoureusement exactes, attendu que l'expropriation est dénoncée à chaque propriétaire par la signification du dispositif de l'arrêt qui le concerne. De plus, le jugement est affiché, et, s'il contenait, au lieu de désignations explicites, un simple renvoi à l'arrêté du préfet, il faudrait afficher aussi cet arrêté, en ayant soin de supprimer les expropriations non autorisées par le jugement. Le jugement doit contenir encore nomination d'un magistrat directeur du jury et d'un juge destiné à le remplacer pour les expropriations consenties par les propriétaires, mais avec contestation sur le chiffre de l'indemnité.

*Effets du jugement d'expropriation.* — Immédiatement après l'accomplissement des formalités prescrites par l'article 15, le jugement est transcrit au bureau de la conservation des hypothèques, conformément à l'article 2181 du Code civil. (*Id.*, art. 16.)

Dans la quinzaine de la transcription, les privilèges et les hypothèques conventionnelles, judiciaires ou légales, sont inscrits. — A défaut d'inscription dans ce délai, l'immeuble exproprié est affranchi de tous privilèges et hypothèques, de quelque nature qu'ils soient, sans préjudice des droits des femmes, mineurs et interdits, sur le montant de l'indemnité, tant qu'elle n'a pas été payée ou que l'ordre n'a pas été réglé définitivement entre les créanciers. — Les créanciers inscrits n'ont dans aucun cas la faculté de surenchérir; mais ils peuvent exiger que l'indemnité soit fixée par le jury. (*Id.*, art. 17.)

Les actions en résolution, en revendication, et toutes autres actions réelles, ne peuvent arrêter l'expropriation ni en empêcher l'effet. Le droit des réclamants est transporté sur le prix, et l'immeuble en demeure affranchi. (*Id.*, art. 18.)

Le jugement d'expropriation brisant tous les contrats, formés par le propriétaire ou ses auteurs, qui auraient pour effet de démembrer la propriété ou d'en asservir une parcelle quelconque, l'Etat peut ainsi, moyennant le payement de l'indemnité, acquérir la propriété complète, et non pas seulement la propriété plus ou moins grevée, plus ou moins restreinte. L'indemnité se divise donc en autant de parts que la propriété. Si l'exproprié a la propriété complète, il perçoit non seulement l'indemnité afférente à la nue propriété, mais encore celle qui est afférente à l'usufruit; si, au contraire, le propriétaire n'a qu'un tiers de la jouissance, qu'il ait aliéné l'usufruit des deux autres tiers, l'indemnité sera perçue par le propriétaire pour la nue propriété et un tiers de la jouissance, et par l'usufruitier pour les deux autres tiers.

Le jugement d'expropriation a pour effet de transférer, d'attribuer la propriété à l'expropriant; mais l'exproprié reste en possession de l'immeuble jusqu'au payement de l'indemnité.

*Règlement des indemnités. Jury d'expropriation.* — Dans la huitaine qui suit la notification prescrite par l'article 15, le propriétaire est tenu de faire connaître à l'administration les fermiers, locataires, ceux qui ont des droits d'usufruit, d'habitation ou d'usage, et ceux qui peuvent réclamer des servitudes résultant des titres mêmes du propriétaire ou d'autres actes dans lesquels il serait intervenu; sinon, il resterait seul chargé envers eux des indemnités que ces derniers pourraient réclamer. — Les autres intéressés sont mis en demeure de faire valoir leurs droits par l'avertissement donné aux parties de prendre communication du plan déposé à la mairie : ils sont tenus de se faire connaître à l'administration dans le même délai de huitaine, à défaut de quoi ils sont déchus de tous droits à l'indemnité. (*Id.*, art. 21.)

L'administration notifie ses offres d'indemnités aux propriétaires et à tous autres intéressés, qui dans la quinzaine suivante sont tenus de déclarer leur acceptation ou le montant de leurs prétentions. (*Id.*, art. 23 et 24.)

Si ses offres ne sont pas acceptées, l'administration cite devant un jury spécial, appelé *jury d'expropriation*, les propriétaires et autres intéressés pour qu'il soit procédé au règlement des indemnités.

Dans sa session annuelle, le conseil général désigne pour chaque arrondissement, sur la liste des électeurs, 36 personnes au moins et

72 au plus (600 pour le département de la Seine, 200 pour l'arrondissement de Lyon), parmi lesquelles sont choisis, jusqu'à la session suivante ordinaire du conseil général, les membres du jury spécial appelé, le cas échéant, à régler les indemnités dues par suite d'expropriation pour la cause d'utilité publique.

Toutes les fois qu'il y a lieu de recourir à un jury spécial, la première chambre de la cour d'appel, dans les départements qui sont le siège d'une cour d'appel, et, dans les autres départements, la première chambre du tribunal du chef-lieu judiciaire, choisit en chambre du conseil seize jurés titulaires et quatre jurés supplémentaires. Ne peuvent être choisis : les propriétaires, fermiers, locataires de terrains et bâtiments qui restent à acquérir, les créanciers ayant inscription sur lesdits immeubles, tous autres intéressés. Les septuagénaires sont dispensés, s'ils le requièrent, des fonctions de juré. (*Id.*, art. 30.)

Tout juré qui, sans motifs légitimes, manque à l'une des séances ou refuse de prendre part à la délibération, encourt une amende de 100 francs au moins et de 300 francs au plus. L'amende est prononcée par le magistrat directeur du jury ; il statue en dernier ressort sur l'opposition qui serait formée par le juré condamné. Il prononce également sur les causes d'empêchement que les jurés proposent, ainsi que sur les exclusions ou incompatibilités dont les causes ne seraient survenues ou n'auraient été connues que postérieurement à la désignation. (*Id.*, art. 32.)

Le jury n'est constitué que lorsque les douze jurés sont présents. Les jurés ne peuvent délibérer valablement qu'au nombre de neuf au moins. (*Id.*, art. 35.)

Le magistrat directeur met sous les yeux du jury le tableau des offres et demandes, les plans parcellaires, les titres ou autres documents produits. Les parties peuvent présenter sommairement leurs observations. La discussion est publique. (*Id.*, art. 37.)

La clôture de l'instruction est prononcée par le magistrat directeur du jury, qui est un membre du tribunal de première instance. Les jurés se retirent immédiatement dans leur chambre pour délibérer, sans désemparer, sous la présidence de l'un d'eux, qu'ils désignent à l'instant même. La décision du jury fixe le montant de l'indemnité ; elle est prise à la majorité des voix. (*Id.*, art. 38.)

La décision du jury et l'ordonnance du magistrat directeur ne peuvent être attaquées que par la voie du recours en cassation. Le délai est de quinze jours pour ce recours, à partir du jour de la décision. (*Id.*, art. 42.)

Le jury prononce des indemnités distinctes en faveur des parties qui les réclament à des titres différents, comme propriétaires fermiers, locataires, usagers, etc. Dans le cas d'usufruit, une seule indemnité est fixée par le jury, eu égard à la valeur totale de l'immeuble : le nu propriétaire et l'usufruitier exercent leurs droits sur le montant de l'indemnité au lieu de l'exercer sur la chose. Lorsqu'il y a litige sur le fond du droit ou sur la qualité des réclamants, et toutes les fois qu'il s'élève des difficultés étrangères à la fixation du montant de l'indemnité, le jury règle l'indemnité indépendamment de ces litiges et difficultés sur lesquels les parties sont renvoyées à se pourvoir devant qui de droit.

L'indemnité allouée par le jury ne peut, en aucun cas, être inférieure aux offres de l'administration, ni supérieure à la demande de la partie intéressée. (*Id.*, art. 39.) Le chiffre fixé par le jury doit donc varier entre celui de l'offre et celui de la demande. C'est lui qui sert de base à la condamnation aux dépens. Si le chiffre de l'indemnité est égal à celui de l'offre, l'indemnitaire est condamné ; s'il est égal à celui de la demande, c'est l'administration qui est condamnée ; enfin, si l'indemnité est à la fois supérieure à l'offre de l'administration et inférieure à la demande des parties, les dépens sont compensés de manière à être supportés par les parties et l'administration, suivant la proportion de l'écart entre leur chiffre et celui du jury. La décision est signée par tous les membres qui y ont concouru et remise au magistrat directeur, qui la déclare exécutoire, à charge par l'administration, qui peut prendre possession, de se conformer aux articles réglant le mode de payement. La décision du jury et l'ordonnance d'*exequatur* ne peuvent être attaquées que par un pourvoi en cassation, et seulement pour violation des principes de la compétence, excès de pouvoir ou fausse interprétation de la loi. Comme en matière civile le pourvoi n'est pas suspensif, l'administration peut, dès que la décision est connue, procéder au payement préalable à la prise de possession.

Dans le cas où l'administration conteste au détenteur exproprié le droit à une indemnité, le jury, sans s'arrêter à la contestation, dont il renvoie le jugement devant qui de droit, fixe l'indemnité comme si elle était due, et le magistrat directeur du jury en ordonne la consignation pour ladite indemnité rester déposée jusqu'à ce que les parties se soient entendues, ou que le litige soit vidé. (*Id.*, art. 49.)

Les bâtiments dont il est nécessaire d'acquérir une portion pour cause d'utilité publique sont achetés en entier, si les propriétaires le requièrent par une déclaration formelle adressée au magistrat directeur du jury. (*Id.*, art. 50.)

Mais en ce cas le propriétaire ne jouira pas du droit de préemption quant aux parcelles restant disponibles après l'exécution des travaux. (*Id.*, art. 62.)

*Du payement des indemnités.* — Les indemnités réglées par le jury sont, préalablement à la prise de possession, acquittées entre les mains des ayants droit. S'ils se refusent à les recevoir, la prise de possession a lieu après offres réelles et consignation. (*Id.*, art. 53.)

S'il existe des inscriptions sur l'immeuble exproprié ou d'autres obstacles au versement des deniers entre les mains des ayants droit, les sommes dues sont consignées, pour être ultérieurement distribuées ou remises selon les règles du droit commun. (*Id.*, art. 54.)

Si, dans les six mois du jugement d'expropriation, l'administration ne poursuit pas la fixation de l'indemnité, les parties peuvent exiger qu'il soit procédé à ladite fixation. Quand l'indemnité a été réglée, si elle n'est ni acquittée ni consignée dans les six mois de la décision du jury, les intérêts courent de plein droit à l'expiration de ce délai. (*Id.*, art. 55.)

*Timbre et enregistrement.* — Les contrats de vente, quittances et autres actes relatifs à l'acquisition des terrains peuvent être passés dans la forme des actes administratifs. (*Id.*, art. 56.)

Les plans, procès-verbaux, certificats, significations, jugements, contrats, quittances et autres actes faits en vertu de la présente loi sont visés pour timbre et enregistrés gratis, lorsqu'il y a lieu à la formalité de l'enregistrement. — Il n'est perçu aucuns droits pour la transcription des actes au bureau des hypothèques. — Les droits perçus sur les acquisitions amiables faites antérieurement aux arrêtés du préfet sont restitués lorsque, dans le délai de deux ans à partir de la perception, il est justifié que les immeubles acquis sont compris dans ces arrêtés. La restitution des droits ne peut s'appliquer qu'à la portion des immeubles qui aura été reconnue nécessaire à l'exécution des travaux. (*Id.*, art. 58.)

*Rétrocession.* — Si les terrains acquis pour les travaux d'utilité publique ne reçoivent pas cette destination, les anciens propriétaires ou leurs ayants droit peuvent en demander la remise. Le prix des terrains rétrocédés est fixé à l'amiable, et, s'il n'y a pas accord, par le jury, dont la fixation ne peut, en aucun cas, excéder la somme moyennant laquelle les terrains ont été acquis. (*Id.*, art. 60.)

D'après la jurisprudence de la Cour de cassation, lorsque, postérieurement à l'expropriation, le propriétaire a vendu l'immeuble d'où a été extraite la parcelle expropriée, le droit de préemption n'appartient pas au sous-acquéreur, mais à l'ancien propriétaire.

*Prise de possession pour cause d'urgence.* — Lorsqu'il y a urgence de prendre possession de terrains non bâtis, l'urgence est spécialement déclarée par décret. (*Id.*, art. 65.)

Le décret qui déclare l'urgence et le jugement sont notifiés aux propriétaires et aux détenteurs avec assignation dans les trois jours devant le tribunal civil. (*Id.*, art. 66.)

Au jour fixé, le propriétaire et les détenteurs sont tenus de déclarer la somme dont ils demandent la consignation avant l'envoi en possession. Faute par eux de comparaître, il est procédé en leur absence.

Le tribunal fixe le montant de la somme à consigner. (*Id.*, art. 68.)

La consignation doit comprendre, outre le principal, la somme nécessaire pour assurer, pendant deux ans, le payement des intérêts à 5 pour 100. (*Id.*, art. 69.)

**Exterritorialité.** — Immunité de droit public qui exempte certaines personnes du pouvoir de juridiction de l'Etat sur le territoire duquel ils se trouvent.

Les personnes qui jouissent de l'*exterritorialité* sont censées n'avoir pas quitté leur territoire national. Ce sont : 1° les chefs d'Etats, ainsi que leur épouse et leur suite, c'est-à-dire les fonctionnaires et les serviteurs qui les accompagnent ; 2° les agents diplomatiques, les membres de leur famille et le personnel qui les accompagne ; on reconnaît l'exterritorialité même au personnel non officiel avec des distinctions qui varient de pays en pays ; 3° les consuls, hors des pays de chrétienté, et en pays de chrétienté lorsqu'une convention la leur a formellement reconnue. Dans les pays hors chrétienté, les sujets et citoyens d'Etats chrétiens, étant soumis à la juridiction de leur consul et non à celle de la justice locale, ont aussi l'exterritorialité.

**Extorsion.** — Crime qui consiste à arracher par la violence soit la signature ou la remise d'un titre quelconque emportant obligation, disposition ou décharge, soit la remise de fonds ou valeurs.

L'extorsion d'un écrit par la violence est punie des travaux forcés à temps. L'extorsion par menace de révélations ou d'imputations diffamatoires, soit d'un écrit, soit de fonds ou valeurs (v. CHANTAGE), est punie d'un emprisonnement d'un an à cinq ans et d'une amende de 50 francs à 3 000 francs. (Code pén., art. 400.)

**Extradition.** — Fait par un Etat de livrer un individu, accusé ou coupable d'un crime ou d'un délit, à l'Etat dont il est le sujet ou à celui sur le territoire duquel l'infraction a été commise.

Certains Etats n'accordent l'extradition que s'ils y sont obligés par un traité ; d'autres procèdent sans conventions. Pour les premiers, l'extradition n'est accordée que pour les infractions mentionnées dans la convention et l'énumération faite par le traité est entendue d'une façon restrictive.

L'infraction doit être punie à la fois par la législation de l'Etat requérant et par celle de l'Etat requis. On n'accorde l'extradition que pour les faits d'une certaine gravité (les contraventions de simple police et les délits spéciaux, comme les délits de pêche et de chasse, les délits forestiers ne donnent pas lieu à l'extradition). L'extradition suppose des infractions de droit commun ; aussi l'extradition ne saurait être en principe accordée pour la désertion des soldats ou pour des crimes politiques.

L'individu extradé ne peut être jugé dans le pays requérant que pour l'infraction mentionnée dans l'acte d'extradition. Si une nouvelle infraction est découverte à la charge du même individu, une nouvelle demande d'extradition doit être formée, à moins que l'infraction ne soit connexe à celle pour laquelle il a été livré ou que l'inculpé ne consente à être jugé pour cette nouvelle infraction

# F

## Façade et hauteur des maisons.

*Façade.* — Le maire a le droit de prohiber l'emploi, dans les constructions, de matériaux qui présenteraient un danger permanent de chute ou d'incendie. Il peut notamment interdire la construction des façades en assemblages de charpentes dits « pans de bois » : la contravention à cette prohibition est punie d'une amende de simple police de 1 à 5 francs. (Code pén., art. 471, § 15.)

La démolition de la façade doit, en outre, être ordonnée par le juge.

A Paris, la construction des façades en pans de bois est interdite.

La connaissance des contraventions appartient au conseil de préfecture, et l'amende à laquelle peuvent être condamnés le propriétaire et l'entrepreneur ne s'élève pas à moins de 300 francs.

Les propriétaires ne peuvent pas être astreints à construire les façades de leurs maisons sur un plan donné, d'exécuter tels ou tels ornements, d'observer telle ou telle disposition pour le placement des ouvertures dans le but de maintenir la régularité et la symétrie dans toutes les rues; mais ils doivent observer les prescriptions relatives à l'alignement lorsque les immeubles longent ou joignent la voie publique (v. VOIRIE) et celles ayant trait à la hauteur des maisons lorsque cette hauteur a été limitée par un arrêté municipal. V., plus bas, *Hauteur*.

Les propriétaires ne peuvent non plus être contraints de badigeonner, de recrépir périodiquement toutes les maisons et murailles donnant sur les rues, promenades, routes et faubourgs. Toutefois, dans Paris, en vertu du décret du 26 mars 1852, et dans certaines autres villes auxquelles ce règlement a été déclaré applicable par décret, les façades doivent être grattées, repeintes ou badigeonnées au moins une fois tous les dix ans, sur l'injonction qui est faite aux propriétaires par l'autorité municipale. Les contrevenants encourent une amende qui ne peut excéder 100 francs et qui est prononcée, à Paris par le conseil de préfecture, dans les autres villes par le tribunal correctionnel.

Le maire peut prescrire la réparation ou la démolition des murs, bâtiments ou édifices quelconques longeant la voie ou la place publique, lorsqu'ils menacent ruine et qu'ils pourraient, par leur effondrement, compromettre la sécurité (Loi du 21 juin 1898, art. 3). Les contestations donnent lieu à des expertises contradictoires et sont déférées au conseil de préfecture, qui peut autoriser le maire à faire exécuter d'office les travaux nécessaires, aux frais du propriétaire. En cas de péril imminent constaté par un homme de l'art, désigné par le juge de paix, à la requête du maire, celui-ci a le droit d'ordonner les mesures provisoires utiles pour garantir la sécurité, et de les faire au besoin exécuter d'office, toujours aux frais du propriétaire. A Paris, c'est le préfet de la Seine qui adresse au propriétaire du bâtiment en péril l'injonction de faire cesser ce péril.

*Hauteur.* — La limitation de la hauteur des bâtiments peut être légalement établie par un arrêté municipal. Cette limitation est faite en principe suivant la largeur des rues. L'arrêté peut s'appliquer aux constructions édifiées dans l'intérieur des propriétés et ne donnant pas sur la voie publique, à raison des inconvénients de la privation d'air, de jour, et des dangers d'incendie. L'infraction au règlement municipal qui limite la hauteur des maisons est une contravention de petite voirie, passible d'une amende de 1 franc à 5 francs (Code pén., art. 471, § 15). Le tribunal de simple police, compétent pour en connaître, doit ordonner la démolition des travaux exécutés au mépris du règlement.

Des règles spéciales ont été édictées pour la ville de Paris par le décret du 23 juillet 1884. La hauteur des maisons y varie suivant la largeur des rues et ne peut en aucun cas excéder 20 mètres; le nombre d'étages ne peut être supérieur à sept au-dessus du rez-de-chaussée, entresol compris; la hauteur du rez-de-chaussée ne peut jamais être inférieure à 2m,80 ni celle des autres étages à 2m,60, mesurés sous plafond. Les contraventions à ces dispositions sont sanctionnées par le conseil de préfecture lorsqu'il s'agit de bâtiments bordant la voie publique (amende de 3 000 francs contre le propriétaire et de 1 000 francs contre les maîtres maçons, charpentiers et autres ouvriers, art. 7 de la déclaration de 1783), et par le tribunal de simple police lorsqu'il s'agit de constructions élevées dans l'intérieur des propriétés (amende de 1 franc à 5 francs, art. 471, §§ 5 et 15 du Code pén.). La loi du 23 mars 1842 permet de réduire jusqu'au vingtième les amendes de 3 000 francs à 1 000 francs précitées; elles ne peuvent être abaissées au-dessous de 16 francs. En dehors de l'amende, le conseil de préfecture doit ordonner la démolition des parties du bâtiment élevées en contravention le long de la voie publique.

La hauteur et les dimensions des cheminées peuvent également être limitées par le maire.

## Facture. — Ecrit destiné à constater les quantités et les prix des marchandises fournies par un commerçant.

La loi du 23 août 1871 soumet au droit de timbre de 0 fr. 10 (v. QUITTANCE) les acquits donnés sur une facture lorsque le prix de la fourniture est supérieur à 10 francs.

Les factures signées à la fois par le vendeur et par l'acheteur constituent un véritable contrat de vente soumis, comme tel, aux mêmes règles au point de vue du timbre et de l'enregistrement.

**Facultés** (Droit marit.). — Nom générique donné à tout ce qui constitue le chargement du navire, par opposition au mot *corps*, qui désigne le navire lui-même et tous ses accessoires.

**Facultés.** — Etablissements d'enseignement supérieur destinés à donner cet enseignement et jouissant du privilège de la collation des grades. V. INSTRUCTION PUBLIQUE.

**Faillite.** — Etat d'un commerçant qui a cessé ses payements et n'a pas été admis au bénéfice de la liquidation judiciaire.

Deux lois principales réglementent la matière : 1° la loi du 28 mai 1838, qui a complètement remanié le régime des faillites établi par le Code de commerce de 1807, et qui se trouve incorporée dans ce code (art. 437 à 614) ; 2° la loi du 4 mars 1889, qui a remédié aux vices les plus apparents de la législation antérieure et a institué, à côté de l'état de faillite, une situation spéciale et de faveur, la « liquidation judiciaire », qu'elle réserve au débiteur malheureux et de bonne foi.

La loi de 1838 s'ouvrait par cette déclaration nette et rigoureuse : « Tout commerçant qui cesse ses payements est en état de faillite. » La réforme consacrée par la loi de 1889 a consisté surtout en ce que la cessation de payements n'entraîne plus nécessairement la faillite. La faillite, actuellement considérée comme la peine de la négligence, de l'imprudence ou de la faute, n'intervient plus que dans trois circonstances : 1° lorsque le bénéfice de la liquidation judiciaire n'a pas été demandé par le débiteur; 2° lorsque ce bénéfice lui a été refusé; 3° lorsque, dans les cas de déchéance prévus par l'article 19 de la loi de 1889, ce bénéfice lui a été retiré. V. LIQUIDATION JUDICIAIRE.

Un individu ne peut être failli que s'il est commerçant et s'il a cessé ses payements (Code comm., art. 437). Il n'est pas indispensable que la cessation de payements soit absolue ; mais il faut, du moins, qu'elle soit assez complète pour ne laisser aucun doute sur l'impossibilité où se trouve le commerçant de faire face à ses engagements et de continuer le commerce.

La faillite d'un commerçant peut être déclarée après son décès, lorsqu'il est mort en état de cessation de payements; mais la déclaration, d'office ou à la requête des créanciers, ne pourra intervenir passé l'année qui suivra le décès. (*Id.*, art. 437.)

*Déclaration de faillite.* — Dans les quinze jours de la cessation de ses payements, y compris le jour même de la cessation, le failli est tenu d'en faire la déclaration au greffe du tribunal de commerce de son domicile (art. 438). Sinon, il s'expose à être poursuivi pour banqueroute simple et à perdre le bénéfice de la liquidation judiciaire.

La déclaration est accompagnée du dépôt du bilan ou contient l'indication des motifs qui empêchent le failli de le déposer. Le *bilan* donne l'énumération et l'évaluation de tous les biens mobiliers et immobiliers du débiteur, l'état des dettes actives et passives, le tableau des profits et pertes, le tableau des dépenses; il est certifié véritable, daté et signé par le débiteur. (*Id.*, art. 439.)

La faillite est déclarée par jugement du tribunal de commerce, rendu soit sur la déclaration du failli, soit à la requête d'un ou de plusieurs créanciers, soit d'office. Ce jugement est exécutoire par provision. (*Id.*, art. 440.)

Le jugement déclaratif nomme un *juge-commissaire* et, sous le titre de *syndics provisoires*, un ou plusieurs administrateurs des biens du failli.

Par le jugement déclaratif de la faillite, ou jugement ultérieur rendu sur le rapport du juge-commissaire, le tribunal détermine, soit d'office, soit sur la poursuite de toute partie intéressée, l'époque à laquelle a eu lieu la cessation de payements, c'est-à-dire l'ouverture de la faillite. A défaut de détermination spéciale, la cessation de payements est réputée avoir eu lieu à partir du jugement déclaratif de la faillite. (*Id.*, art. 441.)

Le jugement déclaratif (et, s'il y a lieu, le jugement ultérieur) fixant la date de cessation des payements est affiché et inséré par extrait dans les journaux du lieu où la faillite a été déclarée et de tous les lieux où le failli a des établissements commerciaux. (*Id.*, art. 442.)

Le jugement déclaratif est susceptible d'opposition et d'appel tant de la part du failli que de celle de toute partie dont les intérêts sont menacés par les effets de la déclaration. Le jugement qui fixe la date de cessation des payements peut être également attaqué par les intéressés autres que les créanciers dans le délai d'un mois, par les créanciers jusqu'à la fin de la procédure de vérification et d'affirmation des créances.

*Rapport de faillite.* — On désigne ainsi l'annulation du jugement qui a déclaré un commerçant en faillite. Lorsqu'il est démontré que le commerçant mis en faillite peut faire face à ses affaires ; que les juges, appelés à prononcer sa faillite sans débats contradictoires, ont été induits en erreur sur sa véritable position, tous intéressés peuvent (par voie d'opposition ou d'appel, suivant les cas) demander le rapport de la faillite. (Code comm., art. 580, 582.)

*Effets du jugement déclaratif de faillite.* — Le jugement déclaratif de faillite emporte *à partir de sa date* des effets nombreux et importants.

Le failli est frappé d'incapacités diverses. L'incapacité électorale est limitée à dix ans à dater du jugement déclaratif ; toutefois, si le failli non condamné pour banqueroute recouvre l'électorat à l'expiration de la dixième année, il n'est éligible qu'après sa réhabilitation.

Il ne peut être nommé ni agent de change, ni courtier. L'article 613 du Code de commerce lui interdit l'entrée de la Bourse. Le décret du 16 janvier 1808 ne permet pas à la Banque de France de l'admettre à l'escompte. Enfin, l'agent de change déclaré en faillite est poursuivi comme banqueroutier et puni des travaux forcés.

Dessaisi de l'administration de tous ses biens (*Id.*, art. 443), il se trouve ainsi frappé, quant à ses biens, d'une incapacité générale de contracter, mais il peut exercer les actions attachées exclusivement à sa personne, et il continue d'administrer en tant que mari, père ou tuteur. Il ne lui est d'ailleurs pas interdit de faire librement du commerce, de réaliser des bénéfices dont la masse pourrait (c'est une question de fait) être appelée à profiter.

Aucune poursuite individuelle ne peut être dirigée contre lui ; sa personne et ses biens échappent à toute voie d'exécution. (*Id.*, art. 443.) Peuvent exceptionnellement poursuivre : 1° les créanciers privilégiés et hypothécaires, tant que les créanciers ne sont pas en état d'union ; 2° les créanciers gagistes ; 3° le bailleur, dès qu'il s'est écoulé huit jours à partir de l'expiration du délai accordé aux créanciers pour la vérification de leurs créances. (*Id.*, art. 450.) Hormis ces cas exceptionnels, les poursuites sont suivies, les voies d'exécution dirigées contre le *syndic* désigné par le tribunal pour administrer les biens du failli.

Le jugement déclaratif rend exigibles les dettes passives non échues à l'égard du failli, mais non des coobligés ; cependant et exceptionnellement, en cas de faillite du souscripteur d'un billet à ordre, de l'accepteur d'une lettre de change ou du tireur à défaut d'acceptation, les autres obligés sont tenus de donner caution pour le payement à l'échéance, s'ils n'aiment mieux payer immédiatement. (*Id.*, art. 444.)

Le jugement déclaratif arrête, à l'égard de la masse des créanciers, le cours des intérêts de toutes créances non garanties par un privilège, par un nantissement ou par une hypothèque. — Les intérêts des créances garanties ne peuvent être réclamés que sur les sommes provenant des biens affectés au privilège, à l'hypothèque ou au nantissement. (*Id.*, art. 445.)

La masse des créanciers a une hypothèque sur les immeubles. (*Id.*, art. 490.)

A partir du jugement déclaratif, aucune inscription de privilège ou d'hypothèque ne peut être requise du chef du failli. (*Id.*, art. 448.)

En ce qui concerne les actes faits par le failli, la loi déclare absolument nuls tous ceux qui sont postérieurs à la déclaration de faillite.

Mais le jugement déclaratif de faillite produit également des effets dans le passé. En effet, ce jugement est considéré comme étant le terme d'une période, plus ou moins longue, dite *période suspecte*, qui commence à la cessation de payements et comprend même, suivant les cas, les dix jours précédents ; or les actes intervenus pendant cette période, présumés faits en fraude des droits des créanciers, sont soumis à un régime spécial de nullités.

Sont nuls de plein droit : tous actes translatifs de propriétés mobilières ou immobilières à titre gratuit ; tous payements, soit en espèces, soit par transport, vente, compensation ou autrement, pour les dettes non échues ; et, pour les dettes échues, tous payements faits autrement qu'en espèces ou effets de commerce ; toute hypothèque conventionnelle ou judiciaire, et tous droits d'antichrèse ou de nantissement constitués sur les biens du débiteur après que la dette a été contractée. (*Id.*, art. 446.)

Sont annulables : tous autres payements faits par le débiteur pour dettes échues, et tous autres actes à titre onéreux par lui passés après la cessation de ses payements et avant le jugement déclaratif de faillite, lorsque ceux qui ont traité avec le débiteur avaient connaissance de la cessation de ses payements. (*Id.*, art. 447.)

Dans le cas où des lettres de change auraient été payées après la cessation de payements et avant le jugement déclaratif de faillite, l'action en rapport pourra être intentée contre le tireur d'une lettre de change ou contre le premier endosseur d'un billet à ordre s'il est établi qu'ils avaient connaissance de la cessation des payements à l'époque de l'émission du titre. (*Id.*, art. 449.)

Les droits d'hypothèque et de privilège valablement acquis pourront être inscrits jusqu'au jour du jugement déclaratif de la faillite. Néanmoins les inscriptions prises après l'époque de la cessation de payements, ou dans les dix jours qui précèdent, pourront être déclarées nulles, s'il s'est écoulé plus de quinze jours entre la date de l'acte constitutif de l'hypothèque ou du privilège et celle de l'inscription. Ce délai sera augmenté d'un jour à raison de 5 myriamètres de distance entre le lieu où le droit d'hypothèque aura été acquis et le lieu où l'inscription sera prise. (*Id.*, art. 448.)

Le conjoint, les descendants ou les ascendants du failli, ou ses alliés aux mêmes degrés, qui auraient détourné, diverti ou recelé des effets appartenant à la faillite, sans avoir agi de complicité avec le failli, seront punis des peines du vol. (*Id.*, art. 594.)

Même en cas d'acquittement, le tribunal statue d'office sur la réintégration à la masse des créanciers de tous biens, droits ou actions frauduleusement soustraits, et sur les dommages-intérêts qui seraient demandés. (*Id.*, art. 596.)

Le créancier qui aura stipulé, soit avec le failli, soit avec toutes autres personnes, des avantages particuliers à raison de son vote dans les délibérations de la faillite, ou qui aura fait un traité particulier duquel résulterait en sa faveur un avantage à la charge de l'actif du failli, sera puni correctionnellement d'un emprisonnement qui ne pourra excéder une année, et d'une amende qui ne pourra être au-dessus de 2 000 francs. (*Id.*, art. 597.)

*Revendication.* (Code comm., art. 574-579.) — Les effets de commerce remis au failli pour être recouvrés puis gardés en dépôt ou affectés à un payement déterminé peuvent, s'ils sont encore dans le portefeuille du failli, être revendiqués par demande au syndic. Cette demande est soumise à l'assentiment du juge-commissaire et, en cas de désaccord, à la décision du tribunal.

D'une manière générale, le propriétaire a le droit de revendiquer ceux de ses biens qui sont entre les mains du failli. Les marchandises consignées ou déposées chez le failli peuvent être revendiquées si elles existent encore en nature, si leur identité est établie, et si le dépositaire ou le consignataire rembourse les frais faits à l'occasion des marchandises. Le prix ou la partie du prix de ces marchandises est même remis au vendeur s'il n'est pas encore payé.

La revendication peut être également faite des marchandises expédiées mais non encore livrées au failli ou à son commettant, sauf si elles ont été vendues de bonne foi sur facture, et le vendeur a le droit de retenir les marchandises non livrées ou expédiées au failli ou à un tiers pour le compte du failli.

*Personnel de l'administration de la faillite.* — Il comprend : 1° le *juge-commissaire*, dont les fonctions consistent, en général, à surveiller et accélérer les opérations de la faillite (art. 451 à 454); 2° les *contrôleurs :* élus par les créanciers, et, parmi eux, au nombre de un ou de deux, les contrôleurs sont des surveillants gratuits de la faillite, mais il dépend des créanciers d'en nommer ou non, suivant les circonstances (loi du 4 mars 1889) ; 3° les *syndics*, représentants de la masse et du failli.

Le syndic est l'administrateur salarié de la faillite. Il représente le failli, dessaisi par le jugement déclaratif, et les créanciers, dont il fait valoir les intérêts communs. Il est nommé provisoirement par le jugement déclaratif, afin d'accomplir les actes conservatoires urgents, et définitivement par le tribunal, sur l'avis de l'assemblée des créanciers, dans un délai de quinze jours. Il procède à l'inventaire des biens, au recouvrement des dettes actives, met au net la situation du failli. L'exploitation du fonds de commerce peut être autorisée par le juge-commissaire, à la diligence du syndic. Les créanciers consentent-ils à un concordat simple, le syndic rend compte de sa gestion au failli, qui reprend l'administration de ses biens. En cas de concordat par abandon ou d'union, au contraire, le syndic, maintenu ou remplacé par le tribunal sur l'avis des créanciers, fait vendre les biens du failli et effectue la répartition de l'actif entre les créanciers. Les syndics peuvent être nommés au nombre de trois par faillite; ils reçoivent une indemnité arbitrée par le tribunal de commerce et sont solidairement responsables de leur gestion. (Code comm., art. 462 et suiv.)

*Procédure préparatoire de la solution.* — Elle comprend à la fois des mesures relatives à la personne du failli (arrestation et secours alimentaires) et des mesures relatives à ses biens (apposition des scellés, inventaire, actes conservatoires, recouvrement des effets et créances exigibles, etc.). Elle prend fin par la *vérification* et *l'affirmation des créances*, dont le but est d'établir la composition exacte de la masse des créanciers. (Code comm., art. 491-503.)

A partir du jugement déclaratif de la faillite, les créanciers peuvent remettre au greffier du tribunal un bordereau indicatif des sommes par eux réclamées ; c'est ce qu'on appelle la *production des titres*. La vérification des créances produites se fait, aux lieu, jour et heure indiqués par le juge-commissaire, en assemblée générale des créanciers, sous la présidence du juge-commissaire, et le failli présent ou appelé ; elle a lieu contradictoirement entre les syndics et chaque créancier ou son mandataire. Le créancier admis est tenu d'affirmer, en présence du juge-commissaire, que sa créance est sincère et véritable.

Si la créance est admise, les syndics signent, sur chacun des titres, la déclaration suivante : *Admis au passif de la faillite de... pour la somme de... le...* Le juge-commissaire vise la déclaration.

Si la créance est contestée, le juge-commissaire peut, sans qu'il soit besoin de citation, renvoyer à bref délai devant le tribunal de commerce, qui juge sur son rapport.

Lorsque la contestation sur l'admission d'une créance est portée devant le tribunal de commerce, celui-ci ordonne qu'il sera sursis à statuer ou qu'il sera procédé à la convocation de l'assemblée pour la formation du concordat, auquel cas il peut décider par provision que le créancier contesté sera admis dans les délibérations pour une somme que le jugement déterminera.

Le créancier dont le privilège ou l'hypothèque seulement serait contesté est admis dans les délibérations de la faillite comme créancier ordinaire.

A défaut de comparution et affirmation dans les délais qui leur sont applicables, les défaillants connus ou inconnus ne sont pas compris dans les répartitions à faire : toutefois, la voie de l'opposition leur reste ouverte jusqu'à la distribution des deniers inclusivement. Leur opposition ne pourra suspendre l'exécution des répartitions ordonnancées par le juge-commissaire ; mais s'il est procédé à des répartitions nouvelles avant qu'il ait été statué sur leur opposition, ils seront compris pour la somme provisoirement déterminée par le tribunal, et qui sera tenue en réserve jusqu'au jugement de leur opposition. — S'ils se font ultérieurement reconnaître comme créanciers, ils ne pourront rien réclamer sur les répartitions ordonnancées par le juge-commissaire ; mais ils auront le droit de prélever, sur l'actif non encore réparti, les dividendes afférents à leurs créances dans les premières répartitions. (Code comm., art. 503.)

La faillite peut aboutir : soit au *concordat*, simple ou par abandon d'actif ; soit à l'*union ;* soit à l'impasse de la *clôture pour insuffisance d'actif*.

*Concordat.* — Le concordat est une convention intervenue entre le failli et la majorité de ses créanciers, et dont l'effet est de remettre le failli à la tête de ses affaires. Il ne peut être accordé au banqueroutier frauduleux. (Code de comm., art. 504 à 527.)

Dans les trois jours qui suivent les délais prescrits pour l'affirmation des créances, le juge-commissaire convoque, à l'effet de délibérer sur la formation du concordat, les créanciers dont les créances ont été vérifiées et affirmées, ou admises par provision. Ils doivent, au jour dit, se présenter en personne ou par fondés de pouvoirs. Le failli est appelé à cette assemblée ; il ne peut s'y faire représenter que pour des motifs valables, approuvés par le juge-commissaire.

Les créanciers hypothécaires inscrits ou dispensés d'inscription, et les créanciers privilégiés ou nantis d'un gage, n'ont pas voix dans les opérations relatives au concordat pour lesdites créances, à moins qu'ils ne renoncent à leurs hypothèques, gages ou privilèges. Le vote au concordat emporte de plein droit cette renonciation.

Mais le créancier d'un failli qui a à la fois une créance chirographaire et une créance garantie par un gage peut voter au concordat pour la première sans perdre son gage pour la seconde. (Cour de Paris, 21 juin 1893.)

Le concordat n'est accordé que s'il se manifeste une majorité en nombre et une majorité en sommes qui est des deux tiers. S'il est consenti seulement soit par la majorité en nombre, soit par la majorité en sommes, la délibération est remise à huitaine pour tout délai.

Tous les créanciers qui ont eu droit de concourir au concordat, ou dont les droits ont été reconnus depuis, peuvent y former opposition, signifiée aux syndics et au failli dans les huit jours et contenant assignation à la première audience du tribunal de commerce.

Celui-ci, à l'expiration du délai de huitaine, statue sur l'homologation du concordat.

Si, pendant ce délai, il a été formé des oppositions, le tribunal statue sur ces oppositions et sur l'homologation par un seul et même jugement. Si l'opposition est admise, l'annulation du concordat est prononcée à l'égard de tous les intéressés.

L'homologation du concordat le rend obligatoire pour tous les créanciers portés ou non portés au bilan, vérifiés ou non vérifiés.

Les fonctions des syndics prennent fin. Ils rendent au failli leur compte définitif, en présence du juge-commissaire, lui remettent l'universalité de ses biens, livres, papiers et effets.

Le concordat fait donc cesser le dessaisissement et revivre les poursuites individuelles des créanciers. Comme il constitue une remise partielle des dettes du failli, celui-ci est quitte envers ses créanciers par cela seul qu'il paye le dividende. Pour le surplus, il ne peut être poursuivi, à moins que la remise partielle n'ait été faite que sauf retour à meilleure fortune, auquel cas le failli reste de nouveau obligé civilement. Sinon, le créancier n'a d'autre droit que celui de s'opposer à la réhabilitation, subordonné au payement intégral des dettes en capital et intérêts. V. plus loin.

Le concordat peut être annulé, soit pour dol, soit par suite de condamnation pour banqueroute frauduleuse intervenue après son homologation. Les cautions sont, en ce cas, de plein droit libérées.

En cas d'inexécution, par le failli, des conditions de son concordat, la résolution peut en être poursuivie contre lui devant le tribunal de commerce, en présence des cautions, qui, ici, demeurent obligées.

Sur le vu de l'arrêt de condamnation pour banqueroute frauduleuse, ou par le jugement qui prononce soit l'annulation, soit la résolution du concordat, le tribunal de commerce nomme un juge-commissaire et un ou plusieurs syndics, qui procèdent, sans retard, avec l'assistance du juge de paix, sur l'ancien inventaire, au récolement des valeurs, actions et des papiers, procèdent, s'il y a lieu, à un supplément d'inventaire, dressent un bilan supplémentaire, invitent les créanciers nouveaux à produire, dans le délai de vingt jours, leurs titres de créances à la vérification.

Les actes faits par le failli postérieurement au jugement d'homologation, et antérieurement à l'annulation ou à la résolution du concordat, ne sont annulés qu'en cas de fraude aux droits des créanciers. Les créanciers antérieurs au concordat rentrent dans l'intégralité de leurs droits à l'égard du failli seulement ; mais ils ne figurent dans la masse que pour les proportions suivantes : s'ils n'ont touché aucune part du dividende, pour l'intégralité de leurs créances ; s'ils ont reçu une partie du dividende, pour la portion de leurs créances primitives correspondante à la portion du dividende promis qu'ils n'auront pas touchée. Ainsi, le failli me devant 1 000 francs et le dividende ayant été fixé à 50 pour 100, j'ai reçu 250 francs. Ma créance se trouve réduite à 500 francs, et je ne figurerai dans la masse que pour 500 francs.

*Concordat par abandon d'actif.* (Code comm., art. 541.) — Un concordat par abandon total ou partiel de l'actif du failli peut être formé suivant les règles prescrites pour le concordat simple, et produit les mêmes effets ; il est annulé ou résolu de la même manière. Pour la liquidation de l'actif abandonné, le concordat par abandon est assimilé à l'union, c'est-à-dire que cette liquidation est faite à la diligence des créanciers.

*Union des créanciers.* (Code comm., art. 529-541.) — S'il n'intervient point de concordat, les créanciers chirographaires ou hypothécaires sont de plein droit en état d'union.

Les syndics représentent la masse des créanciers et sont chargés de procéder à la liquidation ; néanmoins les créanciers peuvent leur donner mandat de continuer l'exploitation de l'actif, en vertu d'une délibération prise en présence du juge-commissaire, à la majorité des trois quarts des créanciers en nombre et en sommes. La voie de l'opposition est ouverte contre cette délibération au failli et aux créanciers dissidents.

Les syndics poursuivent la vente des immeubles, marchandises et effets mobiliers du failli, et la liquidation de ses dettes actives et passives, sans qu'il soit besoin d'appeler le failli. Ils transigent sur toute espèce de droits appartenant au failli, nonobstant toute opposition de sa part.

Lorsque la liquidation est terminée, les créanciers sont convoqués, pour entendre les syndics rendre leurs comptes en présence du failli. Ils donnent leur avis sur l'excusabilité de ce dernier, et après la clôture du procès-verbal, l'union est dissoute de plein droit.

Le tribunal prononce si le failli est ou non excusable.

Si le failli n'est pas déclaré excusable, les créanciers rentrent dans l'exercice de leurs actions individuelles.

*Clôture pour insuffisance d'actif.* (Code comm., art. 527, 528.) — La clôture pour insuffisance d'actif a lieu lorsque, à quelque époque que ce soit, avant l'homologation du concordat ou la formation de l'union, l'insuffisance de l'actif ne permet pas de poursuivre le cours des opérations de la faillite. Cette clôture des opérations est prononcée par un jugement. Dès lors, le droit de poursuites individuelles renaît au profit des créanciers ; mais sous tous autres rapports les effets du jugement déclaratif sont maintenus.

La clôture pour insuffisance d'actif ne fait donc point cesser le dessaisissement du failli, qui ne pourrait ni vendre un immeuble que le syndic aurait négligé d'aliéner, ni participer au partage d'une succession à lui échue sans l'assistance du syndic.

L'exécution du jugement qui fait rentrer chaque créancier dans l'exercice de ses actions individuelles, tant contre les biens que contre la personne du failli, est suspendue pendant un mois. De plus, le failli ou tout autre intéressé peut, à toute époque, le faire rapporter par le tribunal, en justifiant qu'il existe des fonds pour faire face aux frais des opérations de la faillite, ou en faisant consigner entre les mains des syndics somme suffisante pour y pourvoir. Dans tous les cas, les frais des poursuites déjà exercées devront être préalablement acquittés.

*Différentes espèces de créanciers. — Des coobligés et des cautions.* (Code comm., art. 542-545.) Le créancier porteur d'engagements souscrits, endossés ou garantis solidairement par le failli et d'autres coobligés qui sont en faillite, participe aux distributions dans toutes les masses, et y figure pour la valeur nominale de son titre jusqu'à parfait payement. S'il a reçu, avant la faillite, un acompte sur sa créance, il n'est compris dans la masse que sous la déduction de cet acompte, et conserve, pour le surplus, ses droits contre le coobligé ou la caution. Le coobligé ou la caution qui a fait le payement partiel est compris dans la même masse pour tout ce qu'il a payé à la décharge du failli.

Nonobstant le concordat, les créanciers conservent leur action pour la totalité de leur créance contre les coobligés du failli.

*Créanciers nantis de gages, créanciers privilégiés sur les biens meubles du failli.* (Code comm., art. 546-550 et 450.) Les créanciers du failli valablement nantis de gages ne sont inscrits dans la masse que pour mémoire. La faillite laisse en effet subsister les privilèges et hypothèques grevant les droits du failli.

Les syndics peuvent, à toute époque, retirer les gages au profit de la faillite, en remboursant la dette.

Dans le cas où le gage n'est pas retiré par les syndics et est vendu par le créancier moyennant un prix excédant la créance, le surplus est recouvré par les syndics ; si le prix est moindre que la créance, le créancier nanti vient à contribution pour le surplus, dans la masse, comme créancier ordinaire.

Le salaire acquis aux ouvriers directement employés par le failli pendant les trois mois qui ont précédé l'ouverture de la faillite est admis au nombre des créances privilégiées, au même rang que le privilège pour le salaire des gens de service.

Le même privilège est accordé aux commis sédentaires ou voyageurs, savoir : s'il s'agit d'appointements fixes, pour les salaires dus durant les six mois antérieurs à la déclaration ; s'il s'agit de remises proportionnelles, pour les commissions définitivement acquises dans les trois derniers mois précédant le jugement déclaratif, alors même que la cause de ces créances remonterait à une époque antérieure.

Les baux des immeubles affectés à l'industrie ou au commerce du failli, y compris les locaux dépendant de ces immeubles et servant à l'habitation du failli et de sa famille, sont-ils résiliés de plein droit, il est accordé aux syndics huit jours, à partir de l'expiration du délai accordé aux créanciers domiciliés en France pour la vérification de leurs créances, pendant lesquels ils peuvent notifier au propriétaire leur intention de continuer le bail, à la charge de satisfaire à toutes les obligations du locataire. Cette notification ne peut avoir lieu qu'avec l'autorisation du juge-commissaire et le failli entendu.

Jusqu'à l'expiration de ces huit jours, toutes voies d'exécution sur les effets mobiliers servant à l'exploitation du commerce ou de l'industrie du failli, et toutes actions en résiliation de bail, sont suspendues, sans préjudice de toutes mesures conservatoires et du droit qui serait acquis au propriétaire de reprendre possession des lieux loués. Dans ce cas, la suspension des voies d'exécution cesse de plein droit.

Le bailleur doit, dans les quinze jours qui suivront la notification qui lui est faite par les syndics, former sa demande en résiliation. Faute par lui de l'avoir formée dans ledit délai, il est réputé avoir renoncé à se prévaloir des causes de résiliation déjà existantes à son profit. (Code comm., art 450.)

Si le bail est résilié, le propriétaire a privilège, pour les deux dernières années de location échues avant le jugement déclaratif de faillite, sur l'année courante, pour tout ce qui concerne l'exécution du bail et pour les dommages-intérêts qui pourraient lui être alloués par les tribunaux.

Au cas de non-résiliation, le bailleur, une fois payé de tous les loyers échus, ne peut exiger le payement des loyers en cours ou à échoir, si les sûretés qui lui ont été données lors du contrat sont maintenues, ou si celles qui lui ont été fournies depuis la faillite sont jugées suffisantes.

Lorsqu'il y a vente et enlèvement des meubles garnissant les lieux loués, le bailleur exerce son privilège comme au cas de résiliation, et en outre, pour une année à échoir à partir de l'expiration de l'année courante, que le bail ait ou non date certaine.

Les syndics peuvent continuer ou céder le bail pour tout le temps restant à courir, à la charge, par eux ou leurs cessionnaires, de maintenir dans l'immeuble gage suffisant, et d'exécuter, au fur et à mesure des échéances, toutes les obligations résultant du droit ou de la convention, mais sans que la destination des lieux loués puisse être changée.

Dans le cas où le bail contiendrait interdiction de céder le bail ou de sous-louer, les créanciers ne peuvent faire leur profit de la location que pour le temps à raison duquel le bailleur aurait touché ses loyers par anticipation, et toujours sans que la destination des lieux puisse être changée. (*Id.*, art. 550.)

*Droits de la femme du failli.* (Code comm., art. 557-564.) — En cas de faillite du mari, la femme dont les apports en immeubles ne se trouveraient pas mis en communauté reprend en nature lesdits immeubles et ceux qui lui sont survenus par succession ou par donation. Elle reprend pareillement les immeubles acquis par elle et en son nom des deniers provenant desdites successions et donations, pourvu que la déclaration d'emploi soit expressément stipulée au contrat d'acquisition, et que l'origine des deniers soit constatée par inventaire ou par tout autre acte authentique.

Sous quelque régime qu'ait été formé le contrat de mariage et hors le cas prévu ci-dessus, la présomption légale est que les biens acquis par la femme du failli appartiennent à son mari, ont été payés de ses deniers, et doivent être réunis à la masse de son actif, sauf à la femme à fournir la preuve contraire.

La femme reprend en nature les effets mobiliers qu'elle s'est constitués par contrat de mariage, ou qui lui sont advenus par succession ou donation, et qui ne sont pas entrés en communauté, toutes les fois que l'identité en est prouvée par inventaire ou tout autre acte authentique. A défaut, par la femme, de faire cette preuve, tous les effets mobiliers, tant à l'usage du mari qu'à celui de la femme, sont acquis aux créanciers, sauf au syndic à lui remettre, avec l'autorisation du juge-commissaire, les habits et linge nécessaires à son usage.

Si la femme a payé des dettes pour son mari, la présomption légale est qu'elle l'a fait des deniers de celui-ci, et elle ne peut, en conséquence, exercer aucune action dans la faillite, sauf la preuve contraire.

Lorsque le mari sera commerçant au moment de la célébration du mariage, ou lorsque, n'ayant pas alors d'autre profession déterminée, il sera devenu commerçant dans l'année, les immeubles qui lui appartiendraient à l'époque de la célébration du mariage, ou qui lui seraient advenus depuis, soit par succession, soit par donation entre vifs ou testamentaire, seront seuls soumis à l'hypothèque de la femme : 1° pour les deniers et effets mobiliers qu'elle aura apportés en dot, ou qui lui seront advenus depuis le mariage par succession ou donation entre vifs ou testamentaire, et dont elle prouvera la délivance ou le payement par acte ayant date certaine ; 2° pour le remploi de ses biens aliénés pendant le mariage ; 3° pour l'indemnité des dettes par elle contractées avec son mari.

La femme dont le mari était commerçant à l'époque de la célébration du mariage, ou dont le mari, n'ayant pas alors d'autre profession déterminée, sera devenu commerçant dans l'année qui suivra cette célébration, ne pourra exercer dans la faillite aucune action en raison des avantages portés au contrat de mariage, et, dans ce cas, les créanciers ne pourront, de leur côté, se prévaloir des avantages faits par la femme au mari dans ce même contrat.

L'hypothèque légale de la femme subit, on le voit, en matière de faillite, les restrictions commandées par l'intérêt des créanciers.

*Réhabilitation du failli.* (Code comm., art. 604-614, et loi du 30 décembre 1903). — Le Code de commerce n'avait organisé qu'un seul type de réhabilitation : pouvait se faire réhabiliter le failli qui avait intégralement acquitté son passif, en capital et intérêts, et qui ne se trouvait pas dans un des cas d'incapacité prévus par la loi. Mais cette faveur n'était point accordée au failli concordataire, même après payement du dividende promis. La loi du 30 décembre 1903 maintient, sous le nom de *réhabilitation de droit*, la réhabilitation du Code de commerce, et elle crée, en outre, la réhabilitation accordée au failli concordataire. La *réhabilitation de droit* est soumise à la condition de libération intégrale déjà exigée par le Code de commerce. Mais les intérêts des dettes du failli ne peuvent être réclamés au delà des limites de la prescription de cinq ans ; de plus, le débiteur est dispensé de recourir, en cas de disparition d'un créancier, aux offres réelles suivies de consignation ; il se libère valablement par le dépôt à la Caisse des dépôts et consignations du montant de sa dette.

Pour être réhabilité de droit, l'associé d'une maison de commerce tombée en faillite doit justifier qu'il a acquitté dans les mêmes conditions toutes les dettes de la société, lors même qu'un concordat particulier lui aurait été consenti.

La *réhabilitation du failli concordataire* peut être obtenue, en cas de probité reconnue, après cinq ans, à partir du jugement déclaratif de faillite, par le failli concordataire qui, au moment de la demande, aura intégralement payé les dividendes promis. La loi étend, en outre, ce bénéfice, sous les mêmes conditions de délai et de probité reconnue, au failli qui justifie de la remise entière de ses dettes par ses créanciers ou de leur consentement unanime à sa réhabilitation.

Le Code de commerce avait confié à la cour d'appel du domicile du failli le soin de prononcer sa réhabilitation. La loi du 30 décembre 1903 transporte la compétence en cette matière au tribunal de commerce qui a déclaré la faillite.

Toute demande en réhabilitation est adressée au procureur de la République de l'arrondissement dans lequel la faillite a été prononcée, avec pièces justificatives. Le tribunal de commerce statue après enquête faite par le président et par le procureur de la République du domicile du demandeur sur la demande qui leur est transmise. Dans le cas de réhabilitation de droit, le tribunal se borne à constater la sincérité des justifications produites, et, si elles sont conformes à la loi, il prononce la réhabilitation. Dans le cas de faillite concordataire et dans les cas assimilés, les juges apprécient les circonstances de la cause. Le jugement peut être frappé d'appel devant la cour par le demandeur et le procureur de la République, dans le délai d'un mois, à partir de l'avis qui leur en est donné par lettres recommandées. La cour statue dans les mêmes formes que le tribunal.

Les créanciers vérifiés à la faillite et non entièrement payés de leurs créances ou du dividende promis ont le droit de s'opposer à la réhabilitation ; ils peuvent exercer ce droit devant la cour. Ils peuvent aussi intervenir dans la procédure et, en ce cas, interjeter appel du jugement dans le délai ci-dessus.

Le jugement qui admet la réhabilitation est mentionné sur le casier judiciaire du demandeur en regard de la déclaration de faillite.

Si la demande est rejetée, elle ne peut être reproduite qu'après une année d'intervalle.

L'article 612 du Code de commerce excluait du bénéfice de la réhabilitation les banqueroutiers frauduleux, les personnes condamnées pour vol, escroquerie, etc., et l'article 631 du Code d'instruction criminelle maintenait cette exclusion même après la réhabilitation pénale. La loi du 30 décembre 1903 abroge cette dernière disposition et permet, en conséquence, aux condamnés réhabilités au point de vue pénal, d'obtenir leur réhabilitation commerciale (art. 612 nouv.).

**Falsification.** — Altération d'une marchandise dans le but de tromper l'acheteur. V. FRAUDE.

**Famille (Conseil de).** — V. TUTELLE.

**Faute.** — Acte ou omission portant préjudice au droit d'autrui, mais sans la volonté de nuire, caractéristique du dol.

On doit distinguer la *faute délictuelle* et la *faute contractuelle.* La première ne suppose l'existence d'aucun lien de droit antérieur entre celui qui l'a commise et la personne lésée ; elle donne lieu à la responsabilité édictée par les articles 1382 et suivants du Code civil. (V. RESPONSABILITÉ.) La seconde, visée par l'article 1137, consiste dans un manquement à l'obligation de veiller à la conservation d'une chose que l'on est tenu de livrer. Jusqu'à livraison, le débiteur doit apporter à la chose « tous les soins d'un bon père de famille » ; et il en est ainsi soit que la convention ait pour objet l'utilité de l'une des parties, soit qu'elle ait pour objet leur utilité commune. C'est la *culpa levis in abstracto.* On s'accorde à reconnaître que l'art. 1137 contient une règle générale applicable à toutes les obligations dérivant de contrats ou de quasi-contrats. L'article ajoute seulement que cette responsabilité du débiteur est plus ou moins étendue, relativement à certains contrats ; ce que l'on interprète en ce sens que la règle posée dans le premier alinéa peut être tempérée dans certains cas. Il en est ainsi dans les cas de mandat gratuit (art. 1992) et de dépôt (art. 1927), où le débiteur n'est plus tenu que des soins qu'il apporte à ses propres affaires (*culpa levis in concreto*). La loi paraît avoir rejeté l'ancienne division introduite par les interprètes, qui admettaient trois degrés de *faute : faute lourde, légère* et *très légère.* Le débiteur était tenu de la faute lourde quand le contrat intervenait dans le seul intérêt du créancier ; de la faute légère, quand il intéressait le créancier et le débiteur ; de la faute très légère, quand il ne concernait que sa propre utilité.

**Faux.** — Manœuvre employée par un individu pour en tromper un autre. — Spécialement, *faux en écriture :* « altération de la vérité commise dans un écrit avec intention et possibilité de nuire à autrui. »

Le faux peut être commis *par écrit; — par paroles* (au cas de faux témoignage ou de faux serment) ; — *par actions* (par exemple, au cas de fabrication de fausse monnaie ou de contrefaçon des sceaux de l'Etat).

*Faux en écriture.* — C'est le faux en écriture qui est le faux proprement dit, et c'est celui que l'on désigne communément quand on emploie seul, sans autre qualification, le mot « faux ».

Le faux en écritures constitue un crime prévu et puni par les articles 145 et suivants du Code pénal. Il peut être juridiquement défini « une altération de la vérité, commise dans un écrit, avec intention et possibilité de nuire à autrui ». Le faux prend le nom de *faux en écritures authentiques, faux en écritures de commerce,* ou *faux en écritures privées,* suivant la nature de l'écrit qui a été falsifié.

Dans tous les cas, le faux est, quant à ses caractères et à son mode de perpétration, *matériel* ou *intellectuel :* le faux est dit matériel lorsqu'il s'exécute par altération matérielle et graphique de l'acte (par exemple, au cas de grattages ou de surcharges) ; — il est dit intellectuel (ou encore substantiel) quand il altère simplement la substance immatérielle et juridique de l'acte, c'est-à-dire son sens et sa portée, ses dispositions constitutives (par exemple au cas où, dans un testament qu'il reçoit, un notaire inscrit comme légataire Pierre au lieu de Paul.)

*Des faux en écriture publique ou authentique, et de commerce ou de banque.* (Code pén., art. 145-149.) Tout fonctionnaire ou officier public qui, dans l'exercice de ses fonctions, a commis un faux, soit par fausses signatures, soit par altération des actes, écritures ou signatures, soit par supposition de personnes, soit par des écritures faites ou intercalées sur des registres ou d'autres actes publics, depuis leur confection ou clôture, encourt la peine des travaux forcés à perpétuité. Il l'encourt également lorsqu'en rédigeant des actes de son ministère il en dénature frauduleusement la substance ou les circonstances. Sont punies des travaux forcés à temps toutes autres personnes qui ont commis un faux en écriture authentique et publique, ou en écriture de commerce ou de banque.

*Du faux en écriture privée.* (Code pén., art. 150-152.) Il est puni de la réclusion.

*Dispositions spéciales aux passeports, permis de chasse et certificats.* (Code pén., art. 153-162.) La fabrication d'un faux passeport ou d'un faux permis de chasse, ou leur falsification, sont, ainsi que leur usage, punis d'un emprisonnement de six mois au moins, et de trois ans au plus.

Quiconque prend, dans un passeport ou dans un permis de chasse, un nom supposé, ou concourt comme témoin à faire délivrer le passeport sous le nom supposé, s'expose à un emprisonnement de trois mois à un an.

La même peine est applicable à l'individu qui a fait usage d'un passeport ou d'un permis de chasse délivré sous un autre nom que le sien.

Toute personne qui, pour se rédimer elle-même ou affranchir une autre d'un service public quelconque, fabriquera, sous le nom d'un médecin, chirurgien ou autre officier de santé, un certificat de maladie ou d'infirmité, est punie d'un emprisonnement d'une année au moins et de trois ans au plus. Les certificats de complaisance délivrés par les médecins en vue de faire dispenser le prétendu malade d'une obligation publique exposent le médecin à des peines rigoureuses, surtout lorsque celui-ci a cédé à des motifs d'intérêt, auquel cas le corrupteur est puni des mêmes peines.

Un emprisonnement de six mois à deux ans frappe celui qui rédige sous le nom d'un fonctionnaire ou officier public un certificat de bonne conduite, d'indigence, etc., ou qui falsifie un certificat originairement véritable.

Si le certificat est fabriqué sous le nom d'un simple particulier, la fabrication et l'usage sont seulement punis de quinze jours à six mois d'emprisonnement.

Les faux certificats de toute autre nature, et d'où il peut résulter soit lésion envers des tiers, soit préjudice envers le Trésor public, seront punis comme faux en écriture.

Le Code pénal incrimine non seulement le faux lui-même, mais aussi l'usage fait sciemment de la pièce fausse.

Il est, dans tous les cas, prononcé contre les faussaires une amende de 100 francs à 3 000 francs et qui peut même être portée au quart du bénéfice illégitime que le faux aura procuré ou était destiné à procurer aux auteurs du crime ou du délit, à leurs complices ou à ceux qui ont fait usage de la pièce fausse.

*Faux témoignage.* — V. TÉMOIN.

*Faux serment.* — V. SERMENT.

*Contrefaçon des sceaux de l'Etat, billets de banque, monnaie, etc.* — V. ETAT, BILLET DE BANQUE, MONNAIE, etc.

**Faux incident civil.** — Procédure spéciale qui a pour but d'établir devant un tribunal civil la fausseté d'un acte authentique ou sous seing privé.

Le faux peut donner lieu à deux actions : l'une criminelle, poursuivie par le ministère public ; l'autre civile. L'action civile se présentant, le plus souvent, incidemment à un autre procès, s'appelle *faux incident* ou *faux incident civil*, tandis que l'action criminelle, étant généralement principale, a reçu le nom de *faux principal.*

Lorsque des poursuites criminelles sont exercées (Code Inst. crim., art. 448-464), il est sursis à statuer sur le faux civil ; d'où l'adage : *le criminel tient le civil en état.*

Dans l'usage, la procédure du faux incident est qualifiée du nom d'*inscription de faux*, parce que la partie qui attaque l'acte doit, tout d'abord, faire au greffe la déclaration qu'elle s'inscrit en faux contre cet acte.

La procédure à suivre au cas de faux incident ou d'inscription de faux est longue et compliquée ; elle est réglée par les articles 214 à 251 du Code de proc. civ. Le faux peut être prouvé par titres, témoins ou experts. S'il est reconnu, la pièce fausse est détruite. Le demandeur en faux qui succombe est condamné à une amende de 300 francs au moins et à tels dommages-intérêts qu'il appartient.

La procédure d'inscription de faux est obligatoire en matière d'actes authentiques ou d'écritures privées déjà vérifiées par la justice ; facultative en matière d'actes privés non vérifiés. V. PROCÈS-VERBAL.

## Femme.

La loi civile distingue entre les femmes célibataires, veuves ou divorcées et les femmes mariées. Les premières ont en principe la même condition juridique que l'homme. Quant à la femme mariée, elle se trouve frappée d'une incapacité générale. Elle doit obéissance à son mari. (Code civ., art. 213.) En se mariant, elle perd sa nationalité, son domicile, son nom, la libre disposition de sa personne. (*Id.*, art. 213.) Le mari ne peut même abandonner aucune parcelle des droits que la loi lui a donnés sur elle. (*Id.*, art. 1388.)

Durant le mariage, la puissance paternelle sur les enfants appartient au père seul ; le père peut, par testament, donner un tuteur à ses enfants mineurs, en excluant la mère. Relativement à l'administration de ses biens, la femme, même séparée de biens, ne peut ester en justice, donner, aliéner, hypothéquer, acquérir à titre onéreux ou gratuit, sans le concours ou le consentement du mari ou, à son défaut, l'autorisation de justice. Le mari administre les biens de la communauté, qui est le régime légal établi par le Code à défaut de contrat. Sous ce régime, il peut disposer même des revenus qui proviennent du travail personnel de la femme.

*Nationalité.* — L'étrangère qui a épousé un Français suit la condition de son mari et conserve la nationalité française si elle devient veuve ou divorcée.

La femme française qui épouse un étranger devient étrangère.

Lorsqu'un étranger se fait naturaliser Français, sa femme ne devient pas Française de plein droit, mais elle peut obtenir sans condition de stage la naturalisation, soit par le décret même qui la confère à son mari, soit par suite d'une déclaration au ministère de la Justice. (Code civ., art. 12.)

*Domicile.* — La femme mariée n'a d'autre domicile que celui de son mari, sauf lorsqu'elle est séparée de corps; mais les significations à la femme séparée doivent, en matière de questions d'Etat, être adressées également au mari, à peine de nullité. (Code civ., art. 108.)

Obligée d'habiter avec son mari, elle est tenue de le suivre partout, en retour de quoi le mari doit la recevoir et subvenir à ses besoins. (*Id.*, art. 214.)

*Mariage.* — La femme avant quinze ans révolus ne peut contracter mariage (Code civ., art. 144), sauf dispense accordée par le chef de l'Etat. (*Id.*, art. 445.) Tant qu'elle n'a pas atteint l'âge de vingt et un ans accomplis, elle ne peut contracter mariage sans le consentement de ses ascendants ou de certains d'entre eux. (V. MARIAGE.) Il ne lui est loisible de se remarier qu'après dix mois révolus depuis la dissolution du mariage précédent. (*Id.*, 228.)

*Droits politiques.* — Ils sont refusés à la femme, mais la femme commerçante participe aux élections consulaires.

*Femme commerçante.* — La femme commerçante ne peut s'établir en son nom sans le consentement de son mari, et la justice n'a pas à se substituer à lui. Une fois établie, elle s'oblige librement pour tout ce qui concerne son commerce. V. COMMERCE.

*Femme témoin.* — La femme majeure peut être témoin dans les actes de l'état civil, mais le mari et la femme ne peuvent être témoins dans le même acte. Elle peut être, sous la même réserve, témoin dans les actes instrumentaires en général. (Loi du 7 décembre 1897.)

*Incapacité de la femme mariée.* (Code civ., art. 215-226.) — La femme mariée ne peut, en principe, accomplir aucun acte de la vie civile ou judiciaire sans l'autorisation de son mari ou de la justice; cette incapacité est motivée par l'intérêt bien entendu de l'association conjugale, où ne doivent pas régner deux pouvoirs rivaux. En conséquence, la femme mariée ne peut sans l'autorisation du mari :

1° Ester en justice (même quand elle est commerçante). Toutefois en matière de divorce, elle n'a pas à être autorisée; si elle forme contre son mari une demande en séparation de corps ou de biens, elle se fait autoriser par le président du tribunal. Enfin, elle est poursuivie sans autorisation devant les tribunaux répressifs.

2° S'obliger sous n'importe quelle forme, c'est-à-dire : faire des donations ou des aliénations, hypothéquer, acquérir des biens, ni même en recevoir par donation ou par testament; accepter une succession ou y renoncer; recevoir le payement d'une créance ou acquitter une dette. Elle est même incapable de louer ses services sans l'autorisation du mari, sauf le cas où elle est abandonnée par lui. (Cass., 6 août 1878.)

Mais la loi lui permet de tester, de révoquer les donations qu'elle a faites à son mari pendant le mariage, de consentir ou non au mariage de ses enfants et d'accepter les donations dont ces derniers bénéficieraient, de faire tous les actes n'ayant d'autre but que d'assurer la conservation de ses biens (par exemple, prendre une hypothèque). Elle a la faculté de déposer de l'argent à la caisse d'épargne ou d'effectuer des versements à la caisse des retraites pour la vieillesse, à moins d'opposition de la part du mari. V. CAISSE.

Une femme abandonnée par son mari peut obtenir du juge de paix de saisir-arrêter et de toucher les appointements ou salaires de son conjoint dans la proportion de ses besoins et du nombre de ses enfants. Le même droit est reconnu au mari, au cas d'existence d'enfants, si la femme ne contribue pas volontairement aux charges du ménage.

Le mari donne son consentement par écrit. Il est censé le donner — et point n'est besoin dès lors de consentement exprès — lorsqu'il participe à l'acte de la femme : par exemple, si les deux époux s'engagent solidairement à rembourser un emprunt.

L'autorisation du mari peut être donnée d'une façon générale, notamment par le contrat de mariage, en ce qui concerne l'administration des biens; mais, sauf cette exception, l'autorisation du mari ou de la justice doit être renouvelée, spéciale à chaque action judiciaire, à chaque acte juridique.

Le mari refuse-t-il d'autoriser sa femme à plaider ou à passer un acte ? Est-il condamné à une peine afflictive ou infamante ? Est-il interdit, absent, ou simplement mineur ? La femme s'adresse au tribunal de première instance, dont l'autorisation supplée à celle du mari. Mais celui-ci n'est plus personnellement obligé à raison des engagements pris contre sa volonté.

La femme qui veut se faire autoriser après avoir fait une sommation à son mari, et sur le refus par lui fait, présente requête au président du tribunal, qui rend une ordonnance portant permission de citer le mari à la chambre du conseil, pour exposer les causes de son refus. Le mari entendu, ou faute par lui de se présenter, il est rendu, sur les conclusions du ministère public, un jugement qui statue sur la demande de la femme.

La femme de l'interdit se fait autoriser en la même forme; elle joint à sa requête le jugement d'interdiction. (Code proc. civ., art. 861-864.)

La capacité du mari, quant à ses biens personnels, n'est restreinte que par l'hypothèque légale de la femme. (V. HYPOTHÈQUE.) Quant aux biens de la femme, ses pouvoirs peuvent être restreints par le régime matrimonial. Si sous le régime de communauté ou d'exclusion de communauté le mari a l'administration et la jouissance des biens de la femme, par contre sous le régime de la séparation de biens (conventionnelle ou judiciaire) la femme a seule l'administration et la jouissance de son patrimoine, et, sous le régime dotal, des biens paraphernaux. V. DOT, COMMUNAUTÉ.

Les pouvoirs du mari peuvent être restreints : par le contrat de mariage, quand la femme se réserve la gestion de son patrimoine; — par la séparation de biens judiciaire ; — par l'emploi de la dot à des opérations de commerce, en vertu de l'autorisation qu'elle a reçue d'être » marchande publique «.

La femme séparée de corps recouvre sa capacité juridique, qu'elle avait perdue en se mariant. (Loi du 6 février 1893.)

La femme séparée de biens (soit par son contrat de mariage, soit par un jugement) peut faire tous les actes d'administration. Lorsque des actes ont été accomplis sans autorisation, la nullité peut en être demandée par le mari, pour la femme de bonne foi, et par leurs héritiers, tant que l'action en nullité des contrats n'est pas prescrite (10 ans) ou les jugements devenus définitifs faute d'appel ou d'opposition. V. ADULTÈRE, AVOCAT, CAISSE D'ÉPARGNE, CAISSE DE RETRAITES, COMMERCE, COMMUNAUTÉ, DIVORCE, DOT, FAILLITE, HYPOTHÈQUE, MARIAGE, SÉPARATION, TUTELLE, TRAVAIL.

**Ferme (Bail à).** — V. BAIL.

**Fêtes légales.**

Les jours fériés légaux sont : 1° les dimanches (Loi du 18 germinal an X, art. 57); — 2° l'Ascension (arrêté du 20 germinal an X); — 3° l'Assomption (même arrêté); — 4° la Toussaint (*id.*); — 5° Noël (*id.*); — 6° le 1er janvier (Avis du Conseil d'État, 20 mars 1810); — 7° le 14 juillet (Loi du 7 juillet 1880); — 8° le Lundi de Pâques (Loi du 8 mars 1886); — 9° le Lundi de la Pentecôte (même loi).

Les notaires peuvent les jours fériés recevoir les actes volontaires, mais non les inventaires, procès-verbaux, protêts, etc.

Les bureaux des receveurs de l'enregistrement et ceux des conservateurs des hypothèques doivent être fermés les jours fériés. (Loi du 19 germinal an X.)

Les tribunaux, sauf les justices de paix, vaquent les jours fériés ; les actes de procédure sont suspendus, et une permission du président du tribunal est nécessaire pour qu'un exploit soit donné ou une assignation en référé.

« Si l'échéance d'une lettre de change est à un jour férié légal, elle est payable le premier jour ouvrable qui suit. Il en est de même des billets à ordre et de tous autres effets de commerce. » (Code comm., art. 134.) Précédemment, les effets de commerce étaient payables la veille de l'échéance quand celle-ci tombait un jour de fête légale.

La loi du 13 juillet 1905 stipule, d'autre part, qu'aucun payement d'aucune sorte sur effet, mandat, chèque, compte courant, dépôt de fonds ou de titres ou autrement ne peut être exigé ni aucun protêt dressé : les 2 janviere 15 juillet, 2 novembre et 26 décembre, lorsqut ces jours tombent un samedi, et le 14 aoû, lorsqu'il tombe un lundi. Dans ce cas, le protêt des effets impayés le samedi ou le lundi précédents, ne pouvant être fait que le lundi ou le mercredi suivant, conservera néanmoins toute sa valeur à l'égard du tiré (c'est-à-dire de celui qui devait payer et ne l'a pas fait), ainsi qu'à l'égard des tiers.

La loi du 23 décembre 1904 édicte des dispositions identiques lorsque les 2 janvier, 15 juillet, 16 août, 2 novembre et 26 décembre tombent un lundi : en ce cas, le protêt ne peut être fait que le mardi suivant.

Les condamnations ne peuvent être exécutées les dimanches et fêtes, mais la saisie-revendication peut être autorisée en raison de son caractère urgent.

**Fidéicommis.** — Acte par lequel un donateur ou un testateur laisse quelque chose à une personne gratifiée en premier lieu, à charge de la livrer ultérieurement à une autre personne gratifiée en second lieu. V. FIDUCIE, SUBSTITUTION.

**Fidéicommissaire.** — Bénéficiaire réel d'une libéralité laissée à une autre personne par fidéicommis.

**Fiducie.** — Disposition par laquelle on charge une personne (*fiduciaire*) de l'administration d'un héritage ou de biens légués, à charge de les restituer, après un temps donné, au véritable légataire.

Dans la disposition gratuite appelée *fiducie*, le fiduciaire, en principe, n'est pas un gratifié ; à la différence de ce qui a lieu dans le fidéicommis ordinaire, ce n'est qu'un intermédiaire chargé d'administrer les biens et qui doit les restituer à leur bénéficiaire véritable ; il peut, d'ailleurs, être autorisé à une non-restitution partielle. La restitution a lieu à l'époque fixée par le disposant, époque qui peut être reportée à la mort du fiduciaire, si tant est que le disposant n'ait pas usé de ce moyen pour masquer une substitution prohibée (v. SUBSTITUTION); mais la fiducie, par elle-même, ne constitue pas une substitution. La question de savoir s'il y a fiducie est une question de fait.

La fiducie peut être expresse ou tacite. Elle n'est guère usitée dans nos mœurs que pour éluder une disposition légale édictant une incapacité de recevoir. Elle est alors illicite ; mais, en soi, la fiducie est parfaitement valable. Le grevé de fiducie licite, simple administrateur, n'a pas la propriété des biens et ne fait pas les fruits siens. Il ne doit pas les droits de mutation, il en fait simplement l'avance, qui doit lui être remboursée ; son mandat est irrévocable de la part du gratifié, qui ne l'a pas nommé. Il doit être traité, d'ailleurs, moins rigoureusement qu'un tuteur et, par exemple, ne doit point les intérêts des intérêts. Il doit restituer les biens à l'époque fixée, et, si le disposant ne l'en a dispensé, il est tenu de rendre compte de sa gestion.

**Filiation.** — Le lien qui unit les père et mère à l'enfant s'appelle *paternité* ou *maternité*, quand on le considère dans la personne du père ou de la mère ; — *filiation*, quand on le considère dans la personne de l'enfant.

On distingue la filiation *légitime*, la filiation *naturelle* ou *illégitime*, la filiation *adoptive*.

### Filiation légitime.

L'enfant conçu pendant le mariage a pour père le mari. (Code civ., art. 312.)

*Désaveu de paternité.* (Code civ., art. 312-318.) — Cependant, la loi autorise le mari à exercer l'action en désaveu de paternité dans les cas ci-après :

1° *Impossibilité physique de cohabitation.* L'enfant est né avant le 180e jour du mariage, et entre le 300e et le 180e jour avant la naissance le mari était dans l'impossibilité physique de cohabiter avec sa femme, soit pour cause d'éloignement, soit par suite d'un accident ayant entraîné l'impuissance. De plus, la loi n'admet pas que l'impuissance *naturelle* serve de base à l'action en désaveu; elle n'admet que l'impuissance *accidentelle.*

2° *Impossibilité morale de cohabitation*, établie par toute espèce de preuve (recel de la naissance, adultère de la femme, etc.).

3° En cas de jugement ou même de demande soit de *divorce*, soit de *séparation de corps*, le mari peut désavouer l'enfant né trois cents jours après la décision qui a autorisé la femme à avoir un domicile séparé, et moins de cent quatre-vingts jours depuis le rejet définitif de la demande ou depuis la réconciliation. L'action en désaveu n'est pas admise s'il y a eu réunion de fait entre les époux. (Loi du 18 avril 1886.)

4° *Naissance précoce de l'enfant.* L'action en désaveu est recevable si l'enfant est né avant le 180e jour du mariage, sauf si le mari a eu connaissance de la grossesse avant le mariage ou signé l'acte de naissance, ou bien si l'enfant n'est pas né viable.

Dans les divers cas où le mari est autorisé à réclamer, il doit le faire dans le mois s'il se trouve sur les lieux de la naissance de l'enfant; dans les deux mois après son retour si à la même époque il est absent; dans les deux mois après la découverte de la fraude si on lui avait caché la naissance de l'enfant.

L'action du mari, si celui-ci était encore au moment de sa mort dans les délais légaux, passe à ceux de ses héritiers qui ont un intérêt pécuniaire à agir.

Un tuteur *ad hoc* est donné à l'enfant mineur pour défendre à l'action en désaveu. Ce tuteur est-il nommé par le tribunal ou par un conseil de famille? Controverse.

*Contestation de légitimité.* — La légitimité de l'enfant né trois cents jours après la dissolution du mariage pourra être contestée par tout intéressé : mari divorcé, héritiers du mari, l'enfant lui-même s'il y a un avantage. L'action leur est ouverte, tant que les intérêts qui la motivent ne sont pas atteints par la prescription.

*Preuves de la filiation des enfants légitimes.* (Code civ., art. 319-330.) — La filiation des enfants légitimes se prouve : 1° par les actes de naissance inscrits sur les registres de l'état civil; 2° à défaut de ce titre, par la possession constante de l'état d'enfant légitime ; 3° par témoins.

La possession d'état (v. ÉTAT) s'établit par une réunion suffisante de faits qui indiquent le rapport de filiation et de parenté entre un individu et la famille à laquelle il prétend appartenir. Les principaux de ces faits sont : que l'individu a toujours porté le nom du père auquel il prétend appartenir ; que le père l'a traité comme son enfant, et a pourvu, en cette qualité, à son éducation, à son entretien et à son établissement; qu'il a été reconnu constamment pour tel dans la société; qu'il a été reconnu pour tel par la famille.

A défaut de titre et de possession constante, ou si l'enfant a été inscrit soit sous de faux noms, soit comme né de père et mère inconnus, la preuve de filiation peut se faire par témoins. Néanmoins, cette preuve ne peut être admise que lorsqu'il y a commencement de preuve par écrit, ou lorsque les présomptions ou indices résultant de faits dès lors constants sont assez graves pour déterminer l'admission.

Le commencement de preuve par écrit résulte des titres de famille, des registres et papiers domestiques du père ou de la mère, des actes publics et même privés émanés d'une partie engagée dans la contestation, ou qui y aurait intérêt si elle était vivante.

La preuve contraire peut se faire par tous les moyens propres à établir que le réclamant n'est pas l'enfant de la mère qu'il prétend avoir, ou même, la maternité prouvée, qu'il n'est pas l'enfant du mari de la mère.

Les tribunaux civils seront seuls compétents pour statuer sur les réclamations d'état.

L'action en réclamation d'état est imprescriptible à l'égard de l'enfant, mais elle ne peut être intentée par les héritiers de l'enfant qui n'a pas réclamé, qu'autant qu'il est décédé mineur, ou dans les cinq années après sa majorité.

Les héritiers peuvent suivre cette action lorsqu'elle a été commencée par l'enfant, à moins qu'il ne s'en soit désisté formellement, ou qu'il n'ait laissé passer trois années sans poursuites, à compter du dernier acte de la procédure.

*Filiation naturelle.* — V. ENFANT, LÉGITIMATION, PATERNITÉ.

*Filiation adoptive.* — V. ADOPTION.

**Fin de non-recevoir.** — Moyen destiné à faire déclarer non recevable une demande en justice sans que les tribunaux aient à en apprécier le mérite. V. EXCEPTION.

## Finances (Ministère des).

Le ministère des Finances, chargé de l'administration des recettes et des dépenses publiques, se divise en deux branches : 1° l'administration centrale; 2° les régies ou administrations financières.

L'administration centrale comprend : le *cabinet du ministre* (ouverture des dépêches, affaires réservées, audiences, portefeuille du ministre, travaux législatifs ; débits de tabac et recettes buralistes, etc.); — l'*inspection générale des finances*, chargée de contrôler et de vérifier sur place les divers services financiers ; — la *direction du personnel et du matériel ;* — le *contrôle des administrations financières et de l'ordonnancement ;* — la *direc-*

*tion du mouvement général des fonds,* qui assure la répartition régulière des fonds sur tous les points du territoire au moyen de comptes courants avec les comptables ou de transports de fonds, crée et négocie les valeurs du Trésor, surveille la circulation monétaire ; — la *direction générale de la comptabilité publique,* qui donne des instructions à tous les comptables, prépare le budget, réunit les éléments du compte général annuel de l'administration des finances ; — la *direction de la dette inscrite,* chargée du service des rentes sur l'Etat, perpétuelles et amortissables, des pensions et des cautionnements ; — l'*agence judiciaire du Trésor public,* chargée de l'examen des affaires contentieuses ; — la *caisse centrale du Trésor public,* chargée du payement des dépenses publiques ; — le *contrôle central du Trésor public,* qui exerce son action sur la caisse centrale et sur la dette inscrite.

C'est aussi du ministère des Finances que dépendent les administrations ou régies financières, savoir : contributions directes ; contributions indirectes ; enregistrement, domaine et timbre ; douanes ; manufactures de l'Etat ; monnaies et médailles.

On peut y rattacher également la *Caisse des dépôts et consignations,* dont le directeur général est nommé par décret, sur la proposition du ministre des Finances, mais qui jouit d'une autonomie relative, et aussi le *Crédit foncier de France,* surveillé par les délégués du même ministre.

## Flagrant délit. — V. DÉLIT.

## Foires et marchés.

La loi du 5 avril 1884 (art. 68, § 13) subordonne à l'approbation du conseil général, conformément à l'article 46 (n° 24) de la loi du 10 août 1871 et aux dispositions de la loi du 16 septembre 1879, les délibérations des conseils municipaux ayant pour objet l'établissement, la suppression ou le changement des foires et marchés autres que les simples marchés d'approvisionnement. Les délibérations relatives à ces derniers marchés sont exécutoires par elles-mêmes.

Le maire peut, sauf délibération du conseil municipal approuvée par le préfet, réglementer la police des marchés. (Loi du 24 juillet 1867, art. 11 ; Décr. 13 avril 1861, art. 2, tableau B.) A Paris, ce droit appartient au préfet de police.

Les maires veillent à la salubrité des denrées et à la fidélité du débit. Aussitôt après chaque tenue de foire ou de marché, le sol de tous emplacements où les bestiaux ont stationné est nettoyé et désinfecté. (Loi du 21 juin 1898, art. 68.)

Le produit des droits de places aux halles, foires et marchés constitue une recette ordinaire du budget communal. Ces droits, assis sur la superficie occupée, sont perçus en vertu de tarifs approuvés par le préfet. (Loi du 5 avril 1884, art. 68, 69 et 70.)

L'établissement des foires et marchés est précédé d'une enquête. Lorsque l'enquête s'étend sur le territoire d'un département voisin, le préfet de ce département est consulté. Si ce dernier ne fait pas d'opposition, la décision est prise par le préfet du département dans lequel se trouve la commune en instance pour obtenir la foire ou le marché aux bestiaux. Si les deux préfets sont d'avis différents, il est statué définitivement par le ministre de l'Agriculture. (Loi du 13 août 1864.)

Les maires ont le droit de prendre toutes les mesures nécessaires au maintien du bon ordre dans les foires. D'autre part, dans le but d'éviter la transmission des maladies contagieuses, ils doivent organiser l'inspection sanitaire des foires aux chevaux et aux bestiaux. (Loi du 21 juill. 1881, art. 39.)

Les effets de commerce payables en foire sont échus la veille du jour fixé pour la clôture de la foire, ou le jour de la foire si elle ne dure qu'un jour. (Code comm., art. 133 et 187.)

Si c'est dans une foire que le possesseur d'une chose perdue ou volée l'a achetée, le propriétaire originaire ne peut se la faire rendre qu'en lui remboursant le prix d'achat. (Code civ., art. 2280.)

## Fol appel. — Appel mal fondé. V. APPEL.

## Folle enchère. — V. ENCHÈRE.

## Foncier (Crédit). — V. CRÉDIT.

## Foncière (Contribution). — Contribution directe qui frappe les propriétés non bâties à raison de leur revenu net et les propriétés bâties à raison de leur valeur locative.

*Contribution foncière des propriétés non bâties.* — Cette contribution (Loi du 3 frimaire an VII) est répartie proportionnellement sur toutes les propriétés non bâties, à raison de leur revenu *net imposable.*

Le revenu *net* des terres est ce qui reste au propriétaire, déduction faite, sur le produit brut, des frais de culture, semences, récoltes, entretien et transport des denrées au marché. Le revenu *imposable* est le revenu net, calculé sur un nombre d'années déterminé.

Un des caractères principaux de la contribution foncière est d'être absolument indépendante des autres facultés du propriétaire, si bien que l'on pourrait dire que « c'est la propriété qui seule est chargée de la contribution, et que le propriétaire n'est qu'un agent qui l'acquitte pour elle, avec une portion des fruits qu'elle lui donne ».

Les éléments de la répartition sont fournis par le cadastre. V. CADASTRE.

*Exemptions.* Sont exempts de l'impôt foncier les immeubles qui ne sont pas productifs de revenus, qui constituent une propriété publique (rues, places publiques servant aux foires et marchés, routes et chemins, rivières, canaux de navigation) et qui sont affectés à un service d'utilité générale.

Ce sont là des exemptions *permanentes ;* mais des exemptions *temporaires* ont été édictées dans un intérêt agricole en faveur des fonds ci-après :

1° *Marais desséchés.* La cotisation ne subit pas d'augmentation pendant vingt-cinq ans ;

2° *Terres vaines et vagues depuis quinze ans qui sont mises en culture.* La cotisation ne subit pas d'augmentation pendant dix ans après le défrichement. Spécialement, la cotisation des terres en friche depuis dix ans, qui seront *plantées ou semées en bois*, n'est pas augmentée pendant les trente premières années du semis ou de la plantation ; — celle des terres en friche depuis quinze ans qui seront plantées en vignes, mûriers ou arbres fruitiers, ne sera pas augmentée pendant les vingt premières années de la plantation. (Loi du 3 frimaire an VII, art. 10-123.)

Pour les terrains défrichés qui sont plantés en vignes, mûriers ou arbres fruitiers, le revenu imposable n'est évalué, les quinze premières années, qu'au taux du revenu imposable des terres d'égale valeur non plantées. (Loi du 3 frimaire an VII, art. 116.) Dans les arrondissements déclarés atteints par le phylloxera, les terrains plantés ou replantés en vigne sont exemptés pendant quatre ans de l'impôt foncier. (Loi du 1er décembre 1887.) S'ils sont plantés ou semés en bois, l'évaluation pendant les trente premières années portera sur le quart du revenu des terres d'égale valeur non plantées, quelle qu'ait été la nature de culture du terrain avant le défrichement. (Loi du 29 mars 1897, art. 3.) Quand les semis et plantations sont faits sur le sommet et le penchant des montagnes, sur les dunes et dans les landes, l'exemption de tout impôt est acquise pendant trente ans. (Code forestier, art. 226.)

*Remises aux débiteurs de petites cotes.* L'article 1er de la loi du 21 juillet 1897 a accordé, sous certaines conditions, aux débiteurs de cote n'excédant pas 25 francs pour la part de l'Etat, des remises totales ou partielles sur la contribution foncière des propriétés non bâties. Ces remises sont ainsi fixées : Cotes de 10 francs et au-dessous, (uniques ou totalisées), remise totale ; — cotes de 10 fr. 01 à 15 francs (uniques ou totalisées), remise des trois quarts ; — cotes de 15 fr. 01 à 20 francs (uniques ou totalisées), remise de moitié ; — cotes de 20 fr. 01 à 25 francs (uniques ou totalisées), remise d'un quart. — Elles sont accordées aux contribuables français qui en font la demande en affirmant : 1° qu'ils ne sont pas inscrits aux rôles de ladite contribution pour d'autres cotes ; 2° que la part revenant à l'Etat sur la contribution personnelle-mobilière à laquelle ils sont assujettis dans leurs diverses résidences ne dépasse pas 20 francs.

**Contribution foncière des propriétés bâties.** — Aux termes de l'article 4 de la loi du 8 août 1890, la contribution foncière des propriétés bâties a cessé, à partir du 1er janvier 1891, d'être un impôt de répartition pour devenir un impôt de quotité, c'est-à-dire qu'il n'est plus en cette matière assigné de contingents.

La contribution foncière des propriétés bâties est réglée en raison de la valeur locative de ces propriétés, telle qu'elle résulte de la revision décennale effectuée conformément à l'article 8, paragraphes 1 et 3, de la loi du 8 août 1890, sous déduction de vingt-cinq pour cent (25 pour 100) pour les maisons et de quarante pour cent (40 pour 100) pour les usines, en considération du dépérissement et des frais d'entretien et de réparation. (Loi du 8 avril 1890, art. 4.) Le taux de la contribution est fixé à trois francs vingt pour cent (3 fr. 20 pour 100) de la valeur locative ainsi déterminée. (Loi du 13 juillet 1900, art. 2.) Cette détermination ou évaluation est faite par l'administration des Contributions directes. Sa revision a lieu tous les dix ans. Dans l'intervalle, et en présence d'une dépréciation portant sur l'ensemble ou une fraction notable des propriétés bâties d'une commune, une nouvelle évaluation peut y être faite aux frais de cette commune. Les évaluations ainsi établies sont néanmoins renouvelées à l'expiration de la période décennale en cours. (Loi du 8 août 1890, art. 8.) La fixité décennale de l'évaluation ne fait pas obstacle à la taxation des constructions nouvelles, reconstructions ou additions, qui sont imposées par comparaison avec les propriétés bâties de la commune.

L'article 12 de la loi du 8 août 1890 décide qu'il sera perçu, par addition au principal de la contribution dont il s'agit, 1 centime par franc dont le produit est affecté aux secours généraux et distribué entre les départements dans les cas d'incendie, inondation ou autres événements fortuits.

Il y a des exemptions permanentes (ex. : bâtiments agricoles abritant récoltes ou bestiaux), ou temporaires (constructions nouvelles ou reconstructions).

*Constructions neuves et reconstructions.* Les constructions nouvelles, les reconstructions ou additions de construction ne sont soumises à la contribution foncière que la troisième année après leur achèvement ; mais, pour jouir de cette exemption temporaire, le propriétaire est tenu de faire à la mairie de la commune où le bâtiment doit être élevé, et dans les *quatre mois à partir de l'ouverture des travaux*, une déclaration indiquant la nature du bâtiment, sa destination et la désignation, d'après les documents cadastraux, du terrain sur lequel il doit être construit. Il en est de même lorsqu'un bâtiment rural est converti en maison ou en usine et lorsqu'un terrain vient à être affecté à un usage commercial ou industriel (chantier, dépôt de marchandises, etc.). (Loi du 8 août 1890, art. 9.) Après la période d'exemption, le terrain est cotisé à raison de sa superficie sur le même pied que les terrains environnants, et d'après sa valeur locative, déduction faite de l'estimation donnée à sa superficie. (Loi du 29 décembre 1884, art. 1er.)

Les constructions nouvelles, les reconstructions et additions de construction non déclarées ou déclarées après l'expiration du délai de *quatre mois à partir de l'ouverture des travaux* sont imposables au moyen de *rôles particuliers* à la contribution foncière et à celle des portes et fenêtres à partir du 1er janvier de l'année qui suit celle de leur achèvement. Leurs cotisations, tant en principal qu'en centimes additionnels, sont égales à celles que supportent, pour l'année en cours, les immeubles de même nature et de même importance ; mais elles sont multipliées par le nombre d'années écoulées entre celle où les constructions ont été achevées et celle où elles ont été découvertes, y compris cette dernière année, sans toutefois pouvoir être plus que quintuplées. (Loi du 8 août 1890, art. 10.)

*Habitations à bon marché.* Les habitations à bon marché destinées à la classe ouvrière sont exemptes de l'impôt foncier pendant cinq ans à dater de leur achèvement (Loi du 30 novembre 1894, art. 9), dans les conditions stipulées par le décret du 21 septembre 1895. V. HABITATIONS.

*Bâtiments servant aux exploitations rurales* (granges, écuries, greniers, caves, celliers, pressoirs, logement du gardien des bestiaux). Ils ne sont soumis à la contribution foncière qu'à raison du terrain qu'ils enlèvent à la culture, évalué sur le pied des meilleures terres labourables de la commune. (Lois du 3 frimaire an VII, art. 85, et du 8 avril 1890, art. 4.)

En cas de vente dans le courant d'une année, le percepteur a titre contre le vendeur pour les douze douzièmes, c'est-à-dire pour l'année entière, et il n'a aucun titre contre l'acquéreur. Si donc celui-ci ne s'acquitte pas volontairement, c'est le vendeur qui fait l'avance, sauf règlement, chez le notaire, entre l'acquéreur et lui.

*Payement.* — L'impôt foncier est toujours recouvrable par douzièmes, quelle que soit l'époque, souvent tardive dans les grandes villes, de la publication des rôles. Soit, par exemple, un rôle publié le 31 mai; le propriétaire n'en devra pas moins cinq douzièmes le lendemain 1er juin. Que la maison soit vacante en totalité ou en partie, cette circonstance n'arrête pas le recouvrement (les demandes en remise pour vacance n'étant pas suspensives). Le percepteur a le droit de mettre opposition sur les loyers et d'encaisser ceux-ci, au nom du propriétaire, jusqu'à concurrence des termes échus de l'année courante. (Loi du 12 novembre 1808, art. 2.)

L'article 1er de la même loi accorde au Trésor un privilège pour l'impôt foncier sur les récoltes, fruits, loyers et revenus des biens immeubles sujets à contribution. Ce privilège s'exerce sur les fruits et revenus, alors même que l'immeuble aurait passé en d'autres mains.

S'il y a un usufruit sur l'immeuble, l'impôt foncier est à la charge de l'usufruitier pendant la durée de l'usufruit. (Code civ., art. 608.)

Tout propriétaire ou usufruitier ayant plusieurs fermiers dans la même commune et qui veut les charger de payer à son acquit la contribution foncière des biens qu'ils tiennent à ferme ou à loyer doit remettre au percepteur une déclaration indiquant sommairement la division de son revenu cadastral entre lui et ses fermiers. Si le nombre des fermiers est de plus de trois, la déclaration est transmise par le percepteur au directeur des contributions directes qui opère la division de la contribution et porte dans un rôle auxiliaire la somme à payer par chaque fermier. Il est délivré un avertissement à chacun des locataires ou fermiers compris dans les rôles auxiliaires. Les frais d'impression, de confection et de distribution de ces avertissements sont payés par les déclarants, à raison de 5 centimes par avertissement; 3 centimes sont alloués au directeur des contributions directes pour frais d'impression et d'expédition et 2 centimes au percepteur pour frais de distribution. (Loi du 30 mars 1902, art. 9.)

C'est le propriétaire inscrit au rôle qui doit payer l'impôt foncier, sauf son recours contre son acquéreur et son droit de faire une demande en mutation de cote.

En ce qui concerne les terres vagues et vaines, les landes et bruyères, et les terrains habituellement inondés ou dévastés par les eaux, les propriétaires ne peuvent s'affranchir de l'impôt foncier qu'en renonçant à ces fonds au profit de la commune où ils sont situés. (Loi du 3 frimaire an VII, art. 65 et 66.)

Sur les rôles, avertissements, poursuites et réclamations, v. CONTRIBUTIONS DIRECTES.

**Fonctionnaire public.** — Celui qui concourt à l'action des pouvoirs publics, et spécialement, celui qui, par délégation du gouvernement, détient une part plus ou moins grande de l'autorité publique.

*Nomination.* — La nomination des fonctionnaires publics est faite au nom du président de la République et, suivant les cas, par décret, par arrêté ministériel ou préfectoral, etc.

La nomination de certains fonctionnaires est soumise à des conditions spéciales, telles que la justification de diplômes, l'absence d'interdiction des fonctions publiques. (Code pén., art. 34 et 42.)

Avant l'entrée en fonctions, des formalités préliminaires sont souvent nécessaires, parmi lesquelles nous citerons le serment professionnel (par ex., pour les fonctionnaires de l'ordre judiciaire) et le versement d'un cautionnement (pour certains fonctionnaires ayant à effectuer un maniement de deniers).

Le décret du 11 septembre 1870 a aboli le serment politique et conservé seulement le serment professionnel.

Sur le domicile des fonctionnaires, v. DOMICILE.

Les fonctions publiques peuvent cesser de manières différentes, notamment par la démission et la destitution.

Tout fonctionnaire a qualité pour déférer au conseil d'Etat les décisions disciplinaires ou de révocation prises contre lui. Ces décisions sont annulables pour excès de pouvoir lorsqu'elles violent la lettre ou l'esprit des lois et règlements, nulles lorsque ceux-ci ont été faussement interprétés ou que les formes ont été violées. Outre le recours en annulation, les fonctionnaires lésés peuvent obtenir la remise en état et parfois même une indemnité.

Le conseil d'Etat reconnaît à chaque fonctionnaire la faculté de critiquer et de faire annuler, s'il y a lieu, les nominations qui viendraient à méconnaître les droits du corps dont il fait partie.

L'acceptation de fonctions publiques à l'étranger sans autorisation du gouvernement entraîne la perte de la nationalité française. (Code civ., art. 17.)

*Usurpation de fonctions publiques; port illégal de costumes.* — Pour assurer l'autorité des fonctionnaires publics, il était indispensable d'empêcher les personnes sans qualité d'usurper leurs fonctions ou de revêtir les insignes de ces fonctions : à cet ordre d'idées se rattachent les dispositions des articles 258 et 259 du Code pénal.

L'art. 258 punit d'un emprisonnement de deux à cinq ans l'usurpation de fonctions et l'art 93 stipule la peine de la déportation dans une enceinte fortifiée au cas où cette usurpation s'exerce sur le commandement d'une troupe militaire ou d'un navire de guerre; sans préjudice de la peine de faux, s'il y a lieu.

L'art. 259 prononce un emprisonnement de six mois à deux ans contre « toute personne qui aura publiquement porté un costume, un uniforme ou une décoration qui ne lui appartiendrait pas ».

*Crimes et délits commis contre les fonctionnaires publics.* — Les outrages aux fonctionnaires publics font l'objet des articles 222 à 225 du Code pénal. V. OUTRAGE.

Les articles 228 à 233 du même code prévoient les violences commises contre les fonctionnaires publics; les peines qu'ils édictent à cette occasion varient suivant la gravité des violences ou les circonstances dans lesquelles elles se sont produites.

*Crimes et délits commis par les fonctionnaires publics.* — En ce qui concerne les crimes et délits spéciaux aux fonctionnaires publics, le Code pénal contient des dispositions sévères contenues notamment dans les articles : 114-122 du Code pénal (attentats à la liberté); 123-126 (coalition des fonctionnaires, c'est-à-dire concert de mesures illégales pour empêcher l'exécution des lois ou des ordres de l'autorité administrative, ou pour comploter contre la sûreté intérieure de l'État); 127-131 (empiètement des autorités administratives et judiciaires); 166-198 (soustractions commises par les dépositaires publics, concussion, ingérence dans des entreprises industrielles ou commerciales incompatibles avec leur qualité, corruption, abus d'autorité, exercice de l'autorité publique illégalement prolongé).

Aux termes de l'article 114, qui trouve son application dans les cas d'arrestation arbitraire, lorsqu'un fonctionnaire public ordonne ou commet quelque acte arbitraire ou attentatoire soit à la liberté individuelle, soit aux droits civiques d'un ou de plusieurs citoyens, soit à la Constitution, il est condamné à la peine de la dégradation civique. S'il justifie qu'il a agi par ordre de ses supérieurs, pour des objets du ressort de ceux-ci, sur lesquels il leur était dû obéissance hiérarchique, il sera exempt de la peine, appliquée seulement aux supérieurs qui ont donné l'ordre.

On désigne, d'une façon générale, sous le nom de *forfaiture*, tous les *crimes* commis par un fonctionnaire public, dans l'exercice de ses fonctions. Cette définition de la forfaiture est contenue dans l'article 166 du Code pénal. L'article 168 la précise en ces termes : « Les simples *délits* ne constituent pas les fonctionnaires en forfaiture. » En outre, l'article 167 édicte : « Toute forfaiture pour laquelle la loi ne prononce pas de peines plus graves est punie de la dégradation civique. »

Mais ces dispositions sont inutiles et ne peuvent, en aucun cas, recevoir d'application. En effet, le Code pénal prévoit spécialement chacun des divers crimes dont peuvent se rendre coupables les fonctionnaires (c'est-à-dire, par conséquent, chaque cas de forfaiture), en énonçant spécialement la peine applicable à chacun d'eux : il en est ainsi, notamment, dans les articles 169 à 198. D'autre part, comme la dégradation civique est la moindre des peines criminelles, la peine indiquée pour chaque crime de forfaiture ne peut jamais être moins grave.

Sur la concussion, v. IMPOT.

Le fonctionnaire qui fait trafic des actes de ses fonctions, qui fait ou s'abstient de faire tel ou tel de ces actes, dans un intérêt illicite et à prix d'argent, se rend coupable de *corruption*. Il y a crime, aux termes du Code pénal, et ce crime admet nécessairement deux agents : le fonctionnaire qui se laisse corrompre, et l'individu qui le corrompt. La loi a incriminé ces deux faits dans deux dispositions distinctes. D'une part, l'article 177 du Code pénal punit le fait, par un fonctionnaire public ou un préposé d'une administration publique, d'avoir agréé des offres ou reçu des présents pour faire un acte de sa fonction ou pour s'abstenir de le faire. La loi du 4 juillet 1889 a rendu ce texte applicable aux trafics d'influence imputables à toute personne investie d'un mandat électif. D'autre part, l'article 179 du Code pénal réprime le fait de l'agent de la corruption, et même, de la part du corrupteur, la simple tentative. Mais, au cas de la tentative, la pénalité est graduée selon que cette tentative a été ou n'a pas été suivie d'effet; dans le premier cas, le corrupteur est frappé des mêmes peines que la personne corrompue.

Parmi les abus d'autorité contre les particuliers, la loi punit notamment la violation de domicile (v. DOMICILE), le déni de justice (v. DÉNI), la suppression ou la violation du secret des lettres (v. LETTRE), les violences telles que les définit l'article 186, savoir :

Art. 186. « Lorsqu'un fonctionnaire ou un officier public, un administrateur, un agent ou un préposé du gouvernement ou de la police, un exécuteur des mandats de justice ou jugements, un commandant en chef ou en sous-ordre de la force publique, aura, sans motif légitime, usé ou fait user de violences envers les personnes, dans l'exercice ou à l'occasion de l'exercice de ses fonctions, il sera puni selon la nature et la gravité de ces violences, et en élevant la peine suivant la règle posée par l'article 198 ci-après :

Art. 198. « Hors le cas où la loi règle spécialement les peines encourues pour crimes ou délits commis par les fonctionnaires ou officiers publics, ceux d'entre eux qui auront participé à d'autres crimes ou délits qu'ils étaient chargés de surveiller ou de réprimer seront punis comme il suit : S'il s'agit d'un délit de police correctionnelle, ils subiront toujours le *maximum* de la peine attachée à l'espèce de délit ; et s'il s'agit de crime, ils seront condamnés, savoir : à la réclusion, si le crime emporte contre tout autre coupable la peine du bannissement ou de la dégradation civique ; aux travaux forcés à temps, si le crime emporte contre tout autre coupable la peine de la réclusion ou de la détention ; et aux travaux forcés à perpétuité, lorsque le crime emportera contre tout autre coupable la peine de la déportation ou celle des travaux forcés à temps. Au delà des cas qui viennent d'être exprimés, la peine commune sera appliquée sans aggravation. »

L'emploi de la force publique pour empêcher l'exécution des lois ou l'action de la justice est spécialement puni par les articles 188 à 191 du même code. Tout fonctionnaire public qui a requis ou ordonné, fait requérir ou ordonner l'action de la force publique contre l'exécution d'une loi, contre la perception d'une contribution légale, ou contre l'exécution d'un ordre administratif ou judiciaire sera puni de la réclusion (art. 188), et si la réquisition ou l'ordre ont été suivis de leur effet, la peine sera le maximum de la réclusion (art. 189). Ces peines ne sont pas applicables aux fonctionnaires qui ont agi par ordre de leurs supérieurs, lesquels sont alors punis à la place de leurs subordonnés. (Art. 190.)

Aucun fonctionnaire public ne peut commencer ses fonctions sans avoir prêté serment (amende de 16 francs à 150 francs), ni continuer de les exercer une fois révoqué, destitué, suspendu ou parvenu au terme de son mandat (emprisonnement de six mois au moins et de deux ans au plus, et amende de 100 francs à 500 francs; interdiction de l'exercice de toute fonction publique pour cinq ans au moins et dix ans au plus à partir du jour où il aura subi sa peine). [Code pén., art. 196-197.]

*Responsabilité des fonctionnaires.* — L'article 75 de la constitution de l'an VIII exigeait une autorisation préalable quand il s'agissait de *faits relatifs aux fonctions*, quand il y avait corrélation des fonctions au délit imputé. (Cassation, 8 mai 1846.) Y avait-il faute de service? le conseil d'Etat refusait l'autorisation sollicitée. Y avait-il faute personnelle? l'autorisation devait être accordée. Cet article a été abrogé par le décret du 19 septembre 1870, qui a ainsi supprimé ce qu'on appelait la « garantie des fonctionnaires », et il n'est plus besoin d'une autorisation préalable.

Rien n'entrave donc plus, en principe, les actions civiles ou criminelles dirigées contre les fonctionnaires publics. Toutefois, à ce point de vue, des règles spéciales résultent, en matière répressive : 1° pour les membres de la Chambre des députés et du Sénat, de l'article 14 de la loi constitutionnelle du 16 juillet 1875 ; 2° pour les magistrats et certains hauts fonctionnaires, des articles 479 et suivants du Code d'instruction criminelle et de la loi du 20 avril 1810.

« Les créances résultant d'abus et prévarications commis par les fonctionnaires publics dans l'exercice de leurs fonctions » sont privilégiées « sur les fonds de leur cautionnement et sur les intérêts qui en peuvent être dus. » (Code civ., art. 2102, 7°.)

Le fonctionnaire poursuivi à raison ou à l'occasion de l'exercice de ses fonctions est justiciable de la cour d'assises. A ce point de vue, la Cour de cassation distingue entre les *agents de l'autorité*, dépositaires d'une partie de la puissance publique, et les simples *agents de gestion* (par exemple les téléphonistes). Ces derniers n'ont pas le privilège de juridiction.

*Responsabilité de l'Etat à raison des fautes commises par les fonctionnaires.* — S'il s'agit d'actes relatifs au domaine privé de l'Etat, les tribunaux judiciaires sont compétents par application des art. 1382-1384 du Code civil. — S'il s'agit d'actes engageant la responsabilité de l'Etat, considéré non plus comme personne morale, mais comme puissance publique, les tribunaux administratifs doivent seuls en connaître, sauf exceptions spécifiées par la loi.

**Fonds.** — Tout capital quelconque, mobilier ou immobilier.

Les *fonds de commerce* appartiennent à la catégorie des biens *meubles*, et sont, par suite, soumis aux règles qui régissent cette nature de biens; ainsi ils tombent dans l'actif de la communauté conjugale. (Code civ., art. 1401.)

La vente d'un fonds de commerce, consentie même à un individu non commerçant, constitue un acte de commerce justiciable, en cas de contestation, des tribunaux consulaires.

Le *fonds social* comprend non seulement les choses mises en commun par les associés, c'est-à-dire le capital social, mais encore la plus-value des apports, ainsi que toutes les acquisitions faites à un titre quelconque par la société.

Dans un acte de liquidation de succession, on distingue les *fonds* ou capitaux et les *fruits* ou intérêts, loyers et produits naturels, échus ou recueillis jusqu'au jour du partage.

On nomme *fonds dominant* l'immeuble au profit duquel une servitude est établie, et *fonds servant* celui qui est assujetti à l'usage de cette servitude.

Le *fonds dotal* est l'ensemble des biens que la femme s'est constitués en dot et qui sont régis par des règles particulières, ayant pour but d'en assurer la conservation et la restitution, lors de la dissolution du mariage.

On nomme *fonds de non-valeur* la réserve prélevée au moyen de centimes additionnels sur les contribuables pour faire face aux remises et modérations d'impôts et à certaines dépenses d'intérêt général (frais de confection des rôles, dégrèvements temporaires en raison de plantations de vignes, etc.). Grâce à ce fonds, le produit de l'impôt rentre en totalité dans la caisse du Trésor tel qu'il a été prévu au budget. Il existe un fonds de non-valeur pour les impôts de répartition (contribution foncière des propriétés non bâties, personnelle, mobilière et des portes et fenêtres). Les centimes additionnels pour ce fonds de non-valeur frappent : 1° le principal de ces trois contributions, la part revenant aux départements et aux communes (loi du 8 juill. 1852) et les centimes de l'instruction primaire (loi du 19 juill. 1889); 2° l'impôt des patentes (5 cent.), principal et centimes de l'instruction primaire; 3° certaines taxes assimilées (redevances des mines, contributions sur les chevaux et voitures, taxe militaire, etc.). Le *fonds de réimposition* ayant été réuni au fonds de non-valeur (Loi du 29 déc. 1883), ce dernier fonds fait immédiatement les avances nécessaires au remboursement pour erreur, faux ou double emploi, et est couvert par le produit des réimpositions l'année suivante. Les fonds libres en fin d'exercice sont reportés, par la loi de règlement, aux exercices qu'elle détermine.

Le nom de *fonds publics* désigne plus spécialement les titres de rente ou obligations émises par l'Etat ou les villes; par extension, il s'applique aux titres garantis par l'Etat, tels qu'obligations ou actions des compagnies de chemins de fer, etc., et, d'une façon plus générale encore, à l'ensemble des valeurs portées à la cote officielle de la Bourse. La transmission de ces fonds s'effectue soit par l'intermédiaire des agents de change, soit par actes notariés ou judiciaires. Leur négociation donne lieu à des opérations au comptant ou à terme (ces dernières sont celles dont le règlement se fait à une époque postérieure et fixée d'avance en vertu des marchés fermes ou à prime). Les opérations à terme ont pour mobile la hausse ou la baisse des fonds publics et font l'objet de spéculations de Bourse. Le cours authentique des fonds publics est inscrit dans la cote établie par les agents de change; sur cette cote, à côté des fonds d'Etat ou des villes, sont admises, sous la surveillance de l'administration, d'autres valeurs sérieuses offrant des garanties de stabilité. La hausse ou la baisse des fonds publics peut résulter de causes factices (agiotage, fausses nouvelles, etc.), ou de causes normales, telles que l'amélioration ou l'affaiblissement du crédit public, ou enfin de causes accidentelles (la guerre, les révolutions).

Les *fonds de concours* sont des fonds versés par les départements, des communes ou des particuliers pour concourir, avec ceux de l'Etat, à des dépenses d'intérêt public.

L'emploi des *fonds secrets* (fonds remis aux ministres pour dépenses secrètes) échappe aux règles de la comptabilité publique. Les ministres fournissent un état de leurs dépenses au président de la République, qui leur en donne *quitus*. Ces fonds sont actuellement attribués aux ministres des Affaires étrangères, de l'Intérieur, de la Guerre et de la Marine.

Le nom de *fonds perdu* est donné au capital aliéné sans retour auquel on a substitué le service d'une rente viagère.

**Fondateurs** (**Parts de**). — V. SOCIÉTÉ.

**Fongible** (du lat. *fungibilis;* de *fungi*, s'acquitter de). — Se dit des choses qui se consomment par l'usage et peuvent être remplacées par d'autres de mêmes nature, qualité et quantité.

Les denrées, l'argent comptant sont des choses fongibles. V. PRÊT DE CONSOMMATION.

**Force exécutoire.** — Caractère inhérent à certains actes (soit publics, soit privés) de pouvoir être mis à exécution, indépendamment des résistances personnelles, par toutes les voies légales de contrainte, et, au besoin, au moyen de l'assistance et du concours de la force publique.

C'est au pouvoir exécutif qu'il appartient de donner aux actes cette force coactive. Il l'imprime directement aux actes d'un intérêt général, c'est-à-dire aux lois et aux décrets, et médiatement aux actes qui n'intéressent et n'obligent que certaines personnes déterminées, c'est-à-dire aux contrats du ministère des notaires et aux arrêts et jugements rendus par les cours et tribunaux.

Les lois sont revêtues, en tête et en fin de leur texte, d'une formule spéciale, dite formule exécutoire ou de promulgation, qui les rend exécutoires et dont les termes ont été fixés, en dernier lieu, par un décret du 6 avril 1876. Voici cette formule :

« Le Sénat et la Chambre des députés ont adopté,

« Le président de la République promulgue la loi dont la teneur suit :

(*Ici le texte de la loi.*)

« La présente loi, délibérée et adoptée par le Sénat et la Chambre des députés, sera exécutée comme loi de l'Etat.

« Fait à..... »

Quant aux expéditions des arrêts, jugements, mandats de justice, leur force exécutoire tient également à une formule qu'a déterminée, en dernier lieu, l'article 2 d'un décret du 2 septembre 1871. Le début de cette formule est : « République française — au nom du peuple français, » et son texte est celui-ci : « En conséquence, le président de la République française mande et ordonne à tous huissiers, sur ce requis, de mettre ledit arrêt (ou ledit jugement, etc...) à exécution, aux procureurs généraux et aux procureurs de la République près les tribunaux de première instance, d'y tenir la main, à tous commandants et officiers de la force publique, de prêter mainforte lorsqu'ils en seront légalement requis. — En foi de quoi, le présent arrêt (ou jugement, etc...) a été signé par... » Cette formule figure dans les grosses et expéditions des contrats et de tous autres actes susceptibles d'exécution forcée, que délivrent aux particuliers les notaires ou les greffiers, agissant, en ce cas, comme délégués du pouvoir exécutif.

**Force majeure.** — Evénement imprévu qu'il n'a pas été possible d'empêcher.

La force majeure provient soit de la nature (tempête, feu du ciel, etc.), soit du fait de l'homme (guerre, fait de l'autorité supérieure, etc.). Elle est ordinairement confondue avec le cas fortuit.

Le Code civil emploie les expressions *cas de force majeure* et *cas fortuit* pour exprimer une idée commune : celle d'une cause étrangère qui ne peut être imputée au débiteur. Du reste, l'application des principes est la même dans les deux cas.

Il y a intérêt à constater l'existence de la force majeure ou d'un cas fortuit lorsqu'une personne est tenue d'une obligation portant sur un objet déterminé et que cette obligation n'est pas encore exécutée. Le cas fortuit, c'est-à-dire indépendant de la volonté du débiteur, qui détruit la chose, entraîne généralement la libération de celui-ci. Il n'en est pas de même, en principe du moins, des obligations de genre ou de quantité, car elles ne sont pas, en général, susceptibles de s'éteindre par la perte de la chose. Mais le cas fortuit ne libère le débiteur que s'il n'est précédé d'aucune faute qui aurait pu amener le cas fortuit, comme le défaut de surveillance.

Lorsqu'il y a eu cas fortuit, le débiteur n'est passible de dommages-intérêts que s'il avait été mis en demeure (Code civ., art. 1146), à moins qu'il ne prouve que la perte se serait tout aussi bien produite chez le créancier (art. 1302). S'il subsiste des accessoires ou des droits, ou actions en indemnités relatifs à la chose, ils appartiennent au créancier (art. 1303), plus exactement au propriétaire, car le contrat avait transféré la propriété. Dans les contrats synallagmatiques, la question de savoir si l'extinction par cas fortuit de l'obligation de l'une des parties amène l'extinction de l'obligation de l'autre est ce qu'on appelle la question des *risques*. Le débiteur qui a pris le cas fortuit à sa charge n'est pas libéré par un événement de cette nature. C'est à celui qui se prétend libéré par cas fortuit à prouver l'événement d'où il fait ressortir sa libération (art. 1302).

Voici quelques applications du principe.

« S'il a été fait un état des lieux entre le bailleur et le preneur, celui-ci doit rendre la chose telle qu'il l'a reçue suivant cet état, excepté ce qui a péri ou a été dégradé par vétusté ou force majeure. (Code civ., article 1730.)

« Le dépositaire n'est tenu, en aucun cas, des accidents de force majeure, à moins qu'il n'ait été mis en demeure de restituer la chose déposée » (*id.*, art. 1929), et, en particulier, l'hôtelier n'est pas responsable « des vols faits avec force armée ou autre force majeure ». (*Id.*, art. 1954.)

« Il n'y a lieu à aucuns dommages-intérêts lorsque, par suite d'une force majeure ou d'un cas fortuit, le débiteur a été empêché de donner ou de faire ce à quoi il était obligé ou a fait ce qui lui était interdit ». (*Id.*, art. 1148.) De même, les fournisseurs de l'armée ne sont punis d'avoir « fait manquer le service dont ils sont chargés », qu'autant qu'ils n'ont pas été contraints par la force majeure. (Code pén., art. 430.) D'une manière générale, « il n'y a ni crime ni délit lorsque le prévenu était en état de démence au temps de l'action ou lorsqu'il a été contraint par une force à laquelle il n'a pu résister ». (Code pén., art. 64.)

**Force publique.** — Ensemble des corps organisés, tant pour maintenir l'ordre au dedans que pour défendre la patrie contre l'ennemi du dehors (armée, gendarmerie, police, etc.).

**Force (Maison de).** — V. MAISON.

**Forcés (Travaux).** — V. TRAVAUX.

**Forclusion.** — Toute déchéance ou exclusion d'un droit ou d'une faculté qui n'a pas été exercé en temps utile.

La personne qui a souscrit un engagement par suite d'un dol pratiqué à son préjudice ou par suite d'une pression, d'une violence exercée sur elle, a, pour faire annuler le contrat entaché de dol ou de violence, un délai de dix ans, qui prend cours à partir seulement de la cessation de la contrainte ou de la découverte des manœuvres dolosives. Si elle néglige d'agir dans ce délai, elle est déchue de son droit, et l'engagement contracté devient irrévocable (Code civ., art. 1304) ; elle est forclose.

Mais c'est surtout dans le sens et dans les cas suivants que s'emploie le terme « forclusion » : Un ordre a été ouvert, pour la distribution du prix d'un immeuble, entre les créanciers ayant hypothèque inscrite sur cet immeuble ; le juge-commissaire a dressé un état provisoire des collocations des créanciers à leurs rangs hypothécaires respectifs, et la confection de cet état de collocation provisoire a été dénoncée, par la partie poursuivant l'ordre, aux créanciers produisants à l'ordre. Il y a forclusion contre ces créanciers si, dans le délai d'un mois à partir de la sommation qui leur a été faite à cet effet, ils n'ont pas contesté l'état de collocation provisoire ; ces créanciers demeurent forclos de la faculté de discuter dorénavant le travail provisoire du juge-commissaire et d'en réclamer le remaniement sur un point et pour un motif quelconques. Telles sont les dispositions de l'article 756 du Code de procédure civile, et, d'ailleurs, cette déchéance particulière des créanciers produisants à un ordre est la seule que la loi qualifie formellement de « forclusion ».

**Forêts.**

Les bois et forêts de l'Etat constituent la partie la plus considérable de son domaine privé. Leur contenance est de 1 155 788 hectares ; celle des bois et forêts des communes et établissements publics, de 1 937 905 hectares. Leur gestion appartient à l'administration des Eaux et forêts, chargée : 1° du service de la conservation et de l'exploitation des forêts ; 2° de la police et de l'exploitation de la pêche dans les cours d'eau non navigables, hors des limites de la pêche maritime. La surveillance de la pêche sur les canaux et cours d'eau navigables appartient au ministère des Travaux publics.

*Personnel. Police des eaux et forêts.* — Le personnel de surveillance est constitué par un cadre unique d'agents et préposés ayant tous les mêmes obligations professionnelles et militaires et les mêmes attributions pour la surveillance et la constatation des infractions aux lois et règlements dont l'application ressortit à l'administration des Eaux et forêts. V. la carte, page 371.

L'administration forestière a été dénommée « administration des Eaux et forêts » depuis le décret du 19 avril 1898. Elle constitue une direction générale (Loi du 31 mars 1903, art. 75) ressortissant au ministère de l'Agriculture.

Le directeur général des Eaux et forêts, assisté de trois administrateurs, exerce ses fonctions sous la haute autorité du ministre. Il a sous ses ordres immédiats les agents du service extérieur, qualifiés d'agents forestiers et de préposés forestiers.

Le « conseil des Eaux et forêts » se compose du ministre, qui le préside, du directeur général et de trois administrateurs.

Les *agents* forestiers sont, dans l'ordre hiérarchique : les *conservateurs*, les *inspecteurs*, les *inspecteurs adjoints*, les *gardes généraux*, les *gardes généraux stagiaires* et les *élèves gardes généraux*. Le cadre des *préposés* comprend des brigadiers, gardes domaniaux, gardes communaux et mixtes, et des gardes cantonniers. — Des agents et des préposés sont spécialement affectés au service des dunes.

Agents et préposés sont répartis en 32 *conservations forestières* (v. la carte), subdivisées en inspections et en cantonnements.

L'*École nationale des Eaux et forêts* (*Nancy*) assure le recrutement des fonctionnaires supérieurs du service des Eaux et forêts. Une *École d'enseignement technique et professionnel des gardes des Eaux et forêts* a été instituée aux Barres, commune de Nogent-sur-Vernisson (Loiret).

Le personnel de l'administration des Eaux et forêts entre dans la composition des forces militaires du pays. Les préposés sont organisés, suivant l'effectif, en *compagnies, sections* ou *détachements de chasseurs forestiers*. Ces unités sont destinées à seconder, en principe, dans la région de leur service de paix, les opérations des armées actives ou de la défense des places fortes. Leur composition est arrêtée par le ministre de la Guerre, après entente avec le ministre de l'Agriculture. (Décret du 18 nov. 1890.)

L'administration des Forêts est autorisée à transiger, avant payement définitif, sur la poursuite des délits et contraventions en matière forestière ou de chasse en forêt commis dans les bois soumis au régime forestier. Après jugement définitif, la transaction ne peut porter que sur les peines et réparations pécuniaires. (Code for., art. 159; loi du 18 juin 1859.) Les mêmes dispositions sont applicables aux transactions sur la poursuite des infractions en matière de pêche (cours d'eau) dont la police appartient à l'administration des Eaux et forêts; mais le droit de transaction ne s'applique pas aux contraventions et délits en matière de *défrichement*.

Les insolvables sont admis à se libérer des amendes, réparations civiles et frais au moyen de prestations en nature consistant en travaux d'entretien et d'amélioration dans les forêts ou sur les chemins vicinaux.

*Bois et forêts soumis au régime forestier.* — Les bois et forêts qui sont propriétés, même indivises, de l'Etat, et dans les mêmes conditions ceux des communes, des sections de commune et des établissements publics qui ont été reconnus susceptibles d'aménagement ou d'une exploitation régulière, sont soumis au régime forestier et, en conséquence, administrés par les agents et préposés du service des eaux et forêts. L'aménagement de ces forêts, leur délimitation, les servitudes dont elles sont grevées, font l'objet de règles particulières prévues par une législation spéciale dont le Code forestier, du 21 juillet 1827, et l'ordonnance du 1er août suivant sont le fondement essentiel. Ce code a été complété ou modifié à diverses reprises. (Lois des 4 mai 1837, 18 juin 1859, 4 avril 1882, 23 novembre 1883, 21 juin 1898, 18 juillet 1906, etc.)

L'*aménagement* est la détermination du régime (taillis, futaie, taillis sous-futaie) auquel une forêt sera soumise pour donner le rendement périodique le plus avantageux. Tous les bois et forêts sont assujettis à des aménagements réglés par décrets, conformément à la nature du sol et des essences.

*Bornage.* — Les bois et forêts soumis au régime forestier sont délimités et bornés conformément aux principes du droit civil et selon les prescriptions des art. 8 à 14 du Code forestier. L'action en bornage est intentée soit par l'Etat, les communes, etc., soit par les propriétaires riverains.

Les demandes en bornage sont adressées au préfet. Les opérations sont contradictoires et à frais communs. S'il y a désaccord, les contestations sont portées, non devant les tribunaux administratifs, mais devant les tribunaux judiciaires.

Il est sursis à statuer sur les actions partielles si l'administration forestière offre d'y faire droit dans un délai de six mois en procédant à la délimitation générale de la forêt.

*Centimes additionnels.* — « Les forêts et les bois de l'Etat acquittent les centimes additionnels ordinaires et extraordinaires affectés aux dépenses des communes dans la même proportion que les propriétés privées. » (Loi du 5 avril 1884, art. 144.)

*Produits des forêts. Coupes.* — Les produits des forêts se divisent en produits *principaux* et en produits *accessoires*.

Les premiers sont ceux que l'on retire des *coupes* de bois : 1° coupes *ordinaires*, lorsqu'elles sont prévues par l'aménagement ou conformes à l'usage; 2° coupes *extraordinaires*, quand elles sont faites par anticipation ou portent sur des bois mis en réserve pour croître en futaie et dont le terme d'exploitation n'a pas été fixé lors de l'aménagement. Parmi les produits accessoires, on peut citer : les bois provenant de recepages et essartements, ceux dont l'abatage a été rendu nécessaire pour l'exécution de travaux, la glandée, le pâturage, les bruyères, le droit de chasse, etc.

**Conservations forestières de la France.**

1. *Paris.* — Aube, Oise, Seine, Seine-et-Oise, Seine-et-Marne.
2. *Rouen.* — Calvados, Eure, Eure-et-Loir, Manche, Seine-Inférieure.
3. *Dijon.* — Côte-d'Or.
4. *Nancy.* — Meurthe-et-Moselle, Meuse, Vosges.
5. *Chambéry.* — Savoie, Haute-Savoie.
6. *Charleville.* — Ardennes, Marne.
7. *Amiens.* — Aisne, Nord, Oise, Pas-de-Calais, Somme.
8. *Troyes.* — Aube, Côte-d'Or, Haute-Marne, Yonne.
9. *Epinal.* — Meurthe-et-Moselle, Vosges.
10. *Gap.* — Hautes-Alpes.
11. *Valence.* — Ardèche, Drôme, Vaucluse.
12. *Besançon.* — Doubs, Territoire de Belfort.
13. *Lons-le-Saunier.* — Jura.
14. *Grenoble.* — Isère, Loire, Rhône.
15. *Alençon.* — Côtes-du-Nord, Finistère, Ille-et-Vilaine, Mayenne, Morbihan, Orne, Sarthe.
16. *Bar-le-Duc.* — Ardennes, Meuse.
17. *Mâcon.* — Ain, Saône-et-Loire.
18. *Toulouse.* — Ariège, Haute-Garonne, Gers, Tarn-et-Garonne.
19. *Tours.* — Indre-et-Loire, Loir-et-Cher, Loire-Inférieure, Loiret, Maine-et-Loire.
20. *Bourges.* — Cher, Indre, Nièvre.
21. *Moulins.* — Allier, Creuse, Haute-Vienne, Puy-de-Dôme.
22. *Pau.* — Gers, Basses-Pyrénées, Hautes-Pyrénées.
23. *Nice.* — Alpes-Maritimes, Var.
24. *Niort.* — Charente, Charente-Inférieure, Deux-Sèvres, Vendée, Vienne.
25. *Carcassonne.* — Aude, Pyrénées-Orientales, Tarn.
26. *Aix.* — Basses-Alpes, Bouches-du-Rhône.
27. *Nîmes.* — Gard, Hérault, Lozère.
28. *Aurillac.* — Aveyron, Cantal, Corrèze, Haute-Loire, Lot.
29. *Bordeaux.* — Dordogne, Gironde, Landes, Lot-et-Garonne.
30. *Ajaccio.* — Corse.
31. *Chaumont.* — Haute-Marne.
32. *Vesoul.* — Haute-Saône.

Les coupes sont adjugées publiquement, aux frais et risques de l'adjudicataire, qui en outre se voit obligé de faire agréer, par l'agent forestier local, un *facteur* ou *garde-vente* assermenté devant le juge de paix. L'adjudicataire est, en effet, responsable, tant sur le territoire de la coupe qu'à « l'ouïe de la cognée » (c'est-à-dire dans un rayon de 250 mètres), de tout délit forestier, si le facteur ou garde-vente n'en fait un rapport à l'administration dans les cinq jours.

Les conditions générales des adjudications sont déterminées par un cahier des charges rédigé par l'administration des Eaux et forêts, soumis à l'adhésion du ministre des Finances et approuvé par le ministre de l'Agriculture. Les clauses spéciales sont fixées par le directeur général des eaux et forêts. Indépendamment du prix principal d'adjudication, les adjudicataires doivent payer : 1° 1,60 pour cent du montant de l'adjudication (c'est-à-dire du prix principal de l'adjudication augmenté de la valeur des charges), tant pour les droits fixes de timbre et d'enregistrement que pour tous autres frais ; 2° le droit fixe afférent au certificat de caution lorsque l'adjudicataire ne dépose pas un cautionnement égal au vingtième du prix d'adjudication ; 3° les droits proportionnels d'enregistrement sur le montant de l'adjudication augmenté du 1,60 pour cent.

Les coupes peuvent être vendues soit en bloc sur pied, soit par unités de marchandises, soit après façonnage.

Les coupes dites *ordinaires* proviennent d'un aménagement régulier. La partie des bois et forêts réservée pour croître en futaie est l'objet de coupes *extraordinaires*.

Les adjudicataires peuvent se libérer au comptant et bénéficier de l'escompte, ou payer un dixième comptant et le surplus en traites.

Toute contravention aux clauses et conditions du cahier des charges relativement au mode d'abatage des arbres et au nettoiement des coupes entraîne pour l'adjudicataire, outre les dommages-intérêts, une amende de 50 francs à 500 francs. (Code forestier, art. 37.) La coupe ou l'enlèvement d'arbres ayant 2 décimètres de tour et au-dessus donne lieu à des amendes déterminées d'après l'essence et la circonférence des arbres. (*Id.*, art. 192.)

*Droits d'usage.* — Le Code forestier a interdit la création de nouveaux droits d'usage dans les forêts de l'Etat et réglementé ceux qui existaient avant sa promulgation.

Aucun droit d'usage en bois, de pâturage ou de passage, ne peut être exercé dans une forêt sans une autorisation préalable dite « délivrance », donnée par les agents forestiers si la forêt appartient à l'État, par le propriétaire si elle appartient à un particulier.

Pour l'exercice du droit d'*affouage*, voir ce mot.

Les droits d'usage en bois sont susceptibles de *cantonnement* (v. ce mot) ; les autres (pâturage, glandée, passage, prise d'eau, etc.) sont rachetables à prix d'argent.

*Bois des particuliers.* — Les bois des particuliers peuvent être aménagés, exploités et coupés selon les convenances de leurs propriétaires. Toutefois les droits de propriété sur les bois particuliers souffrent certaines restrictions. L'administration peut s'opposer, dans certains cas, à leur défrichement, pour des raisons de salubrité ou d'intérêt public prévues par le Code forestier. D'autre part, la loi du 4 avril 1882 sur le reboisement des montagnes prévoit, dans ou sous certaines conditions, l'expropriation des terrains en montagne à restaurer ou la « mise en défens » de ceux pour lesquels il convient de prendre simplement des mesures de conservation.

Les particuliers peuvent avoir des gardes pour surveiller leurs bois. V. GARDE.

*Mobilisation des coupes.* — Les bois sont immeubles. Les coupes ordinaires des bois taillis ou de futaies mises en coupes réglées ne deviennent meubles qu'au fur et à mesure que les arbres sont abattus (Code civ., art. 521), d'où suit que l'action intentée contre le vendeur pour être autorisé à effectuer une coupe mobilière serait portée devant le tribunal du domicile du vendeur.

*Usufruit comprenant des bois taillis.* — « Si l'usufruit comprend des bois taillis, l'usufruitier est tenu d'observer l'ordre et la quotité des coupes, conformément à l'aménagement ou à l'usage constant des propriétaires ; sans indemnité toutefois en faveur de l'usufruitier ou de ses héritiers pour les coupes ordinaires soit de taillis, soit de baliveaux, soit de futaies, qu'il n'aurait pas faites pendant sa jouissance. » (Code civ., art. 590.) « L'usufruitier profite encore, toujours en se conformant aux époques et à l'usage des anciens propriétaires, des parties de bois de haute futaie qui ont été mises en coupes réglées, soit que ces coupes se fassent périodiquement sur une certaine étendue de terrain, soit qu'elles se fassent d'une certaine quantité d'arbres pris indistinctement sur toute la surface du domaine. » (*Id.*, art. 591.)

« Dans tous les autres cas, l'usufruitier ne peut toucher aux arbres de haute futaie : il peut seulement employer, pour faire les réparations dont il est tenu, les arbres arrachés ou brisés par accident ; il peut même, pour cet objet, en faire abattre s'il est nécessaire, mais à la charge d'en faire constater la nécessité avec le propriétaire. » (*Id.*, art. 592.) [V. PRESCRIPTION.] Il peut prendre, dans les bois, des échalas pour les vignes ; il peut aussi prendre, sur les arbres, des produits annuels ou périodiques ; le tout suivant l'usage du pays ou la coutume des propriétaires. (*Id.*, art. 593.)

Les coupes de bois tombent dans la communauté (v. ce mot) pour tout ce qui en est considéré comme usufruit. (*Id.*, art. 1403.)

*Incendie volontaire des bois et forêts.* — L'art. 434 du Code pénal punit l'incendie volontaire de forêts et bois taillis, des travaux forcés à perpétuité ou à temps, selon que le coupable n'est pas ou est propriétaire des forêts ou bois taillis incendiés. Celui qui a mis le feu sur l'ordre du propriétaire aux bois de celui-ci est également puni des travaux forcés à temps. Enfin, l'incendie de bois et forêts indirectement allumé par un autre incendie volontaire est passible des mêmes pénalités que l'incendie direct.

**Forfait.** — Contrat aléatoire dans lequel l'équivalent à recevoir par chacune des parties, en retour de la prestation à laquelle elle s'oblige, consiste dans des chances de gain ou de perte.

Une vente est faite à forfait lorsqu'elle a pour objet des produits futurs, une récolte à venir par exemple, et que l'acheteur doit payer le prix fixé d'avance, que la récolte soit abondante ou non.

Un marché est dit à forfait lorsque l'architecte ou l'entrepreneur qui s'est chargé de l'exécution d'un travail, d'après un plan arrêté et moyennant un prix convenu, ne peut, sous aucun prétexte, demander une augmentation de salaire. (Code civ., art. 1793.)

L'*assurance* est un contrat à forfait pour l'assureur qui se charge, moyennant une prime déterminée, d'indemniser l'assuré d'un dommage éventuel.

On trouve également tous les caractères d'une convention à forfait dans le contrat appelé communément *abonnement*, aux termes duquel des contribuables s'engagent à payer à la régie des contributions indirectes une somme fixe, pour tenir lieu de droits éventuels et variables, tels que les droits sur les boissons, d'octroi, etc.

On nomme *forfait de communauté* la clause d'un contrat de mariage par laquelle il est stipulé que l'un des époux ou ses héritiers ne pourront exiger que le payement d'une certaine somme pour tous droits de communauté. (*Id.*, art. 1522.)

**Forfaiture.** — Tout crime commis par un fonctionnaire public dans l'exercice de ses fonctions. V. FONCTIONNAIRE.

**Formule exécutoire.** — Formule dont sont revêtus les actes auxquels le pouvoir exécutif entend donner la force exécutoire. V. FORCE EXÉCUTOIRE.

**Fortune de mer.** — Tous accidents, quels qu'ils soient, qui peuvent arriver aux objets exposés aux risques de mer.

Les fortunes de mer se distinguent en risques de paix, comme la tempête, l'échouement, etc., et en risques de guerre, comme la prise.

**Fosses d'aisances.**

L'autorité municipale a qualité pour déterminer les mesures d'hygiène et de salubrité concernant la construction et la vidange des fosses d'aisances. (Loi du 15 février 1902, art. 4.)

L'ordonnance du 24 septembre 1819 relative aux *fosses d'aisances* à Paris porte qu'il sera établi dans chaque maison un tuyau d'évent, lequel sera conduit jusqu'à la hauteur des souches de cheminées de la maison ou des maisons contiguës ou simplement voisines, si elles sont plus élevées. D'autre part, la loi du 10 juillet 1894 impose aux propriétaires d'immeubles à Paris l'obligation d'écouler directement à l'égout les matières des fosses d'aisances.

Le curage des puits et fosses d'aisances est à la charge du bailleur, s'il n'y a clause contraire. (Code civ., art. 1756.)

« Celui qui fait creuser un puits ou une fosse d'aisances près d'un mur, mitoyen ou non, est obligé à laisser la distance prescrite par les règlements et usages particuliers, ou à faire les ouvrages imposés par les mêmes règlements et usages pour éviter de nuire au voisin. » (*Id.*, art. 674.)

**Fossés.**

« Quiconque aura comblé des fossés, en tout ou en partie, sera puni d'un emprisonnement qui ne pourra être au-dessous d'un mois ni excéder une année, et d'une amende égale au quart des restitutions et des dommages-intérêts, qui, dans aucun cas, ne pourra être au-dessous de 50 francs. (Code pén., art. 456.) V. MITOYENNETÉ.

**Fouilles.**

Le propriétaire peut faire exécuter des fouilles dans sa propriété, à la condition d'observer une certaine distance entre les excavations et la limite des fonds voisins. L'autorité municipale peut même enjoindre l'entourage de ces excavations, si la propriété est dépourvue de clôture.

**Fourrière.** — Lieu où l'on place les voitures ou animaux saisis par suite de contravention et où ils restent jusqu'au payement des dommages ou amendes, ou jusqu'à la vente en cas de non-payement.

Lorsqu'un animal est pris en délit, c'est-à-dire trouvé à l'abandon et causant du dommage aux propriétés dans lesquelles il est errant, la personne lésée qui s'empare de l'animal échappé ou égaré doit, sans retard, le conduire au lieu de dépôt désigné par le maire ; celui-ci avertit le maître de l'animal, s'il le connaît ou s'il peut parvenir à le découvrir ; huit jours après la mise en fourrière, si l'animal n'est pas réclamé et si le dommage n'est pas payé, l'animal est vendu, à la requête de la partie lésée (sur simple ordonnance du juge de paix), et le prix obtenu sert au règlement du dommage et des divers frais. (Loi du 4 avril 1889, art. 1er.)

La mise en fourrière des animaux peut avoir lieu non seulement par suite d'une mesure administrative et de police, mais aussi par suite d'une mesure d'instruction criminelle, au cas de saisie d'animaux. (Décret du 18 juin 1811, art. 39 et 40.)

Quant aux animaux vaguant sur la voie publique sans conducteur, la police se charge de les mener à la fourrière. La fourrière recueille aussi des objets mobiliers trouvés sur la voie publique : véhicules, meubles, malles, paniers, etc.

**Frais de justice.** — Dépenses auxquelles donnent lieu, au profit du Trésor et des officiers ministériels, les procédures suivies tant en matière civile qu'en matière pénale.

*Justice civile.* — Les frais de justice comprennent les droits perçus par le Trésor (timbre, enregistrement des actes de procédure, à l'exception des actes dits « d'avoués », qui s'échangent entre les avoués) et les émoluments des officiers ministériels. Les droits d'enregistrement perçus sur les jugements sont proportionnels à l'intérêt pécuniaire en jeu, ou fixes lorsque cet intérêt ne peut être déterminé (séparation de corps, divorce, adoption, etc.). Les émoluments des officiers ministériels sont établis d'après des tarifs déterminés par des décrets ou des lois. Indépendamment de ces émoluments, les avoués et huissiers ont l'usage de compter des honoraires. Les honoraires de l'avocat sont à la charge de son client et ne font pas partie des frais de justice. Les frais de justice sont soumis à la taxe du juge qui a été saisi de la contestation. Dans les affaires sommaires (inférieures à 1 500 fr.), les dépens (v. DÉPENS) sont liquidés par le jugement lui-même ; dans les autres affaires, le greffier du tribunal compétent délivre, sur le vu de la taxe du juge, une ordonnance en vertu de laquelle le recouvrement de ces frais peut être poursuivi. Le jugement indique par qui les frais doivent être payés. En principe, la partie qui succombe supporte les dépens. Mais il existe de nombreuses exceptions : compensation des dépens ; assistance judiciaire ; condamnation du gagnant aux dépens à titre de dommages-intérêts ; le ministère public, partie principale, ne peut être condamné aux dépens, etc. En principe, entre plusieurs parties la répartition des frais a lieu par tête. Le tribunal peut prononcer la distraction (v. DISTRACTION) en faveur de l'avoué, qui actionne ainsi le perdant, à l'exclusion des créanciers de son client. Les frais de justice sont l'objet d'un privilège. (Code civ., art. 2101.) V. PRIVILÈGE.

*Justice criminelle.* — Les frais sont à la charge du condamné ; l'administration de l'Enregistrement en fait l'avance, sauf le cas où la poursuite se fait par requête de parties civiles, celles-ci étant obligées de verser préalablement la somme présumée nécessaire. (Décret du 18 juin 1811, art. 57.) Qu'elles succombent ou non, les parties en sont personnellement tenues, sauf recours contre les personnes civilement responsables ; par exception, pour les affaires portées devant le jury, la partie civile qui ne succombe pas ne doit pas les frais. (Loi du 28 avril 1832.) Les frais de l'instruction sont taxés par le juge d'instruction ; les autres, par le président du tribunal. La condamnation aux frais est prononcée solidairement contre tous les condamnés. (Code proc. civ., art. 55, et décr. de 1811, art. 15.) Les percepteurs recouvrent les frais de justice criminelle. Les frais de justice ne sont pas remis en cas de grâce. Il existe un privilège en faveur de ces frais. (Loi du 5 septembre 1807.)

*Tarif.* — En matière civile, les *tarifs* sont constitués par une série de lois, décrets et ordonnances fixant les rémunérations des officiers ministériels, fonctionnaires publics et autres agents de la loi : avoués, greffiers, huissiers, notaires, commissaires-priseurs, conservateurs des hypothèques, curateurs à successions vacantes, etc. Les textes fondamentaux, en cette matière, sont plusieurs décrets portant la date du 16 février 1807, l'ordonnance du 10 octobre 1841.

La situation des notaires, à ce point de vue, est toute particulière : en exécution d'une loi du 10 juin 1896, des décrets en date du 25 août 1898 ont fixé, pour chaque ressort de cour d'appel, le tarif des honoraires, vacations, frais de rôle, frais de voyage et autres droits pouvant être dus aux notaires à l'occasion des actes de leur ministère.

En matière criminelle et de police, les tarifs des frais et dépens sont constitués, comme en matière civile, par une série de lois, décrets et ordonnances. Ici, parmi tous ces textes divers, la première place est gardée par un décret du 18 juin 1811.

*Taxe.* — On entend par *taxe* la taxation des frais de justice, le règlement des salaires et émoluments dus aux officiers ministériels ou publics, aux experts, aux témoins, etc.

La taxe des frais et états de frais est faite par le juge d'après les tarifs. En matière civile, les parties ont toujours le droit d'exiger que les frais et honoraires aux officiers ministériels ou publics soient soumis à la taxe, même si ces frais et honoraires ont été réglés à l'amiable, même si le payement a été volontaire de la part du client. Mais pour les notaires, avoués et huissiers, la loi du 5 août 1881 (art. 2 et 4) fixe à deux ans, à partir « du jour du payement ou du règlement par compte arrêté, reconnaissance ou obligation », le délai dans lequel le recours en taxe peut être exercé par le client.

Les termes de l'article 65 de la loi du 22 frimaire an VII, d'après lesquels la partie qui succombe dans une instance doit supporter les frais provenant « du papier timbré, des significations et du droit d'enregistrement des jugements », ont une portée générale et s'appliquent au coût de tout le papier employé pour la procédure. En conséquence, le prix du timbre des états de frais taxés produits par les parties qui ont gain de cause dans une instance engagée contre l'administration doit être, comme tous les autres frais, remboursé par l'Etat aux créanciers. (Circ. compt. publ., 30 déc. 1900, § 4.)

**Frais de dernière maladie.** — Sommes dues aux médecins et pharmaciens à l'occasion de la maladie dont le débiteur est mort.

Les frais de dernière maladie, qui sont une dette de communauté, sont privilégiés, et ce privilège s'exerce après ceux des frais de justice et des frais funéraires. (Code civ., art 2101 et 2105.)

Les mots *dernière maladie* avaient donné lieu à contestation. La loi du 30 novembre 1892 a spécifié que les frais de maladie sont privilégiés, quelle qu'en soit l'issue, que le malade ait ou non succombé.

**Frais funéraires.** — Dépenses occasionnées par les formalités et cérémonies qui accompagnent l'inhumation ou la crémation d'une personne.

Les frais funéraires sont privilégiés immédiatement après les frais de justice. (Code civ., art. 2101 et 2105.)

**Français.**

*Acquisition de la nationalité française.* — Les articles 7, 8, 9, 10, 12, 13, 17, 18, 19, 20 et 21 du Code civil sur la jouissance et la privation des droits civils ont été modifiés par les lois des 28 juin 1889 et 22 juillet 1893, qui réglementent l'acquisition et la perte de la nationalité française.

La jouissance des droits civils est attachée à la qualité de Français. On est Français par la naissance, par le bienfait de la loi, par la naturalisation, par annexion.

*Français de naissance.* Sont Français à ce titre :

1° Tout individu né d'un Français en France ou à l'étranger.

L'enfant naturel dont la filiation est établie pendant la minorité, par reconnaissance ou par jugement, suit la nationalité de celui des parents à l'égard duquel la preuve a d'abord été faite. Si cette preuve résulte pour le père ou la mère du même acte ou du même jugement, l'enfant suit la nationalité du père.

2° Tout individu né en France de parents inconnus ou dont la nationalité est inconnue.

3° Tout individu né en France de parents étrangers dont l'un y est lui-même né, sauf la faculté pour lui, si c'est la mère qui est née en France, de décliner dans l'année qui suivra sa majorité la qualité de Français.

*Français par la naturalisation.* V. NATURALISATION.

*Français par le bienfait de la loi* ou *naturalisation de faveur :*

1° Est Français, tout individu né en France d'un étranger et qui à l'époque de sa majorité est domicilié en France ; à moins que, dans l'année qui suit sa majorité, telle qu'elle est réglée par la loi française, il n'ait décliné la qualité de Français et prouvé qu'il a conservé la nationalité de ses parents par une attestation en due forme de son gouvernement, laquelle demeurera annexée à la déclaration, et qu'il n'ait en outre produit, s'il y a lieu, un certificat constatant qu'il a répondu à l'appel sous les drapeaux, conformément à la loi militaire de son pays, sauf les exceptions prévues aux traités.

2° Tout individu né en France d'un étranger et qui n'y est pas domicilié à l'époque de sa majorité peut, jusqu'à l'âge de vingt-deux ans accomplis, faire sa soumission de fixer en France son domicile, et, s'il l'y établit dans l'année à compter de l'acte de soumission, réclamer la qualité de Français par une déclaration qui est enregistrée au ministère de la Justice. S'il est âgé de moins de vingt et un ans accomplis, la déclaration est faite en son nom par son père ; en cas de décès, par sa mère ; en cas de décès du père et de la mère, d'exclusion de la tutelle ou d'absence légale, par le tuteur autorisé par délibération du conseil de famille. Il devient également Français si, ayant été porté sur le tableau de recensement, il prend part aux opérations de recrutement sans opposer son extranéité.

3° Lorsque l'individu est né en France ou à l'étranger de parents dont l'un a perdu la qualité de Français, il peut réclamer cette qualité à tout âge, à moins que, domicilié en France et appelé sous les drapeaux lors de sa majorité, il n'ait revendiqué la qualité d'étranger.

4° L'étrangère qui épouse un Français devient Française et conserve cette qualité si elle devient veuve ou divorcée.

5° Quand un territoire étranger est annexé à la France, les nationaux de ce territoire deviennent Français, sauf les exceptions prévues par les traités, qui peuvent, par exemple, stipuler un droit d'option pendant un temps déterminé.

*Perte et recouvrement de la nationalité française.* — On perd la qualité de Français : 1° par l'acquisition volontaire de la qualité d'étranger ; 2° par la répudiation de la qualité de Français dans les cas où la loi l'autorise ; 3° par le fait de conserver des fonctions publiques conférées par un gouvernement étranger, malgré l'ordre de les résigner donné par le gouvernement français ; 4° par le fait d'avoir pris du service militaire à l'étranger sans y avoir été autorisé par le gouvernement français. Le démembrement d'une portion du territoire français entraîne encore la perte de la nationalité, si le Français n'a pas usé des moyens qui lui ont été accordés de pouvoir la conserver. Il en est de même du mariage d'une Française avec un étranger : dans ce cas, la femme suit la nationalité de son mari.

La perte de la nationalité n'est pas absolue pour le Français ; il peut la recouvrer par décret, pour lui et pour les siens, en rentrant en France avec l'autorisation du gouvernement, et en déclarant qu'il veut s'y fixer et qu'il renonce à toute distinction contraire à la loi française. Quant au militaire en service non autorisé à l'étranger, il doit obtenir la permission du chef de l'État de rentrer en France et remplir les conditions exigées de l'étranger pour obtenir la naturalisation.

Quant à la femme, elle recouvre de plein droit sa nationalité si elle réside en France au moment de la dissolution de son mariage. Si à cette époque elle résidait à l'étranger, elle ne peut redevenir Française qu'à la condition de rentrer en France avec autorisation du gouvernement, et de déclarer qu'elle veut s'y fixer désormais.

Dans le cas de mort du mari, la qualité de Français peut être accordée par le même décret de réintégration aux enfants mineurs sur la demande de la mère, ou par un décret ultérieur si la demande en est faite par le tuteur avec l'approbation du conseil de famille.

Les Français qui recouvrent leur nationalité acquièrent immédiatement tous les droits civils et politiques, et, contrairement à ce qui se passe pour les étrangers, même l'éligibilité aux assemblées législatives.

La loi du 28 juin 1889 a fait revivre une disposition d'un décret du 15 décembre 1790 relative aux descendants de Français proscrits lors de la révocation de l'édit de Nantes : ceux-ci jouiront des droits attachés à la qualité de Français, à la condition de fixer leur domicile en France et de se faire réintégrer dans leur nationalité par un décret.

**Franchise.** — Exemption de taxe ou d'impôts pour certaines marchandises; spécialement, *franchise postale:* gratuité du transport par la poste de la correspondance ou objets assimilés. V. POSTE.

**Francisation.** — Nationalité d'un navire de mer, établie par un titre dit *acte de francisation.*

Pour acquérir ou conserver la francisation, un navire doit appartenir par moitié au moins à des Français résidant en France, dans les colonies ou possessions françaises ; ou bien encore à des Français qui, tout en résidant à l'étranger, peuvent prouver qu'ils ont conservé leur nationalité et qu'ils sont associés d'une maison de commerce française faisant le commerce en France ou dans une possession française. — Les droits de francisation se calculent sur le tonnage net. — Les navires construits à l'étranger doivent, préalablement à leur francisation, payer un droit d'importation calculé par tonneau de jauge brute.

Sont dispensés de l'acte de francisation, quel que soit leur tonnage : les canots et chaloupes dépendant des navires pourvus d'un acte de francisation ; les bâtiments appartenant aux administrations publiques ; les bateaux dragueurs et ceux employés au transport des vases ; les embarcations qui naviguent dans les rivières soumises à la surveillance des douanes ; celles qui naviguent à l'intérieur d'un port ou d'une rade. Sont également dispensés : les bateaux de 2 tonneaux et au-dessous appartenant à des habitants du littoral et qui ne s'en servent que pour leur usage et celui de leur famille ; les embarcations de 2 tonneaux et au-dessous employées à la pêche côtière et à la récolte du varech ; les bateaux de plaisance de 10 tonneaux et au-dessous qui ne se livrent à aucune opération commerciale.

L'acte de francisation, délivré au nom du président de la République, est signé par le ministre des Finances.

## Fraudes.

Le maire a le devoir d'assurer la fidélité du débit des marchandises vendues dans la commune.

Les fraudes dans la vente des marchandises et les falsifications des denrées alimentaires et des produits agricoles sont réprimées par la loi du 1er août 1905. Cette loi punit de l'emprisonnement (3 mois au moins, 1 an au plus) et de l'amende (de 100 fr. à 5 000 fr.) — ou de l'une de ces deux peines seulement — la fraude : 1° sur la *nature* des marchandises ; 2° sur l'*espèce* ou l'*origine*, lorsque la désignation de l'espèce ou de l'origine a été la cause principale de la vente ; 3° sur la *quantité* ou l'*identité* de la chose livrée. L'emprisonnement peut être porté à deux ans si le délit ou la tentative ont été commis : soit à l'aide de poids, mesures ou instruments faux ou inexacts, soit à l'aide de procédés tendant à fausser le pesage, le dosage, etc., soit à l'aide d'indications tendant à faire croire à une opération antérieure (art. 1 et 2).

La falsification et la mise en vente de denrées servant à l'alimentation de l'homme ou des animaux, de substances médicamenteuses, de boissons et produits agricoles ou naturels, la mise en vente de produits servant à la falsification, la provocation à l'emploi de ces produits par prospectus, brochures, etc., sont punies des mêmes peines. L'emprisonnement est toujours appliqué (3 mois à 2 ans) et l'amende prononcée est de 500 fr. à 10 000 fr. si la substance falsifiée est nuisible à la santé de l'homme ou des animaux, même lorsque la falsification est connue de l'acheteur. Les substances corrompues ou toxiques (à l'exception des fruits et légumes frais fermentés ou corrompus) sont assimilées aux substances falsifiées (art. 3).

Les marchands trouvés détenteurs, sans motifs légitimes, chez eux ou dans les entrepôts, marchés, gares, etc., soit de denrées qu'ils savent falsifiées, corrompues ou toxiques, soit de substances médicamenteuses falsifiées, soit de produits servant à la falsification, soit de faux poids, mesures et instruments, sont passibles d'une amende de 50 francs à 3 000 francs et d'un emprisonnement de 6 jours à 3 mois (ou de l'une de ces deux peines seulement). L'emprisonnement est de trois mois à un an et l'amende de 100 francs à 5 000 francs si la substance est toxique ou nuisible à la santé de l'homme et des animaux (art. 4).

Le tribunal peut ordonner la publication intégrale ou partielle du jugement de condamnation et son affichage aux frais du condamné à la porte de ses magasins et domicile pendant sept jours au plus ; la suppression, dissimulation ou lacération de l'affiche est punie d'une amende de 50 francs à 1 000 francs et, en cas de récidive, de 6 jours à 1 mois de prison et d'une amende de 100 francs à 2 000 francs. L'affichage a lieu même si la vente du fonds de commerce vient à être réalisée après le jugement qui l'a ordonné (art. 7). La récidive dans les cinq ans entraîne l'emprisonnement et l'affichage (art. 5). Les objets dont la vente, l'usage et la détention constituent le délit sont confisqués s'ils appartiennent encore au vendeur ou détenteur. Les poids, mesures et instruments faux ou inexacts sont, en outre, brisés (art. 6). V. ENGRAIS, MARGARINE, VINS, etc.

**Fret ou nolis.** — Prix du loyer d'un navire. V. AFFRÈTEMENT.

## Fruits.

Les fruits, au sens légal du mot, sont tous produits réguliers et périodiques que les choses donnent d'après leur destination et sans altération de leur substance. On considère aussi fictivement comme fruits les produits des mines et carrières ouvertes avant l'entrée en jouissance. Mais les produits extraordinaires, tels que ceux des mines et carrières ouvertes sur un sol destiné à ce genre d'exploitation, ceux de coupes de hautes futaies non aménagées, n'ont pas le caractère de fruits.

On distingue les fruits *naturels* (produits spontanés de la terre, croît des animaux), les fruits *industriels* (produits obtenus par le travail ou la culture) et les fruits *civils* (loyers des maisons, baux à ferme, arrérages des rentes, intérêts des sommes exigibles). (Code civ., art. 582-586.)

Les fruits appartiennent, comme les autres produits, au propriétaire de la chose, mais ils peuvent aussi appartenir à d'autres personnes. Ainsi, le droit aux fruits est contenu dans le droit réel que l'usufruitier tient du titre constitutif de l'usufruit ou de la loi; il est contenu aussi dans le droit personnel qui appartient au locataire en vertu du contrat de louage. Enfin, la loi fait découler le droit aux fruits d'un simple fait matériel, lorsqu'elle admet que le possesseur de bonne foi fait les fruits siens. Le *possesseur de bonne foi*, c'est-à-dire, au sens technique, celui qui possède comme propriétaire en vertu d'un titre translatif de propriété dont il ignore les vices; il les conserve même lorsqu'il est obligé de restituer la chose au véritable propriétaire. Le *possesseur de mauvaise foi* de la propriété, au contraire, doit rendre avec la chose les fruits qu'il a perçus, et même tenir compte de ceux qu'il a négligé de percevoir.

Les fruits naturels, industriels ou civils appartiennent au propriétaire par droit d'*accession* (Code civ., art. 547), mais celui-ci doit rembourser aux fermiers, usufruitiers, etc., les frais de travaux et semences. (*Id.*, art. 548.) L'acheteur est propriétaire des fruits dès l'instant de la vente. (*Id.*, art. 547.)

Les fruits *naturels* et *industriels* sont acquis par la perception ; les fruits *civils*, jour par jour, et appartiennent à l'usufruitier à proportion de la durée de son usufruit; il faut donc considérer ici le nombre réel des jours écoulés et calculer les intérêts conformément au calendrier grégorien, et non d'après une année de 360 jours. (Code civ., art. 586.)

Les fruits des arbres non encore recueillis sont immeubles ; dès qu'ils sont détachés, quoique non enlevés, ils sont meubles. (Code civ., art. 520.)

## Funérailles.

Aux termes de la loi du 15 novembre 1887 sur la liberté des funérailles, tout majeur ou mineur émancipé, en état de tester, peut régler les conditions de ses funérailles, notamment en ce qui concerne le caractère civil ou religieux à leur donner et le mode de sa sépulture. Il peut charger une ou plusieurs personnes de veiller à l'exécution de ses dispositions. Sa volonté, exprimée dans un testament ou dans une déclaration faite en forme testamentaire, soit par-devant notaire, soit sous signature privée, a la même force qu'une disposition testamentaire relative aux biens ; elle est soumise aux mêmes règles quant aux conditions de la révocation.

En cas de contestation sur les conditions des funérailles, il est statué, dans le jour, sur la citation de la partie la plus diligente, par le juge de paix du lieu du décès, sauf appel devant le président du tribunal civil de l'arrondissement, qui devra statuer dans les vingt-quatre heures. La décision est notifiée au maire, chargé d'en assurer l'exécution.

Celui qui aura donné aux funérailles un caractère contraire à la volonté du défunt ou la décision judiciaire est puni d'une amende de 16 à 100 francs, d'un emprisonnement de deux à cinq ans en cas de récidive, de la détention en cas de seconde récidive.

Toutes les dispositions légales relatives aux honneurs funèbres seront appliquées, quel que soit le caractère des funérailles, civil ou religieux, et il ne peut être établi, même par voie d'arrêté, des prescriptions particulières applicables aux funérailles en raison de leur caractère civil ou religieux. V. CIMETIÈRE, INHUMATION, etc.

# G

## Gabon.

— Colonie française. V. CONGO.

## Gage.

— Contrat par lequel un débiteur remet à son créancier une chose mobilière pour sûreté de sa dette.

La remise d'une chose à un créancier pour sûreté de sa dette s'appelle *nantissement*. Le nantissement d'une chose mobilière est dit *gage*; le nantissement d'une chose immobilière, *antichrèse*. V. ANTICHRÈSE.

Le gage peut être donné par un tiers pour le débiteur.

*Gage civil.* — Le contrat de gage (Code civ., art. 2073-2084) fait naître sur l'objet, au profit du créancier *gagiste*, un droit réel : celui de se faire payer sur le gage par privilège et par préférence aux autres créanciers.

Ce privilège ne s'exerce qu'autant qu'il y a un acte public ou sous seing privé, dûment enregistré, contenant la déclaration de la somme due, ainsi que l'espèce et la nature des choses remises en gage, ou un état annexé de leurs qualité, poids et mesure. La rédaction de l'acte par écrit et son enregistrement ne sont néanmoins prescrits que si la dette ou le gage excède la valeur de 150 francs.

Le gage ayant pour objet des titres au porteur ne peut être valablement constitué au regard des tiers, en matière civile, que par un acte écrit et enregistré.

Si le gage est une créance, le privilège ne s'établit que par acte public ou sous seing privé, enregistré, et en outre signifié au débiteur de la créance donnée en gage.

Dans tous les cas, le privilège ne subsiste sur le gage qu'autant que ce gage a été mis et est resté en la possession du créancier, ou d'un tiers convenu entre les parties.

Le créancier qui, à défaut de payement, veut disposer du gage, doit à peine de nullité provoquer un jugement portant que le gage lui demeurera en payement jusqu'à due concurrence, d'après une estimation faite par experts, ou qu'il sera vendu aux enchères.

Tant que ce jugement n'est pas exécuté, le créancier gagiste n'est qu'un dépositaire, qui répond de la perte ou de la détérioration du gage survenue par sa négligence, mais par contre doit être indemnisé des frais utiles faits pour la conservation du dépôt.

Le débiteur ne peut, à moins que le détenteur du gage n'en abuse, en réclamer la restitution qu'après avoir entièrement payé, tant en principal qu'intérêts et frais, la dette pour sûreté de laquelle le gage a été donné. S'il existait de la part du même débiteur, envers le même créancier, une autre dette contractée postérieurement à la mise en gage, et devenue exigible avant le payement de la première dette, le créancier ne peut être tenu de se dessaisir du gage avant d'être entièrement payé de l'une et de l'autre dette, lors même qu'il n'y aurait eu aucune stipulation pour affecter le gage au payement de la seconde.

Lorsque la créance donnée en gage porte intérêts, le créancier impute ces intérêts sur ceux qui peuvent lui être dus. Si la dette pour sûreté de laquelle la créance a été donnée en gage ne porte point elle-même intérêts, l'imputation se fait sur le capital de la dette.

Le gage est indivisible (v. INDIVISIBILITÉ) nonobstant la divisibilité de la dette entre les héritiers du débiteur ou ceux du créancier. L'héritier du débiteur qui a payé sa portion de la dette ne peut demander la restitution de sa portion dans le gage tant que la dette n'est pas entièrement acquittée. Réciproquement, l'héritier du créancier qui a reçu sa portion de la dette ne peut remettre le gage au préjudice de ceux de ses cohéritiers qui ne sont pas payés.

*Gage commercial.* — Les dispositions ci-dessus ne sont applicables ni aux matières de commerce, ni aux maisons de prêt sur gage autorisées.

En matière commerciale, elles ont été simplifiées par la loi du 23 mai 1863.

Le gage constitué soit par un commerçant, soit par un individu non commerçant, pour un acte de commerce, se constate à l'égard des tiers comme à l'égard des parties contractantes, conformément aux dispositions de l'article 109 du Code de commerce; c'est-à-dire par acte public ou sous seing privé, bordereau ou arrêté d'agent de change ou courtier, signé par les parties, facture acceptée, correspondance, livre des parties, preuve testimoniale si le tribunal l'admet.

Pour les meubles corporels et les titres au porteur, tous les modes de preuve sont admis, même si la valeur du gage ou de la créance excède 150 francs; pour les titres à ordre (effets de commerce), le gage peut en outre être établi par un endossement régulier indiquant que les valeurs ont été remises en garantie (endossement *pignoratif*).

A l'égard des actions, des parts d'intérêts et des obligations nominatives des sociétés financières, industrielles, commerciales ou civiles, dont la transmission s'opère par un transfert sur les registres de la société, le gage peut également être établi par un transfert, à titre de garantie, inscrit sur lesdits registres. Le transfert à titre de garantie n'emporte pas transmission de propriété; il constitue seulement une forme particulière de mise en gage.

Le cessionnaire de créances ordinaires n'est saisi à l'égard des tiers que par la signification du transfert faite au débiteur.

Pour le nantissement des fonds de commerce, v. COMMERCE.

A défaut de payement à l'échéance, le créancier peut, huit jours après une simple signification au débiteur (ou au tiers bailleur de gage), faire procéder à la vente publique par le ministère des agents de change ou des courtiers.

V. MAGASINS GÉNÉRAUX, WARRANT, COMMERCE.

**Gagerie** ou mieux **Saisie-gagerie.** — Saisie des effets et des fruits que le propriétaire ou locataire principal peut faire opérer sur le locataire ou sous-locataire pour loyers et fermages échus. V. SAISIE.

**Gains nuptiaux** ou **de survie.** — Avantages stipulés par les époux en faveur du survivant.

**Garantie.** — Obligation accessoire qui assure l'exécution de l'obligation principale.

On distingue la garantie de *droit* ou *légale*, qui existe en dehors de toute stipulation, et la *garantie conventionnelle* ou *de fait*, qui résulte des conventions.

On distingue encore la garantie *formelle* ou *réelle* et la garantie *simple* ou *personnelle*. La garantie *formelle* ou *réelle* est due en matière réelle, par exemple lorsque, comme le vendeur, on répond des troubles et évictions. (V. VENTE.) La garantie *simple* ou *personnelle* est due en matière personnelle, par exemple lorsque, comme un débiteur cautionné, on répond d'une obligation dont une personne est tenue pour nous.

La *demande en garantie* est l'acte par lequel le garant est mis en cause par le *garanti*.

L'exception dilatoire (v. EXCEPTION) de

garantie donne droit à un délai de huit jours (plus un jour par 5 myriamètres) pour appeler le garant, qui a un délai pareil pour appeler le sous-garant, etc.

*Taxe pour fonds de garantie.* — La loi du 9 avril 1898 sur les accidents du travail détermine les responsabilités pécuniaires qui incombent aux chefs d'entreprise par suite des accidents dont les ouvriers peuvent être victimes dans leur travail. L'article 24 dispose qu'à défaut, par les chefs d'entreprise débiteurs ou par les sociétés d'assurances et syndicats de garantie, d'acquitter au moment de leur exigibilité les indemnités mises à leur charge à la suite d'accidents ayant entraîné la mort ou une incapacité permanente de travail, le payement en sera assuré aux intéressés par les soins de la Caisse nationale des retraites pour la vieillesse, au moyen d'un fonds spécial de *garantie* dont la gestion est confiée à ladite caisse. V. ACCIDENTS, ASSURANCES, PATENTE.

**Garantie.** — Constatation légale du titre des matières et ouvrages d'or et d'argent.

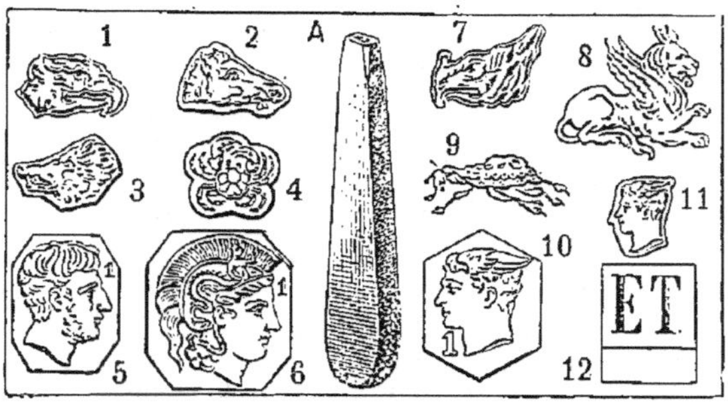


A, poinçon. — *Poinçons de contrôle de l'État :* 1. De l'or (Paris); 2. De l'or (départements); 3. De l'argent (Paris); 4. De l'argent (départements); 5. Du titre or; 6. Du titre argent (titre marqué par le chiffre); 7. Spécial pour les chaînes d'or; 8. Pour l'horlogerie étrangère; 9. Pour la bijouterie étrangère au titre français; 10. Pour les ouvrages d'exportation or et argent au titre; 11. Pour les ouvrages d'exportation sans garantie de titre; 12. Pour les ouvrages étrangers sans titre et ouvrages vendus aux enchères publiques.

Des *contrôleurs à la garantie*, agents de l'administration des Contributions indirectes, sont chargés, dans chacun des bureaux de la garantie, de faire l'essai des ouvrages d'or et d'argent et d'appliquer, sur ces ouvrages, le *poinçon* ou *marque* du bureau et le signe indicatif du *titre* dont ils doivent être revêtus. Les principaux bureaux de garantie sont établis à Paris, Bellegarde, Marseille, Besançon, Pontarlier, Montbéliard, Nancy, Lyon. Le contrôleur titulaire de chaque bureau a la garde des poinçons et les applique en présence de ses collègues et du propriétaire des objets à poinçonner. Son droit de contrôle s'étend sur tous les établissements dans lesquels se fabriquent ou se vendent les ouvrages d'or et d'argent, sur toutes les personnes qui participent à ces ventes ou fabrications. A Paris, le service de la garantie comprend 32 contrôleurs, dont un spécialement affecté à l'Hôtel des ventes, et un à chaque bureau du mont-de-piété. Outre les attributions des agents de province, les contrôleurs de Paris sont encore chargés de poinçonner les ouvrages étrangers, de démarquer les ouvrages français destinés à l'exportation, et de se rendre journellement chez les marchands et fabricants. Leur nombre s'explique par l'importance du ressort du bureau de Paris.

La loi du 19 brumaire an VI réglemente la surveillance du titre et la perception du droit de garantie des matières et ouvrages d'or et d'argent. Ce droit, perçu au profit du Trésor, est fixé à : 30 francs par hectogramme d'or; 1 fr. 60 par hectogramme d'argent, non compris les frais d'essai et de touchaud. La totalité des droits est restituée lorsque ces objets seront exportés. Le ministre des Finances fixe le prix des essais des matières d'or et d'argent applicable à tous les bureaux de garantie. (Loi du 30 mars 1872.)

La contrefaçon ou la fabrication et l'usage des poinçons servant à marquer les matières d'or ou d'argent sont punis des travaux forcés à temps. (Code pén., art. 140.) Celui qui, après s'être indûment procuré les vrais poinçons, en fait une application ou usage préjudiciable aux droits ou intérêts de l'État, encourt la peine de la réclusion. (Code pén., art. 141.)

La contrefaçon des poinçons d'exportation dont se sert l'Etat pour marquer les armes de guerre et des poinçons d'épreuve dont doivent être revêtues toutes les armes à feu fabriquées en France est punie par la loi du 14 juillet 1860.

Ceux qui contrefont ou falsifient les timbres ou poinçons destinés à être apposés sur les marques de commerce et de fabrique, dans le but d'en garantir l'authenticité, ceux qui font usage des timbres ou poinçons falsifiés ou contrefaits, sont punis des travaux forcés à temps, dont le maximum sera toujours appliqué; en outre, tout usage frauduleux de ces timbres ou poinçons et des étiquettes, bandes, enveloppes ou estampilles qui en seraient revêtus, est puni des peines portées en l'article 142 du même code.

Les fabricants et marchands de bijoux et autres objets d'or et d'argent doivent, avant d'exercer leur profession, le déclarer à la préfecture du département et à la mairie de leur commune. Leurs obligations sont déterminées par les articles 72 à 94 de la loi du 19 brumaire an VI; celles des fabricants de plaqué et doublé, par les articles 95 à 100 de la même loi. V. LINGOT.

Les poinçons sont indicatifs de la nature et du titre du métal employé. (Décrets des 27 juillet 1878, 27 décembre 1879, 6 juin 1884, 24 décembre 1887.)

Les employés des contributions indirectes chargés du service de la garantie sont autorisés à procéder, sans l'assistance d'un officier municipal ou d'un commissaire de police, aux visites et vérifications chez les fabricants ou marchands de médailles en tous métaux. (Loi du 25 février 1901, art. 26.)

Il y a trois titres légaux pour les ouvrages d'or, et deux pour les ouvrages d'argent, savoir : pour l'or, le premier, de 920 millièmes (ou 22 karats 2 trente-deuxièmes et 1 demi environ); le second, de 840 millièmes (20 karats 5 trente-deuxièmes et 1 huitième); le troisième, de 750 millièmes (18 karats); pour l'argent, le premier, de 950 millièmes (11 deniers 9 grains 7 dixièmes); le second, de 800 millièmes (9 deniers 11 grains et demi).

La loi du 25 janvier 1884 a créé et rendu obligatoire pour la fabrication des boîtes de montres en or un quatrième titre légal à 583 millièmes. En outre, elle a autorisé les fabricants d'orfèvrerie, joaillerie, bijouterie et boîtes de montres, à fabriquer à tous autres titres des objets d'or ou d'argent exclusivement destinés à l'exportation. Les objets ainsi fabriqués à tous titres ne reçoivent en aucun cas l'empreinte des poinçons de l'État; mais ils sont marqués, aussitôt après l'achèvement, avec un poinçon de maître, dont la forme est déterminée par un règlement d'administration publique, et qui indique en chiffres le titre de l'alliage, lequel est reproduit sur la facture. Des peines très sévères répriment les contraventions aux dispositions de cette loi et du décret d'exécution du 6 juin 1884.

Quiconque aura trompé l'acheteur sur le titre des matières d'or ou d'argent sera puni de l'emprisonnement pendant trois mois au moins, un an au plus, et d'une amende qui ne pourra excéder le quart des restitutions et dommages-intérêts, ni être au-dessous de 50 francs. Les objets du délit, ou leur valeur, s'ils appartiennent encore au vendeur, seront confisqués. Le tribunal pourra ordonner l'affichage du jugement dans les lieux qu'il désignera et son insertion intégrale ou par extrait dans tous les journaux qu'il désignera, le tout aux frais du condamné. (Code pén., art. 423.)

**Garde champêtre.** — Agent municipal chargé de la surveillance des propriétés rurales et de la recherche des infractions aux règlements de police municipale.

La loi du 20 messidor an III, art. 1er, imposait à toute commune l'obligation d'avoir un garde champêtre. Cette obligation étant excessive pour les communes pauvres, l'article 102 de la loi du 5 avril 1884 l'a supprimée. L'institution des gardes champêtres est facultative pour les communes.

Leur traitement est obligatoire pour les communes, qui y font face soit sur leurs ressources ordinaires, soit au moyen de centimes additionnels aux quatre contributions. Si le conseil municipal n'inscrit pas cette dépense au budget, elle est y portée d'office.

Les gardes champêtres sont nommés par le maire; ils doivent être agréés et commissionnés par le sous-préfet ou par le préfet dans l'arrondissement du chef-lieu. Le préfet ou le sous-préfet fait connaître son agrément ou son refus d'agréer dans le délai d'un mois. Ils peuvent être suspendus pour un mois au plus par le maire; le préfet seul peut les révoquer.

Les gardes champêtres doivent être âgés de vingt-cinq ans au moins et de bonnes vie et mœurs. Ils prêtent serment devant le juge de paix du canton.

Le garde champêtre est à la fois : 1° agent municipal et placé sous la dépendance du maire, du sous-préfet et du préfet; 2° officier de police judiciaire et agent de la force publique : à ce titre, il est sous les ordres du procureur de la République.

Agent municipal, il est chargé de la police rurale et de la recherche, dans le territoire pour lequel il est assermenté, des contraventions aux règlements et arrêtés de police municipale.

Les gardes champêtres, comme *officiers de police judiciaire*, sont chargés de rechercher, chacun dans le territoire pour lequel ils ont été assermentés, les délits et les contraventions de police qui portent atteinte aux propriétés rurales et forestières. Ils dressent des procès-verbaux à l'effet de constater la nature, les circonstances, le temps, le lieu des délits et des contraventions, ainsi que les preuves et indices qu'ils ont pu en recueillir. Ils suivent les choses enlevées dans les lieux où elles ont été transportées, et les mettent en séquestre : ils ne peuvent néanmoins s'introduire dans les maisons, ateliers, bâtiments, cours adjacentes et enclos, si ce n'est en présence soit du juge de paix, soit de son suppléant, soit du commissaire de police, soit du maire du lieu, soit de son adjoint (le procès-verbal qui doit en être dressé est signé par celui en présence duquel il a été fait). Ils arrêtent et conduisent devant le juge de paix ou devant le maire tout individu qu'ils ont surpris en flagrant délit ou qui est dénoncé par la clameur publique, lorsque ce délit emporte la peine d'emprisonnement ou une peine plus grave. (Code inst. crim., art. 16.)

Ils ont le droit de constater toutes les contraventions et délits en matière de chasse et de pêche fluviale, de fabrication frauduleuse ou de vente ou de colportage d'allumettes chimiques ou de cartes à jouer, de circulation des boissons (Loi du 21 juin 1873), d'ivresse sur la voie publique, etc.

Ils peuvent être réquisitionnés par la gendarmerie.

Les gardes champêtres dressent des procès-verbaux pour constater les contraventions et les délits, mais non les crimes, ni les faits ne donnant lieu qu'à une action civile. Ces procès-verbaux doivent être affirmés dans les vingt-quatre heures devant le juge de paix, le maire ou le commissaire de police. Ils ne font foi que jusqu'à preuve contraire.

Les articles 209 et suivants du Code pénal, punissant la *rébellion*, sont applicables aux outrages, voies de fait, actes de résistance, dirigés contre les gardes champêtres.

**Garde-chasse.** — Garde particulier chargé de veiller à la conservation du gibier et de réprimer les dommages causés aux propriétés dont la surveillance leur est confiée.

Le propriétaire qui veut faire agréer un garde-chasse par le préfet procède comme s'il s'agissait de faire agréer un garde particulier. V. GARDE PARTICULIER.

**Garde forestier.** — Agent chargé de la police des bois et forêts soumis au régime forestier.

Les gardes forestiers se divisent en *gardes domaniaux*, *communaux* ou *mixtes*, selon qu'ils surveillent des bois de l'Etat ou des bois communaux, ou des bois de ces deux catégories.

Ils forment avec les brigadiers le cadre des *préposés* forestiers, la dénomination d'*agents* forestiers étant réservée au personnel supérieur. Certains préposés, en raison de la nature de leur tâche, sont qualifiés gardes cantonniers.

Les gardes domaniaux ou mixtes sont nommés par le ministre de l'Agriculture. Les gardes forestiers des communes et des établissements publics sont nommés par le préfet, sur la proposition du conservateur des forêts. La commune ou l'établissement supporte leur traitement.

Ils doivent être âgés de 25 ans au moins, de 35 ans au plus, savoir lire et écrire. Ils sont assermentés.

Ils n'ont pas le droit d'exercer le commerce ou les industries du bois, de débiter des boissons, de tenir une auberge. Il leur est interdit d'avoir sous leurs ordres des parents ou alliés en ligne directe, ni en ligne collatérale, leurs frères, beaux-frères, oncles et neveux, de recevoir quoi que ce soit des communes, établissements publics et particuliers.

Les emplois de l'administration forestière sont incompatibles avec toutes autres fonctions, soit administratives, soit judiciaires.

Les agents et préposés ne pourront entrer en fonctions qu'après avoir prêté serment devant le tribunal de première instance de leur résidence et avoir fait enregistrer leur commission et l'acte de prestation de leur serment au greffe des tribunaux dans le ressort desquels ils devront exercer leurs fonctions. Dans le cas d'un changement de résidence qui les placerait dans un autre ressort en la même qualité, il n'y aura pas lieu à une autre prestation de serment.

Les gardes sont responsables des délits, dégâts, abus et abroutissements qui ont lieu dans leurs triages, et passibles des amendes et indemnités encourues par les délinquants, lorsqu'ils n'ont pas dûment constaté les délits.

Les brigadiers et gardes forestiers, comme officiers de police judiciaire, sont sous les ordres du procureur de la République. Ils dressent procès-verbal des contraventions et délits commis dans les bois soumis au régime forestier, et tiennent registre de ces procès-verbaux, constatent les délits de chasse ou de pêche, les infractions aux règlements sur le roulage, au monopole du tabac ou des allumettes, à la législation sur le port d'armes. Ils sont agents de la force publique quand ils sont régulièrement requis.

Leurs procès-verbaux font foi jusqu'à inscription de faux si l'infraction n'est pas punie d'une amende et de dommages-intérêts de plus de 100 francs. Ils doivent être affirmés devant le juge de paix ou le maire de la commune de la résidence du garde ou de celle où l'infraction a été commise.

Les gardes sont autorisés à saisir les bestiaux, attelages, etc., des délinquants et à les mettre sous séquestre; ils suivent les objets enlevés en délit, mais ne peuvent s'introduire dans les bâtiments ou enclos ayant le caractère de domicile inviolable, sans être assistés du maire, du juge de paix ou du commissaire de police.

**Garde général des forêts.** — Agent forestier dont le grade est immédiatement inférieur à celui d'inspecteur adjoint. V. FORÊTS.

**Garde de navigation.** — V. NAVIGATION.

**Garde particulier.** — Garde assermenté, agréé par l'administration, qui est chargé de la conservation des biens d'un particulier.

Toute personne investie d'un droit de propriété ou de jouissance sur un domaine a le droit (Décret du 20 messidor, an III, art. 4) de faire surveiller ce domaine par un garde particulier.

La demande tendant à faire agréer un garde particulier est déposée à la préfecture ou à la sous-préfecture. Il en est donné récépissé. Après l'expiration du délai d'un mois, le propriétaire qui n'a pas obtenu de réponse peut se pourvoir devant le ministre. Le préfet peut, par décision motivée (le propriétaire et le garde entendus ou dûment appelés), rapporter les arrêtés agréant les gardes particuliers. (Loi du 12 avril 1892.)

Les gardes particuliers prêtent serment devant le tribunal civil. Ils peuvent, sur les propriétés de leur maître, constater les délits et contraventions et en dresser des procès-verbaux.

Le garde particulier peut remplir les attributions du garde champêtre ou celles du garde forestier, ou cumuler ces deux attributions.

**Garde-pêche.** — Agent chargé de la surveillance et de la police de la pêche fluviale.

La surveillance, la police et l'exploitation de la pêche dans les cours d'eau navigables et flottables non canalisés qui se trouvent dans les limites de la pêche maritime, ainsi que la surveillance et la police de la pêche dans les cours d'eau non navigables ni flottables sont exercées par l'administration des Eaux et forêts. La surveillance et la police de la pêche, dans les autres cours d'eau, ressortissent à l'administration des Travaux publics.

Les gardes-pêche doivent être âgés de 25 ans au moins. Ils procèdent à la contravention des délits de pêche conformément aux lois des 15 avril 1829 et 31 mai 1865.

Ils ne peuvent entrer en fonctions qu'après avoir prêté serment devant le tribunal de première instance de leur résidence, et fait enregistrer leur commission et l'acte de prestation de serment au greffe des tribunaux dans le ressort desquels ils auront à exercer leurs fonctions. Dans le cas d'un changement de résidence qui les placerait dans un autre ressort, il n'y aurait pas lieu à une nouvelle prestation de serment. (Loi du 15 avril 1829, art. 7.)

Les gardes-pêche peuvent être déclarés responsables des délits commis dans leurs cantonnements, et passibles des amendes et indemnités encourues par les délinquants, lorsqu'ils n'ont pas dûment constaté les délits. (*Id.*, art. 8.)

Les gardes-pêche nommés par l'administration sont assimilés aux gardes forestiers. (*Id.*, art. 37.) Ils recherchent et constatent les délits par procès-verbaux et sont autorisés à saisir les filets et autres instruments prohibés, ainsi que le poisson pêché en délit. (*Id.*, art. 39.) Ils ne peuvent, sous aucun prétexte, s'introduire dans les maisons et enclos y attenant pour la recherche des filets prohibés. (*Id.*, art. 40.) Ils écrivent eux-mêmes leurs procès-verbaux, les signent et les affirment, au plus tard le lendemain, par-devant le juge de paix ou le maire soit de la commune de leur résidence, soit de celle où le délit a été commis ou constaté. Toutefois, si, par suite d'un empêchement quelconque, le procès-verbal est seulement signé par le garde-pêche, mais non écrit en entier de sa main, l'officier public qui en reçoit l'affirmation doit lui en donner préalablement lecture et faire ensuite mention de cette formalité. (*Id.*, art. 44.)

Toutes les poursuites exercées en réparation de délits pour fait de pêche sont portées devant les tribunaux correctionnels. (*Id.*, art. 48.)

Les procès-verbaux revêtus de toutes les formalités prescrites, et qui sont dressés et signés par deux agents ou gardes-pêche, font preuve, jusqu'à inscription de faux, des faits matériels relatifs aux délits qu'ils constatent, quelles que soient les condamnations auxquelles ces délits peuvent donner lieu. Il n'est, en conséquence, admis aucune preuve outre ou contre le contenu de ces procès-verbaux, à moins qu'il n'existe pas une cause légale de récusation contre l'un des signataires. (*Id.*, art. 53.) Les procès-verbaux qui ne sont dressés et signés que par un seul agent ou garde-pêche font également preuve jusqu'à inscription de faux, mais seulement lorsque le délit n'entraînera pas une condamnation de plus de 50 francs, tant pour amende que pour dommages-intérêts. (*Id.*, art. 54.) Enfin, les procès-verbaux qui, d'après les dispositions précédentes, ne font point foi jusqu'à inscription de faux peuvent être combattus par toutes les preuves légales, conformément à l'article 154 du Code d'instruction criminelle. (*Id.*, art. 55.)

**Garde des sceaux.** — Ministre chargé de la garde des sceaux de l'Etat et de l'administration de la justice.

Le secrétaire d'Etat au département de la Justice prend indifféremment le titre de *garde des sceaux* ou celui de *ministre de la Justice.*

**Garde-vente** — V. FORÊTS.

**Gardiens de la paix.** — Nom donné, à Paris, aux agents de la police municipale. V. AGENTS DE POLICE, POLICE ADMINISTRATIVE, § *Police municipale.*

**Gendarmerie.** — Force instituée pour veiller à la sûreté publique, au maintien de l'ordre et à l'exécution des lois.

La surveillance exercée par la gendarmerie est particulièrement destinée à assurer la sûreté des campagnes et des voies de communication. (Décret du 20 mai 1903, art. 1er.)

Le corps de la gendarmerie est une partie intégrante de l'armée. Placé sous les ordres du ministre de la Guerre, il dépend aussi, en raison de la nature de ses fonctions, des ministres de l'Intérieur, de la Justice, de la Marine et des Colonies.

La gendarmerie est répartie par *brigades* sur tout le territoire. Ces brigades sont à cheval, à pied ou mixtes.

L'effectif des brigades varie suivant les nécessités du service. Le plus souvent la brigade à cheval est à cinq hommes ; la brigade à pied, à cinq ou à quatre hommes. Toutes ces brigades sont commandées soit par un brigadier, soit par un sous-officier.

Le commandement et la direction du service de la gendarmerie appartiennent, dans chaque arrondissement administratif ou section d'arrondissement, à un officier du grade de capitaine, de lieutenant ou de sous-lieutenant ; dans chaque département, à un officier du grade de chef d'escadron. La gendarmerie d'un département forme habituellement une *compagnie* qui prend le nom de ce département. Plusieurs compagnies, selon l'importance du service et de l'effectif, forment une *légion.*

A Paris, les fonctions de la gendarmerie sont remplies par la *garde républicaine* (3 bataillons d'infanterie à 4 compagnies, 4 escadrons de cavalerie).

L'action des autorités civiles, administratives et judiciaires sur la gendarmerie ne peut s'exercer que par des réquisitions quand il s'agit soit d'exécuter un service ne rentrant pas expressément dans ses attributions, soit d'aller maintenir l'ordre sur des points où il est menacé, soit enfin de prêter main-forte aux autorités.

Les officiers de gendarmerie et commandants de brigade de tous grades sont officiers de police judiciaire auxiliaires du procureur de la République dans la circonscription où ils exercent habituellement leurs fonctions. (Décret du 12 juillet 1903, art. 110.) Dans le cas de flagrant délit et dans celui de réquisition de la part d'un chef de famille, ils ont qualité pour dresser les procès-verbaux, recevoir les plaintes, dénonciations et témoignages, faire les visites des lieux, etc. Le procureur de la République peut aussi les charger, par commission rogatoire, de tout ou partie des actes de sa compétence.

En matière de contravention, ils ne peuvent, à raison de leur qualité d'officiers de police judiciaire, recevoir les plaintes ou les dénonciations de ces sortes d'infractions ; ils doivent renvoyer les plaignants ou les dénonciateurs par-devant le commissaire de police, le maire ou l'adjoint du maire, qui sont les officiers de police chargés de recevoir les plaintes et les dénonciations de cette nature ». (Décret du 20 mai 1903, art. 114.)

Lorsque les infractions sont punissables de peines correctionnelles, afflictives ou infamantes, les officiers de gendarmerie et les commandants de brigade, lorsqu'ils sont officiers de police judiciaire, reçoivent, en cette dernière qualité, les plaintes ou les dénonciations qui leur sont faites de ces infractions, mais seulement lorsque les délits ou les crimes ont été commis dans l'étendue de la circonscription où ils exercent leurs fonctions habituelles. S'il s'agit d'une plainte, ils ne peuvent la recevoir qu'autant que la partie plaignante est effectivement celle qui souffre du délit ou du crime. Si c'est une dénonciation, tous ceux qui ont vu commettre le délit ou le crime, ou qui savent qu'il a été commis, ont pouvoir de le dénoncer. (*Id.*, art. 115.)

Les sous-officiers, brigadiers et gendarmes n'ont pas qualité pour faire des perquisitions domiciliaires ; ils ne peuvent qu'accompagner l'officier de police judiciaire, juge d'instruction ou procureur de la République, ou le juge de paix, le maire, l'adjoint ou le commissaire de police. (*Id.*, art. 124.)

Les officiers de gendarmerie et les commandants de brigade, lorsqu'ils sont officiers de police judiciaire, ne sont pas autorisés à faire, en cas de flagrant délit, des instructions préliminaires pour la recherche des infractions qui ne sont punissables que des peines correctionnelles. Ils ne doivent procéder, comme officiers de police judiciaire, que lorsqu'il s'agit d'une infraction contre laquelle une peine afflictive ou infamante est prononcée, c'est-à-dire d'un crime. (*Id.*, art. 127.)

Il leur « est expressément défendu, lorsqu'ils sont officiers de police judiciaire, de s'introduire dans une maison autre que celle où le prévenu a son domicile, à moins que ce ne soit une auberge, un cabaret ou tout autre lieu ouvert au public, où ils sont autorisés à se transporter, même pendant la nuit, jusqu'à l'heure où ces lieux doivent être fermés d'après les règlements de police ». (*Id.*, art. 132.)

Les fonctions habituelles et ordinaires des brigades sont de faire des tournées, courses ou patrouilles sur les routes, chemins, communes, hameaux de leur circonscription respective. Chaque commune doit être visitée au moins deux fois par mois de jour et une fois de nuit.

Les gendarmes cherchent à savoir s'il a été commis quelque crime ou délit, se mettent à la poursuite des malfaiteurs, prêtent leur concours en cas de calamité publique, surveillent les repris de justice, condamnés libérés, malfaiteurs et vagabonds, etc. (Police judiciaire et administrative.)

Ils font la police sur les grandes routes pour y maintenir la liberté des communications ; à cet effet, ils dressent des procès-verbaux de contraventions en matière de grande voirie, constatent toutes espèces de détériorations commises sur les grandes routes, sur les arbres qui les bordent, sur les fossés, ouvrages d'art et matériaux destinés à leur entretien. Ils dressent également des procès-verbaux de contravention, en matière de grande voirie, contre quiconque, par imprudence ou involontairement, a dégradé ou détérioré, de quelque manière que ce soit, le matériel des lignes télégraphiques ou téléphoniques. Ils protègent l'agriculture et saisissent tous individus commettant des dégâts, dégradations, larcins de fruits, etc. (Police des routes et des campagnes.)

Ils recherchent et arrêtent, partout où ils sont rencontrés, les déserteurs et insoumis signalés, les militaires qui sont en retard de rejoindre à l'expiration de leurs congés ou permissions, les militaires de l'armée de terre et de mer qui ne sont pas porteurs de feuilles de route, de congés en bonne forme ou d'une permission d'absence signée par l'autorité compétente. (Police militaire.)

La maison de chaque citoyen est un asile où la gendarmerie ne peut pénétrer sans se rendre coupable d'abus de pouvoir, sauf les cas déterminés ci-après : 1° pendant le jour, elle peut y entrer pour un motif formellement exprimé par une loi, ou en vertu d'un mandat spécial de perquisition décerné par l'autorité compétente ; 2° pendant la nuit, elle ne peut y pénétrer que dans les cas d'incendie, d'inondation ou de réclamations, venant de l'intérieur de la maison. Dans les autres cas, elle doit prendre seulement, jusqu'à ce que le jour ait paru, des mesures de sûreté.

Le temps de nuit est ainsi réglé : du 1er octobre au 31 mars, depuis six heures du soir jusqu'à six heures du matin ; du 1er avril au 30 septembre, depuis neuf heures du soir jusqu'à quatre heures du matin. (Décret du 12 juillet 1903, art. 169.)

Hors le cas de flagrant délit défini, la gendarmerie ne peut s'introduire dans une maison malgré la volonté du maître. (*Id.*, art. 170.)

Une des principales obligations de la gendarmerie étant de veiller à la sûreté individuelle, elle doit assistance à toute personne qui réclame son secours dans un moment de danger. Tout militaire du corps de la gendarmerie qui ne satisfait pas à cette obligation, lorsqu'il en a la possibilité, se constitue en état de prévarication dans l'exercice de ses fonctions. (*Id.*, art. 302.)

Tout acte de la gendarmerie qui trouble les citoyens dans l'exercice de leur liberté individuelle est un abus de pouvoir : les officiers, sous-officiers, brigadiers et gendarmes qui s'en rendent coupables encourent une peine disciplinaire, indépendamment des poursuites judiciaires qui peuvent être exercées contre eux. (*Id.*, art. 303.)

Le service extraordinaire des brigades consiste à prêter main-forte :

1° Aux préposés des douanes, pour la perception des droits d'importation et d'exportation, pour la répression de la contrebande ;

2° Aux agents de l'administration, pour la répression du maraudage, dans les forêts et sur les fleuves, lacs ou rivières ;

3° Aux comptables des deniers de l'Etat, pour la rentrée des contributions directes et indirectes ;

4° Aux huissiers et aux autres exécuteurs de mandements de justice, porteurs de réquisitions ou de jugements spéciaux dont ils doivent justifier ;

5° Aux commissaires de surveillance, gardes-barrières et autres agents préposés à la surveillance des chemins de fer.

La gendarmerie participe à la garde et à l'escorte des convois de poudre, de dynamite et autres explosifs.

**Général.** — Officier général chargé du commandement d'une brigade ou d'une division.

Le cadre des officiers généraux français comporte deux sections : la première, dite *d'activité*, qui comprend 110 généraux de division et 220 de brigade ; la seconde, dite *de réserve*, qui comprend tous les officiers généraux atteints par la limite d'âge (65 ans, pour les divisionnaires, 62 ans pour les brigadiers) ou classés par anticipation dans cette section, soit sur leur demande, soit pour raison de santé.

Peuvent être maintenus sans limite d'âge dans la première section, et pourvus jusqu'à 70 ans d'emplois actifs, les généraux de division ayant exercé avec distinction devant l'ennemi les fonctions de commandant en chef ou de major général d'une armée composée de plusieurs divisions de différentes armes ou de commandant en chef d'artillerie ou du génie d'une armée.

Les généraux de brigade n'occupent normalement que les fonctions de commandant de brigade ou d'une importance équivalente, comme celles de gouverneur d'une place ou de chef d'état-major d'un corps d'armée, etc.

Il n'en est pas de même pour les généraux de division, dont le grade correspond à des commandements d'importance très différente, tels que ceux d'une division, d'un corps d'armée, d'une armée, d'un groupe d'armées, etc., ce qui peut amener à subordonner, non seulement deux, mais trois, quatre, etc., généraux de division les uns aux autres, en vertu d'une *lettre de service*. V. ARMÉE.

**Gens (Droit des) ou Droit des nations** (*jus gentium*). — Nom primitivement donné au droit international. V. DROIT.

**Gérant d'affaires.** — Celui qui, en l'absence d'une personne, prend en main, sans en avoir reçu mandat, les intérêts de cette personne, porte le nom de gérant d'affaires.

Si une personne, sans en être chargée, gère les intérêts d'une autre, par exemple faisant réparer sa maison abîmée par l'orage en son absence, il y a entre elles un quasi-contrat de gestion d'affaires. Sans avoir contracté ensemble, elles sont pourtant obligées l'une envers l'autre, comme si elles l'avaient fait : c'est un *quasi-contrat*.

Celui dont l'affaire a été gérée est présumé avoir donné mandat d'agir pour le bien de ses intérêts. Le gérant peut donc lui réclamer les dépenses faites par lui avec les intérêts du jour des avances, si les dépenses sont déjà payées par lui gérant. Mais il faut, pour cela, que le gérant n'ait pas agi malgré le propriétaire ; en ce cas, en effet, ce dernier ne peut plus être censé lui avoir donné mission de gérer son patrimoine. Il faut encore que le gérant ait fait des actes d'administration utiles au moment où il les entreprenait (ou que les autres aient été volontairement ratifiés, ce qui régularise tout), car il est censé n'avoir reçu mandat que pour ceux-là. D'ailleurs, peu importerait que le profit de ces actes ait été ensuite détruit par des circonstances imprévues.

Dans sa gestion, le gérant est tenu des mêmes obligations que le mandataire : il doit se comporter en bon père de famille, continuer sa gestion jusqu'à ce que le maître du bien géré ou ses héritiers puissent en reprendre l'administration. Enfin, il doit rendre compte au propriétaire des actes qu'il a entrepris. Il devrait des dommages-intérêts s'il manquait à ces obligations.

Ces conditions remplies, il y a gestion d'affaires alors même que l'on aurait géré l'affaire de Pierre, croyant gérer celle de Paul. Mais il n'en serait pas de même si, croyant gérer son bien propre, on avait géré celui d'autrui : le gérant d'affaires est favorablement traité par la loi, parce qu'il a eu une intention généreuse et utile à autrui ; ce n'est plus le cas s'il a cru administrer ses propres intérêts : il n'a plus qu'une action pour réclamer l'enrichissement indu.

La gestion d'affaires (Code civ., art. 1372 et suiv.) est très importante en pratique : elle est admise aussi bien pour faire acquérir un droit à autrui que pour lui conserver un bien qu'il possède.

**Germain.** — Issu du même père et de la même mère.

Les frères *germains* sont issus du même père et de la même mère ; les enfants de deux frères ou sœurs germains sont *cousins germains* ; les enfants de cousins germains sont qualifiés de *cousins issus de germains*. — Les frère *utérins* ont la même mère, mais un père différent ; les frères *consanguins*, le même père, mais une mère différente.

**Gestion.** — Période pendant laquelle un comptable public exécute les services financiers dont il est chargé.

La gestion embrasse l'ensemble des actes d'un comptable, soit pendant l'année, soit pendant la durée de ses fonctions ; elle comprend, en même temps que les opérations qui se règlent par l'exercice, celles qui s'effectuent pour des services de trésorerie ou pour des services spéciaux. (Décret du 31 mai 1862, art. 3.)

**Gestion d'affaires.** — V. GÉRANT D'AFFAIRES.

**Gibier.**

Dans chaque département, il est interdit de mettre en vente, de vendre, d'acheter, de transporter et de colporter le gibier pendant le temps où la chasse n'y est pas permise. En cas d'infraction à cette disposition, le gibier sera saisi et immédiatement livré à l'établissement de bienfaisance le plus voisin, en vertu, soit d'une ordonnance du juge de paix si la saisie a lieu au chef-lieu de canton, soit d'une autorisation du maire si le juge de paix est absent, ou si la saisie a été faite dans une commune autre que celle du chef-lieu. Cette ordonnance ou cette autorisation sera délivrée sur la requête des agents ou gardes qui auront opéré la saisie ou sur la présentation du procès-verbal régulièrement dressé. La recherche du gibier ne pourra être faite à domicile que chez les aubergistes, chez les marchands de comestibles ou dans les lieux ouverts au public. (Loi du 3 mai 1844, art. 4.)

## Glanage, grappillage, râtelage.

L'art. 471, 10°, du Code pénal punit d'une amende de 1 franc à 5 francs « ceux qui auront glané, râtelé ou grappillé dans les champs non encore entièrement dépouillés et vidés de leurs récoltes, ou avant le moment du lever ou après celui du coucher du soleil ».

La peine de l'emprisonnement pendant trois jours au plus pourra en outre être prononcée, et elle le sera obligatoirement en cas de récidive. (Code pén., art. 473 et 474.)

Sous les réserves de l'art. 471, le glanage, le râtelage et le grappillage sont licites ; mais l'autorité municipale peut en limiter l'exercice, par exemple aux indigents, aux vieillards, etc.

Le glanage, le râtelage et le grappillage sont interdits dans tout enclos. (Loi du 21 juin 1898, art. 75.)

## Goémon. — V. HERBES MARINES.

## Gouvernement. — Nom que prend l'autorité chargée de faire respecter ou valoir les droits et de faire accomplir les devoirs de l'Etat, tant à l'intérieur qu'au regard des Etats étrangers.

## Grâce. — Remise totale ou partielle faite par le chef de l'Etat à un condamné de la peine qu'il a encourue.

L'art. 3, § 2, de la loi constitutionnelle du 25 février 1875 donne le droit de grâce, sans condition, au président de la République. Ce droit, qui s'applique à toutes les peines corporelles ou pécuniaires résultant de condamnations définitives, s'exerce par *remise* intégrale, par *réduction* ou par *commutation* (substitution à la peine prononcée d'une peine d'un degré inférieur).

A la différence de l'amnistie (v. ce mot), la grâce anéantit ou modifie la peine, mais elle laisse subsister la condamnation et ses conséquences légales : le condamné gracié peut être frappé des peines de la récidive, en cas de nouveau délit.

Dans la pratique on distingue : les grâces *ordinaires* ou *particulières*, qui peuvent intervenir à toute époque, en faveur de tel ou tel condamné isolément, et les *grâces générales* ou collectives, accordées, à certaines dates, à toute une série de condamnés.

Dans les cas de commutation de la peine capitale, la grâce est accordée par lettres patentes adressées à la cour d'appel, et elle n'est exécutée qu'après un entérinement, qui a lieu par l'enregistrement des lettres de grâce en audience solennelle de la cour d'appel, toutes chambres réunies, le gracié étant présent.

L'instruction des recours en grâce est faite : 1° par le ministre de la Justice lorsqu'il s'agit de condamnations émanant des tribunaux judiciaires ou de condamnations prononcées pour contraventions aux règlements sur la pêche maritime et côtière ; 2° par le ministre des Travaux publics pour les condamnations prononcées par les conseils de préfecture en matière de voirie et pour celles concernant la pêche fluviale ; 3° par le ministre de la Guerre pour les condamnations prononcées par les conseils de guerre ; 4° par le ministre de la Marine pour les condamnations prononcées par les tribunaux maritimes ; 5° par le ministre des Finances (administration de l'enregistrement) pour les contraventions résultant de l'emploi de timbres mobiles ayant déjà servi ; 6° par le ministre de l'Agriculture pour les condamnations forestières et les délits de chasse en forêt et pour les contraventions à la police des irrigations ; 7° par le ministre chargé de l'administration des Postes et télégraphes pour les contraventions postales.

La grâce n'ayant pas d'effet rétroactif, il n'y a jamais lieu de restituer une amende acquittée par le condamné avant qu'il se soit pourvu en grâce.

## Grains et fourrages.

La loi punit d'un emprisonnement de six jours à deux mois « quiconque aura coupé des grains ou des fourrages qu'il savait appartenir à autrui ». L'emprisonnement sera de vingt jours à quatre mois s'il a été coupé des grains verts, et le maximum de la peine sera toujours prononcé si le fait a été commis pendant la nuit. (Code pén., art. 449 et 450.) V. BLÉS EN VERT.

## Grande chancellerie. — V. LÉGION D'HONNEUR.

## Grappillage. — V. GLANAGE.

## Gratuit.

La loi distingue entre le contrat à *titre gratuit* (ex. : la donation), dans lequel l'une des parties procure à l'autre un avantage purement gratuit, et le contrat à *titre onéreux* (par ex. : la vente), dans lequel l'intérêt de chacune des parties est en cause.

## Gravure.

La publication, l'exposition ou la mise en vente des *gravures* et des dessins sont entièrement libres, depuis la loi du 29 juillet 1881. Toutefois, l'indication du nom et de la demeure de l'imprimeur est nécessaire, et, en outre, il est exigé un dépôt de trois exemplaires, destinés aux collections nationales. (Loi du 29 juill. 1881, art. 4.)

D'autre part, les gravures obscènes ou contraires aux bonnes mœurs font l'objet des prévisions des lois des 2 août 1882 et 16 mars 1898, qui assurent la répression des outrages aux bonnes mœurs.

**Greffier.** — Fonctionnaire public chargé, près les cours et tribunaux, de tenir la plume pour la rédaction des arrêts, jugements et autres actes du juge, d'en garder les minutes en un lieu appelé *greffe* et d'en délivrer des expéditions.

Les greffiers reçoivent en outre certaines déclarations (renonciation à succession, acceptation sous bénéfice d'inventaire, etc.).

Dans les villes où il n'y a pas de commissaire-priseur, les greffiers de justice de paix procèdent aux ventes publiques mobilières concurremment avec les notaires et les huissiers.

Lorsque le juge d'instruction se transporte sur les lieux, il est toujours accompagné du procureur de la République et du greffier du tribunal. Quand, au cours d'une instruction, le juge fait citer devant lui les témoins, les dépositions sont signées du juge, du greffier et du témoin.

Les greffiers sont nommés par décret (Loi du 27 ventôse an VIII), mais ils sont autorisés à présenter leur successeur au ministre de la Justice. Le candidat ne peut être parent ni allié, jusqu'au degré d'oncle ou de neveu inclusivement, d'un membre de la cour ou du tribunal. Il doit être âgé de vingt-cinq ans au moins.

Il y a un greffier près de chaque juridiction.

Les greffiers de la Cour de cassation, de la Cour des comptes, des cours d'appel, ont le titre de *greffier en chef;* ceux du conseil d'Etat, des conseils de préfecture, des conseils de prud'hommes portent le nom de secrétaires.

Le greffier peut présenter à l'agrément du tribunal un ou plusieurs *commis-greffiers*, qui prêtent serment et le suppléent, mais il reste responsable de leurs actes.

Comme fonctionnaires publics assistant les juges, les greffiers reçoivent de l'Etat un traitement fixe. Comme officiers ministériels, chargés de recevoir et d'authentiquer les actes de greffe, ils perçoivent des remises variables et divers émoluments.

**Grève.** — Coalition de personnes du même état, employeurs ou employés, qui s'entendent pour cesser tout travail, et arriver ainsi à imposer leurs conditions.

Au point de vue juridique, les employeurs ont, comme les employés, pleine et entière faculté de combiner entre eux une grève ; et à cette occasion, ils se trouvent, en principe, les uns et les autres, à l'abri de toutes poursuites : les coalitions, en effet, ne constituent plus un délit que dans les cas prévus par les articles 414 et 415 du Code pénal, c'est-à-dire qu'autant qu'elles sont accompagnées de violences, voies de fait, manœuvres frauduleuses. Ces dispositions sont applicables aux employeurs et employés agricoles. (Loi du 25 mai 1864, art. 2.)

Afin d'éviter ou d'abréger les grèves, la loi du 27 décembre 1892 a organisé la conciliation et l'arbitrage en matière de différends entre patrons et ouvriers ou employés. V. ARBITRAGE.

**Grosse.** — Expédition, écrite en plus gros caractères que la minute, d'un contrat ou d'un jugement revêtu de la *formule exécutoire*. V. FORMULE.

**Grosse (Contrat à la).** — Contrat réel par lequel on prête une somme d'argent sur des objets exposés à des risques maritimes moyennant un profit considérable, qui vient s'ajouter au remboursement.

Le contrat *à la grosse*, ou *à la grosse aventure*, peut être à ordre et fait avant ou après le départ du navire (dans ce dernier cas, le prêteur le plus récent est préféré aux prêteurs les plus anciens). Il se forme par acte authentique ou sous seing privé et doit énoncer notamment les objets sur lesquels l'emprunt est gagé, ainsi que la date du remboursement et le montant du *profit maritime* stipulé.

La somme empruntée ne doit pas être supérieure à la valeur des objets.

**Guerre** (Droit intern.).

L'état de guerre existe à partir de la *déclaration de guerre* ou des actes ou faits équivalents. Il interrompt les relations commerciales entre les sujets des puissances belligérantes; il entraîne aussi la rupture des relations diplomatiques et l'extinction de certains traités; mais les sujets de l'Etat ennemi peuvent, en principe, continuer à résider paisiblement dans le territoire sous la protection des lois ; leurs biens ne sont pas confisqués.

En France, le président de la République ne peut déclarer la guerre sans l'assentiment préalable de la Chambre des députés et du Sénat. (Loi du 2 août 1875, art. 9.) On admet, d'ordinaire, qu'il faut une déclaration de guerre pour passer de l'état de paix à l'état de guerre. Cette déclaration donne aux Etats en lutte la qualité de *belligérants* et les facultés spéciales que le droit international rattache à cette qualité.

La guerre substituant la force au droit, il semble qu'aucunes limites ne doivent y être apportées. Mais la raison et l'humanité ont adouci les coutumes anciennes. Il y a des lois de la guerre, qui sont dominées par deux idées essentielles : l'idée de nécessité, par laquelle on justifie l'emploi de la violence et de la ruse, et l'idée d'humanité, qui défend tout ce qui excède le but de la guerre. Ainsi, on ne peut tuer ou blesser que les hommes composant les armées ou les troupes ennemies, c'est-à-dire les *combattants*.

La distinction des *combattants* et des *non-combattants* tend à faire deux parts dans la population des Etats belligérants : l'une, appelée à porter les armes, subit l'effet direct des violences résultant de l'état de guerre ; l'autre, étrangère aux hostilités, n'a à supporter que les conséquences générales de la guerre, à condition de ne prêter aucun concours actif aux hostilités. Les francs-tireurs sont des combattants réguliers, pourvu qu'ils aient à leur tête un chef responsable, qu'ils aient adopté un signe distinctif, qu'ils portent les armes ouvertement, qu'ils se conforment aux lois et coutumes de la guerre.

Il ne faut pas confondre le *personnel non-combattant* avec le *personnel neutralisé*, déterminé par la *convention de Genève* du 22 août 1864, et qui ne comprend que les hommes affectés au service de santé. Les combattants *blessés* ou faits prisonniers doivent être soignés et respectés, et la *convention* précitée a eu pour objet « l'amélioration du sort des militaires blessés dans les armées en campagne ». (V. BLESSÉS MILITAIRES.) Les Sociétés de la Croix-Rouge, dont les membres secondent le personnel des hôpitaux et ambulances militaires, arborent, à côté du drapeau national, un drapeau portant une croix rouge sur un fond blanc.

Croix-Rouge.

On doit assurer le respect des *morts* et leur donner la sépulture.

L'usage des *moyens barbares*, des armes propres à causer des douleurs inutiles est interdit depuis la *déclaration de Saint-Pétersbourg*, signée, le 11 décembre 1868, par toutes les puissances européennes, à la suite d'une conférence provoquée par le tsar Alexandre II, dans le but d'éviter l'emploi, à la guerre, « d'engins destinés à augmenter les calamités et les souffrances des nations, sans profit pour le succès final des opérations ». Par cette convention, les contractants s'interdisent « l'emploi, par leurs troupes de terre ou de mer, de tout projectile d'un poids inférieur à 400 grammes, qui serait ou explosible ou chargé de matières fulminantes ou inflammables ».

En 1874, une conférence diplomatique s'est réunie à Bruxelles pour déterminer les lois de la guerre; la déclaration qu'elle a produite n'a pu passer à l'état d'acte diplomatique; la conférence de la Paix réunie à La Haye (convention du 29 juill. 1899) s'est de nouveau occupée de la question.

Le respect de l'existence, de la liberté et de la propriété des habitants paisibles, des citoyens non-combattants, est un principe admis de nos jours par tous les publicistes. Mais les habitants peuvent être astreints à des *contributions* en argent, à des *réquisitions* d'objets en nature ou à des *prestations* personnelles, et même il est licite de saisir la propriété privée à usage de guerre.

Au cours des hostilités, les belligérants peuvent avoir entre eux certaines relations, notamment conclure des conventions militaires, ou *cartels*, relatives à l'échange des prisonniers, aux sauf-conduits et aux sauvegardes, aux suspensions d'armes, aux armistices (v. ce mot), aux capitulations.

Le théâtre de la *guerre maritime* est tout spécial ; il comprend la pleine mer et les eaux territoriales des belligérants ; les hostilités ne peuvent avoir lieu dans les eaux territoriales des neutres, ni dans les parties de la mer, dans les canaux et dans les districts conventionnellement neutralisés. Il est, dans la guerre maritime, certains moyens particulièrement meurtriers et cependant autorisés, comme les torpilles. Le *blocus* (v. ce mot) des ports militaires et des ports de commerce de l'ennemi est parfaitement licite ; la destruction des câbles télégraphiques n'est pas toujours autorisée. Tout belligérant peut détruire ou capturer les vaisseaux de guerre ou transports de son adversaire, et les navires qui, affrétés par cet adversaire, concourent aux opérations de la guerre. La coutume permet aussi de capturer le navire de commerce de l'ennemi et la marchandise ennemie dont il est chargé. Mais, d'après la déclaration de Paris du 16 avril 1856, la marchandise ennemie est inviolable sous pavillon neutre, et la propriété neutre doit être respectée sous pavillon ennemi. Peuvent être capturés, retenus et traités comme prisonniers de guerre, les hommes et les officiers du navire de commerce ennemi saisi, pourvu qu'ils soient de nationalité ennemie.

Tandis que sur terre la guerre est légitimement faite par des corps francs dûment autorisés, sur mer la guerre ne peut se faire par des *corsaires*, c'est-à-dire par des particuliers porteurs de lettres de marque délivrées par l'Etat : la déclaration de Paris du 16 avril 1856 a en effet interdit la *guerre de course*.

Le droit de *capture* ne peut être exercé que par les vaisseaux de guerre. La saisie est soumise à certaines formes ; les vaisseaux de guerre chargés de capturer les navires de commerce ennemis ont le droit d'exercer, à bord des navires qu'ils rencontrent, ce qu'on appelle la visite : la visite a pour but d'établir la nationalité ennemie du navire, et si celui-ci est neutre, de s'assurer qu'il ne commet pas une violation de la neutralité. Toute prise doit être jugée par un tribunal de capture. V. PRISE.

La guerre a pour conséquence de faire naître certains devoirs et certains droits chez les Etats demeurés spectateurs des hostilités. Ces devoirs et ces droits constituent ce qu'on appelle pour ces Etats l'état de neutralité. V. NEUTRALITÉ.

L'état de guerre est suspendu par l'*armistice* : il disparaît par le rétablissement des relations antérieures d'amitié entre les Etats, la soumission absolue de l'un des Etats à l'autre, la conclusion d'un traité de paix formel.

L'Etat n'est pas responsable vis-à-vis de ses nationaux des dommages causés par les *faits de guerre* proprement dits, c'est-à-dire par les actes qui s'imposent comme une nécessité immédiate de la lutte : c'est à titre purement gracieux et en vertu d'une loi qu'il peut accorder des indemnités, mais les mesures préparatoires de défense et les réquisitions ne sont pas des faits de guerre et donnent lieu à indemnité.

## Guerre (Ministère de la).

L'administration centrale de la Guerre comprend : d'abord, le *cabinet du ministre*, auquel se rattache son état-major particulier, et qui se subdivise en deux bureaux : 1° cabinet et enregistrement ; 2° correspondance générale, décorations, personnel des officiers généraux. Puis vient l'*état-major de l'armée*, placé sous les ordres directs du chef d'état-major général de l'armée, assisté de trois sous-chefs d'état-major, dont l'un dirige le *service géographique de l'armée ;* puis viennent : la *direction du contrôle* (un *service spécial* et trois bureaux) ; la *direction du contentieux* (un service spécial et deux bureaux : le premier pour la *justice militaire*, le second pour les *pensions* et *gratifications de réforme*). Ensuite, le *service intérieur* (trois bureaux : 1° personnel, secours ; 2° matériel ; 3° archives administratives). Enfin, les *sept directions d'armes et services :* 1re infanterie ; 2e cavalerie ; 3e artillerie ; 4e génie ; 5e intendance ; 6e poudres et salpêtres ; 7e service de santé. A la tête de chaque direction est placé, avec le titre de directeur, un officier ou assimilé, le plus souvent du grade de général de brigade, mais quelquefois divisionnaire et quelquefois aussi simplement colonel.

### Guerre (Conseil supérieur de la).

Le décret de 1899 règle comme suit la composition et le fonctionnement de ce conseil : *membres de droit,* le ministre de la guerre, président ; le chef d'état-major général de l'armée, rapporteur permanent ; *membres titulaires*, nommés par décret, les généraux désignés pour commander des armées en temps de guerre. Quand le conseil délibère sur la création ou la suppression d'une place forte ou sur la défense des côtes, il doit s'adjoindre le commandant du corps d'armée de la région, les présidents des comités techniques de l'artillerie et du génie et les inspecteurs généraux de ces deux armes, le chef d'état-major général de la marine, l'inspecteur général de l'artillerie de la marine et le préfet maritime de l'arrondissement. Les membres titulaires sont pourvus, en temps de paix, d'un commandement de corps d'armée ou de gouvernement militaire, et affectés, en principe, à l'un des corps à eux destinés en temps de guerre. Le membre titulaire auquel est attribuée la vice-présidence du conseil supérieur est maintenu à Paris à la disposition du ministre. Les membres titulaires désignés pour commander des armées en temps de guerre reçoivent, comme délégués du ministre, dès le temps de paix, des lettres de service leur faisant connaître les corps d'armée qu'ils doivent commander. Ils sont chargés, sur des ordres spéciaux du ministre, de procéder aux enquêtes, inspections ; d'assister aux grandes manœuvres et aux voyages d'étude des corps d'armée commandés par des généraux membres du conseil supérieur, et d'en prendre la direction.

### Guet-apens.

— Le guet-apens consiste à attendre plus ou moins de temps, dans un ou divers lieux, un individu, soit pour lui donner la mort, soit pour exercer sur lui des actes de violence. (Code pén., art. 298.)

Le guet-apens est une circonstance agravante : 1° du meurtre ; 2° des coups et blessures. (V. ASSASSINAT, BLESSURES ET COUPS.) Il implique et suppose essentiellement la préméditation, caractérisée par un fait extérieur et positif : l'attente dans un lieu d'embuscade. Par suite, une déclaration du jury, affirmative sur le guet-apens et négative sur la préméditation, serait nulle comme entachée de contradiction. Il peut, par contre, y avoir préméditation sans guet-apens.

# H

### Habitation.

Le droit d'*habitation* n'est autre chose que le droit d'usage appliqué à l'habitation ; il s'établit, comme l'usufruit, par la loi ou par la volonté de l'homme. L'article 1570 du Code civil contient un exemple d'habitation *légale* au profit de la veuve, qui peut exiger l'habitation durant l'année à partir de la mort de son mari. Lorsqu'il procède de la volonté de l'homme, c'est par acte entre vifs ou testamentaire que le droit d'habitation est établi.

Celui qui a un droit d'habitation est tenu de donner préalablement caution, de jouir en bon père de famille et de faire, à ses frais, des états et inventaires ; il ne peut jamais louer ou céder son droit. (Code civ., art. 626, 627 et 634.) Celui qui a un droit d'habitation dans une maison peut y demeurer avec sa famille, quand même il n'aurait pas été marié à l'époque où ce droit lui a été donné ; mais le droit d'habitation se restreint à ce qui est nécessaire pour l'habitation de celui à qui ce droit est concédé et de sa famille. (*Id.*, art. 632 et 633.) — On entend par « famille » non seulement le conjoint et les enfants, mais encore les domestiques.

Lorsque le mariage a été célébré sous le régime de la communauté, la veuve, après le décès du mari, a trois mois pour faire inventaire, et quarante jours pour délibérer ensuite sur l'acceptation de la communauté : elle ne doit « aucun loyer à raison de l'habitation qu'elle a pu faire, pendant ce délai, dans une maison dépendante de la communauté ou appartenant aux héritiers du mari ; et, si la maison qu'habitaient les époux à l'époque de la dissolution de la communauté était tenue par eux à titre de loyer, la femme ne contribue point, pendant les mêmes délais, au payement du loyer, lequel sera pris sur la masse ». Ces dispositions de l'article 1465 signifient qu'il est dû à la veuve, pendant le délai fixé par la loi, un droit d'habitation en nature quand elle a son domicile dans une maison provenant du mari, et que si elle réside dans une maison louée l'habitation lui est due par indemnité équivalente, de sorte que si elle renonce à la communauté les héritiers du mari supporteront seuls la charge du loyer, et qu'elle n'en supportera que la moitié si elle accepte, quoiqu'elle ait seule occupé la maison. Mais, si la maison mortuaire n'appartenait pas aux héritiers du mari et n'était point louée par bail courant (par exemple, s'il s'agissait d'une maison dont le mari n'avait que l'usufruit ou même d'une maison louée dont le bail était fini), il ne serait point dû d'indemnité à la veuve pour l'habitation en nature dont elle se verrait privée.

Quand le mariage a été contracté sous le régime dotal, la loi veut que la veuve ne puisse exiger la restitution de sa dot mobilière qu'un an après la dissolution du mariage (*id.*, art. 1465) : en compensation de cette attente, l'habitation durant cette année et les habits de deuil doivent être fournis à la veuve sur la succession du mari, et sans imputation sur les intérêts à elle dus pour sa dot.

D'après l'article 625, le droit d'habitation prend fin comme celui d'usufruit, c'est-à-dire : 1° par la mort de l'usager ; 2° par l'expiration du temps pour lequel il avait été établi, ou l'événement de la condition résolutoire à laquelle il avait été subordonné ; 3° par la réunion sur la même tête des qualités d'usager et de propriétaire ; 4° par le non-usage pendant trente ans ; 5° par la perte totale de la chose qui faisait l'objet de l'usage ; 6° par abus de jouissance et dégradations commises dans la maison grevée du droit d'habitation, mais dans ce cas il ne cesse pas de plein droit : il faut que le juge en ait prononcé l'extinction ; 7° par la renonciation de l'usager majeur et ayant la libre administration de ses droits.

## Habitations à bon marché.

Un régime de faveur est institué pour les habitations à bon marché par la loi du 12 avril 1906. Un décret en Conseil d'Etat du 10 janvier 1907 réglemente les détails d'exécution. Un décret de même date organise le Conseil supérieur des habitations à bon marché. L'arrêté du 26 janvier 1907 détermine le fonctionnement des comités de patronage, dont une note ministérielle du 15 mars 1907 précise la mission. Voir aussi les deux circulaires du ministre du Travail en date du 27 février 1907, l'instruction (Enregistr.) du 3 avril 1907, la circulaire (Contr. directes) du 10 avril 1907.

*Définition de l'habitation à bon marché.* — L'*habitation à bon marché* est, au sens légal, la maison construite par un particulier ou une société pour être livrée ou vendue à des personnes n'étant propriétaires d'aucune maison, notamment à des ouvriers ou employés vivant principalement de leur travail ou de leur salaire. C'est aussi celle qu'a construite l'intéressé lui-même pour son usage personnel. L'habitation *individuelle* comprend le jardin qui en est l'annexe ; l'habitation *collective* ou *rurale* comprend l'enclos y attenant, à l'exclusion des terres de culture.

*Dispositions générales.* — Les principaux moyens mis en œuvre sont les suivants : 1° organisation de comités locaux et d'un conseil supérieur des habitations à bon marché ; 2° fondation favorisée de sociétés spéciales ayant pour but les opérations relatives aux habitations à bon marché ; 3° ressources de certains établissements publics assurant les capitaux nécessaires aux opérations ; 4° accession et transmission de la propriété facilitées, en prémunissant l'ouvrier contre les risques de la vie par l'assurance et en conservant, en cas de mort du père, l'habitation à la famille ; 5° immunités fiscales au point de vue de l'impôt foncier et des portes et fenêtres, mais non des droits de mutation.

*Conseil supérieur des habitations à bon marché. Comités de patronage.* — Un *Conseil supérieur des habitations à bon marché* est institué auprès du ministre du Travail, auquel doivent être soumis tous les règlements à élaborer en exécution de la loi et, d'une façon générale, toutes les questions concernant les logements économiques. (Loi du 12 avril 1906, art. 14.)

Il est établi dans chaque département un ou plusieurs *comités de patronage des habitations à bon marché et de la prévoyance sociale*, qui ont pour mission d'encourager toutes les manifestations de la prévoyance sociale, notamment la construction de maisons salubres et à bon marché, soit par des particuliers ou des sociétés (en vue de les louer ou de les vendre à des personnes peu fortunées, spécialement à des travailleurs vivant principalement de leur salaire), soit par les intéressés eux-mêmes pour leur usage personnel. (*Id.*, art. 1er.)

Les comités de patronage sont institués par décret du président de la République, après avis du conseil général et du Conseil supérieur des habitations à bon marché. Le décret d'institution détermine l'étendue de leur circonscription et fixe le nombre de leurs membres, dans la limite de neuf au moins et de douze au plus. Le tiers des membres de chaque comité est nommé par le conseil général, qui le choisit parmi les conseillers généraux, les maires et les membres des chambres de commerce ou des chambres consultatives des arts et manufactures de la circonscription du comité. Les deux autres tiers sont nommés par le préfet, dans les conditions déterminées par l'arrêté du ministre du Travail, du 26 janvier 1907, parmi les personnes spécialement versées dans les questions de prévoyance, d'hygiène, de construction et d'économie sociale. — Les comités ainsi constitués sont nommés pour trois ans ; leur mandat peut être renouvelé. (*Id.*, art. 2.)

Les comités peuvent recevoir des subventions de l'Etat, des départements et des communes, ainsi que des dons et legs, aux conditions prescrites par l'article 910 du Code civil pour les établissements d'utilité publique. Toutefois, ils ne peuvent posséder d'autre immeuble que celui qui est nécessaire à leurs réunions.

*Maisons bénéficiaires des avantages de la loi.* — Les avantages de la loi du 12 avril 1906 s'appliquent soit aux maisons destinées à l'habitation collective, soit aux maisons individuelles. Quant aux premières, elles en bénéficient : 1° lorsqu'elles ont pour destination *principale* d'être affectées à des habitations à bon marché ; 2° lorsque la valeur locative réelle de chaque logement ne dépasse pas, au moment de la construction, le chiffre fixé, pour chaque commune, tous les cinq ans, par une commission siégeant au chef-lieu du département et composée d'un juge au tribunal civil, d'un conseiller général et d'un agent des contributions directes, désigné par le préfet. Les maires sont admis à présenter verbalement ou par écrit leurs observations sur la fixation de cette valeur locative, dans leurs communes respectives.

Ce chiffre ne peut être supérieur aux maxima déterminés ci-après, ni inférieur de plus d'un quart auxdits maxima : 1° communes au-dessous de 1 001 habitants, 140 francs ; 2° communes de 1001 à 2 000 habitants, 200 francs ; 3° communes de 2 001 à 5 000 habitants, 225 francs ; 4° communes de 5 001 à 30 000 habitants et banlieue des communes de 30 001 à 200 000 habitants, dans un rayon de 10 kilomètres, 250 francs ; 5° communes de 30 001 à 200 000 habitants, banlieue des communes de 200 001 habitants et au-dessus dans un rayon de 15 kilomètres, et grande banlieue de Paris, c'est-à-dire communes dont la distance aux fortifications est supérieure à 15 kilomètres et n'excède pas 40 kilomètres, 325 francs ; 6° petite banlieue de Paris, dans un rayon de 15 kilomètres, 400 francs ; 7° communes de 200 001 habitants et au-dessus, 440 francs ; 8° ville de Paris, 550 francs.

En ce qui concerne les maisons individuelles, le bénéfice de la loi est acquis à celles dont la valeur locative réelle ne dépasse pas de plus d'un cinquième le chiffre déterminé par la commission. Sont considérés comme dépendances de la maison pour l'application de la loi, sauf en ce qui concerne l'exemption temporaire d'impôt foncier, les jardins d'une superficie de 5 ares au plus attenant aux constructions ou les jardins de 10 ares au plus non attenant aux constructions et possédés dans la même localité par les mêmes propriétaires. (Art. 5.)

*Détermination de la valeur locative.* — La valeur locative des maisons ou logements est déterminée par le prix de loyer porté dans les baux, augmenté, le cas échéant, du montant des charges autres que celles de salubrité (eau, vidange, etc.) et d'assurance contre l'incendie ou sur la vie. S'il n'existe pas de bail, la valeur locative des maisons individuelles est fixée à cinq francs cinquante-six pour cent (5, 56 p. 100) du prix de revient réel de l'immeuble. Les propriétaires doivent justifier de l'exactitude des bases d'évaluation par la production de tous documents utiles (baux, contrats, devis, mémoires, etc.). A défaut de justifications ou en cas de justifications insuffisantes, la valeur locative est déterminée suivant les règles prévues par l'article 12, paragraphe 3, de la loi du 15 juillet 1880. (Même art. 5.)

*Certificat de salubrité.* — Les comités de patronage certifient la salubrité des maisons et logements qui doivent bénéficier des avantages de la loi. S'ils refusent ce certificat ou s'ils négligent de le délivrer dans les trois mois de la demande qui leur en est faite, les intéressés peuvent se pourvoir devant le ministre, qui statue, après avis du préfet et du comité permanent.

*Décès du constructeur ou de l'acquéreur. Indivision.* — En droit commun, nul ne peut être contraint de rester dans l'indivision. Il est dérogé à cette règle par l'article 8 de la loi du 12 avril 1906, qui prévoit des dispositions spéciales au cas où une maison individuelle figurant dans une succession est occupée, au moment du décès de l'acquéreur ou du constructeur, par le défunt, son conjoint ou l'un de ses enfants.

« Si le conjoint survivant est copropriétaire de la maison, au moins pour moitié, et s'il l'habite au moment du décès, l'indivision peut, à sa demande, être maintenue pendant cinq ans à partir du décès et continuée ensuite de cinq ans en cinq ans jusqu'à son propre décès. » Si cette disposition n'est point appliquée et si le défunt laisse des descendants, l'indivision peut être maintenue, à la demande du conjoint ou de l'un de ses descendants, pendant cinq années à partir du décès.

« Dans le cas où il se trouve des mineurs parmi les descendants, l'indivision peut être continuée pendant cinq années à partir de la majorité de l'aîné des mineurs, sans que sa durée totale puisse, à moins, d'un consentement unanime, excéder dix ans. »

En pareil cas, il est procédé conformément aux articles 40 à 46 du décret du 10 janvier 1907.

*Attribution de l'habitation à bon marché.* — Aux termes de l'article 819 du Code civil, si tous les héritiers sont présents et majeurs, le partage de la succession peut être fait dans la forme et par tel acte que les parties intéressées jugent convenables. Si ces deux conditions ne sont pas remplies, ou si les héritiers ne sont pas d'accord, il est indispensable de recourir aux formes du partage judiciaire. Or, dans le partage judiciaire, d'après l'article 827 du Code civil, lorsque les immeubles ne peuvent pas se partager commodément, il doit être procédé à la vente par licitation devant le tribunal.

L'article 8 de la loi du 12 avril 1906 prévoit une procédure spéciale qui, sans qu'il soit besoin de recourir à la vente sur licitation, permet à l'un des copropriétaires de se faire attribuer la propriété exclusive de l'immeuble indivis, alors même qu'il y a des mineurs ou des interdits en cause et que toutes les parties ne sont pas d'accord entre elles.

« Chacun des héritiers et le conjoint survivant, s'il a un droit de copropriété, a la faculté de reprendre la maison sur estimation. Lorsque plusieurs intéressés veulent user de cette faculté, la préférence est accordée d'abord à celui que le défunt a désigné, puis à l'époux, s'il est copropriétaire pour moitié au moins. Toutes choses égales, la majorité des intéressés décide. A défaut de majorité, il est procédé par voie de tirage au sort. S'il y a contestation sur l'estimation de la maison, cette estimation est faite par le comité de patronage et homologuée par le juge de paix. Si l'attribution de la maison doit être faite par la majorité ou par le sort, les intéressés y procèdent sous la présidence du juge de paix, qui dresse procès-verbal des opérations. (Même art. 5.)

Les articles 47 à 50 du décret du 10 janvier 1907 tracent les règles à suivre pour l'exécution de ces dispositions.

*Assurances temporaires en cas de décès.* — La loi du 12 avril 1906, art. 7, autorise les acquéreurs, locataires avec promesse de vente ou constructeurs lorsqu'ils se libèrent du prix de leur habitation par annuités, à contracter une assurance temporaire près la Caisse d'assurances en cas de décès, instituée par la loi du 11 juillet 1868, placée sous la garantie de l'Etat et administrée par la Caisse des dépôts et consignations.

Au moyen de cette assurance d'un prix peu élevé, l'acquéreur ou le constructeur a la certitude que, s'il vient à mourir avant d'avoir pu rembourser entièrement le prix de son habitation, les annuités restant à échoir au moment de son décès seront acquittées par la Caisse d'assurances. Sa famille se trouve donc propriétaire de la maison d'une façon définitive.

Les propositions d'assurances peuvent être transmises soit directement, soit par les comités de patronage ou par les sociétés de construction ou de crédit. Ces comités ou sociétés peuvent également servir d'intermédiaire entre les assurés et la Caisse d'assurances pour toutes les opérations ultérieures.

Les propositions d'assurances, les polices définitives et les versements de primes sont reçus : à Paris, à la direction générale de la Caisse des dépôts et consignations; dans les départements, chez les trésoriers-payeurs généraux, les receveurs particuliers des finances et les percepteurs.

Sur la demande faite par l'assuré au directeur général de la Caisse des dépôts et consignations, les percepteurs peuvent recevoir les polices définitives et encaisser les primes.

Le souscripteur produit à l'appui de sa proposition : 1° un extrait sur papier libre de son acte de naissance ; 2° le tableau des sommes à assurer annuellement ; 3° contrat d'acquisition, de location avec promesse de vente ou de prêt passé, soit avec une société de construction, soit avec un particu ier.

La proposition est datée et signée par le proposant ou revêtue, soit par le préposé de la Caisse des dépôts et consignations, soit par le représentant du comité ou de la société, d'une mention énonçant que le proposant ne sait ou ne peut signer.

## Haie.

La destruction des haies vives ou sèches est punie des mêmes peines que le comblement des fossés. V. FOSSÉS, MITOYENNETÉ et VOIRIE.

## Halage (Chemin de).

— Chemin réservé le long d'un cours d'eau ou d'un canal aux hommes ou aux animaux qui halent un bateau.

Les propriétaires riverains des rivières reconnues navigables ou flottables sont tenus de laisser le long de ces rivières un espace libre de 7m,80 de large. Ils ne peuvent se clore de haies ou de murs qu'à une distance de 9m,75 du côté où les bateaux se tirent et et de 3m,25 sur le bord opposé. Cette distance peut toutefois être réduite par l'administration. Celle-ci doit, à la demande des propriétaires, dans les trois mois, reconnaître la servitude ; après le délai fixé, elle ne peut supprimer les travaux que contre indemnité fixée en premier ressort par le juge de paix du canton. Les contraventions relatives aux chemins de halage (dégradations, dépôts de matériaux, etc.) sont dans les attributions de la police municipale. (Code civil, art. 556 et 650 ; Loi du 8 avril 1898, titre IV, chap. III, art. 40-51.)

## Halles.

Au point de vue de la législation, les *halles* sont soumises au même régime que les foires et marchés. (V. FOIRES ET MARCHÉS.) — Toutefois, à ce point de vue, se trouvent dans une situation spéciale les différentes halles de Paris : *Halles centrales*, *Halle aux vins*, etc.

*Paris.* — Les halles et marchés de Paris sont placés sous la double surveillance du préfet de la Seine et du préfet de police. Le préfet de la Seine est chargé de tout ce qui concerne l'autorisation, la translation, la suppression et la tenue des marchés, la fixation et la perception des tarifs, le choix des emplacements, la construction et l'entretien des bâtiments, le stationnement des voitures de transport, etc. Tout ce qui est relatif à la police proprement dite (le maintien du bon ordre, les facilités de circulation, la salubrité des denrées, la fidélité du débit, etc.), relève du préfet de police. La réglementation des Halles centrales de Paris fait l'objet de la loi du 11 juin 1896, des décrets des 23 avril 1897, 27 juillet 1898, 25 janvier 1904.

*Facteurs aux halles.* — On nomme ainsi des agents spécialement chargés d'effectuer la vente en gros, à la criée, des denrées alimentaires apportées dans les halles et marchés publics.

En province, l'institution, dans les halles et marchés publics, d'un ou plusieurs facteurs appartient légalement à l'autorité municipale, en vertu de son droit général de police dans les halles et marchés. A Paris (décret du 23 janvier 1878), le nombre des facteurs est illimité. Pour exercer la profession de facteur, il faut avoir été admis en cette qualité par le tribunal de commerce de Paris ; un registre spécial, tenu au greffe de ce tribunal, contient la liste des facteurs admis.

## Haras.

— Etablissement officiel où l'Etat entretien des étalons.

L'administration des Haras forme une des directions du ministère de l'Agriculture.

Le *Conseil supérieur des haras*, organisé par la loi organique du 29 mai 1874 sur les

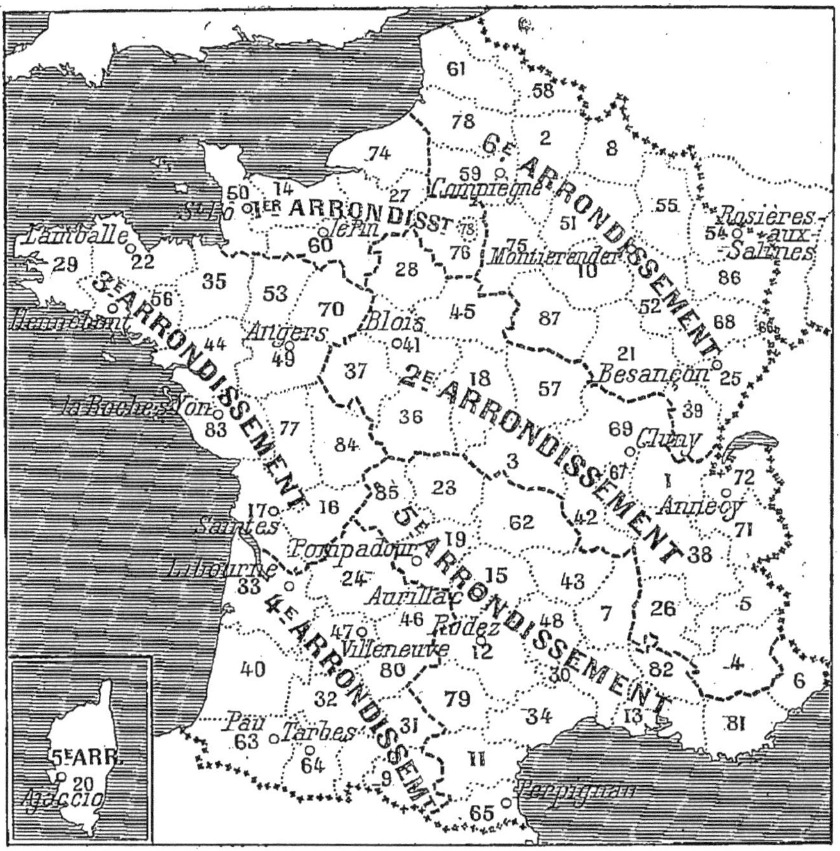


**Haras et dépôts d'étalons.**

1. Ain; 2. Aisne; 3. Allier; 4. Alpes (Basses-); 5. Alpes (Hautes-); 6. Alpes-Maritimes; 7. Ardèche; 8. Ardennes; 9. Ariège; 10. Aube; 11. Aude; 12. Aveyron; 13. Bouches-du-Rhône; 14. Calvados; 15. Cantal; 16. Charente; 17. Charente-Inférieure; 18. Cher; 19. Corrèze; 20. Corse; 21. Côte-d'Or; 22. Côtes-du-Nord; 23. Creuse; 24. Dordogne; 25. Doubs; 26. Drôme; 27. Eure; 28. Eure-et-Loir; 29. Finistère; 30. Gard; 31. Garonne (Haute-); 32. Gers; 33. Gironde; 34. Hérault; 35. Ille-et-Vilaine; 36. Indre; 37. Indre-et-Loire; 38. Isère; 39. Jura; 40. Landes; 41. Loir-et-Cher; 42. Loire; 43. Loire (Haute-); 44. Loire-Inférieure; 45. Loiret; 46. Lot; 47. Lot-et-Garonne; 48. Lozère; 49. Maine-et-Loire; 50. Manche; 51. Marne; 52. Marne (Haute-); 53. Mayenne; 54. Meurthe-et-Moselle; 55. Meuse; 56. Morbihan; 57. Nièvre; 58. Nord; 59. Oise; 60. Orne; 61. Pas-de-Calais; 62. Puy-de-Dôme; 63. Pyrénées (Basses-); 64. Pyrénées (Hautes-); 65. Pyrénées-Orientales; 66. Rhin (Haut-) [Belfort]; 67. Rhône; 68. Saône (Haute-); 69. Saône-et-Loire; 70. Sarthe; 71. Savoie; 72. Savoie (Haute-); 73. Seine; 74. Seine-Inférieure; 75. Seine-et-Marne; 76. Seine-et-Oise; 77. Sèvres (Deux-); 78. Somme; 79. Tarn; 80. Tarn-et-Garonne; 81. Var; 82. Vaucluse; 83. Vendée; 84. Vienne; 85. Vienne (Haute-); 86. Vosges; 87. Yonne.

*Arrondissements d'inspection.*

1er arr. Dépôts d'étalons du Pin et de Saint-Lô.

2e arr. Dépôts d'étalons de Blois, de Cluny et d'Annecy.

3e arr. Dépôts d'étalons d'Angers, d'Hennebont, de Lamballe, de Saintes, de La Roche-sur-Yon.

4e arr. Dépôts d'étalons de Libourne, de Villesur-Lot, de Pau et de Tarbes.

5e arr. Haras de Pompadour et dépôts d'étalons d'Aurillac, de Rodez, de Perpignan; stations permanentes d'Ajaccio; Algérie et Tunisie.

6e arr. Dépôts d'étalons de Besançon, Compiègne, Montier-en-Der, Rosières-aux-Salines.

haras et les remontes, et par le décret du 4 juillet 1874, donne son avis dans les questions importantes du service des haras sur lesquelles il est consulté.

Le personnel du service des haras comprend un directeur-inspecteur général, des inspecteurs généraux, des directeurs de dépôts d'étalons, des sous-directeurs agents-comptables, des surveillants, des vétérinaires, des brigadiers-chefs, des brigadiers, palefreniers et élèves palefreniers.

Nul ne peut être nommé *officier des haras* s'il n'a satisfait aux examens de sortie de l'Ecole des haras du Pin. Pour le personnel des palefreniers, une « école de brigadiers » a été également instituée au Pin.

La jumenterie de Pompadour se compose de juments exclusivement consacrées à la production du cheval de sang arabe et anglo-arabe.

Au point de vue de l'inspection des haras, la France est divisée en six arrondissements, dans chacun desquels sont des dépôts d'étalons.

**Haute cour de justice.**—Nom que prend le Sénat lorsqu'il est constitué en tribunal pour juger soit le président de la République ou les ministres, soit pour connaître des attentats contre la sûreté de l'Etat. V. SÉNAT.

**Herbes marines.**

Les varechs ou goémons (Décrets des 8 février 1868, 19 février 1884 et 28 janvier 1890) sont classés en goémons de rive, goémons poussant en mer, goémons venant épaves à la côte. Les goémons de rive sont ceux qui tiennent au sol et que l'on peut atteindre du pied aux basses mers d'équinoxe; les goémons poussant en mer, ceux qui, tenant aux fonds et aux rochers, ne peuvent être atteints du pied à la basse mer des marées d'équinoxe; les goémons-épaves, ceux qui, détachés par la mer, sont portés à la côte par le flot.

La récolte des goémons de rive appartient aux habitants des communes riveraines et aux propriétaires des terres cultivées situées dans ces communes. Deux coupes de goémons de rive peuvent être autorisées chaque année.

La récolte ou coupe des goémons poussant en mer est permise le jour pendant l'année. Elle ne peut être faite qu'au moyen de bateaux pourvus de rôles d'équipage. Pour la récolte de ceux de ces goémons qui sont destinés aux besoins particuliers des cultivateurs, ces derniers et leurs valets de ferme peuvent, accidentellement, s'adjoindre aux équipages réguliers des bateaux, sans toutefois que leur nombre excède deux individus par tonneau, non compris les hommes du bord.

Il est permis à toute personne de recueillir en tout temps les goémons venant épaves à la côte. Les maires sont autorisés à interdire la récolte de nuit des goémons épaves, quand cette interdiction est réclamée par les conseils municipaux, sauf approbation par les préfets de département et par les préfets maritimes. (Décret du 19 février 1884.)

**Herd-book.** — Livre généalogique des races bovines (de l'anglais *herd*, troupeau, et *book*, livre).

La commission du *Herd-book*, instituée en 1853, est chargée de recueillir, de coordonner et de reviser tous les renseignements relatifs à la constatation de la généalogie des animaux de l'espèce bovine de la race de Durham et de se prononcer sur l'inscription de ces animaux au *Herd-book* français.

**Hérédité.** — Masse des biens que laisse une personne à son décès. V. SUCCESSION.

*Cession d'hérédité.* V. CESSION DE DROITS SUCCESSIFS.

**Héritier.** — Personne appelée à recueillir une succession. V. SUCCESSION.

Les héritiers qui ont à toucher des prorata de pensions ne dépassant pas 150 francs sont dispensés de fournir l'acte de décès du titulaire quand copie ou extrait de cet acte figure en tête soit du certificat de propriété notarié, quand le notaire déclare conserver l'acte en minute, soit du certificat d'hérédité délivré par le maire de la commune où résidait le défunt, si cette commune est celle où l'acte de décès a été dressé. (Décis. min. Fin., 6 mai 1901; C. c. p., 30 mai 1901.)

En matière de comptabilité publique, les héritiers des créanciers des communes peuvent obtenir le payement des sommes inférieures à 150 francs sur la production d'un certificat d'hérédité délivré par le maire. (Décis. min. Fin., 30 déc. 1896; C. c. p., 31 décembre 1896, § 2.)

**Heure légale.**

L'heure légale en France et en Algérie est l'heure temps moyen de Paris. (Loi du 15 mars 1891.) A Paris, l'heure légale est celle de l'Observatoire; dans les départements, c'est l'heure des cadrans extérieurs des gares de chemins de fer.

**Historiques et artistiques (Monuments).** — V. MONUMENTS.

**Hoir.** — Héritier, successeur.

**Hoirie.** — Héritage, succession.

On appelle *avancement d'hoirie* l'avance faite à un enfant sous la condition que, lors du partage de la succession, il en sera tenu compte à ses héritiers. V. PARTAGE et RAPPORT.

**Homestead.** — Bien de famille déclaré insaisissable par la loi.

Un projet de loi déposé en 1904 a pour objet d'introduire dans la législation française l'institution américaine du *homestead*, c'est-à-dire d'appliquer à la maison de famille, dans des conditions déterminées, le privilège de l'insaisissabilité, et ainsi de garantir le petit propriétaire contre l'éviction, de fixer la famille dans son pays d'origine, de protéger le bien de famille et d'assurer sa transmission héréditaire.

L'insaisissabilité du bien patrimonial entraîne comme conséquence la défense de l'hypothéquer. La constitution du bien ne peut porter sur un immeuble grevé d'un privilège ou d'une hypothèque, soit conventionnelle, soit judiciaire.

L'acte de constitution du bien est reçu par un notaire en l'étude duquel sont formées les oppositions. La publicité légale résulte de la transcription au bureau des hypothèques et de l'affichage à la mairie au moyen de placards manuscrits. Le mari ne peut, sans le consentement de la femme résultant d'un acte antérieur ou de sa participation au contrat, aliéner tout ou partie du bien ou renoncer à sa constitution. L'insaisissabilité peut subsister même après la dissolution d'un mariage sans enfant au profit d'un survivant des époux, s'il est propriétaire du bien. Lorsqu'il y a des enfants mineurs, le projet s'inspire des dispositions de la loi sur les habitations à bon marché, mais en y apportant des modifications en ce qui concerne le maintien de l'indivision jusqu'à la majorité du plus jeune des enfants et l'attribution de l'immeuble à l'époux survivant.

## Homicide.

L'homicide est qualifié de *meurtre* lorsqu'il est commis volontairement, mais sans préméditation ou guet-apens. Il prend le nom d'*assassinat* lorsqu'il y a préméditation ou guet-apens. (Code pén., art. 295-298.) V. ASSASSINAT, MEURTRE, PARRICIDE, INFANTICIDE.

*Homicide par imprudence.* — « Quiconque, par maladresse, imprudence, inattention, négligence ou inobservation des règlements, aura commis involontairement un homicide ou en aura été involontairement la cause sera puni d'un emprisonnement de trois mois à deux ans, et d'une amende de 50 francs à 600 francs. » (Code pén., art. 319.)

*Homicide et blessures excusables.* — Le meurtre, les blessures et les coups sont excusables s'ils ont été provoqués par des coups ou violences graves entre les personnes (Code pén., art. 321), ou s'ils ont été commis en repoussant pendant le jour l'escalade ou l'effraction des clôtures, murs, entrée d'une maison ou d'un appartement habité ou de leurs dépendances. (*Id.*, art. 322.)

Lorsque le fait d'excuse sera prouvé : s'il s'agit d'un crime important, la peine de mort, ou celle des travaux forcés à perpétuité, ou celle de la déportation, la peine sera réduite à un emprisonnement d'un an à cinq ans ; s'il s'agit de tout autre crime, elle sera réduite à un emprisonnement de six mois à deux ans. Dans ces deux premiers cas, les coupables pourront de plus être punis de la peine de l'interdiction de séjour pendant cinq ans au moins et dix ans au plus. S'il s'agit d'un délit, la peine sera réduite à un emprisonnement de six jours à six mois. (*Id.*, art. 326.)

*Coups non qualifiés crimes ni délits.* — Il n'y a ni crime ni délit (et par suite aucune peine n'est applicable) lorsque l'homicide, les blessures et les coups étaient ordonnés par la loi et commandés par l'autorité compétente (*id.*, art. 327) ou par la nécessité actuelle de la légitime défense de soi-même ou d'autrui. (*Id.*, art. 328.)

Sont compris dans les cas de nécessité actuelle de défense les deux cas suivants : 1° si l'homicide a été commis, si les blessures ont été faites, ou si les coups ont été portés en repoussant pendant la nuit l'escalade ou l'effraction des clôtures, murs ou entrée d'une maison ou d'un appartement habité ou de leurs dépendances ; 2° si le fait a eu lieu en se défendant contre les auteurs de vols ou de pillages exécutés avec violence. (*Id.*, art. 329.)

## Homologation.

— Approbation qui donne à un acte fait par des particuliers la force et la valeur d'un acte fait en justice.

La loi ordonne qu'un certain nombre d'actes concernant les mineurs, les femmes mariées, les faillites, les établissements publics, les communes soient *homologués* par les tribunaux civils ou administratifs. Les tribunaux de commerce homologuent les concordats. (V. FAILLITE.) Le ministre des Travaux publics homologue les tarifs de chemins de fer.

## Honneurs.

Les honneurs rendus dans le cérémonial de l'Etat aux fonctionnaires publics et à certains dignitaires sont civils ou militaires. Le décret du 24 messidor an XII (13 juillet 1804), qui a été pendant plus d'un siècle le code organique des honneurs et préséances, a été remplacé par le décret du 16 juin 1907. V. PRÉSÉANCES.

## Honorariat.

— Titre accordé, lors de leur admission à la retraite, aux fonctionnaires méritants, qui restent ainsi attachés à l'administration dont ils faisaient partie et prennent rang immédiatement après leurs collègues de même rang restés en activité.

## Hôpitaux et Hospices.

—Établissements publics communaux dans lesquels sont traités les malades (*hôpitaux*) ou recueillis les vieillards et les infirmes (*hospices*).

*Création.* — Les hospices et hôpitaux sont créés par décret dans les mêmes conditions que les bureaux de bienfaisance. (V. BUREAU DE BIENFAISANCE.) Du jour de leur création, ils ont une personnalité distincte de celle de la commune.

*Commission administrative.* (Lois des 7 août 1851, 21 mai 1873 et 5 août 1879.) — La direction et la surveillance du service intérieur et extérieur des établissements hospitaliers appartiennent à une Commission administrative. (Loi du 7 août 1851, art. 7.)

Tous les établissements hospitaliers d'une même commune sont administrés par une commission administrative unique.

Les commissions administratives des hospices et hôpitaux et celles des bureaux de bienfaisance sont composées du maire et de six membres renouvelables. Deux des membres de chaque commission sont élus par le conseil municipal; les quatre autres membres sont nommés par le préfet.

Le nombre des membres renouvelables peut, en raison de l'importance des établissements et de circonstances locales, être augmenté par un décret spécial rendu sur l'avis du conseil d'Etat. Dans ce cas l'augmentation a lieu par nombre pair, afin que le droit de nomination s'exerce, dans une proportion égale, par le conseil municipal et le préfet.

La présidence appartient au maire ou à l'adjoint, ou au conseiller municipal remplissant dans leur plénitude les fonctions de maire. Le président a voix prépondérante en cas de partage. Les commissions nomment tous les ans un vice-président. En cas d'absence du maire et du vice-président, la présidence appartient au plus ancien des membres présents, et, à défaut d'ancienneté, au plus âgé. Les fonctions de membre des commissions administratives sont gratuites.

Les délégués du conseil municipal suivent le sort de cette assemblée quant à la durée de leur mandat; mais en cas de suspension ou de dissolution du conseil municipal, ce mandat est continué jusqu'au jour de la nomination des délégués par le nouveau conseil municipal. Les autres membres renouvelables sont nommés pour quatre ans. Chaque année la commission se renouvelle par quart. Les membres sortants sont rééligibles. Si le remplacement a lieu dans le cours d'une année, les fonctions du nouveau membre expirent à l'époque où auraient cessé celles du membre qu'il a remplacé. Ne sont pas éligibles ou sont révoqués de plein droit les membres qui se trouveraient dans un des cas d'incapacité prévus par les lois électorales.

L'élection des délégués du conseil municipal a lieu au scrutin secret, à la majorité absolue des voix. Après deux tours de scrutin, la majorité relative suffit, et, en cas de partage, le plus âgé des candidats est élu.

Les commissions peuvent être dissoutes et leurs membres révoqués par le ministre de l'Intérieur. En cas de dissolution ou de révocation, la commission est remplacée ou complétée dans le délai d'un mois.

Les délégués des conseils municipaux ne peuvent, s'ils sont révoqués, être réélus pendant une année. En cas de renouvellement total ou de création nouvelle, les membres à la nomination du préfet sont, sur sa proposition, nommés par le ministre de l'Intérieur. — Le renouvellement par quart est déterminé par le sort à la première séance d'installation. (Loi du 17 juillet 1893, art. 10.)

Les femmes peuvent être appelées à faire partie des commissions administratives des établissements de bienfaisance (Avis du conseil d'Etat, 28 juillet 1898), mais avec l'assentiment du mari si la femme est placée sous l'autorité maritale. (Circul. Intérieur du 9 septembre 1898.)

Les membres des commissions administratives, pas plus que les économes, ne sont considérés comme des fonctionnaires : ils ne seraient pas justiciables des cours d'assises pour fautes commises dans l'exercice de leurs fonctions et ne pourraient poursuivre leurs diffamations que devant les tribunaux correctionnels.

*Délibérations.* — La commission des hospices et des hôpitaux règle par ses délibérations les objets suivants : le mode d'administration des biens et revenus des établissements hospitaliers; les conditions des baux et fermes de ces biens, lorsque leur durée n'excède pas dix-huit ans pour les biens ruraux, et neuf pour les autres; le mode et les conditions des marchés pour fournitures et entretien dont la durée n'excède pas une année; les travaux de toute nature dont la dépense ne dépasse pas 3 000 francs. Toute délibération sur l'un de ces objets est exécutoire si, trente jours après la notification officielle, le préfet ne l'a pas annulée, soit d'office pour violation de la loi ou d'un règlement d'administration publique, soit sur la réclamation de toute partie intéressée. La commission arrête également, mais avec l'approbation du préfet, les règlements du service tant intérieur qu'extérieur. (Loi du 7 août 1851, art. 8.)

La commission délibère sur les objets suivants : les budgets, comptes, et, en général, toutes les recettes et dépenses des établissements hospitaliers; les acquisitions, échanges, aliénations des propriétés de ces établissements, leur affectation au service, et, en général, sur tout ce qui intéresse leur conservation et leur amélioration; les projets de travaux pour constructions, grosses réparations et démolitions dont la valeur excède 3 000 francs; les conditions ou cahiers des charges des adjudications de travaux et marchés pour fournitures ou entretien dont la durée excède une année; les actions judiciaires et transactions; les placements de fonds et emprunts; les acceptations des dons et legs. (*Id.*, art. 9.) — Les délibérations ci-dessus sont soumises à l'avis du conseil municipal, et suivent, quant aux autorisations, les mêmes règles que les délibérations de ces conseils. Néanmoins, l'aliénation des biens immeubles formant la dotation des hospices et hôpitaux ne peut avoir lieu que sur l'avis conforme du conseil municipal. (*Id.*, art. 10.)

Les délibérations par lesquelles les commissions administratives chargées de la gestion des établissements publics et communaux changeraient en totalité ou en partie l'affectation des locaux ou objets immobiliers appartenant à ces établissements, dans l'intérêt d'un service public ou privé quelconque, ou mettraient à la disposition soit d'un autre établissement public ou privé, soit d'un particulier, lesdits locaux et objets, ne sont exécutoires qu'après avis du conseil municipal, et en vertu d'un décret rendu sur la proposition du ministre de l'Intérieur. (Loi du 5 avril 1884, art. 120.)

*Comptabilité. Receveurs.* — Le service comptable est assuré soit par un receveur spécial, soit par le receveur municipal. V. BUREAU DE BIENFAISANCE.

Les receveurs spéciaux sont nommés par les préfets, sur la présentation des commissions administratives. En cas de refus motivé par le préfet, les commissions sont tenues de présenter d'autres candidats. Les receveurs ne peuvent être révoqués que par le ministre de l'Intérieur. (Loi du 21 mai 1873, art. 6.)

La comptabilité est soumise aux règles de la comptabilité des communes. (Loi du 7 août 1851, art. 12.) Les comptes du receveur sont donc, selon l'importance des revenus, justiciables de la Cour des comptes ou des conseils de préfecture.

Les recettes des établissements hospitaliers pour lesquels les lois et règlements n'ont pas prescrit un mode spécial de recouvrement s'effectuent sur des états dressés par le maire, sur la proposition de la commission administrative. Ces états sont exécutoires après qu'ils ont été visés par le sous-préfet. Les oppositions, lorsque la matière est de la compétence des tribunaux ordinaires, sont jugées comme affaires sommaires, et la commission administrative peut y défendre, sans autorisation du conseil de préfecture. (*Id.*, art. 13.)

La commission nomme son secrétaire, l'économe, les médecins et chirurgiens, mais elle ne peut les révoquer qu'avec l'approbation du préfet. Lorsque le revenu des établissement hospitaliers n'excède pas 30 000 francs, les fonctions de receveur sont toujours exercées par le receveur de la commune. La commission des hospices et hôpitaux exerce, à l'égard du receveur de ces établissements, les droits attribués au conseil municipal à l'égard du receveur des communes.

La commission, d'accord avec le conseil municipal, et sous l'approbation du préfet, peut traiter de gré à gré ou par voie d'abonnement, de la fourniture des aliments et objets de consommation nécessaires aux établissements hospitaliers.

Lorsque la commune ne possède pas d'hospices ou d'hôpitaux, ou que ces établissements sont insuffisants, le conseil municipal peut traiter avec un établissement privé pour l'entretien des malades et des vieillards, après avoir consulté la commission des hospices et hôpitaux. Celle-ci est chargée de veiller à l'exécution du contrat passé avec l'établissement privé. Les traités doivent être soumis à l'approbation du préfet.

La commission des hospices et hôpitaux peut convertir une partie des revenus attribués aux hospices, mais seulement jusqu'à concurrence d'un cinquième, en secours à domicile annuels, en faveur des vieillards ou infirmes placés dans leurs familles.

**Ressources.** — Les recettes des hospices et autres établissements de bienfaisance sont divisées, comme celles des communes, en recettes ordinaires et en recettes extraordinaires. Les produits dont elles se composent sont généralement :

*Recettes ordinaires.* Loyer des maisons et prix de ferme des biens ruraux ; produit des coupes ordinaires de bois ; rentes sur l'Etat et sur particuliers ; intérêts des fonds placés au Trésor public ; subventions annuelles municipales ; part attribuée aux pauvres dans les prix des concessions dans les cimetières ; produit des droits sur les spectacles, bals, concerts, etc. ; journées de malades ; prix de vente des objets fabriqués par les individus admis dans chaque établissement ; valeur des effets mobiliers apportés par les malades décédés dans les hospices, après y avoir été admis gratuitement ; dons, aumônes et collectes ; fonds alloués pour le service des enfants assistés et produits de la succession des enfants assistés ; revenus en nature ; prix de vente de denrées ou grains récoltés par l'établissement et excédant les besoins, etc.

*Recettes extraordinaires.* Prix des coupes extraordinaires de bois ; legs et donations ; prix des biens aliénés ; prix d'aliénation de rentes sur l'Etat ; emprunts ; recettes accidentelles.

Un prix de journée doit être fixé pour chaque catégorie de malades payants, en vertu d'une délibération de la commission administrative approuvée par le préfet.

Le prix des pensions de vieillards et incurables doit être fixé soit par le règlement intérieur de l'établissement, soit par des délibérations de la commission administrative soumises à l'approbation préfectorale.

Les malades et incurables indigents des communes privées d'établissements hospitaliers peuvent être admis aux hospices et hôpitaux du département désignés par le conseil général, sur la proposition du préfet, suivant un prix de journées fixé par le préfet, d'accord avec la commission des hospices et hôpitaux. (Loi du 7 août 1851, art. 3.)

Les communes qui veulent profiter du bénéfice de cette disposition supportent la dépense nécessaire pour le traitement de leurs malades et incurables. Toutefois, le département, dans les cas et les proportions déterminées par le conseil général, peut venir en aide aux communes dont les ressources sont insuffisantes. Dans le cas où les revenus d'un hospice où hôpital le permettraient, les commissions administratives sont autorisées à admettre dans les lits vacants les malades ou incurables des communes, sans exiger d'elles le prix de journées fixé par l'article 3. (*Id.*, art. 4.)

Les pensions annuelles sont l'objet de conventions entre la commission administrative et les pensionnaires, soumises à l'approbation préfectorale. (Instr. gén., art. 1069.)

Les hospices, en cas de non-payement, peuvent poursuivre les personnes tenues de l'obligation alimentaire aux termes des articles 205, 206 et 207 du Code civil. (V. ALIMENTS.) Les communes qui ont supporté les dépenses d'hospitalisation jouissent des mêmes droits. (Loi du 7 août 1851, art. 5.) Mais les frais dus pour le séjour d'un malade dans un hospice se prescrivent par cinq ans. (Cour de Nîmes, 12 mai 1886.)

**Avis de décès des hospitalisés.** — En cas de décès dans les hôpitaux, les administrateurs doivent en donner avis, dans les vingt-quatre heures, à l'officier de l'état civil. Celui-ci se transporte à l'établissement pour s'assurer du décès, et en dresse acte, sur les déclarations qui lui sont faites et sur les renseignements qu'il aura pris. Il est tenu dans les hôpitaux un registre sur lequel sont inscrits ces déclarations et renseignements. L'officier de l'état civil qui a dressé l'acte de décès en envoie une expédition à celui du dernier domicile du défunt, qui la transcrit immédiatement sur les registres. (Code civ., art. 80.)

*Effets des décédés.* — Lorsque des personnes décèdent dans un établissement de bienfaisance sans laisser d'héritiers connus, le domaine de l'Etat a le droit de réclamer et de recueillir les successions abandonnées soit par les héritiers directs ou collatéraux, soit par le conjoint survivant, soit par des enfants naturels, ainsi que les hérédités pour lesquelles il ne se présente aucun successible de ces diverses catégories. (Code civ., art. 539, 718, 723 et 770.)

L'Etat, à la différence des autres successeurs irréguliers, est fondé à appréhender une succession en déshérence, même lorsqu'il s'est écoulé plus de trente ans depuis le jour du décès. La prescription trentenaire ne pourrait lui être opposée que par l'enfant naturel ou par le conjoint survivant qui, après avoir négligé de demander judiciairement l'envoi en possession, se seraient mis, cependant, en possession effective des biens de l'hérédité.

« Les effets mobiliers apportés par des malades dans les hospices, et qui y ont été traités gratuitement, doivent appartenir auxdits hospices, à l'exclusion des héritiers et du Domaine, en cas de déshérence. A l'égard des malades et personnes valides dont le traitement et l'entretien ont été acquittés, de quelque manière que ce soit, les héritiers et légataires peuvent exercer leurs droits sur tous les effets apportés dans les hospices par lesdites personnes malades ou valides ; et, dans le cas de déshérence, les mêmes effets doivent appartenir aux hospices, au préjudice du Domaine. (Avis du Conseil d'Etat, 3 nov. 1809, et Instr. gén., art. 1070.)

D'après l'administration des Domaines (Instr. gén., n° 2602, § 6), les effets que l'hospice recueille en vertu de l'avis du Conseil d'Etat précité, à l'exclusion du Domaine, consistent uniquement dans les meubles corporels, linges, hardes, vêtements, etc., à l'usage quotidien du malade. Les autres valeurs mobilières trouvées sur les malades, telles que numéraire, rentes sur l'Etat, actions et obligations, titres de créances, etc., reviennent au Domaine à défaut d'héritiers, légataires ou autres successeurs, selon le droit commun. (Cour de Paris, 22 avril 1836 ; Déc. min. Fin., 24 août 1843 ; Cour de Bordeaux, 13 août 1853.) L'Instruction générale des Finances du 20 juin 1859 porte que les bijoux ne sont pas compris dans les effets mobiliers ; mais le tribunal de la Seine (28 nov. 1843) a considéré les bijoux comme des objets corporels, à l'usage quotidien du malade, et le ministre des Finances, par une décision du 17 décembre 1889, a reconnu que les bijoux à l'usage personnel des malades peuvent être rangés dans la catégorie des effets mobiliers attribués aux hospices par l'avis du Conseil d'Etat du 3 novembre 1809. L'administration de l'Enregistrement paraît s'être rangée à cette doctrine. (Instr. 1er septembre 1902, § 24.)

*Biens des enfants assistés décédés.* — Les biens des enfants assistés, lorsqu'ils meurent sans héritiers avant leur sortie des hospices, leur émancipation ou leur majorité, appartiennent à ces établissements, qui peuvent être envoyés en possession à la diligence des receveurs. Dans les cas de l'espèce, les hospices n'ont pas à payer de droits de succession. Lorsqu'il existe des héritiers, ceux-ci ne peuvent recueillir les biens des enfants décédés qu'à la condition d'indemniser les hospices de toutes les dépenses faites par eux pour ces enfants. (Instr. gén., art. 1070.)

*Orphelinats et ouvroirs annexés aux établissements de bienfaisance.* — Lorsque des orphelinats et ouvroirs sont annexés aux hospices, hôpitaux ou bureaux de bienfaisance, le budget de l'orphelinat forme un chapitre spécial du budget de l'hospice, et en aucun cas les ressources de l'établissement annexe ne peuvent être détournées de leur affectation.

Il est constitué, au moyen de prélèvements sur les ressources générales de l'établissement, un *fonds commun de pécule de sortie*, soumis à la capitalisation des intérêts et aux règles de la mutualité : la part des enfants morts avant l'âge de la sortie ou reconnus indignes par une décision du préfet accroît la part revenant aux autres.

Les enfants employés à des travaux au profit de l'établissement ont droit à un *pécule particulier*, constitué au moyen de prélèvements opérés par journée de travail et pour chacun d'eux sur les ressources de l'établissement ; les sommes qui en proviennent sont versées tous les trois mois en leur nom individuel à la caisse d'épargne postale, et le capital est remis aux titulaires à leur majorité ou au moment de leur établissement. (Circ. Intérieur, 18 mai 1900.) V. ADJUDICATION, BAIL, BUDGET, BUREAU DE BIENFAISANCE, DONS ET LEGS, EMPRUNTS, HABITATIONS A BON MARCHÉ.

*Assistance médicale.* — V. ASSISTANCE.

*Hospices et hôpitaux de Paris.* — V. ASSISTANCE PUBLIQUE.

## Hôteliers, aubergistes et logeurs.

La profession d'hôtelier, aubergiste ou logeur est soumise aux divers impôts et obligations qui atteignent les commerçants, en général, à des règlements municipaux et locaux, et à des prescriptions spéciales prévues par le Code.

*Obligations vis-à-vis de l'administration.* — Le Code pénal (art. 475, 2°), punit de 6 francs à 10 francs d'amende, et en cas de récidive, d'un emprisonnement de cinq jours au plus (art. 478), les aubergistes, hôteliers, logeurs ou loueurs de maisons garnies, qui auront négligé d'inscrire de suite et sans aucun blanc, sur un registre tenu régulièrement, les noms, qualités, domicile habituel, dates d'entrée et de sortie de toute personne qui aurait couché ou passé une nuit dans leurs maisons ; ceux d'entre eux qui auraient manqué à représenter ce registre aux époques déterminées par les règlements, ou lorsqu'ils en auraient été requis, aux maires, adjoints, officiers ou commissaires de police, ou aux citoyens commis à cet effet : le tout sans préjudice des cas de responsabilité mentionnés en l'article 73 du Code pénal, savoir :

« Les aubergistes et hôteliers convaincus d'avoir logé plus de vingt-quatre heures quelqu'un qui, pendant son séjour, aurait commis un crime ou un délit, seront civilement responsables des restitutions, des indemnités et des frais adjugés à ceux à qui ce crime ou ce délit aurait causé quelque dommage, faute par eux d'avoir inscrit sur leur registre le nom, la profession et le domicile du coupable, sans préjudice de leur responsabilité dans le cas des articles 1952 et 1953 du Code civil. » (V. plus loin.)

L'article 154 du Code pénal édicte les pénalités encourues au cas où l'hôtelier aurait sciemment inscrit des voyageurs sous un faux nom ou omis de les inscrire de connivence avec eux (six jours à trois mois d'emprisonnement). L'article 99 prévoit même la peine des travaux forcés à temps contre les hôteliers qui donnent sciemment asile à des bandes de malfaiteurs. (V. en outre ASSOCIATION DE MALFAITEURS.)

L'article 471 du Code pénal laisse à l'autorité municipale le droit de régler l'heure de la fermeture et l'éclairage extérieur des établissements.

L'hôtelier est libre de ne pas recevoir les voyageurs qui se présentent chez lui.

*Dépôts.* — Les aubergistes, hôteliers et logeurs sont responsables comme dépositaires des effets, voitures, chevaux, marchandises, bijoux, apportés par le voyageur qui loge chez eux (Code civ., art. 1952), même si un vol ou un dommage a été causé par les domestiques ou bien par les étrangers qui vont et viennent dans l'hôtel. (*Id.*, art. 1953.) La loi du 18 avril 1889 enjoint aux voyageurs d'avoir à déposer aux mains des hôteliers les espèces monnayées et valeurs au porteur, à peine de voir restreindre la responsabilité de ces derniers à 1 000 francs au maximum, sauf le cas de négligence de la part du dépositaire. La loi considérant ce dépôt comme nécessaire (v. DÉPÔT), la preuve peut en être établie par témoin, même au-dessus de 150 francs (*id.*, art. 1950), mais le tribunal a la faculté de tenir compte de la qualité des déposants et des circonstances pour admettre ou rejeter la preuve testimoniale. (*Id.*, art. 1348.)

L'hôtelier doit être déchargé de toute responsabilité lorsque le voyageur a commis une faute ayant eu une influence sur les faits dont il est demandé réparation ; par exemple, si la victime du vol a « poussé l'imprudence et la légèreté jusqu'à conserver ses fonds dans la poche de son vêtement, au lieu de le confier à l'aubergiste ; jusqu'à déposer tranquillement, en se couchant, ce vêtement avec les fonds sur une chaise plus ou moins distante de son lit, au lieu de les placer sous son traversin ou à sa portée ».

*Fournitures. Privilège.* — L'hôtelier a un privilège pour ses fournitures, sur les effets du voyageur transportés dans son hôtel. (Code civ., art. 2102, 5°.) L'action des hôteliers et traiteurs à raison du logement et de la nourriture qu'ils ont fournie est prescrite par six mois. (Code civ., art. 2271.)

*Contestations.* — Les contestations entre voyageurs et hôteliers sont de la compétence des juges de paix, en dernier ressort jusqu'à 100 francs, en premier ressort jusqu'à 1 500 francs ; au delà de cette somme, elles sont portées devant le tribunal de première instance.

*Vente des objets abandonnés chez les hôteliers.* — Les effets mobiliers apportés par le voyageur ayant logé chez un aubergiste, hôtelier ou logeur, et par lui laissés en gage pour sûreté de sa dette, ou abandonnés au moment de son départ, peuvent être vendus dans les conditions et formes déterminées par la loi du 31 mars 1896.

Le dépositaire présente au juge de paix une requête qui énonce les faits, désigne les objets et leur valeur approximative. L'ordonnance du juge, mise au bas de la requête, fixe le jour de la vente, qui ne peut être faite (sauf urgence) que six mois après le départ du voyageur et outre la mise à prix des objets à vendre. L'officier public chargé de la vente fait ouvrir, en présence du dépositaire, les malles, paquets, etc., dresse un procès-verbal, communiqué au juge de paix, et avertit huit jours à l'avance, par lettre recommandée, le voyageur des lieu, jour et heure de la vente, dans le cas où son domicile serait connu. La vente a lieu aux enchères.

Le propriétaire peut s'opposer à la vente par exploit signifié au dépositaire. Cette opposition emporte de plein droit citation à comparaître à la première audience utile du juge de paix.

Sur le produit de la vente et après prélèvement des frais, l'officier public paye la créance du dépositaire. Le surplus est versé à la Caisse des dépôts et consignations, au nom du propriétaire, par l'officier public. Si le produit de la vente est insuffisant pour couvrir les frais, le surplus est payé par le dépositaire, sauf recours contre le déposant.

Le montant de la consignation en principal et intérêts est acquis de plein droit au Trésor public, deux ans après le dépôt s'il n'y a eu, dans l'intervalle, réclamation de la part du propriétaire, de ses représentants ou de ses créanciers.

Tous les actes, spécialement les exploits, ordonnances, jugements et procès-verbaux faits en exécution de la loi du 3 mars 1896, sont dispensés du timbre et enregistrés gratis. Pour tenir lieu de ces droits, il est perçu sur le procès-verbal de vente, lorsqu'il est présenté à la formalité, 7 pour 100 du produit de la vente, sans addition de décimes.

**Houille blanche** (par opposition à *houille noire*, qui est le charbon, *houille blanche* désignant l'eau des chutes et cascades, qui est blanche). — Nom donné à l'eau des chutes et cascades naturelles, utilisée comme énergie motrice par l'industrie.

Il faut appliquer à la dérivation des eaux de source les dispositions des articles 642 et 643 du Code civil, modifiés par la loi du 8 avril 1898 et dont le texte a été donné au mot EAUX. § *Sources naturelles*, pages 313-314. De l'article 643 il résulte que toutes les fois que, dès la sortie du fonds où elles surgissent, les eaux de source forment un cours d'eau offrant le caractère d'eaux publiques et courantes, la dérivation n'est possible qu'en vertu d'une déclaration d'utilité publique, parce qu'elle a pour effet de modifier le régime du cours d'eau alimenté, de préjudicier aux intérêts des usiniers, agriculteurs riverains et autres usagers.

L'acte déclaratif d'utilité publique est provoqué par le ministre de l'Agriculture s'il s'agit d'un simple détournement des eaux de la source, — par les ministres de l'Intérieur et de l'Agriculture s'il s'agit à la fois de permettre le détournement et de faire tomber les droits de propriété existants sur la source ou sur les terrains nécessaires à l'assiette des travaux. Le préfet déclare d'utilité publique l'acquisition de la source (loi du 15 février 1902, article 10) lorsque son débit ne dépasse pas 2 litres par seconde et qu'elle est située sur le territoire de la commune à alimenter, mais les droits ainsi acquis sur la source ne dispensent pas de l'accomplissement des formalités prescrites quant au détournement des eaux.

Lorsqu'il s'agira de travaux communs d'adduction d'eau potable, les communes intéressées devront s'engager à supporter pour dommages résultant de la dérivation les indemnités réclamées par les usagers des eaux issues de la source. (Circ. min. Agriculture, 20 juin 1904.)

**Houille verte** (l'eau des cours d'eau, dont la couleur est verte). — Nom donné à l'eau des cours d'eau utilisée comme force motrice.

**Huiles.**

Les huiles *végétales et animales* sont soumises à un *droit d'entrée*, par 100 kilogr., variable selon la population : communes de 4 000 à 10 000 âmes, 7 fr. 50; communes de 10 001 à 20 000 âmes, 8 fr. 75; communes de 20 001 à 50 000 âmes, 10 francs; communes de 50 001 à 100 000 âmes, 12 fr. 50; communes au-dessus de 100 000 âmes, 15 francs.

Une taxe de fabrication de 1 fr. 25 par 100 kil. ou 1 franc par hectolitre est établie à leur entrée en raffinerie sur les huiles *minérales brutes* (non susceptibles de brûler dans les lampes d'usage courant et ne renfermant pas plus de 90 pour 100 de produits lampants). [Loi du 31 mars 1903, art. 31.]

Le décret du 19 janvier 1901 porte règlement d'administration publique pour l'exécution de la loi du 10 juillet 1899 qui a accordé des encouragements spéciaux à l'industrie des *huiles de schiste* (primes aux extracteurs de schistes bitumineux destinés à la fabrication d'huiles de schiste propres à l'éclairage). Les dépenses de surveillance et de contrôle sont à la charge des industriels intéressés; le montant en est recouvré comme en matière de contributions directes.

**Huis clos.** — A portes fermées, sans que le public soit admis.

Le grand principe des institutions judiciaires modernes est la publicité des débats. Néanmoins, des considérations d'ordre public ont fait admettre le *huis clos*, lorsque les débats sont de nature à entraîner ou le scandale, ou des inconvénients graves pour l'ordre et les bonnes mœurs. La mesure du huis clos et sa durée sont abandonnées au pouvoir discrétionnaire des cours et des tribunaux. Mais le jugement doit toujours être prononcé en audience publique.

**Huissier.** — Officier ministériel chargé par la loi des significations judiciaires et extra-judiciaires, de l'exécution forcée des jugements et du service intérieur des tribunaux.

L'organisation de l'institution des huissiers résulte de la combinaison de la loi du 27 ventôse an VIII, du décret du 14 juin 1813 et de la loi du 28 avril 1816.

Les huissiers sont nommés par le chef du pouvoir exécutif, sur la proposition des procureurs et des présidents de cours ou tribunaux et sur la présentation de l'huissier qui cède sa charge, ou de ses héritiers. Ils doivent être âgés de vingt-cinq ans accomplis, avoir satisfait à la loi du recrutement et travaillé pendant deux ans au moins dans l'étude d'un notaire, d'un avoué ou d'un huissier, ou pendant trois ans au greffe d'une cour d'appel ou d'un tribunal civil. Ils prêtent serment et fournissent un cautionnement. Leurs fonctions sont incompatibles avec toute autre fonction publique salariée et avec la profession d'avocat.

Chaque année les cours ou tribunaux choisissent parmi les huissiers ceux qu'ils chargent du service intérieur de l'audience, pour y maintenir l'ordre, appeler les causes et exécuter les ordres du président. Ces huissiers, appelés *audienciers*, peuvent seuls faire les significations d'avoué à avoué et le service personnel aux enquêtes et interrogatoires. Enfin, les huissiers élisent entre eux, par chaque arrondissement, les membres d'une chambre de discipline, qui surveille la conduite de chacun, taxe les actes, applique les peines disciplinaires. Les huissiers, comme les autres officiers ministériels, jouissent, pour la cession de leur charge, des bénéfices de la vénalité.

Ils ne peuvent instrumenter que dans le ressort du tribunal civil de leur arrondissement. V. ASSIGNATION.

Devant la justice de paix, l'huissier ne peut instrumenter pour ses frères, sœurs et alliés au même degré. (Code proc. civ., art. 4.) Devant le tribunal de première instance, il ne peut instrumenter pour ses parents et alliés collatéraux jusqu'au degré de cousin issu de germain inclusivement. (*Id.*, art. 66.)

Les huissiers sont soumis à une responsabilité particulière quant aux procédures et actes nuls ou frustratoires par eux faits. Ils ne peuvent exiger d'autres et plus forts droits que ceux qui leur sont attribués par les tarifs.

**Hydraulique agricole.**

Un décret du 27 janvier 1903 a transformé la direction de l'hydraulique agricole au ministère de l'Agriculture en *direction de l'hydraulique et des améliorations agricoles*.

La direction comprend deux services ou bureaux : 1° police des eaux, desséchements et assainissements, améliorations agricoles permanentes ; 2° canaux d'irrigation et de submersion, affaires générales.

Un personnel spécial, qui constitue le *corps des agents des améliorations agricoles*, est composé de trois inspecteurs (choisis parmi les ingénieurs), d'ingénieurs (choisis moitié parmi les élèves diplômés de l'Institut agronomique ou ingénieurs agricoles, moitié parmi les agents techniques des améliorations agricoles), d'agents techniques choisis par voie de concours parmi les ingénieurs agronomes ou les élèves diplômés des écoles nationales d'agriculture. (Décret du 5 avril 1903.)

**Hygiène publique.**— V. SANTÉ PUBLIQUE.

**Hypothèque.** — Droit réel et accessoire dont est grevé un immeuble pour garantir l'acquittement d'une créance.

*Fondement du droit d'hypothèque.* — Quiconque s'est obligé personnellement est tenu de remplir son engagement sur tous ses biens mobiliers et immobiliers, présents et à venir. (Code civ., art. 2092.) Les biens du débiteur sont le gage commun de ses créanciers ; et le prix s'en distribue entre eux par contribution, à moins qu'il n'y ait entre les créanciers des causes légitimes de préférence. (*Id.*, art. 2093.)

Il y a deux catégories de créanciers : 1° les créanciers chirographaires (v. CRÉANCE), entre lesquels l'actif du débiteur est réparti proportionnellement au marc le franc (v. CONTRIBUTION [*Distribution par*]) ; 2° les créanciers privilégiés, ou hypothécaires, ou jouissant du droit de rétention : au profit de ceux-là, il existe des « causes légitimes de préférence », savoir : les *privilèges*, les *hypothèques* (Code civ., art. 2094), et le droit de *rétention*. V. PRIVILÈGE, RÉTENTION, ORDRE.

*Inscription et transcription.* — L'*inscription* est une mention contenant les renseignements que les tiers sont intéressés à connaître, c'est-à-dire la désignation de l'immeuble grevé, de la personne à qui cet immeuble appartient, du débiteur et du créancier et enfin le montant de la créance. Elle a pour effet de constater d'une manière officielle les créances privilégiées et les hypothèques ; elle fait connaître les charges qui pèsent sur chaque immeuble du débiteur ; elle apprend au public qu'un créancier a sur un bien une cause de préférence.

La *transcription* consiste dans la copie littérale d'un acte translatif de propriété immobilière sur un registre spécial tenu à la conservation des hypothèques de la situation des biens. Elle a pour but de rendre public et de consolider à l'égard des tiers le droit de propriété de l'acquéreur. Elle est, en outre, le préliminaire indispensable de la purge des privilèges et hypothèques régulièrement inscrits sur les immeubles acquis, et a pour effet d'éteindre de plein droit les hypothèques qui n'auraient pas été inscrites antérieurement. Elle est le point de départ nécessaire de l'exercice du droit de propriété vis-à-vis des tiers. V. TRANSCRIPTION.

*Caractères de l'hypothèque.* — L'hypothèque est un droit accessoire qui suit le sort de la créance principale ; elle est pour les immeubles ce qu'est le gage pour les meubles.

L'hypothèque n'oblige pas le débiteur à faire la remise des objets hypothéqués ; mais, faute de payement, elle donne au créancier le droit d'exiger la tradition effective de l'immeuble, et de le revendiquer même contre les tiers. Cette revendication faite, elle autorise encore le créancier à ne se dessaisir qu'après le payement de la créance, et, en cas de vente de fonds, elle lui attribue : 1° un *droit de préférence* sur le prix, c'est-à-dire qu'il sera payé avant tous les autres créanciers qui n'ont pas une hypothèque antérieure en date à la sienne ; 2° un *droit de suite*, c'est-à-dire le droit de forcer le détenteur de l'immeuble, à quelque titre que ce soit, d'abandonner l'immeuble ou d'en subir l'expropriation, s'il ne préfère acquitter le montant intégral de la dette.

Le créancier ne peut toutefois exercer le droit de suite s'il n'a pas pris *inscription* avant que l'acte par lequel le débiteur a aliéné l'immeuble hypothéqué ait été *transcrit ;* car, à partir de la transcription, les créanciers privilégiés ou hypothécaires ne peuvent prendre utilement inscription sur le précédent propriétaire. Seul, le vendeur ou le copartageant peut inscrire son privilège dans les quarante-cinq jours de l'acte de vente ou du partage, nonobstant toute transcription dans ce délai. (Loi du 23 mars 1855, art. 6.) V. PRIVILÈGE, TRANSCRIPTION.

Un autre caractère de l'hypothèque, c'est d'être *indivisible :* on entend par là que l'immeuble en totalité ou tous les immeubles hypothéqués sont affectés au payement de la dette entière, et de chacune des fractions de la dette. (Code civ., art. 2114.) Ainsi, plusieurs immeubles étant hypothéqués à une même dette, le créancier peut exercer son droit sur tel de ces immeubles qu'il lui conviendra de choisir, parce que chacun d'eux garantit le payement de la dette tout entière. De même, en cas de partage, chaque partie d'un immeuble partagé répond de toute la dette, et si cet immeuble est intégralement dans le lot d'un héritier, celui-ci est tenu pour la totalité, sauf à exercer son recours contre les copartageants. Enfin, l'hypothèque ne s'éteint pas partiellement par suite des payements d'acomptes.

*Biens susceptibles d'hypothèques.*— L'article 2118 du Code civil déclare seuls susceptibles d'hypothèque les immeubles placés dans le commerce et leurs accessoires immobiliers, ainsi que l'usufruit de ces biens et accessoires, savoir : 1° les immeubles par nature, y compris (Loi du 21 avril 1810) les mines concédées ; 2° les immeubles par destination qui ne peuvent être hypothéqués séparément du fonds dont ils dépendent; 3° l'usufruit de ces immeubles; 4° les actions de la Banque de France immobilisées.

Mais l'hypothèque ne peut frapper les droits d'usage et d'habitation, qui sont incessibles; les meubles (Code civ., art. 2119), sauf les navires (v. MARINE marchande); les servitudes, indépendamment des immeubles dont elles sont l'accessoire.

*Espèces d'hypothèques.* — Toute hypothèque est légale, c'est-à-dire qu'elle ne peut avoir lieu que dans les cas ou sous les formes indiqués par la loi. Le Code civil, cependant, divise les hypothèques en *hypothèques légales, judiciaires* et *conventionnelles*, et cette division est basée sur la cause immédiate de la constitution des hypothèques. (Code civ., art. 2115 et 2116.)

*Hypothèques légales.* — Les hypothèques *légales* sont celles qui résultent directement de la loi. Le Code civil (art. 2121) en compte cinq, savoir : 1° celle des femmes mariées sur les biens de leur mari; 2° celle des mineurs et interdits sur les biens de leur tuteur; 3° celle de l'Etat, des communes et des établissements publics sur les biens des receveurs et des administrateurs comptables; 4° celle des légataires sur les immeubles de la succession; 5° enfin, les privilèges dégénérés en simple hypothèque pour n'avoir pas été inscrits dans les délais fixés par la loi. Les deux premières espèces de ces hypothèques dites légales sont dispensées de la formalité de l'inscription; en outre, ainsi que la troisième, elles reposent sur tous les biens présents et à venir. (*Id.*, art. 2122.)

Aux termes de l'article 8 de la loi du 23 mars 1855, la veuve, le mineur devenu majeur, l'interdit relevé de l'interdiction, leurs héritiers ou ayants cause, doivent prendre inscription dans l'année qui suit la dissolution du mariage ou la cessation de la tutelle; sinon leur hypothèque ne date, à l'égard des tiers, que du jour des inscriptions prises ultérieurement. Dans le cas où les femmes peuvent céder leur hypothèque légale ou y renoncer, cette cession ou cette renonciation doit être faite par acte authentique et les cessionnaires n'en sont saisis à l'égard des tiers que par l'inscription de cette hypothèque prise à leur profit ou par la mention de la subrogation en marge de l'inscription préexistante. Les dates des inscriptions ou mentions déterminent l'ordre dans lequel ceux qui ont obtenu des cessions ou renonciations exercent les droits hypothécaires de la femme. (*Id.*, art. 9.)

D'autre part (Loi du 13 février 1889), la renonciation par la femme à son hypothèque légale au profit de l'acquéreur d'immeubles, grevés de cette hypothèque, en emporte extinction et vaut purge à partir soit de la transcription de l'acte d'aliénation si la renonciation y est contenue, soit de la mention faite en marge de la transcription de l'acte d'aliénation si la renonciation a été consentie par acte authentique distinct. Dans tous les cas, cette renonciation n'est valable et ne produit les effets ci-dessus que si elle est contenue dans un acte authentique. En l'absence de stipulation expresse, la renonciation de la femme à son hypothèque légale ne peut résulter de son concours à l'acte d'aliénation que si elle stipule soit comme covenderesse, soit comme garante ou caution de son mari. Toutefois la femme conserve son droit de préférence sur le prix, mais sans pouvoir répéter de l'acquéreur le prix ou la partie du prix par lui payé de son consentement, et sans préjudice du droit des autres créanciers hypothécaires. Le concours ou le consentement donné par la femme soit à un acte d'aliénation contenant quittance totale ou partielle du prix, soit à l'acte ultérieur de quittance totale ou partielle, emporte même, à due concurrence, subrogation à l'hypothèque légale sur l'immeuble vendu, au profit de l'acquéreur, vis-à-vis des créanciers hypothécaires postérieurs en rangs; mais cette subrogation ne peut préjudicier aux tiers qui deviendraient cessionnaires de l'hypothèque légale de la femme sur d'autres immeubles du mari, à moins que l'acquéreur ne se soit conformé aux prescriptions rappelées au début de ce paragraphe.

Les biens du conseil judiciaire d'un prodigue, de même que ceux de l'administrateur provisoire d'un aliéné hospitalisé ne sont frappés de l'hypothèque qu'en vertu du jugement nommant le conseil judiciaire ou l'administrateur provisoire.

*Hypothèques judiciaires.* — L'hypothèque *judiciaire* résulte des jugements soit contradictoires, soit par défaut, définitifs ou provisoires, en faveur de celui qui les a obtenus. Elle résulte aussi des reconnaissances ou vérifications, faites en jugement, des signatures apposées à un acte obligatoire sous seing privé.

Elle peut s'exercer sur les immeubles actuels du débiteur et sur ceux qu'il pourra acquérir, sauf aussi les modifications qui seront ci-après exprimées.

Les décisions arbitrales n'emportent hypothèque qu'autant qu'elles sont revêtues de l'ordonnance judiciaire d'exécution.

L'hypothèque ne peut pareillement résulter des jugements rendus en pays étranger qu'autant qu'ils ont été déclarés exécutoires par un tribunal français; sans préjudice des dispositions contraires qui peuvent être dans les lois politiques ou dans les traités. (Code civ., art. 2123.)

*Hypothèques conventionnelles.* — L'hypothèque *conventionnelle* (Code civ., art. 2124 à 2133) est celle qui dépend des contrats et de la forme extérieure des contrats. Elle comprend donc deux choses : 1° la convention d'hypothèque; 2° la forme particulière que cette convention doit revêtir pour être productive d'hypothèque. Comme convention, l'hypothèque ne peut être consentie que par ceux-là qui sont capables de contracter une obligation. Les mineurs, les interdits, les femmes mariées, ne pouvant disposer librement de leurs biens, ne peuvent non plus contracter une hypothèque. De plus, l'hypothèque présente le caractère de l'aliénation; dès lors elle ne peut être consentie que par une personne capable d'aliéner, et celui qui n'est pas propriétaire ne peut hypothéquer. Les immeubles des mineurs, des interdits et des absents ne peuvent être hypothéqués qu'en vertu d'un jugement et en se conformant aux formalités établies par la loi.

L'hypothèque conventionnelle, avons-nous dit, dépend, en second lieu, de la forme extérieure des actes et des contrats. Cette forme extérieure à laquelle est assujettie la convention d'hypothèque est un acte authentique devant deux notaires ou devant un notaire et deux témoins. (*Id.*, art. 2127.)

La loi permet cependant de consentir une hypothèque par acte sous seing privé; mais il faut pour cela que le sous-seing privé soit déposé par les deux parties chez un notaire, et la constitution d'hypothèque doit être renouvelée dans l'acte même du dépôt.

Tout acte constituant hypothèque doit, à peine de nullité, désigner spécialement le bien ou les biens soumis à l'hypothèque, et pour cela, déclarer leur nature et leur situation. L'hypothèque, constituée en termes généraux, ne serait pas valable. (C'est ce que l'on appelle la *spécialité* de l'hypothèque.)

Chacun des biens présents du débiteur peut être nominativement soumis à l'hypothèque. Les biens à venir ne peuvent être hypothéqués qu'autant que les biens présents et libres du débiteur sont insuffisants pour la sûreté de la créance. (*Id.*, art. 2130.)

Au contraire des hypothèques conventionnelles, les hypothèques judiciaires portent sur tous les biens présents et à venir du débiteur.

*Rang des hypothèques entre elles.*—Ce rang dépendait autrefois de la date à laquelle les hypothèques avaient été consenties ; aujourd'hui la préférence est donnée à l'hypothèque qui a reçu la première la publicité légale par une inscription régulière sur les registres du conservateur. Cette règle s'applique aux trois espèces d'hypothèques. La loi n'admet d'exception qu'en ce qui concerne : 1° les hypothèques légales des mineurs et des interdits sur les immeubles appartenant à leur tuteur à raison de sa gestion ; 2° l'hypothèque légale de la femme sur les biens de son mari. Dans le premier cas, l'hypothèque prend date du jour de l'acceptation de la tutelle; dans le second, du jour de la célébration du mariage. Bien que les hypothèques légales que nous venons de citer soient dispensées de la formalité de l'inscription, dans ce sens que l'absence de cette formalité ne les empêcherait ni de subsister ni de prendre leur rang, la loi en prescrit toujours l'inscription, et c'est aux maris et aux tuteurs qu'elle impose l'obligation d'y faire procéder. Elle les rend responsables envers les intéressés des dommages qui pourraient résulter pour ceux-ci de la non-inscription. Cette formalité intéresse non seulement les mineurs, les interdits et les femmes, mais encore le public. Aussi la loi confère-t-elle le droit de faire procéder à l'inscription à des personnes autres que les tuteurs et les maris. L'inscription peut être requise par le subrogé tuteur, par le procureur de la République, par les membres du conseil de famille et du conseil judiciaire, par les parents et même par les amis des intéressés.

La loi du 26 mars 1855 exige qu'après la dissolution du mariage ou la fin de la tutelle, inscription soit prise par la veuve, le mineur devenu majeur, l'interdit relevé de l'interdiction, ou leurs héritiers et ayants cause, dans le délai d'une année, faute de quoi l'hypothèque ne date plus, à l'égard des tiers, que du jour des inscriptions prises ultérieurement. Toutefois, aux termes de la loi du 21 mai 1858, les créanciers par hypothèque légale qui ont omis de faire procéder à l'inscription continuent à jouir du droit de préférence si un ordre (v. ORDRE) est ouvert dans les trois mois qui suivent l'expiration du délai. (Code civ., art. 2134-2145.)

*Inscription des hypothèques.* — Le *conservateur des hypothèques* est le fonctionnaire chargé de l'exécution des formalités prescrites pour la conservation des hypothèques et la consolidation des mutations de propriétés immobilières, ainsi que de la perception des droits établis au profit du Trésor public pour chacune de ces formalités.

L'inscription a lieu au bureau du conservateur de l'arrondissement où sont situées les propriétés, et si elle porte sur des biens placés dans le ressort de divers bureaux, elle doit être inscrite autant de fois qu'il y a de bureaux différents.

Pour opérer l'inscription, le créancier présente au conservateur des hypothèques, soit par lui-même, soit par un fondé de pouvoir, l'original en brevet ou une expédition authentique du jugement ou de l'acte qui a donné lieu à hypothèque. Il y joint deux bordereaux contenant ; 1° les noms, prénoms, domiciles ou élections de domiciles et professions du créancier et du débiteur ; 2° la date et la nature du titre ; 3° le montant en capital des créances exprimées dans le titre, ou évaluées par l'inscrivant pour les rentes et prestations, ou pour les droits éventuels ou indéterminés, comme aussi le montant des accessoires de ces capitaux ; 4° enfin l'indication de l'espèce et de la situation des biens hypothéqués. Cette dernière mention est inutile quand il s'agit d'hypothèques légales et judiciaires, les unes et les autres reposant sur la totalité des immeubles. Il suffit que, outre les noms, prénoms, professions et domiciles du créancier et du débiteur, les bordereaux mentionnent la nature des droits à conserver et le montant de leur valeur quant aux objets déterminés, mais sans être tenus de le fixer en ce qui concerne les objets éventuels.

L'inscription doit, pour conserver ses effets, être renouvelée tous les dix ans : sinon, elle serait primée par les inscriptions prises avant le renouvellement. (Code civ., art. 2144-2156.)

Les conservateurs des hypothèques sont tenus de délivrer à tous ceux qui le requièrent copie des actes transcrits sur leurs registres et celle des inscriptions subsistantes, ou certificat qu'il n'en n'existe aucune. Ces registres sont publics.

Ils sont responsables du préjudice résultant : 1° de l'omission, sur leurs registres, des transcriptions d'actes de mutation, et des inscriptions requises en leurs bureaux ; 2° du défaut de mention, dans leurs certificats, d'une ou de plusieurs des inscriptions existantes, à moins, dans ce dernier cas, que l'erreur ne provînt de désignations insuffisantes qui ne pourraient leur être imputées.

Les frais des inscriptions sont à la charge du débiteur, s'il n'y a stipulation contraire; l'avance en est faite par l'inscrivant, si ce n'est quant aux hypothèques légales, pour l'inscription desquelles le conservateur a son recours contre le débiteur. Les frais de la transcription, qui peut être requise par le vendeur, sont à la charge de l'acquéreur. (Code civ., art. 2146-2156 et 2196-2203.)

*Radiation et réduction des inscriptions.* — Les inscriptions sont rayées du consentement des parties intéressées et ayant capacité à cet effet, ou en vertu d'un jugement en dernier ressort ou passé en force de chose jugée.

Dans l'un et l'autre cas, ceux qui requièrent la radiation déposent au bureau du conservateur l'expédition de l'acte authentique portant consentement, ou celle du jugement.

La radiation non consentie est demandée au tribunal dans le ressort duquel l'inscription a été faite, si ce n'est lorsque cette inscription a eu lieu pour sûreté d'une condamnation éventuelle ou indéterminée, sur l'exécution ou liquidation de laquelle le débiteur et le créancier prétendu sont en instance ou doivent être jugés dans un autre tribunal; auquel cas la demande en radiation doit y être portée ou renvoyée. Cependant la convention faite par le créancier et le débiteur de porter, en cas de contestation, la demande à un tribunal qu'ils auraient désigné, recevra son exécution entre eux.

La radiation doit être ordonnée par les tribunaux lorsque l'inscription a été faite sans être fondée ni sur la loi, ni sur un titre, ou lorsqu'elle l'a été en vertu d'un titre soit irrégulier, soit éteint ou soldé, ou lorsque les droits de privilège ou d'hypothèque sont effacés par les voies légales.

En matière d'hypothèque judiciaire ou légale, toutes les fois que les inscriptions prises par un créancier qui, d'après la loi, aurait droit d'en prendre sur les biens présents ou sur les biens à venir d'un débiteur, sans limitation convenue, seront portées sur plus d'immeubles différents qu'il n'est nécessaire à la sûreté des créances, l'action en réduction des inscriptions, ou en radiation de la partie excédant la proportion convenable, est ouverte au débiteur. (Code civ., 2157-2165.)

*Tiers détenteur de biens hypothéqués.* — Les créanciers qui ont privilège ou hypothèque sur un immeuble le suivent en quelque main qu'il passe, afin d'être colloqués et payés suivant l'ordre de leurs créances ou inscriptions. Le tiers détenteur, à quelque titre que ce soit, du bien aliéné demeure obligé, par l'effet seul des inscriptions, à toutes les dettes privilégiées ou hypothécaires. Il a toutefois le droit de choisir entre ces trois partis : 1° s'obliger au payement de toutes les dettes, auquel cas il jouit des termes et délais accordés au débiteur originaire ; 2° faire, au greffe de la situation des biens, le délaissement de l'immeuble qu'il détient, auquel cas il cesse d'être tenu vis-à-vis des créanciers ; 3° purger les privilèges ou hypothèques, c'est-à-dire conserver l'immeuble, à la charge seulement de payer aux créanciers, en ordre de recevoir, le prix de son acquisition ou la valeur qu'il offre de l'immeuble qui lui a été donné. Faute par le détenteur de recourir à un de ces trois moyens, il est exproprié de l'immeuble hypothéqué. Toutefois, la saisie ne peut être pratiquée que trente jours après commandement fait au débiteur originaire et sommation faite au détenteur de payer ou de délaisser, sauf son recours en garantie contre le débiteur principal.

Les servitudes personnelles ou réelles que le tiers détenteur avait sur l'immeuble hypothéqué et qui s'étaient éteintes par consolidation ou confusion revivent après l'expropriation. Il en est de même des servitudes actives qui existaient au profit de l'immeuble hypothéqué et à la charge d'un autre immeuble appartenant au tiers détenteur. Les hypothèques que le tiers détenteur a constituées ou qui procèdent de son chef subsistent et peuvent être invoquées avec le rang qui leur appartient. Une fois que les créanciers inscrits sur l'immeuble sont désintéressés, l'excédent du prix d'adjudication profite au tiers détenteur, à l'exclusion du précédent propriétaire et de ses créanciers chirographaires. L'expropriation ayant pour effet d'évincer le tiers détenteur lui donne le droit d'exercer une action en garantie contre son auteur.

Les détériorations qui procèdent du fait ou de la négligence du tiers détenteur d'un immeuble, au préjudice des créanciers hypothécaires ou privilégiés, donnent lieu contre lui à une action en indemnité; mais il ne peut répéter ses impenses et améliorations que jusqu'à concurrence de la plus-value résultant de l'amélioration. (Code civ., art. 2166-2179.)

*Extinction de l'hypothèque. Purge.* — La loi indique quatre modes d'extinction des hypothèques ; ce sont : 1° l'extinction de l'obligation principale, c'est-à-dire de la créance dont l'hypothèque n'est que l'accessoire ; 2° la renonciation du créancier à l'hypothèque ; 3° la prescription ; 4° l'accomplissement par le tiers détenteur des formalités et conditions prescrites pour la *purge*. (Code civ., art. 2180-2195.)

Les privilèges et les hypothèques suivent l'immeuble qui leur est affecté, en quelques mains qu'il passe, et l'acquéreur de cet immeuble n'a, dans la rigueur du droit, d'autre alternative que de s'exonérer personnellement en délaissant le fonds grevé, ou d'acquitter, à quelque somme qu'elles s'élèvent, la totalité des créances privilégiées et hypothécaires. L'acquéreur peut vouloir échapper à cette alternative, c'est-à-dire retenir la possession de l'immeuble et, d'autre part, ne pas payer au delà du prix stipulé dans son contrat d'acquisition, ou de la valeur estimative du fonds dans le cas où il l'aurait acquis à titre gratuit. Pour arriver à ce résultat, il faut qu'il remplisse les formalités et les conditions de la purge, procédure qui a pour effet de libérer l'immeuble mis entre les mains du nouvel acquéreur des privilèges et hypothèques dont l'avait grevé son précédent propriétaire, sous la seule condition, pour le détenteur actuel, de payer aux créanciers en ordre utile le montant de son prix d'acquisition s'il a acquis à titre onéreux, ou la valeur estimative du fonds si l'aliénation a eu lieu à titre gratuit.

Les conditions pour opérer la purge varient selon qu'il s'agit de dégrever l'immeuble, soit, 1° de privilèges ou d'hypothèques qui n'ont pas été rendus publics par la formalité de l'inscription ; soit, 2° de privilèges ou hypothèques régulièrement inscrits sur les registres du conservateur ; soit, 3° et enfin, d'hypothèques légales sauvegardant les droits des femmes mariées, des mineurs ou des interdits, catégorie d'hypothèques que la loi dispense, par une faveur spéciale, de la formalité de l'inscription.

1° Les aliénations de la propriété foncière ne produisent leurs effets à l'égard des tiers intéressés qu'à partir de la transcription sur les registres du conservateur de l'acte translatif de propriété. Cette transcription opérée laisse subsister les droits antérieurement acquis sur l'immeuble, à la condition que ces droits aient été précédemment rendus publics par une inscription. Quant aux hypothèques non inscrites encore, la transcription en opère de plein droit la purge définitive. (Loi du 25 mars 1855, art. 6.)

L'article 2166 du Code civil et l'article 6 de la loi du 25 mars 1855 concernent exclusivement les hypothèques non inscrites, mais en même temps sujettes à inscription d'après la loi, c'est-à-dire les hypothèques conventionnelles et les hypothèques judiciaires. Quant aux hypothèques légales des mineurs et des femmes, que la loi dispense d'inscription, la purge en est demeurée soumise aux règles déterminées par une section spéciale du Code civil. (Code civ., art. 2193 et suivants.)

2° Dans le second cas (hypothèques inscrites), le tiers détenteur qui veut purger doit d'abord faire transcrire son contrat au bureau des hypothèques de l'arrondissement : tout privilège ou hypothèque qui n'aurait pas été inscrit dans la quinzaine de cette transcription demeure sans effet. Le tiers détenteur doit ensuite, dans le mois à compter de la première sommation qui lui est faite, notifier individuellement aux créanciers inscrits, aux domiciles élus par eux dans leurs inscriptions, et cela par ministère d'huissier, l'indication du prix de la vente et des charges faisant partie du prix, ou une évaluation de la chose s'il s'agit de donation, avec déclaration de la part du tiers détenteur qu'il est prêt à acquitter sur-le-champ le prix ou la valeur entre les mains des créanciers en ordre de recevoir.

Si quelqu'un des créanciers croit que la vente a été consentie à un prix trop modique ou que l'évaluation du donataire est trop faible, il peut requérir la mise de l'immeuble aux enchères en s'engageant à porter ou à faire porter le prix à un dixième en sus de celui stipulé dans la vente ou offert par le donataire. Le créancier doit notifier par huissier commis sa surenchère au tiers détenteur. Cette notification doit avoir lieu dans les quarante jours au plus tard de la notification faite par le tiers détenteur, en ajoutant deux jours par 5 myriamètres de distance entre le domicile élu par le créancier dans son inscription et son domicile réel. A défaut par les créanciers d'avoir requis la mise aux enchères dans les délais et les formes prescrites, la valeur de l'immeuble demeure définitivement fixée au prix stipulé dans l'acte de vente ou déclaré par le donataire. Le tiers détenteur est donc libéré de tout privilège ou hypothèque, soit en consignant le prix fixé dans son acte, soit en le payant aux créanciers qui sont en ordre de le recevoir.

3° Quant aux hypothèques dispensées d'inscription, l'acquéreur qui voudra en dégrever l'immeuble devra remplir les conditions prescrites par les articles 2193 et suivants du Code civil. Il déposera au greffe du tribunal civil du lieu de la situation de l'immeuble acquis une copie de l'acte, dûment collationnée, du contrat translatif de propriété et certifiera ce dépôt par acte signifié soit à la femme, soit au subrogé tuteur du mineur ou de l'interdit ayant hypothèque légale sur l'immeuble, et en outre, au procureur de la République avec sommation d'inscrire s'ils le jugent convenable cette hypothèque dans le délai de deux mois. Pendant le même délai, l'acte translatif demeurera affiché par extrait dans l'auditoire du tribunal civil. Durant cette même période de deux mois, les femmes, les subrogés tuteurs, ou même un tiers officieux, un ami quelconque des parties intéressées, pourront faire procéder à l'inscription des hypothèques légales dont il s'agit. Si le délai de deux mois expire sans que les inscriptions aient été prises, l'immeuble reste définitivement purgé des hypothèques légales dont il était grevé. Si, au contraire, ces hypothèques ont été inscrites dans la période de deux mois, elles prennent rang rétroactivement à l'époque de leur inscription et à partir du mariage pour ce qui concerne les dots des femmes, à partir de l'entrée en gestion du tuteur pour ce qui concerne les créances des pupilles interdits ou mineurs. Dans ce dernier cas, l'acquéreur dégrève l'immeuble des hypothèques légales comme des autres en payant son prix aux créanciers en ordre utile pour recevoir, que ces créanciers soient les femmes dotales et les pupilles dont il s'agit ou tous autres.

*Vente sur saisie immobilière.* — Les ventes forcées ou adjudications par autorité de justice opèrent par elles-mêmes la purge des privilèges et hypothèques par la simple transcription du jugement. C'est pourquoi nulle procédure ultérieure n'est requise pour purger l'immeuble ainsi adjugé, et l'adjudicataire le dégrève de tout privilège et de toute hypothèque, à la seule condition de désintéresser les créanciers utilement inscrits jusqu'à concurrence de son prix d'adjudication.

*Radiation amiable.* — Lorsque l'hypothèque disparaît du consentement des parties capables ou en vertu d'un jugement, ce consentement doit être constaté par acte authentique dont expédition est déposée au bureau du conservateur.

*Taxes hypothécaires.* — Outre le droit de 1 fr. 50 pour 100 dû sur tous les actes transcrits, toutes les *transcriptions*, sauf celles des saisies, sont soumises à une taxe de 0 fr. 25 pour 100 du prix ou valeur des immeubles ou des droits (v. TRANSCRIPTION). La même taxe frappe les *inscriptions* hypothécaires ; elle est assise sur le capital de la créance inscrite. Dans certains cas, les taxes hypothécaires sont réduites.

**Hypothèque maritime.** — V. MARINE MARCHANDE.

# I

**Identité.** — Ensemble de circonstances qui font qu'une personne est bien telle personne déterminée.

En matière civile, on a récours à la constatation de l'identité dans le cas où un absent revient réclamer ses biens après un long espace de temps; en outre, il est souvent nécessaire d'établir l'identité d'une personne dans les questions relatives aux successions ou à la généalogie d'une famille, et alors l'identité se prouve par les moyens qui servent à fonder l'état civil.

En matière criminelle, la loi, en certaines occasions, a tracé des règles spéciales pour reconnaître l'identité d'un individu : il en est ainsi lorsque, après une condamnation pour homicide, il se révèle des indices suffisants propres à faire croire à l'existence de la prétendue victime de l'homicide. (Code instr. crim., art. 443 et suiv.) Il en est ainsi encore en ce qui concerne les condamnés qui se sont évadés et ont été repris. (Code instr. crim., art. 518 à 520.)

**Ile, îlot.**

Les îles, îlots et atterrissements qui se forment dans le lit des cours d'eau navigables ou flottables appartiennent à l'Etat, s'il n'y a titre ou prescription contraire. (Code civ., art. 560.) Ils appartiennent aux propriétaires riverains des cours d'eau non navigables : entièrement, s'ils se sont formés d'un seul côté ; à partir de la ligne qu'on suppose tracée au milieu de la rivière, si la formation n'a pas eu lieu d'un seul côté. (*Id.*, art. 562.)

Toute vente d'îles, d'îlots, de forts, de châteaux forts ou batteries du littoral déclassés situés en France, en Algérie et en Tunisie, ne peut être autorisée que par une loi et après avis des conseils supérieurs du ministère de la Marine et du ministère de la Guerre.

En ce qui concerne les colonies et pays de protectorat (la Tunisie exceptée), l'autorisation fera également l'objet d'une loi, après avis du comité consultatif de la défense des colonies. (Loi du 29 août 1905.)

**Illettrés.** — V. PAYEMENT.

**Illicite.** — Qui est défendu par la loi.

Le Code civil (art. 1108 et 1133) exige, pour qu'une convention soit valable, que la cause de l'obligation soit *licite :* l'obligation qui repose sur une cause illicite est radicalement nulle. Or l'obligation repose sur une cause illicite toutes les fois qu'on s'oblige pour atteindre un but contraire aux bonnes mœurs, à l'ordre public et aux lois. Au cas d'obligations conditionnelles, toute condition illicite est nulle et rend nul le contrat dans lequel elle est insérée. (Code civ., art. 1172.) Toutefois, en matière de libéralités, l'article 900 dispose que les conditions contraires aux lois ou aux mœurs insérées dans une donation ou dans un testament sont réputées non écrites : la libéralité continue d'exister comme si elle avait été faite purement et simplement.

**Immatricule.** — Inscription d'un huissier sur un registre tenu au greffe du tribunal de son ressort.

**Immeubles.** — V. BIENS, VENTE, etc.

**Immixtion.** — Action de s'ingérer dans les affaires ou les fonctions d'autrui.

L'immixtion de l'héritier dans la succession qui lui est échue équivaut à une acceptation et lui enlève la faculté de renoncer ou d'accepter sous bénéfice d'inventaire. (Code civ., art. 778 et 800.)

De même, le fait, par la femme, de s'immiscer dans les biens de la communauté et d'en disposer en maître, faisant supposer de sa part l'intention d'accepter la communauté, lui enlève la faculté d'y renoncer ; cependant, les actes purement administratifs ou conservatoires n'emportent point immixtion. (*Id.*, art. 1454.)

L'immixtion de l'associé commanditaire dans les affaires de la société le rend responsable, solidairement avec les associés en nom collectif, de toutes les dettes et engagements de la société. (Code comm., art. 27 et 28.)

L'immixtion dans des fonctions publiques, civiles ou militaires, est punie d'un emprisonnement de deux à cinq ans, sans préjudice de la peine de faux, si l'acte porte le caractère de ce crime. (Code pén., art. 258.)

**Immobilisation.** — Transformation fictive d'objets mobiliers et de meubles en immeubles, par l'effet de certaines déclarations ou de l'accomplissement de certaines formalités.

L'utilité de l'immobilisation est d'assurer aux meubles et valeurs mobilières certains des avantages et des protections attachés aux immeubles, notamment en les rendant moins facilement aliénables ou saisissables.

Les principaux cas sont les suivants : immobilisation de valeurs ou titres de rentes par déclaration au siège social des sociétés ou établissements de crédit (actions de la Banque de France, rentes sur l'Etat) ; immobilisation par contrat de mariage, excluant de la communauté des meubles qui y entreraient sans cela ; immobilisation par destination du propriétaire qui attache à un fonds, pour son agrément ou son utilité, des objets ou des animaux ; immobilisation des loyers de l'immeuble par transcription de la saisie immobilière portant sur cet immeuble.

**Immondices.**

« Ceux qui, imprudemment, ont jeté des immondices sur quelque personne » sont passibles de 1 franc à 5 francs d'amende (Code pén., art. 471, § 12). L'amende est de 6 francs à 10 francs si les immondices ont été jetées sur des maisons, enclos, jardins, ou bien volontairement sur des personnes (*id.*, 475, 8°), et l'emprisonnement (cinq jours au plus) est toujours prononcé en cas de récidive. (*Id.*, art. 478). V. BALAYAGE.

**Immunité.** — Privilège consistant dans l'exemption d'une charge, d'un impôt, d'une juridiction, à raison des fonctions exercées par l'immuniste.

La règle que les lois de police et de sûreté obligent tous ceux qui habitent le territoire français comporte des exceptions au profit, d'une part, des membres de la Chambre des députés et du Sénat, et, d'autre part, des membres du corps diplomatique.

Les sénateurs ou députés sont soustraits à l'application de la loi pénale pour tous les actes rentrant dans l'exercice de leur mandat. Ce principe, décrété par l'Assemblée constituante au profit de ses membres, a été reproduit dans les constitutions qui ont suivi, et il est inscrit dans la loi constitutionnelle du 16 juillet 1875 (art. 13 et 14) : c'est l'*immunité parlementaire*. V. LOIS CONSTITUTIONNELLES.

Le président de la République française, soumis à la responsabilité pénale pour les délits de droit commun, n'est responsable, au point de vue politique, qu'en cas de haute trahison ; il ne peut être mis en accusation que par la Chambre des députés et ne peut être jugé que par le Sénat.

Le principe de la souveraineté des Etats et de leur indépendance réciproque ne permet pas que le représentant d'une nation puisse être soumis à la juridiction des tribunaux de la nation auprès de laquelle il est accrédité. Les agents diplomatiques accrédités auprès du chef d'Etat étranger ou du ministre des Affaires étrangères jouissent seuls de l'immunité. Les consuls n'y ont pas droit, à moins de clause particulière.

Les membres non français d'un tribunal arbitral, siégeant en France par application de la convention pour le règlement pacifique des conflits internationaux signée à La Haye le 29 juillet 1899, jouissent, dans l'exercice de leurs fonctions, des privilèges et immunités diplomatiques. (Loi du 2 déc. 1903.) V. PRIVILÈGE DE JURIDICTION.

**Impense.** — Dépense faite pour la conservation, l'amélioration ou l'agrément d'un bien que l'on administre.

Le Code civil distingue : les *impenses nécessaires*, faites pour la conservation de la chose ; les *impenses utiles*, destinées à en augmenter la valeur ; les *impenses voluptuaires* ou *de simple agrément*, qui ont pour objet de l'embellir.

On leur applique ordinairement les règles suivantes : Le défendeur qui succombe dans l'action de revendication, ou toute personne qui est obligée de restituer une chose détenue, a toujours le droit de réclamer les impenses nécessaires. Celui qui fait des impenses utiles enlève les ouvrages faits, s'ils peuvent l'être sans dégradation ; à défaut, il en est dû récompense jusqu'à concurrence de la plus-value, même au possesseur de mauvaise foi. Quant aux impenses voluptuaires, le remboursement n'en est pas dû au détenteur.

En général, le possesseur d'un immeuble a un droit de rétention pour le garantir du remboursement des impenses ; quelquefois même, il a un privilège.

**Impositions.** — Synonyme d'impôts, de contributions.

**Impôt.** — Prestation en argent ou en nature exigée des particuliers pour subvenir aux charges et dépenses des services publics.

Les impôts sont *directs* ou *indirects*. Ces deux catégories spéciales d'impôts ont été étudiées aux mots CONTRIBUTIONS DIRECTES et CONTRIBUTIONS INDIRECTES.

La loi de finances se termine chaque année par la disposition suivante, fondée sur l'article 174 du Code pénal : « Toutes contributions directes et indirectes autres que celles qui sont autorisées par les lois de finances de l'exercice ...., à quelque titre ou sous quelque dénomination qu'elles se perçoivent, sont formellement interdites, à peine, contre les autorités qui les ordonneraient, contre les employés qui confectionneraient les rôles et tarifs et ceux qui en feraient le recouvrement, d'être poursuivis comme concussionnaires, sans préjudice de l'action en répétition pendant trois années contre tous receveurs, percepteurs ou individus qui en auraient fait la perception. »

**Imprescriptibilité.** — Caractère des choses qui ne peuvent être atteintes par la prescription, comme les biens du domaine public de l'Etat, des départements et des communes. V. DOMAINE.

## Imprimerie.

La loi du 29 juillet 1881 (v. PRESSE) a proclamé la liberté presque complète de l'imprimerie ; elle exige simplement que tout imprimé porte le nom et l'adresse de l'imprimeur. V. DÉPÔT LÉGAL.

L'*Imprimerie nationale* forme un service spécial régi, pour le compte de l'Etat, par un directeur nommé par décret et chargé de l'administration sous l'autorité du ministre de la Justice.

## Imprudence.

L'imprudence est considérée par la loi comme une faute. Au point de vue du droit civil, l'effet d'un acte imprudent, qui a causé à autrui un dommage, est d'en rendre pécuniairement responsable celui à qui il est imputable (Code civ., art. 1382 et suiv.). V. DOMMAGE, QUASI-DÉLIT, RESPONSABILITÉ. D'autre part, indépendamment des condamnations pécuniaires, l'imprudence peut exposer à des peines répressives, prison ou amende. Il en est ainsi dans les cas de coups et blessures, d'homicide ou d'incendie occasionnés par imprudence. (Code pén., art. 319, 320 et 458.)

Enfin, d'autres faits d'imprudence, alors même qu'ils n'ont causé aucun dommage, sont réprimés comme contraventions et frappés des peines de simple police ; tels sont, par exemple, le fait de tirer des feux d'artifice dans une ville, le fait d'encombrer la voie publique de matériaux, le fait de jeter par la fenêtre des objets de nature à nuire par leur chute. (*Id.*, art. 471 et suiv.)

**Impuberté.** — Etat des individus qui n'ont pas encore l'aptitude physique pour le mariage.

L'impuberté constitue temporairement, relativement au mariage, une incapacité naturelle. Les rédacteurs du Code civil, pensant que le mariage exigeait, outre la maturité corporelle, un certain degré de maturité intellectuelle, ont fixé à dix-huit ans révolus pour les hommes, et à quinze ans révolus pour les filles, l'âge où il est permis de contracter mariage (art. 144). V. MARIAGE.

L'état d'impuberté crée aussi la nécessité d'une protection. Le Code soumet à la tutelle les personnes mineures, alors même qu'elles ont cessé d'être impubères. V. MINEUR, TUTELLE.

## Impuissance.

Le Code civil n'a pas mis l'impuissance soit naturelle, soit accidentelle, au nombre des causes de nullité du mariage. Si l'un des époux est manifestement impuissant, on n'admet même pas que l'autre époux puisse demander la nullité du mariage en invoquant l'*erreur dans la personne* dont parle l'article 180 ; on dit, en effet, généralement que l'erreur sur les *qualités physiques* de la personne n'est pas visée par cet article. Si le mariage de l'impuissant est toujours valable, l'impuissance peut, du moins, être parfois invoquée comme cause de désaveu. En effet, si le mari ne peut jamais alléguer son impuissance naturelle (art. 313), au contraire, l'impossibilité physique de cohabitation entre les époux dans le temps légal de la conception peut être une cause de désaveu, en vertu de l'article 312, lorsqu'elle est l'effet de quelque accident.

**Imputation de payement.** — Application d'un payement à l'une de plusieurs dettes contractées envers le même créancier, lorsque la somme payée ne suffit pas pour les acquitter toutes. V. PAYEMENT.

**Inaliénabilité.** — Caractère de ce qui ne peut être vendu.

La faculté d'aliéner étant d'ordre public, l'inaliénabilité n'est que l'exception. Un propriétaire ne peut renoncer à exercer la faculté d'aliéner, et l'inaliénabilité imposée par un donateur ou un testateur au donataire ou au légataire est, en général, inefficace ; cependant, les futurs époux peuvent, par contrat de mariage, rendre inaliénables les immeubles de la femme ou certains d'entre eux, en les soumettant aux règles de la dotalité. (V. DOT.)

Les biens du domaine public sont inaliénables et imprescriptibles. V. DOMAINE.

**Inamovibilité.** — Prérogative dont jouissent les magistrats de ne pouvoir être révoqués ni déplacés tant qu'ils n'ont pas atteint la limite d'âge fixée par la loi. V. JUSTICE.

**Incapable.** — Personne frappée d'incapacité légale. V. INCAPACITÉ.

**Incapacité.** — Défaut des qualités légales requises pour l'exercice de certains droits ou l'accomplissement de certains actes.

Le mot *incapacité* s'emploie le plus ordinairement par rapport aux personnes qui, possédant tous leurs droits, n'en ont pas le libre exercice, comme les mineurs et les interdits. Mais on l'emploie aussi d'une façon moins exacte et presque abusive à l'égard de ceux qui sont privés, au fond et réellement, d'un ou de plusieurs droits, comme certaines personnes qui ne peuvent recevoir des libéralités. Toute personne peut contracter si elle n'est pas déclarée incapable par la loi. (Code civ., art. 1123.) L'incapacité est une situation exceptionnelle. Elle est naturelle et réelle pour les fous et les mineurs ; elle est l'œuvre arbitraire de la loi pour d'autres personnes : condamnés à certaines peines, femmes mariées, prodigues. Les mineurs, les interdits et les femmes mariées sont frappés d'une incapacité générale de contracter ; les prodigues et faibles d'esprit qui ont un conseil judiciaire sont frappés d'une incapacité spéciale. Les incapables ne font pas les actes par eux-mêmes, ou bien ils sont soumis à des formalités habilitantes. L'incapacité peut s'appliquer aux droits civils ou aux droits politiques. V. FEMME, MINORITÉ, INTERDICTION, ALIÉNÉS, etc.

Le mineur, l'interdit et la femme mariée

ne peuvent attaquer, pour cause d'incapacité, leurs engagements, que dans les cas prévus par la loi. Les personnes capables de s'engager ne peuvent opposer l'incapacité du mineur, de l'interdit ou de la femme mariée, avec qui elles ont contracté. (*Id.*, art. 1125.)

## Incapacité de travail.

L'individu qui a volontairement fait des blessures ou porté des coups d'où il est résulté une incapacité de travail personnel ou une maladie de plus de vingt jours est puni d'un emprisonnement de deux à cinq ans et d'une amende de 16 francs à 2 000 francs. (Code pén., art. 309.)

## Incendie.

*Mesures administratives* — L'autorité municipale a le devoir de prévenir les incendies en prescrivant aux habitants les précautions convenables quant aux matériaux à employer pour la couverture des maisons, à la construction des cheminées et fours, aux dépôts des matières combustibles, etc.

Sur l'avis conforme du conseil général, le préfet peut, de son côté, interdire, dans l'étendue du département, l'emploi de certains matériaux pour la construction des bâtiments ou celle des toitures, ou prescrire les précautions qui devront être adoptées pour cette construction. (Loi du 21 juin 1898, art. 9.)

Le préfet doit, sur l'avis du conseil général et des chambres consultatives d'agriculture, prescrire les précautions nécessaires pour écarter les dangers d'incendie et, notamment, l'interdiction d'allumer des feux dans les champs à moins d'une distance déterminée des bâtiments, vignes, vergers, haies, bois, bruyères, meules de grains, de paille, des dépôts régulièrement autorisés de bois et autres matières inflammables appartenant à autrui. Il peut, sur l'avis du maire, lever temporairement l'interdiction, afin de permettre ou de faciliter certains travaux. (*Id.*, art. 10.)

Les maires peuvent prescrire que les meules de grains, de paille, de fourrage, etc., seront placées à une distance déterminée des habitations et de la voie publique. (*Id.*, art. 11.)

*Risque locatif.* — C'est le nom qu'on donne à l'obligation de responsabilité civile à laquelle le locataire est tenu au cas d'incendie des lieux donnés à bail.

S'il s'agit d'une maison habitée par un seul locataire, celui-ci ne peut dégager sa responsabilité qu'en prouvant l'un des trois faits suivants :

1° Que l'incendie est arrivé par cas fortuit ou force majeure ; 2° ou qu'il a eu lieu par suite d'un vice de construction ; 3° ou que le feu a été communiqué par une maison voisine. (Code civ., art. 1733.)

S'il n'est pas tenu de prouver la cause précise de l'incendie, il doit du moins établir qu'aucune faute n'est imputable ni à lui, ni aux personnes dont il répond, et qu'il est impossible d'attribuer l'incendie à une cause autre qu'un cas fortuit ou de force majeure. (Cour de Douai, 28 mars 1901.)

Sa responsabilité cesse, non au jour de la résiliation du bail, mais au jour où il a vidé les lieux. (Cour de Bordeaux, 11 nov. 1899.)

« S'il y a plusieurs locataires, tous sont responsables de l'incendie, proportionnellement à la valeur locative de l'immeuble qu'ils occupent, à moins qu'ils ne prouvent que l'incendie a commencé dans l'habitation de l'un d'eux, auquel cas celui-là seul en est tenu ; ou que quelques-uns ne prouvent que l'incendie n'a pu commencer chez eux, auquel cas ceux-là n'en sont pas tenus. » (Code civ., art. 1734.)

Pour le *recours des voisins* et le *recours des locataires contre les propriétaires*, voir page 89, ASSURANCE contre l'incendie. — Pour le privilège du bailleur sur l'indemnité d'assurance, v. BAIL. — Pour les droits des créanciers hypothécaires sur la même indemnité, voir page 87, ASSURANCE.

*Dispositions pénales.* — Lorsqu'il a été occasionné par imprudence, l'incendie des propriétés mobilières ou immobilières d'autrui est un délit prévu par l'article 458 du Code pénal et puni d'une amende de 50 francs à 500 francs.

Lorsque, au contraire, il a été commis volontairement, l'incendie devient crime. Mais, à ce propos, le Code pénal, dans son article 434, considérant l'incendie successivement comme moyen d'ôter la vie et comme instrument de dévastation, établit une série de distinctions : la peine de mort est applicable en cas d'incendie de lieux d'habitation, ou toutes les fois que le crime a causé la mort d'une ou de plusieurs personnes ; puis, suivant la nature des objets incendiés et suivant les circonstances, la peine est tantôt celle des travaux forcés (à perpétuité ou à temps), tantôt celle de la réclusion.

D'autre part, la menace, écrite ou verbale, d'incendier une habitation ou toute propriété est assimilée à la menace d'assassinat.

Tout individu requis de prêter son concours en cas d'incendie est passible, s'il le refuse, d'une amende de 6 francs à 10 francs. (Code pén., art. 475, § 12.)

## Incessibilité. — Caractère de ce qui est absolument personnel et ne peut être cédé.

Le droit d'usage, le droit d'habitation ne peuvent être cédés. (Code civ., art. 631 et 634.) Les pensions sont incessibles et en principe insaisissables. V. PENSIONS.

## Inceste. — Commerce charnel entre personnes parentes à un degré pour lequel le mariage est prohibé.

La loi ne prohibe les alliances entre parents et alliés que jusqu'au troisième degré, et le chef de l'Etat peut accorder des dispenses pour les parents au troisième degré et les alliés au deuxième. (Code civ., art. 161-163.) [V. MARIAGE.] Mais elle n'applique aucune peine aux faits incestueux. L'inceste n'est puni que lorsqu'il est commis par un ascendant sur la personne d'un mineur non émancipé par le mariage (Code pén., art. 331), cas où il rentre dans la classe des attentats à la pudeur consommés ou tentés sans violence sur des mineurs, avec cette circonstance que le crime existe même lorsque la victime est âgée de plus de treize ans. Sans punir l'inceste, la loi française fait aux enfants incestueux une condition pire que celle des enfants naturels.

Les enfants incestueux ne peuvent être ni reconnus, ni légitimés, ni admis à la recherche soit de la paternité, soit de la maternité. (Code civ., art. 331, 335, 342.) Ils n'ont aucun droit de succession sur les biens de leurs père ou mère décédés ; la loi leur accorde seulement des aliments. (*Id.*, art. 762.) V. ENFANT.

**Incidence de l'impôt.** — Détermination de la catégorie de contribuables qui supportent réellement et en définitive la charge de l'impôt, bien que la loi ne les frappe pas directement.

**Incident.** — Tout fait qui entrave ou complique la marche ordinaire d'une procédure (exceptions, vérification d'écritures, faux incident civil, enquête, descente sur lieux, expertise, interrogatoire sur faits et articles, etc.).

Dans son sens restreint, le mot *incident* désigne une demande nouvelle faite par l'une des parties ou par un tiers dans le cours d'une instance et se rattachant au fond de la demande primitive. Ces demandes prennent différents noms suivant les personnes qui les forment : on appelle demande *additionnelle* celle formée par le demandeur originaire ; *demande reconventionnelle*, celle formée par le défendeur ; demande *en intervention*, celle formée par un tiers. Toutes ces demandes sont dites *incidentes ;* cependant, cette qualification s'applique plus spécialement aux deux premières. Elle ne peuvent être formées qu'avec une certaine réserve, à cause de la facilité d'éluder ainsi la tentative de conciliation et les règles sur la compétence.

La demande formée contre un tiers, pour qu'il soit partie au procès et que le jugement à intervenir lui soit commun, porte le nom d'*intervention forcée.*

Voici l'énumération des divers *incidents :*

*Demande provisoire* (mesures urgentes, garde d'enfants, pensions alimentaires, etc.). Le tribunal est saisi de la demande.

*Reprise d'instance* (décès d'une partie, d'un avoué, etc.). Une constitution de nouvel avoué est nécessaire.

*Désaveu* (démenti opposé à un avoué ou à un huissier, et *prouvé* par le demandeur). Il est formé par *acte au greffe*, signé du désavouant.

*Règlement de juges*, dans le cas de conflit, d'attributions de juridiction. (Requête adressée au tribunal supérieur.)

*Renvoi pour parenté.* Un parent dans le tribunal et deux dans la cour si la partie est juge. — Deux parents dans le tribunal et trois dans la cour si la partie n'est pas juge. — Le renvoi pour parenté se fait par acte au greffe, signé de la partie (50 francs d'amende en cas de rejet).

*Récusation.* L'article 378 du Code de procédure civile énumère les causes pour lesquelles un juge, à raison de sa parenté personnelle ou de celle de sa famille, peut être récusé. L'acte doit être signé au greffe (amende de 100 francs en cas de rejet).

*Péremption.* A lieu lorsqu'il y a cessation de poursuites pendant trois ans. — N'a pas lieu de plein droit et doit être proposée par acte d'avoué à avoué. — L'action civile subsiste et l'instance peut être reprise, sauf en cas de prescription.

*Désistement.* Proposé par le demandeur et accepté par le défendeur. — Acte d'avoué à avoué.

V. RÉCUSATION, INSTANCE et DÉSAVEU.

*Faux incident.* — On appelle *faux incident* un moyen de procédure que l'on prend pour faire déclarer fausse ou falsifiée, et rejeter de la cause, une pièce signifiée, communiquée ou produite dans le cours de l'instruction ou de la procédure. Si le procès est engagé au civil, il prend le nom de *faux incident civil ;* si le procès est engagé au criminel, le faux qui se poursuivra incidemment à la procédure criminelle sera un *faux incident criminel.* V. FAUX.

**Incinération.**

La mise en usage des appareils crématoires doit être autorisée par le préfet, après avis du conseil d'hygiène. (Décret du 27 avril 1889, art. 16.) Le maire du lieu du décès délivre le permis d'incinérer.

Toute incinération est faite sous la surveillance de l'autorité municipale. Elle doit être préalablement autorisée par l'officier de l'état civil du lieu du décès, qui ne peut donner cette autorisation que sur le vu des pièces suivantes : 1° une demande écrite du membre de la famille ou de toute autre personne ayant qualité pour pourvoir aux funérailles ; cette demande indiquera le lieu où doit s'effectuer l'incinération ; 2° un certificat du médecin traitant, affirmant que la mort est le résultat d'une cause naturelle ; 3° le rapport d'un médecin assermenté commis par l'officier de l'état civil pour vérifier les causes du décès. A défaut de certificat d'un médecin traitant, le médecin assermenté doit procéder à une enquête sommaire dont il consignera les résultats dans son rapport. Dans aucun cas l'autorisation ne peut être accordée que si le médecin assermenté certifie que la mort est due à une cause naturelle (*id.*, art. 17).

Les cendres ne peuvent être déposées, même à titre provisoire, que dans des lieux de sépulture régulièrement établis (*id.*, art. 20). Elles ne peuvent être déplacées qu'en vertu d'une permission de l'autorité municipale (*id.*, art. 21).

**Incompatibilité.** — Impossibilité légale pour une même personne d'exercer deux fonctions.

Le principe de la séparation des pouvoirs a amené le législateur, dans presque tous les pays, à rendre incompatibles l'exercice simultané de certaines fonctions ou de mandats électifs et d'une fonction publique.

Il y a *incompatibilité* entre les fonctions administratives, judiciaires ou militaires. Un préfet ne peut être administrateur d'un département et juge ou général.

Il y a incompatibilité entre les mandats législatifs et les fonctions rétribuées sur les fonds de l'Etat, à l'exception des suivantes : ministre, sous-secrétaire d'Etat, ambassadeur, ministre plénipotentiaire, préfets de la Seine ou de police, premiers présidents des cours de cassation, des comptes, d'appel de Paris ; procureurs généraux près les cours de cassation, des comptes et d'appel de Paris ; professeurs nommés au concours ou sur la présentation des corps où la vacance s'est produite. Avant la loi du 9 décembre 1905, l'exception bénéficiait aux archevêques et évêques, présidents de consistoire, grand rabbin du consistoire de Paris ou du consistoire central.

Il y a incompatibilité entre le mandat de conseiller général et les fonctions de préfet, sous-préfet, secrétaire général, conseiller de préfecture, commissaire et agent de police, dans toute la France ; dans le département seulement où elles s'exercent, avec les fonctions d'architecte départemental, d'agent voyer, d'employé des bureaux de la préfecture et sous-préfecture, et généralement de tous les agents salariés ou subventionnés sur les fonds départementaux. La même incompatibilité existe à l'égard des entrepreneurs des services départementaux.

Le mandat de conseiller municipal est incompatible avec les fonctions de préfet, sous-préfet, secrétaire général de préfecture, commissaire et agent de police, gouverneur, directeur de l'intérieur et de membre du conseil privé dans les colonies.

A l'inverse de l'inéligibilité, qui vicie l'élection, l'incompatibilité oblige seulement l'élu à l'option, dans un délai variable avec les nouvelles fonctions électives.

**Incompétence.** — Inaptitude légale à statuer.

L'incompétence est de deux sortes : l'incompétence *matérielle* (*ratione materiæ*), ou à raison de la matière, existe lorsque le tribunal saisi n'est pas institué pour en connaître (par exemple, lorsqu'une affaire d'assassinat est soumise à un tribunal correctionnel) ; l'incompétence est *personnelle* (*ratione personæ*), ou à raison de la personne, lorsque le défendeur est cité devant un autre tribunal que celui qui doit connaître de la cause. S'il s'agit d'un fait *personnel*, l'affaire doit être portée devant le tribunal du domicile du défendeur ; si l'affaire est *réelle*, elle doit être portée devant le tribunal du lieu où l'objet litigieux est situé ; si l'affaire est *mixte*, devant le tribunal du domicile du défendeur, ou de la situation de l'objet litigieux. Tout autre tribunal est incompétent dans les trois cas.

L'incompétence *ratione materiæ*, opposable en tout état de cause, doit être invoquée d'office par les juges ; l'incompétence *ratione personæ* ne peut être opposée qu'au début de l'instance et les juges ne sont pas tenus de l'invoquer d'office. V. CONFLIT, RENVOI.

**Inculpé.** — Celui sur qui, pendant l'instruction, pèse le soupçon d'une infraction à la loi pénale.

Si l'inculpé est renvoyé devant la cour d'assises, on le qualifie d'*accusé*. S'il est renvoyé devant les tribunaux correctionnel ou de simple police, on le qualifie de *prévenu*.

**Inde française.**

Les établissements français de l'Inde (5 126 kil. carrés ; 274 125 hab.) comprennent 5 établissements principaux : *Pondichéry*, *Karikal*, *Yanaon*, *Mahé*, *Chandernagor*.

Cette colonie est représentée au Parlement par un député élu au suffrage universel, ce qui assure la majorité à l'élément indien, et par un sénateur élu, comme en France, au suffrage restreint des membres des conseils électifs.

L'autorité supérieure appartient à un gouverneur, qui réside à Pondichéry, et qui est assisté d'un conseil privé. A la tête de chacun des quatre établissements secondaires est un administrateur.

Un conseil général de vingt-huit membres se réunit chaque année à Pondichéry. Chacun des cinq établissements a, d'autre part, un conseil local.

Les *aldées* (villages indiens) ont été groupées en dix communes, avec des conseils municipaux, ayant à leur tête des maires et des adjoints élus par eux. Les membres des conseils sont nommés au suffrage universel ; mais ils forment deux séries séparées, égales en nombre, élues, la première par les Européens, les descendants d'Européens et les Indiens ayant renoncé depuis plus de quinze ans à leur statut personnel ; la seconde, par tous les autres Indiens.

Les natifs de vingt et un ans peuvent renoncer à leur statut personnel. Il doivent prendre en ce cas un nom patronymique. Les Indiens non renonçants restent soumis aux coutumes du droit hindou.

Le service de la justice comprend une cour d'appel à Pondichéry ; trois tribunaux de première instance à Pondichéry, Karikal et Chandernagor ; deux juges de paix à compétence étendue à Mahé et à Yanaon ; et deux juges de paix à Pondichéry et Karikal. Il n'y a pas de tribunaux de commerce. Les affaires criminelles sont déférées à des cours d'assises qui siègent dans chaque établissement sous la présidence d'un conseiller assisté d'un jury composé d'Indiens et d'Européens notables.

Le service de l'enseignement, sous les ordres d'un chef de service spécial, comprend un collège et des écoles primaires.

Des cours de droit sont faits à Pondichéry par des magistrats ; des cours de médecine sont faits, de même, à l'hôpital de Pondichéry, par des médecins du corps de santé des colonies.

Trois religions sont pratiquées dans l'Inde française ; ce sont, par ordre d'importance numérique : le brahmanisme, l'islamisme et le christianisme.

L'unique force militaire locale consiste dans le corps des *cipayes* ou mieux *cipahis* (du persan *sipâhi*, homme de l'armée), soldats d'infanterie, habillés et armés comme les troupes européennes. Ce corps forme une compagnie de 169 hommes commandée par un capitaine.

La seule monnaie ayant cours légal dans les établissements français de l'Inde est la *roupie* (1 fr. 60 à 1 fr. 70), dont la valeur pour les transactions du Trésor est fixée mensuellement par arrêté du gouverneur en conseil privé. Elle se divise, dans les établissements français, en 8 *fanons* de 24 *caches;* la division ordinaire sur le territoire anglais est de 16 *annas*, et chaque anna vaut 12 *pias;* 3 pias forment une *pïaça*. La cache française équivaut exactement à notre ancien liard. Les monnaies autres que la roupie et ses sous-multiples sont vendues au poids.

## Indemnité.

L'*indemnité* attribuée par un jugement prend ordinairement le nom de *dommages-intérêts;* mais, tandis que les dommages-intérêts résultent d'un délit ou d'un quasi-délit, l'indemnité n'est pas la conséquence d'une faute : elle est une compensation, un simple dédommagement.

En matière de communauté matrimoniale, on appelle « indemnité » le droit de recours que la femme a sur les biens du mari pour les obligations qu'elle a pu contracter avec lui pendant le mariage.

En matière de louage, on entend par « indemnité » la remise sur le prix des baux, au cas de non-jouissance ou de sinistres de force majeure, laquelle est équivalente à la durée de la non-jouissance ou à la perte de la récolte.

Dans certains cas, c'est l'Etat ou une ville qui donne des indemnités aux particuliers. C'est ce qui arrive, notamment, lorsqu'un propriétaire est dépossédé pour cause d'utilité publique. V. EXPROPRIATION.

En matière de comptabilité publique, on distingue les traitements et les indemnités fixes ou variables attachés à l'exercice de divers emplois en raison de circonstances locales ou extraordinaires ou temporaires. En principe, les indemnités sont affranchies des retenues pour le service des pensions.

**Indigénat.** — Condition juridique des indigènes dans une colonie.

## Indigents.

La loi des 18-27 novembre et 10 décembre 1850 a édicté diverses dispositions « ayant pour objet de faciliter le mariage des indigents, la légitimation de leurs enfants naturels et le retrait de ces enfants déposés dans les hospices ».

Les *pièces nécessaires* au mariage des indigents, à la légitimation de leurs enfants naturels et au retrait de ces enfants déposés dans les hospices seront réclamées et réunies par les soins de l'officier de l'état civil de la commune dans laquelle les parties auront déclaré vouloir se marier. — Les expéditions de ces pièces pourront, sur la demande du maire, être réclamées et transmises par les procureurs de la République (art. premier).

Les procureurs de la République pourront, dans les mêmes cas, agir d'office et procéder à tous les actes d'instruction préalables à la célébration du mariage (art. 2).

Tous jugements de rectification ou d'inscription des actes de l'état civil, toutes homologations d'actes de notoriété, et généralement tous actes judiciaires ou procédures nécessaires au mariage des indigents, seront poursuivis et exécutés d'office par le ministère public (art. 3).

Les extraits des registres de l'état civil, les actes de notoriété, de consentement, de publications, de délibérations du conseil de famille, les certificats de libération du service militaire, les dispenses pour cause de parenté, d'alliance ou d'âge, les actes de reconnaissance des enfants naturels, les actes de procédure, les jugements et arrêts dont la production sera nécessaire dans les cas prévus par l'article premier, seront visés pour timbre et enregistrés gratis, lorsqu'il y aura lieu à enregistrement. — Il ne sera perçu aucun droit de greffe ni aucun droit de sceau au profit du Trésor sur les minutes et originaux, ainsi que sur les copies et expéditions qui en seraient passibles. — L'obligation du visa pour timbre n'est pas applicable aux publications civiles, ni au certificat constatant la célébration civile du mariage. Les actes respectueux comme les actes de consentement seront exempts de tous droits, frais et honoraires, à l'égard des officiers ministériels qui les recevront (art. 4, et loi du 20 juin 1896.)

La taxe des expéditions des actes de l'état civil requises pour le mariage des indigents est réduite, quels que soient les détenteurs de ces pièces, à 30 centimes lorsqu'il n'y aura pas lieu à légalisation, à 50 centimes lorsque cette dernière formalité devra être accomplie. Le droit de recherche alloué aux greffiers par l'article 14 de la loi du 21 ventôse an VII, les droits de légalisation perçus au ministère des Affaires étrangères ou dans les chancelleries de France à l'étranger, sont supprimés en ce qui concerne l'application de la présente loi (art. 5).

Seront admises au bénéfice de la loi les personnes qui justifieront d'un certificat d'indigence, à elles délivré par le commissaire de police, ou par les maires dans les communes où il n'existe pas de commissaire de police, sur le vu d'un extrait du rôle des contributions constatant que les parties intéressées payent moins de 10 francs, ou d'un certificat du percepteur de leur commune portant qu'elles ne sont pas imposées. Le certificat d'indigence sera visé et approuvé par le juge de paix du canton. Il sera fait mention, dans le visa, de l'extrait des rôles ou du certificat négatif du percepteur (art. 6).

Les actes, extraits, copies ou expéditions ainsi délivrés, mentionneront expressément qu'ils seront destinés à servir à la célébration d'un mariage entre indigents, à la légitimation ou au retrait de leurs enfants naturels déposés dans les hospices. — Ils ne pourront servir à autres fins sous peine de 25 francs d'amende, outre le payement des droits, contre ceux qui en auront fait usage, ou qui les auront indûment délivrés ou reçus. — Le recouvrement des droits et des amendes de contravention sera pourvu par voie de contrainte, comme en matière d'enregistrement (art. 7).

La loi du 10 décembre 1850 est applicable au mariage entre Français et étrangers (art. 8).

Les indigents ne sont pas imposables à la contribution personnelle-mobilière (Loi du 21 avril 1832, art. 12), ni à la contribution des patentes, ni à la taxe militaire. Les mandats de secours à eux alloués sont exempts du timbre-quittance. (Loi du 13 brumaire an VII, art. 16.) V. ASSISTANCE PUBLIQUE, ASSISTANCE JUDICIAIRE.

*Secours de route aux voyageurs indigents.* — Les indigents qui voyagent à pied reçoivent, comme secours de route, 15 centimes par 4 kilomètres. Par application de la loi du 13 juin 1790, ces secours sont accordés aux indigents dans chaque commune, gîte d'étape par les soins de la municipalité, qui est remboursée de ses avances par le département.

L'administration recourt de préférence au rapatriement en chemin de fer. La dépense, en principe à la charge du département, est assurée au moyen de réquisitions délivrées par les préfets. (Circ. Intérieur, 19 sept. 1890, 28 janvier 1891, 1er novembre 1892.) Toutefois, si l'indigent voyageant à pied à l'aide de secours de route se trouve brusquement dans l'impossibilité de continuer à pied, les maires peuvent, lorsqu'il y a un crédit au budget, requérir le transport des compagnies de chemins de fer, à demi-tarif, de l'indigent de passage.

Les préfets ont la faculté d'accorder des secours de route à tous les membres d'une même famille indigente, quel qu'en soit le nombre, et soit que le voyage se fasse à pied, soit qu'il s'effectue en chemin de fer. (Circ. Int., 7 mai 1890, et C. c. p., 30 juin 1890, § 21.)

**Indignité.** — Cause pour laquelle un héritier est déchu et dépouillé des droits qui lui sont conférés par la loi ou par la volonté du défunt.

L'article 727 du Code civil déclare « indignes de succéder et, comme tels, exclus des successions : 1° celui qui serait condamné pour avoir donné ou tenté de donner la mort au défunt ; 2° celui qui a porté contre le défunt une accusation capitale jugée calomnieuse ; 3° l'héritier majeur qui, instruit du meurtre du défunt, ne l'a pas dénoncé à la justice ». L'article 728 du même Code ajoute que le défaut de dénonciation ne peut être opposé aux proches parents ou alliés du meurtrier. Cette indignité doit être prononcée par les tribunaux civils.

**Indivisibilité.** — Caractère des obligations qui, par leur nature, ne peuvent être exécutées partiellement et auxquelles chacun des obligés est tenu pour le tout.

*Etat des personnes.* — L'*état des personnes* est indivisible, sauf en ce qui concerne les conséquences légales qui y sont attachées. Ainsi la légitimité, reconnue en justice, l'est à l'égard de tous ; mais il n'en est pas de même des droits pécuniaires qui en découlent.

*Obligations.* — Les *obligations,* qui en général sont divisibles, cessent de l'être : 1° lorsqu'elles portent sur une chose qui, dans la livraison, ou un fait qui, dans l'exécution, n'est pas susceptible de division, matérielle ou intellectuelle (Code civ., art. 1217) ; 2° lorsque le rapport sous lequel elle est considérée dans l'obligation ne la rend pas susceptible d'exécution partielle (art. 1218) ; 3° lorsque l'intention des contractants a été que la dette ne pût s'acquérir partiellement (art. 1221). Chacun des débiteurs est alors tenu pour le tout, sauf à mettre en cause ses codébiteurs. Il en est de même à l'égard des héritiers.

Il ne faut pas confondre l'indivisibilité, qui consiste dans l'impossibilité matérielle ou conventionnelle d'une exécution partielle, avec la solidarité, qui résulte du titre. V. SOLIDARITÉ.

*Sûretés réelles.* — Le droit de rétention est indivisible, en ce sens qu'il affecte chaque parcelle des objets donnés en nantissement à la totalité de la dette, et la totalité de la chose engagée à chaque fraction de la dette. Il en est de même de l'hypothèque.

*Aveu.* — L'*aveu* est indivisible ; la partie qui l'invoque ne peut retenir ce qui est à son avantage et rejeter ce qui lui est contraire.

**Indivision ou communauté.** — Etat de plusieurs personnes copropriétaires d'une même chose.

Tant que dure l'indivision, chacun des copropriétaires a le droit de jouir de cette chose, mais non d'en disposer sans le consentement de tous. Des obligations naissent *quasi ex contractu* entre copropriétaires, si la chose commune est gérée par l'un d'eux sans mandat. On sort de l'indivision par le partage ou par des actes équivalents. En dehors des cas de société ou de communauté entre époux, où l'indivision doit être subie jusqu'à la dissolution, nul n'est tenu de rester dans l'indivision, et le partage peut toujours être provoqué par l'un des cohéritiers (v. PARTAGE). [Code civ., art. 815.] Les copropriétaires peuvent cependant convenir qu'ils resteront dans l'indivision pendant un délai ne pouvant excéder cinq ans ; mais cette convention peut être renouvelée.

**Indo-Chine française.**

L'Indo-Chine française comprend cinq pays distincts : la Cochinchine, le Cambodge, l'Annam, le Laos et le Tonkin, auxquels a été adjoint en 1900 le territoire de la baie de Kouang-Tchéou. Ils ont chacun leur constitution propre, les uns étant pays de protectorat, les autres pays de domination directe. Mais ils obéissent à une direction politique unique. Un *gouverneur général* centralise sous son autorité les services d'intérêt collectif, tout en veillant à l'administration des intérêts locaux. Un budget général pourvoit aux dépenses communes. Les cinq pays forment ainsi une unité politique, dotée de la personnalité juridique : l'Union indo-chinoise.

La Cochinchine élit un *député* dans des conditions identiques à celles prescrites pour l'élection des députés de la métropole. L'Indo-Chine, dans son ensemble, fait l'objet des études d'une des sections du conseil supérieur des colonies ; on compte parmi les membres de ce conseil un représentant du protectorat de l'Annam-Tonkin et un représentant du protectorat du Cambodge, élus au scrutin secret par le suffrage universel direct.

Le gouverneur général de l'Indo-Chine est nommé par décret pris en conseil des ministres. Il est le dépositaire des pouvoirs de la République dans l'Indo-Chine française. Il agit directement sur les services d'intérêt commun et par l'intermédiaire des administrations locales sur les services d'intérêt particulier. Il nomme à toutes les fonctions civiles, à l'exception de certains emplois supérieurs, dont les titulaires sont nommés par décret sur sa présentation. En matière financière, il dresse chaque année les budgets de la Cochinchine et des protectorats, sur lesquels le conseil supérieur de l'Indo-Chine donne son avis. Il arrête, en conseil supérieur, le *budget général de l'Indo-Chine*, qui doit être approuvé par décret rendu en conseil des ministres. Il est assisté d'un *secrétaire général*, qui le remplace en cas d'absence. Responsable de la défense intérieure et extérieure de l'Indo-Chine, il dispose à cet effet des forces de terre et de mer qui y sont stationnées. Aucune opération militaire, sauf le cas d'urgence où il s'agirait de repousser une attaque, ne peut être entreprise sans son autorisation. Il ne peut jamais exercer le commandement direct des troupes.

La Cochinchine a à sa tête un lieutenant-gouverneur ; les autres parties de l'Union, des résidents supérieurs chargés du contrôle de l'administration indigène, ayant sous leurs ordres des résidents, vice-résidents, chanceliers, et assistés chacun d'un *conseil du protectorat*.

Le *conseil supérieur* de l'Indo-Chine se réunit chaque année en assemblée plénière dans la ville que désigne le gouverneur général. Une commission permanente du conseil supérieur se réunit à Saïgon sur la convocation de ce dernier.

Un *conseil de défense*, doté de pouvoirs consultatifs, connaît des questions relatives à la sécurité de l'Indo-Chine.

L'union financière des pays qui composent l'Indo-Chine française est réalisée au même titre que l'union administrative. Dans chacun de ces pays, le produit des impôts directs est laissé au budget local, pour subvenir aux dépenses d'intérêt purement local. Quant aux ressources provenant des régies, des contributions indirectes et des douanes, elles constituent les principales recettes d'un budget général pour toute l'Indo-Chine, et ces recettes doivent servir aux dépenses d'intérêt général.

## Infamantes (Peines). — V. PEINE.

## Infanticide. — Assassinat d'un enfant nouveau-né.

La mère, auteur principal ou complice, est punie dans le premier cas des travaux forcés à perpétuité, dans le second cas des travaux forcés à temps, mais ses complices ou coauteurs sont passibles des peines applicables à l'assassinat ou au meurtre. (*Id.*, art. 302.)

Trois éléments constituent le crime d'infanticide ; il faut : 1° qu'il s'agisse d'un nouveau-né, c'est-à-dire qui est dans un temps assez rapproché de sa naissance pour que celle-ci ne soit pas devenue notoire ; 2° que cet enfant soit né vivant ; 3° que la mort lui ait été donnée volontairement.

Le meurtre d'un enfant qui n'est pas nouveau-né rentre dans la classe des homicides volontaires et n'entraîne la peine capitale que s'il a été commis avec préméditation.

## Information.

En général, le mot *information* est considéré comme l'équivalent du mot « instruction » ; mais, en droit, l'information désigne spécialement les renseignements préalables que, dans les premiers moments d'un crime ou d'un délit, recueillent les officiers de police judiciaire, avant que le juge d'instruction ne soit saisi. — D'autre part, le Code d'instruction criminelle (art. 76) donne le nom particulier d'*information* à l'une des opérations de l'instruction : l'audition des témoins.

## Infraction. — Action d'enfreindre les prescriptions de la loi.

Au point de vue pénal, l'infraction s'appelle *contravention, délit* ou *crime*, selon qu'elle est passible de peines de simple police, correctionnelles ou criminelles.

L'auteur de l'infraction est dit *inculpé, prévenu* ou *accusé*, selon qu'il s'agit d'une contravention, d'un délit ou d'un crime.

## Ingratitude. — L'ingratitude est une cause de révocation des donations ou des testaments. V. DONATION, TESTAMENT.

## Inhumation.

*Régime administratif.* — La loi du 28 décembre 1904 a rapporté le décret du 28 prairial an XII qui avait attribué le monopole des inhumations aux fabriques des églises et aux consistoires. Aux communes appartient le service extérieur des pompes funèbres ; aux associations cultuelles, le seul droit de fournir les objets destinés aux funérailles dans les édifices religieux et à la décoration intérieure ou extérieure de ces édifices. L'entretien des cimetières a été également enlevé aux associations cultuelles.

« Le service extérieur des pompes funèbres, comprenant *exclusivement* le transport des corps, la fourniture des corbillards, cercueils, tentures extérieures des maisons mortuaires, les voitures de deuil, ainsi que les fournitures et le personnel nécessaires aux inhumations, exhumations et crémations, appartient aux communes, à titre de service public. (Loi du 28 déc. 1904, art. 2.) Tous les objets non compris dans l'énumération ci-dessus sont laissés aux soins des familles. »

Alors que le monopole des fabriques s'appliquait à toutes les fournitures quelconques : tentures, billets d'enterrement, cierges, ornements, gants, crêpes, etc., servant à la pompe des funérailles et aux inhumations, les auteurs de la loi, en conférant ce monopole aux municipalités, ont voulu le restreindre aux objets indispensables qu'ils ont spécialement désignés dans l'article 2.

Cependant le texte ne devrait pas être appliqué trop strictement. Ainsi, bien que, à propos du transport, la loi ne mentionne que la fourniture du corbillard, il ne semble pas douteux que dans les localités où le transport s'effectue au moyen d'un brancard, la commune peut se réserver le droit exclusif de fournir le brancard et les porteurs. De même, le drap mortuaire qui recouvre le cercueil doit être considéré, malgré le silence de la loi, comme faisant partie du monopole. C'est en effet un accessoire du transport qu'exige rigoureusement la décence publique. Le cercueil est compris dans la nomenclature des fournitures monopolisées ; il en est autrement des garnitures, mixtures, sels antiseptiques qui peuvent être employés. Il a été déclaré, tant au Sénat qu'à la Chambre des députés, que ces objets ne font pas partie du privilège. Il résulte également de déclarations formelles et réitérées faites dans les deux Chambres que le monopole ne comprend que les tentures extérieures de la maison mortuaire, à l'exclusion des tentures intérieures, des décorations de la chapelle ardente installée dans la chambre du défunt, dans le vestibule ou sous le porche de la maison.

En tout cas, rien n'oblige le conseil municipal, qui statue en dernier ressort, à assumer les charges du monopole si elles lui apparaissent comme trop onéreuses. La loi, en effet, laisse les communes libres d'exercer directement leur droit ou de recourir à l'entreprise.

Les communes peuvent assurer ce service directement ou par entreprises ; mais, quel que soit le mode d'exploitation adopté, le matériel est constitué aussi bien en vue d'obsèques religieuses de tout culte que d'obsèques civiles.

Les fournitures et travaux donnent lieu à la perception de taxes dont les tarifs sont votés par les conseils municipaux. Aucune surtaxe ne peut être exigée pour les présentations ou stations à l'église ou au temple.

Les associations cultuelles ne peuvent devenir entrepreneurs du service extérieur. Dans les localités où les familles pourvoient directement ou par les soins de sociétés charitables laïques, en vertu d'anciennes coutumes, au transport ou à l'enterrement de leurs morts, les mêmes usages peuvent être maintenus avec l'autorisation du conseil municipal et sous la surveillance du maire.

Les associations conservent le droit exclusif de fournir les objets destinés au service des funérailles dans les édifices religieux et la décoration intérieure et extérieure de ces édifices. Le service municipal et le service attribué aux associations sont gratuits pour les indigents.

Le maire, ou à son défaut le sous-préfet, pourvoit d'urgence à ce que toute personne décédée soit ensevelie et inhumée décemment, sans distinction de culte ni de croyance. (Loi du 5 avril 1884, art. 93.) V. FUNÉRAILLES, INCINÉRATION.

Les droits proprement dits d'inhumation appartiennent intégralement aux communes, à la différence des droits de concession de terrains ou d'ultérieures inhumations, qui doivent être répartis entre les communes et les pauvres. (Sol. Intérieur, 29 octobre 1901.) V. CIMETIÈRES, EXHUMATIONS.

Les droits d'inhumation établis par un arrêté municipal sont, par leur nature, des taxes assimilées aux contributions indirectes, et les contestations auxquelles donnent lieu leur perception doivent être jugées en dernier ressort par les tribunaux civils. (Cassation, 14 mai 1902.)

*Permis d'inhumer.* — L'*inhumation* (Code civ., art. 77) ne peut être effectuée, en principe, qu'avec autorisation écrite et sans frais de l'officier de l'état civil qui a constaté lui-même le décès ; par exception, à Paris et dans les grandes villes, ce fonctionnaire est remplacé par le médecin vérificateur des décès. Une inhumation accomplie sans autorisation donne lieu à des peines édictées par le Code pénal (art. 358) et qui frappent les intéressés (emprisonnement, amende). Les mêmes peines frappent les personnes ayant contrevenu aux règlements relatifs aux inhumations précipitées. (Règlem. du 24 déc. 1866.)

L'autorisation est donnée à la suite de la déclaration de décès, qui doit être faite, dans les vingt-quatre heures, par les deux plus proches parents ou voisins de la personne décédée, à l'officier de l'état civil. La déclaration de décès d'un enfant dont la naissance n'a pas été enregistrée (mort-né) donne lieu, de la part de l'officier de l'état civil, à une inscription contenant les noms de l'enfant, la qualité des parents, l'heure à laquelle il est sorti du sein de sa mère (Décret du 4 juillet 1806.) En ce qui concerne les fœtus et embryons, il n'y a pas lieu à déclaration si les produits de la conception ne présentent pas la forme d'un être humain ; en tout cas, avant quatre mois de conception, il n'y a pas lieu de déclaration ; mais, à Paris, par mesure de police, le médecin inspecteur fait dresser un certificat à la suite duquel la municipalité fait enlever et inhumer les embryons. L'inhumation ne peut être opérée que vingt-quatre heures après la mort, sauf certaines exceptions (putréfaction, maladies contagieuses, exécution capitale, etc.).

Elle a lieu dans le cimetière municipal ; elle ne peut être accomplie dans les églises, temples, hôpitaux ou dans les propriétés privées (Décr. du 23 prairial an XII, art. 14) sans autorisation de l'autorité supérieure. L'inhumation est due dans la commune où le décès est survenu, dans la commune où le défunt était domicilié, ou dans celle où il a une sépulture de famille. Les conditions matérielles dans lesquelles sont exécutées les inhumations sont édictées par le décret du 27 avril 1889.

Toute personne pourra être enterrée sur sa propriété, pourvu que ladite propriété soit hors et à la distance prescrite de l'enceinte des villes et bourgs. (Décret du 23 prairial an XII, art. 14.)

*Violation de sépulture.* — L'article 360 du Code pénal punit d'un emprisonnement de trois mois à un an et d'une amende de 16 francs à 200 francs « quiconque se sera rendu coupable de violation de tombeaux ou de sépultures ». Tout acte matériel ayant pour effet d'outrager une tombe ou une sépulture rentre dans les termes de cet article.

**Injure.** — Toute expression outrageante, terme de mépris ou invective, qui ne renferme l'imputation d'aucun fait. (Loi du 29 juillet 1881, art. 29.)

On distingue l'injure *non publique* et l'injure *publique*. A défaut de publicité, l'injure constitue une simple contravention ; elle est punie par l'article 471, n° 11, du Code pénal.

Lorsqu'elle est publique, l'injure devient un délit, et l'article 33 de la loi du 29 juillet 1881 la réprime ; mais elle relève de la compétence du tribunal correctionnel ou de celle de la cour d'assises, selon qu'elle s'adresse à un particulier, à un corps constitué ou à un fonctionnaire public.

S'il s'agit d'injure non publique ou d'injure publique à un particulier, la provocation constitue une excuse légale qui fait disparaître la contravention ou le délit. (Loi du 29 juill. 1881, art. 33, § 2 ; Code pén., art. 471, n° 11.)

L'injure adressée à des agents de l'autorité ne relève de la loi du 29 juillet 1881 qu'autant qu'elle s'est produite soit par la voie de la presse, soit au cours de discours tenus dans des réunions publiques (offense) ; en dehors de ces deux cas, elle constitue le délit d'outrage prévu par les articles 222 et suiv. du Code pénal. V. CALOMNIE, DIFFAMATION, OFFENSE, OUTRAGE.

L'injure ne met en mouvement l'action publique que par la plainte de la partie lésée.

L'injure grave est une cause de divorce ou de séparation de corps. V. DIVORCE, SÉPARATION DE CORPS.

L'expédition, par l'administration des Postes et télégraphes, d'une correspondance à découvert contenant une diffamation est punie d'un emprisonnement de cinq jours à six mois, et d'une amende de 25 francs à 3 000 francs, ou de l'une de ces deux peines seulement. Si la correspondance contient une injure, l'expédition est punie d'un emprisonnement de cinq jours à deux mois, et d'une amende de 16 francs à 300 francs, ou de l'une de ces deux peines seulement. (Loi du 11 juin 1887.) Les délits sont de la compétence des tribunaux correctionnels.

**Inondations.**

C'est à l'autorité administrative qu'incombe le soin de prendre toutes mesures pour assurer le libre cours des eaux et empêcher les propriétés d'être submergées par la trop grande élévation des barrages. D'autre part, l'Etat accorde aux propriétaires atteints par des inondations des dégrèvements de la contribution foncière et leur alloue des secours spéciaux.

La loi du 28 mai 1858 et le décret du 15 août suivant réglementent les travaux de défense contre les inondations.

Il est procédé par l'Etat à l'exécution des travaux, dont les dépenses sont supportées obligatoirement par les départements, les communes et les propriétaires, dans la proportion de leur intérêt respectif.

Les taxes établies pour faire face à la dépense sont recouvrées au moyen des rôles rendus exécutoires par le préfet, et perçues comme en matière de contributions directes.

Lorsque l'inondation provient du fait de l'homme, elle peut donner lieu : 1° à une action en dommages-intérêts intentée par le propriétaire qui en a souffert, en vertu du principe général posé par l'article 1382 du Code civil ; 2° à une action répressive, poursuivie, suivant les circonstances, par application de l'article 457 du Code pénal ou par application de l'article 15 du titre II de la loi des 28 septembre-6 octobre 1791.

« Seront punis d'une amende qui ne pourra excéder le quart des restitutions et des dommages-intérêts, ni être au-dessous de 50 francs, les propriétaires ou fermiers, ou toute personne jouissant de moulins, usines ou étangs, qui, par l'élévation du déversoir de leurs eaux au-dessus de la hauteur déterminée par l'autorité compétente, ont inondé les chemins ou les propriétés d'autrui. S'il est résulté en fait quelque dégradation, la peine sera, outre l'amende, un emprisonnement de six jours à un mois. » (Code pén., art. 457.)

**Insaisissabilité.** — Caractère des choses qui ne peuvent être saisies par les créanciers.

**Inscription hypothécaire.** — Mention faite, sur les registres du conservateur des hypothèques, de l'hypothèque dont une propriété est grevée. V. HYPOTHÈQUE.

**Inscription de faux.** — Acte par lequel on affirme, en justice, qu'une pièce est falsifiée. V. FAUX.

**Inscription de rente.** — V. RENTE.

**Inscription maritime.** — Inscription de tous les gens de mer sur des registres spéciaux en vue du recrutement de l'armée.

*L'inscrit dans ses rapports avec l'Etat.* — D'après la loi du 24 décembre 1896 : « sont compris dans l'inscription maritime les Français et les naturalisés français qui exercent la navigation à titre professionnel, c'est-à-dire comme moyen d'existence, soit sur la mer, soit dans les ports ou dans les rades, soit sur les étangs et canaux salés compris dans le domaine public maritime, soit dans les fleuves, rivières et canaux jusqu'au point où remonte la marée et, pour ceux où il n'y a pas de marée, jusqu'à l'endroit où les bâtiments de mer peuvent remonter » (art. 1er).

Tous les Français qui se trouvent dans ces conditions sont inscrits sur des registres dits *matricules*, tenus dans les bureaux de l'administration des Inscrits, et appartiennent par suite de leur inscription au recrutement des équipages de la flotte. L'inscription sur les matricules, d'abord *provisoire*, devient *définitive* lorsque l'inscrit provisoire en a fait la demande à un administrateur ou à un consul ou qu'il y a adhésion tacite de sa part en embarquant à nouveau après avoir accompli dix-huit mois de navigation, dans l'évaluation desquels est augmenté de moitié le temps passé au long cours, aux grandes pêches ou sur les bâtiments de l'Etat (articles 9 à 14).

La loi du 24 décembre 1896 (art. 20 à 60) fixe la durée de l'assujettissement militaire de l'inscrit de l'âge de dix-huit ans à celui de cinquante ans ; cette durée est divisée en trois périodes : la première, de dix-huit à vingt ans, pendant laquelle l'inscrit définitif ne peut être levé qu'en temps de guerre ; la seconde, dite période obligatoire, qui est de sept années (dont cinq de service actif et deux de disponibilité) et qui commence à partir du jour où l'inscrit est atteint par la levée permanente, et la troisième, dite période de réserve, pendant laquelle les inscrits peuvent être rappelés pour deux périodes d'exercices de vingt-huit jours.

Sur la mobilisation des inscrits, V. le décret du 24 juin 1880.

Tout inscrit qui se déplace pour une durée excédant un mois doit en faire déclaration au syndic des gens de mer ou au chef du service de l'inscription maritime, et, de plus, se présenter, dans les deux mois qui suivent le jour de son départ, à la même autorité dans le lieu d'arrivée (art. 54).

L'inscrit qui se rend à l'étranger pour y établir sa résidence doit en faire la déclaration. Il ne peut naviguer sous pavillon étranger sans l'autorisation du ministre de la Marine ou de ses délégués. Soit qu'il réside à l'étranger, soit qu'il navigue sur un bâtiment étranger, il doit informer l'autorité française de la localité où il se trouve, de ses mouvements d'embarquement et de débarquement, départs, destinations et retours (art. 55).

En retour de ces obligations, les inscrits jouissent de certaines faveurs. La profession de marin et l'industrie de la pêche, pratiquées par les inscrits, comme le droit de vendre les produits par eux pêchés ou récoltés, ne comportent à leur charge ni droit de patente, ni redevance personnelle d'aucune sorte (art. 48).

Les concessions temporaires de parties de plages aux inscrits définitifs, femmes, veuves et orphelines non mariées d'inscrits définitifs, pour l'établissement de pêcheries mobiles, formées de filets ou de lignes munies d'hameçons et ayant pour objet la pêche du poisson ou la capture des oiseaux de mer, sont gratuites. Sont également gratuites les mêmes concessions faites aux inscrits définitifs, lorsqu'elles ont pour objet le parquage des coquillages ou crustacés provenant de leur propre pêche (art. 49).

Les inscrits ont droit, sur les fonds de la Caisse des Invalides de la marine, à des pensions dites demi-soldes et secours sur la Caisse des invalides ou la Caisse de prévoyance. V. CAISSE DE PRÉVOYANCE DES MARINS INVALIDES.

L'inscrit définitif qui veut, quel que soit son âge, renoncer à la navigation est rayé de l'inscription maritime un an après le jour où il aura déclaré y renoncer, à la condition qu'il n'ait pas repris l'exercice de la navigation dans l'intervalle. Il ne jouit plus, dès lors, d'aucun des avantages attachés à cette inscription. L'inscrit provisoire ou définitif qui, hors d'un cas de force majeure, reste trois années sans naviguer est rayé d'office des matricules de l'inscription maritime.

Outre les inscrits *provisoires* et les inscrits *définitifs*, il y a les inscrits *hors de service :* ce sont ceux qui, par suite de leurs blessures ou infirmités, sont réformés par une commission siégeant au chef-lieu d'arrondissement.

*L'inscrit dans ses rapports avec les armateurs.* — Les rapports entre les armateurs, les capitaines et les équipages sont réglés par le Code de commerce (titres IV et V), par la loi du 4 mars 1852, par le décret disciplinaire et pénal du 24 mars de la même année, par la décision ministérielle du 2 mai 1881.

Aux termes de la loi du 24 mars 1852, l'armateur doit faire soigner à ses frais le marin malade pendant la durée de l'engagement, le rapatrier s'il a été délaissé hors de France, le payer jusqu'à son retour en France et même jusqu'à complet rétablissement, sans que toutefois le marin puisse réclamer plus de quatre mois de gages à compter du jour où il a été laissé à terre. Le capitaine doit une indemnité au matelot congédié sans cause valable, après l'ouverture du rôle d'équipage et, à l'étranger, il ne peut le congédier sans l'assentiment du consul. Les frais de rapatriement des marins en cas de vente du navire ou de naufrage incombent à l'armateur.

La loi dispose en outre que les salaires du marin sont insaisissables, sauf pour dettes contractées envers l'Etat, pension alimentaire à la femme, enfants ou ascendants, dettes de logement, d'habillement ou de nourriture. V. CAPITAINE.

Le décret disciplinaire du 24 mars 1852 se divise en trois titres : 1° juridiction maritime commerciale ; 2° procédure ; 3° pénalités. Il a été modifié par le décret du 2 octobre 1881 et les lois des 15 avril 1898 et 31 juillet 1902.

« Les gens de mer, mécaniciens et chauffeurs français ou étrangers qui, dans un port de France, s'absentent sans permission pendant trois fois vingt-quatre heures de leur navire ou du poste où ils ont été placés, ou laissent partir le navire sans se rendre à bord, sont réputés déserteurs et punis de quinze jours à six mois de prison. Cette peine sera de quinze jours à deux mois pour les déserteurs âgés de moins de vingt et un ans. »

Avant la loi du 15 avril 1898, le marin pouvait être puni d'un embarquement correctionnel sur les bâtiments de l'Etat et d'une réduction de salaire.

*Administration.* — Le service de l'inscription maritime était autrefois confié au commissariat de la marine. Aujourd'hui les *administrateurs de l'inscription maritime* forment une fraction détachée du commissariat de la marine, démembré par le décret du 7 octobre 1902. Ils sont chargés de l'administration de l'inscription maritime, de la police de la navigation et du pilotage, des pêches, de la domanialité maritime, des bris et naufrages, des pensions, demi-soldes, secours et autres allocations sur les caisses de l'établissement des invalides, de la comptabilité de cet établissement, de la liquidation des primes à la marine marchande et en général de ce qui constitue le service dans les quartiers.

Le service de l'inscription maritime proprement dit est placé, dans chaque arrondissement maritime (V. ARRONDISSEMENT), sous la direction supérieure du préfet maritime.

La hiérarchie du corps est la suivante : administrateur général, administrateur en chef, administrateur principal, administrateur de 1re, de 2e, de 3me classe, administrateur stagiaire. (Décret du 22 décembre 1903.)

Le personnel des *agents et commis de l'inscription maritime* a été organisé par le décret du 10 octobre 1902.

## Insectes nuisibles à l'agriculture.

La loi du 24 décembre 1888 a édicté des mesures préventives contre les insectes et végétaux parasites. V. AGRICULTURE.

*Phylloxera et doryphora.* — La destruction du phylloxera et du doryphora est l'objet de dispositions spéciales.

La loi du 15 décembre 1888 avait prévu la création de syndicats autorisés pour la défense des vignes contre le phylloxera.

La loi du 15 juillet 1878, modifiée par la loi du 2 août 1879, et complétée par le décret du 25 décembre 1878 a édicté les « mesures à prendre pour arrêter les progrès du phylloxera et du doryphora ».

Un décret peut interdire l'entrée, soit dans toute l'étendue, soit dans une partie du territoire français, des plants, sarments, feuilles et débris de vignes, des échalas ou tuteurs déjà employés, des composts ou des terreaux provenant d'un pays étranger, ainsi que le transport des mêmes objets hors des parties du territoire français envahies par le phylloxera. Toutefois, le ministre de l'Agriculture et du Commerce peut autoriser exceptionnellement l'introduction des plants étrangers à destination d'une localité déterminée. (Loi du 15 juillet 1878, article 1er.)

Des arrêtés spéciaux du ministre de l'Agriculture et du Commerce, pris sur l'avis de la *commission supérieure du phylloxera*, règlent les conditions sous lesquelles peuvent entrer et circuler en France les plants, sarments, feuilles et débris de vignes, échalas ou tuteurs déjà employés, composts ou terreaux provenant des pays étrangers ou des parties du territoire français déjà envahies par le phylloxera, auxquels ne s'appliquent pas les décrets d'interdiction. (*Id.*, art. 2.)

Cependant, la libre circulation des sarments et plants de vignes, quelle que soit leur provenance, peut être autorisée dans les départements par décision du conseil général. Un arrêté conforme du préfet assure l'exécution de cette délibération. L'autorisation s'étend au département entier, aux arrondissements, cantons ou communes, suivant la décision du conseil général. (Loi du 3 août 1891, art. 1er.)

Dès que le phylloxera a fait son apparition dans une localité, le préfet charge un délégué de visiter la vigne signalée comme malade, et, en cas de besoin, les vignes environnantes. Un arrêté du ministre de l'Agriculture peut, en tout temps, ordonner ou autoriser des investigations dans les vignobles des localités considérées comme indemnes, où la présence du phylloxera sera soupçonnée. Dans les cas urgents et particuliers, le préfet aura le droit d'ordonner ou d'autoriser ces investigations. (*Id.*, article 3, et loi du 2 août 1879.)

Lorsque l'existence du phylloxera a été constatée dans les contrées indemnes, un arrêté du ministre de l'Agriculture, pris sur l'avis conforme de la section permanente de la commission supérieure du phylloxera, peut ordonner que la vigne malade et les vignes environnantes dans un rayon fixé seront soumises à l'un des traitements indiqués par la commission supérieure. Lorsqu'il y aura nécessité et urgence de préserver de l'invasion du phylloxera une contrée viticole, le ministre pourra ordonner le traitement hors des contrées indemnes. Les dépenses seront à la charge de l'Etat. (*Id.*, art. 4, et loi du 2 août 1879.)

Lorsqu'un département ou une commune votera une subvention destinée à aider les propriétaires qui traitent leurs vignes suivant l'un des modes approuvés par la commission supérieure du phylloxera, l'Etat donnera une subvention égale à celle du département ou de la commune, qui se trouvera ainsi doublée. Les associations syndicales temporaires approuvées, créées pour la destruction ou la recherche du parasite, pourront également recevoir une subvention de l'Etat. (*Id.*, art. 5, et loi du 2 août 1879.)

Lorsqu'un conseil municipal, après constatation de l'existence du phylloxera sur le territoire de sa commune, demandera l'introduction de plants de vignes résistants, cette demande sera soumise à l'avis du professeur d'agriculture et à celui du *comité départemental d'études et de vigilance*. Le préfet saisit ensuite le conseil général, qui statue souverainement; après quoi le préfet prend d'urgence un arrêté conforme. En cas de divergence d'opinions entre les deux conseils généraux de deux départements limitrophes, le ministre de l'Agriculture statue en dernier ressort. (Loi du 3 août 1891, art. 2.)

Lorsqu'un département ou une commune votera une subvention destinée à la reconstitution des vignobles au moyen de cépages résistants, l'Etat donnera une subvention égale à celle du département ou de la commune, qui se trouvera ainsi doublée. Lorsqu'un comice ou une société agricole ou viticole aura consacré une partie de ses ressources, provenant de ses cotisations ou des souscriptions de ses membres, à la constitution d'une pépinière de cépages résistants ou à des études sur l'adaptation ou le greffage, ou des modes particuliers de culture, le comice ou la société pourra recevoir une subvention de l'Etat ; cette subvention ne pourra, dans aucun cas, dépasser la somme votée par l'association. (*Id.*, art. 3.)

Un décret peut interdire l'importation en France des pommes de terre, feuilles et débris de cette plante, des sacs et autres objets d'emballage servant ou ayant servi à les transporter et provenant des pays où l'existence de l'insecte dit *doryphora decem-lineata* ou *colorado* aura été signalée. — Il est interdit de détenir et de transporter le doryphora, ses œufs, larves et nymphes. — Des arrêtés spéciaux du ministre de l'Agriculture déterminent les conditions sous lesquelles peuvent circuler en France les pommes de terre, feuilles et débris de cette plante, les sacs et autres objets d'emballage servant ou ayant servi à les transporter et venant des pays étrangers. — Tout propriétaire, fermier, métayer ou colon qui aura constaté la présence du doryphora dans un champ lui appartenant ou cultivé par lui est tenu d'en faire immédiatement la déclaration au maire de la commune dans laquelle le champ est situé. Celui-ci, après vérification des faits, doit en informer sans retard le sous-préfet de l'arrondissement; cet avis est transmis sans retard au préfet et au ministre de l'Agriculture et du Commerce. — Le ministre de l'Agriculture est autorisé à prendre toutes les mesures nécessaires pour combattre la propagation du doryphora. Il peut ordonner au besoin la destruction, par le feu ou par tout autre procédé, des pommes de terre existant sur le terrain envahi ou sur les terrains environnants. Les opérations ordonnées se font après une constatation contradictoire de l'état des lieux, en présence d'un délégué du préfet, du maire de la commune, des propriétaires des terrains ou de leurs représentants dûment appelés; il est dressé procès-verbal de l'opération et les témoins y apposent leur signature. (*Id.*, art. 6 à 10.)

Il est alloué une indemnité pour la perte des récoltes détruites par mesure de précaution. Aucune indemnité n'est due pour la destruction des récoltes sur lesquelles l'existence du phylloxera ou du doryphora aura été constatée. Les juges de paix connaissent, sans appel jusqu'à la valeur de 100 francs, et à charge d'appel, à quelque valeur que la demande puisse s'élever, des contestations relatives aux indemnités réclamées. (*Id.*, art. 11.)

Les contraventions sont punies d'une amende de 50 francs à 500 francs (*id.*, art. 12, et loi du 2 août 1879); l'introduction frauduleuse, d'un emprisonnement de un mois à quinze mois et d'une amende de 50 francs à 500 francs (*id.*, art. 13), et ces peines doublées en cas de récidive (*id.*, art. 14).

**Insoumission.** — État d'un soldat qui n'a pas rejoint son corps dans le délai fixé par l'ordre de route.

En temps de paix, ce délai est d'un mois; en temps de guerre, de deux jours. L'insoumis est passible d'un emprisonnement d'un mois à un an en temps de paix, de deux ans à cinq ans en temps de guerre; dans ce dernier cas, il est, à l'expiration de sa peine, envoyé dans une compagnie de discipline. Le condamné pour insoumission est privé de ses droits électoraux.

Les hommes en congé rappelés sous les drapeaux, les réservistes ou les territoriaux convoqués pour des manœuvres, sont, pour la première fois, passibles d'une punition disciplinaire, mais en cas de récidive ils sont considérés comme insoumis.

**Instance.** — Suite des actes d'une procédure ayant pour objet de saisir un tribunal d'une contestation, d'instruire la cause et d'obtenir le jugement.

L'instance, mise en œuvre de l'action (V. ACTION), commence avec l'exploit d'ajournement (dit aussi *demande introductive d'instance*) et finit avec le jugement définif. Dans cet intervalle, le décès de l'une des parties ou la cessation des fonctions de l'un des avoués peut interrompre le cours de l'instance, dont la reprise est possible. D'autre part, l'instance peut être déclarée *périmée*, c'est-à-dire juridiquement anéantie, si le demandeur laisse s'écouler trois ans sans faire aucun acte de procédure : c'est la péremption d'instance.

*Reprise d'instance.* — Si, pendant le cours d'un procès, survient la mort d'une des parties ou la cessation des fonctions de l'un des avoués (par décès, démission, interdiction, destitution), et si, d'autre part, l'affaire, lorsque l'événement s'accomplit, n'est pas encore en état, il y a interruption de l'instance. La reprise d'instance est l'acte par lequel l'instance interrompue reprend son cours. — La reprise d'instance est *volontaire* ou *forcée*, suivant qu'elle est faite par la partie au profit de qui a lieu l'interruption (l'héritier, par exemple), ou par son adversaire, fatigué d'attendre. — Pour reprendre volontairement une instance interrompue par la mort d'une partie, l'héritier fait savoir à l'adversaire son intention de continuer le procès par une *assignation en reprise d'instance;* si c'est par la cessation des fonctions d'un avoué que l'instance a été interrompue, la partie privée de son défenseur fait simplement une *constitution de nouvel avoué.* — Mais si l'héritier néglige de continuer le procès, l'adversaire qui a subi l'interruption peut reprendre l'instance par une assignation en reprise d'instance; de même, si celui qui a perdu son avoué n'en constitue pas un autre, l'adversaire lui adresse une assignation en constitution de nouvel avoué. Dans ces deux derniers cas, il y a reprise d'instance *forcée.* (Code proc. civ., art. 342-351.)

*Péremption d'instance.* — La péremption d'instance, fondée sur une présomption d'abandon des poursuites de la part du demandeur, a été imaginée pour éviter que les procès ne s'éternisent. Le laps de temps exigé pour la péremption est de trois années à compter du dernier acte de procédure; mais, si l'instance a été interrompue par la mort d'une partie ou la cessation des fonctions d'un avoué, ce délai est augmenté de six mois.

La péremption n'a pas lieu de plein droit, c'est-à-dire par cela seul que le délai est expiré : il faut qu'elle soit formellement invoquée par le défendeur. D'ailleurs elle est susceptible d'être couverte, si, avant qu'elle ait été demandée, interviennent des actes valables de procédure de la part de l'une ou de l'autre des parties. Elle s'applique à tous les actes d'une instance proprement dite (enquête, expertise); elle ne s'applique pas aux actes étrangers à l'instance (commandement, saisie).

La péremption éteint la procédure, mais laisse intacte l'action : le demandeur peut, à nouveaux frais, recommencer le procès, pourvu que son action n'ait pas été atteinte par la prescription. En appel, la péremption entraîne l'extinction de l'action elle-même : elle a pour effet de donner au jugement attaqué la force de la chose jugée.

*Tribunal de première instance.* — V. TRIBUNAL.

**Institut de France.** — Corps savant composé de cinq classes : Académie française, Académie des Inscriptions et Belles-lettres, Académie des Sciences morales et politiques, Académie des Sciences, Académie des Beaux-arts.

L'article 298 de la Constitution de l'an III reconstitua, sous le nom d'*Institut*, les Académies, supprimées en 1793. La loi du 3 brumaire an IV (25 oct. 1795) lui donna son organisation définitive, modifiée sur certains points par l'arrêté consulaire du 3 pluviôse an XI (3 janv. 1803) et les ordonnances royales des 21 mars 1816 et 20 octobre 1832. Les cinq Académies se recrutent par l'élection, chaque Académie élisant les candidats qui se présentent à ses suffrages. Les séances hebdomadaires des Académies sont publiques, hormis celles de l'Académie française et de l'Académie des Beaux-arts.

Les dépenses de l'Institut relèvent du budget de l'Instruction publique; elles comprennent : l'entretien de la bibliothèque, le traitement des employés et l'indemnité annuelle de 1 200 francs allouée aux académiciens, les jetons de présence aux séances, dont la valeur varie, suivant le nombre des membres présents, entre 6 et 20 francs environ. Par les nombreuses fondations qui lui sont faites, l'Institut a une fortune considérable, dont il dispose selon les volontés des fondateurs. Le duc d'Aumale lui a fait donation, en 1886, du domaine de Chantilly, à charge d'entretenir les collections d'art groupées sous le nom de *musée Condé*.

**Institution canonique.** — Acte par lequel un supérieur ecclésiastique met un clerc en possession d'un office et de la juridiction qui y est attachée.

**Institution contractuelle.** — Donation de biens à venir faite par contrat soit aux futurs époux ou à l'un d'eux, soit aux enfants à naître du mariage. — V. MARIAGE.

**Instruction.** — Ensemble des actes et des formalités nécessaires pour élucider une cause et la mettre en état d'être jugée.

*Procédure civile.* — On nomme, en matière civile, *instruction par écrit* l'instruction qui a lieu par mémoires. Elle n'intervient qu'exceptionnellement, dans certaines affaires spéciales qui, en raison de leur complication, ne peuvent être utilement élucidées par une discussion orale : affaires de généalogie, de reddition de comptes, etc. (Code proc. civ., article 95 et suiv.)

*Procédure criminelle.* — En matière criminelle, on distingue l'instruction *préparatoire* ou *préalable*, qui précède la mise en jugement, et l'instruction *définitive, à l'audience*, qui, oralement et publiquement, se fait à l'audience des juridictions chargées de l'application de la loi et aboutit au jugement.

L'instruction préparatoire ou préalable consiste à réunir les preuves de la culpabilité ou de la non-culpabilité. Elle est consignée par écrit et confiée aux efforts combinés de deux magistrats : le procureur de la République et le juge d'instruction, dont le premier requiert, tandis que le second ordonne et assure toutes les mesures propres à la découverte de la vérité. (V. MANDAT.) Dans les cas ordinaires, un principe fondamental domine toute la procédure : celui de la séparation des pouvoirs du procureur de la République, qui peut, seul, faire les actes de poursuites, et du juge d'instruction, qui a seul qualité pour faire les actes d'instruction; mais, dans le cas de délits flagrants ou réputés flagrants, il est dérogé à cette règle. V. DÉLIT.

L'instruction préparatoire ou préalable est nécessaire en cas de crime, facultative en cas de délit et non applicable en matière de contraventions de simple police.

Le caractère de cette procédure préliminaire (qui antérieurement était secrète et non contradictoire) a été profondément modifié par la loi du 8 décembre 1897. A ce point de vue, les dispositions essentielles de ladite loi peuvent être ainsi résumées : 1° obligation pour le magistrat instructeur, lors de la première comparution de l'inculpé, d'avertir celui-ci qu'il est libre de ne pas répondre aux questions qui lui sont posées ; 2° dès le début de l'instruction, assistance d'un conseil, qui, à tout moment, a le droit de communiquer librement avec l'inculpé, et, en outre, est autorisé à l'accompagner dans le cabinet du juge d'instruction, toutes les fois que l'inculpé doit être interrogé ou confronté ; 3° communication obligatoire des pièces de la procédure au conseil de l'inculpé, la veille de tout interrogatoire ou de toute confrontation

L'instruction préparatoire terminée, le juge d'instruction se prononce soit par une ordonnance de non-lieu, soit, suivant que les faits lui paraissent présenter les caractères d'une contravention de police, d'un délit ou d'un crime, par une ordonnance de renvoi au tribunal de simple police, au tribunal correctionnel ou à la chambre des mises en accusation de la cour d'appel. (Code instr. crim., art. 127 à 130, 133, 134.) Dans ce dernier cas, la chambre des mises en accusation statue à son tour et décide si l'inculpé doit être renvoyé en état d'accusation devant la cour d'assises. (*Id.*, art 217 et suiv.)

V. DÉTENTION préventive, INFORMATION, JUGE d'instruction.

## Instruction publique.

L'enseignement public comporte trois degrés : enseignement supérieur, enseignement secondaire, enseignement primaire. Il est donné dans les établissements publics ou dans les établissements privés, mais la loi du 7 juillet 1904 a interdit « l'enseignement de tout ordre et de toute nature aux congrégations ».

### Administration générale.

*Ministère de l'Instruction publique.* — Les attributions principales du ministre de l'Instruction publique sont, en ce qui concerne l'enseignement public : de pourvoir à l'établissement et à l'entretien de tous les établissements d'instruction, des bibliothèques, des écoles spéciales, des observatoires, etc., de nommer le personnel enseignant lorsque la nomination n'est pas déléguée à l'autorité locale, de dresser chaque année le budget du département, de conférer les grades universitaires ; en ce qui touche l'enseignement privé, de contrôler et surveiller les établissements d'enseignement libre.

Le ministère comprend notamment trois grandes directions, correspondant aux trois degrés d'enseignement : 1° enseignement *supérieur ;* 2° enseignement *secondaire ;* 3° enseignement *primaire.*

Le ministre de l'Instruction publique, grand maître de l'université de France, est assisté par les *directeurs* de ces trois services, par les *inspecteurs généraux* (enseignement primaire et secondaire) et par le *conseil supérieur de l'instruction publique.*

*Inspecteurs généraux.* — Les *inspecteurs généraux* sont nommés par le ministre, dont ils sont les *délégués directs.* Les inspecteurs généraux de l'enseignement secondaire rendent compte au ministre de tous les détails de l'enseignement des lycées et collèges de garçons et de jeunes filles, qu'ils visitent chaque année, et de la valeur du personnel, qu'ils notent en rapports spéciaux. Un inspecteur particulier est attaché au contrôle des économats. Les inspecteurs généraux de l'enseignement primaire remplissent un rôle analogue pour les écoles normales et les écoles primaires supérieures, et de plus haut, pour l'enseignement primaire en général. Chacune des deux catégories d'inspecteurs forme, au ministère, un comité consultatif spécial, où est discuté, de concert avec les recteurs, la plus grande partie des mutations du personnel.

*Conseil supérieur de l'instruction publique.* — Ce conseil de 57 membres représente « les intérêts du corps enseignant, pour lequel il constitue à la fois un conseil d'études et un conseil de discipline ». Sa composition est la suivante : 1° le ministre, président; 2° 43 membres élus par l'Institut, les grandes écoles ou établissements scientifiques et les trois ordres d'enseignement; 3° 9 membres ou anciens membres de l'enseignement public, nommés par décret; 4° 4 membres de l'enseignement libre, nommés également par décret.

La *section permanente* se compose des 9 membres nommés par décret et de 6 conseillers désignés par le ministre de l'Instruction publique parmi les 43 membres élus.

Le conseil tient deux assemblées ordinaires par an. Il donne son avis sur les projets de règlement touchant à l'enseignement, à l'administration et à la discipline, et il statue en appel, et en dernier ressort, sur les jugements rendus par les conseils académiques en matière contentieuse et disciplinaire et sur ceux des conseils départementaux de l'enseignement primaire portant interdiction d'enseigner. V. APPEL.

*Administration académique.* — Au point de vue universitaire, la France est divisée en 16 circonscriptions dites *académies,* savoir : *Aix.* Alpes-Maritimes, Basses-Alpes, Bouches-du-Rhône, Corse, Var, Vaucluse. — *Besançon.* Doubs, Jura, Haute-Saône, territoire de Belfort. — *Bordeaux.* Dordogne, Gironde, Landes, Lot-et-Garonne, Basses-Pyrénées. — *Caen.* Calvados, Eure, Manche, Orne, Sarthe, Seine-Inférieure. — *Chambéry.* Savoie, Haute-Savoie. — *Clermont-Ferrand.* Allier, Cantal, Corrèze, Creuse, Haute-Loire, Puy-de-Dôme. — *Dijon.* Aube, Côte-d'Or, Haute-Marne, Nièvre, Yonne. — *Grenoble.* Hautes-Alpes, Ardèche, Drôme, Isère. — *Lille.* Aisne, Ardennes, Nord, Pas-de-Calais, Somme. — *Lyon.* Ain, Loire, Rhône, Saône-et-Loire. — *Montpellier.* Aude, Gard, Hérault, Lozère, Pyrénées-Orientales. — *Nancy.* Meurthe-et-Moselle, Meuse, Vosges. — *Paris.* Cher, Eure-et-Loir, Loir-et-Cher, Loiret, Marne, Oise, Seine, Seine-et-Marne, Seine-et-Oise. — *Poitiers.* Charente, Charente-Inférieure, Indre, Indre-et-Loire, Deux-Sèvres, Vendée, Vienne, Haute-Vienne. — *Rennes.* Côtes-du-Nord, Finistère, Ille-et-Vilaine, Loire-Inférieure, Maine-et-Loire, Mayenne, Morbihan. — *Toulouse.* Ariège, Aveyron, Gers, Haute-Garonne, Lot, Hautes-Pyrénées, Tarn, Tarn-et-Garonne.

Chaque académie est administrée par un *recteur*, secondé par des *inspecteurs d'académie* et des *commis d'académie*, et assisté d'un *conseil académique.*

Le *recteur* a sous sa direction les facultés, lycées, collèges et autres établissements universitaires. Il est nommé par le chef de l'Etat, sur la proposition du ministre de l'Instruction publique. Chaque recteur est président de droit du *conseil de l'université.* A Paris, le chef de l'académie a le titre de *vice-recteur,* le ministre de l'Instruction publique étant recteur titulaire.

*Commis d'académie.* — L'institution des *commis* de l'administration académique date de 1854. Ils sont nommés par le ministère de l'Instruction publique. Chaque candidat à ces fonctions doit être répétiteur titulaire de lycée, professeur ou répétiteur de collège, ou avoir été cinq ans instituteur public.

*Conseil académique.* — Le *conseil académique* est composé de : 1° membres de droit : le recteur, les inspecteurs d'académie; 2° membres choisis par le ministre : 1 proviseur de lycée, 1 principal de collège, 2 conseillers généraux et 2 conseillers municipaux,

2 membres de l'enseignement libre pour les affaires contentieuses et disciplinaires concernant cet enseignement ; 3° membres élus pour quatre ans : 4 professeurs agrégés dans les lycées et 2 professeurs licenciés dans les collèges. Le conseil tient deux sessions ordinaires annuelles. Ses attributions s'étendent sur tout ce qui concerne les établissements d'enseignement secondaire : avis sur les règlements, l'administration, la discipline ; rapport annuel sur chacun d'eux ; jugements sur le contentieux et les peines disciplinaires, sauf recours au conseil supérieur de l'instruction publique.

*Inspecteurs d'académie.* — Ils sont nommés par le ministre et choisis, en général, parmi les fonctionnaires de l'enseignement secondaire. Ils contrôlent l'enseignement et l'administration des lycées et collèges du département où ils résident, surveillent l'enseignement secondaire privé. Ils nomment seuls les instituteurs stagiaires, proposent au préfet les nominations et déplacements d'instituteurs titulaires, et ont la vice-présidence du conseil départemental. Ils président de droit la commission d'examen pour l'obtention des brevets élémentaire et supérieur.

Les *commis d'inspection académique* sont nommés par le ministre ; ils prennent le titre de *secrétaire* ou de *commis*. Nul ne peut être nommé secrétaire s'il n'est pourvu du brevet supérieur ou du diplôme de bachelier, et s'il n'a été délégué un an dans les fonctions de secrétaire. Nul ne peut être nommé commis s'il n'est pourvu du brevet supérieur ou du brevet simple complété par le certificat d'aptitude pédagogique, et s'il n'a été délégué, pendant un an, dans les fonctions de commis. Les secrétaires pourvus du certificat d'aptitude à l'inspection primaire peuvent être assimilés, quant aux appointements, aux inspecteurs primaires. Les délégués, les commis et secrétaires peuvent être nommés dans le service enseignant avec un traitement égal à celui qu'ils abandonnent.

## Enseignement supérieur.

*Universités et corps de facultés.* — Le moyen âge avait connu des universités puissantes et autonomes ; au moment de la Révolution, leur vitalité avait presque complètement disparu. Le décret du 17 mars 1808 morcela l'enseignement supérieur en le confiant à cinq ordres de *facultés* isolées, dispersées sur tous les points du territoire : elles ne devaient être, pendant longtemps, que des écoles spéciales dont la préoccupation principale fut la collation des grades. L'unité de l'enseignement supérieur fut ainsi brisée et son développement arrêté jusqu'au jour où (1885) on décida de grouper les diverses facultés en leur donnant des intérêts communs et une direction commune par l'institution d'un budget du corps des facultés et la création d'un conseil général des facultés. La loi du 10 juillet 1896, continuant cette œuvre de relèvement, donna à tous les corps de facultés le titre d'*universités*.

Les grades, dans chaque faculté, sont au nombre de trois, savoir : le baccalauréat, la licence, le doctorat. Ils sont conférés par les facultés, à la suite d'examens et d'actes publics. Ils ne donnent pas le titre de membre de l'université, mais ils sont nécessaires pour obtenir ce titre.

L'Ecole normale supérieure est rattachée à l'Université de Paris ; elle y constitue un établissement investi de la personnalité civile avec un budget propre. (Décret du 10 novembre 1903.)

Le corps formé par la réunion de plusieurs facultés de l'Etat dans un même ressort académique a été investi de la personnalité civile par l'art. 71 de la loi du 28 avril 1893. Il est représenté par le *conseil général des facultés*. Puis, la loi du 18 juillet 1896 donna le nom d'*universités* aux corps de facultés institués par la loi du 28 avril 1893 et celui de *conseil général de l'Université* au conseil général des facultés.

Le conseil de l'Université comprend : le recteur de l'académie, le doyen des facultés et le directeur de l'Ecole supérieure de pharmacie, 2 professeurs délégués de chaque faculté ou école élus pour trois ans par leurs pairs. Le directeur et un délégué élu de l'Ecole préparatoire de médecine et de pharmacie du département où siège l'académie n'assistent aux séances que lorsque le conseil délibère sur des affaires scientifiques, pédagogiques ou disciplinaires. Le conseil a des attributions administratives et disciplinaires.

Les facultés et écoles d'enseignement supérieur sont à la charge de l'Etat. Les écoles de plein exercice et les écoles préparatoires de médecine, de pharmacie, de sciences et de lettres sont à la charge des communes.

A la tête de chaque faculté (ou école) est un *doyen* (ou directeur). L'*assemblée de la faculté* ou école délibère sur les questions de programmes et d'enseignement. Le *conseil de la faculté* délibère sur l'acceptation et l'emploi des dons et legs, fait des règlements scolaires, etc.

Le régime financier des universités et celui des facultés font l'objet de deux décrets d'administration publique en date du 21 juillet 1897.

Bien qu'elles jouissent de la capacité civile, les universités et les facultés ne sont pas des établissements publics proprement dits ; leur situation est analogue à celle des lycées.

Les facultés et établissements d'enseignement supérieur se divisent en quatre catégories, selon l'ordre de l'enseignement dispensé : droit, médecine, sciences, lettres. Les facultés de théologie ont été supprimées en 1905.

Il y a en France :

2 facultés de théologie protestante : Paris et Montauban ;

13 facultés de droit : Paris, Aix, Bordeaux, Caen, Dijon, Grenoble, Lille, Lyon, Montpellier, Nancy, Poitiers, Rennes, Toulouse ;

3 facultés de médecine : Paris, Montpellier et Nancy ; — 4 facultés mixtes de médecine et de pharmacie : Bordeaux, Lille, Lyon, Toulouse ; — 3 écoles supérieures de pharmacie : Paris, Montpellier et Nancy ; — 3 écoles de plein exercice de médecine et de pharmacie : Marseille, Nantes, Rennes, et 12 écoles préparatoires (ne délivrant que 12 inscriptions) : Amiens, Angers, Besançon,

Caen, Clermont-Ferrand, Dijon, Grenoble, Limoges, Poitiers, Reims, Rouen et Tours ;

15 facultés des lettres et 15 facultés des sciences : Paris, Aix-Marseille, Besançon, Bordeaux, Caen, Clermont, Dijon, Grenoble, Lille, Lyon, Montpellier, Nancy, Poitiers, Rennes, Toulouse.

*Enseignement supérieur libre.* — Sauf pour les congrégations (loi du 7 juillet 1904), l'enseignement supérieur est libre. Tout Français âgé de vingt-cinq ans, n'ayant encouru aucune des incapacités prévues par la loi, peut ouvrir librement des cours et des établissements d'enseignement supérieur, aux seules conditions prescrites par la loi du 12 juillet 1875.

Les établissements d'enseignement supérieur, comprenant au moins le même nombre de professeurs pourvus du grade de docteur que les facultés de l'Etat qui comptent le moins de chaires, peuvent prendre le nom de *faculté libre des lettres, des sciences, de droit, de médecine*, etc., non celui d'université; mais les examens et épreuves pratiques qui déterminent la collation des grades ne peuvent être subis que devant les facultés de l'Etat. (Loi du 18 mars 1880, art. 1er.)

*Etablissements spéciaux.* — A côté des facultés et écoles supérieures de pharmacie, l'Etat pourvoit aux besoins d'établissements spéciaux, dont les uns ont un but essentiellement scientifique, tandis que les autres confèrent des diplômes ou brevets : Ecole normale supérieure, Collège de France, Ecole des langues orientales vivantes, Ecole des chartes, Ecoles françaises d'Athènes et de Rome, Muséum d'histoire naturelle, Observatoire de Paris, Bureau central météorologique, Observatoire d'astronomie physique de Meudon, Bureau des longitudes. Ces établissements sont à la charge du budget de l'Instruction publique ; d'autres, comme l'École polytechnique et l'Ecole spéciale militaire de Saint-Cyr, sont à la charge du département de la Guerre ; l'Institut national agronomique, à la charge du budget de l'Agriculture, etc. V. INSTITUT DE FRANCE.

## Enseignement secondaire.

L'enseignement secondaire s'adresse à ceux qui veulent avoir une culture plus générale et plus profonde que celle que donne l'enseignement primaire, connaître les langues et les littératures étrangères anciennes ou modernes, ou à ceux qui, par l'intermédiaire de l'enseignement supérieur, se destinent aux carrières libérales ou aux emplois élevés dans le commerce et dans l'industrie.

*Lycées et collèges.* — Les établissements publics d'enseignement secondaire, pour les garçons, se divisent en lycées et collèges communaux : les premiers, fondés, entretenus et dirigés par l'Etat ; les seconds, fondés et entretenus par les communes, sous la direction, la surveillance et avec le concours financier de l'Etat. (V. LYCÉE, COLLÈGES COMMUNAUX.) Le recrutement du personnel enseignant de l'enseignement secondaire public est assuré par l'Ecole normale supérieure, par les universités qui préparent aux grades requis pour être nommé professeur ou chargé de cours dans l'enseignement secondaire.

L'enseignement secondaire a pour sanction les examens passés en vue de l'obtention du diplôme de bachelier.

*Enseignement secondaire des jeunes filles.* — L'enseignement secondaire public des jeunes filles a été organisé par la loi du 21 décembre 1880. Les principales matières de l'enseignement secondaire des jeunes filles sont : enseignement moral, langue française, une langue vivante au moins, les littératures anciennes et modernes, la géographie et la cosmographie, l'histoire, l'hygiène, l'économie domestique, des notions de droit usuel. Cet enseignement comprend cinq années d'études, divisées en deux périodes. Un examen, passé après la troisième année, permet de conférer un *certificat d'études secondaires*, et un *diplôme de fin d'études* est délivré aux jeunes filles qui ont suivi les cours des deux dernières années et passé un examen sur les matières obligatoires et sur certaines matières facultatives qu'elles ont choisies. L'Ecole normale supérieure de l'enseignement secondaire des jeunes filles a été créée par la loi du 26 juillet 1881, pour assurer le recrutement du personnel enseignant des lycées et collèges de jeunes filles.

Les établissements publics d'instruction secondaire pour les jeunes filles sont ou des lycées de l'Etat ou des collèges communaux. Leur régime est l'externat. Des internats peuvent y être annexés sur la demande des conseils municipaux et après entente entre eux et l'Etat. Ces internats sont au compte des municipalités. (Décret du 28 juillet 1881.)

*Enseignement secondaire libre.* — Les conditions d'ouverture des établissements d'enseignement secondaire libre sont déterminées par la loi du 15 mars 1850 et le décret du 5 décembre suivant.

## Enseignement primaire.

*Gratuité.* — La loi du 16 juin 1881 a établi la gratuité absolue de l'enseignement primaire dans les écoles publiques.

*Obligation.* — La loi du 28 mars 1882 a rendu l'instruction obligatoire pour les enfants des deux sexes âgés de six ans révolus à treize ans révolus. Aux termes de l'article 7, le père, le tuteur ou le patron de tout enfant de six à treize ans est tenu de faire savoir au maire de la commune s'il entend faire donner à l'enfant l'instruction dans la famille ou dans une école publique ou privée ; dans ces derniers cas, il indique l'école choisie. Aux termes de l'article 16, les enfants instruits dans la famille doivent, chaque année à partir de la fin de la deuxième année d'instruction obligatoire, subir un examen portant sur les matières de l'enseignement correspondant à leur âge dans les écoles publiques. Le maire avise les père, tuteur ou patron de la date et du lieu de cet examen.

Le jury est choisi par l'inspecteur d'académie, et présidé par un délégué de celui-ci ; un délégué cantonal, et une personne (une dame pour l'examen des filles) munie d'un diplôme universitaire ou d'un brevet de capacité, le composent, avec ce délégué. Les suites de cet examen peuvent être sérieuses. Si l'instruction de l'enfant est jugée insuffisante et qu'aucune excuse ne soit admise par le jury, les parents sont mis en demeure d'envoyer leurs enfants dans une école publique ou privée (à leur choix), dans la huitaine de la notification ; ils doivent informer le maire de leur arrondissement de l'école qu'ils ont choisie.

Il est décerné, après un examen public, aux enfants âgés de onze ans au moins un certificat d'études primaires. (Loi du 28 mars 1882, art. 9.)

*Matières de l'enseignement.* — L'enseignement primaire comprend : l'instruction morale et civique ; la lecture et l'écriture ; la langue et les éléments de la littérature française ; la géographie, particulièrement celle de la France ; l'histoire, particulièrement celle de la France jusqu'à nos jours ; quelques notions usuelles de droit et d'économie politique ; les éléments des sciences naturelles, physiques et mathématiques ; leurs applications à l'agriculture, à l'hygiène, aux arts industriels, travaux manuels et usage des outils des principaux métiers ; les éléments du dessin, du modelage et de la musique ; la gymnastique ; pour les garçons, les exercices militaires ; pour les filles, les travaux à l'aiguille. (Loi du 28 mars 1882, art. 1er.)

*Laïcité.* — Les écoles primaires publiques vaquent un jour par semaine, en outre du dimanche, afin de permettre aux parents de faire donner, s'ils le désirent, à leurs enfants, l'instruction religieuse, en dehors des édifices scolaires. L'enseignement religieux est facultatif dans les écoles privées. (Loi du 28 mars 1882, art. 2.)

Dans les écoles publiques de tout ordre, l'enseignement est exclusivement confié à un personnel laïque. (Loi du 30 octobre 1886, art. 17.)

*Etablissements d'enseignement.* — L'enseignement primaire est donné :

1° Dans les écoles maternelles et les classes enfantines ;

2° Dans les écoles primaires élémentaires ;

3° Dans les écoles primaires supérieures et dans les classes d'enseignement primaire supérieur annexées aux écoles élémentaires et dites « cours complémentaires » ;

4° Dans les écoles manuelles d'apprentissage. (Loi du 30 octobre 1886, art. 1er.)

Toute commune doit être pourvue au moins d'une école primaire publique. Toutefois, le conseil départemental de l'enseignement primaire peut, sous réserve de l'approbation du ministre, autoriser une commune à se réunir à une ou plusieurs communes voisines pour l'établissement et l'entretien d'une école. Un ou plusieurs hameaux dépendant d'une commune peuvent être rattachés à l'école d'une commune voisine. Cette mesure est prise par délibérations des conseils municipaux des communes intéressées. En cas de divergence, elle peut être prescrite par décision du conseil départemental.

Lorsque la commune ou la réunion de communes compte 500 habitants et au-dessus, elle doit avoir au moins une école spéciale pour les filles, à moins d'être autorisée par le conseil départemental à remplacer cette école spéciale par une école mixte. (*Id.*, art. 11.)

Le conseil départemental, après avoir pris l'avis des conseils municipaux, détermine, sous réserve de l'approbation du ministre, le nombre, la nature et le siège des écoles primaires publiques de tout degré qu'il y a lieu d'établir ou de maintenir dans chaque commune, ainsi que le nombre des maîtres qui y sont attachés. Le conseil départemental peut, après avis conforme du conseil municipal, autoriser un instituteur ou une institutrice à recevoir des élèves internes en nombre déterminé et dans des conditions déterminées. (*Id.*, art. 13.)

*Ecoles normales primaires.*— Tout département doit être pourvu d'une école normale d'instituteurs et d'une école normale d'institutrices suffisantes pour assurer le recrutement de ses instituteurs communaux et de ses institutrices communales. (Loi du 9 août 1879, art. 1er.)

Chaque école normale est administrée par un directeur et un conseil d'administration. (Décret du 29 mars 1890, art. 1er.)

*Personnel enseignant.* — L'enseignement est donné par des instituteurs dans les écoles de garçons, par des institutrices dans les écoles de filles, dans les écoles maternelles, dans les écoles ou classes enfantines et dans les écoles mixtes. — Dans les écoles de garçons, des femmes peuvent être admises à enseigner à titre d'adjointes, sous la condition d'être (sauf dispense révocable accordée par le conseil départemental) épouse, sœur ou parente en ligne directe du directeur de l'école. — Le conseil départemental peut, à titre provisoire et par décision révocable, permettre à un instituteur de diriger une école mixte, à la condition qu'il lui soit adjoint une maîtresse de travaux de couture. (*Id.*, art. 6.)

Nul ne peut exercer les fonctions d'instituteur ou d'institutrice titulaire, d'instituteur adjoint chargé d'une classe ou d'institutrice adjointe chargée d'une classe, dans une école publique ou libre, sans être pourvu du brevet de capacité pour l'enseignement primaire. (Loi du 16 juin 1881, art. 1er.)

Les directeurs ou instituteurs adjoints chargés de classe dans une école primaire publique ou privée doivent être Français, et remplir, en outre, les conditions de capacité fixées par la loi du 16 juin 1881 et les conditions d'âge ci-après :

« Nul ne peut enseigner dans une école primaire de quelque degré que ce soit avant l'âge de dix-huit ans pour les instituteurs et dix-sept ans pour les institutrices. — Nul ne peut diriger une école avant l'âge de vingt et un ans. — Nul ne peut diriger une école supérieure ou une école recevant des internes avant l'âge de vingt-cinq ans révolus. » (Loi du 31 octobre 1886, art. 4 et 7.)

Les individus condamnés « pour crime ou délit contraire à la probité ou aux mœurs », ceux qui ont été privés de tout ou partie des droits civiques, civils et de famille, ceux enfin qui ont été frappés de l'interdiction absolue d'enseigner (v. plus loin), sont incapables de tenir une école publique ou d'y être employés. (*Id.*, art. 5.)

L'autorisation accordée à une institutrice ou à un instituteur public de recevoir dans l'école qu'il dirige des élèves internes peut toujours être retirée par le conseil départemental, sur la proposition de l'inspecteur d'académie et après avis du conseil municipal. (Décret du 18 janvier 1887, art. 16.)

Les élèves sortants des écoles normales primaires doivent être préférés aux candidats étrangers brevetés. Les débutants sont admis au titre de *stagiaires*, dont la nomination et le déplacement relèvent de l'inspecteur d'académie seul, qui peut leur retirer, sur avis de l'inspecteur primaire, leur délégation. Les stagiaires peuvent être nommés *titulaires* après un stage de deux années et l'obtention du *certificat d'aptitude pédagogique*. Dès lors, leurs nominations et déplacements sont décidés par le préfet, sur la proposition de l'inspecteur d'académie.

Les instituteurs et institutrices titulaires sont répartis en cinq classes. Des avantages spéciaux, et qui peuvent être cumulés, sont accordés aux titulaires qualifiés *directeurs* dont l'école comprend plus de deux ou quatre classes d'élèves (*indemnité de direction*) ; à ceux, enfin, qui résident dans les localités dont la population agglomérée dépasse 1 000 habitants (*indemnité de résidence*). Tout le personnel a droit au logement ou à une indemnité représentative.

Les peines disciplinaires applicables au personnel de l'enseignement primaire public sont : 1° la réprimande ; 2° la censure ; 3° la révocation ; 4° l'interdiction pour un temps dont la durée ne pourra excéder cinq années ; 5° l'interdiction absolue. (Loi du 3 octobre 1886, art. 33.) La réprimande est prononcée par l'inspecteur d'académie ; la censure, par l'inspecteur d'académie, après avis motivé du conseil départemental ; la révocation, par le préfet, sur la proposition de l'inspecteur d'académie, après avis du conseil départemental. Dans le cas de révocation, le fonctionnaire inculpé a le droit de comparaître devant le conseil, d'obtenir préalablement communication des pièces du dossier, et, dans le délai de vingt jours à partir de la signification de l'arrêté préfectoral, interjeter appel devant le ministre. Le pourvoi n'est pas suspensif.

Les directeurs et directrices et les professeurs d'écoles primaires supérieures et d'écoles manuelles d'apprentissage sont déplacés ou révoqués par le ministre de l'Instruction publique.

L'interdiction à temps et l'interdiction absolue sont prononcées par jugement motivé du conseil départemental. Le fonctionnaire inculpé comparaît en personne, assisté, s'il le désire, par un défenseur ; il prend communication du dossier.

Le fonctionnaire interdit a le droit, dans le délai de vingt jours à partir de la signification du jugement, d'interjeter appel devant le conseil supérieur de l'instruction publique. Cet appel n'est pas suspensif.

Dans les cas graves et urgents, l'inspecteur d'académie, s'il juge que l'intérêt d'une école exige cette mesure, a le droit de prononcer la suspension provisoire d'un instituteur, pendant la durée de l'enquête disciplinaire, à la condition de saisir de l'affaire le conseil départemental dès sa prochaine session. Cette suspension n'entraîne pas de privation de traitement.

*Ecoles privées.* — Les directeurs et directrices d'écoles privées sont libres dans le choix des méthodes, des programmes et des livres non interdits par le conseil supérieur de l'instruction publique. (Loi du 30 octobre 1886, art. 35.)

Aucune école privée ne peut recevoir d'enfants au-dessous de 6 ans s'il existe dans la commune une école maternelle publique ou une classe enfantine publique, à moins qu'elle ne possède elle-même une classe enfantine. Elle ne peut davantage, sans l'autorisation du conseil départemental, recevoir d'enfants des deux sexes, s'il existe, au même lieu, une école publique ou privée spéciale aux filles. (*Id.*, art. 36.)

Tout instituteur qui veut ouvrir une école privée doit déclarer son intention au maire de la commune où il veut s'établir, et lui désigner le local. Le maire remet au postulant un récépissé de sa déclaration et fait afficher celle-ci à la porte de la mairie, pendant un mois. S'il juge que le local n'est pas convenable, pour raisons tirées de l'intérêt des bonnes mœurs ou de l'hygiène, il forme, dans les huit jours, opposition à l'ouverture de l'école, et en informe le postulant. Les mêmes déclarations doivent être faites en cas de changement du local de l'école, ou en cas d'admission d'élèves internes. (*Id.*, art. 37.)

Le postulant adresse les mêmes déclarations au préfet, à l'inspecteur d'académie et au procureur de la République ; il y joint, en outre, pour l'inspecteur d'académie, son acte de naissance, ses diplômes, l'extrait de son casier judiciaire, l'indication des lieux où il a résidé et des professions qu'il y a exercées pendant les dix années précédentes, le plan des locaux affectés à l'établissement et, s'il appartient à une association, une copie des statuts de cette association.

L'inspecteur d'académie, soit d'office, soit sur la plainte du procureur de la République, peut former opposition à l'ouverture d'une école privée, dans l'intérêt des bonnes mœurs ou de l'hygiène. Lorsqu'il s'agit d'un instituteur public révoqué et voulant s'établir comme instituteur privé dans la commune où il exerçait, l'opposition peut être faite dans l'intérêt de l'ordre public. A défaut d'opposition, l'école est ouverte à l'expiration du mois, sans autre formalité. (*Id.*, art. 38.)

Les oppositions à l'ouverture d'une école privée sont jugées contradictoirement par le conseil départemental, dans le délai d'un mois. Appel peut être interjeté de la décision du conseil départemental, dans les dix jours à partir de la notification de cette décision. L'appel est reçu par l'inspecteur d'académie ; il est soumis au conseil supérieur de l'instruction publique dans sa plus prochaine session, et jugé contradictoirement dans le plus bref délai possible. L'instituteur appelant peut se faire assister ou représenter par un conseil devant le conseil départemental et devant le conseil supérieur. En aucun cas l'ouverture ne pourra avoir lieu avant la décision d'appel. (*Id.*, art. 39.)

Sont interdits aux instituteurs et institutrices publics de tout ordre les professions commerciales et industrielles, les fonctions administratives, les emplois rémunérés ou gratuits dans les services des cultes, mais non les fonctions de secrétaire de mairie, avec l'autorisation du conseil départemental. (Loi du 30 octobre 1886, art. 25.)

*Inspection.* — L'inspection des établissements publics et privés est exercée : 1° par les inspecteurs généraux de l'instruction publique; 2° par les recteurs et les inspecteurs d'académie ; 3° par les inspecteurs de l'enseignement primaire ; 4° par les membres du conseil départemental, désignés par leurs collègues jusqu'à concurrence d'un tiers; 5° par le maire et les délégués cantonaux; 6° dans les écoles maternelles, concurremment avec les autorités précitées, par les inspectrices générales et les inspectrices départementales des écoles maternelles; 7° au point de vue médical, par les médecins inspecteurs communaux ou départementaux. (Loi du 30 octobre 1886, art. 9.)

Les *inspecteurs de l'enseignement primaire* se recrutent, après un examen spécial, parmi les instituteurs pourvus du professorat et les professeurs d'école normale. Le certificat qui leur est délivré les rend aptes à la direction d'une école normale. Ils sont nommés par le ministre. Ils résident, en principe, au chef-lieu de leur circonscription, qui correspond en général à un arrondissement. Deux d'entre eux, par département, siègent au conseil départemental. Ils visitent, au moins une fois l'an, chaque école publique ou privée de leur circonscription, tiennent des états de situation de la population scolaire et du personnel enseignant, qu'ils notent en premier ressort. Toute inspection donne lieu de leur part à un rapport détaillé et motivé à l'inspecteur d'académie.

*Délégués cantonaux.* Le conseil départemental désigne un ou plusieurs délégués résidant dans chaque canton pour surveiller les écoles publiques et privées du canton. Chaque délégué correspond tant avec le conseil départemental, auquel il doit adresser ses rapports, qu'avec les autorités locales pour tout ce qui regarde l'état et les besoins de l'enseignement primaire dans sa circonscription. Il peut, lorsqu'il n'est pas membre du conseil départemental, assister à ses séances avec voix consultative pour les affaires intéressant les écoles de sa circonscription. (*Id.*, art. 52.)

Les femmes peuvent faire partie des délégations cantonales.

A Paris, les délégués nommés pour chaque arrondissement par le conseil départemental se réunissent une fois au moins tous les mois, sous la présidence du maire ou d'un de ses adjoints par lui désigné. (*Id.*, art. 53.) V. DÉLÉGUÉS CANTONAUX.

*Conseils de l'enseignement primaire.* — *Conseil départemental.* Dans chaque département, il est institué un *conseil de l'enseignement primaire* composé ainsi qu'il suit : 1° le préfet, président ; 2° l'inspecteur d'académie, vice-président; 3° quatre conseillers généraux élus par leurs collègues; 4° le directeur de l'école normale d'instituteurs et la directrice de l'école normale d'institutrices; 5° deux instituteurs et deux institutrices titulaires, élus respectivement par les instituteurs et les institutrices publics titulaires du département ; 6° deux inspecteurs de l'enseignement primaire désignés par le ministre. (Loi du 14 juillet 1901.)

Les membres élus le sont pour trois ans et sont rééligibles. Les pouvoirs des conseillers généraux cessent avec leur qualité de conseillers généraux. (Loi du 30 oct. 1886, art. 45.)

Les réunions sont trimestrielles. *Attributions : 1° pédagogiques :* règlement intérieur des écoles publiques, surveillance des programmes et des méthodes, avis sur les réformes à faire dans l'enseignement, nomination des délégués cantonaux, etc.; 2° *administratives :* écoles à établir dans chaque commune et nombre des maîtres, titularisation des stagiaires, promotions du personnel, récompenses honorifiques, etc. ; 3° *contentieuses et disciplinaires :* application des peines disciplinaires les plus graves, avis préalable sur celles que prononcent le préfet et l'inspecteur d'académie, sauf la censure.

*Commission municipale scolaire.* Une *commission municipale scolaire* a été instituée par la loi du 28 mars 1882, dans chaque commune, pour surveiller et encourager la fréquentation des écoles. Elle est composée du maire ou d'un adjoint délégué par lui, président; d'un des délégués du canton et, dans les communes comprenant plusieurs cantons, d'autant de délégués qu'il y a de cantons, désignés par l'inspecteur d'académie ; des membres désignés par le conseil municipal en nombre égal, au plus, au tiers des membres de ce conseil. (Loi du 30 oct. 1866, art. 54.)

Elle dresse, de concert avec le maire, la liste des enfants qui doivent suivre obligatoirement l'école primaire; elle applique les pénalités édictées par la loi contre les absences sans motifs légitimes.

L'inspecteur primaire, les parents ou les personnes responsables pourront faire appel des décisions des commissions scolaires, dans le délai de dix jours, par simple lettre adressée au préfet et aux intéressés. L'appel, qui est suspensif, est porté devant le conseil départemental statuant en dernier ressort. Les pères, mères, tuteurs ou tutrices peuvent se faire assister ou représenter par mandataires. (*Id.*, art. 59.)

*Dépenses de l'enseignement primaire.* — Les dépenses ordinaires de l'enseignement primaire public sont à la charge de l'Etat, des départements et des communes, selon les règles édictées par les art. 1, 2 et 3 de la loi du 19 juillet 1889.

Sont notamment à la charge de l'Etat : les traitements du personnel des écoles élémentaires, des écoles maternelles, des écoles primaires supérieures, des écoles manuelles d'apprentissage; les indemnités pour direction et pour cours complémentaire des écoles normales primaires; les frais d'entretien des élèves dans les écoles normales.

Sont à la charge des départements: une indemnité aux inspecteurs primaires; l'entretien des bâtiments des écoles normales; l'entretien et le renouvellement du mobilier de ces écoles et du matériel d'enseignement; le loyer et l'entretien du local et du mobilier destinés au service départemental de l'instruction publique; les frais de bureau de l'inspecteur d'académie; les imprimés à l'usage des délégations cantonales et de l'administration académique; les allocations aux chefs d'atelier, contremaîtres et ouvriers chargés *par les départements* de l'enseignement agricole, commercial ou industriel dans les écoles primaires de tout ordre.

Sont à la charge des communes : l'indemnité de résidence; l'entretien des bâtiments des écoles primaires; le logement des maîtres ou les indemnités représentatives; les frais de chauffage et d'éclairage des classes dans les écoles primaires; la rémunération des gens de service dans les écoles maternelles publiques, et, si le conseil municipal décide qu'il y a lieu, dans les autres écoles primaires publiques; l'acquisition, l'entretien et le renouvellement du mobilier scolaire et du matériel d'enseignement; les registres et imprimés à l'usage des écoles; les allocations aux chefs d'atelier, contremaîtres et ouvriers chargés *par les communes* de l'enseignement agricole, commercial ou industriel dans les écoles primaires de tout ordre.

Toute commune est tenue de pourvoir à l'établissement de maisons d'école au chef-lieu et dans les hameaux ou centres de population éloignés dudit chef-lieu ou distants les uns des autres de 3 kilomètres, et réunissant un effectif d'au moins vingt enfants d'âge scolaire. (Loi du 20 mars 1883, art. 8.)

Les frais d'acquisition, de construction et d'appropriation des locaux scolaires ou les frais de location de l'immeuble, ainsi que les frais d'acquisition du mobilier scolaire, constituent pour la commune une dépense obligatoire.

Le décret du 7 avril 1887 détermine les conditions de création et d'installation des écoles primaires. Le décret du 13 janvier 1894 fixe les conditions dans lesquelles des subventions peuvent être attribuées aux communes pour la construction, la reconstruction ou l'agrandissement de leurs maisons d'école, et la circulaire (Instr. publique) du 3 février 1894 commente les dispositions de ce décret. La loi du 10 juillet 1903 règle la procédure instituée pour la construction d'office des maisons d'école, à défaut par la commune de « pourvoir à une installation convenable du service scolaire ».

**Instrumentaire.** — Se dit du témoin qui assiste un officier ministériel dans les actes pour la validité desquels la présence de témoins est indispensable.

**Instruments agricoles.** — V. AGRICULTURE.

**Insurrection.** — V. TROUBLES.

**Intendance.** — Corps de fonctionnaires militaires chargés des services administratifs de l'armée.

Le service de l'intendance comprend : ceux de la solde, des subsistances, habillement, campement, harnachement, marches et transports, lits militaires; l'ordonnancement des dépenses relatives à ces services et de celles des corps de troupes et établissements considérés comme tels, des bureaux de recrutement et de la justice militaire; la vérification et régularisation de ces mêmes dépenses; la vérification sur place de la préparation dans les départements du service de ravitaillement; enfin, l'administration des personnels sans troupe et des isolés jouissant d'une solde, traitement ou gratification. Pour s'assurer de la régularité des dépenses qu'ils doivent ordonnancer ou approuver, les fonctionnaires de l'intendance passent des *revues d'effectif*, quand ils en reçoivent l'ordre, ou procèdent à des recensements inopinés, inventaires de magasins, etc.

Le personnel d'exécution du service de l'intendance comporte trois catégories d'officiers d'administration : ceux des bureaux de l'intendance, des subsistances, de l'habillement et campement.

**Intention.**

En matière pénale, l'*intention* se confond avec la volonté, laquelle est un élément constitutif de la culpabilité. Ce principe est consacré par la loi pénale, tantôt formellement, tantôt implicitement. Cependant, en ce qui concerne les contraventions de simple police, le fait en lui-même constitue la contravention, abstraction faite de l'intention.

En matière civile, où ne sont en cause que des dommages-intérêts, l'intention n'est pas regardée comme l'élément essentiel de la responsabilité; mais, aux termes des articles 1382 et suivants du Code civil, le fait qui a causé à autrui un dommage entraîne responsabilité, bien qu'il ait été commis sans intention de nuire. V. QUASI-DÉLIT.

**Interdiction des droits civils, civiques et de famille.** — V. DROITS CIVILS, etc.

**Interdiction civile ou judiciaire.** — État d'une personne majeure qui, par jugement, a été déclarée incapable d'exercer ses droits civils.

L'interdiction civile (Code civ., art. 489-512, et Code proc. civ., art. 890-897) est une mesure de précaution prise dans l'intérêt même de ceux qu'elle frappe.

*Motifs de l'interdiction.* — Peuvent être interdites les personnes qui sont dans un état habituel d'imbécillité, de démence ou de fureur. Cet état doit être habituel, un accès accidentel ou passager ne suffisant point à motiver l'interdiction.

Les personnes qui peuvent requérir l'interdiction sont, en général, les membres de la famille, les parents, héritiers présomptifs ou non des malades qu'il s'agit de faire interdire. Le ministère public lui-même doit réclamer l'interdiction quand il s'agit de fous furieux, l'ordre public étant intéressé en pareil cas à ce qu'il soit pris des mesures de sûreté.

*Procédure.* — Le parent qui provoque l'interdiction doit présenter à cette fin une requête au tribunal du domicile du défendeur, c'est-à-dire de la personne qu'il veut faire interdire. La requête articule les faits d'imbécillité, de démence ou de fureur. Le tribunal ordonne la convocation du conseil de famille, pour que ce conseil délibère et exprime son avis; puis il procède, en chambre du conseil, à l'interrogatoire de la personne qu'on veut faire interdire; si cette personne ne peut comparaître en la chambre du conseil, on la fait interroger par un juge délégué à cet effet. A la suite de la délibération du conseil de famille et de l'interrogatoire, le tribunal peut rejeter ou prononcer l'interdiction. Dans ce dernier cas, par son jugement même, il ordonne au conseil de famille de nommer un tuteur à l'interdit. S'il estime que l'état du défendeur n'est pas assez grave pour motiver l'interdiction, et que cet état exige néanmoins des mesures protectrices, il peut adopter un terme moyen et donner au défendeur un conseil judiciaire sans l'assistance duquel il ne pourra désormais ni plaider, ni transiger, ni recevoir un capital mobilier et en donner décharge, ni enfin aliéner ses immeubles ou les grever d'hypothèques. Enfin, le jugement d'interdiction est soumis à des conditions de publicité très larges et affiché notamment dans les études de notaire, afin que les tiers sachent bien qu'ils ne peuvent contracter avec l'interdit.

*Condition de l'interdit.* — L'individu frappé d'un jugement d'interdiction est assimilé à un mineur. L'administration de ses biens et la garde de sa personne sont confiées à un tuteur, qui le représente dans tous les actes de la vie civile. Le mari est de droit tuteur de la femme interdite; la femme peut être nommée tutrice de son mari. Toute autre personne que les époux, les ascendants et les descendants peut se faire décharger de la tutelle au bout de dix ans. L'incapacité de l'interdit est complète et elle vicie tous les contrats quelconques qu'il a pu passer, tout testament qu'il a pu faire, sans qu'il y ait à rechercher si ces contrats l'ont ou non lésé. Il n'y a pas davantage, à cet égard, à distinguer si l'acte a été ou non souscrit dans un intervalle lucide. Avant l'interdiction, cette distinction aurait été d'un intérêt capital; mais l'effet du jugement d'interdiction a été justement de créer pour l'interdit un état d'incapacité continue. L'incapacité produite par le jugement d'interdiction a un effet rétroactif. Les actes de l'interdit antérieurs à ce jugement pourront être annulés si les faits qui ont donné lieu à l'interdiction existaient notoirement à l'époque où ces actes ont eu lieu.

Quant à la demi-interdiction, qui consiste à donner à une personne un conseil judiciaire, V. CONSEIL JUDICIAIRE.

L'interdiction cesse avec les causes qui l'ont fait prononcer, à la suite d'une procédure identique à celle dont nous avons parlé plus haut. Ce n'est qu'après le jugement ordonnant la mainlevée de l'interdiction que l'interdit reprend l'exercice complet de ses droits.

**Interdiction légale.** — Privation de l'exercice des droits civils, attachée par la loi aux peines criminelles, à l'exception de celle du bannissement.

L'interdiction légale constitue une peine accessoire. (Code pén., art. 29 à 31.)

L'interdiction légale se distingue de l'interdiction judiciaire, notamment en ce que les revenus de l'interdit judiciaire doivent être employés à adoucir son état, tandis que l'interdit légal ne peut disposer d'aucune somme pour atténuer la rigueur de sa condamnation.

« Quiconque aura été condamné à la peine des travaux forcés à temps, de la détention ou de la réclusion, sera, de plus, pendant la durée de sa peine, en état d'interdiction légale : il lui sera nommé un tuteur et un subrogé tuteur pour gérer et administrer ses biens, dans les formes prescrites pour les nominations des tuteurs et des subrogés tuteurs aux interdits. » (Code pén., art. 29.)

**Interdiction de séjour.** — Peine qui a remplacé (loi du 27 mai 1855, art. 19, sur les récidivistes) le renvoi sous la surveillance de la haute police et qui consiste dans la défense faite au condamné libéré, sous peine d'emprisonnement, de paraître, sa détention terminée, dans les lieux dont l'interdiction lui est signifiée par le gouvernement.

**Intérêt.** — Somme que l'on paye pour l'usage ou la consommation de la chose d'autrui. V. PRÊT.

Le prêt à *intérêt* est le prêt à consommation dans lequel le prêteur stipule un dédommagement pour la privation momentanée de sa chose. Ce dédommagement s'appelle *intérêt*. L'usure, c'est l'exagération de l'intérêt. La loi du 3 septembre 1807 avait fixé l'intérêt conventionnel à 5 pour 100 en matière civile, 6 pour 100 en matière commerciale et édicté des peines d'amende et d'emprisonnement contre les auteurs du délit d'usure.

La loi des 7-10 avril 1900 a abaissé le taux de l'*intérêt légal* de l'argent à 4 pour 100 en matière civile, 5 pour 100 en matière commerciale; mais elle a laissé subsister l'ancienne législation en ce qui concerne l'*intérêt conventionnel* en matière civile, lequel est libre, à la condition de ne pas dépasser le maximum de 5 pour 100. Elle a, de plus, conservé les dispositions de la loi du 14 janvier 1886, qui a supprimé toute restriction du taux de l'intérêt en matière commerciale. La limitation du taux de l'intérêt n'atteint que les prêts d'argent; il en résulte que le prix des denrées ou autres choses mobilières reste sous le régime de la liberté absolue; toutefois, les actes qui ont pour but de déguiser un prêt à intérêt, comme le contrat *pignoratif*, sont soumis à la loi. V. USURE.

Le taux de l'intérêt conventionnel doit être fixé par écrit. (Code civ., art. 1907.)

Dans les liquidations d'intérêts, l'année est comptée conformément au calendrier grégorien, c'est-à-dire que chaque jour représente 1/365 du taux de l'intérêt d'un an, ou 1/366 si l'année est bissextile. Le point de départ des intérêts est déterminé par les conventions, jugements et autres actes d'où résultent les droits des créanciers, ou conformément à la loi.

Les intérêts, dus au moins pour une année entière, sont productifs d'intérêts lorsqu'ils résultent d'une convention spéciale ou d'une demande en justice. (Code civ., art. 1154.) En matière de fermages, loyers, arrérages de rentes perpétuelles ou viagères, restitution de fruits, intérêts payés par un tiers au créancier en acquit du débiteur, la restriction n'est pas applicable : les revenus échus produisent intérêts du jour de la demande ou de la convention. (*Id.*, 1155.) En matière de compte courant, le solde reporté à nouveau est productif d'intérêts quant au capital et quant aux intérêts qui y sont compris. — La capitalisation des intérêts porte le nom d'*anatocisme*. V. ce mot.

« Le prêt de consommation est un contrat par lequel l'une des parties livre à l'autre une certaine quantité de choses qui se consomment par l'usage, à charge par cette dernière de lui en rendre autant de même espèce et qualité. » (Code civ., art. 1892.)

En matière de prêt de consommation, l'emprunteur qui ne rend pas les choses prêtées ou leur valeur au terme convenu en doit l'intérêt du jour de la sommation ou de la demande en justice. (Code civ., art. 1904, mod. par la loi du 7 avril 1900, art. 2.)

Le créancier d'une somme d'argent a droit, en cas de retard, à titre de dommages-intérêts, à des intérêts de retard ou *moratoires* au taux légal, et sans avoir besoin de justifier d'un préjudice subi. Ces intérêts sont dus du jour de la sommation de payer, à moins que la loi ne les fasse courir de plein droit. (Code civ., art. 1153, mod. par la loi du 7 avril 1900, art. 2.)

Si le débiteur en retard est de mauvaise foi, le créancier peut obtenir, outre les intérêts moratoires, des dommages-intérêts. (Code civ., art. 1153.) V. DOMMAGES-INTÉRÊTS.

S'il n'est pas question d'intérêts dans un acte, les intérêts ne sont pas dus, lors même que le débiteur payerait après l'échéance.

## Intérieur (Ministère de l').

Appelé à remplacer l'ancien ministère de la maison du roi, le *ministère de l'Intérieur*, créé le 7 août 1790, comprend, en dehors du cabinet du ministre et de l'inspection générale des services administratifs, cinq grandes directions :

1° La direction du personnel, dont relèvent les préfets, sous-préfets, etc., les élections, les affaires politiques proprement dites, les institutions de prévoyance ;

2° La direction de l'administration départementale et communale ;

3° La direction de l'assistance et de l'hygiène publique, qui s'occupe des établissements de bienfaisance et de tous les services sanitaires ;

4° La direction de l'administration pénitentiaire ;

5° La direction de la mutualité ;

6° Enfin, celle de la sûreté générale.

Auprès de ces directions ont été constitués des conseils et comités : le conseil supérieur de l'assistance publique, le comité supérieur de protection des enfants du premier âge, le comité consultatif d'hygiène publique de France, le conseil supérieur des prisons, etc.

**Interlocutoire.** — Se dit : 1° d'une décision judiciaire qui, avant de statuer sur le fond, ordonne des mesures (production de pièces, enquête, etc.) propres à compléter l'instruction de l'affaire et à en préparer la solution ; 2° de la mesure ordonnée par la même décision.

L'appel d'un jugement interlocutoire pourra être interjeté avant le jugement définitif. (Code proc. civ., art. 451.) Il sera suspensif si le jugement ne prononce pas l'exécution provisoire. (*Id.*, art. 457.)

**In terminis.** — Locution lat. signif. « en dernier lieu ». *Décision rendue in terminis*, Celle qui met fin à l'instance, au procès.

**Interpellation.** — Demande d'explications, sanctionnée par un ordre du jour, adressée à un représentant du pouvoir central, à un membre du gouvernement par un élu.

Conséquence de la responsabilité ministérielle au regard des Parlements, le droit d'*interpellation* n'a d'autres limites que la Constitution. La demande d'interpellation doit être écrite. Le président en donne lecture à l'Assemblée, qui en fixe la date de discussion, après avoir pris l'avis du gouvernement. Cette discussion ne peut être ajournée au delà d'un mois, sauf en matière de politique extérieure, où l'ajournement indéfini peut être prononcé. Le ministre interpellé peut ne pas répondre. A la différence de la *question*, l'interpellation doit être sanctionnée par un ordre du jour.

Les interpellations de collègue à collègue sont interdites, comme constituant des personnalités.

**Interposition de personnes.** — Se dit lorsqu'une personne prête son nom à une autre, pour lui faciliter des avantages que cette dernière ne pourrait obtenir directement.

Aux termes de l'art. 911 du Code civil, toute disposition au profit d'un incapable est nulle, si elle est reconnue avoir été faite sous le nom de personnes interposées. Sont « réputées personnes interposées les pères et mères, les enfants et les descendants, et l'époux de la personne incapable ».

**Interprétation.** — Il y a lieu à *interprétation* de la loi lorsque la rédaction employée ne présente pas par elle-même un sens clair et complet, ou lorsqu'elle n'exprime pas exactement la pensée du législateur. Le droit d'interpréter la loi d'une manière obligatoire pour les tribunaux et les citoyens n'appartient qu'au pouvoir législatif. En matière judiciaire, les tribunaux ont le droit et même le devoir d'interpréter les lois et de suppléer à leur silence. (Code civ., art. 4.) Mais, les jugements étant susceptibles d'appel et de recours en cassation, c'est la Cour de cassation qui, en dernier ressort, déclare si la loi a été violée ou faussement interprétée.

**Interrogatoire sur faits et articles.** (Procéd. civile.) — Interrogatoire ayant pour objet d'obtenir d'une partie des aveux sur les faits qui ont donné lieu à une contestation.

Ce mode d'instruction peut être ordonné en tout état de cause par jugement du tribunal. Une des parties est interrogée par le juge à l'audience ou en chambre du conseil, hors la présence de l'autre.

L'interrogatoire sur faits et articles constitue, avec la comparution personnelle des parties, les deux modes d'instruction prévus par le Code de procédure civile pour obtenir un aveu.

**Intervention.** — Action par laquelle on intervient dans un procès pendant.

La faculté d'intervenir est réservée en appel à tous ceux qui seraient recevables à former une tierce opposition contre le jugement; devant le tribunal civil, elle appartient à toute personne qui justifie d'un intérêt même éventuel dans le débat. L'intervention est dite alors *volontaire*, par opposition à l'*intervention forcée*, qui a lieu lorsqu'une des parties engagées dans une instance y appelle un tiers, qui aurait le droit d'attaquer, par voie de la tierce opposition, le jugement à intervenir.

Devant les tribunaux civils l'intervention doit être formée par requête. (Code proc. civ., art. 339.) En matière commerciale, en justice de paix ou devant les arbitres, elle a lieu par exploit d'ajournement, et le délai doit être, à peine de nullité, d'un jour au moins. Le droit d'intervention est admis soit devant le conseil de préfecture, soit devant le conseil d'Etat. En matière criminelle, il appartient expressément à la partie civile.

**Interversion de titre.** — Changement survenu dans le titre d'un détenteur précaire, et qui permet à la prescription de courir à son profit. V. PRESCRIPTION.

**Intimé.** — Nom donné à la personne citée devant une juridiction d'appel, c'est-à-dire au défendeur.

**Intitulé d'inventaire.** — Partie de l'inventaire où se trouvent indiqués les noms, professions et demeures des ayants droit et requérants.

**Invalides de la marine.**

L'établissement des Invalides de la marine administre trois caisses, distinctes les unes des autres, savoir : la *Caisse des prises*, la *Caisse des gens de mer* et la *Caisse des invalides* proprement dite. En outre, la loi du 21 avril 1898 lui a confié la gestion de la *Caisse nationale de prévoyance* créée au profit des marins français contre les risques et accidents de leur profession.

*Caisse des prises.* — La *Caisse des prises* a été instituée pour recevoir en dépôt et conserver jusqu'au moment de la liquidation les produits des captures faites sur l'ennemi et sur les pirates. Ces produits, après payement des frais de vente et autres, sont répartis entre les équipages des bâtiments capteurs et la Caisse des invalides de la marine.

*Caisse des gens de mer.* — La *Caisse des gens de mer* est chargée de recueillir en France, dans les colonies françaises et dans les pays de protectorat et à l'étranger, par l'intermédiaire de nos consuls, pour les faire parvenir au domicile des ayants droit : 1° les sommes acquises aux gens de mer non présents au moment de la liquidation de leurs créances ; 2° le montant des successions des personnes décédées en cours de voyage maritime ; 3° le produit de la solde, celui de la vente des effets ou les effets eux-mêmes conservés dans l'intérêt des familles, laissés par les agents de tout grade du département de la marine et des administrations coloniales qui meurent dans nos possessions d'outre-mer ; 4° enfin, les produits de la vente des débris ou des marchandises provenant d'échouements ou de naufrages de navires appartenant à des nationaux ou à des étrangers.

*Caisse des invalides.* — La *Caisse des invalides* proprement dite (loi du 13 mai 1791) a été réorganisée par un décret du 30 novembre 1887 (suivi d'une instruction du ministre de la Marine du 27 décembre 1887, et modifié par ceux du 24 septembre 1897 et du 28 mai 1902). Les décrets des 26 avril 1893, 31 mai 1899 et 7 mars 1900 ont réorganisé l'administration centrale de la Caisse des invalides. Elle reçoit, notamment : 1° les sommes provenant des retenues exercées en vertu des lois et règlements en vigueur sur le personnel employé à la navigation commerciale et à la pêche ;

2° Les sommes provenant des retenues exercées sur les primes à la marine marchande ;

3° Les arrérages des rentes inscrites à son nom au Grand-Livre de la Dette publique ;

4° Les redevances imposées aux propriétaires de bateaux de plaisance ;

5° Les revenus provenant des dons et legs ;

6° La subvention qui lui est allouée sur le budget de la marine.

Elle a principalement pour mission de payer : 1° des pensions dites *demi soldes;* 2° des gratifications renouvelables ; 3° des secours ; 4° le *montant des anciens produits* de solde, de parts de prises, de successions ou de bris et naufrages, réclamés et payés depuis le versement qui en avait été fait, pour ordre, au service *Invalides;* 5° la distribution des revenus provenant de donations et de legs faits à l'établissement des Invalides.

*Retenues sur le salaire des marins.* La quotité de la retenue est de 3 pour 100 sur les salaires des marins naviguant à tant par mois ou par voyage et sur les décomptes des marins employés aux *grandes pêches.* Pour les marins employés soit au cabotage ou au bornage, soit à la pêche du poisson frais, voici les bases de la perception :

Marins engagés à *la part* pour le cabotage ou le pilotage en mer : capitaines ou maîtres et pilotes patrons, 3 francs par mois; officiers mariniers et patrons, 1 fr. 50; matelots, 1 fr. 20; novices, 0 fr. 75; mousses, 0 fr. 30.

Marins faisant la pêche du poisson frais ou le pilotage en rivière : patrons, 1 fr. 50 par mois; matelots, 0 fr. 75; novices, 0 fr. 50; mousses, 0 fr. 25.

Toutes ces retenues sont décomptées par les commissaires de l'inscription maritime, d'après le rôle d'équipage dont est porteur chaque capitaine, maître ou patron.

L'homme qui déserte son bâtiment perd la solde due au moment de sa désertion, sans préjudice des autres peines. La solde due est intégralement attribuée à la Caisse des invalides si le déserteur est un marin de l'Etat; une moitié est réservée à l'armateur si le marin déserte d'un navire de commerce. Toutefois, lorsque le déserteur est marié, un tiers de sa solde est réservé à sa femme et le surplus profite par moitié à l'armateur et à la Caisse des invalides.

*Pensions dites demi-soldes.* — Ces pensions sont accordées aux marins réunissant vingt-cinq années, soit de service pour le compte de l'Etat, soit de navigation sur les bâtiments de commerce. Des pensions dites « dérivées » sont accordées aux veuves de demi-soldiers ou de marins décédés en possession de droits à la demi-solde.

L'initiative des propositions appartient aux commissaires de l'inscription maritime, assistés des syndics des gens de mer. Ces administrateurs dressent, deux fois par an, un travail de propositions qui est vérifié au chef-lieu du sous-arrondissement, contrôlé dans les bureaux du ministère, et approuvé par le Conseil d'Etat. Le département de la Marine fait insérer au *Bulletin des lois* le décret qui sanctionne, par sous-arrondissements maritimes et sur listes nominatives, toutes les pensions concédées dans l'année.

*Gratifications de réforme renouvelables.* Elles sont attribuées aux militaires des corps de troupes de la marine et aux marins de la flotte pour infirmités contractées au service et n'ouvrant pas de droits à la pension de retraite.

*Secours.* Les secours sont accordés par décision du ministre, sur la proposition des ports ou sur le vu de pièces relatant les titres des parties, savoir : 1° aux familles des marins de l'Etat et des militaires qui meurent par suite de faits de guerre ou d'accidents du service; 2° aux marins, ouvriers et agents divers qui sont obligés d'abandonner l'exercice de leur profession avant d'avoir accompli le temps de service exigé pour la retraite ou pour la demi-solde; aux familles des officiers, marins, ouvriers et agents qui sont morts sans avoir entièrement accompli les conditions exigées par la loi pour léguer un droit à la pension ou à une demi-solde, mais dont les services sont une recommandation pour leurs veuves, enfants ou pères et mères; 4° aux anciens pensionnaires ou demi-soldiers dont les infirmités se sont aggravées ou qui sont tombés dans la gêne par maladies ou autres causes.

La *Caisse de prévoyance des marins* est l'objet d'une notice spéciale. V. CAISSE DE PRÉVOYANCE.

*Commission supérieure.* — Une *commission supérieure* surveille les opérations de recettes et de dépenses de l'établissement des Invalides, dont le compte administratif est rattaché au compte général du département de la Marine.

*Trésoriers des invalides.* — Il y a un *trésorier général de l'établissement des Invalides de la marine* à Paris, et des *trésoriers particuliers* dans chacun des ports où il est jugé convenable d'en établir. Ces trésoriers sont en même temps caissiers des prises et des gens de mer. Le trésorier général réunit tous les comptes des trésoriers particuliers à celui qu'il doit fournir pour sa propre gestion, et dresse un compte général de toutes les recettes et de toutes les dépenses de l'établissement, qui est jugé par la Cour des comptes.

Au moyen de ses trésoriers particuliers, la Caisse des invalides acquitte, à titre d'avances à la marine, toutes les dépenses liquidées dans les ports où il n'existe pas d'ordonnateurs secondaires. Elle paye, pour le compte du Trésor, les arrérages de plus du tiers des pensions militaires et civiles de la marine, ainsi que les traitements de la Légion d'honneur et de la médaille militaire des titulaires de ces mêmes pensions. C'est également par son intermédiaire que sont servies les délégations consenties au profit de leurs familles par les marins de l'Etat embarqués ou présents à terre dans les dépôts des équipages de la flotte. Sur ses fonds, enfin, elle fait des avances aux pensionnaires de la marine, aussi bien qu'aux demi-soldiers et veuves de demi-soldiers, sur les arrérages échus du trimestre en cours, lorsque ces pensionnaires sont dans une situation nécessiteuse.

*Pièces d'hérédité.* — Par décision du ministre des Finances du 12 avril 1893, la dispense d'enregistrement accordée par le décret du 21 août 1806 pour les certificats de vie nécessaires au payement des rentes viagères et des pensions sur le Trésor public a été étendue aux certificats de propriété et aux actes de notoriété produits par les héritiers en vue du payement des sommes dues par l'établissement des Invalides. (Circ. Marine, 20 avril 1893.) Cette dispense est spécifiée, pour les traitements dus par l'Etat, par la Cir. Compt. publ. du 27 mars 1880 et par l'art. 702 de l'Instr. générale de 1859.

**Inventaire.** — État sur lequel sont inscrits et décrits, article par article, tous les objets, immeubles, meubles, marchandises, titres, papiers, appartenant à une personne, ou se trouvant dans une maison, dans un appartement.

L'inventaire est un acte conservatoire, que la loi prescrit formellement en matière de succession, dans le délai de trois mois et quarante jours : 1° lorsqu'il y a des héritiers mineurs, interdits ou absents ; 2° en cas d'acceptation sous bénéfice d'inventaire ; 3° de succession irrégulière ; 4° ou de succession vacante ; 5° d'envoi en possession des biens d'un absent ; 6° de nomination d'un exécuteur testamentaire ; 7° de substitution universelle, ou à titre universel ; 8° de décès d'un des époux communs en biens ; 9° de prorogation de délai à la femme survivante pour prendre parti.

L'inventaire est encore obligatoire : en cas de tutelle pour les biens du mineur, dans les dix jours de la nomination du tuteur ; d'interdiction pour les biens de l'interdit, d'usufruit, de faillite pour les biens du failli, dans les trois jours de la nomination du syndic. L'inventaire est dressé à la requête des parties, par un notaire, trois jours au moins après le décès, ou, le cas échéant, trois jours après l'apposition des scellés ; il comprend la désignation et l'estimation de tous les objets : meubles, espèces, titres, papiers, etc.

Aux termes de l'article 9 du Code de commerce, le commerçant est tenu de dresser sous seing privé, tous les ans, son inventaire ; sinon il s'expose, en cas de faillite, aux peines de la banqueroute frauduleuse.

*Bénéfice d'inventaire.* — V. BÉNÉFICE.

**Inviolabilité.** — Privilège de certaines personnes de ne pouvoir être recherchées, arrêtées ou poursuivies que dans certaines conditions, qu'à raison de certains faits.

L'inviolabilité des représentants du peuple, décrétée dès le 23 juin 1789 par l'Assemblée nationale, a été inscrite dans les articles 13 et 14 de la loi constitutionnelle de 1875. L'article 121 du Code pénal punit de la dégradation civique les magistrats qui y porteraient atteinte.

Quant à l'inviolabilité des lieux où délibèrent le Sénat et la Chambre, elle est protégée par l'attribution à leurs présidents de requérir la force armée et toutes les autorités dont ils jugent le concours nécessaire.

L'inviolabilité est, avec l'exterritorialité, le privilège des agents diplomatiques. Elle s'applique à leur personne et à tout ce qui assure l'exercice régulier de leurs fonctions : correspondance, archives, valises, etc.

**Irrigation.**

Sur l'usage des eaux courantes par le riverain ou le propriétaire du fonds traversé, v. EAUX COURANTES, p. 314.

Tout propriétaire qui veut se servir pour l'irrigation de ses propriétés des eaux naturelles ou artificielles dont il a le droit de disposer peut obtenir la faculté d'appuyer sur la propriété du riverain opposé les ouvrages d'art nécessaires à sa prise d'eau, à la charge d'une juste et préalable indemnité. Sont exceptés de cette servitude les bâtiments, cours et jardins attenant aux habitations. (Loi du 11 juillet 1847, art. 1er.)

Les propriétaires des fonds inférieurs doivent recevoir les eaux qui s'écouleront des terrains arrosés, sauf l'indemnité qui pourra leur être due. Sont également exceptés de cette servitude les maisons, cours, jardins, parcs et enclos attenant aux habitations. (Loi du 29 avril 1845, art. 2.)

La même faculté de passage sur les fonds intermédiaires peut être accordée au propriétaire d'un terrain submergé en tout ou en partie, à l'effet de procurer aux eaux nuisibles leur écoulement. (*Id.*, art. 3.)

Les contestations auxquelles donnent lieu l'établissement de la servitude, la fixation du parcours de la conduite d'eau, de ses dimensions et de sa forme, et des indemnités dues soit au propriétaire du fonds traversé, soit à celui du fonds qui recevra l'écoulement des eaux, sont portées devant les tribunaux, qui, en prononçant, doivent « concilier l'intérêt de l'opération avec le respect dû à la propriété ». (*Id.*, art. 4.)

Le riverain sur le fonds duquel l'appui est réclamé peut toujours demander l'usage commun du barrage en contribuant pour moitié aux frais d'établissement et d'entretien ; aucune indemnité ne sera respectivement due dans ce cas et celle qui aurait été payée devra être rendue. Lorsque cet usage commun n'est réclamé qu'après le commencement ou la confection des travaux, celui qui le demande doit supporter seul l'excédent de dépense auquel donnent lieu les changements à faire au barrage pour le rendre propre à l'irrigation des deux rives. (Loi du 11 juillet 1847, art. 2.)

**Ivresse.**

La loi du 23 janvier 1873 a édicté des dispositions tendant à réprimer l'ivresse publique et à combattre les progrès de l'alcoolisme. Elle est ainsi conçue :

Seront punis d'une amende de 1 franc à 5 francs inclusivement ceux qui seront trouvés en état d'ivresse manifeste dans les rues, chemins, places, cafés, cabarets ou autres lieux publics (art. 1er). En cas de nouvelle récidive dans les douze mois qui auront suivi la deuxième condamnation, l'inculpé sera traduit devant le tribunal de police correctionnelle et puni d'un emprisonnement de six jours à un mois et d'une amende de 16 francs à 300 francs.

Quiconque ayant été condamné en police correctionnelle pour ivresse, depuis moins d'un an, se sera de nouveau rendu coupable du même délit, sera condamné au maximum des peines indiquées au paragraphe précédent, lesquelles pourront être élevés jusqu'au double (art. 2).

Toute personne qui aura été condamnée deux fois en police correctionnelle pour délit d'ivresse manifeste, conformément à l'article précédent, sera déclarée par le second jugement incapable d'exercer les droits suivants : 1° de vote et d'élection ; 2° d'éligibilité ; 3° d'être appelée ou nommée aux fonctions de juré ou autres fonctions publiques ou aux emplois de l'administration, ou d'exercer ces fonctions ou emplois ; 4° de port d'armes pendant deux ans, à partir du jour où la condamnation sera devenue irrévocable (art. 3).

Seront punis d'une amende de 1 franc à 5 francs inclusivement les cafetiers, cabaretiers et autres débitants qui auront donné à boire à des gens manifestement ivres, ou qui les auront reçus dans leurs établissements, ou auront servi des liqueurs alcooliques à des mineurs âgés de moins de seize ans accomplis. Toutefois, dans le cas où le débitant sera prévenu d'avoir servi des liqueurs alcooliques à un mineur âgé de moins de seize ans accomplis, il pourra prouver qu'il a été induit en erreur sur l'âge du mineur ; s'il fait cette preuve, aucune peine ne lui sera applicable de ce chef (art. 4).

Seront punis d'un emprisonnement de six jours à un mois et d'une amende de 16 francs à 300 francs les cafetiers, cabaretiers et autres débitants qui, dans les douze mois qui auront suivi la deuxième condamnation prononcée en vertu de l'article précédent, auront commis un des faits prévus audit article. Quiconque, ayant été condamné en police correctionnelle pour l'un ou l'autre des mêmes faits, depuis moins d'un an, se rendra de nouveau coupable de l'un ou l'autre de ces faits, sera condamné au maximum des peines indiquées ci-dessus, lesquelles pourront être portées jusqu'au double (art. 5).

Toute personne qui aura subi deux condamnations en police correctionnelle pour l'un ou l'autre des délits prévus en l'article précédent pourra être déclarée par le second jugement incapable d'exercer tout ou partie des droits indiqués en l'article 3. Dans le même cas, le tribunal pourra ordonner la fermeture de l'établissement pour un temps qui ne saurait excéder un mois. Il pourra aussi, sous les mêmes peines, interdire seulement au débitant la faculté de livrer des boissons à consommer sur place (art. 6).

Sera puni d'un emprisonnement de six jours à un mois et d'une amende de 16 francs à 300 francs, quiconque aura fait boire jusqu'à l'ivresse un mineur âgé de moins de seize ans accomplis. Tout cafetier, cabaretier ou autre débitant de boissons qui, ayant subi une telle condamnation, se sera de nouveau rendu coupable soit du même fait, soit de l'un ou de l'autre des faits prévus en l'article 4, 1°, dans le délai de moins d'un an, sera puni des peines portées aux articles 5 et 6 (art. 7).

Toute personne trouvée en état d'ivresse dans les rues, chemins, places, cafés, cabarets ou autres lieux publics, pourra être, par mesure de police, conduite à ses frais au poste le plus voisin pour y être retenue jusqu'à ce qu'elle ait recouvré sa raison (art. 11).

Le texte de la loi du 23 janvier 1873 est affiché à la porte de toutes les mairies et dans la salle principale de tous cabarets, cafés et autres débits de boissons. Toute personne qui a détruit ou lacéré le texte affiché sera condamnée à une amende de 1 franc à 5 francs et aux frais du rétablissement de l'affiche. Sera puni de même tout cabaretier, cafetier ou débitant chez lequel ledit texte ne sera pas trouvé affiché (art. 12).

Les gardes champêtres sont chargés de rechercher, concurremment avec les autres officiers de police judiciaire, chacun sur le territoire sur lequel il est assermenté, les infractions à la présente loi. Il dressent des procès-verbaux pour constater ces infractions (art. 13).

Cette loi est applicable à l'armée active. Pour la première et la deuxième faute, le conseil de guerre peut prononcer un emprisonnement de six jours à un mois; pour la troisième, la durée de l'emprisonnement peut être portée à deux mois ; pour la quatrième, il peut aller à six mois, aux lieu et place des amendes infligées par la loi aux délinquants civils. Mais les militaires ne sont déférés au conseil de guerre que si la répression par des peines disciplinaires est jugée insuffisante.

En tout cas, les militaires sont dûment prévenus par une inscription portée en gros caractères sur leur livret que « l'ivresse ne peut, en aucun cas, être considérée comme une circonstance atténuante ».

# J

**Jaugeage.** — Détermination du volume ou de la capacité d'un navire servant de base au payement des droits, taxes ou primes.

La jauge brute totale d'après laquelle sont déterminées les primes à la construction et à la navigation est calculée conformément aux articles 1 à 12 du décret du 24 mai 1873, 1 du décret du 7 mars 1889 et 1 du décret du 25 juillet 1893.

**Jet à la mer.** — Avarie commune consistant à jeter à la mer tout ou partie du chargement pour alléger le navire et le préserver de la tempête ou de la poursuite de l'ennemi.

Le jet à la mer ne doit se faire qu'après délibération entre le capitaine et l'équipage ; c'est le jet régulier, et on dresse aussitôt un procès-verbal qui est transcrit sur le livre de bord et affirmé par le capitaine au premier port où aborde le navire. Quand le capitaine agit de sa propre initiative, c'est le jet irrégulier, qui n'en est pas moins une avarie commune. Le Code indique l'ordre dans lequel on doit procéder au jet à la mer : « Les choses les moins nécessaires, les plus pesantes et de moindre prix, sont jetées les premières, et ensuite les marchandises du premier pont au choix du capitaine, et par l'avis des principaux de l'équipage. » (Art. 411.) Les pertes causées par cette opération sont supportées (*contribution*) en partie par les marchandises préservées, par l'armateur ou propriétaire du navire, sur le pied de la moitié de la valeur du navire et de la moitié du fret. (Art. 417.) Le Code fixe les cas dans lesquels le propriétaire des marchandises supporte seul la perte du jet à la mer et détermine les marchandises et objets du bord exempts de la part contributive; telles sont les munitions de guerre, provisions, hardes, etc. Il décide aussi que le propriétaire a droit à la restitution, si ses marchandises sont retrouvées.

## Jeu.

Le Code civil (art. 1965 et 1967) établit au sujet des obligations contractées au jeu une distinction importante. Les jeux propres à exercer au fait des armes, les courses à pied ou à cheval, les courses de chariot, le jeu de paume et autres jeux de même nature qui tiennent à l'adresse et à l'exercice du corps, donnent lieu à une action du gagnant contre le perdant. Néanmoins le tribunal peut rejeter la demande, quand la somme lui paraît excessive.

Au contraire, la loi n'accorde aucune action au gagnant contre le perdant pour une dette de jeu (cartes, billard, quilles, etc.) ou pour le payement d'un pari.

Cependant, dans aucun cas le perdant ne peut répéter ce qu'il a volontairement payé, à moins qu'il n'y ait eu, de la part du gagnant, dol, supercherie ou escroquerie.

Le jeu et le pari sont des contrats aléatoires. La fin de non-recevoir opposée à l'action pour dette de jeu s'appelle *exception de jeu*.

L'exception de jeu ne peut être invoquée en matière d'opérations de bourse. Tous les marchés à terme sur effets publics et autres, tous les marchés à livrer sur denrées et marchandises sont reconnus légaux, alors même que, dans l'intention des parties contractantes, les opérations devaient se résoudre par le payement d'une simple différence. La loi du 18 mars 1885 qui en a ainsi décidé a, de plus, aboli les articles 421 et 422 du Code pénal, qui punissaient les jeux et paris sur les fonds publics.

*Jeu dans les cercles.* — Depuis la promulgation de la loi du 1er juillet 1901, les cercles, comme toute autre association de personnes, peuvent se constituer sans autorisation ; ils ne sont même tenus de souscrire une déclaration qu'autant qu'ils désirent obtenir la capacité juridique instituée par l'article 6 de ladite loi. Les intéressés ont toute liberté pour constituer un cercle. Ils n'ont donc plus à soumettre, comme antérieurement, leurs statuts à l'examen de l'administration, et celle-ci n'a plus à les agréer. Toutefois, ce régime de liberté ne modifie point la situation des cercles au point de vue pénal, dans le cas où ils auraient l'exploitation du jeu pour objet. Les cercles, dont l'entrée est soumise à des règles de nature à ne pas leur faire perdre le caractère d'association fermée, peuvent être considérés comme de véritables lieux privés, et il est licite pour leurs membres de jouer entre eux, comme on peut le faire dans un domicile particulier. Un cercle ouvert à tout venant constituerait une maison de jeu et rentrerait dans la catégorie des associations nulles et de nul effet, comme poursuivant un objet illicite. Aux termes de l'article 7 de la loi du 1er juillet 1901, cette nullité est sanctionnée par la dissolution de l'association, sans préjudice de l'application éventuelle des pénalités édictées par l'article 410 du Code pénal ; ce sont les tribunaux seuls qui ont qualité pour prononcer la dissolution, si cette mesure leur paraît justifiée par les circonstances.

*Jeu dans les établissements et lieux publics.* — Le fonctionnement des jeux de hasard dans les établissements et dans les lieux publics est interdit par les articles 410 et 475 du Code pénal, qui édictent, suivant le cas, des peines correctionnelles ou de simple police contre les délinquants.

Par un arrêt en date du 18 avril 1902, le conseil d'Etat, statuant au contentieux, a déclaré que, se réservant la faculté d'accorder des autorisations de jeux dans les stations balnéaires ou thermales, l'administration supérieure exerce un droit qui ne lui appartient pas.

Les maires ont le droit d'interdire par voie d'arrêté général et réglementaire le fonctionnement des jeux de hasard et d'argent dans leur commune, mais ils n'ont pas la faculté de les autoriser, c'est-à-dire de revendiquer pour eux-mêmes l'exercice d'un pouvoir que le conseil d'Etat dénie à l'administration supérieure comme étant contraire aux lois. Les demandes d'autorisations de « petits chevaux » et autres jeux analogues doivent donc être rejetées. (Circ. Int., 1er mai 1904.)

La loi du 3 avril 1903 (art. 2) considère comme gens sans aveu et punit des peines édictées contre le vagabondage tous individus qui ne tirent habituellement leur subsistance que du fait de pratiquer ou de faciliter sur la voie publique l'exercice des jeux illicites.

D'autre part, l'article 410 du Code pénal prévoit et punit les jeux de hasard établis d'une façon permanente, la tenue de maisons de jeu où le public est admis, soit librement, soit sur présentation. Les articles 475, § 5, 477 et 478 du même code répriment les jeux de hasard accidentellement tenus dans un lieu public.

## Jeunes détenus.

La détention des mineurs a été organisée par la loi du 5 août 1850 « sur l'éducation et le patronage des *jeunes détenus* ».

Les mineurs des deux sexes détenus à raison de crimes, délits, contraventions aux lois fiscales, ou par voie de correction paternelle, reçoivent, soit pendant leur détention préventive, soit pendant leur séjour dans les établissements pénitentiaires, une éducation morale, religieuse et professionnelle.

Les jeunes détenus acquittés comme ayant agi sans discernement, mais non remis à leurs parents, sont conduits dans une colonie pénitentiaire ; ils y sont élevés en commun et appliqués aux travaux de l'agriculture, ainsi qu'aux principales industries qui s'y rattachent. Il est pourvu à leur instruction élémentaire.

Les colonies pénitentiaires reçoivent également les jeunes détenus condamnés à un emprisonnement de plus de six mois et qui n'excède pas deux ans. Après trois mois de détention dans un quartier distinct, le directeur peut, en raison de leur bonne conduite, les admettre aux travaux agricoles.

Les colonies pénitentiaires sont des établissements publics ou privés.

Les jeunes détenus condamnés à un emprisonnement de plus de deux années, et les jeunes détenus des colonies pénitentiaires déclarés insubordonnés, sont élevés dans des *colonies correctionnelles*. Cette déclaration est rendue, sur la proposition du directeur, par le conseil de surveillance. Elle est soumise à l'approbation du ministre de l'Intérieur.

Les maisons pénitentiaires reçoivent : 1° les mineures détenues par voie de correction paternelle ; 2° les jeunes filles de moins de seize ans condamnées à l'emprisonnement pour une durée quelconque ; 3° les jeunes filles acquittées comme ayant agi sans discernement, et non remises à leurs parents.

Les jeunes détenus sont, à l'époque de leur libération, placés sous le patronage de l'assistance publique pendant trois années au moins.

**Jouissance.** — Epoque à partir de laquelle on a droit aux intérêts ou dividendes d'une valeur. *Action de jouissance*, Action dont le capital remboursé ne comporte plus qu'une part dans les dividendes.

**Jouissance légale.** — Droit, qui appartient au père ou au conjoint survivant, de jouir des biens appartenant à leurs enfants n'ayant pas dix-huit ans révolus et non émancipés. V. PUISSANCE PATERNELLE.

**Journal.** — V. PRESSE.

**Journal officiel.**

L'exploitation du *Journal officiel* constitue (loi du 28 décembre 1880) un service en régie administrative placé sous la dépendance du ministre de l'Intérieur.

**Jours de planche.** — V. STARIES.

**Jours et vues.** — V. VUES.

**Jours fériés.** — V. FÊTES LÉGALES.

**Judicatum solvi** (*Caution*). — V. CAUTION.

**Juge.** — Tout magistrat institué pour rendre la justice aux particuliers ; spécialement les membres des tribunaux de première instance ou de commerce, par opposition aux membres des cours d'appel, de la Cour des comptes et de la Cour de cassation, appelés *conseillers*.

Chaque tribunal de première instance se compose, suivant son importance, de trois à quinze juges (y compris le président et autant de vice-présidents qu'il y a de chambres, moins une) et de juges suppléants. Juges et juges suppléants sont nommés par le chef de l'État et sont inamovibles. Les conditions de leur nomination sont : la qualité de Français, le grade de licencié en droit, un stage de deux ans comme avocat et l'âge de vingt-cinq ans (vingt-sept ans pour les présidents et vice-présidents).

Chaque tribunal de commerce se compose, suivant son importance, de trois à quinze juges (dont un président) et de juges suppléants, dont les fonctions sont purement honorifiques et temporaires. Ils sont nommés, pour deux ans, à l'élection, par les commerçants.

Indépendamment de la direction de l'audience et de l'administration du tribunal, le président a certains pouvoirs spéciaux qui lui appartiennent et dont les juges ne sont investis que momentanément, par délégation ou pour le remplacer.

Les *juges suppléants* sont de véritables magistrats ayant presque les mêmes prérogatives que les titulaires. Ils peuvent être chargés par décret de l'instruction ou du service des ordres, comme les juges titulaires. Ils peuvent, à défaut de substitut, remplir les fonctions de représentant du ministère public. Ils peuvent être aussi chargés des fonctions de juge d'instruction. Ils ne reçoivent pas de traitement, sauf dans certains tribunaux importants, où il existe des *juges suppléants rétribués*. (Loi du 13 avril 1901, art. 25.)

*Règlement de juges.* — On appelle « règlement de juges » la décision par laquelle une autorité judiciaire supérieure détermine lequel de deux ou plusieurs tribunaux qui lui sont subordonnés devra connaître d'une cause dont ils ont été simultanément saisis, aussi bien dans le cas où deux tribunaux, par exemple, se déclarent incompétents que dans celui où ils veulent tous deux retenir l'affaire. V. CONFLIT.

1° *Matières civiles.* En matières civiles, les règles applicables sont contenues dans les articles 363 et suivants du Code de procédure civile.

Si les tribunaux entre lesquels il y a conflit se trouvent dans un même ressort, le règlement de juges est porté au tribunal qui leur est immédiatement supérieur ; dans le cas contraire, il est porté à la Cour de cassation. Ainsi, pour deux justices de paix du même arrondissement, le règlement de juges appartient au tribunal d'arrondissement ; si elles sont d'arrondissements différents, mais du ressort de la même cour d'appel, le règlement est porté devant cette cour ; si elles ne ressortissent pas à la même cour d'appel, c'est à la Cour de cassation que le règlement doit être porté.

Les articles 364, 365 et 366 du Code de procédure civile déterminent les formes de la demande en règlement de juges, ainsi que les délais de signification du jugement qui l'a admise et ceux de l'assignation des parties.

Le demandeur qui succombe peut être condamné à des dommages-intérêts envers les autres parties.

Les demandes en règlement de juges sont dispensées du préliminaire de conciliation; elles sont communiquées au ministère public. (Code proc. civ., art. 49 et 83.)

2° *Matières criminelles.* Le Code d'instruction criminelle s'occupe des règlements de juges dans ses articles 525 et suivants.

Au point de vue de l'autorité judiciaire ayant compétence pour le règlement de juges, il contient les mêmes principes que le Code de procédure civile; mais, ici, la Cour de cassation n'intervient pas seulement dans le cas où les juridictions entre lesquelles le conflit s'est établi appartiennent à des ressorts différents, elle prononce également lorsqu'un tribunal militaire ou maritime, ou un officier de police militaire, ou tout autre tribunal d'exception, d'une part, et, d'autre part, une cour d'appel ou d'assise, un tribunal correctionnel ou de police, ou un juge d'instruction, sont saisis de la connaissance du même délit, ou de délits connexes, ou de la même contravention.

La partie qui succombe dans sa demande en règlement de juges encourt une amende de 300 francs.

**Juge-commissaire.** — Juge *commis* par le tribunal pour diriger ou surveiller une opération, où il représente le tribunal.

Le président commet les magistrats pour les ordres et les contributions quand il n'y a pas de juge spécial. Le tribunal commet un de ses membres pour les enquêtes, les descentes sur les lieux, les interrogatoires sur faits et articles. Lorsqu'un juge est chargé de diriger une enquête, on l'appelle souvent, dans le langage du palais, *juge enquêteur;* quand il est chargé de présider à une expropriation pour cause d'utilité publique, il prend le nom de *magistrat directeur du jury.* Dans les faillites, il y a un juge-commissaire.

Le *juge-commissaire* ne rend pas de jugements, à proprement parler : il rend des ordonnances, qui sont plutôt des actes de formalité et de procédure. Il a tous les pouvoirs nécessaires pour la mission qui lui est confiée; mais il doit renvoyer au tribunal la connaissance des difficultés dont la solution exige un jugement.

**Juge d'instruction.** — Magistrat spécialement chargé d'informer sur les crimes et délits, de faire arrêter et d'interroger les prévenus.

Le *juge d'instruction* est un juge du tribunal d'arrondissement qui, en dehors de ses fonctions ordinaires de juge, est spécialement chargé des fonctions de l'instruction en matière pénale. Pris parmi les juges titulaires ou parmi les juges suppléants, il est nommé pour trois ans, par décret du président de la République, et il peut être, sans décret nouveau, indéfiniment maintenu dans ses fonctions. (Code Instr. crim., art. 55 et 56.) Il ne peut concourir au jugement des affaires qu'il a instruites, et cela à peine de nullité.

En ce qui concerne son rôle et ses pouvoirs, v. INSTRUCTION, DÉTENTION PRÉVENTIVE, etc.

**Juge de paix.** — V. JUSTICE DE PAIX.

**Juges (Règlement de).** — V. JUGE.

**Jugement.** — Décision émanée des tribunaux inférieurs, à savoir : des justices de paix, des tribunaux civils de première instance et des tribunaux de commerce.

On nomme *arrêts* les décisions des cours d'appel, de la Cour des comptes, de la Cour de cassation et du conseil d'Etat; *arrêtés*, les jugements des conseils de préfecture; *sentences*, les décisions rendues par des arbitres.

*Diverses sortes de jugements.* Les jugements se divisent en jugements *avant faire droit* et jugements *définitifs*. Les premiers ne terminent pas le litige, mais ont simplement pour objet soit d'en préparer la solution, soit de pourvoir dans l'entre-temps à quelque mesure urgente.

*Jugements avant faire droit.* — On distingue trois espèces de jugements avant faire droit : 1° Les jugements dits *provisoires* ou *par provision*, lesquels, sans toucher au fond du litige, qui demeure réservé, statuent actuellement sur un incident qui ne peut souffrir de retard. Par exemple, une femme plaide en divorce contre son mari; elle a articulé des faits d'injures ou de sévices dont elle demande à faire la preuve. Elle demande que son mari, détenteur de sa dot, soit condamné à lui payer, durant l'instance, une pension à titre d'aliments : le jugement qui lui accorde cette subvention alimentaire, en attendant la solution définitive du débat, est un jugement provisoire. 2° Les jugements *préparatoires* ne vident pas le débat et ne le préjugent même pas d'une manière simplement hypothétique ou éventuelle. Ils accélèrent l'instruction. Ainsi, le tribunal ordonne une communication de pièces : c'est un jugement préparatoire, qui ne juge ni ne préjuge rien. 3° Le caractère des jugements *interlocutoires* est de préjuger juridiquement l'issue du débat dont la solution définitive ne dépend plus que d'un point de fait qui reste à vérifier. Une femme demanderesse en séparation de corps demande à prouver des faits qu'elle soutient présenter les caractères d'injures ou d'excès, de nature à motiver la séparation. Le mari soutient que les faits articulés, fussent-ils vérifiés, n'ont point assez de gravité pour constituer des griefs de séparation. Il demande au tribunal de ne pas s'arrêter à l'offre de la preuve et de rejeter d'ores et déjà la demande. Le tribunal, appréciant les circonstances accessoires, la condition et l'éducation des parties, estime au contraire que les faits sont suffisamment graves pour motiver la séparation de corps s'ils étaient justifiés, et par conséquent il ordonne l'enquête : c'est un jugement interlocutoire, sans vider quant à présent le litige, il en préjuge, au moins hypothétiquement, la solution.

Les mesures d'instruction que comportent les jugements préparatoires sont : la comparution personnelle, le serment, l'interrogatoire sur faits et articles, la vérification d'écritures, le faux incident civil, les enquêtes, les descentes sur lieux, les expertises.

*Jugements définitifs.* — Les jugements *définitifs* portent décision sur le fond et dispositions accessoires d'exécution :

*Jugements contradictoires et par défaut.* On divise d'abord les jugements définitifs en *contradictoires* et *par défaut*. Les premiers sont rendus sur les conclusions prises à l'audience par toutes les parties en cause. Les seconds interviennent sur les conclusions d'une seule partie, en l'absence et sans contradiction de la part de l'autre, qui n'a pas comparu, quoique régulièrement assignée.

On distingue plusieurs espèces de jugements *par défaut*. La partie défenderesse peut ne pas comparaître ou constituer avoué : c'est ce qu'on appelle le défaut *contre partie*, ou le défaut *faute de comparaître*, ou le défaut *faute de constituer avoué*. La seconde espèce de jugement par défaut est celle que l'on nomme *défaut contre avoué*, ou défaut *faute de conclure* : la partie a comparu, c'est-à-dire qu'elle a constitué, pour la représenter dans l'instance, un avoué du siège, mais s'abstient néanmoins de se défendre, ou, plus exactement, l'avoué qui la représente ne conclut pas pour elle à l'audience où la cause est appelée. Il y a encore défaut, puisqu'il n'y a pas de contradiction devant le tribunal.

Lorsque l'un des défendeurs fait défaut, alors que les autres comparaissent et concluent, le tribunal rend un jugement préparatoire constatant le défaut de comparaître, réassigne à ses frais le défaillant, « puis, au lieu d'accorder au défaillant le *profit* de ce défaut, c'est-à-dire de lui adjuger le bénéfice de ses conclusions contre les défaillants, réserve pour le moment ce profit et le joint à la cause contradictoirement engagée avec les défendeurs qui ont comparu : c'est pour ce motif que ce jugement porte le nom de *profit joint* ou jugement de jonction » (Glasson). Après quoi est rendu un jugement considéré comme contradictoire, même à l'égard du défaillant, qui n'est pas recevable à y faire opposition.

Les voies de recours contre les jugements par défaut sont l'*opposition*, qui doit être portée devant le même tribunal, et l'*appel*, déféré à un tribunal supérieur. V. APPEL, OPPOSITION.

*Jugements en premier et en dernier ressort.* Les premiers sont ceux sur lesquels, à raison de l'importance du litige, le tribunal saisi ne statue qu'au premier degré de juridiction, et sauf l'appel qui peut être interjeté par la partie condamnée. Les jugements en dernier ressort, au contraire, ne sont pas sujets à l'appel.

*Jugements d'expédient, sur requête, par forclusion.* On distingue enfin les jugements *convenus* ou *d'expédient*, dont les dispositions sont arrêtées par les parties ; les jugements *sur requête*, quand il n'y a pas de défendeur ; les jugements *par forclusion*, quand l'une des parties ne produit pas ses titres.

*Rédaction des jugements.* — La rédaction des jugements contient deux parties : l'une, œuvre des juges, est la minute ou original du jugement ; l'autre est l'œuvre des avoués : ce sont les *qualités*.

Le jugement doit, à peine de nullité, contenir le *dispositif* de la décision, et en exprimer les motifs. Le dispositif est la partie impérative ou prohibitive du jugement ; il en est manifestement la partie capitale. L'expression des motifs, quoique relativement moins essentielle que le dispositif, n'est pas moins exigée, sous peine de nullité de la décision.

Les motifs et le dispositif sont les parties vitales du jugement, mais elles ne sont pas le jugement tout entier. Cette décision se produit à la suite d'un débat dont elle est le dénouement. Pour lui restituer sa signification, il est manifeste qu'il faut la rattacher à un exposé sommaire du point de fait et des conclusions des parties. Cet exposé est la matière d'un acte de procédure qu'on appelle les *qualités* du jugement. Ces qualités sont rédigées par l'avoué de la partie qui a gagné son procès, et qui a intérêt à lever l'expédition du jugement. Cette expédition, comprenant tout ensemble les qualités et la minute de la décision couchée sur la feuille d'audience, présente le débat dans toutes ses phases, depuis l'introduction de l'instance jusques et y compris le jugement qui a résolu le débat.

*Forme des jugements.* — Un jugement est régulier aux conditions suivantes : 1° concours du nombre de juges fixé par la loi ; 2° assistance des juges à toutes les audiences de la cause ; 3° délibération secrète ; 4° pluralité des voix (majorité absolue) ; 5° prononcé de la décision en public ; 6° conformité du jugement avec la demande.

Le jugement est rendu par trois juges au moins devant les tribunaux d'arrondissement, par cinq au moins devant les cours d'appel. La délibération a lieu en secret, et la décision est prise dans l'une ou l'autre des conditions suivantes : 1° sur-le-champ ; 2° le même jour, après délibération des juges en chambre du conseil ; 3° à une date ultérieure (*délibéré simple*) ; 4° à une date ultérieure, sur rapport d'un juge (*délibéré sur rapport*). Le prononcé du jugement est public, même si les débats ont eu lieu à huis clos. Il est transcrit sur un registre, appelé *plumitif*, puis sur la *feuille d'audience* et signé par le président et le greffier. C'est la *minute*.

On appelle *expédition* la copie du jugement contenant les *qualités*, *motifs*, *dispositif* et *noms des juges*, et *grosse* la copie du jugement contenant, en outre, la formule exécutoire. V. PUBLICITÉ.

*Signification, exécution et effet des jugements.* — La signification du jugement doit être toujours faite à l'*avoué* et, en cas de condamnation, à la *partie*.

L'exécution peut être *volontaire* ou *forcée*. Cette dernière est confiée aux huissiers, qui peuvent recourir à la force publique ; elle se poursuit, à l'aide de la grosse du jugement, ordinairement sur les biens, par la voie des saisies. Un commandement doit précéder de vingt-quatre heures la saisie mobilière et de trente jours la saisie immobilière.

Aucune signification ni exécution ne peut être faite, depuis le 1er octobre jusqu'au 31 mars, avant six heures du matin et après six heures du soir ; et depuis le 1er avril jusqu'au 30 septembre, avant quatre heures du matin et après neuf heures du soir ; non plus que les jours de fête légale, si ce n'est en vertu de permission du juge, dans le cas où il y aurait péril en la demeure. (Code proc. civ., art. 1037.)

Les principaux effets des jugements sont : 1° donner un titre authentique et exécutoire ; 2° assurer hypothèque judiciaire sur tous les biens du perdant ; 3° opérer une novation du titre, qui n'est plus prescriptible que par trente ans ; 4° créer la présomption de chose jugée entre les parties.

Le jugement contient : 1° la condamnation principale ; 2° des condamnations accessoires : délais de grâce, contrainte par corps après jugement criminel, dommages-intérêts, restitution de fruits en nature ou en argent, droits de timbre et d'enregistrement.

Les dépens sont à la charge du perdant, sauf : 1° lorsque le ministère public *succombe ;* 2° s'il y a *compensation*, c'est-à-dire si les parties succombent toutes deux sur certains chefs ou si elles sont parentes. Ils sont adjugés à l'avoué par *distraction*, au lieu de l'être au profit du gagnant, son client. V. DISTRACTION.

*Exécution parée.* — Un acte peut, s'il est revêtu de certaines formalités, être mis à exécution sans qu'il soit nécessaire de recourir à l'autorité judiciaire ; l'exécution que l'on exerce en vertu d'un tel acte est dite *exécution parée*. Les actes qui emportent exécution parée sont les actes authentiques, mais à la condition qu'ils aient le même intitulé que les lois et soient terminés par un mandement aux officiers de justice, c'est-à-dire qu'ils soient revêtus de la formule exécutoire : la formule exécutoire confère seule la voie parée.

*Voies de recours.* — Les voies de recours contre les jugements se divisent en voies de *rétractation* et en voies de *réformation*.

Les voies de rétractation sont l'opposition aux jugements par défaut (v. OPPOSITION), la requête civile (v. REQUÊTE CIVILE) et la tierce opposition devant la même juridiction. V. OPPOSITION.

Les voies de réformation sont l'appel (v. APPEL), la tierce opposition devant un tribunal supérieur et la prise à partie (v. PRISE A PARTIE). Il y a enfin le pourvoi en cassation. V. CASSATION.

L'opposition et l'appel sont les *voies ordinaires* de recours ; les autres sont dites *voies extraordinaires*.

L'appel est *suspensif*, car on ignore quel sera l'arrêt de la cour ; mais, en cas d'urgence, l'exécution du jugement a lieu *par provision*, malgré l'appel.

L'*exécution provisoire* des jugements, nonobstant opposition ou appel, est admise tantôt par la loi, tantôt par les juges. Celle ordonnée par la loi a lieu de plein droit, c'est-à-dire sans qu'on y ait conclu et sans que les juges l'aient prononcée : il en est ainsi, par exemple, pour les ordonnances de référé. Celle ordonnée par les juges ne peut l'être que sur la demande des parties, et non d'office ; elle intervient, même sans caution, quand il y a titre authentique, promesse reconnue, et dans d'autres circonstances que détermine l'article 135 du Code de proc. civ.

**Juridiction.** — Pouvoir attribué à des fonctionnaires de prononcer un jugement sur des litiges relatifs à l'application des lois (juridiction *contentieuse*), et aussi d'accomplir certains actes qui ne supposent aucune contestation (juridiction *non contentieuse*, dite encore *gracieuse* ou *volontaire*).

Toute la juridiction est, actuellement, déléguée à des tribunaux divers, les uns judiciaires, les autres administratifs. Rentrent dans les institutions judiciaires la justice civile, la justice commerciale et la justice criminelle. Les cours et tribunaux sont le plus généralement groupés deux à deux, de manière qu'il puisse y avoir deux degrés de juridiction. Le pourvoi en cassation n'est pas un degré de juridiction, la cour suprême ne statuant jamais sur le fond.

Le principe de la séparation des pouvoirs, qui forme, depuis 1789, la base du droit public français, et celui de la séparation des autorités administratives et judiciaires, qui en est la conséquence, ont nécessité la création de tribunaux administratifs : conseil d'État, Cour des comptes, conseils de préfecture, conseils spéciaux de l'instruction publique, conseils de revision, etc. V. ces mots et ADMINISTRATION.

Parmi les actes de juridiction gracieuse, on peut citer les actes de tutelle en matière judiciaire et les demandes en remise d'impôts directs en matière administrative.

Au point de vue pénal, on distingue : 1° des *juridictions d'instruction* (juge d'instruction, chambres des mises en accusation) ; 2° la *juridiction de jugement* (tribunaux de simple police, tribunaux correctionnels, cours d'assises, Cour de cassation) ; 3° des *juridictions d'exception* (conseils de guerre, tribunaux maritimes, etc.). V. JUSTICE.

**Juridiction (Privilège de).** — V. PRIVILÈGE DE JURIDICTION.

**Jurisconsulte.** — Celui qui est versé dans la science du droit et des lois.

**Jurisprudence.** — Ensemble des décisions des tribunaux, des solutions données à des questions de droit controversées.

Les lois ne pouvant prévoir tous les cas possibles, les tribunaux doivent, par leur *jurisprudence*, régler ceux qui n'ont pas été prévus ou qui donnent lieu à discussion, sous peine de déni de justice. (Code civ., art. 5.) Dans de pareils cas, les décisions prises par les tribunaux ou par la Cour de cassation ne les lient pas pour les affaires identiques qui se présenteront dans l'avenir ; mais, en fait, les juges évitent de contredire les décisions antérieures, surtout celles de la Cour de cassation.

D'autre part, quand les lois sont anciennes, en désaccord avec des idées nouvelles, souvent la jurisprudence, utilisant son pouvoir de régler les points nouveaux ou obscurs, donne, dans ces hypothèses, une série de décisions en rapport avec les besoins nouveaux.

La jurisprudence est le complément nécessaire de la loi.

**Jury criminel.** — Commission de citoyens qui, en cours d'assises, siège à côté des magistrats, avec la mission de prononcer sur la culpabilité de l'accusé. V. COUR D'ASSISES.

**Jury d'expropriation.** — Commission de citoyens qui prononce sur les indemnités à allouer en cas d'expropriation pour cause d'utilité publique. V. EXPROPRIATION.

## Justice.

L'administration de la *justice* est confiée au ministre de la Justice. Parmi les services placés sous sa direction, nous citerons notamment les suivants : organisation et surveillance de toutes les parties de l'ordre judiciaire ; rapports au chef de l'Etat sur les matières de législation, sur l'administration de la justice, sur la statistique de la justice civile, commerciale et criminelle, sur les recours en grâce et en commutation de peine, sur les dispenses d'âge, de parenté et d'alliance pour mariage, sur les demandes en naturalisation ; ordres et instructions aux cours et tribunaux; propositions relatives à la nomination des membres des cours et tribunaux civils, des juges de paix, des greffiers, des notaires, des officiers ministériels, à l'institution des magistrats consulaires; discipline judiciaire; nomination des présidents d'assises ; création et suppression des offices ministériels ; promulgation des lois.

Le ministre de la Justice est en même temps garde des sceaux, et, à ce titre, il veille à la garde du sceau de l'Etat, l'appose sur les lois, traités, actes de chancellerie, promulgue les lois et en conserve les originaux.

L'organisation judiciaire date, dans ses lignes générales, d'une loi des 16-24 août 1790, modifiée par celle du 30 août 1883. En principe, la justice émane du chef de l'Etat et est rendue en son nom ; mais ceux qui la rendent sont inamovibles, et ainsi ils sont indépendants du chef de l'Etat ; d'autre part, la justice est gratuite, ce qui veut dire que les magistrats sont salariés par le gouvernement, et non par les plaideurs.

Les corps constitués pour exercer le pouvoir judiciaire et rendre la justice au nom du chef de l'Etat portent le nom général de *tribunaux*. Ceux-ci se divisent en tribunaux *ordinaires* (tribunaux d'arrondissement et cours d'appel) et tribunaux *spéciaux* ou *d'exception* (justices de paix, tribunaux de commerce, conseils de prud'hommes), suivant que leur compétence est générale ou spéciale. On les divise encore en *tribunaux de première instance* et *cours d'appel*, suivant qu'ils jugent en premier ou en deuxième ressort.

Chaque tribunal exerce la justice sur une certaine partie du territoire appelée *ressort*.

Les circonscriptions judiciaires correspondent à peu près aux circonscriptions administratives. Ainsi, il y a : une justice de paix par canton, un tribunal de première instance par arrondissement, une cour d'appel pour un ou plusieurs départements, une Cour de cassation pour toute la France. Quant aux tribunaux de commerce, il y en a seulement dans les villes commerçantes. Enfin, il y a des conseils de prud'hommes dans les villes manufacturières.

En dehors et au-dessus des divers tribunaux, la Cour de cassation a pour fonction de veiller à l'application des lois et des formes de procédure ; elle juge non pas les affaires, mais les jugements. V. CASSATION.

Il y a enfin des tribunaux administratifs : Conseil d'Etat, Cour des comptes, conseils de préfecture, etc.

Les juges ne peuvent se refuser à juger sous prétexte de silence ou d'obscurité de la loi, ni rendre d'arrêts de règlement, ni tenir compte des conventions contraires à l'ordre public et aux bonnes mœurs.

La magistrature se divise en *magistrature assise* (magistrats *du siège*, chargés du jugement) et la *magistrature debout* (membres du ministère public ou des parquets). Seule la magistrature assise est inamovible.

Le principe de l'inamovibilité, sur lequel repose notre organisation judiciaire, est une garantie d'indépendance.

Sont inamovibles les conseillers à la Cour de cassation, les conseillers à la Cour des comptes et aux cours d'appel, les juges des tribunaux de première instance; mais sont amovibles les juges de paix, les membres des parquets de première instance et d'appel, les membres des tribunaux de commerce et des conseils de prud'hommes.

Les magistrats inamovibles ne peuvent être déplacés que sur l'avis conforme du conseil supérieur de la magistrature. (Loi du 30 août 1883, art. 15.)

Le choix des magistrats appartient au garde des sceaux et au pouvoir exécutif, mais, aux termes des art. 64 et 65 de la loi du 20 avril 1810, il faut pour être nommé à l'une des fonctions de la magistrature dans des cours et tribunaux de première instance : être Français, jouir de ses droits civils, civiques et de famille, être de bonne vie et mœurs, être licencié en droit et avoir fait comme avocat deux ans au moins de stage. L'âge (de vingt-deux à trente ans) varie suivant les fonctions.

Avant d'être installés, les magistrats de tout ordre sont tenus de prêter serment. (Décret du 24 messidor an XII.)

Ces magistrats ne peuvent ensuite être dépossédés de leurs fonctions que dans les cas suivants : 1° lorsqu'ils ont atteint la limite d'âge fixée par le décret du 1er mars 1852 (75 ans pour les membres de la Cour de cassation et les conseillers maîtres à la Cour des comptes, 70 ans pour les conseillers référendaires à la Cour des comptes et les magistrats des Cours d'appel et des tribunaux de première instance; 2° lorsque des infirmités permanentes les mettent hors d'état d'exercer leurs fonctions (Loi du 30 août 1883, art. 15); 3° lorsqu'ils ont la déchéance.

Les parents et alliés, jusqu'au degré d'oncle ou de neveu inclusivement, ne peuvent être simultanément membres d'un *même tribunal* ou d'une *même cour*, soit comme juges, comme officiers d'un ministère public, ou même comme greffiers, sans une dispense du chef de l'Etat. Il n'est accordé aucune dispense pour les tribunaux composés de moins de huit juges. En cas d'alliance survenue depuis la nomination, celui qui l'a contractée ne peut continuer ses fonctions sans obtenir une dispense du chef de l'Etat. (Loi du 20 avril 1810, art. 63.)

La Cour de cassation constitue le conseil supérieur de la magistrature. Elle ne peut statuer en cette qualité que toutes chambres réunies. Le procureur général près la Cour de cassation représente le gouvernement devant le conseil supérieur, qui ne peut être saisi que par le garde des sceaux, et ne doit statuer ou donner son avis qu'après que le magistrat a été entendu ou dûment appelé.

Le garde des sceaux a sur les magistrats de toutes les juridictions civiles et commerciales un droit de surveillance. Il peut leur adresser une réprimande ; cette réprimande est notifiée au magistrat qui en est l'objet par le premier président pour les présidents de chambre, conseillers, présidents, juges et juges suppléants; par le procureur général pour les officiers du ministère public. Le garde des sceaux peut mander tout magistrat afin de recevoir ses explications sur les faits qui lui sont imputés. (Loi du 30 août 1883.) V. PRIVILÈGE DE JURIDICTION.

Les organes directs de la justice sont les juges ; mais auprès d'eux se placent : d'une part, les membres du ministère public, qui requièrent, au nom de la société, les décisions de la justice ; d'autre part, les avocats, chargés de présenter, en les développant, les moyens des parties ; enfin, des officiers ministériels (huissiers, avoués, greffiers), qui, revêtus d'un caractère public, ont mission d'assister soit les juges, soit les parties.

*Déni de justice.* — V. DÉNI.

*Haute cour de justice.* — V. SÉNAT.

*Maison de justice.* — V. PRISON.

## Justice militaire.

### Armée de terre.

Le Code de justice militaire porte la date du 9 juin 1857.

*Compétence.* — Même envers leurs justiciables, la compétence des tribunaux militaires ne s'étend qu'à la punition des crimes ou délits ; ils ne peuvent prononcer sur les actions civiles que ces crimes ou délits pourraient provoquer. Exception, toutefois, pour les prévôtés, qui peuvent prononcer sur des demandes en dommages-intérêts.

En temps de paix, la compétence des conseils de guerre s'étend, pour tous crimes ou délits, militaires ou autres, sauf le cas de complices civils, aux militaires ou assimilés, en activité de service.

Cette compétence ne s'étend que pour les crimes et délits militaires aux militaires en congé ou en permission, ou recevant un traitement de l'État, sans être employés par lui à proprement parler ; elle s'étend, en outre, à tous les délits d'insoumission.

Si un justiciable des conseils de guerre est prévenu en même temps d'un crime ou délit relevant des tribunaux ordinaires, il doit être d'abord jugé pour le fait entraînant la peine la plus grave, et, en cas d'égalité, il doit l'être d'abord par le tribunal militaire.

En temps de guerre, la compétence des conseils de guerre embrasse, outre les justiciables du temps de paix, tous les individus employés par l'armée ou autorisés à la suivre.

La compétence des conseils de revision s'étend à tous les jugements des conseils de guerre, sauf suspension du recours en revision aux armées et dans les places assiégées ou investies. Ces conseils ne jugent pas au fond, mais examinent seulement si les formalités prescrites ont été observées en ce qui touche la composition du conseil de guerre, sa compétence, l'application de la peine et tous les détails de procédure.

*Conseils de guerre.* — La composition des conseils de guerre varie suivant le grade du militaire qu'ils ont à juger. Les conseils dits *permanents*, établis à raison de 1 par corps d'armée, au chef-lieu de la région, sont constitués en vue de juger les hommes de troupes, et leur sept membres se composent d'un colonel ou lieutenant-colonel, président, avec six juges : un chef de bataillon ou d'escadron, deux capitaines, deux lieutenants ou sous-lieutenants, et un sous-officier, tous en activité et pris dans la région du corps d'armée. Nommés par le commandant de corps d'armée, ils peuvent être remplacés, en principe, tous les six mois, et sont désignés à tour de rôle, d'après un tableau d'instruction établi *ad hoc*.

A chaque conseil de guerre sont attachés : un commissaire de gouvernement, faisant fonction de ministère public, et de même grade au moins que l'accusé, et un rapporteur, chargé de l'instruction des affaires, pris parmi les officiers supérieurs, capitaines ou assimilés, en activité ou en retraite. Ils sont nommés par le ministre et doublés l'un et l'autre d'un ou plusieurs substituts, désignés parmi les officiers en activité par le commandant de corps d'armée. Enfin, le personnel du conseil est complété par un greffier, pris parmi les officiers d'administration de la justice militaire, un adjudant commis-greffier et un sergent huissier-appariteur.

La composition du conseil est modifiée selon qu'il y a à juger un assimilé, un membre du corps de contrôle, etc.

Les commissaires près les conseils de guerre sont généralement pris parmi les officiers supérieurs ou capitaines et assimilés, et doivent être au moins égaux en grade à l'accusé. Ils sont les chefs du parquet du conseil de guerre, reçoivent l'ordre d'informer et le transmettent pour exécution au rapporteur du conseil, dont l'avis, formulé après l'instruction terminée, leur permet ensuite de prendre des conclusions, d'après lesquelles l'officier de police judiciaire rend un ordre de mise en jugement, ou une ordonnance de non-lieu. A l'audience, c'est le commissaire du gouvernement qui requiert l'application de la loi et appuie l'accusation. Le jugement prononcé, il en requiert l'exécution, en informe le chef du corps du condamné et, s'il y a lieu, le grand chancelier de la Légion d'honneur.

Les commissaires rapporteurs font à la fois les fonctions de ministère public et de rapporteur près des conseils de guerre spéciaux dont la formation est prévue aux armées en campagne et dans les places de guerre investies par l'ennemi.

En campagne, des conseils de guerre sont institués aux armées; ils sont, en principe, établis au quartier général de chaque division et, s'il y a lieu, de chaque corps d'armée. Ils ne se composent que de cinq juges, dont les grades sont déterminés suivant celui de l'accusé, dans les conditions indiquées plus haut. Mais ces conseils ne peuvent juger des accusés d'un grade supérieur à celui de lieutenant-colonel. Pour les grades plus élevés, les conseils doivent avoir la même composition qu'en temps de paix.

*Conseil de revision.* — On désigne ainsi le conseil chargé d'examiner les pourvois formés contre les jugements rendus par les conseils de guerre. Le délai pour se pourvoir est de vingt-quatre heures à partir de l'expiration du jour où le jugement a été lu au condamné. Si le jugement a été rendu par défaut, le condamné a cinq jours à partir de la signification pour former opposition ; ce délai expiré, le jugement est réputé contradictoire.

Il y en a deux, l'un à Paris, l'autre à Alger. Un conseil de revision se compose d'un président, général de brigade, et de quatre juges : deux colonels ou lieutenants-colonels et deux commandants. Cette composition ne change pas avec le grade de l'accusé. Cependant, si le conseil de guerre dont le jugement est attaqué avait été présidé par un officier d'un grade supérieur à celui de général de brigade, un président du même grade est désigné pour le conseil de revision, où le général de brigade passe alors au rang de juge, tandis que le moins ancien des deux commandants se retire.

Les commissaires de gouvernement près des conseils de revision sont des officiers supérieurs, nommés par le ministre de la Guerre; ils peuvent avoir des substituts nommés par le général commandant la région et pris parmi les officiers en activité.

Dans une armée en campagne, un conseil de revision est établi au quartier général du commandant en chef ; il peut même en être institué d'autres, si c'est nécessaire.

Les commissaires près les conseils de revision doivent être choisis parmi les officiers supérieurs ou les sous-intendants. C'est au commissaire du conseil de revision qu'est transmise toute la procédure du procès qui est l'objet d'un recours en revision; c'est ensuite lui qui discute les moyens d'annulation invoqués : il peut même en présenter d'office ; c'est lui qui renvoie cette même procédure au commissaire du conseil de guerre si le jugement est confirmé, ou, en cas d'annulation, au commissaire du nouveau conseil de guerre désigné pour recommencer le procès. Aux commissaires des trois catégories ci-dessus il peut être désigné des substituts pris parmi les officiers en activité.

*Caractère du délit militaire.* — « Tout individu appartenant à l'armée en vertu soit de la loi de recrutement, soit d'un brevet ou d'une commission, est justiciable des conseils de guerre. » Ce n'est pas la nature de l'acte, mais la qualité de l'agent qui détermine la compétence. Un délit ordinaire devient un délit militaire chaque fois qu'il a été commis par un militaire. Mais tous les délits commis par des militaires ne sont pas nécessairement des délits militaires. Les militaires, en effet, peuvent se rendre coupables de délits de droit commun, et les peines dont ils sont passibles dans ce cas sont celles du Code pénal. Leur qualité de militaire aura seulement pour effet de les rendre, en principe, et sauf le cas de complicité, justiciables des tribunaux militaires.

« C'est à la juridiction de droit commun qu'il appartient de connaître des crimes et délits commis par des militaires en participation avec des non-militaires, même au cas où les crimes et délits ont été commis aux armées, en état de guerre ou dans les départements en état de siège. » (Cass., 10 juillet 1875.) Les délits militaires comprennent d'abord les délits qui ne peuvent être commis que par des militaires, comme les voies de fait envers les supérieurs, les insoumissions, les désertions, etc. Mais ce ne sont pas là tous les délits dits *délits militaires*. Un individu non-militaire peut se rendre coupable d'un délit militaire et, à ce titre, encourir les peines édictées par le Code militaire : par exemple, un individu non-militaire convaincu d'embauchage est justiciable des tribunaux militaires et passible de la peine de mort, édictée par le Code militaire. Il arrive aussi qu'un délit de droit commun dégénère en délit militaire par suite de la qualité de l'agent et de certains éléments du fait du délit: ainsi, le vol par un militaire d'armes et de munitions constitue un délit militaire, et tout individu receleur est soumis à l'application des mêmes peines.

Les délits militaires donnent lieu à certaines particularités. Ainsi, les peines de la récidive ne s'appliquent à l'individu condamné par un conseil de guerre ou par un tribunal maritime qu'autant que la première condamnation a été prononcée pour des crimes où délits punissables d'après les lois pénales ordinaires.

D'autre part, en temps de paix et en cas de condamnation à l'amende, à l'emprisonnement ou aux travaux publics, la loi du 26 mars 1891 sur l'atténuation et l'aggravation des peines (v. CIRCONSTANCES atténuantes) est applicable, en principe, aux condamnations prononcées contre des militaires par les tribunaux civils ou militaires. (Loi du 28 juin 1904, art. 1er.)

Lorsqu'une condamnation prononcée pour un crime ou délit de droit commun fait l'objet d'un sursis, la condamnation encourue dans le délai de cinq ans pour un crime ou délit militaire ne fait perdre au condamné le bénéfice du sursis que si le crime ou délit est punissable par les lois pénales ordinaires. (*Id.*, art. 2.)

La condamnation antérieure prononcée pour un crime ou délit militaire non punissable d'après les lois pénales ordinaires ne fait pas obstacle à l'obtention du sursis, si l'individu qui l'a encourue est condamné pour un crime ou délit de droit commun. (*Id.*, art. 3.)

Les crimes et délits prévus par le Code de justice militaire pour l'armée de terre ne constituent l'inculpé en état de récidive que s'ils sont punis par les lois pénales. (*Id.*, art. 4.)

Si, pour l'application des dispositions qui précèdent, un condamné doit, après libération définitive du service, purger une condamnation aux travaux publics, la peine restant à courir est remplacée par un emprisonnement d'une durée moitié moindre dans une prison civile. (*Id.*, art. 5.)

*Délit de provocation à l'indiscipline.* — La loi du 12 décembre 1893 augmente les pénalités, prévues par la loi du 29 juillet 1881 sur la presse, qu'encourent les auteurs de provocations adressées, par discours ou par écrit, à des militaires pour les détourner de leurs devoirs.

Tout individu qui, soit dans les casernes ou autres établissements militaires, soit sur les terrains de manœuvres et autres lieux de réunion d'une troupe en service, sera surpris en flagrant délit de provocation à l'indiscipline par l'un des moyens susnommés, devra être immédiatement appréhendé pour être conduit au procureur de la République. (Circ. Guerre, 10 août 1904.)

### Armée de mer.

La justice militaire pour l'armée de mer, organisée par la loi du 4 juin 1858, est rendue par des *conseils de guerre*, un *conseil de revision* et des *conseils de justice*.

Les deux premières de ces juridictions siègent soit à terre, soit à bord. Permanentes dans le premier cas, elles ne sont constituées à bord que pour des affaires déterminées. Les conseils de justice siègent à bord et sont toujours temporaires.

Les conseils de guerre permanents (un président, six juges) forment pour les marins la juridiction de droit commun. Ils connaissent de tous les crimes et délits, même non militaires, commis par des marins. Il y a deux conseils de guerre au chef-lieu de chaque arrondissement maritime : le second statue en cas d'annulation des sentences prononcées par le premier.

Le conseil de revision siégeant à Brest statue comme cour de cassation sur les jugements des conseils de guerre.

Les juridictions de bord sont compétentes pour juger tout inculpé qui est à bord, même accidentellement, à la seule condition qu'il figure au rôle d'équipage. Lorsqu'il y a lieu de juger, on constitue à la fois un conseil de guerre et un conseil de revision.

Les conseils de justice sont organisés à bord pour tous délits n'emportant pas une peine supérieure à deux ans d'emprisonnement commis par des individus n'ayant ni le grade ni le rang d'officier ou d'aspirant. Ils sont composés du commandant ou du second et de quatre juges officiers ; il n'y a ni procédure écrite préalable, ni ministère public, ni voie de recours.

Le personnel du service de la justice maritime (à terre) est pris parmi les officiers, officiers mariniers, sous-officiers et employés des divers corps de la marine en activité ou en retraite. (Décret du 7 oct. 1895.)

## Justice de paix.

La justice de paix forme le premier degré de la hiérarchie judiciaire. (Loi des 16-24 août 1790, 29 ventôse an IX, 25 mai 1838, 20 mai 1854, 2 mai 1855, 12 juillet 1905 ; Code proc. civ., art. 1-58.)

Il y a une justice de paix par canton et le tribunal est composé d'un seul juge. Celui-ci a pour auxiliaires deux juges suppléants et est assisté d'un greffier. Les suppléants ne reçoivent aucun traitement; le second suppléant n'exerce ses fonctions qu'à défaut du premier. Les justices de paix siégeant dans les communes où il y a plusieurs juges de paix peuvent être réunies sous la juridiction d'un seul magistrat par décret portant règlement d'administration publique. (Loi du 25 février 1901, art. 41.) A Paris, il y a une justice de paix par arrondissement.

*Conditions de nomination.* — Peuvent seuls être nommés juges de paix :

1° Les anciens juges de paix, les licenciés en droit justifiant ou d'un stage de deux années, soit près d'un barreau, soit dans une étude de notaire ou d'avoué, ou de l'exercice, pendant deux ans, de fonctions publiques ;

2° Ceux qui ont obtenu le diplôme de bachelier en droit ou le brevet de capacité organisé par le décret du 14 février 1905 et qui justifient d'un stage de trois années dans une étude de notaire ou d'avoué ou de l'exercice pendant trois ans de fonctions publiques ;

3° Ceux qui, à défaut de licence en droit, ont obtenu le certificat de capacité prévu par l'article 12 de la loi du 22 ventôse an XII relative aux écoles de droit et qui ont été :

Pendant cinq ans : Notaires, avoués, greffiers près les cours d'appel ou les tribunaux civils, de commerce ou de paix, receveurs ou fonctionnaires d'un ordre au moins égal dans l'Administration de l'enregistrement ;

Pendant dix ans : Conseillers prud'hommes

pouvant justifier de trois années de fonctions comme président ou vice-président;

4° Ceux qui, à défaut de licence ou de baccalauréat en droit ou de certificat de capacité, ont exercé pendant dix ans les fonctions de maires ou adjoints ou conseillers généraux, à la condition d'être nommés en dehors du canton où ils exercent ou ont exercé ou sollicité, depuis moins de deux ans, des fonctions électives; membres des tribunaux de commerce, suppléants de justices de paix, conseillers de préfecture; notaires, greffiers près les cours d'appel ou les tribunaux civils, de commerce ou de paix, receveurs ou fonctionnaires d'un ordre au moins égal dans l'administration de l'enregistrement;

Ceux qui ont été également, pendant dix ans, huissiers, commis greffiers près les cours d'appel ou tribunaux civils; clercs d'avoué ou de notaire pouvant justifier de cinq ans d'exercice comme premiers clercs dans une étude d'avoué ou de notaire de chef-lieu d'arrondissement.

Les juges de paix et leurs suppléants doivent être âgés de vingt-sept ans accomplis.

Peuvent être nommés juges ou juges suppléants dans les tribunaux de première instance, même s'ils n'ont pas suivi le barreau pendant deux ans, les juges de paix pourvus du diplôme de licencié en droit qui ont exercé leurs fonctions pendant deux ans.

*Amovibilité.* — Les juges de paix sont amovibles, mais ne peuvent être révoqués ni diminués de classe que sur l'avis d'une commission nommée par le garde des sceaux et composée du procureur général à la Cour de cassation, de trois conseillers à la Cour de cassation et des trois directeurs au ministère de la Justice, et après avoir été entendus s'ils le demandent.

*Dépenses des justices de paix.* — Les communes ne supportent que les frais de loyer et de mobilier des justices de paix. (Loi du 5 avril 1884, art. 136.) Les autres frais, tels qu'ils sont définis pas le décret du 28 janvier 1883, sont à la charge du département. (Loi du 11 avril 1871, art. 60.)

*Audiences foraines.* — Le président de la République peut, par décrets rendus en conseil d'Etat, autoriser les juges de paix à tenir des *audiences supplémentaires,* dites *audiences foraines,* dans des communes autres que le chef-lieu de canton. Le juge de paix et son greffier reçoivent en ce cas, et lorsqu'il y a lieu à déplacement de leur part, une indemnité supportée par les communes intéressées. (Loi du 21 mars 1896.)

*Conciliation.* — Le juge de paix agit comme conciliateur, tant dans les affaires de la compétence du tribunal de première instance (*grande conciliation*) que dans celles de sa compétence propre (*petite conciliation*).

*Grande conciliation.* Toutes les causes civiles sont, sauf exceptions, soumises au préliminaire de conciliation. V. CONCILIATION.

*Petite conciliation.* Les procès de la compétence des juges de paix sont soumis à la *petite conciliation,* en dehors de l'audience. Dans ce cas, la partie demanderesse fait parvenir à son adversaire un *avertissement* sur papier timbré, écrit par le greffier et expédié par la poste (0 fr. 90). Le juge de paix délivre un permis de citer s'il n'y a pas conciliation ou si le défendeur fait défaut. Il n'est pas nécessaire, en petite conciliation, que le mandataire du demandeur soit muni d'un pouvoir régulier, et quant au défendeur, il lui suffit de produire l'avertissement. En cas d'urgence, une cédule du juge de paix permet de citer sans qu'il y ait eu au préalable tentative de conciliation.

La petite conciliation est appelée aussi *conciliation sur avertissement,* et la grande, *conciliation sur citation.*

Devant les justices de paix, il n y a pas de ministère public, ni de constitution d'avoué. Les parties comparaissent en personne ou par mandataire.

Le service des audiences est fait par tous les huissiers du canton.

*Compétence.* — En matière personnelle ou mobilière, le juge de paix compétent est celui du domicile du défendeur; mais cette règle générale souffre de nombreuses exceptions, par exemple en matière de successions (juge de paix du canton où la succession est ouverte) ou lorsqu'il y a élection de domicile (juge de paix du domicile élu), ou que des lois spéciales ont fixé des règles particulières de compétence, etc. Quand il y a plusieurs défendeurs, le demandeur peut les assigner devant le juge de paix du domicile de l'un d'eux, à son gré. En matière réelle, le tribunal compétent est, en principe, celui de la situation de l'immeuble litigieux. V. ACTION.

La compétence ordinaire des juges de paix comporte divers degrés. Diverses matières spéciales sont en outre placées sous leur juridiction, ainsi que certaines actions immobilières.

*1° Compétence jusqu'à 600 francs.* Les juges de paix connaissent de toutes actions purement *personnelles* ou *mobilières,* en dernier ressort jusqu'à la valeur de 300 francs, et, à charge d'appel, jusqu'à la valeur de 600 francs. (Loi du 12 juillet 1905, art. 1er.)

*2° Compétence jusqu'à 1 500 francs.* Les juges de paix prononcent sans appel jusqu'à la valeur de 300 francs et à charge d'appel jusqu'au taux de la compétence en dernier ressort des tribunaux de première instance (c'est-à-dire jusqu'à 1 500 francs de capital et 60 francs de revenu) sur les contestations :

1° Entre les hôteliers, aubergistes ou logeurs, et les voyageurs ou locataires en garni, leurs répondants ou cautions pour dépenses d'hôtellerie et perte ou avarie d'effets déposés dans l'auberge ou dans l'hôtel (v. DÉPÔT);

2° Entre les voyageurs et les entrepreneurs de transports par terre ou par eau, les voituriers ou bateliers, pour retards, frais de route et perte ou avarie d'effets accompagnant les voyageurs;

3° Entre les voyageurs et les carrossiers ou autres ouvriers, pour fournitures, salaires et réparations faites aux voitures et autres véhicules de voyage;

4° Sur les contestations à l'occasion des correspondances et objets recommandés et des envois de valeur déclarée, grevés ou non de remboursement. (*Id.*, art. 2.)

3° *Compétence illimitée.* Les juges de paix connaissent sans appel jusqu'à la valeur de 300 francs, et à charge d'appel *à quelque valeur* que la demande puisse s'élever :

1° Des actions en payement de loyers ou fermages; des congés; des demandes en résiliation de baux fondées soit sur le défaut de payement des loyers ou fermages, soit sur l'insuffisance des meubles garnissant la maison ou de bestiaux et ustensiles nécessaires à l'exploitation, soit enfin sur la destruction de la totalité de la chose louée par cas fortuit; des expulsions de lieux; des demandes en validité et en nullité ou mainlevée de saisies-gageries ou des saisies-revendications portant sur des meubles déplacés sans le consentement du propriétaire, à moins que dans ce dernier cas il n'y ait contestation de la part d'un tiers : le tout lorsque les locations, verbales ou écrites, n'excèdent pas annuellement 600 francs. (*Id.*, art. 3.)

2° Des réparations locatives des maisons ou fermes (v. RÉPARATIONS LOCATIVES); des indemnités réclamées par le locataire ou fermier pour non-jouissance provenant du fait du bailleur lorsque le droit à une indemnité n'est pas contesté; des dégradations et pertes survenant pendant le bail. Toutefois, si la perte est causée par un incendie ou une inondation, le juge de paix n'est compétent que jusqu'à la valeur de 300 francs et à charge d'appel jusqu'à la valeur de 600 francs. (*Id.*, art. 4.)

3° Des contestations relatives aux engagements respectifs des gens de travail au jour, au mois et à l'année, et de ceux qui les emploient; des maîtres, domestiques ou gens de service à gages; des maîtres ou patrons et de leurs ouvriers ou apprentis, sans néanmoins qu'il soit dérogé aux lois et règlements relatifs soit à la juridiction commerciale, soit à celle des prud'hommes, soit au contrat d'apprentissage ni aux lois sur les accidents du travail; des contestations relatives au payement des nourrices. (*Id.*, art 5.)

4° Des actions pour dommages faits aux champs, fruits et récoltes, soit par l'homme, soit par les animaux;

5° Des actions relatives à l'élagage des arbres ou haies et au curage soit des fossés, soit des canaux servant à l'irrigation des propriétés ou au mouvement des usines, lorsque les droits de propriété ou de servitude ne sont pas contestés;

6° Des actions civiles pour diffamations ou pour injures publiques ou non publiques, qu'elles soient verbales ou par écrit, autrement que par la voie de la presse; des mêmes actions pour rixes ou voies de fait; le tout lorsque les parties ne se sont pas pourvues par la voie criminelle. Il ne peut donc être question, devant le juge de paix, que des réparations pécuniaires du dommage pouvant résulter des différents délits qui viennent d'être énumérés; l'action tendant à la répression ou application de la peine publique ressortit aux tribunaux criminels des divers degrés, suivant la gravité des faits. L'action civile pour diffamation ou injure n'entre dans la compétence du juge de paix qu'autant qu'il s'agit d'injures verbales ou simplement manuscrites;

7° De toutes demandes relatives aux vices rédhibitoires (v. VENTE) dans les cas prévus par la loi du 2 août 1884, soit que les animaux qui en sont l'objet aient été vendus, soit qu'ils aient été échangés, soit qu'ils aient été acquis par tout autre mode de transmission;

8° Des contestations entre les compagnies ou administrations de chemins de fer ou tous autres transporteurs et les expéditeurs ou les destinataires, relatives à l'indemnité afférente à la perte, à l'avarie, au détournement d'un colis postal du service continental intérieur, ainsi qu'aux retards apportés à la livraison. Sont considérés comme appartenant au service continental intérieur, les colis postaux échangés entre la France continentale, la Corse, la Tunisie et l'Algérie. Les indemnités ne peuvent excéder les tarifs prévus aux conventions intervenues entre les compagnies ou autres transporteurs concessionnaires de l'Etat.

La demande est portée soit devant le juge de paix du domicile de l'expéditeur, soit devant le juge de paix du domicile du destinataire, au choix de la partie la plus diligente. (*Id.*, art. 6.)

Les juges de paix connaissent, mais *toujours à charge d'appel :*

1° Des demandes en pension alimentaire n'excédant pas en totalité 600 francs par an. (V. ALIMENTS.) S'il y a plusieurs défendeurs ils pourront être cités devant le tribunal de paix du domicile de l'un d'eux au choix du demandeur;

2° Des entreprises commises dans l'année sur les cours d'eau servant à l'irrigation des propriétés et au mouvement des usines et moulins, sans préjudice des attributions de l'autorité administrative; dénonciations de nouvel œuvre, complaintes, actions en réintégrande et autres actions possessoires fondées sur des faits également commis dans l'année;

3° Des actions en bornage et de celles relatives à la distance pour les plantations d'arbres ou de haies, lorsque la propriété ou les titres qui l'établissent ne sont pas contestés; Des actions relatives aux constructions et travaux énoncés dans l'article 674 du Code civil (v. DISTANCE), lorsque la propriété ou la mitoyenneté du mur ne sont pas contestées;

4° Des demandes en payement des droits de places perçus par les communes ou leurs concessionnaires, lorsqu'il n'y a pas contestation sur l'interprétation de l'article ou des articles servant de base à la poursuite. L'affaire est jugée devant le juge de paix du lieu où la perception est due ou réclamée. (*Id.*, art. 7.)

*Pluralité de demandes.* Lorsque plusieurs demandes formées par la même partie contre le même défendeur sont réunies dans une même instance, le juge de paix ne prononce qu'en premier ressort, si leur valeur totale s'élève au-dessus de 300 francs, lors même que quelqu'une de ces demandes serait inférieure à cette somme. Il est incompétent sur le tout, si ces demandes excèdent, par leur réunion, les limites de sa juridiction. (*Id.*, art. 8.)

La demande formée par plusieurs demandeurs ou contre plusieurs défendeurs collectivement et en vertu d'un titre commun est jugée en dernier ressort, si la part afférente à chacun des demandeurs ou à chacun des défendeurs n'est pas supérieure à 300 francs; elle est jugée pour le tout en premier ressort, si la part d'un seul des intéressés excède cette somme; enfin, le juge de paix est incompétent sur le tout, si cette part excède les limites de sa juridiction.

Mais le juge de paix n'est pas compétent au cas de solidarité, soit entre les demandeurs, soit entre les défendeurs. (*Id.*, art. 9.)

*Demandes reconventionnelles ou en compensation.* Les juges de paix connaissent de toutes les demandes reconventionnelles ou en compensation qui, par leur nature ou leur valeur, sont dans les limites de leur compétence, alors même que ces demandes réunies à la demande principale excéderaient les limites de leur juridiction. Ils connaissent, en outre, comme de la demande principale elle-même, des demandes reconventionnelles en dommages-intérêts, fondées exclusivement sur la demande principale, à quelque somme qu'elles puissent monter. (*Id.*, art. 10.)

Lorsque chacune des demandes principales, reconventionnelles ou en compensation est dans les limites de la compétence du juge de paix en dernier ressort, il prononce sans qu'il y ait lieu à appel.

Si une de ces demandes n'est susceptible d'être jugée qu'à charge d'appel, le juge de paix ne prononce qu'en premier ressort.

Néanmoins, il statue en dernier ressort si la seule demande reconventionnelle en dommages-intérêts, fondée exclusivement sur la demande principale, dépasse sa compétence en premier ressort.

Si la demande reconventionnelle ou en compensation excède les limites de sa compétence, il peut soit retenir le jugement de la demande principale, soit renvoyer sur le tout les parties à se pourvoir devant le tribunal de première instance, sans préliminaire de conciliation. (*Id.*, art. 11.)

Enfin les juges de paix connaissent des demandes en validité, en nullité et en mainlevée de saisies-arrêts et oppositions, ainsi que des demandes en déclaration affirmative, lorsque les causes des saisies n'excèdent pas les limites de leur compétence (*Id.*, art. 14). [V. SAISIE-ARRÊT, § *Limitation de la saisie-arrêt.*] Ils procèdent, à défaut d'entente amiable entre les créanciers opposants et le saisi, à la distribution par contribution des sommes saisies, lorsque les sommes à distribuer n'excèdent pas 600 francs (art. 15).

Enfin, ils ont qualité pour autoriser les femmes mariées et les mineurs à ester en justice devant leur tribunal (art. 16).

Compétence spéciale. — Des lois spéciales ont étendu à quelques autres matières la juridiction des juges de paix. Ainsi, les contestations en matière de douanes, sur saisie de marchandises, refus d'acquitter les droits, sont encore de la compétence du juge de paix (lois des 4 germinal an II, 14 fructidor an III et 9 floréal an VII). Les difficultés sur l'application des tarifs d'octroi et la quotité des droits lui sont également soumises (loi du 2 vendémiaire an VIII). V. ARBITRAGE, DOUANES, DRAINAGE, ÉLECTIONS, etc.

*Actions possessoires.* Les principales actions possessoires sont la dénonciation de nouvel œuvre, la complainte et la réintégrande. Les juges de paix, comme on vient de le voir (loi du 25 mai 1838, art. 6), connaissent de ces actions à charge d'appel. V. POSSESSOIRE.

*Prorogation de juridiction.* Les parties peuvent convenir de « proroger », c'est-à-dire d'étendre volontairement la compétence du juge de paix. (Code proc. civ., art. 7.) La prorogation de compétence a pour but : de donner au juge le droit de statuer en dernier ressort là où il ne devrait statuer qu'à charge d'appel ; de faire juger le différend par un juge incompétent à raison de la situation de l'objet litigieux ou du domicile du défendeur.

Récusation. — Les juges de paix peuvent être récusés : 1° quand ils ont intérêt personnel à la contestation ; 2° quand ils sont parents ou alliés d'une des parties, jusqu'au degré de cousin germain inclusivement ; 3° si, dans l'année qui a précédé la récusation, il y a eu procès criminel entre eux et l'une des parties ou son conjoint, ou ses parents et alliés en ligne directe ; 4° s'il y a procès civil existant entre eux et l'une des parties, ou son conjoint ; 5° s'ils ont donné un avis écrit dans l'affaire. (Code proc. civ., art. 44.)

La partie qui veut récuser un juge de paix est tenue de former la récusation et d'en exposer les motifs par un acte signifié, par le premier huissier requis, au greffier de la justice de paix, qui vise l'original. (*Id.*, art. 45.)

Dans les trois jours le juge paix fait connaître sa décision. A défaut de réponse ou s'il refuse de s'abstenir, le tribunal de première instance statue en dernier ressort dans la huitaine, sur les conclusions du procureur de la République, sans qu'il soit besoin d'appeler les parties. (*Id.*, art. 47.)

Exécution provisoire des jugements. — L'exécution provisoire des jugements est ordonnée dans tous les cas où il y a titre authentique, promesse reconnue, ou condamnation précédente dont il n'y a point eu appel. Dans tous les autres cas, le juge peut ordonner l'exécution provisoire, nonobstant appel, sans caution lorsqu'il s'agit de pension alimentaire ou lorsque la somme n'excède pas 300 francs, et avec caution au-dessus de cette somme. La caution est reçue par le juge de paix.

S'il y a péril en la demeure, l'exécution provisoire peut être ordonnée sur la minute du jugement. (Loi du 25 mai 1838, art. 11 et 12.)

Défaut et opposition. — Si, au jour indiqué par la citation, l'une des parties ne comparaît pas, la cause est jugée par défaut (sauf réassignation dans le cas où les délais n'auraient pas été observés). [Code proc. civ., art. 19.]

La partie condamnée par défaut peut former opposition dans les trois jours de la signification. L'opposition contient sommairement les moyens de la partie et assignation au prochain jour d'audience, en observant toutefois les détails prescrits pour les citations ; elle indique les jour et heure de la comparution. (*Id.*, art. 20.)

La partie opposante qui se laisse juger une seconde fois par défaut n'est plus reçue à former une nouvelle opposition. (*Id.*, art. 22.)

*Appel. Cassation.* — L'appel des jugements des juges de paix est porté devant le tribunal de première instance. Il n'est recevable ni avant les trois jours qui suivent celui de la prononciation des jugements, à moins qu'il n'y ait lieu à exécution provisoire, ni après les trente jours qui suivent la signification à l'égard des personnes domiciliées dans le canton. Les personnes domiciliées hors du canton ont, pour interjeter appel, outre le délai de trente jours, un délai supplémentaire d'un jour par 5 myriamètres. (Loi du 25 mai 1838, art. 13.)

L'appelant qui perd son procès est condamné à payer une amende de 5 francs.

Les jugements des juges de paix ne peuvent être attaqués par la voie du recours en cassation que pour excès de pouvoir. (*Id.*, art. 15.)

*Fonctions extrajudiciaires ou juridiction gracieuse.* — Le juge de paix qui, lorsqu'il rend des jugements, fait acte de juridiction contentieuse, a en outre des attributions qui ne supposent l'existence d'aucun différend, d'aucun litige : il fait alors acte de juridiction gracieuse.

Les fonctions *extrajudiciaires* des juges de paix sont nombreuses. Elles consistent, notamment : à convoquer et présider les conseils de famille, pour tout ce qui concerne les mineurs et les interdits ; à faire l'apposition et la levée des scellés, soit après décès, soit en cas de faillite ou de liquidation judiciaire ; à dresser les actes d'adoption, de tutelle officieuse et d'émancipation ; à délivrer des certificats de vie et de propriété et des actes de notoriété ; à assister, sur la réquisition du procureur de la République, à l'inventaire du mobilier et des titres de l'absent ; à faire procéder, en cas de saisie, à l'ouverture des portes, si elle est refusée ; à présider l'assemblée électorale des ouvriers pour la nomination des prud'hommes. Quant à ses fonctions de *conciliateur*, le juge de paix les exerce à l'occasion de la procédure dite *essai*, *tentative* ou *préliminaire de conciliation*. V. CONCILIATION.

*Contraventions. Police judiciaire.* — Le juge de paix, comme officier de police judiciaire, est chargé dans son canton de la recherche des délits et des actes d'instruction criminelle, comme auxiliaire du procureur de la République. (Code instr. crim., art. 48.) Il est en outre chargé exclusivement de juger les contraventions de police dans sa circonscription cantonale, et il est assisté en ce cas d'un commissaire de police faisant les fonctions de ministère public. V. TRIBUNAL DE SIMPLE POLICE.

# L

## Lacs.

En matière d'alluvion, le Code civil (art. 558) applique les mêmes règles aux lacs et aux étangs. V. ÉTANG.

Les lacs formés par des cours d'eau navigables font partie, comme ces derniers, du domaine public.

## Lais et relais.

On donne le nom de *lais* aux alluvions formées par la mer, et celui de *relais* à la partie du rivage que la mer abandonne en se retirant.

L'article 538 classe par erreur les *lais* et *relais* de mer dans le domaine public de l'Etat. Ils appartiennent au domaine privé par droit d'accession. L'article 41 de la loi du 16 septembre 1807 en autorise la concession. Ils sont également prescriptibles.

Les lais se forment soit naturellement, soit par suite de travaux d'art. L'Etat peut concéder, dans ce but, des terrains que la mer couvre encore, mais qui peuvent être conquis par des digues. Faut-il un acte de l'administration pour constater que le terrain ne fait plus partie du rivage de la mer? Non, si le travail se fait normalement ; car, par définition, le rivage de la mer est la partie du sol que la mer recouvre périodiquement. Si, au contraire, il y a travail de l'homme, il faut un acte de concession pour détacher des terrains du rivage et les faire rentrer dans le commerce, et le sol ne prendra le caractère de lais qu'à partir de la délimitation faite par l'administration. Les concessions sont effectuées soit par adjudication publique, soit directement. Les formalités sont réglées par l'ordonnance du 23 septembre 1825.

On appelle aussi *lais* les alluvions formées par les eaux courantes et *relais* la partie du lit d'une rivière laissée à sec par le déplacement naturel et graduel des eaux qui se retirent d'une rive pour se porter sur l'autre. Le propriétaire de la rive découverte profite de l'alluvion. (Code civ., art. 557.) V. LIT d'un cours d'eau.

Quant aux lais, ils appartiennent au propriétaire riverain, à charge de la servitude de marchepied ou chemin de halage s'il s'agit d'un cours d'eau navigable et flottable. (Code civ., art. 556.)

**Laissez-passer.** — Autorisation, titre de mouvement, en vertu duquel on peut faire circuler des boissons, des tabacs ou certaines choses soumises à des droits.

*Boissons.* — Quand la régie n'a pas de bureau dans le lieu de l'enlèvement des boissons, l'expéditeur signe un *laissez-passer* qui accompagnera la marchandise jusqu'au premier bureau, et ne sera pas valable au delà. Des formules en blanc, timbrées par l'administration des Contributions indirectes, sont remises aux personnes autorisées à en faire usage. (Loi du 28 avr. 1816.)

*Tabacs.* — Les tabacs en feuilles ne peuvent être enlevés de chez le cultivateur qu'en vertu d'un *laissez-passer* des employés des contributions indirectes, lorsqu'ils sont destinés à l'exportation ou transportés au magasin le plus voisin. Quand ils ont une autre destination, ils ne peuvent circuler qu'accompagnés d'un *acquit-à-caution*. Les tabacs fabriqués en France ne peuvent également être transportés sans *acquit-à-caution* si la quantité excède 10 kilogrammes. De 1 à 10 kilogrammes, il faut un *laissez-passer* si les vignettes de la régie ont été enlevées.

**Lamaneur.** — V. PILOTE.

**Lapins.**

L'art. 9 de la loi sur la chasse, modifié par la loi du 22 janvier 1874, prescrit aux préfets de déterminer, sur l'avis du conseil général, les espèces d'animaux malfaisants et nuisibles (le lapin est considéré comme tel) que le propriétaire peut en tout temps détruire sur ses terres et les conditions de l'exercice de ce droit.

Les lapins placés dans une garenne par le propriétaire sont immeubles par destination (Code civ., art. 524), mais s'ils passent dans une autre garenne, ils appartiennent au propriétaire de cette dernière, « pourvu qu'ils n'y aient point été attirés par fraude et artifice » (*id.*, art. 564), parce que ce sont, aux yeux de la loi, des animaux sauvages qui, comme tels, n'appartiennent à personne.

Quant aux dommages causés par des lapins, on applique la règle générale (v. ANIMAUX) de l'art. 1385 du Code civil, mais à la condition que le propriétaire ait favorisé la multiplication de ces animaux ou négligé de les détruire ; autrement, il ne serait pas responsable du dégât causé par des « animaux sauvages ». (Cass., 6 mars 1893.)

**Lazaret.** — Etablissement disposé de manière à permettre l'application des mesures sanitaires en cas d'épidémie. V. POLICE SANITAIRE.

**Légalisation.** — Déclaration par laquelle un fonctionnaire public, déterminé par la loi, atteste la vérité d'une signature apposée à un acte, afin qu'on puisse y ajouter foi partout où il sera produit.

En règle générale, la formalité de la légalisation est exigée toutes les fois que l'acte est produit en dehors du lieu où l'officier public qui l'a signé exerce ses fonctions. Par exception, les extraits des actes de l'état civil, délivrés conformément aux dispositions de l'article 45 du Code civil, sont soumis à la légalisation, alors même qu'ils sont destinés à un usage local.

La légalisation s'écrit soit à la fin, soit en marge de l'acte.

*Actes administratifs des sous-préfets, maires et autres agents inférieurs de l'administration, qui doivent être envoyés hors du département.* — Les actes des sous-préfets et des maires sont légalisés par le préfet, ceux des agents inférieurs par le préfet ou les sous-préfets. (Conseil d'État, 26 nov. 1819.) — La légalisation doit avoir lieu sans frais.

*Actes d'administration d'ordre ou d'intérêt général délivrés par des agents ou personnes publiques,* tels que commissaires de police, médecins, chirurgiens, membres de bureaux de charité, institutrices et maîtresses de pension, receveurs, percepteurs et employés des contributions directes, etc. — Ces actes doivent être légalisés gratuitement par le maire.

*Actes de l'état civil.* — Les extraits d'actes de l'état civil sont légalisés par le président du tribunal de première instance, que l'acte ait été délivré par le maire ou par le greffier du tribunal. (Code civil, art. 45, et loi du 25 vent. an XI, art. 28.) — Les actes de l'état civil peuvent aussi être légalisés par le juge de paix lorsqu'ils sont délivrés hors du canton chef-lieu d'arrondissement. (Loi du 2 mai 1861, art. 1er.) Il est alloué aux greffiers de justice de paix une rétribution de 25 centimes pour chaque légalisation. Néanmoins cette rétribution n'est pas exigée si l'acte, la copie ou l'extrait sont dispensés du timbre. (*Id.*, art. 3.)

*Actes notariés.* — D'après l'art. 28 de la loi du 25 ventôse an XI, on doit soumettre à la formalité de la légalisation : 1° tous les actes des notaires dont la résidence est au chef-lieu d'une cour d'appel, lorsque ces actes doivent être produits hors du ressort de la cour ; 2° tous ceux des autres notaires, lorsqu'il y a lieu d'en faire usage hors de leur département.

On doit légaliser : 1° les actes délivrés en brevet; 2° les expéditions en forme exécutoire; 3° les expéditions ordinaires, lorsqu'elles doivent être produites dans un ressort ou dans un département étranger. Il y a lieu à légalisation non pas seulement lorsqu'il s'agit d'exécuter, mais toutes les fois qu'on a besoin de faire usage de l'acte; 4° les extraits et les copies collationnées (mais non les minutes dont le notaire n'est pas appelé à se dessaisir) ; 5° les certificats de vie et de propriété; la légalisation est exigée, bien que ces actes ne soient pas soumis aux formes ordinaires des actes notariés.

C'est le président du tribunal de première instance du ressort du notaire où est délivré l'acte ou l'expédition qui est chargé de cette légalisation. Les juges de paix qui ne siègent pas au chef-lieu du ressort d'un tribunal de première instance sont, depuis la loi du 2 mai 1861, autorisés à légaliser, concurremment avec le président du tribunal, les signatures des notaires qui résident dans leur canton.

La légalisation est contresignée par le greffier et porte le sceau du tribunal.

Les certificats de vie des rentiers viagers et pensionnaires de l'Etat et les certificats de propriété sont légalisés (décret du 29 décembre 1885) par le président du tribunal ou le juge de paix, comme les actes notariés ordinaires.

*Actes sous seing privé.* — La question de savoir si les maires ont le pouvoir de légaliser les signatures apposées par des habitants de leurs communes sur des actes sous seing privé, étrangers à l'administration publique, est controversée.

Les termes de l'article 11 de la loi du 6-27 mars 1791 ne visent, en effet, que les actes des officiers publics et les certificats de vie. Cependant, par un avis du 26 novembre 1819, le conseil d'Etat a décidé, d'une manière générale, « que les sous-préfets et préfets ne doivent pas se refuser à légaliser les signatures des maires, lorsque ceux-ci se sont bornés à certifier les signatures des habitants de leurs communes ; qu'autrement la faculté laissée aux citoyens par le Code civil de passer des actes sous seing privé aussi bien que sous forme authentique deviendrait en quelque sorte illusoire ».

Par un autre avis (22 avril 1831), le conseil d'Etat a décidé que « toutes les fois qu'il s'agit d'un acte sous seing privé, de la délivrance d'un certificat de vie ou, en un mot, de toutes pièces ayant un caractère légal d'utilité, les maires ne peuvent refuser de légaliser les signatures des habitants de leurs communes : mais que les maires peuvent refuser les légalisations qui leur seraient demandées pour certifier des signatures apposées à des écrits qui n'ont aucun but d'utilité judiciaire ou administrative, et à plus forte raison lorsqu'ils seraient de nature à porter préjudice à des tiers ».

Le ministre de la Justice (décision du 26 décembre 1807) et le préfet de la Seine (circulaire aux maires de la Seine du 18 février 1808) ont donné à ce texte une interprétation différente. Quoi qu'il en soit, la légalisation par les maires ne saurait donner aucune authenticité aux actes, qui conservent, quoique légalisés, leur nature d'actes sous seing privé. (Décis. minist. Fin., 30 octobre 1822.)

Les maires ne sauraient se refuser à légaliser les signatures apposées par des habitants de leur commune sur des pétitions adressées aux Chambres, lorsque ces pétitions sont présentées par les signataires eux-mêmes ou signées en leur présence ; et le maire qui refuserait de légaliser ces signatures serait justifiable des tribunaux civils. (Trib. Montmorillon, 30 juin 1879. — *Contrà.* Trib. Versailles, 25 juillet 1879.)

A l'appui d'une signature à légaliser, les maires et commissaires de police à Paris exigent le concours de deux témoins patentés.

*Expéditions, jugements, actes judiciaires.* — Les actes émanés d'un magistrat seul, quand il ne prononce pas comme juge, sont légalisés par le président du tribunal. Quant aux jugements, ils n'ont pas besoin d'être légalisés, à moins qu'il ne s'agisse d'un jugement étranger produit en France pour *exequatur*, et, en général, de tout jugement qui doit être invoqué en pays étranger.

*Actes à produire à l'étranger et actes étrangers produits en France.* — D'après l'ordonnance du 25 octobre 1833, article 10, les actes légalisés en France et *destinés à l'étranger* doivent être légalisés par le garde des sceaux, ministre de la Justice, et la signature de celui-ci par le ministre des Affaires étrangères, dont la signature est elle-même certifiée par l'ambassadeur, agent diplomatique ou consul de la puissance où l'acte doit être produit.

Les actes *étrangers* produits en France doivent être légalisés par l'ambassadeur ou agent diplomatique français et visés au ministère des Affaires étrangères de France. A défaut de ministre accrédité auprès de la puissance étrangère, les actes doivent être visés par le représentant de ce pays, à Paris. (Ord. 1621, art. 23 ; ord. du 24 mai 1728, art. 32, et ord. du 25 oct. 1833, art. 6 et 7 ; Circ. compt. publ., 21 août 1875, 10 oct. 1876 et 16 nov. 1877.)

Les actes concernant les Français passés à l'étranger devant le chancelier du consulat de France doivent être légalisés par le consul français ; puis la signature du consul est légalisée par le ministre des Affaires étrangères de France. (Ord. du 25 oct. 1833, art. 9.)

Si la traduction des actes est faite en France, la signature du traducteur juré doit être légalisée par le président du tribunal civil de l'arrondissement. (Note minist., oct. 1832.) La traduction de ces actes doit être sur timbre français. (Déc. minist., 26 janv. 1882, 15 avril 1884 et 17 avril 1895.)

Les actes destinés à être envoyés en *pays étrangers* doivent être rédigés sur un timbre suffisant pour recevoir les légalisations des ministères français et de la légation étrangère. Il est donc nécessaire de laisser un blanc suffisant en marge ou à la suite de ces actes. (Avis du conseil d'Etat du 10 janv. 1850, inséré au *Moniteur* du même jour.)

Il est perçu au ministère des Finances un droit de 1 franc pour tous les actes qui concernent les étrangers ; il n'est rien perçu pour les actes concernant les Français.

*Enregistrement et timbre.* — Les légalisations de signatures d'officiers publics sont exemptes de l'enregistrement. (Loi du 22 frim. an VII, art. 70, § 3, n° 11.) Cette exemption s'applique aux légalisations par les maires des signatures des particuliers. (Loi du 15 mai 1818, art. 80 ; Déc. minist. Fin., 30 oct. 1822.)

*Observations générales.* — Le défaut de légalisation ne nuit ni à l'authenticité ni à la validité de l'acte. (Poitiers, 19 mars 1822.) Cette formalité n'est jamais prescrite à peine de nullité. (Nancy, 15 déc. 1874.) Mais le défaut de légalisation peut autoriser la partie contre laquelle l'acte non légalisé est invoqué à en faire suspendre l'exécution. (Cass., 8 nov. 1853.) Les frais faits en vertu d'une pièce non légalisée restent à la charge du poursuivant. (Cass., 10 juill. 1817.)

Celui qui légalise ne saurait être déclaré responsable de la teneur de l'acte, mais sa responsabilité peut être engagée lorsque la signature est l'œuvre d'un faussaire. (Cass., 11 juill. 1876.)

**Légataire.** — Bénéficiaire d'un legs. V. LEGS.

**Légation.** — Mission entretenue par un gouvernement auprès d'une cour où il n'a pas d'ambassade.

A la tête de la légation est un *ministre plénipotentiaire.*

**Légation (Droit de).** — Droit, pour un Etat, d'envoyer des ministres qui lui servent d'intermédiaires dans ses rapports avec les autres Etats.

Tous les Etats souverains et indépendants ont l'exercice de ce droit. En général, tous les Etats ont près de chaque puissance un représentant unique. Mais il peut se faire, par des motifs d'économie, qu'une même personne représente plusieurs Etats près d'un même gouvernement.

**Légion d'honneur (Ordre de la).** — Ordre national français, créé par la loi consulaire du 29 floréal an X (19 mai 1802), pour récompenser les services militaires et civils.

Le président de la République est *grand maître* de la Légion d'honneur. Celle-ci est administrée par un *grand chancelier*, nommé par le chef de l'Etat, et un *conseil de l'ordre* comprenant dix membres. (Il n'y a plus, depuis 1907, de secrétaire général.) Le corps des légionnaires se compose de chevaliers, d'officiers, de commandeurs, de grands officiers et de grands-croix. Le nombre des croix civiles ne peut dépasser les chiffres suivants : 20 grands-croix, 50 grands officiers, 250 commandeurs, 2 000 officiers et 12 000 chevaliers. Les étrangers auxquels est conférée la décoration ne figurent pas dans le cadre réglementaire. Depuis 1897, la proportion des croix de tout grade à attribuer a été élevée à la totalité des extinctions. Les propositions sont faites par les ministres pour les candidats relevant de leurs départements, par le grand chancelier pour les anciens fonctionnaires et les militaires rayés des contrôles de l'activité. Le conseil de l'ordre vérifie si les nominations proposées sont faites en conformité des lois et règlements.

En temps de paix, pour être admis dans la Légion d'honneur, il faut avoir exercé pendant vingt ans, avec distinction, des fonctions civiles ou militaires. Nul ne peut y être admis qu'avec le premier grade de chevalier. Pour être promu à un grade supérieur, il est indispensable d'avoir passé dans le grade inférieur, savoir : pour le grade d'officier, quatre ans dans celui de chevalier ; pour le grade de commandeur, deux ans dans celui d'officier ; pour le grade de grand officier, trois ans dans celui de commandeur ; pour le grade de grand-croix, cinq ans dans celui de grand officier. En temps de paix comme en temps de guerre, les actions d'éclat, les services exceptionnels, dûment motivés, de tout genre peuvent dispenser de ces conditions, mais sous la réserve expresse de ne franchir aucun grade.

La qualité de légionnaire ne devient définitive que par la *réception.* Les grands-croix et les grands officiers reçoivent du chef de l'Etat leur décoration ; en cas d'empêchement, le grand chancelier ou un grand fonctionnaire du même rang dans l'ordre est délégué pour procéder aux réceptions. Pour la réception des chevaliers, officiers ou commandeurs, le grand chancelier désigne un membre de l'ordre, d'un grade au moins égal à celui du récipiendaire. Les militaires sont reçus à la parade. Il est perçu, à titre de droits de chancellerie : par brevet de chevalier, 25 francs ; d'officier, 50 francs ; de commandeur, 80 francs ; de grand officier, 120 francs ; de grand-croix, 200 francs.

Croix. Plaque.

Insignes de la Légion d'honneur.

En outre des droits de chancellerie, les membres de l'ordre doivent acquitter le prix de leurs insignes : croix de chevalier, 12 francs ; d'officier, 67 fr. 50 ; de commandeur, 149 francs ; plaque de grand officier, 58 francs ; grand-croix (sans plaque), 240 francs. Les sous-officiers et soldats des armées de terre et de mer sont exonérés des droits de chancellerie.

Un certain nombre de prérogatives sont accordées aux membres de la Légion d'honneur. Les membres de l'ordre convoqués aux cérémonies publiques, civiles ou religieuses, y occupent des places particulières. Les grands-croix ou grands officiers prévenus de délits de police correctionnelle sont justiciables de la cour d'appel. Les sentinelles rendent les honneurs aux grands-croix, grands officiers et commandeurs portant leur décoration. Les sous-officiers, caporaux ou brigadiers et soldats décorés de la Légion d'honneur ont droit au salut des militaires du même grade non décorés. Un traitement spécial est accordé aux militaires en activité de service, nommés ou promus dans l'ordre, ainsi qu'aux militaires, amputés par suite de leurs blessures ou retraités à la suite de blessures reconnues équivalentes à la perte absolue d'un membre, nommés ou promus dans la Légion d'honneur depuis leur admission à la retraite ; les chevaliers reçoivent 250 francs, les officiers 500, les commandeurs 1 000, les grands officiers 2 000 et les grands-croix 3 000. Des honneurs militaires sont rendus au domicile des légionnaires défunts.

La qualité de membre de la Légion d'honneur se perd par les causes qui font perdre la qualité ou suspendre les droits de citoyen. Le chef de l'Etat peut, en outre, suspendre, en tout ou partie, l'exercice des prérogatives, ainsi que le traitement attaché à la qualité de légionnaire, et même exclure les membres condamnés correctionnellement ou coupables d'actes contraires à l'honneur.

**Législature.** — Période pendant laquelle une assemblée législative est appelée à exercer son mandat.

**Légitimation.** — Acte par lequel un enfant naturel acquiert l'état d'enfant légitime.

La légitimation s'opère sans formalité, par le mariage des père et mère de l'enfant ; mais il faut que ceux-ci l'aient reconnu avant leur mariage, ou qu'ils le reconnaissent dans l'acte de célébration. Elle peut avoir lieu même en faveur des enfants décédés qui ont laissé des descendants. En ce cas, elle profite à ces derniers. (Code civ., art. 331 à 333.)

Les enfants légitimés par mariage subséquent ont les mêmes droits que s'ils étaient nés de ce mariage. Mais la légitimation n'a pas d'effet rétroactif, et l'enfant légitimé ne peut rien prétendre dans les successions ou autres droits ouverts même depuis sa naissance, mais avant sa *légitimation.*

Dans le but de faciliter le mariage des indigents et la légitimation de leurs enfants, une loi du 8 décembre 1850 a chargé les maires et procureurs de la République du soin de réunir toutes les pièces nécessaires.

La légitimation des enfants adultérins par le mariage subséquent de leurs père et mère est exceptionnellement possible, au profit : 1° des enfants nés plus de trois cents jours après l'ordonnance du président du tribunal autorisant la femme à avoir une résidence distincte de celle du mari, lorsque la procédure a abouti à la séparation de corps ou au divorce ou a été interrompue par le décès de l'autre conjoint ; 2° de l'enfant né pendant le mariage et désavoué par le mari (il peut être légitimé par le mariage subséquent de la mère avec son complice). Il est fait mention de la légitimation en marge de l'acte de naissance de l'enfant légitimé.

**Légitime défense.**—V. DÉFENSE.

**Legs.** — Disposition faite par testament au bénéfice d'un individu ou d'une personne collective. — *Legs universel,* Legs qui donne droit à l'universalité des biens. — *Legs à titre universel,* Celui qui donne droit à une quote-part de tous les biens. — *Legs particulier* ou *à titre particulier,* Celui qui est déterminé en valeur ou dans l'objet.

L'acceptation d'un legs est toujours présumée, et la renonciation doit être expresse.

Le Code civil (art. 1002 et suiv.) distingue et réglemente trois espèces de legs : le *legs universel,* le *legs à titre universel* et le *legs à titre particulier.*

**Legs universel.** — Le legs universel, dit l'article 1003 du Code civil, est la disposition testamentaire par laquelle le testateur donne à une ou plusieurs personnes l'universalité des biens qu'il laissera à son décès. En d'autres termes, un legs est universel toutes les fois qu'il donne au légataire un droit éventuel à la totalité des biens que laissera le testateur au jour de son décès. Peu importe que le légataire ne recueille pas, après ce décès, la totalité des biens. S'il a pu seulement espérer d'avoir un jour cette totalité, le legs est universel. Ainsi, on peut être légataire universel bien qu'on ne recueille qu'une fraction très minime des biens, et même quoiqu'on n'en recueille aucune. J'ai légué tous mes biens à l'un de mes amis : cet ami est-il certain de les avoir tous? Non, car je puis laisser des héritiers réservataires, des parents à qui la loi a formellement réservé une partie de mon patrimoine en dehors et au-dessus de ma liberté testamentaire. Mais a-t-il l'espoir de les avoir tous ? Oui, car mes parents réservataires peuvent mourir avant moi ou répudier ma succession après ma mort, s'ils me survivent. Le legs fait à mon ami contient donc pour lui une vocation, un droit éventuel au tout : c'est un legs universel. En un mot, le legs universel a pour objet la masse des biens laissés par le testateur au jour de son décès.

Il est de principe que la propriété s'acquiert par les successions testamentaires aussi bien que par les successions *ab intestat.* Le légataire universel acquiert donc la propriété de chacun des biens laissés par le défunt : la propriété absolue et exclusive quand il succède seul, la propriété indivise quand il concourt avec un héritier réservataire. Si, après le décès du testateur, le légataire universel se trouve en présence d'héritiers réservataires, il est obligé de leur demander la délivrance des biens ; au contraire, s'il n'y a aucun héritier à réserve, il est saisi de plein droit des choses léguées. Toutefois, lorsque le testament est olographe ou mystique, comme il n'a point par lui-même de force exécutoire, le légataire universel doit se faire envoyer en possession, par ordonnance du président du tribunal du lieu de l'ouverture de la succession.

Il a trois actions pour entrer en possession de ces biens : 1° une action en partage de la succession, lorsqu'il est dans l'indivision avec un héritier réservataire (v. PARTAGE) ; 2° une action en revendication contre les tiers possesseurs de choses faisant partie de la succession ; 3° une action personnelle à l'effet de poursuivre les débiteurs du défunt. Il a la jouissance des intérêts et des fruits de la chose léguée ; il est tenu au payement des dettes et des legs particuliers.

Le légataire universel, dit l'article 1009, qui sera en concours avec un héritier auquel la loi réserve une quotité des biens, sera tenu des dettes et charges de la succession du testateur, personnellement pour sa part et portion, et hypothécairement pour le tout; il sera tenu d'acquitter tous les legs, sauf le cas de réduction. Quiconque recueille toute la succession paye toutes les dettes ; quiconque recueille toute la quotité disponible (v. QUOTITÉ) paye tous les legs particuliers. Le légataire d'une fraction de la succession paye une fraction correspondante des dettes ; le légataire d'une fraction du disponible paye une portion correspondante des legs particuliers. Ainsi, le légataire universel vient-il seul, il paye toutes les dettes et tous les legs, parce qu'il recueille toute la succession ; vient-il en concours soit avec d'autres légataires universels, soit avec un légataire à titre universel, il ne paye, dans les dettes et dans les legs particuliers, qu'une portion correspondante à la fraction active qu'il conserve. Se trouve-t-il en concours avec des héritiers réservataires, il paye la moitié, le tiers ou le quart des dettes, suivant qu'il conserve la moitié, le tiers ou le quart de la succession. Quant aux legs particuliers, il les paye tous, parce qu'il a en totalité l'unité des biens destinée à les payer, la quotité disponible.

*Legs à titre universel.* — Aux termes de l'article 1010, le legs est à titre universel lorsqu'on lègue : 1° soit une fraction des biens dont la loi permet de disposer, telle qu'une moitié, un tiers ; 2° soit tous les immeubles ; 3° soit tous les meubles ; 4° soit une fraction de tous les immeubles ; 5° soit une fraction de tous les meubles. Il y a un sixième cas : celui où le testateur lègue une fraction, telle qu'une moitié, un tiers de tous les biens qu'il laissera à son décès. Ce legs n'est pas en effet universel, puisqu'il ne donne vocation qu'à une fraction de l'universalité de la succession ; ce n'est pas non plus un legs particulier.

Le légataire à titre universel acquiert tantôt une propriété absolue et exclusive, tantôt une propriété indivise : une propriété absolue, lorsqu'on lui a légué soit tous les immeubles, soit tous les meubles ; une propriété indivise, lorsque son legs a pour objet une fraction soit de tous les biens, soit de tous les immeubles ou de tous les meubles. Il a les mêmes actions que le légataire universel, dans la limite de la fraction de biens qu'il recueille. Il est tenu des dettes de la succession dans les mêmes limites.

Le légataire à titre universel doit demander la délivrance de son legs à ceux qui sont saisis de la succession, c'est-à-dire soit aux héritiers à réserve, s'il y en a, soit au légataire universel, soit, à défaut, aux héritiers *ab intestat*.

*Legs particulier.* — La loi, après avoir défini le legs universel et le legs à titre universel, dit à la fin de l'article 1010 : « Tout autre legs ne forme qu'une disposition à titre particulier. » Ainsi, toute disposition testamentaire qui ne contiendra point en elle-même les caractères distinctifs du legs universel ou du legs à titre universel sera forcément un legs particulier. « Tout legs pur et simple, dit l'article 1014, donnera au légataire, du jour du décès du testateur, un droit à la chose léguée, droit transmissible à ses héritiers ou ayants cause. » La loi parle du legs pur et simple, par opposition au legs conditionnel, qui ne deviendrait exigible et transmissible qu'au moment de la réalisation de la condition. Le legs pur et simple devient exigible dès la mort du testateur. Le légataire pourra donc, le jour même de l'ouverture de la succession, former devant qui de droit la demande en délivrance du legs exigée par la loi. (Le mode de délivrance des legs particuliers est le même que celui des legs à titre universel.) Le legs devient transmissible également à la même époque. Mais le legs étant fait *intuitu personæ* ne peut s'ouvrir que dans la personne du légataire. Si ce dernier vient donc à mourir avant le testateur, le legs, n'ayant plus sa raison d'être, devient caduc (art. 1039) et reste à la masse de la succession. Les légataires particuliers ne contribuent point aux dettes de la succession. L'article 1024 est ainsi conçu : « Le légataire particulier ne sera point tenu des dettes de la succession, sauf la réduction des legs, ainsi qu'il est dit ci-dessus et sauf l'action hypothécaire des créanciers. » Cette règle ne signifie pas que les legs particuliers devront être intégralement acquittés par les héritiers ou successeurs universels, alors même que les sommes ou valeurs léguées excéderaient ce qui reste des biens disponibles après les dettes payées : il faut l'entendre en ce sens que les legs particuliers doivent être acquittés sans aucune déduction lorsque, après les dettes payées, il reste assez de biens pour les acquitter tous et chacun intégralement.

Trois actions compètent au légataire particulier pour obtenir ce qui lui a été légué : 1° une action en revendication ; 2° une action personnelle ; 3° une action hypothécaire sur tous les immeubles de la succession. En effet, d'après l'article 1017 du Code civil : « Les héritiers du testateur ou autres débiteurs d'un legs seront personnellement tenus de l'acquitter, chacun au prorata de la part et portion dont ils profiteront dans la succession. Ils en seront tenus hypothécairement pour le tout, jusqu'à concurrence de la valeur des immeubles de la succession dont ils seront détenteurs. »

*Dispositions diverses.* — Les articles 1018, 1021, 1022, 1046 et suivants du Code civil traitent de différents points relatifs aux legs, et en règlent l'interprétation. « La chose léguée, dit l'article 1018, sera délivrée avec les accessoires nécessaires et dans l'état où elle se trouvera le jour du décès du donateur. » C'est-à-dire que, si un ami me lègue sa pendule, il est probable qu'il a entendu me léguer en même temps le socle et le globe ; si cette pendule était en mauvais état, du vivant même de mon ami, ses héritiers ne sont pas forcés de me la donner meilleure.

Les articles 1021 et 1022 prononcent la nullité absolue de tout legs de la chose d'autrui, et il était superflu de le spécifier. Enfin, les legs de choses indéterminées, comme le legs d'un cheval, d'une vache, doivent être interprétés équitablement, c'est-à-dire que l'héritier ne peut pas être forcé de donner la meilleure qualité, mais il ne doit pas non plus livrer la plus mauvaise.

Les intérêts ou fruits de la chose léguée courent au profit du légataire dès le jour du décès, lorsque le testateur en a exprimé la volonté, ou lorsqu'une pension ou rente viagère aura été léguée à titre d'aliments. (Code civ., art. 1015.)

*Legs à l'État, aux communes, hospices, etc.* — V. DONATION, § *Dons et legs.*

**Legs de libération.** — Disposition par laquelle un testateur accorde à son débiteur la remise de sa dette.

Le legs de libération peut être *exprès* ou *tacite* : il est tacite quand le testateur lègue à son débiteur le titre constatant sa dette. Il peut, en outre, être *perpétuel* ou *limité à la vie du débiteur* ; il s'étend non seulement au capital de la dette, mais encore à tous les intérêts qui ont couru depuis la confection du testament jusqu'à la mort du testateur.

**Lésion.** — Préjudice qu'éprouve l'une des parties dans un contrat à titre onéreux.

En principe, la lésion n'est point, si énorme qu'elle soit, une cause de nullité de contrat : la partie qui l'a soufferte devait réfléchir avant de s'engager. Par exception, la lésion est considérée comme une cause de nullité : 1° dans certains contrats ; 2° à l'égard des mineurs. (Code civ., art. 1118 et 1313.)

Faits par les majeurs, les contrats ne sont viciés par la lésion que dans les deux cas suivants : 1° celui où le vendeur d'un immeuble a été lésé de plus de sept douzièmes de la valeur de l'immeuble (*id.*, art. 1674 et suiv.) ; 2° celui où un héritier a été lésé, dans un partage, de plus du quart de sa part héréditaire (*id.*, art. 887).

En ce qui concerne les mineurs, tous les contrats (ventes de meubles ou d'immeubles, partages, échanges, etc.) sont annulables pour cause de lésion. (*Id.*, art. 1305.)

**Lettre.**

La violation du secret des lettres est prévue par l'article 187 du Code pénal, qui punit d'une amende de 16 francs à 500 francs et d'un emprisonnement de trois mois à cinq ans « toute suppression, toute ouverture de lettres confiées à la poste, commise ou facilitée par un fonctionnaire ou un agent du gouvernement ou de l'administration des Postes ». C'est seulement lorsqu'elle est commise par un de ces agents que cette violation rentre dans les termes de l'article : le même fait commis par les particuliers échappe à cette répression spéciale.

Au cours d'une instruction, le juge peut se faire délivrer par les agents des postes les lettres adressées au prévenu ou émanées de lui ou présumées contenir des renseignements qu'il instruit.

**Lettre de change.** — Effet de commerce dans lequel le souscripteur mande à une autre personne d'y compter une somme déterminée à celui qui est désigné dans cet acte ou à celui auquel il aura cédé ses droits.

Dans une lettre de change, trois personnes interviennent : 1° le *tireur*, c'est-à-dire celui qui souscrit la lettre de change, qui reçoit la valeur dans un lieu et qui s'engage à faire toucher dans un autre lieu une somme déterminée ; 2° le *preneur*, qu'on appelle aussi *bénéficiaire* ou *donneur de valeur* : on doit réserver plus spécialement cette dernière expression pour celui qui fournit la valeur sans être preneur ; le preneur est la personne qui reçoit la lettre de change en payement de la valeur fournie au tireur ; c'est celle au profit de laquelle est souscrite la lettre de change ; 3° le *tiré*, celui sur qui la lettre de change est tirée ; celui-ci s'appelle encore *accepteur* lorsqu'il a par écrit déclaré qu'il acceptait de payer le montant de la lettre de change.

La lettre de change reçoit le nom de *traite* quand elle est tirée par un créancier sur son débiteur et donnée en payement à un tiers. On l'appelle *remise* lorsqu'elle est fournie par celui qui la souscrit à un individu qui est déjà son créancier.

Le possesseur actuel d'une lettre de change s'appelle *porteur* ou *tiers porteur*.

La lettre de change ou traite est un acte de commerce, quelle que soit sa cause.

SPÉCIMEN DE TRAITE :

*B. P. F.* 1 200,15.

Au trente juin prochain, veuillez payer à M. *N...* (*bénéficiaire*), ou à son ordre, la somme de DOUZE CENTS FRANCS QUINZE CENTIMES——

Valeur reçue en marchandises.

A M. *X...* (*tiré*) demeurant à...

*R...*
Signature
(*tireur*)

Timbre.
(0 fr. 05 par 100 francs ou fraction de 100 francs.)

Dans ce modèle de lettre de change, R... (de Paris) est le tireur ; X... (de Saint-Étienne) est le tiré ; N... est le preneur.

La lettre de change peut être sous seing privé ou authentique ; le plus souvent elle est sous seing privé ; elle est rédigée pourtant en la forme authentique quand celui qui la délivre ne sait pas écrire. Il n'est pas nécessaire que celui qui donne la lettre de change l'ait écrite lui-même ; il peut la faire écrire par un tiers, pourvu qu'il la signe. La lettre de change doit, en tout cas, être rédigée sur papier timbré.

Le tireur, le preneur et le tiré interviennent forcément dans l'acte.

L'*endosseur* est le preneur qui cède la lettre de change à un tiers par la forme de l'endossement ; quand ce tiers cessionnaire transmet la lettre à une autre personne, il devient à son tour endosseur.

Le nombre des endosseurs n'est point limité.

D'autres personnes peuvent encore intervenir dans une lettre de change :

Le *tireur pour compte*, qui tire la lettre de change, non pour son propre compte, mais pour le compte d'un tiers ;

Le *donneur d'ordre*, qui est celui par ordre

duquel la lettre est tirée par le tireur pour compte ;

L'*accepteur*, qui est le tiré lui-même s'il consent au payement ;

L'*accepteur par intervention*, ou celui qui a consenti à payer à défaut d'acceptation de la part du tiré ;

Le *recommandataire*, c'est-à-dire celui qui est prié par le tireur ou par un endosseur de payer la lettre de change à défaut du tiré ;

Le *domiciliataire*, qui est le tiers au domicile duquel la lettre doit être payée, lorsque le domicile indiqué pour le payement est autre que celui du tiré ;

Le *donneur d'aval* (v. AVAL), c'est-à-dire celui qui, étant étranger à la lettre de change, se porte caution solidaire d'un ou de plusieurs des obligés.

Toute personne capable, c'est-à-dire en possession de ses droits, peut faire valablement une lettre de change. Ne sont pas capables l'interdit, celui qui est pourvu d'un conseil judiciaire, le mineur, la femme mariée. « La signature des femmes et des filles non négociantes ou marchandes publiques sur lettres de change ne vaut, à leur égard, que comme simple promesse. » (Code comm., art. 113.) L'usage de la lettre de change est interdit aux agents de change, aux courtiers, aux magistrats, à moins qu'il ne s'agisse d'un acte isolé pour leurs affaires privées. Les avocats se l'interdisent par leurs règlements.

Comme les autres *effets de commerce*, les lettres de change sont des obligations négociables ou transmissibles par voie d'endossement ou par simple tradition.

La lettre de change est tirée soit d'un lieu sur l'autre, soit d'un lieu sur le même lieu.

Conditions de validité. — Les conditions de validité d'une lettre de change sont les suivantes :

1° *Nécessité de la date*. La date sert à constater la capacité du tireur au moment où il crée la lettre de change ; sans la nécessité de la date, il serait facile à un failli de porter préjudice à la masse en reportant à une époque où il était encore en possession de ses droits la création de lettres de change dont il pourrait, par collusion, s'attribuer le montant ou l'appliquer à un de ses créanciers au détriment des autres.

Telle est même, aux yeux du législateur, l'importance de la date, qu'il punit l'antidate des peines portées contre le faux. La date peut être contestée par tous les moyens de preuve ordinaires.

2° *Enonciation de la somme à payer*. Il n'est pas nécessaire que la somme soit exprimée en lettres.

Dans la pratique, cette somme est énoncée d'abord en chiffres à droite et en tête du titre, puis en toutes lettres dans le corps de l'effet.

3° *Mention du nom du tiré*. Ordinairement, cette mention se met au bas de la lettre de change. A défaut de mention, l'acceptation du tiré la remplace et valide la lettre de change.

En cas de supposition soit de nom, soit de qualité, soit de domicile, la lettre de change perd son caractère et est réputée simple promesse.

Il y a supposition de nom si le tireur signe d'un nom imaginaire ou tire sur une personne chimérique ; il y a supposition de qualité toutes les fois que le tireur s'attribue une qualité qui ne lui appartient pas ; en ce cas, il se rend passible des peines qui punissent l'escroquerie ; enfin, il y a supposition de domicile quand le tireur date sa lettre, d'un lieu autre que celui d'où il tire véritablement, afin d'avoir fictivement la conditon de remise de place en place. Toute supposition peut être établie par les genres de preuve les plus divers, mais la nullité résultant de ces suppositions ne peut être opposée au porteur qui est de bonne foi.

Le tireur peut indiquer une ou plusieurs personnes autres que le tiré (dites *recommandataires* ou *besoins*), chez qui la lettre de change pourra être présentée au payement, au cas où le tiré ne payerait pas. On met alors sur la lettre de change une mention spéciale : *en cas de non-payement, s'adresser au besoin chez X...* Cela évite au tireur d'abord des frais de retour et puis une atteinte à son crédit. Le tireur peut encore indiquer : *retour sans frais ;* en ce cas, il n'y a pas lieu à protêt. V. PROTÊT.

Rappelons que lorsque la lettre de change est payable dans un autre lieu que celui du domicile du tiré (d'où résulte qu'elle doit contenir mention du lieu de payement), la personne chez laquelle le payement sera effectué est dite *domiciliataire*.

4° *Indication de l'époque et du lieu de payement*. A défaut d'indication par le tireur, le tiré peut-il y remédier en indiquant l'époque à laquelle il payera ? Controverse.

5° *Indication de la valeur fournie*. La valeur en échange de laquelle est créée la lettre de change doit être indiquée ; il faut énoncer en quoi elle consiste, en marchandises, en espèces, en compte, à peine de nullité.

L'énonciation de la lettre de change peut être contredite, et l'on peut prouver qu'elle est fausse par tous les moyens ordinaires de preuve. Si une lettre de change était créée dans le but unique d'alimenter une circulation d'effets établie entre le bénéficiaire et l'endosseur, elle serait dépourvue de cause, et elle n'engagerait pas le souscripteur envers l'endosseur.

6° *Indication d'un ordre suivant lequel doit se faire le payement*. Les lettres de change ne pouvant être payables au porteur, il faut de toute nécessité qu'il y ait indication d'une personne à qui ou à l'ordre de qui elle devra être payée (clause à ordre). Elles sont créées à l'ordre du preneur ou du tireur lui-même ; mais, dans ce cas, elles ne deviennent parfaites que par endossement. Le tireur ne peut, en effet, être lui-même porteur ; il ne peut négocier avec sa propre personne, et par suite il ne pourrait indiquer qu'il y a eu valeur fournie à lui par lui-même. Mais après l'endossement, qui fait corps avec la lettre et la complète, le contrat est régulier et parfait, parce qu'alors il y a valeur fournie.

7° *Mention du nombre d'exemplaires tirés.* L'usage de tirer plusieurs exemplaires de la lettre de change est fort ancien. Il est permis d'ailleurs de tirer la lettre à un seul exemplaire; en ce cas il est inutile de l'indiquer, et le tiré peut et doit payer sans aucune mention.

**Provision.** — Pour que la lettre de change soit payée à l'échéance, il faut que le tiré ait entre les mains les fonds nécessaires ; les fonds que le tireur laisse aux mains du tiré constituent la provision. Il y a provision, c'est-à-dire qu'il y a entre les mains du tiré de quoi payer la lettre de change, si, d'une façon ou d'une autre, le tiré, à l'échéance, est débiteur envers le tireur d'une somme égale au montant de la lettre de change. En principe, la provision existant entre les mains du tiré au moment de la transmission de la lettre de change est réellement acquise au porteur ; si donc le tireur tombe en faillite, cette provision appartient aux porteurs de la lettre, et non à la masse ; il y a transmission de la provision en même temps que de la lettre. Le tireur pour compte n'est pas tenu de faire provision ; ce soin regarde le donneur d'ordre. Le tireur est pourtant personnellement obligé envers les endosseurs et le porteur, qui n'ont même d'action directe que contre lui, sauf le droit qu'ils ont, comme tout créancier, d'exercer contre le donneur d'ordre l'action qui appartient à leur débiteur.

**Acceptation.** — L'acceptation a pour effet d'engager le tiré au payement. Elle s'exprime par les mots *accepté, je payerai*, etc. Elle doit être datée et signée. Le tiré n'est naturellement pas tenu d'accepter, à moins qu'il ne s'y soit engagé. Le porteur n'est pas tenu de requérir l'acceptation, à moins que le tireur ou l'endosseur ne le lui ait imposé, ou bien que la lettre de change ne soit payable à un délai de vue. En ce cas, en effet, le délai du payement court de la date de l'acceptation ; à défaut de date d'acceptation, le délai court de la date de la création de la lettre. L'acceptation ne peut être conditionnelle, mais elle peut être restreinte à une certaine somme ; elle doit être signée et datée comme l'acceptation pour le tout. L'acceptation doit avoir lieu à présentation, ou au plus tard dans les vingt-quatre heures. Si le tiré retient la lettre, il ne devient pas pour cela débiteur du montant, il est seulement passible de dommages-intérêts. L'accepteur ne peut retirer son acceptation qu'autant qu'il y aurait eu fraude ou manœuvres frauduleuses pour la lui extorquer.

Si la lettre de change revient par endossement entre les mains de l'accepteur, il ne peut lui-même la transmettre par voie d'endossement ; elle a épuisé tous ses effets.

Le refus d'acceptation est constaté par un acte dit *protêt faute d'acceptation*. (V. PROTÊT.) En cas de refus d'acceptation, le porteur peut demander aux tireurs et aux endosseurs, soit collectivement, soit individuellement, ou caution pour le payement, ou le remboursement du montant de la traite avec frais de protêt et de rechange.

Un tiers peut d'ailleurs intervenir et accepter, soit pour le tireur, soit pour un endosseur. L'*acceptation par intervention* n'empêche pas d'agir contre le tireur et les endosseurs, à l'effet d'obtenir soit le remboursement, soit une caution ; mais il est clair que, si l'accepteur par intervention offre par lui-même toute garantie de solvabilité, le porteur se contentera de son acceptation. L'*acceptation par intervention* doit être signée, et la simple déclaration qui en serait faite à l'officier ministériel chargé de dresser le protêt ne suffirait pas. L'accepteur par intervention agit alors, non comme mandataire, mais comme gérant d'affaires.

**Echéance.** — L'échéance d'une lettre de change peut être stipulée de diverses manières. Elle peut être à vue, à un ou plusieurs jours, mois, usances de date ; elle peut être à jour fixe ou à jour déterminé. La lettre de change peut être encore payable en foire.

La lettre de change payable *à vue* est payable à présentation.

L'échéance d'une lettre de change payable à un certain *délai de vue* est fixée par la date de l'acceptation ou par celle du protêt faute d'acceptation.

L'*usance* est de trente jours ; le mois est tel qu'il est fixé par le calendrier grégorien.

Lorsqu'elle est payable à plusieurs *mois de date*, l'époque de l'échéance se calcule de quantième à quantième, sans tenir compte des mois qui ont plus ou moins de trente jours : ainsi, la lettre de change créée le 2 mars à trois mois de date est payable le 2 juin suivant ; la lettre de change créée le 31 juillet et payable à quatre mois de date est payable le 30 novembre suivant, par la raison que le mois de novembre n'a que trente jours. Enfin, la lettre de change créée fin février et payable à un mois de date est payable, non pas le 28 mars, mais le 31 mars.

La lettre de change payable *en foire* est payable, soit le jour de la foire, si elle ne dure qu'un jour, soit la veille du jour où elle doit finir, si elle dure plusieurs jours.

Dans la pratique, et par pure tolérance, les effets non payés le jour de l'échéance peuvent, du moins à Paris, être retirés sans frais le lendemain jusqu'à midi, ou le surlendemain si l'échéance tombait la veille d'un jour férié. Quand l'échéance est indiquée sur l'effet fin courant, ou fin février, fin avril, etc., l'échéance est le dernier jour du mois, soit le 28, le 29, le 30 ou le 31. Les mandats ou traites qui portent la formule : *à présentation* ou *à vue*, doivent être payés le jour où ils sont présentés. Ils peuvent rester longtemps dans la circulation de ce fait, surtout quand le payeur jouit d'un grand crédit ; pour ces effets de commerce, comme pour les billets de la Banque de France, l'échéance est le jour où le porteur en demande le remboursement.

Si l'échéance d'une lettre de change est à un jour férié légal, elle est payable dans les délais prévus par les lois des 28 mars 1904, 23 déc. 1904, 13 juill. 1905. (V. FÊTES LÉGALES.) Il en est de même des billets à ordre et de tous autres effets de commerce. Précédemment, ces effets étaient payables la veille de l'échéance quand celle-ci tombait un jour de fête légale.

*Endossement, solidarité, aval.* — L'endossement est le moyen de transmission des lettres de change ; il consiste dans l'énonciation, mise au dos de la lettre de change par le porteur, de la personne à l'ordre de laquelle l'effet sera désormais payable. L'endossement n'emporte transmission que s'il est régulier. Il doit énoncer la date à laquelle il a lieu, la valeur fournie, le nom de celui à l'ordre de qui il est passé. L'endossement irrégulier n'est pas absolument sans effet ; il vaut encore comme procuration. L'endossement après l'échéance n'opère aucune transmission s'il y a eu protêt.

L'endossement régulier a pour effet d'obliger l'endosseur à garantir, solidairement avec le débiteur principal, le payement de la lettre de change à son échéance. Tous les endosseurs sont également garants, les uns envers les autres, de la vérité des ordres et de l'effet dont ils signent le transport.

L'endos en blanc est irrégulier et ne vaut que comme procuration. Du reste, aux termes de l'article 140 du Code de commerce, tous ceux qui ont signé, accepté ou endossé une lettre de change sont tenus à la garantie *solidaire* envers le porteur. V. ENDOSSEMENT.

Le payement d'une lettre de change peut être garanti d'une façon spéciale ; il suffit qu'une tierce personne donne son aval sur la lettre de change même ou par acte séparé. Le plus souvent, l'aval se donne en ces termes : *Bon pour aval*. Il n'est pas même nécessaire que ces mots soient écrits de la main de la personne qui s'engage, pourvu qu'elle signe. A moins de conventions expresses, le donneur d'aval est soumis aux mêmes obligations que la personne qu'il cautionne. Pour conserver son recours contre le donneur d'aval, il est de toute nécessité que le porteur lui dénonce, comme aux endosseurs, le protêt dans les délais légaux. V. AVAL.

*Payement.* — Le payement de la lettre de change doit être requis le jour de l'échéance. Il doit être demandé au domicile du tiré ; il doit également être demandé chez la personne indiquée « au besoin »; mais celle-ci peut exiger qu'on lui remette, avec l'effet acquitté, un protêt indiquant le refus du débiteur principal.

Le tiré est tenu au payement de la lettre de change nonobstant toute opposition formée entre ses mains, sauf au cas de perte de la lettre ou de faillite du tireur.

Le tiré qui a payé une lettre de change reconnue fausse peut en répéter le montant contre celui qui l'a touché, encore que celui-ci fût de bonne foi.

En cas de perte de la lettre, le porteur doit d'abord faire opposition entre les mains du tiré, puis remonter, d'endosseur en endosseur, jusqu'au tireur, et se faire délivrer par celui-ci une seconde lettre, sur laquelle chaque endosseur successivement rétablit son endos avec sa date primitive, de façon que le nouveau titre soit la reproduction exacte du premier. L'endosseur qui refuserait son concours y serait contraint par justice. Cependant, si la lettre de change perdue était revêtue de l'acceptation du tiré, le payement sur le nouvel exemplaire ne peut être réclamé que par une ordonnance du juge et après caution fournie.

Si le porteur, pour une cause quelconque, ne peut produire une deuxième lettre de change, il peut toujours se pourvoir auprès du juge et se faire payer moyennant qu'il fournisse caution, et cela, que la première lettre ait été ou non acceptée. Et si le tiré refuse de payer après que le porteur a accompli les formalités, celui-ci fait dresser protêt et conserve ainsi son recours contre le tireur et les endosseurs.

Dans les cas ci-dessus, la responsabilité de la caution s'éteint après trois ans écoulés sans réclamation contre le payement de la seconde lettre de change. En matière de lettre de change, le tribunal de commerce ne peut accorder aucun délai.

*Payement par intervention.* — Une lettre de change protestée peut être payée par tout intervenant pour le tireur ou pour l'un des endosseurs. L'intervention est constatée sur l'acte de protêt. Celui qui paye par intervention est subrogé aux droits du porteur et tenu aux mêmes devoirs, au point de vue des formalités à remplir. Si le payement par intervention est fait pour le tireur, tous les endosseurs sont libérés, et s'il est fait pour un endosseur, les endosseurs subséquents sont libérés. Dans le cas où plusieurs payeurs par intervention sont en concours, c'est celui qui opère le plus de libérations qui doit être préféré. Le tiré peut refuser d'accepter, voir sa traite protestée faute d'acceptation et payer par intervention à l'échéance. En cas de concours, il doit être préféré à tous les autres.

*Protêt.* — V. PROTÊT.

*Billet à ordre.* — Toutes les dispositions relatives aux lettres de change et concernant l'échéance, l'endossement, la solidarité, l'aval, le payement, le payement par intervention, le protêt, les devoirs et droits du porteur, le rechange ou les intérêts, sont, aux termes de l'article 187 du Code de commerce, applicables aux billets à ordre.

Le billet à ordre diffère, à divers points de vue, de la lettre de change : spécialement, dans le billet à ordre, il intervient seulement deux personnes : le *souscripteur*, qui s'engage à payer lui-même le billet, et celui au profit duquel le billet est souscrit, c'est-à-dire le *bénéficiaire*.

Il y a plusieurs différences entre le *billet à ordre* et le billet simple. V. BILLET SIMPLE.

Le billet à ordre porte la mention que la dette sera payée à l'ordre du créancier ; cette mention donne à celui-ci la faculté de passer le billet à une autre personne, laquelle peut aussi à son tour le passer à une troisième, et ainsi de suite.

Lorsque le billet à ordre est entre commerçants, pour dette de commerce, et qu'il n'est pas payé à échéance fixe, le porteur doit en faire faire le protêt le lendemain (si ce lendemain est un jour férié légal, le protêt est fait le jour suivant) à peine de perdre son recours contre les endosseurs. V. FÊTES.

Le billet à ordre peut, par simple *endos-*

*sement*, devenir la propriété de tout autre que celui au profit duquel on l'a souscrit. (Rappelons que l'*endossement* est un transport sommaire écrit au dos du billet à ordre, et le *transport* est l'acte par lequel nous cédons à une autre personne nos droits à une créance.) — Le billet simple ne peut être transmis par la voie d'endossememt.

Les billets, et particulièrement le billet à ordre, doivent être écrits sur du papier timbré. Le défaut de timbre, pour le billet à ordre, a des effets plus graves que pour le simple billet. Pour celui-ci, simple amende à la charge du souscripteur. Pour le billet à ordre, amende beaucoup plus forte à la charge du débiteur et pareille à la charge du créancier.

Aux termes de l'article 1326 du Code civil, « Le billet ou la promesse sous seing privé par lequel une seule partie s'engage envers l'autre à lui payer une somme d'argent ou une chose appréciable doit être écrit en entier de la main de celui qui le souscrit; ou du moins il faut qu'outre sa signature il ait écrit de sa main un *bon* ou un *approuvé*, portant en toutes lettres la somme ou la quantité de la chose. La formule : *Approuvé l'écriture ci-dessus* serait insuffisante, aussi bien que le *bon* ou *approuvé* où serait indiquée en chiffres la chose promise. »

L'article 1326 ne serait pas applicable s'il ne s'agissait ni d'une somme d'argent ni d'une quantité se déterminant au poids, au nombre ou à la mesure. Il ne le serait pas non plus si le souscripteur était ou un commerçant (considéré comme assez expérimenté pour être prudent et dont le temps est précieux), ou un laboureur, un artisan, etc.

*Billet à domicile*. — C'est une variété du billet à ordre. Je puis m'obliger à vous payer, ou à celui qui aura ordre de vous, une certaine somme dans un certain lieu, à la place de la somme ou de la valeur que j'ai reçue ici de vous ou que je dois recevoir ; c'est ce qu'on appelle le « billet à domicile », payable dans un autre lieu que celui où il a été souscrit.

*Billet à vue*. — Ce billet, payable à la volonté du porteur, est soumis à la déchéance si le propriétaire ne l'a pas présenté dans les six mois de sa date.

*Billet au porteur*. — V. BILLET.

*Prescription*. — Les actions relatives aux lettres de change et billets à ordre pour faits de commerce sont prescrites par cinq ans du jour du protêt, ou du jour où il aurait dû être fait. S'il y a eu reconnaissance de dette par un acte séparé ou condamnation, le créancier a un titre nouvel qui ne se prescrit plus que par trente ans. La prescription est interrompue par une citation en justice, une saisie, un acte quelconque impliquant reconnaissance de dette.

Les prétendus débiteurs qui opposent la prescription sont tenus d'affirmer sous serment qu'ils ne doivent plus rien. (Code comm., art. 189.)

Les billets à ordre souscrits par des non-commerçants pour des actes non-commerciaux se prescrivent par trente ans.

**Lettres de créance**. — Lettres dont un gouvernement munit son ambassadeur pour le faire accréditer auprès d'une puissance étrangère.

Les lettres de créance, pour les agents des trois premières classes, sont adressées de chef d'État à chef d'Etat sous la forme de lettres de chancellerie ou de cabinet. Celles de chargés d'affaires sont adressées de ministre à ministre. Les nonces du pape sont accrédités par la bulle de leur nomination.

**Lettres de rappel**. — Lettres qu'un agent diplomatique reçoit de son gouvernement pour informer celui auprès duquel il était accrédité que sa mission est terminée.

L'agent diplomatique présente ces lettres de rappel au chef de l'Etat. Les chargés d'affaires les présentent au ministre des Affaires étrangères, en audience solennelle. En réponse aux lettres de rappel, le chef de l'Etat ou le ministre remet à l'agent des lettres de récréance. Lorsque l'agent est élevé sur place à une classe supérieure ou abaissé à une classe inférieure, il est rappelé et réaccrédité.

**Lettre de voiture**. — Acte qui constate les conditions convenues entre celui qui expédie des marchandises et le voiturier qui se charge de les transporter, ou bien entre l'expéditeur, le commissionnaire et le voiturier.

La lettre de voiture (Code comm., art. 101 et 102) doit être datée, exprimer la nature et le poids ou la contenance des objets à transporter, le délai dans lequel le transport doit être effectué. Elle indique le nom et le domicile du commissionnaire de transport, s'il y en a un; le nom de celui à qui la marchandise est adressée ; le nom et le domicile du voiturier; elle énonce le prix de la voiture, l'indemnité due pour cause de retard ; elle est signée par l'expéditeur ou le commissionnaire de transport ; elle présente, en marge, les marques et numéros des objets à transporter. La lettre de voiture est ensuite copiée par le commissionnaire de transport sur un registre coté et parafé, sans intervalle et de suite.

Les entreprises de chemins de fer sont tenues, comme toute autre, de constater par une lettre de voiture, dont un exemplaire reste aux mains de la compagnie et l'autre est remis à l'expéditeur, toute expédition de marchandises, si l'expéditeur le demande. Si l'expéditeur ne demande pas de lettre de voiture, il lui est délivré un récépissé en tenant lieu.

La lettre de voiture est copiée par le commissionnaire sur un registre coté et parafé sans intervalle et de suite : cette dernière formalité est utile en cas de perte ou de contestation.

La lettre de voiture prend le nom de *déclaration d'expédition* lorsque le transport se fait par chemin de fer ; celui de *connaissement*, lorsque le transport se fait par mer.

Les lettres de voiture, connaissements, chartes-parties sont assujettis au timbre de dimension. Les parties, pour rédiger ces actes, pourront se servir de telle dimension de papier timbré qu'elles jugeront convenable. Ne sont pas assujettis à se pourvoir de lettres de voiture timbrées, les propriétaires qui font conduire par leurs voituriers et leurs propres domestiques ou fermiers les produits de leurs récoltes. (Décret du 3 janvier 1809.)

**Libération conditionnelle.** — Mise en liberté anticipée d'un condamné, à la charge par lui de continuer à se conduire honnêtement, et sous la condition qu'il sera réintégré, pour achever de subir sa peine, s'il donne de nouveaux sujets de plainte.

Le système de la *libération conditionnelle* a été introduit dans la législation française par la loi du 14 août 1885. La libération conditionnelle s'applique à toutes les peines privatives de la liberté subies en France et en Algérie. Elle est révocable pour inconduite habituelle et publique ou pour violation des conditions spéciales du permis de libération. Les arrêtés de libération conditionnelle sont pris et révoqués par le ministre de l'Intérieur. Pour en bénéficier, le condamné doit avoir accompli trois mois d'emprisonnement si la peine est inférieure à six mois, et dans le cas contraire, la moitié de la peine ; ces délais sont augmentés pour les individus en état de récidive (six mois au moins d'emprisonnement et après que le récidiviste a subi les deux tiers de sa peine).

**Libératoire.** — Qui a pour effet de libérer d'une obligation : *Le pouvoir* LIBÉRATOIRE *de l'argent.* — *Payement libératoire*, Payement effectué dans les conditions légales, de telle manière que le créancier ne puisse pas contester l'extinction de la dette.

**Liberté individuelle.** — Droit de disposer librement de sa personne et d'obtenir protection ou réparation contre les arrestations illégales, violations de domicile ou autres atteintes portées à la sûreté dont chaque citoyen doit jouir dans la société.

Le principe de la liberté individuelle, proclamé par la Constitution du 3 septembre 1791, est garanti par le Code pénal.

On ne peut engager ses services qu'à temps ou pour une entreprise déterminée. (Code civ., art. 1780.) La loi ne reconnaît pas les vœux perpétuels de rester dans la profession religieuse.

*Mise en liberté.* — La mise en liberté s'applique soit aux individus déclarés innocents, soit aux individus absous, soit enfin aux condamnés qui ont subi leur peine.

Elle intervient aussi, depuis la loi du 8 décembre 1897 (art. 2), au cas de non-interrogatoire, dans les vingt-quatre heures, d'un inculpé arrêté.

**Liberté provisoire.** — Liberté accordée à un prévenu ou à un accusé, par le juge d'instruction ou par la juridiction compétente, à charge par lui de se représenter, dès qu'il en est requis, à tous les actes de la procédure, et pour l'exécution du jugement à intervenir.

La liberté provisoire fait l'objet des articles 113 et suivants du Code d'instruction criminelle, modifiés par la loi du 14 juillet 1865 :

1° Il est permis au juge d'instruction, sur les conclusions du procureur de la République, d'accorder la liberté provisoire, même en matière criminelle.

2° En matière correctionnelle, la mise en liberté est de droit cinq jours après l'interrogatoire, lorsque l'inculpé est domicilié et que le maximum de la peine applicable à son cas est inférieur à deux ans d'emprisonnement. Sont exceptés de cette disposition les prévenus déjà condamnés à un emprisonnement de plus d'une année.

3° Quand elle n'est pas de droit, la liberté provisoire peut être subordonnée à l'obligation de fournir un cautionnement (*liberté provisoire sous caution*). Les obligations résultant du cautionnement cessent si l'inculpé se présente à tous les actes de la procédure et pour l'exécution du jugement. (Code Instr. crim., art. 122.) Le cautionnement doit être fourni en espèces, soit par l'inculpé, soit par un tiers ; il garantit : 1° la représentation de l'inculpé à tous les actes de la procédure et pour l'exécution du jugement ; 2° le payement dans l'ordre suivant : *a*) des frais faits par la partie publique ; *b*) de ceux avancés par la partie civile ; *c*) des amendes. L'ordonnance de mise en liberté détermine la somme affectée à chacune des deux parties du cautionnement. (*Id.*, art. 114.)

La première partie est acquise à l'Etat, du moment que l'inculpé, sans motif légitime d'excuse, est constitué en défaut de se présenter à quelque acte de la procédure ou pour l'exécution du jugement. Néanmoins, en cas de renvoi des poursuites, d'absolution ou d'acquittement, le jugement ou l'arrêt pourra ordonner la restitution de cette partie du cautionnement. (Art. 122.) La seconde partie est toujours restituée en cas d'acquittement, d'absolution ou de renvoi des poursuites. En cas de condamnation, elle est affectée aux frais et à l'amende ; le surplus, s'il y en a, est restitué. (Art. 123.)

Si, après avoir obtenu sa liberté provisoire, l'inculpé cité ou ajourné ne comparaît pas, le juge d'instruction, le tribunal ou la cour, selon les cas, peuvent décerner contre lui un mandat d'arrêt ou de dépôt, ou une ordonnance de prise de corps. (Art. 125.) L'inculpé renvoyé devant la cour d'assises est mis en état d'arrestation, en vertu de l'ordonnance de prise de corps contenue dans l'arrêt de la chambre des mises en accusation, nonobstant la mise en liberté provisoire. (Art. 126.) La mise en liberté a lieu sans préjudice du droit que conserve le juge d'instruction, dans la suite de l'information, de décerner un nouveau mandat d'amener, d'arrêt ou de dépôt, si des circonstances nouvelles et graves rendent cette mesure nécessaire. Toutefois, si la liberté provisoire avait été accordée par la chambre des mises en accusation réformant l'ordonnance du juge d'instruction, le juge d'instruction ne pourrait décerner un nouveau mandat qu'autant que la cour, sur les réquisitions du ministère public, aurait retiré à l'inculpé le bénéfice de la décision. (Art. 115.) En somme, quand elle n'est pas de droit, la liberté provisoire peut être retirée, soit lorsque des circonstances graves rendent la détention nécessaire, soit lorsque l'inculpé, cité ou ajourné, ne comparaît pas ; elle cesse obligatoirement lorsque l'inculpé est renvoyé devant la cour d'assises par un arrêt de la chambre des mises en accusation.

La demande en liberté provisoire doit être notifiée à la partie civile, qui peut dans les vingt-quatre heures, à partir du jour de la notification, présenter des observations écrites. (Art. 118.)

L'opposition ou appel est formé par acte au greffe dans un délai de vingt-quatre heures, qui court contre le procureur de la République, à compter du jour de l'ordonnance ou du jugement, et contre l'inculpé ou la partie civile, à compter du jour de la notification. (Art. 119.) V. MANDAT.

**Liberté de la presse.** — V. PRESSE.

**Liberté de réunion.** — V. RÉUNION.

**Librairie.**

Depuis la loi du 29 juillet 1881, la librairie est absolument libre, quant à l'exercice de la profession et quant à la vente des ouvrages, s'ils ne sont pas périodiques. Toutefois, les libraires demeurent soumis aux dispositions répressives concernant la vente d'imprimés délictueux, notamment d'imprimés contraires aux bonnes mœurs.

**Libre-échange.** — Système économique qui préconise la suppression des droits de douane et la liberté des transactions internationales, par opposition au *protectionnisme*, qui entend favoriser la production nationale au moyen de droits sur les marchandises étrangères.

**Licence.** (Instr. publ.) — Grade du licencié, intermédiaire entre celui de bachelier et de docteur.

**Licence.** (Contr. indir.) — Permis d'exercer délivré, moyennant le payement d'une taxe, à divers commerçants et industriels qui, au point de vue fiscal, relèvent de l'administration des Contributions indirectes.

Il ne faut pas confondre la *licence*, qui ne frappe que certaines classes de commerçants, avec la *patente*, contribution directe qui frappe toute profession imposable.

La loi du 28 avril 1816 et des dispositions postérieures ont soumis, notamment, à la *licence* : les cabaretiers, cafetiers, et toute personne vendant au détail des boissons soumises à l'impôt ; ceux qui donnent à manger au jour, au mois ou à l'année ; les marchands en gros de vins et boissons imposées (non, toutefois, de bières) ; les producteurs de vins, cidres, poirés et hydromels, autres que les propriétaires récoltants ; les brasseurs, bouilleurs de profession ou assimilés et distillateurs ; les fabricants de vins de raisins secs ; les entrepositaires d'huiles ; les dénaturateurs d'alcool ; les fabricants de cartes à jouer, de sucre indigène et de glucose, d'acide stéarique et de bougie, de vinaigres et d'acide acétique ; les marchands de vinaigre en gros et les préparateurs de parfumerie ou de conserves au vinaigre ; les salpêtriers (v. OCTROI) ; certains entrepreneurs de voitures publiques ; etc.

La licence s'applique à l'établissement, non à l'individu. Elle est valable tant que l'établissement reste ouvert ; le droit est dû soit pour l'année, soit, plus ordinairement, par trimestre. Le défaut de déclaration est passible, outre la confiscation, de 300 francs (vins) ou 500 francs (alcool) d'amende au minimum, de 100 francs à 1 000 francs pour les voitures publiques, sauf l'admission des circonstances atténuantes et le droit de transaction de la Régie. A Paris, où le commerce des boissons n'était pas soumis à la licence avant la loi du 29 décembre 1900, l'administration, à défaut de déclaration, peut, sans exercer de poursuites, imposer d'office la licence à toute personne inscrite au rôle des patentes, pour une profession impliquant ce commerce.

Au droit de licence perçu pour le compte du Trésor sur les commerçants de boissons peut venir parfois s'ajouter, par application de la loi du 29 décembre 1897 (art. 4 et 7), un droit de licence municipale.

Les licences que les conseils municipaux peuvent ainsi établir, sous réserve de l'approbation préfectorale, à la charge des commerçants de boissons doivent s'appliquer à toute personne vendant en détail sur le territoire de la commune.

Le débitant qui possède plusieurs établissements est assujetti à un droit fixe pour chacun de ces établissements.

Le droit fixe ne peut dépasser le montant, en principal et décimes, du droit de licence perçu au profit de l'Etat. Le maximum est fixé pour Paris à un quart en sus du maximum applicable aux villes de la catégorie de population immédiatement inférieure. Les maxima prévus aux deux paragraphes qui précèdent sont portés au double pour les établissements ne vendant pas exclusivement des boissons hygiéniques.

Un droit proportionnel est en outre assis sur la valeur locative tant de la maison d'habitation du débitant que des magasins, boutiques, salles de débit ou de consommation et autres locaux servant à l'exercice de son commerce. Le taux du droit proportionnel ne peut être supérieur à 5 pour 100 de la valeur locative. Si le débitant possède dans la commune plusieurs maisons d'habitation, le droit proportionnel n'est dû que pour celles de ces maisons qui servent à l'exercice du commerce de boissons. Si le commerce des boissons ne constitue pas la profession principale du débitant et s'il ne l'exerce pas par lui-même, le droit proportionnel n'est dû que sur la maison d'habitation de la personne préposée à ce commerce.

Les débitants de boissons qui entreprennent leur profession dans le cours de l'année ne doivent la licence municipale qu'à partir du premier jour du mois dans lequel ils ont commencé à exercer.

Il est dû un supplément de droit proportionnel par les débitants de boissons qui prennent des maisons ou locaux d'une valeur locative supérieure à celle des maisons ou locaux pour lesquels ils avaient été primitivement imposés.

**Licence de commerce.** — Autorisation donnée par un Etat belligérant à des particuliers de continuer leurs relations commerciales avec l'Etat adverse.

Elles peuvent être générales, ou limitées à certains négoces, et s'arrêtent devant les blocus réguliers et la prohibition générale qui frappe la contrebande de guerre.

**Licitation.** — Vente à l'enchère d'un bien possédé par indivis, et qui a pour objet de diviser le prix proportionnellement entre les copropriétaires.

La *licitation* a pour objet de diviser le prix d'un bien entre des propriétaires (cohéritiers, colégataires, codonataires, coacquéreurs, etc.), proportionnellement à la part indivise que chacun d'eux a dans ce bien commun. On y a recours : 1° lorsqu'une chose indivise ne peut pas être partagée commodément et sans perte ; 2° lorsque, dans un partage amiable, il se trouve un bien qu'aucun des partageants ne puisse ou ne veuille prendre. (Code civ., art. 827 et 1686.)

La licitation est *volontaire* ou *judiciaire*. Elle a lieu amiablement si les copropriétaires sont tous présents, majeurs et maîtres de leurs droits, et, en outre, s'ils ont choisi un notaire pour y procéder. Dans ce cas, les étrangers ne sont admis à enchérir que si l'un des copropriétaires en forme la demande. (*Id.*, art. 1687.) Elle a lieu judiciairement lorsque, parmi les copropriétaires, il se trouve des mineurs, des interdits ou des absents, ou lorsque les copropriétaires ne sont pas d'accord entre eux. Dans ce cas, les étrangers sont toujours admis à enchérir. (Même article.) Les formes de la licitation faite en justice sont réglées par les articles 966 et suivants du Code de procédure civile.

**Lieu public.**

La dénomination de *lieu public* (que la loi n'a nulle part définie) peut avoir des sens différents : 1° suivant qu'elle s'applique aux endroits placés, en tant que publics, sous la surveillance de l'autorité ; 2° suivant qu'elle sert à caractériser l'élément de publicité exigé pour l'existence de certains délits, tels que l'injure, la diffamation, l'outrage public à la pudeur.

Sous le premier rapport, les lieux publics sont ceux qui sont destinés à la réunion du public : foires, cérémonies publiques, spectacles, cafés, églises, etc. L'autorité municipale a la faculté de prendre à leur égard telles mesures qu'elle juge nécessaires, notamment en ce qui concerne les heures de leur fermeture. Les agents de l'autorité n'ont le droit d'y pénétrer que pendant leur ouverture légale ou de fait ; quand ces lieux sont fermés à l'heure prescrite, ils ne peuvent plus (hors les cas déterminés par la loi) s'y introduire contre la volonté des propriétaires.

Sous le deuxième rapport, la jurisprudence a donné plus d'extension à la dénomination de « lieu public ». C'est aux tribunaux d'apprécier, dans les différentes espèces, les circonstances constitutives de la publicité.

**Lieue.** — Mesure itinéraire.

*Lieue de pays*, lieue conforme à celle qui est en usage dans le pays dont il est question. *Lieue kilométrique*, lieue de 4 kilomètres. *Lieue de terre* ou *lieue commune*, lieue de 25 au degré, c'est-à-dire de 4 kilom., 444. *Lieue marine*, lieue de 20 au degré, c'est-à-dire de 5 kilom., 555. *Lieue de poste*, lieue de 3 kilom., 898. *Lieue d'une heure*, lieue de 4 kilom., 872. *Lieue d'Angleterre*, lieue de 5 kilom., 569339. *Lieue royale d'Espagne*, lieue de 7 kilom., 066375. *Lieue commune d'Espagne*, lieue de 5 kilom., 606569. *Lieue de Portugal*, lieue de 6 kilom., 179740. *Lieue marine de Portugal*, lieue équivalente à la lieue marine française. *Lieue de Prusse*, lieue de 7 kilom., 407407. *Lieue suisse*, lieue de 4 kilom., 480.

**Lieutenant.** — Officier de l'armée de terre dont le grade est immédiatement inférieur à celui de capitaine.

Le grade de *lieutenant* est véritablement le premier grade d'officier, celui de sous-lieutenant ne constituant plus qu'une sorte de stage pour l'obtenir, puisque tout sous-lieutenant passe lieutenant de droit après deux ans de grade.

**Lieutenant-colonel.** — Officier supérieur d'un grade immédiatement inférieur à celui de colonel.

Le lieutenant-colonel est l'auxiliaire du colonel, spécialement en ce qui concerne l'instruction et la discipline.

**Lieutenant de louveterie.** — V. LOUVETERIE.

**Lieutenant de vaisseau.**

Le grade de *lieutenant de vaisseau* est intermédiaire entre l'enseigne de vaisseau et le capitaine de frégate, et correspond au grade de capitaine dans l'armée de terre. Le lieutenant de vaisseau est chef de quart à bord des gros navires, second des bâtiments commandés par un capitaine de frégate ; il commande les navires de petit tonnage, torpilleurs, canonnières, avisos. Le grade se confère aux enseignes de vaisseau, deux tiers à l'ancienneté, un tiers au choix.

**Lieux** (Etat de). — V. ÉTAT DE LIEUX.

**Ligne.** — V. PARENTÉ.

**Lingot.**

La loi du 19 brumaire an VI, article 112, déclare libre la profession d'affiner et de départir les matières d'or et d'argent, et la réglemente dans les articles subséquents.

Quiconque veut départir et affiner l'or et l'argent pour le commerce est tenu d'en faire la déclaration tant à sa municipalité qu'à la préfecture, et à l'administration des Monnaies.

Avant de les rendre aux propriétaires, les affineurs portent les lingots affinés au bureau de garantie, pour y être essayés, marqués et passés en délivrance.

Le public a la faculté de faire affiner les lingots par le service compétent de l'administration des Monnaies. V. GARANTIE.

**Liquidation.** (Bourse.) — Règlement des opérations à terme.

La liquidation est la compensation (à l'échéance) stipulée des opérations à terme. Ceux qui ont opéré *ferme* livrent les titres ou les lèvent, ou reçoivent ou payent les différences. Ceux qui ont opéré *à prime* abandonnent leur prime ou déclarent lever les titres. La liquidation se fait, selon les valeurs, une ou deux fois par mois. La liquidation de fin de mois dure cinq jours ; celle de quinzaine, quatre jours.

On appelle *liquidation centrale* celle qui s'opère entre les agents de change.

**Liquidation.** (Comptabilité publique.) — Opération qui a pour objet de constater les droits des créanciers au vu des pièces justificatives dûment arrêtées.

**Liquidation judiciaire.**

Une liquidation de faveur est instituée, à côté de l'état de faillite, par la loi du 4 mars 1889, dans l'intérêt du commerçant de bonne foi qui cesse ses payements. Elle se distingue de la faillite, mais un grand nombre de dispositions sont communes aux deux situations : celles, notamment, qui concernent le personnel de l'administration, la procédure préparatoire de la solution, les divers droits pouvant être revendiqués, les crimes et délits possibles, la réhabilitation, les droits fiscaux applicables.

La liquidation judiciaire est subordonnée à deux conditions. Il faut : 1° Qu'elle soit réclamée par l'intéressé ou son mandataire dans les quinze jours de la cessation des payements. « La liquidation judiciaire ne peut être ordonnée que sur requête présentée par le débiteur au tribunal de commerce de son domicile, dans les quinze jours de la cessation de ses payements. Le droit de demander cette liquidation appartient au débiteur assigné en déclaration de faillite pendant cette période. La requête est accompagnée du bilan et d'une liste indiquant le nom et le domicile de tous les créanciers.

« Peuvent être admis au bénéfice de la liquidation judiciaire de la succession de leur auteur, les héritiers qui en font la demande dans le mois du décès de ce dernier décédé dans la quinzaine de la cessation de ses payements, s'ils justifient de leur acceptation pure et simple ou bénéficiaire. »

2° Qu'aucune fraude ne soit imputable au débiteur.

Le jugement qui statue sur une demande d'admission à la liquidation judiciaire est rendu par le tribunal de commerce du domicile du débiteur ; il est délibéré en chambre du conseil et rendu en audience publique. Le débiteur doit être entendu en personne, à moins d'excuses reconnues valables. Si la requête est admise, le jugement nomme un des membres du tribunal *juge-commissaire* et un ou plusieurs *liquidateurs* provisoires. Ces derniers arrêtent et signent les livres du débiteur dans les vingt-quatre heures de leur nomination, et procèdent avec celui-ci à l'inventaire. Ils sont tenus, dans le même délai, de requérir les inscriptions d'hypothèques. Il n'y a pas lieu, comme dans l'état de faillite, à apposition des scellés, et, dans la marche des opérations, des délais plus courts sont établis. Le jugement qui déclare ouverte la liquidation judiciaire n'est susceptible d'aucun recours et ne peut être attaqué par voie de tierce opposition ; cependant, si le tribunal est saisi en même temps d'une requête en admission au bénéfice de la liquidation judiciaire et d'une assignation en déclaration de faillite, il statue sur le tout par un seul et même jugement, rendu dans la forme ordinaire, exécutoire par provision et susceptible d'appel dans tous les cas.

Le jugement d'ouverture de la liquidation judiciaire entraîne divers effets : 1° le liquidé reste à la tête de ses affaires, mais il agit avec l'assistance des liquidateurs et sous la surveillance du juge-commissaire ; 2° les créanciers ne peuvent plus exercer de poursuites individuelles contre le liquidé ; 3° le liquidé perd ses droits d'éligibilité, mais il reste électeur ; il peut être juré, tuteur, témoin ; il n'est pas rayé des cadres de la Légion d'honneur.

Il ne peut contracter aucune nouvelle dette ni aliéner tout ou partie de son actif. Aucune inscription nouvelle ne peut être prise sur ses biens. Les actions et poursuites sont intentées et suivies contre les liquidateurs et le débiteur. Celui-ci peut, avec l'assistance des liquidateurs, procéder au recouvrement des effets et créances exigibles, faire tous actes conservatoires, vendre les objets sujets à dépérissement, à dépréciation ou dispendieux à conserver, intenter ou suivre toute action mobilière ou immobilière.

Il peut, avec l'assistance des liquidateurs et l'autorisation du juge-commissaire, continuer l'exploitation de son commerce ou de son industrie ; l'ordonnance du juge-commissaire qui autorise la continuation de l'exploitation est exécutoire par provision, et peut être déférée, par toute personne intéressée, au tribunal de commerce. Les fonds provenant des recouvrements et ventes sont remis aux liquidateurs, qui les versent à la Caisse des dépôts et consignations. Enfin, il peut, après l'avis des contrôleurs, l'assistance des liquidateurs et l'autorisation du juge-commissaire, faire tous actes de désistement, de renonciation, d'acquiescement, de transaction ; mais la transaction doit être homologuée si son objet est d'une valeur indéterminée ou excède 1 500 fr

Dans les trois jours du jugement, le greffier informe les créanciers, par lettres et par insertions dans les journaux, de l'ouverture de la liquidation judiciaire, et les convoque à se réunir, dans un délai qui ne peut excéder quinze jours, dans une des salles du tribunal, pour examiner la situation du débiteur. Le jour de la réunion est fixé par le juge-commissaire. Au jour indiqué, le débiteur, assisté des liquidateurs provisoires, présente un état de situation qu'il signe et certifie sincère et véritable, et qui contient l'énumération et l'évaluation de tous ses biens mobiliers et immobiliers, le montant des dettes actives et passives, le tableau des profits et pertes et celui des dépenses. Les créanciers donnent leur avis sur la nomination des liquidateurs définitifs ; ils sont consultés par le juge-commissaire sur l'utilité d'élire immédiatement parmi eux un ou deux contrôleurs. Après cette réunion ou le lendemain au plus tard, les créanciers sont convoqués pour la première assemblée de vérification. Ceux qui n'auraient pas fait à ce moment la remise des titres et des bordereaux doivent faire cette remise dans le délai fixé pour la réunion de l'assemblée de vérification. La vérification et l'affirmation des créances ont lieu dans la même réunion et dans les formes prescrites par le Code de commerce en tout ce qui n'est pas contraire à la présente loi.

Le lendemain des opérations de la première assemblée de vérification, il est adressé une convocation à tous les créanciers, invitant ceux qui n'ont pas produit à faire leur production. Cette assemblée a lieu quinze jours après la première. Si des lettres de change ou des billets à ordre souscrits ou endossés par le débiteur et non échus au moment de cette dernière assemblée sont en circulation, les liquidateurs peuvent obtenir du juge-commissaire la convocation d'une nouvelle assemblée de vérification.

Le lendemain de la dernière assemblée, dans laquelle le juge-commissaire prononce la clôture de la vérification, tous les créanciers vérifiés, ou admis par provision, sont invités à se réunir pour entendre les propositions de concordat du débiteur et en délibérer.

Le concordat entre les créanciers et le débiteur ne peut s'établir que s'il est consenti par la majorité de tous les créanciers vérifiés et affirmés ou admis par provision, représentant en outre les deux tiers de la totalité des créances vérifiées et affirmées ou admises par provision. Si le concordat est homologué, le tribunal déclare la liquidation judiciaire terminée. Lorsque le concordat contient abandon d'un actif à réaliser, les créanciers sont consultés sur le maintien ou le remplacement des liquidateurs. On remarquera que la liquidation judiciaire n'a qu'une solution possible : le concordat (simple ou par abandon d'actif). La solution rigoureuse de l'*union* reste spéciale à la faillite.

La liquidation judiciaire peut être convertie en faillite par le tribunal de commerce, lorsqu'il est reconnu que la requête à fin de liquidation judiciaire n'a pas été présentée dans les quinze jours de la cessation des payements, ou lorsque le liquidé n'obtient pas de concordat. Cette transformation est obligatoire dans quatre circonstances, qui, toutes, impliquent la faute lourde ou la mauvaise foi du liquidé, par exemple si le liquidé a été condamné pour banqueroute (simple ou frauduleuse).

Les agents d'administration spéciaux à la liquidation judiciaire sont les *liquidateurs judiciaires*. Le liquidateur est une sorte de curateur donné au liquidé ; mais, à part sa mission essentielle d'assistance du liquidé, il remplit aussi, dans l'intérêt des créanciers, une mission de surveillance. A la différence du syndic d'une faillite, il ne représente ni la masse ni le débiteur.

Les pouvoirs des liquidateurs varient suivant les diverses périodes des opérations de la liquidation judiciaire : aux liquidateurs provisoires succèdent les liquidateurs définitifs ; puis, s'il y a lieu, entrent en jeu les liquidateurs chargés de la réalisation de l'actif. La plupart des dispositions du Code de commerce relatives aux syndics de faillite sont applicables aux liquidateurs.

Les commerçants en état de liquidation judiciaire sont admis à se prévaloir du bénéfice de la loi du 30 décembre 1903, ainsi que de l'article 614 du Code de commerce, autorisant la réhabilitation des faillis après leur mort. V. FAILLITE.

**Liquidation (Revues de).** — États spéciaux établis trimestriellement, au moyen de feuilles de journées, par les fonctionnaires de l'Intendance chargés de la surveillance administrative d'un corps de troupes, pour régulariser les perceptions, tant en deniers qu'en nature, de ce corps.

Des revues analogues sont établies pour les officiers sans troupe et les employés militaires.

**Liste électorale.** — V. ÉLECTIONS.

**Lit** (d'un cours d'eau).

*Cours d'eau navigables ou flottables.* — Ces cours d'eau appartiennent au domaine de l'Etat. Si un fleuve ou une rivière nouvelle se forme en abandonnant son ancien lit, le lit abandonné appartient donc à l'Etat, mais les propriétaires riverains peuvent en acquérir la propriété, par droit d'accession, « chacun en droit soi » jusqu'à une ligne qu'on suppose tracée au milieu de la rivière ; le prix est fixé à dire d'experts nommés par le président du tribunal de l'arrondissement à la requête du préfet. Si, au bout de trois mois, les propriétaires n'ont pas usé de leur droit de préemption, le lit abandonné est vendu et le prix est distribué à titre d'indemnité aux propriétaires des fonds occupés par le nouveau cours d'eau. (Loi du 8 avril 1898.)

*Cours d'eau non navigables ni flottables.* — Le lit des cours d'eau non navigables ni flottables appartient aux propriétaires des deux rives; si celles-ci appartiennent à des propriétaires différents, chacun d'eux a la propriété de la moitié du lit selon une ligne tracée au milieu du cours d'eau (sauf titre ou prescription contraire). Chaque riverain a le droit de prendre dans la partie du lit qui lui appartient les produits naturels, la vase, le sable, les pierres, à la condition de ne pas modifier le régime des eaux et d'en exécuter le curage. (Loi du 8 avril 1898, art. 3.)

Lorsqu'un cours d'eau non navigable ni flottable change de lit, les riverains prennent possession du lit abandonné, et les riverains du nouveau fond n'ont droit à aucune indemnité, mais les uns et les autres ont un délai d'un an pour effectuer les travaux qui remettraient les choses en l'état. (*Id.*, art. 4 et 5.) V. BAUX, LAIS.

**Litigieux (Retrait).** — V. RETRAIT LITIGIEUX.

**Litisdécisoire.** — Se dit d'un serment ayant pour effet de terminer un procès. V. SERMENT.

**Litispendance.** — Etat d'un procès qui est pendant. Existence simultanée de deux actions, pour le même objet, devant deux tribunaux différents. — *Exception de litispendance*, Demande par laquelle la partie assignée devant un nouveau tribunal pour un même objet réclame son renvoi devant le tribunal déjà saisi.

Aux termes de l'article 171 du Code de procédure civile, s'il a été formé précédemment, en un autre tribunal, une demande pour le même objet, ou si la contestation est connexe à une cause déjà pendante en un autre tribunal, le défendeur assigné pour la deuxième fois a le droit d'invoquer l'*exception de litispendance*, c'est-à-dire de requérir le renvoi de la seconde cause devant les juges déjà saisis, afin d'éviter la contrariété de décisions. Cette exception est l'une de celles appelées *déclinatoires*, dont la loi traite sous le titre de *renvois*.

Pour qu'il y ait exception de litispendance, il faut : 1° qu'il y ait deux demandes en instance, c'est-à-dire au moins un ajournement, une assignation à comparaître; mais une simple citation en conciliation ne suffirait pas; 2° que les deux demandes aient été introduites devant deux tribunaux différents; 3° que les deux autorités soient de même ordre, par exemple deux tribunaux civils; 4° qu'il y ait entre les parties identité de qualités et d'intérêts; 5° que les demandes soient relatives au même objet et fondées sur la même cause.

**Livres de commerce.** — Les *livres de commerce* font l'objet des articles 8 à 17 du Code commercial.

Tout commerçant est tenu, lors même qu'il ne sait pas écrire, d'avoir trois sortes de livres :

1° un *livre-journal;* 2° un livre de *copie de lettres;* 3° un *livre des inventaires.*

Le *journal* doit présenter jour par jour les dettes actives et passives du commerçant, les opérations de son commerce, ses négociations, acceptations ou endossements d'effets, et généralement tout ce qu'il reçoit et paye, à quelque titre que ce soit : ce livre doit énoncer aussi les sommes employées à ses dépenses personnelles.

Le livre de *copie de lettres* est un livre spécial sur lequel doivent être transcrites les lettres que le commerçant envoie; la loi exige, en outre, qu'il mette en liasse celles qu'il reçoit.

Le *livre d'inventaire* est un registre spécial où doit être copié, année par année, l'inventaire sous seing privé que chaque commerçant est également tenu de faire de ses effets mobiliers et immobiliers, et des dettes actives et passives; il doit présenter d'une manière sincère, et aussi complète que possible, la véritable situation financière de celui qui le fait.

Avant de faire aucun usage de ces trois registres, le commerçant doit les faire coter, parafer et viser, soit par un des juges des tribunaux de commerce, soit par le maire ou l'adjoint. Le Journal et le Livre des inventaires doivent être parafés et visés une fois par année. Tous ces livres doivent être tenus par ordre de dates sans blancs, lacunes, ni transports en marge. La formalité du visa n'est pas obligatoire pour le Copie de lettres, la comparaison entre l'original et la copie suffisant à établir l'authenticité. Les commerçants sont tenus de conserver ces livres pendant dix ans, qui commencent à courir de la date de la dernière écriture qui y est portée.

Le commerçant qui n'a pas tenu ou qui a tenu irrégulièrement ses livres s'expose à perdre ses procès, par l'impossibilité où il peut se trouver de justifier ses demandes ou ses exceptions; en cas de faillite ou de liquidation judiciaire, il peut être déclaré banqueroutier simple et puni correctionnellement.

Les livres de commerce constituent des documents qui peuvent être admis *comme preuve* par les tribunaux de commerce. Des extraits de ces livres peuvent être délivrés à cet effet, à moins que le tribunal ne demande communication des livres mêmes. Les extraits des livres de commerce, délivrés pour être produits en justice, doivent être écrits sur papier timbré.

Les livres de commerce font foi contre le commerçant (Code civ., art. 1330) et peuvent servir de preuve entre deux commerçants pour faits de commerce, mais non au profit d'un commerçant contre un non-commerçant, sauf au juge à déférer le serment supplétoire. (*Id.*, art. 1329.)

Le tribunal peut ordonner la *représentation* des livres ou même la *communication;* dans le second cas, le commerçant se dessaisit de ses livres aux mains des intéressés.

Aux termes de l'article 14 du Code de commerce, la communication des livres ne peut être ordonnée en justice que dans les affaires de succession, communauté, partage de société, et en cas de faillite. Cette énumération est limitative et il n'y a pas à y comprendre, par extension, la demande d'un employé intéressé qui veut connaître le chiffre des affaires sur lesquelles il prétend avoir droit à une commission ; l'employé intéressé, bien que participant aux opérations et aux bénéfices, ne supporte pas les pertes : il n'est donc pas fondé à invoquer le bénéfice d'une assimilation avec les membres d'une société commerciale. (Cour de Paris, 21 novembre 1903.)

## Livret de famille.

Ce livret, qui doit être remis gratuitement par l'officier de l'état civil aux conjoints, lors de la célébration du mariage, est destiné à recevoir par extrait les énonciations principales des actes de l'état civil intéressant chaque famille. Il doit être représenté toutes les fois qu'il y a lieu de faire dresser un acte de naissance ou de décès. A chaque nouvelle déclaration, l'officier de l'état civil appose, à la suite de la mention sommaire consignée sur le livret, sa signature et le cachet de la mairie.

Les livrets constituent en quelque sorte un troisième dépôt des actes de l'état civil confié à la garde des intéressés ; ils seraient une source de renseignements précieux pour le cas où les registres viendraient à être détruits. De plus, en se reportant au livret pour la rédaction de chaque acte nouveau intéressant la famille, on évite les erreurs qui se glissent trop fréquemment dans l'indication des prénoms ou l'orthographe des noms.

La loi du 5 avril 1884, art. 136, en classant parmi les dépenses obligatoires des communes les frais des livrets de famille, a entendu assurer exclusivement la remise gratuite aux nouveaux époux d'un livret délivré lors de la célébration du mariage, mais les communes ne sont point obligées à fournir gratuitement les autres exemplaires de ce même livret qui leur seraient demandés par la suite : elles peuvent percevoir pour la délivrance de ces derniers un droit destiné à les couvrir des frais qui en résultent pour elles. (Lettre du ministre de l'Intérieur du 2 août 1899.)

## Livret militaire. — On distingue le livret matricule et le livret individuel.

Le *livret matricule* des *officiers* est tenu par les chefs de corps ou de service ; on y inscrit l'état civil du titulaire, les changements survenus dans sa position militaire, ses grades, décorations, blessures, actions d'éclat, etc.

Le livret matricule de *l'homme de troupe* est ouvert par le commandant du bureau de recrutement, lequel y inscrit l'état civil de l'homme, son signalement, le titre auquel il sert, puis les dates où il devra passer dans les différentes catégories de l'armée, etc. Le livret est ensuite tenu à jour par les commandants de compagnie, d'escadron ou de batterie. On y inscrit les punitions infligées au titulaire et leurs motifs, etc. Les livrets matricules restent aux mains des commandants d'unités auxquelles l'homme est successivement affecté. Ils doivent être emportés en campagne et tenus comme en temps de paix.

Tout homme de troupe est pourvu, aussitôt après son incorporation, d'un *livret individuel* dont il doit rester détenteur en permanence, même après avoir quitté le service actif. Sur ce livret doivent être reproduites toutes les indications qui seront plus tard inscrites sur le livret matricule : mutations, promotions, récompenses, décorations, actions d'éclat, blessures, etc., à l'exception des punitions et des condamnations qui peuvent être infligées au titulaire. Enfin, on y inscrit les mesures de l'homme, afin que, le cas échéant, il puisse être promptement habillé. Le livret individuel contient, en outre, un fascicule de mobilisation, qui indique au titulaire ses obligations, en cas de rappel de la classe. Le détenteur doit faire viser son livret par la gendarmerie chaque fois qu'il change de domicile ou de résidence, ou qu'il va se fixer à l'étranger.

## Livret d'ouvrier.

La loi du 22 juin 1854 et un décret du 30 avril 1855 imposaient à une certaine catégorie de travailleurs (notamment aux ouvriers attachés à un établissement industriel) la possession d'un petit livre, dit *livret d'ouvrier*, que leur délivraient les maires ou le préfet de police. Le titulaire était tenu, toutes les fois qu'il changeait d'établissement, d'y faire inscrire sa sortie et son entrée par l'ancien et par le nouveau patron. Une loi de juillet 1890 a abrogé ces dispositions et fait rentrer dans le droit commun les engagements entre employés et patrons. Un droit spécial reste consacré : celui, de la part de l'employé, d'exiger du patron un certificat contenant la date de son entrée, celle de sa sortie et l'espèce de travail auquel il a été occupé.

## Location. — V. BAIL.

## Logements insalubres.

La loi du 13 avril 1850 a été abrogée par la loi du 15 février 1902 sur la santé publique. V. HYGIÈNE, SANTÉ PUBLIQUE.

## Logement des troupes. — V. RÉQUISITION.

## Loi. — Règle établie par une autorité souveraine, et à laquelle tout le monde est tenu d'obéir.

La confection des lois est l'œuvre du pouvoir législatif. D'après la Constitution de 1875, l'initiative de la loi, en France, appartient au président de la République et aux membres des deux Chambres. Le *projet* de loi émane du gouvernement; la *proposition* de loi, de l'initiative parlementaire. Un projet de loi peut être présenté indifféremment devant le Sénat ou devant la Chambre des députés ; seules, les lois de finances doivent être portées d'abord à la Chambre des députés. Les projets de loi sont d'abord soumis à l'examen de commissions, qui désignent un de leurs membres pour faire le rapport. Lorsque ce rapport est déposé et distribué, ou même avant, la Chambre fixe le jour de la discussion publique, qui, sauf le cas d'urgence, ne peut commencer avant un délai minimum de vingt-quatre heures. Si l'urgence est déclarée par la Chambre, une seule délibération suffit; mais dans les cas ordinaires il en faut deux, à des intervalles de cinq jours au moins.

La première délibération porte sur l'ensemble du projet de loi, puis le président consulte la Chambre pour savoir si elle entend passer à la discussion des articles. Si elle refuse, la loi est rejetée. Dans le cas contraire, les débats continuent. Quand la Chambre a discuté tous les articles et tous les amendements, elle est consultée sur le point de savoir si elle entend passer à la seconde délibération. Dans le cas de la négative, le projet est repoussé. Dans l'affirmative, la deuxième délibération se fait dans les mêmes conditions que la première, sauf qu'il n'y a pas de discussion générale. Tout article combattu lors de la deuxième délibération doit être de nouveau soumis au vote de la Chambre.

En dehors des cas d'urgence, une seule délibération suffit aussi pour certaines lois. V. DÉPUTÉS (Chambre des), § *Mécanisme législatif.*

Dès qu'un projet est voté par la Chambre des députés, il est envoyé au Sénat. Si le Sénat le modifie, il revient à la Chambre. Un projet ne devient loi définitive qu'autant que les deux Assemblées ont adopté la même rédaction : la loi est alors *promulguée* par le président de la République, chef du pouvoir exécutif, et la promulgation ou ordre d'exécution n'a de force que lorsqu'elle a été portée à la connaissance des citoyens, c'est-à-dire *publiée* au *Journal officiel.*

La promulgation des lois et des décrets résulte de leur insertion au *Journal officiel de la République française*, lequel, à cet égard, a remplacé le *Bulletin des Lois.* Le *Bulletin des Lois* continue cependant à être publié, et l'insertion qui y est faite des actes non insérés au *Journal officiel* en opère promulgation. (Décret du 5 nov. 1870, art. 1er.)

Les lois et les décrets sont obligatoires, à Paris, un jour franc après la promulgation, et partout ailleurs, dans l'étendue de chaque arrondissement, un jour franc après que le *Journal officiel* qui les contient est parvenu au chef-lieu de cet arrondissement. Le gouvernement, par une disposition spéciale, peut ordonner l'exécution immédiate d'un décret. (*Id.*, art. 2.) Pour les actes non insérés au *Journal officiel*, les délais partent de la date de l'insertion au *Bulletin des Lois.* (Ord. du 18 janvier 1817.)

Les tribunaux et les autorités administratives et militaires peuvent, selon les circonstances, accueillir l'exception d'ignorance alléguée par les contrevenants, si la contravention a eu lieu dans le délai de trois jours francs, à partir de la promulgation. (Décret du 5 novembre 1870, art. 4.)

Les lois sont promulguées dans la forme suivante : « *Le Sénat et la Chambre des députés ont adopté, Le président de la République promulgue la loi dont la teneur suit* (Texte de la loi). *La présente loi, délibérée et adoptée par le Sénat et par la Chambre des députés, sera exécutée comme loi de l'Etat.* (Décret du 6 avril 1876.)

La loi ne dispose que pour l'avenir : elle n'a point d'effet rétroactif (Code civ., art. 2), sauf les lois de procédure, de compétence, d'instruction, sauf aussi les lois qui portent atténuation des peines.

Une loi ne peut être abrogée que par une loi nouvelle, soit expressément, soit tacitement (quand la loi nouvelle contient des dispositions contraires à celles de l'ancienne). V. ABROGATION.

Les lois de police et de sûreté obligent tous ceux qui habitent le territoire français, même les étrangers; mais, en ce qui concerne l'état et la capacité des personnes, les étrangers résidant en France demeurent sous l'empire de leurs lois nationales (*statut personnel*). Par contre, les lois qui composent le *statut réel* français régissent tous les immeubles situés en France, que le propriétaire soit Français ou étranger. V. STATUT.

Les lois concernant l'état et la capacité des personnes régissent les Français, même résidant en pays étranger. (Code civ., art. 3.)

Le juge qui refuserait de juger, sous prétexte du silence, de l'obscurité ou de l'insuffisance de la loi, pourrait être poursuivi comme coupable de déni de justice. (*Id.*, art. 4.) V. DÉNI. Il est défendu aux juges de prononcer par voie de disposition générale et réglementaire sur les causes qui leur sont soumises. (*Id.*, art. 5.)

Le juge, en effet, n'a pas le droit de substituer sa volonté à celle du législateur et de modifier la loi. V. JUGE, JURISPRUDENCE.

On ne peut déroger, par des conventions particulières, aux lois qui intéressent l'ordre public et les bonnes mœurs. (Code civ., art. 6.)

## Lois constitutionnelles.

La constitution politique de la France est formée d'un certain nombre de lois, dites *Lois constitutionnelles* et *Lois organiques.* Les trois lois constitutionnelles sont les suivantes :

1° Loi relative à l'organisation du Sénat (24 février 1875) ;

2° Loi relative à l'organisation des pouvoirs publics (25 février 1875) ;

3° Loi constitutionnelle sur les rapports des pouvoirs publics (16 juillet 1875).

Ces trois lois, revisées par celles du 22 juillet 1879 et du 14 août 1884, ont été complétées par des lois organiques sur l'élection des sénateurs (2 août 1875) et des députés (30 novembre 1875), et les trois lois constitutionnelles ne peuvent être revisées que par la Chambre des députés et le Sénat réunis en Assemblée nationale.

Le pouvoir exécutif, chargé d'assurer l'exécution de la loi, est confié au *président de la République* et aux *ministres ;* le pouvoir législatif, chargé de la discussion et de la confection de la loi, appartient au *Sénat* et à la *Chambre des députés.*

*Pouvoir exécutif.* — Le président de la République est élu à la majorité absolue des suffrages par le Sénat et la Chambre des députés réunis en Assemblée nationale. Nommé pour sept ans, il est rééligible après l'expiration de ses fonctions.

Le président de la République est assisté par des *ministres*. Chacun de ses actes doit être contresigné par un ministre. Les ministres sont solidairement responsables devant les Chambres de la politique générale du gouvernement et ils répondent individuellement de leurs actes personnels. Ils donnent l'impulsion à la vie administrative et les fonctionnaires sont placés sous leur autorité.

Le pouvoir exécutif se divise en pouvoir *administratif* et en pouvoir *judiciaire*. L'autorité judiciaire ne peut empiéter sur l'autorité administrative : c'est le principe de la séparation des pouvoirs. V. PRÉSIDENT DE LA RÉPUBLIQUE, MINISTRE, ADMINISTRATION, FONCTIONNAIRE, JUSTICE.

*Pouvoir législatif.* — Le Sénat et la Chambre des députés ont les mêmes pouvoirs ; mais, par exception, les lois de finances doivent être soumises en premier lieu à la Chambre des députés, issue du suffrage universel. Les deux assemblées, réunies pour élire le président de la République et pour reviser les lois constitutionnelles (*pouvoir constituant*) [V. REVISION] prennent le nom d'*Assemblée nationale* ou de *congrès*.

La loi constitutionnelle du 24 février 1875 sur l'organisation du *Sénat* et les lois organiques du 2 août 1875 sur l'élection des sénateurs ont pour complément la loi du 9 décembre 1884. Quant à la *Chambre des députés*, la loi organique est celle du 30 novembre 1875 sur l'élection des députés. Il faut la compléter par la loi du 16 juin 1885 modifiant la loi électorale, celle du 13 février 1889 rétablissant le scrutin uninominal.

La loi du 22 juillet 1879 a fixé à Paris (au lieu de Versailles) le siège du pouvoir exécutif et des Chambres. V. PRÉSIDENT DE LA RÉPUBLIQUE, DÉPUTÉS (CHAMBRE DES), SÉNAT, CANDIDATURES MULTIPLES, ÉLECTIONS, INCOMPATIBILITÉS, etc.

Voici le texte même des trois lois constitutionnelles et de la loi du 22 juillet 1879 :

*Loi du 25 février 1875,*
*relative à l'organisation des pouvoirs publics.*

ART. 1er. Le pouvoir législatif s'exerce par deux assemblées : la Chambre des députés et le Sénat.

La Chambre des députés est nommée par le suffrage universel, dans les conditions déterminées par la loi électorale.

La composition, le mode de nomination et les attributions du Sénat seront réglés par une loi spéciale.

ART. 2. — Le président de la République est élu à la majorité absolue des suffrages par le Sénat et par la Chambre des députés réunis en Assemblée nationale.

Il est nommé pour sept ans. Il est rééligible.

ART. 3. Le président de la République a l'initiative des lois, concurremment avec les membres des deux Chambres. Il promulgue les lois lorsqu'elles ont été votées par les deux Chambres ; il en surveille et en assure l'exécution.

Il a le droit de faire grâce ; les amnisties ne peuvent être accordées que par une loi.

Il dispose de la force armée.

Il nomme à tous les emplois civils et militaires.

Il préside aux solennités nationales ; les envoyés et les ambassadeurs des puissances étrangères sont accrédités auprès de lui.

Chacun des actes du président de la République doit être contresigné par un ministre.

ART. 4. Au fur et à mesure des vacances qui se produiront à partir de la promulgation de la présente loi, le président de la République nomme, en conseil des ministres, les conseillers d'Etat en service ordinaire.

Les conseillers d'Etat ainsi nommés ne pourront être révoqués que par décret rendu en conseil des ministres.

ART. 5. Le président de la République peut, sur l'avis conforme du Sénat, dissoudre la Chambre des députés avant l'expiration légale de son mandat.

(Loi du 14 août 1884, art. 1er.) En ce cas, les collèges électoraux sont réunis pour de nouvelles élections dans le délai de deux mois, et la Chambre dans les dix jours qui suivront la clôture des opérations électorales.

ART. 6. Les ministres sont solidairement responsables devant les Chambres de la politique générale du gouvernement, et individuellement de leurs actes personnels.

Le président de la République n'est responsable que dans le cas de haute trahison.

ART. 7. En cas de vacance par décès ou pour toute autre cause, les deux Chambres réunies procèdent immédiatement à l'élection d'un nouveau président.

Dans l'intervalle, le Conseil des ministres est investi du pouvoir exécutif.

ART. 8. Les Chambres auront le droit, par délibérations séparées, prises dans chacune à la majorité absolue des voix, soit spontanément, soit sur la demande du président de la République, de déclarer qu'il y a lieu de reviser les lois constitutionnelles.

Après que chacune des deux Chambres aura pris cette résolution, elles se réuniront en Assemblée nationale pour procéder à la revision.

Les délibérations portant revision des lois constitutionnelles, en tout ou en partie, devront être prises à la majorité absolue des membres composant l'Assemblée nationale.

(Loi du 14 août 1884, art. 2.) La forme républicaine du gouvernement ne peut faire l'objet d'une proposition de revision.

Les membres des familles ayant régné sur la France sont inéligibles à la présidence de la République.

*Loi du 24 février 1875,*
*relative à l'organisation du Sénat.*

ART. 8. Le Sénat a, concurremment avec la Chambre des députés, l'initiative et la confection des lois.

Toutefois, les lois de finances doivent être, en premier lieu, présentées à la Chambre des députés et votées par elle.

ART. 9. Le Sénat peut être constitué en Cour de justice pour juger soit le président de la République, soit les ministres, et pour connaître des attentats commis contre la sûreté de l'État. V. SÉNAT.

*Loi constitutionnelle du 16 juillet 1875, sur les rapports des pouvoirs publics.*

ART. 1er. Le Sénat et la Chambre des députés se réunissent chaque année le second mardi de janvier, à moins d'une convocation antérieure faite par le président de la République.

Les deux Chambres doivent être réunies en session cinq mois au moins chaque année. La session de l'une commence et finit en même temps que celle de l'autre.

ART. 2. Le président de la République prononce la clôture de la session. Il a le droit de convoquer extraordinairement les Chambres. Il devra les convoquer si la demande en est faite, dans l'intervalle des sessions, par la majorité absolue des membres composant chaque Chambre.

Le président peut ajourner les Chambres. Toutefois, l'ajournement ne peut excéder le terme d'un mois, ni avoir lieu plus de deux fois dans la même session.

ART. 3. Un mois au moins avant le terme légal des pouvoirs du président de la République, les Chambres devront être réunies en Assemblée nationale pour procéder à l'élection du nouveau président.

A défaut de convocation, cette réunion aura lieu de plein droit le quinzième jour avant l'expiration de ces pouvoirs.

En cas de décès ou de démission du président de la République, les deux Chambres se réunissent immédiatement et de plein droit.

Dans le cas où, pas application de l'article 5 de la loi du 25 février 1875, la Chambre des députés se trouverait dissoute au moment où la présidence de la République deviendrait vacante, les collèges électoraux seraient aussitôt convoqués et le Sénat se réunirait de plein droit.

ART. 4. Toute assemblée de l'une des deux Chambres qui serait tenue hors du temps de la session commune est illicite et nulle de plein droit, sauf le cas prévu par l'article précédent et celui où le Sénat est réuni comme cour de justice ; et, dans ce dernier cas, il ne peut exercer que des fonctions judiciaires.

ART. 5. Les séances du Sénat et celles de la Chambre des députés sont publiques.

Néanmoins chaque Chambre peut se former en comité secret, sur la demande d'un certain nombre de ses membres, fixé par le règlement.

Elle décide ensuite, à la majorité absolue, si la séance doit être reprise en public sur le même sujet.

ART. 6. Le président de la République communique avec les Chambres par des messages qui sont lus à la tribune par un ministre.

Les ministres ont leur entrée dans les deux Chambres et doivent être entendus quand ils le demandent. Ils peuvent se faire assister par des commissaires désignés, pour la discussion d'un projet de loi déterminé, par décret du président de la République.

ART. 7. Le président de la République promulgue les lois dans le mois qui suit la transmission au gouvernement de la loi définitivement adoptée. Il doit promulguer dans les trois jours les lois dont la promulgation, par un vote exprès dans l'une et l'autre Chambre, aura été déclarée urgente.

Dans le délai fixé pour la promulgation, le président de la République peut, par un message motivé, demander aux deux Chambres une nouvelle délibération, qui ne peut être refusée.

ART. 8. Le président de la République négocie et ratifie les traités. Il en donne connaissance aux Chambres aussitôt que l'intérêt et la sûreté de l'Etat le permettent.

Les traités de paix, de commerce, les traités qui engagent les finances de l'Etat, ceux qui sont relatifs à l'état des personnes et au droit de propriété des Français à l'étranger, ne sont définitifs qu'après avoir été votés par les deux Chambres. Nulle cession, nul échange, nulle adjonction de territoire ne peut avoir lieu qu'en vertu d'une loi.

ART. 9. Le président de la République ne peut déclarer la guerre sans l'assentiment préalable des deux Chambres.

ART. 10. Chacune des Chambres est juge de l'éligibilité de ses membres et de la régularité de leur élection ; elle peut seule recevoir leur démission.

ART. 11. Le bureau de chacune des deux Chambres est élu chaque année pour la durée de la session et pour toute session extraordinaire qui aurait lieu avant la session ordinaire de l'année suivante.

Lorsque les deux Chambres se réunissent en Assemblée nationale, leur bureau se compose des président, vice-présidents et secrétaires du Sénat.

ART. 12. Le président de la République ne peut être mis en accusation que par la Chambre des députés et ne peut être jugé que par le Sénat.

Les ministres peuvent être mis en accusation par la Chambre des députés pour crimes commis dans l'exercice de leurs fonctions. En ce cas, ils sont jugés par le Sénat.

Le Sénat peut être constitué en cour de justice par un décret du président de la République, rendu en conseil des ministres, pour juger toute personne prévenue d'attentat commis contre la sûreté de l'Etat.

Si l'instruction est commencée par la justice ordinaire, le décret de convocation du Sénat peut être rendu jusqu'à l'arrêt de renvoi.

Une loi déterminera le mode de procéder pour l'accusation, l'instruction et le jugement.

ART. 13. Aucun membre de l'une ou de l'autre Chambre ne peut être poursuivi ou recherché à l'occasion des opinions ou votes émis par lui dans l'exercice de ses fonctions.

ART. 14. Aucun membre de l'une ou de l'autre Chambre ne peut, pendant la durée de la session, être poursuivi ou arrêté, en matière criminelle ou correctionnelle, qu'avec l'autorisation de la Chambre dont il fait partie, sauf le cas de flagrant délit.

La détention ou la poursuite d'un membre de l'une ou de l'autre Chambre est suspendue pendant la session, et pour toute sa durée si la Chambre le requiert.

*Loi du 22 juillet 1879, relative au siège du Pouvoir exécutif et des Chambres.*

Art. 1er. Le siège du Pouvoir exécutif et des deux Chambres est à Paris.

Art. 2. Le palais du Luxembourg et le palais Bourbon sont affectés : le premier, au service du Sénat ; le second, à celui de la Chambre des députés. Néanmoins, chacune des deux Chambres demeure maîtresse de désigner, dans la ville de Paris, le palais qu'elle veut occuper.

Art. 3. Les divers locaux du palais de Versailles actuellement occupés par le Sénat et la Chambre des députés conservent leur affectation. — Dans le cas où, conformément aux articles 7 et 8 de la loi du 25 février 1875 sur l'organisation des pouvoirs publics, il y aura lieu à la réunion de l'Assemblée nationale, elle siégera à Versailles, dans la salle actuelle de la Chambre des députés. Dans le cas où, conformément à l'article 9 de la loi du 24 février 1875 sur l'organisation du Sénat et à l'article 12 de la loi constitutionnelle du 16 juillet 1875 sur les rapports des pouvoirs publics, le Sénat sera appelé à se constituer en cour de justice, il désignera la ville et le local où il entend tenir ses séances.

Art. 5. Les présidents du Sénat et de la Chambre des députés sont chargés de veiller à la sûreté intérieure et extérieure de l'assemblée qu'ils président. — A cet effet, ils ont le droit de requérir la force armée et toutes les autorités dont ils jugent le concours nécessaire. — Les réquisitions peuvent être adressées directement à tous officiers, commandants ou fonctionnaires, qui sont tenus d'y obtempérer immédiatement, sous les peines portées par les lois. — Les présidents du Sénat et de la Chambre des députés peuvent déléguer leur droit de réquisition aux questeurs ou à l'un d'eux.

Art. 6. Toute pétition à l'une ou l'autre des Chambres ne peut être faite et présentée que par écrit. Il est interdit d'en apporter en personne ou à la barre.

Art. 7. Toute infraction à l'article précédent, toute provocation, par des discours proférés publiquement ou par des écrits ou imprimés affichés ou distribués, à un rassemblement sur la voie publique ayant pour objet la discussion, la rédaction ou l'apport aux Chambres, ou à l'une d'elles, de pétitions, déclarations ou adresses, que la provocation ait été ou non suivie d'effet, sera punie des peines édictées par le paragraphe 1er de l'article 5 de la loi du 7 juin 1848.

## Long cours.

La navigation au long cours comprend les voyages qui se font au delà des limites ci-après : au sud, le 30e degré de latitude nord ; au nord, le 72e degré de latitude nord ; à l'ouest, le 15e degré de longitude du méridien de Paris ; à l'est, le 44e degré de longitude du méridien de Paris. (Code comm., art. 377.)

Elle s'oppose à la navigation au *cabotage* et à la navigation au *bornage*.

Le décret du 29 décembre 1901 règle les conditions d'admission au commandement des bâtiments de commerce et à l'obtention des brevets de capitaine au long cours et de maître au cabotage. V. Bornage, Cabotage, Marine marchande.

## Loterie, lots.

Les loteries de toute espèce sont prohibées par la loi du 21 mai 1836, qui répute loteries et interdit comme telles « les ventes d'immeubles, de meubles ou de marchandises effectuées par la voie du sort, ou auxquelles auraient été réunies des primes ou autres bénéfices dus au hasard, et généralement toutes opérations offertes au public pour faire naître l'espérance d'un gain qui serait acquis par la voie du sort ».

La contravention aux dispositions de la loi de 1836 est passible d'un emprisonnement de deux à six mois et d'une amende de 100 à 6 000 francs. (C. pén., art. 410.) Les coupables peuvent être, pendant cinq ans au moins et dix ans au plus, interdits des droits mentionnés en l'article 42 du Code pénal. Dans tous les cas, il y a confiscation des fonds ou effets mis en loterie, des meubles, instruments, appareils employés ou destinés au service de la loterie.

Ces peines sont encourues par les auteurs, entrepreneurs, agents des loteries, colporteurs ou distributeurs de billets. Tous ceux qui, par des annonces, affiches ou autre moyen de publicité ont fait connaître l'existence de ces loteries ou facilité l'émission des billets sont également punis.

Ces dispositions ne s'appliquent pas aux loteries d'objets mobiliers exclusivement destinées à des actes de bienfaisance ou à l'encouragement des arts, lorsqu'elles auront été autorisées (ord. du 29 mai 1844) par les sous-préfets, et que le capital de la loterie ne dépasse pas 2 000 francs ; au delà de ce chiffre, par les préfets (dans le département de la Seine, par le préfet de police); enfin, lorsque le capital est supérieur à 100 000 francs, par une loi spéciale.

*Obligations et valeurs à lots.* — Il existe sur le marché financier des obligations ou valeurs dites *à lots*, remboursables, dans un certain nombre d'années, à un taux fixé d'avance, et qui, participant à des tirages au sort périodiques, peuvent procurer à leurs porteurs le bénéfice de lots déterminés, constituant une sorte de prime.

Les valeurs à lots mises en vente doivent être autorisées par des lois ou, lorsqu'elles sont étrangères, par des conventions diplomatiques spéciales. Ces sortes de valeurs se distinguent de la loterie en ce qu'elles constituent un placement dont les lots ne sont qu'un accessoire; les lots sont frappés d'une taxe de 8 pour 100. (Lois du 21 juin 1875 et du 25 février 1901, art. 20.) V. Valeurs.

Sont punis d'une amende de 6 francs à 10 francs (et, en cas de récidive, d'un emprisonnement de cinq jours au plus), ceux qui ont établi ou tenu dans les rues et lieux publics des jeux de hasard et des loteries. (Code pén., art. 475 et 478.) Les tables et appareils de loteries, enjeux, lots, etc., sont en outre saisis et confisqués. (*Id.*, art. 477.)

**Louage.** — Contrat par lequel l'une des parties s'oblige vis-à-vis de l'autre, pendant un certain temps et moyennant un prix convenu, soit à lui procurer la jouissance d'une chose (*louage de choses*), soit à lui assurer le bénéfice de son travail (*louage d'ouvrage*). [Code civ., art. 1708 à 1710.]

Le louage des maisons et des meubles, ou *bail à loyer;* le louage des héritages ruraux, ou *bail à ferme, bail à cheptel,* sont des louages de choses.

Le louage des domestiques et ouvriers, des voituriers par terre et par eau, des entrepreneurs d'ouvrage par suite de devis, marchés ou prix faits sont des louages d'*ouvrage.*

Dans le louage de choses, la personne qui s'engage à faire jouir l'autre d'une chose s'appelle *bailleur* ou *locateur;* celle qui s'engage à payer le prix convenu s'appelle *preneur,* et le preneur est spécialement qualifié de *locataire* s'il prend à bail une maison ou une chose mobilière (bail à loyer); de *fermier*, de *colon partiaire* ou de *métayer,* s'il loue un héritage ou bien rural. On distingue dans le louage de choses : le *bail à loyer* (louage des maisons et des meubles), le *bail à ferme* (louage des héritages ruraux). Le *bail à cheptel* est celui du troupeau dont le profit se partage entre son propriétaire et celui à qui la garde et l'exploitation en sont confiées. (V. CHEPTEL.) — Enfin, on peut citer les baux *à complant* (v. COMPLANT), *à convenant* ou *à domaine congéable* (v. CONGÉABLE), *emphytéotique* (v. EMPHYTÉOSE), *à rente* (v. RENTE), à nourriture de personnes, de pâturage et nourriture d'animaux, etc.

Dans le louage d'ouvrage, celui qui prend un engagement de travail est un domestique, un ouvrier, un architecte, un entrepreneur, et celui qui paye le prix de l'engagement s'appelle *maître.*

Tandis que l'usufruit engendre pour l'usufruitier un droit *réel*, on n'est pas d'accord sur la nature du droit (*réel* ou *personnel*) qu'engendre pour le preneur le contrat de louage. V. DROITS personnels.

*Louage des choses.* — On peut louer toutes sortes de biens, meubles ou immeubles (Code civ., art, 1713), mais non toutefois des choses qui se consommeraient par l'usage et ne pourraient être restituées au propriétaire. Il suffit, en principe, d'avoir la capacité d'administrer pour pouvoir prendre ou donner à bail. Cependant, le mineur émancipé sans l'assistance de son curateur ne peut donner à bail pour plus de neuf ans (Code civ., art. 481). Les baux des biens des mineurs sont soumis aux mêmes règles que les baux des biens appartenant aux femmes mariées. (*Id.*, art. 1429, 1430 et 1718.) V. COMMUNAUTÉ.

Les règles relatives aux baux des maisons et des biens ruraux, au colonage partiaire et au métayage, sont exposées respectivement aux mots BAIL et COLONAGE.

*Louage d'ouvrage.* — Nous renvoyons au mot TRANSPORT pour l'exposé des dispositions relatives au transport des personnes et des marchandises par les « voituriers » de terre ou d'eau, aux mots DEVIS, ENTREPRENEUR et ARCHITECTE pour l'étude du louage des entrepreneurs d'ouvrage ou de vêtements. Il nous reste à parler du louage des gens de travail (domestiques et ouvriers) qui s'engagent au service de quelqu'un.

L'engagement de ses services par un *domestique* ne peut avoir lieu que pour un temps déterminé (Code civ., art. 1780). A l'inverse, rien ne s'oppose à ce qu'un maître s'engage à conserver toute sa vie un domestique ; d'où résulte pour lui, s'il le renvoie, l'obligation de l'indemniser. Depuis la loi du 2 août 1868, qui a abrogé l'article 1781 du Code civil, on applique les règles du droit commun pour les contestations qui s'élèvent entre le maître et le domestique relativement à la quotité des gages, au payement du salaire de l'année échue, aux acomptes donnés pour l'année courante. Avant cette loi le maître était, à défaut d'écrit, cru sur son affirmation. Les domestiques ont, pour leurs gages de l'année échue et pour ce qui leur est dû sur l'année courante, un privilège général sur les meubles et les immeubles de leurs maîtres. (*Id.*, art. 2101, § 4, et 2104.) L'action pour le payement de leurs salaires, de la part des domestiques qui se louent à l'année, se prescrit par un an. (*Id.*, art. 2272, § 5.) Le legs fait à un domestique n'est pas censé fait en compensation de ses gages. (*Id.*, art. 1023.)

Le louage de service, fait sans détermination de durée, peut toujours cesser par la volonté d'une des parties contractantes. Néanmoins, la résiliation du contrat par la volonté d'un seul des contractants peut donner lieu à des dommages-intérêts. Pour la fixation de l'indemnité à allouer, le cas échéant, il est tenu compte des usages, de la nature des services engagés, du temps écoulé, des retenues opérées et des versements effectués en vue d'une pension de retraite, et, en général, de toutes les circonstances qui peuvent justifier l'existence et déterminer l'étendue du préjudice causé. Les parties ne peuvent renoncer à l'avance au droit éventuel de demander des dommages-intérêts en vue des dispositions ci-dessus. Les contestations auxquelles pourra donner lieu l'application des paragraphes précédents, lorsqu'elles seront portées devant les tribunaux civils et devant les cours d'appel, seront instruites comme affaires sommaires et jugées d'urgence. (Loi du 27 décembre 1890.)

La durée du louage des domestiques et ouvriers ruraux est, sauf preuve d'une convention contraire, réglée suivant l'usage des lieux. (Loi du 9 juillet 1889, art. 15.)

Les conditions de l'engagement sont absolument libres, sous réserve des dispositions spéciales qui ont réglementé le contrat de travail. V. TRAVAIL, ACCIDENTS DU TRAVAIL, SALAIRE et SAISIE-ARRÊT (des salaires et petits traitements).

En matière de louage de services, si un patron, un employé ou un ouvrier est appelé sous les drapeaux comme réserviste ou territorial pour une période obligatoire d'instruction militaire, le contrat de travail ne peut être rompu à cause de ce fait. (Loi du 18 juillet 1901, art. 1er.)

Alors même que, pour une autre cause légitime, le contrat serait dénoncé par l'une des parties, la durée de la période militaire est exclue des délais impartis par l'usage pour la validité de la dénonciation, sauf toutefois dans le cas où le contrat de louage a pour objet une entreprise temporaire prenant fin pendant la période d'instruction militaire. (*Id.*, art. 2.)

Les domestiques ont le même domicile que la personne qu'ils servent, lorsqu'ils demeurent chez elle. (*Id.*, art. 109.) S'ils sont spécialement attachés à la personne, ils ne peuvent être élus conseillers municipaux. — Le maître est responsable du dommage causé par ses domestiques, dans les fonctions auxquelles il les avait employés. (*Id.*, art. 1384.) — On peut, dans les matières civiles, récuser le domestique d'une partie, produit comme témoin (Code proc. civ., art. 283), sauf en matière de divorce ou de séparation de corps. — La peine de la réclusion est applicable au cas de vol par les domestiques dans la maison de leurs maîtres (Code pén., art. 386; v. ABUS DE CONFIANCE), et celle des travaux forcés (à temps ou à perpétuité, suivant les circonstances) au cas d'attentat aux mœurs de leur part sur la personne qu'ils servent. (Code pén., art. 333.)

« Toute personne qui engage ses services peut, à l'expiration de son contrat, exiger de celui qui les a loués, sous peine de dommages-intérêts, un certificat contenant exclusivement la date de son entrée, celle de sa sortie, et l'espèce de travail auquel il a été employé. — Ce certificat est exempt de timbre et d'enregistrement. » (Loi du 2 juillet 1890, art. 3.)

**Loups.** — V. LOUVETERIE.

**Louveterie.** — Ensemble des mesures administratives dirigées contre les loups et autres animaux nuisibles en vue de leur destruction.

*Lieutenants de louveterie.* — On donne le nom de *lieutenant de louveterie* à celui qui, possédant de l'Etat une permission de chasse étendue, est chargé d'organiser et de diriger les battues aux loups et aux autres animaux nuisibles.

Les lieutenants de louveterie sont nommés par les préfets, sur la proposition des conservateurs des forêts. Ils ont un uniforme facultatif.

*Primes pour la destruction des loups.* — Les primes pour la destruction des loups sont fixées de la manière suivante : 50 francs par tête de loup ou de louve non pleine; 75 francs par tête de louve pleine; 20 francs par tête de louveteau. Est considéré comme louveteau l'animal dont le poids est inférieur à 8 kilogrammes. Lorsqu'il sera prouvé qu'un loup s'est jeté sur des êtres humains, celui qui le tuera aura droit à une prime de 100 francs. (Loi du 21 mars 1903, art. 83.)

Le payement des primes pour la destruction des loups est à la charge de l'Etat. (Loi du 3 août 1882, art. 2.)

L'abatage est constaté par le maire de la commune sur le territoire de laquelle le loup a été abattu (*id.*, art. 3) et la prime est payée au plus tard le quinzième jour qui suit la constatation de l'abatage. (*Id.*, art. 4.)

Le règlement d'administration publique du 28 novembre 1882 détermine les formalités à remplir pour la constatation de l'abatage par l'autorité municipale, ainsi que pour le payement des primes.

Dans les vingt-quatre heures qui suivent la destruction de l'animal, l'intéressé en fait la déclaration au maire de la commune sur le territoire de laquelle le loup a été détruit, fait une demande de prime sur papier timbré et représente le corps entier de l'animal couvert de sa peau. Le maire procède aux constatations et en dresse le procès-verbal.

Après la constatation, celui qui a détruit l'animal est tenu de le faire dépouiller, et peut réclamer la peau, la tête et les pattes; le corps dépouillé est enfoui (fosse ayant au moins 1m,35 de profondeur), ou conduit à l'atelier d'équarrissage autorisé. Les frais d'enfouissement sont à la charge de la commune.

Dans les vingt-quatre heures, le maire adresse au préfet du département le procès-verbal, auquel il joint la demande de la prime, et il délivre gratuitement à l'intéressé un certificat constatant la remise de la demande de prime et l'accomplissement des formalités.

Sur le vu des pièces qui lui sont transmises par le préfet, le conservateur des eaux et forêts délivre, au nom de l'intéressé, un mandat du montant de la prime due. (Décret du 16 juin 1898.)

*Battues.* — Les *battues* (chasse à l'aide de rabatteurs) sont permises aux particuliers sur leurs terres, en tout temps, contre les animaux nuisibles désignés comme tels par le préfet, après avis du conseil général. (Loi du 3 mai 1844, mod. par la loi du 22 janvier 1874.)

De leur côté, les maires peuvent ordonner des battues en temps ordinaire, avec l'assentiment des propriétaires ou des preneurs du bail de chasse. En temps de neige, après mise en demeure à ces derniers non suivie d'exécution, ils peuvent faire appel aux habitants.

Enfin, des battues *préfectorales* ont lieu en tout temps, d'accord avec les agents forestiers et sous leur surveillance. (Arrêté du 19 pluviôse an V, et Ord. du 20 août 1814.)

**Lycée.** — Etablissement d'enseignement secondaire, fondé et entretenu par l'Etat.

Les lycées diffèrent essentiellement des collèges (v. ce mot) par le caractère de leur administration et l'amplitude de leur enseignement. Créés et administrés directement par l'Etat, ils comprennent un cycle d'études beaucoup plus complet que celui des collèges. Enfin, les lycées des grandes villes ou de chefs-lieux d'académie possèdent des classes spéciales pour la préparation aux grandes écoles du gouvernement (Saint-Cyr, Polytechnique, centrale, navale, forestière, normale supérieure). Il n'est fait de distinction, au point de vue de la situation du personnel, qu'entre les lycées de la capitale (Paris, banlieue et Versailles), dont le personnel jouit d'avantages spéciaux. La plus grande partie des lycées possèdent un internat.

Le personnel administratif des lycées comprend : un proviseur, chargé de la direction générale des services et du contrôle de l'enseignement, de la discipline et de la gestion financière. Il a sous ses ordres, pour veiller spécialement à la discipline, soit un censeur, soit des professeurs enseignants, entre lesquels il répartit les fonctions de censeur; un économe, chargé de la gestion financière. Le service de l'internat et des études est assuré par des maîtres répétiteurs et, dans les lycées importants, par des répétiteurs généraux ou divisionnaires.

Le personnel enseignant, nommé par le ministre, comprend, outre un nombre variable de maîtres chargés des branches auxiliaires de l'enseignement (dessin, musique, gymnastique), des *professeurs*, pourvus de l'agrégation des lycées, et des *chargés de cours*, seulement licenciés.

**Externat et internat.** — Un décret du 20 juillet 1901, suivi d'une instruction du même jour, a modifié le décret du 1er août 1898 relatif à la comptabilité des lycées.

Des budgets spéciaux et des comptes distincts sont établis pour l'*externat* et l'*internat* de chaque lycée. Le budget de l'externat bénéficie, en principe, des subventions votées par les départements et les communes ; mais des subventions peuvent être accordées aux internats, s'il est nécessaire d'équilibrer leurs recettes et leurs dépenses ordinaires.

Les bourses nationales, départementales, communales ou autres, dont le montant représente exactement le prix des rétributions exigibles d'après les tarifs de chaque lycée, sont divisées en deux parties : on porte en recette au budget de l'*externat* le prix de la rétribution due au lycée pour l'externat surveillé ; le surplus de la bourse figurera au budget de l'*internat*. Des distinctions identiques sont faites pour les sommes payées par les familles.

Dans ce système, l'externat, quoique ne faisant qu'un avec l'internat au point de vue de l'administration et de l'installation, constitue, pour ainsi dire, un établissement distinct. C'est la maison d'enseignement qui comprend les classes, les conférences et interrogations et la plus grande partie des études. Il y a dans tout pensionnaire ou demi-pensionnaire d'abord un externe surveillé, ensuite un élève appartenant à l'internat. En conséquence, les dépenses qu'il occasionne au lycée, comme les recettes qu'il lui procure, doivent être divisées en deux parts : l'une revenant à l'externat, l'autre à l'internat.

Le bénéfice de l'externat libre dans les lycées nationaux et les collèges communaux est accordé à tous les enfants, garçons et filles, des instituteurs et des institutrices publics, des professeurs des écoles primaires supérieures et des écoles normales primaires, des inspecteurs et des inspectrices primaires et, en général, à tous les enfants des membres de l'enseignement primaire public. (Lois du 13 avril 1900, art. 29, et du 25 février 1901, art. 52.)

Le proviseur est maître de s'adresser pour les divers services de l'internat soit à des personnes prises en dehors de l'établissement qui lui offriront des garanties d'honorabilité et d'autorité suffisantes, soit à des répétiteurs, soit à des professeurs.

**Plan des études secondaires.** (Décret du 31 mai 1902.) — L'enseignement secondaire est coordonné à l'enseignement primaire de manière à faire suite à un cours d'études primaires d'une durée normale de quatre années. L'enseignement secondaire est constitué par un cours d'études d'une durée de sept ans et comprend deux cycles : l'un d'une durée de quatre ans, l'autre d'une durée de trois ans.

*Premier cycle* (de la 6e à la 3e inclusivement). Dans le premier cycle, les élèves ont le choix entre deux sections. Dans l'une sont enseignés, indépendamment des matières communes aux deux sections, le latin, à titre obligatoire, dès la première année (classe de sixième), le grec, à titre facultatif, à partir de la troisième année (classe de quatrième). Dans l'autre, qui ne comporte pas l'enseignement du latin et du grec, plus de développement est donné à l'enseignement du français, des sciences, du dessin, etc.

Dans les deux sections, les programmes sont organisés de telle sorte que l'élève se trouve, à l'issue du premier cycle, en possession d'un ensemble de connaissances formant un tout et pouvant se suffire à lui-même.

A l'issue du premier cycle, un certificat d'études secondaires du premier degré peut être délivré aux élèves, en raison des notes obtenues par eux durant ces quatre années d'études et après délibération des professeurs dont ils ont suivi les cours.

*Second cycle* (de la seconde à la philosophie). Dans le second cycle, quatre groupements de cours principaux sont offerts à l'option des élèves, savoir : 1° le latin avec le grec ; 2° le latin avec une étude plus développée des langues vivantes ; 3° le latin avec une étude plus complète des sciences ; 4° l'étude des langues vivantes unie à celle des sciences sans cours de latin.

Cette dernière section, destinée normalement aux élèves qui n'ont pas fait de latin dans le premier cycle, est ouverte aussi aux élèves qui, ayant suivi les cours de latin dans le premier cycle, ne continuent pas cette étude dans le second.

Pour les élèves qui ne se destinent pas au baccalauréat, il est institué, dans un certain nombre d'établissements publics, à l'issue du premier cycle, un cours d'études dont l'objet principal est l'étude des langues vivantes et l'étude des sciences spécialement en vue des applications. Ce cours d'études aura une durée de deux ans. Il est approprié aux besoins des diverses régions. A l'issue de ce cours et à la suite d'un examen public subi sur le programme établi comme il est prévu ci-dessus, un certificat peut être délivré, sur lequel sont portées, avec le nom de l'académie où l'examen a été passé, les matières de cet examen et les notes obtenues.

*Lycée de jeunes filles.* — L'organisation des lycées de jeunes filles, dirigés par des directrices et dont quelques-uns seulement ont un internat, annexé sur l'initiative des municipalités, est calquée presque entièrement sur celle des lycées de garçons.

Les *professeurs* femmes doivent être pourvues d'une agrégation, les *chargées de cours* et généralement les maîtresses répétitrices, d'un des certificats d'aptitude à l'enseignement secondaire des jeunes filles.

L'enseignement comprend normalement, outre des classes primaires, cinq années d'études partagées en deux périodes de trois et deux ans. Pendant la deuxième période, un certain nombre de cours (littératures anciennes, latin, géographie économique, mathématiques, physiologie, etc.) sont facultatifs. Le *diplôme de fin d'études secondaires* couronne l'enseignement des lycées de jeunes filles.

# M

## Machines à vapeur.

— V. APPAREILS A VAPEUR.

## Madagascar.

Madagascar a été déclarée colonie française par la loi du 6 avril 1896.

L'administration en est confiée à un *gouverneur général*, dont les pouvoirs sont principalement définis par le décret du 11 septembre 1895. Les dispositions de ce décret sont à peu près identiques à celles qui règlent les attributions du gouverneur général de l'Indo-Chine.

Le gouverneur général est assisté d'un *secrétaire général*, d'un *conseil d'administration*, d'une *direction du contrôle financier*.

L'organisation administrative provinciale procède de cette règle fondamentale qu'il faut tirer tout le parti possible du personnel indigène et, par conséquent, réduire au minimum le personnel français. Celui-ci comprend des administrateurs en chef, des administrateurs, des administrateurs adjoints, des administrateurs stagiaires, des adjoints et des commis des affaires civiles. L'organisation indigène progressivement appliquée est la suivante : chaque province comprend un ou plusieurs gouvernements principaux ; le *gouvernement principal* se subdivise en *gouvernements* ; les gouvernements en *gouvernements madinika* ou *fari-tany* ; les gouvernements madinika en *quartiers*.

Diégo-Suarez, Nosi-Bé, Sainte-Marie, Tamatave et Majunga ont été érigées en communes sous la direction d'un administrateur-maire.

Le fonctionnement de la justice est assuré par des tribunaux français et par des tribunaux mixtes jugeant en matière indigène. Les tribunaux français comprennent une cour d'appel qui a son siège à Tananarive, des tribunaux de première instance à Tananarive, Tamatave, Majunga, Diégo-Suarez ; des justices de paix à compétence étendue à Nosi-Bé, Mananjary, Tuléar. En outre, les administrateurs peuvent être chargés des fonctions de juge de paix dans les localités où il n'existe pas de tribunal de première instance.

En matière criminelle, les infractions sont déférées, selon les cas, aux cours criminelles de Tananarive, Tamatave, Majunga, Diégo-Suarez, Nosi-Bé, Mananjary, ou jugées conformément aux lois locales, par des tribunaux spéciaux où siègent deux assesseurs indigènes.

Le régime de la propriété foncière à Madagascar est réglé par un décret du 16 juillet 1897. Ce régime s'applique aux immeubles immatriculés par le conservateur de la propriété foncière dans les conditions prescrites par ce décret, qui détermine également le mode de conservation et de purge des privilèges et des hypothèques.

Le domaine public est régi par les décrets du 26 septembre 1902 et du 3 juillet 1904.

Les terres vacantes et sans maître de Madagascar font partie du domaine de l'Etat. (Décret du 3 juillet 1904, art. 1er.)

Font partie du domaine de la colonie les portions de territoires qui lui proviennent de dotations consenties par l'Etat ou qui sont acquises au moyen des fonds du budget local. (*Id.*, art. 3.)

La concession d'une terre domaniale est donnée : 1° lorsque la superficie de la concession ne dépasse pas 10 000 hectares, suivant les conditions de l'arrêté local en date du 10 février 1899, approuvé par le ministre des Colonies ou toutes autres conditions qui pourront faire l'objet de réglementations ultérieures, après approbation par le ministre des Colonies ; 2° lorsque la superficie dépasse 10 000 hectares, par un décret avec cahier des charges, après avis du gouverneur général et de la commission des concessions coloniales, instituée par le décret du 16 juillet 1898, et sur le rapport du ministre des Colonies. (*Id.*, art. 4.)

## Magasins généraux.

Les *magasins généraux* ou docks, fondés en France par décret du 21 mars 1848, sont régis par une loi du 28 mai 1858, un décret du 12 mars 1859 et une loi du 31 août 1870. Toute personne, toute société peut ouvrir un magasin général; mais l'autorisation du préfet et le versement d'un cautionnement (variant de 20 000 francs à 100 000 francs) sont exigés.

Les magasins généraux reçoivent les marchandises que les négociants et industriels veulent y déposer. Ils ont pour but de faciliter les ventes et les prêts sur gage.

Celui qui fait un dépôt dans un magasin général reçoit deux titres : l'un sous le nom de *récépissé*, l'autre sous le nom de *bulletin de gage* ou *warrant*. Le premier est destiné à transférer la propriété de la marchandise ; l'autre doit servir à placer la marchandise, à titre de gage, entre les mains du prêteur. Ces deux titres sont transmissibles par voie d'endossement. Le magasin général détient la marchandise soit pour le compte du propriétaire, porteur du récépissé, soit pour le compte du créancier, porteur du warrant. V. WARRANT.

**Magistrature.** — V. JUSTICE.

**Mainlevée.** — Acte par lequel on détruit l'effet d'empêchement produit par une saisie, une opposition, une inscription hypothécaire.

En matière d'hypothèque, la *mainlevée* est l'acte qui autorise la radiation de l'hypothèque. Dans le cas de radiation volontaire des hypothèques, comme il s'agit d'un nouveau contrat, emportant abandon formel d'un droit acquis, la mainlevée ne peut être consentie que par une partie capable d'aliéner ses droits.

En matière de saisie-arrêt, la mainlevée intervient par arrangement entre le créancier et le débiteur.

La *mainlevée volontaire* est consentie par l'auteur de l'empêchement; la *mainlevée judiciaire*, par décision d'un tribunal; la *mainlevée administrative*, par l'autorité administrative.

**Mainmorte.** — Terme par lequel on désigne l'état légal d'un bien qui ne change pas de propriétaire et qui, par conséquent, échappe aux droits de mutation; tels sont les biens des sociétés anonymes, des associations religieuses, des hospices, etc.

*Taxe des biens de mainmorte.* — En vertu de la loi du 20 février 1849, une taxe annuelle, *représentative des droits de transmission entre vifs et par décès*, est établie sur les biens immeubles passibles de la contribution foncière, appartenant aux départements, communes, hospices, séminaires, fabriques, congrégations religieuses, consistoires, établissements de charité, bureaux de bienfaisance, sociétés anonymes et tous établissements publics légalement autorisés. Elle est due par toutes les collectivités qui ont une existence propre et subsistent indépendamment des mutations qui peuvent se produire dans leur personnel, à l'exception des sociétés en nom collectif et des sociétés en commandite simple. (Loi du 31 mars 1903, art. 2.)

Elle est calculée à raison de 112 cent. 1/2 par franc du principal de la contribution foncière des propriétés bâties et de 70 centimes par franc du principal de la contribution foncière des propriétés non bâties. Elle est, en outre, soumise aux décimes auxquels sont assujettis les droits d'enregistrement (2 décimes 1/2. [Loi du 31 mars 1903, art. 3.]) Il est ajouté à la cote de chaque contribuable 5 centimes pour frais de premier avertissement. Les formes prescrites pour le recouvrement et l'assiette de la contribution foncière sont entièrement applicables à la taxe des biens de mainmorte. Il en résulte que cette taxe, qui tient à la fois des droits d'enregistrement par son caractère et des contributions directes par son assiette et son mode de perception, n'a pu être rattachée à l'un ou à l'autre de ces produits ; elle a été classée parmi les taxes assimilées aux contributions directes.

La taxe est due *pour l'année entière*, à raison des propriétés bâties et des propriétés non bâties possédées au *1er janvier*.

L'Etat n'est pas imposable à cette taxe, sauf pour ses chemins de fer (5 pour 100 du revenu net annuel ; loi du 22 décembre 1878).

Les sociétés anonymes qui font le commerce des immeubles (loi du 14 déc. 1875) et les sociétés de construction et vente des habitations à bon marché (loi du 30 nov. 1894) sont exemptes.

Les douzièmes échus sont immédiatement exigibles, quelle que soit l'époque de la publication du rôle. C'est la conséquence du caractère de cette taxe, qui est une taxe accidentelle à l'impôt foncier. On peut lui appliquer en principe toutes les dispositions relatives à la contribution foncière. La taxe de mainmorte peut être, comme l'impôt foncier, divisée entre les fermiers et recouvrée directement contre eux.

Si l'usufruit est détaché de la nue propriété, la taxe est réduite de moitié en faveur du propriétaire.

Pour les rôles, avertissements, poursuites et réclamations, v. CONTRIBUTIONS DIRECTES.

**Maire.** — Membre du conseil municipal chargé, avec le concours des adjoints, de l'administration de la commune.

Les fonctions de *maire* (loi du 5 avril 1884, art. 73 à 109) sont gratuites et incompatibles avec la plupart des fonctions publiques. Le conseil municipal élit le maire parmi ses membres au scrutin secret. Le maire est nommé pour la même durée que le conseil municipal et conserve ses fonctions jusqu'à l'installation de son successeur, sauf en cas de renouvellement intégral du conseil, de révocation, suspension, etc. Dans ces deux derniers cas, il est remplacé par un adjoint ou, à défaut, par un conseiller municipal. Il est suspendu par arrêté préfectoral pour un temps n'excédant pas un mois et qui peut être porté à trois par le ministre de l'Intérieur. Il ne peut être révoqué que par décret ; la révocation entraîne l'inéligibilité aux fonctions de maire pendant un an.

*Attributions.* — 1° *Officier de l'état civil.* Le maire est chargé de la tenue des registres où sont consignées les déclarations de naissance, mariage, décès, etc.

2° *Officier de police judiciaire.* Il est chargé, sous la surveillance des procureurs près les tribunaux, de la recherche des crimes, délits, contraventions.

3° *Agent du pouvoir central.* Il est chargé de la publication des lois et règlements et de leur exécution, de mesures de sûreté générale (police administrative générale) et de fonctions spéciales indiquées par les lois (art. 92); à ce titre, il participe à la répartition et à l'assiette des contributions directes, publie les rôles de ces contributions, etc.

Au point de vue du *recrutement*, il fait dresser chaque année le *tableau de recensement* de sa commune; il signe, après les opérations du conseil de revision, la liste de recrutement cantonal de la classe. Il surveille en tout temps les *insoumis*. Il reçoit les *actes d'engagement*, mais dans les chefs-lieux de canton seulement. Enfin, le maire doit faire les fonctions de *sous-intendant militaire*, quand il n'y en a pas dans la localité et quand il ne s'y trouve pas d'officier du grade de capitaine au moins, sauf le cas où ce maire se trouverait être entrepreneur de fourniture de rations aux troupes.

4° *Représentant de l'administration communale.* Il nomme, suspend, révoque les employés de la commune; il prend des *arrêtés* à l'effet d'ordonner les mesures locales sur les objets confiés à sa vigilance et à son autorité; il assure, sous la surveillance de l'autorité supérieure et en dehors du contrôle du conseil municipal, la police municipale et rurale. Sous le contrôle du conseil municipal et sous la surveillance de l'autorité supérieure, il est chargé : 1° de conserver et d'administrer les propriétés de la commune et de faire, en conséquence, tous actes conservatoires de ses droits; 2° de gérer les revenus, de surveiller les établissements communaux et la comptabilité communale; 3° de préparer et proposer le budget et ordonnancer les dépenses; 4° de diriger les travaux communaux; 5° de pourvoir aux mesures relatives à la voirie municipale; 6° de souscrire les marchés, de passer les baux des biens et les adjudications des travaux communaux dans les formes établies par les lois et règlements et par les articles 68 et 69 de la loi du 5 avril 1884; 7° de passer dans les mêmes formes les actes de vente, échange, partage, acceptation de dons ou legs, acquisition, transaction, lorsque ces actes ont été autorisés conformément à la présente loi; 8° de représenter la commune en justice, soit en demandant, soit en défendant. (Loi du 5 avril 1884, art. 90.) V. COMMUNE, ADJOINT, SECRÉTAIRE DE MAIRIE, BUDGET, VOIRIE, etc.

*Maires de Paris.* — La ville de Paris n'a pas de mairie centrale et ne possède que des maires d'arrondissement. Cependant, les fonctions de *maire de Paris* ont existé sous la première Révolution, en 1848 et en 1870. Les maires d'arrondissement sont choisis par le chef du pouvoir exécutif. Il y a incompatibilité entre leurs fonctions et celles de conseiller municipal. Leurs principales attributions sont de dresser les actes de l'état civil; ils dressent de plus et publient les tableaux de recensement, assistent aux opérations du tirage au sort, président la commission administrative du bureau de bienfaisance, sont membres de droit des conseils de fabrique des églises, etc.

**Maison de correction.** — Lieu de détention où l'on enferme, par autorité publique, les personnes dont la conduite est déréglée, et, plus particulièrement, les enfants convaincus d'un crime ou d'un délit, mais acquittés comme ayant agi sans discernement.

Dans le système pénitentiaire français, la maison de correction tient le milieu entre les maisons d'arrêt, spéciales aux prévenus de délits, les maisons de justice, réservées aux accusés de crimes, et les maisons de détention ou de force, dites aussi « maisons centrales », qui reçoivent les condamnés aux peines afflictives et infamantes prononcées par les cours d'assises.

Les maisons de correction ont une triple destination : 1° elles servent de lieu de détention pour les mineurs des deux sexes que leurs pères et mères font enfermer d'après les dispositions sur la puissance paternelle; 2° pour les mineurs détenus judiciairement ou condamnés, selon les termes des articles 66 et 67 du Code pénal; 3° elles sont affectées par l'article 40 du Code pénal à l'emprisonnement de police correctionnelle; mais, en pratique, les condamnations correctionnelles ne s'exécutent pas dans des maisons spéciales de correction : quand l'emprisonnement s'élève à plus d'une année ( « à plus d'un an et un jour », dit la loi du 5 juin 1875), il se subit dans les maisons centrales, qui sont ainsi à la fois *maisons de force* pour les condamnés aux peines afflictives et infamantes, et *maisons de correction* pour les condamnés à l'emprisonnement. Quand l'emprisonnement ne dépasse pas une année ( « un an et un jour », d'après la loi du 5 juin 1875), il se subit, d'ordinaire, dans les maisons de détention préventive, c'est-à-dire dans les maisons *d'arrêt* ou *de justice*, qui comportent dans ce but un quartier spécial.

Quelques grandes villes possèdent seules des maisons de correction indépendantes des maisons d'arrêt ou de justice, maison d'arrêt, de force, etc. V. PRISON.

**Maistrance.** — Ensemble des sous-officiers de la flotte, contremaîtres et maîtres des arsenaux. V. MARINE.

**Majorat.** — Propriété immobilière, dont les revenus sont affectés, en vertu de lettres du souverain, à soutenir un titre de noblesse, et qui sont transmissibles à perpétuité, dans la ligne masculine, par ordre de primogéniture. Le mot vient de ce que cette propriété doit être possédée par l'aîné (*natu major*).

La loi du 14 novembre 1792, puis le Code civil de 1804, prohibèrent l'usage des majorats et des substitutions. Mais Napoléon I^er, en créant une nouvelle noblesse, rétablit les majorats par le sénatus-consulte du 14 août 1806. A l'article 896 du Code civil, qui interdit les substitutions, la loi du 3 septembre 1807 ajouta un paragraphe autorisant la constitution de majorats. Le décret du 1er mars 1808 posa les bases de la nouvelle hiérarchie nobiliaire et de l'institution des majorats. Les biens composant un majorat étaient inaliénables, insaisissables et imprescriptibles ; ils ne pouvaient être échangés qu'en vertu d'une autorisation et sauf remploi, ni grevés de charges ou d'hypothèques.

La charte de 1814 restaura l'ancienne noblesse, tout en conservant aux mêmes conditions celle de l'Empire. La charte de 1830, en supprimant l'hérédité de la pairie, rendit inutiles la plupart des dispositions précédentes, et une loi du 12 mai 1835 interdit pour l'avenir l'érection d'aucun majorat sur les biens propres du possesseur d'un titre de noblesse. Enfin, la loi du 7 mai 1849 abrogea la loi du 17 mai 1826, qui permettait la substitution en ligne directe jusqu'au deuxième degré ; de sorte qu'on revint alors au système de la loi de 1792 et du Code civil de 1804.

Comme la loi de 1835 n'avait pas aboli les majorats de propre mouvement, le second Empire institua quelques majorats, à titre de récompense nationale, sous le nom de dotation, comme celle donnée au maréchal Pélissier.

Les majorats créés en exécution des décrets des 14 août 1806 et 1er mars 1808 se divisent en deux catégories : les *majorats sur demande*, c'est-à-dire ceux qui étaient constitués, avec l'autorisation du chef de l'Etat, par des particuliers à l'aide de biens détachés de leur patrimoine, et les *majorats de propre mouvement*, émanant de l'initiative du souverain et se composant de biens empruntés au domaine extraordinaire.

L'application successive des lois des 12 mai 1835 et 7 mai 1849 limita la durée des majorats sur demande. La loi de 1835 avait décidé qu'ils ne pourraient s'étendre au delà de deux degrés, l'institution non comprise. D'après celle du 7 mai 1849, la transmission limitée à deux degrés à partir du premier titulaire ne pouvait avoir lieu qu'en faveur des appelés déjà nés ou conçus lors de la promulgation de la nouvelle loi. Par l'effet de cette disposition, on ne comptait plus en 1905 que trois majorats sur demande, pour une somme de 10 376 francs de rente 3 pour 100.

Les majorats de propre mouvement se composaient de biens dont le retour au profit de l'Etat était de droit en cas d'extinction de la ligne mâle dans les familles dotées. Il y en avait, en 1905, trente-neuf, formés par des rentes 3 pour 100, des immeubles, des actions de la Banque de France, des biens non réversibles au domaine de l'Etat (actions des canaux d'Orléans et du Loing et du canal du Midi), etc.

Le ministre des Finances a été autorisé, en 1905, à racheter d'office les majorats réversibles au domaine de l'Etat, moyennant l'attribution à chaque majorataire d'une indemnité en principe insaisissable.

**Majorité.** — Etat de toute personne qui a atteint l'âge où elle devient capable des actes de la vie civile.

La majorité (Code civ., art. 488) est fixée pour les deux sexes à vingt et un ans accomplis ; à cet âge on est capable de tous les actes de la vie civile.

Néanmoins, pour certains actes, tels que le mariage ou l'adoption, la loi a reculé l'époque de la pleine capacité. V. ADOPTION, MARIAGE, etc.

Le majeur de vingt et un ans étant, en général, capable de tous les actes de la vie civile, est lié par les engagements qu'il a contractés, sauf les cas d'erreur, de violence ou de dol. Quant à la lésion, elle n'est point, d'ordinaire, une cause de rescision. V. LÉSION.

Au point de vue de la responsabilité pénale, la majorité est fixée à l'âge de seize ans accomplis au moment du délit. On admet que la notion du bien ou du mal moral survient avant la notion de l'utile.

La majorité politique est fixée à vingt et un ans, depuis 1848. Toutefois, des conditions d'âge spéciales peuvent être exigées pour certaines fonctions : ainsi, le citoyen, électeur à vingt et un ans, n'est éligible comme député qu'à vingt-cinq.

**Maladies contagieuses.** — V. SANTÉ PUBLIQUE.

**Mandat.** — Le mandat ou procuration est un acte par lequel une personne (*mandant*) donne à une autre personne (*mandataire*) le pouvoir de faire quelque chose pour le mandant et en son nom. (Code civ., art. 1984.)

*Nature et forme du mandat.* — Le mandat ou procuration suppose le consentement au moins tacite du mandataire ; ce consentement peut, en principe, être donné verbalement ou par écrit (acte authentique ou sous seing privé, lettre missive), mais exceptionnellement la loi prescrit la production d'une procuration notariée, par exemple, lorsqu'on donne à quelqu'un pouvoir de vous représenter dans les actes de l'état civil, d'accepter une donation, de former opposition à un mariage. La Cour de cassation a jugé qu'une hypothèque ne peut être consentie en vertu d'un mandat sous seing privé. Mais il ne peut être prouvé par témoins que si l'objet est inférieur à 150 francs, ou s'il y a un commencement de preuve par écrit, ou si l'acte dressé a été détruit. (Code civ., art. 1985.)

Il doit être donné par une personne capable, mais le mandataire peut être incapable : mineur émancipé, femme mariée (*id.*, art. 1990) ; seulement, le mandat n'a d'action contre le mandataire mineur et contre la femme non autorisée qu'en se conformant aux règles générales relatives aux obligations contractées par ces incapables.

Le mandat peut résulter d'un contrat ou de la loi ou d'un jugement qui chargent une personne d'en représenter une autre : le père tuteur de ses enfants est *mandataire légal*.

Le mandat, en principe gratuit, peut être salarié. (*Id.*, art. 1986.)

L'acte par lequel on constitue un mandataire s'appelle *procuration* ou *pouvoir*. Il y a deux sortes de procurations : la *procuration spéciale* et la *procuration générale*. La première donne pouvoir pour une ou plusieurs affaires spécifiées, tandis que la procuration générale embrasse tous les actes d'administration, mais seulement ces actes sauf clause contraire. S'il s'agit d'aliéner ou d'hypothéquer ou de quelque acte touchant à la propriété, le mandat doit être exprès. (*Id.*, art. 1987-1988.) Le mandataire ne peut rien faire au delà de ce qui est spécifié dans son mandat ; le pouvoir de transiger n'emporte pas celui de compromettre. (*Id.*, art. 1989.) V. TRANSACTION, COMPROMIS.

Les fondés de pouvoir, les commissionnaires sont en réalité des mandataires.

*Obligations du mandataire.* — Le mandataire doit exécuter le mandat en s'abstenant de dol, de toute faute que ne commet pas un homme diligent. Il répond des dommages-intérêts qui résulteraient de l'inexécution du mandat, et il doit même achever la chose commencée au décès du mandat, s'il y a péril en la demeure. Mais la responsabilité encourue est moins grave en cas de mandat gratuit. (Code civ., art. 1991-1992.) Au surplus, le mandataire ne souffre que de ses fautes propres, non de celles de ses comandataires, sauf si la solidarité est spécifiée. (*Id.*, art. 1995.) Il répond de celui qu'il s'est substitué ; le mandant peut agir directement contre la personne que le mandataire a mise à sa place (*id.*, art. 1994), sauf si cette substitution a été autorisée et si le mandataire substitué n'est pas notoirement incapable ou insolvable. (*Id.*, art. 1994.) Il doit l'intérêt des sommes employées par lui à son usage ou de celles qu'il garde après mise en demeure (*id.*, art. 1996) ; il rend compte de tout ce qu'il a reçu, même des sommes indues qui auraient été payées au mandant. (*Id.*, art. 1993.)

Le mandataire doit faire connaître aux personnes avec lesquelles il contracte l'étendue de ses pouvoirs, moyennant quoi il n'est pas garant (sauf consentement) de ce que les contractants auraient fait en excédant les limites du mandat. (*Id.*, art. 1997.)

*Obligations du mandant.* — Le mandant est tenu : 1° d'exécuter tous les engagements contractés par le mandataire dans la limite du mandat : au delà, il n'est obligé qu'en vertu de sa ratification expresse ou tacite (Code civ., art. 1998) ;

2° De rembourser sans réduction au mandataire les avances et frais faits pour l'exécution du mandat, même si l'affaire n'a pas réussi et pourvu que le mandataire ne soit pas en faute. (*Id.*, art. 1999.) Les avances portent intérêt du jour où elles sont constatées (*id.*, art. 2001) ;

3° Payer le salaire promis (*id.*, art. 1999) ;

4° Indemniser le mandataire des pertes qu'il a personnellement subies sans sa faute. (*Id.*, art. 2000.)

Lorsque le mandataire a été constitué par plusieurs personnes pour une affaire commune, chacune d'elles est tenue solidairement envers lui de tous les effets du mandat. (*Id.*, art. 2002.)

*Fin du mandat.* — Le mandat prend fin par la révocation du mandataire ou la renonciation de celui-ci (actes qui peuvent être faits à tout moment, pourvu que ce soit sans fraude), par la mort, faillite ou interdiction d'une des parties (Code civ., art. 2003), par la constitution d'un nouveau mandataire pour la même affaire, à partir du jour où le premier a été avisé. (*Id.*, art. 2006.) Toutefois, le mandataire doit continuer les actes très urgents. Les actes faits avec les tiers qui ignorent la révocation sont valables, sauf recours du mandant contre le mandataire. (*Id.*, art. 2005.)

Quand la renonciation est préjudiciable au mandant, celui-ci est indemnisé par le mandataire, à moins qu'il ne se trouve dans l'impossibilité de continuer le mandat sans éprouver lui-même un préjudice considérable. (*Id.*, art. 2007.)

Les actes faits par le mandataire, tant qu'il ignore la fin du mandat, sont valables (*id.*, art. 2008) et doivent être exécutés à l'égard des tiers de bonne foi. (*Id.*, art. 2009.)

Les héritiers du mandataire décédé doivent aviser le mandant et pourvoir aux actes les plus nécessaires commandés par les circonstances. (*Id.*, 2010.)

**Mandat.** (Droit comm.) — Effet par lequel le souscripteur charge une personne de faire un payement à un tiers.

Le mandat ressemble à la lettre de change ; mais il en diffère en ce que le souscripteur du mandat ne le rédige pas avec toutes les formes et conditions exigées pour la validité de la lettre de change. Il sert surtout pour les recouvrements sur la même place. La loi ne le reconnaît pas, et il a le caractère d'une simple invitation à payer Il porte généralement, à la différence de la traite, la mention *non acceptable* et la clause *retour sans frais*. Son emploi a l'avantage d'éviter les frais de protêt. Voici un modèle de mandat :

Paris, le 1er septembre 1897. B. P. F. 270,75

Au premier octobre prochain, il vous plaira payer contre le présent mandat non acceptable, à l'ordre de la Librairie Larousse et Cie, 17, rue Montparnasse, Paris, la somme de deux cent soixante-dix francs soixante-quinze centimes.

Valeur en marchandises.

A Monsieur X... Signé : Y...
21, rue d'Assas, Paris. Retour sans frais.

**Mandat de payement.** — Acte par lequel un ordonnateur secondaire dispose par délégation d'un crédit ou d'une portion de crédit au profit d'un créancier.

Les actes par lesquels les ministres disposent des crédits qui leur sont ouverts s'appellent *ordonnances ministérielles* et se divisent en ordonnances *de payement* et en ordonnances *de délégation*.

Les premières sont celles que le ministre délivre directement au nom des créanciers de l'Etat. Par les secondes, il autorise les ordonnateurs secondaires à disposer des crédits au moyen de *mandats* de payement.

Aucune dépense faite pour le compte de l'Etat ne peut être acquittée si elle n'a été préalablement ordonnancée directement par un ministre, ou mandatée par les ordonnateurs secondaires, en vertu de délégations ministérielles. (Décret du 31 mai 1862, art. 82.)

En matière de comptabilité départementale, communale, etc., le préfet, le maire, etc., disposent toujours directement des crédits : les actes de disposition sont dits *mandats* et jamais *ordonnances*.

## Mandat de justice. (Droit pén.)

Il y a quatre sortes de mandats : le mandat de comparution, le mandat d'amener, le mandat de dépôt et le mandat d'arrêt. (Code Instr. crim., art. 91 et suiv.)

Le *mandat de comparution* est une citation à comparaître librement, au jour indiqué, devant le juge mandant.

Le *mandat d'amener* est l'ordonnance par laquelle il est enjoint aux agents de la force publique d'amener un inculpé, même par contrainte, devant le magistrat mandant qui doit l'interroger.

Le *mandat de dépôt* intervient après la comparution de l'inculpé et son interrogatoire. C'est l'ordonnance par laquelle le procureur de la République en cas de flagrant délit, le juge d'instruction en tout autre cas, prescrivent le dépôt à la maison d'arrêt d'un prévenu déjà sous la main de la justice.

Le *mandat d'arrêt* est l'ordonnance délivrée par le juge d'instruction, sur les conclusions conformes du procureur de la République, par laquelle il est enjoint aux agents de la force publique d'arrêter et d'écrouer préventivement et définitivement l'individu accusé d'un crime ou prévenu d'un délit comportant emprisonnement. Pour que ce mandat puisse être délivré, il faut que le fait incriminé soit puni d'une peine d'emprisonnement.

Les mandats de comparution, d'amener, de dépôt et d'arrêt ne doivent être en principe, quels qu'ils soient, décernés que par les juges d'instruction ; mais cette règle comporte plusieurs exceptions, établies, en certain cas spéciaux, au profit des procureurs de la République (Code Instr. crim., art. 40 et 100 ; Loi du 20 mai 1863, art. Ier), des juridictions de jugement (Code Instr. crim., art. 125, 193, 214) et des préfets (Code Instr. crim., art. 10). V., en outre, DÉTENTION préventive.

Ils sont signés par le magistrat ou l'officier de police qui les décerne, et munis de son sceau : ils doivent être datés ; le prévenu doit être nommé et désigné le plus clairement possible. De plus, le mandat d'arrêt contient l'énonciation du fait pour lequel il est décerné et l'énonciation de la loi qui déclare que ce fait est un crime ou un délit.

Tout mandat doit être décerné par écrit. Il en est donné lecture et laissé copie à l'intéressé. Cependant, en cas d'urgence, la gendarmerie peut exécuter des mandats expédiés par dépêche télégraphique.

Les extraits de jugements, revêtus du réquisitoire du procureur de la République, sont mis à exécution dans la même forme que les mandats d'arrêt, sans qu'il en soit laissé copie.

## Manifeste. — Etat général et complet du chargement d'un navire.

Tout navire venant de France ou de l'étranger doit, à son entrée dans un port français, avoir son manifeste. Sont dispensées de cette obligation : 1° les embarcations françaises employées à la pêche sur les côtes de France ; 2° les petites barques transportant, entre les lieux les plus rapprochés de la côte, des denrées de consommation.

## Manœuvres. (Droit pén.) — Moyens employés pour surprendre la confiance d'un tiers.

En droit pénal, le mot est employé en matière d'obtention frauduleuse de souscriptions (Loi du 24 juillet 1867, art. 15), de provocation frauduleuse de hausse ou de baisse (Code pén., art. 419 et 420), d'attentats contre la sûreté de l'Etat (*id.*, art. 77 et 79), de détournement frauduleux de suffrages (Décr. du 2 févr. 1852, art. 40), et surtout d'escroquerie (Code pén., art. 405). Les manœuvres peuvent être l'un des éléments du délit d'escroquerie ; mais, pour qu'il en soit ainsi, il faut : 1° qu'elles soient frauduleuses ; 2° qu'elles aient été la cause directe ou immédiate de la remise de fonds ou objets ; 3° qu'elles aient eu pour objet soit de persuader l'existence de fausses entreprises, d'un pouvoir ou d'un crédit imaginaire, soit de faire naître l'espérance ou la crainte d'un succès, d'un accident ou de tout autre événement chimérique. D'autre part, des allégations mensongères ne constituent pas à elles seules des manœuvres : il faut que ces allégations aient été accompagnées d'un acte extérieur destiné à faire croire à leur sincérité. V. ESCROQUERIE.

## Manœuvres d'armée.

*Dommages aux propriétés privées.* — Le mode d'évaluation et de payement des dommages causés aux propriétés privées par les manœuvres des corps d'armée fait l'objet du titre IX du décret du 2 août 1877 rendu pour l'exécution de la loi du 3 juillet 1877 sur les réquisitions militaires.

Une commission fixe le chiffre des indemnités à allouer aux intéressés et en dresse l'état. Si les intéressés acceptent cette fixation, ils reçoivent immédiatement le montant de l'indemnité sur leur émargement : un officier du génie ou un officier comptable d'un des services administratifs est muni d'une avance de fonds mandatée sur les crédits du ministère de la Guerre.

Si l'allocation n'est pas acceptée, un extrait du procès-verbal contenant les renseignements nécessaires pour apprécier la nature et l'importance du dommage est, en cas de contestation, remis au juge de paix ou au tribunal chargé de statuer sur les réclamations, et le payement de l'allocation est mandaté ultérieurement par les soins de l'intendance militaire.

**Manufactures.** — V. ARTS ET MANUFACTURES, TRAVAIL, ÉTABLISSEMENTS DANGEREUX, APPAREILS A VAPEUR, etc.

**Marais.**

La loi du 16 septembre 1807 autorise le gouvernement à ordonner les dessèchements qu'il juge utiles ou nécessaires. Les dessèchements sont exécutés par l'Etat ou par des concessionnaires.

Lorsqu'un marais appartient à un seul propriétaire, ou lorsque tous les propriétaires sont associés, la concession du dessèchement leur est toujours accordée, s'ils se soumettent à l'exécuter dans les délais fixés conformément aux plans adoptés par le gouvernement. A défaut, la concession du dessèchement est accordée, par décret du Conseil d'Etat, en faveur des concessionnaires dont la soumission est jugée la plus avantageuse pour le gouvernement : celles qui seraient faites par des communes propriétaires, ou par un certain nombre de propriétaires réunis, sont préférées à conditions égales.

Lorsque le gouvernement procède à un dessèchement ou que la concession a été accordée, il est formé entre les propriétaires un syndicat, à l'effet de nommer les experts pour faire les estimations statuées.

Les syndics sont nommés par le préfet, et pris parmi les propriétaires les plus imposés, à raison des marais à dessécher.

Les syndics présentent un expert au préfet, les concessionnaires en présentent un autre et le préfet nomme un tiers expert. Si le dessèchement est fait par l'Etat, le préfet nomme le second expert, et le tiers expert est choisi par le ministre de l'Intérieur.

Les marais sont divisés par classes selon les divers degrés d'inondation.

Le procès-verbal d'estimation par classe, déposé pendant un mois à la préfecture, est soumis à l'approbation d'une commission spéciale de sept membres, pris parmi les personnes présumées avoir le plus de connaissances relatives soit aux localités, soit aux questions de dessèchement. Cette commission est nommée par décret. Elle doit connaître de tout ce qui est relatif au classement des propriétés avant ou après le dessèchement des marais, à leur estimation, à l'exécution des clauses des actes de concession relatifs à la vérification et à la réception des travaux de dessèchement, à la formation et à la vérification du rôle de plus-value des terres après le dessèchement, etc.

Dès que la reconnaissance des travaux a été approuvée, les experts respectivement nommés par les propriétaires et par les entrepreneurs du dessèchement, et accompagnés du tiers expert, procèdent, de concert avec les ingénieurs, à une classification des fonds desséchés, suivant leur valeur nouvelle, et l'espèce de culture dont ils seront devenus susceptibles. Cette classification est vérifiée et suivie d'une estimation, le tout dans les mêmes formes prescrites pour la classification et l'estimation des marais avant le dessèchement.

Le montant de la plus-value obtenue par le dessèchement sera divisé entre le propriétaire et le concessionnaire, dans les proportions qui auront été fixées par l'acte de concession. Lorsqu'un dessèchement sera fait par l'Etat, sa portion dans la plus-value sera fixée de manière à le rembourser de toutes ses dépenses.

Les propriétaires ont la faculté de se libérer de l'indemnité par eux due, soit en délaissant une portion relative de fonds calculée sur le pied de la dernière estimation, soit en constituant une rente foncière de 4 pour 100, remboursable par annuités. V. ASSOCIATIONS SYNDICALES.

La loi du 28 juillet 1860 et le décret du 6 février 1861 réglementent la mise en valeur des marais et terres incultes appartenant aux communes.

**Maraudage.** — Délit qui consiste à dérober des produits du sol non encore récoltés.

Sous la dénomination de *maraudage*, la législation moderne a classé : 1° des infractions civiles ; 2° une infraction militaire.

*Maraudage civil.* — Il s'agit du vol de fruits, récoltes, légumes, etc., qui, avant d'être soustraits, n'étaient pas encore détachés des arbres ou du sol. Le maraudage est un délit prévu par l'article 588, § 5, du Code pénal, passible d'un emprisonnement de quinze jours à deux ans et d'une amende de 16 francs à 200 francs, lorsqu'il a été commis « soit avec des paniers ou des sacs ou autres objets équivalents, soit la nuit, soit à l'aide de voitures, ou d'animaux de charge, soit par plusieurs personnes ». Deux autres classes de maraudage constituent des contraventions : d'une part, l'article 475, n° 15, du Code pénal punit d'une amende de 6 francs à 10 francs l'enlèvement hors du lieu et la soustraction par une seule personne, de jour et sans emploi de paniers, sacs ou moyens de transport, des récoltes ou autres productions utiles de la terre ; d'autre part, l'article 471, n° 9, du même code, punit d'une amende de 1 franc à 15 francs « ceux qui, sans autre circonstance prévue par les lois, auront cueilli ou mangé, *sur le lieu même*, des *fruits* appartenant à autrui ».

*Maraudage militaire.* — Ce maraudage, également appelé *maraude*, consiste dans le vol de denrées commis par les gens de guerre dans les environs du camp ou en s'écartant de l'armée. Il est puni avec plus ou moins de sévérité, suivant la qualité du militaire qui s'en rend coupable et selon les circonstances.

**Marchand, marchandises.** — V. COMMERCE.

*Vente de marchandises en gros.*—V. VENTE.

*Fraudes sur la marchandise.* — V. FRAUDES.

**Marchandage.** — Forme du contrat de travail qui consiste dans la convention passée entre un sous-entrepreneur ouvrier, dit « marchandeur » ou « tâcheron », et les ouvriers qu'il emploie, à l'heure ou à la journée, pour l'exécution des travaux qu'il a sous-entrepris.

A la suite de protestations violentes des ouvriers des industries du bâtiment, un décret du 2 mars 1848 et un arrêté du gouvernement du 21 mars suivant frappèrent de peines correctionnelles « toute exploitation de l'ouvrier par voie de marchandage ». La Cour de cassation (31 janv. 1901) a consacré la distinction suivante : le marchandage est libre et licite lorsqu'il intervient dans des conditions d'équité et procure à l'ouvrier un gain suffisant ; il devient au contraire délictueux lorsqu'il donne lieu à une exploitation dolosive des ouvriers, par l'abaissement abusif du taux des salaires.

Toute exploitation de l'ouvrier par voie de marchandage est punie d'une amende de 50 francs à 100 francs pour la première fois, de 100 francs à 200 francs en cas de récidive, et, s'il y a double récidive, d'un emprisonnement qui peut aller de un à six mois.

Les communes doivent insérer dans le cahier des charges une clause interdisant à l'adjudicataire de céder à un sous-traitant aucune partie de son entreprise, sans autorisation de l'administration et sous réserve de rester personnellement responsable envers l'administration comme envers les ouvriers ou les tiers.

**Marché.** — Contrat par lequel un entrepreneur s'engage, moyennant un prix déterminé, à faire un ouvrage convenu, soit qu'il fournisse seulement son travail ou son industrie, soit qu'il fournisse aussi la matière.

Les marchés ne sont assujettis à aucune forme particulière ; il n'est même pas nécessaire qu'ils soient constatés par écrit, sauf la difficulté d'en prouver l'existence et les conditions, en cas de contestation, afin que l'exécution puisse en être poursuivie en justice et ordonnée. V. DEVIS ET MARCHÉS.

**Marché administratif.** — Convention par laquelle les particuliers s'engagent vis-à-vis de l'Etat, des départements, des communes ou établissements publics, à exécuter des travaux ou transports ou à fournir les objets nécessaires aux diverses services, moyennant un prix convenu et suivant certaines conditions déterminées. V. ADJUDICATION.

**Marché à terme.** — Opération que l'on entreprend pour ne la régler qu'à chaque liquidation.

Avant la loi du 25 mars 1885, la jurisprudence civile appliquait aux marchés à terme l'exception de jeu portée par l'article 1965 du Code civil. Cette exception avait donc pour effet de permettre aux spéculateurs malhonnêtes de se dérober à leurs obligations, sans empêcher personne de spéculer. La loi du 18 mars 1885 a mis fin à cette contradiction. L'exception de jeu ne peut plus être invoquée en matière d'opérations de bourse. Tous les marchés à terme sur effets publics et autres, tous les marchés à livrer sur denrées et marchandises sont reconnus légaux, alors même que, dans l'intention des parties contractantes, les opérations devaient se résoudre par le payement d'une simple différence. Comme suite au principe posé, la loi de 1885 a aboli les articles 421 et 422 du Code pénal qui punissaient les jeux et paris sur les fonds publics. L'article 13 de l'arrêté du 27 prairial an X sur les agents de change a été également modifié : chaque agent de change est responsable de la livraison et du payement de ce qu'il a vendu et acheté ; son cautionnement est affecté à cette garantie.

Le décret du 7 octobre 1890 règle l'organisation des compagnies d'agents de change et des conditions de négociation des effets publics ou commerçables et des valeurs métalliques. V. AGENTS DE CHANGE, AGIOTAGE.

**Marchepied.** — Chemin réservé aux piétons le long d'un cours d'eau, du côté opposé au chemin de halage.

**Mare.**

Le maire a la surveillance, au point de vue de la salubrité, des ruisseaux, rivières, mares, amas d'eau. (Loi du 21 juin 1898, art. 21.)

Il doit ordonner les mesures nécessaires pour assurer l'assainissement et, s'il y a lieu, après avis du conseil municipal, la suppression des mares communales placées dans l'intérieur des villages ou dans le voisinage des habitations, toutes les fois que ces mares compromettent la salubrité publique. A défaut du maire, le préfet peut, sur l'avis du conseil d'hygiène et après enquête *de commodo et incommodo*, décider la suppression immédiate de ces mares, ou prescrire, aux frais de la commune, les travaux reconnus utiles. La dépense est obligatoire. (*Id.*, art. 22.)

Le maire prescrit aux propriétaires de mares ou fossés à eau stagnante, établis dans le voisinage des habitations, d'avoir soit à les supprimer, soit à exécuter les travaux, ou à prendre les mesures nécessaires pour faire cesser toutes causes d'insalubrité. En cas de refus ou de négligence, il dénonce à l'administration préfectorale l'état d'insalubrité constatée. Le préfet, après avis du conseil d'hygiène et du service hydraulique, peut ordonner la suppression de la mare dangereuse ou prescrire que les travaux reconnus nécessaires seront exécutés d'office aux frais du propriétaire, après mise en demeure préalable. Le montant de la dépense est recouvré comme en matière de contributions directes, sur un rôle rendu exécutoire par le préfet. (*Id.*, art. 23.)

Le préfet peut interdire la vidange des étangs et autres amas d'eau non courante dans les cas et dans les lieux où cette opération serait de nature à compromettre la salubrité publique. (*Id.*, art. 24.)

**Maréchal de France.** — Dignité la plus élevée de la hiérarchie militaire dans l'armée de terre.

La loi des cadres du 13 mars 1875 a conservé dans la hiérarchie le titre de maréchal de France, mais en spécifiant qu'une loi ultérieure fixerait les conditions auxquelles il pourrait être conféré. Cette loi n'a jamais été faite.

## Margarine.

La loi du 16 avril 1897 s'est proposé de réprimer spécialement les fraudes dans le commerce du beurre et la fabrication de la margarine, en édictant des mesures concernant la vente, l'emballage, le transport et l'exportation des produits destinés à remplacer le beurre.

Il est interdit de désigner, d'exposer, de mettre en vente ou de vendre, d'importer ou d'exporter, sous le nom de *beurre*, avec ou sans qualificatif, tout produit qui n'est pas exclusivement fait avec du lait ou de la crème provenant du lait ou avec l'un et l'autre, avec ou sans sel, avec ou sans colorant. (Loi du 16 avril 1897, art. 1er.)

Toutes les substances alimentaires autres que le beurre, quelles que soient leur origine, leur provenance et leur composition, qui présentent l'aspect du beurre et sont préparées pour le même usage que ce dernier produit, ne peuvent être désignées que sous le nom de *margarine*. La margarine ainsi définie ne peut, dans aucun cas, être additionnée de matières colorantes. (*Id.*, art. 2.)

Il est interdit à quiconque se livre à la fabrication ou à la préparation du beurre de fabriquer et de détenir dans ses locaux, et dans quelque lieu que ce soit, de la margarine ou de l'oléo-margarine, ni d'en laisser fabriquer et détenir par une autre personne dans les locaux occupés par lui (sauf aux sociétés en coopération de consommation qui ne font pas acte de commerce). La même interdiction est faite aux entrepositaires, commerçants et débitants de beurre.

La margarine et l'oléo-margarine ne pourront être introduites sur les marchés qu'aux endroits spécialement désignés à cet effet par l'autorité municipale. La quantité de beurre contenue dans la margarine mise en vente, que cette quantité provienne du barattage du lait ou de la crème avec l'oléo-margarine, ou qu'elle provienne d'une addition de beurre, ne pourra dépasser 10 pour 100. (*Id.*, art. 3.)

Toute personne qui veut se livrer à la fabrication de la margarine ou de l'oléo-margarine est tenue d'en faire la déclaration, à Paris à la préfecture de police, et dans les départements au maire de la commune où elle veut établir sa fabrique. (*Id.*, art. 4.)

Les locaux dans lesquels on fabrique ou conserve en dépôt et où on vend de la margarine ou de l'oléo-margarine doivent porter une enseigne indiquant, en caractères apparents d'au moins trente centimètres (0 m. 30) de hauteur, les mots « fabrique, dépôt ou débit de margarine ou d'oléo-margarine ». (*Id.*, art. 5.)

Les fabriques de margarine et d'oléo-margarine sont soumises à la surveillance d'inspecteurs nommés par le gouvernement. Ces employés ont pour mission de veiller sur la fabrication, sur les entrées de matières premières, sur la qualité de celles-ci et sur les sorties de margarine et d'oléo-margarine. Ils s'assurent que les règles prescrites par le gouvernement, sur l'avis du comité d'hygiène publique, sont rigoureusement observées. Ils ont le droit de s'opposer à l'emploi de matières corrompues ou nuisibles à la santé et de rejeter de la fabrication les suifs avariés. Ils peuvent déférer aux tribunaux les infractions aux dispositions de la présente loi et des décrets et arrêtés ministériels intervenus pour son exécution. (*Id.*, art. 6.)

Les inspecteurs peuvent pénétrer en tout temps dans tous les locaux des fabriques de margarine et d'oléo-margarine soumises à leur surveillance, dans les magasins, caves, celliers, greniers y attenant ou en dépendant, de même que dans tous les dépôts et débits de margarine et d'oléo-margarine. (*Id.*, art. 7.)

Les fûts, caisses, boîtes, récipients quelconques renfermant de la margarine ou de l'oléo-margarine doivent tous porter sur toutes leurs faces, en caractères apparents et indélébiles, les mots *margarine* ou *oléo-margarine*. Les éléments entrant dans la composition de la margarine doivent être indiqués par des étiquettes et par les factures des fabricants et débitants. (*Id.*, art. 9.)

La loi du 16 avril 1897, en soumettant les fabriques de margarine et d'oléo-margarine à la surveillance d'inspecteurs nommés par le gouvernement, a mis le traitement de ces agents à la charge des établissements surveillés. L'état annuel des frais à rembourser par les fabricants est arrêté par le ministre de l'Agriculture. (Décret du 9 nov. 1897, art. 18.)

La fraude dans le commerce du beurre et la fabrication de la margarine est réprimée par la loi du 16 avril 1897, modifiée par la loi du 23 juillet 1907, qui a déclaré applicables en l'espèce certaines dispositions de la loi du 1er août 1905. (V. FRAUDE.) Pour les mesures d'application, v. décret du 29 août 1907.

## Mariage. — Union légale de l'homme et de la femme en vue de fonder une famille.

### Qualités et conditions requises pour contracter mariage.

Pour pouvoir valablement contracter mariage, il faut que les futurs époux, de sexe différent, aient un certain âge, donnent librement leur consentement, obtiennent celui de leur famille et (pour certains fonctionnaires), de l'autorité dont ils relèvent, qu'ils ne soient pas parents ou alliés au degré prohibé, enfin qu'il soient libres de tout lien matrimonial antérieur.

*Age compétent.* — Dix-huit ans révolus pour l'homme, quinze ans révolus pour la femme (Code civ., art. 144), sauf dispense du président de la République (*id.*, art. 145) accordée sur demande transmise au chef de l'Etat par le procureur de la République ; le décret portant dispense est enregistré au greffe du tribunal civil et une expédition en est annexée à l'acte de célébration du mariage. (Arrêté du 20 prairial an XI.)

*Consentement des époux.* — « Il n'y a pas de mariage lorsqu'il n'y a point de consentement » (*id.*, art. 146), puisque le mariage est un contrat.

*Consentement de la famille.* — La validité du mariage suppose le consentement des ascendants sous la dépendance desquels sont placés, relativement à cet acte important, les futurs époux. A cet égard, l'article 148 du Code civil dispose que le fils et la fille qui n'ont pas atteint l'âge de vingt et un ans accomplis ne peuvent se marier sans le consentement de leurs père et mère, ou du survivant des père et mère. Lorsque l'un des deux est dans l'impossibilité de manifester sa volonté, le consentement de l'autre suffit (art. 149), et, en cas de dissentiment entre le père et la mère, le consentement du père suffit. (Art. 148.) Ces dispositions sont applicables aux enfants naturels légalement reconnus. (*Id.*, art. 158.) Le père et la mère étant morts, ou dans l'impossibilité de manifester leur volonté, les aïeuls et aïeules les remplacent : s'il y a dissentiment entre l'aïeul et l'aïeule de la même ligne, il suffit du consentement de l'aïeul; s'il y a dissentiment entre les deux lignes, ce partage emporte consentement. (*Id.*, art. 150.)

« L'enfant naturel qui n'a point été reconnu et celui qui, après l'avoir été, a perdu ses père et mère, ou dont les père et mère ne peuvent manifester leur volonté, ne pourra, avant l'âge de vingt et un ans révolus, se marier qu'après avoir obtenu le consentement du conseil de famille. (Code civ., art. 159.)

« En cas d'absence des père et mère auxquels eût dû être faite la notification prévue à l'article 151, il sera passé outre à la célébration du mariage en représentant le jugement qui aurait été rendu pour déclarer l'absence, ou, à défaut de ce jugement, celui qui aurait ordonné l'enquête, ou, s'il n'y a point encore eu de jugement, un acte de notoriété délivré par le juge de paix du lieu où les père et mère ont eu leur dernier domicile connu. Cet acte contiendra la déclaration de quatre témoins appelés d'office par le juge de paix. — Il n'est pas nécessaire de produire les actes de décès des pères et mères des futurs mariés lorsque les aïeuls ou aïeules, pour la branche à laquelle ils appartiennent, attestent ce décès; et, dans ce cas, il doit être fait mention de leur attestation sur l'acte de mariage. — A défaut de cette attestation, il sera procédé à la célébration du mariage des majeurs, sur leurs déclaration et serment que le lieu du décès et celui du dernier domicile de leurs ascendants leur sont inconnus. » (*Id.*, art. 155.) Ces dispositions sont applicables aux enfants naturels légalement reconnus. (*Id.*, art. 158.)

Quant aux personnes de l'un ou l'autre sexe n'ayant plus ni père ni mère, ni ascendants survivants, elles ne peuvent, si elles sont mineures, se marier qu'avec le consentement du conseil de famille. (*Id.*, art. 160.)

« Les officiers de l'état civil qui auraient procédé à la célébration des mariages contractés par des fils ou filles n'ayant pas atteint l'âge de vingt et un ans accomplis sans que le consentement des pères et mères, celui des aïeuls et aïeules et celui du conseil de famille, dans le cas où il est requis, soit énoncé dans l'acte de mariage, seront, à la diligence des parties intéressées ou du procureur de la République près le tribunal civil de première instance de l'arrondissement où le mariage aura été célébré, condamnés à l'amende portée en l'article 192 du Code civil. » (*Id.*, art. 156.)

*Notification.* — Au delà de l'âge de vingt-cinq ans pour les hommes et de vingt et un ans pour les filles, le consentement des ascendants cesse d'être légalement nécessaire pour le mariage; mais leur conseil doit toujours être requis, et, dans le cas où ils refusent de donner spontanément leur acquiescement à l'union projetée, celle-ci doit leur être notifiée.

« Les enfants ayant atteint l'âge de vingt et un ans révolus et jusqu'à l'âge de trente ans révolus sont tenus de justifier du consentement de leurs père et mère. A défaut de ce consentement, l'intéressé fait notifier l'union projetée à ses père et mère ou à celui des deux dont le consentement n'est pas obtenu. Trente jours francs écoulés après justification de cette notification, il peut être passé outre à la célébration du mariage. (Code civ., art. 151.) Cette disposition est applicable aux enfants naturels légalement reconnus. (*Id.*, art. 158.)

S'il y a dissentiment entre des parents divorcés ou séparés de corps, le consentement de celui des deux époux au profit duquel le divorce ou la séparation aura été prononcé et qui a la garde de l'enfant suffira. Faute de réunir ces deux conditions, celui des père et mère qui consentira au mariage pourra citer l'autre devant le tribunal de première instance siégeant en chambre du conseil; le tribunal compétent sera celui du domicile de la personne qui a la garde de l'enfant; il statuera en audience publique et en dernier ressort. (*Id.*, art. 152.) Cette disposition est applicable aux enfants naturels légalement reconnus. (*Id.*, art. 158.)

La notification prescrite par l'article 151 sera faite à la requête de l'intéressé par un notaire instrumentant sans le concours d'un deuxième notaire ni de témoins. Cet acte, visé pour timbre et enregistré gratis, énoncera les prénoms, noms, professions, domiciles et résidences des futurs époux, de leurs pères et mères, ainsi que le lieu où sera célébré le mariage. Il contiendra aussi déclaration que cette notification leur est faite en vue d'obtenir leur consentement et qu'à défaut il sera passé outre à la célébration du mariage à l'expiration du délai de trente jours francs. (*Id.*, art. 154.) Ces dispositions sont applicables aux enfants naturels légalement reconnus. (*Id.*, art. 158.)

Le consentement des ascendants au mariage peut être donné soit par un acte notarié, remis à l'officier de l'état civil, soit verbalement à cet officier au moment de la célébration. (*Id.*, art. 73.)

L'enfant naturel reconnu est tenu à la formalité de la notification vis-à-vis de ses père et mère. (*Id.*, art. 159.)

Le défaut de notification n'entraîne pas la nullité du mariage, mais l'officier de l'état civil qui aurait passé outre à la célébration serait condamné à l'amende (300 francs au plus) et à un emprisonnement d'un mois au moins. (*Id.*, art. 192.)

*Autorisations administratives.* — *Mariage des militaires.* Les officiers en activité ne peuvent se marier qu'après en avoir obtenu la permission par écrit, sous peine de la destitution et de la perte de leurs droits, tant pour eux que pour leurs veuves et leurs enfants, à toute pension ou récompense militaire. (Décret du 16 juin 1808, art. 1er.) Les gouverneurs militaires et les commandants de corps d'armée accordent par délégation les autorisations de mariage aux officiers et assimilés placés sous leurs ordres jusqu'au grade de colonel inclusivement; s'ils sont d'avis d'écarter la demande, ils la transmettent au ministre de la Guerre. Celui-ci statue directement sur les demandes des officiers généraux et assimilés. Les autorisations sont valables pendant six mois, sauf au titulaire à en demander le renouvellement par voie hiérarchique. (Circ. Guerre, 1er oct. 1900.) La permission était jadis subordonnée à un apport dotal de 1 200 francs en revenu non viager. Cette obligation a été rapportée par la circulaire ministérielle du 1er octobre 1900, qui prescrit seulement la production d'un certificat délivré par le maire, approuvé par le sous-préfet et constatant la situation et la réputation de la future et celles de ses parents.

Les sous-officiers et soldats en activité de service doivent obtenir la permission du conseil d'administration de leur corps. (Décret du 16 juin 1808, art. 2.)

Les officiers de réserve et les officiers de l'armée territoriale ont le droit de contracter mariage sans autorisation de l'autorité militaire; mais ils doivent en informer leur chef de corps ou de service. Toutefois, les officiers de réserve provenant des écoles polytechnique, forestière et centrale, qui accomplissent une année de service effectif, ne peuvent se marier, pendant l'année qu'ils passent sous les drapeaux, sans en avoir au préalable obtenu l'autorisation dans les conditions réglementaires imposées aux officiers de l'armée active. (Instr. du 28 décembre 1898.)

Tout officier de l'état civil qui, sciemment, aurait célébré le mariage d'un officier, sous-officier ou soldat en activité sans s'être fait remettre la permission, ou qui aurait négligé de la joindre à l'acte de la célébration du mariage, encourt la peine de la révocation. (Décret du 16 juin 1808, art. 3.)

Le décret du 19 avril 1894 interdit aux agents ou fonctionnaires des services diplomatique et consulaire de contracter mariage sans l'autorisation du ministre des Affaires étrangères, sous peine de mise en retrait d'emploi ou en disponibilité.

*Parenté et alliance.* — Les futurs conjoints ne doivent être ni parents ni alliés au degré prohibé. La loi prohibe le mariage : en ligne directe indéfiniment entre ascendants et descendants légitimes ou naturels à tous les degrés, et entre alliés aussi à tous les degrés dans la même ligne. (Code civ., art. 161.) En ligne collatérale, le mariage est prohibé entre le frère et la sœur, légitimes ou naturels, et entre alliés aux mêmes degrés (*id.*, art. 162); il l'est aussi (*id.*, art. 163) entre l'oncle et la nièce, la tante et le neveu, mais la loi a autorisé les dispenses pour les unions entre beaux-frères et belles-sœurs, entre oncles et nièces, entre tantes et neveux. V. INCESTE.

L'article 163 se borne à prohiber le mariage entre l'oncle et la nièce, la tante et le neveu, sans ajouter que cette prohibition s'étend aux parents naturels et aux alliés à ce degré; cette prohibition ne s'applique donc qu'aux parents légitimes et ne comprend ni les parents naturels ni les alliés au degré d'oncle et de nièce, de tante et de neveu; et le mariage dont il s'agit peut être contracté sans dispenses (avis du Conseil d'Etat du 25 avril 1825), tandis qu'une dispense du chef de l'Etat serait nécessaire quant au mariage entre l'oncle et la nièce, la tante et le neveu, parents légitimes.

Les demandes de dispense sont adressées au ministre de la Justice.

V. aussi, au mot ADOPTION, les dispositions de l'art. 348 du Code civil.

*Inexistence d'un mariage antérieur non dissous.* — On ne peut contracter un second mariage avant la dissolution du premier par la mort ou par le divorce. (Code civ., art. 147.) V. BIGAMIE.

### Célébration du mariage.

Les formalités relatives à la célébration du mariage ont pour but de constater que toutes les conditions requises par la loi ont été remplies et qu'aucun empêchement ne s'oppose au mariage. Les unes précèdent la célébration, les autres la constituent. Les premières sont :

1° La publication;
2° L'affiche;
3° La remise des pièces à l'officier de l'état civil.

Les secondes déterminent le lieu de célébration, la compétence de l'officier de l'état civil et la procédure qu'il doit suivre, enfin l'établissement de l'acte de mariage.

*Publication.* — Avant la célébration du mariage, l'officier de l'état civil fait une publication par voie d'affiche apposée à la porte de la mairie.

Cette publication énonce les prénoms, noms, professions, domiciles et résidences des futurs époux, leur qualité de majeur ou de mineur, et les prénoms, noms, professions et domiciles de leurs pères et mères. Elle énonce, en outre, les jour, lieu et heure où elle a été faite. Elle est transcrite sur un seul registre coté et paraphé comme il est dit à l'article 41 du Code civil et déposé, à la fin de chaque année, au greffe du tribunal de l'arrondissement. (Code civ., art. 63.)

Où doit être faite la publication? Les articles 166, 167 et 168 répondent à cette question.

« La publication ordonnée par l'article 63 sera faite à la municipalité du lieu où chacune des parties contractantes aura son domicile ou sa résidence. » (*Id.*, art. 166.)

« Si le domicile actuel ou la résidence actuelle n'ont pas été d'une durée continue de six mois, la publication sera faite en outre au lieu du dernier domicile, et, à défaut du domicile, au lieu de la dernière résidence; si cette résidence n'a pas une durée continue de six mois, la publication sera faite également au lieu de naissance. » (*Id.*, art. 167.)

« Si les parties contractantes, ou l'une

d'elles, sont, relativement au mariage, sous la puissance d'autrui, la publication sera encore faite à la municipalité du domicile de ceux sous la puissance desquels elles se trouvent. » (*Id.*, art. 168.)

Le procureur de la République de l'arrondissement où sera célébré le mariage peut dispenser, pour des causes graves, de la publication et de tout délai. (*Id.*, art. 169.)

*Affiche.* — Un extrait de l'acte de publication reste affiché à la porte de la mairie pendant dix jours, lesquels comportent deux dimanches. Le mariage ne peut être célébré avant le dixième jour, depuis et non compris celui de la seconde publication. (Code civ., art. 64.)

Si le mariage n'a pas été célébré dans l'année, à compter de l'expiration du délai de publication, il ne peut plus être célébré qu'après une nouvelle publication faite dans la forme ci-dessus. (*Id.*, art. 65.)

*Remise de pièces à l'officier de l'état civil.* — Les pièces qui doivent être remises à l'officier de l'état civil sont toutes celles qui justifient des conditions requises pour que le mariage puisse être valablement célébré :

1° L'acte de naissance de chacun des futurs époux, afin de constater son âge et sa filiation.

Cet acte ne devra pas avoir été délivré depuis plus de trois mois s'il a été délivré en France, et depuis plus de six mois s'il a été délivré dans une colonie ou dans un consulat. Celui des époux qui serait dans l'impossibilité de se le procurer pourra le suppléer, en rapportant un acte de notoriété délivré par le juge de paix du lieu de sa naissance, ou par celui de son domicile. (Code civ., art. 70.)

L'acte de notoriété contient la déclaration faite par sept témoins, de l'un ou de l'autre sexe, parents ou non parents, des prénoms, nom, profession et domicile du futur époux, et de ceux de ses père et mère, s'ils sont connus; le lieu et, autant que possible, l'époque de sa naissance, et les causes qui empêchent d'en rapporter l'acte. Les témoins signent l'acte de notoriété avec le juge de paix, et s'il en est qui ne puissent ou ne sachent signer, il en est fait mention. (*Id.*, art. 71.) L'acte de notoriété est présenté au tribunal de première instance du lieu où doit se célébrer le mariage. Le tribunal, après avoir entendu le procureur de la République, donne ou refuse son homologation, selon qu'il trouve suffisantes ou insuffisantes les déclarations des témoins, et les causes qui empêchent de rapporter l'acte de naissance. (*Id.*, art. 72.)

2° L'acte de consentement des ascendants lorsqu'ils n'assistent pas en personne à la célébration, ou le procès-verbal de l'acte de notification.

L'acte authentique du consentement des père et mère ou aïeuls et aïeules, ou, à leur défaut, celui de la famille, contiendra les prénoms, noms, professions et domiciles du futur époux et de tous ceux qui auront concouru à l'acte, ainsi que leur degré de parenté. Hors le cas prévu par l'article 160 (c'est-à-dire quand il n'y a plus d'ascendants ou que ceux-ci sont dans l'impossibilité de manifester leur volonté, auquel cas il faut l'autorisation du conseil de famille), cet acte de consentement peut être donné, soit devant un notaire, soit devant l'officier de l'état civil du domicile de l'ascendant. (*Id.*, art. 73.)

3° Une expédition authentique des dispenses d'âge, de parenté ou d'alliance qui auraient été accordées.

4° Si les futurs époux ou l'un d'eux ont déjà été mariés, l'acte (acte de décès ou jugement de divorce) constatant la dissolution du précédent mariage. (Avis du Conseil d'Etat du 17 germinal an XIII.)

5° S'il s'agit d'un militaire en activité de service, d'un agent diplomatique et consulaire, les certificats des autorisations qu'ils sont tenus d'obtenir.

6° Les certificats des publications faites dans les diverses communes où elles ont dû, suivant les cas, avoir lieu, ou les dispenses qui ont pu être accordées; lesdits certificats faisant mention qu'il n'y a point eu d'opposition. « S'il n'y a point d'opposition, il en sera fait mention dans l'acte de mariage ; et si les publications ont été faites dans plusieurs communes, les parties remettront un certificat délivré par l'officier de l'état civil de chaque commune, constatant qu'il n'existe point d'opposition. (Code civ., art. 69.)

7° La mainlevée desdites oppositions.

8° Certificat du notaire délivré sur papier libre et sans frais, constatant les conventions matrimoniales qui ont été faites avant le mariage. (Code civ., art. 1394.)

En ce qui concerne les pièces à produire par les indigents (Loi du 10 décembre 1850), v. INDIGENTS.

*Empêchements de mariage.* — L'absence des conditions ou de l'une des qualités ou conditions requises pour contracter valablement mariage constitue un *empêchement de mariage*. Les empêchements sont *absolus* ou *relatifs*, ou bien *prohibitifs* ou *dirimants*. L'empêchement est *absolu* quand il met une personne dans l'impossibilité de contracter mariage (défaut d'âge); *relatif*, quand il n'existe qu'à l'égard de certaines personnes (mariage avec un parent au degré prohibé). Il est *prohibitif* quand, une fois célébré au mépris de la loi, le mariage ne peut être annulé (défaut d'actes respectueux); *dirimant*, quand le mariage célébré peut être annulé (bigamie). — V., plus loin, *Nullités de mariage*.

*Formalités de la célébration du mariage.* — Le mariage est célébré publiquement devant l'officier de l'état civil de la commune où l'un des époux a son domicile réel ou sa résidence à la date de la publication prévue par l'article 63 ou, en cas de dispense de publication, à la date de la dispense. La résidence s'établit par un mois au moins d'habitation continue. (Code civ., art. 74 et 165.)

Le jour désigné par les parties après les délais de publication, l'officier de l'état civil, à la mairie, en présence de quatre témoins (v. TÉMOINS), parents ou non parents, fait lecture aux parties des pièces relatives à leur état et aux formalités du mariage et des dispositions du Code civil sur les droits et les devoirs respectifs des époux. « Il interpellera les futurs époux, ainsi que les personnes qui autorisent le mariage, si elles sont présentes, d'avoir à déclarer s'il a été fait un contrat de mariage, et, dans le cas de l'affirmative, la date de ce contrat, ainsi que les nom et lieu de résidence du notaire qui l'aura reçu. Il recevra de chaque partie, l'une après l'autre, la déclaration qu'elles veulent se prendre pour mari et femme; il prononcera, au nom de la loi, qu'elles sont unies par le mariage, et il en dressera acte sur-le-champ. (*Id.*, art. 75.)

*Énonciation de l'acte de mariage.* — L'acte de mariage énonce :

1° Les prénoms, noms, professions, âges, lieux de naissance et domiciles des époux;

2° S'ils sont majeurs ou mineurs;

3° Les prénoms, noms, professions et domiciles des pères et mères;

4° Le consentement des pères et mères, aïeuls et aïeules, et celui du conseil de famille, dans les cas où ils sont requis;

5° La notification prescrite par l'article 151, s'il en a été fait; — v. *Notification*, ci-dessus;

6° Les oppositions, s'il y en a eu; leur mainlevée, ou la mention qu'il n'y a point eu d'opposition;

7° La déclaration des contractants de se prendre pour époux, et le prononcé de leur union par l'officier public;

8° Les prénoms, noms, âges, professions et domiciles des témoins et leur déclaration s'ils sont parents ou alliés des parties, de quel côté et à quel degré;

9° La déclaration faite sur l'interpellation prescrite par l'article précédent, qu'il a été ou qu'il n'a pas été fait de contrat de mariage, et, autant que possible, la date du contrat, s'il existe, ainsi que les nom et lieu de résidence du notaire qui l'aura reçu; le tout à peine contre l'officier de l'état civil de l'amende fixée par l'article 50.

Dans le cas où la déclaration aurait été omise ou serait erronée, la rectification de l'acte, en ce qui touche l'omission ou l'erreur, pourra être demandée par le procureur de la République, sans préjudice du droit des parties intéressées, conformément à l'article 99.

Il sera fait mention de la célébration du mariage en marge de l'acte de naissance des époux.

C'est à ces mentions que l'officier de l'état civil doit strictement se borner; rien ne l'autorise à en faire figurer d'autres dans l'acte, et il doit notamment s'interdire d'y indiquer que les futurs époux ont la qualité d'enfants légitimes ou légitimés, naturels, reconnus ou non reconnus. (Circ. Justice, 1905.)

*Preuve de la célébration du mariage.* — Nul ne peut réclamer le titre d'époux et les effets civils du mariage s'il ne représente un acte de célébration inscrit sur le registre de l'état civil (Code civ., art. 194), à moins que le mariage n'ait été célébré à l'étranger, auquel cas la preuve doit être faite selon les formes prescrites par la loi du pays où il a été contracté. (Cour de Bordeaux, 21 déc. 1886.)

Si, néanmoins, des enfants sont issus de deux individus qui ont vécu publiquement comme mari et femme (*possession d'état d'époux légitimes*), et qui soient tous deux décédés, la légitimité de ces enfants ne peut être contestée sous le seul prétexte du défaut de représentation de l'acte de célébration, toutes les fois qu'elle est prouvée par une possession d'état que ne contredit point l'acte de naissance (*Id.*, art. 197); mais ce n'est là qu'une présomption, qui peut tomber lorsqu'un second enfant, né ultérieurement des mêmes personnes, a été inscrit comme enfant naturel. (Cass., req. 8 mai 1894.)

*Mariage religieux.* — Le mariage civil doit toujours précéder le mariage religieux.

« Tout ministre d'un culte qui procédera aux cérémonies religieuses d'un mariage sans qu'il lui ait été justifié d'un acte de mariage préalablement reçu par les officiers de l'état civil sera, pour la première fois, puni d'une amende de 16 francs à 100 francs. (Code pén., art. 199.)

En cas de nouvelles contraventions de l'espèce exprimée en l'article précédent, le ministre du culte qui les aura commises sera puni, savoir : pour la première récidive, d'un emprisonnement de deux à cinq ans; et pour la seconde, de la détention. (*Id.*, art. 200.)

*Mariage célébré à l'étranger.* — Le mariage contracté en pays étranger entre Français, et entre Français et étrangers, est valable s'il a été célébré suivant les formes usitées dans le pays, pourvu qu'il ait été précédé en France des publications prescrites par l'article 63 du Code civil et que les contractants aient observé les dispositions relatives aux qualités et conditions requises pour se marier. (Code civ., art. 170.) [V. plus haut.]

Il en est de même du mariage contracté en pays étranger entre un Français et une étrangère, s'il a été célébré par les agents diplomatiques ou par les consuls de France conformément aux lois françaises. Toutefois les agents diplomatiques ou les consuls ne peuvent procéder à la célébration du mariage entre un Français et une étrangère que dans les pays désignés par décrets du président de la République. (Loi du 29 novembre 1901.)

Dans les trois mois après le retour du Français sur le territoire de la République, l'acte de célébration du mariage contracté en pays étranger sera transcrit sur les registres publics des mariages du lieu de son domicile. (Loi du 29 novembre 1901.)

## Oppositions au mariage.

Il peut arriver que l'officier de l'état civil devant lequel doit être célébré le mariage n'ait pas personnellement connaissance des circonstances qui y font légalement obstacle. Le droit d'*opposition*, attribué à certaines catégories de personnes par les articles 172 et suivants du Code civil, a pour objet de l'informer des empêchements existants, et de prévenir ou, en tout cas, de suspendre la célébration d'une union matrimoniale qui transgresserait les prohibitions de la loi.

*Conjoint.* — Aux termes de l'art. 172, le droit de former opposition appartient d'abord à la personne déjà engagée par un précédent mariage à l'une des deux parties qui sont au moment de s'unir au mépris de la première union encore subsistante : s'il était passé outre à la célébration, le nouveau mariage serait entaché de bigamie. — V BIGAMIE.

*Ascendants.* — Le droit de former opposition

appartient en second lieu aux ascendants des futurs conjoints (art. 173), et il leur est attribué dans l'ordre fixé par cet article, savoir : au père d'abord; à défaut du père, à la mère; à défaut de l'un et de l'autre de ceux-ci, à l'aïeul; à défaut de l'aïeul, à l'aïeule. Cette faculté d'opposition appartient aux ascendants, même quand les futurs conjoints sont majeurs de vingt et un ans et ont, en conséquence, atteint l'âge où ils peuvent se marier sans le consentement de leurs père et mère ou aïeux.

L'opposition formée par des ascendants et fondée sur un motif légal n'a pas besoin d'être motivée dans l'exploit de notification; c'est devant le tribunal chargé de statuer sur le mérite de l'opposition qu'ils doivent exposer les motifs de leur acte. En second lieu, l'opposition des ascendants ne peut motiver contre eux aucune condamnation en dommages-intérêts, alors même qu'elle est rejetée en définitive et qu'il en est donné mainlevée par le tribunal saisi de la cause.

*Collatéraux.* — Quand il n'y a pas d'ascendants, certains parents collatéraux (frère ou sœur, oncle ou tante, cousin ou cousine germains) peuvent former opposition au mariage, mais leur droit est limité expressément à deux cas (art. 174) : 1° celui où le futur sans père ni mère et mineur n'a pas obtenu le consentement du conseil de famille à son mariage; 2° celui où l'opposition est motivée sur l'état de démence de l'individu qui veut se marier, et, en l'espèce, l'opposition ne peut être accueillie par les tribunaux qu'à la charge par l'opposant de faire prononcer l'interdiction de son parent dans un délai qui lui sera imparti à cette fin.

Dans les deux cas prévus par le précédent article, le tuteur ou curateur ne peut, pendant la durée de la tutelle ou curatelle, former opposition qu'autant qu'il y aura été autorisé par un conseil de famille, qu'il pourra convoquer. (Code civ., art. 175.)

Les collatéraux, comme tous autres tiers non parents, peuvent dénoncer à l'officier de l'état civil des faits graves et devant former empêchement au mariage (l'existence d'une union antérieure, parenté au degré incestueux entre les futurs conjoints). Mais, il n'y a plus là qu'une opposition officieuse, qui n'oblige point l'officier de l'état civil à surseoir à la célébration.

*Forme et effets de l'opposition.* — Signifié par huissier aux futurs époux ou à l'un d'eux, ainsi qu'à l'officier de l'état civil, tout acte d'opposition énonce la qualité qui donne à l'opposant le droit de la former; il contient élection de domicile dans le lieu où le mariage doit être célébré; il doit également, à moins qu'il ne soit fait à la requête d'un ascendant, contenir les motifs de l'opposition : le tout à peine de nullité, et de l'interdiction de l'officier ministériel qui aurait signé l'acte contenant opposition. (Code civ., art. 176.)

Les actes d'opposition au mariage sont signés sur l'original et sur la copie par les opposants ou par leurs fondés de procuration spéciale et authentique; ils sont signifiés, avec la copie de la procuration, à la personne ou au domicile des parties, et à l'officier de l'état civil, qui met son *visa* sur l'original (Code civ., art. 66) et fait sans délai mention des oppositions sur le registre des publications. (*Id.*, art. 67.)

L'opposition légalement formée et notifiée, tant à l'officier de l'état civil qu'aux parties intéressées, a pour effet immédiat d'arrêter la célébration du mariage sous peine de 300 francs d'amende et de dommages-intérêts à la charge de l'officier de l'état civil (*id.*, art. 68), et cet effet persiste jusqu'à ce que la partie intéressée en ait fait prononcer la mainlevée par le tribunal. Le tribunal doit statuer dans les dix jours (*id.*, art. 177), et la cour, sur appel, dans le même délai (*id.*, art. 178). Les jugements et arrêts par défaut rejetant les oppositions à mariage ne sont pas susceptibles d'opposition (*id.*, art. 179). En prononçant cette mainlevée et en rejetant, s'il y a lieu, l'opposition, le tribunal peut condamner l'opposant à des dommages-intérêts, si cet opposant est un parent collatéral. (*Id.*, art. 179.)

## Nullités de mariage.

L'inobservation des formalités prescrites pour la célébration du mariage et l'absence des qualités et conditions requises pour contracter une union matrimoniale peuvent avoir pour conséquence la nullité de cette union.

On distingue les mariages *nuls* ou non existants et les mariages *annulables* par suite de l'existence de causes *relatives* ou *absolues* de nullité.

1° Une des conditions essentielles à la formation de la convention qui constitue le mariage vient à faire défaut, par exemple le consentement des parties ou la célébration en dehors des formes solennelles prescrites par la loi : on se trouve en présence d'un mariage nul, ou, pour mieux dire, il n'y a pas de mariage.

2° Les *nullités absolues* sont celles qui intéressent l'ordre public; elles peuvent être invoquées non seulement par la partie personnellement lésée par la violation de la loi, mais par toute personne intéressée, et même d'office par les magistrats du ministère public; de plus, elles ne peuvent se couvrir ni par le laps de temps, ni par un acte confirmatif des intéressés.

3° D'autres *nullités* sont *relatives*, ce qui signifie qu'elles ne peuvent être invoquées et que l'annulation du mariage ne peut être demandée que par la partie qui a souffert personnellement de la transgression de la loi : telle est la nullité résultant de ce que le consentement de l'un des époux n'a pas été entièrement libre, soit qu'il ait été vicié par une violence exercée sur lui, soit qu'il ait été entaché d'erreur : en pareil cas, le conjoint violenté ou trompé peut seul demander l'annulation aux tribunaux.

Les nullités relatives sont en outre susceptibles de se couvrir par la renonciation expresse ou tacite des personnes dans l'intérêt desquelles la loi les a établies.

« Trois principes dominent toute la matière des nullités de mariage. *Premier principe :* Il n'y a pas d'autres nullités de mariage que celles qui sont prononcées en termes exprès par un texte formel. *Deuxième principe :* Il n'existe pas en matière de mariage de nullités opérant de plein droit sans l'intervention du juge. Toute nullité de mariage, même absolue, doit nécessairement être prononcée par la justice. *Troisième principe :* La nullité d'un mariage ne peut être prononcée que sur la demande des personnes désignées par la loi. » (Baudry-Lacantinerie.)

*Nullités absolues.* — L'art. 184 du Code civil range parmi les causes de nullité absolue : l'impuberté, la bigamie, la parenté ou l'alliance au degré *prohibé*.

Les époux, les ascendants, le conseil de famille, le ministère public peuvent intervenir en tout état de cause et en leur seule qualité, tandis que les collatéraux, les enfants d'un autre lit et les créanciers sont tenus de motiver leur intervention non sur un intérêt moral ou futur, mais sur un intérêt pécuniaire déjà né. (Code civ., art. 187.)

L'article 191 du Code civil prévoit deux autres causes de nullité absolue : la clandestinité de la célébration et l'incompétence de l'officier de l'état civil. La nullité peut ici être proposée par les mêmes personnes, pourvu qu'elles y aient un intérêt pécuniaire « né et actuel » (art. 191), mais le ministère public est libre d'intervenir ou non, tandis qu'il en est tenu dans les autres cas.

En principe, les nullités absolues ne sont pas susceptibles de se couvrir ni par une ratification ultérieure, ni par la possession d'état, ni par la prescription trentenaire, mais le Code civil prévoit un certain nombre d'exceptions à cette règle.

*Impuberté.* Le mariage contracté par des époux qui n'avaient point encore l'âge requis, ou dont l'un des deux n'avait point atteint cet âge, ne peut plus être attaqué : 1° lorsqu'il s'est écoulé six mois depuis que cet époux ou les époux ont atteint l'âge compétent ; 2° lorsque la femme qui n'avait point cet âge a conçu avant l'échéance de six mois. (Code civ., art. 185.) De plus, le père, la mère, les ascendants et la famille qui ont consenti au mariage ne sont pas recevables à en demander la nullité. (*Id.*, art. 186.)

*Bigamie.* L'époux au préjudice duquel a été contracté un second mariage peut en demander la nullité, du vivant même de l'époux qui était engagé avec lui. (*Id.*, art. 188.) Si les nouveaux époux opposent la nullité du premier mariage, la validité ou la nullité de ce mariage doit être préalablement jugée. (*Id.*, art. 189.) V. ABSENCE.

*Inceste.* V. ce mot. Cette cause de nullité n'est pas susceptible d'être couverte.

*Clandestinité.* Il y a clandestinité du mariage quand il y a eu absence de publicité dans la célébration. (Code civ., art. 165 et 191.) Les formalités qui constituent cette publicité sont : les publications, l'intervention de l'officier de l'état civil, la célébration à la mairie. La clandestinité est une cause de nullité absolue qui peut être proposée par toute personne intéressée et par le ministère public. Mais toute contravention aux règles sur la publicité ne rend pas nécessairement le mariage nul ; le juge a ici un pouvoir d'appréciation. La clandestinité ne résulte jamais, notamment, de la seule omission des publications. Le mariage clandestin ne doit pas être confondu avec le mariage secret, mariage qui a été contracté valablement, mais que l'on a cherché à dissimuler au public.

*Incompétence de l'officier de l'état civil.* La célébration du mariage par un maire autre que celui du domicile de l'un des époux est une cause de nullité ; mais l'article 165 laisse aux tribunaux, comme pour le défaut de publicité, le pouvoir d'apprécier s'il y a lieu de prononcer la nullité.

*Nullités relatives.* — Les causes de nullités relatives sont au nombre de deux : 1° vices du consentement de l'une ou de l'autre des parties contractantes ; 2° défaut de consentement des personnes sous la puissance desquelles elles se trouvaient relativement au mariage.

*Vices du consentement des époux.* Le consentement est vicié lorsqu'il a été obtenu par la violence ou qu'il y a eu « erreur dans la personne ». La nullité peut être demandée par celui des époux dont le consentement n'a pas été librement donné, par les deux s'il y a eu violence exercée de part et d'autre. Lorsqu'il y a eu « erreur dans la personne », le mariage ne peut être attaqué que par celui des deux époux qui a été victime de cette erreur (Code civ., art. 180), mais non par ses héritiers s'il meurt pendant l'instance. Dans l'un et l'autre cas, la demande en nullité n'est plus recevable toutes les fois qu'il y a eu cohabitation continuée pendant six mois depuis que l'époux a acquis sa pleine liberté ou que l'erreur a été par lui reconnue. (*Id.*, art. 181.)

Par *erreur dans la personne*, il faut entendre toute erreur portant sur l'individualité, l'identité de la personne, mais non sur les qualités, sur l'état civil, sur l'honorabilité. J'ai cru épouser une fille légitime et j'ai épousé une fille naturelle : il n'y a pas *erreur dans la personne* et le mariage est inattaquable.

L'inaptitude à procréer, quelle qu'en soit la cause, n'est pas une cause de nullité, et l'erreur sur l'impuissance du conjoint ne permet pas d'invoquer l'article 180.

*Défaut de consentement des ascendants.* Le mariage contracté sans le consentement des père et mère, des ascendants, ou du conseil de famille, dans les cas où ce consentement était nécessaire, ne peut être attaqué que par ceux dont le consentement était requis, ou par celui des deux époux qui avait besoin de ce consentement. (Code civ., art. 182.)

L'action en nullité ne peut plus être intentée ni par les époux, ni par les parents dont le consentement était requis, toutes les fois que le mariage a été approuvé expressément ou tacitement par ceux dont le consentement était nécessaire, ou lorsqu'il s'est écoulé une année sans réclamation de leur part, depuis qu'ils ont eu connaissance du mariage. Elle ne peut être intentée non plus par l'époux lorsqu'il s'est écoulé une année sans réclamation de sa part, depuis qu'il a atteint l'âge compétent pour consentir par lui-même au mariage. (*Id.*, art. 183.)

### Mariage putatif.

Un mariage peut être nul, mais chacun des époux (ou l'un d'eux) a pu le contracter de bonne foi, c'est-à-dire dans l'ignorance des causes qui empêchaient l'existence ou la validité du mariage : c'est le mariage *putatif*, qui produit tous ses effets civils tant qu'il n'a pas été déclaré nul.

*Par rapport aux enfants*, il produit tous les effets d'un mariage légitime, tant à l'égard de l'époux de bonne foi qu'à l'égard de l'époux de mauvaise foi.

*Par rapport aux époux*, si tous deux sont de bonne foi, le mariage putatif produit tous ses effets civils à leur égard et à l'égard des enfants. Si l'un des époux est de mauvaise foi, le mariage putatif ne peut s'en prévaloir : il n'existe pas pour lui.

*Par rapport aux tiers*, le mariage putatif a les mêmes effets qu'un mariage valable ; notamment la femme peut invoquer l'hypothèque légale sur les biens de son mari.

### Effets du mariage.

« Le mariage est la source unique de la famille, la seule cause de la parenté légitime et de tous les droits et de tous les devoirs qui en dérivent. » (Demolombe.)

*Devoir d'éducation.* — Les époux contractent ensemble, par le seul fait du mariage, l'obligation de nourrir, entretenir et élever leurs enfants. (Code civ., art. 203.)

Mais l'enfant n'a pas d'action contre ses père et mère pour un établissement par mariage ou autrement. (*Id.*, art. 204.)

*Obligation alimentaire.* — V. ALIMENTS.

*Devoirs mutuels des époux.* — Les époux se doivent mutuellement fidélité, secours, assistance. (Code civ., art. 212.)

*Devoirs particuliers à chaque époux.* — Le mari doit protection à sa femme, la femme obéissance à son mari. (*Id.*, art. 213.)

La femme est obligée d'habiter avec le mari, et de le suivre partout où il juge à propos de résider : le mari est obligé de la recevoir et de lui fournir tout ce qui est nécessaire pour les besoins de la vie, selon ses facultés et son état. (*Id.*, art. 214.)

La femme mariée est frappée d'incapacité. V. INCAPACITÉ et FEMME.

*Paternité et filiation.* — V. FILIATION, PATERNITÉ, PUISSANCE PATERNELLE.

### Dissolution du mariage. Séparation de corps.

Le mariage se dissout :

1° Par la mort de l'un des époux ;

2° Par le divorce légalement prononcé. V. DIVORCE.

L'obligation de vivre en commun imposée aux époux cesse par suite d'un jugement de séparation de corps. V. SÉPARATION.

*Seconds mariages.* — La femme ne peut contracter un nouveau mariage qu'après dix mois révolus depuis la dissolution du mariage précédent par la mort ou le divorce. (Code civ., art. 228, 296.) Ce délai de dix mois est dit « délai de *viduité* ». La raison de cette prohibition, toute d'ordre public, est dans l'incertitude qui planerait sur la paternité des enfants à venir. Aucun délai n'est imposé au mari ; il peut se remarier aussitôt après la mort de sa femme ou le jugement de divorce devenu définitif.

### Contrat de mariage.

Le mariage peut se faire avec ou sans contrat. Le *contrat de mariage*, qui a pour objet de déterminer la situation et les droits des époux en ce qui concerne leurs biens, doit être fait par un notaire avant la célébration. Il est subordonné à l'existence du mariage, et il ne saurait subir aucun changement après cette célébration.

Les changements doivent être constatés par acte passé dans la même forme que le contrat lui-même. Nul changement ou contre-lettre n'est, au surplus, valable sans la présence et le consentement simultané de toutes les personnes qui ont été parties dans le contrat de mariage (Code civ., art. 1396), et s'il n'a été rédigé à la suite de la minute du contrat. Le notaire ne pourra, à peine des dommages et intérêts des parties, et sous plus grande peine s'il y a lieu, délivrer ni grosses ni expéditions du contrat de mariage sans transcrire à la suite le changement ou la contre-lettre. (*Id.*, art. 1397.)

La séparation de corps et la séparation de biens mettent seules fin au régime matrimonial avant la cessation du mariage.

La loi n'a pas fixé de règles générales relativement à la capacité nécessaire pour passer le contrat de mariage. Elle ne s'est expliquée que pour le mineur ; celui-ci, lorsqu'il se marie, est habile à consentir toutes les conventions dont ce contrat est susceptible ; les conventions et donations qu'il y a faites sont valables, pourvu qu'il ait été assisté, dans le contrat, des personnes dont le consentement est nécessaire pour la validité du mariage. (*Id.*, art. 1398.)

Les parties sont libres d'établir, comme bon leur semble, les conventions matrimoniales, à la condition toutefois qu'elles ne soient pas contraires soit aux bonnes mœurs, soit aux prescriptions de la loi relativement à la puissance maritale sur la personne de la femme mariée ou des enfants, soit aux droits appartenant à l'époux survivant en ce qui touche la puissance paternelle, la minorité, la tutelle, etc. Enfin, les futurs époux ne sauraient faire aucune convention qui aurait pour objet d'intervertir l'ordre légal des successions ou qui serait interdite par une stipulation de la loi : c'est ainsi que les clauses par lesquelles la femme prendrait l'administration des biens ou s'attribuerait le droit de disposer de ses biens sans l'autorisation du mari seraient nulles de droit. Il en serait de même si le mari s'engageait à ne pas administrer ses biens ou à ne pas en disposer sans la permission de sa femme, etc. Tant que le mariage n'a pas eu lieu, les parties qui ont fait un contrat peuvent en modifier les dispositions au moyen d'un autre contrat également passé devant notaire.

La loi admet plusieurs régimes de conventions matrimoniales : communauté légale, communauté conventionnelle et régimes exclusifs de la communauté (régime dotal, séparation de biens, exclusion de communauté).

Ces divers régimes et leurs modalités ont été exposés aux mots COMMUNAUTÉ et DOT.

Lorsque les époux n'ont pas fait de contrat, ils sont censés avoir adopté le régime de la communauté légale. Les conventions matrimoniales pouvant être opposées par les époux aux tiers, il était utile d'organiser un mode de publicité ; il n'a été établi que par la loi du 10 juillet 1850, qui a prescrit de mentionner dans l'acte de mariage l'existence du contrat de mariage. Spécialement, lorsque les deux époux ou l'un d'eux sont commerçants, le notaire doit transmettre, dans le délai d'un mois, aux greffes des tribunaux civil et de commerce du domicile du mari un extrait du contrat, lequel doit être affiché pendant un an dans leur auditoire. Il doit également envoyer un extrait aux chambres des notaires et des avoués. S'il oublie volontairement d'exécuter cette prescription de la loi, il peut être frappé de destitution et rendu responsable envers les créanciers. Le notaire doit, en outre, remettre aux parties qui viennent de passer un contrat une note indiquant, avec la date de l'acte, le régime adopté par les futurs époux, et cette note doit être transmise au maire, qui doit en indiquer la teneur dans l'acte de mariage. Quand un époux, séparé de biens ou marié sous le régime dotal, se fait commerçant après son mariage, il doit adresser un extrait de son contrat aux greffes des tribunaux civil et de commerce, sous peine d'être condamné comme banqueroutier en cas de faillite.

Les conventions matrimoniales où est partie l'enfant d'un interdit sont réglées par un avis du conseil de famille, homologué par le tribunal, sur les conclusions du procureur de la République. (Code civ., art. 511.)

### Donations par contrat de mariage aux époux et à leurs enfants.

Les donations que les tiers font aux futurs époux par contrat de mariage peuvent porter : sur des biens présents, sur des biens à venir, sur des biens présents et à venir. Elles sont caduques si le mariage qui les a motivées n'est pas célébré ou bien si le donataire et sa postérité meurent avant le donateur ; réductibles à la portion disponible (v. QUOTITÉ disponible) ; révocables par la survenance au donateur d'un enfant légitime (ou d'un enfant légitimé né depuis la donation), ou pour cause d'inexécution des conditions, mais non pour cause d'ingratitude ; dispensées de l'accomplissement des formalités solennelles prescrites en matière de donations quant à leur acceptation, qui peut être donnée de n'importe quelle manière et même tacitement.

La donation par contrat de mariage peut être faite à la condition que le donataire payera toutes les dettes et charges de la succession du donateur ou sous toute autre condition, mais dont la réalisation ne dépendrait pas uniquement de la volonté arbitraire du donateur. Le donataire est libre d'accomplir ces conditions ou de renoncer à la donation. Lorsque le donateur s'est réservé la liberté de disposer d'un objet compris dans la donation de ses biens présents, ou d'une somme fixe à prendre sur ces mêmes biens, l'objet ou la somme, s'il meurt sans en avoir disposé, sont censés compris dans la donation et appartiennent au donataire ou à ses héritiers.

Les donations entre vifs de *biens présents* sont soumises aux règles générales. V. DONATION.

La donation de *biens à venir*, de même que le testament, confère aux futurs époux ou à l'un d'eux un droit de succession qui ne s'ouvre qu'à la mort du donateur ; c'est une *institution contractuelle*, puisqu'elle est faite par contrat ; elle tient donc tout à la fois du testament et de la donation entre vifs. Elle donne aux époux la garantie de l'irrévocabilité, mais ne dépouille pas le donateur des choses données : il perd seulement le droit d'en disposer à titre gratuit, tout en restant autorisé à faire des libéralités modiques, à titre de récompense ou autrement. D'après l'article 1082 du Code civil, l'institution contractuelle peut être faite par toute personne capable de donner par acte entre vifs, d'abord au profit des futurs époux, et en second lieu au profit des enfants à naître ; ceux-ci sont donc substitués (v. SUBSTITUTION) à leur père ou à leur mère donataire direct ; mais cette substitution tacite et présumée ne peut avoir d'effet que dans le cas où l'époux, donataire direct, meurt avant le donateur. — La donation est caduque si le donataire meurt sans postérité, c'est-à-dire sans laisser des enfants nés du mariage en vue duquel l'*institution* a été faite. Elle est irrévocable en ce sens : 1° que le donateur ne peut pas retirer au donataire le droit de succession qu'il lui a conféré ; 2° qu'il n'est pas le maître d'en diminuer l'émolument ; mais elle est révocable en ce sens qu'elle lui laisse le droit d'en disposer à titre onéreux, et par conséquent de la dissiper.

La donation par contrat de mariage peut être faite cumulativement des *biens présents et à venir*, en tout ou partie. En ce cas, il est annexé à l'acte contenant donation un état des dettes et charges du donateur existantes au jour de la donation : le donataire est libre, lors du décès du donateur, de s'en tenir aux biens présents en renonçant au surplus.

Si l'état extinctif n'a pas été annexé à l'acte, le donataire est obligé d'accepter ou de répudier la donation pour le tout. En cas d'acceptation, il ne peut réclamer que les biens existants au jour du décès du donateur, et il est soumis au payement de toutes les dettes et charges de la succession.

### Dispositions entre époux.

Le Code civil (art. 1091 à 1100) autorise les époux à disposer d'une partie de leurs biens au profit l'un de l'autre, soit par leur contrat de mariage, soit pendant le mariage.

*Dispositions entre époux par contrat de mariage.* — Les futurs époux, même le mineur dûment assisté, peuvent, par leur contrat de mariage, faire l'un au profit de l'autre, ou se faire réciproquement l'un à l'autre, toutes les donations qu'un tiers est autorisé à faire en leur faveur par ce même contrat. Ils ont donc la faculté de se donner, soit leurs biens présents, soit leurs biens à venir, soit cumulativement leurs biens présents et à venir.

Sauf qu'elle n'est pas transmissible aux enfants issus du mariage en cas de prédécès de l'époux donataire, la donation entre époux de biens à venir ou de biens présents et à venir, simple ou réciproque, est soumise aux mêmes règles que les donations par contrat de mariage faites par des tiers.

C'est ainsi que, à moins de stipulation contraire, les donations entre futurs époux, soit de biens à venir, soit de biens présents et à venir, deviennent caduques par le prédécès du donataire ; lorsque la mort du donataire est le résultat d'un fait criminel de la part du donateur, la condition de survie est censée accomplie.

*Dispositions entre époux pendant le mariage.* — Les époux peuvent, pendant le mariage, disposer au profit l'un de l'autre, soit par acte de dernière volonté, soit par acte entre vifs. Lorsqu'ils disposent par acte de dernière volonté, ils doivent se conformer aux règles prescrites pour la forme des testaments, et lorsqu'ils disposent par acte entre vifs, à celles qui sont prescrites pour la forme des actes portant donation entre vifs.

Les donations faites entre époux pendant le mariage sont toujours révocables, sauf pour cause de survenance d'enfants. La révocation peut avoir lieu expressément ou tacitement. La révocation tacite résulte de tous les faits ou actes de l'époux donateur, qui indiquent, d'une manière non équivoque, son intention de révoquer la donation. C'est ainsi qu'une donation entre époux est révoquée par une donation entre vifs ou par un testament fait postérieurement et contenant des dispositions contraires. La femme qui pendant le mariage a fait une donation à son mari peut la révoquer sans y être autorisée par ce dernier ou par la justice; aussi est-il interdit aux époux de se faire aucune disposition mutuelle par un seul et même acte.

*Quotité disponible entre époux.* — Le montant *du disponible entre époux* est de un quart en propriété et de un quart en usufruit, ou de moitié en usufruit seulement, dans le cas où l'époux donateur laisse des enfants ou descendants issus de son mariage avec le conjoint gratifié. S'il existe des enfants nés d'un précédent mariage, le disposant ne peut donner à son nouvel époux qu'une part d'enfant légitime le moins prenant et sans que, dans aucun cas, la donation puisse excéder le quart des biens. La part de l'enfant le moins prenant doit être calculée d'après le nombre des enfants issus tant du premier que du second mariage, en joignant à ce nombre l'époux donataire lui-même. Ainsi le disponible sera de un cinquième s'il y a quatre enfants, de un quart s'il y en a trois, etc. Si le disposant ne laisse que des ascendants, il peut donner à son conjoint tout ce qu'il aurait valablement donné à un étranger, plus l'usufruit de la réserve des ascendants. V. QUOTITÉ DISPONIBLE.

Le disposant décédé sans postérité peut valablement disposer, en faveur de l'autre époux, de la pleine propriété de ce dont il pourrait disposer en faveur d'un étranger.

Les époux ne peuvent se donner indirectement au delà du disponible; toute donation déguisée ou par personne interposée est nulle. La loi répute faites à des personnes interposées : 1° les donations de l'un des époux aux enfants ou à l'un des enfants de l'autre époux, issus d'un autre mariage ; 2° les donations faites par le donateur aux parents dont l'autre époux sera héritier présomptif au jour de la donation.

## Marine militaire.

*Ministère de la Marine.* — Le ministre, choisi parmi les officiers généraux de la marine ou les membres du Parlement, occupe le sommet de la hiérarchie.

L'administration centrale de la Marine comprend : le cabinet du ministre et l'état-major général, quatre directeurs, des sous-directeurs, chefs et sous-chefs de bureau, etc. Des officiers et agents sont détachés à Paris pour assurer le fonctionnement des divers services de l'administration centrale, savoir : état-major général, direction du contrôle et service des missions, service de la flotte armée et de la flotte en construction, services financiers et de comptabilité, magasin central, service hydrographique, conseils (Conseil supérieur de la marine, Comité technique de la marine, Comité consultatif de santé), etc.

L'établissement des Invalides de la marine (v. INVALIDES) est rattaché au ministère de la Marine, où il constitue une administration spéciale.

*Corps du contrôle de l'administration de la Marine.* — Le contrôle de l'administration de la Marine est exercé par un personnel spécial ne relevant que du ministre. Ce personnel, qui constitue le *corps du contrôle de l'administration de la Marine*, « a pour objet de sauvegarder les intérêts du Trésor et les droits des personnes, et de constater, dans tous les services, l'observation des lois, ordonnances, décrets, règlements et décisions ministérielles qui en régissent le fonctionnement administratif, financier, comptable et économique. » (Loi du 2 mars 1902, art. 1er.)

Il a une hiérarchie propre, ne comportant aucune assimilation avec les grades de la marine. Ses membres jouissent du bénéfice de la loi du 19 mai 1834 sur l'état des officiers. La hiérarchie du corps est ainsi réglée : contrôleur adjoint ; contrôleur de 2e classe ; contrôleur de 1re classe ; contrôleur général de 2e classe ; contrôleur général de 1re classe. (*Id.*, art. 5.)

Il se compose d'un contrôle central à Paris et d'un contrôle fixe ou résident dans les ports et établissements de la marine. Le décret du 18 avril 1902 détermine le fonctionnement du contrôle résident et une instruction ministérielle du 30 mai suivant en règle les détails.

*Circonscriptions maritimes. Arsenaux.* — Le littoral français est divisé en cinq arrondissements maritimes. L'arrondissement ou préfecture maritime se subdivise en sous-arrondissements, subdivisés eux-mêmes en *quartiers, sous-quartiers* et *syndicats*. Le *syndic des gens de mer* renseigne l'Inscription maritime sur le personnel des marins, constate les infractions aux règlements, notamment en ce qui concerne la police de la navigation et de la pêche, délivre aux intéressés les pièces nécessaires pour percevoir une pension de demi-solde ou un mandat de payement. Il est nommé par le ministre de la Marine, sur proposition du préfet maritime, parmi les anciens marins de l'Etat ou du commerce, reçoit un traitement de 800, 1 000 ou 1 100 francs, et a la qualité de fonctionnaire public, d'ordre civil.

Le 1er arrondissement a pour chef-lieu Cherbourg (sous-arrondissements : Dunkerque, Le Havre); le 2e, Brest (sous-arrondissement : Saint-Servan); le 3e, Lorient (sous-arrondissement : Nantes); le 4e, Rochefort (sous-arrondissement : Bordeaux); le 5e, Toulon (sous-arrondissements : Marseille, Nice). Un vice-amiral, préfet maritime, exerce le commandement de chaque arrondissement. Chaque chef-lieu comprend les services suivants : *Majorité, Contrôle, Direction des constructions navales, Commissariat, Direction du service de santé.* En particulier, le service de la direction des constructions navales comportant, dans chacun des ports militaires, l'exécution des travaux, l'administration du personnel, la gestion des crédits tant du personnel que du matériel, est réparti en trois grandes sections : 1° une sous-direction comprenant les ateliers, les marchés, les magasins et la comptabilité; 2° la section des constructions neuves; 3° la section des réparations; le tout sous les ordres d'un directeur.

Les *arsenaux maritimes* sont des établissements où on arme, construit, répare et ravitaille la flotte de guerre en vivres, munitions, charbon et personnel. Ils se trouvent au chef-lieu de l'arrondissement maritime.

Un vice-amiral, préfet maritime, commandant en chef, est directeur général de l'arsenal; il a comme adjoint un contre-amiral, chef d'état-major, qui peut le remplacer par intérim, et a en temps de guerre la charge de la défense extérieure. Le préfet maritime a sous ses ordres : le contre-amiral chargé de l'arsenal, qui prend en temps de guerre le titre de directeur général de l'arsenal et à qui le préfet peut déléguer sa signature ; le commissaire général, chargé des services administratifs; le directeur des constructions navales, chargé de la construction et de la réparation des navires, et du personnel du génie maritime; le directeur des travaux hydrauliques, chargé des travaux d'entretien des quais, bâtiments, etc., intérieurs et extérieurs à l'arsenal; le directeur des mouvements du port, chargé de l'entretien de l'arsenal et des mouvements de navires; le directeur de l'artillerie, chargé des armes, munitions et ateliers qui en dépendent; enfin le directeur du service de santé, chargé de l'administration du matériel et du personnel des hôpitaux. Tous ces chefs de service font partie du conseil d'administration de l'arsenal, à l'exclusion du directeur des mouvements du port. Le directeur du service de santé n'a voix délibérative que dans les questions qui l'intéressent directement.

Les flottilles de sous-marins et les défenses fixes constituent des commandements militaires distincts, dans chaque port.

*Défense des côtes.* — Les préfets maritimes sont chargés, en cas de guerre, de la surveillance du littoral de leur arrondissement et de sa défense contre l'ennemi « flottant ». Ils disposent, à cet effet, en cas de mobilisation, des éléments dépendant du département de la Guerre, qui concourent à la défense immédiate du littoral contre un ennemi flottant. Un officier de marine exerce, en temps de guerre, dans chaque place de guerre du littoral et sous les ordres du gouverneur, les fonctions de commandant de l'ensemble du front de mer de la place.

Les généraux commandant les régions côtières sont chargés, en cas de guerre, de la défense de leur région contre un ennemi qui aurait débarqué ou qui prendrait des dispositions pour mettre des troupes à terre. Ils disposent, pour cette défense, de toutes les troupes mobiles constituées sur leur territoire ou placées temporairement sous leurs ordres. (Règlement du 18 septembre 1904.) Leur autorité sur les places de guerre du littoral, à partir du moment où l'ennemi prendrait des dispositions de débarquement, résulte des dispositions mêmes du décret sur le service des places.

Dans les ports, les défenses mobiles forment un service relevant directement du préfet maritime. (Décret du 1er avril 1902.)

*Recrutement de l'armée de mer.* — L'armée de mer se recrute : 1° par la conscription et les engagements volontaires ; 2° par l'inscription maritime. V. SERVICE MILITAIRE, INSCRIPTION MARITIME.

*Officiers de marine.* — L'ensemble du personnel d'officiers comprend plusieurs catégories : officiers de marine, officiers mécaniciens, ingénieurs du génie maritime, ingénieurs hydrographes, contrôleurs de l'administration de la Marine, officiers du commissariat, du corps de santé ; un certain nombre d'ingénieurs des ponts et chaussées sont attachés aux travaux hydrauliques.

Les officiers de marine proviennent de quatre sources :

1° L'*Ecole navale*, établie à Brest sur le vaisseau-école *Borda;* 2° l'*Ecole polytechnique,* qui fournit, par an, quatre places d'aspirants de 1re classe; 3° les sous-officiers, nommés enseignes de vaisseau après examen (une école préparatoire établie à Brest admet les candidats sur propositions de leurs chefs); 4° les capitaines au long cours, admis comme enseignes auxiliaires, peuvent devenir enseignes entretenus.

Voici la hiérarchie et l'assimilation des grades de la marine par rapport à ceux de l'armée : Vice-amiral : général de division ; Contre-amiral : général de brigade ; Capitaine de vaisseau : colonel ; Capitaine de frégate : lieutenant-colonel ; Lieutenant de vaisseau : capitaine ; Enseigne de vaisseau : lieutenant ; Aspirant de 1re classe ; sous-lieutenant.

Il faut, pour être nommé *enseigne de vaisseau*, compter deux années de service en qualité d'*aspirant de première classe*, ou bien avoir le grade d'enseigne auxiliaire, ou être sous-officier et satisfaire aux examens théorique et pratique sur un programme déterminé. Nul ne peut être nommé *lieutenant de vaisseau* s'il n'a deux ans de mer en qualité d'enseigne. L'avancement a lieu : deux tiers à l'ancienneté, et un tiers au choix. Nul ne peut être nommé *capitaine de frégate* s'il n'a quatre ans de grade de lieutenant de vaisseau, dont deux à la mer. (L'avancement a lieu la moitié au choix, la moitié à l'ancienneté.) Pour être nommé *capitaine de vaisseau*, il faut réunir trois ans d'embarquement dans le grade de capitaine de frégate, dont un an de commandement à la mer. Pour être nommé *contre-amiral*, il faut réunir trois ans de commandement à la mer comme capitaine de vaisseau.

Enfin, les nominations] au grade de vice-amiral ont lieu au choix ; nul ne peut être promu au grade de vice-amiral s'il ne compte, dans le grade de contre-amiral, soit deux années de commandement à la mer, soit deux années d'embarquement en qualité de chef d'état-major, ou s'il n'a rempli pendant trois années les fonctions de major général dans un des cinq ports de guerre. Les deux conditions de service à la mer et à terre sont indépendantes et ne peuvent se compléter l'une par l'autre.

Le cadre des vice-amiraux a été fixé à 15 par la loi du 10 juin 1896.

*Equipages de la flotte et troupes de la marine.* — La hiérarchie comprend : des adjudants principaux et pilotes-majors, des chefs de musique, des officiers-mariniers (premiers maîtres, maîtres, seconds maîtres), des quartiers-maîtres, des matelots. Les effectifs se répartissent en spécialités : gabiers, canonniers, fusiliers, armuriers, timoniers, torpilleurs, mousqueterie, mécaniciens et chauffeurs, pilotes, patrons pilotes, fourriers, charpentage, voilerie, service des vivres, infirmiers, tambours, clairons, musiciens, tailleurs d'habits, maîtres d'hôtel, cuisiniers.

La maistrance, ensemble des sous-officiers de la flotte, contremaîtres et maîtres des arsenaux, est la clef de voûte de la marine ; elle assure l'exécution des règlements et entretient la discipline sur les navires. Suivant le grade, les conseils d'avancement tenus tous les six mois à bord peuvent directement donner des avancements ou soumettre les propositions au ministre. Dans les ports, la maistrance, composée d'employés civils, est formée de jeunes gens passant par une des trois *Ecoles de maistrance*, de Brest, Rochefort, Toulon.

Les troupes de la marine, depuis que l'armée coloniale n'en fait plus partie, ne comprennent plus que la gendarmerie et l'artillerie de la marine.

*Personnel technique.* — Il comprend : 1° le corps du *génie maritime*, des *ingénieurs des ponts et chaussées*, des *ingénieurs hydrographes* ; 2° le personnel des agents techniques des directions des travaux, constructions navales, artillerie, travaux hydrauliques, défenses sous-marines, subsistances, hôpitaux, flotte ; 3° les dessinateurs de la marine.

*Commissariat et inscription maritime. Personnel administratif.* — Le corps du *commissariat* de la marine comprend :

1 commissaire général de 1re classe ; 3 commissaires généraux de 2e classe ; 8 commissaires en chef de 1re classe ; 10 commissaires en chef de 2e classe ; 30 commissaires principaux ; 90 commissaires de 1re classe ; 40 commissaires de 2e classe ; un nombre de commissaires de 3e classe variable selon les besoins du service et des élèves-commissaires.

Les *administrateurs de l'inscription maritime* forment une fraction détachée du *commissariat de la marine*. La hiérarchie comprend 2 administrateurs généraux, des administrateurs en chef, des administrateurs principaux, des administrateurs de 1re, 2e et 3e classe, des administrateurs stagiaires.

Un personnel administratif spécial est chargé de la gestion et de l'exécution dans les services de la marine.

*Personnel médical et hospitalier.* — Il comprend : 1 inspecteur général, 5 directeurs du service de santé, des médecins en chef, médecins principaux, médecins de 1re, 2e et 3e classe, 8 pharmaciens en chef, des pharmaciens principaux, des pharmaciens de 1re, 2e et 3e classe.

*Matériel.* — Les bâtiments sont divisés en groupes ayant chacun un objectif déterminé : l'escadre de la Méditerranée occidentale et du Levant, qui a son centre de stationnement à Toulon ; l'escadre du Nord, qui stationne habituellement à Cherbourg ou à Brest ; la division des gardes-côtes, avec centre à Cherbourg. D'autres groupes stationnent dans les parages lointains : divisions navales de l'Atlantique, du Pacifique oriental, de l'extrême Orient et du Pacifique occidental, de l'océan Indien, de Cochinchine, de Tunisie, de Terre-Neuve et d'Islande. Il existe, enfin, des stations locales, composées de navires moins puissants : station locale de l'Annam et du Tonkin, du Sénégal et de la Guinée occidentale, du Congo français, de la Guyane, des îles de la Société, de Constantinople. De plus, d'autres petits groupes constituent les défenses mobiles.

*Justice maritime.* — V. JUSTICE.

## Marine marchande.

Les lois et coutumes internationales ont établi qu'il n'est loisible à chacun de se livrer à la navigation qu'à la condition de se placer sous la garantie de l'Etat dont relève le navire. Pour reconnaître à des navires armés et équipés par des particuliers le caractère national, les Etats exigent un certain nombre de conditions, portant sur : 1° la construction et l'origine du navire ; 2° les propriétaires à qui il appartient ; 3° le capitaine et les officiers qui le commandent; 4° l'équipage qui le monte. A la nationalité du navire sont attachés des avantages, dont les navires jouissent soit dans l'Etat même dont ils relèvent, soit au dehors : en effet, aux conditions imposées dans chaque Etat pour l'existence de la nationalité des navires se joignent, comme moyen de protection de la marine locale, certains monopoles et réserves, certaines exemptions ou diminutions des droits de douane.

On distingue la navigation au *long cours*, la navigation au *cabotage*, et la navigation au *bornage*.

Sont réputés voyages au long cours ceux qui se font au delà des limites ci-après : au S., 30° degré de lat. nord; au N., 72° degré de lat. nord; à l'O., 15° degré de longitude du méridien de Paris; à l'E., 44° degré de longitude du même méridien. Pour le *cabotage* et le *bornage*, v. ces mots.

Des *écoles d'hydrographie* ont été créées par l'Etat dans certaines villes maritimes pour faciliter aux marins qui aspirent au brevet de *capitaine au long cours* ou de *maître au cabotage* les moyens d'acquérir l'instruction théorique et pratique nécessaire.

*Nationalité des navires.* — Les navires sont français ou étrangers. Ils sont *français* lorsqu'ils appartiennent pour moitié au moins à des Français, et que le capitaine, les officiers et les trois quarts au moins de l'équipage sont de nationalité française. Le propriétaire d'un navire commence par lui donner un *nom* et par déterminer sa capacité en tonneaux (2mc,83), au moyen du *jaugeage*, puis il lui désigne un *port d'attache* ou *d'immatricule* en le faisant inscrire dans un « quartier » d'inscription maritime et à la recette principale des douanes de ce port. Toutes les modifications survenues dans cette sorte d'état civil du navire sont constatées par diverses formalités : indication de la nationalité des capitaine, officiers et matelots sur le rôle d'équipage, délivrance d'un congé quand le bâtiment quitte le port (v. CONGÉ), *mutation en douane* (c'est-à-dire, en cas de vente, mention de la mutation sur les registres de la recette principale des douanes et au dos de l'acte de francisation). Ainsi, la nationalité du navire est constamment connue.

En France, le droit, pour un navire, de porter le pavillon français est constaté par un document spécial appelé *acte de francisation*. Les navires étrangers sont admis à la francisation, sous trois conditions générales : 1° moyennant un droit par tonneau de jauge ; 2° s'ils appartiennent au moins pour moitié à des Français ; 3° s'ils sont montés par des marins français. V. FRANCISATION.

*Commerce maritime.* — Le commerce maritime est soumis aux dispositions du Livre II du Code de commerce (art. 190-437), complété par les lois du 10 juillet 1885 sur l'hypothèque maritime, du 7 avril 1902 sur la marine marchande, etc. On trouvera aux mots ARMATEUR, CAPITAINE, ÉQUIPAGE, AFFRÈTEMENT, GROSSE (CONTRAT À LA), ASSURANCE, AVARIE, JET À LA MER, l'exposé de la législation sur ces diverses matières ; il nous reste à faire connaître les règles concernant la condition juridique, la saisie, la vente et l'hypothèque des navires.

*Condition juridique des navires.* — Les navires sont, au point de vue légal, considérés comme *meubles* (Code comm., art. 190); mais ce sont des meubles d'une nature particulière, dont la saisie et la vente sont soumises à des règles spéciales, qui sont susceptibles d'hypothèque, sur lesquels tous les créanciers (hypothécaires et autres) ont un droit de suite tant que le navire n'a pas fait un voyage au nom de l'acheteur. La règle : *En fait de meubles, possession vaut titre* (v. PRESCRIPTION) n'est pas ici applicable.

La vente d'un navire doit résulter d'un écrit, authentique ou sous seing privé, contenant toutes les indications de nature à établir l'identité du bâtiment mis en vente, et elle est soumise à la formalité de la *mutation en douane*. (V. ci-dessus.) — En dehors de l'acquisition par voie amiable, un navire peut être acquis par suite de l'abandon du navire et du fret par délaissement.

*Droit de suite.* — En droit commun, il n'y a pas de droit de suite sur les meubles. Exceptionnellement, les créanciers, même chirographaires (v. CRÉANCE), ont un droit de suite (v. SUITE) sur les navires tant que la mutation en douane n'a pas eu lieu. Ce droit s'éteint lorsque le navire est vendu sur saisie ou lorsque, vendu à l'amiable, il a fait un voyage sur mer, sous le nom, aux frais et risques de l'acquéreur, et sans qu'il y ait eu opposition de la part des créanciers du vendeur. (Code comm., art. 193.)

*Hypothèque maritime.* — Pour permettre aux propriétaires de navires d'avoir plus facilement recours au crédit, la loi du 10 juillet 1885 a déclaré les navires de 20 tonneaux et au-dessus susceptibles d'hypothèque conventionnelle. L'intérêt conventionnel en matière de prêts hypothécaires sur navires est libre ; l'intérêt légal est de 6 pour 100, comme en matière commerciale. La vente volontaire d'un navire grevé d'hypothèque à un étranger, soit en France, soit à l'étranger, est interdite et rend le vendeur passible des peines portées par l'article 408 du Code pénal. L'hypothèque maritime est constituée par un acte écrit, qui peut être sous seing privé. Elle prend rang du jour de son inscription sur un registre spécial au bureau du receveur principal des douanes. Outre les formalités relatives à l'inscription, à la réalisation du gage, la loi fixe les droits et les devoirs des copropriétaires de navires, les engagements et loyers des matelots et gens des équipages.

L'hypothèque sur le navire ne peut être consentie que par le propriétaire ou par son mandataire justifiant d'un mandat spécial.

Si le navire a plusieurs propriétaires, il pourra être hypothéqué par l'armateur titulaire pour les besoins de l'armement ou de la navigation, avec l'autorisation de la majorité et celle du tribunal de commerce.

Dans le cas où l'un des copropriétaires voudrait hypothéquer sa part indivise dans le navire, il ne pourra le faire qu'avec l'autorisation de la majorité.

L'hypothèque consentie sur le navire ou sur portion de navire s'étend, à moins de convention contraire, au corps du navire, aux agrès, apparaux, machines et autres accessoires.

Elle peut être constituée sur un navire en construction. Dans ce cas, l'hypothèque doit être précédée d'une déclaration faite au receveur principal du bureau des douanes dans la circonscription duquel le navire est en construction.

L'hypothèque maritime, comme l'hypothèque terrestre, donne aux créanciers sur le navire un droit de préférence et un droit de suite.

*Privilèges sur les navires.* — Les navires sont soumis à des privilèges spéciaux énumérés par l'art. 191 du Code de commerce et qui s'éteignent, comme le droit de suite des créanciers chirographaires, par l'extinction de la créance, par la vente en justice et par la vente volontaire suivie d'un voyage en mer.

*Saisie et vente forcée des navires.* — La saisie des navires (loi du 10 juill. 1885 sur l'hypothèque maritime, art. 23 à 32) se fait vingt-quatre heures après commandement.

Le saisissant doit, dans le délai de trois jours, notifier au propriétaire ou à son représentant copie du procès-verbal de saisie, et le faire citer devant le tribunal civil du lieu de la saisie. (Avis du Conseil d'Etat du 17 mai 1809.)

Ce procès-verbal est, dans le même délai, transcrit au bureau du receveur principal des douanes du lieu où le navire est en construction ou de celui où il est immatriculé. Le délai est augmenté d'un jour par 5 myriamètres de la distance du lieu où se trouve le tribunal qui doit connaître de la saisie et de ses suites.

Dans la huitaine, le receveur principal des douanes délivre un état des inscriptions, et dans les trois jours la saisie est dénoncée aux créanciers inscrits, avec indication du jour de la comparution devant le tribunal civil. Celui-ci fixe par son jugement la mise à prix et les conditions de la vente.

L'adjudicataire sur saisie est tenu de verser le prix, sans frais, à la Caisse des dépôts et consignations dans les vingt-quatre heures de l'adjudication, à peine de folle enchère.

S'il s'agit de la vente sur saisie de barques, chaloupes et autres bâtiments de mer du port de 10 tonneaux et au-dessous, il est procédé à leur adjudication sur les ports dans les formes prescrites par le Code de procédure civile, article 620.

*Radiation de l'hypothèque maritime.* — Le droit de radiation de l'hypothèque maritime est de 0 fr. 20 par 1 000 francs. (Loi du 13 juillet 1907.)

*Droits de navigation.* — Les droits dits « de navigation », perçus par l'administration des Douanes, sont les suivants : 1° droit de *francisation ;* 2° droit de *quai ;* 3° droit de *congé* des bâtiments français ; 4° droit de *passeport* des bâtiments étrangers ; 5° droit de *permis* et *certificats* relatifs aux cargaisons des navires.

*Primes à la marine marchande.* — A titre de compensation des charges imposées à la marine marchande, la loi du 19 avril 1906 alloue des primes qualifiées, selon les cas, de *prime à la construction* ou de *compensation d'armement.*

Les *primes à la navigation* sont des allocations accordées aux constructeurs de bâtiments de mer destinés au commerce et dont le taux est déterminé par tonneau de jauge brute. Les constructeurs ne bénéficient de la prime que si l'ensemble des ateliers, usines et chantiers français ayant contribué à la construction ne comprend pas plus de 10 p. 100 d'ouvriers étrangers.

La *compensation d'armement* est attribuée aux bâtiments de construction française ou étrangère jaugeant au moins 100 tonneaux et francisés.

Les navires construits à l'étranger doivent être âgés de moins de deux ans au moment de la francisation. L'allocation, payée jusqu'à ce que le navire ait atteint l'âge de douze ans révolus, est déterminée par chaque jour d'armement administratif et par tonneau de jauge brute totale.

Elle est majorée pour les navires dont les essais ont donné des vitesses d'au moins 14, 15 et 16 nœuds ; réduite pour les navires dont les essais ont donné une vitesse inférieure à 10 nœuds ou qui n'ont pas transporté en marchandises la moitié au moins de leur jauge nette sur la moitié au moins de leur parcours.

V. ASSURANCE, GROSSE, AFFRÈTEMENT, AVARIES, ARMATEUR, CAPITAINE, COURTIERS, ÉQUIPAGE, TRIBUNAUX DE COMMERCE, ABORDAGE, SAUVETAGE, etc.

*Police de la navigation maritime.* — La police de la navigation maritime comprend l'application des lois et règlements relatifs aux matières ci-après, savoir :

*Douanes.* Francisation, jaugeage et immatriculation des navires ; droits de navigation ; embarquement et débarquement des marchandises. (Lois des 21 septembre 1793, 27 vendémiaire an II et 9 juin 1845 ; lois des 6-22 août 1791, 4 germinal an II, etc.)

*Service sanitaire maritime.* Mesures sanitaires auxquelles sont soumis les navires, leur personnel et leur cargaison. (Décret du 4 janvier 1896 et décret modificatif du 15 juin 1899, titres II, IV, V, VI, VII et VIII.)

*Service de surveillance et de police des ports.* Mouvements, stationnements, chargements, déchargements ; lestage et délestage ; mesures contre les incendies ; embarquement et débarquement des marchandises dangereuses. — Protection du balisage. — Surveillance des appareils à vapeur placés à bord des navires. (Règlement général du 28 février 1867 ; décrets des 12 août et 2 septembre 1874, 30 décembre 1887 et 25 novembre 1895 ; loi du 27 mars 1882.)

*Service postal.* Transport des correspondances par navires du commerce. (Arrêté du 19 germinal an X ; circulaires du ministre des Travaux publics des 21 décembre 1882 et 25 janvier 1883 ; loi du 30 janvier 1893 et décret du 25 juillet 1893.)

*Service de l'émigration.* Régime spécial aux navires à émigrants. (Loi du 18 juillet 1860 ; décrets des 9 et 15 mars 1861.)

*Lois et règlements relatifs au matériel de la navigation.*

Permis de navigation. (Loi du 17 avril 1907.)

Pavillons ; droit d'enquête des navires de guerre. (Règlement du 3 décembre 1817.)

Marques de poupe. (Décret-loi du 19 mars 1852, art. 6.)

Visite des navires. (Loi du 13 août 1791, art. 12, 13 et 14 du titre III ; loi du 30 janvier 1893, art. 9 ; Code de commerce, art. 225.)

Objets d'armement et de rechange.

Vivres. (Décret-loi du 24 mars 1852, art. 76.)

Sécurité de la navigation maritime. (Décret du 11 septembre 1896 et loi du 17 avril 1907.)

Pilotage. (Décrets du 12 décembre 1806 et du 25 juillet 1893.)

*Lois et règlements relatifs au personnel marin.*

Composition des équipages (capitaine, officiers, médecins, mécaniciens, mousses et novices. (Décret du 29 décembre 1901 ; ordonnance du 4 août 1819 ; décrets des 17 septembre 1864, 4 janvier 1896, titre III; 21 septembre 1864 et 1er février 1893.)

Contrat d'engagement des gens de mer ; dispositions d'ordre public auxquelles il ne peut déroger ; mode de constatation du contrat (rôle d'équipage, sa contexture, sa durée) ; exécution du contrat (époque et mode de payement des salaires, leur insaisissabilité) ; dispositions spéciales à l'engagement du capitaine. (Décrets-lois des 4 et 19 mars 1852 ; Code de commerce, art. 250 à 273.)

Rapatriement et conduite des gens de mer; qui en supporte les frais ; règles spéciales aux marins débarqués pour cause de maladie ou de blessure. (Décrets des 22 septembre 1891 et 24 décembre 1896.)

Etablissement en mer des actes d état civil, des procès-verbaux de disparition, des testaments, des actes de procuration et autres ; soins à prendre des objets et valeurs appartenant aux personnes décédées ou disparues. (Loi du 8 juin 1893 et Instruction ministérielle du 3 octobre 1893.)

Devoirs du capitaine en cas de blessure, maladie ou décès ayant sa cause directe dans un accident de navigation. (Loi du 21 avril 1898 et décret du 20 décembre 1898.)

Discipline des équipages du commerce ; fautes de discipline, délits et crimes ; pouvoirs disciplinaires du capitaine ; ses devoirs en cas de délit ou de crime ; infractions spéciales aux capitaines, peines auxquelles elles donnent lieu ; pouvoirs disciplinaires du ministre de la Marine à l'égard des capitaines. (Décret-loi du 24 mars 1852, modifié par les lois des 15 avril 1898 et 17 avril 1907 ; loi du 10 mars 1891.) Réglementation du travail à bord. (Loi du 17 avril 1907.)

**Masse.** — Allocation périodique en argent accordée à un corps ou à un service de l'armée pour subvenir à des besoins déterminés.

Les masses sont administrées par les conseils d'administration, qui en disposent librement en se conformant aux règlements. On distingue la masse *d'habillement et d'entretien*, la masse *de harnachement*, la masse *de chauffage et d'éclairage*, la masse *de casernement*, etc.

La portion non dépensée des fonds de masse ne fait pas retour au Trésor en fin d'exercice : les économies réalisées par le corps du service restent à sa disposition.

**Matelot.** — V. ÉQUIPAGE.

**Matière sommaire.**

Les affaires du ressort des tribunaux d'arrondissement se divisent, selon la procédure qui leur est applicable, en matières *ordinaires* et en matières *sommaires*. Les premières sont les plus nombreuses ; les secondes (Code proc. civ., art. 404-413) sont celles qui, à raison de leur simplicité ou de la modicité du litige, ou enfin de la célérité qu'exige leur nature, sont soumises à une procédure plus rapide et moins coûteuse. Tels sont : les appels des juges de paix ; les demandes purement personnelles, à quelque somme qu'elles puissent monter, quand il y a titre, pourvu qu'il ne soit pas contesté ; les demandes formées sans titre, lorsqu'elles n'excèdent pas 1 500 francs de capital en matière personnelle mobilière ou 60 francs de revenu en matière réelle immobilière ; les demandes provisoires ; les demandes en payement de loyers et fermages et arrérages de rentes.

La procédure comprend seulement un ajournement de la part du demandeur, sans qu'il y ait eu tentative de conciliation et, dans les huit jours, une constitution d'avoué par le défendeur ; il n'y a pas d'écritures, c'est-à-dire ni *défenses* de la part du défendeur, ni *réponses* de la part du demandeur, ni *avenir*.

Les demandes incidentes, les interventions, les enquêtes sont, ainsi que les taxes de frais, l'objet de règles particulières.

**Matières d'or et d'argent.** — V. GARANTIE, LINGOT.

**Matières (Comptabilité en).** — Partie de la comptabilité qui comprend les matières de consommation et de transformation, ainsi que les valeurs mobilières permanentes de toute espèce.

**Matrice des rôles.** — Registre permanent tenu dans chaque commune, avec indication nominative de chaque contribuable et dont l'administration des Contributions directes a besoin pour dresser les rôles. V. CONTRIBUTIONS DIRECTES.

**Médailles.**

*Médaille coloniale.* — La médaille coloniale est destinée à récompenser les services militaires dans les colonies, résultant de la participation à des opérations de guerre dans une colonie ou dans un pays de protectorat. — Les actions ou campagnes donnant droit à la médaille, sans condition de temps de service, sont déterminées par décret du président de la République. Pour chacune de ces campagnes, une agrafe spéciale porte le nom de la colonie et la date de la campagne. (Loi du 26 juill. 1893, art. 75.)

*Médaille d'honneur aux employés et ouvriers.* — Le décret du 16 juillet 1886 a créé une médaille d'honneur en faveur des ouvriers et employés qui ont accompli trente ans de services dans le même établissement industriel ou commercial. Cette distinction peut être accordée à ceux qui, ayant trente années de services, justifient n'avoir pu accomplir ces trente années dans le même établissement, pour une cause de force majeure indépendante de leur volonté, ou encore, sans condition de durée de services et sur l'avis du comité consultatif des arts et manufactures, à des ouvriers qui auront rendu des services exceptionnels à l'industrie, notamment par l'invention de nouveaux procédés de fabrication. (Décret du 12 février 1895.)

*Médaille militaire.* — Instituée par décret du 22 janvier 1852 en faveur des soldats et sous-officiers de l'armée de terre et de mer, la médaille militaire (ruban moiré jaune, liséré vert) est accordée par le président de la République, sur la proposition du ministre de la Guerre ou du ministre de la Marine, aux militaires et marins en activité de service, aux maréchaux de France, aux amiraux, vice-amiraux et officiers généraux ayant rempli les fonctions de ministre ou exercé un commandement en chef, aux commandants de corps d'armée ayant exercé le commandement pendant deux périodes triennales, siégé au conseil supérieur de la guerre et obtenu la grand'croix de la Légion d'honneur, ainsi qu'aux officiers généraux inspecteurs de corps d'armée comptant six ans de services à titre d'inspecteur ou de commandant de corps d'armée.

Médaille militaire.

Elle peut être conférée, sur la proposition du grand chancelier, aux sous-officiers et soldats amputés ou retraités pour blessures de guerre équivalentes à la perte de l'usage d'un membre. Il est fait une nomination par extinction. Une rente viagère incessible et insaisissable de 100 francs, payable par moitié les 1er juin et 1er décembre de chaque année, mais sans cumul avec le traitement de la Légion d'honneur, est allouée à ceux qui n'ont pas été médaillés au titre de la réserve de l'armée active et de l'armée territoriale. Les dispositions disciplinaires qui régissent la Légion d'honneur sont applicables à la médaille militaire.

## Médecine.

*Exercice de la profession médicale.* — La profession médicale ou chirurgicale, libre dans beaucoup de pays, est régie en France par la loi du 30 novembre 1892, qui ne reconnaît que le diplôme de docteur délivré par le gouvernement français à la suite d'examens subis devant un établissement supérieur médical de l'Etat. Seuls les officiers de santé, peu nombreux d'ailleurs, qui avaient antérieurement le diplôme, ont été admis à l'exercice de la médecine sur tout le territoire de la République. Les articles 16 à 20 édictent des pénalités pour réprimer l'exercice illégal de la médecine. Le minimum est 100 francs d'amende ; le maximum de la peine en cas de récidive est de 3 000 francs et un an de prison.

Quand un médecin veut exercer sa profession, il doit, après avoir fixé son domicile, présenter son diplôme au greffe du tribunal de première instance et à la préfecture ou sous-préfecture à laquelle ressortit ce domicile. Les médecins sont assujettis, de plus, à un droit de patente.

Les femmes peuvent exercer la médecine.

Les professions de médecin-dentiste et de sage-femme ne peuvent être exercées qu'après l'obtention d'un diplôme spécial, à défaut du doctorat en médecine.

*Honoraires.* — Les médecins ont le droit de recevoir et de réclamer en justice des honoraires. Le Code civil (art. 2101) attribue aux honoraires des médecins un privilège sur la généralité des meubles (Code civ., art. 2101) et l'article 2272, modifié par la loi du 30 novembre 1892, fixe à deux ans le délai de prescription. Cette prescription court de chaque visite faite, qui constitue pour le médecin une créance distincte et pour le malade une dette également distincte.

Le médecin qui a assisté à l'accouchement doit, à défaut du père, déclarer à l'état civil la naissance de l'enfant. (Code civ., art. 56.)

*Secret professionnel.* — L'article 378 du Code pénal interdit aux médecins, sous peine d'un emprisonnement d'un à six mois et d'une amende de 100 francs à 500 francs, la révélation des secrets qui leur ont été confiés dans l'exercice de leur profession, même quand ils sont appelés en témoignage devant les tribunaux.

*Faux certificats.* — Les certificats de complaisance délivrés par les médecins, en vue de dispenser quelqu'un d'un service public, exposent leur auteur à un emprisonnement d'un an au moins, de trois ans au plus, et, s'il y a eu « don ou promesses », de quatre ans au plus. La peine de l'interdiction de séjour peut en outre être prononcée. (Code pén., art. 160.)

*Responsabilité.* — Si de la maladresse ou de l'imprudence d'un médecin résulte la mort ou l'infirmité du malade, il peut y avoir lieu, suivant les cas, à une action civile ou à une action pénale, ou même aux deux à la fois. Les dispositions des articles 319 et 320 du Code pénal peuvent recevoir leur application. V. HOMICIDE et BLESSURES, § *Blessures involontaires.*

*Cession de clientèle.* — La cession de clientèle médicale est nulle lorsqu'elle n'a pour objet que la confiance et la fidélité qui rattachent les malades au médecin, c'est-à-dire des sentiments qui sont hors du commerce. Mais la cession est valable lorsqu'elle porte en même temps sur d'autres objets ou avantages utiles au cessionnaire (vente du mobilier personnel et professionnel, instruments et livres de médecine), si le cédant s'engage à présenter son successeur à la clientèle, à lui céder son bail, à ne pas s'établir dans un rayon déterminé pour éviter de lui faire concurrence.

La cession de ces divers éléments donne à la cession de la clientèle un caractère pratique, qui la rend licite.

Une pareille cession opère transmission de biens et avantages négociables, et ces divers éléments peuvent même être valablement cédés par la veuve et les héritiers.

*Libéralités en faveur des médecins.* — « Les docteurs en médecine ou en chirurgie, les officiers de santé et les pharmaciens, qui auront traité une personne pendant la maladie dont elle meurt, ne pourront profiter des dispositions entre vifs ou testamentaires qu'elle aurait faites en leur faveur pendant le cours de cette maladie. Sont exceptées : 1° les dispositions rémunératoires faites à titre particulier, eu égard aux facultés du disposant et aux services rendus ; 2° les dispositions universelles, dans le cas de parenté, jusqu'au 4e degré inclusivement, pourvu toutefois que le décédé n'ait pas d'héritiers en ligne directe ; à moins que celui au profit de qui la disposition a été faite ne soit lui-même du nombre de ces héritiers. » (Code civ., art. 909.)

## Mélange. — V. MEUBLES.

## Menaces.

Les *menaces* sont prévues et réprimées par les articles 305 et suivants du Code pénal, qui graduent les peines selon que les menaces se produisent par écrit ou verbalement, selon qu'elles sont pures et simples ou accompagnées d'un ordre ou d'une condition, enfin selon le fait sur lequel elles portent (assassinat, violences, etc.).

La menace de destruction à l'aide d'explosifs et la menace d'incendie font l'objet de l'article 436 du Code pénal (modifié par la loi du 2 avril 1892); elles sont punies de la peine portée contre la menace d'assassinat.

Les menaces à un magistrat, à un juré, à tout officier ministériel ou agent dépositaire de la force publique, sont considérées et punies comme outrages. V. OUTRAGE.

Les menaces constituent une circonstance aggravante du délit de mendicité. (Code pén., art. 276.) V. MENDICITÉ.

## Mendicité.

Aux termes du décret du 5 juillet 1808, il doit exister pour chaque département un *dépôt de mendicité,* placé sous l'autorité du préfet (que seconde un conseil de surveillance) et destiné à assurer aux indigents un asile, la subsistance et de l'ouvrage. D'autre part, le Code pénal divise les communes en deux catégories et les mendiants en deux classes ; dans les lieux pour lesquels il existe un établissement public destiné à obvier à la mendicité, c'est-à-dire un dépôt de mendicité, la mendicité est absolument interdite, et tout individu, même invalide, qui y est trouvé mendiant, est frappé d'une peine correctionnelle, à l'expiration de laquelle il est conduit au dépôt de mendicité (art. 274); dans les lieux où il n'existe pas de tels établissements, les mendiants invalides sont tolérés, et la mendicité des individus valides n'est punissable que si elle est habituelle (art. 275).

Cependant, les distinctions disparaissent et la pénalité s'élève lorsqu'au fait de mendicité se joint quelque circonstance aggravante : menaces, entrée sans permission dans les habitations ou leurs dépendances, simulation de plaies ou infirmités, mendicité en réunion (art. 276). En outre, diverses autres circonstances aggravantes du délit de mendicité (celles-ci applicables également au délit de vagabondage) sont prévues par les art. 277, 278, 279 et 281 : travestissement, port d'armes, actes de violence envers les personnes, etc.

La loi du 7 décembre 1874 édicte des pénalités contre les individus qui font exécuter par des enfants de moins de 16 ans des tours de force périlleux ou des exercices de dislocation, ou qui les emploient à la mendicité.

## Mer.

Au point de vue du droit des gens, on distingue la haute ou pleine mer, la mer territoriale, littorale ou juridictionnelle, et les mers intérieures ou fermées.

*Haute ou pleine mer.* La haute ou pleine mer ne fait partie du territoire d'aucun Etat. La liberté de navigation y est complète pour tous les peuples. Le principe de la liberté absolue des mers a été de tout temps défendu par la France.

*Mer territoriale, juridictionnelle ou littorale.* C'est la portion de mer qui entoure le territoire continental des Etats. On admet théoriquement qu'elle comprend l'espace marqué par la plus grande portée du canon établi sur le rivage. En fait, la plupart des conventions la fixent à 3 milles marins. Quelques auteurs reconnaissent à l'Etat riverain un droit de propriété sur la mer territoriale, les autres un droit de souveraineté, un droit d'empire et de juridiction : c'est cette dernière opinion qui tend à prévaloir aujourd'hui. L'Etat limitrophe peut prendre les mesures d'ordre public qu'il juge nécessaires, régler l'exercice de la police de sûreté et de la police sanitaire, du droit de cabotage et de pilotage, de la pêche et de la navigation, et soumettre les navires à la visite des douanes, etc.

*Mers intérieures ou fermées.* Ce sont les mers qui, enclavées dans le territoire continental d'un Etat, ne communiquent pas avec l'Océan. Telles la mer Morte et la mer Caspienne. Elles font partie intégrante du territoire de l'Etat qui y exerce tous les droits d'empire et de propriété.

*Rivage de la mer.* — Le rivage de la mer est une dépendance du domaine public maritime. Il comprend la portion de terre que l'eau couvre et découvre au moment des plus fortes marées. Cette définition était celle de l'ordonnance de 1681 sur la marine : elle ne convient pas à la Méditerranée, où le phénomène de la marée est presque nul et dont le rivage est déterminé par le plus grand flot d'hiver. L'idée est toujours la même : le rivage s'étend jusqu'au point que l'eau mouille lorsqu'elle s'avance le plus loin. Mais on ne doit considérer comme en faisant partie que les terrains recouverts par le *flot normal*. La délimitation du rivage de la mer, acte administratif, est faite par un décret rendu après avis du conseil d'Etat. Comme les autres dépendances du domaine public, le rivage de la mer est affecté à l'usage de tout le monde, selon sa destination naturelle ; il est inaliénable et imprescriptible. L'administration peut autoriser l'occupation du rivage par un concessionnaire, moyennant redevance. La concession est toujours révocable.

**Mercuriale.** — Etat du prix des denrées vendues sur un marché public. — Registres où les maires des communes sur lesquelles se tiennent les marchés constatent les prix des grains, foins et autres semblables denrées.

La rédaction des *mercuriales* se fait, immédiatement après la clôture des ventes, d'après les déclarations des marchands ou de leurs facteurs. Elles sont adressées, le 15 et le 30 de chaque mois, aux sous-préfets, qui les font parvenir aux préfets. Les mercuriales servent au public de guide pour les opérations commerciales ; elles permettent aux tribunaux de déterminer le montant de certaines dettes ou indemnités, et aux maires de fixer la taxe du pain et de la viande, quand il y a lieu.

## Mérite agricole.

L'ordre du Mérite agricole a été institué par décret du 7 juillet 1883, pour récompenser les services rendus à l'agriculture. Il comprend des chevaliers, des officiers et (depuis le décret du 3 août 1900) des commandeurs.

On ne peut être admis dans l'*ordre du Mérite agricole* si l'on n'a exercé pendant quinze ans la pratique agricole ou des fonctions se rattachant à l'agriculture, à moins de justifier de services exceptionnels dûment motivés. Les officiers ou commandeurs de la Légion d'honneur peuvent être promus officiers ou commandeurs du Mérite agricole sans passer par les grades de chevalier ou d'officier.

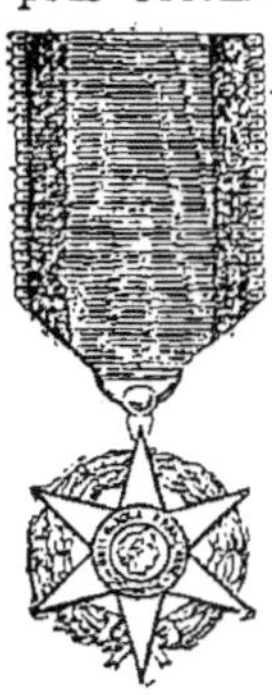

Insigne de chevalier du Mérite agricole.

Les membres de l'ordre versent au Trésor, à titre de prix d'insignes, 15 francs pour la croix de chevalier, 18 francs pour la croix d'officier et 60 francs pour la décoration de commandeur.

**Métayage ou Bail à colonage partiaire.** — V. COLONAGE.

## Meubles.

*Meubles et immeubles.* — Le Code civil déclare *immeubles* les choses non mobiles et *meubles* tous les autres biens : objets mobiliers, créances, offices ministériels, actions de société, etc.

Par exception, sont *immeubles* par destination les objets mobiliers que le propriétaire a attachés au fonds à perpétuelle demeure pour le service de celui-ci, comme les animaux attachés à la culture, les ustensiles aratoires, etc. : il en résulte qu'un créancier ne peut les saisir séparément du fonds.

Les meubles peuvent être saisis plus rapidement que les immeubles par les créanciers. A l'exception des navires, ils ne peuvent être hypothéqués, et leur aliénation, à la différence de celle des immeubles, n'est rendue publique par aucune transcription. Les difficultés relatives à la propriété sont tranchées par cet adage qu'*en fait de meubles possession vaut titre*. V. PRESCRIPTION.

Les personnes incapables, comme les mineurs émancipés ou les femmes séparées de biens, les représentants d'autrui peuvent parfois aliéner seuls des meubles, mais jamais des immeubles.

Lorsque les époux se marient sous le régime de la communauté, leurs meubles présents et futurs tombent en communauté, les immeubles, au contraire, restant la propriété de chacun d'eux. Sous le régime dotal, les immeubles constitués en dot sont inaliénables de façon absolue, tandis que les meubles ne le deviennent que si la femme obtient la séparation de biens.

Le tribunal compétent pour un procès sur meubles est celui du défendeur ; sur immeubles, c'est celui de la situation du bien.

*Droit d'accession.* — En ce qui concerne le droit d'accession relativement aux choses immobilières, le Code civil contient les dispositions suivantes :

Lorsque deux choses mobilières appartenant à différents maîtres, qui ont été unies de manière à former un tout, sont néanmoins séparables, en sorte que l'une puisse subsister sans l'autre, le tout appartient au maître de la chose qui forme la partie principale, à la charge de payer à l'autre la valeur de la chose qui a été unie. (Code civ., art. 556.) Néanmoins, quand la chose unie est beaucoup plus précieuse que la chose principale, et quand elle a été employée à l'insu du propriétaire, celui-ci peut demander que la chose unie soit séparée pour lui être rendue, même quand il pourrait en résulter quelque dégradation de la chose à laquelle elle a été jointe (*id.*, art. 567).

Si de deux choses unies pour former un seul tout l'une ne peut point être regardée comme l'accessoire de l'autre, celle-là est réputée principale qui est la plus considérable en valeur, ou en volume, si les valeurs sont à peu près égales (*id.*, art. 569).

Si un artisan ou une personne quelconque a employé une matière qui ne lui appartenait pas à former une chose d'une nouvelle espèce, que la matière puisse ou non reprendre sa première forme, le propriétaire a le droit de réclamer la chose qui en a été formée en remboursont le prix de la main-d'œuvre (*id.*, art. 570).

Si cependant la main-d'œuvre était tellement importante qu'elle surpassât de beaucoup la valeur de la matière employée, l'industrie serait alors réputée la partie principale, et l'ouvrier aurait le droit de retenir la chose travaillée, en remboursant le prix de la matière au propriétaire (*id.*, art. 571).

Lorsqu'une personne a employé en partie la matière qui lui appartenait, et en partie celle qui ne lui appartenait pas, à former une chose d'une espèce nouvelle, sans que ni l'une ni l'autre des deux matières soit entièrement détruite, mais de manière qu'elles ne puissent pas se séparer sans inconvénient, la chose est commune aux deux propriétaires, en raison, quant à l'un, de la matière qui lui appartenait, quant à l'autre, en raison à la fois et de la matière qui lui appartenait et du prix de sa main-d'œuvre (*id.*, art., 572).

Lorsqu'une chose a été formée par le mélange de plusieurs matières appartenant à différents propriétaires, mais dont aucune ne peut être regardée comme la matière principale, si les matières peuvent être séparées, celui à l'insu duquel les matières ont été mélangées peut en demander la division. Si les matières ne peuvent plus être séparées sans inconvénient, ils en acquièrent en commun la propriété dans la proportion de la quantité, de la qualité et de la valeur des matières appartenant à chacun d'eux (*id.*, art. 573).

Si la matière appartenant à l'un des propriétaires était de beaucoup supérieure à l'autre par la quantité et le prix, en ce cas le propriétaire de la matière supérieure en valeur pourrait réclamer la chose provenue du mélange, en remboursant à l'autre la valeur de sa matière (*id.*, art. 574).

Lorsque la chose reste en commun entre les propriétaires des matières dont elle a été formée, elle doit être licitée au profit commun, (*id.*, art. 575).

Dans tous les cas où le propriétaire dont la matière a été employée, à son insu, à former une chose d'une autre espèce, peut réclamer la propriété de cette chose, il a le choix de demander la restitution de sa matière en même nature, quantité, poids, mesure et bonté, ou sa valeur (*id.*, art. 576).

Ceux qui auront employé des matières appartenant à d'autres, et à leur insu, pourront aussi être condamnés à des dommages-intérêts, s'il y a lieu, sans préjudice des poursuites par voie extraordinaire, si le cas y échet (*id.*, art. 577).

**Meurtre.** — Homicide commis volontairement, mais sans préméditation ni guet-apens. (Code pén., art. 295-296.)

Ce crime emporte la peine de mort lorsqu'il a précédé, accompagné ou suivi un autre crime, ou bien lorsqu'il a eu pour objet soit de préparer, faciliter ou exécuter un délit, soit de favoriser la fuite ou d'assurer l'impunité des auteurs ou complices de ce délit. En tout autre cas, le meurtrier est puni des travaux forcés à perpétuité (*id.*, art. 304). V. HOMICIDE, ASSASSINAT.

Le meurtre se constitue de deux éléments distincts, mais essentiels, l'un physique, l'autre intellectuel, qui sont : 1° le fait matériel de donner la mort à un être humain ; 2° l'intention de donner la mort.

Le fait matériel consiste, le plus souvent, en un coup, en une blessure, mais il peut être le résultat d'un fait négatif : ainsi, il est certain que se rend coupable de meurtre celui qui prive de nourriture une personne qu'il a séquestrée, et la fait mourir de faim. Au point de vue de l'intention, une remarque est également intéressante : le meurtre existe, bien qu'il soit commis sur une personne autre que celle que le meurtrier se proposait de tuer.

A l'article HOMICIDE, il a été question du meurtre dégagé de toute autre circonstance, des diverses variétés de meurtre aggravé, des cas où le meurtre est excusable ou légitime.

**Mines.**

« Les masses de substances minérales ou fossiles renfermées dans le sein de la terre ou existant à la surface sont classées, relativement aux règles de l'exploitation de chacune d'elles, sous les trois qualifications de *mines*, *minières* et *carrières*. » (Loi du 21 avril 1810, art. 1er.)

« Seront considérées comme mines celles connues pour contenir en filons, en couches ou en amas, de l'or, de l'argent, du platine, du mercure, du plomb, du fer en filons ou couches, du cuivre, de l'étain, du zinc, de la calamine, du bismuth, du cobalt, de l'arsenic, du manganèse, de l'antimoine, du molybdène, de la plombagine ou autres matières métalliques, du soufre, du charbon de terre ou de pierre, du bois fossile, des bitumes, de l'alun et des sulfates à base métallique » (*id.*, art. 2). V. MINIÈRES, CARRIÈRES.

Les mines ne peuvent être exploitées qu'en vertu d'un *acte de concession* délibéré en conseil d'Etat. (Loi du 21 avril 1810, art. 5.)

Tout concessionnaire de mine doit élire un domicile, qu'il fait connaître par une déclaration adressée au préfet du département où la mine est située. En cas de transfert de la propriété de la mine, cette obligation est également imposée au nouveau propriétaire. (Ord. du 18 avril 1842.)

*Nature juridique des mines.* — L'art. 552 du Code civil porte que « la propriété du sol emporte la propriété du dessus et du dessous ». Mais la loi du 21 avril 1810 considère la mine comme une propriété distincte de la surface et créée au profit du concessionnaire.

Il peut arriver que les deux propriétés (sol et mine) soient réunies sur la même tête, mais en ce cas même elles restent distinctes.

Les mines sont immeubles, ainsi que les bâtiments, machines, galeries, etc., établis à demeure, et même les chevaux attachés exclusivement aux travaux intérieurs des mines. (Loi du 21 avril 1810, art. 8.)

Les matières extraites sont, au contraire, considérées comme meubles (*id.*, art. 8), et il en est de même des actions ou intérêts dans les sociétés et entreprises constituées pour l'exploitation des mines (*id.*, art. 9).

Le concessionnaire doit au propriétaire de

la surface une redevance annuelle réglée par l'acte de concession. Celui qui a découvert la mine, s'il n'obtient pas la concession, est également indemnisé, et il peut être en outre alloué au « superficiaire » des indemnités pour fouilles, sondages, préjudices causés à la propriété.

Du moment où une mine est concédée, même au propriétaire de la surface, cette propriété devient distincte de celle de la surface. Elle est désormais considérée comme propriété nouvelle, sur laquelle de nouvelles hypothèques peuvent être assises, sans préjudice de celles qui auraient été ou seraient prises sur la surface et la redevance. (Loi du 21 avril 1810, art. 19.)

Une mine concédée peut être affectée, par privilège, en faveur de ceux qui, par acte public et sans fraude, justifieraient avoir fourni des fonds pour les recherches de la mine, ainsi que pour les travaux de constructions ou confection de machines nécessaires à son exploitation, à la charge de se conformer aux articles du Code civil relatifs aux privilèges (*id.*, art. 20).

Les autres droits de privilège et d'hypothèque peuvent être acquis sur la propriété de la mine, comme sur les autres propriétés immobilières (*id.*, art. 21).

**Actes précédant la demande en concession.** — *De la recherche et de la découverte des mines.* Nul ne peut faire des recherches pour découvrir des mines, enfoncer des sondes ou tarières sur un terrain qui ne lui appartient pas, que du consentement du propriétaire de la surface, ou avec l'autorisation du gouvernement, donnée après avoir consulté l'administration des Mines, à la charge d'une préalable indemnité envers le propriétaire et après qu'il aura été entendu. (Loi du 21 avril 1810, art. 10.)

Nulle permission de recherche ni concession de mines ne pourra, sans le consentement du propriétaire de la surface, donner le droit de faire des sondages, d'ouvrir des puits ou galeries, ni d'établir des machines, ateliers ou magasins dans les enclos murés, cours et jardins. Les puits et galeries ne peuvent être ouverts dans un rayon de 50 mètres des habitations et des terrains compris dans les clôtures murées y attenantes sans le consentement des propriétaires des habitations. (Loi du 27 juill. 1880.)

Le propriétaire pourra faire des recherches, sans formalité préalable, dans les lieux réservés par le paragraphe précédent, comme dans les autres parties de sa propriété; mais il sera obligé d'obtenir une concession avant d'y établir une exploitation. Dans aucun cas les recherches ne pourront être autorisées dans un terrain déjà concédé. (Loi du 21 avril 1810, art. 12.)

*Préférence à accorder pour les concessions.* Tout Français ou tout étranger naturalisé ou non en France, agissant isolément ou en société, a le droit de demander et peut obtenir, s'il y a lieu, une concession de mines. (*Id.*, art. 13.)

L'individu ou la société doit justifier des facultés nécessaires pour entreprendre et conduire les travaux et des moyens de satisfaire aux redevances et indemnités qui lui seront imposées par l'acte de concession. (*Id.*, art. 14.)

Il doit aussi, le cas arrivant de travaux à faire sous des maisons ou lieux d'habitation, sous d'autres exploitations ou dans leur voisinage immédiat, donner caution de payer toute indemnité en cas d'accident : les demandes ou oppositions des intéressés seront, en ce cas, portées « devant nos tribunaux et cours », c'est-à-dire devant les tribunaux de droit commun et non devant la juridiction administrative. (*Id.*, art. 15.)

Le gouvernement juge des motifs ou considérations d'après lesquels la préférence doit être accordée aux divers demandeurs en concession, qu'ils soient propriétaires de la surface, inventeurs ou autres (*Id.*, art. 16.)

L'acte de concession purge, en faveur du concessionnaire, tous les droits des propriétaires de la surface et des inventeurs, ou de leurs ayants droit, chacun dans leur ordre. (*Id.*, art. 17.)

**Des concessions.** — *Obtention des concessions.* La demande en concession sera faite par voie de simple pétition adressée au préfet, qui sera tenu de la faire enregistrer à sa date sur un registre particulier, et d'ordonner les publications et affiches dans les dix jours. (Loi du 21 avril 1810, art. 22.)

L'affichage aura lieu, pendant deux mois, aux chefs-lieux du département et de l'arrondissement où la mine est située, dans la commune où le demandeur est domicilié et dans toutes les communes sur le territoire desquelles la concession peut s'étendre; les affiches seront insérées, deux fois et à un mois d'intervalle, dans les journaux du département et dans le *Journal officiel*. (Loi du 27 juillet 1880.)

Les publications des demandes en concession de mines auront lieu devant la porte de la maison commune et des églises paroissiales et consistoriales, à la diligence des maires, à l'issue de l'office, un jour de dimanche, et au moins une fois par mois pendant la durée des affiches. Les maires seront tenus de certifier ces publications. (Loi du 21 avril 1810, art. 24.)

Les oppositions et demandes en concurrence seront admises devant le préfet jusqu'au dernier jour du second mois à compter de la date de l'affiche. Elles seront notifiées, par actes extrajudiciaires, à la préfecture du département, où elles seront enregistrées sur le registre indiqué à l'article 22. Elles seront également notifiées aux parties intéressées, et le registre sera ouvert à tous ceux qui en demanderont communication. (Loi du 22 juill. 1880.)

A l'expiration du délai des affiches et publications, et sur la preuve de l'accomplissement des formalités portées aux articles précédents dans le mois qui suivra, au plus tard, le préfet du département, sur l'avis de l'ingénieur des mines, et après avoir pris des informations sur les droits et les facultés des demandeurs, donnera son avis et le transmettra au ministre de l'Intérieur. (Loi du 21 avril 1810, art. 27.)

Il sera définitivement statué sur la demande en concession par un décret délibéré en conseil d'Etat. Jusqu'à l'émission du décret, toute opposition sera admissible devant le ministre de l'Intérieur ou le secrétaire général du conseil d'Etat ; dans ce dernier cas, elle aura lieu par une requête signée et présentée par un avocat au Conseil, comme il est pratiqué pour les affaires contentieuses, et, dans tous les cas, elle sera notifiée aux parties intéressées. Si l'opposition est motivée sur la propriété de la mine acquise par concession ou autrement, les parties seront renvoyées devant les tribunaux et cours. (*Id.*, art. 28.)

Le décret de concession donne la propriété perpétuelle de la mine, laquelle est dès lors disponible et transmissible comme tous autres biens, et dont on ne peut être exproprié que dans les cas et selon les formes prescrites pour les autres propriétés. Toutefois une mine ne peut être vendue par lots ou partagée sans une autorisation préalable du gouvernement, donnée dans les mêmes formes que la concession.

Défense est faite à tout concessionnaire de mines, de quelque nature qu'elles soient, de réunir sa ou ses concessions à d'autres concessions de même nature, par association ou acquisition, ou de toute autre manière, sans l'autorisation du gouvernement.

Tous actes de réunion irrégulièrement opérés sont considérés comme nuls, et peuvent donner lieu au retrait des concessions. (Décret du 23 octobre 1852.)

*Redevance des mines.* — Cette contribution se compose d'une redevance fixe et d'une redevance proportionnelle (Loi du 21 avril 1810). La redevance fixe est de 10 francs par kilomètre carré de la superficie comprise dans le périmètre de la concession. La redevance proportionnelle est de 1/20 du produit net de l'exploitation. Les concessionnaires ont la faculté de demander qu'elle soit convertie en un abonnement ; mais les demandes d'abonnement peuvent toujours être refusées par une décision ministérielle, entourée de certaines garanties. (Décret du 11 février 1874, art. 2.)

Il est ajouté au principal de la contribution 10 centimes par franc pour fonds de non-valeurs et 3 centimes pour frais de perception.

Indépendamment des centimes alloués aux percepteurs, il est perçu 1/3 de centime pour les receveurs particuliers des finances, y compris le trésorier-payeur général pour l'arrondissement chef-lieu, et 1/10 de centime sur les recettes effectuées par les receveurs particuliers pour le trésorier-payeur général. Les frais de premier avertissement sont de 5 centimes pour chaque article de rôle. (Loi du 21 avril 1810 ; décrets des 6 mai 1811 et 11 février 1874.)

La taxe des mines est perçue d'après la déclaration de revenu faite par le concessionnaire lui-même ; mais cette déclaration est revisée par un comité d'évaluation où figurent d'ailleurs des propriétaires de mines à côté des représentants de l'administration.

L'exploitation des mines a un caractère purement civil : les sociétés sont civiles, non commerciales, et les concessionnaires de mines sont exempts de la patente.

La redevance fixe, étant recouvrée comme en matière de contribution foncière, jouit, pour son recouvrement, du privilège de cette contribution.

*Corps des mines.* — Les *ingénieurs* au corps des mines se recrutent parmi les élèves de l'Ecole polytechnique classés à leur sortie comme élèves de l'*Ecole nationale supérieure des mines* et ayant satisfait aux examens de sortie de cette dernière école. Ils ont les mêmes traitements et grades que les ingénieurs des ponts et chaussées. (V. PONTS ET CHAUSSÉES : *Ingénieurs en chef.*) Les *ingénieurs auxiliaires* sont pris parmi les sous-ingénieurs ou les contrôleurs principaux des mines faisant depuis cinq ans au moins fonctions d'ingénieur.

Pour les *sous-ingénieurs* et *contrôleurs* des mines, il y a deux modes de recrutement : 1° concours ; 2° nomination directe des élèves diplômés de l'Ecole supérieure des mines de Saint-Etienne et les trois premiers élèves brevetés des écoles des mineurs de Douai et d'Alais.

Le conseil général des mines, institué par le décret du 18 novembre 1810, se compose des inspecteurs généraux. Il donne son avis sur les demandes en concession et toutes les questions qui y sont relatives, sur le perfectionnement des procédés d'art et sur les affaires contentieuses.

Quand les ingénieurs sont en activité de service, ils appartiennent au service ordinaire dans les arrondissements minéralogiques, aux services spéciaux distraits du service des arrondissements, aux services divers et aux services détachés.

Le service des arrondissements minéralogiques comprend l'instruction des affaires et la surveillance des mines, minières, carrières, tourbières et eaux minérales, ainsi que la surveillance des appareils à vapeur. Pour l'organisation de ce service, la France a été répartie en cinq *divisions*, chaque division en *arrondissements* et *sous-arrondissements* minéralogiques. Un inspecteur général est à la tête de chaque division ; un ingénieur en chef, de chaque arrondissement ; un ingénieur ordinaire, de chaque sous-arrondissement.

La loi de finances du 13 avril 1900, art. 34, a investi de la personnalité civile l'Ecole nationale supérieure des mines.

*Police des mines.* — Les ingénieurs des mines exercent la surveillance des mines au point de vue de la sécurité de l'exploitation.

La loi du 27 avril 1838 édicte des mesures relativement à l'assèchement des mines inondées ou menacées d'inondation et prévoit, à cet effet, l'établissement de taxes syndicales, perçues sur les concessionnaires à qui les travaux sont imposés à frais communs. D'autres mesures sont prescrites lorsque, d'une manière générale, l'exploitation d'une mine compromet la sûreté publique ou celle des ouvriers, la solidité des travaux, la conservation du sol et des habitations de la surface. (Ord. du 26 mars 1843; loi du 21 avril 1810, art. 50, mod. par les lois des 27 juillet 1880 et 23 juill. 1907; décret du 25 sept. 1882.) La loi du 8 juill. 1890 a institué des délégués à la sécurité des ouvriers mineurs. V. DÉLÉGUÉS MINEURS.

En raison des particularités de l'industrie extractive et de la surveillance spéciale que les ingénieurs des mines y exercent sous l'autorité du ministre des Travaux publics, ils ont été chargés par l'article 17 de la loi du 2 novembre 1892 de fonctionner comme inspecteurs du travail, sous l'autorité du ministre du Commerce et de l'Industrie, en vue d'assurer : 1° l'application de cette dernière loi et celle du 30 mars 1900, relatives au travail des enfants, filles mineures et femmes dans les établissements industriels ; 2° l'application aux adultes des lois des 9 septembre 1848 et 30 mars 1900, en tant que ces lois s'appliquent à ces exploitations, c'est-à-dire lorsque le travail des adultes se fait simultanément et en commun, dans les mêmes locaux, avec le personnel protégé ; 3° d'exercer une surveillance sur les « industries annexes » des mines, minières et carrières, c'est-à-dire celles de leurs dépendances industrielles immédiates qui ne sont pas soumises à la législation des mines comme n'étant pas assimilées légalement aux exploitations minérales elles-mêmes. Ces industries annexes sont assujetties à la loi du 12 juin 1893 sur l'hygiène et la sécurité des travailleurs (v. TRAVAIL), et la surveillance en est confiée aux ingénieurs des mines agissant comme inspecteurs du travail, tandis que les exploitations minérales proprement dites n'y sont pas soumises, ne relevant dans cet ordre d'idées que de la police minérale sous l'autorité du ministre des Travaux publics.

*Caisses de secours et de retraites des ouvriers mineurs.* — V. CAISSES de secours... des ouvriers mineurs.

**Mineur.** (Droit civ.) — Individu de l'un et l'autre sexe qui n'a pas encore l'âge de vingt et un ans accomplis (Code civ., art. 388), et qui est incapable d'exercer les actes de la vie civile.

*Incapacité du mineur.* — Le mineur est protégé par l'exercice de la puissance paternelle ou par celui de la tutelle; c'est donc aux mots PUISSANCE PATERNELLE et TUTELLE que sont exposées les règles générales relatives à l'incapacité du mineur, et on se bornera ici à quelques indications spéciales. Les mineurs, par suite de leur âge et de leur inexpérience, ont besoin de protection. On est mineur jusqu'à vingt et un ans. Pour protéger le mineur, la loi ouvre la tutelle dès qu'un enfant a perdu son père ou sa mère. Le principe qui domine toute la matière, c'est le souci de protéger le mineur contre les tiers et contre ses propres entraînements. L'article 2121 du Code civil lui accorde une hypothèque légale sur les biens de son tuteur, et l'article 83 du Code de procédure civile prescrit la communication au procureur de la République des causes concernant les tutelles et les mineurs. Pour l'incapacité générale de contracter qui frappe le mineur, V. OBLIGATION et NULLITÉ.

*Mineur commerçant.* Un *mineur* ne peut faire le commerce : 1° s'il n'est émancipé et âgé de dix-huit ans au moins ; 2° s'il n'est autorisé par son père ou par sa mère, ou par une délibération du conseil de famille homologuée par le tribunal civil ; 3° si l'autorisation n'a été enregistrée et affichée au tribunal de commerce du lieu où le mineur veut établir son domicile. V. COMMERCE.

*Domicile.* Le mineur non émancipé a son domicile chez ses père et mère ou tuteur. (Code civ., art. 108.)

*Mariage.* Sur la minorité quant au mariage, V. MARIAGE.

*Contrat de mariage.* Le mineur, assisté des personnes dont le consentement est nécessaire pour la validité du mariage, peut régler ses conventions matrimoniales. V. MARIAGE.

*Autorisation maritale.* Lorsque le mari est mineur, l'autorisation du tribunal est nécessaire à la femme soit pour ester en justice, soit pour contracter. (Code civ., art. 224.)

*Acceptation de successions.* Le tuteur mineur ne peut accepter la succession qui lui est échue qu'avec l'autorisation du conseil de famille, et l'acceptation n'a lieu que sous bénéfice d'inventaire. (Code civ., art. 461, 776.)

*Donations et testament.* V. DONATION, TESTAMENT. — Le mineur ne peut être témoin dans un testament (Code civ., art. 980), ni exécuteur testamentaire, même avec l'autorisation du tuteur. (*Id.*, art. 1030.)

*Application de la loi pénale. Non-discernement.* — Lorsqu'une infraction aux lois pénales est établie à la charge d'un mineur de seize ans, une question se pose, selon le vœu formel de la législation criminelle en France : ce mineur de seize ans a-t-il agi avec *discernement ?* En matière criminelle, c'est par le jury que cette question est résolue. Si le mineur de seize ans est déclaré avoir agi sans discernement, il est non coupable et il est absous; mais il est, selon les circonstances, remis à ses parents, ou bien envoyé dans une maison de correction pour un temps fixé par le jugement, et qui ne peut, toutefois, excéder l'époque où il aura accompli sa vingtième année. Si, au contraire, le mineur est déclaré avoir agi sans discernement, il est coupable; mais son jeune âge devient alors une cause d'excuse qui a pour effet de faire réduire à son égard, dans une proportion considérable, l'échelle ordinaire et normale de la pénalité.

Lorsque l'accusé aura moins de seize ans, s'il est décidé qu'il a agi *sans discernement*, il sera acquitté ; mais il sera, selon les circonstances, remis à ses parents, ou conduit dans une maison de correction pour y être élevé et détenu pendant tel nombre d'années que le jugement déterminera, et qui, toutefois, ne pourra excéder l'époque où il aura accompli sa vingtième année. » (Code pén., art. 66.)

« S'il est décidé qu'il a agi *avec discernement*, les peines seront prononcées ainsi qu'il suit : s'il a encouru la peine de mort, des travaux forcés à perpétuité, de la déportation, il sera condamné à la peine de dix à vingt ans d'emprisonnement dans une maison de correction. S'il a encouru la peine des travaux forcés à temps, de la détention ou de la réclusion, il sera condamné à être enfermé dans une maison de correction, pour un temps égal au tiers au moins et à la moitié au plus de celui pour lequel il aura pu être condamné à l'une de ces peines. Dans tous les cas, il pourra être mis sous la surveillance de la haute police (v. INTERDICTION DE SÉJOUR) pendant cinq ans au moins et dix ans au plus. S'il a encouru la peine de la dégradation civique ou du bannissement, il sera condamné à être enfermé d'un an à cinq ans dans une maison de correction. » (*Id.*, art. 67.)

L'individu âgé de moins de seize ans, qui n'aura pas de complices présents au-dessus de cet âge, et qui sera prévenu de crimes autres que ceux que la loi punit de la peine de mort, de celle des travaux forcés à perpétuité, de la peine de la déportation ou de celle de la détention, sera jugé par les tribunaux correctionnels. (*Id.*, art. 68.)

Dans tous les cas où le mineur de seize ans n'aura commis qu'un simple délit, la peine ne pourra s'élever au-dessus de la moitié de celle à laquelle il aurait pu être condamné s'il avait eu seize ans. (*Id.*, art. 69.)

*Enlèvement ou détournement de mineurs.* — L'*enlèvement* d'un enfant nouveau-né est qualifié crime par le Code pénal et puni de la réclusion aux termes de l'article 345. Quiconque, par fraude ou par violence, aura *enlevé* ou *fait enlever* des mineurs, subira la peine de la réclusion (art. 354); si la personne enlevée est une fille au-dessous de seize ans accomplis, la peine sera celle des travaux forcés à temps (art. 355); mais si le ravisseur n'avait pas encore vingt et un ans, il sera puni seulement d'un emprisonnement de deux à cinq ans. Dans le cas où le ravisseur aurait épousé la fille qu'il a enlevée, il ne pourra être poursuivi que sur la plainte des personnes qui, d'après le Code civil, ont le droit de demander la nullité du mariage; et il ne pourra, en tout cas, être condamné qu'après que la nullité du mariage aura été prononcée. L'enlèvement produit aussi des effets graves au point de vue civil. Lorsque l'époque de l'enlèvement se rapporte à celle de la conception d'un enfant dont accouche la fille enlevée, le ravisseur peut, sur la demande des parties intéressées, être déclaré père de l'enfant. (Code civ., art. 340.)

*Excitation de mineur à la débauche.* — V. PROSTITUTION.

## Minières.

Les minières, que le droit administratif distingue des mines et des carrières (v. ces mots), comprennent les minerais de fer dits d'alluvion, les terres pyriteuses propres à être converties en sulfate de fer, les terres alumineuses et les tourbes. (Décret du 21 avril 1810, art. 3.)

Lorsque l'exploitation des minières doit avoir lieu à ciel ouvert, le propriétaire est tenu, avant de commencer à exploiter, d'en faire la déclaration au préfet. Le préfet donne acte de cette déclaration et l'exploitation a lieu sans autre formalité. Lorsque l'exploitation doit être souterraine, la permission donnée par le préfet détermine les conditions spéciales auxquelles l'exploitant est tenu, en ce cas, de se conformer. — Dans les deux cas, l'exploitant doit observer les règlements généraux ou locaux concernant la sûreté et la salubrité publiques auxquels est assujettie l'exploitation des minières. (Loi du 9 mai 1866, art. 3.)

Enfin, si l'exploitation nécessite l'établissement de puits, galeries et travaux d'art, ou si, bien qu'à ciel ouvert, elle doit durer peu de temps et rendre ensuite impossible l'exploitation avec puits et galeries, elle est soumise aux règles de concession de mines. (Loi du 21 avril 1810, art. 68 et 69.)

## Ministère public.

— Magistrature particulière, établie près de chaque tribunal, représentant la société comme demanderesse, veillant au maintien de l'ordre public et requérant l'exécution des lois.

Sous l'Assemblée constituante, le ministère public fut divisé : il était exercé distinctement pour les affaires civiles et les affaires pénales. Aujourd'hui le ministère public est un pour les affaires civiles et pénales, et réunit les fonctions relatives à la procédure et celles relatives à la plaidoirie. L'ensemble des magistrats qui le composent s'appelle *le parquet*. On désigne aussi cette magistrature sous le nom de *magistrature debout*, ceux qui en exercent les fonctions se tenant debout pour porter la parole. Tous les membres du ministère public sont amovibles.

Les fonctions du ministère public sont remplies : près la Cour de cassation, par un procureur général et des avocats généraux; près les cours d'appel, par un procureur général, des avocats généraux et des substituts; près les tribunaux d'arrondissement, par un procureur de la République et un ou plusieurs substituts; près les tribunaux de simple police, par les commissaires de police ou, à leur défaut, par les maires et adjoints. Les tribunaux de commerce et, en matière civile, les justices de paix n'ont point de ministère public.

Les mêmes fonctions sont exercées au conseil d'Etat, dans les conseils de préfecture et devant les conseils de guerre, par des commissaires du gouvernement. Il existe également près la Cour des comptes un magistrat du ministère public, appelé procureur général, et un conseiller référendaire y remplit les fonctions d'avocat général.

Le ministère public est obligatoirement chargé de surveiller tous les officiers ministériels.

Près les cours d'appel et les tribunaux d'arrondissement, les attributions du ministère public sont de deux sortes : *criminelles et correctionnelles* ou *civiles*.

Au point de vue criminel et correctionnel, le ministère public est chargé de faire constater les crimes et délits, de donner à cet effet tous les ordres nécessaires aux officiers de police judiciaire et de les surveiller dans l'accomplissement de leur mission. Il saisit le juge d'instruction, adresse à ce magistrat toutes réquisitions utiles et poursuit les accusés devant les tribunaux compétents.

Au point de vue civil, le ministère public agit, à l'audience, tantôt comme *partie principale*, tantôt comme *partie jointe*. Il est partie principale lorsque, au nom de la société, il joue le rôle de plaideur ordinaire contre un particulier : il en est ainsi, par exemple, lorsqu'il demande la nullité d'un mariage ou provoque l'interdiction d'une personne. Il est partie jointe lorsque, dans une instance entre particuliers, il prend part à la discussion dans l'intérêt de l'une ou de l'autre partie et pose ses conclusions, c'est-à-dire donne son avis ; en ce cas, ses conclusions ne sont obligatoires que lorsqu'il s'agit de causes dans lesquelles il doit, obligatoirement, recevoir communication des pièces du procès.

Sont communiquées au procureur de la République les causes suivantes :

1° Celles qui concernent l'ordre public, l'Etat, le domaine, les communes, les établissements publics, les dons et legs au profit des pauvres ;

2° Celles qui concernent l'état des personnes et les tutelles ;

3° Les déclinatoires sur incompétence ;

4° Les règlements de juges, les récusations et renvois pour parenté et alliance ;

5° Les prises à partie ;

6° Les causes des femmes non autorisées par leurs maris, ou même autorisées, lorsqu'il s'agit de leur dot, et qu'elles sont mariées sous le régime dotal ; les causes des mineurs, et généralement toutes celles où l'une des parties est défendue par un curateur ;

7° Les causes concernant ou intéressant les personnes présumées absentes.

Le procureur a la faculté de prendre communication de toutes les autres causes dans lesquelles il croira son ministère nécessaire ; le tribunal peut même l'ordonner d'office. (Code proc. civ., art. 83.)

**Ministres.** — Agents supérieurs du pouvoir exécutif, nommés par le président de la République et chargés de la haute direction des différentes administrations publiques.

Il y a en France onze ministères : Intérieur, Justice, Affaires étrangères, Guerre, Marine, Instruction publique, Finances, Agriculture, Commerce et industrie, Travaux publics, Colonies. Les *sous-secrétaires d'Etat* sont chargés d'une partie de l'administration d'un ministère.

L'homme politique chargé par le président de la République de former un ministère a le titre de *président du conseil* des ministres.

Quand les ministres se réunissent pour délibérer, leur réunion s'appelle *conseil des ministres* si elle est présidée par le chef de l'Etat, et *conseil de cabinet* si elle est présidée par le président du conseil.

Les ministres sont les agents du pouvoir exécutif, c'est-à-dire du président de la République. Ils soutiennent la discussion des projets de loi qu'ils ont présentés au nom du chef de l'Etat et ils interviennent dans celle des propositions de loi dues à l'initiative parlementaire ; ils répondent aux questions et interpellations, étant responsables de la politique du gouvernement, solidairement ou individuellement, selon les cas. Le chef de l'Etat n'étant responsable qu'en cas de haute trahison, tous ses actes sont contresignés par un ministre, qui en prend la responsabilité.

Leur action n'est pas seulement gouvernementale et politique, elle est en outre *administrative :* chacun d'eux donne l'impulsion à une branche déterminée des services publics, la contrôle, la surveille, ordonnance ses dépenses et contracte au nom de l'Etat. Les ministres sont nommés par décrets individuels. Ils ont immédiatement sous leurs ordres les fonctionnaires composant l'*administration centrale* et, dans la mesure de leur spécialité, étendent leur action au pays tout entier par l'intermédiaire de leurs agents. Ils sont les premiers des fonctionnaires, et sont parfois secondés par des *sous-secrétaires d'Etat.*

La loi du 25 février 1875 (art. 6) rend les ministres solidairement responsables devant les Chambres de la politique générale du gouvernement et individuellement de leurs actes personnels. L'article 12 de la loi constitutionnelle du 16 juillet 1875 porte que les ministres *peuvent* être mis en accusation, par la Chambre des députés, pour crimes commis dans l'exercice de leurs fonctions. En ce cas, ils sont jugés par le Sénat.

La responsabilité civile des ministres n'existe pour ainsi dire pas, l'acte incriminé n'étant que bien rarement un fait *purement personnel, pouvant être séparé de la fonction.*

La responsabilité pécuniaire du ministre vis-à-vis de l'Etat est écrite dans la loi, au cas d'engagements de dépenses sans crédits ou au delà des crédits ouverts. (Loi du 25 mai 1817, articles 151 et 152 ; loi du 15 mai 1850.) Mais la question se pose de savoir quelle est la juridiction compétente.

Les actes administratifs des ministres sont individuels, spéciaux et non généraux. Ils sont dits *arrêtés ministériels.* Ils peuvent être attaqués devant le Conseil d'Etat à la condition que la réclamation « soit fondée sur la violation d'un *droit acquis* et non sur la lésion d'un simple intérêt. Il y a *droit acquis* violé chaque fois que l'acte ou le fait contre lequel on réclame a été accompli au mépris d'une obligation de l'administration, résultant d'un texte de loi, de règlement ou d'un contrat, sous la protection duquel le réclamant peut se placer. » (Th. Ducrocq.)

Les ministres statuent parfois comme de véritables juges, notamment lorsqu'ils sont saisis d'un recours contre une décision contentieuse d'un préfet, ou lorsque la loi leur en donne le droit, par exemple lorsque le ministre de l'Instruction publique statue sur les réclamations formées contre les élections du Conseil supérieur de l'instruction publique.

L'ensemble des ministères compose l'administration centrale. Chaque ministre, directement secondé par le personnel de son cabinet, a sous ses ordres des chefs de services : directeurs généraux, directeurs, sous-directeurs, chefs de division, au-dessous desquels des chefs et sous-chefs de bureau dirigent le travail des rédacteurs, qui préparent les décisions, rapports, etc., et les expéditionnaires, qui copient le travail des rédacteurs. Les ministres donnent des directions aux fonctionnaires placés sous leurs ordres au moyen d'*instructions* et de circulaires.

Des décrets rendus en conseil d'Etat, en exécution de l'article 16 de la loi du 30 décembre 1882, règlent l'organisation centrale de chaque ministère. Ces décrets ne déterminent que le traitement du personnel, le nombre des emplois de chaque catégorie, ainsi que les règles relatives au recrutement, à l'avancement et à la discipline. Toutes les autres dispositions relatives à l'organisation font l'objet d'un décret qui sera inséré au *Journal officiel*. Par exception, le nombre des emplois de chefs de service de chaque catégorie, savoir : directeurs généraux ou secrétaires généraux, directeurs, chefs de division ou chefs de service, sous-directeurs, chefs de bureau, ne peut être augmenté que par une loi. (Loi du 13 avril 1900, art. 35.)

Les cadres de toutes les administrations centrales, établis par des règlements d'administration publique, doivent toujours correspondre exactement aux crédits votés pour cet objet dans chaque budget spécial. Aucune modification ne peut être mise en application si elle implique une augmentation correspondante des crédits votés. Les administrations centrales ne peuvent pas comprendre dans leurs cadres des fonctionnaires payés sur d'autres chapitres du budget, et aucun fonctionnaire ne doit toucher un traitement différent de celui qui est déterminé par la loi budgétaire. (Loi du 30 mars 1902, art. 79.)

**Minute.** — Acte original, déposé au greffe ou conservé chez un notaire, dont on se sert pour délivrer des copies appelées « grosses » ou « expéditions ».

Les *minutes* sont : 1° les originaux des actes reçus par les notaires, signés par les parties, originaux qui restent en dépôt dans l'étude ; 2° l'original des jugements ou arrêts rédigé sur la feuille d'audience, signé des magistrats et consigné au greffe.

La loi du 25 ventôse an XI sur l'organisation du notariat oblige les notaires à garder minute des actes qu'ils reçoivent; certains même ne sont valables que sous cette condition ; l'article 20 donne une énonciation des actes qui en sont dispensés, et on est d'accord pour appliquer cette dispense aux obligations unilatérales. La représentation de l'original peut toujours être exigée.

**Mitoyenneté.** — Droit de copropriété sur la clôture de deux héritages contigus.

La *communauté* consiste dans l'usage commun d'une chose indivise, et chaque communiste est propriétaire du tout. Dans la *mitoyenneté*, chaque voisin est considéré comme propriétaire de la moitié de l'objet mitoyen qui se trouve du côté de son fonds ; la ligne de séparation se trouve au milieu. Les communistes sont toujours libres de faire cesser l'indivision par un partage (Code civ., art. 815), tandis que le copropriétaire mitoyen ne jouit pas de cette faculté.

*Mur mitoyen.* — Un mur est mitoyen lorsque, formant séparation entre deux fonds contigus, il appartient aux deux propriétaires de ces fonds. Le mur de séparation, au contraire, n'est point mitoyen lorsqu'il appartient en propre à un seul des deux voisins, qui l'a construit à ses frais et l'a établi en entier sur son terrain.

*Présomption de mitoyenneté.* Dans les villes et les campagnes, tout mur servant de séparation entre bâtiments jusqu'à l'*héberge* (v. plus loin), ou entre cours et jardins, et même entre enclos dans les champs, est présumé mitoyen s'il n'y a titre ou marque du contraire. (Code civ., art. 653.)

La mitoyenneté d'un mur peut provenir soit d'une convention, soit d'une disposition de la loi. Lorsqu'elle résulte d'une convention, le titre qui l'établit en règle les charges et les effets.

Mais, en cette matière, les actes écrits manquent le plus souvent ; les constructions remontent à une époque immémoriale, et la loi a dû chercher, dans l'aspect et la physionomie mêmes des lieux, des signes matériels et visibles auxquels on pût reconnaître la *mitoyenneté* ou la *non-mitoyenneté* du mur, en un mot une présomption légale tenant lieu de titre. Les auteurs du code sont partis de ce principe, qu'on doit présumer qu'un ouvrage a été fait par celui ou par ceux à qui il profite. Est-il probable par l'aspect des lieux que le mur a été construit pour l'égale utilité des deux voisins, la loi présume, jusqu'à preuve contraire, que ce mur est mitoyen. Au contraire, l'apparence des lieux témoigne-t-elle que le mur n'a d'utilité que pour l'un des propriétaires contigus, la loi présume la *non-mitoyenneté*.

L'article 653 du Code civil fait l'application de cette règle générale aux cas suivants :

1° Est réputé mitoyen, tant à la campagne qu'à la ville, tout mur faisant séparation entre deux bâtiments. Le mur est mitoyen dans toute sa hauteur si les bâtiments qu'il sépare ont la même élévation. Dans le cas, au contraire, où les bâtiments sont inégalement élevés, le mur n'est mitoyen que jusqu'à l'héberge. (L'*héberge* est le point où s'arrête le moins élevé des deux bâtiments contigus ; la ligne formant l'héberge est ainsi marquée par la toiture de la maison la plus basse.) Au-dessus de l'héberge, c'est-à-dire au-dessus de la hauteur de la clôture commune, le mur cesse d'être mitoyen ; il appartient exclusivement au propriétaire de la construction plus élevée. Mais le propriétaire de la maison plus basse peut toujours acquérir la mitoyenneté de cette partie supérieure du mur en remboursant au voisin la moitié de la valeur de cette partie. Il devra nécessairement acquérir ce surplus de mitoyenneté, s'il veut lui-même exhausser son bâtiment.

2° Sont réputés mitoyens, mais seulement

dans les villes et leurs faubourgs, tous murs formant séparation entre cours et jardins. V., plus bas, *Clôture forcée.*

3° Est réputé mitoyen tout mur formant séparation entre enclos, dans les champs. Cette expression, *entre enclos*, suppose que les deux fonds sont l'un et l'autre entourés dans tous les sens d'une clôture continue. La présomption de mitoyenneté cesserait, par conséquent, si l'un seulement des deux héritages avait une clôture complète et si l'autre n'était clos que du côté du mur séparatif et restait soit ouvert, soit simplement clos par des fossés ou des haies sur les autres côtés. En pareil cas, il est même naturel de supposer que le mur appartient uniquement au propriétaire du fonds entièrement clos, puisque ce mur fait partie de l'ensemble de sa clôture.

*Marques de non-mitoyenneté.* Les règles qui précèdent n'établissent, du reste, qu'une présomption de mitoyenneté, qui cesse lorsqu'il existe soit un titre, soit des marques ou signes extérieurs de non-mitoyenneté. L'article 654 indique quels sont ces signes visibles; il est ainsi conçu : « Il y a marque de *non-mitoyenneté* lorsque la sommité du mur est droite et à plomb de son parement d'un côté et présente de l'autre un plan incliné, afin que les eaux de pluie ne tombent que de ce côté; en effet, si le mur eût été mitoyen, le propriétaire de ce côté n'aurait pas consenti à les recevoir seul. »

Il y a encore marque de non-mitoyenneté et pour des motifs analogues quand il n'y a que d'un côté ou un chaperon ou des filets et corbeaux de pierre qui y auraient été mis en bâtissant le mur. Le mur est, dans ce cas, censé appartenir exclusivement au propriétaire du côté duquel sont l'égout ou les corbeaux et filets de pierre (art. 654). Le *chaperon* consiste dans le sommet du mur formant un plan incliné, ordinairement des deux côtés. — Les *filets* ou *larmiers* sont des tuiles ou pierres légèrement saillantes que l'on place au bas du chaperon, afin de jeter l'eau hors le parement du mur. — Les *corbeaux* sont des pierres saillantes placées dans le mur pour servir d'appui aux poutres, lorsqu'on voudra bâtir. — Les *harpes* ou *pierres d'attente* font saillie sur l'héritage du voisin, de manière que, si celui-ci fait construire, les deux maisons se trouveront en quelque sorte liées ensemble.

*Acquisition de la mitoyenneté.* — Tout mur qui sépare deux héritages peut devenir mitoyen s'il ne l'est pas. Le voisin dont le fonds joint ce mur a le droit imprescriptible d'en acquérir la mitoyenneté, en tout ou en partie; il suffit pour cela qu'il rembourse au propriétaire limitrophe : 1° la moitié de la valeur du mur ou de la partie du mur qu'il veut rendre mitoyenne; 2° la moitié de la valeur du terrain sur lequel le mur est bâti. (Code civ., art. 661.) L'estimation du mur et du terrain est réglée de gré à gré. Si les parties intéressées ne tombent pas d'accord, l'estimation est faite par experts désignés par le tribunal.

*Droits des copropriétaires mitoyens.* Les droits des deux voisins sur le mur qui fait séparation entre eux sont tout différents suivant que ce mur est mitoyen ou qu'il appartient, au contraire, exclusivement à l'un des deux. Dans le premier cas, chacun ne peut en user qu'en ne nuisant pas au droit de l'autre, par exemple pour y appuyer ou y adosser des constructions; dans le second, le propriétaire du mur peut en disposer comme bon lui semble, y faire des brèches, le démolir, etc.

Les droits résultant de la mitoyenneté consistent dans la faculté, pour chaque copropriétaire du mur, de faire supporter à ce mur ou d'y appliquer ou appuyer différents ouvrages de construction. Ainsi d'abord chacun des copossesseurs a la faculté d'exhausser le mur mitoyen (Code civ., art. 658), s'il veut, par exemple, élever une maison sur son fonds et l'appuyer au mur de séparation. Seulement, celui qui veut faire construire paye seul les frais de l'exhaussement et supporte seul à l'avenir les frais de réparation et d'entretien de la partie exhaussée, ce qui est de toute justice; en outre, celui qui exhausse doit payer au voisin l'indemnité de surcharge du mur : le mur mitoyen devant supporter dorénavant l'excédent de poids de l'exhaussement, les réparations d'entretien de la partie inférieure restée mitoyenne devront, en effet, devenir plus fréquentes et par conséquent plus coûteuses. L'indemnité à payer au voisin est réglée entre les parties si elles s'accordent sur le chiffre; en cas contraire, elle est appréciée par le juge de paix.

Il peut arriver que le mur mitoyen ne soit pas en état de supporter l'exhaussement. En ce cas, celui qui veut exhausser doit reconstruire le mur en entier et à ses frais, et fournir, sur son propre terrain, l'excédent de largeur qu'il peut être nécessaire de donner à la base du mur. Dans ces conditions, il n'y a plus lieu à indemnité de surcharge, le mur étant rétabli de manière à supporter la surélévation sans augmentation de dépense pour l'avenir. (*Id.*, art. 659.)

La partie exhaussée du mur n'est point mitoyenne. Toutefois, le voisin peut en acquérir la mitoyenneté en payant d'abord la moitié de la dépense qu'a coûté l'exhaussement et, en outre, la moitié de la valeur du terrain qui a pu être fourni pour l'excédent d'épaisseur du mur. (*Id.*, art. 660.) Dans les cas ordinaires d'acquisition de mitoyenneté, on n'a à rembourser que la moitié de la valeur du mur; ici, il faut payer la moitié de la dépense qu'a occasionnée la construction de l'exhaussement, et cette dépense peut être au-dessus de la valeur du mur. La loi a voulu déjouer un calcul : le voisin, en effet, pourrait laisser faire à son copropriétaire tous les frais de l'exhaussement du mur en se réservant d'en profiter à son heure; puis, voulant à son tour construire contre le mur exhaussé, il achèterait simplement la mitoyenneté de la partie nouvelle en se bornant à en rembourser la valeur intrinsèque, valeur presque toujours moins forte que la somme que la construction a coûté.

Il existe certains travaux que l'on peut appliquer au mur mitoyen sans requérir le consentement du copropriétaire, non plus que l'autorisation de la justice. Tels sont les ouvrages purement décoratifs ou d'agrément; ainsi l'on peut, sans consulter le voisin, faire exécuter de son côté, sur le mur mitoyen, des peintures ou des ornements en relief, y appuyer des charmilles ou des berceaux, etc.

Il en est autrement des ouvrages plus sérieux et qui intéressent la solidité du mur.

« Tout copropriétaire peut faire bâtir contre un mur mitoyen et y faire placer des poutres et solives dans toute l'épaisseur du mur, à 0 m. 054 près, sans préjudice du droit qu'a le voisin de faire réduire à l'ébauchoir la poutre jusqu'à la moitié du mur, dans le cas où il voudrait lui-même asseoir des poutres dans le même lieu ou y adosser une cheminée. » (Code civ., art. 657.) Mais l'article 662 lui interdit de « pratiquer dans le corps » du mur « aucun enfoncement, ni y appliquer ou appuyer aucun ouvrage », sans s'être d'abord entendu avec le copropriétaire pour aviser aux moyens d'assurer la conservation du mur. S'il n'y a pas accord entre les parties, le tribunal doit intervenir et déterminer par des experts ou par un architecte les mesures de conservation à prendre.

Enfin, la loi interdit à chacun des copropriétaires d'établir dans le mur mitoyen aucune ouverture ou fenêtre, de quelque manière que ce soit, même à verre dormant. V. VUES.

*Charges de la mitoyenneté. Faculté de renonciation.* Ces charges se réduisent à l'obligation, pour chacun des copropriétaires du mur, de contribuer aux frais de son entretien et, au besoin, de sa reconstruction en entier, dans la proportion où chacun a droit à la mitoyenneté. (Code civ., art. 655.)

Chacun des intéressés peut se libérer de la contribution aux charges en faisant abandon de son droit de mitoyenneté, mais à la condition que celui qui veut renoncer à son droit ne soit pas propriétaire d'un bâtiment appuyé au mur mitoyen (*Id.*, art. 656); en pareil cas, le mur mitoyen continuerait, en effet, de servir utilement au propriétaire prétendu renonçant, puisque sa construction y est adossée.

*Reconstruction du mur mitoyen. Servitudes.* Quand on reconstruit un mur mitoyen ou une maison, les servitudes actives et passives se continuent à l'égard du nouveau mur ou de la nouvelle maison, sans toutefois qu'elles puissent être aggravées, et pourvu que la construction se fasse avant que la prescription soit acquise. (*Id.*, art. 665.)

*Clôture forcée.* — Chacun peut contraindre son voisin, dans les villes et faubourgs, à contribuer aux constructions et réparations de la clôture faisant séparation de leurs maisons, cours et jardins : la hauteur de la clôture est fixée suivant les règlements particuliers ou les usages constants et reconnus; à défaut d'usages et de règlements, tout mur de séparation entre voisins, construit ou rétabli, doit avoir au moins 32 décimètres de hauteur, compris le chaperon, dans les villes de cinquante mille âmes et au-dessus, et 26 décimètres dans les autres. (Code civ., art. 663.)

Cette obligation mutuelle de contribuer à la clôture n'existe pas pour les propriétés situées en plate campagne, où chacun est libre de se clore comme il l'entend ou de ne pas se clore du tout.

*Copropriété d'étages.* — Lorsque les différents étages d'une maison appartiennent à divers propriétaires, si les titres de propriété ne règlent pas le mode de réparations et reconstructions, elles doivent être faites ainsi qu'il suit : 1° les gros murs et le toit sont à la charge de tous les propriétaires, chacun en proportion de la valeur de l'étage qui lui appartient; 2° le propriétaire de chaque étage fait le plancher sur lequel il marche; 3° le propriétaire du premier étage fait l'escalier qui y conduit; le propriétaire du second étage fait, à partir du premier, l'escalier qui conduit chez lui, et ainsi de suite. (Code civ., art. 664.)

*Mitoyenneté des fossés et des haies.* — Tout fossé entre deux héritages est réputé mitoyen s'il n'y a titre, prescription ou marque contraire. Il y a marque de non-mitoyenneté quand la levée ou le rejet de la terre se trouve d'un côté seulement du fossé; le fossé est réputé appartenir exclusivement à celui du côté duquel se trouve le rejet. (Code civ., art. 666.)

La possession du fossé pendant trente ans (*id.*, art. 2262) ou même dix ans lorsqu'il y a juste titre et bonne foi (*id.*, art. 2265) est aussi une marque de non-mitoyenneté.

Lorsqu'un fossé est mitoyen, son entretien et son curage doivent avoir lieu en commun. Le produit des arbres et l'élagage des buissons sont partagés par moitié. L'un des deux propriétaires peut se soustraire à la nécessité de l'entretien du fossé en abandonnant son droit de mitoyenneté et le franc bord; mais cette faculté cesse si le fossé sert habituellement à l'écoulement des eaux. (*Id.*, art. 667.) Il ne peut forcer le voisin à la vente de la mitoyenneté comme lorsqu'il s'agit d'un mur. (*Id.*, art 668.)

Le copropriétaire d'un fossé mitoyen qui ne sert qu'à la clôture peut le détruire jusqu'à la limite de sa propriété, à la charge de construire un mur sur cette limite. (*Id.*, art. 668.)

Il n'est pas permis de creuser un fossé le long de la propriété voisine sans lui donner un *franc bord*, et l'on ne peut forcer le voisin à contribuer à la confection du fossé, la clôture n'étant obligatoire que dans les villes et faubourgs.

Le Code civil (art. 666 à 673, modifiés par la loi du 20 août 1881) s'occupe des *haies* au point de vue de la mitoyenneté. Voici les dispositions qu'il édicte : Toute haie qui sépare des héritages est réputée mitoyenne, à moins qu'il n'y ait qu'un seul héritage en état de clôture, ou qu'il n'existe titre, prescription ou marque contraire (art. 666).

Les propriétaires de la haie mitoyenne en profitent également; ils doivent donc l'entretenir à frais communs, mais le voisin peut se soustraire à cette obligation en abandonnant la mitoyenneté (art. 667). Il ne peut d'ailleurs obliger le copropriétaire à lui céder cette mitoyenneté. Il peut détruire la haie mitoyenne jusqu'à la limite de sa propriété, à charge de construire un mur sur cette limite (art. 668).

Les produits de la haie mitoyenne appartiennent par moitié aux propriétaires de cette haie (art. 669). Les arbres de la haie mitoyenne sont mitoyens comme elle ; chaque propriétaire a le droit d'en exiger l'abatage. S'ils meurent ou sont abattus, ils sont partagés par moitié, de même que les fruits, cueillis à frais communs ou tombés naturellement (art. 670).

*Distance et ouvrages intermédiaires.* — « Celui qui fait creuser un puits ou une fosse d'aisances près d'un mur mitoyen ou non ; celui qui veut y construire cheminée ou âtre, forge, four ou fourneau, y adosser une étable, ou établir contre ce mur un magasin de sel ou amas de matières corrosives, est obligé à laisser la distance prescrite par les règlements et usages particuliers sur ces objets, ou à faire les ouvrages prescrits par les mêmes règlements et usages, pour éviter de nuire au voisin. » (Code civ., art. 674.)

Le propriétaire qui a fait des constructions nuisibles sans observer les règlements acquiert, après trente ans de possession, le droit de les conserver, parce que ces constructions ne blessent qu'un intérêt privé. Mais il n'en est pas de même des travaux qui pourraient nuire à la société, par exemple à la santé publique : on ne prescrit point contre ce qui est d'ordre public.

*Plantations. Egout des toits. Vues et Jours.* — V. ces mots.

**Mobilisation.** (Dr. civ.) — Action de déclarer dans un contrat qu'un immeuble sera considéré comme meuble et en prendra les caractères au point de vue juridique. — On dit plutôt AMEUBLISSEMENT. V. ce mot.

**Mobilisation.** (Milit.) — Opération qui consiste à fournir d'hommes, de chevaux et de matériel, les éléments qu'on mobilise, pour faire passer leur effectif du pied de paix au pied de guerre.

**Modèles industriels.** — V. PROPRIÉTÉ INDUSTRIELLE.

**Mœurs.** (Dr. civil.)

Le législateur s'est préoccupé d'assurer le respect des *bonnes mœurs* : il suffit de rappeler l'empêchement au mariage résultant de la parenté, les conséquences civiles de l'adultère, les déchéances dont sont frappés les enfants adultérins et incestueux, etc. Au titre des contrats, le Code civil déclare qu'une obligation est sans effet quand sa cause est illicite (art. 1131), et la cause est illicite notamment quand elle est contraire aux bonnes mœurs (art. 1133). Les stipulations contraires aux bonnes mœurs sont également interdites dans les contrats de mariage (art. 1387). Les tribunaux sont souverains juges du point de savoir si une convention est contraire aux bonnes mœurs. Sont interdites aussi les conditions contraires aux bonnes mœurs ajoutées à une convention, lorsqu'elles tendent à inciter à commettre un acte immoral. La nullité frappe la convention même, si elle est à titre onéreux (art. 1172) ; par contre, dans les donations et testaments, les conditions immorales sont seulement réputées non écrites (art. 900).

**Mœurs.** (Dr. pénal.)

Le Code pénal vise, sous le titre *Attentats aux mœurs*, un certain nombre de crimes ou délits qui, par leur nature, portent atteinte aux bonnes mœurs (art. 330 à 340). V. PUDEUR, VIOL, ADULTÈRE, BIGAMIE, PROSTITUTION, etc. De plus, sous la qualification d'*outrage aux bonnes mœurs*, sont incriminés les actes intellectuels qui, par leurs manifestations extérieures, présentent un caractère offensant pour l'honnêteté publique. L'outrage aux bonnes mœurs est constitué par les discours, livres, chants, peintures, images, objets, annonces, correspondances obscènes ou contraires aux bonnes mœurs publiquement produits. Ils tombent sous l'application de la loi générale du 29 juillet 1881, sur la presse (art. 28) ; mais, dans le but d'assurer une répression plus complète et plus vigoureuse, la loi du 16 mars 1898 a refondu celle du 2 août 1882 et modifié sur certains points les dispositions de la loi du 29 juillet 1881.

L'article 28 de la loi du 29 juillet 1881 sur la liberté de la presse punit d'un emprisonnement d'un mois à deux ans et d'une amende de 16 francs à 2 000 francs l'outrage aux bonnes mœurs commis par des discours dans des lieux publics, par des écrits, par des imprimés vendus ou distribués, ou par des placards ou affiches. Les mêmes peines sont applicables à l'affichage, la distribution et l'exposition de dessins obscènes ; ceux-ci peuvent être saisis préventivement.

Le délit d'*outrage aux bonnes mœurs* : par la vente ou la mise en vente, l'offre, l'exposition, l'affichage ou la distribution sur la voie publique ou dans les lieux publics d'écrits, d'imprimés autres que le livre, d'affiches, dessins, gravures, peintures, emblèmes, objets ou images obscènes ou contraires aux bonnes mœurs ; par la vente ou l'offre, même non publique, à un mineur, des mêmes écrits, imprimés, affiches, dessins, gravures, peintures, emblèmes, objets ou images ; par leur distribution à domicile, par leur remise sous bande ou sous enveloppe non fermée à la poste ou à tout autre agent de distribution ou de transport ; par des chants non autorisés proférés publiquement, par des annonces ou correspondances publiques contraires aux bonnes mœurs, est puni d'un emprisonnement de un mois à deux ans et d'une amende de 100 francs à 5 000 francs. Les écrits, dessins, affiches, etc., incriminés et les objets ayant servi à commettre le délit sont saisis ou arrachés et la destruction en est ordonnée par le jugement de condamnation. Les peines peuvent être portées au double si le délit a été commis envers des mineurs. (Loi du 16 mars 1898, art. 1er.)

La vente, la mise en vente ou l'annonce des livres condamnés est punie des mêmes peines. (*Id.*, art. 2.) La prescription en matière d'outrages aux bonnes mœurs commis par la voie du livre est d'un an à partir de la publication ou de l'introduction sur le territoire français.

Les complices de ces délits sont passibles de la même peine et poursuivis devant le tribunal correctionnel. (*Id.*, art. 3.)

Le fait d'expédier par la poste, sous pli fermé, des envois de nature obscène, constitue le délit d'outrage aux bonnes mœurs, prévu et réprimé par l'article 1er, § 4, de la loi du 16 mars 1898, sans qu'il soit besoin d'une plainte formelle de la part du destinataire de ces envois, mais à la condition qu'il y ait eu distribution à domicile desdits envois. Il ne pourrait y avoir aucun délit, et, par suite, application de la loi du 16 mars 1898, si la remise de l'envoi obscène avait été faite à la poste restante, au lieu de l'être au domicile des destinataires. (Trib. corr. de la Seine, 10 déc. 1903.)

## Monnaie.

L'échange direct d'une marchandise contre une autre est le plus souvent impraticable, car les deux produits à échanger n'ont pas toujours une valeur équivalente. Ces inconvénients sont évités au moyen de la monnaie, qui est à la fois un terme de comparaison généralement accepté et une véritable marchandise ayant par elle-même une valeur. La matière choisie pour monnaie, c'est le métal, qui est relativement inaltérable, homogène, indéfiniment divisible, difficile à falsifier, et qui a une grande valeur sous un poids modique, ce qui la rend facilement transportable.

*Généralités.* — On entend par *monnaie métallique* un certain poids de métal monnayé, servant de commune mesure dans les échanges et étant par sa valeur intrinsèque un équivalent.

Les monnaies d'or et d'argent sont combinées avec un autre métal qui leur donne de la dureté.

Le titre d'un alliage ou d'une monnaie est le rapport du poids du métal fin au poids total de l'alliage ou de la pièce. Les monnaies françaises sont au titre de 900/1000 pour l'or, et de 835/1000 pour l'argent.

L'altération de la monnaie par l'usage se nomme *frai*. On admet que le frai annuel pour la monnaie d'or est d'environ un milligramme par pièce de 20 francs; il est de quatre milligrammes pour la pièce de 5 francs en argent pendant le même temps.

On appelle *tolérance* les petites différences de poids ou de titre que l'on tolère légalement sur les monnaies. La tolérance de titre s'appelle *remède d'aloi;* celle de poids se nomme *faiblage*.

*Bimétallisme et monométallisme.* — Le *bimétallisme* est un système monétaire en vertu duquel le législateur établit un rapport fixe entre la valeur de deux métaux servant à la monnaie, et leur donne, à ce taux, un pouvoir « libératoire indéfini » dans les caisses de l'Etat et « obligatoire » pour les particuliers. Ce mot est opposé à celui de *monométallisme*. Dans ce dernier système, un seul métal, servant à la monnaie, soit l'or, soit l'argent, a les caractères que nous venons d'énumérer.

En France, la loi du 6 germinal an XI (28 mars 1803) dit : « Cinq grammes d'argent au titre de 9/10 de fin constituent l'unité monétaire qui conserve le nom de « franc » institué par la loi du 18 germinal an III. » L'article 6 ajoute : « Il sera fabriqué des pièces d'or de 20 francs et de 40 francs. » Art. 8 : « Les pièces de 20 francs seront à la taille de cent cinquante-cinq pièces au kilogramme, et les pièces de 40 francs à celle de 77,5. »

La loi était basée sur le cours de deux métaux à l'époque où elle était entrée en vigueur. Mais aucun législateur n'a pu jusqu'à présent établir un rapport fixe entre deux valeurs variables.

Dans les pays qui ont adopté le *monométallisme*, la loi n'autorise la frappe illimitée pour le compte des particuliers qu'à l'égard du métal monnaie légale. La seule monnaie qui ait pouvoir libératoire illimité est la monnaie d'or; les pièces d'argent ne sont considérées que comme marchandise ordinaire ou monnaie d'appoint.

Dans les deux systèmes, d'autres métaux sont employés comme monnaies réelles; mais ce qui distingue le monométallisme, c'est qu'il n'y a pas de rapport légal entre la valeur de l'or et celle de l'argent. Les partisans du monométallisme disent qu'on ne peut mesurer la valeur des choses simultanément avec deux métaux entre lesquels on a établi un rapport fixe, alors que leur valeur change sans cesse. Ils disent aussi qu'un pays bimétalliste est exposé à se voir enlever le métal qui fait prime. On remédie à ce danger en interdisant la frappe du métal déprécié.

Les principaux pays monométallistes sont : l'Angleterre, la Russie, l'Autriche, le Japon et l'Allemagne.

Dans tous les pays où l'on monnaye deux métaux précieux, l'or et l'argent, comme étalons, il a fallu établir un rapport de valeur fixe, ou proportion monétaire, entre ces métaux, c'est-à-dire déterminer combien il faut de pièces d'argent pour équivaloir à une pièce d'or du même poids. En France et dans les pays de l'Union latine, et aux Etats-Unis, ce rapport, bien que la valeur marchande de l'argent ait sensiblement diminué, est 15 1/2 ; mais en Russie, où existe aussi le régime du double étalon, le rapport est de 23 1/4.

*Système monétaire français.* — Le système monétaire français est bimétalliste. Les monnaies françaises sont en principe soumises, quant à leurs divisions, au système métrique décimal des poids et mesures; mais ce principe, pour des raisons pratiques, n'a pas toujours été respecté, et la pièce de 25 centimes en nickel pur, dont l'émission a été autorisée par la loi du 31 mars 1903, ne rentre pas dans le système décimal.

*Union latine.* — Le gouvernement français nomma, en 1857, une commission qui, dans son rapport, examina, sans conclure, la question de réduire l'argent au rôle libératoire limité, tandis que l'or aurait un pouvoir libératoire illimité. C'est aux monnaies ayant le pouvoir libératoire illimité qu'on donne le nom d'*étalon*.

La convention monétaire dite *de l'union latine*, en 1865, entre la France, la Belgique et la Suisse, l'Italie, auxquelles vint s'adjoindre ensuite la Grèce, en abaissant le titre des pièces d'argent aux 835 millièmes au-dessous de 5 francs, les relégua au rang de monnaie d'appoint ; les pièces de 5 francs sont admises par les caisses publiques sans limitation de quantité ; les pièces divisionnaires jusqu'à concurrence de 100 francs seulement dans chaque payement. La convention limite la frappe de ces dernières pièces d'après la population de chaque pays.

*Monnaie d'or.* — Pièces de 100 francs (diamètre 0m,035) ; de 50 francs (diamètre 0m,028) ; de 20 francs (diamètre 0m,021) ; de 10 francs (diamètre 0m,019) ; de 5 francs (diamètre 0m,017).

Les pièces d'or françaises sont reçues par les caisses publiques : les pièces de 100, 50, 40 et 20 francs sans distinction de millésime ; de 10 francs aux millésimes de 1850, 1851, 1852, 1856 et années suivantes ; de 5 francs aux millésimes de 1856 et années suivantes. Sont donc à refuser les pièces de 10 francs antérieures à 1850 et les pièces de 5 francs antérieures à 1855.

Sont admises également, dans les caisses publiques : les pièces d'or de Belgique, Grèce, Italie, Suisse (convention monétaire) ; les pièces espagnoles de 10 pesetas (10 francs) à l'effigie d'Alphonse XII, et de 10 et 20 pesetas (10 et 20 francs) à l'effigie d'Alphonse XIII ; les pièces autrichiennes de 8 et 4 florins (20 et 10 francs) ; les pièces monégasques de 100 francs et de 20 francs ; les pièces russes d'une demi-impériale et d'une impériale de 1886 et années suivantes (20 francs et 40 francs).

Ces pièces d'or sont admises dans les caisses publiques, sans limitation de quantité.

*Monnaie d'argent.* — Pièces de 5 francs (diamètre 0m,037) ; de 2 francs (diamètre 0m,027) ; de 1 franc (diamètre 0m,023) ; de 50 centimes (diamètre 0m,018) ; de 20 centimes (diamètre 0m,016).

Sont à refuser : *Pièces françaises :* pièces de 2 francs et de 1 franc antérieures à 1866 ; pièces de 50 et de 20 centimes antérieures à 1864. — *Pièces étrangères :* pièces de 5 francs autres que celles de Belgique, Grèce, Italie et Suisse ; pièces divisionnaires belges antérieures à 1866 ; pièces divisionnaires grecques antérieures à 1868 ; pièces divisionnaires italiennes sans distinction de millésime ; pièces divisionnaires suisses antérieures à 1866 ; pièces divisionnaires pontificales sans distinction de millésime ; pièces divisionnaires de tous les autres pays.

Les pièces de 5 francs ayant cours en France sont admises dans les caisses publiques sans limitation de quantité ; les pièces divisionnaires d'argent ayant cours sont reçues jusqu'à concurrence de 100 francs seulement dans chaque payement.

*Monnaies de nickel et de bronze.* — *Nickel :* pièce de 25 centimes (diamètre 0m,024). *Bronze :* pièces de 10 centimes (diamètre 0m,030) ; de 5 centimes (diamètre 0m,025) ; de 2 centimes (diamètre 0m,020) ; de 1 centime (diamètre 0m,015).

Les pièces de bronze françaises sont reçues, sans distinction de valeur ni de millésime, jusqu'à concurrence de 5 francs seulement pour chaque payement. (Décret du 18 août 1810.)

Le décret du 11 mai 1807 avait déjà prohibé l'introduction des monnaies de cuivre et de billon de fabrication étrangère. La loi du 30 novembre 1896 a spécifié qu'elles ne pourront être admises dans les caisses publiques en payement de tous droits et contributions, de quelque nature qu'ils soient, payables en numéraire.

*Valeur en francs des monnaies étrangères.* — Les monnaies étrangères n'ayant pas cours en France, versées au bureau du change des hôtels des monnaies, ne sont reçues que comme lingots d'or ou d'argent, c'est-à-dire qu'elles sont remboursées d'après le poids qu'elles ont au moment du versement et d'après le titre déterminé par les tarifs. La valeur des monnaies étrangères au change est donc variable, puisque le cours de l'or ou de l'argent sur place est variable.

La valeur au pair d'une monnaie est calculée à raison de 3 fr. 10 le gramme d'or monnayé ; 0 fr. 20 le gramme d'argent au titre des monnaies françaises.

*Monnaie fiduciaire.* — Billets de banque de 1 000 francs, 500 francs, 100 francs, 50 francs.

La monnaie fiduciaire est la monnaie de papier : billets de banque, chèques, effets de commerce. L'emploi de cette monnaie repose sur la confiance et le crédit, c'est-à-dire sur l'assurance qu'elle est à volonté échangeable ou remboursable contre de l'or. Son emploi évite l'usure, ainsi que les frais de transport, d'assurance, etc. L'Angleterre, en réglant ses échanges surtout par chèques, a réalisé une grande économie dans le règlement de ses échanges. Il est certain que le pouvoir libératoire de l'or n'égale pas, comme commodité, celui du chèque et surtout celui du virement en comptabilité.

*Refus de recevoir en payement des monnaies légales.* — Les articles 475, 11°, et 478 du Code pénal punissent d'une amende de 6 francs à 10 francs et, en cas de récidive, d'un emprisonnement de cinq jours au plus « ceux qui auraient refusé de recevoir les espèces et monnaies nationales, non fausses ni altérées, selon la valeur pour laquelle elles ont cours ».

*Fabrication et contrôle des monnaies.* — Les monnaies françaises sont frappées à l'hôtel des Monnaies de Paris. Avant 1879, on en frappait aussi dans un certain nombre d'ateliers de province. Les particuliers n'ont pas le droit de fabriquer des monnaies, et doivent s'adresser à cet établissement pour la transformation des lingots qu'ils pourraient posséder.

La fabrication des monnaies est exécutée par voie de régie administrative sous l'autorité du ministre des Finances. (Loi du 31 juill. 1879.) L'Etat exerce un contrôle permanent sur les monnaies, d'abord au moment de leur frappe à l'hôtel des Monnaies et avant leur mise en circulation dans le public, puis pendant la durée d'existence des différentes pièces monétaires. Ce contrôle, confié à la commission des monnaies, se fait dans son laboratoire spécial, et il porte aussi bien sur la bonne fabrication industrielle et artistique des pièces que sur le titre de l'alliage, le poids, la régularité des empreintes, la sonorité, etc. Lorsque le trébuchage révèle une altération — celle du poids par l'usure en circulation est la plus fréquente — l'Etat a le devoir de refondre la monnaie dépréciée, car le *frai* lui incombe. Des crédits annuels sont régulièrement affectés à l'entretien de la monnaie métallique française.

Toutes les opérations de la régie sont soumises à un contrôle permanent, organisé par le décret du 20 novembre 1879, à l'aide d'agents entièrement indépendants des agents du service d'exécution, mais sans qualité pour diriger ou suspendre aucune des opérations qu'ils sont appelés à contrôler. Ces agents sont : 1° le *contrôleur principal*, chef de tout le service du contrôle, spécialement chargé de la vérification du poids et des empreintes des espèces et médailles fabriquées, de la remise journalière des clefs des ateliers aux contrôleurs sous ses ordres, de l'inventaire mensuel des lingots, espèces et matières existant dans la caisse du change, les ateliers et la salle du monnayage ; 2° le *contrôleur au change*, qui constate, contradictoirement avec le caissier, les entrées et les sorties de matières et d'espèces, vise les bons, récépissés et reçus délivrés par le caissier, et détient une des clefs de la caisse du change ; 3° les *contrôleurs aux fontes*, laminages, découpages, ajustages et blanchiment, qui tiennent compte des matières remises à chaque atelier, constatent les déchets et établissent la situation à la fin de chaque journée, après une vérification matérielle ; 4° le *contrôleur au monnayage*, qui reçoit les flans, les remet aux ouvriers, transmet les espèces monnayées à l'atelier de la vérification. Il est détenteur d'une double clef de la caisse où sont les matières et du coffre où sont les coins (v. GARANTIE); 5° le *contrôleur à la gravure*, qui surveille toutes les opérations de l'atelier de gravure, constate, contradictoirement avec le graveur, l'entrée et la sortie des poinçons, coins, viroles et bigornes, ainsi que des matières employées à leur confection ou à leur reproduction. Il est dépositaire des poinçons de reproduction et des instruments fabriqués ; 6° le *contrôleur à la vente des médailles*, qui constate l'entrée et la sortie des médailles passées en délivrance, en vérifie et vise les factures.

*Fausse monnaie et faux monnayeurs.* — Le Code pénal actuel (art. 132 à 138) distingue, à propos de la fausse monnaie, trois séries de crimes et deux séries de délits. Les trois séries de crimes sont : 1° la contrefaçon ou l'altération des monnaies nationales d'or et d'argent (punie des travaux forcés à perpétuité) ; 2° la contrefaçon ou l'altération des monnaies nationales de billon ou de cuivre punie des travaux forcés à temps); 3° la contrefaçon ou l'altération des monnaies étrangères (punie des travaux forcés à temps).

Signalons deux règles communes à ces trois séries de crimes : 1° l émission, l'exposition ou l'introduction en France des monnaies contrefaites ou altérées est assimilée à la contrefaçon ou à l'altération elle-même et frappée des mêmes pénalités ; 2° les coupables sont exempts de peine si, sous certaines conditions déterminées, ils se sont faits dénonciateurs des autres coupables.

Quant aux deux séries de délits, ce sont : 1° le fait de colorer des monnaies de cuivre ou d'argent, nationales ou étrangères, ou le fait de les émettre ou introduire en France (puni d'un emprisonnement de six mois à trois ans) ; 2° le fait de faire usage, sciemment, de monnaies fausses reçues pour bonnes (puni d'amende).

La contrefaçon ou la falsification des billets de banque, qui ne constitue pas à proprement parler un faux monnayage, est punie des travaux forcés à perpétuité.

*Détention d'appareils.* — La loi du 29 mars 1904 interdit d'employer ou de détenir, à moins d'y avoir été préalablement autorisé, des machines, appareils ou instruments susceptibles d'être utilisés dans la fabrication des monnaies. Elle détermine les conditions auxquelles les autorisations sont délivrées.

*Imitation des monnaies.* — La loi du 30 mars 1902, article 57, interdit la fabrication, la vente, le colportage et la distribution de toutes les imitations des monnaies ayant cours légal en France et des monnaies étrangères. Les monnaies imitées, ainsi que les planches, matrices et autres instruments ayant servi à la confection, sont saisis et confisqués.

**Monométallisme.** — Système monétaire qui n'admet qu'un métal, l'or, pour la monnaie légale, par opposition au *bimétallisme*, qui en admet deux : l'or et l'argent. V. MONNAIE.

**Monopole.** — Privilège exclusif de fabriquer ou de vendre certains produits, d'exploiter certains services ou d'occuper certaines charges.

Il existe des monopoles *légaux* et des monopoles *de fait*. Les premiers sont établis par la loi et n'admettent pas de concurrence. Les autres existent dès que la concurrence est limitée et résultent des circonstances favorisant un commerçant à l'exclusion des autres.

Les monopoles légaux sont établis dans différents buts : 1° *dans un but fiscal*. L'Etat peut se réserver la fabrication ou la vente de certains produits, comme le tabac, les allumettes, etc. ; 2° *dans un but d'ordre public ou de sécurité :* fabrication de la poudre, frappe de la monnaie, émission de billets de banque, service de la poste, télégraphe, téléphone, chemins de fer, gaz, électricité ;

3° *dans un but d'intérêt public, d'encouragement et de progrès*. L'Etat réserve aux inventeurs un monopole temporaire pour l'exploitation de leurs inventions (brevets, marques de fabrique).

Il est assez inexact de considérer comme des monopoles quelques professions réglementées, car elles sont ouvertes à tous ceux qui remplissent des conditions déterminées ; telles sont la médecine, la pharmacie. Il en est de même des notaires, des avoués, etc; ce sont des fonctionnaires dont le nombre peut être augmenté

Le budget réunit chaque année, dans une catégorie distincte sous le titre de *Produits de monopoles et exploitations industrielles* de l'Etat, les produits qui n'affectent pas, en apparence du moins, le caractère d'un impôt parce qu'ils représentent la valeur d'une marchandise livrée ou le prix d'un service rendu ; ce sont :

1° Le produit de la vente des *allumettes chimiques*, des *tabacs* et des *poudres*, recouvré par les receveurs des contributions indirectes ;

2° Les droits afférents aux produits des *postes*, des *télégraphes* et des *téléphones ;*

3° Excédent des recettes sur les dépenses : de la fabrication des monnaies et médailles et de l'émission des monnaies de bronze ; — de l'Imprimerie nationale ; — de l'exploitation des chemins de fer de l'Etat; — de l'exploitation des *journaux officiels*.

**Mont-de-piété.** — Etablissement de crédit qui a le privilège de prêter sur nantissements moyennant intérêt.

En France, des monts-de-piété se fondèrent successivement aux XVIe et XVIIe s.; celui de Paris remonte à 1777. Supprimée pendant la Révolution, l'institution fut rétablie en province par décret du 24 messidor an XII, et à Paris par arrêté du 8 thermidor an XIII. L'arrêté et le décret précités ont été modifiés par la loi du 24 juin 1851 (départements) et les décrets des 24 mars 1852 et 12 août 1863 (Paris).

Le prêt sur nantissement est interdit aux particuliers (Code pén., art. 411) ; il ne peut s'effectuer que dans les monts-de-piété légalement autorisés, et institués comme établissements d'utilité publique, par décret, sur avis favorable des conseils municipaux.

Ceux qui ont établi ou tenu des maisons de prêt sur gage ou nantissement, sans autorisation légale, ou qui, ayant une autorisation, n'ont pas tenu un registre conforme aux règlements, contenant de suite, sans aucun blanc ni interligne, les sommes ou les objets prêtés, les noms, domicile et profession des emprunteurs, la nature, la qualité, la valeur des objets mis en nantissement, sont punis d'un emprisonnement de quinze jours au moins, de trois mois au plus, et d'une amende de 100 francs à 2 000 francs. (Code pén., art. 411.)

Les décrets d'institution de chacun de ces établissements déterminent leur organisation et les conditions particulières de leur gestion.

Les monts-de-piété sont administrés, sous l'autorité du ministre de l'Intérieur et des préfets, et sous la surveillance de l'autorité municipale et de conseils dont les fonctions sont gratuites, par un directeur salarié et responsable. — Un caissier est chargé de faire les recettes et d'acquitter les dépenses. — Les budgets et les comptes de gestion sont soumis aux conseils municipaux.

La comptabilité des monts-de-piété est régie par un règlement du 30 juin 1865. Elle est soumise à la juridiction de la Cour des comptes ou des conseils de préfecture, suivant que le chiffre de leurs revenus ordinaires dépasse, ou non, 30 000 francs.

Le conseil est présidé par le maire de la commune et, à Paris, par le préfet de la Seine. Chaque mont-de-piété possède une dotation (biens meubles et immeubles affectés à leur fondation ou échus par dons et legs, subventions, bénéfices annuels).

Quelques monts-de-piété prêtent gratuitement (Toulouse, Grenoble, Montpellier, etc.). Le prêt donne lieu à *engagement* (remise d'un objet engagé). Certains objets ne sont pas admis en nantissement (vêtements militaires, fourrures, etc.). La loi du 25 juillet 1891 a autorisé le mont-de-piété de Paris à faire des avances de 500 francs au maximum sur valeurs mobilières au porteur.

*Prêt sur nantissement.* — Le montant de la somme prêtée est en général des 4/5 de la valeur intrinsèque des objets d'or et d'argent, des 2/3 pour les autres gages. L'estimation ou *prisée* est opérée par des commissaires-priseurs attachés à l'établissement. L'engagement est constaté par une sorte d'acte au porteur, cessible (la *reconnaissance*), qui contient la description de l'objet engagé et indique la durée du prêt. Cette reconnaissance est rendue au mont-de-piété au moment du *dégagement* (remise du gage à l'emprunteur).

1° La durée de l'engagement est d'un an.

2° L'administration prélève 3 pour 100 pour l'intérêt des prêts et 3 pour 100 pour les frais de régie, de manutention et d'assurances ; ces droits sont proportionnels au nombre de quinzaines écoulées ; chaque quinzaine commencée se paye en entier ; les prêts de 3, 4 et 5 francs, qui ne séjournent que deux mois au mont-de-piété, sont exonérés de ces intérêts et droits.

3° Il est dû en outre un droit fixe de 1 pour 100 sur le montant de tous les prêts (l'administration peut être autorisée exceptionnellement à percevoir un droit temporaire de compensation).

Le dégagement s'effectue à la date fixée, moyennant le remboursement de la somme prêtée, plus les intérêts. Si, à l'époque indiquée, le prêt n'est pas remboursé, il peut être renouvelé, c'est-à-dire prolongé d'un délai égal au premier, moyennant le payement des droits échus et le versement de la différence donnée par une nouvelle estimation. Si le prêt n'est ni remboursé en temps voulu ni renouvelé, l'objet, après un délai de faveur (13e mois), est *vendu aux enchères ;* toutefois, il est loisible à l'emprunteur de requérir la vente de son nantissement trois mois après l'engagement (les marchandises neuves exceptées).

5° Si le montant de la vente est supérieur à la somme prêtée plus les droits, l'excédent (*boni*) reste à la disposition de l'emprunteur ; mais tout boni qui n'est pas réclamé dans le délai de trois ans, à partir du jour de l'engagement, appartient aux hospices.

6° En cas de perte du nantissement, la valeur en est payée au propriétaire au prix d'estimation fixé lors du dépôt par les commissaires-priseurs de l'établissement et avec l'augmentation d'un quart en sus à titre d'indemnité.

7° L'administration ne répond pas des piqûres de vers.

*Avances sur valeurs mobilières libérées au porteur.* — Le mont-de-piété de Paris fait aux taux et conditions fixés par l'administration, après avis de son conseil de surveillance, des avances dont la proportion est ainsi réglée par l'article 2 de la loi du 25 juillet 1891 : 80 0/0 sur les rentes françaises, bons et obligations du Trésor, bons de caisse du mont-de-piété ; 75 0/0 sur les actions et obligations des principales lignes de chemins de fer de la France et des colonies, sur les obligations de la Ville de Paris, des villes et des départements français, sur les obligations du Crédit foncier, etc. ; 60 0/0 sur les actions en jouissance des chemins de fer de l'Est, d'Orléans, de l'Ouest, du Midi et du Nord. Le maximum des prêts est de 500 francs par opération et par emprunteur.

Les avances sont faites pour six mois ; ce délai peut être prolongé. Elles sont remboursables par anticipation au gré de l'emprunteur. Les coupons échus de valeurs données en garantie sont remis sans frais aux emprunteurs sur leur réclamation. L'administration fait vendre sur la demande des emprunteurs, par ministère d'agent de change, les valeurs sur lesquelles elle a consenti des avances. L'emprunteur reçoit, en déposant ses valeurs, le montant intégral de l'avance, sans déduction d'aucuns frais, ni droits, ni commissions.

L'intérêt, perçu seulement au moment du retrait ou du renouvellement, est en ce moment fixé à 6 0/0 l'an ; il est calculé d'après le nombre de quinzaines écoulées ; toute quinzaine commencée est payée en entier ; en outre, pour toute la durée du prêt — six mois — il est dû un droit de 0 fr. 25 par 100 francs prêtés.

## Montagnes.

*Restauration et conservation des terrains en montagne.* — Il est pourvu à la restauration et à la conservation des terrains en montagne, soit au moyen de travaux exécutés par l'Etat ou par les propriétaires, avec subvention de l'Etat, soit au moyen de mesures de protection, conformément à la loi du 4 avril 1882 et au décret du 11 juillet suivant.

L'utilité publique des travaux de restauration rendus nécessaires par la dégradation du sol, et des dangers nés et actuels, ne peut être déclarée que par une loi, qui fixe le périmètre des terrains sur lesquels ces travaux doivent être exécutés. (Loi du 4 avril 1882, art. 2.) Une enquête, après avis des conseils locaux et d'une commission spéciale, sous la présidence du préfet, permet aux intéressés de faire valoir leurs objections.

Dans le périmètre fixé par la loi, les travaux de restauration sont exécutés par les soins de l'administration et aux frais de l'Etat qui, à cet effet, doit acquérir, soit à l'amiable, soit par expropriation, les terrains reconnus nécessaires. Dans ce dernier cas, il est procédé, sauf quelques exceptions, dans les formes prescrites par la loi du 3 mai 1841.

Toutefois les propriétaires, les communes et les établissements publics peuvent conserver la propriété de leurs terrains, s'ils parviennent à s'entendre avec l'Etat avant le jugement d'expropriation, et s'engagent à exécuter dans le délai à eux imparti, avec ou sans indemnités, aux clauses et conditions stipulées entre eux, les travaux de restauration, et à pourvoir à leur entretien sous le contrôle et la surveillance de l'administration forestière. Ils peuvent, à cet effet, constituer des associations syndicales, conformément aux dispositions de la loi du 21 juin 1865. (V. ASSOCIATION SYNDICALE.) Les travaux facultatifs peuvent donner lieu à des subventions en graines, plants ou argent.

En ce qui concerne la *conservation*, l'administration des Forêts peut requérir la *mise en défens* des terrains et pâturages en montagnes appartenant aux communes, aux établissements publics et aux particuliers, toutes les fois que l'état de dégradation du sol ne paraît pas encore assez avancé pour nécessiter des travaux de restauration. Cette mise en défens est prononcée par un décret rendu en conseil d'Etat. (Loi du 4 avril 1882, art. 7.)

Ce décret détermine la nature, la situation et les limites du terrain à interdire, fixe la durée de la mise en défens (sans qu'elle puisse excéder dix ans) et le délai pendant lequel les parties intéressées pourront procéder au règlement amiable de l'indemnité à accorder aux propriétaires pour privation de jouissance. En cas de désaccord sur le chiffre de l'indemnité, il est statué par le conseil de préfecture, après expertise contradictoire, s'il y a lieu, sauf recours au Conseil d'Etat, devant lequel il sera procédé sans frais, dans les mêmes formes et délais qu'en matière de contributions publiques. Dans le cas où l'Etat voudrait, à l'expiration du délai de dix ans, maintenir la mise en défens, il serait tenu d'acquérir les terrains à l'amiable ou par voie d'expropriation publique, s'il en est requis par les propriétaires. (*Id.*, art. 8.)

Les semis et plantations de bois sur le sommet et le penchant des montagnes, sur les dunes et dans les landes sont exempts de tout impôt pendant trente ans. (Loi du 18 juin 1859.) D'autre part, en ce qui concerne la contribution foncière, « le revenu imposable de tout terrain défriché qui sera ultérieurement planté ou semé en bois sera réduit des trois quarts pendant les trente premières années de la plantation ou du semis, quelle qu'ait été la nature de culture du terrain avant le défrichement ». (Loi du 29 mars 1897, art. 3.)

## Monuments publics.

Dans le sens légal du mot, on confond sous la dénomination générale de *monuments publics :* les édifices destinés à perpétuer le souvenir de grands événements et des grands hommes (arcs de triomphe, pyramides, colonnes, statues, etc.) et les édifices publics offrant quelque beauté architecturale (palais des souverains, palais des assemblées délibérantes, palais de justice, églises, théâtres, etc.). Les monuments publics se divisent, au point de vue administratif, en *bâtiments civils, bâtiments militaires* et *monuments historiques.* L'administration supérieure possède, relativement à ces trois classes de monuments, une action de conservation, de surveillance et de direction.

L'article 257 du Code pénal punit de l'emprisonnement et de l'amende quiconque détruit ou mutile un monument public. V. DÉGRADATION de monuments.

*Monuments historiques.* — En 1832 fut institué un *Comité des monuments historiques,* dépendant de la direction des Beaux-arts. Ce comité a mission de déterminer les monuments historiques et d'en faire le classement. Lorsque le monument est dit *classé,* les travaux d'entretien et de réparation sont à la charge de l'Etat. La loi du 30 mars 1887 a armé l'administration du droit d'expropriation, non seulement à l'égard des monuments classés, mais à l'égard des monuments à classer.

*Immeubles et monuments.* « Les immeubles par nature ou par destination, dont la conservation peut avoir, au point de vue de l'histoire ou de l'art, un intérêt national, seront classés en totalité ou en partie par les soins du ministre de l'Instruction publique et des Beaux-arts. » (Art. 1er.)

L'immeuble appartenant à l'Etat est classé par arrêté du ministre de l'Instruction publique et des Beaux-arts, en cas d'accord avec le ministre dans les attributions duquel l'immeuble se trouve placé. Dans le cas contraire, le classement est prononcé par un décret d'administration publique.

L'immeuble appartenant à un département, à une commune, à une fabrique ou à tout autre établissement public, est classé par arrêté du ministre de l'Instruction publique et des Beaux-arts, s'il y a consentement de l'établissement propriétaire et avis conforme du ministre sous l'autorité duquel l'établissement est placé. En cas de désaccord, le classement est prononcé par un décret d'administration publique. (Art. 2.)

L'immeuble appartenant à un particulier est classé par arrêté du ministre de l'Instruction publique et des Beaux-arts, mais ne peut l'être qu'avec le consentement du propriétaire.

S'il y a contestation sur l'interprétation et sur l'exécution de l'arrêté de classement, il est statué par le ministre de l'Instruction publique et des Beaux-arts, sauf recours au conseil d'Etat statuant au contentieux. (Article 3.)

L'immeuble classé ne peut être détruit, même en partie, ni être l'objet d'un travail de restauration, de réparation ou de modification quelconque, si le ministre de l'Instruction publique et des Beaux-arts n'y a donné son consentement.

L'expropriation, pour cause d'utilité publique, d'un immeuble classé ne peut être poursuivie qu'après que le ministre de l'Instruction publique et des Beaux-arts aura été appelé à présenter ses observations. Les servitudes d'alignement et autres qui pourraient causer la dégradation des monuments ne sont pas applicables aux immeubles classés. Les effets du classement suivront l'immeuble classé, en quelques mains qu'il passe. (Art. 4.)

Le ministre de l'Instruction publique et des Beaux-arts peut, en se conformant aux prescriptions de la loi du 3 mai 1841, poursuivre l'expropriation des monuments classés ou qui seraient de sa part l'objet d'une proposition de classement refusée par le particulier propriétaire. Il peut, dans les mêmes conditions, poursuivre l'expropriation des monuments mégalithiques, ainsi que celle des terrains sur lesquels ces monuments sont placés. (Art. 5.)

Le déclassement total ou partiel peut être demandé par le ministre dans les attributions duquel se trouve l'immeuble classé, par le département, la commune, la fabrique, l'établissement public et le particulier propriétaire de l'immeuble. Le déclassement a lieu dans les mêmes formes et sous les mêmes distinctions que le classement. Toutefois, en cas d'aliénation consentie à un particulier de l'immeuble classé appartenant à un département, à une commune, à une fabrique ou à tout autre établissement public, le déclassement ne pourra avoir lieu que conformément au paragraphe 2 de l'article 2. (V., ci-dessus, art. 6.)

*Objets mobiliers.* Les objets mobiliers classés et appartenant à l'Etat sont inaliénables et imprescriptibles. (*Id.*, art. 10.)

Les objets classés appartenant aux départements, aux communes, aux fabriques ou autres établissements publics, ne peuvent être restaurés, réparés, ni aliénés par vente, don ou échange, qu'avec l'autorisation du ministre de l'Instruction publique et des Beaux-arts. (*Id.*, art. 11.)

L'aliénation faite en violation de cette disposition est nulle, et la nullité en est poursuivie par le propriétaire vendeur ou par le ministre de l'Instruction publique et des Beaux-arts, sans préjudice des dommages intérêts qui pourraient être réclamés contre les parties contractantes et contre l'officier public qui aura prêté son concours à l'acte d'aliénation. Les objets classés aliénés irrégulièrement, perdus ou volés, pourront être revendiqués pendant trois ans, conformément aux dispositions des articles 2279 et 2280 du Code civil. La revendication pourra être exercée par les propriétaires et, à leur défaut, par le ministre de l'Instruction publique et des Beaux-arts. (*Id.*, art. 13.)

*Fouilles.* — Lorsque, par suite de fouilles, de travaux ou d'un fait quelconque, on découvre des monuments, des ruines, des inscriptions ou des objets pouvant intéresser l'archéologie, l'histoire ou l'art, sur des terrains appartenant à l'Etat, à un département, à une commune, à une fabrique ou autre établissement public, le maire de la commune doit assurer la conservation provisoire des objets découverts et aviser immédiatement le préfet du département des mesures prises. Le préfet en réfère au ministre des Beaux-arts, qui statue définitivement. Si la découverte a eu lieu sur le terrain d'un particulier, le maire en avise le préfet. Sur le rapport du préfet et après avis de la Commission des monuments historiques, le ministre des Beaux-arts peut poursuivre l'expropriation dudit terrain en tout ou partie pour cause d'utilité publique, suivant les formes de la loi du 3 mai 1841. (*Id.*, art. 14.)

Les décisions prises par le ministre de l'Instruction publique et des Beaux-arts, en exécution de la loi du 30 mars 1887, sont rendues après avis de la Commission des monuments historiques. (*Id.*, art. 15.)

Le décret d'administration publique du 3 janvier 1889 a pourvu aux mesures d'exécution de la loi du 30 mars 1887.

La *Commission des monuments historiques*, instituée près le ministère de l'Instruction publique et des Beaux-arts, a pour mission d'établir la liste des monuments et objets ayant un intérêt historique et artistique, de désigner ceux qu'il convient de restaurer, d'examiner les projets présentés pour leur restauration, de proposer au ministre la répartition des crédits ouverts pour la conservation des monuments classés. Elle est organisée par le décret du 3 janvier 1889.

Le décret du 26 janvier 1892, qui a organisé le service d'architecture des monuments historiques, dispose que les *architectes des monuments historiques* chargés de la conservation de nos édifices classés sont recrutés par voie de concours au fur et à mesure des vacances qui se produisent dans ce service. (Décret du 21 janvier 1905.)

**Mort (Peine de).** — Peine afflictive et infamante qui entraîne la décapitation.

La loi qui, en 1832, revisa le Code pénal de 1810, supprima, en matière ordinaire, l'application de la peine de mort en plusieurs cas, en même temps qu'elle donnait au jury le pouvoir de l'écarter, par une déclaration de circonstances atténuantes. En matière politique, la constitution du 4 novembre 1848 (art. 5) abolit la peine de mort, et la loi du 8 juin 1850 (art. 1er) la remplaça par la déportation dans une enceinte fortifiée. Enfin, différents pays d'Europe ont renoncé à appliquer la peine de mort: Italie, Suisse, Belgique, etc.

En France, depuis 1792, la peine de mort consiste dans la décapitation par la guillotine. Tout « condamné à mort aura la tête tranchée ». (Code pén., art. 12.) Les militaires condamnés à mort sont fusillés. V. EXÉCUTION MILITAIRE.

Les corps des suppliciés sont délivrés à leurs familles, si elles les réclament, à la charge par elles de les faire inhumer sans aucun appareil (*id.*, art. 14).

L'exécution se fait sur l'une des places publiques du lieu indiqué par l'arrêt de condamnation (*id.*, art. 26).

Si une femme condamnée à mort se déclare et s'il est vérifié qu'elle est enceinte, elle ne subit la peine qu'après sa délivrance (*id.*, art. 27).

**Mort civile.**

Jusqu'en 1854 une fiction de la loi avait pour effet de faire considérer comme mort un condamné aux travaux forcés à perpétuité ou à la déportation et d'entraîner pour lui, au point de vue de sa condition civile les effets légaux de la mort naturelle. Son mariage était dissous; son conjoint, réputé veuf, pouvait contracter un nouveau mariage.

Tout d'abord, une loi du 8 juin 1850 supprima la mort civile en cas de déportation, puis une loi du 31 mai 1854 l'abolit dans tous les cas et la remplaça par des peines accessoires.

Les condamnations à des peines afflictives perpétuelles emportent la dégradation civique et l'interdiction légale. (Loi du 31 mai 1854, art. 2.)

Le condamné ne peut disposer de ses biens, en tout ou en partie, soit par donation entre vifs, soit par testament, ni recevoir à ce titre, si ce n'est pour cause d'aliments; tout testament par lui fait antérieurement à sa condamnation contradictoire, devenue définitive, est nul. Toutefois, cette disposition n'est applicable au condamné par contumace que cinq ans après l'exécution par effigie (art. 3).

Le gouvernement peut relever le condamné à une peine afflictive perpétuelle de tout ou partie de ces incapacités (art. 4).

**Mur.** — V. MITOYENNETÉ.

**Musées nationaux.**

Un décret du 4 mars 1874 sur l'administration des musées nationaux a institué un directeur, un secrétaire général, des conservateurs et des conservateurs adjoints. Le directeur administre, sous l'autorité du ministre des Beaux-arts, le musée du Louvre, le musée du Luxembourg, le musée de Versailles, le musée de Saint-Germain et toutes les collections d'objets d'art placés dans des immeubles de l'Etat et inventoriés au Louvre. Chacun des départements du musée du Louvre et chacun des trois autres musées est confié à un conservateur et à un attaché; les départements du Louvre, sauf celui de l'ethnographie et de la marine, ont en outre un conservateur adjoint.

Les musées de province sont placés sous la surveillance des inspecteurs de l'enseignement du dessin et des musées et de deux inspecteurs généraux des musées.

La loi du 16 avril 1895, art. 52, investit de la personnalité civile, sous le titre de *Musées nationaux,* la réunion des musées du Louvre, du Luxembourg, de Cluny, de Versailles et de Saint-Germain. Les musées *départementaux* ou *communaux* pourront également être investis de la personnalité civile si les départements ou les villes qui en sont propriétaires le demandent. En ce cas, il sera statué par décret rendu en la forme ordinaire des reconnaissances d'utilité publique.

Les ressources des musées nationaux comprennent : 1° les dons et legs; 2° les versements à titre de souscriptions individuelles ou collectives; 3° les sommes allouées par l'Etat à titre de subventions pour acquisition d'objets d'art et d'antiquité; 4° le produit de la vente par ces musées des estampes, moulages et autres reproductions; 5° le revenu de la moitié du produit de la vente des diamants de la couronne; 6° toutes autres ressources qui pourraient leur être affectées par la loi (*id.*, art. 54).

Les ressources des musées nationaux sont exclusivement employées en acquisitions d'objets ayant une valeur artistique, archéologique ou historique, ainsi qu'au remboursement du prix de revient des produits de la chalcographie et de l'atelier des moulages du Louvre. (Loi du 31 mars 1903, art. 74.)

Pour l'organisation administrative des musées nationaux, voir les décrets des 5 septembre 1888, 19 janvier 1904 et 7 février 1907.

**Mutation.** — Transmission de propriété, d'usufruit ou de jouissance de meubles ou d'immeubles s'opérant soit en vertu d'une loi, soit en vertu des conventions.

On distingue les *mutations par décès* ou successions, et les *mutations entre vifs*. Parmi ces dernières, les unes procèdent de contrats *à titre onéreux* (ventes, échanges, baux et concessions), les autres ont lieu *à titre gratuit* (donations et legs).

Toute mutation de biens est assujettie à un droit proportionnel d'enregistrement; mais, tandis que certaines transmissions (mutations par décès de meubles et d'immeubles, transmission d'immeubles, cessions de fonds de commerce et de clientèles) doivent être enregistrées ou déclarées dans un délai de rigueur, indépendamment de l'existence d'un écrit, d'autres (les transmissions entre vifs de valeurs mobilières) ne sont passibles de l'impôt qu'à raison de la forme authentique de la convention, ou de l'usage qui est fait en justice, ou par acte public du contrat qui les constate. V. ENREGISTREMENT.

Pour les tarifs des droits de mutation, se reporter au mot SUCCESSIONS.

**Mutations foncières.**

Les mutations sur le rôle foncier et la matière cadastrale sont opérées soit d'office, soit par l'administration d'après les relevés faits au bureau de l'enregistrement, soit sur la déclaration des parties appuyée d'un extrait de l'acte de transmission ou d'un certificat du receveur de l'enregistrement.

Les contrôleurs et les percepteurs des contributions directes se transportent chaque année dans les communes et reçoivent les déclarations de mutation, qu'ils consignent sur des états dits *feuilles de mutation*.

**Mutilation.**

Pour la mutilation d'un membre (art. 309 et 312 du Code pénal), V. BLESSURES ET COUPS.

Pour la mutilation des enfants abandonnés (art. 351 du Code pénal), V. ENFANTS, § *Abandon d'enfant.*

Tout homme reconnu coupable de s'être rendu impropre au service militaire, soit d'une manière permanente par *mutilation* proprement dite, soit temporairement par l'absorption de drogues ou boissons spéciales, peut être puni d'un emprisonnement d'un mois à un an. A l'expiration de sa peine, il est incorporé dans une *compagnie de discipline*. Les hommes qui se mutilent volontairement après leur incorporation sont envoyés aux compagnies de discipline, mais seulement après avis conforme du *conseil de discipline* de leur corps.

**Mutualité.** — V. ASSURANCES MUTUELLES, page 85; SECOURS MUTUELS.

# N

**Naissance.**

La naissance détermine pour chaque individu son état, sa situation dans une nation et une famille. Au point de vue de la capacité juridique et de la personnalité, elle joue un très grand rôle. Sans doute, dans la limite où son intérêt l'exige, l'enfant simplement conçu est considéré parfois, en vertu d'une fiction de la loi, comme déjà né et, provisoirement, jouit d'une certaine capacité juridique; mais les effets définitifs de cette capacité sont subordonnés à la naissance, avec vie et viabilité. Il en est ainsi, notamment, au point de vue des qualités requises pour succéder et pour recevoir par donation ou par testament. (Code civ., art. 725, 906.) V. ÉTAT CIVIL.

**Nantissement.** — Contrat par lequel un débiteur remet une chose à son créancier pour sûreté de sa dette.

Le nantissement est une sûreté réelle; lorsqu'il porte sur une valeur mobilière, il prend le nom de *gage*, et quand il a pour objet une valeur immobilière on le désigne sous le nom d'*antichrèse*. V. ANTICHRÈSE, GAGE.

**Nationalité.** — Ensemble des droits et des devoirs publics ou privés qui constituent pour un individu la qualité de citoyen d'un Etat.

On distingue la nationalité *d'origine*, qui se détermine par la filiation, le lieu de naissance, quelquefois par les deux, et la nationalité *acquise*, qui provient du mariage, de la naturalisation, de l'annexion. V. FILIATION, NATURALISATION, ÉTRANGERS, FRANÇAIS.

**Naturalisation.** — Acte par lequel un Etat admet un étranger au nombre de ses nationaux.

*Admission à domicile.* — L'étranger qui veut obtenir l'autorisation de fixer son domicile en France adresse au ministre de la Justice une demande (sur papier timbré), accompagnée : 1° de son acte de naissance et de celui de son père (avec la traduction s'ils sont en langue étrangère) ; 2° d'un extrait du casier judiciaire français. Le demandeur s'engage à acquitter les droits de sceau (175 fr. 25). L'étranger autorisé par décret à fixer son domicile en France y jouit de tous les droits civils ; l'effet de l'autorisation cesse à l'expiration de cinq années, si l'étranger ne demande pas la naturalisation ou si la demande est rejetée. En cas de décès avant la naturalisation, l'autorisation et le temps de stage qui a suivi profitent à la femme et aux enfants mineurs au moment de l'autorisation. (Code civ., art. 13.)

*Naturalisation.* — Aux termes de la loi du 28 juin 1889, peuvent être naturalisés : 1° les étrangers qui ont obtenu l'autorisation de fixer leur domicile en France et ce après trois ans de domicile à dater de l'enregistrement de leur demande au ministère de la Justice ; 2° les étrangers qui peuvent justifier d'une résidence non interrompue pendant dix années : le séjour en pays étranger pour l'exercice d'une fonction conférée par le gouvernement français est assimilé à la résidence en France ; 3° les étrangers admis à fixer leur domicile en France, après un an, s'ils ont rendu des services importants à la France, s'ils y ont apporté des talents distingués ou s'ils y ont introduit soit une industrie, soit des inventions utiles, ou s'ils ont créé soit des établissements industriels ou autres, soit des exploitations agricoles, ou s'ils ont été attachés, à un titre quelconque, au service militaire dans les colonies et les protectorats français ; 4° l'étranger qui a épousé une Française, aussi après une année de domicile autorisé. Il est statué par décret en conseil d'Etat sur la demande de naturalisation, après une enquête sur la moralité de l'étranger.

La femme mariée à un étranger qui se fait naturaliser Français et les enfants majeurs de l'étranger naturalisé peuvent, s'ils le demandent, obtenir la qualité de Français, sans condition de stage, soit par le décret qui confère cette qualité au mari ou au père ou à la mère, soit comme conséquence d'une déclaration qui sera enregistrée au ministère de la Justice. Les enfants mineurs d'un père ou d'une mère survivants qui se sont fait naturaliser deviennent Français et gardent cette qualité, à moins que, dans l'année qui suivra leur majorité, ils n'y renoncent par une déclaration.

La demande de naturalisation, comme celle d'admission à domicile ou de réintégration dans la qualité de Français, est adressée au préfet du département de la résidence, qui la fait parvenir au ministre de la Justice.

La demande tendant à obtenir la naturalisation doit être rédigée sur papier timbré et accompagnée des pièces suivantes : 1° acte de naissance ; 2° acte de mariage des père et mère et leurs actes de naissance si l'acte de mariage n'indique pas les noms, prénoms, dates et lieux de naissance des conjoints ; 3° extrait du casier judiciaire français du demandeur ; 4° son acte de mariage et les actes de naissance de ses enfants mineurs (avec traduction si ces actes sont en langue étrangère). Le demandeur s'engage à payer les droits de sceau (175 fr. 25).

Si l'étranger demandeur a épousé une Française, il doit produire l'acte de naissance de sa femme et l'acte de naissance du père de celle-ci ; s'il résidait en France depuis dix ans, il joint à sa demande telles pièces que de droit (baux, par exemple) établissant la réalité de cette résidence.

La remise partielle des droits n'est accordée qu'aux demandeurs qui justifient de l'impossibilité d'acquitter intégralement les droits ; la remise totale est accordée eu égard à des services publics : actes de courage, distinction.

*Droits des naturalisés.* — Dans tous les cas où la qualité de Français sera acquise, on ne pourra s'en prévaloir que pour les droits ouverts depuis l'accomplissement complet des formalités.

Quant aux droits politiques, l'étranger naturalisé jouit bien de tous ceux qui sont attachés à la qualité de citoyen français ; toutefois il n'est éligible aux assemblées législatives que dix ans après le décret de naturalisation, à moins qu'une loi spéciale n'abrège ce délai. Le délai dans ce cas peut être réduit à une année. V. FRANÇAIS, NATIONALITÉ.

**Naturel (Enfant).** — V. ENFANTS.

**Naufrage.** — Perte totale ou partielle, par fortune de mer, d'un navire ou de son chargement.

Au point de vue du droit, le naufrage proprement dit s'opère par un fait de force majeure, étranger à la volonté de l'homme ; s'il est occasionné par la faute volontaire du capitaine ou de toute autre personne, il n'y a plus naufrage, mais *baraterie*.

Il existait anciennement sur toutes les côtes un *droit de naufrage*, en vertu duquel on s'emparait des effets de ceux qui avaient le malheur de faire naufrage. L'usage en a été aboli en France par l'ordonnance de 1681 sur la marine, complétée par une ordonnance du 10 janvier 1770, un arrêté du 27 thermidor an VII et un arrêté du 17 floréal an IX. Ces divers textes ont accordé des droits aux personnes qui opèrent le sauvetage. Les droits varient selon les circonstances dans lesquelles le sauvetage a eu lieu ; ils peuvent se diviser en prime d'avertissement, part des objets sauvés et taxe de sauvetage.

L'article 475, 12°, du Code pénal édicte une

amende de 6 à 10 francs contre toute personne qui, le pouvant, a refusé ou négligé, lors d'un naufrage, de prêter le secours dont elle était requise. V. ABORDAGE, SAUVETAGE.

## Navigation.

On distingue deux sortes de *navigations :* la navigation *maritime* ou *extérieure*, qui a lieu sur mer ; la navigation *fluviale* ou *intérieure*, qui a lieu, sans sortir du territoire continental, sur les fleuves, les rivières et les canaux. Chacune de ces navigations est soumise à des règles particulières.

*Navigation maritime.* — V. MARINE MARCHANDE.

*Navigation fluviale.* — La navigation fluviale est soumise au droit commun au point de vue des rapports des voituriers, des voyageurs et des expéditeurs de marchandises.

Sont punis de la peine de la réclusion le batelier ou ses préposés lorsqu'ils auront volé tout ou partie des choses qui leur étaient confiées à ce titre. (Code pén., art. 386.)

Les bateliers ou leurs préposés qui ont altéré ou tenté d'altérer des vins ou toute autre espèce de liquides ou marchandises dont le transport leur avait été confié, et qui ont commis ou tenté de commettre cette altération par le mélange de substances malfaisantes, sont punis d'un emprisonnement de deux à cinq ans et d'une amende de 25 francs à 500 francs. Ils peuvent, en outre, être privés des droits civiques, civils et de famille pendant cinq ans au moins et dix ans au plus, et être condamnés par l'arrêt ou le jugement à l'interdiction de séjour pendant le même nombre d'années. S'il n'y a pas eu mélange de substances malfaisantes, la peine est d'un emprisonnement d'un mois à un an et d'une amende de 16 francs à 100 francs. (Code pén., art. 387.)

Quant au régime général de la navigation intérieure, il est actuellement réglementé par une loi du 5 août 1879. Cette loi a divisé en deux classes, suivant la nature des besoins qu'elles desservent, les voies navigables du territoire : 1° les lignes principales ; 2° les lignes secondaires. Les premières sont administrées par l'Etat ; les autres peuvent être concédées, avec ou sans subvention, pour un temps limité, à des associations ou à des particuliers.

Les lignes principales doivent avoir au minimum les dimensions suivantes : profondeur d'eau, $2^m,00$ ; largeur des écluses, $5^m,20$ ; longueur des écluses entre la corde du mur de chute et de l'enclave des portes d'aval, $38^m,50$ ; hauteur libre sous les ponts (pour les canaux), $3^m,70$.

La police et l'usage des voies de navigation intérieure administrées par l'Etat ou concédées sont régis par les dispositions du décret du 8 octobre 1901, ainsi que par les arrêtés préfectoraux portant règlements particuliers pour l'exécution dudit décret. Ces arrêtés ne seront exécutoires qu'après approbation par le ministre des Travaux publics.

Les bateaux à vapeur qui naviguent sur les fleuves, rivières, canaux, lacs ou étangs d'eau douce sont assujettis aux dispositions du décret du 9 avril 1883. Ces dispositions cessent d'être applicables à l'embouchure des fleuves, en aval d'une limite qui, pour chaque fleuve, est déterminée par un décret rendu, après enquête, sur le rapport du ministre des Travaux publics et du ministre de la Marine.

Pendant la nuit, c'est-à-dire depuis le coucher du soleil jusqu'à son lever, les bateaux et radeaux, ainsi que les obstacles à la navigation, sont éclairés, conformément aux dispositions du règlement du 20 novembre 1893, sur les fleuves, rivières, canaux, lacs et étangs d'eau douce.

Aucun bateau ne peut naviguer que s'il est muni d'un certificat constatant qu'il a été immatriculé et jaugé dans les formes réglementaires.

Le décret du 1er avril 1899 porte règlement relatif : 1° à l'immatriculation et au jaugeage des bateaux ; 2° à la statistique de la navigation intérieure.

La loi du 27 avril 1881 dispose que des travaux de réparation et d'entretien doivent être exécutés chaque année par l'administration des Ponts et chaussées dans les fleuves, canaux et rivières canalisées. Dans chaque département, un arrêté fait connaître la date où commence le chômage de la navigation et sa durée.

Longtemps, pour subvenir aux frais d'entretien et de correction des fleuves, rivières et canaux, il a été perçu au profit de l'Etat un droit spécial, dit *droit de navigation intérieure*, sur les marchandises transportées par eau. Une loi du 19 février 1880 a prononcé la suppression de ce droit. L'immunité ainsi accordée à la batellerie a eu pour but d'amener, par la concurrence, une réduction dans les tarifs de transport par les chemins de fer.

Un décret du 15 février 1902 a institué, près le ministère des Travaux publics, un *Comité consultatif de la navigation intérieure et des ports.*

## Navire. — V. MARINE MARCHANDE, NAVIGATION.

## Neutralisation. — Situation faite à certaines personnes (ambulanciers) ou à certaines choses (ambulances), que les belligérants s'engagent à respecter. V. NEUTRALITÉ.

## Neutralité. — Etat de ceux qui ne prennent pas parti entre les belligérants.

On distingue deux sortes de neutralités : une neutralité *extraordinaire et perpétuelle*, et la neutralité *temporaire.*

*Neutralité extraordinaire et perpétuelle.* — La neutralité perpétuelle assure à un Etat des relations pacifiques avec les autres pays ; elle lui défend de faire des guerres offensives. C'est par des conventions internationales que cette situation est octroyée à un Etat ; en général, elle est garantie par les puissances qui l'ont établie. Pareille situation est celle de la Suisse, de la Belgique, du grand-duché de Luxembourg.

*Neutralité ordinaire et temporaire.* — Les Etats qui, au début d'une guerre, veulent demeurer neutres publient généralement une déclaration de neutralité. L'Etat neutre doit s'abstenir de tout acte hostile. Il doit s'opposer aux actes que les belligérants voudraient commettre sur son territoire. Il ne doit pas, d'autre part, commettre d'ingérence directe dans les hostilités : il ne saurait fournir à un des belligérants des armes de guerre et autres choses susceptibles de servir aux usages militaires, ni lui permettre d'enrôler des troupes sur son territoire. Il ne peut pas non plus autoriser, sur son propre territoire terrestre, le passage des armées d'un belligérant ; s'il lui est permis de laisser passer des navires de guerre dans ses eaux territoriales, il ne doit admettre le séjour de ces navires que dans des conditions spéciales. Il doit veiller à ce que l'un des belligérants n'arme dans ses ports aucun bâtiment de guerre, ni aucun corsaire.

Les neutres ont droit au respect de leur territoire par les belligérants ; la personne et les biens des sujets neutres doivent être protégés sur le territoire des belligérants ; enfin, le commerce des neutres entre eux et même avec les belligérants est libre, en tant qu'il ne doit pas constituer une aide pour les Etats ennemis.

Un Etat neutre ne doit pas fournir de *subsides* en argent à l'un des belligérants ni même à tous les deux; mais on discute s'il doit interdire à ses sujets la négociation ou la participation, dans les limites de son territoire, d'un emprunt pour le compte d'un belligérant ; dans l'usage, on admet qu'il n'a point une semblable obligation.

## Noblesse.

*Usurpation de titres de noblesse.* — Elle tombe sous le coup de l'article 259 du Code pénal, qui punit d'une amende de 500 francs à 10 000 francs « quiconque, sans droit et en vue de s'attribuer une distinction honorifique, aura publiquement pris un titre, changé, altéré ou modifié le nom que lui assignent les actes de l'état civil ». Le tribunal peut ordonner l'insertion du jugement, intégrale ou par extrait, dans les journaux qu'il désignera, et aux frais du condamné.

*Titres de noblesse.* — V. NOMS ET PRÉNOMS, TITRES NOBILIAIRES.

## Nolis, nolisement. — V. AFFRÈTEMENT.

## Noms et prénoms.

Dans la désignation de l'identité des personnes, on admet plusieurs sortes de *noms :* 1° le *nom de famille* ou *patronymique*, désignant chaque famille dans la société ; 2° le *prénom* ou *nom de baptême*, servant à distinguer les membres d'une famille ; 3° les *noms de terre* ou les *titres de noblesse*, qui sont des noms honorifiques. V. TITRES NOBILIAIRES.

En principe, nul ne peut porter d'autres nom et prénom que ceux mentionnés dans son acte de naissance. (Loi du 6 fructidor an II.) Lorsqu'une personne désire reprendre un nom auquel elle croit avoir droit ou faire rectifier une inexactitude de son nom, elle doit soumettre sa demande aux tribunaux civils ; mais si elle veut changer de nom ou ajouter à son nom patronymique un autre nom, elle doit se conformer à une procédure spéciale : c'est au ministre de la Justice qu'est adressée la demande ; s'il y a lieu, le changement ou l'addition de nom est autorisé par un décret en conseil d'Etat ; mais la décision ne peut recevoir son exécution qu'un an après son inscription au *Bulletin des lois* (Droit de sceau : 600 francs), et au cours de ladite année tout intéressé est admis à former opposition au décret, qui, le cas échéant, est rapporté.

« La jurisprudence paraît définitivement se fixer dans le sens de la recevabilité des demandes en rectification tendant au rétablissement, dans les actes de l'état civil, d'un surnom ou d'un nom de terre, dont le réclamant ou ses ancêtres se trouvaient en possession avant la période révolutionnaire, par le motif que l'addition au nom patronymique d'un surnom ou d'un nom de terre n'emporte aucune signification féodale ou nobiliaire. » Mais le conseil d'administration du ministère de la Justice (et non les tribunaux) a seul qualité pour statuer sur les demandes en collation, confirmation, reconnaissance et vérification des titres nobiliaires. (Aubry et Rau, *Droit civil*, t. Ier, pages 319-320.)

Est passible d'une amende de 500 francs à 10 000 francs quiconque, sans droit et en vue de s'attribuer une distinction honorifique, a publiquement changé, altéré ou modifié le nom que lui assignent les actes de l'état civil. (Code pén., art. 259.)

Les noms en usage dans les différents calendriers, et ceux des personnages connus de l'histoire ancienne peuvent seuls être reçus, comme prénoms, sur les registres de l'état civil destinés à constater la naissance des enfants ; il est interdit aux officiers publics d'en admettre aucun autre dans leurs actes. (Loi du 11 germinal an XI, art. 1er.)

La loi ne donne, dans le mariage, aucun droit à l'un des époux sur le nom de l'autre ; mais en fait, il est entré dans nos mœurs que le nom de famille de la femme mariée soit absorbé dans celui de son mari. Depuis une loi du 6 février 1893, l'usage par un époux du nom de famille de l'autre est formellement interdit après divorce prononcé, et peut, après séparation de corps, être interdit par les tribunaux.

En matière commerciale, le nom sous lequel est connu dans le public un établissement de négoce ou d'industrie est également l'objet d'un droit, d'une propriété, et l'usurpation de ce nom par des concurrents exerçant une industrie similaire donne non seulement ouverture à une action en dommages-intérêts, mais tombe sous le coup des dispositons répressives de la loi du 28 juillet 1824.

## Notables commerçants. — Assemblée de commerçants et d'industriels appelée à élire dans son sein les membres des tribunaux de commerce.

Cette assemblée doit se composer de commerçants notables, et principalement des chefs des maisons les plus anciennes et les plus recommandables par la probité, l'esprit d'ordre et d'économie.

**Notaire.** — Fonctionnaire public établi pour recevoir tous les actes et contrats auxquels les parties doivent ou veulent faire donner le caractère d'authenticité attaché aux actes de l'autorité publique, et pour en assurer la date, en conserver le dépôt, en délivrer des grosses et expéditions.

Le texte constitutif du notariat est la loi du 25 ventôse an XI, modifiée par celle du 12 août 1902.

Le candidat aux fonctions de notaire doit : 1° être âgé de vingt-cinq ans accomplis ; 2° avoir satisfait à la loi sur le recrutement de l'armée ; 3° avoir la jouissance de ses droits civiques, civils et politiques ; 4° avoir fait le stage réglementaire prescrit et défini par les articles 36 à 42 de la loi du 12 août 1902 ; 5° avoir obtenu de la Chambre des notaires un certificat de capacité et de moralité.

Les notaires sont nommés par décret du président de la République, sur la présentation du garde des sceaux. Avant d'entrer en fonctions, ils sont soumis au versement d'un cautionnement et prêtent serment devant le tribunal de première instance. Ils sont institués à vie.

Les notaires sont divisés en trois classes : 1° les notaires des villes où réside une cour d'appel ; 2° ceux des villes où il y a un tribunal de première instance ; 3° ceux des autres villes et communes. Les notaires de première classe ont le droit d'instrumenter dans tout le ressort de la cour ; ceux de seconde, dans tout l'arrondissement ; ceux de troisième, dans le ressort de la justice de paix.

Les charges des notaires sont vénales.

En exécution d'une loi du 20 juin 1896, le gouvernement a, pour chaque ressort de cour d'appel, fixé par des décrets de règlement, en date du 25 août 1898, les honoraires, vacations, frais de rôle et autres droits qui peuvent être dus aux notaires à l'occasion des actes de leur ministère.

D'autre part, la régularité de la gestion et de la comptabilité des notaires a fait successivement l'objet d'une ordonnance du 4 janvier 1843 et du décret du 30 janvier 1890.

Il existe près chaque tribunal de première instance, dans la ville où il siège, une *Chambre des notaires*, chargée du maintien de la discipline parmi les notaires de l'arrondissement. Ces notaires, réunis en assemblée générale, élisent parmi eux les membres de cette chambre, qui, à leur tour, choisissent un président, un syndic, un secrétaire, un rapporteur et un trésorier.

L'action disciplinaire contre les notaires est partagée entre les tribunaux et les chambres des notaires.

La personne qui a exercé, pendant vingt années consécutives, les fonctions de notaire, peut, sur le rapport du garde des sceaux, obtenir du président de la République le titre de *notaire honoraire*. Le notaire honoraire a le droit d'assister aux assemblées générales de la compagnie ; il a voix consultative dans ces assemblées.

Le ministère des notaires est tantôt obligatoire, tantôt facultatif : obligatoire, tant qu'il est requis pour des actes licites contractés par des personnes capables ; facultatif, les jours fériés et les dimanches, ou lorsque le notaire est empêché, absent ou malade, ou enfin lorsque les parties se refusent à consigner le montant des droits d'enregistrement.

Si un officier public rédige un acte en conséquence d'un acte sous seing privé sans que celui-ci ait été préalablement enregistré, il est responsable personnellement du droit et encourt une amende.

La simple énonciation dans un acte public d'un acte sous seing privé, si le premier ne tire pas du second des effets juridiques, ne constitue pas l' « usage par acte public », et le notaire n'encourt pas l'amende, mais il suffit que l'acte sous seing privé soit l'une des conditions déterminantes de l'acte public ; et peu importe que celui-ci relate explicitement ou ne relate pas la convention privée : l'enregistrement est obligatoire dès l'instant que l'existence de la convention privée peut être déduite des faits et documents de la cause (Cass., 24 déc. 1902), n'y eût-il aucune trace dans l'acte public.

Il est interdit aux notaires : 1° de recevoir ou conserver des fonds, à charge d'en servir l'intérêt ; 2° d'employer, même temporairement, les sommes ou valeurs dont ils sont constitués détenteurs à un titre quelconque, à un usage auquel elles ne seraient pas destinées ; 3° de retenir, même en cas d'opposition, les sommes qui doivent être versées par eux à la Caisse des dépôts et consignations dans les cas prévus par les lois, décrets ou règlements ; 4° de faire signer des billets ou reconnaissances en laissant le nom du créancier en blanc ; 5° de laisser intervenir leurs clercs sans un mandat écrit dans les actes qu'ils reçoivent. (Déc. du 30 janv. 1890, art. 1er.)

Les notaires ne peuvent conserver pendant plus de six mois les sommes qu'ils détiennent pour le compte de tiers, à quelque titre que ce soit. Toute somme qui, avant l'expiration de ce délai, n'a pas été remise aux ayants droit, est versée par le notaire à la Caisse des dépôts et consignations. Toutefois les notaires peuvent conserver ces fonds pour une nouvelle période n'excédant pas six mois, sur la demande écrite des parties intéressées. (*Id.*, art. 2.) V. aussi les arrêtés des 2 et 14 février 1890.

Chaque notaire doit tenir une comptabilité destinée spécialement à constater les recettes et les dépenses de toute nature effectuées pour le compte de ses clients. (*Id.*, art. 3.)

Les chambres de discipline sont chargées de vérifier si la comptabilité des notaires est régulière et si la situation de la caisse spéciale des dépôts est conforme aux énonciations des registres ; sans préjudice des droits de surveillance qui appartiennent également au ministère public. Pour exercer son contrôle, la chambre désigne des délégués qui devront procéder à la vérification, au moins une fois l'an, dans chaque étude de l'arrondissement. (*Id.*, art. 8.)

Les actes notariés peuvent être reçus par un seul notaire, sauf les exceptions ci-après :

1° Les testaments et les notifications d'actes respectueux resteront soumis aux règles spéciales du Code civil ;

2° Les actes contenant donation entre vifs ou donation entre époux autres que celles insérées dans un contrat de mariage : acceptation de donation, révocation de testament ou de donation, reconnaissance d'enfant naturel, et les procuration ou autorisation pour consentir ces divers actes, seront, à peine de nullité, reçus par deux notaires ou par un notaire assisté de deux témoins.

(La présence du second notaire ou de deux témoins n'est requise qu'au moment de la lecture de l'acte par le notaire et de la signature des parties ou de leur déclaration de ne pas savoir ou de ne pouvoir signer, et la mention en sera faite dans l'acte à peine de nullité) ;

3° Les actes dans lesquels les parties ou l'une d'elles ne sauront ou ne pourront signer seront soumis à la signature d'un second notaire ou de deux témoins.

Les témoins instrumentaires doivent être Français et majeurs, savoir signer et avoir la jouissance de leurs droits civils. Ils peuvent être de l'un ou de l'autre sexe, mais le mari et la femme ne pourront être témoins ensemble dans le même acte.

On donne le nom de *notaire en second* à celui des deux notaires requis pour un même acte qui ne retient pas la minute de cet acte.

Les notaires ne peuvent recevoir des actes dans lesquels leurs parents ou alliés, en ligne directe à tous les degrés, et en collatérale jusqu'au degré d'oncle ou de neveu inclusivement, seraient parties, ou qui contiendraient quelque disposition en leur faveur. (Loi du 25 ventôse an XI, art. 8.)

« Le notaire ou autre dépositaire qui refusera de délivrer expédition ou copie d'un acte aux parties intéressées en nom direct, héritiers ou ayants droit, y sera condamné sur assignation à bref délai, donnée en vertu de permission du président du tribunal de première instance, sans préliminaire de conciliation. » (Code proc. civ., art. 839.)

L'affaire est jugée sommairement, et le jugement exécuté nonobstant opposition ou appel. (*Id.*, art. 840.)

**Notoriété (Acte de).** — Attestation par plusieurs personnes, devant un juge de paix ou notaire, d'un fait notoire et constant.

Lorsqu'un fait, un acte, un usage est à la connaissance du plus grand nombre, on dit qu'il est *notoire* ou *de notoriété publique*. L'acte de notoriété est l'acte par lequel on fait attester la notoriété dont on veut se prévaloir.

Il est certaines circonstances où la loi exige des *actes de notoriété*, et, en général, les parties peuvent s'en faire délivrer pour constater les faits qui leur importent.

Ainsi en matière de mariage, si l'un des futurs époux est dans l'impossibilité, pour quelque cause que ce soit, de se procurer une expédition de son acte de naissance, il est admis à y suppléer par un acte de notoriété que lui délivre le juge de paix du lieu de sa naissance ou de son domicile, sur l'attestation de sept témoins, même illettrés, de l'un ou l'autre sexe, parents ou non. (Code civ., art. 70, §§ 2, 71 et 72.)

En cas d'absence d'un ascendant dont le consentement au mariage est nécessaire, s'il n'a pas encore été rendu de jugement déclarant l'absence ou ordonnant l'enquête, il peut être passé outre à la célébration du mariage, sur la production d'un acte de notoriété, délivré par le juge de paix du domicile de l'ascendant disparu d'après la déclaration de quatre témoins. (*Id.*, art. 155.)

Lorsque le titulaire d'une pension est dans l'impossibilité de se procurer un certificat de vie, il y est suppléé par un acte de notoriété établi par un notaire (Loi du 8 messidor an II, et Instr. du 1er janv. 1811, art. 64.)

Les certificats de notoriété sont soumis à la formalité du timbre de dimension

**Novation.** — Extinction d'une obligation par substitution d'une dette à une autre dette, d'un débiteur à un autre débiteur, d'un créancier à un autre créancier.

La novation (Code civ., art. 1271-1282) éteint l'ancienne dette avec toutes ses garanties accessoires. Elle peut s'opérer :

1° *Par changement d'objet* (par exemple, Louis, devant 500 francs à Jacques, convient avec lui de lui livrer un cheval, aux lieu et place de cette somme) : la novation par changement d'objet s'opère par la volonté du créancier et du débiteur consentant à ce qu'un nouvel objet soit dû à la place de l'ancien ;

2° *Par changement de débiteur* (par exemple, Jean s'oblige envers Jacques, à qui Louis doit 500 francs, à payer cette somme, à la place de Louis) : la novation par changement de débiteur s'opère par le consentement du créancier et du nouveau débiteur, qui se substitue à l'ancien et le libère ainsi, même à son insu, envers le créancier ;

3° *Par changement de créancier* (par exemple, sur la désignation de Jacques, à qui il doit 500 francs, Louis promet cette somme à Jean, qui devient ainsi son créancier, à la place de Jacques) : la novation par changement de créancier s'opère par le consentement de l'ancien créancier, du nouveau créancier et du débiteur ;

4° *Par changement de cause* (par exemple, alors que c'est pour cause de loyer que Louis doit 500 francs à Jacques, celui-ci consent à laisser cette somme à Louis à titre de prêt).

Les différents modes d'opérer la novation peuvent concourir les uns avec les autres.

La novation par changement de débiteur peut avoir lieu soit par *délégation*, soit par *expromission*.

Les conditions de la novation sont qu'il existe deux obligations valables, dont la seconde se substitue à la première, et que les parties soient capables de s'obliger.

Quant aux effets de la novation, ils sont comparables, au point de vue de l'extinction que produit la novation, à ceux du payement.

La novation, éteignant les garanties de l'ancienne dette, ne se présume pas : il faut qu'elle soit clairement stipulée.

**Nue propriété.** — Propriété exclusive du fonds sans l'usufruit.

« La propriété est le droit de jouir et disposer des choses de la manière la plus absolue, pourvu qu'on n'en fasse pas un usage prohibé par les lois et par les règlements. (Code civ., art. 544.) L'usufruit est le droit de jouir des choses dont un autre a la propriété, comme le propriétaire lui-même, mais à la charge d'en conserver la substance. » (*Id.*, art. 578.)

Le nu propriétaire dispose librement de la nue propriété ; mais, lorsqu'il donne quittance d'une créance grevée d'usufruit ou mainlevée de l'hypothèque qui garantit ce droit réel, il a besoin du concours de l'usufruitier. V. USUFRUIT.

**Nullité.** — Etat d'un acte entaché de quelque vice qui l'empêche d'exister légalement et de produire son effet.

*Nullité et rescision des conventions.* — Les *nullités* (Code civ., art. 1304-1314) sont, en général, établies et formellement exprimées par une disposition de loi ; mais certaines nullités interviennent de droit, en dehors de tout texte formel et positif : il en est ainsi lorsqu'il s'agit de nullités consistant dans l'omission de formalités substantielles, c'est-à-dire nécessaires à l'existence de l'acte.

A un autre point de vue, on divise les nullités en nullités *absolues* ou *relatives*, selon qu'elles peuvent être opposées par quiconque y a intérêt, ou exclusivement par la partie lésée. A un autre point de vue encore, on distingue selon leur principal objet les nullités *d'ordre public* et les nullités *d'ordre*, *d'intérêt* ou *de droit privé*.

Une autre division est importante, au point de vue pratique : c'est la distinction des nullités *radicales*, destituant absolument de tout effet juridique la disposition ou le contrat (par exemple, sont nuls d'une nullité radicale les actes ou conventions illicites dans leur cause ou dans leur objet), et des nullités qui n'annihilent pas l'acte incontinent et lui laissent produire ses effets civils, mais le rendent annulable par les tribunaux (par exemple, est simplement annulable le contrat dans lequel le consentement est vicié par l'erreur, le dol ou la violence).

L'action par laquelle une partie demande la reconnaissance par les tribunaux de ces dernières nullités, dite *action en nullité* ou *action en rescision*, peut être exercée pendant dix ans. L'action en rescision a pour cause la lésion ; l'action en nullité, tout autre motif d'annulation (vice de consentement, incapacité du débiteur, violation des formes légales prescrites dans le but de protéger le mineur ou l'interdit).

En principe, la *lésion* n'est point, si énorme qu'elle soit, une cause de rescision du contrat. Par exception, elle est considérée comme une cause de nullité : 1° dans certains contrats ; 2° à l'égard des mineurs. (Code civ., art. 1118 et 1313.)

Faits par les majeurs, les contrats ne sont viciés par la lésion que dans les deux cas suivants : 1° celui où le vendeur d'un immeuble a été lésé de plus de sept douzièmes de la valeur de l'immeuble (Code civ., art. 1674 et suivants) ; 2° celui où un héritier a été lésé, dans un partage, de plus du quart de sa part héréditaire. (*Id*, art. 887.)

En ce qui concerne les mineurs non émancipés, tous les contrats (ventes de meubles ou d'immeubles, partages, échanges, etc.) sont rescindables pour cause de lésion (*id.*, art. 1305), à moins que celle-ci ne résulte d'un cas imprévu ou de force majeure (*id.*, art. 1307), ou ne résulte d'un délit ou quasi-délit (art. 1310), ou (s'il est commerçant) d'un acte commercial (art. 1308), ou qu'il ait ratifié l'engagement depuis sa majorité (art. 1311). Pour les mineurs émancipés, les actes de simple administration ne sont pas rescindables.

Il y a encore cause de rescision si un acte a été fait par un interdit judiciaire ou par une personne pourvue d'un conseil judiciaire sans l'assistance de son conseil.

L'action en rescision est ouverte dans tous les cas à l'incapable lui-même ou à ses héritiers, mais à eux seuls. Elle devrait, d'après les principes du droit commun, durer trente ans ; mais, d'après l'article 1304 du Code civil, dans tous les cas où cette action n'est pas limitée à un moindre temps, elle s'éteint par un délai de dix ans. Ce temps ne court, dans le cas de violence, que du jour où elle a cessé ; dans le cas d'erreur ou de dol, du jour où ils ont été découverts, et pour les actes passés par les femmes mariées non autorisées, du jour de la dissolution du mariage. Il ne court, à l'égard des actes faits par les interdits, que du jour où l'interdiction est levée, et à l'égard des mineurs, que du jour de leur majorité. Le délai de dix ans passé, l'incapable peut seulement se refuser à exécuter le contrat, mais non plus en demander la nullité.

Avant les dix ans, l'action en rescision disparaît par la confirmation faite en connaissance de cause et exempte du vice de violence ou d'incapacité. La confirmation peut être expresse, ou bien tacite, s'il y a exécution volontaire de l'acte. Elle a toujours lieu sans préjudice des droits des tiers.

*Nullité des actes de procédure.* — Elles ont des caractères spéciaux. Résultant de l'inobservation d'une forme prescrite à peine de nullité, elles ne se présument jamais. Sauf celles qui vicient les actes essentiels et sont d'ordre public, elles doivent être proposées au début de l'instance.

# O

### Objets trouvés.

Les objets perdus n'appartiennent à celui qui les trouve qu'après un certain délai, fixé à trois ans par l'art. 2279 du Code civil. L'autorité administrative (préfet de police à Paris, maire dans les départements), à qui ils ont été remis en dépôt, les restitue au déposant au bout d'un an; mais cet usage ne fait pas obstacle, en droit, à l'application de l'art. 2279 : le propriétaire peut les revendiquer, pendant trois ans à compter du jour de la perte, contre le tiers détenteur. V. TRÉSOR.

**Obligation.** (Droit civil.) — Lien juridique par lequel une personne déterminée est astreinte vis-à-vis d'une autre personne à donner, à faire ou à ne pas faire quelque chose.

L'obligation peut avoir pour objet une prestation qui doit être fournie par le débiteur, ou un fait dont il doit s'abstenir. Elle peut aussi consister dans la tradition d'une chose; dans ce cas, la formation de l'obligation transfère la propriété.

L'obligé, sujet passif de l'engagement, se nomme *débiteur*. La personne au profit de laquelle est contractée l'obligation, le sujet actif, se nomme le *créancier*.

Le droit qui résulte pour le créancier d'une obligation contractée à son égard est un droit essentiellement personnel, différant notablement des droits que l'on a sur les choses ou droits *réels*. Ces derniers atteignent directement les choses qui en sont la matière passive et n'obligent spécialement aucun individu.

*Sources des obligations.* — Les obligations ont, en général, leur source dans des contrats, œuvre de la volonté des parties. Elles peuvent aussi provenir de quasi-contrats, de délits ou de quasi-délits. Enfin, on appelle *obligations légales* des liens de droit formés immédiatement par des dispositions de la loi.

1° Les contrats sont des conventions librement et licitement formées entre parties capables, en vue de s'engager soit réciproquement les unes envers les autres, soit unilatéralement et sans réciprocité. V. CONTRAT.

2° On appelle *quasi-contrats* des faits qui, en dehors de toute convention et n'ayant d'ailleurs aucun caractère délictueux, créent néanmoins des obligations, en vertu du principe élémentaire de justice qu'il n'est permis à personne de s'enrichir au détriment d'autrui. V. QUASI-CONTRAT.

3° Les *délits* sont la troisième source génératrice des obligations. Quiconque commet un délit, indépendamment de la peine publique qu'il encourt, s'oblige, en effet, *ipso facto*, à indemniser les personnes qu'il a matériellement lésées par son méfait. V. DÉLIT.

4° Les *quasi-délits* sont des faits préjudiciables aux tiers, quoique non légalement punissables; ils obligent leurs auteurs à réparer le dommage qui en est résulté pour les parties lésées. V. QUASI-DÉLIT.

5° Certaines dispositions de la loi forment la cinquième cause génératrice des obligations. A vrai dire, toutes les obligations dérivent de la loi; mais celles que produisent les contrats ou les délits n'en dérivent que médiatement. Quelques-unes en procèdent sans l'intervention d'aucun fait contractuel, délictueux ou quasi délictueux de la partie obligée : ainsi, c'est de la loi directement que dérive la mutuelle obligation des enfants et des pères de se fournir des aliments en cas de nécessité.

*Validité et Effets des obligations.* — V. CONTRAT.

*Diverses espèces d'obligations.* — La loi reconnaît des obligations *conditionnelles*, c'est-à-dire dépendant d'un événement futur et incertain; des obligations *à terme;* des obligations *alternatives;* des obligations *solidaires;* des obligations *divisibles* ou *indivisibles;* des obligations *avec clause pénale*.

*Obligations conditionnelles.* La condition suspensive est l'événement futur et incertain dont dépend la création du droit; la condition résolutoire est, au contraire, l'événement dont dépend la perte du droit. Le droit est censé créé ou éteint quand la condition se réalise, dès le moment où l'obligation a été formée. V. CONDITION.

*Obligations à terme.* Le terme a pour effet de donner un délai au débiteur pour exécuter l'obligation. Le débiteur peut d'ailleurs se libérer avant terme, à moins que le terme ne soit établi en faveur du créancier. V. TERME.

*Obligations alternatives.* L'obligation est alternative (Code civ., art. 1189-1196) lorsqu'elle a pour objet deux ou plusieurs choses soit à livrer, soit à faire, mais avec cette condition particulière qu'en livrant ou en exécutant l'une des choses stipulées le débiteur se trouvera quitte et libéré relativement aux autres. Ainsi, je m'oblige à vous livrer un cheval ou à vous compter 500 francs; ou encore, je prends l'engagement d'exécuter pour vous tel ouvrage déterminé ou de vous payer une certaine somme. Ce sont là des cas d'obligations alternatives; les choses ou les prestations dont il s'agit sont dues par moi disjonctivement, et il est clair qu'en vous livrant le cheval je me libérerai de l'obligation de vous compter 500 francs, ou *vice versa*.

Aux termes de l'article 1190 du Code civil, c'est au débiteur, en l'absence de convention contraire, qu'appartient la faculté d'opter entre les différentes choses ou les différentes prestations de faits comprises dans une obligation alternative.

Bien qu'une obligation comprenne alternativement deux objets, elle est néanmoins pure et simple, suivant la disposition de l'article 1192 du Code civil, si l'un des objets stipulés n'est pas dans le commerce, ou ne peut, à raison des prohibitions de la loi, former la matière d'une convention. Ainsi, j'ai pris l'engagement de partager avec vous la succession de mon père encore vivant; il n'y a là que l'apparence d'une obligation alternative. L'engagement est pur et simple dès le principe et limité au seul objet dont la livraison soit possible, ou au seul fait dont la réalisation soit licite.

L'obligation, quoique réellement alternative, devient pure et simple si l'un des objets promis vient à périr, ou si l'une des prestations de faits stipulées dans le contrat devient impossible. Il en est ainsi, non seulement quand c'est par cas fortuit et sans la faute du débiteur qu'a péri l'un des objets de l'obligation alternative, mais encore si c'est par la faute du débiteur que l'une des deux choses a péri et ne peut plus être livrée. (Code civ., art. 1173.) Le débiteur alternatif a le droit de choisir celle des deux choses qu'il lui conviendra de livrer pour opérer sa libération. Ce droit d'option comporte évidemment pour lui la faculté de disposer absolument de l'un ou l'autre des deux objets; en détruisant ou en aliénant l'un d'eux, c'est comme s'il optait tacitement pour se libérer en livrant l'autre. L'obligation devient en ce cas pure et simple et se fixe sur l'unique objet subsistant. Si les deux objets ont péri l'un et l'autre par cas fortuit, l'obligation est totalement éteinte par application des principes généraux en matière d'extinction des engagements. Si, toujours dans l'hypothèse de la destruction des deux choses, la perte de l'une a été accidentelle, mais que la perte de l'autre soit imputable au fait du débiteur, le créancier ne pourra réclamer le prix ou la valeur estimative que de l'objet qui a péri en dernier lieu, car la perte, fortuite ou non, de la première chose a eu pour résultat de fixer l'obligation sur l'objet qui a subsisté le dernier.

Mais s'il résulte des termes de la convention que le choix appartiendra au créancier, d'autres dispositions deviennent applicables. Dans ce cas, si l'une des deux choses disjonctivement dues vient à périr par la faute du débiteur, celui-ci ne pourra pas, absolument et à son gré, se libérer en offrant la chose qui reste, et le créancier ne sera pas limitativement astreint à recevoir cette même chose, la dernière subsistante. L'article 1174 lui laisse la latitude ou d'accepter cette chose, ou de réclamer soit le prix, soit l'équivalent de l'objet qui a précédemment péri par la faute de l'obligé : le droit d'option ayant été, par les termes du contrat, dévolu au créancier, cette faculté d'opter formait une partie intégrante du droit ou de de la créance de ce dernier, et le débiteur n'a pas pu, arbitrairement et par son fait, le priver de cet élément essentiel de son droit.

*Obligations solidaires.* Quand plusieurs personnes sont tenues à une dette, la dette se divise d'ordinaire entre elles. La solidarité permet au créancier de demander le tout à chacun des codébiteurs. Inversement, on peut concevoir une solidarité entre créanciers. V. SOLIDARITÉ.

*Obligations divisibles et indivisibles.* L'obligation est divisible ou indivisible (Code civil, art. 1217-1233) selon qu'elle a pour objet ou une chose qui dans sa livraison, ou un fait qui dans l'exécution, est ou n'est pas susceptible de division, soit matérielle, soit intellectuelle.

L'obligation est indivisible, quoique la chose ou le fait qui en est l'objet soit divisible par sa nature, si le rapport sous lequel elle est considérée dans l'obligation ne la rend pas susceptible d'exécution partielle.

La solidarité stipulée ne donne point à l'obligation le caractère d'indivisibilité.

L'obligation qui est susceptible de division doit être exécutée entre le créancier et le débiteur comme si elle était indivisible. La divisibilité n'a d'application qu'à l'égard de leurs héritiers, qui ne peuvent demander la dette ou qui ne sont tenus de la payer que pour les parts dont ils sont saisis ou dont ils sont tenus comme représentant le créancier ou le débiteur.

Ce principe établi reçoit exception à l'égard des héritiers du débiteur : 1° dans le cas où la dette est hypothécaire; 2° lorsqu'elle est d'un corps certain; 3° lorsqu'il s'agit de la dette alternative de choses au choix du créancier, dont l'une est indivisible; 4° lorsque l'un des héritiers est chargé seul, par le titre, de l'exécution de l'obligation; 5° lorsqu'il résulte, soit de la nature de l'engagement, soit de la chose qui en fait l'objet, soit de la fin qu'on s'est proposée dans le contrat, que l'intention des contractants a été que la dette ne pût s'acquitter partiellement. Dans les trois premiers cas, l'héritier qui possède la chose due ou le fonds hypothéqué à la dette peut être poursuivi pour le tout sur la chose due ou sur le fonds hypothéqué, sauf le recours contre ses cohéritiers. Dans le quatrième cas, l'héritier seul chargé de la dette, et dans le cinquième cas, chaque héritier peut aussi être poursuivi pour le tout; sauf son recours contre ses cohéritiers.

Chacun de ceux qui ont contracté conjointement une dette indivisible en est tenu pour le total, encore que l'obligation n'ait pas été contractée solidairement.

Il en est de même à l'égard des héritiers de celui qui a contracté une pareille obligation.

Chaque héritier du créancier peut exiger en totalité l'exécution de l'obligation indivisible. Il ne peut seul faire la remise de la totalité de la dette; il ne peut recevoir seul le prix au lieu de la chose. Si l'un des héritiers a seul remis la dette ou reçu le prix de la chose, son cohéritier ne peut demander la chose indivisible qu'en tenant compte de la portion du cohéritier qui a fait la remise ou qui a reçu le prix.

L'héritier du débiteur, assigné pour la totalité de l'obligation, peut demander un délai pour mettre en cause ses cohéritiers, à moins que la dette ne soit de nature à ne pouvoir être acquitée que par l'héritier assigné, qui peut alors être condamné seul, sauf son recours en indemnité contre ses cohéritiers.

*Obligations avec clause pénale.* V. CLAUSE pénale.

*Extinction des obligations.* — Les obligations s'éteignent par diverses causes, dont l'article 1234 du Code civil énumère les principales, savoir : le payement, qui peut être effectué de plusieurs manières ; la novation, la remise de la dette, la compensation, la confusion, la perte de la chose, la nullité ou la rescision, l'effet de la condition résolutoire et la prescription.

1° Pour le payement, v. PAYEMENT ;

2° Pour la novation, v. NOVATION ;

3° Pour la remise volontaire de la dette, v. DETTE ;

4° Pour la compensation, v. COMPENSATION ;

5° Pour la confusion, v. CONFUSION ;

6° Pour la perte de la chose due, v. PERTE ;

7° Pour la nullité ou rescision, v. NULLITÉ ;

8° Pour l'effet de la condition résolutoire, v. CONDITION ;

9° Pour la prescription, v. PRESCRIPTION.

Il faut y ajouter la résiliation. V. RÉSILIATION.

*Preuve des obligations.* — Celui qui réclame l'exécution d'une convention doit la prouver. (Code civ., art. 1315.) Les preuves sont de plusieurs espèces : 1° la preuve littérale, qui résulte soit d'un acte authentique, c'est-à-dire reçu par un officier public compétent, avec les formes voulues par la loi, soit d'un acte sous seing privé, soit encore des copies de titres ; 2° la preuve testimoniale est admise pour une demande dont la valeur n'excède pas 150 francs ; cependant, s'il y a commencement de preuve par écrit, la preuve serait admise, quelle que fût la valeur de la chose réclamée ; 3° la preuve résultant des présomptions, conséquences que la loi ou le magistrat tire d'un fait connu à un fait inconnu ; elles sont de plusieurs espèces ; 4° la preuve résultant de l'aveu de la partie ; cet aveu ne peut être divisé ; 5° la preuve résultant du serment ; il peut être déféré par une partie à l'autre, et est alors appelé décisoire, ou d'office par le juge. V. PREUVE.

**Obligation, obligataire.** (Dr. commercial.) — V. SOCIÉTÉ.

**Octroi (Droits d').** — Taxes indirectes perçues par les communes sur certains objets destinés à la consommation locale pour subvenir aux dépenses de la commune.

Dans les communes dont les revenus sont insuffisants pour leurs dépenses, il peut être établi, à la demande du conseil municipal, un droit d'octroi portant exclusivement sur les consommations locales. (Ord. du 9 déc. 1814, art. 11 ; Loi du 28 avril 1816, art. 148 ; Instr. gén., 915.) Les objets étrangers aux besoins des habitants de la commune assujettie sont donc exclus des tarifs.

*Objets imposables.* — Les droits d'octroi ne doivent pas avoir le caractère de taxes prohibitives ou de droits de douane, ni constituer, autant que possible, un impôt trop lourd à supporter pour les classes peu aisées. Les objets sur lesquels portent les droits sont en principe désignés par la loi. Les matières pouvant être soumises aux taxes d'octroi sont rangées en six classes : 1° boissons et liquides ; 2° comestibles ; 3° combustibles ; 4° fourrages ; 5° matériaux ; 6° objets divers. En général, sont exceptés les blés et farines, le lait, les fruits, le beurre, les légumes ; dans le même ordre d'idées, des *taxes* dites *de remplacement* ont été établies en vertu des lois des 29 décembre 1897 et 9 mars 1898, qui ont autorisé les communes à supprimer leurs droits d'octroi sur les boissons hygiéniques (vins, cidres, poirés, hydromels, bières, eaux minérales). A défaut de la suppression totale des droits d'octroi, les communes sont obligées d'abaisser les droits existants dans la limite des tarifs établis par l'article 2 de la loi du 29 décembre 1897. L'article 4 de ladite loi indique les taxes auxquelles les communes peuvent recourir (élévation du droit d'octroi sur l'alcool, droit de licence municipale en addition au droit de licence perçu pour le compte du Trésor, taxes assimilées au profit des communes, etc.) pour remplacer le produit des taxes supprimées ou diminuées. Il est interdit aux communes d'établir de nouvelles taxes d'octroi sur les boissons hygiéniques.

Cette classification est celle du tarif général, annexé au décret du 12 février 1870, qui énumère les liquides, denrées et matières rentrant dans chaque classe, et fixe pour chacun d'eux un maximum différant selon le chiffre de la population.

Les marchands en gros ou en demi-gros peuvent jouir de l'entrepôt à domicile, alors même qu'ils font dans les mêmes magasins des ventes au détail. (Décret du 12 février 1870, art. 7.)

En aucun cas les objets inscrits au tarif ne pourront être soumis à des taxes différentes à raison de ce qu'ils proviennent de l'extérieur ou de ce qu'ils seraient récoltés ou fabriqués dans l'intérieur du lieu sujet. (*Id.*, art. 10.)

*Délibérations relatives aux octrois.* — D'après la loi du 5 avril 1884, les affaires concernant les octrois peuvent être rangées dans quatre catégories différentes :

1° Certains votes des conseils municipaux ont force exécutoire par eux-mêmes ;

2° Quelques délibérations sont exécutoires, sur l'approbation du préfet, dans les conditions de l'article 69 de la loi, mais toutefois après avis du conseil général (ou de la commission départementale dans l'intervalle des sessions) ;

3° Un troisième ordre de délibérations doit être approuvé par décret du président de la République rendu en conseil d'Etat, après avis du conseil général (ou de la commission départementale dans l'intervalle des sessions) ;

4° Enfin, les surtaxes sur les vins, cidres, poirés, hydromels et alcools ne peuvent être autorisées que par une loi.

*Première catégorie : Délibérations exécutoires par elles-mêmes.* « Sont exécutoires par elles-mêmes les délibérations prises par les conseils municipaux prononçant la prorogation ou l'augmentation des taxes d'octroi pour une période de cinq ans au plus, sous la réserve, toutefois, qu'aucune des taxes ainsi maintenues ou modifiées n'excédera le maximum déterminé par le tarif général et ne portera que sur des objets compris dans ce tarif » (art. 139).

2e *catégorie : Délibérations exécutoires sur l'approbation du préfet.* « Sont exécutoires sur l'approbation du préfet, mais toutefois après avis du conseil général, ou de la commission départementale dans l'intervalle des sessions, les délibérations prises par les conseils municipaux concernant la suppression ou la diminution des taxes d'octroi » (art. 138).

3e *catégorie : Délibérations autorisées par décret.* Cette 3e catégorie d'affaires relatives aux octrois, sur lesquelles il est statué par des décrets du président de la République rendus en conseil d'Etat, après avis du conseil général (ou de la commission départementale dans l'intervalle des sessions), comprend les délibérations municipales concernant :

1° L'établissement des taxes d'octroi et les règlements relatifs à leur perception ;

2° L'augmentation ou la prorogation d'une ou plusieurs taxes pour une période de plus de cinq ans ;

3° Les modifications aux règlements ou aux périmètres existants ;

4° L'assujettissement à la taxe d'objets non encore imposés au tarif local ;

5° L'établissement ou le renouvellement d'une taxe non comprise dans le tarif général ;

6° L'établissement ou le renouvellement d'une taxe excédant le maximum fixé par le tarif général (art. 137).

4e *catégorie : Surtaxes d'octroi.* Les surtaxes d'octroi sur les alcools, au delà des proportions déterminées par les lois spéciales concernant les droits d'entrée du Trésor, ne peuvent être autorisées que par une loi. Toutefois, les communes peuvent élever les droits d'octroi sur l'alcool jusqu'au double des droits d'entrée avec la seule approbation du préfet lorsque ces droits sont destinés à remplacer les taxes d'octroi sur les boissons hygiéniques.

*Centimes additionnels pour l'assistance.* — Les communes dont les ressources spéciales de l'assistance médicale et les ressources ordinaires de leur budget seraient insuffisantes pour couvrir les frais de ce service sont autorisées à voter des *centimes additionnels* aux quatre contributions directes ou des *taxes d'octroi* pour se procurer le complément des ressources nécessaires.

Ces dispositions sont applicables aux dépenses rendues nécessaires par la loi du 15 février 1902 sur la protection de la santé publique : désinfection ou destruction des objets mobiliers souillés par les malades, vaccination, création de bureaux d'hygiène, etc.

*Modes divers de perception.* — Les conseils municipaux statuent sur le mode de perception des droits d'octroi. (Loi du 28 avril 1816, art. 147; Décret du 17 mai 1809 ; Instr. gén., 917.)

Les divers modes de perception sont les suivants : la *régie simple*, la *régie intéressée*, le *bail à ferme*, l'*abonnement avec l'administration des Contributions indirectes*.

La *régie simple* est la perception de l'octroi sous la direction immédiate des maires.

La *régie intéressée* consiste à traiter avec un régisseur, à la condition d'un prix fixe et d'une portion déterminée dans les produits excédant le prix principal et la somme abonnée pour les frais.

*L'abonnement avec l'administration des Contributions indirectes* a pour effet de mettre la perception sous la direction de cette administration. Il donne lieu à un traité de gré à gré approuvé par le ministre. Les droits sont perçus par les agents communaux, les préposés des adjudicataires ou les employés de la régie, suivant le mode adopté, et sont versés au receveur municipal.

Le préposé en chef de l'octroi est nommé par le préfet, sur la présentation d'une liste de trois candidats dressée par le maire et sur la proposition du directeur des contributions indirectes du département. Les *préposés* sont nommés par le sous-préfet ou le préfet, sur la présentation du maire.

Tout objet soumis au droit *doit être déclaré* au bureau de l'octroi (ordonnance du 9 déc. 1814) *avant son introduction dans le lieu sujet*, par le porteur ou conducteur, qui produit, à l'appui de sa déclaration, les congés, acquits-à-caution, passavants, lettres de voiture, etc., et qui acquitte les droits. Les personnes qui fabriquent à l'intérieur du rayon de l'octroi des objets compris au tarif sont soumises à la déclaration et doivent acquitter les droits, à moins qu'elles ne réclament la faculté de l'*entrepôt*. Les mêmes obligations s'appliquent aux propriétaires des bestiaux entretenus dans le périmètre de l'octroi. D'autre part, les communes peuvent consentir des *abonnements* collectifs au profit de certaines classes redevables. Pour les objets non destinés à la consommation locale et qui ne doivent que passer ou séjourner un temps très limité dans le rayon de l'action, il est délivré aux porteurs ou conducteurs un bulletin de *passe-debout* (maximum vingt-quatre heures) ou de *transit* (maximum trois jours), contre consignation des droits remboursés à la sortie.

*Surveillance du service et obligations du public.* — Les villes sujettes à octroi doivent fixer, dans leur règlement, les limites d'une zone dans laquelle aucun objet assujetti ne peut être introduit sans payer les droits. Cette zone est parfois distincte de l'agglomération proprement dite. Elle est bornée le plus souvent par des chemins qui entourent la ville à une certaine distance des lieux habités, mais qui peuvent être fort en deçà des limites de la commune. A l'intérieur de cette zone, la ville installe des bureaux de perception où doivent se présenter les porteurs d'objets soumis aux droits. Certains objets, spécifiés par le règlement municipal, doivent être présentés à des bureaux déterminés, et certaines routes d'accès peuvent être interdites par le règlement. Des barrières ou clôtures fixes peuvent être apposées par les municipalités. En principe, on doit déclarer au bureau le plus voisin du point où l'on entre dans la zone sujette le nombre, la quantité, la nature des objets soumis aux droits dont on veut faire l'introduction.

Les règlements d'octroi doivent être affichés à l'intérieur et à l'extérieur des bureaux de perception. (Ord. du 9 déc. 1814, art. 27.)

Les limites du territoire auquel la perception s'étend doivent être indiquées par des poteaux portant ces mots : *Octroi de...* (Ord. du 9 déc. 1814, art. 26.)

Tout conducteur ou porteur d'objets soumis à l'octroi est tenu d'en faire la déclaration et d'acquitter les droits ; les employés peuvent perquisitionner sur les voitures, bateaux et autres moyens de transport. (Ord. du 9 déc. 1814, art. 28.) Le déchargement des objets apportés par voiture ou par chemin de fer n'est pas permis avant la déclaration. Le transporteur ou la compagnie de chemin de fer est tenu à la déclaration, aussi bien que le destinataire; mais l'expéditeur absent n'est pas mis en cause.

La déclaration est inscrite sur un registre par le préposé d'octroi. Les personnes qui n'ont aucun objet soumis au droit doivent répondre au préposé qu'elles n'ont rien à déclarer. Les lettres de voiture et autres pièces d'expédition doivent être communiquées aux préposés.

Une déclaration incomplète, même acceptée par les agents du bureau d'entrée, ne met pas l'introducteur à l'abri de poursuites ultérieures. Une déclaration insuffisante constitue une contravention, au même titre qu'une fausse déclaration, alors même que l'introducteur ignorerait le contenu des colis et s'en rapporterait aux indications de la lettre de voiture. Enfin, on doit mettre les préposés en mesure de procéder à la vérification des colis, et leur fournir au besoin les outils nécessaires, ainsi que l'aide convenable pour faciliter le déballage des objets.

Tous les véhicules sont soumis à la visite de l'octroi. Toutefois l'administration recommande de ne se livrer *qu'en cas de soupçon de fraude* à des recherches dans les *voitures particulières*. En principe même, les *voyageurs* à pied, à cheval ou en voiture particulière suspendue « ne pourront être arrêtés, questionnés ou visités sur leurs personnes ou en raison de leurs malles ou effets. Tout acte contraire à la présente disposition sera réputé acte de violence, et les préposés qui s'en rendront coupables seront poursuivis correctionnellement et punis des peines prononcées par les lois ». (Ord. du 9 déc. 1814, art. 30.) Mais tout individu soupçonné de faire la fraude pourra être conduit devant un officier de police judiciaire (maire ou commissaire de police) pour y être interrogé et la visite de ses effets autorisée s'il y a lieu. (*Id.*, art. 31.)

Les employés ont le droit et le devoir de saisir les comestibles ou boissons avariés, et de dresser de leurs opérations un rapport de police qu'ils transmettent à qui de droit.

Les employés saisissent non seulement les objets introduits sans déclaration, au moment de leur passage à l'entrée de la ville, mais même les objets de cette sorte qu'ils reconnaissent sur la voie publique.

Ils ont exceptionnellement le droit de pénétrer dans les habitations, sans l'assistance d'un officier de police judiciaire, lorsqu'ils ont suivi l'objet, sans interruption, jusqu'au moment de son entrée dans les habitations.

L'outrage commis envers un agent de l'octroi dans l'exercice de ses fonctions entraîne contre son auteur les poursuites pénales et les sanctions prévues par l'article 224 du Code pénal.

Dans les petites communes qui ne peuvent organiser de surveillance aux entrées, un bureau central est chargé de la perception, mais les obligations du public restent les mêmes que dans les autres communes.

*Contraventions.* — Les *contraventions* en matière d'octroi sont du ressort des tribunaux correctionnels. L'administration a la faculté de transiger. Les *contestations* relatives à l'application du tarif ou à la quotité du droit sont portées devant le juge de paix, qui statue en premier ou en dernier ressort selon la quotité des droits. Ceux-ci doivent être préalablement consignés. (Ord. du 9 déc. 1814, art. 81.)

En matière d'octroi, mais dans le cas seulement de contraventions communes à l'octroi et aux contributions indirectes, si les circonstances paraissent atténuantes, les tribunaux sont autorisés, par application de l'article 463 du Code pénal, lorsque la bonne foi du contrevenant sera dûment établie et en motivant expressément leur décision sur ce point, à modérer le montant des amendes et à le libérer de la confiscation, sauf pour les objets prohibés, par le payement d'une somme que le tribunal arbitrera et qui ne pourra être inférieure au montant des droits dus. Cette disposition cesse d'être applicable en cas de récidive dans le délai de trois années. Toutefois, la confiscation demeure acquise à la régie ou à l'octroi à défaut, par le contrevenant, d'avoir acquitté le montant des condamnations de toute nature dans le délai d'un mois à compter du jour où elles seront devenues définitives. (Loi du 25 février 1901, art. 34.)

Excluent toute contravention :

1° Le défaut d'affichage du règlement d'octroi à l'intérieur et à l'extérieur des bureaux de perception. (Cass., 23 nov. 1895. — Toulouse, 30 mai 1896.)

2° L'absence de poteaux indicateurs, du moins pour les parties du territoire autres que le lieu principal, qui ne sont soumises à la perception qu'en vertu d'une délibération du conseil municipal, dûment approuvée. (Cass., 22 févr. 1811, 2 mai 1862, 9 juill. 1892, 20 juill. 1894, 14 déc. 1895.)

Les procès-verbaux des agents de l'octroi, comme ceux des contributions indirectes, ne font foi que jusqu'à preuve contraire. (Loi du 30 déc. 1903, art 24.)

**Octroi de mer.** — Taxe perçue dans les colonies au profit des communes sur certaines marchandises importées par mer.

## Offense.

Le mot *offense* désigne proprement les outrages adressés au chef de l'Etat français ou aux chefs d'Etat étrangers.

L'offense envers le président de la République, en France, est réprimée par l'article 26 de la loi du 29 juillet 1881, et l'offense envers les chefs d'Etat étrangers fait l'objet de l'article 36 de la même loi. L'une et l'autre offenses sont frappées d'une pénalité commune : un emprisonnement de trois mois à un an et une amende de 100 francs à 3 000 francs, ou l'une de ces deux peines seulement.

L'offense envers le président de la République est de la compétence de la cour d'assises. L'offense envers les chefs d'Etat étrangers est, depuis une loi du 16 mars 1893, de la compétence des tribunaux correctionnels.

**Officier de l'état civil.** — Nom donné au magistrat chargé, dans chaque commune, de la tenue des actes de l'état civil (maire ou adjoint).

**Officier de police judiciaire.** — Nom donné aux magistrats et aux auxiliaires de la justice chargés de rechercher les infractions pénales, d'en réunir les preuves et d'en livrer les auteurs à la justice. V. POLICE JUDICIAIRE.

**Officiers publics et ministériels.** — Nom donné aux agents institués pour prêter obligatoirement leur ministère aux parties, soit comme auxiliaires de la justice, soit pour l'accomplissement d'actes extrajudiciaires.

Les officiers ministériels (greffiers, avoués, huissiers, commissaires-priseurs) peuvent transmettre eux-mêmes leurs charges à prix d'argent avec l'agrément du gouvernement. Il en est de même des *notaires*, qui sont dits *officiers publics* et non « officiers ministériels ».

Nommés par décret, soumis à la surveillance de l'autorité judiciaire et à une responsabilité garantie par un cautionnement, ils sont tenus de prêter leur concours aux parties pour tous les actes de leur ministère. V. AVOUÉ, NOTAIRE, etc.

Toute suspension, destitution, condamnation d'amendes et de dommages-intérêts sont prononcées contre les avoués, huissiers et commissaires-priseurs par le tribunal civil de leur résidence, à la poursuite des parties intéressées, ou d'office à la poursuite et diligence du procureur de la République. (Loi du 10 mars 1898, art. Ier.)

Ne doivent pas être inscrits sur les listes électorales : les notaires et les officiers ministériels destitués, lorsqu'une disposition formelle du jugement ou arrêt de destitution les a déclarés déchus des droits de vote, d'élection et d'éligibilité ; les greffiers destitués, lorsque cette déchéance aura été expressément provoquée, en même temps que la destitution, par un jugement ou une décision judiciaire. L'officier ministériel destitué ne peut présenter son successeur.

Le désaveu est l'acte par lequel une personne soutient qu'un officier ministériel a outrepassé les limites de son mandat ou accompli un acte sans en avoir reçu mandat.

Le *désaveu d'officier ministériel* (Code proc. civ., art. 352-362) est principal lorsqu'il est formé contre un acte, indépendamment de toute instance ; il est incident quand il a lieu contre un acte employé dans une instance. Sont exposés à l'action en désaveu : les avoués, les huissiers, les agréés et les avocats à la Cour de cassation. Les greffiers et les notaires ne peuvent être poursuivis que par la voie d'inscription de faux. Il y a matière à désaveu dans les cas énumérés par l'article 352 du Code de procédure. Les articles 356 et suivants règlent la compétence.

Quand le désaveu est déclaré fondé, l'acte désavoué est déclaré nul, et avec lui tombent toutes les conséquences qu'on en avait déduites ; l'officier ministériel désavoué est condamné envers les demandeurs et les autres parties en tous dommages-intérêts, même puni d'interdiction ou poursuivi extraordinairement, suivant la gravité des cas. Quand il est rejeté, le demandeur peut être condamné en tous dommages intérêts et réparations qu'il appartient.

**Offres réelles.** — Présentation au créancier de ce qui lui est dû, avec sommation de le recevoir au cas où il s'y refuserait sans motifs légitimes. (Code civ., art. 1257 à 1259, et Code de proc. civ., art. 812 à 818.)

Les *offres réelles*, suivies de *consignation* à la Caisse des Dépôts et consignations, constituent un mode légal de libération au cas où le créancier refuse, sans motif légitime, de recevoir le payement qui lui est offert. La matière est régie par les articles 1257 à 1264 du Code civil et les articles 812 à 818 du Code de procédure civile.

Les offres réelles ne sont pas libératoires par elles-mêmes ; mais, valablement faites et suivies de consignation, elles libèrent le débiteur. (Code civ., art. 1257.) La consignation arrête le cours des intérêts ou des dommages-intérêts, et met la chose consignée aux risques du créancier. S'il s'agit d'un corps certain, le débiteur fait sommation au créancier de l'enlever ; faute de quoi, il se fait désigner par justice un dépositaire.

Pour que les offres réelles soient valables, il faut : 1° qu'elles soient faites au créancier ayant la capacité de recevoir, ou à celui qui a pouvoir de recevoir pour lui ; 2° qu'elles soient faites par une personne capable de payer ; 3° qu'elles soient de la totalité de la somme exigible, des arrérages ou intérêts dus, des frais liquidés, et d'une somme pour les frais non liquidés, sauf à la parfaire ; 4° que le terme soit échu, s'il a été stipulé en faveur du créancier ; 5° que la condition sous laquelle la dette a été contractée soit arrivée ; 6° que les offres soient faites au lieu dont on est convenu pour le payement, et que, s'il n'y a pas de convention spéciale sur le lieu du payement, elles soient faites ou à la personne du créancier, ou à son domicile, ou au domicile élu pour l'exécution de la convention ; 7° que les offres soient faites par un officier ministériel ayant caractère pour ces sortes d'actes. (Code civ., art. 1258.)

Il n'est pas nécessaire, pour la validité de la consignation, qu'elle ait été autorisée par le juge ; il suffit : 1° qu'elle ait été précédée d'une sommation signifiée au créancier, et contenant l'indication du jour, de l'heure et du lieu où la chose offerte sera déposée; 2° que le débiteur se soit dessaisi de la chose offerte, en la remettant dans le dépôt indiqué par la loi pour recevoir les consignations, avec les intérêts jusqu'au jour du dépôt; 3° qu'il y ait eu procès-verbal, dressé par l'officier ministériel, de la nature des espèces offertes, du refus qu'a fait le créancier de les recevoir, ou de sa non-comparution, et enfin du dépôt; 4° qu'en cas de non-comparution de la part du créancier, le procès-verbal du dépôt lui ait été signifié avec sommation de retirer la chose déposée.

Le procès-verbal doit désigner les choses offertes et faire mention de la réponse du créancier. Les frais des offres réelles sont à la charge du créancier, si elles sont valables.

Les offres réelles et la consignation sont faites par ministère d'huissier.

**Opposition.** — Empêchement légal que l'on met à l'accomplissement d'un acte, d'un jugement, d'une procédure, d'un payement, etc.

On distingue plusieurs sortes d'*oppositions;* les principales sont : l'opposition aux jugements par défaut, l'opposition au mariage, la tierce opposition, l'opposition à payement, etc.

*Opposition par défaut.* — L'opposition par défaut est l'acte par lequel une partie qui n'a pas comparu dans l'instance s'oppose à l'exécution du jugement ou arrêt et en demande la réformation au tribunal qui l'a rendu : c'est la voie du recours ouverte à la partie jugée sans avoir été entendue, et elle diffère de l'appel en ce qu'elle n'est pas portée devant un tribunal supérieur. L'erreur des juges vient de ce qu'ils n'ont pu entendre les moyens de défense : on forme opposition à leur jugement, afin de pouvoir développer devant eux ces moyens. L'opposition à un jugement par défaut dérive du droit de défense et est recevable en toute matière. Elle ne peut être formée que par le défaillant, et doit être formée après la signification du jugement faite par l'huissier et dans les délais : *justices de paix*, trois jours à dater de la signification; *tribunaux de première instance*, huit jours pour le défaut contre avoué, jusqu'à l'exécution pour le défaut contre partie; *tribunaux de commerce*, huit jours à dater de la signification. Elle doit contenir sommairement les moyens de la partie.

Au criminel, l'opposition est ouverte contre : 1° les jugements de simple police, cinq jours à dater de la signification du jugement; 2° les jugements des tribunaux de police correctionnelle, cinq jours à dater de la signification du jugement ou jusqu'à la prescription de la peine si le prévenu n'a pas connu la condamnation ou si elle ne lui a pas été signifiée; 3° contre les arrêts de la cour d'assises en matière de presse.

Lorsqu'un jugement susceptible d'appel a été rendu par défaut, il ne peut en être appelé qu'après l'expiration des délais d'opposition. Après une seconde condamnation par défaut, la voie de l'appel reste seule ouverte.

A moins que le jugement ne soit susceptible d'exécution provisoire, l'opposition est suspensive, c'est-à-dire que l'exécution du jugement est suspendue quand il est formé opposition.

*Opposition au mariage.* — L'opposition au mariage a pour but de faire connaître les empêchements légaux qui empêchent deux personnes de contracter une union valable. Elle est réservée aux ascendants en général. Elle arrête la célébration du mariage jusqu'à ce que le tribunal en ait donné mainlevée. V. MARIAGE.

*Tierce opposition.* — La tierce opposition est une voie de recours extraordinaire contre les jugements, ouverte au tiers qui n'a pas figuré dans l'instance et qui prétend que le jugement porte atteinte à ses droits.

Exemple de l'utilité et de l'application de la tierce opposition : un dépositaire a été condamné à restituer à une personne, qui le revendiquait, l'objet qu'il a reçu en dépôt; le déposant peut craindre que l'objet ne soit repris et vendu par le revendiquant, et que ce dernier, étant insolvable, ne puisse plus tard l'indemniser; la tierce opposition permettra au déposant d'obtenir la suspension de l'exécution du jugement et, par conséquent, d'assurer la sauvegarde de ses droits.

Les formes et conditions de la tierce opposition sont réglées par les articles 474 et suivants du Code de procédure civile.

La tierce opposition est *principale* lorsqu'elle est formée en dehors de toute instance; en ce cas, le tribunal compétent est celui qui a rendu le jugement attaqué. Elle est *incidente* lorsque, dans une instance, on attaque un jugement opposé par l'adversaire; en ce cas, si le tribunal où l'on se trouve est égal ou supérieur à celui qui a rendu le jugement attaqué, c'est lui qui est compétent, mais s'il est inférieur, ce sera le tribunal primitif.

La partie dont la tierce opposition est rejetée est condamnée à une amende de 50 francs au minimum et aussi, s'il y a lieu, à des dommages-intérêts envers le défendeur.

La tierce opposition peut, en principe, être formée pendant trente ans.

*Opposition à payement.* — Toutes sommes dues aux créanciers de l'Etat peuvent être saisies entre les mains des comptables publics chargés de leur payement, par exploit d'huissier, en vertu de titres authentiques ou ordonnance rendue sur requête par le juge. Les oppositions sur ces sommes doivent être faites entre les mains des payeurs, agents ou préposés, sur les caisses desquels les ordonnances ou mandats sont délivrés. A Paris, les oppositions, en ce qui concerne les payements à effectuer par la caisse centrale du Trésor, sont faites au *bureau des oppositions,* au ministère des Finances, entre les mains du conservateur des oppositions. En province, les oppositions sont faites entre les mains du trésorier-payeur général.

En ce qui concerne les cautionnements, les oppositions peuvent être faites aussi au greffe des tribunaux civils pour les officiers ministériels et au greffe des tribunaux de commerce pour les agents de change et courtiers; dans ces conditions, les oppositions n'affectent que le capital et non les intérêts.

L'exploit d'opposition doit être visé dans les vingt-quatre heures par l'agent qui a qualité pour le recevoir, ou, en cas de refus, par le procureur de la République. Il n'est pas reçu d'opposition sur les rentes portées au grand-livre de la dette publique.

Pour les oppositions relatives aux traitements ou pensions civils ou militaires, v. SAISIE-ARRÊT.

Les oppositions, portées sur des registres spéciaux, sont rayées soit par péremption (si elles n'ont pas été renouvelées dans le délai de cinq ans), soit par mainlevée judiciaire (sur ordonnance de référé ou sur jugement) n'étant plus susceptible d'appel ou d'opposition accompagné de pièces justificatives (Code proc. civ., art. 548), soit par mainlevée amiable donnée par acte notarié, enregistré et légalisé s'il y a lieu.

**Option.** — Faculté réservée à une personne de choisir entre deux résolutions.

L'*option* peut être légale ou conventionnelle : elle est *légale* pour l'héritier qui a la faculté d'accepter ou de refuser une succession. Elle est *conventionnelle* lorsqu'un contrat donne la faculté de payer une chose ou une autre (obligation alternative) à un créancier ou à un autre. Enfin, dans certains cas, le juge a un droit d'option : il peut reconnaître ou refuser un droit.

**Ordonnance.** (Procédure.) — Décision prise par un juge statuant seul.

Les *ordonnances du juge* diffèrent d'un jugement en ce que celui-ci émane du tribunal entier, tandis qu'elles émanent d'un président ou d'un juge statuant seul, et que, sans porter sur le fond, elles ont ordinairement en vue des mesures provisoires et d'urgence, telles, par exemple, que la permission d'assigner à bref délai. (Code proc. civ., art. 72.)

**Ordonnance.** (Comptab.) — Ordre de payer, délivré par un administrateur sur la caisse d'un comptable.

Les *ordonnances* se divisent en ordonnances *de payement* et ordonnances *de délégation* ou *mandat*, suivant qu'elles sont délivrées par l'ordonnateur principal ou l'ordonnateur secondaire. L'ordonnance de payement est délivrée directement par le ministre, au nom d'un ou de plusieurs créanciers de l'Etat ; par l'ordonnance de délégation, le ministre met à la disposition de l'ordonnateur secondaire un crédit ou une portion de crédit sur lequel ce dernier délivrera des mandats au nom des créanciers. Les ordonnances doivent être accompagnées des pièces justificatives établissant la validité de la créance et les droits des créanciers. (Décret du 31 mai 1862, art. 83.) Les titulaires sont avertis de la signature de l'ordonnance par des extraits ou lettres d'avis qui les accréditent auprès des comptables du Trésor.

**Ordonnancement.** — Acte par lequel un administrateur, après liquidation des droits du créancier, délivre un ordre de payer sur la caisse du comptable.

Aucun payement ne pouvant être effectué que pour un service fait (décret du 31 mai 1862, art. 10), sauf en cas d'avance consentie à un régisseur, la liquidation des dépenses publiques doit toujours précéder l'ordonnancement ; cette liquidation a lieu suivant les formes et au vu des pièces justificatives des créances édictées par les règlements ; les ordonnateurs sont d'ailleurs responsables des certifications qu'ils délivrent. L'ordonnancement est nécessairement limité par les allocations budgétaires et, en ce qui concerne les dépenses de l'Etat, le ministre des Finances est spécialement chargé d'interdire tout dépassement de la part des divers départements ministériels. Toutes les dépenses d'un exercice doivent être ordonnancées dans les trois mois qui suivent l'expiration de l'année de cet exercice. (Décret du 31 mai 1862, art. 116, et loi du 25 janv. 1889.)

**Ordonnateur.** — Nom donné à l'administrateur chargé de la liquidation et de l'ordonnancement des dépenses.

Le ministre pour l'Etat, le préfet pour le département, le maire pour la commune, sont ordonnateurs. On distingue les ordonnateurs *principaux* et les ordonnateurs *secondaires*. Les ministres pour l'Etat, le maire pour la commune, sont des ordonnateurs principaux ; les ordonnateurs secondaires sont les préfets, les intendants militaires, les commissaires généraux de la marine, le président de la commission des monnaies, les directeurs des administrations financières, les ingénieurs en chef des ponts et chaussées, etc. Ils ordonnancent par délégation de l'ordonnateur principal, le ministre.

Les fonctions d'ordonnateur sont incompatibles avec celles de comptable. (Décret du 31 mai 1862, art. 17.) L'ordonnateur qui accomplit des opérations matérielles de recettes ou de dépenses, et qui se substitue au comptable régulier, est constitué par ce seul fait comptable occulte. Les ordonnateurs tiennent une comptabilité, rendent des comptes d'administration soumis au contrôle des assemblées délibérantes.

**Ordre.** (Proc. civ.) — Rang dans lequel les créanciers hypothécaires d'une même personne sont appelés à recevoir leur part dans le prix de l'immeuble vendu à un tiers par le débiteur.

L'*ordre* a lieu soit après expropriation forcée, soit après aliénation volontaire. Dans ce cas, le poursuivant doit justifier des formalités de la purge. Si l'ordre n'est pas ouvert dans les délais légaux, l'adjudicataire ou l'acquéreur doit, en requérant l'ouverture de l'ordre, consigner le prix.

La direction des ordres peut être confiée, par décret, à un ou plusieurs juges titulaires ou suppléants, désignés pour un an au moins et trois ans au plus. Dans les tribunaux où les besoins du service n'exigent pas cette désignation spéciale, ou en cas d'empêchement du juge spécial, un juge commissaire est désigné pour chaque procédure par le président, dont l'ordonnance est inscrite sur un registre particulier; quel que soit le mode d'aliénation de l'immeuble dont le prix est en distribution, l'ordre peut parcourir trois phases successives et, s'il n'est pas réglé à la première ou à la seconde de ces phases, il doit satisfaire à toutes les formalités de la troisième; en d'autres termes, l'ordre peut être consensuel, c'est-à-dire consenti à l'amiable, devant notaire; amiable, c'est-à-dire réglé d'accord, sans formalités, devant le juge-commissaire; judiciaire, c'est-à-dire réglé devant le magistrat après tous les délais et l'accomplissement de toutes les formalités judiciaires.

Lorsque l'aliénation de l'immeuble a eu lieu par voie d'expropriation forcée, l'adjudicataire est tenu de faire transcrire le jugement d'adjudication dans les quarante-cinq jours de sa date ou, en cas d'appel, dans les quarante-cinq jours de l'arrêt confirmatif, et cela sous peine de folle enchère. Dans les huit jours de la transcription, le saisissant ou, à son défaut, passé ce délai, le créancier le plus diligent, l'adjudicataire ou le saisi requièrent l'ouverture du procès-verbal d'ordre en déposant au greffe l'état des inscriptions et en requérant la nomination d'un juge-commissaire quand il n'y a pas de juge spécial.

*Ordre consensuel.* — Si tous les créanciers sont majeurs, maîtres de leurs droits, ils ont la faculté, dans l'intervalle qui sépare la transcription de l'adjudication de la réquisition d'ouverture du procès-verbal au greffe, de se réunir chez un notaire et de se régler entre eux, d'accord avec le saisi et l'adjudicataire. Ce règlement est un contrat ordinaire, soumis aux règles générales des conventions. Le conservateur des hypothèques, n'étant pas couvert par une ordonnance d'un magistrat ou un jugement passé en force de chose jugée, se refusera à radier les hypothèques en vertu d'un ordre consensuel dans lequel tous les contractants n'auraient pas capacité pour consentir la mainlevée; d'autre part, si tous les créanciers inscrits ne sont pas présents au règlement, personne n'a le droit d'accorder mainlevée de leurs hypothèques.

*Ordre amiable.* — A défaut d'ordre consensuel, on tente l'ordre amiable, où l'autorité du magistrat et la force légale attachée à ses ordonnances permettent d'arriver plus facilement au règlement des créanciers et à la radiation des hypothèques.

L'ordre *amiable* est obligatoire pour les créanciers, avant qu'ils ne s'engagent dans la procédure judiciaire. Le tribunal désigne, pour diriger l'ordre amiable, un juge-commissaire. Si les créanciers arrivent à s'entendre, ce magistrat dresse procès-verbal et délivre des *bordereaux de collocation*.

*Ordre judiciaire.* — Si les intéressés ne peuvent se mettre d'accord, la procédure judiciaire s'ouvre. Les créanciers sont sommés de comparaître. Le juge-commissaire dresse un état des créances. Si des contredits sont élevés, ils sont jugés sommairement par le tribunal. L'appel est de même sommaire; quand le délai d'appel est expiré, le juge-commissaire rend une ordonnance de clôture de l'ordre. Il délivre les *bordereaux de collocation*, et les créanciers, en les recevant, consentent la radiation de leurs inscriptions.

**Ordre.** (Dr. comm.) — Endossement d'un billet, d'une lettre de change, pour les passer au profit d'une autre personne. — *Billet à ordre*, Billet payable à la personne qui y est dénommée, ou à celle à laquelle il aura été transmis par voie d'endossement.

## Outrage.

Le mot *outrage* s'applique à des délits très divers. La loi du 29 juillet 1881 sur la presse a supprimé les délits d'*outrage à la morale publique et religieuse* et d'*outrage à une religion reconnue par l'État*. Les variétés d'outrage actuellement réprimées sont :

*Outrage proprement dit.* C'est l'injure, en tant qu'elle atteint les agents de l'autorité. L'outrage fait l'objet : 1° des articles 222 à 225 du Code pénal, lorsqu'il s'adresse aux magistrats, jurés, officiers ministériels, agents de la force publique, citoyens chargés d'un service de ministère public, commandants de la force publique, dans l'exercice ou à l'occasion de leurs fonctions; 2° des articles 31 et 33 de la loi du 29 juillet 1881, lorsqu'il s'adresse aux magistrats et fonctionnaires ou aux membres du Sénat et de la Chambre des députés, à raison de leurs fonctions ou de leur qualité; 3° de dispositions spéciales (Code pén., art. 263, décr. du 2 févr. 1852, art. 45; décr. du 22 août 1791, art. 14 du titre XIII), lorsqu'il s'adresse aux ministres d'un culte autorisé, aux membres des bureaux électoraux, etc.

*Outrage public à la pudeur.* C'est le délit constitué par un fait matériel (acte, attitude ou geste) de nature à blesser la pudeur de ceux qui, fortuitement, en ont été témoins. Il est puni, par l'article 330 du Code pénal, de trois mois à deux ans de prison et d'une amende de 16 à 200 francs.

*Outrage aux bonnes mœurs.* V. MŒURS.

*Outrages à un supérieur* (Code militaire). L'outrage peut être commis par paroles, gestes ou menaces — sans *voies de fait* — par l'inférieur envers son supérieur. Commis dans le service ou à l'occasion du service, il entraîne la destitution pour l'officier et une peine de cinq à dix ans de travaux publics pour l'homme de troupe. En dehors du service, il est puni de un à cinq ans d'emprisonnement.

**Ouvrage (Louage d').** — V. LOUAGE.

## Ouvrier.

En droit, les ouvriers proprement dits sont ceux qui, sous la direction d'un maître ou patron, concourent à l'exercice d'une profession manuelle; mais, dans un sens plus large, il faut entendre par « ouvriers » tous ceux (à l'exception des domestiques) qui, moyennant un salaire, se livrent à un travail manuel.

Actuellement, de par la loi comme de par la jurisprudence, l'ouvrier des villes, aussi bien que celui des campagnes, jouit, pour la généralité de ses actes et dans presque tous les détails de son existence professionnelle, d'un traitement particulier. V. TRAVAIL.

# P

**Pacte commissoire.** — Clause qui annule une vente, au cas où l'acquéreur n'aurait pas acquitté le prix dans les délais convenus.

Aux termes de l'article 1656 du Code civil, « s'il a été stipulé, lors de la vente d'immeubles, que, faute de payement dans le terme convenu, la vente serait résolue de plein droit, l'acquéreur peut néanmoins payer après l'expiration du délai, tant qu'il n'a pas été mis en demeure par une sommation; mais, après cette sommation, le juge ne peut pas lui accorder de délai ». Ainsi, lors même que le contrat porte que la vente sera résolue de plein droit à défaut de payement au terme convenu, l'acheteur peut encore payer utilement après le terme, et tant qu'il n'a point été mis en demeure par une sommation : la sommation jointe au refus de payer opère seule la résolution.

Quant aux denrées et effets mobiliers, la vente qui en est faite par pacte commissoire est résolue de plein droit et sans sommation préalable, après le délai dans lequel il était convenu que l'acheteur retirerait la chose vendue et en payerait le prix. En cette matière, il y a, en effet, une si grande variation dans les prix que le moindre retard peut occasionner un préjudice irréparable : la résolution sans sommation préalable prévient précisément ce retard préjudiciable au vendeur.

Même en l'absence de toute clause, le droit de demander la résolution est sous-entendu dans tout contrat synallagmatique (Code civ., art. 1184, 1654) : c'est le *pacte commissoire tacite*.

En matière de contrat, de gage ou nantissement, le *pacte commissoire* était dans l'ancien droit romain un pacte par lequel le débiteur, en donnant un meuble en gage ou en hypothéquant son immeuble à son créancier, consentait à ce que celui-ci demeurât propriétaire incommutable du meuble ou de l'immeuble, à défaut du payement de sa créance dans le délai fixé. Cette sorte de pacte commissoire est proscrite formellement par le Code civil : la loi, dans l'intérêt des propriétaires, prohibe toute clause ayant pour objet de faire vendre l'immeuble sans remplir les formalités de la saisie immobilière.

**Pacte de préférence.** — Clause par laquelle l'acquéreur s'engage à donner la préférence au vendeur, s'il vient à revendre lui-même.

Il ne faut pas confondre le *pacte de préférence* avec la promesse de vente, qui vaut vente. Il ne renferme qu'une obligation de faire et une obligation de ne pas faire, qui (Code civ., art. 1142) doit toujours se résoudre en dommages-intérêts et donner seulement ouverture à une action personnelle contre celui qui s'y est soumis. Il ne donne point à celui au profit duquel il est stipulé un droit réel sur la chose.

**Pacte de succession future.** — Pacte, déclaré nul par la loi, aux termes duquel une des parties s'engage à donner à l'autre certains droits sur sa succession.

**Pain.** — V. BOULANGERIE.

**Pair.** — *Pair d'une monnaie*, Evaluation de cette monnaie en une autre, eu égard à son titre légal et à son poids, c'est-à-dire d'après la quantité de métal qu'elle renferme. — *Pair du change*, Egalité résultant pour le change de la comparaison de la valeur intrinsèque de la monnaie sur les diverses places. — *Pair des effets publics*, Situation des effets cotés à leur valeur nominale (prix d'émission ou de remboursement). — *Pair politique*, Celui qui résulte de la combinaison des prix de change de plusieurs places. — *Pair réel*, Celui qui résulte de la comparaison du titre, du poids et du cours d'une espèce avec le titre, le poids et le cours d'une autre espèce d'un autre pays.

**Palmes académiques.**

En même temps qu'il organisait l'Université, le décret du 17 mars 1808 créait pour elle des titres honorifiques : *titulaires*, *officiers de l'Université* et *officiers des académies*. Les distinctions académiques, purement honorifiques, sont aujourd'hui au nombre de deux : palmes d'*officier d'académie* et palmes d'*officier de l'instruction publique*. En 1866, elles prirent la forme d'une décoration véritable. Elles furent conférées, depuis lors, aux littérateurs, aux savants, aux membres des délégations cantonales ou des conseils établis près des lycées et collèges, en un mot à tous ceux qui rendent de près ou de loin des services à l'enseignement.

1. Insigne d'officier d'académie.
2. Insigne d'officier de l'instruction publique.

Pour être nommé officier de l'instruction publique, il faut être officier d'académie depuis cinq ans au moins ou être déjà chevalier de la Légion d'honneur.

L'insigne consiste en une couronne de forme

ovale, constituée par deux branches, l'une de palmier et l'autre de laurier, croisées en haut et en bas. Il est en argent pour les officiers d'académie, en or pour les officiers de l'instruction publique. On le porte attaché par un ruban violet sur le côté gauche de la poitrine; les officiers de l'instruction publique ornent ce ruban d'une rosette de mêmes étoffe, couleur et largeur.

Le chiffre maximum des décorations universitaires, limité par le décret du 24 décembre 1885, est en fait constamment dépassé.

Un contingent spécial est réservé aux instituteurs et institutrices publics.

**Papier court.** — Effet de commerce ayant au plus quinze jours d'échéance.

**Papier long.** — Celui qui a plus de quinze jours d'échéance.

**Papier à vue.** — Effet de commerce payable à présentation.

**Papier timbré.** — V. TIMBRE.

**Papiers domestiques.**

Les registres et papiers domestiques ne constituent point un titre pour celui qui les a écrits. Ils font foi contre lui : 1° dans tous les cas où ils énoncent formellement un payement reçu; 2° lorsqu'ils contiennent la mention expresse que la note a été faite pour suppléer le défaut du titre en faveur de celui au profit duquel ils énoncent une obligation. (Code civ., art. 1331.)

L'écriture mise par le créancier à la suite, en marge ou au dos d'un titre, qui est toujours resté en sa possession, fait foi, quoique non signée ni datée par lui, lorsqu'elle tend à établir la libération du débiteur. Il en est de même de l'écriture mise par le créancier au dos ou en marge, ou à la suite du double d'un titre ou d'une quittance, pourvu que ce double soit entre les mains du débiteur. (Code civ., art. 1332.)

**Paraphernaux (Biens).** — Biens de la femme qui ne font pas partie de la dot et dont celle-ci conserve la disposition et l'administration. V. DOT.

**Parcours.** — Droit appartenant aux habitants de deux communes de faire paître leurs bestiaux sur leurs vaines pâtures respectives. V. PÂTURE, PÂTURAGE.

Le droit de parcours a été aboli par la loi du 9 juillet 1889, article 1er.

**Parenté.** — Lien de consanguinité ou, par extension, d'alliance (V. AFFINITÉ), qui lie plusieurs personnes entre elles.

On distingue la *parenté naturelle*, la *parenté légale* ou adoption, et la *parenté civile* résultant du mariage.

Deux éléments constituent la parenté : la ligne et le degré ou nombre des générations.

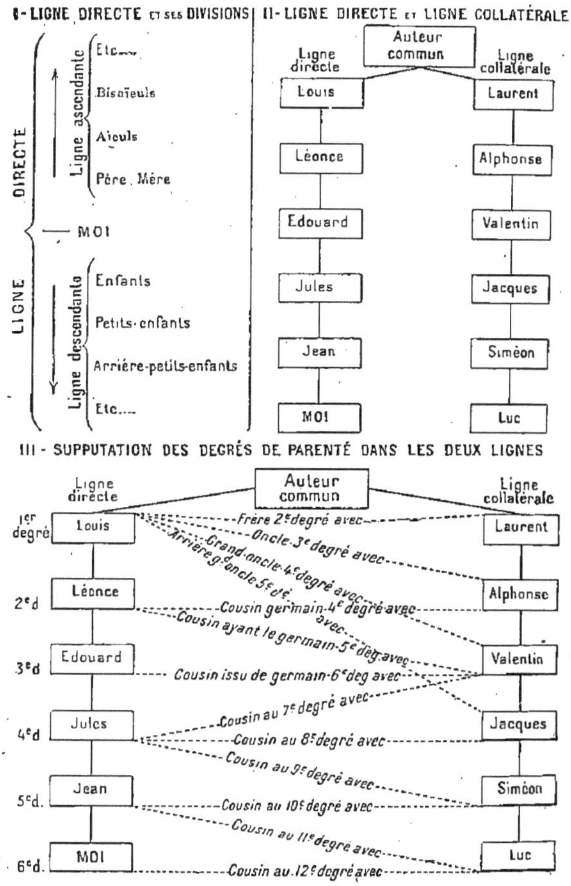


La parenté est le fondement du droit successoral. On hérite jusqu'au douzième degré en ligne collatérale.

La parenté directe entraîne pour les parents des devoirs d'entretien, d'éducation; pour les enfants, des devoirs de respect : ainsi, la nécessité de l'autorisation en matière de mariage.

Pour établir les liens qui unissent les parents entre eux et constituent la parenté, il faut distinguer trois choses : la *tige* ou *souche* commune, laquelle est formée du père et de la mère ou de l'un des deux seulement; la *ligne*, c'est-à-dire la suite des personnes qui descendent de la même tige, et le *degré*, c'est-à-dire le nombre des générations. Chaque génération forme un degré, et la suite des degrés forme la ligne. La ligne peut être directe ou collatérale. Elle est *directe* entre ceux qui, descendant de la même tige, sont nés les uns des autres : tels sont le père, le fils, le petit-fils. Elle est *collatérale* entre ceux qui, tout en ayant une souche commune, ne sont pas nés les uns des autres, comme les frères, les sœurs, les oncles, les tantes, les neveux, les nièces, etc. La ligne directe est dite *ascendante* lorsqu'elle remonte à la souche, et *descendante* lorsqu'elle descend de l'auteur commun à ceux qui en sont issus.

Pour déterminer la parenté en ligne directe, on compte autant de degrés qu'il y a de générations entre les personnes. Ainsi, à l'égard du père, le fils est au premier degré, le petit-fils au second, l'arrière-petit-fils au troisième, etc., et réciproquement. En ligne collatérale, on compte également les degrés par le nombre des générations, mais en remontant d'un des parents jusque et non compris l'auteur commun, puis en descendant de celui-ci jusqu'à l'autre parent. Ainsi, deux frères sont parents au second degré ; l'oncle et le neveu sont parents au troisième degré ; les cousins germains, au quatrième, etc. En ligne collatérale, il n'y a point de premier degré de parenté.

**Parère.** — Acte de notoriété délivré par des autorités étrangères, par des jurisconsultes ou par des commerçants notables, soit sur un point de droit étranger, soit sur un usage commercial.

Dans l'ancien droit, où les usages avaient une grande importance, les arrêts ordonnaient souvent de les prouver. Pour cela, on recourait à des *parères*, dont la forme était réglée par les tribunaux. Aujourd'hui il peut encore y avoir lieu à parères : en ce cas, les personnes compétentes délivrent des certificats écrits, qui constatent l'usage. La loi sur les syndicats professionnels déclare qu'ils peuvent être appelés à donner leur avis sur les questions de leur spécialité.

**Pari.** — Contrat aléatoire. V. JEU.

*Pari mutuel.* — La loi du 2 juin 1891, qui a réglementé l'ouverture et le fonctionnement des champs de course, a soumis le *pari* sur les courses à des dispositions spéciales, exposées au mot COURSES.

Les détails d'application de la loi font l'objet du décret du 7 juillet 1891, modifié par ceux des 16 janvier 1894, 3 février 1896, 13 mars 1902, 6 novembre 1903, 19 août 1905.

D'après le décret du 7 juillet 1891, les sociétés régulièrement autorisées doivent, pour pouvoir installer le pari mutuel, adresser annuellement au ministre de l'Agriculture, avant le 1er décembre, une demande accompagnée : 1° du projet de budget pour l'exercice en vue duquel l'autorisation est demandée ; 2° d'un relevé des dates des journées de courses prévues pour le même exercice. Les comptes de chaque exercice sont approuvés par les ministres de l'Agriculture et des Finances. Les sociétés établissent annuellement leur situation financière, de manière à distinguer leurs ressources propres et les produits résultant du fonctionnement du pari mutuel.

Il est prélevé sur la masse des sommes versées au pari mutuel de chaque hippodrome, et avant tout autre prélèvement : 1° 2 pour 100 en faveur des œuvres locales de bienfaisance ; le montant de ce prélèvement est versé dans un délai de huit jours : à Paris, à la Caisse des dépôts et consignations, et dans les départements, aux caisses des trésoriers-payeurs généraux et receveurs particuliers, préposés de la Caisse des dépôts ; 2° 1 pour 100 en faveur de l'élevage ; le montant de ce prélèvement est versé également dans un délai de huit jours : à Paris, à la recette centrale des finances, et dans les départements, à la trésorerie générale (décret du 7 juill. 1891, art. 3) ; 3° 1 pour 100 aux travaux communaux d'adduction d'eau potable (Loi du 31 mars 1903, art. 102) ; les prélèvements sont centralisés à la Caisse des dépôts (décret du 6 nov. 1903, art. 1er).

Les ressources provenant des prélèvements autorisés sur le pari mutuel pour frais de fonctionnement et de surveillance sont administrées par les sociétés sous le contrôle de l'Etat. Après déduction des frais réels d'organisation et de surveillance, les reliquats, s'il en existe, sont exclusivement affectés en encouragements à l'élevage ; dans ce cas, le ministre de l'Agriculture en approuve préalablement la répartition.

**Paris.** (Dr. adm.)

Le régime administratif de la ville de Paris est, en raison du rôle politique de la capitale, entièrement exceptionnel. Les pouvoirs ordinaires d'administration et de police, que la loi du 5 avril 1884 attribue aux maires élus, sont ici partagés entre deux préfets : le *préfet de la Seine* (services de l'enseignement, approvisionnement, assistance publique, état civil, services de la voie publique, architecture, comptabilité municipale, etc.), et le *préfet de police* (sûreté publique, police de la rue, circulation, étrangers, etc.).

La ville est divisée en vingt *arrondissements*, subdivisés chacun en quatre quartiers. A la tête de chaque arrondissement est placé un maire, nommé par le gouvernement et assisté d'adjoints nommés par décret. Les *maires* et les *adjoints* (il y a trois adjoints par arrondissement) parisiens ne font pas partie du *conseil municipal*.

Le conseil municipal compte quatre-vingts membres, à raison de un par quartier, nommés pour quatre ans ; les délibérations du conseil sont exécutoires après approbation du préfet ; elles sont susceptibles d'être annulées par décret.

Le préfet de police exerce dans toutes les communes du département de la Seine les pouvoirs qui lui sont dévolus par l'arrêté du 12 messidor an VIII. Toutefois, les maires de ces communes sont chargés, sous la surveillance du préfet de la Seine, de ce qui concerne la petite voirie, la sûreté de la voie publique, l'établissement et l'entretien des édifices communaux, cimetières, promenades, places et voies publiques ne dépendant pas de la grande voirie, les adjudications, marchés et baux. (Loi du 10 juin 1853, art. 1 et 2.)

Le conseil général du département de la Seine est composé des quatre-vingts membres du conseil municipal de Paris, et de huit membres élus dans les arrondissements de Sceaux et de Saint-Denis.

**Parlement.** — Nom donné à l'assemblée ou aux assemblées qui exercent le pouvoir législatif.

En France, le pouvoir législatif est exercé par deux assemblées, le Sénat et la Chambre des députés, qui constituent le Parlement. V. DÉPUTÉS (Chambre des), SÉNAT.

**Parquet.** (Bourse.) — Enceinte réservée aux agents de change, à la Bourse, et où ils procèdent aux opérations d'achat et de vente qui leur sont confiées.

**Parquet.** (Dr. civ. et pén.) — Ensemble des magistrats qui composent, dans les tribunaux, le ministère public. — Local affecté aux membres du ministère public pour l'exercice de leurs fonctions. V. MINISTÈRE PUBLIC.

*Petit parquet.* — On désigne sous ce nom, à Paris, un service de permanence annexé au dépôt de la Préfecture de police et à la tête duquel sont placés des substituts délégués par le procureur de la République. Là, chaque jour, défilent tous les individus mis en état d'arrestation par la police ou la gendarmerie, et le substitut de service opère entre eux un tri : suivant les cas, il prononce renvoi devant un juge d'instruction, défère immédiatement au tribunal correctionnel, ou bien remet en liberté, sans ou sous réserves de poursuites ultérieures. Un service analogue fonctionne à Lyon, à Marseille.

**Parricide.** — Meurtre des père ou mère légitimes, naturels ou adoptifs, ou de tout autre ascendant légitime. (Code pén., art. 299.)

Il est puni de la peine de mort. (Code pén., art. 302.) Le condamné est conduit sur le lieu de l'exécution en chemise, nu-pieds, la tête enveloppée d'un voile noir ; il est exposé sur l'échafaud pendant qu'un huissier fait au peuple lecture de l'arrêt de condamnation. (*Id.* art. 13.) Le parricide n'est jamais excusable. (*Id.*, art. 323.)

**Part** (du lat. *partus*, part. pass. de *parere*, enfanter, supin *partum*). — Enfant dont une femme vient d'accoucher. — *Supposition de part*, Action de faire passer un enfant pour être d'une femme à qui il est étranger. — *Substitution de part*, Substitution d'un nouveau-né à un autre. — *Confusion de part*, Echange de deux enfants, de façon à ne plus pouvoir reconnaître à qui appartient chacun des deux. — *Suppression de part*, Infanticide.

**Part de fondateur.** — V. SOCIÉTÉS COMMERCIALES.

**Partage et Rapports.**

Le *partage* est l'opération qui a pour but de mettre fin à l'état de communauté ou d'indivision dans lequel se trouvent plusieurs copropriétaires ou cohéritiers.

Le *rapport* est la réunion à la masse d'une succession des sommes ou biens donnés, directement ou indirectement, par le défunt à l'un des héritiers, pour le tout être partagé entre les divers cohéritiers.

La matière est régie par les articles 815 à 892 du Code civil.

*Action en partage.* — Nul ne peut être contraint à demeurer dans un état d'indivision qui peut avoir les plus graves inconvénients. Aussi tout cohéritier a-t-il le droit de provoquer le partage, nonobstant prohibitions et conventions contraires. Toutefois les héritiers, s'ils le jugent utile, peuvent convenir par écrit d'ajourner le partage pendant un délai de cinq ans et, au bout de ce terme, renouveler leur convention.

Le partage est dit *définitif* quand, portant sur la propriété, il fait cesser l'indivision d'une manière définitive ; mais les parties peuvent aussi faire un partage *provisionnel* ou de jouissance.

Le partage peut être demandé tant qu'il n'y a pas prescription en faveur d'un des cohéritiers.

L'action en partage au nom des cohéritiers mineurs ou interdits doit être exercée par leur tuteur autorisé par le conseil de famille. Lorsque plusieurs mineurs héritiers ont des intérêts opposés, lorsque, par exemple, l'un d'eux a un prélèvement à exercer ou un rapport à faire, on doit donner à chacun un tuteur spécial. Le mineur émancipé, tout en procédant lui-même à l'action, doit se faire assister de son curateur.

S'il y a des cohéritiers absents, l'action appartient aux parents envoyés en possession.

En ce qui touche la femme mariée, lorsque les biens auxquels elle est appelée à succéder tombent dans la communauté, son mari peut, sans avoir besoin de son concours, provoquer la demande en partage ou y répondre ; si ces biens ne tombent pas dans la communauté, le concours de la femme est nécessaire. Le mari, toutefois, s'il a le droit de jouir de ces biens, peut demander un partage provisionnel ; pour le partage définitif, le concours des deux époux est obligatoire. Dans le cas de la séparation de biens et du régime dotal, la femme qui recueille une succession paraphernale peut seule et sans autorisation procéder à un partage, lorsque les biens sont purement mobiliers. Enfin, lorsqu'il y a des cohéritiers absents, c'est aux parents envoyés en possession qu'appartient l'action en partage.

*Forme et opérations du partage.* — Lorsque tous les héritiers sont présents et majeurs, il n'est pas nécessaire d'apposer des scellés sur les effets de la succession, et le partage peut être fait à l'amiable, dans la forme et par tel acte que les parties jugent convenable, soit par acte sous seing privé, soit par acte notarié. Mais si tous les héritiers ne sont pas présents, si parmi ces héritiers se trouvent des mineurs ou des interdits, le partage ne peut plus être fait à l'amiable ; il doit être fait judiciairement et réglé comme en matière sommaire par le tribunal du lieu de l'ouverture de la succession : soit à la requête des héritiers, soit à la diligence du procureur de la République, soit d'office par le juge de paix du lieu, soit enfin à la requête des créanciers ; sinon, il n'est que provisionnel. En vertu d'un titre exécutoire ou d'une permission du juge, il doit être procédé dans le plus bref délai à l'apposition des scellés ; puis, après la levée des scellés, à la confection de l'inventaire des objets faisant partie de la succession.

Cela fait, la demande en partage doit être portée devant le tribunal civil dans le ressort duquel se trouve le domicile du défunt ; ce même tribunal est chargé de trancher les contestations qui s'élèvent durant le cours de l'opération du partage. C'est également devant lui qu'il est procédé aux licitations et que doivent être portées les demandes relatives à la garantie des lots entre copartageants et celles en rescision de partage.

Lorsqu'un des héritiers refuse de consentir au partage, ou s'il s'élève des contestations, soit sur le mode d'y procéder, soit sur la manière de le terminer, le tribunal prononce comme en matière sommaire ou commet, s'il y a lieu, pour les opérations du partage, un des juges sur le rapport duquel il décide les contestations.

Tous créanciers peuvent y former *opposition*, même en vertu d'un acte sous seing privé, en énonçant seulement la cause de l'opposition.

Les formalités pour la *levée des scellés* et la confection de l'*inventaire* sont réglées par les lois sur la procédure.

Avant de procéder au partage, on commence par estimer les biens faisant partie de la succession. L'estimation des biens *immeubles* est faite par des experts choisis par les parties intéressées ou nommés d'office par le juge, si les parties ne peuvent s'entendre sur ce choix. Les experts estiment la valeur des immeubles et indiquent dans leur procès-verbal si et comment l'objet peut être partagé, puis fixent, en cas de division, chacune des parts qu'on peut en former et leur valeur. L'estimation des *meubles*, si elle n'a pas eu lieu dans un inventaire régulier, doit être faite à juste prix et sans crue par commissaire-priseur ou expert. Chacun des cohéritiers peut demander en nature sa part des meubles et immeubles de la succession. Mais, s'il y a des créanciers ou opposants, ou si la majorité des cohéritiers juge la vente nécessaire pour l'acquit des dettes et charges de la succession, les meubles sont vendus publiquement en la forme ordinaire. Si les immeubles ne peuvent se partager commodément, il doit être procédé à la vente par licitation devant le tribunal. Toutefois, lorsque toutes les parties sont majeures, elles peuvent décider que la licitation sera faite devant un notaire choisi par elles.

Lorsque les meubles et immeubles ont été estimés et, si cela a été nécessaire, vendus, les cohéritiers sont envoyés par le juge commissaire devant un notaire désigné par eux ou nommé d'office, si les parties n'ont pu s'entendre sur le choix de cet officier public. Le notaire procède alors aux opérations de la liquidation de la succession. Ces opérations comprennent les comptes que les copartageants peuvent se devoir, la formation de la masse générale, la composition des lots, les fournissements à faire à chacun des copartageants. Le compte établi, chaque cohéritier fait rapport à la masse des dons qui lui ont été faits par le *de cujus* et des sommes dont il est débiteur. (V. plus loin.) Si le rapport n'est pas fait en nature, les cohéritiers à qui il est dû prélèvent une portion égale sur la masse de la succession. Ces prélèvements se font, autant que possible, en objets de même nature et qualité que les objets non rapportés en nature.

Une fois qu'ils ont été effectués, on procède, sur ce qui reste de la masse, à la composition d'autant de lots égaux qu'il y a d'héritiers copartageants ou de souches copartageantes. On évite autant que possible, en formant les lots, de morceler les héritages et de diviser les exploitations, et on doit, autant que cela se peut, faire entrer dans chaque lot la même quantité de meubles, d'immeubles, de droits ou de créances de mêmes nature et valeur ; enfin on compense l'inégalité des lots en nature par un retour soit en rente, soit en argent. La composition des lots est faite soit par un des cohéritiers si les autres sont d'accord à ce sujet, soit, dans le cas contraire, par un expert désigné par le juge-commissaire. Les lots faits, chaque copartageant peut faire des réclamations, et on les modifie s'il y a lieu ; puis l'on procède au tirage des lots. Après le tirage au sort, et le partage achevé, chaque héritier reçoit les titres relatifs aux objets qui lui sont échus. Les titres d'une propriété divisée restent à celui qui a la plus grande part, à la charge par lui de les communiquer à ses copartageants lorsqu'il en sera requis. Quant aux titres communs à toute l'hérédité, ils sont remis à celui que tous les héritiers ont choisi pour en être le dépositaire, à la charge d'en donner connaissance à tous les copartageants en cas de besoin.

Lorsqu'un lot est échu à une *souche* et qu'il y a lieu de le subdiviser entre différentes *branches*, on applique les règles que nous venons d'indiquer.

Les parents successibles peuvent seuls prendre part au partage. Ainsi toute personne, même parente du défunt, qui n'est pas successible et à laquelle un cohéritier aurait cédé son droit à la succession, peut être écartée du partage soit par tous les cohéritiers, soit par un seul, en lui remboursant le prix de la cession. On donne le nom de *retrait successoral* au droit qu'a chaque héritier d'écarter du partage, en lui remboursant le prix de la cession, toute personne même parente du défunt, mais qui n'est pas son successible, et qui n'a d'autre titre, pour y prendre part, que celui de cessionnaire du droit de l'un des copartageants. V. RETRAIT SUCCESSORAL.

Les partages faits, soit par les tuteurs avec l'autorisation d'un conseil de famille, soit par les mineurs émancipés assistés de leurs curateurs, soit au nom des absents, sont définitifs. Ils ne sont que provisionnels dans le cas où les règles prescrites n'ont pas été observées. Dans le partage judiciaire, lequel a lieu, comme on l'a vu, si tous les cohéritiers ne sont pas présents, ou s'il y a parmi eux des interdits et des mineurs, on doit donner à chaque mineur ayant des intérêts opposés un tuteur spécial, et, s'il y a lieu à licitation, elle ne peut être faite qu'en justice, avec les formalités prescrites pour l'aliénation des biens des mineurs.

*Effets du partage et garantie des lots.* — Le partage a pour effet de faire succéder chaque cohéritier seul et immédiatement à tous les objets compris dans son lot, et comme s'il n'avait jamais eu la propriété des autres objets de la succession : les juristes expriment ce résultat en disant que le partage est *déclaratif* et non attributif de propriété ; chaque cohéritier est supposé avoir été saisi de son lot à la mort du défunt. Par suite, le partage a un effet rétroactif. La conséquence du principe est que des charges réelles, une hypothèque par exemple, établies pendant l'indivision, sont considérées comme non avenues si l'immeuble auquel elles s'appliquent tombe dans le lot d'un autre que le constituant.

Toutefois, les cohéritiers demeurent respectivement garants, les uns envers les autres, des troubles et évictions qui procèdent d'une cause antérieure au partage ; mais la garantie cesse d'exister dans le cas où la cause d'éviction a été prévue et formellement acceptée et si c'est par sa faute que le cohéritier souffre l'éviction. Hors ces cas, s'il y a éviction, le cohéritier évincé doit être indemnisé de la perte qui lui est causée par chacun de ses cohéritiers en proportion de leur part héréditaire. Si, parmi les cohéritiers, il en est d'insolvables, la perte se répartit proportionnellement entre le garanti et les cohéritiers solvables.

Le cohéritier créancier d'une rente dont le débiteur était insolvable avant le partage peut exercer sa demande en garantie contre ses cohéritiers pendant les cinq ans qui suivent le partage ; il ne peut plus l'exercer après ce délai, ou bien encore si l'insolvabilité du débiteur est survenue depuis le partage.

*De la rescision en matière de partage.* — Les partages définitifs peuvent être rescindés pour cause de violence, de dol ou de lésion de plus d'un quart au préjudice d'un des cohéritiers. L'omission d'un objet de la succession ne donne pas lieu à l'action en rescision, mais seulement à un supplément à l'acte de partage. Cette action est admise contre tout acte, qu'il s'appelle vente, échange, transaction, etc., qui a eu pour objet de faire cesser l'indivision entre les cohéritiers et qui n'est qu'un partage déguisé. Mais lorsqu'un partage réel a eu lieu, l'action en rescision n'est plus admissible contre les actes par lesquels les parties ont transigé sur des difficultés réelles que présentait l'acte de partage, ou bien encore lorsqu'une vente de droits successifs (v. CESSION DE DROITS SUCCESSIFS) a été faite sans fraude à l'un des cohéritiers, et à ses risques et périls, par ses autres cohéritiers ou par l'un d'eux.

L'action en rescision pour lésion peut être arrêtée, et il n'y a pas lieu de procéder à un nouveau partage lorsque le défendeur offre au demandeur le supplément de sa portion héréditaire, soit en nature, soit en argent ; on constate la lésion en estimant les objets suivant leur valeur à l'époque du partage.

Le cohéritier qui a aliéné son lot, en tout ou en partie, ne peut plus intenter l'action en rescision pour dol ou violence lorsque l'aliénation a été faite postérieurement à la découverte du dol ou à la cessation de la violence.

L'action en rescision pour lésion doit être portée devant le tribunal de l'ouverture de la succession, et l'action en rescision pour cause de violence ou de dol, devant le tribunal du défendeur.

L'action en rescision se prescrit par *dix ans*, à compter, pour la violence, du jour où elle a cessé ; pour le dol, du jour où il a été découvert ; pour la lésion, du jour du partage.

*Rapport à succession.* — Le rapport à succession a été établi pour maintenir, entre les héritiers *ab intestat*, l'égalité des partages.

*Rapport des dons et legs.* Le rapport est dû, par tout donataire, ou par le fils du donataire, venant par représentation de ce dernier à la succession du donateur : 1° pour tout don ou legs fait sans *dispense de rapport ;* 2° pour toute partie d'un don ou legs fait expressément *par préciput* et hors part, mais *excédant la quotité disponible* (v. QUOTITÉ DISPONIBLE) ; 3° pour toutes les sommes employées à l'*établissement* d'un des cohéritiers ou au *payement de ses dettes*.

Ce qui fait naître l'obligation du rapport, c'est la réunion sur la même tête de la qualité d'héritier et de celle de donataire ou légataire du défunt.

Mais en ce qui concerne les donations entre vifs, pour qu'il y ait lieu au rapport, il faut, en outre, que la donation ait été faite par le défunt sans mention expresse de préciput ou hors part.

A ce dernier point de vue, les auteurs du Code civil, confondant les donations entre vifs et les legs, avaient, quant au rapport, appliqué aux legs la même règle qu'aux donations entre vifs ; mais une loi du 24 mars 1898 est intervenue qui, modifiant les articles 843, 844 et 919 du Code civil, a, tout en maintenant la présomption que les donations entre vifs étaient, en principe, rapportables, édicté que les legs doivent, au contraire, être présumés avoir eu lieu par préciput et hors part, qu'ils ne doivent être rapportés qu'autant que le testateur en a formellement exprimé la volonté.

Le rapport est réel lorsqu'il s'agit d'une donation entre vifs ; il n'est que fictif lorsqu'il s'agit d'un legs, parce que, dans ce cas, le légataire ne peut rapporter une chose dont il n'a pas la possession : il ne la rapporte pas, il la laisse dans la masse partageable.

Ainsi donc, dans le dernier état de notre législation, le rapport consiste soit à réunir à la masse héréditaire les donations entre vifs faites sans préciput par le défunt à l'un de ses héritiers, soit à y retenir les legs que le défunt a faits à l'un de ses héritiers, en exprimant la volonté qu'ils soient soumis au rapport.

En dehors des cas dans lesquels les donations ou les legs ne se trouvent point, de par leurs circonstances mêmes, dispensés du rapport, l'héritier peut s'affranchir du rapport en renonçant à la succession, et alors il a le droit de garder le don entre vifs ou de réclamer le legs qui lui a été fait ; mais, bien entendu, dans les limites de la quotité disponible.

Le principe est que le rapport ne peut être demandé que par le cohéritier à son cohéritier, sans d'ailleurs qu'il y ait à distinguer entre les héritiers légitimes et les successeurs irréguliers, les héritiers purs et simples et les héritiers bénéficiaires ; le rapport ne peut être réclamé ni par les légataires, ni par les créanciers de la succession.

Sont dispensés du rapport : 1° l'héritier qui a renoncé à la succession, *jusqu'à concurrence de la quotité disponible;* 2° l'héritier qui a profité indirectement d'une libéralité faite à une autre personne : il ne doit pas rapporter la libéralité faite à son fils, à son père ou à son conjoint ; il n'en est autrement que lorsqu'il s'agit d'un enfant succédant par représentation de son père décédé : en ce cas, cet enfant doit rapporter ce qui avait été donné à son père, même dans le cas où il aurait répudié sa succession ; 3° les dons et legs faits *au conjoint* d'un époux successible ; 4° les donations ou legs *faits hors part* et dans les limites de la quotité disponible ; 5° les frais de *nourriture*, d'*entretien*, d'*éducation*, d'*apprentissage*, d'*équipement*, de *noces* et présents d'usage ; 6° les *projets* que l'héritier a pu retirer de conventions passées avec le défunt ou d'associations faites sans fraude ; 7° l'immeuble qui a péri par *cas fortuit* et sans la faute du donataire ; 8° les fruits et intérêts produits avant l'ouverture de la succession par les choses sujettes à rapport.

*Comment se fait le rapport.* — Le rapport a lieu soit *en nature*, soit *en moins prenant*. Le rapport en nature ou *réel*, c'est la remise dans la succession de l'objet donné lui-même. Le rapport en moins prenant ou *fictif* consiste dans l'imputation de la valeur de l'objet donné sur la part de succession du donataire.

La règle est que les meubles se rapportent en moins prenant et que les immeubles se rapportent en nature s'ils n'ont pas été aliénés par le donataire. Cependant, en certains cas déterminés, les immeubles se rapportent aussi en moins prenant ; il en est ainsi : au cas où l'immeuble sujet à rapport a été aliéné par l'héritier donataire, avant l'ouverture de la succession ; au cas où il existerait dans la succession des immeubles de même nature, valeur et bonté que l'immeuble donné, dont on puisse former des lots à peu près égaux pour les autres cohéritiers ; au cas où l'immeuble donné aurait péri par la faute de l'héritier.

Si l'immeuble est rapporté, il est tenu compte à l'héritier soumis au rapport des impenses qui ont amélioré ou conservé l'immeuble, mais non des dépenses de luxe et d'agrément.

Le rapport du mobilier ne se fait qu'en moins prenant, sur le pied de la valeur du mobilier lors de la donation. Il en est de même du rapport du numéraire, mais le donataire peut se dispenser du rapport en abandonnant du mobilier et, à défaut de mobilier, des immeubles de la succession.

*Rapport du payement des dettes de la succession.* A part le rapport des donations et des legs, le Code civil (art. 829 et 751) consacre le *rapport des dettes*, c'est-à-dire le rapport à la succession par l'héritier des sommes dont il était le débiteur envers le défunt.

Ce rapport se différencie du rapport des libéralités à deux points de vue : 1° l'héritier doit l'effectuer lors même qu'il renonce à la succession ; 2° il peut être actionné en remboursement de sa dette, non seulement par ses cohéritiers, mais encore par les légataires et les créanciers de la succession.

Les cohéritiers, en prenant possession d'une succession, sont tenus de payer les dettes et charges qui la grèvent, chacun dans la proportion de ce qu'il prend, et le légataire à titre universel contribue au payement de toutes les dettes au prorata de ce qu'il reçoit. Le légataire à titre particulier prend au contraire son legs franc et quitte de toutes dettes et charges, sauf toutefois l'action hypothécaire sur l'immeuble légué. Lorsque les immeubles sont frappés d'hypothèques, chaque cohéritier peut exiger, avant la formation des lots, que les dettes formant l'objet des hypothèques soient remboursées et que les immeubles soient, par là, rendus libres. Si les cohéritiers partagent la succession dans l'état où elle se trouve, l'immeuble grevé doit être estimé au même taux que les autres, mais il est fait déduction du capital dû sur le prix total, et l'héritier dans le lot duquel tombe cet immeuble demeure seul chargé de payer la dette.

Telles sont les règles de la *contribution* ou participation aux dettes. Voici maintenant les règles de l'*obligation aux dettes*, c'est-à-dire la détermination du droit de poursuites des créanciers.

Les cohéritiers ne sont tenus des dettes et charges de la succession que pour la part et portion qu'ils touchent ; néanmoins, par suite de l'effet de l'hypothèque, il peut arriver qu'un ou plusieurs cohéritiers ou légataires à titre universel soient poursuivis pour le tout sur les biens grevés qui tombent dans leur lot : dans ce cas, s'ils se trouvent payer au delà de leur part de dettes, ils exercent leur recours contre les autres cohéritiers ou légataires à titre universel ; mais ils ne peuvent exiger que la part que chacun d'eux doit personnellement supporter, même dans le cas où le cohéritier ou légataire qui a payé la dette se serait subrogé aux droits des créanciers. Toutefois, cette règle n'est pas applicable à l'héritier sous bénéfice d'inventaire, qui par là même a conservé la faculté de réclamer le payement de sa créance personnelle comme tout autre créancier. Il en est de même du légataire à titre particulier qui a acquitté la dette dont l'immeuble légué était grevé : il reste subrogé aux droits du créancier contre les cohéritiers et légataires à titre universel. En cas d'insolvabilité d'un des cohéritiers ou successeurs à titre universel, sa part dans la dette hypothécaire est répartie proportionnellement sur tous les autres.

*Séparation des patrimoines.* — Les créanciers possesseurs de titres exécutoires contre le défunt peuvent en poursuivre l'exécution contre les héritiers, mais huit jours seulement après la signification de ces titres à la personne ou au domicile de l'héritier à qui incombe le payement de la dette. Ils peuvent dans tous les cas demander la *séparation du patrimoine* provenant du défunt d'avec les biens de l'héritier, afin de soustraire ce patrimoine à l'action des créanciers personnels de l'héritier. Juridiquement, l'héritier est le continuateur de la personne du défunt, et les biens de la succession se confondent avec les propres biens de l'héritier, forment avec eux une masse unique, laquelle devient le gage commun des créanciers du défunt et des créanciers de l'héritier. En sorte que s'il s'agit d'un héritier ayant plus de dettes que de biens, une telle confusion de biens serait nuisible aux créanciers de la succession et aux légataires particuliers. Exemple : le défunt Louis a 5 000 francs de biens et 5 000 francs de dettes ; sa succession passe à Jean, qui a 5 000 francs de biens et 10 000 francs de dettes ; si les deux patrimoines restaient confondus, on se trouverait en présence de 10 000 francs de biens pour payer 15 000 francs de dettes, et les créanciers du défunt Louis, qui seraient payés intégralement si leur débiteur vivait encore, ne toucheraient qu'un simple dividende, les deux tiers de leurs créances. La *séparation des patrimoines* prévient l'injustice de ce résultat.

Le droit pour les créanciers d'une succession et les légataires particuliers de demander la séparation des patrimoines est consacré et réglé par les articles 878 et suivants du Code civil. Les créanciers peuvent l'exercer pendant un délai de trois ans pour les meubles, et, à l'égard des immeubles, tant qu'ils n'ont pas été aliénés par l'héritier. En outre, ils ne peuvent invoquer ce droit dès qu'ils ont, par suite d'une novation, accepté l'héritier comme débiteur personnel.

Les créanciers personnels d'un héritier admis à accepter la succession à leurs risques et périls et à intervenir au partage pour la sauvegarde de leurs droits ne peuvent demander cette séparation des patrimoines ; ils peuvent seulement, pour empêcher que le partage ne soit fait en fraude de leurs droits, s'opposer à ce qu'il y soit procédé hors de leur présence, et ils ont le droit d'attaquer un partage consommé malgré leur opposition.

*Enregistrement.* — Droit de 0 fr. 20 pour 100, non compris les décimes.

**Partage d'ascendants.** — Acte par lequel les père, mère ou autres ascendants font entre leurs enfants ou descendants la distribution et le partage de leurs biens.

Le partage d'ascendants (Code civ., art. 1075-1080) offre un double avantage : éviter les frais d'un partage judiciaire, lorsqu'il y a des cohéritiers mineurs ou interdits, permettre l'attribution à chaque cohéritier du lot qui lui convient le mieux. Ces partages peuvent être faits par actes entre vifs ou testamentaires ; on leur applique par suite tantôt les règles des donations, tantôt celles des testaments.

L'ascendant a la faculté de comprendre dans le partage non seulement ses biens présents, mais encore ceux qu'il possédera au jour de son décès, ceux qu'il a donnés à titre d'avancement d'hoirie ; seulement, les partages faits par actes entre vifs ne peuvent avoir pour objet que les biens présents. Au jour du décès, les biens non compris dans le partage sont dévolus aux héritiers selon le droit commun.

Est nul le partage qui laisse de côté un ou plusieurs descendants ; en d'autres termes, tous les descendants appelés à la succession de l'ascendant lors de son décès doivent avoir été compris dans l'acte entre vifs ou testamentaire, mais un nouveau partage doit être provoqué par les descendants lésés aussi bien que par ceux qui avaient bénéficié du premier partage.

Il y a deux causes de rescision ou annulation du partage d'ascendants : 1° la rescision pour cause de lésion de plus du quart (c'est-à-dire que tout copartageant dont la part est inférieure de plus du quart à celle qui lui revenait est fondé à faire annuler ou rescinder le partage) ; 2° la violation des règles relatives à la réserve en faveur de l'un des descendants déjà avantagé par préciput et hors part. Ainsi, un ascendant qui a 90 000 francs de biens et deux enfants (Jean et Louis) peut disposer du tiers de cette somme (quotité disponible), la *réserve* (part réservée aux héritiers) étant de 60 000 francs ; il fait don du tiers disponible (30 000 francs) en faveur de son fils Jean, puis il procède à un partage d'ascendant entre Jean et Louis, et il donne à Jean plus de la moitié de la réserve. Jean se trouve donc avoir toute la quotité disponible et au delà de sa part de réserve. En ce cas, Louis peut faire annuler le partage ; il avance les frais d'estimation des biens, et il les supporte en définitive, outre les frais du procès, si sa réclamation n'est pas reconnue fondée.

Quoique produisant entre l'ascendant et les descendants tantôt les effets d'une donation, tantôt ceux d'un legs, le partage d'ascendant dans les rapports des copartagés entre eux produit toujours les effets d'un partage, en ce qu'il engendre la garantie et donne naissance au privilège du copartageant.

**Partiaire (Colonage).** — V. COLONAGE.

**Partie.** — Celui qui plaide contre quelqu'un, comme demandeur ou comme défendeur, ou qui contracte avec une autre personne.

**Partie civile.** — Personne qui, dans une affaire criminelle, agit en son nom contre l'accusé.

Pierre a tué mon père en maniant maladroitement un revolver : il est poursuivi par le procureur de la République pour homicide par imprudence et condamné de ce fait, je suppose, à deux ans d'emprisonnement et à 100 francs d'amende ; mais je puis me porter partie civile, c'est-à-dire demander réparation du préjudice que j'ai subi, et en dehors de cette amende, Pierre est condamné par le tribunal à me payer des dommages-intérêts.

Par opposition à la *partie publique*, qui agit au nom de la société, en requérant application de la peine encourue, on nomme, en procédure pénale, *partie civile* toute personne qui, ayant éprouvé quelque dommage d'une infraction, agit en son nom contre le délinquant, réclamant de lui la réparation pécuniaire de cette infraction. V. ACTION PUBLIQUE, ACTION CIVILE.

Une partie lésée n'est réputée partie civile que si elle le déclare formellement, soit dans une plainte à l'autorité compétente, soit par des conclusions en dommages-intérêts ; elle peut se porter partie civile en tout état de cause, jusqu'à la clôture des débats.

Les droits de la partie civile sont : 1° de former opposition aux ordonnances du juge d'instruction ; 2° d'interjeter appel des jugements correctionnels, quant à ses intérêts civils ; 3° de se pourvoir en cassation, quant aux dispositions relatives à ses intérêts civils.

En matière de simple police ou de police correctionnelle, le plaignant qui se porte partie civile avant la poursuite du ministère public est tenu, à moins qu'il ne justifie de son indigence, de consigner préalablement le montant approximatif des frais et, qu'il succombe ou non, il est personnellement tenu des frais d'instruction, d'expédition et de signification des jugements, sauf son recours contre les prévenus condamnés ou contre les personnes reconnues civilement responsables.

En matière criminelle, la consignation préalable des frais n'est pas imposée à la partie civile, et ce n'est qu'au cas où elle succombe qu'elle peut être tenue des frais.

Le plaignant qui s'est porté partie civile peut se désister dans les vingt-quatre heures. En ce cas, il n'est pas tenu des frais, à partir du moment où il a signifié son désistement. Le désistement n'est plus valable après le jugement rendu.

**Partie prenante.** — Celui qui reçoit un payement en qualité de créancier de l'État, du département, de la commune, d'un établissement public.

**Passage.**

*Droit de passage.* — Le propriétaire dont les fonds sont sans issue sur la voie publique ou n'ont qu'une issue insuffisante pour l'exploitation industrielle ou agricole peut réclamer un passage sur le fonds voisin, à charge d'indemnité. Le passage est pris du côté le moins dommageable et le plus court.

Si l'enclave résulte de la division d'un fonds, on ne peut demander passage que sur les terrains objet du partage.

L'assiette et le mode de passage sont fixés par trente ans d'usage continu.

La servitude de passage ne s'établit jamais par prescription, comme toutes les servitudes discontinues ; mais on peut par trente ans devenir propriétaire du terrain où on a passé si l'on a en outre fait des actes de propriétaire en l'empierrant, en le clôturant, etc.

La servitude de passage peut aussi résulter de la convention. Elle s'exerce dans les limites fixées par l'acte.

Le passage sur le terrain d'autrui, mais seulement si ce terrain est préparé, ensemencé, ou chargé de récoltes, constitue une contravention.

Lorsque l'enclave provient de la division d'un fonds à la suite d'un partage, d'une vente ou d'un autre contrat, le passage ne peut être demandé que sur les terrains qui ont fait l'objet de ces actes. Si le propriétaire d'un fonds enclavé a passé pendant trente ans sur un fonds voisin, en l'absence de tout règlement, cet usage détermine l'assiette et le mode de la servitude de passage, et libère le propriétaire du fonds enclavé de l'obligation de payer une indemnité. (Code civ., art. 682-685.)

**Passavant.** (Admin.) — Permis de circulation, titre d'expédition ou de mouvement, qui, en matière de douanes ou de contributions indirectes, autorise le transport d'un lieu à un autre de marchandises ou de boissons.

En matière de douanes, le passavant est un permis de circulation délivré aux propriétaires ou conducteurs dont les marchandises doivent circuler ou être transportées d'une manière générale, soit dans le rayon frontière, soit, par cabotage, d'un port à un autre de France, soit d'un point à un autre du territoire français, au moyen de l'emprunt du territoire étranger.

En matière de contributions indirectes, le passavant est un permis de circulation intervenant lorsque le déplacement d'une boisson soumise aux droits a lieu dans un des cas d'exemption des droits.

**Passe de sacs.** — Prélèvement fait par le débiteur en remboursement de l'avance faite par lui des sacs contenant les espèces qu'il donne en payement. (Décret du 1er juillet 1809, art. 1er.)

La valeur des sacs est payée par celui qui reçoit, ou bien la retenue en est exercée par celui qui paye, sur le pied de 15 centimes par sac. (Art. 3.)

Le mode de payement en sacs et au poids ne prive pas celui qui reçoit de la faculté d'ouvrir les sacs, de vérifier et de compter les espèces en présence du payeur. (Art. 4.)

**Passe-debout.** — Permis délivré au conducteur de boissons qui veut leur faire traverser un lieu sujet aux droits d'entree, ou les y laisser séjourner moins de vingt-quatre heures.

Le conducteur des boissons doit se présenter au premier bureau d'entrée qu'il rencontre et demander un permis de passe-debout, qu'il obtient moyennant consignation ou cautionnement du montant du droit exigible (à moins qu'il ne soit possible au service d'escorter le chargement dans la traversée du lieu sujet). On ne peut décharger dans le lieu sujet les boissons qu'on y fait entrer avec un passe-debout. La somme consignée est restituée, ou la caution se trouve libérée, quand il est justifié de la sortie intégrale des boissons introduites.

**Passeport.** — Autorisation délivrée par une autorité administrative à ceux qui veulent voyager à l'intérieur ou à l'étranger.

Nul ne peut quitter le canton de son domicile sans être muni d'un passeport.

Tombée en désuétude, l'obligation du passeport existe toujours légalement. (Décret du 18 sept. 1807.)

L'étranger voyageant en France doit être muni d'un passeport émanant de son gouvernement.

Les passeports sont délivrés, pour un an, par le préfet de police dans le département de la Seine, et en province par le maire ou le sous-préfet, selon qu'il s'agit d'un voyage à l'intérieur ou d'un voyage à l'étranger. Ils doivent être visés par le représentant du pays étranger dans lequel on se propose de voyager.

Les passeports à l'étranger sont actuellement supprimés, par traité réciproque, entre la France et de nombreux Etats, notamment l'Angleterre, la Belgique, la Hollande, l'Espagne, l'Allemagne, l'Italie, la Suisse, les Etats-Unis ; mais, en principe, tout Etat, étant maître sur son territoire, peut en subordonner l'entrée à certaines conditions.

Le prix des passeports est fixé, par la loi du 16 juin 1888, à 0 fr. 50 en principal. Ils sont délivrés gratuitement aux personnes indigentes. En outre, des passeports gratuits *avec secours de route* peuvent être accordés par les préfets aux mendiants et aux indigents regnicoles qui veulent regagner leurs foyers, ainsi qu'aux étrangers sans aveu qui doivent quitter le territoire français.

**Passif.** — Total des dettes d'une personne, par opposition au total des créances de toute sorte qu'elle possède et qui constituent son actif. V. BILAN.

**Patente.** — Contribution directe au payement de laquelle sont soumis les individus français ou étrangers qui exercent en France un commerce, une industrie ou certaines professions.

Les principaux textes réglementant l'assiette de la contribution des patentes sont les suivants : lois du 25 avril 1844, art. 2 et 8 ; du 18 mai 1850, art. 16 et 18 ; du 15 juillet 1880 ; du 8 août 1890 ; du 28 avril 1893, art. 5 à 7 ; du 19 avril 1905.

La patente frappe le produit du travail au moyen de deux droits combinés : l'un fixe, l'autre proportionnel. (Loi du 15 juillet 1880, art. 2.)

Les patentes comprises dans les rôles se subdivisent en quatre grandes catégories correspondant aux tableaux annexés à la loi du 15 juillet 1880, modifiée par la loi du 19 avril 1905, savoir : A, commerçants ordinaires et artisans occupant des ouvriers ; B, hauts commerçants ; C, industriels ; D, professions libérales, lesquelles sont uniquement soumises au droit proportionnel.

*Droit fixe.* — Le droit fixe est réglé conformément aux tableaux A, B, C annexés à la loi du 15 juillet 1880. Il est établi : 1° eu égard à la population et d'après un tarif général (tableau A) ; 2° ou bien à la population et d'après un tarif exceptionnel (tableau B) ; 3° ou sans avoir égard à la population (tableau C). [Loi du 15 juillet 1880, art. 3.]

Les commerces, industries et professions non dénommés dans ces tableaux n'en sont pas moins assujettis à la patente. Les droits auxquels ils doivent être soumis sont réglés, d'après l'analogie des opérations ou des objets de commerce, par un arrêté spécial du préfet rendu sur la proposition du directeur des contributions directes et après avoir pris l'avis du maire. — Tous les cinq ans, des tableaux additionnels contenant la nomenclature des commerces, industries et professions, classés par voie d'assimilation depuis trois années au moins, sont soumis à la sanction législative. (*Id.*, art. 4.)

Pour les professions dont le droit fixe varie en raison de la population du lieu où elles sont exercées, les tarifs sont appliqués d'après la population qui a été déterminée par le dernier décret de dénombrement. Néanmoins, lorsque ce dénombrement fait passer une commune dans une catégorie supérieure à celle dont elle faisait précédemment partie, l'augmentation du droit fixe n'est appliquée que pour moitié pendant les cinq premières années. (*Id.*, art. 5.)

Dans les communes dont la population totale est de plus de cinq mille âmes, les patentables exerçant dans la partie non agglomérée des professions imposées eu égard à la population payent le droit fixe d'après le tarif applicable à la population non agglomérée. — Les patentables exerçant lesdites professions dans la partie agglomérée payent le droit fixe d'après le tarif applicable à la population totale. (*Id.*, art. 6, modifié par la loi du 19 avril 1905.)

Le patentable qui, dans le même établissement, exerce plusieurs commerces, industries ou professions, ne peut être soumis qu'à un seul droit fixe. Ce droit est le plus élevé de ceux qu'il aurait à payer s'il était assujetti à autant de droits fixes qu'il exerce de professions. — Si les professions exercées dans le même établissement comportent, pour le droit fixe, soit seulement des taxes variables à raison du nombre d'employés, d'ouvriers, de machines ou autres éléments d'imposition, soit à la fois des taxes de cette nature et des taxes déterminées, c'est-à-dire arrêtées à un chiffre invariable, le patentable est assujetti aux taxes variables d'après tous les éléments d'imposition afférents aux professions exercées; mais il ne paye que la plus élevée des taxes déterminées. (*Id.*, art. 7.)

Le patentable ayant plusieurs établissements, boutiques ou magasins de même espèce ou d'espèces différentes, est, quel que soit le tableau auquel il appartient comme patentable, passible d'un droit fixe, en raison du commerce, de l'industrie ou de la profession exercée dans chacun de ces établissements, boutiques ou magasins. Les droits fixes sont imposables dans les communes où sont situés les établissements, boutiques ou magasins qui y donnent lieu. (*Id.*, art. 8.)

Le patentable qui exploite un établissement industriel et qui n'y effectue pas la vente de ses produits est exempt du droit fixe pour le magasin séparé dans lequel sont vendus exclusivement en gros les seuls produits de sa fabrication. Toutefois, si la vente a lieu dans plusieurs magasins, l'exemption de droit fixe accordée par le paragraphe précédent n'est applicable qu'à celui de ces magasins qui est le plus rapproché du centre de l'établissement de fabrication. Les autres sont imposés conformément aux dispositions de l'article 8 de la loi. (*Id.*, art. 9.)

Dans les établissements à raison desquels le droit fixe de patente est réglé d'après le nombre des ouvriers, les individus au-dessous de seize ans et au-dessus de soixante-cinq ne seront comptés dans les éléments de cotisation que pour la moitié de leur nombre. (*Id.*, art. 10.)

Dans les usines fonctionnant exclusivement à l'aide de moteurs hydrauliques, le droit fixe est réduit de moitié pour ceux des éléments de cotisation qui, par manque ou par crue d'eau, sont périodiquement forcés de chômer pendant une partie de l'année équivalente au moins à quatre mois. (*Id.*, art. 11.)

*Droit proportionnel.* — Le droit proportionnel est établi sur la valeur locative tant de la maison d'habitation que des magasins, boutiques, usines, ateliers, hangars, remises, chantiers et autres locaux servant à l'exercice des professions imposables. Il est dû lors même que le logement et les locaux occupés sont concédés à titre gratuit. — La valeur locative est déterminée soit au moyen de baux authentiques ou de déclarations de locations verbales dûment enregistrées, soit par comparaison avec d'autres locaux dont le loyer aura été régulièrement constaté ou sera notoirement connu, et, à défaut de ces bases, par voie d'appréciation. — Le droit proportionnel pour les usines et les établissements industriels est calculé sur la valeur locative de ces établissements, pris dans leur ensemble et munis de tous leurs moyens matériels de production. (Loi du 15 juillet 1880, art. 12.)

Le taux du droit proportionnel est fixé conformément au tableau D annexé à la loi du 15 juillet 1880, modifié par la loi du 19 avril 1905.

Le droit proportionnel est payé dans toutes les communes où sont situés les magasins, boutiques, usines, ateliers, hangars, remises, chantiers et autres locaux servant à l'exercice des professions imposables. Si, indépendamment de la maison où il fait sa résidence habituelle et principale et qui doit être soumise au droit proportionnel, le patentable possède, soit dans la même commune, soit dans des communes différentes, une ou plusieurs maisons d'habitation, il ne paye le droit proportionnel que pour celles de ces maisons qui servent à l'exercice de sa profession; toutefois, si l'industrie pour laquelle il est assujetti à la patente ne constitue pas sa profession principale, et s'il ne l'exerce pas par lui-même, il ne paye le droit proportionnel que sur la maison d'habitation de l'agent préposé à l'exploitation. (*Id.*, art. 14.)

Par exception, le médecin qui se transporte annuellement dans une ville d'eaux ou une station balnéaire ou thermale pour y exercer sa profession, et qui ne se livre pas ailleurs à l'exercice de la médecine, n'est imposable au droit proportionnel sur l'habitation que pour la maison qu'il occupe pendant la saison balnéaire ou thermale, même si cette maison ne constitue pas son habitation habituelle et principale. (Loi du 19 avril 1905, art. 4.)

Le patentable qui exerce dans un même local, ou dans des locaux non distincts, plusieurs industries ou professions passibles d'un droit proportionnel différent, paye ce droit d'après le taux applicable à la profession qui comporte le taux le plus élevé. Dans le cas où les locaux sont distincts, il paye pour chaque local le droit proportionnel attribué à l'industrie ou à la profession qui y est spécialement exercée. Dans tous les cas, le droit proportionnel est établi sur la maison d'habitation d'après le taux applicable à celle des professions imposées au droit fixe qui comporte le taux le plus élevé. (*Id.*, art. 15, et loi du 19 avril 1905, art. 5.) Dans les communes dont la population est inférieure à vingt mille âmes, mais qui, en vertu d'un nouveau dénombrement, passent dans la catégorie des communes de vingt mille et une âmes et au-dessus, les patentables des septième et huitième classes ne sont soumis au droit proportionnel que dans le cas où un second décret de dénombrement a maintenu lesdites communes dans la même catégorie. (*Id.*, art. 16, et loi du 19 avril 1905, art. 5.)

A l'égard des patentables sans domicile fixe, le droit proportionnel est fixé uniformément à une somme égale au tiers du droit fixe, sans préjudice du supplément qui devra leur être réclamé s'ils viennent à occuper des locaux susceptibles de servir de base au calcul exact du droit et donnant lieu à une taxe plus élevée que celle à laquelle ils ont été primitivement assujettis. Le droit proportionnel est réglé de la même manière pour les patentables qui demandent, en dehors de la commune de leur domicile, la délivrance d'une patente dans les conditions prévues par l'article 34 de la loi du 15 juillet 1880 (v. plus loin, *Dispositions diverses*); ils sont égaloment passibles d'un supplément de patente s'il est constaté ultérieurement que le droit ainsi calculé est inférieur à celui que comportent les locaux qu'ils occupent. (Loi du 19 avril 1905, art. 7.)

*Patentes des sociétés.* — Dans les sociétés en nom collectif, l'associé principal paye seul la totalité du droit fixe afférent à la profession. Le même droit est divisé en autant de parts égales qu'il y a d'associés en nom collectif, et une de ces parts est imposée à chaque associé secondaire. Néanmoins, pour les associés habituellement employés comme simples ouvriers dans les travaux de l'association, cette part ne doit jamais dépasser le vingtième du droit fixe imposable au nom de l'associé principal.

L'associé principal et les associés secondaires sont imposés au droit fixe dans les communes où sont situés les établissements, boutiques ou magasins qui y donnent lieu. — Le droit proportionnel est établi sur la maison d'habitation de l'associé principal et sur tous les locaux qui servent à la société pour l'exercice de son industrie. — La maison d'habitation de chacun des autres associés est affranchie du droit proportionnel, à moins qu'elle ne serve à l'exercice de l'industrie sociale. En ce dernier cas, elle est, de même que les autres locaux servant à l'industrie sociale, imposable au nom de l'associé principal. (*Id.*, art. 20.)

Par exception : 1° dans les sociétés en nom collectif qui sont passibles des droits de patente pour l'exercice de professions rangées dans le tableau C et tarifées en raison du nombre des ouvriers, machines, instruments, moyens de production aux autres éléments variables d'imposition, l'associé principal paye seul le droit fixe ; les autres associés en sont affranchis ; 2° dans les sociétés en nom collectif qui sont passibles de droits de patente pour l'exercice de professions rangées dans le tableau B, le droit de patente des associés autres que l'associé principal, établi conformément à l'article 20 de la présente loi, ne porte pas sur les employés et autres éléments variables d'imposition. (*Id.*, art. 21.)

Les sociétés ou compagnies anonymes ayant pour but une entreprise industrielle ou commerciale sont imposées pour chacun de leurs établissements à un seul droit fixe, sous la désignation de l'objet de l'entreprise, sans préjudice du droit proportionnel. La patente assignée à ces sociétés ou compagnies ne dispense aucun des sociétaires ou actionnaires du payement des droits de patente auxquels ils pourraient être personnellement assujettis pour l'exercice d'une industrie particulière ; cette disposition est applicable aux gérants et associés solidaires des sociétés en commandite. (*Id.*, art. 22.)

Les sociétés coopératives de consommation et les économats, lorsqu'ils possèdent des établissements, boutiques ou magasins pour la vente ou la livraison des denrées, produits ou marchandises, sont passibles des droits de patente au même titre que les sociétés ou particuliers possédant des établissements, boutiques ou magasins similaires. Toutefois les syndicats agricoles et les sociétés coopératives de consommation qui se bornent à grouper les commandes de leurs adhérents et à distribuer dans leurs magasins de dépôt les denrées, produits ou marchandises qui ont fait l'objet de ces commandes, ne sont pas soumis à la patente. Les adhérents dits « des syndicats agricoles et des sociétés coopératives de consommation » comprennent, en ce qui concerne les syndicats, tous les membres qui font partie de ces associations, et, en ce qui concerne les sociétés coopératives, les seuls membres de ces sociétés qui ont la qualité d'associés. (*Id.*, art. 10.)

*Fonds de garantie.* — Quatre centimes additionnels sont ajoutés au principal de la patente de certains industriels pour constituer un *fonds de garantie* dont voici l'objet : A défaut, soit par les chefs d'entreprise débiteurs, soit par les sociétés d'assurances, ou les syndicats de garantie liant solidairement leurs adhérents, de s'acquitter des indemnités mises à leur charge à la suite d'accidents ayant entraîné la mort ou une incapacité permanente de travail, le payement en est assuré aux intéressés par les soins de la Caisse nationale des retraites pour la vieillesse, au moyen d'un *fonds spécial de garantie*, constitué par des centimes additionnels au principal de la contribution des patentes. (Loi du 9 avril 1898.) V. ACCIDENTS : *Accid. du travail.*

La taxe pour fonds de garantie constituant une addition à la contribution des patentes, les règles relatives au payement de cette dernière contribution sont applicables au payement de ladite taxe.

*Exemptions.* — Ne sont pas assujettis à la patente : les fonctionnaires et employés salariés soit par l'Etat, les départements ou les communes, en ce qui concerne seulement l'exercice de leurs fonctions ; les artistes ne vendant que le produit de leur art ; les professeurs et instituteurs ; les sages-femmes ; les éditeurs de feuilles périodiques ; les artistes dramatiques ; les laboureurs et cultivateurs, seulement pour la vente et la manipulation des récoltes et fruits provenant des terrains qui leur appartiennent ou par eux exploités, et pour le bétail qu'ils y élèvent, qu'ils y entretiennent ou qu'ils y engraissent ; les concessionnaires de mines, pour le seul fait de l'extraction et de la vente des matières par eux extraites, l'exemption ne pouvant en aucun cas être étendue à la transformation des matières extraites ; les propriétaires ou fermiers de marais salants ; les propriétaires ou locataires louant accidentellement une partie de leur habitation personnelle, lorsque cette location ne présente aucun caractère périodique ; les pêcheurs, lors même que la barque qu'ils montent leur appartient ; les associés en commandite, les caisses d'épargne et de prévoyance administrées gratuitement, les assurances mutuelles régulièrement autorisées ; les capitaines de navires de commerce ne naviguant pas pour leur compte ; les cantiniers attachés à l'armée ; les écrivains publics ; les commis et toutes les personnes travaillant à gages, à façon et à la journée, dans les maisons, ateliers et boutiques des personnes de leur profession ; les ouvriers travaillant chez eux ou chez des particuliers sans compagnons ni apprentis, soit qu'ils travaillent à façon, soit qu'ils travaillent pour leur compte et avec des matières à eux appartenant, qu'ils aient ou non une enseigne ou une boutique ; les ouvriers travaillant en chambre avec un apprenti âgé de moins de seize ans ; la veuve qui continue, avec l'aide d'un seul ouvrier ou d'un seul apprenti, la profession précédemment exercée par son mari ; les personnes qui vendent en ambulance dans les rues, dans les lieux de passage et dans les marchés, soit des fleurs, de l'amadou, des balais, des statues et figures en plâtre, soit des fruits, des légumes, des poissons, du beurre, des œufs, du fromage et autres menus comestibles ; les savetiers, les chiffonniers au crochet, les porteurs d'eau à la bretelle ou avec voiture à bras, les rémouleurs ambulants, les gardes-malades. Ne sont point considérés comme compagnons ou apprentis la femme travaillant avec son mari, ni les enfants non mariés travaillant avec leurs père et mère, ni le simple manœuvre dont le concours est indispensable à l'exercice de la profession. (Lois du 15 juillet 1880, art. 17, et du 19 avril 1905, art. 8.)

Tous ceux qui vendent en ambulance des objets non compris dans les exemptions déterminées dans l'article précédent et tous marchands sous échoppe ou en étalage sont passibles de la moitié des droits que payent les marchands qui vendent les mêmes objets en boutique. Toutefois, cette disposition n'est pas applicable aux bouchers, épiciers et autres marchands ayant un étal permanent et occupant des places fixes dans les halles et marchés. (*Id.*, art. 18.)

Les père et mère de sept enfants vivants, mineurs, légitimes ou reconnus, assujettis à une contribution personnelle mobilière égale ou inférieure à 10 francs en principal, sont exonérés d'office de la patente.

Les sociétés de construction d'habitation à bon marché et les sociétés de crédit agricole sont dispensées de toute patente.

Les fabricants et les mouliniers en soie travaillant *exclusivement à métier à façon* dont le droit fixe n'excède pas 150 francs sont exemptés du droit proportionnel. Au delà de 150 francs, le droit proportionnel est perçu par moitié ; au delà de 450 francs, il est perçu intégralement. (Loi du 19 avril 1905, art. 14.)

*Dispositions diverses.* — Les formules de patentes sont expédiées par le directeur des contributions directes. Elles sont affranchies du droit de timbre, mais en remplacement de ce droit il est ajouté au principal des centimes généraux dont le nombre est annuellement fixé par la loi de finances. Les formules sont, à la diligence des patentés, visées par le maire et revêtues du sceau de la commune. (*Id.*, art. 31.)

Tout patentable est tenu d'exhiber sa patente lorsqu'il en est requis par les maires, adjoints, juges de paix et tous autres officiers ou agents de police judiciaire. (*Id.*, art. 32.)

Les patentes sont personnelles et ne peuvent bénéficier qu'à ceux à qui les formules ont été délivrées. (*Id.*, art. 20.)

Les maris et les femmes séparés de biens ne doivent qu'une patente, à moins qu'ils n'aient des établissements distincts, auquel cas chacun d'eux doit avoir sa patente et payer séparément les droits fixe et proportionnel. (*Id.*, art. 19.)

Tout individu transportant des marchandises de commune en commune, lors même qu'il vend pour le compte de marchands ou de fabricants, est tenu d'avoir une patente personnelle de marchand forain. (*Id.*, art. 23, et loi du 19 avril 1905, art. 12.)

Les commis voyageurs des nations étrangères sont traités, relativement à la patente, sur le même pied que les commis voyageurs français chez ces mêmes nations. (*Id.*, art. 24.)

Les individus qui exercent hors de la commune de leur domicile une profession imposable sont tenus de justifier, à toute réquisition, de leur imposition à la patente, à peine de saisie ou de séquestre, à leurs frais, des marchandises par eux mises en vente et des instruments servant à l'exercice de leur profession, à moins qu'ils ne donnent caution suffisante jusqu'à la représentation de la patente ou la production de la preuve que la patente a été délivrée. Si les individus non munis de patente exercent dans la commune de leur domicile, il est seulement dressé des procès-verbaux qui sont transmis immédiatement aux agents des contributions directes. (*Id.*, art. 33.)

Les agents des contributions directes peuvent, sur la demande qui leur en est faite, délivrer des patentes avant l'émission du rôle, après toutefois que les requérants ont acquitté entre les mains du percepteur les douzièmes échus s'il s'agit d'individus domiciliés dans le ressort de la perception, ou la totalité des droits s'il s'agit de patentables non sédentaires ou d'individus étrangers au ressort de la perception. (*Id.*, art. 34.)

Le patenté qui aura égaré sa patente ou qui sera dans le cas d'en justifier hors de son domicile pourra se faire délivrer un certificat par le directeur ou par le contrôleur des contributions directes. Ce certificat fera mention des motifs qui obligent le patenté à le réclamer et devra être écrit sur papier timbré de 60 centimes.

*Payement.* — La contribution des patentes est due pour l'année entière par tous les individus exerçant au mois de janvier une profession imposable. (Loi du 15 juillet 1880, art. 28.)

En cas de cession d'établissement, la patente est, sur la demande du cédant ou du cessionnaire, transférée à ce dernier ; la demande est recevable dans le délai de trois mois, à partir soit de la cession de l'établissement, soit de la publication du rôle supplémentaire dans lequel le cessionnaire a été personnellement imposé pour l'établissement cédé. La mutation de cote est réglée par le préfet, et les droits qui formeraient double emploi au préjudice du cessionnaire sont alloués en décharge par le conseil de préfecture. (Même article 28.)

Le commerçant inscrit à la patente est

celui qui doit payer, tant qu'il n'a pas obtenu le transfert de sa patente au nom de son successeur, soit à l'amiable par acte de transfert signé chez le percepteur et arrêté par le préfet, soit par voie contentieuse (conseil de préfecture). Le transfert peut être également fait d'office par l'administration. Par le transfert l'année est partagée entre les deux commerçants, dont chacun reste tenu d'un nombre de douzièmes déterminé par cet acte. Le payement des douzièmes dus par le cédant est garanti par le prix de la vente du fonds de commerce.

Les marchands forains et tous autres patentables dont la profession n'est pas exercée à demeure fixe sont tenus d'acquitter le montant total de leur patente au moment où celle-ci leur est délivrée.

En cas de fermeture des établissements, magasins, boutiques et ateliers, par suite de décès, de liquidation judiciaire ou de faillite déclarée, les droits ne sont dus que pour le passé et le mois courant. Sur la réclamation des parties intéressées, dans les trois mois de la fermeture de l'établissement, il est accordé décharge du surplus de la taxe. (Loi du 8 août 1890, art. 30.)

Sont imposables par rôles supplémentaires : les patentables omis au rôle primitif ou ayant apporté, avant le 1er janvier de l'année, des changements dans l'exercice de leur profession ; les patentables entreprenant, dans le cours de l'année, une profession nouvelle ou comportant un droit fixe plus élevé que celui afférent à la profession qu'ils exerçaient d'abord ; ceux qui, dans le cours de l'année, transportent leur établissement dans une commune d'une population plus élevée ; les patentables prenant, dans le cours de l'année, des locaux d'une valeur locative supérieure à celle des locaux pour lesquels ils étaient primitivement imposés. — Les droits supplémentaires sont calculés pour *douze mois :* 1° dans le cas d'omission au rôle primitif ou de changements antérieurs au 1er janvier de l'année à laquelle le rôle se rapporte ; 2° lorsque la profession entreprise en cours d'année ne peut, par sa nature, être exercée pendant toute l'année ; 3° lorsque le patentable reprend l'exercice momentanément suspendu de la profession qu'il exerçait l'année précédente. Dans les autres cas, les droits sont dus *à partir du 1er du mois* dans lequel l'installation ou les changements ont été effectués. (Loi du 8 août 1890, art. 30.)

La contribution des patentes est payable par douzièmes, dont chacun est exigible le 1er de chaque mois pour le mois précédent. Toutefois, lorsque le rôle est publié postérieurement au 1er mars, le recouvrement des douzièmes échus est fait par fractions égales en même temps que celui des douzièmes non échus. Néanmoins les marchands forains, les colporteurs, les directeurs de troupes ambulantes, les entrepreneurs d'amusements et jeux publics non sédentaires, et tous autres patentables dont la profession n'est pas exercée à demeure fixe, sont tenus d'acquitter le montant total de leur cote au moment où la patente leur est délivrée. (Loi du 15 juillet 1880, art. 29.)

En cas de déménagement hors du ressort de la perception, comme en cas de vente volontaire ou forcée, la contribution des patentes est immédiatement exigible pour l'année entière. Si le contribuable ne quitte pas le ressort de la perception, il n'est tenu qu'au payement des douzièmes échus ; mais afin de prévenir tout malentendu et d'éviter des poursuites prématurées, il lui est recommandé de justifier par la production d'un bail ou d'un engagement de location régulier qu'il continue à demeurer dans le ressort de la perception. Les propriétaires et, à leur place, les principaux locataires, doivent, un mois avant le terme fixé par le bail ou par les conventions verbales, se faire représenter par leurs locataires les quittances de leur contribution des patentes. Lorsque les locataires ne représentent pas ces quittances, les propriétaires ou principaux locataires sont tenus, sous leur responsabilité personnelle, de donner avis du déménagement au percepteur. Dans le cas où ce terme serait devancé, comme dans le cas de déménagement furtif, les propriétaires et, à leur place, les principaux locataires, deviennent responsables de la contribution s'ils n'ont pas fait constater, et dans les huit jours fait connaître le déménagement au percepteur. L'obligation de la déclaration un mois à l'avance s'étend même aux propriétaires qui font expulser leurs locataires. Ils doivent reculer, en conséquence, la date de l'expulsion. Si le locataire déménage avant l'émission des rôles, après avoir payé la totalité de l'année précédente, l'obligation de la déclaration subsiste en principe, mais n'a plus d'application pratique. La part de la contribution des patentes laissée à la charge des propriétaires ou principaux locataires comprend seulement le dernier douzième échu et le douzième courant dû par le patentable. (Loi du 15 juillet 1880, art. 30.)

En cas de décès, liquidation judiciaire ou faillite, les héritiers, le liquidateur et le syndic peuvent obtenir le dégrèvement des douzièmes non commencés au décès ou au moment de la clôture définitive des opérations de la liquidation ou de la faillite, mais ils sont tenus personnellement (même les syndics) d'acquitter les contributions dont ils n'ont pas obtenu décharge, s'ils ont omis d'en prélever le montant sur le produit de leurs opérations. — L'héritier du commerçant est même tenu *in infinitum* s'il n'a pas accepté sous bénéfice d'inventaire. Sur la réclamation des parties intéressées, dans les trois mois de la fermeture de l'établissement, il est accordé décharge du surplus de la taxe.

L'héritier doit la contribution personnelle mobilière tant que l'appartement n'a pas été démeublé, ce qui peut durer quelques années en cas de contestation sur l'héritage.

De même, l'héritier du patentable qui continuerait l'exploitation jusqu'à la vente du fonds ou des marchandises est déchu du droit de demander la remise au jour du décès.

En cas de cession d'établissement, la patente peut être, sur la demande du cédant ou du cessionnaire, transférée à ce dernier. La demande est recevable *dans les trois mois*, à partir soit de la cession d'établissement, soit de la publication du rôle supplémentaire dans lequel le cessionnaire aurait été personnellement imposé pour l'établissement cédé. Le transfert peut aussi être proposé d'office, après avis donné au cédant et au cessionnaire.

*Matrices, rôles, avertissements.* — Les contrôleurs des contributions directes procèdent annuellement au recensement des imposables et à la formation des matrices de patentes. Le maire est prévenu de l'époque du recensement et peut assister le contrôleur dans cette opération, ou se faire représenter à cet effet par un délégué. En cas de dissentiment entre le contrôleur et le maire ou son délégué, les observations contradictoires de ce dernier sont consignées dans une colonne spéciale. La matrice dressée par le contrôleur est déposée, pendant dix jours, au secrétariat de la mairie, afin que les intéressés puissent en prendre connaissance et remettre au maire leurs observations. A l'expiration du second délai de dix jours, le maire, après avoir consigné ses observations sur la matrice, la transmet au directeur des contributions directes, qui établit les taxes conformément à la loi, pour les articles non contestés. Toutes les fois que le directeur ne croit pas devoir donner suite aux observations consignées par le maire sur la matrice, il soumet les contestations au préfet avec son avis motivé. Si le préfet n'adopte pas les propositions du directeur, il en est référé au ministre des Finances.

Le préfet arrête les rôles et les rend exécutoires. A Paris, l'examen de la matrice des patentes a lieu, pour chaque arrondissement municipal, par le maire assisté soit de l'un des membres de la commission des contributions, soit de l'un des agents attachés à cette commission, délégué à cet effet par le préfet. Les matrices, revêtues des observations du maire de chaque arrondissement, sont centralisées à la commission des contributions, qui, après y avoir aussi consigné ses observations, les transmet au directeur des contributions, comme il vient d'être dit. (Loi du 15 juillet 1880, art. 25.) V. CONTRIBUTIONS DIRECTES.

*Poursuites et réclamations.* — Les patentés qui réclament contre la fixation de leurs taxes sont admis à prouver le bien fondé de leurs réclamations par la représentation d'actes de société légalement publiés, de journaux et livres de commerce régulièrement tenus, et par tous autres documents. (*Id.*, art. 26.)

Les réclamations en décharge ou en réduction et les demandes en remise ou modération sont communiquées aux maires ; elles sont présentées, instruites et jugées dans les formes et délais prescrits pour les autres contributions directes. (*Id.*, art. 27.)

Voir, pour le surplus, l'article CONTRIBUTIONS DIRECTES.

**Patente de santé.** — Papier délivré au port de départ et constatant l'état sanitaire du bord et l'endroit d'où vient le navire. (La patente de santé est datée et n'est valable que si elle a été faite dans les quarante-huit heures précédant le départ du navire.)

**Paternité.**

On distingue : la *paternité légitime*, qui est le résultat du mariage ; la *paternité naturelle*, qui a lieu hors du mariage ; la *paternité civile*, créée par l'adoption.

A la différence de la maternité, qui se révèle par des signes extérieurs (la grossesse, l'accouchement), la paternité est, de sa nature, incertaine. Comment donc l'établir ? En ce qui concerne la paternité légitime, le Code civil (art. 312, § 1er), consacrant une maxime célèbre du droit romain : *Is pater est quem justæ nuptiæ demonstrant*, a posé cette règle générale que « l'enfant conçu pendant le mariage a pour père le mari ». Toutefois, l'enfant ainsi supposé légitime ne l'est que jusqu'à preuve contraire : cette preuve, le mari peut la faire en désavouant l'enfant (*désaveu de paternité*). V. FILIATION.

En ce qui concerne la paternité naturelle, le Code civil édicte qu'elle ne peut résulter que de la déclaration du père lui-même. Il en a interdit rigoureusement la recherche (art. 340), sauf au cas d'enlèvement de la femme, lorsque l'époque de l'enlèvement coïncide avec celle de la conception ; les juges peuvent alors, sur la demande des parties intéressées, déclarer que le ravisseur est le père de l'enfant. V. ENFANTS.

En ce qui concerne la paternité civile, V. ADOPTION.

Quant aux droits et aux devoirs résultant de la paternité, v., notamment, PUISSANCE PATERNELLE et ENFANTS.

**Patrimoines (Séparation des).** — Distinction établie et maintenue entre les biens personnels de l'héritier et les biens composant la succession qui lui est dévolue. V. PARTAGE.

**Patronage.** — Protection exercée sur les condamnés en vue de prévenir la récidive. V. RÉCIDIVE.

**Pâturage.** — Droit de faire paître des bestiaux, non sur des pâtures vaines (V. PÂTURE), mais sur des terrains ayant naturellement ou artificiellement une valeur productive.

Le droit de pâturage a toujours sa source dans un contrat, ce qui le distingue du droit de vaine pâture. Il n'est donc pas soumis aux règles tracées par les lois des 9 juillet 1889 et 22 juin 1890 sur la vaine pâture. V. PÂTURE.

Exercé dans les bois, il est soumis aux règles concernant les droits d'usage.

**Pâture (Vaine).** — Droit pour les habitants d'une commune de faire paître leurs bestiaux sur les terres qui ne sont « ni closes ni en état de production naturelle ou préparée, mais sans que les ayants droit puissent couper et emporter l'herbe ou des pousses ». (WATRIN.)

L'exercice du droit de vaine pâture est soumis aux dispositions des lois du 9 juillet 1889 et du 22 juin 1890.

Le droit de vaine pâture, appartenant à la généralité des habitants et s'appliquant en même temps à la généralité du territoire d'une commune, a été supprimé en principe par la loi du 22 juin 1890. Toutefois, dans l'année de la promulgation de cette loi, les communes ou sections de communes ont été autorisées à réclamer le maintien du droit de vaine pâture, fondé sur une ancienne loi ou coutume, sur un usage immémorial ou sur un titre. La vaine pâture ne peut s'exercer sur les prairies artificielles.

Le droit de vaine pâture ne fait jamais obstacle à la faculté que conserve tout propriétaire soit d'user d'un nouveau mode d'assolement ou de culture, soit de se clore. Tout terrain clos est affranchi de la vaine pâture. Est réputé clos tout terrain entouré soit par une haie vive, soit par un mur, une palissade, un treillage, une haie sèche d'une hauteur de 1 mètre au moins, soit par un fossé de 1m,20 à l'ouverture et de 50 centimètres de profondeur, soit par des traverses en bois ou des fils métalliques distants entre eux de 33 centimètres au plus et s'élevant à 1 mètre de hauteur, soit par toute autre clôture continue et équivalente faisant obstacle à l'introduction des animaux.

L'usage du troupeau en commun n'est pas obligatoire ; tout ayant droit peut renoncer à cette communauté et faire garder par troupeau séparé le nombre de têtes de bétail qui est attribué par la répartition générale.

La répartition des taxes pour frais de garde et salaire du pâtre commun (taxes de pâturage) est faite par délibération du conseil municipal approuvée par le préfet.

La quantité de bétail proportionnée à l'étendue du terrain de chacun est fixée dans chaque commune ou section de commune entre tous les propriétaires ou fermiers exploitants, domiciliés ou non domiciliés, à tant de têtes par hectare, d'après règlements et usages locaux. En cas de difficulté, il y est pourvu par délibération du conseil municipal soumise à l'approbation du préfet.

Tout chef de famille domicilié dans la commune, alors même qu'il n'est ni propriétaire ni fermier d'une parcelle quelconque des terrains soumis à la vaine pâture, peut mettre sur lesdits terrains, soit par troupeau séparé, soit dans le troupeau commun, six bêtes à laine et une vache avec son veau, sans préjudice des droits plus étendus qui lui seraient accordés par l'usage local ou le titre.

Le droit de vaine pâture doit être exercé directement par les ayants droit et ne peut être cédé à personne.

Les conseils municipaux peuvent toujours prendre des arrêtés pour réglementer le droit de vaine pâture, notamment pour en suspendre l'exercice en cas d'épizootie, de dégel ou de pluies torrentielles, pour cantonner les troupeaux de différents propriétaires ou les animaux d'espèces différentes, pour interdire la présence d'animaux dangereux ou malades dans les troupeaux. Néanmoins la vaine pâture fondée sur un titre et établie sur un héritage déterminé, soit au profit d'un ou de plusieurs particuliers, soit au profit de la généralité des habitants d'une commune, continue à s'exercer conformément aux droits acquis. Seulement, le propriétaire de l'héritage grevé pourra toujours s'affranchir, soit moyennant une indemnité fixée à dire d'experts, soit par voie de cantonnement.

Dans les communes où le droit de vaine pâture a été maintenu, le conseil municipal peut ultérieurement en demander la suppression, après enquête *de commodo et incommodo*. Les délibérations des conseils municipaux sur la vaine pâture sont soumises à l'approbation du préfet en conseil de préfecture, tandis que cette approbation n'est pas nécessaire relativement au droit de parcours.

Le droit de vaine pâture peut aussi s'éteindre par le non-usage pendant trente ans.

**Paulienne (Action).** — Action par laquelle un créancier peut demander la révocation d'un acte fait en fraude de ses droits par le débiteur.

Le principe de l'action paulienne se retrouve dans l'action révocatoire donnée aux créanciers par l'article 1167 du Code civil. V. CONTRAT.

**Pauvres (Droit des).** — V. SPECTACLES.

**Pavage.**

Le pavage des grandes routes est à la charge de l'Etat.

Quant au pavage des rues et places d'une ville, la législation est très vague, et les usages locaux ont une grande importance. En principe, ce pavage incombe à la commune ; mais il peut être mis à la charge des propriétaires riverains, au cas de réunion des deux conditions suivantes : 1° qu'il y ait insuffisance des revenus ordinaires de la commune ; 2° qu'il existe un usage local leur imposant cette obligation. En ce cas, les taxes de pavage sont recouvrées sur les propriétaires riverains, comme en matière de contributions directes, en vertu d'un rôle approuvé par le préfet. (Loi du 11 frimaire an VII, art. 7 ; avis du conseil d'Etat, 25 mars 1807 ; loi du 25 juin 1841, art. 28 ; loi du 5 avril 1884, art. 140.)

**Payement.** — Action d'éteindre une obligation, d'acquitter une dette.

*Quelles personnes peuvent faire un payement ?* — D'après l'article 1236 du Code civil, le payement peut être fait : 1° par le débiteur ; 2° par un coobligé ; 3° par un tiers non intéressé à l'extinction de l'obligation.

Lorsque le payement est fait par le débiteur, la dette est éteinte avec tous ses accessoires : cautionnements, gages, hypothèques ou privilèges.

Lorsqu'il est fait par un tiers intéressé à payer, ce tiers peut être soit une caution, soit un codébiteur solidaire, soit un tiers détenteur d'un immeuble hypothéqué à la dette : dans cette dernière hypothèse, le payement entraîne de plein droit, en général, le bénéfice de la subrogation (v. plus bas ce mot), en vertu de laquelle le tiers qui paye est censé avoir acheté la créance plutôt que l'avoir acquittée.

Lorsque le payement est fait par un tiers non intéressé à payer, qui agit au nom et en l'acquit du débiteur ou en son propre nom, à la condition, dans ce dernier cas, de ne pas se faire subroger aux droits du créancier, il peut se présenter deux hypothèses différentes : 1° un tiers paye au nom et en l'acquit du débiteur ; ce tiers veut gérer l'affaire du débiteur, lui faire une libéralité, lui rendre un service ou même acquérir des droits contre lui : le débiteur ne peut, dans aucune de ces circonstances, s'opposer au payement, pourvu que le créancier y consente, et le tiers a la même action que le gérant d'affaires (v. GÉRANT D'AFFAIRES) ; 2° un tiers, étranger à la dette, offre de payer en son propre nom, c'est-à-dire non plus dans l'intérêt du débiteur, mais dans le sien propre ; dans ce cas, il paye uniquement dans le but de se substituer aux lieu et place du créancier. Ce payement, accepté par le créancier, éteint la dette avec tous ses accessoires. Le tiers ne peut répéter ses déboursés que par une simple action tendant à faire rendre au débiteur ce dont il s'est enrichi.

*A qui doit être fait le payement ?* — Aux termes de l'article 1239, le payement doit être fait au créancier capable de le recevoir ou à son mandataire légal, conventionnel ou judiciaire. Si le débiteur avait payé à un autre qu'au créancier, le payement serait nul, à moins qu'il n'ait été fait à celui qui était en possession de la créance : ainsi, le débiteur qui paye entre les mains d'un héritier apparent fait un payement valable.

Il faut que le créancier soit capable de recevoir. Ainsi, le payement fait au mineur devra être fait une seconde fois si celui-ci a dissipé l'argent qui en provenait ; mais s'il l'avait conservé, le payement serait valable, en vertu du principe que nul ne peut s'enrichir aux dépens d'autrui. Il peut se faire que le créancier, quoique capable de recevoir, ne puisse valablement donner quittance de la dette, par exemple quand le débiteur a payé entre les mains du créancier, au mépris d'une saisie-arrêt. Les créanciers saisissants peuvent contraindre le débiteur de payer de nouveau, sauf recours contre son créancier.

Si le payement n'est pas fait au créancier réel, il doit l'être entre les mains d'un tiers dûment autorisé à recevoir soit par le créancier lui-même, soit par la justice, soit par la loi ; dans le cas contraire, le payement n'est valable qu'autant que le créancier le ratifie ou en a profité (Code civ., art. 1239), à moins cependant que le payement ait été fait de bonne foi (*id.*, art. 1240) ou bien ait tourné au profit du créancier (*id.*, art. 1241).

Les pouvoirs sous seing privé produits par les mandataires doivent être sur papier timbré et légalisés.

*Payement à des illettrés.* (Compt. publ.) — Lorsque les parties prenantes sont illettrées et que la somme à payer ne dépasse pas 150 francs, le payement peut être effectué en présence de deux témoins, qui signent avec lui sur le mandat la déclaration de la partie prenante. La preuve testimoniale n'est en effet admise que pour les sommes de 150 francs et au-dessous, et encore faut-il qu'il ne s'agisse pas du reliquat ou d'une fraction d'une somme plus forte. (Code civ., art. 1344.) Si la somme excède 150 francs, la quittance doit être donnée en présence d'un notaire. (Instr. gén., 709.) Elle est enregistrée gratis, quels que soient le chiffre et la nature de la créance (Décis. min. du 27 avril 1858 ; C. C. p. du 6 mai 1858, § 5) et assujettie seulement au droit de timbre. Toutefois, s'il s'agit de *secours*, même excédant 150 francs, le payement peut être fait en présence de deux témoins, parce que l'allocation de secours n'ouvre pas droit à réclamation contentieuse.

*Payement avec subrogation.* — La *subrogation* (Code civ., art. 1249-1252) est la transmission de tous les droits et actions du créancier au profit d'un tiers qui a payé pour le débiteur, qui a fourni l'argent ayant servi à la libération du débiteur. Ce tiers, grâce à la subrogation, se trouve mis, pour le montant de ses déboursés, aux lieu et place du créancier désintéressé ; or, comme la créance de celui-ci était peut-être préférable, peut-être garantie par des privilèges, hypothèques ou cautionnements, la subrogation devient ainsi un élément important du crédit public.

La subrogation est ou *conventionnelle* ou *légale*.

La subrogation est *conventionnelle* : 1° lorsque le créancier, recevant son payement d'une tierce personne, la subroge dans ses droits contre le débiteur ; cette subrogation doit être expresse et faite en même temps que le payement ; 2° lorsque le débiteur, empruntant une somme à l'effet de payer sa dette, subroge son prêteur dans les droits des créanciers ; mais pour que cette dernière subrogation soit valable, il faut, entre autres conditions, que l'acte constatant l'emprunt et l'acte constatant le payement soient, l'un et l'autre, notariés.

La subrogation est *légale* et a lieu de plein droit : 1° au profit du créancier qui a désintéressé un autre créancier qui lui était préférable à raison de ses privilèges ou hypothèques ; 2° au profit de l'acquéreur d'un immeuble qui emploie le prix de son acquisition au payement des créanciers auxquels cet héritage était hypothéqué ; 3° au profit de celui qui a payé une dette dont il était tenu avec d'autres ou pour d'autres et qu'il avait intérêt à acquitter ; 4° au profit de l'héritier bénéficiaire qui a payé de ses deniers les dettes de la succession.

La subrogation diffère : 1° de la *cession* ou *transport de créances*, en ce qu'elle peut avoir lieu, à l'insu du créancier, par la seule volonté du débiteur ; 2° de la *délégation*, en ce que celle-ci opère un changement de débiteur, tandis que c'est un changement de créancier qui résulte de la subrogation.

Aux termes de l'article 1166 du Code civil, les créanciers peuvent exercer les droits et actions de leur débiteur, au cas où il néglige de les exercer lui-même ; mais, selon l'avis de la plupart des auteurs, il faut au préalable qu'un tribunal compétent ait, contradictoirement avec le débiteur, prononcé au profit des créanciers leur subrogation dans les droits et actions qu'ils veulent exercer : de là le nom de *subrogation judiciaire*.

*Quel est l'objet du payement?* — Aux termes de l'article 1243, le débiteur est tenu de fournir la prestation qui fait la matière de l'obligation, sans pouvoir contraindre le créancier à recevoir autre chose. Lorsque le créancier accepte volontairement une autre prestation à la place de celle qui forme la matière de l'obligation, le payement prend le nom de *dation en payement*. Toutefois : 1° « Le débiteur d'un corps certain et déterminé est libéré par la remise de la chose en l'état où elle se trouve lors de la livraison, pourvu que les détériorations qui y sont survenues ne viennent point de son fait ou de sa faute ni des personnes dont il est responsable, ou qu'avant ces détériorations il ne fût pas en demeure. » (Code civ., art. 1245.) 2° Quand la prestation consiste dans la livraison d'une chose déterminée seulement quant à son espèce, l'article 1246 décide que « le débiteur n'est pas tenu, pour se libérer, de la donner de la meilleure espèce, mais qu'il ne peut l'offrir de la plus mauvaise ». 3° S'il s'agit d'une somme d'argent, le payement doit être fait en espèces métalliques d'or ou d'argent, ayant cours en France à l'époque où il est effectué. La valeur nominale des espèces sera considérée au moment où le débiteur se libérera, alors même que la valeur des monnaies aurait subi des variations depuis la formation de l'obligation. Le débiteur d'une somme d'argent ne peut forcer le créancier à recevoir le payement en billets de banque.

*Comment et où doit être fait le payement?* — L'article 1244 dit que « le débiteur ne peut point forcer le créancier à recevoir en partie le payement d'une dette, même divisible ». Cette règle reçoit plusieurs exceptions : 1° lorsque le titre constitutif de l'obligation ou un titre postérieur accorde au débiteur la faculté de se délibérer par parties ; 2° lorsque le juge a concédé au débiteur plusieurs termes pour se libérer ; 3° par l'effet de la compensation et du bénéfice de division. V. COMPENSATION, CAUTIONNEMENT.

Où doit être effectué le payement? L'article 1247 répond : « Dans le lieu désigné par la convention. Si le lieu n'y est pas désigné, le payement, lorsqu'il s'agit d'un corps certain et déterminé, doit être fait dans le lieu où était, au temps de l'obligation, la chose qui en fait l'objet. Hors ces deux cas, le payement doit être fait au domicile du débiteur. »

*Effets du payement. Imputation.* — Le payement valablement fait éteint l'obligation d'une manière absolue, à l'égard de toutes personnes et avec tous ses accessoires. Ainsi, le débiteur qui a payé sa dette ne peut plus être poursuivi quand le payement qu'il a fait est valable. L'immeuble qu'il a grevé d'hypothèque, l'objet qu'il a donné en gage sont libérés.

Le débiteur, soumis envers le même créancier à plusieurs obligations ayant pour objet des prestations de même espèce, a le droit de déclarer, lors du payement, quelle est celle de ces obligations qu'il entend acquitter (Code civ., art. 1253), mais cette imputation ne peut pas être faite de manière à léser les droits du créancier.

On nomme *imputation de payement*, ou simplement *imputation*, l'application d'un payement à l'une de plusieurs dettes contractées envers le même créancier, quand la somme payée n'est pas suffisante pour les acquitter toutes. L'imputation est faite par les parties ou résulte de la loi. (*Id.*, art. 1253 à 1256.)

En principe, le débiteur a le droit d'indiquer laquelle des dettes il entend payer. Faute par lui d'avoir fait lui-même l'imputation, le créancier a le droit de la faire à sa place ; mais tout dol ou surprise de la part du créancier permet au débiteur d'attaquer l'imputation faite.

A défaut d'imputation de la part des parties, la loi assure l'imputation d'après les quatre règles suivantes : 1° si l'une des dettes est échue, tandis que les autres ne le sont pas, l'imputation doit se faire sur la dette échue ; 2° si toutes les dettes sont également échues ou non échues, l'imputation doit se faire sur la dette que le débiteur a le plus d'intérêt à acquitter ; 3° si toutes les dettes sont échues et si le débiteur a même intérêt à acquitter les unes que les autres, l'imputation doit se faire sur la plus ancienne ; 4° toutes choses étant égales, l'imputation doit se faire proportionnellement sur toutes les dettes.

« En matière de société civile, lorsque l'un des associés est, pour son compte particulier, créancier d'une somme exigible envers une personne qui se trouve aussi devoir à la société une somme également exigible, l'imputation de ce qu'il reçoit de ce débiteur doit se faire sur la créance de la société et sur la sienne, dans la proportion des deux créances, encore qu'il eût, par sa quittance, dirigé l'imputation intégrale sur sa créance particulière ; mais s'il a exprimé dans sa quittance que l'imputation serait faite en entier sur la créance de la société, cette stipulation sera exécutée. » (*Id.*, art. 1848.)

*Aux frais de qui doit être fait le payement?* — D'après l'article 1248, « les frais du payement sont, sauf convention contraire, à la charge du débiteur », parce que celui-ci doit recevoir intégralement la somme due, et parce que les frais d'un acte doivent être supportés, en définitive, par celui qui en profite.

*Preuve.* — C'est à celui qui réclame l'exécution d'une obligation à en prouver l'existence ; une fois cette preuve faite, le défendeur a la charge de prouver l'extinction de l'obligation. Telle est la règle générale ; mais parfois la loi déclare que la libération résulte de certaines circonstances déterminées : c'est ainsi que la remise volontaire de la grosse du titre fait présumer la remise de la dette, ou la libération, sans préjudice, toutefois, de la preuve contraire. (Code civ., art. 1283.)

**Péage.** — Droit perçu pour le passage des personnes, des animaux, des marchandises, ou pour l'accostage des navires dans les ports maritimes.

La loi du 14 floréal an X (art. 11) autorise les communes à établir des droits de péage pour concourir à la construction ou à la réparation des ponts, écluses ou ouvrages d'art à la charge de l'Etat, des départements ou des communes. La loi du 30 juillet 1880 ayant prescrit le rachat des ponts à péage sur les routes nationales et départementales, la création de ces ponts n'est désormais possible que sur les chemins vicinaux et ruraux. Les droits sont autorisés, conformément à la loi du 14 floréal an X, par des décrets rendus en conseil d'Etat. (Instr. gén., 926.) Les ponts construits postérieurement à la loi du 30 juillet 1880, sur les chemins vicinaux et ruraux, ne bénéficient pas des subventions allouées par l'Etat pour le rachat des ponts dépendant des routes départementales et des chemins vicinaux. (Loi du 30 juill. 1880, art. 7.)

Des décrets d'administration publique peuvent établir dans les ports maritimes des péages locaux temporaires pour assurer le service des emprunts contractés, ou le payement des allocations offertes par un département, une commune, une chambre de commerce ou tout autre établissement public en vue de subvenir à l'établissement, l'amélioration ou le renouvellement des ouvrages ou de l'outillage public d'exploitation de ce port et de ses accès, ou au maintien et à l'amélioration des profondeurs de ses rades, passes, chenaux et bassins. (Loi du 7 avril 1902, art. 16.)

## Pêche fluviale.

La pêche fluviale est réglementée par la loi du 15 avril 1829, modifiée successivement par plusieurs lois et décrets, dont le dernier en date (celui du 5 septembre 1897) constitue le Code de la pêche fluviale.

*Du droit de pêche.* — Le droit de pêche est exercé au profit de l'Etat : 1° dans tous les fleuves, rivières, canaux et contre-fossés navigables ou flottables avec bateaux, trains ou radeaux, et dont l'entretien est à la charge de l'Etat ou de ses ayants cause ; 2° dans les bras, noues, boires et fossés qui tirent leurs eaux des fleuves et rivières navigables ou flottables dans lesquels on peut en tout temps passer ou pénétrer librement en bateau de pêcheur, et dont l'entretien est également à la charge de l'Etat. Seront toutefois exceptés les canaux et fossés existants, ou qui seraient creusés dans les propriétés particulières, et entretenus aux frais des propriétaires. (Loi du 15 avril 1829, art. 1er.)

Dans toutes les rivières et canaux autres que ceux qui sont désignés ci-dessus, les propriétaires riverains ont, chacun de son côté, le droit de pêche jusqu'au milieu du cours de l'eau, sans préjudice des droits contraires établis par possession ou titres. (*Id.*, art. 2.)

Tout individu qui se livre à la pêche sur des fleuves et rivières navigables ou flottables, canaux, ruisseaux ou cours d'eau quelconques, sans la permission de celui à qui le droit de pêche appartient, sera condamné à une amende de 20 francs au moins et de 100 francs au plus, indépendamment des dommages-intérêts. Il y a lieu, en outre, à la restitution du prix du poisson qui a été pêché en délit, et la confiscation des filets et engins de pêche peut être prononcée. Néanmoins il est permis à tout individu de pêcher à la ligne flottante tenue à la main, dans les fleuves, rivières et canaux désignés dans les deux premiers paragraphes de l'article 1er, le temps du frai excepté. (*Id.*, art. 5.)

*Adjudications des cantonnements de pêche.* — La pêche au profit de l'Etat sera exploitée soit par voie d'adjudication publique, soit par concession de licences à prix d'argent. Le mode de concession par licences ne sera employé que lorsque l'adjudication aura été tentée sans succès. Toutes les fois que l'adjudication d'un cantonnement de pêche n'aura pu avoir lieu, il sera fait mention, dans le procès-verbal de la séance, des mesures qui auront été prises pour donner toute la publicité possible à la mise en adjudication et des circonstances qui se seront opposées à la location. (Loi du 15 avril 1829, art. 10, mod. par la loi du 6 juin 1840.)

L'adjudication publique doit être annoncée au moins quinze jours à l'avance par des affiches apposées dans le chef-lieu du département, dans les communes riveraines du cantonnement et dans les communes environnantes. (*Id.*, art. 11.)

Toute location de pêche faite autrement que par adjudication publique sera considérée comme clandestine et déclarée nulle. Les fonctionnaires et agents qui l'auraient ordonnée ou effectuée seront condamnés solidairement à une amende *égale au double* du fermage annuel du cantonnement de pêche. (*Id.*, art. 12.)

Aux termes de l'article 4 de la loi du 26 décembre 1901, l'administration des Domaines a été substituée, à partir du 1er janvier 1902, à l'administration des Contributions indirectes pour le recouvrement des fermages de la pêche et de la chasse sur les cours d'eau, des produits de la récolte des francs-bords, des redevances pour occupations temporaires du domaine public, prises d'eau et permissions d'usines dans les rivières navigables et flottables, comme dans les canaux et rivières canalisées, des droits de bacs et passages d'eau, et des droits de touage.

L'article 10 de la loi du 15 avril 1829 porte que le droit de pêche sur les cours d'eau du domaine public doit être loué par adjudication publique. Il a été fait exception à ce principe en faveur des associations de pêcheurs à la ligne qui se proposent plutôt le repeuplement de nos cours d'eau que leur exploitation. (Loi du 20 janv. 1902.)

En conséquence, aux termes du décret du 17 février 1903, les *sociétés de pêcheurs à la ligne* peuvent obtenir, sans adjudication publique, l'affermage de certains lots de pêche sur les fleuves, rivières et canaux visés à l'article 1er de la loi du 15 avril 1829. Pour être admises à bénéficier de cette disposition, les sociétés doivent prendre l'engagement de renoncer à l'emploi de tous filets et tous engins de pêche autres que la ligne plombée ordinaire et la ligne flottante, chaque sociétaire ne pouvant se servir simultanément de plus de trois lignes. Elles adressent une demande au préfet du département de la situation des lots, par lettre recommandée, six mois au moins avant l'expiration des baux en cours. A l'appui de leur demande de location amiable, celles des sociétés qui sont déjà adjudicataires d'un lot de pêche doivent justifier des améliorations apportées par elles à ce lot, notamment des mesures appliquées pour la répression du braconnage et pour le repeuplement. Elles indiquent également les ressources financières dont elles disposent pour continuer à assurer dans l'avenir ces diverses améliorations. Celles des sociétés qui ne sont pas adjudicataires de lot de pêche justifient leur demande de concession directe par l'engagement de pratiquer dans le lot demandé de sérieuses mesures de répression du braconnage et de repeuplement, en établissant l'existence de moyens financiers suffisants pour l'exécution de cet engagement.

Le ministre des Travaux publics et le ministre de l'Agriculture déterminent, chacun en ce qui le concerne, les lots susceptibles d'être réservés aux sociétés de pêcheurs à la ligne et les conditions de l'affermage.

La redevance à payer est fixée suivant les règles de compétence établies pour la location des biens de l'Etat. Toutefois, en cas de désaccord sur le chiffre de la redevance entre les agents locaux des services intéressés, ce chiffre est arrêté par le ministre des Finances. Les conditions techniques et financières de l'affermage sont notifiées aux sociétés par les soins du préfet de la situation des lots.

Chaque société doit, dans les trente jours qui suivront cette notification, faire connaître au préfet, par lettre recommandée, si elle accepte ces conditions.

Les sociétés de pêcheurs à la ligne sont dispensées de fournir une caution, mais elles doivent remettre au préfet, avant la passation de l'acte d'affermage qui en fera mention, une déclaration constatant le versement à la Caisse des dépôts et consignations comme garantie de l'exécution des clauses et conditions, du cahier des charges, d'une somme égale à la moitié de la redevance annuelle.

Si un même lot de pêche est demandé par plusieurs sociétés acceptant les conditions d'affermage, et s'il est détenu par l'une d'elles, le lot est attribué à cette dernière société. Dans le cas contraire, il est procédé, par les soins du préfet, à une adjudication restreinte, entre les sociétés concurrentes.

Le lot est attribué, en tenant compte non seulement du prix offert, mais de l'importance des engagements pris par chacune des sociétés concurrentes pour assurer l'amélioration du lot de pêche, notamment des dépenses qu'elles s'engagent à faire pour la répression du braconnage et du repeuplement.

L'affermage des lots attribués aux sociétés de pêcheurs à la ligne fait l'objet d'un acte administratif dressé par le chef du service technique et le représentant des domaines, et passé devant le préfet.

*Epoques d'interdiction.* — Les époques pendant lesquelles la pêche est interdite en vue de protéger la reproduction du poisson sont fixées comme il suit : 1° du 30 septembre exclusivement au 10 janvier inclusivement, est interdite la pêche du saumon ; 2° du 20 octobre inclusivement au 31 janvier inclusivement, est interdite la pêche de la truite et de l'ombre chevalier ; 3° du 15 novembre exclusivement au 31 décembre inclusivement, est interdite la pêche du lavaret ; 4° du lundi qui suit le 15 avril inclusivement au dimanche qui suit le 15 juin exclusivement, est interdite la pêche de tous les autres poissons et de l'écrevisse. Si le lundi qui suit le 15 avril est un jour férié, l'interdiction est retardée de vingt-quatre heures. Ces interdictions s'appliquent à tous les procédés de pêche, même à la ligne flottante tenue à la main. (Décret du 5 sept. 1897, art. 1er.)

Les préfets peuvent, par des arrêtés rendus après avoir pris l'avis des conseils généraux, soit pour tout le département, soit pour certaines parties du département, soit pour certains cours d'eau déterminés : 1° interdire exceptionnellement la pêche de toutes les espèces de poissons pendant l'une ou l'autre période, lorsque cette interdiction est nécessaire pour protéger les espèces prédominantes ; 2° augmenter pour certains poissons désignés la durée desdites périodes, sous la condition que les périodes ainsi modifiées comprennent la totalité de l'intervalle de temps fixé par l'article 1er ; 3° excepter de la quatrième période la pêche de l'alose, de l'anguille et de la lamproie, ainsi que des autres poissons vivant alternativement dans les eaux douces et les eaux salées ; 4° fixer une période d'interdiction pour la pêche de la grenouille. (*Id.*, art. 2.)

Des publications sont faites dans les communes dix jours au moins avant le début de chaque période d'interdiction de la pêche pour rappeler les dates du commencement et de la fin de ces périodes. (*Id.*, art. 3.)

Quiconque, pendant la période d'interdiction, transporte ou débite des poissons dont la pêche est prohibée, mais qui proviennent des étangs et réservoirs, est tenu de justifier de l'origine de ces poissons. (*Id.*, art. 4.)

*Temps de pêche.* — La pêche n'est permise que depuis le lever jusqu'au coucher du soleil. Toutefois, la pêche de l'anguille, de la lamproie et de l'écrevisse peut être autorisée après le coucher et avant le lever du soleil dans les cours d'eau désignés et aux heures fixées par des arrêtés préfectoraux, rendus après avis des conseils généraux. Ces arrêtés déterminent, pour l'anguille, la lamproie et l'écrevisse, la nature et les dimensions des engins dont l'emploi est autorisé. La pêche du saumon et de l'alose peut être autorisée par des arrêtés préfectoraux, rendus après avis des conseils généraux, pendant deux heures au plus après le coucher du soleil et deux heures au plus avant son lever dans certains emplacements des fleuves et rivières navigables spécialement désignés. (*Id.*, art. 6.)

Le séjour dans l'eau des filets et engins ayant les dimensions réglementaires est permis à toute heure, sous la condition qu'ils ne peuvent être placés et relevés que depuis le lever jusqu'au coucher du soleil. (*Id.*, art. 7.)

Les dimensions au-dessous desquelles les poissons et écrevisses ne peuvent être pêchés, même à la ligne flottante, et doivent être rejetés à l'eau, sont déterminées comme il suit pour les diverses espèces : 1° les saumons, 40 centimètres de longueur; cette prescription s'applique indistinctement à tous les sujets de l'espèce n'ayant pas la dimension ci-dessus fixée, quels que soient d'ailleurs les différents noms dont on les désigne suivant les localités : tacons, tocans, glezys, guimoisons, cadets, orgeuls, castillons, reneys, etc. ; 2° les anguilles, 25 centimètres de longueur ; 3° les truites, ombres chevaliers, ombres communs, carpes, brochets, barbeaux, brèmes, meuniers, aloses, perches, gardons, tanches, lottes, lamproies et lavarets, 14 centimètres de longueur ; 4° les soles, plies et flets, 10 centimètres de longueur ; 5° les écrevisses à pattes rouges, 8 centimètres de longueur ; celles à pattes blanches, 6 centimètres de longueur. La longueur des poissons ci-dessus mentionnés est mesurée de l'œil à la naissance de la queue ; celle de l'écrevisse, de l'œil à l'extrémité de la queue déployée.

Toutefois, la pêche de la montée d'anguille (alevins d'anguilles ayant moins de 7 centimètres de longueur) peut être permise par des arrêtés préfectoraux annuels, pris après avis conforme des conseils généraux et dans les conditions prévues à l'article 21 du présent décret : ces arrêtés détermineront les procédés de pêche, la nature et la dimension des engins qui pourront être employés, les saisons et heures ainsi que les parties des fleuves, rivières et canaux où cette pêche sera autorisée, et toutes autres mesures que les autorisations prévues au présent article pourraient rendre nécessaires en vue d'empêcher le dépeuplement des cours d'eau. (*Id.*, art. 8, et décret du 1er septembre 1904.)

*Dimensions des filets. Engins prohibés.* — Les mailles des filets mesurées de chaque côté, après leur séjour dans l'eau, et l'espacement des verges, bires, nasses et autres engins employés à la pêche des poissons, doivent avoir les dimensions suivantes : 1° pour les saumons, 40 millimètres au moins; 2° pour les grandes espèces autres que le saumon et pour l'écrevisse, 27 millimètres au moins ; 3° pour les petites espèces, telles que goujons, loches, vérons, ablettes et autres, 10 millimètres. La mesure des mailles et l'espacement des verges sont pris avec une tolérance d'un dixième. Il est interdit d'employer simultanément à la pêche des engins de catégorie différente. (*Id.*, art. 9.)

Les préfets peuvent, sur l'avis des conseils généraux, prendre des arrêtés pour réduire les dimensions des mailles des filets et l'espacement des verges des engins employés uniquement à la pêche de l'anguille, de la lamproie et de l'écrevisse. Les filets et engins à mailles ainsi réduites ne peuvent être employés que dans les emplacements déterminés par ces arrêtés. Les préfets peuvent aussi, sur l'avis des conseils généraux, déterminer les emplacements limités en dehors desquels l'usage des filets à mailles de 10 millimètres n'est pas permis. (*Id.*, art. 10.)

Les filets fixes ou mobiles et les engins de toute nature ne peuvent excéder en longueur et en largeur les deux tiers de la largeur mouillée des cours d'eau dans les emplacements où on les emploie. Plusieurs filets ou engins ne peuvent être employés simultanément sur la même rive ou sur deux rives opposées qu'à une distance au moins triple de leur développement. Lorsqu'un ou plusieurs engins employés sont en partie fixes et en partie mobiles, les distances entre les parties fixées à demeure, sur la même rive ou sur les rives opposées, doivent être au moins triples du développement total des parties fixes et mobiles mesurées bout à bout. (*Id.*, art. 11.)

Les filets fixes employés à la pêche doivent être retirés de l'eau et déposés à terre pendant trente-six heures de chaque semaine, du samedi à six heures du soir au lundi à six heures du matin. (*Id.*, art. 12.)

Sont prohibés tous les filets traînants, à l'exception du petit épervier jeté à la main et manœuvré par un seul homme. Sont réputés traînants tous les filets coulés à fond au moyen de poids et promenés sous l'action d'une force quelconque. Est pareillement prohibé l'emploi des lacets ou collets. Toutefois, des arrêtés préfectoraux, rendus après avis des conseils généraux, peuvent autoriser, à titre exceptionnel, l'emploi de certains filets traînants à mailles de 40 millimètres au moins pour la pêche d'espèces spécifiées, dans les parties profondes des lacs, des réservoirs et canaux et des fleuves et rivières navigables. Ces arrêtés désignent spécialement les parties considérées comme profondes dans les lacs, réservoirs et canaux, fleuves et rivières navigables. Ils indiquent aussi les noms locaux des filets autorisés et les heures auxquelles leur manœuvre est permise. (*Id.*, art. 13.)

Il est interdit d'établir dans les cours d'eau des appareils ayant pour objet de rassembler le poisson dans des noues, boires, fossés ou mares dont il ne pourrait plus sortir, ou de le contraindre à passer par une issue garnie de pièges. (*Id.*, art. 14.)

Il est également interdit : 1° d'accoler aux écluses, barrages, chutes naturelles, pertuis, vannages, coursiers d'usines et échelles à poissons, des nasses, paniers et filets à demeure ; 2° de pêcher avec tout autre engin que la ligne flottante tenue à la main, dans l'intérieur des écluses, barrages, pertuis, vannages, coursiers d'usines et passages ou échelles à poissons, ainsi qu'à une distance de 30 mètres en amont et en aval de ces ouvrages ; 3° de pêcher à la main, de troubler l'eau et de fouiller au moyen de perches sous les racines ou autres retraites fréquentées par le poisson ; 4° de se servir d'armes à feu, de poudre de mine, de dynamite ou de toute autre substance explosible. (*Id.*, article 15.)

Les préfets peuvent, après avoir pris l'avis des conseils généraux, interdire en outre, par des arrêtés spéciaux, d'autres engins, procédés ou modes de pêche de nature à nuire au repeuplement des cours d'eau. Ils déterminent les espèces de poissons avec lesquelles il est interdit d'appâter les hameçons, nasses, filets ou autres engins. (*Id.*, art. 16.)

Le décret du 5 novembre 1891 interdit les armes à feu, la dynamite et autres substances explosives comme procédé de pêche.

Il est interdit de placer dans les rivières navigables ou flottables, canaux et ruisseaux, aucun barrage, appareil ou établissement quelconque ayant pour objet d'empêcher entièrement le passage du poisson (amende de 50 francs à 500 francs, dommages-intérêts, saisie et destruction des appareils et établissements de pêche). [Loi du 15 avril 1829, art. 24.]

Celui qui jette dans les eaux des drogues ou appâts de nature à enivrer le poisson ou à le détruire est puni de l'amende (30 francs à 100 francs) et d'un emprisonnement d'un mois à trois mois. (*Id.*, art. 25.)

La pêche pendant les temps et heures prohibés est punie d'une amende de 30 francs à 200 francs. (*Id.*, art. 27.)

Une amende de 30 francs à 100 francs est prononcée contre ceux qui font usage d'un procédé de pêche ou d'un instrument ou engin prohibés (*id.*, art. 28), ou qui se servent, pour une autre pêche, de filets permis seulement pour celle du poisson de petite espèce. (*Id.*, art. 29.)

La pêche, le colportage ou le débit des poissons qui n'ont pas les dimensions déterminées par les règlements, est puni d'une amende de 20 francs à 50 francs et de la confiscation des poissons. Sont exceptées les ventes de poisson provenant des étangs ou réservoirs. (*Id.*, art. 30.)

La même peine est prononcée contre les pêcheurs qui appâtent leurs hameçons, nasses, filets ou autres engins avec des poissons des espèces prohibées par les règlements. (*Id.*, art. 31.)

Dans chaque département, il est interdit de vendre, acheter, transporter, colporter, exporter ou importer les diverses espèces de poissons, pendant le temps où la pêche est interdite, sauf s'il s'agit de poissons provenant des étangs et réservoirs. (Décret du 31 mai 1865, art. 5.)

*Interdiction temporaire.* — Il est interdit de pêcher dans les parties des rivières, canaux ou cours d'eau dont le niveau serait accidentellement abaissé, soit pour y opérer des curages ou travaux quelconques, soit par suite de chômage des usines ou de la navigation. (*Id.*, art. 17.)

Sur la demande des adjudicataires de la pêche des cours d'eau navigables et flottables et sur la demande des propriétaires de la pêche des autres cours d'eau et canaux, les préfets peuvent autoriser, dans des emplacements déterminés et à des époques qui ne coïncident pas avec les périodes d'interdiction, des manœuvres d'eau et des pêches extraordinaires pour détruire certaines espèces dans le but d'en propager d'autres plus précieuses. Ils peuvent également, en cas de vidange de biefs, sur la proposition faite, suivant les cas, par les ingénieurs ou par les fonctionnaires de l'administration des Forêts, autoriser les fermiers ou les propriétaires du droit de pêche à se servir exceptionnellement d'engins n'ayant pas les dimensions réglementaires pour s'emparer du poisson menacé de périr. (*Id.*, art. 18.)

Des arrêtés préfectoraux, rendus sur les avis des conseils de salubrité et des ingénieurs ou des fonctionnaires de l'administration des Forêts, déterminent : 1° la durée du rouissage du lin et du chanvre dans les cours d'eau, et les emplacements où cette opération peut être pratiquée avec le moins d'inconvénient pour le poisson ; 2° les mesures à observer pour l'évacuation dans les cours d'eau des matières susceptibles de nuire au poisson et provenant des fabriques et autres établissements industriels quelconques. (*Id.*, art. 19.)

*Commission de la pêche fluviale.* — Il est institué au ministère de l'Agriculture une commission de la pêche fluviale composée de neuf membres, savoir : un conseiller d'État en service ordinaire, président, quatre représentants du ministère de l'Agriculture et quatre représentants du ministère des Travaux publics. Les membres de cette commission sont nommés par décret pour trois ans.

Les arrêtés pris par les préfets en vertu des articles 2, 6, 8, 10, 13, 16 et 19 du décret du 5 sept. 1897 ne sont exécutoires qu'après approbation donnée par les ministres de l'Agriculture et des Travaux publics, chacun en ce qui le concerne, la commission de la pêche fluviale entendue. Ces arrêtés ne sont valables que pour une année ; ils ne peuvent être renouvelés. (*Id.*, art. 21, et décret du 1er septembre 1904.)

*Police et exploitation.* — La surveillance, la police et l'exploitation de la pêche dans les cours d'eau navigables et flottables non canalisés qui ne se trouvent pas dans les limites de la pêche maritime, ainsi que la surveillance et la police de la pêche dans les rivières, ruisseaux et cours d'eau non navigables, ni flottables, sont placées dans les attributions du ministre de l'Agriculture et rattachées à l'administration des Forêts. (Décret du 7 novembre 1896 ; circ. Forêts, 21 déc. 1896.) Dans les autres cours d'eau, elle appartient à l'administration des Travaux publics.

Les poursuites sont dirigées soit par l'administration des Eaux et forêts, soit, sur sa demande, par le parquet agissant en son nom. Lorsque le délit de pêche intéresse seulement un propriétaire qu'aucun contrat ne lie à l'administration, celle-ci n'a pas à intervenir, et le parquet apprécie s'il convient ou non de laisser l'initiative des poursuites à la partie lésée.

Les filets et engins de pêche saisis comme prohibés ne peuvent, en aucun cas, être remis sous caution ; ils sont déposés au greffe et y demeurent jusqu'au jugement pour être ensuite détruits. En cas de refus des délinquants de remettre le filet ou l'engin après sommation, ils sont condamnés à une amende de 50 francs. (Loi du 15 avril 1829, art. 41.)

Les actions en réparation se prescrivent par *un mois* à partir du jour où les délits ont été constatés lorsque les prévenus sont désignés dans les procès-verbaux, et par trois mois à compter dudit jour dans le cas contraire. (*Id.*, art. 62.)

Les transactions sur la poursuite des délits et contraventions en matière de pêche, commis sur les cours d'eau dont la police est confiée à l'administration des Eaux et forêts, deviennent définitives, comme les délits forestiers, par l'approbation : 1° du conservateur, lorsque condamnations encourues ou prononcées, y compris réparations civiles, ne dépassent pas 1 000 francs ; 2° du directeur des forêts, quand elles sont supérieures à 1 000 francs et ne dépassent pas 2 000 francs ; 3° du ministre, quand elles excèdent 2 000 francs. (Décret du 20 mars 1897 ; circ. Forêts du 29 mai 1897.)

Les amendes pour délits de pêche fluviale ont un caractère mixte et tiennent de la nature des réparations civiles ; elles ne sont donc pas soumises au principe du non-cumul des peines établi par l'article 365 du Code d'instruction criminelle. (Cass., 29 déc. 1900.)

## Pêche maritime.

La pêche maritime se divise : 1° en *pêche côtière* ou *littorale ;* 2° en *grande pêche.*

*Pêche côtière.* — La pêche côtière est la pêche du poisson et du coquillage, tant à la mer, le long des côtes, que dans la partie des fleuves, rivières, étangs et canaux où les eaux sont salées. Elle est soumise aux dispositions de la loi du 9 janvier 1852.

Aucun établissement de pêcherie, de quelque nature qu'il soit ; aucun parc, soit à huîtres, soit à moules ; aucun dépôt de coquillages, ne peuvent être formés sur le rivage de la mer, le long des côtes, ni dans la partie des fleuves, rivières, étangs et canaux où les eaux sont salées, sans une autorisation spéciale, délivrée par le ministre de la Marine.

La pêche de tous poissons, crustacés et coquillages, autres que les huîtres, est libre pendant toute l'année, à une distance de trois milles au large de la laisse de basse mer. La pêche des huîtres est libre du 1er septembre au 30 avril, sur les bancs hors baies ou situés à trois milles des côtes, avec tous bateaux pontés ou non pontés, sans tonnage déterminé. Les pêcheurs sont tenus d'observer, dans les mers situées entre les côtes de France et celles du Royaume-Uni de Grande-Bretagne et d'Irlande, les prescriptions de la convention du 2 août 1839 et du règlement international du 23 juin 1843. Sur la demande des prud'hommes des pêcheurs, de leurs délégués et, à défaut, des syndics des gens de mer, certaines pêches peuvent être temporairement interdites sur une étendue de mer au delà de trois milles du littoral, si cette mesure est commandée par l'intérêt de la conservation des fonds ou de la pêche de poissons de passage. L'arrêté d'interdiction est pris par le préfet maritime. En dedans de trois milles des côtes, la pêche des poissons, crustacés et coquillages, autres que les huîtres, est permise toute l'année, de jour et de nuit, sous réserve de l'observation des prescriptions du décret du 10 mai 1862 sur les engins permis ou prohibés.

Le décret du 17 juin 1865 autorise les détenteurs des établissements de pêche fondés sur le littoral à se former en associations, à l'effet d'élire des gardes exclusivement affectés à la surveillance de leurs établissements.

La pêche du hareng et la pêche du maquereau, avec ou sans salaison à bord, peuvent être effectuées en tout temps et en tous lieux. (Décret du 24 sept. 1864.)

La pêche des moules, à pied et en bateau, est permise toute l'année sur les moulières dont le préfet maritime ou le chef du service de la marine aura autorisé l'exploitation ; elle est interdite avant le lever et après le coucher du soleil. La vente, l'achat, le transport et le colportage des moules provenant soit des gisements naturels régulièrement ouverts à la pêche, soit des établissements d'élevage, sont autorisés toute l'année, sans acception de dimensions. (Décret du 26 déc. 1890.)

La pêche côtière s'effectue à proximité du rivage, à une distance qui dépasse rarement soixante milles et par des fonds de 250 mètres au maximum.

*Grande pêche.* — Elle s'exerce à une distance assez considérable des côtes, au moyen de bâtiments d'un tonnage relativement fort. Elle a pour objet la pêche de la morue (décret du 30 août 1901) et la capture de la baleine.

Sur les contraventions, voir *Code des contraventions à la police de la navigation et des pêches maritimes*, par Paul Vinson (Rochefort, 1888).

Un service spécial pour la surveillance des pêches maritimes a été organisé par décret du 10 octobre 1897. Le cadre de ce corps d'agents est fixé par l'article 2 du décret, et les traitements de présence à terre ou à la mer par l'article 8. Il comprend : 1° des inspecteurs des pêches ; 2° des gardes-pêche remplissant les fonctions de patron, matelot, mécanicien ou chauffeur. La loi du 22 juillet 1851, dont les dispositions ont été successivement prorogées avec modifications, a accordé des *encouragements aux grandes pêches maritimes.*

## Pécule. — Prélèvements sur le produit du travail des condamnés en cours de peine.

On distingue : 1° le pécule *disponible*, dont une partie sert à indemniser l'État des frais de détention et l'autre partie est mise à la disposition du condamné pendant sa détention ; 2° le pécule *réserve*, qui est conservé pour l'époque de la libération.

« Aux termes du décret du 22 octobre 1880, le produit du travail des détenus dans les maisons centrales doit être appliqué au payement des condamnations dont ils sont redevables, de la manière suivante : la portion du pécule mise en réserve pour l'époque de la sortie est insaisissable et doit être remise intégralement aux condamnés le jour même de leur libération. Le reliquat du pécule disponible au jour de la sortie des détenus est appliqué, jusqu'à due concurrence, au payement des condamnations dues au Trésor public. Toutefois, si le pécule réservé, déduction faite des frais de route et d'habillement, n'atteint pas 100 francs, le pécule disponible est employé, par préférence, à compléter cette somme. » (Instr. du 5 juillet 1895 sur le service des amendes.)

## Peines.

*Catégories de peines.* — Il existe trois catégories de peines, correspondant aux trois natures d'infractions à la loi et aux trois ordres de juridictions répressives : les *peines criminelles*, dont sont frappés les crimes et qui sont prononcées par la cour d'assises ; les *peines correctionnelles*, qui répriment les délits et sont appliquées par le tribunal correctionnel ; les *peines de simple police*, réservées aux contraventions de simple police et infligées par le tribunal de simple police.

En matière criminelle, les peines sont *afflictives et infamantes* (mort, travaux forcés à perpétuité, déportation, travaux forcés à temps, détention, réclusion) ou simplement *infamantes* (bannissement, dégradation civique) ; en outre, elles se divisent en *peines de droit commun*, réservées aux crimes de droit commun, et en *peines politiques*, attachées aux crimes politiques. Les peines criminelles forment ainsi deux échelles spéciales. (Dans l'énumération ci-dessous, le chiffre qui suit chaque peine indique sa place dans l'échelle générale) :

*Peines de droit commun.* Peines afflictives et infamantes : mort, 1 ; travaux forcés à perpétuité, 2 ; travaux forcés à temps, 5 ; réclusion, 7. — Peine infamante : dégradation civique.

*Peines politiques.* Peines afflictives et infamantes : déportation à perpétuité dans une enceinte fortifiée, 3 ; déportation simple à perpétuité, 4 ; détention, 6. — Peines infamantes : bannissement, 8 ; dégradation civique, 9.

En matière correctionnelle, les peines sont : 1° l'emprisonnement de six jours à cinq ans ; 2° l'amende de 16 francs au minimum.

Quant aux peines de simple police, ce sont : 1° l'emprisonnement de un à cinq jours ; 2° l'amende de 1 franc à 15 francs.

A part les peines, dites *principales*, que nous venons d'indiquer, il existe, en matière criminelle et correctionnelle, des peines *accessoires*, telles que la dégradation civique, l'interdiction légale, la relégation, l'interdiction de séjour, et, en toutes matières, des peines *complémentaires*, telles que la confiscation.

Certaines circonstances ont pour effet tantôt d'aggraver la peine (il en est ainsi de la récidive), tantôt de la faire diminuer (excuses légales, circonstances atténuantes).

Aucune condamnation ne peut être exécutée les dimanches et jours fériés, fêtes nationales ou religieuses. (*Id.*, art. 25.)

Les lois pénales n'ont d'effet rétroactif qu'en ce qui concerne la procédure, l'instruction et la compétence.

*Durée.* — La durée de toute peine privative de la liberté compte du jour où le condamné est détenu en vertu de la condamnation, devenue irrévocable, qui prononce la peine. (Code pén., art. 23.)

*Dommages-intérêts.* — La condamnation aux peines établies par la loi est toujours prononcée sans préjudice des restitutions et dommages-intérêts qui peuvent être dus aux parties. (*Id.*, art. 10.)

*Biens du condamné.* — Lorsque le condamné est frappé de déchéances (v. INTERDICTION LÉGALE, MORT CIVILE, etc.) qui le privent de l'exercice de ses droits civils, il lui est nommé un tuteur et un subrogé tuteur pour administrer ses biens. Ceux-ci lui sont remis après qu'il a subi sa peine, et le tuteur lui rend compte de son administration. (*Id.*, art. 30.)

Pendant la durée de sa peine, il ne peut lui être remis aucune somme, aucune provision, aucune portion de ses revenus. (*Id.*, art. 31.) V. cependant PÉCULE.

*Cumul des peines.* — Il y a cumul des peines quand, avant toute condamnation, le même délinquant a commis plusieurs infractions.

« En cas de conviction de plusieurs crimes ou délits, la peine la plus forte sera seule prononcée. » (Code instr. crim., art. 365.) Les peines de même degré sont additionnées jusqu'au maximum légal ; les peines de simple police sont additionnées dans tous les cas. D'autre part, en certains cas et sous certaines conditions que détermine la loi du 26 mars 1891, dite *loi Bérenger*, le juge peut ordonner qu'il sera sursis à l'exécution de la peine qu'il prononce contre un inculpé. V. CIRCONSTANCES.

*Extinction des peines.* — Les peines s'éteignent par le *décès* des condamnés (mais l'amende devient une dette civile à la charge de la succession), l'*amnistie*, la *grâce*, la *libération conditionnelle*, la *réhabilitation*, la *prescription*. (V. ces mots.) V. aussi CASIER JUDICIAIRE.

## Pénitencier.

— Lieu où sont détenus les transportés et les récidivistes. — Prison où sont détenus les militaires condamnés à un an de prison au moins.

On distingue : 1° les *pénitenciers* où les condamnés aux travaux forcés et les récidivistes subissent leur peine, et 2° les *pénitenciers militaires*.

En Guyane, les condamnés aux travaux forcés sont répartis entre les îles du Salut, le pénitencier de Cayenne, le Maroni et le Kourou. En Nouvelle-Calédonie, l'administration a établi un pénitencier-dépôt à l'île Nou. A la Guyane, des relégués collectifs sont isolés dans la partie méridionale du territoire pénitentiaire du Maroni ; en Nouvelle-Calédonie, à l'île des Pins, à l'îlot Brun et à la baie de

Prony. L'administration à laquelle incombe la mission d'assurer aux colonies le service de la déportation, de la transportation et de la relégation, ressortit au ministère des Colonies. L'administration pénitentiaire chargée d'assurer l'exécution des peines à subir dans la métropole ressortit au ministère de l'Intérieur.

Dans les pénitenciers militaires, le régime comporte l'emprisonnement en cellule pendant la nuit et le travail en commun pendant le jour. Les détenus portent un uniforme de nuance gris beige. Ils sont groupés par sections de vingt-cinq hommes. Chaque pénitencier est sous la direction d'un capitaine.

**Pension.** — Somme allouée périodiquement à un fonctionnaire ou à un employé après son admission à la retraite.

On s'occupera uniquement ici des pensions payées sur le budget de l'Etat.

### Pensions civiles.

*Pensions civiles.* La loi fondamentale en matière de pensions civiles est la loi du 9 juin 1853, complétée par un règlement d'administration publique du 9 novembre suivant.

*Conditions du droit à pension.* — Elles sont au nombre de quatre : 1° qualité d'agent rétribué par l'Etat ; 2° versement de retenues ; 3° âge et durée des services ; 4° admission à la retraite.

1° *Qualité de fonctionnaire ou employé directement rétribué par l'Etat.* Cette règle souffre plusieurs exceptions (membres de l'enseignement rétribués en partie sur les fonds départementaux ou communaux ; fonctionnaires « détachés » sans cesser d'appartenir au cadre permanent de leur administration) [loi du 9 mai 1853, art. 4], etc.

2° *Fait d'avoir subi des retenues sur son traitement :* 1° retenue de 5 pour 100 sur le traitement fixe ou éventuel ; 2° retenue du premier douzième lors de la nomination ou de toute augmentation ultérieure ; 3° retenues pour cause de congés et d'absences ou par mesure disciplinaire (art. 3 de la loi ; art. 16, 17, 18 du décret). Les indemnités qui ne constituent pas des suppléments de traitement échappent à la retenue.

3° *Age et durée des services.* Les services ne comptent que de l'âge de vingt ans et du jour de l'installation. L'âge requis pour avoir droit à pension est de soixante ans avec trente ans de services. Il suffit de cinquante-cinq ans d'âge et de vingt-cinq ans de services pour les fonctionnaires qui ont passé quinze ans dans l'administration active (emplois indiqués dans un tableau annexé à la loi, par exemple, capitaine des douanes) et auquel de nombreuses additions ont été faites depuis : douanes, contributions indirectes, forêts, postes ; enseignement primaire, certains agents de l'administration pénitentiaire, ceux des bureaux ambulants des postes, etc.

Le titulaire reconnu hors d'état de continuer ses fonctions peut être dispensé de la condition d'âge.

Pour la liquidation, on prend la moyenne des traitements des six dernières années, et la pension est réglée pour chaque année de services civils à un soixantième du traitement moyen. Pour les agents qui ont vingt-cinq années de services dans la partie active, le règlement se fait par cinquantième du traitement moyen pour chaque année de services. En aucun cas, la pension ne peut excéder les maximums suivants : pour un traitement inférieur à 1 000 francs, les 3/4 du traitement ; de 1 000 à 1 125, 750 francs ; de 1 125 à 2 400, les 2/3 du traitement ; de 2 400 à 3 200, 1 600 francs ; de 3 200 à 8 000, la moitié du traitement. Au-dessus de 8 000 francs de traitement, il y a une légère diminution dans le maximum, sans qu'on puisse jamais avoir une pension supérieure à 6 000 francs ; exception est faite pour les agents diplomatiques, qui peuvent recevoir jusqu'à 12 000 francs de retraite.

Les magistrats de l'ordre judiciaire et de la Cour des comptes, les fonctionnaires de l'enseignement, ainsi que les ingénieurs et conducteurs des ponts et chaussées et des mines, ont les 2/3 de leur traitement, avec maximum de 6 000 francs.

Les fonctionnaires coloniaux sont en principe soumis au même régime, mais les services sont comptés pour moitié en sus, sans que cette bonification puisse réduire de plus d'un cinquième le temps nécessaire pour avoir droit à pension.

Les pensions sont liquidées d'après la durée des services, en négligeant sur le résultat final du décompte les fractions de mois et de franc. Les services civils ne sont comptés que de la date du premier traitement d'activité et à partir de l'âge de vingt ans accomplis. Le temps de surnumérariat n'est compté dans aucun cas. La liquidation est faite par le ministre compétent, qui la soumet à l'examen du Conseil d'Etat avec l'avis du ministre des finances.

*Admission à la retraite.* — Il faut une décision admettant le fonctionnaire à faire valoir ses droits à la retraite : cette décision est rendue par le ministre au département auquel il ressortit et le fait d'avoir acquis les titres à pension ne constitue pas pour le ministre l'obligation d'admettre le fonctionnaire à faire valoir ses droits. Celui-ci reste en fonctions jusqu'à la délivrance de son brevet, sauf disposition contraire prise sur sa demande ou motivée par l'intérêt du service. Cette disposition ne s'applique pas aux comptables.

« Le fonctionnaire admis à la retraite doit produire, indépendamment de son acte de naissance et d'une déclaration de domicile :

« 1° *Pour la justification des services civils :* un extrait dûment certifié des registres et sommiers de l'administration ou du ministère auquel il a appartenu, énonçant ses nom et prénoms, sa qualité, la date et le lieu de sa naissance, la date de son entrée dans l'emploi avec traitement, la série de ses grades et services, l'époque et les motifs de leur cessation, et le montant du traitement dont il a joui pendant chacune des six dernières années de son activité.

« Les services civils rendus hors d'Europe sont constatés par un certificat distinct délivré par le ministre compétent. Ce certificat énonce, pour chaque mutation d'emploi, le traitement normal du grade et le supplément accordé à titre de traitement colonial.

« A défaut de ces justifications, et lorsque, pour cause de destruction des archives dont on aurait pu les extraire ou du décès des fonctionnaires supérieurs, l'impossibilité de les produire a été prouvée, les services pourront être constatés par acte de notoriété.

« 2° *Pour la justification des services militaires de terre et de mer :* un certificat directement émané du ministère de la Guerre ou de celui de la Marine. » (Décret du 9 nov. 1853, art. 31.)

*Pensions exceptionnelles.* — Sont dispensés de toute condition d'âge et de service : 1° les fonctionnaires mis hors d'état de continuer leur service, soit par suite d'un acte de dévouement dans un intérêt public ou pour sauver la vie d'un de leurs concitoyens, soit par suite de lutte dans l'exercice de leurs fonctions ; 2° ceux qui ne peuvent plus exercer leurs fonctions par suite d'un accident de service. Dans le premier cas, la pension est de la moitié du dernier traitement ; dans le second, elle est d'un soixantième ou d'un cinquantième du dernier traitement par année de service, sans pouvoir être inférieure au sixième.

Les infirmités graves contractées dans le service et la suppression d'emploi font réduire de dix ans la durée des services exigés, pourvu qu'on ait cinquante ans.

*Veuves et orphelins.* — La veuve du fonctionnaire retraité a droit au tiers de la pension de son mari ; elle a également droit à pension lorsque son mari meurt en exercice après vingt-cinq ans de services. Le mariage doit avoir été contracté six ans avant la cessation des fonctions. Il n'y a pas de condition de durée du mariage, et la quotité augmente quand le mari est mort victime de son dévouement ou d'un accident de service.

La veuve n'a pas droit à pension lorsqu'elle est séparée de corps sur la demande du mari. Le divorce, dissolvant le mariage, fait perdre tous les droits.

Si la mère est décédée ou inhabile, les orphelins mineurs ont droit à un secours annuel égal à la pension de la mère jusqu'à ce que le plus jeune ait atteint l'âge de vingt et un ans accomplis.

« Les veuves prétendant à pension fournissent, indépendamment des pièces que leur mari aurait été tenu de produire : 1° leur acte de naissance ; 2° l'acte de décès de l'employé ou du fonctionnaire ; 3° l'acte de célébration du mariage ; 4° un certificat de non-séparation de corps, ou de non-divorce ; 5° dans le cas où il y aurait eu séparation de corps ou divorce, la veuve doit justifier que cette séparation ou ce divorce a été prononcé sur sa demande.

« Les orphelins prétendant à pension fournissent, indépendamment des pièces que leur père aurait été tenu de produire : 1° leur acte de naissance ; 2° l'acte de décès de leur père ; 3° l'acte de célébration du mariage de leurs père et mère ; 4° une expédition ou un extrait de l'acte de tutelle ; 5° en cas de prédécès de la mère, son acte de décès ; 6° en cas de séparation de corps, expédition du jugement qui a prononcé la séparation, ou un certificat du greffier du tribunal qui a rendu le jugement ; 7° en cas de second mariage, acte de célébration.

« Les veuves ou orphelins prétendant à pension produisent le brevet délivré à leur mari ou père, lorsqu'il est décédé en jouissance de pension, ou déclaration constatant la perte de ce titre. » (Décret du 9 nov. 1853, art. 32.)

*Cumul.* — Le cumul de deux pensions civiles est autorisé jusqu'à concurrence de 6 000 francs, pourvu qu'il n'y ait pas double emploi dans les années de services présentées pour la liquidation.

L'article 28 de la loi du 9 juin 1853, qui interdit le cumul, au delà de 1 500 francs, d'une pension civile et d'un traitement civil payé par l'Etat, ne s'applique pas, en principe, aux traitements payés sur les fonds départementaux ou communaux. Toutefois, si le traitement communal ou départemental est soumis aux retenues pour pensions civiles et peut ouvrir le droit à l'obtention d'une pension civile de l'Etat, il doit être assimilé aux traitements payés par l'Etat et ne peut être cumulé, au delà de 1 500 francs, avec une pension civile. Il résulte en effet des considérants d'un arrêt du Conseil d'Etat du 18 janvier 1884 que, au point de vue du cumul, la nature du traitement ou des émoluments dont jouit un fonctionnaire doit être déterminée en se fondant uniquement sur la nature de la pension à laquelle ils ouvrent des droits. Les préposés en chef d'octroi, les principaux et professeurs de collèges communaux, et tous autres fonctionnaires se trouvant dans des conditions analogues ne peuvent cumuler leur traitement au delà de 1 500 francs, parce qu'il a un caractère communal. (C. C. p., 30 juin 1890, § 12.)

En vertu des mêmes principes, l'interdiction du cumul d'une pension militaire avec un traitement militaire doit être considérée comme s'appliquant aux pensionnaires militaires de la guerre ou de la marine, même pourvus d'emplois civils, si ces emplois ouvrent des droits à une pension de forme militaire, c'est-à-dire régie par les lois relatives aux pensions de l'armée de terre ou de l'armée de mer.

Si le titulaire est remis en activité dans le même service, le payement de sa pension est suspendu ; dans un service dépendant d'un autre ministère, le cumul est permis jusqu'à concurrence de 1 500 francs.

La veuve ne peut cumuler, au delà de 1 500 francs, sa pension avec un traitement d'activité. Le cumul de deux pensions n'est autorisé que dans la limite de 6 000 francs.

Les *pensions accordées à titre de récompense nationale* (Loi du 13 juin 1850) peuvent se cumuler avec toute autre pension et avec tout traitement quelconque. (Règlement du ministère des Finances, § 90, 10° ; décret du 31 mai 1862, art. 274.)

### Pensions militaires.

Le droit à la pension pour ancienneté de service est ouvert à l'homme de troupe à vingt-cinq ans de service et à l'officier à trente ans ou à vingt-cinq s'il est en non-activité depuis trois ans, et n'est pas reconnu susceptible d'être rappelé à l'activité. Les années de service se comptent de l'âge où la loi permet de contracter un engagement volontaire. L'officier qui a droit à la retraite peut y être mis d'office par le ministre, et il y est mis forcément lorsqu'il a atteint sa limite d'âge.

Le tarif de la pension est calculé d'après un minimum fixé pour chaque grade et auquel s'ajoutent autant d'annuités que l'intéressé a de campagnes ou d'années de service en sus des trente années obligatoires, les campagnes pouvant être comptées différemment suivant les conditions où elles ont été accomplies. Le montant de ces annuités varie également suivant le grade, et il n'en peut jamais être compté plus de vingt. Chaque année de service au delà de trente ans et chaque année de campagnes ajoutent à la pension un vingtième de la différence du minimum au maximum. (Loi du 11 avril 1831.) La pension d'un officier n'est d'ailleurs liquidée dans le grade qu'il occupe, au moment où il quitte le service actif, que s'il en est en possession depuis au moins deux années, à moins qu'il ne soit mis d'office à la retraite. Autrement, elle le serait dans les conditions du grade immédiatement inférieur. Pour chaque grade, un maximum de pension est atteint : pour l'officier, à cinquante ans de service, campagnes comprises, et pour l'homme de troupe à quarante-cinq ans.

Les pensions du personnel du département de la Marine sont régies notamment par les lois des 18 avril 1831, 21 juin 1856, 26 juin 1861, 28 juin 1862, 5 août 1879.

« Le droit à la pension de retraite d'ancienneté est acquis, pour les officiers de la marine et pour les marins de tous les grades, à vingt-cinq ans accomplis de service effectif. » (Loi du 18 avril 1831, art. 1er.) « Les années de service effectif pour la pension de retraite se comptent de l'âge de seize ans. » (*Id.*, art. 2.) Les bénéfices de campagnes sont comptés en sus d'après les règles de la loi de finances du 25 février 1901, art. 47.

« Ont droit à la pension après vingt-cinq ans de service, les fonctionnaires, agents et autres qui réunissent six ans de navigation au service de l'Etat, tant sur les bâtiments de l'Etat que sur les navires de commerce au compte de l'Etat, ou de service dans les colonies. » (Loi du 5 août 1879, art. 2, § 1er, mod. par la loi du 25 février 1901, art. 46.)

*Pensions pour blessures ou infirmités.* — Elles sont indépendantes de la durée du service accompli. Elles ne dépendent que de la nature des blessures ou infirmités incurables, qui doivent d'abord avoir été reçues ou contractées à la guerre ou dans le service, et ensuite être assez graves pour ne pas permettre à l'officier de rester en activité ni d'y rentrer ultérieurement, ou pour mettre l'homme de troupe hors d'état de gagner sa vie.

Le tarif de ces pensions se calcule d'après le grade et d'après la nature des blessures ou infirmités. Celles-ci sont divisées en quatre classes : celles de 1re et 2e, les plus graves, donnent droit au maximum de la pension d'ancienneté, augmenté de 20 pour 100 pour les officiers et de 30 pour 100 pour les hommes de troupe ; celles de 3e et 4e classe donnent droit à ce même maximum simple ; celles de 5e classe donnent droit au minimum de cette même pension d'ancienneté, augmenté d'un vingtième par année de service accomplie ; celles de 6e classe enfin donnent droit à ce minimum avec augmentation d'un vingtième par année de service au delà de trente ans, campagnes comprises.

*Pensions de la loi du 21 mars 1905.* — L'article 65 de la loi du 21 mars 1905 (loi de deux ans) assure aux engagés et rengagés divers avantages parmi lesquels des pensions, savoir :

Les militaires de toutes armes qui quittent les drapeaux après quinze ans de service effectif ont droit à une *pension proportionnelle* à la durée de leur service ; après vingt-cinq ans de service, ils ont droit à une pension de retraite. Ceux qui jouissent de ces pensions et qui sont titulaires du grade de sous-officier au moment où ils quittent le service actif sont pendant cinq ans au moins, et en tout cas jusqu'à leur libération définitive, à la disposition du ministre de la Guerre pour les cadres de la réserve et de l'armée territoriale.

La pension se règle sur le grade et l'emploi dont le militaire est titulaire, s'il en est investi depuis deux années consécutives, et sur le grade ou l'emploi inférieur dans le cas contraire.

Les taux des pensions et des pensions proportionnelles sont décomptés d'après les articles non abrogés de la loi du 11 avril 1831, d'après les lois du 25 juin 1861, du 18 août 1879 et le tarif joint à la loi du 11 juillet 1899. Les autres conditions sont déterminées par un règlement inséré au *Bulletin des lois*.

La pension s'ajoute toujours au traitement afférent à l'emploi civil dont le pensionnaire peut être pourvu. V. SERVICE MILITAIRE.

Les militaires qui obtiendraient d'être commissionnés après avoir quitté les drapeaux ne pourraient réclamer la pension de retraite ou la pension proportionnelle qu'après avoir servi cinq ans en cette nouvelle qualité.

Les sous-officiers de toutes armes qui, après avoir servi cinq ans au moins comme rengagés, sont réformés avant d'avoir acquis des droits à la pension proportionnelle touchent, pendant un temps égal à la moitié de la durée de leur service effectif, une solde de réforme égale au montant de la pension proportionnelle de leur grade. Si, en raison de l'origine des blessures ou infirmités qui ont entraîné la réforme, le sous-officier a bénéficié, en outre, d'une gratification de réforme, temporaire ou permanente, le payement de celle-ci est suspendu aussi longtemps que le titulaire jouira de la solde de réforme.

L'article 67 porte que l'admission d'office à la retraite proportionnelle est prononcée par le ministre ou par le général commandant le corps d'armée délégué sur avis d'un conseil d'enquête. Cet avis ne peut être modifié qu'en faveur de l'intéressé.

*Pensions de réforme.* — Les pensions de réforme sont accordées aux officiers réformés après au moins vingt années de service. Si la réforme a eu lieu pour raison de santé, la pension est égale au trentième du minimum de la pension d'ancienneté, multiplié par le nombre d'années de service accomplies. Si la réforme a eu lieu par mesure disciplinaire, la pension n'est que la moitié du minimum de celle d'ancienneté, augmentée d'une annuité par chaque année de service accomplie au delà de vingt ans. Ni les pensions de réforme ni les pensions proportionnelles des hommes de troupe ne sont réversibles sur les veuves.

*Veuves et orphelins.* — Les pensions de veuves sont attribuées aux veuves de militaires tués sur le champ de bataille ou en service commandé, ou morts de blessures ou maladies contractées à l'armée par suite des obligations du service, etc., ou bien morts en jouissance d'une pension de retraite ou en possession de droits à cette pension, et enfin aux veuves d'officiers morts en activité ou en non-activité après vingt-cinq ans de service. Il faut toujours que le mariage ait été régulièrement autorisé, qu'il soit antérieur aux blessures reçues ou qu'il ait précédé de deux ans au moins la cessation d'activité du mari, ou bien enfin qu'il en soit issu un enfant avant cette cessation. La femme divorcée ou contre qui existe un jugement de séparation de corps ne peut prétendre à aucune pension ; mais les enfants peuvent recevoir des secours comme s'ils étaient orphelins.

Les pensions des veuves d'officiers sont fixées au tiers du maximum de la pension d'ancienneté du mari, et à la moitié si la mort de celui-ci a été causée par la guerre. Pour les hommes de troupe, les veuves ont droit à la moitié du maximum dans le premier cas et aux trois quarts dans le second.

La pension d'une veuve décédée est reportée à titre de secours sur les orphelins qu'elle laisse, jusqu'à ce que le plus jeune d'entre eux ait atteint sa majorité.

*Cumul.* — Le cumul de plusieurs pensions militaires ou de pensions militaires avec des pensions civiles est autorisé. La veuve d'un militaire (armée de terre) peut donc cumuler plusieurs pensions qu'elle tiendrait à titre de réversibilité de plusieurs maris ; la veuve d'un marin doit opter pour la plus forte.

Les pensions militaires ne peuvent être cumulées avec une solde d'activité, de disponibilité ou de non-activité. Ne sont pas soumises à la prohibition : les soldes et prestations attribuées, pendant les exercices ou manœuvres, aux militaires de la réserve et de l'armée territoriale ; les indemnités allouées aux militaires retraités occupant des emplois dans la réserve, la territoriale, le recrutement ou la justice militaire ; les pensions proportionnelles concédées avant la loi du 23 juillet 1881 aux sous-officiers, par application de la loi du 10 juillet 1874, ou aux sous-officiers commissionnés qui ont obtenu, en vertu des dispositions de la loi du 24 juillet 1873, un des emplois militaires énumérés au tableau annexé à cette loi. Mais celles qui ont été concédées après le 23 juillet 1881 ne peuvent être cumulées avec un traitement militaire.

Les pensions de veuves ou d'orphelins de militaires peuvent se cumuler, dans tous les cas, jusqu'à concurrence de 6 000 francs. Les veuves ou orphelins de militaires de la marine ne peuvent cumuler plusieurs pensions militaires ; elles peuvent opter pour la plus forte.

*Suppléments de pensions.* — Des suppléments de pensions ont été créés : 1° en vue d'unifier aux tarifs des lois des 5 et 18 août 1879 les pensions des sous-officiers, caporaux, brigadiers, soldats, officiers mariniers, marins et assimilés de l'armée de terre et de la marine, retraités sous les régimes antérieurs à ces dernières lois ; 2° en vue de bonifier d'une somme fixe les pensions des officiers et assimilés de l'armée de terre et de mer retraités avant les lois des 22 juin 1878 et 5 août 1879.

Les pensions militaires ne sont, en principe, cumulables avec aucun traitement civil ou pension civile, sauf celles dans la liquidation desquelles on a compris des services civils. Toutefois, les pensions accordées à des officiers ou assimilés peuvent être cumulées jusqu'à 6 000 francs ou jusqu'au montant de la dernière solde d'activité, si elle est supérieure à ce chiffre, avec un traitement civil, sauf celles motivées par blessures ou infirmités équivalant à la perte d'un membre. (Loi du 26 déc. 1890, art. 31.)

*Pensions sur la caisse des invalides.* — Les pensions de demi-solde concédées sur la caisse des invalides sont considérées comme pensions militaires et cumulables avec un traitement civil, excepté dans le cas où des services civils auraient été admis comme complément du droit de pension. (Loi du 26 février 1887, art. 12.)

Ces pensions peuvent se cumuler également soit avec une pension civile, soit avec une pension militaire de la guerre ou de la marine. (Avis du Conseil d'Etat du 4 juin 1889.)

A la date du 4 juin 1889, le Conseil d'Etat a émis l'avis que, par application de l'article 17 de la loi de finances du 26 février 1887, les veuves de demi-soldiers ne peuvent recevoir plus d'une pension sur la caisse des invalides de la marine, sauf à exercer en faveur de la plus forte le droit d'option ouvert par l'article 11 de la loi du 23 août 1879. Le ministre de la Marine a décidé, en conséquence, que pour les veuves qui se trouvaient titulaires de plusieurs pensions sur la caisse des invalides, le cumul devait cesser à compter du 1er juillet 1889, sans qu'il y ait lieu d'exercer la reprise des sommes perçues antérieurement. Toutefois par une lettre du 9 octobre 1889, le ministre de la Marine a reconnu que cette décision ne pouvait s'appliquer qu'aux veuves des marins qui auraient obtenu une seconde pension sur la caisse des invalides postérieurement à la loi de finances du 26 février 1887.

### Certificats de vie.

La première justification à produire par tout pensionnaire est un *certificat de vie* dont la date doit être au jour de l'expiration du trimestre exigible, ou postérieure à ce jour.

Les arrérages sont payables par trimestre (les 1er mars, 1er juin, 1er septembre et 1er décembre) : à Paris, à la caisse centrale du trésor public et à la caisse des receveurs-percepteurs ; dans les départements, à la caisse des trésoriers-payeurs généraux, des receveurs particuliers des finances et des percepteurs. Dans le cas où le pensionnaire demande à être payé chez un percepteur, celui-ci ou le notaire certificateur transmet au trésorier général (ou au receveur particulier) le titre de pension et le certificat de vie pour être visé ; après quoi, le pensionnaire obtient satisfaction.

Tous les notaires indistinctement sont autorisés à délivrer les certificats nécessaires pour le payement des rentes viagères et pensions sur l'Etat. (Ord. du 6 juin 1839, art. 1er.) Ces certificats doivent être revêtus du sceau des notaires et timbrés s'il s'agit de pensions civiles, sauf exception pour les pensions des douaniers et forestiers, et les pensions à titre de récompense nationale. La rétribution due au notaire certificateur varie selon le montant de la pension : de 50 francs à 100 francs, 0 fr. 20 ; de 101 francs à 300 francs, 0 fr. 25 ; de 301 francs à 600 francs, 0 fr. 35 ; au-dessus de 600 francs, 0 fr. 50 ; au-dessous de 50 francs le certificat est délivré gratuitement.

Les signatures des notaires apposées sur les certificats de vie doivent être légalisées par les présidents des tribunaux de première instance ou par les juges de paix, conformément aux règles posées par l'article 28 de la loi du 25 ventôse an XI et par la loi du 2 mai 1861. (Décret du 29 décembre 1885, art. 1er.) Mais cette légalisation n'est pas nécessaire quand le notaire certificateur réside dans le département où le payement est effectué. (Circ. Compt. publ., 20 janvier 1886.)

Les notaires certificateurs seront garants et responsables envers le Trésor public de la vérité des certificats de vie par eux délivrés, qu'ils aient ou non exigé des parties requérantes l'intervention de témoins pour attester l'individualité ; sauf, dans tous les cas, leur recours contre qui de droit. (Décret du 21 août 1806, art. 9.)

Les pensionnaires qui, par cause de maladie ou d'infirmités, ne peuvent se transporter au domicile du notaire certificateur de leur arrondissement, lui adressent une attestation du maire de leur commune, visée du sous-préfet ou du juge de paix, constatant leur existence, leur maladie ou infirmité. Les notaires certificateurs sont autorisés à délivrer, sur le vu de cette attestation, le certificat de vie ; ils y font mention détaillée de l'attestation du maire, laquelle reste entre leurs mains et ne peut servir pour un autre semestre. (Décret du 23 sept. 1806, art. 1 et 2.)

Un pensionnaire titulaire de plusieurs pensions n'est tenu, pour en toucher les arrérages, qu'à la production d'un *seul* certificat de vie. (Instruct. aux notaires du 27 juin 1839, art. 5.) Mais si, parmi ces pensions, il en est une pour laquelle la production d'un certificat de vie, *timbré*, est nécessaire, le certificat unique applicable à ces diverses pensions doit être établi *sur timbre*. (C. C. p., 15 juin 1882, § 5, et 14 janvier 1887, § 3.).

Tout pensionnaire mineur non émancipé qui réclame la délivrance d'un certificat de vie doit être assisté de son tuteur, lequel fait en son nom la déclaration de non-cumul, et signe le certificat de vie. (Ord. du 20 août 1813.)

Tout pensionnaire est tenu de déclarer, dans son certificat de vie, qu'il ne jouit d'aucun traitement, sous quelque dénomination que ce soit, ni d'aucune autre pension ou solde de retraite, soit à la charge de l'Etat, soit sur les fonds de la caisse des invalides. (Loi du 15 mai 1818, art. 14.) Dans le cas contraire, il est tenu de spécifier la nature et la quotité de l'allocation ou traitement dont il jouit pour permettre aux payeurs de faire observer les règles prohibitives du cumul.

Le certificat de vie à produire doit contenir, indépendamment de la déclaration ordinaire de non-cumul, la mention que le pensionnaire est ou n'est pas titulaire d'un bureau de tabac. (Circulaire Justice, 7 septembre 1881.)

Ceux qui, par de fausses déclarations ou de quelque manière que ce soit, auraient usurpé plusieurs pensions ou un traitement avec une pension, seraient rayés de la liste des pensionnaires et en outre poursuivis en restitution des sommes indûment perçues. (Loi du 15 mai 1818, art. 15.)

*Remplacement des certificats adirés.* — Le pensionnaire qui a égaré son certificat doit en faire la déclaration écrite (papier timbré) devant le maire en présence de deux témoins (décret du 3 messidor an XII). Le payeur, à la caisse duquel il touche les arrérages, adresse la déclaration (les signatures du pensionnaire et des témoins doivent être légalisées) à la direction de la Dette inscrite, avec indication du dernier payement d'arrérages.

Il est alors délivré au pensionnaire une copie du certificat d'inscription portant, outre le numéro primitif, un autre numéro de série de duplicata ; les arrérages ne sont plus payables que sur ce nouveau certificat. Le pensionnaire qui perd ce duplicata ne peut obtenir de triplicata, mais la direction de la Dette inscrite autorise le comptable chargé de la dépense à acquitter les arrérages de la pension sur la seule production du certificat de vie. (Arrêté ministériel du 8 oct. 1823 et circ. Dette inscrite, 26 sept. 1887, § 4.)

### Dispositions diverses.

*Demande de pension.* — Toute demande de pension est adressée au ministre du département auquel appartient le fonctionnaire : par le titulaire, du jour où il aura été admis à faire valoir ses droits à la retraite ou du jour de la cessation de ses fonctions s'il a été autorisé à les continuer après cette admission ; et, par la veuve, du jour du décès du fonctionnaire.

Les demandes de secours annuels pour les orphelins doivent être présentées du jour du décès de leur père ou de celui de leur mère.

*Inscription des pensions.* — Les pensions à payer par l'Etat sont inscrites au Grand Livre de la Dette publique, en vertu de décrets d'autorisation qui en énoncent les motifs et les bases légales et déterminent les chapitres d'imputation au budget. (Loi du 25 mars 1817 et ordonnance du 2 août 1820.)

Les décrets de concession de pensions de toute nature à la charge de l'Etat sont publiés au *Journal officiel* et insérés au *Bulletin des lois*. L'inscription a lieu après la publication des décrets au *Journal officiel*. (Loi de finances du 16 avril 1896, art. 40.)

Le décret de concession est rendu sur la proposition du ministre compétent ; il est contresigné par lui et par le ministre des Finances.

Il est délivré aux pensionnaires un certificat d'inscription émané de la direction de la Dette inscrite, énonçant la nature et l'origine de la pension, et visé par le contrôle central.

*Point de départ.* — La jouissance de la pension commence du jour de la cessation du traitement, ou du lendemain du décès du fonctionnaire.

*Incessibilité des pensions.* — Les pensions sont incessibles. Aucune saisie ou retenue ne peut être opérée du vivant du pensionnaire que jusqu'à concurrence d'un *cinquième* pour débet envers l'Etat et d'un *tiers* dans les cas des articles 203, 205, 206, 207 et 214 du Code civil. V. ALIMENTS. (Loi des 11 avril 1831 et 9 juin 1853.) La retenue du *cinquième* peut être exercée sur les pensions civiles pour créances privilégiées aux termes de l'art. 2101 du Code civil. (Loi du 9 juin 1853, art. 26.)

*Créanciers alimentaires.* — Si un pensionnaire s'abstient de réclamer les arrérages de sa pension, ses créanciers alimentaires peuvent, après un certain délai, obtenir le payement des retenues auxquelles ils ont droit sur ladite pension. En ce cas, les décisions ministérielles des 5 juin 1888 et 5 mars 1892 autorisent les notaires à délivrer aux créanciers un certificat de vie au nom du débiteur, sur le vu d'un acte extrajudiciaire constatant le refus de celui-ci, après sommation, de le faire établir lui-même. Les créanciers, sous leur responsabilité, font la déclaration de non-cumul à laquelle sont astreints les ayants droit d'un pensionnaire décédé. Ils doivent aussi produire les justifications réglementaires qui auraient été exigées du titulaire (affirmation de non convol, s'il s'agit d'une veuve ; — certificat du maire établissant que le titulaire n'a pas quitté la France, s'il s'agit d'une pension militaire dont les arrérages sont réclamés pour plus d'un an ; — etc.). Le cas échéant ils seraient poursuivis en restitution de l'indu.

*Arrérages payés aux héritiers.* — Les héritiers qui demandent à toucher les arrérages de la pension de leur auteur ont à produire : 1° l'acte de décès du titulaire ; 2° soit le certificat d'inscription, soit la déclaration de perte ou d'impossibilité de le produire, timbrée et dûment légalisée par le maire, le préfet ou le sous-préfet ; 3° un certificat de propriété (ce certificat ne doit pas nécessairement mentionner l'enregistrement des actes y relatés) ; 4° une déclaration spéciale de non-cumul pour satisfaire aux prescriptions de l'art. 14 de la loi du 15 mai 1818 : cette déclaration peut être faite sur le certificat de propriété, qui est, en ce cas, signé par les déclarants ; elle ne doit être timbrée que quand le certificat est lui-même assujetti au timbre ; 5° l'acquit des ayants droit.

Les actes de décès produits à l'appui d'un décompte d'arrérages de pensions militaires sont exemptés du timbre, mais mention doit y être faite de leur destination.

*Suspension du droit à la jouissance des pensions.* — Le droit à la jouissance des *pensions militaires* est suspendu : par la condamnation à une peine afflictive ou infamante, pendant la durée de la peine ; par les circonstances qui font perdre la qualité de Français, tant que dure la privation de cette qualité ; par la résidence hors de la France pendant plus d'une année sans l'autorisation du gouvernement, lorsque le titulaire est Français ou naturalisé Français. (Loi du 11 avril 1831, art. 26 ; Ord. du 24 fév. 1832, art. 1er.)

Le droit à la jouissance des *pensions civiles* se perd par la condamnation à une peine afflictive ou infamante. Il n'est rétabli qu'après réhabilitation. (Loi du 9 juin 1853, art. 27.)

*Perte du droit à pension.* — Tout fonctionnaire ou employé démissionnaire, destitué, révoqué d'emploi, perd ses droits à la pension. S'il est remis en activité, son premier service lui est compté.

Celui qui est constitué en déficit pour détournement de deniers ou de matières, ou convaincu de malversation, perd ses droits à la pension, lors même qu'elle aurait été liquidée ou inscrite.

La même disposition est applicable au fonctionnaire convaincu de s'être démis de son emploi à prix d'argent, et à celui qui aura été condamné à une peine afflictive ou infamante. Dans ce dernier cas, s'il y a réhabilitation, les droits à la pension seront rétablis.

*Radiation.* — Les pensions et secours annuels sont payés par trimestre ; ils sont rayés des livres du Trésor après trois ans de non-réclamation, sans que leur rétablissement donne lieu à aucun rappel d'arrérages antérieurs à la réclamation.

La même déchéance est applicable aux héritiers ou ayants cause des pensionnaires qui n'auront pas produit la justification de leurs droits dans les trois ans qui suivront la date du décès de leur auteur.

Pour les pensions nouvellement inscrites, le délai de trois ans ne court que du jour de la publication au *Bulletin des lois* du décret ou de la loi qui les ont concédées. (Avis du Conseil d'Etat, 14 mars 1834.)

*Crédits pour pensions.* — Les crédits ouverts chaque année sont exclusivement affectés à l'inscription des pensions résultant d'admissions à la retraite ou de décès survenus au cours de cette même année. Au mois de janvier, le ministre des Finances arrête l'état des extinctions et fixe en conséquence le crédit d'inscription de l'année courante.

## Pension alimentaire. — V. ALIMENTS.

## Pensions aux vieillards, infirmes et incurables.

La loi du 14 juillet 1905, développant le principe posé par l'article 43 de la loi de finances du 29 mars 1897, a organisé, à partir du 1er janvier 1907, un service d'assistance obligatoire en faveur des vieillards, infirmes et incurables.

*Admission à l'assistance.* — « Tout Français privé de ressources, incapable de subvenir par son travail aux nécessités de l'existence et, soit âgé de plus de soixante-dix ans, soit atteint d'une infirmité ou d'une maladie reconnue incurable » reçoit l'assistance instituée par la loi du 14 juillet 1905. (Art. 1er.)

L'assistance est donnée par la commune où l'assisté a son domicile de secours ; à défaut de domicile de secours communal, par le département où l'assisté a son domicile de secours départemental ; à défaut de tout domicile de secours, par l'État. (Art. 2.) Le service est organisé dans chaque département par le conseil général. (Art. 6.)

Chaque année, un mois avant la première session ordinaire du conseil municipal, le bureau d'assistance dresse la liste des vieillards, des infirmes et des incurables qui, dans une demande écrite, ont fait valoir leurs titres au service d'assistance. La liste préparatoire ainsi dressée est divisée en deux parties : la première comprenant ceux qui ont leur domicile de secours dans la commune ; la seconde, ceux qui ont leur domicile de secours dans une autre commune, ou qui ont le domicile de secours départemental, ou qui n'ont aucun domicile de secours. Il est procédé à la revision de la liste un mois avant chacune des trois autres sessions du conseil municipal, et en cas de besoin, dans le cours de l'année. A défaut par le bureau de dresser la liste, elle est établie d'office par le conseil municipal. (Art. 7.)

Le conseil municipal, délibérant en comité secret sur la totalité des demandes préalablement soumises au bureau d'assistance, propose l'admission à l'assistance des personnes ayant leur domicile de secours dans la commune et règle les conditions dans lesquelles elles seront assistées : à domicile ou dans un établissement hospitalier. (Art. 8.)

Pendant un délai de vingt jours à dater du dépôt au secrétariat de la mairie de la liste des admis, ceux dont la demande a été écartée ou incomplètement accueillie peuvent présenter une réclamation à la mairie et tout habitant a la faculté de réclamer l'inscription ou la radiation des personnes omises ou indûment portées sur la liste (art. 9). Le même droit appartient au préfet ou au sous-préfet (art. 19). Il est statué, dans le délai d'un mois, sur les réclamations, par une *commission cantonale* présidée par le sous-préfet (à défaut, par le juge de paix), et dont les décisions peuvent être déférées, dans les vingt jours de la notification, au ministre de l'Intérieur, qui saisit du litige la *commission centrale* instituée auprès du ministère de l'Intérieur pour donner son avis sur l'admission à l'assistance aux frais de l'Etat (art. 11 et 17). L'admission est prononcée par le ministre de l'Intérieur pour les intéressés qui n'ont pas de domicile de secours, et par la commission départementale pour ceux qui ont le domicile de secours départemental. Les décisions de la commission départementale peuvent être réformées par le conseil général, et les intéressés peuvent toujours se pourvoir devant le ministère de l'Intérieur (art. 14-16). Si l'intéressé cesse d'être sans ressources, l'assistance lui est retirée.

*Mode d'assistance.* — « Les vieillards, les infirmes et les incurables ayant le domicile de secours communal ou départemental reçoivent l'assistance à domicile. Ceux qui ne peuvent être utilement assistés à domicile sont placés, s'ils y consentent, soit dans un hospice public, soit dans un établissement privé ou chez des particuliers, ou enfin dans les établissements publics ou privés où le logis seulement, et indépendamment d'une autre forme d'assistance, leur est assuré. Le mode d'assistance appliqué à chaque cas individuel n'a aucun caractère définitif. » (Art. 19.)

L'assistance à domicile consiste dans une allocation mensuelle, incessible et insaisissable, de 5 francs au moins et, à moins de circonstances exceptionnelles, de 30 francs au plus. La quotité de l'allocation est diminuée du montant des ressources que posséderait l'assisté. Par exception, les ressources provenant de l'épargne n'entrent en décompte que si elles excèdent 60 francs (120 francs lorsque les ayants droit ont élevé trois enfants jusqu'à l'âge de seize ans). L'excédent n'est compté que pour moitié, mais les ressources d'épargne et l'allocation d'assistance ne peuvent ensemble dépasser 480 francs. Les ressources permanentes provenant de la bienfaisance privée sont également comptées pour moitié et soumises quant au cumul à la même limite maximum de 480 francs. (Art. 20.)

## Percepteur des contributions directes.

Le percepteur recouvre les contributions directes. (V. CONTRIBUTIONS.) Il est responsable de leur recouvrement lorsqu'il n'a pas employé contre le contribuable tous les moyens légaux. Il rédige les feuilles de mutation et concourt, avec le contrôleur, à l'établissement des matrices de patentes. Dans les trois mois de la publication du rôle, il établit les états des cotes indûment imposées et il dresse, dans les deux mois qui suivent l'année écoulée, les états des cotes irrécouvrables. Il intervient dans le service des receveurs des finances pour le payement des dépenses publiques, rentes et pensions. Il est sous les ordres du *receveur particulier des finances* de l'arrondissement.

Les percepteurs sont nommés par le ministre des Finances, sauf une partie des emplois inférieurs réservés à la nomination des préfets. Les perceptions sont divisées, d'après leur produit, en quatre classes. Les perceptions d'un produit supérieur à 13 000 francs sont dites « hors classe ».

## Père. — V. PUISSANCE PATERNELLE.

**Péremption d'instance.** — Prescription qui anéantit, après un certain délai, les procédures non continuées. V. INSTANCE.

**Perquisition.** — V. VISITE DOMICILIAIRE.

**Personnalité civile.**

Tout être capable de posséder des droits et d'être soumis à des obligations est une *personne*. La capacité juridique se confond avec la personnalité par le fait même de la naissance. Simplement conçu, l'enfant est même, à certains égards, une personne, puisque des droits peuvent déjà se fixer sur sa tête. La mort naturelle met fin à la personnalité, par suite à la capacité juridique. L'étendue de la capacité d'une personne dépend de sa situation au point de vue de la nationalité, de la famille et de certaines qualités comme l'âge et le sexe.

Le droit français admet l'existence de *personnes morales*, jouant un rôle analogue à celui que jouent les personnes physiques, au moins quant aux droits se référant au patrimoine. On considère les individus composant ces universalités comme ne formant qu'une personne : de là le nom de *personne civile* ou *morale*. Toute personne civile ou morale est investie de la capacité civile, c'est-à-dire a une existence légale et la capacité juridique d'accomplir tous les actes de la vie civile (d'acquérir, de posséder, d'aliéner, de plaider, de transiger, d'emprunter, etc.). Les personnes civiles ne peuvent exister qu'en vertu d'une reconnaissance expresse ou tacite de la puissance publique; ce sont : l'Etat, les communes et sections de communes, les départements, les établissements hospitaliers, les fabriques ; les établissements publics, certaines institutions comme les chambres de commerce ; les associations reconnues comme établissements d'utilité publique, les congrégations religieuses ou laïques, d'hommes ou de femmes, dûment reconnues ; les associations syndicales libres ou autorisées, les sociétés anonymes ou commerciales et les sociétés civiles constituées en la forme anonyme. V. ÉTABLISSEMENTS PUBLICS.

**Personnelle-mobilière (Contribution).**

Cet impôt de répartition (v. CONTRIBUTIONS DIRECTES) est destiné à atteindre l'ensemble du revenu du contribuable.

C'est une capitation due par tout habitant, sans distinction de nationalité ou de sexe, jouissant de ses droits, non réputé indigent et domicilié depuis un an dans la commune. Sont considérés comme jouissant de leurs droits, les veuves et les femmes séparées ou divorcées, les garçons et les filles majeurs ou mineurs ayant des moyens suffisants d'existence, soit par leur fortune personnelle, soit par la profession qu'ils exercent, lors même qu'ils habitent avec leurs père, mère, tuteur ou curateur.

La cote personnelle-mobilière se compose de deux taxes distinctes : 1° la taxe *personnelle ;* 2° la cote *mobilière*.

Le montant de la taxe, multiplié par le nombre des individus qui y sont soumis, est d'abord prélevé sur le contingent *personnel*. Le surplus du contingent est réparti en cotes *mobilières* au centime le franc des loyers d'habitation attribués aux divers contribuables. Ces cotes mobilières complètent avec les taxes personnelles la somme totale à payer dans les communes.

Dans les villes à octroi, le contingent personnel mobilier peut être payé en totalité ou en partie par la commune. Les conseils municipaux, dont la délibération doit être approuvée par décret, déterminent la portion à prélever ; le surplus, s'il y a lieu, est perçu au moyen d'un rôle réparti en cotes mobilières seulement, soit au centime le franc des loyers d'habitation, soit d'après un tarif gradué en raison inverse de la progression ascendante de ces loyers, déduction faite de ceux que le conseil municipal exempte à raison de leur faible prix.

*Taxe personnelle.* — La taxe *personnelle* est la même pour tous les habitants d'une commune.

Elle équivaut à trois journées de travail, dont l'évaluation est fixée chaque année par le conseil général du département, sur la proposition du préfet, dans les limites d'un minimum de 50 centimes et d'un maximum de 1 fr. 50.

Elle est due dans la commune où l'on a son domicile légal.

*Cote mobilière.* — La cote mobilière tend à frapper l'ensemble du revenu de chaque contribuable, en tant seulement qu'il est révélé par la valeur locative du logement occupé, telle qu'elle est déterminée par les répartiteurs communaux.

Le contingent de chaque commune, fixé par le conseil d'arrondissement, doit être réparti entre tous les contribuables proportionnellement à la valeur locative de leur habitation.

Pour qu'il y ait proportionnalité des charges dans une même commune, il faut que la contribution assignée à chacun soit avec le contingent total de la commune dans le même rapport que la valeur locative de son habitation avec la totalité des valeurs locatives imposables.

La cote mobilière est due à quelque titre que les locaux soient occupés. Ainsi, les fonctionnaires civils et militaires logés gratuitement dans des bâtiments appartenant à l'Etat, aux départements, aux communes et aux établissements de bienfaisance, sont imposables d'après la valeur locative des parties de ces bâtiments affectées à leur habitation personnelle. De même, la contribution mobilière est due en raison de la valeur locative de l'habitation, lors même que le contribuable ne payerait pas le loyer au propriétaire de la maison qu'il habite ou bien s'il est locataire en garni.

Elle est due sur toute habitation meublée, occupée même à de lointains intervalles; en sorte qu'on peut la devoir deux ou plusieurs fois, dans la même commune ou dans des communes diverses.

Les parties de bâtiments consacrées à l'habitation personnelle doivent seules être comprises dans l'évaluation du prix des loyers.

*Exemption.* — Sont exemptés : 1° les domestiques logés et nourris chez leurs maîtres ; 2° les père et mère de sept enfants mineurs vivants, légitimes ou reconnus, lorsque leur contribution personnelle-mobilière ne dépasse pas 10 francs en principal ; 3° les officiers faisant partie d'un corps de troupes ou du service d'état-major, à la condition que le logement occupé par l'officier ne soit pas d'une valeur locative supérieure au taux réglementaire de son *indemnité de logement :* si la valeur locative dépasse le taux de cette indemnité, l'officier est taxé pour l'excédent.

*Payement.* — La contribution personnelle-mobilière est due pour l'année entière. Elle est payable en douze portions égales dont chacune est exigible le 1er de chaque mois pour le mois précédent. Lorsque le rôle est publié postérieurement au 1er mars, le recouvrement des douzièmes échus est fait par fractions égales en même temps que celui des douzièmes non échus.

En cas de déménagement hors du ressort de la perception, comme en cas de vente volontaire ou forcée, la contribution est immédiatement exigible pour l'année entière. Si le contribuable ne quitte pas le ressort de la perception, il n'est tenu qu'au payement des douzièmes échus ; mais, afin d'éviter des poursuites prématurées, il lui est recommandé de justifier, par la production d'un bail ou d'un engagement de location réguliers, qu'il continue à demeurer dans la perception.

Les propriétaires et, à leur place, les principaux locataires, doivent, *un mois* avant l'époque du déménagement de leurs locataires, se faire représenter par ces derniers les quittances de leur contribution *personnelle-mobilière*. Lorsque les locataires ne représentent pas ces quittances, les propriétaires ou principaux locataires sont tenus, sous leur responsabilité personnelle, de donner, *dans les trois jours*, avis du déménagement au percepteur. Dans le cas de déménagement furtif, les propriétaires et, à leur place, les principaux locataires, deviennent responsables des termes échus de la contribution *personnelle-mobilière* de leurs locataires, s'ils n'ont pas fait constater, *dans les trois jours*, ce déménagement par le maire, le juge de paix ou le commissaire de police, et s'ils n'en ont pas donné avis au percepteur.

Pour les réclamations, v. CONTRIBUTIONS DIRECTES.

**Perte de la chose due.**

Lorsque la dette consiste dans un objet déterminé, si cet objet vient à périr avant que le débiteur ait été mis en demeure de le restituer, l'obligation se trouve éteinte. Même après mise en demeure, la responsabilité du débiteur est dégagée dans le cas où la chose due aurait aussi bien péri chez le créancier que chez le débiteur. Mais le débiteur doit, sous peine de dommages-intérêts, prouver qu'il n'est pas en faute, et si la chose perdue avait été volée, le voleur en devrait le prix, puisqu'il la possédait de mauvaise foi. (Code civ., art. 1302-1303.)

**Pesage (Droits de).** — V. POIDS ET MESURES.

**Pétition.** — Toute demande, vœu ou plainte adressée par écrit à une autorité publique.

Le *droit de pétition* appartient à tous, sans distinction de sexe, d'âge, ni de nationalité. Il peut être exercé à l'égard des Chambres législatives ou du pouvoir exécutif et de ses agents.

Sous quelque forme qu'elles soient présentées, supplique, mémoire, simple lettre, les *pétitions* adressées aux ministres, à toutes les autorités constituées, aux administrations et établissements publics, doivent être écrites sur papier timbré, à peine d'une amende de 5 francs, outre le décime et le droit de timbre. Les signatures doivent être légalisées. Il est défendu aux administrations publiques de rendre aucun arrêté sur un acte qui n'est pas écrit sur papier timbré. Sont exceptées : les requêtes adressées au chef de l'État ou au Parlement ; les demandes de secours, d'assistance judiciaire ; réclamations électorales ; demandes d'inscription sur les listes du jury ; pétitions des maires concernant l'administration des biens communaux ; pétitions concernant les permis de chasse ; certaines réclamations en matière d'impôt, etc. (Loi du 13 brumaire an VII, art. 12.)

**Pétition d'hérédité.** — Action par laquelle l'héritier légitime, ou le légataire universel considéré comme l'héritier, demande la mise en possession totale ou partielle d'une succession ou d'une partie de cette succession contre le détenteur à titre universel qui se croit à tort héritier, ou contre le simple possesseur qui ne peut justifier sa possession par aucun titre.

L'action en pétition d'hérédité se prescrit par trente ans. L'héritier légitime qui l'intente contre un autre héritier doit justifier du lien de parenté qui l'unit au défunt ; mais lorsqu'il l'intente contre un étranger, il n'est pas obligé d'établir qu'il est le plus proche parent. Le légataire universel doit produire un testament valide. Le défendeur peut lui opposer la révocation qui aurait été faite du testament par un acte postérieur. Lorsque l'héritier légitime ou le légataire universel se trouve en présence de possesseurs à titre particulier, c'est-à-dire en vertu d'un acte d'achat, d'une donation, etc., d'objets dépendant d'une succession, il ne peut intenter que l'action en revendication, qui se prescrit par dix ans entre présents et vingt ans entre absents.

**Pétitoire (Action) et possessoire.** — Demande faite en justice pour être maintenu ou rétabli soit dans la propriété (*pétitoire*), soit dans la simple possession (*possessoire*) d'un bien ou d'un droit réel immobilier.

*Distinction du pétitoire et du possessoire.* — Les actions judiciaires concernant les immeubles peuvent avoir pour objet le fond même du droit, c'est-à-dire la revendication de la propriété ou d'un droit réel immobilier, tel qu'une servitude foncière. Elles peuvent aussi, la question du fond du droit demeurant écartée ou réservée, tendre uniquement à faire maintenir le demandeur dans une possession de fait dans laquelle il a été troublé, ou à le faire réintégrer dans une possession dont il a été violemment évincé. Dans le premier cas, l'action prend le nom d'*action pétitoire;* on l'appelle aussi abréviativement le *pétitoire*. Les actions qui n'ont pour objet que de faire protéger par le juge une possession de fait préexistante, abstraction faite de la question du fond du droit, portent le nom distinctif d'*actions possessoires*.

C'est aux juges de paix, juges d'exception ou d'attribution, qu'il appartient de connaître des actions possessoires. Le juge au possessoire doit strictement se renfermer dans la question et la vérification de la possession de fait; l'article 24 du Code de procédure civile lui interdit formellement de faire porter l'enquête sur le fond du droit. C'est l'application de la règle, répétée par l'article 25, *que le possessoire et le pétitoire ne doivent point être cumulés*. Le juge de paix peut interroger les titres de propriété, mais non motiver sa décision sur les titres et le fond du droit lui-même; en procédant ainsi, il entreprendrait sur la juridiction des tribunaux civils ordinaires, seuls juges du *pétitoire*. Il doit se borner à maintenir ou à faire réintégrer celle des deux parties qui justifie avoir de fait la possession *pendant une année*, alors même que la partie adverse lui paraîtrait fondée en titres. Le juge du *pétitoire* ne peut être saisi qu'après la solution de l'instance au possessoire, et même après la complète exécution des jugements rendus sur cette instance. (Code proc. civ., art. 27.)

La distinction du pétitoire et du possessoire apparaît encore quand il s'agit de déterminer l'étendue des pouvoirs de certains administrateurs légaux. Le tuteur ne peut, sans l'autorisation du conseil de famille, introduire, au nom de son pupille, une action concernant les droits réels immobiliers de ce dernier, c'est-à-dire une action pétitoire. (Code civ., art. 464.) Il n'a pas besoin de cette autorisation s'il s'agit simplement des actions possessoires.

Aux termes de l'article 1428 du même code, le mari, sous le régime de la communauté légale, peut de son chef introduire toute action mobilière, ou toute action possessoire concernant les biens propres de sa femme. Il ne pourrait engager une instance au pétitoire concernant les mêmes biens qu'avec le concours de sa femme.

*Diverses actions possessoires.* — On distingue parmi les actions *possessoires :* 1° la *complainte ;* 2° l'*action en réintégrande ;* 3° enfin la *dénonciation de nouvel œuvre*.

La complainte est une action judiciaire du ressort du juge de paix de la localité et au moyen de laquelle le possesseur d'un immeuble ou d'une servitude doit obtenir la cessation d'un trouble apporté à sa possession (déplacement de bornes, jours et vues, etc.). Le demandeur en complainte n'est tenu de prouver qu'une chose, à savoir qu'il a, depuis une année au moins antérieurement au trouble, par lui ou par ses auteurs, la possession paisible et non précaire de l'immeuble ou de la servitude dans la jouissance desquels il a été troublé. (Code civ., art. 23.) Il faut en outre que l'action en complainte ait été intentée dans l'année du trouble. (Même art. 23.)

Le jugement qui intervient sur l'action en complainte, tout en ordonnant la cessation du trouble et la restitution des lieux en leur premier état, ne préjuge point la question de propriété. Le défendeur qui a succombé dans l'instance au *possessoire* a la faculté de porter ensuite le débat devant le juge du *pétitoire* (c'est-à-dire devant le juge du fond du droit et de la propriété). L'économie des *actions possessoires* tend uniquement à empêcher que les particuliers ne se fassent justice par eux-mêmes et à prévenir les voies de fait en matière de possession : c'est pourquoi celui qui a troublé la possession annale d'un autre et qui a succombé dans l'instance en complainte ne pourra, fût-il fondé en titre, porter le débat au pétitoire qu'après avoir, au préalable, intégralement exécuté le premier jugement rendu contre lui au possessoire.

*Réintégrande.* L'action en réintégrande a lieu uniquement en cas de dépossession violente ou par voies de fait. Le possesseur évincé brutalement n'a à faire preuve ni de son droit de propriété, ni même de sa possession annale antérieurement à l'éviction. Il a simplement à justifier qu'il possédait de fait au moment où il a été expulsé, et, sur cette seule justification, il doit être restitué, sauf à l'auteur de la voie de fait à rétablir ultérieurement son droit au pétitoire, c'est-à-dire devant le juge compétent de la question de propriété.

*Dénonciation de nouvel œuvre.* L'action en dénonciation de nouvel œuvre, au lieu d'avoir pour objet de réprimer une dépossession proprement dite, a pour but de faire cesser le trouble produit par un travail de main d'homme et apportant une modification dommageable quelconque à l'état antérieur des lieux. Elle peut être intentée après l'achèvement des travaux innovateurs, pourvu que ce soit dans l'année, et, en outre, elle peut tendre non seulement à la discontinuation, mais à la suppression des ouvrages offensifs. La dénonciation de nouvel œuvre, en un mot, n'est qu'une spécialité de la complainte et ne s'en distingue que par des nuances de fait qui n'en altèrent point le type juridique.

## Pétrole.

La fabrication, l'emmagasinage, la vente en gros et en détail du pétrole sont réglementés par les décrets du 19 mai 1873 et du 20 mars 1885.

## Pharmacie.

L'exercice de la pharmacie est subordonné

à l'obtention préalable d'un diplôme. Le diplôme de pharmacien de 1re classe est valable pour toute la France ; celui de pharmacien de seconde classe est valable pour un seul département.

Le pharmacien qui s'établit dans une ville doit adresser copie légalisée de son diplôme : à Paris au préfet de police, dans les départements au préfet et au greffe du tribunal de 1re inst. (Loi du 21 germ. an XI, art. 21 et 22.)

La police de la pharmacie fait l'objet du titre IV de la loi du 21 germinal an XI, qui interdit notamment aux pharmaciens de délivrer des médicaments composés sans ordonnance signée d'un médecin. (Art. 33.) Les pharmaciens sont tenus à l'observation du secret professionnel. (Code pén., art. 378.) En cas d'accident, ils sont soumis aux règles générales de la responsabilité. V. ce mot.

Ils peuvent vendre librement les remèdes insérés au Codex (Loi du 21 germinal an XI), ou publiés par le gouvernement acquéreur du secret (Décret du 18 août 1810), ou mentionnés dans le *Bulletin de l'Académie de médecine* (Décret du 3 mai 1850).

Les compositions proprement pharmaceutiques ne peuvent être vendues par les droguistes. (Loi du 21 germinal an XI, art. 33.)

Le débit de compositions pharmaceutiques et remèdes sur les places, foires et marchés, et l'annonce de remèdes secrets sont prohibés (*id.*, art. 36). (Loi du 29 pluviôse an XIII.) V. POISONS.

Pour les visites annuelles opérées chez les pharmaciens et droguistes, v. DROGUISTES.

## Phosphore.

La fabrication, la circulation, la vente et l'emploi du phosphore sont soumis à la surveillance de l'administration des Contributions indirectes. Le décret du 19 juillet suivant détermine les conditions dans lesquelles s'exerce cette surveillance, ainsi que les formalités à remplir par les industriels, les importateurs et les négociants. Les contraventions aux dispositions de ce décret sont passibles des mêmes pénalités que les contraventions en matière d'allumettes. (Loi du 16 avril 1895, art. 21.)

## Phylloxera. — V. INSECTES NUISIBLES.

## Pigeons.

*Colombiers.* — V. ce mot.

*Pigeons voyageurs.* — Toute personne voulant ouvrir un colombier de pigeons voyageurs doit en demander préalablement (sur papier timbré) l'autorisation au préfet de son département Coût de l'autorisation : 1 fr. 80. (Loi du 22 juillet 1896, art. 1er.)

Toute personne qui reçoit, à titre permanent ou transitoire, des pigeons voyageurs est tenue d'en faire la déclaration et d'en indiquer la provenance à la mairie dans un délai de deux jours. (*Id.*, art. 2.)

Est punie d'une amende de 100 francs à 500 francs toute contravention à ces prescriptions et d'un emprisonnement de trois mois à deux ans le fait d'employer des pigeons voyageurs à des relations nuisibles à la sûreté de l'Etat. (*Id.*, art. 4.)

Le gouvernement peut interdire, par décret, sur la proposition des ministres de l'Intérieur et de la Guerre, toute importation de pigeons étrangers en France, ainsi que tout mouvement de pigeons voyageurs à l'intérieur. (*Id.*, art. 5.)

D'autre part, la loi du 4 mars 1898 punit sévèrement la capture et la destruction ou la simple tentative de capturer ou de détruire des pigeons voyageurs dont on n'est pas propriétaire.

L'autorité militaire peut réquisitionner pour son service les pigeons voyageurs. Les propriétaires sont tenus de déclarer le nombre de leurs pigeons, la situation du colombier, etc.

Chaque année, à la date fixée par le ministre de l'Intérieur, un recensement de pigeons voyageurs sera fait dans toutes les communes de France, par les soins des municipalités. (Loi du 22 juillet 1896, art. 3.)

## Pignoratif (du latin *pignus*, gage). — *Contrat pignoratif*, Contrat aux termes duquel le prêteur reste propriétaire du nantissement en cas de non-remboursement à l'échéance.

Le contrat pignoratif est prohibé tant en ce qui concerne les objets mobiliers qu'en ce qui concerne les immeubles (Code civ., art. 2078 et 2088). C'est un pacte commissoire. V. PACTE.

On donne aussi le nom de *contrat pignoratif* à une convention usuraire déguisée sous forme de vente à réméré. Le prêteur achète, sous faculté de rachat pendant un certain temps, l'immeuble de son débiteur et le lui reloue moyennant un prix qui représente l'intérêt du prix de vente. Cette convention, qui dissimule un prêt usuraire, est prohibée.

## Pilote. — Celui qui a pour tâche de conduire un navire soit en mer (*pilote hauturier*), soit le long des côtes (*pilote côtier*).

On distingue les *pilotes militaires*, qui exercent sur les navires de guerre, et dont quelques-uns sont spécialisés dans le pilotage des torpilleurs, et les pilotes *lamaneurs*, qui exercent sur les navires de commerce et sont brevetés pour une portion déterminée de la côte.

Les conditions dans lesquelles s'exerce le pilotage sont réglées par des décrets particuliers dans chaque région maritime.

« Tout bâtiment entrant ou sortant d'un port doit prendre un pilote. Sont exceptés de l'obligation de prendre un pilote, les maîtres au grand et au petit cabotage commandant des bâtiments français au-dessous de 80 tonneaux, lorsqu'ils font habituellement la navigation de port en port et qu'ils pratiquent l'embouchure des rivières. Sont également dispensés, les capitaines qui ont subi l'examen de pilotage. Mais les propriétaires des navires chargeurs ou tous autres intéressés pourront contraindre les capitaines, maîtres et patrons à prendre des pilotes, et ils auront la faculté de les poursuivre devant les tribunaux en cas d'avaries, d'échouements et de naufrages occasionnés par le refus de prendre un pilote. » (Décrets du 12 décembre 1806, art. 34, et du 8 juillet 1879.)

L'ordonnance du 10 août 1841 est relative au pilotage des bâtiments à vapeur.

Une *taxe de pilotage* (frais à la charge du navire) est particulière à chaque port ; elle est basée sur le tonnage du navire. Elle n'est due que si le tonnage excède 100 tonneaux pour les voiliers et 150 tonneaux pour les vapeurs. (Loi du 12 mai 1905.)

## Place forte ou place de guerre.

Les places de guerre sont *classées* par la loi, c'est-à-dire réparties, suivant leur importance, en trois classes ou catégories. De plus, les places qui, par leur situation, doivent concourir à la défense d'une même région, sont réunies en *groupes*, dont chacun porte le nom de la place principale. Chaque place est commandée par un officier, nommé dès le temps de paix, et qui peut être pris parmi les officiers en activité ou en retraite depuis moins de cinq ans, ou parmi les officiers ayant servi dans l'armée active. Cet officier porte le titre de *gouverneur* ou de *gouverneur désigné*, suivant qu'il exerce le commandement de la place dès le temps de paix ou qu'il ne doit l'exercer qu'en temps de guerre. Son grade doit toujours être au moins égal ou supérieur à celui de l'officier le plus élevé en grade de la garnison de défense. En outre, chacun des groupes de places fortes est sous les ordres d'un officier général ou au moins d'un colonel, qui porte le titre de *commandant supérieur de la défense* des places du groupe, et qui, en principe, est gouverneur de la place principale du groupe.

Une place peut être : 1° en état de paix; 2° en état de guerre, ou 3° en état de siège. L'*état de guerre* résulte du fait même de la publication de l'ordre de mobilisation.

C'est à ce moment que le gouverneur désigné ou son adjoint (décret du 29 août 1904) prend le commandement effectif de la place, en même temps que les attributions du commandant d'armes. Le gouverneur fait exécuter les parties du projet de défense qui se rapportent à l'état de guerre. Il ne peut s'éloigner au delà des limites de son commandement, ni détacher hors de ces limites les chefs de ses divers services. Les pompiers, avec leur matériel, passent sous son autorité directe. Si une armée vient à opérer dans la région, les gouverneurs des places situées dans sa zone d'opérations passent sous les ordres du commandant de cette armée. Mais celui-ci ne peut enlever aucune fraction de la garnison de défense fixée par le ministre, ni toucher aux approvisionnements de guerre ou de bouche qui forment la dotation normale de la place. Enfin, si la place est menacée d'un siège, le gouverneur doit en éloigner sa famille et celle des membres du conseil de défense, que le règlement lui prescrit de former dès la mobilisation.

Quant à l'*état de siège*, il doit, en principe, être déclaré par une loi ou un décret. Mais la déclaration peut en être faite par le commandant militaire dans certaines circonstances : investissement par des troupes ennemies, attaque de vive force, sédition intérieure pouvant compromettre la sécurité de la place ou formation de rassemblements armés dans un rayon de 10 kilomètres. V. ÉTAT DE SIÈGE.

Le décret du 12 mars 1890 détermine les règles générales du ravitaillement de la population civile des places fortes.

## Places (Droits de).—V. FOIRES.

## Placement (Bureau de). —

Agence qui procure des places aux domestiques, ouvriers et employés.

Les bureaux de placement sont des fonds de commerce, mais il a paru nécessaire de réglementer leur fonctionnement dans l'intérêt de ceux qui sont obligés de recourir à leur intermédiaire.

Le décret du 25 mars 1852 avait subordonné l'ouverture d'un bureau de placement à l'obtention d'une permission spéciale délivrée par l'autorité municipale. La même autorité était chargée de la surveillance de ces bureaux pour y assurer le maintien de l'ordre et la loyauté de la gestion ; elle devait en outre régler le tarif des droits qui pouvaient être perçus par le gérant. Malgré les garanties qu'elle offrait, cette organisation prêtait à des abus auxquels la loi du 14 mars 1904 a voulu mettre un terme en organisant le placement gratuit des employés et ouvriers des deux sexes et de toutes professions.

Cette loi édicte dans ce but trois sortes de mesures :

1° Les municipalités sont autorisées à supprimer les bureaux de placement payants moyennant une juste indemnité que les communes verseront aux tenanciers et dont le taux sera, à défaut d'entente, fixé par le conseil de préfecture. Il n'est dû aucune indemnité aux bureaux créés depuis la promulgation de la loi du 14 mars 1904

Pour hâter la fermeture des bureaux de placement, il est stipulé : 1° que les bureaux faisant le placement pour une même profession déterminée devront être supprimés tous à la fois par le même arrêté municipal ; 2° que les frais de placement touchés dans les bureaux maintenus à titre payant seraient entièrement supportés par les employeurs, sans qu'aucune rétribution puisse être reçue des employés, sous peine d'amende (16 francs à 100 francs) et d'un emprisonnement (six jours à un mois) ou de l'une de ces deux peines (Loi du 14 mars 1904, art. 11) ; 3° qu'aucun hôtelier, logeur, restaurateur ou débitant de boissons ne peut joindre à son établissement un bureau de placement (*id.*, art. 8) sans s'exposer aux peines prévues pour infraction aux arrêtés municipaux sur les bureaux de placement (*id.*, art. 9).

Les bureaux de placement gratuits, créés par les municipalités, syndicats professionnels, bourses du travail, et toutes autres associations légalement constituées ne sont pas soumis à l'autorisation, mais seulement (sauf les bureaux municipaux) à une déclaration à la mairie, déclaration renouvelable à chaque changement de local (*id.*, art. 2 et 3). Les communes ayant plus de 10 000 habitants sont obligées de créer un bureau municipal (*id.*, art. 4).

Les affiches concernant les offres et demandes de travail et d'emploi, apposées par les bureaux gratuits, sont exemptées du droit de timbre.

La loi organise le placement pour ainsi dire officiel des employés et ouvriers en prescrivant l'ouverture à la mairie de chaque commune d'un registre, mis gratuitement à la disposition du public, sur lequel seront consignées les offres et demandes de travail et d'emploi. A ce registre sera joint un répertoire où seront classées les notices individuelles que les demandeurs de travail pourront librement joindre à leur demande.

L'autorité municipale (à Paris, le préfet de police) prend, quant à la police et l'hygiène des bureaux de placement, des mesures dont l'inobservation est, de même que la tenue d'un bureau clandestin, punie d'une amende de 16 francs à 100 francs et d'un emprisonnement de six jours à un mois, ou de l'une de ces deux peines seulement. Le maximum des deux peines est toujours appliqué au délinquant qui, dans les douze mois précédents, a subi une première condamnation, soit pour avoir tenu un débit ou hôtel en même temps qu'un bureau de placement, soit pour avoir reçu une rétribution étant gérant ou employé d'un bureau de placement gratuit. (Loi du 14 mars 1904, art. 7, 9 et 10.)

Les bureaux de nourrices sont soumis aux dispositions de la loi du 23 décembre 1874, relative à la protection des enfants du premier âge. — Les agences théâtrales, les agences lyriques et les agences pour cirques et music-halls ne sont pas soumises aux prescriptions de la loi du 14 mars 1904 sur les bureaux de placement.

## Plainte.

La *plainte* est la dénonciation émanant de la partie lésée par une infraction. Elle peut être faite directement aux procureurs de la République, aux juges d'instruction et aux autres officiers de police judiciaire, qui en dressent un procès-verbal ; elle peut aussi être rédigée par les plaignants eux-mêmes et par eux directement transmise aux procureurs de la République ou aux autres officiers de police judiciaire.

La plainte n'oblige pas le ministère public à poursuivre ; cependant, dans un cas, il est tenu d'agir : c'est celui où le plaignant s'est constitué *partie civile*. V. PARTIE CIVILE.

Divers textes, soit du Code pénal, soit de lois spéciales, exigent, pour donner ouverture à l'action publique, une plainte préalable de la partie lésée : il en est ainsi, notamment, en cas d'adultère, en cas de rapt d'une fille mineure que le ravisseur a épousée, en cas de chasse sur le terrain d'autrui sans le consentement du propriétaire, etc.

## Plantations.

*Usufruit.* — V. ce mot.

*Distances.* — Aux termes de l'art. 671 du Code civil, il n'est permis de planter des arbres, arbrisseaux et arbustes près la limite de la propriété voisine qu'à la distance prescrite par les règlements particuliers, ou par les usages constants et reconnus, et, à défaut de règlements et usages, qu'à la distance de 2 mètres de la ligne séparative des deux héritages, pour les arbres dont la hauteur dépasse 2 mètres et à la distance de 0m,50 pour les autres plantations, y compris les haies vives.

Le voisin peut exiger que les arbres ou haies plantés à une moindre distance soient arrachés, ou réduits à la hauteur légale, à moins qu'il n'y ait titre contraire ou prescription (trente ans). Les arbres en espaliers ne doivent pas dépasser la crête du mur ; le propriétaire a seul le droit de planter en espaliers dans le cas où le mur ne serait pas mitoyen. Les arbres morts ou coupés ne peuvent être remplacés que si l'on observe les distances légales (*id.*, art. 672). Celui sur la propriété duquel avancent les branches des arbres du voisin peut contraindre celui-ci à couper ces branches. Les fruits naturellement tombés de ces branches lui appartiennent. Si ce sont les racines qui avancent sur son héritage, il a le droit de les y couper lui-même. Le droit de couper les racines ou de faire couper les branches est imprescriptible (*id.*, art. 673).

Les contestations en matière de plantations sont du ressort de la justice de paix.

La prescription de l'art. 672 subit une restriction en matière de bois et forêts.

Les propriétaires riverains des bois et forêts ne peuvent se prévaloir dudit article pour l'élagage des lisières desdits bois et forêts, si ces arbres de lisière ont plus de trente ans. Tout élagage exécuté sans l'autorisation des propriétaires des bois et forêts donne lieu à l'application des mêmes peines que l'abatage des arbres « par le pied ». (Code forest., art. 150 et 196.) V. VOIRIE, ARBRES.

**Plombage.** — Opération douanière qui a pour objet, par l'apposition de plombs sur les colis, de garantir l'identité de ces derniers.

La taxe de plombage est de 0 fr. 50 par plomb, mais elle subit des réductions en certains cas, par exemple lorsqu'il s'agit de céréales expédiées en transit. Elle est perçue lorsque des marchandises sont accompagnées d'un acquit-à-caution, sur les colis déposés en douane sans que le service ait pu constater leur contenu, etc. Le produit de la taxe est réparti entre les employés.

**Plumitif.** — Registre ou feuille d'audience sur laquelle les greffiers des tribunaux notent le principal des décisions.

Le plumitif n'a qu'une valeur de fait. Le seul titre ayant valeur légale est la minute du jugement signée par le président et le greffier, et le plumitif sert uniquement d'élément pour la rédaction de la minute.

## Poids et mesures.

*Obligation du système métrique.* — Aux termes de la loi du 19 frimaire an VIII, confirmée par celle du 4 juillet 1837, qui a rendu le système métrique obligatoire en France, nos mesures avaient pour bases les étalons, mètre et kilogramme en platine, construits à la fin du XVIII^e^ siècle et déposés aux archives de la République. Depuis, deux faits de la plus haute importance ont modifié les conditions où l'on se trouvait jadis : l'acceptation plus ou moins complète, hors de France, du système métrique, qui s'est traduite par l'organisation du service international des poids et mesures ; puis, la mesure exacte des grandeurs inférieures au millième de millimètre. Le gouvernement français réunit à Paris, en 1872, une commission internationale pour étudier et arrêter les bases de la création de nouveaux prototypes métriques (*Conférence du mètre*, 1875). Ces prototypes ont été construits en vue de fixer désormais les valeurs des unités fondamentales du système métrique dans les rapports internationaux ; ils ont été sanctionnés en 1889 par la Conférence générale des poids et mesures tenue à Paris et enfin déposés dans des conditions de garantie d'invariabilité et de sécurité toutes particulières au pavillon de Breteuil, à Sèvres. La France, par suite de son adhésion à la convention internationale, a reçu deux copies de ces étalons, qui sont conservées aux archives. Elle se trouvait soumise à deux régimes différents : d'une part, à l'intérieur, son système de mesures a pour base les anciens étalons des archives ; d'autre part, elle a admis comme étalons fondamentaux les nouveaux prototypes déposés au pavillon de Breteuil pour ses rapports internationaux. Pour mettre fin aux inconvénients pratiques résultant de cette dualité de systèmes, une loi du 11 juillet 1903 et un décret du 28 juillet suivant ont fixé les unités fondamentales du système métrique et modifié le tableau des mesures légales, après délibération du Bureau national des poids et mesures.

*Unités fondamentales.* — Les étalons prototypes du système métrique sont le mètre international et le kilogramme international. Les copies de ces prototypes internationaux, déposées aux archives nationales (mètre n° 8 et kilogramme n° 35), sont les étalons légaux pour la France. (Loi du 11 juillet 1903, art. 1^er^.)

Le *mètre* est la longueur à la température de zéro du prototype international, en platine iridié, qui a été sanctionné par la conférence générale des poids et mesures tenue à Paris en 1889 et qui est déposé au pavillon de Breteuil, à Sèvres. La copie n° 8 de ce prototype international, déposée aux archives nationales, est l'étalon légal pour la France. La longueur du mètre est très approximativement la dix-millionième partie du quart du méridien terrestre, qui a été prise comme point de départ pour l'établir. L'unité de *surface* et l'unité de *volume* sont respectivement le mètre carré ($m^2$) et le mètre cube ($m^3$). On donne à la première le nom de *centiare* quand elle s'applique à la mesure des terrains, et à la seconde le nom de *stère* quand elle s'applique à la mesure des bois.

La *masse* d'un corps correspond à la quantité de matière qu'il contient ; son *poids* est l'action que la pesanteur exerce sur lui. En un même lieu, ces deux grandeurs sont proportionnelles l'une à l'autre ; dans le langage courant, le terme *poids* est employé dans le sens de *masse*.

Le *kilogramme* est la masse du prototype international, en platine iridié, qui a été sanctionné par la Conférence générale des poids et mesures tenue à Paris en 1889, et qui est déposé au pavillon de Breteuil, à Sèvres. La copie n° 35 de ce prototype international, déposée aux archives nationales, est l'étalon légal pour la France. La masse du kilogramme est très approximativement celle de 1 décimètre cube d'eau à son maximum de densité, qui a été prise comme point de départ pour l'établir.

Le *litre* est le volume occupé par 1 kilogramme d'eau pure à son maximum de densité et sous la pression atmosphérique normale. Le volume du litre est très approximativement égal à 1 décimètre cube.

*Tableau des mesures légales.* — (Décret du 28 juillet 1903.)

*Mesures de longueur.* Myriamètre, dix mille mètres (Mm) ; kilomètre, mille mètres (km) ; hectomètre, cent mètres (hm) ; décamètre, dix mètres (dam) ; MÈTRE, *unité fondamentale* (m) ; décimètre, dixième du mètre (dm) ; centimètre, centième du mètre (cm) ; millimètre, millième du mètre (mm).

*Mesures agraires.* Hectare, cent ares ou dix mille mètres carrés (ha) ; ARE, cent mètres carrés (a) ; centiare, centième de l'are ou mètre carré (ca ou $m^2$).

*Mesures des bois.* Décastère, dix stères (das) ; STÈRE, mètre cube (s. ou $m^3$) ; décistère, dixième du stère (ds).

*Mesures de masse ou de poids.* Tonne, mille kilogrammes (t) ; quintal métrique, cent kilogrammes (q) ; KILOGRAMME, *unité fondamentale* (kg) ; hectogramme, cent grammes (hg) ; décagramme, dix grammes (dag) ; GRAMME, millième du kilogramme (g) ; décigramme, dixième du gramme (dg) ; centigramme, centième du gramme (cg) ; milligramme, millième du gramme (mg).

*Mesures de capacité.* Kilolitre, mille litres (kl) ; hectolitre, cent litres (hl) ; décalitre, dix litres (dal) ; LITRE (l) ; décilitre, dixième du litre (dl) ; centilitre, centième du litre (cl) ; millilitre, millième du litre (ml).

*Monnaies.* FRANC, cinq grammes d'argent au titre légal ; décime, dixième du franc ; centime, centième du franc.

*Service des poids et mesures.* — La construction des poids et mesures et la détermination des matières à employer font l'objet de nombreux décrets, qui sont venus compléter, en l'espèce, les dispositions de l'ordonnance du 16 juin 1839. (V. BALANCES.) Le service des poids et mesures, confié au ministère du Commerce, a pour but principal de garantir la loyauté des transactions commerciales : il est né de la nécessité d'assurer la bonne foi dans les ventes et dans les achats ; il a également pour but de propager, aussi bien en France qu'à l'étranger, l'usage du système métrique, que la France a eu l'honneur de créer. Ses moyens d'action sont multiples, ainsi que ses organes. Au sommet, et parallèlement, fonctionnent :

1° Le *bureau international des poids et mesures*, chargé de contrôler les étalons construits en France, pour les puissances étrangères qui ont adhéré à la convention du mètre préparée en 1872 par le ministère du Commerce; 2° le *bureau national des poids et mesures*, institué en 1880 pour l'étude de toutes les questions scientifiques et techniques qui se rapportent à la métrologie. Une commission de ce bureau, la *commission de métrologie usuelle*, examine les instruments nouveaux dont l'emploi est réclamé par le commerce.

Au second degré, viennent les *bureaux de vérification des poids et mesures*, au nombre de 318, comprenant 376 agents, et répartis sur toute l'étendue du territoire en proportion de l'importance du travail à exécuter. Cinq inspecteurs, désignés sous le nom de *vérificateurs en chef*, sont chargés de la surveillance par des tournées très fréquentes, faites non seulement dans les bureaux de vérification, mais encore dans les marchés, les foires et les magasins.

La mission des vérificateurs a quatre objets distincts :

1° Ils contrôlent, à l'aide d'instruments de précision, la bonne construction, la justesse, la conformité avec les règlements des instruments nouvellement fabriqués. Ils procèdent au même contrôle pour les instruments réparés ou rajustés. C'est la vérification première.

2° Ils vérifient chaque année, et dans des tournées spéciales, si les instruments mis en usage n'ont rien perdu des qualités requises. C'est la vérification périodique, qui est constatée à l'aide d'un poinçon différent du poinçon appliqué à la suite de la vérification première.

3° Ils s'assurent, par des visites à domicile, faites inopinément, si les réparations qu'ils ont prescrites ont été effectuées et s'il n'est point fait usage d'instruments défectueux. Ils relèvent les contraventions par des procès-verbaux, en leur qualité d'officiers de police judiciaire qui leur a été conférée par la loi du 4 juillet 1837.

4° Enfin, ils concourent à l'enseignement du système métrique dans les écoles publiques, en veillant à ce qu'elles soient toutes pourvues d'un ensemble de spécimens de poids et mesures, conformément à la loi du 1er août 1793, et en s'assurant fréquemment de la bonne conservation de ces instruments, qui sont la propriété des communes.

*Droits de vérification des poids et mesures.* — La vérification annuelle, qui donne lieu à la perception de taxes, commence le 1er janvier de chaque année et doit être terminée avant le 1er août. Ces droits ont été établis par un décret du 17 décembre 1894, rendu conformément aux dispositions de l'article 5 de la loi du 21 juillet 1894. L'application du tarif se fait au moyen d'états-matrices dressés par les vérificateurs des poids et mesures et remis par eux aux directeurs des contributions directes, à qui ils servent de base pour la formation des rôles à recouvrer par les percepteurs. Toutefois il n'est pas adressé d'avertissement particulier aux redevables des droits de vérification. Ces droits étant exigibles dans la quinzaine de la publication des rôles, les percepteurs font remettre aux redevables un avis tenant lieu de sommation sans frais.

Le tarif annexé au décret du 17 décembre 1894 indique pour chaque unité le droit à percevoir sur les mesures de pesanteur, les instruments de pesage, les mesures de capacité, les mesures de solidité (ou membrures) pour les bois de chauffage, les mesures agraires et de longueur. Toutes les dispositions utiles sont expliquées dans une circulaire des contributions directes du 10 juillet 1897. L'article 5 de la loi du 21 juillet 1894 a supprimé les droits de vérification première à partir du 1er janvier 1895 et compensé la diminution de recettes en résultant par une revision des taxes de la vérification périodique. (Décret du 26 février 1873; lois des 5 août 1874 et 21 juillet 1894 ; décret du 17 décembre 1894.)

Les contribuables doivent adresser leurs réclamations *à l'amiable* et toute demande de renseignements aux *vérificateurs des poids et mesures*.

En principe, la taxe est due d'après le nombre et la nature des instruments possédés. Toutefois les vérificateurs attribuent d office un mètre à tous les commerçants de certaines professions qui sont censés ne pouvoir se dispenser d'en avoir. Il en est de même pour certaines mesures chez les marchands de liquides et autres.

Sur la vérification des poids, mesures et instruments de pesage neufs achetés dans l'intervalle des vérifications périodiques, voir la circulaire du ministère du Commerce du 24 janvier 1902.

*Droits de pesage, mesurage et jaugeage.* — Dans les communes, des droits de pesage, mesurage et jaugeage sont établis en vertu de tarifs et règlements proposés par les conseils municipaux et adressés au sous-préfet. L'homologation des tarifs appartient au préfet. (Loi du 5 avril 1884, art. 68, § 7°.) Les droits peuvent être perçus par voie de régie simple, de régie intéressée, ou de bail à ferme. Le fermier est astreint au versement d'un cautionnement égal au quart du prix annuel de l'adjudication et qui peut être constitué en immeubles, en rentes sur l'Etat, en numéraire ou en obligations de la commune intéressée.

*Pénalités.* — L'usage de tous poids et mesures autres que les poids et mesures établis par les lois constitutives du système métrique décimal est interdit. (Amende de 1 franc à 15 francs.)

Toutes dénominations autres que celles portées dans le Tableau des mesures légales sont interdites dans les actes publics, dans les affiches et les annonces, dans les actes sous seing privé, les registres de commerce et autres écritures privées produits en justice. Les officiers publics contrevenants sont passibles d'une amende de 20 francs; les autres contrevenants, d'une amende de 10 francs perçue pour chaque acte ou écriture sous signature privée (les registres de commerce ne donneront lieu qu'à une seule amende pour chaque contestation dans laquelle ils sont produits). (Loi du 4 juill. 1837, art. 3 à 6.)

L'usage de faux poids ou de fausses mesures est puni de l'emprisonnement (trois mois à un an) et d'une amende qui ne peut excéder de un quart des restitutions et dommages-intérêts, ni être au-dessous de 50 francs; les faux poids et fausses mesures sont confisqués, puis brisés, et le tribunal peut ordonner l'affichage du jugement, ainsi que son insertion dans les journaux, aux frais des condamnés. (Code pén., art. 423.) Ces dispositions ont été confirmées et précisées par l'article 1er de la loi du 27 mars 1851, ainsi conçu :

« Seront punis des peines portées par l'article 423 du Code pénal, ceux qui auront trompé ou tenté de tromper, sur la quantité des choses livrées, les personnes auxquelles ils vendent ou achètent, soit par l'usage de faux poids ou de fausses mesures, ou d'instruments inexacts servant au pesage ou mesurage, soit par des manœuvres ou procédés tendant à fausser l'opération du pesage ou mesurage, ou à augmenter frauduleusement le poids ou le volume de la marchandise, même avant cette opération; soit, enfin, par des indications frauduleuses tendant à faire croire à un pesage ou mesurage antérieur et exact. — Seront punis d'une amende de 16 francs à 25 francs, et d'un emprisonnement de six à dix jours, ou de l'une de ces deux peines suivant les circonstances, ceux qui, sans motif légitime, auront dans leurs magasins, boutiques, ateliers ou maisons de commerce, ou dans les halles, foires ou marchés, soit des poids ou mesures faux, ou autres appareils inexacts servant au pesage ou au mesurage. »

Seront punis d'une amende de 11 francs à 15 francs exclusivement, ceux qui emploieront des poids ou des mesures différents de ceux qui sont établis par les lois en vigueur. (Code pén., art. 479, § 6.)

Pourra, selon les circonstances, être prononcée la peine d'emprisonnement pendant cinq jours au plus, contre ceux qui emploient des poids ou des mesures différents de ceux que la loi en vigueur a établis. (*Id.*, art. 480, § 3.)

## Poisons.

L'ordonnance du 29 octobre 1846 a réglementé le commerce des substances vénéneuses, et déterminé la nomenclature desdites substances dans un tableau, modifié par le décret du 8 juillet 1850. Sont considérées par la loi comme vénéneuses les substances ci-après :

Acide cyanhydrique. Alcaloïdes végétaux, vénéneux et leurs sels. Arsenic et ses préparations. Belladone, extrait et teinture. Cantharides entières, poudre et extrait. Chloroforme. Ciguë, extrait et teinture. Cyanure de mercure. Cyanure de potassium. Digitale, extrait et teinture. Emétique. Jusquiame, extrait et teinture. Nicotiane. Nitrates de mercure. Opium et son extrait. Phosphore. Seigle ergoté. Stramonium, extrait et teinture. Sublimé corrosif.

« Quiconque voudra faire le commerce d'une ou de plusieurs des substances comprises dans le tableau sera tenu d'en faire préalablement la déclaration devant le maire de la commune, en indiquant le lieu où est situé son établissement. Les chimistes fabricants ou manufacturiers, employant une ou plusieurs desdites substances, seront également tenus d'en faire la déclaration dans la même forme. Ladite déclaration sera inscrite sur un registre à ce destiné, et dont un extrait sera remis au déclarant : elle devra être renouvelée dans le cas de déplacement de l'établissement. » (Ord. du 29 oct. 1846, art. 1er.)

Les substances auxquelles s'applique l'ordonnance ne pourront être vendues ou livrées qu'aux commerçants, chimistes, fabricants ou manufacturiers qui auront fait la déclaration prescrite, ou aux pharmaciens, sur demande écrite et signée de l'acheteur. (*Id.*, art. 2.)

Tous achats ou ventes de substances vénéneuses sont inscrits sur un registre spécial, coté et parafé par le maire ou le commissaire de police. (*Id.*, art. 3.)

La vente des substances vénéneuses pour l'usage de la médecine ne peut être faite que par les pharmaciens, et sur la prescription d'un médecin, chirurgien ou vétérinaire breveté. Cette prescription doit être signée, datée, et énoncer en toutes lettres la dose desdites substances, ainsi que le mode d'administration du médicament. (*Id.*, art. 5.)

Les pharmaciens transcrivent lesdites prescriptions, avec les indications qui précèdent, sur un registre, de suite et sans aucun blanc. Les pharmaciens ne rendent les prescriptions que revêtues de leur cachet, et après y avoir indiqué le jour où les substances ont été livrées, ainsi que le numéro d'ordre de la transcription sur le registre. Ledit registre est conservé pendant vingt ans au moins, et doit être représenté à toute réquisition de l'autorité. (*Id.*, art. 6.)

Avant de délivrer la préparation médicale, le pharmacien y appose une étiquette indiquant son nom et son domicile, et rappelant la destination interne ou externe du médicament. (*Id.*, art. 7.)

Les substances vénéneuses doivent toujours être tenues, par les commerçants, fabricants, manufacturiers et pharmaciens, dans un endroit sûr et fermé à clef. (*Id.*, art. 11.)

Les contraventions sur la vente, l'achat et l'emploi des substances vénéneuses sont punies d'une amende de 100 francs à 3 000 francs et d'un emprisonnement de six jours à deux mois. Dans tous les cas, les tribunaux peuvent prononcer la confiscation des substances saisies en contravention. (Loi du 19 juill. 1845, art. 1er.) V. EMPOISONNEMENT.

## Poissons.

— V. PÊCHE, ÉTANGS, EMPOISONNEMENT.

**Police administrative,** ou simplement **police.** — Service public dont l'objet est de maintenir l'ordre et d'empêcher les infractions aux lois.

La police administrative, dite aussi *police préventive*, est exercée : dans toute la France, par le ministre de l'Intérieur, lorsqu'il s'agit de prescrire des mesures générales ; dans les départements et les communes, par les maires, sous la direction des préfets et des sous-préfets; à Paris, par le préfet de police. Chacun de ces fonctionnaires peut prendre les arrêtés de police que les circonstances rendent nécessaires. Les infractions à ces arrêtés sont constatées par les maires, les adjoints, ou les auxiliaires qui leur ont été donnés par la loi. En premier lieu, le *commissaire de police*, représentant le pouvoir central au point de vue de la sécurité générale, qui peut lui-même se faire aider de la *gendarmerie* et des *gardes forestiers*. Dans les villes, les commissariats ont comme agents fixes des *sergents de ville*, *appariteurs*, *gardiens de la paix*, qui procèdent ouvertement et porteurs de leur uniforme, et des *agents* ou *inspecteurs de la sûreté*, instrumentant en bourgeois, mais qu'il ne faut pas confondre pourtant avec les *agents secrets*, auxiliaires le plus souvent occasionnels. Dans les villes où l'importance de la population exige plusieurs commissaires de police, il y existe des *commissaires centraux*.

La police est dite *police générale* ou *police municipale*, selon qu'elle a trait aux intérêts de l'Etat ou à ceux d'une ville.

*Police générale.* — Le ministre de l'Intérieur a sous son autorité : la *direction de la sûreté générale*, qui comprend la *police politique*, dont la fonction est de sauvegarder la sûreté extérieure et intérieure de l'Etat, et la *police administrative générale*, qui veille au respect des lois et règlements relatifs à l'émigration, aux loteries, aux courses, jeux, etc.

Le maire est chargé, comme agent du pouvoir central, de l'exécution des mesures de sûreté générale, mais sous le contrôle de l'autorité supérieure. (Loi du 5 avril 1884, art. 92.) Ses arrêtés en la matière sont donc annulables, et le préfet peut même se substituer à lui.

Les maires, adjoints et commissaires de police sont officiers de police judiciaire. V. POLICE JUDICIAIRE.

Devant le tribunal de simple police, les commissaires de police font fonction de ministère public. V. MINISTÈRE PUBLIC.

*Police municipale.* — La police municipale a pour mission d'assurer le bon ordre, la sûreté et la salubrité publique. (Loi du 5 avril 1884, art. 97.)

Le personnel de la police municipale comprend : 1° des commissaires de police ; 2° un personnel secondaire.

Les commissaires de police des villes de six mille âmes et au-dessous sont nommés par les préfets sur une liste de trois candidats arrêtée par l'inspecteur général du ministère de la police générale. La révocation, pour être définitive, doit être approuvée par le ministre de l'Intérieur. Les commissaires de police des villes au-dessus de six mille âmes sont nommés par décret, sur la proposition du ministre de l'Intérieur. (Décret du 28 mars 1852, art. 6.)

Il doit y avoir un commissaire de police dans les communes de cinq mille à dix mille habitants, et dans les villes d'une population supérieure, autant de commissaires de police qu'il y a de fois dix mille habitants. (Loi du 28 pluviôse an VIII, art. 12.)

Le *commissaire central*, lorsqu'il en existe un, a sous ses ordres tous les autres commissaires de police de la commune.

Dans tout canton où il existe un ou plusieurs commissaires de police, la juridiction de ces magistrats peut être étendue à tout ou partie des communes composant ce canton. Lorsque le besoin s'en fait sentir, il peut être établi dans les cantons où il n'en existe pas un commissaire de police dont la juridiction s'étend à toutes les communes de ce canton et qui, sauf exceptions autorisées, réside au chef-lieu. (Décret du 28 mars 1852, art. 1 et 2.)

L'action administrative des commissaires de police, pour assurer l'observation des lois et règlements, s'étend aux halles et marchés, dans l'intérêt de l'alimentation publique, aux bourses de commerce dont la police intérieure leur est confiée, aux industries appelant une surveillance particulière (brocanteurs, logeurs en garni, cafés-concerts, lieux de débauche, etc.).

Les commissaires de police sont également officiers de police judiciaire. V. POLICE JUDICIAIRE.

Le personnel secondaire de la police municipale comprend les agents de police, les brigadiers et sous-brigadiers, les inspecteurs de police.

Ces agents sont nommés par le maire et agréés par le sous-préfet ou le préfet. Le maire peut les suspendre de leurs fonctions, mais le préfet seul peut les révoquer. (Loi du 5 avril 1884, art. 103.) Ils peuvent être assermentés soit devant le maire, soit devant le sous-préfet, mais ils n'ont pas la qualité d'officiers de police judiciaire et leurs procès-verbaux n'ont en justice que la valeur de simples renseignements.

Dans les villes de plus de quarante mille habitants, l'organisation du personnel chargé du service de la police est réglée par décret sur l'avis du conseil municipal. Les dépenses de police, en cas de refus du conseil municipal ou d'allocation insuffisante, seraient inscrites d'office au budget par décret en conseil d'Etat. (Loi du 5 avril 1884, art. 103.) Dans les villes dont la population ne dépasse pas quarante mille habitants, les seules dépenses à la charge du budget communal sont celles du traitement et des frais de bureau du commissaire de police.

La ville de Paris et les communes du département de la Seine, la ville de Lyon et quelques communes de l'agglomération lyonnaise, ont un régime particulier.

A Lyon, la préfecture du Rhône a deux secrétaires généraux, dont l'un dirige, sous l'autorité du préfet, les services de la police. Marseille a aussi une police de sûreté indépendante de la police municipale.

*Régime spécial à Paris.* — La ville de Paris a une organisation particulière. Un *préfet de police*, nommé par décret, réunit entre ses mains les attributions de police générale, qui appartiennent aux préfets dans les autres départements, et de la police municipale, qui sont dévolues aux maires des autres communes. Il a entrée au conseil municipal et y est entendu chaque fois qu'il en fait la demande. Il est secondé par un secrétaire général.

La préfecture se divise en deux grands services : l'*administration centrale* et les *services extérieurs*. La première a pour objet toutes les demandes d'autorisation, le contrôle de tous les services, la police politique et la police générale, le laboratoire de chimie, la surveillance des halles, marchés, dispensaire de salubrité publique (prostituées), service des mœurs, inhumations, voies publiques, etc. Les services extérieurs comprennent trois groupes : 1er, police municipale ; 2e, service des recherches ; 3e, commissariats de police.

La police municipale est chargée du maintien de l'ordre. Elle comprend 11 000 *gardiens de la paix*, formés en compagnies, à la tête de chacune desquelles se trouve placé un *officier de paix* assisté d'un *inspecteur principal ;* des *commissaires divisionnaires*, au nombre de quatre ; ils ont autorité sur un secteur de cinq arrondissements, sur les cinq compagnies de la section et sur une des brigades de réserve. A la tête de ce service se place le *directeur de la police municipale*, nommé par arrêté du préfet de police. Sous les ordres du préfet de police se placent la *gendarmerie de la Seine* et la *garde républicaine*.

La *direction des recherches* comprend : les *brigades des recherches*, le *service de la sûreté*, le *service d'identité judiciaire*. Les premières sont chargées de surveiller les jeux, les courses, les réunions et manifestations publiques, les anarchistes, etc., les hôtels et garnis. La brigade de sûreté est chargée des recherches relatives aux infractions de droit commun, d'exécuter les mandats et arrêts de justice. En principe, il y a dans chaque quartier un *commissaire de police*. Les commissaires de police sont secondés par des *secrétaires* et des *inspecteurs de commissariats*.

L'autorité du préfet de police s'étend sur toutes les communes du département de la Seine.

Toutefois, les maires des communes du département de la Seine resteront chargés, sous la surveillance du préfet de la Seine, et sans préjudice des attributions, tant générales que spéciales, qui leur sont conférées par les lois, de tout ce qui concerne la petite voirie, la liberté et la sûreté de la voie publique, l'établissement, l'entretien et la conservation des édifices communaux, cimetières, promenades, places, rues et voies publiques ne dépendant pas de la grande voirie, l'éclairage, le balayage, les arrosements, la solidité et la salubrité des constructions privées, les mesures relatives aux incendies, les secours aux noyés, la fixation des mercuriales, l'établissement et la réparation des fontaines, aqueducs, pompes et égouts, les adjudications, marchés et baux. (Loi du 10 juin 1853.)

*Surveillance de la haute police.* — Cette peine consistait à imposer à certains condamnés libérés l'obligation d'une résidence déterminée sous la surveillance de la police. La loi du 27 mai 1885, article 19, plus humaine, lui a substitué l'interdiction de séjour. V. INTERDICTION.

## Police judiciaire.

— Service public qui a pour objet de rechercher les crimes, délits et contraventions, d'en rassembler les preuves et d'en livrer les auteurs aux tribunaux chargés de les punir. (Code instr. crim., art. 8.)

Les fonctionnaires chargés de la police judiciaire prennent le nom d'*officiers de police judiciaire*. Ce sont, d'après les articles 9 et 10 du Code d'instruction criminelle : 1° les gardes champêtres et les gardes forestiers ; 2° les commissaires de police ; 3° les maires et les adjoints au maire ; 4° les procureurs de la République et leurs substituts ; 5° les juges de paix ; 6° les officiers de gendarmerie ; 7° les juges d'instruction ; 8° les préfets des départements et le préfet de police à Paris, qui peuvent faire personnellement ou requérir les officiers de police judiciaire, chacun en ce qui le concerne, de faire tous actes nécessaires dans l'ordre d'idées qui nous occupe. La police judiciaire est exercée sous l'autorité des cours d'appel, et les officiers qui l'exercent sont (à l'exception des préfets) sous la surveillance des procureurs généraux près ces cours.

Parmi les officiers de police judiciaire dont nous venons de donner la nomenclature, il en est deux auxquels aboutit toute la police judiciaire : l'un, le procureur de la République, chargé de la poursuite ; l'autre, le juge d'instruction, ayant la mission spéciale de recueillir les renseignements sur les faits dont le procureur de la République le saisit.

Des lois spéciales ont attribué le pouvoir de rechercher et de constater certaines classes de délits et de contraventions à différents agents qui, à ce point de vue, participent à la police judiciaire. Tels sont les préposés des douanes, les préposés des contributions indirectes, les employés des octrois, les ingénieurs et agents des ponts et chaussées, les préposés de l'administration des Postes, les vérificateurs des poids et mesures, les gardes-pêche, les agents forestiers.

Les *commissaires de surveillance administrative des chemins de fer*, qui ressortissent au ministère des Travaux publics, peuvent être appelés à exercer des attributions de police judiciaire et à prêter leur concours aux juges d'instruction et procureurs de la République.

Les officiers de police judiciaire, dans l'exercice de leurs fonctions, ont le droit de requérir directement la force publique. (Code instr. crim., art. 25.)

En cas de négligence des officiers de police judiciaire, le procureur général, après un avertissement, peut, après récidive dans l'année, les citer à la chambre du conseil par le procureur de la République, et les condamner aux frais de la citation, de l'expédition et de la signification de l'arrêt. (*Id.*, art. 280.)

« Toute autorité constituée, tout fonctionnaire ou officier public qui, dans l'exercice de ses fonctions, acquerra la connaissance d'un crime ou d'un délit, sera tenu d'en donner avis sur-le-champ au procureur de la République près le tribunal dans le ressort duquel ce crime ou délit aura été commis, ou dans lequel le prévenu pourrait être trouvé, et de transmettre à ce magistrat tous les renseignements, procès-verbaux et actes qui y sont relatifs. » (*Id.*, art. 29.)

Comme officier de police judiciaire, le *maire* est sous l'autorité du procureur de la République, et correspond directement avec lui pour tout ce qui concerne l'instruction judiciaire. L'adjoint remplace le maire.

Dans les communes où il y a des *commissaires de police*, c'est à eux et non aux maires qu'appartient la recherche des infractions pénales.

Les procès-verbaux des commissaires de police ne font foi que jusqu'à preuve contraire.

Les commissaires de police, et, dans les communes où il n'y en a point, les maires (à défaut, les adjoints), recherchent les contraventions de police, même celles qui sont sous la surveillance spéciale des gardes forestiers et champêtres. Ils reçoivent les dénonciations et plaintes relatives aux contraventions de police. Ils dressent des procès-verbaux

Dans les communes divisées en plusieurs arrondissements, les commissaires de police exercent ces fonctions dans toute l'étendue de la commune où ils sont établis, sans pouvoir alléguer que les contraventions ont été commises hors de l'arrondissement particulier auquel ils sont préposés.

Lorsque l'un des commissaires de police d'une même commune se trouve légitimement empêché, celui de l'arrondissement voisin est tenu de le suppléer, sans qu'il puisse retarder le service pour lequel il est requis, sous prétexte qu'il n'est pas le plus voisin du commissaire empêché, ou que l'empêchement n'est pas légitime ou n'est pas prouvé.

Si le commissaire de police est légitimement empêché, le maire (ou l'adjoint) le remplace tant que dure l'empêchement.

Le maire (ou l'adjoint) remet au ministère public près le tribunal de simple police toutes les pièces et renseignements, dans les trois jours au plus tard. (Code instr. crim., articles 11 à 15.)

V. GARDE CHAMPÊTRE, PROCUREUR DE LA RÉPUBLIQUE, INSTRUCTION, GENDARMERIE, etc.

## Police correctionnelle (Tribunal de). — V. TRIBUNAL.

## Police (Tribunal de simple). — V. TRIBUNAL.

## Police d'assurance. — V. ASSURANCE.

## Police rurale.

La « police rurale concernant les personnes, les animaux et les récoltes » est l'objet des dispositions de la loi du 21 juin 1898 et forme le titre Ier du livre III du Code rural. Elle a pour principaux agents les *gardes champêtres*, entretenus par les communes rurales. En outre de ces fonctionnaires obligatoires, chaque commune peut avoir un ou plusieurs *gardes particuliers communaux*, et tout propriétaire peut avoir sur ses domaines des *gardes particuliers* agréés par le sous-préfet.

Les maires sont chargés, sous la surveillance de l'administration supérieure, d'assurer, conformément aux principes généraux de la loi municipale du 5 avril 1884, le maintien du bon ordre, de la sécurité et de la salubrité publiques, sauf dans les cas où cette attribution appartient aux préfets. Ils sont également chargés de l'exécution des actes de l'autorité supérieure.

La loi du 21 juin 1898 prévoit des dispositions concernant la police sanitaire en général, la police sanitaire des animaux, l'importation et l'exportation des animaux, la protection des animaux domestiques, la protection des récoltes.

Les maires assurent l'exécution des dispositions légales et réglementaires qui ont pour but de prévenir les maladies contagieuses ou épizootiques. Ils doivent donner avis d'urgence au préfet de tout cas d'épidémie, de tout cas d'épizootie qui leur seraient signalés dans le territoire de la commune. Ils peuvent prendre les mesures provisoires qu'ils jugent utiles pour arrêter la propagation du mal. (Loi du 21 juin 1898, art. 18.)

En cas d'insalubrité constatée par les autorités sanitaires locales (v. SANTÉ PUBLIQUE), le maire ordonne la suppression des fosses à purin non étanches et puisards d'absorption. Il peut interdire les dépôts de vidange ou de gadoue. Il détermine les mesures à prendre pour empêcher l'écoulement sur la voie publique des liquides provenant des dépôts de fumiers et des étables. Ses décisions peuvent toujours être l'objet d'un recours au préfet. (*Id.*, art. 19.)

Il est interdit de laisser écouler, de répandre ou de jeter soit sur les places et voies publiques, soit dans les fontaines, dans les mares et abreuvoirs, soit sur les lieux des marchés ou de rassemblements d'hommes ou d'animaux, des substances susceptibles de nuire à la salubrité publique. (*Id.*, art. 20.)

Les maires surveillent, au point de vue de la salubrité, l'état des ruisseaux, rivières, étangs ou amas d'eau. (*Id.*, art. 21.)

Ils ordonnent les mesures nécessaires pour assurer l'assainissement et, s'il y a lieu, après avis du conseil municipal, la suppression des mares communales placées dans l'intérieur des villages ou dans le voisinage des habitations, toutes les fois que ces mares compromettent la salubrité publique. A défaut du maire, le préfet peut, sur l'avis du Conseil d'hygiène *de commodo et incommodo*, décider la suppression immédiate de ces mares, ou prescrire, aux frais de la commune, les travaux reconnus utiles. La dépense est comprise parmi les dépenses obligatoires prévues à l'article 136 de la loi du 5 avril 1884. (*Id.*, art. 22.)

Le maire prescrit aux propriétaires de mares ou fossés à eau stagnante établis dans le voisinage des habitations d'avoir soit à les supprimer, soit à exécuter les travaux ou à prendre les mesures nécessaires pour faire cesser toutes causes d'insalubrité. En cas de refus ou de négligence, le maire dénonce à l'administration préfectorale l'état d'insalubrité constatée. Le préfet, après avis du Conseil d'hygiène et du service hydraulique, peut ordonner la suppression de la mare dangereuse ou prescrire que les travaux reconnus nécessaires seront exécutés d'office aux frais du propriétaire, après mise en demeure préalable.

Le montant de la dépense est recouvré comme en matière de contributions directes, sur un rôle rendu exécutoire par le préfet. (*Id.*, art. 23.)

Le maire peut désigner, par un arrêté, les lieux où les routoirs publics seront établis, ainsi que la distance à observer dans le choix des emplacements destinés au séchage des plantes textiles après le rouissage. (*Id.*, art. 25.)

Le maire fait livrer à un atelier d'équarrissage régulièrement autorisé, ou enfouir, ou détruire par un procédé chimique ou par combustion, le corps de tout animal trouvé mort sur le territoire de la commune et dont le propriétaire, après un délai de douze heures, reste inconnu. (*Id.*, art. 28.)

Les dispositions spéciales relatives à la *police sanitaire des animaux* sont exposées au mot ÉPIZOOTIES.

Les communes dans lesquelles il existe des foires et marchés aux chevaux ou aux bestiaux, des abattoirs ou des clos d'équarrissage sont tenues de préposer, à leurs frais, et sauf à se rembourser par l'établissement d'une taxe sur les animaux amenés, un ou plusieurs vétérinaires pour l'inspection sanitaire des animaux qui y sont conduits. Cette dépense est obligatoire pour la commune. (*Id.*, art. 63.) V. aussi FOIRES.

Les maires sont chargés de la police rurale concernant les récoltes. Ils assurent l'exécution des prescriptions relatives à la destruction des animaux, des insectes et des végétaux nuisibles à l'agriculture. Ils font constater par les gardes champêtres et tous autres agents sous leurs ordres les délits et contraventions aux lois et règlements ayant pour but la protection des récoltes. (*Id.*, art. 73.)

En cas d'inexécution par des particuliers ou des établissements publics, dans les délais fixés, des mesures prescrites, procès-verbal est dressé par le maire, l'officier de gendarmerie, le commissaire de police, le garde forestier ou le garde champêtre, et le contrevenant est cité devant le juge de paix. La citation est donnée par lettre recommandée ou par le garde champêtre. Les parties peuvent paraître volontairement et sur un simple avertissement du juge de paix.

Le juge de paix peut ordonner l'exécution provisoire de son jugement, nonobstant opposition ou appel sur minute et avant enregistrement. (*Id.*, art. 78.)

A défaut d'exécution dans le délai imparti par le jugement, il est procédé à l'exécution d'office, aux frais des contrevenants, par les soins du maire ou du commissaire de police. Le recouvrement des dépenses ainsi faites est opéré comme en matière de contributions directes, sur un rôle rendu exécutoire par le préfet. (*Id.*, art. 79.) V. SANTÉ PUBLIQUE, ÉPIZOOTIES.

**Police sanitaire.** — Ensemble des mesures sanitaires, générales ou spéciales, relatives à la salubrité et à la santé publique.

*Santé publique.* — Le texte fondamental est la loi du 15 février 1902 « relative à la protection de la santé publique ». V. SANTÉ PUBLIQUE.

*Police sanitaire maritime.*— Elle est régie par le décret du 4 janvier 1896.

Le choléra, la fièvre jaune et la peste sont les seules maladies pestilentielles exotiques qui, en France et en Algérie, déterminent l'application de mesures sanitaires permanentes. D'autres maladies graves, transmissibles et importables, notamment le typhus et la variole, peuvent être exceptionnellement l'objet de précautions spéciales. Des mesures de précaution peuvent toujours être prises contre un navire dont les conditions hygiéniques sont jugées dangereuses par l'autorité sanitaire.

Tout bâtiment à vapeur français affecté au service postal ou au transport d'au moins cent voyageurs, qui fait un trajet dont la durée, escales comprises, dépasse quarante-huit heures, est tenu d'avoir à bord un médecin sanitaire. Ce médecin doit être Français et pourvu du diplôme de docteur en médecine : il prend le titre de « médecin sanitaire maritime ».

*Patente de santé.* La patente de santé est un document qui a pour objet de mentionner l'état sanitaire du pays de provenance et particulièrement l'existence ou la non-existence des maladies visées par le décret du 4 janvier 1896. Elle indique le nom du navire, celui du capitaine, la nature de la cargaison, l'effectif de l'équipage et le nombre des passagers, ainsi que l'état sanitaire du bord au moment du départ. Elle est datée ; elle n'est valable que si elle a été délivrée dans les quarante-huit heures qui ont précédé le départ du navire.

La patente de santé est *nette* ou *brute*. Elle est *nette* quand elle constate l'absence de toute maladie pestilentielle dans la ou les circonscriptions d'où vient le navire ; elle est *brute* quand la présence d'une maladie de cette nature y est signalée. Le caractère de la patente est apprécié par l'autorité sanitaire du port d'arrivée.

En France et en Algérie, la patente de santé est délivrée gratuitement par l'autorité sanitaire à tout capitaine qui en fait la demande.

A l'étranger, elle est délivrée aux navires français à destination de France ou d'Algérie par le consul français du port de départ ou, à défaut de consul, par l'autorité locale. Pour les navires étrangers à destination de France ou d'Algérie, elle peut être délivrée par l'autorité locale ; mais, en ce cas, elle doit être visée et annotée, s'il y a lieu, par le consul français.

La patente de santé délivrée au port de départ est conservée jusqu'au port de destination. Le capitaine ne doit en aucun cas s'en dessaisir. Dans chaque port d'escale elle est visée par le consul français ou, à son défaut, par l'autorité locale, qui y relate l'état sanitaire du port et de ses environs.

Les navires qui font un service régulier dans les mers d'Europe peuvent être dispensés par l'autorité sanitaire de l'obligation du visa de la patente à chaque escale.

La présentation d'une patente de santé à l'arrivée dans un port de France ou d'Algérie est en tout temps obligatoire pour les navires provenant : 1° des pays situés hors d'Europe, l'Algérie et la Tunisie exceptées, 2° du littoral de la mer Noire et des côtes de la Turquie d'Europe sur l'Archipel et la mer de Marmara.

*Stations sanitaires et lazarets.* Le service sanitaire comprend des *stations sanitaires* et des *lazarets*.

La station sanitaire comporte : 1° des locaux séparés (tentes ou bâtiments) destinés au traitement des malades et à l'isolement des suspects ; 2° une étuve à désinfection remplissant les conditions de sécurité et d'efficacité prescrites par le comité consultatif d'hygiène publique de France ; 3° des appareils reconnus efficaces pour les désinfections qui ne peuvent être faites au moyen de l'étuve, notamment pour les tentes et, à leur défaut, pour les bâtiments où est pratiqué l'isolement des malades et des suspects Le service sanitaire et l'administration hospitalière se concertent pour l'usage commun des locaux et des appareils et pour l'emploi commun du personnel de service

Le lazaret est un établissement permanent disposé de manière à permettre l'application de toutes les mesures commandées par le débarquement et l'isolement des passagers, la désinfection des marchandises et celle du navire.

La distribution intérieure du lazaret est telle, que les personnes et les choses appartenant à des isolements de dates différentes puissent être séparées. Deux corps de bâtiments, isolés et à distance convenable, sont affectés l'un aux malades, l'autre aux suspects.

Des parloirs sont disposés pour les visites, avec les précautions nécessaires pour éviter la contamination.

Des magasins distincts sont affectés, d'une part, aux marchandises et objets à purifier, et d'autre part, aux marchandises et objets purifiés.

Le lazaret possède nécessairement une ou plusieurs étuves à désinfection remplissant les conditions de sécurité et d'efficacité prescrites par le comité consultatif d'hygiène publique de France et les autres appareils reconnus efficaces pour les désinfections qui ne peuvent être faites au moyen de l'étuve.

Le lazaret est pourvu : 1° d'eau saine à l'abri de toute souillure, en quantité suffisante ; 2° d'un système d'évacuation sans stagnation possible des matières usées. Si un tel système est impraticable, les évacuations sont faites au moyen de tinettes mobiles placées dans une fosse étanche. Ces tinettes renferment en tout temps une substance désinfectante. Elles sont vidées au loin le plus souvent possible et en tout cas après l'expiration de chaque période d'isolement.

Un médecin est attaché au lazaret ; il est chargé notamment de visiter les personnes isolées, de les soigner le cas échéant, et de constater leur état de santé à l'expiration de la durée de l'isolement.

Les malades reçoivent dans le lazaret les secours religieux et les soins médicaux qu'ils trouveraient dans un établissement hospitalier ordinaire. Les personnes venues du dehors pour les visiter ou leur donner des soins sont, en cas de compromission, isolées. Chaque malade a la faculté, sous la même condition, de se faire traiter par un médecin de son choix et de se faire assister par des gardes-malades de l'extérieur.

Les soins et les visites du médecin du lazaret sont gratuits.

Les frais de traitement, de médicaments, de nourriture, sont à la charge des personnes isolées.

Pour les émigrants, les pèlerins, qui voyagent en vertu d'un contrat, les frais de traitement et de nourriture au lazaret sont à la charge de l'armement ; pour les militaires et les marins, ces frais incombent à l'autorité dont ils relèvent. Les indigents sont traités et nourris gratuitement.

Les personnes isolées ont en outre à supporter des *droits sanitaires*.

*Quarantaine.* Les articles 30 à 76 du décret du 4 janvier 1896 précisent les mesures sanitaires à observer au port de départ, pendant la traversée, dans les ports d'escale contaminés, à l'arrivée, et les conditions dans lesquelles les navires sont admis à la libre pratique. Le délai pendant lequel les navires venant de pays contaminés sont tenus de rester en rade ou dans les lazarets porte le nom de *quarantaine*, bien qu'il ne soit plus nécessairement de quarante jours.

Les mesures de quarantaine en rade ou dans les lazarets ont été remplacées en fait par des inspections médicales, par des mesures de désinfection, par la délivrance aux passagers immédiatement débarqués d'un passeport sanitaire permettant d'établir leur origine et de leur appliquer en cas de besoin les mesures d'isolement nécessaire. Les principes du nouveau régime ont été consacrés par les conférences sanitaires internationales de Venise (1892), de Dresde (1893), de Paris (1894) et la convention de Dresde (15 avril 1893) a établi des mesures communes de nature à sauvegarder la santé publique et à ménager en même temps les intérêts du commerce et des voyageurs.

En dernier lieu une *convention sanitaire* internationale signée à Paris en 1903 édicte les prescriptions à observer par les pays signataires, dès que la peste ou le choléra apparaît sur leur territoire (notification d'épidémie, caractère constitutif d'une circonscription contaminée) ; d'autre part, les mesures de défense à prendre par les autres pays contre le territoire déclaré contaminé (publication des mesures prises, désinfection, etc.). Les navires sont classés en infectés, suspects ou indemnes. Le délai de contamination des navires est de 7 jours. La destruction des rats sur les navires, la *dératisation*, suivant la nouvelle expression du langage sanitaire, fait partie intégrante de la désinfection.

Des dispositions sont spéciales aux pays hors d'Europe (notamment la mer Rouge, le canal de Suez et le golfe Persique), au pèlerinage de La Mecque. Des mesures de surveillance et d'exécution se rapportent aux conseils internationaux de Constantinople, d'Alexandrie et de Tanger, et visent la création d'un Office sanitaire international à Paris.

*Droits sanitaires.* Ces droits (art. 94) se divisent en droits de reconnaissance, de station, de séjour et de désinfection. Le recouvrement en est confié au service des douanes. (Circ. Douanes, 3 février 1896.)

*Police sanitaire des animaux.* — V. ÉPIZOOTIES.

**Pollicitation** (du latin *polliceri*, promettre). — Promesse qui n'est pas encore acceptée par celui à qui elle est faite.

La simple offre ou *pollicitation* ne suffit pas pour créer l'obligation, laquelle ne résulte que du concours de volontés. Mais elle donne naissance au contrat, pourvu qu'elle soit suivie d'acceptation et que l'offre ait persisté jusque-là. L'offre est d'ailleurs toujours présumée avoir persisté, mais le pollicitant a la faculté de la révoquer en faisant toutefois connaître la révocation à l'autre partie. D'autre part, le pollicitant peut avoir fixé un délai pour l'acceptation, soit de façon expresse, soit tacitement. En pareil cas, l'expiration du délai sans acceptation a pour conséquence de faire tomber la pollicitation. Enfin, la pollicitation tombe encore lorsque le pollicitant vient à décéder ou devient incapable avant l'acceptation.

**Pompes funèbres.** — V. INHUMATION.

**Ponts et chaussées.**

L'administration des Ponts et chaussées ressortit au ministère des Travaux publics. Ce service comprend trois catégories d'agents bien distinctes : les ingénieurs, les conducteurs et les agents secondaires et subalternes.

Le corps des ingénieurs est divisé hiérarchiquement en *inspecteurs généraux* de première et de deuxième classe, qui composent le *conseil général des ponts et chaussées*, et, sous la présidence du ministre des Travaux publics, examinent toutes les questions d'art et donnent leur avis sur ces sujets. Les inspecteurs généraux ont encore dans leurs attributions le service des routes, voies ferrées, cours d'eau, etc.

Immédiatement après ces agents supérieurs et sous leur direction viennent les *ingénieurs en chef* (deux classes) placés à la tête de chaque département pour tout ce qui concerne l'étude, la construction, le contrôle, l'exploitation des voies carrossables, navigables, ferrées, etc.

Les ingénieurs en chef ont sous leurs ordres les *ingénieurs ordinaires* (trois classes) placés à la tête de chacun des arrondissements. Ces ingénieurs ont pour mission de seconder les ingénieurs en chef. Les ingénieurs se recrutent soit parmi les anciens élèves de l'Ecole polytechnique ayant satisfait aux examens de sortie de l'Ecole des Ponts et chaussées (élèves-ingénieurs), soit (6e des emplois vacants) parmi des conducteurs ayant subi les épreuves d'un concours. Viennent ensuite les *ingénieurs auxiliaires* et les *sous-ingénieurs*, provenant du corps des conducteurs. Les *conducteurs* des ponts et chaussées se divisent en *conducteurs principaux* et *conducteurs*.

Les principaux collaborateurs des ingénieurs sont les *conducteurs*, chargés de surveiller et de contrôler, sous les ordres des ingénieurs, les travaux de toute espèce, de tenir les états des piqueurs et ouvriers, de vérifier les matériaux et leur emploi, de les toiser en présence des ingénieurs, d'aider ceux-ci pour le lever des plans, de verbaliser sur les contraventions en matière de grande voirie.

Les *commis des ponts et chaussées* sont affectés au service des bureaux des ingénieurs des ponts et chaussées ou adjoints aux conducteurs pour les études et la surveillance des travaux et pour la surveillance et la police du domaine public de la grande voirie. Ils peuvent être temporairement affectés par le ministre des Travaux publics aux bureaux des ingénieurs des mines ; ils sont alors désignés sous le nom de *commis des mines* pendant la durée de cette affectation. Ils se divisent en *commis principaux* (deux classes), *commis* (quatre classes) et *stagiaires*.

Les ingénieurs des ponts et chaussées sont employés : 1° dans le service ordinaire des départements ; 2° dans les services spéciaux ; 3° dans les services divers ; 4° dans les services détachés.

Le service ordinaire s'occupe des routes nationales, des ponts, du contrôle des chemins de fer et tramways, des rapports avec l'autorité militaire pour les travaux mixtes ou le ravitaillement, et aussi de la navigation intérieure (rivières et canaux), de la pêche dans les cours d'eau navigables canalisés, des ports maritimes (V. PORTS), de l'éclairage (phares) et du balisage des côtes, des études techniques de toute nature, là où il n'existe pas de service spécial. Dans beaucoup de départements les conseils généraux confient aux ingénieurs des ponts et chaussées les routes départementales et les chemins vicinaux ou l'un de ces deux services seulement.

Les *services spéciaux* sont ceux qui comportent la direction et l'exécution des travaux distraits du service départemental, c'est-à-dire les travaux des rivières, canaux, ports maritimes, chemins de fer.

Les *services divers* comprennent les missions, les travaux scientifiques, les emplois dans l'administration centrale, etc., en général tous les services rétribués sur le budget des travaux publics et qui ne rentrent ni dans les services ordinaires, ni dans les services spéciaux.

Les *services détachés* sont des services publics qui ne sont pas rétribués sur le budget du ministère des Travaux publics, mais sur les budgets des autres ministères, des départements ou des communes. Tels sont : le service de l'hydraulique agricole rattaché au ministère de l'Agriculture, le service des ports militaires dépendant du ministère de la Marine, les services municipaux de Paris et de quelques grandes villes.

Les ingénieurs peuvent même être autorisés à prêter leur concours aux sociétés qui, comme les compagnies de chemins de fer, remplissent un véritable service public. Ils obtiennent dans ce cas un congé illimité ; ils ne cessent pas de faire partie du corps, mais ils ne reçoivent pas d'avancement et conservent seulement leurs droits à la retraite en faisant les versements fixés par les règlements.

Les agents inférieurs des ponts et chaussées sont : 1° les piqueurs, surveillants, cantonniers, dessinateurs, etc., dont la mission est de s'occuper des menus détails concernant les travaux entrepris ou à entreprendre ; 2° les agents inférieurs de la navigation : éclusiers, barragistes, portiers, gardes de navigation ; 3° les maîtres et gardiens de phares ; officiers, marins et mousses des feux flottants et des bateaux baliseurs, etc.

## Ports.

*Ports de guerre.* — Les ports de guerre doivent être protégés contre toute attaque extérieure, présenter une rade sûre pour les navires au mouillage et posséder un arsenal pourvu de bassins, de bassins de radoub, d'ateliers mécaniques et de magasins de ravitaillement. La France continentale a cinq ports de guerre, formant les chefs-lieux de cinq arrondissements maritimes : Cherbourg, Brest, Lorient, Rochefort et Toulon. Les ports de guerre de la France extérieure sont proprement appelés *points d'appui de la flotte.*

*Ports de commerce.* — Le ministre des Travaux publics a seul la police des ports de commerce ; il exécute tous les travaux d'amélioration et d'entretien ; il perçoit des droits de navigation, de statistique, etc. Pour ne pas prendre la charge de l'outillage, il a accordé des concessions à des villes, à des chambres de commerce et même à des sociétés. Des chambres de commerce ont installé de multiples apparaux de levage, treuils, grues à vapeur, grues hydrauliques, grues électriques, bigues ; elles ont ouvert des magasins, établi des services de remorquage. Des compagnies de chemins de fer ont posé des rails sur le terre-plein des quais pour relier les ports aux centres de production et de consommation. Des compagnies de docks-entrepôts ont obtenu que certaines parties des quais leur fussent spécialement affectées. Cet outillage est mis à la disposition du public, moyennant un droit d'usage, et des péages temporaires peuvent être perçus sur les navires pour le produit être affecté à des travaux d'amélioration V. PÉAGE.

Dans chaque port de commerce un ou plusieurs agents de l'Etat sont chargés de la police des quais, des bassins, du port et des rades ou passes navigables y attenantes : ce sont les *capitaines*, *lieutenants* et *maîtres de port*, qui relèvent du service des ponts et chaussées. Les capitaines et lieutenants, dits *officiers de port,* doivent avoir servi comme officiers dans la marine de l'Etat.

Ces attributions exigent qu'ils aient navigué et même commandé des navires. Aussi sont-ils recrutés soit parmi les anciens officiers et maîtres de la marine de l'Etat, soit parmi les anciens capitaines au long cours et maîtres au cabotage.

*Port franc ou zone franche.* — Le nom de *ports francs* ou *zones franches* est généralement donné à tout ou partie d'un port qui est déclaré neutre au point de vue douanier et où l'on peut, par conséquent, à son gré, débarquer les marchandises, les emmagasiner, les visiter, les soigner, les trier, les manipuler, les assortir, les acheter, les vendre, en disposer, enfin les réembarquer et les réexporter sans payer aucun droit de douane et sans procéder à aucune des formalités imposées par le contrôle fiscal de cette administration.

## Port d'armes. — V. ARMES.

## Port illégal de costume, de décoration. — V. FONCTIONNAIRE, DÉCORATION, etc.

## Portes et fenêtres (Contribution des).

Cet impôt (lois du 4 frimaire an VII, du 13 floréal an X, du 26 mars 1831, du 21 avril 1832, du 17 mars 1852) est destiné à atteindre le revenu du contribuable, révélé par le nombre et la qualité des ouvertures de son logement. Il est un complément de la contribution personnelle-mobilière.

Il porte sur toute ouverture pratiquée dans un édifice pour faire communiquer l'extérieur avec l'intérieur : portes extérieures et fenêtres donnant sur les rues, cours et jardins des maisons, bâtiments et usines. Le tarif est établi en tenant compte de trois éléments : population des communes (subdivisées en six classes) ; nombre d'ouvertures (les maisons étant réparties en six classes) ; la qualité desdites ouvertures (trois catégories, suivant qu'il s'agit des portes et fenêtres du rez-de-chaussée et des ouvertures des divers étages). Le tarif ne distingue pas entre les maisons suivant les quartiers. Aussi les grandes villes, Paris, Lyon, Bordeaux, sont-elles régies par des règles spéciales, qui tiennent compte de ces différences de valeur. Le tarif est fixé par la loi du 21 avril 1832.

Les portes donnant sur la voie publique et

sur les champs, et par lesquelles on obtient accès aux maisons d'habitation, magasins, usines et hangars, lors même qu'elles ne servent qu'aux passages de voitures appelées carrioles, tombereaux et charrettes, sont imposables comme portes cochères. Sont assimilées aux portes cochères : 1° les portes d'entrée des maisons occupées en entier par des banquiers, des agents de change, des négociants et marchands en gros, des commissionnaires et courtiers; 2° la porte principale des magasins occupés par les patentables désignés plus haut, si les magasins sont situés au rez-de-chaussée et si la porte donne sur la voie publique ou sur la cour.

Toute maison, tout logement *habitable* est frappé, même s'il n'est pas habité.

La contribution des portes et fenêtres est payable par le propriétaire, mais elle est due par le locataire, *sauf convention ou usage contraire*. S'il occupe une fraction de maison seulement, l'autre partie étant habitée par le propriétaire ou par un autre locataire, il y a lieu à une répartition des portes et fenêtres affectées à l'usage commun des occupants.

La contribution est due dès l'occupation de la maison, *même dans les constructions neuves*, et cesse d'être due par le propriétaire dès qu'il y a vacance, même pour un seul *trimestre*. Le recouvrement continue d'être effectué, mais le dégrèvement est accordé, sur pétition au préfet, si le contribuable a effectué les déclarations réglementaires de vacance d'appartements.

Les règles relatives au payement de la contribution des portes et fenêtres sont les mêmes que les règles applicables au payement de l'impôt foncier. V. FONCIÈRE (Contribution).

Sur les rôles, avertissements, poursuites et réclamations, V. CONTRIBUTIONS DIRECTES.

*Exemptions*. — Dans l'intérêt de l'agriculture et de l'industrie, la loi ne frappe que les ouvertures des locaux destinés à l'habitation du personnel agricole et industriel. Les ouvertures des manufactures ne sont pas imposables, sauf celles qui éclairent les lieux destinés à l'habitation (loi du 4 germinal an XI). Les portes et fenêtres des locaux exclusivement affectés aux bureaux des fonctionnaires publics ne sont pas imposables. Mais les fonctionnaires civils ou militaires et les ecclésiastiques logés, même gratuitement, dans les bâtiments appartenant à l'Etat, aux départements ou aux communes, doivent l'impôt des portes et fenêtres pour les ouvertures qui servent à éclairer leur habitation personnelle. — La loi du 13 avril 1850 a exempté pendant trois ans les logements insalubres assainis. — Les maisons particulières louées pour un service public sont exemptes de l'impôt des portes et fenêtres.

Les propriétés bâties qui ont été détruites ou démolies font l'objet d'un dégrèvement dans la contribution foncière et dans celle des portes et fenêtres jusqu'à concurrence de la part que lesdites propriétés prenaient dans leurs matières imposables. (Loi du 17 août 1835, art. 2.)

Par contre, les constructions nouvelles, reconstructions et additions de constructions non déclarées ou déclarées quatre mois après l'ouverture des travaux sont imposées au moyen de rôles particuliers tant à la contribution foncière qu'à celle des portes et fenêtres jusqu'à ce qu'elles aient été comprises dans les rôles généraux à partir du 1er janvier de l'année qui suit celle de l'achèvement des travaux. (Loi du 8 août 1890, art. 10.)

## Porteur (Billet au). — V. LETTRE DE CHANGE.

## Possession.

Avoir une chose ou un droit en sa *possession*, c'est l'avoir en fait à sa disposition et se comporter vis-à-vis de cette chose ou de ce droit comme un véritable propriétaire. La possession est donc un fait, tandis que la propriété est un droit.

« L'exercice de droits quelconques sur des objets extérieurs consiste soit dans des actes matériels d'usage, de jouissance, ou de transformation, soit dans des actes juridiques d'administration ou de disposition. On appelle *possession*, dans le sens le plus large de cette expression, l'état ou la relation de fait qui donne à une personne la possibilité physique, actuelle et exclusive d'exercer sur une chose des actes matériels d'usage, de jouissance, ou de transformation. Quant aux actes juridiques d'administration ou de disposition, l'exercice n'en est pas nécessairement lié au fait de la possession, le propriétaire d'une chose pouvant la vendre ou la louer alors même qu'elle est détenue ou possédée par un tiers. Toutes les choses corporelles susceptibles de propriété peuvent être l'objet de la possession. » (Aubry et Rau, *Droit civil français*, § 178.)

Pour acquérir la possession, deux éléments sont nécessaires : 1° l'acte qui met la chose ou le droit à la disposition du possesseur (*corpus*); 2° l'intention de posséder (*animus domini*), c'est-à-dire la volonté par le détenteur d'agir en propriétaire de l'objet et de ne reconnaître à personne qu'à lui-même la faculté d'en disposer. Ainsi le dépositaire ne possède point juridiquement l'objet du dépôt bien qu'il en ait la détention physique. L'élément intellectuel de la *possession* (*animus domini*) lui manque, et c'est le propriétaire déposant qui continue de posséder civilement par l'intermédiaire ou par l'organe du dépositaire ou locataire, détenteur de fait.

La possession et la propriété peuvent être, bien entendu, réunies : possesseur et propriétaire peuvent n'être qu'une seule et même personne.

On peut acquérir la *possession* par l'intermédiaire d'autrui, pourvu qu'on ait l'intention personnelle de l'acquérir. La preuve de la propriété fait tomber la possession, mais il appartient au propriétaire de faire cette preuve. La possession, qui n'est qu'un pur fait et peut appartenir à un usurpateur, est cependant vue avec faveur par la loi, car la propriété étant difficile à prouver, on protège ceux qui ont simplement la possession, d'autant plus qu'ils sont ordinairement propriétaires. Aussi donne-t-elle au possesseur d'immeuble la situation de défendeur dans le procès en revendication.

Lorsque le possesseur est de bonne foi, par exemple lorsqu'il a cru contracter avec le véritable propriétaire, il acquiert les fruits de la chose frugifère et il n'est pas tenu de les rendre au propriétaire.

Lorsque la possession a duré un an et n'est entachée d'aucun vice de clandestinité, de violence, d'équivoque ou de discontinuité, elle donne au possesseur les actions possessoires. (V. PÉTITOIRE ET POSSESSOIRE.) Enfin, la possession fait acquérir la propriété immédiatement s'il s'agit de meubles, pourvu que le possesseur se trouve dans les conditions d'application de l'adage : *En fait de meubles, possession vaut titre* (Code civ., art. 2279), c'est-à-dire que l'on soit de bonne foi et que l'on ne soit pas personnellement obligé à restitution envers le propriétaire. V. PRESCRIPTION.

La possession fait acquérir la propriété des immeubles, de certaines servitudes, à l'exception de certains délais : elle est donc la base de la prescription acquisitive ou usucapion.

Enfin, elle est encore nécessaire pour assurer l'extinction des hypothèques par prescription.

## Possession d'état. — V. ÉTAT.

## Possessoire. — Se dit d'une demande faite en partie pour se faire maintenir ou réintégrer dans la *possession* d'une chose. V. PÉTITOIRE.

## Postes.

L'administration publique des Postes, télégraphes et téléphones a le monopole du transport des lettres, de la transmission des dépêches et des communications téléphoniques.

*Objet et organisation du service.* — Ce service considérable des Postes, auquel est rattaché celui des télégraphes et des téléphones, est dirigé par un sous-secrétaire d'Etat dépendant du ministre du Commerce et de l'Industrie. Le sous-secrétaire d'Etat est assisté d'*inspecteurs généraux* et de *directeurs*, dont la réunion, qu'il préside, forme le *conseil d'administration*. Dans chaque département réside un *directeur* départemental, assisté d'*inspecteurs*. Enfin, huit *directions spéciales* sont chargées du service des bureaux ambulants sur les grands réseaux de chemins de fer.

L'administration des Postes possède le monopole exclusif du transport des correspondances privées et des correspondances expédiées pour le service de l'Etat ; exception est faite pour les lettres particulières portées « par exprès », pour les dossiers de procédure, notes et factures de messageries, journaux et imprimés de toute nature circulant à découvert sous bandes mobiles ou sous enveloppes ouvertes, avertissements de percepteur, lettres de service des agents des douanes, etc.

En dehors des objets dont le monopole du transport lui est assuré, la Poste se charge, mais sans privilège exclusif, du transport des journaux, échantillons, imprimés de toute nature, du transport des valeurs en papier et des objets précieux, de la transmission des sommes d'argent par *mandats-poste*, du recouvrement des valeurs commerciales et des sommes dont sont grevés les objets expédiés *contre remboursement*, du service de la Caisse nationale d'épargne, du service des colis postaux, enfin des versements à la Caisse des retraites pour la vieillesse et aux caisses en cas de décès ou d'accidents administrées par la Caisse des dépôts et consignations.

Dans l'exécution de son service, l'administration des Postes n'est soumise à aucune responsabilité pour détérioration, perte, non-remise ou retard des lettres ou plis ordinaires qu'on lui confie sans qu'il soit délivré de reçu. Pour les plis recommandés, l'indemnité, en cas de perte, est limitée, selon les cas, à 10 francs ou 25 francs. En cas de perte ou spoliation, totale ou partielle, d'objets ou lettres expédiés en valeur déclarée, le remboursement est effectué, de préférence, à l'expéditeur.

Les principales manipulations au départ ont lieu dans les *recettes*, gérées tantôt par des *receveurs*, tantôt par des *facteurs-receveurs*, pour les localités peu importantes. Dans les villes, ont été créées des *recettes auxiliaires*, gérées par des personnes étrangères au cadre de l'administration, et qui n'accomplissent qu'une partie restreinte des opérations postales. A l'étranger, il existe des *distributions* ou bureaux gérés par des employés français.

Le transit s'effectue soit par des *courriers d'entreprise* (voie de terre), soit par des *convoyeurs* (voies ferrées de faible transit), soit par les *bureaux-gares* et les *ambulants* (voies ferrées à grand transit), soit enfin par *paquebots* et *paquebots-poste* (service maritime).

A l'arrivée, la distribution à domicile est confiée à des *facteurs*. Dans les grandes villes, ce service est facilité, en outre, de même que les services de levée des lettres, par des cycles, fourgons à chevaux ou même automobiles, qui circulent entre les bureaux centraux, les gares et les différents quartiers.

*Lettres.* — L'affranchissement est de *10 centimes* par 15 grammes ou fraction de 15 grammes pour les lettres ordinaires circulant à l'intérieur de la France, la Corse, l'Algérie, la Tunisie et les colonies françaises. Il est de *25 centimes* par 15 grammes ou fraction de 15 grammes pour les lettres adressées dans les pays étrangers faisant partie de l'*Union postale*.

Toute lettre non affranchie au départ est passible à l'arrivée d'une taxe de *20 centimes* par 15 grammes ou fraction de 15 grammes.

En cas d'insuffisance d'affranchissement, la surtaxe à percevoir est égale au double de l'insuffisance.

Les lettres expédiées de France ou des colonies aux militaires ou marins présents sous les drapeaux, embarqués, et réciproquement, à bord des navires français ou en station dans les pays étrangers, jouissent du bénéfice de la taxe métropolitaine, mais à la condition de n'être pas distribuées par les soins d'un service postal étranger.

Les lettres non distribuées sont renvoyées, sans retard et sans être ouvertes, à leurs auteurs, lorsqu'elles portent, sur l'enveloppe, soit une griffe, soit une mention manuscrite indiquant les noms et les adresses des expéditeurs.

Les distributions par exprès sont passibles d'un droit supplémentaire de 30 centimes dans la commune du bureau de poste, de 1 fr. 50 dans les communes extérieures à ce bureau.

*Cartes-lettres.* — France, Algérie et colonies : 15 centimes; étranger : 25 centimes. Poids : 15 grammes.

*Cartes postales.* — La taxe des cartes postales est de 10 centimes pour les cartes simples et de 20 centimes pour les cartes avec réponse payée pour tous les pays de l'Union postale.

Les cartes postales recommandées sont sujettes à une taxe supplémentaire de 25 centimes.

Les timbres-poste *découpés* dans les cartes postales ne peuvent être utilisés.

Les cartes postales contenant de la correspondance personnelle et circulant sous enveloppe, fermée ou non, doivent être affranchies à 10 centimes (France) ou 25 centimes (étranger), comme les lettres ordinaires.

Les expéditeurs de cartes postales sont autorisés à coller, au recto ou au verso, une étiquette indicative des nom, qualité, profession et adresse des destinataires. Au recto est autorisé également le collage des annonces, vignettes ou dessins imprimés, sous la réserve qu'un espace suffisant soit ménagé pour l'inscription, bien apparente, de l'adresse. Au verso peuvent être attachés, par le même procédé, à côté de la correspondance, imprimés ou manuscrits, des dessins, mentions, réclames, vignettes, etc.

L'industrie privée est admise à fabriquer et à vendre des cartes postales satisfaisant aux conditions de poids (1 gr. 1/2 à 5 grammes) et de dimensions (au minimum 9 centimètres de largeur et 6 de hauteur, au maximum 14 de largeur et 9 de hauteur). Le recto est réservé à l'adresse, mais les annonces imprimées y sont admises. Le verso est réservé à la correspondance.

*Cartes postales illustrées.* Les cartes postales illustrées doivent être, suivant les cas, affranchies à 5, 10, 15 ou 25 centimes, savoir :

### Affranchir à 5 centimes.

I. Les cartes postales illustrées, sous enveloppe ouverte ou à découvert, expédiées des divers points du territoire (régime intérieur) à destination de la France, de l'Algérie et des colonies (dimensions maxima : 45 centimètres de côté).

Le recto des cartes peut porter :

1° L'adresse du destinataire;

2° Le timbre d'affranchissement, qui peut être apposé au verso dans le régime intérieur;

3° Facultativement, l'indication, au moyen d'un timbre, d'une griffe ou de tout autre procédé typographique, des nom, profession, adresse de l'expéditeur, indications qui peuvent être manuscrites dans le régime intérieur;

4° La mention : *Carte postale.*

II. Les cartes postales illustrées, sous enveloppe ouverte ou à découvert, expédiées de France à destination de l'étranger ou réciproquement (dimensions maxima : 45 centimètres de côté); à condition que la mention *Carte postale* ne figure pas au recto, ou qu'elle soit biffée de façon très apparente, et que les cartes ne portent pas de mentions pouvant présenter le caractère de correspondance personnelle.

III. Les cartes postales illustrées, expédiées à découvert, portant au verso les mentions constitutives de la carte de visite (nom, prénoms, profession, adresse de l'expéditeur), auxquelles peuvent être ajoutés des vœux, souhaits, félicitations, remerciements, compliments de condoléances ou autres formules de politesse manuscrites n'excédant pas *cinq mots.*

Dans le régime international, les mentions constitutives de la carte de visite doivent être imprimées.

### Affranchir à 10 centimes.

Les cartes postales illustrées expédiées comme cartes postales de la France pour l'étranger ou réciproquement (dimensions : longueur maxima, 14 centimètres; minima, 9 centimètres; largeur : maxima, 9 centimètres; minima, 6 centimètres; poids : maximum, 5 grammes; minimum, 1 gr. 1/2).

Le texte de correspondance peut être soit au verso, soit au recto. Dans ce dernier cas, les cartes doivent porter au recto le titre imprimé : *Carte postale.*

Le recto doit être divisé, d'une manière très visible, par un ou plusieurs traits verticaux, en deux parties, portant imprimé en tête : celle de gauche, le mot « Correspondance »; celle de droite, l'une des deux mentions « Adresse » ou « Adresse du destinataire ».

La partie de droite, destinée à recevoir l'adresse du destinataire, doit avoir une étendue au moins égale à la partie de gauche, qui peut être utilisée pour la correspondance.

Tous les pays étrangers n'acceptent pas la correspondance au recto (se renseigner à la poste).

### Affranchir à 10 centimes.

Les cartes postales illustrées, sous enveloppe fermée, expédiées des divers points du territoire, à destination de la France, de l'Algérie et des colonies, ou réciproquement. Elles doivent satisfaire aux conditions des lettres ordinaires.

### Affranchir à 25 centimes.

Les cartes postales illustrées, sous enveloppe fermée, à destination de l'étranger. Elles doivent satisfaire aux conditions des lettres ordinaires.

L'expédition des cartes illustrées sous une bande au tarif des imprimés n'est pas admise; il n'est pas fait de distinction entre les cartes portant le titre *Carte postale* et les cartes sur lesquelles ce titre a été biffé, gratté ou masqué.

*Journaux et périodiques.* — Les journaux et périodiques doivent être expédiés sous bandes mobiles ou simplement entourés d'un croisé de ficelles; dans ce dernier cas, l'adresse du destinataire doit être écrite d'une manière très apparente sur la marge. Ils ne doivent porter ou contenir aucune annotation ayant le caractère de correspondance.

La taxe, pour la France, l'Algérie et la Tunisie, est, *par exemplaire*, de 2 centimes jusqu'à 50 grammes; au-dessus de 50 grammes, le port est augmenté de 1 centime par 25 grammes ou fraction de 25 grammes.

Ces mêmes journaux et périodiques ne payent que la moitié de cette taxe lorsqu'ils circulent dans le département même où ils sont imprimés ou dans les départements limitrophes.

Pour les colonies françaises et les pays de l'Union postale, la taxe appliquée est celle des *imprimés*.

Les mentions relatives au service des abonnements portées sur les bandes des journaux ou périodiques *expédiés par les éditeurs* peuvent indistinctement être imprimées ou manuscrites, mais ne doivent présenter aucun caractère de correspondance personnelle.

Est considérée comme *supplément* à un journal et admise, à ce titre, au bénéfice du tarif des écrits périodiques, toute feuille détachée constituant une addition occasionnée par l'abondance des matières, ou servant à compléter, commenter ou illustrer le texte du journal. Ces suppléments doivent porter, avec l'indication imprimée « Supplément », le titre et la date ou le numéro de la feuille principale, de manière à former avec celle-ci un seul et même exemplaire. Ne peuvent être considérés comme suppléments ou écrits périodiques, ni bénéficier en aucune façon des taxes fixées pour les écrits, les almanachs, prospectus, catalogues, livraisons, etc., expédiés périodiquement sous forme de brochures isolées, ou encartés dans des journaux ou revues, ou même cousus ou attachés à ces publications et qui sont susceptibles d'une distribution indépendante. Les suppléments expédiés avec le numéro auquel ils se rapportent sont pesés avec lui et la taxe est perçue d'après le poids total. Expédiés isolément, ils sont considérés comme un numéro du journal. Les suppléments imprimés sur feuilles détachées du journal, expédiés en même temps que lui et ne dépassant pas en dimension et en étendue la partie du journal soumise à la taxe, sont exempts de tous droits de poste (France et colonies) lorsqu'ils sont consacrés, pour moitié au moins de leur superficie, à la reproduction des débats des Chambres, des exposés des motifs des projets de lois, des rapports des commissions, des actes et documents officiels et des cours, officiels ou non, des halles, bourses et marchés.

*Abonnement aux journaux.* — Les bureaux de poste reçoivent des abonnements aux journaux, revues et recueils périodiques. L'administration perçoit le même droit proportionnel que sur les mandats-poste, plus une taxe fixe de 0 fr. 10.

Les sommes versées aux bureaux de poste pour les abonnements aux revues, journaux, etc., sont converties en mandats d'abonnement au nom des directeurs de ces publications. Ces mandats acquittent un droit de 1 pour 100 et, en outre, un droit fixe de 0 fr. 10 par abonnement (3 pour 100 dans les relations internationales).

*Imprimés.* — *Circulaires, prospectus, catalogues, livres, avis de naissance, mariage, décès*, etc. — Ces objets doivent être expédiés sous bandes mobiles couvrant tout au plus le tiers de leur surface. Le poids de chaque paquet ne doit pas excéder 3 kilogrammes et ses dimensions 45 centimètres sur toutes les faces pour les paquets circulant en France, Algérie et Tunisie. La taxe est de : 1 centime jusqu'à 5 grammes; 2 centimes de 5 à 10 grammes; 3 centimes de 10 à 15 grammes; 4 centimes de 15 à 20 grammes; 5 centimes de 20 à 50 grammes; 10 centimes de 50 à 100 grammes; et ainsi de suite en ajoutant 5 centimes par 50 grammes ou fraction de 50 grammes. Ces imprimés expédiés sous enveloppes ouvertes, ou pliés en forme de lettres ouvertes, sont affranchis à 5 centimes par 50 grammes ou fraction de 50 grammes.

Pour les colonies françaises et les pays étrangers faisant partie de l'Union postale : poids maximum 2 kilogrammes, dimensions 45 centimètres; taxe, 5 centimes par 50 grammes ou fraction de 50 grammes.

Port des cartes électorales, circulaires électorales et bulletins de vote, 1 centime par 25 grammes, sous bande ou sous enveloppe ouverte.

*Cartes de visite.* — Elles circulent au tarif des imprimés, et peuvent comprendre les mentions ci-après : 1° nom, prénoms, qualité ou profession et adresse de l'expéditeur; 2° jours et heures de consultation ou de réception; 3° P. P. C.; 4° P. F. C.; 5° en congé, en disponibilité, retraité ou en retraite; 6° vœux, condoléances, félicitations, remerciements ou toute formule de politesse n'excédant pas 5 mots.

*Papiers de commerce ou d'affaires. Épreuves d'imprimerie.* — Pour la France, l'Algérie et la Tunisie le poids maximum est fixé à 3 kilogrammes, et pour les pays de l'Union postale à 2 kilogrammes.

Pour toute l'Union postale les dimensions ne doivent pas dépasser 45 centimètres sur toutes faces; sous forme de rouleaux, elles peuvent atteindre 75 centimètres de longueur et 10 centimètres de diamètre.

La taxe est de 5 centimes par 50 grammes, ou fraction de 50 grammes, avec minimum de 25 centimes pour les pays étrangers.

Les factures peuvent contenir les indications suivantes :

*Factures de débit et bordereaux ou avis d'expédition* : numéros d'ordre, marques, désignation et prix des objets, escompte, frais et débours, date d'expédition, provenance; mode d'envoi; date, mode et lieu de payement; rappel de l'ordre ou de la commande; en disponible, sur marché du...; situation du marché; sauf erreur ou omission; duplicata; conditionnelle, conditionnellement, gardé ou conservé sur condition du...; facture rectificative, facture rectifiée; cadeau, offert; fûts, caisses, emballages à rendre, à la condition que cette indication se rapporte aux marchandises facturées et non à des emballages antérieurement fournis.

*Factures d'avoir :* désignation et prix des marchandises qui en font l'objet.

*Relevés de comptes et de factures :* relevé du compte par doit et avoir, relevé par totaux des factures antérieures, date de ces factures, date et mode de payement.

Le tarif réduit n'est pas applicable aux lettres ou notes de commande, ni aux factures contenant une simple formule de politesse.

Les imprimés, épreuves d'imprimerie corrigées, échantillons, papiers de commerce ou d'affaires, ne doivent contenir aucune correspondance. Les mots *bon à tirer* (sans indication du tirage), *bon à graver* ou *bon à tirer après corrections, fournir une nouvelle épreuve, exact, rien à modifier* sont autorisés sur les épreuves d'imprimerie corrigées. En outre, les épreuves ou papiers de commerce ou d'affaires peuvent, moyennant une taxe supplémentaire de 0 fr. 10 par paquet expédié, porter sur eux-mêmes ou contenir des notes manuscrites ou imprimées ayant le caractère de correspondance personnelle, à l'exclusion toutefois de lettres fermées ou ouvertes ; inscrire sur l'enveloppe la mention : *0 fr. 10 de supplément pour annotations.* Des indications manuscrites, n'ayant pas le caractère de correspondance personnelle, peuvent être portées sur les échantillons ou imprimés qui les accompagnent.

**Echantillons.** — Pour la France, l'Algérie et la Tunisie, les échantillons sont acceptés jusqu'au poids de 350 grammes ; les dimensions ne peuvent dépasser 30 centimètres, sauf pour les échantillons d'étoffes collés sur papier ou sur carte mince, qui sont admis jusqu'à dimension de 45 centimètres. La taxe est de 5 centimes par 50 grammes ou fraction de 50 grammes.

Pour les pays de l'Union postale, le poids ne peut dépasser 350 grammes, et les dimensions 30 centimètres de longueur sur 20 centimètres de largeur et 10 centimètres d'épaisseur. Si les échantillons ont la forme de rouleau, ils ne devront pas dépasser 30 centimètres de longueur et 15 centimètres de diamètre. Pour les colonies françaises ces dimensions peuvent atteindre 30 centimètres sur toutes les faces.

La taxe est la même que pour la France ; 5 centimes par 50 grammes ou fraction avec minimum de 10 centimes.

Ne peuvent être expédiés, les échantillons d'objets soumis à des droits de douane ou d'octroi, ni ceux de matières dangereuses ou dégageant une odeur nauséabonde.

Les objets de nature à endommager la correspondance et néanmoins admis à être transportés — comme des corps gras, liquides, liquéfiables — sont emballés dans des boîtes, flacons, etc., parfois même protégés par une double enveloppe (se renseigner au bureau de poste).

**Envois recommandés.** — Tout objet confié à la poste peut être soumis à la recommandation, qui assure la remise au destinataire. Il est perçu, pour cette formalité, un droit fixe de 25 centimes pour les lettres et cartes postales, et 10 centimes pour les autres objets expédiés en France, Algérie et Tunisie.

En cas de détérioration ou de spoliation des objets recommandés, l'administration des Postes n'est tenue à aucune indemnité. La perte, sauf le cas de force majeure, donne seule droit, au profit du destinataire, à une indemnité de 25 francs en ce qui concerne les lettres et cartes postales, et de 10 francs pour les autres objets.

Pour les pays étrangers, la taxe est uniformément de 25 centimes pour tous les objets recommandés. En cas de perte, sauf le cas de force majeure, une indemnité de 50 francs est due à l'expéditeur.

**Chargements.** — Le chargement est l'accomplissement des formalités et conditions requises par l'administration pour qu'elle *prenne en charge*, c'est-à-dire devienne responsable des valeurs dont le transport lui est

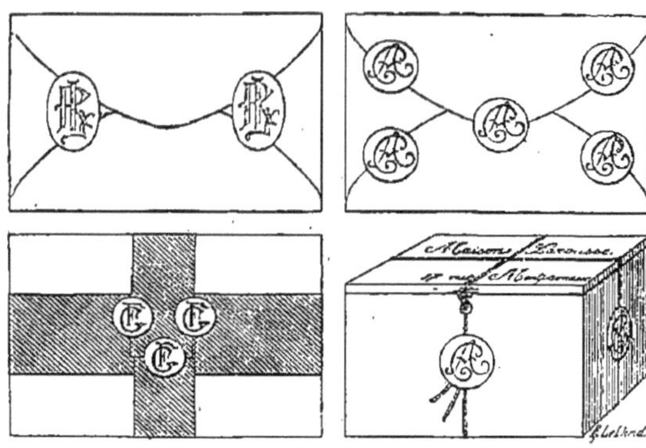

Modèles de chargement.

confié. Certaines valeurs peuvent être expédiées dans des lettres ; ce sont : les billets de banque, les chèques, les bons, coupons de dividende ou d'intérêts échus, payables au porteur ; certaines autres valeurs peuvent être expédiées dans des boîtes : ce sont les bijoux ou objets précieux de petite dimension. Les lettres ou boîtes contenant des valeurs doivent être déposées au guichet du bureau de poste, et il en est donné *reçu* à l'expéditeur. La déclaration des valeurs doit être inscrite sur l'enveloppe, au-dessus de l'adresse du destinataire, sans surcharge ni rature, même approuvée ; le montant de la somme être exprimé en langue française, en toutes lettres et en francs et centimes. Toute déclaration frauduleuse d'une valeur supérieure à celle réellement insérée est interdite, à peine de perdre tout droit à l'indemnité et d'encourir une condamnation d'un mois à un an et une amende de 16 francs à 500 francs. La limite des valeurs que l'on peut déclarer est de 10 000 francs.

Les lettres contenant des valeurs doivent être sous enveloppe, scellées de cachets de cire portant sur tous les plis, et produits par un cachet gravé d'une marque particulière à l'envoyeur ; les empreintes banales, telles que celles d'une pièce de monnaie, d'un dé, etc., ne sont pas admises.

Les bijoux et objets précieux sont expédiés dans des boîtes. Celles-ci doivent avoir au plus 0m,30 en longueur, 0m,10 en hauteur et en largeur; l'épaisseur des parois doit être de 0m,008 au moins. Elles sont garnies, sur les deux faces (dessus et dessous), de papier blanc, parfaitement adhérent à la boîte, afin de recevoir l'adresse, la déclaration, comme il est dit ci-dessus, les timbres et cachets des agents. Elles sont, de plus, entourées d'un croisé de ficelle solide, scellé sur les quatre côtés à la cire comme il est dit pour les lettres. Boîtes et lettres doivent être préparées avant d'être présentées aux agents.

Le port des lettres ou boîtes contenant des valeurs déclarées doit être payé d'avance. Il se compose pour les lettres chargées circulant en France, Algérie et Tunisie : 1° de la taxe des lettres ordinaires; 2° d'un droit fixe de 0 fr. 25, en raison du traitement spécial dont les chargements sont l'objet; 3° d'un droit de 0 fr. 10 pour chaque 500 francs ou fraction de 500 francs déclarés. Le port des boîtes se compose : 1° d'un droit fixe de 0 fr. 25; 2° d'un droit proportionnel de 0 fr. 10 par 500 francs déclarés; 3° d'un droit de transport de 0 fr. 05 par 50 grammes, sans limite de poids.

Pour les colonies françaises, le port des lettres chargées se compose : 1° de la taxe des lettres ordinaires; 2° d'un droit fixe de 0 fr. 25 par lettre; 3° d'un droit de 0 fr. 20 par 300 francs ou fractions déclarés Le port des boîtes se compose : 1° d'un droit de transport de 2 francs; 2° du droit proportionnel de 0 fr. 20 par 300 francs ou fraction de 300 francs déclarés; 3° du droit fixe de chargement de 0 fr. 25.

Pour les pays de l'Union postale universelle, un tarif spécial a été établi entre les différents gouvernements.

*Avis de réception.* — L'expéditeur d'une lettre ou d'un objet chargé ou recommandé peut demander un avis de réception de cet objet par le destinataire contre un versement de 10 centimes.

*Valeurs à recouvrer.* — La poste se charge du recouvrement des effets de commerce, factures, quittances, traites et autres valeurs commerciales, dont la valeur n'excède pas 2 000 francs, soumises ou non au protêt.

Les valeurs à recouvrer payables à date fixe doivent être remises au service des postes exactement, ni plus tôt ni plus tard : 1° cinq jours avant la date d'échéance, pour les valeurs déposées dans l'un des bureaux de la France continentale et recouvrables dans l'un de ces mêmes bureaux; 2° quinze jours avant la date d'échéance, pour les valeurs déposées en France et recouvrables dans les îles de Houat, de Hoëdic et d'Yeu, en Corse, en Algérie et réciproquement.

En cas de refus de payement à présentation d'un effet soumis au protêt, l'administration est déchargée par la remise à un officier ministériel que le déposant a le droit de désigner. En cas de payement entre les mains de ce dernier, les droits de recouvrement sont acquis au receveur et au facteur, et l'huissier n'a aucun recours pour ses frais contre l'administration.

L'administration n'assume aucune responsabilité au cas où la présentation à domicile ou la remise de l'effet à l'officier ministériel n'auraient pas eu lieu en temps utile, et les règles limitant la responsabilité de l'Etat à la perte des objets de correspondance recommandés sont applicables, de plein droit, au recouvrement des effets de commerce sujets au protêt.

Il est perçu : 1° 0 fr. 25 pour droit de recommandation ; 2° un droit de 0 fr. 10 par 20 fr. ou fraction de 20 francs par valeur recouvrée, sans que le maximum de perception puisse excéder 0 fr. 50; 3° un droit proportionnel perçu d'après le tarif applicable aux mandats-poste.

Toute valeur présentée à l'encaissement au domicile réel du débiteur et restée impayée pour une cause quelconque est frappée d'une taxe fixe de 10 centimes.

*Envois contre remboursement.* — 1° Droit fixe de 0 fr. 25; 2° droit de 0 fr. 05 par 50 grammes ou fraction de 50 grammes; 3° droit d'assurance de 0 fr. 10 par 500 francs ou fraction de 500 francs de la somme totale représentant la valeur déclarée de l'objet et le montant du remboursement.

Pour les objets précieux expédiés dans des boîtes, le maximum de déclaration (valeur déclarée et remboursement réunis), 10 000 fr.; pour les autres objets, 2 000 francs.

La transmission du montant du remboursement est soumise aux taxes prévues pour les recouvrements (voir § 12).

*Poids maximum :* 500 grammes pour les boîtes n'ayant pas plus de 30 centimètres sur chaque face.

*Mandats-poste.* — L'administration des Postes se charge du transport des sommes d'argent au moyen de *mandats de poste* qu'elle délivre aux conditions suivantes : jusqu'à 20 francs, 0 fr. 05 par 5 francs ou fraction de 5 francs; de 20 fr. 01 à 50 francs, 0 fr. 25; de 50 fr. 01 à 100 francs, 0 fr. 50; de 100 fr. 01 à 300 francs, 0 fr. 75; de 300 fr. 01 à 500 francs, 1 franc.

Au-dessus de 500 francs, la poste perçoit 1 franc pour les premiers 500 francs, plus 25 centimes par 500 francs ou fraction de 500 francs.

Le mandat comporte trois parties : la *souche*, servant à la constatation de la recette au bureau d'origine, qui la garde cinq ans; le *mandat*, que le déposant envoie à ses frais au bénéficiaire; la *déclaration de versement*, qui reste entre les mains du déposant et lui sert de titre en cas de réclamation.

Les mandats coloniaux et internationaux acquittent, outre le droit de commission, un droit de *change*.

Un reçu est toujours délivré à l'expéditeur.

Le destinataire d'un mandat doit, pour en toucher le montant, justifier de son identité au moyen de pièces authentiques (carte d'électeur, quittance de loyer, lettres déjà reçues, etc.) ou par l'attestation de deux témoins connus.

La demande d'un *avis de payement* donne lieu à la perception d'une taxe de 10 centimes.

Les délais de *validité* des mandats varient suivant le lieu d'origine et celui du destinataire. Les mandats périmés peuvent être payés après visa du sous-secrétaire d'Etat des Postes et télégraphes (lui adresser une demande sur papier timbré à fin de visa du mandat périmé). Les mandats *perdus*, détruits ou détériorés peuvent être remplacés par des autorisations de payement.

*Mandat-carte*. — C'est un mandat de poste transmis dans la forme d'une carte postale. Il circule à découvert entre le bureau d'origine et celui de destination, et donne au déposant la faculté de libeller lui-même le mandat. La formule comporte un coupon sur lequel peuvent être écrits quelques mots de correspondance pour le destinataire. Le mandat-carte est payable, en France, à domicile et comporte une taxe de factage de 10 centimes.

*Bons de poste*. — Des bons de poste de 1 franc à 20 francs sans fraction de francs sont mis à la disposition du public moyennant un droit de 5 centimes pour les bons de 1 franc à 10 francs et de 10 centimes pour les bons de 20 francs. Pour en toucher le montant, il suffit d'y inscrire son nom et son adresse.

Les bons de poste sont émis sur une formule d'un type unique comprenant trois parties : la souche, le bon de poste et la déclaration de versement. En cas de perte ou de destruction d'un bon du nouveau type, une demande d'autorisation spéciale de payement est adressée au sous-secrétaire d'Etat, accompagnée de la déclaration de versement avant l'expiration du délai de prescription.

Tout bon de poste détérioré, raturé ou surchargé n'est payé que sur la production de la déclaration de versement ou qu'en vertu d'une autorisation de payement délivrée par l'administration des Postes et des télégraphes dans le délai fixé ci-dessus.

*Mandats télégraphiques*. — Le public est admis à employer la voie télégraphique pour faire payer à destination, jusqu'à concurrence de 5 000 francs au maximum, les sommes déposées dans les bureaux de poste. Les mandats, établis par les receveurs des postes, sont signés par le déposant, qui ne peut y apporter aucune modification. Ils sont remis ensuite au déposant, qui reste chargé d'en requérir la transmission télégraphique ; cette transmission est effectuée en son nom.

La somme à verser pour l'envoi d'un mandat-télégramme se compose : 1° du montant du mandat ; 2° du droit proportionnel applicable aux mandats-poste ordinaires ; 3° de la taxe télégraphique ordinaire.

Les mandats télégraphiques ne sont payés par le bureau de poste que sur présentation de l'avis remis au destinataire, qui est en outre tenu de justifier de son identité.

*Prescription des dépôts d'argent non réclamés*. — La loi du 4 avril 1898 a fixé à trois années le délai de prescription des *mandats d'articles d'argent* et des *valeurs* de toute nature confiés à l'administration des Postes ou trouvés dans le service. Pour les bons de poste, le délai de prescription est d'un an à partir du jour du versement des fonds.

*Franchises postales*. — On distingue trois espèces de franchises postales : 1° celle qui est déterminée par la qualité seule du fonctionnaire *auquel on écrit*, sans égard à la qualité de celui qui écrit ; 2° celle qui est déterminée par la qualité seule du fonctionnaire *qui écrit*, sans égard à la qualité du fonctionnaire auquel on écrit ; 3° celle qui est déterminée à la fois par la qualité de deux correspondants.

Pour que la première de ces trois espèces de franchises reçoive son application, il suffit que la qualité du destinataire soit exactement indiquée sur l'adresse des lettres qui lui sont envoyées. En conséquence, les ministres recevant en franchise toute leur correspondance, il est inutile de contresigner les lettres et paquets à leur adresse.

L'application de la seconde et de la troisième espèce de franchise ne peut avoir lieu que sous la condition que l'auteur de la correspondance de service est connu ; l'auteur se fait connaître en apposant *son contreseing* sur l'adresse des lettres. On entend par *contreseing* la désignation des fonctions de l'envoyeur, suivie de sa signature ; la désignation des fonctions peut être imprimée ou indiquée par un timbre, mais la signature doit être mise à la main.

La franchise peut aussi être : *illimitée* (quand elle s'exerce sans distinction de personnes ni de lieux) ou *limitée ; réciproque* (quand l'expéditeur et le destinataire ont, l'un et l'autre, le droit d'expédier ou de recevoir en franchise) ou *non réciproque*. — La franchise illimitée n'existe que pour trois personnes : le président de la République, le ministre du Commerce, le sous-secrétaire d'Etat aux Postes et télégraphes. Un certain nombre de hauts personnages jouissent de la franchise illimitée, mais à la réception seulement : les présidents du Sénat et de la Chambre des députés, les ministres, le grand chancelier de la Légion d'honneur, le préfet de la Seine, le préfet de police, etc.

Les autorités militaires avec lesquelles le public peut communiquer en franchise sont le gouverneur militaire de Paris et le commandant de la place de Paris, le chef d'état-major général de l'armée et les commandants de corps d'armée.

Les militaires ont droit à la franchise postale quand ils sont en campagne. Toutes les lettres qui leur sont alors adressées, de même que celles expédiées par eux, sont exemptes de la taxe, à la seule condition de ne pas dépasser un poids déterminé.

La franchise *télégraphique* emporte le double avantage de l'exonération de taxe et de la priorité de transmission.

*Contraventions postales*. — Toute personne étrangère au service des postes qui s'immiscerait dans le transport, à découvert ou en paquets fermés, des objets devant être transportés exclusivement par le service postal, ou qui tiendrait, même dans les ports de mer, bureau ou entrepôt pour l'envoi, la réception ou la distribution des correspondances de ou pour les colonies ou l'étranger, est passible d'une amende de 150 à 300 francs par contravention. La contravention existe même si une personne s'est chargée, par pure complaisance, de porter une lettre à son adresse. Un commerçant ne pourrait, par exemple, pour éviter des frais de correspondance à ses clients, mettre en divers endroits des boîtes aux lettres : l'administration subirait un préjudice. Mais le fait pour un domestique de porter à leur adresse une ou plusieurs lettres écrites par son maître, ou, pour toute autre personne, de se charger d'une lettre de recommandation, ouverte ou fermée, ne tombe pas sous le coup de la loi.

La pénalité de 150 à 300 francs d'amende est également applicable à toute personne qui insérerait dans un objet de correspondance affranchi à prix réduit (imprimé, échantillon, papiers d'affaires) des notes manuscrites non autorisées ou qui les porterait sur ces objets eux-mêmes. Il est interdit également (50 à 500 fr. d'amende) d'insérer dans un objet de correspondance autre qu'une lettre recommandée ou chargée des billets de banque ou autre valeur payable au porteur, bons de poste sans indication du nom du destinataire, et d'insérer des matières ou objets précieux dans un objet de correspondance autre qu'une boîte de *valeur déclarée*.

L'usage, la vente et même la tentative de vente (de mauvaise foi) d'un timbre-poste ayant déjà servi est puni d'une amende de 50 à 1 000 francs, et, en cas de récidive, d'une amende double et de 5 jours à 1 mois d'emprisonnement. La contrefaçon et l'usage de timbres-poste contrefaits sont punis de deux à cinq ans d'emprisonnement et peuvent entraîner accessoirement la privation des droits civils et civiques pendant cinq à dix ans. Pour les imprimés simulant des billets de banque ou des timbres-poste, v. BILLETS DE BANQUE.

La déclaration d'une somme supérieure au montant réel des valeurs insérées dans une lettre est punie de un mois à un an d'emprisonnement et de 16 à 500 francs d'amende.

*Colis postaux.* — L'affranchissement des *colis postaux* est obligatoire au départ. Les colis postaux ordinaires circulant dans la France continentale, ou seulement en Algérie ou à l'intérieur de la Corse — soit de bureau à bureau, par la voie de terre exclusivement — soit entre deux ports corses ou entre deux ports algériens, sont décrits par l'expéditeur sur des bulletins d'expédition vendus dans les gares et bureaux de chemins de fer aux prix suivants :

| DÉSIGNATION | Jusqu'à 3 kilogrammes | Au-dessus de 3 kilogr. jusqu'à 5 kilogr. | Au-dessus de 5 kilogr. jusqu'à 10 kilogr. | SURTAXE afférente au retour d'un remboursement de 500 fr. et au-dessous |
|---|---|---|---|---|
| | fr. c. | fr. c. | fr. c. | fr. c. |
| Colis expédié de gare à gare ou de bureau à bureau . . . . . . . . . | » 60 | » 80 | 1 25 | » 60 |
| Colis livrable à domicile . | » 85 | 1 05 | 1 50 | » 85 |
| Colis de Paris pour Paris, factage compris. . . . . | » 25 | » 25 | » 40 | » 30 |

Pour les colis à destination de la Corse, de l'Algérie et de la Tunisie, le prix des bulletins est de :

| | CORSE ET ALGÉRIE | | | TUNISIE | | |
|---|---|---|---|---|---|---|
| | port | gare | domicile | port | gare | domicile |
| | fr. c. | fr. c. | fr. c. | fr. c. | fr. c. | fr. c. |
| Jusqu'à 3 kilogrammes. . . | 0 75 | 1 » | 1 25 | 1 » | 1 25 | 1 50 |
| De 3 à 5 — . . . | 0 95 | 1 20 | 1 45 | 1 20 | 1 45 | 1 70 |
| De 5 à 10 — . . . | 1 65 | 2 20 | 2 45 | 2 20 | 2 45 | 2 45 |

Ces prix comprennent la taxe de transport et le droit de timbre de 10 centimes.

Les bulletins mis hors d'usage sont échangés moyennant 10 centimes.

L'indication sur l'adresse des colis postaux de la nature et du poids des marchandises sujettes aux droits de douane, d'octroi, est *obligatoire*. La vérification contradictoire des colis postaux, à l'arrivée, ne peut être exigée par les destinataires que dans le cas de détérioration de l'emballage, les colis étant acceptés sans contrôle au départ.

Aucune condition de volume ni de dimension n'est exigée pour les colis de 0 à 5 kilogrammes circulant à l'intérieur de la France ou entre la Corse et la France.

Les colis de 5 à 10 kilogrammes ne peuvent excéder $1^m,50$ sur une face quelconque ; ceux qui sont échangés entre la France, la Corse, l'Algérie et la Tunisie peuvent atteindre cette longueur, mais ils ne doivent pas excéder le volume de 55 décimètres cubes.

On peut expédier contre remboursement jusqu'à 500 francs.

Avec les moyens ordinaires, il arrivait souvent que les frais afférents à des envois peu importants excédaient le prix des objets transportés. Organisé d'abord dans l'intérieur de certains Etats, le service des colis postaux a été introduit pour la première fois dans les conventions de l'Union postale par un acte signé à Paris le 3 novembre 1880. La convention aujourd'hui en vigueur dans les relations internationales a été signée à Washington le 15 juin 1897.

Pour la France continentale, la Corse, l'Algérie et la Tunisie, le service est exécuté, au nom et sous le contrôle de l'administration des Postes, par les compagnies de chemins de fer et les compagnies maritimes chargées du transport des correspondances. En dehors du rayon d'action des compagnies, et d'accord avec elles, l'administration a aussi désigné, pour recevoir et distribuer des colis, un certain nombre de bureaux de poste éloignés des voies ferrées. Il existe en outre un service spécial de colis postaux, dit « de Paris pour Paris ».

*Taxes accessoires.* Les colis postaux sont exempts du droit de statistique et de plombage. — *Factage.* La taxe de factage à domicile est de 25 centimes (v. les tableaux ci-dessus). Elle s'applique aux colis adressés *poste restante*, en raison du transport à effectuer depuis la gare d'arrivée jusqu'au bureau de poste destinataire. — *Apport aux gares.* Les colis déposés chez les correspondants des compagnies de chemins de fer ou dans un bureau de poste ouvert au service sont soumis, lorsqu'ils doivent être transmis par les voies ferrées, à une taxe de 25 centimes pour les frais de l'apport à la gare expéditrice. — *Colis-exprès.* Certains pays acceptent les « colis-exprès ». Moyennant une taxe spéciale de 50 centimes, acquittée d'avance, en sus du port ordinaire, les colis-exprès sont, à la demande des expéditeurs, remis à domicile, par un porteur spécial, immédiatement après leur arrivée. — *Avis de réception.* L'expéditeur d'un colis postal peut demander, au moment du dépôt ou postérieurement, un avis de réception, en payant un droit fixe de 25 centimes. — *Valeurs déclarées.* Les colis contenant des valeurs déclarées sont frappés, en sus des taxes ordinaires, d'un droit proportionnel d'assurance égal à celui perçu pour les lettres chargées. — *Remboursements.* Les colis grevés de remboursement sont également soumis à une taxe spéciale qui, dans le service international, ne peut dépasser 20 centimes par fraction indivisible de 20 francs du montant du remboursement. — *Taxes non postales.* Les droits de douane et autres taxes non postales sont remboursés par le destinataire ; toutefois, dans les relations avec certains pays l'expéditeur peut prendre ces droits à sa charge, moyennant déclaration préalable et dépôt d'arrhes suffisantes au bureau de départ.

*Conditionnement.* L'emballage doit répondre à la durée du transport et préserver efficacement le contenu contre les atteintes qui ne laisseraient aucune trace apparente de violation. L'apposition de cachets de cire, de plombs, etc., avec empreinte ou marque spéciale de l'expéditeur, est obligatoire dans le régime international.

*Interdictions.* Sont exclues du transport les matières inflammables ou dangereuses. Toutefois, les capsules, cartouches pour armes portatives et les éléments de fusées d'artillerie inexplosibles, sont admis, à la condition d'être solidement emballés, à l'intérieur et à l'extérieur, dans des caisses ou barils, et déclarés sur le colis et sur le bulletin d'envoi. En dehors d'une simple copie de l'adresse du destinataire et de l'expéditeur et d'une facture ouverte énonçant les éléments de l'envoi, on ne doit insérer dans les colis ni lettres ou notes ayant le caractère de correspondance, ni des objets prohibés par les lois ou règlements de douane ou autres. Il est également interdit, pour les pays qui admettent les déclarations de valeurs, d'expédier sans valeur déclarée des espèces monnayées, des matières d'or ou d'argent et des objets précieux.

*Colis perdus.* Sauf le cas de force majeure, lorsqu'un colis postal a été perdu, spolié ou avarié, l'expéditeur, et à défaut ou sur la demande de celui-ci, le destinataire a droit à une indemnité correspondant au montant réel de la perte, de la spoliation ou de l'avarie, à moins que le dommage n'ait été causé par la faute ou la négligence de l'expéditeur ou ne provienne de la nature de l'objet. Cette indemnité ne peut dépasser, pour les colis ordinaires, 15, 25 ou 40 francs, suivant le poids (3, 5, 10 kilogr.), ni, pour les colis avec valeur déclarée, le montant de cette valeur. L'expéditeur d'un colis perdu par une faute du service a droit, en outre, à la restitution des frais d'expédition autres que le droit d'assurance, ainsi que des frais postaux de sa réclamation. Après livraison des colis grevés de remboursement, les administrations ne sont responsables que du montant des sommes dues à l'expéditeur.

*Télégraphes, téléphones.* — V. ces mots.

**Posthume.** — Enfant né après la mort de son père.

L'enfant conçu est censé déjà né quand il s'agit de son intérêt, et notamment au point de vue successoral. Mais pour que l'enfant posthume puisse faire valoir ses droits, il faut qu'il soit né vivant et viable dans les trois cents jours du décès de son père. (Code civ., art. 315.)

Lorsque au décès du mari la femme est enceinte, le conseil de famille nomme un *curateur au ventre,* chargé de veiller aux intérêts de l'enfant non encore né, d'empêcher toute fraude. (*Id.*, art. 393.)

L'article 960 du Code civil déclare révocables, pour survenance au donateur d'un enfant légitime, même posthume, les donations entre vifs faites par personnes qui n'avaient pas de descendants vivants lors de la donation, même si celle-ci a été faite en faveur de mariage par une personne autre que l'ascendant du conjoint ou par les époux l'un à l'autre. V. DONATION, MARIAGE.

**Postulation.** — Action d'occuper pour autrui dans une procédure judiciaire.

La *postulation* consiste à procéder à l'ensemble des actes nécessaires pour introduire et préparer une instance. Le droit de *postuler* est compris, avec celui de *conclure*, dans le droit de représenter les plaideurs en justice, qui est le monopole des avoués.

Le délit de postulation illicite est visé par le décret du 19 juillet 1810, qui investit les avoués du droit de poursuivre et de faire punir ceux qui postulent à leur préjudice d'une amende de 200 à 500 francs. Les avoués complices du délit sont punis d'une amende de 500 à 1 800 francs; la deuxième fois, l'amende s'élève à 1 500 francs et l'avoué peut être destitué. On admet que le décret s'applique aux avocats comme à toute autre personne et qu'ils peuvent être poursuivis pour faits de postulation.

**Potestative (Condition).** — Condition qui fait dépendre l'exécution d'une convention, d'un événement, qu'il est au pouvoir de l'une ou l'autre des parties de faire arriver ou d'empêcher.

La condition *potestative* diffère de la condition *purement potestative*, qui fait dépendre le lien même de l'obligation de la seule volonté de l'une des parties; possible du côté du créancier (elle équivaut à une promesse unilatérale de vente), elle ne l'est pas du côté du débiteur, car on ne peut s'engager sous la forme *si voluero* (si je le veux). Dans les donations, on admet que le Code civil défend aussi bien la condition potestative ordinaire que la condition purement potestative.

**Poudres.**

La fabrication et la vente des poudres constituent un monopole d'où ne sont exclus que la dynamite et les explosifs à base de nitro-glycérine qui en dérivent. Le monopole s'applique donc aux poudres de guerre, aux poudres de chasse et aux explosifs de mine. V. DYNAMITE.

Les poudreries et raffineries de salpêtre et de soufre de l'Etat sont placées sous l'autorité du ministre de la Guerre.

La direction de la fabrication des poudres et substances explosibles, monopole de l'Etat, est confiée au corps des *ingénieurs des poudres et salpêtres*, dont les membres se recrutent parmi les élèves sortants de l'Ecole polytechnique, et jouissent des bénéfices de la loi sur l'état des officiers. Leur hiérarchie comporte des inspecteurs généraux, des ingénieurs en chef, des ingénieurs, des sous-ingénieurs, des élèves ingénieurs. Un *comité des poudres et salpêtres*, purement consultatif, donne son avis sur les questions dont le ministre le saisit.

La vente des poudres à feu est faite par les soins de l'administration des Contributions indirectes. Les poudres sont délivrées aux débitants par les entreposeurs (tous les entrepôts de tabacs ne sont pas nécessairement entrepôts de poudres). Il appartient aux préfets de créer les débits et de nommer (sur la proposition du directeur départemental des contributions indirectes) les débitants de poudres, lesquels sont soumis à l'exercice de la régie.

Les préfets ont qualité pour autoriser la fabrication et le commerce des cartouches, ainsi que l'exercice de la profession d'artificier.

L'administration des Contributions indirectes fournit exclusivement aux armateurs et négociants les poudres de toute espèce demandées par eux, soit pour l'armement et le commerce maritime, soit pour l'exportation par voie de terre. L'exportation par la voie de terre ne peut avoir lieu pour la poudre dite *de commerce extérieur*. L'exportation des poudres de guerre peut être suspendue par un arrêté du ministre de la Guerre.

Des pénalités ont été déclarées applicables par l'article 23 de la loi de finances du 13 avril 1898 : 1° à tout individu qui, sans y être légalement autorisé, aura fabriqué une quantité quelconque de poudre ; 2° à tout individu qui, sans y être légalement autorisé, aura débité ou distribué des poudres autres que celles provenant des poudreries de l'Etat. Le même article 23 interdit, sous peine d'une amende de 300 francs à 1 000 francs, la détention sans autorisation d'une quantité de poudre autre que celle provenant des poudreries de l'Etat, égale ou supérieure à 2 kilogrammes.

**Pourvoi.** — Voie extraordinaire ouverte par la loi pour attaquer les décisions judiciaires qui ne sont plus susceptibles d'aucune autre voie de recours. V. COUR DE CASSATION.

*Pourvois devant la Cour de cassation.* — V. COUR DE CASSATION.

*Pourvoi en conseil d'Etat.* — La procédure du pourvoi en conseil d'Etat s'ouvre par la présentation d'une requête par un avocat au conseil. Cette requête doit être formée dans les deux mois de la décision attaquée. Les ministres sont dispensés du ministère d'avocat. Le président de la section du contentieux rend une ordonnance qui prescrit la communication des pièces au défendeur. La requête est communiquée aussi au ministre compétent.

*Pourvois devant la Cour des comptes.* — *Pourvoi en appel.* Le pourvoi en appel est admis contre les arrêtés rendus par les conseils de préfecture contre les comptables réguliers ou occultes. Il est suspensif. Il doit être formé dans les trois mois de la notification.

*Revision.* La Cour peut procéder à la revision d'un compte qu'elle a jugé définitivement, soit sur la demande du comptable, appuyée de pièces recouvrées depuis l'arrêt, soit à la réquisition du procureur général, pour erreur, omission, faux ou double emploi reconnus dans la vérification d'autres comptes.

*Pourvoi en cassation contre les arrêts de la Cour des comptes.* Cette voie de recours est ouverte devant le conseil d'Etat aux comptables qui se croient fondés à attaquer un arrêt de la Cour pour violation des formes ou de la loi. En cas de cassation, l'affaire revient devant la Cour et y est jugée par l'une des chambres qui n'en ont pas connu d'abord.

**Pouvoir exécutif, judiciaire, législatif.** — V. PRÉSIDENT

DE LA RÉPUBLIQUE, MINISTRES, ADMINISTRATION, FONCTIONNAIRE, JUSTICE, LOIS CONSTITUTIONNELLES, DÉPUTÉS (Chambre des), SÉNAT, REVISION.

**Pouvoir (Excès de).**

En matière de *décisions judiciaires*, l'excès de pouvoir donne ouverture à cassation. Il existe quand un tribunal prend une mesure qu'aucune juridiction ne peut prendre : si, par exemple, il édicte une peine non prévue par la loi, s'il statue par voie générale et réglementaire, s'il critique un acte du législateur ou de l'administration, etc. Le pourvoi est porté devant la Cour de cassation, soit par la partie lésée, soit par le procureur général près la Cour de cassation, mais seulement après l'expiration des délais accordés aux parties, et contre des décisions en dernier ressort.

En matière de *décisions administratives*, l'excès de pouvoir comprend : 1° l'*incompétence*, empiétement sur les attributions d'une autre autorité ou juridiction; 2° le *détournement de pouvoir*, emploi d'une attribution dans un intérêt privé, par exemple; 3° le *vice de forme*, inobservation des formalités prévues par les lois et règlements; 4° la *violation de la loi*, erreur de droit. V. CONSEIL D'ÉTAT.

**Pouvoirs publics.** — V. LOIS CONSTITUTIONNELLES.

**Pratique (Libre).** — Permission de communiquer donnée à un navire après l'accomplissement des formalités sanitaires.

**Préciput.** — Droit accordé à une personne de prélever, avant tout partage, une partie déterminée d'un tout à partager.

*Préciput conventionnel.* — Ce sont les sommes ou effets mobiliers que l'un des époux a le droit, en vertu d'une clause de son contrat de mariage, de prélever en nature avant partage sur la masse des biens de la communauté. Le préciput conventionnel peut être stipulé en faveur de l'un ou de l'autre des conjoints, ou de tous les deux. Mais la clause ne donne droit au prélèvement, au profit de la femme survivante, que lorsqu'elle accepte la communauté, à moins que le contrat de mariage ne lui ait réservé ce droit, même en renonçant. Hors ce dernier cas, le préciput ne s'exerce que sur la masse partageable, et non sur les biens personnels de l'époux prédécédé. Le préciput ne rend pas l'époux créancier de la communauté; c'est un copartageant qui a un droit plus fort. Le préciput, ne pouvant s'exercer que sur les biens de communauté, devient caduc pour la partie défaillante quand les biens sont insuffisants. Le préciput est une convention de mariage, et n'est une donation ni quant à la forme, ni quant au fond.

*Préciput successoral.* — Malgré la règle d'égalité qui est la base du droit des successions, on peut laisser la quotité disponible (V. QUOTITÉ DISPONIBLE) en tout ou en partie, soit par actes entre vifs, soit par testament, à ses enfants ou autres successibles, sans que ceux-ci venant à la succession soient tenus au rapport. (V. PARTAGE ET RAPPORTS.) Il faut pour cela une déclaration que le don ou le legs est à titre de *préciput* ou hors part, soit dans l'acte qui contient la disposition, soit postérieurement dans la forme des dispositions entre vifs ou testamentaires.

Les mots *par préciput* et *hors part*, employés par l'article 843 du Code civil, ne sont pas sacramentels et peuvent être remplacés par des termes équivalents, pourvu qu'ils ne laissent aucune équivoque. Les libéralités faites par personnes interposées, quand elles ne sont pas nulles, sont réputées faites *par préciput*. (Code civ., art. 847, 848, 849.)

**Préférence (Droit de).** — Droit en vertu duquel le créancier privilégié ou hypothécaire est payé avant les autres.

Le créancier privilégié, même de date postérieure, exerce son droit de préférence avant le créancier hypothécaire.

**Préfet.** — Administrateur en chef d'un département.

Les fonctions de *préfet* ont été instituées par la loi du 28 pluviôse an VIII (17 fév. 1800), pour remplacer celles des directoires de département. En même temps qu'il est administrateur en chef du département, le préfet représente le pouvoir central dans les limites de sa circonscription.

Les préfets sont partagés en trois classes, selon l'importance du poste qu'ils occupent; mais ils peuvent également avancer sur place (classe personnelle). La préfecture de la Seine et la préfecture de police sont hors classe. En dehors de leur traitement, les préfets disposent d'un *fonds d'abonnement*, qui sert à payer les frais d'administration de la préfecture et qui est fixé par décret pour chaque département.

Les préfets qui comptent au moins six ans de services rétribués par l'Etat peuvent, en se retirant, s'ils ne réunissent pas les conditions nécessaires pour la retraite, obtenir un traitement de non-activité dont la durée maximum est de six ans.

Le préfet est nommé et révoqué par décret sur la proposition de son supérieur direct, le ministre de l'Intérieur. Il ne peut être élu député dans le département qu'il administre, à moins de s'être démis de ses fonctions six mois avant la date de l'élection.

Les attributions des préfets sont déterminées notamment par la loi du 28 pluviôse an VIII, par les décrets de décentralisation des 25 mars 1852 et 13 avril 1861, la loi du 10 août 1871 sur les conseils généraux, le décret du 12 juillet 1893 sur la comptabilité départementale, etc.

Le préfet, comme *représentant de l'Etat* et agent du pouvoir exécutif, agit, dans les diverses branches des services publics, sous l'impulsion des ministres qui dirigent ces services et correspond directement avec eux. Il veille à l'exécution des lois, décrets, décisions ministérielles. Il sert d'agent d'information au gouvernement, lui communique, avec avis à l'appui, les affaires soumises à son approbation. Il nomme directement les employés de la préfecture et certains agents énumérés dans la loi du 25 mars 1852. Il prend, s'il y a lieu, des arrêtés de police s'étendant au territoire du département et peut requérir la force armée pour le maintien de l'ordre public. Il est spécialement chargé d'élever le conflit d'attribution pour maintenir la séparation des pouvoirs administratif et judiciaire. (V. CONFLIT.) Il exerce la tutelle de l'Etat sur les actes des administrations municipales et des établissements publics, et, en cas de négligence de leur part, peut suppléer à leur action. Au point de vue financier, il ordonnance les mandats des dépenses de l'Etat, surveille la perception et l'emploi des deniers publics, rend exécutoires les rôles des contributions directes, etc. Il représente enfin l'Etat en justice et fait en son nom des actes de gestion (marchés, ventes, échanges, etc.).

Comme *représentant du département*, il est chargé de l'instruction des affaires qui intéressent le département, ainsi que de l'exécution des décisions du conseil général et de la commission départementale. Il représente le département en justice et passe en son nom les contrats sur avis conforme de la commission départementale. Il prépare le budget et ordonnance les dépenses.

« Comme *agent de police judiciaire*, le préfet des départements et le préfet de police à Paris pourront faire personnellement, ou requérir les officiers de police judiciaire, chacun en ce qui les concerne, de faire tous les actes nécessaires à l'effet de constater les crimes, délits et contraventions, et d'en livrer les auteurs aux tribunaux chargés de les punir. » (Code Instr. crim., art. 10.)

Le préfet est assisté d'un secrétaire général, à qui il a le droit de déléguer une partie de ses attributions, et d'un conseil de préfecture. (V. SECRÉTAIRE GÉNÉRAL, CONSEIL DE PRÉFECTURE.) Il prend, tantôt seul, tantôt en conseil de préfecture, des arrêtés *généraux et réglementaires* lorsque la loi lui en délègue le pouvoir, et des *arrêtés spéciaux* et *individuels*. Ses actes administratifs peuvent être attaqués devant le ministre de l'Intérieur, et, en cas de violation d'un droit ou d'excès de pouvoir, devant le conseil d'Etat.

**Préfet de police.** — V. POLICE, PARIS.

**Préfet maritime.** — Vice-amiral chargé de l'administration de l'un des cinq arrondissements maritimes.

Chef militaire et administratif de l'arrondissement, le préfet maritime a sous ses ordres un chef d'état-major et tous les chefs de service de l'arsenal. Il est ordonnateur des dépenses. Il est chargé en outre du service de l'inscription maritime de son arrondissement, et il dirige le service militaire des quartiers par l'intermédiaire des administrateurs de l'inscription maritime dépendant directement du ministre de la Marine pour toutes les questions civiles, pêches, naufrages, etc. En temps de guerre, il dirige toutes les opérations de terre et de mer devant concourir à la défense du chef-lieu et a sous ses ordres toutes les troupes de la région dans laquelle s'exerce son autorité. V. MARINE.

**Préfet (Sous-).** — V. SOUS-PRÉFET.

**Préjudicielle (Question).** — Question qui doit recevoir une solution en premier lieu et qui, par suite, tient en suspens la décision sur le fond.

Dans une poursuite pour vol, par exemple, il y a une question préjudicielle quand l'inculpé allègue qu'il est propriétaire de l'objet volé.

En principe, la juridiction pénale est juge des questions préjudicielles, mais elle est incompétente, en vertu du principe de la séparation des pouvoirs, chaque fois qu'elle peut être amenée à interpréter un acte administratif. De plus, elle doit renvoyer devant les tribunaux civils : 1° les questions de propriété immobilière ; 2° certaines questions d'état, notamment la question de la nullité du premier mariage invoquée en cas de bigamie.

**Préméditation.**

La préméditation consiste dans le dessein formé, avant l'action, d'attenter à la vie « d'un individu déterminé, ou même de celui qui sera trouvé ou rencontré, quand même ce dessein serait dépendant de quelque circonstance ou de quelque condition ». (Code pén., art. 297.) La préméditation, comme le guet-apens, est une circonstance aggravante du meurtre, qui prend alors le nom d'*assassinat* (*id.*, art. 296), et des blessures et coups. V. ASSASSINAT, BLESSURES.

**Prénoms.** — V. NOMS.

**Prescription.** — Manière d'acquérir un titre de propriété par une possession non interrompue (*prescription acquisitive*) ou de se libérer d'une obligation par le non-exercice d'un droit, par l'inaction (*prescription extinctive*).

*Généralités.* — La prescription fait l'objet du titre XX (art. 2219-2281) du Code civil. On ne peut *d'avance* renoncer à la prescription ; mais on peut renoncer expressément ou tacitement, pourvu que l'on soit capable d'aliéner, à la prescription acquise ou au bénéfice du temps écoulé pour parvenir à la prescription.

Les juges ne peuvent suppléer d'office le moyen résultant de la prescription, si la partie intéressée omet de s'en prévaloir (*id.*, art. 2223); mais la prescription peut être opposée en tout état de cause, même devant la cour d'appel, à moins, dans ce dernier cas, qu'il ne résulte des circonstances que la partie qui n'a pas opposé le moyen soit présumée y avoir renoncé. (*Id.*, art. 2224.)

Les créanciers, ou toute autre personne ayant intérêt à ce que la prescription soit acquise, peuvent opposer la prescription, encore que le débiteur ou le propriétaire y renonce. (*Id.*, art. 2225.)

La prescription n'a d'action que sur les droits et sur les choses qui sont dans le commerce (*id.*, art. 2226) : les droits de famille, les actions en réclamation de l'état civil des personnes sont essentiellement imprescriptibles. Par application du même principe, on ne peut prescrire acquisitivement les choses dépendant du domaine public : routes, rues, places de guerre, ouvrages des bibliothèques publiques.

La prescription se compte par jours, et non par heures. Elle est acquise lorsque le dernier jour du terme est accompli.

La prescription de droit commun est la prescription trentenaire ou prescription de trente ans.

La prescription acquisitive court du lendemain de l'entrée en possession.

La prescription libératoire court du lendemain de l'engagement.

On n'est pas admis à prouver que le débiteur ou le possesseur qui invoque la prescription de trente ans est de mauvaise foi, car cette longue prescription vient elle-même couvrir le vice résultant de la mauvaise foi ; mais on peut prouver, après trente ans, que le possesseur avait un titre précaire, et par conséquent empêchant la prescription de courir à son profit.

« Toutes les actions, tant réelles que personnelles, dit l'article 2262, sont prescrites pour trente ans, sans que celui qui allègue cette prescription soit obligé d'en rapporter un titre, ou qu'on puisse lui opposer l'exception déduite de la mauvaise foi. » L'article 2263 ajoute que le débiteur d'une rente peut, après vingt-huit ans de la date du dernier titre, être contraint de fournir à ses frais un titre nouvel à ses créanciers ou ayants cause.

Le propriétaire du fonds dominant a le même droit lorsqu'il s'agit d'une servitude discontinue ou non apparente (v. SERVITUDE) ; mais c'est lui-même qui supporte les frais du nouveau titre.

La prescription peut être accomplie par deux possesseurs successifs : Paul achète une maison possédée par Pierre depuis vingt-trois ans ; sept ans après, il est propriétaire. Tel est le sens de l'article 2235 du Code civil : « Pour compléter la prescription, on peut joindre à sa possession celle de son auteur, de quelque manière qu'on lui ait succédé, soit à titre universel ou particulier, soit à titre lucratif ou onéreux. »

On admet en général que l'usufruit peut s'acquérir et s'éteindre par la prescription.

### Empêchement, interruption, suspension.

— *Causes qui empêchent la prescription.* Les causes qui empêchent la prescription sont les vices de la possession et surtout le titre précaire.

L'héritier du possesseur à titre précaire ne peut jamais prescrire, car il succède au vice de la possession de son auteur. Mais quand le possesseur vend la chose qu'il tient à titre précaire, l'acheteur, n'étant point le continuateur de la personne de son vendeur, peut prescrire la chose qu'il a reçue de celui qui la possédait à titre précaire.

*Causes qui interrompent la prescription.* On entend par causes interruptives de prescription celles qui anéantissent le bénéfice du temps déjà écoulé.

Il y a deux sortes d'interruption : l'interruption naturelle et l'interruption civile. L'*interruption naturelle*, applicable seulement à la prescription acquisitive, a lieu quand le possesseur est privé, pendant plus d'un an, de la jouissance d'un immeuble par le fait d'un tiers : par l'expiration de ce délai, il a perdu l'avantage de l'action possessoire.

L'*interruption civile*, applicable aussi bien à la prescription libératoire qu'à la prescription acquisitive, a lieu : 1° par une citation en conciliation devant le juge de paix, pourvu qu'elle soit suivie d'une demande en justice dans le mois de la non-conciliation ; 2° par une citation en justice, même devant un juge incompétent ; 3° par un commandement signifié au débiteur ; 4° enfin, par la reconnaissance expresse ou tacite faite, par celui qui prescrit, du droit de son adversaire. V. SOLIDARITÉ.

*Causes qui suspendent la prescription.* On entend par causes suspensives de la prescription celles qui en arrêtent pendant quelque temps la marche, sans anéantir le bénéfice du temps écoulé.

En général, la prescription court contre toutes personnes. Par exception : 1° elle ne court pas contre les mineurs et les interdits, à moins qu'il ne s'agisse d'une prescription de dix ou vingt ans (v. plus loin) et sauf recours contre le tuteur ; 2° elle ne court pas contre l'héritier bénéficiaire (v. BÉNÉFICE D'INVENTAIRE) à raison des créances qu'il a contre la succession ; 3° elle ne court pas entre époux pendant le mariage ; 4° elle ne court pas au profit des tiers contre la femme mariée dans les quatre cas ci-après :

1° S'il s'agit de l'aliénation d'un fonds constitué en dot sous le régime dotal ; 2° dans le cas où le mari, ayant vendu un propre de la femme sans son consentement, est garant de la vente ; 3° s'il s'agit d'un droit qu'il est impossible à la femme d'exercer pendant le mariage, c'est-à-dire tant qu'elle n'a pas été à même d'accepter la communauté ou d'y renoncer ; 4° si la femme non autorisée par son mari ou par la justice a fait un acte excédant la limite de ses pouvoirs. Sous ces réserves, la prescription court contre la femme mariée à l'égard des biens dont le mari a l'administration.

Le terme et la condition suspensive arrêtent le cours de la prescription jusqu'à l'échéance du terme et l'événement de la condition. De même, le délai de l'action en garantie est suspendu jusqu'au jour de l'éviction.

Les délais pour faire inventaire et délibérer et la vacance de la succession ne suspendent pas la prescription. Toutefois, si l'héritier qui accepte ensuite la succession est mineur ou interdit, les longues prescriptions sont considérées comme ayant été suspendues pendant les délais pour faire inventaire et délibérer et pendant la vacance de la succession.

Entre la suspension de la prescription et l'interruption de la prescription, il y a une différence essentielle : lorsqu'il y a *interruption*, tout le temps accompli antérieurement est réputé non avenu et ne peut plus être, à l'avenir, d'aucune considération pour la prescription ; au contraire, la suspension laisse seulement dormir, en quelque sorte, la prescription, et lorsque la cause qui avait produit cet effet vient à cesser, la prescription reprend son cours et s'achève par le temps qui restait à courir pour la compléter.

**Prescription acquisitive.** — La prescription acquisitive ou usucapion s'acquiert par la possession prolongée pendant un certain temps.

La possession (v. ce mot) doit être non équivoque, c'est-à-dire : 1° *continue* de la part du possesseur et non *interrompue* de la part du propriétaire ; toutefois, qui prouve avoir possédé anciennement et possède présentement est censé avoir possédé pendant le temps intermédiaire, sauf preuve contraire ; 2° *paisible*, c'est-à-dire non fondée sur des actes de violence ; 3° *publique;* 4° exercée « à titre de propriétaire », d'où suit que les fermiers, dépositaires, usufruitiers et autres détenteurs précaires ne peuvent prescrire, ni ceux qui ont tout d'abord possédé pour autrui, ni ceux qui ont simplement fait des actes de pure faculté (ceux, par exemple, qu'autorise la mitoyenneté) ou de simple tolérance. On est toujours présumé posséder pour soi, et à titre de propriétaire, s'il n'est prouvé qu'on a commencé à posséder pour un autre. (Code civ., art. 2229-2234 et 2236.)

La durée la plus longue de la prescription *acquisitive* pour les immeubles est de trente ans.

La prescription de dix et vingt ans s'accomplit au profit du possesseur d'un immeuble qui a juste titre et bonne foi.

Le possesseur a juste titre quand il tient la chose en vertu d'une cause qui, de sa nature, est translative de propriété, comme la donation, la vente et l'échange ; il a bonne foi quand il croyait, lors de la création de son titre, que celui duquel il tient la chose en était le véritable propriétaire. La mauvaise foi doit être prouvée par celui qui l'allègue.

Le possesseur qui a juste titre et bonne foi prescrit par dix ans quand le propriétaire de l'immeuble est domicilié dans le ressort de la cour d'appel du lieu où est situé cet immeuble, tandis qu'il ne prescrit que par vingt ans si le propriétaire de l'immeuble est domicilié dans un autre ressort.

Il existe une prescription instantanée à l'égard des meubles. Celui qui a juste titre et bonne foi devient propriétaire d'un meuble dès qu'il lui est livré par la personne qui n'en était pas propriétaire. Tel est le sens de la maxime : *En fait de meubles, possession vaut titre.* Toutefois, le propriétaire d'une chose perdue ou volée peut la revendiquer pendant trois ans, même contre le possesseur ayant juste titre et bonne foi. Mais si celui-ci a acheté le meuble en foire, dans une vente ou chez un marchand vendant des choses de même nature, il a le droit d'exiger du propriétaire qui réclame la restitution le montant du prix qu'il a déboursé.

Le bailleur qui revendique les meubles déplacés sans son consentement et qui ont été achetés dans les mêmes conditions doit également rembourser à l'acheteur le prix qu'ils lui ont coûté.

**Prescription libératoire.** — La prescription libératoire ou extinctive dégage le débiteur envers son créancier, quand celui-ci a laissé passer un certain laps de temps sans exiger le payement.

La plus longue durée de la prescription libératoire est de trente ans, mais diverses prescriptions s'accomplissent par un temps de plus faible durée.

Le créancier peut déférer le serment sur le fait du payement à son débiteur qui invoque une courte prescription.

*Prescription de six mois.* Action des professeurs et instituteurs pour leçons données au mois ; — des hôteliers et restaurateurs pour logement et nourriture ; — des ouvriers et gens de travail pour leurs journées, salaires et fournitures.

La continuation des services ou fournitures n'interrompt pas la prescription. Cette interruption n'a lieu que par arrêté de compte signé du débiteur, par billet du débiteur qui reconnaît la dette, ou par demande en justice : dans ces cas, l'obligation est novée et elle n'est plus prescriptible que par trente ans.

*Prescription d'un an.* Actions des huissiers pour salaires de leurs actes ; — des marchands pour les marchandises vendues aux particuliers ; — des maîtres de pension pour prix de pension de leurs élèves ; — des domestiques à l'année pour leur salaire ; — des ouvriers victimes d'accidents du travail pour l'indemnité qui peut leur être due à ce titre.

*Prescription de deux ans.* Actions des médecins, chirurgiens, sages-femmes, pharmaciens pour leurs visites, opérations et médicaments ; — actions en indemnité pour occupation temporaire de terrain à l'occasion de l'exécution de travaux publics ; — des avoués pour payement de leurs frais et honoraires (à partir du jour du jugement ou de la conciliation des parties) ; — action en restitution des pièces qu'une personne a confiées à son huissier (l'action en restitution des pièces confiées à un juge ou à un avoué dure cinq ans).

*Prescription de trois ans.* Mandats-poste et valeurs de toute nature confiées à la Poste.

*Prescription de cinq ans.* Actions des notaires pour frais d'acte de leur ministère ; — arrérages de rentes perpétuelles ou viagères, de pensions alimentaires ; — loyers de maisons et prix de ferme des biens ruraux ; — intérêts de sommes prêtées, et « tout ce qui est payable par année ou à des termes périodiques plus courts ».

**Prescriptions en matière commerciale.** — Pour les dettes commerciales, comme pour les dettes civiles, la prescription extinctive ou libératoire est en principe de trente ans. Mais le principe souffre de nombreuses exceptions. V. notamment SOCIÉTÉ, TRANSPORT, LETTRE DE CHANGE.

**Prescriptions pénales.** — *Prescription de l'action publique.* Le droit commun pour la prescription de l'action publique réside dans les articles 637, 638 et 640 du Code d'instruction criminelle, d'après lesquels la durée de l'action est respectivement de *dix ans* (crimes), de *trois ans* (délits) ou de *un an* (contravention), selon qu'il s'agit d'une affaire criminelle, correctionnelle ou de police.

Des lois spéciales ont fixé, en certaines matières, un délai plus court. Ce sont notamment : la loi du 3 mai 1844 (art. 29) sur la *chasse*, qui fixe la durée de cette prescription à *trois mois*; la loi du 15 avril 1829 (art. 62) sur la *pêche fluviale*, aux termes de laquelle les actions en réparation se prescrivent par *un mois*, à compter du jour où les délits ont été constatés, lorsque les prévenus sont désignés dans les procès-verbaux, et par *trois mois*, à compter dudit jour, dans le cas contraire; le Code forestier, dont l'article 185 est ainsi conçu : « Les actions en réparation de délits et contraventions en *matière forestière* se prescrivent par *trois mois*, à compter du jour où les délits et contraventions ont été *constatés*, lorsque les prévenus ont été désignés dans les procès-verbaux. Dans le cas contraire, le délai de prescription est de *six mois* à compter du même jour, etc. »

La prescription de l'action publique s'accomplit fatalement à l'expiration du terme fixé pour sa durée. Elle court du jour où l'infraction a été commise, même lorsqu'il y a eu procès-verbal, saisie, instruction, poursuite ou même jugement ou arrêt par défaut, lequel, avant la signification, n'a que la valeur d'un acte interruptif. (Code instr. crim., art. 640; Conseil d'Etat, 6 juin 1844.)

L'action publique s'éteint aussi par le décès de l'inculpé, lorsque celui-ci meurt avant qu'il ait été statué sur l'opposition, l'appel ou le pourvoi en cassation. (Code instr. crim., art. 2.) La circonstance que la condamnation n'a pas acquis force de chose jugée suffit pour que la mort du prévenu anéantisse l'action publique.

*Prescription de la peine.* La peine se prescrit par un temps plus long que l'action civile, parce que la démonstration de la culpabilité est faite. Les déchéances légales, sauf l'interdiction, ne sont pas atteintes par la prescription.

Les délais de la prescription varient suivant qu'il s'agit de condamnations pénales (amendes et confiscations) ou de condamnations civiles (frais de justice, restitutions et dommages-intérêts).

*Condamnations pénales.* Toutes condamnations pénales, la prison aussi bien que l'amende et la confiscation, se prescrivent, savoir :

En matière *criminelle*, par vingt ans (Code instr. crim., art. 635);

En matière *correctionnelle*, par cinq ans (art. 636);

En matière de *simple police*, par deux ans (art. 639);

En matière de *roulage*, par *un an*, quand la condamnation a été prononcée par un conseil de préfecture, si l'affaire a été portée devant un juge de paix. Mais la prescription est de *cinq ans* pour les condamnations résultant de fausses indications sur la plaque ou de fausses déclarations de nom et de domicile. (Loi du 30 mai 1851, art. 271.)

La nature de la condamnation est déterminée, non par la juridiction qui a prononcé la peine, mais par la *qualification* donnée par le Code pénal à l'acte sur lequel la condamnation est motivée. Par suite, une cour d'assises peut prononcer des peines correctionnelles se prescrivant par cinq ans, et un tribunal correctionnel peut prononcer des peines de simple police.

La prescription court, non de la date du jugement, mais du jour où la condamnation a acquis force de chose jugée en devenant définitive (*dies a quo*). Toutefois elle court de la date de l'arrêt quand la condamnation a été prononcée *par contumace*.

En matière pénale, la prescription ne peut être interrompue que *par une exécution directe*, soit sur les biens du condamné par voie de saisie, soit sur sa personne par voie de contrainte par corps. (Cass., 17 juin 1835.) Un acte de procédure (commandement) ne serait donc pas suffisant pour interrompre la prescription d'une amende.

Enfin, de ce que la prescription est une exception d'ordre public, qui doit être suppléée d'office par le juge (Cass., 7 avril 1854 et 1er mars 1855), il résulte qu'en matière pénale le condamné ne peut y renoncer ni directement, ni indirectement. (Lettre Justice, 14 septembre 1885.) C'est un principe absolu, auquel le débiteur ne pourrait s'engager à déroger, même par acte notarié.

*Condamnations civiles.* En matière de condamnations civiles (restitutions, dommages-intérêts et frais de justice), la prescription est de *trente ans*, quelles que soient la gravité de l'acte incriminé et la juridiction qui ait prononcé le jugement. (Code civil, art. 2262; Code instr. crim., art. 642.) Le délai de trente ans court du jour où les condamnations sont devenues irrévocables, ou à partir du dernier acte de procédure.

Les amendes de cassation participent de la nature des frais de justice et se prescrivent par trente ans, quelle que soit la juridiction qui ait prononcé la condamnation primitive. (Lettre Justice, 12 mars 1904; C. C. p., 25 avril 1904, art. 55.) Cette prescription peut être interrompue civilement par un commandement ou une saisie-arrêt signifiés à celui qu'on veut empêcher de prescrire. (Code civ., art. 2244.)

Il est, en outre, à remarquer qu'en matière de condamnations civiles, le débiteur peut toujours renoncer au bénéfice de la prescription.

La prescription trentenaire s'applique à toutes les dettes civiles pour lesquelles la loi n'a pas édicté de disposition spéciale. A ce titre, elle atteint les *amendes* dues à titre successoral, à cause du caractère civil que prennent toutes les dettes de succession (art. 140, 150).

Le point de départ des trente ans est le jour de la mort du condamné. (Lettre Just., 23 août 1886.)

A l'égard des frais de justice qui ont le caractère de dette civile du vivant même du condamné, la prescription trentenaire court du jour où la condamnation est devenue définitive, aussi bien à l'égard des héritiers du condamné qu'à l'égard du condamné lui-même. (Lettre Just., 20 janvier 1894.)

**Préséances.**

Les représentants des États étrangers se placent : 1° d'après la classe à laquelle ils appartiennent ; 2° s'ils sont de même classe, d'après la date de notification de leur arrivée. (Règl. de Vienne, 19 mars 1815.) Dans les États catholiques, le légat ou nonce du pape a le pas sur les autres ambassadeurs.

La préséance est fixée, entre les autorités, par le décret du 16 juin 1907, qui comprend cinq titres : Ier, *Des rangs et préséances ;* II, *Honneurs civils ;* III, *Honneurs militaires ;* IV, *Dispositions communes aux honneurs civils et militaires ;* V, *Des honneurs funèbres.*

Les corps et les autorités convoqués aux cérémonies publiques y prennent rang ainsi qu'il suit, à Paris :

Présidents du Sénat et de la Chambre des députés, ministres, sous-secrétaires d'Etat, Sénat, Chambre des députés, conseil d'Etat, grand chancelier de la Légion d'honneur, conseil de l'ordre et délégation des grands-croix et des grands-officiers, cour de cassation, cour des comptes, conseils supérieurs de la guerre et de la marine, Institut, conseil supérieur de l'instruction publique, préfet de la Seine, préfet de police, conseil municipal de Paris, conseil général de la Seine, gouverneur militaire de Paris, général commandant le corps d'armée des troupes coloniales, cour d'appel, général commandant supérieur de la défense et du camp retranché de Paris, vice-recteur de l'Académie de Paris et conseil de l'Université, Académie de médecine, délégations des fonctionnaires supérieurs des ministères, etc.

**Président.** — Personne qui préside une assemblée, une association, qui est chargée d'en diriger les opérations, en veillant à l'observation des règlements ou des lois.

*Président de la République.* — Il est élu par le Sénat et la Chambre des députés, réunis en assemblée nationale ou *Congrès.* Il est nommé pour sept ans, et rééligible. Aucun membre des familles ayant régné en France ne peut être élu.

Dans la sphère du pouvoir législatif, il a l'initiative des lois concurremment avec les membres des Chambres ; il peut, dans le délai fixé pour la promulgation des lois, demander aux Chambres, par un *message,* une nouvelle délibération ; il a le droit de provoquer une délibération des Chambres relativement à une revision des lois constitutionnelles.

Dans la sphère du pouvoir exécutif, il promulgue les lois et les décrets nécessaires à leur exécution ; il a le droit de faire grâce ; il dispose de la force armée ; il nomme à tous les emplois civils et militaires ; il choisit les ministres ; il peut, sur l'avis conforme du Sénat, dissoudre la Chambre des députés avant l'expiration de son mandat. Le président de la République a un traitement de 600 000 francs ; il lui est attribué une autre somme de 600 000 francs pour frais de représentation et de déplacement. V. LOIS CONSTITUTIONNELLES.

Le président de la République étant irresponsable, sauf le cas de haute trahison, ce sont les ministres qui répondent de ses actes devant le Parlement. Les actes émanant du président de la République portent le nom de décrets. (V. DÉCRET.) L'excès de pouvoir, en matière administrative, peut être l'objet d'un recours contentieux devant le conseil d'Etat. Les décrets réglementaires peuvent donner lieu, pour le même motif, à un recours en annulation, et s'ils sont illégaux, à une action devant l'autorité judiciaire qui, ayant pouvoir d'appliquer une peine, a qualité pour apprécier la légalité des règlements qui motivent l'application de cette peine.

Aux termes de l'article 40 du décret du 22 juillet 1806, « lorsqu'une partie se croira lésée dans ses droits ou sa propriété par l'effet d'une décision rendue en conseil d'Etat, en matière non contentieuse, elle pourra présenter requête au chef du pouvoir exécutif pour, sur un rapport à lui fait, l'affaire être renvoyée, s'il y a lieu, soit à une section du Conseil d'Etat, soit à une commission. »

Ce recours mixte, qui a pour but d'obtenir la réformation d'un décret rendu en conseil d'Etat, a un caractère gracieux et non contentieux ; le président de la République est libre de l'accueillir ou de le rejeter.

*Présidents de la Chambre des députés ou du Sénat.* — Les présidents de la Chambre et du Sénat sont élus chaque année pour la durée de la session et pour toute session extraordinaire qui aurait lieu avant la session ordinaire de l'année suivante. Ils dirigent les débats et font observer le règlement ; ils veillent à la sûreté intérieure et extérieure de l'assemblée qu'ils président et ont le droit de requérir la force armée, ainsi que toutes les autorités dont ils jugent le concours nécessaire.

*Présidents des cours et tribunaux.* — A la tête de tout tribunal, judiciaire ou administratif, est placé un président, qui dirige les débats et est chargé de la police de la salle.

La Cour de cassation, la Cour des comptes, les cours d'appel, ont, outre des présidents de chambre, un premier président. Le Conseil d'Etat, qui a pour président le ministre de la Justice, a à sa tête un vice-président et des présidents de section.

La présidence des cours d'assises est, pour chaque session, confiée par le garde des sceaux ou, à son défaut, par le premier président de la cour d'appel, à un magistrat choisi parmi les conseillers à la cour d'appel. Le président d'assises a droit à une escorte d'honneur, composée d'une brigade de gendarmerie le jour de son entrée, et à une sentinelle pendant la durée de la session.

Au président de la cour d'assises appartient, soit avant, soit pendant les débats, un rôle des plus actifs. Il possède un pouvoir d'instruction supplémentaire, antérieur aux débats ; un pouvoir particulier, dit *pouvoir discrétionnaire* (parce qu'il est abandonné à sa propre *discrétion*), ayant pour objet tout ce qui peut être utile à la manifestation de la vérité.

**Présomption.** — Conséquence que la loi ou les tribunaux tirent, comme moyen de preuve, d'un fait connu à un fait inconnu. (Code civ., art. 1349.)

On distingue : 1° les présomptions *légales;* 2° les présomptions *du fait* ou *de* l'homme.

Les présomptions légales sont plutôt des dispenses de preuve (Code civ., art. 1352) que des modes de preuve. Elles n'ont pas toutes la même force. En principe, la loi, lorsqu'elle dispense l'une des parties du fardeau de la preuve, laisse à l'adversaire le droit de rétablir la vérité et de détruire ainsi la présomption; on dit alors que la présomption souffre la preuve du contraire. Ainsi la loi présume que l'enfant né d'une femme mariée pendant le mariage a pour père le mari; mais celui-ci peut parfois faire tomber cette présomption en prouvant qu'il n'est pas le père de l'enfant. Par exception, la présomption légale peut être accompagnée d'une défense faite à l'adversaire d'en détruire l'effet par la preuve du contraire; la présomption est alors irréfragable. Les présomptions légales n'ont ce caractère exceptionnel qu'autant que, sur leur fondement, la loi refuse une action en justice ou annule un acte perdu (même art. 1352); la présomption fondée sur l'autorité de la chose jugée en est un exemple V. CHOSE JUGÉE.

Les présomptions qui ne sont pas établies par la loi sont appelées aussi *présomptions de fait* ou *de l'homme.* Elles rentrent bien dans les modes de preuve, en observant toutefois que ce qui fait ici vraiment office de preuve c'est le fait matériel allégué. Les *présomptions de fait* ne doivent être admises par le juge que dans les cas où la preuve testimoniale pourrait l'être, et qu'autant qu'elles sont graves, précises et concordantes. (*Id.*, art. 1353.)

## Presse.

Sous ce nom de *presse* il faut comprendre les journaux, les livres, les affiches, tout ce qui en un mot touche à l'imprimerie et à la librairie.

La liberté de la presse n'existait pas en France avant 1789. Elle fut proclamée par l'Assemblée constituante dans la *Déclaration des droits de l'homme et du citoyen* et réglée par la Constitution de 1791. Mais les gouvernements qui se sont succédé en France depuis la Révolution avaient peu à peu accumulé en la matière tant de dispositions législatives éparses qu'en 1881 la législation française sur la presse formait un assemblage confus. Bien que diverses d'origine, ces lois avaient presque toutes étendu le domaine de la réglementation. C'est ainsi que, sous le second Empire, un décret du 17 février 1852 soumit les journaux à l'obligation d'une autorisation préalable, fixa le tarif des cautionnements qu'ils devaient fournir, les rendit justiciables des tribunaux de police correctionnelle, permit de les suspendre après deux avertissements motivés et de les supprimer après deux condamnations judiciaires.

La loi du 29 juillet 1881 fit table rase de toute la législation antérieure sur la presse, et à cette législation complexe, cette loi, qu'on a parfois appelée le « Code de la presse », a substitué une codification simple et complète. Cette loi a supprimé en ce qui concerne la presse toute mesure préventive : pour les journaux et écrits périodiques, la seule formalité imposée, antérieurement à la publication du premier numéro, est celle d'une déclaration faite au Parquet. Elle a considérablement réduit la liste des crimes et délits prévus par les lois antérieures.

Elle a en faveur de la presse dérogé au droit commun : c'est le jury qui, en règle générale, a été institué comme juridiction compétente. Un système particulier a été établi quant à la responsabilité pénale et à la complicité. L'aggravation de peine résultant de la récidive n'est point encourue. Quand les circonstances atténuantes sont accordées, la peine ne peut excéder la moitié de celle édictée par la loi. La prescription est réduite à trois mois, dans tous les cas, à partir de la publication. La procédure est spéciale et soumise à des formes impératives. La publication qui constitue l'infraction doit résulter de moyens déterminés. La saisie et l'arrestation préventive ne peuvent être employées que dans des limites restreintes et précises, et la procédure des flagrants délits n'est pas applicable. Pour le recours en cassation, le prévenu est dispensé de consigner l'amende. Les peines ne peuvent pas se cumuler : la plus forte est seule prononcée. L'imprimerie et la librairie sont libres sous réserve du dépôt légal (v. DÉPÔT) et de l'indication du nom et du domicile de l'imprimeur.

**Presse périodique.** — Tout journal ou écrit périodique peut être publié, sans autorisation préalable et sans dépôt de cautionnement, à la condition d'avoir un gérant.

Avant la publication il est fait, au parquet du procureur de la République, une déclaration contenant : 1° le titre du journal ou écrit périodique et son mode de publication; 2° le nom et la demeure du gérant; 3° l'indication de l'imprimerie où il doit être imprimé. Toute mutation est déclarée dans les cinq jours qui la suivront.

Les déclarations sont faites par écrit, sur papier timbré, et signées des gérants. Il en est donné récépissé.

En cas de contravention, le propriétaire, le gérant, ou, à défaut, l'imprimeur, sont punis d'une amende de 50 francs à 500 francs, et le journal ou écrit périodique ne peut continuer sa publication qu'après avoir rempli les formalités ci-dessus prescrites, à peine, si la publication irrégulière continue, d'une amende de 100 francs, prononcée solidairement contre les mêmes personnes, pour chaque numéro publié à partir du jour de la prononciation du jugement de condamnation si ce jugement est contradictoire, et du troisième jour qui suivra sa notification s'il a été rendu par défaut. L'exécution provisoire peut être ordonnée. Si le condamné (même par défaut) interjette appel, il est statué par la cour dans le délai de trois jours.

Au moment de la publication de chaque feuille ou livraison du journal ou écrit périodique, il est remis au parquet, ou à la mairie dans les villes où il n'y a pas de tribunal, deux exemplaires signés du gérant. Pareil dépôt est fait au ministère de l'Intérieur pour Paris et le département de la Seine, et pour les autres départements, à la préfecture, à la sous-préfecture, ou à la mairie, dans les villes qui ne sont ni chefs-lieux de département, ni chefs-lieux d'arrondissement (sous peine de 50 francs d'amende contre le gérant).

Le gérant devra être Français, majeur, avoir la jouissance de ses droits civils, et n'être privé de ses droits civiques par aucune condamnation judiciaire. Il est admis qu'une femme peut être gérante d'un journal, mais que les faillis non réhabilités en sont incapables. Le gérant est considéré comme l'auteur principal des crimes ou délits commis par la voie de la publication qu'il signe. Les auteurs ou les imprimeurs ne peuvent être poursuivis que lorsque les gérants sont en cause.

Le nom du gérant est imprimé au bas de tous les numéros sous peine contre l'imprimeur de 16 francs à 100 francs d'amende par numéro.

Les journaux n'ont pas le droit d'attribuer à leurs abonnés ou lecteurs des cadeaux ou surprises par voie de tirage au sort ou par distribution dans les rues et lieux publics. Ces pratiques, qui font intervenir le hasard, tombent sous le coup de la loi du 21 mai 1836 sur les loteries.

La circulation en France des journaux et périodiques étrangers ou publiés en France en langue étrangère peut être interdite par décision spéciale délibérée en conseil des ministres. La circulation d'un numéro peut être interdite par décision du ministre de l'Intérieur. La distribution ou vente faite sciemment au mépris de l'interdiction est punie de 50 francs à 5 000 francs d'amende.

*Rectification. Droit de réponse.* — Le gérant est tenu d'insérer gratuitement, en tête du prochain numéro du journal ou écrit périodique, toutes les rectifications qui lui sont adressées par un dépositaire de l'autorité publique, au sujet des actes de sa fonction inexactement rapportés par ledit journal ou écrit périodique. Toutefois, ces rectifications ne doivent pas dépasser le double de l'article auquel elles répondent. En cas de contravention, le gérant est puni d'une amende de 100 francs à 1 000 francs.

Le gérant est tenu d'insérer dans les trois jours de leur réception ou dans le plus prochain numéro, s'il n'en était pas publié avant l'expiration des trois jours, les réponses de toute personne nommée ou désignée dans le journal ou écrit périodique, sous peine d'une amende de 50 francs à 500 francs, sans préjudice des autres peines et dommages-intérêts auxquels l'article pourrait donner lieu. Cette insertion doit être faite à la même place et en mêmes caractères que l'article qui l'aura provoquée. Elle est gratuite lorsque les réponses ne dépassent pas le double de la longueur dudit article. Si elles le dépassent, le prix d'insertion est dû pour le surplus seulement. Il est calculé au prix des annonces judiciaires (art. 12 et 13).

C'est le *droit de réponse*, sur lequel la jurisprudence n'est pas encore fixée. Si absolu et si général que soit et que doive être le droit de réponse, il ne peut aller jusqu'à empêcher le fonctionnement d'un journal en le contraignant à consacrer la plus grande partie de son numéro du jour à la publication d'une réponse hors de proportion avec l'article qui l'a provoquée; il existe en pareille occurrence une sorte d'impossibilité matérielle qui n'a pu être dans le vœu du législateur.

D'autre part, le gérant est fondé à refuser l'insertion d'une réponse qui met en cause une tierce personne et expose ainsi le journal à une action de la part de ce tiers. (Trib. corr. de la Seine, 17 février 1904.)

*Insertions dans les journaux.* — Les insertions dans les journaux sont exigées par la loi comme publicité à donner à certains actes : actes constitutifs de sociétés, ventes par autorité de justice ou après décès, déclarations de faillite. Ici, l'insertion est une garantie donnée aux tiers intéressés.

En d'autres cas, c'est une décision de justice qui impose l'insertion, comme réparation accordée au plaignant. Les jugements statuant sur des falsifications ou des fraudes commerciales, les jugements intervenant en matière d'injure ou de diffamation, sont de ceux dont, généralement, la publicité est exigée par les tribunaux.

*Propriété des titres de journaux.* — Un titre de journal constitue un nom commercial, c'est-à-dire une propriété privée, à laquelle il ne peut être porté aucune atteinte directe ou indirecte par la création postérieure d'un autre journal. L'éditeur qui, en créant une nouvelle revue, emprunte au titre appartenant déjà à son concurrent sa partie essentielle et caractéristique, porte ainsi atteinte au droit de ce dernier. Il y a donc lieu d'ordonner la suppression du titre donné à la nouvelle revue, pour éviter toute confusion, alors surtout que ce sont l'éditeur et le rédacteur en chef de l'ancienne publication qui, ayant repris leur liberté, ont fondé le nouveau journal. (Cour de Paris, 17 juillet 1903.)

*Affichage. Colportage.* — V. ces mots.

Les journaux et autres imprimés distribués ou vendus dans les rues ne peuvent être annoncés que par leur titre, leur prix, l'indication de leur opinion et les noms de leurs auteurs ou rédacteurs. Aucun titre obscène ou contenant des imputations, diffamations ou expressions injurieuses pour une ou plusieurs personnes ne peut être annoncé sur la voie publique. Les infractions à ces dispositions sont punies d'une amende de 1 franc à 15 francs, et, en cas de récidive, d'un emprisonnement de un à cinq jours. Toutefois l'article 463 (circonstances atténuantes) peut toujours être appliqué. (Loi du 19 mars 1889.)

*Crimes et délits de presse.* — Les immunités octroyées à la presse ont donné cours à des excès flagrants, qui ont provoqué des remaniements successifs de la législation de 1881.

Les délits contre les personnes, réprimés par la loi du 29 juillet 1881, sont la diffamation et l'injure. V. DIFFAMATION, INJURE.

La provocation aux crimes et délits par la voie de la presse était à l'origine réprimée par l'article 23 de la loi du 29 juillet 1881 : « Seront punis comme complices d'une action qualifiée crime ou délit ceux qui, soit par des discours, cris ou menaces proférés dans des lieux ou réunions publics, soit par des écrits, des imprimés vendus ou distribués, mis en vente ou exposés dans des lieux ou réunions publics, soit par des placards ou affiches exposés aux regards du public, auront directement provoqué l'auteur ou les auteurs à commettre ladite action, si la provocation a été suivie d'effet. Cette disposition sera également applicable lorsque la provocation n'aura été suivie que d'une tentative de crime. ».

La loi du 3 février 1893 compléta les articles 419 et 420 du Code pénal, en punissant les provocations ou tentatives de provocation, notamment à l'aide de la presse, au retrait des fonds des caisses publiques, et en les soumettant à la juridiction de la police correctionnelle.

Les actes anarchistes motivèrent la loi du 12 décembre 1893, qui modifia la loi du 29 juillet 1881 (art. 24, § 1er, 25 et 49), en ce qui touche la provocation publique au vol, au meurtre, au pillage, à l'incendie et à l'apologie de ces crimes, aux crimes contre la sûreté intérieure ou extérieure de l'Etat, à la désobéissance et à l'indiscipline militaires; puis la loi du 28 juillet 1894, qui, dérogeant encore aux règles de faveur de la loi de 1881, se proposa d'assurer une répression rigoureuse des menées anarchistes en déférant leurs auteurs à la police correctionnelle. V. PROVOCATION.

Sous le nom de « délits contre la chose publique », la loi du 29 juillet 1881 punit : l'offense au président de la République (art. 26) [v. OFFENSE]; la publication de fausses nouvelles et de « pièces fabriquées, falsifiées ou mensongèrement attribuées à des tiers » (art. 27); l'outrage aux bonnes mœurs (art. 28, complété par les lois des 2 août 1882 et 16 mars 1898). V. OUTRAGE.

Les offenses publiques envers les chefs d'Etat étrangers et envers les agents diplomatiques accrédités auprès du gouvernement de la République ont été déférées aux tribunaux correctionnels par la loi du 16 mars 1893.

Il est interdit : de publier les actes d'accusation et autres actes de procédure criminelle ou correctionnelle avant leur lecture à l'audience ; — de rendre compte des procès en diffamation où la preuve des faits diffamatoires n'est pas autorisée ; — de rendre compte des délibérations intérieures, soit des cours et tribunaux, soit des jurys ; — d'ouvrir et d'annoncer publiquement des souscriptions ayant pour objet d'indemniser des amendes, frais et dommages-intérêts prononcés en matière criminelle et correctionnelle.

Les tribunaux peuvent interdire, en matière civile, le compte rendu des procès, mais les jugements peuvent être publiés.

La reproduction des débats sur les instances en divorce ou en séparation de corps est toujours interdite.

Sont passibles, comme auteurs principaux, des peines qui constituent la répression des crimes et délits commis par la voie de la presse dans l'ordre ci-après, savoir : 1° les gérants ou éditeurs, quelles que soient leurs professions ou leurs dénominations ; 2° à leur défaut, les auteurs ; 3° à défaut des auteurs, les imprimeurs ; 4° à défaut des imprimeurs, les vendeurs, distributeurs ou afficheurs.

Lorsque les gérants ou les éditeurs seront en cause, les auteurs seront poursuivis comme complices. Pourront l'être au même titre et dans tous les cas, toutes personnes auxquelles l'article 60 du Code pénal (v. COMPLICITÉ) pourrait s'appliquer. Ledit article ne s'applique pas aux imprimeurs pour faits d'impression, sauf dans le cas d'infraction à la loi sur les attroupements.

Les propriétaires des journaux ou écrits périodiques sont responsables des condamnations pécuniaires prononcées au profit des tiers contre les personnes désignées ci-dessus.

Les crimes et délits prévus par la loi du 29 juillet 1881 sont en principe déférés à la cour d'assises. L'action civile résultant des délits de diffamation contre les ministres, fonctionnaires, magistrats, jurés, et contre les armées ne peut, sauf dans le cas de décès de l'auteur du fait incriminé ou d'amnistie, être poursuivie séparément de l'action publique. La poursuite des crimes et délits commis par la voie de la presse ou par tout autre moyen de publication a lieu d'office et à la requête du ministère public.

Si le ministère public requiert une information, il est tenu, dans son réquisitoire, d'articuler et de qualifier les provocations, outrages, diffamations et injures à raison desquels la poursuite est intentée, avec indication des textes dont l'application est demandée, à peine de nullité du réquisitoire de ladite poursuite.

Immédiatement après le réquisitoire, le juge d'instruction peut, mais seulement en cas d'omission du dépôt légal, ordonner la saisie de quatre exemplaires de l'écrit, du journal ou du dessin incriminé. Si le prévenu est domicilié en France, il ne peut, sauf exceptions prévues par la loi, être préventivement arrêté. S'il y a condamnation, l'arrêt peut prononcer les confiscations des écrits ou imprimés, placards ou affiches saisis et dans tous les cas ordonner la saisie et la suppression ou la destruction de tous les exemplaires qui seraient mis en vente, distribués ou exposés au regard du public. Toutefois, la suppression ou la destruction peut ne s'appliquer qu'à certaines parties des exemplaires saisis.

La citation contient l'indication précise des écrits, des imprimés, placards, dessins, gravures, peintures, médailles, emblèmes, des discours ou propos publiquement proférés qui sont l'objet de la poursuite, ainsi que de la qualification des faits. Elle indique les textes de la loi invoquée à l'appui de la demande. Si la citation est à la requête du plaignant, elle porte, en outre, copie de l'ordonnance du président ; elle contient élection de domicile dans la ville où siège la cour d'assises, et est notifiée tant au prévenu qu'au ministère public. Toutes ces formalités sont observées à peine de nullité de la poursuite.

Le droit de se pourvoir en cassation appartient au prévenu et à la partie civile, quant aux dispositions relatives à ses intérêts civils. L'un et l'autre sont dispensés de consigner l'amende, et le prévenu de se mettre en état. Le pourvoi doit être formé dans les trois jours, au greffe de la cour ou du tribunal qui aura rendu la décision. Dans les vingt-quatre heures qui suivent, les pièces sont envoyées à la Cour de cassation, qui juge d'urgence dans les dix jours à partir de leur réception.

L'aggravation des peines résultant de la récidive n'est pas applicable aux infractions prévues par la loi du 29 juillet 1881. En cas de conviction de plusieurs crimes ou délits prévus par la même loi, les peines ne se cumulent pas, et la plus forte est seule prononcée.

L'article 463 du Code pénal (circonstances atténuantes) est applicable dans tous les cas prévus par la présente loi. Lorsqu'il y a lieu de faire cette application, la peine prononcée ne peut excéder la moitié de la peine édictée par la loi.

L'action publique et l'action civile résultant des crimes, délits et contraventions prévus par la présente loi se prescrivent après trois mois révolus, à compter du jour où ils ont été commis, ou du jour du dernier acte de poursuite, s'il en a été fait.

**Prestation.** — Taxe communale, payable en argent ou en nature, et dont le produit est affecté aux dépenses des chemins vicinaux.

*Assiette de la taxe.* — La prestation ne peut être votée que par journées entières, jusqu'à concurrence du maximum déterminé par la loi. Le même nombre de journées est appliqué à tous les éléments imposables.

Est passible de la prestation tout habitant de la commune, mâle, valide, âgé de dix-huit ans au moins et de soixante ans au plus, célibataire ou marié, quelle que soit sa profession, pourvu qu'il soit porté au rôle des contributions directes. — S'il est chef de famille ou d'établissement, à titre de propriétaire, de régisseur, de fermier ou de colon partiaire, il doit la prestation, non seulement pour sa personne, mais encore pour chaque individu mâle, valide, âgé de dix-huit ans au moins et de soixante ans au plus, membre ou serviteur de la famille et résidant dans la commune, ainsi que pour chaque bête de trait, de somme ou de selle, et pour chaque charrette ou voiture attelée, au service de la famille ou de l'établissement dans la commune. — Tout individu, même non habitant de la commune, même du sexe féminin, même invalide, même âgé de moins de dix-huit ans et de plus de soixante, même non porté nominativement aux rôles des contributions directes, s'il est chef d'une famille qui habite la commune, ou si, à titre de propriétaire, de régisseur, de fermier ou de colon partiaire, il est chef d'une exploitation agricole ou d'un établissement situé dans la commune, doit la prestation, non pour sa personne, mais pour tout ce qui, personnes ou choses, dans les conditions indiquées à l'alinéa précédent, dépend de l'exploitation ou de l'établissement dont il est propriétaire ou qu'il gère à quelque titre que ce soit. (Loi du 21 mai 1836, art. 3, et Instr. de 1870, art. 76.)

Le propriétaire qui a plusieurs résidences qu'il habite alternativement est passible de la prestation en nature dans la commune où il a son principal établissement. — S'il a dans chacune de ces résidences un établissement permanent en domestiques, voitures, bêtes de somme, de trait ou de selle, il doit être imposé, dans chaque commune, pour ce qui lui appartient dans cette commune. — Si ses domestiques, ses animaux et ses voitures passent avec lui temporairement d'une résidence à une autre, il ne doit être imposé pour ses moyens d'exploitation que dans le lieu de son principal établissement. (*Id.*, art. 77.)

Sont considérés comme serviteurs tous ceux qui ont dans la maison des fonctions subordonnées à la volonté du maître, et qui reçoivent des gages ou un salaire annuel et permanent. — Sont considérés comme membres de la famille les enfants qui habitent chez leur père, alors même qu'ils sont portés au rôle des contributions directes. — Ne sont pas considérés comme serviteurs : 1° les ouvriers qui travaillent à la journée ou à la tâche, ou qui ne sont employés que passagèrement pendant le temps de la moisson ou d'un travail temporaire ; 2° les employés, contremaîtres, chefs d'ateliers et maîtres ouvriers attachés à l'exploitation d'établissements industriels ; 3° les postillons titulaires des relais de poste ; 4° l'individu qui vit à son ménage. — Les individus compris dans ces différentes catégories doivent, s'il y a lieu, être imposés à la prestation en nature pour leur propre compte dans la commune de leur domicile ou du domicile de leur famille. (*Id.*, art. 78.)

Ne donnent pas lieu à l'imposition de la prestation en nature : 1° les bêtes de somme, de trait ou de selle que leur âge, ou toute autre cause, ne permet pas d'assujettir au travail ; 2° celles qui sont destinées à la consommation, à la reproduction, et celles qui ne sont possédées que comme objet de commerce, à moins que, nonobstant leur destination, le possesseur n'en retire un travail ; 3° les chevaux des relais de poste, mais seulement dans la limite du nombre fixé pour chaque relais par les règlements de l'administration des Postes ; 4° les chevaux que les agents du gouvernement sont tenus, par les règlements émanés de leur administration, de posséder pour l'accomplissement de leur service. (*Id.*, art. 79.)

Ne doivent être considérées comme attelées et, par conséquent, donner lieu à l'imposition de la prestation en nature, que les voitures dont le propriétaire possède d'une manière permanente le nombre de chevaux ou d'animaux de trait nécessaire pour qu'elles puissent être employées simultanément. (*Id.*, art. 80.)

Les voitures automobiles, ainsi que les tracteurs et voitures attelées à ces tracteurs, sont passibles de la taxe des prestations, dans les conditions prévues par la loi du 21 mai 1836. Le tarif de conversion en argent des voitures automobiles et des tracteurs, arrêté chaque année par le conseil général, ne peut dépasser celui que comportent les voitures à traction animale dont la taxe est le plus élevée. Ce tarif peut être majoré à raison du nombre des chevaux-vapeur, la taxe correspondant à chaque cheval-vapeur ne devant pas être toutefois supérieure au tiers de la taxe afférente à la bête de trait la plus imposée. (Loi du 10 juillet 1901, art. 7.)

*Rôles et avertissements.* — Les prestations sont imposées sur les contribuables d'après des *états matrices* et des *rôles spéciaux* qui sont dressés par les agents de l'administration des Contributions directes. Les rôles doivent être soumis, avant la fin du mois d'octobre de l'année qui précède celle pour laquelle ils sont formés, à l'approbation du préfet, qui les rend exécutoires et les renvoie immédiatement, avec les avertissements, au directeur, pour qu'ils soient publiés et recouvrés. La publication a lieu dans les formes usitées pour les contributions directes; seulement elle doit s'effectuer dès les premiers jours de novembre. Les receveurs des communes reçoivent les rôles par l'entremise du receveur des finances sous la surveillance duquel ils sont placés. (Instr. gén., art. 1288.)

Le rôle présente, pour chaque article, le montant total en argent de chaque cote et le détail de son évaluation par chaque espèce de journées, d'après l'état matrice et d'après le tarif arrêté par le conseil général du département. Il porte en tête la mention de la délibération du conseil municipal qui a voté la prestation, ou de l'arrêté du préfet qui a ordonné une imposition d'office. Il est arrêté et certifié par le directeur des contributions directes et rendu exécutoire par le préfet. Si un rôle supplémentaire est nécessaire, il est dressé de la même manière que le rôle primitif.

Le receveur municipal remet le rôle au maire de la commune, qui doit en faire la publication, après quoi le receveur municipal fait parvenir sans frais les avertissements aux contribuables. Si le maire négligeait ou refusait de faire la publication du rôle, le préfet y ferait procéder par un délégué spécial.

La prestation est appréciée en argent, conformément à la valeur qui a été attribuée annuellement pour la commune à chaque espèce de journée par le conseil général sur les propositions des conseils d'arrondissement.

*Modes d'acquittement.* — La prestation peut être acquittée en nature ou en argent, au gré du contribuable. Toutes les fois que le contribuable n'aura pas opté dans les délais prescrits, la prestation sera de droit exigible en argent. — La prestation non rachetée en argent peut être convertie en tâches, d'après les bases et évaluations de travaux préalablement fixés par le conseil municipal. (Loi du 21 mai 1866, art. 4.) Les avertissements font connaître aux prestataires le nombre de journées de travail qu'ils sont tenus de fournir, ainsi que l'évaluation de ces journées en argent. (Instr. gén., art. 888.)

Les déclarations d'option sont reçues par le maire. A l'expiration du délai d'un mois, le registre des déclarations d'option est clos.

Dans la quinzaine qui suit, le receveur municipal dresse et envoie au préfet, pour être transmis au maire, un extrait du rôle comprenant le nom de chacun des contribuables qui a déclaré vouloir s'acquitter en nature, ainsi que le nombre des journées d'hommes, d'animaux et de charrois qu'il devra exécuter et le montant total de sa cote.

Le recouvrement des prestations *en nature*, qui consiste dans l'exécution des travaux, est dans les attributions de l'autorité municipale. Le maire fait remettre à chaque prestataire un avis indiquant les travaux à exécuter, le jour et l'heure où ils doivent commencer, et le lieu où le prestataire doit se rendre.

Les prestations en nature doivent être acquittées aux époques que les préfets ont déterminées dans leur règlement sur le service des chemins vicinaux, et, en tout cas, dans l'année pour laquelle elles ont été votées. Si quelques communes sont en retard, le préfet peut les mettre en demeure d'exécuter les prestations dans un délai déterminé, et, en cas de non-exécution, faire faire les travaux d'office.

Lorsqu'un contribuable ne s'acquitte pas des journées ou des tâches qui lui sont imposées, sa cote ou la portion de cote restant due devient exigible en argent. Le maire fait connaître au receveur municipal les prestataires en faute, afin qu'ils puissent être poursuivis.

Le receveur municipal recouvre les cotes payables *en argent*, conformément aux règles suivies en matière de contributions directes.

Les cotes payables en argent pour défaut de déclaration sont exigibles par douzièmes. Il en est de même de celles à payer en argent par suite de l'inexécution ou de l'exécution incomplète des travaux ou des journées demandées au prestataire; mais le premier payement fait par le contribuable doit comprendre les douzièmes échus. (Loi du 24 juillet 1824, art. 5.)

Les demandes en dégrèvement de la part des contribuables devront être présentées, avant le 31 mars, au sous-préfet de l'arrondissement; elles pourront être libellées sur papier libre. Il est statué par le conseil de préfecture, sauf recours au Conseil d'État. Les pourvois des intéressés sont adressés au préfet, qui y donne suite.

*Taxe vicinale.* — La loi du 31 mars 1903, article 5, a donné aux conseils municipaux la faculté de remplacer par une *taxe vicinale* le produit des journées de prestations que les communes sont tenues de voter pour les chemins vicinaux.

Ce remplacement peut porter soit sur la totalité ou sur une partie de la prestation individuelle considérée isolément, soit, après que celle-ci aura été entièrement convertie, sur la totalité ou sur une partie de la prestation des animaux et véhicules.

La taxe vicinale est représentée par des centimes additionnels aux quatre contributions directes en nombre suffisant pour produire une somme équivalente à la valeur des prestations remplacées. Lorsque ce nombre de centimes est supérieur à 20, la substitution doit être autorisée par le conseil général.

Les redevables peuvent se libérer en nature de la taxe vicinale, pourvu qu'elle ne soit pas inférieure à 1 franc et à condition de déclarer, dans les délais prescrits, qu'ils entendent faire usage de cette faculté.

La libération en nature est soumise aux dispositions qui régissent la prestation. Elle s'effectue soit en journées, évaluées aux prix fixés par le conseil général pour le rachat de la prestation, soit en tâches, d'après un tarif de conversion arrêté par la commission départementale sur la proposition du conseil municipal.

Dans les communes qui ont décidé la conversion en centimes de la totalité des prestations, le rôle de la prestation cesse d'être établi et est remplacé par celui de la taxe vicinale.

Lorsque les prestations n'ont été que partiellement remplacées, auquel cas la taxe des prestations et la taxe vicinale existent simultanément, les deux taxes font l'objet d'un rôle unique, mais elles restent néanmoins distinctes. Les contribuables qui usent de la faculté d'option ont en conséquence à faire une déclaration double ou simple, suivant qu'ils entendent se libérer en nature des deux taxes, ou seulement de l'une d'elles. L'option en nature ne peut d'ailleurs s'appliquer à la taxe vicinale que si celle-ci, considérée isolément, est égale ou supérieure à 1 franc.

Le délai d'option pour l'exécution en nature de la taxe vicinale est d'un mois, à partir de la date de la publication du rôle.

Le remplacement partiel doit toujours s'appliquer à des journées entières et ne peut être étendu à la prestation des animaux et véhicules qu'après que la prestation individuelle a été elle-même entièrement convertie.

La taxe vicinale n'est applicable qu'aux journées de prestations votées pour l'entretien des chemins vicinaux; elle ne peut être substituée aux journées qui ont pour objet de pourvoir à l'entretien des chemins ruraux.

**Prêt.** — Contrat par lequel l'une des parties (*prêteur*) livre une chose à l'autre (*emprunteur*), qui acquiert le droit de s'en servir, à charge de la restituer après un temps déterminé ou indéterminé, en nature ou en équivalence.

Il existe donc deux sortes de prêt : le *prêt à usage* ou *commodat* et le *prêt de consommation*. (Code civ., art. 1874-1914.)

*Prêt à usage ou commodat.* — Le prêt à usage (Code civ., art. 1875-1891) peut se former entre personnes *capables d'administrer*, et, sauf le cas où l'on n'a prêté qu'en considération de l'emprunteur, les héritiers bénéficient du prêt consenti par leur auteur.

L'emprunteur doit veiller à la garde et à la conservation de la chose en bon père de famille; il n'est pas responsable de sa perte par cas fortuits, sauf estimation de la chose avant le prêt, emploi hors du délai ou de l'usage fixés, ou encore perte causée par l'emprunteur, qui a préféré sauver sa chose plutôt que celle du prêteur. L'emprunteur doit payer les frais ordinaires (nourriture et fers d'un cheval, par exemple). Les frais extraordinaires qu'il aurait déboursés pour la conservation de la chose doivent lui être remboursés par le prêteur, mais sans droit de rétention. (V. RÉTENTION.) Le prêteur doit en outre, et sauf besoin urgent, laisser l'emprunteur jouir de la chose pendant le délai nécessaire ou fixé; en outre, il est responsable du dommage causé, s'il n'a point prévenu l'emprunteur de ses défauts.

Le prêt est essentiellement gratuit, et ce caractère est encore un de ceux qui le séparent du *prêt de consommation*. Ce dernier est gratuit par sa nature, mais il ne l'est pas par essence, et les parties peuvent, sans dénaturer le contrat, stipuler un intérêt annuel, espèce de loyer de l'argent prêté. Au contraire, quand il s'agit du simple commodat ou *prêt à usage*, comme le prêt d'un cheval ou d'un objet mobilier quelconque, la stipulation d'un prix ou d'un loyer ferait dégénérer de son type le contrat et le convertirait en un véritable louage.

Le *prêt à usage* impose à l'emprunteur différentes obligations, dont la première est de rendre la chose au terme convenu, ou, s'il n'y a pas de terme préfixé, après qu'il s'en est servi pour l'emploi qu'il désirait en faire.

Le prêteur, lui aussi, est tenu à certaines obligations. D'abord, il ne peut réclamer la restitution de la chose avant le terme convenu, sauf dans le cas où, par des circonstances imprévues, le prêteur se trouve avoir personnellement un besoin urgent de sa chose : il peut alors la réclamer, sans attendre l'échéance du terme; la loi n'a pas voulu qu'un contrat essentiellement gratuit et de pure bienfaisance pût lui imposer la nécessité de subir une perte sans réparation possible. Le prêteur est responsable des vices de lui connus de la chose prêtée, s'il n'en a point informé l'emprunteur et que ces vices aient causé une perte à ce dernier : tel serait le cas où quelqu'un prêterait à un voisin de campagne, pour faire ses labours, un animal atteint du farcin ou de toute autre maladie contagieuse qui serait ainsi communiquée aux bêtes de trait appartenant à l'emprunteur.

*Prêt de consommation.* — Le prêt de consommation ne peut être consenti qu'entre personnes *capables d'aliéner et de s'obliger*. Les risques sont à la charge de l'emprunteur devenu propriétaire, et qui doit rendre au terme convenu les choses prêtées, en mêmes qualité et quantité.

Le prêt de consommation ou *mutuum* (Code civ., art. 1892 à 1904) s'applique spécialement aux choses *fongibles* : l'emprunteur est tenu de restituer au prêteur, non pas la chose même qui a été prêtée, mais toute autre de même espèce et de valeur équivalente. La même obligation existe pour l'usufruitier de valeurs fongibles (*id.*, art. 587), par dérogation à la règle d'après laquelle l'usufruit ne confère que le droit de jouir d'une chose, à charge d'en conserver la substance.

La volonté des parties peut, du reste, rendre fongible une chose qui ne l'est pas par sa nature, et réciproquement. C'est ainsi qu'un libraire pourra emprunter à un de ses confrères un livre (objet non fongible), qu'il n'a pas actuellement en magasin, sans être tenu de rendre l'exemplaire même qu'il a emprunté. Au contraire, on peut prêter un certain nombre de pièces d'or (choses fongibles) pour servir de jetons, mais à la condition que les pièces mêmes qui ont été prêtées seront restituées.

Dans le prêt de consommation, l'emprunteur devient propriétaire de la chose, qu'il ne rendra qu'en équivalence; dans le prêt à usage, le prêteur reste propriétaire et l'emprunteur devra restituer la chose en nature. Le premier peut donner naissance à un intérêt, l'autre est essentiellement gratuit.

Le prêt de consommation a ce caractère distinctif de rendre l'emprunteur propriétaire des choses prêtées et de lui attribuer, en conséquence, le droit d'en disposer absolument. Les risques de la chose passent à l'emprunteur, et il est obligé, bien qu'elle vienne à périr par cas fortuit, de rendre à l'échéance une égale quantité de choses de la même espèce. Il suit de ces principes que, si les espèces dans lesquelles a été réalisé un prêt d'argent viennent ultérieurement à être démonétisées ou à subir une dépréciation pour quelque cause que ce soit, l'emprunteur devra néanmoins rembourser la somme numériquement reçue en espèces ayant cours au moment du remboursement et sur le pied de leur valeur monétaire à cette même époque.

Le prêt de consommation peut avoir pour objet des denrées aussi bien que des sommes d'argent, et c'est sans nul doute en faisant allusion au cas où il s'agit de denrées que le Code civil dispose que le prêteur est responsable, dans le *prêt de consommation* comme dans le *prêt à usage*, des vices non révélés de la chose qui auraient causé du dommage à l'emprunteur.

*Prêt à intérêt.* — Le *prêt* de consommation est gratuit par sa nature, mais les parties peuvent stipuler un intérêt ou loyer. Le contrat prend alors le nom particulier de *prêt à intérêt.* (Code civ., art. 1905-1904.) V. INTÉRÊT.

*Prêt sur gage.* — Le *prêt sur gage* est un contrat reconnu et réglé par la loi (Code civ., art. 2071-2084) et par lequel un débiteur remet en nantissement à son créancier, pour sûreté de sa dette, une chose mobilière appelée « gage ». V. GAGE.

Autrefois tout individu pouvait ouvrir des maisons de prêt sur gage; un décret du 6 février 1804 a, tout en maintenant le droit de prêter de l'argent ou autre chose moyennant un gage remis par l'emprunteur, prohibé expressément de tenir une maison où l'on prête sur nantissement, même au taux légal. Aucun établissement de ce genre ne peut exister sans l'autorisation du gouvernement, sous peine d'un emprisonnement de quinze jours au moins, de trois mois au plus et d'une amende de 100 francs à 2 000 francs. (Code pén., art. 411.) Les seules maisons de prêt légalement reconnues sont les monts-de-piété. V. ce mot.

*Prêt sur dépôt de marchandises.* — V. WARRANT.

*Prêt à la grosse.* — V. GROSSE.

## Prétendants (Bannissement des).

La loi du 22 juin 1886 a interdit le territoire de la République aux chefs des familles ayant régné en France et à leurs héritiers directs, dans l'ordre de primogéniture. V. BANNISSEMENT.

## Preuve.

— Moyens par lesquels se forme la conviction des magistrats.

Celui qui réclame l'exécution d'une obligation doit la prouver. Réciproquement, celui qui se prétend libéré doit justifier le payement ou le fait qui a produit l'extinction de son obligation. (Code civ., art. 1315.)

En droit civil (Code civ., art. 1315-1369), la preuve, tant des obligations que de leur extinction, s'établit, suivant la diversité des cas : 1° par des écrits (preuve littérale); 2° par la déposition de témoins (preuve testimoniale); 3° par des présomptions; 4° par l'aveu de la partie; 5° par le serment.

*Preuve littérale.* — La preuve littérale (Code civ., art. 1317-1340) est celle qui résulte des actes ou titres écrits. Ceux-ci sont classés en trois catégories : les actes authentiques, les actes sous seing privé et certaines écritures telles que les livres de commerce, les registres et papiers domestiques. V. ACTE, ANTIDATE, CONTRE-LETTRE, PAPIERS DOMESTIQUES, etc.

*Preuve testimoniale.* — La preuve testimoniale (Code civ., art. 1341-1348) est celle qui résulte des déclarations des témoins. En principe, elle n'est admise qu'autant qu'il s'agit d'une somme ou valeur n'excédant pas 150 francs.

La preuve testimoniale n'est pas admise pour prouver contre et outre ce qui est contenu dans l'acte écrit. L'écrit fait une foi entière, la preuve testimoniale ne peut en rien l'ébranler, même quand il s'agit de moins de 150 francs.

Le créancier qui réclame, par exemple, une somme de 151 francs se composant de dettes différentes ou des intérêts réunis au capital n'est pas admis à prouver sa demande par témoins, car il demande alors une somme supérieure à 150 francs; il n'est pas admis à fournir la preuve testimoniale de sa demande, lors même qu'il restreindrait ensuite sa prétention à une somme inférieure à 150 francs.

Celui qui a prêté, en présence de témoins, 100 francs et ensuite 60 francs à la même personne, et qui demande 100 francs ne peut ensuite former une nouvelle demande pour 60 francs. En effet, les demandes qui ne sont pas entièrement justifiées par écrit doivent, sous peine de déchéance à l'égard de celles qui sont omises, être toutes contenues dans le même exploit d'assignation.

Toutefois, on peut recourir à l'emploi de la preuve testimoniale, quelle que soit la valeur de la chose due : 1° lorsqu'il existe un *commencement de preuve par écrit* (on appelle ainsi tout écrit émané de la main de celui qui nie la dette et rendant vraisemblable l'existence de cette dette) ; 2° lorsque le créancier s'est trouvé dans l'impossibilité d'exiger une preuve écrite (par exemple, s'il s'agit de dépôt fait en cas d'incendie, de ruine, de tumulte, de naufrage) ; 3° lorsque le créancier a perdu, par suite d'un cas fortuit résultant d'une force majeure, le titre qui lui servait de preuve.

La loi admet sans restriction la preuve testimoniale en matière pénale. V. TÉMOINS.

*Présomptions.* — V. PRÉSOMPTION.

*Aveu de la partie.* — L'aveu (Code civ., art. 1354-1356) est une déclaration par laquelle une partie reconnaît comme vrai le fait allégué par son adversaire. Il peut être *judiciaire* ou *extra-judiciaire :*

*Aveu judiciaire.* C'est celui qui est fait en justice par la partie ou son fondé de pouvoir spécial. Il fait pleine foi contre son auteur ; mais il ne peut être divisé contre lui, c'est-à-dire qu'on ne peut en invoquer la partie favorable et laisser de côté celle qui ne l'est pas. L'aveu ne peut être révoqué, c'est-à-dire rétracté, que s'il a été la suite d'une erreur de fait.

*Aveu extra-judiciaire.* C'est celui qui est fait hors justice, dans une conversation ou dans un écrit quelconque. S'il a été purement verbal, il ne peut être établi par témoins qu'autant que son objet n'excède pas une valeur de 150 francs.

*Preuve par serment.* — V. SERMENT.

*Production des preuves.* — La production des preuves peut donner lieu aux procédures suivantes : comparution personnelle, interrogatoire sur faits et articles, serment, enquête, descente sur les lieux, expertise, vérification d'écritures privées, faux incident civil. V. COMPARUTION, INTERROGATOIRE, etc.

*Preuve en matière commerciale.* — En matière commerciale, tous les modes de *preuve* sont admis (Code comm., art. 109). La preuve peut être faite : 1° par actes publics ; 2° par actes sous seing privé ; 3° par bordereau ou arrêté d'agent de change ou courtier dûment signé par les parties ; 4° par facture acceptée ; 5° par la correspondance ; 6° par les livres des parties ; 7° par la preuve testimoniale, dans le cas où le tribunal croira devoir l'admettre. Toutefois les livres de commerce ne peuvent servir de preuve que s'ils sont régulièrement tenus, que si le différend a lieu entre commerçants au sujet d'une opération commerciale.

**Prévention.** — Etat d'une personne poursuivie en justice, comme présumée coupable d'un crime ou d'un délit.

**Prévenu.** — V. INCULPÉ.

**Prévôté.** — Groupe de militaires de la gendarmerie, chargés du service prévôtal dans une armée.

Le service des agents de la *prévôté* comporte une surveillance sur les troupes en marche ou en station, sur les trains régimentaires et convois, la constatation des crimes, délits et contraventions. Ils arrêtent, s'il y a lieu, les militaires errant loin de leurs corps, protègent les blessés et les prisonniers de guerre, s'opposent au pillage, au dépouillement des morts, etc.

Les *grands prévôts* et *prévôts* jugent seuls, assistés d'un greffier ; ils n'ont d'ailleurs à connaître que des contraventions de police commises par des militaires, des infractions aux règlements relatifs à la discipline ou des infractions dont la peine ne peut excéder six mois de prison et 200 francs d'amende, ou des demandes en dommages-intérêts jusqu'à 150 francs.

## Prévoyance.

Les sociétés de prévoyance qui ont une fin humanitaire (secours aux malades, pensions aux infirmes et aux vieillards, moyennant versements réguliers des sociétaires) se sont surtout développées en France à partir de 1848. La loi du 15 juillet 1850, les décrets du 14 juin 1851 et du 26 mars 1852, la loi du 1er avril 1898 ont constitué définitivement les sociétés de secours mutuels. La loi sur les syndicats du 21 mars 1884, complétée par la loi sur les associations (1901), a permis une extension considérable de la prévoyance collective. L'organisation des caisses d'épargne et en particulier de la caisse d'épargne postale a permis à la petite épargne de constituer à la France un énorme capital qui indique nettement combien notre pays est porté à la prévoyance. En dehors de toute organisation administrative, mais sous la surveillance de l'Etat, de nombreuses sociétés d'assurances, des « tontines » offrent des combinaisons multiples de versements réguliers en vue de secours ou de retraites. V. CAISSES D'ÉPARGNE, SECOURS MUTUELS, SYNDICATS PROFESSIONNELS, etc.

**Prime.** — Encouragement pécuniaire donné à l'industrie nationale en vue de la protéger contre la concurrence étrangère.

La loi sur la marine marchande prévoit l'allocation de primes à la construction et à l'armement des navires. Des primes sont allouées à la culture du lin et du chanvre, à la sériciculture et à la filature de soies, à l'industrie des huiles de schiste, etc. Ce sont des primes *directes*. Les primes *indirectes* sont celles qui sont établies sur un rendement officiel inférieur au rendement réel. V. DRAWBACK.

**Prime d'assurance.** — Somme payée par l'assuré à l'assureur qui le garantit contre un risque.

La *prime*, élément essentiel du contrat d'assurance, consiste généralement en argent pour les assurances terrestres, mais pourrait consister aussi en une prestation en nature, en marchandises, etc. En matière d'assurances maritimes, elle varie avec les dangers du voyage et l'état des navires.

L'assurance *du coût* ou *de la prime* est la

clause par laquelle la compagnie s'engage, au cas de sinistre, au remboursement des primes versées en même temps qu'au payement de l'indemnité due. En principe, la prime est payable d'avance. Elle peut varier si le risque augmente ou diminue pendant la période pour laquelle l'assurance est contractée.

Sauf conventions contraires, la prime est quérable; elle le devient même, malgré les indications de la police, si les compagnies ont l'habitude de les faire toucher au domicile de l'assuré. V. ASSURANCE.

**Prise.** — Saisie des navires de commerce de la nation ennemie ou des navires neutres qui enfreignent la neutralité.

La prise ou saisie des navires ennemis, ou des navires neutres qui enfreignent les règles de la neutralité, ne peut avoir lieu que dans la haute mer et dans les eaux territoriales des belligérants. Ce sont seulement les forces publiques ou les autorités publiques de chaque belligérant qui ont le droit de saisie : pour les Etats qui ont adhéré à la déclaration de Paris du 16 avril 1856, abolitive de la course, le droit de capture ne peut être exercé que par les vaisseaux de leur marine militaire; pour les autres, il peut l'être par les corsaires pourvus de lettres de marque.

Chaque Etat a en général son règlement de prise. Aux termes des instructions françaises du 25 juillet 1870, la saisie faite, la prise est conduite dans le port français le plus voisin; en cas de force majeure, elle peut entrer dans un port neutre pour y réparer ses avaries ou se ravitailler, et le temps nécessaire pour ces opérations. Dans des cas exceptionnels, elle peut être détruite.

Il se peut qu'un navire pris par un vaisseau de guerre ennemi soit repris par un vaisseau de guerre de son Etat. Il y a alors *reprise* ou *rescousse*. Le propriétaire primitif, dont le droit est seulement paralysé tant qu'un jugement n'a pas statué sur la prise, devrait rentrer en possession de ce que la violence lui avait arraché, mais cette solution rationnelle n'est pas admise universellement.

Pour juger de la validité des prises, chaque Etat organise ses tribunaux ou *Conseils des prises*, règle leur procédure selon ses traditions et son droit public. Ces tribunaux ne fonctionnent que pendant la durée de la guerre.

En France, le *Conseil des prises* est organisé par décrets des 18 juillet 1854, 9 mai 1859, 28 novembre 1861; il est fait appel de ses décisions devant le Conseil d'Etat. V. INVALIDES DE LA MARINE et CAISSE DES PRISES.

**Prise à partie.** — Voie extraordinaire de recours par laquelle une partie poursuit civilement un juge (ou, exceptionnellement, un greffier) en réparation du préjudice que, par sa faute, il lui a causé dans l'exercice de ses fonctions.

La prise à partie est un recours contre les juges et non contre le jugement. Les juges peuvent être pris à partie dans quatre cas : 1° s'il y a eu soit dol ou fraude (par ex., altération de la déposition d'un témoin), soit concussion (par ex., perception de droits non dus); 2° si la prise à partie a été expressément autorisée par la loi : il en est ainsi en matière criminelle (par ex., au cas de défaut de signature des jugements et arrêts dans les vingt-quatre heures); 3° si le juge est déclaré par la loi responsable à peine de dommages-intérêts (par ex., si un juge de paix laisse périmer l'instance liée devant lui) [Code proc. civ., art. 15]; 4° s'il y a eu *déni de justice*.

Le mode de procédure pour la prise à partie est réglé par les articles 509 et suivants du Code de procédure civile : la juridiction compétente est, suivant les cas, la Cour d'appel ou la Cour de cassation; la prise à partie est formée par une *requête en permission* adressée à la cour compétente; celle-ci, en chambre du conseil, sans débat oral, rend un premier arrêt, qui accorde ou refuse l'autorisation d'intenter des poursuites; au cas de refus de cette autorisation, le demandeur paye une amende de 300 francs.

**Priseur.** — V. COMMISSAIRES-PRISEURS.

**Prison.**

Il existe des prisons *cantonales* dans les chefs-lieux de canton et des prisons *municipales* dans les communes importantes. Elles sont destinées les unes et les autres aux condamnés à l'emprisonnement de simple police. Mais les principaux établissements pénitentiaires sont les maisons *centrales* et les prisons *départementales*.

Dans les maisons centrales et dans les prisons départementales, le travail est obligatoire. Tous les condamnés ont une part dans les produits de leur travail, mais cette part varie de trois à cinq dixièmes, selon la nature des condamnations ou les antécédents judiciaires. (V. PÉCULE.) L'administration des prisons ressortit au ministère de l'Intérieur. La police intérieure appartient exclusivement à l'autorité administrative. La loi donne aux magistrats accès dans les prisons, mais seulement dans un intérêt judiciaire.

Un *conseil supérieur des prisons*, institué par la loi du 5 juin 1875, fonctionne près le ministère de l'Intérieur.

*Maisons centrales.* — Des *maisons centrales de force et de correction*, établissements de l'Etat (ministère de l'Intérieur), existent à Clairvaux (Aube), Beaulieu (Calvados), Gaillon (Eure), Nîmes, Montpellier, Rennes, Fontevrault (Maine-et-Loire), Loos (Nord), Clermont (Oise), Riom, Melun, Poissy (Seine-et-Oise), Thouars (Deux-Sèvres). Chacune d'elles est affectée au service d'un certain nombre de départements.

Elles servent à renfermer : 1° les individus des deux sexes condamnés à la peine de la réclusion; 2° les hommes condamnés aux travaux forcés lorsqu'au moment du jugement ils sont âgés de soixante ans accomplis; 3° les femmes condamnées aux travaux forcés; 4° les individus des deux sexes condamnés à un emprisonnement correctionnel de plus d'un an et un jour.

Parmi les maisons centrales, les unes sont destinées aux femmes, les autres aux hommes ; parmi ces dernières, il en est d'affectées exclusivement aux réclusionnaires, d'autres aux condamnés correctionnels. Mais, dans toutes, les détenus subissent leur peine sous le régime de l'emprisonnement en commun, de jour et de nuit.

*Prisons départementales.* — Les prisons départementales (dites aussi *maisons d'arrêt, de justice et de correction*) sont établies dans les chefs-lieux de département et d'arrondissement. Le département supporte les dépenses de constructions et de grosses réparations. L'État supporte les dépenses d'entretien et d'administration.

Les prisons départementales servent à renfermer : 1° les condamnés à un emprisonnement correctionnel d'un an et un jour et au-dessous ; 2° les individus détenus préventivement (inculpés, prévenus ou accusés) ; 3° les individus soumis à la contrainte par corps (loi du 22 juill. 1867) ; 4° les enfants détenus par voie de correction paternelle.

Dans toutes les prisons départementales existent deux quartiers : l'un pour les hommes, l'autre pour les femmes. Dans quelques-unes est instituée la séparation par catégories, suivant l'âge, les antécédents judiciaires, la situation des détenus. Aux termes de la loi du 5 juin 1875, les prisons départementales doivent être cellulaires.

Les inculpés, prévenus et accusés, sont à l'avenir individuellement séparés pendant le jour et la nuit. Les condamnés à un emprisonnement d'un an et un jour et au-dessous subissent leur peine dans les maisons de correction départementales et sont soumis à l'emprisonnement individuel. Les condamnés à un emprisonnement de plus d'un an et un jour peuvent, sur leur demande, être soumis au même régime. Dans ce cas, ils sont maintenus dans les maisons de correction départementales. La durée des peines subies sous le régime de l'emprisonnement individuel est, de plein droit, réduite d'un quart lorsqu'elle est supérieure à trois mois.

Le décret du 11 novembre 1885 porte règlement du service et du régime des prisons de courtes peines affectées à l'emprisonnement en commun dans les maisons d'arrêt, de justice et de correction.

*Répression des crimes commis dans l'intérieur des prisons.* — Afin d'être envoyés aux pénitenciers établis dans les colonies, où les condamnés jouissent d'une liberté relative, certains détenus commettaient des crimes soit sur leurs codétenus, soit sur leurs gardiens. La loi du 25 décembre 1880 a décidé que lorsque, à raison d'un crime commis dans une prison par un détenu, la peine des travaux forcés à temps ou à perpétuité est appliquée, la cour d'assises doit ordonner que cette peine sera subie dans une prison de France, pendant une durée qui ne peut être inférieure au temps de réclusion ou d'emprisonnement que le détenu avait à subir au moment du crime.

Le *bris de prison* est toute effraction des clôtures de la prison. Il constitue l'une des circonstances qui, pour le détenu, font de son évasion un fait punissable. En effet, l'évasion simple, c'est-à-dire abstraction faite de toute circonstance aggravante, ne constitue, en général, au point de vue du détenu, aucun délit. L'article 245 du Code pénal n'incrimine l'évasion, au point de vue du détenu, qu'autant que cette évasion a lieu « par bris de prison ou par violences ».

*Établissements divers.* — Le service pénitentiaire comprend, outre les établissements ci-dessus :

Les *pénitenciers agricoles* de Castelluccia et de Chiavari (Corse), le *dépôt de forçats* de Saint-Martin-de-Ré (Charente-Inférieure).

*Établissements publics de jeunes garçons :* colonies du Val-d'Yèvre (Cher), des Douaires (Eure), d'Aniane (Hérault), de Saint-Maurice (Loir-et-Cher), d'Auberive (Haute-Marne), de Belle-Isle-en-Mer (Morbihan), colonie correctionnelle d'Eysses (Lot-et-Garonne), école de réforme de Saint-Hilaire (Vienne), école de préservation de Doullens (Somme), colonie publique de jeunes filles.

De plus, l'État accorde des subventions à des établissements privés, tels que la colonie de Mettray (Indre-et-Loire) et aux sociétés de patronage de détenus et de libérés.

**Privilège.** — « Droit que la qualité de la créance donne à un créancier d'être préféré aux autres créanciers, même hypothécaires. » (Code civ., art. 2095.)

Les biens du débiteur sont le gage commun de ses créanciers, et le prix, lorsqu'ils ont été vendus, s'en distribue entre eux par contribution (v. CONTRIBUTION [*Distribution par*]), à moins qu'il n'y ait entre les créanciers des causes légitimes de *préférence*. Les causes légitimes de préférence sont les privilèges, les hypothèques et le droit de rétention. (Code civ., art. 2093 et 2094.) V. HYPOTHÈQUES, RÉTENTION.

L'effet des privilèges est d'assurer, dans la distribution des deniers du débiteur commun, un rang de priorité à certaines créances plus particulièrement dignes de faveur.

Entre les créanciers privilégiés, la préférence se règle par les différentes qualités des privilèges (Code civ., art. 2096), et les créanciers privilégiés de même rang sont payés par due concurrence (*id.*, art. 2097).

Comme l'hypothèque, le privilège est un droit réel, indivisible, accessoire. Il en diffère en ce que, tenant à la qualité de la créance, il est établi par la loi et ne peut être créé par la convention (sauf le privilège attaché au gage). Le privilège diffère encore de l'hypothèque en ce qu'il peut porter sur les meubles et les immeubles et en ce que la préférence entre les différentes créances privilégiées est réglée non par leur date, mais par le rang que la loi assigne à chaque nature de créance. Enfin, les créanciers privilégiés passent tous avant les créanciers hypothécaires.

Les privilèges attachés à une créance passent aux cessionnaires, qui sont soumis aux mêmes conditions et possèdent les mêmes droits que leurs cédants. Quant aux privilèges assujettis à la formalité de l'inscription dans un certain délai, le défaut d'accomplissement des conditions exigées par la loi pour les conserver leur fait perdre leur caractère de privilège, mais l'hypothèque légale qu'ils renferment subsiste toujours.

La loi reconnaît trois sortes de privilèges : les privilèges généraux sur les meubles, les privilèges spéciaux sur certains meubles, les privilèges spéciaux sur certains immeubles. Certains privilèges s'étendent à la fois sur les meubles et sur les immeubles.

*Privilèges sur les meubles.* — Les privilèges sur les meubles se divisent en privilèges *généraux* sur les meubles, portant sur la généralité des meubles du débiteur, et en privilèges *spéciaux*, portant sur certains meubles.

*Privilèges généraux sur les meubles.* Les créances privilégiées sur la généralité des meubles s'exercent dans l'ordre suivant (Code civ., art. 2101) :

1° Les frais de justice;

2° Les frais funéraires;

3° Les frais quelconques de la dernière maladie, quelle qu'en ait été la terminaison, concurremment entre ceux à qui ils sont dus;

4° Les mois de nourrice dus par les parents ou par toute autre personne;

5° Les salaires des gens de service, des employés de commerce et des commis voyageurs pour l'année échue et ce qui est dû sur l'année courante (v. FAILLITE, p. 356);

6° Les fournitures de subsistances faites au débiteur et à sa famille; savoir, pendant les six derniers mois, par les marchands en détail, tels que boulangers, bouchers et autres; et pendant la dernière année, par les maîtres de pension et marchands en gros;

7° La créance de la victime de l'accident du travail ou de ses ayants droit relative aux frais médicaux, pharmaceutiques et funéraires, ainsi qu'aux indemnités allouées à la suite de l'incapacité temporaire de travail.

Cette classe de privilèges ne s'exerce sur les biens immeubles du débiteur qu'après discussion et épuisement de son actif mobilier. Enfin, lorsqu'il y a lieu d'en user sur les immeubles, on comprend qu'ils puissent se trouver en conflit avec quelque privilège spécial sur un immeuble, tel qu'un privilège de vendeur ou de cohéritier. La loi a prévu ce concours de conflits et elle a disposé que l'ordre de priorité appartiendrait dans ce cas aux *privilèges* généraux énumérés par l'article 2101.

*Privilèges sur certains meubles.* Les privilèges spéciaux sur les meubles sont, d'après l'article 2102 : 1° le privilège du *bailleur* d'immeubles. (V. BAIL, p. 101, et FAILLITE, p. 356.) Si le locataire est un commerçant, un régime spécial a été établi au cas de faillite par la loi du 12 février 1872, régime étendu à la liquidation judiciaire par la loi du 4 mars 1889. Le même alinéa 1 de l'article 2102 mentionne le privilège des *moissonneurs* et celui des *fabricants* ou *réparateurs d'ustensiles aratoires;* 2° le privilège du *créancier gagiste* (v. GAGE); 3° le privilège de celui qui a fait des frais pour la conservation de la chose; 4° le privilège du vendeur d'effets mobiliers (celui-ci a en outre un droit de rétention [Code civ., art. 1612], un droit de résolution [art. 1184, 1654] et un droit particulier de revendication indiqué dans l'art. 2102, v. VENTE); 5° le privilège de l'aubergiste (une loi du 31 mars 1896 réglemente la vente des objets abandonnés ou laissés en gage par les voyageurs aux aubergistes (v. HÔTELIERS); 6° le privilège du voiturier (v. TRANSPORT); 7° le privilège qui frappe le cautionnement de certains fonctionnaires publics. Les créances résultant d'abus et prévarications commis par les fonctionnaires et officiers publics dans l'exercice de leurs fonctions sont privilégiées sur les fonds de leur cautionnement et pour les intérêts qui peuvent en être dus. On classe en principe ces privilèges dans l'ordre suivant : 1° privilèges dérivant d'un nantissement; 2° privilèges pour conservation de la chose; 3° privilège du vendeur.

*Privilèges sur les immeubles.* — Les créanciers privilégiés sur les immeubles sont, aux termes de l'article 2103 du Code civil :

1° Le vendeur, sur l'immeuble vendu, pour le payement du prix. S'il y a plusieurs ventes successives dont le prix soit dû en tout ou en partie, le premier vendeur est préféré au second, le deuxième au troisième, et ainsi de suite;

2° Ceux qui ont fourni les deniers pour l'acquisition d'un immeuble, pourvu qu'il soit authentiquement constaté, par l'acte d'emprunt, que la somme était destinée à cet emploi, et, par la quittance du vendeur, que ce payement a été fait des deniers empruntés;

3° Les cohéritiers, sur les immeubles de la succession, pour la garantie des partages faits entre eux, et des soulte ou retour de lots;

4° Les architectes, entrepreneurs, maçons et autres ouvriers employés pour édifier, reconstruire ou réparer des bâtiments, canaux, ou autres ouvrages quelconques, pourvu néanmoins que, par un expert nommé d'office par le tribunal de première instance dans le ressort duquel les bâtiments sont situés, il ait été dressé préalablement un procès-verbal, à l'effet de constater l'état des lieux relativement aux ouvrages que le propriétaire déclarera avoir dessein de faire, et que les ouvrages aient été, dans les six mois au plus tard de leur perfection, reçus par un expert également nommé d'office. Mais le montant du privilège ne peut excéder les valeurs constatées par le second procès-verbal, et il se réduit à la plus-value existante à l'époque de l'aliénation de l'immeuble et résultant des travaux qui y ont été faits;

5° Ceux qui ont prêté les deniers pour payer ou rembourser les ouvriers jouissent du même privilège, pourvu que cet emploi soit authentiquement constaté par l'acte d'emprunt, et par la quittance des ouvriers, ainsi qu'il a été dit ci-dessus pour ceux qui ont prêté les deniers pour l'acquisition d'un immeuble.

Il n'y a en réalité que trois privilèges sur les immeubles : ce sont les privilèges du vendeur d'un immeuble, des copartageants et des architectes et ouvriers. Les alinéas 2 et 5 n'organisent pas des privilèges spéciaux, mais se bornent à autoriser, ce qui est de droit commun, la subrogation dans le privilège du vendeur et dans celui des architectes. Mais il faut ajouter certains privilèges résultant de lois spéciales, et, d'après la jurisprudence, la *séparation des patrimoines*. V. PARTAGE ET RAPPORTS.

Les privilèges sur les immeubles engendrent, outre un droit de préférence comme les privilèges sur les meubles, un droit de suite. Ils sont seuls soumis à des formalités pour leur conservation.

*Privilèges s'étendant sur les meubles et les immeubles.* — Les privilèges qui s'étendent sur les meubles et les immeubles sont les privilèges énoncés en l'article 2101. Lorsqu'à défaut de mobilier les privilégiés énoncés en cet article se présentent pour être payés sur le prix d'un immeuble, en concurrence avec les créanciers privilégiés sur cet immeuble, les payements se font dans l'ordre qui suit : 1° les frais de justice et autres énoncés en l'article 2101 ; — 2° les créances désignées en l'article 2103.

*Conservation des privilèges.* — Les privilèges sur les immeubles doivent être rendus publics par inscription prise au bureau de la situation des immeubles, car ils ne produisent d'effet que par leur inscription, et seulement à compter de la date de l'inscription. (Code civ., art. 2106.)

Les privilèges généraux sont dispensés d'inscription, par la raison qu'ils garantissent ordinairement le payement de faibles sommes et qu'ils ne viennent sur les immeubles qu'en cas d'insuffisance des meubles.

*Privilège du vendeur.* La transcription de l'acte de vente vaut inscription pour le vendeur; car le conservateur des hypothèques est tenu de prendre d'office inscription pour le prix qui reste dû.

Quand l'immeuble reste encore en la possession de l'acheteur, le vendeur qui prend inscription ou qui fait transcrire son acte à une époque quelconque conserve par là tous ses droits, et notamment il prime tous les créanciers ayant hypothèque inscrite du chef de son acheteur. Mais quand l'immeuble vendu passe ensuite entre les mains d'un tiers qui fait transcrire son acte d'acquisition, si le vendeur a négligé de révéler son privilège dans les quarante-cinq jours de la vente, il est par là déchu de son privilège et de son droit de résolution. (Code civ., art. 2108.)

*Privilège du cohéritier ou du copartageant.* Le cohéritier ou le copartageant est tenu d'inscrire au bureau des hypothèques son privilège dans les soixante jours qui suivent le partage. S'il ne prend pas inscription dans ce délai, son privilège dégénère en hypothèque et, par suite, il se trouve primé par les créanciers qui ont une hypothèque du chef de l'acheteur et qui ont pris inscription avant la publication du privilège.

Lorsque l'immeuble est passé entre les mains d'un tiers acquéreur, si le cohéritier a négligé de prendre inscription dans les quarante-cinq jours du partage, son privilège non inscrit se trouve entièrement éteint. (Code civ., art. 2109.)

*Privilège de l'architecte ou de l'entrepreneur.* L'architecte ou l'entrepreneur est tenu d'inscrire le premier procès-verbal d'expertise avant que de commencer les travaux, sous peine de voir son privilège dégénérer en simple hypothèque ; mais il peut, quand bon lui semble, inscrire le second procès-verbal constatant la plus-value résultant des travaux. (*Id.*, art. 2110.)

*Séparation des patrimoines.* (V. PARTAGE ET RAPPORTS.) Les créanciers du défunt et les légataires ont une sorte de privilège sur les biens de la succession quand, au lieu d'accepter l'héritier pur et simple pour débiteur, ils demandent que le patrimoine du défunt soit séparé du patrimoine de l'héritier; ils acquièrent, en effet, au moyen de la séparation des patrimoines, le droit d'être payés sur les biens du défunt par préférence aux créanciers personnels de l'héritier. (*Id.*, art. 2111.) Les créanciers du défunt et les légataires ont trente ans pour demander la séparation des patrimoines. Mais leur négligence peut rendre leur droit illusoire. En effet, s'ils laissent expirer six mois sans prendre inscription, leur privilège dégénère en simple hypothèque; par conséquent, ils sont primés par les créanciers qui ont pris des inscriptions hypothécaires du chef de l'héritier. Bien plus, leur droit de préférence et de suite a cessé à l'égard des immeubles qui, avant l'inscription de cette sorte de privilège, ont passé entre les mains des tiers, lorsque ceux-ci ont fait transcrire leur acte d'acquisition.

*Privilèges non inscrits.* Les créances privilégiées soumises à la formalité de l'inscription, à l'égard desquelles les conditions ci-dessus prescrites pour conserver le privilège n'ont pas été accomplies, ne cessent pas d'être hypothécaires; mais l'hypothèque ne date, à l'égard des tiers, que de l'époque des inscriptions. (*Id.*, art. 2113.) V. HYPOTHÈQUES.

*Privilèges du Trésor.* — Des lois spéciales ont établi au profit du Trésor des privilèges pour recouvrement des droits et contributions : droits de douane (Décrets du 6 août 1791 et du 4 germinal an II); contributions indirectes (Décret du 1er germinal an XIII); contributions directes (Loi du 12 novembre 1808).

L'article 1er, paragraphe 1er, de la loi du 12 novembre 1808, accorde au Trésor un privilège pour l'impôt foncier sur les récoltes, fruits, loyers et revenus de biens immeubles sujets à contribution ; et pour les portes et fenêtres, le paragraphe 2 du même article établit un privilège sur tous les meubles et autres effets mobiliers appartenant aux redevables, en quelque lieu qu'ils se trouvent.

Le privilège de l'impôt foncier s'exerce sur les fruits et revenus alors même que l'immeuble aurait passé en d'autres mains ; mais, en cas de saisie immobilière, l'article 682 du Code de procédure civile dispose expressément que ces fruits et revenus sont immobilisés par la transcription de la saisie, pour être distribués avec le prix, par ordre d'hypothèque, et la Cour de Paris (2 janvier 1903) a décidé qu'ils doivent être attribués, *après saisie*, aux seuls créanciers inscrits.

Il est généralement admis que les taxes assimilées jouissent du privilège de la contribution personnelle-mobilière établi par le paragraphe 2 de l'article 1er de la loi du 12 novembre 1808, en faveur de *toute autre contribution personnelle.*

**Privilège de juridiction.** (Dr. pénal.) — Privilège qu'ont certains dignitaires, magistrats et fonctionnaires d'échapper à la juridiction ordinairement compétente à raison de l'infraction commise.

C'est ainsi que les membres des tribunaux de commerce et les officiers de police judiciaire sont traduits devant la cour d'assises, et non devant le tribunal correctionnel, à raison des délits qu'ils commettent dans l'exercice de leurs fonctions, par exemple en abusant de leur pouvoir.

C'est ainsi encore que les grands officiers de la Légion d'honneur, les généraux « commandant une division ou un département », les membres de la Cour de cassation, de la Cour des comptes et de la cour d'appel sont particulièrement justiciables de la cour d'appel à raison des délits qu'ils commettent soit dans l'exercice, soit en dehors de leurs fonctions : la loi protège ici la fonction et la personne même du fonctionnaire.

**Procédure.** — Forme suivant laquelle les affaires sont instruites en matière civile, pénale, commerciale et administrative ; ensemble des actes faits pour arriver à la solution d'un procès.

En matière civile, tout ce qui est relatif à la procédure est réglé par le *Code de procédure civile.* Toute la procédure civile se fait par l'intermédiaire des huissiers et des avoués.

En matière pénale (c'est-à-dire criminelle, correctionnelle et de simple police), les règles à suivre sont déterminées par les dispositions du *Code d'instruction criminelle.* La procédure applicable se divise en quatre opérations distinctes : la *poursuite,* qui consiste à saisir la juridiction compétente ; l'*instruction*, qui a pour objet de réunir les preuves de la culpabilité ou de la non-culpabilité ; le *jugement*, qui constate la culpabilité, s'il y a lieu, et prononce la peine ; l'*exécution*, c'est-à-dire l'application de la sentence rendue.

En matière commerciale, la procédure est tracée dans le *Code de commerce.*

En matière administrative, la procédure n'est réglée qu'en ce qui concerne l'instruction des affaires devant le Conseil d'Etat et les conseils de préfecture : c'est un décret du 22 juillet 1806, complété par diverses dispositions ultérieures, qui contient le « règlement sur les affaires contentieuses portées au Conseil d'Etat » ; c'est une loi du 22 juillet 1889 qui régit les formes de procéder devant les conseils de préfecture siégeant comme tribunaux administratifs. Devant la Cour des comptes, la procédure est surtout fondée sur la jurisprudence. Devant les préfets, les ministres, etc., elle repose entièrement sur certains usages ; les affaires s'y instruisent, en général, sur mémoires et par voie de pétition.

**Procès.** — Toute instance devant un juge ou un tribunal sur un différend entre deux ou plusieurs parties dans le but de provoquer la solution d'une question litigieuse.

On distingue notamment : 1° le *procès civil,* dans lequel le demandeur poursuit une réparation purement civile ; 2° le *procès criminel,* qui a pour but de faire prononcer une peine contre l'auteur d'un fait qualifié infraction par la loi.

**Procès-verbal.** — Tout acte par lequel un magistrat, un officier public, un agent de l'autorité, un expert, un arbitre rend compte de ce qu'il a fait, vu, constaté dans l'exercice de ses fonctions.

Le procès-verbal consiste en un acte écrit ; mais autrefois les agents de l'autorité chargés de faire un rapport des faits en justice se bornaient, étant en général illettrés, à une déclaration purement *verbale.*

Les procès-verbaux doivent, autant que possible, être rédigés séance tenante. En général, la loi ne l'exige pas, mais en certains cas elle a fixé des délais : c'est ainsi qu'en matière de délits ruraux et en matière de poids et mesures les procès-verbaux doivent être rédigés dans les vingt-quatre heures. Certains procès-verbaux doivent, pour avoir validité, être soumis à la formalité de l'*affirmation*, c'est-à-dire qu'en ce qui les concerne déclaration doit être faite, dans un délai déterminé, par l'agent rédacteur, devant un magistrat spécialement désigné par la loi, que les faits qui y sont consignés sont vrais. Ainsi, les procès-verbaux des gardes champêtres doivent être affirmés devant le juge de paix du canton ou le maire de la commune ; les procès-verbaux dressés par les gendarmes sont dispensés de cette formalité.

Parmi les procès-verbaux, les uns font foi jusqu'à inscription de faux : tels sont les procès-verbaux des préposés des douanes. D'autres, au contraire, ne font foi que jusqu'à preuve contraire, c'est-à-dire qu'ils peuvent être combattus par des preuves testimoniales ou par des preuves par écrit : par exemple, ceux qui sont dressés par les gardes champêtres ou par la gendarmerie. D'autres, enfin, ne valent en justice que comme simples renseignements : par exemple, ceux des agents de police.

Les procès-verbaux dressés par les agents des contributions indirectes et des octrois ne font foi que jusqu'à preuve contraire. Si le prévenu demande à faire la preuve, le tribunal renvoie la cause à quinzaine au moins, et l'intéressé dépose au greffe la liste des témoins qu'il veut faire entendre. (Loi du 30 déc. 1903, art. 24.)

Certains procès-verbaux sont destinés à constater d'une manière certaine et authentique les faits qui doivent servir de base aux discussions d'intérêts civils et privés. Tels sont les procès-verbaux dressés, en certains cas, par les notaires (inventaire, liquidation et partage, etc.), par les huissiers (procès-verbaux de carence, d'offres réelles, etc.), par les juges de paix (procès-verbaux de non-conciliation, d'apposition des scellés, etc.).

Quant aux procès-verbaux qui constatent les crimes, délit et contraventions, le droit de les rédiger appartient à un grand nombre de fonctionnaires : officiers de police judiciaire, gendarmes, gardes champêtres, gardes particuliers, préposés des douanes, des contributions indirectes, etc.

On nomme *procès-verbal de carence* l'acte par lequel un officier public déclare qu'il n'existe, dans un lieu déterminé où il s'est présenté, aucun effet mobilier à saisir ou à inventorier.

## Processions.

Les cérémonies religieuses doivent être célébrées dans l'intérieur des édifices consacrés aux cultes. Mais, même dans les communes où il n'y a pas de tels édifices, le maire peut interdire les processions par application de l'article 97 de la loi du 5 avril 1884.

## Procuration.

La procuration ne diffère en rien du mandat. Elle est *générale* quand elle contient un pouvoir général et indéfini d'administrer toutes les affaires et de gérer tous les biens de celui qui la donne. Elle est *spéciale* quand le pouvoir se borne à gérer une affaire particulière ou à occuper sur une cause ou instance.

Les procurations sont faites par acte sous seing privé, ou par acte notarié quand une disposition spéciale de la loi exige un acte authentique. Quelquefois elles résultent d'une lettre missive ; dans certains cas elles peuvent être données verbalement et même être tacites. V. MANDAT.

Les révocations de procurations peuvent être faites sur la même feuille que ces actes. (Décret du 15 juin 1812.)

**Procureur général.** — Procureur de la République. V. MINISTÈRE PUBLIC.

## Prodigue.

Le *prodigue* est celui qui dissipe follement son patrimoine, qui fait des dépenses inutiles et excessives. Dans l'ancienne législation française, la prodigalité était une cause d'interdiction. Actuellement, elle donne simplement lieu à la nomination d'un conseil judiciaire. V. CONSEIL JUDICIAIRE.

**Prohibition.** — Ensemble de mesures tendant à prohiber ou à restreindre certaines industries ou certains commerces dans un intérêt de protection douanière.

Dans le système prohibitif absolu, on prétend protéger les manufactures nationales contre la concurrence étrangère ou provoquer leur création en prohibant les produits étrangers à l'entrée en même temps que les matières premières à la sortie ; au contraire, on diminue les droits à l'entrée sur les matières premières ou on les supprime. La doctrine prohibitionniste veut l'*isolement permanent*.

A la sortie, les seules prohibitions qui existent aujourd'hui ne visent que les contrefaçons en librairie et les chiens de forte race (sur la frontière de terre). A l'entrée, il ne s'agit que d'objets sur lesquels l'Etat exerce un monopole (tabac, poudres, cartes, monnaies, allumettes), des marchandises soumises à des mesures sanitaires ou de police, et enfin des produits étrangers portant de fausses marques de fabrication française.

**Promulgation.** — Acte par lequel le chef du pouvoir exécutif atteste l'existence d'une nouvelle loi et en ordonne l'exécution. V. LOI.

**Propres ou biens propres.** — Biens qui n'entrent pas en communauté et forment le patrimoine particulier de chacun des époux. V. COMMUNAUTÉ.

**Propriété.** — Droit d'user, de jouir et de disposer des choses de la manière la plus absolue, pourvu qu'on n'en fasse pas un usage prohibé par les lois ou les règlements.

Le droit de propriété peut s'exercer : 1° sur les choses matérielles ; 2° sur les œuvres de l'intelligence (propriété industrielle et commerciale, propriété artistique et littéraire).

### Propriété sur les choses matérielles.

Le droit de propriété sur une chose, meuble ou immeuble, est constitué par la réunion de trois droits distincts : 1° droit d'user de la chose, c'est-à-dire de s'en servir ; 2° droit de jouir de la chose, c'est-à-dire d'en percevoir les fruits (produits matériels, revenus) ; 3° droit de disposer de la chose, c'est-à-dire de la transformer, de la consommer, de la détruire, de l'obliger, de l'aliéner. Ces trois éléments peuvent être séparés. Ainsi, les droits d'user et de jouir (*usufruit*) peuvent appartenir à l'un, tandis que l'autre a le droit de disposer (*nue propriété*). D'autre part, le droit d'*usage* peut se trouver séparé du droit de jouir. Mais ordinairement les divers attributs de la propriété sont réunis dans la même main.

Le pouvoir du propriétaire est soumis à certaines restrictions, qui dérivent soit des lois civiles (*servitudes*), soit des lois et règlements administratifs. Au nombre des restrictions dérivant du droit administratif, nous citerons les suivantes : le propriétaire ne peut bâtir sur un terrain joignant la voie publique sans observer l'alignement ; il ne peut installer sans autorisation un établissement dangereux, incommode ou insalubre pour le voisinage ; s'il s'agit de l'exploitation de mines, de graves entraves pèsent sur lui : il peut être exproprié pour cause d'utilité publique.

La propriété s'acquiert et se transmet par succession, par donation entre vifs ou testamentaire et par l'effet des obligations ; elle peut aussi s'acquérir par accession ou incorporation, par prescription, par découverte ou *invention*. (Code civ., art. 711 et suiv.) V. DONATION, TESTAMENT, ACCESSION, etc.

La propriété ne doit pas être confondue avec la possession. V. POSSESSION.

Les biens qui n'ont pas de maître appartiennent à l'Etat. (Code civ., art. 713.)

Il est des choses qui n'appartiennent à personne et dont l'usage est commun à tous, comme les routes. Des lois d'administration et de police règlent la manière d'en jouir. (*Id.*, art. 714.)

Des dispositions spéciales régissent la propriété industrielle et commerciale, et la propriété littéraire et artistique.

## Propriété industrielle et commerciale.

On désigne sous ce nom un ensemble de droits déterminés qui ont pour caractère commun de se rattacher à l'exercice de l'industrie ou du commerce ; ce sont : le droit exclusif pour un fabricant ou un commerçant de se servir d'une marque, d'un nom, d'une enseigne, d'une désignation particulière qui distinguent son établissement ou ses produits ; le droit exclusif pour un fabricant ou un commerçant d'exploiter un dessin, un modèle, un procédé dont il est l'inventeur ou que l'inventeur lui a cédés.

*Brevets d'invention.* — V. BREVET d'invention.

*Dessins de fabrique.* — On nomme *dessin industriel* ou, plus communément, *dessin de fabrique* tout arrangement, toute disposition ou combinaison de traits ou de couleurs destinée à une reproduction industrielle, et *modèle industriel* toute œuvre en relief destinée, par une semblable reproduction, à constituer un objet ou à faire partie d'un objet industriel. L'auteur d'un *dessin* ou d'un *modèle industriel* a le droit exclusif, par lui-même, par ses héritiers ou par ses ayants cause, de l'exploiter pour le temps et sous les conditions que la loi détermine.

Les actions civiles relatives aux dessins ou modèles industriels sont portées devant les tribunaux civils et jugées comme affaires sommaires, à moins que les contestations ne se produisent entre commerçants ; dans ce cas, le différend est porté devant les tribunaux de commerce.

Le conseil des prud'hommes est chargé des mesures conservatrices de la propriété des dessins de fabrique. (Loi du 18 mars 1806.)

Tout fabricant qui se propose de revendiquer par la suite, devant le tribunal de commerce, la propriété d'un dessin de son invention, est tenu d'en déposer, aux archives du conseil de prud'hommes, un échantillon plié sous enveloppe revêtue de ses cachet et signature, sur laquelle est également apposé le cachet du conseil de prud'hommes.

Les dépôts sont inscrits sur un registre tenu *ad hoc* par le conseil de prud'hommes, lequel délivre aux fabricants un certificat rappelant le numéro d'ordre et la date du dépôt.

En cas de contestation entre deux ou plusieurs fabricants sur la propriété d'un dessin, le conseil de prud'hommes procède à l'ouverture des paquets qui lui ont été déposés par les parties ; il fournit un certificat indiquant le nom du fabricant qui a la priorité de la date.

En déposant son échantillon, le fabricant déclare s'il entend se réserver la propriété exclusive pendant une, trois ou cinq années, ou à perpétuité.

En déposant son échantillon, le fabricant acquitte entre les mains du receveur de la commune une indemnité réglée par le conseil de prud'hommes. Elle ne peut excéder 1 franc pour chacune des années pendant lesquelles le déposant entend conserver la propriété exclusive de son dessin, et 10 francs pour la propriété perpétuelle.

Le dépôt des échantillons de dessins est, pour toutes les fabriques situées hors du ressort d'un conseil de prud'hommes, au greffe du tribunal de commerce, ou au greffe du tribunal de première instance, dans les arrondissements où les tribunaux civils exerceront la juridiction des tribunaux de commerce.

Ce dépôt est reçu gratuitement, sauf le droit du greffier pour la délivrance du certificat constatant ledit dépôt.

*Marques de fabrique et de commerce.* — La matière est régie par les lois des 23 juin 1857, 26 novembre 1873 et 3 mai 1890, et par les décrets des 25 juin 1874, 27 février 1891 et 17 décembre 1892. Sont considérés comme marques de fabrique et de commerce tous signes, toutes marques servant à distinguer les produits d'une fabrique, d'une maison de commerce, d'une exploitation agricole, etc. En fait, les marques de fabrique et de commerce confèrent les mêmes avantages que les brevets, à la condition que le bénéficiaire ait déposé au greffe du tribunal de commerce ou du tribunal civil de son domicile trois exemplaires du modèle de la marque choisie, et un cliché typographique de cette marque, destiné à permettre sa publication officielle. (Droit fixe de 1 franc au greffier.)

Le dépôt n'assure la propriété exclusive de la marque que pendant quinze années ; mais, au cours de la quinzième année, il suffit au fabricant ou au commerçant d'effectuer un nouveau dépôt pour se réserver la propriété de sa marque pendant une nouvelle période de quinze années, et ainsi de suite.

La marque est, en général, facultative. Cependant, pour certains produits, la marque est obligatoire : il en est ainsi pour les savons autres que ceux destinés à la toilette (Décret du 1er avril 1811) ; pour les matières d'or et d'argent, lesquelles doivent être marquées d'un poinçon portant un emblème spécial choisi par le fabricant et la lettre initiale de son nom (Loi du 19 brumaire an VI).

Les marques sont cessibles, comme toutes les valeurs. Les actions civiles relatives à la propriété des marques sont de la compétence des tribunaux de première instance.

*Contrefaçons industrielles et commerciales.* — Ce sont les atteintes à la propriété industrielle et commerciale. Cette matière comporte la contrefaçon des objets protégés soit par les brevets d'invention, soit par la législation sur les dessins et modèles de fabrique, soit par celle spéciale aux marques de fabrique et de commerce.

1° *Contrefaçons des objets brevetés.* — Ces contrefaçons sont prévues par les articles 40 à 49 de la loi du 5 juillet 1844. (V. BREVET D'INVENTION.) De la définition donnée par l'article 40 de cette loi il résulte que, pour qu'il y ait contrefaçon, il faut qu'il existe un brevet valable, qu'il ait été porté atteinte aux droits résultant du brevet et que cette atteinte ait été portée par la fabrication ou l'usage de ce qui fait l'objet du brevet. Le délit est frappé de peines graduées selon les circonstances.

L'action correctionnelle pour l'application des peines encourues ne peut être exercée par le ministère public que sur la plainte de la partie lésée. Pour assurer la constatation du fait de contrefaçon, le propriétaire du brevet peut, en vertu d'une ordonnance du président du tribunal de première instance, faire procéder par huissier à la désignation et description détaillée, avec ou sans saisie, des objets prétendus contrefaits ; l'ordonnance est rendue sur simple requête et sur la représentation du brevet ; lorsqu'il y a lieu à la saisie, cette ordonnance peut imposer un cautionnement au requérant ; celui-ci a un délai de huit jours pour entamer les poursuites.

La confiscation des objets reconnus contrefaits et, le cas échéant, celle des instruments ou ustensiles destinés spécialement à la fabrication, doivent, même en cas d'acquittement, être prononcées contre le contrefacteur, le receleur, l'introducteur ou le débitant. Les objets contrefaits sont remis au propriétaire du brevet, sans préjudice de plus amples dommages-intérêts et de l'affiche du jugement, s'il y a lieu.

2° *Contrefaçons des dessins et modèles de fabrique.* Ces contrefaçons tombent sous les prévisions de l'article 425 du Code pénal, où le mot « dessin » est employé dans son sens le plus large ; elles s'apprécient donc de la même manière que les contrefaçons artistiques et littéraires.

3° *Contrefaçons des marques de fabrique et de commerce.* Ces contrefaçons sont régies par les articles 7 et suivants de la loi du 23 juin 1857. Ici, il y a lieu de distinguer deux catégories de délits divers : d'une part, la contrefaçon proprement dite (c'est-à-dire la reproduction servile et brutale de la marque), l'usage d'une marque contrefaite, l'apposition frauduleuse d'une marque appartenant à autrui, enfin la vente ou mise en vente des produits revêtus d'une marque contrefaite ou frauduleusement apposée ; d'autre part, l'imitation frauduleuse de nature à tromper l'acheteur, l'usage d'une marque frauduleusement imitée ou portant des indications propres à tromper l'acheteur sur la nature du produit, enfin la vente ou mise en vente des produits revêtus d'une marque frauduleusement imitée ou portant des indications propres à tromper l'acheteur sur la nature du produit. Les peines encourues varient, selon les cas, de 50 francs d'amende à trois ans d'emprisonnement. Les délinquants peuvent, en outre, être privés, pendant un certain temps (dix ans au plus), du droit de participer aux élections des tribunaux et chambres de commerce, des conseils de prud'hommes, etc., et le tribunal peut ordonner l'affichage du jugement dans tels lieux qu'il détermine, et son insertion dans différents journaux. Le tribunal prescrit toujours, même en cas d'acquittement, la destruction des marques frauduleuses. Il peut ordonner la confiscation des produits, ainsi que celle des instruments et ustensiles qui ont servi à commettre le délit.

Pour la description et la saisie des produits revêtus de marques frauduleuses, mêmes dispositions que celles indiquées ci-dessus à propos de la contrefaçon des objets brevetés ; cependant, à défaut de tribunal dans le lieu où se trouvent les produits à décrire ou à saisir, une ordonnance du juge de paix est suffisante ; en outre, c'est sur la présentation du procès-verbal constatant le dépôt de la marque qu'intervient l'ordonnance, et c'est dans un délai de quinze jours que le requérant doit entamer les poursuites. Les demandes en dommages-intérêts relatives aux marques sont portées devant les tribunaux civils et jugées comme en matière sommaire ; toutefois, si le contrefacteur est poursuivi en police correctionnelle et soulève, pour sa défense, des questions relatives à la propriété de la marque, le tribunal correctionnel a compétence pour statuer sur cette question de propriété.

4° *Secrets de fabrique.* La loi pénale protège les secrets d'une fabrique, c'est-à-dire le secret des procédés de fabrication qui y sont en usage : l'article 418 du Code pénal édicte des peines sévères au cas de révélation des secrets de fabrique par ceux qui sont employés dans un établissement industriel.

**Protection internationale de la propriété industrielle.** — *Bureau international de Berne.* Afin de protéger la propriété industrielle et artistique contre les fraudes, contrefaçons, etc., qui pourraient être commises en pays étranger, une convention internationale a été signée à Paris, le 20 mars 1883, établissant une union entre les Etats signataires ou adhérents. Le *bureau* de cette Union est à Berne. La convention de Paris a été revisée à Bruxelles le 14 décembre 1900.

Les citoyens de chacun des Etats contractants jouissent, dans tous les pays adhérents, de la protection des avantages que la loi particulière à chacun des pays accorde ou accordera par la suite aux nationaux, en ce qui concerne les brevets d'invention, les dessins ou modèles industriels, les marques de fabrique ou de commerce et le nom commercial. Mais cette protection ne peut être efficace qu'autant que les formalités et conditions imposées aux nationaux par la législation intérieure de chaque Etat ont été remplies par les étrangers.

Pour qu'une invention soit brevetable dans les pays de l'Union, il faut qu'elle soit nouvelle, c'est-à-dire qu'elle ne soit pas connue dans ses détails dans le pays où le brevet est demandé. Comme il est impossible de prendre le même jour un brevet dans tous les pays de l'Union, toute personne domiciliée ou établie dans l'Union, tout ressortissant de l'un des pays unionistes, bénéficie d'un délai de priorité de douze mois pour le dépôt d'une demande de brevet concernant une invention déjà déposée ou brevetée dans l'Union, et d'un délai analogue de quatre mois pour le dépôt d'un dessin ou modèle de fabrique, et d'une marque de fabrique. Les mêmes personnes sont garanties contre l'usurpation de leur nom commercial.

*Enregistrement international des marques de fabrique.* Un arrangement, signé à Madrid le 14 avril 1891, a créé un service d'enregistrement international des marques de fabrique et de commerce. Ce service fonctionne à Berne, au *Bureau international de l'Union pour la protection de la propriété industrielle.* Il a pour but de permettre aux propriétaires de marques protégés dans leur propre pays d'obtenir, dans tous les Etats contractants, par la voie la moins coûteuse et au moyen d'une demande unique déposée auprès de leur administration locale, « la même protection que les nationaux et le même recours contre toute atteinte portée à leurs droits ». Le Bureau international reçoit des administrations des différents pays les demandes d'enregistrement international, les inscrit sur un registre spécial, avise les Etats dans lesquels l'arrangement est en vigueur, et dès lors la protection est de droit dans chacun de ces Etats, l'enregistrement international y ayant les mêmes effets que si le dépôt y avait été effectué directement.

Aux termes de l'article 8 de l'arrangement de Madrid, l'administration des pays d'origine fixe à son gré et perçoit à son profit une taxe qu'elle réclame du propriétaire de la marque dont l'enregistrement international est demandé. Un décret du 25 avril 1893 a fixé à 25 francs pour la France le versement à faire au Trésor par toute personne domiciliée en France, propriétaire d'une marque de fabrique et de commerce, qui désire s'assurer la protection de cette marque dans les autres Etats signataires dudit arrangement.

Tout propriétaire d'une marque régulièrement déposée en France qui désire s'assurer la protection de cette marque dans les autres Etats adhérents verse (à Paris, à la caisse du receveur central de la Seine, et dans les départements, aux caisses des trésoriers-payeurs généraux ou des receveurs particuliers des finances) une somme de 25 francs. Le récépissé constatant le versement de ladite somme est adressé à l'Office national de la propriété industrielle, institué à Paris près le Conservatoire des Arts et métiers, avec les pièces suivantes :

1° Une requête en vue d'obtenir l'enregistrement de la marque ;

2° Trois exemplaires de la marque ;

3° Un cliché typographique reproduisant exactement la marque et qui ne doit pas avoir moins de 15 millimètres ni plus de 10 centimètres, soit en longueur, soit en largeur, sur une épaisseur de 24 millimètres ; ce cliché sera conservé au Bureau international ;

4° Le talon d'un mandat postal au nom du bureau international de la propriété industrielle, à Berne, représentant l'émolument dû à ce bureau et dont le montant est de 100 francs lorsqu'il s'agit de l'enregistrement d'une seule marque, et de 50 francs seulement pour les marques autres que la première lorsqu'il s'agit d'une demande d'enregistrement collective présentée par un même propriétaire ;

5° Une procuration spéciale dûment enregistrée, si la demande est faite par un fondé de pouvoirs.

Moyennant l'accomplissement de ces formalités, le déposant est protégé de plein droit en Belgique, Brésil, Espagne, France, Italie, Pays-Bas, Portugal, Suisse, Tunisie. Cette protection s'étendra *ipso facto* à tous les Etats qui adhéreront dans la suite.

La protection résultant de l'enregistrement au Bureau international dure vingt ans, et peut être renouvelée au moyen de l'accomplissement des formalités prescrites. Cependant, lorsqu'une marque cesse de jouir de la protection légale dans le pays d'origine, l'enregistrement international interrompt en même temps ses effets ; mais le renouvellement du dépôt national suffit pour mettre fin à cette interruption.

En résumé, l'enregistrement international des marques françaises coûte *en tout* 125 francs pour la première marque, et 75 francs pour chacune des autres marques déposées en même temps par le même propriétaire. En effectuant les dépôts dans tous les Etats contractants autres que la France, conformément aux dispositions de la législation intérieure de chaque pays, on aurait à débourser pour chaque marque déposée une somme de 240 francs pour taxes officielles, non compris les frais accessoires pour requêtes, légalisations, traductions, etc. Cette simple constatation suffit à faire comprendre les grands avantages de l'enregistrement international, qui se résument ainsi : un seul dépôt dans le pays d'origine et une taxe unique et modérée.

Le *Bureau international de la propriété industrielle, à Berne*, fournit sans frais les renseignements complémentaires qui lui sont demandés. Il publie les marques déposées dans un recueil spécial, *Les Marques internationales*, supplément ajouté à son organe officiel, *La Propriété industrielle.*

## Propriété littéraire et artistique.

C'est le droit exclusif qui, en vertu des lois des 13-19 janvier 1791 et 19-24 juillet 1793 (complétées par une loi du 11 mars 1902), appartient aux auteurs d'écrits en tout genre, aux compositeurs de musique, aux peintres et dessinateurs, aux architectes, statuaires et sculpteurs de figures et d'ornements, de reproduire ou de faire reproduire leurs œuvres, de les laisser exécuter ou représenter en public, d'exploiter les produits vénaux qu'elles sont susceptibles de procurer. Les lois précitées, ainsi que la loi du 29 juillet 1881 sur la presse, n'obligent au dépôt que pour les œuvres littéraires, musicales et dramatico-musicales, mais non pour les œuvres d'art plastiques.

A la mort de l'auteur s'ouvre une période de cinquante années, pendant laquelle, aux termes d'une loi du 14 juillet 1866, son droit subsiste en faveur de ses héritiers et ayants cause.

Le conjoint survivant, quel que soit le

régime matrimonial, et indépendamment des droits qui peuvent résulter en faveur de ce conjoint du régime de la communauté, a l'usufruit des droits dont l'auteur prédécédé n'a pas disposé par acte entre vifs ou par testament. Toutefois, si l'auteur laisse des héritiers à réserve, cette jouissance est réduite, au profit de ces héritiers, suivant les proportions et distinctions établies par les articles 913 et 915 du Code civil. (V. QUOTITÉ DISPONIBLE.) Cette jouissance n'a pas lieu lorsqu'il existe, au moment du décès, une séparation de corps prononcée contre le conjoint; elle cesse au cas où le conjoint contracte un nouveau mariage. Lorsque la succession est dévolue à l'Etat, le droit exclusif s'éteint sans préjudice des droits des créanciers et de l'exécution des traités de cession qui ont pu être consentis par l'auteur ou par ses représentants.

A l'expiration de la période de cinquante ans, les œuvres tombent dans le domaine public; tout le monde peut les reproduire, représenter ou exécuter.

L'auteur ou l'artiste peut céder le droit d'exploiter son œuvre à un éditeur moyennant le payement d'une somme à forfait ou bien de *droits d'auteur* fixés d'un commun accord. Dans ce dernier cas, le droit de l'éditeur est tantôt limité à une période déterminée, tantôt illimité, et alors le contrat a effet pour toute la durée de la propriété littéraire (c'est-à-dire durant sa vie et cinquante ans après sa mort).

Les propriétaires, par succession ou à autre titre, d'un ouvrage posthume ont les mêmes droits que l'auteur, et les dispositions des lois sur la propriété exclusive des auteurs et sur sa durée leur sont applicables, à la charge toutefois d'imprimer séparément les œuvres posthumes, sans les joindre à une nouvelle édition des ouvrages déjà publiés et tombés dans le domaine public.

La faculté que possède le destinataire de lettres missives de les conserver ou de les céder comme autographes n'implique pas pour lui le droit de les publier sans l'autorisation de celui qui les a écrites, qui garde sur elles son droit d'auteur et peut transmettre ce droit à ses héritiers. Par suite, ces héritiers sont fondés à s'opposer à la publication posthume des écrits d'un auteur, et celui qui, malgré la défense à lui faite, publie ces écrits est passible de dommages-intérêts. (Trib. civ. de la Seine, 20 mai 1904.)

*Contrefaçons littéraires et artistiques.* — L'article 425 du Code pénal considère comme contrefaçon : « toute édition d'écrits, de composition musicale, de dessin, de peinture ou de toute autre production, imprimée ou gravée en entier ou en partie, au mépris des lois et règlements relatifs à la propriété des auteurs ». L'article 426 assimile à la contrefaçon : 1° le débit des ouvrages contrefaits; 2° l'introduction, sur le territoire français, des ouvrages qui, après avoir été imprimés en France, ont été contrefaits à l'étranger; et, d'autre part, le décret du 28 mars 1852 assimile au débit et à l'introduction des contrefaçons en France le débit, l'exportation ou l'expédition des ouvrages publiés à l'étranger et contrefaits en France. La reproduction partielle ne constitue, en principe, une contrefaçon qu'autant que les citations ou emprunts sont assez étendus pour nuire à la vente de l'œuvre contrefaite.

Il y a, en résumé, contrefaçon lorsqu'il y a reproduction dommageable à l'auteur de l'œuvre, et si l'auteur du dommage est de mauvaise foi, la contrefaçon prend un caractère délictueux. Même lorsque le délit est couvert par la prescription, la partie lésée a toujours une action civile pour s'opposer à la continuation du dommage.

Bien que l'article 425 prévoie seulement la contrefaçon opérée par l' « impression » et la « gravure », il ne s'ensuit pas que les autres moyens de reproduction soient licites : de quelque façon qu'elle ait lieu, la reproduction est un délit.

Le droit de poursuivre le contrefacteur appartient à l'auteur ou à son cessionnaire, ainsi que, sans nécessité de plainte préalable, au ministère public. Sur la simple réquisition du propriétaire, et pour fournir la preuve de la contrefaçon, le commissaire de police, et à défaut, le juge de paix doivent procéder à la saisie des exemplaires contrefaits (lois des 19 et 24 juill. 1793, art. 3, et 25 prairial an III, art. Ier). L'article 427 punit d'amende le contrefacteur, l'introducteur et le débitant; de plus, il édicte que la confiscation de l'édition contrefaite sera prononcée tant contre le contrefacteur que contre l'introducteur et le débitant, et que les planches, moules ou matrices des objets contrefaits seront aussi confisqués. L'article 429 dispose que, toutes les fois qu'il y aura lieu à confiscation, « le produit des confiscations, ou les recettes confisquées, seront remis au propriétaire, pour l'indemniser d'autant du préjudice qu'il aura souffert; le surplus de son indemnité, ou l'entière indemnité, s'il n'y a eu ni vente d'objets confisqués, ni saisie de recettes, sera réglé par les voies ordinaires ».

La poursuite en contrefaçon ne peut être exercée si le dépôt légal (V. DÉPÔT LÉGAL) de l'œuvre contrefaite n'a pas été préalablement effectué.

Nous devons signaler en outre deux séries de textes répressifs spéciaux : 1° La contrefaçon des ouvrages dramatiques (compositions théâtrales et musicales) a donné lieu à une disposition particulière, l'article 428 du Code pénal, ainsi conçu : « Tout directeur, tout entrepreneur de spectacle, toute association d'artistes, qui aura fait représenter sur son théâtre des ouvrages dramatiques au mépris des lois et règlements relatifs à la propriété des auteurs, sera puni d'une amende de 50 francs au moins, de 500 francs au plus, et de la confiscation des recettes. » 2° En matière artistique, les fraudes et usurpations de nom sont prévues par la loi du 9 février 1895, aux termes de laquelle :

« Seront punis d'un emprisonnement d'un an au moins et de cinq ans au plus et d'une amende de 16 francs au moins et de 3 000 francs au plus, sans préjudice des dommages-intérêts s'il y a lieu : 1° ceux qui auront apposé ou fait apparaître frauduleusement un nom usurpé sur une œuvre de peinture, de sculpture, de dessin, de gravure et de musique; 2° ceux qui, sur les mêmes œuvres, auront frauduleusement, et dans le but de tromper l'acheteur sur la personnalité de l'auteur, imité sa signature ou un signe adopté par lui. » (Art. 1er.) Les mêmes peines sont applicables à tout marchand ou commissionnaire qui a sciemment recélé, mis en vente ou en circulation les objets revêtus de ces nom, signature ou signe. (Art. 2.)

Les objets délictueux sont confisqués et remis au plaignant ou détruits sur son refus de les recevoir. (Art. 3.)

Ces dispositions sont applicables aux œuvres non tombées dans le domaine public, sans préjudice pour les autres de l'application de l'article 423 du Code pénal.

Un sténographe ne peut publier ensuite un cours public sans avoir obtenu l'autorisation du professeur : cette publication le rend coupable de contrefaçon.

*Conventions internationales.* — Bien que le décret du 28 mars 1852 protège les droits des auteurs et artistes étrangers, même pour celles de leurs œuvres qui ne sont pas publiées en France, un très petit nombre d'Etats (entre autres la Belgique) sont entrés dans cette voie. Dans les autres, à défaut de conventions de réciprocité ou d'adhésion à la convention de Berne (v. plus bas), les littérateurs et les artistes français sont soumis aux dispositions de la législation locale.

*Copyright.* Aux Etats-Unis, le bill du 8 juillet 1870 sur le *copyright* (droit de reproduction) ne protégeait contre la contrefaçon que les sujets de l'Union et les auteurs ou artistes résidant sur leur territoire. Un second *copyright bill,* du 3 mars 1891, a consacré le droit de propriété des auteurs et artistes, mais moyennant des formalités d'enregistrement excessives et rigoureuses; il a subi des revisions partielles par suite de l'adoption des lois des 2 mars 1895, 6 janvier 1897, 3 mars 1897 et 3 mars 1905.

Les auteurs de livres en langues autres que l'anglais, et ressortissant à un pays qui traite les Américains sur le pied de la réciprocité (Allemagne, Belgique, Chili, Costa-Rica, Danemark, Espagne, France, Grande-Bretagne, Italie, Mexique, Pays-Bas, Portugal, Suisse), ont la faculté de s'assurer une période de protection provisoire d'un an, pendant laquelle une édition américaine soit de la traduction, soit du texte original de l'œuvre peut être préparée en vue d'obtenir la protection définitive.

Cette disposition équivaut à l'exclusion de l'édition originale étrangère et à l'obligation de faire réimprimer l'œuvre en Amérique, si la traduction américaine n'a pas été publiée dans l'année qui a suivi la date de publication de l'œuvre originale.

L'auteur qui veut se réserver le *copyright* doit, dans les limites exactes de trente jours après la publication de l'œuvre à l'étranger, déposer à Washington un exemplaire complet de l'œuvre et pourvoir cet exemplaire, comme, du reste, tous ceux de l'édition européenne, de la mention de réserve du *copyright* selon la formule prescrite par la loi.

Cette formule est ainsi libellée : « Publié..., mil neuf cent..., Privilège du droit d'auteur aux Etats-Unis, réservé en vertu de la loi sanctionnée le 3 mars mil neuf cent cinq, par... » (Published..., nineteen hundred and..., Privilege of Copyright in the United States reserved under the Act approved March 3 nineteen hundred and five, by...) Chaque exemplaire doit porter la mention (en anglais) sur la page de titre ou au verso.

S'il fait confectionner une édition américaine de l'œuvre originale, il en dépose deux exemplaires à Washington, au plus tard le jour de la publication dans le pays d'origine. Il obtient par là le droit exclusif de reproduction, de traduction et de « dramatisation », c'est-à-dire la protection complète de ses droits. Cette protection dure vingt-huit ans. Après ce premier délai, un second délai de quatorze ans est accordé à l'auteur encore vivant ou à sa veuve et à ses enfants, moyennant un nouvel enregistrement et l'observation de certaines formalités.

Les enregistrements et déclarations de propriété d'ouvrages pour l'Amérique et tous les autres pays se font par des agences spéciales, en particulier par le Bureau de la Propriété littéraire et artistique du Cercle de la Librairie de Paris.

La traduction de l'œuvre est-elle également protégée contre la reproduction en langue originale, autrement dit la protection garantie à la traduction englobe-t-elle l'œuvre originale avec tous les droits qui s'y rattachent? La loi n'est pas catégorique sur ce point.

Voir *Bibliographie de la France. Chronique,* 1891, p. 28; 1895, p. 54; 1897, pp. 14, 40, 117; 1900, p. 103; 1901, pp. 69 et 78; 1902, pp. 21, 32, 36; 1904, pp. 5, 39 et 45; 1905, pp. 10, 39, 42, 44, 77, 89 et 94.

*Convention de Berne* (9 septembre 1886). Une convention internationale pour la protection des œuvres littéraires et artistiques a été signée à Berne le 9 septembre 1886 entre la France, l'Allemagne, la Belgique, l'Espagne, la Grande-Bretagne, Haïti, l'Italie, la Suisse, la Tunisie. Ont adhéré successivement : le Luxembourg, Monaco, le Danemark, la Suède, la Norvège et le Japon. La convention a été modifiée par l'acte additionnel du 4 mai 1896.

Les pays contractants sont constitués à l'état d'Union. Les auteurs jouissent dans tous les pays de l'Union des droits que les lois de ces pays accordent ou accorderont aux nationaux par la suite dans leur propre pays. La convention s'applique également aux éditeurs d'œuvres littéraires ou artistiques publiées dans un des pays de l'Union, même lorsque l'auteur appartient à un pays qui n'en fait pas partie. Les auteurs ressortissant à l'un des pays de l'Union, ainsi que leurs ayants cause, jouissent dans les autres pays du droit exclusif de faire ou d'autoriser la traduction de leurs ouvrages jusqu'à l'expiration de dix années à partir de la publication de l'œuvre originale dans l'un des pays de l'Union. Les traductions licites sont protégées comme les ouvrages originaux.

Les articles de journaux ou de recueils périodiques publiés dans l'un des pays de l'Union peuvent être reproduits, en original ou en traduction, dans les autres pays de l'Union, à moins que les auteurs ou éditeurs ne l'aient expressément interdit par la mention à réserve : *Droits de traduction et de reproduction interdits*. Pour les recueils, il peut suffire que l'interdiction soit faite d'une manière générale en tête de chaque numéro. En aucun cas cette interdiction ne peut s'appliquer aux articles de discussion politique ou à la reproduction des nouvelles du jour et des faits divers. Quant à la faculté de faire des emprunts à des œuvres littéraires ou artistiques, pour des publications destinées à l'enseignement ou pour des chrestomathies, elle reste réglée par la législation de chacun des pays de l'Union ou par les arrangements particuliers existants ou à conclure entre eux.

Ces dispositions s'appliquent à la représentation publique des œuvres dramatiques, musicales ou dramatico-musicales, que ces œuvres soient publiées ou non. Mais pour les œuvres musicales publiées, l'auteur doit déclarer, en tête de l'ouvrage, qu'il en interdit l'exécution publique par la mention : *Tous droits d'exécution, de reproduction, de traduction et d'arrangements réservés.*

La reproduction illicite dont parle la convention de Berne n'est pas seulement la reproduction directe et complète, mais encore les appropriations indirectes d'un ouvrage littéraire ou artistique désignées sous des noms divers, tels que : adaptations, arrangements de musique, etc., lorsque ces appropriations ne présentent pas le caractère d'une œuvre nouvelle et originale ; mais, dans ce cas, les tribunaux des divers pays de l'Union tiendront compte, s'il y a lieu, des réserves de leurs lois respectives. Pour les œuvres anonymes ou pseudonymes, l'éditeur dont le nom est indiqué sur l'ouvrage est fondé à sauvegarder les droits appartenant à l'auteur. Toute œuvre contrefaite peut être saisie à l'importation dans les pays de l'Union.

Un office international a été institué, sous le nom de *Bureau de l'Union internationale pour la protection des œuvres littéraires et artistiques* ; il est entretenu à frais communs par les pays ayant participé à l'Union. Ce bureau est établi près du gouvernement suisse ; il est à la disposition des membres de l'Union pour leur fournir, sur les questions relatives à la propriété artistique et littéraire, les renseignements spéciaux dont ils pourraient avoir besoin.

**Propriété (Certificat de).** — V. CERTIFICAT.

**Prorogation.** (Dr. civ.) — Fixation d'un terme, d'un délai à une date postérieure à celle qu'on avait d'abord fixée.

En matière civile, on distingue :

1° La *prorogation de délai*, temps de surcroît que l'on accorde à raison de la distance. Elle est fixée généralement à un jour pour 3 myriamètres. Elle a lieu dans les assignations toutes les fois que la partie civile n'a point son domicile dans le lieu même de la résidence du juge. Certains actes, l'appel par exemple, n'admettent pas la prorogation de délai. En général, la prorogation est admise en faveur du défendeur et non pas de celui qui agit comme demandeur ;

2° La *prorogation de juridiction*, attribution ou reconnaissance volontaire, que fait une partie, de la juridiction d'un juge qui n'a pas droit de connaître l'affaire ;

3° La *prorogation d'enquête*, autorisation donnée par le juge, sur la demande de l'une ou de l'autre des parties, de continuer, dans certaines circonstances, l'enquête au delà du terme prescrit par la loi ;

4° La *prorogation de terme*, délai de grâce que le créancier accorde à son débiteur qui n'a pu se libérer à l'échéance. La prorogation de terme accordée par le créancier au débiteur principal ne décharge point la caution ;

5° La *prorogation de compromis*, c'est-à-dire l'extension du temps accordé par un arbitrage.

**Prorogation.** (Dr. const.) — Acte de l'autorité souveraine qui suspend les séances d'une assemblée et en remet la continuation à une date ultérieure. — Acte d'une assemblée souveraine qui suspend ses propres séances.

Le Sénat et la Chambre des députés peuvent se proroger eux-mêmes ; mais la prorogation proprement dite des Chambres peut être prononcée aussi par le président de la République. Cet ajournement ne peut excéder le terme d'un mois et ne peut avoir lieu plus de deux fois dans la même session.

**Prospectus.**

Les distributeurs de prospectus sont considérés par la loi comme des colporteurs. V. COLPORTAGE.

Les prospectus ne peuvent revêtir la forme des billets de banque. (Loi du 11 juillet 1885.) V. BILLET DE BANQUE.

**Prostitution.**

*Réglementation.* — La prostitution n'est pas considérée comme illicite en elle-même. Mais, dans l'intérêt de la santé et de l'ordre publics, l'autorité municipale a le droit d'édicter, par voie d'arrêtés, toutes mesures nécessaires pour la surveillance et la réglementation de la prostitution. Elle peut, notamment : 1° tenir un registre des prostituées et y ordonner l'inscription d'office des filles ou femmes notoirement réputées comme se livrant à la prostitution, qui ne voudraient s'y faire inscrire volontairement ; 2° assujettir les prostituées à subir périodiquement des visites sanitaires (Cass., 26 novembre 1892) ; 3° leur interdire de se livrer au racolage sur la voie publique ou dans des lieux publics.

D'autre part, sous des conditions de surveillance sévères, est admise l'existence des maisons de prostitution, que l'on appelle aussi « maisons de tolérance », à raison de la tolérance de l'administration quant à leur existence. Elles sont assimilées aux auberges et maisons garnies, au point de vue de la tenue des livres de police.

*Auxiliaires de la prostitution.* — Contre les auxiliaires de la prostitution publique, une répression rigoureuse résulte des articles 334 et 335 du Code pénal et 4 (*in fine*) de la loi du 27 mai 1885, tels que les a modifiés une loi du 3 avril 1903 : 1° Ceux qui, de façon habituelle, excitent, favorisent ou facilitent la débauche ou la corruption de la jeunesse, de l'un ou de l'autre sexe, au-dessous de l'âge de vingt et un ans; ceux qui se livrent à l'embauchage en vue de la débauche de filles ou femmes mineures, même avec leur consentement, ou bien, soit par fraude, soit à l'aide d'un moyen de contrainte, de filles ou femmes majeures; ceux qui retiennent contre son gré, même pour cause de dettes contractées, une personne, même majeure, dans une maison de débauche, ou la contraignent à se livrer à la prostitution, sont passibles d'un emprisonnement de six mois à trois ans et d'une amende de 50 francs à 5 000 francs. Si la prostitution a été favorisée par les père, mère ou autres ascendants, les tuteurs, les précepteurs ou serviteurs à gage, les fonctionnaires, les ministres des cultes, la peine de l'emprisonnement sera de trois ans à cinq ans. Les peines sont prononcées alors même que les infractions ont été commises dans des pays différents. En outre les coupables sont interdits de toute tutelle, curatelle ou participation aux conseils de famille pendant deux ans au moins et cinq ans au plus. Si le délit a été commis par le père ou la mère, le coupable est déchu de la puissance paternelle et de toute tutelle ou curatelle pendant dix ans au moins et vingt ans au plus. L'interdiction de séjour peut être prononcée dans tous les cas. 2° Ceux qui « font métier de souteneur », c'est-à-dire qui « aident, assistent ou protègent la prostitution d'autrui sur la voie publique », et en même temps, « en partagent sciemment les produits », encourent un emprisonnement de trois mois à deux ans et une amende de 100 francs à 1 000 francs, avec interdiction de séjour de cinq ans à dix ans. V. en outre RÉCIDIVE.

*Traite des blanches.* — Les Puissances se sont préoccupées de réprimer le commerce auquel certains individus se livrent sur de malheureuses filles, qu'ils attirent loin de leur pays par de flatteuses promesses, puis qu'ils livrent, une fois dépaysées, à la prostitution.

Un congrès se réunit à Londres en 1899 et une conférence diplomatique, tenue à Paris en 1902, aboutit à un « arrangement international ayant pour but d'assurer une protection efficace contre le trafic connu sous le nom de *traite des blanches* ». Cet arrangement a été conclu à Paris le 18 mai 1904.

Chacun des gouvernements contractants s'engage à établir une autorité chargée de centraliser tous les renseignements sur l'embauchage des femmes et filles en vue de la débauche à l'étranger; à faire exercer une surveillance en vue de rechercher, particulièrement dans les gares, les ports d'embarquement et en cours de voyage, les conducteurs de femmes et filles destinées à la débauche ; à confier provisoirement et en vue d'un rapatriement éventuel, les victimes d'un trafic criminel, lorsqu'elles sont dépourvues de ressources, à des institutions d'assistance publique ou privée ou à des particuliers offrant les garanties nécessaires ; à renvoyer dans leur pays d'origine celles de ces femmes ou filles qui demandent leur rapatriement ou qui seraient réclamées par les personnes ayant autorité sur elles; à exercer autant que possible une surveillance sur les bureaux ou agences qui s'occupent du placement de femmes ou filles à l'étranger.

**Protectionnisme.** — V. LIBRE-ÉCHANGE.

**Protectorat.** — Condition juridique d'un Etat qui s'est ou a été placé sous la tutelle d'un Etat plus puissant.

En général, l'exercice de la souveraineté extérieure de l'Etat protégé appartient à l'Etat protecteur; parfois aussi certains droits dépendant de la souveraineté intérieure, comme l'administration de la justice, la perception de certains impôts et le commandement militaire, sont remis à l'Etat protecteur. Bien souvent l'établissement d'un protectorat est un acheminement vers une annexion. Le type du protectorat est celui qui appartient à la France sur la Tunisie, sur l'Annam et sur le Cambodge.

L'établissement des protectorats en Afrique a été réglementé par l'acte de Berlin du 26 février 1885. D'après cet acte, une simple notification diplomatique, sans prise de possession, suffit pour l'établissement d'un protectorat.

**Protêt.** — Acte du ministère d'un officier public (huissier ou notaire) destiné à constater soit le refus d'acceptation d'une lettre de change par la personne sur laquelle elle est tirée, soit le refus de payement à l'échéance d'une lettre de change ou de tout autre effet de commerce négociable par voie d'endossement.

L'acte prend le nom distinctif de *protêt faute d'acceptation* dans le premier cas, et de *protêt faute de payement* dans le second. Il est, en général, facultatif au porteur d'une lettre de change de la présenter ou non à l'acceptation et de faire en conséquence constater par un protêt le refus de cette acceptation. Néanmoins, il en est autrement quand l'échéance de la traite n'est pas à jour fixe, mais à un ou plusieurs jours ou mois de vue ; en pareil cas, la date de l'acceptation par le tiré peut seule déterminer la date ultérieure du jour de payement, et il est de rigueur que le porteur fasse la présentation de l'effet et requière cette acceptation. Dans tous les cas, et que la présentation de l'effet à l'acceptation soit obligatoire ou facultative, le refus d'accepter de la part du tiré doit être constaté par le protêt faute d'acceptation. Le résultat de cet acte est d'obliger simultanément et solidairement tant les endosseurs que le tireur de la traite, soit à en rembourser immédiatement le montant ainsi que les frais de protêt au porteur, soit à lui donner caution pour le payement à échéance. (Code comm., art. 119 et 120.)

Le protêt est fait par deux notaires, ou par un notaire assisté de deux témoins, ou par un huissier également assisté de deux témoins. Il doit être signifié au tiré, au domicile élu par lui pour le payement. En cas d'indication d'un faux domicile, le protêt est précédé d'un procès-verbal de perquisition ; au cas où des personnes sont indiquées pour payer au besoin, comme au cas où il y a eu acceptation par intervention, le protêt doit être également fait au domicile de ces personnes. En cas de nullité du protêt, le porteur a son recours contre l'officier ministériel.

Les articles 173 et suivants du Code de commerce règlent les formes du protêt. Il y est procédé par deux notaires, ou par un notaire et deux témoins, ou par un huissier et deux témoins. L'acte de protêt doit contenir copie littérale de l'effet de commerce protesté, énoncer la sommation de payer faite au débiteur à son domicile, ainsi que les motifs de refus ou d'impuissance de payement articulés par ce dernier. Le protêt faute de payement est obligatoire de la part du porteur; néanmoins ce dernier peut en être dispensé par une clause expresse qu'on exprime usuellement par les mots : *retour sans frais*. En pareil cas, le défaut de protêt laisse entier le recours du porteur contre les endosseurs et le tireur.

Le protêt pour non-payement doit être fait le lendemain du jour de l'échéance, et si le lendemain est un jour férié, le jour suivant. (V. FÊTES LÉGALES.) Tout protêt fait, soit avant, soit après le lendemain du jour de l'échéance, est nul. Pourtant, la défense de faire protester avant l'échéance cesse au cas de faillite de l'accepteur. La mort ou la faillite du tiré ne dispense pas de la nécessité du protêt. Le protêt a pour effet d'abord de donner au porteur le droit d'actionner tous les signataires de la lettre, ensuite de faire courir les intérêts. Il ne conserve toutefois son recours contre les endosseurs qu'à la condition que, dans la quinzaine de la date du protêt, on le leur notifie, et on les assigne devant le tribunal de commerce à défaut de remboursement par eux. Le délai de quinzaine est augmenté suivant la distance qui sépare l'endosseur du lieu où la lettre de change était payable (un jour par 2 myriamètres et demi).

Le protêt faute de payement a plus d'importance que le protêt faute d'acceptation, et il est plus impérieusement et sous de plus graves sanctions exigé du porteur d'un effet de commerce. Le porteur qui néglige de faire constater par un protêt le refus de payement à l'échéance d'une lettre de change ou d'un billet à ordre se trouve, en effet, déchu par là même de tout recours en garantie contre les endosseurs qui lui ont, de première ou de seconde main, transmis le titre. (Code comm., art. 164.) Il conserve, il est vrai, son action récursoire contre le tireur, s'il s'agit d'une lettre de change ; mais cette garantie même lui échappe, et le tireur est exonéré de toute répétition de sa part, s'il justifie qu'il avait fait à l'échéance, entre les mains du tiré, provision pour payement de l'effet qu'on a négligé de faire protester. (Code comm., art. 170.) Au moyen du protêt, fait régulièrement et en temps utile, le porteur conserve au contraire ses recours multiples.

Il a le droit d'assigner le tireur et les endosseurs, soit collectivement, soit individuellement ; s'il les assigne collectivement, il les assigne tous devant le tribunal du domicile de l'un d'eux à son choix, et le délai de la comparution se règle d'après le délai accordé à raison de la distance du domicile le plus éloigné.

A défaut de protêt et d'ajournement devant le tribunal, le porteur est déchu de tous ses droits contre les endosseurs. La déchéance ne peut cependant être invoquée par celui qui a volontairement payé, hors le cas de dol ou de fraude ; ni par celui qui aurait reçu, depuis l'expiration des délais, les fonds destinés au payement de la lettre de change ; ni par celui qui a déclaré, soit dans une lettre, soit autrement, y renoncer. Elle ne peut davantage être invoquée au cas de force majeure.

Ce que nous avons dit du recours accordé au porteur contre le tireur et les endosseurs s'applique au donneur d'aval.

De leur côté, les endosseurs ont chacun le même droit de recours contre les endosseurs précédents et contre le tireur ; le donneur d'aval a tous les droits de recours qu'aurait celui qu'il a garanti. L'endosseur peut exercer son recours dès qu'il est lui-même assigné ; il peut appeler ses cédants devant le tribunal saisi de l'affaire. Il doit, du reste, agir dans la quinzaine de la date de la notification qui lui est faite du protêt, ou, s'il rembourse volontairement, dans la quinzaine de ce remboursement. A défaut d'action dans ce délai, il perd son recours.

A l'égard du tireur, le défaut de protêt en temps utile ne fait pas perdre toute voie de recours au porteur, à moins que le tireur n'établisse qu'il y avait provision à l'échéance.

Le porteur d'une lettre de change protestée peut en outre, avec la permission du juge, saisir conservatoirement les effets mobiliers des tireur, accepteurs et endosseurs ; le juge, en ce cas, est le président du tribunal de commerce, mais c'est le tribunal civil seul qui peut valider la saisie et autoriser la vente des objets saisis. Il peut, pour se rembourser de l'effet protesté, tirer à son tour une nouvelle lettre de change sur le tireur ou l'un des endosseurs. C'est ce qu'on appelle *faire retraite*. La retraite comprend, outre le capital, les intérêts, les frais et le *rechange*, c'est-à-dire le prix du change payé par le porteur pour se procurer des fonds. La retraite est établie par le compte nommé « compte de retour ».

L'intérêt du principal de la lettre de change protestée faute de payement est dû à compter du jour du protêt. (Code comm., art. 184.)

**Protocole.** — Règle du cérémonial à observer dans les écrits de toute sorte employés dans les relations officielles entre les Etats et entre les ministres publics, dans les entrevues entre les chefs d'Etat et leurs représentants. — En matière de traités et de conventions, Comptes rendus des discussions officielles entre les plénipotentiaires des diverses puissances dans les congrès et les conférences. — Documents diplomatiques où, sans recourir à la forme des traités ou des conventions, on indique par écrit des principes ou des points de détail sur lesquels l'accord s'est établi.

**Protuteur.** — Personne nommée pour gérer les biens qu'un mineur possède hors du pays où il est domicilié.

**Provision.** — Somme allouée préalablement à une partie avant un jugement définitif. — Somme remise d'avance à un avoué ou à un avocat pour les premiers frais d'un procès et à valoir sur ses honoraires. — Somme, valeur destinée à pourvoir au payement d'une lettre de change. V. LETTRE DE CHANGE.

En matière de change, c'est le tireur ou celui pour le compte duquel la lettre est tirée qui doit faire la provision ; même, dans ce dernier cas, le tireur est personnellement obligé envers les endosseurs et le porteur seulement. Une fois la provision faite, le tiré qui paye n'a pas de recours contre le tireur ou le donneur d'ordre ; s'il ne paye pas, il devient responsable envers eux. Si la provision n'a pas été faite, le tiré qui paye a un recours pour réclamer ses avances, et s'il ne paye pas il n'encourt aucune responsabilité. Le porteur négligent n'est déchu vis-à-vis du tireur ou du donneur d'ordre qu'autant qu'il y avait provision.

L'acceptation suppose la provision et en établit la preuve à l'égard des endosseurs. Au cas de faillite du tiré, si le tiré était simplement débiteur d'une somme d'argent du tireur, il n'y a lieu qu'à un dividende. Mais si l'on invoque un droit de propriété, les intéressés, tireur et porteur non remboursés, feront valoir intégralement leurs droits. Au cas de faillite du tireur, si la lettre a été acceptée ou s'il y a eu affectation spéciale, le tiré gardera la provision pour se couvrir. Dans les autres cas, la jurisprudence admet que le porteur est propriétaire de la provision. Dans les opérations de banque, la Banque de France peut tirer sur elle-même des billets au porteur et à vue ; les autres banques ne peuvent tirer sur elles-mêmes que lorsqu'elles ont provision.

En matière d'effets de commerce la *provision* constitue la cause et est une condition essentielle de la validité des effets. L'endossement translatif de propriété transfère la provision au bénéficiaire. L'existence de la provision est constatée par les mots « *valeur fournie en......* » L'acceptation fait présumer la provision, elle en établit la preuve à l'égard des endosseurs. Tout effet de commerce créé sans provision constitue un *tirage en l'air*. La provision n'a pas besoin d'exister au moment de la création de l'effet, il suffit qu'elle existe à l'échéance.

**Provision (Jugement exécutoire par).** — V. JUGEMENT.

**Provocation.**

La *provocation* à l'action coupable est l'un des modes de complicité prévus par l'article 60 du Code pénal ; mais elle ne constitue, aux termes de cet article, un acte de participation punissable qu'autant qu'elle a lieu « par dons, promesses, menaces, abus d'autorité ou de pouvoir, machinations ou artifices coupables ».

D'autre part, la provocation est une excuse légale en deux matières différentes :

1° *En matière de meurtre et de violences.* Certains faits de provocation rendent excusables les meurtres, ainsi que les blessures et les coups. Les faits de provocation ayant un tel effet sont déterminés par le Code pénal ; ils sont au nombre de quatre. Ce sont : les coups et violences graves envers les personnes ; l'outrage violent à la pudeur ; le flagrant délit d'adultère dans la maison conjugale ; la violation, à l'aide d'escalade ou d'effraction, du domicile pendant le jour (art. 321, 322, 324 [§ 2], 325).

2° *En matière d'injures publiques.* La provocation rend excusable l'injure publique, mais à la condition que cette injure s'adresse à un particulier (loi du 29 juillet 1881, art. 33 [§ 2]).

*Provocation publique à des crimes ou délits.* Il s'agit ici de la provocation qui, faite publiquement, peut résulter de certains discours, de certains écrits, et qui est l'objet des prévisions spéciales des articles 23 et 24 de la loi du 29 juillet 1881 sur la presse.

Aux termes de l'article 23, doivent être punis, comme complices d'une action qualifiée crime ou délit, ceux qui ont provoqué l'auteur ou les auteurs à la commettre, lorsque se trouvent réunies certaines conditions que détermine cet article 23, notamment lorsque la provocation a été suivie d'effet.

Si la provocation n'a pas été suivie d'effet, l'article 24 (modifié par la loi du 12 déc. 1893 et la loi du 28 juill. 1894) fait de cette provocation un délit spécial que, d'ailleurs, il subordonne à quelques autres conditions déterminées.

*Provocation à des militaires.* La provocation adressée à des militaires des armées de terre ou de mer, dans le but de les détourner de leurs devoirs militaires et de l'obéissance qu'ils doivent à leurs chefs dans tout ce qu'ils commandent pour l'exécution des lois et règlements militaires, constitue un délit prévu et réprimé par l'article 25 de la loi du 29 juillet 1881 (modifié par la loi du 12 déc. 1893) si cette provocation a été publique, ou bien par la loi du 28 juillet 1894 si elle n'a pas été publique encore, bien qu'elle n'ait pas le caractère d'un acte de propagande anarchiste.

*Provocation à des retraits de fonds des caisses publiques.* Depuis une loi du 3 février 1893, constitue un délit le fait d'avoir, par des bruits faux et calomnieux, semés à dessein dans le public, ou par des voies ou moyens frauduleux quelconques, provoqué ou tenté de provoquer des retraits de fonds des caisses publiques ou des établissements obligés par la loi à effectuer leurs versements dans les caisses publiques.

La peine est un emprisonnement de deux mois à deux ans, une amende de 1 000 francs à 20 000 francs, et aussi, facultativement, l'interdiction de séjour de cinq à six ans.

## Prud'hommes (Conseil de).

La loi du 27 mars 1907 forme le Code des conseils de prud'hommes.

*Attributions, institution et organisation* (art. 1 à 25). — Les prud'hommes terminent par voie de conciliation, ou, si la conciliation a été sans effet, par jugement, les différends qui peuvent s'élever, dans le commerce et l'industrie, à l'occasion du contrat de louage d'ouvrage, entre les patrons ou leurs représentants et les employés, ouvriers et apprentis de l'un et l'autre sexe qu'ils emploient. Leur mission, comme conciliateurs et comme juges, s'applique également aux différends nés entre ouvriers à l'occasion du travail; mais ils ne peuvent connaître des actions en dommages-intérêts motivés par des accidents dont ces derniers auraient été victimes.

Les conseils de prud'hommes sont établis par décrets sur la proposition du ministre de la Justice et du ministre du Travail, dans les villes — il ne peut en exister qu'un dans chaque ville — où l'importance du commerce et de l'industrie en démontre la nécessité. Toutefois, la création d'un conseil de prud'hommes est de droit lorsqu'elle est demandée par le conseil municipal de la commune où il doit être établi, après avis favorable des chambres de commerce et des chambres consultatives des arts et manufactures, du conseil général du département, du ou des conseils d'arrondissement du ressort indiqué et de la majorité des conseils municipaux des communes devant composer la circonscription projetée.

Le décret d'institution détermine le ressort du conseil, le nombre des catégories dans lesquelles sont répartis les commerces et les industries soumis à sa juridiction et le nombre des prud'hommes affectés à chaque catégorie, sans que le nombre total des membres du conseil puisse être impair ou inférieur à douze. Les ouvriers et les employés sont classés dans des catégories distinctes.

Les membres des conseils de prud'hommes sont élus pour six ans. Ils sont renouvelés par moitié tous les trois ans. Les prud'hommes sortants sont rééligibles.

Sont électeurs, dans leurs catégories respectives, les employés et ouvriers d'une part, les patrons de l'autre, âgés de vingt-cinq ans révolus, qui exercent depuis trois ans, apprentissage compris, une profession dénommée dans le décret d'institution, résident dans le ressort du conseil depuis un an, et sont inscrits sur les listes électorales politiques. Les femmes possédant la qualité de Française jouissent également du droit de vote lorsqu'elles réunissent les mêmes conditions d'âge, d'exercice de la profession et de résidence et qu'elles n'ont encouru aucune condamnation entraînant la déchéance de leurs droits civils. — Les listes électorales sont établies annuellement par les maires et arrêtées par le préfet. Elles sont ensuite déposées tant au secrétariat du conseil qu'au secrétariat de chacune des mairies du ressort. Des affiches apposées à la porte de ces mairies avisent les électeurs du dépôt. Ceux-ci ont un délai de quinzaine pour former leurs réclamations, qui sont instruites et jugées par le juge de paix du canton.

Sont éligibles à condition de résider depuis trois ans dans le ressort du conseil : les électeurs hommes, âgés de trente ans, sachant lire et écrire, inscrits sur les listes électorales spéciales ou justifiant des conditions requises pour y être inscrits; les anciens électeurs hommes n'ayant pas quitté la profession depuis plus de cinq ans et l'ayant exercée cinq ans dans le ressort.

Les conseils de prud'hommes sont composés d'un nombre égal, pour chaque catégorie, d'ouvriers ou d'employés et de patrons. Il doit y avoir au moins deux prud'hommes patrons et deux prud'hommes ouvriers ou employés dans chaque catégorie. Pour élire leurs représentants, les électeurs ouvriers ou employés et les électeurs patrons se réunissent dans des assemblées distinctes présidées chacune par le juge de paix ou l'un de ses suppléants. Le collège électoral est convoqué par le préfet vingt jours à l'avance. Les élections se font toujours le dimanche. Elles ont lieu au scrutin de liste et par catégorie, suivant les règles établies pour l'élection du conseil municipal, par la loi du 5 avril 1884. Avant d'entrer en fonctions, les prud'hommes prêtent serment devant le tribunal civil. Ils se réunissent en assemblée générale pour élire un président et un vice-président, dont les fonctions durent un an. Le sort décide si c'est un patron ou si c'est un ouvrier ou bien un employé qui présidera le premier; lorsque le président doit être choisi parmi les prud'hommes ouvriers ou employés, le vice-président ne peut l'être que parmi les prud'hommes patrons et réciproquement. La présidence échoit ensuite alternativement d'année en année à un ouvrier ou employé ou à un patron, sauf dans le cas où, par suite de démissions ou de radiations pour causes diverses, le conseil ne se trouve momentanément composé que de l'un ou de l'autre élément.

Chaque conseil de prud'hommes comprend : un *bureau de conciliation* et un *bureau de jugement*. Le bureau de conciliation est composé en principe d'un prud'homme ouvrier ou employé et d'un prud'homme patron. Il tient au moins une séance par semaine. Ces séances ne sont pas publiques. — Le bureau de jugement comprend, sauf dans le cas où il y a impossibilité par suite de démissions collectives ou d'autres causes, un nombre toujours égal de prud'hommes patrons et de prud'hommes ouvriers ou employés — au moins deux de chaque catégorie — y compris le président ou le vice-président siégeant alternativement. Ses délibérations sont prises à la majorité absolue des membres présents, qui doivent toujours être en nombre pair. En cas de partage, l'affaire est renvoyée devant le même bureau de jugement présidé par le juge de paix le plus ancien de la circonscription. Les séances du bureau de jugement sont publiques. Le huis clos peut cependant être ordonné, s'il y a lieu; mais le jugement doit toujours être prononcé en audience publique.

Un ou plusieurs *secrétaires* sont attachés à chaque conseil de prud'hommes. Ceux-ci sont nommés par décret sur une liste de trois candidats arrêtée en assemblée générale. Ils reçoivent un traitement fixe et touchent en outre pour l'envoi de lettres ou de convocations, pour la délivrance d'extraits de jugements ou l'expédition des rôles, des émoluments dont le tarif a été déterminé par l'article 58 de la loi du 27 mars 1907. Les secrétaires qui exigent des taxes plus fortes que celles qui leur sont allouées sont punis comme concussionnaires.

*Procédure et compétence* (art. 26 à 44). — Les parties comparaissent en personne. Elles peuvent toutefois se faire représenter par un avocat ou un avoué, ou bien encore par un ouvrier ou employé ou par un patron exerçant la même profession; mais, dans ce cas, le mandataire doit être porteur d'un pouvoir sur papier libre. Le défendeur est appelé devant le bureau de conciliation par une simple lettre du secrétaire; mais les parties peuvent se présenter volontairement. Si le défendeur ne comparaît pas ou si la conciliation ne peut avoir lieu, l'affaire est renvoyée à la prochaine audience du bureau de jugement. Le secrétaire convoque alors les parties soit par lettre recommandée avec avis de réception, soit par ministère d'huissier. Si l'une des parties ne se présente pas au jour fixé, la cause est jugée par défaut.

Les jugements des conseils de prud'hommes sont définitifs lorsque le chiffre de la demande n'excède pas 300 francs en capital. Toutefois, ces jugements peuvent être attaqués par la voie du recours en cassation pour excès de pouvoir ou violation de la loi. — Si la demande est supérieure à 300 francs, il peut être fait appel des jugements des conseils de prud'hommes devant le tribunal civil. L'appel est instruit et jugé comme en matière commerciale, sans assistance obligatoire d'un avoué, et le tribunal doit statuer dans les trois mois.

Les différends entre les employés et leurs patrons sont de la compétence des tribunaux ordinaires lorsque le chiffre de la demande excède 1 000 francs. Cette limitation ne s'applique pas aux différends entre les ouvriers et leurs patrons.

Les membres des conseils de prud'hommes peuvent être récusés : lorsqu'ils ont un intérêt personnel à la contestation; lorsqu'ils sont parents ou alliés d'une des parties jusqu'au degré de cousin germain inclusivement; si, dans l'année qui a précédé la récusation, il y a eu action judiciaire entre eux et l'une des parties ou son conjoint, ou ses parents et alliés en ligne directe; s'ils ont donné un avis écrit dans l'affaire; enfin, s'ils sont patrons, ouvriers ou employés de l'une des parties. La demande de récusation doit être faite au secrétaire avant tout débat; elle est jugée, après réponse du prud'homme intéressé, par le président du tribunal civil dans le ressort duquel le conseil est situé.

Les fonctions de prud'hommes sont gratuites.

D'après la jurisprudence du Conseil d'Etat, les communes qui votent un traitement aux membres des conseils de prud'hommes, bien que cette dépense soit purement facultative, sont tenues, par le fait qu'elles l'accordent, de l'accorder à tous les membres du conseil sans distinction entre les patrons et les ouvriers.

Les témoins entendus par le conseil sont indemnisés. La partie qui succombe est condamnée aux dépens envers le Trésor. L'assistance judiciaire peut être accordée aux intéressés.

*Timbre et enregistrement.* — Les actes de procédure, les jugements et actes nécessaires à leur exécution sont rédigés sur papier visé pour timbre et enregistrés en débet. Toutefois, les procès-verbaux, jugements et actes sont enregistrés gratis toutes les fois qu'ils constatent que l'objet de la contestation ne dépasse pas 20 francs.

*Discipline des prud'hommes* (art. 44 à 54). — Le prud'homme qui, sans motif légitime et après mise en demeure, se refuse à remplir le service auquel il est appelé, peut être déclaré démissionnaire par le tribunal civil. Celui qui manque gravement à ses devoirs dans l'exercice de ses fonctions encourt, suivant la gravité du manquement, l'une des trois peines ci-après : la censure; la suspension pour un temps qui ne peut excéder six mois (peines prononcées par arrêté du ministre de la Justice); la déchéance (peine prononcée par décret). L'acceptation du mandat impératif constitue un grave manquement. Les conseils de prud'hommes peuvent être dissous et même supprimés par décret.

*Dispositions diverses* (art. 55 à 74). — A l'audience ou dans les cérémonies publiques, les membres des conseils de prud'hommes portent, comme signe de leurs fonctions, sur le côté gauche de la poitrine, une médaille en argent attachée par un ruban.

L'achat de ces insignes est à la charge des communes comprises dans la circonscription du conseil. Celles-ci doivent également pourvoir aux frais de premier établissement, chauffage, éclairage, frais d'élection, rétribution des secrétaires; mais il appartient à la ville où est établi le conseil de fournir à celui-ci le local nécessaire.

*Propriété des dessins de fabrique.* — Les conseils de prud'hommes sont chargés des mesures conservatoires de la propriété des dessins. V. PROPRIÉTÉ INDUSTRIELLE.

*Prud'hommes mineurs et prud'hommes pêcheurs.* — Depuis 1884 le gouvernement est investi du droit d'établir dans chaque arrondissement où cette mesure lui semble utile, en raison de l'importance de l'industrie des mines, après avis du conseil général du département, un ou plusieurs conseils de *prud'hommes mineurs*. Ces conseils ont pour mission spéciale de juger les différends entre les ouvriers mineurs et leurs patrons.

Il y a aussi dans certaines villes du littoral des *prud'hommes pêcheurs*, pour juger sommairement, sans procédure écrite, les contestations, au sujet de la pêche, entre pêcheurs ou patrons pêcheurs.

**Public (Ministère).** — V. MINISTÈRE PUBLIC.

**Publication.** — V. LOI, MARIAGE.

**Publicité.**

*Publicité des débats et actes judiciaires.* — En principe, la presse peut rendre compte des débats de tous procès, alors même qu'ils auraient été jugés à huis clos. Ne peut donner lieu à aucune action en diffamation, injure ou outrage, le compte rendu fidèle, fait de bonne foi, des débats judiciaires.

Toutefois, les cours et tribunaux peuvent interdire, en tout ou en partie, le compte rendu des débats : 1° dans toutes les affaires civiles (Loi du 29 juill. 1881, art. 39, § 1er) ; 2° dans les poursuites pour faits ayant un caractère anarchiste (Loi du 28 juill. 1894, art. 5, §§ 1er, 2).

En outre, il est interdit à la presse de rendre compte : 1° des débats des instances en divorce ou en séparation de corps (Loi du 27 juill. 1884) ; 2° des débats des procès en diffamation où la preuve des faits diffamatoires n'est pas autorisée (Loi du 29 juill. 1881) ; 3° des délibérations intérieures des jurys ou des cours et tribunaux (Même loi).

Enfin, il est interdit de publier les actes d'accusation et tous autres actes de la procédure, criminelle ou correctionnelle : 1° avant qu'ils aient été lus en audience publique (Loi du 29 juill. 1881) ; 2° au cas où les faits ont un caractère anarchiste (Loi du 28 juill. 1894).

**Pudeur (Attentat à la).**

Il faut entendre sous ce nom tout acte exercé par une personne sur une autre, non seulement dans un but de satisfaction sensuelle, mais encore par curiosité, vengeance ou dépravation.

Est puni de la réclusion tout attentat à la pudeur consommé ou tenté sans violence, soit sur un enfant, de l'un ou de l'autre sexe, âgé de moins de treize ans, soit par un ascendant sur la personne d'un mineur, même âgé de plus de treize ans, mais non émancipé par mariage (art. 331).

D'autre part, est puni de la réclusion quiconque a commis un attentat à la pudeur, consommé ou tenté avec violence contre des individus de l'un ou de l'autre sexe, quel que soit leur âge (art. 332, § 3) ; la peine devient celle des travaux forcés à temps si la victime est au-dessous de l'âge de quinze ans accomplis (art. 332, § 4). L'article 333 énumère les différentes circonstances aggravantes qui entraînent la peine des travaux forcés à temps ou à perpétuité. V. VIOL.

*Outrage public à la pudeur.* — V. OUTRAGE.

**Puisage.** — V. PUITS.

**Puissance maritale.** — Autorité que la loi attribue au mari sur la personne et sur les biens de sa femme.

La puissance maritale se réduit, en fait, aux deux points suivants : 1° le mari a le droit d'obliger sa femme à résider avec lui et à le suivre dans ses changements de domicile (Code civ., art. 214) ; 2° les actes judiciaires et les actes civils de la femme sont subordonnés à l'autorisation du mari ou, à défaut, à l'autorisation de la justice, dans le cas où cette dernière autorisation peut suppléer au refus ou à l'absence de celle du mari (*Id.*, art. 215 et suiv.). V. FEMME.

**Puissance paternelle.** — Droit qui, jusqu'à la majorité de l'enfant ou jusqu'à son émancipation, assure, sous certaines conditions au père et, à son défaut, à la mère ou autres ascendants, autorité sur la personne et sur les biens de l'enfant.

Les principaux attributs de la puissance paternelle sont : 1° le droit d'éducation ; 2° le droit de correction ; 3° le droit d'usufruit légal ; 4° l'administration légale.

*Droit d'éducation.* — Le droit d'éducation a pour conséquence l'obligation imposée à l'enfant de ne point quitter la maison paternelle sans l'autorisation de son père, si ce n'est pour enrôlement volontaire, après l'âge de dix-huit ans révolus. (Code civ., art. 374.)

*Droit de correction.* — Le droit de correction consiste dans la faculté de faire emprisonner l'enfant, pendant un certain temps, au cas où sa conduite donnerait lieu à de très graves sujets de mécontentement. Ce droit est gradué selon l'âge de l'enfant et suivant qu'il est exercé par le père lui-même, la mère ou les autres ascendants.

Si l'enfant est âgé de moins de seize ans commencés, le père pourra le faire détenir pendant un temps qui ne pourra excéder un mois ; à cet effet, le président du tribunal d'arrondissement devra, sur sa demande, délivrer l'ordre d'arrestation. (Code civ., art. 376.)

Depuis l'âge de seize ans commencés jusqu'à la majorité ou l'émancipation, le père pourra seulement requérir la détention de son enfant pendant six mois au plus ; il s'adressera au président dudit tribunal, qui, après en avoir conféré avec le procureur de la République, délivrera l'ordre d'arrestation ou le refusera, et pourra, dans le premier cas, abréger le temps de la détention requis par le père. (*Id.*, art. 377.)

Le père sera seulement tenu de souscrire une soumission de payer tous les frais, et de fournir les aliments convenables. (*Id.*, art. 378.)

Le père est toujours maître d'abréger la durée de la détention par lui ordonnée ou requise. Si, après sa sortie, l'enfant tombe dans de nouveaux écarts, la détention pourra être de nouveau ordonnée de la manière prescrite aux articles précédents. (*Id.*, art. 379.)

Les dispositions de l'article 377 sont applicables dans les cas ci-après :

1° Si le père est remarié, il sera tenu, pour faire détenir son enfant du premier lit, lors même qu'il serait âgé de moins de seize ans, de se conformer à l'article 377. (*Id.*, art. 380.)

2° La mère survivante et non remariée ne pourra faire détenir un enfant qu'avec le concours des deux plus proches parents paternels, et par voie de réquisition, conformément à l'article 377. (*Id.*, art. 381.)

3° Lorsque l'enfant aura des biens personnels, ou lorsqu'il exercera un état, sa détention ne pourra, même au-dessous de seize ans, avoir lieu que par voie de réquisition, en la forme prescrite par l'article 377. L'enfant détenu pourra adresser un mémoire au procureur général près la cour d'appel. Celui-ci se fera rendre compte par le procureur de la République près le tribunal de première instance, et fera son rapport au président de la cour d'appel qui, après en avoir donné avis au père, et après avoir recueilli tous les renseignements, pourra révoquer ou modifier l'ordre délivré par le président du tribunal de première instance. (*Id.*, art. 382.)

Les articles 376, 377, 378 et 379 seront communs aux pères et mères des enfants naturels légalement reconnus. (*Id.*, art. 383.)

*Droit d'usufruit ou de jouissance légale.* — Le père durant le mariage, et, après la dissolution du mariage, le survivant des père et mère, ont la jouissance des biens de leurs enfants jusqu'à l'âge de dix-huit ans accomplis, ou jusqu'à l'émancipation. (Code civ., art. 384.)

Les charges de cette jouissance seront : 1° celles auxquelles sont tenus les usufruitiers ; 2° la nourriture, l'entretien et l'éducation des enfants, selon leur fortune ; 3° le payement des arrérages ou intérêts des capitaux ; 4° les frais funéraires et ceux de dernière maladie. (*Id.*, art. 385.)

Cette jouissance n'a pas lieu au profit de celui des père et mère contre lequel le divorce aurait été prononcé, et elle cesse à l'égard de la mère dans le cas d'un second mariage. (*Id.*, art. 386.)

Elle ne s'étend pas aux biens que les enfants peuvent acquérir par un travail et une industrie séparés, ni à ceux qui leur sont donnés ou légués sous la condition expresse que les père et mère n'en jouiront pas. (*Id.*, art. 387.)

*Administration légale.* — Le père est, durant le mariage, administrateur des biens de ses enfants mineurs. Il est comptable, quant à la propriété et aux revenus, des biens dont il n'a pas la jouissance, et quant à la propriété seulement, des biens dont la loi lui donne l'usufruit. (Code civ., art. 389.) Les comptes sont rendus lorsque l'enfant est émancipé ou atteint sa majorité.

Le père, administrateur légal, n'est pas soumis aux mêmes obligations que le tuteur : pas de subrogé tuteur, pas d'hypothèque légale au profit de l'enfant, pas de conseil de famille. Les actes de disposition, quand ils s'imposent, sont autorisés par le tribunal civil.

Si la mère vient à mourir pendant le mariage, l'administration légale fait place à la tutelle. V. TUTELLE.

*Déchéance de la puissance paternelle.* — La déchéance de la puissance paternelle et, par suite, de tous les droits s'y rattachant, est encourue (de plein droit ou facultativement, selon la gravité des circonstances) dans les cas que déterminent la loi du 24 juillet 1889 et la loi du 19 avril 1898.

La loi du 24 juillet 1889 prive les pères, mères et autres ascendants indignes de la puissance paternelle et des droits qui y sont attachés.

Les articles 1 à 9 de la loi énumèrent les causes de déchéance et la procédure à suivre devant les tribunaux pour la faire prononcer ; les articles 10 à 14 organisent la tutelle ; les articles 15 et 16 règlent la restitution de la puissance paternelle ; les articles 17 à 25 traitent de la protection des mineurs placés avec ou sans l'intervention de leurs parents.

La déchéance est obligatoire : 1° si les parents ou autres ascendants sont condamnés par application du § 2 de l'article 334 du Code pénal ; 2° s'ils sont condamnés, soit comme auteurs, coauteurs ou complices d'un crime commis sur la personne d'un ou plusieurs de leurs enfants, soit comme coauteurs ou complices d'un crime commis par un ou plusieurs de leurs enfants ; 3° s'ils sont condamnés deux fois comme auteurs, coauteurs ou complices d'un délit commis sur la personne d'un ou plusieurs de leurs enfants ; 4° s'ils sont condamnés deux fois pour excitation habituelle de mineurs à la débauche. Cette déchéance laisse subsister entre les ascendants déchus et l'enfant l'obligation alimentaire. (Loi du 24 juill. 1889, art. 1er.)

Peuvent être déclarés déchus des mêmes droits (déchéance facultative) : 1° les père et mère condamnés aux travaux forcés à perpétuité ou à temps, ou à la réclusion comme auteurs, coauteurs ou complices d'un crime autre que ceux prévus par les articles 86 à 101 du Code pénal ; 2° les père et mère condamnés deux fois pour un des faits suivants : séquestration, suppression, exposition ou abandon d'enfants ou pour vagabondage ; 3° les père et mère condamnés par application de l'article 2, § 2, de la loi du 23 janvier 1873, ou des articles 1, 2 et 3 de la loi du 7 décembre 1874 ; 4° les père et mère condamnés une première fois pour excitation habituelle de mineurs à la débauche ; 5° les père et mère dont les enfants ont été conduits dans une maison de correction, par application de l'article 66 du Code pénal ; 6° en dehors de toute condamnation, les père et mère qui, par leur ivrognerie habituelle, leur inconduite notoire et scandaleuse ou par de mauvais traitements, compromettent soit la santé, soit la sécurité, soit la moralité de leurs enfants.

L'action en déchéance est intentée devant la chambre du conseil du tribunal du domicile ou de la résidence du père ou de la mère, par un ou plusieurs parents du mineur au degré de cousin germain ou à un degré plus rapproché, ou par le ministère public.

La demande en restitution de la puissance paternelle est introduite sur simple requête. L'avis du conseil de famille est obligatoire. La demande est notifiée au tuteur (ou à l'Assistance publique, si celle-ci exerce la tutelle), qui peut présenter, dans l'intérêt de l'enfant, ou en son nom personnel, les observations et oppositions qu'il aurait à faire contre la demande.

Le tribunal, en prononçant la restitution de la puissance paternelle, fixe suivant les circonstances l'indemnité due au tuteur, ou déclare qu'à raison de l'indigence des parents il ne sera alloué aucune indemnité.

La demande rejetée ne peut plus être réintroduite, si ce n'est par la mère, après la dissolution du mariage.

## Puits.

Celui qui fait creuser un puits ou une fosse d'aisances près d'un mur mitoyen ou non; celui qui veut y construire cheminée ou âtre, forge, four ou fourneau, y adosser une étable ou établir contre ce mur un magasin de sel ou amas de matières corrosives, est obligé à laisser la distance prescrite par les règlements et usages particuliers sur ces objets, ou à faire les ouvrages prescrits par les mêmes règlements et usages pour éviter de nuire au voisin. (Code civ., art. 674.)

C'est au maire qu'il appartient de prescrire aux propriétaires, usufruitiers, usagers, fermiers ou à tous autres possesseurs ou exploitants d'entourer d'une clôture suffisante les puits et les excavations présentant un danger pour la sécurité publique. (Loi du 21 juin 1898, art. 13.)

Le curage des puits, comme celui des fosses d'aisances, est, sauf clause contraire, à la charge du bailleur. (Code civ., art. 1756.)

Les puits utilisés pour l'alimentation d'eau doivent être « situés à une distance convenable » des cabinets, fosses d'aisances, etc., fermés à leur orifice et protégés contre toute infiltration d'eaux superficielles par une aire en maçonnerie bétonnée. Leurs parois doivent être étanches. Ils peuvent être désinfectés ou nettoyés sur injonction du maire. Les puits hors d'usage seront fermés et ceux dont l'usage est définitivement interdit seront comblés jusqu'au niveau du sol. (Loi du 15 février 1902, art. 28 à 30.)

La servitude de puisage est une servitude discontinue (v. SERVITUDE), qui ne peut donc s'établir que par titre. Elle emporte nécessairement le droit de passage. (Code civ., art. 688, 691 et 696.)

**Pupille.** V. TUTELLE.

**Purge.** — Nom donné aux formalités dont l'objet est d'obtenir mainlevée des hypothèques ou privilèges qui grèvent un immeuble. V. HYPOTHÈQUE.

**Putatif (Mariage).** — V. MARIAGE.

# Q

## Qualités.

*Qualités d'un jugement, d'un arrêt.* — Partie d'un jugement, d'un arrêt, qui contient, avec les noms des parties, l'exposé sommaire du point de fait et des conclusions des parties. V. JUGEMENT.

**Quarantaine.** — V. POLICE SANITAIRE MARITIME.

**Quasi-contrat.** — Fait volontaire dont il résulte un engagement envers un tiers, ou bien un engagement réciproque de deux parties, sans qu'il y ait eu convention formelle.

Les obligations ont diverses sources (v. OBLIGATION) parmi lesquelles le fait de l'homme.

Ces faits ou actes des personnes, générateurs d'obligations, sont licites ou illicites. Les premiers sont les contrats et les *quasi-contrats*, les seconds sont les délits et les *quasi-délits*. V. QUASI-DÉLIT.

Le contrat s'opère au moyen d'un pacte, accord ou convention intervenant entre les parties qui s'obligent unilatéralement ou mutuellement : dans le *quasi-contrat*, il n'y a pas de pacte, et l'engagement est produit sans convention, ordinairement par le fait personnel d'une seule des parties et sans qu'il y ait entre elles concours de volontés tendant à produire l'obligation dont il s'agit. L'engagement ou lien de droit que la loi fait résulter des quasi-contrats trouve sa raison d'être dans cette règle d'élémentaire justice, qu'il n'est permis à personne de s'enrichir au détriment d'autrui, et que celui qui a profité des avances faites pour lui par un tiers lui en doit le remboursement, au moins dans la mesure de l'avantage ou de l'utilité qu'il en a retirée.

Le Code civil ne s'est occupé que de deux espèces de quasi-contrats : la gestion d'affaires et le payement de l'indu.

*Gestion d'affaires.* — V. GÉRANT D'AFFAIRES.

*Payement de l'indu.* — Si je paye à quelqu'un une somme que, par erreur, je croyais lui devoir et que je ne lui devais réellement point, ce fait, qui n'est point un contrat, mais un quasi-contrat, produit néanmoins une obligation. Il oblige la personne qui a indûment reçu la somme payée à la rembourser : c'est l'application de la règle qu'on ne peut s'enrichir au détriment d'autrui. Le payement de l'indu peut se produire dans des circonstances diverses. Il peut y avoir erreur sur la personne du créancier : réellement débiteur d'une certaine somme, il peut arriver qu'on la paye par erreur à Primus, au lieu de la payer à Secundus, qui est celui auquel elle est véritablement due. La méprise peut porter sur la personne même du débiteur ; je peux me croire personnellement obligé envers Primus et lui payer le montant de sa créance, tandis que c'est une autre personne qui est réellement sa débitrice. Il y a lieu à répétition alors même que le payement a été fait au vrai et légitime créancier, quand c'est quelqu'un qui n'est point lui-même débiteur qui a effectué ce payement.

Mais une condition particulière est indispensable : il faut que le non-débiteur ait payé par erreur et parce qu'il se croyait réellement et personnellement obligé. S'il n'y avait eu aucune erreur ; si, sachant fort bien qu'il ne devait personnellement rien, il a volontairement et sciemment payé la dette d'autrui, aucun recours ne peut être exercé contre le créancier, qui n'a reçu, en définitive, que ce qui lui était dû.

Un payement peut être régulièrement fait par un tiers autre que l'obligé, quand ce tiers agit en connaissance de cause et en vue de libérer le véritable débiteur. C'est contre ce dernier uniquement, à l'acquit duquel il a payé, que l'auteur du payement aura son recours pour se faire rembourser. Il y aura contre lui l'action résultant du *quasi-contrat* de gestion d'affaires (v. GÉRANT D'AFFAIRES), et il ne sera pas question de répétition de l'indu.

Quand la personne qui a reçu le payement n'était pas créancière, si elle l'a reçu de bonne foi, elle doit purement la restitution de la somme. Si elle l'a reçu de mauvaise foi et sachant qu'il ne lui était rien dû, elle doit, en outre, l'intérêt au taux légal, à dater de l'indu payement. (Code civ., art. 1378.)

**Quasi-délit.** — Acte illicite qui cause un préjudice à autrui, mais qui est fait sans intention de nuire, en quoi il se distingue du délit.

Le délit, considéré au point de vue du droit criminel, est tout acte illicite, toute violation du droit, en un mot, qui a pour effet de rendre son auteur passible d'une peine publique (v. DÉLIT). Outre la répression pénale qu'il appelle sur l'agent, le délit peut léser des particuliers dans leurs personnes ou dans leurs biens et, sous cet aspect, devenir une cause génératrice d'obligation, produire l'obligation de réparer le dommage causé.

Le délit, au point de vue du droit civil, est tout acte illicite commis avec intention, punissable d'ailleurs ou non punissable de peine publique, peu importe, mais présentant ce caractère essentiel et constitutif de produire un dommage et d'obliger en conséquence l'agent à la réparation de ce dommage.

Le *quasi-délit* (Code civ., art. 1382) en diffère par un caractère unique : c'est qu'il se produit sans intention de nuire de la part de l'agent. Sauf ce trait différentiel, le quasi-délit présente toutes les autres conditions du délit : il est illicite, c'est-à-dire commis sans droit et au mépris du droit d'autrui ; il est dommageable, c'est-à-dire qu'il produit une lésion des intérêts privés, lésion d'où résulte pour l'agent l'obligation de réparer le dommage qu'il a causé. Une troisième condition est requise, c'est que le fait soit imputable à l'agent, c'est-à-dire qu'il y ait faute de sa part. La faute peut consister dans l'omission aussi bien que dans l'action, dans la négligence, l'imprévoyance ou l'incurie, aussi bien que dans un acte volontaire et réfléchi (*Id.*, art. 1383).

En règle générale, personne ne répond que de ses propres faits ; mais cette règle souffre des exceptions, car on est responsable du fait de certaines personnes et du préjudice causé par les choses que l'on a sous sa garde.

Le père, ou la mère après le décès de son mari, répond du dommage causé par ses enfants mineurs habitant avec lui. Les instituteurs et les artisans répondent du dommage causé par leurs élèves ou apprentis, tandis qu'ils les ont sous leur surveillance. Les maîtres et les commettants répondent du dommage que leurs domestiques ou commis ont causé dans l'exercice de leurs fonctions.

Le mari ne répond point du fait de sa femme, ni le tuteur du fait de son pupille, à moins qu'il ne soit prouvé qu'ils sont eux-mêmes personnellement en faute. Toutefois, la responsabilité civile du mari et du tuteur existe dans certains cas prévus par la loi, notamment en matière forestière et en matière de délits de pêche et de chasse.

La loi donne deux exemples de responsabilité à raison des choses que l'on a sous sa garde : 1° Le propriétaire d'un animal, ou celui qui s'en sert pendant qu'il est à son usage, est responsable du préjudice que l'animal a causé, soit que l'animal fût sous sa garde, soit qu'il fût égaré ou échappé. 2° Le propriétaire d'un bâtiment est responsable du dommage causé par sa ruine, lorsque cette ruine est arrivée par défaut d'entretien ou par vice de construction.

En somme, les délits et les quasi-délits échappent, par leur diversité et leur multiplicité, à toute classification et à toute nomenclature. L'article 1382 du Code civil les embrasse dans leur universalité en formulant cette règle de primitive justice que : « tout fait quelconque de l'homme, qui cause à autrui un dommage, oblige celui par la faute duquel il est arrivé à le réparer. »

La loi du 9 avril 1898 sur les accidents du travail a créé un cas nouveau de responsabilité par application du principe du risque professionnel. V. ACCIDENT.

**Quittance.** — Acte par lequel le créancier reconnaît avoir reçu du débiteur tout ou partie de sa dette.

Dans le commerce, la quittance est presque toujours donnée sur la facture même ou au dos de l'effet de commerce présenté en payement, et formulée par l'expression : *Pour acquit.*

Les frais du payement étant à la charge du débiteur (Code civ., art. 1248), c'est à celui qui demande une quittance de rembourser le prix du timbre apposé.

*Timbre des quittances.* — Sont soumis à un droit de timbre de 10 centimes : les quittances ou acquits donnés au pied des factures et mémoires, les quittances pures et simples, reçus ou décharges de sommes, titres, valeurs ou objets et généralement tous les titres de quelque nature qu'ils soient, *signés* ou *non signés*, qui emporteraient libération, reçu ou décharge, les chèques. Le droit est dû pour chaque acte, reçu, décharge ou quittance; il peut être acquitté par l'apposition d'un timbre mobile. Le droit du timbre de 10 centimes n'est applicable qu'aux actes faits sous signatures privées et ne contenant pas de dispositions autres que celles spécifiées au présent article. (Loi du 23 août 1871, art. 18.)

Le droit de timbre sur les quittances délivrées par les comptables de deniers publics, lorsque la somme excède 10 francs, est de 0 fr. 25.

Sont exemptées du droit de timbre de 10 centimes les quittances ci-après :

1° Quittances de 10 francs et au-dessous, quand il ne s'agit pas d'un acompte ou d'une quittance finale sur une plus forte somme;

2° Quittances des indigents pour les secours qui leur sont accordés à ce titre; quittances des indigents employés aux travaux à exécuter sur les chemins vicinaux;

3° Quittances des sommes allouées pour réparation de chemins pour les *ateliers* de charité, lorsqu'il n'y a ni fournisseurs ni entrepreneurs et que l'on n'emploie que des indigents;

4° Quittances d'indemnités pour incendies, inondations, épizooties et autres cas fortuits;

5° Quittances relatives à l'assistance médicale gratuite;

6° Quittances délivrées par les comptables des deniers publics et quittances des douanes, des contributions indirectes et des postes, qui restent soumises à la législation qui leur est spéciale;

7° Quittances d'indemnités pour dommages causés à des particuliers par des travaux publics;

8° Acquits inscrits sur les chèques, ainsi que sur les lettres de change, billets à ordre et autres effets de commerce assujettis au droit proportionnel;

9° Quittances et actes concernant les gens de guerre.

La création du timbre de quittance de 10 centimes a eu pour objet de réduire le droit afférent aux quittances, mais sans prohiber l'emploi pour leur rédaction du papier timbré de dimension, dont les intéressés peuvent faire usage conformément au principe général de l'article 12 de la loi du 13 brumaire an VII. Donc, une quittance sur papier de dimension est par le fait même affranchie du droit de timbre de 10 centimes.

Dans le cas où il est donné quittance par plusieurs personnes, il est dû autant de timbres qu'il y a d'intérêts distincts. Il en est de même des quittances données par des cohéritiers à partir du moment où ils sont sortis de l'indivision.

L'administration considère que le droit de timbre est exigible sur tout reçu d'objets; cependant, la Cour de cassation (7 mars 1887) a jugé que l'écrit constatant une livraison sans constituer une libération effective n'était pas passible du droit, jurisprudence que l'administration n'a pas admise. V. TIMBRE.

L'amende pour non-apposition du timbre est de 62 fr. 50, décimes compris, à la charge de celui qui donne quittance.

**Quotité disponible.** — Portion de ses biens dont une personne peut librement disposer par donation ou testament lorsque, à raison de l'existence d'ascendants ou de descendants, il ne lui est pas permis de disposer de l'intégralité de sa fortune. — On appelle *réserve* la portion de biens dont la disposition est interdite et *héritiers réservataires* ceux en faveur de qui cette interdiction a été établie.

On peut disposer de l'universalité de ses biens à titre gratuit; mais il existe, en faveur des descendants et des ascendants, une restriction à la faculté de disposer. Par suite de cette restriction, les biens d'une personne ayant des ascendants ou des descendants se divisent en deux parts dont l'une constitue la *quotité disponible* et l'autre la *réserve*.

1° *Cas où il y a des descendants.* La quotité disponible ne peut excéder : la moitié des biens du disposant s'il laisse, à son décès, un enfant légitime; le tiers, s'il en laisse deux; le quart, s'il en laisse trois ou un plus grand nombre. (Code civ., art. 913.) La réserve est attribuée aux descendants de tous ordres appelés à la succession : enfants, petits-enfants et même enfants naturels. Depuis la loi du 25 mars 1896, les enfants naturels légalement reconnus ont, en effet, droit à une réserve. (*Id.*, art. 913 et 915.) Les petits-fils ne comptent ensemble que pour l'enfant décédé qu'ils représentent.

2° *Cas où il n'y a que des ascendants.* La quotité disponible est : de la moitié des biens, si, à défaut d'enfants, le défunt laisse un ou plusieurs ascendants dans chacune des lignes paternelle et maternelle; des trois quarts, s'il n'en laisse que dans une ligne. (*Id.*, art. 914.)

A défaut d'ascendants et de descendants, les libéralités par actes entre vifs ou testamentaires peuvent épuiser la totalité des biens, car la loi n'établit aucune réserve en faveur des parents collatéraux, même frères ou sœurs.

Les libéralités excédant la quotité disponible sont réductibles à cette quotité, lors de l'ouverture de la succession. (*Id.*, art. 920 et suiv.) V. DONATION.

Lorsqu'une donation excède la quotité disponible, les héritiers réservataires ou leurs ayants cause ont la faculté, lors du décès du disposant, d'intenter une *action en réduction*, à l'effet d'obtenir l'annulation, jusqu'à concurrence du montant de la réserve, de la disposition faite à leur préjudice.

Pour savoir si les libéralités dépassent la quotité disponible, on forme une masse de tous les biens donnés et laissés par le défunt; on estime les biens à leur valeur au moment du décès; on déduit les dettes du prix d'estimation; puis on détermine, eu égard à la qualité et au nombre des héritiers réservataires, de quelle valeur le défunt a pu disposer à titre gratuit.

Lorsque la quotité disponible a été dépassée, on réduit d'abord les legs, proportionnellement à la valeur de chacun d'eux. Si la réduction entière des legs ne suffit pas pour compléter la réserve, il y a lieu à réduire les donations en commençant par la dernière et en remontant aux plus anciennes. V. DONATION.

La vente faite par un père à son fils avec réserve d'usufruit, ou moyennant une rente viagère, est considérée comme une donation. Une pareille donation est dispensée du rapport (V. PARTAGE ET RAPPORTS); mais elle est réductible si elle entame la quotité réservée.

Le legs ou la donation d'une rente viagère ou d'un usufruit portant sur des biens dont la valeur dépasse la quotité disponible ne reçoit pas toujours sa pleine exécution. Comme il n'est pas possible de fixer exactement du vivant du légataire la valeur du legs, on laisse à l'héritier réservataire le choix d'exécuter la disposition, ou d'abandonner la quotité disponible.

Sur la quotité disponible entre époux, V. MARIAGE.

# R

## Rachat. — V. VENTE.

## Radiation. — V. HYPOTHÈQUE.

## Rage.

« La rage, lorsqu'elle est constatée chez les animaux, de quelque espèce qu'ils soient, entraîne l'abatage, qui ne peut être différé sous aucun prétexte. Les chiens et les chats suspects de rage doivent être immédiatement abattus. Le propriétaire de l'animal suspect est tenu, même en l'absence d'un ordre des agents de l'administration, de pourvoir à l'accomplissement de cette prescription. » (Loi du 21 juillet 1881, art. 10.)

Le maire doit prendre les mesures que commande la sécurité des populations au point de vue des dangers de la rage. (Loi du 5 avril 1884, art. 97, et loi du 21 juin 1898.)

## Raison sociale.

— Nom adopté par une société commerciale pour signer la correspondance, les effets de commerce, en un mot pour faire les divers actes que comporte l'acte d'association.

## Ramonage.

L'autorité municipale a qualité pour prescrire le ramonage périodique des cheminées. A Paris, l'ordonnance de police du 1er septembre 1897, article 22, prescrit le ramonage des cheminées et conduits de fumée dans lesquels on fait habituellement du feu, deux fois par an au moins, pendant l'hiver.

## Rappel.

— Payement à un fonctionnaire ou à un employé d'une portion d'appointements demeurée en suspens.

## Rapport. — V. PARTAGE ET RAPPORTS.

## Rapt ou enlèvement de mineur.

— Enlèvement d'une personne mineure par violence ou par séduction. V. MINEUR.

## Râtelage. — V. GLANAGE.

## Ratification.

Dans le langage du droit, le mot *ratification* a un triple sens :

1° Il désigne, en premier lieu, l'approbation que nous donnons à ce qu'un tiers a fait pour nous et en notre nom sans ordre et sans mandat, ou au delà du mandat que nous lui avions donné. Si la ratification intervient, elle vaut mandat, c'est-à-dire que toutes les conséquences qui résulteraient d'un mandat sont produites par l'approbation donnée après coup, et la ratification rétroagit au jour de la gestion spontanée ;

2° « Ratification » signifie, en second lieu, confirmation d'un acte auquel nous avons concouru, d'un contrat émané de nous, mais qui se trouve frappé d'une nullité relative, entaché de quelque vice. Dans cette seconde hypothèse, la ratification a pour effet de rendre le contrat inattaquable. Cette ratification peut avoir lieu de deux manières : tacitement ou expressément. Elle a lieu tacitement lorsque la partie qui pouvait demander l'annulation du contrat a gardé le silence pendant dix ans. Elle a lieu expressément au moyen d'un *acte confirmatif,* c'est-à-dire réunissant trois conditions : 1° reproduisant la substance de l'obligation annulable; 2° mentionnant le motif de la nullité ; 3° contenant l'intention de réparer le vice d'où provient cette nullité. (Code civ., art. 1338.)

Les actes absolument nuls peuvent être ratifiés, car on les considère comme n'ayant jamais existé : c'est ainsi que les donations nulles pour défaut de forme ne peuvent, en principe, être ratifiées. (*Id.*, art. 1339 et 1340.);

3° En droit des gens, la ratification est l' « acte qui donne à un traité sa consécration et transporte du négociateur à l'autorité suprême de chaque Etat le devoir d'en assurer l'exécution ». Dans les monarchies, le souverain seul a le droit de ratifier; il peut se faire assister de délégués des assemblées représentatives. Dans les républiques, ce droit appartient au chef du pouvoir exécutif, qui se fait assister, directement ou indirectement, par un des grands pouvoirs de l'Etat. V. TRAITÉ.

**Rature.**

La loi du 25 ventôse an XI sur le notariat, par son article 16, a prescrit les règles à suivre en matière de *ratures* faites dans les actes authentiques ; toute rature doit être faite de telle sorte qu'il soit facile de compter le nombre de mots sur lesquels elle s'étend ; le nombre de mots annulés doit être indiqué par un renvoi approuvé des parties.

Si l'on surcharge ou si l'on raye un ou plusieurs mots, il faut approuver les surcharges ou ratures au bas de l'acte et avant les signatures. Si un ou plusieurs mots ont été oubliés dans le corps de l'acte, on les écrit en marge et à côté de la ligne où ils auraient dû entrer : le renvoi est approuvé par la lettre initiale ou au moins par le paraphe de la signature de chaque partie.

**Réalisation.** — Clause par laquelle les époux excluent de la communauté leur mobilier présent et à venir.

La *clause de réalisation* est particulière au régime de la communauté conventionnelle entre époux ; c'est l'une des principales modifications que, par leur contrat de mariage, les époux peuvent introduire dans ce régime. Constituant une dérogation au principe que toutes les valeurs mobilières doivent tomber dans la communauté, elle consiste dans l'exclusion, de la communauté, de tout ou partie du mobilier : dite aussi *clause d'immobilisation*, elle *assimile aux immeubles* et *réalise* au profit de l'époux, en la lui réservant comme bien propre, sa fortune mobilière, en tout ou en partie. Son but est d'égaliser les apports des époux dans l'actif de la communauté : elle est usitée, par exemple, lorsque l'un des futurs ne possède que des meubles, lesquels tomberaient en communauté, alors que l'autre n'a que des immeubles, lesquels lui seraient réservés en propre. V. COMMUNAUTÉ, p. 206.

**Réassurance.** — Opération par laquelle une compagnie d'assurances, après avoir assuré un client, se couvre elle-même d'une partie du risque en se faisant assurer à son tour par une autre compagnie.

**Rébellion.** — Acte tendant à paralyser un acte particulier de l'autorité administrative ou judiciaire.

Pour que la rébellion (Code pén., art. 209-221) constitue une infraction punissable, il faut : 1° qu'il y ait « attaque ou résistance avec violence et voies de fait » ; 2° que cette attaque ou résistance soit dirigée contre « les officiers ministériels, les gardes champêtres ou forestiers, la force publique, les préposés à la perception des taxes et des contributions, les porteurs de contraintes, les préposés des douanes, les séquestres, les officiers ou agents de la police administrative ou judiciaire » ; 3° que les personnes ainsi déterminées agissent « pour l'exécution des lois, des ordres ou ordonnances de l'autorité publique, des mandats de justice ou jugements ».

La rébellion constitue un crime : 1° lorsqu'elle a été commise par plus de vingt personnes, soit armées, soit non armées (dans le premier cas, elle est punie des travaux forcés à temps ; dans le deuxième, de la réclusion) ; 2° lorsqu'elle a été commise par une réunion armée de trois personnes et plus, jusqu'à vingt (elle est alors punie de la réclusion). En toutes autres circonstances, la rébellion est un simple délit, puni correctionnellement.

L'article 219 du Code pénal assimile aux réunions de rebelles les émeutes qui peuvent éclater dans les ateliers publics, les hospices ou les prisons.

Si la rébellion n'a été commise que par une ou deux personnes armées, elle est punie d'un emprisonnement de six mois à deux ans, et si elle a eu lieu sans armes, d'un emprisonnement de six jours à six mois.

Les chefs d'une rébellion, et ceux qui l'ont provoquée, peuvent être condamnés à l'interdiction de séjour après l'expiration de leur peine, pendant cinq ans au moins et dix ans au plus.

**Reboisement.** — V. MONTAGNES.

**Recel.** — Fait de détenir ou de cacher, sciemment et volontairement, des objets frauduleusement soustraits, ou de donner retraite à des coupables.

*Droit pénal.* — Notre législation répressive s'occupe du recel sous divers points de vue :

1° Toute personne qui, sciemment, a recélé, en tout ou en partie, des choses enlevées, détournées ou obtenues à l'aide d'un crime ou d'un délit, est punie comme complice de ce crime ou de ce délit (Code pén., art. 62) ;

2° Sont condamnés aux peines de banqueroute frauduleuse (travaux forcés à temps) les individus convaincus d'avoir, dans l'intérêt du failli, recélé tout ou partie de ses biens meubles ou immeubles (C. comm., art. 593) ;

3° Tout individu qui achète, recèle ou reçoit en gage des armes, munitions ou objets militaires, dans les cas autres que ceux où les règlements autorisent leur mise en vente, est puni de la même peine que l'auteur du délit (Code de justice milit., art. 247 ; Code de justice marit., art. 329) ;

4° Quiconque a recélé ou caché le cadavre d'une personne homicidée, ou morte des suites de coups et blessures, est puni d'un emprisonnement de six mois à deux ans et d'une amende de 50 francs à 400 francs, sans préjudice de peines plus graves s'il a participé au crime (Code pén., art. 359) ;

5° Ceux qui ont recélé ou fait recéler des personnes qu'ils savaient avoir commis des crimes emportant peine afflictive sont punis d'un emprisonnement de trois mois à deux ans ; exception, toutefois, est faite pour les père et mère, fils ou fille, époux, frère ou sœur des malfaiteurs recélés, ou pour leurs alliés au même degré (Code pénal, art. 248) ;

6° Quiconque a recélé ou fait recéler les espions ou les soldats ennemis envoyés à la découverte, et qu'il a connus pour tels, est condamné à la peine de mort (Code pén., art. 83) ;

7° Le fait d'avoir, sciemment, recélé ou pris à son service un insoumis, est puni d'un emprisonnement ou, selon les circonstances, d'une amende.

*Droit civil.* — En matière civile, il y a recel dans l'action de celui qui s'approprie, par fraude et en cachette, des objets dépendant soit d'une succession, soit d'une communauté, au partage de laquelle il a droit de concourir. V. DIVERTISSEMENT.

Ce dénombrement est à la charge des communes et constitue pour elles une dépense obligatoire. (Loi du 5 avril 1884, art. 136, 3°.)

Le refus de répondre aux multiples questions du service du recensement peut-il être considéré comme une contravention à un règlement municipal? (Code pén., art 471, 15°.) Controverse.

**Recensement de la population.** — Opération qui consiste à évaluer la population d'un pays à l'aide de procédés de statistique.

Le premier recensement général, en France, date de 1801. A partir de 1831, on prit l'habitude de procéder régulièrement tous les cinq ans à un dénombrement de la population.

**Recensement des jeunes soldats.** — Opération par laquelle est établie chaque année par les maires, pour la formation de la classe, la liste des jeunes gens domiciliés dans leur commune ayant atteint l'âge de vingt ans révolus dans l'année précédente. V. SERVICE MILITAIRE.

**Recensement des chevaux, voitures, mules et mulets.** — Opération par laquelle on fait l'inventaire, en les classant d'après les services qu'ils peuvent rendre, de tous les animaux, voitures, etc., susceptibles d'être requis en cas de guerre pour le service de l'armée. V. RÉQUISITION, REMONTE.

**Receveur.** — Tout agent préposé à la recette de deniers publics.

Le nombre des agents de perception qui ont le titre de *receveur* est presque aussi considérable que le nombre même des impôts : receveurs de l'enregistrement, des contributions indirectes, des douanes, des postes et télégraphes, etc. On ne s'occupera ci-dessous que des *receveurs particuliers des finances* et des *receveurs municipaux* ou *hospitaliers*.

*Receveurs particuliers des finances.* — Ils ont été institués par la loi du 27 ventôse an VIII (18 mars 1800). Partagés en trois classes, ils sont nommés par décret, sur la proposition du ministre des Finances. Ils doivent fournir un cautionnement. Leurs émoluments se composent d'un traitement fixe et de commissions sur les recettes. Dans chaque arrondissement autre que celui où réside le trésorier-payeur général, ils dirigent et centralisent la perception et le recouvrement des contributions directes et taxes assimilées, du produit des amendes et condamnations pécuniaires. Ils perçoivent directement certains produits budgétaires et exécutent les opérations du service de trésorerie. Ils payent les mandats et ordonnances émis pour les dépenses de l'Etat et du département, sur visa du trésorier général. Ils sont préposés de la Caisse des dépôts et consignations : ils accomplissent pour le compte des communes et des particuliers, comme correspondants du trésorier général, des achats et ventes de rente. De même, ils prêtent leur concours gratuit aux particuliers pour les réunions, renouvellements, etc., de rentes sur l'Etat, et payent les arrérages et coupons de ces rentes.

Agissant pour le compte du trésorier général et sous ses ordres, leurs opérations sont comprises dans la comptabilité de ce comptable supérieur ; d'autre part, ils centralisent eux-mêmes les opérations des percepteurs de l'arrondissement qu'ils représentent. Ils sont pécuniairement responsables de la gestion des percepteurs et surveillent les receveurs municipaux spéciaux, les receveurs des établissements de bienfaisance, etc. Dans les chefs-lieux d'arrondissements où la perception a été supprimée, ils remplissent les fonctions du percepteur.

Nul ne peut être nommé receveur particulier des finances s'il a moins de trente ans ou plus de cinquante ans. La limite d'âge de cinquante ans est portée à cinquante-cinq pour les candidats justifiant de dix ans au moins de services publics valables pour la retraite. Aucun percepteur, s'il n'est titulaire d'un emploi hors classe, ne peut être nommé receveur particulier des finances de première classe. Aucun percepteur, s'il n'est au moins titulaire d'un emploi de première classe, ne peut être nommé receveur particulier des finances de deuxième classe. (Décret du 21 juin 1901.)

Les receveurs particuliers des finances sont tenus de transmettre tous les dix jours, tant au trésorier-payeur général de leur département qu'au ministère des Finances, la copie de leur journal, et, à la fin de chaque mois, la balance de leur grand-livre et tous autres documents déterminés par les instructions.

*Receveur municipal* ou *hospitalier.* — C'est le comptable chargé spécialement, dans chaque commune, d'effectuer les recettes et les dépenses de la commune, de l'hospice ou du bureau de bienfaisance.

Le *receveur municipal* est chargé d'une part, seul et sous sa responsabilité personnelle, de poursuivre, aux échéances déterminées par les titres de perception ou par l'administration, la rentrée de tous les revenus de la commune et de toutes les autres sommes qui lui seraient dues. D'autre part, il acquitte les dépenses ordonnancées par le maire jusqu'à concurrence des crédits régulièrement ouverts. (Loi du 5 avril 1884, art. 153.)

Le percepteur des contributions directes remplit les fonctions de receveur municipal des communes de sa circonscription. Toutefois, dans les communes dont les revenus ordinaires dépassent 60 000 francs, les fonctions de comptable peuvent, à la demande du conseil municipal, être confiées à un receveur spécial. Les *receveurs spéciaux* sont nommés par le préfet ou par le président de la République, suivant que les revenus de la commune sont inférieurs à 300 000 francs ou dépassent ce chiffre, sur une liste de trois candidats présentés par le conseil municipal.

Les receveurs municipaux doivent fournir un cautionnement préalable; ils touchent un traitement fixe, sujet à retenues pour pensions civiles. Ils sont de droit receveurs des hospices et établissements de bienfaisance de leur circonscription, lorsque les revenus de ces établissememts ne dépassent pas 30 000 francs. Ils gèrent sous la surveillance du receveur des finances, et rendent des comptes jugés par les conseils de préfecture ou la Cour des comptes, suivant que les revenus ordinaires des communes dont ils sont comptables sont inférieurs ou supérieurs à 30 000 francs.

Les établissements communaux de bienfaisance (hospices, bureaux de bienfaisance) n'ont droit à un receveur spécial qu'autant que le chiffre de leurs revenus ordinaires excède 60 000 francs. Toutefois, lorsque les revenus ordinaires cumulés des établissements d'une même commune excèdent 60 000 francs, la gestion peut en être confiée à un receveur spécial, après entente entre les commissions administratives. De même, lorsque le total des revenus de la commune et des établissements communaux de bienfaisance sera supérieur à 60 000 francs, la gestion pourra également en être confiée à un receveur spécial, après accord entre le conseil municipal et les commissions administratives.

Les receveurs communaux et hospitaliers sont rémunérés au moyen d'un traitement fixe arrêté par le préfet, sur la proposition du trésorier-payeur général.

**Receveur buraliste.** — Préposé comptable de l'administration des Contributions indirectes, chargé de la perception des droits sur les boissons, sur les voitures publiques, etc., et, en outre, le plus souvent, de la gestion d'un bureau de tabac.

Les receveurs buralistes perçoivent les droits au comptant. Ils détachent de registres à souche, dits *registres de déclaration*, les *expéditions* ou titres de mouvement remis aux contribuables, et d'un autre registre, dit *de perception*, les quittances des droits perçus, dont ils sont responsables. Leurs bureaux doivent, sauf les jours fériés, être ouverts au public depuis le lever jusqu'au coucher du soleil. Ils peuvent, avec l'autorisation du directeur départemental, faire gérer le bureau de tabac annexé à leur recette et exercer un commerce.

Ils ne peuvent être membres du Parlement.

L'administration des Douanes a aussi des receveurs buralistes.

**Rechange.** — Opération par laquelle le porteur d'une lettre de change non payée tire, pour se rembourser, une nouvelle lettre de change, dite *retraite*, et qu'il négocie comme un effet ordinaire.

Le prix du nouveau change auquel est négociée la retraite s'appelle *rechange*.

**Récidive.** — Réitération d'infractions à la charge du même agent.

La récidive se constitue par une réitération d'infractions à la charge du même agent, mais avec cette circonstance essentielle que, entre la précédente et la nouvelle infraction, l'agent ait été atteint et averti par une condamnation pénale, passée en force de chose jugée.

Pour enrayer la récidive, deux lois ont été promulguées, l'une le 27 mai et l'autre le 14 août 1885. La première, par l'institution de la *relégation* (v. RELÉGATION), est destinée à purger le territoire d'un certain nombre de récidivistes dangereux; la seconde tend, par une série de mesures protectrices, à *prévenir la récidive*, en permettant aux condamnés de se réhabiliter par le travail, dès qu'ils ont payé leur dette à la société.

Les mesures édictées contre la récidive se répartissent donc en mesures préventives et en mesures répressives.

Les mesures préventives de la récidive interviennent avant, pendant et après l'expiation. Parmi elles, nous citerons : 1° l'exécution de la peine suspendue par la condamnation conditionnelle, en vertu de la loi du 26 mars 1891, dite *loi Bérenger* (v. CIRCONSTANCES); 2° les dispositions qui font l'objet de la loi du 14 août 1885, qui est due également à l'initiative du sénateur Bérenger.

La loi du 14 août 1885 prévoit trois « moyens de prévenir la récidive : libération conditionnelle, patronage des détenus libérés, réhabilitation ». V. LIBÉRATION CONDITIONNELLE, RÉHABILITATION.

Les sociétés ou institutions agréées par l'administration pour le *patronage* des libérés reçoivent une subvention annuelle en rapport avec le nombre de libérés réellement patronés par elles. Dans certains cas, l'administration alloue à la société ou institution de patronage une somme de 0 fr. 50 par jour pour chaque libéré pendant un temps égal à celui de la durée de la peine restant à courir, sans que cette allocation puisse dépasser 100 francs. (Loi du 14 avril 1905, art. 7 et 8.)

Quant aux mesures répressives de la récidive, elles forment deux groupes, distincts par leur caractère et leur but : 1° aggravation des peines, organisée par le Code pénal ou par des lois spéciales; 2° relégation, organisée par la loi du 27 mai 1885. V. RELÉGATION.

Dans tous les cas de récidive, des circonstances atténuantes peuvent être admises, et, dès lors, la pénalité aggravée qui se trouvait encourue subit une atténuation, conformément aux dispositions de l'article 463 du Code pénal.

*En matière de simple police*, les peines aggravées de la récidive sont fixées par les articles 474, 478 et 482 du Code pénal. Mais, pour les contraventions, il n'y a récidive qu'autant qu'il a été rendu contre le contrevenant, *dans les douze mois précédents*, un premier jugement pour contravention commise dans le *ressort du même tribunal*. (Code pén., art. 482.)

*En matière criminelle et correctionnelle*, les peines de la récidive sont fixées par les articles 56 à 58 du Code pénal (modifiés par la loi du 26 mars 1891), selon les combinaisons variées et les conditions diverses que met en relief le tableau synoptique ci-dessous, dû à M. Louis André :

**Tableau synoptique résumant les diverses combinaisons de récidive en matière criminelle et correctionnelle.**

| ÉNUMÉRATION des COMBINAISONS. | PREMIÈRE PÉNALITÉ PRONONCÉE | DEUXIÈME PÉNALITÉ ENCOURUE | PÉNALITÉ AGGRAVÉE par L'EFFET DE LA RÉCIDIVE | CONDITIONS DE L'AGGRAVATION DE PÉNALITÉ |
|---|---|---|---|---|
| 1re COMBINAISON : *Récidive de peine criminelle à peine criminelle.* (Art. 56 C. pén.) | Peine criminelle (afflictive ou infamante) autre que les travaux forcés à perpétuité. | Dégradation civique.<br>Bannissement.<br>Reclusion.<br>Détention de 5 à 20 ans.<br>Tr. forcés de 5 à 20 ans.<br>Déportation simple.<br>Déportation dans une enceinte fortifiée.<br>Tr. forcés à perpétuité. | Bannissement.<br>Détention.<br>Trav. forcés à temps.<br>Détention de 20 à 40 ans.<br>Tr. forcés de 20 à 40 ans.<br>Déportation dans une enceinte fortifiée.<br>Tr. forcés à perpétuité.<br>Pas d'aggravation. | Aucune condition de temps : peu importe le délai écoulé entre la première condamnation et la nouvelle infraction.<br>Aucune condition d'identité d'infractions : peu importe qu'il y ait ou non répétition du même crime ; la récidive est générale. |
| | Tr. forcés à perpétuité. | Tr. forcés à perpétuité. | Mort. | |
| 2e COMBINAISON : *Récidive de peine criminelle à peine correctionnelle.* (Art. 57 C. pén., modifié par la loi du 26 mars 1891.) | Peine criminelle. | Peine correctionnelle *d'emprisonnement.* | Maximum de la peine encourue, avec faculté d'élever jusqu'au double ce maximum.<br>Adjonction facultative de l'interdiction de séjour, p. 5 à 10 ans. | Il n'y a récidive qu'autant que la seconde infraction s'est produite dans un délai de cinq ans après l'expiration de la première peine ou sa prescription.<br>Aucune condition d'identité d'infractions : la récidive est générale. |
| 3e COMBINAISON : *Récidive de peine correctionnelle à peine criminelle.* | Peine correctionnelle. | Peine criminelle. | Pas d'aggravation. | |
| 4e COMBINAISON : *Récidive de peine correctionnelle à peine correctionnelle.* (Art. 58 C. pén., modifié par la loi du 26 mars 1891.) | Peine correctionnelle supérieure à un an d'emprisonnement. | Peine correctionnelle *d'emprisonnement.* | Maximum de la peine encourue, avec faculté d'élever jusqu'au double ce maximum.<br>Adjonction facultative de l'interdiction de séjour, p. 5 à 10 ans. | Il n'y a récidive qu'autant que la seconde infraction s'est produite dans un délai de cinq ans après l'expiration de la première peine ou sa prescription.<br>Si la deuxième infraction est un crime, aucune condition d'identité d'infractions ; la récidive est générale ; — si la deuxième infraction est un délit, la récidive devient spéciale : il faut qu'il y ait répétition du même délit ; mais, par fiction de la loi, sont considérés comme un même délit : le vol, l'escroquerie et l'abus de confiance, d'une part ; le vagabondage et la mendicité, d'autre part. |
| | Peine correctionnelle inférieure à un an d'emprisonnement. | Peine correctionnelle *d'emprisonnement.* | Minimum : le double de la première pénalité prononcée.<br>Maximum : le double du maximum de la deuxième pénalité encourue. | |

**Reclusion.** — Peine criminelle, de droit commun, principale, afflictive et infamante, qui consiste dans une privation de liberté avec assujettissement au travail.

La *reclusion* (Code pén., art. 21) implique la dégradation civique et l'interdiction légale. Sa durée est au moins de cinq ans et au plus de dix ans. Elle est subie dans les maisons centrales, et le régime en est sévère. Le travail et tous les exercices se font en commun, mais sous la loi du silence. Une part est accordée aux reclusionnaires sur les produits de leur travail, et constitue leur pécule. V. PÉCULE, PRISON.

**Récognitif (Acte).** — Acte qui constate à nouveau un droit, constaté par un acte dressé au moment de la convention, et qui intervient à l'occasion de droits établis à perpétuité ou pour un temps assez long (par ex., une servitude), dans les cas où il y a lieu de remplacer, au bout d'un certain temps, le titre originaire, avant qu'il soit détruit.

## Récoltes.

*Récoltes meubles ou immeubles.* — « Les récoltes pendantes par les racines et les fruits des arbres non encore recueillis sont immeubles. Dès que les grains sont coupés et les fruits détachés, quoique non enlevés, ils sont meubles. Si une partie seulement de la récolte est coupée, cette partie seule est meuble. » (Code civ., art. 520.)

*Bail à ferme; perte de récoltes.* — Sur la remise totale ou partielle du prix du bail au cas de perte fortuite de la récolte, v. BAIL, page 103.

*Privilège du bailleur sur les récoltes.* — V. BAIL, page 101.

*Police rurale concernant les récoltes.* — Les maires sont chargés de la police rurale concernant les récoltes. Ils assurent l'exécution des prescriptions relatives à la destruction des animaux, des insectes et des végétaux nuisibles à l'agriculture. Ils font constater par les gardes champêtres et tous autres agents sous leurs ordres les délits et les contraventions aux lois et aux règlements ayant pour but la protection des récoltes. (Loi du 21 juin 1898, art. 73.)

Il est défendu de supprimer, de déplacer les bornes, les pieds corniers ou autres arbres plantés ou reconnus pour établir les limites entre les héritages; de recombler les fossés séparatifs, de dégrader les clôtures et les haies limitant la propriété d'autrui. Il est interdit, sur la propriété d'autrui, de couper des branches dans les haies vives, d'enlever les bois secs des haies, de couper, de mutiler, de détériorer ou d'écorcer les arbres plantés dans les champs, dans les vignes, dans les bois, ou le long des routes et des chemins, de détruire les greffes des arbres fruitiers. Il est interdit de dégrader les chemins, de déclore les héritages et de passer à travers les récoltes, de quelque nature qu'elles soient. (*Id.*, art. 74.)

Les préfets prescrivent les mesures nécessaires pour arrêter ou prévenir les dommages causés à l'agriculture par des insectes, des cryptogames ou autres végétaux nuisibles, lorsque ces dommages prennent ou peuvent prendre un caractère envahissant ou calamiteux. (V. INSECTES, AGRICULTURE.) L'arrêté n'est pris par le préfet qu'après avis du conseil général du département et de la chambre consultative d'agriculture, à moins qu'il ne s'agisse de mesures urgentes et temporaires. Il détermine l'époque à laquelle il devra être procédé à l'exécution des mesures, les localités dans lesquelles elles seront applicables, ainsi que les modes spéciaux à employer. L'arrêté n'est exécutoire, dans tous les cas, qu'après l'approbation du ministre de l'Agriculture, qui prend, sur les procédés à appliquer, l'avis de la commission technique. (*Id.*, art. 76.)

Les propriétaires, les fermiers, les colons ou métayers, ainsi que les usufruitiers et les usagers, sont tenus d'exécuter sur les immeubles qu'ils possèdent et cultivent, ou dont ils ont la jouissance et l'usage, les mesures prescrites par l'arrêté préfectoral. Toutefois, dans les bois et les forêts, ces mesures ne sont applicables qu'à une lisière de 30 mètres. Ils doivent ouvrir leurs terrains, pour permettre la vérification ou la destruction à la réquisition des agents. L'Etat, les départements, les communes sont astreints, pour leur domaine public et privé, aux mêmes obligations que les particuliers. Il en est de même des établissements publics pour leurs propriétés. (*Id.*, art. 77.)

En cas d'inexécution par des particuliers ou des établissements publics, dans les délais fixés, des mesures prescrites, procès-verbal est dressé par le maire, l'officier de gendarmerie, le commissaire de police, le garde forestier ou le garde champêtre, et le contrevenant est cité devant le juge de paix. La citation est donnée par lettre recommandée ou par le garde champêtre. Les parties peuvent comparaître volontairement et sur un simple avertissement du juge de paix. Le juge de paix peut ordonner l'exécution provisoire de son jugement, nonobstant opposition ou appel sur minute et avant enregistrement. (*Id.*, art. 78.)

A défaut d'exécution dans le délai imparti par le jugement, il est procédé à l'exécution d'office, aux frais des contrevenants, par les soins du maire ou du commissaire de police. Le recouvrement des dépenses ainsi faites est opéré comme en matière de contributions directes, sur un rôle rendu exécutoire par le préfet. (*Id.*, art. 79.)

Lorsque l'échenillage ou la destruction des insectes nuisibles et la destruction des cryptogames et végétaux nuisibles doivent être opérés sur des biens appartenant à l'Etat, aux départements ou aux communes, et ne l'ont pas été dans les délais imposés, il y est procédé d'office, aux frais de qui il appartient, par les ordres du préfet. (*Id.*, art. 80.)

L'entrée en France des végétaux, fleurs, feuilles, terres, composts et objets quelconques susceptibles de servir à l'introduction d'animaux, de larves, de plantes ou de cryptogames reconnus dangereux, peut être interdite par décret. L'interdiction peut être étendue à la détention et au transport de ces animaux, larves, plantes ou cryptogames. Les dispositions des lois et règlements spéciaux concernant la destruction du phylloxera et celle du doryphora restent d'ailleurs maintenues. (*Id.*, art 81.)

Des arrêtés du ministre de l'Agriculture règlent les conditions sous lesquelles peuvent entrer et circuler en France les végétaux, fleurs, feuilles, terres, composts et objets soupçonnés dangereux, et provenant des pays étrangers ou des parties du territoire français déjà envahies et auxquelles ne s'appliquent pas les décrets d'interdiction. (*Id.*, art. 82.)

*Contraventions diverses.* — *Dévastation de récoltes sur pied.* Quiconque a dévasté des récoltes sur pied ou des plants naturels est passible d'un emprisonnement de deux à cinq ans et peut en outre être frappé de la peine de l'interdiction de séjour pendant cinq ou dix ans. (Code pén., art. 444.)

*Passage sur des champs chargés de récolte.* Le Code pénal punit d'une amende : 1° ceux qui, n'étant pas propriétaires, usufruitiers, ni jouissant d'un terrain ou d'un droit de passage, y sont entrés et y ont passé dans le temps où ce terrain était chargé de grains en tuyau, de raisins ou autres fruits mûrs ou voisins de la maturité (Amende de 6 à 10 francs; Code pén., art. 475, 9°);

2° Ceux qui auront fait ou laissé passer des bestiaux, animaux de trait, de charge ou de monture, sur le terrain d'autrui, ensemencé ou chargé d'une récolte, en quelque saison que ce soit (Amende de 6 à 10 francs; même art., 10°);

3° Ceux qui, n'étant ni propriétaires, ni usufruitiers, ni locataires, ni fermiers, ni jouissant d'un terrain ni d'un droit de passage, ou qui n'étant agents ni préposés d'aucune de ces personnes, seront entrés et auront passé sur ce terrain ou sur partie de ce terrain, s'il est préparé ou ensemencé (Amende de 1 à 5 francs; Code pén., art. 471, 13°);

4° Ceux qui auront laissé passer leurs bestiaux ou leurs bêtes de trait, de charge ou de monture, sur le terrain d'autrui, avant l'enlèvement de la récolte (Amende de 1 à 5 francs; Code pén., même art. 471, 14°).

*Vol de récoltes dans les champs.* Quiconque aura volé ou tenté de voler dans les champs des récoltes ou autres productions utiles de la terre déjà détachées du sol, ou des meules de grains faisant partie de récoltes, sera puni d'un emprisonnement de quinze jours à deux ans et d'une amende de 16 francs à 200 francs. Si le vol a été commis soit la nuit, soit par plusieurs personnes, soit à l'aide de voitures ou d'animaux de charge, l'emprisonnement sera d'un an à cinq ans, et l'amende de 16 francs à 500 francs. Lorsque le vol ou la tentative de vol de récoltes ou autres productions utiles de la terre, qui, avant d'être soustraites, n'étaient pas encore détachées du sol, aura eu lieu soit avec des paniers ou des sacs ou autres objets équivalents, soit la nuit, soit à l'aide de voitures ou d'animaux de charge, soit par plusieurs personnes, la peine sera d'un emprisonnement de quinze jours à deux ans, et d'une amende de 16 francs à 200 francs. Dans tous les cas, les coupables pourront en outre être interdits de tout ou partie des droits civiques, civils et de famille pendant cinq ans au moins et dix ans au plus, et frappés de la peine d'interdiction de séjour pendant le même nombre d'années. (Code pén., art. 388.)

Ceux qui dérobent, sans aucune des circonstances prévues en l'article 388, des récoltes ou autres productions utiles de la terre, qui, avant d'être soustraites, n'étaient pas encore détachées du sol, sont punis d'une amende de 6 francs à 10 francs. (Code pén., art. 475.)

Ceux qui, sans autre circonstance prévue par les lois, ont cueilli ou mangé, sur le lieu même, des fruits appartenant à autrui, sont punis d'une amende de 1 franc à 5 francs. (Code pén., art. 471, 9°.) V. GLANAGE.

*Incendie de récoltes.* L'incendie volontaire de forêts, bois taillis ou récoltes sur pied appartenant à autrui est puni des travaux forcés à perpétuité. Si la récolte appartient à l'auteur de l'incendie et que celui-ci l'ait allumé ou fait allumer pour nuire au voisin, la peine est celle des travaux forcés à temps pour le propriétaire ou pour son complice. L'incendie de meules, tas, stères ou de voitures chargées de récolte, est puni, selon les mêmes distinctions, des travaux forcés à temps ou de la reclusion. (Code pén., art. 434.)

*Compétence du juge de paix.* — Aux termes de la loi du 12 juillet 1905, art. 6, les juges de paix connaissent sans appel jusqu'à 300 francs, et à charge d'appel au delà de cette somme, « des actions pour dommages faits aux champs, fruits et récoltes, soit par l'homme, soit par les animaux, et de celles relatives à l'élagage des arbres ou haies. » V. JUSTICE DE PAIX.

Les juges de paix connaissent de toutes les demandes en réparation du dommage causé aux récoltes par le gibier : en dernier ressort, si la demande n'est pas supérieure à 300 francs; à charge d'appel, si elle excède ce chiffre, quel qu'en soit le montant, ou si elle est indéterminée. S'il est formé une demande reconventionnelle en dommages-intérêts, il sera statué sur le tout sans appel, si la demande principale est de la compétence du juge de paix en dernier ressort. (Loi du 19 avril 1901, art. 1er.)

Lorsque plusieurs intéressés forment leurs demandes par le même exploit, il est statué en premier ou en dernier ressort, à l'égard de chacun des demandeurs, d'après le montant des dommages-intérêts individuellement réclamés. (*Id.*, art. 2.)

Nonobstant toute exception préjudicielle, le juge de paix, compétent sur le fond, peut ordonner des mesures d'instruction. (*Id.*, art. 3.) Les jugements ordonnant des mesures d'instruction peuvent être déclarés exécutoires par provision et sans caution, nonobstant opposition ou appel. (*Id.*, art. 4.)

Les actions en réparation du dommage causé aux récoltes par le gibier se prescrivent par six mois à partir du jour où les dégâts ont été commis. (*Id.*, art. 5.)

*Ventes volontaires de fruits et récoltes.* — Les ventes publiques volontaires, soit à terme, soit au comptant, de fruits et de récoltes pendants par racines, et des coupes de bois taillis, sont faites en concurrence et au choix des parties, par les notaires, commissaires-priseurs, huissiers et greffiers de justices de paix, même dans le lieu de la résidence des commissaires-priseurs. (Loi du 5 juin 1851.)

**Récompense.** — Indemnité due à l'un des époux par la communauté, ou réciproquement, ou aussi par l'un des époux à l'autre. V. COMMUNAUTÉ.

**Reconduction.** — Renouvellement d'un louage ou d'un bail.

On distingue : 1° la *reconduction expresse*, renouvellement du bail par écrit ou verbalement, par paroles expresses entre les parties; 2° la *tacite reconduction*, renouvellement du bail s'opérant par le fait de la continuation de jouissance du preneur, sans opposition du bailleur. V. BAIL, page 100.

**Reconnaissance.** — Acte sous seing privé par lequel on reconnaît avoir reçu une chose.

Ainsi, lorsqu'on fait à quelqu'un un prêt, un dépôt, ou qu'on lui laisse une chose en gage, il est prudent d'en exiger une reconnaissance. En effet, avec une reconnaissance, on est à l'abri de la mauvaise foi, et, dans le cas de mort du débiteur ou du dépositaire, on ne peut craindre la dénégation des héritiers, puisqu'on peut leur prouver la dette. Cependant les héritiers du débiteur peuvent dire ne pas reconnaître la signature du souscripteur, et alors c'est au créancier à prouver qu'elle est bien la sienne. (Code civ., art. 1323.)

Une reconnaissance doit énoncer la somme due, le nom de celui auquel elle est due, la cause de la dette, la date du titre et la signature du souscripteur. Quiconque ne sait ou ne peut signer ne peut faire d'acte sous seing privé : aucune marque, aucun signe ne peut tenir lieu de signature.

Lorsque la reconnaissance contient la mention de l'époque de payement, alors elle prend le nom de *billet*.

Si celui qui signe la reconnaissance ne l'avait pas écrite lui-même, il devrait faire précéder sa signature de ces mots : « Bon pour quinze cents francs. » Cependant la signature seule suffirait si cette personne était cultivateur, marchand, ouvrier. (*Id.*, art. 1326.)

Dans les reconnaissances ou billets souscrits par plusieurs personnes, il ne faut pas oublier de mettre le mot : « solidairement, » car, sans ce mot, le billet ou la reconnaissance ne serait exigible à l'égard de ceux qui l'auraient signée que pour chacun sa quote-part, et non pas d'un seul pour tous.

Toutes les fois que la dette ne porte pas d'intérêt, il n'en est pas dû; il faut une stipulation expresse pour que le débiteur doive des intérêts. (*Id.*, art. 1905.)

Lorsqu'on n'indique pas le lieu où la dette doit être payée, le créancier est obligé d'aller recevoir son argent chez le débiteur. (*Id.*, art. 1247.)

Il est inutile d'indiquer la profession et la demeure, si elles l'ont été au commencement ou dans le corps du billet.

**Reconnaissance d'enfant.** — V. ENFANT.

**Reconvention ou Demande reconventionnelle.** — Demande opposée par un défendeur à un demandeur, dans le cours de l'instance, afin d'anéantir ou de restreindre les effets de l'action dirigée contre lui.

La *reconvention*, dite aussi *demande reconventionnelle*, consiste, de la part du défendeur dans une instance, à former devant le même juge, incidemment et pour sa défense, une demande contre le demandeur.

En principe, la demande reconventionnelle doit avoir une connexité d'origine avec l'action principale : ainsi, un locataire actionné en payement de loyer peut opposer une demande en indemnité pour grosses réparations faites par lui pour le compte du propriétaire.

Mais, dans l'usage, le défaut de communauté d'origine n'empêche point d'admettre la demande reconventionnelle, quand elle a pour objet de parvenir à une compensation : ainsi, un débiteur poursuivi en remboursement d'argent prêté peut opposer une demande en payement d'objets par lui vendus.

L'effet principal de la reconvention est de faire instruire et juger en même temps la demande principale et la reconvention : sur le tout intervient un seul et même jugement.

Une règle généralement admise est celle-ci : « *Reconvention sur reconvention ne vaut,* » c'est-à-dire que lorsque le défendeur a introduit une demande reconventionnelle le demandeur originaire ne peut, à son tour, faire une demande reconventionnelle.

**Recors.** — Nom sous lequel on désigne les personnes que les huissiers mènent avec eux pour leur servir de témoins dans les exploits d'exécution, et pour leur prêter main-forte au besoin.

Le nom de *recors* est donné aux témoins dont les huissiers sont tenus de se faire assister dans certains actes, tels que les saisies-exécutions et les protêts. (Code proc. civ., art. 585; Code comm., art. 173.) En matière de saisie-exécution, ces témoins doivent être Français, majeurs et n'être ni domestiques, ni parents ou alliés (jusqu'au sixième degré) des parties ou de l'huissier. (Code proc. civ., art. 585.)

Si cette dénomination de « recors », appliquée à des témoins, a pour origine l'ancien mot *record*, signifiant mémoire, c'est parce que, autrefois, dit Berriat Saint-Prix, « on touchait les témoins au bout de l'oreille, que l'on croyait être le siège de la mémoire, comme pour les inviter à ne pas oublier ce qu'ils avaient vu ».

**Recours contre les jugements.** — V. JUGEMENT.

**Recours en grâce.** — V. GRÂCE.

**Recréance.** — Maintien dans la possession provisoire d'un immeuble litigieux pendant que le procès se juge au pétitoire.

**Recrutement.** — V. SERVICE MILITAIRE.

**Recteur.** — Fonctionnaire placé à la tête de chaque académie. V INSTRUCTION PUBLIQUE.

Au point de vue de l'instruction publique, la France est divisée en dix-sept académies ayant chacune à sa tête un recteur. Le recteur a sous sa direction les facultés, lycées, collèges et autres établissements universitaires. Il est nommé par le chef de l'Etat, sur la proposition du ministre de l'Instruction publique. Chaque recteur est président de droit du *conseil de l'université*. A Paris, le chef de l'académie a le titre de *vice-recteur*, le ministre de l'Instruction publique, grand maître de l'Université, étant recteur titulaire.

**Récusation.** — Droit qu'a le justiciable d'écarter, par soupçon de partialité, un juge, un arbitre, un expert, un juré, un témoin.

*Récusation en matière civile.* — La règle générale est que toute récusation doit être motivée sur des faits nettement articulés et entrant dans l'une des catégories de circonstances que la loi admet comme moyen de récusation.

En ce qui concerne les juges d'un tribunal (tribunal civil ou tribunal de commerce), les causes de récusation sont déterminées par l'article 378 du Code de procédure civile. Elles se rattachent à l'affection, à la haine, à l'intérêt, à l'amour-propre. C'est ainsi, par exemple, qu'il y a lieu à récusation si le juge est parent ou allié des parties ; s'il a donné conseil, plaidé ou écrit sur le différend ; s'il y a inimitié capitale entre lui et l'une des parties. Le Code de procédure civile (art. 380 et suiv.) trace les formalités à suivre pour présenter et faire admettre la récusation. Celui dont la récusation est déclarée non admissible ou non recevable est condamné à telle amende qu'il plaît au tribunal (laquelle ne peut être moindre de 100 francs), et sans préjudice, s'il y a lieu, de l'action en réparation et dommages-intérêts du juge. (Code proc. civ., art. 390.)

Les juges de paix peuvent être récusés pour des causes analogues à celles applicables aux autres juges.

Les arbitres peuvent être récusés pour cause survenue depuis le compromis (*id.*, art. 1014), et pour les mêmes motifs que les juges ordinaires.

Les causes de récusation des experts sont les mêmes que les causes de reproche des témoins. (*Id.*, art. 283 et 310.)

*Récusation en matière d'expropriation.* — Lors de l'appel des jurés, l'administration et la partie adverse ont le droit, sans énoncer de motifs, de récuser chacune deux jurés. (Loi du 3 mai 1841, art. 44.)

*Récusation en matière criminelle.* — Lors de la formation du jury qui doit, en cour d'assises, connaître de chaque affaire, l'accusé ou son conseil, et le procureur général peuvent, sans faire connaître de motifs et jusqu'à ce qu'il ne reste que douze jurés, récuser tels jurés qu'ils jugent à propos, au fur et à mesure que leurs noms sortent de l'urne. (Code instr. crim., art. 399 et suiv.)

*Récusation de témoins.* — V. TÉMOIN.

**Rédhibitoire (Vice).** — V. VICE.

**Réel (Droit).** — Droit que l'on a directement sur une chose, sans l'intermédiaire d'une personne déterminée, par opposition au droit personnel V. DROITS PERSONNELS.

**Réfaction de droits.** — Réduction proportionnelle de droits de douane accordée aux marchandises qui ont été avariées par suite d'événements de mer, et qui ne conservent plus la valeur fixée par le prix courant des mêmes espèces de marchandises.

**Référé.** — Procédure spéciale à laquelle la loi permet de recourir dans tous les cas d'urgence, ou lorsqu'il s'agit de statuer provisoirement sur les difficultés relatives à l'exécution d'un titre exécutoire ou d'un jugement.

Toute la procédure des référés (Code proc. civ., art. 806-811) consiste en une assignation donnée directement, sans formalité préalable, et en un exposé verbal des moyens des parties. La demande est portée à une audience spéciale tenue par le président du tribunal de première instance, ou par le juge qui le remplace.

Si le cas requiert célérité, le juge des référés peut permettre d'assigner même à son domicile particulier, même à son jour de fête.

La décision qui intervient s'appelle *ordonnance de référé*. Elle ne statue pas sur le principal de la demande, et elle est exécutoire par provision (quelquefois sur minute), et sans caution si le juge n'a pas ordonné qu'il en serait fourni une. Elle n'est pas susceptible d'opposition.

La loi autorise l'appel lorsque la demande dépasse 1 500 francs en principal en matière mobilière ou 60 francs de revenu en matière immobilière. Cet appel peut être interjeté, même avant le délai de huitaine, à dater du jugement, et il n'est point recevable s'il a été interjeté après la quinzaine, à dater du jour de la signification du jugement. L'appel est jugé sommairement et sans procédure.

**Référendaire au sceau de France.** — Officier ministériel institué pour la présentation et la poursuite des demandes relatives aux titres de noblesse, à la naturalisation, aux dispenses d'âge ou de parenté pour contracter mariage.

Le nombre des référendaires au sceau de France avait été fixé à douze par l'ordonnance du 24 septembre 1828. Le décret du 11 juin 1891 a décidé leur suppression par voie d'extinction. Ils n'ont plus l'occasion d'exercer leurs attributions essentielles, c'est-à-dire la poursuite des affaires concernant les titres de noblesse et les majorats : le gouvernement ne donne plus suite aux requêtes tendant au relèvement ou à la collation des titres français (décret du 10 mai 1875) et il n'accorde plus aux Français le droit de porter en France des titres étrangers.

Pour les autres affaires (naturalisation, réintégration dans la qualité de Français, dispenses de parenté, d'alliance et d'âge, pour contracter mariage, autorisation de servir à l'étranger), elles donnaient lieu jadis à la délivrance de lettres patentes revêtues du sceau de l'Etat. Les référendaires, dont le ministère n'était pas obligatoire pour la présentation des demandes, avaient qualité pour retirer les lettres patentes et percevoir les droits de sceau ; aujourd'hui il n'est plus délivré aux intéressés qu'une ampliation du décret les concernant. Néanmoins, les référendaires continuent de réclamer aux parties, pour le verser au Trésor, le montant des droits de sceau, et à toucher un droit s'élevant à 50 francs pour chaque affaire, sauf réduction proportionnelle quand les parties obtiennent une remise des droits de sceau. Ils réclament en outre aux parties des honoraires non tarifés.

**Référendaire (Conseiller) à la Cour des comptes.** — Magistrat chargé de vérifier les comptes des justiciables ou d'instruire les affaires contentieuses portées devant la Cour, d'en faire rapport à la chambre compétente, et de rédiger ensuite les arrêts rendus sur ses rapports. V. COUR DES COMPTES.

**Referendum** — Droit que les constitutions de certains Etats, comme la Suisse, donnent aux citoyens de se prononcer directement par voie de plébiscite sur les questions politiques ou économiques qui les intéressent.

**Régie.** (Travaux publics.) — Exécution de travaux publics sous la direction des agents de l'Etat, du département ou de la commune.

La régie est *simple* si les régisseurs se procurent eux-mêmes ouvriers et matériaux au moyen d'avances dont ils justifient l'emploi ; *intéressée* ou *cointéressé*, si la mise en œuvre est confiée à un entrepreneur, aux risques de l'Etat et moyennant une indemnité proportionnelle aux dépenses.

**Régie.** (Fin.) — Perception directe de leurs impôts et revenus par l'Etat, le département et la commune.

L'octroi est en régie *intéressée* quand le préposé doit verser une somme fixe, sous condition de partager l'excédent. V. OCTROI.

**Régimes matrimoniaux.** — Ensemble des règles auxquelles est soumise l'association de deux époux quant aux biens. V. MARIAGE, COMMUNAUTÉ, DOT.

**Réglementation.** — Droit que possède le pouvoir exécutif de régler les questions secondaires, trop complexes ou trop variables pour qu'une solution législative leur convienne.

La charte du 4 juin 1814 conférait au roi le droit de faire des règlements « pour l'exécution des lois et la sûreté de l'Etat ». C'est sur ces termes que le gouvernement fonda en droit les quatre ordonnances du 25 juillet 1830 qui provoquèrent la révolution. Aussi la charte du 14 août 1830, article 13, limita-t-elle le pouvoir réglementaire du roi. Ce pouvoir appartient aujourd'hui au *président de la République* en vertu de la loi du 25 février 1875, article 3. Le Parlement l'étend quelquefois par des délégations spéciales : en ce cas, les règlements, dits « d'administration publique », peuvent édicter des pénalités, établir des taxes, etc., et sont rendus après avis du Conseil d'Etat. (Loi du 24 mai 1872.) V. DÉCRET.

Les ministres ne possèdent pas le pouvoir réglementaire, mais il peut exceptionnellement leur être attribué : ainsi l'ordonnance du 15 novembre 1846 sur la police des chemins de fer donne au ministre des Travaux publics la faculté de faire certaines prescriptions réglementaires ; de même le décret du 10 août 1852 sur la police du roulage.

Les *préfets* font des règlements pour l'étendue de leur département sur les objets compris dans leurs attributions.

Dans la commune, le *maire* assure par des règlements la police municipale (sécurité des voies, sûreté, salubrité) et la police rurale. Le préfet peut les annuler ou en suspendre l'exécution. Il peut même se substituer au maire négligent, après mise en demeure. (Loi du 5 avril 1884, art. 91-95.)

Les règlements administratifs doivent être observés par les citoyens, sous peine d'une amende de 1 franc à 5 francs. (Code pén., art. 471.)

**Règlement de juges.** — V. JUGE.

**Réforme.** — Opération par laquelle un militaire est rayé des contrôles comme incapable ou indigne de continuer à servir. — Se dit également des chevaux ou du matériel mis hors de service.

**Refus d'un service légal.**

Le refus d'un service légalement dû est puni par les articles 234 à 236 du Code pénal.

Tout commandant, tout officier ou sous-officier de la force publique qui, après en avoir été légalement requis par l'autorité civile, aura refusé de faire agir la force à ses ordres, sera puni d'un emprisonnement d'un mois à trois mois, sans préjudice des réparations civiles qui pourraient être dues. Le refus du service militaire est l'objet de dispositions particulières. V. SERVICE MILITAIRE.

Les témoins et jurés qui ont allégué une excuse reconnue fausse sont condamnés, outre les amendes prononcées pour la non-comparution, à un emprisonnement de six jours à deux mois. (Art. 236.)

**Réhabilitation.** — Décision en vertu de laquelle une personne est relevée des incapacités ou déchéances qu'elle avait encourues et redevient habile à exercer les droits dont elle était privée.

On distingue 1° la réhabilitation *disciplinaire*, qui intervient en faveur des notaires, greffiers et officiers ministériels frappés de destitution (elle a été établie et réglementée par la loi du 19 mars 1864); 2° la réhabilitation *administrative*, c'est-à-dire la restitution qui, par décision de l'administration, peut être faite aux condamnés, mais seulement dans les colonies pénitentiaires, de l'exercice de tout ou partie des droits dont ils sont privés; 3° la réhabilitation *commerciale* (du failli ou du liquidé judiciairement) [v. FAILLITE]; 4° la réhabilitation *ordinaire* ou *pénale*. Nous n'avons à nous occuper ici que de cette dernière.

*Réhabilitation ordinaire ou pénale.* — C'est la réhabilitation des condamnés en matière criminelle et en matière correctionnelle. Elle est régie par les articles 619 à 634 du Code d'instruction criminelle, modifiés par la loi du 14 août 1885, qui a élargi les conditions d'accès de la réhabilitation, simplifié ses formes et étendu ses effets. La loi du 10 mars 1898 a même rendu la réhabilitation applicable aux condamnés qui ont prescrit contre l'exécution de leur peine.

Tout condamné à une peine afflictive ou infamante, ou à une peine correctionnelle, peut être réhabilité : tel est le principe.

Pour qu'un condamné ayant subi sa peine ou en ayant obtenu la remise par voie de grâce puisse être admis à la réhabilitation, il lui suffit : 1° d'avoir acquitté la dette de l'amende, des frais du procès, des réparations civiles ou dommages-intérêts envers la partie lésée ; 2° d'avoir laissé s'écouler, depuis sa libération, certains délais d'épreuve : cinq ans pour tout condamné à une peine criminelle ; trois ans pour tout condamné à une peine correctionnelle (pour les récidivistes ou réhabilités qui ont subi une nouvelle condamnation, le délai est de six ou dix ans); 3° d'avoir rempli, depuis sa libération, une double obligation de résidence : résidence dans un même arrondissement pendant cinq ans à la suite d'une peine criminelle, ou pendant trois ans à la suite d'une peine correctionnelle ; résidence, en outre, dans une même commune pendant les deux dernières années ; 4° d'avoir tenu, depuis sa libération, une conduite irréprochable.

Le demandeur en réhabilitation doit adresser au procureur de la République de l'arrondissement où il réside : 1° une requête à fin de réhabilitation (sur papier timbré, dûment légalisée) ; 2° la quittance des frais et de l'amende ; 3° la quittance des réparations civiles ou dommages-intérêts, émanant de la partie lésée ou de ses héritiers (sur papier timbré, dûment légalisée).

La réhabilitation est exclusivement un acte de l'autorité judiciaire : la cour d'appel (chambre des mises en accusation) dans le ressort de laquelle le demandeur a son domicile prononce souverainement en cette matière.

La réhabilitation efface la condamnation et, pour l'avenir, fait cesser toutes les incapacités qui en résultaient. La condamnation n'est pas mentionnée sur les extraits du casier judiciaire délivrés postérieurement à la réhabilitation. V. CASIER JUDICIAIRE.

**Réintégrande.** — Action possessoire qui a pour objet le rétablissement dans la jouissance d'un bien dont on a été matériellement dépossédé. V. PÉTITION ET POSSESSOIRE.

**Relais.** — V. LAIS ET RELAIS.

**Relégation.** — Pénalité consistant dans l'internement perpétuel des récidivistes dans une colonie ou possession. V. RÉCIDIVE.

La loi du 27 mai 1885 a introduit dans notre Code une pénalité complémentaire : la *relégation*. Celle-ci consiste dans l'internement perpétuel des condamnés récidivistes sur le territoire des colonies. Les lieux dans lesquels s'effectue la relégation, les mesures d'ordre et de surveillance auxquelles les relégués peuvent être soumis, par nécessité de sécurité publique, sont déterminés par décrets d'administration publique. La relégation n'est prononcée que par les cours et tribunaux ordinaires, comme conséquence des condamnations encourues, à l'exclusion de toutes juridictions spéciales et exceptionnelles. Les cours et tribunaux peuvent toutefois tenir compte des condamnations prononcées par les tribunaux militaires et maritimes, en dehors de l'état de siège ou de guerre, pour les crimes et délits de droit commun spécifiés à la loi du 27 mai 1885. Les condamnations pour crimes ou délits politiques, ou pour crimes ou délits qui leur sont connexes, ne sont, en aucun cas, comptées pour la relégation.

La relégation intervient comme mesure d'élimination à l'égard des malfaiteurs réputés incorrigibles : c'est une pénalité complémentaire et accessoire, obligatoire pour le juge, applicable à certaines catégories de récidivistes, limitativement déterminées et s'exécutant par l'expatriation.

Le système de la relégation repose sur une présomption d'incorrigibilité. Pour fixer le critérium de l'incorrigibilité et déterminer, par suite, les cas où il y a lieu à relégation, le législateur a tout à la fois tenu compte de quatre éléments : 1° la nature des infractions qui ont amené les condamnations ; 2° la gravité des peines prononcées ; 3° le nombre de ces peines ; 4° le délai dans lequel les condamnations ont été prononcées ou encourues. Ces quatre éléments sont combinés dans l'article 4 de la loi du 27 mai 1885, article capital et constituant l'essence même de la loi.

Au point de vue du délai des condamnations, signalons que c'est dans un intervalle de dix ans (défalcation faite de la durée des peines subies) que doivent se placer les condamnations nécessaires pour faire prononcer la relégation. Quant aux trois autres éléments, leurs diverses combinaisons légales sont mises en relief par le tableau synoptique ci-dessous, établi par M. Louis André :

Le relégué peut obtenir de sortir, pour six mois au plus, du territoire de la relégation. S'il s'est rendu coupable d'évasion ; si, sans autorisation, il est rentré en France, ou a quitté le territoire de la relégation ; s'il a outrepassé le temps fixé par l'autorisation,

**Tableau synoptique résumant les quatre cas où il y a lieu à relégation.**
(Loi du 27 mai 1885, art. 4 ; Loi du 3 avril 1903, art. 3.)

| 1er CAS : 2 CONDAMNATIONS | 2e CAS : 3 CONDAMNATIONS | 3e CAS : 4 CONDAMNATIONS | 4e CAS : 7 CONDAMNATIONS |
|---|---|---|---|
| Aux travaux forcés ou à la reclusion. | UNE : Aux travaux forcés ou à la reclusion.<br>DEUX : Soit à l'emprisonnement pour faits qualifiés crimes ;<br>Soit à plus de 3 mois d'emprisonnement pour :<br>Vol ;<br>Escroquerie ;<br>Abus de confiance ;<br>Outrage public à la pudeur ;<br>Excitation habituelle de mineurs à la débauche ;<br>Embauchage en vue de la débauche ;<br>Assistance de la prostitution d'autrui sur la voie publique ;<br>Vagabondage ou Mendicité (par application des art. 277 et 279, C. pén.). | Soit à l'emprisonnement pour faits qualifiés crimes.<br>Soit à plus de 3 mois d'emprisonnement pour :<br>Vol ;<br>Escroquerie ;<br>Abus de confiance ;<br>Outrage public à la pudeur ;<br>Excitation habituelle de mineurs à la débauche ;<br>Embauchage en vue de la débauche ;<br>Assistance de la prostitution d'autrui sur la voie publique ;<br>Vagabondage ou Mendicité (par application des art. 277 et 279, C. pén.). | 1° Deux au moins des cas précédents, c'est-à-dire :<br>Travaux forcés ou reclusion ;<br>Emprisonnement pour faits qualifiés crimes.<br>Plus de 3 mois d'emprisonnement pour :<br>Vol ;<br>Escroquerie ;<br>Abus de confiance ;<br>Outrage public à la pudeur ;<br>Excitation habituelle de mineurs à la débauche ;<br>Embauchage en vue de la débauche ;<br>Assistance de la prostitution d'autrui sur la voie publique ;<br>Vagabondage ou Mendicité (par application des art. 277 et 279, C. pén.).<br>2° Deux à plus de 3 mois d'emprisonnement pour :<br>Vagabondage ; Infraction à interdiction de résidence.<br>3° Les autres, sans condition de durée, pour :<br>Vagabondage ; Infraction à interdiction de résidence. |

Les condamnations qui ont fait l'objet de grâce, commutation ou réduction de peine, sont comptées en vue de la relégation, mais celles qui ont été effacées par la réhabilitation n'entrent pas en ligne de compte.

La relégation n'est pas applicable aux femmes ni aux individus qui seraient âgés de plus de soixante ans ou de moins de vingt et un ans à l'expiration de leur peine. Toutefois, les condamnations encourues par le mineur de vingt et un ans comptent en vue de la relégation, s'il est, après avoir atteint cet âge, de nouveau condamné dan les conditions prévues par la loi du 27 mai 1885. Les condamnés qui ont encouru la relégation restent soumis à toutes les obligations qui peuvent leur incomber en vertu des lois sur le recrutement de l'armée.

Un décret du 26 novembre 1885 porte règlement d'administration publique pour l'application de la loi du 27 mai 1885 sur la relégation des récidivistes.

le relégué est traduit devant le tribunal correctionnel du lieu de son arrestation, ou devant celui du lieu de relégation, et, après que son identité est reconnue, il est puni d'un emprisonnement de deux ans au plus. En cas de récidive, cette peine peut être portée à cinq ans. Elle est subie sur le territoire des lieux de relégation.

Le décret du 26 novembre 1885 distingue la relégation collective et la relégation individuelle Les relégués collectifs sont réunis dans des établissements où l'administration pourvoit à leur subsistance et où ils sont astreints au travail : leur sort ressemble, sauf une différence de costume, à celui des forçats en cours de peine. Les relégués individuels vivent en liberté dans la colonie, sauf à se conformer à certaines mesures d'ordre et de surveillance : leur situation est analogue à celle des forçats libérés. Une séparation rigoureuse est néanmoins maintenue entre les transportés et les relégués. La relégation collective est la règle ; la relégation individuelle, une faveur accordée aux relégués collectifs qui la méritent par leur conduite.

En dehors des cas prévus par la loi du 27 mai 1885, la relégation peut, facultativement, intervenir en quelques cas spéciaux que déterminent l'article 266 du Code pénal (modifié par la loi du 18 décembre 1893 sur les associations de malfaiteurs) et la loi du 28 juillet 1894 sur les menées anarchistes.

**Réméré.** — Clause par laquelle un vendeur se réserve la faculté de reprendre la chose vendue dans un délai déterminé, en restituant à l'acquéreur le prix (principal et intérêts), ainsi que les frais et loyaux coûts du contrat. V. VENTE.

**Remise de la dette.** — Acte par lequel un créancier renonce gratuitement à son droit de créance au profit de son débiteur. V. DETTE.

**Remonte.** — Service de l'armée qui a pour objet de fournir aux corps de troupes et aux établissements militaires les montures dont ils ont besoin.

Le service de la *remonte* est assuré par les *dépôts de remonte* institués tout à la fois pour encourager la production et l'élevage des chevaux et pour effectuer l'achat de ceux qui sont propres au service militaire. D'autres établissements, dits « dépôts de transition » ou *annexes de remonte*, sont destinés à conserver les jeunes chevaux achetés au-dessous de cinq ans jusqu'à leur livraison aux corps de troupes.

Les dépôts et annexes sont, les uns groupés en *circonscriptions* commandées par un colonel ou lieutenant-colonel, les autres rattachés directement à l'*inspection générale permanente des remontes*. Celle-ci, établie au ministère de la Guerre, a pour titulaire un général de division dont les attributions comprennent le contrôle supérieur des opérations d'achat exécutées par les établissements de remonte, ainsi que du personnel des dépôts et des compagnies de cavaliers de remonte. Les circonscriptions de remonte sont celles de Caen et de Tarbes. En dehors de ces circonscriptions, et rattachées directement à l'inspection générale des remontes, sont les dépôts de Paris, de Mâcon, de Suippes. Les achats de chevaux ont lieu d'après les ordres du ministre, qui fixe tous les ans le nombre et la catégorie des chevaux à acheter pour chaque dépôt, ainsi que les corps ou établissements auxquels ces chevaux sont destinés.

Outre l'achat des chevaux destinés à entretenir les corps de troupes à l'effectif réglementaire, l'Etat assure la remonte des officiers et assimilés de tous grades et de toutes armes, en leur livrant à différentes conditions les chevaux dont ils doivent être pourvus sur le pied de paix comme sur le pied de guerre. Ces livraisons peuvent avoir lieu soit à *titre gratuit*, soit au *titre de l'abonnement*, soit à *titre onéreux*.

En vue de favoriser l'élevage des chevaux d'armes, des *primes de majoration* sont allouées, à la suite d'un concours, aux éleveurs des meilleurs chevaux. D'autre part, des juments de l'armée destinées à la reproduction sont mises en dépôt chez des éleveurs, et des *primes d'encouragement* peuvent être accordées aux détenteurs de juments conservées en bon état d'entretien.

**Remploi.** — Acquisition d'un immeuble avec les deniers provenant de la vente d'un propre de l'aliénation d'un immeuble dotal.

*Remploi sous le régime de la communauté.* — Le remploi du prix d'un immeuble propre au mari (Code civ., art. 1434) est censé fait à l'égard du mari toutes les fois que, lors d'une acquisition, le mari a déclaré qu'elle était faite des deniers provenant de l'aliénation d'un immeuble qui lui était personnel et pour lui tenir lieu de remploi. Le mari doit faire cette déclaration lors du contrat d'achat ; s'il avait acheté purement et simplement, l'immeuble serait un conquêt de communauté (*Id.*, art. 1401) ; il ne pourrait pas en faire un propre après coup.

Pour le remploi du prix d'un immeuble propre à la femme, l'article 1435 exige : 1° « la déclaration du mari que l'acquisition est faite des deniers provenus de l'immeuble de la femme et pour lui servir de remploi. » Le mari doit, dans l'acte d'acquisition, faire mentionner cette double déclaration. La femme ne pourrait, malgré son mari, faire le remploi ; le mari étant chef de la communauté et administrateur des biens propres de sa femme, à lui seul appartient le droit de faire le remploi, à moins qu'il n'y ait, dans le contrat de mariage, une clause expresse de remploi, clause qui force le mari à remployer les sommes provenant des propres de sa femme (Cass., 1er février 1848) ; 2° l'acceptation du remploi par la femme. Comme celle-ci va devenir propriétaire de l'immeuble acquis en remploi, il est juste qu'elle accepte cette acquisition et que le mari ne puisse la faire sans la consulter. Point de difficulté si la femme paraît au contrat et déclare consentir au remploi. Si, en son absence, le mari achète un immeuble en déclarant dans le contrat qu'il l'achète pour tenir lieu de remploi, la femme peut accepter cette acquisition, mais son acceptation doit être expresse si elle est postérieure à la signature du contrat. L'acceptation ne peut plus intervenir après la dissolution de la communauté.

Le remploi doit être fait en immeubles ou en meubles immobilisés, par exemple, en actions de la Banque de France, en rente sur l'Etat. Le mari peut donner aussi en remploi à sa femme un immeuble conquêt de la communauté. (Code civ., art. 1595.) Un époux peut acheter un immeuble en remploi d'un de ses propres qui lui appartient encore, mais qu'il a l'intention de vendre.

*Remploi sous le régime dotal.* — Les époux peuvent se réserver la faculté d'aliéner dans leur contrat de mariage, quoiqu'ils se marient sous le régime dotal. Il arrive souvent que cette clause d'aliénation est permise à charge de remploi. Quelle est la portée de cette clause de remploi ? Les tiers acquéreurs sont obligés de surveiller le remploi ; s'ils ne le surveillent pas, ils sont menacés d'éviction de la part de la femme. La raison en est fort simple. Le principe est que l'immeuble dotal est inaliénable. Dans l'espèce, les époux se sont réservé la faculté de l'aliéner dans le contrat de mariage; ils ont apporté une dérogation à ce principe de l'inaliénabilité, dérogation soumise à une condition. La condition venant à défaillir, l'immeuble dotal devient inaliénable. Au lieu d'évincer l'acheteur, la femme pourrait lui réclamer une deuxième fois le payement. En résumé, l'acheteur est responsable, en ce sens qu'il peut être évincé ou obligé de payer une seconde fois le prix.

*Différences entre le remploi sous le régime de communauté et sous le régime dotal.* — Sous le régime de la communauté légale, le remploi est facultatif pour le mari; au contraire, sous le régime dotal, le remploi est obligatoire, le mari ne peut se dispenser de le faire. Dans le premier régime, le tiers acquéreur n'est pas responsable, il ne doit pas surveiller le remploi; sous le régime dotal, au contraire, quand il y a clause de remploi, le tiers acquéreur de l'immeuble dotal est responsable; il doit surveiller le remploi, car il est menacé d'éviction si le mari vient à dépenser les deniers provenus de l'aliénation. Lorsque, sous le régime de la communauté, le mari, faisant remploi du prix d'aliénation d'un immeuble propre de la femme, a acheté un autre immeuble avec la double déclaration de l'article 1435, ce remploi n'est parfait qu'après l'acceptation de la femme. Sous le régime dotal, cette acceptation est-elle nécessaire ? Logiquement il faudrait décider que l'acceptation n'est pas nécessaire, parce que le remploi est obligatoire, et quand le mari exécute la clause, en achetant un immeuble avec le prix de l'immeuble dotal, on peut dire qu'il change à son gré le patrimoine de sa femme. Toutefois, cette opinion est généralement repoussée.

**Rengagement.** — V. SERVICE MILITAIRE.

**Renommée (Commune).** — Sorte de preuve testimoniale, exceptionnellement autorisée par le Code civil à défaut d'autre moyen, qui consiste à recueillir les dires de l'opinion, les bruits qui courent.

L'article 1415 du Code civil fournit un exemple de la preuve par commune renommée : « A défaut d'inventaire, et dans tous les cas où ce défaut préjudicie à la femme, elle ou ses héritiers peuvent, lors de la dissolution de la communauté, poursuivre les récompenses de droit, et même faire preuve, tant par titres et papiers domestiques que par témoins, et, au besoin, par la commune renommée, de la consistance et valeur du mobilier non inventorié. Le mari n'est jamais recevable à faire cette preuve. » (Code civ., art. 1415.)

Des dispositions analogues se trouvent dans les articles 1442 et 1504.

**Renonciation.** — V. COMMUNAUTÉ, SUCCESSION.

**Rente.** — Contrat qui consiste à donner un bien ou un capital pour obtenir en échange des prestations en argent ou en nature, soit à perpétuité, soit pour un temps déterminé.

« On peut, dit l'article 1909 du Code civil, stipuler un intérêt moyennant un capital que le prêteur s'interdit d'exiger. Dans ce cas, le prêt prend le nom de *constitution de rente.* »

Lorsque la rente est établie comme prix de l'aliénation d'un immeuble, elle prend le nom de *rente foncière ;* on la qualifiait autrefois de *bail à rente.*

Une rente peut être constituée en perpétuel ou en viager, à titre onéreux ou à titre gratuit.

La rente *perpétuelle* est celle dont la durée est indéterminée et dont le capital peut n'être jamais remboursé.

La rente *viagère*, contrat alléatoire, est celle qui s'éteint à la mort de celui en faveur de qui elle est constituée.

La rente constituée à titre onéreux ressemble à une vente : le constituant, c'est-à-dire celui qui s'oblige à payer les arrérages est un *vendeur.* Celui qui s'oblige à payer une somme, une chose mobilière ou un immeuble, pour obtenir le droit de réclamer des arrérages à certaines époques périodiques, est un *acheteur.*

Les arrérages d'une rente viagère sont considérés comme des *fruits civils* et par suite s'acquièrent jour par jour. Echus pendant le mariage, ils tombent en communauté; mais celle-ci, d'autre part, doit les arrérages dus personnellement par chacun des époux.

La garantie de la solvabilité du débiteur d'une rente échue en partage à l'un des cohéritiers ne peut être exercée que dans les cinq ans qui suivent le partage. Il n'y a pas lieu à garantie à raison de l'insolvabilité du débiteur quand elle n'est survenue que depuis le partage consommé. (Code civ., art. 886.)

L'article 529 du Code civil range parmi les meubles par la détermination de la loi les rentes perpétuelles ou viagères, soit sur l'Etat, soit sur les particuliers.

La procédure de saisie des rentes sur particuliers est réglée par les articles 636 à 655 du Code de procédure civile, modifiés par la loi du 24 mai 1842.

*Rente perpétuelle.* — La rente établie à perpétuité pour prix de la vente d'un immeuble ou comme condition de la cession d'un fonds immobilier à titre gratuit ou onéreux (Code civ., art. 530) est essentiellement rachetable : le vendeur de la rente peut éteindre son obligation, en donnant à l'acheteur un capital représentant vingt fois le montant des arrérages annuels.

La convention portant que la rente perpétuelle ne sera rachetable qu'après un certain délai est valable; mais ce délai ne peut pas excéder dix ans (Code civ., art. 1911) ou trente ans (*Id.*, art. 530), selon que le prix d'achat consiste en un capital mobilier ou bien en immeubles.

En général, le vendeur de la rente perpétuelle ne peut pas être contraint au rachat; mais cette règle souffre exception dans trois cas : 1° si le vendeur de la rente n'a pas fourni les sûretés promises par le contrat; 2° s'il est tombé en faillite ou en déconfiture; 3° enfin, s'il a cessé de remplir son obligation de payer les arrérages.

Le taux de la rente perpétuelle ne peut dépasser le taux du prêt à intérêt. V. PRÊT.

*Rente viagère.* — La rente viagère constituée à titre onéreux est une vente : l'objet de l'obligation du vendeur est la rente elle-même, qui est productive d'arrérages; l'objet de l'obligation de l'acheteur est l'argent, les meubles ou les immeubles qu'il s'oblige à donner comme prix d'acquisition de la rente.

La rente viagère peut être constituée à titre onéreux, moyennant une somme d'argent, ou pour une chose mobilière appréciable, ou pour un immeuble. (Code civ., art. 1968.)

Elle peut être aussi constituée, à titre purement gratuit, par donation entre vifs ou par testament. Elle doit être alors revêtue des formes requises par la loi pour la validité de ces actes. (*Id.*, art. 1969.) Elle est réductible si elle excède ce dont il est permis de disposer; elle est nulle si elle est au profit d'une personne incapable de recevoir. (*Id.*, art. 1970.)

Elle peut être constituée au profit d'un tiers, quoique le prix en soit fourni par une autre personne. Dans ce dernier cas, quoiqu'elle ait les caractères d'une libéralité, elle n'est point assujettie aux formes requises pour les donations, mais les cas de réduction et de nullité énoncés ci-dessus trouvent ici leur application. (*Id.*, art. 1973.)

La rente viagère peut être constituée soit sur la tête de celui qui en fournit le prix, soit sur la tête d'un tiers, qui n'a aucun droit d'en jouir. (*Id.*, art. 1971.)

Elle peut être constituée sur une ou plusieurs têtes. (*Id.*, art. 1972.)

Tout contrat de rente viagère créée sur la tête d'une personne qui était morte au jour du contrat ou atteinte de la maladie dont elle est décédée dans les vingt jours de la date du contrat est nul. (*Id.*, art. 1974 et 1975.)

La rente viagère peut être constituée au taux qu'il plaît aux parties contractantes de fixer. (*Id.*, art. 1976.) Les arrérages s'en prescrivent par cinq ans. (*Id.*, art. 2277.)

Celui au profit duquel la rente viagère a été constituée moyennant un prix peut demander la résiliation du contrat, si le constituant ne lui donne pas les sûretés stipulées pour son exécution. (*Id.*, art. 1977.)

Le seul défaut de payement des arrérages de la rente n'autorise point celui en faveur de qui elle est constituée à demander le remboursement du capital, ou à rentrer dans le fonds par lui aliéné : il n'a que le droit de saisir et de faire vendre les biens de son débiteur, et de faire ordonner ou consentir, sur le produit de la vente, l'emploi d'une somme suffisante sur le service des arrérages. (*Id.*, art. 1978.)

Le constituant ne peut se libérer du payement de la rente en offrant de rembourser le capital et en renonçant à la répétition des arrérages payés; il est tenu de servir la rente pendant toute la vie de la personne ou des personnes sur la tête desquelles la rente a été constituée, quelle que soit la durée de la vie de ces personnes, et quelque onéreux qu'ait pu devenir le service de la rente. (*Id.*, art. 1979.)

La rente viagère n'est acquise au propriétaire que dans la proportion du nombre de jours qu'il a vécu. Néanmoins, s'il a été convenu qu'elle serait payée d'avance, le terme qui a dû être payé est acquis du jour où le payement a dû en être fait. (*Id.*, art. 1980.)

La rente viagère ne peut être stipulée insaisissable que lorsqu'elle a été constituée à titre gratuit. (*Id.*, art. 1981.)

Le propriétaire d'une rente viagère n'en peut demander les arrérages qu'en justifiant de son existence, ou de celle de la personne sur la tête de laquelle elle a été constituée. (*Id.*, art. 1983.)

La rente viagère s'éteint par la mort de la personne sur la tête de laquelle elle est constituée, et par la résolution prononcée pour défaut des sûretés promises par le débiteur.

Lorsque la rente viagère est constituée sur plusieurs têtes, elle ne s'éteint qu'au décès de la dernière personne.

Le contrat de rente viagère doit, pour être valable, être fait par acte notarié, si la rente est constituée gratuitement. Les arrérages ne sont dus que proportionnellement au nombre de jours vécus par le créancier.

Les maires délivrent *gratuitement* des certificats de vie demandés par les titulaires de rentes viagères autres que celles qui sont dues par l'Etat. (Décret du 6 mars 1791.) Pour ces dernières seulement l'intervention d'un notaire est nécessaire. (Décret du 21 août 1806; Ord. des 30 juin 1814 et 6 juin 1839.)

Les certificats de vie destinés à être produits pour toucher les rentes viagères servies par des particuliers, par la Caisse des retraites pour la vieillesse, par les sociétés de secours mutuels, peuvent donc être délivrés par les maires concurremment avec les notaires. (Circ. Int., 26 avril 1902.)

*Rentes sur l'Etat.* — Les rentes sur l'Etat représentent l'intérêt annuel des capitaux empruntés par l'Etat ou de créances dont la nation s'est déclarée débitrice. Elles peuvent être constituées en rentes viagères, mode abandonné depuis la Révolution, en rentes amortissables ou en rentes perpétuelles. Conformément aux articles 1909 et 1911 du Code civil, le titulaire de la rente perpétuelle, créancier de l'Etat, n'a pas droit d'exiger le remboursement du capital; mais, par contre, l'Etat conserve celui d'opérer à toute époque ce remboursement. (V. CONVERSION.) Pratiquement, le créancier a la faculté de rentrer en possession de tout ou partie de son capital en vendant son titre de rente : le taux d'après lequel s'opère à la Bourse l'achat ou la vente des titres de rente constitue le cours de la rente.

Les divers types de rentes perpétuelles : 5, 4 1/2, 3 1/2 pour 100, ont disparu à la suite de conversions successives et, depuis la conversion du 3 1/2, en 1902, le 3 pour 100 reste le type unique. Quant à la rente amortissable, elle est représentée par du 3 pour 100 remboursable par 175 séries en soixante-quinze ans. (Loi du 16 juin 1878.)

Aucune création de rente ne peut avoir lieu qu'en vertu d'une loi.

Les rentes font l'objet d'une inscription sur le grand-livre de la dette publique (minimum d'inscription pour la rente 3 pour 100, 3 fr.; pour la rente 3 pour 100 amortissable, 15 fr.); les livres auxiliaires créés dans les départements autres que celui de la Seine pour la rente 3 pour 100 (inscriptions départementales) ont été supprimés par voie d'extinction. (Loi du 24 déc. 1896.)

On distingue :

1° Les *rentes au porteur*, qui sont présumées appartenir à celui qui les détient; les intérêts en sont payables sur remise du coupon.

2° Les *rentes nominatives*, qui appartiennent à une personne nominativement désignée; elles sont payables sur la présentation du titre, qui est estampillé.

3° Les *rentes mixtes*, rentes nominatives munies de coupons détachables et payables au porteur.

Les rentes sur l'Etat sont meubles. (Code civ., art. 529.) Elles sont imprescriptibles. Sont-elles insaisissables ?

L'article 4 de la loi du 8 nivôse an VI porte qu'il ne sera pas reçu « d'opposition sur le tiers conservé de la dette publique inscrite ou à inscrire », et, aux termes de l'article 7, § 1er, de la loi du 22 floréal an VII : « Il ne sera plus reçu à l'avenir d'opposition au payement des arrérages dus pour rentes perpétuelles, viagères et pensions, à l'exception de celle qui serait formée par le propriétaire de l'inscription ou du brevet de pension. » Cependant la jurisprudence de la Cour de cassation, contrairement à une pratique presque séculaire, n'admet plus l'insaisissabilité absolue des rentes sur l'Etat. La Cour estime que les lois précitées, en déclarant insaisissables les rentes sur l'Etat français, ont eu seulement pour objet d'interdire les saisies-arrêts de ces rentes pratiquées entre les mains du Trésor public, mais n'empêchent pas les créanciers, conformément au principe fondamental écrit dans les articles 2092 et 2093 du Code civil, de faire ordonner par justice la réalisation à leur profit des rentes sur l'Etat que leur débiteur est appelé à recueillir dans une succession, du moment que, comme dans l'espèce, il n'y a pas lieu à saisie aux mains du Trésor. » (Cod. civ., 23 novembre 1897.)

En outre, opposition peut être faite sur les rentes possédées par les comptables du Trésor constitués en débet ou tous autres reliquataires de deniers publics. (Loi du 8 nivôse an VI.)

Quant aux arrérages des rentes, ils se prescrivent par cinq ans. (Loi du 24 août 1793.)

*Payement des arrérages.* Les coupons de *rentes* sur l'Etat sont payés par tous les percepteurs autres que ceux de la résidence du receveur particulier des finances; le payement a lieu à présentation pour les rentes mixtes et au porteur.

Pour les inscriptions nominatives, les titulaires doivent avoir au préalable demandé à toucher directement les arrérages à la caisse du percepteur.

*Achats de rentes.* Les percepteurs sont autorisés (Arrêté min. Fin., 13 février 1900) à recevoir des particuliers domiciliés dans le ressort de leur perception les dépôts de fonds à fin d'achat de rentes sur l'Etat, ainsi que les dépôts de titres nominatifs ou mixtes de rentes sur l'Etat destinés à être vendus. Les achats et les ventes sont effectués par l'intermédiaire des receveurs des finances.

Les demandes d'achat ne doivent pas excéder la somme de 100 francs de rente; une même personne ne peut, dans la même journée, remettre à un percepteur plusieurs commissions dépassant le chiffre total de 100 francs de rente.

Les titres que le déposant désire réunir au nouveau titre provenant de l'achat demandé doivent être nominatifs.

Les dépôts de titres nominatifs destinés à être vendus sont reçus par les percepteurs, quel que soit le montant de la rente représentée par ces titres.

Les demandes d'achat ou de vente de rentes par l'intermédiaire d'un percepteur sont faites exclusivement à la résidence de ce comptable.

Le règlement des achats de rentes nominatives ou mixtes est effectué par les percepteurs. Pour le règlement des achats de rentes au porteur et pour celui des ventes de rentes nominatives ou mixtes, les intéressés doivent se présenter à la caisse du receveur des finances de l'arrondissement.

*Transferts et mutations.* — V. TRANSFERT.

*Titres perdus ou volés.* — V. VALEURS MOBILIÈRES.

*Rentes viagères pour la vieillesse.* — V. CAISSE NATIONALE DES RETRAITES.

## Renvoi.

En matière de procédure civile, le mot *renvoi* a deux significations : 1° il est synonyme d'exception déclinatoire; 2° il désigne le renvoi d'une cause à un autre tribunal.

*Renvoi ou exception déclinatoire.* — Le renvoi est une *exception* (v. ce mot) par laquelle une partie demande que la cause soit portée devant un autre tribunal, parce que le tribunal saisi n'a pas à en connaître. Si la demande est reconnue fondée, les juges se bornent à déclarer qu'il ne leur appartient pas de statuer et laissent aux parties le soin de s'adresser à une autre juridiction. (Code proc. civ., art. 168-173.) Il y a trois espèces de renvois ou exceptions déclinatoires : les exceptions d'*incompétence*, de *litispendance* et de *connexité* (v. ces mots).

*Renvoi à un autre tribunal.* — Il ne faut pas confondre cet incident de procédure avec la récusation. Par la *récusation*, les parties écartent tel ou tel juge suspect, mais restent justiciables du même tribunal. Par le *renvoi*, c'est le tribunal lui-même qui est en quelque sorte récusé. Le renvoi peut être demandé, tant que la cause n'est pas en état, par l'adversaire de la partie qui compte des parents dans la cour ou dans le tribunal appelé à statuer.

Le renvoi est demandé par acte au greffe signé de la partie ou de son mandataire authentique ; il est jugé par le tribunal saisi (les juges parents ou alliés s'abstiennent de siéger) :

1° Devant une cour, si la partie y est juge et y compte deux parents ou alliés, ou si, sans y être juge, elle y compte trois parents ou alliés ;

2° Devant un tribunal, si la partie y est juge et y compte un parent ou allié, ou si la partie, sans y être juge, y compte deux parents ou alliés.

Un premier jugement ordonne communication au ministère public et aux juges parents ou alliés, et nomme un rapporteur. Un second jugement ordonne, s'il y a lieu, le renvoi devant un tribunal spécialement désigné.

Le demandeur qui succombe encourt une amende de 50 francs au minimum.

Le jugement est susceptible d'appel, comme la récusation. (Code proc. civ., art. 368-378.)

**Réparations civiles.**—Somme qu'accorde un tribunal civil à la partie lésée, en dédommagement du tort que le crime ou le délit lui a causé ; dommages-intérêts accordés à l'accusé dénoncé injustement, et que doit payer son dénonciateur.

Toutes les personnes lésées par un crime, un délit ou une contravention ont le droit de se porter parties civiles, afin d'obtenir ce que l'on nomme des *réparations civiles.*

Bien que la société tout entière soit lésée par le délit, le ministère public ne peut jamais se porter partie civile. En effet, la société est censée être dédommagée du crime par la peine infligée à son auteur ; aux personnes qui ont spécialement éprouvé un préjudice, et à elles seules, appartient le droit de veiller à leurs intérêts lésés. Mais pour qu'il y ait lieu à la demande en réparation civile, il faut que le dommage soit direct : nul ne pourrait être admis à se porter partie civile à raison de torts éloignés et indirects. V. DOMMAGES-INTÉRÊTS, DÉLIT, QUASI-DÉLIT, RESPONSABILITÉ, etc.

**Réparations locatives.** — Réparations qui sont à la charge du locataire d'après la loi ou l'usage des lieux.

Sous le nom de *réparations* on désigne les divers travaux d'entretien que nécessitent les bâtiments. D'après l'article 606 du Code civil, on appelle *grosses réparations* celles des gros murs, des voûtes, le rétablissement des poutres et des couvertures entières, celui des digues et des murs de soutènement et de clôture, également en entier. Toutes les autres réparations sont dites *réparations d'entretien.* Lorsqu'une propriété appartient à plusieurs personnes, chaque copropriétaire est tenu, en proportion de sa part dans la chose, de contribuer à la somme nécessaire pour faire les réparations. Si l'une d'elles s'y refuse, on lui fait sommation, puis on entreprend les réparations urgentes et on la fait alors assigner soit pour rembourser les avances faites à sa décharge, soit pour la voir condamnée à payer sa part des dépenses. Les copropriétaires d'un mur mitoyen doivent contribuer chacun à l'entretien de ce mur, sauf le droit, pour celui qui s'y refuse, d'abandonner la mitoyenneté. Lorsqu'une propriété est grevée d'un usufruit, les grosses réparations sont à la charge du propriétaire et l'usufruitier n'est tenu qu'aux réparations d'entretien. Toutefois, si les grosses réparations sont occasionnées par le défaut de réparations d'entretien depuis l'ouverture de l'usufruit, l'usufruitier est tenu de les faire (art. 605). Si l'usufruitier ou celui qui a un droit d'habitation ne jouit que d'une partie de l'immeuble, il n'est astreint qu'à une part proportionnelle dans les réparations d'entretien.

Lorsqu'il s'agit de propriétés louées, le propriétaire est chargé des grosses réparations et le locataire des menues réparations, dites « locatives ». D'après l'article 1754 du Code civil, « les réparations locatives ou de menu entretien, dont le locataire est tenu s'il n'y a clause contraire, sont celles désignées comme telles par l'usage des lieux, et entre autres les réparations à faire aux âtres, contre-cœurs, chambranles et tablettes de cheminées ; au recrépiment du bas des murailles des appartements et autres lieux d'habitation à la hauteur d'un mètre ; aux pavés et carreaux des chambres, lorsqu'il y en a seulement quelques-uns de cassés ; aux vitres, à moins qu'elles ne soient cassées par la grêle ou autres accidents extraordinaires et de force majeure dont le locataire ne peut être tenu ; aux portes-croisées, planches de cloison ou de fermeture de boutique, gonds, targettes et serrures. »

Le curage des puits et fosses d'aisances est à la charge du bailleur, sauf clause contraire. (*Id.*, art. 1756.) Aucune des réparations réputées locatives n'est à la charge des locataires quand elles ne sont occasionnées que par vétusté ou force majeure. (*Id.*, art. 1755.)

En dehors des cas que nous venons de citer et qui sont énumérés par la loi, il existe un assez grand nombre de réparations dites « locatives » qui sont déterminées par des usages locaux ou qui peuvent l'être par les tribunaux. Ainsi, on regarde comme telles les réparations à faire aux jalousies, stores, mouvements et cordons de sonnettes, aux tuyaux de conduite des eaux ménagères et aux grilles d'ouverture, si la dégradation ne provient pas de vétusté, etc.

Dans les maisons louées à plusieurs personnes, le propriétaire doit faire les réparations locatives des objets qui servent à l'usage de tous les locataires, comme escaliers, corridors, cours, puits, etc., à moins que la dégradation ne soit le fait constaté d'un locataire.

Le propriétaire ne peut contraindre, en général, le locataire à faire des réparations locatives qu'au moment de sa sortie. Néanmoins, s'il y avait urgence à faire les réparations locatives, si en négligeant de les faire le locataire pouvait être la cause de dégradations importantes ou dangereuses, le propriétaire pourrait exiger qu'on les fît sans retard. En ce cas, il doit mettre le locataire en demeure et, en cas de refus, le citer devant le juge de paix pour obtenir la nomination d'experts chargés de procéder à la visite des lieux, et le faire condamner à effectuer les réparations dans un délai déterminé, faute de quoi à payer la somme fixée par les experts.

S'il a été fait, au moment de la prise de possession de la chose louée, un état des lieux entre le bailleur et le preneur, celui-ci doit rendre la chose telle qu'il l'a reçue suivant cet état, excepté ce qui a péri ou a été dégradé par vétusté ou force majeure ; mais s'il n'a pas été fait d'état des lieux, le locataire est présumé avoir reçu la chose en bon état de réparations locatives et doit la rendre telle, sauf la preuve contraire. (Code civ., art. 1730-1731.)

Le propriétaire qui a reçu les clefs d'un appartement quitté par le locataire n'est pas, par cela seul, déchu du droit de demander des réparations locatives à ce dernier ; mais il n'en est plus de même si un nouveau locataire a pris possession du lieu.

**Répartiteur.** — Propriétaire foncier faisant partie d'une commission désignée principalement pour répartir entre les contribuables d'une même commune les contributions foncière, personnelle, mobilière et des portes et fenêtres.

On nomme *répartition* le partage fait entre les départements de la somme de certains impôts directs dont le montant total à recouvrer est fixé d'avance par la loi de finances. La part attribuée à chaque département proportionnellement à ses facultés contributives constitue le contingent du département ; ce contingent fait l'objet d'une série de *sous-répartitions ;* ainsi, dans chaque département, le conseil général fixe la part d'impôt à payer par chaque arrondissement ; dans chaque arrondissement, le conseil d'arrondissement fixe la part de chaque commune ; enfin, dans chaque commune, la répartition du contingent est faite par la direction des contributions directes en tenant compte des éléments fournis par la commission des répartiteurs. Les contributions foncière sur les propriétés non bâties, personnelle-mobilière, des portes et fenêtres sont des impôts de répartition ; le chiffre de leur rendement est exactement celui qui a été prévu par la loi de finances, contrairement à ce qui se passe pour les impôts de quotité (patentes, contribution foncière sur les propriétés bâties, taxes assimilées, etc.), dont le produit variable ne peut être connu d'avance. Les contingents relatifs aux impôts de répartition ne sont pas immuables, ils sont augmentés ou diminués d'après les changements survenus dans la matière imposable ; les biens de l'Etat restitués ou vendus, les alluvions, corrosions, apportent des modifications aux contingents de l'impôt foncier des propriétés non bâties ; de même les contingents de la contribution personnelle-mobilière sont augmentés du vingtième de la valeur locative des maisons construites ou reconstruites, ou diminués du montant en principal des cotisations afférentes aux maisons détruites ou démolies ; enfin, les contingents de la contribution des portes et fenêtres sont modifiés en raison des constructions et démolitions, de l'augmentation ou de la diminution de population.

La *commission de répartition* est composée de cinq contribuables de la commune choisis par le sous-préfet, sur la présentation du maire, dont deux non domiciliés, s'il s'en trouve de tels, plus le maire et un adjoint, qui, dans les communes de plus de 5 000 habitants, peuvent être remplacés par deux conseillers municipaux. Il est, en outre, nommé cinq répartiteurs suppléants. (Cette commission ne peut délibérer que cinq membres étant présents.) [Lois du 3 frimaire an VII, art. 9, et du 5 avril 1884, art. 61.] A Paris, c'est une commission spéciale nommée par le préfet de la Seine qui opère la répartition.

Sous peine d'amende, les fonctions de répartiteur ne peuvent être refusées, excepté pour une des causes spécifiées par la loi (infirmités graves, âge de soixante ans, exercice de fonctions administratives ou judiciaires, entreprise d'un long voyage, etc.) [Loi du 3 frimaire an VII, art. 13.]

Les répartiteurs délibèrent en commun à la majorité des voix, et au nombre de cinq au moins sous peine de nullité. Ils sont assistés par le contrôleur des contributions directes. Ils préparent la répartition de la contribution foncière des propriétés non bâties d'après la matrice cadastrale établie par la direction des contributions directes ; ils déterminent la nature de culture et le classement des propriétés devenues imposables, ainsi que les modifications à apporter aux revenus cadastraux. Ils rédigent eux-mêmes et régularisent par la suite, s'il y a lieu, la matrice des contributions personnelle-mobilière et des portes et fenêtres, et déterminent les loyers qui doivent servir de base à la répartition individuelle (loi du 21 avril 1832, art. 16). Ils prennent part aussi à la formation de l'état matrice des prestations en nature, de la taxe sur les chiens, etc. Ils donnent leur avis : sur les réclamations relatives aux contributions foncière, personnelle-mobilière, des portes et fenêtres, aux redevances des mines, aux taxes des biens de mainmorte, des chiens, des chevaux et voitures, etc. ; sur les demandes de mutation de cote ou d'inscription au rôle, etc.

**Répétition.** — Action de redemander en justice ce qu'on a payé en trop, ce qu'on prétend avoir été exigé ou reçu sans droit.

C'est ainsi que les comptables qui effectueraient la perception d'impôts non autorisés seraient poursuivis comme concussionnaires, sans préjudice de l'action en *répétition*, pendant trois ans, des sommes indûment perçus.

**Report.** (Bourse.) — Différence entre le cours au comptant et le cours à terme lorsque le second est supérieur au premier.

Le *report* est une double opération par laquelle un acheteur à terme reporte à la liquidation suivante l'exécution de son contrat, en vendant comptant le jour de la liquidation et en rachetant à terme à un cours plus élevé la même quantité de titres pour la prochaine liquidation. La perte subie de ce chef par l'acheteur à terme, qui se rachète à un cours plus élevé, constitue le coût du report.

La différence entre les cours du terme et du comptant à un moment donné sur un titre déterminé s'appelle le *report*. Il est généralement positif, c'est-à-dire que le terme est plus élevé que le comptant. Dans le cas où l'inverse se produit, par exemple lorsque le marché est à découvert, faute de titres, on dit qu'il y a *déport*.

Le report varie suivant la situation des titres sur le marché, il peut être tendu ou lâche.

L'acheteur au comptant, ou *reporteur*, est généralement un capitaliste qui place des fonds pour un court délai. Son bénéfice consiste dans l'excédent du prix de la revente à terme sur celui de l'achat au comptant. Il peut rendre au reporté non les titres qu'il a reçus, mais un nombre égal de titres semblables. Le reporteur est aussi, parfois, un spéculateur à la baisse qui veut prolonger une opération. Une vente à découvert, consentie antérieurement par lui, échéant pendant une hausse, pour livrer les titres il les achète à une personne à qui il les revend à terme. Si la baisse survient, il profite de l'écart entre le prix convenu et le prix réduit auquel il se procure les nouveaux titres. Le *reporté* est un propriétaire de titres qui a momentanément besoin d'argent. Il met ses titres *en report*, c'est-à-dire qu'il les vend au comptant et les rachète à terme. Plus souvent encore, le reporté est un spéculateur à la hausse désireux de prolonger une opération. Un achat consenti antérieurement par lui échéant pendant une baisse, il le paye en vendant au comptant les titres reçus et les rachetant à terme. Si la hausse escomptée se produit, il bénéficie de la différence entre le prix convenu et le cours nouveau, plus élevé. Quand les reportés sont nombreux, le cours du terme dépasse sensiblement celui du comptant, il y a *report*. Si les deux cours s'égalent, le *report* est *au pair*. Lorsque les reporteurs sont en majorité, ils n'obtiennent de titres qu'en les achetant au comptant plus cher qu'ils ne les revendent à terme. La différence des prix constitue un *déport*.

*Placements en reports.* — L'agent qui reporte l'acheteur fait les opérations inverses : achat comptant, vente à terme à un cours plus élevé, d'où bénéfice certain pour ceux qui lui ont confié des capitaux afin de faire cette opération qui porte le nom de *placements en reports*. C'est une opération fructueuse, sans aléas, à cause : 1° de la garantie de l'agent responsable ; 2° de la détention des titres, qui restent entre les mains de celui qui reporte, par suite de l'achat au comptant.

**Représentation.** — Fiction de la loi dont l'effet est d'appeler à la succession du défunt les descendants de certains héritiers prédécédés. V. SUCCESSION.

**Reprise d'instance.** — V. INSTANCE.

**Reprises matrimoniales.** — Prélèvements que chacun des époux (ou ses représentants) ont le droit de faire, avant le partage, sur les biens de la communauté, lorsqu'elle est dissoute.

D'après les articles 1470, 1471 et 1472 du Code civil, chaque époux ou son héritier prélève sur la masse des biens : 1° ses biens personnels qui ne sont point entrés en communauté, s'ils existent en nature, ou ceux qui ont été acquis en remploi ; 2° le prix de ceux de ces immeubles qui ont été aliénés pendant la communauté et dont il n'a point été fait remploi ; 3° les indemnités qui lui sont dues par la communauté.

Les reprises de la femme s'exercent avant celles du mari.

Pour les biens qui n'existent plus en nature, elles s'exercent d'abord sur l'argent comptant, ensuite sur le mobilier et subsidiairement sur les immeubles de la communauté. Dans ce dernier cas, le choix des immeubles est déféré à la femme et à ses héritiers.

La femme et les héritiers, en cas d'insuffisance de la communauté, exercent leurs reprises sur les biens personnels du mari.

Quant au mari, il ne peut exercer ses reprises que sur les biens de la communauté.

**Reproche.** — Raison qu'on allègue pour récuser des témoins. V. TÉMOIN.

**Requête civile.** — Voie extraordinaire de recours par laquelle une partie demande au tribunal même qui a jugé de réformer, pour des motifs déterminés, une sentence en dernier ressort (contradictoire ou par défaut).

La requête civile (Code proc. civ., art. 480-504) est une voie de rétractation, car elle est toujours portée devant le tribunal qui a rendu la sentence attaquée Elle est ouverte aux parties ou à leurs représentants, et non aux tiers.

Son nom vient de ce que, autrefois, pour attaquer une décision souveraine, il fallait adresser à la chancellerie une requête en permission, dont les termes devaient être *polis* (civils).

Elle est principale ou incidente, suivant qu'elle est formée en dehors ou dans le cours d'une instance.

Elle n'est permise qu'exceptionnellement et dans des cas limitativement déterminés, qu'énumèrent les articles 480 et 481 du Code de procédure civile, par exemple : s'il a été prononcé sur choses non demandées ; s'il a été omis de prononcer sur l'un des chefs de la demande ; si l'on a jugé sur des pièces qui, depuis la sentence, ont été reconnues ou déclarées fausses ; s'il y a eu dol, violation de formes, contrariété de jugements ou de dispositions ; s'il n'y a pas eu communication au ministère public ; etc.

La requête civile est assujettie à des formes particulières. Il faut notamment qu'elle soit accompagnée d'une consultation fournie par trois avocats (exerçant depuis dix ans) déclarant la requête fondée.

Si la requête civile est rejetée, celui qui l'a présentée est condamné à une amende et à des dommages-intérêts envers la partie. Si elle est accueillie, la sentence est rétractée et les parties sont remises au même état où elles étaient avant cette sentence.

La *requête civile* doit être formée dans le délai de deux mois, par requête, avec consignation de 300 francs d'amende et 150 francs de dommages-intérêts.

**Réquisition.** — Injonction faite par l'autorité publique, dans un intérêt général, d'exécuter certaines prestations.

On distingue : 1° la *réquisition militaire*, procédé que les autorités militaires peuvent employer, dans certains cas déterminés, pour se procurer les prestations en nature dont elles ont besoin ; 2° la *réquisition de troupes*, acte par lequel un représentant de l'autorité civile demande le concours de la force militaire en cas d'émeutes, troubles, etc. ; 3° la *réquisition des chevaux, juments, mulets et voitures attelées*, achat qui, en temps de guerre, peut être imposé aux propriétaires des chevaux, voitures, etc., recensés et classés pendant la paix comme susceptibles d'être utilisés par l'armée ; 4° les *réquisitions en territoire ennemi*, celles que peut opérer une armée au cours d'une campagne ou lorsqu'elle est établie dans le pays de l'adversaire.

**Réquisitions.**

*Réquisitions militaires.* (Lois des 3 juillet 1877 et 27 mars 1906 ; décrets des 2 août 1877, 9 avril 1878, 13 novembre 1907).

*En cas de mobilisation partielle* ou *totale* ou de *rassemblement de troupes*, le ministre déclare ouverte la période où les populations sont dans l'obligation de fournir les prestations nécessaires pour suppléer [à l'insuffisance des moyens ordinaires d'approvisionnement de l'armée. Les réquisitions sont toujours formulées par écrit et signées ; il est toujours délivré un reçu des prestations fournies. Toutes les prestations donnent droit à des indemnités, à l'exception du logement et du cantonnement des troupes chez l'habitant, qui sont obligatoires et gratuits. En temps de paix et hors le cas de mobilisation, un séjour prolongé des troupes chez l'habitant peut donner lieu à une indemnité.

Outre le logement, sont exigibles par voie de réquisition : la nourriture journalière des officiers et soldats logés chez l'habitant ; les vivres et le chauffage, les fourrages pour les chevaux, mulets et bestiaux, la paille de couchage, les moyens d'attelage et de transport de toute nature, les embarcations, y compris le personnel nécessaire. En cas de mobilisation, l'autorité militaire pourra encore mettre en réquisition : les moulins et fours, les matériaux, outils, machines et appareils nécessaires pour la réparation des routes ; les guides, messagers, conducteurs et ouvriers divers ; le logement pour le traitement des malades ; les objets d'habillement, d'équipement, de campement, de harnachement, armement, couchage, les médicaments et moyens de pansement ; en un mot, en temps de mobilisation, les réquisitions peuvent s'étendre à tous les autres objets et services dont la fourniture est nécessitée par l'intérêt militaire. Sur un ordre du ministre de la Guerre ou d'un commandant d'armée ou de corps d'armée, la réquisition peut s'étendre à l'emploi d'établissements industriels pour la fourniture de produits autres que ceux qui résultent de leur fabrication normale.

Les compagnies de chemins de fer sont tenues de mettre à la disposition du ministre de la Guerre toutes les ressources en personnel et matériel qu'il juge nécessaires pour assurer les transports.

Tous les hommes de troupe ont droit au *logement* dans toutes les positions qui leur donnent droit à la solde de présence. Pendant les grandes manœuvres ou en cas de mobilisation, ils n'ont droit qu'au *cantonnement*, c'est-à-dire à l'établissement temporaire dans un lieu déterminé, si les circonstances l'imposent. Les sous-officiers et chefs ouvriers mariés qui ne sont pas logés dans les bâtiments militaires ont droit à une indemnité de 15 francs par mois.

Pour les officiers, la règle est, au contraire, qu'ils se logent à leurs frais. L'ancienne indemnité de logement fait maintenant partie intégrante de la solde.

Le droit au logement en nature n'appartient qu'aux commandants de corps d'armée et aux gouverneurs militaires, à l'intérieur et en temps de paix. Les commandants supérieurs de la défense n'y ont qu'un droit conditionnel, subordonné à l'existence de bâtiments militaires convenables. Il en est de même des officiers de gendarmerie.

Le groupe de militaires appelé *logement*, qui dans les routes précède les troupes en marche, comprend dans les troupes à pied les adjudants de bataillon, les fourriers et caporaux fourriers, quelques soldats par compagnie, le tout sous les ordres du capitaine de la compagnie de jour. Dans les troupes à cheval, le logement a pour chef l'adjudant-major et se compose des fourriers et des hommes de corvée. Le rôle de l'officier de logement consiste à se rendre d'abord chez le commandant d'armes, s'il s'agit d'une ville de garnison, pour le prévenir de l'heure probable de l'arrivée de la colonne, puis à la mairie, pour s'assurer que le logement de la colonne est préparé conformément aux règles. Enfin, il reconnaît les denrées destinées à la troupe et fait vérifier par les fourriers de chaque compagnie la qualité et la convenance des logements affectés à leur unité.

Lorsque l'habitant est requis de fournir la nourriture aux troupes qu'il loge, il ne peut être exigé une nourriture supérieure à l'ordinaire de l'individu requis.

En cas de réquisition de chevaux, voitures et harnais pour des transports pouvant amener un déplacement de plus de cinq jours, il est procédé, avant la prise de possession, à une estimation contradictoire faite par l'officier requérant et le maire. La perte de chevaux ou voitures requis doit être constatée par un certificat que le chef du détachement délivre au conducteur.

Les guides et conducteurs requis doivent être nourris, ainsi que les chevaux, par les soins du chef de détachement, dans les mêmes conditions que le personnel de celui-ci. Les guides, conducteurs, ouvriers, etc., reçoivent, à la fin de la mission pour laquelle ils ont été requis, un certificat qui en constate l'exécution.

Les réquisitions sont toujours adressées, par l'officier qui commande les diverses troupes réunies dans une commune, au maire de cette commune ou à son suppléant légal. Si l'officier ne trouve aucun membre de la municipalité, ou si, en cas d'urgence, il n'a pas le temps de prévenir le maire, il s'adresse au besoin à un habitant pour se faire aider dans la répartition des prestations à fournir. Si le maire estime que les quantités requises excèdent les ressources de sa commune, il doit le déclarer en livrant d'abord tout ce qu'il peut fournir. L'autorité militaire peut vérifier et s'emparer, même par la force, de denrées indûment refusées, en informant l'autorité judiciaire.

Ne sont pas considérés comme disponibles et susceptibles d'être réquisitionnés : les vivres représentant l'alimentation de chaque famille pendant trois jours ; les grains ou denrées alimentaires représentant la consommation d'un établissement industriel ou autre pendant huit jours ; les fourrages représentant la consommation des bestiaux d'un cultivateur pendant quinze jours.

Dans le cas où la municipalité refuse les prestations demandées, le maire ou celui qui en fait fonctions peut être condamné à une amende de 25 francs à 500 francs. En cas de mauvais vouloir des habitants, le recouvrement des réquisitions peut avoir lieu par la force, et ces habitants sont passibles d'une amende qui peut s'élever au double de la prestation requise. L'abandon d'un service pour lequel on a été requis personnellement est passible, en temps de paix, d'une amende de 16 francs à 50 francs. En temps de guerre, le délinquant est traduit devant un conseil de guerre et passible d'un emprisonnement de six jours à cinq ans.

D'autre part, tout militaire qui, en matière de réquisition, abuse des pouvoirs qui lui sont conférés, est puni de la peine d'emprisonnement. Le Code de justice militaire punit également tout militaire qui exercerait des réquisitions sans avoir qualité pour le faire, et plus ou moins sévèrement suivant qu'il aurait agi avec ou sans violences.

Toutes les prestations requises donnent droit à des indemnités représentatives de leur valeur, sauf le logement chez l'habitant pour une durée maximum de trois nuits dans un mois et le cantonnement des troupes qui manœuvrent.

Une commission nommée dans chaque département par le ministre de la Guerre est chargée d'évaluer les indemnités dues aux personnes et aux communes qui ont fourni des prestations. Elle se compose de membres civils et de membres militaires ; les premiers sont en majorité. Le maire adresse, dans le plus bref délai, à la commission, avec copie de l'ordre de réquisition, un état nominatif contenant l'indication de toutes les personnes qui ont fourni des prestations avec la mention des quantités livrées, des prix réclamés et de la date des réquisitions. L'autorité militaire fixe, sur la proposition de la commission, l'indemnité allouée à chacun des intéressés. Dans les trois jours de la proposition de la commission, les décisions de l'autorité militaire sont adressées au maire et notifiées par lui aux intéressés dans les vingt-quatre heures. Dans un délai de quinze jours à partir de la notification, ceux-ci doivent faire connaître au maire s'ils acceptent ou refusent l'allocation fixée ; faute par eux de répondre dans ce délai, ils sont considérés comme acceptant. Le refus des intéressés doit être motivé et énoncer la somme réclamée. Il est transmis par le maire au juge de paix, qui prévient l'autorité militaire et assigne les parties sans frais. En cas de non-conciliation, le juge de paix peut prononcer immédiatement ou ajourner les parties pour être jugées dans le plus bref délai. Il statue en dernier ressort jusqu'à la valeur de 200 francs inclusivement, et en premier ressort jusqu'à 1 500 francs inclusivement. Au-dessus de ce chiffre, l'affaire est portée devant le tribunal de première instance. L'état des allocations devenues définitives par l'acceptation écrite ou tacite des intéressés est dressé par le maire. Le montant en est mandaté au nom de la commune par les soins de l'intendant et payé comptant. Toutefois, en temps de guerre, le payement peut être fait en bons du Trésor portant intérêts à 5 pour 100 du jour de la livraison. Aussitôt réception de la somme, elle doit être mandatée par le maire au nom de chacun des particuliers et payée immédiatement.

Les procès-verbaux, certificats, significations, jugements, contrats, quittances et autres actes faits en vertu de la loi du 3 juillet 1877 sur les réquisitions militaires et exclusivement relatifs au règlement de l'indemnité seront dispensés du timbre et enregistrés gratis lorsqu'il y aura lieu à la formalité de l'enregistrement. (Loi du 18 déc. 1878.)

*Réquisitions maritimes.* — L'insuffisance du matériel de la marine en matière de transport oblige à recourir aux réquisitions.

La loi du 3 juillet 1877, qui règle les réquisitions militaires, n'en prévoyait l'exercice que pour le cas de mobilisation. La loi du 17 juillet 1898 a rendu les dispositions de la loi de 1877 applicables en tout temps et en tout lieu aux réquisitions exercées pour les besoins de l'armée de mer.

Aux termes du règlement d'administration publique du 8 mai 1900, les préfets maritimes, les officiers investis d'un commandement et les officiers du commissariat exercent, par délégation du ministre de la Marine, la réquisition sur les navires de commerce avec le matériel et les objets existants à bord que l'autorité requérante juge à propos de conserver. La réquisition entraîne pour le capitaine, maître ou patron, l'obligation de débarquer au port désigné les passagers ainsi que les objets non conservés à bord.

Il est dressé au moment de la remise un état descriptif du navire et un inventaire du matériel et des objets de consommation conservés, ainsi que des marchandises réquisitionnées. Des procès-verbaux sont établis contradictoirement par un représentant de l'autorité requérante et par le capitaine qui, en cas de désaccord, consignent leurs observations sur les procès-verbaux.

L'évaluation de l'indemnité de réquisition, établie par une commission composée de trois, cinq ou sept membres, suivant l'importance de la réquisition, est signifiée aux intéressés et est ordonnancée et mandatée si l'indemnité est acceptée ; s'il y a contestation, le règlement est remis au juge de paix ou au tribunal de première instance.

La réquisition peut s'appliquer non seulement au matériel, mais aussi à l'équipage et à l'état-major du navire réquisitionné, qui sont tenus de prêter leur concours toutes les fois qu'il ne s'agit pas d'armer le navire en qualité de croiseur auxiliaire.

**Réquisitions de troupes.** — Les règles concernant la participation de l'armée au maintien de l'ordre public font l'objet de l'Instruction du ministre de la Guerre du 20 août 1907 et des articles 16 à 19 de l'Instruction du 24 juin 1903.

Le maintien de l'ordre incombe à l'autorité civile ; il est assuré par la police, par la gendarmerie et, subsidiairement, par les troupes de ligne. L'autorité militaire ne peut agir qu'en vertu d'une réquisition de l'autorité civile. (Instr. du 20 août 1907, art. 1er).

*Exercice du droit de réquisition.* — Les autorités civiles qui sont en droit de faire des réquisitions de troupes de ligne sont : les préfets, les sous-préfets, les maires, les adjoints aux maires, les procureurs généraux près les cours d'appel, les procureurs de la République près les tribunaux de première instance et leurs substituts, les présidents de cours ou de tribunaux, les juges d'instruction, les juges de paix et les commissaires de police. (*Id.*, art. 2.)

Les pouvoirs conférés aux magistrats de l'ordre judiciaire civil s'appliquent aux magistrats de la justice militaire, présidents des conseils de guerre, commissaires du gouvernement, rapporteurs et officiers de police judiciaire dans l'exercice de leurs fonctions. Dans les cas urgents, les officiers et commandants de brigades de gendarmerie peuvent requérir directement l'assistance de la troupe, qui est tenue de leur prêter main-forte. (*Id.*, art. 3.)

Les réquisitions ne peuvent être données et exécutées que dans la circonscription de celui qui les donne et de celui qui les exécute. (*Id.*, art. 5.)

Quand l'autorité militaire ne peut satisfaire à la fois aux réquisitions de plusieurs autorités civiles, elle obéit à celle qui émane de l'autorité hiérarchiquement la plus élevée. Si ces autorités sont de même rang, elle obéit à la réquisition qui lui paraît présenter le plus grand caractère d'urgence. (*Id.*, art. 6.)

Les présidents du Sénat et de la Chambre des députés tiennent de l'article 5 de la loi du 22 juillet 1879 des droits spéciaux au point de vue des réquisitions.

*Autorités militaires susceptibles d'être requises.* — Ce sont, aux termes de l'article 7 de l'Instruction du 20 août 1907, les chefs de poste et les commandants des gardes, piquets et patrouilles ; les commandants d'armes, lorsque les troupes doivent agir sur place ou être employées dans un rayon maximum de 10 kilomètres de leur garnison ; les généraux de brigade et de division commandant les subdivisions de région ; les généraux commandant les régions ou les gouvernements militaires de Paris et de Lyon ; et, dans les cas d'urgence, tous autres commandants de la force publique.

*Préliminaire de la réquisition.* — L'autorité civile est seule juge du moment où la force armée doit être requise. Toutefois, elle a le devoir, sauf impossibilité absolue, dès que la tranquillité publique se trouve menacée, d'aviser de la situation l'autorité militaire susceptible d'être requise, et de lui fournir tous les éléments d'appréciation utiles pour que le secours qui sera requis puisse arriver en temps opportun. (Instr. du 20 août 1907, art. 8.)

L'autorité militaire, à son tour, prépare les mesures d'exécution en signalant, s'il y a lieu, à l'autorité requérante les difficultés d'ordre matériel qui paraîtraient s'opposer à la réalisation complète de ces mesures. (*Id.*, art. 9.)

*Forme de la réquisition.* — Toute réquisition doit (*id.*, art. 12), sous peine d'être annulée, être faite par écrit, datée et signée et rédigée dans la forme ci-après :

AU NOM DU PEUPLE FRANÇAIS :

Nous, , requérons en vertu de la loi M. , commandant de prêter le secours des troupes de ligne nécessaire pour (indiquer d'une façon claire et précise l'objet de la réquisition et l'étendue de la zone dans laquelle la surveillance doit être exercée).

Et pour la garantie dudit commandant, nous apposons notre signature.

Fait à , le
(Signature.)

Elle est exécutoire dès sa réception (*id.*, art. 13), et, à moins qu'elle ne soit irrégulière en la forme, l'autorité militaire en assure l'exécution sans en discuter l'objet ni la teneur. Elle procède à cette exécution sans en référer à l'autorité qui lui est hiérarchiquement supérieure et immédiatement après réception de l'écrit ou du télégramme qui constate la réquisition. (*Id.*, art. 17.)

*Exécution de la réquisition.* — Tant que dure l'effet de la réquisition, l'autorité militaire reste seule juge des moyens de son exécution ; il lui appartient notamment de fixer définitivement les effectifs et la nature des troupes à employer. (*Id.*, art. 18.)

Conformément à l'article 25 de la loi du 3 août 1791, les troupes requises font usage de leurs armes : 1° si des violences ou voies de fait sont exercées contre elles ; 2° si elles ne peuvent défendre autrement le terrain qu'elles occupent ou les postes dont elles sont chargées. Dans tous les autres cas, elles ne peuvent agir que sur la réquisition de l'autorité civile. (*Id.*, art. 23.)

En cas d'attroupement sur la voie publique, s'il n'y a pas d'officier civil sur les lieux, le commandant de la troupe doit aviser immédiatement l'officier civil le plus voisin, et l'on procède ensuite conformément à l'article 3 de la loi du 7 juin 1848. V. ATTROUPEMENT.

Les obligations de l'autorité militaire en ce qui concerne l'exécution des réquisitions sont tracées par les articles 16 à 19 de l'Instruction du 24 juin 1903. En principe, tout détachement désigné pour participer au maintien de l'ordre doit être commandé par un officier. (*Id.*, art. 18.)

Les troupes requises doivent se renfermer exactement dans le mandat tracé par la réquisition et agir ouvertement. Le commandant doit éviter, autant que possible, tout contact des troupes avec la population ; il interdit aux militaires l'entrée des lieux publics fréquentés par les perturbateurs ou les manifestants, ainsi que toute acceptation d'invitation chez les habitants. — Lorsqu'un conflit est à prévoir, il est indispensable qu'un représentant de l'autorité civile se trouve avec la troupe pour procéder aux arrestations et pour faire, s'il y a lieu, les sommations prescrites par la loi. — A défaut de représentants de l'autorité civile, les troupes doivent être assistées de la gendarmerie pour que celle-ci procède aux arrestations ; mais la gendarmerie n'ayant pas qualité pour faire, le cas échéant, les sommations légales, le commandant de la troupe ne doit pas appliquer l'article 3 de la loi du 7 juin 1848 sans la présence d'un magistrat civil. (*Id.*, art. 19.)

Les réquisitions faites aux autorités militaires n'ont pas à être lues à la troupe assemblée. (Avis du Conseil d'Etat, 2 août 1904.)

*Fin de la réquisition.* — Le concours des troupes ne prend fin que lorsque l'autorité requérante a notifié à l'autorité requise, par écrit ou par télégramme officiel, la levée de sa réquisition. (*Id.*, art. 24.)

*Sanctions.* — Les responsabilités des autorités des divers ordres dans les réquisitions sont définies par les articles 114, 188 à 191, 234 du Code pénal, qui punissent les abus d'autorité. V. FONCTIONNAIRE.

**Réquisition des chevaux, juments, mulets et voitures.** — Le *recensement* des chevaux et voitures attelées est fait par les soins des maires, du 1er au 16 janvier, tous les ans pour les chevaux, tous les trois ans pour les mulets et pour les voitures attelées autres que celles affectées au transport des personnes. Les chevaux et juments sont recensés à partir de l'âge de cinq ans, les mulets et mules à partir de trois ans. Chaque année, du 16 janvier au 1er mars ou du 15 avril au 15 juin, le ministre de la Guerre peut faire procéder à l'inspection et au classement des animaux susdits, ayant cet âge, recensés ou non. La même opération peut être faite aux mêmes époques, pour les voitures attelées ou non, dans l'année du recensement.

L'opération s'effectue dans chaque commune à l'endroit désigné par l'autorité militaire, en présence du maire ou de son suppléant légal. Il y est procédé par des commissions mixtes, désignées dans chaque région par le général commandant le corps d'armée et composées chacune d'un officier président ayant voix prépondérante en cas de partage, d'un membre civil choisi dans la commune, ayant voix délibérative, et d'un vétérinaire militaire ou civil, ou, à défaut, d'une personne compétente désignée par le maire et ayant voix consultative. Ces commissions dressent, par commune, un tableau des animaux susceptibles d'être requis : tableau divisé par catégories, d'après les instructions du ministre de la Guerre.

Le recensement est effectué sur la déclaration obligatoire des propriétaires, et, au besoin, d'office. Chaque année, dans le courant de novembre, la liste des communes où ce recensement doit avoir lieu est établie dans chaque région, par les commandants de corps d'armée, sur la proposition des préfets. Du 1er au 15 janvier, le maire dresse, d'après le modèle qui lui est transmis par le commandant de la région, un état contenant les renseignements fournis par les propriétaires ou qu'il a pu recueillir.

Dès la réception de l'ordre de mobilisation, le maire est tenu de prévenir les propriétaires que : 1° tous les animaux classés présents dans la commune ; 2° tous ceux qui ont été introduits depuis le dernier classement et qui ne sont pas compris dans les cas d'exemption prévus par l'article 40 ; 3° tous ceux qui ont atteint l'âge légal depuis le dernier classement ; 4° tous ceux enfin qui, pour un motif quelconque, n'auraient pas été déclarés au recensement ni présentés au dernier classement, bien qu'ils eussent l'âge légal, doivent être conduits, aux jour et heure fixés pour chaque commune, au point indiqué par l'autorité militaire.

Le maire prévient également les propriétaires des voitures attelées ou non d'après les numéros de tirage portés sur le dernier état de classement, suivant la demande de l'autorité militaire, d'avoir à les conduire au même point de rassemblement.

Les animaux doivent avoir leur ferrure en bon état, un bridon et un licol pourvu d'une longe.

Les propriétaires qui, sans motifs légitimes admis par la Commission, n'auraient pas conduit leurs animaux ou leurs voitures au lieu indiqué pour la réquisition sont passibles d'une amende égale à la moitié du prix d'achat fixé pour la catégorie à laquelle appartiennent les animaux, ou à la moitié du prix moyen d'acquisition, dans la région, des voitures ou harnais. La saisie et la réquisition peuvent être exécutées immédiatement et sans attendre le jugement. Les maires et propriétaires qui ne se conformeraient pas aux dispositions édictées en cas de mobilisation peuvent être frappés d'une amende de 25 francs à 1 000 francs ; ceux qui ont fait sciemment de fausses déclarations encourent une amende de 50 francs à 2 000 francs.

L'autorité militaire a le droit d'acquérir, par voie de réquisition, pour compléter et entretenir l'armée au pied de guerre, des chevaux, juments, mulets, mules et voitures attelées. La réquisition de ces animaux et voitures, qui précédemment ont été recensés, est ordonnée, en cas de mobilisation, par décret du président de la République. Cette réquisition est alors effectuée par des commissions mixtes, c'est-à-dire composées de civils et de militaires. Ces derniers sont nommés par les commandants de corps d'armée, et les préfets désignent, chaque année, dans les localités où pourrait s'opérer la réquisition, le nombre de membres civils nécessaire pour compléter éventuellement ces commissions, dont chacune en réalité ne comprend, le cas échéant, que : un officier de l'armée active, de la réserve ou de l'armée territoriale, président, et un membre civil idoine habitant, autant que possible, dans la localité où la commission opère. Chaque commission est assistée d'un vétérinaire militaire ou civil, ou, à défaut, d'une personne compétente, prise autant que possible dans la localité. Mais ce troisième membre n'a que voix consultative, les deux premiers seuls ayant voix délibérative, et celle du président étant prépondérante en cas de partage. Toutes les désignations sont faites dès le temps de paix. et des membres suppléants sont même nommés pour remplacer, au besoin, les titulaires. A chaque commission sont attachés : un secrétaire militaire, sous-officier ou brigadier de troupes à cheval ; deux secrétaires civils, pris dans la localité ou aux environs ; un ou plusieurs maréchaux ferrants militaires ou civils, requis au besoin.

Dès le début de la mobilisation, les commissions délivrent à leurs propriétaires des reçus et des bons de payement, dont le montant varie selon les catégories. Si les besoins de l'armée ne nécessitent pas la réquisition totale, on procède par voie de tirage au sort. Après la paix, les propriétaires peuvent rentrer en possession de leurs animaux, dont ils remboursent alors la valeur perçue ; mais ils doivent les reprendre à leurs frais dans l'endroit où la dislocation les a envoyés.

*Réquisitions en territoire ennemi.* — Les belligérants ont le droit, dans la guerre continentale, de frapper de réquisition le pays ennemi pour satisfaire aux besoins et à l'entretien de l'armée d'invasion. On appelle *réquisition* l'ordre donné, par des officiers ou fonctionnaires à ce qualifiés, aux communes ou aux particuliers de fournir des hommes pour des corvées, des animaux, des objets de consommation, mais non des sommes d'argent : celles-ci sont des *contributions de guerre*.

V. MANŒUVRES.

**Réquisitoire.**

Dans la pratique criminelle, le mot *réquisitoire* est pris en deux sens différents :

D'une part, il désigne les actes contenant réquisition, les demandes, les conclusions que formulent par écrit les magistrats du ministère public : c'est en ce sens que l'on dit *réquisitoire de mise en liberté, réquisitoire de non-lieu,* en parlant des demandes de mise en liberté, de non-lieu dont le parquet saisit le juge d'instruction.

D'autre part, on donne le nom de « réquisitoire » à la plaidoirie du ministère public devant les juridictions répressives, qui constitue le développement des moyens sur lesquels se fonde l'accusation. Ce réquisitoire précède la plaidoirie de l'avocat.

**Rescision (Action en).** — Action par laquelle une des parties contractantes demande l'annulation d'une convention pour cause de lésion. V. NULLITÉ, PARTAGE, VENTE, etc.

**Réserve.** (Dr. civ.) — Biens dont on ne peut disposer par donation ou par testament au delà de la quotité disponible. V. QUOTITÉ DISPONIBLE.

**Réserve.** (Milit.) — V. SERVICE MILITAIRE.

**Réservistes et territoriaux (Secours aux).**

Les familles nécessiteuses des réservistes et des territoriaux ont droit à des secours pendant que le chef de famille est sous les drapeaux.

En cas d'insuffisance de leurs ressources ordinaires et des centimes extraordinaires créés dans la limite du maximum fixé chaque année par les conseils généraux, les communes sont autorisées à s'imposer annuellement et extraordinairement jusqu'à concurrence de 3 centimes additionnels au principal des quatre contributions directes, dans le but d'accorder des secours aux familles nécessiteuses des soldats de la réserve et de l'armée territoriale retenus sous les drapeaux. (Loi du 21 déc. 1882.)

Les communes reçoivent, en outre, des subventions de l'Etat ; le crédit ouvert à cet effet au ministère de l'Intérieur, conformément à l'article 85 de la loi du 13 avril 1898, est réparti entre les départements, conformément au tableau annexé à la loi annuelle de finances. Dans chaque département le conseil général répartit entre les communes la subvention qui lui est accordée. Dans chaque commune la répartition est faite par le conseil municipal.

Sont exemptes du timbre de 25 centimes, par application de l'article 16 de la loi du 13 brumaire an VII, les quittances à souche constatant l'encaissement, par les receveurs municipaux, des subventions de l'Etat. (Circ. C. pl., 27 janv. 1903, § 3.)

Sont également exempts les acquits des sommes versées aux familles bénéficiaires des secours. (Circ. C. publ., 9 mars 1900, § 4.)

**Résidence.** — Lieu où l'on réside de fait, par opposition au lieu où l'on réside de droit ou domicile. V. DOMICILE.

**Résiliation.** — Extinction des effets d'un contrat par suite de la volonté des parties, d'un jugement ou d'un événement extérieur, alors que normalement ces effets auraient dû se prolonger plus longtemps.

La résiliation ne produit aucune conséquence quant aux effets passés du contrat. Elle résulte de la volonté des deux parties, parfois de la mort de l'une d'elles (louage d'ouvrage, société, mandat, entreprise), parfois d'événements extérieurs : pour les baux, la destruction, même partielle, de l'immeuble, la nécessité de réparations rendant l'immeuble inhabitable, l'emploi de la chose louée à un autre usage que celui auquel elle est destinée, enfin de la volonté du propriétaire qui a commandé un ouvrage à forfait.

## Responsabilité.

*Responsabilité civile.* — L'article 1382 du Code civil pose en principe que « tout fait quelconque de l'homme, qui cause à autrui un dommage, oblige celui par la faute duquel il est arrivé à le réparer ».

La responsabilité civile est donc l'obligation que nous impose la loi de répondre des dommages que nous avons causés, et cette obligation a pour sanction le payement à la partie lésée d'une indemnité pécuniaire.

Par application de l'article 1382 précité, chacun doit réparation :

1° Soit du préjudice résultant d'un fait dont on est directement l'auteur : ce sont les articles 1382 et 1383 du Code civil qui posent le principe à cet égard, tout en assimilant au dommage que l'on cause par son fait celui que l'on cause par sa négligence ou par son imprudence; 2° soit du préjudice résultant d'un fait dont on est indirectement l'auteur : les articles 1384 à 1386 du Code civil édictent qu'on est responsable, d'une part, du dommage causé par les personnes que l'on a sous sa dépendance (enfants mineurs, domestiques, préposés, élèves, apprentis), et, d'autre part, du dommage causé par les choses que l'on a sous sa garde (animaux, bâtiments). En ce qui concerne les élèves, la loi du 20 juillet 1899 a substitué la responsabilité civile de l'Etat à celle des membres de l'enseignement public. V. QUASI-DÉLIT.

Au point de vue des conditions de la responsabilité civile encourue à l'occasion des accidents dont les ouvriers, apprentis et employés sont victimes dans leur travail, il y a lieu à une distinction : ceux occupés dans les industries ou entreprises soumises au régime du *risque professionnel* bénéficient des dispositions de faveur instituées par les lois des 9 avril 1898 et 30 juin 1899 sur les accidents du travail; les autres restent sous l'empire du droit commun, c'est-à-dire des articles 1382 et suivants du Code civil. V. ACCIDENT.

L'article 1382 est invocable lorsqu'il s'agit d'un quasi-délit, mais non d'une obligation résultant d'un contrat. Ainsi, un destinataire lié par une compagnie de chemin de fer à l'occasion d'un transport ne peut s'appuyer sur l'article 1382 pour former une réclamation : on lui opposerait l'article 105 du Code de commerce (le refus du destinataire doit être formulé dans les trois jours) et, en général, les clauses du contrat de transport intervenu entre la compagnie et lui, lesquelles doivent être exclusivement appliquées.

*Responsabilité pénale.* — En matière pénale, voici les principes dominants de la responsabilité : 1° on ne peut être responsable que de sa propre faute (ainsi, un père n'est pas, pénalement, responsable du délit commis par son fils mineur); 2° il faut que la coopération à l'action répréhensible résulte d'un fait positif; peu importerait un fait négatif, c'est-à-dire consistant à « ne pas faire » ou à « laisser faire » (ainsi, on ne saurait considérer ni comme auteur, ni comme complice du meurtre celui qui s'est borné à ne point empêcher un malfaiteur de commettre un meurtre); 2° il ne suffit pas d'avoir matériellement commis une infraction à la loi pénale; il faut, de plus, avoir volontairement et librement agi.

*Responsabilité des officiers publics et ministériels.* — C'est la responsabilité civile des notaires, avoués, greffiers, huissiers, etc. Tenues, dans certains cas, d'avoir recours au ministère de certains agents : les officiers publics et ministériels, auxquels la loi a remis exclusivement l'exercice de certaines fonctions, tenues de les investir ainsi d'une confiance obligée, les parties dont les intérêts ont été compromis par la faute de ces agents ont contre eux et, après leur mort, contre leurs héritiers, une action récursoire. En cette matière, le principe de la responsabilité est inscrit dans l'article 1031 du Code de procédure civile : « Les procédures et les actes nuls ou frustratoires et les actes qui auront donné lieu à une condamnation d'amende seront à la charge des officiers ministériels qui les auront faits, lesquels, suivant l'exigence des cas, seront en outre passibles des dommages et intérêts de la partie, et pourront même être suspendus de leurs fonctions. »

## Ressort.

La juridiction de toute autorité judiciaire est soumise à trois espèces de limitations, et, comme conséquence, le mot *ressort* prend trois significations différentes :

D'une part, il indique l'étendue du territoire dans laquelle est renfermé le fonctionnement de chaque cour et de chaque tribunal.

D'autre part, il désigne la limite de la compétence de chaque corps judiciaire, en ce qui concerne la nature ou la qualité des contestations dont la connaissance lui est dévolue. C'est ainsi que l'on dit que les actions concernant les lettres de change ou les faillites sont du ressort des tribunaux de commerce, que les actions possessoires sont du ressort des tribunaux de paix.

Enfin, le mot « ressort » a une troisième et plus importante acception. Il exprime le degré de juridiction, le pouvoir pour chaque corps judiciaire de statuer sur les contestations qui lui sont soumises, soit souverainement et sans appel, soit sauf appel devant une juridiction supérieure ayant le droit de réformer la décision des juges du premier degré. Dans le premier cas, on dit que le jugement est rendu en *dernier ressort;* dans le second, qu'il est rendu en *premier ressort.*

Le principe des deux degrés de juridiction, des deux ressorts, est considéré comme d'ordre public, et dans toutes les législations on a reconnu la nécessité d'une autorité supérieure ayant pour mission de réparer les erreurs qui ont pu être commises par un premier juge.

Le deuxième degré de juridiction réside dans les tribunaux d'arrondissement pour les justices de paix, les tribunaux de commerce, les conseils de prud'hommes; dans les cours d'appel, pour les tribunaux d'arrondissement et de commerce.

## Restitutions.

*Restitutions civiles.* — Ces mots désignent une partie des réparations civiles auxquelles peut avoir droit la victime d'un délit. La justice veut que celle-ci voie son patrimoine remis dans la même situation que si l'infraction n'avait pas eu lieu; à cet effet, on lui accorde une réparation qui peut consister en une indemnité pécuniaire ou dans une restitution. Le plus souvent, ce sera la remise en possession d'un objet détourné par le délinquant, mais ce peut être aussi tout autre rétablissement direct de l'état de choses antérieur au délit, comme l'enlèvement d'affiches délictueusement apposées sur un immeuble, l'annulation d'actes faux.

*Restitutions au Trésor.* — Les versements effectués pour réparation de torts faits à l'Etat sont reçus, à Paris, par le caissier-payeur central et, dans les départements, par les trésoriers-payeurs généraux, pour le compte du caissier, au nom duquel ils souscrivent leurs récépissés.

**Retard.** — V. DEMEURE.

**Rétention (Droit de).** — Droit accordé à celui qui doit restituer un objet qu'il détient, de le garder jusqu'au payement de ce qu'on lui doit à raison de cet objet.

Le *droit de rétention,* sûreté réelle, a été reconnu par le Code civil dans un assez grand nombre de cas : au profit du vendeur au comptant, de l'acheteur à réméré, du mandataire, de l'hôtelier, de l'ouvrier chargé d'un travail, de l'héritier qui rapporte un immeuble en nature (jusqu'à remboursement des dépenses d'entretien ou d'amélioration), du créancier gagiste, etc.

Les tribunaux peuvent étendre le droit toutes les fois qu'il y a corrélation entre la chose retenue et une créance : si, par exemple, un possesseur d'immeuble, obligé de le restituer au propriétaire, réclame une indemnité à raison des améliorations qu'il a faites. Mais la jurisprudence refuse ce droit de rétention si le possesseur est de mauvaise foi.

**Retour conventionnel.** — Faculté que le donateur, par une clause expresse insérée dans l'acte de donation, se réserve de reprendre les choses données, s'il survit soit au donateur seul, soit au donataire et à ses descendants.

L'ouverture du droit de retour opère la révocation de la donation avec effet rétroactif; car cette donation était faite sous une condition résolutoire, et, la condition se réalisant, les choses sont remises en l'état où elles étaient au jour où la donation a été faite. Celle-ci est réputée n'avoir jamais existé, et, par suite, le donataire n'a jamais été propriétaire des biens donnés; le donateur, au contraire, n'a jamais cessé de l'être. De là les conséquences suivantes : 1° les aliénations, faites par le donataire ou ses enfants, sont résolues et non opposables au donateur, qui peut les méconnaître et revendiquer les biens donnés entre les mains des tiers. Toutefois, quand la donation avec charge de retour aura eu pour objet des meubles corporels, les tiers acquéreurs de bonne foi pourront opposer au donateur, revendiquant les biens donnés, la maxime de l'article 2279 (v. PRESCRIPTION); 2° les biens donnés retournent au donateur francs et quittes de toutes charges et hypothèques qui les grèveraient du chef du donataire ou de ses enfants. Cependant, l'hypothèque légale de la femme du donataire ne doit être conservée sur l'immeuble donné, qui fait retour au donateur, qu'autant que les conditions suivantes concourent. Il faut : 1° que la donation ait été faite dans le contrat de mariage du donataire; 2° que la femme s'y soit constitué une dot ou qu'elle y ait stipulé certains avantages de son mari; 3° enfin que les autres biens du mari soient insuffisants pour assurer par eux-mêmes la restitution de la dot et des avantages que la femme a stipulés par son contrat de mariage.

L'effet de la clause de retour a lieu de plein droit, et le donateur n'a pas besoin d'un jugement pour exiger la restitution des biens donnés; il n'actionnerait devant les tribunaux les détenteurs des biens que s'ils refusaient de les lui rendre. Lorsque l'avènement de la condition prévue a résilié de plein droit la donation, les fruits de la chose sont dus au donateur à partir du jour du décès. Si les biens donnés ont été aliénés par le donataire et se trouvent par suite possédés par des tiers, ceux-ci ont droit aux fruits jusqu'au moment où ils ont reçu notification de l'événement.

Le droit de retour ne peut être stipulé qu'au profit du donateur seul. Ainsi, la clause de *retour* stipulée cumulativement pour le donateur et ses héritiers ou un tiers serait nulle quant à ces derniers; toutefois, elle ne porterait point atteinte à la donation et le donateur conserverait son droit de retour.

**Retour légal.** — Droit qui (Code civ., art. 747) appartient à un ascendant donateur de reprendre dans la succession de son descendant mort sans postérité les biens que son descendant avait reçus de lui, à titre gratuit, et qui se retrouvent dans sa succession.

Le droit de retour légal porte aussi les noms de *droit de réversion,* de *droit de retour successoral* et de *succession anomale.*

Si les biens ont été aliénés, l'ascendant en recueille le prix qui peut encore en être dû; il succède aussi à l'action en reprise que pouvait avoir le donataire.

Il y a lieu également à retour légal lorsque la donation est révoquée pour inexécution des charges, ingratitude, survenance d'enfants, ou lorsqu'un adopté meurt sans postérité, auquel cas l'adoptant reprend les biens dont il lui avait fait donation.

**Retrait.** — Opération par laquelle une personne se substitue à l'acquéreur, dans le marché qu'il a fait, en lui remboursant le prix qu'il a payé, les intérêts et tous les frais déboursés.

Le droit de *retrait* est un droit de préemption, c'est-à-dire d'achat ou de rachat au prix déterminé par le contrat antécédent.

Notre droit civil admet trois cas de retrait : 1° retrait *litigieux;* 2° retrait *successoral;* 3° retrait *d'indivision.*

*Retrait litigieux.* — Le retrait litigieux (Code civ., art. 1699-1701) consiste dans la faculté, pour un débiteur poursuivi par un tiers cessionnaire des droits de son créancier, de mettre fin au procès en remboursant à ce cessionnaire le prix réel de la cession, avec les frais et loyaux coûts, et les intérêts. Il faut supposer un litige, c'est-à-dire un procès et une contestation sur le fond du droit : celui contre lequel on a cédé la chose litigieuse peut la reprendre au cessionnaire, en lui remboursant le prix réel de la cession, avec les frais du contrat et les intérêts à compter du jour où le cessionnaire a payé le prix au cédant. Le droit qui est accordé au débiteur cédé est fondé sur le peu de faveur que méritent les acheteurs de procès. Aussi ce droit lui est-il refusé toutes les fois que la cession s'explique par des motifs honorables qui excluent toute idée de spéculation. De là les trois exceptions écrites dans l'article 1701 du Code civil : le droit de retrait litigieux cesse : 1° dans le cas où la cession a été faite à un cohéritier ou copropriétaire du droit cédé; 2° lorsqu'elle a été faite à un créancier en payement de ce qui lui est dû; 3° lorsqu'elle a été faite au possesseur de l'héritage sujet au droit litigieux. Dans le premier cas, la cession est un arrangement de famille qui n'a aucunement le caractère d'une spéculation; dans le second cas, il est naturel que le créancier ait choisi le moyen qui s'offrait à lui d'obtenir un remboursement. Un exemple fera comprendre le troisième cas : Primus revendique contre moi l'immeuble que je possède; intervient Secundus, qui le revendique également. Si, pour réussir plus sûrement, j'achète la prétention de Primus, Secundus ne pourra pas prendre l'opération à son compte; si j'achète la prétention de Secundus, Primus ne pourra pas se substituer à moi en me désintéressant. Le législateur, en autorisant le retrait litigieux, a voulu empêcher les procès; or, dans l'espèce, le retrait aboutissait à un résultat directement opposé, puisque la cession a eu pour but d'écarter une des parties et de limiter l'étendue du procès.

*Retrait successoral.* — C'est l'action par laquelle un ou plusieurs héritiers écartent de la succession une personne à qui l'un des héritiers avait cédé, moyennant un prix qui doit être remboursé, une partie de la succession.

*Retrait d'indivision.* — Sous le régime de communauté, ou sous tout autre régime, dans le cas où le mari agissant seul et en son nom personnel deviendrait acquéreur ou adjudicataire de portion ou de la totalité d'un immeuble appartenant par indivis à la femme, il pourrait empêcher celle-ci de profiter d'une aliénation à bas prix d'un immeuble qu'elle possède pour partie. Aussi la femme a-t-elle un droit d'option; elle peut, à la dissolution de la communauté, ou même avant, soit laisser au compte de la communauté l'acquisition faite par le mari, ou (et c'est le *retrait d'indivision*) prendre l'immeuble pour son compte en remboursant à la communauté le prix de l'acquisition. (Code civ., art. 1408.)

Tant que le partage n'est pas terminé, toute personne, même parente du défunt, qui n'est pas appelée à la succession et à laquelle un cohéritier aurait cédé sa part peut être écartée du partage soit par tous les cohéritiers, soit par un seul en lui remboursant le prix de la cession. On a voulu ainsi éviter l'âpreté des spéculateurs sur successions. Celui qui exerce le retrait successoral doit rembourser au cessionnaire écarté le prix de la cession, les intérêts et les frais du contrat. (Code civ., art. 841.)

**Retrait d'emploi.** — Exclusion temporaire du service militaire.

L'emploi étant distinct du grade et le grade étant la propriété de l'officier, celui-ci peut être privé de son emploi dans des circonstances où il conserve néanmoins son grade, comme, par exemple, lors de sa mise en non-activité ou en réforme. Le *retrait d'emploi* est inscrit dans la loi sur l'état des officiers de 1834, comme une conséquence de la condamnation par jugement à un emprisonnement de plus de six mois. En dehors de ce cas, la mise en non-activité par retrait ou suspension d'emploi peut être prononcée par décision présidentielle, sur le rapport du ministre de la Guerre.

Les officiers en non-activité sont soumis aux règles générales de la discipline et de la subordination; ils sont justiciables des conseils de guerre pour tous les délits qui ont rapport à leur état militaire. Ils ne peuvent revêtir l'uniforme en dehors des circonstances où ils sont obligés de comparaître devant l'autorité militaire.

L'officier mis en non-activité par retrait d'emploi est dans cette position pour un temps non limité; mais cette situation ne peut être prolongée plus de trois années sans qu'un conseil d'enquête soit appelé à donner son avis sur la question de savoir si l'officier doit être mis en réforme.

**Retraite.** (Dr. commerc.) — V. RECHANGE.

**Retraite (Pension de).** — V. PENSION, CAISSES DE RETRAITES, etc.

**Rétroactivité.** — Caractère de ce qui a un effet dans le passé.

D'après l'article 2 du Code civil, la loi ne dispose que pour l'avenir ; elle n'a point d'effet rétroactif, car il n'y aurait aucune sécurité si un droit régulièrement exercé à un moment donné était, par l'effet d'une loi postérieure, considéré comme un acte d'usurpation. De cette règle il faut déduire les conséquences suivantes : un acte régulièrement fait reste valable bien qu'une nouvelle loi exige de nouvelles conditions, et on pourra le prouver par les modes de preuve admis à ce moment, alors même qu'une loi postérieure les exclurait. Mais la loi nouvelle s'appliquera aux effets nouveaux que l'on voudra tirer d'un droit acquis avant la promulgation de cette loi : un propriétaire ne pourra user de sa propriété qu'en observant les lois actuellement en vigueur.

En matière pénale, le principe de non-rétroactivité trouve aussi son application : une personne qui a accompli un acte licite ne peut être poursuivie si une loi postérieure déclare ce fait punissable. Mais si une loi nouvelle vient déclarer licite ou punir moins rigoureusement un fait auparavant délictueux, on suivra la loi nouvelle parce que, celle-ci étant jugée suffisante pour assurer la sécurité publique, il serait injuste de prononcer une peine inutile.

En matière de procédure, la loi nouvelle s'applique de même immédiatement aux procès en cours, car elle doit être de nature à mieux faire découvrir la vérité ; mais la procédure déjà faite reste valable.

**Rétrogradation.** — Mesure disciplinaire en suite de laquelle un sous-officier retourne au grade de caporal ou brigadier, ou bien à un emploi inférieur du grade de sous-officier.

**Réunion publique.**

Aux termes de la loi du 30 juin 1881, les réunions publiques sont libres. Elles peuvent avoir lieu sans autorisation préalable et même (loi du 28 mars 1907) sans déclaration.

Les réunions ne peuvent être tenues sur la voie publique ; elles ne peuvent se prolonger au delà de onze heures du soir : toutefois, dans les communes où la fermeture des établissements publics est autorisée à une heure plus tardive, elles peuvent se prolonger jusqu'à l'heure de la fermeture.

Les clubs demeurent interdits. On entend par « clubs politiques » des réunions publiques et périodiques, à la tête desquelles se trouve un comité directeur, qui ont un ordre du jour, adoptent les formes des assemblées délibérantes, et n'admettent en général à délibérer que les membres de l'association.

Chaque réunion doit avoir un bureau composé de trois personnes au moins. Le bureau est chargé de maintenir l'ordre, d'empêcher toute infraction aux lois, de conserver à la réunion le caractère qui lui a été donné par la déclaration, d'interdire tout discours contraire à l'ordre public et aux bonnes mœurs ou contenant provocation à un acte qualifié crime ou délit.

Les membres du bureau sont élus par l'assemblée. Ils sont responsables des infractions aux prescriptions de la loi sur les réunions publiques.

Un fonctionnaire de l'ordre administratif ou judiciaire peut être délégué par le préfet de police, à Paris, et dans les départements par le préfet, le sous-préfet ou le maire pour assister à la réunion. Le droit de dissolution ne doit être exercé par le représentant de l'autorité que s'il en est requis par le bureau ou s'il se produit des collisions et voies de fait.

Aux réunions publiques électorales, pendant la période électorale, ne peuvent assister que les électeurs de la circonscription, les candidats, les membres des deux Chambres et le mandataire de chacun des candidats.

Toutes les infractions aux dispositions de la loi sur les réunions publiques sont punies de peines de simple police, sans préjudice des poursuites selon le droit commun pour crimes et délits commis dans les réunions.

Les réunions privées, c'est-à-dire tenues dans des maisons particulières, sont libres, et l'autorité municipale n'a ni à les autoriser ni à les surveiller. (Cass., 21 juin 1855.)

**Revendication.** — Action d'une personne qui réclame la possession d'une chose dont elle est légalement propriétaire.

La *revendication* existe en matière mobilière et en matière immobilière.

En matière mobilière, elle est d'un emploi limité à raison du principe « En fait de meubles, possession vaut titre », qui protège tout acquéreur de bonne foi d'un meuble, pourvu qu'il ne s'agisse pas d'un meuble perdu ou volé, revendiqué par son propriétaire dans les trois ans, ou d'un titre au porteur perdu ou volé acquis depuis l'indication du numéro au Bulletin des oppositions. (V. PRESCRIPTION.) Cette action est jugée par le juge du domicile du défendeur.

En matière immobilière, la revendication, qui doit être jugée par le juge de la situation de l'immeuble, est d'un emploi général. L'action en revendication s'exerce non seulement contre celui qui s'est mis indûment en possession, mais encore contre les tiers détenteurs. On peut y recourir toutes les fois qu'il s'agit d'un droit réel : propriété, servitude, possession ; mais il faut prouver que l'on est propriétaire.

Le seul mode de preuve absolu est la prescription.

L'héritier bénéficiaire qui revendique un immeuble illégalement vendu pendant sa minorité ne peut être repoussé par l'exception de garantie dont était tenu le vendeur, sauf, toutefois, à l'acquéreur à se faire indemniser par la succession bénéficiaire.

**Revenu (Impôt sur le).** — V. VALEURS MOBILIÈRES.

## Revision des procès.

Le Code d'instruction criminelle (art. 443 à 447) admettait la procédure de revision, mais seulement en matière criminelle et, d'autre part, uniquement dans trois cas. Une loi du 29 juin 1867, plus libérale, étendit les limites de l'application des trois cas de revision, en instituant la revision au profit des condamnés correctionnels et aussi au profit des condamnés décédés. Une plus large réforme résulta des lois du 8 juin 1895 et du 1er mars 1899.

Voici le résumé des dispositions législatives actuelles sur la matière.

En matière correctionnelle comme en matière criminelle, quelle que soit la juridiction qui ait statué et la peine qui ait été prononcée, la revision peut être demandée dans chacun des quatre cas suivants : 1° lorsque, après une condamnation pour homicide, des pièces ont été représentées propres à faire naître de suffisants indices sur l'existence de la prétendue victime de l'homicide; 2° lorsque, pour un même fait, deux accusés ou prévenus ont été condamnés par deux arrêts ou jugements différents et inconciliables; 3° lorsqu'un témoin entendu a été, postérieurement à la condamnation, poursuivi et condamné pour faux témoignage contre l'accusé ou le prévenu; 4° lorsque, après une condamnation, un fait nouveau vient à se produire ou à se révéler, ou lorsque des pièces inconnues lors des débats sont représentées, de nature à établir l'innocence du condamné.

Le droit de demander la revision appartient : 1° au ministre de la Justice; 2° au condamné; 3° si le condamné est incapable, décédé ou disparu, à ses représentants légaux ou à ses ayants droit.

Le pouvoir de statuer sur les pourvois en revision est attribué à la Cour de cassation. Si elle décide que le pourvoi est recevable, elle renvoie le prévenu ou l'accusé devant un tribunal ou une cour (autre que celui ou celle qui a primitivement connu de l'affaire), ou bien, lorsque de nouveaux débats contradictoires ne sont plus possibles (par exemple, au cas de mort ou de disparition de l'un ou de plusieurs des condamnés), c'est elle-même qui juge à nouveau le procès.

Le condamné dont, après revision de son procès, l'innocence a été reconnue, peut, sur sa demande, obtenir des dommages-intérêts à raison du préjudice que lui a causé la condamnation. En cas de décès du condamné, le droit à dommages-intérêts appartient, dans les mêmes conditions, au conjoint, aux ascendants et aux descendants du condamné.

Les dommages-intérêts obtenus par le demandeur en revision (Code instr. crim., art. 446, modifié par la loi du 8 juin 1895) sont à la charge de l'État, sauf son recours contre qui de droit, et doivent être payés comme frais de justice. Le payement est effectué par le receveur de l'enregistrement sur la production d'un mémoire revêtu d'un réquisitoire et d'un exécutoire des magistrats compétents, appuyé d'un extrait du jugement ou de l'arrêt fixant le montant des dommages-intérêts. (Circ. Justice, 28 octobre 1895.)

La circulaire du ministre de la Marine du 29 juin 1895 a notifié aux autorités maritimes la loi du 8 juin 1895, applicable quelle que soit la juridiction qui ait statué. Les frais de l'instance en revision postérieurs à l'arrêt de recevabilité sont avancés par l'Etat, sauf remboursement par les parties, si la sentence définitive prononce une condamnation.

La circulaire de la Comptabilité publique du 30 décembre 1896, § 2, indique les conditions dans lesquelles doit être effectué le payement, par les receveurs de l'enregistrement, des frais faits à la requête des demandeurs en revision de procès criminels ou correctionnels et postérieurs à l'arrêt de recevabilité, ainsi que des dommages-intérêts alloués aux condamnés reconnus innocents. Elle détermine, en outre, la nature et la forme des justifications qui devront être produites.

En matière civile, la revision des procès n'est point admise : les seules voies extraordinaires de recours ouvertes en cette matière sont le pourvoi en cassation, la requête civile et la tierce opposition.

## Revision de la constitution.

Les Etats qui distinguent le pouvoir constituant du pouvoir législatif soumettent la revision de la constitution à une procédure spéciale. En France, la revision est précédée de l'agrément de chacune des deux Chambres et effectuée par le vote de leurs membres réunis en Assemblée nationale. (Loi du 25 février 1875, art. 8.) En pratique, les deux Chambres se mettent d'accord pour désigner les articles sur lesquels portera la revision.

**Revision (Conseil de).** — Tribunal militaire qui revise les jugements rendus par les conseils de guerre et les conseils de discipline. V. JUSTICE MILITAIRE. — Conseil qui prononce sur les cas d'exemption du service militaire. V. SERVICE MILITAIRE.

**Révocation.** — Acte par lequel une personne anéantit les effets d'un acte qu'elle avait fait : donation, testament, mandat, etc. V. ces mots.

## Risque.

Juridiquement, l'idée de *risque* implique la réalisation d'un événement dû à la force majeure, c'est-à-dire à une cause dont la volonté humaine ne peut empêcher l'action. Soient deux personnes liées par un contrat synallagmatique : si, les choses étant encore entières, un cas de force majeure met obstacle à l'exécution de l'obligation d'une des parties, l'autre partie reste-t-elle tenue d'exécuter la sienne? Telle est la question des risques; elle est étrangère aux contrats unilatéraux. Pour la résoudre, il faut envisager deux hypothèses :

1° Le contrat synallagmatique a pour objet le *transfert de la propriété d'un corps certain,* c'est-à-dire d'une chose déterminée dans son individualité; il s'agit par exemple de la vente d'une maison. Le Code civil décide que la destruction de la maison (*corps certain*) par une force majeure éteint l'obligation de délivrance incombant au vendeur, mais laisse subsister l'obligation de l'acheteur, qui devra payer le prix (art. 1138). On exprime ce résultat en disant que, dans la vente, les risques sont à la charge de l'acquéreur. Cette solution est rattachée par la loi à la transmission de propriété qui s'opère, par l'effet du consentement, dès la conclusion du contrat, et les auteurs l'ont condensée dans la maxime : *Res perit domino.*

2° Le contrat synallagmatique a un objet quelconque *autre que le transfert de propriété d'un corps certain.* Il faut suivre ici un principe opposé dont le Code civil a fait plusieurs applications sans le formuler nulle part : si l'obligation de l'une des parties devient inexécutable à raison de la force majeure, l'obligation de l'autre partie s'éteint en même temps et nécessairement. Les risques sont en ce cas pour celui qui ne peut exécuter.

On donne le nom de *risques locatifs* à l'obligation de responsabilité civile à laquelle le locataire est tenu envers le propriétaire au cas d'incendie des lieux occupés en location. Cette obligation est réglementée par les articles 1733 et 1734 (modifiés par la loi du 5 janvier 1883) du Code civil. V. BAIL.

**Risque professionnel.** — Danger inhérent à l'exercice d'une profession.

Le risque professionnel est à la charge du patron. V. ACCIDENT : *Accidents du travail.*

**Rivières.** V. EAUX.

**Rouissage.**

Il est interdit de faire rouir du chanvre ou du lin, ou toutes autres plantes textiles, dans les abreuvoirs et lavoirs publics.

Le préfet peut réglementer ou même interdire le rouissage des plantes textiles dans les eaux courantes et dans les étangs, après avis du conseil sanitaire local.

Les routoirs agricoles ne sont pas, comme les routoirs industriels, assujettis à la législation sur les établissements insalubres; toutefois, le préfet peut ordonner, sur la demande du conseil municipal ou des propriétaires voisins, la suppression de tout routoir établi à proximité des habitations et dont l'insalubrité serait constatée.

Le maire peut désigner, par un arrêté, les lieux où les routoirs publics seront établis, ainsi que la distance à observer dans le choix des emplacements destinés au séchage des plantes textiles après le rouissage. (Loi du 21 juin 1898, art. 25.) Le décret du 5 septembre 1897 sur la pêche fluviale (art. 19) spécifie que le préfet détermine la durée du rouissage dans les cours d'eau et l'emplacement où l'opération peut être pratiquée avec le moins d'inconvénient pour le poisson.

**Roulage.** — V. VOIRIE.

**Routes.** — V. VOIRIE.

**Ruches.** — V. ABEILLES.

**Rues.** — V. VOIRIE.

**Rupture de ban.**

Ce délit consistait dans le fait, pour un individu placé sous la surveillance de la haute police, de paraître dans certains lieux qu'il lui était interdit d'habiter après qu'il avait subi sa peine. Il était puni d'un emprisonnement qui ne pouvait excéder cinq ans. (Code pén., art. 44 et 45.) La loi du 27 mai 1885 a supprimé la peine de la surveillance de la haute police, et lui a substitué celle de l'interdiction de séjour : le fait de contrevenir à un arrêté d'interdiction de séjour entraîne la même peine que la rupture de ban d'autrefois.

L'article 335 du Code d'instruction criminelle porte que, dans le cas de prescription d'une peine prononcée en matière criminelle, le condamné ne peut résider dans le département où demeureraient soit celui sur lequel ou contre la propriété duquel le crime a été commis, soit ses héritiers directs; il ajoute que le gouvernement peut assigner au condamné le lieu de son domicile. En cas d'infraction, la peine de rupture de ban est applicable.

# S

**Saccharine.**

Le décret du 16 mai 1903 s'applique à tout industriel qui veut utiliser, pour la préparation de produits *non alimentaires*, la saccharine ou toute autre substance édulcorante artificielle dont l'emploi est limité à ces produits par la loi de finances du 30 mars 1902 (art. 49). Il édicte des mesures tendant à assurer l'observation de cette loi et qui se groupent sous les chefs suivants :

1° Déclaration d'emploi qui doit être faite au directeur des contributions indirectes du département où est située l'usine;

2° Transport des substances édulcorantes de la fabrique à l'usine dans des récipients marqués et revêtus du plomb de la régie, avec vérification à l'arrivée et emmagasinage dans un local spécial, placé sous la clef des agents des contributions indirectes;

3° Dénaturation et mise en œuvre des substances à jour fixe, en présence du service;

4° Soumission des industriels à l'exercice et ouverture d'un compte de magasin, avec tolérance de 2 pour 100 sur les quantités prises en charge.

**Sacs (Passe de).** — V. PASSE DE SACS.

## Sage-femme.

La profession de *sage-femme* est régie par la loi du 30 octobre 1892 et le décret du 25 juillet 1893.

Pour être admises à faire leurs études, les candidates doivent, outre les pièces d'identité et de moralité, produire soit le brevet de capacité élémentaire (sages-femmes de 1re classe), soit un certificat obtenu à la suite d'un examen spécial de la force du certificat d'études primaires (sages-femmes de 2e classe).

Les études théoriques et pratiques durent deux années, dont la seconde au moins, pour le diplôme de première classe, doit être faite dans une faculté ou une école de plein exercice de médecine et de pharmacie. Pour le diplôme de seconde classe et la première année pour celui de première, l'enseignement peut être reçu dans une école préparatoire de médecine et de pharmacie ou une maternité. Les élèves de la Maternité de Paris sont assimilées aux sages-femmes de première classe.

Les sages-femmes de première classe ont le droit d'exercer sur tout le territoire; celles de seconde classe, seulement dans le département où elles ont été diplômées.

Pour avoir le droit d'exercer, les sages-femmes sont tenues, dans le mois qui suit leur établissement, de faire enregistrer sans frais leur titre à la préfecture ou à la sous-préfecture et au greffe du tribunal civil de leur arrondissement. Le fait de porter son domicile dans un autre département oblige à un nouvel enregistrement. Les sages-femmes qui, n'exerçant plus depuis deux ans, veulent se livrer à nouveau à l'exercice de leur profession, doivent faire enregistrer leur titre dans les mêmes conditions.

Il est expressément interdit d'exercer sous un pseudonyme la profession de sage-femme.

L'exercice illégal de l'art des accouchements est prévu par le Code pénal, qui le punit d'une amende de 100 francs à 500 francs, et, en cas de récidive, de 500 francs à 1 000 fr., avec emprisonnement de six mois à un an, ou d'une de ces deux peines seulement. L'usurpation seule du titre de sage-femme est sujette aux mêmes peines, mais alors l'emprisonnement ne peut excéder deux mois.

Il est interdit aux sages-femmes de faire usage d'instruments, et dans le cas d'accouchement laborieux elles doivent faire appeler un médecin. Il leur est également interdit de prescrire des médicaments, sauf dans les cas prévus par des décrets spéciaux, en vue surtout de soins antiseptiques. Elles sont autorisées à pratiquer la vaccination. (Loi du 30 nov. 1892, art. 4.) V. ACCOUCHEMENT, AVORTEMENT, SECRET PROFESSIONNEL, etc.

Toute sage-femme est tenue de faire à l'autorité publique la déclaration des cas de maladies épidémiques qu'elle a observés. (Loi du 15 février 1902, art. 5.)

**Saisie.** — Acte par lequel on saisit entre les mains du possesseur un bien dont on revendique la propriété, ou qui est destiné au payement d'une dette.

On distingue les *saisies mobilières* et la *saisie immobilière*.

Voici quelques règles communes aux unes et aux autres. Il ne peut, en général, être procédé à une saisie: 1° qu'après un commandement fait à la personne ou au domicile du débiteur; 2° qu'après l'expiration des délais fixés; 3° qu'en vertu d'un titre exécutoire (jugement ou acte notarié), c'est-à-dire revêtu de la formule exécutoire; 4° que pour des créances liquides, certaines et exigibles.

Au cas de saisie mobilière, la désignation du *gardien* appartient de droit au débiteur saisi, qui, à cette fin, doit proposer une personne solvable; ce n'est qu'à défaut, par le débiteur, de présenter lui-même un gardien ou, en tout cas, un gardien d'une suffisante solvabilité, qu'il en est établi un par l'huissier qui procède à la saisie. Les règles de procédure applicables à cette matière sont inscrites dans les articles 596 et suivants du Code de procédure civile. Quant aux obligations et à la responsabilité du gardien, c'est le Code civil qui, dans son article 1962, les détermine. Aux termes de ce texte, le gardien doit: 1° apporter à la conservation des effets saisis les soins d'un bon père de famille; 2° représenter les objets saisis au créancier saisissant, lorsqu'il veut les faire vendre, ou bien les restituer au débiteur saisi, lorsque celui-ci a obtenu la mainlevée de la saisie.

Au cas de saisie sous scellés, la responsabilité pénale encourue par le gardien des scellés, s'il y a eu bris des scellés, fait l'objet des articles 249 et suivants du Code pénal. V. SCELLÉ.

### Saisie-arrêt ou opposition.

C'est l'acte par lequel un créancier arrête entre les mains d'un tiers les sommes ou effets mobiliers appartenant à son débiteur, pour faire ordonner ensuite par justice que les sommes ou le prix des effets lui seront remis en déduction de sa créance. Exemple: Louis doit à Pierre 1 000 francs et ne veut pas s'acquitter envers lui; comme il est employé chez Jean aux appointements de 3 000 francs par an, Pierre met saisie-arrêt sur ses appointements, c'est-à-dire que Pierre fait prévenir Jean par huissier qu'il s'oppose à ce qu'il paye Louis son débiteur, jusqu'à ce qu'il soit rentré dans son dû. (Code proc. civ., art. 557-582.)

Le *tiers saisi*, c'est-à-dire la personne entre les mains de qui la saisie a été formée (Jean, dans notre exemple) ne peut remettre à son créancier, le *débiteur saisi* (Louis, dans le même exemple), que le surplus de la somme saisie-arrêtée, sous peine d'être obligé de payer une seconde fois au *saisissant* ou *signifiant* (Pierre de l'exemple).

Tout créancier porteur d'un titre authentique ou sous seing privé peut faire signifier une saisie-arrêt; à défaut de titre, le créancier doit obtenir l'autorisation judiciaire de pratiquer la saisie-arrêt. Dans tous les cas, le saisissant doit faire prononcer par le tribunal la validité de la saisie-arrêt.

Tout créancier peut, en vertu de titres authentiques ou privés, saisir-arrêter entre les mains d'un tiers les sommes et effets appartenant à son débiteur, ou s'opposer à leur remise. (Code proc. civ., art. 557.)

S'il n'y a pas de titre, le juge du domicile du débiteur ou celui du tiers saisi peut sur requête permettre la saisie-arrêt. (*Id.*, art. 558.)

Dans la huitaine de la saisie-arrêt ou opposition, outre un jour pour 5 myriamètres de distance entre le domicile du tiers saisi et celui du saisissant, et un jour pour 5 myriamètres de distance entre le domicile de ce dernier et celui du débiteur saisi, le saisissant est tenu de dénoncer la saisie-arrêt ou opposition au débiteur saisi, et de l'assigner de validité. (*Id.*, art. 563.)

Dans un pareil délai, à compter du jour de la demande en validité, cette demande est dénoncée, à la requête du saisissant, au tiers saisi. (*Id.*, art. 564.)

Faute de demande en validité, la saisie est nulle; faute de dénonciation de cette demande au tiers saisi, les payements par lui faits jusqu'à la dénonciation sont valables. (*Id.*, art. 565.)

Lorsqu'il y a titre authentique ou jugement validant la saisie, le tiers saisi peut être assigné par le saisissant pour déclarer et affirmer les sommes qu'il doit au saisi et les oppositions déjà pratiquées. L'affirmation, appuyée des pièces justificatives, est faite au greffe du tribunal du domicile du saisi, ou, si le tiers saisi n'est pas sur les lieux, devant le juge de paix de son domicile. (*Id.*, art. 568-576.) Le tiers saisi qui ne fait pas déclaration ou ne produit pas les justifications est déclaré débiteur de la somme qui fait l'objet de la saisie. (*Id.*, art. 577.)

*Limitation de la saisie-arrêt.* — Par exception, certaines créances sont insaisissables, soit pour la totalité, soit pour partie. Aux termes de l'article 581 du Code de procédure civile sont insaisissables: 1° les choses déclarées insaisissables par la loi: telles sont les sommes dues à l'Etat, aux communes, aux hospices, aux établissements de bienfaisance; les sommes dues aux entrepreneurs de travaux publics; 2° les provisions alimentaires adjugées par la justice; 3° les sommes et objets disponibles déclarés insaisissables par le testateur ou donateur; 4° les sommes et pensions pour aliments, encore que le testament ou l'acte de donation ne les déclare pas insaisissables. Les provisions alimentaires ne peuvent être saisies que pour cause d'aliments; les objets mentionnés aux numéros 3 et 4 peuvent être saisis par les créanciers postérieurs à l'acte de donation ou à l'ouverture du legs, en vertu de la permission du juge et pour la portion que celui-ci a déterminée. (Code proc. civ., art. 582.)

Les *traitements ou appointements des fonctionnaires, employés, commis*, dont le montant est supérieur à 2 000 francs par an sont saisissables jusqu'à concurrence du cinquième sur les premiers 1 000 francs, du quart sur les 5 000 francs suivants et du tiers sur la portion excédant 6 000 francs, à quelque somme qu'elle s'élève jusqu'à l'entier acquittement des créances. Les cessions ne sont valables que sur la portion saisissable.

Les traitements ou appointements dont le montant ne dépasse pas 2 000 francs par an ne sont saisissables que jusqu'à concurrence du dixième (Loi du 12 janvier 1895, art. 1er): ils ne peuvent être cédés que jusqu'à concurrence d'un autre dixième. (*Id.*, art. 2.)

Les salaires des gens de service et ouvriers ne sont saisissables que jusqu'à concurrence d'un dixième, quel que soit le montant de ces salaires. (*Id.*, art. 1er.) Ils ne peuvent être cédés que jusqu'à concurrence d'un autre dixième. (*Id.*, art. 1er.)

Toutefois, les délégations et cessions ou les saisies faites pour le payement des dettes alimentaires prévues par les articles 203, 205, 206, 207, 214 et 349 du Code civil ne sont pas soumises aux restrictions qui précèdent. (Lois du 21 ventôse an IX et du 12 janvier 1895, art. 3.)

La retenue pour opposition doit être calculée sur le chiffre brut du traitement, sans déduction du prélèvement pour retraite ou pour congé.

Les indemnités, gratifications et autres allocations accordées à des fonctionnaires sont considérées comme des accessoires des appointements et susceptibles comme eux d'être grevés d'opposition. L'indemnité est alors cumulée avec le traitement, et c'est sur la somme produite par ce cumul qu'il y a lieu d'opérer la retenue prescrite par la loi.

Aucune compensation ne s'opère au profit des patrons entre le montant des salaires dus par eux à leurs ouvriers et les sommes qui leur seraient dues à eux-mêmes pour fournitures diverses, quelle qu'en soit la nature, à l'exception toutefois: 1° des outils ou instruments nécessaires au travail; 2° des matières et matériaux dont l'ouvrier a la charge et l'usage; 3° des sommes avancées pour l'acquisition de ces mêmes objets. (Loi du 12 janvier 1895, art. 4.)

Tout patron qui fait une avance en espèces en dehors du cas prévu par le paragraphe qui précède ne peut se rembourser qu'au moyen de retenues successives ne dépassant pas le dixième du montant des salaires ou appointements exigibles. — La retenue opérée de ce chef ne se confond ni avec la partie saisissable, ni avec la partie cessible. Les acomptes sur un travail en cours ne sont pas considérés comme avances. (*Id.*, art. 5.)

Les saisies-arrêts sur les sommes dues par l'Etat n'ont d'effet que pendant cinq années, à compter de leur date, si elles n'ont pas été renouvelées dans ledit délai. Le créancier saisissant ou opposant qui veut mettre obstacle à la déchéance quinquennale vient faire au greffe de la justice de paix une déclaration qui est consignée sur un registre spécial. Dans les quarante-huit heures au plus tard, le greffier donne avis de cette déclaration au débiteur saisi et au comptable, par lettre recommandée qui vaut renouvellement de l'opposition. C'est la procédure réglée pour le cas de survenance de nouveaux créanciers, lorsqu'il existe déjà une saisie-arrêt.

Tous les actes, autorisations, décisions et formalités auxquels donne lieu l'exécution de la loi du 12 janvier 1895 sont, quelle qu'en soit la nature, rédigés sur *papier non timbré* et *enregistrés gratis*. (Loi du 22 avril 1905, art. 8.)

### Saisie-brandon.

C'est l'acte par lequel un créancier met sous la main de justice les fruits pendants par racines, c'est-à-dire encore attachés à la terre (moissons non coupées, par exemple), appartenant à son débiteur, à l'effet d'en opérer la vente, lorsqu'ils seront parvenus à leur maturité, et d'être payé sur leur prix. Si l'on donne à cette saisie le nom de « saisie-brandon », c'est par suite de l'usage qui, autrefois, dans quelques pays, existait, en pareil cas, de placer autour du champ saisi des faisceaux de paille, appelés *brandons*, que l'on suspendait à des pieux fixés en terre. On ne peut procéder à une saisie-brandon qu'en vertu d'un commandement suivi d'un jour d'intervalle et que dans les six semaines qui précèdent l'époque ordinaire de la maturité des fruits. (Code proc. civ., art. 626-635.)

Les fruits, une fois détachés du sol, cessent d'être immeubles par nature et deviennent meubles, et c'est la voie de la *saisie-exécution* qui est ouverte. Dans l'intervalle de la naissance des fruits à la récolte, diverses circonstances mettent quelquefois obstacle à l'exercice de la saisie-brandon. Ainsi, les fruits ont été vendus de bonne foi, ou le fonds lui-même a été saisi immobilièrement et la saisie immobilière a été transcrite. La *saisie-brandon* est, en réalité, une *saisie-exécution* modifiée; aussi la plupart des règles sur la saisie-exécution doivent s'y appliquer.

### Saisie conservatoire.

Cette saisie, ainsi que son nom l'indique, est une mesure de conservation plutôt qu'un acte d'exécution. Son but est d'opérer d'urgence une mainmise qui mette le débiteur dans l'impossibilité de faire disparaître les effets mobiliers qui peuvent être le seul gage de son créancier. Elle n'aboutit pas directement à la vente à la criée des objets saisis. Il faut qu'il intervienne au préalable un jugement statuant sur le fond du droit et qui prononce la validité de cette mainmise conservatoire. A ce point de vue, du reste, la *saisie conservatoire* présente le même caractère que la saisie-arrêt et que la saisie foraine (v. plus loin), à la suite desquelles il doit également intervenir un jugement qui les valide avant qu'il puisse être passé outre, soit à la distribution des deniers, soit à la vente des objets saisis; sauf ce point de similitude, il existe des différences notables entre ces diverses espèces de *saisies*. La saisie-arrêt et la saisie foraine peuvent être pratiquées pour dettes de toute nature, commerciales ou civiles. La saisie conservatoire, au contraire, n'est praticable que pour dettes commerciales, et dans certains cas seulement, limitativement déterminées par les articles 417 du Code de procédure civile et 172 du Code de commerce. La saisie conservatoire, en effet, à la différence de la saisie-arrêt et de la saisie foraine, s'opère au domicile même du débiteur; elle est plus préjudiciable à son crédit à raison de l'éclat fâcheux qui suit toujours les exécutions à domicile.

L'article 417 du Code de procédure civile dispose que la saisie conservatoire, en matière commerciale, peut être autorisée par ordonnance du président du tribunal de commerce, *dans les cas qui requièrent célérité;* le magistrat apprécie discrétionnairement l'urgence de la mesure. Si la saisie est autorisée, le président peut accorder purement et simplement cette autorisation, ou, suivant les circonstances, assujettir le créancier soit à fournir préalablement caution, soit à justifier d'une solvabilité personnelle suffisante.

L'article 172 du Code de commerce dispose d'autre part que le porteur d'une lettre de change protestée faute de payement peut, en obtenant permission du juge, saisir conservatoirement les effets du tireur, des accepteurs et des endosseurs de la lettre de change protestée.

La saisie conservatoire, de même que la saisie foraine, n'a pas besoin d'être précédée d'un commandement préalable, qui donnerait l'éveil au débiteur. Elle ne peut être suivie de la vente publique des effets saisis qu'après un jugement qui en prononce la validité, et en vertu de ce jugement; il importe de remarquer que la décision sur la validité de la saisie ne peut, bien que l'affaire soit commerciale, émaner que du tribunal civil. Les tribunaux de commerce, juridiction d'attribution ou d'exception, ne connaissent point de ce qui touche à l'exécution de leurs propres sentences. Le président du tribunal de commerce autorise la saisie; le tribunal de commerce en corps prononce sur le fond du litige, c'est-à-dire décide de l'existence ou de la non-existence de la créance en raison de laquelle la poursuite a eu lieu. Si la solution est affirmative, le créancier saisissant assigne le débiteur saisi devant le tribunal civil, lequel prononce la validité de la saisie conservatoire.

Une procédure plus simple consiste, pour le créancier qui a obtenu gain de cause devant le tribunal de commerce, à faire, en vertu du jugement de ce tribunal, commandement à son débiteur et à frapper d'une nouvelle saisie, qui sera cette fois une saisie-exécution, les objets déjà saisis conservatoirement. Dans ce système de procédure, la saisie conservatoire a l'utilité, toujours très réelle, de tenir les effets mobiliers du débiteur à la disposition du créancier et d'en prévenir le détournement.

### Saisie-exécution.

La saisie-exécution (Code proc. civ., art. 583-625) est celle qu'exerce le créancier pour parvenir à faire vendre les objets mobiliers de son débiteur et être payé sur le prix de la vente.

C'est le mode de saisie mobilière le plus souvent employé; aussi porte-t-elle plus particulièrement le nom de *saisie mobilière*. On la nomme *exécution* parce qu'on dépouille le débiteur de ses meubles au moyen de la vente qu'on en fait faire.

Le créancier doit être nanti d'un titre exécutoire.

*Des formalités qui précèdent et accompagnent la saisie.* — Ces formalités sont au nombre de deux : le commandement qui doit précéder la saisie; le procès-verbal de saisie. 1° Le commandement est un exploit d'huissier par lequel une personne reçoit injonction de payer en vertu d'un titre exécutoire avec menace; si le payement n'est pas effectué, d'y être contrainte par certains modes d'exécution. Le but du créancier, en signifiant le commandement, est d'avertir le débiteur que, faute par lui de payer, ses meubles seront saisis et vendus pour le payement de la dette. Le commandement est accompagné de la notification du titre, notification qui rappelle au débiteur la cause des poursuites dirigées contre lui. Il doit être fait à la personne ou au domicile du débiteur un jour au moins avant la saisie. 2° Le procès-verbal de saisie est dressé par un huissier lorsque, un jour s'étant écoulé après le commandement sans que le débiteur se soit libéré, il y a lieu de pratiquer la saisie. « L'huissier sera assisté de deux témoins, Français, majeurs, non parents ou alliés des parties ou de l'huissier jusqu'au degré de cousin issu de germain, inclusivement, ni leurs domestiques. Il énoncera sur le procès-verbal leurs noms, professions et demeures; les témoins signeront l'original et les copies; la partie poursuivante ne pourra être présente à la saisie. » (Code proc. civ., art. 585.) Si le saisi n'est pas présent sur le lieu de la saisie et qu'il y ait refus d'ouvrir aucune pièce ou meuble, l'huissier en requiert l'ouverture. (*Id.*, art. 591.)

Le procès-verbal de saisie contient la désignation détaillée des objets saisis (*id.*, art. 588) et indication du jour de la vente (*id.*, art. 595). Le gardien de la saisie peut être le saisi lui-même, ou une personne solvable présentée par le saisi, ou, à défaut, une personne établie par l'huissier. (*Id.*, art. 596-598.)

*Des formalités qui précèdent et accompagnent la vente.* — « Il y aura au moins huit jours entre la signification de la saisie au débiteur et la vente. » (*Id.*, art. 613.) Le délai de huit jours est un minimum fixé par la loi; il est souvent prolongé par des incidents, soit des demandes en nullité formées par le saisi, soit des demandes en distraction formées par des tiers. La vente est faite au plus prochain marché public, aux jour et heure des marchés ou un jour de dimanche. Le tribunal peut, néanmoins, permettre de vendre les effets en un autre lieu plus avantageux. En tous les cas, la vente est annoncée un jour auparavant par quatre placards au moins, affichés l'un au lieu où sont les effets, l'autre à la porte de la maison commune, le troisième au marché du lieu, le quatrième à la porte de l'auditoire de la justice de paix. Les placards doivent indiquer les lieu, jour et heure de la vente, et la nature des objets sans détails particuliers. Lorsque la valeur des effets saisis excède le montant des causes de la saisie, il n'est procédé qu'à la vente des objets suffisants pour fournir la somme nécessaire au payement des créances et frais. S'il y a plusieurs créanciers, la distribution, en cas d'insuffisance, est faite par contribution. (V. CONTRIBUTION.) Si l'adjudicataire ne paye pas comptant, les objets sont remis en adjudication, et il est tenu de la différence au cas où le prix de la revente serait inférieur au prix offert par le fol enchérisseur.

*Objets insaisissables.* — En principe, tous les biens du débiteur servent de gage à ses créanciers. (Code civ., art. 2092.) Ils seraient donc tous susceptibles de saisie-exécution. Toutefois, par des motifs d'utilité ou d'humanité, la loi a excepté de la saisie-exécution certains meubles dont l'énumération est détaillée dans les articles 592 et 593. Article 592 : « Ne pourront être saisis : 1° les objets que la loi déclare immeubles par destination ; 2° le coucher nécessaire des saisis, ceux de leurs enfants vivant avec eux; les habits dont les saisis sont vêtus et couverts ; 3° les livres relatifs à la profession du saisi, jusqu'à la somme de 300 francs, à son choix ; 4° les machines et instruments servant à l'enseignement pratique ou exercice des sciences ou arts, jusqu'à concurrence de la même somme et au choix du saisi ; 5° les équipements des militaires suivant l'ordonnance et le grade ; 6° les outils des artisans nécessaires à leurs occupations personnelles ; 7° les farines et menues denrées nécessaires à la consommation du saisi et de sa famille pendant un mois ; 8° enfin une vache ou trois brebis ou deux chèvres au choix du saisi, avec les pailles, fourrages et grains nécessaires pour la litière et la nourriture desdits animaux pendant un mois. » Art. 593 : « Lesdits objets ne pourront être saisis pour aucune créance, même celle de l'Etat, si ce n'est pour aliments fournis à la partie saisie ou sommes dues au fabricant ou vendeur desdits objets, ou à celui qui aura prêté pour les acheter, fabriquer ou réparer, pour fermages et moissons des terres à la culture desquelles ils sont employés, loyers des manufactures, moulins, pressoirs, usines dont ils dépendent et loyers des lieux servant à l'habitation personnelle du débiteur. Les objets spécifiés sous le n° 2 du précédent article ne pourront être saisis pour aucune créance. »

## Saisie foraine.

On doit entendre par débiteur forain tout débiteur ayant un domicile même certain, mais établi en dehors de la commune où le créancier demeure.

La *saisie foraine* est celle qu'un créancier peut faire pratiquer, même sans titre et sans commandement préalable, mais avec l'autorisation du juge, sur les effets mobiliers de toute nature trouvés dans la commune qu'habite le créancier et appartenant à son débiteur forain. (Code proc. civ., art. 822-825.)

La saisie foraine est assimilée sous ce rapport à la saisie-gagerie et à la saisie-arrêt. Si le créancier est muni d'un titre exécutoire, il n'a pas besoin, à la rigueur, de recourir à la voie exceptionnelle de la saisie foraine, il peut user directement de saisie-exécution sur les objets mobiliers fortuitement rencontrés sur le territoire de la commune où il est domicilié, et qui appartiennent à son débiteur forain. Cette manière de procéder peut être préférable, attendu que la saisie-exécution n'a pas besoin d'être validée par un jugement ultérieur, comme doit l'être la saisie foraine. Toutefois, même dans le cas où le créancier est porteur d'un titre exécutoire, il peut, dans l'hypothèse où l'on vient de se placer, avoir un réel avantage à user de la saisie foraine. Ce dernier genre de saisie, en effet, n'exige pas de commandement préalable, et il peut être opportun d'agir ainsi inopinément, et de ne pas notifier au débiteur un commandement qui, lui donnant l'alerte vingt-quatre heures à l'avance, pourrait le déterminer à déloger promptement avec son bagage.

La saisie foraine n'est qu'une mesure de conservation et n'opère qu'une mainmise provisoire. Il ne peut y être donné suite par la vente à la criée des objets qu'autant que cet acte d'exécution a été validé par un jugement rendu contradictoirement avec le débiteur, ou ce dernier ayant été régulièrement assigné. La demande en validité de la saisie foraine est régulièrement portée devant le tribunal du lieu où ont été trouvés les objets saisis.

Une règle particulière à la saisie foraine est que le débiteur ne peut point être personnellement constitué gardien des objets saisis, comme il le peut en matière de saisie-exécution.

## Saisie-gagerie.

C'est celle à laquelle les propriétaires et principaux locataires des maisons ou des biens ruraux font procéder sur les meubles, effets et fruits appartenant à leurs locataires ou fermiers, en raison des loyers ou fermages à eux dus. Cette saisie est appelée *gagerie* parce que les choses sur lesquelles elle porte, ne pouvant plus être ni déplacées ni enlevées, deviennent un gage réel et assuré de la créance du saisissant. (Code proc. civ., art. 810-825.)

Le Code civil (art. 2102) a donné au bailleur un privilège pour le payement des loyers et fermages. Si le bail est constaté par acte notarié, le bailleur peut faire vendre les meubles de son locataire et se faire payer par privilège sur le prix; mais s'il n'a pas de titre exécutoire il ne peut saisir-exécuter les meubles qu'après avoir obtenu un jugement. Or, pendant l'instance qui doit aboutir à ce jugement, il serait possible que le locataire ou le fermier fît disparaître les meubles; la saisie-gagerie prévient ce résultat et, par là, assure l'exécution du privilège du bailleur.

La saisie-gagerie doit être précédée d'une simple sommation et non pas d'un commandement. La loi ne permet la saisie-gagerie que pour les fermages et loyers échus, mais le bailleur est autorisé à saisir les meubles qui garnissent la maison ou la ferme, lorsqu'ils ont été déplacés sans son consentement. Toutefois, la revendication doit être exercée dans les quarante jours, quand il s'agit des meubles garnissant une ferme, et dans la quinzaine pour ceux garnissant une maison; et la saisie de ces meubles doit avoir lieu dans les mêmes délais. L'article 820 dispose : « Peuvent les effets des sous-fermiers et sous-locataires, garnissant les lieux par eux occupés, et les fruits des terres qu'ils sous-louent, être saisis-gagés pour les fermages et loyers dus par le locataire ou le fermier de qui ils les tiennent; mais ils obtiendront mainlevée en justifiant qu'ils ont payé sans fraude et sans qu'ils puissent opposer des payements anticipés. »

La saisie-gagerie est soumise, quant à la forme, aux dispositions du titre de la saisie-exécution. La vente doit être précédée d'un commandement validant la saisie-gagerie. Le saisi peut être constitué gardien.

## Saisie immobilière.

La saisie immobilière a pour but de mettre les immeubles du débiteur entre les mains de la justice et de désintéresser les créanciers sur le prix. Elle est réglementée par les articles 673 à 748 du Code de procédure civile.

La saisie immobilière entraîne des formalités longues et compliquées, tant pour l'expropriation forcée des immeubles et leur vente (qui se fait aux enchères devant le tribunal de première instance) que pour la distribution entre les créanciers du prix réalisé et la fixation de l'*ordre* dans lequel ces créanciers seront payés.

*Expropriation forcée.* — L'expropriation forcée est la vente qu'un créancier fait en justice des biens de son débiteur. Elle peut être poursuivie par tous les créanciers, les créanciers chirographaires comme les créanciers hypothécaires. Toutefois, les créanciers chirographaires ne peuvent agir que contre le débiteur, tandis que les créanciers hypothécaires peuvent agir contre tout détenteur de l'immeuble hypothéqué, qu'il soit ou non débiteur. Peuvent être saisis immobilièrement, aux termes de l'article 2204 du Code civil : 1° les *biens immobiliers* et leurs accessoires réputés immeubles, appartenant à un débiteur; 2° l'usufruit que le débiteur a sur les biens de même nature. Si l'on compare cette énumération à celle de l'article 2118 du Code civil, on voit que les mêmes biens peuvent être grevés d'hypothèques et frappés de la saisie immobilière.

Par ces mots *biens immobiliers,* l'article 2204 comprend : 1° les immeubles par nature; 2° les immeubles par destination en tant qu'accessoires; 3° enfin l'usufruit des biens immobiliers. Plusieurs lois particulières ont permis de saisir certains autres immeubles. (Loi du 2 avril 1810, sur les mines; décret du 16 janvier 1808, relatif aux actions de la Banque de France, etc.)

Si le débiteur n'a qu'une part indivise dans le fonds qui doit être exproprié, les créanciers doivent avant tout provoquer la licitation, et c'est comme ayants cause de leur débiteur et comme substitués à ses droits qu'ils peuvent exercer cette action, qui n'appartient qu'aux copropriétaires.

Les poursuites dont un mineur est l'objet doivent être dirigées contre son tuteur; mais si le mineur est copropriétaire avec un majeur à qui la dette est commune, la discussion préalable du mobilier, exigée quand le mineur est seul, n'est plus nécessaire, la licitation n'est plus exigée, et les poursuites contre le majeur et le tuteur suivent leur cours.

En cas de communauté, les poursuites tendant à exproprier les biens de la communauté sont dirigées contre le mari seul, alors même que la femme a participé à la dette.

En cas d'expropriation des biens de la femme non tombés en communauté, des poursuites sont dirigées contre le mari et la femme. Le mari est toujours responsable de la gestion de sa femme.

Les poursuites doivent porter d'abord, quand il y a eu hypothèque, sur les biens hypothéqués, et ce n'est qu'en cas d'insuffisance que le créancier peut attaquer les autres biens de son débiteur. Une exception est introduite, en faveur du débiteur, par l'article 2212 du Code civil : dans le cas où il établit, par baux authentiques, que le revenu d'une année suffit au payement de sa dette, capital, intérêts et frais compris, les juges ont la faculté de suspendre les poursuites en expropriation, poursuites qui peuvent être reprises s'il survient quelque obstacle au payement.

L'expropriation d'une part indivise pouvant être préjudiciable au débiteur, le créancier a seulement le droit de provoquer le partage de l'immeuble indivis.

Le créancier a le choix des biens du débiteur sur lesquels il veut se faire payer. Toutefois, ses poursuites doivent commencer sur les meubles du mineur, sur les immeubles que le débiteur a hypothéqués à la dette, et ce n'est qu'en cas d'insuffisance qu'il peut faire vendre les autres biens de son débiteur.

Les immeubles d'un mineur, même émancipé, ou d'un interdit, ne peuvent être mis en vente qu'à défaut de mobilier suffisant.

L'expropriation des immeubles qui font partie de la communauté se poursuit contre le mari seul. Celle des immeubles de la femme qui ne sont point entrés en communauté se poursuit contre le mari et la femme, laquelle, au refus du mari, ou si le mari est mineur, peut être autorisée par la justice.

En cas de minorité du mari et de la femme, ou de minorité de la femme seule, si le mari majeur refuse de procéder avec elle, il est nommé à la femme par le tribunal un tuteur, contre lequel la poursuite est exercée.

Le créancier ne peut poursuivre la vente des immeubles qui ne lui sont pas hypothéqués, que dans le cas d'insuffisance des biens qui lui sont hypothéqués.

La saisie immobilière des biens d'un débiteur situés dans plusieurs arrondissements peut être faite simultanément, toutes les fois que la valeur totale desdits biens sera inférieure au montant réuni des sommes dues tant au saisissant qu'aux autres créanciers inscrits. La valeur des biens est établie d'après les derniers baux authentiques, ou, à défaut de baux authentiques, d'après le rôle des contributions foncières sur le pied du denier trente. Les procédures relatives tant à l'expropriation forcée qu'à la distribution du prix des immeubles sont portées devant les tribunaux respectifs de la situation des biens. (Loi du 14 nov. 1808.)

Si le débiteur justifie, par baux authentiques, que le revenu net et libre de ses immeubles, pendant une année, suffit pour le payement de la dette en capital, intérêts et frais, et s'il en offre la délégation au créancier, la poursuite peut être suspendue par les juges, sauf à être reprise s'il survient quelque opposition ou obstacle au payement.

La vente forcée des immeubles ne peut être poursuivie qu'en vertu d'un titre authentique et exécutoire, pour une dette certaine et liquide. Si la dette est en espèces non liquidées, la poursuite est valable; mais l'adjudication ne peut être faite qu'après liquidation.

Le cessionnaire d'un titre exécutoire ne peut poursuivre l'expropriation qu'après que la signification du transport a été faite au débiteur.

La poursuite peut avoir lieu en vertu d'un jugement provisoire ou définitif, exécutoire par provision, nonobstant appel; mais l'adjudication ne peut se faire qu'après un jugement définitif en dernier ressort, ou passé en force de chose jugée. La poursuite ne peut s'exercer en vertu de jugements rendus par défaut durant le délai de l'opposition.

*Mise de l'immeuble sous la main de justice.* — Les formalités de la mise sous la main de justice sont au nombre de quatre : le *commandement* au débiteur et la sommation au tiers détenteur d'avoir à payer ou à délaisser l'immeuble, le *procès-verbal* de saisie, la *dénonciation* du procès-verbal au saisi, enfin la *transcription* de la saisie au bureau des hypothèques. En tête du commandement, il est donné copie entière du titre en vertu duquel le créancier exerce ses poursuites. Le poursuivant doit élire domicile dans le lieu où siège le tribunal qui connaîtra de la saisie.

La transcription de saisie est inopérante si elle n'a pas dans les dix ans été suivie d'adjudication. (Loi du 2 juin 1881.)

Le commandement doit précéder de trente jours la saisie. Il est signifié par un huissier, et visé le jour même par le maire de la commune où sont situés les biens. A l'expiration du délai prescrit, l'huissier dresse un état des biens qu'il saisit.

Ce procès-verbal désigne la situation, la contenance et l'appropriation des biens, ainsi que deux, au moins, des tenants et aboutissants. Il est visé par le maire et enregistré dans la quinzaine qui suit la dénonciation au saisi. Le saisi peut, si le fonds n'est ni loué, ni affermé, rester en possession jusqu'à la vente, à titre de séquestre judiciaire, à moins que, sur la demande d'un ou plusieurs créanciers, le président du tribunal n'en ordonne autrement. L'aliénation du fonds par le saisi ne devient valable que si l'acquéreur consigne le montant total de la dette, capital, intérêts et frais, avant l'adjudication.

Les baux qui n'ont pas acquis date certaine avant le commandement peuvent être annulés si les créanciers de l'adjudicataire le demandent.

*Formalités pour parvenir à la vente.* — Les *adjudications forcées* ont lieu par suite de saisie immobilière et sont le résultat d'une procédure très compliquée :

1° Dans les vingt jours au plus tard après la transcription de la saisie, le poursuivant doit déposer au greffe du tribunal le cahier des charges contenant l'énonciation du titre exécutoire en vertu duquel la saisie a été faite, du commandement du procès-verbal de saisie, ainsi que des autres actes et jugements intervenus postérieurement; la désignation des immeubles, les conditions de la vente et une mise à prix de la part du poursuivant.

La mise à prix est l'indication du prix auquel l'immeuble s'offre à la concurrence des enchères. Point de départ de l'enchère, elle doit être couverte, c'est-à-dire dépassée par les offres. Le plus et dernier offrant demeure adjudicataire.

En matière de saisie immobilière, c'est le créancier qui fixe lui-même la mise à prix de l'immeuble dont il poursuit contre son débiteur la vente publique; mais s'il ne se présente pas d'enchérisseur à l'audience fixée pour l'adjudication, l'immeuble est adjugé au créancier poursuivant, sur sa mise à prix. Lorsqu'il s'agit de ventes d'immeubles appartenant à des mineurs ou dépendant d'une succession acceptée sous bénéfice d'inventaire, la mise à prix est fixée par le tribunal.

2° Dans les huit jours au plus tard après le dépôt au greffe, sommation de prendre communication du cahier des charges et de fournir leurs observations est faite au saisi, aux créanciers inscrits sur les biens saisis, à la femme du saisi, au subrogé tuteur des mineurs ou interdits, etc. Copie en est signifiée au ministère public, qui fait inscrire d'office les hypothèques légales du chef du saisi sur les biens saisis. Mention de la sommation est faite en marge de la transcription de la saisie. Au jour indiqué par cette sommation, le tribunal doit donner acte au poursuivant des lecture et publication du cahier des charges qui ont été faites à l'audience, statuer sur les dires et observations qui y ont été insérés par le poursuivant, le saisi et les créanciers inscrits, et fixer le jour et l'heure où il procédera à l'adjudication. Le délai entre la publication et l'adjudication est de trente jours au moins et de soixante au plus.

3° Quarante jours au plus tôt et vingt jours au plus tard avant l'adjudication, l'avoué du poursuivant fait insérer dans un journal du département : 1° la date de la saisie et de la transcription; 2° les noms, professions et domiciles du saisi, du saisissant et de son avoué; 3° la désignation des immeubles, suivant les indications du procès-verbal; 4° la mise à prix; 5° l'indication du tribunal où la saisie se poursuit, et des jours, lieu et heure de l'adjudication. Cette insertion doit avoir lieu quarante jours au plus, vingt jours au moins, avant l'adjudication. Des affiches contenant les mêmes mentions seront apposées à la porte du domicile du saisi, et à la porte principale des biens saisis; à la porte de la mairie du domicile, et à celle de la mairie de la situation des biens; sur la place des communes du domicile et de la situation des biens; sur l'emplacement du marché; à la porte de l'auditoire du juge de paix; aux portes des tribunaux du domicile de la situation des biens et de la saisie.

4° Au jour indiqué pour l'adjudication, il y est procédé, sur la demande du poursuivant, et, à son défaut, sur celle de l'un des créanciers inscrits. Les enchères sont faites par ministère d'avoué et à l'audience. L'avoué dernier enchérisseur est tenu, dans les trois jours de l'adjudication, de déclarer l'adjudicataire et de fournir son acceptation, sinon de représenter son pouvoir; faute de ce faire, il est réputé adjudicataire en son nom.

5° Toute personne peut, dans les huit jours qui suivent l'adjudication, faire, par le ministère d'un avoué, une surenchère, pourvu qu'elle soit du sixième au moins du prix principal de la vente. La surenchère est faite au greffe du tribunal qui a prononcé l'adjudication. Au jour indiqué il est ouvert de nouvelles enchères auxquelles toute personne peut concourir; s'il ne se présente pas d'enchérisseur, le surenchérisseur est déclaré adjudicataire; en cas de folle enchère, il est tenu de la différence entre son prix et celui de la vente.

Lorsqu'une seconde adjudication a eu lieu après la surenchère, aucune autre surenchère des mêmes biens ne peut être reçue.

L'avoué ne peut se porter adjudicataire ni pour le saisi, ni pour les personnes insolvables.

Le jugement d'adjudication définitif, dûment transcrit, purge toutes les hypothèques, et les créanciers n'ont plus d'action que sur le prix. (Code proc. civ., art. 673-717.)

*Conversion de saisie.* — Lorsqu'une saisie immobilière a été transcrite, les intéressés, c'est-à-dire le poursuivant et le saisi, peuvent obtenir du tribunal l'autorisation de faire vendre sur simples annonces et affiches. C'est ce qu'on appelle la *conversion de saisie.* (Code proc. civ., art. 745 et suiv.) Les demandes sont formées par simple requête, signées des avoués de toutes les parties, et doivent contenir une mise à prix servant d'estimation. Le jugement ne doit pas être signifié, et n'est susceptible ni d'appel ni d'opposition. Dans la huitaine, mention en est faite, en marge de la transcription de la saisie. L'adjudication a lieu devant un notaire ou devant un juge

L'avantage de la *conversion* de saisie en vente volontaire est d'arriver, à moins de frais et plus promptement, à la vente de l'immeuble exproprié.

*Procédures spéciales.* — Le décret du 28 février 1852 a institué en faveur du *Crédit foncier* une procédure plus rapide.

La loi du 23 octobre 1884 a également simplifié la procédure de vente quant aux biens dont la mise à prix ou le prix sont inférieurs à 2000 francs.

### Saisie des rentes sur particuliers.

Les rentes sur l'Etat sont, en principe, insaisissables. (V. RENTES.) Il en est autrement des rentes sur particuliers, à moins qu'elles n'aient un caractère alimentaire ou que l'acte qui les a constituées ne les ait déclarées insaisissables.

Les articles 636 à 655 du Code de procédure civile ne concernent pas les arrérages des rentes, saisissables selon les formalités de la saisie-arrêt, mais la rente elle-même. Le crédi-rentier reçoit commandement de payer un jour franc au moins avant la saisie; s'il ne s'exécute pas, un procès-verbal de saisie est fait entre les mains du débi-rentier, et l'exploit de saisie vaut saisie-arrêt des arrérages échus et à échoir jusqu'à la distribution. La procédure de la vente comprend la rédaction et le dépôt d'un cahier des charges, la lecture de ce cahier à l'audience, des formalités d'annonces et d'affichage, enfin une adjudication dix jours au moins et vingt jours au plus après la lecture du cahier des charges. L'adjudication a lieu à l'audience des saisies immobilières.

« La *saisie* d'une rente constituée en perpétuel ou en viager, moyennant un capital déterminé ou pour prix de la vente d'un immeuble, ou à tout autre titre, onéreux ou gratuit, ne peut avoir lieu qu'en vertu d'un titre exécutoire. Elle sera précédée d'un commandement. »

### Saisie-revendication.

C'est l'acte par lequel celui qui prétend avoir un droit de propriété ou de gage privilégié sur une chose mobilière que possède un tiers met cette chose sous la main de justice jusqu'à ce qu'il ait été statué sur le droit qu'il revendique. (Code proc. civ., art. 826-831.)

*a. Un droit de propriété.* Celui qui a perdu ou à qui un objet a été volé peut le revendiquer pendant trois ans. (Code civ., art. 2279.) V. PRESCRIPTION.

*b. Un droit de gage privilégié.* « Le propriétaire peut saisir les meubles qui garnissent sa maison ou sa ferme, lorsqu'ils ont été déplacés sans son consentement, et il conserve sur eux son privilège, pourvu qu'il ait fait la revendication, savoir : lorsqu'il s'agit du mobilier qui garnissait la ferme, dans le délai de quarante jours, et dans celui de quinzaine s'il s'agit des meubles garnissant une maison. » (Code civ., art. 2102.)

Si une vente a été faite sans terme, le vendeur peut revendiquer les effets mobiliers dont le prix n'a pas été payé tant qu'ils sont en la possession de l'acheteur, et en empêcher la revente, pourvu que la revendication soit faite dans la huitaine de la livraison, et que les effets se trouvent dans l'état même où ils étaient lors de la livraison. (Code civ., art. 2102.)

Le déposant peut revendiquer la chose qu'il a déposée entre les mains d'un incapable, tant que le dépôt est entre les mains du dépositaire.

La saisie-revendication s'applique à tous les effets mobiliers : meubles, papiers, titres.

Il ne peut être procédé à la saisie-revendication qu'en vertu d'ordonnance du président du tribunal de première instance rendue sur requête, à peine de dommages-intérêts tant contre la partie que contre l'huissier qui aurait procédé à la saisie. Celle-ci peut être autorisée.

Si celui chez lequel sont les effets qu'on veut revendiquer refuse les portes ou s'oppose à la saisie, il en est référé au juge, et il est sursis à la saisie, sauf au requérant à établir un gardien.

La saisie-revendication est faite en la même forme que la saisie-exécution, si ce n'est que celui chez qui elle est faite peut être constitué gardien.

La demande en validité de la saisie est portée devant le tribunal du domicile de celui sur qui elle est faite ; si elle est connexe à une instance déjà pendante, elle est portée devant le tribunal saisi de cette instance.

La saisie-revendication en matière de faillite est soumise à des règles spéciales. V. FAILLITE, § *Revendication.*

### Distribution du prix.

Le produit des saisies est l'objet d'une procédure qui diffère selon que les biens vendus sont immobiliers ou mobiliers. Dans le premier cas, la procédure s'appelle *ordre ;* dans le second cas, *distribution par contribution.* V. ORDRE, CONTRIBUTION.

## Saisie des navires. — V. MARINE MARCHANDE.

## Saisine. — Disposition de la loi en vertu de laquelle les droits et les obligations du défunt passent de plein droit et dès l'instant de sa mort, de sa personne à celle de ses héritiers. V. SUCCESSION.

## Salaire.

Pour assurer le payement de son salaire, l'ouvrier bénéficie de plusieurs dispositions générales. L'ouvrier auquel un tiers a confié une matière pour la travailler et la transformer en un objet déterminé peut retenir cet objet jusqu'à ce qu'il ait été payé du prix convenu. (Code civ., art. 570.) Les maçons, charpentiers et autres ouvriers qui ont été employés à la construction d'un bâtiment ou d'autres ouvrages faits à l'entreprise ont une action directe contre celui pour lequel les ouvrages ont été effectués, jusqu'à concurrence de ce dont il se trouve débiteur envers l'entrepreneur. (*Id.*, art. 1798.) En faveur de l'ouvrier existent divers privilèges, notamment celui consacré par l'article 549 du Code de commerce (modifié par la loi du 4 mars 1889 et la loi du 6 février 1895), en ce qui concerne le salaire acquis aux ouvriers directement employés par le liquidé judiciairement ou par le failli, pendant les trois mois qui ont précédé l'ouverture de la liquidation judiciaire ou de la faillite. L'action des domestiques loués à l'année se prescrit par un an ; celle des ouvriers et gens de travail pour le payement de leurs journées, fournitures et salaires, par six mois. (*Id.*, art. 2271.)

Sauf en certains cas déterminés, les salaires des ouvriers et gens de service ne sont saisissables que jusqu'à concurrence du dixième. Ils ne peuvent être cédés que jusqu'à concurrence d'un autre dixième. (Loi du 12 janvier 1895.) V. SAISIE, § *Saisie-arrêt.*

## Sangliers.

La destruction des sangliers est organisée dans les forêts domaniales, notamment par les agents forestiers. Le corps de l'animal abattu est la propriété de celui qui l'a tué. (Loi du 30 déc. 1903, art. 28.)

## Santé (Service de). [Milit.]

Le service de santé de l'armée, jadis subordonné à l'intendance, est régi par la loi du 1er juillet 1889, portant autonomie complète du service de santé, et la loi du 16 mars 1892 sur l'administration de l'armée. Les médecins militaires jouissent du bénéfice de la législation sur l'état des officiers.

Le service de santé comprend : d'abord le *corps de santé militaire,* constitué par les *médecins* et *pharmaciens* de l'armée ; puis les officiers d'administration du service des hôpitaux, les sections d'infirmiers, les infirmiers et brancardiers régimentaires, les aumôniers, les sœurs hospitalières, etc.

La hiérarchie comprend les grades de : médecin inspecteur général (général de division) ; médecin inspecteur (général de brigade) ; médecin principal de 1re classe (colonel) ; médecin principal de 2e classe (lieutenant-colonel) ; médecin-major de 1re classe (chef de bataillon) ; médecin-major de 2e classe (capitaine) ; médecin aide-major de 1re classe (lieutenant) ; médecin aide-major de 2e classe (sous-lieutenant). Le recrutement se fait par l'Ecole d'application du service de santé militaire (Val-de-Grâce, à Paris), à laquelle prépare une école de santé militaire instituée par la faculté de médecine de Lyon. Il y a en outre des médecins auxiliaires recrutés parmi les étudiants en médecine ayant douze inscriptions. Ils ont le grade d'adjudant. Il existe, enfin, des corps de médecins de la réserve et de la territoriale.

A la tête du service de santé se trouvent : la direction de ce nom au ministère de la Guerre ; puis, dans les corps d'armée, les directeurs du service, sous l'autorité du général commandant, et, dans les groupes de places fortes, les médecins chefs de service, sous l'autorité du commandant supérieur de la défense. Les directeurs dans les corps d'armée, ainsi que les médecins chefs dans les hôpitaux, ambulances, etc., ont autorité sur tout le personnel militaire ou civil qui y est attaché. Dans les corps de troupes, le chef du service de santé n'exerce son autorité qu'au point de vue technique, en ce qui concerne l'hygiène et la science médicale. Le service de santé d'un corps d'armée est dirigé par un médecin inspecteur ou principal de 1re classe.

Dans chaque corps de troupes le service de santé est assuré par un certain nombre de médecins répartis, s'il y a lieu, entre les diverses fractions du corps quand elles sont séparées les unes des autres. Dans les détachements inférieurs à un bataillon, le service est, autant que possible, confié à des médecins de la localité, appartenant à la réserve ou à l'armée territoriale.

Le service de santé militaire est secondé, en temps de guerre, par les *sociétés de secours aux blessés.*

## Santé publique.

Avant 1902, la législation concernant la santé et la salubrité publiques était constituée par les lois spéciales : 1° au dessèchement des marais, à l'assainissement des terres humides et insalubres, au défrichement des bois ; 2° aux cimetières ; 3° aux établissements insalubres ; 4° à l'inspection des denrées alimentaires et à la répression des falsifications ; 5° à la protection des enfants du premier âge ; 6° à la protection des enfants, des filles mineures et des femmes employés dans l'industrie ; 7° à la police sanitaire ; 8° aux épizooties et aux mesures contre la rage ; 9° à la médecine et à la pharmacie ; 10° aux sources d'eaux minérales.

Cette législation a été complétée par la loi du 15 février 1902, « relative à la protection de la santé publique », dont les principales innovations sont : 1° obligation pour toute commune d'avoir un règlement sanitaire ; 2° vaccination et revaccination rendues obligatoires ; 3° mesures de désinfection à pratiquer pour les maladies infectieuses ; 4° travaux d'assainissement à imposer aux communes dont l'insalubrité a été reconnue ; 5° réforme complète de la législation des logements insalubres ; 6° réorganisation de l'administration sanitaire et, notamment, division de chaque département en circonscriptions comportant chacune une commission sanitaire, ces commissions remplaçant les conseils d'hygiène d'arrondissement ; 7° obligation pour les départements et les communes de pourvoir aux dépenses nécessitées par cette série de dispositions nouvelles.

*Administration sanitaire.* — Il existe auprès du ministre de l'Intérieur une *Direction de l'assistance et de l'hygiène publiques,* et, en outre, un *Comité consultatif d'hygiène publique de France,* chargé de l'étude et de l'examen de toutes les questions concernant l'assainissement des agglomérations, leur alimentation en eau potable, l'évacuation des matières usées, la salubrité des habitations, le fonctionnement des conseils d'hygiène publique et la salubrité, la prophylaxie des maladies épidémiques, la police sanitaire maritime, l'hygiène industrielle et professionnelle, l'exercice de la médecine et de la pharmacie, l'exploitation des établissements d'eaux minérales. (Loi du 29 janvier 1906.)

L'administration sanitaire comprend en outre : dans chaque département, un *conseil d'hygiène départemental,* présidé par le préfet et composé de dix membres au moins et de quinze membres au plus, dont deux conseillers généraux élus par leurs collègues.

Le département est divisé en *circonscriptions sanitaires,* pourvues chacune d'une *commission sanitaire de circonscription,* présidée par le sous-préfet et composée de cinq membres au moins et de neuf au plus, pris dans la circonscription : elle comprend nécessairement un conseiller général élu par ses collègues et au moins un médecin, un pharmacien, un vétérinaire, un architecte ou un technicien d'une compétence analogue. (Loi du 29 janvier 1906.)

Les conseils départementaux et les commissions sanitaires ne peuvent donner leur avis sur les objets qui leur sont soumis que si les deux tiers au moins de leurs membres sont présents.

Dans les villes de 20 000 habitants et au-dessus, et dans les communes d'au moins 2 000 habitants qui sont le siège d'un établissement thermal, il est institué, sous le nom de *bureau d'hygiène,* un service municipal chargé, sous la direction du maire, de l'application de la loi. Le décret du 3 juillet 1905 règle l'organisation et le fonctionnement des bureaux d'hygiène. Le conseil municipal fixe l'importance et les traitements du personnel, et le maire nomme le chef du service parmi les personnes reconnues aptes par le comité consultatif d'hygiène publique.

*Mesures sanitaires générales.* — *Règlements municipaux.* Dans toute commune, le maire est tenu, afin de protéger la santé publique, de déterminer, après avis du conseil municipal et sous forme d'arrêtés municipaux portant règlement sanitaire : 1° les précautions à prendre, en exécution de l'article 97 de la loi du 5 avril 1884, pour prévenir ou faire cesser les maladies transmissibles, spécialement les mesures de désinfection ou même de destruction des objets à l'usage des malades ou qui ont été souillés par eux, et généralement des objets quelconques pouvant servir de véhicule à la contagion; 2° les prescriptions destinées à assurer la salubrité des maisons et de leurs dépendances, des voies privées, closes ou non à leurs extrémités, des logements loués en garni et des autres agglomérations quelle qu'en soit la nature, notamment les prescriptions relatives à l'alimentation en eau potable ou à l'évacuation des matières usées. (Loi du 15 févr. 1902, art. 1er.)

Les règlements sanitaires communaux sont approuvés par le préfet, après avis du conseil départemental d'hygiène. (*Id.*, art. 2.)

*Déclaration et désinfection.* Les médecins ou sages-femmes sont tenus de déclarer à l'autorité publique certaines maladies. La liste des maladies auxquelles sont applicables les dispositions de la loi du 15 février 1902 sur la santé publique est fixée ainsi qu'il suit : *1re partie. Maladies pour lesquelles la déclaration et la désinfection sont obligatoires :* fièvre typhoïde, typhus exanthématique, variole et varioloïde, scarlatine, rougeole, diphtérie, suette miliaire, choléra et maladies cholériformes, peste, fièvre jaune, dysenterie, infections puerpérales et ophtalmie des nouveau-nés lorsque le secret de l'accouchement n'a pas été réclamé, méningite cérébro-spinale épidémique; 2e *partie. Maladies pour lesquelles la déclaration est facultative :* tuberculose pulmonaire, coqueluche, grippe, pneumonie et broncho-pneumonie, érysipèle, oreillons, lèpre, teigne, conjonctivite purulente et ophtalmie granuleuse. Pour les maladies mentionnées dans la deuxième partie de la liste ci-dessus, il est procédé à la désinfection après entente avec les intéressés, soit sur la déclaration des médecins, soit à la demande des familles, des chefs de collectivités publiques ou privées, des administrations hospitalières ou des bureaux d'assistance, sans préjudice de toutes autres mesures prophylactiques déterminées par le règlement sanitaire municipal. (Décr. du 10 févr. 1903.)

La désinfection est obligatoire pour tous les cas des maladies ci-dessus prévus; les procédés de désinfection sont approuvés par le ministre de l'Intérieur, après avis du comité consultatif d'hygiène publique de France. Les mesures de désinfection sont mises à exécution dans les villes de 20 000 habitants et au-dessus par les soins de l'autorité municipale, suivant des arrêtés du maire, approuvés par le préfet, et, dans les communes de moins de 20 000 habitants, par les soins d'un service départemental. (Loi du 15 févr. 1902, art. 7.)

Le décret du 7 mars 1903 prescrit la vérification des appareils destinés à la désinfection; il vise deux catégories d'appareils :

1° Les appareils conformes à un type déjà vérifié. Ils ne peuvent être mis en service qu'après délivrance par le préfet, sur la déclaration du détenteur de l'appareil, d'un procès-verbal de conformité;

2° Les appareils n'appartenant pas à un type déjà vérifié. Ils ne peuvent être employés à la désinfection avant d'avoir été l'objet d'un certificat de vérification délivré par le ministre de l'Intérieur, après avis du comité consultatif d'hygiène publique de France.

La demande à fin de vérification est adressée au ministre avec pièce à l'appui (plan et description de l'appareil). La section compétente du comité consultatif d'hygiène fait procéder aux expériences nécessaires, en présence du demandeur ou de son représentant. La décision du ministre est notifiée à l'intéressé; un délai de deux mois, à partir de cette notification, permet de réclamer une nouvelle vérification, si la décision ministérielle est défavorable. — Les appareils conformes à un type déjà vérifié ne pourront être mis en service qu'après délivrance par le préfet d'un procès-verbal de conformité.

*Vaccination et revaccination.* La vaccination antivariolique est obligatoire au cours de la première année de la vie, ainsi que la revaccination au cours de la onzième et de la vingt et unième année. Les parents ou tuteurs sont tenus personnellement de l'exécution de cette mesure. (Loi du 15 févr. 1902, art. 6.)

*Epidémies.* Lorsqu'une épidémie menace toute une partie du territoire de la République ou s'y développe, et que les moyens de défense locaux sont reconnus insuffisants, un décret du président de la République détermine, après avis du comité consultatif d'hygiène publique de France, les mesures propres à empêcher la propagation de cette épidémie. (Loi du 15 févr. 1902, art. 8.)

*Travaux d'assainissement.* Lorsque pendant trois années consécutives le nombre des décès dans une commune a dépassé le chiffre de la mortalité moyenne de la France, le conseil départemental d'hygiène procède à une enquête. Si cette enquête établit que l'état sanitaire de la commune nécessite des travaux d'assainissement, et que le conseil municipal ait été vainement mis en demeure d'y procéder, un décret en conseil d'Etat ordonne ces travaux. Toutefois, la dépense ne pourra être mise à la charge de la commune que par une loi. (*Id.*, art. 10.)

Le décret déclarant d'utilité publique le captage d'une source pour le service d'une commune détermine, s'il y a lieu, en même temps que les terrains à acquérir en pleine propriété, un périmètre de protection contre la pollution de ladite source. Il est interdit d'épandre sur les terrains compris dans ce périmètre des engrais humains et d'y forer des puits sans l'autorisation du préfet. L'indemnité qui pourra être due au propriétaire de ces terrains sera déterminée suivant les formes de la loi du 3 mai 1841 sur l'expropriation pour cause d'utilité publique, comme pour les héritages acquis en pleine propriété. (*Id.*, art. 10.)

*Mesures sanitaires relatives aux immeubles.* — Les articles 11 à 18 de la loi du 15 février 1902 remplacent les dispositions de la loi du 13 avril 1850 sur les logements insalubres. Dans les agglomérations de 20 000 habitants et au-dessus, aucune habitation ne peut être construite sans un permis du maire constatant que, dans le projet qui lui a été soumis, les conditions de salubrité prescrites par le règlement sanitaire municipal sont observées. A défaut par le maire de statuer dans le délai de vingt jours, à partir du dépôt à la mairie de la demande de construire dont il sera délivré récépissé, le propriétaire pourra se considérer comme autorisé à commencer les travaux. L'autorisation de construire peut être donnée par le préfet en cas de refus du maire. (Loi du 15 févr. 1902, art. 11.)

Lorsqu'un immeuble, bâti ou non, attenant ou non à la voie publique, est dangereux pour la santé des occupants ou des voisins, le maire ou, à son défaut, le préfet, invite la commission sanitaire de la circonscription à donner son avis sur l'utilité et la nature des travaux et sur l'interdiction d'habitation de tout ou partie de l'immeuble jusqu'à ce que les conditions d'insalubrité aient disparu. Les propriétaires, usufruitiers ou usagers produisent leurs observations et, s'ils en font la demande, sont entendus par la commission. En cas d'avis contraire aux propositions du maire, cet avis est transmis au préfet qui saisit, s'il y a lieu, le conseil départemental d'hygiène. L'avis de la commission sanitaire ou celui du conseil d'hygiène fixe le délai dans lequel les travaux doivent être exécutés ou dans lequel l'immeuble cessera d'être habité en totalité ou en partie. Le maire prend un arrêté ordonnant les travaux nécessaires ou portant interdiction d'habiter. L'arrêté portant interdiction d'habiter doit être approuvé par le préfet. (*Id.*, art. 12.)

Un recours est ouvert aux intéressés contre l'arrêté du maire devant le conseil de préfecture, dans le délai d'un mois à dater de la notification de l'arrêté. Ce recours est suspensif. (*Id.*, art. 13.)

A défaut de recours ou si l'arrêté a été maintenu, les intéressés qui n'ont pas exécuté, dans le délai imparti, les travaux jugés nécessaires, sont traduits devant le tribunal de simple police, qui autorise le maire à faire exécuter les travaux d'office, à leurs frais, sans préjudice de l'application de l'article 471, paragraphe 15, du Code pénal. En cas d'interdiction d'habitation, s'il n'y a pas été fait droit, les intéressés sont passibles d'une amende de 16 francs à 500 francs et traduits devant le tribunal correctionnel, qui autorise le maire à faire expulser, à leurs frais, les occupants de l'immeuble. (*Id.*, art. 14.)

*Dépenses.* — Les dépenses rendues nécessaires par la loi du 15 février 1902, notamment celles causées par la destruction des objets mobiliers, sont obligatoires. En cas de contestation sur leur nécessité, il est statué par décret en conseil d'Etat. Ces dépenses sont réparties entre les communes, les départements et l'Etat, suivant les règles fixées par la loi du 15 juillet 1893 (art. 26, modifié par la loi du 22 juin 1906) pour les dépenses de l'assistance médicale et, pour les dépenses des bureaux d'hygiène, par le décret du 3 juillet 1905. Des taxes sont perçues pour le remboursement des dépenses par les particuliers.

*Dispositions spéciales à la ville de Paris et au département de la Seine.* (Loi du 7 avril 1903.) — Le préfet de la Seine a dans ses attributions, à Paris : 1° tout ce qui concerne la salubrité des habitations et de leurs dépendances, sauf celle des logements loués en garni; 2° la salubrité des voies privées closes ou non à leurs extrémités; 3° le captage et la distribution des eaux; 4° la désinfection, la vaccination et le transport des malades. Il nomme une *commission des logements insalubres,* composée de trente membres (dont quinze sur la désignation du conseil municipal de Paris) pour exercer à Paris, dans les limites des attributions conférées au préfet de la Seine, les pouvoirs donnés aux commissions sanitaires de circonscription par la loi du 15 février 1902; elle est présidée par le préfet de la Seine ou son délégué.

Le préfet de police a dans ses attributions, à Paris : 1° la surveillance, au point de vue sanitaire, des logements loués en garni; 2° les précautions à prendre pour prévenir ou faire cesser les maladies transmissibles visées par l'article 4 de la loi, spécialement la réception des déclarations; 3° les contraventions relatives à l'obligation de la vaccination et de la revaccination.

Il continue à assurer la protection des enfants du premier âge, la police sanitaire des animaux, la police de la médecine et de la pharmacie, l'application des lois et règlements concernant la vente et la mise en vente de denrées alimentaires falsifiées ou corrompues, le fonctionnement du laboratoire municipal de chimie, la réglementation des établissements classés comme dangereux, insalubres ou incommodes, tant à Paris que dans les communes du département de la Seine.

Le préfet de la Seine et le préfet de police sont assistés, chacun dans la limite de ses attributions sanitaires, par le *conseil d'hygiène publique et de salubrité de la Seine,* dont ils ont la présidence.

Le *conseil d'hygiène et de salubrité de la Seine* a les attributions données dans le reste de la France aux conseils départementaux d'hygiène. Les *commissions d'hygiène des arrondissements de Paris* exercent leurs fonctions sous l'autorité du préfet de police. Les conseils ou commissions d'hygiène dans le département de la Seine, en dehors de Paris, exercent les pouvoirs donnés dans les départements aux commissions sanitaires de circonscription, sous l'autorité soit du préfet de la Seine, soit du préfet de police, suivant qu'elles ont à traiter d'affaires ressortissant à l'une ou à l'autre de leurs administrations. Les maires des communes de la Seine autres que Paris exercent les attributions sanitaires sous l'autorité, selon les cas, soit du préfet de la Seine, soit du préfet de police. Le préfet de police conserve dans les communes du département de la Seine autres que Paris les attributions de police sanitaire dont il était déjà investi avant la loi du 7 avril 1903.

## Sapeurs-pompiers.

L'organisation des corps de sapeurs-pompiers est réglée par le décret du 10 novembre 1903.

*Organisation.* — Les sapeurs-pompiers sont organisés par les communes, en vertu d'arrêtés préfectoraux, après justification par celles-ci qu'elles possèdent un matériel de secours suffisant ou qu'elles sont en mesure de l'acquérir, et l'engagement pris par elles, à défaut de ressources annuelles ayant cette affectation spéciale, de subvenir, pendant quinze années au moins, à certaines dépenses énumérées à l'article 36 du décret du 10 novembre 1903. Ces arrêtés fixent l'effectif des corps d'après la population et l'importance du matériel de secours en service dans la commune ou dont l'acquisition est assurée dans les conditions ci-dessus indiquées. Exceptionnellement, un service commun de secours contre l'incendie peut être constitué entre deux ou plusieurs communes d'un même département ou de départements limitrophes, après accord des conseils municipaux tant sur la part contributive de chaque commune dans l'acquittement des dépenses prévues à l'article 36 que sur la désignation de la municipalité à laquelle sera rattaché le corps de sapeurs-pompiers. L'arrêté portant organisation du corps et fixation de son effectif est pris, s'il s'agit de communes situées hors du département, par le ministre de l'Intérieur.

L'engagement de contribuer aux dépenses du service d'incendie n'est pas indispensable si la commune possède déjà des ressources annuelles, non tirées de l'impôt, et ayant cette affectation spéciale, ou encore si le service ne donne lieu à aucune dépense du fait des sapeurs-pompiers, par l'engagement de ceux-ci de servir gratuitement, lorsque le matériel existe. Passé le délai de quinze ans, la dépense n'est plus obligatoire, et si le conseil municipal raye du budget les crédits, le corps des sapeurs-pompiers se trouve supprimé de plein droit.

*Recrutement.* — Les officiers sont nommés pour cinq ans par le président de la République sur la proposition du préfet. Ils peuvent être choisis parmi les personnes étrangères au corps. Les sous-officiers et caporaux sont nommés par le chef de corps.

Les corps de sapeurs-pompiers se recrutent au moyen d'engagements volontaires. L'engagement est d'une durée de cinq ans et renouvelable. Il est constaté par écrit. Il emporte soumission à toutes les obligations résultant tant des lois et décrets que du règlement de service.

Ne peuvent être admis à contracter cet engagement que les Français âgés de dix-huit ans au moins, jouissant de leurs droits civils et n'ayant subi aucune condamnation de nature à faire obstacle à la réception de l'engagement volontaire dans un corps de troupes de France. Si l'engagé a moins de vingt et un ans, il doit être pourvu du consentement de ses père, mère ou tuteur.

Le service des sapeurs-pompiers est incompatible avec les fonctions de maire et d'adjoint.

L'admission est prononcée : s'il s'agit de corps à créer ou à réorganiser, par une commission composée du maire ou de son adjoint, président, de deux membres du conseil municipal nommés par le conseil et de quatre délégués choisis par le préfet ; s'il s'agit de corps déjà constitués, par le conseil d'administration desdits corps.

Sont exclus les individus privés par jugement de tout ou partie de leurs droits civils postérieurement à leur incorporation.

Les sapeurs-pompiers d'une commune forment, suivant l'effectif, une subdivision de compagnie, une compagnie ou un bataillon. Tout corps dont l'effectif, cadre compris, est inférieur à 51 hommes forme une subdivision de compagnie. Les compagnies sont de 51 hommes au moins, de 250 au plus. Lorsque l'effectif dépasse 250 hommes, il peut, avec l'autorisation du ministre de l'Intérieur, être formé un bataillon. Dans aucun cas la force numérique d'un bataillon ne peut dépasser 500 hommes.

*Dépenses.* — Les dépenses auxquelles doivent obligatoirement satisfaire les communes qui demandent l'autorisation de créer des corps de sapeurs-pompiers sont : 1° les frais d'habillement et d'équipement des sous-officiers, caporaux et sapeurs-pompiers, et les frais d'achat de tambours ou clairons ; 2° le loyer, l'entretien, le chauffage, l'éclairage et le mobilier des postes ; 3° le loyer du local où sont remisées les pompes, l'entretien des pompes et des accessoires ; 4° les frais de registres, livrets, papiers, contrôle et tous les menus frais de bureau ; 5° les réparations, l'entretien et le prix des armes détériorées ou détruites, sauf recours contre les sapeurs-pompiers ; 6° les frais de réintégration des armes, s'il y a lieu, dans les arsenaux de l'Etat ; 7° les pensions et secours à la charge des communes. Ces dépenses sont réglées par le maire sur mémoires visés par le chef de corps. Elles sont mandatées aux noms des créanciers réels et acquittées suivant les mêmes règles de comptabilité que les autres dépenses municipales.

*Pensions.* — Dans les communes possédant un corps de sapeurs-pompiers, où il est créé une caisse de secours et de retraites, cette caisse est ou constituée et administrée conformément aux articles 8 et 10 de la loi du 5 avril 1851 et gérée par la Caisse des dépôts et consignations, ou organisée sous forme de société de secours mutuels approuvée, et est alors régie par la loi du 1er avril 1898.

Les ressources de cette caisse se composent : 1° de la portion de la subvention de l'Etat mise à la disposition de la commune ; 2° des subventions du département ; 3° des allocations votées par le conseil municipal ; 4° des cotisations des membres honoraires ou participants ; 5° du produit des amendes disciplinaires ; 6° d'une part prélevée sur le produit des services rétribués (bals, concerts, théâtres) et dont l'importance est fixée par le règlement local ; 7° du produit des dons et legs qu'elle peut être autorisée à recevoir ; 8° des dons et souscriptions provenant des compagnies d'assurance contre l'incendie.

La pension viagère annuelle à laquelle ont droit les sapeurs-pompiers qui, dans un service commandé, ont reçu des blessures ou contracté une maladie entraînant une incapacité absolue et permanente de travail, est déterminée ainsi qu'il suit : pour les sapeurs-pompiers des communes dont la population totale ne dépasse pas 2 000 habitants, 360 francs ; des communes de 2 001 à 4 000 habitants, 480 francs ; de 4 001 à 10 000 habitants, 600 francs ; de 10 001 à 20 000 habitants, 720 francs ; de 20 001 à 40 000 habitants, 840 francs ; de 40 001 à 60 000 habitants, 960 francs ; de 60 001 habitants et au-dessus, 1 080 francs. (Décret du 12 juill. 1899, art. 1.) La veuve a droit à une pension des deux tiers, sauf dans le cas de séparation de corps à la demande du mari (*id.*, art. 2) ; si la mère est décédée ou déchue de son droit, celui-ci passe à ses enfants dans les conditions déterminées par l'article 3 du décret.

Pour constituer ces pensions, il est versé, au nom des communes, à la Caisse d'assurances en cas d'accidents créée par la loi du 11 juillet 1868, des primes annuelles en nombre égal à celui des sapeurs-pompiers composant l'effectif légal du corps, dans chaque commune. Le montant de cette prime est déterminé ainsi qu'il suit : pour les communes dont la population totale ne dépasse pas 2 000 habitants, 0 fr. 30 ; de 2 001 à 4 000 habitants, 0 fr. 40 ; de 4 001 à 10 000 habitants, 0 fr. 50 ; de 10 001 à 20 000 habitants, 0 fr. 60 ; de 20 001 à 40 000 habitants, 0 fr. 70 ; de 40 001 à 60 000 habitants, 0 fr. 80 ; de 60 000 habitants et au-dessus, 0 fr. 90. (*Id.*, art. 4.)

Les pensions dues aux sapeurs-pompiers ou à leurs veuves sont servies par la Caisse nationale des retraites pour la vieillesse. (Décret du 17 juillet 1899, art. 8.) Les annuités temporaires accordées aux orphelins sont payées par la Caisse d'assurances en cas d'accidents. (*Id.*, art. 9.)

La *subvention communale* accordée à la Caisse des retraites des sapeurs-pompiers, en cas d'insuffisance des ressources, doit être versée soit à la Caisse des retraites pour la vieillesse, soit au trésorier de la Société de secours mutuels qui a pu être constituée en vertu du décret du 29 décembre 1875, art. 30. Elle ne peut être reçue par le capitaine ou le lieutenant s'il n'est pas trésorier de la Société.

*Secours médicaux et funéraires.* — Lorsqu'un sapeur-pompier, appartenant à un corps organisé conformément aux dispositions du décret du 29 décembre 1875, reçoit des blessures ou contracte une maladie dans un service commandé, il a droit aux soins médicaux et aux fournitures pharmaceutiques gratuits, ainsi qu'à une indemnité temporaire. Sa famille a droit à la gratuité des frais funéraires. Les soins médicaux, les fournitures pharmaceutiques et l'indemnité temporaire sont dus par la commune sur le territoire de laquelle s'est produit l'accident ; l'allocation en est faite par le conseil municipal.

Les sapeurs-pompiers ayant au moins vingt-cinq ans de services dans la commune ou dans d'autres communes et soixante-cinq ans d'âge peuvent recevoir un secours annuel renouvelable dont la quotité est fixée chaque année par le conseil municipal.

Les secours renouvelables sont payés par trimestre, sur mandats du maire, à la caisse du receveur municipal.

Ces secours sont indépendants des pensions d'ancienneté servies par les caisses de retraites établies en faveur des sapeurs-pompiers. Mais il pourra être décidé par le décret constitutif des caisses de retraites que la portion de la subvention de l'Etat et les autres ressources destinées par le conseil municipal à l'allocation de secours renouvelables seront versées à l'actif des caisses de retraites pour accroître la capitalisation.

*Sapeurs-pompiers de Paris.* — Le régiment des sapeurs-pompiers de Paris relève du ministre de la Guerre au point de vue de l'organisation et fait partie de l'arme de l'infanterie. (Loi du 13 mars 1875, décrets du 28 avril 1892, du 8 mars 1898, du 17 mars 1900, du 21 sept. 1902, etc.) Le service des incendies est réglementé par le préfet de police ; il comporte un service spécial de sauvetage.

## Sauvetage.

Diverses dispositions règlent les moyens de prévenir les accidents de navigation et fixent les moyens de sauvetage dont doivent être pourvus les navires affectés au transport des passagers.

Le décret du 21 février 1897 est relatif à l'éclairage et aux signaux des navires à voiles et à vapeur ; celui du 20 novembre 1893, à l'éclairage des bâtiments et obstacles à la navigation sur les fleuves, rivières et canaux. La loi du 10 mars 1891 précise les devoirs du capitaine en cas d'abordage. (V. ABORDAGE.) Le décret du 1er février 1893 réglemente les appareils à vapeur à bord des navires de commerce. (V. APPAREILS A VAPEUR.) Il faut aussi mentionner le code international des signaux, les signaux de marée, les signaux de prévision du temps, le décret du 20 janvier 1874 et la décision présidentielle du 27 mai 1879 sur la manière d'appeler les pilotes de jour et de nuit, les règles de commandements bâbord et tribord à faire à la barre pour les navires de commerce (Décret du 2 septembre 1874) ; l'adoption d'un système uniforme de coloration des bouées et balises sur les côtes de France et d'Angleterre, les phares et fanaux.

Le décret du 26 juin 1903, rendu en exécution de la loi du 10 mars 1891, s'applique aux navires français affectés au transport des passagers sur mer, sur les étangs d'eau salée et dans la partie maritime des cours d'eau. Il fixe les moyens de sauvetage dont doivent être pourvus les navires affectés au transport des passagers, suivant leur tonnage et la nature de leurs voyages. Tout capitaine qui prend la mer sans être pourvu de ces moyens de sauvetage, qui ne les entretient pas en état de servir ou ne les remplace pas au besoin, est puni d'une amende de 50 à 1 500 francs.

Le décret, en ce qui concerne les moyens de sauvetage des navires à passagers, divise ces navires en trois catégories, suivant leur genre de navigation, la distance de leur parcours et les lieux où ils l'effectuent, et détermine pour chacune de ces catégories le type des embarcations, radeaux et flotteurs de sauvetage dont ils doivent être munis, le nombre des bouées, ceintures, gilets de sauvetage, etc., et les conditions auxquelles doivent satisfaire ces engins.

Tout navire ou bateau ayant à bord plus de dix personnes, non compris le capitaine, maître ou patron, les officiers et les hommes d'équipage, est réputé affecté au transport des passagers, alors même qu'il ne serait pas habituellement employé à ce service.

Les appareils de sauvetage imposés varient suivant la catégorie du bâtiment.

Afin de s'assurer que les engins de sauvetage dont les navires à passagers doivent être pourvus sont en bon état d'entretien, il est procédé à des épreuves plusieurs fois par an, à bord de chaque navire armé.

**Scellé.** — Bande de papier que l'on attache aux deux bouts avec de la cire sur laquelle on applique un sceau particulier, afin d'empêcher d'ouvrir les lieux fermés où le scellé a été apposé.

L'apposition des scellés par autorité de justice sur des portes d'appartement, d'armoire, de coffre, avec défense de les ouvrir, a pour but d'empêcher le détournement d'objets, et consiste en l'application, par l'autorité compétente, sur les fermetures des portes ou des meubles, de bandes de papier ou d'étoffe que fixe, à leurs deux bouts, un cachet de cire molle, revêtu d'un sceau officiel. Elle comporte, d'autre part, la constitution d'un gardien, dit *gardien des scellés.*

*Apposition des scellés.* — L'apposition des scellés a lieu dans plusieurs cas, savoir : après la mort ; en cas de faillite ; quand un individu disparaît et qu'il n'y a personne pour veiller à la conservation de ses effets et papiers ; lors d'une demande en interdiction, quand il ne se trouve auprès du défendeur personne pour veiller à la conservation de ses effets ; dans le cas de demande en séparation de biens.

Ce sont les juges de paix qui apposent les scellés, tantôt d'office, tantôt à la requête des parties intéressées. Néanmoins le juge d'instruction et, en cas de flagrant délit, les officiers de police judiciaire peuvent les apposer aussi, en matière criminelle, lorsqu'il s'agit de conserver des objets qui peuvent servir à la constatation d'un crime ou d'un délit.

L'apposition des scellés après décès intervient lorsque tous les héritiers ne sont pas présents, ou s'il y a parmi eux des mineurs ou des interdits. Elle peut être requise : 1° par tous ceux qui prétendent droit dans la succession ou dans la communauté, à quelque titre que ce soit ; 2° par tous créanciers fondés en titre exécutoire ou autorisés par une permission soit du président du tribunal de première instance, soit du juge de paix du canton où les scellés doivent être apposés. Les créanciers de l'héritier, étant intéressés à la conservation des biens, ont le droit de requérir l'apposition ; 3° en cas d'absence, même momentanée, soit du conjoint, soit des héritiers ou de l'un d'eux, par les personnes qui demeuraient avec le défunt et par ses serviteurs et domestiques.

Les prétendants droit et les créanciers mineurs émancipés peuvent requérir l'apposition sans l'assistance de leur curateur. S'ils sont mineurs non émancipés et s'ils n'ont pas de tuteur ou s'il est absent, elle peut être requise par un de leurs parents.

Le scellé est apposé soit à la diligence du ministère public, soit sur la déclaration du maire ou adjoint de la commune, et même d'office par le juge de paix : 1° si le mineur est sans tuteur et que le scellé ne soit pas requis par un parent ; 2° si le conjoint ou si les héritiers ou l'un d'eux sont absents ; 3° si le défunt était dépositaire public ; mais, dans ce cas, le scellé n'est apposé que pour raison de ce dépôt et sur les objets qui le composent. Lorsque le scellé n'a pas été apposé avant l'inhumation, le juge de paix doit constater par procès-verbal le moment où il a été requis de l'apposer et les causes qui ont retardé soit la réquisition, soit l'apposition.

Lorsque, lors de l'apposition des scellés, il est trouvé un testament ou autres papiers cachetés, on ne les place point sous les scellés, mais ils doivent être remis par le juge de paix au président du tribunal qui, dans le cas où ces papiers appartiennent à des tiers, les fait appeler pour qu'ils puissent assister à l'ouverture. Si les papiers sont étrangers à la succession, le président les leur remet sans en faire connaître le contenu, ou les cachète de nouveau lorsqu'ils sont absents, pour leur être remis à leur première réquisition. Lorsque le papier est un testament, le président en ordonne le dépôt entre les mains d'un notaire.

Les scellés sont aussi apposés après décès lorsque le défunt était *dépositaire public,* mais seulement sur les objets, papiers d'Etat, etc., qui constituent ce dépôt.

*Levée des scellés.* — Des oppositions à l'enlèvement des scellés peuvent être formées par toutes les personnes intéressées à ce que les scellés ne soient point levés hors de leur présence ou du moins sans qu'elles aient été appelées. Les oppositions sont faites soit par une déclaration sur le procès-verbal des scellés, soit par exploit signifié par huissier au greffier du juge de paix.

Afin de laisser aux personnes intéressées le temps de s'opposer à ce que les scellés soient levés hors de leur présence, les scellés ne peuvent être levés et l'inventaire ne peut être fait que trois jours après l'inhumation, s'ils ont été apposés auparavant, et trois jours après l'apposition si elle a été faite depuis l'inhumation, à peine de nullité des procès-verbaux de levée de scellés et inventaire et de dommages et intérêts contre ceux qui les auront faits et requis. Toutefois, en cas d'urgence, le président du tribunal peut ordonner avant le délai de trois jours la levée des scellés. Si alors les parties qui ont le droit d'y assister ne sont pas présentes, il sera appelé pour elles, tant à la levée qu'à l'inventaire, un notaire nommé d'office par le président.

Si les héritiers ou quelques-uns d'eux sont mineurs, il ne peut être procédé à la levée des scellés qu'ils n'aient été ou préalablement pourvus de tuteurs ou émancipés.

Toutes les personnes qui ont le droit de faire apposer les scellés ont celui d'en requérir la levée, à l'exception des serviteurs, domestiques ou des personnes qui demeuraient avec le défunt.

Les formalités exigées par la loi pour parvenir à la levée des scellés sont : 1° une réquisition à cet effet, consignée sur le procès-verbal du juge de paix; 2° une ordonnance du juge, indicative des jour et heure où la levée doit être faite; 3° une sommation d'assister à cette levée faite au conjoint survivant aux héritiers présomptifs, à l'exécuteur testamentaire, aux légataires universels et à titre universel, s'ils sont connus, et aux opposants. Toutefois, il n'est pas nécessaire d'appeler les intéressés demeurant à plus de 5 myriamètres du lieu où les scellés sont apposés. Il suffit de les faire représenter par un notaire nommé d'office par le président du tribunal.

*Bris de scellés.* — Le bris de scellés est l'enlèvement ou la destruction matérielle des bandes et cachets appliqués par l'autorité compétente sur la fermeture des portes ou des meubles. Le Code pénal prévoit le bris de scellés dans ses articles 249 à 253 et dans son article 256. Il y a lieu de distinguer si le délit a été commis par le gardien des scellés ou par d'autres personnes, et lorsqu'il est imputé au gardien, s'il y a eu de sa part simple fait de négligence, ou, au contraire, fait intentionnel.

L'article 249 punit de six jours à six mois d'emprisonnement la négligence du gardien. Mais la faute du gardien négligent s'aggrave et, en conséquence, la peine encourue par lui peut s'élever jusqu'à deux ans d'emprisonnement, si le bris des scellés s'applique à des papiers et effets d'un individu soit prévenu ou accusé d'un crime comportant la peine de mort ou une peine perpétuelle, soit condamné à l'une de ces peines. Si le gardien est coupable non plus seulement de négligence, mais de dol, s'il a lui-même brisé les scellés ou participé à leur bris, la peine est un emprisonnement de deux à cinq ans; la peine est la même, qu'il soit auteur ou complice et, en outre, quels que soient les objets mis sous scellés (art. 251, § 2, et 252).

Quant au bris de scellés commis par toute autre personne que le gardien, si le bris s'applique à des scellés apposés sur les papiers ou effets par ordre de l'autorité publique, du gouvernement ou par ordonnance de justice, la peine est d'un an à trois ans d'emprisonnement. Mais, s'il s'agit du bris de scellés mis sur tous autres papiers ou effets, la peine n'est que de six mois à deux ans d'emprisonnement (art. 252). Ajoutons (art. 253) que « tout vol commis à l'aide d'un bris de scellés sera puni comme vol à l'aide d'effraction »; et que l'article 256 prononce la peine des travaux forcés à temps si le bris de scellés a été « commis avec violences envers les personnes ».

## Secours mutuels (Sociétés de).

La loi du 1er avril 1898, charte organique de la mutualité, définit comme il suit la société de secours mutuels :

« Les sociétés de secours mutuels sont des associations de prévoyance qui se proposent d'atteindre un ou plusieurs des buts suivants : assurer à leurs membres participants et à leurs familles des secours en cas de maladie, blessures ou infirmités, leur constituer des pensions de retraites, contracter à leur profit des assurances individuelles ou collectives en cas de vie, de décès ou d'accidents, pourvoir aux frais des funérailles et allouer des secours aux ascendants, aux veufs, veuves ou orphelins des membres participants décédés. Elles peuvent, en outre, accessoirement, créer au profit de leurs membres des cours professionnels, des offices gratuits de placement et accorder des allocations en cas de chômage, à la condition qu'il soit pourvu à ces trois ordres de dépenses au moyen de cotisations ou de recettes spéciales » (art. 1er).

Ne sont pas considérées comme sociétés de secours mutuels les associations qui, tout en organisant, sous un titre quelconque, tout ou partie des services prévus dans cette définition, créent au profit de telle ou telle catégorie de leurs membres et au détriment des autres des avantages particuliers : les sociétés de secours mutuels sont tenues de garantir à tous leurs membres participants les mêmes avantages sans autre distinction que celle qui résulte des cotisations fournies et des risques apportés (art. 2).

### Dispositions générales.

*Composition des sociétés de secours mutuels.* — Les sociétés de secours mutuels peuvent se composer de membres *participants* (qui seuls prennent part aux avantages de l'association) et de membres *honoraires;* les membres honoraires payent la cotisation fixée ou font des dons à l'association sans prendre part aux bénéfices attribués aux membres participants; mais les statuts peuvent contenir des dispositions spéciales pour faciliter leur admission au titre de membres participants à la suite de revers de fortune. Les femmes peuvent faire partie des sociétés et en créer : les femmes mariées exercent ce droit sans l'assistance de leur mari; les mineurs peuvent faire partie de ces sociétés sans l'intervention de leur représentant légal.

L'*administration* et la *direction* des sociétés de secours mutuels ne peuvent être confiées qu'à des Français majeurs, de l'un ou de l'autre sexe, non déchus de leurs droits civils ou civiques, sous réserve, pour les femmes mariées, des autorisations de droit commun.

Les sociétés de secours mutuels constituées entre étrangers ne peuvent exister qu'en vertu d'un arrêté ministériel toujours révocable.

Par exception, elles peuvent choisir leurs administrateurs parmi leurs membres.

Les membres du conseil d'administration et du bureau des sociétés de secours mutuels sont nommés par le vote au bulletin secret. Les administrateurs et directeurs ne peuvent être choisis que parmi les membres participants et honoraires de la société. (Loi du 1er avril 1898, art. 3.)

*Publicité préalable.* — Un mois avant le fonctionnement d'une société de secours mutuels, ses fondateurs doivent déposer en double exemplaire : 1° les statuts de ladite association ; 2° la liste des noms et adresses de toutes les personnes qui, sous un titre quelconque, sont chargées à l'origine de l'administration ou de la direction. Le dépôt a lieu, contre récépissé, à la sous-préfecture de l'arrondissement où la société a son siège social, ou à la préfecture du département. Le maire de la commune en est informé immédiatement par les soins du préfet ou du sous-préfet. Un extrait des statuts est inséré dans le recueil des actes de la préfecture. Tout changement dans les statuts ou dans la direction est notifié et publié dans les formes indiquées ci-dessus. (Loi du 1er avril 1898, art. 4.)

*Statuts.* — Les statuts déterminent : 1° le siège social, qui ne peut être situé ailleurs qu'en territoire français ; 2° les conditions et les modes d'admission et d'exclusion, tant des membres participants que des membres honoraires ; 3° la composition du bureau et du conseil d'administration, le mode d'élection de leurs membres, la nature et la durée de leurs pouvoirs ; les conditions du vote à l'assemblée générale et du droit pour les sociétaires de s'y faire représenter ; 4° les obligations et les avantages des membres participants ; 5° le montant et l'emploi des cotisations des membres, soit honoraires, soit participants, les modes de placement et de retrait des fonds ; 6° les conditions de la dissolution volontaire de la société ; 7° les bases de la liquidation à intervenir si la dissolution a lieu ; 8° le mode de conservation des documents intéressant la société ; 9° le mode de constitution des retraites pour lesquelles il n'a pas été pris d'engagement ferme et dont l'importance est subordonnée aux ressources de la société ; 10° l'organisation des retraites garanties, et spécialement la fixation de leur quotité et de l'âge de l'entrée en jouissance ; 11° les prélèvements à opérer sur les cotisations pour le service spécial des retraites, lorsque, conformément à la clause précédente, les cotisations des membres honoraires ou participants devront être affectées pour partie à la constitution de retraites garanties, que ce soit au moyen d'un fonds commun ou de livrets individuels ouverts au nom des sociétaires. (Loi du 1er avril 1898, art. 5.)

*Assemblées générales.* — Lorsque l'assemblée générale sera convoquée, les pouvoirs dont les sociétaires seront porteurs, si les statuts autorisent le vote par procuration, pourront être donnés sous seing privé et seront affranchis de tous droits de timbre et d'enregistrement ; ils seront déposés au siège social.

Les contestations sur la validité des opérations électorales sont portées, dans le délai de quinze jours à dater de l'élection, devant le juge de paix du siège de la société. Elles sont introduites par simple déclaration au greffe. Le juge de paix statue, dans les quinze jours de cette déclaration, sans frais ni forme de procédure et sur simple avertissement donné trois jours à l'avance à toutes les parties intéressées. La décision du juge de paix est en dernier ressort, mais elle peut être déférée à la Cour de cassation. Le pourvoi n'est recevable que s'il est formé dans les dix jours de la notification de la décision. Il est formé par simple requête déposée au greffe de la justice de paix et dénoncée aux défendeurs dans les dix jours qui suivent. Il est dispensé du ministère d'un avocat à la cour et jugé d'urgence sans frais ni amende. Les pièces et mémoires fournis par les partis sont transmis sans frais par le greffier de la justice de paix au greffier de la Cour de cassation. La chambre civile de cette cour statue directement sur le pourvoi. Tous les actes sont dispensés du timbre et enregistrés gratis. (Loi du 1er avril 1898, art. 6.)

*Unions de sociétés.* — Il peut être établi entre les sociétés de secours mutuels, en conservant d'ailleurs à chacune d'elles son autonomie, des unions, ayant pour objet notamment : — l'organisation, en faveur des membres participants, de soins et secours, notamment la création de pharmacies, dans les conditions déterminées par les lois spéciales sur la matière ; — l'admission des membres participants qui ont changé de résidence ; — le règlement de leurs pensions viagères de retraite ; — l'organisation d'assurances mutuelles pour les risques divers auxquels les sociétés se sont engagées à pourvoir, notamment la création de caisses de retraites et d'assurances communes à plusieurs sociétés pour les opérations à long terme et les maladies de longue durée ; — le service des placements gratuits. (Loi du 1er avril 1898, art. 8.)

*Assurances contractées par les sociétés.* — Les sociétés de secours mutuels sont admises à contracter des assurances, soit en cas de décès, soit en cas d'accidents, aux caisses d'assurances instituées par la loi du 11 juillet 1868. (V. CAISSE.) Ces assurances peuvent se cumuler avec les assurances individuelles. (Loi du 1er avril 1898, art. 9.)

*Accidents du travail.* — Les sociétés de secours mutuels peuvent passer avec des chefs d'entreprise des conventions à l'effet de prendre à forfait, en cas d'accidents entraînant une incapacité temporaire de travail, la charge de payer à ceux de leurs membres participants occupés par ces chefs d'entreprise les frais de maladie et l'indemnité journalière ou partie seulement de cette indemnité. La convention peut également stipuler le payement des mêmes frais ou indemnités en cas d'accidents entraînant la mort ou une incapacité permanente.

La convention est passée par le conseil, sous réserve de l'approbation par l'assemblée générale, dans les conditions prévues par l'arrêté ministériel du 16 mai 1899.

*Insaisissabilité des secours et pensions.* — Les secours, pensions, contrats d'assurances, livrets, et généralement toutes sommes et tous titres à remettre par les sociétés de secours mutuels à leurs membres participants, sont incessibles et insaisissables jusqu'à concurrence de 360 francs par an pour les rentes et de 3 000 francs pour les capitaux assurés. (Loi du 1er avril 1898, art. 12.)

*Actions en justice.* — Les sociétés de secours mutuels ayant satisfait aux dispositions générales qui viennent d'être exposées ont le droit d'ester en justice, tant en demandant qu'en défendant, par le président ou par le délégué ayant mandat spécial à cet effet, et peuvent obtenir l'assistance judiciaire. (Loi du 1er avril 1898, art. 13.)

*Infractions et pénalités.* — Les infractions aux dispositions de la loi du 1er avril 1898 sont poursuivies contre les administrateurs ou les directeurs et punies d'une amende de 1 franc à 15 francs inclusivement.

Si une société est détournée de son but de société de secours mutuels, et si, trois mois après un avertissement donné par arrêté du préfet du département, cette société persiste à ne pas se conformer aux prescriptions de la loi ou aux dispositions de ses statuts, la dissolution peut en être prononcée par le tribunal civil de l'arrondissement.

Le ministère public introduit l'action en dissolution par un mémoire présenté au président du tribunal, énonçant les faits et accompagné des pièces justificatives; ce mémoire est notifié au président de la société avec assignation à jour fixe. Le tribunal juge en audience publique, sur les réquisitions du procureur de la République, le président de la société entendu ou régulièrement appelé. Le jugement est susceptible d'appel. L'assistance de l'avoué ne sera obligatoire ni en première instance ni en appel. En cas de fausse déclaration faite de mauvaise foi ou de toutes autres manœuvres tendant à dissimuler, sous le nom de sociétés de secours mutuels, des associations ayant un autre objet, les juges de répression ont la faculté de prononcer la dissolution à la requête du ministère public. Les administrateurs et directeurs sont passibles d'une amende de 16 francs à 500 francs. (Loi du 1er avril 1898, art. 10.)

La dissolution volontaire d'une société de secours mutuels ne peut être prononcée que dans une assemblée convoquée à cet effet par un avis indiquant l'objet de la réunion et à la condition de réunir à la fois une majorité des deux tiers des membres présents et la majorité des membres inscrits. En cas de dissolution par les tribunaux, le jugement désigne un administrateur chargé de procéder à la liquidation définitive. Aucun encaissement des cotisations autres que celles échues au jour de la liquidation ne peut plus être effectué. Communication est faite à l'administrateur des livres, registres, procès-verbaux et pièces de toute nature : la communication a lieu sans déplacement, sauf le cas où le tribunal en aurait ordonné autrement. La liquidation s'opère conformément aux statuts ; elle est homologuée sans frais par le tribunal, à la diligence du procureur de la République. (*Id.*, art. 11.)

*Conseil supérieur.* — Il est institué près le ministère de l'Intérieur un conseil supérieur de sociétés de secours mutuels composé de trente-six membres représentants de sociétés de secours mutuels, dont six appartiennent aux sociétés libres et sont élus par les délégués des sociétés. Chaque représentant des sociétés approuvées est élu par un collège comprenant un certain nombre de départements, de telle sorte que chaque collège comprend un nombre à peu près égal de mutualistes. Tous les membres sont nommés pour quatre ans; leurs pouvoirs sont renouvelables; leurs fonctions sont gratuites. Le ministre de l'Intérieur est président de droit du conseil supérieur des sociétés de secours mutuels.

Il est convoqué au moins une fois tous les six mois. Il donne son avis sur toutes les dispositions réglementaires ou autres qui concernent le fonctionnement des sociétés de secours mutuels, et notamment sur le mode de répartition des subventions et secours qui seront attribués sur les mêmes bases et dans les mêmes proportions pour les retraites constituées soit à l'aide du fonds commun, soit à l'aide de livrets individuels. Sept membres nommés par le ministre, dont quatre pris parmi ceux qui procèdent de l'élection, constituent une section permanente. La section permanente a pour fonction de donner son avis sur toutes les questions qui lui sont renvoyées soit par le conseil supérieur, soit par le ministre. (Loi du 1er avril 1898, art. 34 et 35.)

Les élections au conseil supérieur de la mutualité sont réglementées par les décrets des 2 mai 1899, 13 juin 1899, 11 juillet 1899 et 14 avril 1902.

*Direction de la mutualité.* — Le bureau de la mutualité institué au ministère de l'Intérieur a été érigé en direction spéciale sous le titre de *direction de la mutualité*, par l'article 20 de la loi du 30 décembre 1903.

*Sociétés d'assurances mutuelles.* — V. ASSURANCES.

*Division des sociétés de secours mutuels.* — Les sociétés de secours mutuels se divisent en trois catégories :

1° Les sociétés libres;

2° Les sociétés approuvées;

3° Les sociétés reconnues comme établissements d'utilité publique. (Loi du 1er avril 1898, art. 14.)

### Sociétés libres.

Les sociétés libres et unions de sociétés libres peuvent recevoir et employer les sommes provenant des cotisations des membres honoraires et participants, et généralement faire des actes de simple administration ; elles peuvent posséder des objets mobiliers, prendre des immeubles à bail pour l'installation de leurs divers services.

Elles peuvent, avec l'autorisation du préfet, recevoir des dons et legs mobiliers. Toutefois, si la libéralité est faite à une société dont la circonscription comprend des communes situées dans des départements différents, il est statué par un décret. S'il y a réclamation des héritiers du testateur, il est statué par un décret du président de la République, le Conseil d'Etat entendu. — Lorsque l'emploi des dons et legs n'est pas déterminé par le testateur, cet emploi sera prescrit par l'arrêté ou le décret d'autorisation.

Les sociétés libres ne peuvent acquérir des immeubles, sous quelque forme que ce soit, à peine de nullité, sauf les immeubles exclusivement affectés à leurs services. Elles ne peuvent, à peine de nullité, être autorisées à recevoir des dons ou legs immobiliers qu'à la charge de les aliéner. La nullité est prononcée en justice, soit sur la demande des parties intéressées, soit d'office, sur les réquisitions du ministère public. (Loi du 1er avril 1898, art. 15.)

## Sociétés approuvées.

*Approbation.* — Les sociétés de secours mutuels et les unions de sociétés qui ont fait approuver leurs statuts par arrêté ministériel ont tous les droits accordés aux sociétés libres et unions de sociétés libres, et jouissent d'avantages particuliers.

L'approbation ne peut être refusée que dans deux cas : 1° pour non-conformité des statuts avec les dispositions de la loi ; 2° si les statuts ne prévoient pas des recettes proportionnées aux dépenses, pour la constitution des retraites garanties ou des assurances en cas de vie, de décès ou d'accident.

L'approbation ou le refus d'approbation doit avoir lieu dans le délai de trois mois. Le refus d'approbation doit être motivé par une infraction aux lois. En cas de refus d'approbation, un recours peut être formé devant le Conseil d'Etat. Ce recours est dispensé de tout droit ; il peut être formé sans ministère d'avocat.

Tout changement dans les statuts d'une société approuvée doit être l'objet d'une nouvelle demande d'approbation, et aucune modification statutaire ne peut être mise à exécution si elle n'a pas été préalablement approuvée. Il sera procédé pour les changements dans les statuts, comme en matière de statuts primitifs. (Loi du 1er avril 1898, art. 16.)

Les unions de sociétés libres et les unions mixtes de sociétés libres et approuvées peuvent recevoir l'approbation. (Loi du 2 juillet 1904.)

*Dons et legs.* — Les sociétés de secours mutuels approuvées pourront, sous réserve de l'autorisation du Conseil d'Etat, recevoir des dons et legs immobiliers. Les immeubles compris dans un acte de donation ou dans une disposition testamentaire, que les sociétés n'auront pas été autorisées à conserver, seront aliénés dans les délais et la forme prescrits par le décret qui en autorise l'acceptation ; le délai pourra, en cas de nécessité, être prorogé. Les sociétés de secours mutuels et les unions de sociétés peuvent être autorisées, par décret rendu en conseil d'Etat, à acquérir les immeubles nécessaires soit à leurs services d'administration, soit à leurs services d'hospitalisation. (Loi du 1er avril 1898, art. 17.)

*Livrets et registres.* — Les communes sont tenues de fournir aux sociétés approuvées les livrets et registres nécessaires à l'administration et à la comptabilité. En cas d'insuffisance des ressources des communes, cette dépense est mise à la charge des départements. Dans le cas où la société s'étend sur plusieurs communes ou sur plusieurs départements, cette obligation incombe d'abord à la commune dans laquelle est établie le siège social, ensuite au département auquel appartient cette commune. (Loi du 1er avril 1898, art. 18.)

Les imprimés que les communes sont tenues de fournir aux sociétés de secours mutuels, approuvées en exécution de l'article 18 de la loi du 1er avril 1898, sont les suivants : 1° un registre matricule pour l'inscription des associés participants et des membres honoraires ; 2° un journal pour le trésorier ; 3° un registre pour les délibérations du bureau, les procès-verbaux des assemblées générales et les comptes rendus financiers ; 4° les livrets à l'usage des sociétaires ; 5° les feuilles de visite pour la surveillance du service des malades. (Circ. Intérieur, 15 sept. 1901.)

Les communes, siège de sociétés « rayonnantes », ne peuvent répartir la dépense proportionnellement au nombre des membres participants des sociétés résidant dans chacune des communes ou dans chacun des départements. La dépense incombe totalement à la commune où est établi le siège social, ou au département auquel appartient ladite commune. (Même Circ.)

*Locaux.* — Les communes sont tenues, en outre, de fournir à celles de ces sociétés qui le demandent les locaux nécessaires à leurs réunions. En cas d'insuffisance des ressources des communes, la dépense est à la charge des départements. Si la société s'étend à plusieurs communes ou sur plusieurs départements, la dépense incombe d'abord à la commune où est établi le siège social, ensuite au département auquel appartient cette commune. (Loi du 1er avril 1898, art. 18.) Toute rétribution exigée par les communes est irrégulière : cette rétribution ne peut être que volontaire.

*Frais de convois.* — Dans les villes où il existe une taxe municipale sur les convois funèbres, il est accordé aux sociétés approuvées remise des deux tiers des droits sur les convois dont elles peuvent avoir à supporter les frais, aux termes de leurs statuts. (Loi du 1er avril 1898, art. 18.)

*Timbre et enregistrement.* — Tous les actes intéressant les sociétés approuvées sont exempts des droits de timbre et d'enregistrement. Sont également exempts du droit de timbre de quittance, les reçus de cotisations des membres honoraires ou participants, les reçus des sommes versées aux pensionnaires, ainsi que les registres à souches qui servent au payement des journées de maladies. [Cette disposition n'est pas applicable aux transmissions de propriété, d'usufruit ou de jouissance de biens meubles et immeubles, soit entre vifs, soit par décès.] (Loi du 1er avril 1898, art. 19.)

*Placements.* — Les placements des sociétés de secours mutuels approuvées doivent être effectués en dépôt aux caisses d'épargne, à la Caisse des dépôts et consignations, en rentes sur l'Etat, bons du Trésor ou autres valeurs créées ou garanties par l'Etat, en obligations des départements et des communes, du Crédit foncier de France ou des compagnies françaises de chemins de fer qui ont une garantie d'intérêts de l'Etat. Les sociétés de secours mutuels approuvées pourront, en outre, posséder et acquérir des immeubles jusqu'à concurrence des trois quarts de leur avoir, les vendre et les échanger. Pour être valables, ces opérations devront être votées à la majorité des trois quarts des voix par une assemblée générale extraordinaire composée au moins de la moitié des membres de la société, présents ou représentés. Les titres et valeurs au porteur appartenant aux sociétés de secours mutuels approuvées sont déposés à la Caisse des dépôts et consignations, qui est chargée de l'encaissement des arrérages, coupons et primes de remboursement de ces titres, et en porte le montant au compte de dépôt de chaque société. (Loi du 1er avril 1898, art. 20.)

Les sociétés de secours mutuels approuvées sont admises à verser des capitaux à la Caisse des dépôts et consignations : 1° en compte courant disponible; 2° en un compte affecté pour toute la durée de la société à la formation et à l'accroissement d'un fonds commun et inaliénable. Le compte courant et le fonds commun portent intérêt à un taux égal à celui de la Caisse nationale des retraites pour la vieillesse. (*Id.*, art. 21.)

Si, dans la commune, il n'y a ni trésorier-payeur général ni receveur des finances, les sociétés peuvent effectuer à la caisse des percepteurs ou, à défaut, à celle des receveurs des postes, les dépôts et retraits se rapportant à leur compte courant de fonds libres et les versements se rapportant soit à leur compte courant de fonds libres, soit à leur fonds commun de retraites. Ces versements et retraits donnent lieu à la tenue d'un carnet de compte courant.

La différence entre le taux de 4 1/2 pour 100 déterminé pour le compte courant et le fonds commun par le décret-loi du 26 mars 1852 et le décret du 26 avril 1856, et l'intérêt servi par la Caisse des dépôts et consignations est versée à titre de bonification à chaque société de secours mutuels approuvée ou reconnue d'utilité publique, en raison de son avoir à la Caisse des dépôts et consignations (fonds libre et fonds commun de retraites), au moyen d'un crédit inscrit chaque année au budget du ministère de l'Intérieur. L'intérêt servi par la Caisse des dépôts et consignations est égal à celui qu'elle a retiré de ses placements durant le cours de l'année précédente : le taux en est déterminé, au commencement de chaque année, après avis de la commission de surveillance de la Caisse des dépôts et consignations, par un décret rendu sur la proposition du ministre des Finances et du ministre de l'Intérieur. « Les intérêts qui ne reçoivent pas d'emploi au cours de l'année sont capitalisés tous les ans. La Caisse des dépôts et consignations aura la faculté de faire emploi des fonds versés aux comptes ci-dessus désignés dans les mêmes conditions que pour les fonds des caisses d'épargne. Elle pourra, en outre, avec les capitaux du fonds commun, faire des prêts aux départements, aux communes et aux chambres de commerce. » (Loi du 31 mars 1903, art. 61.) Pour l'application, v. le décret du 28 novembre 1901.

*Pensions.* — Les sociétés de secours mutuels peuvent instituer des pensions à l'aide des sommes prélevées sur l'avoir disponible de leur fonds de retraites et versées à la Caisse nationale des retraites pour la vieillesse. Elles ont en outre la faculté de servir des pensions au moyen des arrérages de leur fonds commun de retraites placé à la Caisse des dépôts et consignations. Un troisième mode leur permet de prendre au nom de leurs sociétaires des livrets individuels contenant les sommes qu'elles versaient précédemment à leur fonds commun. Le livret individuel appartient en toute propriété à son titulaire, à capital aliéné ou réservé. (Loi du 1er avril 1898, art. 22.)

Les *pensions de retraites alimentées par le fonds commun* sont constituées à capital réservé au profit de la société. Elles sont servies directement par la société à l'aide des intérêts de ce fonds, ou par l'intermédiaire de la Caisse nationale des retraites. Pour bénéficier de ces pensions, les membres participants doivent être âgés d'au moins cinquante ans, avoir acquitté la cotisation sociale pendant quinze ans au moins et remplir les conditions statutaires fixées pour l'obtention de la pension. Les sociétés qui constituent sur le fonds commun des pensions de retraites garanties sont tenues de produire, tous les cinq ans au moins, au ministre de l'Intérieur, la situation de leurs engagements éventuels ou liquides, et des ressources correspondantes, en se conformant aux modèles qui leur sont fournis par l'administration compétente. Elles devront modifier, s'il y a lieu, leurs statuts d'après les résultats de ces inventaires au moins quinquennaux. (*Id.*, art. 23.)

Les pensions allouées sur le fonds commun ne pourront être servies aux étrangers que dans le cas où ils résideront sur le territoire français. (*Id.*, art. 26.)

Le fonds commun est le véritable placement de fonds mutualiste, parce qu'il est le lien qui unit tous les membres d'une même association ; avec le fonds commun, le participant devient solidaire de la société, tandis qu'avec le livret individuel il n'y a qu'une réunion d'individus et non pas une association véritable.

Le règlement d'administration publique du 25 mars 1901 a déterminé les conditions et les garanties à exiger pour l'organisation des caisses autonomes que les sociétés ou les unions peuvent constituer, soit pour servir des pensions de retraites, soit pour réaliser l'assurance en cas de vie, de décès ou d'accident, et, d'une manière générale, toutes les mesures d'application destinées à assurer l'exécution de la loi. Les fonds versés dans ces caisses devront être employés en rentes sur l'Etat, en valeurs du Trésor ou garanties par le Trésor, en obligations départementales ou en valeurs désignées à l'article 20. (V. plus haut.) La gestion de ces caisses est soumise à la vérification de l'inspection des finances et au contrôle du receveur particulier de l'arrondissement du siège de la caisse. La Caisse des dépôts et consignations est tenue d'envoyer, dans le courant du premier trimestre de chaque année, aux présidents des sociétés de secours mutuels ayant constitué des pensions de retraites en faveur de leurs membres participants, la liste des retraités qui, dans l'année précédente, n'auront pas touché leurs arrérages. (Loi du 1er avril 1898, art. 27.)

Les *pensions de retraites constituées par le livret individuel* à l'aide de la Caisse nationale des retraites ou d'une caisse autonome sont formées, en conformité des statuts, au moyen de versements effectués par la société au compte de chacun de ses membres participants. Ces versements proviennent : 1° de la cotisation spéciale que le sociétaire a lui-même acquittée en vue de la retraite ou de la proportion de la cotisation unique prélevée en vue de ce service ; 2° de tout ou partie des arrérages annuels du fonds commun inaliénable, s'il en existe un ; 3° des autres ressources dont les statuts autorisent l'emploi en capital au profit des livrets individuels. Les versements effectués par la société sur le livret individuel le sont à capital aliéné ou à capital réservé, au profit de la société, suivant que les statuts en auront décidé. Quant aux versements qui proviennent des cotisations du membre participant, ils peuvent être, au choix de ce membre, faits à capital aliéné ou à capital réservé au profit de ses ayants droit. Pour la liquidation des pensions de retraites constituées à capital aliéné et à jouissance immédiate par les sociétés de secours mutuels, les tarifs à la Caisse nationale des retraites seront calculés jusqu'à quatre-vingts ans. (*Id.*, art. 24.)

*Allocations et indemnités annuelles.* En dehors des retraites garanties ou non garanties, constituées soit à l'aide du fonds commun, soit au moyen du livret individuel, les sociétés peuvent accorder à leurs membres des allocations, non pas viagères, mais annuelles, prises sur les ressources disponibles. Le montant en est fixé chaque année par l'assemblée générale. Les titulaires sont désignés par elle, parmi les membres âgés de plus de cinquante ans et ayant acquitté la cotisation sociale au moins pendant quinze ans. Le service de ces allocations annuelles s'effectue à l'aide des arrérages du fonds commun inaliénable ou des autres ressources disponibles.

Une indemnité pécuniaire, fixée également chaque année en assemblée générale et prélevée sur les fonds de réserve, peut être allouée aux membres participants devenus infirmes ou incurables avant l'âge fixé par les statuts pour être admissibles à la pension viagère de retraite. (*Id.*, art. 25.)

*Subventions.* — Les arrérages des dotations et les subventions annuellement inscrites au budget du ministère de l'Intérieur au profit des sociétés de secours mutuels sont employés à accorder à ces sociétés des allocations : 1° pour encourager la formation des pensions de retraites à l'aide du fonds commun ou du livret individuel ; 2° pour bonifier les pensions dont le montant, y compris la subvention de l'Etat, n'est pas supérieur à 360 francs ; 3° pour donner, en raison du nombre de leurs membres, des subventions aux sociétés qui ne constituent pas de retraites. — Pour chacune de ces affectations, la répartition du crédit a lieu dans les proportions et suivant les barèmes arrêtés par le ministre de l'Intérieur, après avis du conseil supérieur. — Il est, préalablement à toute répartition, opéré chaque année, sur les dotations et subventions, un prélèvement déterminé par le conseil supérieur, qui ne peut dépasser 5 pour 100 de l'actif total, pour venir en aide aux sociétés de secours mutuels qui, par suite d'épidémies ou de toute autre cause de force majeure, seraient momentanément hors d'état de remplir leurs engagements.

Les subventions de l'Etat, en vue de la retraite par livret individuel, profitent aux étrangers, lorsque leur pays d'origine a garanti par un traité des avantages équivalents à nos nationaux. (Loi du 1er avril 1898, art. 26.)

Les capitaux placés à 4 fr. 50 p. 100 aux fonds communs de retraites reçoivent des subventions proportionnelles ainsi calculées : 1° le quart du versement ; 2° un franc par membre participant des sociétés qui assurent à la fois le service de la maladie et celui de la retraite ; 3° cinquante centimes par membre participant des sociétés n'assurant que l'un ou l'autre de ces deux services ; toutefois, la subvention ne peut dépasser le chiffre du versement. Si l'on suppose une société approuvée de 1 000 membres faisant les deux services (maladie et retraite) et effectuant à son fonds de retraites un versement de 1 000 francs : le franc de chaque membre participant lui vaudra une subvention de 1 000 francs, avec intérêt de 4 1/2 p. 100 ; son capital versé s'augmentera de 100 pour 100, et les deux intérêts réunis doubleront à 9 pour 100.

Les sociétés de secours mutuels qui accordent à leurs membres ou à quelques-uns seulement des indemnités moyennes ou supérieures à 5 francs par jour, des allocations annuelles ou des pensions supérieures à 300 francs et des capitaux en cas de vie ou de décès supérieurs à 3 000 francs, ne participent pas aux subventions de l'Etat et ne bénéficient ni du taux spécial d'intérêt fixé par les décrets des 26 mars 1852, 26 avril 1856, ni des avantages accordés par la présente loi sous forme de remise de droits d'enregistrement et de frais de justice. — Les sociétaires qui s'affilieront à plusieurs sociétés en vue de se constituer une pension supérieure à 360 fr. ou des capitaux en cas de vie ou de décès supérieurs à 3000 francs seront exclus des sociétés de secours mutuels dont ils font partie, sous peine, pour la société, de perdre les avantages concédés par la loi. (*Id.*, art. 28.)

*Comptes rendus trimestriels.* — Dans les trois premiers mois de chaque année, les sociétés approuvées doivent adresser au ministre de l'Intérieur, par l'intermédiaire des préfets (indépendamment de la situation numérique et sanitaire trimestrielle exigée de toutes les sociétés), le compte rendu de leur situation morale et financière. Elles sont tenues (sous peine d'une amende de 16 francs à 500 francs) de communiquer leurs livres, registres, procès-verbaux et pièces comptables de toute nature aux préfets, sous-préfets ou à leurs délégués. Cette communication a lieu sans déplacement, sauf le cas où il en serait autrement ordonné par arrêté du préfet. (Loi du 1er avril 1898, art. 29.)

*Dissolution volontaire ou judiciaire.* — Elle a lieu sous la surveillance du préfet. Il est prélevé sur l'actif social, y compris le fonds commun inaliénable de retraites déposé à la Caisse des dépôts et dans l'ordre suivant : 1° le montant des engagements contractés vis-à-vis des tiers ; 2° les sommes nécessaires pour remplir les engagements contractés vis-à-vis des membres participants, notamment en ce qui concerne les pensions viagères et les assurances en cas de décès, de vie ou d'accident ; 3° *a*) une somme égale au montant des subventions et secours accordés depuis l'origine de la société par l'Etat, à titre inaliénable, sur les fonds de la dotation ou autres, pour être, ladite somme, versée au compte de la dotation des sociétés de secours mutuels ; *b*) des sommes égales au montant des subventions et secours accordés depuis l'origine de la société par les départements et les communes, à titre inaliénable, pour être, lesdites sommes, réintégrées dans leurs caisses ; *c*) des sommes égales au montant des dons et legs faits à titre inaliénable, pour être employés conformément aux volontés des donateurs et testateurs, s'ils ont prévu le cas de liquidation, ou, si leur volonté n'a pas été exprimée, pour être ajoutées au compte de dotation des sociétés de secours mutuels.

Si, après le payement des engagements contractés vis-à-vis des tiers et des sociétaires, il ne reste pas de fonds suffisants pour le plein des prélèvements prévus, ces prélèvements auront lieu au marc le franc des versements faits respectivement par l'Etat, les départements, les communes, les particuliers.

Le surplus de l'actif social sera, s'il y a lieu, réparti entre les membres participants appartenant à la société au jour de la dissolution et non pourvus d'une pension ou indemnité annuelle, au prorata des versements opérés par chacun d'eux depuis leur entrée dans la société, sans qu'ils puissent recevoir une somme supérieure à leur contribution personnelle. Le reliquat sera attribué au fonds de dotation. (Loi du 13 avril 1898, art. 31.)

### Sociétés reconnues comme établissements d'utilité publique.

Les sociétés de secours mutuels et les unions sont reconnues comme établissements d'utilité publique par décret rendu dans la forme des règlements d'administration publique. La demande est adressée au préfet avec les pièces suivantes : la liste nominative des personnes qui y ont adhéré et trois exemplaires des projets de statuts et du règlement intérieur. (Loi du 13 avril 1898, art. 32.)

Les sociétés reconnues comme établissements d'utilité publique jouissent des avantages accordés aux sociétés approuvées. Elles peuvent, en outre, posséder et acquérir, vendre et échanger des immeubles, dans les conditions déterminées par le décret déclarant l'utilité publique. Elles sont soumises aux dispositions communes concernant la dissolution volontaire. (*Id.*, art. 33.)

## Secours en cas d'accident.

— V. ACCIDENT, page 8, col. 1.

## Secret.

*Secret d'Etat.* — Tout fonctionnaire public, tout agent du gouvernement ou toute autre personne qui, chargée ou instruite officiellement, ou à raison de son état, du secret d'une négociation ou d'une expédition, a livré ce secret aux agents d'une puissance étrangère ou de l'ennemi, est passible de la peine de mort. (Code pén., art. 76 et 80.)

*Secrets de fabrique.* — V. PROPRIÉTÉ INDUSTRIELLE.

*Secret professionnel.* — Les confidents nécessaires, c'est-à-dire les personnes qui, par leur état ou leur profession, sont appelées à être dépositaires des secrets de la vie privée, sont, dans un intérêt d'ordre général, pénalement obligées à ne point révéler ces secrets. De la combinaison des termes de l'article 378 du Code pénal et des décisions de la jurisprudence, il résulte que les personnes ainsi tenues au secret sont les médecins, chirurgiens et autres officiers de santé, les pharmaciens, les sages-femmes, les magistrats, les avocats, les avoués, les agréés, les notaires, les membres des bureaux d'assistance judiciaire, les agents de change, les ministres des cultes reconnus par l'Etat, les commissaires de police, les employés des postes et télégraphes.

Si l'une de ces personnes révèle le secret dont elle a la connaissance en vertu de son état ou de sa profession, elle se rend passible des peines prononcées par l'article 378 (emprisonnement d'un mois à six mois et amende de 100 fr. à 500 fr.). D'autre part, l'une de ces personnes peut, interrogée par la justice, se retrancher derrière le secret professionnel, c'est-à-dire refuser de témoigner à l'occasion des faits dont elle n'a eu connaissance qu'à raison de sa qualité.

Toutefois, sur ce dernier point, la jurisprudence a établi une distinction : 1° les personnes investies de certaines fonctions, telles que les médecins, les avocats, les avoués, les ministres des cultes, sont toujours présumées avoir reçu à titre confidentiel les déclarations qui leur ont été faites, et, par conséquent, elles doivent toujours être dispensées de déposer en justice ; 2° d'autres, au contraire, comme les notaires, les commissaires de police, etc., peuvent être dispensés de déposer en justice, mais dans le seul cas où il est allégué que les faits sur lesquels on les interroge leur ont été révélés sous le sceau du secret.

Une exception à l'obligation du secret professionnel résulte des lois qui ont imposé aux médecins la déclaration immédiate à l'autorité publique des cas de maladies épidémiques.

*Mise au secret.* — Lorsqu'un inculpé a été incarcéré, en vertu d'un mandat d'arrêt ou d'un mandat de dépôt, le juge d'instruction peut, en principe, lui interdire toute communication avec l'extérieur, soit verbale, soit par lettres. (Code Instr. crim., art. 618, et Loi du 8 déc. 1897, art. 8.) C'est la *mise au secret* ou *interdiction de communiquer*.

Il y a lieu de distinguer le cas où l'inculpé subit la détention préventive dans une prison soumise au régime cellulaire et celui où il la subit dans une prison non soumise à ce régime : dans le premier cas, il ne peut jamais intervenir contre lui aucune interdiction de communiquer; dans le second cas, le juge d'instruction a le droit de prescrire à son égard l'interdiction de communiquer, mais seulement pour un délai maximum de deux périodes de dix jours.

En aucun cas l'interdiction de communiquer ne s'applique au conseil de l'inculpé.

**Secrétaire d'ambassade.** — Fonctionnaire du cadre de l'activité du service diplomatique, attaché à un ambassadeur ou à un ministre plénipotentiaire, à moins qu'il ne soit détaché au ministère des Affaires étrangères.

En l'absence ou en cas d'empêchement du chef de mission, le secrétaire d'ambassade le remplace généralement en qualité de chargé d'affaires. Il jouit de l'immunité et de l'inviolabilité diplomatiques. Il ne faut pas le confondre avec le secrétaire privé du ministère public. Ses fonctions privées varient selon les règlements intérieurs de chaque pays.

**Secrétaire général.** — Fonctionnaire nommé par le chef de l'Etat et chargé dans chaque département de l'enregistrement, de la conservation des pièces, de la signature des ampliations des actes administratifs et des décisions du conseil de préfecture, de la surveillance des employés.

Le secrétaire général (Lois du 28 pluviôse an VIII, Ord. du 6 avril 1817, Loi du 21 juin 1865), par délégation du préfet et sous réserve de l'approbation du ministre de l'Intérieur, peut être chargé d'une partie de l'administration départementale. Il remplace le préfet absent ou empêché (Lois du 28 pluviôse an VIII et du 21 juin 1865). Il remplit les fonctions de commissaire du gouvernement auprès du conseil de préfecture et donne ses conclusions dans les affaires contentieuses.

**Secrétaire de mairie.**

Les secrétaires de mairie sont nommés, suspendus et révoqués par les maires. (Loi du 5 avril 1884, art. 88.) La dépense de traitement est obligatoire pour la commune. (Loi du 5 avril 1884, art. 136, § 2.) Les secrétaires de mairie sont de simples auxiliaires du maire, chargés du travail des écritures, de la garde des archives et, en vertu d'un arrêté spécial du maire, de la tenue du registre des actes passibles des droits de timbre et d'enregistrement.

Le travail que leur impose la loi sur la protection des enfants du premier âge (23 déc. 1876) leur vaut une rémunération fixée par les Circulaires (Intérieur) des 21 août 1882 et 19 mars 1884, et par la Circulaire de la Comptabilité publique du 4 avril 1884.

**Seing privé (Acte sous).** — V. ACTE.

**Sel.**

Tel qu'il est extrait des mines et tel qu'on le retire des sources d'eaux salées ou de la mer, après évaporation sous l'action du feu ou du soleil, le sel (chlorure de sodium) est désigné sous le nom de *sel neuf*.

On appelle *sels impurs* :

*Spécialement*, les résidus des salpêtreries et les crasses des chaudières ou *curins* expédiés des salines;

*Généralement*, les *sels de coussins* ou *immondes*, savoir : 1° les *ressels* ou *saumures*, résidus de la salaison ou de la préparation des poissons de mer; 2° les sels qui proviennent du battage des peaux fraîches salées.

La production du sel en France est concentrée dans les marais salants établis sur les côtes et dans les exploitations de mines de sel gemme, de sources et de puits d'eau salée.

Le sel est produit aussi accessoirement dans certaines fabriques de produits chimiques, telles que les fabriques de salpêtre et de soude de varech notamment; mais ces établissements sont peu nombreux et leur production est relativement sans importance.

*Droit de consommation.* — Les sels de toute origine : indigènes, coloniaux ou étrangers, quel que soit l'usage auquel ils sont destinés, sont assujettis à un droit intérieur de consommation, lequel est perçu soit au moment de l'introduction de cette denrée en France, soit au moment où les sels sont enlevés des lieux de production (marais salants, salines, fabriques de produits chimiques) ou des entrepôts généraux et bureaux d'importation des douanes, pour être livrés à la consommation.

Les eaux salées, les matières salifères, sont soumises au régime des sels. La quantité de sel contenue dans l'eau salée est évaluée, par hectolitre, à raison de 1 650 grammes de sel pour chaque degré du densimètre centésimal au-dessus de la densité de l'eau pure. (Ord. du 26 juin 1841, art. 19.)

L'impôt qui frappe le sel est fixé à 10 francs par 100 kilogrammes.

Le tarif est de 2 francs par 100 kilogrammes pour les sels introduits dans le pays de Gex et la zone neutralisée de la Haute-Savoie. (Décrets du 20 sept. 1877 et 20 avril 1881.)

Les sels consommés en Corse sont soumis à un droit de 7 fr. 50 par 100 kilogrammes. (Loi du 21 avril 1818, art. 12.)

Les sels de provenance étrangère sont passibles, indépendamment de la taxe intérieure de consommation, d'un droit de douane qui varie de 2 fr. 40 à 6 fr. 90 par 100 kilogrammes.

Les sels d'Algérie et des colonies et établissements français soumis au tarif métropolitain n'ont à supporter que la taxe de consommation de 10 francs par 100 kilogrammes; les sels originaires des colonies françaises régies par des tarifs spéciaux sont passibles du droit de douane et de la taxe de consommation précitée. (Loi du 11 janv. 1892, art. 3.)

Sont affranchis de l'impôt :

1° Les sels destinés à l'exportation (Loi du 24 avril 1806, art. 54; Ord. du 26 juin 1841, art. 11);

2° Les sels destinés à la pêche maritime française et aux salaisons de la marine (salaisons soit en mer, soit à terre, de poissons de toute sorte), dans des proportions déterminées (Loi du 24 avril 1806, art. 55; Décr. du 8 oct. 1810, art. 3; Ord. du 30 oct. 1816, art. 1er; Loi du 7 juin 1826, art. 9; Loi du 17 juin 1840, art. 12; Ord. du 26 juin 1841, art. 11);

3° Les sels destinés à la fabrication des soudes, sous certaines conditions (Loi du 2 juill. 1862, art. 16, et décr. du 13 déc. suivant);

4° Le sablon de mer, propre à la fabrication du sel, mais destiné à l'amendement des terres (Ord. du 19 mars 1817 et décr. du 8 nov. 1869);

5° Les sels neufs nécessaires à la préparation des tabacs, expédiés aux manufactures de l'Etat (Décision minist. du 6 mars 1893; Lettre commune 63 du 27 avril suivant);

6° L'eau de mer destinée à des dépôts d'huîtres, ainsi que celle utilisée à la préparation de bains ou à d'autres usages médicinaux. Ce dernier emploi est également autorisé en franchise lorsqu'il s'agit des eaux mères provenant des salines (Décision minist. du 7 avril 1847);

L'administration des Douanes permet également, sur demande spéciale, l'enlèvement, sans payement d'aucun droit, de l'eau de mer destinée aux jardins zoologiques ou à tout autre établissement ayant un caractère d'utilité publique;

7° Les sels à destination des exploitations agricoles ou manufacturières (Loi du 17 juin 1840, art. 12) :

*a*) Usages agricoles (nourriture des bestiaux, préparation des engrais et amendement des terres) [Décr. des 8 nov. 1869, 25 mai 1882, 18 août 1901, 25 mai 1903];

*b*) Usages manufacturiers ou industriels (Décr. du 4 sept. 1901).

Le service des douanes est chargé de la perception du droit, de l'exercice des exploitations ou fabriques et de la délivrance des expéditions dans un rayon de 15 kilomètres des côtes et de 20 kilomètres des frontières de terre.

En deçà de ce rayon, la perception et l'exercice rentrent dans les attributions du service des contributions indirectes.

Dans la zone des douanes, la surveillance sur la circulation des sels et matières salifères est exercée concurremment par les deux services.

*Salines et marais salants. — Concessions de mines de sel, de sources ou de puits d'eau salée.* Tout ce qui se rapporte aux concessions de mines, de sources ou de puits d'eau salée rentre dans les attributions du ministre des Travaux publics.

Entre autres prescriptions, il convient de citer notamment celles qui suivent : Nulle exploitation de mine de sel, de sources ou de puits d'eau salée ne peut avoir lieu qu'en vertu d'une concession consentie par un décret rendu en la forme des règlements d'administration publique. Ces dispositions ne s'appliquent pas aux raffineries de sel, qui sont régies par l'article 1er de la loi des 9-17 mai 1866.

Les lois et règlements généraux sur les mines, et spécialement les dispositions des titres V et X de la loi du 21 avril 1840, sont applicables aux exploitations des mines de sel.

Les concessions sont accordées de préférence aux propriétaires des établissements légalement existants; elles ne peuvent excéder 20 kilomètres carrés s'il s'agit d'une mine et 1 kilomètre carré pour une source ou un puits d'eau salée. (Loi du 17 juin 1840, art. 1 à 4.)

L'ordonnance du 7 mars 1841 détermine, selon la nature des concessions, les conditions auxquelles l'exploitation des mines de sel est soumise et les formes des enquêtes qui doivent précéder les concessions de sources ou de puits d'eau salée.

Aucune recherche de mines de sel ou d'eau salée ne peut être commencée qu'un mois après la déclaration faite au préfet, qui en donne avis au directeur des contributions indirectes ou des douanes. (Loi du 21 avril 1810, art. 10; Ord. du 7 mars 1841, art. 19.) Tout demandeur en concession doit : 1° justifier que la mine, la source ou le puits peut fournir annuellement 500 000 kilogrammes de sel au mininum, et 2° prouver que ses facultés pécuniaires le mettent en état de remplir les obligations qui résultent pour lui de l'acte de concession. (Loi du 17 juin 1840, art. 5; Ord. du 7 mars 1841, art. 6.)

*Autorisations concernant les marais salants.* Aucun marais salant ne peut être établi qu'en vertu d'un arrêté du ministre des Finances, appelé à fixer les conditions auxquelles doit satisfaire l'intéressé afin d'assurer le recouvrement de l'impôt et de protéger tous les intérêts publics (douanes, domaines, guerre, marine, etc.) ou privés qui se trouvent engagés.

Les enquêtes et instructions relatives à la concession des autorisations de l'espèce rentrent dans les attributions de l'administration des Douanes.

*Exercice des exploitations.* Toute exploitation ou fabrique de sel est tenue en exercice par les employés des contributions indirectes ou des douanes suivant le lieu où elle est située. Les exploitants ou fabricants sont soumis aux visites des employés et tenus de leur ouvrir, à toute réquisition, leurs fabriques, ateliers, magasins, logements d'habitation, caves et celliers, et tous autres bâtiments enclavés dans l'enceinte des fabriques, ainsi que de leur représenter les sels, eaux salées et résidus qu'ils possèdent. Ces visites et vérifications peuvent avoir lieu même pendant la nuit dans les ateliers et magasins, si le travail se prolonge après le coucher du soleil. (Ord. du 26 juin 1841, art. 6 et 7.)

**Sénat.** — L'une des deux assemblées qui exercent le pouvoir législatif.

Les lois qui régissent l'organisation et le fonctionnement du Sénat sont les suivantes : Loi du 24 février 1875, relative à l'organisation du Sénat; loi du 25 février 1875 sur l'organisation des pouvoirs publics ; loi constitutionnelle du 16 juillet 1875 sur les rapports des pouvoirs publics (ces trois lois ont été reproduites à l'article Lois CONSTITUTIONNELLES); loi du 2 août 1875 sur l'élection des sénateurs; loi du 9 décembre 1884 portant modification aux lois organiques sur l'organisation du Sénat et les élections des sénateurs.

*Composition du Sénat.* — Le Sénat se composait d'abord de 225 membres élus par les départements et les colonies, et de 75 membres inamovibles élus au scrutin de liste par l'Assemblée nationale qui avait voté les lois constitutionnelles de 1875. La loi du 9 décembre 1884 a supprimé les sénateurs inamovibles pour l'avenir, et réparti les soixante-quinze sièges entre les départements les plus peuplés ; elle stipula qu'à chaque vacance d'un siège d'inamovible un tirage au sort déterminerait le département qui procéderait à la nouvelle élection. Le cadre des électeurs sénatoriaux a été élargi, et le chiffre des délégués des conseils municipaux mis en rapport avec le nombre des membres que comprend chaque conseil.

Le Sénat se compose de trois cents membres élus par les départements et les colonies.

Nul ne peut être sénateur s'il n'est Français, âgé de quarante ans au moins, et s'il ne jouit de ses droits civils et politiques. Les membres des familles qui ont régné sur la France sont inéligibles au Sénat.

Les sénateurs sont élus, au scrutin de liste quand il y a lieu, par un collège réuni au chef-lieu du département ou de la colonie et composé : 1° des députés ; 2° des conseillers généraux ; 3° des conseillers d'arrondissement; 4° des délégués élus parmi les électeurs de la commune, par chaque conseil municipal.

Les conseils composés de dix membres élisent un délégué ; les conseils composés de douze membres, deux délégués ; les conseils composés de seize membres, trois délégués ; les conseils composés de vingt et un membres, six délégués ; les conseils composés de vingt-trois membres, neuf délégués ; les conseils composés de vingt-sept membres, douze délégués ; les conseils composés de trente membres, quinze délégués ; les conseils composés de trente-deux membres, dix-huit délégués ; les conseils composés de trente-quatre membres, vingt et un délégués ; les conseils composés de trente-six membres et au-dessus, vingt-quatre délégués. Le conseil municipal de Paris élit trente délégués. Le vote a lieu au chef-lieu de chaque établissement.

Les membres du Sénat sont élus pour neuf années. L'assemblée se renouvelle tous les trois ans, par tiers, conformément à un ordre de séries des départements tiré au sort en séance publique le 29 mars 1876.

*Élections sénatoriales.* — Un décret du président de la République, rendu au moins six semaines à l'avance, fixe le jour où doivent avoir lieu les élections pour le Sénat et en même temps celui où doivent être choisis les délégués des conseils municipaux. Il doit y avoir un intervalle d'un mois au moins entre le choix des délégués et l'élection des sénateurs. (Loi du 2 août 1875, art. 1er.)

Dans chaque conseil municipal, l'élection des délégués se fait sans débat, au scrutin secret, et le cas échéant, au scrutin de liste, à la majorité absolue des suffrages. Après deux tours de scrutin, la majorité relative suffit, et en cas d'égalité de suffrages le plus âgé est élu. Il est procédé de même et dans la même forme à l'élection des suppléants. Les conseils qui ont un, deux ou trois délégués à élire nomment un suppléant. Ceux qui élisent six ou neuf délégués nomment deux suppléants; ceux qui élisent douze ou quinze délégués, trois suppléants; ceux qui élisent dix-huit ou vingt et un délégués, quatre suppléants; ceux qui élisent vingt-quatre délégués, cinq suppléants. Le conseil municipal de Paris nomme huit suppléants.

Les suppléants remplaceront les délégués, en cas de refus ou d'empêchement, selon l'ordre fixé par le nombre des suffrages obtenus par chacun d'eux. (Loi du 9 déc. 1884, art. 8.)

Le choix des conseils municipaux ne peut porter ni sur un député, ni sur un conseiller général, ni sur un conseiller d'arrondissement. Il peut porter sur tous les électeurs de la commune, y compris les conseillers municipaux, sans distinction entre eux. (Loi du 2 août 1875, art. 2.)

Dans les communes où les fonctions de conseil municipal sont remplies par une délégation spéciale, les délégués et suppléants sénatoriaux sont nommés par l'ancien conseil. (Loi du 9 déc. 1884, art. 8.)

Si les délégués n'ont pas été présents à l'élection, notification leur en est faite dans les vingt-quatre heures par les soins du maire. Ils doivent faire parvenir aux préfets, dans les cinq jours, l'avis de leur acceptation. En cas de refus ou de silence, ils sont remplacés par les suppléants, qui sont alors portés sur la liste comme délégués de la commune. (*Id.*)

Le procès-verbal de l'élection des délégués et des suppléants est transmis immédiatement au préfet. Il mentionne l'acceptation ou le refus des délégués et suppléants, ainsi que les protestations élevées contre la régularité de l'élection par un ou plusieurs membres du conseil municipal. Une copie de ce procès-verbal est affichée à la porte de la mairie. (*Id.*)

Un tableau des résultats de l'élection des délégués et suppléants est dressé dans la huitaine par le préfet; ce tableau est communiqué à tout requérant; il peut être copié et publié. Tout électeur a, de même, la faculté de prendre dans les bureaux de la préfecture communication et copie de la liste, par commune, des conseillers municipaux du département, et dans les bureaux des sous-préfectures, de la liste, par commune, des conseillers municipaux de l'arrondissement. (Loi du 2 août 1875, art. 6.)

Tout électeur de la commune peut, dans un délai de trois jours, adresser directement au préfet une protestation contre la régularité de l'élection. Si le préfet estime que les opérations ont été irrégulières, il a le droit d'en demander l'annulation. (*Id.*, art. 7.)

Les protestations relatives à l'élection des délégués ou des suppléants sont jugées, sauf recours au Conseil d'Etat, par le conseil de préfecture, et, dans les colonies, par le conseil privé. Les délégués dont l'élection est annulée parce qu'ils ne remplissent pas une des conditions exigées par la loi, ou pour vice de forme, sont remplacés par des suppléants. En cas d'annulation de l'élection d'un délégué et de celle d'un suppléant, comme en cas de refus ou de décès de l'un et de l'autre, après leur acceptation, il est procédé à de nouvelles élections par le conseil municipal, au jour fixé par un arrêté du préfet. (Loi du 9 déc. 1884, art. 8.)

Huit jours au plus tard avant l'élection des sénateurs, le préfet, et dans les colonies, le directeur de l'intérieur, dresse la liste des électeurs du département par ordre alphabétique. La liste est communiquée à tout requérant et peut être copiée et publiée. Aucun électeur ne peut avoir plus d'un suffrage. (Loi du 2 août 1875, art. 9.)

Les députés, les membres du conseil général ou des conseils d'arrondissement qui auraient été proclamés par les commissions de recensement, mais dont les pouvoirs n'auraient pas été vérifiés, sont inscrits sur la liste des électeurs et peuvent prendre part au vote. (*Id.*, art. 10.)

Le collège électoral est présidé par le président du tribunal civil du chef-lieu du département ou de la colonie. Le président est assisté des deux plus âgés et des deux plus jeunes électeurs présents à l'ouverture de la séance. Le bureau ainsi composé choisit un secrétaire parmi les électeurs. Si le président est empêché, il est remplacé par le vice-président, et à son défaut, par le juge le plus ancien. (*Id.*, art. 12.)

Le bureau répartit les électeurs par ordre alphabétique en sections de vote comprenant au moins cent électeurs. Il nomme les présidents et scrutateurs de chacune de ces sections. Il statue sur toutes les difficultés et contestations qui peuvent s'élever au cours de l'élection, sans pouvoir toutefois s'écarter des décisions rendues en vertu de l'article 8 de la présente loi. (*Id.*, art. 13.)

Le premier scrutin est ouvert à huit heures du matin et fermé à midi. Le second est ouvert à deux heures et fermé à cinq heures. Le troisième est ouvert à sept heures et fermé à dix heures. Les résultats des scrutins sont recensés par le bureau et proclamés immédiatement par le président du collège électoral. (*Id.*, art. 14, mod. par la loi du 9 déc. 1884.)

Nul n'est élu sénateur à l'un des deux premiers tours de scrutin s'il ne réunit : 1° la majorité absolue des suffrages exprimés; 2° un nombre de voix égal au quart des électeurs inscrits. Au troisième tour de scrutin, la majorité relative suffit, et en cas d'égalité de suffrages, le plus âgé est élu. (Loi du 2 août 1875, art. 15.)

Les réunions électorales pour la nomination des sénateurs pourront être tenues depuis le jour de la promulgation du décret de convocation des électeurs jusqu'au jour du vote inclusivement. La déclaration de candidature est faite par deux électeurs au moins. Les membres du Parlement élus ou électeurs dans le département, les électeurs sénatoriaux délégués et suppléants, et les candidats, ou leur mandataire, peuvent seuls assister à ces réunions. L'autorité municipale veille à ce que nulle autre personne ne s'y introduise. Les délégués et suppléants justifient de leur qualité par un certificat du maire de la commune; les candidats ou mandataires, par un certificat du fonctionnaire qui aura reçu la déclaration. (Loi du 9 déc. 1884, art. 8.)

V. DÉLÉGUÉS SÉNATORIAUX.

Tout délégué qui, sans cause légitime, n'aura pas pris part à tous les scrutins, ou, étant empêché, n'aura point averti le suppléant en temps utile, sera condamné à une amende de 50 francs par le tribunal civil du chef-lieu, sur les réquisitions du ministère public. La même peine peut être appliquée au délégué suppléant qui, averti par lettre, dépêche télégraphique ou avis à lui personnellement délivré en temps utile, n'aura pas pris part aux opérations électorales. (Loi du 2 août 1875, art. 18.)

Toute tentative de corruption ou de contrainte par l'emploi des moyens énoncés dans les articles 177 et suivants du Code pénal, pour influencer le vote d'un électeur ou le déterminer à s'abstenir de voter, sera puni d'un emprisonnement de trois mois à deux ans et d'une amende de 50 francs à 500 francs, ou de l'une de ces deux peines seulement. L'article 463 du Code pénal (circonstances atténuantes) est applicable. (*Id.*, art. 19, complété par la loi du 9 déc. 1884.)

Le sénateur élu dans plusieurs départements doit faire connaître son option au président du Sénat dans les dix jours qui suivent la déclaration de la validité de ces élections. A défaut d'option dans ce délai, la question est décidée par la voie du sort et en séance publique. Il est pourvu à la vacance dans le délai d'un mois et par le même corps électoral. Il en est de même dans le cas d'invalidation d'une élection. (*Id.*, art. 22.)

Il est pourvu aux vacances survenant par suite de décès, ou de démission des sénateurs, dans le délai de trois mois; toutefois, si la vacance survient dans les six mois qui précèdent le renouvellement triennal, il n'y est pourvu qu'au moment de ce renouvellement. (*Id.*, art. 23, mod. par la loi du 9 décembre 1884.)

Les membres du Sénat reçoivent la même indemnité que ceux de la Chambre des députés. (*Id.*, art. 26.)

Sont applicables à l'élection du Sénat toutes les dispositions de la loi électorale relatives : 1° aux cas d'indignité et d'incapacité; 2° aux délits, poursuites et pénalités; 3° aux formalités de l'élection (en tout ce qui ne serait pas contraire aux dispositions des lois du 2 août 1875 et 9 décembre 1884).

*Incompatibilités et inéligibilité.* — Les militaires des armées de terre et de mer ne *peuvent être élus sénateurs.* Sont exceptés de cette disposition : 1° les maréchaux de France et les amiraux; 2° les officiers généraux maintenus sans limite d'âge dans la première section du cadre de l'état-major général et non pourvus de commandement; 3° les officiers généraux ou assimilés placés dans la deuxième section du cadre de l'état-major général; 4° les militaires des armées de terre et de mer qui appartiennent soit à la réserve de l'armé active, soit à l'armée territoriale. (Loi du 9 décembre 1884, art. 5.)

*Ne peuvent être élus par le département compris en tout ou en partie dans leur ressort,* pendant l'exercice de leurs fonctions et pendant les six mois qui suivent la cessation de leurs fonctions par démission, destitution, changement de résidence ou de toute autre manière : 1° les premiers présidents, les présidents et les membres des parquets des cours d'appel; 2° les présidents, les vice-présidents, les juges d'instruction et les membres des parquets des tribunaux de première instance; 3° le préfet de police, les préfets et sous-préfets et les secrétaires généraux des préfectures; les gouverneurs et secrétaires généraux des colonies; 4° les ingénieurs en chef et d'arrondissement, et les agents voyers en chef et d'arrondissement; 5° les recteurs et inspecteurs d'académie; 6° les inspecteurs des écoles primaires; 7° les archevêques, évêques et vicaires généraux; 8° les officiers de tous grades de l'armée de terre et de mer; 9° les intendants divisionnaires et les sous-intendants militaires; 10° les trésoriers-payeurs généraux et les receveurs particuliers des finances; 11° les directeurs des contributions directes et indirectes, de l'enregistrement et des domaines, et des postes; 12° les conservateurs et inspecteurs des forêts. (Loi du 2 août 1875, art. 21.)

D'autre part, la loi du 26 décembre 1887 a rendu applicables aux élections sénatoriales les articles 8 et 9 de la loi du 30 novembre 1875 sur l'élection des députés. V. DÉPUTÉS (Chambre des). V. aussi CUMUL.

*Organisation et attributions du Sénat.* — Le Sénat a, concurremment avec la Chambre des députés, l'initiative et la confection des lois. Toutefois, les lois de finances doivent être, en premier lieu, présentées à la Chambre des députés et votées par elle. (Loi du 24 février 1875, art. 8.)

On trouvera à l'article LOIS CONSTITUTIONNELLES les dispositions qui règlent le fonctionnement du pouvoir législatif, l'organisation et les rapports des pouvoirs publics.

L'organisation intérieure du Sénat (bureau, commissions, délibérations, mécanisme législatif, etc.) est analogue à celle de la Chambre des députés. V. DÉPUTÉS (Chambre des).

Aux termes d'une résolution du Sénat, en date du 28 octobre 1881, après l'élection d'une Chambre nouvelle le Sénat demeure saisi des projets de loi émanant du gouvernement qui ont été votés par l'ancienne Chambre et présentés au Sénat; mais pour les propositions de lois émanées de l'initiative parlementaire le Sénat demeure saisi seulement de celles sur lesquelles des rapports ont été déposés.

*Haute Cour de justice.* — Le Sénat peut être constitué en Cour de justice par décret du président de la République, rendu en conseil des ministres, pour juger toute personne prévenue d'attentat commis contre la sûreté de l'Etat. (Loi du 16 juillet 1875, art. 12.) L'organisation du Sénat en Cour de justice, l'instruction, la mise en accusation et le jugement font l'objet de la loi du 10 avril 1889.

La Haute Cour n'est compétente qu'au regard de trois catégories d'accusés : 1° le président de la République; 2° les ministres; 3° les auteurs d'attentats contre la sûreté de l'Etat, lorsque, par un décret rendu en conseil des ministres et en raison de la gravité des faits qui leur sont imputés, le président de la République a jugé nécessaire de les distraire de leurs juges naturels.

La Haute Cour n'a à prononcer : 1° au regard du président de la République, que sur le crime — non encore défini dans nos lois — de haute trahison, crime devant lequel fléchit le principe de son irresponsabilité politique et administrative, inscrit dans l'article 6 de la loi du 25 février 1875; 2° au regard des ministres, que sur les crimes par eux commis dans l'exercice de leurs fonctions; 3° au regard des particuliers, que sur les attentats à la sûreté de l'Etat à lui déférés par décret présidentiel.

Une controverse s'est élevée sur le point de savoir s'il n'y avait pas lieu de distinguer entre le *complot* et l'*attentat;* de laisser le complot, c'est-à-dire la résolution d'agir concertée et arrêtée entre deux ou plusieurs personnes, au jury, et de ne réserver à la Haute Cour que l'attentat proprement dit, c'est-à-dire l'exécution ou la tentative.

La Haute Cour, par un arrêt du 18 novembre 1899, s'est déclarée compétente pour connaître du complot aussi bien que de tous les autres crimes attentatoires à la sûreté de l'Etat.

Pour juger les auteurs d'attentats contre la sûreté de l'Etat, le Sénat est constitué en cour de justice par un décret du président de la République, rendu en conseil des ministres. En cas de mise en accusation du président de la République et des ministres, l'initiative des poursuites ne vient pas du gouvernement, mais de la Chambre des députés : la constitution de la Haute Cour aurait lieu *de plano* par le fait de la résolution de la Chambre des députés, décrétant d'accusation soit le président, soit les ministres.

Tous les sénateurs élus antérieurement au décret de convocation de la Haute Cour sont tenus d'y répondre, à moins qu'ils n'aient à présenter des motifs d'excuse que le Sénat apprécie en chambre du conseil. Au commencement de chaque audience, il est procédé à l'appel nominal. Les sénateurs qui n'ont pas été présents à toutes les audiences ne peuvent concourir au jugement.

Les sénateurs élus postérieurement au décret n'ont pas à connaître des faits incriminés.

Le président du Sénat, à son défaut l'un des vice-présidents désigné par le Sénat, préside les débats. Le secrétaire général de la présidence du Sénat remplit les fonctions de greffier. Il peut être assisté de commis greffiers assermentés, nommés par le président.

Les actes de la procédure sont signifiés par les huissiers des cours et tribunaux. Les huissiers du Sénat, c'est-à-dire les employés du Sénat chargés de recueillir les votes, de maintenir l'ordre dans les tribunes publiques, et dont le service, réglé par le président, est sous la surveillance de ce dernier et des questeurs, remplissent, pour le service d'ordre intérieur, les fonctions d'huissiers audienciers.

Les fonctions de ministère public sont remplies par un procureur général et un ou plusieurs avocats généraux, choisis, par le président de la République, parmi les membres de la Cour d'appel ou de la cour de Cassation.

Le parquet de la Haute Cour n'est pas permanent. Il naît et disparaît avec elle.

La désignation du lieu faite par le président de la République n'enchaîne pas la Haute Cour, qui a toujours le droit de désigner un autre lieu pour la tenue de ses séances.

Il est procédé à l'instruction par une commission de neuf de ses membres, nommée chaque année, au début de la session ordinaire, au scrutin de liste, en séance publique et sans débats. Le président de la commission procède à l'instruction, assisté et suppléé au besoin par des membres de la commission désignés par elle. Il est investi des pouvoirs attribués par le Code d'instruction criminelle au juge d'instruction. Il peut décerner un mandat d'arrêt sans qu'il soit besoin des conclusions du ministère public. Mais il ne rend point d'ordonnances. Sur les demandes de mise en liberté provisoire, il est statué sans recours par la commission, après communication au procureur général.

Aussitôt que l'instruction est terminée, la commission d'instruction devient chambre d'accusation; elle prononce sans recours sur la mise en accusation, par décision spéciale pour chaque inculpé, sur chaque chef d'accusation. Ou elle rend une ordonnance de non-lieu, ou elle conclut à la mise en accusation, en insérant dans son arrêt une ordonnance de prise de corps. L'arrêt est rendu en chambre du conseil. Il y est fait mention des sénateurs qui y ont concouru et ceux-ci y apposent leur signature. La défense peut les récuser, tout comme, du reste, leurs collègues de la commission qui n'ont pas concouru à l'arrêt.

L'acte d'accusation, rédigé par le procureur général, est notifié aux accusés, avec l'arrêt de mise en accusation, trois jours au moins avant le jour de l'audience.

Les débats sont publics. Si, au cours de l'audience, il se commet quelque délit, il est statué conformément aux règles du Code d'instruction criminelle.

Après l'audition des témoins, le réquisitoire, les plaidoiries, les observations des accusés, qui ont les derniers la parole, la Cour se retire dans la chambre du conseil pour délibérer.

Pour chaque accusé, les questions sur la culpabilité et sur l'application de la peine sont formulées par le président et mises aux voix séparément. Il est voté séparément pour chaque inculpé sur chaque chef d'accusation, par appel nominal, en suivant l'ordre alphabétique désigné par le sort. Les sénateurs votent à haute voix, le président le dernier.

Pour l'application de la peine, si, après deux tours de scrutin, aucune peine n'a réuni la majorité, il est procédé à un troisième tour dans lequel la peine la plus forte proposée au tour précédent est écartée de la délibération. Si, à ce troisième tour, aucune peine n'a encore réuni la majorité absolue, il est procédé à un quatrième tour, et ainsi de suite, en continuant à écarter la peine la plus forte, jusqu'à ce qu'une peine soit prononcée par la majorité absolue des votants.

Les décisions ou arrêts de la Haute Cour ne peuvent être rendus qu'avec le concours de la moitié plus un au moins de la totalité des sénateurs qui ont droit d'y prendre part.

Les sénateurs membres du gouvernement ne prennent part ni à la délibération ni au vote sur la culpabilité.

L'arrêt définitif est lu en audience publique par le président. Il est notifié sans délai par le greffier à l'accusé. Si celui-ci est reconnu coupable, il lui en est donné connaissance en séance publique. Il a le droit de présenter des observations.

**Séparation de biens.** — Régime matrimonial particulier qui conserve à chacun des époux la propriété et l'administration de ses biens.

Il y a deux sortes de séparation de biens entre mari et femme : l'une naît au moment du mariage, et on l'appelle vulgairement *séparation de biens contractuelle* ou *conventionnelle*, parce qu'elle est stipulée dans le contrat de mariage; l'autre est, durant le mariage, prononcée en justice en certains cas déterminés.

*Séparation contractuelle ou conventionnelle.* — Elle constitue l'un des régimes que les époux peuvent adopter par leur contrat de mariage. (Code civ., art. 1536-1539.) C'est une mesure préventive contre le mari, irrévocable comme toute convention matrimoniale, et qui assure à la femme l'entière administration de son patrimoine et la jouissance libre de ses revenus.

Sur deux points seulement les époux ne sont pas complètement indépendants quant à leurs biens : d'une part, la femme ne peut pas aliéner ses immeubles sans le consentement spécial de son mari ou, à son défaut, sans autorisation de justice; d'autre part, la femme doit contribuer aux charges du mariage. Sa contribution est réglée par le contrat de mariage, ou, sinon, elle est fixée par la loi au tiers des revenus de la femme. Cette part contributive de la femme est versée entre les mains du mari, chef du ménage.

Toutefois, si les revenus du mari, joints au tiers apporté par la femme, étaient inférieurs aux besoins réels du ménage, la femme devrait fournir le complément, par suite de l'obligation imposée par l'article 212 du Code civil aux époux, de se prêter mutuellement secours et assistance. Lorsque les époux ont stipulé la séparation de biens, il est utile pour eux de faire dresser un état en bonne forme, qui constate la quantité et l'état du mobilier que la femme possède au jour de la célébration du mariage et de celui qui lui échoit durant le mariage. A défaut d'un pareil état, les créanciers de chacun des époux sont en droit de saisir tout le mobilier qu'ils possèdent ensemble, sauf au conjoint non débiteur à demander la distraction de ceux des objets saisis de la propriété desquels il pourrait suffisamment justifier.

Lorsque la femme séparée a laissé la jouissance de ses biens à son mari, celui-ci n'est tenu, soit sur la demande que sa femme pourrait faire, soit à la dissolution du mariage, qu'à la représentation des fruits existants, et il n'est point comptable de ceux qui ont été consommés jusqu'alors.

*Séparation de biens judiciaire.* — Les règles spéciales à la séparation de biens judiciaire sont inscrites dans les articles 1443 à 1452 du Code civil, 65 à 70 du Code de commerce, 865 du Code de procédure civile. Elle constitue l'un des modes de dissolution du régime de la communauté entre époux.

*Qui peut demander la séparation de biens.* Le droit pour la femme d'obtenir la séparation de biens et de dissoudre la communauté lui est donné pour compenser les pouvoirs excessifs que la loi confère au mari comme chef de la communauté : aussi la séparation de biens ne peut-elle être poursuivie que par la femme. Ses héritiers ne sont admis à la provoquer que si elle a, de son vivant, intenté l'action en séparation et qu'elle soit morte pendant l'instance : ils peuvent y avoir intérêt, puisque le jugement qui prononce la séparation de biens rétroagit au jour de la demande. En principe, les créanciers d'une personne peuvent exercer tous les droits de cette personne. (Code civ., art. 1166.) L'article 1446 consacre une dérogation importante à ce principe : il dispose que les créanciers de la femme ne peuvent, sans son consentement, demander la séparation de biens; qu'il ne faut pas, en effet, qu'un étranger puisse venir troubler la paix du ménage en exerçant une action qui soulève presque toujours une question d'honneur et de moralité. Toutefois, au cas de déconfiture ou de faillite du mari, le consentement de la femme n'est plus nécessaire; la communauté est considérée, dans l'intérêt des créanciers, comme fictivement dissoute en ce qui concerne la liquidation et la reprise des droits de la femme. Les créanciers sont alors admis à faire valoir jusqu'à concurrence de leurs prétentions les droits qui compètent à leur débitrice. Ainsi ils peuvent exercer en son nom la reprise de ses immeubles et même de ses apports mobiliers, s'il avait été stipulé que la femme pourrait les reprendre en renonçant à la communauté. La loi autorisant les créanciers à exercer sans restriction les droits de leur débitrice, il en résulte qu'ils ne sont pas tenus de respecter l'usufruit de la communauté et, par suite, de laisser au mari la jouissance des sommes pour lesquelles ils sont colloqués. Mais dans les rapports des époux la communauté continue à exister.

L'action en séparation de biens peut être contredite par toutes les personnes intéressées. Ainsi ont ce droit : 1° le mari; c'est contre lui que la demande est formée, il doit pouvoir défendre à l'action; d'ailleurs son intérêt est trop évident pour que nous ayons besoin de le constater; 2° les créanciers du mari, qui ont intérêt à ce que la séparation de biens ne soit pas prononcée, parce que le mari, comme chef de la communauté, perçoit les revenus des biens personnels de la femme et acquiert un droit sur les successions mobilières qui s'ouvrent à son profit; 3° les créanciers personnels de la femme; la séparation leur fait perdre l'espoir de l'enrichissement de la communauté qui pourrait résulter de successions mobilières échues au mari.

La séparation de biens peut être demandée en deux cas : lorsque la dot est mise en péril, et lorsque le désordre des affaires du mari fait craindre que ses biens ne soient pas suffisants pour permettre à la femme d'exercer d'une manière complète ses droits et ses reprises. Lorsque la dot est mise en péril, il faut supposer que le mari, administrateur des biens de la communauté, l'appauvrit par sa mauvaise gestion et entame d'une façon notable l'apport de la femme. Il en est de même lorsque le désordre des affaires du mari fait craindre que la femme ne puisse effectuer entièrement ses reprises; quand, par exemple, un propre de la femme ayant été aliéné, il n'y a pas eu de remploi. La communauté a touché le prix du propre, à charge de récompense envers la femme; plus tard, le mari fait de mauvaises affaires, administre mal la communauté; la femme peut craindre qu'à la dissolution de la communauté les biens communs ne suffisent pas pour la couvrir de ses reprises et que, d'autre part, le mari, contre qui elle a un recours dans cette hypothèse, ne soit insolvable. La femme est encore recevable quand les revenus de la dot sont détournés de leur destination légale. Il y a mieux : la femme qui possède un talent, une industrie de nature à lui procurer des moyens d'existence, peut, quoiqu'elle n'ait point apporté d'autre dot, demander la séparation.

*Procédure de la séparation.* La femme ne peut introduire la demande en séparation de biens qu'en vertu d'une autorisation préalable donnée par le président du tribunal. Celui-ci est admis à faire toutes les observations qui lui paraissent convenables, mais il n'a pas le droit de refuser l'autorisation. La loi prescrit la publicité de la demande. Le greffier doit inscrire sur un tableau placé dans l'auditoire du tribunal un extrait de cette demande; pareil extrait doit être affiché dans l'auditoire du tribunal de commerce, dans les chambres des avoués de première instance et dans celles des notaires. La femme doit, en outre, faire insérer cet extrait dans l'un des journaux qui s'impriment dans le lieu où siège le tribunal, et à défaut, dans l'un des journaux du département. La publicité est exigée à peine de la nullité de la demande.

Entre la publicité de la demande et le jugement, l'article impose le délai d'un mois. Ce délai est établi pour permettre aux tiers intéressés de venir contredire à la demande en séparation. Le jugement est soumis aux mêmes formalités de publicité que la demande et sous la même sanction. Outre la publicité, le jugement doit recevoir un commencement d'exécution dans la quinzaine. La femme sera considérée comme ayant poursuivi l'exécution du jugement lorsqu'elle aura, par exemple, sommé son mari de se rendre chez un notaire pour procéder à la liquidation, ou bien lorsqu'elle lui aura signifié d'exécuter le jugement. Si la quinzaine est expirée sans qu'il y ait eu commencement d'exécution, la nullité de la séparation peut être opposée par tous les intéressés, c'est-à-dire par le mari et ses créanciers, par les créanciers personnels de la femme, par la femme elle-même qui est alors censée avoir renoncé au bénéfice du jugement. Cette nullité peut se couvrir par la renonciation des personnes autorisées à l'invoquer ou par la prescription de trente ans. Les créanciers du mari ont, non seulement la faculté d'attaquer le jugement, comme pourrait le faire le mari lui-même, mais ils ont, de plus, un droit personnel d'attaque lorsqu'ils ont éprouvé un préjudice et qu'il y a eu fraude concertée entre le mari et la femme.

*Effets du jugement.* Le jugement prononçant la séparation de biens remonte, quant à ses effets, tant à l'égard des tiers qu'entre les époux, au jour de la demande. Si le jugement ne rétroagissait pas, le mari pourrait rendre la demande illusoire, grâce aux pouvoirs d'administrer et de disposer des biens qu'il conserve jusqu'au jour du jugement. Le principal effet de la séparation de biens est de créer un nouveau régime matrimonial en annulant le premier. Il faudrait se garder de croire que la séparation ne peut être prononcée que sous le régime de la communauté : elle est également possible sous le régime dotal.

Quel est le régime créé par la séparation de biens ? La femme doit contribuer proportionnellement à ses facultés et à celles du mari aux dépenses du ménage, ainsi qu'aux frais d'éducation des enfants communs. Elle est tenue de les supporter entièrement si le mari est privé de toute ressource. D'autre part, elle recouvre l'administration et la jouissance de tous ses biens ; en vertu de son droit de libre administration et de jouissance, elle peut sans autorisation toucher ses revenus, recevoir ses capitaux mobiliers et en donner décharge, louer ses immeubles pour une durée de neuf ans, faire au comptant toute espèce d'acquisition mobilière et immobilière, soit avec les capitaux qu'elle a retirés, soit avec ses économies. Au point de vue du droit d'aliéner, l'article 217 dispose : « La femme séparée de biens ne peut ni aliéner ni hypothéquer. » L'article 1449 limite cette incapacité aux immeubles. D'après cet article : « La femme peut disposer de son mobilier et l'aliéner. » Toutefois, on est d'accord sur ce point qu'elle ne peut aliéner ses meubles à titre gratuit.

La femme reste soumise, pour les actes qu'elle ne peut pas faire seule, à l'autorisation préalable de son mari ou de la justice. Ainsi, elle ne peut sans cette autorisation ni hypothéquer ni aliéner ses immeubles, ni faire des donations de tout ou partie de son mobilier, ni ester en justice. Le mari, qui n'a plus l'administration des biens de la femme, n'est plus, en principe, responsable. Lorsque la femme a aliéné un immeuble, le mari est garant du défaut d'emploi ou du remploi s'il a concouru au contrat, s'il a touché lui-même le prix de l'immeuble vendu, ou s'il est prouvé que les deniers ont tourné à son profit : nous supposons que l'aliénation a été faite avec autorisation de justice ; si elle l'a été avec autorisation du mari, celui-ci n'est responsable qu'au cas où la vente a été faite en sa présence et de son consentement.

Les époux séparés de biens peuvent faire revivre le régime primitif. Il faut pour l'exercice de cette faculté un acte passé devant notaire et rendu public. « En ce cas, dit l'article 1451 du Code civil, la communauté rétablie reprend son effet du jour du mariage ; les choses sont remises au même état que s'il n'y avait point eu de séparation, » sans préjudice néanmoins de l'exécution des actes qui ont pu être faits par la femme pendant la période où elle a eu la libre disposition de son patrimoine. « Toute convention par laquelle les époux rétabliraient leur communauté sous des conditions différentes de celles qui la réglaient antérieurement est nulle. »

« La dissolution de la communauté opérée par le divorce ou par la séparation soit de corps et de biens, soit de biens seulement, ne donne pas ouverture aux droits de survie de la femme ; mais celle-ci conserve la faculté de les exercer lors de la mort de son mari. » (*Id.*, art. 1452.)

**Séparation de corps.** — Dispense accordée par la justice à chacun des époux de certaines des obligations que leur imposait le mariage, notamment de l'obligation de la vie en commun.

Le divorce dissout le mariage ; la séparation de corps en relâche simplement les liens, et les obligations qui sont une conséquence de la vie commune (obéissance, cohabitation, devoirs personnels de secours et d'assistance) sont les seules auxquelles les époux échappent par l'effet de la séparation.

*Procédure.* — D'après l'article 307 du Code civil, la demande en séparation « sera intentée, instruite et jugée de la même manière que toute autre action civile ». La formule absolue de cet article reçoit exception sur certains points. Ainsi, c'est devant le président du tribunal, et non devant le juge de paix, qu'a lieu le préliminaire de la conciliation. En second lieu, la femme qui veut ester en justice doit, suivant le droit commun, obtenir l'autorisation de son mari ou celle du tribunal : au contraire, en matière de séparation, elle peut, sans aucune autorisation, adresser au président la requête qui doit précéder sa demande. L'aveu du défendeur est, en matière ordinaire, la meilleure preuve qui puisse être fournie contre lui : ce mode de preuve n'est pas admis quand il s'agit de séparation de corps. Quant au jugement, comme il apporte une modification à l'état des personnes, il ne peut être rendu que sur les conclusions du ministère public. (Code proc. civ., art. 83 et 879.) Le jugement est rendu public au moyen d'affiches apposées dans l'auditoire des tribunaux et dans les chambres d'avoués et de notaires.

La plupart des détails de la procédure instituée pour le divorce sont applicables à la séparation de corps.

*Effets de la séparation de corps.* — La séparation de corps produit plusieurs effets importants. Elle dégage les époux de l'obligation de vivre en commun et anéantit virtuellement toutes les conséquences de cette obligation. Ainsi, la femme séparée peut fixer son habitation et son domicile partout où elle le juge convenable ; les enfants ne sont plus confiés à la garde et aux soins communs du père et de la mère. Ainsi encore, les époux séparés ne sont plus soumis à l'obligation de se prêter assistance, et la femme ne peut plus être tenue de contribuer aux frais d'un ménage qui a cessé d'exister ; mais, malgré la séparation, les époux continuent à être soumis au devoir de fidélité, à l'obligation de se fournir des aliments, et cette obligation subsiste même à l'égard des beau-père et belle-mère.

La séparation de corps entraîne toujours la séparation de biens. Elle dissout donc la communauté conjugale si les époux étaient mariés sous le régime de communauté. S'ils ont adopté un autre régime que la communauté, elle entraîne pour le mari l'obligation de restituer à sa femme les biens dont il n'avait que la jouissance et l'administration.

La séparation de corps a en outre pour effet « de rendre à la femme le plein exercice de sa capacité civile, sans qu'elle ait besoin de recourir à l'autorisation de son mari ou de justice ». La femme séparée de corps peut donc disposer de ses biens aussi complètement que si elle était fille, veuve ou divorcée ; ses biens sont affranchis comme sa personne.

Le domicile légal du mari n'est plus le domicile légal de la femme séparée, sous cette réserve toutefois que la signification faite à la femme séparée en matière de questions d'état (v. ÉTAT) devra être également adressée au mari à peine de nullité. Par l'effet du divorce, chacun des époux reprend l'usage de son nom : en ce qui concerne la séparation de corps, le jugement qui la prononce, ou un jugement postérieur, peut interdire à la femme de porter le nom de son mari ou l'autoriser à ne pas le porter ; dans le cas où le mari a joint à son nom celui de sa femme, celle-ci peut également demander que cette adjonction soit interdite à son mari.

Les enfants nés du mariage sont absolument traités comme les enfants des époux divorcés ; ils sont confiés soit au père, soit à la mère, soit à une tierce personne. La séparation de corps, enfin, entraîne comme le divorce certaines déchéances, notamment la perte par l'époux contre lequel le jugement de séparation a été prononcé de tous les avantages à lui faits par son conjoint, soit dans le contrat de mariage, soit depuis la célébration de leur union. (Code civ., art. 299.)

*Réconciliation.* — L'action en séparation de corps, comme l'action en divorce, s'éteint par la réconciliation des époux, survenue soit depuis les faits allégués dans la demande, soit depuis cette demande : dans l'un et l'autre cas le demandeur est déclaré non recevable dans son action. Néanmoins, il peut en intenter une nouvelle pour cause survenue ou découverte depuis la réconciliation, et se prévaloir des anciennes causes à l'appui de sa nouvelle demande. (Code civ., art. 244 et 307.)

D'autre part, la réunion volontaire ou la réconciliation des époux met fin à la séparation de corps. Celle-ci ne dure donc qu'autant que le veulent les deux époux ; elle est révocable à leur gré et cesse par le seul fait de leur réunion volontaire, sans qu'il soit besoin ni de l'intervention du juge ni de l'accomplissement d'aucune formalité.

Lorsque les époux séparés se réconcilient, la capacité civile de la femme est régie par l'article 1449 du Code civil, c'est-à-dire que les époux sont placés sous le régime de la séparation de biens et que la femme retombe sous l'autorité maritale. Mais cette modification n'est opposable aux tiers que si certaines conditions de publicité se trouvent remplies : la reprise de la vie commune devra être constatée devant notaire, et un extrait affiché au tribunal de première instance. Dans le cas où le mari serait commerçant, l'extrait sera en outre affiché au tribunal de commerce, le régime conjugal des époux ayant une importance capitale quant à la solvabilité du commerçant. De plus, mention sera faite en marge de l'acte et en marge du jugement de séparation. Enfin, un extrait sera publié dans l'un des journaux du département recevant les annonces légales.

*Conversion de la séparation en divorce.* — Lorsque la séparation de corps a duré trois ans, le jugement peut être converti en jugement de divorce, sur la demande formée par l'un des époux. Cette nouvelle demande est introduite par assignation, à huit jours francs, en vertu d'une ordonnance rendue par le président. Elle est débattue en chambre du conseil.

L'ordonnance nomme un juge rapporteur, ordonne la communication au ministère public et fixe le jour de la comparution.

Le jugement est rendu en audience publique.

En appel, la cause est débattue et jugée en chambre du conseil, sur rapport, le ministère public entendu. L'arrêt est rendu en audience publique.

**Séparation de dettes.** — Clause par laquelle des époux déclarent dans leur contrat de mariage exclure de la communauté instituée entre eux les dettes personnelles à chacun d'eux. V. COMMUNAUTÉ.

**Séparation de patrimoines.** — Bénéfice légal accordé aux créanciers d'une succession et aux légataires particuliers, afin de faire cesser la confusion juridique du patrimoine du défunt avec celui de l'héritier. V. PARTAGE ET RAPPORTS.

**Séparation des Églises et de l'Etat.** — V. CULTES.

**Séquestration.**—Isolement forcé et illégal d'une personne.

La séquestration illégale, crime ou délit, selon les circonstances, est une atteinte à la liberté individuelle, punie par les articles 341 et 342 du Code pénal. L'article 341 est ainsi conçu : « Seront punis de la peine des travaux forcés à temps ceux qui, sans ordre des autorités constituées, et hors les cas où la loi ordonne de saisir les prévenus, auront arrêté, détenu ou séquestré des personnes quelconques. Quiconque aura prêté un lieu pour exécuter la détention ou séquestration subira la même peine. » La pénalité s'aggrave quand l'arrestation ou séquestration se complique de certaines circonstances accessoires qui rendent le fait plus criminel. La peine est celle des travaux forcés à perpétuité si la détention de la personne séquestrée s'est continuée au delà d'un mois. La peine des travaux forcés à perpétuité est encore applicable si l'arrestation a été opérée sous un faux costume officiel ou avec l'exhibition d'actes faux ou d'ordres apocryphes supposés émanés d'une autorité régulière. La même disposition répressive est applicable encore lorsque l'individu séquestré a été menacé de mort. (Code pén., art. 342 et 344.) Enfin, la peine de mort serait encourue par l'auteur de la séquestration s'il avait fait subir à la personne détenue des tortures corporelles. La peine est réduite à un emprisonnement de deux à cinq ans dans le cas où le coupable a rendu volontairement la liberté à la personne séquestrée avant le dixième jour accompli depuis la mise en chartre privée. Le bénéfice de cette atténuation de pénalité n'est acquis au coupable qu'autant qu'il a remis sa victime en liberté avant toute poursuite criminelle dirigée contre lui. S'il avait agi sous le coup d'une poursuite engagée, bien que ce fût dans la première période de dix jours, son acte n'aurait rien de spontané, et il ne lui en serait tenu aucun compte relativement à la pénalité applicable.

**Séquestre.** — Etat d'une chose remise en main tierce par ordre de justice ou par convention des parties. — Celui entre les mains de qui une chose est remise en séquestre.

Le séquestre est conventionnel ou judiciaire. (Code civ., art. 1955-1963.)

*Séquestre conventionnel.* — « Le *séquestre conventionnel*, dit l'article 1956 du Code civil, est le dépôt fait par une ou plusieurs personnes d'une chose contentieuse entre les mains d'un tiers qui s'oblige de la rendre, après la contestation terminée, à la personne qui sera jugée devoir l'obtenir. »

Il est gratuit de sa nature ; toutefois, par suite d'une convention entre les parties, le séquestre peut être salarié ; dans ce dernier cas, il soumet à une responsabilité plus rigoureuse, parce qu'alors il tient plutôt du contrat de louage que du dépôt.

Le séquestre diffère du dépôt ordinaire : 1° en ce que le dépôt a trait aux meubles seulement, tandis que le séquestre peut avoir pour objet non seulement des meubles, mais même des immeubles ; 2° en ce que, dans le dépôt ordinaire, on ne confie au dépositaire que la garde de la chose, on ne lui en transfère pas la possession, qui demeure toujours au déposant au nom duquel le dépositaire est censé la retenir. Dans le contrat de séquestre, au contraire, la possession de la chose séquestrée peut être transférée au gardien lorsque c'est l'intention des parties, dans le cas où elles sont en contestation sur la possession de la chose qui fait l'objet du séquestre ; mais cette possession profite à celui qui a gagné le procès, et elle lui est comptée pour la prescription ; 3° en ce que, dans le dépôt ordinaire, le dépositaire doit rendre la chose à celui qui la lui a confiée dès qu'il la lui redemande, tandis que le séquestre ne doit la rendre qu'à la fin de la contestation et à celui qui en sera déclaré propriétaire. Les parties déposantes sont solidairement responsables envers le gardien du remboursement des dépenses que lui a occasionnées la conservation de la chose déposée.

*Séquestre judiciaire.* — La justice peut ordonner le séquestre : 1° d'un immeuble ou d'un meuble dont la possession est litigieuse entre deux ou plusieurs personnes ; 2° des meubles saisis sur un débiteur ; 3° des choses qu'un débiteur offre pour sa libération (v. OFFRES RÉELLES) ; 4° des biens d'un condamné par contumace ; la gestion de ses biens appartient à l'administration des Domaines.

L'établissement d'un gardien judiciaire produit, entre le saisissant et le gardien, des obligations réciproques. Le gardien doit apporter, pour la conservation des effets saisis, les soins d'un bon père de famille. Il doit les représenter, soit à la décharge du saisissant pour la vente, soit à la partie contre laquelle les exécutions ont été faites, en cas de mainlevée de la saisie. L'obligation du saisissant consiste à payer au gardien le salaire fixé par la loi.

Le séquestre judiciaire est donné soit à une personne dont les parties intéressées sont convenues entre elles, soit à une personne nommée d'office par le juge. Dans l'un et l'autre cas, celui auquel la chose a été confiée est soumis à toutes les obligations qu'emporte le séquestre conventionnel.

**Serment.**

On distingue le serment *politique*, le serment *professionnel* et le serment *judiciaire*.

*Serment politique.* — Le décret du 5 septembre 1870 a délié les fonctionnaires publics de tout serment politique.

*Serment professionnel.* — C'est l'engagement pris par celui qui le prête de bien et fidèlement remplir ses fonctions. Imposé aux fonctionnaires de l'Etat : magistrats, juges consulaires, avocats, officiers publics et ministériels, aux experts et interprètes, etc., il est la consécration du caractère public des personnes qui y sont assujetties.

Tout fonctionnaire qui aurait commencé à exercer ses fonctions sans avoir préalablement prêté serment pourrait être poursuivi et puni d'une amende de 16 francs à 150 francs. (Code pén., art. 196.) Le refus ou le défaut de prêter serment est considéré comme une démission. La formalité a lieu devant l'autorité administrative ou judiciaire ; le serment est prêté debout, la tête découverte, la main droite levée, et en disant : « Je le jure. »

*Serment judiciaire.* — Le serment est judiciaire ou extrajudiciaire, suivant qu'il est prêté en justice ou hors de justice. Le serment que doivent prêter les fonctionnaires publics, celui qu'on ajoute à une promesse pour en assurer l'accomplissement, celui dont on aurait fait dépendre l'issue d'un différend, en vertu d'une convention, constituent des serments extrajudiciaires parce qu'ils ne sont pas prêtés en présence du juge. En matière civile comme en matière criminelle, les témoins, avant d'être entendus, doivent jurer « de dire toute la vérité, rien que la vérité » ; ils ne peuvent, sous peine d'amende, se soustraire à cette formalité. Dans la pratique, le serment judiciaire se prête en levant la main droite et en disant : « Je le jure. »

Le serment judiciaire peut être déféré par l'une des parties à l'autre pour en faire dépendre le jugement d'une question litigieuse ; il peut être aussi déféré d'office par le tribunal pour compléter une preuve qui n'est pas suffisante par elle-même. On le nomme *décisoire* dans le premier cas, et dans le second, *supplétoire*. Il constitue alors un moyen de preuve. (Code civ., art. 1357-1369.)

Au cours d'une instance, le serment peut être déféré par l'une des parties à l'autre, pour en faire dépendre la solution du procès. Ce serment, qu'on nomme *décisoire*, est une sorte de transaction, dont le résultat est de donner gain de cause, irrémédiablement et sans appel, à celui qui le prête. Il constitue une offre de renonciation conditionnelle à la demande ou à la défense. Le demandeur, en effet, qui dit au défendeur : « Jurez que vous n'êtes pas mon débiteur, » consent implicitement à renoncer à tout droit si l'adversaire jure qu'il ne doit rien. Mais ce dernier peut *référer* le serment et dire à celui qui le défère : « Jurez vous-même que vous êtes créancier. » Le serment ne peut être référé qu'une seule fois et celui qui le refuse doit succomber dans sa demande. (Code civ., art. 1358-1365.)

On désigne sous le nom de *serment supplétoire* celui que le juge défère, d'office, à l'une ou l'autre des parties, pour compléter sa conviction ; il suppose que la demande n'est ni pleinement justifiée, ni totalement dénuée de preuves ; mais le tribunal n'est pas lié par la prestation du serment prestatoire et la fausseté peut toujours en être prouvée. (Code civ., art. 1366-1369.)

Le serment *en plaids* est celui que le juge défère au demandeur pour déterminer, à défaut d'élément d'appréciation, la valeur de l'objet demandé.

*Faux serment.* — « Celui à qui le serment aura été déféré ou référé en matière civile, et qui aura fait un faux serment, sera puni d'un emprisonnement d'une année au moins et de cinq ans au plus, et d'une amende de 100 francs à 3 000 francs.

« Il pourra, en outre, être privé des droits mentionnés en l'article 42 du Code pénal (v. DROITS CIVILS), pendant cinq ans au moins et dix ans au plus à compter de l'expiration de sa peine, et être placé sous la surveillance de la haute police (v. INTERDICTION DE SÉJOUR) pendant le même nombre d'années. » (Code pén., art. 366.)

## Sérums thérapeutiques.

Les virus atténués, sérums thérapeutiques, toxines modifiées et produits analogues pouvant servir à la prophylaxie et à la thérapeutique des maladies contagieuses, et les substances injectables d'origine organique non définies chimiquement, appliquées au traitement des affections aiguës ou chroniques, ne peuvent être débités, à titre gratuit ou onéreux, qu'autant qu'ils auront été, au point de vue soit de la fabrication, soit de la provenance, l'objet d'une autorisation du gouvernement, rendue après avis du comité consultatif d'hygiène publique de France et de l'académie de médecine.

Ces produits ne bénéficient que d'une autorisation temporaire et révocable. Ils sont délivrés au public par les pharmaciens, sur ordonnances médicales. Chaque bouteille ou récipient portera la marque du lieu d'origine et la date de sa fabrication. En cas d'urgence, les médecins sont autorisés à fournir à leur clientèle ces mêmes produits. Lorsqu'ils sont destinés à être délivrés à titre gratuit aux indigents, les flacons contenant ces produits porteront, dans la pâte du verre, les mots : *Assistance publique — gratuit.* — Ils peuvent alors être déposés, en dehors des officines de pharmacies et sous la surveillance d'un médecin, dans des établissements d'assistance désignés par l'administration qui ont la faculté de se procurer directement ces produits. Ces prescriptions ne s'appliquent pas au vaccin jennérien humain ou animal. (Loi du 25 avril 1895.)

## Service militaire.

La loi du 21 mars 1905 a modifié celle du 15 juillet 1889 sur le recrutement de l'armée et réduit à deux ans la durée du service dans l'armée active.

Le législateur s'est proposé d'assurer l'homogénéité des réserves et d'unifier la durée du service pour tous les jeunes soldats habitant le sol de la métropole. « Le service armé est égal pour tous. Hors le cas d'incapacité physique, il ne comporte aucune dispense. »

La question de l'homogénéité des réserves exigeait que tous les éléments du contingent reçussent la même instruction. Le recrutement des cadres de complément (officiers et sous-officiers) exigeait, en outre, que la nation armée trouvât en elle-même toutes les ressources susceptibles de les fournir. Ces deux considérations ont conduit à la suppression de toutes les dispenses, qu'elles fussent accordées aux jeunes gens instruits ou à ceux dont le travail soutient réellement la famille. La nouvelle loi a donc supprimé toute dispense, en accordant toutefois des sursis d'incorporation et des engagements de devancement d'appel sous certaines conditions. Quant aux soutiens de famille, la rigueur de la nouvelle loi est atténuée par l'allocation aux familles nécessiteuses d'une indemnité journalière pendant la présence de leurs enfants sous les drapeaux.

Tandis que les hommes valides et instruits font leurs deux ans dans le *service armé*, ceux qui sont atteints d'une infirmité relative, mais dont la bonne constitution générale n'est pas douteuse, sont affectés au *service auxiliaire*.

Nous donnons ici, en raison de l'importance de la loi militaire, le texte des divers articles de cette loi.

*Obligation du service militaire.* — (Loi du 21 mars 1905, art. 1er.) Tout Français doit le service militaire personnel.

2. Le service militaire est égal pour tous. Hors le cas d'incapacité physique, il ne comporte aucune dispense. Il a une durée de vingt-cinq années et s'accomplit selon le mode déterminé par la présente loi.

3. Nul n'est admis dans les troupes françaises s'il n'est Français ou naturalisé Français, sauf les exceptions déterminées par la présente loi.

*Exclus de l'armée.* — 4. Sont exclus de l'armée, mais mis, soit pour leur temps de service actif, soit, en cas de mobilisation, à la disposition des départements de la Guerre et des Colonies, suivant la répartition qui sera arrêtée par décret rendu sur la proposition des ministres intéressés : 1° les individus qui ont été condamnés à une peine afflictive ou infamante ; 2° ceux qui, ayant été condamnés à une peine correctionnelle de deux ans d'emprisonnement et au-dessus, ont été en outre, par application de l'article 42 du Code pénal, frappés de l'interdiction de tout ou partie de l'exercice des droits civiques, civils ou de famille ; 3° les relégués collectifs et individuels ; 4° les individus condamnés à l'étranger pour un crime ou délit puni par la loi pénale française d'une peine afflictive ou infamante ou de deux années au moins d'emprisonnement, après constatation, par le tribunal correctionnel du domicile civil des intéressés, de la régularité et de la légalité de la condamnation.

Pendant la durée de leur période d'activité, après leur renvoi dans leurs foyers dans les circonstances prévues à l'article 47 et en cas de rappel au service par suite de mobilisation, les exclus sont soumis aux dispositions qui régissent les militaires de l'armée active, de l'armée territoriale et de sa réserve, tant au point de vue de l'application des peines qu'au point de vue de la juridiction, sauf application de l'article 197 du Code de justice militaire pour l'armée de terre (*c'est-à-dire que la dégradation militaire est remplacée par la dégradation civique, et la destitution ou les travaux publics par un emprisonnement d'un an à cinq ans*).

Spécialement, les dispositions pénales édictées contre les insoumis et les déserteurs de l'armée sont applicables aux exclus lorsque ceux-ci se rendent coupables des faits prévus aux articles 83 et 85 de la présente loi et aux articles 231 et suivants (*désertion*) du Code de justice militaire pour l'armée de terre.

Les dispositions de l'article 39 ci-après leur sont également applicables dans les conditions indiquées au paragraphe 1er dudit article. Toutefois, quel que soit le nombre des jours de punition passés en prison ou en cellule, la durée du maintien au service ne peut excéder une année.

*Incorporation dans les bataillons d'Afrique.* — 5. Les individus reconnus coupables de crimes et condamnés seulement à l'emprisonnement par application de l'article 463 du Code pénal (*circonstances atténuantes*) ;

Ceux qui ont été condamnés correctionnellement à six mois de prison au moins pour outrage public à la pudeur, pour délit de vol, escroquerie, abus de confiance, ou attentat aux mœurs prévu par l'article 334 du Code pénal, ou pour avoir fait métier de souteneur, délit prévu par l'article 2 de la loi du 3 avril 1903 ;

Ceux qui ont été l'objet de deux ou plusieurs condamnations, dont la durée totale est de six mois au moins, pour l'un ou plusieurs des délits spécifiés dans le paragraphe précédent,

Sont incorporés dans les bataillons d'infanterie légère d'Afrique, sauf décision contraire du ministre de la Guerre après enquête sur leur conduite depuis leur sortie de prison.

Pour l'application des dispositions qui précèdent, il ne sera tenu compte des condamnations prononcées à l'étranger qu'après que la régularité et la légalité de la condamnation auront été vérifiées par le tribunal correctionnel du domicile civil du condamné.

Ceux qui, au moment de l'appel de leur classe, se trouveraient retenus, pour ces mêmes faits, dans un établissement pénitentiaire, seront incorporés dans lesdits bataillons à l'expiration de leur peine, pour y accomplir le temps de service prescrit par la présente loi.

6. Aucun militaire ne pourra être envoyé aux bataillons d'infanterie légère d'Afrique par simple décision ministérielle, sauf dans le cas prévu à l'art. 93.

Les dispositions des art. 4 et 5 ci-dessus ne sont pas applicables aux individus qui ont été condamnés pour faits politiques ou connexes à des faits politiques.

En cas de contestation, il sera statué par le tribunal civil du lieu du domicile, conformément à l'article 28 ci-après.

Ces individus suivront le sort de la première classe appelée après l'expiration de leur peine.

Les hommes incorporés, en vertu du présent article, dans les bataillons d'infanterie légère d'Afrique, qui se seront fait remarquer devant l'ennemi, qui auront accompli un acte de courage ou de dévouement, et ceux qui auront tenu une conduite régulière pendant huit mois, pourront être renvoyés dans d'autres corps pour y continuer leur service. (Loi du 21 mars 1905, art. 5.)

*Admission aux fonctions publiques.* — **7.** Nul n'est admis dans une administration de l'Etat, ou ne peut être investi de fonctions publiques, même électives, s'il ne justifie avoir satisfait aux obligations imposées par la présente loi.

*Corps organisés; vétérans.* — **8.** Tout corps organisé, quand il est sous les armes, est soumis aux lois militaires, fait partie de l'armée et relève soit du ministre de la Guerre, soit du ministre de la Marine.

Il en est de même des corps de vétérans que le ministre de la Guerre est autorisé à créer en temps de guerre, et qui seraient recrutés par voie d'engagements volontaires parmi les hommes ayant accompli la totalité de leur service militaire.

*Droits électoraux.* — **9.** Les militaires et assimilés de tous grades et de toutes armes des armées de terre et de mer ne prennent part à aucun vote quand ils sont présents à leur corps, à leur poste ou dans l'exercice de leurs fonctions.

Ceux qui, au moment de l'élection, se trouvent en résidence libre, en non-activité ou en possession d'un congé, peuvent voter dans la commune sur les listes de laquelle ils sont régulièrement inscrits. Cette disposition s'applique également aux officiers et assimilés qui sont en disponibilité ou dans le cadre de réserve.

*Recensement.* — **10.** Chaque année, pour la formation de la classe, les tableaux de recensement des jeunes gens ayant atteint l'âge de vingt ans révolus dans l'année précédente, et domiciliés dans l'une des communes du canton, sont dressés par les maires :

1° Sur la déclaration à laquelle sont tenus les jeunes gens, leurs parents ou leurs tuteurs [*et dont il est délivré récépissé*];

2° D'office, d'après les registres de l'état civil et tous autres documents et renseignements.

[Les engagés volontaires, même présents aux corps, doivent être inscrits au lieu de leur domicile légal.]

Ces tableaux mentionnent la profession de chacun des jeunes gens inscrits.

Ils sont publiés et affichés dans chaque commune suivant les formes prescrites par les articles 63 et 64 du Code civil (*sur les publications de mariage;* v. MARIAGE). La dernière publication doit avoir lieu au plus tard le 15 janvier.

Dans le mois qui suivra la publication des tableaux de recensement et jusqu'au 15 février au plus tard, tout inscrit qui aurait à faire valoir des infirmités ou maladies pouvant le rendre impropre au service militaire devra en faire la déclaration à la mairie de sa commune, en y joignant, pour constituer son dossier sanitaire, tous les certificats utiles. Il lui en sera délivré récépissé.

A défaut de l'inscrit, la même déclaration pourra être faite par ses ascendants, ses parents ou toute autre personne qualifiée.

Cette déclaration sera, à l'expiration des délais, transmise par le maire à l'autorité compétente, qui la comprendra, avec toutes les pièces s'y rapportant, dans le dossier de l'inscrit.

Si, malgré les infirmités ou maladies invoquées, l'inscrit est déclaré bon pour le service, son dossier sanitaire, constitué comme il a été dit, devra le suivre après son incorporation, être conservé par le corps auquel il sera affecté et transmis par lui à chaque mutation.

**11.** Sont portés sur les tableaux de recensement de la classe *dont la formation suit l'époque de leur majorité*, les jeunes gens qui, en vertu du Code civil et des lois sur la nationalité, sont Français, sauf faculté de répudier la nationalité française au cours de leur vingt-deuxième année, lorsqu'il n'aura pas été renoncé en leur nom, et pendant leur minorité, à l'exercice de cette faculté.

**12.** Les individus devenus Français par voie de naturalisation, réintégration ou déclaration faite conformément aux lois, sont portés sur les tableaux de recensement de la première classe formée après leur changement de nationalité.

Les individus inscrits sur les tableaux de recensement, en vertu du présent article ou de l'article précédent, sont incorporés en même temps que la classe avec laquelle ils ont pris part aux opérations du recrutement. Ils sont tenus d'accomplir le même temps de service actif, sans que toutefois cette obligation ait pour effet de les maintenir sous les drapeaux, en dehors des cas prévus par les articles 34 et 39, au delà de leur vingt-septième année révolue. Ils suivent ensuite le sort de la classe avec laquelle ils ont été incorporés. Toutefois, ils sont libérés à titre définitif à l'âge de cinquante ans au plus tard. Lorsque l'inscription d'un jeune homme sur les tableaux de recensement a été différée par application de conventions internationales, la durée obligatoire du service actif ne subit aucune réduction, sous la réserve ci-dessus exprimée que ce service ne se prolongera pas au delà de la vingt-septième année révolue.

**13.** Sont considérés comme légalement domiciliés dans le canton :

1° Les jeunes gens, même émancipés, engagés, établis au dehors, expatriés, absents ou en état d'emprisonnement, si d'ailleurs leur père, ou en cas de décès ou de déchéance de la puissance paternelle du père, leur mère ou leur tuteur, est domicilié dans une des communes du canton, ou si leur père, expatrié, avait son domicile dans une desdites communes ;

2° Les jeunes gens mariés dont le père, ou la mère à défaut du père, sont domiciliés dans le canton, à moins qu'ils ne justifient de leur domicile réel dans une autre canton ;

3° Les jeunes gens mariés et domiciliés dans le canton, alors même que leur père et leur mère n'y seraient pas domiciliés ;

4° Les jeunes gens nés et résidant dans le canton, qui n'auraient ni leur père, ni leur mère, ni un tuteur ;

5° Les jeunes gens résidant dans le canton qui ne seraient dans aucun des cas précédents et qui ne justifieraient pas de leur inscription dans un autre canton.

Les jeunes gens résidant soit en Algérie, soit aux colonies, soit dans les pays de protectorat, sont inscrits sur les tableaux de recensement du lieu de leur résidence. Sur la justification de cette inscription, ils sont, dans ce cas, rayés des tableaux de recensement où ils auraient pu être portés en France, par application des dispositions du présent article.

**14.** Sont, d'après la notoriété publique, considérés comme ayant l'âge requis pour l'inscription sur les tableaux de recensement, les jeunes gens qui ne peuvent produire ou n'ont pas produit, avant la vérification des tableaux de recensement, un extrait des registres de l'état civil, constatant un âge différent, ou qui à défaut des registres de l'état civil ne peuvent prouver ou n'ont pas prouvé leur âge conformément à l'article 46 du Code civil. V. ÉTAT CIVIL, § *Registres perdus*.

**15.** Si, dans les tableaux de recensement des années précédentes, des jeunes gens ont été omis, ils sont inscrits sur les tableaux de recensement de la classe qui est appelée après la découverte de l'omission, à moins qu'ils n'aient quarante-neuf ans accomplis à l'époque de la clôture des tableaux, et sont soumis à toutes les obligations qu'ils auraient eu à accomplir s'ils avaient été inscrits en temps utile.

Toutefois, ils sont libérés à titre définitif à l'âge de cinquante ans au plus tard.

Conseil de revision. — *Composition et fonctionnement.* — **16.** Le conseil de revision est composé :

Du préfet, président ; à son défaut, du secrétaire général et, exceptionnellement, du vice-président du conseil de préfecture ou d'un conseiller de préfecture délégué par le préfet ;

D'un conseiller de préfecture désigné par le préfet ;

D'un membre du conseil général du département autre que le représentant élu dans le canton où la revision a lieu, et désigné par la commission départementale, conformément à l'article 82 de la loi du 10 août 1871 ;

D'un membre du conseil d'arrondissement autre que le représentant élu dans le canton où la revision a lieu, désigné comme ci-dessus, et dans le territoire de Belfort, d'un deuxième membre du conseil général ;

D'un officier général ou supérieur désigné par l'autorité militaire.

Un sous-intendant militaire, le commandant de recrutement, un médecin militaire ou, à défaut, un médecin civil désigné par l'autorité militaire assistent aux opérations du conseil de revision. Le conseil ne peut statuer qu'après avoir entendu l'avis du médecin. Cet avis est consigné dans une colonne spéciale, en face de chaque nom, sur les tableaux de recensement.

Le sous-intendant militaire est entendu dans l'intérêt de la loi toutes les fois qu'il le demande et peut faire consigner ses observations au procès-verbal de la séance.

Le sous-préfet de l'arrondissement et les maires des communes auxquelles appartiennent les jeunes gens appelés devant le conseil de revision assistent aux séances. Ils ont le droit de présenter des observations.

En cas d'empêchement des membres du conseil général ou du conseil d'arrondissement, le préfet les fait suppléer d'office par des membres appartenant à la même assemblée que l'absent ; ces membres, désignés d'office, ne peuvent être les représentants élus du canton où la revision a lieu.

Si, par suite d'une absence, le conseil de revision est réduit à quatre membres, il peut néanmoins délibérer lorsque le président, l'officier général ou supérieur et deux membres civils restent présents ; la voix du président n'est pas prépondérante. La décision ne peut être prise qu'à la minorité de trois voix. En cas de partage, elle est ajournée.

Dans les colonies, les attributions du préfet, des conseillers de préfecture et des conseillers d'arrondissement sont dévolues aux gouverneurs ou à leurs délégués, aux conseillers privés et aux conseillers généraux. Dans les colonies où il n'existe ni conseils privés, ni conseils généraux, des décrets règlent la composition des conseils de revision.

Le conseil de revision juge en séance publique.

A l'ouverture de la séance, les tableaux de recensement de chaque commune sont examinés ; ils sont lus à haute voix. Les jeunes gens, leurs parents ou représentants sont entendus dans leurs observations.

Le conseil de revision statue sur les réclamations présentées, ainsi que sur les causes d'exemption prévues par l'article 18 de la présente loi.

Il examine la situation des omis et prend à leur égard l'une des décisions suivantes :

Sont excusés ceux qui, ayant déposé, huit jours au moins avant la réunion du conseil, une demande tendant à justifier leur non-inscription sur le tableau de recensement des années précédentes, prouvent que l'omission de leur nom sur ce tableau ne peut être imputée à leur négligence.

Seront, au contraire, annotés comme devant être incorporés dans les troupes coloniales et pourront être envoyés aux colonies : 1° les omis condamnés par les tribunaux par l'application de l'article 79 ci-après ; 2° ceux dont les excuses n'auront pas été admises. Dans le cas où une intention frauduleuse aurait été relevée, le conseil renverra ces jeunes gens devant les tribunaux.

**17.** Le conseil de revision se transporte dans les divers cantons. Sauf en cas de mobilisation, il ne peut opérer le même jour que dans un seul canton.

Les jeunes gens portés sur les tableaux de recensement, ainsi que ceux des classes précédentes qui ont été ajournés, conformément à l'article 18 ci-après, sont convoqués, examinés et entendus par le conseil de revison au lieu désigné. Ils peuvent faire connaître l'arme dans laquelle ils désirent être placés.

S'ils ne se rendent pas à la convocation, s'ils ne s'y font pas représenter, ou s'ils n'ont pas obtenu un délai, il est procédé comme s'ils étaient présents et ils sont considérés comme aptes au service armé.

*Classement des appelés.* — **18.** Au point de vue des aptitudes physiques, le conseil de revision classe les jeunes gens présents en quatre catégories :

1° Ceux qui sont reconnus bons pour le service armé ; 2° ceux qui, étant atteints d'une infirmité relative sans que leur constitution générale soit douteuse, sont reconnus bons pour le service auxiliaire ; 3° ceux qui, étant d'une constitution physique trop faible, sont ajournés à un nouvel examen ; 4° ceux chez qui une constitution générale mauvaise ou certaines infirmités déterminent une impotence fonctionnelle partielle ou totale et qui sont exemptés de tout service militaire, soit armé, soit auxiliaire. Il est délivré aux jeunes gens de ces deux dernières catégories, pour justifier de leur situation, un certificat qu'ils sont tenus de représenter à toute réquisition des autorités militaire, judiciaire ou civile.

*Ajournements.* — **19.** Les jeunes gens ajournés à un nouvel examen du conseil de revision sont astreints à comparaître à nouveau devant le conseil de revision du canton devant lequel ils ont comparu, à moins d'une autorisation spéciale les admettant à comparaître devant un autre conseil.

Les jeunes gens qui, après avoir été ajournés une première fois, sont reconnus l'année suivante propres au service armé, sont astreints à deux années de service armé. Ceux qui, lors de ce nouvel examen, ne sont pas encore reconnus bons pour le service armé, sans que leur état physique justifie pourtant une exemption définitive, sont classés dans le service auxiliaire et incorporés comme tels. Après une année passée sous les drapeaux dans ce service, ils sont soumis à l'examen de la commission de réforme, qui décide s'ils doivent accomplir leur deuxième année dans le même service, ou s'ils doivent être réformés, ou si au contraire ils peuvent être classés pour leur deuxième année dans le service armé.

Les jeunes gens classés par les conseils de revision dans le service auxiliaire et désignés pour être incorporés à ce titre peuvent être ajournés jusqu'à vingt-cinq ans, s'ils demandent à être, en cas d'aptitude physique, admis ultérieurement dans le service armé. Ces ajournements ne peuvent, en aucun cas, les dispenser des deux années de service prescrites par la présente loi, qu'ils les accomplissent soit dans le service armé, soit dans le service auxiliaire.

Les jeunes gens ajournés sont, après leur libération, astreints aux obligations de leur classe d'origine.

Les règles applicables aux ajournés le sont également aux jeunes gens qui, après avoir été reconnus bons pour le service armé ou pour le service auxiliaire, seraient réformés temporairement avant ou après leur incorporation.

*Sursis d'incorporation.* — **20.** En temps de paix, l'un des deux frères inscrits la même année sur les tableaux de recensement, ou faisant partie du même appel, et, en cas de désaccord entre eux, le plus jeune, ne sera, sur sa demande, incorporé qu'après l'expiration du temps obligatoire de service de l'autre frère.

Celui qui, au moment des opérations du conseil de revision, aura un frère servant comme appelé, ne sera également incorporé, s'il le demande, qu'après la libération de ce dernier.

Le jeune soldat qui a obtenu un sursis d'incorporation dans les conditions prévues au présent article a la faculté d'y renoncer ultérieurement. Il en fait la demande écrite au commandant du bureau de recrutement de son domicile ; mais son incorporation n'a lieu qu'avec celle de la classe appelée immédiatement après sa renonciation.

**21.** En temps de paix, des sursis d'incorporation renouvelables d'année en année jusqu'à l'âge de vingt-cinq ans peuvent être accordés aux jeunes gens qui en font la demande, qu'ils aient été classés par le conseil de revision dans le service armé ou dans le service auxiliaire. A cet effet, ils doivent établir que soit à raison de leur situation de soutien de famille, soit dans l'intérêt de leurs études, soit pour leur apprentissage, soit pour les besoins de l'exploitation agricole, industrielle ou commerciale à laquelle ils se livrent pour leur compte ou pour celui de leurs parents, soit à raison de leur résidence à l'étranger, il est indispensable qu'ils ne soient pas enlevés immédiatement à leurs travaux. Les demandes de sursis adressées au maire après la publication des tableaux de recensement sont instruites par lui ; le conseil municipal donne son avis motivé. Elles sont envoyées au préfet et transmises par lui, avec ses observations, au conseil de revision, qui statue. Les sursis d'incorporation ne confèrent aucune dispense. Les jeunes gens qui ont obtenu, sur leur demande, un ou plusieurs sursis suivent le sort de la classe avec laquelle ils sont incorporés. En cas de guerre, les sursis sont annulés et ces jeunes gens sont appelés avec les hommes de leur classe d'origine.

*Soutiens de famille.* — **22.** Les familles des jeunes gens qui remplissaient effectivement avant leur départ pour le service les devoirs de soutien indispensable de famille pourront recevoir sur leur demande, en temps de paix, une allocation journalière de 75 centimes fournie par l'Etat, pendant la présence de ces jeunes gens sous les drapeaux. Leur nombre ne pourra dépasser 8 pour 100 du contingent.

Ladite allocation pourra, en outre, être accordée aux familles des militaires qui, pendant leur présence sous les drapeaux, justifieront de leur qualité de soutiens indispensables de famille. Leur nombre ne pourra dépasser 2 pour 100 du contingent.

Les demandes sont adressées par les familles au maire de la commune de leur domicile. Il en sera donné récépissé. Elles doivent comprendre à l'appui :

1° Un relevé des contributions payées par la famille et certifié par le percepteur ;

2° Un état certifié par le maire de la commune et indiquant le nombre et la position des membres de la famille vivant sous le même toit ou séparément, les revenus et ressources de chacun d'eux.

La liste et les dossiers des demandes adressées par les familles soit après la publication des tableaux de recensement, soit depuis l'incorporation, sont envoyés par le maire au préfet, avec l'avis motivé du conseil municipal.

Il est statué sur ces demandes par un conseil siégeant au moins deux fois par an au chef-lieu du département, et composé :

1° Du préfet, président ou, à son défaut, du secrétaire général ou du vice-président du conseil de préfecture;

2° Du directeur des contributions directes;

3° Du trésorier-payeur général;

4° De trois membres du conseil général, pris dans des arrondissements différents, et d'un conseiller d'arrondissement, désignés par la commission départementale.

Le maire de chaque commune est tenu d'informer le préfet des changements survenus dans la situation des familles auxquelles une allocation a été attribuée. Il fait connaître en même temps l'avis motivé du conseil municipal sur la suppression ou le maintien de ladite allocation. Il est statué par le conseil départemental.

Les décisions du conseil sont rendues en séance publique. Elles fixent la date à partir de laquelle les allocations sont dues en vertu du deuxième paragraphe du présent article.

*Élèves des écoles.* — **23**. Les jeunes gens admis à l'Ecole spéciale militaire ou à l'Ecole polytechnique devront faire une année de service dans un corps de troupes aux conditions ordinaires avant leur entrée dans ces écoles, sauf le cas prévu au quatrième alinéa du présent article.

Ceux qui auront été admis après concours à l'Ecole normale supérieure, à l'Ecole forestière, à l'Ecole centrale des arts et manufactures, à l'Ecole nationale des mines, à l'Ecole des ponts et chaussées ou à l'Ecole des mines de Saint-Etienne pourront faire, à leur choix, la première de leurs deux années de service dans un corps de troupes aux conditions ordinaires avant leur entrée dans ces écoles ou après en être sortis.

Les jeunes gens qui, au moment où ils sont reçus à l'une de ces écoles, ont atteint l'âge de dix-huit ans contractent un engagement d'une durée supérieure de deux ans à la période normale des études de cette école. (Loi du 16 juillet 1906.)

Ceux qui n'ont pas atteint l'âge de dix-huit ans et ceux qui ne sont pas reconnus aptes au service au moment de leur admission peuvent néanmoins entrer dans les écoles, mais ils n'y sont maintenus que s'ils consentent à contracter l'engagement susmentionné soit au moment où ils atteignent l'âge de dix-huit ans, soit au moment où ils sont reconnus aptes au service. La durée de l'engagement est comptée à partir du moment de l'admission.

Les élèves des écoles énumérées au 2e alinéa du présent article reçoivent dans ces écoles une instruction militaire les préparant au grade de sous-lieutenant de réserve.

Ceux d'entre eux qui, à la sortie de ces écoles, ont satisfait aux épreuves d'aptitude à ce grade et qui avaient fait un an de service avant leur entrée accomplissent immédiatement leur deuxième année de service dans un corps de troupes en qualité de sous-lieutenants de réserve. Cette disposition s'applique aux élèves de l'Ecole polytechnique qui ne sont pas classés dans les armées de terre et de mer.

Les jeunes gens qui, aux termes des 2e et 4e alinéas du présent article, n'avaient pas fait un an de service avant leur entrée aux écoles, accomplissent à leur sortie une année de service dans un corps de troupes aux conditions ordinaires et servent ensuite en qualité de sous-lieutenants de réserve, en conformité du paragraphe précédent, ou en qualité de sous-lieutenants de l'armée active.

Les élèves qui n'ont pas été jugés susceptibles, à leur sortie des écoles, d'être nommés immédiatement sous-lieutenants de réserve; ceux qui n'ont pas satisfait aux examens de sortie de l'école à laquelle ils appartenaient, et ceux qui l'ont quittée pour une cause quelconque, sont incorporés dans un corps de troupes comme simples soldats ou sous-officiers et accomplissent une ou deux années de service, suivant qu'ils avaient fait ou non un an de service avant leur entrée à l'école. Dans ce cas, l'engagement qu'ils ont contracté est annulé.

Les conditions d'aptitude physique, pour l'entrée aux écoles, des jeunes gens qui au moment de leur admission ne sont pas aptes au service militaire, sont fixées par un règlement d'administration publique.

*Élèves officiers de réserve.* — **24**. Les jeunes gens non visés à l'article précédent qui désirent obtenir le grade de sous-lieutenant de réserve et prennent l'engagement d'accomplir en cette qualité trois périodes supplémentaires d'instruction pendant leur séjour dans la réserve subissent, à la fin de leur première année de service, les épreuves d'un concours institué par un règlement d'administration publique. Ils sont classés par ordre de mérite et nommés, dans la limite des besoins, élèves officiers de réserve.

Durant le premier semestre de leur deuxième année de service, les élèves officiers de réserve complètent leur instruction en suivant des cours spéciaux. S'ils subissent avec succès les examens institués à la fin de ces cours, ils sont nommés sous-lieutenants de réserve et accomplissent en cette qualité leur quatrième semestre de service dans l'armée active; dans le cas contraire, ils accomplissent ce quatrième semestre comme simples soldats ou sous-officiers.

*Étudiants en médecine et vétérinaires.* — **25**. Les docteurs ou les étudiants en médecine, munis de douze inscriptions, qui ont subi avec succès, à la fin de leur première année de service, l'examen de médecin auxiliaire, sont nommés à cet emploi et accomplissent leur deuxième année de service comme médecins auxiliaires. Les jeunes gens pourvus du diplôme de vétérinaire civil ou admis en quatrième année, qui ont subi avec succès, à la fin de leur première année de service, l'examen de vétérinaire auxiliaire, sont nommés à cet emploi et accomplissent leur deuxième année de service comme vétérinaires auxiliaires.

Les jeunes gens visés aux deux alinéas précédents qui auront pris l'engagement d'accomplir trois périodes supplémentaires d'instruction pendant leur séjour dans la réserve et qui auront subi avec succès, à la fin du troisième semestre, les épreuves d'un concours pour le grade d'aide-major ou d'aide-vétérinaire de réserve, sont nommés à ce grade, dans la limite des besoins, et accomplissent en cette qualité leur quatrième semestre de service dans l'armée active.

*Élèves de l'École de santé militaire, de l'École de médecine navale, etc.* — **26.** Les jeunes gens admis à l'Ecole du service de santé militaire devront faire une année de service dans un corps de troupes aux conditions ordinaires avant leur entrée dans cette école.

Ceux qui ont subi avec succès le concours d'admission à l'emploi d'élève en pharmacie du service de santé ou à l'emploi d'aide-vétérinaire stagiaire devront faire une année de service dans les mêmes conditions avant d'être affectés à ces emplois.

Ils contractent, dès leur entrée à l'école ou leur nomination à l'emploi, l'engagement de servir dans l'armée active pendant six ans au moins à dater de leur nomination au grade de médecin ou de pharmacien aide-major de 2e classe ou d'aide-vétérinaire.

Ceux qui n'obtiendraient pas le grade d'aide-major ou d'aide-vétérinaire ou qui ne réaliseraient pas l'engagement sexennal accomplissent leur deuxième année de service dans les conditions prévues à l'article précédent.

Ces dispositions sont également applicables aux élèves de l'Ecole de médecine navale, aux élèves de l'Ecole d'administration de la marine et aux administrateurs stagiaires de l'inscription maritime.

*Jeunes gens ayant satisfait à l'appel.* — **27.** Sont considérés comme ayant satisfait à l'appel de leur classe :

1° Les jeunes gens sous les drapeaux en vertu d'un engagement volontaire, ou ayant terminé leur service en vertu d'un engagement volontaire ;

2° Les jeunes marins portés sur les registres matricules de l'inscription maritime, conformément aux règles prescrites par la loi sur l'inscription maritime du 24 décembre 1896.

Les jeunes marins qui se font rayer de l'inscription maritime sont tenus d'en faire la déclaration au maire de leur commune dans les deux mois, de retirer une expédition de leur déclaration et de la soumettre au préfet du département, sous les peines portées par l'article 86 ci-après.

Ils sont tenus d'accomplir dans l'armée active le temps de service prescrit par la présente loi ; ils suivent ensuite le sort de leur classe d'origine.

Toutefois, le temps déjà passé par eux au service militaire actif de l'État est déduit du nombre d'années pendant lesquelles tout Français fait partie de l'armée active.

*Décisions du conseil de revision.* — **28.** Lorsque les jeunes gens portés sur les tableaux de recensement ont fait des déclarations dont l'admission ou le rejet dépend de la décision à intervenir sur des questions judiciaires relatives à leur état ou à leurs droits civils, le conseil de revision ajourne sa décision ou ne prend qu'une décision conditionnelle.

Les questions sont jugées contradictoirement avec le préfet, à la requête de la partie la plus diligente. Le tribunal civil du lieu du domicile statue sans délai, le ministère public entendu.

Le délai de l'appel et du recours en cassation est de quinze jours francs à partir de la signification de la décision attaquée.

Le recours est, ainsi que l'appel, dispensé de la consignation d'amende.

L'affaire est portée directement devant la chambre civile.

Les actes faits en exécution du présent article sont visés pour timbre et enregistrés gratis.

Les paragraphes 2, 3, 4, 5 et 6 du présent article sont applicables au cas prévu par l'article 6.

**29.** Hors les cas prévus par les articles 6 et 28, les décisions du conseil de revision sont définitives ; elles peuvent néanmoins être attaquées devant le Conseil d'Etat pour incompétence, excès de pouvoir ou violation de la loi.

Le recours au Conseil d'Etat n'aura pas d'effet suspensif.

L'appelé peut toujours réclamer le bénéfice de l'annulation, même si elle est prononcée sur le recours du ministre formé dans l'intérêt de la loi. Elles peuvent être aussi revisées par les conseils de revision eux-mêmes pour l'un des motifs ci-après : erreur matérielle dans les pièces sur le vu desquelles la décision a été prise ; défaut de justification imputable aux fonctionnaires ou agents, civils ou militaires, chargés d'établir les pièces ou de les transmettre. La demande de revision est examinée dans la session qui suit immédiatement la découverte de l'erreur, et au plus tard dans celle qui précède le renvoi de la classe avec laquelle l'intéressé a été incorporé.

Elle est introduite par le ministre de la Guerre, soit d'office, soit à la requête de l'intéressé.

*Liste de recrutement cantonal.* — **30.** Après que le conseil de revision a statué sur la situation des jeunes gens, ainsi que sur toutes les réclamations auxquelles les opérations peuvent donner lieu, la liste de recrutement cantonal de la classe est définitivement arrêtée et signée par le conseil de revision, ainsi que par les maires des communes intéressées.

Cette liste, divisée en sept parties, comprend :

1° Tous les jeunes gens déclarés propres au service armé, sauf ceux visés au paragraphe 7 (*ceux qui ont obtenu un sursis*) ;

2° Les jeunes gens classés dans le service auxiliaire de l'armée, sauf ceux visés au paragraphe 6 ;

3° Les jeunes gens liés au service en vertu d'un engagement volontaire, d'un brevet ou d'une commission, et les jeunes marins inscrits ;

4° Les jeunes gens exclus de l'armée en vertu des dispositions de l'article 4 ;

5° Les jeunes gens qui sont ajournés d'office, conformément au 3° de l'article 18 ;

6° Les jeunes gens qui, classés dans le service auxiliaire, ont obtenu sur leur demande un ajournement, conformément au 4° alinéa de l'article 19 ;

7° Les jeunes gens qui ont obtenu un sursis, conformément aux articles 20 et 21.

*Registre matricule.* — **31.** Il est tenu par subdivision de région un registre matricule sur lequel sont portés tous les jeunes gens inscrits sur les listes de recrutement cantonal.

Ce registre mentionne l'incorporation de chaque homme inscrit ou la position dans laquelle il est laissé et, successivement, tous les changements qui peuvent survenir dans sa situation jusqu'à sa libération définitive.

Tout homme inscrit sur le registre matricule reçoit un livret individuel qu'il est tenu de représenter à toute réquisition des autorités militaire, judiciaire ou civile.

En cas d'appel à l'activité ou de convocation pour des manœuvres, exercices ou revues, la représentation du livret individuel doit avoir lieu dans les vingt-quatre heures de la réquisition.

En tout autre cas, le délai est de huit jours.

*Bases et durée du service militaire.* — **32.** Tout Français reconnu propre au service militaire fait partie successivement :

De l'armée active pendant deux ans ;

De la réserve de l'armée active pendant onze ans ;

De l'armée territoriale pendant six ans ;

De la réserve de l'armée territoriale pendant six ans.

Le service militaire est réglé par classe.

L'armée active comprend, indépendamment des hommes qui ne proviennent pas des appels, tous les jeunes gens déclarés propres au service militaire armé ou auxiliaire et faisant partie des deux derniers contingents incorporés.

**33.** La durée du service compte du 1er octobre de l'année de l'inscription sur les tableaux de recensement, et l'incorporation du contingent doit avoir lieu, au plus tard, le 10 octobre de la même année.

Pour les jeunes gens dont l'incorporation a été retardée en vertu des articles 20 et 21, la durée du service compte du 1er octobre de l'année de leur incorporation.

Pour les engagés volontaires, elle compte du jour de leur engagement, et pour les hommes visés à l'article 5 [incorporés dans les bataillons d'Afrique], du jour de leur incorporation.

En temps de paix, chaque année, au 30 septembre, les militaires qui ont accompli le temps de service prescrit : 1° soit dans l'armée active ; 2° soit dans la réserve de l'armée active ; 3° soit dans l'armée territoriale : 4° soit dans la réserve de l'armée territoriale,

Sont envoyés respectivement : 1° dans la réserve de l'armée active ; 2° dans l'armée territoriale ; 3° dans la réserve de l'armée territoriale ; 4° dans leurs foyers, comme libérés à titre définitif.

Mention de ces divers passages et de la libération est faite sur le livret individuel.

Après les grandes manœuvres, la totalité de la classe dont le service actif expire le 30 septembre suivant peut être renvoyée dans ses foyers en attendant son passage dans la réserve.

Dans le cas où les circonstances paraîtraient l'exiger, le ministre de la Guerre et le ministre de la Marine sont autorisés à conserver provisoirement sous les drapeaux la classe qui a terminé sa seconde année de service. Notification de cette décision sera faite aux Chambres dans le plus bref délai possible.

Dans les mêmes circonstances et pendant la première année de leur service dans la réserve, les hommes peuvent être rappelés sous les drapeaux par ordres individuels avec l'assentiment du conseil des ministres.

En temps de guerre, les passages et la libération n'ont lieu qu'après l'arrivée de la classe destinée à remplacer celle à laquelle les militaires appartiennent. Cette disposition est exceptionnellement applicable, dès le temps de paix, aux hommes servant aux colonies.

Les militaires faisant partie de corps mobilisés peuvent y être maintenus jusqu'à la cessation des hostilités, quelle que soit la classe à laquelle ils appartiennent.

En temps de guerre, le ministre peut appeler par anticipation la classe qui ne serait appelée que le 1er octobre suivant.

**34.** Ne compte pas, pour les années de service exigées par la présente loi dans l'armée active, la réserve de l'armée active et l'armée territoriale, le temps pendant lequel un militaire de l'armée active, un réserviste ou un homme de l'armée territoriale a subi la peine de l'emprisonnement en vertu d'un jugement, si cette peine a eu pour effet de l'empêcher d'accomplir, au moment fixé, tout ou partie des obligations d'activité qui lui sont imposées par la présente loi ou par les engagements qu'il a souscrits.

Ces individus seront tenus de remplir leurs obligations d'activité, soit à l'expiration de leur peine s'ils appartiennent à l'armée active, soit au moment de l'appel qui suit leur élargissement s'ils font partie de la réserve de l'armée active ou de l'armée territoriale.

Toutefois, quelles que soient les déductions de service ainsi opérées, les hommes qui en sont l'objet sont rayés des contrôles en même temps que la classe à laquelle ils appartiennent.

*Du service dans l'armée active.* — **35.** Le contingent à incorporer est formé par les jeunes gens inscrits dans la première et la seconde partie des listes de recrutement cantonal et par ceux dont l'incorporation, ayant été retardée en vertu des articles 19, 20 et 21, doit avoir lieu dans l'année.

Il comprend en outre les engagés des articles 23 et 26 et les jeunes gens qui ont été autorisés à contracter l'engagement spécial dit « de devancement d'appel » prévu à la fin de l'article 50.

Il est mis, à dater du 1er octobre, à la disposition du ministre de la Guerre, qui en arrête la répartition.

**36.** Sont affectés à l'armée de mer : 1° les hommes fournis par l'inscription maritime; 2° les hommes qui ont été admis à s'engager ou à contracter un rengagement dans les équipages de la flotte, suivant les conditions spéciales à l'armée de mer; 3° les jeunes gens qui, au moment des opérations du conseil de revision, auront demandé à entrer dans les équipages de la flotte et auront été reconnus aptes à ce service; 4° en cas d'insuffisance des trois modes de recrutement ci-dessus indiqués, les hommes du contingent dont le ministre de la Marine pourra demander l'affectation aux équipages de la flotte pour les services à terre, dans les conditions déterminées par une loi spéciale.

**37.** Sont affectés aux troupes coloniales : 1° les jeunes gens provenant des contingents des colonies de la Guadeloupe, la Martinique, la Guyane et la Réunion, et les Français astreints au service militaire dans les colonies et pays de protectorat visés à l'article 90; 2° les hommes qui ont été admis à s'engager ou à contracter un rengagement dans lesdites troupes suivant les conditions spéciales déterminées aux articles 50 à 56 ci-après; 3° les jeunes gens qui, au moment des opérations du conseil de revision, auront demandé à entrer dans les troupes coloniales et auront été reconnus propres à ce service; 4° les omis visés à l'avant-dernier alinéa de l'article 16 ci-dessus (*c'est-à-dire ceux dont les excuses n'auront pas été admises*); 5° à défaut d'un nombre suffisant d'hommes compris dans les catégories précédentes, les jeunes gens du contingent métropolitain qui auront été affectés par le recrutement aux troupes coloniales, mais sans que ces jeunes gens puissent être envoyés aux colonies sans leur consentement.

**38.** La durée du service actif ne pourra pas être interrompue par des congés, sauf le cas de maladie ou de convalescence, ou de réforme temporaire prononcée après un certain temps passé au corps et par suite de maladie contractée au service ou en exécution de l'article 90 de la présente loi.

Les militaires accomplissant la durée légale du service ne pourront, en dehors des dimanches et jours fériés, obtenir de permissions que jusqu'à concurrence d'un total de trente jours au maximum pendant leur présence sous les drapeaux.

En cas de force majeure dûment justifiée, le chef de corps pourra accorder une permission supplémentaire, sous réserve d'en rendre compte au ministre de la Guerre.

**39.** Les militaires qui, pendant la durée de leur service, auront subi des punitions de prison ou de cellule d'une durée supérieure à huit jours, seront maintenus au corps après la libération de leur classe ou l'expiration de leur engagement pendant un nombre de jours égal au nombre de journées de prison ou de cellule qu'ils auront subies, déduction faite des punitions n'excédant pas huit jours.

Cette disposition ne sera pas applicable aux militaires qui, au moment de la libération de leur classe ou de l'expiration de leur engagement, seraient en possession du grade de sous-officier ou de celui de caporal ou de brigadier, ou qui seraient soldats de 1re classe, si les punitions ont été encourues par eux antérieurement à leur nomination.

*Du service dans les réserves.* — **40.** Les hommes envoyés dans la réserve de l'armée active, dans l'armée territoriale et dans la réserve de ladite armée sont affectés aux divers corps de troupes et services de l'armée active ou de l'armée territoriale.

Ils sont tenus de rejoindre leur corps en cas de mobilisation, de rappel de leur classe ordonné par décret et de convocation pour des manœuvres ou exercices.

A l'étranger, les ordres de mobilisation, de rappel ou de convocation sont transmis par les soins des agents consulaires de France.

Le rappel de la réserve de l'armée active peut être fait d'une manière distincte et indépendante pour les troupes métropolitaines, pour les troupes coloniales ou pour l'armée de mer. Il peut être fait pour un, plusieurs ou tous les corps d'armée, pour un ou plusieurs cantons, et s'il y a lieu, distinctement par arme ou par subdivision d'arme. Il a lieu par classe, en commençant par la moins ancienne.

En cas d'agression ou menace d'agression caractérisée par le rassemblement de forces étrangères en armes, le rappel à l'activité peut être ordonné, par arme ou par subdivision d'arme, pour une ou plusieurs ou totalité des classes dans une zone déterminée autour des places fortes et des ouvrages fortifiés et sur le territoire des îles.

Les mêmes dispositions sont applicables à l'armée territoriale. Toutefois, afin de limiter les rappels des hommes appartenant à la réserve de l'armée territoriale au nombre nécessité par certains besoins spéciaux, temporaires ou locaux, ces rappels pourront toujours s'effectuer par fraction de classe et sans commencer obligatoirement par la classe la moins ancienne.

En cas de mobilisation, les militaires de la réserve domiciliés dans la région, et en cas d'insuffisance, les militaires de la réserve domiciliés dans d'autres régions, complètent les effectifs des divers corps de troupes et des divers services qui entrent dans la composition de chaque corps d'armée.

Les corps de troupes et services qui n'entrent pas dans la composition des corps d'armée sont complétés avec des militaires de la réserve pris sur l'ensemble du territoire.

Mention du corps d'affectation est portée sur le livret individuel.

**41.** Les hommes de la réserve de l'armée active sont assujettis, pendant leur temps de service dans ladite réserve, à prendre part à deux manœuvres, chacune d'une durée de quatre semaines.

Les hommes de l'armée territoriale sont assujettis à une période d'exercices dont la durée sera de deux semaines.

Seront dispensés de ces exercices et manœuvres les hommes appartenant à l'armée territoriale qui, au moment de l'appel de leur classe pour une période d'instruction, seront inscrits depuis au moins cinq ans sur les contrôles des corps de sapeurs-pompiers régulièrement organisés.

Peuvent être dispensés de ces manœuvres ou exercices : 1° sur l'avis du consul de France, les jeunes gens qui ont établi leur résidence à l'étranger, hors d'Europe, et qui y occupent une situation régulière ; — 2° comme soutiens indispensables de famille, et s'ils en remplissent effectivement les devoirs, les hommes de la réserve et de l'armée territoriale qui en font la demande. — Chaque demande à titre de soutien indispensable de famille est appuyée d'un relevé des contributions payées par le réclamant, ou par ses ascendants, certifié par le percepteur, et d'un avis motivé de trois citoyens résidant dans la commune, faisant partie de la réserve et jouissant de leurs droits civils et politiques.— Le maire soumet les demandes au conseil municipal, qui émet un avis motivé. — Les listes et les dossiers de demandes, annotés, sont envoyés par les maires aux préfets ; ceux-ci les transmettent aux généraux commandant les subdivisions, qui statuent. — Ces dispenses peuvent être accordées, par subdivisions de région, jusqu'à concurrence de 6 p. 100 du nombre des hommes appelés momentanément sous les drapeaux ; elles n'ont d'effet que pour la convocation en vue de laquelle elles sont délivrées.

Les hommes de la réserve de l'armée territoriale peuvent être soumis, pendant leur temps de service dans ladite réserve, à une revue d'appel pour laquelle la durée du déplacement imposé n'excédera pas une journée. — Les hommes de la réserve de l'armée territoriale qui, en temps de guerre, sont affectés à la garde des voies de communication et des points importants du littoral, ou employés comme auxiliaires d'artillerie dans les places fortes et dans les ouvrages fortifiés du littoral, peuvent être, en temps de paix, astreints à des exercices spéciaux dont la durée totale pendant les six années passées dans la réserve de l'armée territoriale n'excède pas neuf jours. — Peuvent être dispensés de ces manœuvres, exercices ou revues d'appel, certains fonctionnaires et agents désignés au tableau B de la présente loi, ainsi que les hommes qui ont été classés dans le service auxiliaire de l'armée.

Les instituteurs publics peuvent être dispensés de l'un des deux appels auxquels ils sont assujettis pendant leur temps de service dans la réserve de l'armée active.

Dans le cas où les circonstances paraîtraient l'exiger, les ministres de la Guerre et de la Marine sont autorisés à conserver provisoirement sous les drapeaux, au delà de la période réglementaire, les hommes appelés à un titre quelconque pour accomplir une période d'exercices. Notification de cette décision sera faite aux Chambres dans le plus bref délai possible.

**42.** En cas de mobilisation, nul ne peut se prévaloir de la fonction ou de l'emploi qu'il occupe pour se sou traire aux obligations de la classe à laquelle il appartient. — Sont autorisés à ne pas rejoindre immédiatement, dans le cas de convocation par voie d'affiches et de publications sur la voie publique, les titulaires des fonctions et emplois désignés aux tableaux A, B et C annexés à la présente loi, sous la condition qu'ils occupent ces fonctions ou emplois depuis six mois au moins. — Peuvent être autorisés, à titre exceptionnel, à ne rejoindre leur corps d'affectation que dans un délai déterminé par le ministre de la Guerre, les hommes des différentes catégories de réserves employés en temps de paix à certains services ou dans des établissements, usines, exploitations houillères, fabriques, etc., dont le bon fonctionnement est indispensable aux besoins de l'armée.

Les fonctionnaires et agents portés au tableau A, qui ne relèvent pas déjà des ministres de la Guerre ou de la Marine, sont mis à la disposition de ces ministres et attendent leurs ordres dans leur situation respective. — Les fonctionnaires et agents du tableau B, qui ne comptent plus dans la réserve de l'armée active, et les fonctionnaires et agents du tableau C, même appartenant à la réserve de l'armée active, ne rejoignent leurs corps que sur ordres spéciaux.

Les hommes autorisés à ne pas rejoindre immédiatement sont, dès la publication de l'ordre de mobilisation, soumis à la juridiction des tribunaux militaires, par application de l'article 57 du Code de justice militaire.

**43.** Les hommes de la réserve et de l'armée territoriale appelés en cas de mobilisation, ou convoqués pour des exercices, manœuvres ou revues, sont considérés sous tous les rapports comme des militaires de l'armée active et soumis dès lors à toutes les obligations imposées par les lois et règlements en vigueur

**44.** Lorsque les hommes de la réserve et de l'armée territoriale, même non présents sous les drapeaux, sont revêtus de la tenue militaire, ils doivent à tout supérieur hiérarchique, en uniforme, les marques extérieures de respect prescrites par les règlements militaires, et seront, comme des militaires en congé, passibles des peines disciplinaires.

**45.** Tout homme inscrit sur le registre matricule est astreint, s'il se déplace, aux obligations suivantes : 1° s'il se déplace pour changer de domicile ou de résidence, il fait viser dans le délai d'un mois son livret individuel par la gendarmerie dont relève la localité où il transporte son domicile ou sa résidence ; — 2° s'il se déplace pour voyager pendant plus de deux mois, il fait viser son livret avant son départ par la gendarmerie de sa résidence habituelle ; — 3° s'il va se fixer en pays étranger, il fait de même viser son livret avant son départ et doit, en outre, dès son arrivée, prévenir l'agent consulaire de France le plus voisin, qui lui donne récépissé de sa déclaration et envoie copie de celle-ci dans les huit jours au ministre de la Guerre.

A l'étranger, s'il se déplace pour changer de résidence, il en prévient, au départ et à l'arrivée, l'agent consulaire de France, qui en informe le ministre de la Guerre. — Lorsqu'il rentre en France, il se conforme aux prescriptions du paragraphe 1er du présent article [formalités imposées aux hommes qui changent de domicile].

**46.** Les hommes qui se sont conformés aux prescriptions de l'article précédent ont droit, en cas de mobilisation ou de rappel de leur classe, à des délais supplémentaires pour rejoindre, calculés d'après la distance à parcourir. Ceux qui ne s'y sont pas conformés sont considérés comme n'ayant pas changé de domicile ou de résidence.

**47.** Les hommes de la réserve de l'armée active, de l'armée territoriale ou de sa réserve sont, en temps de paix, justiciables des tribunaux ordinaires et passibles des peines édictées par le Code de justice militaire lorsque, ayant été renvoyés dans leurs foyers depuis moins de six mois, ils commettent l'un des crimes ou délits prévus et punis par les articles dudit Code énumérés au tableau D, annexé à la présente loi [voies de fait ou outrages envers un supérieur, des actes de rébellion, ou des abus d'autorité].

L'application de ces articles est faite aux inculpés sous la réserve des dispositions spéciales indiquées audit tableau.

**48.** Les hommes de la réserve de l'armée active, ainsi que les hommes envoyés en congé par application des articles 90 et 91, peuvent se marier sans autorisation. Ils restent soumis néanmoins à toutes les obligations de service imposées à leur classe. — Les réservistes qui sont pères de quatre enfants vivants passent de droit et définitivement dans l'armée territoriale. Les pères de six enfants vivants passent de droit dans la réserve de l'armée territoriale.

**49.** Tout militaire appartenant à l'armée active, à la réserve ou à l'armée territoriale, qui cessera d'être apte au service armé, pourra, sur l'avis des commissions de réforme, être versé dans le service auxiliaire.

[Les officiers de réserve, nommés seulement au titre de la réserve et à qui la loi sur l'état des officiers n'est pas applicable, jouissent cependant, en matière militaire et de commandement, des mêmes droits que les officiers au titre actif ; toutefois, à égalité de grade, c'est toujours à l'officier au titre actif que revient le commandement, même s'il est moins ancien. Ces restrictions ne s'appliquent point aux officiers au titre actif qui, une fois retraités, deviennent officiers de réserve et n'en conservent pas moins alors leurs droits au commandement et les avantages que leur assure la loi sur l'état des officiers.]

[La loi du 18 juillet 1901 garantit leur travail et leur emploi aux réservistes et aux territoriaux appelés à faire leur période d'instruction militaire.]

*Engagements volontaires.* — **50.** Tout Français ou naturalisé Français, comme il est dit aux articles 11 et 12 de la présente loi, ainsi que les jeunes gens qui doivent être inscrits sur les tableaux de recensement ou qui sont autorisés par les lois à servir dans l'armée française, peuvent être admis à contracter un engagement volontaire dans l'armée active, aux conditions suivantes :

*Conditions requises des engagés.* L'engagé volontaire doit :

1° S'il entre dans les troupes métropolitaines, avoir dix-huit ans accomplis.

S'il entre dans les troupes coloniales, avoir dix-huit ans accomplis et contracter un engagement de durée telle qu'il puisse séjourner deux années aux colonies à partir du moment où il aura atteint vingt et un ans.

Cette dernière condition ne s'applique pas aux jeunes gens résidant aux colonies ou dans les pays de protectorat, si les troupes coloniales où ils s'engagent sont stationnées dans leur colonie ou pays de protectorat ;

2° N'être ni marié ni veuf avec enfants ;

3° N'avoir encouru aucune des condamnations tombant sous le coup de l'article 5 de la présente loi, à moins qu'il ne veuille contracter son engagement pour un bataillon d'infanterie légère d'Afrique ou qu'il ne justifie d'une décision prise par le ministre de la Guerre, après enquête sur sa conduite depuis sa sortie de prison. Dans ce dernier cas, l'engagement dans tout corps autre que les bataillons d'infanterie légère d'Afrique ne sera reçu que pour cinq ans. La demande de l'intéressé sera transmise par le préfet, qui y joindra son avis motivé ;

4° Jouir de ses droits civils ;

5° Etre de bonnes vie et mœurs ;

6° S'il a moins de vingt ans, être pourvu du consentement de ses père, mère ou tuteur ; ce dernier doit être autorisé par une délibération du conseil de famille. En cas de divorce ou de séparation de corps, le consentement de celui des époux auquel la garde de l'enfant aura été confiée sera nécessaire et suffisant. Le consentement du directeur de l'Assistance publique dans le département de la Seine et du préfet dans les autres départements est nécessaire et suffisant pour les enfants désignés au paragraphe 3 de l'article 2 de la loi du 27 juin 1904 [enfants assistés].

L'engagé volontaire est tenu, pour justifier des conditions prescrites aux paragraphes 3°, 4° et 5° ci-dessus, de produire un extrait de son casier judiciaire et un certificat délivré par le maire de son dernier domicile. S'il ne compte pas au moins une année de séjour dans cette commune, il doit également produire un autre certificat du maire de la commune où il était antérieurement domicilié. Le certificat doit contenir le signalement du jeune homme qui veut s'engager et mentionner la durée du temps pendant lequel il a été domicilié dans la commune.

Les hommes exemptés ou classés dans le service auxiliaire peuvent, jusqu'à l'âge de trente-deux ans accomplis, être admis à contracter des engagements volontaires s'ils réunissent les conditions d'aptitude physique exigées.

Les conditions relatives soit à l'aptitude physique et à l'admissibilité dans les différents corps de l'armée, soit aux époques de l'année où les engagements peuvent être contractés, soit au nombre maximum d'engagements à recevoir chaque année dans les différents corps de troupes, sont déterminés par décrets insérés au *Bulletin des lois*.

Il ne pourra être reçu d'engagements volontaires que pour les troupes coloniales, pour les corps d'infanterie, de cavalerie, d'artillerie, du génie et pour le train des équipages militaires.

*Devancements d'appel*. Tous les ans, mais seulement dans une proportion qui ne pourra dépasser 4 pour 100 de l'effectif de la dernière classe incorporée, les jeunes gens âgés d'au moins dix-huit ans, remplissant les conditions d'aptitude physique ainsi que les autres conditions énumérées au présent article, et pourvus du certificat d'aptitude militaire institué par la loi du 8 avril 1903, seront admis par ordre de mérite à contracter, au moment de l'incorporation de la classe, un engagement spécial de trois ans, dit « de *devancements d'appel* », avec la faculté d'être mis en congé après deux années de service, s'ils ont :

1° Obtenu le certificat d'aptitude aux fonctions de chef de section ;

2° Pris l'engagement d'effectuer tous les trois ans, pendant la durée de leurs obligations militaires, des périodes de quatre semaines dans la réserve et de deux semaines dans la territoriale.

Leur affectation aux divers corps de troupes sera faite par les bureaux de recrutement.

[Le certificat d'aptitude militaire dont il est question ci-dessus est obtenu après examens devant une commission militaire : les candidats doivent justifier de connaissances pratiques de nature à faciliter l'instruction militaire. Pourvus du certificat, ils peuvent être nommés caporaux après quatre mois de service actif].

Les engagements pour l'armée de mer sont réglés par les lois spéciales à cette armée. [V. décrets du 24 décembre 1889 et du 28 janvier 1890.]

*Durée des engagements*. — **51**. Les jeunes gens réunissant les conditions prévues à l'article 50 ci-dessus peuvent contracter, soit pour les troupes métropolitaines, soit pour les troupes coloniales, des engagements de trois, quatre ou cinq ans, sous réserve toutefois, pour les troupes coloniales, de la restriction imposée par le paragraphe 1er de l'article 50.

En outre, les jeunes gens qui viennent d'être portés sur les tableaux de recensement peuvent, à partir du 15 janvier et jusqu'au 1er avril de la même année, contracter pour les troupes coloniales un engagement valable jusqu'à la libération de la classe à laquelle ils appartiennent.

Le service militaire compte, pour les engagés, du jour de la signature de l'acte d'engagement. Ils passent dans la réserve à l'expiration de leur service actif et suivent ensuite le sort de la classe incorporée dans l'année de leur engagement.

*Engagements en temps de guerre*. — **52**. En cas de guerre, tout Français ayant accompli le temps de service prescrit pour l'armée active, la réserve de ladite armée et l'armée territoriale est admis à contracter, dans un corps de son choix, un engagement pour la durée de la guerre.

Cette faculté cesse pour les hommes de la réserve de l'armée territoriale lorsque leur classe est rappelée à l'activité.

En cas de guerre continentale, le ministre de la Guerre peut être autorisé par décret du président de la République à accepter comme engagés volontaires pour la durée de la guerre les jeunes gens ayant dix-sept ans ; il fixe les conditions suivant lesquelles ces engagements peuvent être reçus.

Le temps ainsi passé sous les drapeaux sera, pour ces engagés, déduit des deux années de service actif.

*Actes d'engagement*.— **53**. Les engagements volontaires sont contractés dans les formes prescrites par les articles 34, 35, 36, 37, 38, 39, 40, 42 et 44 du Code civil, devant les maires des chefs-lieux de canton en France, devant les officiers de l'état civil désignés par décret en Algérie et par arrêtés des gouverneurs dans les colonies ou résidents généraux dans les pays de protectorat.

[Les articles ci-dessus désignés du Code civil concernent la rédaction des actes de l'état civil].

Les conditions relatives à la durée de ces engagements sont insérées dans l'acte même.

Les autres conditions sont lues aux contractants avant la signature, et mention en est faite à la fin de l'acte.

Dès qu'il a reçu un engagement, le maire est tenu d'aviser le commandant de recrutement dont relève l'engagé, qui prend les mesures nécessaires pour faire délivrer à celui-ci ou faire notifier à son domicile une feuille de route pour rejoindre son corps.

*Rengagements*. — **54**. Les militaires de toutes armes peuvent, avec le consentement du conseil de régiment, contracter des rengagements d'un an, dix-huit mois, deux ans, deux ans et demi et trois ans. Pour les militaires des troupes coloniales et du régiment de sapeurs-pompiers de Paris non pourvus du grade de sous-officier, ce consentement est remplacé par celui du chef de corps.

Les militaires des troupes coloniales, du régiment de sapeurs-pompiers et les sous-officiers des troupes métropolitaines peuvent, en outre, contracter des rengagements de quatre et cinq ans.

La faculté de contracter un rengagement est accordée à tout militaire en activité qui compte au moins une année de service dans les troupes métropolitaines ou six mois dans les troupes coloniales. Ce rengagement date du jour de l'expiration légale du service dans l'armée active. La même faculté est accordée aux militaires libérés qui ont quitté le service depuis moins de deux ans, s'ils désirent entrer dans les troupes métropolitaines ; à tous les militaires libérés comptant moins de trente-six ans d'âge, s'ils désirent entrer dans les troupes coloniales. Toutefois, le militaire libéré ne peut contracter qu'un rengagement de deux ans au minimum dans les troupes métropolitaines, de trois au minimum dans les troupes coloniales.

Les rengagements sont renouvelables jusqu'à une durée totale de quinze années de service pour les sous-officiers ou anciens sous-officiers de l'armée métropolitaine, les militaires de tous grades de l'armée coloniale et du régiment de sapeurs-pompiers de Paris, et de cinq années pour les caporaux, brigadiers et soldats des troupes métropolitaines, la durée du dernier rengagement étant calculée en conséquence et pouvant compter des fractions d'année.

Le nombre des rengagements dans chaque corps est fixé par le ministre de la Guerre.

55. Les simples soldats ne peuvent contracter des rengagements d'un an que pour les troupes coloniales, le régiment de sapeurs-pompiers de Paris, les troupes à cheval (artillerie et cavalerie) et un certain nombre de corps des régions frontières désignés chaque année par le ministre. Ils peuvent contracter des rengagements de dix-huit mois, deux ans, deux ans et demi et trois ans, soit pour le corps dans lequel ils servent, soit pour tout autre corps faisant partie des troupes métropolitaines ou coloniales.

Les caporaux et brigadiers ne peuvent contracter de rengagements que pour les corps dans lesquels ils servent ou ont servi, à moins d'avoir quitté le service depuis plus de six mois ou de demander à entrer dans le corps de sapeurs-pompiers de Paris. Dans ces deux derniers cas, ils ne peuvent se rengager que comme soldats.

Les sous-officiers sont également rengagés pour le corps dans lequel ils servent ou ont servi ; toutefois, ils peuvent être, sur leur demande, rengagés pour un autre corps dans lequel le nombre des rengagés et commissionnés n'atteindrait pas le complet réglementaire. Ils conservent leur grade, même s'ils ont quitté le service depuis plus de six mois, sauf le cas où ils se rengagent dans une arme autre que leur arme d'origine ou dans le régiment de sapeurs-pompiers de Paris. Dans ce cas, ils ne peuvent rentrer au service que comme simples soldats.

Le ministre de la Guerre peut toujours, dans l'intérêt du service, prononcer d'office le changement de corps d'un militaire rengagé.

56. Tout militaire des troupes métropolitaines peut demander son passage dans les troupes coloniales, à condition d'avoir au moins deux ans et trois mois de service à accomplir. S'il est lié au service pour une durée moindre, il peut demander à la porter à deux ans et trois mois pour passer dans les troupes coloniales.

Le militaire gradé des troupes métropolitaines qui passe dans les troupes coloniales ne conserve son grade qu'en cas d'insuffisance du nombre des gradés dans le corps de troupes où il entre.

Ces dispositions sont applicables aux militaires de la légion étrangère naturalisés Français.

Les militaires des troupes coloniales ne sont pas autorisés à demander leur passage aux troupes métropolitaines ; toutefois, les demandes de permutation entre sous-officiers peuvent être admises dans les conditions déterminées par le ministre.

57. Les rengagements sont contractés devant les sous-intendants, les commissaires des troupes coloniales ou, à défaut, devant l'officier qui est leur suppléant légal, dans la forme prescrite par l'article 53 ci-dessus, sur la preuve que le contractant peut rester ou être admis dans le corps pour lequel il se présente.

*Commissions.* — 58. Peuvent être maintenus sous les drapeaux en qualité de commissionnés :

1° Les sous-officiers de toutes armes qui ont accompli au moins dix ans de service effectif et qui sont arrivés à l'expiration du rengagement les liant au service ;

2° Les militaires de la gendarmerie, de la justice militaire, du régiment de sapeurs-pompiers de Paris, les cavaliers de remonte et le personnel employé dans les écoles militaires, ainsi que les caporaux et soldats des troupes coloniales ;

3° Les caporaux ou brigadiers et soldats affectés dans les divers corps et services à certains emplois énumérés aux tableaux H et I [armuriers, cordonniers, maréchaux ferrants, télégraphistes, cuisiniers, etc.].

Les militaires commissionnés sont soumis aux lois et règlements militaires. Sauf le cas prévu à l'article 67, ils ne peuvent quitter leur emploi sans avoir reçu notification de l'acceptation de leur démission. La décision du ministre de la Guerre doit être transmise dans un délai maximum de deux mois, augmenté, hors de France, des délais de distance, à partir de la date de la remise de la démission.

En cas de guerre, les démissions ne sont jamais acceptées.

Les dispositions de l'article 55 relatives aux changements de corps des sous-officiers rengagés sont applicables aux commissionnés.

Tout militaire commissionné pourra être mis à la retraite après vingt-cinq ans de service.

Ceux qui sont affectés aux emplois prévus au tableau H ne pourront être maintenus que jusqu'à l'âge de cinquante ans.

Les militaires de la gendarmerie, les maîtres ouvriers et les militaires qui occupent les emplois prévus au tableau I pourront être maintenus au delà de cette limite, dans les conditions fixées par les règlements constitutifs de l'arme et des services intéressés, sans pouvoir en aucun cas être maintenus au delà de l'âge de soixante ans.

Peuvent être réadmis en qualité de commissionnés, dans les catégories mentionnées aux paragraphes 2° et 3° ci-dessus, les militaires ayant accompli le temps de service exigé dans l'armée active, et rentrés dans leurs foyers depuis moins de trois ans.

Les commissionnés ne peuvent remplir d'autres emplois que ceux prévus aux tableaux H et I ci-dessus visés.

A défaut de commissionnés, ces emplois peuvent être occupés par des militaires d'autres catégories.

59. Dans les troupes métropolitaines, le nombre des sous-officiers de chaque corps de troupes restés sous les drapeaux au delà de la

durée légale du service, en vertu d'une commission ou d'un rengagement, est fixé aux trois quarts de l'effectif total des militaires de ce grade. Le nombre des caporaux et brigadiers dans les mêmes conditions est fixé au quart de l'effectif total. Pour l'arme de la cavalerie ne sont pas compris dans les trois quarts des rengagés les sous-officiers du petit état-major et du peloton hors rang. (Loi du 16 juillet 1906.)

Pour les simples soldats rengagés d'un an, leur nombre dans l'ensemble d'un corps de troupes pourra atteindre, mais non dépasser 8 pour 100 de l'effectif de mobilisation des compagnies du temps de paix dans les troupes à pied et le train des équipages, et 15 pour 100 de l'effectif de mobilisation des escadrons et batteries du temps de paix dans les troupes à cheval.

Dans le régiment de sapeurs-pompiers de Paris, le nombre des rengagés peut atteindre la totalité de l'effectif.

Les cavaliers et les artilleurs à cheval qui, à la fin de leur deuxième année de service, contracteront un rengagement d'un an dans leur arme sans haute paye seront dispensés des périodes d'appel de la réserve active.

*Avantages assurés aux engagés et rengagés.* — **60.** Les jeunes gens qui contractent un engagement ont le droit de choisir leur arme et leurs corps, sous réserve des conditions d'aptitude physique exigées pour cette arme et des autres dispositions portées à l'article 50.

Tout militaire lié au service pour une durée supérieure à la durée légale a droit, à partir du commencement de la troisième année de présence sous les drapeaux, à une haute paye journalière dont le tarif est fixé par le ministre de la Guerre pour chaque grade et pour chacune des catégories ci-après :

1° Troupes et services de l'armée coloniale;

2° Cavalerie et artillerie des divisions de cavalerie ;

3° Autres troupes et services de l'armée métropolitaine. Ces hautes payes pourront être augmentées pour certains corps. Le droit à la haute paye journalière est suspendu pendant le cours des punitions supérieures à huit jours de prison et des punitions de cellule.

**61.** Tout militaire des troupes métropolitaines qui contracte un engagement ou rengagement de manière à porter la durée de son service à quatre ou cinq années a droit à une prime proportionnelle au temps qu'il s'engage à passer sous les drapeaux en sus des trois premières années.

Le ministre de la Guerre fait connaître annuellement, à la date du 1er janvier, le tarif de la prime des sous-officiers et celui de la prime des caporaux, brigadiers et soldats. Ces tarifs sont variables suivant les corps.

Les militaires des troupes coloniales, y compris ceux ayant contracté un engagement dans les conditions prévues au deuxième alinéa de l'article 51, bénéficient de l'allocation de la prime à partir du commencement de leur troisième année de service et jusqu'à la dixième inclusivement.

La prime est acquise à l'engagé du jour où il a rejoint son corps, et au rengagé du jour où son rengagement commence à courir. Toutefois, sur la demande du militaire, elle pourra ne lui être versée immédiatement qu'en partie. Le reliquat, ou, s'il y a lieu, la totalité de la prime lui sera payé soit par annuités égales, soit en un seul versement au moment où il quitte le service. La partie de la prime constituant le dernier versement est augmentée de l'intérêt simple à 2 fr. 50 pour 100.

Si, dans le cours d'un engagement ou rengagement, le militaire qui a bénéficié d'une prime est nommé sous-officier, la différence entre cette prime et celle de sous-officier lui est rappelée pour une part proportionnelle au temps de service qui lui reste à accomplir.

Si, dans le cours d'un engagement ou rengagement, le tarif de la prime vient à être modifié dans un corps, le militaire bénéficie pour la portion de la prime non encore touchée du tarif nouveau.

Le militaire de l'armée métropolitaine qui passe dans l'armée coloniale a droit au rappel de la différence entre la prime dont il avait bénéficié et celle existant dans l'armée coloniale, seulement pour une part proportionnelle au temps qui lui reste à accomplir dans cette dernière.

**62.** Les sous-officiers de toutes armes restant sous les drapeaux au delà de cinq années de service ont droit, à partir du commencement de la sixième année, à une solde spéciale, dont les tarifs sont réglés par décret du président de la République, et qui est perçue dans les mêmes conditions que celle des officiers.

Cette solde exclut toute autre indemnité ou allocation en nature, sauf les indemnités de marches, de manœuvres, de logement, de résidence et de rassemblement, s'il y a lieu, ainsi que les allocations en nature qui peuvent être attribuées aux troupes en campagne et les allocations réglementaires relatives à l'habillement.

**63.** Les sous-officiers qui ont accompli la durée légale du service et qui sont autorisés à loger en ville ont droit à une indemnité de logement dont les tarifs sont fixés par le ministre de la Guerre, suivant les garnisons.

**64.** Les militaires ayant accompli au moins trois années de service ou une période de séjour aux colonies sont dispensés de l'une des deux périodes d'exercice de la réserve.

**65.** [Des pensions proportionnelles sont accordées aux rengagés dans les conditions prévues par l'article 65 de la loi militaire, reproduit au mot PENSIONS.]

**66.** Tout militaire engagé ou rengagé qui, étant sous les drapeaux, subit une condamnation, soit à la peine des travaux publics, soit à celle de l'emprisonnement pour une durée de trois mois au moins, est déchu de tous ses droits à la haute paye et à la dispense des périodes d'instruction.

Le militaire qui a encouru la peine des travaux publics est également déchu de ses droits à la pension proportionnelle.

En outre, si la condamnation tombe sous le

coup de l'article 5 de la présente loi, il sera dirigé, à l'expiration de sa peine, sur un bataillon d'infanterie légère d'Afrique.

La même mesure sera prise à l'égard de l'engagé ou du rengagé qui, ayant été, par un seul jugement, déclaré coupable d'un crime ou d'un délit militaire et d'un des crimes et délits spécifiés aux 1er et 2e alinéas de l'article 5, aura été condamné à la peine des travaux publics par application de l'article 135 du Code de justice militaire.

Les dispositions de l'article 5, dernier alinéa, sont applicables aux militaires dirigés sur les bataillons d'Afrique en exécution du présent article.

Le droit à la haute paye est temporairement suspendu :

1° Pour tout militaire engagé ou rengagé, envoyé par mesure disciplinaire dans une compagnie de discipline, pendant la durée de son séjour dans cette compagnie ;

2° Pour tout rengagé des régiments étrangers, des régiments de tirailleurs algériens et des bataillons d'infanterie légère d'Afrique, envoyé par mesure disciplinaire à la section de discipline de son corps, pendant la durée de son séjour à ladite section.

**67.** L'admission d'office à la retraite proportionnelle ou la révocation des sous-officiers, caporaux, brigadiers et soldats commissionnés sont prononcées par le ministre ou par le général commandant le corps d'armée, délégué, d'après l'avis d'un conseil d'enquête constitué suivant les règlements militaires en vigueur. Cet avis ne peut être modifié qu'en faveur de l'intéressé.

La commission est, en outre, retirée de plein droit lorsque, ayant été délivrée en vertu d'un emploi ou d'un traité déterminé, cet emploi est supprimé ou le traité est résilié ou vient à expiration.

**68.** La rétrogradation ou la cassation des sous-officiers, brigadiers ou caporaux rengagés est prononcée par le ministre ou par le général commandant le corps d'armée, délégué, d'après l'avis du conseil d'enquête constitué suivant les règlements actuellement en vigueur pour les sous-officiers. Cet avis ne peut être modifié qu'en faveur de l'intéressé.

*Emplois réservés aux engagés et rengagés.* — [Les tableaux des *emplois réservés aux engagés et rengagés* ont été publiés au *Journal officiel* des 23 mars 1905 et 17 juillet 1906.]

**69.** Les emplois désignés au tableau E, annexé à la présente loi, sont réservés, dans les proportions indiquées audit tableau, aux sous-officiers de toutes armes qui ont accompli au moins dix ans de service et qui ont obtenu, en raison de leur manière de servir, l'avis favorable du conseil de régiment, ainsi qu'un certificat d'aptitude professionnelle.

Les emplois désignés au tableau F, également annexé à la présente loi, sont réservés, dans les mêmes conditions, aux sous-officiers, brigadiers et caporaux de toutes armes qui ont accompli au moins trois ans de service. Un certain nombre des emplois de ce dernier tableau sont réservés aux militaires de tous grades de l'armée coloniale ayant accompli quinze années de service, dont dix au moins dans l'armée coloniale ; ces militaires ont également droit aux emplois du même tableau.

Les emplois désignés au tableau G, également annexé à la présente loi, sont réservés dans les mêmes conditions aux simples soldats de toutes armes ayant accompli au moins quatre ans de service.

Les militaires et les marins engagés et rengagés pourront être admis à prendre du service dans la garde républicaine et dans la gendarmerie ; ils devront justifier des aptitudes physiques requises, avoir accompli quatre ans de service actif et être âgés de vingt-cinq ans révolus.

Toutefois, pourront être admis dans les mêmes corps, en qualité d'élèves gardes ou d'élèves gendarmes, les militaires et les marins engagés et rengagés qui, n'ayant pas atteint l'âge de vingt-cinq ans, ont accompli quatre ans de service actif.

Les règlements d'administration publique des 26 août 1905, 10 août 1906 et 27 janv. 1907 ont réparti les emplois de chaque tableau en catégories et déterminé pour chacune les conditions d'obtention du certificat d'aptitude.

**70.** Le classement des candidats aux emplois est opéré par une commission nommée par décret du président de la République, sur le rapport du ministre de la Guerre, et composée :

D'un général de division, président ;

De trois directeurs d'armes du ministère de la Guerre et du directeur des troupes coloniales ;

D'un maître des requêtes au Conseil d'Etat ;

D'un fonctionnaire du corps de contrôle de l'administration de l'armée ;

D'un délégué de chacun des ministères autres que celui de la Guerre et d'un délégué du sous-secrétariat des postes et télégraphes ;

D'un fonctionnaire civil de l'administration centrale de la Guerre, secrétaire.

Les compagnies ou administrations étrangères à l'Etat qui consentent à attribuer des emplois aux anciens militaires sont représentées respectivement dans la commission par le délégué du ministère qui se trouve plus spécialement en relations avec elles.

Le secrétaire de la commission est chargé, sous l'autorité du général président, de la centralisation de tous les renseignements et dossiers concernant les candidats, de l'examen des améliorations à apporter dans la collation des emplois, des mesures à prendre pour assurer l'application de la loi, enfin de l'étude des propositions à adresser au ministre de la Guerre en vue des modifications à introduire dans les tableaux E, F et G par suite de créations ou de transformations d'emplois. Ces dernières modifications devront faire l'objet de règlements d'administration publique rendus sur la proposition du ministre de la Guerre.

Les modifications à l'organisation administrative, entraînant des suppressions d'emplois, des changements dans leur détermination ou dans leur répartition par classes, doivent être notifiées à la commission de classement par l'administration intéressée.

**71.** Aucune entreprise industrielle ou commerciale ne pourra, à l'avenir, obtenir un monopole ou une subvention de l'Etat, du département ou de la commune, qu'à la condition de réserver aux anciens militaires remplissant les conditions prévues à l'article 69 [engagés et rengagés] un certain nombre d'emplois à déterminer par le cahier des charges.

**72.** Les divers départements ministériels ou administrations desquels dépendent les emplois mentionnés aux tableaux E, F et G adressent, dans le courant de décembre de chaque année, au ministre de la Guerre, un état de prévision du nombre des emplois de chaque espèce dont la vacance est à prévoir dans le cours de l'année suivante.

Cet état de prévision est notifié à tous les corps de troupes et porté à la connaissance des candidats par les chefs de corps.

Au commencement de chaque trimestre, les chefs de corps adressent au ministre de la Guerre les dossiers de demandes des candidats dont le temps de service expire dans le trimestre qui s'ouvrira trois mois plus tard.

Les candidats peuvent demander plusieurs emplois en indiquant leur ordre de préférence.

Les militaires à qui sont ouverts les emplois du tableau E ont la faculté de concourir pour les emplois des tableaux F et G; ceux à qui sont ouverts les emplois du tableau F ont la faculté de concourir pour les emplois du tableau G.

La commission se réunit dans le cours du trimestre et opère dans chaque catégorie le classement des candidats par ordre de mérite et en tenant compte de la durée des services effectifs, sans que toutefois ceux-ci puissent être comptés pour plus de quinze années; les emplois sont ensuite attribués suivant ce classement et suivant l'ordre de préférence de chacun des candidats. Chacun d'eux n'est désigné que pour un seul emploi. Notification du classement établi et de l'attribution des emplois est adressée aux corps de troupes.

Les tableaux de classement sont publiés au *Journal officiel.*

Si les demandes de certains candidats n'ont pu recevoir satisfaction, ils sont avisés d'avoir à attendre le classement trimestriel suivant ou d'accepter l'un des emplois qui pourront leur être offerts faute de ceux qu'ils avaient demandés.

**73.** Les nominations doivent être faites dans l'ordre du classement adopté par la commission et transmis par elle aux ministère et administrations intéressés. Elles sont insérées, quelle que soit l'autorité dont elles émanent, au *Journal officiel.* Pour les emplois dont les militaires ne peuvent bénéficier que dans une certaine proportion, le libellé de la nomination doit faire ressortir qu'elle est conférée au titre militaire ou au titre civil suivant un tour régulièrement fixé.

Lorsqu'une vacance ne peut être imputée au tour appartenant aux militaires, faute de candidat classé dans cette catégorie, la vacance est dévolue à un candidat civil et la cause en est mentionnée à la suite de la nomination.

Toute nomination non insérée au *Journal officiel* est nulle et non avenue, sans que cette nullité puisse être opposée aux tiers.

Le premier payement pour les traitements afférents aux emplois prévus aux tableaux E, F et G, quelle que soit l'origine des titulaires, ne pourra avoir lieu sans que le mandat fasse mention du numéro du *Journal officiel* dans lequel la nomination a été publiée.

Les administrations étrangères à l'Etat adressent au secrétariat de la commission le compte rendu des nominations qu'elles ont faites au fur et à mesure qu'elles se produisent.

Les militaires régulièrement inscrits sur les listes de classement peuvent porter devant le Conseil d'Etat statuant au contentieux leurs réclamations contre les décisions des autorités compétentes qui auront nommé des titulaires à des emplois sans tenir compte de leur ordre de classement ou de la proportion exclusivement attribuée aux candidats militaires. Ces pourvois sont dispensés de l'intervention d'un avocat au Conseil d'Etat.

**74.** Les nominations aux emplois ne peuvent avoir lieu plus de trois mois avant l'expiration légale du temps de service du candidat.

En cas d'insuffisance d'emplois, les candidats sont autorisés à attendre au corps leur nomination à l'emploi qu'ils ont sollicité ou accepté : pendant deux ans s'il s'agit d'un emploi du tableau E; pendant un an s'il s'agit du tableau F ou du tableau G. Dans ce cas, ils sont assimilés aux commissionnés, continuent à faire leur service et ne sont pas remplacés dans leur grade ou emploi militaire.

**75.** Les militaires remplissant les conditions pour obtenir les emplois civils et qui ont quitté le service sans les avoir sollicités, peuvent néanmoins, dans les cinq années qui suivent leur libération, adresser une demande d'emploi par l'intermédiaire de la gendarmerie. Le général commandant la subdivision de leur domicile établit alors leur dossier et les convoque, s'il y a lieu, pour subir les examens professionnels.

Les militaires réformés ou retraités par suite de blessures ou infirmités contractées au service peuvent profiter des dispositions de l'article 69, quel que soit le temps passé par eux au service, s'ils remplissent les conditions d'âge et d'aptitude fixées pour l'emploi qu'ils sollicitent.

Les anciens militaires qui se sont démis volontairement d'un des emplois prévus aux tableaux E, F et G ne peuvent plus concourir au titre militaire pour un emploi réservé.

**76.** Chaque année, le président de la commission adresse au ministre de la Guerre un compte rendu de ses opérations faisant connaître également le nombre de nominations effectuées dans les différents emplois. Ce compte rendu est inséré au *Journal officiel* et annexé au compte rendu des opérations du recrutement adressé chaque année par le ministre de la Guerre aux deux Chambres, en exécution de l'article 95 de la présente loi.

**77.** Les sous-officiers des troupes coloniales qui se retirent après huit ans de service dans ces troupes, et les caporaux, brigadiers ou soldats de ces mêmes troupes qui se retirent après quinze ans de service, dont dix dans l'armée coloniale, peuvent, s'ils sont mariés ou veufs avec enfants et s'ils en font la demande, recevoir, dans l'année qui suit leur libération, un titre de concession sur les terres disponibles en Algérie et dans les colonies. Cette concession leur sera accordée dans les mêmes conditions que celles qui sont faites aux autres colons.

**78.** Un tableau faisant connaître les divers avantages réservés aux militaires engagés et rengagés, les principaux emplois offerts aux militaires remplissant les conditions énumérées à l'article 69 et les tarifs annuels des primes et hautes payes des différents corps de troupes est adressé, au commencement de chaque année, aux mairies de toutes les communes, aux bureaux de recrutement et aux chefs de corps. Ce tableau reste affiché dans un endroit apparent jusqu'à ce qu'il soit remplacé par le tableau de l'année suivante.

En outre, des tableaux détaillés des emplois portés aux tableaux E, F et G sont envoyés par le secrétariat de la commission à tous les maires et à tous les corps de troupes. Ces tableaux indiquent, pour chaque nature d'emploi, le traitement fixe, les indemnités ou accessoires, les conditions d'admissibilité, ainsi que les moyennes présumées des vacances annuelles. Ils doivent être mis à la disposition des personnes désirant les consulter.

*Dispositions pénales.* — **79.** Toutes fraudes ou manœuvres par suite desquelles un jeune homme a été omis sur les tableaux de recensement sont déférées aux tribunaux ordinaires et punies d'un emprisonnement d'un mois à un an.

Sont déférés aux mêmes tribunaux et punis de la même peine :

1° Les jeunes gens appelés qui, par suite d'un concert frauduleux, se sont abstenus de comparaître devant le conseil de revision ;

2° Les jeunes gens qui, à l'aide de fraudes ou manœuvres, se font exempter par un conseil de revision, sans préjudice de peines plus graves en cas de faux.

Les auteurs ou complices sont punis des mêmes peines.

Si le jeune homme omis a été condamné comme auteur ou complice de fraudes ou manœuvres, les dispositions des articles 15 et 16 de la présente loi lui sont appliquées.

Le jeune homme indûment exempté est rétabli en tête de la première partie de la classe appelée, après qu'il a été reconnu que l'exemption avait été indûment accordée.

**80.** Tout homme prévenu de s'être rendu impropre au service militaire, soit temporairement, soit d'une manière permanente, dans le but de se soustraire aux obligations imposées par la présente loi, est déféré aux tribunaux, soit sur la demande des conseils de revision, soit d'office. S'il est reconnu coupable, il est puni d'un emprisonnement d'un mois à un an.

Sont également déférés aux tribunaux et punis de la même peine les jeunes gens qui, dans l'intervalle de la clôture de la liste cantonale à leur mise en activité, se sont rendus coupables du même délit.

A l'expiration de leur peine, les uns et les autres sont mis à la disposition du ministre de la Guerre pour tout le temps du service militaire qu'ils doivent à l'Etat et sont envoyés dans une compagnie de discipline.

Les complices sont punis de la peine prévue aux alinéas 1 et 2 du présent article, et, s'ils n'ont pas encore terminé la durée légale de leur service actif sous les drapeaux, les dispositions du troisième alinéa leur sont applicables.

Si les complices sont des médecins, des officiers de santé ou des pharmaciens, la durée de l'emprisonnement est pour eux de deux mois à deux ans, indépendamment d'une amende de 200 francs à 1 000 francs qui peut être aussi prononcée et sans préjudice de peines plus graves, dans les cas prévus par le Code pénal.

**81.** Les médecins militaires ou civils qui, appelés au conseil de revision à l'effet de donner leur avis, conformément aux articles 16, 17, 18 et 19 de la présente loi, ont reçu des dons ou agréé des promesses pour être favorables aux jeunes gens qu'ils doivent examiner, sont punis d'un emprisonnement de deux mois à deux ans, sans préjudice des peines plus graves prononcées par l'article 262 du Code de justice militaire, quand il s'agit de médecins militaires ayant commis le délit prévu par ledit article [faux certificat ou dissimulation de maladies ou infirmités].

Cette peine leur est appliquée soit qu'au moment des dons ou promesses ils aient déjà été désignés pour assister au conseil de revision, soit que les dons ou promesses aient été agréés en prévision des fonctions qu'ils auraient à y remplir.

Il leur est défendu, sous la même peine, de rien recevoir, même pour une exemption justement prononcée.

Ceux qui leur ont fait des dons ou promesses sont punis de la même peine.

[La tentative est punie comme le délit lui-même.]

**82.** Tout fonctionnaire ou officier public, civil ou militaire, qui, sous quelque prétexte que ce soit, a autorisé ou admis des exclusions ou exemptions autres que celles déterminées par la présente loi, ou qui aura donné arbitrairement une extension quelconque soit à la durée, soit aux règles ou conditions des appels, des engagements ou des rengagements, sera coupable d'abus d'autorité et puni des peines portées dans l'article 185 du Code pénal, sans préjudice des peines plus graves prononcées par ce code dans les autres cas qu'il a prévus, et des peines prononcées par l'article 261 du Code de justice militaire, quand il s'agit de militaires coupables d'un des crimes [corruption] prévus par ledit article.

[La tentative est punie comme le délit lui-même.]

**83.** Tout jeune soldat appelé, ou tout autre militaire dans ses foyers, rappelé à l'activité, à qui un ordre de route a été régulièrement notifié et qui, hors le cas de force majeure, n'est pas arrivé à sa destination au jour fixé par cet ordre est, après un délai de trente jours en temps de paix, considéré comme insoumis et puni des peines portées par l'article 230 du Code de justice militaire.

Est également considéré comme insoumis tout engagé volontaire et tout militaire ayant contracté un rengagement après renvoi dans ses foyers, qui, hors le cas de force majeure, n'est pas arrivé à sa destination, en temps de paix, dans les trente jours qui suivent le jour fixé par sa feuille de route.

La notification de l'ordre de route est faite, pour les appelés, au domicile, et en cas d'absence, au maire de la commune dans laquelle l'appelé a été porté sur la liste de recensement.

Pour les militaires rappelés, la notification est faite à la résidence déclarée, et en cas d'absence au maire du domicile.

Le délai d'insoumission est porté en temps de paix : à deux mois pour les hommes affectés à des corps de l'intérieur, qui demeurent en Algérie, en Tunisie ou hors de France en Europe, et pour les hommes affectés à des corps d'Algérie demeurant en Tunisie ou en Europe ; à six mois pour les hommes demeurant dans tout autre pays.

Si l'insoumis appartient à un corps mobilisé ou faisant partie de troupes d'opérations, ou si son corps est stationné sur un territoire compris dans la zone des armées, les délais fixés par les paragraphes 1 et 2 sont réduits à deux jours et ceux fixés par le paragraphe 5 sont réduits de moitié. Dans ce cas, les noms des insoumis sont affichés, pendant toute la durée de la mobilisation ou des opérations, dans toutes les communes du canton de leur domicile ; les insoumis qui sont condamnés sont, à l'expiration de leur peine, envoyés dans une compagnie de discipline.

Le temps pendant lequel les hommes visés par le présent article auront été insoumis ne comptera pas dans les années de service exigées.

**84.** Quiconque est reconnu coupable d'avoir sciemment recélé ou pris à son service un homme recherché pour insoumission ou d'avoir favorisé son évasion est puni d'un emprisonnement qui ne peut excéder six mois. Selon les circonstances, la peine peut être réduite à une amende de 50 francs à 500 francs.

La même peine est prononcée contre ceux qui, par des manœuvres coupables, ont empêché ou retardé le départ des jeunes soldats.

Si le délit a été commis à l'aide d'un attroupement, la peine sera double.

Si le délinquant est fonctionnaire public, employé du gouvernement ou ministre d'un culte salarié par l'Etat, la peine peut être portée jusqu'à deux années d'emprisonnement, et il est, en outre, condamné à une amende qui ne pourra excéder 2 000 francs.

Sont exceptées des dispositions pénales prévues par le présent article les personnes désignées dans le dernier paragraphe de l'article 248 du Code pénal [ascendants, descendants, époux ou épouse, même divorcés, frères ou sœurs des criminels recelés, ou leurs alliés aux mêmes degrés].

**85.** En temps de paix, les militaires en congé dans leurs foyers en attendant leur passage dans la réserve de l'armée active, les hommes de la réserve de l'armée active et ceux de l'armée territoriale et de la réserve de cette armée qui, étant rappelés à l'activité en vertu de la loi par voie d'affiches ou par ordres d'appel individuels, ne seront pas, hors le cas de force majeure, rendus le jour fixé au lieu indiqué par les affiches ou ordres d'appel, ou qui, étant convoqués d'urgence et sans délai, auront excédé le temps strictement nécessaire pour se rendre à leur destination, seront passibles d'une punition disciplinaire.

Si, sur notification d'un ordre de route individuel leur réitérant l'ordre de rejoindre, les hommes désignés au paragraphe précédent ne se présentent pas à leur destination dans les quinze jours suivant le jour fixé par cet ordre, ils seront considérés comme insoumis et passibles des pénalités de l'insoumission.

Lorsqu'ils appartiennent à un corps mobilisé ou faisant partie de troupes d'opérations, ou lorsque leur corps est stationné sur un territoire compris dans la zone des armées, les militaires, rappelés autrement que par voie de mobilisation au moyen d'affiches ou de publications sur la voie publique, sont déclarés insoumis si, sur notification directe d'un ordre de route, ils ne se rendent pas à leur destination dans les deux jours suivant le jour fixé par cet ordre.

En cas de mobilisation, les militaires rappelés sont déclarés insoumis si, hors le cas de force majeure, ils ne se sont pas conformés aux mesures prescrites par l'ordre de route contenu dans leur livret pour assurer leur arrivée à destination.

Par exception aux dispositions qui précèdent, les hommes se trouvant dans le cas prévu à l'article 46 de la présente loi ne seront, en cas de mobilisation ou de rappel de leur classe par décret, déclarés insoumis que s'ils ont excédé de quinze jours en temps de paix, ou de deux jours dans les cas prévus aux paragraphes 3 et 4 ci-dessus, les délais strictement nécessaires pour se rendre, par les voies les plus rapides, directement de leur résidence à la destination qui leur est assignée.

Les dispositions des paragraphes 4, 5 et 6 de l'article 83 sont applicables aux hommes visés par le présent article.

Tout homme qui n'a pas rejoint au jour indiqué pour des manœuvres ou exercices peut être astreint par l'autorité militaire à faire ou à compléter dans un corps de troupes le temps de service pour lequel il était appelé.

Les dispositions du présent article ne sont pas applicables, en temps de paix, aux hommes de la réserve de l'armée territoriale convoqués pour assister à des revues ; ces hommes ne sont, en cas de retard ou manquement à ces revues, passibles que de punitions disciplinaires.

Sont également passibles de peines disciplinaires les hommes des différentes catégories de réserve ayant contrevenu aux obligations qui leur sont imposées par les art. 31 et 45 de la présente loi.

Les punitions disciplinaires infligées aux hommes des réserves dans leurs foyers ne peuvent pas excéder huit jours de prison ; ce maximum est réduit à quatre jours pour les hommes appartenant à l'armée territoriale ou à la réserve de cette armée.

L'autorité militaire assure l'exécution de ces punitions dans les locaux disciplinaires des corps les plus rapprochés.

**86.** Les hommes liés au service dans les conditions mentionnées à l'article 27 ci-dessus, qui n'ont pas fait les déclarations prescrites audit article, sont déférés aux tribunaux ordinaires et punis d'une amende de 10 francs à 200 francs. Ils peuvent, en outre, être condamnés à un emprisonnement de quinze jours à trois mois.

En temps de guerre, la peine est double.

**87.** Les peines prononcées par les articles 81, 82 et 84 de la présente loi sont applicables aux tentatives des délits prévus par ces articles.

**88.** Pour toutes les peines prononcées par la présente loi, les juges peuvent, en temps de paix, accorder des circonstances atténuantes ; l'application est faite, pour les condamnés n'appartenant pas à l'armée, conformément à l'article 463 du Code pénal, et pour les condamnés militaires ou assimilés aux militaires, conformément à l'article 1er de la loi du 19 juillet 1901.

*Recrutement en Algérie et aux colonies.* — **89.** Les dispositions de la présente loi sont applicables en Algérie et en Tunisie. Elles le sont également dans les colonies de la Guadeloupe, de la Martinique, de la Guyane et de la Réunion.

**90.** Elles sont également applicables dans les autres colonies et pays de protectorat sous les réserves suivantes :

En dehors d'exceptions motivées et dont il serait fait mention dans le compte rendu prévu par l'article 95 ci-après, les Français et naturalisés Français résidant dans l'une de ces colonies ou pays de protectorat sont incorporés dans les corps les plus voisins et, après une année de présence effective sous les drapeaux, au maximum, ils sont envoyés en congé s'ils ont satisfait aux conditions de conduite et d'instruction militaire déterminées par le ministre de la Guerre.

S'il ne se trouve pas de corps stationnés dans un rayon fixé par arrêté ministériel, ces jeunes gens sont dispensés de la présence effective sous les drapeaux. Dans le cas où cette situation viendrait à se modifier avant qu'ils aient atteint l'âge de trente ans révolus, ils seraient appelés dans le corps de troupes le plus voisin pour y recevoir l'instruction militaire pendant un laps de temps qui ne pourrait dépasser une année.

En cas de mobilisation générale, les hommes valides qui ont terminé leurs vingt-cinq ans de service sont réincorporés avec la réserve de l'armée territoriale, sans cependant pouvoir être appelés à servir hors du territoire de la colonie où ils résident.

Si un Français ou naturalisé Français ayant bénéficié des dispositions du paragraphe 2 du présent article transportait son établissement en France avant l'âge de trente ans accomplis, il devrait compléter, dans un corps de la métropole, le temps de service dans l'armée active prescrit par l'article 32 de la présente loi, sans toutefois pouvoir être retenu sous les drapeaux au delà de l'âge de trente ans.

**91.** Les jeunes gens inscrits sur les listes de recrutement de la métropole, résidant dans une colonie ou un pays de protectorat où il n'y aurait pas de troupes françaises stationnées, pourront, sur l'avis conforme du gouverneur ou du résident, bénéficier des dispositions contenues dans les paragraphes 3 et suivants de l'article précédent.

La même disposition s'applique aux jeunes gens inscrits sur les listes de recrutement d'une colonie autre que celle où ils résident.

**92.** Les conditions spéciales de recrutement des corps étrangers et indigènes sont réglées par décret, jusqu'à ce qu'une loi spéciale ait déterminé les conditions du service militaire des indigènes.

*Dispositions particulières.* — **93.** L'article 5 [incorporation dans les bataillons d'Afrique] ne s'applique pas aux hommes qui auront bénéficié de la loi du 26 mars 1891 (*loi Bérenger*).

Les conditions prescrites à l'alinéa 3e du paragraphe 2 de l'article 50 ne sont pas exigées des hommes ayant bénéficié de la loi du 26 mars 1891 qui contracteront des engagements volontaires de trois, quatre ou cinq ans.

En cas d'inconduite grave durant leur présence sous les drapeaux, ces hommes pourront, sur la proposition de leur chef de corps et par décision ministérielle, être envoyés aux bataillons d'infanterie légère d'Afrique, ou, en temps de paix, à des compagnies spécialement désignées pour accomplir leurs périodes d'exercices.

Les inscrits visés au paragraphe 2 de l'article 7 de la loi du 24 décembre 1896 sont soumis aux dispositions du présent article et peuvent également, en cas d'inconduite grave, recevoir, par décision ministérielle, une destination disciplinaire dans les mêmes conditions que les hommes du recrutement.

**94.** Une loi spéciale détermine : 1° les mesures à prendre pour rendre uniforme, dans tous les lycées et établissements d'enseignement, l'application de la loi du 27 janvier 1880, imposant l'obligation des exercices ; 2° l'organisation de l'instruction militaire pour les jeunes gens de dix-sept à vingt ans, et le mode de désignation des instructeurs. [Ces dispositions ont pour but d'amener au seuil de la caserne des jeunes gens vigoureux et bien trempés, capables, par conséquent, de mieux supporter le travail intensif que les officiers seront forcément obligés de leur imposer.]

V. en outre ARMÉE, RÉSERVE, RÉFORME, JUSTICE MILITAIRE, PENSIONS, etc.

**Servitude.** — Charge imposée sur une propriété pour l'usage et l'utilité d'un immeuble appartenant à un autre propriétaire. (Code civ., art. 637.) L'immeuble auquel la servitude est due s'appelle *fonds dominant*, celui qui la doit *fonds servant* ou *fonds assujetti*.

Le droit romain distinguait les servitudes *réelles* et les servitudes *personnelles;* tandis que les premières étaient établies sur un héritage pour l'usage et l'utilité d'un autre héritage, les secondes étaient établies sur une chose pour l'avantage et l'agrément d'une personne autre que le propriétaire de l'objet assujetti : tels les droits d'usufruit, d'usage et d'habitation. Tout en admettant ces différents droits, les rédacteurs de notre Code n'ont pas voulu leur donner la dénomination de *servitudes personnelles*, dans la crainte que ces expressions ne rappelassent le souvenir des institutions féodales et ne fissent naître l'idée de sujétion d'une personne envers une autre. Quant aux servitudes réelles, l'article 638 spécifie qu'elles n'établissent « aucune prééminence d'un héritage sur un autre », pour bien établir qu'on n'a entendu nullement ressusciter la distinction en nobles et roturiers, que le régime de la féodalité avait introduite, non seulement entre les personnes, mais aussi entre les biens.

La *servitude* est un droit réel immobilier ; elle ne peut être séparée du fonds et se transmet avec lui.

Les actions sur les servitudes sont des actions réelles. Les unes ont pour objet la propriété des servitudes; les autres, les actions possessoires. V. ACTION PÉTITOIRE ET POSSESSOIRE.

Aux termes de l'article 639 du Code civil, la servitude dérive ou de la situation naturelle des lieux, ou des obligations imposées par la loi, ou des conventions entre les propriétaires. De là trois classes de servitudes :

1° Les servitudes naturelles;

2° Les servitudes légales;

3° Les servitudes établies par le fait de l'homme.

*Servitudes naturelles.* — Ce sont celles qui dérivent de la situation des lieux.

Le Code civil règle les servitudes relatives à l'écoulement des eaux sur les fonds inférieurs, dans ses articles 640 à 644 (reproduits au mot EAUX).

Tout propriétaire qui veut se servir, pour l'irrigation de ses terres, des eaux naturelles ou artificielles dont il peut disposer, est en droit d'exiger le passage de ces eaux sur les fonds intermédiaires (*servitude d'aqueduc*) et d'appuyer sur la propriété du riverain opposé les ouvrages d'art nécessaires à sa prise d'eau (*servitude d'appui*), à la charge d'une juste et préalable indemnité. V. IRRIGATION, DRAINAGE.

Le Code civil range également dans cette catégorie la servitude de *bornage :* « Tout propriétaire peut obliger son voisin au bornage de leurs propriétés contiguës. Le bornage se fait à frais communs. » (Art. 646.) V. BORNAGE.

Le droit de se clore étant une conséquence du droit de propriété, tout propriétaire peut clore son héritage, à moins qu'il n'existe une servitude de passage ou qu'il n'y ait lieu d'appliquer les dispositions de l'article 682, suivant lequel le propriétaire dont les fonds sont enclavés et qui n'a aucune issue sur la voie publique peut réclamer un passage sur le fonds de ses voisins. Mais le propriétaire qui veut se clore perd son droit au parcours et vaine pâture, en proportion du terrain qu'il y soustrait. Ainsi, le propriétaire qui avait le droit de conduire tous ses bestiaux en vaine pâture et qui fait clore la moitié de ses propriétés ne peut plus conduire que la moitié de ses bestiaux. (Code civ., art. 648.)

*Servitudes établies par la loi.* — Les servitudes établies par la loi ont pour objet l'utilité publique ou l'utilité des particuliers.

Les servitudes d'utilité publique sont très nombreuses : servitudes militaires, servitudes relatives aux mines et carrières, servitudes de voirie, servitudes de halage et de marchepied, servitudes résultant du voisinage des routes et chemins de fer, servitudes relatives à l'exécution des travaux publics, etc. V. TRAVAUX PUBLICS, VOIRIE, ZONE MILITAIRE, etc.

La loi assujettit les propriétaires à différentes obligations l'un à l'égard de l'autre, indépendamment de toute convention : l'effet de ces obligations réciproques est d'introduire entre les propriétaires voisins des relations pacifiques, sans lesquelles la société ne serait pas possible. Partie de ces obligations est réglée par les lois sur la police rurale; les autres sont relatives au mur et au fossé mitoyens, au cas où il y a lieu à contre-mur, aux vues sur la propriété du voisin, à l'égout des toits, au droit de passage. Les servitudes de mitoyenneté ont été étudiées au mot MITOYENNETÉ. (Code civ., art. 649-652.)

*Servitudes établies par le fait de l'homme.* — Il est permis aux propriétaires d'établir sur leurs propriétés telles servitudes que bon leur semble, pourvu qu'elles ne soient imposées ni à la personne, ni en faveur de la personne, mais seulement à un fonds ou pour un fonds. (Code civ., art. 686.)

On distingue :

1° Les servitudes *urbaines*, qui sont établies pour l'usage des bâtiments, et les servitudes *rurales*, pour celui des fonds de terre;

2° Les servitudes *continues*, dont l'usage peut être continuel sans avoir besoin du fait actuel de l'homme (tels sont les conduites d'eau, les égouts, les vues et autres de cette espèce), et les servitudes *discontinues*, qui, pour être exercées, exigent au contraire l'intervention du possesseur du fonds dominant (tels sont les droits de passage, puisage, pacage et autres semblables);

3° Les servitudes *apparentes*, qui s'annoncent par des ouvrages extérieurs (porte, fenêtre, aqueduc), et les servitudes *non apparentes*, qui n'ont pas de signe extérieur de leur existence, comme, par exemple, la prohibition de bâtir sur un fonds ou de ne bâtir qu'à une hauteur déterminée;

4° Les servitudes *affirmatives* et *négatives*, selon qu'elles autorisent ou interdisent l'exercice de certains actes de propriété.

Les droits et obligations des propriétaires en cette matière sont réglementés par les articles 697 à 702 du Code civil, savoir :

« Celui auquel est due une servitude a droit de faire tous les ouvrages nécessaires pour en user et pour la conserver. » (Art. 697.)

« Ces ouvrages sont à ses frais, et non à ceux du propriétaire du fonds assujetti, à moins que le titre d'établissement de la servitude ne dise le contraire. » (Art. 698.)

« Dans le cas même où le propriétaire du fonds assujetti est chargé par le titre de faire à ses frais les ouvrages nécessaires pour l'usage ou la conservation de la servitude, il peut toujours s'affranchir de la charge en abandonnant le fonds assujetti au propriétaire du fonds auquel la servitude est due (art. 699). Si l'héritage pour lequel la servitude a été établie vient à être divisé, la servitude reste due pour chaque portion, sans néanmoins que la condition du fonds assujetti soit aggravée. Ainsi, par exemple, s'il s'agit d'un droit de passage, tous les copropriétaires seront obligés de l'exercer par le même endroit. » (Art. 700.)

« Le propriétaire du fonds débiteur de la servitude ne peut rien faire qui tende à en diminuer l'usage ou à le rendre plus incommode. Ainsi, il ne peut changer l'état des lieux, ni transporter l'exercice de la servitude dans un endroit différent de celui où elle a été primitivement assignée. Mais cependant, si cette assignation primitive était devenue plus onéreuse au propriétaire du fonds assujetti, ou si elle l'empêchait d'y faire des réparations avantageuses, il pourrait offrir au propriétaire de l'autre fonds un endroit aussi commode pour l'exercice de ses droits, et celui-ci ne pourrait pas le refuser. » (Art. 701.)

« De son côté, celui qui a un droit de servitude ne peut en user que suivant son titre, sans pouvoir faire ni dans le fonds qui doit la servitude, ni dans le fonds à qui elle est due, de changement qui aggrave la condition du premier. » (Art. 702.)

Les servitudes continues et apparentes s'acquièrent par titre, ou par la possession de trente ans.

Les servitudes continues non apparentes, et les servitudes discontinues, apparentes ou non apparentes, ne peuvent s'établir que par titres. La possession même immémoriale ne suffit pas pour les établir.

La destination du père de famille vaut titre à l'égard des servitudes continues et apparentes. Il n'y a destination du père de famille que lorsqu'il est prouvé que les deux fonds actuellement divisés ont appartenu au même propriétaire, et que c'est par lui que les choses ont été mises dans l'état duquel résulte la servitude.

Les servitudes s'éteignent : 1° lorsque l'exercice en devient matériellement impossible; 2° par le non-usage volontaire pendant trente ans; 3° par la confusion, c'est-à-dire par la réunion dans la même personne de la qualité de propriétaire du fonds dominant et de propriétaire du fonds servant : un propriétaire ne peut pas évidemment avoir une servitude sur son propre fonds; 4° par le non-usage pendant trente ans, à partir du jour où le propriétaire du fonds dominant a cessé de jouir de la servitude.

Dans le cas où le fonds dominant est indivis, il suffit, pour la conservation de la servitude, qu'elle soit exercée par l'un des copropriétaires. Si parmi eux il s'en trouve un contre lequel on ne peut prescrire, un mineur par exemple, en conservant son droit il conserve le droit de tous.

Le mode de l'exercice de la servitude, c'est-à-dire le mode d'en user, peut se prescrire comme la servitude elle-même et de la même manière.

*Actions relatives à l'exercice des servitudes.* — V. POSSESSOIRE ET PÉTITOIRE.

**Siège (État de).** — V. ÉTAT DE SIÈGE.

**Signature.** — Nom de quelqu'un, écrit de sa main, à la fin d'un acte, pour le certifier.

La signature d'un acte en est une formalité essentielle : elle est le signe du consentement donné par les parties ; elle donne le caractère d'acte à l'écrit, qui jusque-là n'était qu'un simple projet ; elle lui assure toute sa perfection ; elle le rend valable. Les actes notariés doivent, à peine de nullité, être signés par les parties, par les témoins et par le notaire, ou bien contenir mention que les parties ou témoins ne savent ou ne peuvent signer.

En principe, il n'est pas nécessaire que les actes soient écrits en entier de la main de ceux qui les signent. Néanmoins, des exceptions existent, spécialement aux termes de l'article 970 du Code civil en ce qui concerne les testaments olographes, et en vertu de l'article 1326 du même code en ce qui concerne les billets sous seing privé portant obligation d'une somme d'argent ou d'une valeur quelconque. V. ACTE.

On n'est pas censé avoir signé un acte sans l'avoir lu.

Tout acte émané d'un officier public doit être signé par lui et parfois légalisé. V. LÉGALISATION.

L'exploit qu'un huissier ne signe point sur l'original et sur la copie est nul, quand bien même il aurait écrit de sa main la date et le *parlant à*.

Lorsque, pour un acte de procédure ou dans une instruction, la signature de la partie est nécessaire, l'intervention d'un mandataire spécial est indispensable. V. MANDAT.

A l'exception d'un très petit nombre de cas (Code civ., art. 977, 1331, 1332), la formalité de la signature ne peut être remplacée par l'attestation d'un officier public indiquant les causes pour lesquelles elle n'a point été apposée. L'attestation de l'officier que la partie a déclaré ne pouvoir ou ne savoir signer ne fait même foi jusqu'à inscription de faux que lorsque la loi impose à l'officier public le devoir de le constater.

Dans certains cas, l'écriture non accompagnée de la signature peut servir de commencement de preuve. (Code civ., art. 1330-1332.) V. PREUVE.

L'extorsion de signatures par force, violence ou contrainte, constitue un crime prévu par l'article 400, § 1er, du Code pénal, et puni de la peine des travaux forcés à temps.

**Signification.** — Notification d'un acte, d'un jugement, d'un fait, par voie judiciaire.

Les significations sont, en général, faites par le ministère des huissiers; elles sont aussi fréquemment faites par eux en matière administrative. Elles se font, suivant les cas, soit par exploit à personne ou domicile, soit par acte d'avoué à avoué. Un acte non signifié est, en droit commun, considéré comme n'existant pas. La signification doit indiquer la personne à laquelle la copie est remise, c'est-à-dire le *parlant à*. Elle n'est valable qu'autant que l'huissier l'a remise à la partie elle-même ou à son domicile, à une personne ayant qualité pour la recevoir, telle qu'un parent de la partie, son concierge. La signification ne peut être faite, depuis le 1er octobre jusqu'au 31 mars, avant six heures du matin et après six heures du soir, et depuis le 1er avril jusqu'au 30 septembre, avant quatre heures du matin et après neuf heures du soir.

Les significations faites à des personnes publiques, qui sont chargées de les recevoir, doivent être visées par elles sans frais. Si elles se refusent à accomplir cette formalité, la signification est visée par le procureur de la République près le tribunal de 1re instance de leur domicile. Le ministère public peut faire condamner les refusants à une amende de 5 francs au moins. (Code proc. civ., art. 1039.)

**Simple police.** — V. TRIBUNAL DE SIMPLE POLICE.

**Société.** — Contrat par lequel deux ou plusieurs personnes conviennent de mettre quelque chose en commun, en vue de partager le bénéfice qui pourra en résulter. (Code civ., art. 1832.)

Les sociétés sont *civiles* ou *commerciales* suivant que leurs opérations ne rentrent pas ou rentrent dans la catégorie des actes de commerce énumérés dans les articles 632 et suivants du Code de commerce. V. COMMERCE.

*Conditions de validité du contrat.* — Les conditions essentielles à la validité du contrat de société sont, indépendamment du consentement des intéressés et d'un objet licite : 1° un apport réciproque ; 2° un intérêt commun ; 3° des bénéfices à réaliser.

*Apport.* On peut mettre en société, pour la pleine propriété ou l'usufruit seulement tous biens meubles ou immeubles, corporels ou incorporels; l'argent, l'industrie, le crédit commercial même, sont autant de choses susceptibles de faire l'objet d'un apport.

*Intérêt commun.* Toute société doit être contractée pour l'intérêt commun des parties; la clause qui attribuerait à l'un des associés la totalité des bénéfices ou l'affranchirait de toute contribution aux pertes serait nulle. Les produits sociaux peuvent être répartis inégalement; ce que la loi prohibe seulement, c'est la convention *léonine* qui accorderait tout le profit à l'un des associés à l'exclusion des autres.

La société diffère, d'ailleurs, essentiellement de la simple *communauté* ou *indivision*, état passif et transitoire n'ayant d'autre raison d'être que d'aboutir au partage de la chose commune. L'état d'association implique, au contraire, un but actif et l'intention de la part des contractants de faire fructifier les valeurs mises en communauté.

*Bénéfices à réaliser.* La société doit avoir pour objet la réalisation et le partage de bénéfices; tout concert de personnes, tout groupement formé dans un but autre que celui de réaliser un gain personnel est une *association*, mais non une société dans le sens juridique du mot. Ainsi les réunions artistiques, scientifiques, littéraires, agricoles, etc., qui ne poursuivent pas un but de spéculation, ne constituent pas des sociétés.

Il en est de même des sociétés de secours mutuels, d'assurances mutuelles, des contrats à la grosse aventure, ainsi que des *tontines*, conventions par lesquelles plusieurs personnes mettent en commun des capitaux ou acquièrent conjointement des immeubles avec clause de réversion de la part des prémourants au profit des survivants.

*Conditions de forme.* — Tous les actes de société doivent être rédigés par écrit lorsque leur objet est d'une valeur de plus de 150 francs. La preuve testimoniale n'est pas admise contre et outre le contenu en l'acte de société, ni sur ce qui serait allégué avoir été dit avant, lors et depuis cet acte, encore qu'il s'agisse d'une somme ou valeur moindre de 150 francs. (Code civ., art. 1834.)

Le contrat peut être passé devant notaire, ou en la forme sous signatures privées.

Les actes constitutifs des sociétés commerciales sont, en outre, assujettis à certaines formalités de publicité destinées à les porter à la connaissance des tiers.

*Publication des actes de société.* Dans le mois de la constitution de toute société de de cette nature, un double de l'acte constitutif s'il est sous seing privé, ou une expédition s'il est notarié, est déposé aux greffes de la justice de paix et du tribunal de commerce du lieu dans lequel est établie la société. Si la société est en commandite par actions ou anonyme, on doit joindre : une expédition de l'acte notarié constatant la souscription du capital social et le versement du quart, et une copie certifiée des délibérations prises par l'assemblée générale et constatant l'accomplissement des prescriptions de la loi. En outre, lorsque la société est anonyme, on doit annexer à l'acte constitutif la liste nominative dûment certifiée des souscripteurs et de leur part dans la société. Dans le même délai d'un mois, un extrait de l'acte constitutif et des pièces annexées doit être publié dans l'un des journaux désignés pour recevoir les annonces légales. Toutes les formalités que nous venons d'énumérer doivent être observées à peine de nullité à l'égard des intéressés, mais le défaut d'aucune d'elles n'est opposable aux tiers par les associés. Si la société a plusieurs maisons de commerce situées dans divers arrondissements, le dépôt et la publication que la loi exige ont lieu dans chacun des arrondissements, le dépôt et la publication que la loi exige ont lieu dans divers arrondissements où existent les maisons de commerce. Dans les villes divisées en plusieurs arrondissements, le dépôt se fait seulement au greffe de la justice de paix du principal établissement.

Les mêmes formalités de publicité sont prescrites pour tous les actes et délibérations ayant pour objet la modification des statuts, la continuation de la société au delà du terme fixé pour sa durée, la dissolution avant ce terme et le mode de liquidation, tout changement ou retraite d'associés et tout changement à la raison sociale. Ces règles sont simplifiées par les sociétés à capital variable; ne sont pas assujettis aux formalités de dépôt et de publication les actes constatant les augmentations ou les diminutions du capital social par suite de versements ou de reprises d'apports, et les retraites d'associés autres que les administrateurs. Lorsqu'il s'agit d'une société anonyme ou d'une société en commandite par actions, toute personne a le droit de prendre communication des pièces déposées aux greffes de la justice de paix et du tribunal de commerce, ou même de s'en faire délivrer à ses frais expédition ou extrait par le greffier ou le notaire détenteur de la minute. Toute personne peut également exiger qu'il lui soit délivré au siège de la société une copie certifiée des statuts, moyennant payement d'une somme qui ne peut excéder un franc. Enfin, les pièces déposées doivent être affichées d'une manière apparente dans les bureaux de la société.

Dans tous les actes, factures, annonces, publications et autres documents imprimés et autographiés, émanés des sociétés en commandite par actions, la dénomination sociale doit toujours être précédée ou suivie immédiatement de ces mots écrits lisiblement en toutes lettres : « Société anonyme » ou « Société en commandite par actions, » et de l'énonciation du montant du capital social. Pour les sociétés à capital variable, il faut ajouter : « à capital variable. » Toute contravention aux prescriptions ci-dessus est punie d'une amende de 50 à 1 000 francs.

*Être moral.* — La société régulièrement constituée donne naissance à un être moral, à une personnalité juridique distincte de la personne des associés. De cette fiction il résulte que les associés n'ont, tant que dure la société, aucun droit indivis de copropriété; ils sont seulement investis d'un *droit mobilier* (Code civ., art. 539), alors même que l'actif social comprendrait des immeubles; c'est, en effet, l'être moral, société, qui est propriétaire du fonds commun, les membres qui la composent n'ayant qu'un droit éventuel à la répartition des bénéfices et au partage de l'actif après la dissolution de l'entreprise.

S'il n'a jamais été contesté que les sociétés commerciales fussent des personnes morales, la question est controversée pour les sociétés civiles, dont l'existence n'est obligatoirement révélée aux tiers par aucune publicité. Toutefois la jurisprudence tend à se prononcer dans le sens de l'affirmative.

## Sociétés civiles.

Les sociétés civiles sont universelles ou particulières.

*Sociétés universelles.* — On distingue la société de tous biens présents et la société universelle de gains.

La société de tous biens présents est celle par laquelle les parties mettent en commun tous les biens meubles et immeubles qu'elles possèdent actuellement, et les profits qu'elles pourront en tirer. Toute société universelle de biens comprend uniquement les biens présents. Il est formellement interdit d'y comprendre la propriété des biens à venir, c'est-à-dire des biens qui pourraient échoir dans la suite aux associés par succession, donation ou legs.

La convention portant que les biens à venir tomberont dans la société n'est valable qu'entre époux. Toutefois, les associés peuvent convenir que les gains qu'ils feront et la jouissance de leurs biens à venir tomberont dans la société universelle de tous biens.

La société universelle de gains renferme tout ce que les parties acquerront par leur industrie, à quelque titre que ce soit, pendant le cours de la société; les meubles que chacun des associés possède au temps du contrat y sont aussi compris, mais leurs immeubles personnels n'y entrent que pour la jouissance seulement. La simple convention de société universelle faite sans autre explication n'emporte que la société universelle de gains.

Nulle société universelle ne peut exister qu'entre personnes respectivement capables de se donner ou de recevoir l'une de l'autre, et auxquelles il n'est point défendu de s'avantager au préjudice d'autres personnes : ainsi, elle ne peut exister entre un père ou une mère et son enfant adultérin.

*Sociétés particulières.* — Ce sont celles qui ne s'appliquent qu'à certaines choses déterminées, à leur usage ou aux fruits à en percevoir. Rentrent spécialement dans cette catégorie les sociétés formées soit pour une entreprise désignée, soit pour l'exercice de quelque métier ou profession.

*Administration des sociétés civiles.* — L'associé chargé de l'administration par une clause spéciale peut faire, nonobstant l'opposition des autres associés, tous les actes qui dépendent de son administration, pourvu que ce soit sans fraude. Ce pouvoir ne peut être révoqué sans cause légitime tant que la société dure; mais s'il n'a été donné que par acte postérieur au contrat de société, il est révocable comme un simple mandat.

Lorsque plusieurs associés sont chargés, sans distinction ni restriction, d'administrer la société, chacun d'eux peut faire séparément tous les actes d'administration. S'il a été stipulé, au contraire, que l'un des administrateurs ne pourra rien faire sans les autres, le concours de tous est indispensable.

A défaut de stipulations spéciales sur le mode d'administration, l'article 1859 du Code civil pose les quatre règles suivantes : 1° les associés sont censés s'être donné réciproquement le pouvoir d'administrer l'un pour l'autre. Ce que chacun fait est valable, même pour la part de ses coassociés, sans qu'il ait pris leur consentement ; sauf le droit qu'ont ces derniers, ou l'un d'eux, de s'opposer à l'opération avant qu'elle soit conclue ; 2° chaque associé peut se servir des choses appartenant à la société, pourvu qu'il les emploie à leur destination ; 3° chacun des associés a le droit d'exiger qu'il soit fait les dépenses nécessaires pour la conservation des biens dépendant du patrimoine social ; 4° aucun associé ne peut faire d'innovations sur les immeubles sociaux sans le consentement exprès des autres associés.

*Obligations des associés.* — Chaque associé est débiteur envers la société de tout ce qu'il a promis d'y apporter.

Lorsque l'apport consiste en un corps certain et que la société en est évincée, l'associé en est garant vis-à-vis de celle-ci, comme l'est un vendeur envers l'acheteur.

L'associé qui devait apporter une somme d'argent et qui ne l'a point fait, devient, de plein droit, débiteur des intérêts de cette somme à compter du jour où elle devait être payée.

Les associés qui se sont engagés à apporter leur industrie doivent compte à la société de tous les gains qu'ils ont faits par l'espèce d'industrie qui est l'objet de cette société. (Code civ., art. 1847.)

Tout emprunt fait par un associé à la caisse sociale devient immédiatement productif d'intérêts, sans préjudice de plus amples dommages-intérêts, s'il y a lieu.

Si l'associé est créancier d'une somme exigible, et que son débiteur soit aussi le débiteur de la société, il doit faire de ce qu'il touche une juste imputation sur les deux créances ; la bonne foi ne permet pas qu'il s'occupe moins de celle de la société que de celle qui lui est personnelle. S'il a causé des dommages par sa faute, il est tenu de les réparer sans offrir en compensation les profits que son industrie a pu d'ailleurs procurer ; car ces profits ne sont pas à lui, ils appartiennent à la société.

Par le même motif, l'associé a action contre la société, non seulement à raison des sommes qu'il a déboursées pour elle, mais encore à raison des obligations qu'il a contractées de bonne foi pour les affaires de la société, et des risques inséparables de sa gestion.

Quand la mise a été réalisée, si elle vient à périr, la loi a déterminé sur qui doit retomber la perte, et quels effets elle produit. Si la mise consiste dans un immeuble dont la jouissance seulement a été apportée, la perte de l'immeuble retombe exclusivement sur l'associé, qui n'a pas cessé d'être propriétaire ; la société ne lui doit aucune indemnité. Si la propriété même de l'immeuble a été apportée, ou si la mise consiste en marchandises, denrées ou autres choses de ce genre, la perte est supportée par la société, et elle ne peut avoir de recours contre l'associé.

*Droits des associés ; parts dans les bénéfices.* — Lorsque l'acte de société ne détermine point la part de chaque associé dans les bénéfices ou dans les pertes, la part de chacun est proportionnelle à sa mise. L'apport d'industrie est réputé d'égale valeur à la moindre des mises sociales.

Les contractants ont, d'ailleurs, toute liberté pour établir différemment le règlement de leurs parts, et leurs conventions à cet égard doivent être observées, à moins qu'elles n'aient pour résultat d'attribuer à l'un d'eux la totalité des bénéfices ou de l'affranchir de toute contribution aux pertes.

Chaque associé peut se servir des choses de la société, pourvu qu'il ne les emploie pas contrairement à leur destination ou au préjudice de ses associés ; mais le sociétaire qui n'est pas administrateur ne peut engager ni aliéner aucune des valeurs dépendant de l'actif.

Toute partie peut, sans le consentement des autres, s'associer un tiers relativement à la part qu'il a dans la société ; mais il ne saurait, sans ce consentement, l'adjoindre à la société même.

*Obligations des associés envers les tiers.* — Dans les sociétés civiles, les associés ne sont pas tenus solidairement des dettes sociales ; ils ne sont obligés envers le créancier avec lequel ils ont contracté que jusqu'à concurrence de leur part virile, alors même que le tiers aurait connaissance du pacte social, qui attribue aux associés des parts différentes.

Les engagements pris par l'un des associés, pour le compte de la société, ne lient les autres qu'autant que ceux-ci lui ont conféré le pouvoir de les obliger, à moins que l'opération n'ait tourné au profit de la société.

*Fin de la société.* — A défaut de conventions différentes, la société commence à l'instant même du contrat. La prorogation d'une société ne peut être établie que par un acte revêtu des mêmes formes que le contrat constitutif.

L'article 1865 du Code civil indique les différentes manières dont finit la société.

Si le contrat a pour objet une affaire déterminée, la société expire naturellement lorsque l'affaire est finie. Si le contrat est formé pour un temps limité, elle cesse d'exister à l'expiration du terme convenu. Si le contrat a pour objet des affaires indéterminées, et s'il est fait sans limitation de temps, la société est censée devoir se prolonger pendant toute la vie des associés ; mais comme personne ne peut être perpétuellement retenu en société malgré lui, chaque associé conserve toujours le droit de déclarer sa renonciation, et la société se dissout. Cette renonciation n'est cependant pas admise si elle n'est pas de bonne foi, c'est-à-dire si l'associé renonce pour s'approprier à lui seul le profit que les associés s'étaient proposé de retirer en commun, ni si elle est faite à contretemps, c'est-à-dire lorsque les choses ne sont pas entières, et qu'il importe à l'intérêt commun de la société que sa dissolution soit différée. La société se compose d'objets mis en commun ; s'ils viennent à périr, il n'y a plus de société. Il n'est pas même nécessaire que tous ces objets périssent pour que la société soit rompue. Si de deux associés l'un se trouve dans l'impossibilité d'apporter la chose qu'il avait promise, parce qu'elle n'existe plus, il ne peut plus y avoir de société. Le contrat est aussi rompu par la mort naturelle : on s'associe à la personne ; quand elle n'est plus, le contrat se dissout. La faillite de l'un des associés opère aussi la dissolution de la société ; il ne peut plus y avoir ni confiance dans la personne, ni égalité dans le contrat, qui tombe aussitôt, parce qu'il reposait principalement sur ces deux bases.

Après la dissolution, il est procédé au partage du fonds social selon la forme et les règles établies pour les partages entre cohéritiers.

## Sociétés commerciales.

Elles font l'objet des articles 18 à 64 du Code de commerce, modifiés par les lois des 24 juillet 1867, 1er août 1893, 9 juillet 1902, etc.

On distingue cinq espèces de sociétés commerciales : la société en nom collectif, la société en commandite, la société anonyme, la société en participation et la société à capital variable.

I. *Société en nom collectif.* — C'est celle que contractent deux personnes ou un plus grand nombre et qui a pour objet de faire le commerce sous une raison sociale, dont les noms des associés seuls peuvent faire partie (ex. : *Jean, Louis et Cie*).

Toute société en nom collectif, quelle qu'en soit l'importance, doit être constituée par acte authentique ou sous seings privés.

La gestion peut en être confiée à tous les associés ou à un seul, qui prend alors le nom de *gérant ;* mais, dans tous les cas, les associés indiqués dans l'acte de société sont personnellement et solidairement tenus sur leurs biens des engagements de la société, encore qu'un seul d'entre eux ait signé, pourvu que ce soit sous la raison sociale.

La solidarité est de l'essence même du contrat et la majorité des auteurs estime que les associés ne pourraient s'en affranchir par une convention spéciale.

II. *Société en commandite.* — La société *en commandite* est celle qui est contractée entre un ou plusieurs associés responsables et solidaires et un ou plusieurs associés simples bailleurs de fonds, que l'on nomme *commanditaires* ou associés en commandite. Elle compte ainsi deux espèces d'associés, qui se distinguent essentiellement par la différence de responsabilité. On peut dire qu'elle est en nom collectif pour les gérants (associés responsables et solidaires), et en commandite pour les simples bailleurs de fonds. Elle est régie sous un nom social qui ne peut être que celui d'un ou plusieurs des associés responsables et solidaires. La commandite n'engage le bailleur que jusqu'à concurrence de la somme par lui fournie ou à fournir. Elle n'est, quant à lui, qu'une mise en association de son capital. Sa commandite tout entière est affectée à la garantie des engagements sociaux, mais il n'est ni débiteur ni responsable de rien au delà. L'associé commanditaire ne peut faire aucun acte de gestion, même en vertu de procuration ; sinon, il serait obligé, solidairement avec les associés en nom collectif, pour toutes les dettes et engagements de la société qui dérivent des actes de gestion qu'il a faits. Il peut, suivant le nombre et la gravité de ces actes, être déclaré solidairement obligé pour tous les engagements de la société ou pour quelques-uns seulement. Les avis et conseils, les actes de contrôle et de surveillance n'engagent point l'associé commanditaire (art. 27 et 28 du Code de commerce, modifiés par la loi du 6 mai 1863).

Quand le capital social n'est pas divisé en actions, la société se nomme *commandite simple ;* quand il est divisé en actions, elle se nomme *commandite par actions.*

*Action* et *part d'intérêt ; distinction.* Le terme « intérêt », dans son acception générale, désigne la part d'un associé dans une société quelconque, mais il s'entend plus spécialement du droit de l'associé dans une société en nom collectif ou en commandite simple.

L'« action » s'entend de la part d'un associé dans une commandite par actions ou une société anonyme et se distingue principalement de l'intérêt ou « part d'intérêt » par la libre cessibilité des titres qui la représente et sa négociabilité suivant les formes commerciales.

Cette distinction repose sur cette considération que, dans les sociétés de capitaux contractées *intuitu pecuniæ,* la retraite d'un associé et son remplacement par un tiers sont sans conséquence, tandis qu'au contraire dans les sociétés en parts d'intérêt, formées *intuitu personæ,* c'est-à-dire eu égard aux aptitudes des associés, nul d'entre ceux-ci ne peut céder son droit social et se substituer un tiers sans l'assentiment de tous les autres.

La création de titres individuels et distincts du pacte social, d'une valeur égale et uniforme (100 francs, 500 francs ou 1 000 francs) et aisément transmissibles, est également un des signes distinctifs de l'action. La part d'intérêt est souvent, en effet, d'une quotité différente pour chaque associé, de 2/10 pour l'un, de 4/10 pour un autre par exemple, et n'est représentée, en dehors du contrat, par aucun titre susceptible de négociation par vente ou autrement.

*Commandites par actions.* Les sociétés de cette nature ne peuvent diviser leur capital en actions ou coupures d'actions de moins de 25 francs lorsque le capital n'excède pas 200 000 francs ; à moins de 100 francs lorsque le capital est supérieur à 200 000 francs. (Loi du 1er août 1893, art. 1er.)

Elles impliquent d'une part la responsabilité personnelle et indéfinie du commandité ou des commandités chargés de la gérance ; d'autre part, la responsabilité restreinte des actionnaires. Elle a une raison sociale, qui se compose du nom des commandités-gérants, suivi des mots : et Cie. La société en commandite par actions se constate par acte public ou par acte sous signatures privées. Dans ce dernier cas, d'après la loi du 24 juillet 1867, il suffit que cet acte soit fait en un double original. Pour qu'une société en commandite par actions soit valablement et définitivement constituée, il faut : 1° que le capital soit entièrement souscrit ; 2° que chaque actionnaire ait fait le versement du quart au moins du montant des actions par lui souscrites et de la totalité s'il s'agit de coupures n'excédant pas 25 francs ; 3° que cette souscription et ces versements aient été constatés par une déclaration du gérant dans un acte notarié ; 4° que les apports ne consistant pas en numéraire ou les avantages particuliers stipulés en faveur d'un associé et à son profit soient appréciés d'abord par une première assemblée générale, et ensuite, après un certain intervalle, approuvés par une seconde assemblée, à une majorité représentant le quart des actionnaires et le quart du capital social en numéraire ; 5° qu'un conseil de surveillance, composé de trois actionnaires au moins, ait été nommé par l'assemblée générale des actionnaires, immédiatement après la constitution définitive de la société et avant toute opération sociale.

*Formes des actions.* L'action est au porteur, nominative ou à ordre.

*Au porteur,* la cession s'en opère par la simple tradition du titre, c'est-à-dire de la main à la main ;

*Nominative,* elle se transmet par une déclaration de transfert inscrite sur les registres de la société ;

*A ordre,* elle est négociable au moyen d'un endossement ou mention mise au dos du titre et contenant le nom du cessionnaire.

Les actions de souscription sont nominatives jusqu'à leur entière libération. Les titulaires, cessionnaires intermédiaires et souscripteurs sont tenus solidairement du montant de l'action ; toutefois le souscripteur ou l'actionnaire qui a cédé son titre cesse, deux ans après la cession, d'être responsable des versements non encore appelés.

Quant aux actions d'apports, elles doivent toujours être intégralement libérées au moment de la constitution de la société ; de plus, elles ne peuvent être détachées de la souche et ne sont négociables que deux ans après la constitution définitive de la société. Toutefois cette prohibition n'est pas applicable au cas de fusion de sociétés ayant plus de deux ans d'existence.

*Administration ; gérance ; conseil de surveillance ; assemblées générales.* Trois éléments concourent à l'administration des sociétés en commandite par actions : les gérants, chargés de l'action et de la direction ; un conseil de surveillance, investi du contrôle ; les assemblées d'actionnaires, délibérant sur les intérêts de la société, recevant des comptes et éclairant l'administration du gérant. Comme la société en commandite simple, la société en commandite par actions est administrée par les associés responsables, c'est-à-dire par les commandités qui signent la raison sociale. Le *gérant* ou les gérants sont tenus personnellement et solidairement entre eux des dettes de la société, et les actionnaires, à la condition qu'ils ne se soient pas immiscés, ne sont obligés que jusqu'à concurrence de leur mise. Le gérant statutaire est irrévocable. La loi du 14 juillet 1867 permet au conseil de surveillance de provoquer la dissolution de la société, mais non la révocation du gérant. L'administration du gérant est exercée sous le contrôle d'un *conseil de surveillance,* composé de trois actionnaires au moins, et nommé par l'assemblée des actionnaires. Il est soumis à la réélection aux époques et suivant les conditions déterminées par les statuts. Toutefois, le premier conseil n'est nommé que pour une année, les actionnaires ne se connaissant pas assez au début de la société. Les membres du conseil de surveillance sont chargés de vérifier les livres, la caisse, le portefeuille et les valeurs de la société. Ils font chaque année, à l'assemblée générale, un rapport dans lequel ils doivent signaler les irrégularités et les inexactitudes qu'ils ont reconnues dans les inventaires, et constater, s'il y a lieu, les motifs qui s'opposent à la distribution d'un dividende par le gérant. Les dividendes doivent être prélevés sur les bénéfices réalisés de la société. Si des dividendes fictifs ont été distribués, la loi décide néanmoins que la répétition n'en peut être exercée que dans le cas où la distribution a été faite en l'absence de tout inventaire ou en dehors des résultats constatés par l'inventaire, et elle limite la durée de l'action en répétition à cinq ans à partir du jour fixé pour la distribution des dividendes. La loi du 24 juillet 1867 punit des peines de l'escroquerie les gérants qui, en l'absence d'inventaires ou au moyen d'inventaires frauduleux, ont opéré entre les actionnaires la répartition de dividendes fictifs. Afin que l'assemblée générale puisse entendre avec fruit le rapport annuel du conseil de surveillance et voter en connaissance de cause, la loi permet à tout actionnaire, quinze jours au moins avant la réunion de l'assemblée générale, de prendre communication au siège social, par lui-même ou par un fondé de pouvoir, du bilan, des inventaires et du rapport du conseil de surveillance.

*L'assemblée des actionnaires* intervient au moment de la constitution de la société, d'abord pour apprécier, et plus tard pour approuver les apports qui ne consistent pas en numéraire ou les avantages particuliers stipulés au profit d'un associé, ensuite pour nommer le conseil de surveillance. Pendant le cours des opérations de la société, l'assemblée générale des actionnaires se réunit aux époques fixées par les statuts. Chaque année elle entend le rapport du conseil de surveillance et statue sur les propositions du gérant. Elle peut, en outre, être convoquée par le conseil de surveillance à l'effet de donner son avis sur les mesures d'urgence que le conseil peut avoir à proposer, la dissolution de la société, par exemple. Pour assurer aux délibérations de l'assemblée la liberté et la sincérité des votes, la loi du 25 juillet 1867 punit d'une amende de 500 francs à 10 000 francs et d'un emprisonnement facultatif de quinze jours à six mois : ceux qui, en se présentant comme propriétaires d'actions ou de coupons d'actions qui ne leur appartiennent pas, ont créé frauduleusement une majorité factice dans une assemblée générale ; ceux qui ont remis leurs actions pour en faire un usage frauduleux.

*Obligations.* On désigne sous ce nom les titres d'emprunt émis par les sociétés dans le public en vue de se procurer les fonds dont elles ont besoin.

A la différence de l'action, qui est une part d'associé soumise à tous les aléas de l'entreprise, l'obligation est une créance contre la société donnant droit à un intérêt fixe et annuel jusqu'à l'époque de son remboursement. Elle représente une partie du passif social, tandis que l'action est un élément de l'actif ; il s'ensuit que les porteurs d'obligations sont payés avant que les actionnaires puissent prétendre à la répartition du fonds commun.

Sous forme de titres négociables, nominatifs ou au porteur, les obligations sont souvent émises au-dessous du pair et remboursées par voie de tirage au sort. Indépendamment de l'intérêt servi, les obligataires courent la chance de gagner une *prime*, égale à la différence entre la somme remboursée et le taux d'émission. Il existe également des obligations dites *à lots*, c'est-à-dire susceptibles de procurer à leurs porteurs le bénéfice de lots parfois très importants.

III. *Société anonyme*. — La société anonyme, quel que soit son capital, peut se former sans autorisation du gouvernement ; mais elle ne peut être constituée si le nombre des associés est inférieur à sept.

La société anonyme n'a pour élément de crédit que le capital social ; c'est une société de *capitaux*, indépendante de la considération des personnes. De ce principe il résulte : 1° que le capital social est, comme celui de la commandite par actions, naturellement divisé en actions et en coupons d'actions ; 2° qu'à la différence de la commandite par actions, la société anonyme n'a pas de raison sociale et qu'elle n'est désignée que par l'objet de son entreprise ; 3° qu'aucun associé n'est tenu au delà de sa mise. Aux termes de la loi du 24 juillet 1867, la société anonyme se constitue librement et peut être constatée par un acte sous seing privé fait en double original. Les règles de la société en commandite par actions : division du capital en actions et coupons d'actions ; souscription totale du capital ; versement du quart et négociation des actions après ce versement ; faculté de convertir les actions nominatives en actions au porteur après leur libération ; approbation par une assemblée générale des avantages particuliers ou des apports qui ne sont pas faits en nature, s'appliquent également à la société anonyme. La déclaration dans un acte notarié de la souscription du capital et du versement du quart est faite par les fondateurs de la société anonyme, et elle est soumise, avec les pièces à l'appui, à la première assemblée générale, qui en vérifie la sincérité.

*Administration*. Trois éléments concourent à l'administration de la société anonyme : les actionnaires, qui ont la véritable direction de la société ; les administrateurs, qui sont chargés d'exécuter et de réaliser la volonté des actionnaires ; enfin, les commissaires, qui ont une mission de surveillance. Les actionnaires délibèrent le plus souvent en assemblée générale et prennent leurs délibérations à la majorité des voix ; mais ici les voix ne se comptent pas par tête, leur nombre est proportionnel à l'intérêt qu'a chaque actionnaire. L'assemblée générale des actionnaires se réunit au moment de la constitution de la société, pour vérifier la sincérité des déclarations faites par les fondateurs relativement à la souscription du capital et au versement du quart par chaque actionnaire des actions par lui souscrites. Dans une seconde réunion, cette même assemblée apprécie et approuve, s'il y a lieu, les avantages particuliers stipulés, et elle nomme les administrateurs et les commissaires.

Une fois la société constituée, les assemblées générales sont de deux sortes : les unes, ordinaires, ont lieu chaque année, à l'époque fixée par les statuts. C'est là que l'on entend le rapport et que l'on distribue les dividendes, quand des bénéfices sont réalisés ; les autres, extraordinaires, se tiennent par convocation spéciale, lorsqu'il y a lieu de délibérer sur des modifications aux statuts ou sur des propositions de continuation de la société au delà du terme fixé pour sa durée, ou de dissolution avant ce terme.

La société anonyme est administrée par des mandataires révocables, salariés ou gratuits, nommés par l'assemblée générale. Ils doivent être pris parmi les associés et posséder un nombre d'actions fixé par les statuts. Les administrateurs ne sont responsables que de l'exécution du mandat qu'ils ont reçu ; ils ne contractent, à raison de leur gestion, aucune obligation personnelle ni solidaire relativement aux engagements de la société, mais ils sont responsables, conformément aux règles du droit commun, individuellement ou solidairement, suivant les cas, envers la société ou envers les tiers, soit des infractions aux dispositions de la loi sur les sociétés, soit des fautes qu'ils auraient commises, notamment en distribuant des dividendes fictifs.

Les commissaires ou censeurs, associés ou non, sont nommés par l'assemblée générale annuelle, ou, au besoin, par une ordonnance du tribunal de commerce. Chargés du contrôle et de la surveillance, ils font un rapport à l'assemblée générale sur la situation de la société, sur le bilan et sur les comptes présentés par les administrateurs. La responsabilité des commissaires est déterminée par les règles générales du mandat.

*Dissolution*. En cas de perte des trois quarts du capital social, les administrateurs sont tenus de provoquer la réunion de l'assemblée générale à l'effet de statuer sur la question de savoir s'il y a lieu de prononcer la dissolution de la société.

Tout intéressé, d'ailleurs, peut, le cas échéant, et notamment en cas de réduction du nombre des associés à moins de sept, demander la dissolution de l'entreprise devant les tribunaux.

La *liquidation* est l'ensemble des opérations ayant pour objet la réalisation de l'actif et l'extinction du passif ; elle a pour but de dégager l'actif net à partager entre les associés. Le liquidateur représente la société, qui, tant que dure la liquidation, subsiste comme être moral à l'égard des tiers et des associés eux-mêmes. Ses pouvoirs sont des plus étendus.

*Titres divers émis par les sociétés par actions.* Indépendamment des *actions* ordinaires et des *obligations* dont il est question plus haut, les sociétés anonymes et en commandite par actions ont été autorisées, par les lois des 9 juillet 1902 et 16 novembre 1903, à créer des *actions de priorité,* dites aussi « actions privilégiées », qui jouissent de certains avantages sur les autres, en ce qu'elles confèrent des droits d'antériorité sur les bénéfices et sur l'actif social. Sauf prohibition expresse dans les statuts, toute société, ancienne ou nouvelle, peut créer des actions de cette nature.

A l'action *de capital,* qui donne droit à la fois aux bénéfices et à une part dans l'actif social, on oppose l'action *de jouissance,* qui est délivrée aux actionnaires après le remboursement du capital par eux versé. Le titulaire de l'action de jouissance, ayant été remboursé du montant de son apport, ne participe plus qu'à la distribution des dividendes annuels, à l'exclusion des sommes payées à titre d'intérêts, et au partage des bénéfices en fin d'entreprise, à l'exclusion du capital à restituer intégralement aux porteurs d'actions ordinaires.

Il existe actuellement, dans de nombreuses sociétés, à côté des actions de capital et des obligations, des *parts de fondateur* ou *bénéficiaires,* qui sont réservées aux personnes ayant par leur apport d'industrie ou leurs démarches personnelles contribué à la formation de l'entreprise. Ces parts, qui donnent simplement droit à une certaine quotité des bénéfices, constituent, d'après la majorité des auteurs et la jurisprudence du tribunal de la Seine, des actions *sui generis,* assimilables à des actions de jouissance. Elles ne confèrent, il est vrai, aucun droit sur le capital social et ne permettent pas d'ordinaire d'assister aux assemblées générales, mais on ne saurait pour ces seuls motifs leur attribuer, selon l'opinion de quelques commentateurs et tribunaux, le caractère d'obligations, dès l'instant que leurs titulaires ne sont pas des créanciers ayant droit au payement d'intérêts fixes, même en l'absence de tous bénéfices.

IV. *Société en participation.* — Outre les sociétés en nom collectif, en commandite et anonymes, la loi commerciale reconnaît une quatrième espèce de société, la société *en participation*; c'est celle par laquelle deux ou plusieurs personnes conviennent de participer à une affaire commerciale, avec les proportions d'intérêt, et aux conditions déterminées par leur convention (art. 47 et 48 du Code de commerce). Il importe d'établir nettement la différence qui existe entre une association en nom collectif et une société en participation. Dans la première, il y a nécessairement un patrimoine commun composant le fonds social appartenant à l'être moral que représente la société; dans la participation, il n'y a pas d'individualité, d'être moral, pas de biens sociaux; chaque intéressé agit avec ses fonds, gère comme il l'entend, conduit ses opérations à sa guise, et ne doit à son coparticipant qu'un compte des profits et des pertes, sauf, bien entendu, la responsabilité encourue pour vol ou pour fraude et même pour fautes. La solidarité est de l'essence de la société en nom collectif; dans la participation, il n'existe entre les participants aucune solidarité.

Les sociétés en participation sont affranchies de toutes formalités; la loi n'exige nullement qu'il y ait un acte écrit pour les former. Le juge peut les constater par toutes sortes de preuves : livres de commerce, correspondance, preuve testimoniale.

Exempte de toute publicité, dépourvue de siège et de raison sociale, la participation n'a pas d'existence à l'égard des tiers et ne produit d'effets que dans les rapports des participants entre eux. Les opérations sont faites sous le nom personnel de l'un des associés, et non pas au nom de la collectivité. Il n'y a donc point, dans la participation, de *société* proprement dite, mais un contrat purement consensuel ne créant entre ses membres que des obligations personnelles.

V. *Société à capital variable.* — Ces sociétés sont celles dans lesquelles le capital social, d'après les statuts, est susceptible d'augmentation ou de diminution. L'augmentation peut avoir lieu par des versements successifs faits par les associés ou par l'admission d'associés nouveaux. La diminution s'opère par la reprise totale ou partielle des apports effectués.

A l'origine, cette faculté de modifier l'importance du capital social était réservée aux sociétés *coopératives de consommation,* de *crédit mutuel* et *de production,* formées entre ouvriers et artisans. Depuis la loi du 24 juillet 1867, toutes les sociétés, quels que soient leur objet, leur forme, la composition de leur personnel, peuvent être constituées à capital variable.

La loi soumet aux règles spéciales suivantes les sociétés à capital variable : 1° Le capital social ne peut être porté par les statuts constitutifs de la société au-dessus de 200 000 francs; mais il peut être augmenté par des délibérations de l'assemblée générale, prises d'année en année, de manière que chacune des augmentations ne puisse être supérieure à 200 000 francs. 2° Les actions ou coupons d'actions peuvent être de 25 francs au minimum, et pour la constitution définitive de la société il suffit du versement du dixième. La loi a voulu faciliter ainsi l'accès de ces sociétés. En même temps, pour éviter l'agiotage, elle exige que les actions ou coupons d'actions soient nominatifs. Ce n'est qu'après la constitution définitive de la société que ces titres deviennent négociables par voie de transfert sur les registres de la société. Les statuts peuvent même donner soit au conseil d'administration, soit à l'assemblée générale, le droit de s'opposer au transfert. 3° Les statuts déterminent la somme au-dessous de laquelle le capital ne peut être réduit par la reprise des apports. Cette somme ne peut être inférieure au dixième du capital. 4° Non seulement, et à moins de conventions contraires, chaque associé peut se retirer de la société lorsqu'il le juge convenable, mais encore il peut être stipulé que l'assemblée générale aura le droit de décider, à la majorité fixée pour la modification des statuts, que l'un ou plusieurs cesseront de faire partie de la société. En tout cas, aux termes de la loi de 1867, l'associé qui se retire ou est exclus reste tenu, pendant cinq ans, envers les associés et les tiers, de toutes les obligations existant au moment de sa retraite. 5° La société, quelle que soit sa forme, est valablement représentée en justice par ses administrateurs. Il n'y a pas à distinguer si elle est civile ou commerciale. 6° La société à capital variable n'est point dissoute par la mort, la retraite, l'interdiction, la faillite ou la déconfiture de l'un des associés. Malgré ces événements, elle continue de plein droit entre les autres associés.

### Sociétés étrangères.

Les sociétés étrangères sont celles dont le siège social ou le principal établissement est à l'étranger. Tandis que les sociétés de personnes correspondant à nos sociétés en nom collectif et en commandite simple, constituées selon la loi de leur pays, peuvent, en leur qualité de personne morale, faire librement le commerce en France, y contracter et y ester en justice, les sociétés de capitaux et notamment les sociétés anonymes ne peuvent fonctionner dans notre pays qu'après avoir obtenu l'autorisation du gouvernement. Cette autorisation a été accordée par voie de décret à un grand nombre de pays. (Loi du 30 mai 1857.)

Mais, si les sociétés étrangères non autorisées sont sans existence légale en France et n'y peuvent ester en justice comme demanderesses (Cass., 1er août 1860), elles ne sauraient exciper de l'irrégularité de leur situation pour se soustraire aux engagements qu'elles auraient contractés envers des Français (Cass., 14 nov. 1864).

### Émissions.

L'émission des actions et obligations des sociétés *françaises*, c'est-à-dire leur négociation, n'est légalement possible qu'après l'accomplissement des formalités requises pour la constitution définitive de la société. L'émission des obligations des sociétés françaises n'est, en principe, subordonnée à aucune condition. Mais trois catégories d'obligations ne sont régulièrement émises qu'avec l'autorisation gouvernementale et, parfois, législative. Ce sont : 1° les obligations à lots, en raison de la loi du 21 mai 1836, qui interdit les loteries non autorisées par le gouvernement; 2° les obligations des compagnies de chemins de fer qui, en vertu des conventions, ne peuvent être émises qu'après avoir été autorisées par le ministre des Travaux publics, après avis du ministre des Finances; 3° les obligations des compagnies de tramways, soumises à la même autorisation préalable par la loi du 11 juin 1880 (art. 18), et qui ne peuvent, de plus, dépasser le montant du capital-actions.

L'émission des actions et obligations *étrangères* ne peut avoir lieu en France qu'à la double condition, pour les sociétés, de faire agréer un représentant responsable du payement des droits de timbre, de transmission, et l'impôt sur le revenu dont leurs titres sont passibles, ou de déposer un cautionnement dont l'importance a été fixée par un décret d'administration publique, et d'acquitter d'autre part ces droits et impôts. (Loi du 13 avril 1898, art. 12 à 15.)

### Droit fiscal.

*Droit d'enregistrement.* — Les actes de formation et de prorogation de société sont assujettis, lors de leur enregistrement, à un droit de 0 fr. 20 pour 100 sur le montant net des apports, sans préjudice des droits particuliers auxquels peuvent donner ouverture les dispositions indépendantes contenant obligation, libération ou transmission de biens meubles ou immeubles ; le droit de vente est dû notamment sur les apports à titre onéreux, c'est-à-dire sur ceux en échange desquels l'associé reçoit, au lieu d'actions ou d'intérêts, des valeurs soustraites aux risques sociaux.

*Taxes annuelles.* — *Sociétés anonymes et en commandite par actions.* Ces sociétés sont tenues de souscrire une déclaration d'existence et de déposer leurs statuts, dans le mois de leur constitution, au bureau de l'enregistrement de leur siège social. Tous les titres d'actions et d'obligations doivent être tirés d'un registre à souche et sont assujettis à la formalité du *timbre*. L'impôt est payé au comptant ou par abonnement.

Les *transferts* d'actions et d'obligations sont assujettis à un droit de 0 fr. 50 pour 100 de la valeur négociée, déduction faite des versements restant à faire pour la libération des titres. Les *conversions* du nominatif au porteur, et réciproquement, sont soumises au même droit, calculé d'après le dernier cours de la Bourse avant le jour de la conversion et, pour les titres non cotés, d'après une évaluation des parties.

Une taxe annuelle de 0 fr. 20 pour 100, dite *taxe de transmission*, frappe les titres au porteur et ceux dont la cession peut s'opérer sans un transfert sur les registres de la société; la taxe est calculée sur la valeur moyenne des titres pendant l'année précédente, et pour les titres cotés, d'après le cours moyen de l'année précédente.

Enfin, il est établi une taxe annuelle de *4 pour 100 sur le revenu* des actions (dividendes et autres produits), sur les intérêts annuels des obligations et emprunts des sociétés, sur les lots et primes de remboursement payés aux porteurs d'obligations.

*Sociétés civiles à parts d'intérêt et en commandite simple.* Elles sont assujetties à la taxe de 4 pour 100 sur le revenu distribué aux associés et déterminé soit par les délibérations des conseils d'administration, soit, à défaut de délibération, par évaluation à raison de 5 pour 100 du capital social ou de la commandite, ou du prix moyen des cessions de parts consenties pendant l'année précédente. Les parts d'intérêt n'ont à subir ni le droit de timbre proportionnel, ni le droit de transmission.

*Sociétés en nom collectif pures et simples.* Elles sont affranchies des trois impôts.

*Sociétés en participation.* La taxe sur le revenu leur est applicable lorsqu'elles présentent le caractère d'une véritable société, selon l'article 1832 du Code civil.

*Sociétés coopératives.* Elles sont exemptes de l'impôt du revenu si, formées exclusivement entre ouvriers ou artisans, leur capital a été constitué au moyen de cotisations périodiques.

*Associations.* Il n'est pas nécessaire que la collectivité réunisse tous les caractères du contrat de société pour tomber sous l'application de l'impôt ; il suffit qu'elle ait une personnalité juridique distincte de celle de ses membres et qu'elle ait émis des titres rentrant dans la catégorie de ceux visés par la loi fiscale.

Toutefois, les actions supposant nécessairement une société formée en vue de bénéfices à réaliser, les associations qui ont un but autre que le partage de bénéfices entre associés (loi du 1er juill. 1901, art. 1er) ne peuvent devenir passibles des taxes qu'autant qu'elles ont créé des obligations négociables. C'est ainsi qu'il ne saurait être question d'assujettir à l'impôt de 4 pour 100 sur le revenu les associations syndicales, les sociétés de secours mutuels et d'assurances mutuelles, les associations philanthropiques, scientifiques, artistiques, littéraires, politiques, agricoles, etc., qui ne sont pas constituées pour produire et distribuer des bénéfices.

Les *associations religieuses* ont été frappées, en vertu de lois spéciales (29 déc. 1884 et 16 avr. 1895), de la taxe du revenu sur le forfait à 5 pour 100 de la valeur brute de leurs biens et de la taxe d'accroissement (v. ACCROISSEMENT), en raison de leur organisation spéciale.

Les *tontines* sont des associations dans lesquelles chaque associé aliène son droit de propriété au profit du survivant, en se réservant l'éventualité d'un droit de survie. En l'absence de bénéfices réalisés en commun (chacun stipulant en vue d'un profit personnel), il ne peut y avoir matière à perception de la taxe sur le revenu. Mais le régime fiscal des associations religieuses est applicable aux tontines qui ont un caractère religieux.

*Sociétés étrangères.* Les actions et obligations des sociétés étrangères sont assujetties aux droits de timbre et de transmission et à la taxe du revenu, sur une quotité imposable fixée par le ministre des Finances d'après le nombre des titres qui sont présumés circuler en France.

Les sociétés étrangères dont les titres ne circulent pas en France, mais qui y possèdent des biens et y font des opérations, sont passibles de la taxe sur le revenu d'après une quotité déterminée au moyen d'une proportion entre les valeurs françaises et l'actif total de la société.

Toutes les sociétés étrangères doivent faire agréer par le directeur général de l'enregistrement un représentant français personnellement responsable des taxes par elles dues, ou déposer à la Caisse des consignations un cautionnement au moins égal au total des droits exigibles pour trois années.

## Soie.

Il est alloué aux sériciculteurs une prime de 60 centimes par kilogramme de cocons frais. Les frais de surveillance et de contrôle nécessaires pour l'application de cette loi sont à la charge des industriels intéressés proportionnellement à la prime touchée pendant le cours de l'année précédente. Le montant en est recouvré comme en matière de contributions directes. (Loi du 22 juillet 1898, et décret du 28 mai suivant.)

Aux termes de l'article 7 de la loi du 13 juillet 1900, les frais sont recouvrés au moyen d'une retenue de 1 fr. 50 pour 100 exercée sur le montant de chaque liquidation de primes ; la somme ainsi retenue est versée au Trésor public au titre des *Produits divers du budget*. (Circ. compt. publ., 29 déc. 1900, § 3.) V. VER À SOIE.

**Solde.** — Nom général donné à toutes les prestations qui entrent dans la composition du traitement en argent soit des militaires considérés individuellement, soit des corps de troupes.

**Solidarité.** — Caractère d'une obligation au payement de laquelle chaque débiteur est tenu pour le tout, de manière toutefois que le payement fait par un des débiteurs libère tous les autres.

La loi distingue la solidarité entre débiteurs et la solidarité entre créanciers.

*Solidarité entre débiteurs.* — Quand plusieurs personnes s'obligent simultanément envers une autre, les dettes sont en principe simplement conjointes, et le créancier ne peut réclamer à chacun qu'une partie de la dette totale. L'insolvabilité de l'un des codébiteurs n'est pas supportée par les autres, mais bien par le créancier. Il en est autrement quand il y a *solidarité.* L'obligation solidaire permet au créancier de demander la totalité de la créance à chacun des débiteurs et, par suite, fait supporter l'insolvabilité de l'un des débiteurs par ses codébiteurs solidaires.

Unité de la dette et pluralité des débiteurs, tels sont les caractères essentiels de la solidarité (Code civ., art. 1200-1216) ; la chose ou le fait formant l'objet de l'obligation est dû intégralement par plusieurs, mais il n'est dû qu'une fois, ne doit être acquitté qu'une fois, et le payement réalisé par un des coobligés opère la libération de tous les autres envers le créancier. Il en est de même de la novation, de la dation en payement et même de la remise de dette, si le créancier n'a pas entendu faire une remise ne profitant qu'à un seul.

Bien que la dette soit une et, pour son intégralité, à la charge de chaque débiteur, elle peut néanmoins être contractée par eux sous des modalités différentes. Elle peut être conditionnelle à l'égard de l'un et pure et simple vis-à-vis de l'autre ; elle peut être à terme pour celui-ci et exigible immédiatement de la part de celui-là. C'est qu'en effet l'obligation solidaire, une et non sujette à division quant au payement, est multiple quant aux obligés ; il y a autant de liens de droit qu'il y a de débiteurs, et l'on comprend que chacun de ces liens de droit peut être affecté de modalités diverses et particulières.

La solidarité aggrave la situation du débiteur; aussi ne se présume-t-elle pas et doit-elle être expressément stipulée. Toutefois, la loi ne va pas jusqu'à imposer aux parties contractantes l'emploi d'une formule sacramentelle de stipulation de solidarité; il suffit que leur intention se soit manifestée sans équivoque et, par exemple, qu'il ait été convenu que chacun sera obligé pour le tout ou qu'il y ait eu quelque clause équivalente, quand bien même le mot de « solidarité » ne serait pas articulé dans l'acte. Voilà pour la solidarité *conventionnelle ;* mais il existe des circonstances où la solidarité entre plusieurs débiteurs d'une même dette se trouve consacrée *à priori* par les dispositions de la loi, et en pareil cas il n'est besoin pour l'établir d'aucune stipulation expresse ou implicite. Ainsi la mère, tutrice légale de ses enfants, qui se marie et que le conseil de famille maintient dans la tutelle, a pour cotuteur son second mari, et ce dernier devient solidairement et de plein droit responsable avec elle des faits relatifs à la gestion tutélaire des biens des mineurs. Ainsi encore, les différents locataires d'une maison sont, en cas d'incendie, solidairement responsables du sinistre envers le propriétaire, à moins qu'ils ne prouvent que l'incendie s'est déclaré chez l'un d'eux, auquel cas ce dernier seul est chargé de la responsabilité, ou à moins que quelques-uns ne justifient que le sinistre n'a pu avoir son premier foyer chez eux, auquel cas ceux-ci sont personnellement exonérés. Enfin, aux termes de l'article 55 du Code pénal, tous les auteurs ou tous les complices d'un même crime ou d'un même délit sont de plein droit solidairement passibles des dépens du procès, des amendes, ainsi que des restitutions et des dommages-intérêts accordés à la partie civile.

Le premier effet de la solidarité est de permettre au créancier de diriger ses poursuites contre tel ou tel des débiteurs solidaires qu'il lui convient de choisir. Les exécutions entamées par lui contre l'un de ses coobligés ne l'empêchent d'ailleurs pas d'en engager de pareilles jusqu'à parfait payement contre les autres débiteurs, qu'il peut à son gré poursuivre isolément ou collectivement. Un autre effet de la solidarité est que la poursuite ou l'action judiciaire, interruptive de la prescription de la dette vis-à-vis du codébiteur poursuivi ou actionné, produit le même résultat interruptif à l'égard des coobligés qui n'ont pas été personnellement poursuivis et même à l'égard de leurs héritiers. Il en est de même de la demande de dommages-intérêts. Si la chose objet de l'obligation solidaire vient à périr par la faute de l'un des débiteurs, les autres obligés ne sont point pour cela déchargés de la dette et ils continuent d'être tenus de l'acquitter intégralement. Toutefois, l'obligation de ces derniers reste circonscrite dans ses limites originaires et elle ne s'étend point aux dommages-intérêts encourus par celui de leurs codébiteurs auquel la perte de la chose est imputable.

Le créancier peut, comme bon lui semble, poursuivre ses débiteurs solidaires collectivement, séparément ou successivement. Mais dans le but d'éviter les ennuis et les frais de plusieurs procès, il poursuit ordinairement tous ses débiteurs solidaires en même temps et devant le même tribunal.

Le débiteur solidaire qui est poursuivi en payement de la dette peut opposer au créancier tous les moyens de défense résultant de la nature de la dette et ceux qui lui sont personnels; mais il n'a pas le droit d'invoquer les moyens purement personnels à ses codébiteurs qui, par exemple, jouissent d'un terme ou d'une exception tirée de leur incapacité de s'obliger.

Il suffit qu'un des débiteurs solidaires soit mis en cause pour que la prescription soit interrompue à l'égard de tous.

S'il y a compensation entre le créancier et un débiteur, elle ne peut être invoquée par aucun autre, même pour partie.

L'obligation solidaire une fois payée, les débiteurs procèdent entre eux à une répartition pour que chacun supporte une part proportionnelle à son intérêt dans la dette, car si l'acquittement de l'obligation est indivisible par rapport au créancier, il se divise, au contraire, entre les codébiteurs, quand il s'agit de la contribution à établir entre eux. Celui des coobligés qui, spontanément ou prévenu par les poursuites du créancier, a payé la totalité de la dette collective ou en a payé au delà de sa portion virile, a un recours à exercer contre ses codébiteurs, qui doivent lui faire compte de ce qu'il a payé au delà de sa part et au prorata de l'intérêt de chacun dans l'affaire commune. Si, parmi les coobligés qui doivent concourir à cette contribution, il en est un ou quelques-uns qui se trouvent insolvables, la portion de la dette à la charge des insolvables doit, d'après la loi, être répartie, toujours au prorata de l'intérêt respectif, entre les coobligés solvables, y compris celui qui a fait le payement. La loi considère les codébiteurs d'une obligation solidaire comme formant une société. La part des charges incombant à un associé insolvable est une perte pour la société, perte qui doit être supportée par chacun dans la proportion de son intérêt dans la chose commune.

*Solidarité entre créanciers.* — La solidarité peut aussi exister ou du moins elle peut être conçue hypothétiquement du côté des créanciers (Code civ., art. 1197-1199), mais c'est là une situation exceptionnelle. L'obligation est solidaire entre plusieurs créanciers lorsque chacun d'eux a le droit d'exiger la totalité de la dette, de manière toutefois que le payement intégral fait à l'un libère le débiteur vis-à-vis de tous les autres. Les principes exposés en ce qui concerne la solidarité des débiteurs se reproduisent ici en sens inverse. Ainsi, tout acte interruptif de la prescription de la dette, émané d'un des créanciers solidaires, profite aux autres créanciers. Ainsi encore, le débiteur pourra à son choix s'acquitter entre les mains de l'un quelconque de ses créanciers solidaires, et ce payement le libérera à l'égard de tous.

**Sommaire (Matière).**— V. MATIÈRE SOMMAIRE.

**Sommation.** — Acte par lequel on invite impérativement une personne à dire ou à faire quelque chose. — *Sommation respectueuse*, Acte extrajudiciaire qu'un fils âgé de plus de vingt-cinq ans ou une fille âgée de plus de vingt et un ans sont tenus de faire signifier à leur père et à leur mère, ou à leurs aïeuls et aïeules, lorsque ces parents n'ont pas donné leur consentement au mariage de leurs enfants. Les sommations respectueuses sont dites par le Code civil *actes respectueux*.

La sommation est faite, en général, dans la même forme que les exploits. Elle diffère du commandement en ce qu'on peut la faire sans titre exécutoire et en ce qu'elle n'interrompt point la prescription. Cet acte est ordinairement du ministère exclusif des huissiers.

La sommation est une formalité très fréquente. A titre d'exemples, signalons que : 1° dans certains cas, le créancier doit faire sommation à son débiteur pour le mettre en demeure (Code civ., art. 1139); 2° dans les offres de payement, une sommation au créancier doit précéder la consignation (*Id.*, art. 1259 et 1264).

**Sonneries.** — V. CLOCHER, CLOCHES.

**Soulte.** — Ce que l'un des copartageants paye à l'autre pour rétablir l'égalité des lots.

*Soulte de partage.* — Pierre et Paul sont appelés à se partager, par portions égales, une succession dont l'actif net est de 3 000 francs. Pierre reçoit un immeuble matériellement indivisible et de valeur de 2 000 francs. Paul, de son côté, reçoit un autre immeuble évalué seulement 1 000 francs. Pierre est chargé, par une clause de l'acte de partage, de payer à Paul une *soulte* ou retour de la somme de 500 francs qui rétablirait l'équilibre des lots.

Il peut également y avoir lieu à soulte en matière de contrat d'échange lorsque les choses mobilières ou immobilières qui ont été échangées sont de valeur inégale et qu'un retour pécuniaire est nécessaire pour que l'un des copermutants reçoive l'équivalent de ce qu'il donne.

L'article 884 du Code civil soumet les cohéritiers, les uns vis-à-vis des autres, à une mutuelle obligation de garantie. Cette garantie a pour objet d'assurer à chacun la paisible et perpétuelle possession de l'intégrité de son lot, de l'indemniser en cas d'éviction et d'assurer également le payement des soultes qui peuvent être dues pour suppléer à l'insuffisance du lot en nature.

La créance de la soulte trouve une sûreté très effective dans le privilège qui y est attaché par les articles 2103 et 2109 du Code civil, privilège qui grève la totalité des immeubles composant la masse partagée. Si, dans un partage intervenu entre un nombre plus ou moins considérable de personnes, un seul lot se trouve grevé d'une soulte vis-à-vis d'un cohéritier qui se trouve insuffisamment loti, même dans ce cas le privilège n'est point circonscrit sur les immeubles du lot spécialement grevé de la soulte, il continue d'affecter l'universalité de la masse immobilière. (Code civ., art. 2103 et 2109.)

Le partage a beau avoir réglé les lots, tant que le lotissement ne s'est pas matériellement réalisé d'une manière complète, tant que la soulte, si une soulte est due, n'a point été effectivement payée, le cohéritier créancier de cette soulte, n'étant point en possession encore de l'intégralité de sa part divise, conserve sur la masse son droit de copropriété indivise et la faculté d'exercer ce droit.

*Soulte d'échange.* — Deux propriétaires échangent entre eux deux immeubles, l'immeuble A et l'immeuble B, le premier de valeur estimative de 3 000 francs, le second évalué seulement 2 000 francs. Celui des deux copermutants qui a reçu l'immeuble A s'oblige à payer à l'autre une soulte de 1 000 francs. La soulte stipulée dans le contrat d'échange est garantie par un privilège de même nature que le privilège attaché par l'article 2103 du Code civil à la créance d'un prix de vente sur l'immeuble vendu. L'échange compliqué de soulte est, en effet, un contrat mixte, participant de la vente à un certain degré ; il doit être régi par les principes du contrat de vente, dans la mesure dans laquelle il est identique à ce contrat, et, par conséquent, protégé par la disposition de l'article 2103 en ce qui concerne la soulte stipulée. Indépendamment du privilège auquel il a un droit incontestable, l'échangiste non payé de la soulte pourrait concurremment user de l'action résolutoire inhérente à tout contrat commutatif pour le cas où l'une des parties ne satisfait pas à ses engagements.

*Transcription du privilège.* — Le privilège de la soulte d'échange, comme le privilège du prix de vente, est d'ailleurs soumis aux conditions de publicité et de transcription déterminées par la loi du 23 mars 1855. La même loi a assujetti également à la publicité par l'inscription le privilège concernant les soultes en matière de partage. Cette nouvelle législation est fort rigoureuse ; elle met à néant tout privilège et toute hypothèque dont l'inscription n'a point encore eu lieu, si l'immeuble grevé est aliéné par le débiteur, et dès le moment même où cette aliénation est transcrite sur les registres du conservateur. Toutefois, pour les soultes de partage, l'article 6 de la loi de mars 1855 accorde aux copartageants un délai de quarante-cinq jours à dater de l'acte de partage, délai durant lequel ils peuvent inscrire utilement leur privilège, nonobstant toute aliénation intervenue et toute transcription opérée dans l'intervalle.

**Soumission.** — Offre par écrit de faire une acquisition ou de se charger d'une entreprise ou d'une fourniture à certaines conditions que l'on énonce. V. ADJUDICATION. — *Soumission de juridiction*, Engagement pris par les parties de soumettre à un tribunal, qui ne serait pas leur juge naturel, les contestations relatives au contrat qu'elles passent. (Il s'effectue généralement par l'élection de domicile.) [Code civ., art. 111.]

**Sous-location.** — Second bail qui se forme et existe parallèlement au premier, et en vertu duquel le tiers devient non pas locataire du propriétaire, mais locataire du locataire.

La sous-location se distingue de la cession de bail, qui est une vente du droit au bail, et par l'effet de laquelle le tiers est mis aux lieu et place du cédant, lui est substitué en qualité de preneur.

Selon l'article 1717 du Code civil, la faculté de sous-louer est de droit, et l'interdiction doit être formellement stipulée. Une règle inverse est appliquée lorsqu'il s'agit du louage d'un domaine rural et qu'il a été convenu que, au lieu d'un prix de ferme en argent, le bailleur recevrait annuellement une portion des fruits ou récoltes perçus sur l'immeuble. En pareil cas, l'interdiction de sous-louer ou de céder est la règle sous-entendue de plein droit dans le bail ; la sous-location ou la cession ne peuvent avoir lieu qu'autant que la faculté en a été concédée au preneur par une clause formelle. (Code civ., art. 1763.) Le bail à portion de fruits ou colonage partiaire présente, en effet, un caractère particulier qui explique cette dérogation à la règle commune. Ce bail est moins un louage qu'un véritable contrat de société, dans lequel le bailleur apporte comme mise la jouissance de son immeuble durant une certaine période et le colon partiaire fournit son travail d'exploitation durant le même laps de temps ; les récoltes annuelles représentent le dividende que les deux associés se partagent dans les proportions convenues. Or, le contrat de société est un de ceux qui se forment essentiellement en vue de la personne. Quand je prends Paul pour associé, c'est lui que j'ai en vue, c'est son aptitude et sa moralité personnelles qui me déterminent ; il ne peut m'être indifférent qu'un autre soit mis à sa place et que Paul se substitue Pierre contre mon gré.

Bien que le sous-locataire n'ait point contracté directement avec le propriétaire bailleur de première main, ce dernier, s'il n'est pas payé par son locataire direct, peut exiger du sous-locataire qu'il verse entre ses mains les termes du prix de sous-location au fur et à mesure de leur échéance. L'article 1753 du Code civil attribue à cet égard une action directe au propriétaire contre le sous-locataire ou le sous-fermier. Néanmoins, ce dernier n'est obligé que dans la limite de son prix de sous-location, qui peut être inférieur aux loyers à fermage du bail primitif. En outre, il ne doit rien au propriétaire s'il s'est déjà libéré envers son sous-locateur, qui est pour lui son bailleur immédiat et direct. Toutefois, le sous-locataire ne pourrait opposer au propriétaire des payements qu'il aurait faits par anticipation sur l'échéance des termes. Ces payements anticipés sont de plein droit réputés frauduleux ; ils ne peuvent être opposés au propriétaire, sauf au sous-locataire à exercer son recours contre le sous-locateur s'il a réellement fait un double payement. L'article 1753 ajoute que les payements, quoique faits d'avance, ne sont pas réputés faits par anticipation s'ils ont été opérés en exécution d'une clause du sous-bail ou de conformité à l'usage des lieux.

**Sources.** — V. EAUX.

**Sourd-muet.**

Le sourd-muet est capable des actes de la vie civile dans la mesure où son infirmité lui permet de les accomplir régulièrement ; c'est ainsi qu'il ne pourrait faire un testament public, ni servir de témoin instrumentaire, mais il peut contracter mariage, régler son régime matrimonial et disposer par donations entre vifs. S'il est illettré, il sera assisté d'un curateur *ad hoc*.

Le sourd-muet est exempt du service militaire pour « incapacité physique ».

**Sous-préfet.** — Fonctionnaire public chargé de l'administration d'un arrondissement.

Le sous-préfet est nommé et révoqué par décret.

Il assure dans son arrondissement le maintien de l'ordre et l'exécution des lois. En principe, il est le subordonné du préfet et lui sert d'intermédiaire dans ses rapports avec les maires. Comme agent de transmission, le sous-préfet est chargé de faire parvenir au préfet : 1° les procès-verbaux des élections municipales ; 2° les pétitions des citoyens qui se prétendent surtaxés ; 3° les demandes des communes ayant pour objet la suppression de leur octroi ; 4° une ampliation des arrêtés des maires ; 5° les procès-verbaux de contravention en matière de grande voirie. Mais le sous-préfet jouit d'un pouvoir propre en cas d'urgence, ou par délégation du préfet, ou encore quand une loi lui confère ce pouvoir, par exemple : il délivre les alignements lorsqu'il y a un plan approuvé ; il choisit les répartiteurs, il autorise l'ouverture de certains établissements insalubres ; il délivre des passeports, des permis de chasse, etc. Mais il doit toujours tenir compte de ses actes au préfet, qui a le droit de les réformer ou même de les annuler, sauf recours au ministre de l'Intérieur. Les actes du sous-préfet entachés d'excès de pouvoir sont attaqués au contentieux devant le Conseil d'État. En tout état de cause, ils peuvent être portés devant le préfet, puis devant le ministre de l'Intérieur.

Il y a trois classes de sous-préfets. En cas d'empêchement ou d'absence, le sous-préfet est remplacé par un conseiller général, un conseiller d'arrondissement ou un conseiller de préfecture. (Loi du 28 pluviôse an VIII, art. 11; Décrets du 28 février 1863, du 23 décembre 1872, du 15 avril 1877, du 22 mars 1887 ; Loi du 4 mai 1864.)

**Sous-secrétaire d'État.** — Haut fonctionnaire, adjoint parfois à un ministre, dont il partage la responsabilité, pour le décharger d'une partie des affaires administratives.

Les sous-secrétaires d'Etat ont leur entrée dans les deux Chambres et peuvent prendre part aux délibérations ; mais, lorsqu'ils sont exceptionnellement convoqués au conseil des ministres, ils n'ont pas voix délibérative. Au point de vue administratif, leurs pouvoirs propres sont peu étendus.

**Sous seing privé.** — V. ACTE.

**Soustraction.** — V. VOL.

**Sous-traitant.** — Celui qui traite de seconde main, qui reçoit une entreprise des mains d'un traitant.

Dans les marchés qui interviennent pour l'exécution d'un ouvrage de construction ou autre, il arrive que l'entrepreneur principal traite lui-même avec des sous-entrepreneurs ou sous-traitants pour les différentes parties des travaux à exécuter. Entre les sous-traitants et l'entrepreneur principal, le contrat intervenu est de même nature et produit les mêmes effets que le contrat intervenu entre l'entrepreneur direct et le propriétaire lui-même : c'est un louage d'ouvrage, régi par les dispositions des articles 1787 et suivant du Code civil. V. LOUAGE.

Pour se faire payer de ce qui leur est dû par l'entrepreneur principal, les sous-traitants ont contre le propriétaire une action directe, mais limitée aux sommes que le propriétaire se trouve rester devoir à l'entrepreneur principal. V. MARCHANDAGE.

**Spécification.** — Action de former une chose d'une espèce nouvelle avec une matière appartenant à autrui.

La spécification est une forme de l'accession d'une chose mobilière à une autre chose mobilière. Les règles applicables sont formulées dans les art. 570 à 577 du Code civil, analysés au mot MEUBLES.

**Spectacles.**

*Droit des pauvres.* — Une taxe dite *droit des pauvres* est prélevée au profit des hospices, hôpitaux, bureaux de bienfaisance, sur le produit des spectacles, bals, concerts et autres lieux de plaisir publics. D'après le décret du 9 décembre 1809, le droit prélevé varie suivant la nature des établissements. Il est du dixième en sus des billets pour : les théâtres, spectacles quotidiens ou semi-quotidiens, les panoramas, cirques, hippodromes, salles de curiosités, les concerts quotidiens, etc. Il est d'un quart de la recette brute pour les bals publics, feux d'artifice, concerts non quotidiens, etc., et en général pour tous les lieux de réunion ou de fête où l'on entre en payant. Il est exigible dans les lieux où l'on entre sans payer, mais où se trouvent des jeux, danses, concerts, etc., soumis à rétribution. Sont exonérés les saltimbanques, directeurs de jeux ou marionnettes en plein air, etc.

A Paris, les entrepreneurs taxés au quart peuvent être assimilés aux directeurs de théâtre et payer seulement le dixième de la recette.

Quand un entrepreneur de spectacles s'engage à verser une somme à forfait et qu'ensuite il ne donne pas de représentation, le droit des pauvres n'est pas dû. (Conseil d'Etat, arrêt du 9 mai 1904.)

**Staries** ou *Jours de planche.* — Délai dans lequel doit être effectué le chargement ou le déchargement d'un navire. V. SURESTARIES.

**Stationnement (Droit de).**

On groupe sous le nom de *droit de stationnement* le produit, au profit des communes, des permis de stationnement et de location sur les voies publiques, sur les rivières, ports et quais fluviaux et autres lieux publics. Ces droits ont été créés par la loi du 11 frimaire an VII et maintenus par celles du 18 juillet 1837 et du 5 avril 1884. La perception peut avoir lieu aujourd'hui sur les dépendances de la petite et de la grande voirie, mais il faut excepter de cette dernière les ports et quais maritimes, où les produits des locations sont réservés à l'Etat. On assimile aux ports maritimes ceux qui sont situés au bord d'un fleuve ou d'une rivière où pénètre le flux de la mer, comme Bordeaux, Nantes, Rouen.

Les occupations du domaine public autorisées au profit des communes et qui peuvent motiver une taxe sont celles qui n'affectent que la surface du sol et non l'assiette du domaine public, comme les étalages de marchandises, l'établissement de tables, de kiosques, etc.

Toute taxe doit être établie en vertu d'un tarif voté par le conseil municipal et soumis à l'approbation de l'autorité supérieure, à savoir : du préfet, s'il s'agit de dépendances de petite voirie ou de rivières non navigables ou non flottables. Pour les dépendances de la grande voirie, l'approbation doit être donnée par décret, sur le rapport du ministre de l'Intérieur, après avis du ministre des Travaux publics, s'il s'agit de droits à percevoir sur les rivières navigables ou flottables ou sur leurs berges. Le ministre de l'Intérieur statue lui-même, après avis de son collègue, s'il s'agit d'autres dépendances de la grande voirie.

**Statistique (Droit de).** — Droit de douane perçu, sauf exception, sur les marchandises importées en France et destiné à supporter les frais de la statistique commerciale.

Le droit de statistique est de 0 fr. 10 par colis emballé, de 0 fr. 10 par 1 000 kilos ou par mètre cube sur les marchandises en vrac, de 0 fr. 10 par tête d'animal. Il ne frappe pas les importations par cabotage.

Les quittances délivrées par l'administration des Douanes ne sont pas passibles du droit de timbre spécial de douane édicté par l'article 19 de la loi du 28 avril 1816, mais seulement, pour les perceptions supérieures à 10 francs, du droit de timbre de 10 centimes institué par l'article 18 de la loi du 23 août 1871. (Loi du 29 mars 1897, art. 8.)

**Statues.**

Les statues élevées dans les lieux publics sont protégées contre la dégradation et la destruction par l'article 257 du Code pénal. V. DÉGRADATIONS DE MONUMENTS.

Les statues et les tableaux sont considérés comme meubles s'ils font partie de la décoration mobile d'un appartement. (Code civ., art. 534.) Les statues « placées dans une niche pour les recevoir », ainsi que les tableaux faisant corps avec la boiserie, sont immeubles par destination. (*Id.*, art. 525.)

**Statut.** (Dr. intern.) — Lois des différents Etats spécialement applicables soit aux personnes, soit aux biens; les mots *statut réel*, *statut personnel* sont synonymes de *loi réelle*, *loi personnelle*.

Les statuts *personnels* ont pour principal objet la personne et ne traitent des biens qu'accessoirement. Tels sont ceux qui regardent la naissance, la légitimité, la liberté, les droits de cité, la majorité, l'incapacité, etc.

Les statuts *réels* sont ceux qui concernent les biens et ne considèrent la personne que relativement aux biens; tels sont ceux qui régissent les dispositions entre vifs ou par testament. A la différence des statuts personnels, les statuts réels sont dépourvus de toute sanction au delà du territoire, mais, d'autre part, ils obligent indistinctement tous ceux qui y résident.

Le conflit des lois était réglé dans l'ancien droit par cette distinction, et le Code civil paraît l'avoir maintenue (art. 3). La jurisprudence suit ce système, mais la doctrine tend à admettre le principe de la personnalité des lois.

**Statuts.** (Dr. civ., comm. et adm.) — Ensemble des dispositions qui ont pour objet de régler le fonctionnement d'une association ou d'une société.

**Stellionat.** — Dol spécial, qui a lieu, notamment, de la part de celui qui vend ou hypothèque un immeuble ne lui appartenant point, ou qui présente faussement un bien comme franc de toutes hypothèques.

Aux termes des articles 2059 et 2136, § 2, du Code civil, combinés, il y a *stellionat :* 1° lorsqu'on vend ou hypothèque un immeuble dont on sait n'être pas propriétaire; 2° lorsqu'on présente comme libres des biens hypothéqués ou que l'on déclare des hypothèques moindres que celles dont ces biens sont chargés ; 3° lorsque le débiteur hypothécaire, tuteur ou mari, consent ou laisse prendre des hypothèques sur ses immeubles, sans déclarer expressément qu'ils sont affectés de l'hypothèque légale.

Le stellionat est un délit exclusivement civil. Les seules sanctions applicables aux stellionataires sont le refus du bénéfice de cession de biens (Code proc. civ., art. 905) et le refus, en cas de faillite, de la réhabilitation (Code comm., art. 612).

**Subornation de témoins.** — Crime qui consiste dans le fait de déterminer un témoin à déposer faussement en justice.

La subornation est considérée par la loi comme un acte de complicité (par provocation) du faux témoignage. Aux termes de l'article 365 du Code pénal, le coupable de subornation de témoins est passible des mêmes peines que le faux témoin. V. TÉMOIN.

**Subrécargue.** — Agent de l'armateur, chargé de veiller sur le chargement, d'en opérer la vente et de trouver un nouveau chargement pour le retour.

Les pouvoirs du subrécargue sont déterminés par l'étendue du mandat qu'il a reçu ou à défaut par l'usage. Il est choisi par le chargeur ou l'armateur. Lorsqu'il est choisi par le chargeur, ses fonctions ne consistent, pendant le voyage, qu'à veiller à la conservation des marchandises, à prendre toutes les mesures nécessaires à cet effet, à s'occuper de déchargement, vente, remplacement, embarquement. Alors le capitaine ne se trouve plus que le représentant de l'armateur chargé du transport.

Quand les armateurs ont placé sur le navire un subrécargue pour veiller à la conservation et à la vente des marchandises, ce subrécargue étant le commis des armateurs, le capitaine n'en répond point.

Le mandat du subrécargue cessant aussitôt que le navire a terminé son voyage, un subrécargue n'est plus alors recevable à attaquer le capitaine en payement des dommages que celui-ci peut avoir occasionnés à l'armement. Cette action appartient exclusivement à l'armateur.

**Subrogation.** — Transmission de tous les droits et actions du créancier au profit d'un tiers qui a payé pour le débiteur. — *Subrogation judiciaire*, Faculté donnée, par voie de justice, d'exercer les droits de son débiteur.

*Subrogation de personnes.* — La subrogation de personnes ou subrogation proprement dite est la transmission de tous les droits et actions du créancier au profit d'un tiers qui a payé pour le débiteur, qui a fourni l'argent ayant servi à la libération du débiteur. Ce tiers, grâce à la subrogation, se trouve mis, pour le montant de ses déboursés, aux lieu et place du créancier désintéressé; or, comme la créance de celui-ci était peut-être préférable, peut-être garantie par des privilèges, hypothèques ou cautionnements, la subrogation devient ainsi un élément important du crédit public. V. PAYEMENT, § *Payement par subrogation.*

*Subrogation judiciaire.* — Aux termes de l'article 1166 du Code civil, les créanciers peuvent exercer les droits et actions de leur débiteur au cas où il néglige de les exercer lui-même ; mais, selon l'avis de la plupart des auteurs, il faut au préalable qu'un tribunal compétent ait, contradictoirement avec le débiteur, prononcé au profit des créanciers leur subrogation dans les droits et actions qu'ils veulent exercer.

**Subrogé.** — Personne substituée à une autre pour succéder à ses droits ou agir à sa place. — *Subrogé tuteur*, Personne nommée par les juges et les parents pour protéger les droits du pupille, soit à défaut du tuteur, soit contre le tuteur lui-même.

**Substitut.** — Magistrat chargé de remplacer au parquet le procureur général ou le procureur de la République.

Pour leur nomination, les substituts sont soumis aux mêmes conditions générales que tout autre magistrat des cours d'appel et des tribunaux de première instance. Mais on ne peut être substitut d'un procureur général qu'après avoir atteint vingt-cinq ans et substitut d'un procureur de la République qu'à vingt-deux ans accomplis.

Les substituts des procureurs de la République sont directement investis par la loi elle-même des mêmes pouvoirs et fonctions que les procureurs de la République (Loi du 20 avril 1810, art. 43 ; Code instr. crimin., art. 9) ; mais tant que le procureur de la République, chef du parquet, est présent, c'est obligatoirement sous ses ordres et sa direction que le substitut participe à l'exercice de l'action publique. Le principe est le même pour les substituts des procureurs généraux.

**Substitution.** — Désignation d'une personne pour recueillir une libéralité à défaut ou au décès d'une autre personne.

Il ne faut pas confondre le fidéicommis, la fiducie et la substitution.

Par le fidéicommis, une personne reçoit une libéralité à charge de la transmettre à un tiers (fidéicommissaire), mais elle en tire les profits qu'elle comporte pendant un temps déterminé, tandis que par la *fiducie* elle ne reçoit la libéralité que pour la conserver et la remettre, ainsi que les fruits ou intérêts capitalisés, à la personne désignée en second lieu. Dans le fidéicommis, deux personnes jouissent successivement de la libéralité; dans la fiducie, le fiduciaire n'est qu'une personne interposée. Par la *substitution*, le testateur ou le donateur désigne deux légataires ou donataires dont le second ne bénéficie de la libéralité qu'à défaut du premier. V. FIDÉICOMMIS, FIDUCIE.

L'auteur de la libéralité est dit *disposant* ou *substituant;* la première personne désignée, *grevé* ou *institué;* la seconde désignée, à défaut de la première, *substitué* ou appelé.

Le droit romain reconnaissait trois espèces de substitutions : 1° la substitution *vulgaire* ou *directe*, par laquelle le testateur désignait un second légataire en prévision du cas où le premier institué ne pourrait, pour un motif quelconque, recueillir le legs ; 2° la substitution *pupillaire*, par laquelle le père désignait à son fils impubère un héritier pour le cas où ce fils, lui survivant, décéderait avant d'être pubère, c'est-à-dire capable de tester; 3° la substitution *quasi-pupillaire* ou *exemplaire*, par laquelle une personne, ayant un enfant en état démence, lui instituait un héritier pour le cas où il viendrait à mourir avant d'avoir recouvré la raison.

Dans l'ancien droit français, on appelait *substitution fidéicommissaire* ou, plus brièvement, *substitution*, la disposition en vertu de laquelle un donataire ou un légataire était obligé de conserver jusqu'à son décès les biens qui lui avaient été donnés, pour les transmettre en mourant à un tiers désigné par le disposant.

Les substitutions étaient *simples* ou *graduelles*, suivant qu'il n'y avait qu'une *seule* ou *plusieurs* restitutions successives à faire.

« Les substitutions sont prohibées », tel est le principe inscrit dans l'article 896 du Code civil. Cette prohibition est facile à justifier : les substitutions étaient une entrave à la libre circulation des biens; elles avaient l'inconvénient de créer à côté de la succession ordinaire un ordre particulier de succession; elles étaient la cause de désaccords et de procès dans les familles, de mécomptes et de préjudices pour les créanciers ayant des droits à faire valoir sur les immeubles substitués; enfin elles donnaient lieu souvent à une exploitation abusive de la part des grevés qui avaient intérêt à tirer, leur vie durant, tout le profit possible de biens dont ils n'avaient que la jouissance. La loi a donc frappé d'une *nullité absolue*, à l'égard du grevé comme à l'égard de l'appelé, toute disposition faite à charge de substitution. Toutefois, la prohibition édictée par notre Code comporte quelques exceptions. La substitution *vulgaire* a été maintenue par l'article 898 ; elle diffère, d'ailleurs, essentiellement de l'institution fidéicommissaire, puisqu'elle ne contient qu'une seule libéralité, la personne gratifiée en seconde ligne ne devant profiter des biens légués qu'à défaut de l'autre. Les père et mère peuvent donner à un ou plusieurs de leurs enfants, par acte entre vifs ou testamentaire, avec la charge de rendre ces biens aux enfants nés ou à naître desdits donataires (Code civ., art. 1048).

Une personne qui n'a pas d'enfant a la faculté de disposer de ses biens au profit de ses frères ou sœurs, à charge par ces derniers de restituer l'objet du legs ou de la donation à leurs enfants, nés ou à naître. (*Id.*, art. 1049.)

Ces substitutions ne peuvent être faites que *jusqu'à concurrence de la quotité disponible* et seulement en faveur des enfants du grevé *au premier degré;* si, cependant, l'un de ces enfants est prédécédé laissant des descendants, ceux-ci bénéficient de la substitution par représentation de leur père. Ce sont *tous* les enfants sans exception qui doivent être appelés à recueillir tous les biens substitués. Ainsi limitées, les substitutions autorisées ne présentent pas les inconvénients des anciens fidéicommis; elles permettent, en outre, au disposant d'assurer à ses petits-enfants ou à ses neveux la transmission d'un patrimoine qu'un fils ou un frère prodigue aurait pu dissiper.

Le grevé est propriétaire des biens substitués jusqu'au moment de l'ouverture de la substitution; il peut les aliéner et les hypothéquer, mais les droits réels par lui consentis sont nécessairement résolubles, puisque au jour de son décès le droit de propriété éventuel des appelés devient définitif. Ceux-ci reprennent alors les biens substitués tels qu'ils étaient lors de l'entrée en jouissance du grevé, étant observé que, dans le but de sauvegarder leurs intérêts, la loi prescrit la nomination d'un tuteur, la confection d'un inventaire, la vente du mobilier et l'emploi des fonds. De plus, dans l'intérêt des tiers, qui pourraient traiter avec le grevé, la substitution est rendue publique : 1° pour les immeubles, par la transcription au bureau des hypothèques; 2° pour les créances avec privilège ou hypothèque, au moyen d'une mention dans l'inscription hypothécaire.

Les droits des appelés peuvent s'ouvrir, non seulement par la mort du grevé, mais encore par l'abandon anticipé de son droit de jouissance ou par la déchéance qui aurait été prononcée contre lui, faute d'avoir provoqué la nomination d'un tuteur à la substitution

Si l'appelé meurt avant le grevé, la substitution devient caduque.

Une autre exception à la prohibition des substitutions fut l'institution des *majorats*. V MAJORAT.

**Substitution d'enfant.** — V. ENFANT.

**Succession.** — On entend par *succession :* 1° la transmission des biens, droits et charges d'une personne décédée à une autre personne qu'on appelle *héritier;* 2° l'ensemble des biens actifs ou passifs que laisse la personne décédée; dans ce dernier sens « succession » est synonyme d'*hérédité*, d'*hoirie*.

La succession est légitime ou testamentaire : elle est légitime lorsqu'elle est dévolue directement aux héritiers par les dispositions de la loi; elle est testamentaire lorsque la dévolution en est opérée par la volonté du défunt exprimée dans les formes légales. La succession *légitime* se nomme aussi *succession ab intestat*. C'est de cette dernière que nous avons exclusivement à nous occuper ici; la première est traitée aux articles DONATION, TESTAMENT.

On distingue encore les successions én *régulières* et *irrégulières*. Les premières sont celles qui sont dévolues, selon l'ordre légal de proximité, à des héritiers rattachés au défunt par un lien civil de famille, à ses enfants légitimes par exemple, à ses ascendants légitimes ou des parents collatéraux dont la parenté n'est pas purement naturelle, mais prend son origine dans des mariages légalement contractés.

Les successions irrégulières sont celles qui passent à des héritiers n'appartenant pas à la famille du défunt : ce sont l'enfant naturel, le conjoint survivant ou l'Etat héritant à défaut de parents.

La personne défunte de l'hérédité de laquelle il s'agit est appelée dans l'usage le *de cujus*. Le *de cujus* est la personne *de cujus bonis agitur*.

*Ouverture des successions* (art. 718 à 724). — Les successions s'ouvrent seulement par la mort.

Le moment précis de la mort est constaté par l'acte de décès, jusqu'à preuve du contraire, sans qu'il soit besoin de s'inscrire en faux.

La déclaration d'absence n'ouvre la succession que provisoirement et ne confère aux héritiers que des droits résolubles. V. ABSENCE.

La succession est ouverte dans le lieu où se trouve le domicile légal du décédé; c'est là que s'intentent les actions qui la concernent. Les héritiers habiles à succéder sont saisis de plein droit à l'instant même du décès du *de cujus*. (Code civ., art. 718 et 723.)

*Saisine.* La saisine est une disposition de la loi en vertu de laquelle les droits et les obligations d'un défunt passent, dès l'instant de sa mort, de sa personne à celle de ses héritiers, qui les acquièrent *ipso jure,* sans qu'ils aient besoin de manifester à cet effet aucune volonté et même à leur insu; en un mot, la saisine est une investiture légale et instantanée des droits actifs et passifs du défunt. Ce n'est autre chose que l'effet de la maxime de notre ancien droit coutumier : «Le mort saisit le vif et son hoir le plus proche, » c'est-à-dire qu'en mourant le défunt a investi son plus proche parent de tous ses droits, l'a saisi de sa succession.

Par l'application de cette autre maxime de notre ancien droit : « Nul n'est héritier qui ne veut, » la saisine n'est point irrévocable, c'est-à-dire qu'elle peut être détruite par une renonciation. Si, en effet l'héritier est saisi *instantanément,* il ne l'est pas *irrévocablement ;* c'est à son insu qu'il acquiert l'hérédité; mais il ne la conserve pas malgré lui.

Par l'effet de la saisine, l'héritier est donc, dès l'ouverture de la succession : 1° propriétaire; 2° possesseur; 3° créancier; 4° débiteur de toutes les choses dont le défunt était propriétaire, possesseur, créancier ou débiteur. Il est en même temps saisi, d'après l'article 724 du Code civil, de l'exercice actif et passif des droits du défunt. De là il résulte : 1° qu'il acquiert la succession, encore qu'il soit mineur ou interdit; 2° qu'il la transmet, confondue dans la sienne, encore qu'il n'ait survécu qu'un seul instant de raison au *de cujus*. Dès lors, tout ce qui est relatif à l'exercice des droits actifs et passifs du défunt suit son cours, comme si le défunt vivait encore.

La saisine est conférée : 1° par l'article 724 du Code civil (modifié par la loi du 25 mars 1896), aux héritiers légitimes et aux héritiers naturels, à la différence des successeurs irréguliers (époux survivant et Etat), qui, pour avoir l'exercice des droits du défunt, doivent se faire envoyer en possession par justice; 2° par l'article 1006 du Code civil, aux légataires universels, lorsqu'il n'existe pas d'héritiers réservataires et que le testament qui les a institués est un testament authentique.

Un effet important de la saisine, quant au

droit de possession, c'est que l'héritier est réputé avoir possédé depuis l'ouverture de la succession, bien qu'il ait ignoré même l'ouverture de la succession et qu'il n'ait pas eu, par conséquent, l'intention de posséder.

L'héritier *irrégulier* est saisi *ipso jure* des droits et dettes du défunt, mais non de l'*exercice* de ces mêmes droits : il doit se faire mettre en possession par le tribunal civil du domicile du défunt.

Pour les héritiers légitimes, la saisine est *légale;* pour les héritiers irréguliers, elle est *légale* quant aux droits et *judiciaire* quant à l'exercice de ces droits.

*Présomption de survie.* Si plusieurs personnes, respectivement appelées à la succession l'une de l'autre, périssent dans un même événement, sans qu'on puisse reconnaître laquelle est décédée la première, la *présomption de survie* est déterminée par les circonstances du fait, et, à leur défaut, par la force de l'âge ou du sexe.

La succession est dévolue :

1° S'ils avaient moins de quinze ans, au plus âgé des comourants;

2° S'ils avaient plus de soixante ans, au plus jeune;

3° Si l'un avait moins de quinze ans et l'autre plus de soixante, au plus jeune;

4° S'ils avaient plus de quinze ans et moins de soixante : au mâle, si la différence d'âge n'excède pas un an; au plus jeune dans tous les autres cas.

*Qualités requises pour succéder.* — Le droit d'*acquérir* la succession est refusé aux *incapables*, et le droit de la conserver, une fois acquise, aux *indignes*.

Sont *incapables :* 1° les individus morts; ceux qui n'étaient pas encore conçus au moment de l'ouverture de la succession; 3° les enfants. mort-nés, ou vivants mais non viables; 4° les individus morts civilement (abrogé par la loi du 31 mai 1854); 5° les étrangers, sauf le cas de réciprocité diplomatique (abrogé par la loi du 14 juil. 1819 : les étrangers peuvent aujourd'hui acquérir en France de la même manière que les Français).

Sont *indignes :* 1° l'héritier condamné pour homicide ou tentative d'homicide volontaire, même déclaré excusable, du *de cujus;* 2° l'héritier qui est l'auteur d'une dénonciation *capitale* (c'est-à-dire d'un crime qui entraînait la mort civile : mort, travaux forcés à perpétuité, déportation); 3° l'héritier majeur qui, instruit du meurtre du défunt, ne l'a pas dénoncé à la justice. (Cette cause d'indignité n'est pas opposable à l'ascendant ou descendant, au conjoint, au frère ou à la sœur, à l'oncle ou au neveu, à la tante ou à la nièce de l'héritier.)

L'héritier exclu de la succession pour cause d'indignité est tenu de rendre tous les fruits et les revenus dont il a eu la jouissance, depuis l'ouverture de la succession.

Les enfants de l'indigne sont exclus de la succession tant que leur père est vivant et qu'ils ne succèdent pas de leur chef.

*Des diverses ordres de succession* (725 à 755). — Pour succéder en qualité d'héritier légitime, il faut : 1° avoir la qualité générale de succéder; 2° être *parent* du défunt dans l'ordre et au degré déterminés par la loi.

La *parenté* est le lien qui unit deux personnes qui descendent l'une de l'autre, ou qui, sans descendre l'une de l'autre, descendent d'un auteur commun. Les parents sont *paternels* ou *maternels*.

La *ligne* est le lien qui existe entre les membres d'une même famille. Elle est *directe* quand les personnes descendent l'une de l'autre, et *collatérale* quand elles descendent d'un auteur commun. Il y a, en ligne directe, autant de *degrés* qu'il y a de générations. En ligne collatérale, les degrés se calculent également par le nombre des générations, en remontant jusqu'à l'auteur commun, et depuis celui-ci jusqu'à l'auteur collatéral.

On nomme *consanguins* les parents paternels, *utérins* les parents maternels, *germains* les parents à la fois paternels et maternels.

La loi reconnaît trois ordres de succession, selon que la succession est déférée aux descendants, aux ascendants et aux collatéraux, et ne considère ni la nature ni l'origine des biens pour en régler la succession.

Toute succession est dévolue, en premier ordre, aux parents en ligne directe descendante du *de cujus*, c'est-à-dire à ses enfants, petits-enfants ou arrière-petits-enfants, sans distinction de sexe ni de primogéniture, et lors même qu'ils sont issus de différents mariages (art. 745). Les héritiers de la ligne directe descendante priment et excluent tout autre ordre d'héritiers; les ascendants et les collatéraux ne succèdent qu'à leur défaut. Les descendants succèdent par têtes et par égales parts s'ils sont tous au premier degré, c'est-à-dire s'ils sont tous les fils ou les filles du *de cujus*. Les enfants d'un enfant prédécédé, petits-enfants du *de cujus*, ne sont point exclus de la succession de leur aïeul par le concours d'enfants de premier degré encore survivants. Ils arrivent à la succession par le bénéfice de la *représentation* dont l'effet est de leur faire fictivement occuper le degré et prendre la place de leur père ou mère prédécédés. Les petits-enfants ne prennent jamais dans la succession de l'aïeul, quand ils y arrivent par représentation, que la part qu'y aurait prise elle-même la personne qu'ils représentent si elle avait survécu : ils subdivisent par têtes, entre eux, cette portion.

La représentation a lieu à l'infini dans la ligne directe descendante, et elle est admise dans tous les cas, soit que les enfants du défunt concourent avec les descendants d'un autre enfant prédécédé, soit que tous les enfants du défunt étant morts avant lui les descendants desdits enfants se trouvent entre eux en degrés égaux ou inégaux.

La représentation n'a pas lieu en faveur des ascendants. En matière collatérale, elle est admise en faveur des enfants et descendants des *frères ou sœurs* des défunts.

La représentation a lieu alors même que, tous les enfants du premier degré étant prédécédés, les petits-enfants se trouvent eux-mêmes à égalité de degré relativement au *de cujus*. La succession, en ce cas, s'opère par *souche*, c'est-à-dire que chaque famille ne compte que pour un : si une même souche a produit plusieurs branches, la subdivision se fait aussi par souche dans chaque branche, et les membres de la même branche partagent entre eux *par tête*, c'est-à-dire que la succession se divise en autant de parts qu'il y a de personnes.

On ne représente pas les personnes vivantes.

Le Code distingue trois ordres de succession : 1° l'ordre des descendants ; 2° l'ordre des ascendants ; 3° l'ordre des collatéraux.

*Successions déférées aux descendants.* — Les enfants, ou leurs descendants, succèdent à leurs père et mère, aïeuls, aïeules ou autres ascendants :

1° A l'exclusion de tous autres héritiers ;

2° Sans distinction de sexe, ni de progéniture ;

3° Encore qu'ils soient issus de différents mariages.

Ils partagent : 1° par têtes et par égales portions s'ils sont au premier degré ou s'ils sont appelés de leur chef ; exemple :

PIERRE, *père, décédé*, marié à
- (1er lit) *Marie, décédée.*
  - (1 tiers) Léon, fils.
  - (1 tiers) Paul, fils.
- (2e lit) Jeanne. . . . . .
  - (1 tiers) Louise, fille.

2° Par souche et par représentation, dans tous les autres cas, par exemple :

PIERRE, *père, décédé.*
- *Léon, fils, décédé.* . .
  - (1 tiers) Marie, petite-fille.
- *Louise, fille, décédée* . .
  - (1 tiers) Louis, petit-fils. Charles, petit-fils.
- (1 tiers) Paul, fils.

*Successions déférées aux ascendants.* — Si le défunt n'a laissé ni postérité, ni frère, ni sœur, ni descendants d'eux, la succession se divise par moitié entre les ascendants de la ligne paternelle et les ascendants de la ligne maternelle. — L'ascendant qui se trouve au degré le plus proche recueille la moitié affectée à sa ligne, à l'exclusion de tous autres. — Les ascendants au même degré succèdent par tête. Exemple :

PAUL, *fils, décédé.*
- (moitié) Pierre, père.
- (moitié) Jeanne, mère.

La succession de Paul se divise par moitié entre son père Pierre et sa mère Jeanne. Autre exemple :

PAUL, *fils, décédé.*
- ligne paternelle. *Pierre, père, décédé.*
  - *Joseph, grand-père, décédé.* Jean, arrière-grand-père, survivant (*exclu* par Thérèse).
  - (moitié) Thérèse, grand'mère.
- ligne maternelle.
  - (moitié) Jeanne, mère.

La moitié de la succession est dévolue à la ligne paternelle, l'autre à la ligne maternelle. La mère, Jeanne, prend toute la portion réservée à la ligne maternelle ; la seconde portion échoit à Thérèse, grand'mère paternelle, qui, le père étant décédé, se trouve au degré le plus proche.

Par exception, les ascendants succèdent, *à l'exclusion de tous les autres,* aux choses par eux données à leurs enfants ou descendants décédés *sans postérité,* lorsque les objets donnés *se retrouvent en nature* dans la succession. — Si les objets ont été *aliénés,* les ascendants recueillent le *prix qui peut en être dû.* — Ils succèdent aussi à *l'action en reprise* que pouvait avoir le donataire. V. RETOUR SUCCESSORAL.

On a pensé qu'il était juste de ne pas faire passer en d'autres mains des biens dont l'ascendant ne se serait peut-être pas dessaisi s'il n'eût point été sûr de les reprendre dans la succession du donataire décédé sans postérité.

Lorsque les père et mère d'une personne morte sans postérité lui ont survécu, si elle a laissé des frères, sœurs, ou des descendants d'eux, la succession se divise en deux portions égales, dont moitié seulement est déférée au père et à la mère, qui la partagent entre eux également. — L'autre moitié appartient aux frères, sœurs ou descendants d'eux.

*Successions déférées aux collatéraux privilégiés (frères et sœurs).* — En cas de prédécès des père et mère d'une personne morte sans postérité, ses frères, sœurs ou leurs descendants sont appelés à la succession, à l'exclusion des ascendants et des autres collatéraux. Exemple :

PAUL, *décédé.*
- ascendants.
  - *Pierre, père, décédé.* Jacques, grand-père, survivant (*exclu*).
  - *Jeanne, mère, décédée.*
- collatéraux.
  - Jean, oncle (*exclu*).
  - *Joseph, frère, décédé.* (moitié) Louis, neveu. Lucie, nièce.
  - (moitié) Marie, sœur.

Si les père et mère de la personne morte sans postérité lui ont survécu, ses frères, sœurs ou leurs représentants ne sont appelés qu'à la moitié de la succession, qui se divise en deux portions égales, dont moitié seulement est déférée au père et à la mère, qui la partagent entre eux également ; l'autre moitié appartient aux frères, sœurs ou descendants d'eux. Si le père ou la mère seulement a survécu, ils sont appelés à recueillir les trois quarts. 1er exemple :

PAUL, *décédé.*
- ascendants.
  - (moitié) Pierre, père. Jeanne mère.
- collatéraux.
  - (moitié) Joseph, frère. Marie, sœur.

2e exemple :

PAUL, *décédé.*
- ascendants.
  - *Pierre, père, décédé.*
  - (1 quart) Jeanne, mère.
- collatéraux.
  - (3 quarts) Joseph, frère. Marie, sœur.

Le partage de la moitié ou des trois quarts dévolus aux frères ou sœurs s'opère entre eux par égales portions, s'ils sont tous du même lit ; s'ils sont de lits différents, la division se fait par moitié entre les deux lignes paternelle et maternelle du défunt ; les *germains* prennent part dans les deux lignes, et les *utérins* ou *consanguins* chacun dans leur ligne seulement. Exemple :

- PAUL, *décédé*, laisse 40 000 fr.
  - ascendants.
    - 1 quart 10 000 fr.
    - Pierre, père survivant, marié à
      - 1° *Marie, décédée.* — Paul, *de cujus*, fils. Joseph, fils.
      - 2° Jeanne — Louis, fils.
  - collatéraux.
    - 3 quarts 30 000 fr.
    - Joseph, frère germain. — ligne paternelle 15 000 fr. — Joseph : 7 500 fr. Louis : 7 500 fr.
    - Louis, frère consanguin. — ligne maternelle 15 000 fr. — Joseph : 15 000 fr.

S'il n'y a de frères ou sœurs que d'un côté (consanguins ou utérins), ils succèdent à la totalité, à l'exclusion de tous autres parents de l'autre ligne. Exemple :

- PAUL, *décédé*.
  - ascendants.
    - 1 quart
    - Pierre, père survivant, marié à
      - 1° *Marie, décédée.*
      - 2° *Jeanne, décédée.* — Jacques, grand-père maternel, survivant (*exclu*).
  - collatéraux.
    - Jean, oncle maternel, survivant (*exclu*).
    - 3 quarts
    - Joseph, frère consanguin.
    - Louis, frère consanguin.

A défaut de frères ou sœurs ou de descendants d'eux, et à défaut d'ascendants immédiats dans l'une ou l'autre ligne, la succession est déférée pour moitié aux ascendants survivants, et pour l'autre moitié, aux parents les plus proches de l'autre ligne. Exemple :

- PAUL, *décédé*.
  - ascendants.
    - (moitié) Pierre, père, survivant.
    - *Jeanne, mère, décédée.* — *Jacques, grand-père maternel, décédé.*
  - collatéraux.
    - 2e degré. — *Joseph, frère, décédé sans postérité. Louise, sœur, décédée sans postérité.*
    - 3e degré. — *Jean, oncle, décédé. Léonie, tante, décédée*
    - 4e degré. — *Lucie, fille de Jean, cousine germaine, décédée.* (moitié) Victor, fils de Léonie, cousin germain, survivant.
    - 6e degré. — Ernest, Charles — fils de Lucie, cousins issus de germains (*exclus*).

La succession est dévolue par moitié à Pierre, père survivant, et à Victor, cousin germain. Dans l'espèce, Ernest et Charles, cousins issus de germains au sixième degré, sont exclus, car la représentation n'est admise, dans la ligne collatérale, qu'au profit des enfants de frères ou de sœurs. En outre, de sa part, Pierre, le père survivant, a l'usufruit du tiers des biens auxquels il ne succède pas en propriété (art. 754).

Enfin, s'il y a concours de parents collatéraux au même degré, ils partagent par tête. Exemple :

- PAUL, *décédé*.
  - ascendants. — Tous décédés.
  - collatéraux.
    - ligne paternelle. — (moitié) Léon, cousin au 4e degré.
    - ligne maternelle. — (moitié) Louis, cousin au 6e degré (1 quart). Charles, cousin au 6e degré (1 quart).

Les parents au delà du douzième degré ne succèdent pas. — A défaut de parents au degré successible dans une ligne, les parents de l'autre ligne succèdent pour le tout.

*Des successions irrégulières.* — Les successions irrégulières sont celles qui sont dévolues aux *enfants naturels reconnus, au conjoint survivant et à l'Etat.*

Les formalités préalables que doivent remplir tous les successeurs irréguliers sont les suivantes :

1° Demande d'*envoi en possession* au tribunal du lieu d'ouverture de la succession ;

2° *Publications* et *affiches* dans les formes usitées et après conclusions du ministère public ;

3° Apposition de *scellés* et *inventaire* régulier dans les formes prescrites pour l'acceptation des successions sous bénéfice d'inventaire.

L'inobservation de ces formalités les fait réputer possesseurs de mauvaise foi et les rend passibles de dommages-intérêts à l'égard de l'héritier qui se représenterait.

*Enfants naturels.* (Code civ., art. 756 à 766, modifiés par la loi du 28 mars 1896.) Sous l'ancien droit, les enfants naturels, même reconnus légalement, ne succédaient pas ; ils n'avaient droit qu'à des aliments. Réagissant contre cette sévérité, la loi du 12 brumaire an XI assimila les enfants naturels aux enfants légitimes et leur accorda les mêmes droits de successibilité. Le Code civil, dans le but de concilier les droits de la nature et ceux de la société, accordait aux enfants naturels *reconnus* volontairement ou judiciairement un droit de succession moins étendu toutefois que celui des enfants légitimes et dont la quotité se trouvait limitée dans une mesure variable avec le degré des héritiers en concours. Cette quotité a été augmentée par la loi du 25 mars 1896.

Aux termes de cette loi, il n'est accordé de droits aux enfants naturels sur les biens de leurs père ou mère décédés qu'autant qu'ils ont été *reconnus* légalement. La loi n'accorde aucun droit aux enfants naturels sur les biens des parents de leur père et de leur mère.

Les enfants naturels reconnus légalement ont droit :

1° Si le père ou la mère a laissé des descendants légitimes, *à la moitié* de la portion héréditaire qu'ils auraient eue s'ils eussent été légitimes. Exemple :

| | |
|---|---|
| PAUL, *père décédé.* | (1 quart) Léon, fils naturel. |
| | (3 quarts) Louis, fils légitime. |
| | Charles, fils légitime. |

2° Si les père ou mère ne laissent pas de descendants, mais bien des ascendants, ou des frères ou sœurs, ou des descendants légitimes de frères ou sœurs, *aux trois quarts*. Exemple :

| | | |
|---|---|---|
| PAUL, *décédé.* | ascendants. | (1 quart) Pierre, père. |
| | | Jeanne, mère. |
| | collatéral. | Jean, frère. |
| | descendant. | (3 quarts) Léon, fils naturel. |

3° Si les père ou mère ne laissent ni descendants, ni ascendants, ni frères ou sœurs, ni descendants légitimes de frères ou sœurs, à *la totalité* des biens.

En cas de prédécès des enfants naturels, leurs enfants et descendants peuvent réclamer les mêmes droits.

Les dispositions ci-dessus ne sont pas applicables aux enfants *adultérins* ou *incestueux*, qui n'ont droit qu'aux aliments, à moins que leur père ou leur mère ne leur ait fait apprendre un art mécanique ou ne leur ait assuré des aliments de son vivant.

La succession de l'enfant naturel décédé sans postérité est dévolue : 1° au père ou à la mère qui l'a reconnu ou, par moitié, à tous les deux, s'il a été reconnu par les deux ; 2° en cas de prédécès de ses père et mère, à ses frères et sœurs *légitimes* pour les biens provenant de l'auteur commun ; 3° à ses frères et sœurs *naturels* pour tous les autres biens.

*Conjoint survivant* (Code civ., art. 767, modifié par la loi du 9 mars 1891). Aux termes de l'ancien article 767 du Code civil, l'époux survivant était exclu de la succession de son conjoint par tout parent au degré successible.

La loi du 9 mars 1891 garantit d'une façon plus équitable les intérêts du conjoint survivant. Elle maintient le principe formulé dans les anciennes dispositions : lorsque le défunt ne laisse ni parents au degré successible, ni enfants naturels, les biens de sa succession appartiennent en pleine propriété au conjoint non divorcé qui lui survit et contre lequel il n'existe pas de jugement de séparation de corps passé en force de chose jugée. Mais, par une faveur nouvelle, elle accorde à l'époux survivant un droit d'*usufruit,* qui est :

D'*un quart*, si le défunt laisse un ou plusieurs enfants issus du mariage ;

D'*une part d'enfant légitime le moins prenant*, sans qu'elle puisse excéder le quart, si le défunt a des enfants nés d'un précédent mariage ;

De *moitié* dans tous les autres cas, quels que soient le nombre et la qualité des héritiers.

Le calcul du droit d'usufruit accordé au conjoint survivant est fait sur une masse composée : 1° de tous les biens existant dans la succession au décès du *de cujus;* 2° des libéralités faites par le défunt aux successibles sans dispense de rapport et qui seront fictivement réunies à la masse. Une fois le calcul fait et la part déterminée, le droit d'usufruit ne grève que les biens présents dans la succession au moment du décès : il n'atteint ni les libéralités fictivement rapportées, ni les biens composant la réserve ou susceptibles de retour légal, lesquels doivent cependant figurer dans la masse pour le calcul. Quant aux libéralités faites à des étrangers, elles sont définitivement sorties du patrimoine du défunt au regard du conjoint survivant, qui n'est pas héritier réservataire.

Si les libéralités ont profité au conjoint lui-même, et si le montant de ces libéralités représente la part d'usufruit à laquelle il peut prétendre, il n'a plus rien à demander : il est rempli de son droit, même si les libéralités ont été faites avec clause de préciput. Le montant est-il, au contraire, inférieur à la part légale ? Le conjoint ne peut demander que le complément de son usufruit.

Jusqu'au partage définitif, les héritiers peuvent exiger, moyennant sûretés suffisantes, que l'usufruit de l'époux survivant soit converti en une rente viagère équivalente. S'il y a désaccord, la conversion sera facultative pour les tribunaux. La loi donne ainsi aux héritiers la faculté de substituer un droit purement personnel au droit réel d'usufruit, mais elle les oblige à fournir des sûretés, telles qu'inscription d'hypothèque ou dépôt de titres; elle veut éviter ainsi au survivant les ennuis de l'indivision.

La succession de l'époux prédécédé doit des aliments au conjoint survivant qui est dans le besoin. Le délai pour les réclamer est d'un an à partir du décès et se prolonge, en cas de partage, jusqu'à son achèvement. La pension alimentaire est prélevée sur l'hérédité et supportée par tous les héritiers proportionnellement; en cas d'insuffisance, elle incombera, selon les règles du droit commun, aux légataires particuliers, sauf le privilège de l'article 927 du Code civil, et le conjoint usufruitier à titre universel contribuera au payement des dettes conformément à l'article 612 du même code.

Le droit d'usufruit se perd soit par la séparation de corps prononcée contre le survivant, soit par un nouveau mariage s'il existe des descendants du défunt.

L'époux survivant est tenu de *faire emploi* du mobilier, c'est-à-dire de le vendre ou de donner caution pour en assurer la restitution, dans le cas où il se présenterait des héritiers du défunt dans l'intervalle de trois ans.

*Etat* (art. 768-773). A défaut de parents au degré successible et de conjoint survivant, c'est l'Etat, représenté par l'administration des Domaines, qui, après avoir fait apposer les scellés et procédé à un inventaire du mobilier, demande au tribunal civil l'envoi en possession de la succession en déshérence.

L'administration des Domaines, dispensée de fournir caution, est autorisée à aliéner, dans la forme ordinaire des ventes des biens de l'Etat, tous les biens et valeurs provenant des successions en déshérence immédiatement après l'envoi en possession prononcé par le tribunal civil. Les inscriptions de rentes sur l'Etat, comme toutes les autres valeurs cotées dépendant de ces successions, sont négociées à la Bourse.

Pendant trente ans le Domaine n'est que possesseur précaire. Les tiers et spécialement les héritiers et légataires éventuels sont admis à exercer leur action sur le prix net des objets vendus dans les mêmes conditions et délais qu'ils eussent été fondés à l'exercer sur ces objets eux-mêmes. (Loi du 30 déc. 1903, art. 7.)

*Acceptation des successions* (art. 774 à 814). — L'acceptation ou *adition d'hérédité* est l'acte par lequel celui à qui une succession est dévolue fait connaître qu'il est résolu à prendre la qualité d'héritier et à contracter tous les engagements auxquels ce titre assujettit.

Une succession peut être acceptée *purement et simplement, répudiée* ou acceptée *sous bénéfice d'inventaire*.

L'acceptation pure et simple met à la charge de l'héritier le *payement de toutes les dettes* du défunt, quand même celles-ci dépasseraient l'actif de la succession.

Elle n'est obligatoire pour aucun héritier et ne peut être faite par les *femmes mariées* sans l'autorisation de leur mari ou de justice et, pour les *mineurs* et *interdits,* que conformément aux dispositions relatives à la minorité, à la tutelle et à l'émancipation.

L'acceptation pure et simple est *expresse* lorsqu'elle résulte d'un écrit soit authentique, soit privé ou *tacite,* lorsqu'elle résulte implicitement des actes de l'héritier, c'est-à-dire lorsque celui-ci donne, vend, transporte des droits successifs ou renonce, même gratuitement, à sa part au profit d'un ou de plusieurs de ses cohéritiers, ou à prix d'argent, au profit de tous ses cohéritiers.

Lorsque celui à qui une succession est échue est décédé, sans l'avoir répudiée ou sans l'avoir acceptée expressément ou tacitement, ses héritiers peuvent l'accepter ou la répudier *de son chef*.

Si ces héritiers ne sont pas d'accord pour accepter ou pour répudier la succession, elle doit être acceptée *sous bénéfice d'inventaire*.

L'acceptation pure et simple est *irrévocable*, sauf : 1° lorsqu'elle est le résultat d'un *dol* et spécialement de la violence ; 2° dans le cas où la succession se trouverait absorbée ou diminuée de plus de moitié par la découverte d'un *testament inconnu* jusque-là.

*Renonciation* (art. 784-793, 845 et 1389). — C'est l'acte par lequel celui qui est appelé, par la loi ou par testament, à recueillir une succession refuse cette succession afin de ne pas être tenu des charges qui la grèvent.

L'acceptation est toujours présumée ; la renonciation doit être expresse.

La renonciation est faite au greffe du tribunal de première instance de l'arrondissement où la succession s'est ouverte.

Pour renoncer valablement, il faut n'avoir pas accepté la succession, n'avoir disposé d'aucune de ses valeurs, n'avoir, enfin, rien diverti ni recélé des effets qui la composent, car, dans ces trois hypothèses, on serait héritier pur et simple, et, par suite, tenu de toutes les dettes.

La renonciation n'est pas irrévocable ; on peut reprendre une succession qu'on avait répudiée, pourvu qu'elle n'ait pas encore été acceptée par d'autres héritiers ou qu'il ne se soit pas écoulé trente ans depuis le jour où l'on avait connu l'ouverture de ladite succession.

L'héritier qui renonce est considéré comme n'ayant jamais été héritier, et sa part est dévolue à ceux qui doivent la recueillir à son défaut.

La renonciation a donc pour conséquence, d'abord d'anéantir les effets de la saisine de l'héritier, puis d'accroître la part du renonçant à ses cohéritiers ; d'entraîner dévolution au degré subséquent, si le renonçant est seul héritier. Elle ne donne jamais droit à la représentation du renonçant. Elle peut être *annulée* en faveur des créanciers seulement, jusqu'à concurrence de leurs créances.

*Acceptation sous bénéfice d'inventaire.* — C'est un mode d'acceptation des successions qui, moyennant l'accomplissement de certaines formalités, assure à l'héritier le bénéfice de n'être pas tenu des dettes de la succession au delà du montant de l'actif. En ce cas, la confusion des patrimoines du défunt et de l'héritier ne se produit pas, et celui-ci peut faire valoir contre la succession ses propres créances. V. BÉNÉFICE D'INVENTAIRE.

*Partage et rapports.* V. PARTAGE ET RAPPORTS.

*Successions vacantes.* — Une succession est réputée *vacante* lorsque, après l'expiration des délais pour faire inventaire (trois mois) et pour délibérer (quarante jours), il ne se présente personne pour réclamer, qu'il n'y a pas d'héritier connu ou que les héritiers connus y ont renoncé.

Ces successions sont administrées par un *curateur,* nommé par le tribunal de l'arrondissement où elles sont ouvertes.

Le curateur est tenu, avant tout, de faire constater l'état de la succession par un inventaire, s'il n'en a pas été fait, et de faire vendre les meubles.

Les formalités prescrites pour l'héritier bénéficiaire s'appliquent également à la vente des immeubles et rentes, ainsi qu'au mode d'administration et au compte à rendre par le curateur à la succession vacante.

Les deniers provenant de la liquidation des biens sont versés à la Caisse des dépôts et consignations, pour la conservation des droits et à la charge de rendre compte à qui il appartiendra.

*Législation fiscale.* — *Déclaration de succession, forme, délai, bureau.* Les héritiers ou légataires, leurs tuteurs ou curateurs, ont un délai de six mois, à compter du jour du décès, pour souscrire la déclaration détaillée des biens qui leur sont transmis et payer les droits de mutation dus au Trésor.

Cette déclaration doit être rédigée et signée sur des formules imprimées, qu'on peut se procurer moyennant payement de 5 centimes par feuille double et de 2 cent. 1/2 par feuille simple, dans les bureaux d'enregistrement ou chez les débitants de tabac distributeurs de papier timbré. Mais les parties ont le droit de faire des déclarations verbales et peuvent exiger que la formule soit remplie par le receveur.

C'est au bureau de l'enregistrement du domicile du décédé que sont reçues les déclarations, quelle que soit la situation des biens dépendant de la succession. A défaut du domicile en France, la déclaration est passée au bureau du lieu du décès, ou, si le décès n'est pas survenu en France, à ceux des bureaux désignés par l'administration.

*Biens à déclarer.* Toutes les valeurs faisant partie du patrimoine du défunt *au jour du décès* (sauf les immeubles et meubles meublants ayant une assiette matérielle à l'étranger) sont sujettes à la déclaration et passibles de l'impôt; telles les rentes des gouvernements français et étrangers, les actions et obligations nominatives et au porteur, les parts d'intérêt et commandites simples, le numéraire, les livrets de caisses d'épargne, les assurances sur la vie, les dépôts dans les banques et soldes créditeurs de comptes courants, les créances et rentes sur les particuliers.

Des mesures spéciales ont été prises pour que les titres, sommes ou valeurs dépendant d'une succession et dont les sociétés, compagnies d'assurances, banquiers, officiers ministériels et agents d'affaires sont dépositaires ou débiteurs, soient portés à la connaissance de l'administration.

*Mobilier.* A défaut d'inventaire ou de vente publique, la valeur du mobilier est déterminée en prenant pour base 33 pour 100 de l'évaluation faite dans les contrats d'assurances contre l'incendie en cours au jour du décès et souscrits moins de cinq ans avant l'ouverture de la succession. La date de la police, le nom ou la raison sociale et le domicile de l'assureur, ainsi que le montant des risques, doivent être indiqués dans la déclaration.

En l'absence des bases légales déterminées ci-dessus, la loi impose aux héritiers l'obligation d'annexer à leur déclaration un état sur timbre présentant l'estimation, article par article, des objets mobiliers.

*Immeubles.* La valeur imposable des immeubles est obtenue en multipliant par 20 pour les immeubles urbains, et par 25 pour les immeubles ruraux, le revenu déclaré par les héritiers ou résultant de baux courants. Mais c'est la valeur vénale qui sert de base à l'impôt pour les immeubles, dont la destination actuelle n'est pas de procurer un revenu (terrains à bâtir, châteaux, parcs, etc.).

Les immeubles situés dans la circonscription de bureaux autres que celui où est souscrite la déclaration doivent ête détaillés, non dans cette déclaration, mais distinctement pour chaque bureau de la situation des biens, sur une formule fournie gratuitement par l'administration, et signée par le déclarant.

*Usufruit et nue propriété.* La valeur de l'usufruit et de la nue propriété transmis par décès étant déterminée d'après une proportion basée sur l'âge de l'usufruitier (v. USUFRUIT), les héritiers sont tenus d'indiquer, dans leur déclaration, la date et le lieu de naissance de l'usufruitier et, si celui-ci est né hors de France ou d'Algérie, de représenter son acte de naissance.

Dans les déclarations de succession, la valeur de l'usufruit et celle de la nue propriété sont évaluées conformément au tableau ci-dessous, de manière que si l'un des héritiers recueille l'usufruit et un autre héritier la nue propriété, les deux fractions de valeurs réunies égalent la valeur totale de la propriété, savoir :

| Age de l'usufruitier. | Valeur de l'usufruit. | Valeur de la nue propriété. |
|---|---|---|
| Moins de 20 ans révolus. | 7/10 | 3/10 |
| 30 — | 6 | 4 |
| 40 — | 5 | 5 |
| 50 — | 4 | 6 |
| 60 — | 3 | 7 |
| 70 — | 2 | 8 |
| Plus de 70 — | 1 | 9 |
| | de la propriété entière. | |

Il peut arriver que, par le fait de l'ouverture de la succession, l'usufruit retourne au nu propriétaire ou la nue propriété à l'usufruitier. On opérera pour le *remembrement* de la propriété comme on a opéré pour le *démembrement*, en évaluant la valeur propre de la fraction qui se réunit à la fraction complémentaire.

Si l'usufruit doit porter, comme il arrive souvent, sur plusieurs têtes successivement, il n'est tenu compte, dans la déclaration, que de l'usufruit actuel, de celui qui entre en vigueur au moment de l'ouverture de la succession.

*Déduction du passif.* Pour la liquidation des droits, on déduit les dettes à la charge du défunt, dont l'existence, *au jour de l'ouverture de la succession*, est dûment justifiée par des titres susceptibles de faire preuve en justice.

Les dettes dont la déduction est demandée doivent être détaillées, article par article, dans un inventaire sur papier non timbré, qui est déposé au bureau lors de la déclaration de la succession et certifié par le déposant. Lorsque la dette ne résulte pas d'un titre authentique (jugement ou arrêt, acte notarié, administratif ou judiciaire), les héritiers doivent représenter au receveur le titre lui-même ou une copie collationnée par un notaire ou le greffier de justice de paix. En outre, le receveur peut, dans tous les cas où il le juge utile, exiger une attestation de créancier certifiant l'existence de la dette. Pour les dettes échues depuis plus de trois mois avant l'ouverture de la succession, l'attestation du créancier est obligatoire. S'il s'agit de dettes commerciales, l'administration est en droit de se faire représenter les livres de commerce du défunt.

*Pénalités.* Toute déclaration ayant *indûment* entraîné la déduction d'une dette est punie d'une amende égale au triple du supplément de droit exigible, sans que cette amende puisse être inférieure à 500 francs.

La loi frappe d'un demi-droit en sus les déclarations souscrites hors délai et d'un droit en sus les omissions et insuffisances d'évaluation commises dans les déclarations, ainsi que l'indication inexacte de l'âge des usufruitiers.

*Déclaration négative.* Si la succession ne comprend aucune valeur, l'impôt de mutation manque de base et il n'y a pas lieu à déclaration. Il a été jugé que, dans ce cas, les

| INDICATION des DEGRÉS DE PARENTÉ | MUTATIONS PAR DÉCÈS — (1) TAUX APPLICABLES À LA FRACTION DE PART NETTE COMPRISE ENTRE | | | | | | | | | | | | MUTATIONS ENTRE VIFS — DROIT proportionnel 0/0 DONATIONS | |
|---|---|---|---|---|---|---|---|---|---|---|---|---|---|---|
| | 1 franc et 2 000 francs. | 2 001 francs et 10 000 francs. | 10 001 francs et 50 000 francs. | 50 001 francs et 100 000 francs. | 100 001 francs et 250 000 francs. | 250 001 francs et 500 000 francs. | 500 001 francs et 1 million. | 1 000 001 francs et 2 millions. | 2 000 001 francs et 5 millions. | 5 000 001 francs et 10 millions. | 10 000 001 francs et 50 millions. | Au delà de 50 millions. | Par contrat de mariage. | Hors contrat de mariage. |
| | p. 100 fr. c. | p. 100 fr. c. | p. 100 fr. c. | p. 100 fr. c. | p. 100 fr. c. | p. 100 fr. c. | p. 100 fr. c. | p. 100 fr. c. | p. 100 fr. c. | p. 100 fr. c. | p. 100 fr. c. | p. 100 fr. c. | fr. c. | fr. c. |
| 1° Ligne directe. . . . . . . | 1 00 | 1 25 | 1 50 | 1 75 | 2 00 | 2 50 | 2 50 | 3 00 | 3 50 | 4 00 | 4 50 | 5 00 | 2 00 | 3 50 (2) |
| 2° Entre époux. . . . . . . . | 3 75 | 4 00 | 4 50 | 5 00 | 5 50 | 6 00 | 6 50 | 7 00 | 7 50 | 8 00 | 8 50 | 9 00 | 3 50 | 5 00 |
| 3° Entre frères et sœurs . . | 8 50 | 9 00 | 9 50 | 10 00 | 10 50 | 11 00 | 11 50 | 12 00 | 12 50 | 13 00 | 13 50 | 14 00 | 7 00 | 9 00 |
| 4° Entre oncles ou tantes et neveux ou nièces . . . . . | 10 00 | 10 50 | 11 00 | 11 50 | 12 00 | 12 50 | 13 00 | 13 50 | 14 00 | 14 50 | 15 00 | 15 50 | 8 00 | 10 00 |
| 5° Entre grands-oncles ou grand'tantes, petits-neveux ou petites-nièces, et entre cousins germains. . | 12 00 | 12 50 | 13 00 | 13 50 | 14 00 | 14 50 | 15 00 | 15 50 | 16 00 | 16 50 | 17 00 | 17 50 | 9 00 | 11 00 |
| 6° Entre parents au 5ᵉ et au 6ᵉ degré . . . . . . . . . . | 14 00 | 14 50 | 15 00 | 15 50 | 16 00 | 16 50 | 17 00 | 17 50 | 18 00 | 18 50 | 19 00 | 19 50 | 10 00 | 12 00 |
| 7° Entre parents au delà du 6ᵉ degré et entre personnes non parentes . . . . . | 15 00 | 15 50 | 16 00 | 16 50 | 17 00 | 17 50 | 18 00 | 18 50 | 19 00 | 19 50 | 20 00 | 20 50 | 11 00 | 13 50 (3) |

(1) Le tarif est à la fois gradué d'après le degré de parenté de l'héritier avec le défunt et progressif d'après l'importance de la part revenant à chaque ayant droit dans l'ensemble de la succession.

(2) Le droit est de 1 fr. 70 p. 100 pour les donations portant partage faites conformément aux art. 1075 et 1076 (C. civ.).

(3) Le droit est de 9 p. 100 pour les dons et legs de bienfaisance ou d'assistance faits aux départements, communes, établissements hospitaliers, sociétés de secours mutuels et d'instruction populaire gratuite.

héritiers ne pouvaient être contraints à passer une déclaration, même négative.

*Liquidation des droits.* Les droits sont liquidés distinctement sur la part nette recueillie par chacun des ayants droit; pour la perception, chaque part est fractionnée par tranches et chaque tranche est soumise à un tarif progressif et gradué d'après le degré de parenté. V. le tableau ci-contre.

## Sucre.

Le produit des taxes sur les sucres est perçu soit par les receveurs des douanes s'il s'agit des sucres importés des colonies françaises ou des pays étrangers, soit par les agents des contributions indirectes pour les sucres de fabrication indigène.

*Régime international.* — Le régime des sucres a été l'objet de la convention de Bruxelles (5 mars 1902) entre la France, l'Allemagne, l'Autriche-Hongrie, la Belgique, l'Espagne, la Grande-Bretagne, l'Italie, les Pays-Bas et la Suède. La Suisse y a adhéré en 1906. Les Etats contractants s'engagent à prendre des mesures contre les sucres des Etats qui continueraient à accorder des primes; d'autre part, à admettre au taux le plus réduit de leur tarif d'importation les sucres originaires des pays signataires qui n'accordent pas de primes, et de leurs colonies.

La mise en pratique de cette formule est assurée par : 1° l'engagement de supprimer les avantages directs ou indirects accordés à la production ou à l'exportation des sucres et de n'en pas établir ultérieurement; 2° l'engagement de soumettre la production et le raffinage du sucre à un régime uniforme ne donnant lieu à aucune bonification; 3° la limitation de la surtaxe douanière à 6 fr. pour le sucre raffiné et à 5 fr. 50 pour les autres sucres; 4° l'engagement de frapper d'un droit compensateur les sucres provenant des pays qui accorderaient des primes.

*Régime intérieur.* — La loi du 28 janvier 1903 a ramené les droits sur les sucres de toute origine livrés à la consommation aux taux ci-après : bruts et raffinés, 25 francs par 100 kilogrammes; candis, 26 fr. 75 par 100 kilogrammes de poids effectif; droit de raffinage, 2 francs. Les envois de sucres sont accompagnés d'un laissez-passer ou d'un acquit-à-caution, qui est remis à la régie par le destinataire, dans les quarante-huit heures de la réception. Sont exceptés de cette obligation les envois de sucres raffinés.

Tout détenteur d'une quantité de sucre supérieure à 200 kilogrammes et dont le commerce ou l'industrie n'implique pas la possession de sucre est tenu d'en faire une déclaration à la régie et de se soumettre aux visites des employés des Contributions indirectes. (Loi du 6 août 1905, art. 3.)

Le négociant convaincu d'avoir livré sans acquit-à-caution du sucre par quantité supérieure à 50 kilogrammes est assujetti, pendant la campagne en cours et la campagne suivante, à tenir un compte d'entrées et de sorties des sucres bruts et à se soumettre aux vérifications de la régie. (*Id.*, art. 4.)

*Usage agricole des mélasses.* — L'expédition en franchise des mélasses épurées n'ayant pas plus de 50 pour 100 de richesse saccharine absolue est autorisée pour l'emploi aux usages agricoles.

*Sucrage des vendanges.* — Aux termes de la loi du 28 janvier 1903, article 7, modifié par l'article 2 de la loi du 6 août 1905 : « Quiconque voudra ajouter du sucre à la vendange est tenu d'en faire la déclaration, trois jours au moins à l'avance, à la recette buraliste des contributions indirectes. La quantité de sucre ajoutée ne pourra être supérieure à 10 kilogrammes par 3 hectolitres de vendanges récoltées. — Toute personne qui, en même temps que des vins destinés à la vente, des vendanges, moûts, lies ou marcs de raisins, désire avoir en sa possession une quantité de sucre supérieure à 50 kilogrammes est tenue d'en faire préalablement la déclaration et de fournir des justifications d'emploi. » — L'emploi du sucre ne pourra avoir lieu que pendant la période des vendanges, dont le préfet déterminera la durée dans chaque département. (Loi du 6 août 1905, art. 1er.)

Le décret du 21 août 1903 stipule que la déclaration prévue par l'article 7 de la loi du 28 janvier 1903 devra contenir les noms, prénoms, profession, domicile des viticulteurs, les quantités approximatives de vendanges à sucrer, le poids du sucre, les lieu, jour et heure de l'opération.

*Fabrication de vin de sucre.* — Quiconque veut se livrer à la fabrication du vin de sucre pour sa consommation familiale est tenu d'en faire la déclaration trois jours au moins à l'avance à la recette buraliste des contributions indirectes. La quantité de sucre employée ne pourra pas être supérieure à 40 kilogrammes par membre de la famille et par domestique attaché à la personne, ni à 40 kilogrammes par 3 hectolitres de vendanges récoltées. (Loi du 28 janv. 1903, art. 7.)

En vue de maintenir la fabrication des vins de sucre dans ces limites légales, le décret du 21 août 1903 astreint les récoltants à une déclaration comportant toutes les indications exigées avant le sucrage en première cuvée et spécifiant en outre les nom et prénoms de chacun des membres de la famille habitant chez le récoltant d'une façon permanente (de même pour les domestiques), la superficie des vignes, l'importance de la vendange employée. L'autorité municipale certifie : la superficie des vignes, la quantité de vendanges, le nombre des membres de la famille et des domestiques. Le sucrage a lieu sous le contrôle de l'administration, mais la présence des employés à l'heure dite n'est pas nécessaire. Les agents des contributions indirectes ont le droit, dans le délai d'un mois, de procéder à la reconnaissance de tous les vins déclarés (sucrés ou non) et des vins de sucre, ainsi que des marcs possédés par les intéressés, et de prélever gratuitement des échantillons de ces vins et marcs.

*Glucoses.* — Le droit sur les glucoses indigènes livrées à la consommation est fixé, décimes compris, à 5 fr. 60 par 100 kilogrammes de poids effectif. — La fabrication, la circulation et la détention de vins glucosés sont punies de peines afférentes à la fabrication, à la circulation et à la détention des vins de sucre en vue de la vente. (Loi du 31 mars 1903, art. 32.)

L'emploi de glucose dans la vinification est interdit, soit en première cuvée, soit pour la préparation d'un second vin par versement d'eau sur des marcs.

Les dispositions des articles 3 et 4 de la loi du 6 août 1905, relatives à la circulation et à la détention des sucres (v. ci-dessus), sont en tous points applicables aux glucoses.

*Sucres entrant dans la préparation des produits alimentaires à exporter.* — Les sucres destinés à entrer dans la préparation de produits alimentaires en vue de l'exportation peuvent être reçus et travaillés en franchise des droits dans des établissements spécialement affectés à cette fabrication. Ces établissements, érigés en entrepôts réels, sont soumis à la surveillance permanente des employés des contributions indirectes; les frais de cette surveillance sont à la charge des fabricants. (Loi du 28 janv. 1903, art. 4.)

Toute personne qui désire bénéficier de ces dispositions est tenue d'en faire la déclaration par écrit au bureau de la régie des contributions indirectes, un mois au moins avant le commencement des opérations. Cette déclaration est accompagnée d'un plan présentant les divers bâtiments, locaux et cours dont se compose l'établissement, avec l'indication de toutes les issues extérieures.

Le décret du 26 juin 1903 détermine les conditions d'agencement des fabriques, les obligations à remplir par les fabricants, et, d'une manière générale, toutes les mesures d'application.

*Dénaturation des sucres employés à l'alimentation du bétail.* — Le fabricant de sucre qui, en vue de l'alimentation du bétail, veut dénaturer des sucres ou sirops, doit en informer, quarante-huit heures à l'avance au moins, le service des contributions indirectes attaché à son établissement et se conformer aux dispositions des deux décrets du 10 novembre 1904, rendus en exécution de la loi du 5 juillet précédent.

Le bénéfice de la franchise est limité aux sucres cristallisés titrant moins de 95° saccharimétriques et aux sirops provenant du turbinage, c'est-à-dire à des produits imparfaits qui ne sauraient, sans complément de main-d'œuvre, entrer normalement dans l'alimentation humaine et qui, par suite, se prêtent peu aux détournements. L'immunité est en outre subordonnée à la dénaturation préalable des sucres et sirops dans l'établissement où ils ont été fabriqués.

*Sucres employés en brasserie.* — En vue d'ouvrir de nouveaux débouchés à l'industrie sucrière, la loi du 5 juillet 1904 a exonéré du droit qui leur est propre (25 francs par 100 kilogrammes) les sucres utilisés à la fabrication des bières.

*Raffineries de sucre.* — L'impôt sur le sucre est payé à l'entrée sur le sucre brut qui entre dans les raffineries. Il n'est pas perçu sur la portion de sucre qui reste immobilisée dans les mélasses ou qui disparaît dans le travail de la raffinerie. Un double inventaire, effectué à l'entrée et à la sortie, détermine les quantités non imposables.

La loi du 9 juillet 1904 a soumis les raffineries de sucre à la surveillance permanente des employés des contributions indirectes. Les décrets du 12 août suivant et du 20 octobre 1904 ont déterminé les obligations auxquelles sont soumis les raffineurs de sucre.

**Suite (Droit de).** — Droit qui permet au créancier hypothécaire de suivre l'immeuble hypothéqué dans les mains de tout détenteur et d'exiger de celui-ci le payement de la somme due. V. HYPOTHÈQUE.

**Supposition d'enfant** ou **de part.** — Action de faire passer un enfant pour né d'une femme à qui il est étranger. V. ENFANT.

**Suppression d'enfant** ou **de part.** — V. ENFANT.

**Sur-arbitre** ou **tiers arbitre.** — Arbitre choisi pour la décision d'une contestation sur laquelle les premiers arbitres sont partagés. V. ARBITRAGE.

**Sursis (Loi de).** — V. CIRCONSTANCES.

**Surenchère.** — Offre d'un prix supérieur à celui pour lequel un immeuble a été déjà adjugé.

La surenchère consiste dans l'offre d'un supplément de valeur qui détermine la mise à prix, à charge par l'offrant de rester adjudicataire pour la somme offerte, dans le cas où il ne se présente pas d'enchérisseur.

On distingue trois espèces de surenchère : la surenchère sur aliénation volontaire, la surenchère sur saisie immobilière, la surenchère après faillite.

*Surenchère sur aliénation volontaire.* — Autorisée dans l'intérêt exclusif des créanciers inscrits, elle doit être d'un *dixième* du prix de l'adjudication; elle peut s'appliquer à toute espèce d'aliénation volontaire, aux ventes sur licitation, aux ventes de biens de mineurs, de successions bénéficiaires ou vacantes et à toutes ventes en justice autres que celles sur expropriation forcée. La réquisition de cette surenchère doit être signifiée au précédent et au nouveau propriétaire, dans les quarante jours de la notification faite par ce dernier du contrat de vente en conformité de l'article 2184 du Code civil. Le surenchérisseur est obligé de présenter une caution, qui réponde du prix et des charges.

*Surenchère sur saisie immobilière.*—Toute personne capable de s'obliger peut, dans les huit jours de l'adjudication, faire au greffe du tribunal, par le ministère d'un avoué, une surenchère du *sixième* au moins du prix principal de la vente. Sa surenchère est portée à la connaissance des intéressés par voie de dénonciation signifiée aux avoués de l'adjudication, du poursuivant et de la partie saisie. Au jour indiqué, il est procédé à une nouvelle adjudication, sur la surenchère considérée comme mise à prix, et s'il ne se présente pas d'enchérisseurs, le surenchérisseur est déclaré adjudicataire. Aucune surenchère des mêmes biens ne peut être reçue après la seconde adjudication : *Surenchère sur surenchère ne vaut.* V. SAISIE IMMOBILIÈRE.

*Surenchère après faillite.* — Elle a lieu sur la poursuite des syndics, après l'adjudication des biens du failli. Toutes personnes, même les syndics, sont admises à surenchérir.

La surenchère après faillite ne diffère de la surenchère par saisie immobilière que par sa quotité, qui est du *dixième* du prix principal, et par le délai accordé pour la déclaration du surenchérisseur qui est de quinze jours.

*Effets de la surenchère et de l'adjudication.* — La simple réquisition de surenchère n'a pas pour effet d'enlever la propriété de l'immeuble à l'acquéreur; la revente seule opère, de plein droit, la résolution de la première adjudication et remet les choses au même état que si cette première adjudication n'avait jamais existé. Au contraire, si c'est l'adjudicataire primitif qui se rend acquéreur de l'immeuble surenchéri, il est censé n'avoir jamais cessé d'être propriétaire ; le supplément de prix auquel il est tenu ne change pas son titre, qui reste le premier contrat de vente. V. ENCHÈRE.

*Droit fiscal.* — La seconde adjudication s'identifiant avec la première, la loi les a traitées, au point de vue de l'impôt, comme si elles ne formaient qu'une seule mutation effective ; l'adjudication sur surenchère n'est, en conséquence, assujettie au droit proportionnel d'enregistrement que sur ce qui excède le prix de l'adjudication surenchérie et déjà enregistrée.

**Surestarie.** — Retard apporté au chargement ou au déchargement d'un navire. — Indemnité due au capitaine d'un navire par le chargeur, pour le retard dans le chargement ou le déchargement.

On appelle « jours de surestarie » ceux qui sont employés au chargement ou au déchargement d'un navire au delà du nombre de jours dits *de starie* ou *de planche* accordés pour cette opération par l'usage des lieux ou par les conventions.

Lorsque la charte-partie, c'est-à-dire l'acte constatant la convention qui a pour objet la location totale ou partielle d'un navire, porte qu'en sus des jours de planche fixés pour le déchargement des marchandises d'un navire l'affréteur jouira d'un certain nombre de jours de surestarie, moyennant une somme déterminée par chaque jour, le capitaine est dispensé de toute protestation ou mise en demeure pour faire courir les surestaries : elles courent de plein droit.

**Surveillance administrative (Commissaire de).** — V. COMMISSAIRE.

**Surveillance de la haute police.** — Peine accessoire en matière criminelle et correctionnelle, dont l'effet était, notamment, de donner au gouvernement le droit de déterminer la résidence du condamné et d'exiger qu'il se présentât devant l'autorité à des époques fixes.

Cette pénalité consistait à interdire au surveillé l'accès de certains lieux et, en même temps, à le confiner, avec défense d'en sortir sans autorisation, dans la résidence qu'il avait choisie ou qui lui avait été assignée. Dans les détails de son application, le système impliquait tout un ensemble vexatoire et flétrissant de mesures policières, de prescriptions administratives, telles que l'obligation pour le surveillé d'une feuille de route spéciale et la nécessité pour lui de se présenter devant l'autorité à des dates fixes. La surveillance de la haute police avait pour conséquence de constituer l'un des plus grands obstacles au reclassement social des détenus libérés qui s'y trouvaient soumis. L'article 19 de la loi du 27 mai 1885 a remplacé la surveillance de la haute police par l'interdiction de séjour. V. INTERDICTION DE SÉJOUR.

**Survie (Gains ou droits de).** — Tous avantages que, dans un acte, les contractants stipulent au profit du survivant.

Les conventions dont peuvent résulter les gains de survie sont de natures diverses : telle *la clause de réversion ou de réversibilité*, par laquelle il est stipulé que la propriété d'une chose mobilière ou immobilière, un usufruit ou une rente viagère reviendra à une personne désignée, si elle survit au propriétaire ou détenteur actuel ; tel, *le pacte tontinier*, en vertu duquel la part des prédécédés, dans les biens acquis ou possédés en commun, accroît aux survivants, de manière que le dernier de ceux-ci reste propriétaire exclusif de la totalité.

Mais les gains de survie s'entendent plus spécialement des avantages que se font les époux dans leur contrat de mariage en faveur du survivant. Les futurs époux peuvent convenir, dans leur contrat de mariage, que le survivant sera autorisé à prélever, avant tout partage, sur la masse commune, une certaine somme ou une certaine quantité d'effets mobiliers. Cette clause est le *préciput conventionnel.* (Code civ., art. 1515.)

Aux termes de l'article 1092 du Code civil, « toute donation entre vifs de biens présents, faite entre époux par contrat de mariage, ne sera point censée faite sous la condition de *survie* du donataire, si cette condition n'est formellement exprimée ». L'expression de « biens présents » ne doit pas, dans l'espèce, s'entendre seulement des choses sur lesquelles le donateur a déjà un droit certain et complet, mais encore de celles qui ne seraient que l'objet d'un droit conditionnel à son profit ; la chance d'être propriétaire d'une chose, si telle condition se réalise, est, en effet, elle-même une valeur actuelle qui entre en ligne de compte dans le patrimoine effectif d'une personne. V. DONATION, MARIAGE.

**Survie (Présomption de).** — V. SUCCESSION.

**Synallagmatique.** — Se dit des contrats qui contiennent obligation réciproque entre les parties.

Un contrat est *synallagmatique* ou *bilatéral* lorsque les contractants s'obligent réciproquement les uns envers les autres. (Code civ., art. 1102.) Tels sont : la vente, l'échange, le louage, la société, etc. Le contrat synallagmatique s'oppose au contrat unilatéral, qui est celui où il ne naît d'obligation qu'à la charge de l'une des parties (*id.*, art. 1103) : cautionnement, prêt à usage, prêt à intérêt, dépôt, mandat, constitution d'hypothèques, etc.

Deux particularités caractérisent le contrat synallagmatique : 1° dans tous les contrats synallagmatiques, une condition résolutoire est toujours sous-entendue au profit de chacune des parties, pour le cas où l'autre ne satisferait pas à ses engagements (*id.*, art. 1184) ; 2° lorsqu'elles sont constatées par acte sous seing privé, les conventions synallagmatiques ne sont valables qu'autant qu'elles ont été établies en autant d'originaux qu'il y a de parties ayant un intérêt et que chaque original porte la mention expresse de l'accomplissement de cette formalité (*id.*, art. 1325). V. CONTRAT, ACTE.

**Syndic.** — Administrateur salarié d'une faillite. V. FAILLITE.

Le syndic représente le failli, dessaisi par le jugement déclaratif, et les créanciers, dont il fait valoir les intérêts communs. Il est nommé provisoirement par le jugement déclaratif, afin d'accomplir les actes conservatoires urgents, et définitivement par le tribunal, sur l'avis de l'assemblée des créanciers. Il procède à l'inventaire des biens, au recouvrement des dettes actives, met au net la situation du failli. Les syndics peuvent être nommés au nombre de trois par faillite ; ils sont solidairement responsables de leur gestion. V. FAILLITE.

**Syndic des gens de mer.** — Représentant de l'Inscription maritime dans un syndicat ou subdivision du sous-arrondissement. V. MARINE MILITAIRE.

Le syndic des gens de mer, nommé par le ministre de la Marine, renseigne l'administration de l'Inscription maritime sur le personnel des marins, constate les infractions aux règlements, notamment en ce qui concerne la police de la navigation et de la pêche. Il délivre aux intéressés les pièces nécessaires pour percevoir une pension de demi-solde ou un mandat de payement.

**Syndicat.** — Groupement formé pour la défense d'intérêts communs à ses adhérents.

Indépendamment des associations syndicales de propriétaires autorisées par la loi pour la réalisation d'une entreprise d'utilité commune (v. ASSOCIATION SYNDICALE) fonctionnent des syndicats *professionnels* et des syndicats *industriels*.

*Syndicats professionnels.* — Ce sont des associations de personnes exerçant la même profession, des métiers similaires, ou des professions connexes concourant à l'établissement de produits déterminés. La matière est régie par la loi du 21 mars 1884.

Le droit de former un syndicat est restreint à ceux qui, patrons ou ouvriers, appartiennent à l'industrie, à l'agriculture ou au commerce. (Cassation, 27 juin 1885 et 28 juin 1902.) Il n'appartient pas aux fonctionnaires.

Les syndicats professionnels ont exclusivement pour objet l'étude et la défense des intérêts économiques, industriels, commerciaux et agricoles.

Les fondateurs de tout syndicat professionnel doivent déposer les statuts et les noms de ceux qui, à un titre quelconque, seront chargés de l'administration ou de la direction. Ce dépôt a lieu à la mairie de la localité où le syndicat est établi, et à Paris, à la préfecture de la Seine. Il est renouvelé à chaque changement de la direction ou des statuts. Communication des statuts est donnée par le maire ou par le préfet de la Seine au procureur de la République.

Dans le silence de la loi du 21 mai 1884, relativement au délai dans lequel les statuts des syndicats professionnels doivent être déposés à la mairie, l'obligation d'opérer le dépôt dont il s'agit n'existe à la charge des fondateurs qu'à partir du jour où les statuts ont été votés par l'assemblée générale ; le syndicat, en effet, n'a d'existence légale qu'à partir de ce moment. Spécialement, il n'y a pas infraction dans le fait par les fondateurs d'un syndicat professionnel d'avoir opéré le dépôt des statuts le surlendemain de leur adoption par l'assemblée générale alors que le lendemain du jour de la réunion de cette assemblée était un dimanche.

Les membres de tout syndicat professionnel chargés de l'administration ou de la direction du syndicat doivent être Français et jouir de leurs droits civils.

Les syndicats professionnels régulièrement constitués peuvent librement se concerter pour l'étude et la défense de leurs intérêts économiques, industriels, commerciaux et agricoles. Ces unions doivent faire connaître (par dépôt à la mairie ou à la préfecture de la Seine) les noms des syndicats qui les composent. Elles n'ont pas la personnalité civile, et par conséquent elles ne peuvent posséder aucun immeuble, ni ester en justice. (Circ. Intérieur, 25 août 1884.)

Les syndicats professionnels de patrons ou d'ouvriers jouissent de plein droit de la personnalité civile ; ils ont le droit d'ester en justice. Ils peuvent employer les sommes provenant des cotisations. Toutefois, ils ne peuvent acquérir que les immeubles nécessaires à leurs réunions, à leurs bibliothèques et à des cours d'instruction professionnelle. Ils peuvent acquérir des objets mobiliers sans limitation. Ils peuvent, sans autorisation, constituer entre leurs membres des caisses spéciales de secours mutuels et de retraites, créer et administrer librement des offices de renseignements pour les offres et les demandes de travail. Ils n'ont pas besoin d'autorisation pour accepter des libéralités. Dans les affaires contentieuses, les avis du syndicat sont tenus à la disposition des parties, qui peuvent en prendre communication et copie.

Tout membre d'un syndicat professionnel peut se retirer à tout instant de l'association, nonobstant toute clause contraire, mais sans préjudice du droit pour le syndicat de réclamer la cotisation de l'année courante. Toute personne qui se retire du syndicat conserve le droit d'être membre des sociétés de secours mutuels et de pensions de retraites pour la vieillesse à l'actif desquelles elle a contribué par des cotisations ou versements de fonds.

Lorsque des biens ont été acquis contrairement aux dispositions de la loi, la nullité de l'acquisition ou de la libéralité peut être demandée par le procureur de la République ou par les intéressés. Dans le cas d'acquisition à titre onéreux, les immeubles sont vendus et le prix déposé à la caisse de l'association. Dans le cas de libéralité, les biens font retour aux disposants ou à leurs héritiers ou ayants cause.

Les infractions sont poursuivies contre les directeurs ou administrateurs des syndicats et punies d'une amende de 16 francs à 200 francs. Les tribunaux peuvent, en outre, à la diligence du procureur de la République, prononcer la dissolution du syndicat et la nullité des acquisitions irrégulières d'immeubles. Au cas de fausse déclaration relative aux statuts et aux noms et qualités des administrateurs ou directeurs, l'amende peut être portée à 500 francs.

Les syndicats professionnels qui ont prévu dans leurs statuts les secours mutuels entre leurs membres adhérents bénéficieront des avantages de la loi du 1er avril 1898, à la condition de se conformer à ses prescriptions. V. SECOURS MUTUELS.

*Syndicats agricoles.* — Les syndicats agricoles se sont formés en vertu de la loi du 21 mars 1884. (V., ci-dessus, *Syndicats professionnels.*) Ils groupent les cultivateurs par commune, par canton ou même par département. L'assemblée générale des syndiqués nomme une chambre syndicale, qui prend les décisions, et un bureau qui les exécute. Le syndicat, investi de la personnalité civile, est représenté à l'égard des tiers par le président du bureau. Il bénéficie des cotisations et dons individuels, des subventions des pouvoirs publics, d'un prélèvement sur les opérations qu'il effectue. Quelques syndicats possèdent 100 000 francs, d'autres 30 à 60 000 francs. Les syndicats locaux adhèrent presque tous à des *Unions régionales* (10) et celles-ci à l'*Union centrale des agriculteurs de France,* fondée en 1886. Les syndicats agricoles poursuivent le perfectionnement de l'industrie agricole : ils examinent et présentent toutes réformes législatives ou autres concernant l'agriculture. Ils propagent l'enseignement agricole par des conférences, etc. Ils provoquent et favorisent les essais de machines, de cultures, d'engrais. Ils encouragent, créent et administrent des sociétés de crédit agricole (v. CRÉDIT AGRICOLE), de production, de vente, des caisses de secours mutuels, de retraite, d'assurances, des offices de renseignements pour offres et demandes de produits, d'engrais, d'animaux, de semences, de machines, etc. Ils servent d'intermédiaires pour la vente de produits et l'achat d'engrais, de semences, d'instruments, d'animaux, etc., de manière à empêcher les fraudes et à faire profiter les membres du syndicat des remises qu'ils obtiennent. Ils donnent avis et consultation sur tout ce qui concerne la profession agricole, fournissent des arbitres et experts, etc. Ils achètent en gros, pour le compte de leurs membres, les engrais, qu'ils obtiennent et font transporter à bon compte, et dont ils vérifient la qualité. Ils procurent aux adhérents un outillage mécanique, en leur en facilitant l'achat, ou en l'acquérant eux-mêmes pour le leur louer ; de même pour l'acquisition d'étalons de race. Les syndicats agricoles s'efforcent également d'améliorer la condition des cultivateurs : ils propagent, par leurs champs d'expériences, leurs bulletins, l'enseignement agricole, qu'ils encouragent parfois dans l'école primaire. Les syndicats agricoles réunissent propriétaires et journaliers.

*Syndicats industriels.* — Ce sont des groupements que font les producteurs pour réduire entre eux la concurrence ou même pour concentrer leurs entreprises. La grande industrie, stimulée par la lutte, se livre à une production à outrance, d'où résulte l'avilissement des prix. Les fabricants concluent alors des ententes pour restreindre soit leur production individuelle (chômage de certaines machines ou journées, obligation de ne pas augmenter l'outillage, etc.), soit les conditions de leur vente (fixation des rabais et escomptes, établissement d'un prix minimum, etc.), soit leurs débouchés (partage des régions). Le désir de réduire le prix de revient tout en maintenant le prix de vente décida même les fabricants à s'associer, soit pour unifier leurs services commerciaux (*comptoir de vente*), soit pour répartir entre eux les quantités à produire, les commandes et les bénéfices (*cartell*). Enfin cette concentration peut aboutir à la fusion complète des entreprises (*trust*). C'est depuis 1870 que se sont développés en France les syndicats industriels. Les entreprises métallurgiques, notamment, confient volontiers leur exploitation commerciale à un commun comptoir de vente. Le comptoir fixe les types de fabrication, puis écoule les produits sur le marché intérieur ou extérieur. Il distribue les profits aux syndiqués, qui bénéficient de la réduction des frais de publicité, d'organisation commerciale, de transport (les produits vendus sont expédiés de l'usine la plus proche).

Le monopole collectif que représente le cartell allemand devient aux Etats-Unis un monopole individuel, un *trust.* Toutes les entreprises fusionnent sous une direction unique, qui perfectionne l'exploitation tout en réalisant de grosses économies sur les frais de fabrication et de vente. La monopolisation se trouve facilitée par le tarif douanier, qui écarte la concurrence étrangère, et par la possibilité d'accaparer les voies ferrées. Ainsi se sont constitués le *trust de l'acier,* au capital nominal de 5 milliards 770 millions de francs (1901), le *trust du pétrole*, le *trust de l'Océan* (1902), qui a englobé des compagnies de navigation anglaises et traité avec les sociétés allemandes.

Les syndicats industriels (comptoirs de vente, cartells, trusts) affectent la forme de sociétés de commerce, anonymes en nom collectif. Ils permettent de rétablir l'équilibre entre la production et la consommation, et ainsi de régulariser les prix; en concentrant les exploitations, ils diminuent les frais généraux et font progresser l'industrie. Mais ils peuvent abuser de leur puissance pour ruiner les entreprises dissidentes, pour hausser arbitrairement les prix.

**Syndicats de communes.** — La loi du 22 mars 1890 sur les syndicats de communes a complété la loi organique municipale du 5 avril 1884.

Lorsque les conseils municipaux de deux ou plusieurs communes d'un même département ou de départements limitrophes ont fait connaître par des délibérations concordantes leur volonté d'associer les communes qu'ils représentent, en vue d'une œuvre d'utilité intercommunale, et qu'ils ont décidé de consacrer à cette œuvre des ressources suffisantes, les délibérations prises par lesdits conseils sont transmises par le préfet au ministre de l'Intérieur et, s'il y a lieu, un décret rendu en conseil d'Etat autorise la création de l'association, qui prend le nom de *syndicat de communes*. D'autres communes peuvent être postérieurement admises à faire partie de l'association.

Le syndicat est administré par un comité ou *commission syndicale*, où chaque commune est représentée par deux délégués élus au scrutin secret par le conseil municipal, suivant le sort de cette assemblée quant à la durée de leur mandat, et rééligibles.

Les syndicats de communes sont investis de la personnalité civile. Le syndicat ressortit à la préfecture du département auquel appartient la commune siège de l'association. Cette commune est fixée par le décret d'institution sur la proposition des communes syndiquées.

Le comité tient chaque année deux sessions ordinaires, un mois avant les sessions ordinaires du conseil général. Il peut être convoqué extraordinairement par son président, qui doit avertir le préfet trois jours au moins avant la réunion. Le président est obligé de convoquer le comité, soit sur l'invitation du préfet, soit sur la demande de la moitié au moins des membres du comité. Le préfet et le sous-préfet ont entrée dans le comité et peuvent se faire représenter par un délégué.

Le comité du syndicat peut choisir, soit parmi ses membres, soit en dehors, une commission de surveillance et un ou plusieurs gérants, dont l'étendue des mandats est déterminée, et dont les pouvoirs ne peuvent dépasser la durée de ceux du comité.

L'administration des établissements faisant l'objet des syndicats est soumise aux règles de droit commun. Si le syndicat a pour objet de secourir des malades, des vieillards, des enfants ou des incurables, le comité pourra décider qu'une même commission administrera les secours d'une part à domicile, et d'autre part à l'hôpital ou à l'hospice. Le budget des syndicats pourvoit aux dépenses de création ou d'entretien desdits établissements.

Les recettes comprennent la contribution qu'accorde chaque commune, le revenu des biens meubles ou immeubles de l'association, les sommes qu'elle reçoit des administrations publiques, des associations, des particuliers, les subventions de l'Etat, du département et des communes, les produits des dons ou legs.

Le syndicat est dissous, soit de plein droit par l'expiration du temps pour lequel il a été formé ou par la consommation de l'opération qu'il avait pour objet de réaliser, soit par le consentement de tous les conseils municipaux intéressés. Il peut être dissous soit par décret sur la demande motivée desdits conseils, soit d'office par décret rendu sur l'avis conforme du Conseil d'Etat.

**Système métrique.** — V. POIDS ET MESURES.

# T

**Tabac.**

L'Etat français se réserve le monopole de l'achat, de la fabrication et de la vente des tabacs. (Décrets du 29 décembre 1810, du 12 janvier 1811 et du 12 mars 1860; Lois du 28 avril 1816 et du 22 juin 1862.) Les approvisionnements et la fabrication sont assurés par la Direction générale des manufactures de l'Etat (ministère des Finances); la vente dans les entrepôts et les bureaux de tabac, par l'administration des Contributions indirectes.

La culture du tabac est autorisée dans quinze départements, mais les cultivateurs sont tenus de vendre leur récolte à l'Etat ou de l'exporter.

Tout particulier qui veut cultiver du tabac est tenu d'en faire la déclaration à l'administration des Contributions indirectes, depuis le 1er mars jusqu'au dernier jour du mois de mai. Cette déclaration énonce la situation et la contenance des terres destinées à la culture. En sont dispensés les particuliers dont la culture ne s'élèverait pas à plus de vingt pieds de tabac. (Décret du 16 juin 1808.)

Les *entreposeurs des tabacs* reçoivent directement les produits des manufactures, et c'est chez eux que les débitants de tabac viennent s'approvisionner pour la vente au détail.

Les débits de tabac sont concédés, par le gouvernement, particulièrement aux veuves des fonctionnaires morts sans avoir encore droit à une pension de retraite, à leurs enfants, etc. Souvent le débit de tabac est joint à une recette buraliste des contributions indirectes : en ce cas, il est réservé à des candidats du sexe masculin, notamment à d'anciens militaires, mais le ministre des Finances est seul juge des titres des candidats à une recette buraliste, ou même à un entrepôt de tabac. Les enfants peuvent demander la survivance d'un débit de tabac concédé à leurs parents.

Selon que le montant des remises est supérieur ou inférieur à 1 000 francs, la concession du débit appartient au ministre des Finances ou au préfet. La demande (sur papier timbré à 0 fr. 60), adressée au ministre des Finances, indique l'âge, le domicile, les titres du candidat ; elle doit être appuyée des pièces ci-après :

Etat authentique, ou copie certifiée des services militaires ou civils, indiquant leur durée et leur importance et le chiffre des derniers traitements civils ; — déclaration des ressources et charges du pétitionnaire, et certificat délivré par l'autorité municipale du lieu où il est domicilié attestant sa moralité, sa situation de famille, et faisant connaître quels sont ses moyens d'existence ; — bulletin de naissance du pétitionnaire ; — bulletin de mariage du pétitionnaire, ou celui des père et mère du pétitionnaire, suivant que les services invoqués sont ceux du mari ou ceux du père ; — bulletins de décès du mari et des père et mère ; — certificat du receveur de l'enregistrement faisant connaître, autant que possible, le montant du loyer d'habitation payé par le pétitionnaire et les renseignements qui auraient pu être recueillis lors de l'ouverture et de la liquidation des successions échues audit pétitionnaire ; — bordereau des hypothèques et justification des dettes non hypothécaires (il est inutile de produire un bordereau négatif) ; — extrait des rôles des contributions payées par le postulant ou certificat de non-inscription sur les rôles.

Il est procédé, par les soins de l'administration des Contributions indirectes, à une enquête. Les résultats en sont transmis, avec avis favorable ou défavorable, à une commission siégeant au ministère des Finances, et chargée de « classer » ou d'écarter les demandes. C'est seulement après que la commission a statué que le ministre peut concéder un débit.

Les débitants sont rémunérés au moyen de remises sur les produits vendus.

En principe, les débits de tabac doivent être gérés par les titulaires eux-mêmes ; mais ceux-ci peuvent être autorisés, pour des motifs sérieux, par l'administration des Contributions indirectes, à les faire exploiter par un gérant. Le gérant doit être agréé par l'administration.

Le gérant d'un débit de tabac n'est pas fondé à demander la résiliation de son bail, par application de l'article 1722 du Code civil, pour le motif qu'il aurait été créé un nouveau débit de nature à porter préjudice au premier. (Cour de Pau, 8 novembre 1898.)

**Tableaux.** — V. STATUES.

**Tacite reconduction.** — Continuation de la jouissance d'un bail à son expiration aux conditions précédemment convenues. V. BAIL.

**Taille.** — Petit bâton fendu en deux dans sa longueur, sur les deux parties duquel, lorsque ces parties sont rapprochées l'une de l'autre, les personnes font, transversalement, des entailles, dites *coches*, pour constater les livraisons ou fournitures de marchandises.

Les tailles sont employées par des personnes qui, comme les boulangers des campagnes et leurs clients, ne veulent pas employer l'écriture.

Chaque coche indique une livraison. Le marchand et son client conservent chacun l'une des moitiés du petit bâton ; celle que le marchand possède s'appelle plus particulièrement la taille et aussi la *souche ;* celle qui reste entre les mains du client se nomme l'*échantillon*.

Le Code civil (art. 1333) assigne aux tailles le même caractère et les mêmes effets qu'à la preuve résultant d'un écrit : les tailles corrélatives à leurs échantillons font foi, quel que soit le chiffre des fournitures ; si elles ne s'accordent pas, la preuve n'est acquise que jusqu'à concurrence du nombre le plus faible.

**Tapage nocturne.**

Pendant le jour, le tapage n'est punissable que s'il est injurieux. (V. CHARIVARI.) Fait pendant la nuit, il est toujours punissable. Le tapage injurieux et le tapage nocturne sont punis d'une amende de 11 francs à 15 francs et facultativement d'un emprisonnement de cinq jours au maximum. L'emprisonnement est de droit en cas de récidive.

La complicité, qui n'est pas admise en matière de contraventions, l'est exceptionnellement pour tapages injurieux ou nocturnes. (Cass., 9 novembre 1893.)

**Tare.** — Perte de valeur qu'éprouve une marchandise, par suite d'une diminution dans la quantité ou d'une avarie dans la qualité. — Poids des objets pesés avec la marchandise, et qui se trouve à défalquer pour obtenir le poids net. — Diminution du prix, supportée par le vendeur à cause de la tare ou défalcation du poids d'emballage et autres. — *Tare d'espèces*, Droit de change.

On distingue la *tare réelle* et la *tare d'usage*. La première résulte du pesage de l'emballage ; la seconde est déterminée par l'usage et connue d'avance. A l'importation des marchandises, les agents des douanes appliquent une taxe d'usage.

La tare réelle pour certaines marchandises est fixée par la loi (tare *légale*). C'est ainsi que le décret du 15 juin 1867 l'a fixée à 1 1/2 pour 100 pour le café en sacs ou en balles.

**Tarif.** — V. DOUANES, CHEMINS DE FER, FRAIS DE JUSTICE, etc.

**Taux.** — Intérêt de 100 francs pendant un an.

Le *taux légal* est le taux maximum que les conventions ne peuvent fixer à l'intérêt sous peine d'usure; il est de 4 pour 100 en matière civile, l'intérêt étant aujourd'hui libre en matière commerciale. V. INTÉRÊT.

Le *taux de capitalisation* est le coefficient par lequel on multiplie le revenu pour trouver le capital.

**Taxes.**

Les divers impôts plus spécialement désignés sous le nom de *taxes* sont l'objet, dans ce *Dictionnaire*, d'articles auxquels on se reportera, savoir :

Taxe sur les assurances, v. ASSURANCE;

Taxes hypothécaires, v. TRANSCRIPTION;

Taxe d'accroissement, v. ACCROISSEMENT, ABONNEMENT;

Taxe sur les opérations de Bourse, v. BOURSE;

Taxe sur le revenu des valeurs mobilières, taxe de transmission, v. VALEURS MOBILIÈRES;

Taxe des frais et actes de justice, v. FRAIS DE JUSTICE, AUTOMOBILES.

*Taxes assimilées aux contributions directes.* — On donne le nom de *taxes spéciales assimilées aux contributions directes* à des impôts qui se perçoivent au moyen de rôles et sont soumis, pour le mode de recouvrement et de poursuites, aux règles spéciales concernant les contributions directes, savoir :

Taxe des biens de mainmorte, v. MAINMORTE;

Redevance des mines, v. MINES;

Droits de vérification des poids et mesures, v. POIDS ET MESURES;

Droits de vérification des alcoomètres et des densimètres, v. ALCOOMÈTRES;

Droits de visite des pharmacies et magasins de droguerie, v. DROGUISTES;

Droits d'inspection des fabriques et dépôts d'eaux minérales, v. EAUX MINÉRALES;

Contribution sur les voitures, chevaux, mules et mulets, v. VOITURES AUTOMOBILES;

Taxe sur les vélocipèdes, v. VÉLOCIPÈDES;

Taxe sur les billards publics et privés, v. BILLARDS;

Taxe sur les cercles, sociétés et lieux de réunion, v. CERCLES;

Redevances pour la rétribution des délégués mineurs, v. DÉLÉGUÉS MINEURS;

Droits d'épreuve ou de vérification des appareils à vapeur et des récipients de gaz comprimés ou liquéfiés, v. APPAREILS A VAPEUR;

Redevances pour frais de surveillance des fabriques de margarine et d'oléo-margarine, v. MARGARINE.

*Taxes communales.* — Aux impositions perçues au profit de l'Etat viennent s'ajouter des centimes additionnels établis au profit des départements et des communes et recouvrés par les comptables du Trésor à titre intermédiaire. V. CENTIMES ADDITIONNELS.

Il est en outre attribué aux communes 8 centimes par franc de la contribution des patentes (sans affectation particulière) [Loi du 15 juillet 1880]; un vingtième sur la contribution des chevaux et voitures (Loi du 23 juillet 1872, art. 10); un quart de la taxe sur les vélocipèdes (Loi du 28 avril 1893, art. 15); 10 francs sur les 28 francs perçus pour la délivrance de chaque permis de chasse (Loi du 3 mai 1844); une part du produit des amendes et condamnations pécuniaires. V. AMENDE.

D'autre part, il existe des taxes intégralement perçues au profit des communes et dites *taxes communales* proprement dites. Ce sont d'abord les taxes communales assimilées aux contributions directes : taxe sur les chiens (v. CHIENS), taxe des prestations et taxe vicinale (v. PRESTATIONS).

Viennent ensuite les taxes d'octroi ou les taxes destinées à remplacer les droits d'octroi, les droits de places et de stationnement, les droits de voirie, les taxes de pavage, de balayage, de construction de trottoirs, de pâturage, les droits sur les concessions dans les cimetières, les taxes d'abatage, etc. V. OCTROI, STATIONNEMENT, CIMETIÈRE, etc.

**Télégraphe.**

Le télégraphe est un monopole d'Etat placé sous l'autorité directe du sous-secrétaire d'Etat des postes, des télégraphes et des téléphones. Ces trois services ont à la tête les mêmes chefs et ne forment qu'une seule et même administration. Les agents du télégraphe prêtent le serment de garder le secret de la correspondance télégraphique et, en cas de violation, sont punis des peines portées en l'art. 187 du Code pénal.

*Monopole.* — Le monopole de la transmission à distance des nouvelles officielles et privées a été édicté par la loi des 2 et 6 mai 1837 et le décret-loi du 27 décembre 1851, qui interdisent aux particuliers de transmettre, sans autorisation, des signaux d'un lieu à un autre, soit à l'aide de machines télégraphiques, soit par tout autre moyen. Les contraventions à ce monopole sont punies de prison et d'amende. Dans le principe, l'administration des Télégraphes fut instituée exclusivement pour le service de l'Etat; plus tard, elle se chargea de transmettre également les télégrammes des particuliers; mais, actuellement encore, cette transmission reste toujours subordonnée aux besoins du *service officiel*. La télégraphie privée peut même être suspendue par le gouvernement sur une ou plusieurs lignes. (Loi du 29 nov. 1850, art. 1er et 4; convention de Saint-Pétersbourg, art. 8.)

L'Etat n'est soumis à aucune responsabilité à raison du service de la correspondance privée par la voie télégraphique (Loi de 1850, art. 6; convention de Saint-Pétersbourg, art. 3): c'est là une dérogation au droit commun qui veut que tout dommage causé à autrui donne lieu à réparation; mais elle s'explique à raison des conditions dans lesquelles est effectué le service télégraphique (priorité accordée aux correspondances d'Etat et, par suite, retards possibles pour les correspondances privées; grande rapidité des transmissions, influences atmosphériques, imperfection des appareils, etc.). On a offert aux expéditeurs un moyen d'assurer une plus complète exactitude dans la transmission en demandant la garantie du *collationnement* (v. plus loin); mais, dans ce cas même, la garantie d'exactitude repose dans les précautions administratives prises pour donner toute certitude à la transmission et non dans la responsabilité de l'Etat.

On peut se demander, à raison de cette irresponsabilité, qui, de l'expéditeur ou du destinataire, supportera les conséquences des erreurs commises : la jurisprudence semble fixée à laisser la responsabilité à la charge de l'expéditeur. Les contrats par télégraphe sont valables : il appartient aux parties intéressées d'en confirmer les termes par lettres.

*Propriété des lignes.* — L'Etat garde la propriété de toutes les lignes qu'il construit. Il peut établir ses lignes sur et sous les chemins publics. Il a le droit de placer des supports et des conduites sur les propriétés non closes et sur les bâtisses accessibles de l'extérieur. Les municipalités ne peuvent s'opposer à l'établissement des lignes en égout, mais ont la faculté d'exiger une redevance pour les fils autres que ceux d'intérêt général. La servitude imposée aux chemins n'appartenant pas à l'Etat et sur la propriété privée ne donne pas lieu à indemnité, sauf pour les dommages occasionnés par les travaux. La pose de supports ne fait pas obstacle au droit de se clore, mais le propriétaire est tenu de prévenir l'administration un mois à l'avance.

*Dégradations.* — Les dégradations et les tentatives d'interruption commises sur les lignes télégraphiques sont punies par le décret-loi du 27 décembre 1851, qui édicte, suivant le cas, l'amende, la prison, la détention ou les peines de la rébellion.

*Union télégraphique.* — Les offices des diverses nations ayant adhéré à l'*Union télégraphique* se sont engagés, par la convention internationale signée à Saint-Pétersbourg le 22 juillet (10 juillet, ancien style) 1875, à établir et entretenir des lignes télégraphiques en nombre suffisant pour favoriser les échanges internationaux. La construction et l'entretien de ces communications font l'objet d'une entente entre les deux chefs de service des deux pays voisins intéressés, et chaque pays protège, suivant ses lois, la partie de la ligne située sur son territoire.

*Câbles sous-marins.* — La question de la protection des *câbles sous-marins* a fait aussi l'objet d'une entente internationale. Une convention arrêtée à Paris en 1882, puis modifiée et enfin promulguée en 1888, édicte des règles auxquelles les capitaines de navires et les pêcheurs sont tenus de se conformer sous peine de poursuites, de répression et, le cas échéant, d'indemnité.

*Bureau de Berne.* — La convention de Saint-Pétersbourg a été complétée par un règlement de service, revisé à Londres en 1903. Un organe central, fonctionnant à Berne sous le nom de *Bureau international des administrations télégraphiques,* réunit, coordonne et publie les renseignements de toute nature relatifs à la télégraphie internationale, instruit les demandes de modifications aux règlements de service et aux tarifs, promulgue les changements adoptés et, en général, procède à toutes les études et exécute tous les travaux dont il est saisi dans l'intérêt de la télégraphie internationale. Le bureau de Berne publie, en outre, le *Journal télégraphique,* contenant des études, nouvelles et statistiques intéressant la télégraphie. La langue officielle de l'Union est la langue française.

*Organisation du réseau.* — Au point de vue télégraphique, la France a été divisée en régions, où l'on a choisi un centre de région, suivant l'importance du trafic télégraphique et aussi la position géographique de chaque ville ; puis, on a relié entre eux ces divers centres, leur donnant ainsi le moyen de communiquer directement avec toutes les parties de la France pour leurs besoins et pour ceux des bureaux satellites à l'égard desquels ils jouent le rôle de centre de dépôt. L'importance des dépenses à faire pour relier au centre régional tous les bureaux d'une même région a conduit ensuite à l'idée de créer une sous-région, dont la circonscription territoriale tout indiquée est le département. Ainsi donc, en reprenant l'organisation du réseau en sens inverse de cet exposé, on voit que tous les bureaux de l'Etat sont reliés au centre départemental, celui-ci au centre régional et les dix-neuf centres régionaux entre eux. On a ensuite relié avec Paris tous les centres départementaux et créé ainsi des communications directes entre quelques-uns de ces centres ou même entre certaines localités voisines ayant entre elles de nombreuses relations. Les bureaux auxquels aboutissent les fils établis sur ce plan général sont gérés par des agents de l'Etat et dénommés *bureaux principaux.* Les fils qui les relient entre eux constituent les réseaux *principal* et *auxiliaire ;* ils sont, ainsi que les fils *internationaux* reliant la France à d'autres pays, posés et entretenus par les soins et aux frais de l'Etat.

Comme le réseau général ne pénètre que dans les localités de quelque importance, on a constitué un *réseau secondaire* composé : 1° des fils municipaux formant le réseau cantonal, par la mise en communication télégraphique ou téléphonique des chefs-lieux de commune avec les chefs-lieux de canton ou d'arrondissement ; 2° des fils électro-sémaphoriques reliant au réseau général les sémaphores qui communiquent avec les navires en mer ; 3° des fils des compagnies de chemins de fer destinés à assurer la sécurité de leur exploitation ; 4° du réseau sous-marin reliant les points d'atterrissement des câbles aux bureaux des compagnies ou de l'Etat ; 5° du réseau militaire et de la marine ; 6° des fils des écluses et barrages affectés au service de la navigation ; 7° des réseaux pneumatiques de Paris, Lyon, etc. ; 8° des lignes téléphoniques ; 9° des fils d'intérêt privé établis pour le compte et aux frais de concessionnaires particuliers ; 10° des lignes d'éclairage et de transport de force. Les bureaux desservis par ce réseau sont appelés, d'une manière générale, *bureaux secondaires*, et plus spécialement, suivant le cas, *bureaux municipaux*, *bureaux électro-sémaphoriques*, *bureaux du service de la navigation*, *bureaux-gares*, *bureaux spéciaux* (hippodromes, etc.), *bureaux militaires*, *bureaux d'intérêt privé*.

Le décret du 29 mai 1904 réglemente la correspondance télégraphique dans le régime intérieur.

*Bureaux.* — Les bureaux télégraphiques gérés par l'administration des Postes et des télégraphes sont ouverts au public comme il suit : 1° les bureaux dits « permanents », à toute heure de jour et de nuit ; 2° les bureaux dits « de demi-nuit », de sept heures du matin en été, et huit heures en hiver, à onze heures du soir ou minuit ; 3° les bureaux dits « complets », de sept heures du matin en été, et huit heures en hiver, à neuf heures du soir ; 4° les bureaux dits « limités », à des heures déterminées, entre sept heures du matin en été, huit heures en hiver, et neuf heures du soir, sous la condition que les vacations n'ont pas une durée moindre de neuf heures les jours ouvrables, et de quatre heures les dimanches et jours fériés légaux. La période d'été commence le 1er mars et finit le 31 octobre ; la période d'hiver commence le 1er novembre et finit le dernier jour de février.

*Dépôt et rédaction des télégrammes.* — Les télégrammes privés à transmettre sont remis au bureau télégraphique. Toutefois l'expéditeur peut être admis à les transmettre par télégraphe ou par téléphone au bureau de départ. Dans ce cas, une provision destinée à garantir le payement des taxes à percevoir doit être préalablement constituée entre les mains du receveur du bureau de départ.

Les diverses parties dont se compose un télégramme sont libellées dans l'ordre suivant : 1° indications éventuelles (mode de remise, réponse payée, collationnement, etc.) ; 2° adresse ; 3° textes ; 4° signature. Un télégramme n'est accepté que s'il est écrit lisiblement en caractères qui aient leurs équivalents dans le tableau des signaux télégraphiques usités en France, si tout interligne, renvoi, rature ou surcharge est approuvé par l'expéditeur du télégramme ou par son représentant, et s'il est rédigé conformément à la réglementation en vigueur.

L'expéditeur supporte les conséquences de l'insuffisance ou de l'incorrection de l'adresse.

Toute personne peut demander l'enregistrement à un bureau d'une ou de plusieurs adresses convenues ou abrégées. Cet enregistrement est subordonné à l'acceptation par le receveur de l'adresse proposée et au versement d'une taxe d'abonnement qui est fixée à 40 francs par an, courant du 1er janvier, ou à 20 francs par semestre indivisible, courant du 1er janvier au 1er juillet, ou à 5 francs pour un mois. L'abonnement est dû pour chaque adresse convenue ou abrégée déclarée par la même personne.

Le texte des télégrammes peut être rédigé en langage clair ou en langage secret (convenu ou chiffré), ou partie en langage clair et partie en langage secret. Un télégramme formé exclusivement d'un ou de plusieurs signes de ponctuation n'est pas admis.

Le mélange, dans le texte d'un même télégramme, de chiffres et de lettres ayant une signification secrète n'est pas admis ; il faut choisir entre les chiffres ou les lettres ; d'ailleurs, le bureau d'origine peut exiger la traduction en langage clair des mots écrits en langage secret et la production du vocabulaire qui a servi à libeller le télégramme.

La signature n'est pas obligatoire ; elle peut être convenue ou abrégée, mais l'expéditeur est tenu d'établir son identité, lorsqu'il en est requis par le préposé du télégraphe.

*Taxe télégraphique.* — Entre deux bureaux de France, de Corse, d'Algérie ou de Tunisie, la taxe est de 5 centimes par mot, avec minimum de 50 centimes.

Entre un bureau de France et un bureau de Corse, d'Algérie ou de Tunisie, la taxe est de 10 centimes par mot, avec minimum de 1 franc.

La taxe est, en principe, perçue au départ.

La taxe des télégrammes émanant d'un bâtiment en mer est perçue sur le destinataire.

Tout expéditeur a le droit de demander un récépissé de dépôt, avec la mention de la taxe perçue, contre payement d'un droit fixe de 10 centimes par télégramme ou par série de télégrammes déposés simultanément sous bordereau par lui. Dans ce dernier cas, il n'est délivré qu'un seul récépissé.

Lorsqu'il doit y avoir perception à l'arrivée, le télégramme n'est délivré au destinataire que contre payement de la taxe due.

Les taxes perçues en moins par erreur, et les taxes non recouvrées sur le destinataire, sont perçues sur l'expéditeur.

Les télégrammes adressés à des localités non pourvues d'un bureau télégraphique peuvent être remis à destination soit par exprès, soit par la poste.

La taxe de l'exprès pour la remise des télégrammes est de 0 fr. 50 pour le premier kilomètre et de 0 fr. 30 pour chacun des kilomètres suivants. Elle est calculée par kilomètre indivisible sur la distance réelle. Cette distance se compte pour les habitations agglomérées du bureau d'arrivée au centre de l'agglomération, et pour les habitations isolées, du bureau d'arrivée au lieu même de distribution.

Les mots composés et les noms géographiques, ainsi que ceux des rues, ne sont comptés chacun que pour un mot. Les signes de ponctuation ne sont pas comptés.

Chaque passage souligné compte pour un mot en sus.

Les nombres comptent pour autant de mots qu'ils contiennent de fois cinq chiffres, plus un mot pour l'excédent et un mot pour chaque virgule ou signe arithmétique.

*Télégramme avec réponse payée.* — Tout expéditeur peut affranchir la réponse qu'il demande à son correspondant ; dans ce cas, il inscrit, avant l'adresse, l'une des indications éventuelles, soit « réponse payée » ou = RP =, soit « réponse payée *x* ..... » ou =RP*x*=. Cette indication est taxée.

Si l'expéditeur inscrit sur la minute l'indication éventuelle « réponse payée » ou =RP=, le préposé perçoit pour la réponse la taxe d'un télégramme ordinaire de dix mots.

Si l'expéditeur complète l'indication éventuelle par la mention du nombre de mots payés pour la réponse, il acquitte la taxe correspondante, qui ne peut être inférieure à celle d'un télégramme ordinaire de dix mots.

Le bureau d'arrivée remet au destinataire un bon de réponse valable pendant le délai de quarante-deux jours qui suit la date de son émission, pour expédier gratuitement, et dans les limites de la taxe payée d'avance, un télégramme à une destination quelconque.

Si la valeur du bon est inférieure à la taxe du télégramme qu'il sert à affranchir, le détenteur du bon verse le complément. Cependant, lorsque la réponse est adressée à l'expéditeur du premier télégramme, le complément peut être perçu sur cet expéditeur : dans ce cas, le préposé inscrit, en tête de l'adresse du télégramme réponse, l'indication éventuelle = PCV 0,00 = de la somme à recouvrer en francs et centimes. Cette indication entre dans le compte des mots taxés.

*Télégrammes collationnés.* — Le collationnement est la répétition intégrale ou partielle d'un télégramme, faite de bureau à bureau, en vue de diminuer les chances d'erreur.

Le *collationnement partiel* est généralement donné *d'office* pour tout télégramme, et comprend les mots importants ou douteux et les nombres en chiffres. Le collationnement *intégral* est obligatoire quand l'expéditeur l'a demandé et a acquitté une surtaxe égale au quart de la taxe principale du télégramme envoyé.

L'expéditeur, dans ce cas, inscrit avant l'adresse l'indication éventuelle « collationnement » ou =TC=.

*Accusés de réception.* — La taxe de l'accusé de réception télégraphique est égale à celle d'un télégramme ordinaire de dix mots. La taxe de l'accusé de réception postal est fixée à 10 centimes.

En cas de non-remise d'un télégramme avec accusé de réception, l'envoi de cet accusé de réception est ajourné pendant six semaines, à moins que, dans l'intervalle, la remise du télégramme ne soit devenue possible. A l'expiration de ce délai, la taxe de l'accusé de réception est remboursée à l'expéditeur.

*Télégrammes à faire suivre ou réexpédier.* — Tout expéditeur d'un télégramme peut demander que le bureau d'arrivée fasse suivre ce télégramme. Il inscrit, dans ce cas, en tête de l'adresse l'indication éventuelle taxée « faire suivre » ou =FS=. L'expéditeur, en inscrivant cette indication, s'engage à payer les taxes de réexpédition qui resteraient dues par suite de cette opération. Un versement d'arrhes peut être exigé.

Ces taxes sont calculées d'après le nombre de mots transmis ; chaque réexpédition à une nouvelle adresse est considérée comme un nouveau télégramme.

Le destinataire d'un télégramme ou son représentant peut demander que ce télégramme lui soit réexpédié à des adresses ou à des destinations successives. Il doit en faire la demande par écrit. Par cette demande, il s'engage à payer les taxes afférentes aux réexpéditions successives. Un versement d'arrhes peut être exigé.

*Télégrammes multiples.* — Un télégramme dit « télégramme multiple » peut être adressé soit à plusieurs destinataires dans une même localité ou dans des localités différentes, mais desservies par un même bureau télégraphique, soit à un même destinataire à plusieurs domiciles dans la même localité, avec ou sans réexpédition par poste ou par exprès.

Les télégrammes multiples sont passibles, indépendamment des taxes accessoires éventuelles : 1° d'une taxe calculée sur le nombre total des mots à transmettre, comme s'il s'agissait d'un télégramme unique ; 2° d'un droit de copie de 50 centimes par cent mots ou fraction de cent mots ; ce droit est répété autant de fois qu'il y a d'adresses, moins une.

*Remise des télégrammes.* — Un télégramme peut être adressé soit à domicile, soit télégraphe restant, soit poste restante.

Tout expéditeur peut obtenir que son télégramme soit remis ouvert ou en mains propres, ou ne soit distribué que pendant les heures du service de jour, ou ne soit délivré au destinataire que contre signature d'un reçu, sur lequel celui-ci inscrit l'heure de la remise.

Un télégramme peut, sur la demande du destinataire, être transmis à son domicile, par téléphone, dans les conditions spéciales fixées pour cette transmission.

Un destinataire peut demander que ses télégrammes lui soient portés à un domicile autre que celui indiqué par l'expéditeur, ou remis à des domiciles différents, selon le jour ou l'heure de la journée. Il est perçu pour chaque déclaration de ce genre : 1° la même taxe que pour l'enregistrement d'une adresse convenue ou abrégée, et 2° en outre, autant de demi-taxes que le déclarant indique de domiciles moins un. Lorsqu'un télégramme est adressé à un tiers chez une autre personne, la désignation de cette personne doit être précédée de l'une des mentions « chez », « aux soins de » ou de toute autre équivalente.

*Remboursements.* — Toute réclamation ou remboursement de taxe est formée, sous peine de déchéance, dans un délai de trois mois à partir du jour de la perception.

Est remboursé d'office par le bureau qui a perçu : 1° toute taxe en trop, par erreur ; 2° tout excédent d'arrhes ; 3° la taxe de tout télégramme annulé ou arrêté avant transmission, sous déduction d'un droit de 25 centimes.

Sont remboursées à ceux qui les ont versées, si la demande en est faite, ou à la suite d'une réclamation visant l'exécution du service : 1° la taxe intégrale de tout télégramme qui n'est pas parvenu à destination par le fait du service télégraphique ; 2° la taxe intégrale de tout télégramme qui, par la faute du service télégraphique, n'a été remis au destinataire, ou au service postal, lorsque ce service est chargé du transport, qu'après un délai de douze heures. La durée de la fermeture des bureaux, quand elle est la cause du retard, ou du transport par exprès, n'entre pas dans le calcul de ce délai ; 3° la taxe intégrale de tout télégramme en langage secret avec collationnement, ou de tout télégramme en langage clair, qui, par suite d'erreurs de transmissions, n'a pu manifestement remplir son objet, lorsque les erreurs n'ont pas été rectifiées par avis de service taxé ; 4° la taxe des avis de service échangés par la voie télégraphique ou par la voie postale pour rectifier des erreurs imputables au télégraphe. Aucun remboursement n'est dû pour les télégrammes auxquels se rapportent ces avis de service taxés ; 5° la somme versée pour une réponse payée d'avance, si le destinataire n'a pas fait usage du bon de réponse, et si ce bon a été déposé dans un bureau, dans le délai de trois mois à partir de la date d'émission du bon, avec une demande de remboursement à effectuer au profit de l'expéditeur ; 6° la différence entre la valeur d'un bon de réponse et le montant de la taxe du télégramme affranchi au moyen de ce bon, si cette différence est au moins égale à 50 centimes ; 7° la taxe accessoire applicable à un service spécial qui n'a pas été rendu.

Aucun remboursement n'est accordé pour les télégrammes rectificatifs qui, au lieu d'être échangés de bureau à bureau, sous forme d'avis de service taxés, ont été échangés directement entre l'expéditeur et le destinataire.

*Mandats télégraphiques.* — V. POSTES.

*Cartes et enveloppes pneumatiques.* — Un service de transmission de cartes et enveloppes télégrammes fonctionne dans les limites de l'ancien octroi de Paris, au moyen de tubes pneumatiques, et dessert également Bagnolet, Charenton, Montreuil, Neuilly-sur-Seine, Pantin, Pré-Saint-Gervais, Vincennes, Saint-Mandé. Le prix de la *carte* pneumatique est de 30 centimes (avec réponse payée, 60 centimes) ; celui de l'*enveloppe* pneumatique, de 30 centimes jusqu'à 7 grammes, de 50 centimes jusqu'à 15 grammes, et de 1 franc jusqu'à 30 grammes.

Toute carte suffisamment affranchie et ne dépassant pas le format des cartes ou enveloppes pneumatiques est acceptée par l'administration.

*Radiotélégraphie.* — L'administration des Postes et des télégraphes est seule chargée de l'établissement et de l'exploitation des postes de télégraphie sans fil destinés à l'échange de la correspondance officielle ou privée. Toutefois, les divers services de l'Etat peuvent, après entente avec l'administration des Postes et des télégraphes, établir et exploiter directement des postes de télégraphie sans fil destinés exclusivement à la correspondance officielle. (Décret du 7 fév. 1903.)

Des postes destinés à l'échange des correspondances d'intérêt privé peuvent être établis et exploités par des particuliers, après autorisation donnée par le ministre des Postes et des télégraphes.

Le choix des emplacements des postes de télégraphie sans fil à établir sur les côtes doit, dans chaque cas, faire l'objet d'une entente entre l'administration des Postes et des télégraphes et l'administration de la Marine. (Décret du 27 fév. 1904, art. 1er.)

Les concessions à des particuliers de postes côtiers de télégraphie sans fil destinés à l'échange de la correspondance d'intérêt privé ne peuvent être accordées par le ministre des Postes et des télégraphes qu'après avis conforme du ministre de la Marine. (*Id.*, art. 2.)

En cas de mobilisation, tous les postes de télégraphie sans fil appartenant à l'administration des Postes et des télégraphes et établis sur le littoral, ainsi que ceux concédés sur les côtes à des particuliers, sont placés, au point de vue de l'exploitation, sous la direction de l'administration de la Marine. (*Id.*, art. 3.)

L'administration des Postes et des télégraphes assure l'exploitation des postes de télégraphie sans fil sur le littoral. (*Id.*, art. 4.)

Le décret du 28 septembre 1904 a autorisé l'échange des télégrammes privés entre les navires en mer et les stations radiotélégraphiques situées sur le littoral de la France, de l'Algérie et de la Tunisie, qui sont désignées à cet effet par arrêtés du ministre du Commerce. Ces télégrammes doivent porter, avant l'adresse, l'indication éventuelle taxée « Radiotélégramme ». Leur rédaction n'est soumise à aucune règle spéciale ; mais, lorsqu'ils sont à destination des navires en mer, leur adresse doit mentionner, outre les indications ordinaires, le nom ou le numéro officiel du bâtiment destinataire et sa nationalité.

Il est perçu deux sortes de taxes à l'occasion de leur transmission : la taxe du parcours électrique ordinaire entre la station côtière et le bureau d'origine ou de destination, et une taxe, dite « côtière », afférente au parcours maritime et applicable au service de ladite station. Comme la taxe ordinaire, cette seconde taxe est établie par mot. Le prix du mot a été fixé à 75 centimes pour les stations côtières d'Ouessant et de Porquerolles, ouvertes au public.

La somme de ces deux taxes est perçue sur l'expéditeur pour les télégrammes à destination des navires en mer, et sur le destinataire pour les télégrammes émanant d'un navire en mer.

L'expéditeur d'un radiotélégramme à destination d'un navire en mer peut préciser le nombre de jours pendant lesquels la station côtière doit conserver ce télégramme. Lorsque le bâtiment auquel il est destiné n'a pas signalé sa présence à la station côtière dans le délai indiqué par l'expéditeur ou, à défaut d'une telle indication, le vingt-neuvième jour au matin, la station côtière en donne avis à l'expéditeur. Mais ce dernier peut demander que le télégramme soit conservé pendant une nouvelle période de trente jours, et ainsi de suite. Et si, pour une cause quelconque, le télégramme n'a pu être transmis par la station côtière au navire auquel il était destiné, la taxe perçue pour le parcours maritime est intégralement remboursée à l'expéditeur.

## Téléphones.

Aucun système ou réseau téléphonique ne peut être exploité que par l'Etat. Le monopole est exercé par l'administration des Postes et des télégraphes.

L'Etat n'est soumis à aucune responsabilité à raison du service de la correspondance privée par la voie téléphonique. Il peut aussi suspendre le service soit sur toutes les lignes du réseau, soit sur plusieurs, soit sur une seule, et même prononcer la résiliation du contrat, notamment en cas d'inexécution de ses clauses ou si des difficultés provenant du fait de l'abonné venaient à entraver la bonne marche du service.

*Réseaux téléphoniques locaux.* — On appelle « réseau local » l'ensemble des postes d'abonnés, des postes publics et des lignes rattachant ces postes à un même bureau central téléphonique. Exceptionnellement, les postes d'abonnés et les postes publics du réseau local de Paris sont reliés à plusieurs bureaux centraux téléphoniques installés dans l'enceinte de cette ville.

Les divers postes téléphoniques dont la concession peut être accordée dans chaque réseau local sont dénommés, suivant le cas, postes principaux ou postes supplémentaires. Les postes principaux sont reliés, par une ligne spéciale, directement au bureau central. Les postes supplémentaires sont rattachés à un poste principal.

Les postes supplémentaires installés dans le même immeuble que le poste principal auquel ils sont rattachés peuvent être affectés au service de l'abonné titulaire de ce poste principal ou à celui de personnes habitant cet immeuble.

Les postes supplémentaires installés dans un immeuble différent de celui dans lequel est placé le poste principal auquel ils sont rattachés ne peuvent être affectés qu'au service exclusif de l'abonné titulaire de ce poste principal.

*Abonnements.* — Dans les réseaux des villes dont la population est supérieure à 80 000 habitants, les postes téléphoniques sont concédés exclusivement sous le régime de l'abonnement forfaitaire.

Dans les autres réseaux, les postes téléphoniques sont concédés, au choix des abonnés, sous le régime de l'abonnement forfaitaire ou sous le régime de l'abonnement à conversations taxées.

Le taux annuel des abonnements téléphoniques est fixé, en principal, ainsi qu'il suit :

*Abonnements principaux forfaitaires.* 1° A Paris, 400 francs par poste principal ; 2° à Lyon, 300 francs par poste principal ; 3° dans les autres villes dont la population est supérieure à 25 000 habitants, 200 francs par poste principal.

*Abonnements principaux à conversations taxées.* Dans tous les réseaux où ce régime d'abonnement est admis :

100 francs la première année, par poste principal ;

80 francs la deuxième année, par poste principal ;

60 francs la troisième année, par poste principal ;

40 francs les années suivantes, par poste principal.

*Abonnements supplémentaires :* 1° A Paris, 50 francs pour les abonnés forfaitaires et pour les abonnés interurbains ; 2° dans tous les autres réseaux :

*a*) 40 francs pour les abonnés forfaitaires et pour les abonnés interurbains ;

*b*) 30 francs pour les abonnés à conversations taxées.

Les lignes supplémentaires donnent, en outre, lieu dans tous les réseaux à une redevance annuelle, pour droit d'usage, de 1 fr. 50 par hectomètre indivisible de ligne.

Ne sont pas soumis à cette redevance :

Les lignes supplémentaires reliant deux postes principaux forfaitaires d'un même réseau ;

Les lignes supplémentaires reliant des postes supplémentaires à un poste principal, lorsque ces postes (supplémentaires et principal) sont situés dans le même immeuble ;

Les lignes supplémentaires intérieures ou les sections intérieures des lignes supplémentaires en fil d'appartement ;

Les lignes supplémentaires des services publics de l'Etat, des départements ou des communes.

Il est délivré gratuitement, par chaque abonnement principal, aux abonnés forfaitaires annuels des réseaux téléphoniques qui en font la demande, une carte d'admission gratuite aux postes publics.

Ces cartes donnent aux titulaires le droit de correspondre gratuitement et exclusivement à partir des postes publics du réseau pour lequel elles sont délivrées avec tous les abonnés de ce réseau.

Les organes essentiels des postes principaux d'abonnement concédés sous le régime forfaitaire et ceux des postes supplémentaires rattachés à ces postes principaux, ainsi que les organes accessoires, s'il y a lieu, sont fournis par les abonnés.

Les organes essentiels des postes principaux d'abonnement concédés sous le régime des conversations taxées sont mis gratuitement à la disposition des abonnés pour la durée du contrat d'abonnement. Les organes essentiels mis ainsi gratuitement à la disposition des abonnés sont d'un type déterminé par l'administration. Un arrêté ministériel fixera dans quelles conditions les appareils d'un modèle différent pourront être admis.

Les organes essentiels des postes supplémentaires à conversations taxées sont fournis par les abonnés.

Les organes accessoires des postes principaux ou supplémentaires à conversations taxées sont fournis par les abonnés.

Les organes essentiels ou accessoires des postes d'abonnement fournis par les abonnés doivent être choisis parmi les modèles types agréés par l'administration. Ces organes restent la propriété des abonnés.

Les lignes principales d'abonnement desservant des postes concédés sous le régime forfaitaire sont établies par l'Etat moyennant le payement par le titulaire, sauf à Paris et à Lyon, d'une contribution aux frais d'établissement dont le taux est déterminé par arrêté ministériel.

Les lignes ou sections de lignes principales situées à l'intérieur du mur d'enceinte de Paris ou dans les limites actuelles de l'octroi de

Lyon et les lignes ou sections de lignes principales desservant les postes d'abonnement à conversations taxées situés dans un rayon de 1 000 mètres à compter du bureau central téléphonique, sont mises gratuitement à la disposition des abonnés pour la durée du contrat d'abonnement. Les sections de lignes principales situées en dehors de ces limites et les lignes supplémentaires sont établies aux conditions prévues par l'alinéa précédent.

Les abonnements forfaitaires peuvent être transformés en abonnements à conversations taxées dans les réseaux où ce dernier régime d'abonnement est admis.

Les abonnements à conversations taxées peuvent être transformés en abonnements forfaitaires.

Les abonnements pour postes destinés à permettre exclusivement l'échange de communications interurbaines peuvent être transformés en abonnements forfaitaires annuels ou de saison.

Les abonnements forfaitaires (annuels ou de saison) des réseaux exclusivement à abonnements forfaitaires peuvent être transformés en abonnements pour postes destinés à permettre exclusivement l'échange de communications interurbaines. Les abonnements annuels concédés dans les réseaux exclusivement à abonnements forfaitaires peuvent être transformés en abonnements de saison et les abonnements de saison en abonnements annuels.

Les conditions auxquelles sont soumises ces transformations sont fixées par arrêté ministériel.

Le contrat de concession d'un poste principal ou supplémentaire est, quel que soit le régime de l'abonnement, consenti pour une durée minimum d'un an ; il se continue de trimestre en trimestre par tacite reconduction.

Le contrat de concession peut être résilié à la fin de la période d'abonnement en cours, sur avis donné à l'administration au moins quinze jours avant l'expiration de cette période.

La résiliation du contrat de concession d'un poste principal entraîne la résiliation des contrats de concession des postes supplémentaires correspondants, mais les sommes versées pour le trimestre d'abonnement en cours restent définitivement acquises à l'Etat.

L'administration peut, à l'expiration du trimestre d'abonnement en cours, dans des conditions déterminées par arrêté ministériel, mettre fin à un contrat en remboursant les sommes perçues pour la période restant à courir.

Les sommes versées à titre de parts contributives aux frais d'établissement des lignes demeurent, dans tous les cas, définitivement acquises à l'Etat.

Dans les réseaux où le régime des abonnements forfaitaires est seul admis, il est concédé des postes téléphoniques principaux exclusivement destinés à permettre l'échange de communications interurbaines.

La concession de ces postes est subordonnée au payement d'un abonnement dont le taux est fixé, en principal, ainsi qu'il suit :

1° A Paris, 150 francs par poste principal;
2° A Lyon, 125 francs par poste principal;
3° Dans les autres réseaux, 50 francs par poste principal.

Les lignes et les organes des postes d'abonnement visés à l'article précédent sont établis aux conditions prévues pour les abonnés forfaitaires.

Des postes supplémentaires peuvent également être rattachés, aux conditions applicables aux abonnés forfaitaires, aux postes principaux destinés à permettre exclusivement l'échange de communications interurbaines.

Le taux annuel des abonnements principaux forfaitaires concédés aux services publics de l'Etat, des départements ou des communes, est fixé par les articles 10 à 17 du décret du 7 mai 1901.

*Télégrammes téléphonés.* — Tout abonné peut expédier et recevoir des télégrammes par la ligne qui rattache son poste d'abonnement au réseau, en acquittant une taxe spéciale de 0 fr. 10 par télégramme (cette taxe n'est perçue qu'à Lyon et à Paris sur les abonnés forfaitaires). Pour garantir le prix des télégrammes qu'il *expédie,* il constitue, au préalable, une provision. Les télégrammes à transmettre par une ligne d'abonnement doivent être écrits en français, en langage clair, et ne pas excéder cinquante mots.

L'adresse des dépêches qui empruntent à l'*arrivée* la voie téléphonique doit être précédée du mot *téléphone.*

*Messages téléphonés.* — Le message téléphoné est transmis par l'expéditeur lui-même, ce qui le distingue du télégramme téléphoné.

La taxe du message téléphoné est de 0 fr. 50 par trois minutes de communication. La durée des communications pour messages téléphonés ne peut excéder deux unités consécutives de conversation (six minutes), lorsque d'autres demandes de communication sont en instance sur les lignes à utiliser.

Les messages téléphonés peuvent être adressés à domicile, télégraphe restant ou poste restante. Ils sont transmis par l'expéditeur en français et en langage clair, soit à partir d'un poste public, soit à partir d'un poste d'abonnement dont le titulaire a versé une provision. Ils sont remis aux destinataires dans les mêmes conditions que les télégrammes ordinaires.

*Appels téléphoniques.* — Les appels téléphoniques peuvent être adressés à domicile, télégraphe restant ou poste restante ; ils peuvent être présentés à tout poste public ou être téléphonés de tout poste d'abonnement dont le titulaire a versé une provision.

Ils sont notifiés au destinataire :

1° Par voie téléphonique, si le destinataire est abonné au réseau qui reçoit l'appel ;

2° Sous forme d'un avis distribué dans les mêmes conditions qu'un télégramme ordinaire, si le destinataire n'est pas abonné au réseau qui reçoit l'appel ou si la ligne d'abonnement qui doit être utilisée est interrompue.

Le service de transmission des appels téléphoniques fonctionne à l'intérieur de tout réseau téléphonique et entre réseaux admis à communiquer téléphoniquement entre eux, à la condition que le réseau destinataire possède un service de distribution télégraphique.

La taxe de transmission des appels téléphoniques est fixée :

1° A 25 centimes pour les appels échangés :

a) A l'intérieur de tout réseau téléphonique ;

b) Entre réseaux des villes faisant partie d'un même canton.

Cette taxe est également applicable aux appels téléphoniques échangés entre le réseau d'une ville siège de plusieurs chefs-lieux de canton et les réseaux des localités situées dans l'un quelconque de ces cantons ;

c) Entre réseaux des villes reliées téléphoniquement par des lignes dont la longueur totale ne dépasse pas 25 kilomètres ;

2° A 30 centimes pour les appels échangés entre réseaux autres que ceux visés au paragraphe 1° ci-dessus et situés dans un même département ;

3° A 40 centimes dans les autres cas.

*Conversations téléphoniques.* — L'unité de durée des conversations de jour et de nuit dans le service téléphonique local et interurbain est fixée à trois minutes.

La taxe de l'unité de conversation locale de jour et de nuit est fixée à : 1° 15 centimes dans le réseau de Paris ; 2° 10 centimes dans tous les autres réseaux.

La taxe de l'unité de conversation interurbaine de jour est fixée ainsi qu'il suit :

1° Entre réseaux d'un même département, 40 centimes ;

2° Entre réseaux de départements différents, 25 centimes par 75 kilomètres ou fraction de 75 kilomètres de distance mesurée à vol d'oiseau, de chef-lieu de département à chef-lieu de département, sans que cette taxe puisse être inférieure à 40 centimes ni supérieure à 3 francs par unité de conversation ;

3° Les taxes visées aux paragraphes 1° et 2° ci-dessus sont réduites à 25 centimes pour les conversations échangées par des lignes téléphoniques dont la longueur totale ne dépasse pas 25 kilomètres et pour les conversations échangées entre réseaux des localités faisant partie d'un même canton. Cette taxe réduite est également applicable aux conversations échangées entre le réseau d'une ville siège de plusieurs chefs-lieux de canton et les réseaux des localités situées dans l'un quelconque de ces cantons.

Pour la fixation des taxes interurbaines, les départements de la Seine et de Seine-et-Oise sont considérés comme formant un seul département ayant pour chef-lieu Paris.

La taxe de l'unité de conversation ordinaire interurbaine de nuit est fixée aux trois cinquièmes de la taxe unitaire de communication interurbaine de jour, sans qu'elle puisse être inférieure à 25 centimes par unité de communication.

La durée d'une communication locale originaire ou à destination d'un poste public et celle de toute communication interurbaine ne peuvent excéder deux unités consécutives de conversation (six minutes), lorsque d'autres demandes sont en instance sur les lignes à utiliser.

*Communications interurbaines.* — L'unité de conversation interurbaine est la conversation de trois minutes. La taxe est ainsi fixée :

*Conversations de jour.* Entre deux réseaux d'un même département, 40 centimes.

Entre les réseaux de deux départements, 25 centimes par 75 kilomètres (ou fraction), de chef-lieu de département à chef-lieu de département, sans que la taxe puisse être inférieure à 40 centimes ni supérieure à 3 francs par unité de communication. Pour les réseaux de Seine-et-Oise, les distances sont calculées à partir de Paris.

La taxe réduite de 25 centimes est applicable : 1° entre deux réseaux appartenant ou non au même département et mis en relation par des lignes dont la longueur réelle n'excède pas 25 kilomètres et entre réseaux des localités faisant partie d'un même canton ; 2° aux conversations échangées entre le réseau d'une ville siège de plusieurs chefs-lieux de canton et les réseaux des localités situées dans l'un quelconque de ces cantons.

*Conversations de nuit.* Pour les communications éventuelles, aux trois cinquièmes, et pour les communications par abonnement, aux deux cinquièmes de la taxe de jour, sans que la perception puisse être inférieure à 25 centimes par unité de conversation.

Les abonnés jouissent de l'usage quotidien et à heure fixe d'un circuit entre deux postes spécialement désignés. L'abonnement, contracté pour un mois au minimum, se renouvelle de mois en mois par tacite reconduction ; il est résiliable à la volonté des parties moyennant avis donné cinq jours avant la date d'expiration du mois en cours.

La durée d'une communication ne peut excéder six minutes consécutives quand d'autres demandes sont en instance.

**Témoin.** — Personne qui atteste en justice avoir vu ou entendu une chose, ou qui prête son assistance pour la rédaction d'un acte.

Les témoins qui figurent à la rédaction d'un acte se désignent sous le titre de témoins *instrumentaires ;* ceux qui déposent en justice, soit au civil, soit au criminel, sont dits témoins *judiciaires.*

Dans certains cas spécifiés par la loi, un individu peut, en vertu d'une condamnation, être privé du droit d'être témoin, dans l'un et l'autre sens de ce mot. (Code pénal, art. 34-3°, 42, 43.)

*Témoins instrumentaires.* — Ce sont ceux qui, tenant la place d'un second notaire, doivent assister le notaire rédacteur dans la rédaction : 1° des actes contenant donation entre vifs ou donation entre époux autres que celles insérées dans un contrat de mariage, révocation de donation ou de testament, acceptation de donation, reconnaissance d'enfant naturel, et des procurations ou autorisations pour consentir ces divers actes ; 2° des actes dans lesquels les parties ou l'une d'elles ne sauront ou ne pourront signer. Dans les cas prévus sous le n° 1, la présence réelle du second notaire ou de deux témoins est requise à peine de nullité au moment de la lecture et de la signature ; dans les cas prévus sous le n° 2, la présence réelle n'est pas prescrite. Les témoins instrumentaires doivent être Français, majeurs, jouir de leurs droits civils et savoir signer. (Loi du 12 août 1902, art. 9.) Sont incapables d'être témoins instrumentaires tous ceux qui ne sont pas absolument sains d'esprit, les aveugles et les sourds, mais non les muets, les clercs du notaire rédacteur, ses domestiques ou ceux des parties; la femme dans le même acte que son mari et réciproquement; les condamnés à une peine emportant la dégradation civique ou privés par jugement du droit d'être témoins, même graciés et tant que la réhabilitation n'a pas été prononcée; les mineurs même émancipés et les interdits, mais non les prodigues pourvus d'un conseil judiciaire; les parents et alliés du notaire ou des parties en ligne directe et jusqu'au 3e degré en ligne collatérale, les témoins qui ont un intérêt dans un acte. En ce qui concerne les faillis ou réhabilités, controverse. — Les témoins peuvent être parents ou alliés entre eux.

La règle générale est que deux témoins sont suffisants pour la rédaction des actes notariés; mais exception est faite en ce qui concerne les testaments par acte public; en ce cas, s'il n'y a pas de second notaire, quatre témoins sont nécessaires (Code civ., article 971). Dans ce même cas de testament public, certaines conditions spéciales interviennent : ne peuvent être pris pour témoins ni les légataires, à quelque titre qu'ils soient, ni leurs parents ou alliés (jusqu'au quatrième degré inclusivement), ni les clercs des notaires par lesquels les actes sont reçus (Code civ., article 975). V. TESTAMENT.

Outre les témoins instrumentaires, il y a une autre sorte de témoins qu'on nomme *honoraires :* ce sont les parents ou amis des futurs qui, par honneur ou politesse, apposent leur signature au bas d'un contrat de mariage. Ceux-ci ne font que signer le contrat sans assister à sa passation, sans même en connaître tout le contenu et sans parapher ni les renvois ni les mots rayés comme nuls.

*Témoins certificateurs.* — Lorsque le nom, l'état et la demeure des parties ne sont pas connus du notaire, ils doivent lui être attestés dans l'acte par deux personnes majeures connues de lui, sachant signer, ayant les mêmes qualités que celles requises des témoins instrumentaires : ce sont les témoins *certificateurs* (Loi du 12 août 1902, article 11). Les témoins instrumentaires peuvent-ils servir de témoins certificateurs? Controverse.

Le notaire qui ne s'assure pas de l'individualité des parties encourt, en cas de dommage aux parties, une responsabilité pécuniaire, mais l'acte n'est pas nul.

*Femmes témoins.* — Les femmes sont admises comme témoins au même titre que les hommes dans les actes de l'état civil et les actes notariés en général. (Loi du 7 décembre 1897, modifiant les articles 37 et 980 du Code civil, et les articles 9 et 11 de la loi du 25 ventôse an XI sur le notariat.)

*Actes de l'état civil.* Les témoins produits aux actes de l'état civil doivent être âgés de vingt et un ans au moins, parents ou autres, sans distinction de sexe; ils sont choisis par les personnes intéressées. Toutefois, le mari et la femme ne peuvent être témoins ensemble dans le même acte.

*Actes notariés.* Les actes notariés sont reçus par deux notaires, ou par un notaire assisté de deux témoins, de l'un ou de l'autre sexe, sachant signer, et domiciliés dans l'arrondissement communal où l'acte est passé; toutefois, le mari et la femme ne peuvent être témoins ensemble dans le même acte.

*Certificats de propriété.* Les femmes sont admises comme témoins si les certificats sont délivrés par un notaire, mais non s'ils sont délivrés par un juge de paix. — *Certificats d'hérédité délivrés par les maires :* femmes admises comme témoins. — *Payements n'excédant pas 150 francs,* faits à des parties prenantes illettrées ou ne pouvant signer : la femme ne peut être admise comme témoin en vertu de la loi du 7 décembre 1897; mais, en fait, la preuve testimoniale étant en l'espèce admise, l'irrégularité n'aurait pas de conséquence grave. (Circ. compt. publ., du 27 novembre 1899, § 4; 27 et 31 janvier 1900.) — Les femmes peuvent également intervenir comme témoins pour les *légalisations de signatures* et dans les *actes que les maîtres reçoivent aux lieu et place des notaires* (Circ. Justice, 28 janvier 1898), ainsi que dans les actes d'*engagement* et de *rengagement* (Circ. Guerre, 15 octobre 1898).

*Témoins judiciaires.* — Les témoins doivent déposer oralement, et tout témoignage qui n'est pas oral doit être rejeté. Toutefois, cette règle comporte des exceptions : 1° en ce qui concerne certaines personnes haut placées en dignité (ministre, conseiller d'Etat, ambassadeur, agent diplomatique, général, préfet, grand-croix de la Légion d'honneur, etc.), dont l'audition comme témoins est soumise à des formalités particulières (Code instr. crim., art. 510 à 517; décret du 4 mai 1812); 2° à l'égard de ceux qu'une infirmité a privés de l'usage de la parole. En outre, l'emploi des notes pourrait être toléré dans les affaires spéciales où les témoins auraient à déposer sur des questions de chiffres. Les témoins doivent déposer respectueusement, nu-tête et sans armes.

Avant d'être entendus, ils sont tenus de déclarer s'ils sont parents, alliés ou serviteurs de l'une des parties, et de prêter serment de dire la vérité (Code de proc. civ., art. 35, 262, 268, 275, 411; Code instr. crim., art. 75, 317).

Nul ne peut se soustraire, devant les juridictions ordinaires, à l'obligation de fournir son témoignage à moins qu'il ne se trouve dans un cas d'excuse. Une exception a été néanmoins introduite à cet égard en faveur des avocats, avoués, notaires, confesseurs, chirurgiens, sages-femmes, médecins, en un mot de toutes personnes qui, par leur état, sont dépositaires des secrets d'autrui. Mais cette exception ne doit être admise qu'autant que le fait a un caractère essentiellement confidentiel, tel que celui qui aurait pu être déclaré au prêtre en confession. Les autres personnes sont toujours tenues de déposer sur les faits dont elles ont connaissance, quand bien même ces faits leur auraient été confiés sous le sceau du secret. V. SECRET.

Pour être admis à déposer sous serment, les témoins doivent être âgés de plus de quinze ans révolus (Code de proc. civ., art. 285, 415; Code instr. crim., art. 79).

En matière civile, les témoins défaillants sont condamnés à des dommages-intérêts qui ne peuvent être moindres de 10 francs, au profit de la partie, et à une amende de 100 francs au maximum. Ils sont réassignés à leurs frais, et, s'ils sont encore défaillants, ils sont condamnés à une amende de 100 francs et un *mandat d'amener* peut même être décerné contre eux. Toutefois si le témoin justifie qu'il n'a pu se présenter au jour indiqué, il est déchargé, après sa déposition, de l'amende et des frais de réassignation. (Code proc. civ., art. 263-265.)

En matière criminelle, tout témoin cité qui ne comparaît pas est condamné par le juge d'instruction à 100 francs d'amende et peut être contraint à venir donner son témoignage, sauf décharge s'il produit des excuses légitimes. Quand un certificat médical constate l'impossibilité où est le témoin de comparaître, il est interrogé à son domicile par le juge d'instruction ou, hors du canton, par le juge de paix. (Code instr. crim., art. 71-86.)

Les incapacités de témoigner sont absolues ou relatives : les premières résultent de l'âge, de l'insanité, de l'indignité, etc.; les secondes n'empêchent de déposer que dans certains cas; telles sont les incapacités résultant, par exemple, de l'intérêt personnel qu'on peut avoir dans un procès, d'un certain degré de parenté avec une partie au débat, de la qualité de conseil ou de défenseur de cette partie.

Un insensé ne peut être témoin, à moins toutefois qu'il ne soit entendu à titre de simples renseignements devant une cour d'assises, en vertu du pouvoir discrétionnaire confié au président, et que le jury ne soit averti de l'état intellectuel du témoin. Les enfants au-dessous de quinze ans peuvent être entendus, mais sous forme de déclaration et sans prestation de serment. (Code proc. civ., art. 285, 415; Code instr. crim., art. 79.) Quant au sourd, au muet, à l'aveugle, on doit admettre des distinctions. S'agit-il d'un fait dont la perception n'a pu être effectuée que par la vue, l'aveugle est évidemment incapable; de même le sourd est incapable de déposer sur un fait qui n'a pu être connu que par l'ouïe. Pour ce qui concerne le muet, il peut être entendu comme témoin, s'il a reçu l'instruction nécessaire pour suppléer à la parole par des moyens certains, mais il a été jugé qu'un sourd-muet qui ne sait pas écrire ne peut être entendu comme témoin. L'étranger peut être témoin, la loi ne le frappant d'aucune incapacité. L'article 28 du Code pénal déclare incapable de déposer en justice, autrement que pour y donner de simples renseignements, quiconque a été condamné à la peine des travaux forcés, de la détention, de la reclusion, du bannissement ou de la dégradation civique.

Quant au coaccusé, bien que le Code d'instruction criminelle ne le dise pas expressément, il ne peut jamais être entendu comme témoin; il est lui-même partie aux débats, et il est, d'ailleurs, évident qu'il a un trop grand intérêt à rejeter entièrement sur autrui l'accusation qui pèse en partie sur lui. Mais les motifs qui excluent la déposition du coaccusé n'existent point à l'égard de celui qui, ayant été inculpé originairement, a été depuis acquitté ou mis hors de cause. On ne saurait même considérer comme un coaccusé, ne pouvant être entendu en qualité de témoin, celui qui a été envoyé devant une autre juridiction sous l'inculpation d'un délit différent, quoique se rattachant au même fait.

Il existe, dans une même affaire, une incompatibilité absolue entre les fonctions de juge ou de juré et celles de témoin; les fonctions de témoin et celles de ministère public sont également incompatibles, car le ministère public est partie dans la cause; mais cette prohibition n'existe plus quand l'officier du ministère public n'a pas eu la direction des poursuites et ne s'est point chargé de les soutenir; en effet, il n'est plus alors partie dans le procès.

De même, les fonctions de défenseur sont radicalement incompatibles avec la qualité de témoin, car le défenseur s'identifie avec les intérêts de son client.

Il résulte de la jurisprudence constante de la Cour de cassation que la partie civile ne peut jamais être entendue comme témoin, à raison de l'intérêt trop direct qu'elle a dans le débat.

En somme, du principe que nul ne peut être à la fois témoin et partie dans une contestation, il résulte qu'on doit écarter la déposition d'une personne toutes les fois qu'elle a un intérêt direct dans la cause. Néanmoins, quel que soit cet intérêt, il ne doit point suffire devant les tribunaux criminels ou correctionnels pour mettre obstacle à l'audition des témoins. Ainsi, devant les juridictions répressives, les créanciers ou les débiteurs de l'accusé doivent être entendus comme témoins; de même, les syndics d'une faillite doivent être entendus en la même qualité alors qu'ils ne se sont point portés dénonciateurs.

Les officiers de police peuvent être entendus en témoignage pour expliquer ce qui est porté aux procès-verbaux qu'ils ont dressés ou pour déposer sur des faits énoncés en leurs procès-verbaux. V. PROCÈS-VERBAL.

Comme les liens de parenté à un proche degré avec les parties ne permettent point à une personne de déposer avec impartialité, le témoignage des proches parents est exclu par la loi en matière civile et en matière criminelle.

En matière civile, aux termes de l'article 283 du Code de procédure, « pourront être reprochés les parents ou alliés de l'une ou de l'autre des parties, jusqu'au degré de cousin issu de germain inclusivement; les parents et alliés des conjoints au degré ci-dessus, si le conjoint est vivant, ou si la partie ou le témoin en a des enfants vivants : dans le cas que le conjoint soit décédé, et qu'il n'ait pas laissé de descendants, peuvent être reprochés les parents et alliés en ligne directe, les frères, beaux-frères, sœurs et belles-sœurs. Pourront aussi être reprochés, le témoin héritier présomptif ou donataire; celui qui aura bu ou mangé avec la partie, et à ses frais, depuis la prononciation du jugement qui a ordonné l'enquête; celui qui aura donné des certificats sur les faits relatifs au procès; les serviteurs et domestiques; le témoin en état d'accusation; celui qui aura été condamné à une peine afflictive ou infamante, ou même à une peine correctionnelle pour cause de vol.

En matière criminelle, ne doivent pas être entendus comme témoins certains parents ou alliés de l'accusé ou du prévenu, tels que ses ascendants ou descendants, ses frères ou sœurs, sa femme ou son mari, qui sont entendus sans prestation de serment préalable et à titre de renseignements; cependant, l'audition de ces personnes n'est pas, même en cas de condamnation, une cause de nullité de la décision intervenue, lorsque aucune des parties intéressées ne s'est opposée à leur audition. (Code instr. crim., art. 156, 189, 322.)

Spécialement, en cour d'assises, aux termes de l'article 322 du Code d'instruction criminelle, « Ne pourront être reçues les dépositions : 1° du père, de la mère, de l'aïeul, de l'aïeule, ou de tout autre ascendant de l'accusé ou de l'un des accusés présents et soumis au même débat; 2° des fils, fille, petit-fils, petite-fille, ou de tout autre descendant; 3° des frères et sœurs; 4° des alliés aux mêmes degrés; 5° du mari ou de la femme, même après le divorce prononcé; 6° des dénonciateurs dont la dénonciation est récompensée pécuniairement par la loi; sans néanmoins que l'audition des personnes ci-dessus désignées puisse opérer une nullité, lorsque, soit le procureur général, soit la partie civile, soit les accusés, ne se sont pas opposés à ce qu'elles soient entendues. »

Cette prohibition ne s'étend pas aux alliés des alliés; ainsi, le mari de la sœur de la femme de l'accusé, la femme du beau-frère de l'accusé peuvent être entendus comme témoins.

En matière civile la loi autorise dans certains cas la preuve testimoniale, laquelle se fait au moyen d'enquêtes. V. PREUVE.

*Faux témoignage.* — Le faux témoignage est puni de peines rigoureuses par les articles 361 à 366 du Code pénal, ainsi conçus :

Quiconque sera coupable de faux témoignage en matière criminelle, soit contre l'accusé, soit en sa faveur, sera puni de la peine de la reclusion. Si néanmoins l'accusé a été condamné à une peine plus forte que celle de la reclusion, le faux témoin qui a déposé contre lui subira la même peine. (Art. 361.)

Quiconque sera coupable de faux témoignage en matière correctionnelle, soit contre le prévenu, soit en sa faveur, sera puni d'un emprisonnement de deux ans au moins et de cinq ans au plus, et d'une amende de 50 francs à 2 000 francs. Si néanmoins le prévenu a été condamné à plus de cinq années d'emprisonnement, le faux témoin qui a déposé contre lui subira la même peine. Quiconque sera coupable de faux témoignage en matière de police, soit contre le prévenu, soit en sa faveur, sera puni d'un emprisonnement d'un an au moins et de trois ans au plus, et d'une amende de 16 francs à 500 francs. Dans ces deux cas, les coupables pourront, en outre, être privés des droits civils, civiques et de famille pendant cinq ans au moins et dix ans au plus, à compter du jour où ils auront subi leur peine, et être placés sous la surveillance de la haute police pendant le même nombre d'années. (Art. 362.)

Le coupable de faux témoignage, en matière civile, sera puni d'un emprisonnement de deux à cinq ans, et d'une amende de 50 francs à 2 000 francs. Il pourra l'être aussi des peines accessoires mentionnées dans l'article précédent. (Art. 363.)

Le faux témoin, en matière criminelle, qui aura reçu de l'argent, une récompense quelconque ou des promesses, sera puni des travaux forcés à temps, sans préjudice de l'application du deuxième paragraphe de l'article 361.

Le faux témoin, en matière correctionnelle ou civile, qui aura reçu de l'argent, une récompense quelconque ou des promesses, sera puni de la reclusion. — Le faux témoin, en matière de police, qui aura reçu de l'argent, une récompense quelconque ou des promesses, sera puni d'un emprisonnement de deux à cinq ans, et d'une amende de 50 francs à 2 000 francs. — Il pourra l'être aussi des peines accessoires mentionnées en l'article 362 (privation des droits civils, civiques et de famille après l'exécution de la peine, et interdiction de séjour, le tout de cinq à dix ans). — Dans tous les cas, ce que le faux témoin aura reçu sera confisqué. (Art. 364.)

Le coupable de subornation de témoins sera passible des mêmes peines que le faux témoin, selon les distinctions contenues dans les articles 361 à 364. (Art. 365.)

Celui à qui le serment aura été déféré ou référé en matière civile, et qui aura fait un faux serment, sera puni d'un emprisonnement d'une année au moins et de cinq ans au plus, et d'une amende de 100 francs à 3 000 francs. Il pourra, en outre, être privé des droits civils, civiques et de famille pendant cinq ans au moins et dix ans au plus, à compter du jour où il aura subi sa peine, et être interdit de séjour pendant le même nombre d'années. (Art. 366.)

**Témoins (Preuve par).** — V. PREUVE, § *Preuve testimoniale.*

**Tentative.** — Acte d'exécution qui n'a pas encore produit le mal constitutif de l'infraction.

En matière de contraventions de simple police, la tentative n'est jamais punissable; mais la tentative de crime est, sauf exception, considérée comme le crime même, et, par suite, punie de la même peine. (Code pén., art. 2.) Au contraire, par une règle de pénalité inverse, la tentative de délit n'est pas, à moins d'exception, considérée comme le délit même; elle n'est considérée comme délit que dans les cas déterminés par une disposition spéciale de la loi; par exemple, au cas de tentative de vol, de tentative d'escroquerie. (Code pén., art. 3, 388, 401, 405.)

La tentative de crime et la tentative de délit sont constituées par des éléments communs : pour que la tentative soit punissable, il faut qu'elle ait été manifestée par des actes extérieurs constituant un commencement d'exécution, et, d'autre part, que la consommation du fait n'ait été suspendue ou n'ait manqué son effet que par un événement fortuit, indépendant de la volonté de l'auteur. (Code pén., art. 2.)

**Terme.** — Laps de temps pendant lequel est différée l'exécution d'une obligation.

*Obligations à terme.* — Le terme est *certain* quand l'époque à laquelle il arrivera est connue d'avance; il est *incertain* lorsque cette époque est inconnue. Mais l'échéance prévue doit nécessairement arriver; dans l'hypothèse contraire, l'obligation ne serait plus à terme, mais conditionnelle.

Le terme diffère, en effet, essentiellement de la condition : celle-ci tient en suspens l'effet de l'obligation et en rend l'existence même hypothétique jusqu'à l'avènement de la condition stipulée. Au contraire, l'obligation à terme est d'ores et déjà certaine et parfaite : son exécution seule est différée. Il y a donc quelque chose d'inexact dans le dicton proverbial : *Qui a terme ne doit rien;* l'obligé à terme doit réellement, quoique son créancier ne puisse pas exiger de lui sa libération immédiate.

Le terme est *de droit* lorsqu'il est stipulé dans l'acte ou est concédé par la loi; il est *de grâce* quand il est accordé par le juge. (V. ACOMPTE.) Il est *exprès* ou *tacite* suivant qu'il a été formellement convenu entre les parties ou qu'il résulte de la nature même de l'obligation.

Le débiteur à terme ne peut être contraint de se libérer avant l'échéance. S'il a payé par anticipation en pleine connaissance de cause et sachant qu'il avait terme pour se libérer, il a alors tacitement renoncé au bénéfice d'un délai stipulé en sa faveur, et il ne peut revenir sur cette renonciation volontaire. Si le payement anticipé avait été fait par le débiteur dans l'ignorance du terme dont il pouvait réclamer le bénéfice, le payement anticipé pourrait, selon certains auteurs, être sujet à répétition. (Code civ., art. 1186.)

Le terme est, de droit, présumé stipulé en faveur du débiteur. Il suit de là que l'obligé peut y renoncer et contraindre le créancier à recevoir son payement avant l'échéance. Il en serait autrement si le terme avait été stipulé dans l'intérêt du créancier, auquel il pourrait importer de ne pas recevoir la somme avant une certaine échéance; mais ce point devrait être l'objet d'une clause formelle ou résulter sans équivoque des dispositions et de l'économie du contrat. (*Id.*, art. 1187.)

Le débiteur est déchu du bénéfice du terme s'il n'a pas donné au créancier ou s'il a amoindri, par son fait, les sûretés ou garanties promises, et, en outre, s'il vient à tomber en faillite. (*Id.*, art. 1188.) La même déchéance devrait-elle frapper le débiteur non commerçant tombé dans un état d'insolvabilité totale, alors qu'il y a péril en la demeure en pareil cas, plus encore que dans le cas de faillite? La solution est controversée; toutefois, il faut remarquer que l'article 1913 du Code civil assimile absolument la déconfiture à la faillite en déclarant que l'une et l'autre de ces deux situations rendent également exigible le capital des rentes constituées.

La non-échéance n'interdit au créancier que les actes d'exécution forcée, mais elle ne l'empêche pas de se livrer à des actes ou mesures conservatoires. Ainsi, le créancier peut, sans conteste, prendre ou renouveler les inscriptions hypothécaires avant l'exigibilité de sa créance. Si l'obligation a été consentie par acte sous seing privé, il peut aussi, sans attendre l'échéance du terme, assigner son débiteur en justice, non sans doute pour le faire condamner à payer actuellement, mais pour l'obliger à faire l'aveu ou reconnaissance de l'écriture de l'acte privé et de la signature qu'il y a apposée.

*Location immobilière.* — En matière de location immobilière, *le terme* est l'époque fixée pour le payement du loyer; l'expression s'applique également à la portion du prix annuel de la location à payer à l'expiration du terme. D'après les usages généralement établis, le payement du terme a lieu le 15 des mois de janvier, avril, juillet et octobre. Dans beaucoup de régions, les fermages des immeubles ruraux sont payables en trois termes : à la Saint-Jean (24 juin), à la Saint-Michel (29 sept.), à Noël (25 déc.).

**Terme (Opérations à).** — Opérations de Bourse dont le règlement est ajourné à une époque postérieure à la négociation et fixée d'avance.

Le marché à terme est *ferme* lorsque les parties sont tenues d'exécuter le contrat au jour fixé, quels que soient les changements survenus dans le cours des valeurs; le marché à terme est *à prime* lorsque l'acheteur s'est réservé la faculté de ne pas donner suite à l'opération, moyennant l'abandon d'une indemnité appelée « prime ». Le *report* consiste en un achat et une revente simultanés de titres de même nature à des termes différents.

Sur le marché officiel, les négociations à terme ne peuvent se faire qu'à des échéances déterminées, qu'on désigne sous le nom de *liquidations.*

L'ensemble des offres et des demandes à terme, à un moment donné, sur une certaine valeur, s'appelle *le terme;* dans le langage de la Bourse, on dit que le terme est *rare, demandé,* ou, au contraire, qu'il est *abondant, offert.*

**Testament.** — Acte révocable par lequel une personne (*testateur*) dispose de tout ou partie de ses biens pour le temps où elle n'existera plus.

Comme la donation, le testament est une libéralité faite par une personne à une autre; mais, tandis que la donation est un contrat, c'est-à-dire l'œuvre de deux personnes dont le consentement est nécessaire pour la perfection de cet acte, et qu'elle transfère au donataire un droit actuel et irrévocable, le testament, œuvre d'une volonté unique, la volonté du testateur, ne produit aucun effet du vivant de celui-ci et peut être modifié ou révoqué par lui jusqu'au moment de sa mort.

Les conditions de capacité de disposer et de recevoir sont les mêmes pour les donations et pour les testaments.

Les règles communes aux donations entre vifs et aux testaments ont été exposées à l'article DONATION. (Code civ., art. 893-930.) De même, les dispositions concernant les legs (Code civ., art. 1002-1025) ont fait l'objet d'un article spécial. (V. LEGS.) Il nous reste donc à examiner les diverses formes de testaments. (Code civ., art. 967-1001.)

Le testament, acte solennel, n'existerait pas si l'on n'observait, en le faisant, les formes exigées par la loi. Bien que rien ne puisse remplacer la forme solennelle et écrite qui constitue le testament, on admet pourtant que si un testament venait à être détruit par un accident fortuit et de force majeure, ceux au profit desquels il disposait pourraient en poursuivre l'exécution en prouvant, d'une part, l'événement de force majeure et, d'autre part, quel était le contenu de l'acte ainsi que sa complète régularité.

Un testament ne peut être fait dans le même acte par deux ou plusieurs personnes, soit au profit d'un tiers, soit à titre de disposition réciproque et mutuelle. Ces testaments étaient appelés *conjonctifs* dans notre ancien droit; mais deux personnes peuvent, par actes séparés, disposer réciproquement au profit l'une de l'autre, et il n'y aurait pas lieu d'annuler deux testaments écrits sur la même feuille de papier, car la réunion matérielle qui résulterait de l'écriture de ces deux actes sur la même feuille n'empêcherait pas leur indépendance intellectuelle.

On peut diviser les testaments dont s'occupe le Code en ordinaires et privilégiés. Les testaments ordinaires sont ceux dont les formes peuvent être employées par toute personne capable de tester, quelles que soient les circonstances dans lesquelles elle se trouve. Les testaments ordinaires sont le testament olographe, le testament par acte public et le testament mystique.

Indépendamment des trois formes ordinaires de tester susvisées, le Code reconnaît quatre autres sortes de testaments dits *privilégiés*, qui ne peuvent être valablement faits que dans certaines circonstances prévues par la loi et par certaines personnes. Ce sont les testaments des militaires, lorsqu'ils se trouvent dans une place assiégée ou hors du territoire français, soit en expédition, soit en garnison, ou prisonniers chez l'ennemi; ceux faits en temps de peste ou de maladie contagieuse; sur mer, en cours de route, en pays étranger. Ces testaments cessent d'être valables six mois après le retour du testateur dans un lieu où il a la liberté d'employer les formes ordinaires.

On ne s'occupera ici que des testaments ordinaires.

Toute personne capable de tester peut choisir à son gré une quelconque des formes des testaments ordinaires, pourvu toutefois que des circonstances personnelles au disposant, une infirmité physique par exemple, ne lui rendent pas impossible l'accomplissement de l'une ou de l'autre de ces formes. Ainsi, un muet ne pourrait faire un testament en la forme authentique, puisqu'il serait dans l'impossibilité de dicter ses dernières volontés.

*Testament olographe.* — Le testament olographe, dit l'article 970 du Code civil, ne sera point valable s'il n'est écrit en entier, daté et signé de la main du testateur.

1° Il faut qu'il soit écrit en entier de la main du testateur. Les personnes ne sachant pas écrire ou lire ne peuvent tester que par acte public. Les muets, les aveugles et les sourds sachant écrire peuvent tester en la forme olographe. La raison en est que le testament doit être l'œuvre du testateur seul. Si un tiers avait contribué à le rédiger, il serait à présumer que le testateur aurait subi l'influence d'une volonté étrangère. Un seul mot écrit d'une main étrangère vicie le testament, mais il ne faut pas entendre ceci avec trop de rigueur, sinon on arriverait à cette conséquence qu'une personne entre les mains de laquelle le testament tomberait pourrait le détruire en y ajoutant quelques mots de sa main. Pour qu'une écriture étrangère vicie le testament, il faut qu'elle y ait été insérée avec le consentement du testateur, et qu'elle fasse partie du testament lui-même. De ce qu'un testament olographe est nul s'il n'est écrit en entier de la main du testateur découle cette autre conséquence qu'il est nul si le testateur n'a pu former ses lettres qu'en se faisant constamment guider la main par un tiers.

2° La date permet d'apprécier, en se reportant au moment où le testament a été fait, si le testateur était alors en état de capacité, s'il n'était pas mineur ou interdit, par exemple. De plus, dans le cas où l'on trouverait plusieurs testaments olographes, comme les premiers peuvent être révoqués par ceux qui les suivent pour toutes les dispositions qui sont contraires ou incompatibles entre elles, la date des testaments servira à reconnaître ceux qui ont été faits les derniers. L'indication de la date est celle des mois, jour et an où le tesment a été rédigé.

Quand la date est inexacte, incomplète, et que cette inexactitude résulte d'une inadvertance de la part du testateur, on peut puiser dans le testament même les éléments rectificatifs de la date, lorsque celle-ci est fixée par là d'une manière certaine et indubitable.

3° Il faut, enfin, que le testament olographe soit signé par le testateur. Une simple croix ne peut jamais équivaloir à une signature.

Ces trois conditions sont les seules dont l'inobservation entraîne la nullité d'un testament olographe. Le testament olographe peut être écrit sous forme de lettre missive, pourvu que cette lettre contienne non pas l'annonce d'un testament, mais bien de véritables dispositions testamentaires. On peut l'écrire sur quelque matière que ce soit, non seulement sur du papier, timbré ou non, mais aussi sur du carton, du bois, du linge, de la pierre. On peut l'écrire encore à l'aide de toute matière : avec de l'encre, de quelque couleur qu'elle soit, avec du crayon. Il ne doit pas nécessairement être rédigé en un seul contexte ni en un seul jour : le testateur peut, s'il écrit ses dispositions à des époques différentes, dater ou signer chacune d'elles séparément, ou se contenter d'apposer à toutes ensemble la date et la signature, le jour où il termine son testament. Il peut aussi dater séparément les diverses parties de l'acte et n'apposer sa signature qu'à la fin.

Lorsque la personne à laquelle on oppose un testament olographe méconnaît l'écriture et la signature du testateur, comme le testament olographe n'est qu'un acte sous seing privé, la déclaration de ceux auxquels on l'oppose, lorsqu'ils méconnaissent l'écriture du défunt, oblige les légataires à faire procéder à la vérification d'écriture, dans la forme prescrite par le Code de procédure civile. V. ÉCRITURE (Vérification d').

Quant à la date d'un testament olographe dont l'écriture est reconnue en principe, la fausseté de cette date ne peut être combattue qu'au moyen de l'inscription de faux. Mais on apporte à ce principe trois exceptions : lorsque le testament est attaqué pour cause de dol ou de fraude ; lorsque l'héritier prétend que le testateur a donné une fausse date à son testament pour se soustraire à l'incapacité légale dont il était frappé à l'époque où il l'a fait ; lorsque les énonciations mêmes du testament ou son état matériel font naître des doutes sur la sincérité de sa date. Dans ces cas exceptionnels, on pourrait se servir, pour prouver la fausseté de la date, de la preuve par témoins ou de simples présomptions ; mais les légataires seraient admis à leur tour à user de toutes sortes de preuves pour en établir la sincérité.

*Testament par acte public.* — Le testament par acte public est celui qui est reçu par deux notaires en présence de deux témoins ou par un notaire en présence de quatre témoins. Ce testament remédie aux inconvénients que le testament olographe, malgré ses précieux avantages, pourrait présenter ; il peut être employé par une personne illettrée ou par celle qui redouterait après sa mort une suppression de testament.

Comme le testateur doit dicter ses volontés au notaire, le muet ne peut tester par acte public, et comme l'on doit, une fois le testament écrit, en faire lecture au testateur, le sourd ne pourrait non plus se servir de cette forme pour manifester ses dernières volontés. Ceux qui ne savent ni lire ni écrire peuvent seulement tester par acte public. Les aveugles ne peuvent tester par acte public. Les sourds qui savent écrire peuvent tester dans la forme olographe ou mystique ; s'ils ne savent que lire, ils peuvent tester dans la forme mystique, mais jamais par acte public.

Les notaires sont seuls compétents pour recevoir des testaments par acte public, à la différence de ce qui se passait dans notre ancien droit, qui attribuait compétence aux officiers de justice, aux officiers municipaux, aux curés.

Deux notaires ne peuvent, sous peine de nullité, concourir à la rédaction d'un testament lorsqu'ils sont parents ou alliés, en ligne directe, à quelque degré que ce soit, et en ligne collatérale, jusqu'au degré d'oncle ou de neveu inclusivement. De même, les notaires ne peuvent recevoir les testaments dans lesquels leurs parents ou alliés en ligne directe et en ligne collatérale aux mêmes degrés que ci-dessus seraient testateurs ou légataires, ou qui contiendraient quelques dispositions en leur faveur personnelle. La nullité qui résulterait de la contravention à cette défense s'appliquerait non seulement aux libéralités faites aux notaires ou à leurs parents ou alliés, mais au testament tout entier. Enfin, un notaire ne pourrait, à peine de nullité, recevoir un testament ailleurs que dans l'étendue de son ressort.

Ne peuvent être témoins les sourds, les aveugles, les idiots, ou encore les personnes interdites pour cause de démence ou de fureur, à moins qu'elles ne soient dans un intervalle lucide. Le muet pourrait, d'après la plupart des auteurs, servir de témoin, car il a pu voir et entendre ce qui se passait en sa présence, et il pourrait, au besoin, en rendre compte par l'écriture ou par le langage des signes. Ceux qui n'entendent pas la langue dont le testateur s'est servi ne peuvent être témoins ; mais la jurisprudence décide qu'il leur suffirait d'avoir eu connaissance des dispositions testamentaires par la lecture que le notaire aurait faite devant eux en traduisant.

A côté de ces incapacités naturelles se placent des causes légales d'incapacité absolue : les témoins appelés pour être présents aux testaments doivent être majeurs de l'un ou l'autre sexe (v. TÉMOIN), Français et jouissant des droits civils, ce qui exclut ceux qui ont encouru la dégradation civique, comme peine accessoire ou principale, et ceux qui ont subi certaines condamnations correctionnelles.

Des incapacités relatives sont contenues dans l'art. 975, ainsi conçu : « Ne pourront être pris pour témoins du testament par acte public ni les légataires, à quelque titre qu'ils soient, ni leurs parents ou alliés jusqu'au quatrième degré inclusivement, ni les clercs des notaires par lesquels les actes seront reçus. » Une personne peut servir de témoin dans un testament qui l'établit exécuteur testamentaire, pourvu, bien entendu, qu'en même temps elle ne soit pas gratifiée et ne puisse dès lors être considérée comme légataire. Quant aux parents, ce sont les parents et alliés jusqu'au quatrième degré des légataires qui ne peuvent servir de témoins, et il va sans dire que sous ce mot d'alliés il faut entendre le conjoint d'un des légataires. Mais rien n'empêche que les parents ou alliés du testateur, et même le mari de la testatrice, ne servent de témoins, pourvu toujours qu'ils ne reçoivent rien dans le testament. Même solution pour les parents ou alliés du notaire ou des notaires. Les serviteurs ou domestiques, soit du testateur, soit des légataires, peuvent être témoins dans les testaments.

La sanction attachée à l'incapacité soit absolue, soit relative, d'un témoin est la nullité du testament tout entier. Il peut arriver pourtant qu'un testament soit maintenu, malgré le défaut de capacité chez un des témoins, si à l'époque de la confection du testament ce témoin était, d'après l'opinion commune, considéré comme capable. Il en serait de même au cas d'incapacité résultant de la parenté ou de l'alliance de l'un des témoins avec un légataire, lorsqu'il aurait été impossible au testateur et au notaire de connaître cette incapacité.

Les testaments par acte public doivent énoncer les noms et lieux de résidence du notaire ou des notaires qui les reçoivent. Ils doivent, à peine de nullité, contenir la mention du lieu où ils ont été faits, ainsi que celle de la date à laquelle ils ont été passés. Il faut encore qu'ils contiennent les noms des témoins instrumentaires et leur demeure, ainsi que la mention de la signature du testament par le testateur et les témoins. Les mots surchargés, interlignés ou ajoutés dans le corps de l'acte sont nuls ; mais ces surcharges ou interlignes n'entraînent pas la nullité du testament, à moins qu'ils ne servent à remplir une des conditions essentielles exigées pour sa validité. Le testament doit être dressé en minute et non en brevet. Les notaires doivent conserver cette minute et ne peuvent s'en dessaisir que dans les cas prévus par la loi et en vertu de jugements.

Les formalités spéciales au testament par acte public peuvent se résumer dans les opérations suivantes : le testateur doit dicter ses dernières volontés au notaire ou aux deux notaires ; l'un des notaires écrit le testament, puis lecture en est donnée par le notaire au testateur ; mention est faite ensuite dans l'acte de l'accomplissement de ces formalités ; enfin le testament est signé par le testateur et par les témoins.

Le testament doit être dicté par le testateur, à la différence des actes ordinaires, que le notaire peut rédiger sur des notes qui lui sont remises par les parties. La dictée peut être faite dans une langue ou dans un patois étrangers. Dans ce cas, pour que le testament soit valable, comme tous les actes publics en France doivent être rédigés en français, il est indispensable que le notaire et les témoins comprennent le langage du testateur, et que le notaire traduise et écrive l'acte en français. Le notaire doit faire en marge une traduction dans la langue selon laquelle le testament a été dicté, mais cette traduction n'a pas l'authenticité de la copie française, qui est le véritable testament. Lecture est donnée au testateur de cette traduction faite en marge.

Le testament doit, en second lieu, être écrit par le notaire ou par l'un des notaires, s'il y en a deux. Nul autre qu'un notaire ne peut tenir la plume, ni un clerc, ni un témoin, ni le testateur lui-même. Peu importe que l'un des notaires ait écrit le testament seul, ou qu'il ait été écrit en partie par l'un d'eux et en partie par l'autre ; seulement, il faudrait faire mention de cette circonstance. Le notaire doit écrire tout ce qui doit être dicté par le testateur ; mais, quant au protocole de l'acte, aux noms et prénoms des témoins, on peut les écrire d'avance et même hors de la présence du testateur et des témoins

La troisième formalité consiste dans la lecture du testament au testateur par le notaire, en présence des témoins. De cette façon, le testateur vérifie si sa pensée a été exactement reproduite, et, d'autre part, les témoins s'assurent si les dispositions ont été rédigées telles qu'elles ont été dictées. Cette lecture doit porter sur les renvois et apostilles, s'il y en a.

La mention de l'observation des formalités testamentaires peut être mise soit à la fin, soit au milieu, soit au commencement de l'acte.

La dernière des formalités de l'acte authentique, celle qui lui donne sa perfection, consiste dans les signatures du testateur, des témoins et du notaire ; d'où il résulte que, si le testateur vient à mourir avant d'avoir signé ou avant que le notaire et les témoins aient signé, le testament sera imparfait. A défaut de signature (celui qui ne sait pas écrire peut tester par acte public), il faut que le testateur déclare qu'il ne sait ou ne peut signer, et il doit être fait mention expresse de sa déclaration, ainsi que de la cause qui l'empêche de signer.

Le testament par acte public a la force probante ordinaire des actes notariés, c'est-à-dire qu'il fait foi de tous les faits que le notaire a pour mission de constater et on ne peut en attaquer les énonciations que par la voie de l'inscription de faux. C'est ainsi qu'il faudrait procéder si l'on prétendait, par exemple, que telle formalité dont l'observation se trouve constatée par le testament n'a pas été remplie en réalité. Mais on pourrait, au contraire, prouver par une simple enquête qu'un des témoins était incapable, car la capacité des témoins n'est point un fait dont le notaire soit juge et qu'il ait pour mission de constater.

**Testament mystique.** — Le testament mystique possède sur le testament olographe l'avantage de participer à certains égards de l'authenticité du testament par acte public, et sur le testament par acte public celui de ne mettre personne, notaire ni témoins, dans la confidence des dispositions dernières du testateur. Cette forme ne peut être employée que par ceux qui savent lire ou qui peuvent lire.

Le testateur écrit lui-même ses dispositions ou les fait écrire par un tiers ; dans tous les cas, il doit les signer. Puis il clôt et scelle le papier qui contient ses dispositions ou l'enveloppe qui renferme ce papier. Il le présente ainsi au notaire et à six témoins au moins, en déclarant que ce qui est contenu en ce papier est son testament écrit et signé de lui ou écrit par un tiers et signé par lui. Le notaire dresse un acte qu'on appelle *acte de suscription* et qui atteste la présentation qui lui est faite ; il écrit cet acte sur le papier ou sur la feuille qui sert d'enveloppe et le signe avec le testateur et les témoins. La présentation du testament, la déclaration du testateur et l'acte de suscription doivent avoir lieu de suite et sans divertir à d'autres actes. On peut réduire ces formalités à quatre : l'écriture du testament, la clôture et le scel, la présentation au notaire et l'acte de suscription, l'unité de temps et de lieu.

L'écriture peut émaner du testateur ou de toute autre personne qu'il juge convenable. Ainsi elle peut être faite par le notaire, qui dresse ensuite l'acte de la suscription, et qui ne joue ici que le rôle de personne privée, ou par l'une des personnes que le testateur se propose d'employer comme témoins, ou même par quelqu'un au profit duquel il voudrait disposer. Le testateur doit toujours signer l'écrit qui renferme ses dispositions; mais il n'est pas besoin qu'il l'ait daté, car la date du testament mystique n'est nullement celle de la disposition, mais celle de l'acte de suscription.

La clôture et le scel du testament mystique peuvent avoir lieu d'avance ou bien être accomplis en présence du notaire et des témoins. La loi n'exige pas que le testateur se serve de son propre cachet; elle l'autorise par là à employer celui de toute autre personne. La jurisprudence décide qu'il n'est pas absolument nécessaire que le testateur appose sur la cire à cacheter un sceau ou un cachet quelconque. Il suffit que le testament soit clos et fermé de telle manière qu'on ne puisse pas l'ouvrir sans qu'il reste trace de cette ouverture.

Le testateur doit ensuite présenter le testament au notaire et déclarer que c'est là son testament. L'acte de suscription dressé alors par le notaire doit être écrit sur le papier même qui contient le testament ou sur l'enveloppe, de sorte qu'il y aurait nullité si le notaire avait dressé le testament sur un papier distinct et à part. Cet acte de suscription est soumis aux règles générales prescrites par la loi du 25 ventôse an XI pour les actes notariés; ainsi il doit énoncer le nom et la résidence du notaire, le nom des témoins, le lieu, l'année, le jour où l'acte est passé, etc.

Les témoins qui doivent assister à l'acte de suscription doivent être au nombre de six. Il est même nécessaire d'appeler un témoin de plus dans le cas où le testateur ne sait pas signer, ou s'il n'a pu le faire lorsqu'il a fait écrire ses dispositions; le septième témoin assistera à l'acte de suscription, le signera comme les autres, et il sera fait mention de la cause pour laquelle il aura été appelé. Les règles sur la capacité absolue des témoins doivent être les mêmes pour le testament mystique que pour le testament par acte public; il faut donc exclure l'aveugle, qui ne pourrait pas voir le testateur, et le sourd, qui ne pourrait pas l'entendre. Mais il n'en est pas de même pour les incapacités relatives qui n'existent pas du tout pour les témoins dans les testaments mystiques; ainsi les légataires à quelque titre qu'ils soient et leurs parents ou alliés, les parents, alliés et serviteurs du testateur ou du notaire peuvent lui servir de témoins.

Quant aux énonciations de l'acte de suscription, presque tous les auteurs reconnaissent qu'elles doivent constater la présentation faite par le testateur au notaire et aux témoins du papier où est son testament, la déclaration du testateur que c'est là son testament, enfin l'état du papier présenté au notaire, s'il était déjà clos et scellé, ou s'il l'a été seulement en présence du notaire et des témoins. (La mention que le testateur a présenté son testament clos, sans ajouter les mots *et scellé,* ne remplirait pas le vœu de la loi.) Mais ces trois formalités sont les seules que doit constater l'acte de suscription, et il ne serait pas nécessaire de mentionner, par exemple, que le testament a été écrit sur la feuille donnée par le testateur ou sur l'enveloppe, car ce n'est pas là une de ces formes qui doivent être relatées par le notaire sur l'acte de suscription.

Enfin, les formalités constitutives de l'acte de suscription doivent être accomplies de suite et « sans divertir » à d'autres actes, pour qu'un tiers intéressé ne puisse, pendant que le testateur et le notaire procéderaient à une autre opération, substituer un acte faux au papier qui contient les dispositions testamentaires.

Ceux qui ne savent ou ne peuvent lire ne peuvent tester en la forme mystique parce que, ne pouvant vérifier si le papier qu'ils présenteraient au notaire contient l'expression de leurs volontés, ils se trouveraient trop facilement exposés à la fraude. Il en est de même des aveugles. Si le testateur ne peut parler, mais peut écrire, il peut faire un testament mystique, à la condition que le testament soit entièrement écrit, daté et signé de sa main, qu'il le présente au notaire et aux témoins et qu'au haut de l'acte de suscription il écrive, en leur présence, que le papier qu'il présente est son testament; après quoi le notaire écrit l'acte de suscription, dans lequel il est fait mention que le testateur a écrit ces mots en présence du notaire et des témoins.

Les diverses formalités que nous venons d'examiner doivent être observées à peine de nullité du testament comme testament mystique. Mais si, dans le cas où le testament est nul en la forme mystique, l'acte renfermant les dernières volontés du testateur était écrit en entier, daté et signé de sa main, le testament pourrait être validé comme olographe, à moins qu'il ne résulte de cet acte lui-même que le testateur a entendu subordonner l'efficacité de ses dispositions à l'accomplissement exact des formalités du testament mystique.

Lorsque toutes les formalités du testament mystique ont été observées, l'écrit intérieur ne participe pas à l'authenticité de l'acte de suscription; il reste un acte sous seing privé. La déclaration du testateur que l'acte qu'il présente est signé par lui ne s'oppose pas à ce que le notaire puisse attester que cette signature a été apposée devant lui, et il n'y a d'authentique que les faits dont le notaire a été témoin. Si donc la signature du testateur, apposée à l'écrit qui contient ses dernières dispositions, venait à être méconnue, les légataires qui se prévaudraient du testament seraient, comme en matière de testament olographe, tenus d'en poursuivre la vérification.

*Codicille.* — C'est une disposition additionnelle à un testament. Le Code civil ne s'occupe pas des codicilles, qui n'ont point en effet d'existence distincte dans l'état présent de notre législation. Suivant l'article 893, nul ne peut disposer gratuitement de ses biens que par donation entre vifs ou par testament, et dans les formes rigoureusement prescrites par la loi pour ces deux espèces d'actes. Le codicille n'a donc pas d'existence à part, en ce sens du moins qu'il est soumis identiquement aux mêmes règles et aux mêmes formalités que le testament lui-même. Néanmoins, on continue usuellement de donner le nom de *codicille* ou de *clause codicillaire* à un testament postérieur apportant quelque modification ou ajoutant quelque disposition ou quelque libéralité nouvelles à celles contenues dans un testament précédent, qui, d'ailleurs, n'est point révoqué dans son entier, et continue de subsister. Mais le testament subséquent ou codicille a désormais une existence propre et indépendante, et ne serait point infirmé par la caducité du premier, au moins dans celles de ses dispositions qui sont absolument distinctes et sans corrélation nécessaire avec les dispositions de l'acte antérieur.

*Exécuteur testamentaire.* — Un testateur peut nommer un ou plusieurs exécuteurs testamentaires. L'exécution testamentaire est un mandat qui comporte quelques principes spéciaux. L'exécuteur testamentaire, comme le mandataire, est libre de refuser le mandat; s'il l'accepte, il doit satisfaire à toutes ses obligations; comme le mandat, l'exécution testamentaire est gratuite. Cependant, le testateur peut faire à l'exécuteur testamentaire un legs modique, connu sous le nom de « diamant ». Mais, à la différence du mandat, l'exécution testamentaire ne peut pas être révoquée puisque le mandant est mort et que les héritiers testamentaires n'ont pas la faculté de révoquer un mandat donné pour prévenir leur négligence. De plus, l'exécution testamentaire commence à la mort du mandant, c'est-à-dire à l'époque où finit le mandat ordinaire.

Enfin, tandis que le mandant peut choisir pour mandataire même un incapable, le testateur ne peut confier l'exécution de son testament qu'à une personne capable. Ainsi la femme mariée ne peut accepter l'exécution testamentaire qu'avec le consentement de son mari. Le mineur, même émancipé, ne peut l'accepter, fût-il autorisé de son tuteur ou curateur.

L'exécuteur testamentaire a pour mission de faire exécuter le testament. Dans l'ancien droit français il avait toujours la saisine du mobilier et quelquefois des immeubles. Aujourd'hui il n'a plus la saisine légale; mais le testateur peut lui conférer la saisine du mobilier avec une durée limitée à l'an et jour à compter de son décès. Cette saisine n'est qu'une simple détention. L'héritier légitime conserve la saisine légale et peut faire d'ailleurs cesser la détention en remettant à l'exécuteur testamentaire somme suffisante pour le payement des legs réguliers ou en justifiant de ce payement.

L'exécuteur n'est qu'un dépositaire qui reçoit les meubles, à la charge d'en rendre compte; il possède au nom et au bénéfice des héritiers. Il doit faire apposer les scellés s'il y a des héritiers mineurs, interdits ou absents, et faire faire inventaire; provoquer la vente du mobilier à défaut d'argent suffisant pour acquitter les legs; veiller à ce que le testament soit exécuté; enfin, à l'expiration de l'année du décès du testateur, rendre compte de sa gestion.

S'il n'y a pas d'héritier à réserve, le testateur peut le charger de vendre les immeubles sans formalités judiciaires, de réaliser et de liquider l'actif. Mais seul l'exécuteur testamentaire saisi peut employer les deniers au payement des legs. Cette saisine permet aussi aux légataires de meubles de diriger contre lui la demande en délivrance. Il ne devra d'ailleurs procéder au payement des legs qu'avec la participation des héritiers, intéressés à les contester. Il faut admettre que, malgré la saisine, l'exécuteur testamentaire doit demeurer étranger au payement des dettes.

Les pouvoirs de l'exécuteur testamentaire ne passent pas à ses héritiers. Si plusieurs exécuteurs testamentaires ont accepté, un seul peut agir au défaut des autres, mais ils sont solidairement responsables du mobilier, à moins que le testateur n'ait divisé leurs fonctions, et que chacun d'eux ne se soit renfermé dans celle qui lui était attribuée.

Les frais faits par l'exécuteur testamentaire pour l'apposition des scellés, l'inventaire, le compte et les autres frais relatifs à ses fonctions, sont à la charge de la succession.

L'exécution testamentaire prend fin par le décès de l'exécuteur, par l'exécution complète du testament, par la destitution de l'exécuteur, par sa démission volontaire.

*Conservation et exécution des testaments.* — Le testament par acte public doit être conservé dans les minutes du notaire, qui ne peut en remettre l'original au testateur, même contre décharge que lui donnerait ce dernier. Le testament mystique doit aussi être conservé par le notaire, qui toutefois devrait le rendre au testateur qui le réclamerait. Quant au testament olographe, le testateur le conserve ou le remet à telle personne qu'il juge convenable.

Quant à l'exécution, il n'y a rien à dire en ce qui concerne les testaments par acte public, qui sont exécutoires par eux-mêmes et dont toute personne intéressée pourra demander une expédition après le décès du testateur. Il n'en est pas de même des testaments olographes ou mystiques. Ceux-ci doivent, avant d'être mis à exécution, être présentés au président du tribunal de première instance de l'arrondissement dans lequel la succession est ouverte. Ce testament sera ouvert s'il est cacheté. Le président dressera procès-verbal de la présentation, de l'ouverture et de l'état du testament, dont il ordonnera le dépôt entre les mains d'un notaire par lui commis. S'il s'agit d'un testament mystique, l'ouverture n'en pourra être faite qu'en présence du notaire et de ceux des témoins signataires de l'acte de suscription qui se trouveront sur les lieux ou eux appelés. Ces formalités n'ont d'autre objet que d'assurer la conservation des testaments olographes ou mystiques; leur inexécution ne saurait influer sur la validité de ces testaments. Outre ces formalités, il en existe une spéciale et qui doit être observée lorsque le legs est universel et que le testateur ne laisse pas d'héritier à réserve : c'est la demande d'envoi en possession que doit former le légataire universel institué par un testament olographe ou mystique. Cette demande est adressée au président du tribunal par une requête au bas de laquelle celui-ci met l'ordonnance d'envoi en possession et à laquelle on joint l'acte de dépôt. La mission du président est d'examiner si le testament remplit les conditions légales pour la validité du legs universel; mais soit qu'il prononce, soit qu'il refuse cet envoi, cette mesure n'a qu'un caractère provisoire et n'enlèverait pas aux héritiers les moyens qu'ils auraient à faire valoir contre le testament.

Lorsqu'il n'y a pas d'héritier à réserve, le légataire universel est saisi de droit de la succession ; mais le législateur n'a pas voulu qu'il pût appréhender les objets héréditaires sans qu'il fût préalablement pris des précautions pour rassurer la société et pour garantir les droits des absents intéressés. Sans doute, le légataire universel qui a pour lui un testament authentique n'est obligé à aucune précaution, la forme authentique de l'acte étant une garantie suffisante de sa sincérité; mais lorsque le légataire est institué par un testament olographe ou mystique, le président du tribunal vérifiera si le testament est régulier, s'il ne s'élève aucun doute sur la validité du legs universel, et il pourra, s'il y a lieu, en refusant l'envoi en possession, empêcher l'appréhension de l'hérédité par un légataire dont les prétentions seraient plus tard déclarées mal fondées.

Comme l'envoi en possession ordonné par le président n'est qu'un acte de juridiction gracieuse par lequel il ne préjuge rien sur les causes de nullité intrinsèque dont le testament pourrait être affecté, les héritiers légitimes n'auraient contre l'ordonnance d'envoi en possession aucune voie de recours, ni l'opposition, ni l'appel, ni la tierce opposition, car l'ordonnance dont il s'agit ne statue nullement sur les droits respectifs des héritiers et du légataire, dont les droits, au fond et en la forme, sont entièrement réservés. Mais les parties intéressées pourraient requérir des mesures conservatoires pour sauvegarder leurs droits contre les détournements, les dilapidations des biens de la succession qui seraient irréparables en cas d'insolvabilité de l'envoyé en possession. Les demandes d'apposition de scellés ou d'inventaire sont portées devant le tribunal du lieu où la succession s'est ouverte ou même simplement, par voie de référé, devant le président de ce tribunal, qui a alors à apprécier s'il doit modifier ou suspendre les effets de l'envoi en possession qu'il a ordonné.

Les frais de la demande en délivrance sont à la charge de la succession. Quant aux droits d'enregistrement et de mutation, ils doivent être supportés par ceux au profit desquels la mutation est opérée, c'est-à-dire par les légataires. Chaque légataire peut faire enregistrer isolément son legs.

*Révocation et caducité des testaments.* (Code civ., art. 1035-1047.) — Les testaments ne peuvent être révoqués, en tout ou en partie, que par un testament postérieur, ou par un acte devant notaires, portant déclaration du changement de volonté.

Les testaments postérieurs qui ne révoquent pas d'une manière expresse les précédents n'annulent, dans ceux-ci, que les dispositions incompatibles avec les nouvelles ou qui leur sont contraires. La révocation conserve son effet même si le second testament n'est pas exécuté par suite de l'incapacité ou du refus de l'héritier institué ou du légataire.

Toute aliénation, même par vente avec faculté de rachat ou par échange, de la chose léguée emporte la révocation du legs pour tout ce qui a été aliéné, même si l'aliénation postérieure est nulle et si l'objet est rentré dans la main du testateur.

Toute disposition testamentaire est caduque si celui en faveur de qui elle est faite n'a pas survécu au testateur, ou bien lorsque l'héritier institué ou le légataire répudie la libéralité ou se trouve incapable de la recueillir.

Toute disposition testamentaire faite sous une condition dépendant d'un événement incertain est caduque si l'héritier institué ou le légataire décède avant l'accomplissement de la condition. Toutefois, la condition qui, dans l'intention du testateur, ne fait que suspendre l'exécution de la disposition, n'empêche pas l'héritier institué ou le légataire d'avoir un droit acquis, transmissible à ses héritiers.

Le legs est caduc si la chose léguée périt totalement pendant la vie du testateur. Il en est de même si elle a péri depuis sa mort, sans le fait et la faute de l'héritier, quoique celui-ci ait été mis en demeure de la délivrer, dans l'hypothèse où elle eût également péri entre les mains du légataire.

Il y a lieu à accroissement au profit des légataires dans le cas où le legs est fait à plusieurs conjointement. Le legs est réputé fait conjointement : 1° lorsqu'il l'est par une seule et même disposition, et que le testateur n'a pas assigné la part de chacun des colégataires dans la chose léguée; 2° quand une chose qui n'est pas susceptible d'être divisée sans détérioration a été donnée par le même acte à plusieurs personnes, même séparément.

Les révocations de testaments peuvent être faites et expédiées sur la même feuille que ces actes. (Décr. du 15 juin 1812.)

*Captation de testament.* — Le Code civil ne parle pas de la *captation;* mais, comme dans l'article 901 il met pour conditions de la validité du testament la sanité d'esprit du testateur, toute manœuvre de nature à vicier sa volonté est par cela même proscrite. Le Code civil préféra laisser à la conscience des juges le soin de distinguer, entre les faits allégués ou prouvés, ceux qui peuvent faire croire que la volonté du testateur a été violentée ou viciée, et ceux qui ne sont que des actes sans caractère dolosif. Ainsi, la captation et la suggestion n'entraînent pas par elles-mêmes la nullité du testament : des prières, des soins constants, quoiqu'ils aient eu pour effet d'amener le testateur à une disposition en faveur de certaines personnes, n'ont rien de répréhensible; il faut des manœuvres frauduleuses, des actes de nature à tromper le testateur et à troubler les lumières de son esprit. La captation et la suggestion frauduleuses ne se présument pas: la preuve doit en être faite, même par témoins; elle incombe à l'héritier qui se prétend lésé.

*Législation fiscale.* — Les testaments déposés chez les notaires ou par eux reçus doivent être enregistrés (au droit fixe de 9 fr. 38) dans les trois mois du décès du testateur, à la diligence des légataires; passé ce délai, ils sont passibles du double droit. Les testaments régulièrement établis sur papier non timbré sont valables, mais le défaut de timbre entraîne une amende de 62 fr. 50. Tout testament public rédigé sur papier non timbré rend le notaire rédacteur passible d'une amende de 25 francs.

## Théâtre.

*Établissement et exploitation.* — La législation des théâtres se repère à trois chefs principaux: l'établissement même et l'exploitation du théâtre; les droits de l'administration sur les pièces représentées; les rapports de droit privé du théâtre avec les auteurs, les artistes et le public.

Le décret du 6 janvier 1864 a établi en France le régime de la liberté des théâtres. Quiconque veut ouvrir un théâtre le peut, sous la réserve d'une déclaration au ministère des Beaux-Arts et à la préfecture du département. L'autorité, représentée par le maire, n'a d'autres pouvoirs que ceux de prescrire les mesures propres à assurer la sécurité des spectateurs et le bon ordre. Elle peut, en cas de contravention, fermer la salle.

Ces dispositions ne sont pas applicables aux cafés-concerts, demeurés sous le régime de l'autorisation administrative en tant que concerts.

Les commissaires de police sont chargés de la police des théâtres, mais seulement en ce qui concerne les ouvrages qui y sont représentés.

Sous tous les autres rapports, la police des théâtres et le maintien de l'ordre sont du ressort de l'autorité municipale. (Décr. du 21 frimaire an XIV.)

Le Théâtre-Français est particulièrement régi par le décret du 15 octobre 1812, dit *décret de Moscou.*

*Censure dramatique.* — Les ouvrages dramatiques sont soumis, avant leur représentation, à l'autorisation du ministre de l'Intérieur à Paris, des préfets dans les départements, et cette autorisation peut toujours être retirée pour des motifs d'ordre public: c'est la *censure dramatique.* (Décr. du 30 déc. 1852 et du 2 févr. 1874.)

*Droits des pauvres.* — V. SPECTACLES.

*Rapports de droit privé du théâtre :*

1° *Avec les auteurs.* — V. PROPRIÉTÉ ARTISTIQUE ET LITTÉRAIRE.

2° *Avec les artistes.* Les engagements dramatiques sont soumis au droit commun. Ils ne peuvent être contractés par les incapables qu'avec l'autorisation de ceux ayant puissance sur eux: père, mère ou tuteur pour le mineur, mari pour la femme mariée.

Les enfants ne peuvent être engagés qu'après treize ans, à moins d'une autorisation, spéciale à une pièce, du ministre des Beaux-Arts à Paris, et du préfet dans les départements; mais cette autorisation est spéciale aux théâtres; elle n'est jamais accordée pour les cafés-concerts (Circ. Beaux-Arts, 25 juin 1904).

3° *Avec le public.* Le fait de prendre un billet au bureau constitue un contrat entre le directeur et le public, qui a le droit, sauf indication contraire publiée au dehors, de voir la pièce annoncée sur l'affiche avec les acteurs mentionnés, ou d'exiger le remboursement du prix de la place. Il en a été jugé autrement pour les abonnements et les billets pris en location.

Le public peut-il manifester son mécontentement dans la salle en sifflant? Malgré les controverses sur ce point, il paraît raisonnable d'admettre que le public peut aussi bien siffler qu'applaudir, et ce droit ne pourrait être refusé que si l'exercice en devenait une cause de désordre.

## Tierce opposition. — V. OPPOSITION.

## Tiers arbitre. — V. SUR-ARBITRE, ARBITRAGE.

## Tiers saisi. — Celui entre les mains duquel est pratiquée une saisie-arrêt ou opposition.

## Timbre. — Marque imprimée ou vignette qui, apposée sur les papiers destinés à la rédaction de certains actes, justifie du payement de la taxe perçue au profit du Trésor.

La loi fondamentale sur le timbre porte la date du 13 brumaire an VII. Elle a été modifiée notamment par les lois des 2 juillet 1862, 8 juillet 1865 et, en ce qui concerne le timbre des quittances, par celle du 23 août 1871.

L'impôt du *timbre* est un impôt de consommation qui doit être acquitté par l'emploi du papier timbré au moment de la rédaction de tout acte devant ou pouvant faire titre, et le droit est acquis au Trésor par la seule existence de cet acte, abstraction faite de sa validité, de son utilité juridique et de l'usage qu'on en peut faire.

En principe, tous les actes civils et judiciaires et tous les écrits privés capables de faire preuve sont soumis à la formalité du timbre. Les contraventions sont punies d'une amende qui est généralement de 50 francs, mais qui peut, dans certains cas, être proportionnée au montant du titre; ainsi, les effets de commerce non timbrés sont frappés d'une amende de 6 pour 100. L'amende s'ajoute au droit lui-même.

On distingue: 1° le *timbre de dimension,* tarifé, d'après la dimension du papier, à 0 fr. 60, 1 fr. 20, 2 fr. 40 et 3 fr. 60; 2° le *timbre proportionnel,* gradué en raison des sommes énoncées dans l'acte et dont le tant pour 100 varie selon la nature des écrits assujettis au droit; 3° les *timbres fixes spéciaux,* de 0 fr. 10, 0 fr. 25, 0 fr. 35, 0 fr. 70, etc.

L'impôt du timbre est acquitté selon l'un des modes suivants :

1° L'emploi des *papiers de la débite* ou des *papiers timbrés* vendus par les receveurs de l'enregistrement et par certains débitants de tabac commissionnés en qualité de distributeurs auxiliaires;

2° L'application de l'empreinte du *timbre à l'extraordinaire,* faite à l'atelier général du Timbre à Paris ou dans les directions départementales sur les papiers et formules imprimés présentés à la formalité par les particuliers;

3° Le *visa pour timbre,* mention inscrite sur l'acte par le receveur de l'enregistrement pour tenir lieu de l'empreinte, dans certains cas;

4° L'apposition de *timbres mobiles* sur les feuilles à timbrer. Les timbres mobiles de *dimension* ne peuvent être apposés et oblitérés que par les agents de l'enregistrement. Les timbres mobiles *proportionnels* (pour les effets de commerce, par exemple) et les timbres-quittances sont collés sur l'écrit et oblitérés par les parties elles-mêmes;

5° Le payement *sans apposition matérielle du timbre.* Pour les titres des sociétés étrangères abonnées, un avis au *Journal officiel* tient lieu de l'application de l'empreinte. Pour les récépissés des chemins de fer et les billets de places au-dessus de 10 francs, la perception a lieu sur la production d'états mentionnant le nombre de récépissés et billets délivrés.

Quand on se sert de papier timbré, l'empreinte du timbre ne peut être couverte d'écriture ni altérée. (Loi du 13 brumaire an VII, art. 21.)

Les actes privés faits sur papier non timbré, sans contravention aux lois du timbre, ne peuvent être produits en justice sans avoir été préalablement soumis au timbre extraordinaire ou au visa pour timbre, à peine d'une amende qui s'ajoute au droit de timbre. (Loi du 13 brumaire an VII, art. 30.)

Ceux qui, dans une intention frauduleuse, ont altéré, employé, vendu ou tenté de vendre des papiers timbrés ayant déjà servi, sont poursuivis devant le tribunal correctionnel et punis d'une amende de 50 francs à 1 000 francs. En cas de récidive, la peine est d'un emprisonnement de cinq jours à un mois, et l'amende est doublée. (Loi du 2 juillet 1862, art. 21.)

## Principaux actes et écrits sujets au droit de timbre.

*Actes de l'état civil,* registres et tables. — Timbre de dimension.

*Actes administratifs* portant *transmission* de propriété, d'usufruit ou de jouissance, *adjudication* ou *marché* et *cautionnement.* — Timbre de dimension. Tous autres actes, arrêtés, décisions ayant un caractère purement administratif ou se rattachant à l'exécution d'une mesure de police générale sont exempts du timbre.

*Affiches sur papier.* — Par feuille de 12 décimètres 1/2 carrés et au-dessous, 5 centimes; au-dessus de 12 décimètres 1/2 carrés jusqu'à 25 décimètres carrés, 10 centimes; au-dessus de 25 décimètres carrés jusqu'à 50 décimètres carrés, 15 centimes; au delà de cette dernière dimension, 20 centimes. Ces droits sont augmentés de 2 décimes.

*Affiches peintes.* — Taxe fixée par mètre carré, pour toute la durée de l'affiche, à 1 franc pour les affiches apposées dans les communes dont la population n'excède pas 5 000 habitants; à 1 fr. 50 pour celles apposées dans les communes de 5 001 à 50 000 habitants; à 2 francs pour celles apposées dans les communes de plus de 50 000 habitants; à 2 fr. 50 à Paris, sans décimes.

*Assurances.* — V. ce mot.

*Billets simples et obligations non négociables.* — Timbre à 0 fr. 05 pour 100 et fraction de 100 francs (sans décimes).

*Billets de banque.* — Timbre à 0 fr. 50 pour 1 000 sur la moyenne des billets en circulation pendant le cours de l'année correspondant aux opérations productives; timbre à 0 fr. 20 pour 1 000 sur la quantité des billets formant le complément de la circulation moyenne, sans décimes.

*Chemins de fer.* — Billets de place au-dessus de 10 francs : timbre à 0 fr. 10 payé sur états. — Cartes, bons et permis de circulation : 1° pour un voyage direct ou d'aller et retour : 1re classe 0 fr. 20, 2e classe 0 fr. 10, 3e classe 0 fr. 05; 2° valables pour un temps ou permanents : 1re classe 1 franc, 2e classe 0 fr. 50, 3e classe 0 fr. 25. — Récépissés pour les transports en grande vitesse : timbre à 0 fr. 35; pour les transports en petite vitesse : timbre à 0 fr. 70. En cas de *groupage,* il doit être dressé sur timbre, outre le récépissé pour l'envoi collectif, un récépissé spécial pour chaque destinataire. — Recouvrements et transports fictifs ou réels des monnaies ou de valeurs : récépissé spécial, timbré à 0 fr. 35.

*Chèques.* — Sur place, timbre à 0 fr. 10; de place à place, timbre à 0 fr. 20. (Sans décimes.)

*Colis postaux.* — Bulletins d'expédition : timbre à 0 fr. 10. Les colis expédiés et distribués dans l'intérieur de la même ville sont exempts de timbre.

*Connaissements.* — Original entre les mains du capitaine : timbre à 2 francs, réduit à 1 franc pour les expéditions par le petit cabotage. — Connaissements supplémentaires : timbre à 0 fr. 50. — Connaissements venant de l'étranger : timbre au minimum de 1 franc à percevoir avant tout usage en France. (Droits soumis aux doubles décimes.)

*Contrats synallagmatiques.* — Vente, échange, transaction, marché, partage, contrats de mariage, actes de société, bail, prêt, dépôt, mandat, cautionnement, nantissement, antichrèse, constitution d'hypothèque, etc. : timbre de dimension.

*Conventions et actes unilatéraux.* — Acceptations, renonciations, acquiescement, désistement, mainlevée, devis, mémoires, soumissions, certificats, déclarations, pétitions, acte de notoriété, donation, testament, etc. : timbre de dimension.

*Effets de commerce.* — Billets à ordre, lettres de change, etc. : timbre à 0 fr. 05 par 100 francs ou fraction de 100 francs. — Effets étrangers circulant en France : timbre à 0 fr. 50 par 2 000 francs ou fraction de 2 000 francs. (Sans décimes.)

*Effets publics des gouvernements étrangers.* — Titres de rente, etc. : timbre à 1 franc pour 100, sans décimes, de la valeur nominale du titre; tarif réduit à 0 fr. 50 pour 100 en cas de cote à la Bourse au-dessous de la moitié du pair.

*Expéditions d'actes* de jugements, de décrets, d'arrêtés, etc. : timbre de dimension à 1 fr. 80.

*Exploits d'huissiers,* originaux et copies : timbre de dimension. Le droit de timbre des copies est acquitté au moyen de timbres mobiles apposés sur l'original en nombre égal à celui des significations de l'exploit.

*Hypothèques.* — V. HYPOTHÈQUE, TRANSCRIPTION.

*Lettres de gage* et obligations communales du Crédit foncier : timbre au comptant, 0 fr. 50 pour 1 000; par abonnement, 0 fr. 05 pour 1 000. (Sans décimes.)

*Lettres de voiture* et autres actes en tenant lieu (notes d'expédition, bulletins de chargement, bordereaux de livraison, etc.) : timbre de dimension. En matière de transports par chemin de fer, la lettre de voiture prend le nom de *récépissé*. V. *Chemins de fer,* ci-dessus.

*Lettres missives,* accusant réception de sommes, valeurs ou objets : timbre à 0 fr. 10; contenant des déclarations de nature à faire titre : timbre de dimension; portant obligation de somme : timbre à 0 fr. 05 pour 100. Toutes autres lettres ne deviennent passibles du timbre qu'en cas d'usage en justice.

*Marques de fabrique.* — Timbre spécial destiné à en affirmer l'authenticité : 1 centime par chaque marque se rapportant à des objets d'une valeur de 1 franc et au-dessous; 2 centimes s'il s'agit d'une valeur supérieure à 1 franc jusqu'à 2 francs; 3 centimes pour une valeur au-dessus de 2 francs jusqu'à 3 francs; 5 centimes au-dessus de 3 francs jusqu'à 5 francs; 10 centimes au-dessus de 5 francs jusqu'à 10 francs; 20 centimes au-dessus de 10 francs jusqu'à 20 francs; 30 centimes au-dessus de 20 francs jusqu'à 30 francs; 50 centimes au-dessus de 30 francs jusqu'à 50 francs; 1 franc au-dessus de 50 francs.

*Mémoires et factures.* — Les mémoires ou factures de travaux et fournitures exécutés pour le compte de l'Etat, des départements, des communes, des établissements publics, doivent être établis sur papier timbré de dimension.

*Passeports.* — Timbre fixe de 0 fr. 60, décimes compris.

*Permis de chasse.* — Timbre fixe à 28 francs, décimes compris.

*Quittances.* — V. ce mot.

*Rôles d'équipage.* — Timbre à 0 fr. 50 par feuille d'armement, par feuille de perception des droits des invalides au désarmement, par permis de circulation délivré aux bateaux d'exploitation, par permis de navigation délivré aux bateaux de plaisance. — Timbre à 0 fr. 15 par feuille de couverture de rôle de bord.

*Valeurs mobilières françaises.* — *Actions* des sociétés : timbre à 0 fr. 50 pour 100 du capital nominal pour les sociétés dont la durée ne doit pas excéder dix ans; taux à 1 pour 100 pour les autres. Le droit peut être payé par abonnement; dans ce cas, la taxe est annuelle et de 0 fr. 05 pour 100. (Ces différents droits sont soumis au double décime.)

*Obligations* des sociétés, départements, communes et établissements publics : timbre au comptant à 1 pour 100 du montant du titre; timbre par abonnement, 0 fr. 05 pour 100 par an. (Deux décimes en sus.)

*Warrants.* — Endossés séparément du récépissé : timbre 0 fr. 05 pour 100 de la somme indiquée à l'endossement.

**Tiré, tireur.** — V. LETTRE DE CHANGE.

**Titre.** — Cause juridique de l'acquisition d'un droit. — Ecrit qui constate cette acquisition.

On distingue : le *titre authentique,* passé devant un officier public; le *titre exécutoire* ou *paré,* qui emporte l'exécution parée contre l'obligé; le *titre adiré,* c'est-à-dire perdu ou égaré; le *titre confirmatif,* qui ratifie et valide un titre antérieur entaché de nullité; le *titre ancien,* qui remonte au delà de trente ans; le *titre primordial,* c'est-à-dire l'acte primitif qui a donné naissance au droit; le *titre récognitif,* destiné à reconnaître une obligation préexistante, et qui prend le nom de *titre nouvel* lorsque l'objet de la reconnaissance est une rente perpétuelle ou viagère. Aux termes de l'article 2263 du Code civil, « après vingt-huit ans de la date du dernier titre, le débiteur d'une rente peut être contraint à fournir à ses frais un titre nouvel à son créancier ou à ses ayants cause ». La loi, en accordant aux crédi-rentiers le droit d'exiger un nouveau titre, a voulu les prémunir contre la prescription, qu'un débiteur de mauvaise foi pourrait invoquer au bout de trente ans.

Le mot *titre* est encore employé dans le Code comme synonyme de « qualité » ; on dit dans ce sens : posséder *à titre de propriétaire* (art. 2229), agir *à titre d'héritier, à titre d'acquéreur,* etc.

Les modes d'acquisition ont lieu : 1° *à titre onéreux,* lorsque la transmission est faite à prix d'argent, comme dans la vente, ou contre la remise d'un équivalent, comme dans l'échange; 2° *à titre gratuit* ou *lucratif,* quand celui à qui le droit est transféré n'a aucune prestation à fournir (donation, succession);

3° *à titre universel,* quand la mutation embrasse l'universalité des biens composant le patrimoine d'une personne; 4° *à titre particulier,* lorsqu'elle ne porte que sur certains objets déterminés.

V. VALEURS MOBILIÈRES.

## Titres nobiliaires.

Les titres nobiliaires actuellement en usage en France sont, dans l'ordre ascendant, ceux de *chevalier, baron, vicomte, comte, marquis* et *duc.*

Les titres nobiliaires tirent leur origine de qualifications ou appellations qui correspondaient autrefois à des dignités féodales, c'est-à-dire qui supposaient la possession d'un fief sur lequel s'exerçaient les privilèges de la souveraineté dont le titre était le signe. Le titre se composait de deux éléments distincts : une appellation variable (celle de duc, marquis, comte, vicomte, baron), suivie de l'énonciation du nom du domaine soumis à la souveraineté. Les deux mots étaient, dans la langue vulgaire, reliés par la particule « de ». A la longue, le nom du domaine, le nom terrien, s'étant substitué ou ajouté au nom patronymique et, d'autre part, les qualifications féodales ayant cessé de répondre à une souveraineté féodale effective, les titres proprement dits devinrent simplement une annexe, un appendice décoratif de noms patronymiques, transmissible, comme le nom lui-même, à toute la descendance légitime.

A part ceux dont l'existence est antérieure à 1789, on distingue deux autres catégories de titres nobiliaires : 1° les titres modernes, spécialement ceux se rattachant à la nouvelle noblesse transmissible créée par Napoléon Ier, avec accompagnement de majorats et de substitutions, et fondée sur la distinction militaire ou sur le mérite civil (statuts du 1er mars 1808); 2° les titres étrangers, c'est-à-dire conférés par les souverains étrangers ; ceux-ci ne peuvent être portés en France par des Français qu'en vertu d'une autorisation gouvernementale. (Ord. du 31 janvier 1819; décr. du 5 mars 1859.)

La Révolution avait aboli les titres de noblesse et en avait interdit le port sous une sanction pénale. (Décr. des 19-23 juin 1790; Constitution de 1791 ; Lois des 27 septembre-16 octobre 1791.) A son tour, le gouvernement provisoire, par un décret du 29 février 1848, les a abolis; mais ils ont été rétablis par un décret du 24 janvier 1852, toujours en vigueur.

Les titres nobiliaires sont protégés contre les usurpateurs par des dispositions pénales. L'article 259 du Code pénal (tel qu'il a été modifié par une loi du 28 mai 1858) édicte : « Sera puni d'une amende de 500 francs à 10 000 francs quiconque, sans droit et en vue de s'attribuer une distinction honorifique, aura publiquement pris un titre, changé, altéré ou modifié le nom que lui assignent les actes de l'état civil. »

L'inscription sur un acte d'un titre nobiliaire doit être appuyée de la légitime propriété de ce titre et de sa transmission régulière par la production de toute pièce authentique établissant les droits de l'intéressé. V. NOMS ET PRÉNOMS.

## Toits (Egout des). — V. ÉGOUT DES TOITS.

**Tonnage.** — Capacité d'un bâtiment évaluée en tonneaux. — *Tonnage réel*, Capacité totale. — *Tonnage légal*, Tonnage enregistré sur l'acte de naturalisation.

Le *droit de tonnage* est un droit payé par un navire dans les ports de commerce en raison du nombre de tonneaux que contient ce navire de commerce.

La loi du 27 vendémiaire an II avait remplacé un grand nombre de droits, dits « de fret, feux, tonnes, balises, signaux, etc. », par un droit de tonnage payé, même par les bâtiments français, au-dessus de trente tonneaux, variable suivant les ports de départ et de destination, sauf exceptions pour les navires venant de la pêche, de la course ou d'un port étranger. La loi du 6 mai 1841 modifia les lois antérieures en exemptant de ce droit les bâtiments français se livrant à la navigation réservée. Les droits de tonnage perçus au profit de l'Etat furent supprimés par la loi du 19 mai 1866 et le décret du 27 décembre suivant.

La loi du 30 janvier 1872 a établi un *droit de quai* sur les navires français ou étrangers, chargés en totalité ou en partie, entrant dans un port français et venant de l'étranger ou d'une possession française d'outre-mer.

Des taxes locales, réservées par la loi du 19 mai 1866 et la loi du 30 janvier 1893, ont été maintenues et étendues par la loi du 7 avril 1902 sur la marine marchande. Ces taxes ne peuvent être établies que pour assurer le service d'emprunts contractés par un établissement public, pour établir, améliorer, renouveler certains ouvrages du port, ou par une chambre de commerce pour organiser certains services touchant, par exemple, la sécurité, la propreté, la police des ports et limitativement énumérés.

**Tontines.** — Associations dans lesquelles chaque associé aliène son droit de propriété au profit du survivant, en se réservant l'éventualité d'un droit de survie.

En l'absence de bénéfices réalisés en commun (chacun stipulant en vue d'un profit personnel), il ne peut y avoir matière à perception sur les tontines de la taxe du revenu.

Les tontines sont soumises à l'autorisation (Décret en conseil d'Etat) et à la surveillance du gouvernement (Loi du 24 juillet 1867, art. 66). Elles sont soumises à la vérification de l'inspection des finances.

Elles comportent, en général, des versements annuels, variables suivant l'âge et destinés à former un capital partageable entre les survivants à une époque déterminée. Par une contre-assurance, le sociétaire peut d'ailleurs garantir ses héritiers contre la perte résultant de versements; des primes additionnelles constituent un fonds spécial partageable entre ces héritiers.

## Tourbières.

La loi du 21 avril 1810, art. 3, range les *tourbes* parmi les minières, et les règles relatives à l'exploitation de ces dernières sont, par suite, applicables en principe à l'exploitation des tourbières. C'est ainsi, par exemple, que l'exploitation des tourbières ne peut être entreprise que par le propriétaire du sol ou de son consentement. Il convient de noter toutefois que, à la différence des minières de fer, dont les travaux peuvent être entrepris après une simple déclaration à la préfecture quand ils ont lieu à ciel ouvert, ceux des tourbières exigent toujours, à peine de 100 francs d'amende, une autorisation préalable, qui est donnée par le sous-préfet. Les exploitants doivent se conformer aux règlements locaux, et, à défaut, à l'instruction ministérielle du 3 août 1810.

## Tradition. — Livraison de la chose qui fait l'objet d'un contrat.

La *tradition* est la conséquence nécessaire d'une série de contrats, comme la vente, l'échange, la donation : la convention n'est exécutée que lorsqu'un des cocontractants a fait à l'autre tradition de l'objet, et l'un des principaux effets de la convention est précisément de faire naître l'obligation de livrer. En matière de vente, l'acheteur n'est tenu de payer le prix, sauf stipulation contraire, qu'au moment où la tradition lui est faite. Le vendeur, de son côté, n'est obligé de livrer que contre payement du prix, à moins qu'il n'ait accordé un délai. Dans le cas où le vendeur n'effectue pas la tradition, en dehors de la force majeure, l'acheteur a le droit de l'y contraindre ou de demander la résiliation, après mise en demeure préalable, pour laquelle une simple lettre suffit dans le commerce. Si la vente porte sur des objets de consommation, tels que blé, vin, etc., l'acheteur peut, à défaut de la livraison promise, se les procurer aux frais du vendeur.

Aucune formalité particulière n'est nécessaire pour la tradition : l'ayant droit doit simplement être mis en possession de l'objet.

Dans le droit romain et dans notre ancien droit, la tradition était un des éléments constitutifs du contrat, qui n'était parfait qu'après qu'elle avait été effectuée ; aujourd'hui elle n'en est plus que la conséquence.

## Trahison (Haute). — V. ÉTAT, § *Crimes contre la sûreté de l'Etat.*

## Traite. — Lettre de change considérée relativement à celui qui la tire. V. LETTRE DE CHANGE.

## Traité. — Convention entre deux ou plusieurs Etats.

Les traités ont des objets très divers ; tantôt ils ne lient que deux Etats, tantôt ils sont faits entre de nombreux contractants. Les premiers sont dits *particuliers*, les seconds *collectifs* ; parmi ces derniers, il faut signaler les « unions internationales », dont l'objet est surtout économique.

Au point de vue du fond, les traités impliquent un consentement réciproque régulièrement exprimé, la capacité des contractants, un objet licite et possible au point de vue international. Au point de vue de la forme, ils supposent un préambule, la désignation des plénipotentiaires avec la justification de leur qualité, les diverses clauses de la convention, un article final constatant le concours des volontés, l'indication du lieu, de la date, du nombre des originaux dressés, la signature et le nom des négociateurs.

Pour qu'un traité ait force obligatoire, il faut qu'il soit ratifié, c'est-à-dire accepté formellement par le chef de l'Etat, représenté par un plénipotentiaire seul ou avec l'assentiment des Chambres, suivant la loi constitutionnelle du pays. La ratification donnée, les instruments diplomatiques sont échangés dans le délai fixé par le traité. La ratification peut être refusée.

## Tramways.

Il peut être établi sur les voies dépendant du domaine public de l'Etat, des départements ou des communes, des tramways ou voies ferrées à traction de chevaux ou de moteurs mécaniques. Ces voies ferrées, ainsi que les déviations accessoires construites en dehors du sol des routes et chemins et classées comme annexes, sont soumises aux dispositions de la loi du 11 juin 1880, art. 26 à 39.

La concession est accordée par l'Etat lorsque la ligne doit être établie, en tout ou en partie, sur une voie dépendant du domaine public de l'Etat. Elle peut être faite aux villes ou aux départements intéressés, avec faculté de rétrocession. — Elle est accordée par le conseil général, au nom du département, lorsque la voie ferrée, sans emprunter une route nationale, doit être établie, en tout ou en partie, soit sur une route départementale, soit sur un chemin de grande communication ou d'intérêt commun, ou doit s'étendre sur le territoire de plusieurs communes. Si la ligne doit s'étendre sur plusieurs départements, tous les conseils généraux intéressés doivent se mettre d'accord. — La concession est accordée par le conseil municipal lorsque la voie ferrée est établie entièrement sur le territoire de la commune et sur un chemin vicinal ordinaire ou sur un chemin rural.

Le département peut accorder la concession à l'Etat ou à une commune, avec faculté de rétrocession ; une commune peut agir de même à l'égard de l'Etat ou du département.

Aucune concession ne peut être faite qu'après une enquête dans les formes déterminées par un règlement d'administration publique et dans laquelle les conseils généraux des départements et les conseils municipaux des communes dont la voie doit traverser le territoire seront entendus, lorsqu'il ne leur appartiendra pas de statuer sur la concession. L'utilité publique est déclarée et l'exécution est autorisée par décret délibéré en conseil d'Etat, sur le rapport du ministre des Travaux publics, après avis du ministre de l'Intérieur.

Le décret du 18 mai 1881 prescrit les mesures relatives à l'instruction des demandes.

Celui du 20 mars 1882 détermine les obligations imposées au concessionnaire quant au capital de premier établissement, aux comptes d'exploitation et d'entretien, etc. Enfin, le décret du 6 août 1881, modifié par celui du 25 juillet 1899, a approuvé un cahier des charges type pour la concession des tramways.

Toute dérogation ou modification apportée aux clauses du cahier des charges type, approuvé par le Conseil d'Etat, doit être expressément formulée dans les traités passés au sujet de la concession, lesquels sont soumis au Conseil d'Etat et annexés au décret.

Lorsque, pour l'établissement d'un tramway, il y a lieu à expropriation, soit pour l'élargissement d'un chemin vicinal, soit pour une déviation accessoire, cette expropriation pourra être opérée conformément à la législation sur les chemins vicinaux.

Les projets d'exécution sont approuvés: par le ministre des Travaux publics lorsque la concession est accordée par l'Etat; par le consul général lorsqu'elle est accordée par cette assemblée; par le conseil municipal, avec approbation du préfet, lorsque la concession émane du conseil municipal.

Les taxes perçues dans les limites du maximum fixé par l'acte de concession sont homologuées par le ministre des Travaux publics dans le cas où la concession est faite par l'Etat, et par le préfet dans les autres cas.

A l'expiration de la concession, l'administration peut exiger que les voies ferrées qu'elle avait concédées soient supprimées en tout ou en partie, et que les voies publiques et leurs déviations lui soient remises en bon état de viabilité, aux frais du concessionnaire.

Lors de l'établissement d'un tramway desservi par des locomotives et destiné au transport des marchandises en même temps qu'au transport des voyageurs, l'Etat peut s'engager, en cas d'insuffisance du produit brut pour couvrir les dépenses d'exploitation et 5 pour 100 par an du capital d'établissement tel qu'il a été prévu par l'acte de concession et augmenté, s'il y a lieu, des insuffisances constatées pendant la période assignée à la construction par ledit acte, à subvenir, pour partie, au payement de cette insuffisance, à condition qu'une partie au moins équivalente soit payée par le département ou par la commune, avec ou sans le concours des intéressés.

La loi du 15 juillet 1845 sur la police des chemins de fer est, en principe, applicable aux tramways.

**Transaction.** — Contrat par lequel les parties terminent une contestation née ou préviennent une contestation à naître moyennant un prix ou des concessions réciproques.

On peut, en général, transiger sur toute espèce de droits certains et licites, susceptibles de faire l'objet d'une convention, même sur l'intérêt civil résultant d'un délit. Toutefois, la transaction est nulle si elle a pour objet une question d'état, une pension alimentaire constituée à titre d'aliments, un divorce, une séparation de biens ou de corps. La transaction (Code civ., art. 2044-2058) a, entre les parties, l'autorité de la chose jugée; elle peut être invoquée par le débiteur solidaire ou la caution si elle leur profite, mais elle ne saurait leur être opposée si elle leur nuit.

La transaction est simplement déclarative ou récognitive des droits litigieux; mais au regard de la loi fiscale elle est réputée translative de propriété et donne ouverture à l'impôt de mutation, lorsqu'elle opère un changement dans les droits apparents des parties.

Pour transiger, il faut avoir la capacité de disposer des biens compris dans la transaction.

Le tuteur ne peut transiger au nom du mineur qu'après y avoir été autorisé par le conseil de famille et après avis de trois jurisconsultes désignés par le procureur de la République près le tribunal de première instance; la transaction doit être homologuée par le tribunal de première instance, le procureur de la République entendu. Le tuteur ne peut transiger avec le mineur devenu majeur qu'après qu'il a rendu le compte de tutelle. (Code civ., art 467-472.)

Les communes ne peuvent transiger qu'avec l'autorisation du préfet, en conseil de préfecture. (Loi du 5 avril 1884, art. 68 et 69.) Les établissements publics doivent être, de même, autorisés à transiger. Ils ne peuvent, en aucun cas, compromettre. V. ARBITRAGE.

La preuve de l'existence d'une transaction doit résulter d'un écrit, c'est-à-dire d'un acte sous seings privés ou devant notaire. A la différence de la simple renonciation, du désistement ou de l'acquiescement, la transaction implique une réciprocité de sacrifices; elle suppose, par suite, chez les parties la capacité d'aliéner.

La transaction ne peut être attaquée pour cause d'erreur de droit; mais elle peut l'être dans tous les cas où il y a eu dol ou violence, erreur dans la personne ou sur l'objet de la contestation; elle est nulle si elle a été faite sur pièces fausses, ou sur un procès déjà terminé par un jugement dont les parties ignoraient l'existence, ou encore s'il est constaté par des titres nouvellement découverts que l'un des contractants n'avait aucun droit sur les biens ayant donné lieu au litige.

La transaction ne doit pas être confondue avec le *compromis*. V. ARBITRAGE.

**Transcription.** — Formalité qui consiste dans la copie littérale d'un acte translatif de propriété immobilière, sur un registre spécial tenu à la conservation des hypothèques, de la situation des biens.

La transcription a pour but de rendre public et de consolider à l'égard des tiers le droit de propriété de l'acquéreur. Elle est, en outre, le préliminaire indispensable de la purge des privilèges et hypothèques régulièrement inscrits sur les immeubles acquis et a pour effet d'éteindre de plein droit les hypothèques qui n'auraient pas été inscrites antérieurement.

La formalité, qui est du reste facultative,

a lieu au bureau des hypothèques, dans l'arrondissement duquel sont situés les biens aliénés; elle peut être requise par toute personne intéressée (vendeur, acquéreur, créancier, etc.) et s'applique à tous les actes visés par la loi de 1855, qu'ils soient sous seings privés, notariés ou administratifs. (V. ACTE.) Cette loi exclut, d'ailleurs, de la transcription les mutations par décès et les testaments, ainsi que les actes simplement déclaratifs de propriété, tels que les partages. En voici les dispositions essentielles :

« Sont transcrits au bureau des hypothèques de la situation des biens : 1° tout acte entre vifs translatif de propriété immobilière ou de droits réels susceptibles d'hypothèque; 2° tout acte portant renonciation à ces mêmes droits; 3° tout jugement qui déclare l'existence d'une convention verbale de la nature ci-dessus exprimée; 4° tout jugement d'adjudication autre que celui rendu sur licitation au profit d'un cohéritier ou d'un copartageant. » (Art. 1er.)

« Sont également transcrits : 1° tout acte constitutif d'antichrèse, de servitude, d'usage et d'habitation; 2° tout acte portant renonciation à ces mêmes droits; 3° tout jugement qui en déclare l'existence en vertu d'une convention verbale; 4° les baux d'une durée de plus de dix-huit années; 5° tout acte ou jugement constatant, même pour bail de moindre durée, quittance ou cession d'une somme équivalente à trois années de loyers ou fermages non échus. » (Art. 2.)

« Jusqu'à la transcription, les droits résultant des actes et jugements énoncés aux articles précédents ne peuvent être opposés aux tiers qui ont des droits sur l'immeuble et qui les ont conservés en se conformant aux lois. Les baux qui n'ont point été transcrits ne peuvent jamais leur être opposés pour une durée de plus de dix-huit ans. » (Art. 3.)

« Tout jugement prononçant la résolution, nullité ou rescision d'un acte transcrit, doit, dans le mois à dater du jour où il a acquis l'autorité de la chose jugée, être mentionné en marge de la transcription faite sur le registre. L'avoué qui a obtenu ce jugement est tenu, sous peine de 100 francs d'amende, de faire opérer cette mention en remettant un bordereau rédigé et signé par lui au conservateur, qui lui en donne récépissé ». (Art. 4.)

« Le conservateur, lorsqu'il en est requis, délivre, sous sa responsabilité, l'état spécial ou général des transcriptions et mentions prescrites. » (Art. 5.)

« A partir de la transcription, les créanciers privilégiés ou ayant hypothèque, aux termes des articles 2123 (hypothèque judiciaire), 2127 et 2128 (hypothèque conventionnelle) du Code civil, ne peuvent prendre utilement inscriptions sur le précédent propriétaire. Néanmoins, le vendeur ou le copartageant peuvent utilement inscrire les privilèges à eux conférés par les articles 2108 et 2109 du Code civil, dans les quarante-cinq jours de l'acte de vente ou de partage, nonobstant toute transcription d'actes faits dans ce délai. » (Art. 6.) V. PRIVILÈGE, HYPOTHÈQUE.

« L'action résolutoire établie par l'article 1654 du Code civil (résolution de la vente pour non-payement du prix) ne peut être exercée après l'extinction du privilège du vendeur, au préjudice des tiers qui ont acquis des droits sur l'immeuble du chef de l'acquéreur, et qui se sont conformés aux lois pour les conserver. » (Art. 7.)

*Taxes hypothécaires.* — L'accomplissement des formalités hypothécaires donne lieu à la perception, au profit du Trésor, des taxes proportionnelles suivantes :

*Transcription.* La transcription est soumise au droit proportionnel de 1 fr. 50 pour 100 (plus 2 décimes 1/2) sur le prix des mutations immobilières lorsque ce droit n'a pas été perçu lors de l'enregistrement de l'acte. (Loi du 28 avril 1816, art. 54 et 61; loi du 21 juin 1875, art. 1er.) Lorsqu'un acte donne lieu à la transcription dans plusieurs bureaux, le droit est acquitté en totalité dans le premier bureau, et dans les autres bureaux il n'est dû que le salaire du conservateur sur présentation d'un duplicata de la quittance. (Loi du 21 ventôse an VII, art. 26.)

Indépendamment du droit de 1 fr. 50 pour 100 généralement perçu en même temps que le droit d'enregistrement, la loi du 27 juillet 1900 soumet toutes les transcriptions, sauf celles des saisies, à une taxe de 0 fr. 25 pour 100 (sans décimes) liquidée sur le prix ou la valeur des immeubles ou des droits faisant l'objet de la transcription. Minimum de perception : 0 fr. 25.

Ce taux est réduit de moitié (0 fr. 125 p. 100) pour la transcription des actes et jugements qui n'étaient soumis qu'au droit fixe de 1 franc en vertu de l'art. 12 de la loi du 23 mars 1855, et aussi pour les transcriptions de donations contenant partage faites entre vifs, conformément aux articles 1075 et 1076 du Code civil. La taxe est liquidée sur le prix ou la valeur des immeubles ou des droits qui font l'objet de la transcription.

*Inscriptions.* La même taxe de 0 fr. 25 pour 100 s'applique à toutes les inscriptions hypothécaires; elle est assise sur le capital de la créance inscrite; le taux est réduit de moitié pour les inscriptions prises en vertu d'actes d'ouverture de crédit non réalisé, le complément de la taxe devant être perçu lors de la réalisation ultérieure du crédit. En ce qui concerne les inscriptions d'office (Code civ., art. 108), la taxe de 0 fr. 25 pour 100 n'est exigible qu'en cas de renouvellement. La taxe est assise sur le capital de la créance inscrite. S'il s'agit d'une créance éventuelle, la taxe n'est exigible que lorsque le droit éventuel s'est converti en créance réelle.

**Transfèrement.** — Translation d'un inculpé ou d'un condamné d'un lieu à un autre.

En ce qui concerne les prévenus et les accusés, le principe est qu'ils doivent être transférés à pied (décret du 18 juin 1811, art. 4; décret du 1er mars 1854, art. 185); mais on a recours à leur translation par chemin de fer ou par voiture dans certains cas exceptionnels : trajet considérable à effectuer, évasions à craindre, etc. En ce qui concerne les condamnés, c'est toujours par chemin de fer ou par voiture qu'ils sont transférés au lieu fixé par l'administration pour l'exécution de leur peine.

**Transfert.** — Opération par laquelle une personne déclare transmettre à une autre la propriété d'un titre nominatif (rente sur l'Etat, action ou obligation).

La propriété de l'action ou de l'obligation est transmise par le seul effet de la convention intervenue entre le cédant et le cessionnaire; mais à l'égard des tiers et de la société, la déclaration de transfert est généralement exigée par les statuts comme une condition essentielle de la validité de la cession.

Le *transfert réel* est celui qui s'effectue à la suite d'une négociation à titre onéreux et qui a pour but de transférer la propriété d'une valeur nominative à l'acquéreur.

Le *transfert à titre de garantie* n'emporte pas transmission de propriété; il constitue une forme particulière de mise en gage, un mode de nantissement pour les valeurs nominatives.

Le *transfert de forme* a lieu en cas de modifications à apporter dans l'indication des noms ou qualité du titulaire.

Le *transfert d'ordre* ou *gratuit* est celui qui est effectué à la suite d'une transmission à titre gratuit (succession ou donation) et qui, procédant d'une mutation déjà assujettie à l'impôt, est affranchi du droit de 0 fr. 50 p. 100.

On appelle aussi *transferts d'ordre* ou *provisoires* ceux que les agents de change réalisent entre eux pour la négociation des titres qui sont nominatifs et que l'acheteur désire avoir sous cette forme. L'opération comprend trois transferts successifs : le vendeur signe sur les registres de la société un premier transfert au nom de son agent de change; celui-ci en signe un second au profit de l'agent de change acheteur, qui lui-même passe le titre au nom de son client acheteur. Ces transferts ne conservent leur caractère provisoire à l'égard des agents intermédiaires qu'autant que le transfert réel et définitif au nom de l'acquéreur a été effectué dans les dix jours du premier transfert d'ordre. Ce mode de procéder a l'avantage de ne donner lieu à la perception que d'un seul droit de 0 fr. 50 pour 100; cependant il n'est guère suivi dans la pratique : les valeurs nominatives sont, le plus souvent, converties au porteur avant d'être négociées, et l'acheteur, s'il veut un titre nominatif, fait restituer à la valeur sa forme primitive, au moyen d'une nouvelle conversion; mais dans ce cas chaque conversion est assujettie à un droit particulier de 0 fr. 50 pour 100.

La déclaration de transfert est signée par le cédant et le cessionnaire sur un registre spécial tenu au siège de la société ou de l'établissement qui a émis le titre cédé; elle peut être également rédigée sur des feuilles volantes remises à la société; celle-ci mentionne ensuite l'opération sur ses registres et délivre, au nom du cessionnaire, un nouveau titre à la place de l'ancien.

Les transferts et mutations des inscriptions de rente donnent lieu à des opérations réglées par la loi du 28 floréal an VII. Le ministère des agents de change est obligatoire pour les transferts (ventes); il a principalement pour objet de certifier devant l'agent du Trésor l'identité des parties, la sincérité de leur signature et leur qualité de propriétaire des titres.

Le décret du 28 mai 1896 a autorisé les agents de change près les bourses départementales pourvues de parquet à certifier les transferts des inscriptions nominatives du fonds 3 p. 100. Le décret du 24 décembre 1896, étendant leur compétence, les a autorisés à certifier des transferts des inscriptions nominatives et mixtes ayant pour objet la délivrance d'inscriptions nominatives.

S'il y a mutation opérée de toute autre manière que la vente, les certifications sont délivrées par les officiers publics désignés par les lois à cet effet (notaires, greffiers, juges de paix).

Le transfert ou la mutation d'une inscription provenant de titulaires décédés ou déclarés absents ne peut être effectué que sur le vu d'un certificat du receveur de l'enregistrement, visé par le directeur départemental de l'enregistrement (dont la signature doit être légalisée par le préfet, sauf dans la Seine) et constatant l'acquittement des droits de mutation. (Loi du 8 juillet 1852, art. 25.)

**Transit.** — Condition douanière des marchandises qui traversent un Etat sans acquitter les droits d'entrée.

Ne sont exclues du transit que les contrefaçons en librairie et les marchandises qui portent de fausses marques de fabrique française. Le transit est admis de frontière à frontière, ou d'une frontière à un entrepôt, et inversement. Il s'effectue par les bureaux qu'indique la loi de douanes, et selon deux modes : 1° *Transit ordinaire.* Ce transit peut emprunter toutes les voies, sauf la mer. Pour en bénéficier, il faut en faire déclaration à la douane, qui vérifie les marchandises, délivre une expédition et, s'il y a lieu, exige l'engagement de réexporter. Le bureau de destination ou de sortie procède à la reconnaissance des marchandises et donne, s'il y a lieu, le certificat de décharge ou de sortie. Les précautions sont un peu plus sévères pour les marchandises dont l'importation en France est prohibée. 2° *Transit international.* Ce régime a été institué pour favoriser l'extension donnée en transit par l'établissement des chemins de fer. Il ne s'applique qu'au transport par voie ferrée. Il consiste en l'exemption de toutes vérifications, reconnaissances, etc., pour les marchandises placées dans des wagons spéciaux fermés au moyen du plomb de la douane.

**Transmission (Droit de).** — Taxe dont l'exigibilité se fonde sur le fait juridique de la *transmission* des actions et obligations et qui a pour but d'assurer l'application du droit de mutation à toutes les cessions de titres négociables. V. VALEURS MOBILIÈRES.

**Transport de créance.** — Contrat par lequel une personne cède à une autre une créance ou un droit incorporel quelconque.

La vente d'une créance ou autre chose incorporelle est appelée indifféremment *cession, transport, transport-cession*. Le vendeur est dit *cédant ;* l'acheteur, *cessionnaire;* le débiteur de la créance vendue, *cédé*.

Le transport (Code civ., art. 1689-1701) constitue une véritable vente, soumise en principe à toutes les règles qui régissent ce contrat.

Toutes les personnes auxquelles la loi ne l'interdit pas peuvent faire ou recevoir une cession de créance à titre onéreux ou à titre gratuit. L'article 450 du Code civil ne permet pas au tuteur de se faire transporter des créances contre son pupille. Les juges, leurs suppléants, les magistrats du ministère public, les greffiers, huissiers, avoués, avocats et notaires ne peuvent devenir cessionnaires des procès, droits et actions litigieux qui sont de la compétence du tribunal dans le ressort duquel ils exercent leurs fonctions, à peine de nullité, de dépens et dommages-intérêts. (Code civ., art. 1597.)

Entre le cédant et le cessionnaire, le transport est parfait et la propriété est transmise dès qu'il y a accord sur la chose et sur le prix.

Mais, la cession parfaite ne rend point le cessionnaire propriétaire du droit de créance *à l'égard des tiers*. Pour produire cet effet, il faut que la cession soit suivie de l'accomplissement de certaines conditions, qui varient selon la nature du titre : 1° s'il s'agit de créance au porteur, comme les billets de banque et la plupart des obligations et actions de chemins de fer, le cessionnaire en devient propriétaire par la simple remise du titre ; 2° s'il s'agit de rentes sur l'Etat ou de titres nominatifs dans une compagnie, par exemple, de chemins de fer, le cessionnaire en devient propriétaire par un transfert sur les registres ; 3° s'il s'agit de titres à ordre, comme les lettres de change et les billets à ordre, le cessionnaire en devient propriétaire par un endossement régulier ; 4° enfin, s'il s'agit de créance ordinaire, c'est-à-dire nominative et sans clause d'ordre, le cessionnaire en devient propriétaire seulement lorsqu'il signifie son acte de cession au débiteur cédé, ou lorsque celui-ci accepte la cession dans un acte authentique.

Tant que la cession n'est pas signifiée, le payement fait par le cédé au cédant, et les saisies-arrêts formées par les créanciers de celui-ci sont valables à l'égard du cessionnaire ; mais ces actes seraient nuls s'ils n'étaient faits qu'après la signification de la cession. En conséquence, le cédé auquel la cession est signifiée doit, s'il a fait quelques payements, se hâter d'en avertir le cessionnaire ou de faire enregistrer ses quittances.

Les effets du transport sont de mettre le cessionnaire à la place du cédant, qui doit lui remettre le titre constitutif de la créance. Les effets de la signification du transport sont de rendre le débiteur obligé personnellement envers le cessionnaire, auquel il peut dès lors opposer toutes causes d'extinction de l'obligation.

Les obligations du cédant sont, outre la délivrance du titre, la garantie de l'existence à son profit de la créance, lorsque la vente même a été faite sans garantie. (*Id.*, art. 1693.) La garantie de la solvabilité du débiteur ne doit, à moins de stipulations expresses, s'entendre que de la solvabilité au moment de la cession ; en tout cas, le cessionnaire n'a droit de réclamer au cédant que le remboursement du prix de la cession. (*Id.*, art. 1694 et 1695.)

Jusque-là le cédant peut valablement céder la créance à un autre cessionnaire, sauf au premier à réclamer des dommages-intérêts et le remboursement du prix de la cession ; entre les divers cessionnaires de l'intégralité d'une créance, le premier qui accomplit les formalités prescrites par l'article 1690 est le seul légalement saisi vis-à-vis des tiers. D'un autre côté, le débiteur qui s'acquitte entre les mains du cédant avant la signification du transport ou la déclaration qui en tient lieu est valablement libéré (*id.*, art. 1691) ; il l'est de même par la compensation ou la confusion opérée avant l'accomplissement de cette formalité.

Tout transport-cession régulièrement signifié au débiteur attribue au cessionnaire, à l'exclusion des opposants postérieurs, la propriété des deniers transportés. Si le cessionnaire cède à son tour sa créance, peu importe, au regard des tiers, que l'acquéreur omette de faire signifier cette nouvelle cession. La vente d'une créance confère en effet à l'acheteur tous les droits accessoires qui compétaient au cédant, notamment le droit de préférence conservé par la signification primitive du titre, à l'encontre de tous les opposants postérieurs à cette signification. (Trib. civ. de la Seine, 26 mai 1903.)

Le transport régulièrement signifié sur des salaires ou sur un petit traitement doit être exécuté jusqu'à concurrence du dixième que la loi du 12 janvier 1895, art. 2, réserve aux cessionnaires, nonobstant toutes saisies-arrêts antérieures ou postérieures. V. SAISIE, § *Saisie-arrêt*.

Le concours sur la même créance de créanciers du cédant ayant fait pratiquer des saisies-arrêts entre les mains du débiteur, et de cessionnaires de cette même créance, fait naître quelquefois des questions difficiles à résoudre, lorsque la signification du transport postérieure à l'opposition d'un premier créancier saisissant précède celle d'autres créanciers du cédant. En principe, les dates de ces actes règlent le rang des divers ayants droit ; si le cessionnaire a payé au cédant le prix du transport, il peut, dans certains cas, concourir au marc le franc comme créancier du cédant avec les autres créanciers et ceux mêmes auxquels la cession ne serait pas opposable comme tardivement signifiée.

Les règles fixées par le Code civil ne s'appliquent ni aux lettres de change, ni aux billets à ordre transmissibles par endossement, ni aux billets au porteur qui se transmettent par la simple tradition, ni aux rentes sur l'Etat, ni aux actions de la Banque de France, dont le transfert s'opère par l'inscription sur les registres du Trésor (ou de la Banque, pour ses actions).

On peut céder toutes créances dont l'objet est dans le commerce, sauf les créances d'aliments, les créances saisies-arrêtées, etc.

Pour les cessions de droits litigieux, V. VENTE.

Pour les cessions de droits successifs, V. CESSION DE DROITS SUCCESSIFS.

**Transport (Contrat de).** — Convention par laquelle un voiturier se charge, moyennant un prix convenu et suivant un mode de traction déterminé, de porter d'un lieu dans un autre une personne ou une chose.

### Du transport en général.

*Obligations générales des voituriers.* — Les entrepreneurs de roulage, capitaines de navire, compagnies de chemins de fer, sont des *voituriers* dans le sens légal du mot. (Code civ., art. 1782-1786; Code comm., art. 103 à 108.)

Ils doivent « tenir registre de l'argent, des effets et des paquets dont ils se chargent ». (Code civ., art. 1785.)

Outre les obligations générales prévues par la loi, les voituriers sont tenus d'observer certains règlements particuliers « qui font la loi entre eux et les autres citoyens », dit l'article 1786, et les mesures édictées dans un intérêt d'ordre public ou de protection; ainsi le transport des marchandises dangereuses est réglementé par les décrets des 18 juin 1870, 12 août 1874, 2 septembre 1874, 31 juillet 1875, 26 janvier 1887, 30 décembre 1887, 23 mars 1901.

*Privilège.* — Le voiturier a le droit de rétention et un privilège sur les frais de transport et dépenses accessoires de la chose transportée. Ce privilège prend rang après celui de l'hôtelier. (Code civ., art. 2102, 6°.)

*Expéditions.* — La *lettre de voiture* (v. ce mot) est l'écrit destiné à constater les conditions du contrat de transport. L'article 102 du Code de commerce indique les énonciations qu'elle doit renfermer; mais aucune de ces énonciations n'est exigée à peine de nullité. Doivent être considérés comme constituant de véritables lettres de voiture, dès l'instant qu'ils peuvent faire titre contre l'expéditeur et le voiturier, les écrits désignés sous le nom de *notes* ou *déclarations d'expédition, bulletins* ou *bordereaux de chargement, bordereaux de marchandises, bordereaux de livraison, feuilles de route.*

Pour les transports en grande et petite vitesse effectués par les compagnies de chemins de fer, les lettres de voiture sont remplacées par des *récépissés* extraits d'un registre à souche : le récépissé est remis à l'expéditeur et un double accompagne l'expédition pour être présenté au destinataire avec la marchandise. Le récépissé énonce la nature, le poids, la désignation des colis, les nom et adresse du destinataire, le prix total du transport, le délai dans lequel le ransport doit être effectué. (Loi du 13 mai 1863, art. 13.)

Les recouvrements effectués par les agents de transport, *à titre de remboursement*, du prix des objets transportés, sont assujettis à la délivrance d'un récépissé spécial et distinct de celui applicable au transport des objets eux-mêmes.

Pour les transports des *colis postaux*, les récépissés sont délivrés sous le nom de *bulletins d'expédition;* ils ne contiennent que les noms et domiciles de l'expéditeur et du destinataire; ils ne sont pas obligatoirement extraits d'un livre à souche et la remise d'un double au destinataire n'est pas exigée par la loi.

L'écrit destiné à constater les conventions relatives aux transports par mer est le *connaissement.* V. AFFRÈTEMENT.

*Groupage.* — Les entrepreneurs de messageries tirent parti de ce que le prix des transports par chemin de fer est gradué par fraction de 10 kilogrammes pour réunir dans un envoi unique des colis adressés à des destinataires distincts, et profiter ainsi des différences de poids. La loi du 30 mars 1872 (art. 2) oblige ceux qui recourent à ce mode de procéder, appelé *groupage*, à remettre à la gare expéditrice un bordereau indiquant le nom et l'adresse de chacun des destinataires réels et autant de récépissés qu'il y a de destinataires; ces récépissés individuels sont extraits d'un livre à souche mis à la disposition des entrepreneurs par les compagnies; il est délivré, en outre, par la gare expéditrice un récépissé applicable à l'envoi collectif ou *group.* A l'arrivée, les groupeurs sont tenus de mentionner les numéros des récépissés individuels sur un registre, qui doit être signé pour décharge par le destinataire.

*Commissionnaire de transport.* — Les *commissionnaires de transport* (Code comm., art. 96-102) servent d'intermédiaires entre les voituriers et les expéditeurs; ils traitent en leur propre nom, mais pour le compte de leur commettant (le voiturier); s'ils traitaient pour leur compte personnel, ils ne seraient plus commissionnaires, mais entrepreneurs de transport; l'avantage de leur intervention est de permettre le groupage de plusieurs colis et de diminuer, par ce moyen, les frais de transport.

Ils sont garants : 1° de l'arrivée des marchandises dans les délais légaux (sauf à prouver la force majeure) ainsi que des avaries et pertes des marchandises à eux confiées, sauf à prouver qu'elles ont pour cause un vice propre de la marchandise, la faute de l'expéditeur ou la force majeure (Code comm., articles 96-102); 2° des fautes du commissionnaire intermédiaire auquel ils adressent des marchandises pour être remises au destinataire.

*Formation du contrat.* — Le contrat se forme entre l'expéditeur et le voiturier, ou entre l'expéditeur, le commissionnaire et le voiturier, par le consentement des parties et la remise de la chose à transporter, dont la prise en charge doit être enregistrée sur le livre-journal de l'entrepreneur de messageries. Quant au destinataire, il n'est tenu de satisfaire aux conditions stipulées, et notamment de payer le prix du transport, que lorsqu'il reçoit et accepte la marchandise. L'envoi est fait *franco*, ou *en port dû*, suivant que le prix est payé d'avance, par l'expéditeur, ou à l'arrivée, par le destinataire. En cas d'*envoi contre remboursement*, le destinataire doit, en outre, payer le prix de la marchandise, que le voiturier est chargé de recouvrer pour le compte de l'expéditeur.

## Responsabilité des voituriers.

*Conservation des objets transportés.* — « Les voituriers par terre et par eau sont assujettis, pour la garde et la conservation des choses qui leur sont confiées, aux mêmes obligations que les aubergistes. » (Code civ., art. 1782.) V. HÔTELIERS. Toutefois, en ce qui concerne les bagages tenus à la main, les compagnies de transport ne sont obligées à des dommages-intérêts que s'il est établi qu'elles sont en faute. (Trib. de la Seine, 29 janvier 1898.)

Leur responsabilité ne s'étend pas seulement aux objets qu'ils ont déjà placés dans leur bâtiment ou voiture ; elle commence dès que les objets à transporter leur ont été confiés, pour ne cesser qu'à partir du moment où ils ont été acceptés par le destinataire. (*Id.*, art. 1783.)

*Avaries, perte.* — L'article 1784 du Code civil rend le transporteur responsable de la perte et des avaries des choses qui lui sont confiées, sauf à lui à prouver qu'elles ont été perdues ou avariées par cas fortuit ou force majeure. L'article 103 du Code de commerce édicte des dispositions analogues et plus précises : « Le voiturier est garant de la perte des objets à transporter, hors les cas de force majeure. Il est garant des avaries autres que celles qui proviennent du vice propre de la chose ou de la force majeure. » Enfin, la loi du 17 mars 1905, complétant l'article 103 précité, porte que toute clause contraire insérée dans une lettre de voiture, ou autre pièce quelconque, est nulle, c'est-à-dire qu'il proscrit dans le contrat de transport la clause de non-garantie.

En cas de perte des objets confiés aux voituriers, il faut distinguer : 1° Si la valeur de l'objet a été déclarée, le voiturier doit la valeur déclarée ; 2° S'il n'y a pas eu de déclaration, il doit la valeur justifiée (sous cette réserve qu'il ne saurait être tenu que dans la proportion de la valeur d'objets ordinaires).

*Retard.* — *Délais des transports par chemin de fer.* Il y a également lieu à indemnité si le transport n'est pas effectué dans le délai convenu, hors le cas de force majeure. (Code comm., art. 104.)

Les délais d'expédition par chemin de fer et de livraison sont ainsi fixés : Les animaux, denrées, marchandises et objets quelconques à *grande vitesse* sont expédiés par le premier train de voyageurs comprenant des voitures de toutes classes et correspondant avec leur destination, pourvu qu'ils aient été présentés à l'enregistrement trois heures au moins avant l'heure réglementaire du départ de ce train, faute de quoi ils sont remis au départ suivant. Toutefois, cette prescription n'est pas obligatoire pour les trains express et les trains postes dans lesquels les compagnies admettent exceptionnellement des voitures de 2e classe et 3e classe et qui ont été nommément désignés, tant sur les livrets soumis lors des changements de service à l'approbation ministérielle que sur les affiches portant la marche des trains à la connaissance du public.

Les compagnies peuvent être autorisées à admettre les petits colis dans les trains express ou postes proprement dits, sauf à appliquer le même traitement à tous les expéditeurs placés dans les mêmes conditions. (Arrêté du min. des Trav. publ. du 6 déc. 1878.)

Par *petite vitesse*, les expéditions sont faites le jour qui suivra celui de la remise.

En petite vitesse, la durée du trajet est, sauf exceptions spécialement prévues, calculée à raison de vingt-quatre heures par fraction indivisible de 125 kilomètres. Ne sont pas comptés les excédents de distances ne dépassant pas 25 kilomètres. (*Id.*, du 12 juin 1866.)

Le délai de transmission de réseau à réseau est, en grande vitesse, de trois heures si les deux réseaux ont une gare commune et de six heures dans le cas contraire ; en petite vitesse, d'un jour ou deux jours, suivant la même distinction.

Quant à la livraison, les délais, non compris la remise à domicile et les formalités en douane, sont, en grande vitesse : deux heures après l'arrivée du train ou (pour les colis arrivés la nuit) après l'ouverture de la gare ; en petite vitesse, dans le jour qui suit celui de l'arrivée effective en gare. Les denrées destinées à l'approvisionnement des grands marchés sont délivrables, même de nuit, deux heures après leur arrivée (en grande vitesse).

*Réclamations.* — Le destinataire peut vérifier le contenu des colis à son adresse avant d'en payer la lettre de voiture (Cassation, 15 février 1876), et faire des réserves expresses, soit au moment de la livraison en cas d'avarie *apparente* ou *extérieure*, soit après vérification (avarie intérieure).

Cette disposition s'applique aux bagages transportés dans le même train que la personne même.

Le destinataire a-t-il le droit de refuser la marchandise parvenue tardivement ou avariée ? Strictement, il ne peut que réclamer des dommages-intérêts en se fondant sur l'article 1142 du Code civil, et, en cas de refus, le transporteur est en droit de le sommer de prendre livraison, sauf réparation pécuniaire reconnue fondée. Il a cependant été jugé que c'est là une question de fait laissée à l'appréciation des tribunaux. Quoi qu'il en soit, le cas de refus est mentionné par l'article 106 du Code de commerce, ainsi conçu :

En cas de refus ou contestation pour la réception des objets transportés, leur état est vérifié et constaté par des experts nommés par le président du tribunal de commerce, ou à son défaut, par le juge de paix, et par ordonnance au pied d'une requête. Le dépôt ou séquestre, et ensuite le transport dans un dépôt public peut en être ordonné. La vente peut en être ordonnée jusqu'à concurrence du prix de la voiture. La requête est adressée, dûment motivée, au président du tribunal de commerce ou au juge de paix.

Le destinataire a-t-il pris livraison et payé le prix du transport sans protestation, il conserve encore pendant trois jours le droit de protester. En effet, aux termes de l'article 105 du Code de commerce, modifié par la loi du 11 avril 1888, la réception des objets transportés et le payement du prix de la voiture éteignent toute action contre le voiturier pour avarie ou perte partielle si, dans les trois jours, non compris les jours fériés, qui suivent cette réception et ce payement, le destinataire n'a pas notifié au voiturier, par acte extrajudiciaire ou par lettre recommandée, sa protestation motivée. Il lui incombe de prouver la réalité du dommage dont il se plaint. Toutes stipulations contraires sont nulles et de nul effet, mais cette disposition n'est pas applicable aux transports internationaux.

En matière de transport de marchandises, c'est le transporteur qui est présumé en faute. En matière de transport de personnes, c'est le voyageur qui est tenu d'établir la faute du transporteur.

Les actions pour avaries, pertes ou retard, auxquelles peut donner lieu contre le voiturier le contrat de transport sont prescrites dans le délai d'un an, sans préjudice des cas de fraude ou d'infidélité. Toutes les autres actions auxquelles ce contrat peut donner lieu, tant contre le voiturier ou commissionnaire que contre l'expéditeur ou le destinataire, même dans les cas de fraude, infidélité, fausses taxes, etc., sont prescrites dans le délai de cinq ans.

Le délai de prescription est compté, dans le cas de perte totale, du jour où la remise de la marchandise aurait dû être effectuée, et dans tous les autres cas, du jour où la marchandise aura été remise ou offerte au destinataire.

Il peut arriver que la marchandise ait été transportée successivement par plusieurs compagnies. L'action doit être intentée contre celle qui a effectué la livraison au destinataire. Cette compagnie peut avoir un recours à exercer contre un intermédiaire, et celui-ci contre l'intermédiaire précédent; en ce cas, le délai pour intenter chaque action récursoire (de *recours*) est d'un mois. La prescription ne court que du jour de l'exercice de l'action contre le garanti.

Dans le cas de transports faits pour le compte de l'Etat, la prescription ne commence à courir que du jour de la notification de la décision ministérielle emportant liquidation ou ordonnancements définitifs.

Les actions sont portées devant le tribunal de commerce, et à défaut, devant le tribunal civil.

En matière de transports pour le compte des administrations publiques et en matière de colis postaux, le conseil de préfecture (appel devant le Conseil d'Etat) est seul compétent.

*Dispositions pénales.* — *Altération des marchandises transportées.* « Les voituriers, bateliers ou leurs préposés, qui auront altéré ou tenté d'altérer des vins ou toute autre espèce de liquides ou marchandises dont le transport leur avait été confié, et qui auront commis ou tenté de commettre cette altération par le mélange de substances malfaisantes, seront punis d'un emprisonnement de deux à cinq ans et d'une amende de 25 francs à 500 francs. Ils pourront, en outre, être privés des droits mentionnés en l'article 42 du Code pénal (droits civiques, civils et de famille) pendant cinq ans au moins et dix ans au plus; ils pourront aussi être mis sous la surveillance de la haute police (v. INTERDICTION DE SÉJOUR) pendant le même nombre d'années. S'il n'y a pas eu mélange de substances malfaisantes, la peine sera d'un emprisonnement d'un mois à un an et une amende de 16 francs à 100 francs. » (Code pén., art. 387.)

*Vol.* Le vol partiel ou total est puni de la reclusion. (Code pén., art. 386, 4°.)

### Contribution sur les voitures.

V. VOITURES.

### Police du roulage.

Les conditions de circulation ou roulage des voitures servant au transport des personnes et des marchandises sur les routes et chemins sont déterminées par les lois des 30 mai 1851 et les décrets des 10 août 1852, 24 février 1858, 29 août 1863.

Le roulage par traction mécanique a été l'objet de réglementations spéciales concernant les *chemins de fer,* les *automobiles,* etc. V. ces mots.

Les voitures suspendues ou non suspendues servant au transport des personnes ou des marchandises peuvent circuler sur les routes nationales, départementales et chemins vicinaux de grande communication, sans aucune condition de réglementation de poids ou de largeur de jantes. (Loi du 30 mai 1851, art. 1er.)

*Dispositions applicables à toutes les voitures.* — (Décret du 10 août 1852, art. 1 à 10.) Les essieux ne doivent avoir plus de 2m,50 de longueur, ni dépasser à leurs extrémités le moyeu de plus de 6 centimètres.

La saillie des moyeux, y compris celle de l'essieu, n'excédera pas de plus de 12 centimètres le plan passant par le bord extérieur des bandes. Il est accordé une tolérance de 2 centimètres sur cette saillie pour les roues qui ont déjà fait un certain service.

Il est défendu d'employer des clous à tête de diamant. Tout clou de bande doit être rivé à plat, et ne peut, lorsqu'il sera posé à neuf, former une saillie de plus de 5 millimètres.

Il ne peut être attelé : 1° aux voitures servant au transport des marchandises, plus de cinq chevaux si elles sont à deux roues ; plus de huit si elles sont à quatre roues, sans qu'il puisse y avoir plus de cinq chevaux de file ; 2° aux voitures servant au transport des personnes, plus de trois chevaux si elles sont à deux roues, plus de six si elles sont à quatre roues. Cependant, lorsqu'il y a lieu de transporter des blocs de pierre ou autres objets d'un poids considérable, l'emploi d'un attelage exceptionnel peut être autorisé, sur l'avis des ingénieurs ou des agents voyers, par les préfets des départements traversés.

D'autre part, sur les parties de routes ou de chemins vicinaux de grande communication affectés de rampes d'une déclivité ou d'une longueur exceptionnelle, l'emploi de chevaux de renfort est autorisé (des poteaux indicateurs portent cette inscription : *Chevaux de renfort*). Pour les voitures marchant avec relais réguliers et servant au transport des personnes ou des marchandises, la faculté d'atteler des chevaux de renfort s'étend à toute la longueur des relais dans lesquels sont placés les poteaux. L'emploi de chevaux de renfort est, en outre, autorisé temporairement sur des parties de routes ou de chemins de grande communication lorsque des travaux ou autres circonstances accidentelles le commandent (le préfet fait alors planter des poteaux provisoires). Enfin, en temps de neige ou de verglas, les prescriptions relatives à la limitation du nombre des chevaux demeurent suspendues.

Pendant la traversée des ponts suspendus, les chevaux sont mis au pas ; les voituriers ou rouliers tiennent les guides ; les conducteurs et postillons restent sur leurs sièges ; aucun cheval ne peut être dételé. Toute voiture attelée de plus de cinq chevaux ne doit pas s'engager sur le tablier d'une travée, quand il y a déjà sur cette travée une voiture d'un attelage supérieur à ce nombre de chevaux. Quant aux ponts suspendus qui n'offriraient pas toutes les garanties nécessaires pour le passage des voitures lourdement chargées, le ministre des Travaux publics ou le ministre de l'Intérieur, chacun en ce qui le concerne, peut prendre des dispositions spéciales.

Dans les circonstances urgentes, les préfets et les maires prennent telles mesures que leur paraît commander la sûreté publique, sauf à en rendre compte à l'autorité supérieure.

Tout roulier ou conducteur de voiture doit se ranger à sa droite, à l'approche de toute autre voiture, de manière à lui laisser libre au moins la moitié de la chaussée.

Il est interdit de laisser stationner *sans nécessité* sur la voie publique aucune voiture attelée ou non attelée.

*Voitures ne servant pas au transport des personnes.* — (Décret du 10 août 1852, art. 11 à 16.) La largeur du chargement des voitures qui ne servent pas au transport des personnes ne peut, sauf autorisation du préfet, excéder 2m,50. Sont affranchies de toute réglementation de largeur de chargement, les voitures d'agriculture lorsqu'elles sont employées au transport des récoltes de la ferme aux champs, et des champs à la ferme ou au marché.

La largeur des colliers des chevaux ou autres bêtes de trait ne peut dépasser 90 centimètres, mesurés entre les points les plus saillants des pattes des attelles.

Lorsque plusieurs voitures marchent à la suite les unes des autres, elles doivent être distribuées en convoi de quatre voitures au plus si elles sont à quatre roues et attelées d'un seul cheval ; de trois voitures au plus si elles sont à deux roues et attelées d'un seul cheval ; et de deux voitures au plus si l'une d'elles est attelée de plus d'un cheval. Le préfet peut même restreindre le nombre des voitures, si la nature des objets transportés donne au convoi une longueur nuisible à la circulation ou dangereuse. (Décret du 24 février 1858.) L'intervalle d'un convoi à l'autre ne peut être moindre de 50 mètres. Tout voiturier ou conducteur doit se tenir constamment à portée de ses chevaux ou bêtes de trait et en position de les guider. Il est interdit de faire conduire par un seul conducteur plus de quatre voitures à un cheval si elles sont à quatre roues, et plus de trois voitures à un cheval si elles sont à deux roues. Chaque voiture attelée de plus d'un cheval doit avoir un conducteur. Toutefois, une voiture dont le cheval est attaché derrière une voiture attelée de quatre chevaux au plus n'a pas besoin d'un conducteur particulier. Les règlements de police municipale déterminent, en ce qui concerne la traverse des villes, bourgs et villages, les restrictions qui peuvent être apportées à ces dispositions.

Aucune voiture marchant isolément ou en tête d'un convoi ne peut circuler pendant la nuit sans être pourvue d'une lanterne allumée. Cette disposition peut être appliquée aux voitures d'agriculture et aux voitures particulières servant au transport des personnes, par des arrêtés des préfets ou des maires.

Tout propriétaire de voiture ne servant pas au transport des personnes est tenu de faire placer, en avant des roues et au côté gauche de sa voiture, une plaque métallique portant, en caractères apparents et lisibles ayant au moins 5 millimètres de hauteur, ses nom, prénoms et profession, le nom de la commune, du canton et du département de son domicile. Sont exceptées de cette disposition : 1° les voitures particulières destinées au transport des personnes, mais étrangères à un service public des messageries ; 2° les voitures appartenant à l'administration des Postes ; 3° les voitures d'artillerie, chariots et fourgons appartenant aux départements de la guerre et de la marine ; 4° les voitures employées à la culture des terres, au transport des récoltes, à l'exploitation des fermes, qui se rendent de la ferme aux champs ou des champs à la ferme, ou qui servent au transport des objets récoltés du lieu où ils ont été recueillis jusqu'à celui où, pour les conserver ou les manipuler, le cultivateur les dépose ou les rassemble.

*Voitures des messageries.* — Les dispositions applicables à ces voitures font l'objet des articles 17 à 42 du décret du 10 août 1852.

*Arrêtés municipaux.* — Dans la traversée des communes, les maires arrêtent les dispositions qu'ils jugent utiles à la sûreté publique et à l'observation spéciale de la police du roulage.

*Barrières de dégel.* — V. BARRIÈRE DE DÉGEL.

*Contraventions.* (Loi du 30 mai 1851, art. 4 à 15.) — Sont punies d'une amende de 5 à 30 francs les contraventions aux règlements déterminant :

*Pour toutes les voitures :* 1° la forme des

moyeux, le maximum de la longueur des essieux, et le maximum de leur saillie au delà des moyeux ; 2° la forme des bandes des roues ; 3° la forme des clous des bandes ; 4° le maximum du nombre des chevaux de l'attelage que peut comporter la police ou la libre circulation des routes ; 5° les mesures à prendre pour régler momentanément la circulation pendant les jours de dégel, et les précautions à prendre pour la protection des ponts suspendus.

*Pour les voitures ne servant pas au transport des personnes :* 1° la largeur du chargement ; 2° la saillie des colliers des chevaux ; 3° les modes d'enrayage. Les contraventions sont jugées par le conseil de préfecture. Sont punies d'une amende de 6 à 10 francs et d'un emprisonnement de un à trois jours (en cas de récidive, l'amende peut être portée à 15 francs et l'emprisonnement à cinq jours), les contraventions aux règlements relatifs, en ce qui concerne le transport des personnes : 1° au nombre des voitures qui peuvent être réunies en un même convoi, l'intervalle qui doit rester libre d'un convoi à un autre, et le nombre de conducteurs exigé pour la conduite de chaque convoi ; 2° aux autres mesures de police à observer par les conducteurs, notamment en ce qui concerne le stationnement sur les routes, et les règles à suivre pour éviter ou dépasser d'autres voitures. — Sont affranchies de toute réglementation de largeur de chargement, les voitures de l'agriculture servant au transport des récoltes de la ferme aux champs et des champs à la ferme ou au marché.

*Pour les voitures de messageries :* une amende de 16 à 200 francs et un emprisonnement de six à dix jours punit les infractions aux règlements concernant : 1° les conditions relatives à la solidité et à la stabilité des voitures ; 2° le mode de chargement, de conduite et d'enrayage des voitures ; 3° le nombre de personnes qu'elles peuvent porter ; 4° la police des relais ; 5° les autres mesures de police à observer par les conducteurs, cochers ou postillons, notamment pour éviter ou dépasser d'autres voitures.

Tout propriétaire d'une voiture circulant sur des voies publiques sans être munie de la plaque réglementaire sera puni d'une amende de 6 à 15 francs, et le conducteur d'une amende de 1 à 5 francs.

Tout propriétaire ou conducteur de voitures qui a fait usage d'une plaque portant un nom ou domicile faux ou supposé s'expose à une amende de 50 à 200 francs et à un emprisonnement de six jours au moins et de six mois au plus. La même peine est applicable à celui qui, conduisant une voiture dépourvue de plaque, a déclaré un nom ou domicile autre que le sien ou que celui du propriétaire pour le compte duquel la voiture est conduite.

Lorsque, par la faute, la négligence ou l'imprudence du conducteur, une voiture a causé un dommage quelconque à une route ou à ses dépendances, le conducteur est condamné à une amende de 3 à 50 francs. Il est, de plus, condamné aux frais de la réparation. Le conseil de préfecture est compétent.

Est puni d'une amende de 16 à 100 francs, indépendamment de celle qu'il pourrait avoir encourue pour toute autre cause, tout voiturier ou conducteur qui, sommé de s'arrêter par l'un des fonctionnaires ou agents chargés de constater les contraventions, refuserait d'obtempérer à cette sommation et de se soumettre aux vérifications prescrites.

Les dispositions générales du Code pénal sont applicables en cas d'outrages ou de violences envers les fonctionnaires ou agents chargés de constater les délits ou contraventions de roulage.

Lorsqu'une même contravention ou un même délit concernant les dispositions applicables à toutes les voitures, ou le défaut de plaque, ou l'usage de plaques mensongères, a été constaté à plusieurs reprises, il n'est prononcé qu'une seule condamnation, pourvu qu'il ne se soit pas écoulé plus de 24 heures entre la première et la dernière constatation. Lorsqu'une même contravention ou un même délit concernant les voitures de messageries a été constaté à plusieurs reprises pendant le parcours d'un même relais, il n'est prononcé qu'une seule condamnation. Sauf ces exceptions, lorsqu'il a été dressé plusieurs procès-verbaux de contravention, il est prononcé autant de condamnations qu'il y a eu de contraventions constatées.

Tout propriétaire de voiture est responsable des amendes, des dommages-intérêts et des frais de réparation prononcés contre toute personne préposée par lui à la conduite de sa voiture. Si la voiture n'a pas été conduite par ordre et pour le compte du propriétaire, la responsabilité est encourue par celui qui a préposé le conducteur.

Les dispositions de l'article 463 du Code pénal (circonstances atténuantes) sont applicables dans tous les cas.

*Procès-verbaux.* — Sont spécialement chargés de constater les contraventions et délits, les conducteurs, agents voyers, cantonniers chefs et autres employés du service des ponts et chaussées ou des chemins vicinaux de grande communication, commissionnés à cet effet, les gendarmes, les gardes champêtres, les employés des contributions indirectes, agents forestiers ou des douanes, et employés des poids et mesures ayant droit de verbaliser, et les employés des octrois ayant le même droit. Les procès-verbaux doivent être affirmés dans les trois jours, à peine de nullité, devant le juge de paix du canton ou devant le maire de la commune, soit du domicile de l'agent qui a verbalisé, soit du lieu où la contravention a été constatée. Peuvent également constater les contraventions et les délits prévus par la présente loi, les maires et adjoints, les commissaires et agents assermentés de police, les ingénieurs des ponts et chaussées, les officiers et les sous-officiers de gendarmerie, et toute personne commissionnée par l'autorité départementale pour la surveillance et l'entretien des voies de communication. — Les dommages sont constatés, pour les routes nationales et départementales, par les ingénieurs, conducteurs et autres employés des ponts et chaussées commissionnés à cet effet ; et pour les chemins vicinaux de grande communication, par les agents voyers, sans préjudice du droit réservé à tous les fonctionnaires et agents mentionnés au présent article de dresser procès-verbal du fait de dégradation qui aurait lieu en leur présence. Les procès-verbaux font foi jusqu'à preuve contraire.

Lorsqu'une voiture est dépourvue de plaque et que le propriétaire n'est pas connu, ou bien lorsqu'il est fait usage de plaques mensongères, le maire ordonne la consignation (sauf caution solvable) de l'amende qu'il croit être due, ou retient la voiture. Il est procédé de la même manière à l'égard de tout conducteur de voiture de roulage ou de messageries, inconnu dans le lieu où il serait pris en contravention, et qui ne serait point régulièrement muni d'un passeport, d'un livret, ou d'une feuille de route, à moins qu'il ne justifie que la voiture appartient à une entreprise de roulage ou de messageries, ou qu'il ne résulte des lettres de voiture ou des autres papiers qu'il aurait en sa possession que la voiture appartient à celui dont le domicile serait indiqué sur la plaque.

Le procès-verbal est adressé, deux jours après avoir été enregistré, au sous-préfet de l'arrondissement, qui le transmet, dans les deux jours, au préfet s'il s'agit d'une contravention de la compétence des conseils de préfecture, ou au procureur de la République s'il s'agit d'une contravention de la compétence des tribunaux.

*Compétence.* (Loi du 30 mai 1851, art. 15 à 28.) — Les contraventions à la police du roulage sont jugées par le conseil de préfecture ou par les tribunaux de droit commun (police correctionnelle ou simple police). La compétence des conseils de préfecture a été indiquée ci-dessus chaque fois que de besoin.

Le prévenu est tenu de produire, devant le conseil de préfecture, ses moyens de défense, dans le délai de trente jours, à compter de la date de la notification du procès-verbal. A l'expiration du délai, le conseil prononce, lors même que les moyens de défense n'auraient pas été produits. Son arrêté est notifié au contrevenant, dans la forme administrative, dix jours au moins avant toute exécution. Si la condamnation a été prononcée par défaut, la notification faite au domicile énoncé sur la plaque est valable. L'opposition à l'arrêté rendu par défaut doit être formée dans le délai de quarante jours, à compter de la date de la notification.

Le recours au Conseil d'Etat contre l'arrêté du conseil de préfecture peut avoir lieu par simple mémoire déposé au secrétariat général de la préfecture, ou à la sous-préfecture, et sans l'intervention d'un avocat au Conseil d'Etat. Il est délivré au déposant récépissé du mémoire, qui devra être immédiatement transmis par le préfet. Si le recours est formé au nom de l'administration, il doit l'être dans les trois mois de la date de l'arrêté.

L'instance à raison des contraventions de la compétence des conseils de préfecture est périmée par six mois, à compter de la date du dernier acte des poursuites, et l'action publique est éteinte, à moins de fausses indications sur la plaque, ou de fausse déclaration en cas d'absence de plaque.

Les amendes se prescrivent par une année, à compter de la date de l'arrêté du conseil de préfecture, ou à compter de la décision du Conseil d'Etat, si le pourvoi a eu lieu. En cas de fausses indications sur la plaque, ou de fausses déclarations de nom ou de domicile, la prescription n'est acquise qu'après cinq années.

Les condamnations prononcées peuvent mettre à la charge des condamnés des frais de réparation pour les avaries ou dégradations causées par eux ou par leur fait.

**Transportation.** — Mode d'exécution de la peine des travaux forcés, qui consiste à transporter le condamné dans une colonie pour y purger sa condamnation.

Les travaux forcés peuvent être prononcés soit à perpétuité, soit à temps : pour une durée de cinq à vingt ans, avec faculté, en cas de récidive, de les élever à quarante ans. (Code pén., art. 19, 56.) Jusqu'à la loi du 30 mai 1854, dite *loi de transportation*, les travaux forcés ont été subis dans des établissements pénitentiaires spéciaux, les *bagnes*.

Les lieux de transportation sont déterminés par décret; ils ne peuvent être choisis en Algérie. Les *colonies pénitentiaires* sont aujourd'hui la Guyane française et la Nouvelle-Calédonie.

La peine des travaux forcés entraîne, outre la dégradation civique : 1° si elle est prononcée pour moins de huit ans, obligation de résider dans la colonie pendant un temps égal à la durée de la condamnation ; 2° si elle est prononcée pour huit ans ou plus de huit ans, obligation d'une résidence perpétuelle dans la colonie. (Loi du 30 mai 1854, art. 6.)

C'est dans les maisons centrales que purgent leurs peines les femmes condamnées aux travaux forcés ; mais elles peuvent être conduites dans l'un des établissements créés aux colonies : elles y sont séparées des hommes. (*Id.*, art. 4.)

En ce qui concerne les sexagénaires, les travaux forcés sont remplacés par la reclusion, perpétuelle ou temporaire. (*Id.*, art. 5.)

Le règlement d'administration publique du 5 juin 1880 a déterminé le régime des établissements de travaux forcés, divisant les transportés en cinq classes (d'après leur situation pénale et leur conduite), établissant des différences de régime pour chaque classe, supprimant les peines corporelles et réglant les punitions disciplinaires dont peuvent être frappés les condamnés.

Les libérés des travaux forcés tenus de résider dans les colonies pénitentiaires sont astreints, pendant la durée de cette résidence, à répondre à deux appels annuels, à l'effet de constater leur présence dans la colonie. (Décret du 13 janvier 1888, art. 1er.)

Les condamnés aux travaux forcés sont justiciables, pour tous crimes ou délits commis dans les colonies pénitentiaires, de tribunaux maritimes spéciaux constitués par le décret du 4 octobre 1889, modifié par celui du 24 avril 1897.

La colonisation du lieu de transportation a été tentée par les *concessions* de terrains aux transportés et libérés dans les conditions prévues par le décret du 9 octobre 1901 ; les concessions, d'abord provisoires, peuvent devenir définitives au bout de cinq ans. La main-d'œuvre pénale, moyennant une redevance versée au Trésor, est utilisée par les services publics et les particuliers.

Depuis la loi du 27 mai 1885, qui a institué la relégation des récidivistes, la transportation, sous l'appellation spéciale et nouvelle de *relégation*, se trouve, surtout par mesure de police, étendue à des libérés. V. RELÉGATION.

Enfin, les condamnés politiques conduits aux colonies sont, non des transportés, mais des *déportés*. V. DÉPORTATION.

## Travail.

Au cours du XIXe siècle, l'industrie, qui, jusqu'à la Révolution française, n'apparaissait, discrètement au second plan que comme une annexe de l'agriculture, a pris un essor sans précédent, peu à peu décuplant, vingtuplant sa production, et, sans cesse, est devenue plus nombreuse la population vivant du travail industriel. De là, dans la dernière partie du XIXe siècle, d'incessantes lois sociales au champ d'application toujours plus ample : lois de protection, de prévoyance ou de solidarité, assurant la défense des intérêts des travailleurs, réglant leurs rapports avec leurs employeurs.

Entraînée par la concurrence, l'industrie avait assujetti la main-d'œuvre à des journées de travail d'une longueur accablante, employé des femmes à des travaux épuisants, ou embauché des enfants en dépit de leur débilité. Le législateur réglementa le travail des enfants dans les manufactures, et cette protection fut accrue et étendue aux ouvrières.

Des inspecteurs du travail ont été chargés de veiller à l'application des mesures relatives à l'hygiène et à la sécurité des travailleurs.

Il convient de rappeler aussi les nombreuses dispositions législatives relatives au contrat de travail, aux salaires, aux assurances du travail, aux syndicats professionnels, aux conseils de prud'hommes, à l'arbitrage. Des conseils du travail, formés des délégués des ouvriers et des patrons, ont été institués dans les principales régions d'industrie pour représenter les intérêts des travailleurs auprès des pouvoirs publics. Un conseil supérieur du travail assiste le ministre du Commerce et de l'Industrie dans l'étude des améliorations à apporter au régime du travail.

Toute une législation du travail finit par se dégager des textes successifs et épars. La Chambre des députés en a formé un corps complet, sous le nom de *Code du travail* (1905). Le Code du travail et de la prévoyance sociale s'applique aux matières ci-après : 1° conventions relatives au travail ; 2° réglementation du travail ; 3° groupements professionnels ; 4° juridiction et représentation professionnelles ; 5° prévoyance sociale.

### Conventions relatives au travail.

*Contrat de travail.* — Le contrat de travail a pour but de régler les rapports juridiques entre le patron et l'ouvrier. Il est soumis aux règles du droit commun et peut être constaté dans les formes qu'il convient aux parties contractantes d'adopter. Entre chefs d'industrie et ouvriers, il est exempt de timbre et d'enregistrement. Sa rupture ne peut être motivée par un appel sous les drapeaux pour une période d'instruction militaire. V. LOUAGE, MARCHANDAGE.

*Salaires.* — Des dispositions spéciales régissent les privilèges et garanties de la créance de salaire (v. PRIVILÈGE) et les retenues sur les salaires. V. SAISIE, § *Saisie-arrêt.*

*Placement des travailleurs.* — V. PLACEMENT (*Bureau de*).

*Contrat d'apprentissage.* — *Forme du contrat.* Le contrat d'apprentissage est celui par lequel un fabricant, un chef d'industrie ou un ouvrier s'oblige à enseigner la pratique de sa profession à une autre personne, qui s'oblige, en retour, à travailler pour lui à des conditions et pendant un temps convenus.

Le contrat d'apprentissage est d'ordinaire fait par acte public ou par acte sous seing privé. Il peut aussi être fait verbalement, mais la preuve testimoniale n'en est reçue que conformément aux dispositions générales du Code civil. V. PREUVE.

Les notaires, les secrétaires des conseils de prud'hommes et les greffiers de justice de paix peuvent recevoir l'acte d'apprentissage, qui est soumis, pour l'enregistrement, au droit fixe de 1 franc, lors même qu'il contiendrait des obligations de sommes ou valeurs mobilières, ou des quittances. Les honoraires dus aux officiers publics sont fixés à 2 francs.

L'acte d'apprentissage contient : 1° les nom, prénoms, âge, profession et domicile du maître ; 2° les nom, prénoms, âge et domicile de l'apprenti ; 3° les noms, prénoms, professions et domicile de ses père et mère, de son tuteur, ou de la personne autorisée par les parents, et à leur défaut, par le juge de paix ; 4° la date et la durée du contrat ; 5° les conditions de logement, de nourriture, de prix, et toutes autres arrêtées entre les parties. Il doit être signé par le maître et par les représentants de l'apprenti.

*Conditions du contrat.* Nul ne peut recevoir des apprentis mineurs s'il n'est âgé de vingt et un ans au moins (amende de 5 à 15 francs et, en cas de récidive, outre l'amende, emprisonnement de un à cinq jours). Aucun maître, s'il est célibataire ou en état de veuvage, ne peut loger, comme apprenties, des jeunes filles mineures. (Mêmes pénalités.)

Sont incapables de recevoir des apprentis : les individus qui ont subi une condamnation pour crime ; ceux qui ont été condamnés pour attentat aux mœurs ; ceux qui ont été condamnés à plus de trois mois d'emprisonnement pour les délits prévus par les articles 388, 401, 405, 406, 407, 408, 423 du Code pénal (amende de 5 à 15 francs, et, en cas de récidive, poursuites correctionnelles : emprisonnement de 15 jours à 3 mois, amende de 50 francs à 300 francs).

Cette incapacité peut être levée par le préfet (le préfet de police à Paris), sur l'avis du maire, quand le condamné, après l'expiration de sa peine, a résidé pendant trois ans dans la même commune.

*Devoirs des maîtres et des apprentis.* Le maître doit se conduire envers l'apprenti en bon père de famille, surveiller sa conduite et ses mœurs, soit dans la maison, soit au dehors, et avertir ses parents ou leurs représentants des fautes graves qu'il pourrait commettre ou des penchants vicieux qu'il pourrait manifester. Il doit aussi les prévenir, sans retard, en cas de maladie, d'absence ou de tout fait de nature à motiver leur intervention.

Il n'emploiera l'apprenti, sauf conventions contraires, qu'aux travaux et services qui se rattachent à l'exercice de sa profession. Il ne l'emploiera jamais à ceux qui seraient insalubres ou au-dessus de ses forces.

Sauf arrêté préfectoral rendu sur l'avis du maire, la durée du travail effectif des apprentis âgés de moins de quatorze ans ne pourra dépasser dix heures par jour; douze heures pour les apprentis âgés de quatorze à seize ans, et aucun travail de nuit (entre 9 heures du soir et 5 heures du matin) ne peut être imposé aux apprentis âgés de moins de seize ans.

Les dimanches et jours de fêtes reconnues ou légales, les apprentis, dans aucun cas, ne peuvent être tenus, vis-à-vis de leur maître, à aucun travail de leur profession. V., plus loin, *Réglementation du travail.*

Si l'apprenti âgé de moins de seize ans ne sait pas lire, écrire et compter, ou s'il n'a pas encore terminé sa première éducation religieuse, le maître est tenu de lui laisser prendre, sur la journée de travail, le temps et la liberté nécessaires pour son instruction, deux heures au plus par jour.

L'apprenti doit à son maître fidélité, obéissance et respect; il est tenu de remplacer, à la fin de l'apprentissage, le temps qu'il n'a pu employer par suite de maladie ou d'absence ayant duré plus de quinze jours.

Le maître doit enseigner à l'apprenti, progressivement et complètement, l'art, le métier, ou la profession spéciale qui fait l'objet du contrat. Il lui délivrera, à la fin de l'apprentissage, un congé d'acquit, ou certificat constatant l'exécution du contrat.

Tout fabricant, chef d'atelier ou ouvrier, convaincu d'avoir détourné un apprenti de chez son maître, pour l'employer en qualité d'apprenti ou d'ouvrier, pourra être passible de tout ou partie de l'indemnité à prononcer au profit du maître abandonné.

*Résolution du contrat.* Les deux premiers mois de l'apprentissage sont considérés comme un temps d'essai pendant lequel le contrat peut être annulé par la seule volonté de l'une des parties. Dans ce cas, aucune indemnité n'est allouée à l'une ou à l'autre partie, à moins de conventions expresses.

Le contrat d'apprentissage est résolu de plein droit : 1° par la mort du maître ou de l'apprenti; 2° si l'apprenti ou le maître est appelé au service militaire; 3° si le maître ou l'apprenti vient à être frappé d'une des condamnations prévues plus haut; 4° pour les filles mineures, dans le cas de décès de l'épouse du maître, ou de toute autre femme de la famille qui dirigeait la maison à l'époque du contrat.

Il peut être résolu, sur la demande des parties ou de l'une d'elles : 1° dans le cas où l'une des parties manquerait aux stipulations du contrat; 2° pour cause d'infraction grave ou habituelle aux prescriptions de la présente loi; 3° dans le cas d'inconduite habituelle de la part de l'apprenti; 4° si le maître transporte sa résidence dans une autre commune que celle qu'il habitait lors de la convention (la demande en résolution de contrat fondée sur ce motif n'est recevable que pendant trois mois, à compter du jour où le maître aura changé de résidence); 5° si le maître ou l'apprenti encourt une condamnation emportant un emprisonnement de plus d'un mois; 6° dans le cas où l'apprenti viendrait à contracter mariage.

Si le temps convenu pour la durée de l'apprentissage dépasse le maximum de la durée consacrée par les usages locaux, ce temps peut être réduit ou le contrat résolu.

*Compétence.* Toute demande à fin d'exécution ou de résolution de contrat est jugée par le conseil des prud'hommes dont le maître est justiciable, et à défaut, par le juge de paix du canton.

Les réclamations dirigées contre les tiers ayant détourné l'apprenti sont portées devant le conseil des prud'hommes ou devant le juge de paix du lieu de leur domicile.

Dans les cas prévus de résolution, les indemnités ou restitutions dues à l'une ou à l'autre des parties sont, à défaut de stipulations expresses, réglées par le conseil des prud'hommes, ou par le juge de paix dans les cantons qui ne ressortissent point à la juridiction d'un conseil de prud'hommes.

## Réglementation du travail.

Les dispositions légales qui réglementent le travail s'appliquent aux usines, manufactures, fabriques, mines, minières et carrières, chantiers, ateliers et leurs dépendances, de quelque nature que ce soit, publics ou privés, laïques ou religieux, même lorsque ces établissements ont un caractère d'enseignement professionnel ou de bienfaisance. En sont exceptés les établissements où ne sont employés que les membres de la famille sous l'autorité soit du père, soit de la mère, soit du tuteur.

*Travail des enfants et des femmes. — Age d'admission.* Les enfants ne peuvent être employés par les patrons, ni être admis dans les établissements énumérés ci-dessus avant l'âge de treize ans révolus.

Les enfants munis du certificat d'études primaires peuvent être employés à partir de l'âge de douze ans; mais aucun enfant âgé de moins de treize ans ne peut être admis, s'il n'est muni d'un certificat d'aptitude physique délivré, à titre gratuit, par l'un des médecins chargés de la surveillance du premier âge ou l'un des médecins inspecteurs des écoles, ou tout autre médecin chargé d'un service public, désigné par le préfet. Cet examen est contradictoire, si les parents le réclament.

Les inspecteurs du travail peuvent toujours requérir un examen médical de tous les enfants au-dessous de seize ans déjà admis dans les établissements susvisés, à l'effet de constater si le travail dont ils sont chargés excède leurs forces. Dans ce cas, les inspecteurs ont le droit d'exiger leur renvoi de l'établissement sur l'avis conforme de l'un des médecins et après examen contradictoire, si les parents le réclament.

Dans les orphelinats et institutions de bienfaisance, et dans lesquels l'instruction primaire est donnée, l'enseignement manuel ou professionnel, pour les enfants âgés de moins de treize ans, sauf pour les enfants âgés de douze ans munis du certificat d'études primaires, ne peut pas dépasser trois heures par jour.

*Journée de travail.* Les enfants âgés de moins de dix-huit ans et les femmes ne peuvent être employés à un travail effectif de plus de dix heures par jour, coupées par un ou plusieurs repos dont la durée totale ne peut être inférieure à une heure et pendant lesquels le travail est interdit.

Les restrictions relatives à la durée du travail peuvent être temporairement levées par l'inspecteur divisionnaire du travail pour certaines industries désignées par un règlement d'administration publique.

Les enfants âgés de moins de dix-huit ans et les femmes ne peuvent être employés à aucun travail de nuit.

*Travail de nuit.* Tout travail entre neuf heures du soir et cinq heures du matin est considéré comme travail de nuit.

Par exception, le travail de nuit est autorisé pour les travaux souterrains des mines, minières et carrières.

Il est accordé, pour les femmes âgées de plus de dix-huit ans, à certaines industries qui sont déterminées par un règlement d'administration publique et dans les conditions d'application qui sont précisées dans ledit règlement, la faculté de prolonger le travail jusqu'à onze heures du soir, à certaines époques de l'année, pendant une durée totale qui ne dépassera pas soixante jours. En aucun cas la journée de travail effectif ne peut être prolongée au delà de douze heures.

Il est accordé à certaines industries, déterminées par un règlement d'administration publique, l'autorisation de déroger d'une façon permanente à ces dispositions, mais sans que le travail puisse en aucun cas dépasser sept heures par vingt-quatre heures.

En cas de chômage résultant d'une interruption accidentelle ou de force majeure, l'interdiction du travail de nuit peut, dans n'importe quelle industrie, être temporairement levée par l'inspecteur pour un délai déterminé.

Dans les usines à feu continu, les enfants du sexe masculin et les femmes majeures peuvent être employés, la nuit, aux travaux indispensables. Les travaux tolérés et le laps de temps pendant lequel ils peuvent être exécutés sont déterminés par un règlement d'administration publique.

*Repos hebdomadaire.* Les enfants âgés de moins de dix-huit ans et les femmes ne peuvent être employés plus de six jours par semaine, ni les jours de fêtes reconnues par la loi, même pour rangement d'atelier.

Toutefois, dans les usines à feu continu, les enfants du sexe masculin et les femmes majeures peuvent être employés les jours de fêtes reconnues par la loi.

L'obligation du repos hebdomadaire peut être temporairement levée par l'inspecteur divisionnaire pour les industries désignées par règlement d'administration publique.

*Apprentis.* La durée du travail effectif des apprentis âgés de moins de quatorze ans ne peut dépasser dix heures par jour. Pour les apprentis âgés de quatorze à seize ans, elle ne peut dépasser douze heures. Aucun travail de nuit ne peut être imposé aux apprentis âgés de moins de seize ans.

Les dimanches et jours de fêtes reconnues par la loi, les apprentis, dans aucun cas, ne peuvent être tenus, vis-à-vis de leur maître, à aucun travail de leur profession. Dans le cas où l'apprenti est obligé, par suite de convention ou conformément à l'usage, de ranger l'atelier aux jours ci-dessus marqués, ce travail ne peut se prolonger au delà de dix heures du matin.

Il ne peut être dérogé aux dispositions précédentes que sur un arrêté rendu par le préfet, sur l'avis du maire.

*Travaux souterrains.* Les filles et les femmes ne peuvent être employées aux travaux souterrains des mines, minières et carrières.

Des règlements d'administration publique déterminent les conditions spéciales du travail des enfants de treize à dix-huit ans du sexe masculin dans les travaux souterrains.

*Travail des hommes adultes.* — La journée dans les manufactures et usines ne peut excéder douze heures de travail effectif, dix heures si, dans les mêmes locaux, travaillent des adultes et des enfants de moins de dix-huit ans. Des exceptions peuvent être apportées à ces dispositions, à raison de la nature des industries ou pour force majeure.

*Travaux souterrains.* La journée des ouvriers employés à l'abatage, dans les travaux souterrains des mines de combustibles, ne peut excéder une durée de neuf heures, calculée depuis l'entrée dans le puits des derniers ouvriers descendant jusqu'à l'arrivée au jour des premiers ouvriers remontant; pour les mines où l'entrée a lieu par galeries, cette durée est calculée depuis l'arrivée au fond de la galerie d'accès jusqu'au retour au même point. La durée des repos n'est pas comptée dans ce maximum.

Des dérogations peuvent être autorisées par le ministre des Travaux publics après avis du conseil général des mines lorsque le maintien de l'exploitation est en jeu. L'ingénieur en chef de l'arrondissement minéralogique peut de son côté autoriser des dérogations de deux mois, renouvelables, en cas d'accident, de danger imminent ou d'accord entre ouvriers et exploitants pour le maintien d'usages locaux.

*Travail des étrangers.* — Toutes les dispositions relatives à la réglementation du travail s'appliquent aux étrangers.

Il est interdit d'employer un étranger non muni du certificat d'immatriculation. V. ÉTRANGERS.

*Hygiène et sécurité des travailleurs.* — Les dispositions concernant l'hygiène et la sécurité des travailleurs sont applicables à toutes les industries (moins celle des mines, minières et carrières), et même aux établissements où ne sont employés que les membres de la famille sous l'autorité soit du père, soit de la mère, soit du tuteur, si le travail s'y fait à l'aide de chaudière à vapeur ou de moteur mécanique, ou si l'industrie exercée est classée au nombre des établissements dangereux ou insalubres.

Les établissements industriels doivent être tenus dans un état constant de propreté et présenter les conditions d'hygiène et de salubrité nécessaires à la santé du personnel. Ils doivent être aménagés de manière à garantir la sécurité des travailleurs.

Dans tout établissement fonctionnant par des appareils mécaniques, les roues, les courroies, les engrenages ou tout autre organe pouvant offrir une cause de danger doivent être séparés des ouvriers de telle manière que l'approche n'en soit possible que pour les besoins du service. Les puits, trappes et ouvertures doivent être clôturés. Les machines, mécanismes, appareils de transmission, outils et engins doivent être installés et tenus dans les meilleures conditions possibles de sécurité.

En ce qui concerne l'application des mesures de salubrité prévues par des règlements spéciaux, les inspecteurs, avant de dresser procès-verbal, mettront les chefs d'industrie en demeure de se conformer aux prescriptions desdits règlements, dans un délai d'un mois au moins.

Dans les quinze jours qui suivent cette mise en demeure, le chef d'industrie adresse, s'il le juge convenable, une réclamation au ministre du Commerce. Ce dernier peut, lorsque l'obéissance à la mise en demeure nécessite des transformations importantes portant sur le gros œuvre de l'usine, après avis conforme du Comité consultatif des arts et manufactures, accorder à l'industriel un délai dont la durée, dans tous les cas, ne dépassera jamais dix-huit mois. Les patrons ou chefs d'établissement doivent veiller au maintien des bonnes mœurs et à l'observation de la décence publique.

Les différents genres de travail présentant des causes de danger, ou excédant les forces, ou dangereux pour la moralité, qui sont interdits aux enfants et aux femmes, sont déterminés par des règlements d'administration publique.

Les enfants et les femmes ne peuvent être employés dans des établissements insalubres ou dangereux, où l'ouvrier est exposé à des manipulations ou à des émanations préjudiciables à sa santé, que sous les conditions spéciales déterminées par des règlements d'administration publique pour chacune de ces catégories de travailleurs.

Le maître n'emploiera jamais l'apprenti à des travaux insalubres ou au-dessus de ses forces.

Les magasins, boutiques et autres locaux en dépendant, dans lesquels des marchandises et objets divers sont manutentionnés ou offerts au public par un personnel féminin, doivent être, dans chaque salle, munis d'un nombre de sièges égal à celui des femmes qui y sont employées.

Dans les mines, minières et carrières et leurs dépendances légales, il est pourvu par les préfets à l'hygiène et à la sécurité des ouvriers, en conformité des lois et décrets relatifs à l'industrie minérale.

*Affiches, registres et livrets.* — Les chefs d'entreprise, directeurs ou gérants, et les loueurs de force motrice sont tenus de faire afficher dans chaque atelier ou magasin, à des endroits apparents, les dispositions et les règlements d'administration publique relatifs à leur exécution, qui sont déterminées par des arrêtés ministériels, suivant la nature des établissements.

Ils doivent afficher également les noms et adresses des inspecteurs chargés de la surveillance de l'établissement.

Dans les établissements où sont employés des enfants et des femmes, ils doivent afficher aussi : 1° les heures auxquelles commence et finit le travail ; 2° les heures et la durée des repos ; 3° le jour adopté pour le repos hebdomadaire.

Un duplicata de cette affiche est envoyé à l'inspecteur, un autre est déposé à la mairie.

Dans toutes les salles de travail des ouvroirs, orphelinats, ateliers de charité ou de bienfaisance dépendant des établissements religieux ou laïques est placé d'une façon permanente un tableau indiquant, en caractères facilement lisibles, les conditions du travail des enfants et déterminant l'emploi de la journée, c'est-à-dire les heures de travail manuel, du repos, de l'étude et des repas. Ce tableau est visé par l'inspecteur et revêtu de sa signature.

Un état nominatif complet des enfants élevés dans ces établissements indiquant leurs nom et prénoms, la date et le lieu de leur naissance, et certifié conforme par les directeurs de ces établissements, est remis tous les trois mois à l'inspecteur et fait mention de toutes les mutations survenues depuis la production du dernier état.

Les maires sont tenus de délivrer gratuitement aux père, mère, tuteur ou patron, un livret sur lequel sont portés les nom et prénoms des enfants des deux sexes âgés de moins de dix-huit ans, la date, le lieu de leur naissance et leur domicile. Si l'enfant a moins de treize ans, le livret doit mentionner qu'il est muni du certificat d'études primaires institué par la loi du 28 mars 1882.

Les chefs d'industrie ou patrons inscrivent sur ce livret la date de l'entrée dans l'atelier et celle de la sortie.

Ils doivent également tenir un registre sur lequel sont mentionnées toutes les indications ci-dessus.

Tout individu exerçant la profession d'acrobate, saltimbanque doit être porteur de l'extrait des actes de naissance des enfants placés sous sa conduite, et justifier de leur origine et de leur identité par la production d'un livret ou d'un passeport.

*Inspection du travail.* — Le corps des inspecteurs du travail, nommé par le ministre du Commerce, comprend :

1° Des inspecteurs divisionnaires;

2° Des inspecteurs ou inspectrices départementaux, placés sous l'autorité de l'inspecteur divisionnaire.

Les inspecteurs du travail prêtent serment de ne point révéler les secrets de fabrication et, en général, les procédés d'exploitation dont ils pourraient prendre connaissance dans l'exercice de leurs fonctions.

Les inspecteurs du travail constatent les infractions à la réglementation du travail par des procès-verbaux, qui font foi jusqu'à preuve contraire. Ces procès verbaux sont dressés en double exemplaire, dont l'un est envoyé au préfet du département et l'autre déposé au parquet.

Les inspecteurs ont pour mission, en dehors de la surveillance qui leur est confiée, d'établir la statistique des conditions du travail industriel dans la région qu'ils sont chargés de surveiller.

*Commission supérieure.* — Une commission supérieure du travail, composée de neuf membres, dont les fonctions sont gratuites, est établie auprès du ministre du Commerce. Elle comprend deux sénateurs, deux députés élus par leurs collègues et cinq membres nommés pour une période de quatre ans par le président de la République.

Elle est chargée : 1° de veiller à l'application uniforme et vigilante des dispositions concernant la réglementation du travail; 2° de donner son avis sur les règlements à faire, et généralement sur les diverses questions intéressant les travailleurs protégés; 3° enfin, d'arrêter les conditions d'admissibilité des candidats à l'inspection du travail et le programme du concours qu'ils devront subir.

*Commissions et comités départementaux.* — Les conseils généraux doivent instituer une ou plusieurs *commissions* chargées de présenter, sur l'exécution des lois sur le travail et les améliorations dont elles seraient susceptibles, des rapports qui sont transmis au ministre et communiqués à la commission supérieure.

Les inspecteurs divisionnaires et départementaux, les présidents et vice-présidents du conseil des prud'hommes du chef-lieu ou du principal centre industriel du département et, s'il y a lieu, l'ingénieur des mines, font partie de droit de ces commissions dans leurs circonscriptions respectives.

Il est institué dans chaque département des *comités de patronage* ayant pour objet : 1° la protection des apprentis et des enfants employés dans l'industrie; 2° le développement de leur instruction professionnelle.

Le conseil général dans chaque département détermine le nombre et la circonscription des comités de patronage, dont les statuts sont approuvés, dans le département de la Seine, par le ministre de l'Intérieur et le ministre du Commerce, et par les préfets dans les autres départements.

Les comités de patronage sont administrés par une commission composée de sept membres, dont quatre sont nommés par le conseil général et trois par le préfet. Ils sont renouvelables tous les trois ans. Les membres sortants pourront être appelés de nouveau à en faire partie. Leurs fonctions sont gratuites.

*Délégués mineurs.* — V. DÉLÉGUÉS MINEURS.

*Pénalités.* — Les chefs d'établissement, directeurs, gérants ou préposés en contravention sont poursuivis devant le tribunal de simple police et passibles d'une amende de 5 à 15 francs.

Cette amende est appliquée autant de fois qu'il y a de personnes employées dans des conditions irrégulières et de contraventions distinctes constatées par le procès-verbal.

Lorsque la première infraction est punie de peines de simple police, le contrevenant, s'il y a récidive, est poursuivi devant le tribunal correctionnel et puni d'une amende de 16 à 100 francs. Il y a récidive lorsque, dans les douze mois antérieurs au fait poursuivi, le contrevenant a déjà subi une condamnation pour une contravention identique. En cas de pluralité de contraventions entraînant les peines de la récidive, l'amende est appliquée autant de fois qu'il a été relevé de nouvelles contraventions.

En cas de récidive, l'affichage du jugement peut être ordonné par le tribunal correctionnel. Le tribunal peut également ordonner l'insertion du jugement aux frais du contrevenant dans un ou plusieurs journaux du département.

Les tribunaux correctionnels peuvent appliquer les dispositions de l'article 463 du Code pénal (circonstances atténuantes). Toutefois, dans le cas de récidive, l'amende, pour chaque contravention, ne pourra être inférieure à 5 francs.

Les chefs d'établissement sont civilement responsables des condamnations prononcées contre leurs gérants.

Des pénalités spéciales sont prévues pour contraventions aux lois sur l'hygiène et la sécurité des travailleurs et pour résistance aux inspecteurs du travail dans l'exercice de leur mission.

### Groupements professionnels.

*Syndicats professionnels.* — Les groupements professionnels sont désignés sous le nom de *syndicats.* V. SYNDICAT, § *Syndicats professionnels*, GRÈVE.

*Sociétés ouvrières de production.* — Elles sont admises à soumissionner les travaux ou fournitures faisant l'objet des adjudications de l'Etat, des départements et des communes. Des marchés de gré à gré peuvent également être passés avec ces sociétés pour les travaux ou fournitures dont la dépense totale n'excède pas 20000 francs. V. ADJUDICATION.

### Juridiction professionnelle.

Les contestations d'ordre individuel relatives au contrat du travail relèvent, en principe, de deux tribunaux, investis, à ce point de vue, d'une juridiction exceptionnelle : les conseils de prud'hommes (v. PRUD'HOMMES) et les juges de paix.

Quant aux contestations d'ordre collectif entre le capital et le travail, qui généralement se traduisent sous la forme comminatoire de coalitions et de grèves, la loi offre aux parties, par la conciliation et l'arbitrage facultatifs, les moyens de les terminer pacifiquement d'un commun accord. V. ARBITRAGE.

### Prévoyance sociale.

V. ACCIDENT, § *Accidents du travail,* CAISSE DES RETRAITES, ASSURANCE, SECOURS MUTUELS (*Sociétés de*), HABITATIONS À BON MARCHÉ, PENSIONS, etc.

**Travaux forcés.** — Peine afflictive et infamante subie par les *transportés.* — V. TRANSPORTATION.

**Travaux publics.** — Travaux exécutés dans un but d'intérêt public par l'Etat, le département, la commune, les établissements publics ou les concessionnaires qu'ils se sont substitués.

Les travaux publics, auxquels sont assimilés les travaux des associations syndicales autorisées principalement, visent les moyens de communication : chemins de fer, routes, canaux, ou leurs accessoires, tels que les ports maritimes ou fluviaux. Ils peuvent également intéresser la défense du pays. On voit quelle importance ils présentent pour un pays. Ils entraînent, d'autre part, des conséquences graves pour les particuliers, à l'encontre desquels ils peuvent être exécutés par voie d'expropriation pour cause d'utilité publique. V. EXPROPRIATION.

Aussi le législateur les a-t-il soumis à une série de formalités protectrices à la fois de l'intérêt général et de l'intérêt privé. La plus essentielle de ces formalités est la déclaration d'utilité publique, sans laquelle le travail, à moins de n'avoir que le caractère de simple entretien, ne peut être effectué, et qui est, en principe et suivant l'importance de l'ouvrage, faite tantôt par une loi, tantôt par un décret en conseil d'État, intervenant après une instruction au cours de laquelle les intéressés ont eu le loisir de produire leurs observations. (Lois du 3 mai 1841 et du 27 juill. 1870 ; ordonnances du 18 févr. 1834, du 15 févr. et du 22 août 1835.)

*Autorisation.* — Aux termes de la loi du 27 juillet 1870, « tous grands travaux publics, routes nationales, canaux, chemins de fer, canalisation des rivières, bassins et docks, entrepris par l'Etat ou par compagnies particulières, avec ou sans péage, avec ou sans subside du Trésor, avec ou sans aliénation du domaine public, ne pourront être autorisés que par une loi rendue après une enquête administrative. Un décret rendu en la forme des règlements d'administration publique et également précédé d'une enquête pourra autoriser l'exécution des canaux et chemins de fer d'embranchement de moins de 20 kilomètres de longueur, des lacunes et rectifications de routes nationales, des ponts et de tous autres travaux de moindre importance. En aucun cas les travaux dont la dépense doit être supportée en tout ou en partie par le Trésor ne pourront être mis à exécution qu'en vertu de la loi qui crée les voies ou moyens ou d'un crédit préalablement inscrit à un des chapitres du budget. » (Art. 1er.)

En ce qui touche les travaux publics départementaux, les délibérations du conseil général sont exécutoires par elles-mêmes. (Loi du 10 août 1871, art. 46, §§ 6 et 9.) Quant aux travaux communaux, les délibérations du conseil municipal ne sont soumises à l'approbation que si la dépense des constructions ou reconstructions et grosses réparations, totalisée avec les dépenses de même nature de l'exercice courant, dépasse les limites des ressources ordinaires et extraordinaires que les communes peuvent se créer sans autorisation spéciale. (Loi du 5 avril 1884, art. 68 et 69.)

*Modes d'exécution.* — L'exécution des travaux publics est entourée de garanties. Lorsque les travaux autorisés doivent présenter des conditions spéciales de solidité ou de précision, ou lorsque aucun entrepreneur ne se présente, ils sont exécutés par les soins immédiats de l'administration. C'est ce qu'on nomme la *régie,* qu'il ne faut pas confondre avec la *mise en régie;* celle-ci peut avoir lieu au cours de travaux exécutés par voie d'adjudication, en cas d'insolvabilité, de négligence ou de retard de la part des entrepreneurs ou adjudicataires. La mise en régie est donc une mesure subsidiaire prise afin de pourvoir à la réalisation de travaux laissés en souffrance, tandis que la régie par économie ou par attachement est un mode direct d'exécution des travaux par l'administration.

Un second mode d'exécution est la *concession,* contrat par lequel une compagnie ou un particulier s'engage envers l'administration à exécuter, entretenir et exploiter un travail public, en retour de quoi elle est autorisée à percevoir des droits ou taxes : ce mode a été employé pour la construction des chemins de fer.

Les travaux d'utilité publique peuvent encore être exécutés au moyen de *marchés* ou entreprises de travaux publics (adjudication ou marché de gré à gré). V. ADJUDICATION.

*Contentieux.* — Au point de vue contentieux, les marchés de travaux publics sont du ressort du conseil de préfecture (appel devant le Conseil d'Etat). Les marchés de fournitures sont de la compétence du ministre (sauf recours au Conseil d'Etat) quant aux marchés de travaux publics; de la compétence des tribunaux judiciaires quant aux marchés passés par les départements, les communes, les établissements publics.

*Occupation temporaire des propriétés privées. Dommages.* — Cette importante matière est régie par la loi du 29 déc. 1892.

*Etudes préliminaires.* Les agents de l'administration ou les personnes auxquelles elle délègue ses droits ne peuvent pénétrer dans les propriétés privées pour y exécuter les opérations nécessaires à l'étude des projets de travaux publics, civils ou militaires, exécutés pour le compte de l'Etat, des départements ou des communes, qu'en vertu d'un arrêté préfectoral indiquant les communes sur le territoire desquelles les études doivent être faites. L'arrêt est affiché à la mairie de ces communes au moins dix jours avant. Ils ne peuvent être autorisés à pénétrer à l'intérieur des maisons d'habitation ; dans les autres propriétés closes, ils ne le peuvent que cinq jours après notification au propriétaire. Il ne peut être abattu d'arbres fruitiers, d'ornement ou de haute futaie, avant qu'un accord amiable se soit établi sur leur valeur, ou qu'à défaut de cet accord il ait été procédé à une constatation contradictoire destinée à fournir les éléments nécessaires pour l'évaluation des dommages.

*Arrêté d'occupation.* Aucune occupation temporaire de terrain ne peut être autorisée à l'intérieur des propriétés attenantes aux habitations et closes par des murs ou par des clôtures équivalentes, suivant les usages du pays.

Lorsqu'il y a lieu d'occuper temporairement un terrain, soit pour en extraire ou ramasser des matériaux, soit pour y fouiller ou y faire des dépôts de terre, soit pour tout autre objet relatif à l'exécution de projets de travaux publics, civils ou militaires, cette occupation est autorisée par un arrêté du préfet, indiquant le nom de la commune où le territoire est situé, les numéros que les parcelles dont il se compose portent sur le plan cadastral, et le nom du propriétaire. Le maire notifie l'arrêté au propriétaire du terrain, ou, si celui-ci n'est pas domicilié dans la commune, au fermier, locataire, gardien ou régisseur de la propriété ; il y joint une copie du plan parcellaire.

Après l'accomplissement des formalités qui précèdent et à défaut de convention amiable, le chef de service ou la personne à laquelle l'administration a délégué ses droits fait au propriétaire du terrain, préalablement à toute occupation, une notification par lettre recommandée, indiquant le jour et l'heure où il compte se rendre sur les lieux ou s'y faire représenter. Il l'invite à s'y trouver ou à s'y faire représenter lui-même pour procéder contradictoirement à la constatation de l'état des lieux. Entre la notification et la visite des lieux, il doit s'écouler un intervalle de dix jours au moins.

Lorsque l'occupation temporaire a pour objet exclusif le ramassage des matériaux à la surface du sol, les notifications individuelles sont remplacées par des notifications collectives par voie d'affichage et de publication à son de caisse ou de trompe. Le délai de dix jours court du jour de l'affichage.

A défaut par le propriétaire de se faire représenter sur les lieux, le maire lui désigne d'office un représentant pour opérer, contradictoirement avec celui de l'administration ou de la personne au profit de laquelle l'occupation a été autorisée. Si les parties ou les représentants sont d'accord, les travaux autorisés par l'arrêté peuvent être commencés aussitôt. En cas de désaccord sur l'état des lieux, la partie la plus diligente saisit le conseil de préfecture et les travaux peuvent commencer aussitôt que le conseil a rendu sa décision.

Tout arrêté qui autorise des études ou une occupation temporaire est périmé de plein droit s'il n'est suivi d'exécution dans les six mois de sa date.

*Délai d'occupation.* L'occupation des terrains ou des carrières nécessaires à l'exécution des travaux publics ne peut être ordonnée pour un délai supérieur à cinq années. Si l'occupation doit se prolonger au delà de ce délai, et à défaut d'accord amiable, l'administration doit procéder à l'expropriation, qui pourra aussi être réclamée par le propriétaire dans les formes prescrites par la loi du 3 mai 1841. V. EXPROPRIATION

*Règlement des dommages.* Immédiatement après la fin de l'occupation temporaire des terrains et à la fin de chaque campagne, si les travaux doivent durer plusieurs années, la partie la plus diligente, à défaut d'accord amiable sur l'indemnité, saisit le conseil de préfecture pour obtenir le règlement de cette indemnité. Le propriétaire est tenu de mettre en cause ou de faire connaître, soit par la demande introductive d'instance, soit dans un délai de quinzaine à compter de l'assignation qui lui est donnée, les fermiers, locataires, colons partiaires, usufruitiers, usagers et les personnes qui peuvent réclamer des servitudes résultant des titres mêmes du propriétaire ou d'autres actes dans lesquels il serait intervenu ; sinon, il reste seul chargé envers eux des indemnités que ces derniers pourraient réclamer.

Dans l'évaluation de l'indemnité, il doit être tenu compte tant du dommage fait à la surface que de la valeur des matériaux extraits. La valeur des matériaux est estimée d'après les prix courants sur place, abstraction faite de l'existence et des besoins de la route pour laquelle ils sont pris ou des constructions auxquelles on les destine, et en tenant compte des frais de découverte et d'exploitation. Les matériaux n'ayant d'autre valeur que celle qui résulte du travail de ramassage ne donnent lieu à indemnité que pour le dommage causé à la surface.

Si l'exécution des travaux doit procurer une augmentation de valeur immédiate et spéciale à la propriété, cette augmentation est prise en considération dans l'évaluation du montant de l'indemnité.

Les constructions, plantations et améliorations ne donnent lieu à aucune indemnité lorsque, à raison de l'époque où elles ont été faites, ou de toute autre circonstance, il peut être établi qu'elles ont été faites dans le but d'obtenir une indemnité plus élevée.

Les matériaux dont l'extraction est autorisée ne peuvent, sans le consentement écrit du propriétaire, être employés soit à l'exécution de travaux privés, soit à l'exécution de travaux publics autres que ceux en vue desquels l'autorisation a été accordée. En cas d'infraction, le contrevenant paye la valeur des matériaux extraits et est puni correctionnellement d'une amende qui sera fixée ainsi qu'il suit : par charretée ou tombereau, de 10 francs à 30 francs par chaque bête attelée ; par charge de bête de somme, de 5 à 15 francs ; par charge d'homme, de 2 à 6 francs. Les mêmes peines sont applicables au cas où l'extraction n'a pas été précédée de l'autorisation administrative.

L'action en indemnité des propriétaires ou autres ayants droit, pour toute occupation temporaire de terrains, est prescrite par un délai de deux ans à compter du moment où cesse l'occupation.

Les propriétaires des terrains occupés ou fouillés et les autres ayants droit ont, pour le recouvrement des indemnités qui leur sont dues, privilège et préférence à tous les créanciers sur les fonds déposés dans les caisses publiques pour être délivrés aux entrepreneurs ou autres personnes auxquelles l'administration a délégué ses droits. En cas d'insolvabilité de ces personnes, ils ont un recours subsidiaire contre l'administration, qui doit les indemniser intégralement.

*Timbre et enregistrement.* Les plans, procès-verbaux, certificats, significations, jugements, contrats, quittances et autres actes faits en vertu de la présente loi, seront visés pour timbre et enregistrés gratis, quand il y aura lieu à la formalité de l'enregistrement.

La loi du 13 avril 1900, articles 19 à 22, contient des dispositions spéciales à l'exécution des travaux de triangulation, d'arpentage ou de nivellement faits pour le compte de l'Etat, des départements ou des communes. A défaut d'accord amiable, l'action en indemnité des propriétaires ou autres ayants droit sera prescrite par un délai d'un an à partir du jour où le dommage a été causé.

Lorsqu'une borne ou un signal a été établi à demeure sur une propriété particulière, si la cession amiable du terrain nécessaire à son emplacement et à sa conservation ne peut être obtenue, il est procédé à l'expropriation pour cause d'utilité publique dans les formes et conditions prévues par la loi du 21 mai 1836 sur les chemins vicinaux. Sont exceptées de l'expropriation les propriétés bâties, ainsi que les cours et jardins y attenant. Il est fait application, pour la cession amiable, de l'article 13 de la loi du 3 mai 1841 sur l'expropriation.

La destruction, la détérioration ou le déplacement des bornes ou des signaux sont punis des peines prévues à l'article 257 du Code pénal. V. DÉGRADATION DE MONUMENTS.

**Plus-value.** — Si les dommages causés aux propriétés privées peuvent ouvrir aux propriétaires un droit à indemnité, par contre une indemnité dite *plus-value* peut être due par les propriétaires à qui des travaux publics ont procuré à leurs propriétés une augmentation de valeur appréciable. L'indemnité ne peut s'élever au delà de la moitié de la plus-value. Elle est fixée par une *commission de plus-value*, dont les décisions peuvent être portées en appel devant le conseil d'Etat. Tantôt elle est réclamée au propriétaire, après qu'est intervenu un décret en conseil d'Etat qui l'a autorisée, soit devant le jury en matière d'expropriation, soit devant le conseil de préfecture en matière de dommages. Tantôt elle est prise en considération dans l'évaluation de l'indemnité due au propriétaire exproprié ou dont les terrains ont été occupés.

**Travaux mixtes.** — On désigne ainsi les travaux publics ou privés exécutés : 1° dans l'intérieur de la zone frontière, telle que la limitent les décrets sur la matière et qui a une grande étendue (Paris y est compris); 2° dans un certain rayon autour des places fortes. Ils ne peuvent être exécutés qu'après avoir été soumis à la *commission mixte des travaux publics*, composée de conseillers d'Etat, d'inspecteurs généraux des ponts et chaussées, d'officiers généraux du génie, de l'artillerie et de la marine.

## Travaux publics (Ministère des).

L'administration centrale des Travaux publics comprend trois directions, indépendamment du cabinet du ministre : direction du personnel et de la comptabilité (deux divisions); direction des routes, de la navigation et des mines (trois divisions); direction des chemins de fer (trois divisions : concessions, travaux, exploitation). Sous les ordres des directeurs et chefs de division, le service est assuré par 24 chefs de bureau, 29 sous-chefs, 173 rédacteurs et des expéditionnaires. V. CHEMINS DE FER, MINES, PONTS ET CHAUSSÉES, etc.

Le ministère comprend, en outre, des comités ou commissions chargés de donner leur avis au ministre (conseils généraux des ponts et chaussées et des mines, comité consultatif des chemins de fer, etc.) et des services extérieurs, parmi lesquels la direction des chemins de fer de l'Etat.

Les principales attributions du ministère des Travaux publics sont les suivantes : Construction et entretien des routes nationales et ponts. Entretien et amélioration des cours d'eau navigables et flottables et des canaux de navigation. Etablissement, amélioration et entretien des ports. Construction des digues de défense et d'ouvrages à la mer; éclairage et balisage des côtes ; établissement et entretien des phares, fanaux, balises et amers. Construction et exploitation de chemins de fer; vérification des comptes des compagnies concessionnaires des lignes; exploitation du réseau de l'Etat. Recherches et concessions de mines, minières, tourbières, carrières; surveillance des appareils à vapeur; carte géologique et topographie souterraine; nivellement général.

L'Etat exerce sur les compagnies de chemins de fer concédés un contrôle financier (le ministre des Travaux publics autorise les émissions d'obligations), technique (droit de modifier les plans de construction, mesures de sécurité publique pendant l'exploitation), commercial (examen des propositions de tarifs). Il est représenté, dans les gares les plus importantes, par les commissaires de surveillance administrative (v. COMMISSAIRE), chargés de la police des chemins de fer et officiers de police judiciaire; par les contrôleurs des comptes, qui vérifient sur place la comptabilité des compagnies; par les contrôleurs du travail, qui s'assurent de l'observation des règlements sur les conditions du travail des agents, surveillent le matériel roulant, etc.

Cinq écoles professionnelles sont dans les

attributions du ministère des Travaux publics : 1° l'Ecole nationale des ponts et chaussées à Paris; 2° l'Ecole nationale supérieure des mines à Paris; 3° l'Ecole des mines de Saint-Etienne; 4° l'Ecole des maîtres ouvriers mineurs d'Alais; 5° l'Ecole des maîtres ouvriers mineurs de Douai.

**Travaux publics.** (Milit.) — Peine analogue à celle des travaux forcés, mais moins grave, applicable aux militaires.

Les militaires condamnés à la peine des travaux publics sont employés à des travaux d'utilité publique dans un certain nombre d'établissements spéciaux, dits *ateliers de travaux publics*, situés à Orléansville, Bougie, Bône, Mers-el-Kébir en Algérie, et à Téboursouk en Tunisie. Chaque atelier est commandé par un capitaine d'infanterie hors cadre, assisté d'un lieutenant, d'un comptable et d'un aide-comptable, l'un et l'autre officiers d'administration. Les condamnés ne doivent pas travailler isolément, mais réunis par sections ou divisions. Le produit de leur travail revient pour moitié au Trésor.

La durée de la peine des travaux publics est de trois ans au moins, et ceux qui la subissent sont employés soit à des travaux militaires, soit à des travaux civils, sans porter ni chaînes ni fers, si ce n'est par mesure de police ou de discipline.

**Trésor.** — Chose cachée que l'on retrouve par hasard et dont personne ne peut se dire propriétaire.

Le trésor appartient : 1° pour le tout à celui qui l'a découvert dans sa propriété; 2° pour moitié à l'*inventeur* et pour moitié au propriétaire s'il a été découvert sur le fonds d'autrui. (Code civ., art. 716.)

**Trésor public.**

Le Trésor public comprend une administration centrale (direction du mouvement général des fonds, de la comptabilité publique, de la dette inscrite; caisse centrale du Trésor, contrôle central, service du contentieux) et un service dans les départements et colonies (trésoriers-payeurs généraux, receveurs des finances, percepteurs, trésoriers-payeurs coloniaux, payeurs d'armées, etc.). Les opérations du Trésor comportent des opérations de caisse (mouvements d'espèces) et des opérations de portefeuille (entrée et sortie de valeurs, telles que titres et rentes, traites de douanes, coupes de bois, etc.); à un autre point de vue, elles comprennent des opérations budgétaires (exécution des recettes et dépenses prévues au budget) et des opérations de trésorerie proprement dites (mouvements de fonds entre les comptables, opérations de la dette flottante, etc.).

Les opérations de trésorerie, particulièrement celles qui concernent la dette publique et qui ont pour objet de procurer au Trésor des fonds d'emprunt, donnent lieu à la création de *valeurs du Trésor*, telles que titres de rente perpétuelle, amortissable, viagère, certificats de dépôts de cautionnements, bons du Trésor, obligations à court et long terme, traites et mandats, récépissés des comptables, etc.

**Trésorier-payeur général.** — Comptable supérieur chargé d'assurer, dans le ressort d'un département, le service du Trésor.

Les *trésoriers-payeurs généraux* sont nommés par décret. Ils ont réuni, en vertu du décret du 21 novembre 1865, les attributions antérieurement réparties entre les receveurs généraux et les payeurs du Trésor. Placés sous l'autorité du ministre des Finances, ils ont sous leurs ordres les receveurs particuliers des finances et les percepteurs; ils sont responsables de la gestion de leurs subordonnés.

Commis au recouvrement des impôts directs et taxes assimilées, ils centralisent en même temps que ces revenus toutes les sommes perçues pour le compte de l'Etat et des départements, soit par leurs propres agents, soit par les receveurs des régies financières, ainsi que les fonds des communes et des établissements publics qui sont versés en compte courant avec le Trésor. Ils payent sur mandats régulièrement délivrés, soit directement, soit par l'entremise de leurs subordonnés, toutes les dépenses publiques. Préposés à la Caisse des dépôts et consignations, de la Légion d'honneur, de l'Imprimerie nationale, de la Caisse des invalides de la marine, etc., ils font des opérations pour ces divers établissements, ainsi que pour le Crédit foncier et la Ville de Paris. Ils effectuent aussi des recettes et des dépenses pour le caissier-payeur central du Trésor et le payeur central de la Dette publique. Ils font enfin certaines opérations de banque (achat et vente de rente pour les particuliers, payement des coupons, etc.). Ils sont justiciables de la Cour des comptes et rendent, à côté de leurs comptes du Trésor, un compte spécial pour les opérations du département dont ils sont comptables.

Pendant longtemps les trésoriers généraux ont rendu des services plus étendus au Trésor, auquel ils faisaient, en lui prêtant le concours de leur crédit personnel, des avances considérables au moyen de leur fortune et des fonds empruntés aux particuliers. D'autre part, ils escomptaient dans leurs départements respectifs les effets de commerce. Ce rôle de banquiers du Trésor a presque entièrement cessé depuis que la Banque de France a établi des succursales dans les départements. Le taux des avances que font encore les trésoriers-payeurs généraux sur leurs fonds particuliers (fonds de roulement qui leur appartiennent ou capitaux empruntés par les particuliers) a été fort réduit, et le compte courant à intérêt réciproque avec le Trésor, qui les indemnisait de leurs avances sur le recouvrement des impôts, a été supprimé par la loi du 30 mai 1890. Il leur est interdit de faire l'escompte ou le recouvrement des effets de commerce.

Les trésoriers généraux fournissent un cautionnement élevé, dont ils doivent posséder la moitié en propre (décret du 20 juin 1893). Ils sont, au point de vue du traitement, divisés en cinq classes (1re classe, 25 000 fr.; 5e classe, 12 000 fr.). Les commissions et remises qu'ils touchaient sur la plupart de leurs opérations, antérieurement à 1889, ont été réduites ou supprimées; ils touchent encore des remises sur les opérations faites par eux pour le compte du Crédit foncier, de la Caisse des dépôts et consignations, de la Ville de Paris, etc. Leurs frais de personnel et de matériel sont couverts par un fonds d'abonnement.

## Tribunaux.

Ainsi qu'il a été expliqué au mot JUSTICE, les corps constitués pour exercer le pouvoir judiciaire portent le nom général de *tribunaux*. Ceux-ci se divisent en tribunaux *ordinaires* (tribunaux civils ou d'arrondissement et cours d'appel) et en tribunaux *extraordinaires* (justices de paix, tribunaux de commerce, conseils de prud'hommes), parce que leur compétence est générale et spéciale.

Les contraventions, les délits et les crimes sont respectivement jugés par les tribunaux de simple police, les tribunaux de police correctionnelle et les cours d'assises : ce sont les juridictions de *répression*, dont la mission est de punir au nom de la société la violation des lois pénales, tandis que les tribunaux civils n'ont à régler que les différends entre particuliers, ceux qui ne mettent pas en jeu l'intérêt social.

Au-dessus et en dehors des divers tribunaux, la Cour de cassation, juridiction suprême, néglige les faits pour ne se préoccuper que de la légalité des décisions et juger en quelque sorte les jugements. V. COUR DE CASSATION.

Le contentieux administratif échappe à la compétence des tribunaux dont il vient d'être parlé et qui sont, pour la commodité du langage, qualifiés de tribunaux judiciaires; il appartient aux *tribunaux administratifs :* Conseil d'Etat, Cour des comptes, conseils de préfecture, etc. V. ces mots et ADMINISTRATION, CONFLITS, etc.

Enfin, les délits militaires sont déférés à des juridictions spéciales qui constituent la justice militaire de l'*armée de terre* et la justice militaire de l'armée de mer. V. JUSTICE MILITAIRE.

### Tribunaux civils.

*Justice de paix.* — V. JUSTICE DE PAIX.

*Tribunal de première instance.* — *Organisation.* Il y a un tribunal de première instance dans chaque arrondissement, à l'exception de ceux de Saint-Denis et de Sceaux, qui ont un tribunal civil, dit tribunal de première instance parce que les affaires les plus importantes de leur compétence ne sont jugées par eux qu'à charge d'appel.

L'organisation des tribunaux civils a aujourd'hui pour base principale la loi du 30 août 1883.

Les tribunaux de première instance sont au nombre de 359, répartis (celui de la Seine excepté) en trois classes. Le tribunal de la Seine, dont les chambres sont divisées en *sections*, est composé de 1 président, 12 vice-présidents, 22 juges d'instruction, 51 juges et présidents de section, 1 procureur de la République, 30 substituts, 1 greffier, 43 commis greffiers.

Lorsque l'arrondissement ne comporte pas de tribunal de commerce, le tribunal civil en tient lieu et statue alors d'après les règles du droit commercial.

Le tribunal de première instance est juge d'appel sur les jugements de justice de paix pour les affaires excédant la compétence en dernier ressort de ce premier degré de juridiction. V. JUSTICE DE PAIX.

Le tribunal de première instance comprend, outre le ministère public (v. MINISTÈRE PUBLIC) et un greffier, au moins trois juges titulaires, dont l'un est président, et des juges suppléants. Grâce à l'annexion de ces juges suppléants, il se constitue toujours en deux chambres, l'une civile, l'autre correctionnelle. Le nombre des juges et des chambres varie selon l'importance des tribunaux. Les juges des tribunaux de première instance ne peuvent rendre aucun jugement s'ils ne sont pas au nombre de trois au moins; sur l'appel en matière correctionnelle, ils doivent être au nombre de cinq.

Les juges chargés de l'instruction des affaires portent le titre de juges d'instruction. V. JUGE D'INSTRUCTION.

*Compétence.* Le tribunal de première instance, en matière civile, connaît en dernier ressort des actions personnelles et mobilières jusqu'à la valeur de 1 500 francs de principal, et des actions réelles immobilières jusqu'à 60 francs de revenu déterminé soit en rentes, soit par prix de bail. Lorsqu'une demande reconventionnelle ou en compensation a été formée dans la limite de la compétence des tribunaux de première instance en dernier ressort, il est statué sur le tout sans qu'il y ait lieu à appel. Si l'une des demandes s'élève au-dessus des limites ci-dessus indiquées, le tribunal ne prononce sur toutes ces demandes qu'en premier ressort, et la partie condamnée peut poursuivre l'affaire devant la cour d'appel du ressort. Aucune demande principale introductive d'instance entre parties capables de transiger ou sur des objets qui peuvent être la matière d'une transaction n'est reçue dans un tribunal de première instance si le défendeur n'a été préalablement appelé en conciliation devant le juge de paix du canton, qui doit s'efforcer de concilier les parties. (V. l'article CONCILIATION, où sont énumérées les demandes dispensées de ce préliminaire.)

Dans le cas de dispense du préliminaire de conciliation, ou lorsque la conciliation a échoué, ou si le défendeur a fait défaut, le demandeur attaque son adversaire devant le tribunal de première instance en lui envoyant un acte d'huissier appelé *ajournement* ou *assignation*. (V. ASSIGNATION.) Cet exploit d'huissier doit être rédigé en double, par *original* qui appartient au demandeur, et par *copie* qui est remise au défendeur.

La désignation du tribunal compétent dépend de la nature de l'action. V. ACTION.

*Procédure.* Dès le moment où l'assignation

a été notifiée, le procès est légalement engagé, et une fois révolus les délais fixés par la loi pour la comparution et l'échange des conclusions à signifier de part et d'autre, chacune des deux parties peut donner suite à la procédure, faire porter l'affaire au rôle et obtenir jugement.

Dans les huit jours qui suivent la signification de cet acte, le défendeur doit constituer à son tour un avoué, qui devient son intermédiaire entre les juges et lui, et fait et reçoit tous les actes nécessaires pour la cause. (V. AVOUÉ.) L'affaire est alors mise au rôle général du greffe et au rôle particulier de la chambre qui statuera. Dans les quinze jours suivants, le défendeur doit signifier à son adversaire une requête ou mémoire dans lequel il expose ses moyens de défense et auquel le demandeur doit répondre dans les huit jours de la signification. Ces formalités étant remplies, la partie la plus diligente somme l'autre de se rendre au tribunal, à un jour déterminé, pour y prendre ses conclusions et les soutenir. Le tribunal, après avoir entendu les plaidoiries des avocats (v. ce mot) et, s'il y a lieu, le ministère public, délibère en secret, puis rend un jugement public. V. JUGEMENT, APPEL, COUR D'APPEL, OPPOSITION.

Lorsque les affaires sont très compliquées, il y a lieu à une procédure spéciale dite *par écrit* et qui comprend la nomination par jugement d'un juge rapporteur, la remise d'un mémoire du demandeur dans les quinze jours, la réplique du défendeur dans un nouveau délai de quinze jours, une requête en réponse dans les huit jours, la remise au juge et la lecture à l'audience, les conclusions du ministère public.

Une procédure *sommaire* est observée pour les demandes provisoires ou requérant célérité; les demandes purement personnelles, quel qu'en soit le montant lorsque le titre sur lequel elles sont fondées n'est pas contesté, et, s'il n'y a pas de titre, lorsqu'elles n'excèdent pas 500 francs en capital ou 60 francs de revenu; les appels des juges de paix. Cette procédure ne comporte ni constitution d'avoué par le défendeur, ni défenses, ni réponse, ni avenir, mais un simple ajournement de la part du demandeur.

**Tribunaux de commerce.** — *Organisation.* Les tribunaux de commerce, dits aussi *tribunaux consulaires,* sont chargés de statuer sur les contestations commerciales. Ils font l'objet des trois premiers titres du livre IV du Code de comm. (art. 615 à 644), modifié notamment par la loi du 8 déc. 1883 sur les élections consulaires, et des articles 412 à 442 du Code de procédure civile.

Les tribunaux de commerce sont créés, par décret rendu en conseil d'Etat, dans les villes où le développement du commerce et de l'industrie l'exige. Dans les arrondissements où il n'y a pas de tribunaux de commerce, les tribunaux civils en tiennent lieu. L'arrondissement de chaque tribunal de commerce est, en principe, le même que celui du tribunal civil, dans le ressort duquel il est placé. Chaque tribunal de commerce se compose d'un président, de deux à quatorze juges titulaires et de plusieurs juges suppléants.

Les fonctions des membres des tribunaux de commerce, ou *juges consulaires,* se distinguent par trois caractères essentiels : elles sont électives, temporaires, gratuites.

Il n'y a pas de ministère public près les tribunaux de commerce; mais il y a des greffiers et des huissiers, nommés par le président de la République. Les tribunaux de commerce ne peuvent juger valablement qu'au nombre de trois juges au moins.

*Elections.* Les membres des tribunaux de commerce sont élus par les citoyens français commerçants patentés ou associés en nom collectif depuis cinq ans au moins, capitaines au long cours et maîtres de cabotage ayant commandé des bâtiments pendant cinq ans, directeurs des compagnies françaises anonymes de finance, de commerce et d'industrie, agents de change et courtiers d'assurances maritimes, courtiers de marchandises, courtiers interprètes et conducteurs de navires, les uns et les autres après cinq années d'exercice, et tous, sans exception, devant être domiciliés, depuis cinq ans au moins, dans le ressort du tribunal. Sont également électeurs, dans leur ressort, les membres anciens ou en exercice des tribunaux et des chambres de commerce, des chambres consultatives des arts et manufactures, les présidents anciens ou en exercice des conseils de prud'hommes.

Les femmes qui remplissent ces conditions sont inscrites sur la liste électorale; néanmoins, elles ne peuvent être appelées à faire partie d'un tribunal de commerce.

De ce que la loi a réuni dans une seule et même disposition deux titres à l'électorat consulaire (commerçant patenté et associé en nom collectif), il y a lieu de conclure que l'une et l'autre qualités peuvent être invoquées cumulativement à l'appui d'une demande en inscription sur la liste des électeurs. Cette demande est justifiée, si celui qui la forme établit que, durant la période de cinq années qui a précédé, il a été successivement, et sans interruption, soit commerçant, soit associé en nom collectif dans une société commerciale. (Cass., civ., 13 déc. 1904.)

Ne peuvent participer à l'élection :

1° Les individus condamnés soit à des peines afflictives et infamantes, soit à des peines correctionnelles, pour faits qualifiés crimes par la loi;

2° Ceux qui ont été condamnés pour vol, escroquerie, abus de confiance, soustractions commises par les dépositaires de deniers publics, attentats aux mœurs;

3° Ceux qui ont été condamnés à l'emprisonnement pour délit d'usure, infraction aux lois sur les maisons de jeu, loteries, prêt sur gages, fraude dans la vente des marchandises, contrefaçon, etc., infraction à la législation sur les sociétés, et, d'une manière générale, tous les commerçants dont l'improbité professionnelle a motivé certaines condamnations;

4° Ceux qui ont été condamnés à un emprisonnement de six jours au moins ou à une amende de plus de 1 000 francs pour infraction aux lois sur les douanes, les octrois et les contributions indirectes, et à l'article 5 de la loi du 4 juin 1859 sur le transport, par la poste, des valeurs déclarées;

5° Les notaires, greffiers et officiers ministériels destitués en vertu de décisions judiciaires;

6° Les faillis non réhabilités dont la faillite a été déclarée soit par les tribunaux français, soit par des jugements rendus à l'étranger, mais exécutoires en France (les liquidés judiciaires sont électeurs, mais non éligibles);

7° Tous les individus privés du droit de vote dans les élections politiques.

Tous les ans, la liste des électeurs du ressort de chaque tribunal est dressée, pour chaque commune, par le maire assisté de deux conseillers municipaux désignés par le conseil dans la première quinzaine du mois de septembre; elle comprend tous les électeurs qui remplissent, au 1er septembre, les conditions exigées par la loi.

Le maire envoie la liste ainsi préparée au préfet qui, dans les trente jours avant l'élection, fait déposer la liste générale au greffe du tribunal de commerce, et la liste spéciale de chacun des cantons du ressort au greffe de chacune des justices de paix correspondantes. Ces listes électorales sont communiquées sans frais à toute réquisition.

Pendant les quinze jours qui suivent le dépôt des listes, tout ayant droit peut exercer ses réclamations, soit qu'il se plaigne d'avoir été indûment omis, soit qu'il demande la radiation d'un citoyen indûment inscrit. Les réclamations sont portées devant le juge de paix du canton par simple déclaration au greffe de la justice de paix du domicile de l'électeur dont la qualité sera mise en question. Cette déclaration se fait sans frais et il en est donné récépissé. Le juge de paix statue sans opposition ni appel dans les dix jours, sans frais ni forme de procédure, et sur simple avertissement donné, par les soins du juge de paix lui-même, à toutes les parties intéressées.

La sentence du juge de paix est notifiée le jour même au maire, qui, de son côté, la notifie dans les vingt-quatre heures à l'intéressé. Elle peut être déférée à la Cour de cassation, dans tous les cas, par ceux qui y ont été parties, et, en outre, dans le cas où le jugement ordonnerait l'inscription, sur la liste, d'une personne qui n'y figurait pas, par tout électeur inscrit sur la liste électorale. Le pourvoi n'est recevable que s'il est formé dans les dix jours de la notification de la décision. Le pourvoi n'est pas suspensif. Il est formé par simple requête, dénoncé aux défendeurs dans les dix jours qui suivent, et jugé d'urgence sans frais ni consignation d'amende. L'intermédiaire d'un avocat à la Cour de cassation n'est pas obligatoire.

La liste, définitivement close dix jours avant l'élection, est valable pour toute l'année. Le vote a lieu par canton à la mairie du chef-lieu, dans la première quinzaine de décembre au plus tard, sur la convocation du préfet.

Sont éligibles aux fonctions de président, de juge et de juge suppléant, tous les électeurs inscrits sur la liste électorale, âgés de trente ans, et les anciens commerçants français ayant exercé leur profession pendant cinq ans au moins dans l'arrondissement et y résidant. Toutefois, nul ne peut être élu président s'il n'a exercé pendant deux ans les fonctions de juge titulaire, et nul ne peut être nommé juge s'il n'a été juge suppléant pendant un an.

Le président est élu au scrutin individuel. Les juges titulaires et les juges suppléants sont nommés au scrutin de liste, mais par des bulletins distincts déposés dans des boîtes séparées. Ces élections ont lieu simultanément.

Aucune élection n'est valable au premier tour de scrutin si les candidats n'ont pas obtenu la majorité des suffrages exprimés et si cette majorité n'est pas égale au quart des électeurs inscrits. Si la nomination n'a pas été obtenue au premier tour, un scrutin de ballottage a lieu quinze jours après, et la majorité relative suffit, quel que soit le nombre des suffrages. La durée de chaque scrutin est de six heures : il est ouvert à dix heures du matin et fermé à quatre heures du soir.

Le président de chaque assemblée proclame le résultat de l'élection et transmet immédiatement au préfet le procès-verbal des opérations électorales. Dans les vingt-quatre heures de la réception des procès-verbaux, le résultat général de l'élection de chaque ressort est constaté par une commission siégeant à la préfecture.

Dans les trois jours qui suivent les constatations des résultats électoraux par la commission, le préfet transmet au procureur général près la cour d'appel une copie certifiée du procès-verbal de l'ensemble des constatations et une autre copie, également certifiée, à chacun des greffiers des tribunaux de commerce du département.

Dans les cinq jours de l'élection, tout électeur a le droit d'élever des réclamations sur la régularité et la sincérité de l'élection. Dans les cinq jours de la réception du procès-verbal, le procureur général a le même droit. Ces réclamations sont communiquées aux citoyens dont l'élection serait attaquée et qui ont le droit d'intervenir dans les cinq jours de la communication. Elles sont jugées sommairement et sans frais, dans la quinzaine, par la cour d'appel dans le ressort de laquelle l'élection a eu lieu. L'opposition n'est pas admise contre l'arrêt rendu par défaut.

Le pourvoi en cassation contre l'arrêt n'est recevable que s'il est formé dans les dix jours de la signification : il a un effet suspensif.

La nullité partielle ou absolue de l'élection ne pourra être prononcée que dans les cas suivants : 1° si l'élection n'a pas été faite selon les formes prescrites par la loi; 2° si le scrutin n'a pas été libre ou s'il a été vicié par des manœuvres frauduleuses; 3° s'il y a incapacité légale dans la personne de l'un ou de plusieurs des élus.

Tout membre élu en remplacement d'un autre, par suite de décès ou de toute autre cause, ne demeure en exercice que pendant la durée du mandat confié à son prédécesseur.

Les juges sortants après deux années d'exercice peuvent être réélus pour deux autres années, après quoi ils ne sont rééligibles qu'à l'expiration d'un intervalle d'un an. Toutefois, les présidents peuvent être élus pour deux ans, puis réélus pour la même période, quel que soit, au moment de l'élection, le nombre de leurs années de judicature.

Les juges consulaires, dont les fonctions sont purement honorifiques, prêtent serment, avant d'entrer en fonctions, devant la cour d'appel; s'il n'y a pas de cour d'appel dans l'arrondissement, le serment peut, à la demande des intéressés, être prêté devant le tribunal de première instance.

*Compétence.* Les tribunaux de commerce n'ont qu'une juridiction d'exception ; à ce titre, ils ne sont compétents que pour connaître des contestations dont la solution leur a été expressément attribuée par la loi. Ils connaissent entre toutes personnes des contestations relatives aux *actes de commerce,* et sans acception de la qualité de commerçant ou de non-commerçant des parties en cause. V. COMMERCE, § *Commerçants.*

Indépendamment de leur compétence, résultant de la nature intrinsèque du litige, les tribunaux de commerce ont encore une compétence personnelle créée par la qualité des parties en cause. Entre parties qui ne font pas personnellement profession du négoce, leur juridiction ne s'exerce qu'à raison de la commercialité de l'acte ou de l'opération ; elle est plus étendue entre personnes exerçant professionnellement le commerce. Ils connaissent, en effet, en général : 1° des contestations relatives aux engagements et transactions entre négociants, marchands et banquiers ; 2° des contestations entre associés pour raison d'une société de commerce. La limite du premier et du dernier ressort est la même pour les tribunaux de commerce que pour les tribunaux de première instance. Ils connaissent, en conséquence, sans appel des contestations dont l'objet n'excède pas une somme ou une valeur déterminée de 1500 francs. Au-dessus de cette limite, ou lorsque l'importance du litige n'est pas susceptible d'être déterminée pécuniairement, les tribunaux de commerce ne jugent qu'à charge d'appel. L'appel de leurs décisions est porté à la cour d'appel du ressort.

Les parties ont la faculté de déclarer qu'elles veulent être jugées en dernier ressort, quelle que soit l'importance du litige.

Les demandes reconventionnelles ou en compensation sont jugées en dernier ressort, lors même que, réunies à la demande principale, elles excéderaient 1500 francs, à moins que l'une des demandes, considérée isolément, n'excède 1 500 francs.

Il est toujours statué en dernier ressort sur les demandes en dommages-intérêts fondées exclusivement sur la demande principale.

*Procédure.* La procédure commerciale est plus simple, plus prompte et moins coûteuse que la procédure civile. Devant les tribunaux de commerce, on procède sans le ministère d'avoué. Les parties comparaissent en personne ou se font représenter soit par un fondé de procuration spéciale, soit par un agréé. (V. AGRÉÉS.) Elles ne peuvent se faire représenter par un huissier. Toute demande doit être formée par exploit d'ajournement devant le tribunal, en laissant un jour franc d'intervalle, c'est-à-dire sans tenir compte du jour de l'assignation et de celui où l'on doit comparaître à l'audience, et en tenant compte, en outre, du délai des distances si la partie assignée ne demeure pas dans le lieu où siège le tribunal.

Dans les cas qui requièrent célérité, le président du tribunal peut permettre d'assigner, même de jour à jour et d'heure à heure, et de saisir les effets mobiliers ; il peut, en outre, dans certains cas, contraindre le demandeur à donner caution ou à justifier de sa solvabilité, et ses ordonnances sont exécutoires malgré opposition ou appel.

S'il s'agit d'affaires maritimes urgentes, l'assignation de jour à jour et d'heure à heure peut être donnée sans ordonnance du président.

Lorsqu'il s'agit de payements ou de livraisons à faire, le demandeur peut assigner à son choix devant le tribunal du domicile du défendeur ou devant le tribunal de l'arrondissement où la promesse a été faite et la marchandise livrée, ou enfin devant celui de l'arrondissement où le payement devait être effectué.

Si le tribunal trouve que la matière en litige n'est pas commerciale, il se déclare incompétent ; si une pièce produite est déniée par une des parties et arguée de faux et que l'autre persiste à s'en servir, le tribunal doit surseoir au jugement et envoyer les parties, pour faire juger l'incident, devant le tribunal compétent en cette matière.

Si le tribunal ne se juge pas suffisamment éclairé, il peut ordonner que les parties soient entendues en personne, et si, par suite d'un empêchement légitime, une des parties ne peut se présenter, le tribunal charge soit un de ses membres, soit un juge de paix de l'entendre, et de dresser procès-verbal de ses déclarations. Le tribunal peut nommer un ou trois experts, s'il y a lieu à examen de comptes, de pièces, de registres, à estimation et visite d'ouvrages et de marchandises. Le rapport des experts doit être déposé au greffe du tribunal, qui en prend connaissance afin de s'éclairer. Le tribunal peut également ordonner la preuve par témoins. V. PREUVE.

Si le demandeur fait défaut, le tribunal renvoie le défendeur de la demande. Si c'est le défendeur qui fait défaut, le tribunal admet les conclusions du demandeur si elles lui paraissent justes et bien fondées. Toutefois, le défendeur peut faire opposition au jugement lorsqu'il lui est signifié, et, dans ce cas, l'affaire revient devant le tribunal. Lorsqu'il y a titre non attaqué ou condamnation précédente, non suivie d'appel, le tribunal de commerce peut ordonner l'exécution provisoire de son jugement, nonobstant appel. Hors ces cas, l'exécution provisoire ne peut avoir lieu que moyennant caution ou justification de solvabilité.

L'appel d'un jugement de tribunal de commerce a lieu devant la cour d'appel. (V. APPEL.)

A leur tour, les tribunaux de commerce connaissent des appels des conseils de prud'hommes.

*Cour d'appel.* — V. COUR D'APPEL.

### Tribunaux de répression.

*Tribunal de simple police.* — Les tribunaux de simple police connaissent des contraventions de simple police, c'est-à-dire des infractions commises par les Français ou par les étrangers se trouvant en France, qui peuvent donner lieu soit à 15 francs d'amende ou au-dessous, soit à cinq jours d'emprisonnement ou au-dessous, qu'il y ait ou non confiscation de choses saisies et quelle qu'en soit la valeur. (Code instr. crim., art. 137-178.)

C'est une *citation* notifiée par huissier qui traduit devant le tribunal de simple police les prévenus de contraventions. Toute citation à prévenu doit rappeler brièvement les faits incriminés, énoncer les articles de loi invoqués et indiquer les jour et heure de l'audience pour laquelle la comparution est requise. Les témoins sont aussi appelés sur citation.

Toute citation est notifiée par huissier. Elle ne peut être donnée à un délai moindre de vingt-quatre heures, outre un jour par 3 myriamètres. Les parties peuvent d'ailleurs comparaître volontairement sur simple avertissement. V. ACTION.

La connaissance des contraventions de police est attribuée exclusivement au juge de paix du canton dans l'étendue duquel elles ont été commises.

Il pourra aussi, dans le cas de l'article précédent, y avoir deux sections pour la police : chaque section sera tenue par un juge de paix, et le greffier aura un commis assermenté pour le suppléer.

Les fonctions du ministère public, pour les faits de police, seront remplies par le commissaire du lieu où siégera le tribunal. S'il y a plusieurs commissaires de police au lieu où siège le tribunal, le procureur général près la cour d'appel nommera celui ou ceux d'entre eux qui feront le service.

En cas d'empêchement du commissaire de police du chef-lieu, ou, s'il n'en existe point, les fonctions du ministère public seront remplies soit par un commissaire résidant ailleurs qu'au chef-lieu, soit par un suppléant du juge de paix, soit par le maire ou l'adjoint du chef-lieu, soit par un des maires ou adjoints d'une autre commune du canton, lequel sera désigné à cet effet par le procureur général pour une année entière, et sera, en cas d'empêchement, remplacé par le maire, par l'adjoint ou par un conseiller municipal du chef-lieu de canton.

Si la personne citée ne comparaît pas au jour et à l'heure fixés par la citation, elle est jugée par défaut.

L'opposition au jugement par défaut peut être faite par déclaration en réponse au bas de l'acte de signification, ou par acte notifié dans les trois jours de la signification, outre un jour par 3 myriamètres. Elle emporte de droit citation à la première audience après l'expiration des délais, et elle est réputée non avenue si l'opposant ne comparaît pas.

La personne citée comparaît par elle-même ou par mandataire spécial.

L'instruction de chaque affaire est publique, à peine de nullité. Elle se fait dans l'ordre suivant :

Les procès-verbaux, s'il y en a, sont lus par le greffier; les témoins sont entendus; la partie civile prend ses conclusions; la personne citée propose sa défense et fait entendre ses témoins; le ministère public résume l'affaire et donne ses conclusions; la partie citée peut proposer ses observations; enfin, le tribunal prononce le jugement dans l'audience où l'instruction a été terminée, et, au plus tard, dans l'audience suivante.

Les contraventions sont prouvées soit par procès-verbaux ou rapports, soit par témoins à défaut de rapports et procès-verbaux, ou à leur appui.

Nul n'est admis, à peine de nullité, à faire preuve par témoins outre ou contre le contenu aux procès-verbaux ou rapports des officiers de police ayant reçu de la loi le pouvoir de constater les délits ou les contraventions jusqu'à inscription de faux. Quant aux procès-verbaux et rapports faits par des agents, préposés ou officiers auxquels la loi n'a pas accordé le droit d'en être crus jusqu'à inscription de faux, ils peuvent être débattus par la preuve contraire. V. PROCÈS-VERBAL, TÉMOIN.

La partie qui succombe est condamnée à tous les frais; les dépens sont liquidés par le jugement.

Les jugements rendus en matière de police peuvent être attaqués par la voie de l'appel, lorsqu'ils prononcent un emprisonnement, ou lorsque les amendes, restitutions et autres réparations civiles excèdent la somme de 500 francs, outre les dépens.

L'appel est suspensif. Il est porté devant le tribunal correctionnel. Il est interjeté par déclaration au greffe du tribunal qui a rendu le jugement dans les dix jours au plus tard après celui où il a été prononcé; si le jugement est par défaut, dans les dix jours au plus tard de la signification de la sentence à personne ou à domicile.

Le ministère public et les parties peuvent, s'il y a lieu, se pourvoir en cassation contre les jugements rendus en dernier ressort par le tribunal de police, ou contre les jugements rendus par le tribunal correctionnel, sur l'appel des jugements de police.

*Tribunal de police correctionnelle.* — En matière de police correctionnelle, les tribunaux de première instance connaissent de tous les délits, c'est-à-dire des infractions dont la peine excède cinq jours d'emprisonnement et 15 francs d'amende. Ils connaissent aussi de toutes les infractions en matière forestière, même si elles n'ont le caractère que de simples contraventions. Enfin, ils jugent certains crimes commis par les mineurs de seize ans. Ils prennent alors la qualification de *tribunaux de police correctionnelle.* (Code instr. crim., art. 179-216.) S'il se commet un délit correctionnel dans l'enceinte du tribunal et pendant la durée de l'audience, le président dresse procès-verbal du fait, entend le prévenu et les témoins, et le tribunal applique sans désemparer les peines prononcées par la loi.

Dans les affaires relatives à des délits qui n'entraînent pas la peine de l'emprisonnement, le prévenu peut se faire représenter par un avoué; néanmoins, le tribunal peut ordonner sa comparution en personne.

Les peines en matière correctionnelle sont: 1° l'emprisonnement à temps dans un lieu de correction; 2° l'interdiction à temps de certains droits civiques, civils ou de famille, lorsque la loi prévoit spécialement cette peine accessoire; 3° l'amende.

Les tribunaux jugeant correctionnellement peuvent, dans certains cas, interdire, en tout ou en partie, l'exercice des droits civiques, civils et de famille (v. DROITS CIVILS, etc.), mais seulement lorsque l'interdiction a été autorisée ou ordonnée par une disposition particulière de la loi.

L'appel des jugements rendus en matière de simple police par les juges de paix et les maires doit être porté devant le tribunal de police correctionnelle.

Le tribunal correctionnel est saisi : 1° soit par ordonnance du juge d'instruction, soit par arrêt de la chambre des mises en accusation, lorsque le prévenu ne paraît coupable que d'un délit ou d'une contravention; dans l'un et l'autre cas, la citation est donnée à la requête du procureur de la République; 2° par la citation directe de la partie civile; 3° par la citation directe du ministère public, quand le délit est si notoire et si caractérisé qu'il serait superflu de procéder à l'instruction préparatoire. V. INSTRUCTION.

Il doit toujours s'écouler trois jours au moins, outre un jour par 3 myriamètres, entre la citation et le jugement, à peine de nullité de la condamnation qui serait prononcée par défaut. V. toutefois DÉLIT.

La preuve des délits résulte de l'interrogatoire du prévenu, des procès-verbaux ou rapports et des témoins. (V. TÉMOIN.) Si l'acte qui a motivé les poursuites a été qualifié à tort de délit et n'est qu'une contravention, le tribunal statue en dernier ressort, sauf demande de renvoi par le ministère public ou la partie civile. S'il constitue un crime, le tribunal peut décerner de suite un mandat de dépôt ou un mandat d'arrêt, et il renvoie le prévenu devant le juge d'instruction compétent.

Les appels des jugements de police correctionnelle se portent devant la chambre des appels de police correctionnelle de la cour d'appel.

*Cours d'assises.* — V. COUR D'ASSISES.

## Tromperie. — V. FRAUDES.

## Trottoirs.

Dans les rues et places dont les plans d'alignement ont été régulièrement arrêtés et où, sur la demande des conseils municipaux, l'établissement de trottoirs a été reconnu d'utilité publique, la dépense de construction des trottoirs est répartie entre la commune et les propriétaires riverains.

La délibération du conseil-municipal qui provoque la déclaration d'utilité publique désigne en même temps les rues et places où les trottoirs seront établis, arrête le devis des travaux, selon les matériaux entre lesquels les propriétaires ont été autorisés à faire un choix, et répartit la dépense entre la commune et les propriétaires. La portion à la charge de la commune ne peut être inférieure à la moitié de la dépense totale; mais la loi du 7 juin 1845, qui a édicté ces prescriptions, n'a pas dérogé aux usages en vertu desquels les frais de construction des trottoirs sont à la charge des propriétaires riverains, soit en totalité, soit dans une proportion supérieure à la moitié de la dépense totale.

## Troubles.

En temps de troubles et insurrections, les individus porteurs d'armes et munitions sont punis de la détention; s'ils sont revêtus de costumes ou insignes officiels, la peine prononcée est celle de la déportation et même — s'ils font usage de leurs armes — la mort. Ceux qui se sont emparés d'armes et de munitions par violence, menaces, pillage ou désarmement des agents de la force publique ou qui se sont rendus coupables d'occupation violente d'une maison habitée, sont punis des travaux forcés à temps et d'une amende de 200 francs à 5 000 francs. La résistance à la force publique, ainsi que l'invasion des édifices publics et privés dans le même but de résistance, est punie de la détention. La même peine est applicable aux constructeurs de barricades et travaux analogues. (Loi du 24 mai 1834.) L'existence de circonstances atténuantes donne lieu à l'application de l'article 463 du Code pénal.

Ceux qui ont procuré des armes, des instruments ou tout autre moyen ayant servi à l'action, sachant qu'ils devaient y servir, sont punis comme complices. (Code pén., art. 60.) V. RÉQUISITION, ÉTAT DE SIÈGE.

## Tutelle. — Charge obligatoire et gratuite imposée à quelqu'un de veiller à la personne d'un incapable, d'administrer ses biens et de le représenter dans les actes de la vie civile.

*Minorité.* — Les mineurs (v. MINEUR) ne sont privés de la *jouissance* d'aucun droit civil; ils sont simplement privés de l'*exercice* actuel de ces droits, exercice dont les rend incapables l'inexpérience des intérêts de la vie. Toutefois, le mineur âgé de plus de seize ans peut faire un testament, en ne disposant que jusqu'à concurrence de la moitié des biens dont peuvent disposer les personnes majeures. Il peut disposer par contrat de mariage (v. MARIAGE), mais il est incapable relativement à la généralité des actes civils, et il est, quant à ces différents actes, représenté par un *tuteur* chargé du gouvernement ou du soin de sa personne, ainsi que de l'administration de ses biens. Les mineurs étant à peu près invariablement représentés par un tuteur qui gère pour eux leur patrimoine, les principes juridiques concernant la *minorité* se résument principalement et presque uniquement dans les règles qui régissent la tutelle, ses modes divers de dévolution, ainsi que les obligations et les droits des tuteurs.

*Administration légale.* — Tous les mineurs sans exception ne sont pas sujets au régime de la tutelle : les enfants, quoique mineurs, dont le père et la mère sont encore vivants ne reçoivent pas de tuteur. Leur personne est représentée civilement par leur père, qui est, en même temps, l'administrateur des biens propres que ces enfants peuvent avoir, soit que ces biens leur soient advenus par succession ou legs, soit qu'ils les aient acquis par l'exercice d'une profession ou d'une industrie : c'est l'*administration légale*, attribut de la puissance paternelle. (V. PUISSANCE PATERNELLE.) Le père qui, du vivant de sa femme, administre les biens propres des enfants encore mineurs nés de leur union, devra compte à ces mêmes enfants de l'administration de ces mêmes biens à l'époque de leur majorité, comme le devrait un tuteur ordinaire. Mais, à la différence du tuteur ordinaire, il n'aura pas ses propres immeubles grevés d'une hypothèque légale pour la sûreté de cette administration. Il n'aura pas non plus à subir, dans les actes de sa gestion, la surveillance et le contrôle d'un subrogé tuteur. L'affectueuse vigilance de la mère offre une garantie plus qu'équivalente. C'est seulement lorsque vient à se dissoudre le mariage des père et mère do l'enfant mineur, par le décès de l'un d'eux, qu'il y a ouverture ou régime de la tutelle, et cette tutelle est alors dévolue légalement au survivant des deux époux.

*Différentes espèces de tutelle.* — La tutelle est définie par les jurisconsultes : « une charge publique et gratuite imposée à une personne capable de prendre soin de la personne d'un incapable et de la représenter dans les actes de la vie civile. »

La tutelle est une charge *publique*, c'est-à-dire un devoir social qu'on n'est pas libre de décliner. L'ordre public est intéressé à ce que les pupilles orphelins ne restent point abandonnés à eux-mêmes et privés d'un protecteur et d'un représentant responsable de leurs intérêts. C'est pourquoi le citoyen auquel une tutelle est conférée n'a pas le droit d'en répudier la charge, à moins qu'il ne se trouve dans un des cas d'excuse ou d'exemption déterminés par la loi, et qui seront ultérieurement énumérés.

La tutelle est une charge *gratuite ;* le tuteur n'a aucune rémunération à prétendre pour le temps et les soins qu'elle lui coûte.

Pour les mineurs non émancipés, il y a quatre espèces de tutelle : celle du survivant des père et mère, dite *tutelle légale ;* celle qui est déférée par le survivant des père et mère, dite *tutelle testamentaire;* celle qui appartient aux ascendants, dite *tutelle légitime ;* celle qui est déférée par le conseil de famille, dite *tutelle dative.*

La matière est régie par les articles 388 à 487 du Code civil.

Les enfants *mineurs admis dans un hospice* sont sous la tutelle de la commission administrative de l'établissement. La commission désigne un de ses membres pour exercer, le cas échéant, les fonctions de tuteur, et les autres administrateurs forment le conseil de tutelle. Les biens des enfants sont gérés par le receveur de l'hospice. (Loi du 15 pluviôse an XIII.)

*Tutelle légale des père et mère.* La première des tutelles, dans l'ordre des dévolutions, est celle que la loi attribue, de plein droit, au survivant des père et mère. A la dissolution du mariage, par la mort de l'un ou de l'autre des conjoints, la tutelle des enfants en état de *minorité*, issus de leur union, passe immédiatement et de plein droit à celui des deux qui survit. La condition du père et de la mère, comme tuteurs légaux, n'est cependant pas sur tous les points égale et identique. Le père, tuteur de ses enfants mineurs, ne perd pas leur tutelle parce qu'il convole en secondes noces. Au contraire, la mère qui se remarie doit, avant son convol, appeler le conseil de famille à délibérer sur le point de savoir si elle sera maintenue dans la gestion de la tutelle ; ce conseil peut la lui retirer ou la lui conserver, et, s'il la lui conserve, la loi dispose qu'il lui adjoindra son second mari comme cotuteur, devant gérer avec elle et subir la solidarité de son administration. La femme qui se remarie, en effet, se place librement sous la domination de son nouvel époux ; ce n'est point elle, en réalité, c'est son second mari qui gérera les intérêts du mineur ; le conseil de famille doit donc être appelé à juger les garanties de moralité et de solvabilité que présente ce nouveau venu. Il existe une autre différence entre la tutelle légale de la mère et celle du père survivant ; le père peut nommer à la mère survivante, et par conséquent tutrice de droit, un conseil spécial, dit *conseil de tutelle*, dont l'assistance lui sera nécessaire soit pour certains actes déterminés, soit pour la totalité des actes de la gestion tutélaire. La loi a laissé ainsi le mari juge absolu de l'aptitude de sa femme au maniement des intérêts de leurs enfants. Il n'y a point de disposition réciproque, et la mère prémourante n'a point, de son côté, le droit de limiter les actes de gestion de son mari comme tuteur de leurs enfants communs. Le conseil de tutelle est nommé soit par testament, soit par déclaration devant le juge de paix, soit par acte notarié.

Si, lors du décès du mari, la veuve est enceinte, elle doit faire convoquer par le juge de paix le conseil de famille pour nommer un *curateur au ventre*, dont la mission est d'administrer les biens de la succession du mari jusqu'à la naissance de l'enfant. A la naissance de l'enfant, la mère en devient tutrice, et le curateur en est, de plein droit, le subrogé tuteur.

*Tutelle déférée par le survivant des père ou mère.* Le survivant des père ou mère, mais le survivant seul, peut désigner un tuteur aux enfants qu'il prévoit devoir laisser à sa mort en état de *minorité*. Cette nomination d'un tuteur par le dernier mourant des père ou mère peut être faite, non seulement par testament, mais aussi par un acte ne contenant aucune disposition testamentaire et reçu soit par un notaire, soit par le juge de paix. Dans tous les cas, la tutelle ainsi dévolue prend le nom de « tutelle testamentaire » ;

c'est un souvenir du droit romain. L'acte, quelle qu'en soit la forme, ne doit et ne peut produire d'effets qu'au décès de la personne qui dispose ainsi de la tutelle.

*Tutelle des ascendants.* En l'absence de tuteur testamentaire, c'est-à-dire désigné par le dernier mourant des père et mère, la tutelle est dévolue légalement et de plein droit à l'aïeul paternel des mineurs et, à défaut d'aïeul paternel, à leur aïeul maternel. En l'absence d'un aïeul paternel et d'un aïeul maternel, la tutelle remonte et elle est légalement attribuée aux ascendants des degrés supérieurs, avec préférence d'abord du degré plus proche sur le degré plus éloigné, et, à égalité de degré, en préférant l'ascendance paternelle à l'ascendance maternelle.

*Tutelle déférée par le conseil de famille ou tutelle dative.* Lorsque le mineur reste sans père ni mère, ni ascendant, ni tuteur choisi par le père ou la mère, le conseil de famille lui nomme un tuteur.

Tout parent du mineur ou toute personne intéressée à lui faire nommer un tuteur (un créancier, par exemple) peut provoquer cette nomination. Le juge de paix peut même, d'office, réunir le conseil de famille à cet effet.

*Conseil de famille.* — Le *conseil de famille* est une assemblée de parents chargée de veiller aux intérêts de membres de la famille qui sont dans un état d'incapacité. A côté de la gestion active du tuteur, ce conseil représente la fonction délibérante, simplement consultative.

Le conseil de famille intervient dans des circonstances multiples. En dehors des points qui se rattachent à la gestion tutélaire, c'est lui qui autorise le mariage des mineurs de vingt et un ans qui n'ont plus d'ascendants, ou si ces derniers sont dans l'impossibilité d'exprimer leur consentement. Quand une interdiction est provoquée, le conseil de famille intervient encore pour exprimer *consultativement* son opinion sur l'opportunité de cette mesure. Il donne son avis quand il s'agit d'émanciper un mineur de dix-huit ans n'ayant ni père ni mère.

Ses fonctions sont surtout importantes en matière de tutelle. Il nomme le tuteur dans la tutelle dative, et, dans toute tutelle, il nomme le subrogé tuteur. Il prononce, sauf recours au tribunal civil, la destitution des tuteurs incapables ou indignes; il contrôle la gestion des tuteurs, et son autorisation est nécessaire pour valider la plupart des actes qui excèdent les limites de l'administration courante.

Le conseil de famille est convoqué par le juge de paix du lieu du domicile du mineur sur la réquisition d'un parent, ou même d'un ami de ce mineur, toute personne pouvant dénoncer le fait qui donne lieu à l'ouverture de la tutelle. Le juge de paix peut même faire la convocation spontanément et d'office. Le conseil de famille est composé, non compris le juge de paix, de six parents ou alliés du mineur, les plus proches en degré, résidant tant dans la commune où la tutelle s'est ouverte que dans un rayon de 2 myriamètres, et pris moitié dans la ligne paternelle, moitié dans la ligne maternelle, et en suivant l'ordre de proximité dans chaque ligne. Le parent est préféré à l'allié du même degré, le plus âgé au plus jeune.

A défaut de parents ou alliés en nombre suffisant sur les lieux, le juge de paix peut convoquer à son choix soit des parents domiciliés à une plus grande distance, soit, dans la localité, des personnes non parentes, mais connues pour avoir eu des rapports d'amitié avec le père ou la mère du mineur; elles ne sont, du reste, obligées que s'il n'y a ni parents ni alliés dans un rayon de 10 lieues. Les frères germains (frères de père ou de mère) et les maris des sœurs germaines du mineur sont exceptés de la limitation numérique qui vient d'être exprimée. Ils entrent tous, quel que soit leur nombre, dans la composition du conseil de famille, et ils le forment seuls s'ils sont au nombre de six ou en nombre supérieur.

Les femmes, autres que la mère et les ascendantes, ne peuvent être tutrices ni membres du conseil de famille. La mère est tutrice de droit, tandis que les ascendantes doivent être désignées par le conseil de famille.

Le siège du conseil de famille est fixé d'une façon définitive dans la commune où la tutelle s'est ouverte. Le juge de paix fixe le jour de la délibération du conseil, de manière à laisser aux parents, domiciliés dans la commune ou dans le rayon de 2 myriamètres au moins, un délai de trois jours francs entre la citation et la comparution. On ajoute un délai d'un jour à raison de 3 myriamètres de distance pour ceux dont le domicile est plus éloigné. En cas de non-comparution et à défaut d'excuse valable, le juge de paix prononce sans appel une amende de 50 francs. On peut se faire représenter par un fondé de pouvoirs.

Le juge de paix préside les délibérations du conseil de famille, avec voix délibérative et prépondérante en cas de partage; les trois quarts au moins des membres du conseil de famille doivent être présents ou représentés par un mandataire porteur d'une procuration spéciale.

Le tuteur désigné par la délibération du conseil de famille entre immédiatement en fonction s'il est présent; s'il est absent, son entrée en gestion doit avoir lieu à partir du jour où sa nomination lui est notifiée. Si le choix du conseil de famille s'est porté sur une personne non parente du mineur, le tuteur désigné n'est pas moins obligé d'accepter la tutelle, à moins qu'il n'existe, dans le rayon de 4 myriamètres, des parents ou alliés ne se trouvant eux-mêmes dans aucun cas légal d'exemption de tutelle. Cette disposition est une conséquence de la règle que la tutelle est une charge publique et non un simple mandat privé, qu'il serait facultatif de décliner.

*Subrogé tuteur. Protuteur.* — Dans toute tutelle, le conseil de famille nomme un subrogé tuteur, dont les fonctions consistent à veiller aux intérêts du pupille et à les défendre lorsqu'ils sont en opposition avec ceux du tuteur.

Au cas de tutelle des père et mère, de tutelle déférée par le père ou la mère et de tutelle des ascendants, le tuteur doit requérir la convocation du conseil de famille et la nomination du subrogé tuteur, avant que de s'immiscer dans la gestion; autrement, il s'exposerait à de graves indemnités envers le pupille, et même quelquefois à être écarté de la tutelle par le conseil de famille.

Au cas de tutelle déférée par le conseil de famille, la nomination du subrogé tuteur a lieu immédiatement après celle du tuteur.

Le subrogé tuteur est toujours pris (hors le cas où le tuteur serait un frère germain du pupille) dans la ligne opposée à celle du tuteur. En outre, toutes les fois qu'il y a délibération pour nommer ou révoquer le subrogé tuteur, le tuteur ne peut point prendre part au vote.

Si la tutelle devient vacante, le subrogé tuteur doit immédiatement faire convoquer le conseil de famille pour nommer un autre tuteur.

Lorsque le mineur a des biens aux colonies, le conseil de famille choisit pour les administrer un tuteur spécial, dit *protuteur*.

*Exemptions, exclusions et destitution de tutelle.* — L'exercice des fonctions publiques, avec obligation de résidence, et dans un département autre que celui où s'est ouverte la tutelle, constitue une cause de dispense. Sont encore dispensés de toute tutelle testamentaire ou dative : 1° les membres du Parlement, les conseillers d'Etat, les magistrats de la Cour de cassation et de la Cour des comptes ; 2° les militaires en activité de service ; 3° les personnes âgées de soixante-cinq ans révolus ; 4° celles qui se trouvent atteintes d'infirmités graves ; 5° celles qui gèrent déjà deux tutelles ; 6° le père de cinq enfants légitimes ; il est exonéré de toute tutelle à l'exception de celle de ses propres enfants.

Le tuteur déjà en fonction ne peut être exonéré par la raison d'âge qu'à soixante-dix ans révolus. Il est libre de se prévaloir ou non des motifs de dispense, mais il doit proposer ses excuses au conseil de famille, dès qu'il est nommé, s'il est présent ; s'il n'est pas présent lors de sa nomination, il doit les proposer dans les trois jours qui suivent l'instant où il a connu sa nomination. Le conseil de famille prononce sur l'admissibilité des excuses, sauf recours au tribunal de première instance.

Sont légalement, d'ailleurs, incapables de la tutelle : 1° les femmes, la mère seule exceptée ; l'incapacité du sexe féminin s'étend même aux ascendantes d'un degré plus éloigné que la mère ; 2° les mineurs ; 3° les interdits.

Enfin, indépendamment des incapacités, il existe des causes d'indignité de la tutelle. Ces causes sont : 1° une condamnation à une peine afflictive ou infamante ; 2° une inconduite notoire ; une condamnation pour délits réprimés par la loi du 3 avril 1903 (v. PROSTITUTION) ; 3° enfin, l'infidélité ou l'incapacité évidente du tuteur prouvée par sa gestion. Quand les causes d'indignité sont reconnues pendant l'exercice d'une tutelle, la destitution est prononcée par le conseil de famille, réuni dans les formes et avec les éléments de composition déjà indiqués. Le tuteur dont l'exclusion est ainsi prononcée peut acquiescer à la délibération qui le destitue. En ce cas, nulle difficulté ne s'élève, et le conseil de famille procède incontinent à son remplacement. Mais il peut arriver que le tuteur résiste à une destitution qui entache son honneur. Dans cette situation, le subrogé tuteur poursuit devant le tribunal l'homologation de la décision du conseil de famille ; le tuteur présente ses moyens de défense et le tribunal statue.

*Des devoirs du tuteur avant d'entrer en fonctions.* — Dans les dix jours de sa nomination, le tuteur doit requérir le juge de paix pour la levée des scellés et faire aussitôt procéder par un notaire à l'inventaire des biens du mineur, en présence du subrogé tuteur. S'il lui est dû quelque chose par le mineur, il doit le déclarer dans l'inventaire, à peine de perdre sa créance.

Dans le mois qui suit l'inventaire, le tuteur (à l'exception du survivant des père et mère) doit faire vendre aux enchères, par un officier public, tous les meubles autres que ceux que le conseil de famille l'aurait autorisé à conserver en nature.

Le tuteur (à l'exception également du survivant des père et mère) doit faire régler par le conseil de famille, selon l'importance des biens, la somme à laquelle pourra s'élever la dépense annuelle du mineur, et aussi la somme à laquelle doit commencer pour lui l'obligation de faire, dans les six mois, emploi de l'excédent des revenus sur les dépenses.

Passé ce délai, le tuteur devra les intérêts à défaut d'emploi. Si le tuteur n'a pas fait déterminer par le conseil de famille la somme à laquelle doit commencer l'emploi, il doit, dans les six mois, les intérêts de toute somme non employée, quelque modique qu'elle soit.

*Administration du tuteur.* — Le tuteur prend soin de la personne du mineur, et le représente dans tous les actes civils. Toutefois le juge de paix peut, dans les limites de sa compétence (v. JUSTICE de PAIX), autoriser le mineur à ester en justice devant lui lorsqu'il s'agit de contestations relatives aux engagements de travail.

Le tuteur administre ses biens en bon père de famille et répond des dommages-intérêts qui pourraient résulter d'une mauvaise gestion. Il ne peut ni acheter les biens du mineur, à moins qu'il ne soit copropriétaire avec lui des biens mis aux enchères, ni les prendre à ferme, à moins que le conseil de famille n'ait autorisé le subrogé tuteur à lui en passer bail, ni accepter la cession d'aucun droit ou créance contre son pupille, ni *compromettre* sur ses droits. V. ARBITRAGE.

Il procède de sa propre autorité à la plupart de ceux de ces mêmes actes qui n'excèdent pas les limites d'une simple administration, mais seulement à ceux-là : par exemple, passer des baux qui n'excèdent pas neuf ans, percevoir les revenus des capitaux et des immeubles du mineur, intenter des actions mobilières, défendre à toute espèce d'action.

Le tuteur fait quelquefois seul des actes

dépassant les limites de l'administration. C'est ce qui arrive quand le père tuteur vend un immeuble de son fils en se portant fort, c'est-à-dire en promettant à l'acheteur que son fils ratifiera la vente quand il aura atteint sa majorité. Si le fils majeur ratifie, cette vente devient valable; s'il refuse sa ratification, la vente reste nulle; mais alors le père est tenu, en vertu de sa promesse, de payer des dommages-intérêts à l'acheteur.

Au delà, l'autorisation du conseil de famille lui est nécessaire pour agir. Le tuteur doit se pourvoir de cette autorisation : 1° pour accepter ou répudier une succession échue à son pupille, et l'acceptation ne peut d'ailleurs avoir lieu, dans aucun cas, que sous bénéfice d'inventaire; 2° pour intenter, au nom du pupille, une action immobilière; 3° pour acquiescer à une action de même nature; 4° pour intenter une demande en partage, mais non pour y défendre; 5° enfin, pour accepter une donation faite au mineur. L'acceptation d'une donation est de soi un acte purement lucratif; les mobiles d'une libéralité peuvent, dans certaines circonstances, intéresser l'honneur et la moralité du mineur, d'où la nécessité du consentement de famille.

Il existe une catégorie d'actes pour lesquels l'autorisation du conseil de famille ne suffit même pas, et auxquels le tuteur ne peut procéder qu'autant que l'avis de ce conseil a été homologué par le tribunal civil. Tels sont les emprunts contractés dans l'intérêt du mineur, les hypothèques consenties sur ses biens, et enfin l'aliénation de ses immeubles. Le tribunal n'autorise de tels actes qu'autant qu'ils trouvent leur raison d'être, soit dans une nécessité justifiée, soit dans un avantage évident pour le pupille.

Quant aux transactions sur les droits litigieux du mineur, la loi exige encore un surcroît de garanties; non seulement l'autorisation du conseil de famille et son homologation par le tribunal sont nécessaires, mais cette homologation doit être précédée d'une consultation délivrée par trois jurisconsultes que le procureur de la République désigne à cette fin, et qui se prononce affirmativement pour l'utilité et l'opportunité de la transaction.

Le tuteur doit toujours obtenir l'autorisation du conseil de famille pour aliéner les valeurs mobilières appartenant à des mineurs et à des interdits, et, si l'aliénation porte sur une somme supérieure à 1 500 francs en capital d'après l'appréciation du conseil de famille, la délibération doit être homologuée par le tribunal. Il faut de plus l'homologation du tribunal si le capital dépasse 1 500 francs. Pour assurer l'exécution de ces dispositions, la loi prescrit au tuteur de convertir en titres nominatifs les titres au porteur et de faire emploi de tous les capitaux dans un délai de trois mois.

Mais aucune assimilation n'existe entre la situation du tuteur et celle du père administrateur légal des biens de ses enfants mineurs.

La loi du 27 février 1880 a été uniquement faite pour limiter les pouvoirs des tuteurs, en sorte qu'elle n'est applicable, en principe, que là où il y a tutelle. Le père, administrateur légal, peut donc aliéner des valeurs appartenant à ses enfants mineurs. (Circ. Justice, 20 mai 1880.)

*Compte de tutelle.* — Pendant la durée de la tutelle, le conseil de famille peut exiger du tuteur des états de situation.

Lorsque le mineur a atteint sa majorité, le tuteur doit au mineur un compte de tutelle. Si les fonctions du tuteur cessaient par la nomination d'un autre tuteur ou par l'émancipation du pupille, le compte de tutelle serait rendu au nouveau tuteur ou au mineur émancipé, qui serait alors assisté d'un curateur. Tant que le compte de tutelle n'est pas définitivement rendu, et même dans les dix jours suivants, le tuteur ne peut traiter avec le mineur. Le compte est rendu aux frais du mineur, sauf le cas de destitution du tuteur, mais celui-ci doit en faire l'avance. Si le tuteur reste débiteur, la somme dont il est reliquataire produit des intérêts à partir de la clôture du compte; si, au contraire, le pupille est débiteur, les intérêts de sa dette ne courent au profit du tuteur que du jour d'une sommation de payer faite au pupille, par huissier.

Le pupille a sur les immeubles de son tuteur une hypothèque légale dispensée d'inscription et ayant rang du jour de l'ouverture de la tutelle. Mais ce rang serait perdu si, dans l'année qui suit la fin de la tutelle, l'hypothèque n'était pas révélée par une inscription prise au bureau des hypothèques.

Toute action du mineur contre son tuteur, relativement aux faits de la tutelle, se prescrit par dix ans, à compter de la majorité; mais l'action qui se référerait simplement au compte de tutelle (soit pour le payement du reliquat, soit pour rectification d'une erreur) n'est prescriptible que par trente ans.

Quand le tuteur vient à mourir, ses héritiers majeurs, s'il en laisse, assurent l'exercice de la tutelle jusqu'à ce qu'un nouveau tuteur ait été désigné par le conseil de famille.

**Tutelle officieuse.** — Tutelle qui sert de préliminaire à l'adoption et qui est ainsi appelée parce que le tuteur s'engage gratuitement à fournir au mineur l'entretien et l'éducation, ainsi qu'à gérer ses biens.

Les rédacteurs du Code civil ont déclaré l'adoption inapplicable au mineur. Ils ont donc imaginé la tutelle officieuse comme moyen, pour certaines personnes, d'exercer leur bienfaisance et de s'attacher un enfant par un titre légal (Code civ., art. 361-370) : c'est une sorte de contrat par lequel une personne âgée de plus de cinquante ans, sans enfants ni descendants légitimes, s'oblige à fournir gratuitement à un mineur la nourriture et l'éducation, à administrer ses biens, à l'adopter plus tard ou, à défaut, à lui fournir des moyens d'existence.

Le tuteur officieux doit être âgé de cinquante ans au moins, sans descendants légitimes et avoir l'assentiment de son conjoint. Le mineur doit avoir moins de quinze ans et être autorisé par ses parents ou par ceux sous la dépendance desquels il se trouve.

La tutelle officieuse se forme par un procès-verbal du juge de paix exprimant la volonté du tuteur officieux et de la personne qui a autorité sur le mineur.

L'adoption peut avoir lieu quand le pupille est devenu majeur. (V. ADOPTION.) Toutefois, le tuteur officieux qui a déjà exercé la tutelle pendant cinq ans et qui prévoit son décès prochain a le droit d'adopter son pupille par acte testamentaire.

Si dans les trois mois qui suivent la majorité du pupille, le tuteur officieux refusait de l'adopter, le pupille privé de ressources ou de moyens de gagner sa vie serait fondé à réclamer des dommages-intérêts.

**Tuteur.** — Personne chargée de représenter un incapable dans les actes de la vie civile. V. TUTELLE, INTERDICTION.

**Tuteur officieux.** — Nom donné à celui qui, en vue de l'adopter ultérieurement, s'engage à subvenir aux besoins d'un mineur. V. TUTELLE OFFICIEUSE.

# U

**Union des créanciers.** — V. FAILLITE.

**Université.** — V. INSTRUCTION PUBLIQUE.

**Usage.** — Droit appartenant à une personne (*usager*) de se servir de la chose d'autrui et d'en percevoir les fruits nécessaires à ses besoins et à ceux de sa famille.

*De l'usage en général.* — La plupart des règles appliquées à l'usage ne sont autres que celles qui régissent aussi l'usufruit. (Code civ., art. 625-635.) Ainsi, l'usage, comme l'usufruit, peut être établi par testament ou par une convention à titre gratuit ou onéreux. Il s'éteint aussi par les mêmes modes. Ainsi la mort naturelle, le non-usage pendant trente ans, l'expiration du temps pour lequel il a été accordé sont autant de modes d'extinction de l'usage. Mais on pourrait, par convention spéciale, décider que le droit de l'usage passera à ses héritiers.

L'usage, et c'est là ce qui le distingue de l'usufruit, est à la fois un droit incessible et de plus indivisible, car il a pour objet de donner à l'usager de quoi suffire à ses besoins, et il ne remplirait pas sa destination s'il n'était concédé que pour partie.

Les droits de l'usager sont réglés par le titre qui les a établis. Dans le cas où le titre ne s'explique pas sur l'étendue de ces droits, celui qui a l'usage des fruits d'un fonds ne peut en exiger qu'autant qu'il lui en faut pour ses besoins et ceux de sa famille. Le conjoint, les enfants, les domestiques de l'usager sont compris parmi les personnes dont les besoins servent à déterminer l'étendue du droit d'usage.

Les obligations de l'usager sont, comme pour l'usufruitier, lors de l'ouverture de son droit, de donner caution et de faire des inventaires. Il n'en est toutefois ainsi qu'autant que l'usager est chargé de l'administration de la chose soumise à son droit par une clause du titre constitutif de l'usage. S'il reçoit les fruits par l'intermédiaire du propriétaire, la caution sera sans utilité et ne devra pas être donnée.

Pendant la durée de son droit, l'usager est assujetti aux frais de culture, aux réparations d'entretien et au payement des contributions, comme l'usufruitier, et s'il ne prend qu'une partie des fruits ou s'il n'occupe qu'une partie de la maison, il contribue au prorata de ce dont il jouit. Le propriétaire ne doit contribuer en rien au payement de ces diverses dépenses, même dans les cas où la portion de fruits excédant les besoins de l'usager serait impuissante à couvrir toutes les charges.

Le droit d'usage, en tant qu'il s'applique à la jouissance totale ou partielle d'une maison, prend le nom d'*habitation*. V. ce mot.

*Usages forestiers.* — On divise les usages forestiers en deux classes, les grands et les petits usages :

Les *grands usages* comprennent : l'affouage, c'est-à-dire le droit de prendre dans une forêt le bois nécessaire au chauffage ; le maisonnage, qui est le droit de se faire délivrer des arbres pour des constructions ou des réparations de bâtiments; le pâturage et la glandée, droits qui ont pour objet la nourriture des bestiaux, le mot de « glandée » s'appliquant plus spécialement au droit d'introduire les porcs dans les forêts pour s'y nourrir de graines sauvages.

Les *petits usages* comprennent seulement le droit d'enlever les branches sèches et les bois morts.

Un principe applicable à ces diverses sortes d'usages, c'est l'indivisibilité. Il en résulte que l'exercice du droit d'usage sur une partie du fonds assujetti conserve le droit sur la totalité du fonds, et qu'il suffit de l'exercice de ce droit par un vieil habitant d'une commune usagère pour le conserver au profit de tous.

Un second principe, c'est que l'usager doit demander la délivrance du propriétaire, et que, s'il ne le fait pas, son silence établit contre lui une présomption que les besoins auxquels le droit d'usage doit pourvoir n'existent pas : c'est ce qu'on exprime en disant que « le droit d'usage n'arrérage pas ». L'article 62 du Code forestier a décidé qu'il ne serait plus fait, dans les bois de l'Etat, aucune concession de droit d'usage, sous quelque prétexte que ce puisse être.

Le droit de cantonnement est le droit qu'ont les propriétaires de forêts de les affranchir de l'usage auquel elles seraient soumises, en transformant la servitude d'usage en un droit de propriété s'exerçant sur une portion restreinte de la forêt. Le cantonnement n'est en réalité que le rachat de l'usage, avec cette particularité que le prix du rachat, au lieu d'être représenté par une somme d'argent, est remplacé par une portion de forêt dont la valeur équivaut à ce prix.

**Usages commerciaux.** — Ce qui se pratique ordinairement parmi les commerçants dans les négociations commerciales ou par rapport à ces négociations.

La législation commerciale fait l'objet du Code de commerce, complété et modifié par de nombreuses lois postérieures, mais les tribunaux consulaires peuvent accessoirement asseoir leurs décisions sur les principes généraux du droit civil et sur les usages commerciaux. La preuve de ces derniers se fait au moyen de *parères* (v. ce mot). En ce qui concerne spécialement les ventes commerciales, la loi du 13 juin 1866 a déterminé et rendu obligatoires, à défaut de convention contraire, un certain nombre d'usages commerciaux.

**Usages locaux.** — Règles établies dans certains lieux pour l'exécution des conventions et qui, sans avoir été déterminées par la loi, sont adoptées par tout le monde.

Le Code civil, article 1159, porte que « ce qui est ambigu s'interprète par ce qui est d'usage ».

**Usance.** —Échéance à trente jours. V. LETTRE DE CHANGE.

**Usines.**

Il existe une distinction importante entre les usines établies sur des cours d'eau navigables et les usines établies sur des cours d'eau non navigables.

La matière est régie par la loi du 8 avril 1898, sur le régime des eaux. V. EAUX.

*Usines sur des cours d'eau navigables.* — Aucune usine, aucun batardeau, moulin, digue ou autre obstacle quelconque au libre cours des eaux dans les rivières navigables et flottables, dans les canaux d'irrigation ou de dessèchement généraux, ne peut, en principe, être établi sans décret du Conseil d'État rendu après enquête. (Arrêté du 19 ventôse an VI.) Cependant, le décret du 25 mars 1852 autorise les préfets à accorder directement sur les cours d'eau navigables ou flottables : 1° l'établissement de prises d'eau faites au moyen de machines et qui n'auraient pas pour effet d'en altérer le régime d'une manière sensible ; 2° la création d'ouvrages temporaires, mais en déterminant toutefois la durée de la permission, quand bien même ces ouvrages seraient de nature à modifier le régime des eaux et à en changer le niveau.

Les cours d'eau navigables, qui font partie du domaine public, étant inaliénables et imprescriptibles, les usines établies sur les cours d'eau n'y sont supportées qu'à titre de tolérance. L'administration est donc libre de prendre toutes les dispositions avantageuses à la navigation et au commerce sur les cours d'eau où ces usines sont situées : par exemple, de modifier ou mieux de supprimer les prises d'eau et autres établissements, sauf indemnité, si les prises d'eau et établissements ont une existence légale et régulière.

Les dérivations artificielles établies dans des propriétés particulières ne font partie du domaine public que si elles ont été pratiquées par l'Etat dans l'intérêt de la navigation ou du flottage.

Le préfet, le sous-préfet lui-même peuvent, dans ce cas, s'il y a urgence, arrêter les travaux en cours d'exécution. Le préfet rend son arrêt soit sur le vu des procès-verbaux dressés par l'administration, soit sur la demande des tiers intéressés.

Le chômage donne lieu, en général, à une indemnité en faveur de l'usinier, soit qu'il y ait chômage accidentel ou périodique, lorsque la cessation du service est forcée, par exemple lorsqu'elle résulte de l'exécution de travaux publics. D'après la loi du 16 septembre 1807, c'est à la juridiction administrative qu'il appartient de fixer le chiffre de l'indemnité.

*Usines sur des cours d'eau non navigables.* — Le préfet du département, après une enquête *de commodo et incommodo*, et sur le rapport des ingénieurs des ponts et chaussées, accorde ou refuse l'autorisation d'établir des usines sur les cours d'eau non navigables ni flottables. En cas de refus, l'arrêté qu'il prend ne peut être attaqué par la voie contentieuse. Lorsque des canaux ont été établis pour l'irrigation ou le drainage de propriétés, il ne peut y être créé une usine, même avec l'autorisation de l'administration, si ceux qui les ont établis n'y consentent point.

*Machines et usines flottantes.* — Les machines et ustensiles nécessaires à l'exploitation d'une usine sont immeubles par destination. Quant aux usines *à nef* (flottantes), elles sont toujours meubles lorsqu'elles ne sont pas fixées sur piliers ou adhérentes au sol ou à quelque autre immeuble par nature.

*Compétence.* — Les questions concernant les usines établies soit sur les cours d'eau navigables, soit sur les cours d'eau non navigables, rentrent dans la compétence : 1° du préfet et du gouvernement comme exerçant les actes de pure administration ; 2° des tribunaux administratifs, c'est-à-dire des conseils de préfecture et du conseil d'Etat ; 3° des tribunaux judiciaires.

Les actes de pure administration sont dans les attributions des préfets, du ministre de l'Intérieur ou du ministre des Travaux publics, soit pour les concessions, soit pour les révocations d'autorisation d'usines. Le contentieux administratif auquel les concessions d'usines donnent lieu rentre dans la compétence des conseils de préfecture, qui statuent, sauf recours au Conseil d'État. Mais les tribunaux ordinaires sont seuls compétents quand une question de propriété se présente, quand il y a une lutte d'intérêts privés engagés entre les usiniers et les propriétaires riverains.

**Usufruit** (du lat. *ususfructus*, abréviation de *ususfructusque*, l'usage et les fruits). — Droit de jouir d'une chose, mais sans en avoir la propriété, et par conséquent sans pouvoir l'aliéner, la détruire ou la dénaturer.

Les attributs de la propriété se résument en trois principaux : le droit de se servir de la chose de telle sorte que l'usage qu'on en fait puisse être renouvelé indéfiniment (*jus utendi*); le droit de percevoir les fruits qu'une chose produit (*jus fruendi*); le droit de disposer de la chose, de l'altérer, de la modifier, de la transmettre à un autre (*jus abutendi*). C'est la réunion des deux premiers attributs de la propriété qui constitue l'*usufruit*. (Code civ., art. 578-624.)

*Modes de constitution de l'usufruit.* — L'usufruit est établi par la loi ou par la volonté de l'homme. (Code civ., art. 579-580.) Il n'existe à proprement parler qu'un seul usufruit légal, c'est celui de l'article 754 du Code civil qui, lorsqu'un enfant est décédé, accorde au père ou à la mère survivante l'usufruit du tiers des biens dévolus aux collatéraux qui succèdent en concours avec le père ou la mère. Quant au droit de jouissance accordé aux père et mère sur les biens de leurs enfants mineurs jusqu'à l'âge de dix-huit ans ou jusqu'à leur émancipation ; quant à l'usufruit du mari sur les biens dotaux de la femme, mariée sous le régime dotal ou sous la clause exclusive de communauté, et à celui de la communauté sur les biens personnels des époux, ce ne sont pas de véritables usufruits, des démembrements du droit de propriété; ce sont des attributs de la puissance paternelle ou de la puissance maritale.

L'usufruit conventionnel peut être établi par la volonté de l'homme, soit par une convention à titre onéreux, par exemple une vente, soit par une donation, soit par un acte de dernière volonté, un testament. Cette convention d'usufruit peut avoir lieu avec toutes les modalités auxquelles les parties jugeront convenable de la soumettre : avec ou sans charges, à partir d'un certain jour ou jusqu'à une époque déterminée, ou enfin sous condition, soit que cette condition suspende jusqu'à l'arrivée d'un fait incertain l'ouverture du droit d'usufruit, soit au contraire qu'elle tienne en suspens l'extinction d'un droit d'usufruit déjà ouvert.

L'usufruit peut être constitué au profit de plusieurs personnes appelées à l'exercer simultanément ou à n'en jouir que les unes après les autres.

La constitution d'usufruit est soumise aux mêmes formes que celles qui sont exigées pour le transfert de la propriété. Tout acte ayant pour objet la constitution ou la transmission d'un usufruit immobilier n'est opposable aux tiers qu'à dater de la transcription qui en est faite sur les registres du conservateur des hypothèques.

L'effet de la loi et la volonté de l'homme ne sont pas les seuls modes de constitution de l'usufruit. Celui qui pendant trente ans posséderait un immeuble comme usufruitier, ou celui qui n'aurait joui d'un droit d'usufruit que pendant dix ans, mais en fondant sa possession sur un juste titre et sur sa bonne foi, aurait prescrit l'usufruit de l'immeuble.

*Objet de l'usufruit.* — L'usufruit peut porter sur toute espèce de biens, meubles ou immeubles, corporels ou incorporels. (Code civ., art. 581.) Ainsi l'usufruit peut avoir pour objet non seulement des maisons, des fonds de terre, mais encore des créances, et dans ce cas l'usufruitier acquerrait en toute propriété les intérêts de cette créance. Il peut même porter sur une rente, soit perpétuelle, soit viagère; alors l'usufruitier perçoit les arrérages de la rente et il n'est à sa mort tenu à aucune restitution. On peut aussi constituer un droit d'usufruit sur un autre droit d'usufruit; dans ce cas, si le premier usufruitier vient à mourir, les deux usufruits sont éteints, le premier par la mort de celui qui était investi du droit d'usufruit, le second par la perte de l'objet sur lequel le droit était établi ; mais on ne pourrait pas faire d'une servitude réelle, par exemple d'un droit de passage ou d'aqueduc, l'objet principal et direct d'un droit d'usufruit, car de pareilles servitudes n'ont point une existence propre et indépendante du fonds auquel elles sont attachées. Ces servitudes seront toujours nécessairement comprises, à titre d'accessoire, dans l'usufruit du fonds dont elles augmentent l'utilité.

L'usufruit suppose que l'on doit user et jouir d'une chose tout en en conservant la substance. Il en résulte que les choses dont on ne peut user qu'en les consommant ne peuvent faire l'objet d'un usufruit proprement dit. Par exemple, on ne saurait concevoir un véritable usufruit portant sur des mesures de blé ou de vin, car on ne saurait user de pareilles substances sans les consommer. Le droit romain admit que l'usufruit constitué sur des choses de cette espèce donnerait au titulaire de l'usufruit la pleine propriété, le droit de consommer et de disposer à sa fantaisie, mais sous l'obligation pour celui qui les reçoit de restituer, à l'époque où l'usufruit finirait s'il y avait usufruit, des choses de même quantité et qualité. C'est ce qu'on nomme le *quasi-usufruit*. Cette disposition a été consacrée dans notre code.

Remarquons que l'on pourrait convenir que d'autres objets susceptibles d'un véritable usufruit seraient soumis cependant à un quasi-usufruit, c'est-à-dire cédés en toute propriété, à charge par celui qui reçoit de rendre plus tard un objet de même qualité et de même valeur. Ainsi on pourrait céder dans de pareilles conditions un cheval, s'il était dans l'intention des parties qu'on pût plus tard le remplacer par un autre.

L'article 587 a donné lieu à une difficulté assez grave : il porte que l'usufruitier doit rendre des choses de même quantité, qualité et valeur ou leur estimation à la fin de l'usufruit. Quand devra-t-on rendre d'autres objets semblables aux premiers? Quand seulement l'estimation? Selon que les choses, objet du quasi-usufruit, ont été remises à l'usufruitier sur estimation ou sans estimation, l'usufruitier est débiteur d'une somme d'argent, montant de l'estimation, ou bien il doit restituer des choses semblables à celles qu'il a reçues.

Un fonds de commerce pourrait être donné en usufruit, et l'usufruiter a alors le droit de disposer des marchandises, à la charge de les remplacer par d'autres, comme faisait le propriétaire.

Un troupeau peut encore être donné en usufruit : l'usufruitier a droit à tous les produits du troupeau, ainsi qu'au croît, mais à condition de conserver des animaux qui naissent un nombre suffisant pour remplacer ceux qui viennent à périr. L'usufruit d'un troupeau ne s'éteint par la perte de la chose qu'autant que le troupeau a péri en entier par cas fortuit, et dans ce cas l'usufruitier ne doit compte au propriétaire que des cuirs ou de leur valeur. Si l'usufruit cesse par une autre cause, l'usufruitier doit rendre au nu propriétaire un nombre de bêtes égal à celui qu'il a reçu, sinon payer la valeur des bêtes qui manquent.

*Obligations de l'usufruitier.* — L'usufruitier doit, avant d'entrer en jouissance, faire dresser, en présence du propriétaire ou lui dûment appelé, un inventaire des meubles et un état des immeubles sujets à l'usufruit.

Si les parties sont majeures et maîtresses de leurs droits, elles peuvent faire ces actes à leur choix soit dans la forme authentique, soit dans la forme sous seing privé. Au cas contraire, l'acte notarié est obligatoire. Les frais d'actes sont à la charge de l'usufruitier, à qui incombe l'obligation de faire dresser l'état et l'inventaire.

Si l'usufruitier n'accomplit pas cette première obligation, il en résultera, pour les meubles, que le propriétaire pourra prouver contre lui la consistance du mobilier, tant par titres que par témoins et même par commune renommée, et, pour les immeubles, qu'il sera réputé les avoir reçus en bon et parfait état de toute espèce de réparation, sauf à lui à faire la preuve du contraire; mais l'usufruitier ne sera pas déchu de son droit ni même soumis à la restitution des fruits par lui perçus.

L'usufruitier doit donner caution de jouir en bon père de famille, c'est-à-dire présenter une personne solvable qui s'obligerait à payer pour lui, s'il ne le faisait pas lui-même, toutes les sommes dont il pourrait être tenu par suite de la gestion de l'usufruit. Tant qu'il n'aura pas satisfait à cette obligation, le nu propriétaire pourra refuser de délivrer les objets soumis à l'usufruit; mais l'usufruitier a droit aux fruits du moment où l'usufruit est ouvert. La caution peut être remplacée par d'autres sûretés équivalentes, par exemple par la remise d'un gage, la consignation d'une somme d'argent, une inscription de rente, une constitution d'hypothèque.

Si l'usufruitier est dans l'impossibilité de donner une caution ou une sûreté équivalente, la loi lui retire l'exercice de son droit, tout en lui en conservant l'émolument : ainsi, les immeubles objet d'un droit d'usufruit sont donnés à ferme ou même soumis à la gestion d'un séquestre, qui perçoit les fruits ou les loyers et les remet à l'usufruitier après en avoir déduit le montant des réparations d'entretien, s'il y en a. Les sommes comprises dans l'usufruit sont placées en rentes soit sur l'État, soit sur des particuliers avec des garanties suffisantes. Les denrées sont vendues, et le prix en est placé comme ce que nous venons de dire pour l'argent comptant. Les intérêts de ces sommes, les prix des fourrages, les arrérages de rentes sont attribués à l'usufruitier et lui appartiennent comme fruits civils proportionnellement à la durée de l'usufruit.

Quand l'usufruitier ne donne pas caution, le propriétaire peut exiger que les meubles qui dépérissent par l'usage soient vendus et que le prix en soit placé comme celui des denrées, et alors l'usufruitier jouit de l'intérêt pendant son usufruit. Mais les juges peuvent ordonner qu'une partie des meubles nécessaires pour l'usage personnel de l'usufruitier lui soit laissée, sous la simple garantie de son serment (*caution juratoire*) et à la charge de les représenter à l'extinction de l'usufruit.

Il est des cas où la loi dispense l'usufruitier de donner caution, par dérogation au principe. Ainsi, en sont dispensés les père et mère ayant l'usufruit légal des biens de leurs enfants mineurs, parce que l'affection qu'ils portent à leurs enfants est la protectrice naturelle et la meilleure sauvegarde de leurs intérêts. Ainsi encore pour le donateur et le vendeur qui se sont réservé l'usufruit des biens donnés ou vendus; car, pour le premier, il serait peu décent qu'un donataire réclamât des garanties contre celui dont il a accepté un bienfait, et, pour le second, il est probable qu'il n'a pas été dans l'intention des parties qu'il eût à supporter une charge qui n'a pas été stipulée dans le contrat. Enfin, en troisième lieu, le mari est, sous le régime dotal, dispensé de plein droit de fournir caution à raison de la jouissance des biens dotaux.

Toute personne peut d'ailleurs, en constituant un usufruit, convenir que la caution ne sera pas due par l'usufruitier.

*Droits de l'usufruitier.* — Les dispositions établies par les articles 582 et 599 du Code civil relativement aux droits de l'usufruitier pouvant être modifiées soit par la convention, soit par le testament qui établit l'usufruit, ce sera donc le titre constitutif qu'il faudra d'abord consulter pour déterminer les droits de l'usufruitier.

La règle générale est que l'usufruitier a droit aux services et aux fruits des objets sur lesquels porte son droit, comme le propriétaire lui-même. Il faut entendre par fruits ceux des produits de la chose que l'on peut percevoir à des époques périodiques et sans la détériorer. La loi distingue trois sortes de fruits : 1° les *fruits naturels,* que la terre produit spontanément, comme les bois; le produit et le croît des animaux; 2° les *fruits industriels,* que la terre ne produit qu'avec le travail de l'homme : ainsi le blé, les légumes; 3° les *fruits civils,* revenus dus par un tiers auquel on a cédé la jouissance de la chose : ainsi les loyers des maisons, l'intérêt d'une somme d'argent. La distinction entre les fruits naturels et les fruits industriels est aujourd'hui sans importance; mais il n'en est pas de même de la distinction entre les fruits naturels et industriels, d'une part, et les fruits civils, d'autre part.

*Fruits naturels et industriels.* L'usufruitier acquiert les fruits naturels et industriels par la perception, c'est-à-dire par le fait de la séparation de ces fruits d'avec la chose qui les a produits. Ainsi, l'usufruitier meurt-il après que des blés ont été coupés, des fruits cueillis, des foins fauchés, tout cela lui appartient et passe après lui à ses héritiers; s'il était mort avant, ce serait au nu propriétaire. L'usufruitier a droit aux fruits pendants par branches et racines au moment de l'ouverture de sa jouissance, sans qu'il soit assujetti à aucune redevance envers le nu propriétaire pour les frais de labours ou de semences que celui-ci aurait faits; mais, inversement, lorsque l'usufruitier vient à mourir, ses héritiers ne peuvent rien réclamer au nu propriétaire pour les travaux que l'usufruitier aurait accomplis à ses frais. Tout est aléatoire entre l'usufruitier et le nu propriétaire, qui prennent la chose dans l'état où elle se trouve, l'un au moment de l'usufruit, l'autre quand l'usufruit cesse.

*Fruits civils.* Tout autre est le mode d'acquisition des fruits civils par l'usufruitier, mode tout à fait indépendant de la perception de ces fruits. Ils sont acquis jour par jour et appartiennent à l'usufruitier dans la proportion de la durée de sa jouissance. Cette règle s'applique aux loyers des maisons, aux prix des baux à ferme, aux arrérages de rentes, de telle sorte que l'usufruitier acquiert chaque jour 1/365 du loyer ou des arrérages fixés pour un an. Les fruits civils ne peuvent s'acquérir que du jour où l'obligation en vertu de laquelle ils sont dus a pris naissance, si cette obligation est postérieure à la naissance de l'usufruit.

Les choses qui, sans se consommer tout de suite, se détériorent par l'usage, comme le linge, les meubles meublants, sont soumises à un véritable usufruit, et l'usufruitier pourra les employer à tous les usages auxquels elles sont propres, à charge d'en conserver la substance. A la fin de sa jouissance, il doit représenter ces objets dans l'état où ils se trouvent, et il ne doit aucune indemnité pour les détériorations qui proviendraient d'un usage normal et régulier; il n'en répondrait que s'il y avait dol ou fraude de sa part.

Pour l'usufruit comprenant des bois taillis, v. FORÊTS, p. 372.

Quant aux droits de l'usufruitier sur les mines, carrières, tourbières qui se trouvent dans le fonds soumis à l'usufruit, il faut, pour les déterminer, faire la distinction suivante : la mine était-elle déjà exploitée par le propriétaire quand l'usufruit a été constitué, l'usufruitier a le droit d'en continuer l'exploitation sans avoir besoin d'une concession nouvelle, et si la mine avait été cédée à un tiers il pourrait percevoir la redevance due par le concessionnaire. La mine ne commence-t-elle à être exploitée que pendant l'usufruit, l'usufruitier n'a droit à aucune redevance, et tout ce qu'il peut demander, c'est qu'on l'indemnise de la diminution de jouissance que lui cause l'établissement de la mine.

L'usufruitier qui jouit de la chose comme le propriétaire lui-même peut louer les maisons ou donner à bail les fermes dont il a l'usufruit; seulement, il ne peut faire des baux opposables au nu propriétaire pour plus de neuf ans. Si le bail a une durée plus considérable, il doit être divisé en périodes de neuf ans, et le fermier pourra terminer, même contre le gré du propriétaire, la période de neuf ans dans laquelle il se trouve au moment de l'extinction de l'usufruit.

Enfin l'usufruitier, quoiqu'il n'ait pas le pouvoir de vendre les objets corporels ou incorporels compris dans son usufruit, pourrait céder son droit d'usufruit lui-même ou l'hypothéquer, en tant qu'il porte sur des immeubles susceptibles d'hypothèque.

*Obligations de l'usufruitier.* (Code civ., art. 600-616.) — L'usufruitier doit veiller à la garde et à la conservation de la chose soumise à sa jouissance comme un bon père de famille. Il ne peut employer la chose grevée d'usufruit qu'à l'usage auquel cette chose se trouvait précédemment affectée; il ne pourrait convertir une terre arable en bois ni un bois en terre arable; il ne pourrait faire que les modifications qui, sans altérer la chose, tendraient à l'améliorer.

L'usufruitier est tenu des charges annuelles du fonds sujet à l'usufruit; ainsi, il doit acquitter seul les contributions ou les dépenses considérées comme charge des fruits, comme le curage des fossés, le rétablissement des haies.

L'usufruitier doit faire exécuter à ses frais les réparations d'entretien, c'est-à-dire qui ne rentrent pas dans la catégorie des grosses réparations. L'obligation pour l'usufruitier de pourvoir aux réparations d'entretien ne s'applique qu'à celles qui sont devenues nécessaires depuis l'ouverture de l'usufruit. L'usufruitier peut, par sa renonciation, s'affranchir pour l'avenir de l'obligation de pourvoir aux réparations d'entretien; mais, quant aux réparations dont la cause s'est produite dans le cours de sa jouissance, il ne pourrait s'en décharger qu'en restituant les fruits par lui perçus depuis l'ouverture de son droit, et à cette condition, toutefois, qu'elles ne seraient pas occasionnées par sa faute ou par sa négligence.

Les frais des procès qui seraient intentés pendant l'usufruit seront à la charge du nu propriétaire, ou de l'usufruitier, ou de chacun d'eux, suivant qu'ils concernent la nue propriété, l'usufruit ou la pleine propriété. Dans ce dernier cas, le propriétaire devra avancer les frais et l'usufruitier lui tiendra compte des intérêts.

Si l'usufruit a été constitué par acte entre vifs, l'usufruitier n'aura à sa charge aucune portion des dettes du constituant; mais il n'en est pas de même lorsque l'usufruit résulte d'une disposition testamentaire; dans ce cas, si l'usufruit s'étend à l'universalité ou à une quote-part des biens du constituant, l'usufruitier est tenu des intérêts des dettes de l'hérédité, dans la proportion de la part héréditaire dont la jouissance lui est échue; on estime la valeur de la portion dont il a l'usufruit, et, lorsque le nu propriétaire payera la dette dont l'hérédité est grevée, l'usufruitier lui tiendra compte des intérêts pendant la durée de l'usufruit, dans la proportion qui aura été tout d'abord déterminée. Si l'usufruitier payait la dette de ses deniers, le capital lui serait restitué par le propriétaire à la fin de l'usufruit, sans aucun intérêt. Le propriétaire qui ne pourrait avancer les fonds peut exiger qu'on vende, pour l'acquittement des dettes auxquelles il doit contribuer ainsi que l'usufruitier, une portion des biens sujets à l'usufruit; le propriétaire perd alors la nue propriété et l'usufruitier la jouissance des biens qui ont été vendus. Quant au légataire d'un objet particulier, il n'a à supporter aucune partie des dettes et charges de la succession, à moins que l'immeuble objet du legs ne soit hypothéqué et que, ne voulant pas abandonner l'immeuble, il préfère payer le créancier hypothécaire; dans ce cas, il aurait recours contre l'héritier ou le légataire universel, pour se faire rembourser ce qu'il aurait dépensé.

*Modes d'extinction de l'usufruit.* (Code civ., art. 617-624.) — L'usufruit, servitude personnelle, a pour plus longue durée la vie de l'usufruitier. Ainsi, on ne pourrait, en constituant un usufruit, décider qu'il ne se terminerait qu'au bout d'un nombre d'années déterminé, alors même que l'usufruitier viendrait à mourir avant ce terme.

L'usufruit pouvant être constitué au profit de plusieurs personnes, si l'une d'elles vient à mourir, ce sera en interprétant la volonté des parties ou du testateur que l'on décidera si l'usufruit est éteint partiellement ou s'il continue de subsister en totalité au profit des survivants.

L'usufruit cesse encore par l'expiration du temps pour lequel il a été constitué; par exemple, il serait éteint par la mort d'une personne dont l'existence aurait été choisie comme terme de la durée de l'usufruit.

L'usufruitier qui pendant trente ans a cessé d'user de ses droits de jouissance est considéré comme l'ayant abandonné, et l'usufruit est éteint. Il y a cette différence entre la perte de l'usufruit par prescription et la perte de la propriété par la même cause, qu'il n'est pas nécessaire ici que l'usufruit ait été exercé par un tiers et acquis par lui par une possession de trente ans pour qu'il soit perdu par le titulaire de ce droit; le simple non-usage suffit.

Il y a encore extinction de l'usufruit par la consolidation qui se produit lorsque l'usufruitier acquiert la nue propriété; la jouissance qu'il a dès lors n'est que l'attribut de la propriété qu'il a acquise et ne forme pas l'objet d'un usufruit distinct; le droit de l'usufruitier s'est alors consolidé et, de temporaire qu'il était, il est devenu perpétuel.

L'usufruit peut aussi cesser par l'abus que l'usufruitier fait de sa jouissance, soit en commettant des dégradations sur le fonds, soit en le laissant dépérir faute d'entretien. Les créanciers de l'usufruitier peuvent intervenir dans les contestations, pour la conservation de leurs droits; ils peuvent offrir la réparation des dégradations commises, et des garanties pour l'avenir. Les juges peuvent, suivant la gravité des circonstances, ou prononcer l'extinction absolue de l'usufruit, ou n'ordonner la rentrée du propriétaire dans la jouissance de l'objet grevé que sous la charge de payer annuellement à l'usufruitier ou à ses ayants cause une somme déterminée, jusqu'à l'instant où l'usufruit aurait dû cesser.

L'usufruit accordé jusqu'à ce qu'un tiers ait atteint un âge fixe dure jusqu'à cette époque, même si ce tiers est mort avant l'âge fixé.

La vente de la chose sujette à usufruit ne produit aucun changement dans le droit de l'usufruitier, qui continue de jouir de son usufruit s'il n'y a pas formellement renoncé; mais les créanciers de l'usufruitier peuvent faire annuler la renonciation faite à leur préjudice.

Lorsque l'usufruit est établi au profit d'une personne morale (commune, établissement public, etc.), il ne peut l'être que pour trente ans.

Si la chose soumise à l'usufruit vient à subir une destruction physique complète ou simplement une altération la rendant impropre à l'usage pour lequel l'usufruit a été établi, il y a là une nouvelle cause d'extinction : dans cette double hypothèse, l'usufruit ne renaîtrait pas, alors même que la chose se trouverait rétablie dans son état primitif. Du reste, si une partie seulement de la chose soumise à l'usufruit est détruite, l'usufruit continue de porter sur ce qui reste. Enfin, quand l'usufruit n'est établi que sur un bâtiment et que ce bâtiment est détruit par accident, ou s'écroule par vétusté, l'usufruitier n'a le droit de jouir ni du sol ni des matériaux; mais si l'usufruit était établi sur un domaine dont le bâtiment faisait partie, l'usufruitier jouirait du sol et des matériaux. V. PUISSANCE PATERNELLE, *Droit d'usufruit.*

**Usure.** — Délit qui consiste à percevoir habituellement, en matière civile, des intérêts supérieurs au taux légal.

La loi du 12 janvier 1886 ayant proclamé la liberté du taux de l'intérêt de l'argent en matière commerciale, le délit d'usure ne peut plus exister qu'en matière civile, c'est-à-dire, selon l'avis général, lorsque, sans tenir compte de la profession du prêteur et de celle de l'emprunteur, le prêt est fait en vue d'opérations non commerciales; le délit d'usure est constitué par la réunion de trois éléments : 1° un prêt à intérêts ; 2° une stipulation d'intérêts supérieurs au taux légal ; 3° l'habitude de prêts à taux usuraire.

Depuis la loi du 19 décembre 1850, le délit d'habitude d'usure est ainsi puni : dès la première poursuite, une amende qui peut s'élever à la moitié des capitaux prêtés à usure et un emprisonnement de six jours à six mois ; en cas de récidive dans les cinq ans, les mêmes peines, aggravées, pouvant être portées jusqu'au double. V. INTÉRÊT.

Lorsque dans une instance il est prouvé que le prêt a été fait à un taux supérieur à celui fixé par la loi, les perceptions excessives sont imputées de plein droit, aux époques où elles ont eu lieu, sur les intérêts légaux alors échus, et subsidiairement sur le capital de la créance. Si la créance est éteinte en capital et intérêts, le prêteur est condamné à la restitution des sommes indûment perçues, avec intérêt du jour où elles lui ont été payées.

**Usurpation de fonctions.** — V. FONCTIONNAIRE.

**Utilité publique.** — V. EXPROPRIATION.

# V

**Vacation.** — Temps employé par un officier public ou ministériel à une opération, et, par extension, l'émolument qui lui est dû à raison de ce temps.

**Vacations (Chambre des).**— Chambre chargée, dans une cour ou un tribunal, pendant les vacances judiciaires, de juger les affaires urgentes.

**Vaccination.**

La vaccination antivariolique est obligatoire au cours de la première année de la vie, ainsi que la revaccination au cours de la onzième et de la vingt et unième année. Les parents ou tuteurs sont tenus personnellement de l'exécution de ladite mesure. (Loi du 15 février 1902, art. 6.)

Le règlement d'administration publique du 27 juillet 1903, rendu après avis de l'Académie de médecine et du comité consultatif d'hygiène publique de France, fixe les mesures nécessitées par l'application de cette disposition spéciale.

Un service, établi à l'Académie de médecine, est chargé de l'entretien des meilleures semences vaccinales et du perfectionnement de la production du vaccin.

Il y a dans chaque département des établissements destinés à préparer ou à distribuer le vaccin ; ils ne peuvent être ouverts que sur une déclaration faite à l'autorité administrative sous la surveillance de laquelle ils restent placés. A ce même service est attaché un personnel spécial (médecins, sages-femmes et autres agents) nommé par le préfet.

Dans chaque commune, les séances de vaccination gratuite et les séances de revision des résultats de ces opérations sont annoncées par voie d'affiches indiquant le lieu et la date de ces séances et rappelant les obligations légales des parents ou tuteurs et les pénalités qu'ils encourent. Au cas d'insuccès, toute vaccination doit être renouvelée une deuxième et, au besoin, une troisième fois. Après vérification du succès de chaque opération ou après la troisième tentative, le médecin vaccinateur délivre aux parents ou tuteurs des personnes soumises à la vaccination un certificat individuel attestant qu'ils ont satisfait aux obligations légales.

Les parents ou tuteurs sont tenus d'envoyer, de soumettre les enfants à l'opération vaccinale et à la constatation des résultats. Toutefois, ils sont libres de satisfaire à leur obligation en déposant à la mairie un certificat constatant la vaccination ou la revaccination de leurs enfants avec la date et le résultat de ces opérations, délivré par le médecin ou la sage-femme qui les aura pratiquées.

**Vagabondage.** — État des individus « qui n'ont ni domicile certain, ni moyens de subsistance, et qui n'exercent habituellement ni métier, ni profession ». (Code pén., art. 270.)

Par méfiance d'un tel état, par préoccupation de la sécurité publique, toutes les législations ont sévèrement puni le vagabondage. (Code pén., art. 269 à 273.)

Le Code pénal pose en principe que « le vagabondage est un délit » (art. 269) ; et, contre les individus déclarés vagabonds par jugement, il édicte un emprisonnement de trois à six mois, ainsi qu'une interdiction de séjour de cinq à dix ans (art. 271). De ses autres dispositions touchant au vagabondage, il y a lieu de signaler celles-ci : 1° les vagabonds de moins de seize ans ne peuvent être condamnés à l'emprisonnement ; ils doivent être mis en état d'interdiction de séjour, jusqu'à l'âge de vingt ans, à moins que, avant cet âge, ils n'aient contracté un engagement militaire (art. 271) ; 2° s'ils sont étrangers, les vagabonds peuvent être conduits hors du territoire (art. 272) ; 3° le port d'armes, de limes, de crochets, etc., de fausses pièces d'identité, ou l'exercice d'actes de violence constituent une circonstance aggravante du délit (art. 277 et suiv.).

Les individus qui ne tirent leur subsistance que du fait de faciliter la prostitution d'autrui sur la voie publique sont passibles des peines applicables au délit de vagabondage. (Lois du 27 mai 1885 et du 3 avril 1903.) V. PROSTITUTION.

Les maires ont le devoir de faire procéder à l'arrestation des vagabonds, de les interroger, de dresser procès-verbal, puis de les mettre à la disposition du procureur de la République. Même après une condamnation définitive, les vagabonds peuvent être réclamés par délibération du conseil municipal de leur commune d'origine ou même par un particulier qui répond d'eux.

**Vaine pâture.** — V. PÂTURE.

**Valeurs mobilières.** — Nom sous lequel on désigne les créances ayant pour objet une somme d'argent ou un objet mobilier, et surtout les actions, obligations, titres de rente, parts bénéficiaires, parts de fondateurs, etc., émis par l'Etat, les départements, les communes, les particuliers, les sociétés commerciales, industrielles ou financières, en vue de constater certains droits de créance sur leur patrimoine ou seulement sur les accroissements de ce patrimoine.

L'extension prise par les valeurs mobilières a pour cause : 1° les facilités de placement qu'elles offrent aux capitalistes; 2° la commodité et la promptitude des formes de leur cession, car ils sont transmissibles suivant des modes prévus par la loi commerciale, à l'exclusion des formalités prévues par l'article 1690 du Code civil (v. TRANSPORT DE CRÉANCE); 3° le grand développement pris par les sociétés anonymes; 4° les bénéfices que la spéculation sur ces valeurs peut procurer; 5° la faculté qu'elles donnent de mobiliser les valeurs immobilisées.

On distingue : 1° les *titres au porteur*, qui sont impersonnels et se transmettent par la simple tradition manuelle; 2° les *titres nominatifs*, sur lesquels sont inscrits les noms des titulaires et qui sont cessibles au moyen d'une déclaration de transfert signée par le cédant et le concessionnaire sur le registre de la société ou de l'établissement de crédit qui les a émis (v. TRANSFERT); 3° les *titres mixtes*, qui sont nominatifs, mais dont les coupons sont au porteur; 4° les *titres à ordre*, dont la cession s'opère par endossement, c'est-à-dire par une mention de transfert inscrite au dos du titre. V. LETTRE DE CHANGE, CHÈQUE.

Sur les actions, obligations, parts de fondateur, etc., v. SOCIÉTÉ.

Les titres constituent un mode de placement soit à revenu fixe (obligations), soit à revenu variable (actions, parts bénéficiaires). Le revenu réel dépend du cours d'achat du titre et aussi des impôts, qui réduisent le montant du coupon.

*Négociation.* — La cote de la Bourse des valeurs donne quotidiennement le cours des valeurs mobilières cotées officiellement par le parquet. Les diverses cotes de la coulisse ou du marché en banque indiquent les cours des valeurs non admises à la cote officielle et sur lesquels il s'est fait des transactions. Les valeurs mobilières se négocient par l'intermédiaire des agents de change lorsqu'ils sont admis à la cote officielle, et en coulisse ou en banque lorsqu'ils ne le sont pas. V. AGENTS DE CHANGE, BOURSE, MARCHÉ.

Aux termes des articles 39 et 40 du règlement de la compagnie des agents de change de Paris, la livraison des titres résultant d'un rachat officiel doit être faite dans les vingt-quatre heures pour les titres au porteur. S'il s'agit de titres nominatifs, ces titres transférés doivent être livrés à l'agent de change acheteur au plus tard avant la septième bourse qui suit celle du rachat. Les délais sont prolongés d'un jour quand il s'agit de livraison ou payement réclamés à l'agent de change par le donneur d'ordre. Les valeurs au porteur amortissables par voie de tirage au sort sont négociées dans les cinq « bourses » qui précèdent le tirage. Les valeurs nominatives négociées dans les sept « bourses » qui précèdent le jour du tirage ne sont livrables qu'après tirage. Les valeurs nominatives négociées dans les sept « bourses » qui précèdent le tirage ne sont transférables qu'après tirage. Les valeurs dont la possession comporterait soit un avantage particulier, soit une charge déterminée, et qui seraient négociées dans les cinq ou sept « bourses » qui précèdent la date annoncée comme devant être celle de la clôture de l'opération, ne sont livrables ou transférables qu'après cette date. L'agent de change doit, la veille du tirage au plus tard, adresser à l'acheteur soit les titres, soit leurs numéros.

*Titres étrangers émis en France.* — Aux termes de l'art. 12 de la loi du 13 avril 1898, une amende de 50 francs au moins est applicable à toute personne qui effectue en France l'émission, la mise en souscription, l'exposition en vente ou l'introduction sur le marché de titres étrangers, qui annonce ou publie les opérations ci-dessus, et à toute personne qui fait le service financier de ces mêmes titres, soit en opérant leur remboursement ou leur transfert, soit en faisant le payement des coupons, tant qu'un représentant responsable des droits de timbre, de transmission et de l'impôt sur le revenu dont ces titres sont redevables n'aura pas été agréé. La réalisation d'un cautionnement peut être substituée à la désignation d'un représentant responsable. Chaque contravention au décret du 22 juin 1898, rendu pour l'application de la loi du 13 avril 1898, art. 12, est punie d'une amende de 100 francs à 5 000 francs en principal.

Les sociétés, compagnies et entreprises étrangères, sont tenues, préalablement à leur établissement en France, de déposer au bureau de l'enregistrement dans le ressort duquel se manifeste pour la première fois leur existence, un exemplaire certifié de leur acte d'association, sous peine d'une amende. (Loi du 13 avril 1898, art. 12, et Instr. Enreg. 9 juillet 1898.)

*Titres français perdus ou volés.* — *Titres au porteur.* Le propriétaire de titres au porteur perdus ou volés devra sans aucun retard mettre opposition sur ces titres. En effet, « celui qui a perdu ou auquel il a été volé une chose peut la revendiquer pendant trois ans à compter du jour de la perte ou du vol contre celui entre les mains duquel il la retrouve ; mais si le possesseur actuel de l'inscription perdue ou volée l'a achetée en Bourse, le propriétaire originaire ne peut se la faire rendre qu'en remboursant au possesseur le prix qu'elle lui a coûté. Il faut donc s'opposer sans délai à la négociation des titres adirés ». (*Almanach financier.*)

Aux termes des lois des 15 juin 1872 et 9 juillet 1902, le propriétaire de titres au porteur qui en est dépossédé par quelque événement que ce soit peut se faire restituer contre cette perte. Dans ce but, il fait notifier par huissier, au syndicat des agents de change de Paris, un acte d'opposition indiquant le nombre, la nature, la valeur nominale, le numéro et, s'il y a lieu, la série des titres, avec réquisition, sous la condition de payement du coût, de publier, au *Bulletin officiel* des oppositions, les numéros des titres dont il a été dépossédé. Il doit aussi, autant que possible, énoncer : 1° l'époque et le lieu où il est devenu propriétaire, ainsi que le mode de son acquisition ; 2° l'époque et le lieu où il a reçu les derniers intérêts ou dividendes ; 3° les circonstances qui ont accompagné sa dépossession. Notification est également faite par huissier, au nom du propriétaire dépossédé, à l'établissement débiteur.

L'acte contient de plus, à peine de nullité, une copie certifiée par l'huissier instrumentaire de la quittance délivrée par le syndicat, du coût de la publication. Il y est fait élection de domicile dans la commune du siège de l'établissement débiteur.

La notification emporte opposition au payement tant du capital que des intérêts ou dividendes échus ou à échoir, jusqu'à ce que mainlevée en ait été donnée par l'opposant ou ordonnée par justice, ou jusqu'à ce que déclaration ait été faite, par le syndicat des agents de change, à l'établissement débiteur, de la radiation de l'opposition.

S'il s'agit de coupons détachés du titre, il n'y a pas lieu à la notification au syndicat des agents de change, ni à l'insertion au *Bulletin.* Le porteur n'est tenu que de l'opposition à l'établissement débiteur.

Lorsqu'il s'est écoulé une année depuis l'opposition sans qu'elle ait été formellement contredite par un tiers se prétendant propriétaire du titre frappé d'opposition, et que, dans cet intervalle, deux termes au moins d'intérêts ou de dividendes ont été mis en distribution, l'opposant peut se pourvoir auprès du président du tribunal civil du lieu de son domicile, ou, s'il habite hors de France, auprès du président du tribunal civil du siège de l'établissement débiteur, afin d'obtenir l'autorisation de toucher les intérêts ou dividendes échus, ou même le capital des titres frappés d'opposition, dans le cas où ledit capital serait ou deviendrait exigible. Le même droit appartiendra au porteur dépossédé de titres ne donnant pas droit à des intérêts ou dividendes, ou à l'égard desquels il y a eu cessation des distributions périodiques. Mais, en ce cas, il ne peut être exercé que lorsqu'il s'est écoulé trois ans depuis l'opposition sans qu'elle ait été contredite.

Si le président accorde l'autorisation, l'opposant doit, pour toucher les intérêts ou dividendes, fournir une caution solvable dont l'engagement s'étend au montant des annuités exigibles, et, de plus, à une valeur double de la dernière annuité échue.

Après deux ans écoulés depuis l'autorisation, sans que l'opposition ait été contredite, la caution est de plein droit déchargée.

Si l'opposant ne veut ou ne peut fournir la caution requise, il peut, sur le vu de l'autorisation, exiger de la compagnie le dépôt, à la Caisse des dépôts et consignations, des intérêts ou dividendes échus et de ceux à échoir au fur et à mesure de leur exigibilité. Après deux ans écoulés depuis l'autorisation, sans que l'opposition ait été contredite, il peut retirer de la Caisse les sommes déposées et percevoir librement les intérêts ou dividendes à échoir, au fur et à mesure de leur exigibilité.

Si le capital des titres frappés d'opposition est devenu exigible, l'opposant qui a obtenu l'autorisation peut en toucher le montant, à charge de fournir caution, ou, s'il le préfère, exiger de la compagnie que le montant dudit capital soit déposé à la Caisse des dépôts et consignations.

Lorsqu'il s'est écoulé dix ans depuis l'époque de l'exigibilité et cinq ans au moins à partir de l'autorisation sans que l'opposition ait été contredite, la caution est déchargée, et, s'il y a eu dépôt, l'opposant peut retirer de la Caisse des dépôts et consignations les sommes en faisant l'objet.

Il est loisible à l'opposant de fournir, aux lieu et place d'une caution, un nantissement en titres de rente sur l'Etat.

En cas de refus de l'autorisation, l'opposant peut saisir, par voie de requête, le tribunal civil de son domicile, ou, s'il habite hors de France, le tribunal civil du siège de l'établissement débiteur, lequel statue après avoir entendu le ministère public. Le jugement produit les effets attachés à l'ordonnance d'autorisation.

Quand il s'agit de coupons au porteur détachés du titre, si l'opposition n'a pas été contredite, l'opposant peut, après trois années à compter de l'échéance et de l'opposition, réclamer le montant desdits coupons de l'établissement débiteur, sans être tenu de se pourvoir d'autorisation.

Les payements faits à l'opposant libèrent l'établissement débiteur envers tout tiers porteur qui se présenterait ultérieurement. Le tiers porteur au préjudice duquel lesdits payements auraient été faits conserve seulement une action personnelle contre l'opposant qui aurait formé son opposition sans cause.

Si, avant que la libération de l'établissement débiteur ne soit accomplie, il se présente un tiers porteur des titres frappés d'opposition, ledit établissement doit provisoirement retenir ces titres contre un récépissé remis au tiers porteur ; il doit, de plus, avertir l'opposant, par lettre chargée, de la présentation du titre, en lui faisant connaître le nom et l'adresse du tiers porteur. Les effets de l'opposition restent alors suspendus jusqu'à ce que la justice ait prononcé entre l'opposant et le tiers porteur.

Sur le vu de l'acte d'opposition et de la réquisition y contenue, le syndicat des agents de change de Paris est tenu de publier les numéros des titres dont la dépossession lui est notifiée. Cette publicité préviendra la négociation ou la transmission des titres frappés d'opposition.

Lorsqu'il s'est écoulé dix ans depuis l'autorisation obtenue par l'opposant et que, pendant ce laps de temps, l'opposition a été publiée sans être contredite, l'opposant peut exiger de l'établissement débiteur qu'il lui soit remis un titre semblable et subrogé au premier. Ce titre doit porter le même numéro que le titre originaire, avec la mention qu'il est délivré par duplicata. Le titre délivré en duplicata confère les mêmes droits que le titre primitif et est négociable dans les mêmes conditions.

Le tiers qui représentera le titre primitif après la remise du nouveau titre à l'opposant n'aura qu'une action personnelle contre celui-ci, au cas où l'opposition aurait été faite sans droit.

L'opposant qui réclame de l'établissement un duplicata paye les frais qu'il occasionne.

Il paye de plus, à l'avance, la publication faite au *Bulletin* pour le nombre d'années représenté par la feuille des coupons attachés au titre, sans que cette publication puisse, en aucun cas, être limitée à une durée inférieure à dix ans. Pour les titres qui ne portent aucun coupon, l'opposant doit verser au syndicat, à l'avance, le prix de la publication pendant dix ans à la rubrique des titres frappés de déchéance.

Les dispositions qui précèdent sont applicables aux titres au porteur émis par les départements, les communes et les établissements publics; mais elles ne sont pas applicables aux billets de la Banque de France, ni aux billets de même nature émis par les établissements légalement autorisés, ni aux rentes et autres titres au porteur émis par l'Etat.

Le porteur d'un titre frappé d'opposition peut poursuivre la mainlevée de cette opposition de la manière suivante :

Il fait sommation à l'opposant d'avoir à introduire, dans le mois, une demande en revendication, qui est portée devant le tribunal civil du domicile du porteur actuel du titre. Cette sommation est signifiée au domicile de l'opposant et, si celui-ci n'a pas de domicile connu en France, au domicile élu dans l'opposition notifiée au syndicat des agents de change de Paris.

Si, au jour de l'audience fixée par l'assignation pour la comparution en référé, l'opposant ne justifie pas avoir introduit une demande en revendication, le juge des référés doit prononcer la mainlevée immédiate.

Il en est de même, quoique l'opposant ait introduit sa demande en revendication, si le porteur justifie, par un bordereau d'agent de change ou par d'autres actes probants et non suspects, antérieurs à l'opposition, qu'il est propriétaire des valeurs revendiquées depuis une date antérieure à celle de la publication de l'opposition, et si l'opposant n'offre pas le remboursement du prix d'achat.

Le juge des référés peut prononcer la mainlevée, même en dehors de toute justification de propriété de la part du porteur, si l'opposant n'allègue à l'appui de sa demande en revendication aucun fait, ou ne produit aucune pièce de nature à rendre vraisemblable le bien fondé de sa prétention.

Sur la signification de l'ordonnance à l'établissement débiteur et au syndicat accompagné d'un certificat de non-appel, l'établissement débiteur et le syndicat devront considérer l'opposition comme nulle et non avenue. Ils sont quittes et déchargés, sans pouvoir exiger d'autres pièces ou justifications.

On remarquera que les titres au porteur perdus, volés ou acquis antérieurement à toute opposition, ne peuvent être revendiqués par leur véritable propriétaire que s'il fait la preuve de la mauvaise foi de celui qui les a acquis; mais l'acquéreur est responsable de sa faute, aux termes du droit commun, s'il ne s'est pas pleinement renseigné sur l'identité et la capacité de son vendeur.

*Titres nominatifs.* Le titulaire fait : 1° notifier par huissier à l'établissement débiteur opposition au payement des intérêts et au transfert du certificat nominatif ; 2° publier dans un journal d'annonces légales un avis indiquant qu'il se propose de demander la délivrance d'un duplicata de certificat ; 3° adresser, suivant la nature du titre, un exemplaire du journal au préfet, au maire ou à la société émettrice une demande à fin de délivrance du nouveau certificat.

*Rentes et titres émis par l'Etat français.* Quant aux rentes sur l'Etat, en cas de perte d'inscription nominative, un nouveau certificat est délivré au titulaire dans le délai de six mois, après accomplissement d'une double formalité : 1° déclaration (sur papier timbré) faite par lui, en présence de deux témoins, devant le maire de son domicile (la formule de cette déclaration est fournie par le ministère des Finances); 2° opposition au transfert. Si le titre perdu est au porteur, le propriétaire en donne avis au directeur de la Dette inscrite (déclaration sur papier timbré) et peut, trois mois après la déclaration de perte, le faire convertir en une inscription nominative qui, pendant vingt ans, constitue un cautionnement affecté à la garantie du Trésor ; de plus, en ce qui concerne les coupons, pour couvrir le Trésor jusqu'au jour où la prescription quinquennale sera accomplie, il doit fournir en rente nominative un cautionnement représentant cinq années d'arrérages en sus du montant de tous les coupons restés attachés au titre (décr. du 18 déc. 1869 ; loi du 15 juin 1872, art. 16 ; circulaire Dette, 27 septembre 1890). Ce cautionnement est restitué au bout de vingt ans.

Les cautionnements exigés par l'administration des Finances pour la délivrance des duplicata de titres perdus, volés ou détruits, sont restitués si, dans les vingt ans qui ont suivi, il n'a été formé aucune demande de la part des tiers porteurs, soit pour les arrérages, soit pour le capital. Le Trésor est définitivement libéré envers le porteur des titres primitifs, sauf l'action personnelle de celui-ci contre la personne qui a obtenu le duplicata.

S'il s'agit simplement de coupons adirés ou perdus, leur payement est ajourné à cinq ans; ils peuvent être touchés immédiatement, moyennant cautionnement égal à leur valeur.

*Impôts sur les valeurs mobilières.*— Indépendamment des droits de mutation qui frappent toutes les valeurs en général, les actions et obligations des sociétés industrielles, commerciales ou financières, ainsi que les obligations des départements, communes et établissements publics sont assujetties à trois taxes spéciales : taxe sur le revenu, droit de transmission, droit de timbre, sans parler, en cas de vente ou d'achat, de la taxe sur les opérations de Bourse.

*Taxe sur le revenu.* — La loi du 29 juin 1872 assujettit à une taxe de 3 pour 100 (aujourd'hui 4 pour 100 ; loi du 26 décembre 1890, art. 4) « les intérêts, dividendes et tous autres produits des actions de toute nature des sociétés ». La taxe frappe tous les profits et avantages pécuniaires ou appréciables en argent distribués à titre de bénéfice aux actionnaires, quelle qu'en soit l'origine ou la nature et à quelque époque qu'ait lieu la répartition pendant la durée de la société. La taxe n'est applicable ni aux parts d'intérêts ou actions, ni aux emprunts ou obligations des sociétés de toute nature dites *de coopération*, formées exclusivement entre ouvriers et artisans. La même exception s'applique aux associations de toute nature, quels qu'en soient l'objet et la dénomination, formées exclusivement par ces sociétés coopératives. (Loi du 30 déc. 1903, art. 21.)

La taxe sur le revenu frappe en second lieu les *arrérages et intérêts annuels des emprunts et obligations des départements, communes et établissements publics, ainsi que des sociétés et entreprises quelconques*. La taxe frappe ici toute obligation négociable, quelle que soit la nature de la dette qu'elle représente (emprunts avec ou sans garantie hypothécaire et toutes opérations par lesquelles une société ou un établissement se procure des fonds). La taxe, liquidée sur les intérêts servis aux créanciers, est payable d'avance en quatre termes, mais elle est restituable si les intérêts courus ne sont pas payés aux créanciers.

La loi du 21 juin 1875 a frappé de taxe les *lots* et *primes de remboursement* payés aux créanciers et aux porteurs d'obligations, effets publics et tous autres titres d'emprunts : 1° 8 pour 100 sur le montant des lots (loi du 25 février 1901, art. 20) ; 2° 4 pour 100 sur la différence entre la prime remboursée et le taux d'émission des obligations. La taxe est payable dans les vingt jours qui suivent le jour fixé pour le payement des lots et primes.

*Taxe de transmission.* — Cette taxe, dont l'exigibilité se fonde sur le fait juridique de la *transmission* des actions et obligations, a été établie par la loi du 23 juin 1857, dans le but d'assurer l'application du droit de mutation à toutes les cessions de titres négociables, qui n'étaient précédemment soumises à ce droit que lorsqu'elles étaient constatées par des actes passibles de l'enregistrement.

Pour les titres *nominatifs*, dont la transmission ne peut s'opérer que par un transfert sur les registres de la société, l'impôt est dû, au taux de 0 fr. 50 pour 100, sur le prix de chaque transfert ainsi constaté.

Quant aux titres *au porteur* et, d'une façon générale, à tous ceux dont la transmission, pouvant s'exécuter valablement sans un transfert, est susceptible d'échapper à la connaissance de l'administration, ils sont soumis à une taxe annuelle et obligatoire de 0 fr. 20 pour 100, considérée comme l'équivalent des droits auxquels les mutations dont ils font l'objet devraient être assujetties.

*Droit de timbre.* — Ce droit a été établi par la loi du 5 juin 1850.

*Actions* des sociétés : timbre à 0 fr. 50 pour 100 du capital nominal pour les sociétés dont la durée ne doit pas excéder dix ans ; taux à 1 pour 100 pour les autres. Le droit peut être payé par abonnement ; dans ce cas, la taxe est annuelle et de 0 fr. 05 pour 100. (Ces différents droits sont soumis au double décime.)

*Obligations* des sociétés, départements, communes et établissements publics : timbre au comptant à 1 pour 100 du montant du titre. Timbre par abonnement, 0 fr. 05 pour 100 par an. (Deux décimes en sus.)

*Titres étrangers*. Le droit de timbre au comptant des titres étrangers est fixé, savoir : 1° à 2 pour 100 pour ceux désignés dans les articles 9 de la loi du 23 juin 1857, et 1er, § 4, de la loi du 30 mars 1872 ; 2° (loi du 13 avril 1898, art. 13) à 1 pour 100 pour ceux désignés dans l'article 6 de la loi du 13 mai 1863. Ce droit n'est pas soumis aux décimes. Il est perçu sur la valeur nominale de chaque titre ou coupure considéré isolément et, dans tous les cas, sur un minimum de 100 francs. Sont soumis au droit de 0 fr. 50 pour 100 les fonds étrangers cotés à la Bourse officielle, dont le cours, au moment où le droit devient exigible, sera tombé au-dessous de la moitié du pair par suite d'une diminution de l'intérêt imposé par l'Etat débiteur.

*Impôt sur les opérations de Bourse.* (Loi du 28 avril 1893, art. 29.) — Toute opération de Bourse ayant pour objet l'achat ou la vente au comptant ou à terme de valeurs de toute nature est soumise à une taxe fixée à 5 centimes par 1 000 francs ou fraction de 1 000 francs du montant de l'opération calculé d'après le taux de la négociation. (Loi du 28 avril 1893, art. 28.) Le tarif a été abaissé à 0 fr. 0125 pour 100 pour les opérations concernant les rentes sur l'Etat français.

Le droit n'est pas applicable à l'ensemble de la négociation, mais à chacune des opérations (vente et achat) dont elle se compose.

Il est réduit de moitié pour les opérations de *report*, mais il s'applique à chacun des quatre éléments qui les constituent ; en conséquence, il est dû 0 fr. 025 pour 1000 (pour les rentes, 0 fr. 00625) sur le montant : 1° de l'achat ; 2° de la vente ; 3° du rachat ; 4° de la revente.

En cas d'arbitrage, c'est-à-dire de vente et d'achats simultanés de valeurs diverses par la même personne, la taxe est due, non sur le solde du marché, mais distinctement sur l'achat et sur la vente.

Les opérations connues à la Bourse sous le nom de *compensation* et d'*escompte*, étant de pur ordre, sont affranchies de l'impôt.

**Vapeur.** — V. APPAREILS A VAPEUR.

**Varech.** — V. HERBES MARINES.

**Végétaux parasites.** — V. AGRICULTURE.

## Vélocipèdes (Taxe sur les).

*Assiette de la taxe.* — La taxe sur les vélocipèdes, établie par la loi du 28 avril 1893 (art. 10), est fixée aux chiffres ci-après, à partir du 1er janvier 1899, par la loi du 13 avril 1898 (art. 5 et 6) :

Six francs pour les machines à une place ;

Douze francs pour les machines à deux places ;

Et six francs pour chaque place en plus.

Un quart du produit de la taxe est attribué aux communes.

Pour les vélocipèdes et appareils analogues munis d'une machine motrice, la taxe est fixée au double de celle indiquée ci-dessus.

La taxe est due par les *possesseurs* de vélocipèdes et elle est imposée à leur nom. Toutefois, lorsque le vélocipède est possédé par des personnes majeures ou mineures ne jouissant pas de leurs droits au sens de l'imposition à la contribution personnelle, les père, mère, tuteur ou curateur de ces personnes leur sont substitués.

La taxe est due par les loueurs de vélocipèdes pour les appareils possédés par eux et mis en location. Elle n'est pas exigée des marchands pour les vélocipèdes exclusivement destinés à la vente. La même exemption est accordée aux vélocipèdes possédés en conformité de règlements militaires ou administratifs dans les conditions prévues par l'article 6 de la loi du 13 juillet 1900.

*Déclaration.* — Les personnes redevables de la taxe doivent faire la *déclaration* des éléments imposables à la mairie de la commune où les vélocipèdes séjournent le plus habituellement. Les déclarations doivent être faites ou modifiées, s'il y a lieu : le 31 janvier au plus tard pour les rôles primitifs de la taxe sur les vélocipèdes ; pour les rôles supplémentaires, dans les trente jours de la date des faits susceptibles de motiver l'imposition de nouvelles taxes ou de suppléments de taxes.

Les déclarations sont valables pour toute la durée des faits qui y ont donné lieu ; elles doivent être modifiées en cas de changement soit dans les bases de la taxe, soit dans le lieu de son imposition.

Les contribuables qui ont cessé de posséder un vélocipède doivent, *dans les quinze jours*, en faire la déclaration au maire de la commune de leur résidence et lui remettre en même temps la plaque de contrôle qui leur avait été délivrée. Faute de s'être conformés à cette prescription, ils sont maintenus pour l'année suivante au rôle de la commune où ils étaient précédemment imposés ; mais ils sont, de toute manière, tenus pour l'année entière.

Les taxes sont doublées pour les éléments qui n'ont pas été déclarés dans les délais légaux ou qui ont été déclarés d'une manière inexacte ou incomplète.

Les personnes domiciliées à l'étranger qui veulent se servir en France de leur bicyclette doivent demander aux agents du service des douanes, au moment de leur entrée en France, des permis de circulation qui leur sont délivrés à leurs frais, sur papier timbré à 60 centimes, et dont elles doivent être porteurs pour en justifier à toute réquisition. Lorsque leur séjour en France se prolonge au delà de trois mois, elles sont tenues d'apposer sur leurs vélocipèdes la plaque de contrôle qui leur est délivrée par tout percepteur, après versement du montant total de la taxe.

Au passage de la frontière, les personnes venant de France et qui veulent y rentrer, doivent faire plomber leur bicyclette par la douane.

La voiturette-remorque destinée à être attelée à un vélocipède a le caractère d'un accessoire dont l'adjonction a pour effet de porter à deux le nombre de places que comporte le vélocipède. Par suite, le tarif afférent aux machines à deux places doit être appliqué.

*Plaques de contrôle.* — Tout vélocipède doit porter autant de plaques de contrôle qu'il comporte de places. Les contraventions à cette obligation rendent le contribuable passible des peines de police, sans préjudice du doublement de taxe qui serait encouru par défaut ou inexactitude de déclaration. Les plaques de contrôle sont délivrées par le percepteur du lieu de l'imposition, soit contre le payement des douzièmes échus de la contribution, soit au vu du récépissé de la déclaration faite à la mairie s'il s'agit d'un vélocipède non encore imposé. Elles sont valables pour une durée de quatre années. Leur modèle est déterminé par le ministre des Finances. Les contribuables sont tenus de faire graver, dans le cartouche réservé à cet effet sur la plaque, leurs nom, prénom et adresse.

Les plaques devenues inutilisables sont remplacées gratuitement par le percepteur du lieu de l'imposition, sous la réserve que les contribuables justifient de leur identité et qu'on puisse facilement reconnaître, sur les plaques hors d'usage ou sur leurs fragments qui seront retenus, le poinçon de l'Etat et les inscriptions prescrites par le paragraphe qui précède. Les contribuables dont la plaque de contrôle a été perdue ou soustraite peuvent en obtenir une nouvelle à titre gratuit, à la condition de déclarer, dans le délai de deux jours, les circonstances de la perte ou de la soustraction.

En cas de non-déclaration dans les délais ou d'insuffisance des justifications produites, les contribuables doivent, pour obtenir une nouvelle plaque, acquitter une taxe supplémentaire calculée d'après le tarif légal, mais seulement pour la période comprise entre le premier jour du mois de la perte ou de la soustraction et la fin de l'année.

*Possesseur de bicyclette changeant de résidence.* — Le possesseur d'une bicyclette qui change de résidence doit demander au percepteur de son ancienne commune l'échange de sa plaque contre une nouvelle plaque, faire à la mairie de la même commune une déclaration de changement de résidence, déclarer à la mairie de sa nouvelle résidence, avant le 31 janvier de l'année suivante, le vélocipède devenu imposable dans la commune en faisant connaître la localité où le même appareil avait été soumis à la taxe précédente. V. AUTOMOBILES.

*Contraventions.* — Les contraventions pour circulation sans plaque régulière ou avec un nombre de plaques inférieur au nombre de places, et en général pour infraction à la législation fiscale sur la matière, sont punies de peines de police. Est également en contravention l'étranger qui, venu en France, n'est pas muni du permis de l'administration des Douanes.

Les machines doivent être pourvues, dès que le jour tombe, d'un appareil sonore avertisseur et d'une lanterne. Les vélocipédistes doivent garder leur droite, et, s'ils veulent dépasser d'autres véhicules, prendre leur gauche après avoir corné ou sonné. Les voitures, attelages, etc., sont tenus de laisser aux vélocipédistes qui les croisent un espace libre d'un mètre et demi.

**Vendanges (Ban de).** — Publication de l'arrêté du maire qui, dans une commune, fixe la date de l'ouverture des vendanges.

La matière est régie par la loi du 9 juillet 1889 (liv. Ier, titres II et III du Code rural). Aux termes de l'article 13 de cette loi, le ban de vendanges ne peut être établi ou maintenu que par délibération du conseil municipal, approuvée par le conseil général du département. Il est alors réglementé, chaque année, par arrêté du maire. Cet arrêté ne doit pas, toutefois, s'appliquer aux vignobles entourés par une haie vive ou sèche, mur, palissade, treillage, ayant au moins 1 mètre de haut, par des traverses en bois, ou des fils métalliques, distants entre eux de 0m,33 au plus, ou par toute autre clôture équivalente, faisant obstacle à l'introduction des animaux.

Le maire n'a pas le droit de fixer des dates d'ouverture différentes pour un propriétaire viticulteur considéré isolément, mais il peut diviser les vignobles par quartiers, avec une date pour chacun de ceux-ci.

Les vendanges sont exclusivement faites entre le lever et le coucher du soleil. Toute contravention aux dispositions de l'arrêté municipal dit « ban de vendanges » est punie d'une amende de 6 francs à 10 francs, et en cas de récidive, d'un emprisonnement de cinq jours au plus.

**Vente.** — Contrat synallagmatique, par lequel une personne (*vendeur*) transfère ou s'engage à transférer la propriété d'une chose, et une autre personne (*acheteur*) à payer le prix de cette chose.

*Formes de la vente.* — La vente (Code civ., art. 1582-1688) peut être faite par acte authentique ou par acte sous seing privé ; les frais d'acte sont à la charge de l'acheteur.

Elle peut également avoir lieu sous condition suspensive ou résolutoire. Le vendeur peut, par exemple, stipuler, au moment de la vente, que (pendant cinq ans au plus) il aura le droit de reprendre la chose, comme s'il ne l'avait pas vendue, moyennant la restitution du prix et de ses accessoires ; c'est ce qu'on appelle la clause ou pacte de *rachat* ou de *réméré,* la *vente à réméré.*

Entre les parties, la vente est parfaite, et, à l'égard du vendeur, la propriété est, de droit, acquise à l'acheteur, dès qu'on a convenu de la chose et du prix, quoique la chose n'ait pas encore été livrée, ni le prix payé. Mais à l'égard des tiers, lorsqu'il s'agit de *ventes d'immeubles,* la propriété ne se trouve transférée, aux termes de la loi du 23 mars 1855, que par la transcription de l'acte de vente au bureau des hypothèques de l'arrondissement. (V. TRANSCRIPTION). S'il s'agit de ventes d'immeubles, il y a lieu d'appliquer la règle « En faits de meubles, possession vaut titre ». V. PRESCRIPTION.

D'autre part, outre la vente pure et simple, on distingue plusieurs sortes de ventes :

1° La vente de marchandises *au nombre, au poids ou à la mesure :* elle a lieu, par exemple, si je vous vends, à raison de 30 francs l'hectolitre, le vin qui est dans mon cellier ; cette vente n'opère translation de propriété, et les risques ne passent à l'acheteur que lorsque les marchandises ont été pesées, comptées ou mesurées ;

2° La vente de marchandises *en bloc :* elle a lieu, par exemple, si je vous vends pour 3 000 francs tout le vin qui est dans mon cellier ; il y a translation immédiate de la propriété et des risques ;

3° La vente des *choses qu'on est dans l'usage de goûter :* à l'égard du vin, de l'huile et des autres choses qu'on est dans l'usage de goûter avant d'en faire l'achat, il n'y a point de vente tant que l'acheteur ne les a pas goûtées et agréées (Code civ., art. 1587) ;

4° La vente *à l'essai :* elle est toujours présumée faite sous une condition suspensive (Code civ., art. 1588), et les risques restent par suite à la charge du vendeur. J'achète une voiture à l'essai. Si elle m'est volée sans qu'il y ait faute de ma part, je puis refuser d'en payer le prix au vendeur ou le lui réclamer si je l'ai déjà payé.

*Choses qui peuvent être vendues.* — Tout ce qui est dans le commerce peut faire l'objet d'une vente ; on peut même vendre des choses futures, par exemple une récolte, le produit d'une chasse. Toutefois, il est défendu de vendre une succession non encore ouverte ; cette prohibition de la loi est basée sur des considérations de convenance, car une pareille vente pourrait intéresser une ou plusieurs personnes à la mort d'une autre.

La vente de la chose d'autrui est nulle, et l'acheteur de bonne foi peut en demander la nullité, outre des dommages-intérêts. « Si, au moment de la vente, la chose vendue était périe en totalité, la vente serait nulle (Code civ., art. 1601). » En effet, l'obligation du vendeur n'ayant pas pu naître faute d'objet, l'obligation de l'acheteur n'a pas pu naître faute de cause. Si une partie seulement de la chose est détruite, l'acquéreur peut soit renoncer à la vente, soit demander la partie conservée, dont le prix est alors réduit. Lorsque le vendeur connaissait la perte, l'acheteur peut non seulement demander la nullité de la vente, et même obtenir des dommages-intérêts ; mais, dans le cas où l'acheteur connaissait les détériorations, il n'a droit ni à la nullité de la vente, ni même à une diminution de prix.

**Qui peut acheter ou vendre.** — En principe, toute personne capable de contracter est capable de vendre ; mais la loi a introduit à cet égard des exceptions remarquables, que l'on peut ranger en deux classes : les incapacités réciproques, c'est-à-dire existant entre deux personnes vis-à-vis l'une de l'autre, et les incapacités spéciales non réciproques.

*Incapacités entre époux.* Les incapacités réciproques sont celles que la loi édicte entre époux. (Code civ., art. 1595.)

En principe, tout contrat de vente entre époux est frappé de nullité. La loi a voulu par là éviter que, sous les apparences d'une vente, les époux ne vinssent à cacher des libéralités excédant le disponible, ou même à se faire, dans la mesure de la quotité disponible, des libéralités indirectes dont la révocation aurait été presque impossible ; de plus, elle a voulu prévenir les fraudes que les époux auraient été tentés de pratiquer pour soustraire leurs biens à leurs créanciers personnels.

La prohibition doit être étendue à l'échange, régi en principe par les règles de la vente ; à la constitution de rente à titre onéreux, car ce n'est en réalité qu'une vente ; à la dation d'un immeuble qu'un des deux époux ferait à son conjoint en payement d'une somme dont il lui serait redevable. Mais elle ne s'applique qu'aux ventes amiables et non aux ventes sur saisie immobilière ; les inconvénients qu'on a voulu éviter ne se présenteraient pas dans ce cas.

Exceptions apportées par la loi au principe de la prohibition : 1° un des époux peut céder des biens à l'autre en payement de ses droits, après séparation de biens ; on a voulu par là éviter des saisies entre les époux ; 2° le mari est autorisé à céder des biens à sa femme pour cause légitime, telle que le remploi de ses immeubles aliénés ou de deniers à elle appartenant (si ces immeubles ou deniers ne tombent pas en communauté) et, en résumé, pour d'autres dettes dont le payement pourrait être régulièrement fait par le mari ; 3° la femme mariée sous le régime exclusif de communauté et sous le régime dotal peut céder des biens à son mari en payement de la dot qu'elle lui avait promise. Cette dation en payement ne donnera au mari aucun droit nouveau sur les fruits de l'immeuble cédé, mais il acquerra le droit de vendre cet immeuble, d'en disposer comme il l'aurait fait de la somme qui lui était promise. Dans ces trois cas exceptionnels, les héritiers réservataires pourraient intenter l'action en réduction si la quotité disponible était dépassée ; les autres héritiers ne pourraient attaquer la vente.

Les ventes entre époux faites malgré la prohibition sont nulles d'une façon absolue. Cette nullité pourra donc être opposée par toutes parties intéressées, les époux, leurs héritiers, réservataires ou non, leurs créanciers.

*Incapacités spéciales.* — Elles sont fondées sur cette idée que toute personne chargée par une convention ou par la loi de représenter le vendeur et de défendre ses intérêts dans la vente ne doit pas pouvoir acheter ; on a pensé que le mandataire placé entre son intérêt et son devoir trahirait peut-être le vendeur. Ainsi les tuteurs ne peuvent acheter les biens de leurs pupilles, et cela s'appliquerait même aux ventes qui seraient faites aux enchères publiques, car le tuteur pourrait par de faux renseignements jeter la défaveur sur ces biens. On fait exception pour le cas où l'acquisition conserverait des droits que le tuteur aurait déjà sur les biens qui appartiennent au pupille ; par exemple, s'il était copropriétaire avec lui, il pourrait acquérir la portion du mineur par licitation. La loi défend encore aux mandataires d'acheter les biens dont la vente se fait par leur ministère, aux administrateurs des communes et établissements publics d'acheter les biens des établissements confiés à leurs soins. La nullité, dans ces divers cas, ne serait que relative et ne pourrait être proposée que par les personnes qu'elle a pour but de protéger. (Code civ., art. 1596.)

Enfin l'article 1597 du Code civil défend aux juges, à leurs suppléants, aux magistrats faisant fonction de ministère public, aux greffiers, huissiers, avoués, avocats, notaires, de devenir cessionnaires des procès, droits et actions litigieux qui sont de la compétence du tribunal dans le ressort duquel ils exercent leurs fonctions, à peine de nullité, des dépens et dommages et intérêts. La nullité de la vente est ici absolue et pourra être proposée par tout intéressé.

*Vente par procuration.* Doit être réputé inexistant, pour défaut de consentement, le contrat conclu avec un représentant du vendeur, alors que le marché ne devait devenir définitif qu'après confirmation du vendeur, et alors que celui-ci a été avisé, dès avant l'envoi de cette confirmation, de la volonté de l'acheteur d'annuler le marché. (Trib. de comm. de la Seine, 17 juill. 1903.)

**Promesses de vendre et d'acheter.** — Il faut distinguer les promesses de vente unilatérales, dans lesquelles une partie seule s'oblige envers l'autre à lui vendre une certaine chose, si celle-ci le requiert, et les promesses de vente synallagmatiques, dans lesquelles l'une des parties s'engage à vendre et l'autre à acheter moyennant un prix convenu.

Exemple de promesse unilatérale : une personne prend une maison à bail, et le propriétaire promet, si la maison convient à ce locataire, de lui vendre la maison pour un prix convenu au bout d'un temps déterminé. Les risques restent donc à la charge du vendeur, comme dans toute autre vente faite sous condition suspensive, et l'acheteur, par son consentement à la vente, devrait, suivant nous, faire tomber les constitutions d'hypothèques ou de servitudes consenties par le promettant avant la déclaration de l'acheteur. Il y a eu vente conditionnelle, et la condition une fois accomplie aura un effet rétroactif.

Quant à la promesse de vente synallagmatique, le Code dit qu'elle vaut vente, c'est-à-dire que celle des parties qui tient à la réalisation de la vente peut obtenir de la justice un jugement qui tiendra la vente pour conclue, de telle sorte que la promesse aura même force obligatoire que le contrat de vente.

Lorsque la dation d'arrhes accompagne une promesse de vente, c'est le signe d'un dédit facultatif. (Code civ., art. 1590.) V. ARRHES.

*Obligations du vendeur.* — Comme les bases du contrat sont en général établies par le vendeur, la loi a exigé qu'il expliquât clairement ce à quoi il s'obligeait. « Tout pacte obscur et ambigu, dit l'article 1602 du Code civil, s'interprète contre le vendeur. » Le vendeur est présumé connaître les choses qu'il vend ; il pouvait donc s'expliquer clairement à cet égard. Il doit remplir deux obligations principales :

1° Celle de délivrer ;

2° Celle de garantir la chose qu'il vend.

*Livraison de la chose vendue.* — La délivrance consiste dans le transport de la chose vendue en la puissance et possession de l'acheteur. (*Id.*, art. 1604.) La délivrance varie suivant la nature des choses qui font l'objet de la vente. Suivant l'article 1605, l'obligation de délivrer les immeubles est remplie de la part du vendeur lorsqu'il a remis les clefs avec l'intention de transférer la propriété, ou mieux les titres de propriété.

L'obligation de délivrer la chose comprend ses accessoires et tout ce qui a été destiné à son usage perpétuel. (Code civ., art. 1615.)

Le vendeur est tenu de délivrer la contenance telle qu'elle est portée au contrat. (*Id.*, art. 1616.)

Si la vente d'un immeuble a été faite avec indication de la contenance, à raison de tant la mesure, le vendeur est obligé de délivrer à l'acquéreur, s'il l'exige, la quantité indiquée au contrat; si la chose ne lui est pas possible, ou si l'acquéreur ne l'exige pas, le vendeur est obligé de souffrir une diminution proportionnelle du prix. (*Id.*, art. 1617.)

Si, au contraire, la contenance est plus grande que celle exprimée au contrat, l'acquéreur a le choix de fournir le supplément du prix, ou de se désister du contrat, si l'excédent est d'un vingtième au-dessus de la contenance déclarée. (*Id.*, art. 1618.)

Dans tous les autres cas, soit que la vente soit faite d'un corps certain et limité, soit qu'elle ait pour objet des fonds distincts et séparés, soit qu'elle commence par la mesure, ou par la désignation de l'objet vendu suivie de la mesure, il n'y a lieu à aucun supplément de prix en faveur du vendeur pour l'excédent de mesure, ni en faveur de l'acquéreur à aucune diminution du prix pour moindre mesure, qu'autant que la différence de la mesure réelle à celle exprimée au contrat est d'un vingtième en plus ou en moins, eu égard à la valeur de la totalité des objets vendus, sauf stipulation contraire. (*Id.*, art. 1619.)

Dans le cas où il y a lieu à augmentation de prix pour excédent de mesure, l'acquéreur a le choix ou de se désister du contrat ou de fournir le supplément du prix, avec les intérêts s'il a gardé l'immeuble. (*Id.*, art. 1620.)

Dans tous les cas où l'acquéreur a le droit de se désister du contrat, le vendeur est tenu de lui restituer, outre le prix, s'il l'a reçu, les frais de ce contrat. (*Id.*, art. 1621.)

L'action en supplément de prix de la part du vendeur, et celle en diminution de prix ou en résiliation du contrat de la part de l'acquéreur, doivent être intentées dans l'année, à compter du jour du contrat, à peine de déchéance. (*Id.*, art. 1622.)

La délivrance des effets mobiliers s'opère : 1° par la tradition réelle; 2° par la remise des clefs des bâtiments qui contiennent les objets vendus; 3° et même par le seul consentement des parties, lorsque le transport ne peut pas se faire au moment de la vente, ou lorsqu'au moment de la vente la chose se trouvait déjà au pouvoir de l'acheteur, par exemple lorsque l'acheteur en était dépositaire, locataire ou emprunteur.

La délivrance des choses incorporelles, comme d'un usufruit, d'un droit d'usage, se fait ou par la remise des titres ou par l'usage que l'acquéreur en fait du consentement du vendeur. Ainsi, si quelqu'un a vendu un droit de passage sur son immeuble, la délivrance s'opère du moment que l'acheteur passe du consentement du vendeur.

S'il n'y a eu stipulation contraire, les frais de la délivrance sont à la charge du vendeur, et ceux de l'enlèvement à la charge de l'acheteur. Le vendeur ayant contracté l'obligation de livrer la chose, il est juste qu'il supporte les frais nécessaires pour s'acquitter de cet engagement. Mais lorsque le vendeur a mis à même l'acheteur d'enlever les objets vendus, cet enlèvement est l'affaire de celui-ci.

La délivrance doit se faire au lieu où était, au temps de la vente, la chose qui en a fait l'objet, s'il n'en a été autrement convenu. Il est évident qu'il suffit dans ce dernier cas d'une convention tacite. Ainsi, si je vous vends à Rome une bague livrable dans un an, et qu'à cette époque nous nous trouvions tous les deux à Paris, c'est à Paris et non à Rome que je devrai vous la remettre.

La délivrance doit être faite au moment de la vente, à moins qu'il n'en ait été autrement convenu; dans ce cas, elle doit avoir lieu au temps fixé par la convention. Dans le cas où le vendeur ne délivre point dans le délai fixé, l'acheteur peut demander la mise en possession immédiate ou l'annulation de la vente, avec dommages-intérêts s'il y a lieu. Il est bien entendu que l'acheteur ne serait point fondé si la délivrance n'avait pu avoir lieu par suite d'un fait indépendant de la volonté du vendeur.

La chose doit être délivrée en l'état où elle se trouve au moment de la vente; depuis le jour de la vente, tous les frais appartiennent à l'acquéreur.

Le vendeur est tenu de délivrer avec la chose vendue tous les accessoires qui en dépendent, notamment les clefs des bâtiments, les titres de propriété, en un mot tout ce qui a été destiné à son usage perpétuel. Il est obligé de délivrer la contenance telle qu'elle est portée au contrat, sous les modifications suivantes :

« Si la vente d'un immeuble a été faite avec indication de la contenance à raison de tant la mesure, le vendeur est tenu de délivrer à l'acquéreur qui l'exige la quantité indiquée au contrat; et si la chose ne lui est pas possible, ou si l'acquéreur ne l'exige pas, le vendeur est obligé de souffrir une diminution proportionnelle du prix. » (Code civ., art. 1617.) Si, au contraire, ajoute l'article 1618, il se trouve une contenance plus grande que celle indiquée au contrat, l'acquéreur a le choix de fournir le supplément du prix ou de se désister du contrat, si l'excédent est d'un vingtième au-dessus de la contenance déclarée. Dans tous les autres cas, soit que la vente soit faite d'un corps certain et limité, soit qu'elle ait pour objet des fonds distincts et séparés, soit qu'elle commence par la mesure ou par la désignation de l'objet vendu suivie de la mesure, l'expression de cette mesure ne donne lieu, porte l'article 1619, à aucun supplément de prix en faveur du vendeur pour l'excédent de mesure, ni en faveur de l'acquéreur à aucune diminution de prix pour moindre mesure, qu'autant que la différence de la mesure réelle de celle exprimée au contrat est d'un vingtième en plus ou en moins, eu égard à la valeur de la totalité des objets vendus, s'il n'y a stipulation contraire. Car on pourrait convenir que le prix ne sera ni augmenté ni diminué, quelque différence qu'il y ait dans la contenance indiquée au contrat de vente.

Dans le cas où il y a lieu à augmentation de prix pour excédent de mesure, l'acquéreur a le choix ou de se désister du contrat ou de fournir le supplément du prix, et ce, avec les intérêts s'il a gardé l'immeuble (art. 1620). La loi a laissé ce choix à l'acquéreur, parce qu'il est possible que cette augmentation de plus d'un vingtième en sus du prix convenu excède ses moyens.

Dans le cas où l'acquéreur a le droit de se désister du contrat, le vendeur est tenu de lui restituer, outre le prix, les frais de ce contrat. Rien de plus juste que cette disposition de l'article 1621 : si la résiliation a eu lieu, c'est par le fait du vendeur.

L'action en supplément de prix de la part du vendeur et celle en diminution de prix ou en résiliation du contrat de la part de l'acquéreur doivent être, sous peine de déchéance, intentées dans l'année à compter du jour du contrat. Ce délai suffit évidemment aux parties pour reconnaître leur erreur sur la contenance.

Lorsqu'il a été vendu deux fonds par le même contrat et pour un seul et même prix, avec désignation de la mesure de chacun, et qu'il se trouve moins de contenance en l'un et plus en l'autre, on fait compensation jusqu'à due concurrence. L'action, soit en supplément, soit en diminution de prix, n'a lieu que suivant les règles qui viennent d'être établies (art. 1623).

Si la chose qu'on s'est obligé de donner ou de livrer à deux personnes successivement est purement mobilière, celle des deux qui en a été mise en possession réelle est préférée et en demeure propriétaire, encore que son titre soit postérieur en date, pourvu toutefois que la possession soit de bonne foi. Pour les immeubles, v. VENTE.

*De la garantie.* — En fait de vente, la garantie est l'obligation imposée au vendeur de procurer à l'acquéreur la possession paisible et utile de la chose vendue et la connaissance des défauts cachés de cette chose ou les vices rédhibitoires. Le vendeur est toujours tenu de la garantie résultant d'un fait qui lui est personnel.

*Garantie en cas d'éviction.* — L'éviction est la dépossession légale d'un bien acquis de bonne foi.

D'après l'article 1626, quoique, lors de la vente, il n'ait été fait aucune stipulation sur la garantie, le vendeur est obligé de droit à garantir l'acquéreur de l'éviction qu'il souffre dans la totalité ou partie de l'objet vendu, ou des charges prétendues sur cet objet et non déclarées lors de la vente.

Dans le cas de stipulation de non-garantie, le vendeur, en cas d'éviction, est tenu à la restitution du prix, à moins que l'acquéreur n'ait connu, lors de la vente, le danger de l'éviction, ou qu'il n'ait acheté à ses risques et périls. En effet, la vente constitue alors un contrat purement aléatoire.

Il peut y avoir éviction en dehors du cas où le vendeur n'est pas propriétaire de la chose vendue, dans les cas suivants : 1° l'acheteur paye ou délaisse sur la poursuite d'un créancier hypothécaire; 2° l'acheteur est dépouillé de la chose vendue par l'accomplissement d'une condition résolutoire qui affectait la propriété de cette chose; 3° l'acheteur, ayant omis de remplir les formalités de la transcription, est primé par un nouvel acheteur qui a rempli ces formalités.

*De la garantie des défauts de la chose vendue. Vices rédhibitoires.* — On appelle « vices rédhibitoires » les défauts cachés qui affectent une chose vendue, dont l'acheteur n'a pu se convaincre par lui-même et qui empêchent ou diminuent l'usage auquel il destinait la chose. Le vendeur est tenu de la garantie à raison de ces défauts cachés de la chose vendue qui la rendent impropre à l'usage auquel on la destine, ou qui diminuent tellement cet usage que l'acheteur ne l'aurait pas acquise ou n'en aurait donné qu'un moindre prix s'il les avait connus. (Code civ., art. 1641.) Il en est tenu, même s'il les ignorait lui-même, sauf stipulation contraire. (*Id.*, art. 1643.) L'acheteur a le choix entre la restitution de la chose moyennant restitution du prix (action rédhibitoire), ou la conservation de la chose moyennant restitution d'une partie du prix arbitrée par experts (action en réduction de prix). [*Id.*, art. 1644.]

Le vendeur n'est point tenu des vices apparents dont l'acheteur a pu se convaincre lui-même. Ainsi, l'acheteur d'un cheval borgne ne pourrait point demander l'annulation de la vente pour ce motif, car il a pu s'en convaincre lui-même. Mais si les parties n'étaient point en présence de la chose vendue, le vendeur répond évidemment des vices apparents, puisque alors ces vices ne sont point apparents pour l'acheteur.

Comme le dommage souffert par l'acquéreur est toujours le même, qu'il soit causé par l'ignorance ou par la faute du vendeur, celui-ci est tenu des vices cachés, quand même il ne les aurait pas connus, à moins que dans ce cas il n'ait stipulé qu'il ne sera obligé à aucune garantie.

Lorsque le vendeur connaît les vices de la chose, il doit non seulement restituer le prix, mais encore indemniser l'acheteur. Dans le cas où il les ignorait, il n'est tenu qu'à la restitution du prix et au remboursement des frais occasionnés par la vente. (*Id.*, art. 1645-1646.)

Quand la chose qui a des vices périt par sa mauvaise qualité, la perte est pour le vendeur, qui est tenu envers l'acheteur à la restitution du prix ; mais la perte arrivée par cas fortuit est supportée par l'acheteur. (*Id.*, art. 1647.)

Lorsque la garantie a été promise ou qu'il n'a rien été stipulé à ce sujet, si l'acquéreur est évincé, il a droit de demander contre le vendeur, aux termes de l'article 1630 :

1° La restitution du prix;

2° Celle des fruits, lorsqu'il est obligé de les rendre; cette obligation existe pour le vendeur à partir du jour où il a possédé de mauvaise foi, c'est-à-dire depuis qu'il a connu la cause d'éviction;

3° Les frais faits sur la demande en garantie de l'acheteur et ceux faits par le demandeur originaire, c'est-à-dire par celui qui revendique sa chose dans les mains de l'acquéreur; on nomme sa demande « originaire » parce qu'elle donne naissance au procès;

4° Enfin les dommages-intérêts, ainsi que les frais et loyaux coûts du contrat, c'est-à-dire les honoraires du notaire, les frais d'acte, de transcription et de mutation.

Lorsqu'à l'époque de l'éviction la chose vendue se trouve diminuée de valeur ou considérablement détériorée, soit par la négligence de l'acheteur, soit par des accidents de force majeure, le vendeur n'en est pas moins tenu de restituer la totalité du prix. Toutefois, si l'acquéreur a tiré profit des dégradations par lui faites, si par exemple il a démoli un bâtiment et vendu les matériaux, le vendeur a le droit de retenir sur le prix une somme égale à ce profit.

Si la chose vendue se trouve avoir augmenté de prix à l'époque de l'éviction, indépendamment même du fait de l'acquéreur, le vendeur est tenu de lui payer ce qu'elle vaut au-dessus du prix de la vente. Il est tenu, en outre, de rembourser à l'acquéreur, ou de lui faire rembourser par celui qui l'évince, toutes les réparations et améliorations utiles que l'acquéreur aura faites au fonds. Le vendeur doit même, lorsqu'il a vendu de mauvaise foi le fonds d'autrui, rembourser à l'acquéreur les dépenses voluptuaires ou d'agrément.

Si l'acquéreur, dit l'article 1636, n'est évincé que d'une partie de la chose et qu'elle soit de telle conséquence, relativement au tout, que l'acquéreur n'eût point acheté sans la partie dont il a été évincé, il peut faire résilier la vente. Si, ajoute l'article 1637, dans le cas de l'éviction d'une partie du fonds vendu, la vente n'est pas résiliée, la valeur de la partie dont l'acquéreur se trouve évincé lui est remboursée suivant l'estimation à l'époque de l'éviction, et non proportionnellement au prix total de la vente, soit que la chose vendue ait augmenté ou diminué de valeur. Si l'héritage vendu se trouve grevé, sans qu'il en ait été fait de déclaration, de servitudes non apparentes, et qu'elles soient de telle importance qu'il y ait lieu de présumer que l'acquéreur n'aurait pas acheté s'il en avait été instruit, il peut demander la résiliation du contrat, si mieux il n'aime se contenter d'une indemnité. (Code civ., art. 1638.) Mais la garantie pour cause d'éviction cesse lorsque l'acquéreur s'est laissé condamner par un jugement en dernier ressort, ou dont l'appel n'est plus recevable, sans appeler son vendeur, si celui-ci prouve qu'il existait des moyens suffisants pour faire rejeter la demande (art. 1640). Dans ce cas, en effet, l'acquéreur doit imputer son éviction à sa négligence.

Spécialement en ce qui concerne les ventes ou échanges d'animaux domestiques, les vices rédhibitoires font l'objet des lois des 21 juillet 1881 et 2 août 1884, complétées par celle du 23 février 1905. La loi du 2 août 1884 contient les dispositions ci-après : Sont réputés vices rédhibitoires et donneront seuls ouverture aux actions résultant des articles 1641 et suivants du Code civil, sans distinction des localités où les ventes et échanges auront lieu, les maladies ou défauts ci-après, savoir : — *Pour le cheval, l'âne et le mulet :* l'immobilité, l'emphysème pulmonaire, le cornage chronique, le tic proprement dit, avec ou sans usure des dents; les boiteries anciennes intermittentes, la fluxion périodique des yeux. — *Pour l'espèce porcine :* la ladrerie.

L'action en réduction de prix ne pourra être exercée lorsque le vendeur offrira de reprendre l'animal vendu en restituant le prix et en remboursant à l'acquéreur les frais occasionnés par la vente.

Aucune action en garantie, même en réduction de prix, ne sera admise pour les ventes ou pour les échanges d'animaux domestiques, si le prix en cas de vente, ou la valeur en cas d'échange, ne dépasse pas 100 francs.

Le délai pour intenter l'action rédhibitoire est de neuf jours francs, non compris le jour fixé pour la livraison, excepté pour la fluxion périodique, pour laquelle ce délai est de trente jours francs, non compris le jour fixé pour la livraison.

Si la livraison de l'animal a été effectuée hors du lieu du domicile du vendeur ou si, après la livraison et dans le délai ci-dessus, l'animal a été conduit hors du lieu du domicile du vendeur, le délai pour intenter l'action est augmenté en raison de la distance, suivant les règles de la procédure civile.

Quel que soit le délai pour intenter l'action, l'acheteur, à peine d'être non recevable, provoquera, dans les délais ci-dessus, la nomination d'experts, chargés de dresser procès-verbal ; la requête est présentée, verbalement ou par écrit, au juge de paix du lieu où se trouve l'animal ; ce juge constate dans son ordonnance la date de la requête et nomme immédiatement un ou trois experts qui vérifient l'état de l'animal.

Le vendeur est appelé à l'expertise, à moins qu'il n'en soit autrement ordonné par le juge de paix, à raison de l'urgence et de l'éloignement. La citation à l'expertise doit être donnée au vendeur dans les délais déterminés ci-dessus ; elle énonce qu'il sera procédé même en son absence. — Si le vendeur a été appelé à l'expertise, la demande peut être signifiée dans les trois jours à compter de la clôture du procès-verbal, dont copie est signifiée en tête de l'exploit ; sinon, la demande doit être faite dans les délais ordinaires.

La demande, portée devant les tribunaux compétents, suivant les règles ordinaires du droit, est dispensée de tout préliminaire de conciliation et, devant les tribunaux civils, instruite et jugée comme matière sommaire.

Si l'animal vient à périr, le vendeur n'est pas tenu de la garantie, à moins que l'acheteur n'ait intenté une action régulière dans le délai légal et ne prouve que la perte de l'animal provient de l'une des maladies ou défauts qualifiés légalement de vices rédhibitoires.

Le vendeur est dispensé de la garantie résultant de la morve ou du farcin pour le cheval, l'âne et le mulet, et de la clavelée pour l'espèce ovine, s'il prouve que l'animal, depuis la livraison, a été mis en contact avec des animaux atteints de ces maladies.

D'autre part, l'article 41 (livre III, section II) du Code rural prohibe l'exposition, la vente ou la mise en vente des animaux atteints de maladies contagieuses, et la loi du 23 février 1905 déclare nulle de droit la vente faite en violation de cette prohibition, même si le vendeur a ignoré la maladie. Mais l'action de l'acheteur doit être intentée dans les trente jours (tuberculose) ou les quarante-cinq jours (autres maladies). Le délai est réduit à dix jours si l'animal a été abattu.

*Demande en garantie.* — On donne le nom de « demande en garantie » à l'acte par lequel le garant est mis en cause par le garanti.

L'action résultant des vices rédhibitoires n'a pas lieu dans les ventes faites par autorité de justice. Si l'on attend pour y recourir l'événement de l'éviction, cette procédure n'est soumise à aucune règle particulière ; la partie qui a droit à la garantie agit contre son garant dans la forme ordinaire, c'est-à-dire par voie d'action principale et en l'assignant devant le tribunal de son domicile. Si, au contraire, ce qui est toujours préférable, le recours en garantie est exercé incidemment à l'instance engagée contre la partie à laquelle cette garantie est due, le mode de procédure est soumis à des règles particulières qui forment la matière des articles 175 et suivants du Code de procédure civile. La partie qui agit en garantie n'est pas obligée de citer son garant devant le tribunal du domicile de ce dernier, comme elle y serait tenue si elle attendait pour agir que l'éviction fût consommée. Elle peut, elle doit même le citer devant le tribunal où est pendante l'action en éviction et qui devient par là même compétent pour statuer sur la demande en garantie, qu'il soit ou non le tribunal du domicile du garant. Cette disposition présente le double avantage : d'une part, de ne pas scinder l'affaire et de faire statuer par une seule et même décision, tant sur l'action principale en éviction que sur l'action récursoire en garantie et en indemnité s'il y a lieu ; d'autre part, de prévenir les divergences ou même les contrariétés de jugements, qui seraient possibles s'il était statué par deux tribunaux différents sur l'action principale et sur la demande en garantie.

On distingue la garantie *formelle* et la garantie *simple*.

La garantie est dite *formelle* en matière réelle ; en d'autres termes, elle a pour objet d'obtenir l'indemnité d'une éviction soufferte ou d'obliger le garant à prévenir, s'il lui est possible, cette même éviction. Ainsi, le cohéritier, menacé dans la possession de son lot par un tiers qui en revendique la propriété ou qui prétend exercer sur les immeubles dépendants de ce lot un droit d'hypothèque ou de servitude, a contre ses cohéritiers un recours en garantie formelle. Il en est de même de l'acheteur menacé d'une éviction de la chose vendue.

La garantie *simple*, au contraire, est celle qui se produit dans les matières où il ne s'agit pas de contestations concernant la propriété ou des droits réels de servitude ou d'hypothèque, mais simplement d'actions personnelles. Ainsi, la caution directement assignée en payement par le créancier, et qui use de la faculté que lui donne l'article 2032 du Code civil de mettre en cause le débiteur principal comme garant, exerce une action en garantie simple.

*Obligations de l'acheteur.* — L'acheteur doit payer au jour et au lieu réglés par la vente, et s'il n'a été rien fixé à cet égard, l'acheteur doit payer au lieu et dans le temps où doit se faire la délivrance de la chose vendue. Cette obligation est garantie par un privilège. (V. plus loin.) Il doit, en outre, l'intérêt du prix de la vente jusqu'au payement du capital : 1° s'il en a été ainsi convenu lors de la vente ; 2° si la chose vendue et livrée produit des fruits ou autres revenus ; 2° s'il a été sommé de payer. Dans ce dernier cas, l'intérêt ne court que depuis la sommation.

Si l'acheteur ne paye point le prix, le vendeur peut demander la résolution de la vente. (Code civ., art. 1654.) Si le vendeur est en danger de perdre la chose et le prix ; si, par exemple, la chose vendue est une maison que l'acquéreur fait démolir, la résolution de la vente est prononcée immédiatement. Si ce danger n'existe pas, le juge peut accorder à l'acquéreur un délai plus ou moins long suivant les circonstances ; mais ce délai passé sans que l'acquéreur ait payé, la résolution de la vente est prononcée. (*Id.*, art. 1655.) S'il a été stipulé lors de la vente d'immeubles que, faute de payement du prix dans le terme convenu, la vente serait résolue de plein droit, l'acquéreur peut payer après l'expiration du délai, tant qu'il n'a pas été mis en demeure par une sommation; mais, après cette sommation, le juge ne peut pas lui accorder de délai. (*Id.*, art. 1656.)

En matière de vente de denrées et effets mobiliers, la résolution de la vente a lieu de plein droit et sans sommation, au profit du vendeur, après l'expiration du terme convenu pour le retirement. (*Id.*, art. 1657.)

Le contrat de vente peut encore être résolu par l'exercice de la faculté de rachat (RÉMÉRÉ) et par la vilité du prix de vente (LÉSION). V. plus bas.

*Vente à réméré.* — La faculté *de rachat* ou *de réméré* est, aux termes de l'article 1659 du Code civil, un pacte par lequel le vendeur se réserve de reprendre la chose vendue moyennant la restitution du prix principal, les frais et loyaux coûts du contrat et les dépenses utiles. Cette faculté de rachat ne peut être stipulée pour un terme excédant cinq années. Le terme fixé est de rigueur et ne peut être prolongé par le juge. Si le vendeur n'a point exercé son action de réméré dans le délai prescrit, l'acquéreur demeure propriétaire irrévocable. (Code civ., art. 1659-1673.)

Lorsque le vendeur exerce la faculté de rachat, il est considéré comme n'ayant jamais cessé d'être propriétaire de la chose vendue. En conséquence, si l'acheteur à réméré a vendu l'immeuble ou l'a grevé d'hypothèques ou autres charges, ces actes deviennent nuls, parce qu'ils sont considérés comme consentis sur une chose appartenant à autrui.

*Rescision de la vente pour cause de lésion.* — La vente peut être rescindée à raison de la lésion éprouvée, mais sous trois conditions : il faut qu'il s'agisse d'une vente d'immeuble, que la lésion ait été éprouvée par le vendeur, qu'elle soit de plus des sept douzièmes : par exemple, il faut que le vendeur ait vendu moins de 1 000 francs un champ qui au moment du contrat vaut 2 400 francs. Le droit, en pareil cas, pour le vendeur, de demander l'annulation de la vente ne dure que deux ans à compter du jour de la vente.

La lésion n'est point une cause de rescision des ventes d'immeubles faites en justice, la loi présumant que les objets vendus sous l'autorité de la justice le sont toujours à leur juste valeur. Quand elle existe dans une vente de meubles, elle ne donne jamais lieu à la rescision, si ce n'est en faveur du mineur qui, à raison de son incapacité, peut faire annuler les actes quelconques qui lui causent du préjudice.

Le vendeur lésé de plus des sept douzièmes dans le prix d'un immeuble a le droit de demander la rescision, quand même il aurait expressément renoncé dans le contrat à la faculté de la demander et aurait déclaré donner la plus-value.

La demande n'est plus recevable après l'expiration de deux années, à compter du jour de la vente; ce délai court contre les femmes mariées et contre les absents, les interdits et les mineurs venant du chef d'un majeur qui a vendu. Il court aussi, et n'est pas suspendu, pendant la durée du temps stipulé pour le rachat en cas de vente à réméré.

La preuve de la lésion ne peut être admise que par jugement, et elle ne peut être faite que par un rapport de trois experts choisis par les parties ou désignés d'office par le tribunal. Ces experts sont tenus de dresser un seul procès-verbal commun et de ne former qu'un seul avis à la pluralité des voix. Quand l'action en rescision est admise, l'acquéreur a le choix ou de rendre la chose en recevant le prix qu'il en a payé et en restituant les fruits du jour de la demande (art. 1682), ou de garder le fonds en payant le supplément du juste prix et en fournissant l'intérêt du supplément à partir du jour de la demande en rescision. Le tiers possesseur a le même droit, sauf sa garantie contre son vendeur (art. 1681). La rescision pour cause de lésion n'est point en faveur de l'acheteur; elle n'a pas lieu non plus pour les ventes qui, d'après la loi, ne peuvent être faites que par autorité de justice, ni pour les étrangers.

*Échange d'immeubles.* — Pour les échanges d'immeubles autres que les bois soumis au régime forestier, il est procédé comme pour les acquisitions.

*Privilège du vendeur.* — Aux termes de l'article 2102, 4°, du Code civil, un privilège est accordé au vendeur sur le prix des effets mobiliers non payés, s'ils sont encore en la possession du débiteur, qu'il ait acheté à terme ou sans terme. Si la vente a été faite sans terme, le vendeur peut même revendiquer ces effets tant qu'ils sont en la possession de l'acheteur et en empêcher la revente, pourvu que la revendication soit faite dans la huitaine de la livraison, et que les effets se trouvent dans l'état où ils étaient lors de la livraison. Le privilège du vendeur ne s'exerce toutefois qu'après celui du propriétaire de la maison ou de la ferme, à moins qu'il ne soit prouvé que le propriétaire avait connaissance que les meubles et autres objets garnissant sa maison ou sa ferme n'appartenaient pas au locataire.

Le privilège et le droit de revendication du vendeur d'effets mobiliers ne peuvent être exercés contre la faillite. (Loi du 12 févr. 1872.)

Pour le privilège du vendeur d'immeubles, V. PRIVILÈGE.

*Vente de créances.* — V. TRANSPORT DE CRÉANCE.

*Vente de droits litigieux.* — Un droit est considéré comme litigieux dès qu'il y a procès et contestation sur le fond du droit; lorsque, en d'autres termes, il y a une procédure entamée et que le défendeur a opposé des moyens de fond, c'est-à-dire tendant à faire rejeter l'action.

La vente d'un droit litigieux n'a pas pour objet le droit lui-même, mais la prétention, bien ou mal fondée, à tel ou tel avantage que le cédant croit pouvoir réclamer.

La loi (Code civ., art. 1699-1701) voit d'un œil défavorable la cession des créances et droits litigieux, parce qu'il y a là matière à spéculations et source de profits parfois peu honorables.

D'abord, les juges, les magistrats du ministère public, les greffiers, huissiers, avoués et notaires ne peuvent devenir cessionnaires d'un droit litigieux sur lesquels le tribunal de leur ressort est appelé à statuer. Toute cession passée au mépris de cette prohibition est frappée d'une nullité absolue.

Ensuite, elle autorise le débiteur à exercer le *retrait litigieux*, autrement dit, elle lui accorde, en principe, la faculté de contraindre l'acheteur du droit en lui remboursant le prix de la cession avec les frais et intérêts à dater du jour du payement. V. RETRAIT LITIGIEUX.

*Vente forcée, vente judiciaire.* — Il y a *vente forcée* lorsqu'il s'agit : 1° d'une vente opérée par voie de *licitation* (v. ce mot) ; 2° de l'*expropriation* des biens d'un débiteur. V. SAISIE.

Dans ces divers cas, la vente est ordonnée par la justice : ce qui la fait appeler *vente judiciaire*. Elle doit être faite selon les formalités spéciales prescrites par le Code civil et le Code de procédure civile.

*Ventes judiciaires d'immeubles.* On comprend sous ce nom les ventes d'immeubles ordonnées par un jugement et précédées de certaines formalités destinées à en assurer l'adjudication au prix le plus élevé.

Elles se divisent en deux grandes catégories : les ventes judiciaires *forcées*, à la suite de saisie immobilière, et les ventes judiciaires *volontaires*, comprenant la vente des immeubles de mineurs, licitation entre majeurs, ventes à la suite d'acceptations bénéficiaires, de dissolutions de communautés ou de sociétés, de faillites. En général, le jugement qui ordonne les secondes est pris « d'accord » entre les parties. Mais, dans un but de protection pour les propriétaires ou ayants droit de ces biens, la loi en a soumis la vente à la plupart des mesures édictées pour les ventes judiciaires forcées, et les frais que cette protection entraîne la rendent ruineuse, surtout pour les mineurs.

La loi du 23 octobre 1884 a apporté, en ce qui concerne les ventes judiciaires d'immeubles dont le prix principal d'adjudication ne dépasse pas 2 000 francs, des mesures d'atténuation. Les lots mis en vente par le même acte sont réunis pour le calcul du prix d'adjudication, et la valeur des lots non adjugés entre dans ce calcul pour leurs mises à prix. La vente ultérieure des lots non adjugés profitera du bénéfice de la loi, d'après les mêmes règles.

Dans les procédures n'ayant d'autre objet que la vente sur licitation, si les immeubles à liciter dont les mises à prix sont inférieures à 2 000 francs appartiennent indivisément à des mineurs ou incapables et à des majeurs, ces derniers peuvent se réunir aux représentants de l'incapable pour que la vente ait lieu sur requête, comme si les immeubles appartenaient seulement à des mineurs. L'avis du conseil de famille n'est pas nécessaire lorsque la vente est provoquée par les majeurs. — Dans les procédures où la licitation est incidente aux opérations de liquidation et partage, le bénéfice de la loi est acquis à tous les actes nécessaires pour parvenir à l'adjudication, à partir du cahier des charges inclusivement ; les frais antérieurs ne sont pas employés en frais de vente.

Lorsque le prix d'adjudication, ne dépassant pas 2 000 francs, est devenu définitif par l'expiration du délai de surenchère, il est fait restitution de toutes les sommes payées au Trésor public pour droits de timbre, d'enregistrement et d'hypothèques applicables aux actes rédigés pour parvenir à l'adjudication. Lorsque le prix d'adjudication ne dépasse pas 1 000 francs, les divers agents de la loi subissent une réduction d'un quart sur les émoluments à eux dus.

Le tribunal devant lequel se poursuit une vente d'immeubles dont la mise à prix est inférieure à 2 000 francs peut, par le jugement qui fixera les jours et les conditions de l'adjudication, ou par le jugement qui autorisera la vente, ordonner : 1° que les placards et insertions ne contiendront qu'une désignation très sommaire des immeubles : le prix des insertions sera de la moitié de celui fixé pour les autres ventes judiciaires ; 2° que les placards seront même manuscrits et apposés, sans procès-verbal d'huissier, dans les lieux que le tribunal indiquera, et ce, par dérogation à l'article 699 du Code de procédure.

*Vente des objets abandonnés chez les ouvriers et industriels.* (Loi des 31 déc. 1903 et 7 mars 1905.) — Lorsqu'un objet mobilier confié à un ouvrier ou à un industriel pour être travaillé, façonné, réparé ou nettoyé, n'a pas été retiré dans le délai de deux ans, il peut être vendu après ordonnance du juge de paix rendue sur requête du détenteur.

Avant d'autoriser la vente et d'en fixer le jour, l'heure et le lieu, le juge de paix doit appeler le propriétaire de l'objet. Si celui-ci ne répond pas à cette convocation, l'officier public commis pour procéder à la vente doit l'aviser huit jours à l'avance, par lettre recommandée, des jour, heure et lieu auxquels elle sera effectuée.

La vente a lieu aux enchères publiques, huit jours après l'apposition d'affiches l'annonçant.

Le propriétaire de l'objet peut s'opposer à la vente par exploit signifié à l'ouvrier ou à l'industriel, et cette opposition emporte de plein droit citation à comparaître à la première audience utile du juge de paix qui l'a autorisée.

Sur le produit de la vente et après le prélèvement des frais, l'officier public paye la créance de l'ouvrier ou de l'industriel. Le surplus est versé à la Caisse des dépôts et consignations, au nom du propriétaire, par l'officier public, sans procès-verbal de dépôt. Il en retire un récépissé qui lui vaut décharge.

Si le produit de la vente est insuffisant pour couvrir les frais, le surplus est payé par l'ouvrier ou l'industriel, sauf recours contre le propriétaire.

Le montant de la consignation, en principal et intérêts, est acquis de plein droit au Trésor public cinq ans après le dépôt, s'il n'y a eu, dans l'intervalle, réclamation de la part du propriétaire, de ses représentants ou de ses créanciers.

Tous les actes, spécialement les exploits, ordonnances, jugements et procès-verbaux faits en exécution des lois des 31 décembre 1903 et 7 mars 1905 seront dispensés du timbre et enregistrés gratis. Pour tenir lieu des droits de timbre et d'enregistrement, il est perçu sur le procès-verbal de vente, lorsqu'il est présenté à la formalité, 7 pour 100 du produit de la vente, sans addition de décimes.

*Vente des objets abandonnés chez les hôteliers.* — V. HÔTELIERS.

*Ventes commerciales.* — Les ventes dites *commerciales* concernent des marchandises, c'est-à-dire toutes choses mobilières faisant l'objet du commerce et des spéculations des négociants. Les opérations sur les marchandises sont de deux sortes : *réelles* ou *fictives*. Elles sont réelles quand la livraison a lieu ou doit avoir lieu et que le commerçant accepte la responsabilité qui suivra cette livraison, soit qu'il ait des débouchés suffisants pour l'écoulement des marchandises achetées, soit qu'il ait contracté le marché en prévision d'une crise, d'une disette ou d'une hausse prochaine. — Elles sont fictives dans le cas contraire. En ces circonstances, les achats sont faits à terme, suivant les cours, et avec cette clause tacite que le vendeur ne livrera pas et que l'acheteur ne prendra pas livraison. A l'échéance, c'est-à-dire au jour fixé pour la livraison, l'un des deux paye à l'autre une différence, suivant que, dans l'intervalle compris entre le jour du marché et l'échéance, le cours a baissé ou s'est élevé.

La vente commerciale est régie par les principes du droit civil et produit en général les mêmes effets. Toutefois, il est notamment dérogé à ces principes en matière de preuve (V. PREUVE) et en matière de privilège (la vente commerciale ne comporte ni privilège ni droit de revendication contre le failli ou le liquidé judiciairement). Il est, en outre, tenu compte obligatoirement des usages commerciaux. Enfin, le législateur a édicté des règles spéciales en ce qui concerne les ventes publiques de marchandises.

La loi du 25 juin 1841 interdit les *ventes en détail des marchandises neuves,* à cri public, soit aux enchères, soit au rabais, soit à prix fixe proclamé avec ou sans l'assistance des officiers ministériels. Ne sont pas comprises dans cette défense : 1° les ventes prescrites par la loi, ou faites par autorité de justice, non plus que les ventes après décès, faillite ou cessation de commerce, ou dans tous les autres cas de nécessité dont l'appréciation est soumise au tribunal de commerce; 2° les ventes à cri public de comestibles et objets de peu de valeur, connus dans le commerce sous le nom de « menue mercerie ».

Les tribunaux de commerce peuvent, après décès ou cessation de commerce, et dans tous les autres cas de nécessité dont l'appréciation leur est soumise, autoriser la *vente aux enchères des marchandises en gros* de toute espèce et de toute provenance. L'autorisation est donnée sur requête; un état détaillé des marchandises à vendre est joint à la requête.

Ces sortes de ventes, ainsi que toutes celles qui sont autorisées ou ordonnées par la justice consulaire dans les divers cas prévus par le Code de commerce, sont faites par le ministère des courtiers; néanmoins, il appartient toujours au tribunal, ou au juge qui autorise ou ordonne la vente, de désigner, pour y procéder, une autre classe d'officiers publics. (Loi du 3 juill. 1861.)

Dans un but d'économie et de simplification, la loi du 28 mai 1858 a décidé que la vente aux enchères, en gros, de certaines marchandises comprises au tableau y annexé pourrait avoir lieu par le ministère des courtiers, sans autorisation du tribunal de commerce. Ce tableau peut être et a été plusieurs fois modifié par des décrets d'administration publique, après avis des chambres de commerce. Peuvent être vendues dans la même forme les marchandises « exotiques quelconques » destinées à la réexportation.

Il est procédé aux ventes dans les Bourses de commerce ou dans les locaux spécialement autorisés à cet effet, après avis de la chambre et du tribunal de commerce, à moins que la nature ou l'état de la marchandise n'oblige à la vente sur place ou qu'il n'y ait pas de local spécial.

Les courtiers établis dans une ville où siège un tribunal de commerce ont qualité pour procéder aux ventes dans toute localité dépendant du ressort de ce tribunal où il n'existe pas de courtiers.

Le droit de courtage est fixé pour chaque localité par le ministre du Commerce, après avis de la chambre et du tribunal de commerce; mais dans aucun cas il ne peut excéder le droit établi dans les ventes de gré à gré pour les mêmes sortes de marchandises. Le droit d'enregistrement est fixé à 10 centimes pour 100 francs. Les contestations relatives aux ventes sont portées devant le tribunal de commerce.

Ces dispositions ne sont pas applicables aux ventes publiques de marchandises faites par autorité de justice.

Les mesures d'exécution de la loi du 28 mai 1858 ont fait l'objet du règlement d'administration publique du 12 mars 1859, modifié par celui du 30 mai 1863. Le minimum des lots mis en vente, fixé à 500 francs, peut être augmenté ou diminué par arrêté ministériel, et, en cas d'avarie, réduit par ordonnance du président du tribunal.

*Ventes de fonds de commerce.* V. COMMERCE.

*Législation fiscale.* — Les ventes, reventes, adjudications, cessions, rétrocessions et tous autres actes, soit civils, soit judiciaires, translatifs de propriété ou d'usufruit, à titre onéreux, de biens meubles ou immeubles, sont assujettis au droit proportionnel d'enregistrement. Ce droit est de 2,50 pour 100 pour les meubles, de 7 pour 100 pour les immeubles, et la formalité de la transcription ne donne lieu à aucun droit proportionnel autre que la taxe établie par la loi du 27 juillet 1900. (V. TRANSCRIPTION.) Le droit des échanges d'immeubles est de 4 fr. 50 pour 100, plus la taxe de transcription. Le droit frappe les ventes et échanges non constatés par écrit. (Loi du 22 avril 1905, art. 2 à 4.)

Lorsqu'un acte de vente comprend à la fois des meubles et des immeubles, le droit est perçu sur la totalité du prix au taux pour les immeubles, à moins qu'il ne soit stipulé un prix particulier pour les objets mobiliers et qu'ils ne soient estimés article par article dans le contrat.

Quand la vente est faite moyennant une *rente* perpétuelle, le droit est dû sur un capital formé de vingt fois la rente et, si la rente est viagère, sur le capital évalué par les parties. Le prix consistant en une *créance* à terme est imposable sur le montant nominal de cette créance.

Les ventes *au compte, au poids, à la mesure* ou dont *le prix est à déterminer par experts* et qui ne sont pas immédiatement translatives de propriété ne doivent être soumises qu'au droit fixe de 3,75, sauf à exiger le droit proportionnel lorsque le prix aura été fixé définitivement.

La transmission, à titre onéreux, soit de l'*usufruit,* soit de la *nue propriété* n'est passible de l'impôt que sur le prix convenu; depuis la loi du 25 février 1901, lorsque la vente a lieu sous réserve d'usufruit par le vendeur, il n'y a plus à ajouter, comme autrefois, la moitié du prix pour l'expectative de l'usufruit. Pour les cessions de créances, rentes ou pensions, la valeur imposable de la nue propriété et celle de l'usufruit sont fixées respectivement à une fraction du capital déterminée d'après l'âge de l'usufruitier ou la durée assignée à l'usufruit, conformément aux règles tracées par l'article 18, § 2, de la loi précitée du 25 février 1901.

Les ventes d'*immeubles* ou de *fonds de commerce* constatées par actes sous seing privé ou résultant de simples conventions verbales doivent être présentées à l'enregistrement dans un délai de trois mois (pour l'acquéreur), de quatre mois (pour le vendeur), à compter de la date de l'acte ou de l'entrée en possession, si cette dernière est antérieure, sous peine d'un droit en sus, au minimum de 62 fr. 50, à la charge de chacune des parties.

Les ventes *mobilières* consenties verbalement sont affranchies de l'impôt; réalisées par actes sous seing privé, elles ne deviennent passibles du droit que s'il en est fait usage en justice ou par acte public.

Toutefois, les cessions d'*offices* de notaires, avoués, greffiers, etc., doivent être obligatoirement constatées par écrit et enregistrées (au droit de 2,50 pour 100, avec minimum de 1/10 du cautionnement) avant d'être produites à l'appui de la demande de nomination du nouveau titulaire.

Les officiers ministériels, avant de procéder à une *vente publique de meubles aux enchères,* sont tenus de souscrire, au bureau de l'enregistrement, une déclaration préalable indiquant, notamment, le lieu et le jour où la vente se fera.

*Tarifs spéciaux.* Ventes de *navires :* droit fixe de 3,75; ventes de meubles et marchandises *après faillite :* droit proportionnel de 0,12 1/2 pour 100; ventes publiques de *marchandises en gros :* 0,62 1/2 pour 100; ventes publiques de meubles donnés *en gage :* 0,12 1/2 pour 100; ventes de *marchandises avariées* ou de débris de navires naufragés : 0,25 pour 100; ventes d'*objets abandonnés chez les aubergistes* ou *chez les ouvriers et industriels :* 7 pour 100 ; objets engagés aux *monts-de-piété :* exemption; ventes réputées *actes de commerce :* droit fixe de 3,75; ventes d'*immeubles situés à l'étranger* ou dans les colonies françaises dans lesquelles l'enregistrement n'est pas établi : 0,25 p. 100; ventes *judiciaires d'immeubles* dont le prix ne dépasse pas 2 000 francs : droits d'enregistrement, de timbre et d'hypothèques restituables; ventes d'*immeubles domaniaux :* 7 pour 100.

Sont assujettis aux mêmes droits que les ventes proprement dites les contrats analogues, tels que la *dation en payement,* la *licitation* qui ne met pas fin à l'indivision, la *cession de droits successifs,* l'*apport en société* fait à titre onéreux.

Comme tous actes de nature à faire titre, les ventes doivent être rédigées sur *papier timbré* de dimension. Toutefois, les minutes, originaux et expéditions des actes ou procès-verbaux de vente, licitation ou échange d'immeubles, ainsi que les cahiers des charges relatifs à ces mutations, sont affranchis de tout droit de timbre. (Loi du 22 avril 1905, art. 6.)

Mais cette disposition n'est pas applicable aux actes, procès-verbaux et cahiers des charges qui contiennent des dispositions indépendantes : ne peuvent pas être considérées comme dispositions indépendantes, la procuration donnée dans l'un de ces actes pour toucher le prix ou la soulte, ou vendre les immeubles compris sur un cahier des charges ou procès-verbal de mise en vente, ainsi que toute déclaration de command contenue en l'acte même, ou encore tout payement par subrogation effectué par un tiers en l'acquit de l'acquéreur. (*Id.*, art. 7.) V., en outre, TRANSCRIPTION.

## Ver à soie.

La jurisprudence range les vers à soie parmi les animaux domestiques. Ils sont saisissables, excepté pendant leur travail. Il en est de même des feuilles de mûrier qui leur sont nécessaires. (Loi du 4 avril 1889, titre VI, art. 11.)

**Verdict.** — Réponse faite par le jury aux questions posées par la cour d'assises. V. COUR D'ASSISES.

**Vérification d'écriture.** — V. ÉCRITURE.

**Vérification des poids et mesures.** — V. POIDS ET MESURES.

## Veuve.

La femme qui vient de perdre son mari ne peut contracter un nouveau mariage qu'après un délai de dix mois révolus depuis la dissolution du mariage précédent (Code civ., art. 228), délai que l'on nomme *délai de viduité.*

La veuve qui était mariée sous le régime de la communauté a la faculté d'accepter la communauté ou d'y renoncer; cette faculté s'exerce sous diverses conditions et restrictions que détermine le Code civil et indiquées aux mots COMMUNAUTÉ, HABITATION.

Celle qui était mariée sous le régime dotal peut, à son gré : ou exiger les intérêts de sa dot pendant l'an du deuil, ou se faire fournir, pendant le même temps, des aliments aux dépens de la succession du mari ; dans l'un et l'autre cas, les habits de deuil et l'habitation pendant un an sont entièrement à la charge de la succession. (*Id.*, art. 1570.)

Si, lors du décès du mari, la femme est enceinte, il est nommé un curateur au ventre, par le conseil de famille ; à la naissance de l'enfant, la mère en devient tutrice, et le curateur au ventre est, de plein droit, le subrogé tuteur. (*Id.*, art. 393.)

La mère survivante non remariée ne peut faire détenir son enfant, dans un but de correction, qu'avec le concours des deux plus proches parents paternels, et avec l'autorisation du président du tribunal. (*Id.*, art. 381.)

La jouissance légale des père et mère sur les biens personnels de leurs enfants (v. PUISSANCE PATERNELLE) cesse, à l'égard de la mère, au cas d'un second mariage. (*Id.*, art. 386.)

Si la mère tutrice veut se remarier, certaines formalités préalables lui sont imposées au point de vue du sort de la tutelle. (*Id.*, art. 395 et 396.) V. TUTELLE.

Sur les pensions aux veuves de fonctionnaires civils et militaires, v. PENSIONS.

**Viabilité.** (Dr. civ. et crim.) — Aptitude à vivre que présente un enfant au moment de sa naissance.

En matière civile, les questions de viabilité se présentent toujours comme principales et en quelque sorte exclusives. Selon les articles 725 et 906 du Code civil, l'enfant qui naît avec des signes de vie n'est pas réputé avoir vécu, au moins pour la successibilité, s'il n'est pas viable ; en d'autres mots, en matière de successibilité, on ne doit faire aucune différence entre l'enfant mort-né et l'enfant qui naît et meurt aussitôt. Suivant l'article 314, la légitimité d'un enfant ne peut pas être désavouée par le père si l'enfant né avant le cent-quatre-vingtième jour du mariage n'est pas déclaré viable. Enfin, selon l'article 340, le ravisseur, dans le cas d'enlèvement, peut, sur la demande des parties intéressées, être déclaré père de l'enfant, si l'époque de l'enlèvement se rapporte à celle de la conception.

En matière criminelle, au contraire, les questions de viabilité ne sont qu'accessoires ; la loi ne demande pas s'il y a eu viabilité, elle demande s'il y a eu avortement ou infanticide : les recherches sur la viabilité se fondent moins sur l'époque présumée de la conception qu'exclusivement sur les phénomènes que présente l'organisme individuel, et c'est toujours dans ce sens que, la viabilité devenant alors une circonstance aggravante, elle doit être déclarée réelle avec plus de réserve qu'en matière civile.

**Viabilité.** (Voirie.) — Bon état d'une voie ouverte à la circulation publique.

**Viagère (Rente).** — V. RENTE.

**Vices rédhibitoires.** — Défauts cachés qui affectent une chose vendue, dont l'acheteur n'a pu se convaincre par lui-même, qui empêchent ou diminuent l'usage auquel il destinait la chose et dont le vendeur est garant et responsable. V. VENTE.

**Vicinalité, Chemins vicinaux.** — V. VOIRIE.

**Vignes.**

*Impôt foncier.* — Dans les arrondissements déclarés atteints par le phylloxera, les terrains plantés ou replantés en vigne sont exemptés de l'impôt foncier pendant quatre ans quels que soient la nature des plants et le mode de constitution, de reconstitution et de culture. (Loi du 1er décembre 1887, et décret du 21 juin 1892.)

Pour les terrains défrichés plantés en vigne, le revenu imposable n'est évalué les quinze premières années qu'au taux du revenu imposable des terres d'égale valeur non plantées. (Loi du 3 frimaire an VII, art. 116.)

*Bail à complant.* — V. COMPLANT.

**Vinaigre.**

La loi du 17 juillet 1875 a établi sur les vinaigres et l'acide acétique un droit de consommation gradué, savoir :

*Vinaigres contenant* 8 pour 100 d'acide acétique et au-dessous, 5 francs par hectolitre ; de 9 à 12 pour 100 d'acide, 7 fr. 50 par hectolitre ; de 13 à 16 pour 100 d'acide, 10 francs par hectolitre.

*Acide acétique et vinaigres contenant* de 17 à 30 pour 100 d'acide, 18 fr. 75 par hectolitre ; de 31 à 40 pour 100 d'acide, 25 francs ; plus de 40 pour 100 d'acide, 52 fr. 50.

*Acide acétique cristallisé*, 62 fr. 50 par 100 kilogrammes.

Les fabriques de vinaigre et d'acide acétique sont soumises à l'exercice de la régie. Les vinaigres et acides exportés ou employés à des usages industriels sont exemptés des droits.

**Vins.**

*Régime fiscal.* — V. BOISSONS.

*Fraudes dans la vente des vins.* — Cette forme de fraude est réprimée par les lois des 14 août 1889, 11 juillet 1891, 24 juillet 1894, 6 avril 1897, 6 août 1905.

Nul ne peut expédier, vendre ou mettre en vente, sous la dénomination de *vin*, un produit autre que celui de la fermentation des raisins frais. (Loi du 14 août 1889, art. 1er.)

Le produit de la fermentation des marcs de raisins frais avec de l'eau, qu'il y ait ou non addition de sucre, le mélange de ce produit avec le vin dans quelque proportion que ce soit, ne peut être expédié, vendu ou mis en vente que sous le nom de *vin de marc* ou *vin de sucre*. (Loi du 11 juillet 1891, art. 1er.)

Le produit de la fermentation des raisins secs avec de l'eau ne peut être expédié, vendu ou mis en vente que sous la dénomination de *vin de raisins secs ;* il en est de même du mélange de ce produit, quelles qu'en soient les proportions, avec du vin. (Loi du 14 août 1889, art. 3.)

Les fûts ou récipients contenant des vins de sucre ou des vins de raisins secs doivent porter en gros caractères : *Vin de sucre*, *vin de raisins secs*. Les livres, factures, lettres de voiture, connaissements contiennent les mêmes indications, suivant la nature du produit livré. (*Id.*, art. 4.)

En cas de contravention, les délinquants sont punis d'une amende de 25 francs à 500 francs et d'un emprisonnement de dix jours à trois mois. En cas de récidive, la peine de l'emprisonnement est toujours prononcée. Les tribunaux peuvent ordonner, suivant la gravité des cas, l'impression dans les journaux et l'affichage, aux lieux qu'ils indiqueront, des jugements de condamnation aux frais du condamné.

Constitue la falsification de denrées alimentaires prévue et réprimée par la loi du 27 mars 1851, toute addition au vin, au vin de sucre ou de marc, au vin de raisins secs : 1° de matières colorantes quelconques; 2° de produits tels que les acides sulfurique, nitrique, chlorhydrique, salicylique, borique ou autres analogues; 3° de chlorure de sodium au-dessus de 1 gramme par litre.

Il est défendu de mettre en vente, de vendre ou de livrer des vins plâtrés contenant plus de 2 grammes de sulfate de potasse ou de soude par litre. Les délinquants sont punis d'une amende de 16 francs à 500 francs et d'un emprisonnement de six jours à trois mois, ou de l'une de ces deux peines suivant les circonstances. Ces dispositions sont applicables aux vins de liqueurs. Les fûts ou récipients contenant des vins plâtrés devront en porter l'indication en gros caractères. Les livres, factures, lettres de voiture, connaissements, doivent contenir la même indication.

Les vins ordinaires et les vins de raisins secs sont suivis, chez les marchands en gros ou en détail et chez les entrepositaires, au moyen de comptes particuliers et distincts. Ils sont tenus séparément dans les magasins.

La loi du 24 juillet 1894 réprime spécialement les fraudes provenant de l'alcoolisation et du mouillage.

La fabrication industrielle, la circulation et la vente des vins de raisins secs ou autres vins artificiels, à l'exception des vins de liqueur et mousseux et des vins de marc ou de sucre, sont exclus du régime fiscal des vins et soumis au régime de l'alcool. (Loi du 6 avril 1897, art. 1er.)

La fabrication, la circulation et la détention en vue de la vente des vins de marc et des vins de sucre sont interdites.

Il en est de même de la circulation en vue de la vente des piquettes provenant de l'épuisement des marcs par l'eau sans addition d'alcool, de sucre ou de matières sucrées. (Loi du 6 août 1905, art. 12.)

**Viol.** — Acte par lequel un homme abuse d'une femme avec violence ou par ruse.

Le viol est un crime, prévu et puni par les articles 332 et 333 du Code pénal. Pour qu'il y ait viol, au sens légal du mot, il faut qu'il y ait eu rapprochement intime de l'homme et de la femme et, en outre, qu'il y ait eu violence.

Il n'est pas nécessaire que la violence physique ait été employée : une violence simplement morale exercée par voie d'intimidation suffirait parfaitement. Il en est de même de l'emploi des narcotiques ou de substances dont l'effet serait de priver la victime de son libre arbitre et de paralyser sa résistance. Ainsi le crime existe lorsqu'un individu abuse d'une femme pendant son sommeil.

Le viol se distingue de l'attentat à la pudeur proprement dit en ce qu'il suppose la consommation complète de l'acte ; il n'est autre chose qu'un attentat à la pudeur aggravé. V. PUDEUR (*Attentat à la*).

Le viol, ainsi que la tentative, est puni des travaux forcés à temps. Ce crime rend son auteur passible des travaux forcés à perpétuité quand il se complique de certaines circonstances aggravantes, à savoir : lorsque le coupable est l'ascendant de la victime; lorsqu'il a sur elle autorité, comme tuteur ou comme patron, par exemple ; lorsqu'il est son instituteur ou son serviteur à gages; enfin, lorsqu'il est fonctionnaire public ou ministre d'un culte. V. MŒURS, PUDEUR.

**Violation de domicile, du secret des lettres, de sépulture, de dépôt,** etc. — V. DOMICILE, LETTRE, INHUMATION, DÉPÔT, etc.

**Violence.**

Au regard du droit civil, la violence est une cause de nullité des contrats. (V. CONTRAT.) Au regard du droit pénal, elle est une circonstance aggravante d'un certain nombre d'infractions : violences commises par ou contre les fonctionnaires, attentat à la pudeur, mendicité, vol, viol, etc.

**Virement.** — Opération qui consiste à faire passer une somme d'un compte à un autre, en débitant l'un et créditant l'autre.

On distingue en effet trois sortes de *virements* : les *virements de comptes*, les *virements de crédits*, les *virements de comptes courants*.

*Virements de comptes.* — Ce sont de simples transports d'un compte à un autre qu'opère dans ses écritures la direction générale de la Comptabilité publique. Ils servent à rectifier les erreurs commises par les ordonnateurs dans l'imputation des dépenses ou les erreurs similaires commises par les comptables; à affecter au budget en cours les fonds prévus qui proviennent des services spéciaux, d'emprunts ou d'excédents budgétaires; à reporter sur l'exercice suivant les payements inscrits par erreur à l'exercice courant; à régler les opérations de compte courant faites avec la Caisse des dépôts et consignations et quelques établissements publics; etc. Ils peuvent être effectués jusqu'au 31 juillet de la seconde année de l'exercice. (Loi du 29 janvier 1899, art. 4.) Un agent spécial, l'*agent comptable des virements de comptes,* consigne ces opérations dans un *résumé général* annuel qu'il certifie sous sa responsabilité et qu'il dépose au greffe de la Cour des comptes. La Cour vérifie et juge ce document, puis s'en sert pour modifier les totaux des comptes individuels des comptables, à qui ces régularisations échappent, et pour les comparer aux comptes ministériels. (Ordonnance du 9 juillet 1826, art. 1er, et arrêté du 21 juillet 1826.)

*Virements de crédits.* (Compt. publ.) — Ils consistent à transporter par décret les crédits budgétaires d'un chapitre de dépenses à un autre. Ils permettent au gouvernement de modifier la répartition des ressources faites par les Chambres. Aussi ne sont-ils pas pratiqués dans les Etats où le régime parlementaire fonctionne régulièrement. En France, la faculté de virement fut fort employée sous le second Empire. Le sénatus-consulte du 31 décembre 1861, qui exigeait une loi pour toute ouverture de crédits supplémentaires, autorisait à titre de correctif les virements d'une section à une autre, dans le budget de chaque ministère, par décret en conseil d'Etat. Le gouvernement en profita non seulement pour appliquer aux chapitres insuffisamment pourvus les excédents provenant d'autres chapitres, mais pour dépouiller au profit de dépenses dissimulées (fonds secrets, etc.) des chapitres indispensables dont les Chambres devaient ensuite relever les crédits. Ces abus discréditèrent la faculté de virement, qui fut limitée par la loi du 27 juillet 1870 (art. 38) et supprimée dès la chute de l'Empire par la loi du 16 septembre 1871 (art. 30). Les ministres conservent le droit de faire et de modifier la répartition des crédits entre les divers articles d'un même chapitre; mais les dépenses ne peuvent être acquittées que sur les crédits ouverts à chacune d'elles, ni ces crédits être employés à d'autres dépenses. (Décret du 31 mai 1862, art. 502, et Instr. gén., 982.)

*Virements de comptes courants.* (Banque.) — Ce sont les virements que font les banques quand, par un simple jeu d'écritures, elles transfèrent d'un dépôt à un autre dépôt une somme déterminée. Deux négociants, clients d'une même banque, évitent ainsi de se verser l'un à l'autre des espèces métalliques et règlent leurs comptes en prescrivant un simple virement. De même, quand les compensations sont effectuées entre les différents membres d'une *chambre de compensation,* il suffit d'un virement chez le banquier commun pour désintéresser le titulaire du solde. Des mandats de virement sont mis par la Banque de France à la disposition des personnes auxquelles elle ouvre d'importants comptes courants; ils sont acceptés en payement par le Trésor public.

## Visite domiciliaire.

Le principe de l'inviolabilité du domicile souffre des restrictions en matière civile (par exemple, pour l'exécution des jugements) et en matière pénale quand il s'agit de rechercher les indices des infractions, ainsi que les auteurs ou les complices. Le juge d'instruction a le droit d'opérer, dans ce but, des perquisitions ou visites domiciliaires chez un inculpé et chez toute personne (Code instr. crim., art. 87 et 88); il peut, par une ordonnance dite *mandat de perquisition,* déléguer ce droit à un juge de paix ou à un commissaire de police.

Le procureur de la République a le même pouvoir en cas de flagrant délit, mais seulement au domicile de l'inculpé. (*Id.*, art. 36.)

Les règles en matière de perquisition sont les suivantes : 1° il faut une prévention, c'est-à-dire un délit constaté et une instruction commencée; 2° le prévenu ou les tiers chez qui la perquisition est opérée doivent être mis en demeure d'y assister (*id.*, art. 39); 3° les perquisitions ne doivent avoir lieu que pendant le jour.

## Vœux monastiques.

Depuis 1790 la loi constitutionnelle ne reconnaît plus les vœux monastiques perpétuels.

Les novices ne peuvent contracter de vœux avant seize ans révolus. De seize ans à vingt et un ans, elles ne peuvent s'engager que pour un an; à leur majorité, que pour cinq années. Tant qu'elles ne sont pas majeures, elles doivent obtenir les mêmes consentements que si elles contractaient mariage. (Lettres patentes du 19 février 1790, décret du 18 février 1809.)

## Voies de fait.

Sous le nom de « voies de fait » on désigne deux catégories de faits matériels bien distincts : 1° Tout acte qui blesse une personne dans ses biens ou contrarie ses prétentions, tout acte par lequel on exerce, de son autorité privée, des prétentions ou des droits contraires aux droits ou aux prétentions d'autrui, tout acte consistant à usurper matériellement des droits qu'on n'a pas. En ce cas, les voies de fait sont dites voies de fait *réelles*. Il en est ainsi d'un dommage, d'une destruction d'ouvrages, d'une opposition à l'exécution de travaux, d'une dégradation, d'une détérioration, d'une spoliation, d'un trouble dans la possession.

2° Tout acte qui blesse une personne dans son corps ou dans son honneur, tout acte physique atteignant l'individu qui en est l'objet. En ce cas, les voies de fait sont dites voies de fait *personnelles*. Il en est ainsi d'une violence, d'un mauvais traitement, d'un méfait injurieux, du fait de cracher volontairement au visage de quelqu'un, de le saisir ou de le secouer. Le Code pénal atteint, sous le nom de « voies de fait », les violences qui, sans être précisément des coups, ont cependant un caractère de gravité punissable. V. BLESSURES ET COUPS.

## Voirie.

— Partie de l'administration publique qui a pour objet l'établissement, la conservation, l'entretien et l'alignement de toutes les voies de communication affectées à la circulation publique.

L'organisation de la voirie remonte à Sully, pour lequel fut créé le titre de grand voyer de France. Sous l'impulsion de Henri IV, Sully entreprit la construction de routes royales destinées à faire communiquer les grandes villes entre elles, et il établit les premiers règlements de voirie, dont certains sont encore en vigueur aujourd'hui par application de la loi des 19-22 juillet 1791. Ses successeurs n'eurent qu'à continuer son œuvre et l'ancien régime légua à la Révolution un réseau déjà important de grandes routes. Au cours du XIX^e siècle, les divers gouvernements se sont appliqués à développer tous les chemins, en faisant porter une grande partie de leur effort sur les voies de communication locales, assez négligées.

On distingue : 1° la *grande voirie*, qui embrasse toutes les communications d'un intérêt général : grandes routes (routes nationales et départementales), chemins de fer, canaux, fleuves ou rivières navigables ou flottables, rues ou places des villes dans les portions où elles sont traversées par les grandes routes, etc.; 2° la *petite voirie*, qui embrasse toutes les communications d'un intérêt purement local : chemins vicinaux, cours d'eau non navigables ni flottables, rues ou places des villes dans les portions qui ne se confondent pas avec la traverse des grandes routes, etc.

Les rues de Paris, par exception, sont toutes, sans distinction, soumises au régime de la grande voirie.

La petite voirie, à son tour, se divise en *voirie urbaine*, qui comprend les voies de communication *intérieure* des villes, bourgs ou villages (à l'exception de celles qui font suite aux grandes routes et des rues de Paris), et en *voirie rurale*, qui comprend les voies de communication *extérieure*, desservant la campagne, c'est-à-dire les chemins vicinaux et les chemins ruraux.

Dans la pratique on désigne l'ensemble des chemins vicinaux sous le nom de *voirie vicinale*.

L'intérêt de la distinction entre la grande et la petite voirie tient à la diversité des règles qui les régissent. Cette diversité de régime se manifeste : au point de vue des conditions de la création et de l'entretien des différentes voies de communication ; au point de vue des servitudes qui grèvent les riverains (notamment en ce qui concerne l'alignement); enfin, et surtout, à ce point de vue que, suivant que se trouve en cause la grande ou la petite voirie, la répression des contraventions est confiée à des juridictions différentes et ne donne pas lieu à l'application des mêmes pénalités ; c'est ainsi que les contraventions en matière de grande voirie sont jugées par le conseil de préfecture, tandis que les contraventions relatives à la petite voirie sont de la compétence des juges de paix siégeant comme juges de simple police.

Les questions générales relatives aux routes départementales et à la voirie urbaine ressortissent au ministère de l'Intérieur. Les règles de police relatives à la voirie sont extrêmement complexes. Les pouvoirs en cette matière appartiennent tantôt au préfet, tantôt au maire, qui peuvent prendre des arrêtés généraux et des mesures spéciales. En outre, une loi du 20 mai 1851 et un decrét du 10 août 1852 ont réglementé la police du roulage. V. TRANSPORT.

## Routes nationales et départementales.

*Routes nationales.* — *Les routes nationales* s'étendent de Paris jusqu'aux frontières (routes de 1^re et 2^e classe), ou font communiquer entre elles les villes les plus importantes de l'intérieur (routes de 3^e classe).

Les routes nationales sont créées tantôt par une loi, tantôt (lacunes et rectifications) par un décret, suivant leur importance, conformément à la loi du 27 juillet 1870 (V. TRAVAUX PUBLICS); une loi est en tout cas obligatoire pour ouvrir les crédits nécessaires à leur construction. Elles font partie du domaine public de l'Etat. Elles sont classées et déclassées par décret, sont entretenues sur le budget de l'Etat par les ingénieurs des ponts et chaussées ; elles dépendent du ministère des Travaux publics.

Le classement des routes nouvelles est déterminé par la loi qui les crée ; le déclassement, par une loi ou un décret en conseil d'Etat, selon que la route a plus ou moins de 20 kilomètres de longueur.

Leur entretien, leur amélioration et leur achèvement, leur réparation, sont à la charge de l'Etat, assurés par le corps des Ponts et chaussées. Ces travaux constituent un service national ressortissant au ministère des Travaux publics.

*Routes départementales.* — Les *routes départementales* relient généralement le chef-lieu aux principales villes d'un même département ou aux villes d'un département voisin.

Les routes départementales, dont l'origine remonte au décret du 16 décembre 1811, sont classées par le conseil général, sous la réserve d'un décret déclaratif d'utilité publique dans le cas où des expropriations sont nécessaires. Elles font partie du domaine public départemental et sont administrées par le département sous le contrôle du ministre de l'Intérieur. Elles sont entretenues sur les fonds du budget départemental. Il appartient au conseil général de choisir le service auquel il entend les confier, et qui peut être le service des ponts et chaussées ou un service spécial, celui des agents voyers. V. PONTS ET CHAUSSÉES, AGENTS VOYERS.

Le conseil général statue définitivement sur le classement, la direction et le déclassement des routes départementales, sur les projets, plans et devis des travaux à exécuter pour la construction, la rectification et l'entretien desdites routes, sur la désignation des services qui seront chargés de leur construction et de leur entretien.

Les dépenses des routes départementales donnent lieu, pour chaque route, à l'ouverture d'un crédit distinct. Les travaux d'entretien ou de simple réparation sont exécutés sous l'autorité du préfet, soit par entreprise, soit en régie d'après les devis approuvés par le conseil général; les marchés de fournitures sont passés par le préfet sur avis conforme de la commission départementale. Les travaux de construction, de rectification et d'amélioration des routes, des ouvrages d'art qui en dépendent ne peuvent être entrepris qu'en vertu d'une autorisation régulièrement donnée.

Il n'est procédé aux acquisitions et échanges des terrains nécessaires qu'en exécution d'une délibération du conseil général. L'expropriation pour cause d'utilité publique, lorsque cette mesure doit être prise, est autorisée suivant les cas par une loi ou par un décret. En cas de cession amiable, les contrats, dont le conseil général a arrête les clauses, sont passés par le préfet devant notaire ou en forme administrative, sur avis conforme de la commission départementale. Quant aux dommages causés à la propriété privée par les occupations de terrains pendant l'exécution des travaux, l'indemnité est fixée ou bien à l'amiable par contrat entre le préfet et le propriétaire, sur avis conforme de la commission départementale, ou bien par décision du conseil de préfecture (appel devant le Conseil d'Etat).

Le concours de l'Etat aux dépenses des routes départementales a surtout pour objet la construction d'ouvrages d'art et le rachat des péages établis sur des ponts desservant ces voies. Celui des communes est surtout demandé pour l'amélioration des routes, l'établissement de trottoirs et caniveaux dans la traversée des villes, et aussi la suppression des péages. Les souscriptions des particuliers ont la même destination.

Le conseil général peut confier le service des routes départementales ou de chemins d'intérêt commun et de grande communication soit au personnel des ponts et chaussées déjà chargé des routes nationales, soit au personnel des agents voyers départementaux. (V. AGENTS VOYERS.) Dans plusieurs départements, il y a donc deux services distincts, l'un dirigé par le ministère des Travaux publics, l'autre par le ministère de l'Intérieur.

### Chemins vicinaux.

L'*instruction générale* sur le service des chemins vicinaux, du 6 décembre 1870, a été modifiée ultérieurement par diverses circulaires du ministre de l'Intérieur et complétée par un règlement général du 21 juillet 1854, mis depuis en harmonie avec la législation et la jurisprudence. Les détails d'exécution sont l'objet de règlements départementaux approuvés par le ministre de l'Intérieur.

*Catégories de chemins vicinaux.* — Il y a trois catégories de chemins vicinaux : 1° chemins vicinaux *de grande communication;* 2° chemins vicinaux *d'intérêt commun ;* 3° chemins vicinaux *ordinaires*. Ces différents chemins constituent respectivement la grande, la moyenne et la petite vicinalité. Ayant un intérêt plus spécialement communal, ils sont obligatoirement entretenus par les budgets municipaux.

*Chemins vicinaux de grande communication.* — Les chemins vicinaux *de grande communication* sont déclarés tels par le conseil général, sur l'avis des conseils municipaux, des conseils d'arrondissement, et sur la proposition du préfet. Sur les mêmes avis et proposition, le conseil général détermine la direction de chaque chemin vicinal de grande communication, et désigne les communes qui doivent contribuer à sa construction ou à son entretien. Le préfet fixe la largeur et les limites du chemin, et détermine annuellement la proportion dans laquelle chaque commune doit concourir à l'entretien de la ligne vicinale dont elle dépend ; il statue sur les offres faites par les particuliers, associations de particuliers ou de communes.

L'addition des mots « de grande communication » ne fait pas perdre à ces chemins leur caractère de *chemins vicinaux*. Ils restent chemins vicinaux, ils en conservent tous les privilèges, ils sont imprescriptibles. La répression des usurpations reste dévolue à la juridiction des conseils de préfecture ; le sol de ces chemins continue d'appartenir aux communes ; celles-ci demeurent chargées de pourvoir à leur entretien, au moins en partie ; les fonds départementaux qu'il est permis d'y affecter viennent à la décharge des communes, non pas comme dépenses départementales directes, mais seulement comme subvention ; les travaux qui se font sur ces chemins sont donc des travaux communaux, et nullement des travaux départementaux ; seulement, il a paru nécessaire de placer ces travaux sous l'autorité immédiate et directe des préfets, parce qu'ils sont faits en vue d'un intérêt plus étendu que le simple intérêt d'une commune, et qu'il était indispensable de confier à une autorité centrale l'exécution des mesures qui intéressent plusieurs communes.

Des subventions du département et de l'Etat viennent, pour l'entretien des chemins de grande communication, s'ajouter aux ressources de la commune.

Lorsqu'un chemin vicinal intéresse plusieurs communes, et constitue entre elles un moyen habituel et indispensable de communication, le préfet, sur l'avis des conseils municipaux, désigne les communes qui doivent concourir à sa construction et à son entretien, et fixe la proportion dans laquelle chacune d'elles doit y concourir. La police des chemins vicinaux d'intérêt commun appartient aux maires.

L'entretien des *chemins vicinaux ordinaires* est à la charge des communes dont ils sont la propriété.

Les chemins vicinaux de grande communication et d'intérêt commun, quoique faisant partie du domaine public communal, sont administrés par l'autorité départementale. Le conseil général vote les crédits, répartit les dépenses de chaque chemin entre les communes intéressées, statue sur l'organisation du service ; l'exécution de ces décisions appartient au préfet. C'est le ministre de l'Intérieur qui, pour les routes départementales, les chemins vicinaux de grande communication et les chemins de grande communication, donne des instructions aux agents voyers.

Lorsque le service des chemins vicinaux est assuré par les agents voyers, un agent voyer en chef dirige des agents voyers d'arrondissement et cantonaux. S'il est confié aux ponts et chaussées, l'ingénieur en chef du département en a la haute direction à la place de l'agent voyer en chef, et des ingénieurs ordinaires reçoivent un arrondissement vicinal à la place des agents voyers d'arrondissement.

Des agents voyers sont commissionnés par le ministère des Travaux publics comme conducteurs des ponts et chaussées et réunissent à leurs attributions départementales celles de conducteur. Réciproquement, des ingénieurs et conducteurs des ponts et chaussées sont commissionnés par le préfet pour exercer les fonctions d'agent voyer.

*Ouverture, redressement et élargissement.* — Les travaux d'*ouverture* et de *redressement* des chemins vicinaux sont autorisés par le conseil général pour les chemins de grande communication et d'intérêt commun, et par la commission départementale pour les chemins vicinaux ordinaires. La décision du conseil général ou de la commission départementale équivaut à une déclaration d'utilité publique, sauf lorsqu'il s'agit de terrains bâtis ou clos de murs compris dans le tracé adopté : auquel cas, l'utilité publique doit, aux termes de la loi du 8 juin 1864, être prononcée par décret. Si l'acquisition des terrains nécessaires à l'ouverture et au redressement ne peut avoir lieu à l'amiable, le préfet provoque l'expropriation dans les formes prescrites par la loi du 3 mai 1841 combinée avec l'article 16 de la loi du 21 mai 1836. Les propriétaires peuvent consentir à l'occupation, sauf règlement ultérieur de l'indemnité par le jury d'expropriation. Ce jury est composé de quatre membres, présidé par un juge au tribunal de première instance ou par le juge de paix. (Loi du 3 mai 1841, art. 14, § 5.)

La largeur de chaque chemin vicinal est déterminée par le conseil général pour les chemins de grande communication et d'intérêt commun et par la commission départementale pour les chemins vicinaux ordinaires. (Loi du 10 août 1871, art. 44 et 86.) Il y a lieu à *élargissement* lorsque le chemin n'a pas la largeur fixée par la décision qui a prononcé le classement; le plan et l'état des parcelles à occuper sont soumis à l'approbation du conseil général ou de la commission départementale, selon la catégorie du chemin à élargir. Aux termes de l'article 15 de la loi du 21 mai 1836, la décision prescrivant l'élargissement d'un chemin vicinal attribue définitivement au chemin le sol compris dans les nouvelles limites qu'elle détermine. Cette décision dépossède le propriétaire des terrains nus à occuper : elle est translative de propriété et doit être nécessairement rendue pour permettre l'élargissement de la voie. Il ne peut donc y avoir entre le propriétaire et l'administration qu'un arrangement sur le prix du terrain quand il s'agit d'un immeuble non bâti ni clos de murs. Lorsque, au contraire, l'élargissement atteint des propriétés bâties, l'occupation ne peut avoir lieu qu'après le consentement amiable du propriétaire ou après une expropriation légalement poursuivie. (Loi du 8 juin 1864.)

Les projets rédigés pour la construction, la réparation ou l'entretien des chemins vicinaux indiqueront les carrières et les propriétés dont l'*occupation temporaire* sera nécessaire, soit pour l'extraction, soit pour le dépôt de terres et matériaux, soit pour tout autre objet relatif à l'exécution des travaux. Dans le cas où, pendant le cours des travaux, il deviendrait nécessaire d'occuper des terrains autres que ceux indiqués aux devis, la désignation en serait faite par le préfet, sur la proposition des agents voyers et sur l'avis du maire pour les chemins vicinaux ordinaires, sur la proposition des agents voyers pour les chemins vicinaux de grande communication et d'intérêt commun.

Lorsque le propriétaire refuse de consentir à l'occupation, un arrêté est pris par le préfet pour l'autoriser. Cet arrêté est notifié au propriétaire avec mise en demeure de se faire représenter sur les lieux, à l'heure et au jour fixés, dans un délai qui ne sera pas inférieur à dix jours, pour constater, contradictoirement avec un agent de l'administration désigné par le sous-préfet, l'état du terrain. (Loi du 21 mai 1836, art. 17.) A défaut par le propriétaire de se faire représenter, la constatation sera faite d'office par l'agent de l'administration. Le procès-verbal de l'opération, destiné à fournir les éléments nécessaires pour évaluer la dépréciation du terrain ou faire l'estimation du dommage causé, sera déposé à la mairie du lieu d'extraction ; les travaux pourront être commencés aussitôt après ce dépôt.

Immédiatement après l'extraction des matériaux ou la fin de l'occupation temporaire des terrains, et à la fin de chaque campagne si les travaux doivent durer plusieurs années, il sera procédé, à la requête de la partie la plus diligente, au règlement de l'indemnité, conformément aux prescriptions de l'article 17 de la loi du 21 mai 1836.

Le *déclassement* des chemins vicinaux est prononcé par le conseil général ou par la commission départementale, selon qu'il s'agit de chemins de grande communication et d'intérêt commun ou de chemins ordinaires. Sur la demande du conseil municipal, le chemin déclassé peut être conservé comme chemin rural.

La décision qui autorise le redressement d'un chemin ou prononce la réduction de sa largeur emporte le déclassement des parties abandonnées, dont la destination est fixée par délibération du conseil municipal approuvée par le préfet. Le prix des terrains aliénés après déclassement est versé dans la caisse municipale pour être affecté aux dépenses de la vicinalité.

Il peut être procédé par voie d'*échange*, avec ou sans soulte, à l'acquisition des terrains nécessaires pour l'élargissement, l'ouverture ou le redressement d'un chemin vicinal.

L'article 10 de la loi du 21 mai 1836 déclare imprescriptibles les chemins vicinaux reconnus comme tels. La répression des *usurpations* sur les chemins vicinaux appartient exclusivement aux conseils de préfecture. La connaissance des questions de propriété appartient aux tribunaux ordinaires. Lorsqu'un particulier se prétend propriétaire d'un terrain qu'il est prévenu d'avoir usurpé sur un chemin, c'est à ce particulier et non à la commune que demeure l'obligation d'établir le droit de propriété.

*Ressources des chemins vicinaux.* — Les ressources applicables aux dépenses des chemins vicinaux se composent : 1° de ressources ordinaires et de ressources extraordinaires créées par les communes ; 2° de ressources éventuelles.

Elles se divisent comme il suit :

1° *Ressources créées par les communes.* Ressources ordinaires (Loi du 21 mai 1836, art. 2) : Revenus ordinaires ; 5 centimes spéciaux ordinaires ; prestations (v. PRESTATIONS).

Ressources extraordinaires : 3 centimes spéciaux extraordinaires (Loi du 24 juill. 1867, art. 3) ; impositions extraordinaires ; emprunts ; allocations sur les fonds libres, sur les produits de coupes extraordinaires de bois, de ventes de terrains, etc.

2° *Ressources éventuelles.* Souscriptions particulières. — Subventions industrielles (Loi du 21 mai 1836, art. 14). — Prestations dues par suite de condamnations judiciaires. — Subventions départementales : sur centimes spéciaux et sur centimes facultatifs (Loi du 21 mai 1836, art. 8, et loi annuelle de finances) ; sur impositions extraordinaires ou sur emprunts. — Subventions de l'Etat.

*Dépenses des chemins vicinaux.* — Les dépenses des chemins vicinaux sont les suivantes :

1° Prestations en nature ; 2° travaux à exécuter à prix d'argent ; 3° indemnités relatives aux acquisitions de terrains ; 4° indemnités accessoires (extractions de matériaux, dépôts, enlèvement de terres, occupations temporaires de terrains) ; 5° contingent des communes dans les travaux des chemins vicinaux de grande communication et d'intérêt commun ; 6° concours dans le traitement des agents voyers ; 7° frais de confection de rôles et d'états matrices ; 8° salaire des cantonniers employés sur les chemins vicinaux ordinaires ; 9° travaux entrepris en commun par plusieurs communes et salaires y relatifs.

## Chemins ruraux.

L'article 1er de la loi du 20 août 1881 définit les chemins ruraux « les chemins appartenant aux communes, affectés à l'usage du public et qui n'ont pas été classés comme chemins vicinaux ». Tout chemin non vicinal qui est une propriété communale rentre donc dans la catégorie des chemins ruraux, lorsqu'il est public.

Ces chemins, ramifications ou auxiliaires des chemins vicinaux, sont pour les relations locales, l'agriculture, l'industrie et le commerce, d'une utilité incontestable, bien qu'ils n'aient pas l'importance des autres voies publiques de communication.

La loi du 20 août 1881, commentée par la circulaire (Intérieur) du 27 août suivant, a pourvu spécialement à leur création, à leur entretien et à leur conservation.

Les rues reconnues dans les formes légales être le prolongement des chemins vicinaux font partie intégrante de ces chemins. Les rues faisant suite aux chemins ruraux ne peuvent être l'objet d'une reconnaissance analogue.

L'affectation d'un chemin à l'usage du public consiste dans la faculté accordée ou laissée à chacun de s'en servir. Elle « peut s'établir notamment par la destination du chemin, jointe soit au fait d'une circulation générale et continue, soit à des actes réitérés de surveillance et de voirie de l'autorité municipale » (art. 2). Cette destination ne saurait avoir d'autre but que de satisfaire à des intérêts généraux : telle est la destination d'un chemin établi pour relier le chef-lieu de la commune à un ou plusieurs hameaux la composant.

*Reconnaissance.* — La loi admet deux classes de chemins ruraux : les chemins *reconnus* et les chemins *non reconnus*. Les chemins ruraux sont reconnus par des arrêtés que la commission départementale prend sur la proposition du préfet. Ces arrêtés doivent être précédés et suivis de formalités ayant pour but de sauvegarder les intérêts de la commune et des tiers. D'abord, le conseil municipal est appelé à désigner, sur la proposition du maire, ceux des chemins ruraux qui lui paraissent devoir être l'objet d'un arrêté de reconnaissance. Il est procédé ensuite à une enquête ; après quoi le conseil municipal délibère de nouveau, le maire et le sous-préfet donnent leur avis, les pièces de l'affaire sont transmises au préfet, qui les soumet, avec ses propositions, à la commission départementale. Celle-ci prend, s'il y a lieu, un arrêté de reconnaissance. Quant aux voies de recours dont peuvent être l'objet les décisions de la commission départementale en cette matière, elles sont les mêmes que celles admises contre ses décisions concernant les chemins vicinaux ordinaires (art. 4).

L'arrêté de reconnaissance vaut prise de possession des chemins par la commune, et cette possession ne peut être contestée que dans l'année qui suit la notification de l'arrêté (art. 5).

Les chemins ruraux reconnus sont protégés contre les usurpations aussi efficacement que les autres voies publiques d'un ordre supérieur : les chemins non reconnus restent, au contraire, prescriptibles contre les communes (art. 6).

Les contestations élevées par toute partie intéressée sur la propriété ou la possession soit totale, soit partielle, des chemins ruraux, sont jugées par les tribunaux ordinaires, c'est-à-dire par les juges de paix au possessoire et les tribunaux civils au pétitoire, sauf les recours de droit (art. 7).

*Conservation.* — L'autorité municipale est chargée de la police et de la conservation des chemins ruraux (art. 9).

Elle pourvoit à l'entretien des chemins ruraux reconnus, dans la mesure des ressources dont elle peut disposer. En cas d'insuffisance des ressources ordinaires, les communes sont autorisées à pourvoir aux dépenses des chemins ruraux reconnus à l'aide soit d'une journée de prestation, soit de centimes extraordinaires en addition au principal des quatre contributions directes (art. 10). V. CENTIMES.

D'après l'article 141 de la loi du 5 avril 1884, les conseils municipaux peuvent voter, en dehors de la limite du maximum fixé annuellement par le conseil général, 3 centimes extraordinaires exclusivement affectés aux chemins reconnus. Les communes dans lesquelles les chemins vicinaux classés sont entièrement terminés pourront, sur la proposition du conseil municipal et après autorisation du conseil général, appliquer aux chemins publics ruraux l'excédent de leurs prestations disponibles, après avoir assuré l'entretien de leurs chemins vicinaux et fourni le contingent qui leur est assigné pour les chemins de grande communication et d'intérêt commun. Toutefois, elles ne jouissent de cette faculté que dans la limite maxima du tiers des prestations et lorsque, en outre, elles ne reçoivent, pour l'entretien de leurs chemins vicinaux ordinaires, aucune subvention de l'Etat ou du département. (Loi du 21 juillet 1870.)

Les communes ont le droit d'imposer des subventions spéciales pour réparer les dégradations extraordinaires que les exploitations de mines, de carrières, de forêts ou d'entreprises industrielles causent aux chemins ruraux reconnus. En principe, c'est au maire qu'il appartient de réclamer les subventions ; mais lorsque le chemin rural reconnu sera entretenu à l'état de viabilité par un syndicat, celui-ci pourra former la demande. Les subventions pour dégradations sont exclusivement employées à la réparation des chemins qui y ont donné lieu. Elles peuvent être acquittées en argent ou en nature. Elles sont réglées annuellement, sur la demande des communes, ou, à leur défaut, à la demande des syndicats, par les conseils de préfecture, après des expertises contradictoires, et recouvrées comme en matière de contributions directes. Elles peuvent aussi être déterminées par abonnement ; les traités devront être approuvés par la commission départementale (art. 11).

*Ouverture et redressement.* — L'ouverture, le redressement, la fixation de la largeur et de la limite des chemins ruraux sont prononcés par la commission départementale, dont la décision équivaut, en principe, à une déclaration d'utilité publique. A défaut du consentement des propriétaires, l'expropriation des terrains nécessaires peut être poursuivie en vertu de la décision de la commission départementale, conformément aux dispositions de la loi du 21 mai 1836 sur les chemins vicinaux. Mais la décision portant déclaration d'utilité publique et autorisant l'expropriation ne saurait être qu'un décret, après avis du Conseil d'Etat, quand les immeubles à occuper seront soit des maisons, soit des cours ou jardins y attenant, soit des terrains clos de murs ou de haies vives. La commune, dans tous les cas, n'aura pas le droit de prendre possession d'un immeuble exproprié avant le payement ou la consignation de l'indemnité (art. 13).

La loi soumet à une prescription de deux ans l'action des propriétaires en indemnité soit pour le sol incorporé aux chemins, soit pour l'occupation temporaire des terrains, le dépôt ou l'extraction des matériaux (art. 15).

En principe, les chemins ruraux reconnus conserveront ce caractère tant que l'arrêté qui le leur a donné n'a pas été rapporté ou qu'ils n'ont pas été transformés en rues ou rangés, par une décision de l'autorité compétente, dans la grande voirie ou dans la voirie vicinale. Lorsqu'un chemin rural reconnu ou non reconnu cesse d'être affecté à l'usage du public, la vente peut en être autorisée par un arrêté du préfet rendu conformément à la délibération du conseil municipal et après une enquête précédée de trois publications faites à quinze jours d'intervalle (art. 16).

Les propriétaires riverains ont, en pareil cas, un droit de préemption qu'ils doivent exercer dans le délai d'un mois après mise en demeure d'acquérir (art. 17).

Les plans, procès-verbaux, certificats, significations, jugements, contrats, marchés, adjudications de travaux, quittances et autres actes ayant pour objet exclusif la construction, l'entretien ou la réparation des chemins ruraux seront enregistrés moyennant le droit fixe de 1 fr. 50. Les actions intentées par les communes ou dirigées contre elles relativement à leurs chemins ruraux sont jugées comme affaires sommaires (art. 18).

*Syndicats de chemins ruraux.* — Les propriétaires qui se servent ou se serviront habituellement des chemins ruraux peuvent s'unir, par un accord unanime, ou sur la demande de la majorité, pour assurer l'exécution des travaux : la loi du 20 août 1881 leur permet de former à cet effet des associations syndicales analogues à celles qui sont constituées pour les ouvrages de défense contre la mer, les fleuves, etc., pour le curage des cours d'eau non navigables ni flottables, le desséchement des marais, etc. V. ASSOCIATION SYNDICALE.

Lorsque l'ouverture, le redressement ou l'élargissement d'un chemin a été autorisé et que les travaux ne sont pas exécutés ou lorsqu'un chemin reconnu n'est pas entretenu par la commune, le maire peut d'office ou doit, sur la demande qui lui est faite par trois intéressés au moins, convoquer individuellement tous les intéressés ; il les invite à délibérer sur la nécessité des travaux et à se charger de leur exécution, tous les droits de la commune restant réservés (art. 19).

Si la moitié plus un des intéressés représentant au moins les deux tiers de la superficie des propriétés desservies par le chemin ou si les deux tiers des intéressés représentant plus de la moitié de la superficie consentent à se charger des travaux pour mettre ou maintenir la voie en état de viabilité, l'association est constituée. Elle existe même à l'égard des intéressés qui n'ont pas donné leur adhésion. Pour les travaux d'amélioration et d'élargissement partiel, l'assentiment de la moitié plus un des intéressés représentant au moins les trois quarts de la superficie des propriétés desservies, ou des trois quarts des intéressés représentant plus de la moitié de la superficie est exigé. Pour les travaux d'ouverture, de redressement et d'élargissement d'ensemble, le consentement unanime des intéressés est nécessaire (art. 20).

Les syndics de l'association seront élus en assemblée générale. Si la commune accorde une subvention, le maire nommera un nombre de syndics proportionné à la part que cette subvention représentera dans l'ensemble de l'entreprise. Les autres syndics devraient être nommés par le préfet dans le cas où l'assemblée générale, après deux convocations, ne se serait pas réunie ou n'aurait pas procédé à leur élection (art. 24).

Les associations ainsi constituées peuvent ester en justice par leurs syndics et emprunter. Elles peuvent aussi acquérir les parcelles de terrain nécessaires pour l'amélioration, l'élargissement, le redressement ou l'ouverture du chemin régulièrement entrepris. Les terrains réunis à la voie publique deviennent la propriété de la commune (art. 25).

Le syndicat détermine le mode d'exécution des travaux, soit en nature, soit en taxe; il répartit les charges entre les associés proportionnellement à leur intérêt; il règle l'accomplissement des travaux en nature ou le recouvrement des taxes en un ou plusieurs exercices (art. 26).

Les rôles pour le recouvrement de la taxe due par chaque intéressé sont dressés par le syndicat, approuvés, s'il y a lieu, rendus exécutoires par le préfet, recouvrés dans la forme des contributions directes par le receveur municipal (art. 27).

Quand une association syndicale refuse d'entreprendre les travaux en vue desquels elle a été constituée, le préfet a le droit de rapporter l'arrêté d'autorisation. D'un autre côté, dans le cas où l'interruption ou le défaut d'entretien d'ouvrages entrepris par une association pourrait avoir des conséquences nuisibles à l'intérêt général, il lui appartient, après mise en demeure, de faire procéder d'office, aux frais de l'association, à l'exécution des travaux nécessaires (art. 29).

Les intéressés et les tiers peuvent déférer au ministre de l'Intérieur, dans le délai d'un mois à partir de l'affiche, les arrêtés préfectoraux autorisant ou refusant d'autoriser les associations syndicales. Ils déposent leur recours à la préfecture. Le préfet doit le transmettre, dans le délai de quinzaine, avec pièces produites à l'appui et ses observations. Le ministre provoque ensuite le décret par lequel il sera statué après l'avis du Conseil d'État (art. 30).

Les contestations relatives au défaut de convocation d'une partie intéressée, à l'absence ou au degré d'intérêt des associés, ainsi qu'à la répartition, à la perception et à l'accomplissement des taxes et prestations, à la nomination des syndics, à l'exécution des travaux ordonnés d'office sont jugées par le conseil de préfecture, sauf recours au Conseil d'Etat. Il est procédé à l'apurement des comptes de chaque association selon les règles établies pour les comptes des receveurs municipaux (art. 31).

Nulle personne comprise dans une association ne peut contester sa qualité d'associé ou la validité de l'acte d'association, après le délai de trois mois à partir de la notification du premier rôle des taxes ou prestations (art. 32).

### Chemins et sentiers d'exploitation.

Les chemins et sentiers d'exploitation sont ceux qui servent exclusivement à la communication entre divers héritages, ou à leur exploitation. Ils sont, en l'absence de titre, présumés appartenir aux propriétaires riverains, chacun en droit soi; mais l'usage en est commun à tous les intéressés et peut être interdit au public. (Loi du 20 août 1881, art. 33.) Tous les propriétaires dont ils desservent les héritages sont tenus les uns envers les autres de contribuer, dans la proportion de leur intérêt, aux travaux nécessaires à leur entretien et à leur mise en état de viabilité. (*Id.*, art. 34.)

Les intéressés peuvent toujours s'affranchir de toute contribution en renonçant à leurs droits soit d'usage, soit de propriété sur les chemins d'exploitation. (*Id.*, art. 37.)

Les chemins et sentiers d'exploitation ne peuvent être supprimés que du consentement de tous les propriétaires qui ont le droit de s'en servir. (*Id.*, art. 35.)

Toutes les contestations relatives à la propriété et à la suppression de ces chemins et sentiers sont jugées par les tribunaux comme en matière sommaire. Le juge de paix statue, sauf appel, s'il y a lieu, sur toutes les difficultés relatives aux travaux à frais communs. (*Id.*, art. 36.)

### Voirie urbaine.

La voirie urbaine comprend les voies de communication intérieures qui desservent les centres de population des villes, rues, passages, boulevards, impasses, carrefours, places, promenades publiques. Elle est intégralement à la charge du budget communal.

Le classement des voies urbaines résulte d'un arrêté du préfet après délibération du conseil municipal.

Toute rue qui est le prolongement d'une route nationale ou départementale est considérée comme dépendance de la grande voirie. Toute rue qui est le prolongement d'un chemin vicinal en fait partie intégrante et est soumise aux mêmes lois et règlements.

Les *rues de Paris* font partie de la grande voirie. Les prolongements des routes nationales ont été remis à l'autorité municipale et sont administrés, sous l'autorité du préfet, par les ingénieurs des ponts et chaussées détachés au service de la Ville.

Les façades des maisons doivent être, à Paris, nettoyées tous les dix ans; un roulement a été établi entre les différents arrondissements à raison de deux chaque année.

C'est le conseil municipal qui désigne le nom des rues ou places situées sur le territoire de la commune. La délibération qu'il prend à cet effet doit être soumise à la sanction préfectorale. Les dénominations ayant le caractère d'un hommage public à des personnages vivants, ou sur la vie desquels l'histoire ne s'est pas encore prononcée, sont soumises à l'autorisation du chef de l'Etat.

**Droits et obligations des riverains.**

Les riverains de la voie publique ont, en cette qualité, des droits et des obligations. Ils ont : 1° le droit *de vue,* permettant d'établir des ouvertures droites ou obliques, sans se conformer aux articles 676 et suivants du Code civil, relatifs aux vues et jours sur la propriété du voisin ; 2° le droit *d'accès*, c'est-à-dire le droit d'ouvrir des portes de communication directe de la maison à la voie publique ; 3° le droit *d'écoulement* des eaux pluviales et ménagères, à l'aide de gouttières et de tuyaux de descente, suivant les prescriptions de l'administration. Il est admis que ces droits ne constituent pas de véritables servitudes et sont inopposables aux tiers acquéreurs des parties désaffectées de la voie publique, lorsque les riverains n'usent pas de la faculté de *préemption* qui leur est accordée en pareil cas.

Quant à leurs obligations, les riverains doivent : 1° subir la servitude d'alignement (v. plus bas) ; 2° démolir, sur l'ordre de l'administration (maire ou préfet, selon le cas), les édifices menaçant ruine ; 3° ne pas planter des arbres sans autorisation, à moins d'une certaine distance. Dans les villes, les riverains sont en outre obligés d'observer les règlements particuliers relatifs au nettoiement des façades, à la hauteur des maisons et aux saillies sur la voie publique.

*Alignement.* — L'alignement est une servitude qui oblige les propriétaires à observer, soit en avançant, soit en reculant leur construction, la ligne que l'administration a fixée pour séparer la voie publique des immeubles riverains.

Les règles d'approbation des plans généraux qui déterminent la direction des voies de communication sont les suivantes :

*Voirie urbaine.* L'approbation des plans d'alignement des villes, bourgs et villages appartient au préfet (décret du 26 mars 1852), sauf pour les rues formant le prolongement des chemins vicinaux, lesquelles sont assimilées à ces chemins (Loi du 8 juin 1864), et pour les rues de la ville de Paris, à l'égard desquelles il est statué par décrets en conseil d'Etat, conformément à la loi du 16 septembre 1807, art. 52.

*Chemins vicinaux.* Les plans sont approuvés par le conseil général s'il s'agit de chemins de grande communication ou d'intérêt commun, et par la commission départementale s'il s'agit de chemins ordinaires. (Loi du 10 août 1871.)

*Chemins ruraux reconnus.* La commission départementale prononce l'ouverture, le redressement et la fixation de la largeur de ces chemins au vu de plans d'exécution, qui doivent rester annexés à ses décisions et qui tiennent lieu de plans généraux d'alignement. (Loi du 20 août 1881.)

Les plans généraux d'alignement ont pour effet de créer, à la charge des riverains, des sujétions multiples. Aucune construction, d'abord, ne peut être élevée en bordure d'une voie publique sans que l'alignement, qui ne peut être refusé, ait été demandé (*alignement individuel*).

En outre, lorsqu'une maison est en saillie importante sur le plan général d'alignement, elle est frappée de *servitude de reculement*, c'est-à-dire condamnée à tomber de vétusté, et le propriétaire ne peut y faire aucun travail de nature à la consolider. L'application de cette règle est assurée par l'obligation où se trouve tout propriétaire de ne faire de réparation à son immeuble qu'après une autorisation administrative, susceptible d'être refusée précisément au cas de travaux confortatifs à une maison en saillie. A la chute de la maison, la valeur seule du sol réuni de plein droit à la voie publique est payée au propriétaire.

Lorsque les constructions doivent être incorporées d'urgence à la voie publique, et qu'on ne peut attendre leur démolition volontaire ou forcée pour cause de péril ou de vétusté (auquel cas elles sont incorporées de plein droit), il y a lieu de les acquérir selon le droit commun, ou de recourir à l'expropriation.

Si le terrain n'est pas bâti, le plan d'alignement a pour effet de l'incorporer de plein droit à la voie publique, moyennant indemnité.

Lorsque, au contraire, le plan général d'alignement met une maison en recul, le propriétaire est tenu d'acheter la parcelle délaissée par la voie publique au droit de son immeuble. S'il refuse, il est exproprié.

L'alignement individuel est délivré : 1° par le préfet ou (s'il existe un plan d'alignement) par le sous-préfet ; en matière de grande voirie et de chemins de grande communication d'intérêt commun ; 2° par le maire, en matière de voirie urbaine, de chemins vicinaux ordinaires et de chemins ruraux reconnus.

Avant de statuer sur les demandes tendant à obtenir les alignements, ou autorisations de sa compétence, le préfet ou le sous-préfet prend l'avis du maire.

Cette disposition permet au maire de revendiquer, en temps opportun, le droit de statuer lui-même sur les demandes de sa compétence lorsque les pétitionnaires considèrent comme appartenant à la grande voirie, à la grande ou à la moyenne vicinalité, des voies publiques ou sections de voies publiques appartenant exclusivement à la voirie urbaine ou à la petite vicinalité. L'avis défavorable du maire n'est pas un obstacle légal à ce qu'une décision contraire intervienne immédiatement. Toutefois, dans les cas où il n'y a pas urgence et où la difficulté soulevée par le maire présente de la gravité, il convient de la soumettre au ministre de l'Intérieur le plus tôt possible, après avoir provoqué les observations du ministre des Travaux publics, quand la question intéressera la grande voirie.

La délivrance des autorisations de bâtir et

des alignements individuels rentre dans les attributions du maire en matière de petite voirie, sauf les exceptions relatives aux chemins vicinaux de grande ou de moyenne communication. Dans le cas où le maire, saisi régulièrement d'une demande d'alignement individuel ou d'autorisation de bâtir, refuse de l'accueillir, le préfet peut délivrer l'alignement ou l'autorisation. En effet, tout propriétaire a le droit d'élever sur son fonds des constructions en bordure de la voie publique; il est tenu de solliciter préalablement l'alignement individuel et l'autorisation de bâtir, mais l'administration est obligée de les lui accorder lorsque sa demande réunit les conditions prévues par les lois ou règlements.

*Permissions et droits de voirie.* — Les droits de voirie, que le législateur n'a définis nulle part, ont pour objet, d'après un arrêté de la Cour de cassation du 10 février 1873, le prix des permissions préalables nécessaires pour opérer toutes constructions ou réparations au bord des voies publiques, pour établir des saillies en dehors de la ligne d'aplomb des édifices ou pour occuper le sol des rues à titre permanent ou temporaire.

Le maire peut, moyennant le payement de redevances fixées par un tarif dûment établi, donner des permis de stationnement (V. STATIONNEMENT) et de dépôt temporaire. Il lui appartient d'autoriser sur les trottoirs ou les accotements des rues ou places l'établissement d'étalages mobiles, l'installation temporaire de marchands, la pose de tables, de bancs ou de chaises pour les restaurateurs, cafetiers ou débitants de boissons, lorsque les intérêts de la circulation ne doivent pas en souffrir sérieusement et que les redevances à exiger sont fixées par un tarif régulièrement établi.

Les permissions de voirie sont, au point de vue de l'autorisation, soumises aux mêmes règles que les autorisations de bâtir et les alignements individuels.

Lorsque l'intérêt général de l'Etat, du département ou de la commune ne justifie pas le refus du maire de délivrer une permission de voirie, à titre précaire ou essentiellement révocable, ayant pour objet notamment l'établissement dans le sol de la petite voirie d'une canalisation destinée au passage ou à la conduite soit de l'eau, soit du gaz, le préfet a la faculté d'accorder cette permission.

*Plantations.* — Au bord des routes nationales, l'administration peut obliger les riverains à faire des plantations sur leur propre terrain. Un décret peut prescrire la même obligation aux riverains des routes départementales. Les plantations obligatoires doivent être distantes de 1 mètre au moins du bord des routes; les plantations facultatives, de 6 mètres. Pour les haies vives, la distance à observer est de 6 pieds des fossés et, s'il n'y a pas de fossés, de 30 pieds du pavé de la route. Les haies sèches sont assimilées aux constructions au point de vue de l'autorisation. Quant aux arbres plantés par l'Etat ou le département, il doit y avoir entre eux et les propriétés riveraines une distance de 2 mètres.

Le choix des arbres est réservé à l'administration des Ponts et chaussées, qui surveille les opérations. Le remplacement des arbres morts ou manquants doit avoir lieu dans les trois derniers mois de l'année.

Les arbres plantés sur le sol même de la route, ou sur les propriétés riveraines, ne peuvent être coupés qu'avec l'autorisation du ministre des Travaux publics, dans le seul cas de dépérissement et à charge de remplacement immédiat. Les contraventions sont punies d'une amende égale au triple de la valeur de l'arbre.

L'élagage des arbres des routes ne peut avoir lieu qu'en vertu d'un arrêté du préfet, et par les soins des ingénieurs des ponts et chaussées.

*Police et contraventions.* — La surveillance des routes nationales et départementales, au point de vue de leur état et des travaux, appartient aux maires, aux sous-préfets et aux préfets. La direction des travaux appartient au corps des ponts et chaussées et l'exécution matérielle aux cantonniers.

Le maire tient des attributions de police municipale que lui confère l'article 91 de la loi du 5 avril 1884 le droit de prendre les mesures nécessaires pour assurer, dans les agglomérations d'habitations, la commodité, la liberté et la sécurité du passage sur toutes les voies publiques de la grande ou de la petite voirie.

Les contraventions de voirie, constatées par procès-verbal, relèvent en principe d'une double compétence, selon que l'infraction intéresse la conservation de la voie ou la circulation sur la voie. Dans le premier cas, elles sont déférées au conseil de préfecture, sauf recours sans frais au Conseil d'Etat. Dans le second, elles sont soumises au tribunal de simple police, sous réserve d'appel au tribunal correctionnel.

## Voitures.

*Circulation.* — Les conditions de la circulation des voitures sur les routes et autres voies publiques font l'objet d'un ensemble de dispositions désignées sous le nom de *police du roulage*. (V. TRANSPORT.) D'autre part, cette circulation est subordonnée à l'acquittement : 1° de droits spéciaux aux voitures publiques; 2° d'une taxe spéciale qui atteint, en principe, toutes les autres voitures destinées au transport des personnes.

Les entrepreneurs de voitures publiques de toute espèce sont tenus de faire à l'administration des Contributions indirectes des déclarations préalables et annuelles : 1° pour toutes les voitures, anciennes ou nouvelles, qu'ils ont l'intention de mettre en circulation; 2° pour toutes les voitures autres que celles de rechange qu'ils veulent affecter à l'exploitation d'un nouveau service. Au 1er janvier de chaque année toutes les déclarations doivent être renouvelées. Elles donnent lieu à la délivrance d'une licence. Pour les voitures à destination fixe, la licence entraîne le payement d'un droit annuel; pour les voitures d'occasion ou à volonté et les voitures en service accidentel, la licence est délivrée moyennant le remboursement du droit du timbre (0 fr. 10). Sont considérées comme partant d'occasion ou à volonté les voitures qui, dans leur service habituel d'un point fixe à un autre, ne sortent pas d'une même ville ou d'un rayon de 40 kilomètres de ses limites, pourvu qu'il n'y ait pas continuité immédiate de service pour un point plus éloigné, même après changement de voiture.

On entend par voitures en service accidentel celles que, dans les lieux où il existe des voitures publiques, peut mettre temporairement en circulation à prix d'argent, à certaines époques de l'année et notamment lors des fêtes patronales ou des foires, toute personne autre qu'un entrepreneur de voitures publiques.

Les voitures publiques doivent être accompagnées de laissez-passer. (Loi du 25 mars 1817, art. 117.)

Un laissez-passer ne peut être délivré pour une voiture à destination fixe qu'autant que la mise en circulation a été autorisée par le préfet, conformément à l'article 18 du décret du 10 août 1852. L'autorisation du préfet est strictement indispensable quand il s'agit :

De voitures mises pour la première fois en circulation ;

De voitures dont la forme et la contenance sont modifiées ;

Du changement du siège principal de l'établissement ;

Du changement des jours et heures de départ ;

Du changement de lieu de destination, c'est-à-dire de la modification du service qui primitivement avait été déclaré.

La même règle est entièrement applicable aux voitures faisant un service régulier, mais qui, pour le payement des droits seulement, sont assimilées, en vertu de l'article 2 de la loi du 11 juillet 1879, aux voitures partant d'occasion ou à volonté.

Les laissez-passer doivent être renouvelés au commencement de chaque année.

Toutes les fois qu'un entrepreneur cessera de faire circuler une voiture, il devra, pour jouir de l'exemption de droit à laquelle il peut prétendre à raison de cette cessation de service, en faire, au bureau du lieu de son principal domicile, une déclaration, et remettre au receveur les estampilles et laissez-passer desdites voitures.

La substitution d'une voiture à une autre fait également l'objet d'une déclaration.

*Voitures publiques.* — Les voitures publiques de terre ou d'eau payent au Trésor un droit, comme indemnité des dépenses faites par l'Etat, pour l'établissement et l'entretien de la viabilité.

Ce droit est proportionnel au prix du transport de voyageurs ou de bagages et messageries, en ce qui concerne les voitures se rendant à jours et heures fixes à des lieux déterminés, c'est-à-dire les voitures en service régulier. En ce qui concerne les voyageurs, le droit est assis sur le produit obtenu en multipliant le prix des places de chaque voiture par le nombre de voyages réguliers, déduction faite du tiers pour places vides. Ce droit est de 12 pour 100 de la recette brute, diminuée du montant de l'impôt. Quant aux voitures qui circulent irrégulièrement, elles sont assujetties à un droit fixe annuel, variable selon leurs dimensions. (Lois des 25 mars 1817, 28 juin 1833, 15 juillet 1855, 16 septembre 1871, 21 mars 1874, 11 juillet 1879.)

Un droit fixe est imposé sur les voitures publiques partant d'occasion ou à volonté, pour tenir lieu du droit imposé sur les voitures à service régulier. Il est perçu, suivant le tarif ci-après :

| | | fr. | | |
|---|---|---|---|---|
| Par voiture | à 1 et 2 places. . | 50 | 00 | par an. |
| | à 3 places. . . . | 75 | 00 | — |
| | à 4 — | 100 | 00 | — |
| | à 5 — | 120 | 00 | — |
| | à 6 — | 137 | 50 | — |
| Pour chaque place au delà de 6 jusqu'à 50 inclus. . . | | 12 | 50 | — |
| Pour chaque place au delà de 50 jusqu'à 150 inclus. . | | 6 | 25 | — |
| Pour chaque place au delà de 150. . . . . . . . . . | | 3 | 12 | — |

Ces droits sont exigibles par mois et d'avance ; ils sont toujours dus pour un mois entier à quelque époque que commence ou cesse le service.

Les voitures en service accidentel et journalier acquittent par jour un droit de 0 fr. 18 par place.

Enfin, chaque voiture publique est munie d'une estampille du prix de 2 francs.

Des droits frappent également les chemins de fer d'intérêt général et local, ainsi que les tramways à traction mécanique, à raison du transport des voyageurs et des marchandises.

*Contributions sur les voitures, chevaux, mules et mulets.* — La contribution sur les voitures, chevaux, mules et mulets est une taxe assimilée aux contributions directes, primitivement établie par la loi de finances du 2 juillet 1862 et supprimée à partir du 1er janvier 1866 ; elle a été rétablie par l'article 7 de la loi du 16 septembre 1871, qui a remis en vigueur, à partir du 1er janvier 1872, les prescriptions de la loi du 2 juillet 1862 relatives à cet impôt. Plusieurs de ces prescriptions ont ensuite été modifiées ou étendues par les lois du 23 juillet 1872, du 22 décembre 1879, du 29 décembre 1884, du 17 juillet 1895, du 13 avril 1898, du 11 juillet 1899 et du 13 juillet 1900.

La taxe est due par les *possesseurs :*

1° De voitures automobiles destinées au transport des personnes ;

2° De voitures suspendues, attelées ou non, destinées au transport des personnes ;

3° De chevaux, mules et mulets servant à atteler les voitures imposables ;

4° De chevaux, mules et mulets de selle.

La taxe est établie d'après le tarif ci-après.

Le tarif spécial aux automobiles a été donné au mot AUTOMOBILES.

Les communes dont la population agglomérée (municipale et comptée à part) est inférieure à 2 000 habitants, même si le nombre de leurs habitants dépasse 5 000, restent soumises, pour les chevaux et voitures, à la taxe des communes dont la population n'atteint pas 5 000 habitants. (Loi du 11 juillet 1899.)

Les taxes sont réduites de moitié pour les voitures, chevaux, mules et mulets imposables, lorsqu'ils sont employés habituellement pour le service de l'agriculture ou d'une profession quelconque donnant lieu à l'application du droit de patente, sauf certaines professions libérales ; néanmoins, la taxe est réduite de moitié pour les docteurs en médecine, vétérinaires.

déclarations doivent être faites ou modifiées, s'il y a lieu, le 15 janvier au plus tard de chaque année pour les rôles primitifs de la contribution sur les voitures, chevaux, mules et mulets.

La taxe est due pour l'année entière à raison

| VILLES, COMMUNES OU LOCALITÉS dans lesquelles le tarif est applicable. | SOMMES A PAYER NON COMPRIS LES FONDS DE NON-VALEURS | | |
|---|---|---|---|
| | par chaque voiture | | par chaque cheval, mule et mulet de selle ou d'attelage. |
| | à 4 roues. | à 2 roues. | |
| 1 | 2 | 3 | 4 |
| | francs. | francs. | francs. |
| Paris | 60 | 40 | 25 |
| Les communes autres que Paris ayant plus de 40 000 âmes de population | 50 | 25 | 20 |
| Les communes de 20 001 à 40 000 âmes | 40 | 20 | 15 |
| Les communes de 10 001 à 20 000 âmes | 30 | 15 | 12 |
| Les communes de 5 001 à 10 000 âmes | 25 | 10 | 10 |
| Les communes de 5 000 âmes et au-dessous | 10 | 5 | 5 |

Ne donnent pas lieu au payement de la taxe les juments et étalons qui sont exclusivement consacrés à la reproduction, et les voitures, chevaux, mules et mulets qui sont : 1° affectés exclusivement au service des voitures publiques soumises aux droits perçus par l'administration des Contributions indirectes; 2° possédés par les marchands de chevaux, carrossiers, marchands de voitures, et exclusivement destinés à la vente ou à la location ; 3° possédés en conformité des règlements du service militaire ou administratif.

Si le contribuable *a plusieurs résidences,* il est, pour les éléments qui le suivent *habituellement* dans ces résidences, imposable dans le rôle de la commune où il est soumis à la taxe personnelle ; mais la contribution est établie suivant le tarif de celle de ces résidences dont la population est la plus élevée. Pour les éléments qui restent *habituellement* attachés à l'une de ces résidences, le contribuable est imposable dans la commune de cette résidence et suivant la taxe afférente à la population de cette commune.

L'état-matrice destiné à la confection du rôle est rédigé par le contrôleur des contributions directes, de concert avec le maire et les répartiteurs, d'après les déclarations des contribuables, ou d'office, si les déclarations ne sont pas faites ou bien si elles sont inexactes ou incomplètes. Un vingtième de l'impôt est attribué aux communes.

Les contribuables doivent faire la déclaration des éléments imposables à la contribution sur les voitures, chevaux, mules et mulets, à la mairie de l'une des communes où ils ont leur résidence, en désignant celles où se trouvent en permanence lesdits éléments. Les

des éléments possédés à la date du 1er janvier. En cas de décès du contribuable, les héritiers sont tenus au payement des taxes ou des portions de taxes non encore acquittées.

Les contribuables qui, *dans le cours de l'année*, deviennent possesseurs de voitures, chevaux, mules et mulets imposables, doivent la taxe *à partir du 1er du mois* dans lequel le fait s'est produit et sans qu'il y ait lieu de tenir compte des taxes imposées au nom des précédents possesseurs.

Dans le cas où, à raison d'une résidence nouvelle, le contribuable devient passible d'une taxe supérieure à celle à laquelle il a été assujetti au 1er janvier, il doit un droit supplémentaire égal au montant de la différence de tarif et calculé *à partir du 1er du mois* dans lequel le changement de résidence s'est produit.

Sont imposables par voie de rôles supplémentaires les éléments d'imposition omis aux rôles primitifs. V. AUTOMOBILES.

*Circulation.* — V. TRANSPORT, § *Police du roulage.*

*Lettre de voiture.* — V. LETTRE DE VOITURE.

**Voiturier.** — V. TRANSPORT.

**Vol.** — Action de dérober ce qui appartient à autrui.

Le Code pénal, qui consacre au vol ses articles 379 à 401, distingue entre les vols simples quelques vols spéciaux et les vols qualifiés.

*Vols simples.* — Ce sont ceux qui ne sont accompagnés d'aucune circonstance aggravante. Ils sont passibles de peines correctionnelles, notamment d'un emprisonnement d'un an à cinq ans et d'une amende de 16 francs à 500 francs. (Code pén., art. 401.)

*Vols spéciaux.* — L'article 388 du Code pénal prévoit, en les punissant d'un emprisonnement d'un an à cinq ans et d'une amende de 16 à 500 francs, certains vols spéciaux, qui sont : 1° les vols, dans les champs, de chevaux ou bêtes de charge, de voiture ou de monture, de gros et menus bestiaux, d'instruments d'agriculture; 2° les vols de bois, dans les ventes; 3° les vols de pierres, dans les carrières; 4° le vol de poissons, dans les étangs, viviers ou réservoirs. Il prévoit, en outre, mais en graduant la peine suivant la gravité des cas, le vol, dans les champs, de récoltes déjà détachées du sol.

*Vols qualifiés.* — Ce sont ceux commis dans des circonstances dites *circonstances aggravantes* (effraction, escalade, fausses clés, violences, armes apparentes ou cachées, etc.), qui les font ranger par le législateur au nombre des crimes. Les peines qui leur sont applicables varient, selon la gravité et le nombre des circonstances aggravantes, entre la réclusion et les travaux forcés à perpétuité.

## Volailles.

*Volailles.* — Celui dont les volailles passent sur la propriété voisine et y causent des dommages est tenu de réparer ces dommages. Celui qui les a soufferts peut même tuer les volailles, mais seulement sur le lieu, au moment du dégât, et sans pouvoir les emporter. Les volailles et autres animaux de basse-cour, qui s'enfuient dans les propriétés voisines, ne cessent pas d'appartenir à leur maître, quoiqu'il les ait perdus de vue. Néanmoins, celui-ci ne pourra plus les réclamer un mois après la déclaration qui devra être faite à la mairie par les personnes chez lesquelles ces animaux se seront enfuis. (Loi du 4 avril 1889, art. 4 et 5.)

## Voyer (Agent). — V. AGENTS VOYERS.

## Vues et jours de souffrance.

*Jours de souffrance.* — Dans le cas où le mur qui sépare deux héritages est mitoyen, ni l'un ni l'autre des deux propriétaires n'a le droit d'y pratiquer des ouvertures d'une nature quelconque, et même simplement destinées à donner du jour à leur appartement. (Code civ., art. 675.) L'interdiction est absolue; elle concerne toute ouverture, si minimes qu'en soient les dimensions, et alors même que la baie en serait garnie d'un verre dormant, c'est-à-dire fixé à demeure et ne pouvant, en conséquence, donner passage au jet d'aucune immondice ou d'aucun corps; en résumé, le consentement du propriétaire voisin est indispensable pour ouvrir dans un mur mitoyen une ouverture, quelle qu'elle soit.

Dans le cas où le mur séparatif n'est point mitoyen et appartient exclusivement à un seul des propriétaires contigus, celui-ci a la faculté d'y pratiquer des ouvertures ou jours pour éclairer son appartement. Toutefois, l'exercice de cette faculté est réglementé de manière à en atténuer le plus possible l'incommodité pour le voisin. L'article 676 dispose d'abord que les jours ouverts par le propriétaire du mur séparatif devront être garnis d'un verre dormant, c'est-à-dire non mobile, et, en outre, que le châssis de verre soit recouvert d'un treillis à fer maillé. La dimension des mailles du treillis ne peut excéder $0^m,10$ au plus d'ouverture. En dépit du verre dormant et du treillis de métal, les ouvertures pourraient incommoder le voisin en donnant vue sur son fonds, si la loi n'avait eu la précaution de déterminer à quelle hauteur, relativement au plancher de l'appartement, les fenêtres dont il s'agit peuvent être établies; l'article 677 dispose que cette hauteur doit être de $2^m,60$ pour les jours pratiqués au rez-de-chaussée, et de $1^m,90$ pour les jours ouverts aux étages supérieurs.

*Vues droites et obliques.* — « On ne peut avoir des vues droites ou fenêtres d'aspect, ni balcons ou autres semblables saillies sur l'héritage clos ou non clos de son voisin, s'il n'y a 19 décimètres de distance entre le mur où on les pratique et ledit héritage. » (Code civ., art. 678.)

« On ne peut avoir des vues par côté ou obliques sur le même héritage s'il n'y a 6 décimètres de distance. » (*Id.*, art. 679.)

« La distance dont il est parlé dans les deux articles précédents se compte depuis le parement extérieur du mur où l'ouverture se fait, et, s'il y a balcons ou autres semblables saillies, depuis leur ligne extérieure jusqu'à la ligne de séparation des deux propriétés. » (*Id.*, art. 680.)

Le droit de vues et de jours est une servitude apparente qui peut s'acquérir par la prescription de trente ans.

# W

**Warrant.** — Bulletin de gage à ordre, avec indication de valeur, qu'on délivre, dans les magasins généraux, au négociant qui y dépose des marchandises, et qui est transmissible par voie d'endossement, comme une lettre de change.

Les magasins généraux (v. MAGASINS GÉNÉRAUX) favorisent le crédit en facilitant les ventes et les prêts sur gages. Ils permettent à un négociant gêné par des circonstances imprévues de se procurer immédiatement les fonds dont il a besoin pour continuer son commerce et parfois éviter soit une faillite, soit une liquidation judiciaire.

Le dépôt des marchandises dans les magasins généraux, qui permet d'économiser des frais de déchargement, d'emmagasinage et de garde, donne droit à la délivrance d'un double titre : l'un, appelé *récépissé à ordre*, transfère la propriété de la marchandise ; l'autre, le *warrant*, est un bulletin de gage à ordre, transmissible, comme le récépissé, par voie d'endossement.

Les magasins généraux détiennent la marchandise soit pour le compte du propriétaire déposant, porteur du récépissé, soit pour le compte du créancier du propriétaire, porteur du warrant. Le récépissé et le warrant énoncent les nom, profession et domicile du déposant, ainsi que la nature de la marchandise déposée et les indications propres à en établir l'identité et à en déterminer la valeur.

Récépissé et warrant peuvent être transférés par voie d'endossement, ensemble ou séparément.

Le propriétaire déposant peut emprunter sur sa marchandise en transférant le bulletin de gage ou warrant endossé et détaché du récépissé : le prêteur se trouve dès lors investi de tous les droits de l'emprunteur sur ladite marchandise.

Si le propriétaire veut vendre sa marchandise non grevée d'emprunts, il transfère à l'acheteur les deux titres réunis, récépissé et bulletin de gage, et celui-ci se trouve propriétaire de la marchandise, sur laquelle il peut emprunter s'il le juge convenable.

L'endossement du récépissé transmet au cessionnaire le droit de disposer de la marchandise à la charge par lui, lorsque le warrant n'est pas transféré avec le récépissé, de payer la créance garantie par le warrant ou d'en laisser payer le montant sur le prix de la vente de la marchandise. Dans tous les cas, l'endossement du récépissé ou du warrant doit être daté.

Si le warrant est séparé du récépissé, son endossement doit, en outre, énoncer le montant intégral en capital et intérêts de la créance garantie, la date de son échéance et les nom, prénoms, profession et domicile du créancier. Le premier cessionnaire du warrant doit immédiatement faire transcrire l'endossement sur les registres du magasin général avec les énonciations dont il est accompagné. Mention de cette inscription est faite sur le warrant. Le porteur du récépissé séparé du warrant peut, même avant l'échéance, payer la créance garantie par le warrant.

Si le porteur du warrant n'est pas connu ou si, étant connu, il n'est pas d'accord avec le débiteur sur les conditions auxquelles aurait lieu l'anticipation de payement, la somme due, y compris les intérêts jusqu'à l'échéance, est consignée à l'administration du magasin général, qui en demeure responsable, et cette consignation libère la marchandise.

Les porteurs de récépissés et de warrants ont sur les indemnités d'assurances dues en cas de sinistres les mêmes droits de privilèges que sur la marchandise assurée.

Celui qui a perdu un récépissé ou un warrant peut demander et obtenir par ordonnance du juge, en justifiant de sa propriété et en donnant caution, un duplicata s'il s'agit du récépissé ou le payement de la créance garantie s'il s'agit d'un warrant.

La loi soumet le récépissé et le warrant à la formalité du timbre et de l'enregistrement. Le récépissé est soumis au timbre de dimension, mais ne donne lieu pour l'enregistrement qu'à un droit fixe de 1 franc. Le warrant, au contraire, endossé séparément du récépissé, est assimilé à un effet de commerce.

Le porteur non payé à l'échéance peut, huit jours après protêt, sans formalité de justice, faire vendre par courtier, dans la quinzaine de la vente ; il a un recours subsidiaire contre l'emprunteur et les endosseurs.

La loi du 1er juillet 1898 a créé le *warrant agricole*. Le cultivateur pressé par des besoins d'argent peut être obligé de vendre sa récolte dans un moment où l'affluence des produits similaires sur le marché entraîne une dépréciation des cours. La loi précitée lui permet d'attendre et de se procurer les fonds qui lui sont nécessaires, en donnant pour gage, *sans déplacement*, tout ou partie des produits de son exploitation. Le domicile du propriétaire des récoltes est constitué en lieu de dépôt, privilège exclusivement réservé auparavant aux magasins généraux, et le propriétaire est lui-même gardien responsable de la marchandise, mais sans recevoir d'indemnité.

Les produits sur lesquels un warrant peut être créé, et qui peuvent être donnés en gage, sont les suivants : céréales en gerbes ou battues ; fourrages secs, plantes officinales séchées ; légumes secs, fruits séchés et fécules ; matières textiles, animales ou végétales ; graines oléagineuses ; graines à ensemencer ; vins, cidres, eaux-de-vie et alcool de nature diverse ; cocons secs et cocons ayant servi au grainage ; bois exploités, résines et écorces à tan ; fromages, miels et cires ; huiles végétales ; sel marin.

Le warrant est extrait d'un registre à souche tenu par le greffier de la justice de paix. Le greffier inscrit sur la souche et sur le volant destiné à circuler, d'après la déclaration de l'emprunteur, la nature, la quantité et la valeur des produits qui devront servir de gage à son emprunt, ainsi que le montant des sommes à emprunter ; mais il n'a pas à contrôler les déclarations qui lui sont faites, dont il n'est d'ailleurs pas responsable.

Le warrant doit indiquer si le produit warranté est ou non assuré et la désignation de l'assureur, s'il y a lieu.

Les établissements publics de crédit peuvent recevoir les warrants comme effets de commerce, avec dispense d'une des signatures exigées par leurs statuts.

L'escompteur ou réescompteur d'un warrant sera tenu d'en donner avis immédiatement au greffier du juge de paix par lettre recommandée avec accusé de réception.

Les porteurs de warrants ont, sur les indemnités d'assurances dues en cas de sinistres, les mêmes droits et privilèges que sur la marchandise assurée.

Les greffiers doivent délivrer à tout prêteur qui le requiert, mais avec l'autorisation de l'emprunteur, la copie des inscriptions d'emprunt déjà faites par celui-ci, ou un certificat constatant qu'il n'en existe aucune.

L'emprunteur peut rembourser à tout moment le warrant, même avant l'échéance et en bénéficiant des intérêts qui restent à courir; si le créancier refusait ses offres, il n'aurait qu'à consigner chez le greffier la somme due; l'argent déposé deviendrait alors l'unique gage de la créance. C'est pour faciliter l'exercice de cette faculté de libération anticipée que tout endosseur d'un warrant agricole est tenu d'en donner immédiatement avis au greffier du juge de paix par lettre recommandée avec avis de réception.

La procédure d'exécution, en cas de nonpayement de la créance à l'échéance, est très simplifiée et les frais très restreints. Après avis préalable transmis par lettre recommandée à l'emprunteur (lettre pour laquelle un avis de réception doit être demandé), le porteur du warrant, huit jours après l'avertissement et sans aucune autre formalité de justice, mais avec les formes de publicité prévues par les articles 617 et suivants du Code de procédure civile, peut faire procéder par un officier ministériel à la vente publique aux enchères de la marchandise engagée. S'il y avait lieu à référé, le juge de paix serait compétent pour prononcer. Tout agriculteur qui aurait détruit ou diminué par son fait le gage de son créancier serait poursuivi correctionnellement comme coupable d'abus de confiance.

Lorsque le cultivateur qui veut warranter ses produits n'est pas propriétaire ou usufruitier de son exploitation, il doit, avant tout emprunt, aviser le propriétaire du fonds, qui est lui-même privilégié sur les biens de l'emprunteur (Code civ., art. 2102) ou son mandataire légal. Cet avis doit être donné par le greffier du juge de paix du canton du domicile de l'emprunteur, par lettre enregistrée et recommandée, avec avis de réception. Le propriétaire avisé pourra, si des termes de loyer échus lui sont encore dus, faire opposition à l'emprunt dans un délai de douze jours francs et dans la même forme; sa nonopposition dans le délai légal est considérée comme une acceptation.

L'emprunteur qui a remboursé son warrant fait constater le remboursement au greffe de la justice de paix; le remboursement est inscrit sur le registre à souche et il est donné récépissé de la radiation de l'inscription.

# Z

**Zone frontière.** — Espace de terrain, le long des frontières, sur lequel divers travaux publics ne peuvent être librement exécutés.

La *zone frontière* a pour limite extérieure les Etats voisins ou la mer et pour limite intérieure une série de cours d'eau et de routes nationales ou départementales, ou même de chemins vicinaux.

Les obligations et servitudes auxquelles est soumis le territoire de la zone frontière consistent en ce que toute une série de travaux ne peuvent y être exécutés qu'après examen de la Commission des travaux publics, qui siège à Paris, au dépôt des fortifications, et à laquelle les projets doivent être préalablement soumis. Tels sont : les travaux concernant les routes nationales et départementales, les chemins de fer, les ponts de plus de 6 mètres d'ouverture entre culées, les cours d'eau navigables ou flottables, les ports et mouillages, les phares, fanaux, écluses et autres ouvrages analogues, tels que bassins, brise-lames, etc.

**Zone militaire.** — Espace de terrain autour des places de guerre, sur lequel il est défendu de bâtir et de faire des travaux de déblai ou de terrassement.

Le décret du 10 août 1853 a spécifié que les *servitudes défensives* autour des places et des postes s'exercent sur les propriétés comprises dans trois zones consécutives dites *zones de servitudes,* commençant aux fortifications et s'étendant respectivement à 250 mètres, 487 mètres et 974 mètres pour les places; 250, 487 et 584 mètres pour les postes; l'étendue de certaines zones pouvant être réduite par décret, lorsqu'il est possible de le faire sans compromettre la défense.

Ces trois zones commencent toutes aux fortifications, c'est-à-dire qu'elles ont pour point de départ la crête même des parapets des chemins couverts les plus avancés ou des murs de clôture et d'escarpe, lorsqu'il n'y a pas de chemins couverts, ou enfin, quand il n'y a ni chemin couvert, ni mur de clôture ou d'escarpe, à partir du mur de la crête intérieure des parapets des ouvrages.

Dans la *première zone,* il ne peut être fait aucune construction, de quelque nature qu'elle soit, à l'exception de clôtures ou *haies sèches* ou en planches à claire-voie, sans pans de bois, ni maçonnerie. Les *haies vives* et plantations d'arbres et d'arbustes formant haie sont spécialement interdites dans cette zone.

Dans la *deuxième zone,* il est interdit, autour des places de première et deuxième classe formant ici ce qu'on appelle la *première série,* d'exécuter aucune construction quelconque en *maçonnerie* ou en *pisé.* Il est permis d'élever des constructions en *bois* et en *terre,* sans pierres ni briques, chaux ni plâtre, autrement qu'en crépissage, à la charge de les démolir immédiatement, sans indemnité, et d'enlever les décombres à la première réquisition de l'autorité militaire, si la place, déclarée en *état de guerre,* est menacée d'hostilités. Autour des places de la *deuxième série* (places de troisième classe et postes), il est permis, dans les mêmes limites d'élever des constructions quelconques; mais les démolitions jugées nécessaires quand ces places ou postes sont déclarés en état de guerre n'entraînent aucune indemnité pour les propriétaires.

Dans la *troisième zone* de servitudes des places et des postes, il ne peut être fait aucun chemin, aucune levée ni chaussée, aucun exhaussement de terrain, aucune fouille ou excavation, aucune construction au-dessus du sol, avec ou sans maçonnerie, aucun dépôt de matériaux, etc., sans que leur alignement et leur position aient été concertés avec les officiers du génie et que, d'après ce concert, le ministre n'ait fait prononcer par décret. Dans la même étendue, les décombres de toute provenance, à l'exception des détritus destinés à servir d'engrais, ne peuvent être déposés que dans les lieux indiqués par les officiers du génie. Enfin, dans la même zone, il est défendu d'exécuter aucune opération de topographie sans le consentement de l'autorité militaire.

Les reconstructions ou restaurations de bâtiments, clôtures, etc., sont soumises aux mêmes prohibitions que les constructions neuves.

Quant à l'entretien, il n'est autorisé, pour les bâtisses en bois et en terre existant dans la limite de 487 mètres, que s'il n'est rien changé à leurs formes et dimensions et si les matériaux employés sont de même nature que ceux précédemment mis en œuvre. Pour les bâtisses en maçonnerie situées dans la zone de 250 mètres des postes et des places de troisième classe, formant la *deuxième série*, ou dans celle de 487 mètres des places de la *première série*, leur entretien, d'ailleurs soumis aux mêmes restrictions, ne doit, en outre, comporter aucun des travaux légalement prohibés en matière de voirie, tels que reprises en sous-œuvre et autres travaux confortatifs de différente nature. Par contre, il est fait certaines exceptions aux prohibitions sus-indiquées quand il s'agit de socles en maçonnerie isolés ne dépassant pas 50 centimètres de hauteur et d'épaisseur ou de fours de boulangerie, de fourneaux, de cheminées ordinaires en briques ou moellons, de cloisons légères, de couvertures, de murs de soutènement adossés au terrain naturel, de puits, etc. Le ministre peut d'ailleurs autoriser, à la condition de démolition, sans indemnité, nombre de petites constructions prohibées en principe, notamment dans l'intérieur des cimetières, pour tombeaux, pierres tumulaires, etc.

Enfin, en dehors des trois zones de servitudes dont il vient d'être question, se trouve la *zone des fortifications,* qui, tant pour les places que pour les postes et ouvrages, s'étend depuis la limite intérieure de la rue militaire ou du rempart jusqu'aux lignes qui terminent les glacis, et comprend les terrains extérieurs annexes de la fortification, tels qu'esplanades, avant-fossés et autres ayant une destination défensive. Cette zone est inaliénable et imprescriptible, et les constructions particulières y sont prohibées.

Les habitants ont l'usage de la rue militaire en se conformant aux règlements concernant la police de la place et la voirie urbaine. La largeur de cette place doit être d'au moins environ 8 à 10 mètres, suivant les cas. Les travaux indiqués ci-dessus comme devant être l'objet d'une autorisation générale ou comme nécessitant une permission spéciale ne peuvent être entrepris, même ceux de simple entretien, qu'après déclaration faite au génie et accomplissement de toutes les formalités exigées, accomplissement constaté par un certificat qui doit être remis dans les vingt-quatre heures à l'intéressé par le chef du génie.

Les dépossessions et démolitions entraînées par la construction de fortifications nouvelles ou par les mesures prises pour la défense des places peuvent donner lieu à indemnité quand elles se produisent pendant l'*état de paix* et même lorsque la place a été déclarée en *état de guerre.* Mais aucune occupation, privation de jouissance, démolition, destruction et autres dommages résultant d'un fait de guerre ou d'une mesure de défense prise, n'ouvre droit à une indemnité quand la place ou le poste est en *état de siège,* lequel état ne peut être déclaré que par une loi ou un décret, mais résulte cependant immédiatement de circonstances déterminées, telles qu'investissement par l'ennemi à 3 500 mètres des fortifications, attaque de vive force ou par surprise, sédition intérieure ou rassemblements formés dans le rayon d'investissement sans l'autorisation des magistrats. Dans le cas d'une attaque régulière, l'état de siège, forcément proclamé, ne cesse qu'après destruction des travaux de l'ennemi, réparation et mise en état de défense des brèches qu'il peut avoir faites aux ouvrages.

# APPENDICE

# FORMULES D'ACTES

On se propose de donner ici la formule d'un certain nombre d'actes d'une application courante. On a volontairement laissé de côté ceux dont la rédaction exige l'intervention d'un officier public.

Les règles générales auxquelles est soumise la rédaction des actes ont été exposées au mot ACTES. Nous les rappellerons ici brièvement.

Un acte *sous seing privé* est un acte que l'on rédige et que l'on signe sans le ministère d'un notaire.

Un acte *authentique* est un acte dont l'original, la *minute*, est rédigé par un notaire et conservé en son étude.

Les actes notariés offrant plus de garanties que les actes sous seing privé, tous les actes importants, comme les ventes, les échanges ou les partages d'immeubles, les baux à longs termes et à obligations multiples, seront prudemment passés par-devant notaire.

Doivent toujours être passés par-devant notaire : les *donations entre vifs*, les *contrats de mariage*, les actes conférant *hypothèque* ou en donnant *mainlevée*.

Il est d'usage que l'acte soit écrit par l'un des contractants, mais il peut l'être par une personne étrangère.

Les actes doivent être écrits lisiblement, sans blancs ni ratures, et aucun mot ne doit être écrit par abréviation ni en chiffres. S'il y a lieu soit de surcharger, soit de rayer un ou plusieurs mots, il faut les approuver *au bas* de l'acte et *avant* les signatures. Si, d'autre part, un ou plusieurs mots ont été oubliés dans le corps de l'acte, on les écrit en marge et à côté de la ligne où ils devaient entrer : ce renvoi est approuvé par les initiales ou tout au moins par le paraphe de la signature de chaque partie.

Les personnes sont désignées dans les actes par leurs *nom, prénoms, qualités, profession* et *domicile*.

Tous les actes sous seing privé doivent être écrits sur papier timbré, parce que nul acte sous seing privé écrit sur papier libre ne peut être produit en justice sans que les contractants soient punis d'une amende.

Autant de personnes s'engagent réciproquement dans un acte sous seing privé, autant il faut de copies ou doubles de cet acte, signés de toutes et remises à chacune d'elles.

L'*enregistrement* ou l'inscription des actes sur un registre public spécial leur assure une date certaine et prévient les altérations des termes de cet acte.

---

## Reconnaissance.

**1.**

Je, soussigné, Ernest Montet, reconnais devoir à M. Paul Rousseau, propriétaire, demeurant à Dijon, la somme de trois mille francs qu'il m'a avancée en différentes fois et à diverses époques ; laquelle somme je promets de lui rembourser à sa volonté.

Dijon, le trente et un décembre mil neuf cent quatre.

Ernest MONTET, *menuisier à Dijon.*

2.

Les soussignés Léonce Perreau, ferblantier, et Georgette Marteau, son épouse, demeurant ensemble à Niort, reconnaissent devoir à M. Thomas Blot, marchand de bois à Parthenay, la somme de quinze cents francs, prix de marchandises ; laquelle somme ils se sont obligés solidairement (1) de lui payer à sa première réquisition.

Niort, le cinq décembre mil neuf cent quatre.

L. Perreau.

Bon pour quinze cents francs.

Georgette Marteau.

(1) Dans les reconnaissances ou billets souscrits par plusieurs personnes, il ne faut pas oublier le mot *solidairement;* sinon, le billet ou la reconnaissance ne serait exigible, à l'égard de ceux qui l'auraient signé, que pour chacun sa quote-part.

3.

Je, soussigné, reconnais que M. Poussard, propriétaire à Melle, m'a prêté en espèces la somme de dix mille francs ; de laquelle somme je lui promets passer acte devant notaire, avec hypothèque sur ma maison sise à Brioux, le tout à sa première réquisition ; je m'oblige aussi à lui payer l'intérêt légal de cette somme, à compter d'aujourd'hui, jusqu'au remboursement que je m'oblige de lui faire à son domicile, dans les trois ans de ce jour.

Melle, ce trois juillet mil neuf cent quatre.

Garestier, *marchand de chevaux à Melle.*

4.

Je, soussigné, reconnais avoir reçu, à titre de dépôt, de M. Camille Leclerc, rentier, demeurant à Sauzé-Vaussais, quatre cents francs en argent, que je prends l'engagement de lui remettre à sa première demande, en échange de la présente reconnaissance.

Sauzé-Vaussais, le trois juillet mil neuf cent cinq.

Mornet, *aubergiste.*

Si celui qui signe la reconnaissance ne l'avait pas écrite lui-même, il devrait faire précéder sa signature des mots : « *Bon pour. . . . . . . . . . francs.* » Cependant la signature suffit si le débiteur est cultivateur, marchand, ouvrier.

Il est inutile d'indiquer la profession et la demeure si elles ont été mises au commencement ou dans le corps du billet.

Lorsqu'on n'indique pas le lieu où la dette doit être payée, le créancier est obligé d'aller recevoir son argent chez le débiteur.

5.

Je, soussigné, reconnais devoir à M. Lurau, marchand de chevaux à Caen, la somme de cinq cent cinquante francs, prix d'un cheval, âgé de trois ans, sous poil gris, qu'il m'a vendu et livré avec la garantie de vices rédhibitoires ; laquelle somme je promets de lui payer le trente de ce mois.

Honfleur, le trois mars mil neuf cent cinq.

Vaneau, *aubergiste.*

---

## *Obligation solidaire.*

Nous, soussignés, Léon Gentil, grainetier, domicilié à Mauzé, et Joseph Lamothe, même profession, domicilié à Epannes, nous engageons solidairement à payer le quatorze juin prochain au sieur Henri Dagneau, négociant à Celles, la somme principale de quinze cents francs, avec les intérêts annuels à cinq pour cent ; et ce, pour pareille somme que ledit Dagneau a cejourd'hui prêtée audit Gentil.

A Mauzé, le quatorze octobre mil neuf cent quatre.

Léon Gentil. Joseph Lamothe.

---

### *Obligation avec caution.*

Les soussignés Jean Claus, menuisier, demeurant à Épinal (Vosges), comme débiteur principal, et André Romain, propriétaire, domicilié à Saint-Dié, comme caution solidaire, reconnaissent devoir au sieur Guillaume Jouvin, domicilié à Foucharupt, la somme de sept cents francs, pour prix de bois qu'il a vendu et délivré audit Claus; ladite somme payable dans le délai de six mois à partir de ce jour et sans intérêts, en son domicile.

A Épinal, le dix juin mil neuf cent cinq.

J. Claus. A. Romain.

Le cautionnement peut n'exister que pour une partie de la somme.

La caution ne peut être poursuivie pour le payement de la somme que quand tous les moyens ont été employés contre le principal débiteur pour le faire payer.

---

## Billets simples, à ordre et au porteur.

Le billet à ordre ne diffère du billet simple que par la mention que la dette sera payée à l'ordre du créancier; cette mention donne à celui-ci la faculté de passer le billet à une autre personne, laquelle peut aussi à son tour le passer à une troisième, et ainsi de suite.

Il y a encore cette différence du billet à ordre à la simple reconnaissance, que lorsqu'il est entre commerçants, et pour dette de commerce, et dans le cas où il ne serait pas payé à l'échéance, le porteur doit en faire faire le protêt dans le délai légal, à peine de perdre son recours contre les endosseurs.

Pour les billets comme pour la reconnaissance, si le signataire n'a pas écrit l'acte lui-même, il doit faire précéder sa signature des mots : « Bon pour *x* francs. » La signature suffit si le débitant est cultivateur, marchand ou ouvrier.

---

### *Formules de Billet simple.*

**1.**

Le quinze mai prochain, je payerai à M. Ernest Bonnin, cultivateur à Saint-Maixent (Deux-Sèvres), la somme de six mille francs, valeur reçue comptant.

Saint-Maixent, le huit décembre mil neuf cent quatre.

Louis Grondard.

**2.**

Le vingt octobre prochain, nous, soussignés, payerons solidairement à M. Jacques Billard, marchand de chevaux à Sepvret (Deux-Sèvres), la somme de dix mille francs, valeur reçue en marchandises.

Niort, le quinze janvier mil neuf cent cinq.

Joseph Marion, *agriculteur à Niort.*

Approuvé pour la somme de dix mille francs.

Jeanne Durand, femme Marion.

---

### *Formules de Billet à ordre.*

**1.** P. P. F. 5 000.

Au premier octobre prochain, je payerai à M. Léon Bachelier, meunier à Dreux (Eure-et-Loir), ou à son ordre, la somme de cinq mille francs, valeur reçue en marchandises.

Chartres, le six janvier mil neuf cent cinq.

Jules Crillon, *négociant à Châteaudun.*

2. B. P. F. 2 800.

Au quinze septembre prochain, nous payerons solidairement à M. Charles Adam, marchand de laines à Matha, ou à son ordre, la somme de deux mille huit cents francs, valeur reçue en marchandises. Ce payement sera effectué en la maison de M. Léon Barbaud, l'un de nous, chez lequel nous élisons domicile à cet effet.

Blois, le premier février mil neuf cent cinq.

Léon BARBAUD. Jean AUDINOT. Henri BORDAGE.

---

## Endossement.

*Formule de l'endossement ou de l'ordre mis au dos du billet.*

Payez à l'ordre de M. Bersat, marchand de laine à Saintes, valeur reçue de lui, en espèces (ou : « en marchandises »; ou : « en compte »).

Rochefort, le huit avril mil neuf cent cinq. Jules DUTILLET.

Si M. Bersat voulait à son tour passer le billet à une autre personne, il ferait sur ce billet une mention semblable, et ainsi de suite pour les autres personnes.

Lorsqu'on reçoit au temps de l'échéance la somme portée dans le corps du billet et de la part de celui qui l'a souscrit, on écrit au dos, après le premier endosseur, s'il y en a : « Pour acquit, ce... » (la date) et l'on signe.

Si l'acquit est donné sur un billet à ordre, il est dispensé du droit de timbre-quittance. Si l'acquit est au dos d'un billet simple ou d'une reconnaissance, le timbre est exigible.

---

## Aval.

L'*aval* est la garantie ou cautionnement qu'une personne donne, et par lequel elle s'oblige à payer un billet, s'il n'est pas acquitté par celui qui l'a souscrit. Il peut être donné au bas du billet, ou par acte séparé.

Il a le même effet qu'une obligation solidaire, c'est-à-dire que le donneur d'aval est obligé solidairement avec le souscripteur. L'aval, sur le billet, s'exprime en ces termes : Bon pour aval. Poitiers, le . . . . . . (date et signature).

*Formule d'un aval séparé.*

Je, soussigné, déclare garantir par aval le payement du billet de la somme de six cents francs souscrit par M. Sauvray, négociant à Moulins (Deux-Sèvres), à l'ordre de M. Lejeune, marchand de vins à Nantes, valeur reçue comptant.

Moulins, le vingt-quatre septembre mil neuf cent quatre.

VINCENT, *architecte.*

---

## Billet au porteur.

Le billet au porteur diffère du billet à ordre en ce qu'il ne porte pas le nom de la personne en faveur de laquelle il est souscrit. Bien qu'il se négocie, il ne s'endosse pas.

*Formule d'un billet au porteur.*

B. P. F. 900.

Au dix janvier mil neuf cent cinq, je payerai au porteur la somme de neuf cents francs, valeur reçue en compte.

Marseille, le cinq septembre mil huit cent quatre-vingt-dix.

RADEAU, *pilote.*

---

## Lettre de change.

La lettre de change est à l'ordre d'un tiers, ou à l'ordre du tireur lui-même. Si elle est par 1re, 2e, 3e, ou 4e, elle l'exprime. Mais, pour que le payement d'une lettre de change fait sur une seconde, troisième, quatrième, etc., soit valable, il faut que cette 2e, 3e, 4e, etc., porte que ce payement annule l'effet des autres. Le terme auquel une lettre de change sera payable se désigne par les expressions suivantes : 1o à vue; à un ou plusieurs jours de vue; — 2o à un ou plusieurs mois de vue; — à une ou plusieurs usances de vue; — à un ou plusieurs jours de date; — 3o à un ou plusieurs mois de date; — à une ou plusieurs usances de date; — 4o à jour fixe, où à jour déterminé, et 5o en foire.

Dans le premier cas la lettre de change est payable à sa présentation. Dans le second, l'échéance en est fixée par la date de l'acceptation. Dans le troisième et quatrième cas, elle doit être payée le jour de son échéance; et si l'échéance est un jour férié légal, la lettre de change est payable le lendemain Enfin, dans le cinquième et dernier cas, la lettre de change est payable la veille du jour fixé pour la clôture de la foire, ou le jour de la foire, si elle ne dure qu'un jour.

*Formules :*

**1.** Paris, le 2 décembre 1904. B. P. F. 500.

A vue (ou : A dix jours de vue, ou : A deux mois de vue, ou : A une usance (1) de vue, il vous plaira payer à Monsieur Thaire, négociant en votre ville, ou à son ordre, la somme de cinq cents francs, valeur reçue comptant, que vous passerez en compte suivant l'avis de

A Monsieur Courier, tapissier,
rue du Ménage, 13, à Reims.

Dorignac,
rue Léonard, 212, à Limoges.

(1) On entend par *usance* un délai de trente jours pour le payement de la lettre de change, et qui courent du lendemain du jour de sa date.

**2.** Nantes, le 3 janvier 1905. B. P. F. 600.

A quinze jours de date, veuillez payer à Monsieur Huart, banquier à Luçon, ou à son ordre, la somme de six cents francs, valeur reçue en espèces et que vous passerez en compte suivant l'avis de

Robiquet, *boulanger.*

A Monsieur Pouvreau,
marchand grainetier à Tiffauges (Vendée).

**3.** Caen, le 16 novembre 1905. B. P. F. 1 000.

Au vingt novembre prochain, veuillez payer par cette seule lettre de change, à mon ordre, la somme de mille francs, valeur reçue en marchandises, que vous passerez en compte, sans autre avis de

Lombard.

A Monsieur Toutin,
négociant à Elbeuf.

Lorsque les personnes à l'ordre desquelles on tire une lettre de change exigent des copies que l'on nomme *seconde, troisième,* etc., de change (ce que les tireurs ne peuvent refuser), on substitue dans la copie nommée *seconde* les mots « par cette seconde de change, la première ne l'étant pas », à ceux de *par cette première de change*, que l'on a insérés à l'original, et dans celle qui est nommée *troisième* « par cette troisième de change, la première et la seconde ne l'étant pas ».

**4.** Évreux, le 4 août 1904. B. P. F. 1 500.

A la foire d'avril prochain, veuillez payer contre ce présent mandat, à l'ordre de Monsieur Sauvat, cultivateur à Saint-Amant-Tallende, la somme de quinze cents francs, valeur reçue de lui en espèces, que vous passerez en compte.

Schmitt, *grainetier.*

A Monsieur Tamisier,
Cafetier à Thiers

*Acceptation des lettres de change.*

Les lettres de change tirées à tant de jours ou de mois, ou d'usances de date : celles à jour déterminé, et celles payables en foire, s'acceptent sans qu'il soit besoin d'y mettre la date du jour de l'acceptation ; on les accepte purement et simplement. Par exemple, formule n° 4, M. Tamisier l'accepterait ainsi :

Accepté pour la somme de quinze cents francs.
TAMISIER.

L'acceptation des lettres de change payables à tant de jours, de mois, ou d'usances de vue, doit être datée du jour qu'on les présente, puisque c'est ce jour-là qui détermine le terme du payement. Faute de date de l'acceptation, la lettre est exigible au terme qu'elle exprime à compter de sa date. Ainsi M. Courier accepterait de cette manière la lettre de change formule n° 1 :

Accepté le quatre décembre mil neuf cent quatre pour la somme de cinq cents francs.
COURIER.

*Endossement.*

Le tireur et les endosseurs d'une lettre de change sont garants solidairement de l'acceptation et du payement à l'échéance. La même solidarité a lieu à l'égard du souscripteur et des endosseurs d'un billet à ordre, pour le payement à l'échéance.

*Formule d'un endossement soit par le tireur sur une lettre de change souscrite à son ordre, soit par toute autre personne porteur d'une lettre de change.*

Payez à l'ordre de Monsieur... (nom, profession et demeure), valeur reçue de lui comptant (ou : en marchandises, ou : en compte, ou de toute autre manière).

Clermont-Ferrand, ce... (la date, et, au-dessous, la signature).

*Aval sur lettre de change.*

Il est ainsi conçu :

Bon pour aval. Paris, le... (la date et la signature).

*Aval séparé.*

Je, soussigné, déclare garantir par aval le payement de la lettre de change, de la somme de quinze cents francs, tirée d'Évreux, le quatre août mil neuf cent quatre, par M. Schmitt, sur M. Tamisier, cafetier, demeurant à Thiers, à l'ordre de M. Sauvat, cultivateur à Saint-Amant-Tallende, et acceptée par ledit M. Tamisier, m'obligeant solidairement avec le tireur, l'accepteur et les endosseurs, au payement de cette lettre de change, à défaut de payement à l'échéance.

Issoire, le vingt-cinq octobre mil neuf cent quatre. PRIEUR.

---

## Transport de créance.

Je, soussigné, Paul Daniaud, miroitier, domicilié à Perpignan, cède et transporte à M. Étienne Caillaud, négociant à Prades, la somme de trois mille francs qui m'est due par M. Georges Dubreuil, doreur à Port-Vendres, pour argent que je lui ai prêté, payables dans le délai de six mois à partir de ce jour, avec les intérêts de droit.

Ce transport est fait moyennant pareille somme de trois mille francs, que je reconnais avoir reçue en marchandises dudit sieur Caillaud.

Fait double à Perpignan, le dix juillet mil neuf cent quatre.

Étienne CAILLAUD. Paul DANIAUD.

## Procuration.

**1.**

Je, soussigné, Ernest Lubarsac, propriétaire, domicilié à Blaye (Gironde), donne pouvoir à M. Augustin Désormeaux, négociant, domicilié à La Réole (même département), de vendre pour moi et en mon nom un jardin sis audit La Réole, près de la mairie, à l'angle des rues Carnot et Gambetta, et promets de ratifier à sa réquisition tout ce qu'il aura fait à cet égard.

A Blaye, ce dix décembre mil neuf cent cinq.

E. LUBARSAC (1).

(1) Dans un acte comme dans une procuration, ou un certificat, il est nécessaire de faire légaliser la signature par le maire, qui appose le cachet de la mairie sur la feuille, afin de donner à cet acte un caractère d'authenticité.

Vu, pour légalisation de la signature de M. E. Lubarsac, apposée ci-dessus. En mairie, à Blaye, le onze décembre mil neuf cent cinq.

DUVAL, *maire.*

Si la vente a lieu et si le vendeur ne participe pas personnellement à la rédaction de l'acte, la procuration doit être annexée à l'acte.

**2.**

Je, soussigné, Édouard Bontemps, donne pouvoir à M. Louis Devaux, négociant à Saint-Lô, de, pour moi et en mon nom, toucher de M. Jacques Forget, vigneron au même lieu, ou de tous autres qu'il appartiendra, la somme de deux mille francs, montant d'un billet qu'il a souscrit à mon profit le premier mars mil neuf cent cinq; donner quittance ou remettre le billet acquitté; en cas de refus de payement, exercer toutes poursuites et diligences nécessaires jusqu'à payement intégral et définitif; à cet effet, citer en conciliation (2) devant tous juges de paix, y comparaître, s'y concilier et transiger, s'il est possible; à défaut de conciliation, traduire devant tout tribunal compétent, et généralement faire tout ce que les circonstances exigeront.

Saint-Lô, le vingt-cinq avril mil neuf cent cinq.

Édouard BONTEMPS.

(2) Toutes les fois qu'on donne pouvoir d'exercer des poursuites, il faut donner aussi celui de citer en conciliation, et, à défaut de conciliation, celui de traduire devant les tribunaux; sans ces pouvoirs, le mandataire ne pourrait valablement représenter son commettant en conciliation : il lui faudrait un nouveau pouvoir.

**3.**

Les soussignés Joseph Blanchon, cultivateur, et Marie Renoux, son épouse, demeurant ensemble à Saint-Saturnin (Puy-de-Dôme), donnent pouvoir à M. Leclanchet, meunier au Crest, pour eux et en leur nom, acquérir aux prix, charges et conditions qu'il jugera convenables, telle propriété (la désigner sommairement), appartenant à M. Ollivier, de Paris; les obliger solidairement au payement du prix et à l'exécution de toutes les clauses et conditions de cette acquisition; signer à cet effet tous contrats; retirer des mains de qui il appartiendra tous titres et pièces, et généralement faire tout ce que les circonstances exigeront, pour rendre les sieur et dame Blanchon propriétaires de l'immeuble sus-indiqué.

Saint-Saturnin, le dix août mil neuf cent cinq.

Joseph BLANCHON.

Marie RENOUX, femme BLANCHON.

## Baux.

*Bail d'appartement.*

Les soussignés :

Monsieur Albert Mercier, propriétaire, demeurant à Paris, rue du Montparnasse, n° 102,
d'une part ;

Et Monsieur Jacques Legrand, avocat, demeurant à Paris, rue Auguste-Comte, n° 200,
d'autre part ;

Sont convenus de ce qui suit :

M. Mercier fait par ces présentes bail pour trois, six, neuf années consécutives qui commenceront à courir le premier juillet mil neuf cent cinq, pour finir, à la volonté du preneur, le premier juillet mil neuf cent huit, ou le premier juillet mil neuf cent onze, ou le premier juillet mil neuf cent quatorze, mais à charge par le preneur de prévenir M. Mercier au moins trois mois avant l'expiration de l'une des deux premières périodes,

A M. Legrand susnommé, qui accepte, des lieux ci-après désignés faisant partie d'une maison sise à Paris, rue Bara, n° 35.

*Désignation.*

1° Un appartement orné de glaces, situé au troisième étage, sur rue, composé de : antichambre, salon, salle à manger, trois chambres à coucher, deux cabinets de toilette, cuisine, salle de bains, water-closet, deux caves ; cet appartement desservi par escaliers de maîtres et de service.

Le tout tel que lesdits lieux se comportent, le preneur déclarant les parfaitement connaître et les accepter tels.

*Charges, clauses et conditions.*

Le présent bail est fait aux charges, clauses et conditions suivantes, que le preneur s'oblige à exécuter sans diminution du loyer ci-après fixé, savoir :

De jouir des lieux loués en bon père de famille ;

De tenir les lieux loués garnis de meubles, effets et objets mobiliers de valeur suffisante pour répondre du payement des loyers ;

D'entretenir les lieux loués en bon état de réparations locatives ;

De ne pouvoir faire dans lesdits lieux aucun changement ou percement sans le consentement exprès et par écrit du bailleur ;

De souffrir que le bailleur fasse faire les réparations utiles ou nécessaires, soit aux lieux présentement loués, soit aux autres dépendances de la maison, sans pouvoir réclamer aucune indemnité, quelle que soit la durée des travaux ;

De ne pouvoir ni sous-louer, ni céder son droit au présent bail en tout ou en partie ;

De payer la part de contribution personnelle et mobilière à sa charge et de satisfaire à toutes les charges de ville et de police dont les locataires sont tenus, de manière que M. Mercier ne puisse être inquiété ni recherché, en tout ou en partie ;

De faire ramoner au moins une fois par an, et plus si besoin est, à ses frais et par le fumiste du bailleur, les tuyaux des cheminées ;

D'habiter les lieux de façon à ne gêner en rien la jouissance des autres locataires, notamment de ne pouvoir faire passer les domestiques et fournisseurs par le grand escalier ; de ne pouvoir rien exposer aux fenêtres ni aux murs extérieurs ; de n'avoir aucun animal bruyant, malpropre ou incommode ; de ne pas laisser secouer les tapis ou linges de service après huit heures du matin en été, neuf heures en hiver, et de ne le faire que par les croisées sur cour, à l'exception toutefois de la cour où sont les garde-manger ; de ne laisser jeter les eaux ménagères et de toilette que dans les cabinets d'aisances ;

A compter du jour de son congé ou pendant les trois mois qui précéderont la fin du présent bail, le preneur laissera visiter les lieux de dix heures du matin à quatre heures du soir, et quinze jours avant son départ il devra laisser le bailleur ou son architecte visiter les lieux pour s'assurer de leur bon état.

*Prix du bail.*

Le présent bail est fait moyennant le loyer annuel de deux mille trois cents francs que le preneur s'oblige de payer au bailleur dans les lieux loués en quatre termes égaux, pour le premier payement avoir lieu le premier juillet mil neuf cent cinq.

*Convention.*

Il est expressément convenu qu'en cas de décès du preneur le présent bail sera résilié de plein droit moyennant le payement du terme courant et du montant d'un terme à titre d'indemnité.

Les frais de timbre et d'enregistrement du présent bail seront à la charge du preneur; à défaut par lui de le soumettre à la formalité de l'enregistrement en temps utile, il supportera seul les double droit et amende encourus.

Fait double à Paris, le premier juin mil neuf cent cinq.

Albert MERCIER. Jacques LEGRAND.

---

*Bail à ferme.*

Les soussignés :

Monsieur Louis-Joseph Sandeau, propriétaire, demeurant à La Rochelle,

d'une part ;

Et Monsieur Bugeaud, cultivateur, et dame Amélie-Jacqueline Fondard, son épouse, de lui autorisée, demeurant à Saint-Xandre,

d'autre part ;

Sont convenus de ce qui suit :

M. Sandeau donne à titre de bail à ferme pour le temps de neuf années consécutives, qui commenceront au . . . . . . . . . . . . . . . ., aux sieur et dame Bugeaud, qui acceptent,

Sept hectares trente-quatre ares vingt-cinq centiares de terres labourables en cinq pièces, situées sur la commune de Saint-Xandre, savoir :

La première au lieudit La Tuilerie, contenant deux hectares sept ares quatre-vingt-dix centiares, tenant d'un bout et du levant à Jean Bobeau ; d'autre bout à Charles Barthet ; d'un côté et du nord à Anatole Allouet ; et d'autre côté à Joseph Souchet.

La deuxième au lieudit Le Grand-Moulin, contenant un hectare trente-huit ares soixante centiares, tenant d'un bout et du nord à Jean Renaud ; d'autre bout aux héritiers Hippeau ; d'un côté et du couchant au chemin de Saint-Xandre à Nieul ; d'autre côté à plusieurs.

La troisième, au même lieudit, contenant seize ares cinquante centiares, tenant d'un bout et du nord à Mme Grandet ; d'autre bout à Louis Bertrand ; d'un côté à Ernest Bétonet et d'autre côté à Vincent Duverger.

La quatrième, contenant trois hectares seize ares quatre-vingts centiares, au lieudit Les Quatre chemins, tenant d'un bout et du levant à Mme Deseyne, de Périgny, d'autre bout à François Lebrun ; d'un côté et du midi à Augustin Massot, et d'autre côté à Jules Fontaine.

La cinquième et dernière pièce, au lieudit La Pierre couverte, contenant cinquante-quatre ares quarante-cinq centiares, tenant d'un bout et du midi à Paul Cintrat, d'autre bout à plusieurs ; d'un côté et du levant à Mme Gayot, d'autre côté à Jean Billot.

Ainsi que ces pièces de terre s'étendent et comportent, sans aucune réserve de la part du bailleur, mais aussi sans aucun recours contre lui pour différence de mesure entre celle susexprimée et la mesure réelle, quand bien même cette différence excéderait un vingtième.

*Charges et conditions.*

Le présent bail est consenti et accepté aux charges et conditions suivantes que M. et Mme Bugeaud s'obligent solidairement entre eux à exécuter et accomplir, savoir :

1° Ils prendront les objets affermés dans l'état où ils se trouveront au moment de leur entrée en jouissance, sans recours ni droit à indemnité pour mauvais état ;

2° Ils ne pourront céder ni en totalité ni partiellement, ni directement ni indirectement, leur droit au présent bail sans un consentement exprès du bailleur ;

3° Ils entretiendront les lieux en bon état de réparations et de clôtures que la loi et l'usage mettent à la charge du fermier à titre de réparations locatives. A leur sortie, ils devront rendre les objets affermés dans un état conforme à la description qui en est faite dans le procès-verbal d'expertise ;

4° En sus du prix de fermage et des charges ci-après stipulées, les fermiers acquitteront chaque année, pendant la durée du bail, le prix dû à la Compagnie d'assurance contre l'incendie à laquelle le bailleur a fait assurer les bâtiments affermés. Ils seront tenus, en outre, d'assurer leur mobilier personnel ;

5° Ils acquitteront les impôts de toute nature assis ou à asseoir sur les immeubles affermés, et en temps utile pour éviter la délivrance de toute contrainte ;

6° Ils feront, sans salaire ni diminution de fermage, l'approche des matériaux nécessaires aux grosses réparations et réfections jugées utiles aux bâtiments existants, ainsi qu'aux constructions nouvelles qu'au cours du bail, et sur la demande des fermiers, le bailleur jugerait à propos d'édifier. Ils supporteront ces travaux quelle qu'en soit la durée et excédât-elle quarante jours ;

7° Les preneurs cultiveront les terres suivant l'usage du canton ; en aucun cas ils ne pourront faire plus de deux ensemencés consécutifs sur un même engrais.

Ils ne pourront ni directement ni indirectement vendre ou distraire des lieux aucun engrais, paille, fourrage ou litière. Le tout, au contraire, devra être soigneusement ramassé pour être consommé et employé sur les lieux ;

8° Les preneurs n'auront droit à aucune indemnité pour privation totale ou partielle d'une récolte quelconque par suite de stérilité, grêle, coulure, sécheresse ou inondation, ou tous autres cas fortuits prévus ou imprévus par la loi ;

9° Les preneurs exécuteront tous les travaux d'assainissement ou d'irrigation des prairies que permet la disposition des lieux, et à cet effet ils obéiront, aux lieu et place du bailleur, à toute prescription du bailleur concernant le faucardement, le biennage, le curage et même l'élargissement des cours d'eau qui peuvent traverser les parcelles de terre présentement affermées ;

10° Les preneurs, indépendamment des charges ci-dessus et ci-après imposées, acquitteront aux lieu et place du propriétaire et en temps utile, pour éviter la délivrance de toute contrainte, les impôts de toute nature assis ou à asseoir sous quelque forme et dénomination que ce soit sur les immeubles présentement affermés ;

11° Les preneurs fourniront et planteront, dans le cours des cinq premières années de leur jouissance, dans les lieux qui leur seront indiqués, soixante-douze sauvageons de pommier ou de poirier de nature et de grosseur à être entés ;

12° Les preneurs fourniront chaque année comme subside et sans diminution de prix de fermage ci-après stipulé :

Douze kilogrammes et demi de beurre frais dans le courant du mois de mai ;

13° Ils payeront les frais des présentes et tous ceux qui en seront la conséquence.

### *Fermage.*

En outre, ce bail est consenti et accepté moyennant un fermage annuel de cinq cents francs que M. et M^me^ Bugeaud s'obligent solidairement entre eux à payer à M. Sandeau, en deux termes et payements égaux de . . . . . francs chacun, les premier mai et premier novembre de chaque année, à compter du premier mai mil neuf cent cinq, de sorte que le premier terme écherra et devra être payé le premier novembre dix-neuf-cent cinq, le second le premier mai suivant, pour les payements être ainsi continués de terme en terme jusqu'à la fin du présent bail.

### *Intervention. — Cautionnement.*

Aux présentes sont à l'instant intervenus : M. Louis Humbert et M^me^ Humbert, son épouse, qu'il autorise, demeurant ensemble à Saint-Xandre,

Lesquels ont par ces présentes déclaré se porter cautions et répondants solidaires de M. et M^me^ Bugeaud et s'obliger solidairement avec ces derniers au payement des fermages en argent et en nature et à l'exécution des conditions du présent bail pour le cas où les preneurs ne satisferaient pas exactement à leurs engagements vis-à-vis du bailleur.

*Affectation hypothécaire.*

A la sûreté et garantie dudit cautionnement, M. et Mme Humbert déclarent affecter et hypothéquer spécialement au profit de M. Sandeau divers immeubles ci-après désignés.....

Fait double à La Rochelle, le vingt-six décembre mil neuf cent quatre.

L.-J. SANDEAU.

Louis HUMBERT.

Marie BROTIER, femme HUMBERT.

J'approuve l'écriture ci-dessus.

BUGEAUD.

J'approuve l'écriture ci-dessus.

A.-J. FONDARD, femme BUGEAUD.

---

## Échange.

### *Échange d'immeubles.*

Les soussignés :

Monsieur Émile Saujon, cultivateur, et dame Étiennette Rosard, son épouse, de lui autorisée, demeurant à Polignac, d'une part;

Et Monsieur Louis-Édouard Ragaut, aussi cultivateur, et dame Marie Rodier, son épouse, de lui autorisée, demeurant à La Chaise-Dieu, d'autre part;

Sont convenus de ce qui suit :

M. et Mme Saujon cèdent à titre d'échange avec la garantie de tous troubles et évictions solidairement entre eux à M. et Mme Ragaut, ce acceptant pour Mme Ragaut, personnellement, en remplacement de l'immeuble qu'elle va céder ci-après,

Une pièce de terre labourable contenant deux hectares vingt trois ares quatre-vingts centiares, sise au terroir de La Chaise-Dieu, lieudit La Fosse Tourny, tenant d'un bout et du midi à Edgard Marteau, d'autre bout à Riffot, d'un côté et du levant à Rodin, et d'autre côté à Mme Méchain, ainsi que cette pièce de terre s'étend et comporte et dans l'état où elle se trouve actuellement.

*Propriété.*

Cet immeuble appartient à M. et Mme Saujon au moyen de l'acquisition qu'ils en ont faite de M. Louis Morin, demeurant à Saint-Flour, aux termes d'un contrat reçu par Me Legrand, notaire à Aurillac, le dix mai mil neuf cent quatre, moyennant deux mille francs, dont quittance. Le contrat a été transcrit sans inscription au bureau des hypothèques d'Aurillac le douze juin suivant, ainsi qu'il résulte d'un certificat délivré par le conservateur de ce bureau le douze du même mois (1).

(1) Quand on achète un immeuble, on doit toujours remettre son contrat au bureau des hypothèques avant d'en payer le prix; cette formalité a pour objet de donner la preuve qu'il existe ou n'existe pas d'inscriptions sur le bien acheté, et d'arrêter le cours des inscriptions.

Ce même immeuble appartenait à M. Louis Morin, comme seul et unique héritier de la succession de M. Vincent Morin, son père, décédé à Aurillac le . . . . . . . . .

De leur côté, M. et Mme Ragaut cèdent au même titre, et sous les mêmes garanties solidairement entre eux, à M. et Mme Saujon, qui l'acceptent,

Un hectare dix ares trente-cinq centiares de pré, en une seule pièce, en la prairie de Darsac, lieudit Le Ruisselet, tenant d'un côté et du nord à René Vachier, d'autre côté à Jean Vaudier, d'un bout et du couchant à Mme Hanrion, et d'autre bout à la rivière, et telle que cette pièce s'étend et comporte.

*Propriété.*

L'immeuble présentement désigné appartient personnellement à Mme Ragaut, comme lui étant échu par le partage fait entre elle et ses trois frères, tous majeurs, des biens de la succession de M. et Mme Rosard, leurs père et mère, dont ils étaient seuls héritiers chacun pour un quart, passé devant Me Lerond, notaire à Saint-Flour, le . . . . . . , à la charge par elle de payer à ses cohéritiers une soulte de cent cinquante francs, qui a été soldée par la clôture du partage qui en porte quittance.

M. et Mme Rosard en étaient propriétaires au moyen de l'acquisition qu'ils en avaient faite, durant leur communauté, de M. et Mme Robin, par contrat passé devant Me Loret, notaire à Aurillac, le . . . . . . . . .

Cette acquisition a eu lieu moyennant quinze cents francs qui ont été payés à M. et Mme Robin suivant quittance passée devant le même notaire le huit décembre suivant.

Chacun des coéchangistes jouira des biens à lui abandonnés à partir de ce jour et payera les contributions auxquelles ces biens sont assujettis, à compter du premier janvier prochain.

Cet échange est fait but à but, sans soulte de part ni d'autre (1).

(1) Si l'échange était fait avec soulte, substituer à ce paragraphe la disposition suivante :
Le présent échange est fait, consenti et accepté de part et d'autre moyennant une soulte de . . . . . . francs, que M. et Mme Saujon s'obligent, conjointement et solidairement entre eux, à payer à M. Ragaut, en l'étude de Me X..., notaire, en bonnes espèces ayant cours légal, le . . . . . , avec (ou sans) intérêts.

Dans le cas où les parties soumettraient ces présentes à la formalité de l'enregistrement, elles déclarent que la valeur de chacun des biens échangés est d'un revenu annuel de $x$ francs

Les coéchangistes s'obligent réciproquement à se communiquer, à toute réquisition et sans récépissé, tous les titres de propriété concernant les immeubles échangés qu'ils peuvent avoir en leur possession.

Le présent échange sera réalisé, d'ici à deux mois, en l'étude de Me Poulin, notaire à Aurillac, aux frais des parties, chacune pour moitié.

Fait double à Aurillac, le deux juillet mil neuf cent quatre.

Émile Saujon. — Louis-Édouard Ragaut.
Étiennette Rosard, femme Saujon. — Marie Rodier, femme Ragaut.

---

*Échange de bestiaux.*

Les soussignés :

Monsieur Louis-Jean Ricapé, cultivateur, demeurant à Salles (Deux-Sèvres),
d'une part ;

Et Monsieur Ernest Roulet, propriétaire, demeurant à Surgères (Charente-Inférieure),
d'autre part ;

Sont convenus de ce qui suit :

M. Ricapé cède à titre d'échange, avec garantie de vices rédhibitoires et de toute revendication, à M. Roulet, qui l'accepte, un cheval âgé de trois ans, sous poil bai, à tous crins, taille d'un mètre cinquante centimètres ;

Et M. Roulet cède à M. Ricapé, qui l'accepte, sous la même garantie, à titre de contre-échange, un autre cheval, hors de marques, sous poil blanc, taille d'un mètre soixante-six centimètres.

Le présent échange est fait moyennant une soulte de cent francs, que M. Roulet a payée à l'instant à M. Ricapé, qui le reconnaît.

Fait double à Surgères le dix-huit juin mil neuf cent cinq.

L.-J. Ricapé. E. Roulet.

---

## Vente.

*Vente d'un cheval.*

Le soussigné Auguste Méchain, aubergiste, demeurant à Saint-Saturnin (Puy-de-Dôme), déclare par ces présentes vendre avec les garanties de droit, à Louis Dupray, cultivateur, demeurant à Aydat, ce acceptant et aussi soussigné,

Un cheval sous poil gris, âgé de six ans, de la taille de un mètre cinquante centimètres, moyennant le prix de cinq cent cinquante francs, payable dans six mois à dater du jour de la livraison, ladite somme portant intérêts. L'acquéreur ne prendra livraison que dans le délai d'un mois.

Fait double à Saint-Saturnin, le huit octobre mil neuf cent quatre.

Auguste MÉCHAIN. Louis DUPRAY.

---

### Vente de blé.

Je, soussigné, Louis Duchêne, cultivateur, domicilié à Melle (Deux-Sèvres), promets livrer à M. Fernand Paillet, meunier, domicilié à Chef-Boutonne, et dans le délai de trois mois, qui commenceront au premier octobre prochain, quarante mille kilos de blé en quatre livraisons.

M. Paillet s'engage à son tour à me payer à chaque livraison le prix du blé fourni à raison de trente francs les cent kilos.

Fait double et signé à Chef-Boutonne, le vingt-cinq septembre mil neuf cent quatre.

Louis DUCHÊNE. Fernand PAILLET.

---

### Vente d'une maison.

Entre les soussignés :

Monsieur Louis Grimbert, propriétaire, domicilié à Plaisance (Seine), et Monsieur Charles Bruneau, cultivateur à Puteaux, même département,

Il a été convenu ce qui suit :

M. Grimbert vend, délaisse et promet garantir contre tous troubles, évictions ou autres empêchements quelconques, à M. Bruneau, qui l'accepte :

*Désignation.*

Une maison sise à Puteaux, composée de deux chambres au rez-de-chaussée et d'un vaste grenier, une cour, une grange et une pièce de terre labourable y attenant, et inscrite à la matrice cadastrale sous le n° 1525,

Tels que les objets ci-dessus désignés se poursuivent et comportent, sans aucune exception ni réserve.

L'acquéreur pourra jouir et disposer des immeubles présentement vendus en pleine et libre propriété à compter de ce jour.

*Origine de propriété. — Remise du titre* (1).

Cette maison appartient au vendeur en vertu de l'acquisition qu'il en a faite du sieur Paul La Blanchère, demeurant à Sceaux (Seine), suivant acte authentique passé par-devant Me Grassot, notaire à Fontenay-aux-Roses, le dix novembre mil huit cent soixante-treize, lequel acte sera remis par M. Grimbert à M. Bruneau aussitôt que celui-ci lui aura payé le prix de la maison dont s'agit.

(1) Pour qu'une propriété soit régulièrement établie, il faut que les titres à l'appui remontent au moins à trente ans.
S'il n'est pas certain que le vendeur possède l'immeuble depuis au moins trente ans, temps nécessaire pour prescrire, il est prudent d'indiquer les possesseurs de cet immeuble depuis trente ans, et de relater la date des actes qui leur en assurait la possession.

*Charges et conditions.*

La vente est faite à la charge par M. Bruneau, qui s'y oblige :

1° De payer, à partir de ce jour, les contributions de toute nature mises et à mettre sur lesdits immeubles ;

2° De supporter les servitudes passives, apparentes ou occultes, continues ou discontinues, qui peuvent grever ces immeubles, sauf à M. Bruneau à faire valoir à son profit les servitudes actives, s'il en existe ;

3° De transformer les présentes en acte authentique et de payer tous les frais auxquels elles donneront lieu.

M. Bruneau acquiert pour lui, ses héritiers et ayants cause, lesdits immeubles qu'il déclare avoir visités et bien connaître, et s'oblige à payer à M. Grimbert, pour prix de la présente vente, la somme de cinq mille cinq cents francs, dont mille francs le jour de l'entrée en jouissance et le reste d'année en année par sommes de . . . . . . . avec les intérêts, chaque premier juillet, de telle sorte que le dernier payement aura lieu le. . . . . .

L'immeuble vendu demeure, pour privilège primitif, spécialement hypothéqué à la garantie du payement de ladite somme de cinq mille cinq cents francs.

Au moyen de ce qui précède et sous réserve expresse de son privilège, M. Grimbert se dessaisit de tous droits de propriété sur les immeubles ci-dessus désignés en faveur de M. Bruneau.

Fait et signé double à Plaisance, le neuf septembre mil neuf cent quatre.

Bon pour vente. Bon pour vente.
Louis Grimbert. Charles Bruneau.

---

## Acte de Société.

*Société en nom collectif.*

Par-devant Me Métayer, notaire à Fontenay-le-Comte,

Ont comparu :

M. Joseph Raynaud, négociant, demeurant à Maillezais ;

M. Émile Rodier, aussi négociant, demeurant à Fontenay-le-Comte ;

Et M. Édouard Mounet, employé de commerce, demeurant à Bressuire,

Lesquels ont établi comme suit les statuts d'une société :

Article premier. Il est formé entre MM. Raynaud, Rodier et Mounet une société en nom collectif ayant pour objet le commerce des grains et fourrages.

Art. 2. La durée de la société est fixée à six années qui commenceront le premier janvier mil neuf cent cinq pour finir le trente et un décembre mil neuf cent dix.

Art. 3. Le siège de la société est fixé à Fontenay-le-Comte.

Art. 4. La raison et la signature sociales seront : *J. Raynaud et Cie*: Chacun des associés aura la signature sociale pour toutes les affaires de simple administration, mais aucun engagement ne pourra être contracté pour le compte de la société que d'un commun accord entre les trois associés.

Art. 5. Les associés apportent à la société :

M. Joseph Raynaud, une somme de cent cinquante mille francs, plus les fourrages qu'il a en magasin, et dont la valeur est évaluée à cinquante mille francs ;

M. Rodier, une somme de cent vingt mille francs, ainsi que le matériel d'exploitation et le droit au bail, évalués (y compris les loyers payés d'avance jusqu'au premier janvier mil neuf cent cinq) à quatre-vingt mille francs, soit en tout deux cent mille francs.

Le fonds capital se trouve ainsi fixé à quatre cent mille francs. Les apports en argent seront versés huit jours au plus tard après la signature de l'acte.

M. Mounet apporte à la société son industrie et sa compétence technique.

Art. 6. Les bénéfices et les pertes seront respectivement partagés et supportés par les associés par portions égales.

Art. 7. Chacun des associés prélèvera mensuellement, pour faire face à ses dépenses personnelles, une somme de . . . . francs. Tous les ans, le premier avril, il sera procédé à un inventaire général, et chaque associé sera tenu : 1° si les bénéfices sont inférieurs aux prévisions, de reverser les sommes perçues en trop ; 2° s'ils les excèdent, de ne percevoir le surplus que jusqu'à concurrence de . . . . . francs, la différence devant accroître le capital social.

Art. 8. La société sera dissoute de plein droit au décès de l'un des coassociés. La veuve ou les enfants du défunt ne pourront faire partie de l'association et n'auront rien à réclamer au delà de sa part, y compris les créances actives, dont les associés survivants assureront le recouvrement à leurs risques et périls, sauf insolvabilité des débiteurs.

Art. 9. La société sera également dissoute de plein droit au cas de perte du quart du capital social.

Fait et signé triple à Fontenay-le-Comte, le premier décembre mil neuf cent quatre.

Joseph Raynaud. Émile Rodier. Édouard Mounet.

## Testament olographe.

Le testament *olographe* doit être écrit en entier, daté et signé de la main du testateur. Toute personne capable de disposer et qui sait écrire peut faire un testament olographe.

Ceci est mon testament.

Moi Louis Seguin, rentier, domicilié à Tours, étant sain de corps et d'esprit, ai fait et écrit en entier mon testament, ainsi qu'il suit :

Je donne et lègue à Édouard Meunier, rentier audit Tours, toute la portion disponible de mes biens, meubles et immeubles ;

Je veux que ledit Édouard Meunier, mon légataire universel, donne à Edmée Fourichon, ma filleule, une somme de trois mille francs, tous mes bijoux et le mobilier de ma maison de campagne d'Azay-le-Rideau ;

Je veux aussi que ledit Meunier paye à Françoise Boneuil, ma domestique, une rente annuelle et viagère de trois cents francs ;

Je nomme pour mon exécuteur testamentaire M. Jean Marolleau, négociant à Loudun (Vienne) ; je le prie d'accepter ma bibliothèque, en reconnaissance du service que je demande à sa bonne amitié.

Je révoque tout autre testament et dispositions à cause de mort que j'ai pu faire avant le présent, que j'écris, date et signe de ma main, en ma demeure à Tours, ce vingt-huit mai mil neuf cent quatre.

Louis SEGUIN.

Déclarer nuls, avant de signer, le nombre de mots rayés, s'il y en a. — Les renvois à la fin du testament et les apostilles en marge doivent être écrits, datés et signés par le testateur.

---

### *Testament olographe entre époux.*

Ceci est mon testament.

Je, soussigné, Edgard-Joseph Pigoreau, négociant, demeurant à Blois, rue . . . . . , n°. . ., étant sain de corps et d'esprit, ai pris les dispositions ci-après :

Je donne à Célestine-Rosalie Montyon, mon épouse, le quart en propriété et le quart en usufruit (ou la moitié en usufruit) de mes biens au jour de mon décès, le surplus revenant à mes enfants et petits-enfants (1) ;

Si je viens à décéder sans postérité, je dispose, en faveur de mon épouse, de la pleine propriété de mes biens.

Écrit en entier, daté et signé de ma main, le premier juillet mil neuf cent cinq.

Edgard-Joseph PIGOREAU.

(1) Si le testateur laisse des enfants d'un précédent mariage ou des ascendants, voir, pour la quotité disponible, le mot MARIAGE, p. 487.

# TABLE DES FORMULES



Paris. — Imp. LAROUSSE, 17, rue Montparnasse.

JE SÈME À TOUT VENT